LAW DICTIONARY

المُعجَمُ القَانوني

FARUQI'S LAW DICTIONARY

ENGLISH-ARABIC

Meanings and definitions of terms of English and American Jurisprudence (ancient and modern), forensic medicine, commerce, banking, insurance, civil aviation, diplomacy and petroleum

BY

HARITH SULEIMAN FARUQI

Fourth Revised Edition

LIBRAIRIE DU LIBAN
Riad Solh Square
BEIRUT

LIBRAIRIE DU LIBAN
Riad Solh Square, Beirut

Associated companies, branches and representatives throughout the world

5th Revised Edition
Reprinted 2003

BN 9953-1-0300-3

PREFACE

The growing diffusion of the English language, as a general medium of expression has been serving to stimulate the art of English-Arabic lexicography. At school and in common business relations, demand for the English-Arabic dictionary has been growing and lexicographers have been endeavouring to improve this dictionary in scope and style; and improved it they have, as can be seen from the number of general dictionaries produced in the last few years.

The palpable fact which characterises the position of the English-Arabic dictionary is that while, under the impact of popular demand, assiduous efforts have been spent to improve the purely linguistic type of dictionary, only languid attempts have been made at probing the specialised sphere and serving the learned professions.

With this fact in mind, I have applied myself to the task of compiling this Dictionary. Such task can be hardly more opportune than at present while the English language is enjoying a unique position after having largely supplanted the French language in international use as the tongue of law, business and diplomacy.

Perhaps I should at the outset, lest my motive be misconceived, advise the reader that this work does not in any way entrench upon the scope of the ordinary English-Arabic Dictionary. It is intended to deal chiefly and primarily with technical words and phrases which are to the lawyer both practical and indispensable.

I should also add that it does not have any pretensions to encyclopaedic range or character or purport to be an abridgment of any laws. The fundamental object sought by it is to present to the Arab lawyer and student of jurisprudence and to the Arab businessman who, by virtue of his foreign legal and business relations, can all afford indifference to legal terminology, a bilingual dictionary in the pattern of modern English and American law dictionaries.

To this end, I have culled and compiled my legal words and phrases of English and American jurisprudence from many highly trusted founts of legal terminology. Of these I mention the American law dictionaries of Black, Anderson, Abbot, Bouvier and Burril and the English law dictionaries of Wharton, Sweet, Brown, Mosley, Stroud and Earl Jowitt, as well as several other general dictionaries such as Webster's and Oxford.

For the benefit of the law student, ample space has been given to titles of old English law and words used in old European and feudal law and to principal terminology of Roman Law.

Apart from explaining the legal word or term and supplying its equivalent in Arabic, a reasonable number of synonyms and definitions therefore have been succinctly added, where needed, pursuant to the most authoritative legal sources.

Where English phrases have corresponding terms in the Islamic Doctrine or codes of Arab states, these terms have been used.

I should also note here that a number of legal terms of Islamic Jurisprudence such as: *hak (haq)*, *istimrar*, *kadi (qadi)*, *talaq*, *shoof'a* and others have been presented in their original Arabic form in several famous English law dictionaries under the assumption that no precisely corresponding terms exist in the English legal tongue. In respect of the majority of these terms, the assumption is erroneous, considering that the terms mentioned, and many others, have identical equivalents in the English language such as: right, perpetuity, judge, divorce and pre-emption respectively.

On the other hand, many terms of the Islamic Doctrine which have no equivalent in English, have been omitted. Examples are: *'awl, bainunah, gharouka, ghilab, hadd, mohatarah, ijaratain, ila, istibra', mubara'ah, mufawwidah, mukhala'a* and *nashizah*. For the benefit of Arab law students, I have entered these and similar terms, preceded by an asterisk (*), in their original Arabic form and according to alphabetical order and have supplied adequate definitions for them according to dependable sources.

In order to extend the Dictionary's scope and to adapt it to the needs of many classes of users, meanings and definitions have been supplied for a great number of phrases of public law and terms used in forensic medicine, commerce, banking, insurance, oil, civil aviation and diplomacy.

In addition, many Latin legal maxims have been incorporated according to alphabetical order.

Such is the scope, method and nature of this book. Despite the great pains taken to build, to correct and to review it, no pretension, however wayward, can hold it free from any error, imperfection or miscalculation. Yet I find consolation in the fact that any criticism may be an aid to greater accuracy in a succeeding edition.

If the critic, however, reflects upon the oppressively onerous task involved in writing this book and considers the fact that it is the first English-Arabic Law Dictionary, he may be the less reproachful and the more mindful of the Latin saying: *errare humanum est.*

May I lastly remember the most valuable guidance which my father gave to me during his reading of my work in its initial stage. And this I do with a heavy heart as he is no longer living to see the work completed.

For the review and checking of Latin diction and for recopying the greater part of the manuscript, I am indebted to my wife, Lilla, whose moral encouragement also was for me a constant companion. And many thanks are due to her father, General Giuseppe Caputo, for his help in reviewing some of the old law Latin terms.

May I earnestly hope, my good reader, that this book will be a worthy addition to your library.

H. S. FARUQI

« *Diligite iustitiam qui iudicates terram* »

« وان حكمت فاحكم بينهم بالقسط »

DICTIONARY OF LAW

AND RELATED SUBJECTS

A

A, a اول حروف الأبجدية . تناقلته الشعوب الأنجلوسكسونية عن اللاتينية وعن لفظ alpha في اللغة اليونانية و aleph من قبله في اللغـة الفينيقية . وكلا اللفظين في اللغتين المذكورتين معناه ثور . كان اتبـاع فرقة الـ Puritans – من غلاة البروتستنتية في القرنين السادس عشر والسابـع عشر – يسمون الحرف A بالكي على جبهة المدان بفعل الزنا او يعلقونه على الصدر للإهـانة باعتباره الحرف الأول من الكلمتين adulterer و adulteress .

[**معاملات تجارية**] يدل هذا الحرف على ثقة مالية ممتازة .

[**تسجيل السفن**] يبين درجة استعداد السفينة للملاحة على الوجه التالي : « A1 » يرمز الى الدرجة الأولى، يليه في الدرجة « A1½ »... الخ ؛ ويدل آخر هذه الدرجات « A3 » على ان السفينة المشار اليها قد تجاوزت ما قدر لها من عمر .

[**في اللاتينية**] يقوم احياناً مقام كلمة *ante* قبل او *anno* سنة . ويرمز به في القانون الجنائي الى كلمة *Absolvo* (أنا) ابرىء .

A.A.A. (Agricultural Adjustment Act) قانون التسوية الزراعية او التعديل الزراعي

A.B. or (able-bodied seaman) ملاح محنك

A.B.A. (American Bar Association) نقابة المحامين الأميركية (او جمعيتهم)

A.C. (*Anno Christi*) عام السيد المسيح (عام مولده)

a/c (account) حساب

a ce في سبيل هذا؛ لهذا الغرض

a coelo usque ad centrum « من السماء الى مركز الأرض » تمتد ولاية المالك حسب هذا المبدأ الى مـا فوق ملكه حتى السماء وما تحته حتى مركز الكرة الأرضية .

a contrario sensu على النقيض من ذلك؛ على انه؛ خلاف ذلك . من ناحية أخرى

à cueillette اصطلاح فرنسي دارج يفيد قبول الشحنة المعينة شرط ان يفلح صاحب السفينة في اكمال حمولتها من مصادر أخرى .

A.D. (*Anno Domini*) عام السيد المسيح؛ عام الميلاد

a fine force بدافع او بحكم الضرورة

à force et armis بالقوة والسلاح

à forfait et sans garantie اصطلاح فرنسي، اذا أثبت على الأوراق التجارية أفاد انعدام حق الرجوع فيها .

a fortiori بالأحرى؛ أولى أو من باب اولى

a gratia منحة ؛ هبة ؛ نحلة

A.H. (*Anno Hegirae*) عام الهجرة

a.i. (راجع at issue)

a justitia omnia jura emanant العدالة ينبوع الحق

a latere الحواشي؛ الأطراف

[**النسب**] القرابة القائمة بين اشخاص يجمعهم أصل مشترك دون ان يكون احدهم فرعاً للآخر .

à l'impossible nul n'est tenu المستحيل لا يدخل نطاق التكليف . لا يكلف الانسان غير الممكن .

à luy et à ses heires à touts jours له ولورثته من بعده أبد الدهر

a.m. (*ante meridiem*) قبل الظهر ؛ صباحاً

a manibus كاتب الملك

a mensa et thoro « من المؤاكلة والمعايشة » . نوع من الطلاق في القانون الرومـاني يرتب حرمان المرأة من مؤاكلة زوجها ومعايشته ويشبه المتاركة او الفرقة بين الأزواج كما تفهم حالياً .

a pais موضوع الخلاف (بمعنى at issue) . الى

سكت طويلا: أي أنه اذا اهمل الشخص المطالبة بحق (مدة غير معقولة) عد تاركاً له .

ab extra من الخارج

ab initio منذ البداية؛ من بدئه؛ من اساسه؛ نحو: The agreement (or deed) is void *ab initio.* الاتفاق (او السند) باطل من اساسه .

ab intestat غير موص؛ بدون وصية

ab invito مراغمة؛ قهراً؛ ضد الرغبة او الإرادة، نحو: انتقال او تفرغ قهري transfer *ab invito* لا خيار فيه او رغبة .

ab irato بدافع الغضب؛ صادر عن غضب او موجدة: كالوصية تعتبر *ab irato* اذا دفع الى انشائهـا الغضب وكانت وصية شخص ناقم او حانق يوصي بما يسيء الى مصلحة وارثه .

ab judicatio نقل او تحويل من المحكمة .

ab olim قديماً؛ منذ القدم

abaction سلب (الشيء)، انتزاعه عنوة او مراغمة

abactor لص؛ سارق: من ينهب الماشية قطعاناً لا من اكتفى منها بسرقة رأس او اثنين .

abadengo [قانون اسباني] أرض لا تخضع لخراج او ضريبة تملكها هيئة دينية .

abalienate يتفرغ للغير (عن حق او منفعة في عقار او منقول)

abalienatio [قانون روماني] انتقال المال من مواطن الى آخر .

abalienation التفرغ عن عقار او منقول او التخلي عنه للغير .

abandon يترك؛ يسيب (صغيراً)؛ يهمل؛ يهجر؛ يسلم؛ يتنازل (عن شيء) او يخليه (اذا كان عقاراً) .

abandonee متنازل له: من صار التنازل او التخلي عن الشيء لمصلحته .

abandonment ترك؛ تنازل؛ اعراض عن أمر؛ تسييب (صغير)؛ اهمال؛ تسليم (شيء) او رده (من قبيل الإستغناء عنه وعدم الحاجة اليه)؛ اخلاء (عقار) او مبارحته . تخل (عن أمر) بما يفيد نبذ كل حق متصل به .

[الكلام عن الأطفال والواجبات العائلية] الإهمال المتعمد؛

المحلفين (اي يحتكم اليهم)، وكلمة *pais* في هذا المجال معناها jury .

a piratis et latronibus capta dominium non mutant استيلاء القراصنة واللصوص على شيء لا يبدل من حق ملكيته الأصلي .

a posteriori بالتالي؛ استتباعاً: تحليل الأشياء منطقياً بالرجوع الى آثارها . اقامة الحجة على اساس الاختبار او الملاحظة او التلاحق الطبيعي . اعتبار الوقائع الثابتة آثـاراً لأشياء يلتمس اثبات ماهيتها بالاستنتاج والبنـاء والقرائن .

a priori استنتاجاً؛ بسبيل الاستنتاج: بناء الحجة على تماثل الأشياء واعتبار ما كان مبدءاً ثابتاً او واقعاً مسلماً به مصدراً او سبباً قطعياً لشيء آخر .

A. R. (راجع *Anno Regni*)

à rendre (شيء) متحصل؛ ناشيء؛ واجب البيان او الأيلولة او الأداء، حسب الأحوال .

a rescriptis valet argumentum «تصح الحجة اذا استندت الى فتوى»

a retro متأخر او متأخرات (مما وجب اداؤه)

a tempore cujus contrarii memoria non existet «منذ ما لا تعي الذاكرة نقيضه»: اي منذ الزمن الذي لم يذكر فيه وجود ما يناقض الرأي موضوع الكلام .

a teneris annis بداعي الحداثة (حداثة السن)

à terme de sa vie مدى حياته؛ طيلة عمره

à tort ابتغاء الضرر؛ اضراراً؛ باطلا؛ بلا مسوغ او مبرر

à tort ou à droit باطلا او حقاً

a. u. c. (راجع *anno urbis conditae*)

a verbis legis non est recendendum ينبغي التقيد بحرفية القانون

ab agendo فاقد الأهلية . عديم الكفاءة او الجدارة

ab ante مقدماً؛ قبلا؛ سلفاً

ab antecedente مقدماً؛ قبلا؛ سلفاً

ab antiquo منذ القدم

ab assuetis non fit injuria لا ضرر مما جرت به العادة . لا يقبل الإدعاء بضرر اعتاد عليه الشخص او

اطراح الرعاية اللازمة؛ الإعراض عن الواجبات الأبويـــة؛ التقصير المفتعل في ادائها او التخلي عن الإلتزامات العائلية دون عذر معقول .

[**علاقات زوجية**] ترك احد الزوجين للآخر تمهيداً للانفصال. وعبارة abandonment justifying divorce **تعني الهجران** المسوغ للطلاق، أي قيام احد الزوجين اختياراً منه بمتاركة الآخر بنية فصم العلاقات الزوجية .

[**مطالبات التعويض**] اهمال القيام ببعض الإجراءات القانونية المطلوبة او التقصير عن القيام باللازم منها .

[**العقود**] تتعدى مجرد الإهمال الى الإمتناع القصدي عن الوفاء.

[**الكلام عن عقار او مسكن**] تخلي الشاغل او المستأجر عنه فعلا وقصداً .

[**النقل البحري**] تسليم السفينة وحمولتها من ملاكها الى امين يتولى ادارتها لمصلحة ذوي الحقوق فيها .

[**الكلام عن المقابر**] تفيد كون المقبرة دارسة لا تستعمل للدفن بل لأغراض أخرى كالزراعة مثلا .

abandonment for torts تنازل نظير إساءة او اساءات؛ التنازل على سبيل التعويض عن اضرار واقعـــة: من ذلك ان يؤذي حيوان شخصاً في مـــاله او نفسه مثلا فيتنازل صاحب الحيوان عنه للمتضرر تعويضاً له عن ضرر لحقه منه .

abatable nuisance مضايقات قابلة للإزالة: ما يستطاع القضاء عليه ممـــا يقلق الراحة العـــامة ويكون استمراره منافياً للقانون .

abate يسقط؛ يبطل؛ يزول؛ ينقضي؛ ينعدم، نحو:
In the event of death of the defendant the action shall abate. اذا توفي المدعى عليه سقطت الدعوى.

يجم أو يخفض، نحو:
The debt must abate in proportion to the loss
يجب خفض الدين بنسبة الخسارة .

يلطف او يحد (من) نحو:
The provision will abate something of the strictness of the law يحد الحكم بعض الشيء من صرامة القانون .

abatement سقوط (دعوى او مطالبة)؛ انقضاء (حق)

[**الديون**] انقاص (مبلغ واجب الدفع)؛ تنزيل (مبلغ نظير دفع نقدي) .

خفض الديون المستحقة على المفلس خفضاً نسبياً يتسنى معه ارضاء الدائنين كافة، بحيث اذا كانت موجوداته لا تكفي لأداء كامل ديونه أمكن المصالحة على تخفيضها بنسبة معينة يتسنى معها توزيع الموجودات على الدائنين دون اجحاف . فلو فرضـــنا مثلا ان مفردات ديون المفلس هي تسعون وستون وثلاثون جنيهاً، وقيمة موجوداته مئة وعشرون جنيهاً فقط، وجب في هذه الحال تخفيض كل دين بمقدار الثلث، بحيث يأخذ صاحب التسعين (٦٠) وصاحب الستين (٤٠) وصاحب الثلاثين (٢٠) جنيهاً .

[**اجراءات العدالة المطلقة** Chancery] يختلف مدلول هذه الكلمة عنه في الإجراءات القانونية بأن abatement of action في العدالة المطلقة لا يعني انقضاء الدعوى وسقوطها بـــل مجرد حفظها أو تعلقها مع دوام حق صاحبها في ملاحقتها واحيائها دون الحاجة الى رفع دعوى جديدة .

abatement of freehold سلب الملك؛ اقتحامه ووضع اليد عليه من أجنبي بعـــد وفاة مالكه وقبل أن يتمكن الوارث من احتلاله . وفعـــل الاقتحام او سلب الحيازة في هـــذه الحـــال هو abatement، والمعتدي (الأجنبي) abator غاصب . (راجع intrusion و disseisin للمقابلة)

abatement of nuisance زوال المضايقة او مصدرها

abatement of purchase-money خفض سعر الشراء: انزال السعر المتفق عليه بسبيل تعويض المشتري عن فرق القيمة التي أفرط البائع في وصفها .

abator غاصب؛ مقتحم (مال الغير): من اقتحم عقار الغير واستولى عليه بعد وفاة مالكه وقبل أن يتمكن الوارث الشرعي من حيازته .

من قضى على مبعث مضايقة أو إزعاج أو خفف من وطأته .

abbacinare سمل العينين او اتلافهما بالنار . شاعت هذه العقوبة في القرون الوسطى وكانت تطبق آنذاك بوضع اناء فيه نار حامية او قطع حديد ملتهبة كالجمر أمام عيني المحكوم عليه وقهره على التحديق فيها حتى تتلف عيناه وينعدم بصره بتأثير الإشعاع والحرارة .

abbacination سمل العينين: اتلاف البصر وكفه على سبيل القصاص في العصور الوسطى . (راجع *abbacinare*)

abbey دير

abbot or **abbat** رئيس دير

abbreviate of adjudication [**قانون اسكتلندي**] خلاصة الحكم على المدين (الراهن) مع بيان المبلغ المحكوم به للمداين والعقار الواجب التنفيذ عليه وفاء للدين .

abbreviators [قانون كنسي] موظفون فنيون مهمتهم المساعدة في اعـــداد فتاوى البابا او محرراته المسماة briefs وصياغة المراسيم البابوية bulls على اساس العرائض المرفوعة الى الكنيسة .

abbrochment or **abbroachment** احتكار تحكمي يقوم على شراء العروض جملة قبل وصولها الى السوق قصد بيعها بالتجزئة (القطاعي) باسعار تحكمية .

abdication تنازل (عن عرش) او ما الى ذلك . اعتزال حكم او منصب اختياراً، وقبل الزمن المعين لانقضاء مدتـــه . تختلف هذه الكلمة عن الاستقالة في انها تفيد النزول عن منصب او كرسي آل الى صاحبه بقوة القانون، بينما تكون الإستقالة ممن حصل على منصبـــه او وظيفته من شخص أو جهة معينة ثم قام برد ما حصل عليه الى ذلك الشخص أو تلك الجهة .

abduction [مواد العقوبات] اختطاف؛ خطف امرأة او طفل او مولى عليه او عليها عنوة او بالتحايل او الإقناع او الغش او العنف . اخذ الأنثى او اختطافها خلافاً للقانون او احتجازها للزواج بها او اتخاذها سرية او اقحامها في الدعارة .

[قوانين بعض الولايات المتحدة] تشمل هجران الزوج زوجته اذا قامت خليلة له بينهما فاستأثرت بعواطفه دون الزوجة وحملته على تركها .

abearance سلوك؛ تصرف

aberemurder قتل عمدي

aberrant ضال؛ زائغ؛ معوج: ارتكب عوجاً او اخل بمقتضيات السلوك الصحيح .

aberration غواية؛ زيغ؛ تجاوز نظام او خرقه؛ قصور او عجز عقلي

abesse [مواد مدنية] الغياب عن مكان معين (تقابله *adesse* الحضور) .

abet [مواد جنـــائية] يحرض؛ يشجع؛ يدفع (الى اقتراف جرم)؛ يشوق (لسوء)، يسوق او يجر (اليه)، يشدد عزيمة فاعله؛ يغري؛ نحو:

abet another to commit a felony
يحرض شخصاً على اقتراف جناية .

abettator }
abettor } محرض؛ مشجع؛ سائق (الى فعل خبيث) دافع؛ مشوق؛ مغر

abeyance [مواد عقارية] حالة الشغور او العلوق (اي التعليق) التي يؤول اليها عقار مات عنه مالكه او تخلى عنه فغدا شاغراً لا حق لأحد فيه، فهو in abeyance معلق، ينتظر كلمة القانون .

وصف فقهاء الرومان مثل هذا العقار بأنه *in nubibus* · في السحاب و *in pendente* معلق و *in gremio legis* في صدر القانون . يقال: An estate in abeyance ملك شاغر او معلق لم يفصل في أمر ايلولته .

abeyance of seisin حد اليد: النيل من الملكية بعرقلتها او انقطاعها على اي وجه . قاعدة ملغاة بقانون الملكية لعام ١٩٢٥ كانت تقضي بوجوب اعتبار الملكية المطلقة غير قابلة لأي من ضروب العرقلة او الانقطاع .

abiaticus or ***aviaticus*** حفيد: ابن الإبن على عمود الذكور من الأقرباء المباشرين

abide يراعي؛ يمتثل؛ يخضع؛ يذعن؛ يحافظ على؛ يتقيد (بقانون او التزام او ما الى ذلك)؛ يتقبل نتائج شيء او عواقبه، نحو:

يمتثل لحكم المحكمة « Abide the judgment of the court »
منهـــا تصاغ كلمة abidance مراعاة او محافظة (على التزامات او قواعد او غير ذلك) .

abide and satisfy يراعي وينفذ: يعمل على التنفيذ التام لحكم او إمر معين .

abiding conviction يقين ملازم؛ وثوق او اقتناع جازم (بوقوع فعل) لا يتوافر الا بعد دراسة فاحصة للقضية وملابساتها كافة .

abiding faith ايمان ملازم (بوقوع فعل) لا يتزعزع؛ وثاقة قاطعة

abigeatus (جرم) سرقة المواشي او الفرار بها بنية السرقة

abigeus سارق مواش: من احترف تضليل الماشية (عن مراعيها) توطئة للفرار بها .

ability قدرة؛ استطاعة؛ وسع؛ نحو:
~ to read and write القدرة على القراءة والكتابة
ملاءة؛ يسار او يسر: كفاية مالية يفيض معها المال على مجرد الحاجة، نحو: a person of ~ شخص مليء او مقتدر

abishering or **abishersing** مصادرة، غرامة؛ عقوبة؛ جزاء

abjudicatio [قانون انكليزي قديم] حرمان او تجريد من شيء بحكم محكمة .

abjuration of the realm [قانون انكليزي قديم]

حلف اليمين على التخلي عن البلاد . نبذ الشخص لوطنه او نفيه لنفسه مختاراً وخالفاً على ذلك .

abjure يتنازل حالفاً (على فعله): يحلف على التنازل او التخلي عن شيء او على اطراحه .

able موسر ؛ مليء ؛ مقتدر

able-bodied صحيح البنية ؛ سليم الجسم او الجسد

able to earn قادر على الكسب

ablegati مندوبون بابويون (في السلك الدبلوماسي الديني) اقل مرتبة من القاصد الرسولي *nuncio* . يقابلهم المبعوثون او المندوبون في السلك الدبلوماسي المدني *envoys* .

abnegate يحرم (النفس) من شيء متيسر ؛ ينزل او يتخلى (عن حق)، ينكره على ذاته .

abnepos حفيد الحفيد او الحفيدة

abneptis حفيدة الحفيد

abode سكن (غير دائم)

abolish يلغي ؛ يبطل (جملة او كلياً)؛ يطرح، يسقط

abolition الغاء؛ ابطال؛ اطراح؛ اسقاط . تدل احياناً على الإذن المعطى من الملك او القضاة للمتهم في مادة جنائية بأن يكف عن متابعة الإجراء .

abominable crime جرم مقيت، يراد به في الغالب جرم اللواط والشذوذ الجنسي على الوانه .

abordage تصادم بحري

abort (امرأة) تجهض نفسها؛ تسقط حملها؛ تطرح ، تضع جنيناً قبل اكتمال تكوينه .

abortifacient [طب شرعي] مجهض؛ مادة معدة للاجهاض؛ مستحضرات مجهضة، سواء كانت ادوية او عقاقير او اية مواد اخرى .

abortion اجهاض؛ اسقاط؛ طرح؛ سقط: اتلاف غير مشروع للجنين بطرحه من الرحم ميتاً قبل اكتمال تكوينه . اخراج او وضع اي شيء لم يكتمل اعداده او تكوينه .

— criminal abortion اجهاض جنائي: طرح او اسقاط يؤتى او يسبب دون عذر او سبيل مشروع .

abortionist مسقط : من سبب او بعث على اجهاض او اسقاط جنائي .

abortive اجهاضي؛ اسقاطي . وضع قبل اوانه؛ جهيض

abortive trial محاكمة جهيضة: لا تسفر عن اي قرار او حكم ولا يكون للخصوم دخل في اخفاقها .

abortus طرح؛ سقط؛ جهض: جنين تطرحه امه ميتاً

about تقريباً؛ على وجه التقريب

above عالياً؛ زيادة او علاوة على؛ قبلا او آنفاً، نحو: مذكور عالياً cited above .
يقال ايضاً : the court above المحكمة الأعلى (درجة) التي تحال اليها الدعوى .
— bail above كفالة خاصة (بمعنى special bail) تؤدى ضماناً لقيام المدعى عليه (في الدعوى المدنية) بدفع ما يحكم عليه به .

above par (راجع باب par)

abrasion (of coin) تحات (النقد المعدني)، كشطه او تآكله، نقص وزنه مع كثرة التداول والاستعمال .

abridge يوجز ؛ يجتزىء؛ يقتضب؛ يختصر

abridgment اجتزاء؛ اختصار؛ تحديد

abridgment of damages تحديد اضرار او انقاصها ، كحق المحكمة في تحديد الأضرار او خفضها وتكييف مقاديرها تبعاً للظروف .

abroad نازح؛ جال عن بلد او مكان خارج البلاد؛ خارج بيته . متجولا، نحو:
Whoever is found abroad during curfew hours shall be liable to interrogation من وجد متجولا اثناء ساعات منع التجول كان عرضة للاستجواب .

abrogate يلغي؛ يبطل؛ ينسخ؛ يفسخ

abrogation الغاء؛ ابطال؛ نسخ؛ فسخ

abscond يفر سراً (من وجه العدالة)؛ يختفي؛ يتوارى تفادياً للوقوع تحت طائلة القانون .

absconding debtor المدين المتواري او المختفي عن دائنيه: من تحاشى مداينيه وتفادى مواجهتهم .

absence غيبة؛ غياب او تغيب، وهو على انواع خمسة:

necessary absence ١) غياب حكمي او اضطراري، كغياب المنفي او المبعد .

necessary and voluntary absence ٢) غياب اضطراري وخياري، كالغياب لخدمة الدولة او التبشير بدين .

probable absence ٣) غياب احتمالي، كغياب الطالب

entirely voluntary absence ٤) الغياب بمحض الإرادة او الخيار كالغياب لأغراض التجارة او ما اليها .

absence *cum dolo et culpâ* ٥) غياب جرمي وخطائي او غياب مؤاخذ، كغياب من لا يمتثل لأوامر الحضور وما اليها مما يقتضي القانون تلبيته .

— in absence [قانون اسكتلندي] غيابي

absent غائب؛ قاص؛ غير موجود (في مكان معين)

[كنعت] عاجز او فاقد الأهلية لأداء وظائفه او ممارسة اختصاصاته، نحو: قاض لا يملك judge is absent اهلية الحكم (نظراً لما به من عوارض الأهلية) .

absent-mindedness شرود الذهن؛ غيبوبة الفكر او ذهوله: الحالة الفكرية التي تعتري من لا يملك تركيز انتباهه تركيزاً عادياً .

absente غائب؛ متغيب

absente reo المدعى عليه غائب، او حالة كونه كذلك

absentee غائب؛ متغيب؛ مقيم في الخارج . مالك غائب يسكن غير البلاد التي بها املاكه .

absentem accipere debemus eum qui non est eo loci in quo petitur الغائب من لا يستطاع العثور عليه حيث يقيم (او حيث تفترض اقامته) .

absentia ejus qui reipublicae causâ abest, neque ei neque alii damnosa esse debet تغيب الشخص لقضاء مصالح الدولة لا يضاره او يضار غيره (او لا يكون مبعث ضرر له او لغيره) .

absoile (راجع assoil)

absolute مطلق؛ اطلاقي؛ قاطع؛ منجز؛ محكم؛ نهائي؛ تام؛ كامل؛ كلي؛ غير مشروط؛ غير مقيد؛ لا يخضع لقيد او شرط؛ غير منازع او مدافع

absolute interest ملكية تامة: ملكية شاملة وناجزة

absolute law قانون مطلق؛ قانون الطبيعة او القانون الطبيعي الذي لا يتبدل نظرياً او من حيث المبدأ لكنه يساير الظروف عند التطبيق، وتتكيف أحكامه بتكيف الأحوال ومقتضياتها والتزاماتها .

absolute liability مسؤولية كاملة (سواء توافر عنصر الإهمال او القصد او لم يتوافر) .

absolutely اطلاقاً؛ كلياً؛ نهائياً

absolution تبرئة من تهمة او مظنة: الحكم القاضي ببراءة المتهم من جرم اسند اليه .

absolutism نظام الحكم المطلق: نظام حكومي تنحصر فيه السلطة العامة في يد فرد او افراد لا سلطان عليهم لقانون أو دستور .

absolute title حق ملكية مطلق لا يعلو عليه حق آخر .

absolve يخلي (من التزام)؛ يبرئ (ذمة)؛ يحل (من دين او التزام)

absolvitor [قانون اسكتلندي] (حكم) براءة او تبرئة تصدره المحكمة لصالح المتهم .

absque hoc دون هذا او بغيره

absque impetitione vasti راجع: (without impeachment of waste)

abstain يحجم؛ يمتنع (من تلقاء نفسه)؛ يتنحى، كما يفعل القاضي عن حكم الدعوى لأي سبب كان يخشى معه الحرج او الميل .

abstention احجام؛ امتناع او تنح عن ممارسة شيء، كتنحي القاضي عن نظر الدعوى في احوال خاصة يحددها القانون .

[قانون فرنسي] الحيلولة دون الوارث وحيازة الميراث؛ تنازل الوارث عن الميراث ضمناً او بسبيل السكوت .

abstract يخرج او يسحب، نحو:
He abstracted his funds from the bank
سحب امواله من البنك .

[كإسم] خلاصة او موجز . [كنعت] نظري محض لا يصلح للتطبيق .

abstract of record خلاصة الدعوى او الإجراء؛ مختصر واف للقضية وتطوراتها حسب واقع سجلها .

abstract of title موجز تاريخ الملكية (موضوع البحث): وهو عبارة عن وصف مقتضب يبين كيفية تقلب الحق العقاري وما يتصل به من تصرفات او امتيازات او حقوق او غير ذلك مما يؤثر في قيمته واحواله اي تأثير .

abstract question مسألة نظرية (خيالية) لا تستند الى حقائق واقعية او حقوق فعلية .

abstraction انتزاع (الشيء)؛ غصبه او اخذه

abusive تعسني؛ مخل، مناف (لآداب او اصول سليمة) او ناب (عنها)؛ جارح ؛ مقدع ؛ خادع

abut يلتصق؛ يلتقي او يتصل بطرف او حد معين؛ يتاخم الى حد التماس ولا يقف عند مجرد التجاور adjacency .

abutments قوائم او اركان جسر متصلة بضفتي نهر او حافتي وادي .

abuttals حدود؛ تخوم

abutter ملاصق . جار ملاصق: من لاصق ملكه ملك الغير او حده مباشرة .

ac etiam وكذلك؛ وأيضاً

ac si كما لو؛ كما لو (كان) . ترد هذه العبارة غالباً في التشاريع الإنكليزية القديمة .

academic نظري ؛ لا يصلح لتنفيذ او تطبيق

accede يتبوأ (عرشاً)؛ يتولى (منصباً) . يجيب (الى طلب) . يؤيد (رأياً او سياسة)؛ يجانب؛ ينضم؛ (والاسم accession)

accelerate-stop distance [**مواد الطيران**] مسافة الإسراع والوقف المباغت : المسافة او المساحة التي تلزم الطائرة لكسب السرعة الكافية للتحليق والوقف المباغت اذا اضطرها طارئ للعدول عنه (اي عن التحليق) . ويسميها البعض « مسافة اكتساب السرعة وفقدها » .

acceleration تعجيل (سداد او وفاء)؛ اسراع؛ تقصير (اجل مضروب) ؛ بسر او تعجيل امر واحداثه قبل أوانه المقرر .

acceleration clause شرط تعجيل: اذا أضيف الى عقد او اتفاق وفاء نص احياناً على انه اذا قصر الطرف المدين في القيام بشيء معين (كدفع الفوائد مثلا في حينها) كان عليه ان يدفع الدين قبل الموعد المحدد لدفعه اصلا .

accept يتقبل؛ يتسلم شيئاً (استيفاء لحق) او يرضى به .

[**السندات والأوراق**] يقبل؛ يشرف (بالدفع) او اداء القيمة المبينة فيها .

acceptance قبول؛ رضى؛ موافقة

[**اوراق تجارية**] قبول السند الإذني او الصك، الاستعداد لأداء قيمته .

[**العقود**] قبول (الشخص) المعروض عليه او رضاه بما يبذله له الموجب (صاحب العرض) بايجابه .

(بالباطل) اضراراً بمن اخذ منه . سلب الأموال بسبيل الغش او التدليس؛ وهو يشبه الاختلاس embezzlement بعض الشيء في المعنى لكنه لا يطابقه لأغراض القانون .

[**اقتصاد سياسي**] التجريد او الإستغناء عن الكثير من عناصر البحث بالعناصر القليلة المسلم بها واقامة القواعد الاقتصادية على اساسها .

wrongful abstraction — استيلاء باطل . اخذ الأموال او سحبها او الاستيلاء عليها للمنفعة الذاتية خلافاً للقانون (وهو من جرائم اساءة الائتمان للمغنم الذاتي) .

absurdity مستحيل؛ أمر غير ممكن؛ محال؛ استحالة؛ تناقض منطقي

abundans cautela non nocet لا ضرر من المغالاة في الحيطة (او من كثرتها) .

abuse [**كإسم**] اساءة استعمال او تصرف؛ استعمال شيء (معنوياً كان ام مادياً) في غير وجهه الصحيح او استعمالا غير مشروع . توسل بحق او بواسطة مشروعة لإتيان عمل غير مشروع . مغايرة نظام مرعي . خروج عن الاتزان (في فعل او تصرف) .

[**امانات وودائع**] اساءة استعمال الأمانة؛ استعمال الوديعة بغير حق، كاستعمال الوديع مثلا لحصان اودعه على سبيل الأمانة . بركوبه او تشغيله لمنفعته الخاصة

[**مواد جنائية**] انتهاك البنت القاصر بما يؤذي اعضاءها التناسلية (ولو لم يكن ذلك بسبيل تمام الفعل الآثم)، التصرف معها تصرفاً سافلا او الإعتداء عليها بما يتنافى مع الانسانية والحشمة .

[**اجراءات قانونية**] سوء الإجراء ؛ كقيام احد الخصوم بابراز اوراق غير صحيحة او تقديم بيانات غير حقيقية (بنية سيئة) .

[**كفعل**] يسيء استعمال؛ يتمادى او يغلو فيه؛ يستعمل شيئاً لغير ما جعل له او خلافاً لأصول استعماله الطبيعية او المشروعة .

abuse of discretion اساءة تقدير: من ذلك وقوع المحكمة في خطأ قانوني لا ينطوي على سوء نية، بل يكون مجرد خطأ واضح أتته المحكمة فيما استنتجت وحكمت . كذلك خروج المحكمة عن سابقات ثابتة او عرف قانوني متوطد .

abuse of distress اساءة استعمال موضوع الحجز (المال المحجوز عليه)

abuse of process (راجع باب process)

— absolute acceptance قبول مطلق . اتفاق كلي على الوفاء بكامل قيمة السند .

— clean acceptance قبول بسيط: اي عادي

— conditional acceptance قبول مشروط: معلق على شرط او مقيد بحصول شيء متفق عليه .

— express acceptance قبول صريح

— partial acceptance قبول جزئي: يقف عند حد اداء جزء من المبلغ المسحوب به الصك او السند .

— qualified acceptance قبول تكييفي او تحفظي : اما ان يكون قبولا جزئياً او مقيداً بشرط؛ ويصحبه، عل كل حال، تعديل في المبلغ او الزمن او كيفية الدفع او مكانه .

— supra protest acceptance قبول بعد نكرة (او احتجاج)؛ قبول بالواسطة: اسعاف السند من شخص ثالث بعد حصول الاحتجاج لعدم القبول من المسحوب عليه . ويلجأ عادة الى مثل هذا القبول انقاذاً لسمعة الساحب او المظهر .

— tacit acceptance (راجع باب tacit)

acceptance au besoin قبول اضطراري؛ قبول الحاجة الذي يكون عند رفض المسحوب عليه للسند او عجزه عن دفعه .

acceptance for honour قبول تشريف؛ قبول السند لمصلحة الغير او بالواسطة

acceptance houses مؤسسات او دور لقبول الصكوك والسندات او حسمها او ما الى ذلك، لا تكاد تختلف عن غرف المقاصة .

acceptance under reserve قبول مع التحفظ

acceptances اوراق تجارية مقبولة

acceptation معنى او مدلول مصطلح عليه؛ مفهوم او تفسير شائع او مقبول

acceptilatio litteris تخالص كتابي

acceptilatio verbis تخالص شفهي

acceptilation [قانون اسكتلندي] ابراء ذمة؛ اخلاء المداين للمدين من دينه دون مقابل او عوض . وهذا كالهبة لا غضاضة فيه قانوناً ما لم تكن غايته خداع باقي الدائنين .

acceptor [العقود] قابل او راض تماماً بما عرضه الموجب (صاحب العرض)

[أوراق مالية] قابل الصك او السند وهو (عادة) المسحوب عليه او المسؤول الأول عن الوفاء .

acceptor supra protest قابل (الصك او السند) بعد النكرة (او الاحتجاج)

access سبيل؛ منفذ؛ وسيلة (الى شيء)، قدرة ادراكه او تناوله، امكان ذلك او سهولته .

ترد أحياناً بمعنى الوقاع (الاتصال الجنسي) وامكان ذلك بين الزوجين بحكم ظروفهما الخاصة .

[متعلقات الأراضي وحقوق الارتفاق] ارتفاق عبور؛ قدرة المالك، المجاور لدرب فرعي او طريق عام، على الانتقال من ارضه الى الدرب او الطريق في حرية تامة . (راجع access, easement of تالياً)

access, easement of (easement of access) ارتفاق عبور، يبيح لمالك الأرض ان يصل الى ارضه او يخرج منها عبر ارض شخص آخر، اذا لم يجد معدلا معقولا عن ذلك. الاطلاع على السجلات او المحفوظات العامة (لغرض معين) .

accessary (راجع accessory)

accessible في المتناول؛ سهل التناول؛ يسير او مستطاع الوصول او الادراك او الدخول .

accessio [قانون روماني] تبيع؛ تبعي؛ اضافي؛ فرعي، ينشأ او يتفرع عن حق التزام رئيسي او فرعي .

accessio cedit principali اذا ضم الفرع الى الأصل اصبح جزءاً منه .

accession بلوغ مكانة او حق او التمكن من ذلك . اعتلاء او تبوء سلطة او عرش . بداية عهد (ملك او حاكم) .

مبدأ مستحدث في المواد المدنية يعطي المالك حقاً في كل ما ينتجه عقاره وما يلتصق به او يضاف اليه او يندمج فيه بفعل الانسان او الطبيعة .

[قانون دولي] دخول في معاهدة قائمة بين دول مستقلة او الاشتراك فيها اشتراكاً مطلقاً absolute او مشروطاً conditional .

— deed of accession [قانون اسكتلندي] سند ادارة يحرره دائنو المفلس او المعسر لتحديد كيفية ادارة امواله لصالح الجميع .

accessorium non ducit, sed sequitur suum principale الفرع يتبع الأصل لا يتقدمه

accidental طارىء؛ صدفة او وليد صدفة؛ قضاء وقدراً

accidental killing الاماتة او القتل قضاء وقدراً: القتل الناشيء عن فعل مشروع تم في ظل القانون والفاعل يعتقد اعتقاداً معقولا بأن فعله لن يلد ضرراً لأحد، وهذا يختلف عن الـ involuntary manslaughter القتل الناشيء عن فعل غير مشروع او عن فعل مشروع تم خلافاً للقانون.

accidents of labour اصابات العمل، حوادثه او مصائبه: الحوادث الضارة التي تقع للعمال أثناء تأدية الأعمال المطلوبة منهم او بسببها دون أن تنذر ظروف العمل باحتمال وقوعها.

accidents of navigation حوادث الملاحة: النوازل او الإصابات التي تقع اثناء الأسفار البحرية قضاء وقدراً.

accomenda عقد بحري: طرفاه صاحب بضاعة ورئيس سفينة master of a ship يعهد فيه الأول الى الثاني ببضاعة معينة كي يبيعها نظير نصيب متفق عليه من الربح، فيكون من احدهما رأس المال ومن الثاني العمل.

accommodation قضاء مصلحة الغير مجاناً: اي بسبيل المجاملة او التفضل

accommodation acceptance قبول مجاملة

accommodation bill سند (كمبيالة) او ورقة مجاملة او تواطؤ

accommodation indorsement تظهير مجاملة؛ تظهير تفضلي: لا يتوخى المظهر من ورائه نفعاً ذاتياً، بل يقوم به دون عوض كشخص ثالث لمصلحة حامله او تمكيناً لمنشئه من استلاف قيمته.

accommodation indorser مظهر او مدور متفضل او مجامل (غير منتفع)

accommodation lands أرض تعمير او انشاء، تبدو غير ذات قيمة (لأول وهلة) يشتريها المشتغلون في الانشاء ويعمرونها بالمباني فتعظم قيمتها فيؤجرونها بأسعار تفوق ما كان يقدر لها قبل التعمير.

accommodation paper ورقة مجاملة او تفضل: تحمل توقيع الفريق المتفضل قابلا كان ام ساحباً ام مظهراً. والقابل او الساحب او المظهر في هذه الحال يبذل اسمه، بلا عوض، لفريق آخر غايته صرف الورقة او الكمبيالة كي يقبض قيمتها (على سبيل الاستدانة) ثم يوفي بها عند استحقاقها.

accessorium non trahit principali الفرع لا ينطوي على الاصل؛ (الشيء) التابع لا ينطوي على المتبوع.

accessorium sequitur naturam sui principalis الفرع يتبع طبيعة اصله

accessory ملحق؛ تبع؛ تبيع؛ مكمل. ماكان وجوده زينة لشيء آخر، متمماً او مرافقاً له او متصلا به: كاللجام بالنسبة للفرس او الإطار للصورة او المفتاح للبيت.

[قوانين جنائية] متدخل او شريك. من اشترك (عن علم منه) في ارتكاب جريمة او ساعد عليها مساعدة ايجابية (اي فعلية) بالوسائل التي يشير اليها القانون؛ كالأمر او التحريض او التشويق او التدبير او النصيحة او الاخفاء او الحماية او غير ذلك، سواء قبل الفعل او بعده. ولا يشترط في المتدخل او الشريك ان يشهد الفعل مع الفاعل الأصلي.

accessory action [قانون اسكتلندي] قضية فرعية او تبعية.

accessory after the fact متدخل بعد الفعل: من علم بارتكاب الجريمة فأخفاها او آوى المتهم بها او ساعده او حماه او مهد لفراره من وجه العدالة.

accessory before the fact متدخل (او شريك) قبل الفعل: من ساعد الفاعل الأصلي قبل وقوع الجريمة، بنصح او ارشاد او تحريض او امر او غير ذلك من سبل التدخل الجنائي، سواء شهد الفعل ام لم يشهده.

accessory contract عقد تبعي او فرعي: ينظم تبعاً لعقد اصلي او سابق، في ذات الموضوع، وذلك بغية تعزيزه او الإضافة اليه او ضمان تنفيذه، سواء وقعه الفرقاء انفسهم ام غيرهم. سمي تبعياً لأنه تابع ومدين بوجوده لعقد سابق.

accessory during the fact متدخل اثناء الفعل: من وقع الجرم بحضوره ولم يتدخل او يبذل جهداً معقولا للحيلولة دون وقوعه.

accessory to adultery شريك في الزنا: من يشترك في (جرم) الزنا لا بمجرد السكوت عنه، بل يقوم بالأمر او النصح به او التمهيد له.

accident نازلة؛ حدث صدفة؛ أمر لم تجر به عادة؛ حادث عرضي غير متوقع او مرتقب؛ واقعة مؤلمة تلد ضرراً لا يد فيه لانسان.

[عقود تأمين] نازلة او اصابة تقع قضاء وقدراً دون نذير او تمهيد او قصد.

accommodation road طريق خاصة يعود حق استعمالها لأناس معلومين دون سواهم .

accompany يرافق؛ يصاحب؛ يلابس: يحدث، يجري او يقع مع أمر آخر .

accomplice [مواد جنائية] شريك (في جرم)؛ من قام عن علم وقصد وطوع منه بمشاركة الفاعل الأصلي في ارتكاب احدى الجرائم او الجنايات .

accord اتفــاق؛ تراض؛ مصالحة؛ تسوية او اداء حق (واجب الاداء): ما يقرر اداؤه، بين المتضرر ومن صدر عنه الضرر، على سبيل التعويض، بحيث اذا تم الوفاء به لم يبق لأحد الفريقين على الآخر حق في المطالبة بأي شيء يتصل بموضوع الاتفاق والوفاء .

[اداء الذمم] المصالحة او الاتفاق بين المدين ودائنه على سداد الدين بغير ما تم الاتفاق عليه أصلا او بأقل مما كان في وسع المداين او صاحب الالتزام ان يطالب به الملتزم او المدين لو لم تتحقق هذه المصالحة . يختلف الـ accord عن الـ composition (الصلح الواقي) في انه ينشأ بين المدين وأحد مداينيه لا بينه وبين اتحاد الدائنين او اليهم كما هي الحال في الـ composition .

[كفعل] يتفق؛ يوافق؛ يجمع؛ يلتقي (مع الغير) في رأي او فكر .

accord and satisfaction تراض واداء او مصالحة على وفاء: اتفاق بين شخصين، لأحدهما على الآخر حق مستطـاع التحصيل بطريق القضاء، يتعهد بموجبه المدين ان يؤدي والدائن ان يتقبل شيئاً او مبلغـاً معيناً (يقل او يختلف عادة عن اصل المطلوب) وذلك على سبيل التسوية والوفاء وحسماً للنزاع دون اللجوء الى القضاء .

accordance اتفاق؛ انسجام؛ مسايرة؛ مطابقة

— in accordance with عملا (بـ)؛ وفقاً، وفاقاً او طبقاً (لـ)؛ تمشياً (مع)

accordant موافق؛ مؤيد؛ منسجم؛ مطابق؛ غير متنافر .

accouchement وضع، ولادة

account حساب؛ قيد؛ كشف؛ بيان حسابي؛ ذمة . بيان؛ تصوير او وصف، نحو:

« a true account of the law as it stands »

وصف صحيح للقانون في وضعه الراهن (او كما هو) .

— action of account دعوى محاسبة: يقيمها شخص على آخر ليحمله على تقديم حساب معين .

— bearing interest account حساب ذو فائدة

— impersonal account حساب غير شخصي

— nominal account حساب اسمي او صوري

— non-resident account حساب غير مقيم: حساب شخص اجنبي (طبيعي او اعتيادي) مقيم في الخارج .

— statement of account بيان او كشف حساب

account, closed حساب مقفل: لا يقبل اية اضافة اخرى

account, current حساب جار

account, mutual حساب متبادل: ينشأ بين شخصين او أكثر بحكم ما بينهم من معاملات تقتضي ان يكون لكل منهم اعتماد مقابل لدى الآخر . اتفاق طرفين على التقاص في ديون متقابلة بينهم بحيث يذهب ما لكل منهم بما عليه او دين بدين مساو له .

account, open حساب مفتوح: لم تشمله التسوية النهائية ولا يزال قابلا للزيادة والنقصان .

account, payee حساب المستفيد

account, rendered حساب مقدم؛ حساب مرسل التفاصيل: حصل تقديمه من الدائن الى المدين ليراجعه ويقره.

account, settled حساب مدفوع؛ حساب مسدد: دفع رصيده ولا يدين بموجبه فريق لآخر؛ حساب سواء .

account, stated حساب مقبول؛ حساب معتمد او متفق عليه (بين طرفيه) : الحساب الذي يقدمه الدائن للمدين فيوافق هذا عليه .

account-book دفتر حسابات

account day يوم بيان الحساب

account for يدفع مبلغاً (من المال) لشخص او لمن له حق في ذلك . يسأل عن، يطلب منه، نحو:

He shall account for half the loss.

سيسأل عن نصف الخسارة .

accountable مجبر على الاداء؛ مسؤول؛ مطالب (بشيء) او مسؤول للمحاسبة (في شأنه) .

accountable receipt ايصال بتسليم مال مع بيان كيفية التصرف بذلك المال .

accountant محاسب

— certified accountant محاسب معترف به

— chartered accountant محاسب قانوني؛ محاسب محلف

accounting محاسبة

accounting machine آلة حاسبة

accounts, falsification of تزوير الحسابات . يعتبر التزوير جنحة اذا ارتكبه الخادم بنية الغش (قانون الشركات لعام ١٩٤٨) .

accounts receivable التزامات تعاقدية منتظرة (اي عائدة لشخص معين بموجب حساب مفتوح)؛ رصيد اقساط دورية instalments .

accouple يقترن؛ يتزوج

accredit [**قانون دولي**] يعتمد؛ يعترف بـ

accredited معتمد؛ معترف به؛ مقبول

accredulitare يستبرئ او يتبرأ باليمين: اي يحلف على انه بريء فيتبرأ . وتبرئة اليمين هذه اجراء قديم لاغ كان من شأنه نفي التهمة عن المتهم اذا حلف على براءة نفسه.

accretion زيادة التصاق؛ تعاظم: نمو او ازدياد الشيء بما يضاف او يؤول اليه .

[**مسائل الأراضي**] يراد بزيادة الالتصاق، ازدياد مساحة الأرض المحاذية للبحر او النهر تبعاً لما ينكشف عنه ايهما (بفعل الطبيعة) من اليابسة التي تصبح بعد زوال الماء عنها جزءاً منضماً الى الأرض المذكورة .

[**المواريث**] زيادة الأسهم . حق الورثة اذا رفض احدهم سهمه او فقد اهلية الوراثة، في ان يضموا سهمه الى ما ورثوه من الأسهم، ويزداد في هذه الحال سهم كل منهم بما يضم اليه زيادة نسبية . وهذا يشبه العول في الفقه الاسلامي .

accroach يمارس سلطة غير مشروعة

[**قانون فرنسي**] يؤخر؛ يعيق؛ يعرقل

accrue يؤول او يعود (من ربح او خسارة)؛ ينتج؛ يستحق؛ يحل؛ يتوافر؛ يكتسب؛ ينشأ؛ يحصل؛ يقع

[**الدعاوى**] يقال:

Cause of action accrues on date that damage is sustained تنشأ اسباب الدعوى من حين حصول الاضرار، او يحل حق التقاضي (او المطالبة) عند وقوع الاضرار .

[**العقود**] تحرير او نشوء (العقد) او تنفيذه نحو :

where the contract has accrued حيث حرر العقد او في مكان نشوئه او تحريره .

[**الضرائب**] يقال:

Taxpayer makes returns on accrual basis
يؤدي المكلف ما عليه بنسبة كسبه او ما يؤول اليه من ايراد .

accrued compensation تعويض مستحق، واجب الاداء او الاستيفاء

accrued due عوائد مستحقة

accrued interest فائدة حالة الاداء (راجع accruing interest للمقابلة)

accrued right حق ناجز؛ حال الاداء: يصح ان يكون أساساً لمقاضاة .

accruar (or **accrual**), **clause of** (clause of accruar or accrual) شرط الأيلولة: النص الذي يدخل احياناً على الوصايا او التصرفات لبيان كيفية ايلولة المال المتصرف فيه اذا شغر بموت او رفض او غير ذلك كاشتراط المورث مثلا ان «يرث زيد دكاناً وزياد أرضاً فاذا مات زيد ولم يعقب آلت الدكان الى زياد» .

accruing حال (الأيلولة)؛ آيل؛ آخذ في التكوين؛ ناشىء عن زيادة او نمو او كسب .

accruing costs أتعاب أومصاريف محكوم بها او عائدة (نتيجة لحكم) .

accruing interest فوائد متجمعة (على أصل دين)، تتجمع وتزداد تدريجياً دون ان يحل اداؤها .

accruing right حق متزايد المقدار

accumulate يتراكم؛ يتجمع؛ يتزايد؛ يكدس

accumulations زيادات؛ اضافات؛ متجمعات؛ متراكمات؛ اكداس

accumulative judgment حكم تباعي او لاحق: توقع عقوبته بعد تمام استنفاذ عقوبة سابقة؛ بحيث اذا أدين شخص وحكم عليه بالسجن مدة معينة ثم أدين ثانية بجرم آخر وحكم عليه بالسجن مدة اخرى، كان الحكم الثاني حكماً تباعياً يؤجل تنفيذه حتى يقضي المحكوم مدة الحكم الأول؛ اي تبدأ مدة السجن التالية حال انقضاء المدة السابقة .

accusare nemo se debet, nisi coram Deo
لا يلزم احد باتهام نفسه الا أمام الله .

accusation اتهام؛ تهمة؛ ظنة

acquiesce يقبل او يرضى ضمناً (لا صراحة) ؛ يسكت (على مبايعة او ايلولة حق او اي عمل او شيء آخر) بما يفيد القبول الضمني او عدم الممانعة .

acquiescence اقرار سكوت او تحفظ ؛ قبول ضمني ينطوي على الرضى بأمر رضى غير صريح . السكوت الدال على قبول (مبايعة معينة او الاذن بالسير فيها والتهيؤ الضمني للمطالبة او القناعة بعوائدها) ؛ وهو غير التصديق او الاقرار الصريح confirmation الذي ينطوي على القصد والرغبة الواضحة في قبول الشيء وابرامه .

قبول سلبي ؛ رضى تردد او استنكاف يتخذ قرينة على القبول .

رضوخ او اذعان لشيء او عجز عن التصريح برفضه او مقاومته ؛ وهو حال وسط بين التصريح بالقبول والتصريح بالرفض ، يرجح معه اعتبار القناعة بالشيء والصبر عليه .

قبول ناشيء عن اهمال الاعتراض او القعود عن الرفض مدة يصح تفسيرها بالموافقة .

acquiescence, estoppel by (estoppel by acquiescence)

اغلاق السكوت او لزوم نتائجه (راجع estoppel للتثبت من معناها الأصلي) ؛ وهو ما يكون باعتباره ان السكوت على أمر يتخذ حجـــة على الساكت او قرينة على قبوله ، وان الشخص المحتج بسكوته قــد رأى منه هذا السكوت فاعتمد عليه وبدل خطته او سبيله بناء عليه ولحقه الضرر محل الادعاء .

acquire يحرز ؛ يكتسب ؛ يصيب شيئاً او يحصل عليه (بسبيل بحث او جهد او شراء او ربح او غير ذلك) ؛ يتملك او يمتلك

acquired rights حقوق مكتسبة او محرزة

acquisition اكتساب ؛ تملك ؛ امتلاك ؛ احراز شيء او الحصول عليه

— **original acquisition** اكتساب اصلي ؛ احراز او تملك اصلي او أسبق : الاستيلاء على شيء قبل الغير .

— **derivative acquisition** اكتساب او احراز مستمد ؛ تملك انتقالي ، يؤول معه المال الى شخص من آخر (سبق المحرز الى الحصول عليه)

acquit يحل من التزام ؛ يخلي من تبعة او مطالبة ؛ يبرىء

acquit à caution شهادة اتجاه : تنص على التوجه بالبضاعة الى غير الميناء المتفق عليه

acquit back [مواد التعدين] يرد او يعيد حق التعدين

accusator post rationabile tempus non est audiendus, nisi se bene de omissione excusaverit
لا تسمع التهمة بعد مضي مدة معقولة من الزمن الا اذا علل المتهم تأخير اتهامه بأسباب وجيهة .

accusatorial procedure اجراء متعادل او متكافيء الأركان ، يكون فيه القاضي غير المدعي بالحق العام (او الخصم) . وهو نقيض الـ inquisitorial procedure اجراء محاكم التفتيش الدينية الذي كان يجتمع فيه الاتهام والحكم لشخص واحد يتهم ويحكم كما شاء .

accusatory اتهامي ؛ يرمي بتهمة او ظنة ، نحو : accusatory language عبارات اتهامية

accusatory part نص التهمة او مادتها : العبارة او الفقرة التي تحدد التهمة

accuse يتهم ؛ يظن ؛ يرمي (بذنب او جرم او فاحشة او ما الى ذلك)

accused متهم ؛ ظنين

accuser متهم ؛ ظان

achieve subject matter [براءات الاختراع] يصلح لمـا اعد له ؛ يأتي بالغاية المطلوبة ؛ أهل للحصول على براءة او للحماية بها

acknowledge يعترف ؛ يقر (بأمر) ؛ يدرك ؛ يتقبل (تبعة) ؛ يقرر ؛ يصرح ؛ يبين .

acknowledgment اعتراف : كاعتراف الشخص بولده acknowledgment of child .

الاعتراف بدين او التزام او مسؤولية . اقرار ؛ تقرير ؛ اثبات (بمعنى تأكيد) ؛ اشهاد او شهادة . بيان ؛ اطلاع ؛ احاطة بأمر . اقرار ببنوة او ثبوت نسب .

— **separate acknowledgment** اقرار منفصل او مستقل

acknowledgment of wills اقرار الوصايا . اذا لم توقع الوصية بحضور الشهود وجب على الموصي ان يعترف امام الشهود بأنه صاحب التوقيع المثبت على الوصية .

acquéreur [قانون فرنسي] محرز (للملك) بسبيل الشراء

acquest مال حديث الأيلولة ؛ عقار مشترى

acquêts مال محرز بأي سبيل خلا الميراث .
ما آل من اموال عقارية او ارباح بسبيل الزواج او اثناءه سواء كان لكلا الزوجين معاً او لأحدهما دون الآخر .

او امتيازه او ينزل عنه او يسلمه الى مانحه الأصلي بموجب سند قانوني .

acquit of suit يخلي من ملاحقة او دعوى: يجعل (المخلى) في منجى من الدعوى او المساءلة المدنية .

acquittal ابراء او براءة (تحكم بها محكمة) . وأحكام البراءة لا تستأنف ، كما ان المحاكم الجزئية courts of summary jurisdiction لا تبرىء بل ترد dismiss .

[**العقود**] اخلاء

[**جرائم**] تبرئة (راجع نوعيها التاليين)

acquittal in fact تبرئة الواقع او التبرئة على اساس الواقع، وهو ما يقرره المحلفون استناداً الى وقائع القضية .

acquittal in law تبرئة القانون او التبرئة بحكم القانون: وهو ما تقرره المحكمة استناداً الى القانون فقط، كأن يتهم شخص مثلا، بـأنه شريك في جرم، ثم يبرأ الأصيل، فتكون تبرئة الشريك في هذه الحال acquittal in law .

acquittance مخالصة مكتوبة؛ إبراء ذمة مكتوب يأخذه المدين من الدائن عند الوفاء .

acquittance *pro tanto* مخالصة عن جزء معين من الالتزام؛ ايصال او بيان بوفاء جزئي؛ ابراء نسبي: يكون بنسبة ما أنجز من موضوع الالتزام .

acre فدان انكليزي مساحته ٤٨٤٠ ياردة مربعة

acrobatic flight [**قواعد الطيران**] طيران بهلواني

across عرضاً؛ بالعرض؛ من جانب لآخر، عبر (ارض معلومة او غير ذلك)

act يفعل؛ يسلك؛ ينجز؛ يقوم مقام شخص، يمارس سلطته او ينوب عنه .

فعل؛ عمل؛ اجراء او تصرف، يعتبر اثراً لارادة او صدى لها او صورة لقصد .

انجاز شيء او ممارسة سلطة . ورقة (تشهد بفعل او تصرف). قانون؛ تشريع؛ مرسوم

[**مواد مدنية**] سند؛ اعلام؛ محرر؛ عقد؛ حجة؛ بيان مكتوب بصيغة قانونية يفيد القيـام بشيء او الاتفاق على امر او الاقرار به .

[**تشريع**] قانون او تشريع وضعي صادر عن سلطة تشريعية مختصة . يقال في انكلترا Act of Parliament «قانون تشريعي برلماني» بمعنى أنه صادر عن البرلمان الانكليزي . وفي الولايات المتحدة Act of Congress «قانون او تشريع كنغرس» او Act of Legislature «قانون تشريعي او قانون سلطة تشريعية» .

تختلف كلمة act عن law بأنها تطلق عادة على القوانين الصادرة عن الهيئة التشريعية، بينما تمتد كلمة law الى أبعـد من ذلك فتشمل كل حكم أساسي أو فرعي معمول به سواء كان قانون برلمان او قانون قاض judge made law او غير ذلك .

[**اجراءات**] تطلق على كل محرر رسمي يصدر عن القاضي او المحكمـة .

[**قانون اسكتلندي**] امر او مرسوم صادر عن محكمة .

[**قانون فرنسي والماني**] تدل كلمة acts على سجلات الدعوى ووثائقها واوراقها بوجه عام .

— private act محرر او مستند عرفي . سجل خصوصي؛ يبين واصلات شخص معين ومصروفاته واعماله ومخالصاته وما الى ذلك .

— public act محرر او مستند رسمي: ينظم بحضور موظف عمومي ويبصم بخاتم رسمي ويجري تصديقه حسب الأصول .

— reasonable act (راجع باب reasonable)

— special act (راجع باب special)

act book [**قانون اسكتلندي**] سجل محاضر الدعاوى او ضبوط الجلسات في المحاكمات .

act in pais عمل خارجي؛ فعل تم خارج المحكمة ولم يدون في سجل رسمي . اتفاق مبرم بين شخصين او اكثر in the country بعيداً عن المراجع القانونية وفي مكان تنفيذ الالتزام .

act of attainder قرار تجريم او تجريد، يسمى احياناً bill of attainder : وهو قرار برلماني ملغى كان يصدر قديماً ضد مرتكبي الخيانة او الجرائم المخلة بالشرف، دون محاكمة وادانة سابقة، فيقضي بتجريم الصادر ضده واعدامه وحرمانه من كافة حقوقه المدنية وامواله .

act of bankruptcy عمل افلاسي؛ معاملة افلاسية

act of curatory [**قانون اسكتلندي**] امر قوامة؛ امر تعيين قيم او وصي على شخص قاصر او محجور او ناقص الأهلية .

act of God قضاء وقدر؛ فعل الله او القدر: ما تجره تصرفات الطبيعة ولا تكون فيه يد لانسان .

act of settlement قانون وراثة عرش او توارثه

act of state عمل من اعمال الدولة او تصرف من تصرفاتها .

act of supremacy قانون او مرسوم السيادة : صدر هذا القانون اولا في عهد هنري الثامن ثم في عهد الملكة اليزابيث الأولى ونص فيه على أن الملك وحده هو رأس كنيسة انكلترا وأنه لا يجوز لأحد ان يشاركه سلطته المطلقة في تصحيح الأخطاء والعقاب على الزندقة والالحاد والجرائم الكبرى . وقد انكر هذا القانون أن تكون للبابا غير سلطته ومكانته ، كأسقف روما ، اية سلطة او مكانة أخرى .

act of uniformity (راجع uniformity, act of)

act on petition الحكم على العريضة : اجراء استعجالي ملغى شاع العمل به سابقاً في محكمة البحرية العليا بانكلترا ، High court of admiralty فكان كل من الخصوم ذوي الشأن يقدم بموجبه خلاصة دعواه ويدلي بأقواله مشفوعة باليمين ، ثم تصدر المحكمة حكمها على ضوء ذلك .

act or omission فعل او تقصير

act under private signature محرر عرفي : ينظمه أي شخص ويذيله بتوقيعه الخاص او ختمه ، ولا يختلف عما يعرف باسم sous seing privé .

acta exteriora indicant interiora secreta « الأفعال الخارجية تكشف عن الأسرار الداخلية » ؛ يستدل على نية الشخص من فعله ؛ يكشف الفعل عن نية الفاعل .

acta publica محررات (معاملات او تصرفات) رسمية : تبرم بحضور موظفين رسميين .

acte de francisation شهادة تسجيل السفينة ، المثبتة لجنسيتها الفرنسية .

acte d'héritier وراثة . ميراث ؛ قبول الوارث (صراحة او ضمناً)

acte extrajudiciaire مذكرة غير قضائية : تعلن لشخص بواسطة محضر بنـاء على طلب شخص آخر دون الاجراءات القضائية المعتادة .

acting بالنيابة ؛ مؤقت ؛ يمارس سلطة او يؤدي مهمة بصورة وقتية ريثما يعود الأصيل او الموظف المختص بها رسمياً او حتى يخلفه من يشغلها بصورة دائمة .

actio دعوى او قضية

act of government قانون الحكم او الادارة : وهو دستور وضعه الدكتاتور الانكليزي Oliver Cromwell سنة ١٦٥٧ ، ينص على وجوب تركيز السلطة العليا في يد حامي البلاد والمجلسين (مجلس اللوردات ومجلس العموم).

act of grace قانون الرأفة او [تشاريع اسكتلندية] العفو ؛ وهو قانون قديم صدر سنة ١٦٩٦ ونص على انه اذا كان المدين المحكوم عليه بالحبس لعدم الوفاء ، من الفقر بحيث لا يستطيع أن يعيل نفسه ، وحلف يميناً على ذلك ، فللقاضي ان يقهر دائنه الذي سبب له الحبس على الإختيار بين الانفاق عليه وعلى عياله او الموافقة على اطلاق سراحه . فاذا لم يختر الدائن احد الأمرين خلال عشرة أيام أمر القاضي باخلاء سبيل المدين .

يطلق الاسم ذاته ايضاً على قانون العفو الذي يصدر احياناً عن السلطة الحاكمة او الملك للعفو عن بعض المحكومين بمناسبة عيد او حدث سعيد او ما الى ذلك .

act of honour سند تشريف ؛ ورقة قبول : ينظمها محرر عقود (كاتب عدل) للبيان بأن الكمبيالة ، موضوع النكرة (او البروتستو) لعدم الاداء ، قد تعهدها بالقبول الشخص المشار اليه الذي صرح بتعهده هذا امام المحرر المذكور انقاذاً لسمعة المدين .

act of indemnity قانون او مرسوم عفو : يصدر بالعفو عن بعض المجرمين المحكومين .

act of insolvency عمل اعسار او افلاس ؛ تصرف او سلوك ينم عن الاعسار والتوقف عن الدفع : كعجز احد المصارف مثلا عن اداء التزاماته عند حلولها او عن القيام بما يترتب عليه كمصرف مليء .

act of law قوة القانون ؛ حكم القانون ؛ سلطانه ، مفعوله أو تأثيره .

يطلق الاصطلاح ذاته ايضاً على الأمر القضائي الذي تصدره المحكمة احياناً لمنع شخص معين من اداء شيء اوجبه عليه عقد قائم (بينه وبين آخر او آخرين) ، فاذا امتنع هذا الشخص عن الوفاء بعقده بعد صدور الأمر المذكور كان امتناعه بقوة القانون او تأثيره ، by act of law والقانون المعني في هذه الحال هو مرسوم القاضي او امره .

act of parliament قانون او مرسوم برلماني : يصدره الملك بناء على تنسيب وموافقة البرلمان او السلطات المختصة .

act of providence : قضاء وقدر ، فعل العناية (السماوية) : ما لا يملك انسان دفعاً له او مقاومة .

act of sale صك او وثيقة بيع

actio, conducti *(conducti actio)* دعوى ضمان المستأجر ضد المؤجر .

[**مسائل بحرية**] دعوى ترفع ضد الشاحن لاغراض معينة

actio, finium regundorum *(finium regundorum actio)* دعوى تعيين الحدود بين الجيران .

actio ad exhibendum دعوى ابراز مستندات: تقام لحمل الخصم على ابراز مستند يوجد في حيازته او تحت تصرفه .

actio aestimatoria ; actio quanti minoris دعوى تثمين؛ دعوى تخفيض الثمن . اسمان لدعوى واحدة يرفعها المشتري لتخفيض الثمن المتفق عليه بعد انكشاف البضاعة عن عيوب غير متوقعة . والغاية من هذه الدعوى انزال الثمن بنسبة العيب لا فسخ البيع .

actio bonae fidei دعوى النية السليمة . يطلق هذا الاسم على الدعاوى التي يأخذ فيها القاضي بعين الاعتبار، ومن تلقاء نفسه، ما يبدو له من ملابسات خاصة ويحكم على ضوء ذلك بما توحيه اليه مستلزمات الانصاف والعدالة المطلقة.

actio calumniae دعوى الكيد او القصد السيء: الدعوى التي ترفع للحيلولة دون مضي الخصم في ملاحقة تهمة ملفقة او اجراء قائم على نية الكيد .

actio civilis دعوى مدنية

actio communi dividundo دعوى فرز او قسمة: ترفع لتقسيم مال مشاع، او مشترك، بين ذوي الحقوق فيه.

actio condictio indebitati دعوى استرداد المال المدفوع على سبيل الغلط .

actio contrario دعوى مقابلة: يرد بها المدعى عليه على المدعي .

actio criminalis دعوى جنائية (او جزائية)

actio damni injuria دعوى المطالبة باضرار (او عطل وضرر) .

actio de dolo malo دعوى احتيال او تدليس: تقام لاسترداد اموال اخذت بطريق الغش، او للتعويض عنها اذا لم يعثر عليها المدعى عليه .

actio de in rem verso دعوى الاثراء بلا سبب

actio de pecunia constituta دعوى المطالبة باداء التزام نقدي تعهد المدعى عليه بدفعه .

actio depositi contraria دعوى يرفعها الوديع (المودع لديه) لحمل المودع على القيام بما التزمه نحوه .

actio depositi directa دعوى استرداد الوديعة

actio empti دعوى خيار العيب في البيع: الدعوى التي يطلب فيها المشتري احد امرين: اما تسليم المبيع حسب الاتفاق او التعويض على ما حصل من الضرر كماً وكيفاً .

actio ex conducto [**مطالبات عقارية**] دعوى استرداد عين

actio ex contractu دعوى تعاقدية: ناشئة عن عقد

actio ex delicto دعوى قائمة على جناية او على خطأ جسيم او سوء نية او سوء تصرف .

actio ex stipulatu دعوى تنفيذ مشارطة

actio familiae erciscundae دعوى قسمة الميراث او التركة؛ دعوى القسمة بين الورثة

actio furti دعوى سرقة

actio honoraria دعوى شرفية: دعوى استرداد شرف او تعويض اضرار معنوية .

actio in factum دعوى اخلال فعلي: يتكيف شكلها تبعاً للظروف الملابسة، وتستند الى اساءة فعلية صدرت عن المدعى عليه نتيجة اخلال بواجب معين . ولا تكاد تختلف هذه الدعوى عما يعرف بالـ action on the case في القانون العام .

actio in personam دعوى شخصية؛ دعوى اضرار شخصية

actio in rem دعوى عينية: ترفع لاسترداد مال احرزه الغير بالباطل؛ دعوى استرداد حق او دفع اعتداء، قوامها الأشياء دون الأشخاص .

actio legis aquiliae دعوى اضرار، كانت ترفع قديماً بموجب قانون اكويليا *Lex aquilia* لتعويض المدعي عن ضرر اصابه بقتل عبد او حيوان له او جرحه او ايذاء اي شيء يعود اليه ايذاء مفتعلا .

actio locatio دعوى ايجار واستئجار

actio mandati دعوى تنفيذ عقد وكالة او التزام ناشيء عنه .

actio mandati contraria دعوى الوكيل ضد الموكل

actio mandati directa دعوى الموكل ضد الوكيل

actio quanti minoris (راجع *actio aestimatoria*)

actio quod metus causa دعوى اكراه او مراغمة: يقيمها من قهر على تسليم شيء او بيعه او الوعد به بأي وسيلة من وسائل العنف .

actio realis دعوى عقارية او عينية

actio redhibitoria دعوى تراد البيع: دعوى فسخ عقد البيع والرجوع عن الشراء لعيب في المبيع .

actio rei vindicatio دعوى استرداد الشيء المأخوذ بالباطل

actio rescissoria دعوى يرفعها المدعي ليسترد حقاً فقده او ملكية اضاعها بمرور الزمن في ظروف خاصة تعفيه، بمقتضى قواعد الانصاف، من سريان احكام التقادم عليه .

actio serviana دعوى المالك لضمان حقه في الاستيلاء على متاع المزارع المستأجر وعدته، المرهونة على الاجرة، اذا أخل بشروط الايجار .

actio stricti juris دعوى الحق المقيد، وهي من دعاوى الحقوق الشخصية التي كان يتقيد القاضي عند نظرها بحرفية القانون ولا يملك ان يطلق العنان لتقديره او الالتفات لما قد يتوافر فيها من ملابسات سلامة النية .

actio temporalis دعوى موقوتة (او مأقوتة) تخضع لأحكام التقادم ولا ترفع الا خلال مدة معلومة .

actio tributoria دعوى تقام على والد القاصر اذا كان على بينة من اعمال تجارية مخلة ارتكبها ولده .

actio tutelae دعوى قوامة

actio utilis دعوى انصافية: ترفع على اساس العدالة المطلقة equity وينظرها القاضي وفقاً لقواعد الانصاف الطبيعي والعدالة المطلقة دون التقيد بحرفية القانون .

actio venditi دعوى بيع؛ يقيمها البائع لحمل المشتري على تأدية الثمن او الالتزام المنصوص عليه بصك البيع .

actio vi bonorum raptorum دعوى استرداد عروض مسلوبة او مأخوذة قهراً: وهي دعوى مختلطة يرفعها المعتدى عليه لاسترداد منقولاته المسلوبة او المأخوذة قهراً مع غرامة يحكم له بها على المعتدي تساوي ثلاثة امثال قيمة المنقولات .

action عمل؛ فعل؛ تصرف؛ قضية؛ اجراء

[قانون فرنسي] سهم او حصة في شركة

actio mixta دعوى مختلطة: تقوم على دعويين او موضوعين مختلفين (احدهما *in rem* ينصب على شيء معين، والآخر *in personam* ينصب على شخص معين) وتجمع بين صفات هذين الموضوعين، اذ يطالب فيها المدعي باسترداد مال اخذ منه او بالتعويض عنه، مع فرض غرامة على المدعى عليه تأديباً له .

actio negatoria (or **negativa**) دعوى انكار الارتفاق

actio negotiorum gestorum دعوى فضالة: تنشأ بين أصيل ونائب وآخرين من اطراف التعهد والالتزام حول اعمال انجزها شخص ثالث لم يلزم او يكلف بها .

actio non facit reum, nisi mens sit rea
لا يجرم الفعل صاحبه الا اذا اقترن بنية سيئة

actio noxalis دعوى ترفع ضد السيد بسبب جرم ارتكبه عبده او ضرر احدثه حيوان له . وللسيد ان يبرىء نفسه من المسألة بتسليم العبد او الحيوان لمن استهدف للأذى .

actio operis novi nuntiatio دعوى وقف العمل الجديد

actio perpetua دعوى استمرارية: لا تتقيد بزمان معين ولا تخضع لأحكام التقادم المسقط .

actio personalis دعوى الحق الشخصي

actio personalis moritur cum persona
في الدعوى الشخصية يموت الحق (او ينقضي) بموت صاحبه .

actio pignoratitia دعوى ارتهان؛ دعوى عقد ارتهاني

actio praejudicialis دعوى تمهيدية: ترفع لتقرير مسألة مبدئية تقوم عليها مسائل اخرى متنازعة او لتقرير نقطة عارضة او مسألة فرعية في دعوى اخرى او دعوى رئيسية .

actio praescriptis verbis دعوى تعاقدية يرفعها أحد طرفي العقد بعد قيامه، عن نية حسنة، بما التزم فيه ليحمل الطرف الآخر على تنفيذ ما عليه بموجب هذا العقد .

actio pro socio دعوى شركة؛ يقيمها شريك ضد آخر لحمله على القيام بما تقتضيه الشركة من التزامات او شروط .

actio prohibitoria دعوى منع الاعتداء على الملك

actio publiciana دعوى مطالبة بالملكية؛ يرفعها شخص وضع يده بنية حسنة على ارض معينة، ثم فقدها قبل ثبوت ملكيتها فأراد بهذه الدعوى ان يستردها على اساس حقه فيها بحكم التقادم .

action on contract دعوى على عقد: تقام لاستيفاء حق لا يملك صاحبه بينة عليه سوى العقد الذي بيده .

action on the case نوع من الدعاوى الشخصية عظيم الشيوع، يسمى أحياناً trespass on the case او case فقط . وهو يشمل دعاوى التعهدات والدعاوى الجزائية، ويرفع في الغالب على اساس الاضرار الناشئة عن اهمال الواجب . على انه اذا رفعت احدى هذه الدعاوى على اساس الاخلال بواجب اتفاقي معين، اعتبرت من حيث الشكل *ex delicto* and case .

action redhibitory (راجع redhibitory)

action to quiet title دعوى تقرير صفو الحق او خلوصه: وهي الدعوى التي يرفعها صاحب المال العقاري ليستصدر حكماً بخلوص ماله لنفسه دون غيره .

actionable يستدعي او يسوغ المقاضاة او قابل لذلك؛ محل لمطالبة قضائية او اجراءات قانونية؛ اساس لدعوى او محاكمة؛ يهيىء سبباً كافياً للدعوى او تتوافر فيه اسباب قانونية تبرر التداعي .

actionable fraud غش او تدليس يحاكم عليه او يبرر اتخاذ الاجراءات القانونية: اي يصح ان يكون أساساً للمقاضاة؛ كالغش الذي يتخذ وسيلة لحمل الغير على التنازل عن حق او تسليم مال؛ ويقوم في الغالب على ثلاثة اركان: كذب المدعى عليه، تصرف المدعي بناء على هذا الكذب، ووقوع الضرر نتيجة لذلك .

actionable misrepresentation مزاعم (كاذبة) تبرر المقاضاة او تسوغ اتخاذ الاجراءات القانونية: المزاعم التي تتناول امراً حيوياً يصح ان يعتبر حافزاً قوياً للدخول في عقد وسبباً في تضليل المتعاقد .

actionable negligence اهمال داع للمحاكمة او قابل لاقامة الدعوى: اهمال الواجب اهمالا يضار الغير في نفسه او ماله .

actionable nuisance مضايقات تستدعي المحاكمة او تعتبر سبباً كافياً لإقامة الدعوى: من ذلك اقلاق الغير او تنغيص عيشه بما يحرمه التمتع بحقوقه وحرياته القانونية ويهيىء له السبب القانوني الكافي لمقاضاة الباعث عليه .

actionable words عبارات او كلمات قاذفة او مشهرة، تبرر اقامة الدعوى على من صدرت عنه .
(راجع words actionable in themselves)

actionare [قديماً] رفع دعوى او اتخاذ اجراء قانوني .

[اجراءات قانونية] اجراء قانوني؛ قضية او دعوى ماثلة امام القضاء او في سبيلها اليه، يرفعها فريق على آخر .
— civil actions دعاوى مدنية
— common law actions دعاوى القانون العام (الانكليزي)
— criminal actions قضايا جنائية
— mixed actions دعاوى مختلطة، تجمع بين المسائل العينية والشخصية: اي بين المطالبة باسترداد عقار او منفعة عقارية والحكم بالتضمينات .
— penal actions قضايا جنائية (او جزائية).
— personal actions دعاوى شخصية؛ دعاوى حقوقية
— popular actions دعاوى عمومية: ترتكز على افعال تنطوي على الاخلال بحكم او تشريع جنائي، ويجوز لمن شاء ان يرفعها باسم نفسه ونيابة عن الملك وفقاً لمقتضيات القانون وظروف الحال . سميت كذلك لانها لا تتقيد بأناس معينين دون غيرهم بل ترفع من أي شخص كان .
— real actions دعاوى عقارية او عينية
— separate action (راجع باب separate)
— statutory actions دعاوى نظامية او تشريعية: تقام استناداً الى القوانين البرلمانية التي نصت عليها .
— transitory actions دعاوى تنقلية؛ لا تتقيد بمكان معين بل تتبع المدعى عليه ويتغير مكانها بتغير مكانه .

action *ex contractu* دعوى تعاقدية: تقوم على الاخلال بالتزام تعاقدي صريح او ضمني .

action *ex delicto* دعوى جزائية؛ دعوى مضارة: تقوم على تعد او ايذاء او خطأ او اخلال بواجب يفرضه عقد .

action for accounting دعوى محاسبة ائتمانية يلتمس فيها الحق استناداً الى قواعد الانصاف والعدالة المطلقة دون النصوص القانونية المقيدة . وهي تتناول الحسابات المعقدة التي تترتب على صلات الامانة والثقة المتبادلة .

action for poinding دعوى توقيع الحجز على اموال المدين لاستيفاء الدين من ريع اراضيه ومنقولاته .

action in debt or ***assumpsit*** دعوى استيفاء الدين او الحمل على الوفاء بتعهد .

action of *assumpsit* (راجع *assumpsit*)

action of book debt دعوى استيفاء الدين حسب واقع السجلات الخاصة بذلك .

action of reprobator
(راجع reprobator, action of)

actionary مساهم او محاص، يملك أسهماً في شركة؛ من ارباب الأسهم او الحصص

actiones legis عمل؛ فعل او تصرف قانوني؛ اجراء قضائي

actions ordinary [قانون اسكتلندي] دعاوى عادية (مدنية) ترفع لأية أسباب خلا فسخ العقود وابطال السندات .

actions rescissory [قانون اسكتلندي] دعاوى تراد او فسخ، ترفع لفسخ العقود او ابطال السندات .

active عامل: عملي (او مادي)؛ فعال؛ مؤثر

active concealment كتمان التجاوز او كتمان الكلام: وهو كتمان امر بالحديث عن آخر بغية التضليل؛ وهذا عكس ما يعرف بالـ passive concealment أي كتمان الشيء بالسكوت عنه حيث يجب الكلام .

active debt دين ذو غلة او فائدة

active negligence اهمال فعلي: يشمل من الأفعال ما يصدر عن طيش او رعونة او عدم تبصر بالعواقب او عدم اتخاذ الحيطة الواجبة على الرجل المعتاد، ولا يبلغ درجة المضارة المفتعلة willful wrongdoing او الاهمال الجسيم gross negligence .

active service [مسائل عسكرية] خدمة فعلية، تدل على التبعية لقوات عسكرية معينة نظير جعل معلوم .

active trust (راجع باب trust)

actor فاعل: من قام بعمل او بادر بفعل .

[في بعض التشاريع الاوروبية] محام يتولى الدفاع والمرافعة عن طرف في خصومة ؛ وكيل قانوني يتعهد دعوى أحد الخصوم بالتهيئة للقضاء والمرافعة .

[قانون روماني] وكيل؛ نائب او مدير يتولى اعمال الغير . خصم او طرف يترتب عليه عبء الاثبات في دعوى .

actor incumbit probatio exceptione actor est عبء الاثبات على المدعي في الدعوى (اي الادعاء)، وعلى المدعى عليه الدفع (أي الاعتراض او الانكار) .

actor sequitur forum rei كلمة « *rei* » في هذا المبدأ القانوني قد تعني « الشخص » كما تعني « الشيء » او « المال » ؛ ولذا يمكن تفسيره بأن الدعوى تتبع المال او تتبع المدعى عليه، أي أن الدعوى تقام امام محكمة المال (محل النزاع) او امام محكمة المدعى عليه .

actore non probante reus absolvitur اذا عجز المدعي عن الاثبات برىء المدعى عليه .

actori incumbit onus probandi البينة على من ادعى، او عبء الاثبات على المدعي .

actrix مدعية

acts of court مذكرات او وثائق قانونية يعمل بها في محاكم البحرية Admiralty Courts في انكلترا .

acts of sederunt [قانون اسكتلندي] اوامر قديمة اصدرتها المحكمة المدنية العليا Court of Session، تجعل للمحاكم الحق في أن تضع ما تراه لنفسها من قواعد عامة للاجراء أمامها .

actual راهن (اي حالي)؛ فعلي؛ واقعي؛ حقيقي؛ مادي

actual authority [في احكام النيابة] سلطة فعلية؛ ما يسند الأصيل قصداً من تفويض فعلي لنائبه، او ما ينزل له عنه نتيجة اهماله في تحديد سلطاته .

actual cash value قيمة فعلية؛ ثمن مثل او مثلي: ثمن البضاعة في ظروف مبايعة وسوق عادية، لا ثمنها في بيع قهري .

actual cost ثمن عدل؛ الثمن المدفوع بنية سليمة (دون ان يكون لحال السوق تأثير فيه).

actual eviction طرد المستأجر او قهره على الاخلاء

actual fraud (راجع باب fraud)

actual loss خسارة فعلية او واقعية: الخسارة الناشئة عن خراب المال المؤمن عليه خراباً محسوساً .

actual market value سعر حقيقي: سعر البضاعة اذا عرضت للبيع في السوق بحرية تامة .

actual notice (راجع باب notice)

actual possession (راجع باب possession)

actual sale بيع فعلي، يحصل بتمام استيفاء الثمن (من صاحب العرض الأكبر في بيع المزاد) .

actual value قيمة فعلية: قيمة البضاعة بعد تمام المساومة بين بائع راغب في البيع ومشتر راغب في الشراء .

actual violence عنف فعلي: تحكيم العنف او القوة البدنية ضد الاشخاص . التطاول باليد

actuarial tables جداول تأمين احصائية

actuarius [**قانون روماني**] محرر عقود او كاتب معاملات .

actuary حاسب تأمين؛ خبير حسابات تأمين؛ محاسب بنك توفير

[**قانون كنسي انكليزي**] كاتب ضبط جلسات؛ مسجل في محكمة كنسية .

actum سند او حجة . شيء تم فعله او حصوله

actus فعل او عمل .
نوع من حقوق الارتفاق، يخول صاحبه سوم ماشيته او قيادة عربته (او ما الى ذلك) عبر ارض الغير .

[**قانون انكليزي قديم**] قانون برلماني

actus curiae neminem gravabit فعل المحكمة لا يضار احداً .

actus Dei nemini est damnosus فعل القدر (او الله) لا يضار احداً اي لا يسأل أحد عن فعل أتاه القدر ولم تكن له يد فيه .

actus legis nemini facit injuriam
فعل القانون لا يضار احداً .

actus me invito factus non est meus actus
اذا أتيت فعلا بالرغم من ارادتي فلا اكون مصدر ذلك الفعل: اي لا يسأل احد عن فعل أتاه قهراً عنه .

actus non facit reum, nisi mens sit rea
لا يجعل الفعل فاعله مجرماً ما لم يقترن بنية اجرامية .

actus servi in iis quibus opera ejus communiter adhibita est, actus domini habetur
فعل الخادم اثناء خدمته العادية يعتبر من فعل سيده: اي اذا اتى الخادم فعلا ضاراً اثناء قيامه بواجبات خدمته العادية كان السيد هو المسؤول عن ذلك الفعل .

ad arbitrium حسب المشيئة؛ حسب الارادة

ad barram evocatus (called to the bar)
قبل (او مقبول) في جمعية المحامين .

ad comparendum يحضر او يمثل امام المحكمة

ad computum reddendum يقدم حساباً

ad curiam في المحكمة، لديها او أمامها

ad diem حتى اليوم الموعود (او المعين)

ad eundem الى الطبقة ذاتها

ad excambium من قبيل البدل؛ على سبيل التعويض

ad exhaeredationem اضرار بالميراث؛ حرمان او منع من الوراثة .

ad exitum محور النزاع؛ محل او موضوع الخلاف .
عند النهاية – نهاية المرافعات او ختامها .

ad factum praestandum [**قانون اسكتلندي**] تدل هذه العبارة على الالتزامات التقيدية التي تقتضي من الملتزم عملا معيناً لا خيار له فيه .

ad fidem موال؛ يدين بالولاء

ad filum aquae حتى خط الماء . وهو خط وهمي يقسم النهر او المجرى طولا الى قسمين متساويين ويتخذ علامة خيالية لتعيين الحدود والابعاد في النصوص القانونية الحديثة .

ad filum viae حتى منتصف الطريق؛ حتى الخط الوهمي الذي يقسم الطريق الى قسمين متساويين تقريباً .

ad finem (ad fin) حتى او الى النهاية

ad hoc من أجل هذا؛ لهذا الغرض خاصة؛ للغاية المذكورة

ad idem يسير الى هدف واحد او غاية واحدة؛ يؤدي الى ذات النقطة او النتيجة .

ad infinitum لا حد له؛ الى ما لا نهاية له

ad interim موقت؛ وقتي؛ انتقالي؛ عين وقتياً ليشغل فراغاً آنياً او يقوم بمهام منصب معين مدة غياب المسؤول او المكلف الأصلي .

ad largum كبرى؛ نحو: assize *ad largum* جنايات كبرى .
محل خلاف او نزاع، نحو: title *ad largum* حق (ملكية) متنازع او محل نزاع .
طليق؛ حر .
تفصيلا او بالتفصيل . تقابلها at large بالانكليزية .

ad libitum رهن المشيئة، طوع او حسب الرغبة

ad litem طيلة النزاع او الخصومة او المقاضاة . مدة ذلك او ما دامت الدعوى قائمة .
لمباشرة القضية او الخصومة، نحو: «Guardian *ad litem*» وصي او ولي خصومة، تقوم ولايته لأغراض النزاع، فيعين وصياً على القاصر او ناقص الأهلية ليتولى الاجراء نيابة عنه شرط أن تنتهي ولايته بانتهاء الخصومة .

ad lucrandum vel perdendum للربح او الخسارة

ad medium filum aquae حتى منتصف خط الماء (راجع *ad filum aquae*) .

ad mutuum كما تختار او ترى (اذا قيلت في محكمة)، او حسب مشيئتها .

ad personam بصفة شخصية

ad probationem للتحقيق؛ للاثبات

ad questionem facti non respondent judices, ad questionem juris non respondent juratores يسأل المحلفون في نطاق الواقع، ويسأل القضاة في نطاق القانون .

ad quaestiones legis judices, et non juratores, respondent المسائل القانونية يقررها القضاة وليس المحلفون .

ad quod damnum [**اجراءات انكليزية**] امر تحقيق اضرار، يوجه من الـ Chancery الى عامل الملك او رئيس الضبط القضائي (sheriff) مكلفاً اياه بالتحري عن مبلغ الاضرار التي قد يسببها وقوع امر معين لو وقع فعلا .

ad rectum يصحح؛ يقوم (معوجاً) . يواجه تهمة؛ يسري او ينطبق عليه قانون معين او يخضع لمقتضياته .

ad referendum بشرط الاستشارة

ad rem يؤدي الغرض؛ يوفي بالقصد او الغاية

ad respondendum للاجابة (عن التهمة) او لمواجهتها

ad satisfaciendum يفي او يوفي

ad sectam بطلب من؛ بناء على طلب (ذي الشأن)

ad solemnitatem لصحة العقد او لإبرامه

ad summam بالنتيجة؛ ختاماً

ad valorem حسب القيمة؛ بموجبها، بنسبتها، على اساسها؛ قيمي

***ad valorem* tax** ضريبة قيمية: تقدر بنسبة مئوية من قيمة البضاعة .

ad ventrem inspiciendum الكشف عن الرحم . امر قضائي تصدره المحكمة المختصة لتشكيل هيئة من المحلفات تتولى سماع المتهمة او المحكومة كي تقرر هل كانت حاملا ام غير حامل .

ad verbum حرفياً؛ كلمة كلمة

ad vim majorem vel ad casus fortuitus non tenetur quis, nisi sua culpa intervenerit لا يسأل أحد عن عمل قوة او حادثة لا قبل له بها ما لم يكن له ضلع فيه .

ad vitam مدى (او مدة) الحياة؛ عمري

ad vitam aut culpam مدة الحياة او السلوك الحسن (او طالما حسن سلوكه) .

ad voluntatem قيد الرغبة؛ حسب المشيئة او الطلب

addendum ملحق؛ حاشية؛ ذيل (تجمع على *addenda*)

addict مدمن مسكرات او مخدرات؛ معاقر

addictio [**قديماً**] قيام القاضي بتسليم شخص المدين الى دائنه (على سبيل التوفية) . تحويل منقولات المدين (الميت) وامتعته الى من يتولى الوفاء بالتزاماته .

addition زيادة؛ اضافة؛ ضميمة؛ ضم، جمع، الحاق

[**اوصاف شخصية**] لقب اضافي يجعل للشخص علاوة على اسمه الكامل، بياناً لدرجته العلمية او منزلته او مهنته او صناعته او محل سكنه او غير ذلك مما يدل عليه ذلك اللقب .

[**في مواد التأمين وحقوق الامتياز**] اذا وردت في مثل هذه العبـارة : « An addition to the building » عنت ملحقات المبنى الرئيسي او توابعـه من اجنحة او اقسام منشأة على أرض غير أرض المبنى الرئيسي .

additional اضافي

additional security ضمان اضافي

additionales اضافات؛ نصوص اضافية تدخل على العقود او الصكوك، لإيضاح او استدراك او تقييد .

additur حق محكمة الموضوع في تقدير العطل والضرر وزيادة المقدار الذي قرره المحلفون اذا رأته غير مقسط .

address عنوان (مخاطبات بريدية) . توجيه

[**في العرائض**] العبارة التوجيهية التي يرد فيها اسم الجهة القضائية المرفوعة اليها العريضة .

[**في التشريع**] تكليف رسمي توجهه السلطات التشريعية الى السلطات التنفيذية .

[كفعل] خاطب ؛ وجه

address for service عنوان التبليغ : العنوان المستعمل لتبليغ الاعلانات والاوامر القضائية وما اليها .

address to the crown الرد على خطاب العرش

adduce يعرض ؛ يقدم ؛ يستشهد بأمر او يسوقه (على سبيل برهان او مثال) .

adeem يزيل (اثر شيء) ؛ ينسخ ؛ يلغي (وصية او هبة) ، يرجع فيها

ademptio الغاء (وصية) ؛ ابطالها ؛ عدول عنها او رجوع فيها

ademption رجوع في وصية او ابطالها

adequate كاف ؛ مجزىء ، واف او موف بحاجة ؛ مناسب ؛ مقسط

adequate cause سبب كاف ؛ مقتض مبرر

adequate provocation استفزاز كاف او معقول : وهو الاستفزاز المحرج الذي لا يقاوم ولا يستطيع معه المستفز ان يستمسك بالحلم والروية ، فيثور الى درجة تفقده تبصره واتزانه والقدرة على التفكر في عواقب ما هو موشك على فعله .

adesse [مواد مدنية] الحضور (امام قاض او محكمة) ويقابله *abesse* الغياب .

adeu مردود او مردودة نهائياً ، بلا موعد : اي لغير رجعة . يستعمل هذا التعبير في الدعاوى التي تردها المحكمة رداً لا مراجعة بعده ، فيقال في الدعوى المردودة على هذا النحو *alez adeu* انقضت بلا موعد (آخر) اي فصل فيها نهائياً ولن تنظر بعد اليوم .

adherence [قانون اسكتلندي] تعلق ؛ تمسك ؛ تشبث . دعوى محافظة على حقوق الزوجية ، يرفعها أحد الزوجين ضد الآخر لحمله على القيام بواجباته الزوجية ومراعاة التزاماتها ؛ يقابلها في القضاء الانكليزي ما يسمى : restitution of conjugal rights دعوى استرداد حقوق الزوجية .

adherent موال ؛ ظهير ؛ مشايع ؛ نصير

adherent member عضو منضم

adhering ينضم ؛ يلتحق ؛ يؤيد ؛ يظاهر (عدواً او غيره)

adhesion اذعان ؛ التحاق ؛ انضمام او انضواء (الى معاهدة او اتفاقية قائمة بين دول أخرى) انضماماً يفيد اقرار الدولة المنضمة لجمهرة معينة من المبادىء المنصوص عليها في تلك المعاهدة او الاتفاقية . ولا يلزمها الانضمام على هذا النحو بغير المحافظة على المبادىء المتفق عليها .

adhibere [قانون مدني] يطبق ؛ يمارس ؛ يستعمل ؛ يستخدم

adieu اصطلاح لاتيني فرنسي لا يختلف عن *adeu* ، معناه (في الاجراءات) رد الدعوى رداً نهائياً لا مراجعة بعده .

adipocere [طب شرعي] الحالة الكيماوية التي تؤول اليها الجثة بعد دفنها مدة طويلة في تربة مبتلة او بقائها في الماء مدة طويلة .

adiratus مفقود ؛ ضال

حلوان : مقدار معين من المال يؤدى على سبيل المكافأة لمن عثر على مفقود او ضال .

adit [مواد التعدين] مدخل ؛ منفذ او طريق تزال بواسطته المياه والمعادن .

aditus طريق عام ؛ سبيل ؛ درب

adjacent مجاور او محاذي ؛ يدنو ؛ يحاذي (شيئاً) او يقترب منه ، ولا تشترط فيه الملاصقة .

adjective law قانون شكلي او اجرائي : تقتصر احكامه على تنظيم قواعد المرافعات او الاجراءات القانونية ؛ يقابله ما يعرف بالقانون الموضوعي substantive law الذي يتناول بيان الحقوق وقواعد تنفيذها وصيانتها وايلولتها .

adjoining يصل (شيئاً بآخر) ؛ يتصل ؛ يلاصق ؛ يلامس ؛ يلتقي في نقطة او نقاط واحدة .

adjourn يؤجل ؛ يرجىء ؛ يعلق (مسألة او بحثاً) ؛ يرفع ؛ يفض (اجتماعاً او جلسة)

adjourned summons تكليف او امر قضائي يبحث في غرفة المشورة ثم يعاد الى المحكمة للمناقشة .

adjourned term دورة (قضائية) متواصلة ، مهلة او مطولة تستطيع المحكمة خلالها انجاز ما تحت يدها من مسائل .

adjournment تأجيل ؛ ارجاء ؛ تعليق (مسألة) ؛ رفع (جلسة) ؛ حل (مجلس او هيئة برلمانية)

[قانون مدني] دعوة للحضور الى المحكمة في تاريخ معين .

adjournment day يوم اضافي يحدده قضاة محاكم الـ *nisi prius* لنظر ما لم يتيسر نظره من المسائل قبل ذلك .

adjournment day in error [**اجراءات استئنافية انكليزية**] اليوم المحدد قبيل نهاية الدورة القضائية، لانجاز الاحكام التي لم ترد او تصدق في اليوم المخصص لذلك وهو الـ affirmance day .

adjournment ***sine die*** رفع الجلسة او فضها نهائياً

adjudge يحكم؛ يقضي؛ يقرر؛ يفصل

adjudged to pay حكم عليه بدفع (كذا...)

adjudicate يحكم يفصل؛ يقضي؛ يحكم (برسو مزاد في بيع قضائي)؛ يوقع (بيعاً لصاحب العرض الأكبر)

adjudicatee [**قانون فرنسي ومواد مدنية**] المشتري في بيع قضائي؛ الراسي عليه المزاد؛ المقضي او المحكوم له بأمر

adjudicatio حكم المحكمة بالشيء موضوع النزاع لاحد الخصوم دون سواه. تثبيت حق بحكم محكمة

adjudication حكم (محكمة)، قرارها، قضاؤها او فصلها في مسألة معروضة أمامها.

[**بيوع المزاد**] رسو المزاد على صاحب العرض الاكبر.

[**قانون اسكتلندي**] قرار او امر من محكمة مختصة بتسليم اموال المدين المعسر للدائن (ويعرف في هذه الحال بالـ adjudger).

adjudication ***contra haereditatem jacentem*** قرار تحقيق الدين واستيفائه من اموال التركة: وهو ما يجوز للدائن استصداره اذا تنازل وارث مدينه عن حقه في الميراث.

adjudication in implement دعوى احكام التصرف او انجازه: الدعوى التي يرفعها المتصرف له لحمل المتصرف على اكمال مستلزمات التصرف.

adjudication of bankruptcy حكم افلاس او حكم شهر افلاس

adjunct تبع؛ تابع؛ اضافي؛ ملحق؛ مضموم

adjunction [**مواد مدنية**] ضم؛ انضمام؛ الحاق؛ ارفاق شيء بآخر اعظم مقداراً منه على اعتباره تابعاً له، مساعداً او مكملا.

adjuncts قضاة مساعدون او اضافيون

adjuration حلف (يمين)؛ تقيد او ارتباط بقسم

adjure يحلف على تهمة؛ يوجه تهمة مشفوعة بيمين

adjust يوازن؛ يقرب؛ يوفق؛ يعدل او يسوي (علاقة مالية او غير ذلك) بما يرضي طرفيها؛ يضبط

adjuster وسيط تسوية: من عهد اليه بتسوية مسألة متنازعة.

adjustment تسوية؛ تعديل؛ تقريب

adjustment of loss [**مواد التأمين**] تسوية الخسارة او التحقق من مقدارها، وتوزيعها نسبياً بين الملزمين بها.

adlegiare تطهير المرء لنفسه او ابراؤها من الجرم باليمين.

admanuensis من حلف يميناً ويده على الكتاب المحلوف عليه.

admeasurement تحقيق مقدار شيء (بكيل او وزن)

admeasurement of dower اعادة النظر في نفقة او مرتب. ما يطلبه الوارث احياناً عند بلوغه سن الرشد من تعديل مقدار النفقة او المرتب الذي خصص لأمه او أرملة ابيه اثناء حداثته.

admezatores [**قانون ايطالي قديم**] وسطاء خصومة، كان يختارهم المتنازعون للتوفيق.

adminicle [**قانون انكليزي**] اثبات ناقص بمعنى imperfect proof .

[**قانون اسكتلندي**] مساعد (لشيء آخر)؛ معزز له او شاهد عليه. سند او محرر ثانوي يشير الى سند أصلي مفقود.

adminicular ممهد؛ تمهيدي؛ توطئة لشيء؛ مسهل او مساعد له

adminicular evidence بينة او شهادة متممة

adminiculate يزكي او يعزز (بينة او غيرها)

adminiculum سند؛ دعامة؛ بينة تبعية

administer يدير (شأناً) او يسيره؛ يطبق (قانوناً)؛ يلقن (يميناً) او يحلفه (للغير).

يقضي، نحو: يقضي بالعدل administer justice .

يناول؛ يعطي؛ يقدم (الى الغير)، نحو:

The accused administered poison in place of medicine قدم المتهم سما مكان الدواء

administration ادارة: توجيه (مصلحة) او تولي اعمالها؛ ولاية؛ تطبيق او تنفيذ

administration of estates ادارة التركات:

وظيفة منفذي التركات كجمع اصولها او غلاتها ودفع ديونها وتوزيع الباقي منها على المستحقين وما الى ذلك .

administration, letters of (letters of administration) وثيقة ادارة؛ تفويض اوامر ادارة تركة او منقول لمتوفى لم يوص تصدره المحكمة الحسبية probate court او الجهة المختصة لمن ترى تعيينه لهذا الغرض .
والإدارة على انواع منها ما يأتي:

١ – *ad colligendum bona defuncti*: (ادارة) جمع عروض المتوفى؛ وهي تقتصر على جمع امتعة المتوفى وعروضه وحفظها .

٢ – ancillary administration: ادارة تبعية تكون غالباً في غير محل اقامة المتوفى؛ وتشمل في بعض الأحيان اموالا للمتوفى في دولة او بلاد اجنبية وتقتصر اغراضها على جمع تلك الأموال واداء المطلوب منها محلياً (اي في الدولة او البلاد ذاتها) .

٣ – *cum testamento annexo*: (الادارة) مع اضافة الوصية او على اساسها: وهي ما يترتب اذا خلت الوصيـة من تعيين المنفذ او رفض المعين التعيين او كان ناقص الأهلية او توفي .

٤ – *de bonis non*: (ادارة) الأموال او الأشياء التي لم تشملها ادارة سابقة او ادارة أخرى .

٥ – *de bonis non cum testamento annexo*: الادارة التي تنشأ حيث يتوفى المدير (او المنفذ) قبل فراغه من الادارة .

٦ – *durante absentia*: مدة الغيبة: اي ادارة التركة اثناء غياب المنفذ والى ان يتم تحقيق الوصية .

٧ – *durante minori aetate*: مدة حداثة المنفذ: تنشأ هذه الادارة اذا كان المنفذ المعين قاصراً، وتستمر حتى بلوغه السن القانونية .

٨ – foreign administration: ادارة اجنبية: يمارسها المعين بناء على تفويض من دولة اجنبية معطى له حسب الأصول .

٩ – general administration: ادارة عامة تخول من يمارسها ادارة اموال المتوفى كافة ادارة مطلقـة دون قيد او شرط .

١٠ – *pendente lite*: (ادارة) مدة الخصومة: وهي الادارة التي يقتصر دوامها على مدة قيام خصومة معينة (وتنتهي بانتهائها) .

١١ – public administration: ادارة رسمية: يعهد بها احياناً الى موظف رسمي public administrator، وذلك اذا لم يعين الموصي مديراً لتركته ولم يوجد من له حق في ادارتها .

١٢ – special administration: إدارة خاصة: تقتصر على امتعة او اشياء معينة للمتوفى ولا تتجاوزها .

administration suit دعوى ادارة: يرفعها ذو الشأن فيما يتعلق بادارة تركة اذا بدت عليها امارات الاعسار او لأي سبب آخر يتصل بها .

administrative اداري؛ يتصل بادارة او بمتعلقاتها

administrative acts اعمال ادارية؛ تصدر عنها جهة رسمية مختصة او سلطة تنفيذية . مهام او اجراءات لازمة لتطبيق او تنفيذ سياسة او انظمة ينص عليها تشريع .

administrative discretion تقدير الادارة او اجتهادها؛ رأي او نظر السلطات الادارية

administrative law قانون اداري، يحكم اجهزة الادارة (الرسمية) وينظم اجراءات مهامهـا المختلفة كجمع الايرادات وتنظيم القوات العسكرية والصحة والتعليم والجنسية والنقد والأمن العام والشؤون الاجتماعية وغير ذلك من مهام الدولة الادارية .

administrative remedy تدبير اداري: علاج او سبب يتوافر بسبيل لجنة او هيئة تنشئها السلطة التشريعية .

administrative tribunals محاكم ادارية؛ تتولى النظر والفصل في المسائل الادارية والمنازعات المتصلة بحقوق المؤسسات الكبرى والجماعات او العدد الكبير من الافراد، وهي تقع من حيث الوظائف في خمسة اصناف ينفرد كل منها باحد الموضوعات التالية: ١ – الأراضي والأملاك؛ ٢ – الضمان الاجتماعي، الخدمات الاجتماعية ومخصصات العائلات؛ ٣ – الخدمات الطبية العامة؛ ٤ – الخدمة العسكرية؛ ٥ – وسائل النقـل .

administrator [مواد التركات] مدير تركة؛ يعين لادارتها بموجب تفويض ادارة letters of administration صادر من محكمة مختصة وهذا يشبه منفذ الوصية executor غير انه يلزم (عادة)، نظراً لتعيينه من المحكمة لا المتوفى، بتقديم ضمانات قانونية كافية تكفل امانته وحسن تدبيره .

[مواد مدنية] مدير شؤون خاصة نيابة عن الغير او باسمه . مدير، ادارة عامة او رسمية .

administrator-in-law المدير قانوناً او شرعاً . يعتبر الوالد، حسب قانون اسكتلندا ولي اولاده وقيمهم *ipso jure* بقوة القانون حتى يبلغوا سن الرشد .

administrator with will annexed
(راجع *cum testamento annexo* في باب administration)

administratrix مديرة: مفوض اليها ادارة تركة معينة

Admiralitas بحرية؛ أميرالية؛ محكمة بحرية

[**قوانين بحرية**] مجموعة سفن خاصة مسلحة تتحد معاً لتحمي نفسها من غارات القرصان .

Admiralty محكمة بحرية تمارس اختصاصاً واسعاً فيما يتعلق بالقضايا البحرية والمنازعات المدنية والجنائية الناشئة عن أية افعال وقعت على البحر او لها صلة به، وقد تدل هذه الكلمة في القانون الانكليزي أحياناً على محكمة الاميرال Court of the Admiral وهي القصر الذي يباشر فيه امراء البحر الانكليز سلطاتهم القضائية واعمالهم الرسمية .

[**قانون اميركي**] تختص محكمة الـ admiralty (البحرية) بالنظر والفصل في كافة العقود والمنازعات والاضرار والجرائم البحرية .

admiralty, droits of حقوق امارة البحر (او رئاسة البحرية). يستولى اثناء الحرب على بضائع العدو الموجودة في الموانىء البريطانية باعتبارها droits of admiralty .

Admiralty, First Lord of the (First Lord of the Admiralty) وزير البحرية (في المملكة المتحدة البريطانية) .

admissible يستأهل القبول او الاعتبار؛ مقبول؛ معقول؛ جائز؛ موضوعي؛ يتصل بموضوع النزاع

admission قبول؛ تسليم؛ اقرار؛ اعتراف

[**مواد الكفالة**] امر اخلاء السبيل تحت الكفالة

[**الشهادة والبينة**] قبولها على اعتبار انها معقولة يقرها العقل او تتصل اتصالا موضوعياً بمدار البحث .

[**مزاولة المهنة**] قبول المحامي للمرافعة امام محكمة او هيئة معينة.

[**قانون كنسي انكليزي**] موافقة المطران على تعيين الكاهن (المرشح) للابرشية، بعد اختباره وتبين اهليته، وتكون هذه الموافقة بالعبارة المأثورة *admitto te habilem* اي اقر اهليتك او اعترف بانك كفؤ .

[**عضوية شركات**] يقال admission of a member انضمام عضو او قبول انضمامه .

ووجه الخلاف بين confession و admission هو ان الأولى تستعمل في المواد المدنية بمعنى «اقرار» والثانية في المواد الجنائية بمعنى «اعتراف» .

— **direct or express admission** اقرار مباشر او صريح

— **implied admission** اقرار ضمني

— **incidental admission** اقرار عرضي: يرد عرضاً في غير موضوع البحث او ضمن اقرار يتصل بمسألة أخرى .

— **plenary admission** اقرار اطلاقي، غير مقيد، لا ينطوي على تحفظ .

— **quasi admission** (راجع باب quasi)

admission against interest الاقرار ضد المصلحة الخاصة او اضراراً بالنفس .

admissionalis حاجب؛ آذن؛ مباشر

admit يقر؛ يعترف؛ يسلم (بأمر)؛ يجيز؛ يستسيغ

admittance [**قانون انكليزي**] تصرف حيازة او ملكية copyhold معلقة على شرط رضى المتصرف .

admonitio trina تنبيه او تحذير مثلث: كان يوجه غالباً الى من اتهم بجناية معينة فرفض الكلام واصر على السكوت؛ وذلك قبل الحكم عليه بالعقوبة المعروفة قديماً عند الانكليز بـ *peine forte et dure* وهي وضع المحكوم في سجن منعزل وحرمانه من الأكل ثم تجريده من ثيابه تجريداً كلياً وطرحه ارضاً والضغط على جسمه العاري بقطع ثقيلة من الحديد .

admonition تنبيه؛ لوم؛ انذار؛ تحذير (من العودة الى فعل معين) ؛ موعظة

admortization تحويل ملكية الأرض (في العرف الاقطاعي) الى ملكية لا تقبل التصرف . وهذا يشبه الوقف في الفقه الاسلامي .

adnepos ابن حفيد الحفيد

adneptis بنت حفيدة الحفيدة

adnichiled ملغى؛ مبطل

adolescence دور الفتوة او الشباب الحدث، الذي يلي الحلم مباشرة ويقع بين سن الخامسة عشرة والثامنة عشرة في الذكور .

adopt يتخذ؛ يجيز؛ يتبنى؛ يقتبس

adopted child دعي (تجمع على ادعياء)

adoption تبن

— **legal adoption** تبن قانوني يجعل للدعي (الولد المتبنى) من حقوق النسب على من تبناه ما للولد الشرعي على والده .

— **simple adoption** تبن بسيط: يقتصر فيه على معاملة الدعي كاحد أفراد أسرة المتبني .

adoption of children تبني الأولاد بموجب قانون التبني لعام ١٩٥٨ . وقد كان التبني غير معروف في القانون الانكليزي قبل صدور القانون الأول لتنظيمه عام ١٩٢٦ . وللمحكمة بموجب قانون عام ١٩٥٨ ان تصدر لطالب التبني امراً يخوله الحق في ان يتبنى ولداً معيناً .

adoption of contract قبول العقد: اعتباره ملزماً رغم انطوائه على عيوب تخول القابل حق فسخه .

adoptive act تشريع محلي: يسري مفعوله على منطقة معينة دون أخرى .

adpromissor [قانون اسكتلندي] ضامن؛ كفيل؛ قبيل

adquieto دفع؛ اداء؛ وفاء او توفية

adrectare يوفي؛ يسوي؛ يعدل او يقوم (معوجاً)

adrogation [قانون مدني] تبني الولد وهو دون الرابعة عشرة او البنت وهي دون الثانية عشرة .

ads اختصار العبارة اللاتينية *ad sectam* ومعناها قضية خاصة او متعلقة بشيء معين .

ads = ad sectam بطلب من؛ بناء على دعوى (ذي الشأن)

adscripti glebae عبيد او احلاس الأرض (في النظام الاقطاعي)

adscriptus [قانون مدني] مضاف الى

adsessores قضاة معاونون؛ وكلاء قضاة نظاميين او مستشاروهم .

adstipulator شريك اشتراط او استعهاد: من له من الشرط او الوعد ما للاصيل وفي استطاعته ان يقاضي ويفرض الوفاء كالاصيل سواء بسواء .

adult [قانون مدني] مراهق؛ الذكر اذا بلغ الرابعة عشرة من عمره او الأنثى اذا بلغت الثانية عشرة .

[قانون عام Common Law] : راشد او بالغ (سن الرشد)

adulter فاجر او زان: من ارتكب الفجور مع زوجة غيره .

adultera فاجرة؛ زانية

adulteration افساد (عناصر شيء)، غشه او مزجه بما دونه مادة قصد بيعه على انه خال من الغش .

adulterator غشاش؛ مزيف

adulterer زان؛ فاجر؛ عاهر

adulteress زانية؛ فاجرة؛ عاهرة

adulterine ولد سفاح؛ ولد زنا او فجور

adultery زنا؛ ويسمى احياناً بالفجور او العهر

— open and notorious adultery زنا واضح او مفتضح: ركنه الأساسي سكنى الفاعلين معاً على مشهد من الناس في منزل واحد كأنهما متزوجان قانوناً .

advance سلفية او سلفة؛ حساب مدين؛ اداء معجل: ما يدفع من النقد قبل موعد استحقاقه .

تقدم او سير الى الأمام

[كفعل] يسلف؛ يقرض؛ يدفع؛ يعرض؛ يقدم

— in advance مقدماً؛ سلفاً

advance against merchandise سلفة على بضاعة

advance against securities قرض مستند؛ قرض على سندات مالية

advance freight (نولون) او اجرة شحن معجلة: تدفع قبل بدء الرحلة .

advance on a mortgage قرض على رهنية؛ قرض مضمون برهن

advance payment دفعة معجلة نظير منفعة منتظرة او مضافة الى زمن مستقبل .

advance unsecured سلفة او قرض بلا ضمان

advancement اعانة معجلة (على ميراث): المال الذي يدفع للشخص باعتبار ما سيؤول اليه من ميراث منتظر، على ان تستنزل قيمة ذلك من حصته في الميراث المذكور عند ايلولتها اليه .

advancement, equitable doctrine of
قاعدة المعروف الانصافية . اذا قام والد باسم ولده او قام شخص في مقام الوالد *in loco parentis* باسم من هو ولي امره وكذا اذا قام الزوج باسم زوجته بشراء شيء او تثمير مال، توافرت القرينة حسب هذه القاعدة على ان القائم بذلك كان مدفوعاً بحب الخير لمن عقد صفقة الشراء او التثمير باسمه ما لم يثبت العكس .

advantage فائدة؛ منفعة؛ غنم؛ ميزة؛ مزية؛ فرصة او وسيلة من شأنها المساعدة على تحقيق نجاح او قضاء مصلحة او غير ذلك .

advena اجنبي مقيم اقامة عادية في بلد لم يتجنس بجنسيته كالمستأمن في الفقه الاسلامي .

adventitious عرضي او اتفاقي : ما يصيبه الشخص من مال عرضاً او يرثه عن غريب او عن احد الحواشي (الأقرباء غير المباشرين) .

adventure مجازفة ؛ مغامرة ؛ مخاطرة ؛ عمل او مشروع جزافي ، مشكوك النتائج (من حيث الربح او الخسارة) .

[تأمين بحري] اخطار او مخاطر

[مواد تجارية] يعد من المجازفة adventure شحن البضاعة الى الخارج على مسؤولية الشاحن .

adventure, bill of (bill of adventure) صك او مستند جزافي

[مواد تجارية] شهادة من تاجر تفيد ان ملكية البضاعة المشحونة باسمه تعود لشخص آخر يعتبر مسؤولا عما يصيبها من التلف أثناء الشحن وانه (اي التاجر) لا يسأل الا عن تسليمها .

[مواد تجارية] اقتراض المخاطرة gross adventure — الفادحة . يكون هذا الاقتراض على جسم السفينة ، ويسمى كذلك لانه يقتضي المقرض ، في حال وقوع هلكات او خسائر او دفع اية مبالغ لازمة لتأمين السلامة العامة ، ان يساهم في العواريات العامة general average مع الباقين من ذوي المصالح في السفينة كل بنسبة مصلحته .

adventurer مجازف ؛ مخاطر

adversary غريم ؛ خصم ؛ مقاض ؛ منازع ؛ قرن

adversary proceeding اجراء متنازع ، يتداعى فيه او يتنازعه خصمان متقابلان .

adverse متضارب ؛ معاكس ؛ مناهض ؛ متناقض : كالطلبات او المنافع اذا تعارضت .

adverse claim (راجع باب claim)

adverse enjoyment (راجع باب enjoyment)

adverse interest مصلحة عكسية ؛ مصلحة متضاربة او متعارضة

adverse party خصم مقابل او مناهض : من كانت مصلحته على النقيض من مصلحة المستأنف .

adverse possession حيازة كاسبة (للملكية) : الحيازة الكافية قانوناً لكسب ملكية الأرض موضوع الحيازة . ولا بـد لهذه الحيازة من ان تراعى فيها الظروف والمدة المنصوص عليها قانونـاً statutory period وتكون حيازة فعلية مع قصد الاحراز بالتقادم المكسب . حيازة تعارض حق المالك وتكون بغير اذنه او رضاه الضمني او الصريح . حيازة يقدر انها بدأت باطلا in wrong واستمرت في وجه الحق against right .

adverse witness يكون تفسير عبارة adverse witness في باب witness على الوجه التالي : شاهد مناهض : تنكشف اقواله عن مخالفة للخصم الذي استدعاه للشهادة ، ولهذا الخصم ان يناقشه اذا شاء باذن المحكمة .

adversus ضد ؛ عكس

adversus extraneos vitiosa possessio prodesse solet السبق في الحيازة خير حجة لمن لا يستطيع اكثر من ذلك او اليد خير دليل على الملك ما لم يثبت العكس .

advertise يعلن

advertisement اعلان ؛ نشر

advice رأي ؛ نصح ؛ مشورة ؛ فتوى ؛ اشعار ، اخطار او بيان (يصدر عن مصرف او تاجر لاحاطة صاحب الشأن بسحب تحاويل او شحن بضاعة او ما الى ذلك) .

advice on evidence رأي في شهادة : الرأي الذي يصدر عن احد محامي الجانب الواحد فيمن يجب استدعاؤه للشهادة وما يجب ابرازه من اوراق على سبيل البينة ويصدر هذا الرأي عادة عن اقل المحامين العاملين معاً شأناً .

advisare, advisari يبين رأياً ؛ ينصح ؛ يشير ؛ يفتي

ترد هذه الكلمة دائماً في العبارة *curia advisare vult* المشهورة ومعناها ترغب المحكمة ان تحيط بالموضوع .

advise ينصح ؛ يشير ؛ يبين رأياً ؛ يفتي ؛ يوصي بشيء ؛ يحيط ؛ يعلم ؛ يشجع . ولا تدل هذه الكلمة على معنى الأمر بل تفيد الخيار وتترك العمل بما تنطوي عليه لتقدير الموجه اليه ورغبته .

advised مستعدة للنطق بالحكم (بعد المذاكرة والمداولة) نحو : The court took time to be advised صرفت المحكمة حاجتها من الوقت في الاستعداد للحكم (بالمذاكرة والمداولة) .

advisedly قصداً ؛ بتصميم او تعمد

advisement اعتبار؛ مشاورة؛ مذاكرة (المحكمة) او مداولتها قبل النطق بالحكم .

adviser مشير؛ مشاور؛ مستشار

advisory افتائي؛ استشاري؛ شوري

advisory branch شعبة فتوى

advocacy دعوة الى شيء، انتصار له، تحبيذه، مظاهرته او تأييده .

advocate [**كفعل**] يدافع؛ يحاج عن؛ يدعو لأمر او ينتصر له

[**كاسم**] محام

— Lord Advocate كبير محامي التاج ورئيس النيابات العامة في اسكتلندا، وهو المكلف بالادعاء العام في كل دعوى يرى انها تهم التاج؛ وله حق التدخل كمدع عام امام اية محكمة اسكتلندية تختص في نظر اي جرم .

— Queen's Advocate محامي الملكة؛ وعضو هيئة مستشاري التاج : يعين بمرسوم ملكي . مهمته تقديم الفتاوي للتاج والمرافعة نيابة عنه في المسائل المتصلة بالقوانين الدولية والمدنية والكنسية .

Advocate General المحامي العام؛ محامي الملك

[**في انكلترا**] مستشار او مشاور التاج في القوانين البحرية والعسكرية

Advocati Fisci [**قانون روماني**] محامو التاج . كان يعينهم الامبراطور للمرافعة عن جانبه في المحاكمات المتصلة بايراداته .

advocatia قيمة المحامي؛ نوع اعماله؛ مكانته او دائرة اختصاصه

advocation [**قانون اسكتلندي**] نقل الدعوى قبل الفصل فيها من محكمة الى أخرى أعلى منها .

advocator [**اجراءات اسكتلندية**] مستأنف

advocatus محامي؛ مرافع او مدافع

advow or **avow** (راجع avouch)

advowson [**قانون كنسي**] الحق في منح معاش كنسي لشخص او اكثر . وللاسقف (او المطران) المختص ان يرفض منح هذا المعاش بحجة سوء اخلاق المرشح له او جهله او انحراف عقائده او غير ذلك . وقد كان الحق المذكور يباع ويشترى حتى سنة ١٩٢٤ .

aedificare in tuo proprio solo non licet quod alteri noceat ليس من المشروع ان تبني على ارضك ما يضار غيرك .

aedificatum solo solo cedit ما يبنى على الأرض يتبعها

aedificia solo cedunt البناء يتبع الأرض

aeger [**في بعض الجامعات الانكليزية**] تقرير طبي، يشهد بمرض الطالب .

aegrotat [**في بعض الجامعات الانكليزية**] تقرير طبي، يشهد بسوء صحة الطالب وعجزه عن اداء الامتحان .

aequitas عدالة مطلقة، غير مقيدة (راجع equity)

aequitas est correctio legis generaliter latae, qua parte deficit العدالة المطلقة تصلح ما يعجز القانون عن اصلاحه .

aequitas non facit jus, sed juri auxiliatur العدالة المطلقة لا تنشىء القانون بل تعينه (اي تعين اتجاه العدالة).

aequum et bonum est lex legum ما يجمع بين الجودة والعدالة المطلقة فهو قانون القوانين (او رأسها) .

aera or **era** حقبة؛ زمن؛ عهد

aerodrome مطار

aerodrome circuit [**قواعد الطيران**] دائرة المطار

aerodrome control rating [**قواعد الطيران**] اهلية مراقبة المطار

aerodrome elevation ارتفاع المطار

aerodrome meteorological minima [**قواعد الطيران**] النهايات الجوية الصغرى للمطار .

aerodrome of departure مطار القيام

aerodrome of destination [**قواعد الطيران**] مطار الوصول

aerodrome reference point [**قواعد الطيران**] مركز المطار الهندسي

aerodrome traffic [**قواعد الطيران**] حركة المطار؛ وهي الحركة التي تقوم بها الطائرات في ميدان المطار .

aeronautical charts [**قواعد الطيران**] خرائط الطيران

aeronautical mobile service [**قواعد الطيران**] خدمة اتصالات طيران (او اتصالات جوية) متنقلة .

aeronautical stations [**قواعد الطيران**] محطات طيران؛ محطات ملاحة جوية

aeroplane [**قوانين الطيران**] طائرة ذات محرك

aeroplane flight crew [**قواعد الطيران**] طاقم طيران الطائرة؛ طاقم رحلتها

aesnecia إيثار الولد الأكبر؛ حق الولد البكر في الاستئثار بالتركة دون اخوته .

aestimatio capitis جعالة الرأس: ما يجعل من مال، على سبيل المكافأة، للقبض على شخص معين .

aetas infantiae proxima سن الحداثة المبكرة (السابقة للمراهقة): وهي بين السابعة والعاشرة والنصف .

aetas legitima السن القانونية (٢١ عاماً)

aetas perfecta سن اكتمال الرشد (٢٥ عاماً)

aetas prima السن الأولى: وهي الحداثة (حتى البلوغ او الرشد) .

aetas pubertati proxima سن الفتوة: من العاشرة والنصف حتى الرابعة عشرة . وفيها تختلف المسؤولية الجنائية باختلاف ادراك الولد .

affect يؤثر (في)؛ يحد او ينال (من)؛ يمس؛ يعني . يشمل او يسري على (شخص او شيء) .

affectio societatis نية المشاركة؛ قصد الاشتراك

affection ايداع شيء او رهنه ضماناً لدفع مبلغ من المال او اداء واجب او خدمة .

affectus ميل؛ انحراف؛ نية، قصد، تفكير، حافز

affectus punitur licet non sequatur effectus يعاقب على القصد ولو لم يتحقق المقصود

affeer يقدر؛ يثمن؛ يحدد مقدار شيء

affeer an account: يحلف على حساب او يصدق عليه، نحو امام دائرة القضاء المالي Exchequer .

affiance يخطب او يختطب امرأة: يجعلها خطيبته . خطبة (خطبة زواج)، طلب امرأة لزواج، مقدمة عقد زواج، تواعد متبادل بزواج .

affiant معطي الافادة: من ادلى بافادته مشفوعة باليمين وذيلها بتوقيعه او ما يقوم مقامه .

affidatio حلف يمين الولاء للسيد

affidatio dominorum قسم اللوردات: اليمين التي يحلفها اعضاء مجلس اللوردات بانجلترا .

affidavit افادة كتابية مشفوعة بيمين؛ تصريح؛ اقرار او تقرير كتابي مصحوب بقسم يؤديه المقرر امام موظف رسمي مختص .

affidavit of defense ; affidavit of merits افادة نفي: تقرير كتابي مشفوع باليمين يبين ان المدعى عليه محق فيما رد به على دعوى المدعي .

affidavit of documents افادة وثائق: يؤمر باخذها فيما يتعلق بوجود وثائق معينة لدى الجهة المراد اخذ افادتها. وعلى الجهة الملزمة باعطاء الافادة في هذه الحال ان تبين هل كانت الوثيقة موضوع الامر بحوزتها في زمن معين ام لم تكن .

affidavit of finding افادة عثور على مفقود: تعطى عادة فيما يتعلق بوصية فقدت ثم وجدت .

affidavit of means افادة يسار: يقرر صاحبها قدرة الشخص المعني على الوفاء بدين محكوم به .

affidavit of service افادة بحصول اعلان او تبليغ: تقرير كتابي مشفوع بيمين يشهد بأن الأمر او الاعلان او المستند، او غير ذلك مما هو موضوع الافادة، قد حصل تبليغه للشخص المعني .

affidavit to hold to bail افادة تعطى للقبض على مدعى عليه في دعوى مدنية واقناع المحكمة بعدم اخلاء سبيله تحت الكفالة نظراً لامكان فراره .

affile يودع في ملف (او اضبارة)

affiliate ينتسب او ينضم (الى اتحاد او رابطة)؛ يتصل (بـ)

affiliate (with) يرافق؛ يصاحب؛ يماشي؛ يؤازر او يؤيد

affiliated منضم؛ منتسب

affiliation انضمام او انتساب؛ يفوق مجرد التأييد والمساندة الادبية دون بلوغ حد العضوية الفعلية في الاتحاد المعني او الجمعية او الرابطة او المنظمة .

اثبات بنوة الولد الطبيعي (غير الشرعي) .

affiliation order امر تبني: يصدر على من قضت المحكمة بأبوته لولد غير شرعي بان يدفع مبلغاً مرتباً لاعالة هذا الولد .

affines [قانون مدني] انسباء؛ احماء؛ اقارب او اهل بالمصاهرة . جيران يملكون او يشغلون أراضي متجاورة او مشتركة الحدود .

affinitas [قانون مدني] صلة؛ قرابة؛ قرابة زواج او مصاهرة

affinitas affinitatis قرابة زواج بعيدة؛ القرابة القائمة على الزواج لا الدم

affinity تقارب؛ اتفاق عظيم؛ صلة؛ رباط او ارتباط روحي اومعنوي بين شخص وآخر . عصبة مصاهرة؛ قرابة زواج؛ صلة الزوج بأقارب زوجته من دمها وصلتها بأقاربه من دمه .

قرابة بوجه عام

— collateral affinity مصاهرة حواشي: مصاهرة فرعية: تنشأ بين الزوج واقارب اقارب الزوجة .

— direct affinity مصاهرة مباشرة؛ صلة القربى بين الزوج واقارب الزوجة (من دمها) .

— quasi affinity شبه قرابة؛ يعتبرها القانون المدني قائمة بين شخصين خطب احدهما قريبة للثاني (قصد الزواج بها) ولم يتزوجها .

— secondary affinity مصاهرة ثانوية: تنشأ بالزواج بين الرجل واقارب الزوجة بالمصاهرة .

affirm يصدق او يقر (حكماً مستأنفاً)؛ يؤكد شيئاً او يجزم به . يعطي تصريحاً او اقراراً قاطعاً بصحة افادة (اذا ادلى بها) او بأنه يقول الحق (اذا ادى شهادة) . والاقرار او التأكيد القاطع يقوم مقام اليمين في بعض الأحوال .

[في العقود] يبرم (بمعنى ratify)؛ يثبت

affirmance اقرار (قانون او حكم سابق)؛ تصديق محكمة استئنافية لحكم او امر او مرسوم صادر عن محكمة ادنى او مصادقتها عليه . تثبيت عمل او عقد (قابل للابطال) من قبل الملزم به .

affirmance day general يطلق هذا الاسم على اليوم الذي يحدده قضاة الـ Common Pleas (وهم ابتدائيون مدنيون) والقضاة الستة Barons of the Exchequer في دائرة القضاء المالي Court of the Exchequer بعد بداية الدورة القضائية بأيام قلائل لتصديق الاحكام او فسخها .

affirmant من ادلى بشهادة مع اقرار او تأكيد قاطع بدلا من اليمين .

affirmed affidavit افادة مشفوعة بتأكيد (او اقرار) قاطع .

affirmanti, non neganti incumbit probatio عبء الاثبات على من اكد الشيء لا على من انكره (او البينة على من ادعى لا على من انكر) .

affirmation اقرار؛ جزم او توكيد قاطع يقوم مقام اليمين في بعض الأحوال .

affirmation of fact توكيد موضوعي؛ جزم بواقع؛ لا يخرج احياناً عن كونه مجرد رأي . غير انه اذا تناول امراً حيوياً، كصفقة مثلا او مبايعة، فقد يغري ذا الشأن (اذا اعتمد عليه) ويدفعه الى قبول الصفقة او المبايعة وابرامها .

affirmative ايجابي؛ تأييدي؛ توكيدي

affirmative action عمل ايجابي؛ عمل غير تأديبي . اخذ الموقف او الموضوع بالاصلاح او العلاج والحكمة بدلا من الشدة والقصاص (بالعمل السلبي negative action) .

affirmative authorization تصريح، تفويض او اذن ايجابي، لا يكون ضمنياً فحسب بل واضحاً ايضاً وصريحاً .

affirmative charge or general affirmative charge تنبيه القاضي للمحلفين الى انه مهما بلغت البينة، فلا تكفي لادانة المتهم بالتهمة المسندة اليه في ورقة الاتهام .

affirmative easement ارتفاق ايجابي: يخول مالك الأرض المخدومة (او المرتفقة dominant) ان يستعمل الأرض الخادمة (المرتفق بها servient) او يفعل عليها ما لا يجيزه له القانون لو لم يكن بيده حق الارتفاق المذكور .

affirmative pregnant [في المرافعة] ادعاء موجب يتضمن واقعة سالبة تكون في مصلحة الخصم؛ ادعاء ايجابي شكلا وسلبي ضمناً (راجع negative pergnant للمقابلة).

affirmative proof برهان ايجابي: يكفي في حد ذاته ويحكم قوته لاثبات الواقعة موضوع النزاع .

affirmative relief مساعدة؛ منفعة؛ اضرار او تعويضات ايجابية

affirmative statute قانون برلماني او تشريعي ايجابي (النص): يقتضي القيام بعمل معين او يبين ما ينبغي فعله .

affix يبصم (بخاتم)؛ يضع او يثبت (توقيعاً او غيره)

affliction ملمة؛ محنة او نائبة: تصيب الجسم او العقل فتكون مصدراً لنكد او تعاسة .

afforare يثمن؛ يخمن؛ يقدر؛ يحدد ثمن شيء

afforatus مثمن؛ مخمن او محدد (السعر)

afforce يزيد؛ يعزز؛ يقوي، يشد ازر شيء

afforce the assize [اجراءات انكليزية قديمة] كان المحلفون قديماً اذا انقطع الرجاء من تفاهمهم واجماعهم على قرار واحد، يقهرون على الاتفاق والاجماع بأن يحجزوا او يمنع عنهم اللحم والشراب حتى يذعنوا او يضاف اليهم محلفون آخرون حتى يتوافر من بينهم اثنا عشر محلفاً على رأي واحد .

afforciamentum [قانون انكليزي قديم] حصن؛ قلعة؛ متراس

دعوة المحكمة الى الجلوس في مناسبة استثنائية او خطيرة .

afford يستطيع؛ يقدر (على فعل)، يسعه القيام به، يجد سبيلا اليه، له قبل به .

afforest يزرع او يغرس ارضاً جرداء على هيئة غابة او حرج؛ يحرج؛ ينشىء غابة في ارض معينة او يخضعها لأحكام قانون الغابات .

affranchise يحرر؛ يحل (من قيد او التزام)؛ يقيل (من اعباء)

affray مقاتلة؛ مشاجرة: اشتباك مفاجىء بين شخصين او اكثر في محل عام من شأنه ان يعكر السكينة ويبعث على شيوع الرعب بين الحاضرين .

يختلف هذا الاصطلاح عن riot في انه لا ينطوي على التصميم.

affreightment شحن سفينة . عقد نقل بحري . عقد ايجار سفينة او وسقها

affront يمتهن؛ يهين؛ يتحقر؛ يحقر

امتهان؛ اهانة، تحقير (علني) او تطاول

aforesaid مذكور؛ آنف او متقدم الذكر

aforethought سبق تفكير؛ سبق تصور او تصميم

after بعد؛ فيما بعد؛ تالياً؛ بعد ذلك

after-acquired حصيل او كسب تال: ما صار اكتسابه بعد تاريخ او حادث معين . حصل عليه فيما بعد

after-acquired title حق ملكية يؤول الى المتصرف له تلقائياً حالما يكتسبه المتصرف او الواهب؛ بحيث اذا تصرف الأخير في ارض قبل الحصول عليها فعلا، آل حق ملكية هذه الأرض الى المتصرف له تلقائياً (اي اوتوماتيكياً) حالما يحصل عليه المتصرف فعلا .

after-born child مولود بعد وفاة ابيه: وهذا لا يختلف عما يعرف بالـ posthumous child او *en ventre sa mère* .

after date من او منذ تاريخه

after-discovered كشف عنه، اكتشف او صار اكتشافه او العلم به، بعد تاريخ معين او حادثة معلومة .

after-discovered evidence (راجع باب evidence)

after sight لدى او عند الاطلاع؛ بعد او من حين الاطلاع

afterthought فكر لاحق؛ تقفية على الفكر بفكر آخر . التفكير الذي يتكون بعد حصول فعل او واقعة .

against ضد؛ مقابل؛ نظير؛ في مواجهة؛ خلافاً (لـ)

against the peace مخل بالامن او السلام او ضده

against the weight of evidence مناهض؛ معاكس او مضاد لبينة او شهادة

against the will مراغمة؛ قسراً؛ قهراً؛ ضد الارادة

agalma بصمة، تمغة؛ ميسم؛ اشارة او علامة: يتركها ختم على ورقة او على شمع .

age سن؛ عمر

— come of age يبلغ السن القانونية او سن الرشد؛ يبلغ اشده

— full age = legal age سن قانونية؛ سن نظامية؛ سن الرشد (٢١ عاماً)

age of discretion سن الادراك: السن التي يستطيع معها الحدث ان يتبين اتجاه ميوله وتقدر غالباً بالرابعة عشرة .

age of legal consent سن الرضى او القبول المشروع: السن التي يكون فيها قبول الشخص او رضاه ملزماً له، بعد تجاوز السن التي لا يسأل فيها الحدث عما يفعل (راجع consent, age of) .

age of majority سن الرشد (٢١ عاماً)

age of maturity سن البلوغ او النضج، ويراد بها سن الرشد .

age of nurture سن الحضانة، وهي دون السابعة . ويراد بالحضانة تهذيب الولد education وتدريبه او تعليمه training وتربيته bringing up ورعايته او المحافظة عليه custody .

age prayer التماس السن: عريضة يرفعها خصم قاصر، في دعوى عقارية ماثلة امام القضاء، الى الجهة المختصة راجياً تأجيل البت في تلك الدعوى ريثما يبلغ السن القانونية .

agency نيابة او انابة: صلة تنشأ بحكم ارادة الاصيل principal، فتخول النائب agent حق القيام بتصرف تعود آثاره على الأصيل وحده . تختلف عنها الوكالة power of attorney او procuration او proxy بأنها عقد تبادلي يستلزم تطابق ارادة فريقيه – الموكل والوكيل .

— actual agency نيابة فعلية: تنشأ حيث يكون الشخص المعني نائباً حقيقياً للاصيل .

— exclusive agency نيابة تخصيص؛ نيابة خالصة؛ نيابة أثرة او إيثار: تنحصر في النائب المعني دون غيره .

— general agency نيابة عامة: يتولى بموجبها النائب كافة الشؤون المتصلة بتجارة او اعمال معينة .

— implied agency نيابة ضمنية: تدل عليها العلاقة القائمة بين الأصيل والنائب والتصرفات التي يصدر عنها الاثنان ويصح اتخاذها قرينة على قيام هذه النيابة .

— ostensible agency نيابة ايهامية: يظن وجودها نتيجة اعمال قصدية او اهمالية يصدر عنها الأصيل فتوهم الناس ان شخصاً معيناً هو نائبه بينما هو ليس كذلك .

agency coupled with interest نيابة نفعية؛ قائمة على منفعة او مقترنـــة بمصلحة: ينشدها النائب من الأصيل اعتقاداً منه بأنه اذا عمل في ظلها وفرت له قدرة خاصة على العمل او سبلا مجدية للكسب .

agenda جدول اعمال

agenesia [طب شرعي] عنة . عجز الذكر او الانثى عن الاتصال الجنسي .

agent نائب . ترد هذه الكلمة ايضاً بمعنى: وكيل؛ ممثل؛ مفوض؛ معتمد؛ عامل

— apparent or ostensible agent نائب ظاهر او ايهامي: يخاله الغير نائباً لشخص معروف بحكم ما قام به هذا الأخير من اعمال قصدية اوهمت الناس بقيام النيابة او نتيجة اهماله في بيان علاقة النائب المذكور وتحديد صلاحياته.

— commission agent (راجع باب **commission**)

— diplomatic agent عامل دبلوماسي: موفد من ملك او رئيس دولة لتمثيل بلاده تمثيلا سياسياً لدى بلاد اخرى . والعمال او الموفدون الدبلوماسيون، حسب القرار المتخذ بشأن ترتيبهم في مؤتمر فينا المنعقد سنة ١٨١٥، يقعون في ثلاث فئات:

١) السفراء ambassadors ورسل البابا او سفراؤه legates، والقاصدون الرسوليون nuncios ، ولهؤلاء وحدهم ومن في حكمهم الحق في تمثيل شخص الملك او رئيس الدولة .

٢) المبعوثون او الموفدون الدبلوماسيون envoys والوزراء المفوضون ministers plenipotentiary .

٣) القائمون بالاعمال chargés d'affaires . وقد نشأت بموجب قرار مؤتمر Aix-la-Chapelle الصادر سنة ١٨١٨ جماعة اخرى من الدبلوماسيين تقع في الفئة الثانية المشار اليها وتشمل الوزراء المقيمين resident ministers ومن في حكمهم .

— general agent نائب او وكيل عام: ينيبه الاصيل للقيام باعماله ومهامه كافة ضمن نطاق معين .

— managing agent مدير وكالة

— real-estate agent سمسار او وسيط اموال عقارية: يتعاطى بيع الاملاك وشراءها لحساب عملائه .

agent and patient اصطلاح دارج؛ يصور وضع الشخص الملزم بشيء معين تجاه نفسه او الشخص الواجب الاداء عليه واليه . من ذلك أن يقوم (أ) من الناس بتعيين دائنه (ب) منفذاً لتركته بينما يدين له بمبلغ معين من المال، فيصبح (ب) بحكم هذا التعيين (وهو المداين المنفذ) ملزماً بالاداء ومنتفعاً به، اي دافعاً ومدفوعاً اليه في آن واحد، يترتب عليه ان يوفر المال للدائنين ويتقاضى منه مقدار دينه.

aggravate يشدد؛ يزيد من شدة شيء او خطورته

aggravated assault تعد مشدد: التعدي الذي يرافقه من الملابسات ما يزيد خطورته او بشاعته؛ كأن لا يقف عند حد مجرد التعدي الجسماني بل يقترن ايضاً بنية جنائية أخرى او تستعمل فيه أسلحة خطرة او اية وسيلة وحشية مخلة بالشرف

— seditious agitator مثير للفتن

agnates [**قانون اسكتلندي**] اقارب الاب؛ الأقارب عن طريق الأب او على عمود نسب الذكور .

agnati [**قانون روماني**] يشمل هذا التعبير كافة الأقارب عـلى عمود نسب الذكور الذين يتحدرون من الاصول الذكور دون الاناث في سلسلة النسب .

agnatic عن طريق الذكور او بسبيلهم؛ نسبة الى الذكور او متأد عنهم .

agnatio, **agnation** عصبية : قرابة الشخص من جهة ابيه

agnomination لقب؛ اسم عائلة او اسرة

agrarian عقاري؛ عيني؛ يتصل بالاراضي او بقسمتها او توزيعها .

agrarian laws [**قانون روماني**] قوانين عقارية، تنظم قسمة الاراضي وتوزيعها وتسويتها وما يتصل بها .

agrarium خراج؛ ضريبة ارض

agréation قبول او موافقة

agree يوافق؛ يتفق؛ يقر (شيئاً)، يأخذ به او يجيزه

agréé [**قانون فرنسي**] من كان له حق التداعي نيابة عن غيره او حق تمثيل الغير امام المحاكم التجارية .

agreeance [**قانون اسكتلندي**] اتفاق؛ اتفاقية؛ عقد

agreed متفق عليه؛ مسلم به

agreed case قضية متفق عليها؛ قضية مسلم بها او مفروغ منها

agreed statement of facts بيان او تقرير بالوقائع المتفق عليها بين الفرقاء من حيث الصحة والاعتماد .

agreement اتفاقية

— collateral agreement (راجع باب collateral)

— conditional agreement اتفاقية مشروطة : معلقة او موقوفة على شرط : يقتضي تنفيذ احكامها حصول امر معين .

— executed agreement اتفاقية منجزة؛ منفذة او مستوفاة : تتصل بأشياء ماضية، او مقفلة، استوفت اغراضها وتم تنفيذها .

— executory agreement اتفاقية تنفيذية، واجبة التنفيذ مستقبلا : توضع في الغالب على سبيل التمهيد لاتفاقيات اكبر منها او اعظم شأناً .

aggravation تشديد؛ انطواء (الفعل) على عوامل تزيد خطورته او قسوته؛ اقترانه بملابسات تجعل له صفة التوحش او يزداد معها قبحه او تتجاوز اضراره حدها العادي لو خلا الفعل المذكور من هذه الملابسات .

aggravation, matter of مسألة تشديدية : من شأنها العمل على زيادة مبلغ التعويض، غير انها لا تشكل في حد ذاتها سبباً للتقاضي .

aggregate إجمال او جملة؛ عدد، مقدار او مجموع كلي؛ كمية شاملة

aggregatio mentium وقت حصول العقد؛ حين تمام ابرامه

aggression عدوان؛ اعتداء؛ تعدي

aggressive عدواني؛ تهجمي؛ اعتدائي

aggressor معتد؛ مبادر بهجوم او ضرر او عدوان

aggrieve يظلم؛ يغبن؛ يتر

aggrieved مظلوم؛ مغبون؛ موتور

agio [**اسواق مالية**] مضاربة في أوراق مالية؛ فرق الصرف من نقد الى آخر (أعلى قيمة منه)؛ فرق القيمة الذي يؤدى عند تبديل العملة بأخرى أعلى قيمة منها .

agiotage [**اسواق مالية**] يضارب في اسهم؛ يبيع ويشتري في بورصة لحسابه الخاص سعياً وراء ربح استقبالي.

agist تحميل العقار او مالكه عبئاً او التزاماً لمصلحة عامة .

agistment ايواء ماشية الغير او رعيها في سبيل المكافأة؛ وديعة مكافأة يتوخى المودع (لديه) بسبيلها ان يجازى على ما اودع ويكون مسؤولا على ما يقع من خسارة نظير قعوده عن بذل العناية المعتادة .

agister (راجع agistor)

agistor راع بالاجرة : يرعى مواشي الغير بكراء معلوم .

[**قديماً**] ناظر رعي؛ موظف رسمي كان يعهد اليه في الاشراف على الرعي في الغابات الملكية وتقاضي الرسوم المفروضة على ذلك .

agitator محرض، مشاغب، مهيج، مثير للقلاقل

— labour agitator داعية عمالي؛ داعية للعمال يؤيد مصالحهم ويتحمس لقضاياهم . ولا يدل التعبير في حد ذاته على الخروج عن القانون في سبيل ذلك .

— express agreement اتفاق صريح : واضح الاحكام والمقتضيات

— implied agreement اتفاق ضمني : يستظهر قيامه من افعال الفرقاء او سلوكهم ، بدلاً من ان يتأكد بنص صريح .

— open-end agreement (راجع باب open)

— parol agreement اتفاق شرف : يرتكز على مجرد كلام او كتابة لم توثق او توضع في شكل ملزم قانوناً .

agreement for insurance اتفاق على تأمين او على قصد الدخول فيه : اتفاق مبدئي يضمن مختصر شروط التأمين تمهيداً لاثباتها بشكل مفصل في عقد التأمين .

agri ارض حرث (او زراعية) في بقاع مشاعة

agri limitati [قانون روماني] اراض آلت الى الدولة على اساس حق الفتح ، فوزعتها او وهبتها او باعتها لمن شاءت .

[مواد مدنية حديثة] اراض مبينة الحدود بخطوط مساحة رسمية او بموجب تخطيط رسمي .

agricultural زراعي ؛ يتصل بالزراعة ؛ يتناول شؤونها ؛ يتصف او يتعامل بها

agricultural chemistry كيمياء زراعية : تتناول دراسة المواد التي تنتجها التربة وخصوصاً الصالح منها للاكل ومقدار قيمته الغذائية وكيفيـة تنميته واستغلاله على نطاق واسع ، ودراسة مركبات التربة وطرق التسميد الكيماوي والوقاية من الأمراض والآفات الزراعية والقضاء عليها .

agricultural commodities منتوجات او مواد زراعية او نباتية

agricultural holding ارض فلاحة

agricultural land اراض زراعية : يراد بها غالباً الأراضي الريفية تمييزاً لها من اراضي المدن والعمران urban .

agricultural lien امتياز زراعي : اختصاص او قيد زراعي

agriculture زراعة : فن استثمار الأرض لتربية النبات والحيوان والانتفاع بهما .

aid يساعد ؛ يعين ؛ يسعف ؛ يؤيد ؛ يؤازر

aid and abet يعين (على جرم) ويمهد له ، يساعد ويدفع عليه ، يشوق اليه او ينصح به .

من اركان هذا الفعل الاحاطة بملابساته واهدافه وهو يشمل جميع ضروب المساعدة ، من قبول او عمل او تشجيع او تأييد او مجرد الحضور الشخصي عند ارتكاب الجريمة للاسعاف بالمعونة اللازمة .

aid and assist يسعف ويؤازر (عن علم بنية الفاعل الاجرامية او عن اهمال يكون من الجسامة بحيث يبرر تقدير العلم بتلك النية) . من ذلك سلوك سائق السيارة المستعملة مثلا لنقل مواد مهربة او ارتكاب اي فعل غير مشروع .

aid and comfort [جرائم الخيانة] يعين ويغيث او يسعف (عدواً) ، ينصره او يهيىء له ما يفيد في تقويته وشد عزيمته .

[كاسم] اسعاف وعون ؛ نصرة ومؤازرة

aid by verdict التصحيح بالقرار . اذا انطوت الاجراءات على الغلط وصدر القرار دون ان يعترض ذو الشأن على هذا الغلط ، استحال تقديم الاعتراض بعد ذلك واعتبر القرار كانه «اعان» الغلط او صححه وذلك ما لم يكن الغلط جسيماً .

aide-mémoire مذكرة او تذكرة ملحقة ؛ مفكرة مساعدة

aider مؤازر او معاون : من كان حاضراً وقت وقوع الجريمة حضوراً فعلياً ، او حكمياً (بالمامه بالخطوات المتخذة لارتكابها وتطورات وقوعها اولا بأول) ، وهو كالفاعل في عرف القانون .

aider and abettor معين ومؤازر : من ساعد الغير على تحقيق غرض مشترك (ينافي القانون) وكان عالماً بما هو في صدده وموافقاً عليه .

aider by verdict قرار تجاوز عن عيب او غلط (في مرافعة او مذكرة) امكن ان يكون محلا للاعتراض قبل صدور القرار .

aiding an escape تسهيل فرار ؛ اعانة عليه ؛ تيسيره او التمهيد له بفعل قصدي يبذل في سبيل فرار سجين ، سواء أوقف فعل الفرار عند المحاولة ام تم له النجاح .

aids [انظمة الاقطاع] مساعدات الافصال vassals او الاتباع الاقطاعيين للسيد .

اعانات استثنائية ، كان يقررها مجلس العموم البريطاني قديماً للتاج ثم نشأ عنها فيما بعد نظام الضرائب الحديث .

aiel جد

ailment علة ؛ عاهة (جسدية أو عقلية) ؛ زمانة

aim a weapon يصوب سلاحاً ، يسدده او يوجهه

alcaide [اسبانية] قائد؛ حاكم قلعة؛ سجان

alcalde [اسبانية] قاض جزئي: حاكم صلح

alcoholic beverages أشربة أو مشروبات كحولية: تختلف عن المسكرات alcoholic liquors في انها قد تحتوي على كحول ولا تسكر.

alcoholic liquors مسكرات؛ مشروبات روحية: تسكر الشارب اذا تمادى في شربها

alcoholism [طب شرعي] تسمم كحولي؛ ينتاب الجسم بجراء الاسراف في تعاطي المسكرات

alderman قاضي صلح؛ قاض اداري

[انظمة البلديات الاميركية] عضو مجلس بلدي يلي العميد مباشرة

[قانون انكليزي] قاض ثان في محكمة مدنية؛ قاضي شؤون بلدية يتبع البلديات من حيث الاختصاص.

شيخ محلي؛ شيخ مجلس بلدي او محلي او عضو مقدم: يعينه الـ councillors (الاعضاء العاديون في المجلس) لمدة ست سنوات. غير ان aldermen مدينة لندن (وهم اربع وعشرون) يعينون مدى الحياة وذلك منذ سنة ١٩٣٤ .

ale-conner [قانون انكليزي قديم] موظف عمومي كانت تعينه محكمة المئة (المعروفة بالـ court leet) ليفتش خمور البيرة على أنواعها « ويتذوقها دائماً لضمان جودتها » في نطاق دائرة المحكمة العائد اليها تعيينه. وما تزال هذه الوظيفة قائمة حتى الان من حيث الاسم، غير ان مهامها القديمة قد ألغيت.

ale silver ضريبة سنوية تتقاضاها بلدية لندن من حانات البيرة الواقعة ضمن حدودها

alea لعبة قمار أو حظ. احتمال الربح او الخسارة في العقد او الاتفاق

aleator مراهن؛ مقامر؛ مخاطر: من سار على غير اساس ثابت او معلوم النتائج

aleatory جزافي؛ قائم على مجرد الصدفة او النصيب؛ معلق بين الربح والخسارة

aleatory contracts عقود غرر: عقود او اتفاقات مقامرة أو رهان تقوم على فائدة غير مؤكدة تتأرجح بين التحقق والخيبة.

عقود مصادفة لا يعرف فرقاؤها مبلغها من الربح أو الخسارة.

alert phase [قواعد الطيران] مرحلة التنبيه

air navigation ملاحة جوية

air route طريق جوي

air space restrictions قيود الفضاء

air traffic حركة جوية

air traffic control clearance تصريح. مرور جوي. الاذن المعطى للطائرة بالقيام

air traffic control service [قواعد الطيران] خدمة مراقبة المطار الجوية.

airline خط جوي. مؤسسة نقل جوي

airline transport pilot's licence [قواعد الطيران] اجازة طيار نقل جوي

airport ميناء جوي؛ مطار

airport charges [قانون الطيران] رسم او رسوم مطار

airt and pairt [قانون جنائي اسكتلندي قديم] شريك متآمر

airtight مانع للهواء، حاصر له

airworthiness [قانون الطيران] صلاحية للطيران

aisiamentum [قانون انكليزي قديم] ارتفاق؛ حق ارتفاق

ajournment ورقة دعوى؛ صحيفة افتتاح دعوى

akin قريب؛ ذو قرابة (ناشئة على اتحاد الدم)

alarm نذير؛ انذار بدنو خطر او تفاقم حالة

[كفعل] ينذر؛ يهول؛ يلقي الرعب (في روع غيره)

alarmist مهول: من بث الذعر او نادى بالخطر لاسباب تافهة لا تدعو لذعر معقول.

alba firma [قانون انكليزي قديم] أجرة بيضاء؛ الاجرة التي كانت تدفع بالفضة بدلا من الذرة او الغلال التي كانت تعرف بالاجرة السوداء.

album breve امر بياض: الامر القضائي الذي ينطوي على عيب او نقص في ذكر البيانات اللازمة.

albus liber The white book؛ الكتاب الابيض سفر قانوني قديم يشمل مجموعة قوانين مدينة لندن وأحكامها العرفية.

alien amy [**قانون دولي**] اجنبي صديق، احد رعايا او مواطني حكومة أو دولة مسالمة

alien enemy اجنبي عدو ؛ احد رعايا او مواطني دولة معادية

alien friend أجنبي صديق؛ أحد رعايا أو مواطني دولة صديقة أو مسالمة

alienable قابل للتصرف أو الانتقال من مالك الى الغير

alienate ينقل أو يحول (مالا)؛ يتصرف فيه أو يتفرغ عنه للغير

alienation نقل أو تحويل (مال)؛ تصرف فيه أو نزول عنه للغير

[**طب شرعي**] اختلال القُوى العقلية

alienation of affections صرف العواطف الزوجية: حرمان الزوجة الشرعية من ميل زوجها او حبه؛ وهو ما قد تدعي بـه الزوجة على امرأة اعتدت عليها بأن اغوت زوجها وصرفت محبته عنها .

alienation office [**اجراءات انكليزية**] دائرة لتحصيل الغرامات المفروضة على المخلين بالاتفاقات والعقود وقيود الحسابات الخاصة .

alienee متصرف او متفرغ له: من حصلْ التصرف في المال لمصلحته .

alieni generis من نوع آخر

alieni juris تحت سيطرة آخر أو في كنفه: كالزوجة تعتبر تحت سيطرة زوجها، والقاصر تحت سيطرة ولي أمره وهلم جرا...

alienist [**طب شرعي**] متفرغ لدراسة الامراض العقلية؛ اخصائي أمراض عقلية أو نفسانية

alienor متصرف في ملك أو متنازل عنه للغير

alienus مال أو أموال الغير؛ ممتلكاته أو ما يخصه

aliment [**قانون اسكتلندي**] يعيل؛ ينفق (على)؛ يطعم. نفقة ترتب للزوجة من مال زوجها .

[**مواد مدنية**] طعام؛ غذاء أو تغذية

alimentary interest [**قانون اسكتلندي**] نفقة كفاف أو اطعام؛ مرتب عمري يمنح لشخص تحت الحراسة كي ينفقه على طعامه فقط . والاصل في المرتب المذكور أن لا يكفي

alfet [**قديماً**] مرجل او محاكمة المرجل: وهي من المحاكمات الشائعة في العصور الوسطى ؛ كانت تجري بصب ماء مغلي في مرجل ثم غمس ذراع المتهم فيه حتى المرفق وابقائه كذلك مدة من الزمن؛ فاذا تاثر ذراعه بكي الماء كان مذنباً واذا سلم كان بريئاً .

al-ijaratain [**مواد الوقف الاسلامي**] الاجارتان او عقد الاجارتين: وهو عقد يحكر الوقف بموجبه ارضاً عليها بناء في حاجـة الى الاصلاح، مقابل مبلغ منجز من المال مساو لقيمة البناء واجرة سنوية للارض مساوية لاجرة المثل .

alia امور او اشياء اخرى

alia enormia اضرار اخرى؛ غير ذلك من الاضرار . يرد هذا الاصطلاح في دعاوي المطالبة بالاضرار الناتجة عن التعدي العقاري المعروف بالـ trespass ويختتم به المدعي ادعاءه ليتفادى من تحديد الاضرار على وجه الدقة ويحتفظ لنفسه بذلك عند الحاجة .

aliamenta حرية مرور

alias الملقب (بـ)؛ الشهير او المعروف (أيضاً)؛ المكنى (كذا... بالاضافة لاسمه)؛ بعبارة اخرى؛ و؛ والا؛ سابقاً؛ قبلا، في غير هذا الزمان او الشكل

alias dictus يكنى او يعرف ايضاً باسم كذا... يستعاض عن هذه العبارة عادة بـ *alias* وحدها من قبيل الاختصار.

***alias* execution** تنفيذ اضافي: يوقع عادة اذا فشل التنفيذ الاول دون تحقيق غايته .

alias subpoena مذكرة احضار اضافية تصدر بعد اخفاق المذكرة الاولى.

***alias* summons** ورقة تكليف ثانية: تصدر بعد ان تفشل الاولى نظراً لعيب في الشكل او كيفية التبليغ .

***alias* writ** امر قضائي ثان او مكرر

alibi [**مواد جنائية**] حصر النفس. تقديم بيانات تثبت ان المتهم وقت ارتكاب الفعل المسند اليه كان بعيداً عن مكان وقوعه بعداً لا يعقل معه امكان اقترافه له . والشهود على ذلك يسمون شهود حصر .

alien اجنبي؛ مولود خارج البلاد

[**كفعل**] يتصرف (في مال) للغير

alienatio rei praefertur juri accrescendi يؤثر القانون انتقال المال على ركمه

الا للمأكل وحده، فاذا اتضح أنه زائد عليه كان مقدار الزيادة عرضة للتنفيذ .

alimony نفقة الزوجة: مرتب يؤديه الزوج بأمر من المحكمة لتدبر به الزوجة طعامها وكسوتها ومسكنها وفرشها وخدمتها اثناء المتاركة أو بعد الطلاق، وهي ثاني حقوق الزوجية المترتبة على العقد الصحيح .

— permanent alimony نفقة دائمة: تترتب على الزوج للزوجة، مشاهرة أو مساناة، مدة حياتها ·

alimony in gross نفقة مقطوعة: مبلغ اجمالي يؤديه الزوج الى زوجه بعد تركها أو طلاقها: بحيث لا يحق لها بعده ان تطالبه بشيء على سبيل النفقة .

alimony ***pendente lite*** نفقة مدة الخصومة: وهي نفقة معجلة يحق للزوجة أن تطالب الزوج بها لتعيش بها ريثما يفصل في دعوى طلاق أو متاركة معروضة على القضاء ولتنفق منها على تلك الدعوى .

alio intuitu من ناحية او وجهة نظر اخرى

aliquis non debet esse judex in propriâ causâ, quia non potest esse judex et pars
لا ينبغي لاحد أن يكون قاضياً في دعواه لانه لا يستطيع أن يكون قاضياً وخصماً في آن واحد .

aliter وإلا

aliunde من مصدر آخر؛ من ناحية اخرى؛ بسبيل آخر

— evidence *aliunde* تفسير (شيء) أو تعليله ببينة تتوافر من شيء غريب عن البحث .

alive حي . قائم

all جميع؛ جمعاً؛ كافة؛ كل

all and singular جمعاً وأفراداً؛ جميعاً بلا أستثناء؛ كافتهم، كلهم فرداً فرداً

all cases at law الدعاوى القانونية كافة: أي الدعاوى المرفوعة بموجب القانون العام الانكليزي common law . سميت كذلك تمييزاً لها من القضايا الاخرى التي يحتكم فيها الى العدالة المطلقة فتقام على اساسها وتعرف بقضايا العدالة المطلقة causes in equity أو دعاوى القضاء المطلق .

all clear [قواعد الطيران] كل شيء كما يرام

all disability عجز شامل؛ عاهة أو زمانة كلية: العجز الناشىء عن اصابة تركت في الجسم علة دائمة أو داء عضالا لا يؤمل شفاؤه .

all faults with all faults كافة عيوب الشيء؛ جميع علاته . اذا ورد هذا الاصطلاح في بيع فهم منه بيع البضاعة على علاتها ومهما كانت عيوبها بشرط أن لا تؤثر في المواصفات المتفق عليها .

all fours على اربع . يدل هذا الاصطلاح على المشابهة الكلية أو المطابقة بين القضايا أو الامور محل البحث بوجه عام، فتوصف به أي دعويين مثلا اذا تماثلت كافة اركانهما الجوهرية وظروفهما الملابسة الى حد المطابقة .

all up weight [قواعد الطيران] وزن الطائرة الاجمالي

allegans suam turpitudinem non est audiendus
لا يسمع من ذم نفسه (أو لا يسمع من ادعى ذماً في حق نفسه، أو من شهر بها) .

allegation ادعاء؛ زعم؛ بيان

allegation of faculties [علاقات زوجية] بيان الوسع أو القدرة على الانفاق؛ وهو البيان الذي تقدمه الزوجة عن أموال زوجها ومبلغ يساره توصلا لاقتضاء النفقة عليه .

allege يدعي؛ يطالب؛ يشكو (من أمر) أو يتظلم منه

allegiance ولاء؛ موالاة؛ طاعة؛ تأييد أو نصرة

— acquired allegiance ولاء مكتسب: يؤول الى من تجنس بجنسية جديدة (غير جنسيته الاصلية) .

— local or actual allegiance ولاء محلي: ولاء واقعي أو أدبي . ذلك النوع أو المقدار من الولاء الذي ينتظر من الاجنبي لحكومة البلاد التي اختارها لاقامته المؤقتة . يستثنى من هذا الولاء الملوك ورؤساء الدول الاجانب وممثلوهم والقوات العسكرية الاجنبية المسموح لها بالاقامة في البلاد أو المرور منها .

— natural allegiance ولاء طبيعي؛ يترتب على كل فرد ولد داخل حدود الدولة وينشأ مع الولادة، وهو في القانون الانكليزي علاقة استمرارية ملزمة لا يملك الشخص أن يتحرر منها بحكم ارادته .

alleging diminution ادعاء الغلط في ضبط الدعوى: الادعاء الذي يصدر عن أحد الخصوم امام المحكمة الاستئنافية بوجود أغلاط في محضر دعوى مرفوعة امام محاكم الواقع *nisi prius*، سواء أكانت تلك الاغلاط في المرافعات ام في موضوع النزاع أم اجراءات المحلفين أم غير ذلك مما يؤثر في الدعوى .

alliance [مسائل مدنية] صلة أو رابطة؛ تنشأ بين العائلات أو القبائل بالتزاوج .

اخذه بعين الاعتبار من حيث القيمة والاثر أو تقديره لاغراض الحسم أو الاضافة .

[**اجراءات انكليزية**] تخفيض **special allowance** — خاص، يجريه الموظف القضائي المسؤول عند تقدير الرسوم الواجبة على الدعاوى، وذلك من قبيل المساعدة القضائية ومراعاة منه لظروف المتداعين الخاصة .

allowance *pendente lite* [**اجراءات القضاء المطلق امام الـ** Chancery] اذا رأت المحكمة ان المال موضوع النزاع يزيد من حيث القيمة على الطلبات المدعى بها، كان لها ان تسمح لمن شاءت من المدعين بجزء من ثمرات ذلك المال أو بها كلها أو تسمح بجزء من المال نفسه اذا كان منقولا، هذا الجزء يسمى allowance *pendente lite* باعتباره مخصصاً اثناء نظر النزاع *pendente lite* .

allowed claim حق مقرر؛ دين أو حق واجب قانوناً وقابل للتنفيذ على أشياء أو أموال معينة .

alloy خليط أو مزيج معدني؛ معدن رخيص يمزج لسك العملة بمقدار نسبي من الذهب أو الفضة يحدده القانون .

[**كفعل**] يمزج نقداً معدنياً بمعدن رخيص .

alluvio maris ما ينكشف عنه البحر من التربة . ازدياد مساحة الارض الملاصقة للبحر بتأثير الامواج وما تنكشف عنه من رواسب أو تقذفه من رمال واتربة .

alluvion زيادة التصاق: زيادة طارئة على الاراضي الملاصقة للمجاري أو الانهار أو البحار، تنشأ تدريجياً بفعل الطبيعة والمياه ولا يستطاع تقدير مداها قبل حصولها .

ally يحالف؛ يعاهد على مؤازرة أو تضامن .

[**كاسم**] حليف؛ دولة حليفة أو محالفة، دخلت في حلف مع دولة أو دول أخرى .

alms صدقة؛ صدقات؛ زكاة؛ احسان

al-muwatta الموطأ: كتاب قانون جمعه الفقيه أنس بن مالك من مجموعة كبرى من الاحاديث النبوية الشريفة تبلغ عدة آلاف .

along محاذ؛ يحاذي؛ يمتد على طول شيء . وهذا لا يعني الملامسة أو الملاصقة بين الاراضي أو الممتلكات الممتدة على طول بعضها البعض .

alta prodito [**قانون انكليزي قديم**] خيانة عظمى

alta via [**قانون انكليزي قديم**] طريق عام

[**قانون دولي**] **محالفة؛ حلف أو تحالف؛ التضافر الذي ينشأ بين الدول لغاية معينة وفائدة متبادلة .**

allision تصادم بحري: يقع بارتطام سفينة متحركة باخرى ثابتة . فاذا كانت السفينتان متحركتين سمي ارتطامهما collision .

allocable قابل لتوزيع أو تقسيم؛ ممكن التخصيص أو قابل لأن يرصد لعدة أمور مختلفة يصيب كل منها مقداراً معلوماً منه .

allocate يوزع؛ يعين؛ يخصص؛ يرصد (لشيء معلوم أو ناحية معينة) .

allocation تعيين؛ تخصة؛ تخصيص أو ارصاد مبلغ معين من المال لغاية معلومة .

allocution [**في المحاكمات**] سؤال المتهم عما لديه من اسباب تبرر عدم النطق بالحكم في حالة ادانته بما أسند اليه .

allodarii ملاك الاراضي الخالية من القيود؛ اصحاب الاراضي الحرة التي لا يترتب على ملكيتها أي واجب نحو سيد أو مرجع اقطاعي .

***allodium ;* allodial** ارض حرة: يملكها صاحبها أو يحوزها استناداً الى حق خاص به خالص من أي التزام أو واجب اقطاعي تجاه الغير .

allonge وصلة سند أو كمبيالة، ذيلها أو ملحقها: الورقة التي تلحق بالكمبيالة أو الصك لتثبت فيها التظهيرات الاضافية .

allot يخصص؛ يوزع (حصصاً أو اسهماً)؛ يفرز أو يقسم (ما كان مشتركاً أو ممتلكاً على الشيوع) الى اجزاء أو قسائم أو نمر (اذا كان الموضوع ارضاً عمرانية) .

allotment وزيعة أو حصة. تخصيص أو توزيع (الحصص أو الاسهم)؛ تقسيم الشيء المشترك أو الشائع بين ذوي الحق فيه .

allottee مخصص له، صاحب حصة أو وزيعة: من ناله جزء معلوم مما وزع أو قسم .

allow يجيز؛ يأذن (باستئناف أو غيره)؛ يسمح بشيء أو يتجاوز عن اعتباره .

يهب؛ يمنح؛ يوافق

يدخل في حساب شيئاً أو مقداراً على سبيل الاضافة أو الحسم.

allowance جعل؛ جعالة؛ علاوة؛ مرتب مراعاة (شيء)، التجاوز أو التنازل عنه، اقامة الوزن له،

alter يحور؛ يعدل؛ يغير (من شيء) تغييراً شكلياً لا يأتي على جوهره ولا ينال من ميزاته أو خواصه الرئيسية . تختلف عنها كلمة change بما تدل عليه أحياناً من معنى التغيير الجوهري أو الشامل .

alter ego [في الشركات] نفس أو شخصية أخرى . يطلق هـذا الاسم، من قبيل الاختصار، على مـا يعرف بالـ *alter ego* doctrine نظرية الشخصية الاخرى التي تجيز لاية شركة صغرى أو تابعة أن تكون تحت اشراف شركة كبرى أو متبوعة، بحيث تعتبر الشركة الثانية مسؤولة عما يصدر عن الاولى من تقصير أو إهمال .

alteration تحوير؛ تعديل أو تغيير الشيء، تغييراً شكلياً، لا يأتي على جوهره ولا يـنـال من خاصياته أو ميزاته الفارقة .

altercate يجاهر؛ ينادي برأي (في حماسة شديدة) . يصاخب؛ ينازع أو يحاج في حدة أو غضب ظاهر .

altercation محاجة حادة؛ مراشقة بالحجة؛ جدال صاخب: محاورة كلامية ظاهرة الانفعال والغضب .

alternat [صلات دبلوماسية] عرف متوطد يقتضي، في حالة التساوي بين الدول المختلفة من حيث الاولوية والحقوق، أن تؤول الاولوية بالتناوب بين الدول المعنية واحدة بعد أخرى على أن يتقرر نظام هذا التناوب او التتابع اما بطريق معينة ترضي الجميع أو بتحكيم القرعة . وقد جرت العادة في المعاهدات أو الاتفاقيات المبرمة بين بعض الدول أن تبدل مواقع أسماء الدول المشتركة سواء أفي مقدمة الاتفاقية أم في ذيلها بحيث يرد اسم كل دولة في النسخة المرسلة اليها من الاتفاقية في طليعة الاسماء .

alternate يناوب؛ يتناوب أو يتوالى (أي يلي واحده الآخر)؛ يتتابع ؛ يتعاقب أو يعاقب

احتياطي، نحو: عضو احتياطي alternate member . بدلي نحو: تدبير بدلي alternate remedy .

alternate aerodrome [قواعد الطيران] مطار احتياطي

alternate legacy (راجع باب legacy)

alternate member عضو احتياطي

alternatim بالتبادل؛ على سبيل التبادل أو التناوب أو التعاقب (بين المعنيين) .

alternative بديل؛ معدل؛ معدى؛ خيار؛ سبيل آخر؛ وسيلة أخرى؛ بدلي؛ تخييري؛ تعاقبي

alternative, pleading in the طلب أو التماس احتياطي يتمسك به الخصم فيما لو رفض طلبه الاصلي .

alternative contract عقد تخييري أو بدلي: يكون فيه الملتزم مخيراً بين عدة أشياء أو اعمال، بحيث اذا انجز واحداً منها عد موفياً بما عليه حسب العقد .

alternative judgment (راجع باب judgment)

alternative *mandamus* (راجع *mandamus* وما يليها)

alternative obligation التزام تخييري: للملتزم فيه أن يختار للوفاء بما عليه بين سبيلين .

alternative pleading يطلق هذا الاسم على الادعاء أو الدفاع الذي يرتكز على واقعتين متباينتين الى حد لا يعرف معه على أي منهما يرتكز طلب المدعي أو دفاع المدعى عليه؛ وغالباً ما ترد هاتان الواقعتان منفصلتين بكلمة or نحو قول الخصم مثلا:

He murdered or caused to be mudered

قتل أو بعث على قتل الخ..

alternative remainders ملكية (عينية) تعاقبية أو دورية، مضافة الى زمن مستقبل، يتناوب احرازها شخصان يلي احدهما الاخر ولا يحل دوره في الحيازة حتى يستنفد المتقدم دوره .

alternative remedy تدبير؛ سبب أو حكم بدلي: يتوافر بالاضافة الى آخر ولا ينفذ أو يعمل بـه إلا كبدل له، اي على سبيل البدل لا الاضافة .

alternative writ أمر قضائي تخييري: يقتضي من صدر ضده ان يقوم بعمل معين أو يعلل امتناعه عنه. وهو أمر ملغي يستعاض عنه حالياً بما يسمى rule to show cause أمر بيان العلة أو الاسباب .

alternatively على التعاقب أو التوالي؛ تناوباً او بالتناوب؛ احتياطياً

alterum non laedere « لا تؤذ الغير » . هذه حكمة من ثلاث اعتبرها جستنيان قوام العدالة وغاية الانصاف والاركان الرئيسية التي ينبغي أن تقوم عليهـا الاحكام القانونية كافة، وهي:

١ – لا تؤذ الغير *alterum non laedere*
٢ – عش بشرف *honeste vivere*
٣ – اعط كل ذي حق حقه *suum cuique tribuere*

altimeter setting procedure [قواعد الطيران] ضبط عداد الارتفاع

altius non tollendi [مواد مدنية] ارتفاق عدم التعلية؛ وهو حق يمنع المالك من أن يتجاوز ببنائه حداً معيناً من الارتفاع .

altum mare أعالي البحار

alumna طالبة سابقة في معهد علمي (م. alumnae طالبات سابقات) .

alumnus طالب سابق في معهد علمي (م. alumnae طلاب سابقون) .

amalgamate يدمج (ما كان مستقلا أو منفصلا من شركات او مؤسسات أو غير ذلك) ؛ يوحد أو يضم (متفرقات في كتلة واحدة) .

amalgamation دمج أو اندماج (شركتين أو منظمتين أو أكثر وصيرورتها شركة أو منظمة واحدة) . اتحاد أو توحيد (أحزاب) . ضم أو انضمام (حصص أو أسهم) . تزاوج أو جمع بين أطراف متباينة المذهب أو الجنس أو الوضع .

amalphitan code or table المدونة الامالفية أو اللوح الامالفي : مجموعة قوانين بحرية ايطالية وضعها ومارسها الشعب الامالفي Amalfi (جنوب نابولي) في اواخر القرن الحادي عشر الميلادي وانتشر بها العمل في بلدان حوض البحر الابيض المتوسط، وظلت تحكم العلاقات البحرية في تلك البلدان مدة طويلة .

amateur هاو ؛ غير محترف : من زاول عملا بدافع الولع به أو الرغبة في التسلية وقضاء الوقت دون الكسب المادي .

Ambassador [قانون دولي] سفير ؛ موظف عمومي ذو ولاية دبلوماسية رفيعة، ينتدبه رئيس دولته، بكتاب اعتماد خاص، ليمثله شخصياً أو يمثل حكومته ويقضي مصالحها السياسية لدى بلاط الدولة الموفد اليها أو مقر حكومتها . ويتمتع السفير في الدولة الموفد اليها بامتيازات وحصانات دبلوماسية معلومة يقرها القانون والعرف الدولي والمجاملات الدولية ومعاملة المثل .

Ambassador extraordinary سفير فوق العادة

Ambassador plenipotentiary سفير مفوض، له صلاحية توقيع المعاهدات والاتفاقيات نيابة عن حكومته .

ambidexter يحسن استعمال كلتا يديه (أو اللعب على الحبلين كما يقال) : أطلق هذا الاسم على المحامي الذي كان يتقاضى اتعاباً من كلا الفريقين المتخاصمين .

ambient محيط . مكتنف

ambiguis casibus semper praesumitur pro rege عند غموض الاحوال يؤثر جانب الملك (التاج) أو اذا غمضت الملابسات كان الاعتبار لجانب الملك : أي اخذ بالادعاء العام .

ambiguitas contra stipulatorem est الاقوال الغامضة (أو المبهمة) تفسر ضد مصلحة القائل .

ambiguity غموض؛ ابهام؛ تعقيد؛ لبس أو التباس؛ شك، تضارب (المعاني) أو أزدواجها .

ambiguity upon the *factum* غموض يلابس الجوهر : أي جوهر النص أو الموضوع لا شكله .

ambiguum pactum contra venditorem interpretandum est الغموض في الادعاء يفسر لمصلحة المشتري .

ambiguum placitum interpretari debet contra proferentem الغموض في الادعاء يفسر لغير مصلحة المدعي .

amblotic مجهض؛ مسقط؛ باعث على الطرح؛ كل ما بعث على الاجهاض أو استعمل لتحقيقه .

ambulance عربة اسعاف

ambulance chaser صياد عربات اسعاف. يطلق هذا اللقب على المحامي أو وكيله الذي يتصيد الزبائن بسبيل ما يراه أو يسمع به من النوائب أو الحوادث، حتى اذا ترامت اليه أخبار حادثة خف الى تعقب المصاب بها من مكان الى آخر أملا في اقناعه بفائدة رفع الدعوى وتوكيله فيها للمطالبة بتعويض مناسب . ويطلق الاسم ذاته ايضاً على سماسرة المحامين الذين يجلبون لهم القضايا نظير اجور معلومة .

ambulatoria est voluntas defuncti usque ad vitae supremum exitum الوصية عرضة للتغيير حتى يلفظ الموصي انفاسه الاخيرة : أي يجوز للموصي أن يرجع عن وصيته ما دام حياً .

ambulatory استبدالي؛ قابل للتبديل أو التحوير أو التعديل؛ يستطاع الرجوع فيه أو نقضه .
متنقل أو متنقلة؛ أطلق هذا الاسم سابقاً على المحاكم الانكليزية الجوالة التي تنتقل مع الملك وتقيم حيث اقام، كمجلس الملك الخاص the King's Bench وغيره .

ambush مكمن او كمين
[كفعل] يكمن (للخصم)، يترصده (لغيلة أو ايذاء مباغت) .

ameublissement [قانون فرنسي] ضرب من ضروب الاتفاق، يعطي العقار صفة المنقول على سبيل الافتراض .

amicable ودي؛ حبي

amicable action اجراء ودي؛ قضية حبية تقام وتلاحق برضى الاطراف المعنيين في سبيل الحصول على قرار يجلو غامضها أو ينفي الشك عن ملابساتها القانونية . ويكون عرض المستندات والوقائع في هذه الدعوى برضى الاطراف ذوي الشأن .

amicable compounders [قانون لويزيانا بالولايات المتحدة] محكمون، يخولون التخفيف من صرامة النصوص القانونية في سبيل تحقيق العدالة الطبيعية والانصاف بين الفرقاء المعنيين .

amicus curiae [قانون روماني] صديق المحكمة : شخص له صفة المشاور يشهد الجلسة ويتدخل اثناء سير القضية ليوضح ما قد يلتبس على القاضي من المسائل القانونية . يطلق الاسم ذاته أيضاً على من لا يكون له حق التدخل كخصم في الدعوى عند بدئها، ثم يؤذن له أثناء سيرها بأن يتقدم الى المحكمة برأي أو حجة أو بينة من شأنها أن تصون حقاً له .

amittere يفقد؛ يعدم؛ يضيع؛ يخسر

amittere curiam « يفقد المحكمة » : أي يفقد حق الحضور فيها

amittere legem terrae يفقد أو يعدم الحماية التي يخولها قانون البلاد .

amittere liberam legem يفقد اهلية الشهادة (امام أية محكمة)

amnesia فقدان الذاكرة

amnesty عفو أو صفح عن المجرمين المدانين بجنايات أو جنح تكون في الغالب سياسية الطابع كالخيانة أو إثارة الفتن أو القلاقل أو الثورة أو ما الى ذلك .

عفو (أو اعلان عفو) عام عن المعتقلين السياسيين أو اعداء الهيئة التي آل اليها الحكم .

[قانون دولي] معاهدات صلح تبرمها الدول المتحاربة بعد انتهاء الحرب بينها .

among بين؛ فيما بين

amortissement تعبير فرنسي دارج يفيد استهلاك الديون (فائدة واصلا) أو امتصاصها (أي سدادها) بالفوائد العائدة من ايراد خاص يرصد لهذا الغرض .

ameliorations تحسينات؛ اصلاحات

amenable مسؤول: عرضة للمساءلة؛ مؤآخذ أو مأخوذ بما يفعل

سلس؛ سهل الانقياد؛ سهل الحكم؛ مذعان

amend يعدل؛ ينقح؛ يصلح (من شيء) دون ان يؤثر في جوهره .

amende honorable ضرب من ضروب التأديب والتكفير فرض في فرنسا حتى عهد غير بعيد على بعض مرتكبي الجرائم المنافية للاخلاق والاداب العامة وكان يقتضي المذنب ان يلتحف بشرشف أبيض ويربط حبلا في عنقه ويحمل مشعلا في يده، ثم يدخل احدى الكنائس ويتوسل الى الله أن يغفر له .

amendment تعديل؛ تقويم معوج في اجراء أو غيره؛ تصويب؛ تصحيح غلط

amends اصلاح (ما فسد)؛ علاج أو تدارك ما وقع للغير من أذى أو ضرر (بتعويض مناسب او التماس معذرة أو غير ذلك مما يرضي الطرفين) .

رجوع الى صواب أو حق

amenity ميزة (شيء)؛ محاسنه، فضائله أو خواصه التي تزيد من قيمته أو اعتباره أو بهجته : كالموقع مثلا بالنسبة للمنزل، أو الجوار أو غير ذلك مما يرغب في سكناه ويزيد من محاسنه ومباهجه .

amenity damages اضرار أو تضمينات تفرض على من اضر ببهجة شيء أو رونقه أو ميزاته المعنوية .

amentia [لاغراض القانون] خلل عقلي؛ عته؛ خبال أو جنون

amerce يغرم؛ يوقع غرامة نقدية أو يعاقب بها

amercement غرامة (مادية) تدفع بسبيل القصاص على خطأ او إخلال .

amercement royal [اجراءات انكليزية] عقوبة رسمية جنحية، تفرض على الموظف العمومي اذا ادين بجنحة ارتكبها اثناء تأديته الوظيفة .

American clause [قانون بحري] الشرط الاميركي : شرط تأمين ينص على انه اذا تعاقد المؤمن على تأمين تال (اضافي) كان المؤمن عند وقوع الخطر المؤمن ضده، ملزماً بأداء كامل مبلغ التأمين المنصوص عليه بالعقد دون ان يملك حق الرجوع على المؤمن التالي بأي شيء .

amortization استهلاك (مالي)؛ استنزال تدريجي؛ ارصاد ايراد معين لقضاء دين تدريجياً .

تلجأ الحكومات والمؤسسات احياناً الى هذه العملية كي تستطيع الوفاء بدينها أو تغطية سنداتها أو اسهمها تدريجياً بسبيل ما يسمى sinking fund وهو وقف ايراد خاص من ايراداتها للوفاء بما ذكر (فائدة واصلا) أو تغطيته بما يتجمع لهذا الايراد من الفوائد .

amortization of debts استيعاب الديون؛ استنفادها أو استهلاكها . (راجع amortization)

amortize يستهلك أو يسدد (ديوناً أو مصاريف)؛ يغطيها أو يوفي بها تدريجياً بأموال أو موارد مرصدة لسدادها .

amotio [**مواد مدنية**] ازالة (شيء)، سله أو استلاله، اخذه (أو الذهاب به) خفية

amotion طرد؛ اخراج؛ كف يد أو سلب حيازة ارض . اخذ متاع الغير أو الاستيلاء عليه بغير حق .

amount كمية؛ حاصل (ايراد)؛ مقدار؛ مبلغ

amount covered [**مواد تأمين**] المقدار المؤمن عليه؛ القيمة المؤمن عليها أو موضوع التأمين .

amount in controversy قيمة الدعوى؛ الاضرار المطالب بها؛ المبلغ أو التعويض موضوع النزاع؛ قيمة الشيء محل الخصومة .

amount in dispute المبلغ المتنازع فيه . مقدار أو قيمة التعويض المطالب به .

amount to يبلغ

ampliation تأجيل الدعوى أو ارجاء النطق بالحكم فيها أو صدور القرار ريثما تتسنى دراستها بشكل اوفى

amputate يبتر أو يقطع (يد شخص أو ساقه)

amputation of right hand قطع اليد اليمنى . شاعت عقوبة قطع اليد اليمنى في انكلترا قديماً، فكان يحكم بها على من فرطت منـــه « ضربة واحدة » في مجلس محكمة عليا أو من تطاول بيـــده على أي قاض في مجلس القضاء مهما دنت درجته .

an et jour تعبير فرنسي في، معناه، سنة ويوم . (راجع year and a day)

anachronic مغلوط (أو ينطوي على الغلط) في تقويم تواريخ الاشياء أو تسلسل الحوادث حسب تواريخها .

anacrisis [**مواد مدنية**] تحري الحقيقة؛ استجواب الشهود . التحقيق في أية واقعة، خصوصاً بسبيل تعذيب المستجوب .

anaesthesia [**طب شرعي**] تخدير أو فقدان الحس أو الشعور بالالم البدني، نتيجة استعمال بعض العناصر المخدرة . نقص أو فقدان الحس بالالم نتيجة الاصابة ببعض الامراض العصبية .

anaesthetic مخدر؛ مفقد للاحساس (البدني)؛ منوم

anagraph سجل؛ كشف

analogous قياسي؛ متشابه؛ متماثل؛ على جانب من الشبه أو التماثل .

analogy قياس أو تشابه: وحدة العناصر أو المقومات أو الاركان أو اتحاد المواضيع في ذلك .
التحقق من الاشياء بالقياس، اذا كان له بينها أساس معقول.
المقارنة القائمة على تشابه الاشياء (من حيث خضوعها لذات المبادىء العامة أو الظروف) تشابهاً يبرر الحكم على احدها بما حكم به على الاخر .

analyse يحلل؛ يمحص؛ يفحص؛ يدقق

analytical jurisprudence فقه تحليلي أو قياسي: يقوم على تحليـــل مختلف الاراء الفقهية وردها الى اصولها والموازنة بينها .

anaphrodisia [**طب شرعي**] الجمود الجنسي؛ عجز الرجل أو المرأة عن الوقاع (الاتصال الجنسي) .

anarchist فوضوي: من دان بالفوضوية أو رأى فيها مثلا اعلى ودعا لها . (راجع anarchy)

anarchy فوضوية: انعدام الحكومة وتعطيل القانون .
مبدأ القضاء على نظام الحكومة بالقوة .
مجتمع لا يخضع لسلطة عليا أو قانون وضعي معلوم .
فوضى السياسة وانعدام القانون وترك الحبل على غاربه للافراد .
تصفها بعض المراجع بانها نظام حياة تحكمه آداب أفراده دون القانون، ينتج كل من فيه قدر طاقته ويصيبه بمقدار حاجته. ويصفها البعض الاخر بأنها المقاومة الارهابية لكل حكومة قائمة ونظام عام .

— criminal anarchy فوضوية اجرامية: مبدأ قلب الحكومات المنظمة بسبيل القوة أو اغتيال كبار رجالهـــا المهيمنين عليها أو بأية وسيلة أخرى لا يبيحها القانون .

anathema لعين؛ عليه اللعنة . عقوبة كنسية، تقضي بفصل المعاقب من الكنيسة ومنعه من الاتصال بأفرادها منعاً

باتاً . وهذه اشد من عقوبة الحرمان excommunication التي يكتفى فيها بمنع المعاقب من ارتياد الكنيسة وتلقي القداس مع افرادها .

anatocism [مواد مدنية] فائدة مضاعفة ؛ ربا

ancestor سلف (سواء أكان من الاقارب المباشرين أم الحواشي) ؛ اصل ؛ جد أو عمود نسب
السلف في المال أو الملك : وفي هذه الحال قد يكون الولد سلفاً لوالده (أي الوالد خلفاً لولده) أو الاخ الصغير سلفاً لاخيه الاكبر اذا ورثه هذا الاخير وتلاه في مال أو ملك .

ancestral ترجع الى الاسلاف أو الاصول أو الجدود أو صادر عنهم. سلفي

ancestral estates املاك موروثة عن سلف أو منتهية من سلف .

anchor مرساة ؛ أنجر ؛ مخطاف

anchorage رسم ارساء يستوفى من السفينة ولو وقفت دون ان تلقي مراسيها ؛ مرسى السفينة

ancient عتيق ؛ قديم ؛ يتصف بالقدم (سواء كان تصرفاً أو حقاً أو غير ذلك) .

ancient deed سند قديم يعتبر السند كذلك اذا انقضت على تنظيمه ثلاثون سنة ، ولم يبد عليه ما يستوجب الشك .

ancient house دار قديمة : مضى على بنائها من الزمن ما يكفيها لكسب حق (ارتفاق) الارتكاز support الى عقار ملاصق .

[في انكلترا] يطلق هذا الاسم على الدور والمباني القائمة منذ زمن لا تعيه الذاكرة القانونية before the time of legal memory أي قبل عهد الملك ريتشارد الاول .

ancient lights مناور قديمة ؛ نوافذ أو مطلات قائمة في بناء أو منزل ، استعملت بحالها الراهن عشرين سنة أو أكثر فاكسبت صاحبها حق ارتفاق يمنع جاره من حجبها أو التضييق عليها ببناء أو غير ذلك .

ancient monuments نصب قديمة أو اثرية : مبان ذات اهمية تاريخية أو طابع اثري تقتضي صيانتها بموجب قانون المباني التاريخية والنصب الاثرية لعام ١٩٥٣ .

ancient rent اجرة قديمة أو ايجار قديم : لم يتغير منذ بداية العقد أو لم يختلف عن مقداره الاصلي .

ancient street شارع قديم ؛ لا يراد به معناه الظاهر (أي وصف الشارع بالقدم) بل يدل على المبدأ القائل بأنه اذا كانت لشخص ارض مثلا ، تشمل شارعاً وعدداً من القسائم وتصرف هذا في قسائمه المتاخمة للشارع فلا يكون بتصرفه المذكور قد وقف على الشارع الاستعمال العام فحسب بل رتب عليه أيضاً لاصحاب القسائم حقوق ارتفاق خاصة لا يجوز تطهير الشارع منها الا باداء تعويض مناسب لهم .

ancient wall جدار قديم : أنشيء ليكون حائطاً مشتركاً واستعمل كذلك عشرين عاماً أو أكثر باذن أصحاب الارض القائم عليها الجدار ورضاهم .

ancient water course مجرى قديم : يعتبر المجرى قديماً اذا وجد منذ زمن لا تعيه الذاكرة ، دون اعتبار لكمية المياه الجارية فيه .

ancients يطلق هذا الاصطلاح في انكلترا على جمعيات القانون المعتمدة المسماة Inns of Court and Chancery.

ancillary تبعي ؛ تبيع ؛ مساند ؛ مساعد ؛ معاون

ancillary administration ادارة تبعية : تقتضيها احياناً أموال المتوفى الموجودة في غير محل اقامته العادية قبل الوفاة .

ancillary attachment حجز تبعي : يراد به تعزيز دعوى قائمة وضمان حفظ المال المحجوز لوفاء الدين .

ancillary jurisdiction اختصاص تبعي يشمل الدعاوى والاجراءات التبعية التي يسار فيها لتعزيز دعاوى أو اجراءات رئيسية سابقة أو لملاحقتها أو التوسع فيها أو لأية اسباب وجيهة اخرى تتصل بها .

ancillary proceeding اجراء تبعي غايته دعم اجراء رئيسي قائم .

ancillary receiver حارس قضائي معاون : يساعد الحارس الرئيسي في جمع أموال المفلس والمحافظة عليها ضمن منطقة معينة .

ancillary suit دعوى تبعية : تساند دعوى رئيسية قائمة أمام المحكمة ذاتها أو تتفرع عنها .

ancipitis usus [القانون الدولي] مريب الاغراض أو المنافع ؛ ما كانت وجوه استعماله محلا للريب أو أمكن استعماله لاغراض سلمية او عسكرية أو عدوانية في آن واحد .

ancipitis usus ذات (وجه) استعمال مريب

androlepsy احتجاز احدى الدول لرعايا دولة اخرى كي تقهرها على أمر معلوم أو على أن تنصفها في موضوع معين.

androphonomania جنون شهوة القتل ؛ التعطش الجنوني الى القتل

anecius بكر ، مولود اول

anew مجدداً ؛ من جديد

angaria [**قانون روماني**] سخرة ؛ خدمة اجبارية تفرضها الحكومات على الاهالي لمصلحة عامة .

angary, right of (right of angary) [**قانون دولي**] ما تمارسه الدول المحاربة ، عند الضرورة ، من حق الاستيلاء على اموال حيادية موجودة في اراضيها أو في اراضي دولة محاربة أخرى ، وذلك لاستعمالها أو اتلافها .

angild [**قانون سكسوني**] بدل النفس أو الشيء ؛ قيمة الانسان أو غيره اذا قدرت بالمال .

جبر الخسارة باعتبار قيمتها .

تعويض نقدي عن جريمة أو جناية ؛ دية

anglo-indian هندي انكليزي : من كان بريطاني المولد واتخذ من الهند محل اقامة دائمة .

anguish جزع ؛ الم نفسي أو جسمي متناه ؛ أسى أو عذاب نفساني مبرح أو مفرط .

aniens, or ***anient*** لاغ ؛ باطل ؛ منعدم الاثر أو القوة

animadversion نقد ؛ تقريع ؛ توبيخ

animadvert ينتقد ؛ يقرع ؛ يوبخ ؛ يعنف

animal حيوان

animals of a base nature حيوانات شرسة ؛ حيوانات برية قد يستطاع تدجينها وجعلها موضوعاً للملكية ، غير ان القانون العام Common Law لا يعتبرها محلا للسرقة نظراً لشراستها .

animo نية ؛ قصد ؛ تصميم ؛ ارادة

animo domini قصد التملك أو نيته

animo et corpore بالعقل والجسم ، بالقصد والفعل المادي

animo felonico قصد جنائي

animus عقل ؛ قصد ؛ نية ؛ إرادة ؛ رغبة

animus cancellandi نية الشطب

animus dedicandi نية الوقف (على غرض معين) او التخصيص له .

animus defamandi قصد أو نية التشهير أو القدح

animus deserendi نية الهجران (هجران احد الزوجين للاخر) .

animus derelinquendi نية الترك أو التخلي

animus difendi قصد الدفاع عن النفس

animus differendi قصد المماطلة أو التأخير

animus donandi نية الهبة أو التبرع

animus et factum النية والفعل (أو العمل)

[**مسائل تغيير الاقامة**] لا يكون التغيير تامـاً الا بهذين الركنين : الـ *factum* وهو انتقال الشخص بنفسه من مكان الى آخر ، والـ *animus* توافر النية على البقاء في المحل المنتقل اليه مدة غير محدودة .

animus hominis est anima scripti قصد الشخص هو روح المستند أو (المحرر) . أي لا بد لتقدير آثار السند وقيمته من معرفة قصد الشخص الذي أنشأه .

animus lucrandi قصد الربح المادي أو الثراء

animus manendi قصد القرار (أي البقاء) ؛ نية اتخاذ مستقر ثابت من (مكان معلوم) .

animus revertendi نية الرجوع

animus revocandi نية النقض أو الالغاء أو الفسخ

animus testandi نية انشاء الوصية

anna أنا : قطعة نقد هندية تبلغ ١/١٦ من الروبية rupee

annates باكورة الثمرات ؛ عوائد السنة الاولى من منافع أو ايرادات كنيسة كانت تؤول قديمـاً الى البابا ثم انتقلت ايلولتها الى التاج حتى سنة ١٧٠٣ .

annex يضم ؛ يضيف ؛ يتبع (قليلا لكثير) ؛ يصل

[**كاسم**] ملحق ؛ ذيل ؛ ضميمة

annexation ضم (شيء الى ما هو أكبر منه) ؛ إضافة ؛ ضميمة ؛ وصل

annexures ملحقات ؛ توابع ؛ مرفقات

anni nubiles سن القابلية للزواج أو القدرة عليه

annіented مبطل ؛ ملغى ؛ معدم (بمعنى قضي على قوته وآثاره)

anniversary يوم سنوي (يحل مرة كل سنة) حصل فيه شيء معلوم في الماضي . ذكرى سنوية

annul يلغي؛ يبطل؛ ينسخ (بمعنى يزيل من الوجود)

annulment إلغاء؛ ابطال؛ نسخ

annus عام؛ سنة؛ حول

annus deliberandi [**قانون اسكتلندي**] عام التدبر أو التفكير أو مهلة تقرير قبول الميراث أو رفضه . تعطى هذه المهلة (ومدتها عام واحد) للوارث، كي يفكر في أمر الميراث ويقرر قبوله (بما له وعليه) أو رفضه، وتجري من تاريخ موت المورث، ما لم يكن الوارث مولوداً بعد موته، وفي هذه الحال يعتبر جريانها من تاريخ ولادته ويكون الرأي فيها لولي أمره .

annus luctus سنة الحداد أو عدة الوفاة عند الرومان والسكسون وهي السنة الاولى بعد موت الزوج التي لم يسمح خلالها القانون للارملة بالزواج . (راجع year of mourning)

anomalous شاذ؛ مناف لقاعدة مرعية؛ مغاير للمألوف

anomalous indorser مظهر استثنائي . شخص ثالث يظهر سنداً مالياً قبل حلول ادائه وقبل تظهيره من الحامل .

anomalous plea جواب أو دفاع حائر : يتردد بين السلب والايجاب فيكون موجباً آناً وسالباً آخر .

anomaly شذوذ أو انحراف عن قاعدة عامة

anonymous مغفل؛ بلا توقيع؛ مجهول المصدر أو الاسم

anonymous company (راجع باب company)

anoysance مضايقة؛ تشويش؛ ازعاج

answer [**كفعل**] يحمل (تبعة شيء)؛ يسأل أو يكون مسؤولا عن، نحو : He shall answer for the debt عليه أن يحمل تبعة الدين .

[**في المرافعات**] جواب أو دفاع المدعى عليه أو المتهم في سبيل دحض ادعاء المدعي أو رد التهمة الموجهة اليه .
لائحة دفاع (أو لائحة جوابية) يرد بها المدعى عليه على لائحة دعوى المدعي .

[**في المناقشات والاستجوابات**] جواب أو رد المستجوب .

answerable مسؤول (عن شيء)؛ يحمل تبعته أو إثمه

antagonism عداوة؛ نفور؛ خصومة

antagonist معاد؛ منافر؛ ضد؛ قرن (مقاوم)؛ خصم

ante قبل؛ سالف؛ سابق أو متقدم (من حيث الزمان) تقابلها ***prae*** قبل بالنسبة للمحلات و ***coram*** قبلَ أو أمام

[**شؤون التأمين**] الموعد أو التاريخ السنوي لحلول وثيقة التأمين.

Anno Domini, A. D. سنة ميلاد السيد المسيح (السنة الميلادية) .

anno regni سنة تبوؤ الحكم أو اعتلاء العرش

Anno Urbis Conditae سنة تأسيس روما (وهي سنة ٧٥٣ أو ٧٥٤ ق.م.)

Annotatio ختم الامبراطور (الاتوغرافي). ارادة ممضاة بيده

annotation شرح؛ ملاحظة؛ تعليق

[**في المسائل الدينية**] ارادة ممضاة بيد امبراطور فتوى ملكية، جواب ملك أو رئيس دولة على ما يرفع اليه من مسائل قانونية غامضة .

announce يعلن؛ يذيع

annoyance مضايقة؛ اقلاق؛ ازعاج؛ تشويش

annual سنوي؛ حولي

annual assay [**في الولايات المتحدة**] الاختبار السنوي الذي يجري للنقد الذهبي والفضي لمعرفة مدى احتفاظه بوزنه ومعدنه الاصلي .

annual depreciation انعدام أو تأثر سنوي (في القيمة) مقدار التأثر أو النقص الذي يلم بقيمة الشيء سنوياً ولا يستطاع استرداده بالصيانة العادية .

annual rent [**قانون اسكتلندي**] مقدار الفائدة السنوية التي تترتب على قرض أو سلفة .

annual value قيمة سنوية؛ ايجار أو ايراد سنوي صاف، يؤول من ملك أو مال عقاري معلوم .

annuitant مستحق أو مستفيد عمري: من كان ذا راتب عمري أو جعل سنوي معلوم يعود اليه من جهة معينة .

annuity راتب عمري؛ مرتب لاجل for years تدوم ايلولته زمناً معيناً .
ايراد دائم يدفع للمستفيد طيلة حياته ويسمى في هذه الحال in perpetuity .

[**اغراض التأمين**] (راجع insurance)
— deferred Annuity مرتب عمري مؤجل
— perpetual Annuity مرتب عمري استمراري

annuity policy وثيقة تأمين مشاهرة : ترتب للمستفيد (المؤمن عليه) ابتداء من تاريخ مقرر مبلغاً شهرياً معيناً طيلة حياته .

بالنسبة للاشخاص . وقد ترد كلمة *ante* في المؤلفات أيضاً لاحالة القارىء الى موضع أو بحث سابق من الكتاب المعني أو المقال .

ante exhibitionem billae قبل بدء الدعوى

ante-factum or ***ante-gestumante*** وقع أو حصل أو جرى أو تم فعله قبلا ؛ فعل أو عمل سابق

ante juramentum (راجع *antejuramentum*)

ante litem motam قبل اقامة الدعوى ؛ قبل نشوء النزاع حين لم تكن للمقرر declarant غاية من تحريف الحقيقة .

ante mortem interest فائدة أو منفعة قائمة قبل موت الواهب لها : أي اثناء حياته لا بعد موته .

ante natus ولد قبل (شخص معين مشهور أو حدث تاريخي) .

antecedent سابق أو متقدم (من حيث التاريخ أو الزمان) .

antecedent creditors مداينون أو دائنون سابقون : داينوا المدين قبل غيرهم .

antedate يقدم تاريخ شيء ؛ يؤرخ محرراً أو سنداً أو غير ذلك بتاريخ سابق لتاريخ انشائه .

antejuramentum [قانون سكسوني] يمين تمهيدية ، كان يشترط على المتهم والمتهم حلفها قبل بدء المحاكمة أو الاجراء المعروف بالـ purgation الابراء باليمين .

antenatal قبل الولادة .

antenatus مولود قبل الزواج (زواج والديه زواجاً شرعياً) .

antenuptial قبل الزواج ؛ حصل أو توافر أو تم قبل الزواج

anterior سابق ؛ متقدم ؛ سالف

anthropometry [تدابير جنائية] اخذ مقاييس اجسام الاشخاص المشبوهين لمقارنتها ، عند الضرورة ، والتعرف على الفاعل بسبيل ذلك . وقد استعيض عن هذا التدبير فيما بعد بأخذ بصمات الاصابع للغرض ذاته وكان Francis Galton اول من اهتدى الى طريقة البصمات .

anti عكس ؛ ضد ؛ مكافح ؛ مقاوم ؛ مناهض أو مانع (لشيء) .

anti-icing facilities [قواعد الطيران] وسائط منع تراكم الجليد أو تكوينه

anti-trust acts قوانين مكافحة القيود والاحتكارات غير المشروعة (في الولايات المتحدة الاميركية) . وضعت هذه التشريعات لحماية التجارة من غائلة القيود والاحتكارات المخالفة للقانون .

antichresis [قانون مدني] ضرب من الرهون العقارية يجعل للدائن حقاً في تقاضي ايراد العقار المرهون بدلا من الفائدة المستحقة على دينه .

[في لويزيانا] رهن عقاري ثابت بمحرر رسمي ، يمنح الدائن المرتهن حق الاستثمار بايراد العقار المرهون أو ثماره على ان يخصم قيمة ذلك من الفوائد المستحقة على الدين ، فاذا زاد منها شيء خصمه من اصل الدين . ويكون الدائن في هذه الحال ملزماً بصيانة العقار واداء الضرائب المستحقة عليه ما لم يقتض الاتفاق غير ذلك .

anticipate يسابق (تواتر الاحداث) ؛ يتعجل ؛ يفعل أمراً أو يتصوره قبل أوان فعله أو وقوعه ؛ يعجل ، نحو : دفعة معجلة anticipated payement

anticipation تعجيل ؛ اداء (شيء) ، استيفاؤه أو القيام به قبل أوانه .

ابتسار (والشيء مبتسر anticipated)

توقع ؛ تأميل أو رجاء (حصول أو تحقق أمر)

antigraphy صورة أو نسخة اصلية ؛ احدى صورتين اصليتين من محرر .

antinomia [قانون روماني] تنازع أو تعارض القوانين والاحكام شكلا أو روحاً .

antinomy تنازع ؛ تنافر أو تعارض شكلي أو حقيقي بين سلطتين أو افتراضين أو رأيين أو غير ذلك .

antiquare [قانون روماني] عود الى قانون أو اجراء عتيق واطراح قانون أو اجراء مستحدث .

antithetarius [قانون انكليزي قديم] من حاول تبرئة نفسه من تهمة باسنادها الى من رماه بها أو بردها عليه .

anuels livres (راجع year books)

any كل ؛ أي

apatisato اتفاقية أو اتفاق

aperta brevia أوامر أو مراسيم مفتوحة

apertum factum فعل مشهود ؛ عمل مكشوف

apex ذروة ؛ قمة ؛ رأس

السلطة التي يفترض أي شخص اوتي حظاً معقولا من الفطنة وحسن التقدير، ان النائب أو الوكيل قد خولها من الاصيل بحكم سلوك هذا الاخير تجاهه وعلاقاته معه .

apparent danger [في الدفاع عن النفس] خطر جلي أو واضح، منه ما يعلل به القاتل فعله مدعياً أنه لم يقدم عليه الا بسائق الدفاع عن النفس بعد ما استبان له من أفعال المقتول أو تصرفاته ما ينبىء بتصميمه على قتله أو اصابته بضرر جسمي بليغ، ويعقل معه الاقدام على فعل القتل حماية للنفس من ذلك .

apparent heir وارث شرعي؛ وارث ظاهر لا يمارى في حقه في الارث حتى يثبت غير ذلك .

apparitor مأمور تابع لقاض روماني أو ملحق به؛ حاجب أو آذن

appeal يستأنف: ينقل دعوى أو مسألة الى محكمة اعلى (لتعديل أو تصحيح أو مراجعة أو فسخ حكم أو قرار أو شطب أمر صادر من محكمة ادنى) . من معانيها الدارجة غير الفنية: يطلب أو يلتمس (بمعنى apply or ask for)؛ يناشد، نحو:

I apply to the conscience of the court
اناشد ضمير المحكمة .

[كاسم] استئناف؛ نقل الدعوى من محكمة الى اخرى اعلى منها للمراجعة والنظر مجدداً review and retrial .
اعادة النظر في وقائع الدعوى أو النقاط القانونية المشمولة بها. تؤدي هذه الكلمة احياناً معنى «الطعن» اذا دل السياق على ذلك. والاستئناف على كل حال اجراء تكميلي (تستكمل به الدعوى مراحلها) لا بدائي

[قديماً] اتهام شخص (عادي) لآخر امام المحكمة بارتكاب جناية أو خيانة .

— cross appeal استئناف مقابل: يرفعه المستأنف ضده ضد المستأنف . واذا استؤنف الحكم أو القرار من كلا طرفيه، سمي كل من الاستئنافين استئنافاً مقابلا .

appeal bond كفالة استئناف أو كفالة استئنافية

Appeal (or **Appellate**) **Committee of the House of Lords** = هيئة استئناف مجلس اللوردات الجهة القضائية التي تتولى الفصل في المسائل المرفوعة الى مجلس اللوردات باعتباره المجلس الاستئنافي الاعلى في المملكة البريطانية .

appeal ***in forma pauperis*** استئناف مجاني: معفى من الرسوم والمصاريف، يؤذن بـه لمن استحق المساعدة القضائية نظراً لفقره .

apex juris ذروة القانون؛ غاية الدهاء القانوني أو الفطنة القضائية .

apex **rule** [قوانين التعدين] في الولايات المتحدة : قاعدة الذروة، وهي تبيح لصاحب امتياز التعدين ان يتتبع ويستغل العرق المعدني الذي تقع ذروته في نطاق سطح أرضه مهما انحرف هذا العرق في اتجاهه الانحداري عن الخط العمودي .

aphasia [طب شرعي] عدم الابانة في النطق؛ عدم القدرة على الكلام؛ حبسه

apocrisarius رسول؛ عامل؛ سفير

[قانون كنسي] من تحمل أفعال غيره أو كان مسؤولا عنها . موظف مشاور في المسائل الكنسية .
سفير بابوي؛ وكيل بابوي أو اسقفي

apocrisarius cancellarius حافظ أو حامل ختم الملك (أو الحلق): وهو موظف قديم مشاور كان يتولى بصم المحررات والاوامر الملكية بالختم الملكي الموكول اليه .

apology اعتذار؛ استماحة. يكون الاعتذار في الصحف مع دفع التعويض احياناً في خزانة المحكمة لحساب من وقع عليه جرم القدح، وذلك بسبيل اصلاح ما افسده الجرم المذكور.

apostasy ردة عن عقيدة؛ خروج كلي عن الديانة المسيحية ممن نشأ على تعاليمها .

apostata, **apostate** مرتد؛ مارق؛ زنديق؛ خارج عن دينه

apostille or ***appostille*** اصطلاح فرنسي لاتيني من معانيه: اضافة؛ حاشية؛ تحشية؛ مذكرة؛ ملاحظة، تعليق أو شرح هامشي

apostoli شهادات أو وثائق مرسلة من قاضي المحكمة المنقولة منها الدعوى الى قاضي المحكمة الاعلى المنقولة اليها الدعوى .

Apostolic Delegate قاصد رسولي؛ موفد بابوي

apparel لباس؛ ثياب؛ كساء أو كسوة؛ تطلق احياناً على بعض تجهيزات السفينة كالمخاطيف والجنازير وقوارب النجاة وغيرها .

apparent ظاهر (للعين أو الادراك)، ملموس؛ واضح؛ جلي؛ ميسور الفهم

apparent authority [قوانين النيابة او الوكالة] سلطة أو وكالة ظاهرة؛ السلطة التي يأذن الاصيل (عن ادراك منه) للنائب أو الوكيل بمباشرتها أو يعتبر انه حائز لها، وكذا

appealable قابل للاستئناف ؛ محل له ؛ يجوز استئنافه

appear يحضر ؛ يمثل، امام محكمة أو قاض. يبدو ؛ يظهر ؛ يتراءى ؛ يلوح ؛ يبين

appearance حضور أو مثول امام قاض أو محكمة (ومنه الاشكال التالية):

— compulsory appearance — حضور قهري: يحصل بأمر جلب أو احضار.

— conditional appearance — حضور شرطي: يقترن بشرط، ويكون اقتضاؤه رهناً بحصول أو تحقق شيء معين

— corporal appearance — حضور بالذات: يستوجب حضور شخص المعني.

— general or special appearance — حضور عام أو خاص. يعتبر الحضور عاماً اذا كان عادياً لا يلابسه قيد أو شرط. ويعتبر خاصاً اذا اقترن بشرط التثبت من صلاحية المحكمة قبل الاذعان لولايتها أو اذا اتصل بنواح خاصة معينة من القضية دون غيرها.

— gratis appearance — حضور الخصم قبل ان يبلغ اعلان الدعوى.

— notice of appearance — اعلان حضور أو تنبيه عليه

— optional appearance — حضور اختياري: يقوم به شخص ثالث أراد أن يتدخل من تلقاء نفسه في دعوى قائمة بين خصمين غيره، ليحمي حقاً أو مصلحة له أو لغير ذلك من الاسباب الوجيهة.

appearance by attorney حضور بالوكالة

appearance by counsel حضور بالمحامي، حضور الوكيل عن موكله.

appearance day يوم الدعوى: يوم حضور الخصوم امام المحكمة.

appearance docket حافظة حضور الخصوم

appearand heir [قانون اسكتلندي] الوارث البين أو الظاهر: وهو الوارث الشرعي (الفرضي) حسب ظواهر الحال يقابله ما يسمى heir apparent في القانون الانكليزي.

appease يراضي ؛ يسترضي ؛ يساير ؛ يسكن

appellant مستأنف. ترد هذه الكلمة في سياق النص احياناً بمعنى «الطاعن» أو «مقدم الطعن».

appellate استئنافي

appellate court محكمة استئنافية

appellate jurisdiction اختصاص استئنافي ؛ ولاية استئنافية ؛ حق النظر والفصل في دعوى مستأنفة ؛ صلاحية مراجعة الاحكام أو القرارات أو الاوامر الصادرة من محكمة دنيا وتصحيح ما يبدو فيها من اغلاط.

appellee مستأنف ضده

appello استئناف

append يلحق ؛ يتبع ؛ يضيف (كتابة الى اخرى) ؛ يضم

appendage ملحق ؛ تابع ؛ تبع ؛ مرافق ؛ اضافة

appendant تابع أو تبع: ما كان تابعاً أو خادماً لغيره أو مسخراً لمصلحته، أشخصاً كان أم عقاراً أم حقاً أم أي شيء آخر.

appenditia ملحقات أو توابع عقار

appendix مجلد مطبوع ؛ يرفع عند الاستئناف الى مجلس اللوردات أو مجلس الملك الخاص مع جميع الوثائق والمستندات والبينات التي سبق للمستأنف تقديمها الى محكمة دنيا وما زال يعتمدها في استئنافه الى احد المجلسين المذكورين.

apperceive يدرك (فكرة أو مسألة) ؛ يستوعبها بفهمه ؛ يلم بموضوع أو رأي أو يتبينه.

appertain يخص ؛ يتبع ؛ يلحق ؛ يتصل (بـ)، يعود(الى)

appliance آلة (ميكانيكية) ؛ اداة ؛ عدة ؛ جهاز

applicable يسري ؛ ينطبق ؛ يحكم (علاقة أو تصرف). مناسب، موافق، واجب (أو ممكن) التطبيق

applicant طالب ؛ مقدم طلب ؛ مستدع

application طلب كتابي ؛ استدعاء ؛ عريضة ؛ التماس، تطبيق حكم أو مبدأ أو قاعدة على مسألة، تطبيق عقوبة على فعل أو جرم.

[في التسديد او الوفاء] تخصيص المبلغ المدفوع لدين معين أو إرصاده له.

تحديد الدين المراد تسديده بالمبلغ المدفوع اذا تعددت الديون المطلوبة للدائن.

application cumulative, application distributive (راجع application cumulative في باب cumulative)

apposer مراجع حسابات؛ موظف مالي تابع للخزانة: مهمتـــه تدقيق حسابات عمـــال الملك sheriffs والتحقيق معهم بشأنها .

apposition بصم بختم؛ وضع الختم (على المستند بمثابة التوقيع والمصادقة عليه).

appostille (راجع *apostille*)

appraisal تقدير؛ تخمين؛ تقويم؛ تثمين

appraise يثمن، يقدر (ثمن شيء أو قيمته)، يخمن، يقوم

appraisement تثمين؛ تقدير أو تقويم (عدل) لأثمان الاشياء أو قيمتها يجري بمعرفة السلطات القضائية أو التشريعية .

appraiser مخمن؛ مقوم؛ مثمن: من عينته الجهة المختصة لتقدير ثمن شيء أو قيمته.

— general appraiser مخمن أو مقوم عام: موظف في مختص بمساعدة رجال الجمارك في تقويم البضائع المستوردة.

— merchant-appraiser مقوم تاجر؛ يختار في بعض الاحوال من بين التجار للقيام بتقويم البضاعة اذا اعترض المستورد على كشف التخمين المعد من قبل موظفي الجمرك .

appreciable لا يستهان به؛ وجيه؛ محل اعتبار أو تقدير؛ غير قليل

appreciate يقدر؛ يحسن التقدير (لقيمة شيء أو اعتباره)؛ يزن بميزان الانصاف؛ يحدد أو يعين قيمة أو ثمناً. يفهم أو يعي (فعلا)؛ يدرك (آثاره أو نتائجه)

appreciation in value زيادة قيمة المال زيادة طبيعية لا دخل فيها لسعي مالكه أو اجتهاده.

apprehend يتخوف، يخشى، يدرك (أمراً ادراكاً معنوياً) أو يحس به، بمعنى يعيه ولا يرتاح اليه؛ يتمكن (من شخص): أي يحجزه أو يقبض عليه .

apprehension القبض على شخص أو حجزه، على ذمة تحقيق أو اجراء جنائي. ولا تستعمل هذه الكلمة، بالمعنى المذكور، الا في الحالات الجنائية فقط، بينما تستعمل كلمة arrest بمعنى القبض أيضاً في المواد الجنائية والمدنية على حد سوى.

apprentice تلم؛ تلميذ في صناعة؛ صبي؛ متلقن حرفة؛ متدرج؛ متدرب

apprentice *en la ley* اسم عظيم القدم، اشتهر به أصلا طلبة القانون باعتبارهم يتلقون المهنـــة القانونية عمن سبقهم اليها .

applied economics اقتصاد تطبيقي: علم يعالج الوسائل التي تتسنى بها زيادة الثروة والانتاج واصلاح النظم الاقتصادية .

apply يطبق (قانوناً أو نصاً على موضوع): أي يجعله المرجع في تقرير هذا الموضوع أو تنظيمه .
اذا تعدت هذه الكلمة الى for كان معناها؛ يطلب؛ يتقدم بطلب رسمي (كتابي في الغالب)؛ يسترحم
[في صرف الاموال] يخصص أو يرصد مالا لجهة معلومة أو ينفقه عليها .

appoint يعين؛ ينصب؛ يقيم؛ يحدد

appointee (شخص) معين؛ مقام أو منصب: من وقع عليه التعيين لممارسة شيء أو القيام بمهمة

appointment, power of سلطة تعيين؛ يملكها الموصي ليضمن بسبيل وصيته اقامة من شاء خلفاً له على امواله العقارية أو المنقولة .

appointor معين: من عين الغير في وظيفة أو اقامه على مهمة معلومة، من اصدر أو امضى أمراً بتعيين .

apport [قانون انكليزي قديم] ترد هذه الكلمة بمعان شتى منها: خراج؛ جزية؛ ضريبة، رسم، اجرة، دفعة، نفقات أو مصاريف

apportion يجزىء؛ يقسم (الى حصص أو أنصباء)؛ يوزع؛ يفرز

apportionment تجزئة؛ تقسيم (الى حصص أو أنصباء)؛ توزيع
[في العقود] النص على جعل العوض نسبياً بين المتعهدين، بحيث اذا كان العقد موزعاً بين عدة اشخاص أو قابلا للتنفيذ الجزئي، وجب توزيع العوض على المتعهدين المتعددين قسمة غرماء؛ أي كل بقدر نصيبه في انجاز العمل أو وجب دفعه للمتعهد الفرد (في العقد القابل للتنفيذ الجزئي) بنسبة الجزء أو المقدار الذي انجزه منه .

[عوائد الاسهم او ازالة الاضرار المشتركة] توزيع نسبي [ضرائب] يقال: the apportionment of a tax أي تعيين الاشخاص الذين ستسري عليهم الضريبة وبيان المقدار الواجب كل منهم ان يدفعه .

apports en nature اصطلاح فرنسي شائع؛ يشمل كل شيء ذي قيمة (خلا النقد) يقبل من الشريك أو المحاص على سبيل المساهمة في الشركة: كالضمانات والعقارات والاشياء المنقولة، والكفاءة والخبرة والمقدرة الشخصية .

apprentici ثم أطلق فيما بعد على المستشارين المعروفين باسم *ad barras* ومن هذا الاسم الاخير اشتق الاسم الحديث barrister

apprenticeship تمهين أو تدرج : قيام متلقن الحرفة (أو الصبي) بخدمة معلمه مدة من الزمن تعين بعقد يسمى apprenticeship contract عقد تمهين .

apprenticeship contract أي عقد تمهين (راجع apprenticeship)

apprenticii ad legem محام مبتدىء

apprenticius ad legem متلقن مهنة القانون؛ طالب قانون . محامي مرافعة barrister .

apprizing [قانون اسكتلندي] اجراء قديم، كان للدائن بموجبه حق في ان يضع يده على املاك المدين كي يستوفي منها ديناً حال الاداء .

approach يدنو؛ يقترب (من)؛ يتقرب (الى)

approach clearance plane [قواعد الطيران] سطح الاقتراب الخالص الذي تسلكه الطائرة للهبوط ويعلو بها على جميع العوائق حتى نقطة الالتقاء بالمدرج .

approach control office [قواعد الطيران] مكتب مراقبة الاقتراب

approach head-on [قواعد الطيران] تقارب مواجهة؛ أو وجهاً لوجه

approach, right of (right of approach)

[قانون دولي] حق الاستطلاع؛ حق السفينة الحربية وهي في اعالي البحار ان تقترب من سفينة اخرى لتستوثق من جنسيتها.

approaches منافذ؛ زلف؛ طرق، تقترب أو تؤدي الى شيء

approbate يتقبل؛ يرضى بأمر أو يوافق عليه

approbate and reprobate [قانون اسكتلندي] يقبل ويرفض؛ يحاول قبول شيء بالقدر الذي يفيد منه ؛ يتقبل منه ما ينفعه ويطرح ما لا ينفعه .

appropriate يتملك؛ يستولي أو يضع اليد على شيء؛ يخصص مقداراً من مال لغاية معينة .

[كنت] مناسب؛ لازم؛ صحيح؛ خاص

appropriate process أمر بالحضور : لابراز مستندات أو وثائق أو سجلات مطلوبة، والادلاء بالشهادة .

appropriated berth [النقل البحري] رصيف خاص لجهة معينة ترد سفنها الى الميناء باستمرار .

appropriation تملك؛ استيلاء؛ وضع يد على عقار أو ارض (لمنفعة عامة أو خاصة أو غير ذلك) .
تخصيص أو إرصاد مبلغ أو ايراد معلوم للوفاء بذمة .
الاستئثار بشيء أو الاستيلاء عليه قصداً دون الغير .

appropriator متملك؛ مستول (على شيء)؛ مستأثر به؛ واضع اليد عليه

approval موافقة؛ قبول؛ رضى؛ إقرار؛ استحسان (شيء)، اجازته أو اعتماده

approval, on عند الموافقة أو الاستحسان : أي شرط حصول الموافقة على قبول ما يعرض .

approve يوافق؛ يقر؛ يصدق (على) أو يعتمد .
يجعل الشيء المعنوي لوجوهه الخاصة الصحيحة؛ يعمل على تحسينه أو زيادة قيمته أو فوائده .
يسيج ارضاً مواتاً أو يعزلها كي يحييها ويستغلها للاغراض الزراعية، نحو : approve common or waste land .

[قانون جنائي انكليزي قديم] يتهم شريكاً (في فعل) بالشهادة ضده .
تختلف كلمة approve عن authorize كفعل باعتبارها تتناول أمراً حاصلا، بينما تشمل الكلمة الثانية افعالا أو أموراً مستقبلة يراد التصريح بها أو التفويض .

approved indorsed notes اوراق مظهرة مقبولة : اوراق مالية يظهرها شخص غير الساحب على سبيل الضمان الاحتياطي، وذلك اذا كان المظهر مقبولا لدى الحامل (من يجب اليه الاداء) .

approved schools اصلاحيات : مدارس مقررة للاصلاح والتدريب المهني يعينها وزير الداخلية بموجب قانون الاطفال والصغار (الاحداث) لعام ١٩٦٣ ويحفظ فيها الطفل الجانح اذا اقتضى الحال مدة ٣ سنين او الى ان يبلغ الخامسة عشرة من عمره كما قد يحفظ فيها الحدث الجانح ٣ سنين، واذا تجاوز عمره السادسة عشرة امكن استبقاؤه في الاصلاحية المقررة حتى يبلغ التاسعة عشرة .

approvement [قانون انكليزي قديم] اجراء جنائي ملغى كان يجيز للمتهم بخيانة أو جناية أن يبرىء نفسه باسنادها للغير .

approver شريك متهم : شريك يوجه الى غيره تهمة اسندت اليه . شخص يقر بجريمته ويشهد بها على غيره لينجو بنفسه من العقاب ويصبح من ثم شاهد ملك .

approximate تقريبي؛ مقارب (من حيث العدد أو الكمية أو النوع أو الزمن أو غير ذلك) .

approximation مبدأ انصافي قوامه العدالة المطلقة equity : يجيز الخروج احياناً (خروجا معقولا) عن المفهوم الحرفي الذي تؤديه بعض نصوص وصية المحسن، وذلك في ظروف خاصة تقدرها المحكمة وترى معها ان النص الحرفي فيما يتعلق بمال معين أرصده المحسن لوجه من وجوه البر لا يعود بفائدة معقولة، فتفسره أو تجيز تفسيره بما تراه مسايراً لمبادىء العدالة وتحاول فيما أجازته أن تكون من المعنى الظاهر على أقرب ما يستطاع .

appruare يستغل مالا أو شيئاً لمنفعة خاصة أو كسب خاص .

appurtenance تابع؛ تبع؛ إضافي؛ ملحق: كحق معين أو ارتفاق خاص بعقار او تابع له .

appurtenant ملحق أو خاص بشيء؛ تابع، عائد أو مضاف اليه

apron [**قواعد الطيران**]: موقف طائرات (ترماك)

apt time وقت كاف أو مناسب . يرد هذا التعبير في الكلام عن ترتيب الاجراءات ومواعيد اتخاذها .

apt words عبارات أو اصطلاحات أو نصوص فنية صحيحة .

aptitude جدارة؛ كفاءة؛ لياقة؛ مناسبة (شيء) أو موافقته أو صلاحيته لغرض معين .

apud acta [**مواد مدنية**] استئنافات شفوية، يقدمها اصحاب الشأن امام القاضي حين صدور القرار أو الحكم .

aqua cedit solo يؤول الماء مع الارض . حيث ان الماء – ماء المجاري والبحيرات والبحار وما اليها – هو عبارة عن ارض يغمرها ماء، فملكية المياه تشمل ملكية ما تعلوه من اراض .

aquae ductus حق المجرى أو مرور المياه: ارتفاق يخول صاحبه حق نقل المياه بالانابيب عبر ارض الغير .

aquae haustus حق استسقاء: ارتفاق يخول صاحبه حق الشرب من نبع أو حوض أو مجرى لغيره (من حيث الملكية) .

aquae immittendae حق مسيل أو صرف: ارتفاق يخول من كان منزله محاطاً بالابنية من كل جانب، ان يصرف الماء المستعمل عبر ما جاوره من الاسطحة والساحات .

aquatic rights حقوق مياه

Arab League الجامعة العربية: مؤسسة دولية، حرر ميثاقها في القاهرة بتاريخ ٢٢ مارس سنة ١٩٤٥ وتوقيع الدول التالية: سوريا وشرق الاردن والعراق والمملكة العربية السعودية ولبنان ومصر واليمن . وكان الغرض من انشاء هذه المؤسسة، حسب المادة الثانية من ميثاقها: « توثيق الصلات بين الدول المشتركة فيها وتنسيق خططها السياسية تحقيقاً للتعاون بينها وصيانة لاستقلالها وسيادتها والنظر بصفة عامة في شؤون البلاد العربية ومصالحها » . وهي تتشكل من مجلس عام ولجان فرعية . ولها امانة عامة دائمة تتألف من أمين عام (في درجة سفير) وأمناء مساعدين (في درجة وزراء مفوضين) . ومقرها الدائم القاهرة . وهي تضم الآن بالاضافة الى الدول المذكورة كلا من ليبيا والسودان وتونس والمغرب (مراكش) والكويت والجزائر .

arabal land (راجع arable land)

arabant [**نظام اقطاعي**] حائز اقطاعي احرز ارضه نظير خدمة الحراثة، أي نظير حرث اراضي السيد المقطع .

arable land = aralia ارض صالحة للفلاحة (أو الحرث)

aratrum terrae مساحة من الارض يكفي لحرثها عود (أو محراث) واحد .

arbiter حكم أو محكم: يختاره الخصوم لتسوية نزاع قائم بينهم على شيء، وهو في القانون الروماني قاض يتمتع بسلطات تقديرية .

arbitrage or **arbitration of exchange**
[**معاملات مالية**] شراء الاسهم والسندات في سوق وبيعها في آخر سعياً للربح بسبيل الفرق بين الاسعار . وهو ما يسمى احياناً مراجحة الكمبيو أو موازنة سعر الصرف
دفع دين في أحد البلدان بصك مسحوب على بلد آخر .

arbitrament قرار محكمين في نزاع محال اليهم

arbitrament and award عريضة تقدم في دعوى ناشئة عن نزاع سبق ان نظره المحكمون واصدروا قراراً فيه .

arbitrariness تحكم؛ تعسف؛ استبداد في الرأي؛ سلوك قائم على مجرد الهوى الشخصي أو الرغبة التحكمية لا على المنطق أو المعقول .

arbitrary تحكمي، تعسفي، تقديري: ينبعث عن هوى أو استبداد في الرأي .

arbitrary punishment عقوبة تقديرية: يحددها القاضي استناداً الى تقديره الخاص لا الى القانون .

arbitrate يفصل أو يبت عن طريق التحكيم (أو كحكم)

arbitration تحكيم، منه النوعان التاليان :
— compulsory arbitration تحكيم اجباري
— voluntary arbitration تحكيم اختياري

arbitration clause شرط التحكيم أو نصه

arbitration of exchange (راجع arbitrage)

arbitrator محكم : يختاره الاطراف ذوو الشأن ليفصل في نزاع قائم بينهم .

arbitress محكمة : امرأة يختارها الاطراف ذوو الشأن لتفصل في نزاع قائم بينهم .

arbitrium قرار أو حكم شخص حكم في نزاع بين فريقين أو اكثر .

arbor شجرة؛ صارية سفينة

arbor civilis شجرة نسب أو انساب.

arbor finalis [**قانون انكليزي قديم**] شجرة حدية تغرس احياناً على الحدود لبيانها والفصل بين مالك وآخر .

archbishop رئيس اساقفة : مرجع ارشي اعلى في الشؤون الكنسية .

Archdeacon رئيس شمامسة : قسيس يلي المطران مباشرة من حيث المكانـــة في الكنيسة الانجليكانية، وله محكمة تسمى Archdeacon's court .

Archdeacon's court محكمة رئيس الشامسة : محكمة كنسية يجلس فيها قاض واحد يعينه رئيس الشمامسة، وهي أدنى محكمة في القضاء الكنسي الانجليكاني، وتستأنف احكامها الى محكمة المطران .

arches court محكمة استئنافية كنسية تابعة لرئيس اساقفة كنتر بري (بانجلترا).

archetype اصل محرر أو مستند : تستخرج عنه الصور المطلوبة .

architect معمار؛ مهندس معماري

archives امانة سجلات. دائرة محفوظات تودع فيها السجلات والبيانات والوثائق القديمة. ارشيف

archivist أمين محفوظات؛ أمين أرشيف

arcta et salva custodia (مودع) تحت حراسة مشددة أو حفظ محكم

area مساحة؛ منطقة؛ ارض فضاء في مدينة . نطاق

arendator [**قديماً**] ضامن خراج أو ضريبة؛ شخص يشتري امتياز جمع الضرائب لحسابه الخاص نظير مبلغ معلوم يدفعه للملك أو الوالي أو المرجع الرسمي المسؤول الذي يؤجره هذا الامتياز أو يبيعه اياه .

aretro متأخر أو متأخرات : ما يتأخر أداؤه عن ميعاد محدد .

argentarius [**قانون روماني**] مقرض أو مداين بفائدة معلومة . صراف أو صيرفي

Argentum Dei نقد الله أو ماله ويراد به العربون (الرعبون عند بعض العامة) .

argue يرافع؛ يترافع، نحو : argue a case يدافع في قضية . يجادل؛ يحاج

arguendo وهو يحاج أو يلقي حجته؛ في سياق المرافعة

argument حجة أو محاجة، نحو : argument of counsel حجة المحامي .

مرافعة، نحو : Court will commence calling the cases for argument in order : تبدأ المحكمة بالمناداة على الدعاوى للمرافعة حسب الترتيب .

جدال؛ جدل؛ محاورة؛ مناظرة

argumentative قابل للمحاجة؛ محل جدل أو جدال

argumentative affidavit افادة حجية : تنطوي على حجج تتناول صلة الوقائع بموضوع النزاع، وهي غير مقبولة .

argumentative plea مرافعة حجية؛ دفاع يبرز واقعة موضوعية بسبيل الاستدلال .

argumentum a simili valet in lege تستساغ الحجة قانوناً اذا اقتبست من قضية مماثلة .

arise ينشأ؛ يصدر؛ يتأتى؛ ينبعث؛ ينجم

aristocracy ارستقراطية : نظام حكومي تظهر فيه طبقة خاصة من النبلاء والاغنياء فتستأثر لنفسها بحكم البلاد والسيطرة على مقدراتها دون الطبقات الاخرى .

arm of the sea ذراع بحر : جزء من بحر (كالخليج) يخترق اليابسة ويلتقي بمصب نهر، فيكون حد امتداده عبر اليابسة، لاغراض القانون، عند ابعد نقطة يبلغ اليها ماء البحر في اقصى مده .

arraign يحضر أو يجلب سجيناً (أو متهماً) أمام المحكمة للاجابة على التهمة المسندة اليه .

يتلو على المتهم نص التهمة أمام المحكمة .

arraignment إحضار أو جلب السجين (أو المتهم) امـــام المحكمة للاجابـــة على التهمة الموجهة ضـــده حسب ورقة الاتهام .

تلاوة نص التهمة على المتّهم .

arraigns, clerk of (clerk of arraigns) كاتب جنايات مساعد

arrangement صلح واق (من الافلاس) : تصالح أو مصالحة على كيفية اداء الذمم للدائنين أو دفع الديون غير المضمونة ، وذلك بتخفيض قيمة الديون تخفيضاً نسبياً أو تأجيل استحقاقها أو تقسيطها أو غير ذلك مما يناسب الطرفين .

تسوية ؛ ترتيب

arrangement, deed of (deed of arrangement) سند ابراء صلحي ؛ سند تنازل أو فراغ يتفرغ بموجبه المدين المعسر للدائن عن مال أو ملك أو حق معين سداداً لما يدين به للدائن المذكور .

arrangement, scheme of (scheme of arrangement) صلح واق (من الافلاس) ، تدل عليه احياناً كلمة arrangement وحدها من قبيل الاختصار .

array يهيىء ؛ يشكل ، يجمع (هيئة من المحلفين) أو يدعوها الى الاجتماع .

[كإسم] هيئة محلفين كاملة العدد

arrearage رصيد غير مدفوع ؛ رصيد مدين ، بقية دين ، رواتب متأخرة

arrears متأخرات ، من دين أو حساب أو مرتب أو ما الى ذلك .

arrect يتهم ؛ يرمي بجرم

arrectati متهم بجرم ؛ ظنين

arrent [قوانين انكليزية قديمة] يكري ، يؤجر

arrest يقف أو يوقف (تنفيذاً أو اصدار حكم) . يحجز (شخصاً) ، يقبض عليه ، يجرده من حريته الشخصية بتفويض أو امر قانوني . يحبس ؛ يوقف ؛ يعتقل . تستعمل هذه الكلمة بالمعاني المذكورة في المسائل المدنية والجنائية على السواء ، غير انه يغلب تخصيصها للمسائل المدنية كما تخصص apprehend للمسائل الجنائية .

arma in armatos sumere jura sinunt القانون يجيز حمل السلاح ضد (الاشخاص) المسلحين : أي يبيح التسلح ضد المسلحين .

arme blanche سلاح ابيض : كالسيوف والمدى والخناجر والحراب وما اليها من الاسلحة القاطعة .

armed force قوة مسلحة

armed neutrality حياد مسلح : الحياد الذي تحافظ عليه الدولة المحايدة بقوة السلاح اذا اقتضى الامر .

armed peace سلم تحفز ؛ سلام على مضض أو سلام على تسلح : يكون بين دول لا يأمن بعضها بعضاً فتتسابق الى التسلح استعداداً لحرب محتملة .

armiscara عقوبة البردعة : عقوبة قديمة كانت توقع على المذنب بوضع بردعة على ظهره ، وحمله على السير بها رمزاً للخضوع والتوبة .

armistice هدنة ؛ مهادنة : اتفاق على وقف القتال والاعمال العدوانية بين المتحاربين .

armory مستودع اسلحة أو ترسانة لحفظ الاسلحة والذخائر والمعدات على انواعها .

arms سلاح ؛ اسلحة ؛ اعتدة

arms, Law of (Law of arms) قانون السلاح : القانون الذي ينظم قواعد التحارب وانشاء الاحلاف وعقد الهدنة وعقاب المجرمين في الميدان ومـــا الى ذلك ويسمى حالياً قانون الحرب Law of war .

arms length, at ناء عن : الصلة القائمة بين غرباء ليس لاحد منهم على الآخر واجب أو حق ولا تجمعه بهم آصرة قربى .

army جيش

— auxiliary army حرس وطني

— regular army جيش نظامي : تحتفظ به البلاد في السلم والحرب .

around حول ؛ بجوار ؛ على مقربة أو بالقرب (من)

arra عربون : مبلغ يدفع تأكيداً لتمام صفقة أو حصول اتفاق على زواج أو مبايعة أو انتقال منفعة أو ما الى ذلك . (راجع earnest)

array, challenge to (راجع challenge of jurors)

— **malicious arrest** قبض، حجز أو توقيف كيدي أو استبدادي ينبعث غالباً من ضغينة أو حقد في نفس المسبب له .

— **parol arrest** أمر حجز أو توقيف شفوي: يصدره القاضي في حق شخص ماثل أمامـه اثناء الجلسة، دون أي شكوى كتابية أو اجراء آخر، وهذا واجب التنفيذ فوراً .

— **rearrest** اعادة حجز أو القاء قبض: قيام الموظف أو المأمور المسؤول بالقبض على شخص محجوز، فر منه بالقوة، دون أن يكون لديه أمر بالقبض عليه .

— **second arrest** حجز أو توقيف ثان: القبض على شخص وتوقيفه مرة ثانية بناء على اخبارية سبق أن أوقف من اجلها .

— **warrant of arrest** أمر حجز؛ أمر قبض أو حبس أو توقيف .

arrest of inquest وقف تحقيق أو تحر قضائي

arrest of judgment وقف حكم أو قرار: عدم النطق بالحكم بعد الادانة لسبب جوهري ظاهر، في سجل الدعوى أو اجراءاتها أو في ورقة الاتهام والادانة، من شأنه أن يجعل النطق بالحكم هدفاً للغلط أو قابلا للفسخ .

arrestee [قانون اسكتلندي] المحجوز لديه على مال المدين، الشخص الثالث الذي تكون لديه (أو في حيازته) اموال لمدين فيحجز عليها الدائن ضماناً للوفاء بموجب اجراء الـ arrestment .

arrester [قانون اسكتلندي] الدائن الذي يستصدر أمراً بالحجز على اموال عائدة لمدينه لكنها ليست في حيازته (أي أمراً بالحجز على ما للمدين لدى الغير) .

arrestment [قانون اسكتلندي] حجز ما للمدين لدى الغير (وهو الـ garnishment في القانون الانكليزي)؛ أي توقيع الحجز على ديون مستحقة أو أموال منقولة تعود للمدين لكنها ليست في حيازته .

arrestment in execution (راجع arrestment في القانون الاسكتلندي): يكون هذا الحجز تنفيذاً لحكم صادر على المدين من محكمة مختصة .

arrestment in security or **on the dependence** [قانون اسكتلندي] اذا خشي الدائن إفلات المدين بالسفر من البلاد أمكنه أن يستصدر أمراً بالحجز على اشيائه المنقولة من قبيل التحوط والضمان ولو لم يشرع بعد في مقاضاته . وللدائن على اي حال، اذا بدأ الدعوى ضد مدينه أن يستصدر أمراً بالحجز على منقولاته ريثما تقرر دعواه؛ هذا الاجراء الاخير يسمى الحجز على ذمة الدعوى arrestment on the dependence .

arrestment to found jurisdiction [قانون اسكتلندي] الحجز لدى الغير لتسبيب اختصاص أو تعليله اذا لم تتوافر الاسباب الثلاثـة لاختصاص المحاكم الاسكتلندية، وهي: (١) اقامة الشخص الملاحق في اسكتلندا أو (٢) وجوده فيها مؤقتاً أو (٣) وجود ارض فيها تعود اليه، أمكن توافر هذا الاختصاص بحجز سفينة له موجودة في مياهها أو اشياء منقولة تحت يد شخص ثالث موجود في تلك البلاد .

arrêt [في كندا وفي لويزيا بالولايات المتحدة] تعبير فرنسي في معناه: حكم، قرار أو مرسوم صادر عن محكمة مختصة .

arrêt de prince حق الدولة المحاربة في أن تحجز لديها سفن أية دولة محايدة للحيلولة دون تسرب الاخبار أو المواد الحربية اذا خشي أن يفيد منها العدو .

arretted متهم؛ ظنين أحضر (امام القاضي)، وتليت عليه التهمة (اي تلي نصها).

arrhae [قانون مدني] عربون الشراء؛ المبلغ الذي يقدمه المشتري للبائع اشعاراً باتفاقه على الشراء وتأكيداً لنيته عليه .

arrival [تأمين بحري] وصول السفينة الى المكان المستعمل عادة للتفريغ أو الذي يراد انزال الشحنة فيه، بحيث اذا كانت السفينة مؤمنة حتى وصولها الى ميناء التفريغ، فعبورها منطقة الميناء لا يستنفد حقها في تعويض التأمين اذا كان المكان الذي وصلت اليه لا يستعمل عادة لتفريغ السفن أو نزول الركاب القادمين بحراً من الخارج .

arrogation تبني الشخص الراشد (الذي بلغ الحادية والعشرين من عمره أو تجاوزها) .

arsenals ترسانات؛ مستودعات اسلحة ومعدات ولوازم حربية .

arsenic زرنيخ

arson حريق عمد: يكون عادة على درجات ثلاث، (راجعها تالياً) .

arson of the first degree حريق المنازل المأهولة، ليلا (وعمداً): أي الحريق العمد ليلا للمنازل المأهولة .

arson of the second degree حريق المباني ليلا (وعمداً) اذا كان موقعها يهدد بالحريق أية منازل مأهولة .

arson of the third degree الحريق العمد، الذي

لا يدخل في نطاق جرائم الحريق المسماة arson of the first degree و arson of the second degree .

arsura اختبار النقد بتسليط الحرارة عليه بعد سكه .

art and part [قانون اسكتلندي] شريك في الجريمة؛ من ساعد على ارتكابها دون أن يكون فاعلا اصلياً فيها .

artel نقابة عمال روسية

arthel يضمن ، يكفل

article مادة؛ بند؛ فقرة . أداة أو شيء ذو قيمة . اذا وردت في مثل الجملة : article of food كان معناها : مأكول؛ عنصر من عناصر الاكل أو مادة من مواده .

[قانون كنسي انكليزي] موضوع أو سبب لشكوى مرفوعة الى محكمة كنسية .

[اجراءات اسكتلندية] موضوع أو مسألة

articled clerk كاتب تحت التمرين : يلتحق بمكتب احد المحامين ليتدرب في المهنة نظير ما يقدمه من خدمة .

articles مواد؛ بنود؛ فقرات مستند أو وثيقة أو قانون أو لائحة أو ما الى ذلك .

انظمة أو قواعد واجبة المراعاة فيما يتعلق بأمر معين، تضعها مراجع أو سلطات مختصة، نحو : قواعد الحرب articles of war أو قواعد الدين أو الايمان (التي تضعها السلطات الكنسية articles of faith) وما الى ذلك .

يستعمل هذا التعبير ايضاً في البحرية الاميركية بمعنى عقد الخدمة .

articles approbatory [قانون اسكتلندي] لائحة أو عريضة جوابية، تبسط جواب المتهم وأسانيده .

articles improbatory [قانون اسكتلندي] لائحة اتهامية، تبسط وقائع التهمة واسبابها وبيناتها .

articles of agreement مذكرة اتفاق أو لائحته : مذكرة تمهيدية تبسط نصوص اتفاقية منتظرة تمهيداً لابرامها في شكل نهائي رسمي .

articles of association نظام أو قانون الشركة الاساسي؛ قانونها النظامي : الاحكام الاساسية التي يخضع لها نظام الشركة وشكلها من حيث عدد اعضائها المسجلين ومقدار رأس مالها المساهم share capital وعدد اسهمها وقيمة كل منها ومدى تحكمها بمقدار رأس المال وقيمة الاسهم وزيادة عددها أو تقسيمها أو شطب ما لم ينفق منها في تاريخ معين أو غير ذلك مما يحق للشركة أن تقرره بين حين وآخر .

articles of confederation نظام أو ميثاق الاتحاد : وثيقة الاتفاق الاساسي المبرم، قبل وضع الدستور الاميركي الحالي، بين الولايات الاميركية الثلاث عشرة التي كانت نواة الاتحاد الاميركي .

articles of impeachment (راجع impeachment)

articles of incorporation, articles of partnership عقد تأسيس؛ عقد تأسيس شركة أو عقد شركة تضامن .

articles of religion قواعد الدين؛ تعرف أيضاً بالمواد التسع والثلاثين thirty-nine articles : وهي مجموعة من النصوص القانونية الكنسية وضعها المؤتمر الديني المنعقد سنة ١٥٦٢ وصدق عليها فيما بعد الملك جيمس الاول .

articles of roup [قانون اسكتلندي] قائمة شروط واحكام البيع في المزاد العلني .

articles of set [قانون اسكتلندي] عقد ايجار

articles of the navy قانون البحرية البريطانية؛ نظامها الاساسي

articles of the peace شكوى أو عريضة تهديد : يرفعها المشتكي الى المحكمة المختصة خشية اعتداء الغير عليه بقتل أو ايذاء جسماني، ويحلف اليمين على أنه يخشى القتل او الايذاء الجسمي من شخص معين سبق أن هدده بالاعتداء أو حاول أن يؤذيه . وللمحكمة بعد ذلك أن تأمر المشكو بأن يقدم شخصاً يكفل عدم اقدامه على ما قيل في حقه، فاذا عجز عن هذا، جاز للمحكمة أن تعتقله .

articles of union [قانون انكليزي] قانون الاتحاد، وهو خمس وعشرون مادة، اقرها البرلمانان الانكليزي والاسكتلندي سنة ١٧٠٧ في عهد الملكة Anne، نصت على اتحاد اسكتلندا مع انكلترا وبسطت القواعد التي وجب قيام الاتحاد عليها .

articles of war قواعد أو نظم الحرب : النصوص التشريعية التي تنظم وتحكم جيش الامة واسطولها (أو قواتها العسكرية) .

articulate يصوغ؛ يضع محرراً أو وثيقة أو ما الى ذلك في مواد أو فقرات أو بنود متتالية .

articuli مواد؛ بنود؛ فقرات؛ مواضيع

Articuli Magnae Chartae المواد أو البنود التمهيدية التسعة والاربعون التي تشكل منها العهد الاكبر *Magna Charta* .

Articuli Super Chartas القانون الصادر في عهد ادوارد الاول اقراراً للعهد الكبير *Magna Charta* وعهد الاحراج *Charta de Foresta*

articulo mortis (راجع *in articulo mortis*)

artifice حيلة؛ وسيلة أو اداة، تسهل صعباً أو يحتال بها على تحقيق غرض . اذا ساءت فيها النية، دلت على الخبث او الغش أو الاحتيال .

artificier صانع؛ ذو صناعة يدوية: شخص يشتري السلع والبضائع فيصنعها أو يحورها ويزينها ثم يعرضها للبيع على شكلها المستحدث .

معلم صناعة أو حرفة يدوية

artificial غير طبيعي؛ متكلف؛ مصنع

اعتباري: نشأ بحكم الفن أو القانون أو قوتهما .

artificial insemination تلقيح مصطنع: غير طبيعي. حمل المرأة من زوجها بسبيل التلقيح المصطنع، اذا لم يكن للزوج قبل بالمواقعة وهنا في حد ذاته لا يمنع المرأة من طلب الطلاق . واذا وقع التلقيح المصطنع بواسطة واهب doner كان اللقاح مستمداً من شخص اجنبي .

artificial person شخص اعتباري أو معنوي: ينشأ أو يتكون وينعدم بقوة القانون ولاغراضه . (راجع person)

artificial presumptions قرائن اعتبارية: القرائن القانونية التي تستمد كيانها وأثرها من القانون لا من دنوها الى العقل أو التصديق؛ وتسمى أيضاً legal persumptions .

artificial succession ميراث أو توارث اعتباري أو معنوي: وهو انتقال الشركة او المؤسسة ومقوماتها من اصحابها السابقين الى اللاحقين .

artificially فنياً، حسب الاصول، نحو: وضع العقد في صيغة فنية أو حسب الاصول contract was artificially drawn .

artisan صانع؛ ذو حرفة أو صناعة يدوية فنية

arura [قانون انكليزي قديم] حراثة يوم واحد

A/s حساب مبيعات account sales،

عند الاطلاع أو بعده أو at or after sight .

as [قانون روماني] زنة رطل (انكليزي) . قطعة من النقد كانت تزن رطلا، تدعى ليبرة libra وتنقسم الى اثنتي عشرة وحدة كل منها تسمى *uncioe* وهي ال ounce عند الانكليز .

as مثل؛ يماثل؛ على شاكلة؛ كما؛ بمقدار

as against, as between قبل؛ في مواجهة أو فيما بين: يصف هذا الاصطلاح صلة شخص بآخر أو وضعه منه، مع اشارة ضمنية الى علاقة أخرى مختلفة بين أحد هذين وشخص ثالث كقولك مثلا :

The temporary bailee of goods is entitled to it as between himself and a stranger, or against a stranger يصبح مودع البضاعة المؤقت (كأنه) صاحب الحق فيها قبل الاجنبي؛ أي أنه يتصدى له دفاعاً عنها كما لو كان صاحبها الحقيقي. والاشارة الضمنية في العبارة هي الى حق المودع (صاحب الوديعة) فيما أودع .

as is على علاتها

[في البيوع] اذا كان البيع بالعينة as is نحو: a sale of goods as is، فمعنى ذلك أن البضاعة المبيعة ينبغي أن تكون من نوع العينة وكيفيتها ولو كانت في حالة تالفة. والمشتري as is يكون راضياً بالمشتريات على علاتها: أي ولو لم تخل من الشوائب .

as per بموجب؛ تبعاً أو وفقاً(لـ)؛ حسب

as soon as practicable بالسرعة المعقولة؛ في اقصى سرعة مستطاعة أو اقصى سرعة تبيحها الظروف .

ascend يرتفع؛ يعلو (يسير الى اعلى نحو الاصول)؛ من جد الى اعلى

ascendancy نفوذ؛ شوكة؛ سطوة؛ تسلط؛ سيادة

ascendants أصول أو اسلاف على عمود النسب

ascent صعود أو تصاعد؛ إنتقال الارث انتقالا تصاعدياً من فرع الى أصل: كانتقاله مثلا من ولد الى والد .

ascertain يحدد؛ يؤكد؛ يقدر (بمعنى يخمن) ويقرر؛ يتثبت أو يتحقق من أمر؛ يتأكد؛ يستيقن

ascertainable قابل للتحديد؛ يمكن التحقق منه

ascertained as aforesaid حسبما سبق تحديده أو تقدم بيانه .

asexualization (راجع vasectomy)

aside جانباً؛ على حدة

— set aside يرد؛ يفسخ؛ يبطل

ask يطلب؛ يسأل؛ يلتمس؛ يقترح

aspect وجه؛ وجهة؛ ناحية؛ اعتبار؛ أثر

aspersions مقالات أو تقارير فاضحة تنطوي على ذم أو افتراء أو تقتصر على نقد أو لوم .

asphyxia اختناق؛ الموت اختناقاً بجراء نقص الاكسجين وزيادة الكربون في الدم .

asportation نقل الاشياء من مكان الى آخر؛ تغيير موضعها (تغييراً واضحاً) بنية جنائية. اخذ الاشياء من حيازة الغير بقصد السرقة .

asportavit «ذهب بالشيء»؛ حمله ومضى به

assai جداً؛ كثيراً

assail تعبير غير فني، من معانيه الجرمية: يهاجم؛ يتطاول؛ يحمل (على)؛ يقتحم

assart جرم اقتلاع الاشجار من جذورها بنية اتلافها . تختلف عن كلمة waste بانها تفيد القضاء على الشجر قضاء كلياً، بينما يفهم من waste الاتلاف الجزئي الذي يرجى للشجرة بعده أن تعيش وتنمو .

assassin قاتل مأجور: يدفع الى فعل القتل نظير اجر معلوم .

assassination غيلة أو اغتيال: (جرم) قتل، يرتكبه شخص نظير اجر يتفق عليه أو وعد بمنفعة، لا بدافع استفزاز المجني عليه أو ما يضمره الجاني من عداوة .

القتل غيلة بالترصد للمجني عليه .

assath [قديماً] اجراء تبرئة ملغى؛ كان للمتهم بموجبه ان يبرىء نفسه من الجرم المسند اليـه اذا استطاع أن يأتي بثلاثمئة رجل يحلفون على براءته .

assault اعتداء جسماني على الغير قصد ايذائه؛ التعدي بالضرب أو الاكراه البدني .

— aggravated assault اعتداء مشدد: يرافقه ظرف أو أكثر من ظروف التشديد؛ الاعتداء المصحوب بنية ارتكاب جريمة اخرى بالاضافة الى مجرد الاعتداء أو بظروف خطرة أو وحشية، كأن يستعمل فيه سلاح قاتل، أو ينصب على اطفال أو نساء أو تنشأ عنه فضيحة أو يقصد به الى ارتكاب فعل فاجر بالمعتدى عليه أو غير ذلك .

— simple assault اعتداء بسيط؛ خال من ظروف التشديد: لا يعدو مجرد الاعتداء ولا يتجاوزه الى أي قصد جنائي آخر . منه رفع اليد تهديداً بالضرب أو وقوف الضرب عند حد المحاولة، كأن يهوي شخص على آخر ليضربه فلا يصيبه .

assault and battery اعتداء مع الضرب أو التعذيب أو الاكراه البدني

assault with intent to commit manslaughter
اعتداء بنية القتل القصد: اعتداء غير مشروع يرتكب على شكل يبرر اتهام الجاني بجريمة القتل القصد manslaughter لو مات المجني عليه نتيجة الاعتداء .

assault with intent to commit murder
اعتداء بنية القتل العمد: قوامه التصميم وسبق الاصرار .

assault with intent to commit rape
اعتداء بنية المواقعة القهرية

assault with intent to commit robbery
اعتداء بنية السلب

assay رزن: اختبار المعادن كيماوياً للتحقق من نوعها ونسبة تركيبها ومدى صفائها . فحص المأكولات أو الملبوسات لتأكيد خلوها من الغش .

assayer خبير في فحص المعادن الثمينة وتحقيق مدى خلوها من الغش؛ رازن

assecuration [قوانين اوروبية] تأمين السفينة أو شحنها

assecurator [قانون بحري] المؤمن؛ شركة التأمين

assemble يجتمع؛ يتجمهر؛ يحتشد

[في الصناعات] جمع اجزاء الآلة بعضاً الى بعض أو تركيبها في اماكنها الصحيحة .

assembly اجتماع؛ جمع؛ جمعية؛ تجمهر؛ حشد: تلاق أو التقاء عدد غير قليل من الناس في مكان واحد . والاجتماعات أو الجمعيات على اشكال عدة، منها:

— popular assemblies اجتماعات شعبية، يلتقي فيها افراد الشعب للتداول في حقوقهم ومصالحهم، وهذه يكفلها الدستور .

— political assemblies جمعيات سياسية، ينص عليها الدستور وتقتضيها القوانين، كالجمعية العامة General Assembly وغيرها .

[في بعض الولايات الاميركية] تطلق كلمة assembly على المجلس التشريعي الادنى في الولاية .

— freedom of assembly حرية الاجتماع

— rebellious assembly (راجع باب rebellious)

assembly, unlawful (unlawful assembly)
اجتماع غير مشروع: تجمهر أو احتشاد ثلاثة اشخاص أو أكثر للقيام بفعل لا يبيحه القانون .

assent قبول؛ موافقة

assentient مؤيد (لرأي أو عمل أو سياسة) ؛ قابل أو راض (أبدى رضاه عن أمر أو قبوله بـه)؛ موافق (صراحة أو ضمناً)

assert يصر (على)؛ يقرر؛ يدعي؛ يتمسك أو يصرح (بـ)؛ يؤكد

assertion جزم (بأمر)، تأكيده أو التصريح به

assertory covenant اتفاق أو ميثاق يؤكد قيام حالة أو وقائع معينة؛ تعهد توكيدي (كتابي) موقع عليه ومختوم حسب الاصول .

assertory oath (راجع باب oath)

assess يقدر؛ يثمن؛ يقيم أو يقوم؛ يربط (ضريبة معينة على شيء) . يفرض على شخص أو ممتلك دفع مقدار من المال؛ يقدر الفئة النسبية التي يجب اداؤها من الضرائب. يجبي (رسوماً أو ضرائب)

assessable خاضع للضريبة؛ تسري عليه الضريبة

assessed مفروض؛ مقدر؛ مخمن

assessed valuation تقدير تفصيلي: تقدير الضرائب على المال العقاري باعتبار وحداته وربطها على قيمة كل جزئية من جزئياته بمفردها .

assessment وزيعة أو ضريبة مربوطة

تقدير؛ تقويم؛ تعيين؛ تحديد؛ تثمين ؛ تخمين؛ ربط (ضريبة على مال أو ملك أو ايراد) .

[في الاملاك] جرد الاملاك في قائمة وتقدير قيمة كل منها وما يلحقه من الضريبة .

توزيع مجموع الضريبة المراد جبايتها توزيعاً نسبياً على الاملاك والايرادات الخاضعة لها .

فرض الضريبة لغرض عارض خاص

[في الشركات] اقساط تطالب بها الشركة مساهميها بين حين وآخر لتغطية جزء مما اكتتبوا به من أسهم أو حصص .

[في الاضرار] تحديد التعويض الذي يصيبه المدعي الشخصي.

[مواد التأمين] قسط تأمين

assessment company [التأمين على الحياة] شركة تأمين تعاوني، يقتضي نظامها عند موت احد افرادها ، أن تفرض على الباقين اقساط خاصة لتغطية الخسارة (أي لدفع مبلغ التأمين الواجب للمستحقين حسب عقد التأمين) .

assessment district [جباية الضرائب] منطقة خاضعة للضريبة ، يفرض عليها القانون فئات نسبية خاصة من الضرائب . منطقة مكلفة باداء ضريبة معينة .

assessment fund صافي رصيد أقساط مستوفاة : ما يتبقى من الاقساط العائدة بعد استنزال المصاريف أو عوائد المستحقين .

assessment roll قائمة الضريبة: كشف الاملاك المربوطة عليها الضريبة أو الاشخاص المكلفين باداء ضريبة معينة.

assessment work [في التعدين] الاعمال أو التحسينات أو المبالغ التي يفرض على صاحب الامتياز توفيرها أو بذلها خلال فترات مقررة لضمان بقاء الامتياز في يده .

assessor خبير؛ مستشار أو قاض مساعد يجلس مع القضاة لابداء الرأي .

خبير ضرائب؛ خبير تقدير أو تخمين؛ مخمن؛ مثمن

assets اصول؛ موجودات؛ مقومات؛ اموال؛ ممتلكات

[في الافلاس] أموال المفلس أو موجوداته

[مواد حسبية] أموال تركة المتوفى

— capital assets اصول رأسمالية (راجع باب capital)

— equitable assets أموال وفاء: أموال تستوفى منها ديون التركة .

— fixed assets اصول ثابتة: أموال لازمة لاستمرار العمل أو الانتاج وضمان عدم توقفه .

— floating assets اصول متداولة: تخصص للانفاق على المعاملات الجارية أو على الانتاج لتعود بربح أكبر .

— intangible assets اصول غير ملموسة: الاصول التي لا قيمة لها في حد ذاتها والتي ينحصر اعتبارها واثرها فيما تمثله وتضمن أيلولته من حقوق واموال، كالاسهم مثلا والصكوك والسندات على أنواعها وما اليها .

— liquid assets اصول سائلة؛ اصول استهلاك وتجديد: المبالغ الحاضرة التي تستهلك آنياً، أو أولا باول على الاعمال اللازمة والمشاريع وما الى ذلك .

— personal assets أموال المفلس (أو المتوفى) الشخصية: منقولاته أو امتعته الخاصة.

— quick assets أصول أو أموال اساسية: تثمر (أو تستغل) في أعمال المؤسسة بصورة مستمرة، كالآلات والاموال العقارية وما اليها .

— real assets أصول أو أموال عقارية أو عينية

— realisable assets أصول قابلة للتحويل الى نقد . أموال ممكنة الاستيفاء

— tangible assets أصول حقيقية أو ملموسة؛ أموال شخصية أو عينية: كل ما كان في حد ذاته ذا قيمة معتبرة (ذات بال) .

assets by descent أصول بحكم الميراث: أموال عقارية تؤول الى وارث آلت اليه ديون سلفه ولا يجوز للديون في هذه الحال أن تتجاوز قيمة الميراث .

assets *entre mains* أموال التركة الموجودة تحت يد المنفذين التي يستطاع إرصادها لوفاء الديون .

assets *in futuro*, judgment of
(راجع judgment of assets *in futuro*)

asseveration إقرار مغلظ: يستند الى الضمير، خلافاً للقسم (العادي) الذي يستند الى الله تعالى أو أحد الكتب المقدسة.

assign يحول أو ينقل – الى الغير (مالا أو حقاً أياً كان)، يتصرف فيه، يتفرغ، يتنازل أو ينزل عنه .

[كاسم] متنازل له؛ مقام على حق مقام صاحبه؛ محال اليه

[في الاجراءات] يبين؛ يوضح؛ يفصل؛ يشير الى شيء أو يبسطه تفصيلا . من معانيها الاخرى: يعين؛ يقرر؛ يحدد، يخصص

assignable قابل للتحويل أو النقل (عقداً كان أم حقاً) من شخص يملك تحويله أو نقله الى الغير .

assignation [قانون فرنسي] مذكرة حضور

[قانون اسكتلندي] حوالة حق؛ تصرف فيه أو تفرغ عنه للغير بموجب سند قانوني . تقابلها كلمة assignment في القانون الانكليزي .

assignation house دار تلاق: دار فجور، تسخر لاغراض الفسق .

assignatus utitur jure auctoris المحال اليه مكسو بحق الاصيل .

assignee محال اليه: الشخص الذي صار التنازل أو التفرغ عن الحق اليه ولمصلحته .

assignee for the benefit of creditors
حارس قضائي تعينه المحكمة بموجب قانون الافلاس والاعسار لتسلم اموال المفلس أو المعسر وادارتها لمصلحة الدائنين .

assignment [قانون انكليزي] حوالة المال أو الحق؛ تحويله، نقله، التصرف فيه، الفراغ أو التنازل عنه للغير بموجب سند قانوني. من ذلك أن يحرر شخصان (أ) و(ب) مثلا، بينهما سندا يتعهد بموجبه (أ) أن يدفع لـ (ب) خمسين جنيها أو يؤدي له عملا معيناً . فاذا سمحت طبيعة التعاقد لـ(ب) أن يتفق مع آخر (ج) على أن يتلقى (ج) هذا المبلغ أو العمل بدلا منه (من ب) كان عمل (ب) assignment نزولا عن حقه أو تنازلا لـ (ج)، واصبح (ب) بموجب السند محيلا أو متنازلا assignor، و (ج) محالا اليه أو متنازلا له assignee .

— foreign assignment تحويل أجنبي: يحصل في بلاد أجنبية .

— general assignment تحويل أو تصرف عام: يستفيد منه كافة دائني المتصرف .

— new assignment (راجع باب new)

— voluntary assignment تصرف، تنازل أو نزول ارادي كتصرف المدين لدائنيه أو تفرغه لهم بمحض رغبته .

assignment of account [مواد الافلاس] التحويل الذي يخول الحارس القضائي (المحول اليه) أن يرصد ما يتحصل من اموال التفليسة لوفاء الديون .

assignment of contract احالة العقد . لا تحال الالتزامات في العقود حسب القواعد العامة الا بموافقة المحال اليه من اطراف العقد .

assignment of dower تحديد أو تقرير حصة الارملة في ارث زوجها المتوفى.

assignment of error عريضة دفع أو طعن بالغلط في الحكم: تبسط أمام المحكمة الاستئنافية وجوه الغلط الذي ارتكبته محكمة الموضوع .

assignment of lease نزول أو تنازل عن عقد ايجار

assignment *pro tanto* تحويل أو تصرف نسبي؛ يتناول جزءاً معلوماً من مال مستحق بحيث اذا كان لشخص في ذمة آخر دين حال الاداء حالا أو استقبالا واعطى لثالث تحويلا باستيفاء مبلغ أو مقدار معين من ذلك الدين، كان هذا التحويل assignment *pro tanto* تصرفاً نسبياً أو تصرفاً بمقدار (قيمة التحويل) .

assignor محيل؛ متنازل للغير عن مال أو منفعة

assigns محول، متفرغ أو متنازل لهم: القائمون مقام صاحب الحق (بحكم تنازله لهم) أو المقامون من قبله. النائبون أو المنابون في الشيء عن صاحبه وبحكم انابته لهم .

assisa [**قانون انكليزي وقانون اسكتلندي قديم**] لهذا التعبير معان شتى تختلف باختلاف النصوص الملابسة واغراضها ، منها : محكمة جنايات ؛ هيئة تحقيق جنائي ؛ جلسة محكمة ؛ قانون ، تشريع ؛ ضريبة ، خراج ، جزية ؛ غرامة ؛ دعوى عقارية ؛ أمر محكمة

assisa cadera دعوى ساقطة أو مشطوبة

assise or **assize** محكمة قديمة ملغاة ، كانت تتشكل عادة من اثني عشر رجلا يجلسون معاً للفصل فيما يعرض عليهم من الدعاوى . ولم يختلف هؤلاء عن المحلفين العاديين الا في انهم كانوا يقررون النزاع على أساس تحرياتهم ومعلوماتهم الخاصة لا على اساس ما يقدم اليهم من البينات . سميت assise نسبة الى *assideo* ومعناها الجلوس المشترك في مجلس واحد .

تطلق الكلمة ذاتها أيضاً على القرارات والاحكام الصادرة عن المحلفين .

من معانيها القديمة الاخرى : قانون أو مرسوم أو قرار . وقد احتفظت بالمعاني المذكورة حتى عهد الملك هنري الثالث سنة ١٢١٦ . واستعملها Glanville (كبير قضاة الملك هنري الثاني) للدلالة على دعاوى تقرير الحيازة العقارية .

[**قانون انكليزي حديث**] محكمة جنايات

الزمان أو المكان الذي ينتدب فيه قضاة الجنايات من قبل التاج للتوجه الى مختلف انحاء المملكة والفصل في المنازعات الماثلة للمحاكمة بمساعدة هيئات المحلفين المحلية .

دورة عادية تعقدها محاكم الـ *nisi prius* (المشكلة بهيئة محلفين عادية وقاض واحد) .

assiser [**قانون اسكتلندي**] مثمن ؛ خبير تخمين أو تقدير

assist يعاون ؛ يساعد ؛ يساند ؛ يسعف ، يعضد ، يؤازر ، يشترك في فعل بصفة تبعية وبمحض ارادته .

assistant معاون ؛ مساعد ؛ نائب ؛ وكيل

assistant judge قاض مساعد

assize [**اجراءات اسكتلندية**] هيئة محلفين مؤلفة من خمسة عشر محلفاً يعود اليها تقرير ادانة المتهم أو براءته ، وتعرف غالباً باسم jury .

[**اجراءات انكليزية**] تشكل الـ assize courts من مستشاري المحكمة العليا . وهي محاكم دورية تعقد في مختلف الاقاليم بين حين وآخر (راجع assizes) .

— grand assize نوع ملغى من الاجراءات القديمة أمام المحلفين ، شاع أولا في عهد الملك هنري الثاني ، وكان المدعى عليه يخير بموجبه بين نوعين من المحاكمات ، أحدهما المحاكمة by battle (بالمصارعة) وفيها يكون الحكم للغالب (من الخصمين) والثاني المحاكمة أمام الاقران peers ، أقران الخصم أو الاتباع الاقطاعيين (المساوين له) .

Assize of Clarendon قانون كلارندن : قانون جنائي صدر سنة ١١٦٦ في عهد الملك هنري الثاني للتخفيف من صرامة الاجراءات ضد المجرمين ، ونص فيه على السماح للمتهمين بجرائم خطيرة ، الذين لم يعد أمامهم سوى النفي من البلاد نظراً لعجزهم عن تطهير انفسهم (أي تبرئتها حسب الاصول المرعية) بأن يبقوا في البلاد أربعين يوماً اضافية ليدبروا أمورهم الخاصة ويفتشوا عمن يمدهم بما يحتاجون اليه من المال لتدبير قوتهم في المنفى .

assize of mort d'ancestor دعوى عقارية يقيمها ذو الشأن للحصول على أرض ورثها من سلف له واغتصبها منه ثالث على أثر موت المورث .

Assize of Northampton
(راجع Northampton, Assise of)

assize of novel disseisin دعوى عقارية ترفع لاسترداد حيازة عقارية فقدت منذ عهد قريب .

assize rents ايجارات محددة ومؤكدة

assizes [**نظام القضاء الانكليزي**] محاكم دورية تابعة للمحكمة العليا ، يعقدها المستشارون المنتدبون من هذه المحكمة في مختلف بلدان انكلترا وويلز مرتين في السنة للنظر والفصل في القضايا والمسائل الجنائية والمدنية الداخلة في نطاق الواقع matters of fact ، باشتراك هيئات المحلفين المحلية . وهي تعتبر جزءاً من المحكمة العليا حيثما توجهت ، وتمارس في الاقليم الذي تنتقل اليه السلطة ذاتها والولاية التي تمارسها المحكمة العليا اثناء انعقادها في لندن .

Assizes de Jérusalem قوانين القدس : مدونة قانونية تشمل مجموعة من القوانين والعادات الاقطاعية الفرنسية وضعتها هيئة قوامها عدد من البارونات واللوردات عام ١٠٩٩ ميلادية على أثر افتتاح مدينة القدس بفلسطين .

associate يرافق ؛ يصاحب ؛ يجالس ؛ يتصل بشخص أو جماعة (لضلالة أو سوء)

[**كاسم**] مساعد ؛ معاون ؛ شريك أو مشترك (لخير أو شر) . ضابط قضائي كان يعين سابقاً في كل محكمة من محاكم القانون العام ، من قبل رئيس المحكمة المختصة ويحتفظ بمنصبه ما حسن سلوكه . من مهامه الاشراف على ادراج الدعاوى في جداولها الخاصة وحضور جلسات الـ *nisi prius* المنعقدة

شخص شخصاً آخر لانجاز عمل معين دون أن يتفق معه على أجر معلوم، فكأنه في نظر القانون، قد اعطاه وعداً ضمنياً بمكافأته على قدر ما يستحق، أي بأن يقدر له الاجرة على اساس كمية العمل أو جودته. فاذا اختلف الطرفان في التقدير أمكن رفع الدعوى المذكورة ولا بد للمدعي في هذه الحال من أن يثبت للمحكمة أن الجهد الذي صرفه في العمل المنجز يستحق المبلغ الذي امتنع المدعى عليه عن ادائه.

assumption of risk تحمل مسؤولية أو اضطلاع بها

assurance تأمين أو ضمان. يغلب استعمال هذه الكلمة للتأمين على الحياة بينما تستعمل insurance للتأمين على الاموال بوجه عام.

[**تصرفات عقارية**] حجة ملكية أو تملك، سند تفرغ عقاري. بينة مكتوبة تتأكد بها الملكية العقارية وينتفي معها الشك whereby every person's estate is assured to him ويثبت بها لكل شخص ما يملك، يعرف هذا السند في انكلترا باسم common assurance.

assure يؤمن؛ يضمن؛ يؤكد

assured مؤمن؛ مضمون

assurer مؤمن؛ ضامن

assythement [**قانون اسكتلندي**] بدل نفس، تعويض (كالدية) يتقاضاه أقارب القتيل من قاتل لم يعاقبه القانون.

astipulation اتفاق متبادل بين فريقين أو أكثر. قبول أو رضى مشترك. من معانيها أيضاً: شاهد؛ سجل

astitrarius haeres وارث قانوني حل في ملك مورثه أو حصل له التفرغ عن هذا الملك اثناء حياة المورث.

astitution جلب سجين (متهم) أو احضاره امام المحكمة للاجابة على تهمة موجهة اليه.

astrarius [**قانون انكليزي قديم**] رب أسرة. من حاز منزلا حيازة فعلية. منزلي؛ عائد للمنزل

astrarius haeres اسكان المورث لوارثه القانوني وعائلته في منزل له اثناء حياته، بسبيل التفرغ لهذا الوارث عن المنزل المذكور.

astrict يقيد؛ يلزم أدبياً أو قانوناً

asylum ملجأ. دار أو محل لحجز الجانحين الاحداث أو المجانين وغيرهم ممن تكون حريتهم خطراً على المجتمع أو مصدر مضايقة له.

بهيئة محلفين وقاض واحد. ولم يكد يختلف الـ associates، من حيث المهام، عن موظفي المحكمة العليا المعروفين حالياً باسم Masters of the Supreme Court.

associate justices قضاة معاونون

associate members اعضاء منضمون أو منتسبون

association اتحاد؛ شركة؛ نقابة؛ اجتماع؛ جمعية

— deed of association عقد أو وثيقة تأسيس شركة

association, memorandum of
(راجع articles of association)

associé en nom شريك أو محاص محدود المسؤولية: لا يسأل عن الخسارة الا بمقدار ما حاص أو ساهم به من رأس المال.

assoil, absoile, assoile, assoilyie يبرىء؛ يخلي؛ يطلق؛ يكفر عن جرم؛ ينقذ من طرد أو حرمان كنسي.

assoilzie [**قانون اسكتلندي**] يبرىء متهماً مما اسند اليه

assume يقدر (حصول شيء)؛ يعتبر، يتصور؛ يتهيأ له يتقبل؛ يتلقى (مسؤولية)؛ يأخذ على عاتقه عاقبة أمر يتخذ أو ينتحل (اسماً أو مظهراً أو وضعاً ليس له)؛ يتظاهر بغير الحقيقة أو الواقع

— assumed name اسم مستعار أو منتحل

assumpsit تعهد؛ التزام؛ وعد بسيط
وعد أو تعهد يأخذ بموجبه شخص على عاتقه أن يدفع مبلغاً من المال أو ينجز عملا معيناً لشخص آخر. وهو اما يكون تحريرياً أو شفوياً لكنه ليس موثقاً أو مصدقاً رسمياً.

[**في الاجراءات**] دعوى ترفع للمطالبة بأضرار ناجمة عن عدم انجاز اتفاق أو عقد بسيط (شفوي أو غير رسمي) أو للمطالبة بنقود أو اشياء اخذت وكان ينبغي من قبيل الانصاف أو الضمير أن ترد.

— general *assumpsit* دعوى مطالبة بانجاز وعد أو اتفاق، ينص عليه القانون (في بعض الاحوال) نصاً ضمنياً أو يعتبره التزاماً أدبياً يقتضي صاحبه أن يؤدي ما يترتب عليه من قبيل الاستجابة لوحي الضمير الحي.

***assumpsit* for money had and received**
دعوى مطالبة بمبلغ من المال اخذه المدعى عليه وحق عليه من قبيل الانصاف أن يرده الى المدعي.

assumpsit* on *quantum meruit دعوى المطالبة بالاجر العدل أو تقدير الاجرة بنسبة العمل. اذا استخدم

asylum, right of حق لجوء؛ يشمل :

١ – حق سفن الدول المحاربة عند الخطر في التمسك باللجوء الى موانىء الدول المحايدة .

٢ – رفض تسليم الاجنبي اللاجىء الى مكان يتمتع بحصانة دبلماسية .

at a discount مع الحسم بأقل من القيمة الاسمية؛ بأقل من سعر الاصدار

at a premium بأقل من سعر المساواة

at any time prior في موعد أو تاريخ لا يتجاوز (تاريخاً معيناً...) .

at bar (قضية أو مسألة) منظورة أمام المحكمة؛ قيد نظرها

at issue محل نزاع؛ محور، مثار أو موضوع خلاف؛ قيد بحث

at large بوجه عام؛ دون حصر أو تحديد؛ تفصيلا؛ بالتفصيل . لا يخضع لقاعدة معلومة . محل جدال أو نقاش أو نزاع . غير محظور ، طليق؛ مطلق السبيل؛ غير مقيد . اذا وصف بها حيوان شرس أو مفترس افادت كونه فالتاً الى حد يمكنه من ايذاء الناس .

واف؛ مفصل، بالتفصيل ، نحو : The question has been dealt with at large بحثت المسألة بالتفصيل أو بحثاً مستفيضاً .

at law قانوناً؛ بموجب القانون، فيه، باعتباره، وفقاً لاحكامه أو على اساسها. يقابل هذا ما كان in equity وفقاً لاحكام العدالة المطلقة، بمقتضاها أو على اساسها .

at or off the port (وصول السفينة) في الميناء أو أمامها

at par بسعر المساواة

at sea عرض البحر؛ خارج نطاق الميناء وبعيداً عن السواحل .

at the courthouse door على باب المحكمة أو باب مقر المحكمة : وهو مكان إلصاق الاعلانات القضائية.

at time cause of action accrues حينما ينشأ، أو حالما يتوافر سبب الدعوى .

atavus الجد الرابع على عمود السلف الاتي وما قبله :

pater		أب
avus	(جد اول)	جد
proavus	(جد ثان)	أبو الجد
abavus	(جد ثالث)	جد الجد
atavus	(جد رابع)	أبو جد الجد
tritavus	(جد خامس)	جد جد الجد
tritavi-pater	(جد سادس)	أبو جد جد الجد
proavi-atavus	(جد سابع)	جد جد جد الجد

atha or **athe** [قانون سكسوني] يمين؛ سلطة تحليف اليمين .

atheism جحود بالله؛ عدم الايمان بوجوده .

atheist جاحد لوجود الله؛ من لا يؤمن بوجوده .

atia بغضاء؛ كراهية؛ سوء طوية أو قصد .

Atilian law (راجع *Lex Atilia*)

Atinian law (راجع *Lex Atinia*)

atone كلمة غير قانونية من معانيها : يكفر (عن اثم)؛ يجبر أو يعوض خسارة؛ يؤدي كفارة فعل

atrocious assault and battery اعتداء شنيع وضرب: يسبب للمعتدى عليه فقدان عضو أو تعطيله أو اتلاف حاسة من حواسه أو تشويهاً في جسمه أو جروحاً بالغة .

atrocity وحشية؛ غلظة متناهية؛ بشاعة؛ فظاعة

ats (ad sectam) بشكوى؛ بدعوى؛ أو بطلب (ذي الشأن)

attach يصل؛ يربط؛ يلحق (بـ)؛ يرتب

يقيم (وزناً لشأن)، يعقد أو يعلق أملا عليه

يحجز (شخصاً) بموجب أمر قضائي

يوقع حجزاً على مال مهما كان نوعه لوضعه تحت سلطة المحكمة وتصرف القضاء .

attaché ملحق (بسفارة أو بعثة دبلوماسية)

— naval - *attaché*	ملحق بحري
— commercial - *attaché*	ملحق تجاري
— cultural - *attaché*	ملحق ثقافي
— air - *attaché*	ملحق جوي
— press - *attaché*	ملحق صحفي
— military - *attaché*	ملحق عسكري

attachment حجز (على شخص أو مال بموجب أمر قضائي).ويحجز الشخص عادة لضمان حضوره أمام المحكمة، كما يوقع الحجز على المال أحياناً لقهر صاحبه على الخضوع لولاية المحكمة، والحضور أمامها .

التحقيق الى الـ grand assise (وهي هيئة محلفين تحقيقية قوامها ٢٤ محلفاً) فاذا تيقنت هـــذه الهيئة، بعد التحقيق، صحة التهمة وقررت أن هيئة المحلفين كانت كاذبة في القرار الصادر عنها في القضية المعنية حكم على جميع أعضاء الهيئة العادية (الاثنى عشر) بأنهم attaint (ملوثون) وجردوا من املاكهم ومنقولاتهم وغلات اراضيهم وارزاقهم وسجنوا وشردت زوجاتهم وأولادهم وهدمت بيوتهم، ورد لمن صدر فيه القرار الكاذب اعتباره وماله المفقود نتيجة هذا القرار .

attempt يحاول؛ يشرع

[كاسم] شروع أو محاولة؛ الخروج بالفعل من طور التفكير الى طور التنفيذ دون بلوغ الغاية .

[مواد جنائية] شروع في الجريمة؛ الاخذ في ارتكابها ثم قيام مانع دون تحقيقها لا يد للفاعل فيه. ولا بد للشروع من الاركان التالية: (١) أن يكون خطوة عملية خاصة نحو اتيان فعل معاقب عليه (٢) أن يتفق وما يستلزمه تنفيذ الفعل (٣) أن يدنو بصاحبه دنواً خطراً من النجاح في تنفيذ الفعل (٤) أن لا ينجح في تحقيق الغاية .
ولا يعتبر مجرد التهيؤ لارتكاب الجريمة من الشروع المعاقب عليه اذا لم يرافقه فعل بين يخطو بصاحبه خطوة عملية نحو تحقيقه .

attempted suicide شروع في انتحار . في الولايات المتحدة من يعتبر هذا الفعل جنحة وفيها من يعتبره جناية، اما تطبيق القانون على الجاني حين يفشل في قتل نفسه فنادر جداً .

attendant يرافق؛ يتصل (بـ)؛ يقوم على خدمة الغير . مرافق؛ خادم؛ تبيع؛ يدين للغير بواجب أو خدمة أو يعتمد عليه .

attendant terms [قانون انكليزي] شروط ملازمة لا تعدو كونها رهونات عقارية تعقد على الميراث وتلازمه عدداً من السنين قصد دعمه وحماية حق صاحبه .

attentat يحاول؛ يشرع

[قانون كنسي ومدني] محاولة أو بدعة خاطئة يأتيها قاضي الدعوى (في مرحلة البداية) .

attention اعتبار؛ اهتمام؛ نظر، التفات

attenuate يخفف؛ يلطف من حدة شيء أو صرامته أو اثره؛ يلين؛ يضعف

atterminare [قانون انكليزي قديم] يؤجل الى تاريخ أو موعد آخر؛ يرجىء الوفاء بدين أو التزام .

atterming [قانون انكليزي قديم] تأجيل؛ اعطاء مهلة للوفاء بدين أو القيام بعمل .

— domestic attachment حجز داخلي؛ يصدر ضد شخص مقيم في البلاد .

— foreign attachment حجز خارجي؛ يصدر ضد شخص غائب أو مقيم خارج البلاد .

attachiamenta bonorum الحجز على منقولات المدين

attachment, foreign الحجز على اموال الاجنبي: حجز ما يوجد من أموال الاجنبي المدين في سبيل الوفاء بما عليه.

attachment of debts حجز الديون. للدائن أن يستصدر حكماً يمتد الى دين المدين على الغير . وفي هذه الحال يستطيع الدائن أن ينفذ على ما للمدين من ديون لدى الغير ليستوفي ماله على المدين المذكور .

attachment of privilege [قانون انكليزي] حجز ميزة أو امتياز؛ يمارسه من تمتع بمكانة خاصة تخوله الحق في أن يستدعي خصمه ليقاضيه في المحكمة التي يتبعهـــا (الداعي) . ويطلق الاصطلاح ذاته أيضاً على الامر الصادر بالقبض على شخص يتمتع بامتياز خاص أو منزلة خاصة .

attachment on persons الحجز أو القبض على الاشخاص: وهو ما يكون بأمر صادر من محكمة مختصة يكلف الـ sheriff (عامل الملك) جلب شخص معين الى المحكمة.

attachment on property الحجز على المال: ضماناً للوفاء بمبلغ محكوم به حال الاداء .

attain يبلغ؛ يدرك؛ ينال؛ يحصل على

attainder فقدان الاهلية والحقوق المدنية. الاثار التي كانت تستتبع الحكم بالاعدام على شخص أدين بجناية أو خيانة: وهي فقدان الاهلية والحقوق المدنية والتجريد من كافة الاموال (الثابتة والمنقولة) واعتبار المحكوم «فاسد الدم» corrupt blood .

— bill of attainder [قديماً] قانون التجريم؛ قانون برلماني يقضي بتجريم شخص معين وادانته دون سابق محاكمة أو اجراءات قضائية . اذا صدر في حق أي شخص ترتب عليه اعدامه وتجريده من كافة الحقوق واعتباره «فاسد الدم». وقد اشتد خطر هذا القانون في عهد ملوك سلالتي Tudor و Stuart عندما كان يسخر للتخلص من الاعداء السياسيين باعدامهم على النحو المذكور . ولم يكف البرلمان الانكليزي عن اصداره حتى اواخر القرن الثامن عشر .

attaint موصوم؛ ملوث؛ ملطخ

[اجراءات انكليزية قديمة] أمر قضائي كان يصدر للتحقيق في تهم الكذب الموجهة ضد هيئات المحلفين العادية ويسند مهمة

attermoiement [قانون كنسي] مصالحة؛ ترضية؛ تسوية ودية

attest يشهد، يصدق (على)؛ يقرر؛ يؤكد (صحة شيء او حصوله أو مطابقته لامر معين) بالتوقيع عليه اشعاراً بذلك.

attestation تصديق؛ إشهاد؛ شهادة على انشاء شيء وصحته بالتوقيع عليه (اذا كان محرراً) بناء على طلب منشئه.

attestation clause نص التصديق على المحرر أو الشهادة على صحته: الفقرة أو العبارة التي يضمنها الشاهد فحوى شهادته بصحة المستند وحصول تنظيمه بحضوره.

attested copy نسخة مصدقة: فحصت وقورنت بالاصل وثبتت صحتها ومطابقتها له، ثم اشير عليها بتوقيع الفاحص.

attesting witness شاهد مصدق: يوقع على المستند من قبيل الشهادة بصحته.

attorn يحول (للغير) نقداً او بضاعة؛ يخصص شيئاً لعمل ما او يقفه عليه.

يعترف بمالك جديد آل اليه العقار (المؤجر)، ويعد بدفع المستحق من الاجرة اليه (اذا كان مستأجراً عنده).

attornare rem يرصد شيئاً لعمل أو ناحية معينة

attornatus وكيل؛ نائب

attornatus fere in omnibus personam domini representat يقوم الوكيل مقام شخص موكله في كل امر تقريباً.

attorney وكيل: من عين ليقوم مقام غيره وتكون له سلطة العمل والتصرف نيابة عنه وباسمه ولحسابه.

تقوم هذه الكلمة أحياناً مقام lawyer (محام) وتستعمل كمرادف لها.

— letter of attorney or — power of attorney
سند توكيل أو وكالة

— warrant of attorney (راجع باب warrant)

attorney at large محام او وكيل (دعاوى) مقبول امام كافة المحاكم.

attorney at law محام؛ وكيل قانوني: يعطى سلطة القيام بالاعمال والاجراءات اللازمة لرفع الدعوى ومتابعتها والدفاع عنها واتخاذ التدابير التحفظية الى أن يصدر الحكم في موضوعها في درجة التقاضي التي وكل فيها واعلان هذا الحكم.

[قانون انكليزي] موظف قانوني عمومي تابع لمحاكم القانون العام الكبرى في وستمنستر، يتولى الدفاع عن موكليه امام تلك المحاكم. يقابله الـ solicitor امام دائرة الـ chancery (العدالة المطلقة) والـ proctor امام المحاكم البحرية والكنسية ومحاكم المواد الحسبية.

[قانون اميركي] محام (سواء أكان barrister أم solicitor) او مستشار. على ان لقب attorney في بعض الولايات المتحدة وأمام محكمة الولايات المتحدة العليا U.S. Supreme Court يطلق على المحامي المبتدىء، بينما يطلق لقب counsellor على من كان قديم العهد بالمحاماة وله في مضمارها مكان محترم.

attorney in fact وكيل عادي: من وكل عن غيره وكالة خاصة لينوب عنه في اداء شيء او القيام بعمل معين. ويقام هذا الوكيل بموجب سند توكيل يسمى letter of attorney او power of attorney.

attorney fees اتعاب محاماة

attorney general نائب عام؛ رئيس نيابات

[قانون اميركي] وزير العدل أو رئيس دائرة العدل head of the department of justice؛ يعينه رئيس الولايات المتحدة ويكون عضواً في الوزارة الاميركية. من مهامه الفنية تمثيل الحكومة فيما يعنيها من القضايا امام المحكمة العليا وابداء الرأي فيما يستفتيه فيه رئيس الولايات المتحدة أو رؤساء الدوائر (الوزراء).

attoney general's bill ورقة اتهام تقدم باذن المحكمة مباشرة الى هيئة المحلفين التحقيقية grand jury دون أية اجراءات تمهيدية اخرى.

attorney's lien امتياز او حق اختصاص الوكيل (وكيل الخصومة او المحامي) وهو ما يعود لهذا الوكيل من حق الاحتفاظ بمال موكله حتى يستوفي كامل أتعابه.

attorneyship وكالة؛ توكيل

attornment انتقال؛ اعتراف الحائز العقاري أو المستأجر بحق من انتقلت اليه ملكية العقار محل الحيازة أو الاجارة: أي اقراره بحلول المالك الجديد محل المالك القديم في العلاقة الايجارية.

attractive agencies doctrine or **attractive nuisance doctrine** مبدأ الوسائل او المؤذيات المغرية: وهو مبدأ ثابت يفرض على كل من احتفظ في محله بآلة خطرة او حيوان شرس او اي شيء آخر يحتمل ان يصيب الاطفال بسوء او ان يكون خطراً على سلامتهم نظراً لعدم تقديرهم لما قد يصدر عنه من الاذى وتعرضهم لاغراء الاقتراب منه والوصول اليه، ان يبذل جهد المجد في التحوط لحماية اولئك الاطفال من الاغراء المذكور.

attribute يعزو؛ يسند؛ يلصق (فعلا او تصرفاً بشخص)، يرميه به .

auction مزايدة؛ مزاد علني

— **Dutch auction** مزاد هولاندي: ضرب من بيع المزاد، يحصل بالمناداة على الشيء المطروح للبيع بسعر اساسي يتجاوز قيمته ثم النزول بهذا السعر تدريجياً حتى يتوافر من يقبل الشراء بالسعر المنادى عليه .

auctionariae قائمة سلع او بضائع يراد طرحها في المزاد

***auctionarius,* auctioneer** منادي المزاد: ويكون احياناً محضراً تابعاً لمحكمة الاجراء .

auctoritas [قانون روماني] تفويض الولي؛ الاهلية القانونية التي يكمل بموجبها المربي اهلية مكفوله القانونية .

aucupia verborum sunt judice indigna
لا يجمل بالقاضي (او لا يليق به) ان يتصيد اقوال المتقاضين اي ينبغي عليه ان لا يكون بالمرصاد لهفواتهم.

audi alteram partem عليك بسماع الطرف الآخر: اي يجب ان لا يكتفى بسماع احد طرفي الخصومة دون الآخر، بل ان يفسح مجال الكلام للطرفين على حد سواء .

audience [قانون دولي] جلسة؛ مقابلة؛ تشريفات نحو: أذن له الملك بالمقابلة the king granted him an audience .

audience court محكمة رئيس اساقفة كنتربري. محكمة كنسية يقتصر اختصاصها على المسائل الشكلية فقط، كالتصديق على اختيار الاساقفة وما الى ذلك.

audit يدقق (حساباً)؛ يراجعه؛ يفحصه؛ يحققه رسمياً وهذا قد يشمل احياناً تعديل الحساب adjustment باجازة بعض جزئياته او عدم اجازتها او رفضها اذا لزم الامر .

[كاسم] تدقيق (حسابات)؛ مراجعتها؛ مقابلتها؛ فحصها أو تحقيقها واعتمادها بالمستندات والبينات وما الى ذلك. وقد تقف مهمة التدقيق أو المراجعة عند مجرد اجراء العمليات الحسابية اللازمة، غير أن المفهوم الشائع للكلمة هو تحقيق جزئيات الحساب ومقابلتها وفحص مستنداته وتقرير مدى صحة القيود في السجلات والدفاتر .

audita querela دعوى مراجعة الحكم: الدعوى التي يرفعها المحكوم ضده الى محكمة الموضوع ملتمساً الاعفاء من تبعات الحكم نظراً لما توافر له منذ صدوره من الاسباب الوجيهة المحلة. وقد ترفع هذه الدعوى ايضاً استناداً الى اسباب توافرت قبل صدور الحكم اذا كان المدعى عليه عاجزاً حينئذ عن الاستعانة بها للدفاع عن نفسه .

auditor فاحص (دفاتر) مراجع؛ مدقق؛ مراقب أو محقق (حسابات)

aula [قانون انكليزي قديم] قاعة؛ محكمة؛ قاعة جلسات

aula regis «ردهة الملك» . كذا سميت محكمة الملك بعد الغزو النورماندي وقد اطلق الاسم ذاته أيضاً على محكمة البرلمان العليا High Court of Parliament وعلى مجلس الملك الخاص.

aumone, service in (service in aumone)
التصدق بالاراضي على بيوت العبادة بشرط الصلاة على روح المحسن أو الدعاء له في أوقات معينة .

aunt عمة او خالة

aures عقوبة قطع الاذنين: عقوبة ملغاة فرضها القانون السكسوني قديماً على المتهمين بجرائم السرقة وخصوصاً سرقة الكنائس .

aurum reginae ذهب الملكة: المخصصات التي كانت ترتب لزوجة الملك مدة زواجها به.

Australian ballot اقتراع استرالي: يقتضي طبع اسماء جميع المرشحين على بطاقات التصويت والاختيار منهم حسب قواعد وأنظمة مبينة تضمن سرية الاقتراع .

authentic رسمي؛ صحيح؛ اصلي؛ خال من الغش؛ نقي؛ حقيقي معتمد كبينة؛ مستوف لكافة الشكليات ومصدق قانونا . موثوق به: مؤتمن. له صفة الشيء الاصلي وحجيته

authentic act سند رسمي؛ سند موثق
محرر منظم امام موثق او محرر عقود او موظف رسمي، ومصدق عليه منه .

authentication توثيق او تصديق (المحررات) واعطاؤها الصفة الرسمية لتكون بينة قانونية في حد ذاتها لا تفتقر إلى اثبات .

authenticity وثاقة محرر أو مستند، صدقه، صحته او ثبوت مطابقته للاصول المرعية .

authentics يطلق هذا الاسم على دساتير أو قوانين جستنيان الاساسية الحديثة *novellae constitutiones* المترجمة من اليونانية الى اللاتينية .

author مؤلف . اصل (شيء)، مصدره، اساسه، الباعث عليه، صاحب (جريمة أو فعل) .

authorise (راجع authorize)

authorities مراجع قانونية او تشريعية؛ سابقات قانونية . أحكام أو قرارات قضائية تتناول موضوع البحث؛

automatic آلي؛ يستمد الحركة من ذاته؛ ذاتي الحركة؛ اوتوماتيكي؛ تلقائي

automatic pilot [قواعد الطيران] طيار اوتوماتيكي

automatism [طب شرعي] حالة من حالات تعطل الادراك اذا ألمت بشخص أصبح معها لا يعي ما يفعل ولا ارادة له فيها يصدر عنه من تصرف أو فعل أو سلوك، ولا يعتبر المصاب بهذا الداء مجنوناً لاغراض القانون، بل مريضاً بحجب قوة الادراك وتعطل الارادة أو الذاكرة أو تحجر الاحساس بالعاطفة نحو الاهل والاقارب.

autonomy كفاية ذاتية؛ اكتفاء أو استقلال ذاتي أو مالي: الاستغناء بالموارد الذاتية (الخاصة) عن مساعدة الغير.

autopsy تشريح الجثث: لتحقيق أسباب الموت والتثبت منها.

autoptic proference تقديم المواد الجرمية أو عرضها على المحكمة للمعاينة والاطلاع.

autre droit في سبيل حق الغير؛ بناء عليه؛ تبعاً له؛ على أساسه أو بحكمه: من ذلك أن يتصدى شخص (غير الوصي) للتقاضي نيابة عن صغير لا يملك أهلية التقاضي دفاعاً عن حقه، فيكون تدخل الشخص المذكور *pur autre droit* في سبيل حق الغير.

autre droit, in (راجع باب in)

autre vie «حياة الغير» أو مدة حياته: أي ما دام هذا الغير (واهب الحق) حياً، نحو: usurfructuary *pur autre vie* منتفع مدة حياة الغير (الذي تصرف له في حق الانتفاع).

autrefois acquit معنى الكلمتين «أبرىء سابقاً» ويراد بهما حجة سبق البراءة. تقوم هذه الحجة على المبدأ القائل بانه لا يورد أحد خطر المحاكمة على جرم واحد غير مرة، jeopardy for the same offence أي لا يجوز أن يستهدف الشخص لخطر المحاكمة والحكم عليه على الجرم ذاته أكثر من مرة واحدة بحيث اذا تقررت براءة المتهم بحكم صحيح صادر عن محكمة مختصة فله أن يحتج بهذه البراءة ضد أي اجراء لاحق يهدف الى أخذه بذات الجرم الذي سبقت له البراءة منه.

ولا بد لهذه الحجة من الاركان التالية: (١) صدور حكم سابق ببراءة المتهم من الجرم نفسه؛ (٢) إمكان ادانته بدلا من تبرئته في الجلسة أو الاجراءات السابقة التي حكم فيها ببراءته؛ (٣) اتحاد الجرمين جوهرياً، أي كون الجرم المسند اليه في المرة الثانية مطابقاً من حيث الجوهر للجرم الذي برىء

مؤلفات قانونية معتمدة. مبادىء مأثورة. اية حجج قانونية تصح الاشارة اليها في سبيل دعم الرأي القانوني في المرافعات امام المحاكم. اية سلطات أو جهات (اختصاص).

authority تصريح؛ تفويض؛ تخويل؛ سلطان؛ سلطة او جهة (نحو: جهة الاختصاص او الجهة المسؤولة). حجة

— apparent authority سلطة حكمية؛ تفويض او اذن ظاهر: لم يعط صراحة وفعلا بل كانت ممارسته بعلم المرجع المختص وسكوته وهو كالـ authority by estoppel.

— express authority تفويض او اذن صريح: معطى بموجب نص صريح واضح لا يقبل الشك.

— general authority سلطة عامة؛ تفويض عام يشمل امراً معيناً.

— implied authority سلطة ضمنية؛ تفويض ضمني

— naked authority سلطة مجردة: تتمحض لمنفعة من صدرت عنه لا من صدرت اليه.

— unlimited authority سلطة مطلقة؛ تفويض غير مقيد

authority by estoppel تصريح، اذن او تفويض ظاهر: يقوم على قاعدة الـ estoppel (الاغلاق او التصرف المانع) فيقدر منحه او يستظهر من مسلك المانح او تصرفه ولا يمكن منعه عمن يمارسه.

authority of the court سلطة المحكمة أو ولايتها الرسمية

authorize (authorise) يخول؛ يأذن؛ يفوض؛ يصرح (بشيء)

authorized capital (authorised) رأسمال معتمد أو مصرح به

auto-da-fé حكم الموت حرقاً (يجمع على *autos-da-fé* احكام الموت حرقاً): وهو من الاحكام التي اشتهرت بها محاكم التفتيش inquisitions في اوروبا، وكانت تصدر على المتهمين بالزندقة.

auto-optic evidence بينة مرئية؛ شيء يعرض على افراد هيئة المحلفين ليكون حجة بينة يرونها باعينهم.

autocracy حكومة ملكية مطلقة: يقوم على رأسها شخص واحد لا يتقيد بدستور أو قانون.

autocrat حاكم مطلق التصرف؛ يحكم كما يشاء

— particular average or — simple average
عوار خاص أو بسيط: خسارة بحرية لا يشترك فيها الجميع بل ينفرد في تحملها من استهدف لها من اصحاب الشحنة.

average bond سند عوار؛ التزام أو تعهد مكتوب يوقعه ذو الشأن ملتزماً فيه أن يدفع نصيباً من التلف العام أو مصاريف الاسعاف أو الصيانة بنسبة ماله من شحنة السفينة.

average charges متوسط التكاليف (أو مصاريف النقل مع الرسوم) : ما يستوفى من اجور النقل والرسوم نظير القيام بنقل مقدار معين من البضاعة مسافة معينة.

average due date متوسط تاريخ الدفع (أو الاستحقاق)

average price سعر متوسط؛ متوسط السعر

average term of credit متوسط مهلة الدفع

averia ماشية

averium بضائع؛ ممتلكات؛ ماشية أو حيوانات تسخر للخدمة.

averment إفادة (شاهد)؛ تقرير بأمر أو ادعاء به

[**قانون انكليزي قديم**] ممتلك؛ مـال؛ حيوانات تسخر لاغراض الزراعة؛ ماشية بوجه عام

— particular averments تقرير، ادعاء أو إفادة بوقائع أو حقائق خاصة.

aversio بيع جزافي؛ البيع (بالشيلة)، بلا كيل أو وزن؛ بيع بالصنبرة (أو الكوم)

aviaticus حفيد

avizandum [**قانون اسكتلندي**] عرض الدعوى على القاضي بصورة خاصة بدلا من رفعها أمام محكمة عامة.

avocation هواية؛ اشغولة: عمل خاص يمارسه الشخص للتسلية اثناء فراغه من عمله العادي الذي يرتزق من ورائه.

avoid يبطل؛ يلغي (من void)
يتفادى؛ يجتنب أو يتجنب؛ يتحاشى

avoidance ابطال؛ الغاء

تفاد؛ اجتناب أو تجنب؛ تحاش

avouch يضمن؛ يكفل؛ يؤكد
(منها يشتق الاسم avouchment)

منه ولا يعتد ضد هذا بأن البينات أو الوقائع التي تستند اليها الاجراءات اللاحقة كانت تكفي لادانة المتهم لو توافرت في الاجراءات السابقة.

***autrefois* attaint** «جرد سابقاً»؛ حجة سبق التجريد اذا سبق لشخص أن ادين بجريمة كبرى وحكم عليه بعقوباتها المنصوص عليها من تجريد وحرمان وغير ذلك، ثم قدم للمحاكمة مرة ثانية على جريمة أخرى كان له بموجب القانون الانكليزي القديم أن يعترض على امكان محاكمته مرة ثانية بحجة انه أدين سابقاً وحكم عليه بالتجريد والحرمان.
وهذه الحجة تعد حالياً باطلة ولا محل لقبولها في المحاكم الاميركية والانكليزية.

***autrefois* convict** «أدين سابقاً»؛ حجة سبق الادانة: وهي تقوم على المبدأ القائل بأنه لا يورد أحد خطر المحاكمة على جرم واحد غير مرة.

auxiliary مساعد؛ مساند؛ تابع؛ احتياطي

auxilium مساعد؛ معين؛ معاضد.

available متيسر، موفور؛ في المتناول؛ مناسب؛ ممكن الاستعمال

avails أرباح؛ عوائد؛ متحصلات؛ منافع؛ ريع

aval [**قانون فرنسي**] كفيل (سند أو صك قابل للتداول)
[**قانون كندي**] امضاء بذيل سند

aver يدلي بإفادة؛ يقرر؛ يصر؛ يجزم؛ يدعي

aver et tener له وفي يده

avera [**قانون انكليزي قديم**] يومية الحراث؛ اجرته أو كراؤه لقاء عمل يوم واحد، وهي ثمانية بنسات.

average متوسط؛ معدل

[**مواد بحرية**] عوار (يجمع على عواريات)؛ مغرم (مغارم)؛ تلف؛ هلكات بحرية مشتركة؛ خسارة الانقاذ (انقاذ السفينة أو شحنتها) وهي تضحية واجبة تحصل في سبيل انقاذ السفينة أو ما عليها وتوزع على جميع اصحاب الشحنة اذا كانت general average وعلى بعضهم اذا كانت particular average.

— general average or — gross average
مغارم أو عواريات كبرى أو عامة: مجموع نفقات المحافظة والصيانة وقيمة التلف وتكاليف التضحيات المبذولة في سبيل اسعاف الشحنة أو انقاذها برمتها من اخطار الملاحة، وهو ما ينبغي توزيعه على اصحاب الشحنة جميعاً كل حسب قيمة ما له فيها.

avoucher [**تصرفات عقارية**] تكليف المستأجر أو المشتري للمالك أن يثبت ملكيته لما أجر أو باع اذا اقتضى الامر، حماية لحق المستأجر أو المشتري المذكور فيما استأجر أو اشترى .

avoué [**قانون فرنسي وكندي**] محام، وكيل

avow [**في المرافعات**] يقر أو يجاهر بفعل شيء مع تسبيب فعله .

avowant [**في المرافعات**] المدعى عليه الذي يقر بما أسند اليه من أخذ مال المدعي أو احتباسه، ثم يعلل سلوكه بأسباب خاصة كتحصيل ايجار له على المدعي المذكور أو حق ماطله به أو تعويض خسارة لحقته منه أو غير ذلك .

avowry [**في المرافعات**] اقرار المدعى عليه بما أخذه أو احتبسه من أموال المدعي وإتيانه بأسباب تبرر فعله وتثبت مشروعيته . زنا

avowterer زان معتاد : اعتاد الفسق بامرأة متزوجة

avowtry [**قانون انكليزي قديم**] فعل الزنا

avulsion انهيار التربة أو انزلاقها المفاجيء من بقعة أو ارض الى أخرى مجاورة بتأثير ما ينهمر عليها من مياه .

avus جد : أبو الاب

await يترصد؛ يتربص؛ ينتظر

award يحكم (لـ)؛ يمنح؛ يعين (شيئاً) أو يقضي به لشخص أو طرف من اطراف النزاع .

[**كاسم**] قرار محكمين . المحرر الذي يتضمن هذا القرار .

aware مطلع (على أمر)؛ محيط (به)؛ على بينة (منه)؛ عالم أو دار به

away-going crop زرع متخلف : تبذر بذوره قبل انتهاء الايجار ولا ينضج الا بعد انتهائه، ويكون للزارع الحق في جمعه .

awl [**مواريث اسلامية**] العول، أو زيادة اسهم أصحاب الفروض .

axiom حقيقة ناصعة، تنطق بصحة نفسها أو مسلم بها؛ أمر ثابت من تلقاء نفسه لا يعوزه اثبات ولا يمارى فيه؛ بديهة .

axiomatical مسلم به؛ له صفة الحقيقة الناصعة أو الامر الثابت من تلقاء نفسه، الغني عن الاثبات؛ بديهي

ayant cause [**في بعض الولايات المتحدة وفرنسا**] متفرغ أو متنازل له؛ الشخص الذي آل اليه المال بوصية أو هبة أو بيع أو مبادلة أو ما الى ذلك من أسباب الايلولة .

B

B.C. bail court (راجع باب bail)

bankruptcy cases قضايا افلاس

Before Christ قبل المسيح

B.E. Baron of the Court عضو في محكمة الخزانة of Exchequer أو دائرة القضاء المالي بالمحكمة العليا Exchequer .

B.F. *bonus factum* عملٌ أو تصرف سليم؛ حسن أو موافق

B.R. *Bancus Regis* مجلس الملك الخاص

B.S. أطلق هذا الاسم على محكمة مجلس الملك الخاص بانكلترا *Bancus Superior* في عهد الديكتاتور كرمويل من سنة ١٦٤٩ – ١٦٦٠ .

baby act [في المرافعة] «فعل صغير» . الاحتجاج بالحداثة لتبرير فعل أو تفادي تبعة تصرف، بحيث اذا ادعي على قاصر مثلا بنقض عهد أو الاخلال بعقد أو تصرف أمكن التمسك بأن ما أسند اليه ليس الا «تصرف صغير» أو «فعل صغير» لا يؤاخذ على ما يفعل .

bachelor حائز شهادة بكلوريوس، مجاز بالبكلوريوس من كلية أو جامعة أو أحد المعاهد العليا .

أعزب: رجل لم يتزوج قط

back [كفعل] يظهر؛ يمضي على ظهر مستند أو محرر أو يؤشر عليه اشعاراً بقبول أو موافقة .

back a warrant يؤشر على أمر (بموافقة وتأييد) اذا قدم أمر صادر في بلد أجنبي الى قاض محلي، ورأى هذا أن يعطيه الصفة التنفيذية محلياً، ظهره he is said to back it أي أشر عليه اشعاراً باعتماده والموافقة عليه .

back pay أجر أو راتب متأخر

back bear; back carry [انظمة الصيد] جرم حمل الصيد المقتول خلافاً للقانون: أي أخذه والفرار به .

back-freight نول رد البضاعة الى مصدرها: اجرة اعادة البضاعة اذا لم تفرغ في الميناء المرسلة اليه .

back lands اراض خلفية، محجوبة عن الطريق العام .

back rent اجرة متأخرة؛ ايجار أو كراء متأخر

back taxes ضرائب متأخرة؛ ضرائب سابقة الاستحقاق لم تسدد .

backberind يراد بالـ backberind thief، في التشريعات القديمة، السارق المتلبس الذي يراه المارة ومعه المسروقات فيهبون في أثره ويستغيثون بالغير للحاق به بصيحة النجدة التقليدية with the hue and cry .

backbond سند تعويض يعطى للضامن أو الكفيل، نظير تطوعه للضمان أو الكفالة .

[قانون اسكتلندي] سند ضد أو حصر، يعطى في سبيل تقييد تصرف سابق أو اضافة شروط تكيف اثاره أو تحصرها . ويحصل تنظيم هذا السند اذا اقتضت طبيعة التصرف أن توضع شروطه وقيوده في سند لاحق غير السند الذي حصل التصرف بموجبه .

backing [شؤون المال] تغطية

backwardation [لغة البورصة] المد للبائع، وهو عملية يقوم بها البائع تكملة لعملية سابقة ولا تعقد الا وقت حلول الاجل وتسمى احياناً backadation .

backwater مياه متخلفة: تعقب أو تتجمع في نقاط معلومة من المجرى اذا تباطأ مسيره لوجود سد أو مانع يعطل انطلاقه .

bad فاشل؛ معيب؛ غير واف أو مستوف لشروط لازمة؛ سيىء أو قبيح، (راجع المصطلحات التالية) .

bad behaviour سلوك مخل (يعاقب عليه القانون)

bad debts ديون معدومة؛ ديون هالكة أو غير قابلة للتحصيل؛ ديون تاوية (يقال توي الدين، أي هلك ولا سبيل الى استرداده) .

bad delivery تسليم البضاعة على مستندات غير وافية

bad faith سوء نية أو نية سيئة

bad law قانون عبث: تعوزه المقومات أو الاسباب الوجيهة؛ قانون غير قابل للتنفيذ، لا طائل تحته أو لا فائدة فيه

bad title حق (ملكية) أجوف؛ حجة (تملك) واهية؛ سند لا يثبت أي ملكية كانت أو أي حق ذي قيمة .

badge شارة؛ سمة

badge of fraud أمارة احتيال؛ سمة غش: واقعة أو حقيقة تدعو الى الشك في سلامـة الصفقة التجارية، كالعوض الوهمي مثلا، أو البيانات الكاذبـة فيما يتعلق بالعوض consideration أو غير ذلك مما لا يقبل في المعاملات القانونية الجارية .

badger بائع جواب أو جوال

baggage أمتعة سفر أو مسافر

bail يكفل؛ يضمن؛ يفرج (عن موقوف) أو يخرجه تحت كفالة to bail out ؛ يودع؛ يسلم

[**كاسم**] كفيل؛ ضامن. كفالة أو ضمان (راجع الفرق بين bail و mainprise تالياً) .

[**مواد مدنية**] تعطى الكفالة لضمان اداء دين أو الوفاء بالتزام .

[**مواد جنائية**] تعطى الكفالة لتقيد المتهم وتضمن حضوره للتحقيق أو المحاكمة عند الطلب .

وتختلف كلمة bail عن mainprise في أن الشخص الذي يطلق سراحه بموجبها لا يعد طليقاً بالمعنى الصحيح، بل يعتبره القانون دائماً في كنف الكافل وحفظه وتحت بصره رهينة حتى يطلب منه لمحاكمة أو تحقيق أو غير ذلك؛ وللكافل في هذه الحال اذا داخله شك في نيته (نية المكفول) أن يشير باعتقاله حتى يحين موعد مقاضاته؛ وأما من أخلي سبيله بموجب mainprise فيعتبره القانون حراً طليقاً يذهب حيثما شاء حتى يوم اعلامه بالحضور للمحاكمة أو التحقيق أو غيره .

وترد أحياناً كلمة bail على لسان العامة في الاصطلاحات التالية:

be, become or go bail for يكفل (أحد الناس)

forfeit one's bail ينكل عن الكفالة – يتخلف عن الحضور المقتضى بها .

give leg bail · يهرب أو يركن الى الفرار

gives or offers bail يقدم أو يعطي كفالة

save one's bail يفي بشرط الكفالة أو يحضر (عند الاقتضاء) حسب الكفالة.

[**قانون اسكتلندي**] عقد ايجار أرض

— civil bail كفالة مدنية: تقدم في الدعاوى والمطالبات المدنية .

— common bail كفالة شكلية: يكون فيها الكفلاء أشخاصاً صوريين .

— special bail [**محاكمات مدنية**] كفالة خاصة يتعهد فيهـا الموقعون متضامنين متكافلين أن يقوم المتهم الموقوف رهن المحاكمة، بدفع ما قد يحكم عليه بدفعه أو تقديم نفسه للحبس أو أن يتولوا هم دفع المبلغ المحكوم به، نيابة عن المكفول اذا نكل .

— straw bail كفالة جوفاء؛ كفالة عديمة القيمة: يكون فيها الكفيل شخصاً مأجوراً لا مال له ولا عهـد . سميت كذلك نسبة لاناس محترفين كانوا قديماً يكرون انفسهم لمثل هذه الكفالة ويربط كل منهم بحذائه قشة straw على هيئة خاصة لتكون علامة فارقة تسترعي انتباه الزبائن .

bail à cheptel عقد مشاركة يعهد بموجبه شخص الى آخر بأغنام أو ماشية على أن يتولى هذا ايواءها وعلفها والمحافظة عليها ويقتسم الاثنان أرباحها أو خسائرها الصافية مناصفة فيما بينهما .

bail à ferme; bail à longues années or ***bail emphyteotique*** عقد تأجير أرض أو أراض اجارة طويلة تزيد مدتها على تسع سنين، ويكون للمستأجر بموجبها حق القرار الى ما شاء طالما راعى شروطها وتكاد هذه الاجارة لا تختلف عما يعرف في الفقه الاسلامي بالحكر أو التحكير .

bail à loyer عقد ايجار مبان (دور أو منازل)

bail à rente عقد ايجار ناقل للملكية، يجمع بين صفتي البيع والتأجير، وتنتقل به ملكية المؤجر الى المستأجر بعد أن يبقى فيه مدة معلومة من الزمن (دون أن يخل بشروط الايجار) ويدفع عدداً معلوماً من اقساط الايجار حسب العقد .

bail absolute ضامن أو كفيل مطلق (المسؤولية): لا حد لمسؤوليته عن تبعات تقصير الاصيل؛ بحيث اذا عجز هذا مثلا عن تقديم أية بيانات مقتضاة فيما يتعلق بأموال تسلمها بوصفه مديراً أو قيماً أو وصياً أو غير ذلك، أمكن الرجوع الى الضامن بكافة ما يترتب على ذلك العجز من التبعات .

bail bond سند كفالة: يمضيه المطالب والكافل ويصبح ملغى تلقائياً حالما ينجز الاول ما ترتب عليه بموجبه .

سند كفالة: يمضيه المتهم والكافل ويشترط فيه على الاول أن يحضر للمحاكمة عند الطلب وعلى الثاني أن يضمن حضوره أو يلزم بدفع مبلغ معين من المال جزاء له اذا تخلف المذكور عن الحضور .

— High bailiff محضر مكلف بحضور جلسات المحكمة التابع لها وتبليغ الاوراق للخصوم وتنفيذ أوامر المحكمة.

— Special bailiff نائب sheriff (عامل ملك) يعين بطلب من أحد الخصوم لتبليغ أمر أو القيام بتنفيذ معين.

bailiff at large محضر تابع لمحاكم الاقاليم County Courts ؛ مهمته حضور الجلسات وتبليغ أوراق الدعاوى او التكليف بالحضور والاوامر القضائية على أنواعها والقيام ببعض اجراءات الافلاس، كالبيع وما اليه بوصفه مأمور اجراء.

bailiwick دائرة اختصاص الـ bailiff أو ولايته

bailment وديعة؛ ايداع منقولات لدى الغير أو تسليمها له بموجب عقد صريح أو ضمني ينص على وجوب ردها الى المودع، حال حصول الغاية من الايداع أو التصرف بها حسب رغبته.

والودائع على الانواع التالية:

١ — *depositum* : وديعة تبرعية مجردة؛ تودع بموجبها العروض لمنفعة المودع دون غيره.

٢ — *commodatum* : وديعة استعمال؛ تودع بموجبها العروض لدى الوديع (المودع لديه) ليستعملها هذا بلا عوض.

٣ — *locatio rei* : وديعة عارية، ينتفع بها الوديع نظير اجرة معلومة يؤديها للمودع.

٤ — *vadium* : وديعة رهن

٥ — *locatio operis faciendi* : وديعة تكليف تودع بموجبها الاشياء أو تسلم كي تنقل أو ترقم أو تجرى لها اصلاحات لازمة أو أية خدمات أخرى، وذلك نظير عوض معلوم يؤدى للوديع (المكلف).

٦ — *mandatum* : ايداع البضائع لنقلها أو اتخاذ التدابير اللازمة بشأنها على سبيل التبرع.

وتصنف الودائع bailments من حيث المنفعة كما يلي:

١ — لمنفعة المودع أو من يمثله for the benefit of bailor

٢ — لمنفعة الوديع (المودع لديه) for the benefit of bailee

٣ — لمنفعة الطرفين (أي ودائع معاوضة) for the benefit of both parties.

— actual bailment وديعة فعلية: تقوم على التسليم الفعلي أو الضمني للشيء المودع.

—constructive bailment وديعة حكمية: تنشأ اذا كانت ظروف الحيازة تلزم الحائز بتسليم ما تحت يده لشخص آخر على سبيل الايداع.

— gratuitous bailment وديعة تبرعية (راجع *depositum* في أنواع الودائع)

— involuntary bailment وديعة عرضية: تنشأ عن

bail common ضمان افتراضي؛ كفالة اسمية أو وهمية يكون فيها الكفيل أو الضامن شخصاً وهمياً أو صورياً يراد به ايهام الغير بوجود ضامن ميسور الملاحقة.

bail court [اجراءات انكليزية] محكمة ملغاة تابعة لمجلس الملكة الخاص. اختصت بالنظر والفصل في المسائل المتعلقة بطرق المرافعة والاجراء وكان مقرها Westminster بلندن.

bail in error كفالة طعن بالغلط: كفالة يقدمها المدعى عليه عند المطالبة بوقف تنفيذ حكم صدر ضده ريثما تفصل الجهة المختصة فيما ينوي تقديمه من طعن بالغلط في الحكم المذكور.

bail piece ايداع الكفالة المدنية لدى المحكمة المنظورة أمامها الدعوى بعد توقيعها ممن أنشأها واعتمادها من الموظف الرسمي المسؤول.

bailable جائز الكفالة أو الضمان، قابل أو محل لها؛ يسمح بالكفالة أو يقتضيها

bailee وديع؛ مودع عنده أو لديه: من وضعت عنده العروض أو المنقولات على سبيل الوديعة بموجب عقد بينه وبين المودع.

bailer (راجع bailor)

Bailey محكمة الجنايات المركزية بلندن، وتسمى غالباً Old Bailey. (راجع Central Criminal Court)

bailie [قانون اسكتلندي] موظف عمومي؛ قد يكون: (١) حاكم صلح، يمارس اختصاصاً جزئياً في المسائل المدنية والجنائية لا يكاد يختلف عن اختصاص الـ alderman في القانون الانكليزي، أو (٢) محضراً أو مأمور تنفيذ؛ وذلك حسب الاصول ومستلزمات النص أو السياق.

bailiff اختلف الرأي في أصل هذه الكلمة؛ فاما أن تكون مأخوذة عن الكلمة الفرنسية *baylife* أو اللاتينية *ballivus* أو تكون كلمة سكسونية أصلية انتهت الى لغة القانون الحديثة ببعض معانيها السكسونية القديمة، نحو: «حارس» و «محافظ». وعلى أي حال فقد تعددت وجوه استعمالها الى حد كبير يستطاع تصوره من معانيها المختلفة التالية، وكلها في:

محضر؛ مأمور اجراء؛ مفوض؛ قيم، وصي، محافظ، مشرف، ناظر أو ناظر زراعي، وكيل عقاري؛ نائب أو وكيل عامل ملك Sheriff's deputy ؛ ساعي محكمة؛ حاجب. حارس مكلف، نظير اجر معلوم، بحراسة أموال خاصة وادارتها لمصلحة صاحبها ومسؤول عن تقديم الحساب اللازم عن أعماله.

balance due رصيد مطلوبات؛ رصيد مدين

balance in hand رصيد باليد

balance of estate [**مواريث**] رصيد التركة بعد سداد الديون وتوزيع الانصباء .

balance of payments ميزان الخصوم؛ ميزان الديون والمطلوبات: ميزان حسابي يبين ما يتوافر لدى الدولة بعد الوفاء بما ينبغي عليها دفعه حسب موازنتها السنوية .

balance of power [**قانون دولي**] توازن القوى أو تكافؤها؛ توزيع القوى الدولية والحيلولة دون التكتلات الغالبة بحيث لا تستطيع احدى الدول بمفردها، أو بالتحالف مع غيرها، أن تفرض ارادتها على أية دولة أخرى أو تهدد سيادتها واستقلالها .

balance of trade الميزان التجاري: الفرق بين الصادرات والواردات .

balance order أمر بجمع (أو تحصيل) عوائد أو رصيد مطلوبات .

balance sheet ميزانية كشفية؛ ورقة ميزانية

balances and obligations رصيد له وعليه: ما يعود للشخص وما يطلب منه .

balancing of accounts موازنة الحسابات أو ترصيدها؛ تقديم ميزان المطابقة أو المقابلة بين أصولها وحسومها .

bale بالة؛ رزمة مرصوصة تزن ٥٠٠ رطل (انكليزي) تقريباً .

balius [**مواد مدنية**] مرب؛ قيم، وصي، ولي

balked landing [**قواعد الطيران**] هبوط مخفق أو غير ناجح

ballast صابورة: ثقل يوضع في جوف السفينة ليثقلها عند الحاجة ويحفظ توازنها .

ballastage رسم استخراج الصابورة ballast من قعر الميناء، سواء كانت حجارة أو تربة أو أية مواد أخرى تصلح لتثقيل السفينة عند الحاجة . وهو يستوفى بحكم ملكية القعر .

ballot [**كاسم**] اقتراع سري؛ انتخاب المرشحين بطريقة سرية تضمن عدم معرفة منتخبيهم .

بطاقة اقتراع أو ورقة انتخاب تعرض فيها أسماء المرشحين ليختار منهم الناخب من شاء حسب التعليمات المبينة عليها .

ترك المال من قبل صاحبه (دون قصد أو إهمال) لدى شخص آخر .

— lucrative bailment وديعة بعوض أو فائدة (تعود على الوديع)

bailment for hire وديعة ايجار أو عارية: يعهد بها الى الوديع ليحفظها نظير أجرة معلومة ويردها للمودع عند الطلب وهي لا تختلف عن *locatio rei* (راجع باب bailment) .

bailment lease إجارة استيداع (ناقل للملكية)؛ شراء وديعة الايجار بأقساط الاجرة اذا أراد شخص أن يشتري شيئاً ولم يك قادراً على دفع ثمنه أمكنه أحياناً بسبيل الـ bailment lease أن يستأجره ويستمر في الانتفاع به مدة معلومة، فاذا داوم على حيازته كذلك وأدى العدد المطلوب من اقساط الايجار انتقلت اليه ملكية ذلك الشيء بعد أن يدفع مبلغاً اسمياً آخر .

bailor المودع (صاحب الوديعة)

bailsman كافل؛ ضامن

****bainunah*** [**شريعة اسلامية**] بينونة أو طلاق بائن . وهو الطلاق الذي لا ترجع الزوجة بعده الى عصمة زوجها الا بعقد ومهر جديدين وبرضاها .

bair-man [**قانون اسكتلندي قديم**] مدين معسر معدم، جرد من كل ما يملك ومن ثيابه « وألزم أن يحلف في المحكمة على أنه لا يسوى أكثر من خمسة شلنات وخمسة بنسات » .

bairn's part [**قانون اسكتلندي**] نصيب الاولاد؛ وهو ثلث منقولات الاب المتوفى بعد استنزال الديون في حال وجود الام، ونصفها اذا كانت متوفاة .

bait يهجم في عنف؛ يثير ويستفز

[**كاسم**] طعم

baiting animals [**قانون انكليزي**] معاكسة الحيوانات وتعذيبها؛ جلب الحيوانات لاثارتها واستفزازها بجعلها هدفاً لهجوم الكلاب ونباحها وهو جرم يعاقب عليه .

balance رصيد حساب: المبلغ الباقي بعد استنزال مصاريف من عوائد أو مدفوعات من مطلوبات أو حسوم من أصول أو عكس ذلك أو بعد أي تقاص كان .

— general balance رصيد الحساب المطلوب لشخص يمارس حق امتياز lien على شيء تحت يده لمدينه، أنفق عليه أو بذل جهده من أجله .

— net balance [**معاملات الاسهم**] رصيد عوائد بيع الاسهم بعد استبعاد مصاريف البيع .

[كفعل] يقترع؛ ينتخب أو يدلي بصوته سراً

— joint ballot [اجراءات برلمانية] اقتراع مشترك بين مجلسي البرلمان. تصويت سري يشترك فيه أعضاء مجلسي البرلمان معاً كأنهم هيئة واحدة، وتؤخذ فيه القرارات بأكثرية الاصوات المعطاة في هذه الهيئة المشتركة.

— mutilated ballot بطاقة معيبة أو مشوهة: بطاقة الاقتراع اذا سقط منها أي من اسماء المرشحين أو تجردت من جزء حيوي لازم.

ballot box صندوق أقتراع أو انتخاب

ballot paper ورقة اقتراع أو انتخاب

ballottage اقتراع (فرنسي) ثان: يجري لتقرير الفائز بين أقوى مرشحين لم تتوافر لأي منهما الاغلبية القانونية اللازمة (في اقتراع سابق).

ballottement [طب شرعي] فحص المرأة للتثبت من وجود حمل أو عدمه، بالوصول الى الرحم بالاصبع ومحاولة لمس الجنين.

balnearii [قانون روماني] سراق. سرقة ثياب المستحمين في الحمامات العامة.

ban يحظر؛ يمنع؛ يقيد. حظر؛ منع؛ قيد؛ أمكنة أو مناطق معزولة، خاصة بأناس دون غيرهم.

[مواد مدنية] اعلان العزم على الزواج بالطرق الرسمية.

[قانون انكليزي قديم] انزال اللعنة بشخص على رؤوس الاشهاد والحكم عليه بالحرمان من حماية القانون.

banc مجلس قضاء، منصته؛ مكان جلوس هيئة المحكمة

— A sitting in *banc* اجتماع المحكمة بكامل هيئتها

bancus مجلس القضاء أو منصته

bancus regis مجلس الملك الخاص

bancus superior المجلس الاعلى: مجلس الملك الخاص في عهد الديكتاتور الانكليزي أوليفر كرومويل.

band فرقة؛ عصبة أو عصابة: تجتمع على غرض واحد وتسعى اليه.

bandit خارج عن القانون (بمعنى outlaw)؛ طلبة القانون. قاطع طريق. أحد أفراد عصابة اجرامية

banish ينفي؛ يبعد

نفي الرعايا أو ابعادهم من البلاد.

banishment عقوبة الابعاد والاقامة الجبرية خارج البلاد (في مكان معين أو غير معين) الى أجل مسمى أو غير مسمى.

bank (*banc*) مجلس أو منصة قضاء. محكمة بكامل هيئتها

[شؤون مالية] مصرف أو بنك

— joint-stock banks مصارف أو بنوك مساهمة، مؤسسات صيرفية مساهمة: شركات تضامن مساهمة تشتغل في أعمال الصيرفة.

— savings bank بنك توفير

bank account حساب مصرفي

bank bill سند أو صك مصرفي مسحوب من بنك على آخر.

bank book دفتر شيكات

bank cashier صراف

bank charges رسوم أو تكاليف مصرفية

bank charter عقد تأسيس مصرف أو بنك

bank clearing مقاصة مصرفية: مقاصة بين بنك وآخر

bank credit اعتماد مصرفي: يخول الشخص المفتوح له أن يستدين من المصرف فاتح الاعتماد مقداراً أو مقادير من النقد لا تتجاوز مبلغاً معيناً.

bank discount مصاريف حسم أو قطع. حطيطة خارجية أو تجارية

bank draft حوالة مصرفية مسحوبة من بنك على آخر

bank holiday عطلة مصرفية تقفل فيها البنوك أبوابها وتتعطل أثناءها المعاملات المالية.

bank in failing مصرف معسر: عاجز عن اداء ما يقتضي عليه حسب القواعد والاصول المصرفية المرعية.

bank note ورقة نقد؛ ورقة مصرفية، بنكنوت

bank of circulation مصرف النقد المتداول

bank of deposit مصرف ودائع: أو أي بنك آخر يتعامل بالودائع.

bank of discount بنك قطع: يتعامل بالتسليف عن طريق حسم الاوراق المالية.

bank of issue بنك اصدار

bank overdraft سحب مصرفي على المكشوف

bank rate سعر قطع (أو حسم) رسمي: يحدده البنك المركزي

bank return نشرة البنك الاسبوعية

bank stock أسهم مصرفية: أسهم في رأسمال البنك

bank transfer تحويل مصرفي

bankable paper أوراق مالية، أوراق مصرفية: كالشيكات والسندات والتحاويل المصرفية وما اليها.

banker صاحب بنك؛ شريك فيه أو مدير له

banker's draft حوالة مصرفية

banker's lien حق امتياز أو اختصاص مصرفي: الحق الذي يستطيع بموجبه البنك أن يضع يده على ما في حيازته من الاموال لاحد عملائه في سبيل استيفاء دين له حال الاداء على العميل المذكور شرط أن لا تكون هـذه الاموال محملة بحقوق سابقة أخرى أو أمانة مرصدة لاغراض أو وجوه سبق للبنك أن أحيط علماً بها.

banker's note ورقه مصرفية. سند مصرفي: يشبه ورق النقد من حيث قبوله للتداول ويكاد لا يختلف عنه الا في كونه صادراً عن بنك خاص.

bankerout [قانون انكليزي قديم] مفلس؛ منها اشتقت الكلمة الحديثة bankrupt.

banking أعمال صيرفة؛ اشغال صرافة

banking a deal اعطاء سلفة أو قرض مالي لشخص، يريد أن يعقد صفقة أو ينجز مبايعة، نظير عوض معلوم – في الاموال أو الاشياء المشمولة بهذه الصفقة أو المبايعة – يكون على شكل حق فيها أو جزء منها.

banking game لعبة من العاب القمار تكون فيها النقود هدف الرهان أو المخاطرة.

banking principle مبدأ حرية الاصدار: المبدأ القائل بجعل إصدار الاوراق المصرفية بعيداً عن تدخل الحكومة وخالياً منه.

bankrupt مفلس؛ يراد به أصلا التاجر الذي يتهرب من دائنيه أو من ميدان عمله، أو يقوم بأعمال يهدف من ورائها الى الاحتيال على دائنيه. متفالس؛ تاجر متوقف insolvent (اي معسر) يرتكب أحـدى جرائم الافلاس فيضطر دائنيه الى أتخـاذ أجراءات الافلاس لبيع أمواله وتوزيع ثمنها بينهم سدادا لديونهم قسمة غرمـاء. يختلف المفلس عن المعسر أو المتوقف، حسب القانون الانكليزي، في أمرين: (١) سبق اشتغاله بالتجارة؛ (٢) بـدء الغير باجراءات الافلاس ضده لا بدئها من قبله تجاه نفسه. أما القانون الاميركي فلا ينص على أي فرق يذكر بين الاثنين.

bankrupt law قانون المفلس أو أحكام الافلاس: الاحكام التي تخضع لها علاقات المدين بدائنيه وتحدد بموجبها مصالحهم ومنافعهم حين يعجز المدين أو يمتنع عن الدفع. ويكون تطبيقها للأغراض الآتية: (١) الحجز الفوري والتنفيذ على أموال المدين؛ (٢) توزيع ثمنهـا على جميع الدائنين قسمة غرماء؛ (٣) إبراء المدين من المسؤولية عن أي دين كان عليه حين الحجز والتنفيذ.

ويختلف قانون المفلس عن قانون المتوقف insolvent law في أنه يتعلق بالتجار وحدهم ويعتبر تدبير. الدائن وسلاحه ضد مدينه. أما قانون المتوقف فيتعلق بجميع المعسرين من غير التجار؛ وهو علاج المدين ودفاعه المستميت ضد دائنيه.

على ان الفرق الجوهري الوحيد بينهما، هو أن قانون المفلس يلجأ اليه ويتمسك به الدائن، أما الثاني فيلجأ اليه المدين.

bankrupt's estate أموال تفليسة أو مفلس

bankruptcy افلاس: حالة المفلس، الوضع الذي يكون فيه من أرتكب احدى جنح الافلاس أو جناياته ووجب تطبيق اجراءات الافلاس عليه.

حالة الشخص الذى يكون من الاعسار بحيث يصبح له الحق في أن يستفيد من قوانين الافلاس.

الاجراءات التي يقتضي قانون المفلس bankrupt law أو احكام الافلاس اتخاذها ضـد من شهر افلاسه، وتوضع بموجبها أمواله تحت الحراسة القضائية وتدار وتستغل لمصلحة الدائنين ثم تباع باشراف مأمور التفليسة ويوزع ثمنها عليهم. يستعمل هذا التعبير أحيانا للدلالة على حال توقف المدين أو إعساره insolvency وعجزه عن اداء ديونه. وهناك من يحدد الفرق بين bankruptcy و insolvency بأن الاولى تدل على الحالة القانونية التي يكون تقريرها وشهرها بحكم قضائي بينما تدل الثانية على مجرد عجز المدين عن اداء ديونه في سياق استحقاقها، الى حد يقتضي وقف أعماله وتصفيتها.

— adjudication of bankruptcy حكم شهر الافلاس

— involuntary bankruptcy تفليس او افلاس قهري: الاجراءات التي يشهر فيها افلاس المدين بناء على طلب العدد الكافي قانونا من مداينيه.

— small bankruptcy تفليسة صغرى: التفليسة التي لا

ينتظر فيها ان تتجاوز قيمة اموال المفلس ٣٠٠ جنيها وتراعى البساطة في اجراءاتها حرصا على التوفير وتفاديا للمصاريف .

— voluntary bankruptcy افلاس ارادي : افلاس بسيط تبدأ اجراءاته بناء على عريضة من المدين يطلب فيها الحكم عليه بالافلاس ومنحه المساعدات التي يخوله أياها القانون.

bankruptcy courts محاكم افلاس

bankruptcy proceedings أجراءات افلاس

banni [**قانون انكليزي قديم**] محكوم بالنفي، خارج عن القانون outlaw؛ من لفظه القانون وحرمت عليه حمايته .

banns اعلان؛ تنبيه او مناداة بحصول شيء

banns of matrimony (or **of mariage**) اعلان الزواج ثلاثة آحاد متتالية قبل أبرامه.

bar نقابة محامين؛ هيئة أو جمعية محامين بدرجة barrister؛ يرجع بدء تأسيسها في انكلترا الى العصور الوسطى. والمقبول في هذه الجمعية called to the bar يعتبر مقبولا امام المحاكم الكبرى . (راجع barrister)

[**في المحاكم الاميركية**] قاطع أو حاجز في قاعة المحكمة يفصل بين الجمهور المشاهد وبين الحيز الذي يشغله القضاة والوكلاء القانونيون وهيئة المحلفين وغيرهم ممن له صلة بالدعوى.

[**في المحاكم الانكليزية**] الحاجز الذي يقف دونه جميع محامي المرافعة الخارجيين outer-barristers والمستمعون من الجمهور، بينما يقف ضمنه أو في حدوده within the bar المحامون من درجة solicitor ومستشارو الملكة Queen's Counsel ومحامو المرافعة barristers ممن لهم حق الاولوية والمحامون ورجال القانون من درجة serjeant، والخصوم المدافعون عن انفسهم دون وكلاء .

مكان خاص من قاعة المحكمة يعد احيانا للشخص المحاكم (المتهم أو الظنين)، كما هي الحال في العبارة The prisoner at the bar .

المحكمة أذا جلست بكامل هيئتها اثناء الدورة العادية .

بين يدي المحكمة أو أمامها (بكامل هيئتها)، نحو: A trial at bar . محاكمة أمام كامل هيئة المحكمة، وهي غير المحاكمة at *nisi prius* أمام قاض منفرد وهيئة محلفين . وقولك the case at bar معناه الدعوى التي بين يدي المحكمة أو أمامها أو قيد نظرها .

تطلق كلمة bar احيانا على أسرة المحاماة بوجه عام كما تطلق كلمة bench على القضاة وجميع اعضاء أسرة القضاء عامة .

[**في العقود والحقوق والاجراءات**] مانع، عائق، عارض، حاجب، مسقط، صاد أو مبطل لحق أو امتياز او عمل أو تصرف أيا كان .

—called to the bar يحمل إجازة قانون بدرجة barrister؛ مقبول في جمعية المحامين بالدرجة المذكورة وله بحكم هذا القبول حق المرافعة أمام المحاكم الكبرى Higher Courts .

— called within the bar يحمل درجة مستشار ملكة Queen's Counsel وله حق المرافعة في حدود النطاق الخاص الذي تشغله هيئة المحكمة .

— plea in bar (راجع باب plea)

bar and bench اصطلاحان متقابلان، يستمدان مدلولهما الرمزي الشائع من معناهما الحقيقي: فالبار bar (الحاجز الذي يقف دونه وكلاء الخصوم والنيابة بين يدي القضاء) يرمز الى أسرة المحامين بوجه عام، كما أن الـ bench (منصة القضاء) ترمز الى القضاة وأسرة القضاء بوجه عام .

bar association نقابة المحامين

bar council مجلس البار، مجلس نقابة المحامين: هيئة المزاولين للمهنة القانونية التي تعتبر مرجعاً في آداب المهنة القانونية واصول ممارستها .

bar room حانة أو خمارة: صالة تباع وتتعاطى فيها المسكرات أو المشروبات الروحية .

barbarous [**قوانين الطلاق**] وحشي، غليظ القلب، خال من الرحمة؛ يلذ له الالم؛ سيء القصد

bare عار، مجرد، مكشوف، وحده، بمفرده، لا يرافقه أو يصاحبه شيء .

bare patent licence ترخيص بصنع أو استعمال أو بيع شيء خاضع لبراءة لا يعطى صاحبه حق الانفراد به .

bargain مبايعه، اتفاق على بيع وشراء، صفقة، معاملة

[**كفعل**] يساوم، يصادق، يماكس

— catching bargain معاملة أو صفقة ربوية . اقراض المال بفائدة فاحشة لشخص ينتظر ميراثاً وملكاً مستقبل الايلولة، وذلك شرط الوفاء عند حصول الوراثة أو أيلولة الملك .

bargain and sale مصافقة وبيع: عقد دارج لشراء ارض او حقوق عينية يستتبع دفع قيمة الارض المشتراة ويترتب عليه قيام البائع بالاحتفاظ بالارض لانتفاع المشتري بالاستعمال او غيره وضمان اعتبار الحق العائد لهذا

Barons of the Exchequer بارونات الخزانة: القضاة (او المستشارون) الستة الذين يشكلون دائرة القضاء المالي في انجلترا .

barrator or **barretor** [مواد جنائية] من كان شاغله إثارة الخصومات والمنازعات والدخول في مشاحنات قضائية عابثة أو كان دأبه ترويج الاشاعات الكاذبة والفضائح المختلقة أو اثارة الاحقاد والفتن بين الجيران .
رئيس السفينة أو الملاح الذي يرتكب عملا من أعمال الغش.

[قانون اسكتلندي] القاضي المرتشي

barratrous ينطوي على غش أو على فعل من أفعال الـ barratry (راجع التعبير الاخير تالياً) .

barratry or **barretry** [مواد جنائية] الاكثار من اثارة الخصومات والمنازعات والمشاكل القضائية بلا مبرر معقول.

[قانون بحري] نافلة الربان أو جرائره، خيانة الربان أو البحارة، أعمال الغش التي يرتكبها ربان السفينة أو بحارتها، الاخطاء الارادية أو العمدية .

[قانون اسكتلندي] الجرم الذي يرتكبه القاضي بقبول الرشوة .

barred مغلق، معطل، يحول دونه عائق أو عارض او حاجز أو غير ذلك من المثبتات المانعة من ميسره أو ممارسته .

barrel برميل: سعته ٢٦ غالون انكليزي او ٣١ ١/٢ غالون أميركي .

barren عقيم، عاقر، لا ينجب

barren money دين بلا فائدة

barretor (راجع barrator)

barretry (راجع barratry)

barrier حاجز؛ سياج

[مواد تعدين] جدار من الفحم يفصل بين منجمين .

barrister محامي مرافعة مقبول في bar انجلترا (جمعية محاميها) .

[اجراءات انكليزية] لا تجوز المرافعة عن الغير أمام المحكمة العليا الا لمن حمل لقب barrister ويكون الاتصال بهذا المحامي والاتفاق معه على تولي المرافعة وادارة الدعوى امام المحكمة عن طريق الـ solicitor الذي يقوم بوضع اللوائح وتحضير الشهود وجميع الاجراءات اللازمة للدعوى خارج المحكمة. ويتقاضى الـ barrister اتعابه من الـ solicitor وهذا يحصلها

المشتري المنتفع بموجب الـ Statute of Uses لعام ١٥٣٦ مساوياً لحق البائع في الارض قبل عقد المصافقة والبيع . والغاية من هذا العقد هي حصول التفرغ عن الارض الموضوعة سراً . وللحيلولة دون الانتقال السري . نص تشريع التسجيلات لعام ١٥٣٦ Statute of Enrolments على وجوب تسجيل عقد المصافقة والبيع خلال ستة اشهر من تاريخه، ثم ابتدعت طريقة الـ lease and release لتفادي هذا التشريع ودرج استعمالها حتى الغي التشريع المذكور بقانون الملكية لعام ١٩٢٥ Law of Property Act .

bargainee من اخذ شيئاً موضوع مبايعة وأدى مقابله: (المشتري)

bargainor من اعطى شيئاً موضوع مبايعة وتقاضى عوضه أو ثمنه: (البائع)

bark قشرة، قشور الشيء اذا قيست بلبابه أو جوهره.

يوصف بها السند أحياناً إذا كان صورياً لا طائل تحته، نحو: A deed which is all bark and no substance سند كله قشور بلا لباب، أي خاو لا طائل تحته وليست له اية قيمة جوهرية .

barmote courts محاكم ملغاة كانت تنعقد قديماً في دوقية لانكستر Duchy of Lancaster للنظر والفصل في المسائل المتصلة بالمناجم وملكيتها .

Barnard's Inn احدى جمعيات القانون التابعة لـ Chancery . (راجع Inns of Chancery)

baron بارون: لقب من القاب النبل الانكليزية يلي الـ viscount من حيث المرتبة ويعتبر أدنى الالقاب جميعاً قاضي في الـ Exchequer (دائرة القضاء المالي) . رجل حر a freeman .

رجل أو زوج: ترد كلمة baron بهذا المعنى في العبارة الشائعة *baron et feme* زوج وزوجة .

[نظام اقطاعي] يتلقى البارون اقطاعيته عن الملك مباشرة، وقد يتلقاها أحيانا عن سيد (لورد) نظير واجبات اقطاعية معلومة .

baron et feme زوج وزوجة؛ رجل وامرأة

Barons of the cinque ports بارونات الموانىء الخمسة: النواب الخمسة الذين كانوا يمثلون الموانىء التالية: Sandwich و Romney و Hastings و Hythe و Dover في البرلمان .

barony بارونية: رتبة البارون (راجع baron)

base tenure حيازة اقطاعية تقوم على خدمات تقليدية وضيعة يقدمها الحائز الى السيد الاقطاعي سميت كذلك تمييزاً لها من الحيازة القائمة على الخدمة العسكرية tenure by military service أو غيرها من الخدمات .

basic or **pioneer patent** براءة أختراع أو اكتشاف علمي جديد لم يسبق له مثيل .

Basilica مجموعة من القوانين الرومانية والالمانية وضعها الامبراطور باسيليوس Basillius سنة ٨٠٠ م.

basin حوض (نهر او بحر)

[**تأمين بحري**] جزء من بحر تلوذ به الصخور .

basis أساس، قاعدة، ركن، دعامة

basse justice [**قانون اقطاعي**] العدل الداني أو الاولي بمعنى low justice ؛ ويراد به حق السيد الاقطاعي في ان يتولى بنفسه محاكمة المتهمين بالجرائم البسيطة في نطاق قريته .

bastard ولد لغير رشد؛ ولد غير شرعي او ابن زنا : مولود من غير زواج صحيح؛ نغل او نغيل

— special bastard ولد طبيعي (غير شرعي) تزوج والداه بعد ولادته .

bastard *eigné* or **bastard *ainé*** [**قانون انكليزي قديم**] اذا ولد ولد نتيجة اتصال جنسي غير مشروع ثم تزوج الوالدان الطبيعيان وأنجبا بعد ذلك ولداً أخر، كان وصف الاول bastard *eigné* أو bastard *ainé* والثاني *puisné* .

bastarda بنت غير شرعية، بنت طبيعية، نغلة

bastardize اعلان أو أثبات عدم شرعية الولد (المولود نتيجة اتصال جنسي غير مشروع) .

bastardus non potest habere haeredem nisi de corpore suo legitime procreatum
لا يرث الابن الطبيعي الا ولده الشرعي : أي لا يكون للابن غير الشرعي وارث غير ابنه الصلبي لزواج شرعي .

bastardy process طرق أجراء يحددها القانون للحصول على حكم بنفقة مناسبة لولد غير شرعي من رجل أشتهر بأنه أبوه الطبيعي .

batable-ground اراضي متنازعة، مختلف في ملكيتها : كالاراضي الحدية التي اختلفت عليها انكلترا واسكتلندا قبل الوحدة .

مع أتعابه الخاصة من الموكل . وليس لل barrister أن يقاضي أحداً أذا لم تدفع له اتعابه كما لا تجوز مقاضاته على الاهمال اثناء السير في الدعوى . (راجع apperentice *en la ley*)

— inner barrister محامي مرافعة مقدم، يعرف أيضاً بلقب Serjeant أو Queen's Counsel مستشار ملكة : له حق المرافعة داخل البار (الحيز الذي تحتله هيئة القضاء في قاعة المحكمة) باعتبار أن ال bar (الحاجز) يقسم قاعة المحكمة الى قسمين، أحدهما تشغله هيئة المحكمة وهيئة المحلفين والثاني يشغله الجمهور المستمع .

— junior barrister محامي مرافعة أدنى، يعلو عليه مستشار الملكة Queen's Counsel . ويطلق اللقب ذاته أيضا على المحامي المساعد أذا توافر اثنان من المحامين في طرف واحد من طرفي النزاع .

— outer or utter barrister محامي مرافعة : يترافع من وراء ال bar (الحاجز الذي يفصل هيئة المحكمة عن باقي الحاضرين) .

— vacation barrister محام حديث العهد بال bar تفرض فيه المداومة على الحضور في الجمعية أثناء العطلات القضائية .

barter يقايض مقايضة

base رخيص، زائف، مغشوش

قاعدة (لتموين أو حركات أو عمليات أو غير ذلك)؛ أساس

[**في المحاكم**] أدنى (بمعنى inferior)؛ جزئية، غير تدوينية not of record .

base coin نقد معدني زائف

base court [**قانون انكليزي**] محكمة ادنى، محكمة صغرى أو جزئية، غير تدوينية not of record .

base estate حق عيني يكون لل base tenant في أرض حازها لينتفع بها مدة رضا المالك عنه .

base right [**قانون اسكتلندي**] حق تبعي أو فرعي (يتبع حقاً آخر أو يتفرع عنه أو ينشأ بسببه) .

base tenant المستأجر الذي تكون اجارته رهناً بمشيئة المالك ورضاه .

[**نظام اقطاعي**] حائز اقطاعي ينتفع بالحيازة بحكم ما يؤديه للسيد من خدمات وضيعة زراعية وغيرها .

battery ضرب غير مشروع؛ اتيان العنف البدني مع الغير أو قهره على الخضوع بالقوة المادية . تشمل هـذه الكلمة مجرد لمس الغير أو مس ثيابه بشكل ينطوي على التحدي أو الوقاحة أو العنف .

— assault and battery of a high aggravated nature الاعتداء على الغير بالضرب الجسيم غير المشروع أو بعمل من أعمال العنف البدني في ظروف مشددة تزيد من قسوة الفعل : كاستعمال سلاح قاتل أو التباين العظيم بين سن المعتدي والمعتدى عليه أو ضعف المعتدى عليه وسوء صحته ، أو قصد اهانة المعتدى عليه او غير ذلك من ظروف التشديد .

— simple battery اعتداء بدني بسيط : التطاول على الغير بضرب أو اي عمل من اعمال العنف البدني غير المشروع دون ان يرافق ذلك اي ظرف من ظروف التشديد .

battle, trial by راجع باب trial

bawd قواد : من هيأ للغير فرصة الفجور (ولو كان شخصه طاهراً من الفجور اثناء القيام بالقوادة) .

bawdy house ماخور ، دار دعارة

beach شاطىء : خط اليابسة الذي يحاذيه البحر ويغمره عند المد وينكشف عنه عند الجزر .

[كفعل] يقحم السفينة البر ، يشحطها على البر ، يحرثها أو يلجئها الشاطىء ، ويكون هذا عند شبوب النار فيها أو سيلانها .

beacon(s) شمندور (شمندورات) ؛ مشعل (او مشاعل بحرية) لتوجيه السفن وانذارها ليلا ونهاراً .

— non-directional radio beacon شمندور لاسلكي لغير وجهة ثابتة .

— omnidirectional radio beacon [قانون الطيران] شمندور لاسلكي (أو منارة لاسلكية) لكافة الجهات .

beaconage رسوم منائر : تستوفى لصيانة الشمندورات والمنائر .

beadle [قانون كنسي انكليزي] مأمور ابرشية ، مهمته حضور مجالسها الدينية وأعلان اجتماعاتها وتنفيذ أوامرها والقيام فيها ببعض مهام المحضرين لدى المحاكم العادية .

beams and balance ميزان أو قبان لوزن البضائع

bear يتحمل ، يتلقى ، يسأل عن ، يغل ، يثمر ؛ يعود (بفائدة أو غيرها)

[في السوق المالية... كفعل] يضارب ، لاحداث هبوط في أسعار .

[كاسم] مضارب على النزول (أو للهبوط) ؛ بائع ، ليست له نية التسليم ، يضارب في البورصة لاحداث هبوط في الاسعار يتوخى الاستفادة منه .

bear interest يأتي بفائدة ، يغل فائدة معلومة

bear, shorts [في السوق المالية] مضارب على النزول ، يلتمس الاستفادة من هبوط الاسعار .

bearer حامل (سند أو محرر أو ما الى ذلك)

bearer debentures سندات الحامل

bearer securities اوراق مالية للحامل

bearing صلة أو اتصال ، تأثير

bearish influences مؤثرات هبوطية (في السوق المالية) تنزع بالاسعار الى الهبوط .

beasts of the chase [قانون انكليزي] حيوانات الغابات وطيورها ، صيد البر على مختلف انواعه .

beat [مواد جنائية] يضرب ؛ يتطاول باليد . تشمل هذه الكلمة جميع ضروب العنف الجسدي غير المشروع المرتكب على شخص الغير بصورة مباشرة .

bed قاع او قعر (بحر او نهر)

[مواد الزواج والطلاق] الفراش (فراش الزوجية) ؛ المعاشرة الزوجية ، مضجع الزوجية ، نحو : divorce from bed and board الطلاق من المعاشرة والمؤاكلة .

Bed of Justice [قانون فرنسي قديم] سدة خاصة جعلت لجلوس الملك عنـد حضوره جلسات البرلمان . ويدل الاصطلاح ذاته أيضاً على مجلس البرلمان باعتباره مهد العدالة .

bedehouse مستشفى أو ملجأ للفقراء : يفرض على نزلائه ان يصلوا عن روح مؤسسه أو يدعون له إذا كان حياً .

bedel [قانون انكليزي] حاجب ، مباشر أو آذن ينادي على المطلوبين للمثول امام المحكمة . محضر . مأمور غابات . محصل ايجارات الملك

befall يقع ، يصيب ، يحدث (لـ) ، يلم أو يلحق (بـ)

befit يناسب ؛ يلائم ؛ يليق ؛ يجدر (بـ)

before قبل ، قبل ؛ نحو ، أمام

begotten أنجب ، أعقب ، ولد (للشخص المعني) ، نحو : All male children whom the father shall have begotten during his life جميع من اعقب الاب (أو

ولد له) في حياته من الذكور، أو اعقابه الصلبيون من الذكور اثناء حياته .

beguile يخادع، يضلل، يغرر (بـ)، يتحايل (على)

behalf نيابة عن، لصالح، لمنفعة أو لحساب (فلان.. من الناس) .

behaviour سلوك، سير أو سيرة

beheading قطع الرأس: ضرب من ضروب تنفيذ عقوبة الاعدام .

behoof [في التصرفات] منفعة، فائدة، صالح أو خير، نحو: to his and their use and behoof ليستعمله وينتفع به وإياهم؛ او له وإياهم نحلة خالصة .

belief اعتقاد، أقتناع، تثبت من أمر بما يتوافر من بينات أو قرائن أو يسمع عنه من الغير .

belittle يكس، ينتقص، يستهين (بأمر)، يحتقره؛ لا يقيم وزناً له، يحط من شأنه

bellicose حربي، مقاتل، له خاصية الحرب أو صفته

belligerency [قانون دولي] وضع حربي، اعتبار حربي خاص يكون لدولة أو مجموعة سياسية تخوض حرباً مشروعة وتراعي قواعد الحروب وأصولها المتبعة .

belligerent [قانون دولي] محارب او محاربة؛ الدولة التي تكون في حالة حرب معلنة مع دول أخرى أو تتعاون جهاراً مع دولة محاربة وتخصها، دون أعدائها، ببذل ما يعزز مجهودها العسكري ويساعد على تحقيق اهدافها الحربية .

bello parta cedunt reipublicae ما يكتسب بسبيل الحرب يؤول الى الدولة

belong يخص أو يعود الى (شخص معين دون الغير)، وهذا يفيد الاستقلال بالملكية أو بحق الانتفاع أو الاستعمال .

belongings ممتلكات (شخص)، عوائده، ما يعود اليه أو في حوزته اذا كان له، وفي المعنى الاخير تقوم مقام possessions مشتملات (شيء) اذا كان الموضوع منزلا مع كل ما يتبعه من منقول وعقار .

اذا سبقتها كلمة personal دلت على امتعة الشخص ومنقولاته الخاصة . وقد تدل احياناً على المعنى ذاته اذا لم تسبقها الكلمة المذكورة واقتضت الملابسات ذلك، كأن تتقدمها اشارة الى كيفية التصرف بأموال ثابتة معينة .

below تحت، أدنى، أقل شأناً أو درجة

— the court below محكمة الاساس أو الموضوع: المحكمة المحيلة أو المحالة منها الدعوى (الى محكمة أعلى) لمراجعة أو غير ذلك .

below bar دون سعر المساواة (في المبادلات الخارجية)

bench مجلس أو منصة القضاء، هيئة المحكمة، نحو: before the full bench أمام هيئة المحكمة بكاملها . هيئة القضاء أو اسرته بكاملها (راجع bar and bench) .

[نظام الـ Inns of Court] مجلس أدارة جمعية القانون inn of court أو الهيئة الحاكمة فيها .

يسمى أعضاء هذا المجلس benchers ويختارون من اعضاء الجمعية العاديين barristers ويكون لهم حق الاشراف على جميع الاعضاء المنضمين للجمعية وتقرير قبول انتساب الطلبة أو فضه . ومن المجلس المذكور تشكل المحاكم الداخلية domestic courts للنظر والفصل في الشكاوى المهنية المقدمة ضد الاعضاء . وللمجلس أن يشطب العضو المخل من سجل الجمعية ويجرده من لقب barrister ولهذا العضو ان يستأنف قرار الشطب والتجريد الى الـ Visitors ، وهم الـ Lord Chancellor ومستشارو المحكمة العليا ولا تقبل الدعوى من الـ barrister على مجلس الجمعية فيما يتعلق بأي عمل يصدر عنه في حدود وظائفه

— King's or Queen's Bench مجلس الملك أو الملكة الخاص

bench legislation قانون القاضي: التشاريع والمبادىء التي يقررها القاضي في سياق المحاكمة أو نتيجة لها .

bench warrant أمر محكمة: يصدر عن ذات هيئة المحكمة لحجز شخص انتهك حرمتها أو لالقاء القبض عليه أو جلب شاهد رفض ان يمتثل لمذكرة حضور صدرت عنها .

benchers (راجع bench في نظام الـ Inns of Court)

bene حسن، قانوني، مشروع

benefice ترقية أو حظوة كنسية، مرتزق، معاش، تعيين او منصب كنسي

bénéfice [قانون فرنسي] فائدة، منفعة، ربح، حق

bénéfice de division, beneficium divisionis,
benefit of division حق التقسيم: الحق الذي يكون لكل من الكفلاء أو الضامنين المشتركين في أن لا يسأل الا بمقدار حصته النسبية من الدين .

bénéfice d'inventaire, beneficium inventarii,
benefit of inventory حق الجرد: حق الوارث في

(المقصر) أن يحل محله في العلاقة تجاه الدائن لينتفع بها الى اقصى حد مستطاع .

beneficium competentiae [قانون اسكتلندي] حق الملتزم المتبرع (الذي تتطوع للاداء بلا عوض) في أن يحتفظ لنفسه بما يكفيه لمعاشه، اذا ادركه الفقر قبل أن يوفي بالتزامه.

[قانون مدني روماني] حق المدين المعسر، قبل أن يتنازل عن جميع أمواله لدائنيه، في أن يحتفظ منها بما يكفي معاشه المعقول .

beneficium divisionis [قانون اسكتلندي] حق التوزيع أو التقسيم النسبي . (راجع *bénéfice de division*)

beneficium ordinis [قانون اسكتلندي] حق الكفيل في مطالبة الدائن بأن يبدأ الاجراء ضد المدين ويستنفد أمواله أولا قبل أن يرجع عليه (أي على الكفيل) بالاداء .

benefit منفعة، فائدة، صالح (شخص) أو خيره

ربح، كسب، ثمار، مقابل، عوض، حق، غرض

[في الاملاك] كل تحسين أو تدبير يفيد منه العقار أو تزداد به منافعه أو قيمته .

benefit certificate شهادة اداء، تعهد مكتوب، يلتزم به الموقع أن يدفع للشخص المذكور فيه مبلغاً معيناً بشروط محددة .

benefit of bargain rule قاعدة مبايعة تجعل للمشتري المنخدع حقاً في أن يلزم البائع برد الفرق بين الثمن الحقيقي للمبيع والثمن المدفوع، ولو كانت خسارته الفعلية بتلك الصفقة دون الفرق المذكور .

benefit of cession [قانون مدني] اعفاء المدين من عقوبة الحبس اذا نزل عن أملاكه وأمواله لمدينيه كي تدار ويتصرف بها لمصلحتهم وفقاً للقانون .

benefit of clergy حق الكهنة أو القراء: وهو من امتيازات أوائل القرن الماضي وما قبله، اقتصرت منافعه في بادىء الامر على الكهنة دون غيرهم، فكان يعفيهم من ولاية المحاكم الدنيوية وعقوبة الاعدام، ثم امتدت ممارسته الى جميع المتصلين بالكهنة من مساعدين وخدم، وشمل فيما بعد كل من اثبت قدرته عـلى القراءة . وكان ينبغي على المحاكم اذا اراد التمسك به بعـد سماع قرار الادانة أن يتقدم بطلب خاص اسمه praying his clergy يسترحم فيه وقف الحكم على أساس الحق المذكور . ومن ثم تفحص قدرته على القراءة، فيعطى أحـد مزامير التوراة ليقرأه (وكان المزمار الحادي والخمسون هو الذي يقع عليه الاختيار دائماً تقريباً لهذا الفحص) فاذا أفلح الطالب في قراءته خرج من ولاية المحكمة

أن لا يسأل الا بمقدار قيمة ما يؤول اليه من الميراث .

bénéficiaire مستفيد، منتفع: من كان اداء المال أو الحق أو المنفعة أو التعويض اليه ولمصلحته بموجب سند أو صك أو تأمين أو تبرع أو وصية أو أي تصرف آخر .

beneficial نافع، ذو فائدة، منتج، مجد يعود بربح أو كسب أو منفعة أياً كانت .

beneficial enjoyment انتفاع خاص، استمتاع شخصي، متعة أو منفعة تعود على الشخص مما بيده وبحكم الحق الخاص الذي يمارسه فيه .

beneficial estate حق عيني آجل أو مستقبل الايلولة: منفعة أو عوائد عقارية أو مالية ينتظر تحققها في مستقبل قريب أو بعيد .

حق ملكية أو انتفاع أو استعمال مضاف الى زمن مستقبل .

beneficial interest حق مجد ذو فائدة: منفعة أو فائدة أو ارباح عائدة من عقد أو اتفاق .

beneficial ownership ملكية نفعية أو ملكية انتفاع (تنفع صاحبها)، تقابلها الملكية أو السيطرة القانونية (التي تترتب على المال لمنفعة الغير دون المالك القانوني) .

beneficial use حق الاستعمال المجدي: وهو حق الشخص في أن يستعمل شيئاً للمنفعة الخاصة .

beneficiary مستفيد أو منتفع: من أوقفت منافع الشيء عليه أو رصد المال لفائدته.

مستحق في وقف

beneficiary clause شرط المستفيد: الشرط المتعلق بالمستفيد في وثيقة التأمين .

beneficiary heir [قانون لويزيانا بالولايات المتحدة] وارث نفعي او انتفاعي يتقبل التركة على شرط أن لا يسأل عن ديونها الا بمقدار قيمة الجزء الآيل منها اليه؛ فاذا آل اليه الثلث مثلا، رجع عليه بثلث الدين فقط، وهلم جرا .

beneficium [قانون الاقطاع] ترقية كنسية، معاش أو منصب كنسي . مرتب عمري يمنحه الملك لاحد النبلاء .

[قانون مدني] منفعة، فائدة، امتياز .

راتب كنسي

beneficium abstinendi حق الوارث في رفض الميراث

beneficium cedendarum actionum

[قانون روماني] حق الكفيل قبل أن يدفع مـا على المدين

العادية (الدنيوية) وأحيل الى محكمة (كنسية) يحاكم فيها أمام أسقف أو هيئة محلفين ويأتي بشهوده اذا شاء فيحلف هؤلاء على براءته فيخلى سبيله .

وقد كانت الغاية من هذا الحق في بادىء الامر التخفيف من قسوة القوانين الجنائية، ثم أسيء استعماله الى حد فاضح فألغاه البرلمان نهائياً سنة ١٨٤٨ في عهد الملك جورج الرابع .

وأصدر الكونغرس الاميركي بتاريخ ٣٠ أبريل سنة ١٧٩٠ قانوناً ينص على عدم الاخذ بالـ benefit of the clergy فيما يتعلق بجرائم الاعدام capital crimes المرتكبة ضد الولايات المتحدة، ثم الغي الامتياز برمته فيما بعد من جميع قوانين الولايات الاساسية .

benefit of counsel حق الدفاع القانوني أو حق المطالبة بالدفاع القانوني: وهو ما يعود للمتهم من حق مطالبة المحكمة بتعيين محام يدافع عنه ويعطى وقتاً كافياً للتشاور ودراسة القضية .

benefit of discussion (راجع باب discussion)

benefit of doubt قرينة الشك، حكم الشك أو مبدأ الانتفاع به: وهو يقضي بتأويل الشك لمصلحة المتهم بحيث اذا توسطت التهمة بين الشك واليقين وجب تغليب جانب البراءة استناداً الى قرينة الشك في المجرمية أو اذا تسرب الى التهمة شك معقول وجب اسقاطها عمن اسندت اليه .

benefit of inventory (راجع *bénéfice d'inventaire*)

benevolence بر؛ مبرة؛ وجه خير أو احسان

benevolent إحساني؛ خيري؛ انساني

benevolent associations, benevolent corporations جمعيات أو مؤسسات خيرية، جمعيات بر تخصص للخدمة الانسانية ولا يقصد من ورائها اي كسب مادي .

benevolentia regis habenda [قديماً] : الحصول على عفو الملك (وما يترتب عليه من استرداد اعتبار أو لقب أو أموال مصادرة) نظير مبلغ معلوم يدفع اليه .

benigne faciendae sunt interpretationes, propter simplicitatem laicorum, ut res magis valeat quam pereat; et verba intentioni, non e contra, debent inservire ينبغي الاخذ بالبساطة في انشاء المستندات كي لا يشكل فهمها على العامة ويضيع الغرض منها بدلا من أن يتضح على حقيقته وينفذ. ويجب أن تسخر الكلمات للقصد وليس القصد للكلمات .

bequeath يوصي؛ يورث؛ يهب؛ بسبيل وصية

bequest ايصاء؛ وصية؛ هبة أو نحلة موصى بها

— conditional bequest : وصية أو هبة ايصائية مشروطة: يكون تنفيذها رهناً بحصول امر معين أو عدم حصوله .

— executory bequest ايصاء (بمنقول أو أموال شخصية) آجل أو مضاف الى زمن مستقبل. وصية مرجأة التنفيذ

— general bequest (راجع باب general)

— residuary bequest الايصاء بالرد أو بما تبقى من أموال شخصية (منقولة) بعد استنزال الديون واسهم أصحاب الفروض (الورثة القانونيين) .

— specific bequest ايصاء تخصة أو تخصيص : يهب الموصي بموجبه الموصى له جميع ما يملك من نوع أو مال معين؛ كأن يهبه مثلا كافة أمتعته الشخصية أو جميع ما يملك من حيوانات أو غير ذلك .

berat or ***barat*** براءة: مخطوط ملكي يمنح الملك بموجبه طائفة أو شخصاً حقوقاً أو القاباً معينة . وقد اشتهر ملوك الاتراك بمنح مثل هذه البراءات، وسبقهم الخليفة عمر بن الخطاب الى استعمالها، اذ منح طائفة الروم الاورثوذكس ممثلة في بطريركها حقوقاً وامتيازات معينة وضمانات تتعلق بحرية العبادة والتصرف في الاموال العائدة اليهم .

berbiage اجرة رعي أغنام

berewica or ***berewicha*** [قانون انكليزي قديم] ورد هذا الاصطلاح في الـ Domesday (سجل عقاري موضوع في عهد William the Conqueror) . بمعنى بلدة أو قرية أو ابعادية .

Berne Convention, 1886 : مؤتمر برن لعام ١٨٨٦ مؤتمر دولي كانت غايته حماية الملكية الادبية والفنية ثم عدل في برلين عام ١٩٠٨ . وفي عام ١٩١١ جرت قراراته مجرى التنفيذ في القانون الانكليزي بموجب قانون حقوق الطبع الصادر في العام المذكور .

bernet [قانون سكسوني] الحريق أو الحريق العمد، وهو الـ arson كما يعرف حالياً .

berry or **bury** دوار، ضاحية؛ (فيلا)؛ مقر سكن السيد اللورد أو النبيل .

Bertillon system طريقة بيرتيلن لتسجيل أوصاف المجرمين والتعرف عليهم سميت كذلك نسبة الى منشئها Bertillon وهي تستوجب تسجيل كافة اجزاء جسم الشخص

ورأسه وأعضاء وجهه وأبعادها وأطرافه في منتهى الدقة والتفصيل مع بيان وصف ما بالجسم من علامات فارقة أو ظواهر غريبة .

berton مزرعة كبرى ؛ (عزبة)

beseach يتوسل (الى)، يسترحم (فعل أمر)، يرجو في ضعة أو خضوع .

beset ينتاب، يضايق، يثقل، يكتنف (بما يثبط او يكدر او ينال منه شيء) .

beside غير ؛ مع ؛ الى جانب : بالاضافة الى . خارج(عن البحث)، لا يتصل (بالموضوع)، نحو: كانت الملاحظة خارجة عن محل البحث remark was beside the point .

besides يضاف أو بالاضافة الى ذلك؛ علاوة على ذلك ؛ أيضاً؛ كذلك

[في الوصايا] اذا كانت الوصية لاولاد an « besides » eldest son عنت أنه لا يرث منهم أحد الا اذا كان بينهم ولد .

besot يخدر ؛ يغيب ؛ يبعث على الهذيان

best الاحسن، الاجود، الانسب، خير ما يصلح للغرض المقصود .

best belief معرفة واعتقاد؛ اعتقاد خاص أو أقصى ، نحو : to the best of my belief حسب اعتقادي الخاص؛ حسب أقصى اعتقادي

best endeavours أقصى الجهد؛ غاية الجهد أو منتهاه

best evidence بينة أولية أو أصلية . سميت كذلك تمييزاً لها من البينة الثانوية secondary evidence .

اقوى بينة تتصل بالموضوع مباشرة . من ذلك، اعتبار السند الاصلي المكتوب best evidence على ما ورد فيه، واعتبار النسخة المأخوذة عنه أو ما يذكره شاهد بشأنه secondary evidence . كذلك فان احسن البينة وأقواها هي شهادة العارف المطلع، كشهادة الام مثلا بتاريخ مولد بنتها، وهلم جراً ..

bestiality [جرائم أخلاقية] التوحش الجنسي. مواقعة الحيوان أو الاتصال الجنسي به .

شمل القانون العام common law هذا الجرم مع اللواط sodomy بجريمة الجماع على خلاف الطبيعة crime against nature .

bestow يعطي؛ يهب ينحل؛ يخلع، ينعم (على)

bet يراهن؛ يخاطر

betrayal خيانة عهد أو امانة؛ افشاء سر تقتضي أمانة المهنة كتمانه، كافشاء الطبيب لما يعرفه عن المريض بحكم مهنته .

betrothed من واعد بزواج (بادل وعداً بوعد)؛ زوجة منتظرة؛ مخطوبة لزواج

betrothment or **betrothal** مواعدة بزواج؛ خطبة زواج؛ اتفاق على زواج مستقبل بين ذكر وانثى يملكان أهلية الاتفاق .

betterment تحسين؛ زيادة قيمة الملك بمختلف اسباب التحسين أو الاعمار العامة .

betterment acts قوانين التحسين: قوانين برلمانية تنص على أنه اذا قام المستأجر، الحسن النية، بادخال تحسينات ثابتة على العقار المؤجر، ترتب له على هذا العقار حق امتياز يعادل الزيادة التي أصابتها قيمة العقار بفضل التحسينات المدخلة عليه .

betting house دار رهان

beverage مشروب مستحضر، عدا الماء، كحولي أو خال من الكحول .

beware إحترس؛ انتبه؛ احذر؛ إتق (جانب شيء أو شره)

bewilder يضلل، يحير ، يربك، يدهش

beyond a reasonable doubt لا محل فيه لشك معقول، لا يخامره الشك، يقيناً؛ الى حد اليقين . قطعاً أو بكل تأكيد. جلي؛ بين؛ لا لبس فيه

beyond his control لا يد له فيه؛ لا سلطة له عليه أو سلطان

beyond sea خارج البلاد أو الدولة : أي، حسب الشارع الانكليزي، خارج بريطانيا العظمى أو خارج مملكة بريطانيا وارلندا المتحدة بما في ذلك الجزر التابعة المجاورة .

bias هوى؛ تحيز؛ محاباة، ميل الى طرف دون آخر؛ نزعة مستبدة؛ شعور (دفين) يميل بالقاضي الى رأي خاص سواء كان محقاً أو غير محق، ويمنعه من اداء مهامه بالعدل والقسطاس . التأثر بالشعور الخاص أو عدم استقلال العقل وانقياده للدوافع والميول الخاصة .

bicameral ذو مجلسين (تشريعيين أو غير ذلك)

bid عرض؛ عطاء؛ مزايدة

[كفعل] يعرض؛ يزايد؛ يتقدم لمناقصة، يقدم عطاء في مناقصة للفوز بعقد .

—counter-bid عرض مقابل، يبذله مشترك في مزايدة أو مناقصة ليفوز بموجبه على ما عرض غيره .

—upset bid [بيوع قضائية] عرض جديد، أعلى من العرض الاخير، يتقدم به أحد المشتركين في المزايدة، قبل أن يحكم نهائياً برسو المزاد على صاحب العرض الاخير، وذلك ليفوز بالشراء أو يبعث على اعادة البيع .

bid in اشتراك مالك المال في المزايدة ورسو المزاد عليه .

bid off يعرض سعراً في مزايدة فيحكم له فوراً بالشراء قبل سماع أي مزايد آخر . ارساء المزاد فوراً على المزايد الاول.

bidder مزايد: من اشترك في مزاد وتقدم فيه بعرض .

— successful bidder [بيوع المزاد] الراسي عليه المزاد

biddings مزايدات؛ عروض في مزاد أو مناقصة .

— by-bidding [بيوع المزاد] عرض خادع؛ مزايدة ايهامية يراد بها تشويق الحاضرين للتسابق الى الشراء .

— dumb-bidding (راجع باب dumb)

bielbrief [مواد بحرية] وثيقة من بناة السفينة تشمل تفاصيل أقيستها وتنظم على اساسها صحيفة تسجيل السفينة .

bienes [قانون اسباني] أموال ثابتة ومنقولة

bienes gananciales أموال مشتركة بين الزوج والزوجة يقتضي القانون الاسباني قسمتها بينهما بالتساوي عند انفصام عرى الزوجية . ولا يدخل في ذلك أي ملك أو مال اختص به أحدهما دون الآخر عند اجراء عقد الزواج .

biennial كل سنتين؛ يدوم سنتين؛ يحدث، يجري أو يقع (مرة واحدة) كل عامين .

biens [قانون انكليزي] أموال منقولة أو غير عينية

[قانون فرنسي] الاموال بوجه عام وهي على نوعين : *biens immeubles* أموال ثابتة و *biens meubles* أموال منقولة .

bigamous; *bigamus* [مواد مدنية] من تزوج على زواج قانوني قائم، سواء كان رجلا أو امرأة . من كانت له زوجتان أو كان لها زوجان على قيد الحياة .

bigamy زواج مثنى؛ زواج على زواج: قيام الرجل عن علم وقصد منه بالزواج من امرأة ثانية بينما تكون الزوجية قائمة بينه وبين امرأة أخرى على قيد الحياة؛ وكذا زواج المرأة عن علم منها برجل ثان في حال قيام الزوجية بينها وبين رجل آخر على قيد الحياة .

bilagines أنظمة بلدية؛ قوانين بلديات

bilateral contract عقد ثنائي، ملزم لطرفيه، يقابله العقد الملزم لطرف واحد unilateral contract .

bilateral clearing مقاصة أو تسوية ثنائية

bilboes اداة لعقاب البحارة اثناء الرحلة، قوامها جهاز كابس يطبق على ساقي البحار المذنب ويضغط عليهما بالقدر المطلوب لتنفيذ العقوبة .

bilged [تأمين بحري] مثقوبة؛ حالة السفينة اذا انخرق قعرها على أثر أي حادث وبدأت المياه تتسرب الى جوفها .

biline مجانب؛ جانبي؛ مرافق؛ تبعي؛ يسير جنباً الى جنب (بصفة تبعية) .

bill لهذه الكلمة معان شتى تقررها نصوصها المرافقة والظروف الملابسة لاستعمالها، نورد فيما يلي اهمها :

مشروع أو مسودة قانون: قانون في أية مرحلة من مراحله قبل التصديق النهائي عليه . لائحة

دعوى ؛ عريضة (مقدمة الى محكمة) ؛ تظلم تحريري

سند؛ صك؛ محرر؛ شهادة؛ أمر، تصريح

سند اذني أو كمبيالة؛ ورقة تجارية، ورقة مالية قابلة للتداول كالنقد .

نصوص أو أحكام عقد

بيان حمولة؛ كشف حساب، تفاصيل مفردات مبيعات، حساب أعمال منجزة

[كفعل] تؤدي معنى قيد على أو نظم كشفاً (بـ) .

— cross bill عريضة مقابلة: يرفعها المدعى عليه ليواجه بها دعوى المدعي .

— grand bill of sale سند تفرغ عن سفينة ماخرة للغير على سبيل البيع. سند بيع بحري

— private bill قانون خاص، يقتصر سريانه على أشخاص معينين أو ينظم موضوعاً خاصاً يهم أناساً دون غيرهم.

— reclaiming bill (راجع باب reclaiming)

— supplemental bill عريضة تكميلية أو استدراكية: يراد بها لفت نظر المحكمة الى وقائع جديدة لم تتوافر عند تقديم الدعوى أو لم يحط بها المدعي حينئذ .

— past due bill كمبيالة ماضية الاستحقاق

— through bill of lading سند شحن مباشر، يكتفى فيه بذكر اسم الميناء الاخير: وهو سند شحن موحد ينظم جميع عمليات تعقيب نقل البضاعة من ميناء الى آخر أو سفينة الى أخرى حتى الميناء الاخير.

bill boards لوحات اعلان، تقام على أطراف الاراضي لالصاق المناشير أو الاعلانات.

bill-book دفتر مواعيد استحقاق الاوراق: سجل يبين ما على الشخص أو ماله من كمبيالات أو سندات صرف.

bill brokers سماسرة اوراق تجارية

bill chamber [قانون اسكتلندي] دائرة تقدم اليها الطلبات العارضة والمسائل المستعجلة في المحكمة المدنية العليا Court of Session تكاد لا تختلف عما يعرف بغرفة المشورة chambers في نظام الاجراء الانكليزي والاميركي.

bill discounted كمبيالة محسومة

bill for a new trial عريضة اعادة المحاكمة: العريضة التي يلتمس بها اصدار الامر بعدم تنفيذ الحكم وباعادة المحاكمة لظهور واقعة جديدة في الدعوى من شأنها أن تجعل للتنفيذ اذا سير فيه صفة الظلم.

bill for foreclosure عريضة غلق الرهن: العريضة التي يقدمها الدائن المرتهن ضد المدين الراهن لبيع العقار المرهون واستيفاء الدين المستحق والفوائد والمصاريف من حاصل البيع.

bill-head ورقة كمبيالة مطبوعة وجاهزة للتعبئة، تستعمل لبيان الذمة الواجبة الاداء وموعد ادائها.

نموذج كشف مطبوع باسم الشخص أو المحل العائد اليه حق استعماله تدرج فيه تفاصيل الحساب المطلوب من الزبون نظير بضائع بيعت أو خدمات انجزت له.

bill obligatory تعهد أو التزام قطعي بأداء ذمة

bill of adventure (adventure, bill of راجع باب)

bill of advocation [اجراءات اسكتلندية] عريضة استئناف

bill of attainder (attainder راجع باب)

bill of *certiorari* (*certiorari*, bill of راجع باب)

bill of conformity بيان أو اقرار يقدمه منفذ الوصية أو مديرها الى المحكمة المختصة اذا وجد تركة المتوفى من الاشكال والتعقيد بحيث لا يستطيع ادارتها الا تحت اشراف المحكمة.

bill of costs بيان الاتعاب (اتعاب المحاماة) المقتضاة من الموكل في الدعوى.

بيان مصدق، حسب الاصول، برسوم ومصاريف الدعوى.

bill of credit سند اعتماد: خطاب محرر يكلف به شخص شخصاً آخر أن يدفع الى ثالث مبلغاً معيناً من النقود، ويتعهد له بتسديد هذا المبلغ. على ان التسمية الشائعة لهذا السند هي letter of credit خطاب اعتماد.

bill of discovery عريضة بينات جديدة: يرفعها أحد الخصوم في دعوى قيد النظر، مدعياً فيها أكتشاف بينات أو وثائق حيوية لدى خصم آخر أو تحت تصرفه وملتمساً اصدار الامر لهذا الخصم بتقديمها كي تنجلي بها بعض غوامض الدعوى أو يستفاد منها على أي حال.

bill of entry بيان صادر ووارد جمركي، يسرد تفاصيل البضائع الداخلة الى الجمرك والخارجة منه.

bill of evidence ضبط أو محضر شهادة معطاة اثناء المحاكمة. نسخة من شهادة معطاة أمام المحكمة.

bill of exceptions عريضة دفوع: مذكرة كتابية يرفعها ذو الشأن بما يتراءى له أثناء المحاكمة من الاعتراضات فيما يتعلق بقرارات قاضي الدعوى أو أوامره مع بيان الاسباب والظروف الداعية لها، فيؤشر عليها وتختم من القاضي وتودع بين أوراق القضية لاطلاع المحكمة الاستئنافية اذا لزم الامر.

bill of exchange سند إذني، سفتجة؛ كمبيالة؛ سند سحب: أمر مكتوب، غير معلق على شرط، باداء مبلغ محدد من النقود لشخص معين، قوامه ثلاثة أطراف: drawer ساحب (ينشىء السند ويوقعه)؛ drawee مسحوب عليه (يكلف بالاداء)؛ bearer or payee حامل أو مستفيد (يجب الاداء له).

bill of health شهادة صحية: تعطيها السلطات المختصة الى ربان السفينة، بياناً لحالة الميناء الصحية وقت ابحار السفينة منها وهي تبرز عادة في أول مرفأ تال تدخله السفينة، ويستدل منها على خلو السفينة من الامراض.

bill of indictment لائحة اتهام: ورقة رسمية مكتوبة توجه التهمة الى شخص أو أكثر بارتكاب جريمة أو جنحة معينة، وتحال الى هيئة محلفين تحقيقية grand jury كي تحقق فيها وتجري اللازم. فاذا اقتنعت هذه الهيئة بوجاهتها

أشرت عليها بعبارة a true bill ، والا كتبت عليها not a true bill أو not found

bill of information مذكرة أو عريضة ترفع بها الدعوى اذا كان صاحبها هو التاج أو الحكومة أو أية جهة تابعة لها ويكون رفعها مباشرة الى المحكمة المختصة عن طريق النيابة دون تدخل الـ grand jury (هيئة المحلفين التحقيقية).

bill of interpleader عريضة اعفاء من الخصومة؛ يقدمها شخص ثالث الى جهات القضاء المختصة طالباً فيها تسوية نزاع بين شخصين على شيء معين ليست له فيه مصلحة ولو كان تحت يده؛ وذلك لحمل الشخصين المذكورين على التقاضي وفض النزاع بينهما وتوفير مؤونة التقاضي على نفسه .

bill of lading وثيقة شحن؛ بوليصة شحن بحري

bill of lading for shipment سند برسم الشحن : اذا لم تعين السفينة في سند الشحن سمي هذا السند كذلك وكان دليلا على تسليم البضاعة للناقل carrier أياً كان .

bill of mortality بيان وفيات

bill of pains and penalties
(راجع pains and penalties, bill of)

bill of particulars بيان جزئيات أو مفردات : عرض كتابي يشمل تفاصيل الطلب أساس الدعوى أو رد المدعى عليه على تفاصيل هذا الطلب اذا كان لاغراض المقاصة (مع بيان التواريخ والمبالغ المدعى بها أو المدفوعة وغير ذلك مما يلزم بيانه) . ويكون تقديم هذا البيان من خصم الى آخر تلقائياً أو بأمر من القاضي .

[**قانون انكليزي**] مسودة براءة اختراع أو براءة تعيين في منصب أو منح امتياز أو غير ذلك .

bill of privilege [**قانون انكليزي قديم**] عريضة الشكوى من القضاة ورجال المحاكم واتباعها ممن كانوا يتمتعون بالحصانة من القبض .

bill of revivor عريضة بعث الدعوى أو إثارتها : وهي تقدم لاستئناف السير في الدعوى أو لتعقيبها بعد انقضائها أو سقوطها لسبب من الاسباب كموت المدعي أو زواج المدعية أو غير ذلك .

bill of revivor and supplement عريضة اثارة الدعوى واستكمالها : العريضة التي لا تقف عند حد طلب استئناف السير في دعوى سقطت لسبب من الاسباب بل تلتمس أيضاً تصحيح أغلاط أو اكمال نواقص انطوت عليها الاجراءات الاصلية .

bill of rights قانون الحقوق (الشعبية)؛ قانون الافراد

bill of sale سند بيع : اتفاق مكتوب وموقع حسب الاصول ، يتفرغ بموجبه من أنشأه عن مال له أو عن حصة في ذلك الى شخص معين نظير مبلغ معلوم من النقود .

bill of sight اقرار تقريبي كتابي؛ يقدمه المستورد الى السلطات الجمركية مبيناً فيه أوصاف البضاعة المستوردة على وجه التقريب وكأحسن ما يستطيع بناء على ما توافر له من المعلومات حتى ساعة تقديم الاقرار وذلك اذا لم يكن على بينة تامة من ماهيتها ودقائق أوصافها .

bill of store سند اعفاء جمركي : ترخيص يخول التاجر المسافر أن يتزود بما يحتاج اليه في رحلته من المؤن دون أن يؤدي عليه أية رسوم جمركية .

bill of taxed costs كشف رسوم ومصاريف

bill penal سند جزائي : التزام كتابي؛ يعترف فيه المنشىء بأنه يدين لشخص معين بمبلغ محدد من النقود، ويتعهد بأن يدفع اليه مبلغاً أكبر مما ذكر على سبيل الجزاء .

bill rendered كشف مقدمات : بيان تفصيلي بجزئيات مواد مقدمة من دائن الى مدينه أو عميل الى زبونه .

bill single تعهد كتابي غير مشروط : يلتزم به الموقع أن يدفع للمذكور مبلغاً محدداً في تاريخ معين .

bill to quiet possession and title; bill to remove a cloud on title عريضة ضمان خلوص الحيازة والملكية أو إزالة الشكوك عن حجة التملك .

ترفع هاتان العريضتان لغرض واحد هو التمكين لحق حيازة أو ملكية معين وايضاح معالمه وازالة الشكوك عنه .

bill to take testimony *de bene esse* عريضة تعجيل شهادة : تقدم الى محكمة الدعوى رجاء اخذ شهادة شخص معين حول واقعة حيوية في تلك الدعوى قبل الموعد المحدد لسماعها وذلك اذا توافر من الاسباب المعقولة ما يخشى معه ضياع الشهادة المذكورة لو أجلت الى جلسة النظر في الدعوى .

billa cassetur* or *quod billa cassetur أن ترد العريضة أو يقرر سقوطها أو بطلانها (من قبل القاضي) بناء على طلب المدعى عليه .

billet يؤوي جندياً ؛ يوفر له المسكن والمأكل في محل معد لسكنى المدنيين .

[كاسم] محل سكن الجندي في مكان معد لسكنى المدنيين؛ التصريح الذي يخوله السكنى في مثل هذا المكان.

bind يلزم، يقيد، يربط، يواثق

bind out يلزم بخدمة، يقيد أو يربط بالتزام

binder [معاملات التأمين] مذكرة اتفاق على تأمين، تعتبر وثيقة تأمين مؤقتة، وتعطى على سبيل حماية المؤمن عليه ريثما تكتمل التحقيقات اللازمة وتنظم وثيقة التأمين الرسمية.

binding on all ملزم للكافة؛ حجة على الكافة

binding over يربط (بكفالة)

ربط (بكفالة)؛ أخذ تعهد؛ الزام شخص بتقديم ضمان أو تعهد كتابي بحضور أو شهادة أو محافظة على نظام أو غير ذلك.

bipartite ثنائي؛ ذو شقين؛ مزدوج

birretum; birretus قلنسوة (قبعة) سوداء يلبسها القضاة وبعض رجال القانون من حملة لقب serjeants at law.

birth ولادة، مولد

bis مكرر، تكرار، اعادة

bishopric أسقفية؛ أبرشية

Black Book of the Admiralty كتاب البحرية الاسود: كتاب قانون يرجع عهد وضعه الى زمن الملك ادوارد الثالث ويعتبر مرجعاً في المسائل البحرية ويشمل مجموعة من قوانين Oleron مع شرح جمهرة كبرى من المسائل الخاضعة لولاية محاكم الـ Admiralty (دائرة القضاء البحري).

black cap قبعة أو قلنسوة سوداء يلبسها القاضي عند النطق بحكم الاعدام.

black code المدونة السوداء: أطلق هذا الاسم سابقاً على مجموعة القوانين والانظمة والقواعد التي كانت تحكم العبيد وشؤونهم في الولايات المتحدة الاميركية الجنوبية قبيل عام ١٨٦٥.

black maria عربة مقفلة تعد لنقل المساجين من مكان الى آخر أو بين المحكمة والسجن.

blackleg مقامر محترف، يعيش على الرهان أو اليانصيب. مقامر غشاش، اشتهر عنه الغش في لعب الورق. تعتبر هذه الكلمة من عبارات القدح ويطلقها أيضاً أعضاء اتحادات العمل على العامل المنشق على الاتحاد.

blacklist قائمة سوداء

blackmail ابتزاز: حصول على مال أو شيء بالتهديد بفضيحة او الوعيد بأذى.
أطلقت هذه الكلمة قديماً على الفدية (من نقود أو حبوب أو ماشية أو غير ذلك) التي كان يؤديها الانكليز الساكنون على حدود اسكتلندا الى الاقوياء من رؤساء القبائل تأميناً على ارواحهم وأموالهم من تعديات قطاع الطرق.
[كفعل] يهدد بفضيحة؛ يبتز بالتوعد بفضيحة

black market سوق سوداء

black marketeer تاجر سري: من تعامل في السوق السوداء أو تاجر بالممنوعات بيعاً أو شراء.

blame لوم؛ تلويم

[كفعل] يلوم؛ يؤاخذ؛ يلقي تبعة (أمر على الغير)

blameless لا يلام؛ لا لوم عليه أو تبعة؛ لا غضاضة فيه

blanche firme اجرة بيضاء: الايجار الذي كان يدفع (بالفضة) نقداً لا عيناً.

blank بياض أو فراغ، يترك في الورقة أو الاستمارة ليملأه ذو الشأن بما يلزم.

— in blank على بياض؛ لغير مسمى

blank acceptance قبول على البياض: توقيع السند المالي وتسليمه للمستفيد أو للواسطة دون تحديد قيمته أو تحرير البيانات الاضافية اللازمة فيه.

blank bar [دعاوى انتهاك حرمة الملك] حمل المدعي على تحديد النقطة التي حصل فيها الاعتداء على عقاره.

blank bill كمبيالة بيضاء: لم يذكر فيها اسم المستفيد

blank bonds سندات بيضاء لحاملها: سندات مالية قابلة للتداول، يترك فيها تعيين اسم المستفيد خالياً وتنتقل ملكيتها بالتداول والحيازة.

blank cheque; blank indorsement or indorsement in blank صك (أو شك) على بياض. تظهير بياض: تظهير الصك أو السند (أو تجييره) بالتوقيع عليه دون تعيين اسم المستفيد.

blank transfer تحويل غفل؛ تنازل على بياض: من ذلك تحويل الاسهم دون ذكر اسم المحول لصالحه.

blaspheme يجدف: يكفر بطريق اللفظ أو الكتابة

blasphemy تجديف: تفوه بعبارة الكفر أو كتابتها

blended fund [مواريث] حاصل اجمالي لمبيع أموال الموصي يوزع على الورثة حسب تعليمات الموصي.

blind أعمى ؛ كفيف ؛ فاقد البصر

blind tiger مكان سري لبيع المسكرات خلافاً للقانون

bloat يورم ؛ ينفخ ؛ يفرط في حشو شيء ؛ يملأ حتى يطفح

bloc كتلة أو جبهة : قوامها عدد من الاحزاب أو الشعوب أو الامم تأتلف أو تتحد لتحقيق غرض واحد مشترك .

block يعرقل ؛ يقف (في سبيل شيء) ؛ يصد ؛ يمنع ؛ يقاوم ، يعترض (أمراً) ، يحول دونه

[كإسم] قسيمة (ج. قسائم)

صف متراص من بنيان ؛ عمارة كبرى قوامها عدد من الدور أو المنازل .

blockade [قانون دولي] حصار بحري يضرب على دولة أو ميناء لمنع اتصالها بالخارج وقهرها على الرضوخ لامر معين .

[كفعل] يحاصر أو يوصد (ثغراً أو ساحلا معيناً لقطع الاتصال البحري عنه) .

— pacific blockade حصار سلمي : حصار بحري تشترك دولتان أو أكثر في ضربه على دولة أخرى كي تقهرها على الاذعان لسلوك أو تصرف معين . وهو سلاح سلمي ونوع من المراغمة يلجأ اليه بدلا من الحرب الفعلية . والحصار السلمي في القانون الدولي سلاح مشروع اذا استعمل وفقاً للشروط والقواعد الدولية المرعية .

— paper blockade (راجع باب paper)

— public blockade حصار عمومي (معلن) : حصار بحري يضرب على الدولة المحاصرة وتعلن الدول الاخرى رسمياً بسريانه .

— simple blockade حصار بحري بسيط ؛ يقوم أحد القواد البحريين بفرضه بناء على تقديره الخاص أو أمر قائد أعلى منه ، دون أن يرجع الى حكومته أو يتلقى أمرها أو اذنها به .

blood دم ؛ آصرة دم ؛ تحدر من أصل واحد ؛ قرابة مباشرة

— half-blood قرابة نصف الدم : القرابة التي تكون بين الاخوة لأب فقط أو لأم فقط .

— in cold blood [مواد جنائية] بدم بارد ؛ أي بتعمد وسبق إصرار

— mixed blood دم مختلط : دم الشخص الذي يكون والداه مختلفي الجنس أو الجنسية .

— whole blood قرابة كاملة : تتحد فيها الاصول ؛ كالقرابة التي تكون بين شخصين أو أكثر تحدروا من ذات الوالدين .

blood feud إحن دم ؛ ثأر قائم بين قبيلة وأخرى ؛ أخذ بثأر

blood money دية ؛ بدل دم : يدفعه القاتل على سبيل التعويض لاهل المغدور .

مكافأة تدفع لمن قبض على مجرم فار متهم بفعل جزاؤه الاعدام .

bloodhounds كلاب بوليس : تستخدم احياناً لاقتفاء آثار الجرائم وتعقب المجرمين .

bloodwit غرامة دم : تفرض على اهراق الدم . حق تقاضي هذه الغرامة .

bloody hand [مواد الصيد] (قرينة) اليد الملوثة . اذا وجد شخص ماراً من غابة محظورة ويده أو أطرافه ملوثة بالدم ، كان ذلك قرينة على ارتكاب جرم الصيد الممنوع ولو لم يعثر عليه وهو متلبس .

blot on title عيب في حق الملكية

Blue Book كتاب أزرق : تقرير يصدره البرلمان الانكليزي أو مجلس الملكة الخاص .

blue laws [في الولايات المتحدة] نعت دارج يطلق على القوانين أو الانظمة الدينية الصارمة .

blue note [مواد التأمين] اشعار تمديد غايته اطالة مدة البوليصة (وثيقة التأمين) الى التاريخ المحدد فيه .

blue sky law يطلق هذا الاسم على القوانين الموضوعة لمراقبة شركات تثمير رؤوس الاموال حرصاً على حماية الناس من بذل أموالهم للشركات الاحتيالية .

bluff ايهام ؛ تمويه ؛ تظاهر بالعزم على اتيان فعل أو تهديد بالمقدرة على اتيانه .

blunder سوء تدبير ؛ سير على غير هدى أو بصيرة ؛ ترد في اغلاط لا مبرر لها . الغلط الواضح في سلوك أو تصرف .

board يصعد الى يصعد ، نحو : to board a ship السفينة .

[كإسم] مجلس ؛ هيئة

السكن (بمعنى المبيت) والاكل الذي تقدمه المحال العامة كالفنادق ودور الضيافة لنزلائها نظير اجور مقررة .

board and search الصعود والتفتيش : حق الصعود الى السفينة وتفتيشها .

body politic (or **corporate**) مجموعة سياسية أو هيئة اعتبارية ؛ دولة ؛ أمة ؛ مكونة اجتماعية أو سياسية يخضع افرادها لقانون ونظام واحد .

bogus وهمي ؛ مستعار (غير طبيعي) ؛ زائف ؛ معد للنصب

boils [مواد التأمين] تأمين من الدمامل ، وثيقة تأمين تنص على وجوب دفع مبلغ تأمين معلوم للمؤمن عليه اذا أصيب بنوع معين من الدمامل .

bolt يتخلى ؛ ينفصل ، ينشق عن حزب بصورة مفاجئة . انسحاب بعض الاعضاء المشتركين ، في مؤتمر سياسي ، انسحاباً نهائياً قبل انفضاضه .

يتهم المدين of having bolted اذا ترك محل عمله فجأة بقصد التهرب من الدائنين .

bolting درج استعمال هذا الاصطلاح قديماً في جمعيات القانون الانكليزية المعروفة باسم inns of court وخصوصاً في Gray's Inn للدلالة على مناظرات التدريب الخاصة في المسائل القانونية تمييزاً لها من المناظرات العامة الاخرى المسماة mootings التي كانت تجري على نطاق أوسع لتمرين طلبة القانون على الدفاع والمرافعة .

bona [كاسم] سلع ؛ أموال ؛ ممتلكات

[قانون روماني] استعمل هذا التعبير للدلالة على كافة أنواع الاموال الثابتة والمنقولة والمختلطة (الجامعة بين الصفتين mixed property) .

[قانون مدني حديث] يراد بكلمة *bona* كافة أنواع المال (الثابت والمنقول) .

[كنعت] حسن ؛ سليم

bona confiscata سلع أو منقولات مصادرة

bona et catalla سلع وأمتعة ؛ منقولات بوجه عام (مهما كان نوعها)

bona felonum [قانون انكليزي] أموال مجرم أو شخص مدان بجناية .

bona fide بنية حسنة أو سليمة ؛ حسن النية ، دون غش أو خداع ؛ عن اخلاص ؛ حقاً ؛ فعلا . عن غير علم بمصدر الموضوع أو ما يلابسه من ظروف لا يقرها القانون .

***bona fide* holder for value** حامل أو حائز حسن النية : من احرز الشيء أو حازه بنية سليمة نظير عوض معلوم و بمبايعة عادية .

board of aldermen مجلس بلدي : هيئة تهيمن على شؤون البلدية .

board of audit [في بعض الولايات المتحدة] مجلس المحاسبة ؛ محكمة مختصة بفحص حسابات المجالس البلدية وتسويتها .

board of directors مجلس ادارة : قوامه عدد معلوم من مديري مؤسسة .

board of pardons [في الولايات المتحدة] مجلس عفو ؛ يعود اليه النظر في عرائض الاسترحام والرأفة ورفع ما يراه بشأنها من تقارير وتوصيات الى الحاكم المسؤول .

board of review مجلس مراجعة : هيئة شبه قضائية تختص بسماع الادعاءات والشهادات المقدمة لابداء الاغلاط في كشوف الضرائب وتقرير مدى صحة التخمين .

board of trade مجلس تجارة

[في انكلترا] وزارة التجارة

bocland (راجع book land بعد charter - land)

bodily جسماني ؛ بدني : خاص بالبدن دون العقل (أو النفس)

bodily harm ضرر جسماني

bodily heirs (راجع body heirs)

bodily infirmity عاهة جسمية : علة مستديمة تحل بالبدن فتنال من صحته وقدرته على اداء وظائفه العادية .

bodily injury اذى جسماني أو جسمي

body هيئة ؛ شخص (طبيعي أو اعتباري) ؛ مجموعة . جسم أو بدن . متن ؛ صلب (قانون أو مستند أو محرر)

body corporate هيئة اعتبارية أو معنوية : كالشركات والجمعيات والمؤسسات الخاصة والعامة . سميت كذلك باعتبارها وليدة القانون .

body execution تنفيذ بدني ، يتناول شخص الفرد ، ويكون توقيعه بأخذ شخص المذكور في أمر التنفيذ وايداعه السجن .

body heirs ورثة صلبيون

body of a decree متن أو صلب المرسوم : مجموعة نصوصه باستثناء ديباجته .

body of laws مجموعة قوانين

***bona fide* possessor** ممتلك أو حائز حسن النية: يعتقد أنه المالك الوحيد للارض ولا يعلم بوجود شخص آخر ينازعه هذه الملكية بما يدعيه من حق اقوى .

***bona fide* purchaser** مشترٍ حسن النية؛ يشتري شيئاً بثمن معلوم اعتقاداً منه أن البائع يملك حق بيعه ودون أن يداخله شك في احوال البيع يقتضى منه الحذر والتحري عن سلامة حق البائع .

bona fides سلامة نية؛ إخلاص؛ شرف معاملة

bona forisfacta عروض مفقودة أو مصادرة بداعي مخالفة أو تقصير .

bona fugitivorum أموال مجرم فار: ارتكب احدى الجنايات وفر من وجه العدالة .

bona gestura حسن سلوك أو سيرة

bona gratia اختياراً؛ تطوعاً، بقبول أو رضى متبادل

bona immobilia املاك؛ ممتلكات ثابتة؛ أراض

bona mobilia منقولات؛ أموال منقولة

bona notabilia عروض، أمتعة ذات قيمة تستأهل الاعتبار .

bona paraphernalia جهاز الزوجة؛ أمتعتها الخاصة غير المشمولة بالدوطة: كثيابها وحليها ومجوهراتها وأدوات زينتها .

bona patria [قانون اسكتلندي] هيئة محلفين مختارة من أهل الجيرة .

bona peritura سلع قابلة للتلف؛ بضائع معرضة لهلاك أو فساد .

bona utlagatorum أموال أو منقولات الخارجين على القانون outlaws .

bona vacantia أموال شاغرة أو سائبة: لا يدعي أحد فيها بأي حق .

bona waviata أموال متروكة؛ أمتعة مسروقة ومتروكة أستولى عليها سارق ثم سقطت منه أثناء فراره أو رماها قصداً ليسهل لنفسه الهرب أو ليتفادى الشبهة .

bonae fidei بنية سليمة؛ عن نية حسنة

***bonae fidei* contracts** [قانون مدني وقانون اسكتلندي] عقود النية الحسنة؛ العقود القائمة على سلامة النية، التي يرجع فيها الى أحكام العدالة المطلقة لضمان انصاف فرقائها وتفسيرها حسب نياتهم السليمة .

bonae fidei non congruit de apicibus juris disputare ليس من سلامة النية أن يتمسك بدقائق التدابير (أي الحيل أو التحوطات) القانونية .

bond [كفعل] يودع، يخزن (بضاعة) في مخازن استيداع. يحول (مالا) الى دين مضمون بتعهد: يرتبط بتعهد؛ يعطي تعهداً بشيء (كأداء ضريبة أو رسوم على بضاعة). يستعهد؛ يربط بالتزام مكتوب .

[كاسم] سند دين متداول؛ بينة (كتابية) على ذمة؛ شهادة بدين؛ صك قابل للتداول يرتب على من أنشأه ديناً طويل الاجل يعود بفائدة معلومة .

سند يتعهد بموجبه الملتزم obligor أن يدفع الى الملزم obligee مبلغاً معيناً من النقود في يوم محدد . من السندات ما يقترن بشرط جزائي ينص على وجوب قيام الملتزم بعمل معلوم أو دفع غرامة مقررة اذا لم ينجز ما تعهد به؛ ويكون الغرض من هذه السندات تغريم المتعهد المقصر أو الممتنع . على أن القانون لا يجيز أمثال هذه الغرامات على علاتها بل يحكم للمطالب بالاضرار التي اصابته فعلا بجراء عدم الوفاء .

[قانون انكليزي] صك منظم حسب الاصول لإثبات دين نقدي يحل اداؤه في ميعاد معين ويعطى عليه فائدة نصف سنوية حتى حين الاداء .

[قانون اسكتلندي] سند يرتب التزاماً بدفع مبلغ من المال أو أداء عمل معين أو الامتناع عنه يرافقه أحياناً رهن حيازة تنتقل به بعض الاموال الى المتعهد له obligee على سبيل ضمان الوفاء .

— bearer bond سند الحامل؛ السند لحامله

— convertible bond سند قابل للتحول (الى أسهم)

— double bond (راجع باب double)

— forthcoming bond التزام مضاف الى زمن مستقبل يتوقف نفاده على حصول أمر معين .

— heritable bond [قانون اسكتلندي] التزام مكتوب يعطى للدائن بقيمة دينه مع أرض يتصرف له المدين فيها لتبقى تحت يده حتى يستوفي ما له من دين .

— in bond موجودة بمخازن الاستيداع؛ في عهدة الجمارك (حتى يؤدى ما عليها) .

— income bond سند قرض ذو ايراد معلوم

— liability bond [مواد التأمين] التزام تأمين ضد

المسؤولية . تعهد تأمين من المسؤولية يضمن كل ما يستحق للغير على المؤمن له .

— lloyd's bond سند بدين (ذي فائدة) يشهد على تسليم بضاعة أو انجاز عمل . سند تصدره الشركة المعنية شهادة بما يترتب عليها من ذمة للحامل أو الشخص المسمى فيه .

— *post obit* bond (راجع باب post)

— simple bond سند بسيط؛ لا يحتوي على شرط جزائي يلزم بموجبه الملتزم obligor نفسه وورثته ومنفذي وصيته ومديرها بدفع مبلغ معلوم من النقود لشخص معين obligee عند الطلب أو في يوم محدد .

— straw bond سند أو تعهد أجوف: يلزم فيه الاداء أشخاصاً وهميين لا وجود لهم أو حقيقيين لا يرجى منهم الاداء أو لا قبل لهم به . يطلق الاسم ذاته أيضاً على الكفالات الواهية التي لا تفي بمقتضيات القانون .

bond and mortgage سند ورهن: نوع من الضمان، قوامه سند يلتزم فيه المدين اداء مبلغ معين من المال وعقار رهن لدى الدائن ضماناً لتنفيذ شروط السند أو ضمانان مستقلان أحدهما سند يتعهد بدفع والثاني رهن يضمن هذا الدفع .

bond creditor دائن مضمون: يحمل سنداً ضامناً لدينه .

bond for deed تعهد بشراء عقار باقساط بسيطة تدفع مشاهرة .

bond for title سند تفرغ: التزام مكتوب يتعهد بموجبه شخص أن يتفرغ لآخر عن حق ملكية معين بعد أن يستوفي منه (من المتفرغ له) عوضاً مقرراً .

bond holder صاحب السند أو حامله

bond in customary form سند دين كتابي: يلتزم فيه المدين أن يدفع عند الطلب مبلغاً محدداً من النقود لشخص معين ويوقعه بحضور شاهدي عدل .

bondage عبودية؛ استعباد؛ تسخير؛ أسر

bonded مضمون بالتزام أو تعهد

bonded debt دين مضمون بسند: دين قانوني تعقده المؤسسات الرسمية وتؤديه تدريجياً من الرسوم أو الضرائب المستوفاة .

bonded goods عروض مودعة في مخازن استيداع، حتى تستوفى عليها الرسوم المقتضاة .

bonded liabilities ذمم أو ديون مؤمن عليها برهن أو ضمان .

bonded warehouses مخازن ايداع

bonds of state اسناد أو سندات دولة

bondsman كفيل؛ ضامن

bones gents [قانون انكليزي قديم] استعملت هذه العبارة في مخاطبة أعضاء هيئة المحلفين على سبيل التبجيل بمعنى رجال أفاضل good men .

boni judicis est judicium sine dilatione mandare executioni على القاضي الصالح أن ينشد تنفيذ الحكم دون تأخير .

boni judicis est lites dirimere, ne lis ex lite oritur, et interest reipublicae ut sint fines litium يجدر بالقاضي الصالح أن يمنع الخصومات، ويحرص على أن لا تتوالد الدعاوى، ومن دواعي صالح الدولة أن يوضع حد للتقاضي .

bonification تجاوز عن أداء. اعفاء من ضريبة يشمل العروض المنوي اصدارها الى الخارج، ولا يكاد يختلف من حيث الأثر عما يسمى drawback .

bonis non amovendis [دعاوى الاخلاء] أمر قضائي تصدره المحكمة، المرفوعة اليها عريضة الطعن في الحكم على أساس الغلط، الى الـ sheriff رئيس الضبط القضائي كي يتخذ التدابير اللازمة للحيلولة دون ازالة أمتعة المدعى عليه أو منقولاته من المؤجر حتى يفصل في الطعن .

bonitarian ownership [قانون روماني] ملكية انصافية؛ حق يمارسه الفرد في الاشياء على أساس الانصاف equity دون حرفية النصوص القانونية .

bonorum emptio or *venditio* [قانون روماني] شراء املاك المعسر ممن (أو بيعها لمن) يعرض سداد المقدار الاكبر من الذمم المترتبة على المعسر .

bonus اكرامية؛ منحة أو مكافأة تعطى بسبيل الهبة، ولا يملك معطاها حق المطالبة بها . علاوة تبرعية . مبلغ أو أجر اضافي يتلقاه المستخدم . عوائد توزع على اصحاب وثائق التأمين .

bonus stock أسهم أو حصص تفضل أو نحلة توزع على المشترين للسندات بغية تشويقهم الى الشراء أو تقديم القروض .

boodle أموال خاصة، تصرف على الرشوات السياسية أو رشوة الموظفين الرسميين .

book كتاب: مؤلف تحريري مطبوع ومجلد. مجموعة من أفكار أو بيانات أو أرقام أو قيود مطبوعة على ورق أو ما يقوم مقامه ومجلدة. مؤلف أدبي مطبوع ومجلد. وقد يعني هذا التعبير، لاغراض القانون، كراساً أو مجلة أو عدداً من الاستمارات (المعدة للتعبئة) أو الصكوك (المعدة للسحب) أو يكون قوامه مجرد ورقة واحدة طبعت عليها قطعة موسيقية.

book account حساب دفاتر: بيان المطلوبات والمدفوعات أو المشتريات أو الخدمات المنجزة أو ما الى ذلك حسب واقع الدفاتر.

book debts ديون دفاتر: ذمم لا يوجد عليها بينة سوى قيود الدفاتر، كالديون المطلوبة من نزلاء الفنادق حسب دفاترها أو المبالغ المطلوبة من الزبائن بموجب قيود عملائهم التجار وما الى ذلك.

book maker وكيل رهان، يحمل ترخيصاً لممارسة حرفة جمع المراهنات ويدفع رسوماً معلومة نظير ممارسة الحرفة المذكورة.

book of account دفتر حسابات

book of acts سجلات أو قيود الـ sarrogate's court (وهي محكمة أميركية تختص بالمواد الحسبية).

book of original entries دفتر يومية: يدون فيه التاجر تفاصيل معاملاته اليومية.

book of rates جدول (فئات) الرسوم الجمركية.

book value قيمة مثبتة بدفتر أو قيد، صافي الربح والخسارة حسب الدفاتر.

booked محجوز أو مخصص لحساب شخص معين: كتذكرة سفر أو مكان في ملهى أو وسيلة نقل أو غير ذلك. مدون أو مقيد (في دفتر أو سجل).

bookland (راجع charter-land)

boom phase فترة رخاء أو رواج

boom days أيام معلومة من السنة كان يلزم فيها المستأجر (قديماً) باداء خدمات يدوية خاصة لارباب الاراضي.

bootlegger بائع ويسكي: شخص يتعامل بالمشروبات الروحية بصورة تتنافى مع القانون.

bootstrap doctrine مبدأ قانوني يقضي بأنه اذا حضر الخصوم على سبيل الخضوع المطلق لولاية المحكمة أو الرغبة الى التثبت من مدى صلاحيتها أو الخضوع المشروط (الذي يتعلق بنواح خاصة من النزاع) وقررت أنها ذات صلاحية كان قرارها قاطعاً لا يقبل الطعن.

booty غنائم أو أسلاب: أخذت من العدو بسبيل حرب برية.

bord-brigch [قانون سكسوني] اخلال بكفالة أو ضمان خيانة أمانة أو عهد أو ثقة.

border warrant أمر قضائي يصدره القاضي المختص بالقبض على شخص مطلوب يقيم عبر الحدود القائمة بين انكلترا واسكتلندا.

bordlands [نظام اقطاعي] الاراضي التي كان يحتفظ بها السادة الاقطاعيون لحاجاتهم الخاصة من اكل وشراب أو يقطعونها للغير نظير حاصلات أو ثمار معلومة تؤدى اليهم.

borg [قانون سكسوني] عهد؛ كفيل؛ ضامن

borgiriche (راجع bord-brigch)

borgesmon [قانون سكسوني] أطلق هذا اللقب في النظام المدني السكسوني على رأس كل tithing: (راجع الاصطلاح الاخير في مكانه).

born ولد أو مولود. اذا ولد الطفل ميتاً أو وهو جنين لا ترجى حياته اعتبر كأنه لم يولد أبداً as never born.

born alive ولد حياً. يقال هذا الاصطلاح في المولود لو مات بعد ولادته لدقائق قليلة دون أن يصرخ؛ ويكفي لاغراض هذا التعبير أن يولد بقلب نابض.

born out of wedlock ولد لغير زواج: لم يولد في ظل الزوجية، مولود غير شرعي.

borough بلدة؛ بلدة مسورة أو ذات مجلس بلدي: ممثلة في البرلمان بعضو واحد أو أكثر.

تمنح البلدة أو المدينة لقب borough بقانون برلماني أو ارادة ملكية.

[قانون اميركي] جزء من مدينة، وحدة ادارية تمارس سلطات خاصة فيما يتعلق بالمؤسسات القائمة في نطاقها.

— pocket borough بلدة ممثلة في البرلمان بنائب واحد.

borough courts محاكم جزئية محلية توجد في بعض المناطق الانكليزية بحكم العادة ومضي الزمن أو بموجب أذن ملكي أو قانون برلماني وتتولى الفصل في المنازعات المحلية

البسيطة تسهيلا لمراجعة القضاء وحرصاً على راحة الاهلين وتفادي متاعب الانتقال وتكاليفه .

borough english عرف متوطد (في بعض نواحي انكلترا) تؤول بموجبه تركة الاب كلها عند موته للابن الاصغر وحده دون الباقين من اخوته .

borough fund ايراد مجلس الـ borough البلدي من الرسوم والعوائد المحلية .

borough sessions محاكم بلدية ذات اختصاص جزائي محدود : تنشأ في الـ boroughs بموجب قانون المجالس البلدية Municipal Corporations Acts .

borrow يقترض؛ يستدين؛ يستلف

borrowe [**قانون اسكتلندي قديم**] رهن وفاء؛ ما يودع الدائن ضماناً لدينه .

borrowed capital رأسمال مقترض: مبالغ مطلوبة لشركة من أخرى استعملتها كرأسمال لها . عوائد ربح اعلنت عنها الشركة ولم توزعها في حينها .

borrower مقترض؛ مستعير؛ مستدين

borrowings ذمم؛ مديونية، سلف، حساب مكشوف . سحب بنك من بنك آخر على المكشوف .

borsholder [**قانون سكسوني**] شيخ borough (البلدة) أو رئيسها .

borstal institution معهد اصلاح . مؤسسة اصلاحية يحجز فيها المجرمون الاحداث ممن أتموا السادسة عشرة ولم يتموا الحادية والعشرين، للعمل على تهذيبهم وعلاج اخلاقهم بالنظام والتدريب على الصناعات والاعمال النافعة . ولا ينبغي (حسب قانون الاحكام الجنائية الانكليزي الصادر سنة ١٩٤٨ Criminal Justice Act) أن تزيد مدة الاعتقال المحكوم بها في هذا المعهد على ثلاث سنين . فاذا أفرج عن الحدث بعد انتهاء مدة الحكم، وضع تحت اشراف جمعية أو شخص معين مدة أربع سنين يجب عليه خلالها أن يراعي شروطاً معينة تضعها المؤسسة المذكورة .

boscage [**قانون انكليزي**] علوفة الماشية من الاحراش وما توفره من الخشب والورق الصالح للعلف .

boscus غابة أو حرج

bote or **bot** [**قانون انكليزي قديم**] بدل؛ تعويض، عوض؛ فائدة؛ كسب
غرامة؛ دية؛ جبر خسارة أو تعويضها

مستلزمات الزراعة، أو حاجات المزارع المستأجر .
ترد هذه الكلمة في الغالب مركبة مع أمثال الكلمات التالية :

— dolg-bote بدل الجرح؛ التعويض المستوفى عليه

— feud-bote تعويض الاشتراك في مشاحنات الثأر بين (قبيلة وأخرى) .

— God-bote غرامة الجرائم الدينية، غرامة كنسية

— had-bote غرامة الاعتداء على رجال الدين

— house-bote ما يسمح به للمزارع من أخشاب لبناء بيته أو اصلاحه .

— mag-bote or maeg-bote دية قتل القريب

— man-bote بدل النفس، عوض القتل أو ديته: وخصوصاً ما يؤدى الى السيد من التعويض على قتل أحد أتباعه .

both كلاهما؛ كل منهما؛ كلا الاثنين، الواحد والآخر .

botiler of the king [**قديماً**] موظف خاص أنيطت به وظيفة توفير الخمر للملك وكان له بحكم هذه الوظيفة أن يختار برميلين لحساب الملك من كل سفينة تحمل خمراً .

bottom hole contract عقد حفر محدود: يتفق بموجبه مقاول الحفر على أن يحفر بئراً لا تتجاوز عمقاً معيناً بحيث اذا بلغ العمق المقرر دفع له صاحب البئر كامل المبلغ المتفق عليه .

bottomage or **bottomry** اقتراض برهن السفينة؛ اقتراض على جسم سفينة لاصلاحها أو تجهيزها أو غير ذلك.

bottomry bond سند اقتراض على جسم سفينة: سند اتفاق على قرض برهن سفينة .

bough of a tree [**قوانين الاقطاع**] غصن شجرة؛ رمز ايلولة الارض الى شخص من آخر اقتطعها من الملك مباشرة .

bought اشترى . مشتريات . تم شراؤه أو الاتفاق عليه . تم قبوله من طرفي المبايعة .
تفيد هذه الكلمة تمام المعاوضة واداء المقابل (أو الثمن) .

bought and sold notes مذكرات مبيعات ومشتريات: تصدر اولاها (مذكرة المبيعات) sold note عن السمسار اشعاراً بأنه أتم بيع ما كلف بيعه، وتصدر عنه الثانية (مذكرة المشتريات) bought note اشعاراً بأنه اشترى من البضاعة ما كلف بشرائه .

bought book دفتر المشتريات

bougth journal يومية المشتريات

bought ledger دفتر استاذ المشتريات

bouncer شخص يستخدم في محال اللهو والشرب والقمار للمحافظة على النظام وقهر الزبائن المخلين أو المشاغبين على الخروج من المحل بالقوة إذا لزم الامر .

bound [كنعت] ملزم باداء شيء أو فعله بناء على عقد أو اتفاق أو واجب أدبي أو غير ذلك؛ مجبر

[في حركات السفن] قاصدة أو متوجهة

bound bailiffs محضرون تابعون للـ sheriffs (عمال الملك) يربطون عادة بكفالات خاصة تضمن حسن ادائهم لوظائفهم .

boundary حد؛ فاصل (طبيعي أو اعتباري) يفصل ملكاً عن آخر .

-- **natural boundary** حد طبيعي: أقامته الطبيعة فاصلا بين أرضين أو مكانين وأقره ذوو الشأن .

— **private boundary** حد خاص؛ حد اعتباري: أنشاه ذوو الاملاك المتلاصقة ليكون حداً فاصلا بين أملاكهم

bounds تخوم؛ حدود

bounties انعامات: أموال يدفعها التاج على سبيل المكافأة لرجال البحرية أو التشجيع للمصدرين أو على سبيل البر .

bounty lands أراضي هبة؛ قطع من الاراضي العامة تمنحها الجهات الرسمية لبعض الافراد تقديراً لجهودهم أو مكافأة لهم على ما أدوه من خدمات عسكرية أو قاموا به من أعمال مشرفة تستأهل المكافأة .

bourgeois برجوازي: أحد أفراد طبقة متوسطة (من الشعب) يغلب عليها حسن الحال .

bourse بورصة؛ سوق مالية، مصفق تجاري

bourse de commerce [قانون فرنسي] بورصة تجارة . مجموعة التجار ورؤساء السفن وعملاء الكمبيو في كل مدينة توجد فيها بورصة .

bovata terrae مساحة من الارض يكفي لخدمتها ثور واحد، تتراوح بين ١٣ و١٨ فداناً انكليزياً .

bow جؤجؤ أو قيدوم السفينة (أي مقدمتها) .

bow-bearer [قديماً] مأمور غابات تابع للـ sheriff عامل الملك؛ أنيطت به مهمة التحقيق في جرائم التعدي على الغابات وتقديم المخلين للقضاء .

bowie knife سكين طويل يشبه الخنجر من حيث الشكل ذو حد واحد .

يطلق الاسم ذاته أيضاً على سكين الجزارة .

box [كاسم] قفص

[كفعل] كلمة غير فنية تستعمل بمعنى: يرفع عريضة أو يودعها محكمة أو جهة قضاء .

— **jury box** قفص المحلفين؛ مجلس المحلفين من المحكمة: المكان المعد لجلوس هيئة المحلفين .

— **witness box** قفص الشهود: المكان المخصص لجلوس الشهود والادلاء بالشهادة .

boycott يقاطع، مقاطعة: التآمر والاتفاق على عدم التعامل مع شخص أو هيئة أو ناحية أو مؤسسة لقهرها على أمر أو سلوك مراد . قطع العلاقات الاجتماعية أو التجارية مع جهة معينة لحملها على اتخاذ سياسة خاصة أو العمل بما كلفت به .

— **primary boycott** مقاطعة أولية: المقاطعة التي يشنها اتحاد العمال أو المستخدمون ضد رب العمل بسبيل الامتناع عن خدمته والتعامل معه .

— **secondary boycott** (راجع باب secondary)

branch فرع؛ فرعي؛ ناحية؛ عضو؛ مسلك؛ دائرة أو اختصاص (بمعنى department) .

branch of the sea [قانون عام] ذراع البحر: وهو يشمل أجزاء النهر التي يصل اليها المد والجزر قرب المصب .

branch pilot [قانون بحري] مرشد أو هاد مرخص له؛ منحته الجهات المختصة شهادة الصلاحية للارشاد بعد اجتياز الفحص اللازم .

brand يسم (بسبيل الكي)؛ يشم أو يحدث في الجسم وشمة أو علامة بقطعة حديد محماة بالنار .

branding عقوبة الكي أو الوشم بالنار: قصاص عسكري قديم ، كان يقتضي كي المذنب بحديد محمى بالنار يترك في جلده علامة دائمة .

brass knuckles or **knucks** ملكمة معدنية؛ سلاح مصنوع من القصدير يلبس في اليد ويستعمل في جرائم الاعتداء ليزداد به خطر اللكمة وايذاؤها .

brassage رسم سك العملة

brawl مشاجرة؛ مشادة صاخبة في محل عام، من شأنها أن تعمل على تكدير السلام .

breach كسر (قانون)، خرقه؛ نكث؛ نقض؛ إخلال؛ انتهاك (حرمة)؛ تكدير (سلام)

— anticipatory breach اخلال مقدم بالواجب : الاخلال بالواجب قبل أن يحل اداؤه . وهذا ما ينكشف عنه الكلام أو الفعل الدال على نية الشخص بأن يتخلى عن تعهد مستقبل؛ من ذلك تصريحه مثلا، بأنه لن يقوم أو لن يستطيع القيام بواجب تعاقدي معين .

ومن اعمال الافلاس ما يصح ادخاله في هذا الباب من الاخلال.

— constructive breach اخلال تمهيدي: التهيؤ للاخلال بالواجب، كلجوء الملزم بانجاز عمل تعاقدي الى احداث ضرر في نفسه يمنعه من أداء واجبه، أو اعلانه قصد عدم القيام بما يترتب عليه قبل الموعد المحدد لانجازه (وهذا لا يختلف عما يسمى anticipatory breach) .

— continuing breach اخلال متواصل : استمرار الاخلال بالواجب مدة غير قصيرة أو تكراره بعد فترات انقطاع وجيزة .

breach of close انتهاك (حرمة) ملك الغير؛ تجاوز حدود الغير

breach of contract اخلال بعقد

breach of covenant اخلال بميثاق

breach of duty اخلال بواجب

breach of peace اخلال بالامن، تكدير السلام أو السلم العام . التشويش على السكينة العامة .

breach of prison الكسر الفعلي لابواب سجن أو أسواره قصد الهرب منه ؛ الفرار من توقيف أو اعتقال أو سجن (قانوني) .

breach of privilege اخلال بامتياز أو حق

breach of promise نكث الوعد أو العهد، الاخلال به

breach of trust خيانة الامانة، اساءة استعمالها : الاخلال بها أو بالثقة .

breach of warranty اخلال بضمان أو تعهد أو كفالة .

break يفر (من سجن)؛ يفك (ختما)؛ يخل بوعد؛ يخرق (قانونا) أو يكسره

break-off hight [قواعد الطيران] ارتفاع حرج ، لا يخلو من خطر .

break person on wheal عقوبة التقطيع بالعجلة : اعدام المذنب في العصور الوسطى بربطه الى عجلة خاصة كانت تدار عليه فتقطع جسده .

breakage [نقل بحري] الفراغ الباقي بعد تستيف البضائع في عنابر السفينة، وهو فراغ ضائع غير مستعمل.

breaking كسر (شيء)، خلعه، فصل اجزائه بعضها عن بعض بالقوة .

[جرائم السطو] خلع الشيء أو شده أو فكه أو ازالته باستعمال القوة تمهيداً لسرقة او جناية أخرى . ولا بد لهذا الفعل من ركن استعمال القوة مهما قلت ولو كانت مجرد فتح باب دون أية حيلة أو وسيلة(كمفتاح أو آلة أو غير ذلك).

breaking a case اصطلاح قضائي في يعني إفصاح القضاة عن آرائهم في الدعوى أو قيامهم بتبادل أوجه النظر فيما بينهم ليروا مدى اتفاقهم أو اختلافهم تمهيداً لبيان آرائهم الرسمية، نحو قول القاضي مثلا : We are breaking the case that we may show what is in doubt with any of us نفصح عن آرائنا (أو نتبادل أوجه النظر) في القضية لنستبين ما قد يكون أينا في شك منه .

breaking a close الدخول عنوة (الى أي مكان ذي حرمة) .

breaking bulk استباحة الوديعة: الجرم الذي يرتكبه الوديع (المودع لديه) أو ناقل الشحنة بوجه خاص، عندما يفتح الصناديق أو الاكياس أو الرزم أو غير ذلك مما أودع لديه ويستولي لنفسه على شيء من محتوياته .

فك الشحنة: رفع أول طرد من عنبر شحنة السفينة لتوفير الفراغ اللازم لبدء التفريغ .

breaking into اقتحام محل؛ دخوله عنوة (بتحطيم باب يؤدي اليه أو فتحه بالقوة) .

breaking jail فرار من سجن باحدى وسائل العنف .

breast of the court ضمير المحكمة، قرارة نفسها : ما يقدره القضاة أو يدور بخلدهم .

brehon [قانون ارلندي] قاض

Brehon Law قانون بريهون: القانون القديم الذي كان سارياً في ارلندا عندما فتحها الملك هنري الثاني .

brethren [مواريث] إخوة . يشمل هذا التعبير الاخوة والاخوات .

Bretton Woods Agreements اتفاقيات بريتون وودز : اتفاقيات دولية مهد لها بمؤتمر عقد في Bretton Woods في شهر تموز (يوليو) سنة ١٩٤٤، وقد نصت احداها على تأسيس بيت مالي دولي International Monetary Fund لمساعدة الدول على تركيز نقدها المتداول وتنظيم قواعد تبديل النقد، وقعت في واشنطن في ٢٧ كانون الاول (ديسمبر) سنة ١٩٤٥، ونصت الاتفاقية الثانية على تأسيس بنك دولي للانشاء والتعمير International Bank for Development and Reconstruction.

Bretts and Scotts, Laws of the (Laws of the Bretts and Scotts) قوانين وأحكام شاعت لدى القبائل الكلتية باسكتلندا حتى بداية القرن الرابع عشر عندما أمر الملك ادوارد الاول بالغائها .

breve براءة أو ارادة من ملك أو بابا؛ كتاب أو مرسوم يحمل امضاء أحدهما .

breve de recto أمر ملاحقة. إذن يخول من سلب حيازة ملك أن يقاضي المسؤول عن ذلك ليسترد حيازته .

breve innominatum أمر مقتضب يتناول موضوع الشكوى بوجه عام دون أن يتطرق الى تفاصيله .

breve judiciale non cadit pro defectu formae
«لا يسقط الامر القضائي اذا انطوى على عيب شكلي . »

breve nominatum أمر تفصيلي، يتناول تفاصيل الشكوى أو القضية واغراضها بحذافيرها .

brevet [مواد عسكرية] مرسوم زيادة الرتبة دون الراتب؛ المرسوم الذي يأمر بترقية الضابط المعني الى رتبة تالية دون أن يزيد راتبه .

[قانون فرنسي] براءة تخول صاحبها حقاً أو امتيازاً خاصاً، كبراءة الاختراع مثلا *brevet d'invention* .

brevia adversaria أوامر استرداد حيازة (يستصدرها الخصم ذو الشأن) .

brevia amicabilia أوامر رضائية أو ودية : تستصدر من الجهات المختصة برضاء الفرقاء ذوي الشأن .

brevia de cursu أوامر عارضة: تستصدر في سياق الاجراءات .

brevia judicialia أوامر قضائية (عارضة)

Breviarium Alaricianum مجموعة من القوانين الرومانية وضعت في أسبانيا بأمر Alaric الثاني ملك الفيسغوثيين Visgoths وصدرت سنة ٥٠٦ م.

Breviarium Aniani اسم آخر تعرف به المجموعة القانونية المسماة *Breviarium Alaricianum* نسبة الى Anian مستشار الملك الاريك ملك الفيسغوثيين .

breviate خلاصة. مذكرة ايضاحية مقتضبة ترفق بمشروع قانون يراد عرضه على البرلمان .

brewer صانع بيره

bribe يرشو . رشوة

briber الراشي: مقدم الرشوة

bribery رشوة

bribour لص؛ سارق: يتعاطى سرقة الاشياء الحقيرة القيمة .

bridge جسر

— private bridge جسر خاص: يعود حق استعماله لمالكه أو لاناس معلومين دون غيرهم ولا يكون جزءاً من الطريق العام .

— public bridge جسر عام: ينشأ لاستعمال الناس جميعاً ويكون جزءاً من الطريق العام .

brief موجز؛ مختصر، خلاصة وقائع ونقاط قانونية في دعوى؛ فحوى وثيقة مفصلة أو عرض مسهب؛ وثيقة مقتضبة على هيئة خطاب . حافظة مستندات .

[اجراءات اميركية] ورقة يدون فيها المحامي وقائعه الجوهرية والنقاط أو النصوص والمراجع القانونية التي ينوي بناء دفاعه عليها ويودعها ملف القضية لاطلاع المحكمة الاستئنافية عند الحاجة .

[اجراءات انكليزية] موجز لقضية أو دعوى؛ يعده محامي الاجراء الـ solicitor مع تعليقاته والنقاط الاساسية التي تقوم عليها الدعوى والوثائق المتصلة بها، ويعطيه قبل المحاكمة للـ barrister محامي المرافعة ليستنير به ويعد مرافعته على اساسه .

[قانون اسكتلندي] ترد بمعنى writ أمر قضائي .

[كفعل] يوجز؛ يقتضب؛ يقدم لمحامي الدعوى ما يلزمه من المعلومات حسب أصول الايجاز الفني .

(ب) مبلغ ١٠٠٠ جنيه بعد أن يأخذ منه الضمان المناسب، ويتعهد (ب) أن يرد لمداينه نصف المبلغ المذكور مع الفائدة بعد زمن معين، كما يتعهد من قبيل التعويض عن الباقي، أن يدفع (أ) مئة جنيه كل سنة على سبع سنين.

british subject رعية بريطانية: من دان بالولاء الدائم للتاج البريطاني.

broad interpretation تفسير توسع، تأويل منطلق: لا يتقيد معه الشارح بحرفية النصوص في سبيل الوصول الى روح النص الدستوري أو القانوني.

التفسير الذي يضحي ببعض دقائق النصوص الفنية الحرفية في سبيل الوصول الى قرارة المعنى المطلوب.

brocage سمسرة؛ جعل سمسار، عمالته التي يتقاضاها نظير توسطه في بيع أو شراء. مهنة السمسرة أو الدلالة وهي لا تختلف من حيث المعنى عن brokerage.

brocard [قانون انكليزي قديم] حكمة قانونية

Brocardica Juris كتاب حكم وأمثال فقهية صدر في باريس سنة ١٥٠٨.

broken stowage [قانون بحري] حيز فارغ من السفينة، لم يستعمل لشحن البضائع. فراغ متخلف في عنابر السفينة بعد تستيف البضائع لم يتسن استغلاله. فضلة تستيف البضائع. البضاعة المشحونة في مثل الفراغ المذكور.

broker سمسار بورصة بضائع

[في أسواق السمك] اذا خرجت سفينة لصيد وعادت دون أن تصطاد شيئاً كانت رحلتها broker أي فاشلة. كذلك اذا فشل بيع السمك بمزادأو خلا من الربح قيل عنه broker.

— bill broker or note broker سمسار أوراق مالية أو تجارية.

— pawn broker مرابح ارتهان: مداين بفائدة فاحشة على رهن أمتعة أو أشياء تودع لديه على سبيل الضمان.

— produce broker سمسار سوق محاصيل أو حاصلات؛ سمسار منتوجات

— real estate brokers سماسرة أموال عقارية؛ وسطاء بيع وشراء أملاك عقارية.

— ship-brokers سماسرة سفن، سماسرة بحريون؛ وسطاء معاملات تأجير السفن واستئجارها أو بيعها وشرائها.

— stock brokers سماسرة بورصة أوراق مالية: يتوسطون

— watching-brief المحامي الذي يوكل لمراقبة دعوى، قيد النظر، لمصلحة شخص له بها صلة غير مباشرة.

brief of title خلاصة تاريخ الحق العقاري: بيان موجز لنشوء الحق العقاري وما يتصل به من تصرفات أو امتيازات أو حقوق اختصاص أو اجراءات قضائية أو غير ذلك مما له تأثير فيه.

brief out of the chancery [قانون اسكتلندي] أمر من دائرة المواد الحسبية يصدر باسم الملكة بتعيين ولي أو قيم على قاصر، أو وصي على مجنون أو معتوه أو سفيه أو بتعيين مشرف على قسمة تركة أو فرز حصة ارملة منها أو ما الى ذلك.

brief papal [قانون كنسي] محرر بابوي يحدد نظاماً كنسياً أو يوضح معالمه.

briga [قوانين اوربية قديمة] نزاع؛ خلاف؛ محاجة

brigand قاطع طريق؛ لص

bring يقدم؛ يحضر؛ يجلب؛ يحمل أو ينقل (من بعيد الى قريب) يأتي (بشيء) يبرز. راجع المعاني التالية

bring about يوفر أو يهيىء (بمعنى ينجز). يسبب؛ يبعث على

bring into يستحضر؛ يجلب؛ يستورد

bring to account يحاسب على (فعل أو أمر)

bring suit يرفع؛ يقيم أو يقدم دعوى أو قضية: وتعتبر الدعوى brought (مرفوعة) حالما توقع صحيفة افتتاحها وتختم حسب الاصول.

bring up يربي ولداً (حتى يبلغ أشده)؛ يهذب (بمعنى educate)؛ يعلم

bringing error طعن بالغلط: ايداع الطعن أو الاعتراض، على اساس الغلط، لدى المحكمة التي اصدرت الحكم موضوع الطعن.

bringing money into court ايداع النقود أو المبلغ (موضوع الدعوى) خزانة المحكمة.

bris [قانون بحري فرنسي] تحطيم السفينة بارتطامها في صخر أو تشحيطها على شاطىء. وهذا يختلف عما يسمى *naufrage* الغرق والتحطيم بفعل الامواج والعواصف.

bristol bargain [قانون انكليزي] معاملة بريستول؛ اتفاق مداينة بين طرفين، يتعهد بموجبه (أ) مثلا أن يقرض

على أثر الفشل الذريع الذي مني به مشروع بحر الجنوب South Sea Project .

bubble companies شركات نصب: خيالية أو احتيالية .

bucket shop دكان أو مكتب وهمي (يتظاهر اصحابه بالتعامل في البيع والشراء) .

bucheting تلقي طلبات بيع الاسهم وشرائها دون توافر النية على تلبية هذه الطلبات أو تنفيذها .

buckstall شرك أو فخ خاص يستعمل لصيد الغزال .

budget ميزانية أو موازنة

budget for يدخل في ميزانية؛ يضيف اليها؛ يضمنها (بنداً أو حساباً) .

buffer حائل؛ مانع؛ فاصل؛ شاغل، يقال: دولة شاغلة buffer state تقع جغرافياً بين دولتين كبيرتين وتكون حائلا بينهما أو شاغلا عن الحرب والاعمال العدوانية .

buggery لواط: اتصال جنسي ، يقع بسبيل الايلاج في الدبر، بين انسان وحيوان أو بين ذكرين أو بين رجل وامرأة ويعاقب عليه بموجب قانون الجرائم الجنسية لعام ١٩٥٦ .

bugging لقط سري؛ دفن الميكروفونات في الجدران للقط حديث او مكالمة . (الفعل «bug» يلقط بميكروفون سري .)

building عمارة؛ مبنى أو بناء

building lease اجارة تعمير مدتها العادية ٩٩ سنة، يؤدي المستأجر بموجبها ايجار ارضية بسيطاً يسمى ground rent ويتعهد أن يقيم في المؤجر منشآت معينة ويعمل على صيانتها مدة الايجار وان يردها بما عليها من عمران عند نهاية المدة الى المؤجر أو من قام مقامه في ملكية الارض .

building lien امتياز بناء: حق اختصاص أو امتياز يترتب على البناء للمقاول الذي تعهد بناءه للغير حتى يستوفي كامل اجرته المتفق عليها .

building line خط تنسيق البناء؛ خط البنيان الذي تعينه السلطات البلدية على جانب الشارع أو جانبيه ليكون حداً تقف عنده الابنية والمنشآت المطلة على الشارع أو لا تتجاوزه، وذلك حرصاً على تنسيق إبعاد المباني عن الشارع .

building site موقع بنيان؛ قسيمة انشاء

bulk كوم؛ صبرة، يقال: بيع بالكوم أو الصبرة؛ a sale by bulk بلا كيل أو عدد أو وزن؛ حلا، (بالشيلة)

لبيع أو شراء الاسهم والسندات والاوراق المالية على أنواعها.

broker's turn فرق ثمن البيع والشراء للسمسار

brokerage سمسرة، دلالة: جعالة السمسار أو عمالته نظير توسطه في بيع لحساب الغير. حرفة السمسرة أو الدلالة .

brokerage contract عقد سمسرة: عقد إنابة قاصرة بين أصيل وسمسار يكلف السمسار بموجبه أن يبرم عقوداً معينة باسم الاصيل ونيابة عنه؛ وذلك لقاء عمالة متفق عليها (تعود على السمسار) . عقد منفرد ملزم لطرف واحد يتضمن عرضاً يقوم مقام الوعد من الاصيل بأن يدفع للسمسار (الوسيط) عمالة معينة اذا وجد هذا السمسار شخصاً مستعداً لشراء ممتلكات أو أشياء معينة بالشروط التي يريدها الاصيل .

broking سمسرة؛ توسط لبيع أو شراء نظير عمالة متفق عليها

brothel دار بغاء؛ ماخور

brother-in-law أخو الزوجة؛ زوج الاخت

— half-borthers اخوة لأب فقط (اخوة علات) أو لأم فقط (أخوة أخياف أو بنو أخياف) .

brought رفعت أو قدمت (بمعنى أودعت)؛ أحيلت (الى). تعتبر الدعوى مرفوعة brought بالنسبة للمدعى عليه حالما تعلن حسب الاصول من محكمة مختصة .

brought forward [محاسبات] مرحل

brought to attention of أحيط به علماً؛ أعلم

brought to trial قدم للمحاكمة

bruise رض؛ رضة، كدمة

brukbarn [قانون سويدي قديم] الولد الذي يمنح صفة البنوة الشرعية اذا حملت به أمه اغتصاباً (بعد أن اعتدي عليها قهراً) .

brutum fulmen : جلبة فارغة؛ جعجعة؛ تهديد أجوف ما يوصف به الحكم أو القرار اذا كان واضح البطلان أو معدوم الاثر أو كان وجوده أو عدمه سيين .

bs. [مواد البترول] أوساخ أو رواسب الزيوت الخام .

bubble خيالي اذا كان مشروعاً مسرف أو مغالى فيه، يصور اعمالا عظيمة واسعة النطاق ويقوم على أمور خيالية يقصد بها الى اغراء الناس على الاشتراك فيه وبذل المال له .

bubble act صدر هذا القانون في عهد الملك جورج الاول سنة ١٧٢٠ للقضاء على المشاريع الخيالية والشركات الوهمية ومنع الناس من معاملتها والمساهمة فيها؛ وتقرر اصداره

— parliamentary burgh بلدة ممثلة في البرلمان بنائب واحد .

— police burgh بلدة كثيرة السكان لها مجلس بلدي وحدود مبينة .

— royal burgh بلدة ملكية أو ممتازة؛ أطلق عليها أسم burgh بموجب براءة ملكية أو مرسوم برلماني .

burgage [قديماً] منزل يقع داخل نطاق البلدة (الـ burgh في اسكتلندا أو الـ borough في انكلترا) .

burgage-holdings اقطاعيات كان يمنحها الملك في (البلدان الملكية) الـ royal boroughs .

burgator سارق: يسطو على المنازل والاماكن المسورة . وهو غير قاطع الطريق الذي يسطو على الاماكن الخالية والطرق العامة .

burgeon يغصن، يطلق فروعاً، يبرعم؛ يزهر؛ يترعرع؛ يزدهر

burgess [قانون انكليزي] مواطن حر في بلدة أو مدينة له الحق في أن ينتخب وينتخب .

burgh (راجع burg)

burgh-breche غرامة تفرض على المخل بالامن أو النظام العام في البلدة burgh .

burghmote [قانون سكسوني] محكمة نصف سنوية كانت تعقد قديماً برئاسة أسقف البلدة أو سيدها (اللورد) ويقتضى على النبلاء thanes حضورها دون تكليف خاص.

burglar لص يسطو على المنازل ليلا للسرقة.

burglarious لصوصي؛ ينم عن لصوصية، ينطوي عليها

burglariously يرد هذا التعبير الفني في أوراق الاتهام بجرائم سرقة المنازل ليلا بمعنى «في لصوصية» أو «بتلصص».

burglary السطو على المنازل وسرقتها ليلا . دخول مساكن الغير بالقوة breaking ليلا دون حق وبقصد السرقة سواء تحقق هذا القصد أو لم يتحقق .

burglary in the first degree السطو على المنازل المأهولة ليلا . اقتحام مساكن الغير المأهولة (أو دخولها بالقوة) ليلا بغير حق وبقصد السرقة .

burgomaster يطلق هذا اللقب في المانيا على عميد البلدية.

Burgundian Law (راجع *Lex Burgundionum*)

bull [مواد كنسية] مرسوم بابوي

[سوق مالية] مضارب على الصعود، مشتري اسهم أو حصص أو ما الى ذلك لا ينوي التسليم، بل يهدف الى احداث صعود في أسعار الاسهم يتوخى الاستفادة منه .

bull, longs [سوق مالية] مضارب على الصعود؛ يتوخى الاستفادة من ارتفاع الاسعار .

bulla حلق أو خاتم روماني كان يستعمله الاباطرة في توقيع المراسيم والبراءات والاوامر، وهو على أربعة أنواع: ذهب وفضة وشمع ورصاص .

bullet رصاصة؛ طلقة؛ عيار ناري

bulletin نشرة

bullion سبائك؛ قطع ذهب أو فضة معدة للسك

bullion fund أموال مرصدة لشراء معادن ثمينة صالحة لسك العملة .

bullish influences [سوق مالية] مؤثرات صعودية، تميل بالاسعار. الى الصعود .

bum قعدي، متسكع (تنبل): من اعتاد ارتياد المقاهي والفنادق لمجرد الجلوس .وصرف الوقت دون أي عمل مجد معلوم .

bum-bailiff محضر مكلف بالقبض على مدين مماطل أو عاجز عن الوفاء .

bumboat قارب تموين أو تزويد: يحمل المؤن الى السفن داخل الميناء .

bunker تزويد السفن بالوقود . مخزن الوقود في السفينة

buoy عوامة: قطعة من الخشب أو الفلين تترك طافية على سطح الماء في الاماكن الخطرة لترد السفن الماخرة عنها .

burden عبء؛ ثقل؛ حمل

burden of contract عبء العقد: واجب انجاز العقد أو الوفاء بالالتزام المقرر فيه لصالح الطرف المعين بالعقد .

burden of proof عبء الاثبات. واجب تقديم البينة

bureau مكتب؛ دائرة رسمية ، قلم

bureaucracy بيروقراطية؛ نظام المركزية في الاعمال الرسمية: وهو يقر التدرج الطويـــل في المسؤولية وتسلسل الدوائر وتعددها في المصلحة الواحدة وارتباطها برئيس واحد.

burg or burgh بلدة أو مدينة (اسكتلندية) تقابلها الـ borough في التنظيم السياسي الانكليزي .

burial دفن (الميت)؛ مواراته في التراب أو في أي مكان معد لذلك .

burking; burkism (جرم) قتل الغير خنقاً قصد بيع جثته لتستعمل في اغراض التشريح .

burlaw courts [قانون اسكتلندي] محاكم جيران يختار اعضاؤها من أهل الجيرة كي يقوموا مقام القضاة و يفصلوا في المنازعات الناشئة بين الجيران .

burlaws [قانون اسكتلندي] قوانين (أو قواعد) يضعها أعضاء محاكم الجيران المسماة burlaw courts .

burn يحرق، يحترق. حرق (ج حروق)؛ أثر احتراق

burned out of sight اتت عليها النار أو جعلتها رماداً : يقال هذا الاصطلاح في البضاعة اذا احترقت حتى زالت آثارها من الوجود، أي أصبحت رماداً أو فتاتاً تذروه الريح أو تجرفه المياه .

burning in the hand [قانون جنائي انكليزي قديم] كي اليد بالنار .

كان المحكوم عليه بالاعدام في العصور الوسطى اذا أعفي من التنفيذ بحكم امتياز القراءة benefit of clergy ، يوشم بالنار في ابهامه الايسر ليكون أثر الوشم دلالة على سبق منحه الاعفاء بموجب الامتياز المذكور فلا يعود الى المطالبة به مرة أخرى .

bursar أمين خزانة في كلية (علمية). ضابط اداري في سفينة .

burying alive [قوانين انكليزية قديمة] دفن الشخص حياً . العقوبة التي كان ينالها كل من أدين بجريمة اللواط أو التعامل مع اليهود .

burying-ground مدفن؛ ارض معدة للدفن

bushido [عرف ياباني] مجموعة أنظمة غير مدونة تتعلق بأصول سلوك الفرد وتفرض عليه أن يتمسك بالولاء والطاعة العمياء لرؤسائه وأن يحيا حياة بسيطة ويتزيا بالشجاعة العسكرية ويتصدى لمواجهة العدو بكل ما أوتيه من قوة وبأس ووحشية ولا يتردد في التضحية بنفسه في سبيل ذلك .

business عمل؛ شغل؛ شاغل؛ شأن؛ مصلحة

— private business شغل أو عمل خاص، أشغال، أعمال، مصالح أو شؤون خصوصية تدار وتستغل لفائدة أناس معينين دون غيرهم .

— public business شغل عام، أشغال، أعمال أو مصالح عامة .

business enterprise مشروع تجاري؛ مهمة تجارية

business hours أوقات أو مواقيت العمل، ساعاته أو مواعيده .

business name اسم تجاري؛ اسم مهنة

business situs مقر عمل أو أعمال

business trust شركة ائتمان: يعهد بأموالها وادارتها واستغلالها الى أوصياء يتولونها لحساب أناس غيرهم تتمحض لهم وحدهم منافع تلك الشركة وعائداتها .

Bustamente Code مدونة بوستامنتي: قانون دولي وضعه مؤتمر الاتحاد الاميركي Pan American Union في مدينة هافانا سنة ١٩٢٨ لتوحيد قوانين الجنسية في الدول المشتركة .

butcher جزار؛ لحام: حرفته ذبح الحيوانات وتهيئة لحومها لاغراض البيع .

butlerage [قديماً] رسم أو جزء كان يحق لساقي الملك butler أن يستوفيه باسم الملك من كل برميل خمر يدخل البلاد من الخارج .

buttals تخوم العقار؛ أطرافه أو حواشيه

butted and bounded يرد هذا الاصطلاح في بيان حدود لملك بمعنى يتاخمه ويحده أو يحيط به .

butts and bounds تخوم وحدود

buy يشتري؛ يبتاع

buy in يشتري شيئاً يتصل به (بالمشتري) . من اشترى في بيع قضائي مالا له معروضاً للبيع أو لغيره تسبب هو في بيعه كان فعله buying in .

buy into يساهم في شركة، يشتري فيها أسهماً أو حصصاً

buy out يدفع للغير مبلغاً من المال ليحمله على ترك مهنة أو مركز أو عمل، يغري بالمال على التخلي عن وظيفة أو مهمة.

buy over يرشو؛ يغري بمال

buyer مشتر

buyer 60 contract عقد شراء ممهل؛ التعاقد على الشراء مع امهال الدفع ستين يوماً .

من اتفق على شراء أسهم بسعر يفوق سعر السوق شرط أن لا يؤدي الثمن حالا بل يمهل ستين يوماً .

buyer's option [أسواق مالية] عملية شراء خيارية

buyers over اصطلاح بورصة معناه المشترون أكثر من البائعين في البورصة .

buying long شراء الاسهم أو الحصص رجاء بيعها في المستقبل بمقدار من الربح .

by قبل (موعد معين)، في موعد لا يتجاوز (كذا...)

بسبيل؛ بواسطة؛ بسبب؛ من أو من قبل

بـ؛ بموجب، نحو: تأسست بقانون أو بموجب قانون برلماني Incorporated by Act of Parliament .

عند أو على، نحو: كن عند وعدك أو حافظ عليه، Stand by your promise . أثناء، نحو: أثناء الليل by night .

by-bidder مزايد ايهامي أو صوري: يستأجره صاحب المال (المعروض للبيع في المزاد) ليشترك في المزايدة ويتظاهر بالرغبة في الشراء أملا في تنشيط المزاد وبعث المشتركين فيه (بنية سليمة) على الاهتمام بالمعروض والتحمس للمنافسة على شرائه .

by colour of office تذرعاً بالوظيفة؛ توسلا بها؛ استناداً اليها؛ في ظل الوظيفة أو المكانة الرسمية . بفضلها؛ بناء على سطوتها

اذا أتى شخص فعلا باطلا أو أفاد من شيء غير حق بحكم الوظيفة أو المكانة الرسمية أو الصلة بها كان فعله أو حصوله على الفائدة by colour of office .

by day نهاراً؛ أثناء النهار

by default يرد هذا الاصطلاح غالباً مع كلمة judgment بمعنى غيابياً .

(راجع default)

by-election انتخاب فرعي؛ انتخاب محلي: يقتصر على أقليم أو مكان معين دون غيره .

by force بالقوة؛ عنوة

by force of law بقوة القانون

by God and my Country [قديماً] عبارة مأثورة كان يجيب بها المتهم حين يمثل أمام المحكمة ويبتدره القاضي بالسؤال التالي: «أيها الجاني كيف تحاكم؟» Culprit, how wilt thou be tried? فيجيب: «بقانون الله وبلادي» By God and my Country . ويقصد بعبارة بلادي في هذه الحال هيئة محلفين: أي أمام هيئة محلفين .

by-law men شيوخ البلد الذين يمثلون السكان وتسند اليهم بعض المناصب الادارية بموجب الانظمة البلدية .

by-laws قوانين محلية؛ لوائح؛ أنظمة ادارية لشركات أو جمعيات .

قواعد وأحكام خاصة تضعها السلطات المحلية أو الشركات أو المؤسسات المنشأة بموجب قوانين برلمانية .

by-passing [في عقود الاشغال الجوفية] قطع الانابيب الجوفية (الباطنية) : ومد أنابيب أخرى سطحية تقوم مقامها ريثما يتم اجراء الاصلاحات اللازمة .

by-product إنتاج فرعي؛ محصول عرضي أو ثانوي: يكون توافره عرضاً في سياق انتاج شيء أساسي أو أصلي .

by virtue of استناداً الى؛ بناء على؛ بموجب

byroad; byway طريق فرعي أو غير مرصوف؛ درب معبد أو ممهد بحكم الاستعمال .

bystanders نظارة؛ حاضرون، موجودون (في المكان) عرضاً؛ متفرجون

C

C ثالث حروف الهجاء؛ استعمله الرومان قديماً للدلالة على الادانة باعتباره الحرف الاول من كلمة الادانة *condemno* «أدين» . ويرمز به أحياناً الى *codex* مدونة جستنيان Code of Justinian وعدد من الكلمات الشائعة الاستعمال أمثال cases و causes و civil وما اليها .

c. ct. cts. cent أو cents سنتيم أو سنتيمات .

C. A. F. سعر البضاعة مع التأمين والنول (أجرة الشحن) *coût assurance et fret*

C. A. V. ستبحث المحكمة *curia advisari vult* : ستتذاكر أو تتداول (قبل اصدار حكمها) .

C. C. *cepi corpus* تمكنت من شخصه، قبضت عليه .

C. I. F. cost insurance & freight سيف. يرد هذا الاصطلاح للدلالة على أن السعر (المبين) يشمل ثمن البضاعة مع قسط التأمين وأجرة الشحن .

C. J. رئيس مستشاري محكمة chief justice .

C. L. P. اجراءات القانون العام Common Law Procedure .

C. O. D. الدفع عند التسليم cash on delivery .

C. P. محكمة مدنية ملغاة بنظام القضاء الجديد Common Pleas تشكلت من رئيس وخمسة قضاة Judicature Acts وسميت أيضاً Common Bench .

C. R. مجلس أو محكمة الملك *curia regis* .

C. R. B. قانون الحقوق المدنية: civil rights bill . قانون اميركي أصدره كنغرس الولايات المتحدة سنة ١٩٥٧ (راجع باب Civil)

CA. SA. *capias ad satisfaciendum* (راجع باب *capias*) .

CABAL مؤامرة؛ عصابة صغيرة غرضها الدس والتآمر أطلق هذا الاسم أصلا على وزارة انكليزية تشكلت في عهد الملك تشارلز الثاني من : Clifford و Ashley و Buckingham و Arlington و Lauderdale وكان قوامه مجموعة الحروف الاولى من الاسماء الخمسة المذكورة. ويعتقد أن الداعي الى هذه التسمية هو قيام هؤلاء الوزراء بوضع مشروع يهدف الى رد الاملاك المصادرة في عهد الديكتاتور كرمويل لأصحابها .

cabin قمرة . غرفة في سفينة

cabinet وزارة؛ مجلس وزراء

cabinet council مجلس وزراء

cabinet minister وزير؛ عضو مجلس وزراء

cable transfer تحويل مالي برقي

cabotage مساحلة؛ مرافأة؛ ملاحة ساحلية؛ طيران أو نقل داخلي أو محلي .

— *grand cabotage* ملاحة ساحلية كبرى

— *petit cabotage* ملاحة ساحلية صغرى

cabotage national ملاحة ساحلية أهلية (محلية)

cachet, lettres de مراسيم سجن الغيث زمن الثورة الفرنسية : كانت تحمل خاتم ملك فرنسا وتوقيع احد وزرائه وتقتضي سجن الشخص المسمى فيها .

cadastral تفاصيل مساحة العقار وقيمته وبيان أحوال ملكيته والتصرفات المتصلة به (لاغراض الضرائب) .

cadaver جثة (انسان) ميت. يعتقد أن حروف هذه الكلمة مقتبسة عن المقاطع الاولى من العبارة اللاتينية المأثورة *caro data vermibus* «لحم مرده للديدان» .

cadaver nullius in bonis «الجثة لا تمتلك» أو لا تعتبر موضوعاً للملكية .

cadere يسقط؛ يفشل؛ نحو : سقطت الدعوى أو انقضت *cadit actio* .

cadet تلميذ عسكري؛ تلميذ في كلية (أو أكاديمية) عسكرية . يطلق اسم cadets في الولايات المتحدة على طلبة الاكاديمية العسكرية في West Point واسم cadet midshipmen على طلبة الاكاديمية البحرية في Annapolis .

وفي انكلترا ، يطلق اسم cadet أحياناً على المرشح العسكري أو المتطوع في الجيش اذا كان في انتظار منصب عسكري يسند اليه .

cadi (qadi) قاض

cadit quaestio لا يقبل الموضوع مزيداً من الجدل .

cadre ملاك : كادر (نظام درجات الموظفين)

قوام (شيء) ؛ نواته ؛ عناصره المقومة

caduca [**قانون مدني**] ملك قابل للوراثة

انقضاء أو سقوط تصرف ايصائي . ايلولة الارض ، اذا مات حائزها بلا عقب ، الى صاحبها الاصلي (**السيد الاقطاعي**) أو الى الدولة .

caesarean (or **caesarian**) **operation** العملية القيصرية : عملية جراحية تجري بشق بطن الام واستخراج الجنين منه اذا استحال اخراجه بالطريق الطبيعي العادي ، وذلك انقاذاً لحياته وحياة أمه أو حياة أحدهما .

caeteris paribus وما عدا ذلك فهو متساو

caeteris tacentibus سكت الآخرون ؛ لم يبد القضاة الآخرون رأياً (في الموضوع) ؛ امتنعوا عن ابداء الرأي .

caeterus آخر ؛ غير ذلك ؛ الباقي أو الباقون

cahier [**قانون فرنسي قديم**] عريضة تظلم ؛ قائمة ظلامات كانت ترفع لاعضاء المجلس النيابي (الـ States-General) .

cahoots شركة ؛ اتحاد ؛ توحيد أعمال أو جهود

cain or **cane** [**قانون اسكتلندي**] ايجار يدفع عيناً ، بالدجاج ، أو البيض أو غير ذلك .

خراج ؛ جزية ؛ ضريبة

cairns' act قانون ملغى سنة ١٨٨٣ ، خولت بموجبه محاكم الـ Chancery (العدالة المطلقة) أن تحكم بالالزامات المدنية (التضمينات) .

calaboose اصطلاح دارج عامي يستعمل بمعنى حبس أو سجن .

calamity كارثة ؛ مصيبة عامة بعيدة الاثر غير متوقعة .

calculate يحسب ، يحصي ، يعد ، يقدر ؛ يدبر ؛ يزن (شيئاً) أو يضع الخطة له .

calculated موزون ؛ مدبر ؛ مهيأ ؛ موضوع لغرض معلوم . يراد به أمر مقصود .

calendar تقويم ؛ جدول قائمة سنوية : تبين تواريخ الجلسات ومواعيد انعقادها .

calendar day يوم شمسي : مدته ٢٤ ساعة

calendar month شهر شمسي : يحسب على اساس التقويم الغريغوري .

calendar week أسبوع شمسي : سبعة أيام مبدأها الاحد ومنتهاها السبت .

calendar year سنة شمسية : تبتدىء بأول يناير وتنتهي بنهاية يوم ٣١ ديسمبر .

calendar of causes جدول أو حافظة جلسات .

calends [**عند الرومان**] اليوم الاول من كل شهر .

caliph خليفة النبي محمد : حاكم المسلمين سياسياً وروحانياً .

call [**في العقود ، كاسم**] مطالبة بدفع

[**تصرفات عقارية**] علامة طبيعية ظاهرة تعتبر لاغراض التصرف حداً للارض المتصرف فيها وتدل على الاتجاهات والابعاد المقصودة بالتصرف .

[**مواد الشركات**] قسط (بمعنى instalment) واجب الاداء على المساهم . تكليف يوجهه مدراء الشركة الى المساهمين داعينهم فيه الى دفع جزء أو تسديد قسط مما عليهم لتغطية رأس المال أو غير ذلك .

[**معاملات البورصة**] شراء بشرط الخيار ، صفقة بسيطة تقوم على شرط الخيار لمصلحة المشتري .

[**نظام مؤسسات المحاماة المعتمدة** Inns of Court] قبول ؛ ترشيح أو اختيار طلبة القانون لاجازة المحاماة . مراسم الترشيح أو الاختيار وعدد الاشخاص المرشحين للاجازة المذكورة .

[**كفعل**] يدعو ؛ يكلف ؛ ينادي على

call and put [**معاملات البورصة**] صفقة جزائية ترددية يكون فيها لاحد المتصافقين (أو المتعاقدين) ما يختار .

call case in law court تحديد موعد لنظر دعوى .

call-day or **call-night** نهار أو ليلة الاجازة : النهار أو المساء الذي تمنح فيه اجازة المحاماة بدرجة barrister at law لمن استحقها من أعضاء (أو طلبة) مؤسسات القانون المعتمدة المسماة Inns of Court .

calling an election اعلان انتخاب

calling the docket المناداة على الجدول (جدول القضايا) عند بداية جلسات المحكمة. اعلان محتوياته عند بداية الدورة القضائية .

calling the jury دعوة المحلفين: سحب اسماء المرشحين لهيئة المحلفين ، بالتتابع (من صندوق أودع فيه اسم كل منهم على بطاقة مستقلة) ثم دعوتهم الى الجلوس في الهيئة بالترتيب الذي تسحب فيه اسماؤهم .

calling the plaintiff المناداة على المدعي؛ تمهيداً للحكم بانعدام (او سقوط) الدعوى وأثبات شطبها في محضر الجلسة: اي اذا تبين للمدعي ضعف دعواه أو عجز عن دعمها بالبينات الكافية واختار الانسحاب أمر مباشر المحكمة بالمناداة عليه calling the plaintiff فاذا لم يتقدم هذا أو انسحب وكيله حكم بشطب الدعوى واثبت الشطب في محضر الجلسة .

calling to the bar القبول في جمعية المحامين أو (البار الانكليزي) بدرجة barrister at law . منح درجة barrister at law لعضو في احدى مؤسسات المحاماة المعتمدة المسماة Inns of Court .

calling upon a prisoner دعوة المتهم لبيان أسباب عدم الحكم عليه .
اذا ادين المتهم بالجرم المسند اليه، دعاه كاتب الجلسة لبيان ما عنده من أسباب موجبة لعدم صدور الحكم ضده .

calls أقساط أسهم شركات

calumnia ذم، تشهير، افتراء، قصد سيىء، تهمة كاذبة، اجراء قانوني سيىء القصد: يقوم على الرغبة في الكيد أو الاحراج أو ما الى ذلك .

[قانون عام قديم] تحدي المحلفين . طلب أو مطالبة

calumniae jusjurandum يمين عدم الكيد أو عدم التشهير: اليمين التي كان يلزم خصوم القضية بأن يحلفوها على أنهم لم يدخلوا في القضية كمدعين أو مدعى عليهم رغبة في تشهير أو كيد أو أي قصد سيىء بل اعتقاداً منهم بعدالة قضيتهم .

calumniate يفتري؛ يذم؛ يتهم الغير كذباً وزوراً .

calumniator مفتر : من أسند الى الغير جرماً عارياً عن الصحة .

calumnious ينطوي على افتراء أو ذم

calumny افتراء؛ ذم؛ تشهير

call in question ينازع؛ يجادل؛ يطعن (في)؛ يسائل، يشك في سلامة تصرف أو اجراء أو عمل أو غير ذلك.

call loan; call money قرض؛ سلفة أو نقود تحت الطلب . سلفة أو نقود واجبة الاداء حال الطلب دون انذار سابق .

call of capital طلب دفعة أو أداء قسط من رأس مال .

call of more [معاملات البورصة] حق استزادة المبيع؛ صفقة جزائية مضاعفة تقترن بحق زيادة مقدار الشيء موضوع الصفقة .

call of shares طلب دفع اقساط مستحقة على اسهم .

call of twice more [معاملات البورصة] عملية خيارية يكون فيها لدافع بدل الخيار الحق في شراء كمية أخرى معادلة لمثلي الكمية موضوع التعاقد .

call on person to admit يدعو شخصاً الى اقرار (بأمر)، يكلفه بذلك .

call option [معاملات البورصة] عملية خيارية للصعود .

call over [معاملات البورصة] المد للمشتري: عملية يقوم بها المشتري لاكمال عملية سابقة ولا تعقد الا وقت حلول الاجل .

call signs [قواعد الطيران] اشارات نداء

call to aid يستعين؛ يستنجد

call to mind يتذكر؛ يستعيد الى ذهن أو ذاكرة .

call to the bar منح اجازة المحاماة بدرجة barrister at law لاعضاء احدى جمعيات القانون المعتمدة Inns of Court .

callable حاضر الاستيفاء: تستطاع المطالبة بادائه قبل موعد استحقاقه؛ ممكن التحصيل قبل التاريخ المضروب لتحصيله .

callable bonds سندات حاضرة: سندات تجوز المطالبة بقيمتها قبل حلول تواريخ الاستحقاق المبينة فيها .

called ترد هذه الكلمة أحياناً بمعنى بيع، مبيع أو تم بيعه (أي sold) .

called upon to pay حمل على الدفع؛ كلف بالدفع أو الاداء .

calling اتجاه مهني، مهنة، صناعة، حرفة

Calvin's Case دعوى كالفن : دعوى تاريخية قررت سنة ١٦٠٨م. ، ونص القرار الصادر فيها على أن كل شخص ولد في اسكتلندا بعد اعتلاء الملك جيمس الاول عرش انكلترا لا يعتبر أجنبياً بل مواطناً يحق له أن يرث الاملاك العقارية كأي مواطن انكليزي .

Calvo Clause [**معاملات تعاقدية**] شرط كالفو . سمي كذلك نسبة للفقيه الارجنتيني كارلوس كالفو وانتشر العمل به في الدول اللاتينية (بأميركا الجنوبية) . وهو يفرض على كل اجنبي يكون فريقاً في عقد أن يتقبل احالة المنازعات الناشئة عن العقد للمحاكم المحلية ويرضخ لما تقرره تلك المحاكم فيها وفقاً للقوانين المحلية السارية دون اللجوء للاحتجاجات والاجراءات الدولية .

Calvo Doctrine [**قانون دولي**] مبدأ كالفو (نسبة لصاحبه كارلوس كالفو الفقيه الارجنتيني) ؛ وهو يقول إن الحكومات لا تلزم بتعويض الاجانب عما يصيبهم من اضرار أو خسائر تنشأ عن اضطرابات داخلية أو حروب أهلية لم تقع بجريرة تلك الحكومات ، وانه لا يحق لاية دولة أجنبية أن تتدخل بقوة السلاح أو بأية وسيلة أخرى لتضمن تسوية أمثال هذه التعويضات مما يطالب به رعاياها الاجانب . وذهب كالفو الى أن التدخل في هذه الحال ينافي الاصول والتقاليد المرعية بين الدول الاوروبية ويتعارض مع سيادة الدول بوجه عام كما انه يهدد استقلال الدول الضعيفة ويقضي على المساواة فيها بين الاجانب والمواطنين .

cambiale jus قانون الصرف

cambio [**قانون اسباني**] صرف ؛ بدل ؛ تحويل

cambist [**قانون تجاري**] خبير صرف ؛ شخص يتعامل بالكمبيالات أو سندات الصرف . سمسار

cambium [**قانون مدني**] ابدال ؛ تبادل الاشياء بوجه عام ، سواء كانت اراضي أو عملة أو ديوناً أو غيرها . ترد هذه الكلمة في الغالب موصوفة بغيرها لبيان موضوعها ، نحو : تبادل عقاري *cambium reale* أو تبادل تجاري *cambium mercantile* وهلم جرا .

camera [**قانون انكليزي قديم**] غرفة ؛ دار ؛ غرفة المشورة ، خزينة أو صندوق ؛ حرز

جعل أو أجر يدفعه السيد (اللورد) للفصل - vassal أو التابع الاقطاعي .

[**في الاجراءات**] (راجع *in camera*)

camera stellata (راجع star-chamber)

cameralistics علم المال : علم الايرادات العامة وأصول جمعها والتصرف بها .

camouflage ستر ؛ تستر ؛ تغطية ؛ تورية أو مواراة ؛ اخفاء طبيعة الاشياء أو شكلها .

campaign حملة ؛ أعمال يقوم بها المرشح لتأييد انتخابه ؛ جهود يبذلها ليفوز بما رشح نفسه من أجله .

Campbell's (Lord) Acts تشريعات اللورد كامبل : قوانين انكليزية قديمة وضعت منذ عهد الملكة فيكتوريا في سني ١٨٤٣ و١٨٤٤ و١٨٤٦ و١٨٤٧ و١٨٥٧ و١٨٥٩ لادخال ما يلزم من التعديل على الاجراءات المرعية في ملاحقات جرائم التشهير وبيع الكتب والمنشورات المفسدة للاخلاق والمطالبة بالتعويضات المنصوص عليها لاقارب ضحايا جرائم القتل الناشىء عن الاهمال أو الخطأ أو غير ذلك.

campers حصة : نصيب من المحكوم به في الدعوى (سواء كان غرامة أو تعويضاً أو غير ذلك) يعود على من أخذ على عاتقه رفعها أو تسبب أو ساعد أو شوق اليها وتحمل كافة مصاريفها بينما لم تكن له بالدعوى أية علاقة مباشرة ولم ينشد من وراء عمله غير الكسب المادي .

campum partere فرز الارض أو قسمتها .

campus ساحة ؛ ميدان ؛ حومة

[**قانون انكليزي قديم**] موقع تحيط به خطوط واضحة كان يهيأ للقتال أو المحاكمة بالمبارزة trial by battle .

canal قنال ؛ قناة صناعية ؛ ترعة . يشمل التعبير أحياناً مجرى الماء مع ضفتيه .

cancel يشطب ؛ يلغي ؛ يبطل ؛ ينسخ ؛ يطرح ، يستبعد

cancellaria (راجع Chancery)

cancellarius مستشار ؛ كاتب عمومي ؛ محرر عقود [**قديماً**] حامل أختام الملك .

cancellation شطب ، الغاء ، ابطال ، اطراح (شيء) أو استبعاده .

cancellation of distress [**قوانين الطيران**] انهاء حالة الاستغاثة .

cancelli حاجز bar في قاعة محكمة ، يفصل هيئة المحكمة وتوابعها عما عداها .

خطوط شطب تضرب على عرض الوصية أو المستند اشعاراً بالغائه أو شطبه .

canons of descent; canons of inheritance قواعد الميراث: الاصول والمبادىء القانونية التي تحكم مسائل الارث وتنظم انتقال الاموال من الاصول الى الفروع ومن الفروع الى الاصول .

cant [مواد مدنية] فرز المشاع؛ قسمة المال الممتلك على الشيوع بين شخصين أو أكثر .

canton كانتون، مقاطعة في الاتحاد السويسري .

[كفعل] يجزىء أو يقسم الى كانتونات أو مقاطعات كما هي الحال في الاتحاد السويسري .

canum [نظام اقطاعي] خراج؛ عوائد عينية واجبة الاداء الى السيد الاقطاعي من أتباعه .

canvass [في شؤون الانتخاب] يستميل الناخبين؛ يتصيد أصواتهم، يدعو لكسبها

[كاسم] فرز الاصوات أو ميزها .

canvasser مأمور انتخاب ؛ شخص مسؤول عن فرز الاصوات أو ميزها .

capable أهل؛ ذو أهلية، قادر؛ كفوء

capacity أهلية؛ قدرة، طاقة، وسع؛ صفة

capax doli قادر على الاجرام؛ أهل للقصد الجنائي

cape [قديماً] أمر قضائي ملغى كان يستصدر في العلاقات العقارية ضد المستأجر المخالف .

capias أمر حجز أو قبض أو جلب، معناه الحرفي «أن تأخذ» وهو أسم عام يطلق على عدة أوامر قضائية تشترك في غرض واحد هو تكليف المأمور المختص بوضع « شخص » المدعى عليه، تحت الحراسة: أي بتوقيفه أو حبسه .

capias ad audiendum judicium [في الجنح] أمر احضار أو جلب (المدعى عليه) لسماع الحكم .

capias ad computandum [دعاوى المحاسبات] اذا رفض المدعى عليه أن يحضر للمحاسبة أمام فاحصي الحسابات، كأن يستصدر هذا الامر لقهره على الحضور .

capias ad respondendum يختصر هذا الامر أحياناً بالكلمة الاولى فقط *capias* أو بـ *ca. resp.* وهو أمر افتتاح الدعوى أو التكليف الذي يوجه للمأمور المختص بحجز المدعى عليه المذكور واحضاره أمام المحكمة في اليوم المحدد للجواب على دعوى المدعي .

cancelling clause [في عقود استئجار السفن] شرط الالغاء ؛ الشرط الذي يخول مستأجر السفينة الغاء عقد الاستئجار اذا لم تكن السفينة مستعدة في التاريخ المتفق عليه .

cancelling date تاريخ الالغاء: اليوم الذي يحق فيه لمستأجر السفينة الغاء عقد الاستئجار اذا لم تكن السفينة مستعدة للرحلة حسب الاتفاق .

candidate مرشح

candidature ترشيح

canfara المحاكمة بالنار أو بالبشعة .

شاع هذا الضرب من المحاكمات في انكلترا قديماً . وكانت طريقته أن يؤتى بقطعة من الحديد تحمى بالنار حتى تلتهب احمراراً ثم توضع على جسم المتهم ويكبس عليه برهة من الزمن ثم ترفع، فاذا تركت على جسمه آثار الحرق العادية عد مذنباً والا عد بريئاً .

وكانت بعض القبائل العربية البدائية تحاكم أيضاً (بالبشعة) بحيث اذا اتهم شخص بجرم ذهبت به جماعتان، احداهما من عصبته والاخرى من خصومه، الى رجل عرف بصاحب البشعة (لتمرنه عليها وخبرته بها) فيشعل هذا النار على مرأى من الحاضرين ويضع فيها قطعة من الحديد حتى تحمر ثم يأمر المتهم بلعقها فان فعل وسلم كان بريئاً والا كان مذنباً .

canon أحد أعيان كنيسة؛ عضو في هيئة كتدرائية .

قانون، شريعة، مرسوم، قاعدة، نظام

قانون كنسي؛ مجموعة شرائع أو أحكام تضعها المؤتمرات الكنسية ويتقيد بها رجال الكنيسة دون غيرهم .

canon law القانون الكنسي؛ القانون البابوي الكنسي .

انتهى العمل بهذا القانون في انكلترا منذ بداية الاصلاح الديني Reformation غير أن عدداً عظيماً من أحكامه أصبح عرفاً متوطداً وعادات راسخة أقرها البرلمان وضمها الى القانون الكنسي الانكليزي .

canonical يتصل بالقوانين والنظم الكنسية؛ تابع أو خاضع لها .

canonical disability عنة مستعصية، تستحيل مداواتها . انعدام القدرة الجنسية (القدرة الجسدية على الجماع) انعداماً لا يرجى علاجه .

canonist فقيه كنسي: عالم بقوانين الكنيسة وشرائعها .

canons of construction قواعد أو اصول تنظيم المحررات : القواعد الاساسية التي توضع بموجبها المستندات التحريرية وتفسر .

capias ad satisfaciendum أمر تنفيذي يشار اليه أحياناً من قبيل الاختصار بـ *.ca. sa*، الجهة المختصة بالقبض على شخص معين وتوقيفه ثم جلبه الى أمام المحكمة في اليوم المحدد ليدفع ما عليه من دين .

capias in withernam اذا قام شخص باحتباس عروض مدينه او ماشيته ليحمله على الوفاء ثم أخرج تلك العروض أو الماشية من مكانها الى حيث يستحيل على المدين استردادها ، أمكن استصدار هذا الامر القضائي بالحجز على مقدار من عروض المحتبس أو ماشيته معادل لما احتبسه وأخرجه .

capias pro fine أمر قبض يصدر ضد من ارتكب جرماً منافياً لقانون برلماني معين وذلك لالقاء القبض عليه وحبسه الى حين دفع الغرامة المقتضاة .

capias utlagatum أمر قبض يصدر لجلب شخص ومحاكمته لانه عصى أمراً من أوامر المحكمة فاعتبر منتهكاً لحرمتها وخارجاً على القانون outlaw . معناه الحرفي : « خذ الخارج على القانون » .

capita رؤوس؛ نفوس؛ أفراد؛ فرداً فرداً

— *per capita* (راجع باب per)

capital رأسمال؛ نقود مثمرة لفائدة أو مبذولة لمشروع؛ مصدر ايراد . أسهم صادرة مستوفاة القيمة ؛ حصص مكتتب بها مدفوعة .

[**في شؤون المدن**] عاصمة؛ مقر حكومة البلاد؛ مدينة ادارتها وسياساتها .

[**كنعت**] يرد هذا الاصطلاح في العقوبات نسبة لـ capita بمعنى يصيب الرأس، ينصب عليه أو يتصل بحياة الشخص؛ يترتب عليه الموت أو ينطوي على اقصى العقوبة .

رئيسي؛ أولي، له الاعتبار الاول .

— authorized capital رأسمال مجاز؛ رأسمال مصرح أو مرخص به .

— circulating capital رأسمال متداول

— floating capital رأسمال عائم أو جار : النقود الحاضرة التي تستخدم في شراء المواد الاولية ودفع أجور العمال .

— fixed capital رأسمال ثابت؛ يستخدم في الانتاج تكراراً دون أن يتغير شكله : كالآلات والموتورات والمصانع وما الى ذلك .

— issued capital رأسمال صادر : معروض للاكتتاب أو ينبغي الاكتتاب به .

— paid up capital رأسمال مدفوع

— share capital رأسمال مساهم

— subscribed capital رأسمال مكتتب به

— uncalled capital رأسمال غير مطلوب التغطية : رأس المال الذي لم يحن موعد دفعه .

— working capital رأسمال عامل

capital assets أصول رأسمالية : رأس المال المستثمر مع الفائض؛ ارباح غير موزعة .

أصول أو أموال ثابتة من حيث طبيعتها أو مستعملة في مشاريع تجارية .

أموال تكتسب ثم ترصد للربح أو التثمير مدة تزيد على سنتين .

capital costs تكاليف رأسمالية

capitale crimen [**قانون روماني**] تهمة تتصل برأس المتهم : أي يترتب على ثبوتها اعدام المتهم .

capital crimes جرائم اعدام : يعاقب عليها بالاعدام . الجرائم التي قد يترتب عليها الحكم بالاعدام أو باقصى العقوبة.

capital expenditure مصروف رأسمالي : نفقات انشاء رأسمالية، تستحدث لتبقى مدة غير محدودة .

capital fund رأسمال أساسي أو أصلي .

capital gains مكاسب رأسمالية : الارباح العائدة من بيع أصول رأس المال بما يتجاوز قيمتها المقدرة أو تكاليفها.

capital goods رأسمال عيني

capital increase زيادة رأسمالية : لا تكون بطريق الارباح .

capital on call رأسمال تحت الطلب

capital outlay نفقات رأسمالية؛ مصاريف انشائية : أموال تبذل لتكوين مشروع أو شراء لوازمه أو تجهيزه أو أخراجه الى حيز الوجود .

capital punishment . عقوبة الاعدام. القصاص بالموت أخذ الانسان بهذه العقوبة منذ آلاف السنين . ففرضتها مصر القديمة وبابل على مرتكبي جرائم القتل والجرائم الدينية والجنسية. وفي اليونان القديمة كان القاتل ينفى أو يعدم بالسم أو يرضي أهل المعتدى عليه بالدية . وكانت روما أول من الغتها سنة ٤٥٣ قبل الميلاد .

وفي أوائل القرن الخامس عشر بلغ عدد الافعال التي

أو قيمتها الرأسمالية؛ قيمتها كمشروع عملي أو مقدار أموالها المثمرة في أي عمل أو مشروع .

capital surplus رأسمال فائض أو فائض رأس المال : ما يدفعه المساهمون في الشركة علاوة على قيمة الاسهم الرأسمالية.

capitale مسروق؛ قيمة الشيء المسروق

capitale vivens مواش حية

capitalis [قانون انكليزي قديم] رئيس؛ رئيسي؛ أصلي؛ أول؛ في الطليعة أو المكان الاول . يرد هذا الاصطلاح في الكلام عن الاشخاص والاموال أحياناً .

capitalis baro [قانون انكليزي] رئيس البارونات (قضاة محكمة الـ Exchequer) ودائرة القضاء المالي .

capitalis debitor المدين الاصلي .

capitalis dominus السيد (أو اللورد) الاول .

capitalis justiciarius banci رئيس قضاة المجلس؛ ويراد به رئيس قضاة المحكمة المسماة حالياً Common Pleas .

Capitalis Justiciarius totius Angliae رئيس مستشاري عموم انكلترا Chief Justice of all England : وهو لقب رئيس محكمة مجلس الملكة الخاص .

capitalist رأسمالي

capitalization تأصيل؛ رسملة (الفوائد): تحويل الربح أو الفائدة الى رأسمال أو دمجها فيه . تكوين رأسمال من أرباح أو أقساط مرتبة .

capitaneus من حصل على أرض أو حق أو لقب من الملك مباشرة .

capitation tax ضريبة رأسية، ضريبة أفراد : تستوفى عن كل شخص (طبيعي) على اساس العدد فقط .

capite بالرأس؛ عن الرأس أو النفر أو الفرد الواحد . من الرأس أو القمة : أي من الاساس أو الينبوع .

— tenure *in capite* [نظام اقطاعي] الحيازة من الرأس (أو الينبوع): ويراد بها حيازة الشيء (أرضاً كان أو غيرها) من الملك حيازة مباشرة .

capite minutus [قانون مدني] شخص فاقد الاهلية القانونية والحقوق المدنية .

capitis diminutio فقدان الاهلية والحقوق المدنية .

capitis diminutio maxima الفقدان الاقصى للاهلية

عوقب عليها بالاعدام، في انكلترا، سبعة عشر فعلا ثم عظم العدد المذكور حتى تجاوز المئتين. وكان يلجأ لهذه العقوبة كاجراء رادع فيحكم بالاعدام لاتفه الاسباب وابسط الجرائم، وكثيراً ما كان المحكوم عليه طفلا في السابعة . ولم يكن لهذه العقوبة تأثير كبير في تأديب المجرمين اذ كان يتفق أن يعلق شخص عقاباً على جريمة نشل ثم يعلق بعده شخص آخر اتهم بنشل أحد المتفرجين على اعدام النشال الاول . وقد قدر عدد الذين اعدموا في عهد الملك هنري الثامن باثنين وسبعين الفاً. واختلفت طرق تنفيذ هذه العقوبة من عصر الى عصر آخر؛ فكان منها قطع الرأس والشنق والحرق بالمرجل (بالغلي) والكسر (أو التقطيع) على العجلة والخنق والخازوق والرمي من مكان مرتفع والتمزيق (بربط اطراف المحكوم عليه الى أذناب الخيول وإلهابها بالسياط) والمبارزة على أنواعها. وألغيت في انكلترا طريقة التنفيذ بالمرجل (أي بغلي المحكوم عليه على النار) سنة ١٥٤٧ كما الغيت طريقة الحرق سنة ١٧٩٠ .

أما في أميركا فلم يتجاوز في يوم من الايام عدد الافعال المعاقب عليها بالاعدام الاثني عشر الا في Pennsylvania حيث بلغ ١٧. وكان الشنق وسيلة التنفيذ . وفي سنة ١٨٩٢ خفضت الولايات المتحدة (حسب قانونها الفدرالي) عدد الجرائم المعاقب عليها بالاعدام الى ثلاثة . ثم الغيت عقوبة الاعدام من خمس عشرة ولاية . غير أن بعض هذه الولايات عادت الى العقوبة ولم يبق منها على الالغاء الا ست وهي : Maine و Michigan و Minnesota و North Dakota و Rhode Island و Wisconsin . وكانت طريق التنفيذ لدى الاتحاد، حتى سنة ١٩٣٨، هي الشنق، ثم استبدل بها فيما بعد الكرسي الكهربائي أو الغاز .

وقد أخذت بالغاء هذه العقوبة دول عدة منها البرتغال وهولاندا وسويسرا والنرويج والسويد والدنمارك واسبانيا وايطاليا . وألغتها روسيا سنة ١٩٤٧ ثم عادت اليها سنة ١٩٥٠ . وفي انكلترا حاول مجلس العموم الغاءها سنة ١٩٤٨ فاعترضه مجلس اللوردات وفاز بالابقاء عليها . وفي ١٣ تموز ١٩٦٥ جرت في مجلس العموم البريطاني التلاوة الثالثة لقانون الغاء عقوبة الاعدام وأصبح هذا القانون ساري المفعول بعد أن فاز بأغلبية مئة واثنين من الاصوات . ولا توقع عقوبة الاعدام على الحامل أو من قلت سنه عن الثامنة عشرة .

capital redemption احتياطي استهلاك رأس المال

capital stock رأسمال مساهم . لهذا الاصطلاح مفاهيم عدة تختلف باختلاف وجوه استعماله، منها: أسهم رأسمالية؛ رأسمال واجب التغطية من المساهمين بمقتضى عقد تأسيس الشركة؛ الاسهم التي يجوز للشركة اصدارها؛ المبالغ المساهم بها أو المضمونة الاداء للشركة؛ اسناد حقوق الشركة المالية

caption بيان مصدر المستند القانوني: النص الوارد في المحرر القانوني لبيان مكان وزمان صدوره وكيفية الحصول عليه والحق الذي يخول تنفيذه.
عنوان (فصل أو مادة)

[**قانون اسكتلندي**] أمر بحبس مدين لم يمتثل لأمر المحكمة باداء ذمة مترتبة عليه أو القيام بعمل معين.

captor [**قانون دولي**] آسر؛ من أسر شخصاً أو استولى على مال أو شيء اثناء حرب.
مغتنم؛ غانم: استولى على مغتنم بحري prize.

capture [**قانون دولي**] استيلاء دولة محاربة على أموال دولة محاربة أخرى أو محايدة أساءت اليها.
الاستيلاء على شيء أو انتزاعه بالقوة العسكرية.

caput رأس؛ رأس شخص، شخص برمته، حياته، وضعه، مركزه، حالته المدنية

carcanum سجن أو حبس

carcass رمة (للحيوان)، تقابلهاجثة (للانسان) corpse.

carcel-age رسوم سجن أو حبس

carcer سجن أو حبس

carcer ad homines custodiendos, non ad puniendos, dari debet ينبغي أن يسخر السجن لحفظ الاشخاص لا لعقابهم.

cards [**مواد جنائية**] ورق لعب (شدة)

care عناية؛ انتباه، تبصر، توق، احتراس، حرص، اهتمام

careless مهمل؛ مفرط

carence [**قانون فرنسي**] اعسار؛ توقف عن دفع

cargo حمولة (سفينة من بضاعة)؛ شحنتها

caristia جدب؛ محل؛ غلاء

carnal شهواني؛ جسدي؛ استمتاعي

carnal abuse تجاوز جنسي؛ محاولة اغتصاب أو هتك عرض؛ اعتداء جنسي يقف دون الوطء الفعلي أو ايذاء الانثى جنسياً دون التمكن من اتمام الفاحشة.

carnal knowledge اتصال جنسي؛ وطء، وقاع

carnaliter [**قانون جنائي قديم**] جنسياً؛ ورد هذا التعبير

والحقوق المدنية: ما يصيب الشخص الحر اذا أصبح عبداً.

capitis diminutio minima الفقدان الادنى للاهلية والحقوق المدنية: ما يترتب على فقدان الجنسية وحدها دون (التجريد) من الحرية.

Capitol الكابتول: مقر الكنغرس (مجلس النواب) في الولايات المتحدة الاميركية.

capitula de judaeis [**قديماً**] سجل رهون اليهود؛ وهو سجل تدوين الرهون التي كانت بيد اليهود على مدينيهم.

capitulary مجموعة مبوبة من القوانين؛ مدونة قانونية

capitulation تسليم أو تسلم

capitulations امتيازات أجنبية: معاهدات توافق بموجبها احدى الدول على أن تعفي رعايا دولة أخرى، يقيمون في أراضيها، من ولاية القضاء المحلي أو أن تخولهم غير ذلك من التسهيلات أو الامتيازات.

منحت الامتيازات الاولى سنة ١٥٣٦ بمعاهدة أطلق عليها اسم «الامتياز الاول»، بين السلطان سليمان القانوني، وفرنسوا الاول ملك فرنسا، كفلت للفرنسيين في بلاد الامبراطورية العثمانية حق الاقامة والتجارة والحرية الشخصية وحرية العقيدة، كما كفلت مثل هذه الحقوق لرعايا السلطان المقيمين في فرنسا.

ومن الامتيازات ما أعفى الدول التي تمتعت به من الضرائب والرسوم الجمركية وخولها انشاء محاكم قنصلية خاصة لمحاكمة رعاياها. على أن بعض السفراء راح يستغل تلك الامتيازات للمنفعة الشخصية ويبيعها لرعايا الدول الاخرى طمعاً في الكسب المادي.

وبقي بعض هذه الامتيازات على كاهل مصر حتى شهر تشرين الاول (أكتوبر) سنة ١٩٤٩ حينما سرى مفعول اتفاقية منترو المبرمة في شهر أيار (مايو) سنة ١٩٣٧. وكان أخطر الامتيازات التي لحقت مصر بجراء معاهدات الدولة العثمانية، الامتيازان القضائي والتشريعي، اذ ترتب على الأول خضوع الاجانب لمحاكمهم القنصلية دون المحاكم المصرية، وعلى الثاني عدم خضوعهم للتشريع المصري الا بعد أن ينال موافقة دولهم.

capper وسيلة لخداع أو تضليل

capricious disbelief مكابرة؛ مماراة تحكمية: الشطط في الاصرار على عدم تصديق الشاهد رغم وضوح صدقه أو التكذيب العنيد المنبعث عن مجرد الهوى.

captator من حصل على هبة بسبيل التحايل أو التمويه.

في عرائض الاتهام بجرائم المواقعة القهرية بمعنى اغتصبها أو اعتدى على عفافها .

carnally knew يرد هذا التعبير الفني في عرائض الاتهام بالاعتداء على العرض، بمعنى اغتصبها أو اعتدى على عفافها .

carriage . عربة لنقل الركاب . نقل ركاب أو بضائع . عقد نقل . أجرة نقل بري

[اجراءات برلمانية] اجازة مشروع أو قانون؛ فوزه أو الموافقة عليه .

carriage-forward «أجرة النقل على المتسلم»، أي أجرة نقل البضاعة يدفعها المتسلم .

carriage-inwards أجرة نقل الى الداخل

carriage-outwards أجرة نقل الى الخارج

carrier حامل؛ ناقل؛ ملتزم نقل (مهما كانت وسيلته)

— common carrier حامل، ناقل أو متعهد نقل عمومي : يلتزم نقل البضائع من مكان الى آخر للناس عامة نظير أجر معلوم . ولا يعد common carrier من أقتصر عمله على نقل الركاب فقط، بل لا بد لهذا من صفتين: (١) العمل في نقل البضائع (٢) بذل خدماته للجميع دون استثناء .

— private carrier متعهد نقل خاص أو خصوصي يتعهد، نظير أجرة معلومة بنقل الركاب أو البضائع من مكان الى آخر في أحوال أو ظروف خاصة .

carrier nation . أمة تحترف النقل لحساب غيرها من الامم

carrier's lien امتياز الناقل؛ حق الناقل في أن يحتبس البضاعة التي تعهد نقلها حتى يستوفي أجرة النقل المتفق عليها .

carry يحمل؛ ينقل

[مواد التأمين] يملك، لديه أو عنده . اذا قيلت هذه الكلمة في شركة تأمين كان معناها، تتقبل أو تأخذ على عاتقها التأمين من الخطر المعني .

carry a member [مؤسسات تعاونية] وفاء الاعضاء بديون الزميل . قيام أعضاء المؤسسة الواحدة بالاشتراك في اداء ضريبة أو التزامات مالية واجبة على زميل منهم مريض أو معدم .

carry a bill . يفوز لمشروع قانون بالموافقة المطلوبة

carry an election يفوز في انتخاب (اذا كان مرشحاً) ؛ ينال موافقة أو قبولا (اذا كان مقترحاً ايدته الاكثرية) .

carry authority محل ثقة؛ ذو تأثير، ذو حجة، تحدوه أو تعززه السلطة .

carry conviction مقنع: شاف؛ دامغ

carry costs مع المصاريف، يشملها

carry forward . يرحل (مبلغاً)؛ ينقل (رصيد حساب)

carry into effect يعمل على تنفيذ (قرار أو مرسوم أو غيره)؛ يضع موضع التنفيذ

carry on يزاول؛ يشتغل (بـ)؛ يقوم (بـ)، يتعاطى

carry out ينفذ

carry stock توفير الاعتمادات أو الاموال اللازمة لاداء ثمن الاسهم المشتراة في تاريخ معين .

carry the iron ضرب من ضروب المحاكمة بالنار (راجع fire ordeal) .

carry through ينجز؛ يكمل، يتم

carrying away الفرار بشيء أو الانصراف به، وهو الفعل الذي يتم به جرم السرقة .

carrying over [معاملات البورصة] تأجيل أداء الالتزامات حتى يوم التصفية أو تسوية الصفقات التالي next settling day .

المد للمشتري: عملية يقوم بها المشتري تكملة لعملية سابقة ولا تعقد الا وقت حلول الاجل .

carrying over rate بدل التأجيل: بدل تأجيل الاداء أو المد للمشتري .

cart bote [قانون انكليزي قديم] الاخشاب التي كان يسمح للمستأجر بأخذها من الارض المؤجرة ليصلح بها معداته الزراعية .

carta [قانون انكليزي قديم] ميثاق؛ سند مكتوب؛ محرر (مهما كان)

cartage نقل بالعربات

carte blanche تفويض اطلاقي؛ ورقة مطلقة؛ سلطة مطلقة ؛ على بياض

ورقة تعهد بيضاء السطور يذيلها المتعهد بتوقيعه ويعطيها للمتعهد له ليضمنها من الشروط ما شاء .

cartel اتفاق على تبادل أسرى بين دول متحاربة أو على اتصالات معينة لا تبيحها أحوال الحرب العادية .

[مواد تجارية] كارتل؛ اتفاق أو تحالف منتجين، غايته الحيلولة دون هبوط الاسعار وحفظها على مستوى معين وحصر كل شركة في نطاق معلوم منعاً للمنافسة وحرصاً على تكافؤ الفرص المتوافرة للمنتجين المتحالفين .

cartel-ship سفينة تبادل أسرى : السفينة المخصصة في زمن الحرب للقيام بنقل أسرى أو معتقلين متفق على تبادلهم بين دولتين متعاديتين أو لاي اتصال آخر بين هاتين الدولتين .

cartoon رسم أو تصوير كاريكاتوري أو سياسي .

cartulary مكان معد للمحفوظات من الاوراق والوثائق وما اليها .

caruca [قانون انكليزي قديم] محراث (عود)

carucage رسم محاريث واجب الاداء على كلّ محراث (أو عود) .

carucata وحدة كيل عقاري كانت تستعمل قديماً لتخمين الضرائب ويقدرها البعض بمئة فدان انكليزي صالحة للزراعة .

أرض زراعية تحتوي على بيوت أو مطاحن أو أحراج أو غير ذلك .

carucatarius تابع اقطاعي؛ يقتطع مساحة من الارض نظير التزام الحراثة لحساب السيد الاقطاعي .

carue; carve أرض زراعة

cas fortuit [مسائل التأمين] حادث قهري؛ عرضي؛ طارىء؛ مفاجىء؛ غير متوقع

case دعوى؛ قضية، اجراء قضائي . جدال؛ نزاع؛ خصومة قانونية أمام محكمة

تشمل هذه الكلمة طلبات الطلاق ونفقات الاقارب وغير ذلك من الاجراءات والطلبات التي تخرج أحياناً عن نطاق القانون العام common law .

حادث؛ حالة، وضع، ظرف

صندوق؛ وعاء أو غلاف

[في الاجراءات] بيان وقائع أو حقائق؛ تقرير كتابي بالوقائع المنطوية عليها الصفقة أو المسألة موضوع النزاع ينظم حسب الاصول القانونية ويرفع الى القاضي المختص ليفصل فيه .

(راجع trespass on the case)

— special case (راجع باب special)

case agreed on قضية مجمع عليها : مسألة أو قضية تسرد وقائعها في محرر رسمي يوقع من طرفيها اشعاراً بالمصادقة على محتوياته ويرفع باتفاقهما الى المحكمة المختصة لتصدر قرارها فيه دون الحاجة الى اجراءات التقاضي المعتادة .

case at bar دعوى قيد النظر أو أمام المحكمة .

case file or **cause file** ملف قضية أو دعوى

case for motion [في الطلاق وتحقيق الوصايا] اذا اراد ذو شأن أو خصم في دعوى أن يتقدم بطلب الى المحكمة المختصة، وجب عليه بالاضافة الى ما قد يلزم من المستندات، أن يودع موجزاً للاجراءات الحاصلة في الدعوى ووصفاً للظروف المبررة لطلبه مع بيان ماهيته على وجه الدقة – هذا الموجز يسمى case for motion .

case law قانون الدعوى : مجموعة السابقات القانونية (الدعاوى المفصولة والمدونة) باعتبارها مرجعاً فقهياً للدعاوى المماثلة يصح التمسك بما قامت عليه أحكامها من المبادىء والقواعد . سميت قانون الدعوى نظراً لتقيد الدعاوى المماثلة بأحكامها وتمييزاً لها من القوانين العادية الموضوعة من الجهات التشريعية .

case load (راجع باب load)

case made مسألة مبسوطة أو مهيأة للقرار : بيان كتابي متفق عليه وممضي من أطراف النزاع تبسط فيه النقطة القانونية المتنازعة ويرفع الى المحكمة المختصة لتعطي قرارها فيه دون اجراءات قانونية سابقة .

case on appeal [اجراءات اميركية] عرض استئنافي (كتابي) يودعه المستأنف لدى المحكمة الاستئنافية باسطاً فيه تفاصيل البينات والشهادات المقدمة ابتدائياً الى محكمة الدرجة الاولى والاجراءات الحاصلة أمام تلك المحكمة .

[اجراءات انكليزية] اذا رفع الاستئناف الى مجلس اللوردات أو مجلس الملك الخاص وجب على كل من طرفيه أن يقدم الى المجلس المستأنف اليه case on appeal عرضاً استئنافياً مطبوعاً ومنظماً حسب الاصول يشمل الوقائع التي تتكون منها الدعوى المستأنفة ويرفق بملحق مطبوع تسرد فيه البينات المتوافرة في الدعوى .

يطلق هذا الاصطلاح أيضاً على البيان الكتابي المرفوع من قاض أدنى الى قاض أعلى لأخذ رأيه في مسألة أو نقطة قانونية معينة .

case reserved بيان كتابي يتفق عليه ويشترك في اعداده وكلاء اطراف الخصومة تحت اشراف القاضي المختص تسرد فيه الوقائع والنقاط القانونية التي فرغ من اثباتها، وتحدد الوقائع والنقاط الاخرى المعلقة (التي لم يفرغ منها أو لم يتسن الفصل فيها بصورة مرضية) وذلك لامكان حصر المرافعة ومعالجتها من محامي الخصوم أمام كامل هيئة المحكمة معالجة وافية.

case stated مسألة مبينة أو معروضة. يطلق هذا الاصطلاح على كيفية الطعن أمام الدائرة المختصة بالمحكمة العليا في النقاط القانونية التي تستند اليها المحاكم السفلى في احكامها. فاذا اراد أحد الخصوم اللجوء الى هذا الطعن طلب من قاضي الدعوى، أو القاضي المختص أن يبين المسألة (أو النقطة) القانونية to state a case أي أن يسرد قرار المحكمة في وقائع الدعوى ويبين النقاط القانونية التي علل بها قراره؛ وذلك لاستصدار حكم من المحكمة العليا في النقاط المذكورة. فاذا قبل الطعن تشكلت دائرة تسمى divisional court قوامها ثلاثة من مستشاري المحكمة العليا لتنظر النقاط القانونية موضوع الطعن وتصدر قرارها في الآثار القانونية المترتبة على المسائل الواقعية التي بسطتها محكمة الموضوع (بناء على قرار محلفيها). واذا رفضت محكمة الموضوع to state a case جاز للخصم المعني أن يستصدر من المحكمة العليا أمر امتثال *mandamus* يكلفها الاجابة الى طلبه.

case stated, judgment on (راجع judgment on case stated)

cash نقد أو ما يقوم مقامه؛ نقود حاضرة

cash account حساب المعاملات النقدية؛ حساب المقبوضات والمدفوعات من النقد.

cash against documents الدفع عند تقديم المستندات

cash at bank نقد (مودع) في البنك

cash-book دفتر الصندوق؛ سجل المدفوعات والمقبوضات من النقد.

cash discount خصم الدفع نقداً؛ حسم الدفع المعجل (الذي يمنح لمن دفع المطلوب نقداً).

cash down الدفع حالا

cash in hand نقد باليد

cash market value القيمة السوقية النقدية؛ القيمة النقدية الدارجة

cash on delivery (C.O.D.) الدفع لدى التسليم

cash (paying-journal) دفتر المدفوعات اليومية

cash surrender value [مواد التأمين على الحياة] القيمة النقدية عند التسليم؛ المبلغ الذي تدفعه شركة التأمين لحامل وثيقة التأمين على الحياة عندما يرد وثيقته اليها.

cash value القيمة النقدية: الثمن الذي تصيبه البضاعة عند بيعها من شخص راغب في البيع غير مرغم عليه الى مشتر راغب في الشراء مستعد لدفع الثمن حالا.

cash with option of bill الدفع (نقداً) في تاريخ معين، مع خيار مد موعد الاداء (أي تأجيل الدفع) بسند اذني (كمبيالة).

casher; cashier صراف؛ موظف مسؤول عن صرف النقود وقبضها في مؤسسة تجارية أو مالية.

[كفعل] يطرد من خدمة عسكرية طرداً مشيناً ويجرد المطرود من رتبته.

cashiered مطرود. طرد من الخدمة العسكرية وجرد من الرتبة.

والمطرود كذلك لا يجوز تعيينه في أية وظيفة أو مهمة رسمية.

cashlite غرامة؛ جزاء، عقوبة نقدية

casing [شؤون البترول] تغليف

casing-head gas غاز طبيعي يخرج من بئر مشبعة بأبخرة الزيت أو الغازولين. غاز تغليف سطحي

casing-head gazoline غازولين تغليف سطحي

cassare ينقض؛ يشطب، يبطل، يلغي، يفسخ، يسقط

cassate ينقض (حكماً)، يفسخ قراراً مستأنفاً الى المرجع القضائي الاعلى.

cassation; cassation, court of (court of cassation) نقض حكم أو الغاؤه؛ محكمة النقض والابرام؛ محكمة التمييز؛ المحكمة العليا، محكمة التعقيب بتونس.

cassetur billa وقف الدعوى من المدعي

cassetur breve الحكم على المدعي بناء على طلبه: اذا رأى المدعي ضعف دعواه وعبثها بعد سماع أقوال خصمه واحس أنه لا يستطيع السير فيها سيراً مجدياً فعالا كان له أن يطلب انهاء الخصومة وصدور الحكم ضد نفسه.

casual bettor مراهن اتفاقي: يشترك في الرهان (أو اليانصيب) بين حين وآخر ولا يصح اعتباره مراهناً معتاداً أو محترفاً.

casual deficiency of revenue نقص عارض في الايرادات؛ نقصان غير منتظر. عدم كفاية الايرادات لمواجهة المصاريف الطارئة الضرورية.

casual deficit عجز طارىء أو احتمالي: يقع اتفاقاً أو بمحض الصدفة.

casual ejector مدعى عليه شكلي في دعوى اخلاء أو تخلية.

casual employment عمل غير مرتب أو غير منتظم؛ شغل عرضي أو غير دائم، توفره الصدف والظروف الطارئة بين حين وآخر، فيتيسر أوقاتاً وينقطع أخرى على غير موعد محدد. وهذا لا يدخل فيه ما كان من العمل دورياً أو موسمياً.

casual evidence بينة عرضية: تتوافر على سبيل الصدفة وتستخلص من واقعة أو شيء راهن، عرضاً أو اتفاقاً دون استعداد سابق. البينة التي لا تتعين حكماً بنص قانوني صريح، يقابلها من البينة ما يسمى preappointed evidence (راجع باب preappointed).

casual leave اجازة اضطرارية؛ اجازة عرضية تقتضيها ظروف مفاجئة.

casual poor [قانون انكليزي] فقير بحكم الظرف؛ كمن كان بعيداً عن بلده فقعد به مرض أو عجز عن طلب الرزق فاضطر الى أن يعيش على إحسان من حوله من الناس حتى يسترد سابق قدرته أو يعود الى بلده وذويه.

casualties [قانون اسكتلندي] دفعات استثنائية، خلا الايجار، تؤدى الى مالك الارض في احوال معلومة.

casualty حادثة، اصابة، كارثة، خسارة: تنتج عن حريق أو غرق سفينة أو اصطدام أو غير ذلك من الملمات والاخطار.

casualty insurance تأمين ضد الاصابات

casuistry حيلة أو حيل شرعية

casus باعث؛ داع؛ سبب؛ واقعة، حال أو حال متوقع

casus belli حدث يبرر الحرب؛ سبب أو داع للحرب؛ واقعة تبررها أو تبعث عليها.

casus foederis [قانون دولي] سبب المعاهدة أو داعيها؛

cast الخصم الخاسر: المحكوم عليه في الدعوى: في القضية.

[كفعل] يحكم على خصم بمصاريف أو غير ذلك، نحو: «حكم على (ب) بمصاريف الدعوى» (B) is cast for the costs of the case. تستعمل أيضاً بمعنى يودع (رسمياً) أو يعطي صوتاً لمرشح أو لموضوع رهن التصويت.

cast away; castaway [في صلاحية السفن للملاحة] تعتبر السفينة cast away اذا فقدت وانقطع الامل من استردادها بالطرق العادية المعقولة أو اذا أعطبت وانعدم الرجاء من اصلاحها بالوسائل المألوفة.

cast blame upon يلقي لوماً أو مسؤولية (على)

cast lots يسحب قرعة، يجريها أو يلقيها

castel or **castle** قلعة؛ حصن

القصر أو المنزل الرئيسي الذي يقيم فيه النبيل.

castellain [قانون انكليزي قديم] سيد القلعة؛ صاحبها وآمرها؛ محافظ أحد قصور التاج.

castellarium, castellatus دائرة اختصاص القلعة؛ دائرة ولايتها

castellorum operatio [قانون انكليزي قديم] خدمة القلعة أو شغلها؛ الخدمات التي كانت تفرض على المكلف الاقطاعي في سبيل بناء القلاع أو منشآت الدفاع العامة وصيانتها، فيؤديها بما يبذله من عمل يدوي أو يقدمه من مال أو بضاعة.

castigatory اداة عقاب تستعمل لتأديب المرأة العزورة الشتامة التي تشتهر بسوء الخلق وكثرة المشاجرة مع أهل الجيرة فتصبح مصدراً للمضايقة وتكدير الراحة والسكينة العامة.

casting [في شؤون البترول] صب (البئر)

casting vote صوت الترجيح: الصوت الذي يكون عادة لرئيس الجلسة أو الهيئة أو الجمعية اذا تساوت أصوات أعضائها المشتركين في التصويت على موضوع أو أمر مطروح للمداولة. وهذا إما أن يكون صوتاً عادياً (واحداً) يعطى لرئيس لا يخوله كرسي الرئاسة حق التصويت أو صوتاً اضافياً يجيز للرئيس الذي له حق التصويت كعضو عادي أن يكون له صوت ثان لا يمارسه الا اذا تعادلت الاصوات عملا على معالجة هذا التعادل بترجيح أحد جانبيه.

casual عرضي، عارض، اتفاقي، طارىء، غير متوقع، احتمالي، من قبيل الصدفة، أحياناً، بين حين وآخر، متقطع غير مداوم أو متواصل.

catholic creditor [قانون اسكتلندي] دائن مضمون برهن يشمل كافة ممتلكات مدينه أو يقتصر على أجزاء معلومة منها.

catoniana regula [قانون روماني] قاعدة مأثورة يفسرها المثل اللاتيني القائل: كل شيء باطل من أساسه بحكم ما ينطوي عليه من عيب فني أو قانوني لن يصبح صحيحاً بمجرد مرور الزمن *quod ab initio non valet tractu temporis non convalebit*. من ذلك انه، حسب القانون الانكليزي، اذا كانت وصية المرأة المتزوجة باطلة عند نشوئها، فلن يصححها مجرد بقاء هذه المرأة على قيد الحياة حتى تصبح أرملة.

cattle gate [قانون انكليزي] حصة عرفية أو حق عرفي نسبي في مراع مشتاعة (مملوكة على الشيوع).

cattle lifting; cattle rustling سرقة أبقار

caucus جمعية انتخابية: اجتماع الاعضاء المنتخبين (في أي حزب سياسي) ليقوموا بانتخاب وفد عنهم أو تعيين مرشحيهم لاية كراسي أو مناصب شاغرة.

causa سبب؛ علة؛ غاية. على سبيل. بدافع، بداعي، بحكم، بسبب، توقعاً لشيء أو خشية منه

[في العقود] عوض أو مقابل

[مواد مدنية] أساس (لحق)؛ سبب أو حجة ترتكز عليها الملكية.

[اجراءات انكليزية] دعوى قيد النظر

— *credendi causa* على سبيل السلفة (أو الدين)

causa causae est causa causati الباعث على السبب هو الباعث على النتيجة أو علة السبب هي علة النتيجة.

causa causans سبب مؤد (الى)، أو مباشر: الحلقة الاخيرة في الاسباب المؤدية الى شيء؛ سبب فعال؛ حقيقي أو فعلي

سبب مسبب أو موضوعي

causa falsa [قانون روماني] سبب كاذب؛ أساس لا يقوم على حق أو قانون.

causa finalis سبب قصدي

causa impulsiva دافع؛ سبب حافز

causa justa [قانون روماني] سبب أو أساس صحيح؛ دعوى حقيقية؛ حق (ملكية) قانوني؛ واقعة يستقيم بها اثبات

causa lucrativa [قانون روماني] سبب نفع مادي، يتوخى به الكسب فقط.

الحادث أو الوضع الذي تهدف اليه المعاهدة أو تشمله بنصوصها.

[قانون تجاري] حافز التعاقد؛ الداعي اليه، السبب الذي يعنيه الفرقاء بالعقد أو ينصون عليه.

casus fortuitus حدث أو حادث مفاجىء أو عرضي؛ حالة قاهرة؛ خسارة نافذة لا ينفع معها تحوط أو تدبير.

cat قط: حيوان أليف مستأنس، يعتبر ملكاً لصاحبه. ولا يسأل أصحاب القطط، نظراً لعدم اعتبارها من الحيوانات الخطرة، عما تأتيه من أضرار للغير الا اذا ثبت توقعهم لحدوث تلك الاضرار.

cat-o-nine-tails يطلق اسم «قط» أو قط أبو تسعة اذناب على آلة خاصة كانت تستعمل قديماً لجلد البحارة المذنبين وما تزال تستعمل لتوقيع عقوبة الجلد على بعض المجرمين، وهي عبارة عن تسعة كرابيج تربط الى قبضة خشبية وتعقد أطرافها لتزداد تأثيراً في بدن المذنب.

catalla otiosa عروض؛ بضاعة أو منقولات غير حية، سميت كذلك تمييزاً لها من الحيوانات بوجه عام. يرد هذا الاصطلاح أحياناً للدلالة على الماشية الخاملة التي لا تسخر للاعمال الزراعية تمييزاً لها عن الحيوانات العاملة التي تستخدم في الحرث أو الحصاد.

catastrophe كارثة، مصيبة، فاجعة، نائبة، خراب شامل

catchall statute تشريع لا يوفر احداً، قانون برلماني لا يفلت أحد من سطوته، يصطاد «الجميع».

catching bargain [أصلا] صفقة جائرة تنطوي على قرض بشروط مجحفة يعطى لمن كان ينتظر ميراثاً ويرجح فيه العوض رجحاناً غير معقول لمصلحة الدائن أو لأحد طرفيه اذا كان عقداً غير الدين. ويترتب على طالب تنفيذ العقد في الحالة الثانية أن يثبت كون هذا العقد معقولا ومنصفاً. ويراد بالصفقة الجائرة حالياً كل علاقة تعاقدية تتم عن انتهاز وعدم تكافؤ بين طرفيها كالتعاقد مثلا بين محام وموكله.

catch time charter عقد ايجار سفينة ينص على دفع تعويض أو اجرة نظير المدة التي تستعمل خلالها السفينة استعمالا فعلياً.

categorical تعبير غير قانوني يرد بمعنى: اطلاقي (فاصل)؛ قاطع، لا يحتمل المساءلة، جلي، واضح المفهوم

category فئة؛ طبقة؛ فصيلة

cater cousin ابن عم أو خال من الدرجة الرابعة. يطلق ذات الاصطلاح على كل قريب بعيد القرابة.

ركن أو أركان الدعوى ؛ عناصرها الجوهرية . مجموعة الاسباب المكونة لحق والمطالبة باستيفائه .

مقومات الدعوى ؛ العلل الكافية لاقامتها أو المطالبة بحق واجب الاداء . كل شيء صح أن يكون أساساً لأمر قضائي أو حكم محكمة .

الفعل الصادر عنه الضرر أو الاذى المعني ؛ الواقعة أو الاوضاع التي يستند اليها طلب التنفيذ ضد شخص طبيعي أو اعتباري .

الاسانيد أو البينات التي يتمسك أو يحتج بها المطالب بحق . الشخص الذي له الحق في اقامة الدعوى أو الشيء موضوع الدعوى . ولا تجوز تجزئة أسباب الدعوى (لاقامة دعويين أو أكثر) حيث يستطاع جمعها .

والـ chose of action هو غير الـ cause of action .

cause list [**اجراءات انكليزية**] جدول القضايا المعدة للنظر حسب ترتيب قيدها فيه .

cautela حراسة ؛ حيطة ، تحوط ، توق ، عناية

cautio [**مواد مدنية وقانون فرنسي**] تأمين يعطى لاداء شيء أو القيام بعمل ؛ كفالة ، تعهد أو عهدان

[**قانون اسكتلندي**] تعهد ؛ التزام ؛ ضمان يكفل وفاء

cautio fidejussoria ضمان وفاء الملتزم من قبل شخص ثالث .

cautio juratoria [**قانون روماني**] ضمان يمين ؛ تعهد مشفوع بيمين يعطيه على نفسه المدعى عليه ضماناً لبقائه تحت تصرف المحكمة حتى صدور الحكم في الدعوى.

cautio muciana ضمان الميراث : الضمان الذي يؤخذ على الوارث أو الموصى له اذا تعلق بالإرث أو الوصية شرط واجب المراعاة لايلولة النصيب فيها للوارث المذكور أو الموصى له ، كأن يشترط عليه مثلا أن لا يتزوج أو لا يغادر البلاد أو أن يمارس حرفة أو تجارة معينة أو غير ذلك .

cautio pignoratitia ضمان ارتهاني لاداء ذمة أو حق . يكون بارتهان متاع أو عروض أو مال منقول لدى من حق له الاداء .

cautio usufructuaria ضمان يعطيه المستأجر العمري لمالك الارض على سبيل التعهد بحفظ الارض المؤجرة من كل ضرر أو تبديد .

caution [**كفعل**] يحذر ؛ ينبه ؛ يخطر

[**قانون اسكتلندي**] تأمين ؛ ضمان ، كفالة ؛ عربون

causa matrimonii praelocuti قضية عدم زواج ؛ اجراء قديم ملغى كانت تقيمه المرأة ذات الشأن ضد رجل ملكته قطعة ارض على أمل أن يتزوج بها ثم أتضح لها رفضه الزواج بعد انقضاء مدة معقولة على تكليفه به تكليفاً مناسباً .

causa mortis خشية الموت ؛ بداعي توقعه ، بسببه ، في مرض الموت

causa patet سبب أو باعث واضح أو معلوم .

causa proxima سبب مباشر ؛ سبب قريب

causa proxima non remota spectatur «العبرة بالسبب القريب لا البعيد » : أي لا يعتبر سبب الخسارة ، في عقود التأمين البحري محلا للاعتبار في سبيل تحديد المسؤولية الا اذا كان منصوصاً في العقد .

causa rei أشياء تبعية ؛ متعلقات أو توابع شيء ، ملحقاته ، ثماره

causa remota سبب غير مباشر ؛ سبب بعيد

causa sine qua non سبب لازم أو لا بد منه (لحصول أمر)

causation تقاض ؛ تداع ؛ سببية ؛ بعث على نتيجة أو أثر

صلة السبب بأثره .

— law of causation قانون التقاضي أو التداعي .

causator منازع ؛ أحد متداعين أو متقاضين ؛ مدع أو مدعى عليه

cause يسبب ؛ يبعث أو يدفع (على) ؛ يجر ، يؤدي (الى)

[**كاسم**] سبب ؛ باعث ؛ دافع ؛ علة ، موجب

[**قانون اسكتلندي**] عوض ؛ نظير أو مقابل يقوم عليه عقد أو التزام .

دعوى ؛ نزاع ، قضية (مدنية أو جنائية)

— proximate cause (راجع باب proximate)

— remote cause (راجع باب remote)

cause-books سجلات تحفظ في المحكمة العليا الانكليزية لتدوين كافة ما يصدر عنها من أوامر تكليف أو جلب .

cause of action سبب دعوى ؛ أساس المطالبة : الواقعة أو العلاقة المبررة للتداعي أو المطالبة بحق عن سبيل القضاء .

ceap صفقة؛ (شروة)، عروض، متاع، سلع؛ أشياء لبيع أو مقايضة

ceapgild تعويض مناسب عن أضرار أتاها حيوان أو النزول عن الحيوان نفسه للمضرور أو ذويــه على سبيل التعويض .

cease يتوقف؛ ينعدم؛ يمتنع؛ ينقطع (عن)؛ ينتهي

cede ينزل؛ يتنازل؛ يتخلى (عن)؛ يسلم (بـ) . يرد هذا الاصطلاح غالباً في الكلام عن انتقال الممتلكات أو الاقاليم أو المستعمرات من دولة الى أخرى .

cedent [قانون اسكتلندي] متصرف (من صدر عنه التصرف في الشيء)؛ متفرغ

cedule [قانون فرنسي] ورقة عرفية، تحمل توقيع شخص عادي أو ختمه أو بصمته .

ceiling حد أعلى؛ وضع حد أعلى أو أقصى (لرواتب أو أسعار أو ما الى ذلك) لا ينبغي تجاوزه .

celation ستر أو اخفاء الحمل أو الولادة

celebration of marriage إبرام زواج؛ عقد نكاح : يصبح به الشخصان المعنيان زوجين شرعيين .

celibacy عزوبة؛ عدم الزواج قطعاً

cell حبس أو سجن انفرادي؛ زنزانة، حجرة لمحكوم واحد في سجن

cenegild [قانون سكسوني] غرامة أو دية يؤديها القاتل أو ذووه لذوي المقتول .

censor مراقب أو رقيب؛ موظف مكلف بمراقبة الكتب والصحف والمراسلات والمخابرات بسبيل الاطلاع على محتوياتها .

[كفعل] يراقب

censorship رقابة؛ مراقبة (المراسلات والمخابرات والصحف والكتب والمطبوعات) بوجه عام . تعطيل حرية النشر والكلام (مدة الرقابة) .

censure تلوم؛ نقد؛ تأنيب؛ ابداء استياء (من عمل أو تصرف)

[قانون كنسي] عقوبة كنسية توقع على المخالف من اتباع الكنيسة بتجريده من حق روحاني أو طرده من الكنيسة .

census احصاء أو تعداد نفوس
(والفعل : taking of census اجراء تعداد) .

caution juratory ضمان اليمين؛ حلف اليمين على سبيل الضمان .

cautionary [قانون اسكتلندي] سند كفالة؛ يتعهد بموجبه من أنشأه أن يكفل شخصاً معيناً .

cautionary judgment قرار أو حكم تحوطي . اذا خشي المدعي في الدعوى العقارية أن يتصرف المدعى عليه في العقار موضوع النزاع قبل الفصل في الدعوى، جاز له أن يستصدر من القاضي المختص قراراً تحوطياً يمنع ذلك ويرتب له حق امتياز أو اختصاص lien على العقار المذكور .

cautioner [قانون اسكتلندي] كفيل؛ ضامن

cautionry [قانون اسكتلندي] كفالة أو ضمان

cautious متبصر؛ محترس، منتبه، حذر، يقظ

caveat فليحذر؛ فليحترس

تنبيه أو اعلان عدم السير في الاجراءات : ما يوجه للقاضي أو المأمور المختص مكلفاً أياه بوقف السير في الاجراء أو الفعل الذي هو بصدده، ريثما يفصل في موضوع التنبيه الذي استلزم هذا الوقف .

[مواد البراءات] اخطار كتابي رسمي الى الجهة المختصة بدائرة البراءات ينبهها أن لا تمنح براءة الاختراع المعينة فيه لاي شخص حتى يثبت المعترض أولويته في موضوع الاعتراض .

caveat actor «فليحترس الفاعل»

caveat emptor «فليحترس المشتري». ليكن المشتري على حذر؛ أي : يجب عليه أن يلم بأحوال المبيع ويفحصه قبل شرائه .

***caveat* to will** الطعن في صحة الوصية؛ طلب إبراز الوصية واثباتها أو تحقيقها في جلسة علنية .

caveat venditor [قانون روماني] فليحذر البائع؛ مبدأ قانوني يقضي بالقاء تبعة شوائب البضاعة أو نقصها على البائع .

caveator من أودع أو قدم الـــ *caveat* . (راجع الكلمة الاخيرة عالياً)

cavere [قانون عام] يتحوط : يحتاط لأمر؛ يتوقى؛ يتخذ العناية اللازمة

ينص قانوناً على شيء؛ يمنع قانوناً (أي بقانون) . يعطي ضماناً؛ يقدم كفالة

cepi corpus «استوليت على جسده» . يؤشر رئيس الضبط القضائي أو عامل الملك sheriff على أمر الحجز بهذه العبارة عندما يتم له القاء القبض على المراد حجزه شخصياً .

cepit أخذ (شيئاً)، تناوله

[**مواد مدنية**] استيلاء أو أخذ (باطل)

[**مواد جنائية**] ترد في صيغة الاتهـام للدلالة على أن المتهم استولى على المسروقات بقصد جنائي .

cepit et abduxit أخذ (شيئاً) أو استولى عليه وفر به أو ساقه أمامه . يرد هذا التعبير الفني في أوامر التعدي على العقار أو تهم السرقة، خصوصاً اذا كانت المسروقات من الماشية .

cera impressa ختم (مبصوم)؛ ميسم

ceremonies تشريفات، مراسم

— Master of Ceremonies كبير أو رئيس تشريفات أو مراسم .

certainty يقين؛ تأكد، عدم شك

[**في المرافعات**] ابانة في تقرير أمر؛ وضوح أو تفصيل في كلام

[**في العقود**] دقة؛ ضبط؛ وضوح أو جلاء

certificate شهادة (كتابية)؛ اشعار مكتوب

— bankrupt's certificate شهادة إبراء أو خلو ذمة تعطى للمفلس اشعاراً باستيفائه للمستلزمات القضائية وخلو ذمته من الدين وامكانه استئناف نشاطه المهني .

certificate for costs [**اجراءات انكليزية**] شهادة مصاريف؛ شهادة أو مذكرة صادرة عن قاضي الدعوى لبيان الوقائع التي ينبغي على الخصم اثباتها قبل أن يكون له حق في المصاريف .

certificate of acknowledgement شهادة توثيق أو تصديق: شهادة رسمية ترفق بحجة التصرف أو سند التمليك يعطيها الموظف المختص اشعاراً بأن الفرقاء في الحجة أو السند حضروا أمامه في يوم معين واعترفوا بأنهم انشأوا تلك الحجة أو ذلك السند بمحض ارادتهم وملء حريتهم .

certificate of air worthiness [**قانون الطيران**] شهادة الصلاحية للطيران

certificate of assize [**قديماً**] أمر قضائي ملغى كان يستصدر لاعادة النظر أو التحقيق في مسألة محالة الى القضاء من هيئة محلفين تحقيقيه .

centena مئة: وحدة سياسية أو منطقة ادارية قوامها مئة حر (freeman) .
كان الغوثيون Goths والالمان والفرنكيون واللمبارديون يقسمون بلادهم لاغراض الحرب والادارة الى مناطق تعد كل منها مئة نفر وتسمى *centena* ؛ تقابلها الـ hundred في النظام السياسي السكسوني .

centenarii [**قديماً**] قضاة جزئيون، معاونو ضبط الاقاليم under-sheriffs المكلفون قديماً بحفظ الامن والسلام في المجاميع المئوية *centena* وتسوية المنازعات البسيطة في دوائر اختصاصهم .

central criminal court محكمة الجنايات المركزية . أنشئت هـذه المحكمة في لندن سنة ١٨٣٤ مكان محكمة الجنايات القديمة المسماة Old Bailey، وما زالت تعرف لدى العامة بهذا الاسم . وهي تمارس اختصاصاً جنائياً يشمل مدينة لندن وأجزاء معلومة من مقاطعات Surrey و Essex و Kent، وتحال اليها القضايا الجنائية الهامة من المقاطعات الاخرى بأمر الاحالة المعروف بالـ *certiorari* . وتجلس محكمة الجنايات المركزية اثنتي عشرة مرة في السنة، فتكاد بهذا أن تكون في جلوس مستمر خلال السنة كلها . وتتشكل عادة من أحد قضاة دائرة مجلس الملكة الخاص Queen's Bench Division والـ Recorder of the City of London والـ Common Sergeant وقاض رابع يسمى The Commissioner .

centralization تركيز النظام أو الادارة؛ ربط فروع الادارة أو مراجع المسؤولية على شكل تدرجي ينتظمها في مرجع أعلى واحد .

centre [**شؤون سياسية**] اعتدال؛ معتدلون في الرأي؛ وسط بين فريقين

centumviri [**قانون روماني**] محكمة خطيرة الشأن كانت تشكل من هيئة قوامها مئة وخمسة من القضاة .

century قرن؛ مئة سنة

[**تنظيم سياسي قديم**] مئة: مجموعة من أشخاص قوامها مئة رجل .

كان الرومان يقسمون أنفسهم لاغراض الادارة الى centuries كما قسم الانكليز أنفسهم الى hundreds لذات الاغراض .

ceorl [**قانون انكليزي قديم**] مواطن حر لا ارض له . فلاح حر: يستأجر الارض نظير أجرة نقدية أو عينية أو ما يؤديه للمالك من خدمة مقررة .

عامل (حر) بالاجرة أو الكروة .

مزارع (حر) من طبقة متواضعة .

certificate of deposit بيان أو شهادة ايداع : سند كتابي يعطيه البنك اشعاراً بأن المذكور فيه قد أودع عنده أشياء معينة وأنه على استعداد لرد المودعات لصاحبها عند الطلب.

certificate of evidence عريضة طعن أو اعتراض لا تكاد تختلف عما يسمى bill of exceptions (راجع الاصطلاح الاخير في باب bill) .

certificate of incorporation عقد تأسيس : شهادة تأسيس الشركة التي ينبغي ابرازها لادراج الشركة في السجل التجاري على سبيل شهرها والاشعار بتشكيلها .

certificate of police record شهادة سوابق تعطيها دائرة الشرطة المختصة .

certificate of preferred stock شهادة أسهم امتياز أو أسهم ممتازة، تخول أربابها حق الاولوية في أرباح الشركة أو أموالها .

certificate of purchase or **certificate of sale** شهادة شراء أو شهادة بيع ؛ يعطيها المحضر المشرف على البيع القضائي لصاحب العرض الاعلى الراسي عليه المزاد . وهي تخول المذكور فيها حق الحصول على سند التملك الخاص بالمبيع حالما تصدق المحكمة على البيع .

certificate of registry [**مواد بحرية**] شهادة تسجيل السفينة

certificate of stock شهادة اكتتاب أو مساهمة : تعطيها الشركة للدلالة على أن المشار اليه من مساهميها وأن له فيها عدداً معيناً من الاسهم أو الحصص .

certification إشهاد ؛ اعتماد ؛ تصديق ؛ اعلام

certification of a cheque اعتماد الصك (أو الشيك) أو تصديقه .
يعتمد الشيك أو يصدق من البنك بعبارة خاصة تثبت في حاشيته، وذلك اشعاراً بأن المبلغ المرقوم فيه موجود في البنك لحساب الساحب . والشيكات المعتمدة محترمة في كل مكان وقابلة للدفع فوراً .

certification trade-mark (راجع باب trade-mark)

certified مصدق (عليه) ؛ معتمد

certified accountant (راجع باب accountant)

certified cheque صك (أو شيك) مصدق أو معتمد : أي مقبول لدى المسحوب عليه نظراً لتوافر ما يقابله من الرصيد الكافي (راجع certification of a cheque) .

certified copy نسخة مصدقة

certified invoice كشف حساب مصدق ؛ فاتورة مصدقة

certify يشهد (كتابة) ؛ يصدق (على أمر)

certiorari أمر سلخ الدعوى أو تحويلها للمراجعة :
وهو أمر قضائي من محكمة (تكون في الغالب المحكمة العليا) الى محكمة أدنى منها، تكلفها فيه أن ترفع يدها عن الدعوى موضوع الامر وتحولها اليها (الى المحكمة الآمرة) مع كافة الاوراق المتعلقة بها لتحكم فيها بالعدل .
تصدر المحكمة العليا هذا الامر استناداً الى سلطة الاشراف التي تمارسها على الاجراءات المتبعة في كافة المحاكم الاخرى. ويلجأ اليه عادة حيث يتبين أن المحكمة المعنية قد تجاوزت اختصاصها أو أن أحد قضاتها كان في قراره تحت تأثير المصلحة المادية الخاصة . فاذا صدر هذا الامر وجب على من وجه اليه، سواء أكان قاضياً أم محكمة أن يبادر حالا الى ارسال كافة أوراق الدعوى ومتعلقاتها الى المحكمة العليا ومن ثم تشكل لنظر الدعوى في مجلس الملكة الخاص Queen's Bench دائرة عليا قوامها ثلاثة مستشارين تسمى Divisional Court .
وكثيراً ما يصدر أمر الـ *certiorari* للتثبت مما اذا كانت المحكمة المأمورة قد تجاوزت صلاحيتها في نظر مسألة معينة أو لم تتجاوزها أو خالفت القانون أو اخطأت في تفسيره .
والمعنى الحرفي للكلمة هو «للاطلاع» أو «للتثبت» أو «لتطلع» أو « تتثبت » .

***certiorari*, bill of** [**اجراءات العدالة المطلقة – سابقا**] عريضة طلب نقل الدعوى المنظورة أمام محكمة صغرى من محاكم العدالة المطلقة الى محكمة الـ Chancery على أساس عدم الاختصاص أو غير ذلك من الاسباب المبررة للنقل .

cess [**قانون انكليزي قديم**] يتوقف ؛ ينتهي ؛ يسقط

[**كاسم**] ضريبة ؛ رسم نسبي

[**في ارلندا**] مقادير نسبية من المأكولات تفرض كضريبة (عينية) على الاهالي للجنود .

cessante statu primitivo, cessat derivativus بانتهاء اصل الملك تنتهي فروعه : أي ينتهي كل ما يترتب عليه من حقوق ملكية .

cessat executio موقف للتنفيذ

cessation توقف ؛ امتناع ؛ انقطاع

cesse [**قديماً**] ضريبة ؛ رسم نسبي
امتناع التابع الاقطاعي عن اداء ما يترتب عليه من الواجبات أو العوائد لسيد الاقطاع .

تمحضت له فوائد شيء يعود حق حيازته القانونية لشخص آخر . من كان له حق الملكية الفعلي في عقار أو مال عقاري وله ريعه من ايجارات أو أرباح أو غير ذلك، وكان لغيره (الوصي عليه أو القيم) مجرد الولاية القانونية على ذلك العقار أو المال .

cestui que use المنتفع عن يد الغير : من كان له الحق في أرباح ومنافع أملاك يعود حق حيازتها والولاية القانونية عليها لوصي أو حارس أو قيم يسمى عادة feoffee to uses ويترتب عليه واجب الدفاع عن حقوق المنتفع المذكور .

cestui que vie من كانت حياته مقياساً زمنياً لدوام ملكية أو حيازة أو انتفاع : الشخص الذي تدوم حيازة العقار أو يدوم الانتفاع به مدة عمره (أي مدة الباقي من حياته).

cestuy que doit inheriter al père doit inheriter al fils من كان له أن يرث والد المتوفى كان له أيضاً أن يرث الولد (المتوفى) .

cf. يرمز هذان الحرفان الى الكلمة اللاتينية *confer* . ومعناها قارن؛ وهي ترد عادة لاحالة القارىء الى موضع آخر من الكتاب أو المؤلف على سبيل المقارنة .

ch. يرمز هذان الحرفان الى احدى الكلمات التالية: chapter أو chancellor أو chancery أو chief، وذلك حسب الاحوال .

chaffers [قديماً] سلع أو عروض بوجه عام

chaffery, chaffering مساومة في بيع أو شراء؛ محاولة تخفيض سعر السلعة، بشتى وسائل الالحاف والاقناع، الى ادنى حد مستطاع .

chain of title تسلسل حق الملكية، تدرج التصرف في الحق (أو المال العقاري)؛ التفرغ المتسلسل عن أرض أو جزء منها كتفرغ المالك الاصلي عن أرضه مثلا لـ (أ) من الناس وتفرغ هذا لـ (ب) وتفرغ (ب) لـ (ج) وهلم جرا بحيث يصبح الحق العقاري هدفاً لسلسلة من التفرغات متصلة الحلقات .

chair كرسي؛ مكان سلطة واشراف؛ رئاسة . استاذية (في معهد علمي)

chairman رئيس : من أسندت اليه رئاسة جمعية أو مجلس أو اجتماع عام أو لجنة أو مجلس ادارة مؤسسة أو هيئة تشريعية أو غير ذلك .

challenge يطعن (في)؛ يعترض (على)؛ يتحدى

[كاسم] طعن، اعتراض . تحد لمبارزة أو غيرها

cesser اهمال . توقف عمل أو تقصير فيه . انتهاء أو انهاء مدة أو مرتب أو عمل أو حق أو غير ذلك .

***cesser* clause** شرط انقطاع المسؤولية . ويقصد به، في عقود النقل البحري، شرط اخلاء المستأجر من المسؤولية حال شحن البضاعة ودفعه لجزء من اجرة الشحن، وذلك بحكم ما يترتب لمالك السفينة من حق امتياز على البضاعة نظير ما يطالب به .

cesset executio «فليقف التنفيذ» . صيغة الامر القضائي الموقف للتنفيذ .

cesset processus «فلتقف الاجراءات» . صيغة الامر القضائي الصادر بوجوب وقف الاجراءات .

cessio bonorum [قانون روماني] تنازل المدين المعسر لدائنيه عن أمواله وكافة ما يملك .

cessio in jure [قانون روماني] تنازل قانوني، أي بسبيل القانون أو القضاء . وهو ما يحصل بدعوى صورية بين شخصين ينوي أحدهما (المدعى عليه) أن يتصرف في شيء معين، وينوي الثاني (المدعي) أن يستولي عليه؛ فاذا حضر أمام المحكمة أقر المدعى عليه بعدالة الادعاء فحكم القاضي للمدعي بالشيء المذكور وتم التنازل المقصود «بسبيل القضاء» .

cession نزول؛ تنازل؛ تخلٍ عن مال أو ملك أو حق : تركه للغير

cession of goods نزول أو تنازل المدين أو تخليه لدائنيه عن كافة ما يملك اذا استشعر بحرج الموقف والعجز عن الوفاء .

cession of territory التنازل عن أقليم أو أرض او قطاع؛ التخلي عن ذلك

cessionary bankrupt مفلس متنازل لدائنيه عما يملك ليوزع فيما بينهم .

cessment ضريبة مقدرة أو مربوطة (على شيء) .

cessor الممتنع عن أداء واجبه أو المهمل له، مدة تستهدف به لتدخل القانون (أو بطشه) .

c'est le crime qui fait la honte et non pas l'échafaud الجرم هو ما يورث الخزي لا المقصلة

cestui, cestuy من؛ كل من . ترد هذه العبارة في بعض المصطلحات القانونية الفرنسية والانكليزية .

cestui que trust المنتفع في مال ايصائي أو ائتماني: من

chambium [**قانون انكليزي قديم**] بدل؛ تبديل أو تحويل النقد، صرف، صرافة، كمبيو

champart [**قانون فرنسي**] مزارعة؛ اعطاء المالك للغير أرضاً له أو جزءاً منها على أن يؤدي الثاني للاول نصيباً معلوماً من محصولها .

champert [**قانون انكليزي قديم**] حصة أو جزء من أرض . الجرم المعروف باسم champerty (راجع الكلمة الاخيرة تالياً) .

[**قانون اسكتلندي قديم**] رشوة؛ هدية (أرضاً كانت أو مالا أو غير ذلك) يعطاها القاضي أو أحد ذوي المناصب الرفيعة نظير ما يقوم به من تعطيل اجراء معين، عادل أو حق، يطلب اليه تعطيله أو تأييد أي موضوع أو عمل باطل يكلف بتأييده .

champertor [**قانون جنائي**] مقاول منازعات أو دعاوى؛ شخص ثالث يتعهد رفع دعوى الغير أو يدفعه على رفعها مباشرة أو بالواسطة ثم يتولى ملاحقتها والانفاق عليها في جميع مراحلها على أن تناله حصة معلومة من التعويضات أو الارباح العائدة منها أو الحقوق موضوع النزاع .

champerty الاتفاق مع الغير على مساعدته في دعواه بملاحقتها أو المرافعة فيها أو الانفاق عليها أو بغير ذلك من السبل لقاء نصيب معلوم من عوائدها اذا تم لها النجاح .

الاتفاق الذي يكون بين أحد المتداعين وشخص ثالث، خارج عن الدعوى، على أن يشتري هذا نصيباً معيناً من موضوع النزاع: أي أن يدفع لصاحب الدعوى مبلغاً من النقود نظير جزء معين من الموضوع أو أن يساعده في ملاحقة الخصومة أو الانفاق عليها حتى اذا ربحها كان له منها النصيب المتفق عليه (والنعت champertous) .

chance صدفة؛ مصادفة؛ حظ؛ قضاء وقدر؛ ما يحدث عرضاً أو اتفاقاً، ما لا يتوقع أو ينتظر .

chance, by (by chance) بسبيل الصدفة، اتفاقاً، من غير تعمد أو قصد؛ قضاء وقدراً، عرضاً، دون توقع

chance bargain صفقة أو مبايعة جزافية: التعاقد على أمر لا تعرف نتيجته من حيث الربح أو الخسارة أو شراء شيء دون التثبت من ماهيته أو المتأكد من جودته أو فساده .

chance-medley [**مواد جنائية**] تعبير قديم معناه، عرضاً؛ اتفاقاً أو قضاء وقدراً . يرد غالباً في وصف القتل المدعى بوقوعه أثناء الدفاع عن النفس .

chancellor رئيس؛ عميد؛ مستشار . من كانت له الرئاسة أو الزعامة أو المكان الاول في دائرته أو نطاق عمله .

— general challenge طعن أو اعتراض عام: وهو ما يوجه عادة ضد أحد المحلفين على أساس فقدانه أهلية الاشتراك في هيئات المحلفين .

challenge *propter affectum* الطعن على أساس الضغينة أو الميل أو التحيز .

challenge *propter defectum* الطعن بأحد عوارض الاهلية القانونية: كصغر السن أو الجنون أو العته أو ما الى ذلك .

challenge to fight التحدي لمبارزة أو قتال

challenge to the favour الطعن بالمحسوبية أو مراعاة الخاطر: الطعن القائم على ظروف تدعو الى الريبة كالعلاقات الخاصة على ضروبها .

chamber غرفة؛ حجرة؛ حظيرة؛ محل منفرد في مبنى (راجع Chambers) .

chamber business أعمال غرفة المشورة: الاعمال أو المسائل القضائية التي يعالجها القاضي أو يقررها في غرفة المشورة .

chamber of commerce غرفة تجارة؛ غرفة تجارية

chamber, widow's (widow's chamber)
جزء معلوم من متاع المتوفى تختص به أرملته خلا ملابسها وأثاث بيتها .

Chamberlain أطلق هذا اللقب اصلا على محافظ خزانة المال Keeper of the Chamber أو أمينها Treasure Chamber، وهو يستعمل حالياً في انكلترا، أحياناً، للدلالة على كبير الامناء Lord Chamberlain of the Household . وفي عدد من الولايات المتحدة يستعمل بمعنى أمين مال .

Chambers غرفة المشورة؛ غرفة المداولة أو المذاكرة: المكتب الذي يختلي فيه القاضي لينظر في بعض الطلبات والعرائض ويؤشر على الاوراق أو يوقع عليها ويتولى كل ما يتصل بمهام وظيفته خارج جلسات المحكمة .

تستعمل الكلمة في انكلترا أيضاً للدلالة على المكتب الخاص الذي يتخذه المحامي بدرجة barrister مقراً لأعماله واستقبال موكليه .

[**قانون دولي**] جيوب بحرية؛ مساحات المياه الممتدة بين رأسي بر ناتئين في البحر على ساحل الدولة الواحدة، وهي مناطق تعتبرها الدولة المعنية ملجأ للسفن التجارية يتمتع بالحصانة من تعديات الدول المتحاربة .

— judge sitting in Chambers القاضي في غرفة المشورة

[في بعض الولايات المتحدة الأميركية] مستشار المحكمة المسماة Court of Chancery أو رئيس مستشاريها .

[في انكلترا] رئيس دائرة القضاء الحسبي المعروفة باسم Chancery Division بالمحكمة العليا .

يطلق اللقب ذاته أيضاً على عدد من رجال القضاء الملحقين بالاسقفيات والجامعات .

[في اسكتلندا] عميد أو رئيس هيئة محلفين

— vice chancellor [قانون انكليزي] أحد مستشاري محكمة دائرة الـ Chancery بالمحكمة العليا ومساعد رئيسها الـ Lord High Chancellor (راجع اللقب الأخير تالياً) .

Chancellor of a Diocese رئيس محكمة المطران أو الاسقف Bishop's Court ويكون في الغالب من المحامين الحائزين على درجة barrister .

chancellor of a university رئيس أو عميد جامعة يختار غالباً من النبلاء . مهمته الرئيسية الاتصال بالمراجع الحكومية لقضاء مصالح جامعته

Chancellor of the Exchequer [في انكلترا] وزير المالية أو الخزانة؛ المسؤول الفعلي عن شؤون الدولة المالية . وهو الذي يضع الميزانية السنوية ويقدمها للبرلمان الانكليزي .

Chancellor, the Lord High (the Lord High Chancellor) [في انكلترا] وزير العدل؛ رأس جهاز القضاء في المملكة المتحدة .

يتولى صاحب هذا اللقب عدداً من المهام والوظائف الرفيعة، منها القيام بمنصب رئيس أو خطيب speaker مجلس اللوردات، وتولي رئاسة هذا المجلس حين ينعقد كمحكمة استئناف عليا . وهو عضو مجلس الملكة الخاص Privy Councillor ورئيس الـ Chancery Division دائرة القضاء الحسبي والعدالة المطلقة في المحكمة العليا . يعود اليه تعيين قضاة محاكم الاقاليم country court judges وقضاة الصلح المسمون justices of the peace . تدوم وظيفته بدوام الوزارة ويستقيل باستقالتها ويتم تعيينه في منصبه بتسلم الختم الكبير Great Seal . من القابه أيضاً أمين سر الملكة Keeper of the Queen's Conscience .

chancellor's courts in the two universities محكمتان محليتان يقتصر اختصاصها على جامعتي كيمبردج وأكسفورد وما يتبعهما .

chancer يقرر (أمراً) وفقاً لمبادىء الانصاف والعدالة المطلقة .

chancery اختصاص قضائي مطلق

[في المحكمة العليا البريطانية] دائرة القضاء المطلق والعدالة الطبيعية غير المقيدة؛ وهي من دوائر المحكمة العليا تمارس اختصاصاً مطلقاً لا يتقيد بحرفية النصوص القانونية . ويلجأ اليها حين تعجز هذه النصوص عن مسايرة العدالة الطبيعية أو تقصر دون بلوغ اهداف العدالة المنطلقة من قيود حرفية القانون (راجع Chancery Division لمعرفة تشكيلها وولايتها) .

Chancery Division دائرة من دوائر محكمة العدل العليا (الانكليزية) قوامها ستة مستشارين، تختص بالنظر في كافة الدعاوى المتصلة بادارة التركات ومسائل الشركات وحقوق البراءة والرهون وعقود بيع الاموال الثابتة وايجارها والوصايا المتعلقة بالصغار، وتوزيع الاموال الخاضعة لحقوق الامتياز أو الاختصاص واصدار أوامر منع التعدي على الحقوق الخاصة وقهر الملزمين على مراعاة المواثيق والعهود والاتفاقات، وتقرير مفاهيم المستندات أو المحررات المشكوك فيها . ولهذه الدائرة محاكم تابعة كمحاكم الافلاس والمحاكم المختصة في نظر مسائل ادارة الشركات أو تصفيتها واقفالها وغير ذلك من المواد .

change يغير؛ يبدل؛ يستبدل؛ يحور

change of beneficiary تغيير المنتفع أو المستفيد، ابداله بمنتفع غيره . أيلولة الفائدة أو المنفعة في المال الى غير المنتفع الاول .

change of domicile تغيير محل الاقامة

change of venue تغيير محل المحاكمة أو نظر الدعوى: نقل الدعوى من الدائرة أو المنطقة التي أفتتحت (أو بدئت) فيها الى دائرة أو منطقة أخرى . يرد هذا الاصطلاح غالباً للدلالة على نقل الدعوى من محكمة الى أخرى في ذات الاقليم أو المنطقة .

chantage ابتزاز . الحصول على الشيء بالتهديد أو الوعيد .

chapel كنيسة صغرى: مكان عبادة للمسيحيين أقل شأناً من الكنيسة .

— free chapels كنائس حرة . سميت كذلك نظراً للحصانة التي كانت تتمتع بها من ولاية المحاكم العادية .

— proprietary chapels [قانون انكليزي] كنائس خاصة؛ تعود ملكيتها للافراد، فتشترى أو تشيد للكسب المادي أو لاي غرض خاص آخر .

chapitre خلاصة الامور والقضايا التي كانت تهيأ قديماً للعرض على القضاة الجوابين justices in eyre الذين كانوا ينتدبون قديماً للتجوال في الاقاليم بغية الفصل في القضايا الجنائية أو على قضاة الصلح justices of the peace .

تطلق الكلمة ذاتها أيضاً على وقائع التهمة التي يحيلها القاضي المختص الى الهيئة التحقيقية كي تحصر تحقيقها فيها .

chapman بائع جواب أو متجول

chapter فصل

[**قانون كنسي**] مجمع كنسي؛ هيئة رجال الكتدرائية؛ الاجتماع الذي يعقدونه

character فئة؛ قسم؛ نوع

خلق؛ صفة (يختلف أو يتميز بها شخص عن غيره)، سيرة، سمعة . ترد أحياناً كرادف لـ reputation وان كان الفرق بين الكلمتين على جانب من الاهمية، اذ يراد بالـ character في الدرجة الاولى، ماهية الشخص أو واقع حال أخلاقه بينما تدل الكلمة الثانية على ما يظنه الناس به أو يفترضونه فيه أو على سمعته حسب اعتقادهم .

character witness (راجع باب witness)

characterize يصف او يحدد وصف شيء (كجريمة او ما اليها)؛ يميز

characterization التكييف القانوني؛ تحديد طبيعة العلاقة القانونية؛ تقرير وصف الفعل أو التهمة محل المحاكمة .

charge يتهم (بجرم)؛ يكلف (بمهام أو أعباء)؛ يلقي (مسؤولية)؛ يحمل؛ يلزم؛ يرتب (قيداً أو حقاً أو امتيازاً على شيء)؛ يطلب؛ يفرض (رسماً أو ضريبة)؛ يقيد (على حساب أو فاتورة)؛ يتقاضى (من)

يحشو (سلاحاً نارياً بذخيرة)؛ يشحن (بتيار كهربائي)

[**كاسم**] تهمة

رهن؛ عبء؛ تكليف؛ حق؛ امتياز، قيد أو اختصاص .

رعاية أو قوامة

ثمن؛ رسم؛ كلفة

[**في المحاكمات**] الخطاب الختامي الذي يوجهه القاضي الى هيئة المحلفين قبل اختلائهم للقرار مستعرضاً فيه ظروف القضية وملابساتها بصورة مقتضبة ومرشداً الى النقاط القانونية التي تنبغي عليهم مراعاتها .

[**في العقود**] التزام أو تعهد

[**في الوصايا**] واجب أو تكليف مادي يفرضه الموصي على شخص الموصى له أو على الشيء موضوع الوصية .

[**قانون اسكتلندي**] أمر أو تكليف مشمول بخطاب ملكي .

— floating charge حق امتياز أو رهن قائم، على أموال معلومة .

— in charge مسؤول؛ مهيمن؛ مكلف (باشراف أو رعاية أو ادارة)

— public charge عالة على المجتمع : من بلغ به الفقر أو المرض أو العته أو العجز عن العمل حداً لا يجد معه سبيلا للعيش غير ما يصيبه من المساعدات العامة .

chargé des affaires or ***chargé d'affaires*** قائم بأعمال (مفوضية أو سفارة أو ما الى ذلك) .

— titular *chargé d'affaires* قائم بالاعمال إصالة (عن نفسه)

chargé d'affaires ad interim قائم بأعمال مؤقت أو بالوكالة .

charge-sheet لائحة اتهام، تبين جزئيات تهمة .

سجل توقيف يومي: يحفظ في دائرة البوليس لتدوين اسماء المحضرين للتوقيف كل ليلة . دفتر أحوال

[**في الاجراءات**] مذكرة اتهام، تشمل وصف التهمة واسم المتهم في كل قضية .

chargeable [**في الضرائب والرسوم**] واجب؛ مستحق الدفع؛ يفرض، يحصل أو يستوفى على؛ خاضع لرسم أو ضريبة

[**في الجرائم**] مسؤول؛ محل لمسؤولية أو تبعة؛ تلقى تبعته (على)

chargeant ذو بال أو أهمية؛ ثقيل؛ جنائي . غال؛ باهظ أو عظيم الثمن (بمعنى expensive)

charges مصاريف أو نفقات

تعليمات أو ارشادات (بمعنى instructions)

charging lien رهن غير حيازي؛ امتياز أو اختصاص يترتب على المال المرهون رغم بقائه في يد المدين الراهن أو غيره .

charging order (راجع باب order)

charitable خيري؛ احساني

charitable bequest هبة خيرية (لوجه بر أو غرض خيري) .

charitable corporation جمعية خيرية : غايتها تقديم المعونة المادية لمن يعجز عن اعالة نفسه .

charitable institution مبرة؛ مؤسسة أو منشأة خيرية : تقوم كلياً أو جزئياً على حساب المجتمع أو ما يتيسر لها من صدقات وهبات .

قانون انشاء مصرف أو شركة تضعه الجهة التشريعية المختصة . قانون الشركة الاساسي أو عقد تأسيسها (راجع articles of incorporation) . تفويض (من مرجع مختص) تمارس بموجبه الهيئة المعنية نشاطها وأعمالها . عقد بين دولة وشركة أو شركة ومساهميها أو بين المساهمين والدولة . عقد مشارطة

[قانون انكليزي قديم] سند رسمي مختوم . تصرف مكتوب؛ ميثاق؛ عقد

[قانون اسكتلندي قديم] سند تصرف ينزل بموجبه السيد الاقطاعي للفصل (التابع الاقطاعي) عن شيء معلوم نظير أعمال أو فوائد يؤديها التابع للسيد .

— open charter استئجار مفتوح . تستأجر بموجبه السفينة دون تحديد نوع الشحنة أو موانىء المرور .

— lump sum basis charter استئجار شامل بمبلغ مقطوع (اجمالي)

— time charter استئجار زمني؛ مشارطة زمنية

charter aircraft [قانون الطيران] طائرة مكتراة لرحلة خاصة (معينة)؛ طائرة رحلات عارضة

charter-land or (bookland) [قانون انكليزي] أرض مملوكة بموجب حجة أو سند (تمليك) مكتوب .

charter of pardon مرسوم عفو (عن جريمة) يحمل الختم الكبير (the Great Seal) .

charter-party (charterparty) مشارطة إيجار؛ عقد نقل بحري : تستأجر بموجبه السفينة كلها أو جزء رئيسي منها لنقل بضاعة من نقطة الى أخرى نظير اجرة معلومة .

charter rate قيمة الاجرة : المبلغ الذي تستأجر به السفينة أو الطائرة .

charter rolls سجلات انكليزية قديمة : تشمل الامتيازات والبراءات الملكية الممنوحة بين ١١٩٩ و ١٥١٦ .

chartered accountant (راجع باب accountant)

chartered company شركة مأذونة : أنشئت بقانون برلماني

charterer مستأجر السفينة

chase صيد؛ حرية صيد . مكان مخصص لحفظ حيوانات الصيد أو طيوره .

يختلف هذا المكان عما يسمى forest الغابة في أنه لا يخضع لقانون الغابات، وهو اصغر من الغابة حجماً وأكبر من الحديقة العامة park .

charitable organization منظمة خيرية : تجمع أموالها من الهبات والتبرعات الخاصة والصدقات للانفاق في وجوه البر المبينة في قانونها الاساسي .

charitable trust ادارة خيرية : أموال أو ممتلكات تدار لاغراض خيرية ينتفع بها المجتمع بوجه عام أو جزء منه.

charity صدقة، صدقات، بر، احسان

chart رسم؛ مخطط أو خارطة، تبين السواحل ومواقع الصخور وأعماق المياه وما الى ذلك .

charta [قانون انكليزي قديم] ميثاق أو عهد حقوق؛ محرر ميثاقي مختوم، كان ينزل الملك بموجبه للشعب عن حقوق وحريات معينة .

[مواد مدنية] ورقة صالحة لتحرير الوثائق والمستندات . محرر أياً كان

— Magna Charta (راجع باب *Magna*)

Charta de Foresta [قانون انكليزي قديم] ميثاق الغابات؛ سمي ايضاً : الميثاق الكبير لسكان أقاليم الغابات والنبلاء والبارونات والاحرار والعبيد the Great Charter of the woodland population, nobles, barons, freemen and slaves : وهو مجموعة من قوانين الغابات نزل عنها الملك الانكليزي هنري الثالث لشعبه سنه ١٢١٧ . واختلفت الاراء في أحوال هذا الميثاق، والرأي الارجح هو أنه وضع ليفصل ويحدد قوانين الغابات الواردة أصلا في ميثاق الحقوق الكبير *Magna Charta* الصادر سنة ١٢١٥ . ويروى أنه صودق على هذا الميثاق ما لا يقل عن ثلاثين مرة بين موت الملك جون سنة ١٢١٧ وموت الملك هنري الخامس سنة ١٤٢٣ .

charta de non ente non valet لا قيمة للسند اذا قام على عدم؛ أو لا يكون السند ملزماً اذا قام على شيء لا كيان له .

chartarum super fidem, mortuis testibus, ad patriam de necessitudine recurrendum est اذا كان شهود المواثيق أمواتاً حكم في صحتها المحلفون .

charter يكتري (سفينة أو طائرة) لرحلة معينة . يعطي سنداً أو ميثاقاً (بحق أو غير ذلك) . يخول (حقاً أو امتيازاً)

[كاسم] عهد؛ براءة؛ ميثاق حقوق أو حريات أو سلطات أو امتيازات (دستورية أو اجتماعية أو غير ذلك) يمنحه ملك أو رئيس أعلى أو سلطة عليا لكافة الشعب أو قسم منه أو لاقليم أو مستعمرة أو بلد محمي .

قانون أو نظام أساسي لمدينة

chaste محصنة، لم تواقع حراماً برضاها؛ عازبة، لم يطأها رجل قط.

chastity طهر؛ عفة (جنسية)

chattel(s) منقولات، أموال شخصية (منقولة)؛ حوائج؛ امتعة؛ ممتلكات شخصية
تعتبر هذه الكلمة أوسع مدلولا من goods لانها لا تقتصر على الاموال المنقولة الجامدة (غير الحية) chattels inanimate بل تشمل أيضاً الاموال الحية chattels animate كالماشية والحيوانات الصالحة للاكل والعمل. على أن الكلب مثلا لا يعد chattel لاغراض القانون.
والكمبيالة هي chattel اذا تصرف فيها المفلس احتيالا على دائنيه؛ والمياه في الانابيب تعد chattel في جرائم السرقة؛ وتذكرة السفر اذا كانت صالحة للاستعمال تعد من الـ chattel. ومن الـ chattels ما كان عقارياً ويسمى real chattels (راجعه تالياً).

— personal chattels حوائج أو أموال شخصية؛ أمتعة أو أشياء منقولة: كل ما اعد أو صلح للاستعمال الشخصي.

— real chattels توابع أو متعلقات أو حقوق عينية: كل ما يتصل بالعقار من مصالح وحقوق وعوائد مما هو دون الحيازة أو الملكية المطلقة.

chattel interest حقوق أو مصالح متصلة بأموال ثابتة، تدخل عادة في نطاق الـ real chattels (راجع الاصطلاح عاليا).

chattel mortgage رهن متاع أو مال منقول: انشاء حق امتياز على أموال منقولة ضماناً لدفع مبلغ من المال أو الوفاء بالتزام.

chattels real (راجع real chattels في باب chattel)

chaud-medley القتل بدم حار: الاقدام على جرم القتل أثناء شجار أو نتيجة تهور؛ وهذا غير الـ chance-medley القتل عرضاً أثناء الدفاع عن النفس.

cheat يخدع؛ يخادع؛ يغش (قصداً)

[كاسم] غشاش؛ خادع أو مخادع

cheaters or **escheators** [قديما] قامة الاملاك المردودة؛ المأمورون المقامون على الـ escheats (الاراضي التي كانت تؤول الى الملك اذا مات عنها اصحابها بلا عقب وارث)، وقد اشتهر هؤلاء المأمورون بالغش والقسوة وكانوا موضع تبرم الناس ونقمتهم الى حد جعل كلمة cheater عند الانكليز مرادفاً لغشاش أو مخادع.

check يضبط؛ يدقق، يراجع؛ يتثبت (من)؛ يفحص، يختبر. يكبح، يوقف استمرار شيء غير مرغوب فيه.
[كاسم] (راجع cheque)

check-roll [قانون انكليزي] جدول أسماء حاشية الملكة أو من يتقاضى معاشاً منها.
قائمة بأسماء الخدم التابعين لشخصية كبرى.

checkerboard system [في تقسيم الاراضي وبيان الحدود لاغراض الامتيازات وغيرها] نظام التربيعات؛ وهو نظام تقسيم يكفل تسلسل مواقع الامتيازات (أو الاراضي المشمولة بها) وتطابق حدودها مع سهولة تعيينها وعدم وجود جيوب متنافرة الاشكال. سمي كذلك لانه يشبه لوحات الشطرنج تقريباً من حيث التقسيم.

chemerage [قانون فرنسي قديم] امتياز البكر؛ الحق الذي كان يتمتع به الابن الاكبر دون أخوته.

cheque صك أو شيك: سند اعتماد مسحوب على صيرفي ومنظم حسب أصول الصرف المرعية، يتضمن أمراً من الساحب (الذي أنشأه) الى المسحوب عليه (من يلزمه الاداء) بدفع مبلغ معين من النقود للمستفيد المذكور فيه، ويفترض وجود رصيد دائن للساحب عند المسحوب عليه لا يقل عن المبلغ الواجب الدفع.

— cashier's cheque صك (أو شيك) صيرفي: يسحبه البنك بتوقيع موظفه المسؤول لامر المستفيد المسمى فيه، مبيناً حق هذا المستفيد في أن يقبض، لدى الاطلاع، من البنك أو أحد فروعه كامل المبلغ المشار اليه.

— certified cheque (راجع باب certified)

— circular cheque صك دوري: سند اعتماد تصدره احدى مؤسسات الصرف المصرح لها اصداره في نطاق مقدار الارصدة المتوافرة لديها عند الاصدار؛ وهو واجب الدفع لدى الاطلاع من جميع الجهات المعينة فيه للدفع.

— crossed cheque صك مسطر أو مشطوب: الشيك الذي يثبت على وجهه خطان متوازيان بينهما فراغ؛ وذلك لتنبيه المسحوب عليه الى وجوب الامتناع عن أداء قيمته ما لم يتقدم بنك بالمطالبة بالاداء. وفي هذه الحال يترتب على الحامل (المستفيد) أن يحيل الشيك الى أحد البنوك على سبيل التمليك أو التوكيل، ومن ثم يتقدم البنك المعني الى المسحوب عليه للمطالبة بالوفاء. ويكون التسطير عاماً اذا لم ترد أية اشارة بين الخطين أو وردت عبارة «صاحب مصرف»، بينما يكون خاصاً اذا عين اسم المصرف بين الخطين.

— dishonoured cheque صك مردود أو مرفوض

— memorandum cheque صك تذكاري: يعطيه

المدين (الساحب) للدائن، لا ليقدمه الى البنك، بل على سبيل التذكرة وليقوم الساحب بأداء قيمته عند حلول الموعد المحدد لدفع الدين . وتثبت على وجه هذا الشيك عادة كلمة memorandum مختصرة بالحروف الثلاثة الاولى mem .

— traveller's cheque صك سياحة أو سياحي

chevisance مصالحة على دين . اتفاق بين دائن ومدين . كسب غير مباشر بطريق المرابات . صفقة غير مشروعة قوامها الربا . عقد غير مشروع

chicane يخدع؛ يحتال؛ يغش، يتلاعب

chicanery خداع؛ غش؛ خبث؛ حيلة؛ دهاء

chief رئيس؛ رئيسي؛ عميد؛ كبير؛ أول؛ أصل أو أصلي

— declaration in chief اقرار رئيسي: يتناول أساس الدعوى أو السبب الاصلي للتداعي .

— examination in chief استجواب رئيسي أو أول : يوجه للشاهد أمام المحكمة من قبل الطرف الذي استشهد به .

chief judge رئيس محكمة؛ رئيس قضاة، قاض أول

Chief Justice of Common Pleas [قبل صدور قانون نظام القضاء عام ١٨٧٣] رئيس المحكمة المعروفة باسم Common Pleas : وقد آلت اختصاصات القاضي المذكور الى رئيس القضاة بموجب قانون القضاء الصادر عام ١٩٢٥ .

Chief Justice of England رئيس مستشاري انكلترا أو رئيس قضاتها: وهو رئيس دائرة مجلس الملكة الخاص Queen's Bench في محكمة العدل العليا الذي يتولى رئاسة المحكمة العليا أثناء غياب الـ Lord Chancellor رئيسها العادي .

Chief Justiciar [قانون انكليزي قديم] القاضي الاعلى؛ رئيس محكمة الملك *Aula Regis* ورئيس الوزراء . وهو نائب الملك في عهد النورمانديين وأعلى شخصية بعده، بحيث اذا غاب الملك أصبح الـ Chief Justiciar بحكم منصبه حامي البلاد Guardian of the Realm .

chief of protocol رئيس المراسم

chief, tenant in (tenant in chief)

[نظام اقطاعي انكليزي] حائز أصلي أو رئيسي؛ من آلت اليه الارض من الملك مباشرة .

child ولـد : يشمل الذكر والانثى ، والجمع children (اولاد) . كما يشمل الادعياء (الاولاد المتبنين) ، وأولاد الاولاد والورثة الصلبيين، والاولاد الطبيعيين (غير الشرعيين) – (راجع child of tender age or years) .

— natural child or illegitimate child ولد غير شرعي؛ ولد طبيعي

— legitimate child ولد أو إبن شرعي

— posthumous child مولود (يتيم ولد) بعد وفاة أبيه

— quasi posthumous child من ولد في حياة جده وكان محجوباً عن وراثته حينما أنشأ وصيته ثم أصبح بموت والده وارثاً لهذا الجد أثناء حياته .

child of tender age or **years** صغير لم يتم الرابعة عشرة من عمره . ولا يشمل هذا التعبير الحدث اذا جاوز الخامسة عشرة .

child's part سهم أو نصيب ولد : الجزء الذي يعود على الارملة من تركة زوجها بدل المقدار المنصوص عليه بالوصية، وهو يعادل ما يصيبه أحد الاولاد المتوفى (الوارثين) من التركة بعد استنزال ديونها ومصاريف ادارتها .

children and young persons act 1963 (راجع young person)

Chiltern Hundreds [قانون انكليزي] منصب نظارة أسمي في الخاصة الملكية يمنح بتعيين مختوم وموقع من الـ Chancellor of the Exchequer وزير المالية لمن رغب في الاستقالة من عضوية مجلس العموم البريطاني . وذلك لان القانون لا يبيح للنائب أن يتخلى عن كرسي النيابة بمحض ارادته الا اذا تقبل وظيفة براتب . فاذا عين في هذا المنصب أو غيره جازت له الاستقالة وخلا كرسيه . وقد جرت العادة اذا رغب أحد النواب في الاستقالة أن يتقدم الى وزير الخزانة بطلب اسناد احدى نظارات الـ Chiltern Hundreds اليه ليتسنى له بسبيلها التخلي عن كرسي النيابة . والـ Chiltern Hundreds هي ثلاث ضواحي ملكية : Stoke و Desborough و Bonenham وابعادية نورثستيد Manor of Northsted .

chimin [قانون انكليزي قديم] طريق؛ درب

chiminage رسم سابلة؛ أتاوة طريق، كانت تستوفى قديماً ممن يعبرون طرق الغابات .

chirograph [قانون مدني كنسي] سند محرر وموقع ممن أنشأه سواء كان الملك أو أي شخص عادي .

[قانون اسكتلندي] سند دين (مكتوب)

chirographa [قانون روماني] محررات فردية صادرة عن طرف واحد (هو المدين) .

chirographer of fines [قانون انكليزي] مأمور

chronic عضال؛ مزمن، مستديم

chronology علم تقويم الاحداث أو ترتيبها حسب أزمنة وقوعها .

Church of England كنيسة انجلترا . انفصلت هذه الكنيسة عن البابوية على أثر حركات الاصلاح ، واصبحت الكنيسة القومية الانكليزية ويعتبر قانونها « القانون الكنسي Ecclesiastical Law » جزء من قانون انجلترا .

cicatrix [طب شرعي] الاثر الذي يعقبه الجرح في الجسم بعد اندماله .

cinque ports الموانئ الخمسة : موانئ مشهورة بانكلترا عرف نوابها في البرلمان بالبارونات Barons وهي خمسة : Hastings و Sandwich و Dover و Romney و Hythe و Winchelsea و Rye .

cipher or **cypher** شيفرة؛ رموز أو أرقام سرية لا يتسنى فهم مدلولها الا بحلولها المصطلح عليها .

circa قرابة (كذا ...) تقريباً؛ ما يقارب، حوالى

circuit دائرة قضائية يعين لها قاض خاص لزيارتها في مواعيد معينة والفصل في منازعاتها والاشراف على سير العدالة فيها .

[اجراءات انكليزية] دائرة قضائية

تنقسم انكلترا قضائياً الى عدة دوائر circuits : الدائرة الجنوبية الشرقية South-Eastern والدائرة الوسطى Midlands والشمالية Northern والشمالية الشرقية North-Eastern وأكسفورد، والدائرة الغربية Western والدائرتين الشمالية والجنوبية في ويلز North and South Wales ، وتشمل كل دائرة عددا من البلدان يتناوب التجوال فيها قضاة منتدبون من المحاكم الكبرى Superior Courts للفصل بمساعدة هيئات المحلفين فيما يعرض عليهم من القضايا المدنية والجنائية والاشراف على سير العدالة . ولما كانت مقاطعة Surrey غير مشمولة بالدوائر المذكورة فقد جعل لها قضاة منتدبون يعود اليهم الفصل في الدعاوى المدنية والجنائية مرتين في السنة .

circuit courts محاكم دورية أو دائرية : تنتظم ولايتها عدداً من المقاطعات وتعقد جلساتها بطريق التناوب في مقاطعة بعد أخرى .

circuit judge قاضي محكمة دورية

circuit justice [قانون اميركي اتحادي] مستشار محكمة عليا ملحق بمحكمة دورية أو دائرية circuit court .

غرامات تابع لمحكمة الـ Common Pleas المدنية (الابتدائية) يعود اليه تحصيل ما يحكم به من غرامات .

chirographum [قانون روماني] خط يد؛ محرر؛ التزام يحرر باليد . بينة كتابية على دين

chirographum apud debitorem repertum praesumitur solutum وجود سند الالتزام في يد المدين يعتبر بينة على الوفاء .

chocks away [قواعد الطيران] رفع موانع تحرك الطائرة

chops فم الميناء؛ معبره أو منفذه

chose اصطلاح فرنسي في معناه : شيء ؛ متاع، مال أو منقول شخصي؛ موضوع حق شخصي

***chose* in action** شيء مطالب به أو متنازع فيه . ما ليس في اليد من مال شخصي ولا يكون نواله الا بدعوى . حق لم يتحقق أو لم يؤل بعد أو يستطاع الحصول عليه بسبيل القضاء. منقولات شخصية بيد الغير تسترد عن طريق القضاء : سميت in action لأن صاحبها غير متمكن منها ولن يتمكن الا اذا قاضى من حبسها عنه أو أنكرها عليه أو تأخر في ادائها . حق أو دين قائم على بينة يستطاع استيفاؤه من المدعى عليه بسبيل القضاء . ولا يوجد فرق يذكر بين هذا وما يسمى chose in suspense .

***chose* in possession** أموال شخصية أو متاع في اليد . أشياء محازة أو محرزة . منقول ، مال أو حق مملوك؛ في اليد؛ ناجز أو آيل لصاحبه

***chose* in suspense** (راجع chose in action)

chose jugée أمر محكوم فيه أو مقضي به؛ قضية مقضية؛ قضية محكمة

***chose* local** شيء محلي؛ تابع لمحل أو مكان، ملحق به

***chose* transitory** شيء انتقالي؛ ممكن النقل أو التحويل من موضع الى آخر .

chrenecruda [قانون فرنسي قديم] عرف بائد كان يتحول به الدين من شخص الى آخر، اذ يلجأ المدين المعدم اذا ضاقت به السبل عن أداء ما عليه الى قريب له، ثم يقوم بطقوس تمهيدية مرعية ويختمها بأن يقذف هذا القريب بقبضة من الاعشاب الخضراء، فيكون عمله الاخير رمزاً لالقاء حمل الدين على كاهله، فيبرأ هو منه ويصبح قريبه المذكور ملزماً بأدائه .

christian name الاسم الاول؛ الاسم الخاص بالشخص خلا أسم أبيه وعائلته .

نفسه بل على واقعة تتصل به ويستطاع منها الاستدلال عليه) هي ما يعرف بالـ circumstantial evidence .

circumvention [قانون اسكتلندي] إبطال السند على أساس الغش، بحكم صادر من محكمة مختصة .

ciric-bryce [قانون سكسوني وقانون انكليزي قديم] الاخلال بامتيازات الكنيسة أو حقوقها مهما كان نوعها .

citatio تكليف بالحضور

citatio ad reassumendam causam [قديماً] تكليف بمواصلة السير في الدعوى .
اذا توفي أحد الخصوم في الدعوى قبل الفصل فيها، أصدرت المحكمة الى ورثته، أو من قام مقامهم، تكليفاً باستئناف السير في الدعوى؛ يقابله في الاجراءات الحديثة ما يسمى bill of revivor .

citation تكليف أو اعلان بالحضور؛ مذكرة دعوى: أمر قضائي تكلف به المحكمة المختصة الشخص المذكور فيه بأن يحضر في اليوم المحدد ويقوم بعمل معين أو يبين ما عنده من أسباب تبرر عدم القيام بذلك .

citations , law of [قانون روماني] قانون المراجع الفقهية . صدر هذا القانون في عهد الامبراطور الروماني فلنتنيان Valantiniano عام ٤٢٦ ميلادية محدداً المراجع الفقهية التي كان يصح الاستناد اليها، وهي ما صدر عن الفقهاء الخمسة : Papinian و Paul و Gaius و Ulpian و Modestinus . وقد نص القانون المذكور على أن القاضي ملزم بما أجمع عليه هؤلاء الفقهاء أو رأته أكثريتهم، فاذا تعادلت آراؤهم في شيء وجب الاخذ برأي Papinian ، واذا سكت Papinian (عند تعادل الآراء) كان للقاضي أن يأخذ بتقديره الخاص .

cite يكلف؛ يأمر؛ يعلن بالحضور
يسمى، نحو: يسمى هذا القانون الخ . . This law may be cited as etc .
يستشهد (بـ) ؛ يشير (الى) نحو: اشار كلاهما الى ذات السابقة أو استشهدا بها Both cited the same precedence .

citizen مواطن: عضو في دولة؛ له فيها ما لأي شخص آخر من حقوق وامتيازات يكفلها دستورها وتمنحها حكومتها وعليه ما على أي شخص آخر من واجبات يفرضها ذلك الدستور أو تحددها تلك الحكومة .
استعمل الرومان هذا التعبير للدلالة على من تمتع بكامل الحريات المتوافرة في المدينة ومارس كافة الحقوق المدنية والسياسية التي منحتها حكومتها . وكان المواطن في روما على نوعين : المواطن الجزئي الذي مارس الحقوق المدنية دون

cirquity of action اجراء قانوني مطول: الاجراء الذي يستلزم اقامة دعويين أو أكثر للوصول الى تسوية بين الخصوم يتسنى الوصول اليها بطريق مباشر وبدعوى واحدة.

circular دوري؛ تعميم؛ منشور

circular letter of credit خطاب اعتماد دوري؛ يرسله شخص الى آخر مكلفاً اياه بأن يدفع على حسابه (حساب المرسل الموقع) مبلغاً معيناً من المال للشخص المذكور في الخطاب .

circular note اشعار معتمدي دوري، مماثل لخطابات الاعتماد العادية letters of credit ، يسحبه الصيرفي على عدد من مراسليه في الخارج كي يدفعوا بموجبه للمسافر المبلغ المرقوم فيه .

circulating medium وسائل وفاء متداولة؛ واسطة تداول أو تبادل؛ أسباب أداء أو تعامل .
يعتبر هذا الاصطلاح أوسع نطاقاً من كلمة نقود money لانه لا يقف عند حد مجرد النقود المتداولة، بل يتجاوزها الى الذهب والفضة والسندات والاوراق المالية وغيرها مما يصح أن يستوفى به ثمن أو تؤدى قيمة أو ذمة . (يجمع على circulating media)

circulation تداول؛ ترويج

circumduction [قانون اسكتلندي] انتهاء الموعد المحدد لايداع مستندات أو القيام بأعمال لازمة للدعوى .

circumduction of the term [قانون اسكتلندي] القرار الذي يصدره القاضي معلناً فيه انقضاء الوقت المحدد لتقديم الاثباتات ومنع الخصم من الاتيان ببينات أخرى .

circumspect حذر؛ متوق؛ محترس؛ متبصر؛ حريص

circumspecte agatis قانون برلمـاني statute صدر في عهد الملك ادوارد الاول سنة ١٢٨٥ لتنظيم ولاية المحاكم الدينية وولاية المحاكم الدنيوية وبيان الحدود بين الولايتين .

circumstances ظروف؛ أحوال، ملابسات

circumstantial ظرفي؛ استتباعي؛ استنتاجي؛ بنائي؛ غير مباشر

circumstantial evidence بينة ظرفية، غير مباشرة؛ دليل تهيئه ملابسات الفعل أو ظروفه ؛ بينة استنتاجية تستظهر من ظروف الشيء أو قرائنه .
من الجرائم ما يرتكب في منأى عن الشهود ولا يتسنى تقريره الا بالشهادة على ملابساته أو الوقائع التي تتصل به ويستدل منها عليه؛ هذه الشهادة (التي لا تنصب على الفعل

civil day يوم مدني: يوم شمسي مدته اربع وعشرون ساعة تبدأ وتنتهي عند انتصاف الليل .

civil disobedience عصيان مدني: قيام المدنيين، من قبيل الاحتجاج السياسي، برفض أداء الضرائب والرسوم وعصيان القوانين والانظمة المحلية .

civil inquest تحقيق مدني: غايته التثبت مما اذا كان الشخص موضوع التحقيق مصاباً أو غير مصاب بخلل نفساني يحفزه الى ارتكاب الافعال الجنسية الاجرامية .

civil law قانون مدني: قانون عقود وموجبات

civil liability مسؤولية مدنية؛ تضمينات أو الزامات مدنية (عطل وضرر) . الاستهداف للدعوى أو المطالبة المدنية .

civil list [قانون انكليزي] مخصصات ملكية؛ مبلغ سنوي يقرره البرلمان لمصاريف الخاصة الملكية عند اعتلاء الملك أو الملكة العرش .

civil nuisance مضايقات مدنية: كل ما من شأنه أن يكون مصدر ايذاء أو مضايقة للغير في أرضه أو ممتلكاته أو حقوقه العقارية .

civil obligation التزام مدني

civil responsibility مسؤولية مدنية: التعرض للمساءلة القانونية نتيجة اضرار ناشئة عن جريمة أو جناية.

civil rights bill [تشريع اميركي] قانون الحقوق المدنية . أصدر الكنغرس الاميركي هذا القانون سنة ١٩٥٧، وهو يعتبر من أخطر التشاريع الصادرة عن الكنغرس في القرن الحالي، اذ يبيح للمدعي في دعوى الحق المدني أن يتجاوز المحاكم والمراجع الادارية الولائية . ويرفع دعواه الى المحاكم الاتحادية مباشرة . كما يخول لنائب عام الولايات المتحدة United States Attorney General بالاضافة الى اختصاصه العادي في المسائل الجنائية، الحق في رفع الدعوى المدنية ضد أي شخص يرتكب أفعالا مخلة بقوانين الحقوق المدنية أو يوشك أن يرتكبها .

civil servant موظف رسمي؛ مأمور عمومي: من خدم لدى الحكومة في وظيفة معلومة ثابتة .

civil service خدمة مدنية: اضطلاع بأية وظيفة أو مهمة تابعة للحكومة خلا الوظائف العسكرية .

civil side جانب مدني؛ جانب اختصاص في المسائل المدنية . اذا كان للمحكمة الواحدة اختصاص مزدوج ، مدني وجنائي، أعتبر اختصاصها الاول (في المسائل المدنية) الجانب

السياسية ، والمواطن الكامل الذي مارس كافة الحقوق

[قانون الولايات المتحدة] كل فرد في الدولة يدين لها بالولاء بموجب دستورها وقوانينها أو دستور أية ولاية فيها وقوانينها ويتمتع بكافة الحقوق المدنية التي ينص عليها ذلك الدستور أو تكلفها تلك القوانين .

كل شخص ولد في الولايات المتحدة أو تجنس بجنسيتها وخضع لولايتها عد من مواطنيها .

citizenship جنسية؛ رعوية؛ تبعية

city مدينة؛ بلدة كبيرة؛ حاضرة

[قانون انكليزي] كل بلدة borough لها أسقف أو مطران أو كانت لها أسقفية في الماضي ولو الغيت تلك الاسقفية .

city council مجلس بلدي

City of London Court (راجع Mayor's Court of London)

city real estate ملك بلدي؛ أرض بلدية تملكها البلدية وتسخرها لاغراضها .

city state مدينة مستقلة ذات سيادة: دولة قوامها مدينة واحدة مستقلة وذات سيادة .

city warrant تفويض مالي أو بلدي: تستوفى قيمته من أمين صندوق البلدية .

civic بلدي؛ مدني : يتصل بالبلدة أو المواطن أو بشؤون الجنسية (أو الرعوية) .

civil مدني: يتعلق بالفرد أو المجتمع؛ يتصل بالسياسة أو الحكومة
مهذب؛ متمدن

[في الاجراءات] مدني؛ يتصل بالتزامات الافراد وحقوقهم ومطالباتهم الخاصة .

civil action دعوى مدنية أو حقوقية: ترفع لحمل الخصم على دفع مبلغ من النقود أو أداء شيء خاص ذي صفة مدنية محضة أو لاستيفاء حقوق مدنية خصوصية أو تسويتها أو المطالبة باضرار مهما كانت، أو للانتصاف من باطل لا يكون في حد ذاته جريمة أو جنحة .

civil bill court [في ارلندا] محكمة جزئية، لا تختلف من حيث الولاية القضائية عن محاكم الاقاليم county courts . وهي ذات اختصاص محدود لا يتعدى الديون والمطالبات البسيطة والامور الجزئية المدنية .

المدني ، واختصاصها الثاني (في المسائل الجنائية) الجانب الجنائي criminal side .

civil war حرب مدنية أو داخلية: قيام شخص أو فريق في المملكة بشق عصا الطاعة على الملك وتعبئة القوات ضده والحمل عليه في حرب فاصلة .

[**انظمة جمهورية**] تكون الحرب المدنية بانقسام المواطنين الى حزبين والتحامهما معاً في قتال عسكري شامل .

civil wrong اساءة مدنية؛ إخلال بحق شخصي أو تعد عليه .

civil year سنة مدنية: مدتها ٣٦٥ يوماً اذا كانت عادية و٣٦٦ يوماً اذا كانت كبيسة leap-year ، وهي غير السنة الفلكية astronomical year التي تعتبر ٣٦٥ يوماً وخمس ساعات و٤٨ دقيقة و٥١ ، ٤٥ ثانية.

civiliter مدنياً؛ من الوجهة المدنية . تقابلها جنائياً *criminaliter*

civiliter mortuus ميت مدنياً: أي في نظر القانون. يعتبر كذلك من فقد حقوقه وأهليته المدنية وانعدم كيانه (المدني) أمام القانون .

civilis مدني؛ نحو: دعوى مدنية *civilis* action

civilista [**قانون انكليزي قديم**] محام مدني

civilization مدنية؛ حضارة؛ تمدن: احراز التقدم والارتقاء في ميادين الحياة والعلاقات الانسانية . ولا يقتصر هذا على النتائج التي يصيبها الفرد والمجتمع في عالم المادة او الثقافة أو العلم أو المعرفة أو ما يبلغه من الجاه والثروة ، بل يتعدى ذلك الى إقامة أسباب العدل وتحقيق العدالة على الوجه الاكمل بين الجميع دون أثرة أو محاباة .

civis [**قانون روماني**] مواطن (أصلي) – بحكم محل ولادته ، يقابله ما يسمى *incola* مقيم أو مستوطن – بحكم ما يتخذ من محل اقامة أو سكن لنفسه .

civitas [**قانون روماني**] مجتمع؛ مجموعة من السكان تحكمها ذات القوانين .

دولة ، نحو: قانون الدولة *jus civitas*

claim ادعاء؛ مطلب ، حق ادعائي، مطالبة بشيء؛ حق ادعاء بحق أو التزام على الغير .

[**كفعل**] يدعي أو يطالب (بحيازة أو ملكية أو استغلال أو حق مهما كان) .

[**في براءات الاختراع**] ما يتقدم به طالب البراءة من بيان الاوصاف والمزايا التي تضفي على ابتكاره صفة الاختراع الجديد وتجعله جديراً بالبراءة .

[**في الاضرار**] تعويض

[**في مطالبات الاراضي**] عقار مشفوع بحكم حق تترتب عليه شفعة .

— adverse claim مطالبة الغير (الخارج عن الخصومة) فيما هو موضوع التنفيذ .

وضع اليد على العقار واحتلاله من الغير تمهيداً لامتلاكه أو كسب حق فيه بأي سبيل من سبل كسب الملكية .

— counter-claim (راجع باب counter)

— mining claim (راجع باب mining)

— special claim (راجع باب special)

claim accrued مطلب ناشىء؛ آيل ، حال الاداء والتحصيل

claim bond ميثاق، التزام أو سند (أداء) استقبالي

claim of liberty [**اجراءات انكليزية - سابقاً**] مطالبة بامتياز أو حق خاص . العريضة التي كانت ترفع الى الملك بواسطة محكمة الخزانة Court of Exchequer لتثبيت بعض الامتيازات أو الحقوق الاستثنائية الخاصة .

claim of ownership or **of right** مطالبة بملكية أو حق

claim property bond سند التزام، يودعه المدعى عليه في دعوى تنفيذ أو استرداد حيازة منقول، لضمان قيامه بتسليم الاشياء موضوع الدعوى اذا حكم لخصمه بها .

claimant مطالب (بشيء)؛ مدع أو مناد به؛ من كان ذا مصلحة أو شأن في ميراث (بحكم صلته بالمتوفى) .

claimant adjuster وسيط تسوية: من تولى قضاء مصلحة للغير أو الحصول له على حق لدى إحدى شركات التأمين .

claims department دائرة التعويضات أو المطالبات

clam خلسة؛ سراً؛ بسبيل المراوغة

clam, vi, aut precario [**قانون روماني**] خلسة ، اكراهاً ، الحافاً

clamour; clamor [**قانون انكليزي قديم**] مطالبة؛ ادعاء بحق؛ شكوى؛ صياح؛ هرج

[**قانون مدني**] مدع؛ مطالب . دين . بلاغ . تهمة

clause potestative [قانون فرنسي] شرط فاسخ أو شرط خيار الفسخ؛ وهو الشرط الذي يحتفظ فيه المتعاقد لنفسه بحق فسخ العقد .

clausula (راجع clause)

clausula derogativa [في المواريث] بند أو شرط مانع، يبين فيه الموصي أن كل وصية تالية (لوصية معينة) تعتبر باطلة أو أن أي ايصاء تال لا يعتبر ناشئاً باختياره وارادته بل تحت تأثير أو ضغط غير مشروع .

clausulae inconsuetae semper inducunt suspicionem النصوص الغير عادية (في المحرر) تؤدي دائماً الى الشك .

clausum fregit تعد على عقار (يعود للغير)

clean نظيف؛ لا غضاضة عليه، لا لوم أو مأخذ، نقي، خال من العيوب الشكلية أو الجوهرية . نزيه، عفيف . لا تحفظ فيه أو اعتراض

clean bill of exchange كمبيالة مغفلة من المستندات أو لم يرد فيها ذكر لاية مستندات .

clean bill of health شهادة صحية نظيفة : تفيد عدم وجود أمراض معدية أو سارية على السفينة أو تشهد بسلامة صحة جميع من بالسفينة .

clean bill of lading وثيقة شحن نظيفة : لم ترد فيها أية ملاحظات أو تحفظات استثنائية فيما يتعلق بوضع البضاعة أو رصها stowage . الوثيقة التي لا توجد فيها أية ملاحظات هامشية تتعلق بنصوصها الاساسية .

clean hands أيد (أو يد) نظيفة : يراد بها النية السليمة الخالية من الغش أو الخداع أو السوء على ضروبه .

clean oil زيت نظيف : الزيوت التي لا تزيد فيها نسبة الماء والرواسب على ثلاثة في المئة .

clear يبرىء؛ يسقط (تهمة أو مظنة) . يحصل، يقبض

[كنعت] خال من المسؤولية أو التبعة أو المآخذ؛ (لا غبار عليه) ، واضح ؛ سليم؛ نظيف؛ خال من السوابق (اذا كان صحيفة سلوك) .

clear and convincing proof; clear and positive proof اثبات واضح مقنع أو كاف وواضح ، لا مجال فيه لشك معقول . ولا يوجد أي فرق في المعنى بين التعبيرين .

clear and present danger خطر محدق واضح : حدث عنيف مداهم أو خطر راهن تؤكد القرائن دنو وقوعه .

clan عشيرة؛ عصبة

clandestine سري؛ خلسة، تحت ستار، تستري؛ مستتر، مكتوم

clap كلمة دارجة (عامية) يراد بها مرض السيلان (وهو من الامراض التناسلية) .

Clarendon, Assize of (راجع Assise of Clarendon)

Clarendon, Constitution of (Constitution of Clarendon) مجموعة من القوانين البرلمانية وضعت عام ١١٦٤ في عهد الملك هنري الثاني . سميت كذلك نسبة الى Clarendon حيث اجتمع البرلمان الانكليزي حينئذ وأقر القوانين المذكورة التي تم بها للملك تقييد سلطة البابا والكهنة، وتحديد الحصانة من ولاية القضاء الدنيوي (العادي) التي تمتع بها هؤلاء .

class طبقة، فئة، درجة، مستوى، رتبة، صنف

class action دعوى يقيمها فرد باسم افراد آخرين في منزلة واحدة من موضوع النزاع، كدعوى الورثة اذا انتصب أحدهم خصماً عن الباقين .

class legislation تشريع خاص تسري أحكامه على فئة أو طبقة معينة من أشخاص (طبيعية أو اعتبارية) أو على أقليم من البلاد دون غيره .

classification تصنيف؛ تبويب . رد الشيء الى صنفه أو رتبته أو طبقته أو مستواه .

[قانون فرنسي] تكييف قانوني characterisation

classified مصنف، ملحق بصنف معين، بفئة أو طبقة معينة؛ مرتب على أساس مستواه أو صنفه أو درجته .

classify يصنف؛ يلحق الاشياء بفئاتها أو أنواعها، يردها الى أصنافها أو طبقاتها .

clause فقرة؛ بند؛ شرط

— shifting clause (راجع باب shifting)

clause alongside [عقود النقل البحري] شرط التسليم على الرصيف بجوار السفينة .

clause irritant [قانون اسكتلندي] شرط أو بند مبطل؛ الشرط الذي يجعل كل شيء يأتيه المستأجر أو المتصرف له خلافاً لحقوقه المقررة، لاغياً وباطلا .

clause per running days شرط تحديد الميعاد بأيام متعاقبة . (راجع running days)

الجمركية على شهادة تخليص تعطي اشعاراً بأن السفينة المعنية قد أوفت بما ترتب عليها وفقاً للقوانين والانظمة المحلية وحق لها مغادرة الميناء . وكثيراً ما يتم الحصول على هذه الشهادة قبيل الفراغ من الوسق تفادياً للتأخير في الابحار .

[علاقات مالية] مقاصة؛ ذهاب دين بدين . مرور الشيكات عن بيوت المقاصة أو تحويلها اليها . والمقاصة طريقة لانقضاء الالتزامات بين شخصين كل منهما دائن للآخر ومدين له . واذا تعامل الساحب والمستفيد مع بنوك مختلفة حصلت تسوية قيمة الشيكات المسحوبة على هذه البنوك بطريق المناوبة .

[شؤون السينما وعرض الافلام] الفترة الواقعة بين انتهاء عرض الفيلم في احدى دور السينما وبين بداية عرضه في دار أخرى .

clearance card شهادة انتهاء خدمة : الخطاب المعطى من المصلحة أو رب العمل للموظف أو المستخدم عند فصله أو استقالته لبيان أسباب استقالته أو فصله ومدة خدمته وكفاءته وغير ذلك من المعلومات اللازمة لايضاح ماهية عمله السابق وظروفه لمن يهمه أمره .

clearance sale بيع تصفية

clearing تخليص (السفينة) : مبارحتها الميناء بعد قيامها بما ترتب عليها حسب قوانين الجمارك والصحة والانظمة المحلية .

[شؤون مالية] مقاصة بين بنوك أو اشخاص .

— bilateral clearing مقاصة ثنائية

— in-clearing (راجع باب in)

clearing-house غرفة مقاصة : تتعامل في تسوية الديون بين مختلف البنوك بتبادل الشيكات أو الكمبيالات وقضاء دين بآخر واداء الارصدة لاصحابها نقداً .

clearing title تطهير الملكية العقارية : اتخاذ التدابير اللازمة لجعل الحق العقاري أهلا للبيع بتطهيره مما ترتب عليه من رهون أو امتيازات أو اختصاصات أو قيود .

clearings مقاصات (مفردها مقاصة) : قيام البنوك، على سبيل قضاء الديون فيما بينها، بتبادل الشيكات والكمبيالات ، ثم استيفاء الرصيد نقداً .

cleavage تشعب؛ تصدع؛ انقسام، انشقاق

Clement's Inn يطلق هذا الاسم على احدى مؤسسات القانون Inns of Court المعتمدة في انكلترا التابعة لدائرة الـ Chancery .

clear annual value صافي القيمة السنوية؛ صافي الايراد السنوي (من ملك) بعد استنزال الضرائب والمصاريف والفوائد المدفوعة وغيرها مما لا يعود الى جيب المالك .

clear annuity راتب سنوي أو عمري صاف؛ خال من الضريبة

clear chance فرصة واضحة : تتيح لمن أوتي حظاً معقولا من الفطنة والحذر أن يتبينها وينتهزها ليبتعد عن خطر محدق أو يتحوط له .

clear conscience ضمير مرتاح؛ ضمير هادئ أو مطمئن (الى براءة شخص أو عدالة فعل أو حكمة تصرف أو سلوك) .

clear days أيام كاملة . اذا حدد عدد من أيام كاملة clear days للوفاء بشيء، فلا عبرة في حساب هذه الايام لليومين الاول والآخر (أي يوم تحديد الميعاد ويوم الوفاء) . فاذا أمهل شخص خمسة أيام كاملة مثلا لدفع مبلغ من النقود ابتداء من اليوم العاشر من الشهر، كان يوم الاداء المعني هو السادس عشر من ذلك الشهر ، باعتبار أن الايام الخمسة الكاملة هي ما يقع بين اليومين العاشر والسادس عشر ، ولا يدخل اليومان المذكوران في حسابها .

clear market price سعر سوقي مقسط أو عدل : أي خال من الغبن ، يرضى به كل من طرفي المبايعة بمحض ارادته ورغبته .

clear market value قيمة سوقية مقسطة : الثمن الذي تصيبه البضاعة اذا حصل بيعها في سوق حر دون غبن أو مراغمة .

clear of all expenses خلا جميع المصاريف : بحيث اذا كان سعر الشيء المبيع clear of all expenses أفاد ذلك أن السعر المتفق عليه هو سعر صاف لا تدخل فيه مصاريف نقل الملكية وما اليها مما يقتضيه وأن هذه المصاريف تحسب على المشتري .

clear of tax خال من الضريبة

clear title حق ملكية خالص : غير محمل بأي امتياز أو رهن أو اختصاص أو قيد للغير .

clear title of record حق ملكية خال من العيوب أو الشكوك الشكلية الجوهرية أو غير ذلك من الشوائب المؤدية الى الخصومات .

clear value صافي القيمة (بعد استنزال الديون والمصاريف)

clearance [قانون بحري] جواز الابحار . تخليص (السفينة)، الاعمال والتدابير اللازمة للحصول من السلطات

Clementines [قانون كنسي] مجموعة من مراسيم وقوانين البابا Clement الخامس وضعت بأمر البابا John الثاني عشر ونشرت سنة ١٣١٧ .

clenge [قانون اسكتلندي قديم] يبرىء من تهمة جنائية

clergy أكليروس، كهنوت، رجال الدين المسيحي

clerical كهنوتي، اكليريكي، خاص برجال الكنيسة . كتابي أو تحريري

clerical error غلط كتابي: ينشأ في سياق كتابة أو نسخ .

clerical misprision غلط مادي : يستهدف له كاتب محكمة .

clerical tonsure حلقة كتاب، حلقة كهنوتية، حلق الرأس على طريقة الكتاب . كان كتاب المحاكم قديماً ورجال الكنيسة يقصون شعر رؤوسهم عن آخره . ويعتقد أن لجوء دكاترة القانون serjeants at law أول الامر الى لبس اللبادة wig كان بدافع الرغبة الى ستر رؤوسهم الحليقة .

clericus [قانون انكليزي قديم] كاهن، كاتب، كاتب محكمة . صراف أو موظف مالي في الخاصة الملكية مهمته قبض الأموال وصرفها .

clerk كاتب : موظف يستخدم في بيع بضائع أو خدمة زبائن أو أية أعمال كتابية، كمسك الدفاتر وحفظ السجلات ونسخ المحررات وتحرير الخطابات أو الكتابة على الآلة الكاتبة او الاختزال أو غير ذلك من الأعمال الكتابية . سكرتير شركة أو مؤسسة، مستخدم في شؤونها العامة . موظف في دائرة رسمية مهمته حفظ السجلات والحسابات . شخص يشتغل لدى محام solicitor مزاول ليتمرن على مهنته ويمارسها فيها بعد .
كاهن تابع لاحدى الكنائس

clerk of arraign [قانون انكليزي] مساعد كاتب جنايات يلحق بالمحاكم الدورية المسماة circuits .

clerk of assise [في الاجراءات] كاتب جنايات ملحق بالمحاكم الدورية circuits ؛ يعمل في الاشراف على تقديم الدعاوى وايداع المستندات وكتابة ضبوط الجلسات وتدوين الاجراءات التي يقوم بها قضاة المحاكم المذكورة .

clerk of court كاتب محكمة

Clerk of the House of Commons كاتب مجلس العموم . يعين هذا الموظف من قبل التاج البريطاني ويتولى تدوين المحاضر واعداد المذكرات والنشرات اليومية وتسجيل ما يعرض على المجلس وما يقرر فيه، ويمضي جميع الاوراق الصادرة عنه ويؤشر على مشاريع القوانين المرسلة والمعادة الى مجلس اللوردات ويتلو أثناء الجلسات ما تلزم تلاوته من المحررات والوثائق وغير ذلك، ويقوم على حفظ كافة سجلات المجلس ووثائقه .

Clerk of the Parliaments كاتب البرلمانات : موظف كبير في مجلس اللوردات، يعينه التاج ببراءة ملكية letters patent للعمل في تدوين محاضر مجلس اللوردات واثبات كافة ما يجري فيه من أبحاث ويتخذ من قرارات، والمحافظة على سرية كل ذلك .

clerk of the peace [اجراءات انكليزية] كاتب محكمة

Clerk of the Table مشاور رئيس المجلس، موظف تابع لمجلس العموم البريطاني، مهمته تقديم المشورة لرئيس جلسات المجلس المعروف بلقب Speaker of the House في جميع المسائل المتصلة بأصول النظام في المجلس .

clerks of indictments كتاب الاتهامات : موظفون تابعون لمحكمة الجنايات المركزية في لندن والمحاكم الدورية circuits يعملون في اعداد لوائح الاتهام ومعاونة كتاب الجنايات .

clearks of seats كتاب تابعون للسجل المركزي في دائرة المواد الحسبية بالمحكمة العليا . من مهامهم اعداد وأصدار أوامر تحقيق الوصايا وادارة التركات والاموال المعينة للادارة واخذ الضمانات على المديرين وتلقي الاعتراضات ضد أوامر تحقيق الوصايا grant of probate .

client موكل: من استخدم أحد المحامين للحضور والدفاع عنه أمام قاض أو محكمة واسداء النصح له وتولي الاجراءات والقيام بما يلزم من التدابير القضائية نيابة عنه .

Clifford's Inn جمعية كليفورد : احدى جمعيات القانون الانكليزية المعتمدة Inns of Court التابعة لدائرة الـ Chancery (العدالة المطلقة) .

clito [قانون سكسوني] ابن ملك أو امبراطور؛ الوارث الثاني للعرش؛ أحق الأبناء بوراثة العرش بعد ولي العهد .

cloere سجن غائر (في حصن)

clog on equity of redemption قيد انصاف الافتكاك : المانع الذي يأبى الانصاف وضعه دون حق المدين الراهن في افتكاك ماله المرهون . ولا يجوز،

club ناد، منتدى
عصا غليظة؛ دبوس؛ نبوت
[**كفعل**] يساهم (بمال أو فكر) في عمل أو مشروع مشترك .

club law شريعة العنف، حكم الغلظة أو تحكيمها

c/o care of بواسطة؛ بطرف؛ لدى

co أداة صلة، يتكيف مفهومها تبعاً لموصولها أكان مفرداً أم جمعاً؛ من معانيها: الاشتراك، الاجتماع، الاقتران، الاتحاد، التضامن مع الغير على شيء أو المشاركة في ممارسته أو فعله أو الاستفادة منه . ترد أحياناً بمعنى: مع، مشارك، مشترك أومشتركين ، متضامن، متضامنين أو متحدين، نحو منفذون مشتركون co-executors أو حاجزون مشتركون (في الحجز) co-destrainers ؛ أو اقتراني، نحو: تأمين اقتراني co-insurance أو آخر ، نحو: وارث آخر، co-heir وهلم جرا ...

co-administrator مدير مشترك (مع غيره من المديرين) في ادارة تركة؛ مدير آخر

co-assignee متصرف أو متفرغ له مشترك؛ المتصرف أو المتفرغ له الآخر: أحد اثنين أو أكثر صار التصرف لهم في حق أو مال أو غير ذلك .

co-assurance (راجع co-insurance)

co-contractant متعاقد آخر؛ يشترك مع غيره في ذات العقد أو المشروع .

co-contractor مقاول أو متعهد متضامن أو آخر: يشترك مع غيره في ذات المقاولة او التعهد .

co-emption احتكار السوق بشراء كل ما فيها من سلعة معينة .

co-equal يساوي؛ يعادل، يراجح: من حيث الكمية أو الدرجة أو الاعتبار .

co-executor منفذ متضامن، منفذ آخر: يمارس التنفيذ مع غيره .

co-heir وارث مشترك؛ الوارث الآخر: أحد شخصين أو أكثر مشتركين في ميراث واحد .

co-heiress وارثة مشتركة؛ الوارثة الاخرى: أنثى لها نصيب مساو لما يعود على غيرها من اناث في ميراث مشترك .

co-obligor شريك ملتزم، شريك في التزام، ملتزم آخر (اذا كان القائمون بذات الالتزام شخصين أو أكثر) .

حسب قواعد العدالة المطلقة، للدائن المرتهن ان يضمن عقد الرهن أي شرط يحرم المدين حقه في افتكاك ماله المرهون أو يعرقل الحق المذكور .

close يختم؛ ينهي؛ يقفل (حساباً أو غير ذلك)
[**كاسم**] ساحة؛ فناء، قطعة أرض مسورة . نهاية (مرافعة)؛ ختام؛ آخر
[**كنعت**] مقفل؛ مختوم

close season فصل منع الصيد: الموسم الذي يحظر فيه صيد البر أو البحر .

close to قريباً؛ بالقرب من؛ يلاصق، يجاور

closed court [**قديماً**] أطلق هذا الاسم على محكمة الـ Common Pleas (وهي محكمة مدنية ملغاة) حين لم يسمح فيها بالمرافعة الا لمن حاز لقب serjeant في القانون وذلك حتى سنة ١٨٣٣ .

closed policy وثيقة تأمين (أو بوليصة) ذات قيمة محصورة

closed shop دكان، متجر أو مشغل يفرض على المشتغل فيه أن يكون عضواً في اتحاد التجار أو المستخدمين أو العمال حسب الأحوال .

closed shop contract عقد يقتضي رب العمل أن لا يستخدم الا من كان عضواً في الاتحاد (الخاص به) ويشترط على مستخدميه البقاء في الاتحاد مدة العمل لديه .

closing price سعر إقفال (في بورصة)

closs [**قانون اسكتلندي**] فناء تحيط به مكاتب مؤسسة أو أجنحة منزل؛ ساحة مسورة تابعة لبناء

cloture اقفال باب البحث والمناقشة في اجتماع أو مجلس منعقد للمداولة .

cloud on title شائبة أو غضاضة على حق الملكية . كل شيء نال من قوة الملكية وجعله هدفاً لمطالبة الغير، كالرهون وحقوق الاختصاص والامتياز وغيرها مما يهدد بترتب نصيب للغير في الحق العقاري الاصلي ويكون نقمة على صاحبه تنغص عليه حق انفراده في التمتع به أو، بعبارة أخرى: كل ادعاء بحق، من قبل الغير، في المال العقاري اذا تسنى اثباته كان عبئاً على حق المالك في ملكه ونال من قيمته، واذا ثبت بطلانه خلص الحق لصاحبه، والى أن يتم أحد الأمرين يبقى شبحاً أو سحابة cloud على هذا الحق .

clough واد

coasting trade تجارة ساحلية : تجارة اقليمية بين ثغور أو مواقع ساحلية .

coasting vessel سفينة ساحلية؛ تشتغل في الملاحة الساحلية بين ثغر وآخر على الساحل ذاته : أي تسير في ملاحتها حذاء الساحل . فالسفينة التي تنقل البضائع والركاب مثلا بين انكلترا وجزيرة Guernsey أو Jersey لا تعتبر لأغراض القانون سفينة ساحلية . كما لا تعتبر كذلك السفينة المشتغلة في الملاحة بين لندن وبلفاست، وهلم جرا ..

coastwise محاذ للساحل، حذاؤه، عليه أو على طوله

— vessels plying coastwise سفن ساحلية اقليمية : السفن التي تشتغل في الملاحة الساحلية (أي التجارة والنقل البحري المحلي) .

cobra-venon reaction [طب شرعي] تأثير سم الكوبرا أو رد فعله .

كان يلجأ أحياناً الى سم الكوبرا أو غيرها من الافاعي كوسيلة لتشخيص الجنون والتثبت منه، وذلك بحقن كمية معقولة من سم الافعى في جسم الشخص موضوع التحقيق ثم فحص الهيمولايسس haemolysis النـاتج عن ذلك، أي فحص مدى تأثير السم في كريات الدم الحمراء، وعلى ضوء هذا التأثير تقرر حالة الجنون أو عدمه .

coca leaves ورق الكوكا، ومنه يصنع الكوكايين

cocaine كوكايين

cocket [قانون انكليزي] ختم جمركي تستعمله سلطات الجمارك في التأشير على البضائع لأغراض التسجيل والتفتيش .

cockfighting مصارعة الديكة . تجري هذه المصارعة بين ذكور الدجاج وتعتبر ممنوعة بموجب قانون مصارعة الديكة لعام ١٩٥٢ كما تعتبر حيازة تجهيزات هذه المصارعة ممنوعة حسب القانون المذكور .

cocotte مومس، امرأة منحلة الأخلاق : تتاجر بجسدها .

code مدونة قانونية؛ مجموعة قوانين؛ شرائع . نظام، قواعد، اصول خاصة

Code Civil or ***Code Napoléon*** القانون المدني الفرنسي أو مدونة نابوليون : التشريع الصادر في عهد نابوليون سنة ١٨٠٤ .

Code noir المدونة السوداء: مجموعة القوانين والانظمة التي طبقها الفرنسيون قديماً على العبيد في مستعمراتهم .

co-operate يتعاون (مع الغير على تحقيق شأن)

co-operative negligence اهمال مساعد (على حدوث أمر) ؛ مسبب أو داع لوقوعه (مع أسباب أو دواع أخرى) .

co-operative societies جمعيات تعاونية

— consumer's co-operative societies جمعيات استهلاك تعاونية

— producers' co-operative societies جمعيات انتاج تعاونية

co-optation اختيار مجمع عليه؛ اجماع على اختيار شيء . اختيار الاعضاء بعضهم بعضاً : قيام المدراء أو المسؤولين في الشركة باختيار من يملأ كرسياً شاغراً في ادارة الشركة من بين أنفسهم .

co-ordinate متناسق؛ مساو؛ معادل، متكافىء، مماثل أو متماثل من حيث الدرجة أو الرتبة أو الترتيب .

co-ordinate jurisdiction اختصاص مماثل : ولاية قضائية متعادلة، تمارسها المحاكم المتساوية من حيث الدرجة أو السلطة .

co-pilot [قانون الطيران] مساعد طيار ؛ طيار معاون

co-stipulator متعهد أو ملتزم متضامن أو مشترك في تعهد أو التزام، على اعتبار أن القائمين به اثنان أو أكثر .

co-sureties كفلاء متضامنون (واحدهم كفيل متضامن co-surety) .

co-tenancy أجارة تضامن موضوعها عقار واحد يشترك في استئجاره أو حيازته شخصان أو أكثر بيد كل منهم سند ايجار أو حيازة مستقل يعطيه حق الاشتراك في الارض موضوع الايجار أو الحيازة .

co-tenants مستأجرون أو حائزون متضامنون

coalition تكتل، تضافر، اتحاد، اعتصاب؛ اندماج . يغلب استعمال هذا الاصطلاح فيما يتعلق بالسياسة والاضراب والتآمر (والفعل coalesce) .

coast ساحل؛ شاطىء

coasters سفن أو مواعين ساحلية : تشتغل في المساحة الاقليمية (الملاحة الساحلية المحلية) بنقل البضائع من ميناء الى آخر داخل حدود البلاد الواحدة . ولا يشمل هذا التعبير يخوت النزهة .

والانكليز هم أشهر الشعوب المعروفة بالابتعاد عن سياسة التقنين؛ وما برحوا حتى اليوم يستمسكون بمبادئهم القانونية غير المكتوبة المعروفة بالـ Common Law ويعتبرونها عماد نظامهم القضائي. وقد جرت في انكلترا عدة محاولات لتقنين بعض اجزاء القانون، كان منها تدوين القانون الخاص بالكمبيالات سنة ١٨٨٢ واصداره بقانون برلماني سمي Bills of Exchange Act .

coerce يقهر (على قبول أمر) . يرغم تحت تأثير الشدة أو القوة المادية .

coercion مراغمة؛ أكراه؛ اجبار؛ قهر على قبول أو فعل (بقوة السلاح) .

coercive ارغامي؛ قهري، يحمل على قبول أمر أو فعلة قسراً أو اكراهاً .

coexistence تعايش

— peaceful coexistence تعايش سلمي

cogent مقنع؛ دامغ؛ متين

cogitationis poenam nemo patitur لا يقاص المرء على أفكاره ؛ لا يسأل امرؤ عن أفكاره

cognates أقارب من ناحية الأم

cognati [قانون روماني] اقارب الدم

cognation صلة قربى بوجه عام

— civil cognation قرابة مدنية أو عائلية: تنشأ بين أفراد الاسرة الواحدة كالقرابة القائمة بين المتبني والدعي (الابن المتبنى) .

— mixed cognation قرابة كلية؛ قرابة عصبة : تجمع بين قرابة الاسرة والدم كالقرابة القائمة بين الاخوة الشرعيين .

— natural cognation قرابة طبيعية: تقوم على الدم وحده ، كالقرابة الناشئة بحكم اتصال جنسي غير مشروع .

cognatus قريب من ناحية الام. ذو قرابة؛ قريب بوجه عام

cognitionis causae [اجراءات اسكتلندية] حكم أو قرار صادر من محكمة مختصة ، بتحديد مقدار الدين الواجب الاداء في تركة المتوفي على أساس ما قدم لها من أسباب أو أجرته من تحريات .

cognitor [قانون روماني] وكيل يعين ليقوم مقام الاصيل لاغراض التداعي .

Code of Justinian or ***Codex Justinianeus*** مدونة جستنيان : مجموعة قوانين اساسية أعدتها لجنة قوامها عشرة فقهاء بأمر الامبراطور جستنيان وصدرت عام ٥٢٩ ميلادية في ١٢ كتاب، وكانت أولى المدونات القانونية الاربعة التي تشكلت منها مجموعة القوانين المدنية .

codex مدونة قانونية؛ مجموعة قوانين؛ تشريع؛ قانون

Codex Gregorianus مدونة غريغوريانوس: مجموعة قوانين أساسية وضعها الفقيه الروماني غريغوريانوس في القرن الخامس وجمع فيها كافة القوانين الاساسية المعروفة من أيام الامبراطور هادريان حتى الامبراطور كونستانتين .

Codex Hermogenianus مجموعة قوانين أساسية وضعها الفقيه هيرموجينوس في القرن الخامس وكانت بمثابة ملحق لتشريع غريغوريانوس يشمل قوانين Diocletian و Maximilian .

Codex Justinianeus (راجع Code of Justinian)

Codex Repetitae Praelectionis مدونة جستنيان الجديدة: طبعة أخرى صدرت سنة ٥٣٤ من مدونة جستنيان الاولى الصادرة سنة ٥٢٩ ميلادية .

Codex Theodosianus مدونة ثيودوسيانوس : مجموعة قانونية صدرت في عهد الامبراطور ثيودوسيوس عام ٤٣٨ ميلادية وظلت مرجعاً قانونياً أساسياً في غرب أوروبا حتى القرن الثاني عشر .

codex vetus المدونة القديمة : ويقصد بها الطبعة الاولى من مدونة جستنيان .

codicil ملحق أو ذيل وصية؛ اضافة تكميلية، تزاد على الوصية بعد الفراغ من وضعها لايضاحها أو تعديلها أو تقييد بعض نصوصها أو لاي غرض آخر .

codification تقنين . تدوين القوانين ؛ وضع المدونات القانونية codes للدولة . والتقنين سياسة تشريعية عريقة أخذت بها دول كثيرة ولمع في تاريخها العالمي عدد من أسماء مشاهير المشرعين ممن بقيت تقنيناتهم رغم قدم عهدها حجة لمن خلفهم من الفقهاء والمشرعين ؛ ولعل أعظم الأمثلة على التقنين في التاريخ هو ما قام به الامبراطور جستنيان في القرن السادس الميلادي اذ جمع كافة مبادىء القانون الروماني السارية حينئذ واصدرها في مدوناته المشهورة . وتلاه نابليون الاول بعد ثلاثة عشر قرناً تقريباً فعمل على التقنين للامبراطورية الفرنسية وأصدر مدونته المشهورة ***Code Napoléon*** .

الميراث كشخص واحد، تبعاً لوحدة الحق الذي يملكون .

cohere يتسق؛ يتناسق؛ ينسجم، نحو: حججه تتسق أو تنسجم ولا تتنافر his arguments cohere . منها يصاغ النعت coherent متسق منسجم أو غير متنافر .

coif serjeant at law لبدة : كان يلبسها دكاترة القانون سابقاً على رؤوسهم ويسمون أحياناً serjeants of the coif . ويعتقد انهم لجأوا الى لبسها في بادىء الأمر بدافع الرغبة الى ستر رؤوسهم الحليقة اذ كان كثير منهم في سلك الرهبنة قبل التفرغ للقضاء . وقد صنعت اللبدة الـ coif أول الامر من الكتان ثم من الحرير الابيض فيها بعد، وامتازت لبدة الـ serjeants برقعة فارقة سوداء .

coin يضرب أو يسك معدناً على هيئة خاصة ليجعل منه نقداً متداولا .

[كاسم] نقد معدني

coinage نقد معدني متداول، عملة معدنية

سك المعدن أو ضربه على هيئة معينة بغية اعداده للتداول كنقد .

coincidence, by (by coincidence) صدفة، إتفاقاً، عرضاً

coinsurance تأمين مشترك نسبي: تقسيم تبعة الخسارة من الخطر المؤمن ضده بين الشركة والمؤمن له، تقسيها نسبياً تتوقف على مبلغ التأمين (حسب البوليصة) والقيمة الفعلية لموضوع التأمين، وذلك اذا كانت قيمة الخسارة الواقعية تقل عن مبلغ التأمين. والشركة المؤمنة في هذه الحال تتحمل جزءاً معلوماً من الخسارة الفعلية اذا كانت تقل عن مبلغ التأمين (ويتحمل المؤمن له الجزء الباقي) وتكون هي مسؤولة عن أداء كامل مبلغ التأمين للمؤمن له اذا كانت قيمة الخسارة الفعلية تساوي المبلغ المذكور أو تتجاوزه .

coitus; coition وطء؛ اتصال جنسي، مجامعة، وقاع، سفاد أو مسافدة

cojudices [قانون انكليزي قديم] قضاة زملاء متساوون فيما يمارسونه من سلطات وحقوق .

cold blood دم بارد. يرد هذا الاصطلاح أحياناً في وصف أفعال القتل، باعتبار أن القتل الحاصل بدم بارد هو القتل العمد مع سبق الاصرار المعاقب عليه بالاعدام أو أقصى عقوبات الجرائم ضد الافراد .

cold water ordeal المحاكمة بالماء البارد: طريقة بائدة من طرق المحاكمة، كان يربط بموجبها المتهم المحاكم بحبل من تحت أبطيه ثم يلقى في نهر، فاذا

cognizance ولاية أو اختصاص، في نظر قضية أو مسألة والفصل فيها .

المام المحكمة؛ علمها، أخذها أثناء نظر الدعوى ببعض الوقائع أو الحقائق أو اعترافها بوجودها من تلقاء نفسها دون أن يلفت نظرها اليها أو تقدم فيها شهادة أو بينة .

اعتبار الدعوى أو سماعها (قضائياً)

الاعتراف بأمر أو الاقرار به

cognizee من آلت اليه الأرض بعد أن أعترف له خصمه بالاحقية في ملكيتها أو حيازتها . (راجع cognizor)

cognizor [تصرفات عقارية قديمة] اذا تنازع شخصان على ملكية أرض ثم اعترف أحدهما للآخر بالاحقية فيها وكان المعترف، الذي تنازل عن تلك الارض هو الـ cognizor والمعترف له هو الـ cognizee .

cognomen كنية؛ لقب؛ اسم عائلة

cognovit تفويض كتابي، يعطيه المدين بايداع الحكم ضد نفسه لمصلحة الدائن، معناه: «اعترف» المدعى عليه أو «أقر» بالحكم وبعدالة الادعاء .

cognovit actionem تقرير أو اقرار كتابي معناه «اعترف بالدعوى» يقدمه المدعى عليه في المحكمة اعترافاً منه بعدالة دعوى خصمه . ويترتب عليه حق المدعي في ايداع الحكم ضده والتنفيذ على أمواله .

cohabit يساكن؛ يعاشر (امرأة) معاشرة الازواج (حلالا أو حراماً، حسب الاحوال) .

cohabitation مساكنة أو معاشرة: مساكنة الرجل للمرأة أو سكناه واياها (تحت سقف واحد) في ظل الزوجية بوصفه زوجها ووصفها زوجته) .

تعني أحياناً المواقعة (بحكم قيام الزوجية أو على أساس صلة غير مشروعة) .

ولا يشترط في الـ cohabitation بين الازواج وقوع الاتصال الجنسي، بل يكفي لاغراض الكلمة أن يسلك الرجل مع زوجته سلوك الزوج وتسلك هي معه سلوك الزوجة .

cohabitation and repute [قانون اسكتلندي] المساكنة والشهرة، وبها يتم الزواج أحياناً كما هي الحال في اسكتلندا .

cohabiting in state of adultery or **fornication** يعيشون معاً في حالة زنا؛ يتعاشرون عشرة فاسقة

cohaeredes una persona censentur, propter unitatem juris quod habent يعتبر المشتركون في

collateral security ضمان احتياطي

collaterals تقوم هذه الكلمة أحياناً مقام (ضمانات اضافية) collateral securities .

collatio bonorum [**قانون مدني**] التزام الورثة بأن يعيدوا الى الميراث المشترك جميع ما أخذوه من المورث أثناء حياته ليدخل في الحساب عند توزيع الانصباء . جميع الاموال موضوع البحث أو كلها معاً في كتلة واحدة أو لغرض واحد .

collation [**مواد كنسية**] ما يمنحه الاسقف من ترقية أو معاش كنسي أو غير ذلك مما يدخل في اختصاصه .

[**قانون مدني**] ادخال جميع الاموال التي اخذها الورثة من المورث أثناء حياته، في قيمة الميراث الاجمالية أو اعادتها الى التركة ليتسنى شملها في قسمة الانصباء بين المستحقين .

مقابلة صورة المحرر بالاصل للتثبت من مـــدى صحتها . تقرير المقابلة المقدم من الموظف المكلف بها .

colleague زميل ؛ رصيف ؛ رفيق

collect يجمع ؛ يحصل ؛ يحصل على ، يقبض ، يجبي ، يتسلم

collectible قابل لتحصيل أو استيفاء

collection تحصيل ؛ تسلم ؛ استيفاء ؛ جمع ، لم

— for collection للتحصيل ؛ القيمة للتحصيل

collection sheet كشف استلام (أو تسلم)

collective جماعي ؛ مشترك ؛ إجمالي

collective bargaining مفاوضات أو مساومات جماعية أو جمعية : كالمفاوضات التي تجري بين رب العمل أو مدرائه وبين مندوبي العمال للاتفاق على مقدار الاجور وساعات العمل أو غير ذلك مما يتصل به .

collective bargaining agreement اتفاق مفاوضة جماعية : الاتفاق الذي يكون بين صاحب العمل أو مديره وبين نقابة العمال على شروط الخدمة .

collective labour agreement اتفاقية عمل جماعية

collectivism جماعية ؛ مشايعة ، مذهب اشتراكي يرى أن تكون أموال الانتاج للدولة وان تكون أموال الاستهلاك وحدها محلا للملكية الخاصة .

collector جابٍ ؛ محصل

رسا في القاع حتى يجذب الى اعلى (بعد برهة قصيرة من القائه) عد بريئاً ، واذا طفا على سطح الماء عد مذنباً باعتبار أن الماء قد لفظه ورفض احتضانه .

colibertus [**نظام اقطاعي**] حائز اقطاعي ، كانت حيازته رهناً باداء خدمات معينة للسيد (اللورد) الاقطاعي .

collateral غير مباشر ؛ يتصل بالحواشي ؛ فرعي ؛ محـــاذ ؛ جانبي يتصل بجانب شيء أو يسير معه جنباً إلى جنب ؛ مصاحب ؛ ملازم ؛ احتياطي ؛ اضافي ، تبعي

collateral agreement اتفاق فرعي أو تبعي . اذا ادعى أحد الموقعين على اتفاقية نهائية مكتوبة بوجود اتفاق تمهيدي سابق تعهد له بموجبه الفريق الآخر الموقع بأداء شيء معين نظير قيامه بتوقيع الاتفاقية النهائية ، كان هذا الاتفاق collateral agreement واعتبر منفصلا تمام الانفصال عن الاتفاقية النهائية ، لا يجوز لأي من الفرقاء أن يحتج به اذا تعارض مفهومه مع أحكامها .

collateral ancestors الاصول الحواشي : كالاعمام والاخوال والعمات والخالات ومن ماثلهم ؛ وهم ليسوا أصولا (على عمود النسب) بالمعنى الصحيح الاطلاقي .

collateral assurance تأمين اضافي أو احتياطي يعقد بالاضافة الى تأمين أصلي أو أساسي .

collateral estoppel إغلاق فرعي ؛ قرار مانع تبعي أو عارض ، قيام محكمة الموضوع بتقرير مسألة فرعية تقريراً مغلقاً (له قوة الاغلاق بالنسبة لما يتصل به) . مثل على ذلك اذا إدعي في قضية طلاق أنه لا توجد أية أموال مشتركة بين الزوجين ثم قرر مرسوم الطلاق ، عـــلى أساس البينات المقدمة ، صحة الادعاء ، كان هذا المرسوم بمثابة قرار نهائي بأن أية أموال أخرى (كوثائق التأمين على حياة الزوج مثلا) لا تعتبر أموالا مشتركة ، ومن ثم لا تملك الزوجة المطلقة المقاضاة بعد موت زوجها في موضوع التأمين أو قيمته ، بل تكون بحكم المرسوم المذكور .

ممنوعة عن حق المقاضاة المذكور estopped from litigation .

collateral facts وقائع غير مباشرة : ليست من لباب الموضوع أو صميمه ؛ أجنبية عن موضوع النزاع .

collateral kinsmen حواشي ؛ أقرباء حواشي : ينحدرون من أصل مشترك دون أن يكون أحدهم أصلا أو فرعاً مباشراً للآخر .

collateral or **indirect attack** تحامل أو طعن غير مباشر : تفادي الهزيمة في الدعوى أو التخفيف من وطأتها بطعن فرعي يتناول نزاهة القرار أو أي موضوع أجنبي لا يتصل مباشرة بموضوعها .

collector of decedent's estate : محصل تركة المتوفى : الشخص الذي تعينه المحكمة الحسبية ليتولى مؤقتاً تحصيل ما يعود الى التركة من ايرادات وأوراق مالية ويقوم بكافة ما تقتضيه التركة من الشؤون والاعمال المالية ، على أن تنتهي مهمته حالما يتم تعيين المنفذ أو المدير .

collega [قانون مدني] زميل؛ من اسندت اليه سلطة أو صفة يماثله فيها الغير .

collegatarius موصى له مشترك في ميراث؛ الموصى له الآخر

collegatary موصى له آخر : من أوصي له بنصيب في ميراث مشترك بين آخرين .

college كلية : معهد تعليمي . جمعية أو كتلة من أشخاص تنشأ بقوة القانون ويكون لافرادها الحق في التعاون وتوحيد الجهود لغاية مشتركة : ثقافية أو سياسية أو دينية أو علمية أو غير ذلك .

هيئة أو جمعية كرادلة في روما

[في الولايات المتحدة الاميركية [يوجد ما يعرف بالـ electoral college وهي جمعية او هيئة ناخبة يعود لها انتخاب رئيس الولايات المتحدة .

College of *Ulama* مؤتمر علماء (مسلمين)

collegia نقابة (لاحدى الحرف)

collegium [قانون مدني] لهذه الكلمة معان شتى منها ؛ اجتماع ، جمعية ، شركة ، كلية ، هيئة أساقفة ، جيش ، حزب أو كتلة من أشخاص تجمعها ذات الطبقة أو المرتبة أو الغاية .

collegium illicitum اتحاد غير مشروع : جمعية أساءت استعمال حقوقها أو اتحدت على غرض يخالف ما نص عليه قانون تأسيسها .

collide يصطدم؛ يرتطم

collision اصطدام أو ارتطام شيء بآخر . تصادم سفينتين ماخرتين

collobium معطف قصير كان يلبسه دكاترة القانون المعروفون سابقاً باسم serjeants at law .

collocation ادراج ، جمع ، حصر أو ترتيب (اسماء دائنين أو ما الى ذلك) حسب الدرجة أو الاحقية في استيفاء الديون .

colloquium [اجراءات القدح والتشهير] التصريح بأن العبارات موضوع الشكوى قد قيلت في حق المدعي نفسه ولم يقصد بها غيره أو أن الملابسات التي صدرت فيها تجعل منها عبارات قدح ولو كانت في حد ذاتها لا تنطوي على شيء من ذلك .

collusion تواطؤ ؛ تآمر . اتفاق على أمر يغلب فيه سوء الغاية أو المخالفة للقانون .

مؤامرة بين شخصين لخداع سري . اتفاق سري بينهما على أن يرفع أحدهما دعوى ضد الآخر للحصول على قرار محكمة يستغلانه في أغراض ملتوية أو غير شريفة . من المراجع ما يعرف التواطؤ بأنه كل فعل منحرف أو امتناع منحرف عن فعل يؤتى لغرض سيىء .

collusive sale [في البيوع] اذا اتصف البيع بالتواطؤ دل على وجود شرط أو اتفاق سري فيه يهدف الى غش المدين الراهن mortgagor أو خداع أي شخص آخر له الحق في شراء المال المرهون .

[مسائل الطلاق] يكون التواطؤ على نوعين : تواطؤ ايجابي positive collusion يقع بالاتفاق بين طرفي الخصومة على اسناد دعوى كاذبة بوقائع صحيحة أو دعوى صحيحة بوقائع كاذبة ، كأن يتفق زوجان على أن يرتكب أحدهما فعلا يكون سبباً كافياً للطلاق أو يتظاهر بارتكابه أو يدعي عليه به ليتمكن الزوج الآخر بسبيل ذلك من الحصول على الطلاق المراد وفي هذه الحال يمنع الزوجان من الحصول على الطلاق منعاً باتاً اذا اقتنعت المحكمة بوجود التواطؤ : (٢) تواطؤ سلبي negative collusion ، كتآمر الفرقاء مثلا على عدم الاباحة للمحكمة ببعض الوقائع الموضوعية .

— negative collusion (راجع collusion)

— positive collusion (راجع collusion)

collusive action دعوى تواطؤية : الدعوى التي لا تتوم على نزاع فعلي ، بل يكون تقديمها باتفاق الفرقاء لمعرفة رأي المحكمة في نقطة قانونية خاصة اشباعاً لفضولهم أو لتقرير حق يعود الى شخص ثالث غير مشترك فيها . ولا تقبل مثيلات هذه الدعوى اذا اكتشف أمرها .

collybum [قانون مدني] ابدال؛ صرف

colonus [قانون روماني] فلاح أو مزارع (حر) يشتغل لدى الغير بالاجرة؛ يقابله ما يسمى ceorl في القانون السكسوني .

colonial laws [في اميركا] قوانين المستعمرات (الاميركية) ؛ مجموعة قديمة من القوانين عملت بها الولايات الثلاث عشرة الاميركية الاصلية قبل اعلان استقلال الولايات المتحدة .

الدقة والشبه بالعلامة الاصلية بحيث ينطلي على الناس ويوهمهم بما اراده الفاعل .

colourable transaction : صفقة أو معاملة ايهامية : تبدي خلاف ما تخفي ولا تتمشى مع الواقع .

colore officii بناء على سطوة الوظيفة؛ تحت ستار الوظيفة أو طلائها؛ بحجتها، استغلالا لها

combat قتال؛ مبارزة؛ محاكمة بالمبارزة يتصارع فيها خصمان ويكون الغالب هو المحق .

combination اجتماع (على شأن)؛ ضم؛ اتحاد، تكاتف أو تكتل، لارتكاب افعال تغاير القانون أو تنطوي على عنف .

[مواد البراءات] مزيج من عناصر أو آلات أو أدوات مختلفة؛ ابتكار أو اختراع يجمع بين عناصر قديمة وحديثة فينتج أشياء خاصة تتوافر بحكم هذا الجمع .

combination in restraint of trade تكتل احتكاري، التكتل لتقييد التجارة أو التحكم في السوق: جمعية، سندكة أو اتحاد بين شخصين أو أكثر يهدف الى احتكار بضاعة معينة أو ضبط انتاج أو تقييد بيع أو تحديد أسعار أو تركيزها أو الى تعطيل المضاربة أو القضاء عليها أو التأثير في سير التجارة العادي على أي شكل كان .

combustible وقود؛ مادة قابلة للاشتعال أو سريعة الاحتراق .

combustio domorum حرق المنازل؛ اشعال النار فيها

come يحضر، يمثل (أمام قاض أو محكمة)

come of age يبلغ سن الرشد

come to ينتهي أو يصير الى؛ يصل الى علم (فلان ...)؛ يعود أو يؤول (إلى)

comfort **[كاسم]** راحة؛ فائدة؛ مؤآساة؛ رضى، قناعة؛ متعة؛ سعادة أو سرور

Comintern الشيوعية الدولية الثالثة التي قامت من سنة ١٩١٩ الى ١٩٤٣ .

comitas مجاملة؛ أدب معاملة أو سلوك، تسامح ايجابي، قيام دولة بمنح اخرى بعض الميزات أو الاعتبارات الخاصة لا على سبيل الحق أو الواجب بل حباً وكرامة .

comitatus **[قانون انكليزي قديم]** اقليم أو مقاطعة . دائرة اختصاص الكونت او المحكمة الاقليمية .

[في انكلترا] القوانين السارية في المستعمرات البريطانية وكندا .

colony مستعمرة

colour لون . ظاهر؛ سيماء؛ ظل؛ ستار؛ طلاء؛ شكل خادع او مضلل

[مسائل عنصرية] لون قاتم تمتاز به بشرة سكان اميركا من غير البيض .

اذا وردت هذه الكلمة في صيغة الجمع colours دلت على الاعلام أو الرايات .

[في المرافعات] أساس أو سبب ظاهري أو شكلي يبرر إقامة الدعوى من حيث الظاهر بينما لا تتوافر فيه الكفاية القانونية الفعلية .

colour bars فوارق أو حواجز اللون: الموانع الاجتماعية أو القانونية التي تحول بين العنصرين الابيض والاسود .

colour of authority ايهام أو هيبة السلطة؛ التظاهر بالسلطة والنفوذ؛ حجة النفوذ، طلاؤه، ستاره، ظاهره دون حقيقته

colour of law سيماء القانون، شكل القانون، ظاهره، مظهره دون حقيقته وجوهره

colour of office ذريعة الوظيفة؛ التذرع، التوسل أو التظاهر بها أو بالاختصاص باتيان فعل باطل . سطوة الوظيفة، هيبتها، ظلها، ظاهرها

colour of title تظاهر بحق أو ملكية

سيماء حق، ظله (دون جوهره)؛ ما يوهم بوجوده

حق ظاهر(شكلي)؛ حق (ملكية) أجوف أو معيب؛ حجة تمليك ظاهرية لها سيماء المشروعية وهي باطلة من حيث الجوهر والواقع .

colourable موهم، ايهامي، خادع، مزيف، تمويهي، طلائي أو مطلي؛ كل شيء تظاهر بالمشروعية أو بغير حقيقته.

colourable alteration تبديل ايهامي أو طلائي: التحوير الذي لا يتناول جوهر الشيء بل يقف عند ظاهره ويكون وسيلة لتفادي آثار قانون معين أو لاحباط مقاصد العدالة على أي وجه .

colourable claim ادعاء ايهامي أو طلائي؛ ادعاء يتسم بالوجاهة أو يكون لا غبار عليه من الوجهة القانونية (فقط) .

colourable imitation **[مواد العلاقات التجارية]** تقليد ايهامي؛ التقليد للعلامة التجارية الذي يكون من

comites [قانون انكليزي قديم] كونتات: حملة لقب إيرل. حاشية ترافق موظف رفيع المكانة

comitia [قانون روماني] اجتماع أو جمعية

comity مجاملة؛ احترام، كرم معاملة أو سلوك؛ تسامح تلقائي أو ايجابي: الرغبة في منح ميزة أو اعتبار خاص للغير لا اجابة لداعي الحق أو الواجب بل من قبيل المراعاة والتلطف.

— judical comity المجاملة القضائية: المبدأ الذي تراعيه محاكم بعض الدول حينما تحرص على العمل بقوانين دولة أخرى وتنفيذ أحكام محاكمها لا على سبيل القيام بالواجب بل بدافع الاحترام والثقة.

comity of nations مجاملات أو مجاملة الامم. يرد هذا الاصطلاح أحياناً للدلالة على مدى الاعتبار الذي تلقاه قوانين احدى الدول في أقاليم دولة أخرى، لا على سبيل الواجب أو الحق بل على قبيل المراعاة وكرم المعاملة. ولا تدخل مجاملات الامم (أو المجاملات الدولية كما تسمى أحياناً) في القانون الدولي، بل هي مجموعة من قواعد ومبادىء عالمية تركن اليها الدول من تلقاء نفسها رغبة الى تبادل اللياقة وحسن المعاملة.

comity of states مجاملة الدول؛ المجاملة الدولية: أخذ احدى الدول بمحض ارادتها ومن تلقاء نفسها، بما تصدره محاكم دولة اخرى من القرارات في المسائل القانونية المتشابهة دون أن يلزمها قانون السابقات بهذا التصرف.

command امر؛ قيادة؛ سيطرة

commandement [قانون فرنسي] اعذار (المدين)؛ الانذار الذي توجهه المحكمة المختصة بواسطة احد محضريها huissier الى المدين بناء على حكم او سند تنفيذ صادر ضده معلنة فيه أنه اذا لم يدفع ما حكم عليه به أو التزم اداءه بالسند المذكور وقع التنفيذ على أمواله.

commandité [قانون فرنسي] شركة توصية، تتألف من شركاء متضامنين (يتولون ادارتها ويسألون بصفتهم الشخصية وبوجه التضامن عن سداد ديونها) ومن شركاء موصين (يكونون اصحاب أموال فيها وخارجين عن ادارتها ولا يلزم أي منهم الا بنسبة ما قدم)؛ وتعلن للجمهور تحت عنوان لا يشتمل على أسماء الشركاء المتضامنين، فاذا لم يكن فيها الا شريك متضامن واحد أمكن اضافة كلمة «وشركاؤه» الى اسمه.

— partners ***en commandité*** شركاء موصون

commarchio حد؛ تخوم

commence يبدأ أو يشرع (في شيء)؛ يفتتح؛ يرفع، يقدم، يقيم (دعوى أو قضية) نحو: يرفع دعوى to commence a suit. ولا تختلف هذه العبارة عن to bring suit من حيث المعنى؛ وتعتبر الدعوى مرفوعة commenced أو brought حالما يتم توقيع التكليف (بالحضور) ويختم حسب الاصول.

commence to run يجري (الميعاد)؛ يبدأ سريان (حكم أو شيء موضوع كلام)

commencement بدء سريان قانون؛ بدء نفاذه

بداية (عمليات)، تاريخ الشروع فيها. افتتاح (دعوى أو اجراء)

commencement of a declaration مقدمة صحيفة الدعوى: الجزء المبين لاسماء الخصوم فيها وأوصافهم.

commend يكل أو يعهد (الى)؛ يفوض أمراً (إلى شخص). يحبذ، يمتدح، يثني (على)، يستحسن، يستنسب، يوصي خيراً (بـ)

commendam [قانون كنسي] وظيفة كنسية شاغرة توكل الى من يتولاها مؤقتاً ريثما يتهيأ لها صاحبها الشرعي.

[مواد تجارية] شركة توصية (راجع commandité)

commendatio [قانون مدني] ثناء (على شيء): مديحه أو التوصية به نحو: *simplex commendatio non obligat* مجرد ثناء البائع على بضاعته لا يكفل جودتها، أي لا يلزمه بضمان جودتها.

commendation [نظام اقطاعي] تفويض النفس والملك لسيد اقطاعي على سبيل الحماية، قيام أحد أرباب الاراضي بوضع نفسه وأرضه تحت حماية أحد السادة (اللوردات) الاقطاعيين وصيرورته فصلا (تابعاً اقطاعياً) له.

commendatory [قانون كنسي] من أسند اليه المنصب الكنسي الشاغر أو آلت اليه المنفعة الكنسية بصورة مؤقتة *in commendam*.

commendatus [نظام اقطاعي] مفوض اقطاعي؛ من فوض نفسه لحماية لورد اقطاعي وأصبح vassal فصلا له ودان له بالولاء طائعاً مختاراً.

comment تعليق؛ ملاحظة؛ تعقيب؛ رأي خاص في واقعة أو أمر

commerce تجارة: تبادل السلع أو بيعها وشراؤها (بين دولة وأخرى).

ترد هذه الكلمة أحياناً كمرادف لكلمة trade غير أن

التي تنظم حقوق الاشخاص المشتغلين في التجارة وتحكم معاملاتهم وصلاتهم التجارية . يستعمل هذا الاسم أحياناً كمرادف للقانون البحري maritime law نظراً لكون التجارة الاجنبية تمارس غالباً بسبيل النقل البحري ، غير أنه أوسع مجالا من القانون البحري، اذ يشمل كثيراً من المعاملات والمسائل القانونية التي ليس لها أية علاقة بالنقل أو السفن .

commercial mark علامة تجارية

commercial paper أوراق تجارية : كالسندات الاذنية أو الكمبيالات والصكوك المصرفية وسندات الديون العامة وسندات الحامل وغيرها من السندات المالية القابلة للتداول عوضاً عن المبالغ المرقومة فيها .

commercial traveller جواب أو جوال تجاري: مهمته الانتقال من مكان الى آخر وعرض عينات سلع الاصيل على الزبائن المشترين وتسجيل طلباتهم وتحويلها الى الاصيل ليتولى ارسال الطلبات الى المشترين ويقوم هؤلاء بأداء الثمن له (للاصيل) مباشرة عند تسلم البضاعة .

commissar رئيس اداري في جهاز ادارة اتحاد الجمهوريات السوفيتية الاشتراكية .

commissariat ادارة الميرة : دائرة عسكرية تختص بتموين الجيش وتزويده بالاغذية والمهمات .

دائرة في جهاز ادارة اتحاد الجمهوريات السوفيتية الاشتراكية .

commissary مندوب ؛ مشرف

[قانون عسكري اميركي] ضابط تموين؛ مهمته الاولية تموين الجيش بالأغذية والمهمات اللازمة.

[قانون كنسي] مفوض لاداء مهمة معينة نيابة عن رئيس له . موظف كنسي ينتدبه الاسقف لممارسة القضاء الكنسي في المناطق القاصية من الابرشية .

commission يندب؛ يفوض

ندب؛ انتداب أو تفويض صادر عن دائرة رسمية أو محكمة مختصة يسند الى الشخص المنتدب مهمة القيام بعمل معين أو ممارسة سلطة قضائية خاصة أو غير ذلك . براءة تعيين في منصب أو مهمة

[شؤون خاصة] تفويض authority بانجاز معاملة أو ابرام صفقة أو القيام بأي عمل خاص نيابة عن المفوض (الاصيل) ولحسابه .

[شؤون عامة] لجنة تعين رسمية أو مجلس، يعين كذلك، للقيام بشؤون أو مهام رسمية .

[قانون مدني] وكالة؛ توكيل؛ انتداب

الكلمتين على جانب من التباين الفني، اذ يراد بالاولى التجارة الخارجية بين دولة وأخرى، بينما تقتصر الثانية trade على التجارة القومية فقط .

— domestic commerce تجارة داخلية أو محلية (لا تتجاوز حدود البلاد) .

— foreign commerce تجارة أجنبية أو خارجية (بين دولة وأخرى) .

—international commerce— تجارة دولية (بين دولة وأخرى) .

commercia belli عقود حربية؛ تبرم بين دول متحاربة أو بين رعايا تلك الدول . اتفاقات تنشأ بين متحاربين لتقرير الاتصالات غير العدوانية بين الدول المتحاربة وتشمل اتفاقات الهدنة ووقف عمليات القتال والتسليم وتبادل الاسرى وجوازات السفر وجوازات الامان وغير ذلك مما ترى الدول المذكورة ابرامه تيسيراً لمصالحها .

commercial agent عامل تجاري؛ ملحق أو مفوض تجاري (أميركي) دون القنصل من حيث الرتبة . سمسار تجاري

commercial broker سمسار تجاري؛ وسيط مبايعة يتوسط بين شخصين لشراء أو بيع بضاعة ليست في حيازته ولا تحت تصرفه .

commercial court **[قانون انكليزي]** محكمة تجارية تتبع مجلس الملكة الخاص Queen's Bench Division بالمحكمة العليا وتختص بالنظر والفصل في قضايا المعاملات التجارية الكبرى التي يستغرق الفصل فيها وقتاً غير قصير ولا تستلزم حضور المحلفين . وهي تعقد في لندن وليفربول وتتشكل عادة بمستشار واحد ذي خبرة خاصة بالمسائل التجارية وتختلف عن المحاكم الاخرى بقلة الشكليات في اجراءاتها التمهيدية وحرصها على تحديد يوم المحاكمة .

commercial frustration مثبط تجاري؛ عارض تجاري يعفي الملتزم في العقد من أداء ما ترتب عليه بموجبه . من ذلك موت الشخص الذي أمل توافر الشيء بواسطته، أو هلاك هذا الشيء بعامل يخرج عن ارادة الملتزم، أو استحالة تنفيذ العقد بفعل القوة القاهرة أو حكم القانون أو أي سبب ناتج عن الفريق الآخر .

commercial insolvency إعسار تجاري؛ عجز عن دفع؛ توقف التاجر عن الوفاء بديونه عند استحقاقها في الاحوال التجارية العادية .

commercial law قانون تجاري : مجموعة القوانين

[**قانون تجاري**] عمالة؛ دلالة؛ كمسيون أو سمسرة: ما يتقاضاه النائب او السمسار أو الوسيط أو الدلال أو من في حكمهم، عيناً أو نقداً نظير ما يبذله من جهود في معاملة بيع أو شراء .

[**مواد جنائية**] اقتراف؛ ارتكاب (فعل أو جرم)

— special commission (راجع باب special)

commission agent نائب (أو وكيل) بالعمالة: يشتغل في ابرام المبايعات لحساب الغير ويتقاضى نسبة مئوية مقررة نظير توسطه لايجاد البائع أو المشتري المطلوب لمن كلفه بايجاده صراحة أو ضمناً . فاذا لم يقرر مقدار العمالة بالاتفاق بين النائب والاصيل، كان تقريره ضمناً أو حسب العرف التجاري المتوطد .

— turf commission agent نائب رهان . النائب الذي يكلف بالمراهنة على رقم أو شيء معين نيابة عن الاصيل أو لحسابه . ولا يجيز القانون لهذا النائب أن يرجع على الاصيل بأي عمالة نظير ما قام به .

commission day [**اجراءات انكليزية**] يوم افتتاح جلسات المحاكم الدورية circuit courts في البلدان أو الأقاليم المعنية .

commission ***del credere*** [**قانون تجاري**] عمالة ضمان؛ عمالة خاصة تزيد على العمالة العادية، يتقاضاها النائب (أو الوكيل) اذا وجد للاصيل زبوناً يشتري بضاعته بالدين ثم ضمن يسار هذا الزبون وقيامه بدفع الثمن المطلوب في تاريخ معلوم، بحيث اذا عجز الزبون عن الاداء، رجع الاصيل على الوكيل الضامن بالمبلغ المطلوب .

commission half-man وسيط بورصة .

commission merchant تاجر بالعمالة: يبيع العروض لحساب الغير ويتقاضى على ذلك عمالة مقررة .

يختلف الـ commission merchant (ويسمى أحياناً factor) عن السمسار بما يجوز له من الدخول في بيع أو شراء باسمه الخاص دون الحاجة الى بيان اسم الاصيل وما يحق له أيضاً من الاحتفاظ بالعروض موضوع المبايعة .

commission of anticipation [**قانون انكليزي**] تفويض يحمل ختم الدولة Great Seal بتحصيل ضريبة أو غيرها قبل موعد استحقاقها .

commission of appraisement and sale لجنة تخمين وبيع: تتولى تنفيذ قرار بيع على أموال قررت المحكمة بيعها أداء لذمة .

commission of lunacy لجنة تحقيق جنون: تشكلها المحكمة المختصة لتتولى التحقيق في حالة المتهم العقلية والتثبت من مدى صحة ادعائه بالجنون .

commission of the peace [**قانون انكليزي**] تفويض محافظة على الأمن؛ تفويض رسمي صادر عن التاج يسند الى الاشخاص المذكورين فيه، متكافلين متضامنين، مهمة المحافظة على الامن والسلام العام .

commission of unlivery [**اجراءات بحرية**] تفويض تفريغ حمولة السفينة لاجراء تخمينها .

commission to examine witnesses ندب استجواب شهود: تفويض صادر عن محكمة مختصة بأخذ افادات شهود خارجين عن نطاق اختصاصها المكاني، حول مسألة أمامها .

commission to take depositions تفويض أخذ أقوال . انتداب يكلف الموجه اليه بأخذ أفادات شهود لا يستطيعون الحضور شخصياً الى المحكمة .

commissioned officer ضابط (معين)، في جيش أو بحرية أو طيران، بدرجة ملازم ثان فما فوق .

commissioner مأمور؛ مفوض؛ منتدب أو مندوب

[**في الولايات المتحدة الاميركية**] موظف تسند اليه مهمة تنفيذ قوانين تتعلق بموضوع معين .

مدير مصلحة حكومية أو مكتب رسمي .

— United States Commissioner (راجع باب United States)

commissioner of bail مأمور كفالات: يعين لتحقيق الكفالات وأخذها في الدعاوى المدنية .

commissioner of patents مدير مكتب البراءات أو ادارتها

commissioners of bankrupts [**اجراءات الافلاس – سابقاً**] مراقبون قضائيون كانت تسند اليهم مهام فحص أحوال المدين وتجارته وموجوداته وغير ذلك من الاعمال المتعلقة بمسائل الافلاس .

commissioners of deeds [**في الولايات المتحدة الاميركية**] مأمورون قضائيون تنتدبهم السلطات المختصة للاقامة في ولاية غير ولايتهم وأخذ بيانات خاصة أو الاطلاع على مستندات أو وثائق يراد استعمالها في بعض الاثباتات او تسجيلها في سجلات الولاية المنتدبة .

commissioners of highways مندوبو الطرق العامة وهم يعينون في كثير من الولايات المتحدة للاشراف على الطرق واصلاحها وفتحها واغلاقها في دائرة اختصاصهم .

commissioners of sewers [قانون انكليزي] مفوضو المجاري؛ هيئة عامة يعين افرادها بمراسيم تحمل الخاتم الكبير Great Seal وتشكل محكمة ذات ولاية خاصة تتعلق بالاشراف على اصلاح حواجز الشواطىء وضفاف الانهر الصالحة للملاحة وجدرانها وتنظيف الانهر والمجاري المتصلة بها .

commissive جرمي؛ اقترافي؛ مفتعل أو افتعالي

commissoria lex [قانون روماني] قانون يجيز للبائع الاحتفاظ لنفسه بحق الرجوع في البيع اذا لم يدفع له المشتري ثمن المبيع في التاريخ المحدد، ويجيز للدائن المرتهن أن يشترط على المدين الراهن أيلولة المرهون اليه (الى الدائن) أيلولة مطلقة (أي غلق الرهن foreclosure) اذا عجز المدين عن الوفاء في اليوم المقرر .

commit يقترف؛ يرتكب (جرماً)؛ يودع (شخصاً) سجناً أو معتقلا أو اصلاحية . يعهد بشيء أو صغير الى الغير (لتربية أو غير ذلك) .

يقدم؛ يحيل، نحو: قدم للمحاكمة He was committed to trial .

commitment ايداع شخص في حبس أو معتقل أو اصلاحية أو ما إلى ذلك .

commitment, order of (order of commitment) أمر حبس: أمر ايداع في حبس أو سجن .

committal حبس، يكون في الغالب قصير المدة كالحبس الذي يصدر به امر المحكمة ضد من ينتهك حرمتها. إحالة (دعوى او اوراق لجهة مختصة)؛ تقديم (متهم لمحاكمة)

committal order أمر إحالة

committed in presence of officer اقترف بحضور ضابط؛ وقع ارتكابه على مرأى منه .

committee لجنة

— joint committee لجنة مشتركة

[اجراءات برلمانية] لجنة يشترك في انتخابها أو تعيينها مجلسا البرلمان، لتشريع أو غير ذلك .
لجنة تشترك في انشائها عدة هيئات لغرض معلوم .

— standing committee لجنة دائمة: تدوم ما دامت الهيئة التي انتخبتها، ويعهد اليها بالقيام بمهام مقررة مدة الهيئة المنتخبة .

committing magistrate قاضي إحالة: قاض أولي ذو اختصاص تحقيقي، يقدم اليه المتهمون ليتولى سماعهم مبدئياً ثم يطلق سراحهم اذا لم تتوافر ضدهم الادلة الكافية أو يودعهم السجن رهن المحاكمة أو يخلي سبيلهم تحت الكفالة ريثما يطلبون للمحاكمة .

committitur [اجراءات انكليزية] محضر ايداع ينص على أن الشخص المذكور فيه قد سلم لوكيل الضبط القضائي ووضع تحت اشرافه .

commixtio [قانون روماني] خلط مواد أو أشياء تعود ملكيتها لعدة اشخاص .

commodate يعير (من العارية): وهي اعارة شيء لا يستهلك قصد استعماله بلا عوض مدة معينة ورده الى المعير بعد الفراغ منه .

commodati actio دعوى عارية: تقام على من استعار شيئاً ولم يرده الى صاحبه .

commodatum عارية استعمال: تلزم المستعير بأن يرد للمعير بلا عوض ما أخذه منه على سبيل الاستعارة .

commodities حاجيات؛ لوازم؛ أدوات؛ مواد منقولة؛ (خردوات)؛ سلع؛ أمتعة أو أشياء منقولة ذات قيمة سوقية. تعتبر هذه الكلمة أوسع مدلولا من merchandise اذ تشمل أي منقول يتعامل به التجار أو اداة أو حاجة يجوز أن تكون موضوعاً لبيع أو شراء .

commodity راحة؛ ملاءمة؛ فائدة، منفعة، ربح
[معاملات تجارية] سلعة أو مادة (منقولة) يجوز أن تكون محلا لبيع أو شراء أو مقايضة .

commodore رتبة أميركية بحرية تعلو رتبة رئيس captain مباشرة .

common مشاع؛ حق مشاع: أرض مشتاعة: مملوكة على الشيوع .
مشترك الفائدة . حق انتفاع مشترك
عمومي؛ عام؛ عادي، مشترك، شائع، مألوف، مشهور، متعارف (عليه) مبتذل
ساحة عامة، يستعملها الجمهور لاغراض الترفيه .
[مواد الجرائم — كنعت] معتاد؛ محترف؛ مدمن، نحو: لص محترف common thief، سكير معتاد بمعنى (مدمن)

من العناية والرعاية لاي مسافر على سفينته يصاب بمرض أو أذى أثناء الرحلة .

common informer (راجع باب informer) .

common knowledge بديهي؛ واضح بالبديهة، لا يحتاج الى برهان

Common Law القانون العام؛ قانون انكلترا : مجموعة من أحكام ونظريات فقهية نشأت ونمت واستمدت سلطانها من العرف المتوطد في البلاد منذ زمن لا تعيه الذاكرة، ثم أضيفت اليها كافة الاوامر والمراسيم الصادرة عن المحاكم الانكليزية تثبيتاً للعرف المذكور وبناء عليه . وهي تنتظم جميع المبادىء والقواعد اللازمة لادارة الاشخاص والمحافظة على أرواحهم وأموالهم وحقوقهم . بعبارة أخرى : القانون الانكليزي القديم غير المسطور unwritten أو غير المقنن، المستمد من العرف المتوطد في البلاد .

[في الولايات المتحدة الاميركية] القانون الذي عمل به أثناء الثورة الاميركية ولا يزال يشكل جزءاً أساسياً من تشريعات عدد غير قليل من الولايات المتحدة الاميركية .

common-law action دعوى قانون عام؛ دعوى مدنية . سميت كذلك تمييزاً لها من الدعوى الجنائية .

common-law cheat الحصول على المال بالغش أو الاحتيال: التعريف الذي يضعه القانون العام لكلمة cheat أو cheating .

common-law lien (حق) امتياز أو اختصاص ناشىء بفعل القانون العام لا باتفاق الفرقاء .

common-law marriage (راجع باب marriage)

common-law suits (راجع باب suits at common-law) .

common nuisance مضايقة عامة؛ مصدر ازعاج عام؛ تكدير لراحة الاهلين .

خطر عام: كل فعل مغاير للقانون أو تقصير في واجب قانوني legal duty يكون سبباً في ازعاج الاهلين أو التنغيص عليهم في ممارسة حقوقهم العامة أو إيذائهم في تلك الحقوق على أية حال .

common of digging مشاع الحفر أو حريته : الحق الذي يخول صاحبه حرية نقل التراب أو المعادن من أرض الغير .

common of fishery مشاع الصيد: الذي يخول

common drunkard ، وهلم جرا .

common appendant متعلق مشاع؛ حق تبعي مشتاع : يتبع الارض الزراعية ويخول صاحبها حرية رعي ماشيته على أرض أخرى للغير .

common appearance أمر حضور عام: يستصدره المدعي ضد المدعى عليه اذا نزح هذا عن دائرة اختصاص المحكمة على أثر اعلانه بالحضور (اعلاناً صحيحاً) أو اذا لم يعثر عليه، ملزماً اياه بالجواب على الدعوى، تحت طائلة الحكم عليه غيابياً .

common assurances [قانون انكليزي] حجج أو سندات ملكية: تشهد بانتقال المال العقاري من شخص الى آخر، وتعتبرها قوانين انكلترا دليلا قاطعاً على الملكية أو بينة قانونية ينتفي معها الشك ويثبت لكل ذي حق حقه .

common bar [في المرافعات] الجواب الذي يكلف فيه المدعى عليه المدعي بتحديد المكان الذي وقع عنده الاعتداء على العقار .

common because of vicinage مشاع بحكم الجوار: المشاع الذي ينشأ بين ضيعتين أو بلدتين متجاورين اذا أمكن لمواشي كل منهما أن تسرح على مراعي الاخرى في حرية تامة دون أن يعتدى عليها واذا استمر هذا الوضع بينهما حتى تم له الاستقرار بمرور الزمن وتكون معه المشاع المذكور بحكم الجوار .

common bench اسم قديم للمحكمة المسماة court of common pleas (راجع باب court) . اطلق عليها هذا الاسم نظراً لاختصاصها برؤية الدعاوى المرفوعة بين الافراد العاديين حول المسائل الحقوقية التي لم تكن فيها للتاج مصلحة .

common carrier (راجع باب carrier)

common design [مواد جنائية] نية مشتركة؛ قصد مشترك. اجماع شخصين أو أكثر على اتيان فعل يمنعه القانون.

common due date تاريخ استحقاق مشترك

common form [تحقيق الوصايا] الاثبات بيمين المنفذ. يقال: تثبت الوصية بيمين منفذها in common form؛ يقابل ذلك اثباتها بالشهود by witnesses .

common ground أساس مشترك

common humanity doctrine مبدأ الانسانية العامة: المبدأ الذي يقتضي من رئيس السفينة أن يبذل المعقول

commonty [قانون اسكتلندي] أرض مشاع، مملوكة على الشيوع

commorancy السكنى (في مكان معلوم)، لزوم ذلك المكان

commorant ساكن: قاطن أو مقيم مؤقتاً في جهة معينة

commorientes هالكون أو مائتون معاً: الاشخاص الذين يلقون حتفهم معاً ضحية كارثة واحدة.

Commonwealth اتحاد رخاء عام؛ رابطة اعتبارية؛ مجموعة مستقلة؛ دولة أو ولاية حرة (فيما يتعلق بشؤونها الخاصة)؛ جمهورية. الحكومة الجمهورية التي نشأت في انكلترا في عهد أوليفر كرمويل من سنة ١٦٤٩ الى سنة ١٦٦٠.

يرد هذا الاصطلاح في الاقتصاد السياسي بمعنى: رفاهية عامة، خير أو صالح عام.

نظام جمهوري هدفه خير الشعب كافة والمحافظة على حقوقه لا حماية الطبقات أو الرضوخ لارادة الملك.

commotion هياج شعبي (لغرض عام)؛
— civil commotion شغب؛ تهديد بعنف صادر عن جماعة شعبية.

اضطرابات أو قلاقل عامة لا تبلغ حد الثورة (rebellion).

commune بلدة أو قرية مستقلة (ادارياً)؛ مجلس بلدي أو محلي

[قانون انكليزي قديم] العامة، عامة الشعب

أطلق هذا الاسم أثناء ثورة فرنسا سنة ١٧٩٣ على الجبهة الشعبية، كما أطلق أيضاً على المحاولة الثورية التي جرت سنة ١٨٧١ لانشاء حكم ذاتي مطلق في باريس وعلى ذات الجبهة المشتركة في تلك المحاولة.

commune عام؛ شائع

commune forum مقر المحاكم الرئيسية؛ محل العدالة العام

commune vinculum التزام متبادل؛ عهد مشترك

communi dividundo دعوى قسمة مشاع

communibus annis في السنين العادية؛ على أساس المعدل السنوي

communicate يتصل (بشخص)؛ يوصل؛ ينقل؛ يطلع (على أمر): يعلم أو يحيط (به)، يبلغ، يخبر، يفضي (الى)

الشريك فيه حق الاصطياد في مياه الغير.

common of pasture مشاع رعي؛ حق رعي في أرض الغير

common pleas محكمة تدوينية of record ذات اختصاص ابتدائي عام في المواد المدنية (راجع court of common pleas).

common property; community property (راجع باب property)

common recovery [تصرفات قديمة] انتقال الملكية بحكم محكمة. يترتب على هذا الانتقال تسجيل الارض باسم المحكوم له وأيلولتها اليه أيلولة مطلقة تمنع حصر ميراثها في اناس دون آخرين من الورثة.

كان يلجأ قديماً الى هذا الضرب من التصرف لرفع القيود المفروضة على الميراث وجعله حراً مطلقاً. وكانت الدعوى التي ترفع لهذا الغرض fictitious صورية يصدر فيها الحكم بانتقال الارض للمدعي بها انتقالا مطلقاً يدون في سجلات المحكمة ويكون حجة على الكافة.

common repute الشهرة لدى العامة (بشيء معلوم)؛ مشتهر؛ ذائع

common right حق عام: يتمتع به جميع أفراد الامة على السواء.

common sense كياسة، حكمة، فطنة، تدبر، تعقل، ذكاء مألوف، ذوق، وعي، احساس أو شعور عادي يحكم سلوك الانسان ويكيف تصرفاته.

common thief لص معتاد

commonable أراض قابلة للاشتياع أو يجوز امتلاكها على الشيوع ما جاز رعيه من المواشي على الاراضي المشاعة.

commonalty عامة الناس؛ العامة؛ الدهماء

commonance أصحاب حق في مشاع؛ مشتاعون؛ مالكون على الشيوع

commoners مشتاعون؛ أصحاب حق في مشاع

commons عامة الشعب؛ العموم. يطلق هذا الاصطلاح في انكلترا على جميع أفراد الشعب (باستثناء العائلة المالكة والنبلاء) الممثلين بمجلس العموم في البرلمان الانكليزي، كذلك يطلق على مجلس العموم البريطاني نفسه.

communication اتصال؛ اطلاع (على أمر) : علم (به)؛ خبر، معلومات
تشاور أو مشاورة؛ مفاوضة؛ مساومة (تسبق ابرام عقد)؛ اتفاق تمهيدي

— confidential communications معلومات مكتومة، لا يبيح القانون اذاعتها : كالمعلومات التي يسر بها الزوج أحياناً لزوجته أو الموكل لوكيله القانوني .

— privileged communication معلومات خاصة : يطلع عليها المحامي بحكم مهنته ولا يسمح له باذاعتها .

communication failure [قواعد الطيران] تعطل الاتصال (اللاسلكي أو غيره)

communings [قانون اسكتلندي] مفاوضات تمهيدية، تسبق انشاء العقد .

communion of goods [قانون اسكتلندي] مشاركة في منقول أو أمتعة . حق مشترك يتمتع به زوجان في أموالهما المنقولة .

communiqué بلاغ

communis error facit jus الغلطة المألوفة قانون : أي اذا شاع الغلط أصبح قانوناً (أو في حكم القانون) .

communis opinio رأي مشترك؛ رأي مهني عام

communis paries [قانون مدني] حائط مشترك أو فاصل

communis stipes أصل مشترك

communism شيوعية : نظام حياة اجتماعي يهدف الى اشتراك كافة الافراد في التمتع والانتفاع بمرافق الحياة ووسائلها وخيراتها، كل قدر طاقته ولكل حسب حاجته . وفي سبيل تحقيق هذا الأشتراك وضمان عدالة التوزيع، تقتضي الشيوعية أن تكون الارض وما في باطنها والمياه والغابات والمصانع والمعامل والمناجم والمعادن والسكك الحديدية ووسائل النقل الملاحية والجوية والبنوك ووسائل المخابرات والمشاريع الزراعية الكبيرة والخدمات العامة والمشاريع البلدية ودور السكن في المدن والمناطق الصناعية ملكا للشعب ممثلا في دولته . بعبارة اخرى :
كل نظام اشتراكي يقوم على الاشتراك في ملكية وسائل الانتاج وينشد المساواة بين الناس جميعاً في الانتفاع بمنتجات مرافق الصناعة ويجعل للدولة حق السيطرة على وسائل الانتاج المذكورة وتوزيع المنتجات الصناعية واستهلاكها .
تعرفها بعض المصادر بالمساواة في توزيع وسائل الحياة والرفاهية المادية سعياً للوصول الى مستوى أسمى من العدالة الطبيعية يترتب بموجبه على كل فرد أن يعمل بقدر طاقته ويعود اليه ما يكفي حاجته .

communist [قديماً] أطلق هذا الاسم (أثناء الثورتين الفرنسيتين سنة ١٧٩٣ وسنة ١٨٧١) على كل فرد جاهر بتأييد جبهة الشعب المسماة *commune* .
[حديثاً] شيوعي؛ كل من اعتنق مبادىء الشيوعية وأيد تعاليمها أينما كان أو من كان عضواً في حزب شيوعي، خصوصاً الحزب الشيوعي السائد في اتحاد الجمهوريات السوفيتية الاشتراكية (روسيا) .

communist international (راجع third international)

Communitas Regni Angliae « الجمعية العامة لمملكة انكلترا» : أحد الأسماء القديمة التي عرف بها البرلمان الانكليزي.

community مجموعة سكان؛ مجتمع؛ جماعة، افراد جماعة؛ طائفة؛ جيرة، ناحية . مشترك الملكية؛ مال مشترك . مشاركة
[مواد مدنية] شركة أو هيئة اعتبارية
[قانون فرنسي] مشاركة زواج، شركة تنشأ بين رجل وامرأة يتم زواجها قانوناً .

— conventional community مشاركة عرفية؛ شركة تنشأ استناداً الى اتفاق صريح يتضمنه عقد زواج .

— legal community مشاركة قانونية، يستتبعها ابرام الزواج (قانوناً) وتنشأ بحكمه .

community account حساب مصرفي مختلط يتكون من أموال مستقلة وأخرى مشتركة امتزجتا معاً الى حد يتعذر معه تمييز احداهما من الاخرى .

community debt دين اشتراكي؛ دين زوجية، يشترك فيه زوجان بحكم أموالهما المشتركة تبعاً لقيام الزوجية .

community of interest اشتراك المصالح، اجتماعها، اتحادها، تضافرها أو تضامنها على أمر واحد .

community property أموال مشتركة، أموال يشترك فيها زوجان أو تؤول اليهما معاً أثناء الزوجية .

communize يجعل من عقار أو مال، ملكاً مشتركاً أو محل انتفاع مشترك بين شخصين أو أكثر .

commutable قابل للاستبدال؛ جائز التبديل أو التغيير

commutation ابدال ؛ تغيير أو تحوير

[مواد جنائية] ازال أو تخفيف العقوبة ؛ ابدال وصف العقوبة، كابدال عقوبة اعدام بسجن مؤبد أو عقوبة لمدة اقل وهلم جراً (راجع remission للمقابلة).

[مواد مدنية] تبديل كيفية الوفاء، كتبديل دفعات دورية غير منتظمة مثلا، بدفعات شهرية منتظمة أو وفاء الدين ببضاعة بدلا من نقود، وهلم جراً ...

commutation of taxes ابدال الضرائب العادية بمبلغ مقطوع (مقرر) يؤدي بصورة دائمة أو مساناة . اداء مبلغ اجمالي معين مقدماً بدلا من أداء ضريبة تحسب فيما بعد على أساس قيمة المال الخاضع لها .

commutation ticket [شؤون النقل] تذكرة سفر مخفضة بالسكة الحديدية تخول حاملها السفر عدداً معيناً من المرات بأجرة تقل عن الاجرة العادية .

commutative contract عقد معاوضة يتساوى فرقاؤه فيما لهم وما عليهم .

commute يبدل؛ يغير ؛ يخفف

compact اتفاق؛ اتفاقية؛ عقد؛ عهدان
[كنعت] متلاصق ؛ متراص؛ جامد؛ كثيف

— general compact قبول عام ؛ موافقة عامة

companions [قانون فرنسي] طاقم سفينة؛ بحارة أو نوتيون

company شركة : مجموعة من أشخاص عدة يتحدون فيما بينهم لتحقيق غرض تجاري أو صناعي واحد أو غير ذلك من الاغراض المشروعة بسبيل ما يتوافر لهم من وسائل وأسباب مشتركة . تختلف الـ company عن partnership (الشركة البسيطة) في أن الاخرى تتشكل من أفراد منحصري العدد لا يتجاوز غالباً الاربعة أو الخمسة، يعملون لمشروع تجاري معلوم برأسمال بسيط واسم يتشكل من أسمائهم جميعاً؛ أما الشركة فليس لعدد أعضائها أي حد ، اذ قد يبلغ المئات والالوف أحياناً كما قد يبلغ رأسمالها مئات الملايين من الجنيهات، وتحمل عادة اسماً خاصاً بها لا يكشف عن أسماء مشتركيها .

ولا تنحصر الشركات في ميادين التجارة والصناعة والزراعة والاعمال المالية فحسب بل تتناول أحياناً أغراضاً انسانية أو مشاريع تعاونيـة أو اجتماعية، وتتألف من اشخاص طبيعيين كالافراد أو معنويين كالمؤسسات أو يكون قوامها شخص واحد كما هي الحال فيما يسمى one-man company .

— anonymous company شركة مغفلة : شركة عادية لا عنوان لها، قوامها عدة أشخاص يكتتبون باسهم قابلة للتداول ولا يسألون عن ديونها الا بقدر ما اكتتبوا به من المال .

— chartered company (راجع باب chartered)

— holding company (راجع باب holding)

— joint stock company شركة مساهمة أو شركة محاصة؛ تسمى أحياناً شركة مغفلة : وهي عارية من العنوان يؤلفها عدة أشخاص يكتتبون فيها بأسهم قابلة للتداول ولا يسألون عن ديونها الا بمقدار ما يبذلونه لها من مال .

تعرف ايضاً بالشركة التي تكون لهـا شخصية قانونية قائمة بذاتها ويكون شركاؤها مسؤولين كل بنسبة حصته في رأس المال . ولا تعنون هذه الشركة باسم اي من الشركاء، بل يطلق عليها الغرض المقصود من تأسيسها ويكون رأسمالها مقسماً الى اسهم .

— limited company شركة محدودة : تحدد فيها مسؤولية المساهم بنسبة قيمة ما يملكه فيها من أسهم .

— limited liability company شركة مساهمة محدودة المسؤولية .

— one-man company شركة الرجل الواحد : وهي الشركة التي تعود فيها السيطرة لشخص (طبيعي) واحد بحكم العدد العظيم الذي يملكه من اسهمها . ولا يجيز القانون أن تتكون الشركة من رجل واحد، غير أنه لا يمنع أي شخص من أن يحوز ما شاء من أسهمها ويترك لكل من باقي الشركاء سهماً واحداً فقط، بحيث يستأثر لنفسه بالسلطة المطلقة على تلك الشركة .

— private company شركة خاصة : لا يزيد عدد الشركاء فيها على خمسين شريكاً، ولا يسمح للعامة بالمساهمة فيها ولا يجوز تداول أسهمها .

— proprietary company (راجع باب proprietary)

— public company شركة عامة

— unlimited company شركة غير محدودة : لا يوجد أي حد لمدى مسؤولية مساهميها عن شؤونها والتزاماتها .

company limited by guarantee شركة محدودة بالضمان : تحدد فيها مسؤولية الشريك عن ديون الشركة بمبلغ معين لا يطالب به الا عند انقضائها . ولا يكتتب الشريك في هذه الشركة بأسهم معينة بل تقتصر حصته على الضمان المذكور في حالة تصفية الشركة .

company limited by shares : شركة محدودة بالاسهم جزأ رأسمالها الى أسهم وتحدد مسؤولية الشريك فيها بمقدار أسهمه .

comparable accommodation : مسكن المثل المنزل الذي يؤجر بمثل ما يؤجر به منزل معين .

comparatio literarum [قانون مدني] مضاهاة الخطوط أو المقابلة بينها لتمييزها .

comparative قياسي ؛ نسبي

comparative costs, theory of (theory of comparative costs) نظرية النفقات النسبية : النظرية القائلة بأن الدول لا تميل الى التبادل النظري التجاري الا اذا اختلفت موازين الانتاج وتكاليفه النسبية فيها .

comparative jurisprudence الفقه المقارن : دراسة مبادىء علم القانون (أو القضاء) بالمقارنة بين مختلف الانظمة والقواعد القانونية .

comparative negligence الاهمال القياسي أو النسبي . سمي كذلك نظراً لتفاوته من حيث الخطورة والمسؤولية المترتبة عليه، وتباين درجاته وآثاره وقياسه بما هو أخطر منه أو أبسط ؛ كالاهمال البسيط slight negligence والاهمال العادي ordinary negligence والاهمال الجسيم أو الشديد gross negligence .

comparative rectitude الاستقامة أو الأحقية النسبية [مسائل الطلاق] اذا تقدم كلا الزوجين بأسباب تتصل بالطلاق، وكان كل منهما محقاً في ادعائه، جاز للقاضي أن يقارن بين الاسباب ليتبين الاحق من الزوجين، فيحكم له باعتبار الاحقية المذكورة .

comparison of handwriting مقارنة الخطوط ؛ مقابلتها أو مضاهاتها للتثبت منها أو الاهتداء الى اصحابها .

compassing تخيل ؛ تصور : تدبير (أمر) أو التآمر عليه

compassing the king's death تصور أو تدبير موت الملك أو التآمر عليه، وهو في نظر القانون خيانة .

compassionate allowance علاوة تقدير خاصة ؛ علاوة استثنائية : المخصصات التي تمنح للموظف اعتباراً لظروفه الخاصة أو اذا كانت الاحكام المرعية لا تخوله هذه المخصصات واعتراه من الظروف ما دعا الى الرأفة به ومنحه اياها .

compatibility مطابقة ؛ مسايرة ؛ انسجام، عدم تنافر، تمشي شيء مع آخر أو موافقته له

compear [قانون اسكتلندي] يحضر

compel يجبر ؛ يرغم ؛ يضطر، يقهر (على أمر)

compendium خلاصة أو زبدة ؛ مختصر ؛ موجز ؛ ملخص

compensable injury ضرر أو أذى قابل لتعويض أو محل له ؛ اصابة تستأهل التعويض

compensatio تعويض ؛ مكافأة

compensation تعويض ؛ عوض ؛ جزاء أو مجازاة ؛ مكافأة

compensation period أمد التعويض ؛ المدة التي يتقاضى عنها العامل المصاب تعويضه المناسب حسب قانون تعويض العمال .

compensatory damages (راجع باب damages)

comperendinatio [قانون روماني] تأجيل القضية لسماع الخصوم أو محاميهم مرة أخرى . جلسة أخرى تعقد لنظر القضية وسماع الخصوم .

compertorium [قانون مدني] تحر أو بحث قضائي يقوم به مندوبون معينون للتثبت من صحة الادعاء المعني وتقرير ذلك .

comperuit ad diem حضر (المدعى عليه) في اليوم المحدد

compete ينافس أو يتنافس (على مكافأة) ؛ يزاحم (على سبق أو غاية) ؛ يسابق ؛ يتسابق، يكافح للفوز بشيء دون الغير .

competence صلاحية ؛ اختصاص ؛ أهلية قانونية كفاف : ما كفى ضروريات الحياة أو مجرد الحاجة دون زيادة أو نقصان .

competency [قانون البينة] أهلية (لشهادة) ؛ توافر الصفات القانونية المطلوبة أو الخلو من موانع الاهلية. اذا اتصفت بها المحررات أفادت كفايتها، موضوعيتها أو صلاحيتها كحجة .

competent كامل الاهلية ؛ ذو صلاحية ؛ مختص، ذو اختصاص ؛ يفي بالمطلوب ؛ تتوافر فيه الشرائط أو المؤهلات الطبيعية أو القانونية اللازمة ؛ لائق قانوناً ؛ أهل (لامر معين)، كاف أو كفؤ

competent and omitted [اجراءات اسكتلندية] يطلق هذا الاصطلاح على الحجة التي كان يسع الخصم أن يتمسك بها في الدعوى غير أنه ذهل عنها أو اغفلها .

competent authority سلطة مختصة أو ذات اختصاص ؛ سلطة صاحبة صلاحية ؛ مرجع اقتضاء

competent court محكمة مختصة، ذات اختصاص قانوني أو صلاحية قانونية .

competent evidence بينة حيوية لموضوع الدعوى؛ البينة التي لا غنى عنها للاثبات المطلوب: كأن تكون محررات لا يستقيم الاثبات الا بابرازها .
شهادة أو بينة مقبولة أو موضوعية أو منتجة في دعوى .

competent witness شاهد عدل: تتوافر فيه الاهلية القانونية للشهادة، ولا غبار على سلوكه .

competition منافسة؛ مضاربة؛ مزاحمة

competitive تنافسي؛ تزاحمي؛ قائم على المنافسة أو المضاربة

تستعمل هذه الكلمة أيضاً في وصف الاسعار (استعمالا غير فني) بمعنى لا تقبل المزاحمة أو لا تجاريها أية أسعار أخرى .

competitive bidding مزايدة تنافسية: المزايدة القائمة على المساواة بين المشتركين في العروض بحيث لا يكون لاحد فيها على الآخر امتياز أو اعتبار خاص .

competitors منافسون، متنافسون، متسابقون، مزاحمون. مضاربون (لفوز بسوق أو بيع)

compilation مجموعة أدبية؛ انتاج أدبي لغير واضعه، يشمل عدداً من مؤلفات أو قطع أدبية مختارة، نسقها جامعها compiler ورتبها على هيئة خاصة .

compile يجمع (أبحاثاً علمية أو قطعاً أدبية مختارة في مجلد أو مؤلف)؛ يقتبس عن نتاج أفكار غيره وينسع ما يقتبسه في مجلد أو كتاب مرتباً على هيئة خاصة .

complainant [اجراءات العدالة المطلقة] الشاكي؛ المشتكي؛ المتظلم؛ من تقدم بشكوى أو ظلامة الى مرجع مختص .

complaint [في المرافعات] شكوى تظلم؛ ظلامة عريضة الدعوى أو صحيفة افتتاحها؛ ولا تختلف هذه الكلمة من حيث المعنى عن declaration في القانون العام Common Law .
[مواد جنائية] تهمة أو اخبارية في حق شخص مقدمة الى مرجع رسمي مختص .

— cross complaint شكوى تقاص؛ شكوى مقابلة

complementary اكمالي أو تكميلي: غايته اكمال نقص أو تلافي حاجة .

complete يكمل؛ يتم؛ ينجز؛ يسد نقصاً أو حاجة . تام؛ كامل؛ ناجز؛ لا ينقصه أو يعوزه شيء

complete determination of cause الفصل في القضية كلياً . الفصل في كافة أوجه الخلاف بحيث يكون الحكم الصادر في ذلك قضية مقضية *res judicta* .

complete oil well بئر بترول تامة: البئر التي يحفر الى عمق كاف للعثور على البترول، أي الى الحد الذي اذا لم يعثر معه على البترول المطلوب فلن يرجى العثور عليه بسبيل ذلك البئر مهما استمرت عمليات الحفر .

complex مختلط؛ ملتبس؛ مشتبك؛ عويص؛ مركب، متداخل أو متشعب المعاني

complicated عويص؛ صعب؛ عسير الفهم أو المعالجة؛ معقد

complice شريك (في جرم)

complicity اشتراك (في فعل خبيث)

comply (with) يمتثل أو يخضع (لاوامر)؛ يراعي او يعمل بموجب (احكام او قوانين)، يحافظ عليها

compos mentis سليم العقل؛ يسيطر على عقله؛ يملك قواه العقلية

compos sui سليم الجسم: يملك السيطرة على أطرافه أو القدرة على استعمالها؛ قادر على الحركة من مكان الى آخر .

compose يسوي ديناً (بين دائن ومدين)؛ يصالح على أمر

composed of يتألف؛ يتكون (من)

composite work [قانون حقوق الطبع] مؤلف أو انتاج (فكري) مشترك . الانتاج الذي يساهم فيه اثنان أو أكثر من الكتاب بمؤلفات مستقلة .

composition صلح واق من الافلاس: تسوية أو اتفاق بين مدين معسر (متوقف عن الدفع insolvent) ودائنيه، كلهم أو أغلبيتهم، على تخفيض الديون تخفيضاً نسبياً بحيث يحتسب كل منهم بقبول جزء معلوم أو نسبة مئوية معينة من دينه بدلا من الدين كله ويسامح بالباقي شأن الآخرين، وذلك في سبيل تعجيل الوفاء وتيسيره على المدين المعسر .
ومن هذا الصلح ما يقوم أيضاً على تقسيط الديون أو تأجيل استحقاقها أو غير ذلك مما ييسر الاداء على المدين المرتبك .
ويختلف الـ accord عن الـ composition في كونه ينشأ بين المعسر وواحد من دائنيه فقط على ترضية خاصة لا تؤثر في حقوق باقي الدائنين .

compromise [كفعل] يوفق بين أوجه نظر أو خلاف بشيء من التسامح والتنازل المتبادل عن جزء من الادعاء أو جانب من محور الخلاف؛ يهاود؛ يمايل، يصالح على تساهل

[كاسم] وجه تقابل؛ نزول كل من الفريقين المتنازعين عن جزء من ادعائه . اتفاق ودي؛ هوادة؛ تراض أو ترضية؛ حل وسط؛ مصالحة؛ تحكيم؛ تسوية صلحية تتحقق بين خصوم . التوفيق بين طرفي الخلاف بتنازل كل منهما عن جانب مما يطالب به .

[مواد مدنية] عقد احتكام أو تحكيم؛ اتفاق بين أشخاص على احالة ما قد ينشأ بينهم من النزاع الى شخص معين يفصل فيه ويسمى حكم umpire أو محكم arbitrator .

compromise verdict قرار ترضية: القرار الذي يؤيده عدد من المحلفين على سبيل المراعاة أو الترضية للباقين؛ فلا يكون تأييد هؤلاء له عن عقيدة واقتناع، بل أملا في أن يبادلهم زملاؤهم تأييداً بتأييد فيما يتعلق بنقطة خلاف اخرى . ولا يعتبر مثل هذا القرار اجماعياً بالمعنى الصحيح .

compromissarius محكم

compromissum قبول التحكيم

compte arrêté كشف حساب مقبول اجمالا: الحساب الذي يقر به الزبون المدين ظاهراً، دون اعتبار تفاصيله

comptroller فاحص؛ مراقب أو مراجع حسابات في دائرة رسمية؛ من مهامه تقديم التقارير بين الحين والآخر عن الايرادات والمنصرفات والاحوال المالية بوجه عام

موظف مالي تابع لدائرة المالية الاتحادية بالولايات المتحدة الاميركية .

comptroller in bankruptcy [اجراءات الافلاس الانكليزية] رقيب تفليسة، يسمى أحياناً مأمور تفليسة أو قاضياً منتدباً؛ وهو يختص بتسلم كشوفات الحساب والبيانات الدورية من أمين التفليسة ومحاسبته على سوء الادارة أو التصرف أو الاهمال أو التقصير في القيام بواجبه نحو التفليسة .

compulsa صورة، مصدقة قضائياً، من محضر شهادة

compulsion مراغمة؛ اكراه، اجبار أو قهر (على أمر)

compulsive offender مخل اندفاعي: ترتاح طبيعته

[تشاريع قديمة] بدل الجريمة كما عرفته قوانين الفرنكيين Franks والغوثيين Goths والبرغانديين Burgundians والونديين Wends وغيرهم من الشعوب البربرية . المبلغ النقدي الذي كان يدفعه المعتدي للمعتدى عليه او لاهله على سبيل الترضية والتعويض .

composition deed سند الصلح الواقي: سند مكتوب بين المدين المعسر ودائنيه، يتضمن شروط المصالحة بين الطرفين على قبول نسبة مئوية معينة من الديون بدلا منها كلها .

composition in bankruptcy صلح بسيط: اتفاق المفلس مع دائنيه (باذن المحكمة المختصة) على اقفال التفليسة واسترداد المفلس ادارة امواله نظير تعهده بالسداد ودياً بموجب شروط خاصة، كتخفيض قيمة ديونه وتأجيل استحقاقها أو تقسيطها أو ما إلى ذلك .

compound يصالح، يجري صلحاً؛ يقوم بتسوية؛ يتفق مع الدائنين على أن يرضوا بجزء معين أو نسبة معينة من الدين بدلا من كله.

يجمع (معاً)؛ يوحد أو يركب عدداً من عناصر أو أجزاء .

[كاسم] مركب (بفعل الانسان) من عنصرين أو أكثر؛ انتاج صناعي أو مركب

compound interest فائدة مركبة؛ فائدة على فائدة

compounding a felony مصالحة على جناية: الاتفاق بين مرتكب الفعل وبين المتضرر، أو من قام مقامه، على أن يمتنع الثاني عن مقاضاة الاول بشرط أن يؤدي الجاني الى المجني عليه مبلغاً من المال أو شيئاً آخر يرضيه ويسكته عن الملاحقة القانونية .

جرم قبول المكافأة نظير عدم إقامة الدعوى الجنائية: كجرم اتفاق صاحب المال المسروق مثلا، مع السارق، على استرداد الاشياء المسروقة بشرط عدم التبليغ عن الجريمة والسكوت عن الملاحقة القانونية .

compremesso [قانون ايطالي] سند تحكيم؛ سند قبول الفرقاء ذوي الشأن لإحالة النزاع الى التحكيم .

comprint طبع ما للغير بلا حق . القيام سراً وفي سبيل الكسب المادي بطبع مؤلف تعود حقوق طبعه للغير .

comprise يشمل؛ ينتظم؛ يستوعب، يتضمن

comprivigni [قانون مدني] ربائب أو ربيبون . بنات أو أبناء الزوج والزوجة من زواج سابق : بحيث أن ابن الزوجة من زوج سابق مثلا، وابنة الزوج من زوجة سابقة يعتبران بعضاً لبعض *comprivigni* .

للاجرام، أو تنزع اليه بدافع طبيعي .

compulsory اجباري؛ الزامي؛ قهري؛ اكراهي
[**اجراءات كنسية**] أمر جلب لأداء شهادة

compulsory nonsuit سقوط الدعوى حكماً: حين لا يحضر المدعي أو يفشل في تقديم الاسانيد والبينات الكافية لتأييد دعواه .

compulsory process مذكرة جلب (لشهادة أو غير ذلك) مع أمر قبض أو حجز اذا دعا الأمر .

compurgation [**قديماً**] التنزيه أو التطهير باليمين؛ قيام عدد من أهل الجيرة بحلف اليمين على أنهم يصدقون المدعى عليه أو المتهم فيما حلف عليه من خلو طرفه من الالتزام أو براءته من الجرم المنسوب اليه؛ وهو اجراء بائد.

compurgator [**قديماً**] منزه؛ أحد أهل جيرة المدعى عليه أو المتهم الذين يحلفون على صدقه فيما حلف عليه من خلو طرفه من الالتزام أو براءته من الجرم المنسوب اليه .

computation حساب شيء في حساب أو تقديره .

compute ; *computo* يحسب؛ يدخل في حساب أو تقدير ، يعد ؛ يحصي

computus أمر كشف : امر القاضي أو المحكمة لذي الشأن بتقديم كشف حساب مطلوب .

conceal يخفي؛ يخبىء؛ يكتم، يستر

concealed fraud [**دعاوى سلب الحيازة**] الاحتيال المبيت أو المقصود كقيام الشخص الذي يعرف مرجع حق حيازة الارض المعنية باخفاء معالم هذا الحق قصد التمكين لنفسه من الحيازة بسبيل هذا الاخفاء .

concealment اخفاء؛ تخبئة؛ كتمان، ستر، حيلولة دون اكتشاف أمر أو ظهوره .

concede ينزل أو يتنازل (عن)؛ يسمح، يمنح أو يتساهل (بشأن) ؛ يتقبل

concedo [**تصرفات انكليزية قديمة**] وهبت (أهب)؛ منحت أو تصرفت (في شيء لفلان من الناس) ؛ نزلت له عنه

conceive تحمل (المرأة) أو تحبل

conception بدء حمل أو حبل

concern يخص؛ يعود أو عائد (إلى) ؛ يتعلق (بـ) يعني (بمعنى يهم)؛ يشمل؛ له به شأن أو يهمه أمره

منشأة؛ مؤسسة؛ مصلحة تجارية؛ عمل أو مشروع

— party or person concerned فريق أو شخص ذو شأن؛ ذو علاقة؛ معني

concert اتفاق أو موافقة

concerted action عمل، فعل أو إجراء متفق عليه أو مدبر (حسب خطة معينة) .

concessio [**قانون انكليزي قديم**] تصرف؛ هبة؛ نزول أو تنازل

concession امتياز؛ تصريح؛ ترخيص، حق استغلال أو استثمار أو انتفاع تمنحه جهة رسمية مختصة .

concessit solvere سلم (بـ)؛ منح؛ نزل (عن)؛ اتفق على أن يؤدي أو يدفع (شيئاً معلوماً) .

concessum [**تقارير قضائية قديمة**] أجازت (المحكمة، حجة أو نقطة معينة)، سلمت بها، قبلتها (على أنها صحيحة وسليمة) .

conciliar مجلسي ؛ يعود للمجلس المعني

conciliation [**قانون فرنسي**] مصالحة؛ توفيق بين خصوم؛ حسم نزاع بالصلح

— court of conciliation محكمة صلح

concilium مجلس

conclave [**مواد كنسية**] مجلس كرادلة يلتئم عادة على أثر وفاة البابا لينتخب خلفاً له .

conclude يستنتج ؛ يستخلص ؛ يستظهر
يعقد أو يبرم (معاهدة أو اتفاقية)
يمنع؛ يصد؛ ينهي (موضوعاً)؛ يضع حداً له؛ يختتم؛ يتم ؛ يفض

conclusion استنتاج او استخلاص أمر من آخر .
منع؛ انهاء (شيء)؛ نهايته
اختتام؛ اقفال (باب مرافعة)؛ فراغ (من عمل)؛ ابرام أو عقد (معاهدة أو اتفاق)

conclusion of fact استنتاج واقعي: مبني على وقائع ثابتة أو حاصل في نطاق الواقع .

conclusion of law استنتاج قانوني : توجيه أو تعلله النصوص القانونية .
الاستنتاج الذي يستند الى أحكام القانون الاعتبارية

artificial rules of law لا الى التحليل المنطقي الطبيعي القائم على الواقع .

conclusion to the country عرض النزاع على المحلفين أو للمحاكمة أمام هيئة محلفين .

conclusive نهائي؛ قاطع؛ فاصل، بات؛ لا جدال فيه؛ مقنع؛ دامغ

conclusive evidence (راجع باب evidence)

concomitant ملابس؛ محيط؛ مرافق، نحو ظروف مرافقة concomitant circumstances .

concord ترضية؛ وفاق؛ تسوية صلحية بين شخصين لاحدهما حق مقاضاة الآخر على ضرر لحقه منه .

[اجراءات قديمة] اتفاق بين شخصين أو أكثر على محو اساءة أو التعويض عن ضرر أو جبر خسارة .

concordat اتفاق يبرم بين الفاتيكان وحكومة أخرى . ميثاق بين دولتين أو أكثر .

[قانون فرنسي] صلح بين مفلس ودائنيـــه فيما يتعلق بكيفية الوفاء .

concubinage [قديماً] استسرار؛ اتخاذ الحظيات أو السراري على أساس زواج شكلي؛ اتخاذ الخليلات ومعاشرتهن خلافاً للقانون .

concubinatus معاشرة الرجل للمرأة معاشرة الازواج، دون زواج شرعي أو مدني .

concubine سرية؛ حظية؛ خليلة

concur يؤيد؛ يتفق (مع)، يوافق؛ يطابق (في رأي)

[قانون لويزيانا بالولايات المتحدة الاميركية] ينضم (الى الغير من أرباب الديون لاستيفاء حق في أموال تفليسة) .

concurator قيم مشترك أو متضامن (مع غيره من القيمين على ذات التركة أو المال) .

concurrence [قانون فرنسي] اجماع أو تزاحم، امتيازات أو حقوق متساوية، على عين الشيء . تعدد (حقوق عائدة لشخصين أو أكثر في ذات الموضوع)؛ تساويها . مطابقة (في رأي)؛ اتفاق أو اجماع على أمر

concurrent متداخل؛ متلازم؛ مجانب (يسير جنباً الى جنب)؛ موافق؛ متفق (على أمر)، مؤيد أو معاون له، متحد فيه؛ مرافق (كظرف أو حال) مجتمع؛ منافس؛ مزاحم؛ يملك حقاً مساوياً

concurrent jurisdiction اختصاص مشترك؛ ولاية قضائية مشتركة: اختصاص عدة محاكم في نظر ذات الموضوع .

concurrent lease اجارة استبسار : تأجير الشيء من جديد قبل انتهاء مدة الايجار القديم، وجريان الاجارتين معاً نتيجة لذلك .

concurrent liens [القراض بحري] امتيازات متداخلة أو متزاحمة تجتمع على السفينة في آن واحد لموانيها أو مجهزيها أو مقرضيها أو غيرهم .

concurrent powers [نظم اتحادية] سلطات متداخلة أو متنافسة تنصب على ذات الموضوع في آن واحد . السلطات السياسية التي تستقل بممارستها كل ادارات الولايات وحكومة الاتحاد، في ميدان التشريع .

concursus تصادم؛ تزاحم؛ تنازع (دائنين فيما بينهم)

concuss [قانون اسكتلندي] يرغم تحت تأثير شدة أو قوة مادية؛ يقهر على قبول أمر أو السكوت عليه .

concussio ابتزاز؛ سلب (المنقول) أو انتزاعه بسبيل التهديد .

concussion السلب بالتهديد؛ قهر الغير على تسليم شيء ذي قيمة بتهديده بالعنف . وهذا يختلف عما يسمى robbery السلب بالقوة المادية الفعلية .

[طب شرعي] ارتجاج

condemn يدين؛ يجرم؛ يقضي (بأمر)، يحكم (بعقوبة)

condemnation [قانون بحري] إدانة؛ حكم صادر من محكمة مختصة يقرر: (١) أن السفينة المستولى عليها في عرض البحر كغنيمة قد وقع الاستيلاء عليها وفقاً للقانون وأنه يصح اعتبارها غنيمة بحرية (٢) أو ان المال المحجوز بدعوى مخالفة قوانين الايرادات أو قوانين الحياد أو الملاحة أو غير ذلك قد حجز وصودر بموجب القانون (٣) أو أن السفينة موضوع التحقيق لا تصلح للملاحة .

[قانون مدني] حكم صادر (على شخص) بوجوب القيام بعمل أو أداء مال أو رد دعوى .

[مواد عقارية] نزع ملكية أرض خاصة أو الاستيلاء عليها للاغراض العامة، رغماً عن مالكها، شرط تعويضه عنها (تعويضاً عادلا) .

condemnation money تضمينات أو أضرار (نقدية)

يحكم بها على من خسر الدعوى من الخصوم ويشار اليها أحياناً بـ condemnation وحدها على سبيل الاختصار .

condemnation proceeding اجراء تقدير الاضرار الناشئة عن نزع ملكية أرض خاصة .

condescendence [**قانون اسكتلندي**] بيان وقائع وأسانيد دعوى المدعي .

condictio [**قانون روماني**] دعوى شخصية قائمة على تعهد باداء شيء معلوم .

condictio certi دعوى قائمة على وعد جازم باداء شيء معين .

condictio ex lege دعوى يجيزها القانون دون تحديد شكل الاجراء الواجب الاتباع فيها .

condictio indebitati دعوى استرداد الاشياء المعطاة أو المدفوعة على سبيل الغلط .

condictio sine causa دعوى استرداد الاشياء المعطاة بلا عوض consideration أو التخلص من وعد باعطائها أو الحصول على ما يقابلها من عوض أو وعد معقول .

condition شرط؛ حال؛ وضع؛ مقام؛ مرتبة؛ قيد .

— casual condition شرط احتمالي؛ شرط عرضي، عارض اتفاقي أو طارىء: تهيئه الصدفة

— collateral condition شرط فرعي : يستوجب القيام بعمل ثانوي لا تفترض فيه الصلة بموضوع العقد .

— compulsory condition شرط اجباري

— concurrent conditions شروط متقابلة : تشمل جميع الاطراف ذوي الشأن وينبغي القيام بها في آن واحد.

— consistent condition شرط موافق أو مطابق لباقي أركان العقد أو الاتفاق أو منسجم معها .

— copulative condition شرط تعددي : يقتضي القيام بأشياء أو أعمال متعددة أو مختلفة .

— dependent condition شرط استنادي: لا يصبح ملزماً حتى يقوم الفريق الآخر بما ترتب عليه شرط مقابل.

— disjunctive condition شرط اختياري: يجيز أداء عمل واحد مع عدة اعمال يعود الخيار بينها للملتزم .

— dissolving condition شرط ناقض أو فاسخ

— express condition شرط صريح

— implied condition شرط ضمني أو مقدر

— independent condition شرط مستقل: لا يرتبط بأي شرط آخر

— mixed condition شرط مختلط: يتوقف على ارادة أحد الفريقين (المعنيين) وشخص ثالث لا دخل له في الاتفاق أو على ارادة أحدهما وحادث طارىء لا يجزم بوقوعه .

— mutual condition شرط متبادل: يتوقف سريانه على استعداد الفريق الآخر للقيام بما يماثله من شرط ترتب عليه .

— negative condition شرط سالب : يقتضي الامتناع عن عمل معين؛ كاشتراط المؤجر على المستأجر أن لا يؤجر للغير من الباطن .

— positive condition شرط موجب يقتضي حصول أمر أو القيام بعمل معين .

— potestative condition شرط ارادي: يجعل تنفيذ العقد أو الالتزام رهناً بأمر خاضع لارادة أحد فريقيه .

— precedent condition شرط تمهيدي: يفرض توافره أو القيام به قبل البدء بتنفيذ عقد أو التزام معلوم .

— repugnant condition شرط متناقض أو متنافر : يناقض الغاية التي وضع من أجلها أو يتنافى معها .

— resolutory condition شرط فاسخ

— single condition شرط منفرد أو فردي: يقتضي القيام بعمل معين واحد دون سواه .

— subsequent condition [**عقود ايجار**] شرط لاحق : يترتب على الوفاء به استمرار شيء حصل الاتفاق عليه .

— suspensive condition شرط واقف؛ شرط موقف أو معلق: الشرط القائم على حادث استقبالي غير مؤكد الوقوع أو حادث تم وقوعه دون أن يعلم به الفرقاء ذوو الشأن . ولا يجوز تنفيذ الالتزام في الحالة الاولى حتى يقع الحادث المقصود، كما لا يجوز تنفيذه في الحالة الثانية حتى يعلم المتعاقدون بوقوعه .

conditional شرطي؛ تحت شرط؛ معلق على شرط، مشروط ، يتوقف أو يقوم على شرط

conditional discharge افراج أو اخلاء سبيل مشروط . اذا ثبت للمحكمة ما يبرر ادانة المتهم وتراءى لها من ظروفه الخاصة ما يشفع باخلاء سبيله، جاز لها أن تخلي سبيله تحت شرط معين، اذا نقضه خلال مدة محددة

conductive يؤدي ؛ يبلغ، يقود أو يوصل (الى) نحو: يؤدي الى مقاصد العدالة conductive to the ends of justice .

conductor [قانون مدني] مستأجر

conductor operarum عامل بالقطعة؛ عامل مقاول على انجاز عمل معين .

confectio إنشاء؛ تنظيم أو وضع (سند مكتوب)

confederacy [مواد جنائية] اعتصاب (لشر، كاضراب أو تواطؤ أو تآمر) قوامه شخصان أو أكثر . تحالف أو تكتل بين شخصين أو أكثر للقيام بعمل مناف للقانون أو عمل قانوني في حد ذاته اذا اصبح موضوعاً لاغتصاب أو تكتل انقلب الى فعل مناف للقانون .

تدبير إعتصابي

[قانون دولي] اتحاد؛ عصبة أو كتلة دولية، قوامها دولتان مستقلتان أو اكثرتتحد فيما بينها على مصلحة مشتركة . اتحاد سياسي بين دولتين مستقلتين أو أكثر تجعل لنفسها حكومة مركزية تمارس سلطات معينة وتؤدي مهامها باسم الاتحاد على أن تحتفظ كل دولة فيها بسيادتها واستقلالها الداخلي .

confederation عصبة دولية؛ اتحاد أو تحالف غايته السعي لخير اعضائه والتعاون المتبادل .

confer يتداول ؛ يتذاكر ؛ يتشاور ؛ يأتمر

يسند (الى)؛ يمنح؛ ينعم (على)؛ يولي؛ يهب

conference مؤتمر؛ اجتماع (غرضه المداولة والبحث والتشاور)

[قانون دولي] مؤتمر تمهيدي يعقـده الممثلون الدبلوماسيون لدولتين أو اكثر تمهيداً لاجتماع رسمي أخطر شأناً يعقد فيها بعد بين الدول المعنية .

confess يعترف؛ يقر

confession; *confessio* اقرار؛ اعتراف (بارتكاب جناية أو جنحة)

— extrajudicial confession اقرار أو اعتراف غير قضائي، يحصل في غير مجلس القضاء : أي لا في سياق التحقيق ولا أمام المحكمة .

— implied confession اعتراف ضمني: يكون حيث لا يعترف المتهم صراحة بأنه مذنب بل يصدر عما يفهم منه الاعتراف غير المباشر، كأن يعلن مثلا عند

(لا تتجاوز عادة اثني عشر شهراً) وجب جلبه والحكم عليه بالجرم الاول . وهذا لا يكاد يختلف، من حيث الاثر، عن الحكم مع ايقاف التنفيذ .

conditional stipulation اشتراط موقوف على شرط ؛ شرط أو بند مشروط

condominia [قانون مدني] ملكيات مشتركة أو محدودة

condominium [قانون دولي] حكم ثنائي أو مشترك ؛ سيادة، سلطة، أو ولاية مشتركة، بين دولتين أو أكثر على شؤون دولة أخرى .

condonation [علاقات زوجية] مسامحة شرطية؛ صفح أحد الزوجين عن الآخر والعودة الى معاشرته بعد زلة فرطت منه أو جرم زواجي، على أن لا يعود هذا الزوج الى مثل فعله .

condone يسامح ؛ يغتفر؛ يصفح

conduce يقود أو يفضي (الى) ؛ يساعد؛ يعاون؛ يبعث (على) ؛ يؤدي ؛ يساهم (في فعل أو تحقيق شيء) ، يكون منتجاً فيه .

conduct سلوك أو سيرة

[كفعل] يدير ؛ يوجه؛ يسلك

conduct conducing سلوك مؤد (الى)؛ تصرف باعث (على شأن) أو مسبب (للفعل المقصود) .

conduct, estoppel by (estoppel by conduct) الاغلاق بالسلوك أو اغلاق السلوك . مبدأ قانوني لا يقبل من شخص أي قول أو عمل يتنافى مع سابق سلوكه؛ وهو ما ينطبق على قول الشرعيين الاسلاميين «من سعى في نقض ما تم على يديه فسعيه مردود عليه» .

ويعتبر الشخص «ممنوعاً» estopped من تغيير مسلكه اذا كان فعله أو قوله لشيء يصده عن قول حق يعرفه عنه، باعتبار أن الشخص الذي يسكت عند وجوب الكلام ينبغي عليه أن يسكت عند الرغبـة في الكلام اذا لم يكن في سكوته هذا خرق للقانون أو اهدار لحقوق الغير .

conduct money نفقات الشاهد: مصاريف سفره ومبيته وغير ذلك مما يتكبده في سبيل الانتقال لاداء الشهادة، وينبغي أن يدفع له من المحضر (أو من يقوم مقامه) عند تكليفه الحضور .

cònducti actio دعوى المستأجر ضد المؤجر

conductio navis نقل بحري

السؤال عن التهمة ، أنه يضع نفسه بين يدي المحكمة ويطلب الرأفة في الحكم .

— involuntary confession اعتراف غير ارادي : يغري به الوعد أو يكون مصدره الخوف أو العنف أو التهديد .

— judicial confession اعتراف قضائي : أي في مجلس القضاء ، أمام محكمة أو قاضي تحقيق .

— naked confession اعتراف مجرد أو عار عن البينة : يفتقر الى دليل يؤيد ارتكاب الجريمة المعنية .

— simple confession اعتراف بسيط ، كاعتراف المتهم عند السؤال عن التهمة بأنه «مذنب» .

— voluntary confession اعتراف طوعي أو ارادي ، يدلي به الشخص طوعاً منه لا تحت تأثير الخوف أو وسيلة من وسائل المراغمة .

confession and avoidance الاعتراف وابطاله ؛ الاقرار ونقضه : اقرار المدعى عليه أو المتهم صراحة أو ضمناً بصحة الوقائع المنسوبة اليه ثم تقدمه بنتاط أو أشياء جديدة يعلل بها ما صدر عنه أو يجرد الوقائع المعترف بها من آثارها القانونية أو يبطلها . والمقر كذلك : يكون قد اعترف وأبطل (ما اعترف به) is said to confess and avoid .

confession of judgment (راجع باب judgment)

confesso, **bill taken** *pro* (bill taken *pro confesso*) [اجراءات العدالة المطلقة equity ـ امام المحكمة العليا] أمر تصدره الدائرة المختصة ، اذا لم يودع المدعى عليه لائحة دفاعه (اللائحة الجوابية) في الميعاد المحدد وتحكم فيه للمدعي بما يتراءى لها من حق في دعواه .

confide يسر ؛ يبوح (بأمر) ؛ يوكل ، يفوض أو يعهد بشيء (الى شخص أو جهة) ؛ يثق

confidence ثقة ، أمان ؛ اعتماد ؛ إتكال

confidence game عملية أو حيلة تلاعبية تقوم على استغلال ثقة .

الحصول على نقود أو مال بأية حيلة أو مناورة خادعة تستغل فيها ثقة الشخص (الذي انطلت عليه الحيلة) في المحتال .

confidential مكتوم ؛ سري

confidential creditor مداين إئتماني : الدائن الذي يهيىء للمديون المعسر فرصة لاستدانة أخرى لا يبيحها القانون فيستهدف بمداينه الجديد للخسارة .

confidential relation صلة ثقة ؛ علاقة أو اعتبارات قائمة على الثقة التي يقتضيها القانون ، كالعلاقة الكائنة بين المحامي وموكله أو الأصيل والنائب أو بين الوصي والقاصر أو الزوج وزوجته وهلم جراً ...

confine يعتقل ؛ يحبس ؛ يحجز (شخصاً او شيئاً) . يحصر (ضمن نطاق معلوم) ؛ يقصر

confinement اعتقال ؛ حبس تكديري ؛ إكراه بدني حصر (في نطاق محدود) أو قصر (على شيء دون آخر) . لزوم الفراش : شأن المرأة اذا لزمت فراشها لولادة أو مرض.

— solitary confinemrent (راجع باب solitary)

confinement to barracks اعتقال في الثكنة

confirm يؤكد ؛ يؤيد ؛ يصدق أو يصادق (على) ؛ يثبت ؛ يجيز . والتأكيد أو التثبيت في هذه الحال يفيد إحياء الشيء موضوعه أو بعث آثاره من جديد أو تعزيزها .

[في الوصايا] تعني كلمة «أصدق» في العبارة I confirm my will إعادة شهر الوصية وبعث آثارها من جديد .

confirmat usum qui tollit abusum من منع اساءة استعمال شيء أكد وجه استعماله .

confirmatio [تصرفات عقارية] إحكام الحق العقاري ؛ انتقال ملكية العقار الى الحائز وتعزيز حق الملكية بعنصر الحيازة .

confirmatio chartarum قانون تصديق المواثيق . أطلق هذا الاسم على القانون الصادر سنة ١٢٨٧ في عهد ادوارد الاول لاعلان نفاذ أحكام الميثاق الكبير Great Charter واعتبارها جزءاً من القانون العام .

confirmatio est nulla ubi donum praecedens est invalidum لا قيمة لتصديق سبقته هبة باطلة .

confirmatio perficiens التصديق الذي يزيل شوائب الملكية أو عيوبها أو ينفي الشك عنها أو يصحح باطلا (فيها) أو يجعل من الحق المشروط حقاً مطلقاً .

confirmation إقرار ؛ تصديق ؛ تأييد ؛ تثبيت (تصرف أو فراغ) من شأنه أن يحكم الحق (في المال) أو يدعمه ويجعله في مأمن من الابطال .

confirmed bankers credit اعتماد مصرفي مصدق

confirmee مصدق له : متصرف له حصل تثبيت الحق لمصلحته .

confirmor مصدق: متصرف صدر عنه التصرف لمصلحة المتصرف له confirmee .

confiscable قابل (أو خاضع) للمصادرة أو الحجز؛ جائز المصادرة، تسري عليه أحكامها . يصادر، يحجز؛ يستولى عليه

confiscate يصادر؛ يحجز؛ يستولي (على)؛ ينزع

confiscatee (الشخص) المصادرة أو المنزوعة أمواله

confiscation مصادرة (أملاك)؛ نزعها؛ حجزها، الاستيلاء عليها أو استصفاؤها .

confiscation acts قوانين المصادرة: جملة قوانين وضعها كنغرس الولايات المتحدة الاميركية أثناء الحرب الاهلية ١٨٦١ – ١٨٦٢ ليخول بها الحكومة حق مصادرة الاموال التي كانت تسخر للعصيان والثورة .

confitens reus متهم مقر بذنبه (أو جرمه)

conflict تنازع أو تعارض

conflict of laws تنازع القوانين؛ قواعد الاسناد: القواعد التي يتقرر بموجبها اسناد الشخص الطبيعي الى دولة دون اخرى واخضاعه لقوانين الدولة المسند اليها، بحيث اذا اكتسب هذا حقوقاً أو اعتبارات أو ترتبت عليه أية التزامات أو واجبات في دولتين أو أكثر واستهدف بذلك لاختصاص كل من قوانين تلك الدول ثم نشأت له علاقة قانونية تنازعت على حكمها هذه القوانين، وجب اختيار القانون الأحق أو الأنسب منها لحكم تلك العلاقة . وفي هذا يتوافر المجال لما يعرف بتزاحم القوانين أو تنازعها على الاختصاص في حكم العلاقة . ويسمى تنازع القوانين أحياناً القانون الدولي الخاص private international law .

conflict of presumptions تنازع القرائن؛ اجراء الموازنة بين القرائن لاختيار أنسبها لحكم العلاقة على أساس القواعد التالية: (١) القرائن الخاصة تقدم على العامة؛ (٢) الثابت منها أو المتوقع على العرضي وليد الصدفة؛ (٣) افتراض البراءة؛ (٤) افتراض المشروعية؛ (٥) افتراض الصحة . واذا لم يتوافر أي من هذه القواعد عدت المسألة at large محلا للجدال والنقاش: أي لا تخضع لقاعدة معينة .

conflicting evidence تنازع الدليل أو البينة؛ الاختلاف في تقدير القرينة الناشئة عن دليل واحد؛ التضارب فيما يستنتج من البينة الواحدة .

conform يطابق؛ يساير؛ يتمشى، يتفق أو يتلاءم (مع)؛ يخضع (لاحكام قاعدة أو نظام أو قانون) .

conformity مطابقة؛ مسايرة؛ ملاءمة . التمشي (مع مبدأ أو قانون أو غير ذلك) أو الخضوع لاحكامه .

confrontation [مواد جنائية] مجابهة، مواجهة أو تشخيص؛ وضع المتهم أمام الشاهد لاحد أمرين: أما ليعترض الاول على الثاني بما شاء أو ليتعرف الثاني على الأول ويتثبت، بسبيل رؤيته وجهاً لوجه، مما اذا كان هو الشخص المراد أو لم يكن .

confusio اختلاط المال المتعدد الملاك اختلاطاً لا يتسنى معه التمييز بين حصة وأخرى .

confusion مزج؛ تداخل؛ اختلاط أو خلط . فوضى، ارتباك . دمج؛ اتحاد

confusion of boundaries اختلاط الحدود: تداخلها أو عدم بيان معالمها .

confusion of debts تداخل الديون؛ اتحاد الذمم . الحالة التي ينقضي معها الدين حين تجتمع في الشخص عينه صفتان متناقضتان: صفة المديونية السالبة والدائنية الموجبة، فتقضي إحداهما الاخرى ويتلاشى معهما الدين، كأن يصبح الدائن مثلا وارثاً للمدين أو المدين وارثاً للدائن، وهلم جراً . .

confusion of rights تداخل الحقوق أو اتحادها: إجتماع صفتي المطالب (رب الدين) والمطالب (المديون) في شخص واحد، وانقضاء الحق المطلوب بسبيل هذا الاجتماع .

confusion of titles اندماج الملكيات (أو حقوق الملكية)؛ اتحاد الحقوق (في شخص واحد): كأن يتحد حقان مستقلان (يتعلقان بذات المال) في شخص واحد .

confute يدحض؛ يفند؛ يبطل . يثبت خطأ أمر أو بطلانه

congé [قانون فرنسي] إذن؛ تصريح أو جواز سفينة

congeable اصطلاح فرنسي دارج معناه، قانوني؛ مستساغ أو جائز

congested areas مناطق محتشدة (بالسكان) أو زاخرة بما يتجاوز طاقتها .

congestion of r/t channels [قواعد الطيران] ازدحام موجات الراديو / تليفون .

congregate يجتمع

congregation اجتماع، يضم شخصين أو أكثر، ويكون غالباً لشأن ديني ،

congress [**قانون دولي**] مؤتمر؛ محفل؛ اجتماع دبلوماسي يعقده ممثلو عدد من الدول .
[**قانون اميركي**] برلمان الولايات المتحدة الاميركية (الكنغرس) ومصدر التشريع فيها وهو يتألف من مجلسين: مجلس الشيوخ Senate ومجلس النواب House of Representatives .

congressus اختبار صحي : يقتضيه أحياناً ادعاء الزوجة على زوجها بالعنة (عدم القدرة الجنسية) .

conjectio التوفيق بين أشياء بالقرينة

conjectio causae خلاصة الدعوى : ما يجتزئ المحامي منها بعرضه على القاضي عند بدء المحاكمة .

conjecture يظن؛ يخمن؛ يقدر
[**كاسم**] تخمين أو حدس

conjoint robbery سلب مشترك؛ سرقة باكراه يشترك فيها شخصان أو أكثر .

conjointly بالاشتراك معاً: اشتراكاً يكون على أساس التساوي في الانتفاع ما دام المال غير مفرز .

conjoints زوجان: رجل وامرأته أو زوجته الشرعية

conjugal زيجي؛ زوجي؛ زواجي؛ زوجية، متصل بالزوجية؛ ناشىء عن روابطها أو بحكمها، صهري

conjunct [**قانون اسكتلندي**] منضم ؛ مشترك ؛ تقابلها joint في القانون الانكليزي .

conjuncta موصول؛ متصل؛ مربوط؛ منضم . أشياء متصلة أو متحدة

conjunctim [**قانون انكليزي قديم**] معاً؛ بالتضامن

conjunctive موصل؛ رابط؛ يربط بين أمرين أو أكثر على سبيل الجمع أو التوحيد .
أداة وصل، ككلمة and تقابلها أداة القطع أو الفصل or وهي disjunctive .

conjunctive denial نفي أو انكار شامل . الجواب الذي ينفي جميع ما يرد في الادعاء من وقائع .

conjuration [**قانون انكليزي قديم**] عهد؛ تعاهد؛ تآمر أو مواثقة بيمين، يحلفها شخصان أو أكثر فيما بينهم على سحر أو عرافة أو فعل من أفعال الشعوذة ينطوي على ايذاء عام . جرم الاتصال بالارواح الشريرة أو مناجاتها للكشف عن سر أو الاستعانة بها على مضارة الغير .

connect يصل (بين شيء وآخر)؛ يربط؛ يوحد

connections أقارب دم أو مصاهرة . ترد أحياناً بمعنى اصهار على اعتبار أن أهل الزوجة من دمها هم connections لزوجها .

connexité [**قانون فرنسي**] ارتباط بين دعوى وأخرى على أساس التشابه؛ وهو ما لا يكون بحكم الوحدة والتشابه الكلي كما هي الحال فيها يسمى *lis pendens* بل بسبب التشابه الذي يقرب بين موضوعي الدعويين الى حد يقتضي تقريرهما أمام ذات المحكمة .

connivance تغاض؛ اغفاء (عن أمر) أو اغماض العين عليه . إذن ضمني

connive يتواطأ؛ يتعاون سراً (مع الغير)
يغضي؛ يتغاضى؛ يسكت على أمر (مع علم به)؛ يرضى عن وقوعه ضمناً . ولا بد لهذا الفعل من عنصري العلم والقبول .

connoissement [**مواد التجارة البحرية**] اصطلاح دارج (فرنسي) معناه، بيان الشحن أو وثيقته .

connubial (راجع conjugal)

connubium زواج ؛ نكاح ؛ قران

compossessio امتلاك مشترك؛ حيازة مشتركة (بين شخصين أو أكثر) .

conqueror [**قانون انكليزي وقانون اسكتلندي قديم**] المشتري الاول للعقار؛ أول من اشتراه من ملاكه المتعاقبين .
[**قانون دولي**] فاتح (بقوة السلاح)

conquest [**قانون الاقطاع**] الحصول على الارض بأي طريق خلا الميراث .
[**قانون دولي**] الفتح؛ قوة السلاح

consanguineus عصبة الرجل عن طريق أصوله وفروعه . أقرباء الدم

consanguinity صلة الدم؛ قرابة العصب الواحد

— collateral consanguinity قرابة الحواشي وهي ما شمل الاخوة والاخوات وابناء الاخوة والاخوات والاعمام والعمات والاخوال والخالات .

— lineal consanguinity قرابة مباشرة؛ قرابة الدم المباشرة: كقرابة الابن للأب والجد وأبي الجد وهلم جراً ...

conscience ضمير؛ وجدان

conscience, courts of (courts of conscience)

consensus tollit errorem القبول ينفي الغلط (أو الغلطة المألوفــة صواب) : أي القبول الشائع لشيء رغم غلطه يجعله في حكم الصواب .

consent قبول؛ موافقة؛ رضا؛ خضوع

— active consent قبول صريح : يعبر عنه القابل بالكلام

— express consent قبول صريح : يحصل باللفظ أو الكتابة

— implied consent قبول ضمني : يحصل بالاشارة أو القرينة الدالة عليه .

consent, age of (age of consent) سن القبول أو الرضا أو الوعي .

اذا اتهم شخص باختطاف بنت دون السادسة عشرة أو بالاعتداء عليها ؛ فليس لهذا أن يحتج برضاها مبرراً فعله بقبولها؛ لان القانون لا يعتبر البنت أهلا لان يكون لها ارادة واعية في هذه الأمور الا اذا بلغت السادسة عشرة . دون ذلك فلا يعتد بارادتها ولا يحتج بقبولها . وعليه فسن السادسة عشرة هي سن القبول age of consent أو الرضا أو الوعي .

consentient موافق؛ راض؛ قابل؛ متقبل

consentientes et agentes pari poena plectentur من رضي عن فعل ومن قام به سيان في استحقاق العقوبة .

consequence عاقبة؛ نتيجة؛ تبعة

consequent ناتج ؛ لاحق؛ تابع، مترتب (على أمر)

conservator محافظ؛ ولي (على حدث أو على شخص فاقد الأهلية أو ناقصها) . حكم مختار للفصل في نزاع بين فريقين .

أحد رجال حفظ أو محافظة

conservators رجال حفظ

conservators of the peace حفظة الامن : مأمورون مكلفون المحافظة على السلام العام public peace كان تعيينهم بالانتخاب من الأهالي حتى أوائل عهد الملك ادوارد الثالث ١٣٢٦ — ١٣٧٧ ، واصبحوا فيها بعد يعينون بارادات ملكية . واقتصرت وظائفهم على منع الجرائم والقبض على المخلين بالامن حتى سنة ١٣٦٠ عندما أسند اليهم البرلمان، بقانون خاص مهمة جلب المذنبين ومحاكمتهم وأطلق عليهم منذ ذلك الحين لقب قضاة الامن justices of the peace .

محاكم وجدانية : أنشئت قديماً بقانون برلماني act في لندن وغيرها من البلدان الانكليزية للفصل في الديون البسيطة .

conscience of the court وجدان المحكمة : احساسها بمبادىء العدالة والانصاف وما يلهمه الضمير الحي .

conscientious وجداني . اضطراري

conscientious objector معترض وجداني : الشخص الذي يدفعه ضميره أو تحفزه عقيدته الدينية أو الادبية الى عدم الاشتراك في الحرب والنفور منها .

conscientious scruple استنكاف وجداني ؛ حافز وجداني يربأ بالشخص عن الحلف بالله أو أداء الخدمة العسكرية، اعتقاداً منه بأن ذلك إثم أدبي .

conscribe يجند اجبارياً؛ يجبر على خدمة عسكرية

conscription تجنيد اجباري . تعبئة اجبارية

consecutive متتابع؛ متتال؛ متواتر؛ متسلسل، تسلسلي

conseil d'état [في فرنسا] مجلس الدولة؛ المرجع الافتائي الاعلى ؛ وهو هيئة رسمية يرجع انشاؤها الى عام ١٣٠٢ . من مهامها تقديم الفتاوى للبرلمان ورئيس الجمهورية والوزراء فيما يعرض عليها من المسائل القانونية والتشريعية .

conseil de famille [قانون فرنسي] مجلس عائلي، يقتضى أحياناً تشكيله في العائلة للمداولة والبت في شؤون خاصة تتعلق بوصاية أو قوامة أو غير ذلك مما يمس بعض أفراد تلك العائلة .

consensual contract [مواد مدنية اميركية] عقد رضائي يقوم على مجرد قبول متبادل بين طرفيه دون اية تدابير رسمية أخرى أو نصوص تحدد تفاصيل الالتزامات المترتبة عليه .

consensual marriage زواج رضائي ؛ الزواج بمجرد القبول؛ وهو ما كان بين رجل وامرأة كاملي الاهلية تبادلا الرضا بالزواج والاتفاق عليه . دون اتخاذ أية تدابير قانونيـة أخرى في سبيله . ويعتبر هذا زواجاً صحيحاً .

consensus قبول؛ رضا؛ اتفاق

consensus ad idem اتفاق على ذات الشيء؛ وهذا ما يكون على موضوع العقد بين اطرافه .

consensus facit legem القبول ينشىء القانون (بين المتعاقدين)؛ أي «العقد شريعة المتعاقدين» .

consider يعتبر ؛ يبحث ؛ يزن ؛ يتدبر (أمراً) ، ينظر أو يتذاكر فيه ، يدرسه

consideration نظر ؛ اعتبار ؛ بحث

[في العقود] عوض ؛ مقابل وفاء ؛ وعد مقابل ؛ مؤونة (حسب بعض التشريعات) .

كل ما يبعث أو يغري على القيام بعمل أو الامتناع عنه .

ثمن ؛ جزاء ؛ كسب ، فائدة ، منفعة أو وعد بذلك

— concurrent consideration — مقابل وفاء ؛ يتحقق بنشوء العقد أو بمجرد تحقق ما يقابله من عمل .

— equitable or moral considerations اعتبارات انصافية أو أدبية ترتكز الى مجرد الواجب الأدبي ولا تكون لها قوة ملزمة من الناحية القانونية .

— executed considerations اعمال منجزة ؛ فوائد آيلة قبل أو حين انشاء العقد .

— executory considerations وعود مقطوعة باداء شيء في المستقبل .

— express consideration عوض صريح : منصوص عليه (صراحة) في عقد .

— good consideration (راجع باب valuable)

— implied consideration عوض أو مقابل ضمني : تشير اليه القرائن التي ينطوي عليها سلوك المتعاقدين أو تبديها علاقاتهم .

— pecuniary consideration — عوض نقدي : يؤدي نقوداً أو ما يقوم مقامها .

— post considerations — اعمال منجزة ؛ فوائد مؤداة قبل انشاء العقد .

— sufficient consideration عوض كاف : مقابل وفاء يعتبره القانون كافياً لصحة المبايعة أو العقد .

— valuable consideration (راجع باب valuable)

consideratum est per guriam عبارة دارجة تفتتح بها المحاكم احكامها ومعناها « رأت أو ترى المحكمة » .

consign [مواد مدنية] يسلم الغير ؛ يودع لديه أو يستودعه

consignation [قانون اسكتلندي] ايداع المطلوب لدى شخص ثالث اذا رفض المطالب أو الدائن قبوله .

consignee متسلم بضاعة أو شحنة ؛ مرسل اليه

consignment تسليم بضاعة . شحنة مرسلة (لوكيل أو تجاري)

consignment note وثيقة شحن (بالسكة الحديدية)

consignor مرسل شحنة أو بضاعة

consiliarius قاض مساعد أو معاون

consilium اليوم المحدد لسماع محامي الخصوم أو لمناقشة ما يسمى demurrer : (الجواب التحوطي الذي يدفع به المدعى عليه بعدم كفاية ادعاء المدعي من الوجهة القانونية) .

consist يتألف ؛ يتكون (من) ؛ قوامه (كذا ...)

consistent منسجم ؛ مستقيم ؛ متسق ؛ متماسك ؛ منتظم

يتفق ، يتلاءم ، يتمشى أو يتناسب (مع شيء آخر)

consistor قاضي صلح

consistorium مجلس دولة council of state لدى أباطرة الرومان .

consistory مجلس كنسي أعلى : يشكل من البابا والكرادلة.

consistory court محكمة الاسقف المختصة في نظر المسائل والجرائم الدينية .

consobrini [قانون مدني] أبناء أو بنات الاخوة الاشقاء أو الاخوات الشقيقات .

consociato جمعية ؛ شركة

consolato del mare مدونة قوانين بحرية وضعت في القرن الرابع عشر ، في بيزا (بايطاليا) حسب رواية بعض المؤرخين ، أو في برشلونة (باسبانيا) حسب رواية الآخرين ، وشملت القوانين والانظمة البحرية الصادرة عن اباطرة الرومان والممالك الايطالية التجارية وفرنسا وأسبانيا . وكان لهذه المدونة فيها بعد تأثير كبير في التقنينات البحرية الاوروبية الحديثة .

consolidate يضم ؛ يوحد ، يجمع ؛ (بين شيئين أو أكثر) ؛ ينتظم في هيئة موحدة أو كيان متضافر .

يثبت ؛ يمكن (لامر) ؛ يقوي . يضبط ؛ يرص

[اجراءات برلمانية] يقال : consolidate bills يوحد مشاريع القوانين بأن يجعل منها مشروعاً واحداً .

consolidated موحد ؛ منضم ؛ مجمع ؛ متراص ، متماسك

consolidated balance رصيد موحد ؛ ميزانية موحدة

consolidated fund صندوق أداء الديون العامة (في انكلترا) .

consolidated orders أوامر قضائية صدرت في انكلترا سنة ١٨٦٠ لتنظيم اجراءات دائرة العدالة المطلقة Chancery التابعة للمحكمة العليا .

consolidation اتحاد؛ توحيد؛ اجتماع . ضم؛ تضامن، تضافر ، ربط

[مواد مدنية] اتحاد حق مع آخر (كحق انتفاع مع حق ملكية) في شخص واحد، اذا قام المنتفع بشراء العقار محل الحقين فوحد هذين الحقين في شخصه نتيجة للشراء .

consolidation of actions اتحاد الدعاوى أو ضمها : الجمع بين القضايا لشملها بمحاكمة واحدة وحكم واحد؛ وهو ما تأمر به المحكمة اذا كانت هذه الدعاوى مرفوعة أمام المحكمة عينها ومن الخصوم أنفسهم وكانت مواضيعها وأوجه النزاع والدفاع فيها متقاربة الى حد كبير . ويجوز للمحكمة أيضاً، على سبيل توحيد الاجراء، أن تأمر بالنظر والفصل في دعوى مختارة من هذه الدعاوى المتجانسة ثم الفصل في الدعاوى الاخرى، دون محاكمة، بذات القرار الصادر في الدعوى المختارة كما تقدم .

consolidation of corporations ضم الشركات أو دمجها: وهذا يكون بحل الشركات المعنية بعد أن تتفق على ضم كافة موجوداتها واصولها وانتظامها في شركة واحدة تظهر الى حيز الوجود باسم جديد حال انحلال الشركات المذكورة وتأخذ على عاتقها جميع أعمال الشركات المنحلة والتزاماتها (راجع merger) .

consolidation of mortgages ربط أو ضم الرهون (تفادياً لافتكاك بعضها دون البعض الآخر). حق الدائن المرتهن، اذا كان بيده رهنان عقاريان أو أكثر على عدد من الاراضي العائدة الى نفس المدين الراهن، أن يضم هذه الرهون ولا يسمح لمدينه بفك أي رهن منها ما لم يفك الرهون الباقية جميعاً بأداء كامل قيمة الدين في آن واحد .

consolidation rule أمر ضم أو ارتباط: تصدره المحكمة المختصة كي تكلف به من أقام عدداً من الدعاوى المستقلة ضد شخص واحد، أن يشمل طلباته جميعاً بدعوى واحدة تضم كافة الدعاوى المستقلة المذكورة .

consortium : نقابة او جمعية، رابطة (تعاونية مؤقتة) تجتمع لتبادل التعاون في سبيل غاية مشتركة؛ رابطة اعمال دولية؛ اتحاد مصرفي

عرى الزوجية لأي الزوجين على الآخر من حق المعاشرة والمحبة والخدمة . الحق العائد لأي من الزوجين من عشرة الآخر وعطفه ومساعدته في كافة علاقات الزوجية .

consortship [قانون بحري] مرافقة بحرية . الاتفاق الذي يكون بين عدد من أصحاب السفن على أن تسير سفنهم معاً في قافلة واحدة أثناء الرحلة وتساعد بعضها بعضاً في عمليات الانقاذ وتشترك في جميع ما يؤول من فوائد تلك العمليات على يد أية سفينة من السفن المذكورة .

conspiracy مؤامرة؛ مكيدة؛ تواطؤ : اجماع شخصين أو أكثر على تدبير سري يشتركون بموجبه في اقتراف فعل مناف للقانون .

conspiratorial تآمري؛ يتصل بالتآمر او يتغياه؛ يوحي بقيام مؤامرة . منطو على تواطؤ أو اتحاد على فعل مناف للقانون .

conspirators متآمرون؛ متواطئون

يطلق الاسم ذاته أيضاً على كل جماعة تعاهد أفرادها على أن يعاون بعضهم بعضاً في تقديم التهم الكاذبة ضد الغير أو رفع الدعاوى وملاحقتها زوراً لفائدة باطلة .

conspire يتآمر؛ يتواطأ؛ يشترك مع الغير في تدبير سري مناف للقانون .

constable [قانون انكليزي] شرطي؛ أحد رجال الشرطة أو الضبط (الضابطة العدلية) من رتبة عريف فما دون . ولا بد لهذا الشرطي من أن يكون في مستوى معين من الثقافة، ولا يلزم بالبقاء في الخدمة أية مدة معينة . وللكونستابل الحق في أن يلقي القبض ، دون أمر قبض ، على أي شخص متلبس بجناية أو يشتبه اشتباهاً معقولا في أنه يقصد الى ارتكابها؛ كما له دون الأمر المذكور أن يلقي القبض على كل من يقاومه في أداء واجبه . وهنالك من الجرائم الاخرى ما يجيز له القاء القبض على الفاعل دون أمر قبض بشرط أن يعلن كونه من رجال الشرطة ويحدد نوع الجرم الداعي لالقاء القبض .

وللمدنيين العاديين ذوي السيرة المحمودة أن يكونوا كنستبلات خصوصيين (شرطة طوارىء) special constables في المنطقة التابعين لها وذلك بعد حلف اليمين الخاصة . ولكل منطقة الحق في أن تنشىء شرطة طوارىء من المدنيين المذكورين تكون لأي من أفرادها، عند قيامه بوظيفة الشرطي أثناء الطوارىء، ذات السلطات التي يمارسها الشرطي العادي ordinary constable .

[قانون اميركي] مأمور محافظة تابع للمجلس البلدي ، يناط به تبليغ أوامر بعض المحاكم وتنفيذ اجراءاتها، وحضور جلسات محاكم الجنايات والاشراف على هيئات المحلفين وغير ذلك مما تحدده القوانين المحلية .

[نظام العصور الوسطى] كان صاحب هذا اللقب في انكلترا نائب الملك وأعظم شخصية فيها بعده؛ من مهامه الكبرى قيادة الجيوش وحماية الامن العام في البلاد وتقرير كل ما يتصل بالحرب والسلاح . وكان يتمتع بولاية قضائية وعسكرية ومدنية في آن واحد ولم يعل عليه غير الملك وحده من حيث الجاه والسلطان .

— high constables مشرفو أمن مكلفون المحافظة على السلام، يساعدهم في ذلك رجال الشرطة والمعاونون petty constables .

— petty constables كنستبلات أو رجال شرطة ثانويون؛ يعينون في البلدان والابرشيات للمحافظة على الأمن والقيام ببعض مهام المحضرين .

— special constables (راجع constable)

constable wick دائرة اختصاص الكنستابل

constant ثابت؛ راسخ؛ مستمر؛ لا يختلف، لا يتبدل

constat واضح؛ جلي؛ مؤكد؛ ثابت
شهادة تعطى بناء على التماس الطالب من الموظف المختص، مفادها الحساب المذكور فيها ثابت ومسجل لدى الدائرة التابع لها الموظف .

شهادة (توثيق) من الموظف المختص، تفيد أن البيانات أو الأشياء الواردة في الورقة محل الشهادة صحيحة ومدونة لدى الدائرة المعنية .

constate يؤسس؛ يشكل؛ يضع؛ يسن

constating instrument of a corporation
سند أو براءة تأسيس الشركة أو انشائها؛ قانونها الاساسي

constituency دائرة انتخابية

constituent موكل: من أقام للغير وكيلا أو نائباً
ناخب، ممثل في شخص نائبه . تأسيسي

constituent assembly هيئة أو جمعية تأسيسية: تتولى صوغ دستور أو تعديله .

constitute يعين؛ يقيم؛ ينصب؛ ينتصب (خصما أو غير ذلك)
يشكل؛ يكون؛ يعطي طابعاً قانونياً لشيء

constituted authorities سلطات قائمة (بموجب الدستور) لحكم الشعب .

constitution دستور؛ قانون أساسي: يعرف حقوق أفراد الامة وشكل حكومتها وكيفية تكوينها ويضع المبادىء الاساسية لنظامها الداخلي ويوزع المهام على مصالحها ويحددها، ويرسم كيفية ممارسة السلطات العليا فيها ومداها .
تطلق الكلمة بوجه عام، على كل مرسوم أساسي أو قانون عظيم الاهمية، نحو: Constitutions of Justinian و Constitutions of Clarendon وما اليها .

constitutional دستوري؛ يتفق أو يتمشى مع الدستور؛ يخوله، يصرح (به) أو ينص عليه الدستور .

constitutional convention جمعية دستورية: تتشكل من نواب أو مبعوثي الشعب أو الأمة لوضع الدستور أو مراجعته أو تعديله .

constitutional law قانون دستوري: يتناول أحكام انشاء الحكومات وتوزيع السلطات والاختصاصات السياسية والادارية، ويضع المبادىء الاساسية التي تقوم عليها علاقة الحكومة بأفراد الشعب والقواعد التي تسير عليها ادارات الشؤون العامة، وذلك كله وفقاً لأحكام الدستور.

constitutional psychopathic inferiority
ميل نفساني يستولي على عقل الفرد ويدفعه الى الخروج عن العادات المألوفة في المجتمع والى الشطط في السلوك تجاه الناس وعدم الشعور بالمسؤولية نحو الغير بوجه عام .

constitutionality دستورية؛ مطابقة (الشيء المعني) للدستور أو تمشيه معه .

constitutiones قوانين عليا صادرة عن امبراطور روماني وهي على ثلاثة أنواع: (١) مراسيم *edicta* ؛ (٢) قرارات *decreta* ؛ (٣) فتاوى *rescripta* ، تحكم المسائل الخاصة المرفوعة اليه للرأي .

constitutor من نصب نفسه لاداء دين غيره
من تطوع بعد اتفاق بسيط simple agreement لاداء دين مطلوب من غيره .

constitutum اتفاق على أداء ذمة
يوم محدد لأي غرض كان .

constrain يضطر؛ يجبر؛ يكره؛ يقهر (شخصاً على فعل)؛ يقيد

constraint شدة؛ مراغمة؛ إجبار، قهر؛ إضطرار؛ قيد . حجز الارادة أو ضبطها أو التضييق عليها .

construct يبني؛ ينشىء؛ يقيم؛ يستنتج، يستخلص؛ يستظهر؛ يركب؛ يضع؛ يرسم . يفسر

construction استنتاج؛ تحليل؛ استنباط؛ تفسير، تأويل (نص أو تشريع)

التصرف وييئسه من المقاومة؛ التهديد بالكلام أو الإشارة أو غير ذلك مما يترك في نفسه أثراً مقيداً لارادته ورغبته .

constructive fraud (راجع active or constructive fraud في باب fraud)

constructive loss خسارة حكمية : تقع نتيجة خراب حل بالمال فلم يهلكه تماماً، بل قضى على امكان الانتفاع به وجعل تكاليف اصلاحه تفوق قيمته .

constructive taking استئثار ضمني للمنفعة الخاصة : الفعل الذي لا يدل على نية سلب الحيازة أو الاستيلاء الباطل بل يتم عن قصد استعمال أشياء الغير للمنفعة الخاصة : من ذلك قيام الوديع bailee باستعمال ما أودع عنده خلافاً لأوامر المودع bailor .

constructive vacancy in public office
شغور حكمي في الوظيفة العامة . تعتبر الوظيفة في حكم الشاغرة اذا كان الموظف الشاغل لها لا يملك حق الاستمرار فيها وكان من المستطاع قانوناً ابداله بمن يحل محله .

constructive willfulness تعمد ضمني : كقيام ذي الشأن قصداً منه باهمال ما يتضح ترتبه عليه من واجب التحوط لسلامة الآخرين أو سلامة ممتلكاتهم .

construe يفسر ؛ يؤول ؛ يبني ؛ يركب ؛ يحلل معنى نص أو تعبير .

consturpate ينتهك (عرضاً)، يعتدي عليه، يفسد؛ يغوي

consuetude عادة؛ عرف متوطد له قوة القانون

consuetudinary law قانون عرفي : مستمد من تقاليد متوارثة غير مدونة .

consuetudines feudorum عادات الاقطاعيين أو الجماعات الاقطاعية : مجموعة من عادات وأعراف اقطاعية لومباردية يرجع عهدها الى عام ١١٧٠ ميلادية .

consuetudo عادة جارية؛ عرف متوطد

consuetudo Anglicana عرف انكلترا (العرف الانكليزي). القانون العام القديم

consuetudo est altera lex العادة هي قانون آخر

consuetudo est optimus interpres legum
العرف خير معبر عن القوانين

consuetudo et communis assuetudo vincit

construction الكشف عن غامض النصوص القانونية ؛ استنتاج الأشياء من ظاهر التعابير أو القرائن : بناؤها عليها .

— **liberal construction** (تفسير القوانين) : تفسير منطلق؛ تفسير توسع ، يمتد بالمعنى الى ما وراء منطوق النص ويشمل ما يتجاوز مدلوله الظاهر دون الخروج عن روح القانون وغرضه . ولا يراد بهذا زج الكلمات في غير نطاق معناها الطبيعي، بل تأويلها تأويلا منطقياً معقولا يتناسب مع مقتضياتها وغاياتها .

— **strict construction** : تفسير مقيد أو تفسير تضييق التفسير الحرفي الذي يقف عند حد منطوق النص .

construction, court of (court of construction) [في الوصايا] محكمة تختص بالفصل في قانونية الوصية وتفسيرها وقابليتها للتنفيذ، بينما تختص الـ court of probate في تحقيق الوصية .

constructive تمهيدي؛ استدلالي، يدل على أمر معين؛ استنتاجي؛ ضمني؛ تقديري؛ حكمي؛ بنائي؛ قائم على القرينة. ما لا يقف عند حد الصفة التي يوحي بها مجرد شكله بل يكتسب صفة أخرى تقتضيها ظروف خاصة يحددها القانون.

constructive assent قبول استدلالي أو بنائي القبول الذي يستدل عليه من سلوك الشخص المعني أو ظاهر تصرفه .

constructive authority تفويض استنتاجي أو تقديري : يقدر منحه بناء على ما سبقه من تفويض (فعلي) .

constructive crime جريمة بنائية أو تقديرية : الفعل الذي يعتبر جريمة بحكم التوسع في تفسير النص القانوني الى حد يدخله في نطاق الافعال المعاقب عليها . الجريمة التي تبني المحكمة أركانها وعناصرها من القرائن والظروف، بسبيل تفسير النص القانوني الجنائي تفسيراً منطلقاً يتسع لادخال الفعل موضوع المحاكمة في نطاقه واعتباره جريمة .

constructive eviction اخلاء ممهد : يحمل عليه المستأجر اذا قام المؤجر عن غير قصد منه بعمل يتصل بالمأجور من شأنه أن يحرم المستأجر من الانتفاع بالعقار على الوجه المطلوب أصلا بالايجار .

constructive detention حبس أو حجز ضمني يكون أحياناً : بضبط ملابس الشخص أو امساكها عنه by withholding a person's clothes .

constructive force قوة ضمنية : كل فعل أو سلوك من شأنه أن يرهب الغير الى حد يفقده حرية

legem non scriptam, si sit specialis; et interpretatur legem scriptam, si lex sit generalis العادة والعرف الشائع يتفوقان على القانون غير المكتوب اذا كان خاصاً ويفسرانه اذا كان عاماً .

consuetudo loci observanda est عرف المكان واجب المراعاة .

consuetudo praescripta et legitima vincit legem العرف التقادمي المشروع يعلو على القانون .

consuetudo semel reprobata non potest amplius induci اذا نبذ العرف فلا سبيل الى رده .

consul [قانون دولي] قنصل؛ موظف ذو صفة تجـارية تعينه دولته ليرعى شؤونها التجارية ومصالح رعاياها لدى دولة أخرى يقيم فيها مدة تعيينه .

consul-general قنصل عام

consular agent نائب قنصلي

consular court محكمة قنصلية؛ يعقدها القنصل المختص في أراضي الدولة التي يمثل لديها دولته وذلك بناء عـلى اتفاق خاص بين الدولتين يخوله تشكيل هذه المحكمة للفصل في المواد المدنية المتصلة برعايا دولته .

consular officer موظف أو مأمور قنصلي

consulate قنصلية

consules electi قناصل مختارون: تختارهم الدولة المعنية لتولي شؤونها القنصلية من بين التجار المقيمين (اقامة عادية) في الدولة المراد تعيينهم لديها؛ ولا يشترط أن يكون هؤلاء من رعايا الدولة التي يمثلونها .

consules missi قناصل موفدون أو مبعوثون: تنتدبهم الدولة المعنية من بين موظفيها ورعاياها لتولي شؤونها القنصلية لدى دولة أخرى .

consumable ledger دفتر استاذ المستهلكات : السجل المبين للصادر والوارد من المواد المعينة للاستهلاك .

consume يستهلك ؛ يستنفد؛ يصرف ، يأتي على آخر شيء أو نهايته .

consumer مستهلك: من عاد اليه استنفاد أو استعمال ما يعرض المنتج .

consumer goods سلع تموينية أو استهلاكية

consumer's surplus فائض مستهلك : الفرق بين الثمن المدفوع من المشتري فعلا ومـا كان مستعداً لدفعه كي لا يحرم من السلعة . فاذا كانت منفعة السلعة أعظم من المدفوع قيل أن هناك فائضاً للمستهلك .

consummate [كنعت] منجز أو مكتمل . توصف به الحقوق الواردة على الممتلكات أو التركات اذا تكاملت اركانها بزوال ما يعطلها أو يحجبها .

[كفعل] يبلغ بالشيء أو الفعل منتهى غايته ؛ ينجز ؛ يستنفذ

consummate lien (حق) امتياز كامل (منجز) غير قابل لطعن أو اعتراض .

consummation تمام الشيء؛ إنجازه؛ تكامله أو البلوغ به الى الغاية ؛ تمام الدخول : يرد هذا الاصطلاح في الكلام عن الزواج بمعنى تمام الاتصال الجنسي بين الزوجين كان تمام الدخول (أي استنفاذ مستلزمات النكاح بتمام الاتصال الجنسي) محـلا للريب consummation of marriage was doubtful .

contagion عدوى ؛ سريان المرض من بدن الى آخر

contagious disease مرض معد؛ علة سارية

containment حصر ضمن نطاق محدود؛ تطويق؛ إحتواء

contamination تلويث (شيء)؛ أصابته بجراثيم أو وباء أو أي مؤثر خطر أو ضار .

contango [معاملات بورصة] عملية نقل؛ يتفق طرفاها على تأجيل تسلم أو تسليم أوراق مالية أو بضائع تم التعاقد عليها في البورصة، من يوم التصفية المتفق عليه الى يوم التصفية التالية، وذلك نظير مبلغ معين يسمى بدل التأجيل أو مقابل تأجيل التسليم .

contango day اليوم الاول من أيام التصفية أو تسوية الصفقات في البورصة .

contemner المنتهك (لحرمة القضاء)

contemplate يتدبر ؛ يعتبر ؛ يتوقع أمراً ؛ يفكر فيه

contemplation تدبر ؛ توقع؛ تفكير . اعتبار القيام بعمل؛ وضع الخطة له في الحال أو الاستقبال .

contemplation of bankruptcy توقع الافلاس، بدافع ما يسبقه من ظروف وبوادر تنذر به: كانهيار العمل أو فساد المشروع أو فشل التجارة ثم العجز عن وفاء الديون المستحقة أولا بأول وغير ذلك مما يستشعره التاجر من الارتباك المالي .

contemplation of death توقع الموت؛ خشية الموت: الدافع النفسي الذي يحفز من كان مشرفاً على الموت، أو ظن أنه كذلك، الى التصرف في أمواله بوحي هذا الظن وتأثيره.

contemplation of insolvency توقع الاعسار: وهو ما يدفع الشخص، أحياناً اذا ظن أنه مشرف على الاعسار، الى ارتكاب افعال احتيالية يلتمس بها انقاذ نفسه من اثار الاعسار القانونية.

contemporanea exposito est optima et fortissima in lege خير سبيل لتفسير الوثيقة هو قراءتها كما كان يفرض أن تقرأ حين انشائها.

contempt تحقير، احتقار، عدم احترام، انتهاك حرمة

contempt of court انتهاك حرمة المحكمة: كل فعل أو اهمال قصدي يهدف الى تعطيل سير اجراءات المحكمة أو عرقلة أوامرها أو إهانتها بأي قول أو فعل. والانتهاك على ضربين: مباشر، يحصل بين يدي المحكمة وغير مباشر، يحصل خارجها. فالشخص الذي يعرقل سير المحاكمة بالصراخ مثلا أثناء الجلسة أو يرفع صوته بشكل ملحوظ يعتبر منتهكاً لحرمة المحكمة بين يديها، كذلك من احتفظ بقبعته على رأسه في الجلسة تعمداً منه أو ركن الى التدخين مثلا أو كان شاهداً ورفض الادلاء بالشهادة أو الاجابة على سؤال معقول وجه اليه يعد مرتكباً لجرم الانتهاك المباشر.

أما انتهاك الحرمة غير المباشر فيحصل على اشكال شتى، منها محاولة التأثير في الشهود أو المحلفين مثلا، ومعارضة المأمورين في تنفيذ الاحكام أو الأوامر، والامتناع بغير مبرر عن الامتثال لاوامر المحكمة أو تعليماتها، وما الى ذلك من التصرفات. ويعاقب على هذا الجرم عادة بالحبس أو الغرامة. فاذا حصل الانتهاك بين يدي المحكمة in the face of the court أمكن توقيع العقوبة فوراً دون تحقيق رسمي، واذا حصل خارجها أو كانت المحكمة المعنية لا تملك عقاب الفاعل قامت المحكمة المختصة بالتحقيق معه وحكمت عليه بما تراه.

— constructive contempt or indirect contempt انتهاك الحرمة الضمني، انتهاكها غير المباشر: وهو ما لا يقع بين يدي المحكمة أو على مرأى منها بل بسبيل آخر من شأنه أن يعطل سير اجراءاتها، كامتناع الشخص المعني مثلا، دون عذر معقول، عن الامتثال لأوامر المحكمة أو تعليماتها الصادرة اليه.

— direct contempt انتهاك مباشر (لحرمة المحكمة): يحصل بين يدي المحكمة وعلى مرأى منها، كتوجيه الكلمات المهينة أو الخروج عن مقتضيات الأدب أو اللجوء الى ضرب من ضروب العنف. وهو جرم يعاقب عليه فوراً.

contempt of congress, legislature or **parliament** انتهاك حرمة الكنغرس. وهو ما يحصل بارتكاب أي فعل من شأنه أن يعرقل سير أعمال أحد مجلسي الكنغرس أو يفضح أحد أعضائهما أو يعزى اليه من الاوصاف ما يكون قذفاً أو ذماً أو غير ذلك من جرائم التشهير.

contemptuous ينطوي عن إهانة أو انتهاك حرمة

contend يناجز؛ ينازع (على شأن)؛ يكافح؛ ينافس؛ يحاج، يدعي (بسبيل الحجة)

contentious محل نزاع أو نقاش؛ منازع أو مختلف فيه

contentious possession حيازة متنازعة: حيازة عقارية يتنازعها شخصان أو أكثر.

contents محتويات؛ مضمون أو مشتملات الشيء موضوع الكلام أو قيمته، نحو: قيمة الكمبيالة أو المبلغ المرقوم فيها contents of a promissory note.

contents and not contents [اجراءات برلمانية] مؤيدون ومعارضون. تعني كلمة contents في مجلس اللوردات الاعضاء الذين يؤيدون المشروع المطروح للموافقة، وتعني not contents الاعضاء المعارضين له.

contest [كفعل] يعارض؛ ينازع أو يطعن (في)

contestant معارض؛ معترض؛ منازع؛ (في امر) أو مقدم الطعن (فيه)

contested election انتخاب مطعون فيه أو معترض عليه

context سياق: العبارة أو الجملة التي تتقدم النص أو تليه مباشرة وتكسبه المعنى المطلوب.

contiguous مجاور؛ متاخم

continens [قانون روماني] متماسك؛ متتابع؛ متصل أو متواصل

continental قاري؛ يتصل بالقارة أو شؤونها؛ مترامي الاركان؛ بعيد المدى كالقارة

continental congress المؤتمر القاري: أول مجلس تشريعي عقدته المستعمرات الاميركية قبل أن تصبح ولايات متحدة؛ وذلك سنة ١٧٧٤ بناء على اقتراح تقدمت به مستعمرة Massachusetts وأيدته باقي المستعمرات ثم اشتركت

أولاده عند وفاة الزوجة، كان حق الأولاد في هذه الحال أثناء حياة الأرملة حقاً احتمالياً، بحيث اذا مات صاحبه قبل أيلولته، فلن ينتقل الى ورثته .

continual claim [قانون انكليزي قديم] تمسك مستمر . اذا كان لشخص أرض يملك حق دخولها والانتفاع بها، وخشي اذا مارس هذا الحق أن تفتك به القبائل المجاورة أو تعتدي عليه، وجب عليه، في سبيل المحافظة على الحق المذكور، ان يواصل اعلان التمسك به رسمياً، بأن يدنو من تلك الأرض مرة واحدة على الأقل كل سنة ويوم واحد، حتى يبلغ أقصى حد يستطيعه دون أن يستهدف للخطر . فاذ قام بهذا حسب الأصول المرعية فكأنه دخل الارض فعلا، واعتبرت مداومته على ذلك بمثابة «التمسك المستمر» continual claim بحقه في تلك الأرض .

continuance [في الاجراءات] ارجاء دعوى منظورة الى جلسة أخرى . رفع الجلسة

continuity, theory of (theory of continuity) نظرية الامتداد (في المطالبات الدولية) . النظرية القائلة بأن بعض المساحات في المنطقة القطبية الشمالية تعتبر امتداداً جغرافياً لاقاليم الدولة المطلة عليها .

continuous استمراري؛ مستمر؛ متواصل؛ مضطرد .

continuous injury ضرر استمراري أو تكراري: يتكرر بين حين وآخر .

contra ضد

***conrta* accounts** حساب ذو مقابل في الجانب الآخر

contra bonos mores مناف للآداب؛ مخالف للاخلاق الحميدة

contra forman doni مخالف لنص الهبة أو شكلها

contra forman statuti [قانون انكليزي قديم] عبارة دارجة كانت تختتم بها صيغة الاتهام، معناها: «خلافاً لنص القانون» .

contra jus belli خلافاً لقانون الحرب

contra non valentem agere non currit praescriptio لا يسري حكم التقادم المسقط على من لا يجد سبيلا للمحافظة على حقه .

contra pacem ضد السلام

contra proferentum مبدأ تفسير الوثيقة قبل منشئها بأقل التفاسير ملاءمة له .

فيه جميعها الا Georgia واتخذت طائفة من القرارات تتعلق بشؤونها العامة وحرب الاستقلال والمضي فيها حتى النهاية . على أن سلطات هذا المؤتمر واختصاصاته لم تكن واضحة المعالم .

continental curreny نقود ورقية اصدرتها المستعمرات الاميركية بناء على قرار المؤتمر القاري الاميركي continental congress المنعقد سنة ١٧٧٤ .

continental shelf امتداد قاع البحر الساحلي «خارج المياه الاقليمية» .

continentia [اجراءات انكليزية قديمة] استمرار؛ تتابع؛ مواصلة (اجراء أو حصول شيء) .

contingency حادث احتمالي أو عارض؛ حدث عرضي غير محقق الوقوع، ما كان حصوله رهناً بشيء آخر لا يجزم بحصوله.

contingency of a process [قانون اسكتلندي] شمول الاجراء أو ارتباطه . وهذا يتوافر عندما تكون الدعويان أو الدعاوى من الاتصال بحيث تلقي الواحدة نوراً على الأخرى أو الأخريات ويتسنى ربطها (جميعاً) بحكم واحد .

contingency with double aspect احتمال ذو وجهين: احتمال مقترن أو معزز بآخر، اذا لم يقع أحدهما فقد يقع الآخر .

contingent احتمالي؛ ظرفي؛ رهن بظرف أوامر لا يجزم بتوافره؛ معلق على حادث استقبالي غير محقق الوقوع .

كل ما قام على مجرد الاحتمال وأعوزه اليقين أو كان حصوله أو عدمه معلقاً على شرط أو حال قد يتحقق وقد لا يتحقق .

contingent debt دين غير محقق الاداء: قد يحين موعد أدائه وقد لا يحين .

contingent estates or **interests,** or **rights etc.** تركات أو فوائد أو حقوق احتمالية مضافة الى زمن مستقبل: تكون ايلولتها رهناً بحصول أمر احتمالي .

contingent liabilities خصوم أو مطلوبات احتمالية: يكون تعيين مقدارها رهنا بوقوع شيء استقبالي غير محقق الوقوع.

contingent liability ذمة أو مسؤولية احتمالية: يكون استحقاقها أو وقوعها رهناً بشيء مضاف الى زمن مستقبل غير مؤكد الوقوع .

contingent right in personal property [في المواريث] حق احتمالي في أموال منقولة مضاف الى زمن مستقبل؛ أي لا يجوز انتقاله الى الورثة اذا مات صاحبه قبل أن تتحقق أيلولته . مثل على ذلك: اذا ترك رجل لزوجته ريع مال معين مدة حياتها على أن يوزع هذا المال على الاحياء من

contraband مهربات؛ محظورات؛ تجارة أو بضاعة ممنوعة أو سرية: تورد أو تصدر خلافاً للقانون.

— **absolute contraband** —: مواد محظورة اطلاقاً: كالسلاح مثلا

— **conditional contraband** — محظورات مشروطة؛ مواد محظورة شرطياً

contraband of war مهربات حرب: مواد تجارية لا يجوز للدول المحايدة توريدها للدول المحاربة.

contracausator جان؛ مجرم (بمعنى criminal)، محاكم أو ملاحق جنائياً.

contract [كفعل] يعقد؛ يتعاقد أو يتفق. يصاب (بمرض أو داء أو ما الى ذلك).

[كإسم] عقد. اتفاق تحريري يراد به انشاء علاقة قانونية بين شخصين أو أكثر أو تعديل هذه العلاقة اذا كانت قائمة أو ابطالها. ولا بد لضمان صحة العقد وقانونيته من العناصر أو المقومات الاربعة المشهورة وهي: الأهلية والرضا والمحل والسبب (الصحيح).

[قانون اسكتلندي] تختلف مقومات العقد في هذا القانون عنها في القانون الانكليزي اختلافاً واضحاً أبرز ما فيه أن القانون الاسكتلندي لا يستلزم توافر العوض لصحة العقد، بل يقتضي من تعاقد على تقديم أي عمل أو فائدة للغير أن يفي بما تعاقد عليه ولو لم يعده المستفيد بأي شيء نظير ذلك. فاذا تفاوض شخصان مثلا على مبايعة واتفق صاحب البضاعة على أن يبيع للمشتري بسعر معلوم وأن يبقى عرض البيع مفتوحاً له مدة معينة من الزمن، كان تعهد البائع الأخير (بابقاء العرض مفتوحاً) ملزماً له الزاماً لا يستطيع معه، حسب القانون الاسكتلندي، أن يبيع لغير المشتري المذكور طول المدة المعينة؛ وللمشتري هذا أن يشتري متى شاء خلال هذه المدة أو أن يعدل عن الشراء اذا تراءى له ذلك. أما القانون الانكليزي فيعتبر ما تعهد به البائع «من ترك الباب مفتوحاً للمشتري مدة معينة» عقداً مستقلا ولا يرى فيه وعداً ملزماً الا اذا قابله عوض نافع valuable consideration يصدر عنه المشتري للبائع. كذلك يختلف القانون الاسكتلندي عن القانون الانكليزي فيما يتعلق بأهلية القاصر للتعاقد اذ يجيز القانون الاسكتلندي للقاصر أن يتعاقد نيابة عن نفسه اذا لم يكن له وصي، واذا كان له وصي واستأذنه في ذلك فعقده صحيح. وله على أي حال، حتى يبلغ سن الخامسة والعشرين، أن يتنصل من كل عقد أبرمه بنفسه أو أبرم نيابة عنه قبل بلوغه سن الحادية والعشرين أن يثبت اجحاف العقد المعني ووقوع الخسارة بجرائه. تستثنى من هذا عقود معينة لايملك التنصل منها عند بلوغه: كالعقد الذي يبرمه القاصر اذا ادعى أنه بالغ وصدقه الفريق الآخر أو يبرمه لاغراض تجارية أثناء اشتغاله في التجارة أو يعززه بعقد آخر بعد بلوغه الحادية والعشرين وهو عالم بحقه في التنصل منه.

— **aleatory contracts** — عقود الغرر (راجع باب aleatory)

— **bilateral (or reciprocal) contract** — عقد ثنائي (أو عقد مثل): عقد معاوضة يتبادل بموجبه فريقاه التزاماً بالتزام.

— **certain contracts** — عقود توكيدية: يتوقف نفاذها على ارادة منشئيها.

— **commutative contracts** — عقود معاوضة؛ عقود تكافؤ: تتعادل فيها التزامات الفرقاء ومنافعهم المتقابلة.

— **conditional contracts** — عقود مشروطة: يتوقف تنفيذها على شرط معلوم.

— **constructive contracts** —: عقود حكمية أو ضمنية: تنشأ بناء على ما يحدده القانون للمعنيين وعليهم من حقوق والتزامات لا على ما يشترطونه نصاً فيما بينهم، وذلك حيث تقتضي الأوضاع والظروف أن تترتب على بعضهم واجبات والتزامات معلومة ينبغي عليهم تأديتها، للبعض الآخر.

— **divisible contracts** — عقود قابلة للتجزئة: يتشكل بمقتضاها الالتزام من عدة أجزاء مستقلة ينجز كل منها على حدة أو تستحق أجرته للمقاول حال الفراغ منه بغض النظر عن الاجزاء الاخرى.

— **express and implied contracts** —: عقود صريحة: (ينص فيها صراحة وتفصيلا على ماهية الالتزام ومقابل الوفاء) وعقود ضمنية: تعتبر قائمة بين ذوي الشأن بحكم القانون نظراً لطبيعة العلاقة القائمة بين الطرفين أو سلوكهما أو الظروف التي تكتنف أعمالها.

— **gratuitous and onerous contracts** — عقود هبة أو تبرع عقود التزام، أو عقود تفضل وعقود تكليف.

— **hazardous contracts** — عقود جزافية: تقوم على أحداث غير محققة الوقوع.

— **independent contract** — عقود مستقلة أو منفصلة

— **indivisible contracts** —: عقود غير قابلة للتجزئة: لا يستحق بموجبها تقاضي العوض (أو مقابل الوفاء) حتى ينفذ الالتزام بكامله: كأن يتعهد شخص بتجفيف بئر ترشح لقاء مئة جنيه مثلا تدفع له بعد انجازه عملية التجفيف؛ ويشرع هذا في تنفيذ العقد فيعمل يوماً أو اثنين أو عشرة في البئر، ثم يكف عن العمل دون أن ينجز ما تعهد بانجازه، وفي هذه الحال لا يكون صاحب البئر ملزماً بدفع ما تعهد به أو أي

contract of benevolence عقد احسان : تعود منافعه على أحد المتعاقدين دون الآخر .

contract of record عقد مسجل أو مشهر : يعلن ويسجل في محكمة مختصة عقد مقضي بصحته من محكمة مختصة أو مدون في سجلاتها بناء على حكم صادر منها .

contract of sale عقد بيع أو مبايعة

contract of tenancy عقد استئجار

contracting out النزول عن منفعة يوفرها القانون في سبيل منفعة اخرى .

contraction اختصار الكلمات أو الاسماء المفردة بحذف بعض الحروف منها أو المقاطع والاستعاضة عن ذلك بنقطة أو اشارة تدل على الحذف .

contractor متعاقد؛ فريق في عقد؛ مقاول؛ ملتزم؛ متعهد

contracts *re* [قانون روماني] عقود عينية ينشأ كل منها عن تسليم شيء موضوع عقد بنية ترتيب التزام معلوم على الطرف المنتفع .

contractual تعاقدي ؛ اتفاقي

contractual obligation التزام تعاقدي : يترتب على عقد

contractus عقد أو عقود

— *quasi contractus* (راجع باب quasi)

contractus civiles [قانون روماني] عقود مدنية؛ عقود قانونية قابلة للتنفيذ .

contractus est quasi actus contra actum العقد هو أشبه شيء بفعل ضد آخر أو كأنه فعل يقابل فعلا .

contractus ex turpi causa, vel contra bonos mores, nullus est كل عقد قام على عوض دنيء (مخل بالشرف) فهو باطل .

contractus legem ex conbentione accipiunt تستمد العقود قبول القانون من قبول الفرقاء .

contradict يناقض؛ يعارض؛ يغاير ، يخالف

contradiction تناقض ، اختلاف ، مفارقة

contradiction in term تنافر التعبير أو العبارة؛ تعارض ذلك أو تناقضه نحو زنا بريء innocent adultery .

جزء منه ، نظراً لأن هذا العقد لا يقبل التجزئة .

— joint and several contracts عقود تضامنية أو مشتركة : (ترتب انجاز العمل موضوع التعاقد على شخصين أو أكثر على وجه التضامن وتجعل فوائده مشتركة بينهم) وعقود فردية : (يستقل كل من أطرافها بالتزامه وعوضه) .

— mutual interest and mixed contracts عقود تبادل وعقود مختلطة : تنشأ العقود الاولى mutual interest contracts لمصلحة جميع أطرافها وتكون متقابلة المنافع كما هي الحال في البيوع والمبادلات التجارية والشركات وما الى ذلك . أما العقود المختلطة mixed contracts فهي تشمل كل عقد يلتزم فيه احد طرفيه أن يؤدي للآخر منفعة معينة نظير شيء أقل قيمة منه ، كعقد الهبة المشروطة وما ماثله .

— nominal contracts عقود مسماة (راجع باب nominal)

— nude contracts (راجع باب nude)

— open contracts (راجع باب open)

— parol contract عقد شفوي؛ عقد شرف : لا تدون نصوصه برمتها بل تترك تفاصيله للثقة المتبادلة بين المتعاقدين.

— personal contract عقد شخصي : يتناول أموالا شخصية (منقولة) أو يتطلب إلماماً أو فناً خاصاً أو خبرة أو مهارة من شخص معين دون سواه، بحيث اذا مات هذا لم يكن ملزماً لمنفذيه أو ورثته .

— principal and accessory contracts عقود أصلية وعقود تبعية أو فرعية .

— quasi contracts عقود تقريبية؛ أشباه عقود : ما ينشأ بحكم المعاملات القائمة بين الفرقاء من صلات تعاقدية ترتب لهم وعليهم حقوقاً والتزامات يتفق عليها بينهم بنص صريح .

— special contracts عقود خاصة: يراد بها أحياناً العقود الرسمية المساة specialty أو العقود (الاتفاقية) الصريحة .

— subcontract عقد باطني؛ مقاولة من الباطن: العقد الذي يبرمه مقاول أصلي مع مقاول آخر لانجاز ما عليه . بحيث اذا تعهد زيد من الناس مثلا بموجب عقد (أ) أن يورد بضاعة لزياد ثم تعاقد زيد مع زيدون بموجب عقد (ب) على أن يقوم زيدون هذا بجلب البضاعة المطلوبة حسب العقد (أ) او جزء منها، كان العقد (ب) subcontract عقداً باطنياً ، بالنسبة للعقد الأول (أ) .

— unilateral contract عقد انفرادي : ينصب فيه الالتزام على أحد طرفيه دون الآخر .

فهذا تعبير متناقض لان الزنا لا يصح أن يعتبر بريئاً مهما كان شكله .

contradictory معارض؛ متعارض؛ مناقض أو متناقض، مغاير

contradistinguish يميز (بين أشياء) بالمقارنة؛ يفرق (بينها) بالمقابلة

contrafactio تزوير؛ تقليد

contraligatio التزام مقابل

contramandatio placiti [قانون انكليزي قديم] امهال المتهم بمنحه فرصة اضافية للاجابة على التهمة الموجهة اليه (اذا لم يستطع الاجابة عليها أول مرة) .

contraplacitum [قانون انكليزي قديم] ادعاء مقابل

contrapositio [قانون انكليزي قديم] جواب أو رد

contrarients [قانون انكليزي قديم] معارضون للحكومة دون أن يكونوا في عرف القانون ثواراً أو خونة .

contrary ضد؛ مضاد؛ مخالف، خلاف؛ عكس، معاكس؛ مغاير؛ مناف؛ مناهض

contravene يخالف، يرتكب مخالفة

contravention مخالفة: أبسط أنواع الجرائم حسب تقسيمها الثلاثي المعروف وهو: الجنايات felonies، والجنح misdemeanours، والمخالفات contraventions

[قانون فرنسي] اخلال (بقانون أو معاهدة أو اتفاق) كل اخلال (بقانون) يعاقب عليه بغرامة لا تتجاوز خمسة عشر فرنكاً أو بالحبس مدة لا تتجاوز ثلاثة أيام .

[قانون عثماني] قباحة

[قانون اسكتلندي] افلات من قيد يقتضيه سند أو تفرضه محكمة.

contre-lettre [قانون فرنسي] ورقة ضد؛ عقد يحرر سراً بين متعاقدين ليمحو أثر عقد ظاهر (كلياً أو جزئياً أو يعدله .

contribute يتبرع (بشيء لغرض مشترك)؛ يكتتب؛ يساهم؛ يشترك؛ يكون له ضلع (في شأن)

[مواد الإهمال] يساعد على وقوع أمر بعدم التحوط لاحتمال وقوعه .

contribution مساهمة؛ تبرع اكتتاب؛ بدل اشتراك اشتراك في الاضطلاع بأمر (مهما كان) .

[في الافلاس] توزيع حصيلة بيع أموال المفلس على الدائنين سداداً لديونهم قسمة غرماء . توزيع ديون التركة على المستحقين فيها كل بنسبة حصته .

[مواد بحرية] مساهمة اصحاب الشحنة والسفينة في تحمل تكاليف الخسارة الواقعة بسبيل انقاذ السفينة وما عليها، مساهمة نسبية (راجع average) .

contributory [في تصفية الشركات] من ساهم (في) توفير اصول الشركة أو موجوداتها بوصفه أحد أعضائها .

[كنعت] مساند (لشأن)، مساعد أو معاون على وقوعه؛ ممهد له أو مشترك في احداثه .

contrive يحتال (لفعل) أو للقيام بعمل؛ يحاول؛ يدبر؛ يبتدع؛ يصمم (أمراً سيئاً)

control يضبط؛ يراقب؛ يدير، يشرف (على)؛ يسيطر؛ يوجه

[كاسم] نفوذ؛ سيطرة؛ سلطة (على ادارة أو توجيه)؛ اشراف، مراقبة؛ ضبط

control area [قانون الطيران] منطقة مراقبة أو تحت الاشراف .

control zone نطاق مراقب أو تحت الاشراف .

controlled airspace فضاء هوائي مراقب؛ الفضاء المشمول بخدمات مراقبة الحركات الجوية .

controller مراقب؛ مشرف (لاغراض التوجيه) (راجع comptroller).

controlment [قانون انكليزي قديم] مراجعة، مراقبة

controver [قانون انكليزي قديم] مفتر ؛ مخبر كاذب ؛ ملفق إشاعات أو أخبار

controversy موضوع نزاع أو نقاش؛ مدار أو محور بحث . دعوى مدنية

controversy at bar الدعوى (التي) امام المحكمة؛ النزاع المعروض على المحكمة .

controvert ينازع؛ ينكر؛ يماري؛ يخالف، يعارض

contubernium [قانون روماني] الزواج بالجواري؛ معاشرتهن (معاشرة مباحة)

contumace capiendo [قانون انكليزي] مذكرة جلب تصدر في حق من لم يمتثل لاعلان الحضور أول مرة .

contumacious متخلف عن حضور؛ غير ممتثل لامر تكليف صادر عن محكمة: من بلغ اعلان الحضور تبليغاً صحيحاً ولم يحضر .

contumacy عدم الامتثال لامر المحكمة؛ التخلف عن الحضور؛ رفض أو اهمال الحضور أمام المحكمة للجواب على تهمة رغم تبليغ اعلان الحضور تبليغاً قانونياً .

— actual contumacy عدم امتثال فعلي : يصدر عمن حضر أمام المحكمة (بناء على تكليف سابق) ثم امتنع عن الامتثال لما كلفته به (بعد حضوره فعلا) .

— presumed contumacy تخلف عن حضور صدر به تكليف صح تبليغه . عدم الامتثال لامر المحكمة بعد اعلانه حسب الاصول .

contumax متخلف عن حضور؛ متهم ممتنع عن الحضور أمام المحكمة لسماع التهمة الموجهة اليه والجواب عليها؛ وهو يعتبر خارجاً على القانون outlaw .

contumely تحقير؛ ازدراء؛ اهانة؛ وقاحة

contuse يرض . يحدث رضاً أو رضوضاً دون ان يخدش الجلد أو يجرحه .

contusion رضة؛ كدمة تحل بالجسم، على أثر ضربة أو صدمة تصيبه، فتترك أثراً واضحاً فيه لا ينكشف عن أي جرح أو خدش .

contutor [**قانون مدني**] مربٍّ؛ ولي تربية أو وصي ثان (يشترك في تربية الصغير مع شخص آخر) .

conusance [**قانون انكليزي**] اختصاص؛ ولاية قضائية

convalescence نقاهة: الفترة التي يمضيها الشخص بين الابلال من المرض واسترداد الصحة بالقدر الذي يسمح له بمزاولة أعماله العادية .

convene يدعو لاجتماع أو جلسة؛ يستدعي لحضور

convenient مناسب؛ ملائم؛ لازم . صحيح في محله

conventicle اجتماع خاص لعبادة أو ممارسة طقوس دينية .

conventio [**قانون كنسي**] الجمع بين طرفي الخصومة بسبيل استدعاء المدعى عليه .

[**قانون مدني**] اتفاق بين شخصين أو أكثر على علاقة قانونية .

conventio in unum [**قانون مدني**] اتفاق فرقاء العقد على مدلوله وأغراضه .

conventio vincit legem الاتفاق الصريح بين الفرقاء يعلو على القانون أو يغلب عليه .

convention [**قانون انكليزي**] جلسة غير عادية تضم مجلسي العموم واللوردات بغير دعوة من الملك .

[**قانون دولي**] اتفاقية أو ميثاق بين دولتين أو أكثر . مؤتمر

[**قانون روماني**] اتفاق بين فريقين . ميثاق أو تعهد متبادل غير رسمي بين شخصين لا يكون له الزام العقود حتى تتبع فيه الاصول والشكليات اللازمة .

[**شؤون تشريعية**] جمعية وطنية، تضم ممثلي الشعب وتجتمع للمداولة في مسائل تشريعية استثنائية .

conventional اتفاقي؛ عادي؛ مألوف؛ تقليدي

conventione دعوى اخلال باتفاق أو تعهد مكتوب؛ الأمر القضائي الصادر في حق المخل

conventus اجتماع؛ جمعية؛ تجمع، حشد

[**قانون مدني**] اتفاق مبايعة

converge ترامى في صوب معين، انحرف اليه، داناه، اتجه نحوه

converging [**قواعد الطيران**] متقاطع .

conversant يتردد على مكان معين: من اعتاد أن يكون في محل معين يقال فيه أنه اعتاد ارتياده أو التواجد فيه is said to be conversant there .

ملم؛ مطلع؛ محيط بشيء

conversation مسلك؛ خلق؛ تصرف عادات أو ميول، نحو: حياة وعادات عفيفة chaste life and conversation (راجع criminal conversation) .

conversion تحويل؛ تبديل؛ تحوير

استيلاء باطل على منقول للغير؛ أو تحويله للمنفعة الخاصة بغير حق.

— constructive conversion استيلاء، تحويل او سلب حيازة ضمني .

— direct conversion استيلاء، تحويل أو سلب حيازة مكشوف أو مباشر .

— fraudulent conversion (راجع باب fraudulent)

conversion of stock استبدال أو تحويل أسهم

convert يحول (نقوداً أو غيرها من شكل الى آخر)، يبدل أسهماً أو سندات بأخرى .

conviction حكم؛ ادانة؛ قرار ادانة تعلنه هيئة المحلفين ضد المتهم .

— summary conviction ادانة جزئية . تحصل غالباً في المحاكمات على الجنح البسيطة أمام محكمة جزئية منعقدة بغير محلفين .

convince يقنع . يحمل على اعتقاد

convincing proof اثبات كاف؛ برهان مقنع: البرهان الكافي لاثبات الشيء موضوع البحث اثباتاً يزيل كل شك معقول لا ينبعث عن ضغينة أو هوى .

convivium [نظام اقطاعي] اقطاعة أو قطعية ترتب على الفصل (التابع الاقطاعي) واجب تقديم اللحم والشراب للسيد (اللورد) مرة واحدة في السنة على الأقل .

convocation [قانون كنسي] مجلس كهنوتي عام أو جمعية كنسية عامة يدعى اليها جميع الكهنة للمداولة في الشؤون الكنسية .

convoy قافلة: قوة بحرية ترافق السفن التجارية في تنقلاتها أثناء الحرب لحراستها .

cool blood [مواد جنائيـــة] دم بارد، يراد به هدوء الاعصاب والسيطرة عليها واتزان القوى والحواس العقلية وعدم التأثر بما يبعث على الانفعال أو الاندفاع وراء الغضب . والقتل « بدم بارد » هو القتل العمد؛ يقابله القتل بدم حار أو القتل القصد manslaughter .

cooling-off period فترة برود أعصاب

يعتبر قانون Illinois (احدى الولايات المتحدة الاميركية) هذه الفترة ستين يوماً ويقتضي كل شخص أراد رفع دعوى طلاق أو فرقـــة أو ابطال زواج أو ما الى ذلك ، ان يقدم الى الجهة المختصة قبل رفع دعواه بستين يوماً، تقريراً بعزمه عـــلى رفعها . وكان النص على فترة البرود هذه بتشريع صادر في الولاية المذكورة سنة ١٩٥٣ .

cooling time زمن البرود: الفترة اللازمة لاسترداد هدوء الاعصاب والسيطرة عليها واستعادة الانسان لوعيه وتدبره ما هو بصدد فعله ورؤيته الامور على حقائقها .

coparcenary ميراث عقاري مشترك

coparceners مشتركون في ميراث عقاري

copartner شريك مشارك؛ شريك آخر؛ أحد أعضاء شركة بسيطة

copartnership مشاركة (في شركة بسيطة partnership) .

convertible قابل لتحويل أو تبديل

convey ينقل أو يحول (حقا عقارياً من شخص الى آخر)؛ يتصرف فيه للغير

conveyance ديباجة؛ مقدمة . عوض أو مقابل

[مواد عقارية] نقل؛ انتقال؛ تحويل (ملكية)

سند مكتوب ناقل للملكية . حجة تمليك عقاري . سند تصرف عقاري رسمي محرر وموقع حسب الاصول .

— mesne conveyance حوالة وسطى (لحق) ؛ تحويل متوسط يرد وسطاً بين تحويلين ، بحيث اذا اتفق مثلا على نقل عقار معلوم أو حق فيه من (أ) الى (ب) شرط أن يحول من (ب) الى جهة أخرى كان تحويله الى (ب) تحويل متوسط mesne conveyance .

— primary conveyance انتقال أو تحويل أصلي . تصرف أول (منشىء للحق العقاري أو ناقله للملكية أصلا) : سمي كذلك تمييزاً له من التصرفات اللاحقة التي تحصل أحياناً للاضافة اليه أو تكييفه بقيد أو اسقاطه أو نقله .

— secondary conveyance انتقال ثانوي، تبعي أو لاحق .

— voluntary conveyance نقل أو تصرف تبرعي: لا يترتب عليه أي عوض .

conveyancer من كان عمله تنظيم سندات التمليك العقاري والتعهدات المكتوبة والوصايا وغيرها من الوثائق والأوراق القانونية أو فحصها وتدقيقها. وهو يجمع بين وظائف الموثق ومحرر العقود ويكون عادة من رجال القانون .

conveyancing counsel to the court of Chancery مستشار ملحق بدائرة الـ Chancery بالمحكمة العليا وظيفته تقديم الرأي لها أو لأي من قضاتها فيـــما يتعلق بالحجج والسندات العقارية .

convicium قذف شفوي؛ سب: رمي الغير في حضوره وعلى مسمع من شخصين أو أكثر، بفعل أو حال يخالف الاداب ويخدش الشرف والاعتبار .

convict يدين؛ يجرم

مدان؛ محكوم بعقوبة مقيدة للحرية

كان المدان قديماً باحدى الجنايات felonies يجرد من كافة أمواله. ثم الغيت هذه العقوبة التبعية بجمهرة من القوانين والاحكام الجنائية، أجازت تعيين مدير لائق يتولى ادارة أموال المحكوم عليه خلال مدة الحكم .

coram أمام؛ بحضور

coram ipso rege أمام ذات الملك . أطلق هذا الاصطلاح قديماً، من قبيل التسمية، على محكمة مجلس الملك الخاص نظراً لاعتيادها الانعقاد بحضور الملك شخصياً .

coram judice «بحضور القاضي» : أمام محكمة مشكلة حسب الاصول أو محكمة مختصة .

coram nobis أمام ذاتنا؛ أمامنا : أي أمام الملك بمجلسه الخاص أو الملكة بمجلسها أو محكمتها .

coram non judice أمام شخص لا قاض : يقال هذا الاصطلاح في الدعوى التي تنظر ويفصل فيها من محكمة غير مختصة؛ على اعتبار أن قضاءها في الدعوى باطل وأن نظرها لها كنظر شخص عادي لا أهلية له .

coram vobis أمامكم؛ أمام محكمتكم : عبارة اشارية ترد في طلبات تصحيح الاغلاط الموجهة من محكمة الى اخرى.

co-respondent مدعى عليه ثان (في دعوى طلاق)، كالخليل أو الخليلة بالنسبة للزوج المدعى عليه .

corner يحتكر؛ يستأثر بحيازة . شراء التاجر جميع ما يستطيع شراؤه من سلعة معينة ثم امساكها عن السوق مدة معينة من الزمن وعرضها فيها بعد بسعر تحكمي .
الاحراج بالاحتباس : ما يكون عندما يعمد المشتري لأجل الى الحصول على معظم الكميات الموجودة من السلعة المطلوبة في السوق حتى لا يتمكن البائع عند حلول الاجل من تنفيذ التزامه.

corollary مسلم تبعي يتفرع عن أمر ثابت قطعاً؛ نتيجة مسلمة؛ نتيجة قياسية . استنتاج فرعي أو استنادي يتبع حقيقة أصلية ثابتة .

corona تاج

corona mala [قانون انكليزي قديم] اطلق هذا الاسم على الكهنة المعروفين باساءة السلوك وقبح التصرف .

coronator قاضي الوفيات المشتبه فيها

coronatore exonerando أمر عزل قاضي الوفيات المشتبه فيها .

coroner قاضي الوفيات المشتبه فيها أو القاضي المحقق . يشغل هذا القاضي وظيفة عظيمة القدم، وهو يمثل الملك في أعماله الرسمية ويتولى تحقيق أسباب الوفيات المشتبه فيها والتثبت من أصحاب الكنوز treasure trove التي يعثر عليها والتحقيق في أسباب غرق السفن ونتائجه . تناط به في لندن أيضاً مهمة التحقيق في الحرائق الواقعة في المدينة، وله محكمة تحقيق تسمى inquest تنعقد بهيئة محلفين حيث يشتبه في وقوع جريمة قتل

يراد بها أحياناً مشاركة العمال في رأس المال بتحويل حصصهم في الأرباح الى أسهم في المؤسسة التي يعملون لديها .

copartnery [قانون اسكتلندي] عقد مشاركة في ربح أو خسارة بين شخصين أو أكثر .

copesmate تاجر؛ شريك في بضاعة

copia صورة؛ نسخة
[قانون انكليزي قديم] سبيل او سبب لادراك غاية

copia vera نسخة صحيحة؛ صورة حقيقية

copious وفير، مدرار، خصب

coprolalia [طب شرعي] اختلال الوعي الكلامي . ضرب من ضروب الخلل العقلي من أعراضه ميل فجائي للتفوه بالكلام البذيء ينتاب شخصاً لم يعتد مثله ولم يعرف عنه الميل اليه قبلا .

copula اتصال جنسي يترتب على الزواج؛ اكمال الزواج بالمواقعة

copulation وقاع؛ وطء؛ اتصال جنسي (بين رجل وامرأة)

copy نسخة أو صورة من أصل محرر .

— examined copy نسخة معتمدة : قورنت بالاصل المأخوذة عنه واستوثق من صحتها .

copyhold [قديماً] اقطاعة أو قطعية خدمة؛ حيازة الـ villeins (العمال) لارض آلت اليهم من سيدهم مع خدمات تقليدية مشروطة يؤدونها اليه .
حيازة رضائية، مرهونة برضى سيد العقار، يشترط فيها قيام الحائز بأعباء وواجبات تقليدية خاصة بالارض . وقد الغي هذا النوع من الحيازة سنة ١٩٢٥ .

— privileged copyhold حيازة امتيازية : نوع من الحيازة العقارية لا يشترط لاستمراره دوام رضى السيد على الحائز بل محافظة الاخير على عادات الأرض موضوع الحيازة وتقاليدها.

copyholder حائز رضائي تدوم حيازته العقارية بدوام رضى سيد الأرض عنه أو بمواظبته على الواجبات التقليدية المتصلة بتلك الأرض .

copyist نساخ

copyright حق طبع : ما يؤول بموجب القانون، لمن ألف او وضع انتاجاً أدبياً أو علمياً أو فنياً أو فكرياً، من حق خاص في طبع الانتاج المذكور ونشره وبيع ما شاء من النسخ المأخوذة عنه شرط تحديد دوام هذا الحق بزمن معلوم،

murder or manslaughter أو حيث تكون الوفاة ناتجة عن حادث وقع على طريق عام أو في سجن أو ما الى ذلك من الملابسات . وفي هذه الحال يكون الـ coroner كالقاضي في المحكمة العادية، ويكون لهيئة المحلفين المذكورة اعطاء القرار في أسباب الوفاة، ولها اذا شاءت أن تضيف ما تراه من لوم بعض الأفراد المتصلين بالموضوع أو تنزيههم عن اللوم . واذا لم يكن هنالك داع لوجود المحلفين، أصدر الـ coroner قراره بمفرده. وتتبع في محكمة الـ coroner اجراءات مبسطة قليلة الشكليات؛ ولكل ذي شأن أن يوكل عنه محامياً يمثله أمامها . وللمحامين (حسب قواعد الاجراء الموضوعة سنة ١٩٥٣) أن يناقشوا الشهود وليس لهم أن يناقشوا هيئة المحلفين .

ولا يرشح لمنصب الـ coroner الا من كان محامياً أو طبيباً شرعياً مارس مهنته خمس سنوات على الأقل .

coroner's court محكمة قاضي الوفيات أو القاضي المحقق : وهي محكمة انكليزية تدوينية of record يجري فيها قاضي الوفيات المشتبه فيها تحقيقاته (راجع coroner) .

coroner's inquest : تحقيق قاضي الوفيات المشتبه فيها : التحري الذي يقوم به الـ coroner، بمساعدة هيئة محلفين أو دون ذلك، في أسباب أية وفاة غير طبيعية تقع في دائرة اختصاصه وتكون ظروفها محلا للاشتباه .

corporal جسماني؛ بدني؛ جسدي؛ حسي أو مادي

corporal imbecility عنة؛ عجز جسماني عن اتمام الاتصال الجنسي .

corporal oath اداء اليمين مع وضع اليد على أحد الكتب المقدسة .

corporal punishment : قصاص جسماني؛ عقوبة بدنية : الجزاء الذي يوقع على بدن المحكوم عليه، كالضرب أو الاجهاد الجسمي أو ما الى ذلك .

corporal touch ملامسة مادية؛ احتكاك مادي؛ تماس بدني أو جسمي؛ القبض (على شيء) بواسطة اليد .

corporate اعتباري؛ معنوي . يشكل هيئة اعتبارية واحدة (منضمة كأنها شخص واحد) قوامها عدد من الأفراد .

صادر عن ، خاص أو متصل بشركة أو جمعية أو أية هيئة اعتبارية .

منضم ؛ مندمج ؛ متحد ؛ قائم كشخص واحد

corporate authorities سلطات اعتبارية . السلطات البلدية بوجه عام؛ جميع مأموري البلدية وضباطها الممارسين لسلطاتها .

corporate body or (body corporate) هيئة اعتبارية؛ شركة أو جمعية خاصة

corporate bonds سندات دين صادرة عن هيئة اعتبارية (كشركة أو مؤسسة مالية أو ما إلى ذلك) . وهي سندات مكتوبة تحمل خاتم الشركة المصدرة وتعهدها بأن تدفع المبلغ المرقوم فيها بفائدة معينة وفي تاريخ معلوم.

corporate franchise اذن انشاء شركة أو جمعية . امتياز تأسيس شركة خاصة تزاول أعمال الشركات وتمارس حقوقها وامتيازاتها وفقاً لاحكام الاذن أو الترخيص الممنوح لها .

corporate legal individual فرد اعتباري قانوني . احدى صفتين تمتاز بها عادة المجالس البلدية وهما : الصفة العمومية باعتبارها مؤسسة حكومية تمارس سلطات رسمية، والصفة الخصوصية التي يكون لها بموجبها حق تملك الأموال على أنواعها كأي شخص اعتباري وتعطيها وضع الفرد الاعتباري القانوني corporate legal individual .

corporate name اسم اعتباري : يطلق على الشركة أو الجمعية عند انشائها، ويكون لها أن تقاضي وتقاضى به وتجري كافة معاملاتها القانونية .

corporate purpose غرض تأسيسي . الغاية من تكوين الشركة أو الجمعية أو المنظمة . الغرض اللازم لتحقيق هذه الغاية . غرض بلدي؛ يتعلق بالمجالس البلدية أو يلزم لازدهارها والنهوض بشؤونها .

corporate state دولة نقابية : تقضي نظمها بتكوين نقابات العمال وأرباب الأعمال وتتولى النقابات فيها وضع لوائح المرشحين لعضوية مجالس النواب .

corporation هيئة؛ مؤسسة؛ شركة: شخص اعتباري أو كائن قانوني، يتشكل بحكم القانون وقوته من شخص طبيعي واحد أو أكثر، لمنفعة مادية خاصة بأصحابه أو لمنفعة الغير (دون أصحابه) أو لأغراض حكومية . وتكون له صفة الدوام تؤول اليه ملكيته أو سلطاته .

من القانونيين من يؤثر اعتبار الـ corporation طريقة قانونية لا شخصاً . وهي على أي حال اما أن تتكون من شخص طبيعي واحد فتسمى corporation sole أو من شخصين طبيعيين أو أكثر فتسمى corporation aggregate .

— aggregate and sole corporations شركات فردية (تتكون من شخص طبيعي واحد) أو شركات جامعة (تتكون من شخصين طبيعيين أو أكثر) .

— close and open corporations تعتبر الشركة close corporation اذا جاز لمديريها أن يملأوا ما يخلو فيها

المذكورة في الواقع على أحكام دون أخرى لا تكفي لاغراض القانون . ولهذا فهي تعتبر قائمة بحكم الواقع – واقع ما تمارسه من أعمال الشركات أو تتمتع به من حقوقها – لا القانون .

corporation *de jure* شركة بحكم القانون : الشركة القائمة بحكم مراعاة مؤسسيها لاحكام قانون الشركات ومسايرتهم لمقتضياته .

corporator عضو في شركة؛ مكتتب؛ مساهم

corpore et animo جسم وعقل أو جسد وروح

corporeal حسي؛ مادي؛ ذو كيان مادي، محسوس، ملموس

corporeal hereditament ميراث أو ملك عقاري : كل شيء ذي كيان مادي ثابت قابل للوراثة كالأرض خصوصاً والأموال العقارية بوجه عام .

corporeal property مال أو ممتلك مادي : له كيان مادي، يرى ويلمس : كالمنزل والسيارة والأرض وما الى ذلك من الاموال .

corps هيئة؛ سلك

corps diplomatique هيئة سياسية، هيئة دبلماسية؛ سلك سياسي

corpse جثة (انسان)

corpus جسد؛ مجموعة من افراد أو قوانين أو مواد .

corpus corporatum هيئة اعتبارية

corpus cum causa [اجراءات انكليزية] أمر إحالة معناه الحرفي «الشخص مع الدعوى» ويراد به احالة الشخص ذي الشأن مع أوراق الدعوى ووقائعها والحكم الصادر فيها الى جهة معينة .

corpus delicti جوهر الجريمة، هيكل الجريمة أو ما ينطق بها . الشيء (المادي) الذي وقعت عليه الجريمة أو أعقبته، كجثة قتيل أو بقايا منزل خلفتها جريمة حريق .
مادة الجريمة أو أساسها . واقع ارتكاب الجناية

corpus humanum non recipit aestimationem جسد الانسان لا يقدر بمال .

corpus juris موسوعة قانونية؛ مجموعة قوانين؛ مجلد يشمل عدداً من المجموعات القانونية .

correct attest «شهد على صحته» أو إشهاداً بالصحة . تثبت هذه العبارة عادة فوق تواقيع اعضاء مجلس ادارة البنك التي

من وظائف الادارة دون الرجوع الى جمعية المساهمين العامة أو استشارتها فيمن يلزم تعيينه أو عزله من الموظفين أو المديرين وتعتبر open corporation اذا كان تعيين المديرين أو الموظفين فيها وعزلهم خاضعاً لسلطة جمعية المساهمين وموافقتها .

— domestic and foreign corporations شركات أهلية (تنشأ بموجب قانون الدولة التي تمارس نشاطها فيها) وشركات أو مؤسسات أجنبية (تنشأ بحكم قانون دولة غير الدولة التي تمارس نشاطها فيها) .

— eleemosynary and civil corporations
أولى هذه المؤسسات eleemosynary corporations هي المبرات أو المؤسسات الخيرية التي تنشأ لأعمال البر والاحسان، كالملاجىء والمستشفيات وما اليها؛ والثانية هي المؤسسات المدنية التي تنشأ لتمارس أعمال التجارة وغيرها مما يعود بالكسب المادي على أصحابها دون غيرهم .

— migratory corporation شركة أو مؤسسة مغتربة : تنشأ في ظل قانون دولة غير الدولة التي يقيم فيها المؤسسون (أو المساهمون) .

— monyened corporations شركات أو مؤسسات مالية تتعامل في الودائع والتسليف وتبديل العملة وما الى ذلك من المعاملات النقدية .

— public and private corporations مؤسسات أو شركات (تنشئها الدولة لأغراض إدارية)، وشركات خاصة (ينشئها الافراد) .

— statutory corporation مؤسسة منشأة بموجب قانون برلماني statute لاغراض معينة لا تستطيع أن تحيد عنها ولا تمارس الا السلطات والاعمال المنصوص عليها صراحة أو ضمناً في قانون تأسيسها .

— subsidiary and parent corporations شركات فرعية أو تابعة وشركات أم أو متبوعة . توصف الشركة بالتابعة أو بالفرعية subsidiary اذا كانت أغلبية أسهمها ملكاً لشركة أخرى تعرف بالشركة المتبوعة أو الأم parent corporation وتعتبر الشركة التابعة مستقلة عن الشركة المتبوعة لاغراض القانون ولو كانت تخضع لاشرافها الاقتصادي .

— tramp corporation شركة صورية : لا تمارس أية أعمال تجارية في الدولة التي نشأت فيها بل تكتفي بكيان صوري في تلك الدولة لغرض يتوخاه مؤسسوها .

corporation *de facto* شركة بحكم الواقع : الشركة القائمة بحكم ما تمارسه من أعمال الشركات وحقوقها وتدعيه من مراعاة أحكام القانون السارية على الشركات، بينما تقتصر مراعاتها

corruptly soliciting ابتزاز ؛ اختلاس

corsned [قانون سكسوني] لقمة الغصة أو اللعنة ؛ طريقة من طرق المحاكمة عند قدماء السكسونيين كانوا بموجبها يجلبون المتهم أمام أحد الكهنة وهيئة المحكمة فيناوله الكاهن قطعة من الخبز ليأكلها بعد أن تتلى عليها بعض الطلاسم الخاصة ، فاذا مضغها المتهم وابتلعها بسلام عد بريئاً ، واذا وقفت في حلقه ثبتت عليه الجريمة .

cortis برلمان اسباني أو برتغالي (بمجلسيه التشريعيين) .

corvée [قانون فرنسي] سخرة . عمل بلا أجر ، تفرضه السلطات المحلية الفرنسية أحياناً على الأهالي لاقامة الطرق والجسور أو غير ذلك من المرافق العامة .

cosduna [قانون الاقطاع] عرف . خراج أو اتاوة

cosen or **cozen** يخدع ؛ يغش

cosenage or **cosinage** [قانون انكليزي قديم] عمومة ؛ مخول ؛ قرابة ؛ صلة رحم

cost ثمن ؛ سعر ؛ نفقة ؛ تكلفة أو تكاليف

cost and freight (c.f.) سعر البضاعة مع النولون (اجرة النقل) .

cost bond or **bond of costs** : تعهد أداء مصاريف ضمان كتابي يقدمه الخصم للجهة المختصة مؤكداً فيه عزمه على دفع ما يحكم به من الرسوم والمصاريف اذا خسر الدعوى .

cost-book . [مواد التعدين] دفتر تكلفة ؛ سجل نفقات اذا اتفق اثنان أو أكثر من المنقبين عن المعادن ، بعد أخذ التراخيص اللازمة ، على أن يشتركوا في حفر منجم أو أكثر ويتعاونوا على تحمل ما تستلزمه عمليات الحفر من تكاليف ، أثبتوا اتفاقهم في دفتر خاص يسمى cost-book وأصبح هذا الدفتر سجلا تدون فيه النفقات وأسماء المساهمين في المشروع مع بيان الحصص التي ساهموا بها وكل ما اتصل بها من زيادة او نقصان أو تحويل أو غير ذلك .

cost insurance and freight (c.i.f.) سعر البضاعة مع التأمين والنولون .

cost of living نفقة معيشة ؛ تكاليف حياة

cost of production نفقة انتاج

cost plus contract عقد تكلفة اجمالية : يحدد المبلغ الكلي الواجب الدفع للمقاول ، ويشمل (عادة) ثمن المواد المستعملة في المشروع ونفقات العمال مع نسبة مئوية معلومة يتقاضاها المقاول نفسه .

تذيل بها التقارير المصرفية المرفوعة الى مراقب البنوك commissioner of banking من قبيل الشهادة على التقرير وصحة محتوياته .

correction اصلاح ؛ تأديب ؛ تهذيب أو تقويم الأخلاق المعوجة ، بتدابير تربوية خاصة يتخذها المسؤولون مع من يراد اصلاحهم .

correction, house of (house of correction) اصلاحية ؛ معهد اصلاحي أو تأديبي ، لتقويم الاحداث الجانحين.

correi مشارطون متضامنون ؛ موجبون (من الايجاب) أو ملتزمون بوجه التضامن .

correi credendi [قانون مدني] دائنون متضامنون

correi debendi مدينون متضامنون

correlative ضمني الصلة ؛ تقريبي ؛ يدل على صلة متقابلة أو متبادلة .

يطلق هذا التعبير على الأشياء التي تقوم على محض الصلة المتبادلة أو يعتبر كيانها مثبتاً لكيان غيرها فتتبادل واياه الوجود بتبادل الصلة ويستتبع وجود احداها وجود الاخرى .

correspond يتجاوب (مع) ؛ يتفق ؛ يوافق ، يقابل . يراسل ، يكاتب

correspondence مراسلة ؛ مكاتبة : تبادل الرسائل والعلاقات التحريرية بوجه عام .

corroborate يؤيد ؛ يشفع ؛ يسند ، يساند ، يدعم ، يعزز ، يقوي

corroborating evidence or **corroborative evidence** دليل مساند؛ بينة أو شهادة مكملة أو مؤيدة لبينات أو شهادات أخرى سبق تقديمها .

corrupt يفسد ، يتلف ؛ يشوه ؛ يصم . سيء ، فاسد ، فاجر

corrupt intent قصد سيىء
اذا عد القصد السيىء من عناصر المرابحة (الربا الفاحش) كان المراد من ذلك أخذ المرابي على ما يقرض فائدة فاحشة رغم علمه بمنعها قانوناً .

corruptio optimi est pessima شر الفساد فساد الاحسن (أو الاصلح) .

corruption فساد ؛ عدم مشروعية ؛ خروج على قانون ، خرقه أو منافاته .
رشوة أو ما في حكمها .

cost price سعر شراء؛ ثمن مشتريات؛ تكاليف بضاعة

costs مصاريف الدعوى : الرسوم والمصاريف التي يحكم بها لمن أثبت دعواه من الخصوم المتقاضين وربح القضية، وهي تشمل اتعاب المحاماة .

— bill of costs (راجع باب bill)

— bond of costs (راجع باب costs bond)

— double costs [احكام بالمصاريف] يؤدي هذا التعبير غير معناه الحرفي الظاهر (مصاريف مضاعفة) اذ يراد به مثل ونصف فقط؛ أي المصاريف العادية مضافاً اليها نصفها بحيث اذا كانت هذه المصاريف جنيهاً واحداً ، كانت الـ costs double جنيهاً ونصف جنيه .

— final costs مصاريف ختامية: تدفع عند نهاية الدعوى وتتوقف على نتيجتها .

— interlocutory costs مصاريف عارضة: المصاريف الطارئة أثناء سير القضية .

— prime costs نفقات أولية : النفقات اللازمة للانتاج : كالمواد الاولية وأجور العمال وما اليها .

— security for costs ضمان المصاريف. اذا كان المدعي يقيم في غير دائرة اختصاص المحكمة، جاز للمدعى عليه أن يكلفه أحياناً بتقديم هذا الضمان على سبيل التعهد بدفع المصاريف اذا خسر الدعوى .

— treble costs لا يراد بهذا التعبير مفهومه الحرفي الظاهر : أي ثلاثة أضعاف المصاريف العادية، بل المصاريف العادية مضافاً اليها نصفها ونصف النصف ؛ بحيث اذا كانت هذه المصاريف جنيهين مثلا ؛ كانت الـ treble costs جنيهين مضافاً اليهما جنيه واحد مضافاً اليها نصف جنيه أي ثلاثة جنيهات ونصف .

costs and charges المصاريف والرسوم

costs, charges and expenses الاتعاب والرسوم والمصاريف

costs *de incremento* مصاريف اضافية : المصاريف التي تحكم بها المحكمة فوق ما تقدره هيئة المحلفين .

costs in the cause مصاريف القضية : المصاريف التي يحكم بها لمن فاز بالدعوى .

costs of collection مصاريف تحصيل

costs of execution مصاريف تنفيذ

costs of the day مصاريف اليوم: المصاريف المقتضاة استعداداً للدعوى في يوم معلوم كنفقات الشهود ورسوم الجلب وما اليها .

costs to abide event المصاريف تتبع النتائج (نتائج المحاكمة) أي يحكم بالمصاريف للخصم الفائز بالدعوى .

cottage كوخ أو منزل صغير ، لا تتبعه أرض .

cotton قطن

cotton notes ايصالات استيداع قطن: تعطى نظير كل بالة من القطن تسلم في مخزن استيداع عام .

cotton season فصل القطن : فصل بيع القطن وشرائه : وهو يمتد من أول شهر أيلول (سبتمبر) الى أول أيار (مايو) .

council مجلس؛ هيئة مداولة؛ هيئة استشارية

— common council مجلس عام. سمي البرلمان الانكليزي قديماً مجلس البلاد العام the common council of the realm .

— privy council (راجع باب privy)

councils of conciliation مجالس أو لجان توفيق: تتشكل من ممثلي العمال وأرباب العمل، ببراءة ملكية ، للتوفيق والتحكيم . وتكون لها صلاحية النظر والفصل في الخلافات المعروضة عليها من الفريقين، ولها الحق في أن تستعين على تنفيذ أحكامها وقراراتها بسلطات التنفيذ المحلية المختصة .

council of judges [اجراءات انكليزية] مجلس القضاة . مجلس عام يتشكل سنوياً من مستشاري المحكمة العليا، بموجب قانون القضاء الانكليزي الصادر سنة ١٨٧٣ ، للتداول في قواعد الاجراء والوظائف القضائية الجديدة ثم يرفع توصياته الى وزير العدل فيما يرى تغييره أو تعديله من ذلك .

council of the bar مجلس نقابة المحامين أو جمعيتهم . يتولى هذا المجلس ادارة النقابة وينظر في الشكاوى المقدمة ضد المحامين الاعضاء ثم يقدم تقاريره فيها مع توصياته الى الـ benchers هيئة كبار أعضاء النقابة الـ inn of court التابع لها المحامي موضوع الشكوى لترى رأيها فيه وتقرر مصيره.

councillor at law [في ارلندا] محام مستشار

councillor of embassy مستشار سفارة

counsel محام ؛ مستشار (قانوني)؛ مدافع ؛ وكيل قضائي، يساعد موكله باسداء النصح والمشورة القانونية اليه .

نصح ؛ رأي ؛ استشارة ، مشورة

— junior counsel محام مساعد . اذا وكل الخصم محامين

counter-bid عرض مقابل، (راجع bid)

counter-deed سند أو ورقة ضد: السند المكتوم الذي ينظم بمعرفة محرر عقود ويختمه أو بامضاء صاحبه فقط أو ما يقوم مقام الامضاء، كي يبطل أو يغير سنداً آخر ظاهراً (غير مكتوم).

counter-espionage مقاومة التجسس؛ مكافحة الجاسوسية أو الكشف عنها.

counterfeit [قانون جنائي] يزور (محرراً)؛ يقلد (ختماً)؛ يزيف (نقوداً)

counterfeit coin عملة أو نقود مزيفة

counterfeiter [قانون جنائي] مزيف؛ مزور (نقود أو محررات)

counter-fesance تزييف؛ تزوير

counterfoil أرومة (شيك) أو صك؛ كعب مستند

counter-letter سند رد مقابل: سند مكتوب يتعهد به دائن، أخذ من مدينه سند تمليك عقاري على سبيل الضمان، بأن يرد سند التمليك المذكور حالما يستوفي الدين

countermand يلغي؛ ينقض؛ ينسخ أوامر أو تعليمات سابقة.

[كإسم] أمر فاسخ، ناقض أو لاغ لامر سابق.

counter-mark اشارة تحذير: علامة خاصة توضع على بضاعة لبيان أمر معين أو للتحذير منه (كوجوب عدم فضها مثلا الا بحضور صاحبها أو من يقوم مقامه) أو للتأشير بها على شيء يحمل تأشيراً سابقاً.

counterpart شيء، جزء، جانب أو شق مقابل صورة من عقد أو اتفاق محرر في صورتين أصليتين احداهما تسمى أحياناً part والاخرى counterpart. فاذا حررت من عقد الايجار مثلا نسختان، سميت النسخة الاساسية التي يوقعها المؤجر ويتسلمها المستأجر part وسميت النسخة الاخرى التي يوقعها المستأجر ويحتفظ بها المؤجر counterpart.

counterpart writ صورة من أمر قضائي أصلي

counter-rolls [قانون انكليزي] سجلات يحتفظ بها قضاة الوفيات المشتبه فيها coroners تحتوي على تفاصيل ما قام به المحققون من التحريات المطلوبة.

countersign يؤشر؛ يوقع مع الغير (سنداً مكتوباً)؛ يمضي على محرر تصديقاً لامضاء مثبت عليه.

يدافعان عنه في قضية واحدة، كان الـ junior counsel أصغرهما سناً أو أدناهما مكانة.

— of counsel يراد بهذا الاصطلاح الـ counsellor أو من يقوم بأي عمل من أعماله القانونية في اعداد قضايا الغير وادارتها أو السير فيها أمام المحاكم.

counsellor محام؛ مستشار (قانوني)؛ وكيل قضائي؛ ممارس لمهنة المحاماة أو الاستشارات القضائية: مهمته اسداء النصح والمشورة القانونية في المنازعات والدعاوى والقيام باعدادها وادارتها والمرافعة فيها وملاحقتها نيابة عن موكله في كافة مراحلها.

[في بعض الولايات المتحدة الاميركية] يعتبر الـ counsellor أعلى درجة من الـ attorney، ولا يصبح الممارس counsellor الا بعد أن يشتغل في المحاماة مدة معلومة ويجتاز امتحاناً خاصاً؛ على أن أغلبية الولايات تعتبر كلا من اللقبين مرادفاً للآخر.

count [في المرافعات] يسرد؛ يبسط (وقائع)

[كإسم] بيان دعوى المدعي أو وقائع التهمة. مادة من مواد الاتهام (في حال تعدد التهم).

— common counts ادعاء عادي للمطالبة بذمة مالية.

— great count ادعاء عام: يبسط موضوع المطالبة بوجه عام.

— *omnibus* count ادعاء كلي أو موحد: يشمل كافة ما يطالب به المدعي على أساس دين معين أو بيع أو مقايضة أو غير ذلك.

count out or count [اجراءات برلمانية انكليزية] تأجيل الجلسة عند عدم توافر النصاب القانوني وهو ٤٠ عضواً على الأقل. فاذا قام رئيس المجلس the speaker بعد الحضور من الأعضاء للتثبت من توافر النصاب القانوني he is said to count the house.

count upon a statute يستشهد بقانون (معين)؛ يشير أو يستند اليه

countenance يشجع؛ يعاون؛ يعاضد؛ يشوق (الى فعل)

[قانون انكليزي قديم] اعتماد؛ ثقة؛ حسن تقدير

counter يخالف؛ يعاكس؛ يجابه؛ يقابل؛ يتعرض (لشأن)؛ مضاد؛ معاكس؛ مقابل، مناهض

counter-affidavit افادة مضادة: تعطى خلافاً لافادة سابقة اتخذت أساساً لطلب سابق.

counterclaim ادعاء مقابل؛ مطالبة مقابلة؛ ادعاء تقاص: الادعاء الذي يقابل به المدعى عليه ادعاء المدعي.

counter-statement [علاقات تجارية] بيان مقابل أو مضاد ؛ يقدمه طالب تسجيل العلامة لبسط أسبابه في طلب التسجيل رداً على الـ statement اعتراض الغير على منح تلك العلامة .

countervail يعادل؛ يساوي (بين جانبين) عملا على حفظ التعادل أو التوازن بينهما سواء بزيادة أحدهما أو انقاص الآخر . يعمل على ايجاد التكافؤ بين أمرين .

countervailing duty رسم تعادل: يفرض أحياناً على بضاعة صرفت لاصحابها اعانات خاصة تشجيعاً لانتاجها أو اصدارها وذلك لمقابلة تلك الاعانات وحفظ التوازن معها أو لأي سبب آخر .

ضريبة مقابلة، تفرضها الدولة نظير ما تفرضه دولة أخرى .

countors محامون؛ وكلاء قضائيون يدافعون عن الغير بحكم المهنة وسعياً وراء الكسب المادي .

country بلد ، بلاد (بمعنى أقليم أو دولة) . مكان يحتله شعب أو تشغله أمة .

شعب؛ أمة

[في الاجراءات] سكان المقاطعة التي تختار منها هيئة المحلفين . هيئة محلفين

[شؤون انتخابية] ناخبو الامة؛ نحو: the government appealed to the country استفتت الحكومة الشعب . أي حلت البرلمان وأعادت الانتخابات من جديد لترى اذا كان البرلمان الذي تنتخبه الامة سيقر سياستها أو لا يقرها .

county اقليم ؛ مقاطعة؛ لواء أو ولاية . اذا قسمت الدولة لاغراض سياسية أو قضائية أو ادارية الى اقسام او اجزاء رئيسية ، فكل جزء منها يسمى اقليماً county .

county attorney مدع عام اقليمي؛ مدعي عام المقاطعة

county board of equalization مجلس اقليمي خاص بتحديد قيمة العقارات لاغراض الضرائب .

county borough بلدة يزيد سكانها على ٥٠٠٠ نسمة

county council مجلس بلدي اقليمي: قوامه رئيس وأعضاء ؛ منهم العاديون councillors وينتخبهم الناخبون المحليون لمدة ثلاث سنوات ؛ ومنهم الـ aldermen الشيوخ المحليون وينتخبهم الـ councillors لمدة ست سنوات . على أن شيوخ London county council يعينون عادة مدى الحياة . ويجتمع المجلس أربع مرات في السنة على الاقل ويصبح رئيسه حال انتخابه قاضياً محلياً justice of the peace .

county courts محاكم أقاليم: توجد في كل بلدة ومدينة في المملكة المتحدة وتعتبر من أقدم المحاكم الانكليزية . وهي بسيطة الرسوم يمكن التداعي امامها في كل قضية لا تتجاوز قيمة موضوعها مئتي جنيه، تستثنى من ذلك دعاوى القدح والتشهير والاخلال بوعود الزواج ودعاوى هتك العرض . ولا ترفع أمامهـــا الدعاوى العقارية الا اذا قلت قيمتها عن مئة جنيه . ولها حق النظر في الدعاوى القائمة على قانون تقييد الايجارات كما لها، باتفاق الخصوم، أن تنظر في الدعاوى التي تتجاوز قيمتها حدود اختصاصها . وكثيراً ما تحال اليها الدعاوى البسيطة القيمة التي تبدأ أمام المحكمة العليـا . كذلك تحال الدعاوى أحياناً من المحكمة العليا الى المحكمة الاقليمية اذا كان المدعي من الفقر بحيث يخشى أن لا يستطيع تحمل المصاريف لو خسر الدعوى .

وفي هـذه المحكمة أيضاً تنظر دعاوى ادارة التركات التي لا تتجاوز قيمتها ٥٠٠ جنيه .

وفي سنة ١٩٥٥ صدر قانون خاص بمحاكم الاقاليم يخولها حق النظر والفصل في جميع الدعاوى المالية التي لا تتجاوز قيمتها ٤٠٠ جنيه .

ويلحق بكل محكمة اقليمية (بالاضافـة الى القاضي) مسجل يتولى اصدار الأوامر والاعلانات وما الى ذلك، ويفصل في الدعاوى الجزئية التي لا تتجاوز قيمتها عشرة جنيهات؛ وبها أيضاً high bailiff كبير محضرين، لتبليغ الأوامر والاعلانات ومباشرة التنفيذ، يساعده عدد من المحضرين .

[قانون اميركي] تعتبر محاكم الاقـاليم من المحاكم التدوينية courts of record وتختص بالدعاوى المدنية العادية والمواد الحسبية، ولها اختصاص جنائي محدود واختصاص استئنافي بالنسبة لقرارات قضاة الصلح justices of the peace .

county jail حبس اقليمي؛ حبس منطقة للمحكومين بجرائم بسيطة ولتوقيف المتهمين .

county line طريق عام يصل بين ولايتين اميركيتين .

county-seat كبرى بلدان المقاطعة أو اللواء .

county-sessions [في انكلترا] محاكم موسمية صلحية تعقد جلساتها مرة واحدة كل أربعة أشهر .

coupled with interest [مواد النيابة agency] نيابة مقترنة بحصة، لا تقتصر على ما يصيبه النائب من عمالة نظير ما يقوم به بل تتعدى ذلك الى حصة معلومـة أو مكافأة خاصة تعود عليه نظير قيامه بواجب النيابة .

coupons قسائم دفع ؛ قراطيس ؛ كوبونات . قسائم أرباح أسهم، وهي عبارة عن وريقة ترفق بكل سهم أو سند لتفصل عند حلول موعد دفع الارباح والفوائد وتقدم لتحصيل قيمتها، وتعتبر أحياناً قابلة للتداول .

حكومة *de facto* تقوم على أساس الواقع لا القانون

— equity courts and law courts (راجع court of equity و of law)

— full court كامل هيئة المحكمة؛ المحكمة بكامل هيئتها

— spiritual courts محاكم دينية: محاكم أو مجالس ملية أو مذهبية .

— superior and inferior courts محاكم كبرى ومحاكم صغرى: يراد بالاولى المحاكم الابتدائية (أو البدائية) وما فوقها، ويراد بالثانية المحاكم الجزئية وما في درجتها . على أنه يجوز اعتبار النعتين inferior و superior نسبيين على أساس أن كل محكمة تعتبر inferior لما فوقها و superior لما تحتها . أما حسب تنظيم القضاء الانكليزي الحالي فالـsuperior courts المحاكم الكبرى هي:
the Judical Committee of the Privy Council; the House of Lords; King's Bench and Probate; the Court of Appeal and the Chancery; Divorce and Admiralty Divisions والدائرتان الأخيرتان تشكلان معاً ما يسمى High Court of Justice بينما تشمل المحاكم الصغرى ما يلي :
Petty Sessional Courts; Court of Quater Sessions; County Courts; Coroners' Courts; Sheriffs' Courts وما اليها من المحاكم المحدودة الولاية .

court above [اجراءات استئنافية] محكمة عليا ؛ المحكمة المحالة اليها الدعوى (للمراجعة) ؛ المحكمة المستأنف اليها

court below محكمة دنيا؛ المحكمة المحالة منها الدعوى (للمراجعة)، أو المستأنف منها؛ محكمة الموضوع

court circular نشرة محكمة؛ كشف محاكمات تنشره الصحف المحلية لبيان الدعاوى المعروضة على المحكمة .

court for divorce and matrimonial causes محكمة الطلاق وقضايا الزوجية .

court for the correction of errors [في نيويورك وجنوب كارولاينا] أطلق هذا الاسم على محاكم الاستئناف نظراً لما كان لها من اختصاص مراجعة الاحكام وتصحيحها حيث لزم التصحيح .

court for the trial of impeachments محكمة المساءلات الاتهامية: محكمة كبرى تختص بمحاكمة رجال الادارة والشخصيات البارزة على جرائم الافتيات والغدر وغيرها من الافعال المستوجبة للمساءلة وهي تتشكل عادة من مجلس اللوردات في انكلترا ومن مجلس الشيوخ في اميركا .

— coupon bonds سندات قسائم : سندات عادية تتصل بها قسائم أو (كوبونات) لتحصيل أقساط الفوائد المرقومة في السندات كلما آن تاريخ استحقاقها، بحيث اذا استحق كل قسط أمكن تقاضيه بتقديم القسيمة الخاصة به .

— coupon notes كمبيالات قسائم : كمبيالات تتصل بها قسائم تشير الى الفوائد المستحقة عليها، بحيث اذا حل موعد استيفاء أي من تلك الفوائد أمكن فصل القسيمة الخاصة به وتقديمها لتحصيل الفائدة المذكورة في الكمبيالة الأصلية .

cour de cassation محكمة نقض وابرام، محكمة تمييز ، محكمة عليا ذات اختصاص استئنافي فقط .

course أثناء؛ خلال . مجرى؛ سياق . مرور (زمن أو أحداث)

ممر؛ خط مرور؛ اتجاه (حركة أو سياسة أو تصرف) . تتابع أو تواتر . دورة دراسة أو تدريب عملي أو فني أو غير ذلك .

course of employment [شؤون العمل والعمال] أثناء الخدمة؛ أثناء قيام العامل أو المستخدم بالواجب المسند اليه وبجرائه أو بسببه .

course of trade سياق التجارة أو سبيلها؛ ما يقوم به الشخص عادة أثناء ممارسة التجارة .

course of vessel اتجاه سفينة؛ وجهتها

court محكمة: جهة قضائية؛ جهاز أو مرجع قضائي حكومي مهمته اقامة العدالة وتطبيق القوانين وتفسيرها .

المكان الذي تنظر فيه الخصومات والقضايا والمسائل القانونية وتطبق القوانين .

ترد هذه الكلمة أحياناً كمرادف لقاض أو قضاة وتشمل القاضي المختص وهيئة المحلفين .

ساحة؛ شارع قصير ذو منفذ واحد

[شؤون التشريع] مجلس تشريعي. أطلق اسم court قديماً على البرلمان الانكليزي فكان يسمى court of the king, nobility, and commons assembled .

[قانون دولي] (شخص) الملك وحاشيته . بلاط أو سراي يسكنه الملك وحاشيته .

— civil and criminal courts محاكم مدنية : تختص بالنظر والفصل في المنازعات الناشئة بين خصم وآخر لتقرير الحقوق الشخصية وردها الى نصابها، ومحاكم جنائية: تختص بتطبيق القوانين الجنائية وعقاب المرتكبين للاساءات العامة والمعتدين على الحقوق العامة .

— *de facto* court محكمة الواقع: محكمة منشأة في ظل

court of arbitration of the chamber of commerce مجلس تحكيم الغرفة التجارية : وهو يفصل في المنازعات الناشئة بين أعضاء الغرفة انفسهم أو بينهم وبين من يتقبل قراراتها من التجار غير المنتمين اليها .

court of Archdeacon (راجع Archdeacon's court)

court of bankruptcy [نظام القضاء الانكليزي] محكمة الافلاس ؛ محكمة تدوينية تنظر في دعاوى الافلاس ابتداء واستئنافاً وتفصل فيها استناداً الى النصوص القانونية أو قواعد العدالة المطلقة equity .

court of Chancery محكمة العدالة المطلقة : دائرة من دوائر المحكمة العليا ، تتشكل برئاسة الـ chancellor وتفصل فيها يرفع اليها من المسائل على أساس الانصاف والعدالة المطلقة . وهي تختلف عن المحاكم العادية في انها ابعد درجات الانصاف والعدالة الطبيعية ولا تلزم نفسها بالتقيد بالنصوص القانونية في سبيل ذلك .

court of claims [في الولايات المتحدة الاميركية] محكمة مطالبات ، قوامها رئيس وأربعة أعضاء . تنعقد في واشنطن مرة واحدة في السنة وتشمل ولايتها كافة المطالبات ضد الحكومة الاميركية والادعاءات المحالة اليها من الكنغرس ، وتكون أحكامها احياناً قابلة للمراجعة أمام المحكمة العليا للولايات المتحدة وقد تأسست عام ١٨٨٥ .

court of Common Pleas [قانون انكليزي] محكمة مدنية كبرى تدوينية of record ذات اختصاص ابتدائي عام ؛ الغيت بقوانين نظام القضاء judicature acts وكانت تنعقد في Westminster Hall برئيس وخمسة مستشارين .

[قانون اميركي] محكمة ابتدائية ذات اختصاص عام ، تفصل في المسائل القائمة على الواقع والقانون وفقاً لمبادئ القانون العام Common Law وتتشكل بهيئة محلفين عادية .

court of competent jurisdiction محكمة مختصة

court of conciliation محكمة صلح مهمتها السعي للتوفيق بين الخصوم وايجاد السبل المعقولة لفض المشاكل المعروضة عليها بالمصالحة أو التسوية الودية بدلا من الخصومة .

court of conscience محكمة الوجدان . يطلق هذا الاسم أحياناً على الـ courts of equity أو الـ Chancery (راجع الاسمين الاخيرين في غير هذا المكان) .

court of convocation [قانون كنسي] محكمة روحانية تنعقد على شكل برلمان كنسي للنظر في مسائل الالحاد والزندقة

court-house دار المحكمة أو مقرها

court in bank (or **banc**) كامل هيئة المحكمة ؛ المحكمة بكامل هيئتها

court justiciary محكمة اسكتلندية جنائية يشمل اختصاصها كافة الجرائم الواقعة في اسكتلندا ، وتستأنف اليها الاحكام الصادرة عما دونها من المحاكم الجنائية ولها أيضاً اختصاص استئنافي فيما يتعلق بالدعاوى المدنية البسيطة .

court-leet [اجراءات انكليزية قديمة] محكمة ملغاة تدوينية of record ذات اختصاص جنائي . كانت تعقد جلساتها ، بتفويض ملكي مرة واحدة في السنة .

court-martial [كفعل] يحاكم عسكرياً ؛ يقدم الى محاكمة عسكرية

[كاسم] محكمة عسكرية ؛ تشكل بين حين وآخر لمحاكمة الخاضعين للقوانين العسكرية اذا ارتكبوا أفعالا مخلة بواجباتهم الرسمية أو مغايرة للقوانين الجنائية العادية .

تنعقد المحاكم البحرية العسكرية naval courts martial بموجب قانون التأديب البحري naval discipline act كما تنعقد المحاكم (او المجالس) العسكرية البرية military courts martial بموجب قانون الجيش army act وتنعقد المحاكم العسكرية الجوية air force courts martial بموجب قانون السلاح الجوي .

وبالرغم من أن تشكيل المحاكم العسكرية يكون بقانون خاص ، فهي تتقيد بأحكام القوانين العادية فيما يتعلق بتقديم البينات ولا تختلف اجراءاتها عن الاجراءات المتبعة أمام المحاكم العادية . وللمتهم أمامها أن يستعين بوكيل يتولى الدفاع عنه .

والمحاكم العسكرية هي محاكم عامة يجوز للجمهور والصحافة حضور جلساتها ما لم تستلزم ظروف القضايا المعروضة عليها غير ذلك نظراً لاية أسباب خاصة تتعلق بمصلحة الدولة أو الآداب العامة .

court-martial appeal court محكمة استئناف عسكرية ، منشأة سنة ١٩٥١ ، يختار اعضاؤها من بين مستشاري المحكمة العليا في انكلترا واسكتلندا وشمال أرلندا وغيرهم ممن يرى الـ Lord Chancellor تعيينه .

court of admiralty محكمة الاميرالية : محكمة مواد بحرية تشمل ولايتها جميع المسائل الخاضعة لاحكام قانون البحرية Admiralty .

court of ancient demesne محكمة قديمة ملغاة كانت تعقد برئاسة مندوب الملك لمحاكمة فلاحي أراضي التاج .

court of appeals محكمة الاستئناف أو محكمة المراجعات .

court of high commission محكمة كنسية انكليزية ملغاة اشتهرت بالشدة في عقاب المخلين بآداب الكنيسة أو نظامها المرعي والذين يحملون أو ينشرون أية عقائد أو تعاليم من شأنها أن تبعث على الشك في العقائد المألوفة أو تؤدي الى الانشقاق في الكنيسة .

court of hustings محكمة انكليزية ملغاة كانت تعقد في مجلس بلدية لندن وتعتبر أقدم محاكم انكلترا .

court of inquiry [قانون انكليزي] محكمة تحقيق خاصة يعينها التاج عند الحاجة لتقرر مدى الفائدة المتوخاة من استعمال أية اجراءات قاسية ضد شخص معين متهم أمام محكمة عسكرية، وتسند اليها أحياناً صلاحية النظر في الشكاوى المرفوعة من الجنود .

[قانون اميركي] هيئة تحقيقية قديمة كانت تتولى تحقيق ما يوجه الى الضباط والجنود من تهم اساءة السلوك والتصرف والاخلال بالنظام، وترفع تقاريرها بذلك الى الجهات المختصة .

court of last resort محكمة نهائية، لا يجوز استئناف حكمها .

court of law محكمة قانونية : كل محكمة تتقيد بنصوص القانون العام Common Law وتلزم مبادئه وتطبق أحكامه بحذافيرها . يقابلها نوع آخر من المحاكم يسمى محاكم الانصاف أو العدالة المطلقة court of equity .

court of limited jurisdiction محكمة محدودة الاختصاص تعين بتشريع خاص للنظر في مسألة معينة، وتقتصر ولايتها القضائية على المسألة المحددة لها دون غيرها .

court of *nisi prius* [قانون اميركي] محكمة ابتدائية ملغاة يستعمل اسمها غالباً للدلالة على كل محكمة تختص ابتداء في نظر القضايا المدنية، ويستعمل أحياناً للدلالة على محكمة الدعوى (أو الاساس) أياً كانت .

court of oyer and terminer [قانون انكليزي] محكمة جنائية ذات اختصاص مزدوج يخولها صلاحية النظر والفصل في قضايا الخيانة والافتيات والغدر والجنايات بوجه عام والمسائل المدنية أيضاً . وهي تنعقد في معظم الاقاليم الانكليزية مرتين في السنة .

court of passage محكمة في ليفربول (بانكلترا) عظيمة القدم تقتصر ولايتها على الدعاوى الجزئية .

court of piepoudre [قانون انكليزي قديم] محكمة بائدة تعتبر أصغر المحاكم القديمة المعروفة . سميت كذلك، على ما يظن، نظراً للاتربة والاوحال التي كانت تغمر أقدام المتداعين أمامها؛ اذ كان يلجأ اليها هؤلاء بعدما يخوضونه من الخصومات ودواعي االانشقاق أو التصدع في الكنيسة وغير ذلك من المواضيع الدينية المحضة .

court of criminal appeal محكمة الاستئناف الجنائي: محكمة عليا أنشئت سنة ١٩٠٧ لتحل محل محكمة قديمة عرفت باسم court for the crown cases reserved وهي تشكل من رئيس مستشاري محكمة مجلس الملك الخاص Lord Chief Justice of England وجميع مستشاري المجلس على أنه يكتفي لتشكيلها في الغالب بثلاثة من هؤلاء المستشارين أو خمسة في الاحوال الاستثنائية .

وتعتبر هذه المحكمة مرجعاً نهائياً في جميع المسائل الجنائية ولا يعلو عليها الا مجلس اللوردات . ولا يؤذن بالاستئناف اليها الا اذا قرر النائب العام أن في الموضوع المراد استئنافه نقطة قانونية بالغة الاهمية وأن المصلحة العامة تستلزم رفع ذلك الاستئناف .

court of customs and patent appeals [نظام القضاء الأميركي] محكمة استئناف المواد الجمركية والبراءات . تأسست هذه المحكمة عام ١٩٠٩ وهي المرجع الاستئنافي لقرارات محكمة الجمارك customs court .

court of equity محكمة الانصاف أو العدالة المطلقة؛ محكمة وجدانية تأخذ بأصول العدالة الطبيعية المحضة ولا تتقيد بحرفية نصوص القانون العام عند الفصل في المنازعات بل تبني أحكامها على مبادىء الانصاف وقواعد العدالة الطليقة من القيود.

court of error يدل هذا الاسم في بعض الولايات المتحدة الاميركية أحياناً على أعلى محكمة استئناف في الولاية؛ ويطلق في الغالب على كل محكمة يصح أن تكون مرجعاً استئنافياً للقرارات والاحكام الصادرة عن أية محكمة أخرى .

court of exchequer محكمة مالية قديمة ملغاة انتقلت ولايتها الى القضاء المالي exchequer division في المحكمة العليا .

[قانون اسكتلندي] اختصت هذه المحكمة سابقاً بنظر دعاوى الضرائب والمنازعات الناشئة بين التاج وافصاله vassals .

court of exchequer chamber محكمة مالية قديمة ملغاة انتقلت ولايتها الى محكمة الاستئناف court of appeal .

court of first instance محكمة ابتدائية (أو بدائية)، ذات اختصاص ابتدائي أو أولي .

court of general quarter sessions of peace [في الولايات المتحدة الاميركية] محكمة جنائية بولاية New Jersey .

[في انكلترا] محكمة جنائية تنعقد مرة واحدة كل ثلاثة أشهر الا في أقليم Middlesex حيث تنعقد مرتين في الشهر .

court of St. James بلاط سنت جيمس . يرد هذا الاسم في الكلام عن البعثات الدبلوماسية التي ترسلها الدول المختلفة الى انكلترا، بمعنى بلاط سنت جيمس أو الحكومة البريطانية .

court of star chamber محكمة حظيرة النجم: محكمة انكليزية ملغاة قديمة العهد؛ شملت ولايتها جرائم الشغب واليمين الكاذبة وجرائم اخلال عمال الملكة الـ sheriffs بواجباتهم والجنح بوجه عام . وكانت تعقد جلساتها بلا محلفين، ثم بلغ طغيانها اقصاه في عهد هنري الثامن فأسرفت في الشطط واتصفت أحكامها بالغبن والفساد وامتدت ولايتها الى مسائل الارادات العامة حتى عم التبرم منها وألغيت اخيراً نزولا على رغبة الامة .

court of survey محكمة انكليزية تختص بنظر الاعتراضات والطعون المقدمة من رؤساء السفن ضد الاوامر الصادرة من وزارة التجارة الانجليزية فيما يتعلق بوقف السفن غير الصالحة للملاحة، عن الخدمة .

court of the clerk of the market محكمة انكليزية جزئية كانت تعقد في البزارات والاسواق المكشوفة لمعاقبة المخلين بالنظام ومرتكبي الجنح .

court of the coroner محكمة قاضي الوفيات المشتبه فيها (راجع coroner) .

court of the lord high steward [قانون انكليزي] تتشكل هذه المحكمة أثناء العطلة البرلمانية لمحاكمة أعضاء البرلمان على ما يوجه اليهم من التهم . وهي تتشكل عند الحاجة فقط وتدوم بدوامها .

court of the lord high steward of the universities [قانون انكليزي] محكمة جامعية جنائية اختصت بمحاكمة طلبة جامعتي اكسفورد وكمبردج وذوي المكانة من المتصلين بالجامعتين على ما ينسب اليهم من جرائم .

court of the steward and marshal [قانون انكليزي] محكمة كبرى ملغاة اختصت بالفصل في كافة الجرائم المرتكبة في دائرة الخاصة الملكية: (أي في جميع الامكنة الواقعة على مسافة لا تتجاوز ١٢ ميلا من القصور والاراضي الملكية) . ومثلها المحكمة المسماة Court of the Steward of the King's Household .

court of wards and liveries [قانون انكليزي] محكمة تدوينية of record ملغاة تأسست في عهد الملك هنري الثامن وانتظمت ولايتها ادارة مصالح الموصى اليهم والمولي عليهم والمحجورين والمعتوهين وذوي الغفلة ومن في حكمهم ممن شملوا برعاية الملك؛ واختصت أيضاً في المسائل المتعلقة بمنح أرامل الملك king's widows (أي أرامل الافصال التابعين للملك مباشرة) الاذن اللازم للزواج من جديد وفرض الغرامات على

والمشاجرات في المحال والاسواق المكشوفة فيمثلون أمامها في حالة رثة وأقدام منغمسة بالاوحال والاوساخ حتى اشتهرت بهذا الاسم وظلت تعرف به حتى اليوم . وقد شملت ولاية هذه المحكمة كافة الاضرار التجارية والجرائم البسيطة الواقعة في الاسواق والمحال العامة .

court of policy مجلس السياسة: المجلس التشريعي في Guiana البريطانية .

court of probate [قانون انكليزي] محكمة اثبات الوصايا . تأسست هذه المحكمة عام ١٨٥٧ بموجب قانون اثبات (أو تحقيق الوصايا probate act) الصادر في العام المذكور، وانتقل اليها الاختصاص الذي كانت تمارسه المحاكم الكنسية في مواد الوصايا، ثم اندمجت أخيراً بموجب الـ judicature acts قوانين التنظيم القضائي في محكمة العدل العليا وأصبحت إحدى دوائرها .

[قانون اميركي] محكمة حسبية تختص بتحقيق الوصايا ومسائل الارث بوجه عام وادارة التركات ومراقبتها وتوزيعها ويعود اليها في بعض الولايات تعيين القامة والاولياء والاوصياء والوكلاء بالنسبة للقصر والغائبين وفاقدي الاهلية أو ناقصيها ولها أيضاً اختصاص محدود في المسائل الجنائية والمدنية .

court of protection محكمة الحماية؛ دائرة ملحقة بالمحكمة العليا تتولى رعاية شؤون عديمي الاهلية العقلية وادارتها .

Court of Queen's Bench محكمة مجلس الملكة الخاص. دائرة مندمجة في محكمة العدل العليا the High Court of Justice تسمى عادة Queen's Bench Division .

court of referees (راجع referees, court of)

court of session [قانون اسكتلندي] المحكمة المدنية العليا . تعتبر هذه المحكمة ذروة القضاء المدني في اسكتلندا ولا تستأنف احكامها الا لمجلس اللوردات . وفي هذه الحال ينعقد المجلس لنظر الاستئناف على هيئة محكمة استئنافية اسكتلندية تتقيد بتطبيق أحكام القوانين الاسكتلندية .

تشكل المحكمة المذكورة من دائرتين: احداهما دائرة خارجية outer house يسمى قضاتها lords ordinary وتنظر في الدعاوى المرفوعة اليها ابتدائياً . والثانية inner house دائرة داخلية استئنافية تستأنف أمامها قرارات الدائرة الخارجية ومحاكم الـ sheriff عامل الملكة وتجلس في غرفتين تشكل كل منها بأربعة قضاة .

court of sessions [في الولايات المتحدة الاميركية] احدى المحاكم المختصة بالمواد الجنائية في ولايتي كاليفورنيا ونيويورك وبعض الولايات الاميركية الأخرى .

اللاء يتزوجن منهن دون الحصول على الاذن المذكور .

courts Christian [في انكلترا] محاكم كنسية ؛ محاكم ملية مسيحية

courts of assize and *nisi prius* [في انكلترا]
محاكم دورية جوالة قوامها اثنان أو أكثر من المستشارين تنتدبهم الملكة مرتين في العام ليقوموا بتجوال دوري في كافة أنحاء المملكة ويعقدوا جلساتهم بحضور هيئات محلفين محلية يختار أعضاؤها من الاقاليم المنعقدة فيها .

courts of record (راجع باب record)

courts of record and courts not of record
محاكم تدوينية ومحاكم غير تدوينية تختلف أولى هذه المحاكم عن الثانية في أنها تدون اجراءات جلساتها (أي ضبوطها) وتحتفظ بها في سجلات خاصة لتبقى على مر الزمن مراجع وسابقات قانونية لا تخالف؛ ولها الحق في فرض الغرامة أو عقوبة الحبس على من انتهك حرمة في القضاء كما لها تصحيح الاحكام وختم خاص بها . أما الاخرى فهي محاكم جزئية قليلة الشأن لا تملك فرض عقوبة الحبس أو الغرامة كما تقدم ولا تدون فيها الاجراءات .

courts of request محاكم انكليزية جزئية (ملغاة)، اقتصر اختصاصها على الفصل في منازعات الديون البسيطة واستعيض عنها حديثاً بالمحاكم الاقليمية county courts .

courts of the forest محاكم أحراج : تختص بتطبيق قوانين الاحراج وأنظمتها .

courts of the United States محاكم الولايات المتحدة ، وهي تشمل المحاكم التالية : مجلس الشيوخ the Senate اذا جلس بوصفه محكمة مساءلة اتهامية court of impeachment لمحاكمة المسؤولين وغيرهم بالتهم المنطوية على الغدر أو الافتيات أو ما إلى ذلك ؛ المحكمة العليا supreme court ؛ محاكم الاستئناف courts of appeal ؛ محاكم المقاطعات district courts ؛ محكمة المطالبات court of claims ؛ محكمة استئناف مواد الجمارك والبراءات court of customs and patent appeals ؛ محكمة الجمارك customs court ؛ محكمة ضرائب الولايات المتحدة tax court of the United States ؛ المحاكم الولائية provincial courts ؛ محاكم الاقاليم والممتلكات النائية courts of territories and outlying possessions .

courts of the universities محاكم جامعتي اكسفورد وكمبردج : وهي محاكم ذات اختصاص جنائي ومدني يشكلها كل من مديري chancellors الجامعتين، في جامعته، للنظر والفصل في الدعاوى المدنية والجنح misdemeanours التي يرتكبها الطلبة والقائمون على خدمتهم أو يكونون طرفاً فيها ضمن حدود الجامعة . على أنه لا تحال الدعوى الى محكمة كمبردج الا اذا كان جميع الخصوم أعضاء في الجامعة .

courts of Westminster Hall محاكم قصر وستمنستر . كانت المحاكم الكبرى superior courts تتبع شخص الملك وتنعقد في القصر الذي يسكنه حيثما وجد . وظل الحال كذلك الى ان ضاق الشعب بمتاعب هذا النظام واستطاع قهر الملك جون ومن بعده هنري الثالث على تعديله بالميثاق الكبير *Magna Charta* الصادر سنة ١٢١٥ وجعل المحاكم تتخذ لأعمالها مقراً ثابتاً .

cousin ابن أو بنت عم أو عمة أو خال أو خالة : وهم من أقارب الدرجة الرابعة .

— first cousin ابن أو بنت العم أو العمة أو الخال أو الخالة .

— maternal cousin ابن أو بنت الخال أو الخالة .

— paternal cousin ابن أو بنت العم أو العمة .

— quarter cousins أبناء وبنات العم أو الخال أو الخالة للدرجة الرابعة .

— second cousins or first cousins once removed ابناء أو بنات الـ first cousins .

cousins-german أبناء أو بنات أعمام أو أخوال أشقاء وأبناء أو بنات عمات أو خالات شقيقات .

couthutlaugh [قانون سكسوني] من قام عن علم ورغبة منه بإيواء شخص خارج عن القانون outlaw أو بحمايته أو اخفائه؛ والاثنان في القانون المذكور تلحقهما ذات العقوبة .

covenant ميثاق ؛ اتفاق مكتوب بين شخصين أو أكثر وموقع حسب الاصول .

سند اتفاقي مكتوب بين شخصين أو أكثر يشترط على أحد موقعيه أو على بعضهم القيام بعمل معين أو الامتناع عنه .

يستعمل هذا الاسم حسب الدارج للدلالة على اي اتفاق بين شخصين أو أكثر ، سواء كان مختوماً (بختم رسمي) او غير مختوم.

[اجراءات القانون العام] دعوى تعاقدية (ناشئة عن عقد *ex contractu*) ترفع للمطالبة باضرار (أو تعويضات) على فريق مخل بعقد .

— absolute or conditional covenants مواثيق كتابية مطلقة (لا تخضع لقيد أو شرط) أو مشروطة (يتعلق الوفاء بها على شرط أو أكثر) .

— affirmative and negative covenants مواثيق كتابية ايجابية (يتعهد من اشترك فيها بان يفعل شيئاً معيناً) ومواثيق سلبية (يتعهد صاحبها بأن يمتنع عن فعل معين) .

covenant not to sue اتفاق عدم مقاضاة : ميثاق مكتوب بعدم رفع الدعوى (ممن له حق في رفعها والمطالبة بموضوعها).

covenant of seisin ميثاق كتابي بسلامة الملك يضمن حدود العقار وخلوه من التكاليف أو القيود .

covenant of warranty ميثاق ضمان : تعهد مكتوب يضمن للمتفرغ له الاستقلال التام بمنافع المال موضوع التفرغ وعدم اعتراض الغير او مطالبته بأي حق فيه .

covenant running with the land ميثاق تابع للارض : يلازمها حيثما انتقلت ويبقى غنما لها أو غرماً عليها فتنتقل منافعه أو تكاليفه الى من آلت اليه دون التفات للمتصرف أو المتصرف له أو كيفية التصرف .

covenant, writ of (راجع writ of covenant)

convenantee متعهد له : من حصل التعهد أو أعطي الميثاق (المكتوب) لمصلحته .

covenantor متعهد : من أعطى على نفسه ميثاقاً مكتوباً للغير .

Coventry Act قانون كافنتري : سمي كذلك نسبة للسير جون كافنتري احد أعضاء البرلمان الانكليزي؛ وهو ينص على عقوبة الاعتداء قصد تشويه جسم الغير أو تعطيل أحد أعضائه وقد صدر بعد الاعتداء الذي وقع على السير جون أثناء سيره في أحد شوارع لندن على أثر كلمات جارحة فاه بها في البرلمان.

cover يغطي . يواجه نفقات أو مصاريف

[مواد التأمين] يحمي شيئاً بالتأمين عليه

[كاسم] تأمين؛ ضمان؛ غطاء

covering deed سند تغطية أو اعفاء : ضمان تعطيه شركة تجارية لحسم ضريبة أو الاعفاء منها أو لغير ذلك .

covering letter كتاب إرفاق أو احالة

covering note سند تعويض خسارة

covert مستورة . نعت للمرأة المتزوجة، يفيد كونها (في حمى زوجها)؛ محمية أو محصنة

coverture حال زواج المرأة؛ حال كونها محصنة بقيام الزوجية .

covin مؤامرة سرية بين شخصين أو أكثر لايذاء الغير أو خداعه أو الايقاع به على أي وجه .

covinous خادع؛ ينطوي على غش أو تدليس؛ مخاتل

— concurrent covenants مواثيق معاوضة (كتابية) يلتزم بموجبها كل من الفرقاء أن يقوم بما عليه تجاه الآخر في آن واحد .

— dependent covenant ميثاق (كتابي) تبعي : يتوقف تنفيذه على شرط وفاء الفريق الآخر بما عليه .

— disjunctive covenants مواثيق (كتابية) تتناول القيام بعمل أو أكثر من أعمال عدة، تبعاً لاختيار المتعهد أو المتعهد له وحسب أحوال الاتفاق .

— executed and executory covenants مواثيق (مكتوبة) منجزة : (تتناول أعمالا تم انجازها) ومواثيق مستقبلة (تتناول أعمالا ينتظر انجازها في المستقبل) .

— expressed or implied covenants مواثيق (كتابية) صريحة : (منشأة بنصوص صريحة واضحة) أو ضمنية (يعترف بها القانون بحكم القرائن الدالة عليها) .

— independent covenants مواثيق (كتابية) مستقلة : تجيز لكل من فرقائها أن يؤدي ما التزم أداءه بموجبها وأن يطالب الآخرين بالاضرار الواقعة بجراء امتناعهم عن القيام بما عليهم .

— inherent and collateral covenants مواثيق (مكتوبة) أساسية ومواثيق فرعية : ينصب النوع الاول منها على الموضوع مباشرة، سواء كان عقاراً او غير ذلك، ويتناول الثاني شيئاً ذا صلة بالموضوع غير مباشرة .

— real and personal covenants مواثيق (كتابية) عينية (تترتب عليها حقوق عينية تلازم العقار موضوعها وتنتقل الى ورثة الشخص المشترك فيها أو من آل اليه العقار من بعده)، ومواثيق شخصية (تقتصر على المشترك فيها وحده دون غيره وتلزمه أو تلزم من يمثله شخصياً) .

— usual covenant (راجع باب usual)

covenant against incumbrances ميثاق خلو من الموانع : تعهد مكتوب يعطيه المتفرغ بخلو العقار (محل التفرغ) من اي قيد أو امتياز أو رهن او تكليف أو منفعة للغير .

covenant for quiet enjoyment ميثاق التمتع الامين أو الهادىء؛ ميثاق سلامة الحق من العيوب وأهليته للتمتع المطلق: وهو ما يعطيه البائع أو المتفرغ أو المؤجر ضماناً للمشتري أو المتفرغ له أو المستأجر من الاضرار التي تنجم عما قد ينطوي عليه الحق المنتقل من عيوب أو منافع عائدة للغير، وذلك لتمكين الفريق الثاني من التمتع بما آل اليه في أمان من مزاحمة المطالبين أو تشويشهم .

covenant in gross ميثاق (كتابي) منفصل عن الأرض لا يتبعها الى من انتقلت اليه ولا يرتب له أو عليه أي حق.

coward جبان ؛ رعبوب ؛ رعديد ؛ ناكل ؛ وجاب

cowardice جبن (يعقد بالشخص عن واجبه) ؛ نكول ؛ وجوبة

craft قطعة بحرية ؛ عائمة ؛ موكب
حرفة ؛ مهنة (تقتضي دراية خاصة) ؛ كار
حيلة أو دهاء . (المعنى الاخير لا يعتبر فنياً)

crank نعت شائع عامي ينطوي على القدح معناه : شاذ الاطوار او ذو لوثة .

crassus جسيم ؛ خطير ؛ مفرط ؛ زائد على الحد

crastino اليوم التالي

crates باب حديدي لسجن

crave يطلب ؛ يلتمس ؛ يسأل (منح شيء) ؛ يتوق ، يتشوق الى

crazy معتوه ؛ مخبول (قد يبلغ خباله حد الجنون)

create يخلق ؛ ينشيء ؛ يبعث (على) ؛ يسبب ؛ يحدث

creature, reasonable (reasonable creature) (راجع باب reasonable)

credendi causa على سبيل التسليف أو القرض

credentials [قانون دولي] أوراق اعتماد

credible يقبله العقل ؛ موثوق (به) ، مصدق ؛ معروف بالصدق ؛ صادق القول ، صحيحه . ولا يقف هذا النعت عند الدلالة على الصدق فحسب بل يفهم منه الذكاء والالمام بظروف الموضوع والنزاهة .

credible witness شاهد مصدق ؛ شاهد عدل ، مقبول الشهادة ، حسن السمعة

credibly informed [في المرافعات] تفيد أن الشخص الموصوف بها قد استقى معلوماته عن الموضوع من مصادر معروفة بالصدق .

credit اعتماد . قدرة على الاستدانة أو الشراء بالدين تتوافر مع الثقة التي يتمتع بها المشتري . مكانة ؛ جاه ؛ اعتبار مالي . ائتمان ؛ تسليف

— agricultural credit تسليف زراعي

— consumption credit تسليف استهلاكي

— documentary credit اعتماد مستندي

— extended credit اعتماد طويل الاجل ؛ سلفة على المؤجل

— irrevocable letter of credit كتاب اعتماد لا ينقض أو لا يقبل الرجوع .
تعهد بدفع مبلغ معين من المال حال أداء شيء معلوم .

— letter of credit كتاب او خطاب اعتماد ؛ سند تحريري يوجهه شخص الى آخر مكلفاً اياه بأن يدفع مبلغاً معيناً للمذكور فيه .

— long term credit تسليف طويل الاجل

— omnibus credit اعتماد خاص بأصحاب السفن

— on credit بالدين ؛ على الحساب

— producers credit تسليف انتاج

— revolving credit اعتماد تكراري ؛ سلفة تكرارية

— short term credit اعتماد قصير الاجل ؛ سلفة قصيرة الاجل

credit account حساب دائن

credit advice اشعار باضافة حساب

credit balance رصيد دائن

credit bargains عمليات آجلة

credit co-operative societies جمعيات تسليف تعاونية

credit note (راجع credit advice)

credited on; credit to يدفع ؛ يقيد لحساب

creditor دائن ؛ مداين ؛ رب دين ؛ مطالب

— attaching creditor دائن منفذ : بيده سند تنفيذي على أموال مدينه .

— catholic creditors [قانون اسكتلندي] دائن مضمون بكافة أموال مدينة أو بمقدار واف منها .

— confidential creditor (راجع باب confidential)

— execution creditor دائن تنفيذي أو منفذ : يحمل حكماً أو أمراً تنفيذياً ضد مدينه .

— executor creditor [قانون اسكتلندي] دائن مدير أو منفذ ؛ دائن المتوفى الذي يحصل على تفويض بادارة تركة مدينه كلها أو جزء منها كاف لسداد دينه ، وذلك اذا رفض المعين للادارة ادارتها .

cretio مهلة الوارث : أيام معلومة يعطاها الوارث ليفكر في الميراث ويقرر قبوله أو التنازل عنه .

crew طاقم السفينة؛ بحارتها : الربان وضباط الملاحة والمهندسون البحريون والملاحون .

crier حاجب؛ مباشر (محكمة)؛ آذن؛ دلال؛ (مناد)

crime جريمة أو جرم: كل فعل يخالف أحكام قانون العقوبات أو يكون تعدياً على الحقوق العامة أو خرقاً للواجبات المترتبة نحو الدولة أو المجتمع بوجه عام. (راجع tort للمقابلة)

— capital crime جريمة عقوبتها الاعدام، او تستأهل أقصى عقوبة تنص عليها قوانين البلاد .

— common law crimes جرائم القانون العام : الجرائم المنصوص عليها بالقانون العام، تقابلها الجرائم المعينة بالتشاريع البرلمانية crimes created by statute .

— constructive crime (راجع باب constructive)

— continuous crime جريمة استمرارية : يدوم وقوعها باستمرار الفعل أو الحال الباعث عليها أول مرة، كجريمة حمل السلاح خفية أو معاشرة امرأة معاشرة الازواج دون عقد نكاح صحيح .

— high crimes جرائم كبرى ؛ جنايات

— infamous crimes جرائم خطيرة . والخطورة في هذه الحال تعبير نسبي محض يقاس مداه بما يكال للجريمة من الجزاء .

[تشاريع اميركية، كالـ Revised Statute of New York] يشمل هذا الاسم كافة الجرائم المعاقب عليها بالاعدام أو السجن في أحد السجون المركزية .

— quasi crimes جرائم تقريبية ؛ أشباه جرائم : كافة الافعال التي تقع بين الجنح والجنايات فتكون أخطر من الجنح وأبسط من الجنايات كاهمال الواجب العام أو التقصير فيه او مخالفته والافعال التي يسأل عنها غير مرتكبيها ، كفعل الصغير مثلا، اذا تناول بندقية لوالده، سهلة المأخذ، فأطلق نارها على آخر فعطل أحد أعضائه؛ وفي هذه الحال تقع المسؤولية على الوالد بحكم تركه البندقية في متناول الولد وهي محشوة .

— statutory crimes جرائم مشمولة بقوانين برلمانية statutes تقابلها الجرائم المنصوص عليها بالقانون العام Common Law .

crime against nature [قانون عام] جريمة مخالفة الطبيعة؛ الجريمة ضد الطبيعة؛ ويراد بها المجامعة على خلاف الطبيعة؛ كاللواط والسحاق والاتصال الجنسي بين انسان وحيوان وما الى ذلك من الجرائم الاخلاقية الشاذة .

— general creditor (راجع creditor at large)

— joint creditors دائنون متضامنون

— junior creditor الدائن التالي : المداين الذي يستحق دينه بعد استحقاق ما يطلب لمداين آخر على المدين ذاته .

— preferred creditor دائن ممتاز : بيده رهن على عقار أو منقول لمدين، أو امتياز على أموال مفلس .

— principal creditor دائن رئيسي : يطالب المدين بمبلغ يفوق ما يطالب به الدائنون الآخرون بمقدار كبير .

— secured creditor (راجع باب secured)

— subsequent creditor دائن لاحق : يؤول حقه أو ينشأ بعد حصول شيء معين .

— warrant creditor مداين بيده تفويض أو سند دفع .

creditor at large دائن أو مداين عادي : لم يثبت دينه بحكم على مدينه أو يضمنه بضمان عيني (كامتياز أو رهن) أو بضمان شخصي أو غير ذلك .

creditor beneficiary مستفيد ملزم: من كان له حق المطالبة بتنفيذ عقد بين فريقين آخرين، تحق له الاستفادة منه.

creditor's bill or suit [اجراءات العدالة المطلقة] دعوى يرفعها دائن بيده حكم مشمول بالنفاذ، أمام دائرة العدالة المطلقة equity بالمحكمة العليا ليبلغ من أموال مدينه ما لا يستطيع بلوغه بالتنفيذ العادي وبموجب النصوص القانونية .

credits مطلوبات: التزامات واجبة الاستيفاء حالا أو استقبالا .

— mutual credits اعتمادات متبادلة : بين جهتين تبادل احداهما الاخرى اعتماداً باعتماد .

creed عقيدة (دينية)؛ مذهب؛ سنة؛ ملة

creek [قانون بحري] جدول؛ خليج صغير

cremation حرق الموتى؛ اشعال النار في جثة الميت حتى تصبح رماداً .

crepare oculum [قانون سكسوني] جريمة سمل العين (أو قلعها) وكان يعاقب عليها بغرامة قدرها ٥٠ شلناً .

crepusculum [مواد السرقة] الفجر الذي يسبق طلوع الشمس أو اضمحلال النور الذي يسبق غروبها .

cretinism [طب شرعي] بله أو عته؛ توقف القوى العقلية عن النمو أو نقصها بشكل يصحبه تشويه أو عيب في الجسم أو وقف ظاهر في نموه .

criminal contempt proceedings اجراءات الانتهاك الجنائي لحرمة المحكمة .

criminal conversation فجور ، ارتكاب الفجور مع امرأة متزوجة أو رجل متزوج .

criminal court محكمة جنائية

criminal gross negligence or **culpable gross negligence** : اهمال اجرامي خطير ؛ اهمال مؤاخذ خطير يصدر افتعالا قصد ايذاء الغير .

criminal information (راجع باب information)

criminal instrumentality rule قاعدة السبب الجرمي : قاعدة عامة تقضي بأنه اذا وقع أي ضرر بجراء إحدى الجرائم كان السبب المباشر لذلك الضرر هو الجرم لا اهمال الشخص الذي وفر المجال له .

criminal intent قصد جنائي أو اجرامي

criminal jurisdiction اختصاص جنائي؛ ولاية جنائية: السلطة التي تخول للجهات القضائية حق النظر والفصل في الجرائم : أي محاكمة المتهمين بالجرائم وعقابهم .

criminal justice act (راجع young person)

criminal law قانون جنائي

criminal letters [**قانون اسكتلندي**] أمر أو اعلان حضور (جنائي) يوجهه النائب العام أو أحد مساعديه الى متهم في دعوى جنائية .

criminal libel تشهير جنائي يقع باحدى طرق العلانية ؛ من شأنه أن يستفز المشهر به وينال من اعتباره الاجتماعي وثقة الناس به .

criminal lunatic مجنون مجرم: احد محجوزين في مستشفى المجاذيب المجرمين .

criminal motive غاية اجرامية

criminal procedure اجراءات جنائية : طرق قانونية واجبة المراعاة في سبيل ملاحقة المرتكبين للافعال الاجرامية أو المتهمين بها وجلبهم للعدالة ومحاكمتهم وتقرير العقوبات الواجبة عليهم .

criminal proceeding دعوى جنائية (أو جزائية) : كل ذي شأن ضد من ارتكب في حقه جرماً يعاقب عليه .

criminal process دعوى جنائية؛ اجراء جنائي . أمر حضور أو ورقة تكليف بالحضور (للجواب على جنحة أو

[**نصوص تشريعية** – statutes] الفعل الشنيع الذي يقع بالجمع بين الفم وعضو تناسل الغير لغرض شهواني .

crime against the other [**علاقات زوجية**] الجرم الذي يرتكبه أحد الزوجين مع الآخر بالاعتداء على حريته أو حقوقه أو سلامته، وفي هذه الحال فقط تقبل شهادة الزوج ضد زوجه .

crimes *mala in se* جرائم في حد ذاتها أو في طبيعتها : كالسطو وحرق المنازل المأهولة والاعتداء على العرض والافعال المنافية للحشمة والقتل خلافاً للقانون والجرائم الواقعة على السلامة العامة أو الامن العام وما اليها .

crimes *mala prohibita* أفعال أو جرائم ممنوعة شرعاً أو قانوناً : أي نصت التشاريع على منعها صراحة .

crimen جريمة ؛ تهمة بجريمة

crimen falsi جريمة الغش أو التدليس

crimen furti جريمة سرقة

crimen incendii جريمة حرق الاشياء بما في ذلك الاشخاص والحيوانات .

crimen innominatum جريمة بلا اسم أو لا اسم لها : أي تعافها التسمية ، وهي جريمة الاتصال الجنسي خلافاً للطبيعة .

crimen laesae majestatis جريمة ايذاء الملك او احد افراد العائلة المالكة ، وهي من الخيانة العظمى .

crimen omnia ex se nata vitiat الجريمة تصم أو تشين ما يصدر عنها : أي أنها تفسد غايتها أو تلطخ نتيجتها ولو كانت خيراً .

crimen raptus جريمة الاعتداء على العرض

crimen roberiae جريمة السرقة

crimina morte extinguuntur تسقط الجرائم بالموت (أو يسقط الجرم بموت الفاعل) .

criminal مجرم؛ مدان بجريمة
[**كنعت**] اجرامي أو جنائي

criminal aboration (راجع باب abortion

criminal act فعل اجرامي

criminal action قضية جنائية؛ اجراء جنائي

criminal case قضية أو دعوى جنائية

criminal charge تهمة جنائية

جناية) . اجراء جمع الدلائل والتحقيق اللازم (في جناية أو جنحة) .

criminal prosecution محاكمة جنائية ؛ اجراء جنائي : اقامة الدعوى الجنائية وتعقيبها أمام محكمة مختصة .

criminate يجرم ؛ يدين ؛ يرمي بجرم

criminative جرمي ؛ تجريمي

criminologist اخصائي اجرام، عالم جنايات، مختص بمواد الاجرام .

criminology علم الاجرام : العلم الذي يبحث في الجرائم ومنعها والعقاب عليها .

crimp [**مواد بحرية**] من يغرر بالبحارة فيستدرجهم الى حيث يضيفهم أو يؤويهم ثم يسرقهم .

crippling مقعد ؛ معطل ؛ كسيح
تعطيل الجسم أو أحد أعضائه بأحداث عاهة فيه تفقده منافعه .
عجز الجسم ؛ كساحه

criterion معيار ؛ ميزان ؛ مقياس

criticism نقد أو انتقاد

يختلف النقد المباح permitted criticism عن القذف defamation في أنه لا يتعرض لما يمارسه الشخص موضوع الانتقاد في حياته وشؤونه الخاصة، بل يقف عند حد التعرض لحياته العامة فقط .

crook لص ؛ محتال

crooked معوج ؛ مخاتل ؛ مخادع ؛ غير مستقيم ؛ غير شريف ؛ لا يؤتمن او يوثق به

crop غلة ؛ محصول ؛ ثمار

crop-sharing مزارعة : اشتراك المالك والزارع في استغلال الارض واقتسام الناتج بينهما بنسبة متفق عليها .

cropper مزارع : من تعاقد مع صاحب أرض على أن يزرعها حبوباً أو خضراً موسمية لقاء نصيب من المحصول يعرف (في الفقه الاسلامي) بالحكر .

cross صليب : خطان متقاطعان على شكل اشارة ضرب أو جمع أو صليب أو حرف T اللاتيني .
اشارة تقوم مقام الامضاء بالنسبة لمن يجهل الكتابة .

cross-action or **cross-cause** دعوى تقاص؛ دعوى مقابلة : الدعوى التي يرفعها المدعى عليه على المدعي جواباً على دعواه الرئيسية المسماة principal cause او principal action .

cross-claim ادعاء مقابل : الادعاء الذي يقابل به المدعى عليه ادعاء المدعي .

cross-demand طلب تقاص؛ طلب مقابل : يوجهه المطلوب منه الى الطالب نظير طلبه .

cross-errors أخطاء متقابلة يدعي بها كلا جانبين معنيين؛ بحيث اذا طعن أحد الخصوم بالغلط قابله الخصم الآخر بطعن مماثل وكانت الاغلاط المدعى بها متقابلة cross .

cross-examination مناقشة الشهود أو استجوابهم (من خصم الفريق الذي استشهد بهم في الدعوى) .

cross-rates أسعار صرف مشتقة؛ تختلف عن الاسعار الرسمية أو المتفق عليها أو الرائجة في بلاد أخرى .

cross-sale [**معاملات البورصة**] شراء السمسار لما ينادي على بيعه .
اذا كلف سمسار بأن يبيع من الاسهم والحصص، لاحد شخصين ما يرغب الآخر في شرائه، ونادى على الصفقة حسب الاصول المرعية ثم عقد الشراء والبيع لنفسه بالسعر المبين في آخر بيع في البورصة ، عد فعله cross-sale وهو ما لا تقره أنظمة الاسواق المالية اذ تقتضي أن يكون في كل صفقة بيع أو شراء سمساران لا سمسار واحد .

cross cheque (راجع باب cheque)

crossings معابر مشاة : أماكن عبور الشوارع المعدة للمارة؛ النقاط التي يسمح لهم منها بقطع الشوارع .

crown تاج ؛ ذروة السلطة في النظام الملكي، خصوصاً فيما يتعلق بعقوبة الجرائم . ترد هذه الكلمة أحياناً للدلالة على الملك نفسه أو الحقوق أو السلطات أو الميزات العائدة اليه.
[**في العملة**] قطعة نقد فضية انكليزية قيمتها خمسة شلنات .
[**اوصاف السفن**] شبه القوس الذي يحيط الجانب المحدب من ظهر السفينة .

crown cases دعاوى التاج أو الحق العام : الدعاوى الجنائية التي ترفع نيابة عن التاج باعتباره ممثلا للحق العام .

crown cases reserved [**قانون انكليزي**] القضايا المعلقة للاستئناف الجنائي؛ وهي المسائل القانونية المحضة التي تعرض أثناء المحاكمات الجنائية الابتدائية فيحتفظ بها لتقررها محكمة الاستئناف الجنائي .

crown court محكمة التاج : محكمة الجنايات

crown lands [في انكلترا وكندا] أراضي التاج ؛ الاراضي التي تعتبر ملكاً للملكة شخصياً أو للحكومة أو الأمة .

crown law قانون التاج ؛ ويراد به (قانون العقوبات)

crown office دائرة التاج : الدائرة الجنائية في محكمة مجلس الملكة الخاص .

crown paper ورقة أو (قائمة) تشمل القضايا الجنائية التي تنتظر المحاكمة أو قرار المحكمة وخصوصاً مجلس الملكة الخاص .

crown side الجهة أو الدائرة الجنائية في محكمة مجلس الملكة الخاص؛ تقابلها الجهة أو الدائرة المدنية plea side .

crown solicitor [في انكلترا] محام أو وكيل اجراءات التاج .

cruelty قسوة؛ شدة أو غلظة عمدية؛ سوء معاملة؛ ايلام بدني عمدي (بضرب أو حبس أو حرمان من أسباب الحياة والراحة المعقولة) .

[مواد الطلاق] كل فعل من شأنه أن يؤثر في حياة الفريق المتظلم أو صحته تأثيراً سيئاً أو ينغص عليه راحته، بما في ذلك الشذوذ الشهواني .

cruelty to animals القسوة مع الحيوان : بضرب مبرح أو سوء معاملة لا تقتضيها الضرورة أو بارهاق في خدمة الى حد لا تقره الانسانية .

cruising level [قواعد الطيران] المستوى العادي للطيران؛ وهو المستوى الذي تلزمه الطائرة خلال الشطر الاعظم من الرحلة .

cruising speed [قواعد الطيران] سرعة عادية؛ السرعة التي تلزمها الطائرة خلال الشطر الاعظم من الرحلة .

cry ينادي على شيء (في مزاد علني أو محكمة أو غير ذلك) .

cryer مناد في مزاد؛ دلال

cucking-stool آلة ضغط للتعذيب؛ استعملها السكسونيون لمعاقبة النساء بكبس أطرافهن الى الحد المطلوب .

cuckold ديوث؛ راض عن زنا زوجته؛ زوج زانية

cui in vita دعوى تقيمها الأرملة لاسترداد ملك انتقل للغير في حياة زوجها .

cuique in sua arte credendum est كل ذي مهنة (أو فن) مصدق في حدود مهنته (أو فنه) .

cujus est commodum ejus debet esse incommodum من له الغنم عليه الغرم (أو الغرم بالغنم).

cujus est solum ejus est usque ad coelum من ملك الأرض ملك سماءها : أي كان له ما فوقها حتى السماء .

culpa خطأ ؛ اهمال

— *lata culpa* خطأ (أو اهمال) جسيم أو فاحش

— *levis culpa* خطأ (أو اهمال) عادي

— *levissima culpa* خطأ (أو اهمال) بسيط

culpa caret qui scit sed prohibere non potest لا لوم على من يعلم اذا كان لا يملك المنع (أي منع وقوع الجرم او السوء) .

culpa in eligendo خطأ في الاختيار

culpa in vigilando خطأ في الرقابة أو الحراسة

culpa lata dolo aequiparatur الاهمال الجسيم والايذاء القصدي سيان .

culpable تقصيري؛ جرمي . مؤاخذ؛ مسؤول (عن فعل)؛ ملوم

culpable homicide قتل قصد، قتل مؤاخذ : يتراوح بين ادنى درجات المسؤولية وبين اقرب فعل الى القتل العمد مع سبق الاصرار والترصد .

culpable negligence (راجع باب negligence)

cultivate يفلح؛ يزرع؛ يحرث، يهيىء لغرس، يسمد؛ يبذر . يستغل؛ ينمي؛ يربي، يبعث أو يستخرج منافع شيء أو محاسنه .

cultivated lands أرض زراعية أو مزروعة . تعتبر الاراضي cultivated اذا كانت بها حبوب نابتة ولو لم يبذل في زراعتها أي مجهود . وتعتبر كذلك أيضاً لاغراض القانون، حتى بعد جمع المحصول .

cultivator مزارع

cultura أرض زراعية

cum aliquis renunciaverit societati, solvitur societas تحل الشركة اذا نبذها (أو تخلى عنها) أي شريك .

cum all يشمل كل شيء . اذا ورد هذا الاصطلاح في أسعار الاوراق المالية أفاد اشتمالها على الفوائد والعلاوات وكل شيء .

cunnilingus انحراف جنسي يرتكب باستعمال اللسان على أعضاء تناسل الغير .

cur اختصار شائع لكلمة curia ومعناها محكمة .

cura عناية ؛ وصاية ؛ قوامة

curate قسيس ؛ خوري

curateur قيم ؛ مشرف ؛ وصي : يعين للاشراف على ولد يبلغ سناً تمكنه من الاستقلال والاعتماد على النفس، غير أنه في حاجة إلى من يتولى أعماله القانونية بالملاحظة ويسدي اليه النصح والمساعدة في التصرفات المهمة .

curative تصويبي ؛ استدراكي : غايته اصلاح خطأ أو خلل او سد نقص أو تلافي عيب .

curative act قانون تصويبي أو استدراكي : قانون رجعي يوضع ليثبت صحة اجراءات قانونية متقدمة أو يعطي بعض الاعمال الرسمية أو السندات الخاصة أو العقود، صفة السريان والقانونية والصحة التي تفتقر لها بعدم صدوره .

curator قيم أو وصي على مراهق (بين سن الثانية عشرة والخامسة عشرة) أو على مجنون أو سفيه أو أي شخص فاقد الأهلية أو ناقصها . أما الصغير ، دون سن المراهقة، فوصيه هو الكافل tutor .

curator *ad hoc* وصي لهذا الغرض : أي خاص بأمر معين .

curator *ad litem* وصي خصومة : تنشأ وصايته لاغراض خصومة قائمة وتنتهي بانتهائها .

curatorship وصاية ؛ قوامة

curatrix قيمة أو وصية

curatus non habet titulum القيم لا حق له : أي لا حق لقيم في موضوع القوامة .

cure يصحح ؛ يعالج ؛ يصوب (خطأ)، يزيل (عيباً)

cure by verdict معالجة بقرار : أي معالجة ما قد يرد أحياناً في المرافعة من أغلاط وعيوب بقرار هيئة المحلفين، بحيث اذا اعطى المحلفون قرارهم اعتبرت المحكمة الاغلاط العارضة في المرافعات مصححة في سياق المحاكمة .

curfew منع تجول : نظام تفرضه السلطات المختصة لحظر التجول على الأهالي في أمكنة ومواقيت معينة . يرجع عهد هذا الاجراء الى وليم الفاتح William the Conqueror ويظن ان مصدر الكلمة هو التعبير الفرنسي *couvre feu* تغطية النار أو سترها .

cum confitente sponte mitius est agendum من اعترف طوعاً وجب أخذه بالحسنى .

cum dividend بما فيه الربيحة أو عوائد الاسهم .

cum laude بامتياز ؛ بتفوق

cum legitimae nuptiae factae sunt, patrem liberi sequuntur الاولاد الشرعيون يتبعون أباهم

cum onere يقترن بعبء أو تكليف : يترتب عليه امتياز أو قيد .

cum privilegio مع الامتياز : عبارة التخصيص أو الاحتكار التي تمنح بها جامعتا اكسفورد وكمبردج ودور الطباعة الملكية الانكليزية حق الانفراد في نشر التوراة .

cum testamento annexo [ادارة التركات] «مع اضافة الوصية»
الادارة التي تسند لمن يختاره القاضي اذا مات الموصي دون أن ينجز وصيته أو يعين منفذاً لها أو اذا عين شخصاً ناقص الاهلية أو رفض المعين القيام بما اسند اليه .

cumulative جمعي ؛ جامع ؛ اضافي ؛ تعزيزي

— application cumulative **[مسائل الزواج حسب القانون الفرنسي]** تطبيق القانون تطبيقاً جامعاً . التطبيق الذي يستوجب خضوع الرابطة الزوجية لقانون الزوج وقانون الزوجة في آن واحد ولا يعتبر الزواج صحيحاً الا اذا ساير القانونين معاً . وهذا يختلف عن الـ application distributive الذي لا يطبق على الزوج الا قانونه ولا يطبق على الزوجة الا قانونها ولا يقتضي لصحة الزواج الا أن يستوفي الزوج الشروط المفروضة بقانونه وتستوفي الزوجة الشروط المفروضة بقانونها .

cumulative dividend (راجع باب dividend)

cumulative evidence دليل اضافي أو مساند؛ بينة اضافية

cumulative offence جرم تكراري أو استمراري : لا يتم ارتكابه الا بتكرار الفعل المكون له في مناسبات أو أيام مختلفة، كجرم بيع المخدرات مثلا .

cumulative preference shares أسهم ممتازة مجمعة أو متراكمة الارباح .

cumulative remedy (راجع باب remedy)

cumulative voting نوع من التصويت يجعل للناخب عدداً من الاصوات يساوي عدد المرشحين ويخوله اعطاء مجموع اصواته لمرشح واحد .

curia محكمة

curia advisari vult عبارة استهلالية، شاع استعمالها قديماً في قرارات المحاكم واجراءاتها، معناها « ترى المحكمة » أو « تنصح المحكمة بكذا ... » .

curia magna [**قانون انكليزي قديم**] المحكمة الكبرى . أطلق هذا الاسم قديماً على البرلمان الانكليزي .

curia parliamenti suis propriis legibus subsistit محكمة البرلمان تخضع لقوانينها الخاصة .

curia regis محكمة الملك : مجلسه الخاص

curing title تطهير الحق (في الملك) ليصبح قابلا للبيع أو الشراء .

currency عملة (متداولة)، نقد (متداول)

currency notes أوراق نقدية (تصدرها الدولة)

currency reserve fund مال العملة الاحتياطي

current جار؛ سار ؛ حالي ؛ حسب آخر التعديلات ؛ يشمل آخر المعلومات أو الوقائع أو الأرقام .

current account حساب جار ؛ تعامل مالي مستمر بين جهتين .

current expenses مصاريف جارية : المصاريف اللازمة لاستمرار سير المشروع أو صيانته .

current flight plan [**قواعد الطيران**] برنامج الرحلة المعمول به او الساري المفعول .

current funds أموال قابلة للتحويل الى نقد عند الطلب، كالذهب والفضة وما اليها .

current money نقد متداول (قانوناً في البلاد)؛ عملة متداولة

current price السعر الجاري : سعر السوق؛ سعر البضاعة في سوق عادية .

current rate of wages فئات الاجور العادية؛ أجور العمل الدارجة

current record [**قانون الطيران**] سجل ساري المفعول أو مطابق لواقع الحال (بمعنى up to date) يبين أرقام ووقائع الوقت الحاضر .

current report تقرير سار أو قائم المفعول: يبين واقع الحال أو آخر الوقائع المتوافرة .

current revenues ايرادات جارية: تشمل ضرائب السنة الحالية والضرائب المتأخرة الدفع وغيرها من المبالغ المستحقة الاداء، كالغرامات ورسوم الترخيص على أنواعها وغيرها من الإيرادات العامة .

current wages [**اسعار المستوردات**] سعر البضاعة السائد في مكان تصديرها .

current value اجور جارية : الاجور المستوفاة أو المستحقة عن مدة جارية لا ماضية .

currently حالياً؛ في الوقت الحاضر ؛ عموماً . أول بأول ؛ بآخر الارقام أو المعلومات .

curriculum منهاج دراسة (مقررة لفترة معينة)

curriculum vitae بيان تاريخ أو مراحل حياة (الشخص) : من حيث دراسته وأعماله وأحواله بوجه عام .

currit tempus contra desides et sui juris contemptores يجري الزمان (أو تكر الايام) ضد الخاملين والقاعدين عن حقوقهم .

cursing شتم ؛ سباب

curtail يقصر؛ يجرد؛ يجتزىء؛ ينال أو ينقص (من)

curtesy الحق الذي يؤول للارمل في الأموال الخاصة بزوجته المتوفاة اذا ولدت منه ولداً حياً (ذكراً أو انثى) لو عاش لكان أهلا لوراثتها، ولا بد لهذه الايلولة من ركنين (١) أن يكون المال للزوجة وحدها دون غيرها؛ (٢) أن تلد من الزوج ولداً حياً لو بقي على قيد الحياة لكان أهلا لوراثتها. ولا يؤثر في الحق المذكور ان يموت ذلك الولد حال ولادته. الغيت قاعدة الـ curtesy في انكلترا سنة ١٩٢٥ .

— tenant by the curtesy (راجع باب tenant)

curtesy initiate and consummate يبدأ حق الزوج، في أموال زوجته الخاصة، بالتكوين فيصبح initiate قبل وفاتها وحالما تلد منه ولداً حياً، فاذا توفيت بعد هذه الولادة أصبح حق زوجها في أموالها consummate منجزاً كامل الاركان .

curteyn اطلق هذا الاسم على سيف الملك الانكليزي Edward the Confessor ويروى أن السيف المذكور كان مكسور الرأس دلالة على الرحمة .

curtilage ساحة؛ أرض محيطة بمنزل وتابعة له

curtis بستان؛ ساحة تحيط بمنزل؛ منزل؛ قصر نبيل، سراي

cussedness عبث؛ استهتار؛ اندفاع طائش؛ مكابرة؛ هوى؛ استبداد في رأي (ظاهر الغلط)

custodes مشرفون ؛ أوصياء

custodes pacis حفظة أمن ؛ مشرفون على أمن

custodiam lease [قانون انكليزي] أرض تنتقل على سبيل الحراسة أو الايجار من التاج الى شخص معين، بسند رسمي يحمل ختم الخزانة exchequer seal .

custodian حارس

custodian trustee امين حارس: الامين الموكل بحراسة المال محل الأمانة والعناية به دون ادارته .

custody حراسة؛ اشراف؛ رعاية . حفظ أو ايداع على سبيل الأمانة .

حجز ؛ اعتقال ؛ توقيف ، حبس فعلي

— protective custody : اعتقال وقائي ؛ سجن تحفظي تقييد حرية الشخص باحالته الى معتقل او سجن . يؤخذ بهذا التدبير أحياناً ضد بعض الاشخاص على سبيل الوقاية والتحوط اذا توافر من الأسباب ما يبرر الاعتقاد بأن وجودهم أحراراً قد يهدد سلامة البلاد أو الأفراد وأن اعتقالهم يضمن حماية المجتمع من الأعمال الثورية .

custody of the law حراسة القانون . يعتبر المال تحت حراسة القانون in the custody of the law اذا حجز عليه أو أخذ بموجب اجراء قانوني وأبقي في حيازة موظف عمومي يحمل تفويضاً خاصاً بحفظه .

custom عرف؛ عادة؛ سنة : سلوك أو تصرف تعارف الناس عليه واعتادوا بتكرار مراعاته زمناً طويلا، على السير بموجبه واتخاذه قاعدة ثابتة تبين السبيل الواجب اتباعه في الأحوال الخاضعة لتلك القاعدة . نظام متعارف عليه بالتكرار وطول الممارسة ومرور الزمن .

للمقارنة بين custom و usage راجع الكلمة الأخيرة مكانها.

— general customs أعراف متوطدة ؛ سنن أو عادات عامة سارت بموجبها البلاد جميعاً وخضعت لاحكامها فأصبحت قانوناً لتلك البلاد وقاعدة ثابتة .

— local or particular customs أعراف أو عادات محلية أو خاصة : يقتصر شيوعها والعمل بها على أقليم أو مكان معلوم من البلاد دون غيره .

— prevailing custom عرف متوطد أو شائع؛ سنة أو عادة متبعة

custom duties رسوم جمركية

custom-house محل أو دائرة جمرك

custom-house broker سمسار جمارك : وكيل مرخص يحترف أعمال تخليص البضائع في الجمارك والوساطة في انجاز المعاملات الجمركية لحساب ذوي الشأن من التجار وغيرهم .

custom of merchants عرف التجار : نظام عرفي خاص يتعلق بالكمبيالات والشركات وبعض الشؤون التجارية الاخرى، أدخل على القانون العام باسم *lex mercatoria* أو the law-merchant .

custom union اتحاد جمركي

customary عرفي؛ شائع؛ اعتيادي : جرت به العادة

customary estates أملاك (عقارية) عرفية تخضع ملكيتها أو حيازتها وأوضاعها لقواعد عرفية معلومة .

customary tenants مستأجرون أو حائزون عرفيون : تتقيد اجاراتهم أو حيازتهم العقارية بقواعد عرفية خاصة تحكم الاراضي موضوع الاستئجار أو الحيازة .

custome serra prise stricte العرف واجب المراعاة بلا هوادة .

customer زبون

customs جمارك . ضرائب أو رسوم جمركية تستوفى على السلع الواردة والصادرة .

customs of London أعراف لندن : عادات ثابتة، تتعلق بالتجارة والتمهين apprenticeship وشؤون الأرامل والايتام وما اليها ويقتصر شيوعها والعمل بها على مدينة لندن . وهي تختلف عما تنص عليه قواعد البلاد العامة، غير أنها رسخت مع الزمن وثبتت فيما بعد بتشاريع برلمانية خاصة .

customs surcharge عوائد جمركية اضافية

custos rotulorum قاضي سجلات : يناط به الاشراف على سجلات المحاكم وقيودها ومحفوظاتها .

cut يجرح ؛ يقطع؛ ينقص (من شيء) ؛ يجتزيء (منه)

cut-motors [قواعد الطيران] وقف محركات الطائرة

cut-over land أرض مقطعة الاشجار أو مجردة من أشجارها .

cut purse سارق يرتكب السرقة بقطع محافظ النقود أو تمزيقها والاستيلاء على ما فيها .

cwt وزن انكليزي مقداره ١١٢ رطلا .

cyclone اعصار ؛ ريح تعصف حول نفسها في شكل دائري. ريح دوارة ، ترتفع بالاتربة أو مياه البحر بشكل عمودي وتنطلق من نقطة الى أخرى .

cynebote الدية ؛ بدل الدم عند قدماء الانكليز : التعويض الذي كان يدفعه القاتل لاقارب المقتول .

cyphonism عقوبة الطوق : عقوبة قديمة كانت توقع على المحكوم بوضع طوق خشبي حول عنقه وسوقه في المحلات العامة وهو مطرق الراس بتأثير الثقل . وما زال يعمل بهذه العقوبة في بعض جهات الصين الى اليوم الحاضر .

cy-pres **[في المواريث]** قاعدة مرعية ، معناها الحرفي « الى أقرب حد عملي أو معقول أو يتمشى مع القانون » . يلجأ الى هذه القاعدة اذا استحال تنفيذ الوصية تنفيذاً حرفياً نظراً لخروجها عن المعقول أو العرف أو تجاوزها أحكام القانون ؛ وهي تقتضي التوفيق بين غاية الوصية والغاية العملية المعقولة والاجتهاد في تنفيذ رغبة الموصي بالقدر المستطاع في حدود القانون والعرف والظروف .

cyricbryce **[قانون سكسوني]** دخول الكنائس عنوة قصد السرقة .

D

D. حرف الهجاء الرابع، وهو يرمز على سبيل الاختصار الى عدد من الاسماء والمصطلحات القانونية الشائعة نحو : *digestum* أو *digesta* مختارات جستنيان في القانون الروماني المدني؛ رأي أو فتوى *dictum*؛ بايجار (أو بعقد ايجار) من *demissione* ؛ بنس pence .

اذا ورد كرقم حسابي لاتيني دل على العدد ٥٠٠، واذا وضع فوقه خط D دل على ٥٠٠٠ .

D.B. دفتر يومي day book .

D.B.E. مؤقتاً؛ احتياطاً؛ لحاجة مستقبلة *de bene esse* .

D. J. قاضي منطقة district judge .

D.P. منسلخ عن وطنه، مغترب displaced person . مجلس اللوردات الانكليزي *donus procerum* .

D.S. عامل ملك بالنيابة deputy sheriff .

D.W.I. مات بلا عقب died without issue .

da tua dum tua sunt, post mortem tunc tua non sunt هب ما تملك من الاشياء وهو لك فبعد الموت لن يكون لك .

dactylography علم تحقيق الاشخاص أو الاستدلال عليهم بسبيل بصمات الاصابع .

dagger خنجر ؛ مدية

daily يومي ؛ كل يوم ؛ عادي

daily occupation مهنة (حرفة) عادية؛ شغل أو عمل يومي معتاد

dale and sale اسمان افتراضيان لمكانين خياليين يردان أحياناً للتمثيل على المحلات والامكنة بوجه عام عند عدم الرغبة في التخصيص .

dam سد للمياه؛ منشآت السد . تجمع المياه وراء السد بحكم قيامه .

damage ضرر (مادي أو غير مادي) ينتج عرضاً أو قصداً ، بجراء الاهمال أو غير ذلك .

اذا ورد في صيغة الجمع damages دل على التعويض الذي يصيبه أو يطالب به من استهدف لضرر أو خسارة .

damage-cleer فئات نسبية خاصة من التعويضات كانت تفرض على المحكوم عليه في دعاوى التعدي على العقار والاخلال بالعقود وغيرها من الدعاوى والاحوال التي لم يكن من الميسور فيها تقدير التعويضات على وجه الدقة . وقد اختلفت هذه الفئات من محكمة الى أخرى، فكانت محكمة الـ Common Pleas مثلا (وهي ذات اختصاص ابتدائي في كافة الدعاوى الحقوقية) تحكم للمدعي بعشر موضوع المطالبة اذا زاد على مبلغ معين، وتحكم محكمة مجلس الملكة Queen's Bench (دائرة القضاء المالي Exchequer) بجزء من عشرين من موضوع المطالبة .

damage feasant or **faisant** [**دعاوي التعدي على الاراضي**] مدعاة أو مجلبة للضرر . يرد هذا الاصطلاح في وصف المواشي والحيوانات الضارة ومطالبة أصحابها بتعويض الاضرار المحدثة بجراء اقتحامها أملاك الغير . وللمعتدى على ملكه من هذه المواشي أن يحبسها حتى يصلح صاحبها ما أفسدت أو يجبر الخسارة ويدفع تكاليف علفها وصيانتها مدة حبسها . ويرجع عهد استعمال الاصطلاح المذكور الى زمن الملك ادوارد الثالث حين استعيض به عن الاصطلاح القديم *en son damage* .

damage to person ضرر لشخص : يحل بسمعته أو شعوره كنتيجة مباشرة لفعل ضار .

damage to two persons ضرر لشخصين : دعوى أضرار ترفعها الأرملة طالبة الحكم لها بالتعويض عما أصاب زوجها المتوفى وأمواله من الأضرار وما لحقها هي أيضاً من الخسارة المادية .

damaged متضرر ؛ معطب؛ مصاب بضرر : نال من قيمته أو منافعه أو الرغبة اليه .

damaged value قيمة المعطب ؛ ثمن الشيء على تلفه . أي بعد اصابته وقبل اصلاحه .

damages اضرار ؛ تضمينات؛ عطل وضرر ؛ الزامات مدنية: التعويضات المادية التي يحكم بها لمن أصابته أية أضرار في شخصه أو حقوقه أو ما يمت اليه نتيجة ما صدر عن الغير من فعل أو سلوك مغاير للقانون أو تقصير .

— actual damages أضرار فعلية : الاضرار أو المبالغ التي يحكم بها للمشتكي نظير ما لحقه من ضرر فعلي معلوم .

— intervening damages أضرار يحكم بها للمستأنف عليه تعويضاً له عما لحقه من الخسارة بجراء التأخير الناشيء عن الاستئناف .

— irreparable damages أضرار لا تعوض : الاضرار التي يتعذر تحديد مقدارها بالمال أو الطرق القانونية العادية ويستحيل تعويض المتضرر عنها .

— liquidated damages and penalties [في العقود والالتزامات] أضرار مقطوعة أو مقررة . المبلغ الذي يفرض العقد على الفريق المخل دفعه للفريق الآخر نظير الاخلال بمقتضيات العقد .

— nominal damages أضرار اسمية : تعويضات ضئيلة المقدار يحكم بها للمدعي اذا لم تكن الاضرار المدعى بها ذات بال .

— permanent damages أضرار ثابتة أو دائمة : التعويضات التي تقدر للمدعي على اعتبار أن الخسارة موضوع الدعوى تتأتى عن مصدر دائم الوجود لا يرجى تفاديه .

— prospective damages أضرار منتظرة أو متوقعة : التعويضات التي تقدرها المحكمة للمدعي قبل وقوع الضرر المنتظر ، اعتقاداً منها بأنه واقع لا محالة أو أن وقوعه عظيم الاحتمال .

— proximate damages اضرار قريبة الاحتمال : يستهدف لها الشخص كنتيجة طبيعية أو مباشرة لفعل أتاه الغير .

— remote damages أضرار بعيدة الاحتمال : تبدو نائية الصلة بالفعل أو السلوك المدعى نشوءها عنه .

— speculative damages أضرار توقعية ، حدسية أو منتظرة : تتوقف على أحداث أو تطورات مستقبله محتملة أو غير محتملة .

— substantial damages اضرار ذات بال ، ذات قيمة تستأهل الاعتبار ؛ تقابلها الاضرار الاسمية

— unliquidated damages اضرار غير مقررة ، من حيث المقدار أو يمكن تحديدها بالارقام على وجه الدقة بناء على البيانات المتوافرة في الدعوى .

— vindicative damages (exemplary damages راجع)

damages ***ultra*** أضرار تفوق المودعات : التعويضات التي يطالب بها المدعي فوق ما يودعه المدعى عليه لحسابه في المحكمة .

damna أضرار (مع المصاريف أو دونها)

damnatus [قانون انكليزي قديم] غير مشروع

— affirmative damages اضرار [مسائل بحرية] يحكم بها للمشتكي تعويضاً له عما لحق سفينته من خسائر وقد يزيد مقدار التعويض المطلوب في هذه الحال عما يحق للمدعي أن يطالب به .

— compensatory damages أضرار معادلة : تعويضات أو تضمينات تقف عند حد تعويض الخسارة (موضوع الدعوى) أو جبرها فقط أو اصلاح ما افسد أو أتلف دون زيادة أو نقصان .

— consequential damages اضرار استتباعية : لا تتأتى عن الفعل مباشرة ، بل عن ذيوله أو نتائجه ، بحيث اذا كان لاحد الناس مثلا كلب شرس لا يخرج الا موثقاً أو مكمماً ، ثم غفل صاحبه يوماً عن اقفال باب بيته ، فخرج الكلب وأطبق على رجل أحد المارة وعضها عضة عطلت صاحبها عن العمل أياماً ، جاز للمعتدى عليه في هذه الحال أن يطالب صاحب الكلب بال consequential damages نظير غفلته عن ربط كلبه أو اقفال الباب .

— direct damages أضرار (أو تعويضات) مباشرة تترتب على فعل ضار ترتباً مباشراً .

— double damages أضرار أو (تعويضات) مضاعفة ، يقررها المحلفون أحياناً للمتضرر في دعاوى الاهمال الجسيم والاعتداء على الأملاك وما اليها .

— exemplary damages or vindicative damages أضرار مثالية ، جزائية أو انتقامية ؛ أضرار خاصة تفوق ما يكفي لتعويض الضرر أو جبر الخسارة ؛ يحكم بها للمطالب اذا أصابه الضرر محل الشكوى في ظروف مشددة كالعنف أو القصد السيىء أو التدليس أو غير ذلك مما ترى معه المحكمة وجوب زيادة التعويض للمدعي بما يهون عليه وقع ما تعرض له من المؤثرات النفسانية التي من شأنها ان تجعل الضرر الأصلي أبعد أثراً .

— fee damages أضرار أو تعويضات تقرر لاصحاب الاملاك في المدن اذا تأثرت أملاكهم بجراء مرافق عامة (كالسكك الحديدية مثلا) من شأنها أن تصد عنها النور أو الهواء أو الرؤية أو تضايقها في ممارسة أي حق ارتفاقي آخر . سميت fee damages نظراً لان النور والهواء وكافة حقوق الارتفاق الاخرى تعتبر من الأشياء الملازمة fee للعقار والخاضعة له .

— imaginary damages (exemplary damages راجع)

— inadequate damages أضرار غير كافية . تعتبر الاضرار كذلك اذا كان مبلغ التعويض المحكوم به لا يكفي لجبر خسارة المتضرر واعادته الى سابق حاله قبل حلول الضرر به .

date of issue [شؤون العملة] تاريخ اصدار (وتداول)
[وثائق التأمين] التاريخ المحدد في الوثيقة (باعتباره تاريخ اصدارها لمن له حق فيها).

dation اعطاء أو منح (الغير ما يحق له أخذه)

dative اشتقت هذه الكلمة من القانون الروماني ومعناها «معين» أو «مقام» وهي من مفردات القانون الاسكتلندي، ترد في مثل الاصطلاح منفذ معين أو مقام executor-dative (من المحكمة أو السلطات الرسمية) يقابله في القانون الانكليزي ما يسمى administrator with will annexed .

datum شيء معطى أو ممنوح

daughter بنت أو ابنة (صلبية)

daughter-in-law كنة ؛ زوجة الابن

day يوم (اربع وعشرون ساعة)

-- astronomical day يوم فلكي : مدته أربع وعشرون ساعة تبدأ وتنتهي عند الظهر (منتصف النهار).

— civil day يوم مدني : يوم عادي يبدأ وينتهي عند منتصف الليل.

— clear day (راجع باب clear)

— judicial day اليوم (أو النهار) الذي تجلس فيه المحكمة فعلا.

— juridical day اليوم (أو النهار) الذي يجيز فيه القانون للمحكمة أن تجلس اذا شاءت.

day-book دفتر يومية : يسجل فيه التاجر جميع ما يجريه من معاملات خلال يومه.

day certain يوم محدد قطعاً

day of entry يوم الدخول . يقصد به في مواد النقل البحري اليوم الذي يقدم فيه الربان مستندات السفينة للجمارك كي يحصل منها على اذن التفريغ.

day of maturity يوم استحقاق ؛ يوم مقرر لوفاء

day price سعر اليوم : السعر السائد في اليوم الحاضر.

day-rule or **day-writ** يوم خاص كان يسمح فيه للمحكوم بالخروج من السجن لقضاء حاجاته الاضطرارية الخاصة؛ ولا محل له في انظمة السجون الحالية.

days of grace أيام مجاملة ؛ أيام امهال أو مهلة : الايام الاضافية التي تعطى على سبيل التيسير للمدين أو الملتزم

damnify يضار ؛ يؤذي ؛ يسبب أو يبعث على ضرر الغير أو خسارته.

damnosa haereditas ميراث خاسر : يكون غرماً على الوارث.

damnum ضرر ؛ أذى ؛ خسارة : تأثر الحق أو المال أو النيل منه بغش أو اهمال أو ما إلى ذلك.

damnum absque injuria : ضرر غير قابل للتعويض : لا يستطاع تعويضه.

damnum infectum ينذر بضرر أو أذى

damnum sentit dominus « تقع الخسارة على السيد » أي يصيب الضرر من كان صاحب المال بموجب القانون.

damnum sine injuria esse potest قد يقع الضرر دون فعل مخالف للقانون.

danger خطر ؛ تهلكة

dangerous *per se* خطر في حد ذاته . خطر في كنهه، أصلا ومادة بغير وسيلة أو باعث أجنبي عنه.

dangerous weapons أسلحة خطرة : يمكن اتخاذها أداة لجرح أو قتل.

dangers of navigation أخطار الملاحة

dangers of the road [وثائق الشحن] أخطار الطرق؛ أخطار النقل البري

danism اقراض بربا فاحش

****Dar Harb*** دار حرب : الاقاليم التي كان يحكمها غير المسلمين (أيام الفتوح الاسلامية).

****Dar Islam*** دار اسلام : الاقاليم التي كان يحكمها المسلمون (أيام الفتوح الاسلامية).

dare تفرغ عن ممتلك : تصرف للغير فيه أو اعطاؤه له.

dare ad remanentiam تصرف قطعي : التصرف الذي يجعل موضوعه ملكاً خالصاً للمتصرف له أبد الدهر.

darraign يصفي (حساباً قانونياً) ؛ يسوي (نزاعاً) ؛ يجيب (على تهمة)

data بيانات؛ وقائع؛ تفاصيل أو معلومات تؤدي الى نتيجة معينة ؛ استدلالات

date certaine تاريخ ثابت . اصطلاح فرنسي دارج يستعمل في الاشارة الى المحررات بوجه عام للدلالة على نشوئها بتواريخ ثابتة لا تحتمل الشك.

بعد التاريخ المحدد، في الكمبيالة أو العقد، للوفاء بما عليه من دين أو التزام، ولا تتخذ خلالها أية اجراءات قانونية ضده. فاذا انقضت أيام المجاملة هذه (وهي عادة ثلاثة بعد التاريخ المحدد للاستحقاق) دون حصول الدفع، بوشر بالاجراءات المذكورة. وقد منحت هذه الأيام في بادىء الامر على سبيل التساهل مع المدين والتفضل عليه ثم أصبح منحها فيها بعد عادة مرعية بين التجار لم تلبث أن تمكنت وغدت حقاً للمدين يطالب به اذا شاء.

daysman حكم في نزاع؛ محكم أو قاض مختار

de aequitate من باب الانصاف أو العدالة المطلقة؛ في سبيل ذلك؛ عملا به

de aetate probanda للتثبت من السن. أطلق هذا الاصطلاح قديماً على المذكرة التي كان يكلف فيها المحلفون بالحضور لتحقيق سن الوارث واعطاء قرار فيه.

de arte et parte [**قانون اسكتلندي قديم**] شريك. العمل (أو الدور) الذي يقوم به من ساعد على ارتكاب جريمة أو مهد لها دون أن يكون فاعلا أصلياً فيها.

de assisa proroganda [**قديماً**] أمر قضائي كان يوجه للقضاة لارجاء الجلسة المقررة اذا تغيب أحد الخصوم لقضاء حاجات الملك.

de audiendo et terminando : «كي ينظر ويفصل» أمر قضائي يسند للقضاة سلطة النظر والفصل في الدعاوى.

de averiis replegiandis دعوى استرداد مواش أو حيوانات مغصوبة.

de bene esse على شرط؛ مؤقتاً؛ توقعاً لحاجة أو منفعة

— examination *de bene esse* الاستجواب توقعاً أو (احتياطاً) للحاجة: استجواب الشاهد خارج المحكمة وقبل البدء في نظر القضية اذا كان مقعداً أو مريضاً مثلا يخشى موته أو على سفر طويل، وكانت شهادته في واقعة معينة عظيمة الاهمية. وفي هذه الحال تؤخذ أقواله لتتلى أثناء المحاكمة حرصاً على عدم ضياع معالم تلك الواقعة أو المسألة أو احتياطاً لاستحالة حضوره للاستجواب في الجلسة.

de bien et de mal اصطلاح فرنسي لاتيني معناه للخير وللشر. العبارة التي كان بها المتهم قديماً يفوض نفسه لهيئة المحلفين معرباً عن خضوعه المطلق لقرارها.

[**في انكلترا – سابقاً**] أمر حبس أو سجن

de biens le mort من أمتعة المتوفى أو أمواله (اصطلاح فرنسي دارج).

de bonis asportatis دعوى استرداد أمتعة أو أموال شخصية مغصوبة.

de bonis propriis «من ماله الخاص»: امر قضائي باستيفاء شيء معلوم من أموال مدير التركة أو منفذ الوصية لا من تركة المتوفى.

de bonis testatoris «من مال الموصي»: أمر يتعلق بأموال التركة.

de bono et malo (راجع *de bien et de mal*)

de certiorando (في) تكليف عامل الملك (الـ sheriff) بالشهادة: على واقعة معينة.

de chimino في حق أو ارتفاق المرور. الدعوى المقامة فيما يتعلق بهذا الحق.

de clauso fracto في انتهاك أو خرق حرمة الامكنة المسورة (أو المنازل). الدعوى المقامة فيما يتعلق بذلك.

de communi dividundo في قسمة المشاع

de computo في تقديم الحساب

de conflictu legum في تنازع القوانين

de contumace capiendo في جلب عن الحضور

de custode admittendo في تعيين الوصي

de custode amovendo في عزل الوصي

de debitore in partes secando في تقطيع المدين إرباً إرباً.

أطلق هذا العنوان على أحد القوانين الواردة في الالواح الرومانية الأثني عشر «twelve tables» الموضوعة سنة ٤٥٠ قبل الميلاد، وهو ينص على حق الدائنين في تقطيع جسم مدينهم المتخلف عن الوفاء وتوزيعه فيما بينهم.

de dolo malo في الخداع أو التدليس؛ قائم على ذلك

de escaeta في حق السيد (اللورد) الاقطاعي في استرداد أرضه اذا مات الحائز منه بلا عقب.

de estoveriis habendis في الحصول على النفقة. دعوى الزوجة على الزوج، في حالة التفريق، للحكم عليه بنفقة أو مؤونة لازمة.

de executione facienda أوامر تنفيذ

de executione judicii في مباشرة التنفيذ. الامر الصادر بذلك.

سنة ١٢٣٣ في عهد الملك ادوارد الأول واشتهر أيضاً باسم Statute of Acton Burnel وقد نص على وجوب تقديم ضمان المدين المشار اليه في statute merchant (راجع الاسم الأخير في باب statute) .

de minimis non curat lex القانون لا يعنى بالسفاسف

de minis في التهديد : أمر أو انذار المحافظة على السلام . اذا توعد شخص آخر بايذائه في نفسه أو ماله أمكن هذا أن يستصدر ضده الأمر القضائي المذكور لقهره على لزوم حدوده وعدم التحرش .

de novo من جديد ؛ مجدداً ؛ مرة ثانية

de odio et atia عرف هذا الأمر القضائي قديماً باسم *breve de bono et malo* وكان يوجه الى عامل الملك sheriff مكلفاً اياه بأن يحقق الاسباب الداعية الى توقيف الشخص المذكور فيه بشبهة القتل ويتثبت من وجاهتها وخلوها من عامل الكيد والكراهية الشخصية المغرضة ، حتى اذا شك في ذلك صدر اليه أمر آخر باخلاء سبيل الموقوف تحت الكفالة .

de partitione facienda في اجراء قسمة المشاع (المال المملوك على الشيوع) .

de pignore surrepto furti, actio (*actio de pignore surrepto furti*) دعوى استرداد الامانة المسروقة .

de quarantina habenda دعوى الاربعين ؛ دعوى المطالبة باستكمال الاربعين يوماً في بيت الزوجية : الدعوى التي ترفعها الارملة على الوارث اذا طردها من بيت زوجها قبل أن تستنفد الاربعين يوماً التي يجيز لها القانون قضاءها في بيت الزوج بعد وفاته .

de quota litis **[قانون مدني]** اقتسام عوائد النزاع . عقد بين شخصين لأحدهما أموال متنازعة صعبة المنال ، يتفق بموجبه الثاني على ان يبذل جهده في سبيل تحصيلها بالطرق القانونية أو بغيرها ويتفق الاول على أن يعطيه جزءاً معلوماً من تلك الاموال اذا افلح في تحصيلها .

de rationabili parte bonorum دعوى الارملة على منفذ وصية زوجها المتوفى ، للحصول على ثلث منقولات الزوج بعد وفاء ديونه أو على نصيب معقول من تلك المنقولات لنفسها ولاطفالها .

de re ad rem الكفالة لا تتعدى المكفول

de reparatione facienda دعوى مساهمة في اصلاح مشاع : يقيمها أحد مستأجري المشاع لحمل الآخرين على المساهمة معه في اصلاح المؤجر .

de exemplificatione في استخراج الصور المصدقة عن المستندات الاصلية .

de facto فعلي ؛ واقعي . بسلطان الواقع أو حكمه ، على أساسه ، بواقع القوة دون القانون .

— wife *de facto* (راجع باب wife)

***de facto* government** حكومة فعلية ؛ حكومة قائمة بسلطان الواقع : تتوسل بالقوة الى غصب السلطة من الحكومة الشرعية والهيمنة على مقدرات البلاد خلافاً للقانون .

de falso judicio في الحكم أو القرار الفاسد . الدعوى المقامة على ذلك

de fidei laesione في خيانة الثقة أو الأمانة

de fine force بحكم الضرورة

de gestu et fama من حيث السيرة والسمعة

de haeretico comburendo **[قديماً]** في حرق الملحد (أو الزنديق) . الأمر الذي كانت تصدره المحاكم باعدام المدان بالالحاد أو الزندقة ، حرقاً .

de homine replegiando في اخلاء سبيل الرجل . الامر الذي كان يستصدر لاخلاء سبيل شخص مجنون أو محتجز لدى شخص عادي آخر ، وذلك اذا قدم الطالب لعامل الملك (الـ sheriff) ضماناً بحضور المراد اخلاء سبيله للجواب على التهمة المقدمة ضده ، عند الطلب .

de ingressu أمر دخول

de injuria في اعتراف المتهم بالفعل المسند اليه و بيان الاسباب المحلة التي حملته على ارتكابه .

de Judaismo, Statutum (*Statutum de Judaismo*) قانون اليهودية . صدر هذا القانون بانكلترا في عهد الملك ادوارد الأول ، وفرضت به على اليهود قيود شديدة وعقوبات صارمة تحكيمية .

de jure شرعي ؛ قانوني ؛ بحكم الحق أو القانون

de jure judices, de facto juratores respondent القضاة ينشدون القانون والمحلفون ينشدون الواقع .

de libero passagio حرية المرور

de medietate linguae هيئة محلفين نصفها من الاجانب كان يحاكم أمامها رعايا الدول الاجنبية .

de mercatoribus في التجارة : قانون خاص بالتجار صدر

de similibus idem est judicandum اذا تماثلت القضايا تماثلت الأحكام .

de son tort بفعل خطإه أو بجرائه

de una parte منفرد؛ عن طرف واحد؛ ملزم لفريق واحد : اذا اتصف العقد بهذا التعبير أفاد أنه صادر عن ارادة منفردة وملزم لطرف واحد، أي أن الالتزام المترتب بحكمه على من وقعه لا يقابله التزام آخر .

de ventre inspiciendo (في) اجراء الكشف عن المرأة للتثبت من كونها حاملا أو غير حامل .

de verbo in verbum حرفياً ؛ كلمة كلمة

dead account حساب أو دين معدوم؛ حساب لا طائل تحته

dead-born مولود ميتاً : يعتبر ، قانوناً، كأنه لم يحمل به ولم يولد . هذا ما يقصد اليه القانون العام Common Law بالنص : ولادة الميت ليست ولادة *mortuus exitus non est exitus* .

dead freight نولون عدم . أجرة الحيز الزائد على الحاجة. ما يدفعه مستأجر السفينة من الاجرة (النولون) عن جزء لا يشغله من السفينة رغم تعاقده على دفع أجرة استعماله . فاذا تعاقد مثلا على استئجار سفينة أو جزء منها ولم يستعمل لنقل بضاعته الا قسماً من الجزء المستأجر ، اعتبر الحيز الباقي غير المستعمل dead freight .

dead letter قانون مهمل . نص تشريعي عتيق : لم يؤخذ به زمناً طويلا .

dead letters خطابات مرتجعة أو مهملة : الرسائل التي لا تتمكن دائرة البريد من تسليمها لاصحابها فتفتحها بحضور المرجع المختص او تعيدها بالبريد الى مرسليها .

deadline تاريخ او موعد نهائي، حد قطعي، ميعاد فاصل

dead loss خسارة لا تعوض

dead man's portion [قانون انكليزي] جزء من متاع المتوفى : تقضي العادة المرعية في مدينتي لندن ويورك بتخصيصه لمدير التركة .

dead's part [قانون اسكتلندي] الجزء الباقي من التركة بعد توزيع ما ينص عليه القانون من الفروض (الحصص الواجبة) للارملة والاولاد .

dead-pledge رهن حيازي يسمى أيضاً *mortuum vadium* .

dead rent [شؤون التعدين] أجرة نطاق التعدين : الايجار الذي يدفعه صاحب امتياز التعدين عن منطقة الامتياز أو الارض المشمولة به فوق العوائد والاتاوات التي يؤديها على أساس ما يستخرجه من المعادن والزيوت . سمي dead لأنه واجب الدفع سواء أأنتجت الآبار أم لم تنتج .

dead stock رأسمال جامد غير مثمر (أو موظف) . بضاعة لا يؤمل نفاقها .

dead use منفعة مؤجلة ؛ استعمال استقبالي أو آجل

dead wall سور ؛ جدار لتسوير أرض أو مكان أو لفصل طريق، قائم وحده، دون أن يكون أمامه أو خلفه أو فوقه بيت أو بنيان .

dead wire سلك ميت : لا يحمل تياراً كهربائياً .

dead year (راجع باب year)

deadline حد أو موعد قاطع، لا إمهال بعده .

deadlock تعقد؛ جمود؛ توتر ؛ تأزم، لا يستطاع معه السير في أمر .
انقسام في الرأي : كانقسام اعضاء المحكمة في تقرير النزاع الى فريقين متعادلين .

deadly feud [قوانين اوروبية قديمة] أحقاد الدم : العهد الذي كان يأخذه الشخص على نفسه بأن لا يهجع ولا يطهر صدره من الحقد حتى يثأر لفقيده بقتل عدوه .

deadly weapon سلاح قاتل أو خطر : كل ما يعد ويجهز من أسلحة وأدوات لدفاع أو هجوم أو قتل أو جرح . كل سلاح يخشى منه على الحياة أو يمكن أن يتأتى عنه الموت بسهولة وغير عناء .

deadly weapon *per se* سلاح قاتل في حد ذاته : اذا استعمل تأتى عنه الموت .

deal صفقة؛ معاملة
[كفعل] يتجر ؛ يصافق؛ يشتغل أو يتعامل بشيء أو مع شخص؛ يعمل مع ؛ يتوسط ، يتفرغ لمعالجة أمر أو الاحتياط له.

— raw deal صفقة مجحفة، مبايعة أو معاملة غير مقسطة

— square deal معاملة أو صفقة منصفة

dealer تاجر ؛ بائع ؛ شخص يحترف التعامل بسلع أو أشياء معينة .

— real estate dealer : سمسار أو وكيل أملاك عقارية : مهنته التوسط في بيع أو شراء الاملاك العقارية لحساب الغير نظير فائدة معلومة .

dealings صفقات؛ معاملات (تجارية)؛ مبايعات

death وفاة ؛ موت

— civil death موت مدني : الحال التي يكون عليها الشخص اذا تجرد من كافة حقوقه المدنية وغدا ميتاً مدنياً رغم استمرار حياته الطبيعية .

— natural death موت طبيعي ، بأسباب طبيعية

— presumptive death وفاة افتراضية أو تقديرية : تقوم على قرينة طول الغيبة وانقطاع أخبار الغائب بلا مبرر معقول .

— violent death موت طبيعي، يقترن بعنف : الموت الذي يقع نتيجة فعل جنائي أو بسبيل شخص بعث عليه وكان سبباً في تعجيله .

death-bed [قانون اسكتلندي] مرض الموت

death duty ضريبة الايلولة (بسبب الموت)؛ ضريبة الميراث او التركة : الضريبة الواجبة الدفع على المال اذا انتقل الى الورثة عند وفاة صاحبه .

death rate نسبة الوفيات أو معدلها

death warrant أمر اعدام، صادر عن سلطات التنفيذ المختصة ، يحدد زمان ومكان توقيع عقوبة الموت على شخص محكوم قضائياً بالاعدام .

death watch حارس موت : من كلف بملاحظة سجين محكوم عليه بالاعدام .

deathsman جلاد : من عهد اليه بتنفيذ أحكام الاعدام .

debasement of currency تخفيض عملة (تخفيض قيمتها) بالاقلال من نسبة المعادن الثمينة فيها أو بغير ذلك من الوسائل .

debasing مزر ؛ مهين ؛ مناف للحشمة

debate يناقش (موضوعاً) . نقاش؛ مناظرة

debauch يغوي؛ يحض على فجور ؛ يحمل على فسق أو تهتك

debauchery فجور ؛ فسق؛ دعارة، انغماس في رذيلة

debenture سند دين . ضمان مكتوب بمبلغ معين من النقود تصدره شركة عامة كحق امتياز على كافة أموالها أو جزء منها .

تعهد أو سند مكتوب يرتب ديناً لشخص أو هيئة أو يعترف بدين .

امتياز أو تكليف تحريري على مال بقيمة معينة أخذت على سبيل القرض أو واجبة الاداء في تاريخ محدد .

[في بعض الدوائر الانكليزية] سند على الحكومة باداء حساب أو دين أو رصيد ذلك لشخص معين أو لمن يقوم مقامه .

— naked debentures سندات غير مضمونة

debenture discount حسم سندات أو ضمانات (دين)

debenture stock أسهم دين : تمثل أموالا اقترضتها شركة أو هيئة عامة .

debet et detinet يدين ويمتنع عن الأداء (أي اداء ما يلزم بموجب اتفاق) .

debet quis juri subjacere ubi delinquit يخضع الشخص لقانون محل الجريمة : أي لقانون البلد الذي ارتكبت فيه الجريمة .

debit مطلوب؛ مديونية؛ حسم أو منه . مدين . قيد على (حساب)

debit balance رصيد مدين

debit note اشعار مديونية

debit side جانب مدين

debita fundi [قانون اسكتلندي] ديون مضمونة برهون عقارية .

debita sequuntur personam debitoris الدين يتبع شخص المدين : أي أنه جائز الاستيفاء حيثما وجد المدين .

debitrix مديونة ؛ مدينة

debitum cum re junctum : دين ناتج عن مصروفات أي عما انفق على أمر معين .

debitum et contractus sunt nullius loci الدين والعقد لا يتقيدان بالمكان : أي أنه يجوز رفع دعوى استيفاء الدين أو تنفيذ العقد في أي مكان .

debt دين؛ ذمة . من تعاريفها ما يأتي : مبلغ من المال واجب الاداء بناء على اتفاق صريح ضمني . التزام تعاقدي يوجب على الملتزم الوفاء استقبالا بفائدة تلقاها حالا .

كل شيء ذي قيمة واجب الرد للغير .

كل ما حق أداؤه للغير من مال أو بضاعة أو خدمة .

ما كان اداؤه للغير من مال أو منفعة أو عمل مفيد واجباً

debt by speciality or special contract دين رسمي، حال الأداء، بموجب سند مختوم ومصدق حسب الاصول القانونية .

debt collector محصل ديون : من احترف تحصيل الديون لاربابها لقاء أجر معلوم .

debt of honour دين شرف ؛ ذمة لا يستطاع تحصيلها قضائياً : كدين القمار أو الرهان أو الديون الناشئة عن عقود الغرر بوجه عام .

debt of record (راجع باب record)

debtor مدين؛ مديون؛ مطالب؛ مطلوب؛ ملزم بأداء

debtor-executor منفذ مدين : الدائن الذي يعينه مدينه الموصي منفذاً لوصيته .

debtor's summons [قانون انكليزي] تكليفُ المدين أو مذكرة انذاره .

اذا اثبت الدائن لمحكمة الافلاس المختصة أن له في ذمة المدين ديناً حال الاداء مقداره ٥٠ جنيهاً على الأقل وأنه لم يستطع تحصيله رغم الجهود المبذولة، وجهت هذه المحكمة التكليف المذكور الى المدين منذرة اياه بأنه اذا عجز عن الوفاء أو الصلح خلال أسبوع من تاريخ التكليف (اذا كان تاجراً) أو ثلاثة أسابيع (اذا لم يكن)، جاز استصدار قرار باعلان افلاسه .

decapitation قطع الرأس : تنفيذ عقوبة الاعدام بفصل الراس عن الجسم .

decease موت ؛ وفاة . يتوفى ؛ يفارق الحياة

deceased ميت ؛ متوفى ؛ موروث

decedent متوفى (منذ عهد قريب) . يفارق الحياة .
تدل هذه الكلمة من حيث مفهومها الأساسي على حالة الاحتضار . غير أنه درج استعمالها قانوناً بمعنى متوفى، سواء كان موصياً أو غير موص .

deceit غش : خداع ؛ مخاتلة؛ تلفيق من شأنه أن يضلل شخصاً لا سبيل لديه الى معرفة الحقيقة وينتهي به الى ضرر أو خسارة .

والغش على ضروب منها : (١) الإيحاء للغير بوقوع أمر غير واقع، ممن لا يعتقد بوقوعه؛ (٢) الجزم بحال مشكوك فيه ممن لا يملك سبباً معقولا يحمل على الاعتقاد به؛ (٣) كتمان الوقائع حيث تجب الاباحة بها أو الكلام عن وقائع أخرى بما من شأنه أن يضلل الغير بالنسبة لواقعة معينة دون التعرض لها مباشرة؛ (٤) الوعد بما ليس في النية انجازه أو الوفاء به .

قانونياً أو التزاماً أدبياً أو شرفياً لا يملك القانون حيلة لرده الى صاحبه .

وكلمة debt أضيق نطاقاً من كلمة obligation لان كل دين هو التزام وليس كل التزام ديناً .

-- active debt دين بفائدة ؛ دين مستحق الاداء

— ancestral debt دين موروث : الدين الذي يرثه خلف عن سلف او فرع عن أصل .

— bad debt دين معدوم؛ دين ضمار : لا يرجى عوده .

— bonded debt (راجع باب bonded)

— floating debt دين سائر : ما كان من الدين الوطني national debt حال الاداء لدى الطلب أو في تاريخ معين .

— fraudulent debt دين احتيالي : نشأ بسبيل خداع المدين والاحتيال عليه .

— funded debt (راجع باب fund)

— good debts ديون موثوقة التحصيل أو مؤكدة الاداء .

— hypothecary debt دين ارتهاني (عقاري) : يكون بمثابة امتياز أو تكليف على عقار معين .

— legal debts ديون قضائية : ذمم أو التزامات مستطاعة التحصيل بسبيل القضاء .

— liquid debts (راجع باب liquid)

— mortgage debt دين مضمون برهن عيني كالدين الارتهاني .

— mutual debts ديون متقابلة : تعتبر الديون كذلك اذا تقابلت بين الاشخاص ذاتهم فكان لكل منهم دين على الآخر وعليه دين له .

— national debt (راجع باب national)

— passive debt دين بلا فائدة : يسترد على حاله الاصلي ولا تستوفى عليه أية فائدة .

— secured debt دين مضمون

— small debt دين بسيط : يتسنى تحصيله بسبيل المحاكم الاقليمية county counts .

debt by simple contract دين العقد البسيط . كل التزام قائم على اتفاق شفوي أو ضمني أو اتفاق تحريري غير مذيل بختم رسمي .

deceitful plea دفاع أو رد مخاتل : يقوم على تضليل أو غش ويقصد به المترافع الى الايقاع بخصمه أو الى أي غرض آخر غير مشروع .

decem tales تعبير قضائي دارج في أوامر تشكيل . هيئات المحلفين معناه : عشرة محلفين .

decemvir أحد اعضاء هيئة حاكمة أو لجنة تتألف من عشرة أشخاص . اشتهرت من هذه الهيئات لجنة العشرة التي تم على يدها وضع الالواح الرومانية الاثني عشر المسماة twelve tables سنة ٤٥٠ ق.م.

decency حشمة؛ لياقة؛ أدب (في فعل أو قول أو لباس أو سلوك مهما كان) .

decenna [**قانون انكليزي قديم**] وحدة المجتمع الانكليزي الصغرى وقوامها عشر عائلات .

قسمت انكلترا في عهد الملك Alred لاغراض الادارة والقضاء الى counties (أقاليم أو مقاطعات) وال counties الى hundreds وهذه الى tithings أو decennaries ومفردها decennary أو decenna .

decennarius أحد أرباب العائلات العشر في الوحدة المسماة decenna .

decennary (راجع decenna)

deception غش؛ خداع؛ مخاتلة أو تضليل (بقول أو فعل أو سلوك) .

deceptione دعوى غش أو تضليل

deceptis non decipientibus, jura subveniunt القانون يعين (أو يؤيد) المخدوعين لا الخادعين .

decessus [**قانون انكليزي قديم**] وفاة؛ مبارحة؛ مغادرة

decet tamen principem servare leges quibus ipse servatus est يليق بالامير أن يراعي القوانين التي ترعاه .

decide يقرر؛ يفصل؛ يبت؛ يزن، يتدبر

decimation (عقوبة) قرعة العشرة : وهي عقوبة عسكرية تطبق أحياناً على الجنود والبحارة في أحوال العصيان والتمرد؛ وذلك بسحب اسمائهم بالقرعة وعقوبة كل عاشر منهم.

decision قرار أو حكم
تشمل هذه الكلمة القرارات النهائية والاوامر التمهيدية أو العارضة interlocutory orders ويستعملها البعض احياناً بمعنى رأي opinion أو كمرادف لها؛ على أن رأي المحكمة هو في الغالب سبب قرارها والباعث عليه وليس القرار ذاته .

decision on merits قرار موضوعي أو في الموضوع يفصل في موضوع النزاع ويقرر حقوق المتخاصمين المتعلقة به .

declarant صاحب الاقرار أو مقدمه . المقرر بأمر : من أدلى باقرار أو صرح برأي .

declaration اقرار؛ بيان، تصريح

[**في المرافعات**] شكوى، لائحة دعوى، مذكرتها أو صحيفتها التي يعرض فيها المدعي دعواه ويبسط أسانيده .

[**في البينات**] اقرار (بغير قسم) يدلي به الفريق ذو الشأن فيما يتعلق بصفقة أو معاملة أو واقعة أو أي شيء آخر ذي صلة بذلك .

[**في الاحكام**] جزء أو مقطع من حكم أو مرسوم تضمنه المحكمة قرارها في وجوه النزاع القانونية، بحيث اذا قام النزاع على صيغة وصية مثلا وقررت ان للمدعى عليه بموجب النص الصحيح ، حقاً في التركة، كان قرارها هذا declaration .

[**قانون اسكتلندي**] بيان أقوال المتهم أمام موظف رسمي أو أحد رجال الضابطة القضائية .

— dying declaration اقرار المحتضر أو تصريحه : الاقوال التي يدلي بها من كان يحتضر ، ويعلم بدنو أجله، عن الاسباب المؤدية الى موته أو الاعتداء القاتل الذي وقع عليه أو ظروفه أو الشخص الذي سبب له القتل أو ما الى ذلك مما يعتبر من البينات المعتمدة في محاكمة المتهمين بجرائم القتل .

declaration against interest اقرار الشخص على نفسه أو ضد مصلحته .

declaration in chief اقرار رئيسي؛ بيانات رئيسية تتناول اساس الدعوى أو موضوعها الاصلي أو السبب الرئيسي للتداعي .

declaration of dividend توزيع أرباح : قيام الشركة بفرز جزء من أرباحها الصافية أو عوائدها الفائضة لتوزيعه على أرباب الاسهم نسبياً (كل بنسبة ما له من الأسهم) .

declaration of idependence اعلان استقلال

declaration of indulgence اعلان التسامح الديني : الاعلان الصادر سنة ١٦٧٢ بوقف سريان القوانين الجنائية التي كانت تنص على عقاب اتباع المذهبين الكاثوليكي والبروتستانتي.

declaration of intention [**شؤون جنسية**] اقرار أو بيان النية؛ اقرار تمهيدي للدخول في الجنسية يقدمه الاجنبي أمام السلطة القضائية (أو المدنية) المختصة، معلناً فيه نيته الصادقة على أن يصبح من رعايا الدولة المراد الانتماء اليها، وأن يتخلى أبد الدهر عن كل ولاء يكنه لاي دولة أخرى .

declare يعلن ؛ يبين ؛ يوضح ؛ يقرر

declare a use (راجع leading a use)

declination [في القانون الاسكتلندي ورد القضاة] الدفع بعدم اختصاص القاضي على أساس ما له في الدعوى من مصلحة خاصة .

declinatory exceptions دفوع مثبطة أو معيقة : تتناول اختصاص القاضي ولا يكون لها غاية سوى تأخير سير الاجراءات .

declinature [اجراءات اسكتلندية] الاعتراض على اختصاص القاضي أو صلاحيته لنظر الدعوى .

decline يرفض (بتأدب) ؛ يمتنع عن قبول ؛ ينبذ ؛ يترفع عن شي

decoctor [قانون روماني] مفلس ؛ مسرف ؛ سفيه ؛ متلاف للاموال العامة

decollatio [قانون اسكتلندي قديم] ضرب العنق (أو قطع الرأس) على سبيل العقاب .

decontrol رفع أو ازالة رقابة (رسمية) أو اشراف ، عن شيء .

decorum لياقة ، ادب ؛ اصول ، ذوق سليم ، ملاحظة

decoy يخدع ؛ يستهوي ؛ يستميل (لايقاع في شرك) ؛ يستدرج

[كاسم] احبولة ، خدعة ، شرك

decoy letter خطاب استدراجي : يعد ويودع البريد لتعقب أحد المجرمين واستدراجه للتثبت من شخصيته .

decree مرسوم ؛ قرار ؛ أمر محكمة

[في بعض البلدان الخاضعة للنظام الملكي] مرسوم ملكي ؛ ارادة ملكية لها قوة القانون .

[قانون اسكتلندي] حكم نهائي تصدره المحكمة في موضوع النزاع .

— consent decree قرار تراض : يصدر برضى طرفي النزاع ، ولا يعتبر حكماً قضائياً بالمعنى العادي بل اتفاقاً يصل اليه الخصوم تحت اشراف المحكمة ويودع بموافقتها حسب الاصول ويكون بمثابة الاعتراف منهم بأن مضمونه هو الحل العدل لنزاعهم .

— final decree قرار أو حكم نهائي : يفصل في كافة أوجه النزاع بصورة قاطعة .

Declaration of London اعلان أو قرار لندن . صدر هذا القرار عن الدول المشتركة في مؤتمر لندن البحري London Naval Conference المنعقد في المدينة المذكورة يوم ٢٦ فبراير سنة ١٩٠٩ ؛ وكانت غايته تحديد القواعد والاحكام المنوط تطبيقها بمحكمة الاغتنام الدولية International Prize Court وبسط مواضيع الحصار البحري ، والمهربات ، والخدمات المحظورة على الدول المحايدة ، واعدام مواد الاغتنام العائدة للدول المحايدة ، والرايات المحايدة ، وصفات العدو أو بوادر العدوان ، والقوافل ، والتفتيش والتعويضات .

Declaration of Paris اعلان باريس : الاتفاق الذي أسفر عنه مؤتمر باريس سنة ١٨٥٦ وأعلنت فيه الدول المجتمعة عزمها على مراعاة المبادىء التالية : (١) حظر تسليح السفن الخاصة أو اشتراكها في العمليات الحربية ؛ (٢) جواز حماية بضائع العدو بالرايات المحايدة ما لم تكن تلك البضائع من محظورات الحرب ؛ (٣) عدم مصادرة البضائع المحايدة الموجودة تحت رايات معادية ما لم تكن من محظورات الحرب ؛ (٤) وجوب جعل الحصار البحري فعالا ليكون ملزماً (أي يجب أن يكون محكم الاركان كي يأتي بالاثر المطلوب) .

Declaration of St. Petersburg اعلان بطرسبرج . صدر هذا الاعلان سنة ١٨٦٨ بحظر استعمال الرصاص المتفجر لاغراض الحرب .

declarator of trust اقرار ائتمان : بيان يصدر عنه الوصي المولى قانوناً على مال الغير كي يعلن فيه ان المال الذي بيده هو ملك لغيره وأمانة خالصة له .

declaration of war اعلان حرب

declarator [قانون اسكتلندي] دعوى حقوقية ، لتقرير حق مالي أو شخصي .

declaration of trust دعوى مقاضاة الامين : الدعوى المقامة على الامين أو الوصي لمقاضاته على تصرفه ، بما أؤتمن عليه ، لمصلحته الذاتية .

declaratory ايضاحي ؛ تفسيري ؛ غايته البسط أو الشرح

declaratory judgment حكم تفسيري : يقتصر على تعريف حقوق الخصوم أو تفسير حكم أو بيان رأي المحكمة في ناحية أو مسألة قانونية ، دون أن يفرض القيام بأي أمر معين .

declaratory part of a law. الجزء الايضاحي من القانون : النصوص القانونية المبينة لما يجب اتباعه من حق أو صواب ويجب اجتنابه من باطل أو غلط .

declaratory statute قانون بياني : نص تشريعي يبين القانون الواجب التطبيق بشأن موضوع معين ويزيل الشك من أمر هذا القانون .

decrepit مقعد؛ عاجز : فاقد القدرة نتيجة ضعف أو عجز جسمي أو عقلي .

decreta مراسيم (امبراطورية) قضائية؛ كانت تصدر عن الأباطرة بوصفهم القضاة الاعلين .

decretal مرسوم (بمنح شيء أو منعه)؛ مرسوم بابوي

decretal order قرار تمهيدي أو توجيهي: لا يفصل في الموضوع ولا يحدد للخصوم أية حقوق .

decretals مراسيم بابوية : تصدر عن البابا جواباً على العرائض المرفوعة اليه، ويكون لها فيما تقرر من المسائل الكنسية، قوة القانون بالنسبة للكنيسة الكاثوليكية .

decretum **[مواد مدنية]** مرسوم أعلى يصدر عن العرائض المرفوعة الى رئيس الدولة .

[مواد كنسية] قانون كنسي

decrowning خلع ملك ؛ ازالته عن العرش

decry ينعي أو يطعن (على)؛ يهين؛ يخذل؛ يضع أو يحط من قيمة شيء ؛ ينجي بلوم

dedbana **[قانون سكسوني]** فعل القتل

dedi **[تصرفات قديمة]** أعطيت

dedi et concessi اعطيت ومنحت

dedication تخصيص (أموال عقارية من مالكها لمنفعة عامة). رصد؛ وقف (ريع أموال أو ايرادات على مؤسسة خيرية أو جهة بر) .

اهداء (كتاب أو مؤلف)

dedicator of Waqf واقف: من انشاء الوقف (في الفقه الاسلامي)

dedimus potestatem منحنا السلطة

[اجراءات انكليزية] أمر انتداب صادرعن دائرة الـ Chancery يمنح المذكورين فيه سلطات معينة، كتحليف اليمين أو تدوين أقوال المدعى عليهم أو غير ذلك .

dedition التخلي أو النزول عن شيء أو التسليم به .

dedititii **[قانون روماني]** موسومون؛ المجرمون الذين كانوا يكوون في وجوههم وأبدانهم ويحملون سمة الكي للدلالة على ما ارتكبوه من جرائم .

deduce يستخلص (استناداً الى قرينة)؛ يستنتج؛ يستظهر

— interlocutory decree مرسوم أو قرار عارض : يقتصر على توجيه الاجراءات تمهيداً للحكم النهائي .

decree absolute قرار قطعي تصدره المحكمة المختصة، قاضية فيه ببطلان الزواج موضوعه أو اعتباره منحلا نهائياً . ولا بد لهذا القرار من أن يسبقه decree *nisi* . وقد كانت المدة الواجب انقضاؤها بين القرارين ستة أشهر ثم خفضت فيها بعد الى ستة أسابيع فقط . ولا تحل الرابطة الزوجية حتى يصدر القرار القطعي .

decree dative أمر بتعيين مدير تركة، يصدره قاض مختص.

decree *nisi* **[مواد الطلاق]** قرار ابطال تمهيدي تعلن فيه المحكمة المختصة عزمها على أن تصدر بعد مرور مدة معينة قراراً قطعياً decree absolute بحل الرابطة الزوجية أو ابطال الزواج الا إذا توافر لديها ما يقتضي عدم اصدار هذا القرار . فاذا مضى الميعاد المضروب ولم يتوافر ذلك أصدرت المحكمة قرارها القطعي المذكور .

[اجراءات اخرى] أي أمر أو مرسوم يقضي بسقوط حق المدعى عليه ما لم يقم خلال مدة معينة ببيان الاسباب الداعية لإلغائه أو بالاستئناف ضده واستصدار حكم بفسخه .

decree of distribution قرار توزيع التركة؛ يقابله اعلام الورثة (في الفقه الاسلامي)، وهو السند المحدد لانصباء الورثة في التركة .

decree of insolvency قرار اعسار تصدره المحكمة المختصة ناصة فيه على أن أموال الشخص المعني لا تكفي للوفاء بكامل ديونه .

decree of nullity **[مسائل الزواج]** قرار بطلان (زواج)، يقضي باعتبار الزواج المبين فيه لاغياً وباطلا *ab initio* من أساسه .

decreet **[قانون اسكتلندي]** حكم أو قرار نهائي

decreet *absolvitor* **[قانون اسكتلندي]** قرار إبراء، يقضي برد دعوى أو براءة متهم .

decreet arbitral قرار محكمين

decreet *cognitionis causa* قرار تحويل الدين على أموال التركة بناء على دعوى الدائن . يصدر هذا القرار حين يرفع الدائن على وارث مدينه دعوى حوالة الدين اليه (الى الوارث) ليتمكن من توقيع الحجز على الميراث، فيجيب الوارث على هذه الدعوى بالتنازل عن حقه في الميراث .

decreet condemnator قرار أو حكم ادانة : يصدر لصالح المدعي .

deduct ينقص؛ يستبعد؛ يطرح ؛ يستنزل (من عدد او كمية أو قيمة أو غير ذلك) .

deductible قابل للطرح ؛ جائز أو ممكن الاستبعاد أو الاستنزال (من مبلغ أو قيمة أو دين أو ما الى ذلك) .

deduction استنزال؛ اسقاط؛ استبعاد . جزء مستبعد؛ قيمة ساقطة أو مطروحة

[مواد حسبية] جزء يحق للوارث أخذه من مجموع التركة قبل المباشرة بالتوزيع .

[في المرافعات] استنتاج مبني على قياس أو قرينة أو شهادة .

[حساب الضرائب] المفردات المستنزلة من ايراد الشركة الاجمالي لمعرفة ايرادها الصافي .

deduction for new **[تأمين بحري]** اعتبار الجدة . المقدار الذي يحسم لحساب شركة التأمين على أساس نفقات اصلاح العطب الواقع للسفينة بجراء الاخطار البحرية المؤمن منها ، وهو ثلث القيمة تقريباً . وقد جرت العادة على حسمه نظراً لان تبديل الجزء التالف بجزء جديد من شأنه أن يزيد قيمة السفينة بمقدار الفرق بين تكاليف الجزء الجديد وقيمة الجزء المبدل قبل استهدافه للعطب .

deductive method الطريقة القياسية : الانتقال من الكليات الى الجزئيات .

deed سند مكتوب، موقع ومختوم ممن أنشأه ومعلن (أي مسلم) لمن أنشىء لمصلحته .

سند تصرف عقاري؛ سند تمليك مكتوب ومختوم يسري مفعوله حال اعلانه للمتصرف له أو استقراره في يده .

حجة تحريرية مختومة وموقعة ممن أنشأها ومبلغة الى من أنشئت لمنفعته تفيد انتقال المال العقاري الى الشخص المسمى فيها .
وللسند المكتوب في القانون الانكليزي عشرة أركان :

(١) الكتابة (٢) ورقة يثبت عليها أو ما يقوم مقام الورقة (٣) شخص ذو أهلية للتعاقد (٤) اسم (لهذا الأخير) كاف لاغراض القانون (٥) شخص ذو أهلية للتعاقد معه (٦) اسم لهذا كاف لاغراض القانون (٧) موضوع تعاقد (٨) نصوص واضحة معبرة عن التصرف (٩) ختم (١٠) تبليغ وتسليم .

اذا سبق كلمة deed حرف in نحو : in deed كان معناها حقيقة أو فعلا .

— gratuitous deed سند تبرعي

deed in fee سند تمليك مطلق : ينقل أرضاً الى المعني فيه كي يصبح ملكاً خالصاً له خالياً من اي قيد أو شرط .

deed indented سند كتابي مسنن (الحواشي)

deed of arrangement (راجع arrangement, deed of)

deed of assignment سند تنازل

deed of association عقد تأسيس شركة

deed of covenant سند اتفاقي : مختوم وممضى من فرقائه المتفقين على انشائه اثباتاً لتصرفات أو التزامات قائمة فيما بينهم .

deed of dedication سند وقفية . سند تخصيص

deed of gift سند هبة؛ مستند كتابي موقع ومختوم يحصل بموجبه التصرف في المال موضوعه بلا عوض وعلى سبيل الهبة الخالصة .

deed of inspectorship عقد هيمنة (راجع inspectorship, deed of)

deed of partnership عقد مشاركة

deed of release سند ابراء أو اخلاء طرف

deed of separation سند فرقة أو مباراة : ينشئه الزوج مقرراً فيه فراق زوجته وانهاء العشرة الزوجية وتخصيص ما يكفي نفقتها بواسطة شخص ثالث يكون بمثابة وكيل مؤتمن.

deed of trust **[في بعض الولايات المتحدة الاميركية]** سند برهن عقاري يعطى ضماناً للوفاء بذمة .

deed poll سند تعهد فردي موقع ومختوم من فريق واحد .

deem يعتبر أو يعد

deemster قاضي جزيرة بريطانية تسمى Isle of Man (احدى الجزر البريطانية الصغرى) .

deface يطمس؛ يمحو : يطلس؛ يشوه؛ يكشط، يتلف سنداً أو امضاء أو محرراً، بحيث يستحيل فهمه أو يضيع مدلوله .

defalcation اختلاس أمانة؛ اختلاس المؤتمن أو تبديده لاموال عهد بها اليه على سبيل الامانة . عجز المسؤول عن تقديم بيان صحيح عن كيفية تصرفه بما تحت يده من أموال . ترد هذه الكلمة أحياناً بمعنى مقاصة، ويترتب عليها استنزال قيمة دين صغير لمدين من دين كبير عليه .

defalk يقاص؛ يقابل ديناً بدين أو ادعاء بآخر . يحسم مبلغاً صغيراً مطلوباً له من مبلغ أكبر مطلوب منه .

defamation تشهير ؛ قذف : تعمد النيل من سمعة الغير أو اعتباره برميه بعبارات جارحة شفوية أو كتابية من شأنها أن

defeasance سند ضد : يبطل مفعول سند آخر . محرر شرطي ينشأ مع سند تمليك عقاري أو تعهد آخر ويكون مبطلا له اذا تحقق الشرط الوارد فيه .

defeasible قابل للابطال أو الالغاء بوقوع حادث أو تحقق شرط معين .

defeasible title حق (ملكية) قابل للابطال أو الالغاء . على أنه لا يعتبر باطلا أو لاغياً حتى يصدر الحكم القاضي ببطلانه أو الغائه .

defeasive غالب؛ ناقض (لحجة)؛ مبطل (لدعوى) : كالادعاء المقابل الذي اذا أجازته المحكمة أبطل للمدعي دعواه.

defeat يغلب؛ يحبط؛ يفلت (من تحقيق)؛ يعرقل أو يمنع (سير دعوى أو اجراءات)؛ يحتال (على دائنين بالتفرغ عن أمواله أو التصرف بها على أي شكل للحيلولة دون توزيعها عليهم) .

يعطل؛ يفسد أو يبطل (حقاً أو أثراً لسند أو حجة أو غير ذلك) .

defeatism انهزامية : بث روح الهزيمة (في شعب أو بين أفراد جيش) .

defect عيب؛ شائبة؛ نقص؛ عدم كفاية . افتقار العريضة أو الادعاء أو التهمة أو غير ذلك الى بعض المستندات القانونية اللازمة .

defect of form عيب شكلي؛ عيب في الشكل أو الظاهر .

defect of parties [في الاجراءات] عدم كفاية الخصوم (امام المحكمة) .

اذا اقتضت الدعوى اتحاد أو ضم اثنين أو أكثر من المدعين أو المدعى عليهم، ثم لم يتوافر العدد اللازم من هؤلاء، كانت هذه الدعوى غير صالحة للحكم نظراً لما بها من عدم كفاية الخصوم defect of parties .

defect of substance عيب جوهري: ينصب على جوهر الموضوع اذ يتناول ركناً رئيسياً منه .

defective معيب، عائب؛ مشوب؛ ناقص؛ غير منجز . يطلق هذا النعت أحياناً على الحقوق أو المستندات أو الاجراءات اذا فقدت بعض مقوماتها اللازمة لضمان صحتها من حيث القانون .

defective title حق (ملكية) معيب أو مشوب : كالحق الذي يكون لشخص في شيء أحرزه بخداع أو غش أو قوة أو ارهاب أو أي سبيل آخر غير مشروع .

تسيء الى سمعته أو تحط من مقامه في أعين الناس أو تعرضه لبغضائهم أو سخريتهم أو احتقارهم أو تؤذيه في عمله ومهنته . والتشهير أو القذف على نوعين: (١) تشهير دائم الأثر libel يحصل بطريق الكتابة أو النشر أو الصور أو الرسوم أو الراديو أو التلفزيون؛ (٢) تشهير أو قذف شفوي slander يحصل بواسطة الكلام أو الاشارة .

defamatory تشهيري؛ قذفي؛ قاذف : ينطوي على القذف أو التشهير؛ يتم عن تعمد كسر الشرف أو الاعتبار أو التعريض لبغضاء الناس أو احتقارهم .

defamatory *per quod* تشهيري أو قاذف بحكم الملابسات أو الأثر أو المدلول : التشهير الذي لا يقوم على ظاهر العبارات محل النزاع بل على ملابسات استعمالها وما توحي به من معان خاصة باطنية . والكلمات المنطوية على التشهير أو القذف *per quod* لا تكون كذلك تبعاً لمفهومها الظاهر العادي بل بحكم المعنى الخاص *innuendo* الذي تنم عنه ظروف استعمالها . ولا بد لثبوت القذف في هذه الحال من اقناع المحكمة بأن الملابسات التي صدرت فيها العبارات محل النزاع تكشف عن نية القذف وتحمل آثاره .

defamatory *per se* تشهيري في حد ذاته . تكون العبارات « تشهيرية في حد ذاتها » اذا كفى مفهومها القريب الظاهر للدلالة على التشهير ولم يعقل أن يكون لها معنى آخر سوى القذف، نحو قولك للغير مثلا : « مرتشٍ » أو « قواد » أو ما الى ذلك من العبارات المنطوية على التشهير الواضح .

default يقصر (في واجب)، يعجز عن القيام به [كاسم] عجز عن أداء شيء (حين اقتضائه)؛ اهمال (واجب) أو تقصير في أدائه . تخلف عن حضور

— judgment by default حكم غيابي

default of issue انعدام العقب أو النسل : عدم وجود أولاد صلبيين (ذكور أو اناث) على قيد الحياة .

default summons [تحصيل الديون] تكليف وفاء انذاري توجهه المحكمة الى المدعى عليه، بناء على دعوى المدعي آمرة اياه باداء المطلوب ومنذرة بأنه اذا عجز خلال ثمانية أيام من تاريخ التكليف عن اداء ذلك أو تقديم دفاعه صدر الحكم ضده لصالح المدعي .

defaulter مخالف؛ مقصر فيما ينبغي القيام به؛ متخلف (كمشتر متخلف رسا عليه المزاد وامتنع عن الشراء)؛ مختلس (أتى على أموال أو غيرها مما عهد به اليه بصفته الرسمية) . يطلق الوصف ذاته أيضاً على من عجز عن تقديم حساب عن أمانات تحت يده .

defectus يجمع هذا التعبير اللاتيني بين معنى الكلمتين السابقتين default و defect .

defectus sanguinis خيبة الدم؛ عدم النسل : موت الشخص بلا عقب صلبي .

defence دفاع؛ حجة؛ دفاع مادي (لرد اعتداء أو تفادي أذى جسمي) .

— legal defence دفاع قانوني : كاف من الوجهة القانونية .

— meritorious defence دفاع موضوعي أو جوهري : يتناول أساس الموضوع .

— peremptory defence دفاع قاطع : يتناول به المدعى عليه حق المدعي في رفع الدعوى مبدياً أن المدعي المذكور لم يكن له حق في اقامة الدعوى أو أنه اذا كان له هذا الحق في الماضي فقد سقط وانقضى .

— real defence **[مستندات وعقود وأوراق متداولة]** دفاع حقيقي؛ دفاع جوهري ينصب على مواطن العيب والضعف في ذات الشيء موضوع النزاع، ويشمل عدم القانونية أو الأهلية أو غير ذلك مما ينفذ الى جوهر الدعوى .

— self defence الدفاع عن النفس

— sham defence دفاع كاذب، صوري أو أجوف : يقدم بنية غير سليمة أو يكون واضح العجز أو الخروج عن الموضوع .

defend يدافع (بحجة أو دليل أو غير ذلك)

defendant مدعى عليه؛ ملاحق (قانوناً) ؛ مطالب بأمر معين

— principal defendant مدعى عليه رئيسي : لا يستغنى عن حضوره لنظر الدعوى .

defendant in error مدعى عليه في دعوى طعن بغلط

defender **[قانون اسكتلندي]** مدعى عليه؛ يقابله defendant في القانون الانكليزي ويشمل ما يسمى المدعى عليه في مسائل الطلاق أو المستأنف ضده في الدعاوى الاستئنافية respondent .

defender of the faith «حامي الايمان» : أحد الالقاب التي يخلعها الانكليز على ملوكهم .

defeneration مرابحة؛ مراباة : دين بفائدة فاحشة (لا يقرها القانون) .

defense (راجع defence)

defensible حقيق بالدفاع عنه؛ معذور، محل عذر أو قبول له؛ ما يحله أو يبرره

defensive war حرب دفاعية : تشن بدافع الخوف أو عدم الاطمئنان الى نوايا من تشن عليه . الحرب التي يتوسل بها لحماية حقوق وطنية مهددة بضياع .

defenso **[مواد مدنية]** دفاع؛ محام أو وكيل: يتولى المرافعة عن الغير أمام مرجع قضائي .

defensor **[قانون روماني]** مدافع؛ دفاع غير مفوض يتولى الدفاع دون تفويض عن شخص لم يحضر للدفاع عن نفسه.

defensores **[قانون روماني]** قضاة صلح أدنون كانوا يعينون في الأقاليم الريفية .

defensum منع؛ حظر . مكان منيع أو مسور محاط بسياج أو ما الى ذلك .

defer يؤجل؛ يرجىء

deferred annuities عوائد مؤجلة . مبالغ نسبية كانت تدخر قديماً من مرتب الجندي لتدفع له عند تسريحه أو لذويه عند موته .

deferred life annuities دفعات آجلة عمرية : المرتبات السنوية التي تؤديها شركات التأمين طيلة حياة المؤمن عليه نظير ما يدفعه من الأقساط بموجب وثيقة التأمين، على أن لا يشرع في أداء هذه المرتبات الا بعد مضي زمن محدد من دفع الأقساط المطلوبة، بحيث اذا توفي هذا قبل تاريخ معين ضاع عليه ما دفع .

deferred sentence حكم مؤجل الصدور : ارجىء النطق به لأسباب خاصة تراءت للمحكمة .

deferred shares اسهم مؤجلة الأرباح

defiance التحدي (بقول أو فعل)

deficiency عجز؛ عدم كفاية؛ نقصان شيء أو عدم ايفائه بالغاية .

[في المطالبات] عدم كفاية مبلغ بيع به مال مرهون للوفاء بدين .

deficiency bill **[شؤون برلمانية]** لائحة أو مشروع قانون، بمخصصات مغفلة لم يحسب حسابها في قانون مخصصات عامة .

يطلق هذا الاسم أيضاً على مشروع القانون المنقوص الذي ينص على مخصصات مالية غير كافية .

deficit عجز ؛ نقصان . مقدار نقص تزيد به حسوم على أصول أو منصرفات على ايردات أو ما يطلب من شخص على ما يطلب له .

de fide على سبيل الثقة أو الامانة

defile يدنس ؛ يغوي ؛ يفسد ؛ يسلب عفاف امرأة أو طهرها .

defilement تدنيس . غواية ؛ تهتك ؛ انحراف أخلاق أو فسادها
افساد أو اغواء ، نحو : إفساد النساء defilement of women .

define يعرف ؛ يحدد ؛ يعين ؛ يبين (على وجه التحديد)

definite محدد ؛ معين ؛ مبين ؛ معرف ، ثابت (المقدار) ؛ مسمى

definition تعريف ؛ تحديد ؛ بيان

definitive فاصل ؛ بات ؛ قطعي ، نحو : قرار فاصل a definitive judgment .

definitive sentence حكم نهائي أو قطعي

deflation انكماش العملة ؛ نقص المتداول من النقود

deflect [**في المساحات**] ينحرف أو يميل (عن اتجاه مستقيم أو أفقي أو عن مكانه الخاص) .

defloration اغواء ؛ سلب عفاف ؛ قضاء على بكارة

deforce [**قانون انكليزي**] يحتبس أو يحبس ، مالا عن صاحبه ، خلافاً للقانون .
يمنع صاحب حق عقاري عن حيازة حقه أو ممارسته .
[**قانون اسكتلندي**] مقاومة تنفيذ القانون أو رجال التنفيذ بالقوة .

deforcement المنع المراغم لحق قانوني ؛ منع عقار عن مالكه أو حائزه المحق بالقوة .
[**قانون اسكتلندي**] مقاومة المأمورين في تأدية واجباتهم .

deforceor deforceant من تغلب على المالك أو الوارث الصحيح ومنعه عن أرضه أو ميراثه العقاري بالقوة (المادية) .

deformity تشويه

defossion (عقوبة) الوأد : دفن المحكوم حياً ، تنفيذاً لعقوبة الاعدام فيه .

defraud يغش ؛ يخدع ؛ يدلس ؛ يحتال (على)

defraudation تجريد الغير من مال له بالغش أو الخداع .

defunct متوفى ؛ ميت
شركة منقطعة عن العمل

defunctus متوفى ؛ ميت

defunctus sine parole ميت بلا عقب أو دون أن يعقب .

degrading تجريد من رتبة ؛ حط من منزلة أو اعتبار

degree درجة ؛ مستوى . شهادة علمية من جامعة أو كلية أو معهد عال .
[**قانون جنائي**] وصف جريمة أو مرتبتها

Dei Gratia بنعمة الله

Dei Judicium حكم الله

dejeration حلف اليمين المغلظة

de jure شرعي ؛ قانوني ؛ بحكم القانون أو سلطانه

del credere [**مواد تجارية**] ضمان النائب (أو الوكيل) لوفاء المشتري . الضمان الذي يقدمه النائب للأصيل بوفاء من يشتري البضاعة ديناً (لا نقداً) ؛ هذا النائب يسمى « النائب ضامن الوفاء للأصيل » *del credere* agent ويكون ملزماً تجاه الاصيل بأداء ثمن المبيع من البضاعة على يده اذا عجز المشتري عن الدفع . ويكون الضمان المذكور نظير عمالة معلومة يتقاضاها النائب تسمى عمالة ضمان الوفاء *del credere* commission .

dehors «خارج» : خارج نطاق شيء معين ؛ غير موضوعي (خارج عن الموضوع) .

***del credere* agent; *del credere* commission** (راجع del credere)

délaissement [**مواد بحرية**] التخلي (عن السفينة) في حالة المخاطر الكبرى .

delate [**قانون اسكتلندي**] يتهم

delatit* off *arte* and *parte [**قانون اسكتلندي**] متهم بالاشتراك في فعل

delatio تهمة ؛ ظنة

delator متهم ؛ ظان ؛ مخبر

delay يعوق ؛ يؤخر ؛ يؤجل ؛ يمطل

delay rental [امتيازات الزيوت] ايجار تجاوز . الاجرة الاضافية التي يدفعها المستأجر ليستعمل الأرض المؤجرة مدة تفوق المدة المحددة أصلا .

delegate مندوب ؛ مبعوث ؛ مفوض ، منتدب ، للقيام بعمل بدلا من الغير . وكيل (بمعنى attorney)

نائب (ينتخب أو يعين عضواً في مجلس نيابي) . نائب ممثل لاحدى الولايات المتحدة في الكنغرس الاميركي .

[كفعل] يوفد ؛ يبعث ؛ ينتدب ؛ يفوض ؛ ينقل أو يسند سلطة الى الغير ؛ يكل أو يعهد بأمر (لعناية أو ادارة أو غير ذلك) .

delegation ايفاد ؛ انتداب ؛ تفويض . نقل ، تحويل ، اسناد (سلطات)

وفد ؛ هيئة منتدبين

[قانون مدني] حوالة دين أو نقله من مدين أصلي الى غيره . إنابة الغير للوفاء بدين بعد موافقة جميع الاطراف ذوي الشأن . وهذه تختلف عما يعرف في القانون المدني بالحلول subrogation .

— **imperfect delegation** إنابة قاصرة : للدائن معها ان يتمسك بحقوقه تجاه المدين الاصلي .

— **perfect delegation** إنابة كلية أو قاطعة : تنتهي بها علاقة المديونية بين الدائن والمدين الاصلي وتخلي المدين من مسؤولية الدين اخلاء كلياً .

delegatus non potest delegare النائب لا ينيب ، أو : الوكيل لا يوكل غيره (الا بمعرفة الاصيل وموافقته) .

delete يحذف ؛ يسقط ؛ يستبعد (من نص) ؛ يشطب

deleterious مؤلم ؛ ضار (أدبياً أو مادياً) ؛ مؤذ ؛ سام ؛ غير صحي

delf محجر ؛ منجم

deliberate [كفعل] يتداول ؛ يتذاكر (للوصول الى رأي) يزن ؛ يتدبر ؛ يتبصر (أمراً) ، يتأمله ، يفحصه ، يقلبه ، يعتبره ملياً ، ينعم فيه الفكر

[كنعت] موزون ؛ مصمم ؛ مصر ؛ مترو ؛ صادر عن تبصر أو طول أناة أو تفكير ملي . مفتعل (لا قصدي فحسب) ؛ منبعث عن تأميل واعتبار دقيق لعواقب الفعل أو نتائجه . ينطوي على الروية والبرود وانعام النظر . هادىء ؛ غير متأثر بهوى أو عاطفة .

من مفاهيم الكلمة أيضاً ، العناد والاصرار في القصد ؛ وقد تدل أحياناً على الجرأة الحمقاء والالحاف العنيد .

اذا وصف الفعل بأنه deliberate أفاد أن صاحبه استبان ماهيته وأحاط بنتائجه وأنعم وزنها وتقديرها ثم مضى في تنفيذه بتؤدة ودم بارد .

(راجع premeditation للمقارنة بـ deliberation)

deliberately عمداً ؛ تعمداً ؛ عن قصد مصمم أو سبق انعام فكر ؛ بدم بارد ؛ عن بصيرة ، بتأن أو تؤدة

deliberation مذاكرة ؛ مداولة

إعمال فكر ؛ سبق اصرار وطول تفكير ؛ أناة ؛ روية ، تبصر . بين هذه الكلمة و premeditation شبه عظيم من حيث ماهية الفعل وهو سبق التفكير والاصرار . ولا فرق بينهما الا في الدرجة ومدى اعمال الفكر لاسيما إن deliberation هي أبعد غوراً من premeditation باعتبارها الاستزادة من سبق التفكير ، أو سبق التفكير premeditation المصحوب بالبرود . والفعل المتصف بالـ deliberation هو الفعل الذي يرتكب بعد انقضاء الفترة اللازمة لبرود الاعصاب والسيطرة التامة على الشعور ؛ والفاعل with deliberation هو الذي يرتكب فعله بعد أن تهدأ سورته ويسيطر على أعصابه ثم يزن ذلك الفعل ويفكر في عواقبه تفكيراً ملياً .

delict جريمة أو جناية (يعاقب عليها بالاعدام أو السجن المؤبد أو السجن) .

ضرر ؛ ضرار ؛ اخلال بواجب

— **private delicts** [قانون روماني] جرائم خاصة ؛ تقتصر فيها عقوبة الفاعل على تعويض الشخص المضرور .

— **public delicts** [قانون روماني] جرائم عامة لا تنحصر آثارها في شخص أحد الناس أو ماله فقط بل تمتد أيضاً الى المجتمع بوجه عام فتنال من سلامته وتبلغ مرتبة الجنح والجنايات .

— ***quasi* delicts** أشباه جنايات ، أشال جرائم : الجرائم التي تؤتى بغير قصد أو من قبيل الخطأ أو الرعونة أو نتيجة الاهمال .

delictum جريمة ؛ جناية

delimit يحدد ؛ يبين ؛ يضع حدود أرض أو مكان أو اقليم او غير ذلك .

delimitation تحديد بيان ؛ وضع حدود أرض أو سلطات أو حقوق أو غير ذلك .

delinquency اخلال بواجب ، تقصير فيه ، قعود عنه إجرام ؛ جنوح ؛ سوء سلوك أو تصرف

delinquent مخل بواجب ؛ مذنب ؛ جانح ، مجرم

[في الديون] متأخر الأداء؛ مستحق وغير مدفوع في الميعاد المحدد اللازم قانوناً أو اتفاقاً، نحو: ضرائب أو ديون متأخرة (الأداء)، مستحقة وغير مدفوعة delinquent taxes أو delinquent debts . اذا اتصف بهذه الكلمة شخص أفادت أنه مهمل إهمالا جسيماً أو مقصر في علاقاته المالية (تقصيراً مفتعلا) أو غير أمين أو لا يستأهل الثقة .

— juvenile delinquents احداث جانحون

delinquent child; delinquent juvenile ولد أو حدث جانح

delinquent taxes ضرائب متأخرة الأداء) . ضرائب حالة الاداء وغير مدفوعة .

delirium [طب شرعي] هذيان . حالة العقل حين ينطلق من عقال الارادة عند تعطلها، ويشتغل دون توجيهها، كما هي الحال في الاحلام . على أن الهذيان المعروف لا يلم بالشخص الا مع اشتداد الحمى أو في أثرها . ولا يعي المريض المصاب به ما يوجد أو يدور حوله، فتسرح أفكاره في عالم من الفوضى والاحلام ويرى الاشياء أو يفهمها على غير حقيقتها؛ فاذا تكلم كانت الفاظه هائمة غامضة واذا اشتدت به آلام المرض خفت هذيانه الى حد الهمس أو سكت وجمد كأنه ميت . والهذيان في نظر القانون أشبه شيء بكسوف أو ظلام عقلي، تحدثه سحابة مرض تحتوي العقل ولا يلبث أن ينجلي بالشفاء أو ينتهي بالموت .

delirium tremens بحران؛ هذيان المدمنين: ارتباك في الجهاز العصبي يمتد الى الدماغ فيصيب المريض بنوبة من الهوس يصحبها أحياناً هياج عنيف . ويتأتى هذا الارتباك في الغالب عن اعتياد الافراط في تعاطي المشروبات الكحولية أو الانقطاع عنها بعد اعتياد تعاطيها مدة طويلة .

deliver يسلم؛ يوصل؛ يبلغ

deliverance قرار هيئة محلفين

— second deliverance دعوى ثانية لاسترداد حيازة منقول، يسمح للمدعي برفعها اذا صدر ضده أول مرة حكم غيابي لمصلحة المدعى عليه أو اذا عجز عن اثبات دعواه (الأولى) أو أهمل السير فيها .

delivery تسليم: وضع شيء *res* في حيازة شخص معين أو في نطاق سيطرته . نقل الشيء أو الحق فيه أو في الانتفاع به من شخص الى آخر .

[طب شرعي] ولادة؛ وضع

— absolute and conditional delivery تسليم مطلق: أي تام ومنجز (دون قيد أو شرط)، وتسليم مشروط (معلق على شرط لا ينفذ الا بعد وقوع حادث أو حصول أمر معين) .

— actual and constructive delivery تسليم فعلي (يحصل بوضع السلعة في حيازة المشتري أو من يقوم مقامه، قانوناً، وضعا فعلياً)، وتسليم تقديري أو استدلالي (أي رمزي symbolic يدل قانوناً على التسليم الفعلي ويقوم مقامه ولو لم يحصل بسبيل المداولة) .

— on delivery عند أو لدى التسليم (سواء كان موضوعه بضاعة أو غيرها) .

-- second delivery تسليم ثان . منه تسليم الوديعة لمن أودعت لحسابه: قيام الوديع (المؤتمن على الوديعة) بتسليم سند التصرف المودع لديه، تسليماً قانونياً لمن أودع لحسابه بعد أن يكون هذا قد قام بشرط التسليم .

— symbolic delivery تسليم رمزي: يحصل حيث يكون المراد تسليمه مالا ثابتاً أو منقولا تستحيل معه المناولة . وفي هذه الحال يسلم الشيء بتسليم مادة أو أداة اشتهرت لدى الكافة بأنها ترمز الى تسليمه؛ كتسليم مفتاح مثلا رمزاً لتسليم دار، أو وثيقة شحن اشعاراً بتسليم بضاعة على باخرة، وهلم جراً .

delivery bond سند تسليم: تعهد مكتوب برد البضاعة الى صاحبها حال دفعه المبالغ المستحقة، يعطى عند الحجز عليها استيفاء لضرائب متأخرة الأداء .

delivery order [معاملات البورصة] أمر أو اذن تسليم

delivery, writ of أمر تسليم: أمر تنفيذ حكم لاسترداد مال، غير الأرض والنقود، يكون في الغالب سلعة وما اليها .

delusion [طب شرعي] وهم؛ هوس؛ مخالطة خيالية؛ جزم برؤية أشياء لا يقر المنطق أو العقل السليم أو واقع الحال وجودها أو رؤيتها .

demand يطلب أو يطالب؛ يلتمس

يستدعي؛ يكلف بالحضور، نحو: تغيب ولم يحضر رغم تكليفه رسمياً although solemnly demanded, oomes not, but makes default .

[كاسم] طلب؛ مطالبة؛ ذمة؛ مبلغ مستحق (الاداء)

تكليف قائم على حق ظاهر يفيد الامر بأداء مستحق أو الامتناع عن فعل .

— cross demand ذمة مقابلة؛ طلب أو تكليف مقابل يواجه به المدعى عليه طلب المدعي أو ادعاءه .

— on demand عند (لدى أو حال) الطلب

— reconventional demand (راجع باب reconventional)

demand note تكليف دفع فوري . سند واجب الاداء حالا : كالصك ينص على وجوب دفع القيمة المبينة فيه عند الطلب أو لدى الاطلاع .

demandant المستدعي في دعوى عينية

demandress مدعية أو مستدعية في دعوى عقارية .

démarche [علاقات دبلوماسية] مسعى ؛ خطوة سياسية ؛ تدبير ؛ مراجعة

demean يهين، يحط من رتبة او قدرة

demeanour; demeanor [في وصف الشهود] هيئة الشاهد؛ سحنته؛ أسارير وجهه؛ مظهره أثناء أداء الشهادة : مبلغ تأثره بأمر يفاجأ به؛ سلوكه؛ تحمسه؛ حركاته وسكناته؛ نظراته ؛ نبرات صوته ؛ رباطة جأشه أو تلعثمه

demease [قانون انكليزي قديم] وفاة ؛ موت

demens ضعيف أو منحل العقل : من فقد جزءاً من قواه العقلية .

demented مختل؛ مخالط؛ غير سليم العقل

dementia (راجع باب insanity)

demesne دوار السيد الاقطاعي وما يتبعه من الاراضي الخاصة بالسيد وحده وعائلته ومن يليه على الدوار من الورثة .
مجموع ما يحوزه السيد الاقطاعي من الأراضي لاستعماله الخاص، دون الاتباع، ويستبقيه لنفسه ولورثته من بعده .
ملك خالص لحائزه بحكم ماله فيه من حق أصلي لا حكم الحيازة من سيد أعلى .
[في المرافعات] خاص ؛ أصلي

— royal demesne أراضي التاج

— state demesne أراضي الدولة ؛ الاراضي الاميرية

demesne as of fee امتلاك الارض ملكية مطلقة خالصة للمالك وورثته من بعده (دون قيد أو شرط) .

demesne lands أراضي الدوار الخاصة بالسيد الاقطاعي دون غيره .

demi نصف

demi-sangue نصف دم . قرابة نصف الدم ، كقرابة أبناء العلات وأبناء الاخياف (غير الاشقاء) .

demise of the crown انتقال التاج : ايلولته بالتوارث الملكي .

deminutio [قانون مدني] أخذ؛ ازالة؛ فقدان شيء أو التجرد منه .

demise يؤجر (بموجب عقد ايجار)؛ يفرغ للغير عن أرض بسبيل الايجار .
[كاسم] إجارة؛ تأجير أرض عدداً من السنين for years او مدى الحياة for life أو الى ما شاء المؤجر at will .
ترد هذه الكلمة أحياناً مرادفاً لـ decease بمعنى وفاة .

demise and redemise [في التصرفات] تأجير المؤجر للمؤجر وهو ما يكون اذا أجر المالك أرضاً له بأجرة أسمية (زهيدة) ثم عاد فاستأجرها (هو) من الباطن بأجرة المثل مدة تقل عن مدة الايجار الاصلي . كأن يقوم (أ) من الناس مثلا بتأجير أرض له لـ (ب) باجرة اسمية مدة خمس سنين ثم يتفق هذان فيما بعد على أن يستأجر (أ) الأرض ذاتها أو جزءاً منها من (ب) باجرة عادية (غير اسمية) لمدة تقل عن المدة المذكورة .

demisi أجرت أو تصرفت (بسبيل الايجار) .

demissio ايجار ؛ تأجير

demission استقالة؛ تنازل

demobilization تسريح جنود

democracy ديمقراطية : نظام حكومي تعود فيه السلطة وممارستها للامة ممثلة فيمن تختاره بمحض ارادتها وملء حريتها. حكم الشعب (القائم على رغبة الأكثرية) .

demolish يهدم ؛ يسقط ؛ يرمي؛ يطيح ، يخرب ؛ يقوض

demonetization التخلي (رسمياً) عن استعمال نقد معدني معين . اسقاط أو شطب قيمة المعدن النقدية (أي قيمته كنقد قابل للتداول) .

demonstrate يبدي؛ يثبت؛ يفسر؛ يشرح (عملياً) بتصوير الأشياء أو التمثيل عليها أو الاستعانة بنماذج منها؛ يبين (شيئاً) بسبيل التجريب .

demonstration بيان ؛ تصوير ؛ شرح ؛ تفسير
[في البينة] دليل دامغ؛ اثبات مقنع لا يقبل الشك .

demonstrative evidence بينة تصويرية : يتجه تأثيرها الى الحواس مباشرة .

demotion تخفيض رتبة شخص أو درجته أو وظيفته دون تخفيض راتبه؛ (والفعل demote)

dempster [قانون اسكتلندي] شخص مكلف بتلاوة الأحكام في المحكمة .

demur يعترض (قانوناً)؛ يدفع (بعدم كفاية بينة أو ادعاء او أسباب أو وقائع من الوجهة القانونية) نحو : له أن يدفع بعدم كفاية الشهادة (من الوجهة القانونية) He may demur to the evidence.

demurrable محل لاعتراض قانوني أو لدفع بعدم الكفاية (من الوجهة القانونية) : كالعريضة مثلا تكون demurrable اذا اعوزتها الاسباب أو الوقائع الكافية قانوناً لثبوت وجاهة ما تبديه .

demurrage [قانون بحري] تعويض التأخير ؛ المبلغ الذي يدفعه الشاحن لصاحب السفينة تعويضاً له عن أيام التأخير في الوسق أو التفريغ (وهي الايام التي تقضيها السفينة في عمليات الشحن أو التفريغ بعد انتهاء « أيام السقائف » lay days المقررة لتلك العمليات) . ويكون تحديد هذا المبلغ على أساس الاتفاق أو القانون أو العرف .

يراد بالـ demurrage أيضاً ما تطالب به السفينة من أضرار نظير رفض المرسل اليه تسلم البضاعة المرسلة باسمه .

demurrant الخصم الدافع بعدم كفاية ادعاء المدعي من الوجهة القانونية (راجع demur و demurrer) .

demurrer اعتراض قانوني؛ دفع تحوطي ؛ يدفع فيه المدعى عليه بأن الاسباب التي يتمسك بها المدعي لا تكفي لدعم دعواه من الوجهة القانونية او بأن هذه الأسباب، رغم التسليم بصحتها، لا تكفي لحمله على الاجابة أو لا تبرر الاستمرار في الدعوى .

— general demurrer دفع تحوطي عام : يدفع فيه المدعى عليه بعدم الكفاية القانونية، بصورة عامة، دون أن يبين طبيعة الاعتراض على وجه التخصيص؛ كأن يقول مثلا بأن الشكوى المقدمة لا تصح أن تكون أساساً لمساءلة أو قضية .

— special demurrer دفع تحوطي خاص : ينصب فقط على شكل ادعاء المدعي أو يحتسب بالطعن في ناحية خاصة منه دون النواحي الأخرى .

demurrer *ore tenus* الاعتراض على قبول أي شهادة بحجة كون الشكوى أو العريضة لا تشكل قضية وجيهة في حد ذاتها .

demurrer to the evidence الدفع بعدم كفاية الدليل قانوناً – صح أو لم يصح – لاسناد دعوى الخصم .

demurrer to interrogation الاعتراض على الاستجواب : اعتراض الشاهد على السؤال الموجه اليه وتعليل اعتراضه .

denarius دينار روماني : أكبر قطع النقد الفضية عند الرومان .

denarius dei رعبون (عربون) : المبلغ الذي يدفع رمزاً لابرام صفقة أو اتفاق على مبايعة .

denial حرمان؛ رد؛ نكور (او انكار) تهمة أو قول أو ما الى ذلك . تنصل

denization منح براءة رعوية لشخص أجنبي المولد .

denize يمنح حق رعوية لاجنبي

denizen [قانون انكليزي] مواطن؛ من كان أجنبي المولد ومنحته الملكة براءة الرعوية فأصبح على حال وسط بين الاجنبي وبين البريطاني جنسية ومولداً .

وللملكة الانكليز الحق في منح براءة الرعوية هذه she may denize وليس لها منح الجنسية الا بموافقة البرلمان .

[قانون اميركي] أجنبي يكتسب بحكم اقامته العادية ، الحقوق التي يتمتع بها الوطني مولداً ويكون على حال وسط بين الاجنبي والاميركي جنسية ومولداً .

الذمي في عهد الدولة الاسلامية

Denman's (Lord) Acts قوانين (اللورد) دنمان، وهي :
(١) the chimney sweepers and chimneys regulation act الصادر سنة ١٨٤٠ ؛
(٢) the evidence act الصادر سنة ١٨٤٣ .

Denman's (Mr.) Acts قوانين (المستر) دنمان، وهي :
(١) the criminal procedure act لسنة ١٨٦٥
و (٢) the evidence further amendment act لسنة ١٨٦٩ .

denominated مسمى ؛ مبين ، نحو : مبينة بالعملة السويسرية denominated in Swiss currency .

denomination تسمية ؛ فئة

denounce يبلغ ؛ يخبر (عن)؛ يستنكر (عملا او تدبيراً او سياسة)

[علاقات دولية] تشعر (احدى الدول دولة أخرى برغبتها في انهاء معاهدة أو اتفاقية قائمة بينهما) .

denumeration الدفع حاضراً أو حالا

denunciation تبليغ ؛ إخبار عن (فعل)

depletion استنفاد (أصول أو موجودات)، استنزافها، نضوبها، صرفها، تفريغها، تبديدها

depletion allowance **[بعض قوانين البترول]** إعانة تعويضية (عن نضوب) .

deploy ينشر (وحدة عسكرية) عرضاً ، يفرش (طابوراً)؛ يهيىء لمعركة؛ ينظم استراتيجياً أو في تشكيلات حربية .

depone **[اجراءات اسكتلندية]** يعطي افادة؛ يدلي بأقوال مشفوعة باليمين لتحرر ويوقع عليها ويرجع اليها عند الحاجة على سبيل الشهادة .

deponent صاحب الافادة : من حررت اقواله مشفوعة باليمين وذيلت بامضائه أو ما يقوم مقامه؛ من أدلى أمام المحكمه بشهادة .

deport يبعد شخصاً (غير مرغوب فيه) : يقصيه أو ينفيه من بلاد الى اخرى .

deportatio in insulam **[قانون روماني]** اعتقال (أو قيد حرية) مؤبد ضمن حدود مقررة . والشخص المعتقل على هذا النحو كان يعتبر مدنياً .

deportation ابعاد؛ نفي؛ طرد من بلاد الى اخرى تصحبه في الغالب مصادرة أموال المبعد وتجريده من كافة الحقوق المدنية .

[قانون اميركي] طرد أجنبي، غير مرغوب فيه، او ابعاده عن البلاد .

[قانون روماني] إبعاد؛ نفي أو طرد نهائي مع تجريد المطرود من كافة حقوق المواطنين .

depose يعزل؛ يقيل (من وظيفة أو منصب)؛ يخلع (ملكاً عن عرش أو حاكماً عن حكم) .

[في الاجراءات] يدلي بافادة او يقرر بأقوال

deposit يودع .

عربون (رعبون عند العامة) : يضيع على من قدمه اذا أخل بما اتفق عليه مع من قدم اليه؛ واذا أوفى او لم يخل جعل لحسابه جزءاً من المبلغ المتفق عليه .

وديعة : استيداع شيء او قبوله كوديعة .

[شؤون البنوك] ايداع ؛ وديعة (سواء كانت أوراقاً تجارية أو سندات أو مجوهرات أو اشياء أخرى ذات قيمة مادية أو معنوية) تسلم لبنك كي تحفظ فيه وتسترجع حسب رغبة المودع .

[مواد التعدين] رواسب ؛ كميات من المعادن كالذهب deposit of gold وغيره توجد طبيعياً بين طبقات الأرض .

— time deposit وديعة موقوتة ؛ وديعة لاجل (ولاغراض التوفير) .

[قانون اسكتلندي] بيان تصدره المحكمة في حق المدين اذا رفض الامتثال لاوامرها، معلنة فيه أنه ثائر rebel (راجع horning) .

[علاقات دولية] تنصل من (معاهدة أو اتفاقية)، نقضها

deny ينكر؛ يرفض؛ يعارض (في أمر)؛ يتنصل (من)؛ يجحد

deodand **[قانون انكليزي]** كل شيء أخذ من مالكه وأصبح حلا للتاج كي ينفق في وجوه الخير .

الأمتعة أو المنقولات (بما في ذلك الحيوانات) التي يتأتى عنها موت انسان أو القضاء على مخلوق ذي قيمة تصبح deodand فتخرج من يد صاحبها وتؤول الى الملك (على سبيل الجزاء) لتنفق في وجوه البر .

الغي هـذا الاجراء بموجب الـ deodand's act الصادر سنة ١٨٤٦ م .

depart ينصرف ؛ يغادر؛ يحيد ، يخرج عن (موضوع أو بحث أو ما الى ذلك)

[قانون بحري] تغادر (السفينة) الميناء، بمعنى تخرج من نطاقه .

[في المرافعات] ينحرف عن اتجاه أو نهج خاص في دفاع سابق.

department دائرة ؛ ادارة ؛ مصلحة ؛ ديوان

departure إنحراف أو خروج عن نهج (معلوم) أو قاعدة او نسبة أو فئة او سياسة متبعة أو ما الى ذلك .

[في المرافعات] انتقال الخصم في دفاعه أو تحوله من اتجاه الى آخر .

dependant عيل؛ معول؛ تابع (لغيره) أو متكل عليه : من اعتمد في معاشه أو حماية نفسه على الغير .

— legal dependant (راجع باب legal)

dependence اعتماد؛ اتكال (على الغير)، لجوء اليه لمعونة او حماية او غير ذلك من مقومات الحياة او الامان .

dependency بلد تابع، ملحق او مسخر : يخضع لسلطان بلد آخر ويعتبر ملكاً له مقيداً بقوانينه .

dependent (راجع dependant)

depending **[في الاجراءات]** ترد هذه الكلمة أحياناً مرادفاً لـ pending بمعنى : معلق؛ عالق؛ لم يبت فيه، او قيد نظر .

deplete يستنفد؛ يستنزف؛ يستهلك؛ يصرف من قيمة شيء او كميته بسبيل استعمال او تفريغ او تبديد او غير ذلك من العوامل المؤثرة الاخرى .

depreciation استهلاك؛ تدنٍّ؛ تأثر؛ هبوط؛ انحطاط قيمة (بمرور زمن أو استعمال) .

— straight-line depreciation
(راجع باب straight-line)

depreciation in assets نقص قيمة الاصول

depreciation of currency تدني النقد او هبوطه (من حيث القيمة) .

depreciation reserve; depreciation fund احتياطي استهلاك أو تدني : يحتفظ به لمواجهة ما ينتظر من هبوط في قيمة الشيء بسبيل استعماله أو مرور الزمن عليه .

depreciation system (راجع باب system)

depredation نهب؛ سلب؛ اكتساح (مكان) وتجريده مما فيه .

[**قانون فرنسي**] يرد هذا التعبير غالباً في الكلام عن تركة ميت بمعنى : نهبها أو تبديدها .

depression ركود؛ كساد عام؛ عسر؛ فتور اقتصادي شامل .

هبوط الاقتصاديات؛ انكماش العملة وما يصحبه من كساد السوق .

depression phase نوبة فتور او كساد

deprivation تجريد او حرمان (من حقوق او اموال او غير ذلك) .

deprive يجرد؛ يحرم؛ يأخذ (مال الغير)، يستولي عليه او ينتزعه .

deputize ينيب؛ يعين نائباً؛ يندب (قاضياً أو مأموراً لمهمة)؛ يفوض (شخصاً باداء عمل نيابة عن غيره) .

deputy نائب ؛ وكيل

— special deputy نائب خاص ، يعين لممارسة مهام كان يمارسها الاصيل بصفة خاصة .

deputy sheriff (راجع باب sheriff)

deraign يبعث على فوضى؛ يفسد (وضعاً)؛ يحيد (عن نهج) . يرتد (عن دين)

[**قانون عام**] ترد أحياناً بمعنى يثبت او يبرهن، نحو : يثبت حقاً to deraign a right .

derelict متروك؛ مهجور

deposit account حساب ايداع ؛ حساب ودائع : يفتح بإيداع مبلغ من النقود لدى البنك لا يجوز سحبه بالشيكات العادية ولا يتسنى استرداده الا باشعار معين أو بعد مدة مقررة .

deposit of instruments of ratification ايداع مستندات ابرام (معاهدات أو اتفاقيات أو غيرها مما يقتضي ابرامه) .

deposit of title-deeds ايداع حجج أو سندات ملكية : تودع هذه الاوراق لدى الدائن المرتهن أحياناً ضماناً لدينه، باعتبار أن ايداعها يقوم مقام رهن العقار ذاته لديه ضماناً للوفاء .

deposit slip إيصال ايداع : يعطيه المودع لديه الى المودع اشعاراً بحصول الايداع .

depositary وديع ؛ مودع لديه؛ حافظ الوديعة

deposition افادة : شهادة أو أقوال يدلي بها ذو الشأن خارج المحكمة مشفوعة باليمين فتحرر حال الادلاء بها ثم تتلى عليه فيوقعها وتحفظ ليرجع اليها أثناء المحاكمة عند اللزوم .

deposition *de bene esse* افادة أو شهادة تتلى اثناء الجلسة . عند الحاجة .

depositor مودع : صاحب الوديعة؛ من قام بالايداع

depository مستودع ؛ محل ايداع ؛ مكان حفظ ودائع

depositum وديعة تبرعية : عقد ايداع تبرعي خالص لمصلحة المودع؛ يقوم بموجبه الوديع بحفظ الوديعة لحساب المودع بلا عوض على أن لا يكون مسؤولا عما يلحقها من الضرر بجراء الاهمال مهما اشتد، وأن لا تقع عليه الا تبعة الغش والخداع .

depot محطة سكة حديدية . مخزن أو مستودع لحفظ بضائع او مهمات عسكرية .

dépôt مودعات

deprave يقذف defame؛ يهين؛ يحتقر؛ يعيب في حق شخص أو شيء .

depraved mind عقل معدم الشعور : يجمع بين الضلال وعدم التأثر بالاحاسيس او الضوابط الخلقية .

العقل الذي تستولي عليه المشروبات الروحية أحياناً فتعميه عن الاعتبارات الأدبية او تجعله لا يقيم وزناً لحياة الغير أو سلامته .

depreciate يحط؛ يخفض؛ ينزل؛ ينتقص (من شيء)، يبخسه (قيمته) ؛ ينال من اعتباره

descend ينتقل او يؤول بالميراث : كالمال اذا انتقل الى الفرع (الوارث) بحكم القانون وموت الاصل (الموروث) .

descendant فرع ؛ سليل ؛ خلف ؛ وارث
تستعمل في الغالب بمعنى فرع او خلف صلبي . وتدل أحياناً على الابن المتبنى، اذا كان المراد بها وارثاً أعطاه القانون حقاً في وراثة من تبناه .

— **lineal descendant** فرع مباشر، على عمود النسب ، يكون في الغالب ابناً صلبياً او حفيداً او فرعاً صلبياً (قريباً او بعيداً) . ويشمل هذا التعبير ايضاً الولد المتبنى اذا دخل بين الفروع كأنه ولد صلبي .

descendible أهل للانتقال او الايلولة من أصل الى فرع .

descent ميراث ؛ وراثة ؛ إرث ؛ خلافة
[**قانون الطيران**] نزول الطائرة أو هبوطها

— **collateral descent** ميراث فرعي ، يشمل الحواشي (ذوي القرابة غير المباشرة) .

— **lineal descent** ميراث مباشر، يشمل الاقارب المباشرين (ذوي القرابة المباشرة على عمود النسب) .

descent cast ايلولة غير ايصائية؛ ميراث غير ايصائي، يؤول به المال العقاري الى الوارث القانوني بغير وصية .

describe يصف؛ يوضح؛ يبين؛ يشرح، يفصح (عن أمر) .
[**في الاراضي**] يبين مقاييس عقار وحدوده

descriptio personae اوصاف الشخص

description وصف؛ مواصفات؛ بيان؛ تعريف؛ ذكر او شرح تفاصيل (شيء او مقوماته او حاله أو ما يتصل به مما يلزم بيانه) .

descriptive وصفي؛ بياني؛ ايضاحي؛ تفسيري؛ تصويري ؛ تحديدي

desecrate يدنس (قبراً او مكاناً لعبادة)، ينتهك حرمته .

desert يفر (من خدمة)؛ يهرب (من واجب رسمي) قصداً؛ يهجر

desert to the enemy يفر الى العدو

deserter فار او هارب : من خدمة عسكرية او مسؤولية قانونية او ادبية .

desertion فرار؛ هروب؛ تخل قصدي عن وظيفة او مسؤولية خرقاً لواجب قانوني او ادبي .

[**مواد بحرية**] سفينة متروكة (عرض البحر)، تخلى عنها الربان والبحارة أثناء الرحلة بعد اليأس من انقاذها على أثر غرق او حادث الم بها فحملهم على تركها نهائياً .

— **quasi derelict** في حكم المتروكة ؛ شبه متروكة . السفينة التي يفلت زمامها من ايدي ربانها وطاقمها ولا يعود لهؤلاء سلطان عليها رغم بقائهم على ظهرها . وهذا ما يحصل غالباً اذا مات عدد من رجال الطاقم وأصبح الباقون من العجز بحيث لا يستطيعون التحوط لسلامة أنفسهم وسلامتها .

dereliction كسب الارض من الماء (الأرض التي يتركها او ينكشف عنها البحر) وهو كسب التصاق حسب القانون المدني .
ترك الاشياء من قبل صاحبها، وتخليه عنها نهائياً بمحض اختياره وارادته دون أن تكون له في استرجاعها أية رغبة .

derivativa potestas non potest esse major primitiva لا تملك السلطة المستمدة أن تفوق مصدرها (كما أن المجرى لا يكون أكبر من المنبع) .

derivative تفرعي؛ استتباعي؛ اشتقاقي؛ استنتاجي؛ مستمد من غيره؛ ثانوي (غير أصلي)

derivative action (or suit) [**مسائل الشركات**] دعوى يرفعها المساهم في موضوع يتصل بالشركة ويقتضي دخولها خصماً فيها فاذا كسبها المدعي كان الحكم الصادر فيها لصالح الشركة ضد شخص ثالث .

derive يستمد؛ يتلقى؛ يستقي؛ يحصل (على)؛ يستتبع، ينشأ (عن)؛ يتأتى؛ يؤول

derogation تقييد (نص قانون)، الحد منه او الالغاء الجزئي له، باصدار قانون لاحق يقيد مدى تطبيقه أو يحد من آثاره ومفعوله .
يختلف عنه الـ abrogation بأنه الغاء او ابطال كلي لا يبقي على شيء من آثار النص الملغى .

derogatory clause [**في الوصايا**] شرط ابطال؛ بند تحوط
اذا خشي الموصي أن يكره على تحرير وصية أخرى ضد رأيه او رغبته أدخل على وصيته بنداً ينص على انه اذا ظهرت بعد الوصية « الحالية » أية وصية أخرى لم تشمل عبارة او كلمات او امارة معينة (سرية) كانت تلك الوصية باطلة ولاغية . وهذا ما لا يجيزه القانون الانكليزي .

desafuero [**قانون اسباني**] فعل عنف يخالف القانون أو العرف او المعقول .

despatches مراسلات رسمية : تتعلق بالاعمال والشؤون الحكومية .

desperado متهور ؛ يائس : مستهتر : من جمع بين التهور واليأس والتهيؤ للاجرام .

desperate يائس ؛ معدوم الرجاء، لا طائل تحته ؛ لا سبيل الى تحصيله

desperate debt دين يائس؛ دين ضمار أو معدوم لا يرجى تحصيله .

despite تحقير ؛ ازدراء

despoil ينهب (مكاناً او شخصاً)؛ يجرده من أشيائه بسبيل العنف والمفاجأة والتكتم .

despondency [**مواد جنائية**] روح الهزيمة؛ القنوط؛ انقطاع الرجاء

despousation خطبة؛ تواعد متبادل بزواج ؛ خطوبة الرجل للمرأة قصد الزواج بها .

despot طاغية؛ مستبد

despotism استبداد ؛ طغيان ؛ جور في حكم
حكومة طغيان تنحصر سلطاتها في رجل واحد يحكم البلاد وأهلها ويصرف أمورها كما شاء دون منازع .

dessaisissement [**اجراءات الافلاس**] اصطلاح فرنسي دارج بمعنى تجريد المفلس من حق التمتع بامواله وادارتها .

destination اتجاه؛ غاية؛ غرض؛ وجهة (نهائية)؛ جهة؛ وصول؛ ميناء او مكان تنتهي به رحلة سفينة .

destitute معدم؛ مملق؛ شديد الفقر ؛ محروم، لا يملك مستلزمات الحياة .

destitute or **necessitous circumstances**
ظروف املاق او حرمان : يعدم معها الشخص أبسط مقومات الحياة وضرورياتها اللازمة لسد رمقه ويراد بها احياناً مستلزمات الحياة الواجبة التوفير لقاصر فقد معيله .

destroy [**وثائق تأمين وعقود ايجار وقانون بحري**] يخرب؛ يتلف؛ يحطم؛ يدمر ؛ يعطب
تفيد هذه الكلمة غالباً مجرد صيرورة الشيء غير الصالح لما أعد له دون اعدامه أو ابادته .
وفي الكلام عن الوصايا والعقود والمستندات وما اليها، تعني القضاء على مفعولها او آثارها بشطب او محو او تمزيق او غير ذلك ، لاعدامها او ابادتها .

[**علاقات زوجية**] قطيعة هجر . نشوز (المرأة) أو هجر (الرجل) : وهو قيام أحد الزوجين بقطع أسباب العشرة مع الآخر والتخلي عن الالتزامات الزوجية .
تخلي أحد الوالدين عن واجبات الابوة أو الامومة تجاه الولد وتركه بلا عائل .
[**مواد عسكرية**] فرار من خدمة عسكرية او واجب .

— constructive desertion هجر تمهيدي : تصدع الحياة الزوجية او انتهاء العشرة الزوجية اثر سلوك شائن يصدر عن أحد الزوجين، اذا صح أن يكون هذا السلوك سبباً داعياً للطلاق .

— obstinate desertion الهجر أو التخلي المصمم : هجر أحد الزوجين للآخر رغم ما يبديه هذا من رغبة في المصالحة أو حسم النزاع .

design [**كفعل**] يصمم ؛ يرسم ؛ يختط ؛ يضع خطة ؛ ينظم ؛ يدبر ؛ يبتدع
[**في البينة**] قصد؛ غاية؛ خطة مرسومة؛ غرض مدبر
[**في البراءات**] رسم؛ تصوير ؛ تصميم؛ شكل؛ طراز

designate يعين؛ يبين ؛ يسمي ؛ يوضح ؛ يفسر

designation تعيين؛ وصف ؛ صفة؛ بيان (ماهية)؛ نعت : ما يضاف الى الاسم للدلالة على صاحبه وتمييزه من غيره كالكنية واللقب والمهنة والحرفة وما الى ذلك .
سمة أو أمارة دالة تستعمل أحياناً في الوصية لتشير الى شخص معين وتغني عن الحاجة الى التصريح باسمه .
تعيين (في وظيفة أو لمهمة)

designed مقصود؛ مصمم؛ موضوع ؛ معد، مهيأ، معين مناسب ؛ لائق

designedly افتعالا ؛ قصداً؛ عمداً؛ تصميماً؛ جنائياً؛ عن علم أو معرفة . خرقاً للقانون

desire يرغب؛ يبتغي؛ يشتهي؛ يطلب؛ يقتضي؛ يأمر
اذا وردت هذه الكلمة في الوصايا تقيدت بمقتضيات النص . فقد تقف أحياناً عند حد الرجاء او التمني او مجرد الرغبة او يراد بها الجزم والتصميم والامر القطعي .

desistement [**في الوصايا**] قاعدة تطبيق قانون المحكمة (اي القانون المحلي) لتفسير وصية اجنبية .

despacheurs [**قانون بحري**] محكمو المغارم . الاشخاص المعينون لتسوية المسائل المتصلة بالمغارم average .

despatch (راجع dispatch)

desuetude عدم الاستعمال او انقطاعه . طي الاهمال او النسيان؛ يقال : اصبح بعض القوانين طي الاهمال (او منسياً لا يعمل به) certain laws have fallen into desuetude.

desultory متقلب (قلب)؛ لا يثبت على حال؛ مضطرب ؛ مفكك ؛ غير منتظم ؛ لا يتبع قاعدة معلومة او هدفاً .

detachiare حجز ، وضع تحت حراسة تنفيذاً لامر حجز او اجراء قانوني .

detachment فصل؛ عزل . استقلال في حكم؛ ابتعاد عن المؤثرات الخارجية

detail يفصل؛ يبين؛ يستطرد؛ يطيل، يذكر على سبيل التفصيل

[كاسم] جزئية؛ احدى مفردات او احد بنود او تفاصيل .

detain يعتقل؛ يوقف (على ذمة تحقيق او محاكمة)؛ يضع تحت حراسة

يؤخر؛ يحبس؛ يحتبس؛ يحتجز شيئاً (عمن له الحق فيه)

detainer منع الغير من ممارسة حق قانوني (كحيازة أرض او متعة تعود حيازتها اليه قانوناً)؛ تقييد حريته او منعها عنه.

[في الاجراءات] امر حبس تصدره السلطات المختصة الى مدير السجن مكلفة اياه بحجز المذكور فيه .

detection تحرٍ ؛ تعقيب ؛ تحقيق جنائي؛ كشف عن خفايا اعمال

detection of crime تعقب الجرائم

detective بوليس سري؛ مأمور تحر : أحد رجال التحري المنوط بهم كشف الجرائم وتعقب المجرمين .

— private detective عامل تحرٍ خاص: يشتغل في اعمال التحري لحساب الافراد نظير اجر اتفاقي خاص .

detector آلة كاشفة تستعمل للدلالة على مكامن الاشياء: كالمعادن او الالغام او الأسلحة او غير ذلك مما اعدت له .

detente نهاية توتر بين دولتين او اكثر واستئناف العلاقات العادية .

detention اعتقال؛ توقيف؛ حجز؛ حبس أو احتباس

— preventive detention اعتقال او حجز وقائي

deter يردع؛ يثني (عن فعل)؛ يثبط؛ يعيق؛ يوقف؛ يمنع (تحت تأثير خوف او تهديد او ما الى ذلك) .

deterioration انحلال؛ تلف او فساد (بضاعة)، تأثر مادتها بتطرق العفن اليها او بأي عامل ينال من جوهرها .

determinable قابل للانتهاء؛ ينتهي اجله بحصول شيء او وقوع حادث .

محل تحديد او تقرير او تسوية او قابل لذلك .

determinate معين؛ محدد؛ معلوم؛ مقرر

determination تقرير؛ حكم محكمة؛ فصل؛ بت؛ تعيين؛ تحديد؛ تسوية

انهاء عقد او انتهاؤه

determine يقرر؛ ينهي؛ يفصل؛ يبت؛ يحكم؛ يحسم؛ يسوي؛ يقدر

detinue دعوى استرداد المنقولات المحبوسة بغير حق والمطالبة بالاضرار المترتبة على حبسها . تقام هذه الدعوى احياناً اذا تحولت الحيازة من مشروعة الى غير مشروعة : كأن يؤتمن شخص على وديعة مثلا فيحفظها عنده، ثم يحبسها عن المودع عندما يطلبها منه .

detinue of goods in frank marriage دعوى استرداد المنقولات المقدمة بمناسبة الزواج . اجراء قديم (ملغى) كانت تتخذه الزوجة ضد الزوج بعد الطلاق لقهره على رد الاموال المذكورة .

detournement اختلاس الخادم لاموال المخدوم . قيام الخادم المؤتمن بإساءة استعمال الامانة وانفاق الاموال او التصرف بالبضاعة المؤتمن عليها لمصلحته الخاصة .

detractari to be torn in pieces by horses «كي تمزقه الخيول ارباً» . احدى الطرق القديمة لإنزال عقوبة الاعدام .

detraction سلخ (شيء)؛ نقل (مال) من يد الى اخرى عند تحويل ملكيته بوراثة او وصية .

detrement ضرر؛ أذى؛ مكروه؛ خسارة تلحق الشخص في نفسه او ماله او ما يتصل به .

Deus solus haeredem facere potest, non homo الله وحده، لا الانسان، يملك صنع الوارث .

deuterogamy زواج ثان؛ زوجية ثانية : تزوج الارملة بعد وفاة زوجها او الارمل بعد وفاة زوجته .

devaluation of currency تخفيض قيمة عملة؛ تدني نقد؛ رده الى قيمة ادنى

devastation إسراف ؛ تبذير (في الانفاق من مال ائتماني) ؛ تبديد

devastavit «اسرف» او «بذر» : ينطبق هذا الاصطلاح على منفذ الوصية او مدير التركة اذا بذر اموال المتوفى وانتهى بها الى خسارة، كما ينطبق على من اساء الائتمان او اتى فعلا من افعال الاختلاس او استغلال الثقة، اذا كان وصياً او قيماً على مال او مديراً لتركة .

develop ينمي ؛ يحسن ؛ يربي ؛ ينهض بشيء او يعمل على انشائه او تقدمه او حسن تطوره او ازدهاره .

devest or **divest** يحرم ؛ يجرد من سلطة او مال او جنسية او لقب او غير ذلك .

deviation انحراف مسير ؛ تبديل اتجاه ؛ تحول عن نهج او خطة

[**تأمين بحري**] تغيير اتجاه الرحلة المشمولة بالتأمين او تأخير استئنافها (بعد توقف) تأخيراً غير معقول .

[**علاقات الخادم بالمخدوم**] خروج الخادم عما اعتاد عليه من خدمة سيده لغرض في نفسه .

device اختراع ؛ وسيلة ؛ آلة ؛ تدبير ، خطة او حيلة (للاضرار بالغير) .

شعار ، رمز مصور ، علامة مميزة

[**في البراءات**] ابتداع ؛ اختراع ؛ استنباط ؛ تصميم ميكانيكي

devil محام مساعد ؛ وكيل قضائي يشتغل لدى وكيل قضائي آخر على سبيل المساعدة .

[**كفعل**] يتمرن على المحاماة تحت اشراف محام آخر .

— attorney general's devil مستشار مبتدىء لدى خزانة الدولة .

devil on the neck اداة تعذيب كانت تستعمل قديماً لقهر المتهمين على الاعتراف وهي عبارة عن عدة مكابس حديدية تحتوي على عنق المتهم وساقيه ويضغط عليها جميعاً بالقدر المطلوب ويتقوس ظهر المتهم تحت وطأتها الى ان يتكسر (اذا روؤي ذلك) .

devilling تمرين على المحاماة : اصطلاح لندني يعني قيام المبتدىء في البار bar بمساعدة أي محام حديث العهد بالمحاماة في شؤونه المهنية بلا اجرة ودون ان يبدو له اي اثر او شأن فيها هو موضوع المساعدة .

devil's own, the كتيبة الجمعية القانونية في الحرس الوطني . عرفت بهذا الاسم لان غالب افرادها يجند من الممارسين للمهنة القانونية .

devious معوج ، ملتو (من سلوك او ما اليه) ؛ مخطىء

devisable [**تصرفات عقارية**] موروث ؛ قابل للتوريث ؛ قابل للهبة (الايصائية) او التصرف بسبيلها .

devisavit vel non احالة قضية (او قضية محالة) من احدى دوائر العدالة المطلقة Chancery في المحكمة العليا الى محكمة عادية (اي من court of equity الى court of law) لنظر الورقة المطعون في صحتها .

devise هبة ايصائية (عقارية) ؛ تصرف ايصائي (عقاري) ؛ وصية عقارية

[**كفعل**] يورث (الغير مالا عقارياً) ، يوصي له به : يهب

— contingent devise تصرف ايصائي ؛ توريث عقاري احتمالي معلق على شرط او مضاف الى زمن مستقبل : التصرف الايصائي الذي يكون انتقال المال بموجبه رهناً بحصول امر معين.

— general devises هبات ايصائية تعميمية : ناقلة للاموال العقارية بوجه عام دون بيان جزئياتها نحو : اي «وهبت (او أهب) كافة ما أملك من الاراضي I devise all my lands .

— specific devises هبات ايصائية تخصيصية : ناقلة للاموال العقارية بسبيل التخصيص، نحو ؛ «وهبت مزرعتي الشرقية» I devise my eastern farm (على اعتبار ان موضوع التصرف هو مزرعة تعرف بالمزرعة الشرقية) دون سواها.

devisee موصى او موهوب له : من صارت الهبة العقارية (الايصائية) له .

devisor مورث ؛ موص ؛ واهب ؛ متصرف باموال عقارية (تصرفاً ايصائياً) .

devolution ايلولة (حق او مال او التزام او تركة او وظيفة) من شخص الى آخر .

[**قانون اسكتلندي**] انتقال حق الشراء في المزاد من صاحب العرض الاكبر الى من يليه (اذا عجز الاول عن القيام بمقتضيات الشراء) .

devolutive appeal [**قانون لويزيانا**] : استئناف لا يوقف تنفيذ الحكم المستأنف ضده .

devolve يؤول ؛ ينتقل (من شخص الى آخر) .

di colonna [**قانون ايطالي**] عقد بحري يتفق بموجبه مالك السفينة ورئيسها وبحارتها على ان تكون رحلتهم لمصلحة الجميع بحيث توزع فوائدها وعوائدها عليهم جميعاً بنسبة محددة .

diagnosis تشخيص علة او داء ؛ تحقيق ماهية ذلك

dialectics علم او اصول تحقيق الآراء والبحوث وتبيين الحقائق بالجدل والتحليل المنطقي .

diarium قوت يوم : ما يكفي من الاكل ليوم واحد .

diatim يومياً؛ كل يوم

dicta آراء القاضي : الاقوال التي يفسر بها القاضي قاعدة او مسألة قانونية خاصة ولا يوردها في قرار المحكمة، (مفردها *dictum*) .

dictate يملي؛ يأمر . املاء؛ وحي او توجيه (ملزم)، نحو : وحي الضمير او ما يمليه dictate of conscience .

dictator ديكتاتور : من ملك السيادة والسلطة المطلقة في البلاد وكان له التصرف بشؤونها وسياستها كما شاء دون ان يعصى له أمر او توجد في البلاد قوة اخرى تستطيع معارضته او تملك حق تقييده او مساءلته عما يفعل وادانته .

dictores محكمون

dictum رأي القاضي او تعليقه الخاص الذي يبديه في مسألة قانونية عارضة دون ان يتطرق الى قرار المحكمة او يشير الى اتجاه حكمها . وقد لا تكون لتلك المسألة، موضوع الرأي، علاقة بالحكم .

فتوى اخصها ما صدر عن المحكمة العليا فيما يعرض عليها من المواضيع؛ يقال : فتوى محكمة عليا A supreme court *dictum* .

die يتوفى؛ يقضي نحبه؛ يموت : ادبياً او طبيعياً او موتة غير طبيعية (بسبيل العنف) .

dies ايام : يراد بها ايام الحضور في المحكمة .

dies communes in banco ايام رسمية (مقررة) للحضور الى المحكمة .

dies datus partibus يوم ممنوح للخصوم، يراد به اليوم الاضافي الذي يعطى لاطراف النزاع فوق الميعاد المحدد لتأجيل القضية او متابعة النظر فيها .

dies datus prece partium يوم (اضافي) ممنوح للخصوم نزولا على رجائهم .

dies fasti أيام افتتاح المحاكم للفصل في المنازعات .

dies feriati ايام اعياد

dies gratiae (راجع days of grace)

dies inceptus pro completo habetur اذا بدأ اليوم اعتبر كأنه اكتمل؛ اذا انقضى شطر منه فكأنما انقضى كله : بمعنى ان شطور الايام تعتبر اياماً كاملة .

dies nefasti [قانون روماني] ايام عطلة المحاكم

dies non يوم لا تباشر فيه الاعمال القضائية؛ يوم تعطيل

dies non (juridicus) يوم عطلة لا تمارس فيه الاعمال القانونية، كيوم الاحد مثلا .

diet برلمان؛ مجلس تشريعي عام او نيابي (في بعض البلدان الاوروبية) .

[اجراءات اسكتلندية] انعقاد محكمة او جلوسها . يوم حضور . يوم محدد لنظر قضية جنائية . قضية جنائية مهيأة للنظر .

Dieu et mon droit الله وحقي : اي انشد (وجه) الله والمحافظة على حقي .

diffacere يشوه؛ يتلف؛ يطمس؛ يمحو

difference [مسائل التحكيم] نزاع؛ خلاف؛ اختلاف؛ تفاوت؛ تباين؛ فرق

differences [اسواق مالية (البورصة)] الفروق التي تؤول للمضارب او تطلب منه .

differential duties رسوم أثرة او تفضيل : تتفاوت تبعاً للظروف .

difforciare [قانون انكليزي قديم] يمنع امرأً عن الغير؛ يحرمه منه

difforciare rectum يمنع او يصد العدالة (حين اقتضائها)

diffuse ينشر؛ يبث؛ يروج (اشاعات او اخباراً او ما الى ذلك)

digama or **digamy** زواج ثان

digest خلاصة لجملة كتب او بحوث .
اذا وردت هذه الكلمة وحدها دلت غالباً على مجموعة قوانين جستنيان؛ والاشارة في كتب الفقه الى الـ digest او .dig يراد بها مدونة جستنيان او مختاراته في القانون الروماني .

Digesta مختارات جستنيان، مدوناته القانونية .

dignity كرامة؛ هيبة؛ وجاهة؛ وقار
لقب او ميزة شرف، يعتبران في القانون الانكليزي من الممتلكات غير المادية التي يصح ان تكون موضوعاً للمطالبة والتملك .

dijudication قرار قضائي؛ حكم محكمة

dike سد؛ حاجز؛ حفرة؛ خندق

diking بسط ارض او طرحها، في منطقة صحراوية، لاغراض الزراعة .

dilapidation اتلاف ؛ تبديد ؛ ترك
تخريب عين مؤجرة؛ اهمالها دون اصلاح او صيانة .
مقابل تلف المؤجر : المبلغ الذي يدفعه المستأجر نظير مقدار تأثر قيمة المؤجر اثناء الايجار .

dilatory تسويفي؛ تأخيري؛ مكابل : يهدف الى مماطلة ا و تعطيل سير شيء او حصوله كسباً لوقت او مدافعة لقرار .

dilatory defence دفاع مكابل او تأخيري : يقصد به الى التأخير والحيلولة دون سير الدعوى وصدور الحكم، كسباً للوقت .

dilatory exceptions دفوع مكابلة او تأخيرية : لا تقدم املا في ابطال دعوى الخصم بل توخياً لعرقلة سيرها وكسباً للوقت .

dilatory plea [قانون عام] جواب او دفاع مماطل، لا ينصب على ادعاء المدعي ولا يتناول الحق موضوع الدعوى في قليل او كثير بل يتجه الى وقائع اخرى اجنبية عنه، كأن يتعرض مثلا لاختصاص المحكمة في نظر الدعوى او اهلية المدعي للتداعي او صلاحية مكان الدعوى او شكلها او حينها او ما الى ذلك مما لا يؤثر في سير الاجراء .

dilemma معضلة؛ مأزق؛ حجة مباغتة لا يجد معها الخصم مفراً لنفسه من ان يختار بين امرين كلاهما ضار به . حيرة (من امر)

diligence يقظة ؛ عناية؛ جد او اجتهاد
[قانون اسكتلندي] اجراء توقيع الحجز على اموال المدين وفاء للدين .

— due diligence يقظة او عناية لازمة؛ حرص منتظر ؛ حيطة متوخاة (باعتبار الظروف) من رجل عاقل .

— extraordinary diligence عناية او يقظة فائقة؛ حيطة متناهية : يبذلها من امتاز على غيره بالعناية والفطنة، في سبيل المحافظة على ما يخصه من حق او مال .

— great diligence عناية شديدة : يبذلها من اتصف باهتمام بالغ ويقظة نادرة في المحافظة على شؤونه العادية أو من كان عادي العناية واليقظة واراد التحوط لامر عظيم الاهمية .

— ordinary diligence عناية الرجل المعتاد (او العادي)

— special diligence عناية خاصة

diligent مجد؛ يقظ او متيقظ؛ مجتهد؛ حريص

diligiatus طريد القانون؛ خارج او مارق عن القانون .

dimensional units [قواعد الطيران] وحدات قياسية

dimidietas نصف ؛ منتصف

diminution نقصان؛ نقص؛ عدم كفاية؛ عدم تكامل؛ من ذلك نقصان المستندات او عدم كفاية التصديق او الشهادة عليها .

dinarchy حكومة رجلين، يستأثران بالسيادة والسلطة العليا في البلاد دون ان يزاحمها احد في ذلك .

diocesan أبرشي؛ اسقفي

diocesan courts محاكم ابرشية او اسقفية

diocese ابرشية او اسقفية : دائرة اختصاص الاسقف الروحانية .

dip [شؤون المناجم] انحراف؛ انحناء؛ انحدار او ميل العرق vein المعدني عن اتجاه المنجم العمودي نحو باطن الارض .

diploma وثيقة؛ ميثاق ملكي؛ براءة (ممنوحة من أمير او ملك او رئيس دولة) .
دبلوم؛ اجازة او شهادة اتمام دراسة او تمرين .
ترخيص يعطى لطبيب لمزاولة مهنته او لاحد ارباب الفنون لممارسة فنه .

diplomacy دبلماسة او دبلماسية : علم يتناول العلاقات والمصالح القائمة بين الامم .

diplomatic agent [قانون دولي] مندوب او عامل دبلماسي . من اسندت اليه مهمة البحث والمفاوضة باسم دولته في المسائل والشؤون الدبلماسية لدى بلاط دولة اخرى (راجع باب agent) .

diplomatic asylum لجوء سياسي ؛ معتصم يهيأ في السفارات او المفوضيات لمن يخشى سطوة الدولة التي توجد في اراضيها السفارات او المفوضيات المذكورة .

diplomatic channels طرق دبلماسية او سياسية

diplomatic corps هيئة دبلماسية او سياسية؛ سلك دبلماسي او سياسي .

diplomatic privilege امتياز دبلماسي، يعفى الممثل السياسي من احكام القانون العادي في البلد الموفد اليه ويجعله مدة ايفاده في معزل عن ولاية القضاء المحلي .

direct tax ضريبة مباشرة : يراد بها غالباً الضريبة القيمية *ad valorem* التي تفرض على المال باعتبار قيمته .

[قانون اميركي اتحادي] ضريبة تفرض على الولايات بنسبة سكانها ؛ ضريبة عددية تفرض على النفوس .

direction ادارة ؛ توجيه ؛ اشراف ؛ ارشاد ؛ أمر . اتجاه او وجهة

تعليمات تعطيها المحكمة لهيئة المحلفين فيما يتعلق بالمسائل القانونية .

directions أوامر ؛ تعليمات ؛ ارشادات

directive أمر ؛ توجيه

director مدير ؛ رئيس

— managing director عضو مجلس ادارة منتدب

director of public prosecutions مدير نيابات عامة . يرجع تأسيس ادارة النيابات العامة في بلاد الانكليز الى سنة ١٨٧٩ . ومديرها يتبع النائب العام attorney-general ويتولى الادعاء العام بنفسه فيما يتعلق بكافة الجرائم المعاقب عليها بالاعدام والقضايا التي يكلفه بها وزير العدل او النائب العام او يرى من المصلحة العامة ان يتعهدها بنفسه ، او تكون على جانب من الأهمية او التعقيد .

ولمدير النيابات مساعدون agents يتولون مهام الادعاء العام في المدن والاقاليم ، وهم عادة من المحامين solicitors . ويقوم مكتب مدير النيابات (ومقره لندن) بتدقيق جميع التقارير والبيانات الواردة اليه من دوائر البوليس ، فاذا شك في سلامتها او شكل الحصول عليها رفضها ولم يعتد بها .

director of the mint **[في الولايات المتحدة الاميركية]** مدير السكة ؛ مدير دائرة سك العملة (او ضرب النقود) ، وهو موظف اتحادي يعينه رئيس الولايات المتحدة بناء على تنسيب مجلس الشيوخ وموافقته ليتولى ادارة سك العملة الاميركية والاشراف على فروع تلك الادارة .

director's fees مخصصات عضوية مجلس الادارة : الاتعاب التي تقدر لاعضاء مجالس ادارة الشركات او المؤسسات نظير العضوية .

director's qualification shares اسهم اهلية (او لياقة) لعضوية مجلس الادارة .

directory دليل ؛ كشف او قائمة بأسماء اشخاص او شركات او غير ذلك .

توجيهي ؛ يوضح نهجاً معيناً . يرد النص التوجيهي في القانون على سبيل الارشاد الى أصول السير في الاجراء ولا يكون له أي أثر ملزم ، بحيث ان الاعراض عنه لا يبطل الاجراء .

diplomatic representation تمثيل سياسي او دبلوماسي .

diplomatist دبلوماسي ؛ احد رجال الدبلوماسية او السياسة .

dipsomania **[طب شرعي]** ادمان جنوني ؛ جنون بالمسكرات

نوع من الأمراض العقلية . يأخذ المصاب برغبة جنونية الى تعاطي المسكرات لا يملك مقاومتها .

direct يأمر ؛ يكلف : يرشد ؛ يوجه ؛ يدير ، يبدي ، يبين ؛ يصدر تعليمات

يطلب ؛ يقترح ؛ ينصح

مباشر ؛ بلا واسطة او تدخل او سبب او تأثير تمهيدي قريب ، من أقرب الطرق ؛ مستقيم ؛ سوي ؛ دون مواربة (او دوران) ؛ غير مشروط

direct action فعل او تأثير مباشر : كحمل الحكومة على الاخذ بتدبير او اجراء معين عن طريق الاضرابات الشعبية مثلا ، لا عن طريق المجالس البرلمانية او النيابية التي تمثل الشعب وتنوب عنه للمطالبة بحقوقه .

direct attack هجوم مباشر (على اجراء قضائي) on a judicial proceeding : محاولة ابطال الاجراء او تصحيحه بوسيلة ينص عليها القانون او يجيزها .

direct cause سبب مباشر ؛ سبب فعال ؛ يبعث في حد ذاته على حصول نتيجة معينة دون واسطة اخرى تعين على ذلك او تمهد له .

direct descent ميراث مباشر ؛ ورثة او خلافة مباشرة

direct evidence دليل مباشر ؛ بينة او شهادة مباشرة : تكفي وحدها لاثبات امر او فعل معين ولا تحتاج الى ظروف او أسباب أخرى مساعدة .

الدليل الذي يصل الى صلب الموضوع او ينصب على الواقعة محل النزاع مباشرة : كشهادة شاهد رأى الفعل (موضوع البحث) بعينيه أو سمع الكلام (المختلف فيه) بأذنيه .

direct examination استجواب مباشر او افتتاحي : استجواب الشاهد اولا من قبل الشخص الذي استشهد به .

direct interest مصلحة مباشرة ؛ شأن مباشر : صلة خاصة تكون لذي الشأن في موضوع معين فتمنعه من ان يشهد او يحكم فيه او يعطي رأياً بلا حرج او ميل .

مصلحة او منفعة مؤكدة لا تحتمل الشك .

direct loss خسارة مباشرة : تقع كأثر اكيد لفعل او حادث .

directory statute قانون (برلماني) توجيهي : تقتصر نصوصه على بيان شكل السير في الاجراء وكيفيته .

directory trust [في الاموال] أمانة تصرف ؛ عهدة توجيهية، تبين كيفية التصرف بالمال المعني او انتقاله من يد الى أخرى او حال الى آخر .

diribitores [قانون روماني] مأمورو انتخابات مكلفون بتوزيع بطاقات الاقتراع على المنتخبين .

diriment impediments [قانون كنسي] موانع اطلاقية لا يصح معها الزواج مطلقاً .

disabilities عوارض او موانع اهلية ؛ قيود على الاهلية

disability عارض او مانع للاهلية؛ عدم الاهلية؛ فقدانها . انتفاؤها

عجز او عاهة

— canonical disability فقدان أهلية؛ مانع للزواج ؛ عارض اهلية يجعل الزواج قابلا للابطال .

— civil disability فقدان الاهلية المدنية (أي القانونية) او انعدامها . وهذا ما لا يجوز معه الزواج ، فاذا حصل كان باطلا من اساسه .

— general or special disability مانع عام للاهلية او مانع خاص . فقدان عام للاهلية (: يحرم صاحبه من الدخول في كافة العقود او القيام بأي اجراء قانوني) او فقدان خاص للاهلية (: ينحصر قيده في عمل معين دون غيره فيمنع الخاضع له من ممارسة حق او الدخول في عقد او اتفاق محدد مبين، ويترك له الحرية فيما عدا ذلك من اعمال وعقود) .

— personal or absolute disability فقدان شخصي للاهلية (: ينصب على شخص المشمول به دون غيره) او فقدان اطلاقي (: لا يقتصر على الممنوع وحده بل ينتقل الى ذريته او ورثته من بعده) .

— physical disability عاهة جسمية ؛ عجز بدني : العجز الناشىء عن علة او نقص في الجسم او عن ضعف او خلل في العقل .

— total disability [مواد التأمين] عجز او تعطيل كلي : يمنع المؤمن عليه من اداء وظائفه العادية، كلها او اي جزء منها ذي قيمة (ولو امكنه ان يذهب الى مقر عمله ويباشر بعض الشؤون البسيطة) .

disability benefit علاوة تعطيل او عجز

disable يمنع ؛ يفقد الأهلية ؛ يعطل ؛ يقيد

[مرافعات قديمة] يستغل عجزاً او عدم اهلية قانونية ، نحو : لا يجوز للخصم أن يستغل عجز نفسه the party shall not disable himself .

disabling statutes قوانين مانعة او مقيدة، من شأنها ان تضع قيوداً خاصة على ممارسة بعض الحقوق والتصرفات (العقارية) .

disadvantage أذى؛ ضرر ؛ خسارة؛ وضع خاسر ؛ مأخذ ؛ عيب

disadvocare يتنصل (من) ؛ ينكر

disaffection نفور : صرف الولاء عن جهة الى اخرى .

disaffirm يبطل؛ يلغي؛ يفسخ؛ (بيعاً او معاملة)؛ يعدل (عن موافقة سابقة)؛ يرجع في أمر (والاسم disaffirmance) .

disafforest ينفي عن ارض صفة الغابة، يزيلها من عداد الغابات ، يعفيها من الخضوع لقوانين الاحراج ، يجردها من غاباتها وشجرها .

disagreement اختلاف؛ تباين؛ تناجز؛ تشعب (آراء)؛ عدم اتفاق او موافقة

disallow يمنع؛ يحظر؛ يرفض؛ لا يجيز

disappropriation نزع يد او ملكية

disapprove يمانع ؛ لا يستسيغ ؛ يعارض ؛ لا يجيز ؛ لا يوافق

disarm ينزع سلاحاً؛ يجرد منه؛ يرد قوات عسكرية الى مستواها السلمي : اي الى مستواها (من حيث القوة او العدد) لاغراض السلم لا الحرب .

disaster نائبة ؛ ملمة ؛ غائلة ؛ حدث مفاجىء مفجع

disavow يتنصل؛ يتبرأ (من شأن)، ينكر علمه به او موافقته عليه .

disband يسرح (جنداً او فرقاً عسكرية) ؛ يحل

disbar [في انكلترا] تجريد المحامي barrister من حقوق المهنة. شطب اسمه من سجلات المحامين، طرده من جمعية المحامين او نقابتهم .

[في الولايات المتحدة] الغاء او شطب رخصة المحامي (من قبل المحكمة المختصة) .

disbursements مدفوع ؛ مبالغ مدفوعة ؛ منصرفات او مصروفات

discommon يزيل عن ارض عامة صفة العمومية او الشيوع (بتسييجها او امتلاكها او ادخال التحسينات اللازمة عليها) .

discontinuance وقف (الدعوى)؛ انقطاع (سير الخصومة)، تركها (لاي سبب قانوني) .

discontinuous غير متواصل؛ غير مستمر؛ منقطع او ينقطع بين حين وآخر .

discontinuous easement اذا وردت نعتاً لحق ارتفاق مثلا، نحو : دلت على انه ينشأ بين حين وآخر او ان صاحبه يمارسه بين حين وآخر .

discount قطع؛ حسم؛ حطيطة (ما يحط او ينقص من شيء) : دفع قيمة الكمبيالة الى حاملها قبل حلول ادائها، مقابل استنزال مبلغ معين من قيمتها .

استيفاء الفائدة مقدماً؛ حسم الفائدة المستحقة على الورقة او السند حتى تاريخ الدفع .

والمراد من حسم الكمبيالة (او سند الدين) هو تقديم اي منهما لاحد البنوك واستلاف قيمته نظير الفائدة التي يحسمها البنك مقدماً من هذه القيمة والتي تستحق عن المدة الباقية حتى تاريخ الاداء .

— at a discount بحطيطة؛ بأقل من القيمة؛ بما دون السعر المسمى (او الاسمي) .

— rate of discount فئة الحطيطة : فئة القطع؛ فئة القطع او سعره

— trade discount حسم تجاري

— true discount حطيطة داخلية

discount broker سمسار حسم (اوراق) : يتعاطى تسليف النقود وحسم الكمبيالات والاوراق المالية نظير ما يقدم اليه من فوائد وضمانات .

discover يكتشف (مجهولا)، يكشف (عن خفي)؛ يزيل (ستراً)؛ يجد؛ يعثر (على)؛ يتبين، يتضح (له)

discovert بلا زوج، غير متزوجة (سواء كانت عانساً او ارملة) .

discovery اكتشاف؛ كشف (عن مجهول)؛ استطلاع

[**قانون دولي**] اكتشاف بلد او جزيرة او بقعة من الارض واتخاذ ذلك سبباً للمطالبة بموضوع الاكتشاف واعتباره ملكاً او مستعمراً للدولة المكتشفة .

[**شؤون المناجم**] العثور على نطاق معدني والمطالبة بحق تعدين في البقعة المعثور فيها على النطاق .

disceptio causae اشتراك جميع الخصوم في مناقشة الموضوع .

discharge ابراء (ذمة)؛ اخلاء طرف؛ مخالصة

[**كفعل**] يبرىء (من دين او مسؤولية)؛ يفصل (من خدمة او وظيفة)؛ يؤدي (واجباً او ذمة)

[**مواد الافلاس**] رد اعتبار المفلس (باسقاط مسؤولية الديون عن كاهله) .

[**مواد مدنية**] يبطل او يلغي، نحو : يلغي قاعدة to discharge a rule .

يحل، نحو : يحل هيئة محلفين (بمعنى يسرح او يصرف اعضاءها) to discharge a jury .

[**اجراءات جنائية**] يطلق سراح (متهم او محكوم)، يخلي سبيله او يفرج عنه .

[**مواد بحرية**] يفرغ سفينة

[**شؤون عسكرية**] يفصل من خدمة

— conditional discharge (راجع باب conditional)

discharged bankrupt مفلس مبرأ الذمة او مردود الاعتبار .

disciplinary تأديبي؛ عقوبي؛ جزائي

discipline نظام؛ مراعاة الاحكام والاوامر (القائمة)؛ تأديب؛ عقاب؛ جزاء

[**كفعل**] يؤدب؛ يضبط

disclaim يتخلى (عن)؛ يتنصل (من)؛ ينكر

disclaimer تنصل؛ تنازل؛ تخلٍّ عن مطالبة او حق او سلطة او تركة او ميراث او غير ذلك .

سند تخل او تنصل

[**في المرافعات**] تنازل المدعى عليه عن اي حق فيها هو موضوع مطالبة المدعي .

disclamation [**قانون اسكتلندي**] انكار تلقي المال العقاري عن الغير او ايلولته منه .

disclose يبوح؛ يفشي؛ يذيع؛ يطلع (على معلومات مكتومة)، يفضي (بها) .

disclosure اباحة (معلومات او اسرار)، افشاؤها او اذاعتها .

[**قانون البراءات**] بيان موضوع اختراع او غايته او كيفية تشغيله او ادارته .

[في الاجراءات] كشف النقاب عن وقائع او مستندات لم تكن معروفة من قبل .

discovery well [بترول] بئر كاشفة او كشفية

discredit يصم ؛ يسيء الى اعتبار او قدر او مكانة ، يقضي على ذلك ؛ يفقد الاعتماد على امر يحط (من قيمة شهادة)، ينزع الثقة منها او يوهنها .

discreetly عن تعقل او تمييز او فطنة ؛ بتدبر ، بحكمة

discrepancy تباين ؛ تفاوت ؛ اختلاف بين شيئين ينبغي ان يكونا متطابقين ؛ تنافر ؛ عدم مطابقة ؛ مغايرة ؛ فرق ؛ عدم اتفاق

discretely على حدة ؛ على انفراد او انفصال

discretion تقدير ؛ اجتهاد ؛ حكمة ؛ بصيرة ؛ فطانة ؛ ما يتراءى للمرجع القضائي او ذي الشأن عند انعدام النص نحو : the matter shall be left to the discretion of the court تترك المسألة لتقدير المحكمة . على ان المراد بكلمة «تقدير» في هذه الحال هو قواعد المنطق والمعقول والعدالة لا الرأي الخاص .

[مواد جنائية] التمييز (بين الحق والباطل او الخطأ والصواب او المشروع وغير المشروع) .

— age of discretion; years of discretion سن التمييز : وهي الرابعة عشرة في القانون الانكليزي .

discretion statement التماس تقدير : عريضة يرفعها الزوج الصادر عنه فعل الزنا مضمناً اياها اقراراً كاملا بالفعل وملتمساً الى المحكمة ان تستعمل تقديرها وتحكم بالطلاق .

discretionary تقديري ؛ اجتهادي ؛ خياري

discretionary damages اضرار تقديرية : التعويضات التي يحددها المحلفون حسب اجتهادهم وما يوحيه لهم الضمير والشعور بالانصاف .

discretionary order [معاملات البورصة] امر للسمسار بان يشتري حسب تقديره .

discretionary power سلطة تقديرية : تخول حق الخيار بين الاقدام على عمل معين والامتناع عنه .

discriminating duties ضرائب جمركية تفضلية او إيثارية ؛ رسوم مراعاة : فئات خاصة من الرسوم تقل عن الرسوم العادية ويكتفى بها على سبيل المراعاة .

discrimination تمييز ؛ محاباة ؛ عدم مساواة (في المعاملة)

[في الولايات المتحدة] الزواج بين البيض والزنوج او الخلاسيين (والخلاسي من ولد لابوين احدهما ابيض والآخر زنجي) .

discuss يبحث ؛ يناقش (موضوعاً) ؛ يتذاكر ، ينظر او يتداول فيه .

discussion [قانون مدني] الرجوع الى المدين قبل الكفيل . الزام الدائن بالشروع في استيفاء دينه من اموال المدين واستنفاذ تلك الاموال اولا قبل الرجوع الى اموال الكفيل ، وهذا ما يكون بطلب من الكفيل ذاته ويسمى حق الرجوع الى المدين قبل الكفيل benefit of discussion .

[قانون اسكتلندي] ترتيب الورثة في اداء الديون : اي بيان كيفية تتابعهم في تحمل مسؤولية الوفاء بديون المورث .

disease مرض ؛ علة ؛ داء

disencumber يطهر ؛ يفتك ؛ يزيل مانعاً او قيداً او تكليفاً او عبئاً عن شيء .

disengagement يفسخ خطوبة (زواج)

disentailing deed سند (كتابي) مانع لوقف الميراث العقاري على ورثة معينين او حصره فيهم دون غيرهم .

disentitled محروم ؛ يحرم ؛ لا حق له (في ممارسة شيء)

disfigurement تشويه ؛ تعييب

disfranchise يجرد (من حق او امتياز) يحرم من ممارسة حق تصويت .

disfranchisement تجريد من ميزة او حق . حرمان او تجريد من حق تصويت .

disgavel [قانون انكليزي] تجريد العين من قابلية الانتقال الى ابناء الحائز (المستأجر) او ورثته .

disgrace خزي ؛ مخزية ؛ اهانة ؛ عار . ترد هذه الكلمة عادة في مثل العبارة التالية : discharged with disgrace فصل مهاناً او طرد طرداً غير مشرف نظراً لانقطاع الرجاء من اصلاحه وانعدام قيمته او ارتكابه جرماً مخلا بالشرف involving moral turpitude .

disguise يخفي ؛ يقنع ؛ يبدل من منظر او شكل (بأية وسيلة كانت) .

[كاسم] قناع ؛ لثام ؛ نقاب ؛ ستار او تستر . ما يلبسه الشخص ليبدل من سحنته او يخفي نفسه عمن يخشى الظهور امامه .

disguise at night التقنع او التستر ليلا : هو في

dismissal رد (طلب او دعوى) ؛ فصل او اقالة (من وظيفة) .

dismissal agreed اجماع (او لتفاق اجماعي) على رد . تسجيل رد الدعوى باتفاق جميع الخصوم .

dismissal with prejudice رد مانع للدعوى : يحصل بحكم نهائي ويحرم المدعي من رفع دعوى اخرى تقوم على ذات الموضوع او الاسباب .

dismissal without prejudice رد غير مانع للدعوى : يحصل بحكم لا يستتبع حرمان المدعي او الشاكي من رفع دعوى اخرى تقوم على ذات الموضوع والاسباب .

dismiss an appeal يرد استئنافاً او يرفضه

disobey يعصي؛ يخالف ؛ يقاوم ؛ يمتنع عن طاعة

dismortgage يفك او يفتك رهناً؛ يطهر مالا عقارياً من رهن .

disorder اضطراب؛ سوء نظام، شغب؛ مخالفة آداب عامة؛ سلوك او تصرف اخلاقي شائن .
توعك؛ انحراف صحي (بسيط او مؤقت) .

disorderly مخالف للآداب العامة؛ مخل بالنظام او السلام العام
مضطرب
غير مؤدب؛ غير محتشم؛ رذيل؛ داعر

disorderly house بيت مقلق لراحة الجيرة : البيت الذي يكون مصدر تشويش للجيران او سلب لراحة الاهلين .
بيت قمار او فجور

disown يتنصل؛ يتبرأ (من امر)؛ ينكر اتصاله او اعترافه به .

disparage ينال؛ يحط (من اعتبار) . يصل او يقرن بين اشياء غير متعادلة او متكافئة .

disparagement [**قانون انكليزي قديم**] الضرر الناتج عن الجمع بين الاضداد او تزويج غير الاكفاء، كتزويج العفيفة بفاجر او الشريفة بدنيء؛ يقال : الزواج دون الحط من درجة المتزوج او المتزوجة أو الاخلال بمستواهما اي الزواج من كفوء marriage without disparagement .
[**اموال وبضائع**] النيل من حقوق الغير بتصويرها خلافاً للواقع او اظهارها بما يثير الشكوك حول صحتها او قيمتها او غير ذلك مما يضار صاحبها .
الحط من قيمة بضاعة الغير بتشويه سمعتها عن سبيل الاقاويل

القانون الانكليزي جنحة يعاقب عليها، بحيث اذا وجد الشخص ليلا وهو متخف او متلثم جاز لاي من رجال البوليس ان يقبض عليه، وامكنت ادانته ولو لم يشرع فعلا في ارتكاب الجرم الذي في نفسه .

disherison حرمان الوارث القانوني من الميراث . (اصطلاح فني قديم)

disheritor من حرم وارثاً له من وراثته، او طرد شخصاً من ارض له (للطارد) .

dishonesty عدم شرف؛ انعدام امانة او استقامة؛ خيانة (عهد)؛ غش؛ خداع؛ كذب

dishonour يهين (شعاراً او راية او غير ذلك)؛ يدنس؛ يحتقر
[**قانون تجاري**] رد؛ رفض؛ عدم تشريف او قبول (كمبيالة او صك) . عدم وفاء بورقة دين عند استحقاقها وتقديمها للدفع .

— notice of dishonour اخطار رفض الكمبيالة

disincarcerate يطلق سراح (شخص)، يفرج عنه، يخلي سبيله

disincorporate يحل هيئة اعتبارية ؛ يفضها

disinherison (راجع disherison)

disinheritance حرمان من ارث . حرمان وارث طبيعي من ميراث تفرض ايلولته اليه قانوناً لو لم يحرم منه .

disinter يخرج ميتاً من قبره او جثة من مدفنها .

disinterested لا غرض له او مصلحة؛ نزيه؛ بلا ميل؛ حيادي

disjunctim [**قانون مدني**] فصل (شيء عن آخر) . منفصل ؛ منفرد على حدة

disjunctive allegation [**في المرافعات ومواد الاتهام**] ادعاء او اتهام بدلي ، يقوم على افتراضين او سببين بدليين تفصلها اداة البدل او التحوط or، كاتهام الغير مثلا «بارتكاب فعل قتل او تسبيب موت » .

dislocation تعطيل (حركة شيء)، فساد او ارتباك نظامه، اخراجه من موضعه الصحيح .

disloyalty عدم ولاء؛ عدم اخلاص او وفاء

dismiss يرد (طلباً او دعوى) نهائياً؛ يفصل او يقيل (موظفاً)؛ يصرف (امراً دون ان يقيم وزناً له)، يسقطه من اعتبار ، لا يلتفت اليه .

disposable portion : رد التركة القابلة للهبة او الايصاء: جزء من مال ثابت ومنقول، يستطيع المالك ان يوصي به لمن شاء بعد ان ينال أصحاب الفروض انصباءهم اذا لم تستغرق هذه الانصباء جميع المال المذكور .

disposal تصرف (في شيء)؛ بيعه؛ هبته؛ استعماله؛ تدبير امره بحال من الاحوال .

— at disposal رهن او تحت طلب او تصرف .

dispose of يتنازل (عن مال)؛ يتصرف فيه؛ يصرفه؛ يقايض عليه

[في الاجراءات] يفصل او يبت (في دعوى او عريضة) .

disposition **[قانون اسكتلندي]** سند تمليك؛ سند تصرف (مكتوب) ناقل لمال .

نية ؛ ميل ؛ نزعة

مفارقة شيء، تحويله، تصرف فيه او نزول عنه .

تخريب مال او اتلافه

dispositive facts وقائع حقوقية او التزامية؛ اعمال او حوادث من شأنها ان تنشىء علاقات حقوقية او تعدلها او تسقطها او تؤثر فيها على اي حال .

dispossession سلب حيازة؛ نزع يد؛ طرد الغير من عقار والحلول فيه محله .

disprove : يدحض؛ يفند؛ ينقض (حجة أو دعوى) يثبت كذبها او خطأها

dispunishable **[قانون انكليزي قديم]** لا مسؤولية فيه؛ لا عقاب عليه

disputable منازع (فيه)؛ محل نزاع؛ موضوع خصومة او جدل

disputatio fori نزاع او جدل امام المحكمة

disputation تنازع؛ منازعة؛ مخاصمة؛ جدل أو مجادلة (في موضوع)

dispute ينازع ؛ يخاصم ؛ يحاج او يحاجج

[كاسم] نزاع؛ خصومة؛ جدل

disqualify يفقد الاهلية لممارسة شأن او الحصول على مركز او منفعة .

disrate **[قانون بحري]** يجرد من رتبة؛ يخفضها؛ يحط منها

disrationare or ***dirationare*** إعذار؛ تبرير او تعليل فعل؛ دفع اللوم عن النفس؛ تفنيد دعوى او دحضها

المضللة او البيانات الكاذبة او ما من شأنه التأثير في اقبال الناس عليها .

disparity تنافر؛ عدم تكافؤ او مساواة

dispatch سرعة ؛ عجالة ؛ استعجال

[مواد بحرية] جد وسرعة

dispatch money عوائد تعجيل او استعجال: المبالغ التي تدفع بسبيل المكافأة على ما أمكن توفيره من الوقت (بالساعات او الايام) في عمل مطلوب .

dispatched أبحر؛ أقلع؛ سافر؛ نحو: ستبحر السفينة (بمعنى تجري في طريق رحلتها) the ship shall be dispatched .

dispauper يفقد صفة الفقر: التي تخول حق المساعدة القضائية (او التداعي مجاناً) .

dispel يزيل؛ يكشف: ينفي؛ يطرد؛ يصرف (شكاً او شبهه)

dispensary صيدلية ؛ اجزخانة

dispensation اعفاء (من قانون)؛ ترخيص بمحظور؛ السماح باهمال امر او عمل لازم .

تعطيل (مفعول) قانون، التراضي او التهاون في تطبيقه مراعاة لاحد الافراد او حرصاً على مصلحته .

dispense يزن؛ يكيل؛ يوزع؛ ينظم؛ يدير؛ يشرف؛ يطبق . اذا اقترنت بـ with كان معناها: يستغني عن او يلغي.

dispensing power سلطة اعفاء؛ سلطة تعطيل مفعول القوانين (بالنسبة لاشخاص معينين) : السلطة التي كانت تخول الملك ان يعطل آثار اي قانون او ينزع عنه صفة النفاذ دون ان يلغيه . وهي سلطة اعفاء خاص من تطبيق حكم قانوني معين .

displace يأخذ او يحتل محل الغير؛ (يزاحمه عليه)، ينتزعه منه

يزيل او يحرم من مركز او وظيفة .

[مواد بحرية] يجرد بحاراً او صف ضابط بحري من رتبته؛ ينزل هذه الرتبة

display عرض؛ اظهار (شيء) او كشف عنه، للتأثير في نفس الناظر .

dispone **[قانون اسكتلندي]** يتصرف (في)؛ يهب؛ يوصي (بمال)؛ يحوله او ينقله (بمعنى alienate)

disponer واهب (المال)، المتصرف (فيه)؛ الموصي به للغير

disregard يتغاضى؛ لا يكترث؛ يهمل، يغفل؛ لا يقيم وزناً أو اعتباراً؛ يلتفت (عن)

disrepute سوء احدوثة او سمعة او اعتبار؛ فقدان سمعة طيبة؛ قبح خلق او سجية

disseise يغصب ملك الغير، يستولي عليه باطلا؛ يجرد شخصاً من ارضه ويحل محله فيها بغير حق .

disseisee من غصبت ارضه او اخرج منها بالباطل .

disseisin سلب حيازة؛ غصب ملك الغير؛ الاستيلاء عليه بالباطل .

قيام شخص باجتياح ارض آخر وطرده منها بعنف او احراج او اية وسيلة غير مشروعة .

تختلف هذه الكلمة عن dispossession بأن الصفة المميزة فيها للغصب هي الباطل وعدم المشروعية، بينما قد يكون هذا الغصب في الـ dispossession قائماً على الحق والقانون .

— re-disseisin disseisin ارتكاب جرم غصب الحيازة مرة ثانية؛ العود الى الجرم المذكور .

disseisin by election ادعاء سلب الحيازة او غصبها بسبب غير حقيقي : اي ادعاء لا يقوم على واقع .

disseisor غاصب الارض او مغتصبها : من اخرج الغير من ارضه بالباطل .

disseisoress غاصبة الارض : المرأة التي تسلب الغير حيازة ارضه وتخرجه منها بالباطل .

dissemble يتنكر؛ يخفي؛ يتخفى بانتحال مظهر مضلل او صفة كاذبة .

dissensus عدول عن موافقة . رجوع في عقد او الغاؤه برضى الفرقاء ذوي الشأن .

dissent مخالفة؛ اختلاف او انفصال (في رأي)؛ رفض الموافقة عليه

[قانون اميركي] خروج على قرار الاكثرية؛ عدم الموافقة من احد قضاة المحكمة او اقليتهم على قرار اتخذته الاكثرية . ولا يعتبر انفصالا dissent مجرد امتناع القاضي عن اعطاء صوته.

dissenting opinion رأي مخالف، منشق او منفصل : يعلن فيه احد القضاة وجوه اختلافه في الرأي عن اكثرية هيئة المحكمة .

dissenter منفصل؛ مخالف؛ منشق (في رأي) : لا يذعن للطقوس المرعية في الكنيسة .

dissentient
dissentiente
dissident
(قاض) معارض؛ منفصل او مخالف (في الرأي) : خالف الحكم الذي اتخذته اكثرية اعضاء المحكمة (مع بيان اسباب مخالفته) .

dissimulatione tollitur injuria الاساءة يمحوها صفح المتضرر او مصالحته .

dissolute منحل الاخلاق؛ غاو؛ مستهتر؛ فاسق : طغت عليه الملذات الشهوانية .

dissolution **[في العقود]** فسخ (العقد من اطرافه)

[في الاجراءات] ابطال (الاجراء القانوني)

[في الشركات] حل (الشركة)، فضها او تصفيتها وانهاء كيانها كهيئة اعتبارية .

[في الزواج] انفصام عرى الزوجية او حل رباطها : وهو فرق النكاح في الفقه الاسلامي (اي فسخه) .

dissolution of parliament حل برلمان

dissolve يحل؛ يفسخ؛ يلغي؛ يبطل (مفعول شيء او اثره)

dissolving bond سند الغاء

dissuade **[مواد جنائية]** يثني؛ يقنع بالعدول (عن فعل)

distill يقطر او يستقطر (من التقطير)

distiller من اشتغل في التقطير وانتاج المشروبات الروحية المعدة بسبيل التقطير .

distillery معمل للتقطير وانتاج المشروبات الروحية

distinct واضح؛ جلي؛ خاص؛ قائم بذاته؛ مستقل عن غيره؛ بمفرده؛ وحده؛ على حدة؛ ذو ميزة خاصة (من حيث الطبيعة او المرتبة) .

distinctive **[علاقات تجارية]** مميز؛ خاص؛ واضح؛ بين

distinctly بوضوح؛ بجلاء

distinguish يبرز؛ يميز (شيئاً عن آخر)؛ يستثني حالة معينة من نص او حكم، يثبت عدم دخولها في محكمة .

distinguishing فارق؛ مميز

distort يشوه (امراً)، يحرفه، يظهره على غير حقيقته .

distractio تصرف او تفرغ؛ بيع استيلاء الوصي على اموال الموصى عليه .

— application distributive (راجع application cumulative في باب cumulative).

distributive finding of issue قرار توزيعي؛ الاصل والعادة في محاكمات المحلفين هو ان تعطي هيئة المحلفين قرارها لصالح الخصم الذي يفلح في اثبات دعواه بالبينات الكافية (حسب اعتقادها) غير انه قد يعرض من الحالات ما يحمل هيئة المحلفين على الاعتقاد بان العدالة تستوجب قسمة منافع الموضوع بين طرفي الخصومة، فتقرر توزيع هذه المنافع بالنسبة التي تراها؛ ولا يتمخض قرارها بعد هذا لمصلحة خصم دون آخر بل يكون «توزيعياً» distributive تعود منافعه على جميع الخصوم قسمة بينهم بالنسبة المنصفة التي تراها الهيئة.

distributive justice (راجع باب justice)

distributive share النصيب او السهم الذي يصيبه الوارث بتوزيع تركة المتوفى (غير الموصي) توزيعاً قانونياً.

district منطقة؛ قضاء (ج. اقضية)؛ دائرة؛ جزء من اقليم county كالمديرية في بعض بلدان الشرق اذا قيست بالمتصرفية.

district courts محاكم محلية ذات اختصاص مكاني يقتصر على المنطقة التابعة لها.

districtio حجز على منقول

distringas [اجراءات انكليزية] امر حجز على مال شخص متخلف (عن حضور)، تصدره المحكمة الى رئيس الضبط sheriff في البلدة التي يقيم فيها الشخص المطلوب او له فيها منقولات او امتعة كي يحجز على ما قيمته ٤٠ شلناً من تلك الاموال ليرغمه على الحضور امام المحكمة.

يستصدر هذا الامر ايضاً لتكليف الهيئات الاعتبارية بالحضور.

distringas juratores امر احضار المحلفين. يوجه هذا الامر من المحكمة الى رئيس الضبط sheriff اذا امتنع المحلفون عن الحضور: مكلفاً اياه بحبسهم او الحجز على اموالهم عند الاقتضاء لقهرهم على الحضور في اليوم المقرر.

distringas vice comitem يصدر هذا الامر الى قاضي التحقيق coroner ضد رئيس الضبط sheriff اذا اهمل او تجاهل امر اجراء البيع *venditioni exponas*.

disturb يشوش؛ يشاغب (على)؛ يعكر؛ يقلق؛ يضايق؛ يزعج؛ يكدر

disturbance تكدير؛ تعكير؛ مضايقة؛ اقلاق؛ تشويش؛ شغب؛ ازعاج: كل فعل سبب للغير تكديراً او مضايقة او بلبلة او اي ازعاج او تنغيص في ممارسة حق.

distractio bonorum بيع اموال المفلس بالتجزئة وتوزيع الثمن على الدائنين سداداً لديونهم.

distrahere يبيع؛ يفصل (شيئاً عن آخر)؛ يفسخ (بيعاً او عقداً)؛ يطلق

distrain يحتبس؛ يحتجز؛ يضبط (مالا للغير) ضماناً لوفاء، ما يكون عادة لحمل المدين على تسديد اجرة او ضريبة حالة الاداء.

distrainer محتبس؛ حاجز: من احتبس منقولات مدينه او وقع الحجز عليها.

distraint حبس (المال)، الحجز عليه او ضبطه

distress حبس؛ احتباس (مال المطالب لحمله على الوفاء). أخذ منقولات الغير او الاستيلاء عليها بغير اجراء قانوني، كرهينة لقهره على سداد دين او تعويض ضرر. حجز او تنفيذ (بالطرق القانونية) على منقولات مدين او جان لبيعها قضائياً واستيفاء المطلوب من عوائد البيع.

شظف عيش؛ حالة عوز او فاقة؛ شدة تقتضي المساعدة

— second distress حجز ثانٍ او اضافي (للوفاء باجرة متأخرة)، يجيزه القانون حيث يتضح ان قيمة المنقول المحجوز بموجب الحجز الاول لا تكفي للوفاء.

distressed circumstances ظروف او حالات فاقة (تستأهل المساعدة).

distress communications [في عمليات انقاذ الطائرات والسفن] اتصالات استغاثة

distress for rent الاحتباس ضماناً للاجرة: حبس منقولات المستأجر (الموجودة في العين المؤجرة والقابلة للحجز) ضماناً للاجرة، ثم بيعها اذا لزم الامر واستيفاء الاجرة المستحقة من حصيلة البيع.

distressing مرهق؛ مضيم

distribute يوزع؛ يقسم

distributee مستحق؛ ذو نصيب (في توزيع تركة)

distribution توزيع او قسمة (التركة على اصحاب الفروض بعد سداد ما عليها من ديون والتزامات، وذلك بموجب امر تصدره المحكمة اذا مات صاحب المال بلا وصية).

— statute of distribution قانون التوزيع (راجع باب statute)

distributive توزيعي؛ يعمل على توزيع أو تقسيم مال (الى حصص او اسهم).

divide يقسم؛ يوزع؛ يفرق؛ يفرز

divide et impera فرق تحكم (او تسد)

dividend ربيحة؛ ربح سهم : عوائد اسهم او شخص من ارباح موزعة .

[اجراءات الافلاس أو الاعسار] وزيعة او حصة نسبية

— cumulative dividend ربيحة موثوقة ؛ عوائد جمع او مجمعة : تكون في الغالب عوائد سهم ممتاز اذا لم يتيسر اداؤها حالا حسب الاتفاق وجب اداؤها في تاريخ لاحق .

— preferred dividend (راجع باب preferred)

— scrip dividend ربيحة شهادة اسهم او حصص.

— stock dividend ربح او ارباح رسملة بالاسهم : العوائد التي لا تدفع نقداً بل اسهماً رأسمالية في الشركة، بحيث اذا كانت ارباح احد المساهمين في الشركة خمسة جنيهات مثلا وكان سعر السهم الرأسمالي جنيهاً واحداً، قيدت لحساب المساهم المذكور خمسة أسهم رأسمالية أخرى بدلا من صرف قيمة الارباح نقداً .

dividend bearing share سهم ذو ربيحة (نصيب في ربح)

dividend equalisation fund احتياطي موازنة ارباح

dividend warrant امر بدفع ربيحة (اي ربح سهم او قرض) كوبون .

Divi Fratres [قانون روماني] الامبراطوران الشقيقان ماركوس اوريليوس انتونيوس ولوشيوس اوريليوس فيروس اللذان حكما روما معاً من سنة ١٦١ الى سنة ١٦٩ م.

Divine Laws شرائع او سنن سماوية : تنسب الى الله عز وجل .

Divine Right of Kings حق الملوك الرباني او المقدس . يقوم هذا الاصطلاح على المبدأ القائل بأن الملك (او الحكم) هو هبة الله للملك لا ينتزعها منه الا الله عندما يتوفاه، وانه ليس من شيء يستطيع ان يجرد الملك او ورثته من العرش وطاعة الشعب مهما اشتط او أخطأ .

divisible قابل لتجزئة اوفرز او تقسيم (الى حصص او انصباء) .

divisible contract عقد قابل للتجزئة : قوامه التزام مكون من عدة اجزاء لا يشترط الاتحاد او الاتصال في ادائها، بل يستطاع الوفاء بأي منها على حدة .

disturbance of common مضايقة المشاع : التعدي على اصحاب الحق في ارض مشاعة بأي فعل كان من شأنه ان يكدرهم او يزعجهم في ممارسة الحق المذكور .

disturbance of peace تعكير الامن، تكدير السلام (بما يزعج اهل الجيرة) كالصراخ مثلا او العويل او غير ذلك مما يمنعه القانون .

disturbance of ways مضايقة حق المرور : بزحم الطريق او البعث على اسباب تضايق صاحب حق الاستطراق في ممارسة حقه .

ditching [قواعد الطيران] الهبوط على الماء

[قانون بحري] القاء الاشياء من السفينة الى البحر .

dittay [قانون اسكتلندي] مواد اتهام؛ فحوى اخبارية . الأسباب التي تقوم عليها التهمة .

ditto *(dictus)* مذكور ؛ آنف الذكر ؛ شرحه ؛ كما تقدم

diverge يتشعب ؛ ينشق؛ ينصرف عن وجهة او نقطة معلومة ،، يحيد ؛ ينحرف

divers مختلف ؛ متعدد ؛ مختلط ؛ متنوع ؛ متنوعات ؛ متفرقات ؛ شتى

diversion انحراف (عن اتجاه معلوم)؛ صرف شيء عن طريقه او وجهته الطبيعية او تحويله عنها .

تغيير مجرى نهر او جدول .

diversity تفاوت؛ اختلاف او تباين

[اجراءات جنائية] ادعاء الالتباس . تمسك المحكوم عليه عند التنفيذ، بالادعاء بأنه غير الشخص الذي حوكم وأدين . وهذا يستوجب تشكيل هيئة محلفين جديدة لتنظر الادعاء وتحقق شخصية المدعي ثم تصدر قرارها في ذلك دون ان تتعرض لموضوع براءته او اجرامه، لان هذا سبق تقريره .

diverso intuitu بوجهة نظر مختلفة؛ من ناحية اخرى

divert يحول؛ يبدل؛ يغير (مجرى شيء او اتجاهه) : يصرفه عن ناحية الى اخرى .

يرد هذا الاصطلاح في الكلام عن تحويل مجاري المياه الى غير اتجاهاتها الطبيعية المألوفة .

divest (راجع devest)

divestitive fact واقع سالب : كل فعل او حادث من شأنه ان يقضي على علاقة حقوقية او التزامية او يؤثر فيها على اي حال .

divisible offence جرم قابل للتجزئة : يشمل جرماً آخر او اكثر اقل خطراً منه، كالقتل مثلا اذا شمل جرم الاعتداء والضرب والاعتداء بنية القتل وغير ذلك من الجرائم .

division قسم؛ جزء . فصل (شيء عن آخر)؛ قسمة او انقسام؛ تجزئة؛ تبعيض

[شؤون برلمانية] قسمة الهيئة البرلمانية الى قسمين لحصر الاصوات.

division of opinion انقسام الرأي، اختلافه، تشعبه

division of prisons تقسيم السجون (من حيث الشدة واللين في المعاملة الى ثلاث درجات) : أولى لينـة ، وثانية متوسطة، وثالثة صارمة . يقرر القاضي ما يراه منها للمحكوم عند النطق بالحكم .

divisional court **[قانون انكليزي]** محكمة طعون بالمحكمة العليا تشكل بثلاثة من مستشاري (دائرة) مجلس الملكة الخاص Queen's Bench Division او اية دائرة من دوائر المحكمة العليا للنظر في قضايا الطعن او الاستئناف المشمولة بولاية الدائرة المعنية . من هذه المحكمة تصدر الاوامر التالية : (١) *mandamus* لتكليف القضاة في المحاكم السفلى والموظفين القضائيين بالقيام بما يترتب عليهم من واجبات؛ (٢) اوامر المنع prohibition للحيلولة دون فعل المسؤولين القضائيين لما يتنافى مع مقتضيات واجباتهـم؛ (٣) اوامر الـ *certiorari* الناقلة للدعاوى من محكمة الى اخرى اعلى منها للمراجعة .

divisum imperium ولاية مقسمة؛ اختصاص مقسم : يراد به انقسام الولاية على ذات الموضوع بين محاكم القانون العام courts of Common Law وبين دوائر الانصاف equity .

divorce طلاق؛ تطليق : رفع القيد او حل الرابطة الزوجية **[قديماً]** لم يوجد في انكلترا حتى سنة ١٨٥٧ اي سبيل مشروع للحصول على الطلاق والاذن بالزواج مرة ثانية غير استصدار قانون برلماني خاص بذلك private Act of Parliament . وقد عظمت تكاليف هذا الاجراء الى حد جعله من اسباب الترف التي لم تبلغها الا القلة من الاثرياء، بحيث لم تتجاوز عـدد الزيجات المنحلة بالطلاق بين سنة ١٧١٥ و ١٨٥٢ المئتين . وفي سنة ١٨٥٧ صدر قانون قضايا الزوجية matrimonial causes act فخول لمحكمة العدل العليـا صلاحية الاذن بالطلاق والزواج مرة ثانية .

[حديثاً] لا يجوز لاي شخص ان يطلب الطلاق قبل مرور ثلاث سنوات على بدء الزواج الا باذن خاص من المحكمة المختصة . ولا يمنح الطلاق الا للاسباب التالية : (١) الزنا؛ (٢) الهجران مدة لا تقل عن ثلاث سنوات؛ (٣) القسوة cruelty؛ (٤) الجنون الذي لا يرجى شفاؤه وذلك حيث تمضي على المدعى عليه وهو تحت العلاج مدة خمس سنوات على الاقل قبل تاريخ تقديم عريضة الطلاق . ولا يمنح الطلاق للزوجة، اذا طلبته، الا بعد ان يدان زوجها بجريمة الاعتداء على العرض او غيرها من الجرائم الجنسية المبررة لمنح الطلاق .

[قانون اسكتلندي] يجوز لاي من الزوجين تقديم دعوى الطلاق لاحد الاسباب الآتية : (١) الزنا بشرط عدم ثبوت التغاضي او التشجيع connivance من المدعى عليه؛ (٢) الهجران المفتعل مدة ثلاث سنوات على الاقل، دون سبب مشروع؛ (٣) القسوة؛ (٤) الجنون الذي لا يرجى شفاؤه وذلك حيث تمضي على المدعى عليه وهو تحت العلاج مدة خمس سنوات على الاقل قبل تاريخ تقديم العريضة؛ (٥) sodomy او bestiality (راجع الكلمتين الاخيرتين في غير هذا المكان) .

[شريعة اسلامية] (راجع talaq)

— foreign divorce طلاق اجنبي : يقع في غير الدولة التي تم فيها الزواج .

divorce *a mensa et thoro* طلاق من المائدة (او المؤاكلة) : وهو طلاق محدود او متاركة لا تحل الزوجية بل تقف عند حد امتناع الزوجين عن المؤاكلة والعشرة الزوجية.

divorce *a vinculo matrimonii* طلاق شامل: يفصم عرى الزوجية ويبرىء الزوجين من كافة الالتزامات الزوجية، وهو كالبينونة الكبرى في الشريعة الاسلامية .

divorce suit دعوى طلاق

divorcement تطليق؛ حل الرابطة الزوجية

divulge يفشي؛ يذيع : يبوح

do, dico, addico اعطي، انطق، احكم . وردت هذه الكلمات الثلاث في القانون الروماني للتعبير عن مدى الاختصاص المدني الذي كان يمارسه القاضي المسمى praetor . اولى هذه الكلمات: اعطي *do*، يفهم منها الاذن، اي آذن برفع الدعاوى وتقديم الدفوع واقامة القضاة الشعبيين *judices*؛ والثانية انطق *dico* ، اي انطق بالاحكام او اصدرها؛ والثالثة احكم *addico*، اي احكم لصاحب الحق في موضوع النزاع .

do, lego وهبت، أعطيت : العبارة التي تفتتح بها الهبات والوصايا في القانون الروماني .

docimasia pulmonum **[طب شرعي]** اختبار يجري في احوال الادعاء بقتل الوليد للتثبت مما اذا كان قد ولد حياً او ميتاً (راجع hydrostatic test) .

dock يزيل؛ ينزع، نحو: يزيل قيود التصرف في المال او انتقاله الى الغير dock the entail .

doctrine of virtual representation
(راجع virtual representation, doctrine of)

document وثيقة . محرر؛ مستند كتابي ينشأ ويستعمل كبيان لامر او اثبات لحصول شيء . وهو يشمل الاختام والصور والخرائط والتصميمات وما اليها .

— ancient documents وثائق قديمة : كافة الحجج والمستندات والوصايا والمحررات التي مضى على انشائها ما يزيد على ثلاثين سنة .

— foreign document وثيقة اجنبية (او خارجية) : تنشأ في بلد اجنبي او تصدر عنه او تنفذ فيه .

— judicial documents وثائق او اوراق قضائية : تتعلق بالاجراءات الحاصلة في موضوع النزاع وتكون على ثلاثة انواع : (١) الاحكام والمراسيم والقرارات verdicts؛ (٢) الافادات ومناقشات الشهود والتحقيقات؛ (٣) الاوامر ومرافعات الخصوم وغيرها مما يصدر عن المحكمة في سياق الاجراءات .

— public document وثيقة عامة : كل ما يصدر عن الحكومة (او السلطات الرسمية) من مستندات او وثائق او محررات تتناول موضوعاً عاماً او علاقات او شؤوناً عامة واموراً تتصل بالادارة العامة .

documentary bill كمبيالة مستندية

documentary credit اعتماد مستندي

documentary evidence بينة مستندية : وثيقة تقوم محتوياتها دليلا على شيء يراد اثباته في الدعوى .

دليل مادي : يتوافر بسبيل المستندات المكتوبة والاشياء (الجامدة) التي لا روح لها او حس .

documents against acceptance التسليم لدى القبول؛ تسليم المستندات عند قبول الكمبيالة .

Doe, John ترتب قديماً على المدعي ان يقدم كفيلين لملاحقة دعواه ثم اصبح هذا الترتيب شكلياً محضاً فكان المدعي يقدم اسمين وهميين، وكان اسم John Doe بين الأسماء الشائعة المقفاة مثل : John Doe و Richard Roe وما اليها .

doer [قانون اسكتلندي] وكيل عادي؛ وكيل قضائي (محام)

doge قاضي القضاة او كبيرهم في مدينتي فنيسيا (البندقية) وجنوه (قديماً) .

dogger سفينة خفيفة

dogma عقيدة؛ شعيرة؛ مبدأ؛ مذهب

dock [كاسم] قفص اتهام؛ مكان معد لوقوف او جلوس المتهم اثناء المحاكمة الجنائية .

حوض لرسو السفن؛ رصيف بحري او نهري

— dry dock (راجع باب dry)

dock brief مذكرة قفص : تعليمات توجه مباشرة من المتهم وهو في قفص الاتهام الى محامي المرافعة barrister دون وساطة محامي الاجراء solicitor .

dock dues; dockage عوائد رصيف؛ رسوم ارساء السفينة او ربطها الى رصيف (مائي) .

docker عامل ميناء

docket يثبت او يدون موجز وقائع اجراءات جلسة في الدفتر المعد لها .

[كاسم] حافظة . سجل خاص بكل قضية يدون فيه موجز وقائع الجلسات المنعقدة لنظر القضية والفصل فيها .

[شؤون الجمارك] اشعار جمركي يشهد باداء رسم او ضريبة .

docket or — trial docket جدول الدعاوى المقرر نظرها خلال دور انعقاد المحكمة .

docket fee رسم محاماة يتقاضاه وكيل الخصم المحكوم له.

doctor دكتور؛ حائز على اجازة دكتوراه . شخص يحمل اعلى شهادة علمية في فنه : كدكتور في القانون doctor of laws او في الفلسفة doctor of philosophy وهلم جراً ..

doctor and student « الدكتور والطالب» . مؤلف قانوني وضعه الفقيه St German في عهد الملك هنري الثامن وشرح فيه عدداً كبيراً من مبادىء القانون العام الانكليزي باسلوب شعبي سهل وهو على شكل حوار بين دكتور في اللاهوت وطالب حقوق .

doctoring غش

doctors' commons مؤسسة قديمة تقع بالقرب من ساحة كتدرائية القديس بولس St Paul's في لندن، اتخذتها المحاكم الكنسية والمحاكم البحرية مقراً حتى سنة ١٨٥٧ .

doctrine شريعة؛ عقيدة؛ فقه؛ مذهب؛ مبدأ قانوني؛ قاعدة قانونية

doctrine of unfair trade
(راجع unfair trade, doctrine of)

doctrine of unjust enrichment
(راجع unjust enrichment, doctrine of)

doing business يستغل ؛ يتعامل (في شيء) سعياً لكسب

dole نصيب ؛ جزء ضئيل . مساعدة رسمية تمنح للعاطلين عن العمل .

[قانون اسكتلندي] القصد الخبيث الذي يجب ان يصاحب الفعل ليتوافر به ركن الاجرام .

dolg [قانون انجلوسكسوني] جرح

dolg-bote [قانون انجلوسكسوني] بدل الجرح ؛ التعويض الذي كان يتقاضى على الجرح (من المعتدي) .

doli غش ؛ تدليس

doli capax قادر على الاجرام او النية الاجرامية . ولا يعتبر اهلا للاجرام او النية الاجرامية الا من توافر لديه من الشعور والارادة والذكاء ما يتيح له التمييز بين الخير والشر .

doli incapax غير قادر على الاجرام؛ غير اهل للنية الاجرامية : نظراً لفقدانه الشعور او الارادة او لحداثة سنه او غير ذلك من الاسباب القانونية . وهذا لا يلاحق جنائياً .

dolo [قانون اسباني] غاية خبيثة؛ قصد سيىء

dolo malo pactum se non servaturum لا قوة لاتفاق قام على غش : الاتفاق القائم على التدليس غير ملزم .

dolose اجرامي القصد؛ قائم على الغش او التدليس

dolus خداع ؛ غش ؛ تدليس

dolus auctoris non nocet successori غش السلف لا يضير الخلف .

dolus latet in generalibus الخداع يكمن في التعميم (او عبارات التعميم) : اي ان اللجوء الى التعميم في النص دون التخصيص قد ينطوي على الخداع .

domain املاك او اراض مطلقة الملكية . ملكية او سيطرة تامة مطلقة . حرية التصرف المطلقة بالارض.

[مواد اقطاعية] دوار السيد (اللورد) وما يتبعه من الاراضي الخاصة به وبعائلته ومن يليه على الدوار من الورثة . ولا تختلف هذه الكلمة في المعنى المذكور عن demesne .

— national domain املاك وطنية . اراض تملكها الامة مباشرة .

— public domain املاك عامة : تعود ملكيتها للدولة

— right of eminent domain حق الملكية او السيطرة العليا؛ حق التصرف الاعلى : ما يعود للمراجع التشريعية في الدولة من السلطان على الممتلكات الخاصة وحق الاستيلاء عليها للمنفعة العامة اذا اقتضى الامر .

domanial اميري ؛ عائد للدولة

dome [قانون سكسوني] حكم؛ قضاء محتوم (بمعنى doom) . يمين

domesmen [قانون انجلوسكسوني] قضاة جزئيون اقتصرت ولايتهم على المنازعات البسيطة .

domestic اهلي ؛ داخلي ؛ منزلي ؛ يتعلق بالمنزل ، داجن ؛ اليف . خادم منزلي

domestic building محل او عمارة سكن . عمارة خاصة تستعمل لاغراض السكنى لا لاغراض عامة او لاستيداع البضائع او خزنها .

domestic courts محاكم محلية او اهلية، تقع في دائرة اختصاصها محال اقامة الخصوم او سكناهم .

domestic proceedings اجراءات مستعجلة او جزئية

domestic servant خادم منزلي : يخدم ويقيم في منزل خاص نظير اجر معلوم .

domicile موطن؛ محل قرار؛ محل اقامة (ثابت)؛ مستقر دائم : المكان الذي يتخذ منه الشخص لنفسه مقراً حقيقياً ثابتاً دائماً بحيث اذا غاب عنه لاحد الاسباب لم تتحول نيته عن الرجوع اليه .

[قانون دولي] المكان الذي يتخذ منه الشخص مستقراً (او مقاماً) دائماً وينوي نية ثابتة (بالبرهان او القرينة الباتة) ان يستمر في اتخاذه كذلك مدة غير محدودة .

اقتبست هذه الكلمة من التعبير اللاتيني بيت او مسكن *domus* ؛ وهي تستعمل لاغراض القانون فقط كاسم للمسكن القانوني (راجع residence للمقابلة) .

— commercial domicile موطن تجاري : ينشأ في المكان الذي يتخذه الشخص مقراً لعمله التجاري .

— *de facto domicile* [قانون فرنسي] موطن فعلي ؛ محل اقامة ثابت يتخذه الاجنبي لنفسه اذا لم يكتسب الجنسية الفرنسية .

— elected domicile محل اقامة مختار؛ موطن اتفاقي : يتعين للفرقاء بموجب العقد وتنفيذاً لاغراضه

— foreign domicile محل اقامة اجنبي : الموطن الذي يتخذه الشخص في اراضي دولة اجنبية .

— matrimonial domicile موطن الزوجية : المكان الذي يتخذه الزوجان سكناً ومقراً لهما .

dominium plenum ملكية تامة او كاملة

dominium utile ملكية انصافية : تقوم على العدالة المطلقة . ملكية انتفاعية

حق استعمال لا تملك . حق مستأجر (في ارض مؤجرة) . حق تابع اقطاعي

dominus litis صاحب الدعوى او الخصومة : الاصيل في النزاع؛ يقابله الوكيل القضائي (او المحامي) .

يرد هذا التعبير ايضاً للدلالة على من اقام نفسه اصيلا في النزاع بالتدخل نيابة عن احد الخصوم وتحمل الرسوم والمصاريف المقتضاة اذا فشلت الدعوى .

dominus navis مالك السفينة

dominus rex nullum habere potest parem, multo minus superiorem لا يوجد للملك ند (او نظير) فكيف بأن يوجد من هو اعلى منه .

domitae naturae اليف الطبيعة

domus مسكن .

domus procerum مجلس اللوردات (الانكليزي)

domus sua cuique est tutissimum refugium «دار كل شخص هي معتصمه الامنع»؛ دار الشخص حصنه .

don لقب يطلق في جامعتي اكسفورد وكبردج على استاذ مشرف ومقيم في احدى الكليات او على رئيس كلية او عضو في ادارتها .

لقب وجاهة اسباني

[**كفعل**] يلبس

dona clandestina sunt semper suspiciosa الهدايا الخفية مدعاة للمظنة .

donandi causa على سبيل الهبة

donatarius المعطى؛ الموهوب له

donatio هدية؛ هبة

donatio inter vivos الهبة بين الاحياء : هبة الشيء من شخص الى اخر بلا مقابل .

donatio mortis causa هبة مضافة الى ما بعد الموت، او تؤول بشرط الموت : ما يهبه الشخص تبرعاً منه وهو في مرض الموت على ان يؤول الى الموهوب له بعد موته (موت الواهب)، بحيث اذا شفي هذا او مات الموهوب له قبله سقطت الهبة .

— natural domicile موطن طبيعي : الموطن الاصلي؛ موطن الولادة

— necessary domicile محل اقامة حكمي : الموطن القانوني الذي ينشأ بفعل القانون لا باختيار ذي الشأن .

domicile of choice محل اقامة او موطن مختار : المكان الذي يسكن فيه الشخص وينوي اتخاذه موطناً له .

domicile of origin محل اقامة او موطن اصلي : مسكن الوالدين او بيت الطفولة .

domiciled مقيم؛ مستوطن

domiciled aliens اجانب مقيمون او مستوطنون : يختلفون عن الزائرين او الاجانب العابرين (transient aliens) بما يتخذونه لانفسهم في البلد الاجنبي من محل اقامة دائم .

domiciled bill كمبيالة موطنة : تحمل اسم مكان الدفع .

domiciliary استيطاني؛ يتعلق او يتصل بالموطن او محل الاقامة .

domiciliate يستوطن؛ يتخذ لنفسه موطناً او محلا لاقامة .

dominant سائد؛ غالب او متغلب؛ مسيطر؛ راجح؛ حاكم؛ متسلط

[**حقوق عقارية**] مخدوم؛ مرتفق

dominant estate عقار مخدوم او مرتفق : يملك ارتفاقاً خاصاً على عقار آخر (خادم او مرتفق به servient estate) .

dominical اميري

dominicide قتل الخادم او التابع لمخدومه او سيده .

dominicum ملكية؛ ولاية؛ سيطرة

dominion ملك؛ ملكية . حق في ملكية تام؛ ملكية مطلقة

حق في مال ناشىء عن امكان التصرف فيه وحق المطالبة به . سيادة؛ نفوذ اعلى؛ ولاية؛ سيطرة؛ سلطان

dominium [**قانون انكليزي قديم**] ملكية؛ سيادة؛ نفوذ اعلى؛ ولاية؛ سيطرة؛ سلطان

dominium directum ملكية قانونية : تقوم على مجرد النصوص القانونية او حرفية القانون دون الانصاف او العدالة المطلقة .

donatio propter nuptias [قانون روماني] هدية زواج يقدمها عريس لعروسه (او خطيب لمخطوبته) قبل الزواج .

donation هبة ؛ عطية ؛ تبرع

donation lands اراضي هبة : الاراضي التي تمنح للافراد من الممتلكات العامة على سبيل الهبة .

donative trust عهدة او امانة تبرعية : المال الذي يكون التصرف فيه من قبيل التبرع للغير ويحفظ لحسابه لدى شخص مؤتمن على سبيل الامانة .
تنشأ هذه العهدة ايضاً اذا قرر المالك (تقريراً قانونياً) ان يحتفظ بماله كأمانة لحساب شخص معين دون ان ينتظر جزاء على تصرفه .

donator واهب؛ معط؛ متبرع؛ مهد؛ محسن

donator nunquam desinit possidere, antequam danatorius incipiat possidere بانتهاء حيازة الواهب لموضوع الهبة تبدأ حيازة الموهوب له .

donatorius موهوب او متبرع له

donatory تبرعي؛ متبرع له : من آلت اليه او حصل التبرع لصالحه .

done حرر؛ تحريراً في ..؛ تم؛ ابرم؛ صدر

donec حتى ؛ الى (ان)

donec probetur in contrarium حتى يثبت العكس

donee موهوب له؛ مفوض: من آلت اليه الهبة او السلطة او حصل التصرف لمنفعته .

donor واهب؛ متبرع؛ مهد؛ معط؛ مفوض : من وهب الغير مالا او منفعة (هبة مطلقة) او اعطاه سلطة .

donum هبة ؛ هدية ؛ تبرع

donum دونم : كيل سطحي عقاري مساحته الف متر مربع

doom [قانون اسكتلندي] حكم قضائي (بمعنى judicial sentence)؛ قرار

doomesday-book سجل قديم يحتوي على بيان تفصيلي لكافة اراضي انكلترا، وضع سنة ١٠٨٦ في عهد الملك William the Conqueror .

dope مخدر معد من الافيون . مستحضرات افيون تتفاوت بين خفيفة معدومة الضرر وقوية خطرة تشمل جزءاً غير قليل من مادة الافيون ذاتها .

تطلق هذه الكلمة ايضاً على بعض الزيوت الثقيلة المستعملة في تشحيم الآلات .

dormant جامد ؛ ساكن ؛ معلق (نائم)
[في المشاركات] موص

dormant claim حق او ادعاء معلق؛ منتظر او غير مقرر

dormant execution تنفيذ امهالي: تسليم امر التنفيذ الى المحضر مع تعليمات خاصة بان يكتفي بمجرد الحجز على مال المدين وان لا يبيعه حتى تصدر اليه تعليمات اخرى او يصدر امر تنفيذ آخر في حق المدين يسمى junior execution .

dormant funds اموال نائمة : الاموال التي تبقى في المحكمة خمسة عشر عاماً دون ان يطالب بها احد .

dormant judgment حكم جامد، عالق بين التنفيذ والسقوط: لم يستكمل مستلزمات التنفيذ ولم يسقط بمرور الزمن الكافي لسقوطه، غير ان المدة التي مضت على صدوره افقدته صفة القابلية للتنفيذ فأصبح لا يتسنى تنفيذه الا بحكم جديد .
الحكم الذي يفقد ما يترتب عليه من حق امتياز على الارض الخاصة به نظراً لعدم اتخاذ التدابير اللازمة لوضعه موضع التنفيذ خلال المدة القانونية المحددة لذلك .

dormant partner (راجع باب partner)

dos دوطة؛ مهر ؛ صداق يؤدي للزوجة
[قانون انكليزي قديم] مبلغ من النقود كان يدفعه الرجل للمرأة على باب الكنيسة قبل الدخول لابرام الزواج .
حصة تصيبها الزوجة من تركة الزوج اذا لم ينقدها دوطتها عند الزواج .

do somebody in يقتل ، يقضي على شخص

dos rationabilis vel legitima est cujuslibet mulieris de quocunque tenemento tertia pars omnium terrarum et tenementorum, quae vir suus tenuit in dominio suo ut de feodo, etc. للزوجة حق مشروع في ثلث ما ترك الزوج من الاموال العقارية.

dossier ملف ، اضبارة ، دوسيه

dot [قانون فرنسي] الدوطة التي تأتي بها الزوجة للزواج

dotage خرف : ضعف او انحلال في العقل مرجعه الشيخوخة .

dotal property [قانون لويزيانا] المال الذي تجلبه المرأة معها عند الزواج على سبيل المساعدة للزوج .

double patenting تكرار البراءة : باصدار براءتي اختراع متماثلتين بالنسبة لموضوع واحد؛ او : تكرار الضريبة بفرضها على ذات السلعة مرتين من سلطة واحدة .

double recovery تعويض مغالاة : يفوق التقدير الاقصى لمجموع الخسارة .

double taxation ضريبة مكررة : الضريبة التي تفرض على ذات المال مرتين، كفرضها عليه باعتباره لشخص ثم فرضها مرة ثانية باعتباره لشخص آخر .

double value اجرة مضاعفة : يدفعها المستأجر من قبيل الجزاء عن المدة التي يمضيها في العقار بعد اخطاره بالاخلاء وتخلفه عن تركه في التاريخ المحدد .

double will وصية تبادلية او ازدواجية : يشترك في انشائها شخصان، يوصي كل منهما للآخر بأمواله كي تؤول لزميله اذا بقي على قيد الحياة بعده .

doubt يشك؛ يرتاب؛ يماري
[كاسم] شك؛ ارتياب؛ ريبة؛ مرية؛ عدم تأكد؛ تردد في قبول امر او في الجزم به .

— beyond a reasonable doubt دون اي شك معقول . تدل هذه العبارة على اليقين الذي لا محل فيه لشك يقبله العقل او المنطق الصحيح او يكفي للتردد في التصديق .

— rational doubt (راجع باب rational)

— reasonable doubt شك معقول؛ حالة معقولة من الشك : الحالة التي لا يكون فيها الضمير مرتاحاً الى كفاية الادلة، شأن ما ينتاب المحلفين اذا وزنوا البينات فلم يرتاحوا الى تصديق التهمة وداخلهم من الشك ما كفى للتردد في قبول الوقائع والاحجام عن الادانة .

doubtful title حق ملكية مريب : الحق العقاري الذي تكون صحته غرضاً للشك من حيث القانون او الواقع او يكون هدفاً للمطالبات او المنازعات .

dowager ارملة موهوبة (او نبيلة) . يرد هذا الاسم غالباً كلقب شرف تكريمي يضاف الى اسماء ارامل الملوك والنبلاء .

dowager-queen ملكة ارملة

dower نصيب الارملة من تركة الزوج او فرضها القانوني . السهم الذي تصيبه الارملة، حسب القانون العام الانكليزي، من اموال الزوج العقارية القابلة للوراثة ، وهو الثلث .

dower by common law **[قانونان اميركي وانكليزي]** ثلث الأرملة . النصيب الذي تصيبه الزوجة بموجب القانون العام من تركة الزوج عند وفاته، وهو الثلث .

dotation إمهار؛ تقديم دوطة او صداق

dote **[قانون اسباني]** بائنة يقدمها الرجل للمرأة عند ابرام الزواج ؛ صداق

dotis administratio تقدير الدوطة او تحقيق مقدارها (اذا بدا ان ما بيد الارملة من الأموال يتجاوز مقدار حصتها القانونية) .

double ضعف؛ مضاعف؛ مثلان؛ مزدوج

double assessment ضريبة مضاعفة

double adultery زنا مضاعف : الزنا بين رجل وامرأة متزوجين؛ يقابلهما يسمى single adulteryاذا كان احد الفاعلين غير متزوج .

double bond **[قانون اسكتلندي]** التزام او تعهد مزدوج . الالتزام الذي يشترط على المتعهد اداء غرامة معلومة اذا لم ينجز ما وعد به .

double creditor دائن مضاعف الامتياز : بيده حق امتياز (او اختصاص) على مالين او شيئين للمدين (راجع single creditor) .

double criminality, principle of (principle of double criminality) قاعدة الوصف الجنائي المزدوج . ترد هذه القاعدة غالباً في معاهدات تسليم المجرمين وتقتضي ان يكون الفعل المطلوب التسليم من اجله جريمة يعاقب عليها في قانون كل من الدولتين المعنيتين .

double-cross اصطلاح عامي دارج معناه « يلعب على حبلين» : اي يخادع جهتين او جانبين في آن واحد .

double-dealer مخادع؛ غشاش

double entry **[مسك الدفاتر التجاري]** قيد مزدوج ، يقتضي تسجيل الصفقة في دفتر الاستاذ مرتين، بحيث تقيد اولا في حساب الشخص الذي تم عقدها معه وتقيد مرة ثانية كبضاعة في كشف البضائع .

double house منزل مزدوج : بيت منقسم عمودياً (لا افقياً) الى جناحين يتسع كل منهما لعائلة مستقلة .

double insurance تأمين مضاعف؛ تأمين مغالاة: تأمين الشيء مقابل مبلغ يزيد على قيمته الحقيقية او تأمينه ضد المخاطر ذاتها لدى شركتين او اكثر .

double jeopardy **[في المحاكمات]** المحاكمة والاستهداف لها على ذات الجرم مرتين .

dower by custom : نصيب الارملة حسب العرف : يتقيد هذا النصيب بالعرف الشائع في انكلترا ويختلف من مقاطعة الى اخرى باختلاف العرف المحلي، فيبلغ احياناً نصف ما ترك الزوج من الاراضي او يشمل جميع تركته او يقتصر على ربعها فقط .

dower *ex assensu patris* نصيب الزوجة برضى الاب : وهو ما يخلعه الزوج على زوجته من اراضي والده اثناء حياته وبرضاه الصريح .

dowle stones نصب تحديد؛ حجارة فارقة، توضع لبيان الحدود بين الاراضي .

down قدمت؛ عرضت؛ طرحت؛ نحو : طرح القانون للقراءة الثانية (في مجلس العموم) bill was down for second reading .

down payment دفعة مبدئية؛ دفعة اولى : المبلغ الذي يدفعه المشتري بالتقسيط كدفعة اولى حال تسلم المبيع، شرط ان يدفع باقي الثمن في المستقبل على اقساط معلومة من حيث المقدار والاجل .

downwind [قواعد الطيران] ريح خلفية

dowress زوجة ذات صداق : لها نصيب معلوم في تركة زوجها عند وفاته .

dowry دوطة : المال الذي تأتي به الزوجة عند الزواج مساهمة منها في الاعداد لحياة الزوجية . وكلمة dowry بالانكليزية هي الترجمة الحرفية لـ *dos* في القانون الروماني و *dote* في القانون الاسباني و *dot* في القانون الفرنسي، وهي تختلف تماماً عن dower .

Draconian Laws مجموعة من القوانين وضعها مشرع اثينا المشهور Draco . وكانت احكامها من التطرف والافراط في القسوة بحيث جعلت من اسم المشرع المذكور نعتاً دارجاً لاي قانون عرف بالصرامة والمغالاة في الشدة .

draft يصيغ او يصوغ؛ يضع مشروعاً او مسودة لموضوع

[كاسم] حوالة مالية؛ تحويل يتضمن امراً بدفع المبلغ المرقوم فيه لشخص معين . وتختلف الحوالة عن الشيك في انها تسحب عادة من قبل المصارف لا الافراد .

[شؤون تجارية] حسم يمنحه المستورد من ثمن البضاعة نظير ما قد يطرأ على وزنها من نقص بسبب النقل واختلاف الموازين .

[انشاء المحررات] مسودة؛ كتابة اعدادية . تحرير الموضوع بصورة تحضيرية على هيئة مشروع او لائحة .

— bankers' draft حوالة مصرفية

— demand drafts حوالات تحت الطلب

draft law مشروع او مسودة قانون؛ لائحة قانونية؛ قانون اعدادي

draftsman (or draughtsman) الشخص المكلف بصياغة المحررات القانونية والقوانين .

Drago Doctrine مبدأ او نظرية دراجو، سميت كذلك نسبة لصاحبها الدكتور Drago وزير خارجية الارجنتين في اوائل القرن الحالي . وهي تقول بأنه لا يحق لاية دولة ان تتوسل بالقوة لاستيفاء الديون العامة العائدة لرعاياها لدى دولة اجنبية، وان وسيلة القوة هذه من شأنها ان تهدد سلام الدول اللاتينية بالخطر .

بسط دراجو نظريته المذكورة في رسالة وجهها بتاريخ ٢٩ ديسمبر ١٩٠٢ الى سفير الارجنتين بواشنطن ثم اقرتها الولايات المتحدة والدول اللاتينية فيها بعد باتفاقية دولية خاصة .

dragoman ترجمان

dram مسكر : كلمة عامية دارجة يراد بها اي شراب مسكر .

dram-shop حانة؛ خمارة : مكان عام لتعاطي الشرب .

dramatic composition [مواد الملكية الادبية] مؤلف روائي او تمثيلي

draw ذراع جسر . جزء متحرك من جسر يستطاع رفعه الى اعلى او جذبه جانباً لتمكين السفن من العبور .

[كفعل] يشهر (سلاحاً قاتلاً)، يستله او يصوبه قصداً . يحرر، ينشىء او ينظم (سنداً او عريضة) . يختار أعضاء هيئة محلفين draw a jury .

[شؤون مالية] يسحب (شيكاً او كمبيالة) بمعنى يحررها ويوقع عليها؛ يسحب (نقوداً من مصرف) بمعنى يخرجها (بصورة مشروعة) .

drawback رد الرسوم، او الدروباك : استرداد كل او بعض الرسوم التي تقاضتها الجمارك عن المواد الاولية المستعملة لصنع السلع عند اعادة تصديرها . المقدار الذي ترده الجمارك للمستورد مما دفعه من الضرائب اذا قام بتصدير مستورداته بدلا من بيعها محلياً . وقد يكون المردود (الدروباك) جزءاً من الضريبة العادية او كلها تبعاً للاحكام السارية محلياً .

drawee مسحوب عليه او على ذمته؛ من يلزمه الاداء : الشخص الذي توجه اليه الورقة المالية، كمبيالة كانت او شيكاً او غيره، ليقوم باداء قيمتها للشخص المسمى فيها .

drawer ساحب؛ منشىء السند او الصك : من حرر الورقة المالية ووقعها لتقدم للمسحوب عليه وتدفع منه .

— refer to drawer يرجع على الساحب

drawlatches قطاع طرق ؛ لصوص طريق عام

drawn bonds سندات مسحوبة (لاستهلاك او تصرف) ؛ سندات خارجة في السحب .

drift ينحرف ، ينساق (في غير وعي) ؛ يشط ؛ يهوي

[مواد التعدين] نفق او ممر باطني افقي يسير مع العروق المعدنية او بالقرب منها .

[انظمة الغابات] سوق الحيوانات الى مكان معين وفي يوم معلوم للتثبت من احوالها .

drift-stuff جرف مياه : مواد عائمة تقذفها المياه الى الشاطىء ولا يعرف لها مالك .

drifts of the forest حصر الحيوانات في الغابات ، لتحقيق احوالها ومعرفة المخالف منها لاحكام الرعي واخراج المواشي الاجنبية الممنوعة من الرعي فيها .

drifting في [التنقيب عن البترول] انحراف البئر عند حفرها عن الاتجاه العمودي .

driftway درب مواشٍ

drilled محفورة ؛ جاهزة : تقال في آبار البترول اذا انجزت عمليات الحفر فيها .

drilling in شروع في حفر بئر بترولية .

drink يشرب (خمراً) ؛ يتعاطى (شرب) المشروبات الكحولية .

drinking-shop حانة ؛ خمارة : مكان لابتياع المشروبات الروحية وشربها .

drip حق مسيل : ارتفاق يقتضي صاحب العقار المرتفق به أن يسمح للماء الذي يصب على العقار المرتفق بان يسيل على عقاره .

droit [قانون فرنسي] حق ؛ عدل ؛ عدالة طبيعية ؛ قانون ؛ شريعة ؛ مجموعة قوانين

— autre droit حق الغير

droit administratif قانون اداري : ما كان تطبيقه من القانون الفرنسي منوطاً بمجلس الدولة المختص بمحاكمة موظفي الدولة على الافعال المخلة التي يقترفونها اثناء الوظيفة .

droit civil حق خاص

droit common; droit coutumier القانون العام

droit d'accroissement حق الوارث او الموصى له في ان يضم الى نصيبه من الميراث نصيباً لوارث او موصى له آخر تنازل عن حقه او لم يستطع قبوله . وهذا يشبه حق العول (او زيادة الاسهم) في الفقه الاسلامي

droit d'exécution [معاملات سوق الاوراق] حق السمسار في ان يبيع ما اشتراه من الاوراق المالية لحساب احد الزبائن ، اذا امتنع هذا عن تسلم تلك الاوراق .

droit de détraction ضريبة نقل الاموال الموروثة من دولة الى اخرى .

droit de greffe [قانون فرنسي قديم] حق ملوك فرنسا في بيع الوظائف المتصلة بحراسة السجلات والمحفوظات القضائية والمحررات الموثقة .

droit de naufrage حق من ملك الساحل في ان يستولي على حطام السفن التي تغرق على ساحله ويقتل بحارتها او يبيعهم كالعبيد .

droit de suite حق الدائن في ملاحقة اموال مدينه لدى الغير للتنفيذ عليها واستيفاء حقه منها .

droit-droit حق مزدوج : اجتماع حق الحيازة والملكية في شخص واحد .

droit écrit قانون مسطور ، مدون او مكتوب ، وهو القانون الروماني المدني *corpus juris civilis* .

droit international القانون الدولي

droit maritime القانون البحري

droit naturel حق الطبيعة ؛ الحق الطبيعي

droit ne poet pas morier الحق لا يموت

droits of admiralty حقوق وزارة البحرية . يطلق هذا الاصطلاح في القانون الانكليزي على الاشياء التي تؤول ملكيتها الى وزارة البحرية اذا وجدت متروكة عرض البحر . وقد جرت العادة في انكلترا على قيام الحكومة بالحجز على اموال العدو والاستيلاء عليها باعتبارها droits of admiralty اذا وجدت في الموانىء الانكليزية عند نشوب حرب بحرية . لا مثيل لهذا الاجراء في الولايات المتحدة .

droitural حقوقي : يتصل بالحقوق او يحددها ؛ يعود للشخص او يؤول اليه بحكم حقه فيه .

drop [اجراءات انكليزية] حفظ او تعليق الامر القضائي المسمى rule nisi (راجع باب rule) .

يراد بهذا الحفظ او التعليق الحال الوسط بين الشطب وبين

dry-craeft سحر ؛ عرافة

dry docks احواض جافة : توضع فيها السفن للتصليح .

dry goods بضائع جافة او غير سائلة : الحبوب والمنسوجات والملبوسات وغيرها من المواد الجافة .

dry legislation تشريعات ناشفة . اصطلاح عامي يطلق على القوانين المانعة من تعاطي المسكرات .

dry mortgage رهن قاصر : ينشىء للدائن المرتهن على العقار المرهون حق امتياز لا يسأل معه المدين الراهن الا في حدود قيمة العقار .

dry natural gas [تشاريع البترول] غاز طبيعي جاف ، لا توجد فيه اية كية ذات بال من الغازولين .

dry oil زيت جاف : سائل بترولي ، لا تزيد فيه كية الماء والرواسب ، من حيث الحجم ، على ثلاثة في المئة من كية السائل .

dry rent ايجار لا يستتبع توقيع الحجز على منقولات المستأجر اذا تخلف عن دفع ما عليه من الاجرة . وهذا لا يختلف عما يسمى rent seck .

dry trust عهدة قاصرة : تقف غايتها عند حد قيام الامين بتسليم ما عهد اليه به لمن اودع لحسابه .

dry weight وزن مجرد : زنة الشيء وهو خال من الهواء .

dual مزدوج ؛ ازدواجي ؛ ثنائي ذو صفتين او جهتين او شقين ، نحو : بوصفه المزدوج كدير وسكرتير . In his dual capacity as director and secretary

dual nationality جنسية مزدوجة ؛ ازدواج الجنسية . كون الشخص يحمل جنسيتين لدولتين مختلفتين كلاهما تقتضي منه ولاء كاملا غير مجزأ ، اي تفرض عليه ان يختصها بكامل ولائه .

dubitante شاك ؛ على شك او غير يقين : يضع القاضي هذا النعت حذاء اسمه ، عند الاشتراك مع زملائه في توقيع قرار المحكمة اذا داخله شك فيه او لم يقتنع بصحته .

duck, lame (lame duck) [سوق مالية] موارب ؛ مكابل ؛ من اشتهرت عنه المماطلة في الوفاء .

duces tecum « احضر معك » : امر ابراز مستندات يكلف الموجه اليه بان يحضر الى المحكمة ويحضر معه اوراقاً او مستندات معينة .

ducking-stool or **tumbrel** (راجع castigatory)

ducroire ضمان (وفاء)

الموافقة او التأييد المطلق ، وهو ما يكون عندما تنقسم آراء اعضاء المحكمة بالتساوي حول قبول او رفض الاسباب المقدمة لشطب الامر المذكور فيصبح معلقاً بين السقوط والنفاذ ؛ لا ساقط (مشطوب) ولا نافذ

ومن ثم : يتعلق او يحفظ it is said to drop .

drop-letter خطاب محلي : رسالة محلية توجه الى شخص مقيم في البلدة المرسلة منها .

dropping objects [قانون الطيران] القاء الاشياء

drove قطيع من ماشية : حيوانات تجمع وتساق معاً في قطيع واحد .

drove-road [قانون اسكتلندي] طريق مواش ؛ درب يستعمل لمرور قطعان الماشية .

drover وكيل وتاجر مواش : يتعامل في بيعها وشرائها للغير ولنفسه .

drown يغرق . يندمج ؛ يستوعب فيما هو اكبر او اعظم منه .

drudge عامل مسخر : يشتغل فيما يكره من الاعمال ، كالعبد .

[كفعل] يشتغل في اعمال قاسية او قذرة كالعبد . (والاسم drudgery)

drug عقار (م.عقاقير) ؛ مستحضر او جوهر طبي ؛ مخدر

drug store مخزن لبيع العقاقير

druggist صيدلاني : يتعامل ببيع وتحضير العقاقير والادوية . عطار

drugless practitioner طبيب بلا ادوية : من تعاطى المهنة الطبية بالجبارة (اصلاح الكسر) او الكهرباء او ايةوسيلة اخرى خلا العقاقير .

drummer وكيل تجاري جواب او متجول

drunk سكران ؛ تحت تأثير الخمر ؛ في حالة سكر : من شرب من خمر (او مسكر) الى حد نال من وعيه وافقده اتزانه والسيطرة على شعوره .

drunkard سكير ؛ خمير ؛ معاقر

— common or habitual drunkard سكير مدمن او معتاد

drunkenness سكر

dry جاف . شكلي ؛ اسمي . غير مثمر ؛ غير مجد

dud cheque شيك اجوف؛ شيك لا يقابله رصيد

due مستحق؛ حال الاداء او الاجل؛ حق او جزاء مشروع؛ لازم؛ كاف؛ مناسب؛ معقول؛ منتظر؛ مطلوب (بموجب اتفاق او التزام). يرجع او يعزى (الى)؛ ناتج (عن)

due and reasonable care العناية اللازمة المعقولة: وهي العناية التي يرى الرجل العاقل وجوب بذلها باعتبار حاجة الظرف الراهن.

due care عناية لازمة (اي مناسبة) تقتضيها الظروف الراهنة؛ تحوط لازم

due compensation تعويض مناسب: يساوي قيمة المفقود والاضرار الناجمة عن فقدانه.

due consideration اعتبار او اهتمام لازم: حسب مقتضيات الظروف.

due course of law (راجع due process of law)

due date تاريخ استحقاق

due diligence اجتهاد لازم؛ همة كافية؛ يقظة معقولة

due process clause مبدأ المحاكمة المشروعة: وهو يقضي بان لا يحرم احد من حياته او حريته او ماله الا بمحاكمة مشروعة.

عرف بعض المراجع هذا الاصطلاح بانه «القانون الذي يسمع قبل ان يدين والذي يحقق ولا يحكم الا بعد المحاكمة».

due process of law يعتبر هذا الاصطلاح مرادفاً لاصطلاحين آخرين في ذات المعنى هما due course of law و law of the land ولا تخرج مفاهيم هذه الاصطلاحات عما يأتي: الطرق القانونية؛ القانون حسب تطبيقه العادي في المحاكم؛ قواعد الاجراءات القانونية او اصول المحاكمات المتبعة في البلاد.

due proof برهان او اثبات كاف

due to ينجم؛ ينشأ او ينتج (عن)؛ عائد الى؛ بسبب؛ بداع؛ بحكم

due-bill سند اعتراف بذمة

duel مبارزة (بسلاح قاتل وبناء على اتفاق سابق).

duellum المحاكمة بالمبارزة. اثبات الحق بمبارزة الخصم والانتصار عليه في معركة قضائية judicial combat امام محكمة مختصة. كانت المحكمة قديماً، اذا ارادت الاخذ باجراء المبارزة، تأتي بالخصمين المتنازعين فتأذن لهما بالمبارزة امامها، فيلتحمان في معركة قضائية، ويكون الفائز في نظرها هو المحق.

dues عوائد؛ رسوم

duff يغش (بضاعة او اشياء) بتهيئتها على شكل يخفي حقيقتها.

duke دوق

Duke of Exeter's Daughter بنت دوق اكستر: وهي آلة لتعذيب المتهم بكسر اطرافه او ليها على شكل يفقده صوابه.

Duke of York's Laws قوانين دوق يورك. مجموعة قوانين وضعت سنة ١٦٦٥ لادارة مستعمرة New York باميركا.

dulocracy حكومة اتباع وعبيد (كحكومة الموالي في الدولة الاسلامية): الحكومة التي تؤول فيها السيطرة للاتباع والعبيد بحكم ما يتمتعون به من تأثير عظيم وسلطان واسع.

duly في حينه؛ حسب الاصول او الاقتضاء؛ كما يجب؛ حسب الضرورة

duly accepted قبلت حسب الاصول. توقيع بالقبول

duly acquitted اديت حسب الاصول او كما يجب. مؤشر عليها بالاداء

dum طالما

dum bene se gesserit طالما حسن سلوكه

dum casta vixerit ما دامت على عفتها

dum fuit infra aetatem ما دام دون السن القانونية

dum fuit non compos mentis ما دام مختل العقل او مدة ذلك.

dum sola «ما دامت بمفردها» اي غير متزوجة.

dumb ابكم؛ اخرس

dumb-bidding مزايدة خرساء؛ مزايدة حدس: نوع من المزايدة يكتب فيه السعر الادنى المطلوب للسلعة على قطعة من الورق تغطى بطبق او اي شيء آخر، ثم يشرع المزايدون في العرض، ولا يفوز بالشراء الا من عرض عين السعر المكتوب على الورقة.

dumbarton oaks مؤتمر دولي عقد بواشنطن من ٢١ آب (اغسطس) حتى ٢٨ ايلول (سبتمبر) سنة ١٩٤٤ وحضره ممثلو الولايات المتحدة وروسيا وبريطانيا العظمى، ثم اقرت فيه مقترحات عدة وافقت عليها فيما بعد الصين وغيرها من الدول واتخذت اساساً لميثاق هيئة الامم المتحدة .

dummy صوري ؛ رمزي ؛ شكلي

dummy director مدير صوري : يحول لاسمه سهم واحد من اسهم الشركة كي تتوافر له الاهلية الكافية لتولي ادارتها بينما لا يملك فيها اية مصلحة حقيقية .

dumping [معاملات تجارية] بيع بخس؛ إغراق، يراد به بيع كميات كبيرة من البضاعة بسعر بخس جداً او بيعها في الخارج باسعار تقل عن اسعارها في السوق المحلي (سوق البلد المصدر) . كذلك انزال بعض المحاصيل (كالقطن مثلا) الى السوق اثناء فترة القطاف الوجيزة .

dun يلحف في مطالبة (بدين او ما اليه) . مطالبة بالدفع (تحريرية او شفوية) .

dungeon مطبق؛ سجن غائر : السجن الذي يقع تحت سطح الارض وفي امنع مكان من الحصن او القلعة .

dunnage عوارض البلل : العوارض الخشبية التي توضع في جوانب عنابر السفينة لتقي حمولتها من البلل .

duo non possunt in solido unam rem possidere
لا يستطيع كل من اثنين ان يملك ذات الشيء برمته؛ او لا يمكن لشخص شارك آخر في شيء ان يدعي الانفراد بملكيته . اي اذا كان هذا الشيء جميعه ملكاً لشخص فلا يمكن في الوقت نفسه ان يكون ملكاً لآخر .

duodena [اجراءات قديمة] هيئة محلفين قوامها اثنا عشر رجلا .

duodena manu اثنتا عشرة يداً : اي اثنا عشر شاهداً، كان يستدعيهم الجاني ليحلفوا على براءته « فينزهوه » عن التهمة المنسوبة اليه .

duplex querela [اجراءات كنسية] شكوى مزدوجة او مثناة؛ وهي اجراء استئنافي كنسي

duplicate يخرج (من محرر) صورة معتمدة (مطابقة) .
[كاسم] مستخرج؛ اصل مكرر؛ صورة معتمدة من اصل مستند لها ما له من التأثير والاعتبار . تختلف عن الـ copy في انها كالاصل تماماً من حيث الصحة والنفاذ .
اصل جديد يعد ليحل محل سند مفقود او معدم، ويكون له ذات الاعتبار .

— in duplicate في او على صورتين معتمدتين

duplicatio [مواد مدنية] الجواب الثاني للمدعى عليه؛ وهو الجواب الذي يواجه به المدعى عليه رد المدعي على لائحة دفاعه .

duplicitous متباين الوجوه . يطلق هذا النعت على العريضة التي تجمع بين اسباب متباينة في سبيل اثبات حق واحد او تأتي بنظريات مختلفة لاثبات مسؤولية المدعى عليه .

duplicitous appeal استئناف مزدوج : يرفع ضد حكمين مستقلين او حكم وأمر في آن واحد او ضد امرين او مرسومين مستقلين كل منهما قابل للاستئناف بعريضة مستقلة .

duplicity توحيد المتناقضات او الجمع بينها . دمج ما لا يصح دمجه من مواضيع او اسباب او تهم او نصوص قانونية : من ذلك حشد الاسباب التي تقوم عليها دعويان او اكثر في عريضة واحدة او ايراد اسباب غير متجانسة في لائحة جوابية واحدة او الجمع بين جرمين في لائحة اتهام واحدة او موضوعين متنافرين في نص تشريعي واحد، وهلم جراً .
من معانيها ايضاً : الخداع او الغش، وذلك تبعاً لمستلزمات النص او السياق .

duply [مرافعات اسكتلندية] الجواب الثاني للمدعى عليه وهو الجواب الذي يواجه به المدعى عليه رد المدعي على لائحة دفاعه .
[كفعل] يجيب للمرة الثانية، شأن المدعى عليه في جوابه الثاني .

durable lease اجازة مستمرة : تدوم بدوام المستأجر على وفائه بالاجرة، شرط ان يكون للمالك حق استرداد الارض اذا تخلف المستأجر عن دفع الاجرة العادية .

durante اثناء؛ خلال؛ مدة (وقوع امر او استمراره)، طيلته

durante absentia مدة الغياب؛ اثناءه أو طيلته . يقال هذا الاصطلاح في ادارة التركة حين يسندها القاضي لمن يختاره مدة غياب المدير او المنفذ المعين بالوصية او حتى يتم تحقيق الوصية .

durante minore aetate مدة حداثة السن : مدة كون المعني قاصراً او ريثما يبلغ سن الرشد . يرد هذا التعبير غالباً فيمن يولى ادارة التركة حتى يبلغ الحدث، الذي عين مديراً بموجب الوصية، سن الرشد .

durante viduitate مدة الترمل او فقدان الزوج

durante virginitate مدة العناس (او العنوس) ؛ مدة بقاء البنت بلا زوج .

durante vita مدى الحياة او مدتها

duration زمن؛ مدى؛ دوام؛ طيلة (حال)، مدته، خلاله او اثناؤه

duress يرغم؛ يقهر، نحو: قهر الخصم على ترك الاستئناف party was duressed to relinquish the appeal.

[كاسم] إكراه؛ ارغام؛ قهر على امر بأحدى طرق المراغمة: كالضرب او التهديد او الوعيد او الحبس او المنع عن الزوجة او الاولاد او الاقارب او غير هذا من وسائل التغلب.

duress of goods حبس البضاعة: حجزها عن صاحبها بالباطل لقهره على القيام بعمل نظير اعادتها اليه.

duress *per minas* اكراه بتهديد او وعيد

duressor مكره؛ مرغم: من اكره الغير على فعل

during اثناء؛ خلال؛ مدة (امر معين)

during the hours of service اثناء ساعات العمل (بما في ذلك الوقت اللازم للدخول الى محل العمل والخروج منه).

dutiable خاضع للرسم؛ مستحق الرسوم

duties رسوم. مكوس؛ رسوم جمركية. ترد احياناً بمعنى ضرائب فتشمل جميع انواع الضرائب والرسوم التي تفرضها المراجع الرسمية.

— specific duties رسوم نوعية: تقرر على اساس الوزن او الحجم او السطح او العدد، لا على اساس القيمة.

duties of detraction رسوم نقل التركة من دولة الى اخرى: الضرائب التي تفرض على نقل المال الموروث من بلاد الى اخرى.

duty واجب. رسم؛ ضريبة

duty-free معفى من الرسم او الضريبة

duty of tonnage رسوم حمولة: تستوفى من السفينة على رسوها في الميناء او دخولها اليه او خروجها منه بوصفها وسيلة من وسائل التجارة.

dux زعيم؛ قائد

dwell يسكن؛ يقيم

dwelling house سكن؛ مسكن؛ منزل

dying يحتضر؛ يموت؛ ينازع، في حال نزاع

dying declaration (راجع باب declaration)

dying without issue مات او يموت بلا عقب: اي دون ان يولد له ولد حتى بعد مماته.

dynasty اسرة حاكمة؛ سلالة؛ ملوك او حكام متعاقبون في حكم؛ دولة؛ عهد؛ زمان

dysnomy تشريع رديء. وضع القوانين الفاسدة

dyspareunia [طب شرعي] الحالة التي لا تستطيع معها المرأة احتمال الاتصال الجنسي الا بشق النفس وصبر ممض على الالم.

dyvour [قانون اسكتلندي] مفلس

E

E. A. T. (expected approach time راجع)

E. F. T. A. اتحاد التجارة الحرة الاوروبي . European free trade association

E. P. D. [T.] . excess profits duty رسم ارباح زائدة ضريبة ارباح زائدة excess profits tax

e. g. مثلا، على سبيل المثل *exempli gratia*

E. O. E. باستثناء الاغلاط والمغفلات errors and . omissions excepted

E. T. A. (estimated time of arrival راجع)

E. T. D. (estimated time of departure راجع)

e converso على النقيض من ذلك ؛ خلافاً لذلك ؛ بينما ؛ ومن ناحية اخرى

each كل ؛ كل من

eadem mens praesumitur regis quae est juris et quae esse debet, praesertim in dubiis يفترض في عقل الملك ان يطابق عقل القانون وما ينبغي ان يكون عند التباس الامور . اي : ان القانون صورة لما في نفس الملك ، فاذا اشكل فهمه عاد تفسيره اليه (الى الملك).

ear-mark يميز بعلامة فارقة ؛ يضع على الشيء سمة خاصة تمييزاً له .

يعين ؛ يخصص ؛ يرصد (شيئاً) ، يحتفظ به لغرض معلوم .

earmark يسم بعلامة مميزة ؛ يعلم : يجعل للشيء امارة فارقة يعرف بها . يرصد (مالا لشأن)

ear-witness شاهد سمع ؛ شاهد أذن : من شهد على ما سمع

earl ايرل . لقب نبل انكليزي اعتبر قديماً ارفع الالقاب جميعاً ، ثم اصبح فيها بعد ثالثها من حيث المرتبة : يلي لقب marquis ويتقدم viscount وهو اقــدم القاب الشرف الانكليزية . وكان William the Conqueror اول من جعله وراثياً حين خلعه على نبلائه مع انعامات عقارية كبرى وجعل لكل من يحمله ثلث الايرادات العائدة الى محكمة الـ sheriff في مقاطعته . اما في الوقت الحاضر فلا يترتب على هذا اللقب غير مجرد العضوية الوراثية في مجلس اللوردات ولا تتبعه اية انعامات عقارية .

Earl Marshal of England [قديماً] موظف قضائي رفيع المنصب شملت ولايته قديماً عدداً من المحاكم بينها محكمة الفروسية the Court of Chivalry ومحكمة الشرف the Court of Honour وكانت من مهامه عضوية الـ Marshalsea Court (وهي محكمة ملغاة تبعت الخاصة الملكية) وقد انحصر منصب Earl Marshal في اسرة Howard اجيالا عدة دون انقطاع حتى اصبح مع الزمن وراثياً .

earle's penny رعبون (راجع earnest)

earlier maturity rule مبدأ تعيين الاولوية في ارباح السندات المقدمة على غيرها في الاستحقاق .

earn يكسب (بما يؤديه من عمل او خدمة) ؛ يجني ؛ ينال

earned income ايراد ؛ دخل مكتسب (باعمال او خدمات اديت) .

earnest or **earnest money** رعبون : دفعة جزئية من ثمن بضاعة تؤدى على سبيل تأكيد الرغبة في الشراء ولا يجوز استردادها في حال الرجوع عنه .

earning capacity اهلية الكسب او القدرة عليه . وهي تشمل اللياقة ، والاستعداد للعمل والرغبة فيه .

earnings كسب ؛ مكاسب ؛ ما يجنيه الشخص او يحصله بسعيه واجتهاده دون الاستعانة برأسمال .

— gross earnings كسب اجمالي او قائم (يشمل المصاريف) .

— net earnings صافي كسب ؛ مكاسب صافية : العوائد الباقية بعد استنزال جميع المصاريف .

— surplus earnings فائض كسب : المبالغ العائدة للشركة فوق رأسمالها وحسومها الحالية (المبالغ المطلوبة منها حالا) .

ease راحة ؛ هناء ؛ سلوى ؛ متعة ؛ سعادة

easement ارتفاق . الحق الذي يكون لمالك العقار او حائزه

eat inde sine die اصطلاح تقليدي يرد عادة في الاحكام والقرارات الصادرة برد الدعوى او بالبراءة او اخلاء السبيل او ما الى ذلك مما لا يؤذن بعده بالمراجعة، معناه : « فلينصرف دون ان يضرب له موعد آخر » او « فليذهب الى غير رجعة » .

eat ones terms; eat ones dinners اصطلاح دارج في اوساط طلبة الحقوق يفيد الالتحاق باحدى جمعيات الحقوق المعتمدة inns of court في لندن والاشتراك في وجبات العشاء التقليدية التي تقدم في الجمعية اثناء الالتحاق لحصول على اجازة barrister .

eavesdropping [قانون جنائي انكليزي] استراق السمع . الاصغاء خلسة من وراء النوافذ والجدران (لمعرفة ما يجري في البيوت بين اهلها والاطلاع على خصوصياتهم والحديث عن ذلك في المجتمعات) وهو جرم في القانون العام يبلغ مرتبة الجنح misdemeanours .

ebb and flow الجزر والمد : المستوى الذي يبلغه ماء البحر في اقصى جزره ومده، وهو من الدلائل الحدية التي كان يؤخذ بها قديماً في الولايات المتحدة لتعريف حدود الاختصاص المكانية .

ebriety [قانون جنائي وطب شرعي] سكر او تسمم كحولي يتأتى عن الافراط في الشرب .

eccentricity شذوذ؛ انحراف عن الميول المألوفة او خروج عنها : الاطوار او التصرفات التي تخرج عما الفه الناس الى حد ممجوج يدعو الى الاستنكار او المرثية او الاشمئزاز . على ان هذا الشذوذ لا يبلغ (لاغراض القانون) درجة الخبال او الجنون .

ecclesiastic كاهن؛ قسيس؛ احد رجال الكنيسة

ecclesiastical commissioners [قانون انكليزي] مندوبون : مليون أو كنسيون . هيئة اكليركية اعتبارية نشأت في آخر عهد الملك وليم الرابع بموجب قانون صادر سنة ١٨٣٦–١٨٣٧ يخولها تقديم ما تراه من الاقتراحات لحسن سير نظام الكنيسة القائمة .

ecclesiastical courts محاكم كنسية او محاكم روحانية، اهمها، حسب القانون الكنسي الانكليزي ما يلي :

The Archdeacon's Court; Arches Court; Consistory Court; Court of Archdeacon; Court of Peculiars; Prerogative Court; Court of Delegates; Court of Convocation, Court of Audience; Court of Faculties.

في ان يستعمل عقار الغير او يستفيد بسبيله ضمن حدود معينة، كحق المرور من ارض او طريق او مياه مرتفق بها او هواء تعود ملكيته للغير .

— **affirmative easement** — ارتفاق موجب : يقتضي العقار المرتفق به ان يسمح لصاحب العقار المرتفق بعمل شيء معين، كالمرور منه او اسالة المياه او مد الانابيب او ما الى ذلك .

— **appurtenant easement** — ارتفاق تبعي : ينتقل مع العقار المرتفق كشيء تابع له ومتصل به .

— **discontinuing easement** — ارتفاق غير مستمر؛ ارتفاق ارادي : تتوقف ممارسته على ارادة صاحبه، كارتفاق المرور او الاستسقاء او ما الى ذلك .

— **implied easement** — ارتفاق ضمني : تقتضيه ظروف الحال ولا تحتاج ايلولته الى نص صريح .

— **intermittent easement** — ارتفاق متقطع او غير متواصل : يمارس عند الضرورة بين حين وآخر .

— **negative easement** — ارتفاق سالب : يمنع صاحب العقار المرتفق به من القيام بعمل معين يعتبر مشروعاً لو لم يرتب عليه حق الارتفاق المذكور؛ كالارتفاق المانع من اقامة ابنية او منشآت من شأنها ان تحجب النور او الهواء او الرؤية عن العقار المرتفق .

— **public easement** — ارتفاق عمومي : تعود ممارسته لافراد المجتمع بوجه عام .

— **quasi easement** — شبه ارتفاق : يرتب على صاحب العقار المعني واجباً نحو الغير ونفسه؛ كإصلاح سياج او حائط مشترك يفصل بين ارضه وارض جاره .

— **reciprocal negative easement** ارتفاق تبادلي سالب : يحظر على كل من ارباب الاراضي المشمولة به ان يقوم على ارضه بعمل من شأنه ان يضار اياً من اصحاب الاراضي الاخرى في ارضه .

easement by prescription ارتفاق تقادم وممارسة : يعتبر قائماً منذ حين لا تعيه الذاكرة او بحكم الممارسة زمناً طويلا .

easement in gross ارتفاق شمول : يخول صاحبه ان يستعمل العقار المرتفق به بوجه عام .

easement of access ارتفاق عبور او مرور

easement of necessity ارتفاق ضرورة : يقوم بحكم الضرورة وعدم امكان الاستغناء عنه .

ecclesiastical jurisdiction اختصاص كنسي ؛ ولاية قضائية كنسية ، تمارسها محـــاكم الكنيسة فيما يتعلق بالمنازعات الكنسية .

ecclesiastical law قانون كنسي : مجموعة احكام تطبقها المحاكم الكنسية فيما يتعلق بشؤون الكنيسة الانكليزية وعقائدها ونظام العبادة فيها ؛ جلها يتكون من مراسيم البابوات والكرادلة وفتاويهم والقوانين البرلمانية .

economic dynamics [اقتصاد سياسي] حالة الحركة وهي حالة التغير في ظروف المجتمع الاقتصادية .

economic equilibrium توازن اقتصادي

economic statics [اقتصاد سياسي] حالة السكون . الحالة التي يكون عليها المجتمع اذا لم تتغير ظروفه الاقتصادية .

economy اقتصاد ؛ حسن تدبير او عناية في المصروف . ولا تعتبر هذه الكلمة مرادفاً لـ parsimony (تقتير او شح) .

ecumenical عام ؛ عمومي ؛ شامل ؛ نحو : مجلس عام ecumenical council .

edict مرسوم ؛ مرسوم بقانون او امر عال : يصدر عن ملك او رئيس دولة او سلطة عليا فيما يتعلق بشؤون البلاد او جزء منها بوجه خاص ، وهو قانون وضعي تكون لاحكامه قوة القانون العادي .

[قانون روماني] تكليف بالحضور امام القاضي .

— general edict **[قديماً]** قانون برلماني ، بمعنى statute

— special edict **[قديماً]** قرار في دعوى

edictal citation **[قانون اسكتلندي]** تكليف بمرسوم يعمم في الميادين الرئيسية وبعض النقاط الساحلية المشهورة في Edinburgh وهو يصدر في حق الاجانب الغائبين عن البلاد اذا كانت لهم فيها املاك عقارية او الوطنيين اذا كانوا غائبين خارج المملكة .

edicts of Justinian مراسيم جستنيان : وهي ثلاثة عشر مرسوماً اصدرها الامبراطور جستنيان واصبحت جزءاً خاصاً من مجموعة القانون المدني *corpus juris civilis* يتناول تنظيم شؤون البوليس في الولايات التابعة للامبراطورية الرومانية .

edictum **[قانون روماني]** امر ، مرسوم او قانون امبراطوري يصدر دون موافقة مجلس الشيوخ .
امر قضائي ؛ بلاغ

بلاغ عام كان يصدره الـ praetor القاضي الروماني البلدي عند توليه القضاء مبيناً فيه القواعد التي ينوي تطبيقها خلال ولايته .

edicus محام ؛ وكيل قضائي عن شركة

editor محرر : يدير سياسة جريدة او مجلة او مطبوعات اخرى ويشرف على المواد والمقالات المنشورة فيها .

من عمل على نشر جريدة او مجلة او مطبوعات وتوزيعها .

editus **[قانون انكليزي قديم]** صادر او موضوع (اذا كان محل الكلام قانون او ما الى ذلك) . ولد او مولود (اذا كان الموضوع مولد طفل) .

Edmund's Act قانون ادموند : صدر هذا القانون عن الكنغرس الاميركي يوم ٢٢ مارس سنة ١٨٨٢ في منع تعدد الزوجات وتحديد العقوبة الواجبة على من تزوج باكثر من واحدة .

educate يعلم ؛ يربي ؛ يهذب ؛ يهيىء من حيث الخلق او العقل او الجسم .

يعد لحرفة او عمل ؛ يؤهل لنهج او شغل نافع او خطة مجدية في الحياة .

education تعليم ؛ تربية : توفير المعرفة التي تفيد الشخص في عقله او خلقه او بدنه . ولا يقتصر هذا الاصطلاح على الثقافة العقلية بسبيل الدراسة العلمية بل يشمل التربية الخلقية والبدنية ايضاً ما لم يقصد به قصر التوجيه على ناحية خاصة من النواحي المذكورة دون غيرها .

efface يمحو ؛ يزيل (اثر شيء)

effect يبعث على ؛ يسبب ؛ ينتج
[كاسم] اثر ؛ مفعول ؛ نفاذ ؛ تأثير

— carry into effect ينفذ ؛ يعمل على نفاذ (حكم او شرط)

— take effect يسري ؛ يصبح نافذاً ؛ يعمل به

— with effect from ابتداء من

effective سار ؛ نافذ ؛ معمول به

effective date **[في عقود البترول]** بدء الفترة الانتاجية

effects مفاعيل ؛ آثار
متاع ، امتعة ؛ ادوات او اموال منقولة . ولا يشمل هذا التعبير الاموال العقارية او النقود او الاوراق المالية والتجارية .

effects not cleared اوراق غير محصلة . تثبت هذه العبارة على الشيك المرفوض اذا كان سحبه على اساس تحصيل الاوراق .

efficient باعث ؛ مؤثر ؛ فعال
منتج ؛ حسن السير او الانتاج ؛ موف بالغرض ؛ مناسب للغاية ؛ كفؤ

efficient cause سبب فعال او باعث مؤثر : توافرت بسبيله النتائج موضوع البحث .

efficient intervening cause سبب حائل فعال : باعث اجنبي عن الجرم، كاف لاحداث الاضرار المدعى بنشوئها عن الجرم المذكور .
سبب اجنبي طارىء يقطع الصلة بين الاساءة الاصلية وآثارها ويجعلها في منجى من المؤاخذة .

efflux انتهاء؛ انقضاء؛ مضي؛ سقوط (مدة او ميعاد)

effluxion of time انتهاء؛ انقضاء مدة (محدودة) او اجل (مضروب) .

effort جهد؛ مجهود؛ عزم؛ عزيمة : ؛ سعي؛ مسعى

effraction كسر بالقوة

effractor من دخل محلات الغير بكسر منافذها؛ لص؛ سارق

ego انا؛ ذاتي؛ نفسي؛ لنفسي

egra omnes في مواجهة الكافة

egress خروج

ei incumbit probatio, qui dicit, non qui negat; cum per rerum naturam factum negantis probatio nulla sit يقع الاثبات على من ادعى لا من انكر لانه لا قبل لمن نفى الواقعة بتقديم الاثبات .

einetius **[قانون انكليزي]** البكر ؛ اول من يولد؛ اكبر الاولاد

eire or **eyre** **[قانون انكليزي قديم]** سياحة او جولة
قضاة جوالون : كان ينتدبهم الملك — justices in eire قديماً كل سبع سنين للتجوال في مختلف الاقاليم وعقد الجلسات الجنائية للنظر في دعاوى التاج pleas of the crown .

ei qui affirmat, non ei qui negat, incumbit probatio عبء البينة على من ادعى لا على من انكر .

Eire آير : جنوبي ارلندا . اعترف قانون ارلندا لعام ١٩٤٩ باستقلال جمهورية ارلندا، ولا تعتبر هذه الجمهورية رغم انفصالها عن الكومانويلث بلداً اجنبياً ويمثلها لدى بريطانيا مندوب سام .

eirenarcha or **irenarcha** **[قانون انكليزي قديم]** قاض ؛ حاكم صلح

eisne الابن الاكبر

eisnetia سهم الابن الاكبر

either كلا؛ كل من اثنين او شيئين؛ الواحد والآخر . احد اثنين
ترد هذه الكلمة ايضاً للاشارة الى اكثر من اثنين بمعنى كل each او اي any .
اما ؛ ام

ejecta معتدى عليها (اي على عفافها)؛ فاسقة؛ ساقطة

ejection طرد (من عقار)؛ إكراه على اخلاء

ejectione firmae دعوى طرد من مزرعة او ارض زراعية : كان يرفعها المستأجر بموجب القانون العام على من اخرجه من الارض الزراعية قبل انتهاء مدة الايجار سواء كان المعتدي هو المؤجر (صاحب الارض) او غيره؛ وذلك لاسترداد حيازتها واستكمال المدة المنصوص عليها والحصول على تعويض يناسب الاضرار الناشئة عن الاعتداء .

ejectment دعوى تخلية : تقام لاسترداد حيازة عقار والمطالبة بالاضرار الناتجة عن استمرار شغله بغير حق . على انه لا محل لهذا الاصطلاح في الوقت الحاضر من الناحية الفنية وقد استعيض عنه بما يسمى دعوى حيازة action for possession .

ejectment bill دعوى اخلاء : ترفع امام إحدى دوائر العدالة المطلقة (بالمحكمة العليا) لاسترداد حيازة عقار واستيفاء المستحق من اجور او عوائد .

ejector مكره على تخلية ؛ قائم باجراء اخلاء : من طرد الغير من عقار او اكرهه على اخلائه .

ejuration تخل؛ تنازل عن منصب او مركز او استقالة منه .

ejusdem generis (قاعدة) ذات النوع او الطبيعة . تقتضي هذه القاعدة اذا كانت عبارات التخصيص متبعة بعبارات تعميمية ان تدل العبارات اللاحقة على ذات النوع الذي دلت عليه العبارات السابقة

ejus nulla culpa est, cui parere necesse sit لا يسأل جنائياً من اكره على الطاعة .

elasticity مرونة

elect ينتخب؛ يختار؛ يصطفي

elected منتخب؛ مختار؛ معين

election انتخاب؛ اختيار او خيار
[في الاجراءات] الاختيار بين الطرق الجائزة قانوناً لبلوغ الحق موضوع المطالبة .

elector ناخب . منتخب (له حق الانتخاب) ؛ مختار (له حق الاختيار) . وهذا غير المصوت voter ، لان كلمة ناخب elector تقف عند حد الدلالة على من له حق الانتخاب، بينما يراد بـ voter من ملك هذا الحق ومارسه فعلا بالتصويت .

electoral انتخابي

electoral college [نظام الانتخاب الاميركي] هيئة انتخابية تختارها كل ولاية لتشترك في انتخاب رئيس الولايات المتحدة او نائب رئيسها .

electorate هيئة او مجموعة ناخبة ؛ هيئة المنتخبين

electrocute يعدم بالكهرباء : بسبيل تسليط تيار كهربائي عظيم القوة على جسم المحكوم .

electrocution اعدام بالكهرباء : تسليط تيار كهربائي عظيم القوة على جسم المحكوم كاف لاماتته فوراً .

eleganter [قانون مدني] بدقة او عناية خاصة

elegit امر تنفيذ على اموال المدين، تصادر بموجبه منقولاته (باستثناء الحيوانات المستخدمة في الحراثة) وتعطى للدائن وفاء لدينه بعد تقدير قيمتها تقديراً معقولا . فاذا لم تف بالمطلوب آل نصف املاك المدين الى الدائن شرط بقائه تحت يده حتى يستوفي من ريعه باقي دينه .
معناه الحرفي «لقد اختار» .

element عنصر ؛ ركن ؛ جوهر ؛ مادة

elements اركان؛ عناصر ؛ مقومات؛ عوامل

— damages by the elements اضرار (تسببها) عوامل الطبيعة : الاضرار الواقعة قضاء وقدراً او بمشيئة الله؛ اضرار ربانية

elenchus تفنيد؛ دحض (حجة او رأي) بطريق التحليل المنطقي .

elicit يستخلص؛ يستنتج حقيقة (من واقعة او معلومات) ؛ يحمل (شخصاً) على اجابة او اعتراف

eligibility اهلية (لانتخاب او اختيار او تعيين)؛ لياقة ؛ جدارة ؛ كفاءة

eligible لائق او اهل (لانتخاب او تعيين) : يتمتع بالأهلية او الجدارة او الكفاءة المطلوبة .

elimination نفي ؛ اقصاء؛ طرد ؛ ازالة
[قانون انكليزي قديم] نبذ (شيء)؛ اطراحه او رفضه

— a widow's election [مواد حسبية] يراد باختيار الارملة اختيارها بين الرضا بما نصت عليه الوصية وبين نبذه اذا ارادت التمسك بالنصيب الذي يفرضه القانون .

— by-election انتخاب فرعي يجري اذا خلا احد المقاعد النيابية لانعدام اهلية صاحبه او موته او قبوله منصباً لا يصح الجمع بينه وبين العضوية البرلمانية او لغير ذلك من الاسباب .

— general election انتخاب عام : يجري لاختيار اعضاء مجلس نيابي او هيئة عامة مركزية .

— local (government) election انتخاب محلي (حكومي)

election agent وكيل انتخابي : يختاره المرشح ليدير له حملته الانتخابية ويمثله لاغراض الانتخاب .

election auditors فاحصو حسابات الانتخابات : محاسبون رسميون عينوا سابقاً لتدقيق مصاريف الانتخابات البرلمانية ونشر البيانات اللازمة عنها .

election contest طعن انتخابي؛ منازعة في انتخاب

election district منطقة انتخابية

election dower نصيب الارملة الاختياري : مخايرة الارملة بين النصيب الموصى لها به وبين نصيبها من التركة بموجب القانون .

election, estoppel by (estoppel by election) اختيار مغلق او مانع . يعتبر الاختيار كذلك اذا كان بين تدبيرين او طريقين قانونيين متعارضين لا يملك صاحب الشأن الا ان يختار واحداً منها . فاذا فعل منعه القانون من نقض اختياره والرجوع فيه وكان اختياره مغلقاً لطريق الرجوع فيما اختار وحجة مانعة عليه .

election franchise حق تصويت او انتخاب

election judges قضاة انتخاب، ينتدبون من بين اعضاء المحكمة العليا للنظر في عرائض الانتخاب .

election of remedies اختيار التدابير . اذا توافر لشخص تدبيران قضائيان او اكثر لحصول على حقه، كان له ان يختار واحداً منها لحصول على هذا الحق .

election petitions عرائض انتخاب : يرفعها اصحابها طلباً لاجراء التحقيق في صحة الانتخابات على اساس ما يدعونه من ميل او رشوة او غير ذلك .

election returns نتائج انتخاب

elective اختياري، خياري، انتخابي

elinguation (عقوبة) قطع اللسان

elisors مختارون، منتخبون، تعينهم المحكمة المختصة عند اللزوم للقيام مقام رئيس الضبط (الـ sheriff) او قاضي التحقيق coroner في تنفيذ الاوامر القضائية .

يطلق اسم elisor ايضاً على كل من عهد اليه بالاشراف على هيئة المحلفين عند اختلائها للتداول .

Ellenborough's Act, Lord (Lord Ellenborough's Act) قانون اللورد النبرا : قانون انكليزي (برلماني) صدر في عهد الملك جورج الثالث سنة ١٨٠٣ بتحديد العقوبات المقررة لجرائم التعدي على الافراد بالاسلحة النارية والخناجر .

ellipsis اغفال مادي : اغفال الكلمات اللازمة لصياغة الجملة مادياً لا لاستواء معناها، وهذا من الاغفال الذي لا يؤثر في المعنى رغم تاثيره في الصياغة .

elogium وصية

eloigne شرح او تظهير رئيس الضبط sheriff على امر الحجز يفيد ان الاشياء الواجب عليها الحجز قد نقلت الى حيث لا يعلم .

éloignement اقصاء شخص او شيء عن مكان معلوم او نقله بعيداً عنه .

elongata; elongatus مبعد؛ مقصى عن مكان او منقول الى جهة مجهولة .

elongavit [اجراءات انكليزية] شرح الـ sheriff رئيس الضبط باخفاق الحجز . وهو الشرح او المحضر الذي يثبته المأمور المذكور على امر الحجز اذا لم يتسن له توقيعه نظراً لاخفاء الاشياء المراد الحجز عليها او اقصائها عن ولايته او لغير ذلك من اسباب معقولة .

elopement فرار (طوعي): هرب المرأة من بيت الزوجية باختيارها لتعاشر رجلا آخر، او هرب الرجل مع امرأة تركت زوجها باختيارها ليتصل بها جنسياً . على ان المفهوم الشائع لهذه الكلمة هو فرار المرأة غير المتزوجة من بيتها سراً لتلحق برجل غايته الزواج بها بغير رضى والديها .

elsewhere في مكان آخر؛ في غير هذا المكان

elucidate يوضح؛ يجلو (غامضاً)؛ يشرح (مبهماً)؛ يفصح عنه

elude يتفادى (مواجهة امر)؛ يجتنب؛ يتهرب (من اجابة)؛ يروغ في حذق؛ ينجو بنفسه (من قانون)

emanate يصدر؛ ينبثق؛ ينبعث (عن)

emancipation تحرر القاصر من قيود الولاية؛ مآل امره الى يده . اسقاط او زوال الولاية او القيد او المانع عن شخص والاذن له بادارة امواله ومطلق السيطرة عليها .

— express emancipation تحرر صريح : اتفاق صريح بين والد وولده على ان يترك الولد بيت الوالد نهائياً ويستقل عنه باعتباره قادراً على اعالة نفسه، ويتوجه الى حيث شاء ويتصرف بكسبه كما اراد .

emancipation of a minor child اطلاق او تحرر الطفل الحدث : تخلي والديه عن العناية به وعن واجباتهم نحوه .

emancipation proclamation اعلان التحرر : بلاغ تنفيذي اصدره Abraham Lincoln في اول يناير سنة ١٨٦٣ معلناً فيه الغاء العبودية وتحرر العبيد في عدد معين من الولايات والمقاطعات الاميركية .

embargo حظر بحري؛ منع حركة السفن التجارية . حجز او حبس السفن التجارية او منعها من دخول موانىء معينة او الخروج منها .

بلاغ رسمي يمنع السفن او البضائع من مغادرة ميناء او موانىء معينة حتى اشعار آخر .

ضبط اموال الافراد ووسائل نقلهم من قبل الحكومة لتوفير الخدمات اللازمة لها في ظروف استثنائية : كتوفير السفن لنقل الجنود او المهمات وتعويض اصحابها عن خدماتهم الاجبارية .

— civil embargo حظر بحري اهلي (او داخلي) : يقتصر سريانه على سفن الدولة التي فرضته .

— hostile embargo حظر بحري عدواني او حربي : يشمل سفن العدو وتترتب عليه اعادة السفن المحجوزة الى اصحابها اذ لم تقع الحرب المخشي منها او مصادرتها في حال وقوعها .

embark يركب (سفينة)؛ يحمل عليها بضاعة

embarkation ركوب (مسافرين)؛ تحميل بضائع

embarrassed مثقل بالديون؛ مضطرب؛ محرج او مرتبك (مالياً)

embassage or **embassy** سفارة . ايفاد سفير (الى دولة اجنبية)

embay إكراه (سفينة او جسم عائم) على دخول خليج .

embezzlement اختلاس؛ تبديد؛ غدر؛ استيلاء احتيالي (ائتماني) : اختلاس الاموال الاميرية . ولا بد لهذا الفعل من

ثلاثة اركان : (١) صفة الجاني (اي كونه موظفاً او مستخدماً عمومياً)؛ (٢) اختلاس مال ائتمن عليه او سلم اليه بحكم وظيفته؛ (٣) القصد الجنائي

embitter يغيظ؛ يثير؛ يوغر

emblem شعار؛ شارة

emblements غلال او محاصيل زراعية : كالحبوب والخضار والنباتات التي لا بد لانتاجها من مجهود بشري .

embody يشمل؛ يضم؛ ينتظم؛ يحتوي؛ يعم

embraceor من ارتكب جرم التأثير في المحلفين واستمالتهم بطريق غير مشروع، كرشوة او وعد بمنفعة او ما الى ذلك .

embracery [قانون جنائي] استمالة احد المحلفين بوسيلة غير مشروعة، كالرشوة والاغراء على ضروبه والتوسل وغير ذلك مما لا يجيزه القانون .

emend يصحح؛ يزيل اغلاطاً (مادية) من محرر؛ يصلح صياغته

emenda تعويض؛ جبر او أصلاح ما افسد بالتعدي على ملك الغير .

emendals [في الحسابات] تعبير قديم ما زال يستعمل في جمعية الحقوق المسماة inner temple في البار الانكليزي، معناه رصيد الطوارىء المتوافر لحساب الجمعية : اي النقود والاوراق المالية المتجمعة في الصندوق لمواجهة مصاريف الجمعية الطارئة .

emendatio [قانون انكليزي قديم] تصحيح غلط؛ سلطة تقويم المعوج او اصلاح الفاسد تبعاً لقواعد واجراءات معينة . عقوبة نقدية تفرض على سبيل التعويض عن اضرار ناشئة بسبب اساءة او تصرف مخل .

emerge يبرز؛ يستبين؛ يتضح : ينجلي؛ ينشأ؛ يظهر؛ يلوح

emergency (حادث) طارىء، مفاجىء او غير منظور

emergency landing area [قانون الطيران] مهبط اضطراري؛ منطقة هبوط اضطراري؛ المساحة التي تستطيع الطائرة ان تهبط في نطاقها عند الطوارىء .

emeritus متقاعد : اعتزل الخدمة لسبب مشرف، كبلوغ سن التقاعد او الجرح (اذا كان عسكرياً) او غير هذا من الاسباب المشرفة .

emigrant مهاجر؛ راحل؛ نازح : ينشد الاستقرار بعيداً عن وطنه .

emigrant agent وكيل توظيف او استخدام خارجي : يشتغل في ايجاد عمال مستعدين للهجرة او العمل خارج اوطانهم .

emigration مهاجرة؛ هجرة

eminence لقب شرف يخاطب به الكرادلة ومن في مقامهم من رجال الاديان الاخرى او يسبق اسماءهم على سبيل التبجيل، معناه : صاحب الغبطة او السماحة .

eminent domain حق الاستيلاء العام او اليد العليا : ما يعود للحكومة من حق وضع اليد على الاملاك الخاصة في سبيل المنفعة العامة او الامن العام او غير ذلك مما تقتضيه مصالح الدولة .

emissary رائد؛ رسول؛ موفد او عامل سري، يقوم لحساب من اوفده بمهمة سرية او عمل خاص كالاطلاع على ميول الناس او شعورهم في المكان الموفد اليه او الدعاية لمبدأ معين او القيام باي امر كان لصالح الجهة الموفدة .

emit يصدر (عملة او اوراقاً مالية)

emmenagogues [طب شرعي] نوع من الادوية او العقاقير يتعاطى لتعجيل الحيض او البعث على الاجهاض (اسقاط الجنين) .

emoluments مخصصات؛ رواتب؛ مهايا؛ عائدات

emotional insanity جنون عاطفي : جنون آني او تيهان عقلي مؤقت يصاحب بعض الانفعالات العاطفية الشديدة فيعطل اتزان الاعصاب تعطيلا كلياً ويسوق المصاب الى افعال اجرامية لا قبل له بمقاومتها .

يعرف ايضاً بالشعور العاطفي الجارف الذي يفلت معه زمام العقل ويتردى المصاب به في نوبة جنون عابرة تقضي على ارادته وتسوقه الى افعال اجرامية لا يملك مقاومتها .

empalement [عند الانكليز قديماً] عقوبة الخازوق؛ وهي عقوبة قديمة كانت توقع بادخال قضيب ذي رأس حاد في مخرج المحكوم عليه .

emperor امبراطور . يحمل هذا اللقب حاكم الامبراطورية وسيدها الاعلى . وقد اتخذه في بادىء الامر سادة العالم الروماني اثر انحلال الجمهورية ونقله عنهم رؤساء الامبراطورية الرومانية المقدسة ثم نابليون وغيره من بعدهم .

والغاية من هذا اللقب هي منح صاحبه من الجاه ما لا يبلغه الملك . غير ان كلمة امبراطور، من حيث مفهومها الحقيقي، تدل على الشخص الذي يرئس نظاماً اتحادياً ملكياً اعضاؤه ملوك (اي دولتين او اكثر على رأس كل منها ملك) .

والامبراطور عادة يحكم عدداً من الشعوب المقهورة او الموحدة؛

emptio [قانون روماني] شراء؛ ابتياع

emptio et vendito شراء وبيع ؛ عقد مبايعة في القانون الروماني .

emptio rei seperatae شراء اشياء مأمولة (التوافر) او غير موجودة؛ يرجى ان تتوافر للبائع بسبيل جهده او فعل الطبيعة : من ذلك شراء رمية شبكة (اي ما يؤمل ان يصيبه الصياد اذا رمى شبكته مرة واحدة) او شراء غلة بذور لم تبذر بعد او لا يعرف مبلغها من النجاح . وهذا نوع من الشراء الجزافي .

emptor مشتر

emtio شراء

emtor [قانون مدني] مشتر

emtrix مشترية (انثى)

en arere في الماضي؛ سابقاً؛ قبلا

en banke بكامل الهيئة : تقال في المحكمة اذا جلست بكامل هيئتها .

en demeure متخلف؛ مقصر؛ عاجز (عن اداء دين او عمل)

— *mise en demeure* اعذار

en fait فعلا؛ عملياً؛ واقعياً؛ حقيقة

en gros قائم؛ بالجملة

en masse جملة او اجمالا

en mort mayne « ليد ميتة » او يد لا تملك التصرف فيما انتهى اليها : تصرف ايقافي (عقاري) يمنع المتصرف له (فرداً كان او مؤسسة) من التصرف للغير فيما انتهى اليه بموجبه (راجع *mortmain*) .

en recouvrement للتحصيل؛ للقبض . اصطلاح فرنسي دارج يرد في تظهير سندات الصرف بمعنى: لمجرد تحصيل القيمة المسماة بالسند دون الانتفاع بها .

en règle حسب الاصول؛ حسب القاعدة

en route متوجه؛ في سبيله او طريقه (الى)

en ventre sa mère (حمل) مستكن ؛ في رحم (او بطن) امه ؛ محمول به

en vie حي ؛ على قيد الحياة

بينما يحكم الملك شعباً واحداً . ولهذا كان ملك الانكليز قبل استقلال الهند يسمى ملك انكلترا وامبراطور الهند، وكان رأس الامبراطورية المجرية النمساوية قبل سنة ١٩١٨ يعرف بامبراطور النمسا وملك المجر .

emphasizing facts ابراز الوقائع . ادا توافر في الدعوى من الوقائع ما يرى فيه القاضي اساساً صحيحاً لقرار المحلفين، لجأ في ارشاداته الاخيرة (قبل اصدار القرار) الى ابراز هذه الوقائع بسبيل ذكرها والاشادة بأهميتها وقيمتها في الدعوى املا في ان ينتبه اليها المحلفون ويجعلوا لها الاعتبار اللازم في تقرير مصير المتهم .

emphyteusis [قانون روماني وقانون مدني انكليزي] اجارة قرار : تعطى بموجبها الارض اجارة دائمة باجرة سنوية ضئيلة مقررة شرط ان يصلحها المستأجر بعمارة او زراعة او غير ذلك، وان يكون له حق القرار فيها والفراغ عنها لورثته اذا شاء وبقاء هؤلاء فيها ما داموا محافظين بعده على شروط الايجار .

emphyteuta مستأجر اجارة قرار بعقد خاص يسمى *emphyteusis* نظير اجرة سنوية مقررة .

empire امبراطورية : اقاليم او ممالك تشملها ولاية الامبراطور ويعمها سلطانه (راجع emperor) .

empiric طبيب بالممارسة : من زاول مهنة الطب على اساس الخبرة فقط دون اية مؤهلات علمية او قانونية . دجال

emplead يقدم تهمة كتابية (ضد الغير) ؛ يتهم بعريضة

employ يستخدم ؛ يوظف ؛ يشغل

employee موظف؛ مستخدم؛ اجير

employer رب او صاحب عمل؛ مخدوم؛ مستخدم

employer's liability acts قوانين مسؤولية ارباب العمل : القوانين التي تحدد مسؤولية صاحب العمل تجاه الاضرار التي تصيب الموظف او العامل اثناء العمل او بسببه .

employment خدمة؛ وظيفة؛ عمل؛ استخدام؛ توظيف؛ مركز؛ مهنة

employment agency وكالة استخدام؛ وكالة تخديم او توظيف : تعمل، نظير اجرة معينة، على ايجاد وظائف لمن في حاجة الى ذلك او على توفير موظفين او عمال لارباب الاعمال .

emporium مكان بيع وشراء السلع، الواردة بحراً، بالجملة . سوق او مركز تجارة في بلد ساحلي .

empower يفوض؛ يخول؛ يمنح سلطة او تصريحاً (للقيام بشأن) .

enable يمكن ؛ يزيل عوارض او موانع اهلية (عن شخص)

enabling power سلطة مخولة او مفوضة

enabling statute قانون ازالة حظر او قيد : كل تشريع من شأنه ان يجيز امراً كان ممنوعاً قبل وضعه . وقد صدر اول قانون بهذا الاسم في عهد الملك هنري الثامن سنة ١٥٤١ لاجازة جمهرة من تصرفات عقارية خاصة لم يسمح بها قبل صدوره .

enach [قانون سكسوني] بدل الجريمة

enact يسن ؛ يشرع ؛ يضع

enacting clause ديباجة التشريع او عبارة افتتاحه : النص (التشريعي) المبدىء للقانون ، الذي يعلن وضع القانون وصدوره عن الهيئة التشريعية المختصة ؛ نحو : اصدر مجلس الشيوخ ومجلس النواب القانون الآتي نصه : the Senate and the House of Representatives have passed the following law.

enceinte حامل ؛ حبلى

enclosure مكان مسور او محاط بسياج

encourage يشجع ؛ يشدد عزيمة فاعل ؛ يشوق ؛ يزين (فعل امر) . يدفع اليه ؛ يحرض ؛ يجرىء

enclose (راجع inclose)

encroach يطغى ؛ يستولي (على ارض الغير) تدريجياً . يضايق ؛ يزاحم ؛ يعتدي (على)

يتقاضى او ينتزع ما يتجاوز المستحق : كان يؤجر احد الملاكين ارضه لفلاح بجنيه واحد مثلا ثم يتقاضى منه جنيهين .

encroachment كسب باطل مما يعود للغير . اجتياح حق الغير في حيازة او ملكية .

التعدي او التهجم على حدود الغير بتبديل او تحويل اضراراً به دون مبرر قانوني وهذا يشمل تحويل المجاري بغير حق .

سدم الطريق او زحمه باشياء تعرقل حرية استعماله او تضييقه .

[حقوق الارتفاق] قيام صاحب الحق بادخال تغييرات على عقاره المرتفق من شانها ان تزيد الاعباء الملقاة على العقار المرتفق به .

encumber (راجع incumber)

encumbrance (راجع incumbrance)

encumbrancer (راجع incumbrancer)

end نهاية ؛ آخر ؛ مآل ؛ غرض ؛ غاية : قصد

[كفعل] ينفض ؛ ينتهي ؛ يؤول (الى) ؛ ينكشف او يسفر (عن)

end lines [مواد التعدين] خطوط حدية تبين حدود الامتياز عند تقاطعها مع العرق المعدني mineral vein .

end of will نهاية الوصية او آخرها : النقطة التي تنتهي عندها النصوص الايصائية في ورقة الوصية .

endanger يخاطر ؛ يجازف (ب) ؛ يعرض لخطر ؛ يستهدف (بشيء) الى تهلكة يرديه فيها .

endeavor يجتهد ؛ يجد ؛ يسعى حثيثاً
[كاسم] اجتهاد ؛ جد : جهد ؛ سعي حثيث (في سبيل شأن)

endorse (راجع indorse)

endorsee (راجع indorsee)

endorsement (راجع indorsement)

endorsement of certificate موافقة على شهادة

endow يهب (لزوجة نصيباً من مال يكفيها واولادها بعد موت زوجها) ؛ يعطيها النصيب المفروض لها قانوناً في تركة الزوج .

endowed schools مدارس ذات هبات خاصة مرصدة للانفاق عليها .

endowment هبة او وهبة . تعيين نصيب الارملة في تركة الزوج .

رصد مال او ايراد معين ثابت للانفاق على مؤسسة عامة .

endowment policy [تأمين الحياة] وثيقة تأمين (بوليصة) تدفع قيمتها للمؤمن عليه عند بلوغه سناً معينة او لورثته اذا مات قبل ذلك .

endurance جلد او تجلد ؛ مناعة ؛ قوة احتمال ؛ صبر ؛ دوام ؛ مقاومة

[قانون الطيران] كمية الوقود الموجودة بالطائرة مبينة بالساعات والدقائق (التي تستطيع الطائرة قضاءها في الطيران دون استنفادها) .

enemy عدو (سواء أكان فرداً ام جماعة ام دولة)

— **alien enemy** عدو اجنبي : شخص يعيش في دولة محاربة لدولته (الدولة التي يحمل جنسيتها) .

— **public enemy** عدو عام . يطلق هذا الاسم (بالنسبة لاي دولة) على دولة محاربة لها وكل مواطن او تابع للدولة المحاربة .

engross يبيض؛ ينسخ مسودة مستند بخط حسن واضح .
[**قانون جنائي قديم**] يتحكر او يحتكر ؛ يشتري جميع ما في السوق من بضاعة خاصة او يحوز القسم الاكبر منها ليستقل بعرضه للبيع فيما بعد بسعر تحكمي .

engrosser خطاط؛ كاتب او ناسخ ذو خط كبير واضح
مشترٍ متحكر : يشتري ما في السوق من بضاعة خاصة ليحتكر عرضها ويبيعها كما شاء .

engrossing [**قانون انكليزي**] تحكر او احتكار بضاعة، بشراء ما يوجد منها واحتباسه لبيعه فيما بعد بسعر تحكمي .

enhance يرفع او يزيد (سعراً) ؛ يعزز ؛ يقوي

enitia pars «حظ (الولد) الاكبر» ؛ «الاكبر اول من يختار»

enjoin يكلف؛ يأمر بفعل او الامتناع عنه

enjoy يتمتع (بـ)؛ يحوز ؛ يحرز ؛ يستغل (شيئاً)، ينتفع به او يستعمله حسبما شاء .

enjoyment ممارسة حق، حيازته، التمكن منه او استغلاله .
تمتع او استمتاع؛ راحة؛ سعادة؛ سرور؛ هناء؛ رضا

— adverse enjoyment ممارسة مكسبة : كممارسة الارتفاق بناء على حق مدعى به ضد صاحب الارض التي يستمد منها او يترتب عليها هذا الحق .

enlarge يزيد؛ يوسع (مدى شيء او نطاقه)، يطيل مدة محددة او ميعاداً مضروباً لسريان قانون او نفاذ عقد او ما الى ذلك، نحو : يطيل المدة قبل انقضائها enlarge a period before its expiration .
يخلي سبيل (سجين) او يطلق سراحه .

enlargement زيادة؛ مد ميعاد؛ اطالة مدة محددة
اخلاء سبيل (سجين او مراقب) .

enlightened judge القاضي الفطن او العليم : تقال في وصف القاضي على سبيل التبجيل كما تقال في learned counsel المحامي الضليع .

enlistment تجنيد؛ دخول (طوعي) في جندية

enmity عداوة؛ بغضاء؛ نفور متبادل

enormia [**اجراءات قديمة**] افعال نابية، مؤذية او منافية للقانون .

[**جرائم عادية**] من اشتهر بارتكاب الجرائم واعياً القانون بما اعتاد ان يركن اليه من وسائل التحايل والافلات من العقوبة .

enemy's property اموال عدو او ممتلكاته
[**قانون دولي**] كل مال يستغل في علاقات غير مشروعة مع عدو عام .

enfeoff يملك؛ يمنح؛ يهب

enfeoffment تمليك؛ منح؛ انعام؛ هبة
سند تمليك او هبة او انعام

enforce ينفذ او يعمل على تنفيذ؛ يطبق؛ يحمل على مراعاة امر او التقيد به .

enforceable سارٍ؛ يعمل به؛ يطبق؛ واجب النفاذ او قابل له

enfranchise يعتق؛ يحرر؛ يمنح (الغير) حقاً مدنياً او اعتبارياً قانونياً .

enfranchisement تحرير من قيود؛ منح حقوق مدنية او سياسية او اعتبارية؛ منح حق تصويت؛ جعل الغير او اعتباره مواطناً حراً . عتاقة العبد او اعتاقه
منح دائرة انتخابية حقاً في ان تنتخب نائباً يمثلها في البرلمان .
تحويل ارض من ملك مقيد الى ملك مطلق .

engage يستخدم؛ يؤاجر؛ يشغل؛ يتشاغل؛ يتعاطى؛ يزاول؛ يمارس؛ يشترك (في عمل او مشروع)

engagement [**قانون فرنسي**] عقد؛ التزام؛ تعهد؛ ارتباط
[**قانون انكليزي**] عقد تشترك فيه المرأة المتزوجة بالنسبة للاملاك الخاصة بها (دون زوجها) . وحيث ان المرأة ممنوعة قانوناً من ان تكون فريقاً في عقد، فقد سميت عقودها engagements ارتباطات، وانحصرت آثارها في حدود ما يعود لها وحدها من اموال خاصة .
خطبة (زواج)؛ على ان الكلمة الفنية في هذا المعنى هي affiance .

engender يسبب؛ يحدث؛ يبعث (على)؛ يولد؛ ينشيء؛ يستدعي

engineer مهندس

english information [**قانون انكليزي**] دعوى ايرادات عامة تلاحق امام دائرة القضاء المالي court of exchequer .

engraving نحت؛ نقش : حفر رسوم او رموز على مادة صلبة .

enormous مشدد؛ شديد، فادح؛ صارخ . نعت دارج يرد احياناً في وصف التعدي على ملك الغير او حقوقه .

enquiry (راجع inquiry)

enrage يغضب؛ يثير؛ يهيج؛ يوغر

enroll or **enrol** يودع سجلا؛ يسجل (مستنداً او تصرفاً او قراراً)؛ يدرج؛ يقيد؛ يدون

enrolled bill [اجراءات برلمانية] يرد هذا الاصطلاح للدلالة على القانون او مشروع القانون اذا اجتاز كافة المراحل اللازمة للموافقة عليه في البرلمان وصدقه حاكم البلاد او رئيسها وسرى مفعوله .

enrollment ايداع؛ تسجيل؛ قيد؛ تدوين (تصرفات قانونية في سجلات محكمة)

enrollment of vessels تسجيل السفن

ens legis كائن قانوني او اعتباري: كالمؤسسات والشركات والجمعيات وغيرها مما يستمد كيانه من احكام القانون، يقابله الشخص او الكائن الطبيعي .

enschedule يودع؛ يضمن جدولا (ارقاماً او تفاصيل) يدخلها فيه او يلحقها به .

enseal يبصم، يختم (محرراً او مستنداً)، يصدق عليه، يختمه حسب الاصول .

ensign شارة؛ رمز؛ راية

enslave يسترق؛ يستعبد؛ يعامل كعبد (قن)

ensue يلي؛ يتبع؛ يترتب على؛ ينشأ عن

ensure يؤكد؛ يضمن (حصول امر او عدمه)، يستوثق منه [كفعل] يستتبع

[في التصرفات] يحصر؛ يقصر، يوقف او يحبس ميراثاً عقارياً على ورثة معينين دون غيرهم، كحصره في الاناث دون الذكور او الذكور دون الاناث او في غير هؤلاء من الورثة الصلبيين .

[اسم] عقار موقوف الميراث على نوع معين من ورثة قانونيين. حصر الميراث او وقفه على افراد عائلة او ورثة دون غيرهم . وهذا يكون عادة بعبارات فنية خاصة، نحو : وقفاً على (أ) دون غيره to A in tail او وقفاً على (أ) وورثته الصلبيين to A and heirs of his body . واذا كان نص الحصر اي الى (أ) واولاده الصلبيين من زوجته (ب) to A and the heirs of his body begotten upon B افاد هذا حصر الميراث في (أ) واولاده وبناته من زوجته (ب) دون غيرها بحيث لا يكون لاولاده من غيرها او اولادها من غيره اي نصيب في الميراث .

كذلك النص: to A and the heirs male of his body او to (A) in tail male يفيد حصر الميراث في الاولاد الذكور دون الاناث .

وفي سنة ١٩٢٦ اتسع نطاق هذا الحصر فاجاز القانون ممارسته فيما تعلق بالاموال المنقولة ايضاً بحيث امكن وقف هذه الاموال على اغراض او جهات معينة دون غيرها .

— break or bar an entail: يحل او يفك ميراثاً عصرياً اي يجعل من الارض الموقوفة على نوع خاص من الورثة القانونيين ارضاً حرة يرثها جميع الورثة القانونيين والايصائيين وفقاً لما يحدده القانون او الموصي .

entailed ملك محصور الميراث

entailed money نقود موقوفة : يفرض انفاقها على ارض محصورة الميراث .

entailment حصر ميراث العقار؛ حبسه؛ وقفه او قصره على نوع خاص من الورثة القانونيين دون غيرهم : كالايصاء بأيلولته للذكور دون الاناث او الاناث دون الذكور او المتزوجين دون العزاب وهلم جراً .
غاية ذلك تجنب ما نص عليه القانون من وجوب تعميم الميراث وفقاً لقواعد ثابتة .

entente [علاقات دبلماسية] ائتلاف؛ تآلف؛ تفاهم (بين دول)
معاهدة ودية تهدف الى توطيد الصداقة وحسن التفاهم بين دولتين او اكثر .

entente cordiale اتفاق او ائتلاف ودي . معاهدة حسن تفاهم او تجاوب .

enter يدخل؛ يشترك، كفريق في عقد او اتفاق .
[مواد عقارية] يدخل على ارض تمهيداً لحيازتها او وضع اليد عليها .
[في الاجراءات] يودع او يقيد (محرراً او وثيقة او حكماً) في محكمة او غيرها .
يسجل او يحرر

entering ايداع؛ تسجيل

entering judgment ايداع حكم

entering short [شؤون البنوك] تجنيب الحساب . اجراء مصرفي خاص بالكمبيالات المقدمة من الزبون قبل مواعيد استحقاقها، يقتضي ان تدون ملاحظة بهذه الكمبيالات، في عمود

entrepot مخزن استيداع

entrust يعهد؛ يكل (الى)؛ ينيط (بـ)؛ يأتمن (على)

entrusted مولج (بحراسة شيء)؛ موكل او معهود اليه به؛ مؤتمن

entry ايداع؛ ادراج؛ تسجيل؛ تدوين؛ تقييد
مادة؛ قيد (م. قيود)؛ جزئية (م. جزئيات)؛ مفردة (م. مفردات)
تنظيم او عمل محضر بما يجري اثناء محاكمة .
مدخل؛ معبر
[اوامر محاكم الاقاليم county courts**]** دخول ارض الغير من الجهات المختصة لانشاء الطرق اللازمة فيها .
[قانون جنائي] اقتحام مساكن الغير او دخولها عنوة لارتكاب فعل اجرامي .
[مواد الجمارك] تعني العبارة entry of goods تقديم البضاعة للتفتيش مع بيان اوصافها .

— open entry دخول علني : دخول ارض الغير بقصد الحيازة، على مشهد من شخصين او اكثر .

— pre-emption entry احتلال شفعة؛ احتلال لكسب حق شفعة يخوله القانون .

— re-entry استرداد حيازة : استرداد المالك حيازة ملكه المؤجر اذا تخلف المستأجر عن دفع الاجرة المتفق عليها او اخل بشروط الايجار .

— short entry (راجع باب short)

— single entry (راجع باب single)

entry *ad communem legem* دخول الارض (او الاستيلاء عليها) بموجب القانون العام: امر قضائي يستصدره صاحب الحق في حيازة الارض بعد شخص معين اذا سبقه الغير الى تلك الحيازة .

entry *ad terminum qui praeteriit* الحيازة حال انتهاء مدة الايجار : امر حيازة يستصدره المؤجر ضد المستأجر اذا استمر هذا في شغل الارض المؤجرة بعد انتهاء مدة الايجار، او بعبارة اخرى : امر استرداد المؤجر حال انتهاء مدة الايجار .

entry by court حق المحكمة (الاقليمية) في دخول الارض : اي الاستيلاء عليها او السماح بالاستيلاء عليها لمن ارادت لاي غرض عام، كانشاء الطرق اللازمة او غير ذلك؛ على ان يكون تقدير التعويض للمالك خلال ستين يوماً من تاريخ الدخول .

entry for marriage in speech استرداد العقار للاخلال بشرط الزواج .

خاص من صفحة الزبون المعني، تبين تسلمها وقيمها وتواريخ استحقاقها، وان لا تنقل الى عمود مطلوباته من النقد الا عند استيفاء قيمها فعلا .

enterprise مشروع؛ مهمة؛ شغل او عمل ينطوي على صعوبة او مجازفة او يقتضي شيئاً من الجرأة.

enterpriser صاحب مشروع او قائم به : من تولى عملا وتحمل مخاطره وعادت عليه نتائجه من ربح أو خسارة .

entertainment ضيافة . استقبال نزلاء او زبائن : توفير الاكل والشراب وما الى ذلك من اللوازم المعقولة لراحتهم. ولا تكاد تختلف هذه الكلمة عن board في المعنى المذكور .

entice يستميل الى (فعل غير مشروع)؛ يغوي؛ يحض (على فاحشة)؛ يراود

entire تام؛ كامل (من كل وجه)؛ كلي؛ غير مجزأ او منقسم او مفترق او منقوص
خالص (غير مختلط بشيء اجنبي عنه)؛ لا يشترك فيه الغير . كل؛ جميع؛ كافة

entire act جميع القانون؛ بحذافيره؛ عن آخره او برمته، نحو: كان عليه ان يراجع القانون برمته او بحذافيره (اي من عنوانه الى آخر كلمة فيه) he had to revise the entire act .

entire blood **[صلات القربى]** دم واحد، نحو: اقارب الدم الواحد، وهم الاقارب المشتركون معاً في الجد والجدة ويرجع اصلهم الى ذات الرجل وذات المرأة relations of the entire blood .

entirety كامل (الشيء)، في مجموعه، كلياً، بكليته

entitle يخول؛ يمنح؛ يعطي حقاً؛ يجيز

entitled يحق له؛ يعود له او اليه؛ يخول؛ يملك (بمعنى possessed of)؛ صاحب؛ ذو حق

entity كائن؛ ذات كائنة؛ ذو كيان او وجود فعلي

entrap يوقع في مكيدة او احبولة؛ يغرر (بالغير) او يحتال للايقاع به .

entrapment مكيدة؛ ايقاع (في جريمة او حبائل) . قيام بعض الموظفين الرسميين احياناً باغراء شخص معين وحمله على اتيان فعل اجرامي لم يفكر فيه او يقصد الى ارتكابه، وذلك ليتوافر لديهم من الاسباب ما يكفي لاتهامه وملاحقته جنائياً .

entreaty رجاء؛ توسل؛ استرحام؛ استعطاف

لاغراض القانون لانه يكون بين النوبة والاخرى مسيطراً على ارادته ومحتفظاً بكامل قواه العقلية .

epistola كتاب ؛ عهد ؛ ميثاق ؛ سند مكتوب ناقل للملكية او مثبت لحق

epistolae فتاوى الاباطرة والقرارات التي كانت تصدر عنهم في العرائض المرفوعة اليهم .
اجوبة كبار رجال الفقه على ما يحال اليهم من المسائل القانونية .

epitomize يمثل (سلوكاً، طبعاً او غير ذلك : يقوم مقام المثل عليه) ، يضرب مثلا اعلى (في شأن)، يقوم مقام النموذج الامثل

epoch عهد ؛ مدة ؛ حقبة

equal يساوي ؛ مساو ؛ يعادل ؛ معادل ؛ نظير ؛ يوازي ؛ يماثل او مماثل (من حيث الكمية او القيمة او الحقوق او غير ذلك) .

equal degree نفس الدرجة او ذاتها

equality تكافؤ ؛ تعادل ؛ تساو او مساواة

equalization or **equalisation** تعادل ؛ تكافؤ ؛ مساواة ؛ تسوية (شيء بآخر)
مقارنة الضرائب المفروضة في مختلف النواحي عملا على تكافؤها وربطها على اساس واحد بزيادة بعضها وتخفيض البعض الآخر حسب مقتضيات الحال .

equalize or **equalise** يساوي او يسوى : يعادل ؛ يكافىء (بين شيء وآخر)

equally بالسوية ؛ بالتساوي ؛ على حد سواء

equation of exchange معادلة التبادل او المبادلة : معادلة جبرية توضح نظرية الكم في النقود وتكون على الشكل التالي : الثمن = كمية النقود / كمية البضاعة .

equip يجهز ؛ يهيىء ؛ يعد (لشأن)

equipment معدات ؛ تجهيزات ؛ ادوات لازمة لتهيئة شيء او تجهيزه لغرض معين .

equitable عادل ؛ منصف ؛ مقسط ؛ موازن ؛ يتمشى مع مبادىء الانصاف الذي تقتضيه ظروف القضية او الموضوع . لا يتقيد في سبيل بلوغ الحق المطلق والانصاف المجرد بنصوص القانون اذ قصرت دون ذلك .
والقاضي الذي يكون حكمه equitable هو الذي لا يقف عند حد التمسك بحرفية القانون ، بل يستعين بفطنته وحسن تقديره .

اذا قدمت امرأة لرجل ارضاً على ان يتزوج منها خلال مدة معينة ، ثم مضت هذه المدة ولم يتزوجها او تزوج من غيرها او اصبح راهباً كان لها ان تسترد ما قدمت باستصدار الامر القضائي *causa matrimonii praeloquuti* .

entry ***in casu consimili*** امر قضائي لاسترداد ارض ، يستصدره المالك اذا قام المستأجر بالتصرف فيها للغير دون اذنه .

entry of cause for trial تقديم القضية للمحاكمة

entry, writ of (writ of entry) [اجراءات انكليزية قديمة] دعوى استرداد الارض ممن استولى عليها بالباطل .

entryman [في الولايات المتحدة] القائم بالتسجيل ، من قام بتسجيل ارض وبيان اوصافها حسب القواعد المرعية .

enumerated مدرج ؛ مذكور ؛ مبين ؛ معدود ؛ مشار اليه ؛ محصى

enumerators مأمورو احصاء : موظفون يعهد اليهم بجمع بطاقات الاحصاء بعد تعبئتها حسب الاصول .

enure يسري ؛ يعمل به ، يصبح او يكون نافذاً
يستعمل ، يستفاد منه ؛ ينتفع به ؛ يكون له ذات الاعتبار او الأثر

envelope غلاف (خطابات) ؛ ظرف (او مظروف)

envoy [قانون دولي] مبعوث او رسول دبلماسي ، يلي السفير مباشرة من حيث الاعتبار .

envoy extraordinary مبعوث فوق العادة ؛ له اعتبار خاص يجعله اعلى مرتبة من المبعوث العادي envoy وأدنى من السفير .

eodem modo quo oritur, eodem modo dissolvitur ما تم عقده بالاتفاق امكن حله كذلك .

eo die في اليوم نفسه ؛ ذات اليوم

eo instanti في نفس البرهة

eo nomine بذلك الاسم ؛ تحت ذلك الاسم

epidemic وباء ؛ مرض وبائي

epilepsy [طب شرعي] صرع (نوبة) . مرض آني ينتاب الدماغ والاعصاب ، من اعراضه ، الاغماء والسقوط الفجائي وزوغان حدقتي العين وتشنج عضلات الوجه ورحي الاسنان والشخير وارتعاش الجسم . ولا يعتبر المصاب بهذا الداء مجنوناً

equitable action دعوى انصافية : تنظر امام دائرة العدالة المطلقة chancery division في محكمة العدل العليا High Court of Justice توخياً للعدالة المطلقة التي لا تتقيد بنصوص القانون او حرفية السند او العقد موضوع الدعوى بل تأخذ بأبعد غايات الانصاف ولو تعارضت مع القانون .

equitable assignment حوالة (حق) انصافية : لا تفترض فيها مطابقة القانون من حيث الشكل، بل يكفي لثبوتها ان يفهم من فحواها ان القصد هو انتقال الحق المحال الى الشخص المحال اليه . ولا ينبغي لهذه الحوالة ان تكون دائماً على شكل الحوالات العادية (القانونية) او في مثل صياغتها الفنية، بل قد توجه احياناً للمدين وحده او تكون على هيئة امر او التماس او تتخذ شكل الاذن او غير ذلك مما لا ينفي رغبة المحيل . ولا قيمة فيها للشكل ولا معول الا على القصد.

equitable charge تكليف انصافي : ضمان دين لا يرتب للدائن حقاً في الملك محل الضمان .

equitable doctrine of approximation
[مواد حسبية] نظرية تقريب انصافية ، تستطيع على اساسها دائرة الـchancery (في محكمة العدل العليا) ان تحور من تفاصيل ادارة الهبة في سبيل تحقيق الغاية التي قصد اليها المحسن او الموصي .

equitable election خيار الخصم او الفريق ذي الشأن بين احد حقين او طلبين مختلفين بحيث اذا وقع خياره على الواحد كان الثاني لخصمه او الفريق الآخر .
[في الوصايا] الخيار الذي يكون للموصى له بين هبتين او منفعتين او طريقتين تعينها الوصية بحيث اذا اختار احداهما امتنعت عنه الاخرى .

equitable lien اختصاص انصافي؛ لا تكون له صلة بالحيازة كاختصاص البائع نظير ما يعود اليه من ثمن الحق موضوع البيع واختصاص المشتري بمقدار ما اودع على سبيل تأكيد الشراء .

equitable estoppel اغلاق انصافي : تفرضه العدالة الوجدانية على شخص صدر عنه من المزاعم الكاذبة false representation او الكتمان لما يعلم من الوقائع الجوهرية، ما اعتمد عليه الغير وتصرف بموجبه فكان تصرفه وبالا عليه .
الوضع الذي تقتضي معه العدالة المطلقة على الشخص ان لا ينكر او ينقض ما صدر عنه من قول او فعل .

equitable execution تنفيذ انصافي : تكون فيه للحارس القضائي سلطة مباشرة البيع .

equitable mortgage (راجع باب mortgage)

equitable rate of interest فائدة (او نسبة فائدة انصافية : الفائدة التي تساير مقتضيات الوجدان وقواعد الانصاف وهي تقل عادة عن نسبة الفائدة القانونية (كما هي الحال في انكلترا) .

equitable rescission : ابطال او الغاء انصافي تأمر به الدائرة المختصة بالمحكمة العليا تبعاً لمقتضيات العدالة المطلقة .

equitable rule قاعدة انصافية : تساير اصول العدالة الطبيعية .

equities اسهم او حصص ذات فوائد غير محددة ؛ اسهم عادية

equity انصاف؛ عدالة مطلقة (غير مقيدة)؛ عدالة طبيعية او وجدانية

سميت كذلك لانها تنشد اعلى مراتب العدل دون حد او قيد وتعرض عن القانون، اذا اقتضى الامر ، تلبية لداعي الانصاف المجرد والعدالة الطبيعية وتضع الحق في نصابه مهما اعوزته اسباب القانون .

سمى Justinian هذه العدالة بالعدالة المثالية وجمع اركانها في حكمه المشهورة الثلاث : لا تؤذ الغير ؛ عش شريفاً (او عش بشرف)؛ اعط كل ذي حق حقه *honeste vivere; alterum non laedere; suum cuique tribuere* .

تنسب الى الوجدان لانها تصدر عن الضمير ومخافة الله وتنطلق بالقاضي من قيود الشكليات والنصوص التشريعية المغلة لتبلغه حيث يعجز القانون عن بلوغه من العدل الكامل . واذا رجعنا الى تاريخ الـ equity رأينا ان القضاء الانكليزي حتى صدور قانون نظام القضاء judicature act سنة ١٨٧٣ كان ذا شقين مستقلين : احدهما قضاء العدالة المطلقة equity والثاني قضاء القانون العام Common Law ، وكان للعدالة المطلقة محاكم خاصة تسمى equity courts تمارس اختصاصاً منطلقاً من حدود القانون لا يتقيد بغير مبادئ العدالة الطبيعية والسابقات وقواعد الانصاف المجرد ومقتضيات الشرف والآداب العامة المعروفة في القرون الثلاثة، الخامس عشر والسادس عشر والسابع عشر؛ بينما تمارس المحاكم العادية اختصاصها وفقاً للقانون العام . وكل من هذين القضائين يقر من الحقوق ما يختلف احياناً عما يقره الآخر . على ان محاكم العدالة المطلقة كانت أعلى مرتبة من محاكم القانون العام باعتبار ان عدالتها اعم واوفى من عدالة القانون وان قضاءها مكمل لقضاء المحاكم العادية ، بحيث اذا انقطعت السبل بالمطالب الى حقه امام محاكم القانون العام لافتقاره الى الشكليات اللازمة، امكنه ان يلتمس الانصاف لدى الـ equity courts او الـ chancery division (كما تسمى حالياً)، وهذه تزن دعواه وتحكم بالانصاف حسبما يوحيه ضميرها ولو خرجت في ذلك على نصوص القانون .

ولما صدر قانون نظام القضاء المشار اليه، اتحد القضاءان ،

لحماية هذا الحق في المحاكم العادية التي تمارس اختصاصها في حدود القانون . من ذلك مثلا ، حق الكفيل ، الذي قام بالاداء عن المدين المكفول ، في ان يطالب مكفوله بدفع ما أداه عنه . ولا يستطاع تقرير مثل هذا الحق وحمايته الا بدائرة العدالة المطلقة ما لم يؤيده من المستندات القانونية ما يجعل الحكم به في نطاق اختصاص المحاكم العادية .

equity of partners الحق الذي يكون لكل من الشركاء في المطالبة برصد أموال الشركة لأداء ديونها .

equity of redemption عدالة افتكاك الرهن او استرداد المرهون : ما تجيزه العدالة المطلقة من حق المدين الراهن في فك الرهن واسترداد ماله المرهون اذا دفع جميع ما عليه للدائن المرتهن رغم انقضاء اليوم المحدد للدفع ، شرط ان يكون هذا الدفع قبل غلق الرهن foreclosure .

equity term دورة قضائية خاصة لنظر المسائل القائمة على العدالة المطلقة التي لا تتسنى تسويتها الا على أسس الانصاف والعدالة الطبيعية الخالية من قيود النصوص القانونية . ولا يكون في هذه الدورة محل لاعتبار اية مسألة جنائية او دعوى اخرى تقتضي اشتراك المحلفين في المحاكمة .

equity to a settlement **[علاقات زوجية]** حق الزوجة في تسوية انصافية . اي حقها في ان تحتفظ لنفسها ولاولادها بكامل حصتها من موجودات الزوج او بجزء عادل منها اذا قاضاها زوجها أمام دائرة العدالة المطلقة chancery division ليستولي على حصتها .

equivalent مساو ؛ معادل (في قيمة او قوة او وزن او غير ذلك) ؛ مثل ؛ مثيل

[مواد البراءات] ما يصح استبداله بغيره او قيامه مقامه بحكم ما بينهما من المطابقة .

equivocal غامض ؛ ملتبس ؛ متعدد المآخذ او المعاني

equuleus آلة تعذيب خشبية استعملت قديماً لإكراه المتهمين على الاعتراف ، بشد اطرافهم وتمزيقها ، اذا اقتضى الامر هذا ، للوصول الى الغاية المطلوبة منهم .

erastians أراستوسيون ؛ اتباع Erastus : جماعة قديمة من المحامين والفقهاء وجدت في عهد Selden وكانت تدعو الى وجوب منح الاختصاص في معاقبة الجرائم الدينية والاخلاقية للسلطات المدنية دون السلطات الكنسية .

erasure محو ؛ مسح ؛ كشط . فراغ يخلقه المحو او المسح في المحرر .

erciscundus قسمة . دعوى قسمة الميراث او فرزه .

المطلق والعادي ، في المحكمة العليا Supreme Court of Judicature وآل لهذه المحكمة اختصاص تطبيق قواعد العدالة المطلقة وقواعد القانون في آن واحد . ونص قانون نظام القضاء ، بالاضافة الى توحيد القضائين ، على انه اذا تعارضت قواعد العدالة المطلقة مع قواعد القانون كانت العبرة للاولى . والدائرة المختصة حالياً بتطبيق القضاء المطلق هي الـ chancery division في محكمة العدل العليا .

تطلق كلمة equity ايضاً على منفعة الرد او الفائض الباقي من المال بعد الوفاء بكل تكليف او اختصاص متعلق به او على المبلغ الواجب الرد للمدين من ثمن امواله المبيعة بعد الوفاء بكامل ديونه .

[مواد التأمين] صافي مجموع اقساط التأمين المدفوعة من المؤمن عليه بعد استنزال الرسوم والمصاريف الواجبة .

— better equity يطلق هذا الاصطلاح على الحق الذي يكون للدائن المرتهن التالي الذي اخذ على مدينة ضماناً يكفل عدم تصرفه في امواله بما يضر به (بالدائن) ، خلافاً لدائن مرتهن سابق اهمل ان يأخذ مثل هذا الضمان رغم ما اتيح له من فرصة الحصول عليه .

— countervailing equity حق مقابل . الحق الذي يتعارض مع حق آخر يراد تنفيذه او الاعتراف به او تأييده : على ان يكون الحقان في ذات المرتبة من حيث القوة والعدالة والاحقية بالاعتبار .

— perfect equity حق ناجز او مكمل ؛ استوفى جميع المقتضيات اللازمة لنشوئه او انتقاله باستثناء الاجراءات الشكلية : كالحق الذي يكون في الملك لشخص اشتراه ودفع كامل ثمنه وقام بجميع الشروط المطلوبة منه ولم يبق عليه الا تسلم سند الملكية الخاص به .

— within the equity **[مواد التأمين]** مشمول بالخطر او الضرر (موضوع البحث) .

equity courts (courts of chancery) (courts of equity) محاكم عدالة مطلقة او انصاف ؛ محاكم وجدانية : دوائر قضائية عليا ذات ولاية خاصة تخولها تطبيق القانون على أساس العدالة الطبيعية والانصاف المنطلق من القيود والشكليات ، واتباع اجراءات استثنائية خاصة .

equity jurisdiction ولاية عدالة طبيعية ؛ ولاية انصافية : الاختصاص الذي مارسته الـ equity courts سابقاً وتمارسه الـ chancery division دائرة العدالة المطلقة بالمحكمة العليا حالياً طبقاً لاجراءات معينة خاصة . ولا تدخل الدعوى في نطاق هذا الاختصاص الا اذا اقتصر قيام الحق موضوعها على اعتبارات انصافية تؤيدها مبادىء العدالة الطبيعية دون النصوص القانونية بحيث لا يتسنى ايجاد تدبير قانوني كاف

erga omnes جميع الناس ؛ في مواجهة الجميع ؛ بالنسبة الى الناس اجمعين؛ يتعدى الى الاغيار (غير المتعاقدين)

ergo اذاً؛ بناء على ذلك؛ من ثم ؛ لان

ergolabi [قانون مدني] مقاولون ؛ متعهدو اشغال او متعاقدون عليها .

eriach [قانون ارلندي] دية (يحكم على القاتل بدفعها لذوي المقتول) .

erosion تآكل؛ تفتت؛ زوال (التربة)، تصدعها او انهيارها التدريجي بتأثير الهواء او مرور الماء عليها .

err يغلط ؛ يخطىء ؛ يهفو

errant جوال؛ متجول؛ جواب؛ متنقل . يطلق هذا الاسم أحياناً على المحضرين والقضاة المكلفين بالتنقل للفصل في الدعاوى ، من مقاطعة الى اخرى .

erratum غلطة ؛ خطأ ؛ هفوة

erroneous مغلوط (فيه)؛ غلط؛ ينطوي على الغلط، خاطىء؛ زائغ او منحرف (بمعنى deviating) عن القانون .

erroneous judgment حكم مغلوط فيه او خطأ: يتنافى مع القانون او قائم على الخطأ في تطبيق المبادىء او الاصول القانونية .

error غلط؛ زلل . حكم مخطىء . اعتقاد خاطىء فيما يتعلق بواقعة او آثارها .

تدل هذه الكلمة احياناً، من قبيل الاختصار، على writ of error أمر ضم الاوراق الذي تصدره محكمة الاستئناف لاعادة النظر في قضية مطعون فيها على أساس الغلط في الحكم .

— assignment of errors بيان اوجه دفع المدعي بالغلط في الحكم : مذكرة الدعوى التي يبين فيها المدعي وجوه الغلط في الحكم المطعون فيه .

— common error غلط مألوف (الوقوع)

— cross-errors اغلاط متقابلة (أو مقابلة) : يجيب بها المدعى عليه على دعوى المدعي المقامة على أساس الغلط .

— fundamental error [اجراءات استئنافية] غلط أساسي يتصل بموضوع الدعوى .

— harmless errors اغلاط غير ذات بال اوليست ذات تأثير ؛ شأن التي تقع في بادىء الأمر ثم تصحح في سياق الاجراءات .

— invited error الغلط بجريرة الخصوم . يرد هذا التعبير في وصف الخطأ الذي تقع فيه المحكمة أثناء نظر الدعوى حين يطلب اليها أحد الخصوم ان تعطي قراراً غير صائب فتلبي طلبه . ولا يحق للخصم المذكور في هذه الحال ان يستغل ذلك الخطأ في أية مرحلة لاحقة تنتهي اليها الدعوى .

— judicial errors اغلاط قضائية : تستهدف لها المحاكم بين حين وآخر .

— reversible error [اجراءات استئنافية] غلط فاسخ؛ غلط أساسي ترى فيه محكمة الاستئناف مبرراً كافياً لفسخ الحكم المستانف أمامها .

— special error (راجع باب special)

— technical error [اجراءات استئنافية] غلط فني ؛ غلط نظري، شكلي او مادي : لا يترتب عليه أي أثر فعلي ضار .

error apparent of record غلط واضح او صريح : يتناول اساس الدعوى .

error case استئناف (على أساس الغلط) يرتكز على نقطة قانونية لا واقعية (أي لا تتناول وقائع الدعوى) .

error coram nobis «غلط أمامنا»، او في الاجراءات القائمة أمامنا . تصدر هذه العبارة عن المحكمة صاحبة الشأن اذا كان الخطأ الواقع امامها يبرر اعادة النظر في الحكم الصادر منها او تعديله او شطبه .

error coram vobis «غلط أمامكم» او في الاجراءات القائمة أمامكم . توجه هذه العبارة من محكمة الاستئناف الى محكمة الموضوع (التي حكمت في الدعوى) على أساس ما يبدو لها من الغلط في الحكم .

error in fact غلط واقعي؛ خطأ في تقدير واقع او قائم على واقع : وهو ما يحدث عندما تصدر المحكمة حكماً يستند الى واقعة تجهلها، كزواج احد ذوي الشأن او حداثة سنه او موته او غير ذلك مما لم يصل الى علمها . ويكون حكمها في هذه الحال باطلا وقابلا للابطال .

error in law غلط قانوني او في القانون : خطأ المحكمة في تفسير القانون او تطبيقه بالنسبة للدعوى المنظورة امامها .

error juris nocet الغلط في القانون يضار صاحبه : اي من ارتكب غلطاً قانونياً حاقت به عواقبه .

error nominis غلط في التسمية؛ خطأ في تفصيل الاسم

error of judgment غلط في الرأي او الحكم

error qui non resistitur approbatur اذا لم يقاوم الغلط او يعارض عد مقبولا .

errors and omissions excepted (e. & o.e.) باستثناء الغلط والسهو

errors excepted باستثناء الاغلاط

errors of commission اغلاط فعلية . الاخطاء التي يرتكبها الشخص عن جهل منه او عجز .

error of omission غلط سهو

escalation تصعيد ؛ تدرج (الى اعظم) ، توسيع تدرجي (لنطاق عمليات وما اليها) ؛ تعاظم

escalator clause شرط التدرج

[عقود ايجار] اذا ورد هذا الشرط في عقد الايجار ، أفاد أنه يحق للمالك (المؤجر) ان يتقاضى الحد الاعلى للايجار المسموح به طبقاً للانظمة المعمول بها حين ابرام العقد . على أنه اذا عدلت أنظمة الايجار خلال مدة العقد ، وجب على المستأجر ان يدفع ايجاراً مزيداً بنسبة الزيادة المستحدثة .

[عقود البيع] ينص هذا الشرط عادة ، على أنه اذا ارتفع الحد الاقصى للاسعار المقررة رسمياً او انخفض ، وجب ان تزاد الاسعار المتفق عليها مبدئياً او تخفض ، حسب الاحوال ، بحيث تصبح الاسعار الجديدة ، بالنسبة للحد الاقصى الجديد كما كانت قبل الزيادة بالنسبة للحد الاقصى القديم .

escambium **[قانون انكليزي قديم]** كمبيو ؛ مقايضة ؛ تبديل شي بآخر

escape يفر ؛ يفلت ؛ يهرب ، يتسرب ؛ ينجو . فرار ؛ هرب . تسرب

— **constructive escape** فرار مهيأ : يتسنى للسجين بما يحصل عليه من الحرية خلافاً للقانون .

— **negligent escape** فرار اهمالي : يحصل نتيجة اهمال السجان او عدم احكام مكان السجن والتحوط الكافي لاحتمال فرار السجين .

— **voluntary escape** فرار طوعي (او بطوع السجان) : وهو ما يحصل اذا أتاح السجان للسجين من الحرية ما لا يقره القانون .

escape warrant **[اجراءات انكليزية]** أمر قبض على فار ، يصدر الى جميع المسؤولين بالمبادرة الى القاء القبض على سجين فار وايداعه السجن حيثما وجد .

escape way منفذ ؛ مخرج ؛ منجى
[في التعدين] الممر الممتد من داخل المنجم الى الخارج .

escheat انقطاع الميراث بعدم وجود الوارث وأيلولة المال الى مصدره .

يعتبر الـ escheat نظرية أساسية في القانون العام منذ الفتح النورماندي ، تفترض ان الملك هو مصدر الارض والمرد النهائي لملكيتها وانه تفرغ عنها لافراد رعيته على ان يكون له فيها حق الرد residual interest اذا مات مالكها بلا وارث قانوني او ايصائي .

[مواد اقطاعية] ايلولة العقار الى السيد الاقطاعي اذا مات الفصل (التابع) بلا عقب او ادين بجناية يترتب عليها خرمانه الارض .

[قانون اميركي] ايلولة الملك الى الدولة اذا مات المالك بلا عقب قانوني او ايصائي .

— **single escheat** مصادرة شاملة : مصادرة التاج لجميع المنقولات التي يملكها المدان بالتمرد او الثورة .

escheator **[قانون انكليزي قديم]** حارس منقولات مصادرة او حفيظ عليها .

escrow سند عالق الايلولة . يتوقف تسليمه من المودع لديه الى شخص مسمى على حصول أمر او تحقق شرط معين ، بحيث اذا تحقق هذا الشرط وجب تسليمه الى الشخص المسمى فيه وأصبح نافذ المفعول ، والى ان يتم الشرط المنصوص عليه يبقى السند escrow متوقفاً او عالقاً (بمعنى in suspense) .
وديعة عالقة او مشروطة : اودعت لدى الغير كي تؤول الى شخص معلوم حال قيامه بعمل معين او استيفائه لشرط متفق عليه .

— **in escrow** على سبيل التعليق او الانتظار (ريثما يحصل الشيء او يتم الشرط المحدد .

esketores لصوص او مفسدون : يتلفون ما تصل اليه ايديهم من أموال الغير .

esnecy أقدمية ؛ اولوية ؛ حق التقدم العائد للبكر (الابن الاكبر) .

espera مهلة ؛ ميعاد محدد ؛ موعد تحدده المحكمة للقيام بشيء معين : كابراز اوراق او اداء مطلوب .

espial تجسسي ؛ ينطوي على تجسس ، يصدر عنه ؛ يسترق المراقبة

espionage تجسس ؛ جاسوسية

espousals خطبة ؛ خطوبة ؛ تواعد على زواج (بين رجل وامرأة) وعزم عليه .

espurio ولد زنا او غير شرعي .
كلمة مقتبسة من القانون الاسباني يراد بها الولد غير الثابت النسب : المولود لامرأة تخالط عدداً من الرجال فلا يعرف ابوه على وجه التأكيد .

الزوجة من تركة الزوج (وهو الثلث – حسب القانون العام).

estate ملك؛ عقار؛ مال او اموال؛ أعيان؛ حقوق عينية؛ تركة؛ موجودات؛ منافع؛ عوائد او حقوق بوجه عام تختلف من حيث الثبوت والقوة وتتراوح بين الملكية الناجزة وبين مجرد الحيازة التي لا تستند الى حق.

جميع ما ملك الشخص من ثابت ومنقول.

[**اعتبارات مالية وشخصية**] وضع الشخص الراهن اجمالا. ما له من عقارات وأموال عينية وموارد كسب وامكانيات مادية وما عليه من ديون وحقوق والتزامات. جميع ما يطلب له وما يطلب منه. من معانيها التوسعية: قيمة الشخص الاجمالية او قيمة ما يخلفه المادية والمعنوية.

— absolute or conditional estate اموال او حقوق او عوائد ناجزة (مطلقة الايلولة) او اموال او حقوق او عوائد مشروطة (مرهونة بوقوع حادث غير مجزوم بوقوعه).

-- contingent estate اموال او حقوق عالقة على شرط او مرهونة بحصول امر معين.

— conventional estate : اموال او حقوق اتفاقية تنشأ على اساس اتفاق صريح بين الاطراف المعنيين.

— dominant estate عقار مخدوم او مرتفق: له حق ارتفاق على عقار آخر (خادم او مرتفق به).

— expectant estate أموال منتظرة: يرجى ان تتحقق او تؤول في المستقبل.

— fast estate عقار؛ مال عقاري

— personal estate اموال شخصية: اي منقولة

— qualified estate اموال مشروطة: اي موقوفة على شرط.

-- real estate عقار او عقارات؛ أملاك؛ اموال عقارية

— separate estate (راجع باب separate)

— servient estate عقار خادم او مرتفق به: مسخر لعقار آخر.

estate at sufferance ايجار تجاوز: يتجاوز المدة القانونية او الاتفاقية، اذ يبتدىء باذن مالك الارض ورضاه مدة معينة ثم يستمر بعد هذه المدة ضد رغبة المالك وارادته فيصبح حقاً يمارس رغماً عن صاحبه estate at sufferance.

estate at will اجارة او حيازة عقارية معقودة على رضى المالك او اتفاق طرفيها.

estate by entirety ملكية جمعية او تضامنية؛ يشترك فيها الزوج والزوجة على قدم المساواة.

estate, legal حق (عيني) قانوني، يعتبر صحيحاً قبل الكافة.

esquire [**قانون انكليزي**] شهم. لقب شرف اعلى منزلة من gentleman وأدنى من knight يطلق على رجال القانون والقضاء بوجه خاص، وعلى غيرهم احياناً من قبيل الاحترام ويختصر بحروفه الثلاثة الاولى .esq وقد اشتقت هذه الكلمة على ما يظهر من الكلمة الفرنسية *escuier* ومعناها «تابع» يرافق الفارس اثناء الحرب كي يحمل له درعه اذا لزم الأمر. على ان الكلمة الانكليزية لا تحمل شيئاً من هذا المفهوم بل تؤدي معنى دمث، مهـــذب، أديب او شهم gentleman.

essence لب او لباب؛ جوهر؛ خلاصة؛ فحوى
[**في العقود**] يقال: الزمن هو جوهر العقد: أي لا بد من مراعاة الموعد المحدّد في العقد واعتباره ركناً اساسياً للوفاء لا تجوز المهاودة فيه time is the essence of the contract.

essential لازم؛ لزام؛ ضروري؛ جوهري؛ لا بد منه؛ لا غنى عنه

essentially ضرورياً؛ جوهرياً؛ في جوهره او لبه؛ من اساسه؛ الى حد بعيد؛ بمقدار كبير؛ لا يستهان به

essoin [**اجراءات انكليزية قديمة**] يعتذر عن عدم الحضور امام المحكمة امتثالا لامرها.
[**كاسم**] عذر، يقدمه المتخلف عن الحضور (امام المحكمة) شارحاً فيه اسباب التخلف.

essoin roll [**قديماً**] جدول معاذير؛ كانت تحفظ فيه عرائض الاعتذار عن عدم الحضور امام المحكمة

est ascavoir يفهم (من ذلك)؛ المفهوم هو (كذا ...)

est autem vis legem simulans قد يلبس العنف قناع القانون (او ينتحل لبوسه).

establish يؤسس؛ يرسي؛ يقيم اسس او دعائم (شيء). يضع؛ ينشىء؛ يؤيد؛ يعترف (بشيء) ويعطيه الصفة الرسمية. يفصل؛ يبت؛ يقرر؛ يحدد قطعاً (في شكل لا يتطرق اليه الشك).

establishment منشأة؛ مؤسسة. مصنع او معمل وملحقاته؛ مركز عمل ومنشآته؛ مسكن وتوابعه
[**أنظمة الموظفين**] ملاك؛ كادر
[**قديماً**] حكم او قانون. اطلق هذا الاسم بنوع خاص على الاحكام والقوانين الصادرة في عهد الملك ادوارد الاول.

establishment of dower تقرير او ضمان نصيب

حق تملك او انتفاع مشترك يؤول للزوج والزوجة بسبب الزواج وتجتمع لهما فيه وحدة الملكية والحيازة والسيطرة ؛ فاذا مات احدهما آلت ملكيته المطلقة للآخر على اساس التصرف الاصلي الناشيء بموجبه هذا الحق اصلا .

estate by statute merchant حق الدائن : وفقاً لعرف لندن the Custom of London في ان يحتفظ بجميع أملاك مدينه حتى يستوفي كامل دينه (راجع statute merchant) .

estate duty [قانون انكليزي] ضريبة التركة (حسب قانونها الصادر سنة ١٨٩٤) . ما يفرض من الرسوم على الاموال التي يموت عنها الشخص، وهي غير ضريبة الايلولة (ايلولة التركة الى الوارث) .

estate for years [قديماً] حق استغلال الارض عدداً من السنين .

عقد اجارة محدود المدة . والاصل في هذه الاجارة تعيين المدة بين المالك والمستأجر ولا يشترط فيها ان تمتد سنين بل قد تقتصر احياناً على سنة واحدة او اشهر او اسابيع معدودة .

estate from year to year اجارة متوالية؛ من سنة الى اخرى : عقد ايجار محدود المدة يختلف عن الـ estate for years في أنه اذا تجاوز المستأجر بموجبه المدة المقررة دون إعلام المؤجر فلا يعتبر ايجاراً باطلا .

estate in common عقار مشترك: يعود لعدة اشخاص يحمل كل منهم سنداً مستقلا بما له فيه .

estate in fee simple (راجع fee simple)

estate in fee tail (راجع fee tail)

estate in lands حقوق عينية : تتعلق بالارض بحكم ملكيتها او استئجارها او حق استغلالها على اي حال .

[في الاملاك] يقال he has an estate in land بمعنى انه من ذوي الاراضي او اربابها (اي مالكيها) .

estate in remainder حق رد : الحق الذي يكون للشخص في ان يؤول اليه ما بقي من أموال او منافع تعتبر الاولوية فيها للغير . بحيث اذا اوصى (أ) من الناس مثلا بأرضه لـ (ب) كي ينتفع بها خمس سنين على ان تؤول بعد ذلك الى (ج) ملكاً خالصاً، كان لـ (ج) بموجب هذه الوصية حق الرد an estate in remainder في الارض المذكورة .

estate in reversion (راجع reversion)

estate in severalty مال انفرادي : تعود ملكيته او منافعه الى شخص واحد دون غيره .

estate *in vadio* حق ، مال او ملك مرهون

estate of inheritance حق، مال او ملك ميراثي

estate of limitation حق عيني او عقاري مقيد او محدد تقرر مدته بما يستعمل في انتقاله وانشائه من عبارات حصرية، مثل : «اثناء» او «بينما» او «طالما» او غير ذلك من الكلمات التي تفيد تقييد ممارسة المنعة موضوعها بأجل معين وانقضائها بانقضائه .

estates of the realm يشمل هذا الاصطلاح المراجع الثلاثة للسلطة والنفوذ في انكلترا وهي : (١) رؤساء الاساقفة والاساقفة Lords Spiritual؛ (٢) اعضاء مجلس اللوردات Lords Temporal؛ (٣) اعضاء مجلس العموم البريطاني Commons of Great Britain .

estate tail (راجع tail, estate in)

estate tax ضريبة ايلولة التركة : الضريبة التي تفرض على مجرد انتقال التركة من المتوفى الى الوارث لا على الاموال ذاتها .

estate upon condition implied حق عيني مشروط : يتوقف نشوءه او عدمه على حصول شيء معين لا يجزم بحصوله .

ester in judgment المثول أمام المحكمة بصفة مدع او مدعى عليه .

estimate(s) يقدر؛ تقدير

اذا وردت في صيغة الجمع دلت على التقديرات بوجه عام (سواء أكانت مصروفات ام ايرادات) او على الميزانية الوطنية والمبالغ المقدر انفاقها او تحصيلها خلال فترة معينة .

estimated time of arrival (E.T.A.) [قواعد الطيران] الوقت المقدر للوصول . وقت الوصول التقريبي او المتوقع .

estimated time of departure (E.T.D.) [قواعد الطيران] الوقت المقدر للقيام؛ وقت القيام التقريبي او المتوقع.

estop يوقف ؛ يصد ؛ يمنع؛ يحول دون شيء

estoppel اصل هذا التعبير الكلمة الفرنسية *estoupe* والانكليزية estopped وهو لا يخلو من معنى الكلمتين اذ يفيد الاغلاق او الايقاف عن سير او تصرف او سلوك . على ان معناه القانوني يذهب الى ابعد من ذلك، ويمكن تفسيره بالاغلاق الحكمي او الحجة المغلقة او الموصدة، لانها تغلق دون الشخص باب الرجوع فيما قال او فعل وتجعل من قوله او فعله حجة عليه، كما يمكن تفسيره ايضاً بالحجة القاصرة (على صاحبها) او الحد المانع .

estoppel against estoppel اغلاق مقابل؛ اغلاق ضد آخر . اذا اجتمع هذان الاغلاقان في مسألة واحدة ابطل كل منها تأثير الآخر : من ذلك مثلا ، اذا عرض في دعوى الطلاق ما يثبت ان الزوجة عندما حصلت على أمر الطلاق كانت مدفوعة عليه من زوجها دون اية رغبة منها ، فلن تمنع هذه من اثبات بطلان امر الطلاق اذا شاءت على اساس ما تقدم ، باعتبار ان اغلاق تصرف الزوج من شأنه ان يبطل اغلاق الامر او ان فعلها بالتقدم بطلب الطلاق يقابله فعل الزوج بإكراهها عليه .

estoppel, agency by (راجع باب agency)

estoppel by conduct (راجع conduct, estoppel by)

estoppel by election (راجع election, estoppel by)

estoppel by judgment
(راجع judgment, estoppel by)

estoppel by laches (راجع laches, estoppel by)

estoppel by negligence
(راجع negligence, estoppel by)

estoppel by recital الاغلاق بواقع السند: الحق الذي يعود لحامل السند في ان يعول على الوقائع والارقام الواردة في السند وان يحتج بها عند الضرورة .

estoppel by record (راجع record, estoppel by)

estoppel by representation
(راجع representation, estoppel by)

estoppel by silence (راجع silence, estoppel by)

estoppel by verdict (راجع verdict, estoppel by)

estoppel in pais (راجع in pais, estoppel)

estoppel under insurance law الاغلاق بموجب قانون التأمين : وهو تنازل المؤمن عليه او له عن الحق في التأمين او في عوائده .

estoveriis habendis امر نفقة: يعطي الزوجة المطلقة او المفصولة عن زوجها حق الحصول على نفقتها او ما تحتاج اليه .

estovers حق مستأجر الارض، مدة الايجار، في ان يستعمل من الاخشاب الموجودة في الارض المؤجرة ما يلزمه لزراعته (او للغرض الذي استأجر الارض من اجله) . تعني هذه الكلمة احياناً نفقة الزوجة المطلقة من اموال زوجها

والـ estoppel قاعدة من قواعد البينة تمنع الشخص من انكار ما صدر عنه من قول او فعل او سلوك وتقرر ان صدوره او رضاه او سكوته عن امر او قبوله به صراحة او ضمناً يعتبر حجة قاصرة عليه تحرمه من نقضه او انكاره .

ولا تختلف هذه القاعدة عن المبدأ القائل بأنه لا يقبل من احد قول يتنافى مع سابق سلوكه، كما لا تختلف عن قول الشرعيين الاسلاميين « من سعى في نقض ما تم على يديه فسعيه مردود عليه» . والـ estoppel على انواع كثيرة اهمها ما يأتي :

١ – الاغلاق التدويني؛ estoppel by record وهو كالـ estoppel by judgment الاغلاق بالحكم والـ *res judicata* الشيء المقضي به او القضية المفصول فيها بحكم اكتسب الصفة القطعية (راجع record, estoppel by) .

٢ – الاغلاق بالسند او الكتابة estoppel by deed وهو ينشأ بحكم ما ينظمه الشخص من سند مكتوب يصدر فيه عن بيانات لن يكون له بعد ذلك ان ينكرها او ينفي عنها ما وصفها به او يكذبه . وهذا كالـ estoppel by record لا يصيب الا اطرافه او الشخص الذي عول عليه وكيف تصرفه بموجبه فلحقته بجرائه اضرار واضحة .

٣ – الاغلاق بالاتفاق estoppel by agreement وهـذا يقوم على الاتفاق الشفوي او التحريري ولا يكاد يختلف عن الـ estoppel by deed من ذلك مـا يترتب على عقد الايجار من حرمان المستأجر ان ينكر ما كان لصاحب المؤجر من حق الملكية فيما اجر عند ابرام العقد . وكذا قبول الوديع للوديعة يمنعه will estop him من انكار ان المودع كان يملك الحق في الاشياء المودعة عندما اودعها .

٤ – اغلاق بالسلوك estoppel by conduct ينشأ بحكم ما يصدر عنه الشخص من سلوك او عمل يراد به حمل الغير على اتيان شيء او الامتناع عنه، ثم تصرف هذا الغير بناء على ما رأى من هذا السلوك واستهدافه للمضرة بجراء ذلك . وفي هذه الحال يمنع الشخص الاول من انكار سلوكه او عمله ولو اعتقد بسلامته عندما صدر عنه .

[اعمال الغش] لا يكون الحكم محلا للاغلاق estoppel اذا ثبت الحصول عليه بسبيل الغش او الحيلة . وينشأ الاغلاق بالسكوت اذا كان الدافع عليه هو الغش او الحيلة او عدم القيام بما يمليه الواجب الادبي او الانساني .

— equitable estoppel (راجع باب equitable)

— quasi estoppel (راجع باب quasi)

— *res judicata* estoppel اغلاق القضية المقضية او الشيء المقضي به .

كل قضية مقضية (صدر فيها حكم قطعي لا يقبل الطعن) يكون لها على اطرافها وشركائهم اثر مغلق يحرمهم من العود الى النزاع فيما تم تقريره في تلك القضية .

etiquette of the profession تقاليد المهنة؛ مقتضياتها؛ آدابها او اصولها

eum qui nocentem infamat, non est aequum et bonum ob eam rem condemnari; delicta enim nocentium nota esse oportet et expedit ليس من الانصاف والصواب ان يدان من ذم باغياً (او فاسداً) فحقيق ان تنكشف جرائم البغاة .

eundo et redeundo [رحلات السفن] ذهاباً واياباً، في الذهاب والاياب .

eunomy تكافؤ؛ تساو؛ اتزان، (نظام او جهاز حكومي)

eunuch خصي؛ طواشي

evade يتهرب (من دائنين او مسؤولين)؛ يجتنب؛ يتفادى؛ يراوغ؛ يداور (تهرباً مما يخشى)

evaluate يقيم (او يقوم)؛ يثمن؛ يقدر (قيمة شيء) او مقداره

evasion مداورة؛ مراوغة؛ خروج (عن موضوع)؛ تهرب (من ضريبة)؛ تفادي (شأن خشية الكشف عن حقيقة او غير ذلك مما يراد الافلات منه) .

evasive مداور؛ خارج عن موضوع او مدار بحث؛ مراوغ

[**علاقات الايجار**] يعتبر فعل المؤجر evasive اذا قصد الى حرمان المستأجر من التمتع بالعقار المؤجر .

evasive answer جواب اجنبي او خارج عن الموضوع؛ جواب مداورة يقصد الى تفادي الرد المباشر على مسألة فيكون بين التأييد والانكار : اي لا يؤيدها ولا ينكرها .

eve عشية؛ امسية؛ قبيل
ترد احياناً للدلالة على الفترة التي تسبق حدثاً خطيراً او تتقدمه مباشرة .

evenhanded مستقيم، منزه عن الميل، نزيه، مستو (في معاملة او حكم)

evenhandedness قسطاس؛ عدم محاباة؛ عدالة مجردة

event حادثة؛ حدث؛ واقعة حال؛ نتيجة؛ عاقبة؛ نهاية؛ ختام او خاتمة

[**اجراءات قضائية**] نتيجة النزاع، حاصله او نهايته؛ مـا ينكشف عنه النزاع نهائياً، نحو : يذعن للنتيجة abide the event .

او نفقة الاقارب او الجعالة التي تخصص لمعاش المنتفع وقضاء حاجاته .

Estrada doctrine مبدأ إسترادا . سمي كذلك نسبة لصاحبه «إسترادا» وزير خارجية المكسيك سنة ١٩٣٠ : وهو يقضي باستنكار حق اية دولة في تقرير شرعية الحكم الداخلي في غيرها من الدول او عدم شرعيته ويرى في تقرير ذلك تعرضاً للشؤون الداخلية الخاصة ينال من كرامة الدولة التي استهدفت له ويهين سيادتها .

estray ماشية ضالة : لا يعرف لها صاحب

estreat [**كفعل**] ينفذ، نحو : ينفذ ضماناً او التزاماً to estreat a recognizance or obligation .

estrepe يجرد (ارضاً مما عليها)؛ يتلف (مكاناً) باقتلاع اشجاره او تخريب منشآته .

estrepement تجريد ارادي : التمادي، من قبيل النكاية، في اتلاف الارض باقتلاع اشجارها او تخريب مبانيها (اثناء قيام النزاع حول حيازتها) . إفساد الارض بالافراط في حراثتها .

et واو عطف

et al اختصار الاصطلاح *et alii* ومعناه : وغيرهم وغير هؤلاء

et alius وغيره؛ وآخر

etc. اختصار الاصطلاح *et cetera* ومعناه وغيره؛ وغيرهم؛ الى آخره او آخر ما هنالك

et hoc paratus est verificare « وهذا ما هو مستعد لاثباته » . اصطلاح في قديم كان يختتم به المدعى عليه جوابه اذا اعترف فيه بادعاء المدعي وتوجه بأسباب محلة جديدة، وذلك تعبيراً عن استعداده لاثبات ما قدم .

et hoc petit quod inquiratur per patriam «وهذا ما يرجو ان تحققه (او تنظر فيه) هيئة المحلفين » . الاصطلاح الذي يختتم به المدعي دعواه ويفوض موضوع النزاع لهيئة المحلفين .

et inde petit judicium اصطلاح اختتامي معناه : « وبناء عليه فهو يلتمس الحكم » .

et seq.; et sequentes وما يلي

ethical أدبي؛ أخلاقي؛ اعتباري

ethics آداب . نحو : آداب المهنة ethics of the profession .

eventual لاحق؛ تال؛ آت؛ منتظر؛ موقوت: بمعنى ان حصوله تال لحصول شيء آخر او مترتب عليه .

eventuality احتمال . حادث جائز الوقوع . مفاجأة غير مستبعدة

eventuate يقع؛ يؤدي؛ ينتهي (الى)؛ يسفر (عن)؛ يعقب

evert يقلب (نظام حكم او سلطة) (الاسم eversion)

every كل (واحد او شخص من جماعة)

evict [قانون مدني] يجبر على اخلاء (بمعنى يخرج من عقار)؛ يسترد (بحكم محكمة) حيازة عين مؤجرة .

[قانون عام common law] يكف يد حائز (عن عقار): يكرهه على اخلائه او يطرده منه بالطرق القانونية .

eviction نزع يد الغير عن عقار ، اكراهه على اخلائه بالطرق القانونية .

تخل او نزوح قهري عن مؤجر بناء على حكم محكمة .

تنحية المستأجر عن العين المؤجرة بناء على حكم محكمة .

تنحية المستأجر عن العين المؤجرة او جزء منها . طرد الحائز بالقوة.

تخلي المشتري عما اشتراه بناء على حكم محكمة .

— actual eviction (راجع باب actual)

— constructive eviction (راجع باب constructive)

— partial eviction (راجع باب partial)

— total eviction (راجع باب total)

eviction by title paramount استيلاء تفوق؛ نزع اليد بحق اقوى او اعلى او اوجه : وهذا ما يكون عندما يتقدم شخص ثالث بدليل يثبت ان له في الارض حقاً يفوق حق الحائز ، فيحكم له بالاستيلاء نظراً لتغلب حقه .

evidence دليل (أدلة)؛ بينة؛ شهادة؛ حجة

كل وسيلة للاثبات يصح التقدم بها الى المحكمة : كالشهود والمحررات والسجلات والقيود والقرائن القاطعة وغيرها مما ترتاح المحكمة الى اهليته لاثبات ما ينبغي .

— call person to evidence يستدعي شخصاً لشهادة

— casual evidence (راجع باب casual)

— conclusive evidence دليل لا يقبل اثبات العكس؛ دليل قاطع او حاسم

— hearsay evidence (راجع باب hearsay)

— king's evidence (راجع باب king)

— preappointed evidence (راجع باب preappointed)

— primary evidence (راجع باب primary)

— second hand evidence (راجع باب second)

— secondary evidence (راجع باب secondary)

— turn king's (or queen's) evidence يصبح شاهد ملك (او ملكة) : اي يشهد ضد شركائه في الجريمة .

evidence by inspection : بينة معاينة؛ بينة حسية : البينة التي تنتقل الى الحواس مباشرة دون شهادة الشهود كالتي تراها المحكمة بسبيل المعاينة .

evidence completed فراغ من سماع شهود او تقديم بينات .

evidence in chief (راجع باب in chief)

evidence, law of (law of evidence) قانون البينة او الشهادة

evidence of contract دليل العقد؛ البينة الدالة على قيام العقد .

evidence of debit بينة الدين: كالمحررات والسندات على انواعها والرهونات والاوراق المالية المثبتة للدين .

evidence of insurability satisfactory to company [مواد التأمين] بينة كافية للشركة على القابلية للتأمين؛ بينة استئهال التأمين؛ ما يرى فيه المؤمن دليلا كافياً على صلاحية الطالب او الموضوع للتأمين .

evidence to title بينة التملك (حق الملكية) او حجته

evidence proper دليل مناسب؛ بينة مقبولة، يتسنى وزنها بميزان المنطق ومقارنتها بغيرها من وسائل الاثبات .

evidence sufficient in law بينة قانونية كافية؛ دليل جوهري يقبله القانون

evident جلي؛ واضح؛ بين؛ ظاهر

— proof evident اثبات واضح

evidentia بينة؛ شهادة

evidentiary استدلالي؛ له صفة الدليل او البينة؛ يقوم مقام الدليل؛ دال على شيء او مبين له

evidentiary facts وقائع استدلالية : يستدل منها على وقائع جوهرية قاطعة او لا بد منها لاثبات الواقعة (النهائية) المطلوبة .

evil سيىء؛ شائن؛ قبيح؛ فاسد؛ شرير

evil reputation سيىء او قبيح السمعة او الاحدوثة : من اشتهر بسوء الاخلاق .

evocation اصطلاح فرنسي دارج، يراد به سحب الدعوى من محكمة وتقديمها الى محكمة اخرى .

evolve يستنتج؛ يستخلص (نظرية او واقعة)؛ يخلص، ينتهي او يصير (الى)؛ يتمخض او ينبعث (عن)؛ يتطور

ewage [قانون انكليزي قديم] رسوم كانت تجبى على عبور السفن من مياه معينة .

ewbrice زنا؛ خرق الزواج marriage-breach او التعدي على حرمته .

ex من؛ عن؛ بحكم؛ استناداً (الى)؛ بناء (على)؛ بموجب؛ سابقاً (نحو: قاض سابق ex-judge)؛ بدون؛ بلا (نحو: بلا فائدة ex-interest)؛ مع الاحتفاظ بـ او استبقاء لـ (نحو: مبيع سندات مع الاحتفاظ بقسائم ارباح شهر حزيران a sale of bonds ex-june coupons).

ex abundanti يزيد على الكفاية؛ يتجاوز الحاجة

ex adverso بينما (اي من ناحية او وجهة اخرى)؛ على النقيض من ذلك

ex aequitate من قبيل الانصاف؛ مراعاة له؛ تمشياً مع العدالة

ex aequo et bono مراعاة للعدالة والحسنى (او اخذاً بها)؛ حسب الانصاف والحسنى

ex altera parte من او عن الطرف الآخر

ex antecedentibus et consequentibus fit optima interpretatio خير تفسير للنص القانوني ما كان بلعتبار النصوص السابقة والتالية؛ او: خير تفسير لاحد اجزاء المحرر او المستند ما كان على ضوء الاجزاء الاخرى .

ex arbitrio judicis حسب تقدير القاضي او ما يتراءى له .

ex assensu curiae بموافقة المحكمة

ex bonis من البضاعة او الاموال : من الاشياء التي ليست في اليد او لا تشملها الحيازة .

ex cathedra عن الكرسي . ورد هذا الاصطلاح قديماً للدلالة على القرارات الصادرة من البابوات وما كان لها من الحجية .

ex causa عن حق

ex colore تذرعاً؛ تظاهراً (بـ)؛ تحت ستار او بحجة (كذا...)

ex comparatione scriptorum بمضاهاة الخطوط (او مقابلتها)

ex consulto بالتشاور؛ بعد المذاكرة او التداول

ex continenti فوراً؛ حالا؛ مباشرة

ex contractu [قانون مدني] تعاقدي؛ اتفاقي؛ ناشيء عن عقد او اتفاق

ex **coupon** بدون كوبون (قسيمة ربح)

ex curia خارج المحكمة

ex debito justitiae عملا بمقتضيات العدالة

ex defectu sanguinis بداعي عدم (او انعدام) العقب

ex delicto قائم على (او ناشيء عن) جرم

ex delicto non ex supplicio emergit infamia العار (او سوء الاحدوثة) تورثه الجريمة لا العقوبة .

ex directo مباشرة؛ فوراً

ex diuturnitate temporis omnia rite et solemnitur acta كل شيء حاصل تعتبر فيه الصحة والمشروعية بحكم مرور الزمن .

exeat لينصرف؛ ليمضي

ex **dividend** بلا ربيحة؛ بدون نصيب في الربح

ex dolo malo ناشيء او منبعث عن تدليس او غش .

ex empto قائم على الشراء او على اساسه .

ex facie ظاهراً؛ ظاهر الشيء او وجهه

ex facto عن او بداعي الواقعة او الفعل؛ نتيجة لها

ex gratia على سبيل الهبة؛ مجاناً؛ بلا مقابل

ex hypothesi افتراضاً؛ من قبيل الافتراض (او الفرض)

ex industria عن تدبير او حيلة؛ قصداً

ex integro من جديد؛ مجدداً

ex **interest** بلا فائدة؛ لا تتقاضى عليه فائدة

ex justa causa بناء على حق قانوني او مشروع .

ex lege بقوة القانون

قانون رجعي يعاقب على فعل بغير ما كان يعاقب عليه حين اقترافه او يجرد متهماً من حصانة كانت له قبل تنفيذه

***ex* ship** تسليم السفينة

***ex* store** تسليم المخزن؛ من المخزن

ex tempore بمرور الزمن؛ نتيجة له او بحكمه

ex testamento بموجب وصية؛ بناء على ذلك

ex turpi causa non oritur actio لا تقوم الدعوى على موضوع شائن .

ex una parte من طرف او جانب واحد؛ من خصم دون آخر؛ فيما يتعلق به وحده

ex utraque parte من كلا الطرفين او الجانبين : فيما يتعلق بكليهما .

ex vi termini من فحوى التعبير (المستعمل) او مدلوله

ex voluntate طوعاً؛ اختياراً

***ex* warehouse** تسليم المخزن

exact يحصل؛ يفرض (ضريبة او رسماً او ما الى ذلك)؛ يحمل (عبئاً)؛ يستوجب (أداء شيء)

مطابق؛ صحيح؛ محكم

— exacting circumstances ظروف ملحة او قاهرة

exaction ابتزاز : اخذ رسم او مكافأة (دون حق) استغلالا لوظيفة او نفوذ .

تختلف هذه الكلمة عن extortion فيما تعنيه من قيام الموظف بتحصيل شيء ليس له حق في تحصيله، بينما تعني الثانية extortion تحصيله مبلغاً يفوق ما له حق تحصيله .

exactly alike يتشابهان (او (تتشابه) الى حد بعيد . عظيم التشابه : وهذا لا يفيد تمام المطابقة .

exactor جابٍ؛ محصل (رسوم او ضرائب)

exaggerate يغالي او يغلو؛ يبالغ؛ يتمادى (في وصف)؛ يهول

examination استجواب؛ تحقيق؛ فحص؛ بحث؛ امتحان

— cross examination مناقشة؛ استجواب

— separate examination (راجع باب separate)

examination *de bene esse* (راجع باب *de bene esse*)

ex legibus طبقاً للقوانين؛ بموجبها

ex licentia regis باذن الملك او ترخيصه

ex locato قائم على ايجار؛ ناشيء عنه

ex maleficio (راجع *ex delicto*)

ex malis moribus bonae leges natae sunt

القوانين الطبيعية تنشأ عن الاخلاق الخبيثة : أي تستدعيها او تقتضيها الافعال السيئة .

ex malitia عن سوء نية او قصد

ex mero motu باختياره او ارادته؛ اختياراً؛ من تلقاء نفسه؛ دون طلب

ex mora [شؤون مالية] بداعي التأخير (في الدفع)؛ نتيجة له

***ex* new** [معاملات البورصة] (مع) احتفاظ بائع الاسهم بحق الاصدار الجديد لنفسه .

ex nihilo nihil fit العدم يلد العدم

ex officio من تلقاء نفسه؛ بحكم الوظيفة؛ استناداً اليها

***ex officio* powers** سلطات ناشئة عن وظيفة او مترتبة عليها .

***ex officio* services** خدمات مترتبة على الوظيفة او ناشئة عنها .

ex pacto illicito non oritur actio لا تقوم الدعوى على عقد غير مشروع .

ex parte من او عن جانب واحد؛ من خصم واحد او نيابة عنه . بطلب احد الخصوم

اذا قدم الطلب *ex parte* كان تقديمه غالباً من شخص ليس خصماً في الدعوى بل له فيها من المصلحة ما يخوله تقديم الطلب . وقد يراد بالاصطلاح (حسب الدارج) تقديم الطلب من احد الخصوم في غياب الخصم الآخر .

ex parte materna من جانب الام

ex parte paterna من جانب الاب

ex post facto نتيجة فعل لاحق لفعل سابق متصل به : نتيجة واقعة لاحقة لواقعة سابقة متصلة بها .

بمقتضى امر واقع؛ ذو أثر رجعي

***ex post facto* law** قانون موضوع في أثر واقعة او فعل بحيث يحكم العواقب القانونية المترتبة على اي منها ويكون له فيها تأثير رجعي .

الجواب الذي يبنيه المدعى عليه (ضد طلب المدعي او دعواه) إما على اساس القانون law او الانصاف equity .

اعتراض قائم على الانصاف او العدالة المطلقة ضد دعوى مرفوعة بمقتضى القانون .

exceptio dilatoria دفع تأخيري : يهدف لايقاف سير الدعوى او تأخيرها الى حين .

exceptio doli mali دفع بالغش

exceptio domminii دعوى مطالبة بملكية

exceptio dotis cautae non numeratae الدفع في دعوى استرداد الدوطة (عند حل الرابطة الزوجية) بأنها لم تؤد للزوجة رغم الوعد بأدائها .

exceptio firmat regulam in contrarium الشواذ يثبت القاعدة المضادة، او بالشواذ تثبت القاعدة .

exceptio in factum دفع واقعي : يرتكز على واقعة او ملابسات خاصة .

exceptio in personam دفع شخصي او ذو صفة شخصية : لا يستطيع التمسك به الا شخص معين .

exceptio in rem دفع بسبب الدعوى : بالاشياء او الظروف القانونية القائمة عليها الدعوى (وهذا ما يستطيع ان يتمسك به كل ذي شأن) .

exceptio non adimpleti contractus دفع بعدم تنفيذ العقد : يتقدم به المدعى عليه مبيناً ان المدعي لا حق له في رفع الدعوى لانه لم يف بقسطه من العقد (أي بما يطلب منه حسب العقد) .

exceptio pacti conventi الدفع بوعد عدم المقاضاة : تمسك المدعى عليه بما وعده المدعي من عدم مقاضاته .

exceptio probat regulam الشواذ يثبت القاعدة

exceptio rei judicatae الدفع يسبق الفصل في موضوع الدعوى : اي بأن موضوع الدعوى شيء مفصول فيه بدعوى سابقة .

exceptio temporis الدفع بانقضاء المدة المحددة لرفع الدعوى .

exception استثناء؛ تجنيب؛ استبعاد؛ اعفاء (من حكم او واجب او اعتبار) . مستثنى (من حكم او قاعدة)؛ مستبعد؛ غير مشمول؛ مسقط من اعتبار

والغاية من الاستثناء هي تجنيب الشيء المستثنى الخضوع لقاعدة

examination of bankrupt تحقيق مع مفلس او متفالس: استجوابه في سياق اجراءات الافلاس او قبل شهر افلاسه حول اعماله وكيفية ادارتها وأسباب افلاسه وعلاقاته بدائنيه وغيرهم ومقدار امواله وانواعها ومواقعها وكل ما يتصل بادارتها وتسويتها . وقد يقتضي هذا استجواب زوجته او غيرها لاستكمال الاحاطة بأعمال المفلس او امواله .

examine يستجوب؛ يفحص او يمتحن؛ يدقق؛ يدرس

examine in chief يستجوب (الشاهد) اولا، قبل غيره : وهذا من حق الفريق الذي استشهد به، على اعتبار ان الاولوية في استجواب الشاهد تعود لمن استدعاه للشهادة .

examined copy صورة (او نسخة) مطابقة؛ صورة مقارنة بالاصل للتأكد من مطابقتها له .

examiner مستجوب او مستنطق : موظف قضائي (من درجة barrister) تنتدبه المحكمة المختصة لاستجواب اي شاهد خارج المحكمة وتدوين شهادته اذا كان مريضاً او في بلد اجنبي لا يتسنى حضوره امامها لاعطاء الشهادة المطلوبة .

— special examiner (راجع باب special)

examiners ممتحنون؛ فاحصون : يعهد اليهم بفحص طلبة القانون للتثبت من حسن استعدادهم للممارسة .

excamb [قانون اسكتلندي] يبادل شيئاً بآخر؛ يصرف

excambion ابدال؛ مبادلة؛ صرف

exceed يتجاوز؛ يفوق؛ يزيد (على)

excellency [مخاطبات دبلماسية] سعادة؛ معالي؛ عطوفة؛ دولة؛ فخامة . يا صاحب السعادة او المعالي الخ ..

except باستثناء؛ ما عدا؛ خلا؛ الا
[كفعل] يدفع (بعدم كفاية اجراء او ببطلانه او ما الى ذلك)؛ يطعن (في)؛ يعترض (على)

except as provided by law خلا ما نص عليه القانون او، ما لم ينص القانون على غير ذلك .

except (for) لولا (كذا ...)

excepting ما عدا؛ مع الاحتفاظ (بـ)

exceptio دفع (بمعنى اعتراض) . الجواب الذي يعترف فيه المدعى عليه بعدالة موضوع الدعوى غير أنه يقدم من الاسباب او الوقائع الجديدة ما يكفي اذا صح، لدحض ادعاءات المدعي كلها او جزء منها .

دفع المدعى عليه او اعتراضه (على دعوى المدعي) .

[مسائل الطلاق او الانفصال] سرف ؛ اسراف او **excesses**
افراط، في شرب او لعب قمار او غيره من العادات التي قد تبرر الفراق بين الزوجين .

فاحش ؛ غير قانوني، نحو : فائدة فاحشة او **excessive**
غير قانونية excessive interest . زائد على حاجة ؛ متجاوز لحد مقرر او معقول .

كفالة زائدة (من حيث القيمة) على **excessive bail**
المقدار اللازم .

سكر شديد : يذهب باتزان **excessive drunkenness**
سلوك السكران ووعيه ويفقده القدرة على فهم ماهية افعاله وتقدير عواقبها .

افراط في تعاطي **excessive use of intoxicants**
المسكرات .

قرار متجاوز، مفرط او متماد : **excessive verdict**
يصدر عن هوى او حفيظة .

يبادل (اشياء مثلية) ؛ يقايض ؛ يستبدل (مالا **exchange**
بآخر او بضاعة بأخرى) .

[كاسم] بدل ؛ مبادلة ؛ صرف ؛ صرافة ؛ تحويل نقد او ابداله بآخر . كمبيو

والمبادلة عقد او اتفاق يلزم كلا من طرفيه ان يعطي الآخر، نظير ما أخذ منه، شيئاً غير النقد . وهي تختلف عن البيع في كونها تقوم على تبادل الاشياء المثلية ولا تقتضي تحديد اسعار الاشياء المستبدلة، بينما الاصل في البيع هو استبدال البضاعة بنقد .

من المراجع ما يرى في المبادلة بيعين ويعتبر كلا من طرفيها بائعاً قبل الآخر .

[اصول رأسمالية] تحويل مقابل يتفرع بموجبه المدين الراهن عن عقاره المرهون ابراء لذمته .

[مواد تجارية] انتقال الاعتمادات بين اشخاص يقيمون في بلاد مختلفة وكذا تسوية الحسابات والديون بينهم دون الاستعانة بالنقد .

على ان الفرق بين التبادل وبين البيع هو صوري محض لان الاثر الاساسي في كلتا المعاملتين هو انتقال الشيء موضوع التبادل او البيع انتقالا مطلقاً، كما ان الحقوق الآيلة للاطراف في الحالتين هي واحدة سواء كانت اداة الوفاء نقداً او عروضاً .

— adverse exchange — اسعار او فئات كمبيو ليست
في مصلحة البلد المعني .

— part of exchange — سعر او حد الصرف القياسي .
يسمى احياناً سعر المساواة في الكمبيو، ويقصد به مستوى قيمة عملة البلد بالنسبة لعملة بلد آخر .

عامة او عدم شمل ما يجب شمله بما هو موضوع البحث اذا لم يتوافر الاستثناء .

تختلف هذه الكلمة عن proviso في كونها تفيد الاعفاء الاطلاقي من امر معين، بينما تقتصر proviso على الاعفاء المشروط او المقيد .

دفع ؛ اعتراض ؛ طعن

[في الكفالات] اعتراض (على كفالة exception to bail
المدعي احياناً بحجة عدم كفايتها او غير ذلك .

[في الهبات] اذا وردت في مثل العبارة الآتية :
bequest was exception to other bequests عنت « بالاضافة الى » .

[عقود تأمين] استثناء (خطر واحد او اكثر من الاخطار المؤمن منها) يعني عدم شمله بالتأمين .

— general or special exception — دفع او اعتراض
عام او خاص (راجع باب general) .

— take exception — يدفع (بـ) او يطعن (في) قرار او
امر محكمة ؛ يعترض (على)

exception en masse اعتراض اجمالي : يحتوي على
اشارة جامعة للنقاط المشمولة بالاعتراض او الدفع، نحو : court erred اخطأت المحكمة فيما اعطته من اوامرها الخمسة in giving its five orders .

exception of lack of capacity to stand in judgment دفع بعدم الاهلية للتداعي : اعتراض المدعى عليه بأن المدعي لا يملك الحق في اقامة الدعوى نظراً لعدم اهليته .

exception of misjoinder دفع ببطلان الضم :
الاعتراض على ملاحقة الدعوى نظراً لتنافر المصالح او الامور المعتبرة اساساً لضم بعض الاطراف كمدعين فيها .

exception of no cause of action دفع بعدم كفاية
اسباب الدعوى (وأسانيدها) من الوجهة القانونية .

exceptional circumstances ظروف استثنائية

exceptis excipiendis مع ما يلزم من التحفظات او
الاستثناءات .

excerpta; **excerpts** مقتطفات ؛ مختارات

excess تجاوز (حد) ؛ زيادة (على حاجة) ؛ زيادة شيء
على آخر

— in excess — تجاوزاً ؛ افتياتاً

excess of jurisdiction تجاوز الولاية او الاختصاص

— produce exchange مصفق؛ سوق او بورصة بضائع

— stock exchange مصفق؛ سوق او بورصة اوراق مالية .

exchange at discount سعر الصرف بما دون التعادل : يعتبر سعر الصرف دون حد التعادل اذا كان ثمن النقود او الاوراق الاجنبية اقل من نسبة كمية الذهب في العملتين (المحلية والاجنبية) .

exchange at par سعر الصرف بالتعادل او عند حد التعادل : يعتبر سعر الصرف كذلك اذا كان تحديد ثمن النقود او الاوراق الاجنبية تبعاً لكمية الذهب الموجودة في العملتين (المحلية والاجنبية) .

exchange at premium سعر الصرف بما فوق التعادل : يعتبر سعر الصرف فوق حد التعادل اذا كان ثمن النقود او الاوراق الاجنبية اعظم من نسبة مقدار الذهب في العملتين (المحلية والاجنبية) .

exchange equalisation fund مال موازنة الصرف : المال الذي تخصصه بعض الدول لمواجهة التغييرات الطارئة على سعر الصرف وتعهد به الى هيئة خاصة .

exchange of full powers تبادل وثائق التفويض

exchange of instruments of ratification تبادل مستندات الابرام

exchange of notes تبادل المذكرات

exchange rate سعر الصرف او قيمته : سعر عملة البلد (او ما قام مقام عملتها) في بلد اجنبي .

Exchequer خزانة الدولة (البريطانية)؛ وزارة المالية (البريطانية)

exchequer bills سندات دين الخزانة البريطانية : سندات اعتماد تصدرها المالية البريطانية بتفويض من البرلمان وتتعهد بموجبها الحكومة ان تدفع القيمة الاساسية (المدفوعة للدولة كدين) مع الفائدة .

Exchequer, Court of (Court of Exchequer) محكمة المالية او الخزانة

exchequer division دائرة القضاء المالي : احدى دوائر محكمة العدل العليا (الانكليزية) المنضمة الى مجلس الملكة الخاص منذ سنة ١٨٨١ .

excise مكس، مكوس . ضريبة صنع او انتاج او مهنة . رسم يفرض على المصنوعات والمنتجات والمستهلكات المحلية، كما يفرض على مزاولة بعض الاعمال والمهن والحرف والتمتع ببعض الحقوق الخاصة .

excise duty; excise tax رسم او ضريبة انتاج او عمل : ما يؤديه الشخص للدولة نظير الترخيص له بمزاولة مهنة او حرفة او تجارة او اي عمل لمنفعة مادية .

exciseman ماكس؛ مكاس؛ جابي مكس : موظف يعهد اليه بجباية المكس او تحصيل الضرائب المفروضة على المصنوعات والمنتوجات والمستهلكات المحلية وبعض الحرف والمهن .

excite يثير؛ يحرك؛ يبعث على؛ يذكي؛ يلهب (بمعنى inflame)؛ يستنهض؛ يحرض

exclude يمنع (عن)؛ يستثني؛ يحرم (حقاً او عملا او غير ذلك)؛ يبعد او يستبعد

exclusion منع دخول او حرمان منه؛ استبعاد

exclusion bill قانون الحرمان الصادر عام ١٦٧٩

exclusions اشياء ممنوعة او محظورة : لا يسمح بدخولها في مكان معين .

exclusive خاص بشخص او شيء دون غيره؛ قاصر (عليه)؛ متمحض او خالص له وحده

exclusive agency نيابة اختصاص؛ وكالة عامة : تجعل للاصيل نائباً (او وكيلا واحداً في جهة معينة وتمنعه من اتخاذ اي نائب غيره في تلك الجهة .

exclusive jurisdiction ولاية (قضائية) خاصة؛ اختصاص قضائي تنفرد بممارسته محكمة معينة دون غيرها .

exclusive license ترخيص تخصة : يقتصر على المرخص له ويسمح له دون غيره بمزاولة عمل معين .

exclusive of بدون، باستثناء، خلا، ما عدا

exclusive original jurisdiction in all cases ولاية ابتدائية خاصة في كافة الدعاوى : اختصاص دستوري تنفرد به المحاكم الاميركية الدورية circuit courts يجعل لها الحق في نظر كافة القضايا والمسائل القانونية والفصل فيها ابتداء .

exclusive ownership ملكية خالصة او خاصة : لا يعود لغير صاحبها فيها اي حق .

exclusive possession حيازة خالصة : تعطي صاحبها حق الانفراد في الاستيلاء الفعلي على ما هو موضوع الحيازة .

[كفعل] يعذر؛ يمسك عن مؤاخذة؛ يعفو؛ يتجاوز (عن)

excuss يحجز (على شيء)؛ يحبسه بموجب القانون

excussio [مواد مدنية] استنفاد اموال المدين الاصلي قبل الرجوع الى كفلائه: اي بيع امواله اولا ثم الرجوع الى كفلائه بباقي الدين.

execute ينفذ؛ ينظم او ينشيء (سنداً) حسب الاصول (بتوقيعه وبصمه واعلانه).
يعدم؛ ينفذ او يوقع عقوبة الاعدام

executed نافذ؛ منفذ؛ تام؛ منته؛ مستوف احكامه او حده؛ منجز

— jail sentence executed نفذ حكم الحبس؛ نفذت العقوبة المحكوم بها؛ تمت مدة الحبس

executed agreement اتفاق نافذ او منجز: نفذت احكامه وأدى كل فريق فيه ما ترتب عليه بموجبه.

executed consideration عوض تام الاداء: ما تم انجازه من عمل او اداؤه من قيمة قبل ابرام الاتفاق.

executed use (راجع باب use)

executio تنفيذ؛ توقيع (ما حكم به)؛ قيام بشأن، ملاحقته او انجازه جملة او تماماً

executio est finis et fructus legis التنفيذ هو غاية القانون وثمرته.

execution تنفيذ؛ توقيع (ما حكم به)؛ قيام بشأن او ملاحقته حتى تمامه. حجز (على مال بموجب القانون).
[قانون جنائي] اعدام المحكوم عليه؛ تنفيذ عقوبة الموت فيه
[قانون فرنسي] بيع موجودات المدين للوفاء بما عليه بصورة خاصة لا بسبيل البيع القضائي.
امر بيع يصدر عن قاض مختص.

— junior execution (راجع باب junior)

execution and attestation [في انشاء المستندات] تنظيم المستند والشهادة عليه.

execution creditor دائن بيده سند تنفيذي: اي يحمل أمراً بالتنفيذ على اموال مدينه بعد ان اخذ حكماً عليه من محكمة مختصة.

execution lien امتياز تنفيذ، يترتب على مال المدين (الثابت) بعد توقيع الحجز عليه.

exclusive privilege or **franchise** امتياز او حق تخصة: يمنح لشخص (طبيعي او اعتباري) معين دون غيره.

exclusive remedy تدبير تنفيذي خاص: اجراء خصوصي ينص عليه القانون لتنفيذ حق او فرض واجب جديد.

exclusive right حق خاص؛ حق تخصة يقتصر على صاحبه دون غيره.

exclusively خاصة؛ بوجه خاص؛ دون غيره؛ على سبيل التخصيص أو الاثرة

exclusively of all other causes [حوادث التأمين] عدا كافة الاسباب الاخرى. يرد هذا الشرط احياناً في وثائق التأمين حصراً لسبب الضرر المؤمن منه واستثناء لغيره من الاسباب.

excommunication [مسائل كنسية] الطرد من الكنيسة او الحرمان من الغفران وهو على نوعين:
١ — حرمان اصغر lesser excommunication يمنع المسيحي من الاشتراك في الطقوس الكنسية.
٢ — حرمان اكبر greater excommunication يمنعه من الاشتراك في الطقوس الكنسية والاتصال بابناء طائفته. والحرمان قديماً كان يستتبع فقدان الاهلية للشهادة امام المحاكم والعمل في هيئات المحلفين ويمنع المحروم من التداعي لاسترداد ارض له او استيفاء دين.

excremetitious matter مواد برازية. ترد هذه العبارة في قوانين المجاري والسوائل القذرة.

exculpate يبرىء؛ ينفي تهمة او ظنة، يخلي منها

exculpation [قانون اسكتلندي] تبرئة النفس (من فعل)، اثبات استحالة وقوعه.

exculpation, lettres of (lettres of exculpation) [قانون اسكتلندي] تكليف بالحضور يوجه لشهود النفي.

exculpatory مبرىء؛ ناف لتهمة او تقصير؛ مخل منها

excusable مسامح؛ معذر؛ مغضى عليه او معفو عنه

excusable assault تعد معذر او محل: يقع بغير قصد رغم التحوط المعقول لمنع وقوعه.

excusable neglect اهمال معذر: عدم التحوط عند اللزوم لامر من الامور بجراء مانع غير متوقع.

excusatio [قانون مدني] عذر؛ مبرر؛ علة

excuse عذر؛ معذرة؛ حجة يعتذر بها؛ ذريعة؛ علة او تعلة؛ مبرر

execution of instrument تحرير المستند؛ انشاؤه (بما في ذلك توقيعه وبصمه واعلانه) .

execution of judgment تنفيذ الحكم؛ وضعه موضع التنفيذ؛ العمل على تنفيذه

exécution parée [قانون فرنسي] حق الدائن، بناء على ورقة تنظم امام كاتب العدل (محرر عقود) في ان يباشر الحجز على اموال مدينه فوراً دون اعلان سابق وان يشرع في بيعها ليستوفي حقه من حصيلة البيع .

execution sale بيع تنفيذي : يقع بموجب امر تنفيذي صادر من محكمة مختصة .

executione facienda امر تنفيذ؛ امر قضائي بتنفيذ حكم .

executione judicii امر يصدر الى قاضي محكمة دنيا بوجوب العمل على تنفيذ حكم صادر او بيان الاسباب الداعية الى تأخير التنفيذ .

executioner جلاد : شخص يكلف بقتل المجرمين، المحكوم عليهم بالاعدام حسب الاصول المقررة قانوناً .

executive تنفيذي؛ مختص بالتنفيذ او التطبيق

executive agent نائب تنفيذي، يوكل اليه تنفيذ سياسة معينة لهيئة او مجلس : كمدير البنك مثلا، يعتبر النائب التنفيذي لمجلس ادارته .

executive authority سلطة تنفيذية ؛ جهة تنفيذ ؛ مرجع تنفيذي

executive capacity صفة تنفيذية : صفة الاشتراك الفعلي في مراقبة العمل المعني والاشراف عليه وادارته .

executive functions وظائف تنفيذية : تتناول الاشراف على العمل والقيام الفعلي بادارته كلياً او جزئياً .

executive officer ضابط تنفيذي ؛ موظف اداري مسؤول في مصلحة حكومية .
احد رجال التنفيذ

executive pardon عفو تنفيذي : العفو عن المحكوم عليه والتجاوز عن عقوبته رأفة به .

executive warrant تفويض تنفيذي : امر حرية تنقل داخل حدود البلد المضيف تعطيه السلطة المختصة لاحد اللاجئين، وتلغيه اذا شاءت قبل تجاوزه الحدود .

executor منفذ (وصية) : يعينه صاحب الوصية او الجهة المختصة لتنفيذ احكامها .

[قانون مدني] مأمور تنفيذ

— limited executor (راجع باب limited)

executor by substitution منفذ احتياطي : يعين للقيام بادارة التركة اذا استقال المنفذ الاول او حدث ما يمنعه عن القيام بمهمة التنفيذ .

executor creditor [قانون اسكتلندي] دائن منفذ . الدائن الذي يعهد اليه (في احوال خاصة) بادارة التركة بنسبة ماله على المدين او، بعبارة اخرى، بادارة المقدار الكافي للوفاء بما له عليه .

executor dative [قانون اسكتلندي] منفذ مقام من المحكمة .

executor ***de son tort*** منفذ فضولي؛ منفذ متدخل غير قانوني : الشخص الذي ينصب نفسه منفذاً للوصية بغير تفويض ممن له حق تفويضه فيقوم بدفع ديون المتوفى او المطالبة بماله او توزيع اي جزء من امواله على المستحقين او دفع مصاريف الجنازة او ما الى ذلك من الاعمال العائدة الى المنفذ او المدير . والفضولي هذا يكون عرضة للمقاضاة من المنفذ او المدير الصحيح على اي تصرف باطل او غير معقول يصدر عنه اثناء تدخله في التنفيذ .

executor ***lucratus*** منفذ مقام على تركة رجل سبق له (في حياته) ان تدخل باطلا في اموال غيره فكان مسؤولا عما سببه لهذا الغير من خسارة .

executor named in will منفذ مسمى بالوصية . اذا نصت الوصية على ان يعين المنفذ المختار من يقوم مقامه على تنفيذها عند عجزه عن ذلك وان يتولى احد البنوك مهمة المنفذ اذا لم يعين المنفذ المختار من يليه، ثم اعلن المنفذ المذكور بورقة رسمية انه عين البنك المشار اليه لمهمة التنفيذ، كان هذا البنك هو المنفذ المسمى بالوصية executor named in the will .

executor-trustee منفذ مؤتمن، منفذ حارس : المنفذ الذي يختاره الموصي ليتولى تنفيذ التركة وادارتها مدة تفوق المدة العرفية للقيام بمهمة الادارة .

executoral duties واجبات تنفيذية؛ واجبات تنفيذ وصية

executory قابل للتنفيذ؛ مستقبل او استقبالي التنفيذ؛ يعوزه التنفيذ او الانجاز؛ في انتظار التنفيذ . موقوف (انجازه او تنفيذه) على حادث مستقبل .

executory consideration عوض منتظر : العوض او المقابل الذي يؤول الى من وعد به بعد انجازه ما حصل الاتفاق عليه .

الدول لقنصل او عامل تجاري معين لديها من دولة اخرى اعترافاً منها بصفته الرسمية وترخيصاً له باداء مهامه في الدوائر المحددة له.

exercise يمارس؛ يباشر؛ يتولى؛ يستعمل

exercise of judgment استعمال الحكمة او البصيرة او الاخذ بهما .

exercised dominion سيطرة ممارسة (على ملك)؛ استيلاء فعلي: ما يأتيه الشخص بالنسبة للعقار المعني من اعمال او تصرفات تشهد على ملكيته له وحقه المطلق في حيازته .

exercising an option ممارسة الخيار : الحق الذي يعود لمن له خيار الشراء في ان يبين للبائع عزمه على الشراء او عدمه خلال مدة معينة .

exercitor navis مالك السفينة المؤقت : وهو مستأجرها لرحلة واحدة او اكثر .

exes مصاريف؛ نفقات

exfestucare يتنازل (عن منصب)؛ يستقيل منه او يعتزله [**تقاليد تنازل قديمة**] ينزل عن ملك او منصب بأن يسلم للمتنازل له عصا او اداة خاصة تكون رمزاً للتسليم او التنازل .

exfrediare يخل بأمن؛ يرتكب عملا من اعمال العنف

exhaeredatio حرمان (الوارث القانوني) من الميراث بنص صريح في الوصية .

exhaeres محروم من ميراث (بنص صريح في وصية) .

exhaustion of administrative remedies
استنفاد التدابير الادارية . المبدأ القائل بانه اذا نص القانون على وجوب الرجوع الى الجهات الادارية في قضاء شيء معين او تسويته فلا بد من الرجوع الى هذه الجهات اولا واستنفاد اقصى ما عندها من التدابير قبل مراجعة المحاكم .

exheredate [**قانون اسكتلندي**] يحرم من ميراث

exhibere الحضور شخصياً (امام المحكمة) وتولي المرافعة القانونية .

exhibit يبرز (مستندات او محررات او ادوات او ما الى ذلك)؛ يبدي؛ يعرض . يودع ورقة او وثيقة ملفاً خاصاً بها . يقدم، نحو: يقدم تهمة تدليس exhibit a charge of fraud .

[**كاسم**] مستند مبرز (من مستندات او اوراق) كبينة على امر او تفصيل له .

exhibition [**قانون اسكتلندي**] دعوى ابراز مستندات

executory interests منافع او عوائد مستقبلة : سواء كانت ثابتة او منقولة ، يستثنى منها ما عاد على سبيل الرد remainder .

executory limitation قيد استقبالي : على مال او حق مستقبل (الايلولة) .

executory unilateral accord [**معاملات تعاقدية**] ايجاب؛ عرض القيام بعمل؛ عرض تعاقد

executory warranties تعهدات او ضمانات تنفيذية : الاشياء التي يلتزمها المؤمن عليه ويتعهد بانجازها اذا كانت اعمالا او بدوامها اذا كانت وقائع او اوضاعاً او ما الى ذلك .

exemplary اتعاظي؛ للعبرة؛ للموعظة او بقصدها . مثالي؛ قدوة (يقتدى به)؛ أسوة

exemplary damages اضرار اتعاظية: تتجاوز المقدار اللازم على سبيل التعويض وتفرض على المسيء ليكون عبرة لغيره .

exempli gratia (e.g.) من قبيل (او على سبيل المثل)؛ مثلا

exemplification مستخرج رسمي؛ صورة مصدقة عن وثيقة أو محرر .

exemplify يستخرج (من وثيقة) نسخة رسمية مصدقة ومختومة حسب الاصول .

exemplum مستخرج؛ نسخة مصدقة عن وثيقة او محرر. مثل او مثال

exempt يعفى؛ معفى

exemption اعفاء (من عبء او التزام او واجب او مسؤولية) . حصانة
[**اجراءات افلاس**] حق اعفاء المدين من الحجز على بعض امواله والاحتفاظ بجزء معلوم منها ينتفع به في معاشه او مهنته ولا تستطيع يد الدائنين ان تمتد اليه بالتنفيذ .

exemption laws [**اجراءات افلاس**] قوانين اعفاء؛ تنص على ان في اموال المدين جزءاً معلوماً يعتبر حصيناً من احكام التنفيذ ويبقى للمدين كي يستعين به على معاش او عمل .

exempts [**كاسم**] معفون؛ غير ملزمين قانوناً باحتمال تكليف او القيام بواجب معين .

exequatur براءة تنفيذ، معناها الحرفي : «فلينفذ»، « فليعمل بموجبه» او «فليعتمد»

[**قانون دولي**] براءة اعتماد تصدرها وزارة الخارجية في احدى

تقام ضد الخصم لحمله على ابراز ما تحت يده من وثائق او مستندات اذا كتمها في بادىء الامر او اخفاها .

exhibition value القيمة الدنيا (للموضوع) او الحد الادنى لقيمته .
[صناعة السينما] عوائد عرض الفيلم (المعني)؛ ادنى ما ينتظر من الفيلم السينمائي بسبيل عرضه .

exhumation كشف عن جثة؛ اخراجها من مدفنها

exhume يكشف عن جثة؛ يخرجها من قبرها

exigence; exigency لزوم؛ اقتضاء؛ ضرورة؛ حاجة ملحة

— exigencies مستلزمات؛ مقتضيات؛ ضرورات او ضروريات

exigency of a bond مقتضيات الالتزام: ما يستوجبه السند او الالتزام من قيام بعمل او اداء او حصول شيء .

exigendary [قانون انكليزي قديم] قاض مختص باصدار الاوامر القضائية المسماة *exigi facias* في سياق الاجراءات الخاصة باعلان الشخص المطارد خارجاً عن القانون outlaw .

exigent or ***exigi facias*** [اجراءات انكليزية قديمة] امر قضائي كان يكلف به عامل الملك (الـ sheriff) بملاحقة المدعى عليه من مقاطعة الى اخرى حتى يعلن خروجه عن القانون او يعثر عليه فيحضره امام المحكمة للاجابة على دعوى المدعي .
[exigent كنعت] ملح؛ ماس؛ استعجالي؛ قاهر

exigenter [اجراءات انكليزية قديمة] قاض مختص باصدار اوامر مطاردة الخارجين عن القانون المسماة exigents .

exigible قابل للمطالبة؛ محل لها؛ جائز المطالبة؛ مستحق او حال الاداء

exigible debt دين مستحق او حال الاداء

exile; exilement نفي؛ ابعاد

exist يوجد او موجود؛ كائن؛ حي؛ قائم (من حيث المفعول والاثر)، نحو: عقود او قوانين او حقوق قائمة (ذات كيان واثر حالي) existing contracts, laws, rights etc. .

existence سريان؛ وجود؛ كيان؛ بقاء

— come into existence ينبعث؛ يسري؛ يتوافر؛ يولد؛ ينشأ

existimatio قرار محكم او محكمين (في نزاع)

existing حالي؛ قائم؛ ناشيء؛ موجود؛ حاضر؛ راهن؛ حال؛ سار، فعال؛ عامل
ولا تقتصر هذه الكلمة على معنى الحاضر فحسب بل قد تشمل المستقبل ايضاً .

existing claim ادعاء قائم: مطالبة ناشئة؛ حق مدعى به

existing company شركة عاملة : اي موجودة (تمارس الاعمال التي انشئت من اجلها) .

existing creditors دائنون حاليون

existing debt دين قائم (لا يشترط فيه ان يكون حال الاداء) .

existing equity حق احتمالي (مستقبل الايلولة)؛ ذمة استقبالية (قائمة حالياً لكن اداءها رهن بالمستقبل) .

existing liabilities التزامات قائمة : تشمل كافة الالتزامات المشروطة او الاحتمالية (التي قد يترتب عليها دين مستقبل وقد لا يترتب) .

existing person شخص كائن : جنين او ولد محمول به . سمي كذلك نظراً لما يحتمل ان يؤول اليه من حقوق اذا وضعته امه حياً .

exit يصدر؛ صادر او صدور، نحو: صدور امر *exit* of a writ .

***exit* wound** [طب شرعي] جرح نافذ، محدث بسلاح ثاقب، يخترق الجسد من جنب الى آخر .

exitus لهذه الكلمة معان شتى منها : اولاد؛ فرع (شخص) او فروعه . اجرة او ايجار . ريع؛ ايراد عقاري . رسم تصدير . ختام مرافعات

exlegare [قانون انكليزي قديم] اعلان الفار من وجه العدالة خارجاً عن القانون وحرمانه من حمايته وما يخوله من حقوق ومنافع .

exlex [قانون انكليزي قديم] (شخص) خارج عن القانون، لا حق له في اللجوء اليه او الانتفاع بما يمنحه من الحقوق .

exonerate يقيل من عبء او تكليف؛ يبرىء؛ يخلي من مسؤولية

exoneration ازالة عبء او تكليف؛ ابراء من دين او مسؤولية : نقل التكليف او مسؤولية الاداء من شخص او عقار الى آخر .

expediency اقتضاء؛ ضرورة؛ لزوم؛ ملاءمة؛ عملية تفي بحاجة (لا مفر منها)

expedient مقتض؛ ضروري؛ لازم؛ مناسب؛ لا بد منه؛ ما تؤثر فيه الملاءمة او يؤثر النفع على الانصاف .

expediment متاع؛ لباس؛ اثاث؛ عدة؛ عروض

expedite يسرع؛ يعمل على الاسراع (في شأن)؛ يعجل به او يتعجله

expediter من عاون على سد حاجة او تدارك نقص بتوفير ما يلزم من مواد او معدات او اشياء اخرى .

expeditious استعجالي؛ سريع

expeditiously سريعاً؛ على وجه السرعة او الاستعجال، نحو : as expeditiously as the ends of justice may require بالسرعة التي تقتضيها اهداف العدالة .

expel يطرد؛ يفصل (من خدمة او عضوية او غير ذلك) . وهذا يشمل معنى الإكراه على الخروج بالقوة اذا لزم الامر .

expend يصرف ؛ ينفق ؛ يبذل

expenditors مديرو المال او وكلاؤه؛ مديرو الرواتب المكلفون بصرف الايرادات او دفع المرتبات لاربابها .

expenditure مصروف (من نقود)؛ منصرفات؛ مستهلكات

expensae litis مصاريف الدعوى (التي يحكم بها للخصم المحق) .

expense مصروف؛ مستهلك؛ حساب؛ نفقة

expenses of family نفقات العائلة : وهي تشمل مصاريف المعالجة والجنازة وتحسب من اموال الزوج والزوجة .

experience اختبار؛ تجريب؛ ممارسة؛ حنكة؛ دراية

experiment اختبار شيء او تجربته: للاستيثاق من فائدته او وجه استعماله .

experimental testimony شهادة تجريبية؛ شهادة اختبارية او تصويرية : قيام الشاهد عقب ارتكاب الجريمة بتجارب اختبارات خاصة امام المحكمة من شأنها ان توضح الأثر الناجم عن فعل معين في ظروف معلومة، ثم حلفه اليمين على صدق هذه الاختبارات .

expert خبير (في فنه)؛ اخصائي

expert evidence شهادة خبير او خبرة : كالشهادة التي يدلي بها ارباب المهن او الفنون في امور تتصل بما يختصون به .

حق الكفيل في مطالبة المدين بما تحمله عنه من المسؤولية، وحق الكفيل الاحتياطي (الذي لا يسأل الا بعد تقصير المدين والكفيل الاصلي) في المطالبة برفع عبء الاداء عن كاهله والقائه على المدين او الكفيل الاصلي؛ وذلك كله امام دائرة العدالة المطلقة equity division .

exoneretur «فليبرأ» . كلمة يؤشر بها على سند الكفالة، معناها : فلترفع (عن الكفيل) مسؤولية الاداء، حتى يستغرق الدين كافة اموال المدين الاصلي .

exorbitant باهظ؛ فادح؛ فاحش؛ خارج عن المألوف (من اسعار او فوائد او رسوم او ما الى ذلك)؛ متجاوز للحد

exordium استهلال؛ فاتحة خطبة او كلام

expatriate مغترب؛ اجنبي (او اجانب)

expatriation النزوح عن الوطن الى بلد آخر والدخول في رعويته او التجنس بجنسيته .
التخلي الارادي عن جنسية او ولاء .

expect ينتظر؛ يتوقع؛ يرتقب؛ يتأمل؛ يرجو
اذا وردت في وصية او تصرف فقد تفيد الرغبة او الارادة او الامر، حسب الاحوال .

expectable risks مخاطر متوقعة : لا يتسنى تحديدها او الجزم بوقوعها .

expectancy احتمال؛ تأميل (ايلولة حق)؛ شيء مرجو او متوقع: يؤمل حصوله او ترجى ايلولته في المستقبل .

expectant منتظر؛ تأميلي؛ متوقع؛ مضاف الى زمن مستقبل؛ رهن بحصول امر معين لا يجزم بحصوله .

expectant estates حقوق عينية او املاك تأميلية او متوقعة : تؤول بسبيل الرد اتفاقاً بحكم القانون .

expectant mother حامل؛ حبلى

expectant heir وارث منتظر : يرجى ان يؤول اليه ميراث معلوم .

expectant right حق تأميلي؛ حق منتظر او متوقع؛ حق احتمالي، رهن بحادث او شيء مستقبل .

expected منتظر؛ مرجو؛ لا يعدو مجرد التأميل والظن ولا يجزم به .

expected approach time (E.A.T.) [قانون الطيران] الوقت المقدر للاقتراب؛ وقت الاقتراب المتوقع

expert witnesses : شهود خبرة ؛ شهود خبراء او فنيون يتقدمون للشهادة في امور تمت الى صميم المهن او الفنون التي يزاولونها .

expertise خبرة ؛ رأي او تقرير خبرة

expiation تكفير (عن اذى او ذنب) ؛ كفارة

expilare [مسائل الارث] يتلف ؛ يبذر ؛ يبدد ؛ يختلس

expilatio اختلاس ميراث ؛ استيلاء باطل على مال تركة

expilator لص ؛ سارق ؛ مختلس

expiration (انتهاء مدة) انقضاء اثر مفعول شيء بنفاد المدة المحددة له .

expiration of credit نفاد ايام الامهال او المهلة (وهي الايام الاضافية التي يمنحها المدين عرفاً لاداء الدين بعد التاريخ المحدد للوفاء) .

expire ينقضي ؛ ينتهي ؛ ينفد من حيث الاثر او المدة او غير ذلك .

expiry of the legal [قانون اسكتلندي] انقضاء المدة القانونية التي يستطيع خلالها المدين ان ينقذ امواله المحكوم ببيعها قضائياً ، باداء ما عليه للمدين .

explain يوضح ؛ يبين ؛ يفسر ؛ يشرح ؛ يبسط ؛ يفصح (عن)

explanatory تفسيري ؛ ايضاحي

explicatio [مواد مدنية] رد المدعي على جواب المدعى عليه الثاني (باعتبار ان لائحة المدعى عليه الجوابية هي جوابه الاول). فاذا رد المدعي على اللائحة الجوابية ، ثم جاوب المدعى عليه ، ورد المدعي على الجواب الثاني للمدعى عليه ، كان الرد الاخير هو الـ *explicatio* .

explicit واضح ؛ جلي ؛ بين ؛ صريح ؛ خال من الغموض او الابهام او التورية .

exploitation تسخير (شخص او شيء لمنفعة او عمل) ؛ استغلاله ؛ تشغيله ؛ الاستفادة منه او الانتفاع به

exploration [قانون المعادن] تنقيب او كشف

explorator منقب ؛ كاشف ؛ باحث

explosion انفجار ؛ تفجر

explosive متفجر ؛ مفجر ؛ قابل للانفجار ؛ مفرقع

export يصدر ؛ صادر ؛ تصدير (بضاعة من بلاد الى اخرى)

expose يبدي (للعيان) ؛ يعرض (لاطلاع او بيع) . يعرض (شيئاً) ، بمعنى يجعله هدفاً لخطر او تلف او غير ذلك .

exposé : كلمة فرنسية دارجة (في العلاقات الدبلماسية) معناها تفسير ، بيان او ايضاح (اسباب دافعة الى فعل او تصرف معين).

exposition ايضاح ؛ تفسير ؛ شرح ؛ بسط

exposition de part [قانون فرنسي] تسييب او ترك طفل عاجز عن وقاية نفسه في مكان عام او خاص .

expository statute قانون (برلماني) تفسيري : يشرح غامضاً في تشريع او يوضح الغاية منه على وجه الدقة .

exposure تعريض (شيء) ؛ كشفه او الاستهداف به للخطر بلا موجب .

exposure of person [مواد جنائية] الكشف عن العورة ؛ تعرية الجسم (قصداً في مكان عام بشكل مناف للحشمة والاخلاق) .

expound يبسط ؛ يفصل ؛ يشرح ؛ يفسر

express صريح ؛ واضح ؛ معين او مبين (نصاً) ؛ غير ملتبس ؛ تعبيري ؛ بين

[كفعل] يعبر ؛ يفصح (عن) ؛ يوضح ؛ يبين (بما يزيل اللبس) ؛ يسرد

express abrogation or **express repeal** الغاء صريح (بحكم او نص قانوني) .

express assumpsit وعد او تعهد صريح (شفوي او كتابي) باداء عمل او دفع مبلغ من المال .

express authority تفويض صريح (ورد فيه نص كتابي او شفوي) .

express republication [في الوصايا] اعادة نشر الوصية ؛ اعادة الشكليات اللازمة لتصديق الوصية وضمان قوتها الملزمة .

expressed صريح ؛ مصرح به ؛ معبر عنه ؛ جلي ؛ معين او مبين نصاً

expressly صراحة ؛ تحديداً ؛ تعييناً ؛ نصاً او بنص صريح ؛ تقابلها ضمناً impliedly

expressio unius est exclusio alterius تخصيص الشيء بالذكر يفيد استثناء ما عداه . اي : اذا نص القانون او العقد مثلاً ، او نصت الوصية على اسماء اشخاص او اشياء معينة ، جاز تقدير انعقاد النية على استثناء غير ما ذكر .

[مواد افلاس] مد موعد الوفاء . مهلة اضافية يعطاها المدين للوفاء بما عليه .
[في الايجار] تجديد (او تمديد) الايجار القديم فترة اخرى .
[قانون براءات] اطالة مدة البراءة سبع سنين اضافية .

extension or renewal of note تأخير موعد الاداء التعاقدي بعوض متفق عليه . اتفاق الفرقاء ذوي الشأن على تأجيل تاريخ الوفاء المنصوص عليه في العقد نظير عوض معلوم يؤديه المستفيد من التأخير .

extent مدى؛ مقدار؛ حد؛ امد
[اجراءات انكليزية] امر تنفيذي تصدره دائرة القضاء المالي Exchequer على دين حال الاداء مكلفة فيه المامور المختص بان يقوم اراضي المدين ولا يبيعها، بل يسلمها للدائن كي تبقى تحت يده مدة معينة تتيح له استيفاء ما حكم له به من ريعها .
[اجراءات اسكتلندية] قيمة الارض او تقدير قيمتها . يراد بذلك احياناً ريع الارض من اجرة او ثمرات او غير ذلك .

extenuate يخفف (من حدة او صرامة او خطورة او غلظة) .

extenuating circumstances ظروف مخففة

external خارجي؛ ظاهري؛ مرئي (من الخارج)

exterritorial [مبعوثون دبلماسيون] حصين من الاختصاص المحلي؛ من تمتع بالحرية من ولاية قوانين البلاد الموفد لها كمبعوث دبلماسي يمثل الدولة الموفدة .

exterritoriality or extraterritoriality
[حصانات دبلماسية] حرية المعزل عن ولاية القانون المحلي .
الحصانة من الاختصاص المحلي .
الحصانة التي تمنح للسفراء والوزراء المفوضين والمبعوثين الدبلماسيين والملوك ورؤساء الدول الزائرين وغيرهم من احكام قانون البلاد التي يقيمون فيها للزيارة او لأداء مهامهم الدبلماسية .
حماية المشمول بهذه الحصانة من ولاية قوانين البلاد المقيم فيها وممارسته كافة الحقوق الشخصية التي يمارسها في بلاده .
افتراض قانوني دولي يعتبر بموجبه رئيس الدولة او سفيرها او ممثلها الدبلماسي مقيماً في بلاده اينما حل او، بعبارة اخرى، يعتبر خارج اراضي الدولة الاجنبية المقيم فيها وفي معزل تام عن سلطة قضائها .
وقد نص قانون الامتيازات الدبلماسية الانكليزي الصادر سنة ١٧٠٨ Diplomatic Privileges Act, 1708 على ان كل امر يصدر او اجراء قضائي يتخذ في حق السفير او مستخدميه الملحقين به والمسجلين حسب الاصول يعتبر باطلا ولاغيا . ومع ذلك فلرئيس الدولة او سفيرها ان يتنازل عن

expressum facit cessare tacitum التعبيري يعطل الضمني؛ اي: اذا اتضح معنى القانون فليس للمحكمة ان تفسره كما يتراءى لها .

expromissio حوالة دين: السند الذي يوافق بموجبه الدائن على تحويل الدين من المدين الاصلي الى شخص آخر يتعهد بالوفاء مكانه .

expromissor محال عليه : من حل محل المدين الاصلي في الوفاء بدين او التزام .

expromittere يحل محل الغير في اداء دينه .

expropriate ينزع ملكية (عقار)؛ يستولي عليه بتجريد صاحبه منه او نزع يده عنه (راجع expropriation) .

expropriation اريد بهذه الكلمة اصلا التخلي الطوعي عن الملك، وهو نقيضُ الاستيلاء العقاري appropriation؛ ثم اضيف اليها مدلولها في بعض التشريعات الاوروبية وهو نزع الملكية او الاستيلاء على الملك للمصلحة العامة .
[قانون فرنسي] تحصيل الدين قهراً من حصيلة بيع املاك المدين العقارية .

expulsion طرد (من هيئة او مؤسسة او غير ذلك، نهائياً)؛ تجريد من عضوية؛ نفي (بمعنى banishment)

expunge يمحو (اثر شيء)، يأتي على آخره . يفني (مادياً) (والاسم expunction)

expurgation تطهير؛ تنقية؛ تنظيف (من شوائب او امور لا يقرها القانون) . فاذا نشر احد الكتب مثلا بعد حذف العبارات او الصور النابية، كان نشره after purgation .

exrogare **[قانون روماني]** النقل عن قانون او تشريع قديم بقانون جديد .

exscind يحذف؛ يسقط؛ يستبعد جزءاً من كل او يفصله عنه.

extend يمد؛ يطيل مدة او ميعاداً عما عين له اصلا . يعمم؛ ينشر؛ يفسح؛ يبسط؛ يوسع مدى شيء او يزيد من فروعه .
[اجراءات انكليزية] يقدر قيمة املاك بثمنها الحدي الاعلى .
[مواد الضرائب] يرتب فئات ضرائب مستحقة على اشخاص ادرجت اسماؤهم في قائمة معدة لهذا الغرض .

extendi facias (writ of) امر تمديد؛ امر قضائي يستوجب تمديد ما هو موضوعه .

extension اطالة؛ مد او امتداد؛ مدة مضافة؛ مقدار مضاف (الى شيء)

extort يقهر (على اعطاء شيء او النزول عنه)؛ ينتزع (اعترافاً او اخباراً) باية وسيلة غالبة .

يبتز ؛ يكسب مالا او يحصل على منفعة بسبيل غير مشروع ؛ يرغم على اداء شيء، بتخويف او وعيد او اية وسيلة من شأنها القضاء على جلد المعتدى عليه .

يتقاضى باطلا ؛ يحصل على مال او منفعة بالاكراه المادي او المعنوي .

extorio est crimen quando quis colore officii extorquet quod non est debitum, vel supra debitum, vel antc tempus quod est debitum

الابتزاز جرم؛ ويعتبر الشخص مرتكباً له اذا قام، اعتماداً على سطوة وظيفته، بأخذ شيء غير حق او يزيد على الحق او لم يحن اداؤه .

extortion ابتزاز ؛ مراغمة على اداء اموال او منافع لاحق في استيفائها .

وردت في هذا التعبير تعاريف مختلفة منها ما يأتي :

قيام الموظف بتقاضي رسوم او اتعاب لقـــاء خدمات تقتضي وظيفته ان يؤديها مجاناً . تحصيله ما زاد على القدر المباح قانوناً او ما لاحق له في تحصيله ؛

الحصول على اموال او منافع باستغلال ظروف قاهرة او بسبيل التهديد او الوعد بكتمان جناية او استغلال النفوذ او الوظيفة او اية وسيلة اخرى من وسائل المراغمة غير المشروعة .

[قانون عام] القهر على تقديم شيء ذي منفعة باستغلال الوظيفة او التذرع بحق لا وجود له . اقدام الموظف تحت تأثير الوظيفة على فرض او تحصيل اموال او اشياء ذات منفعة اذا كان ما فرضه او حصله كله او جزء منه غير حق او حال الاداء . الاصل في الابتزاز ان تكون غايته تقاضي اموال او منافع دون وجه مشروع وان تكون وسيلته الوظيفة او المكانة الرسمية .

والفرق بين الرشوة والابتزاز هو في كون الرشوة تقوم على تقديم الهدية (تلقائياً) من الراشي او اخذها عند تقديمها، اما الابتزاز فقوامه طلب الاتعاب او الهدية في ظل الوظيفة او استغلالا لرهبتها .

فاذا رافق الابتزاز ظرف مشدد كانزال الايذاء الجسمي بالمعتدى عليه عد oppression غصب ابتزاز اعتدائي .

extortionate ابتزازي : يزيد على الحد المعقول زيادة غير قانونية، تجعل العقد اذا اتصف به باطلا غير ملزم .

extra متعد؛ متجاوز (حداً معيناً)؛ خارج عن؛ خلا ؛ باستثناء ؛ زائد ؛ إضافي

extra allowance **[اجراءات ولاية نيويورك]** مبلغ اضافي تقرره المحكمة في احوال خـــاصة المحكوم له بالاضافة الى المصاريف والرسوم العادية .

امتيازاته ويرضى بالمقاضاة امام محاكم الدولة الاجنبية المقيم فيها؛ على انه لا يجوز تحميله تبعة افعاله الا برضاه ولو اقام في الدولة الاجنبية كشخص عادي دون ان يبدي هويته وتعاقد مع من شاء من الناس .

ولا ينطبق هذا الافتراض القانوني على قناصل الدول . غير انه توجد لهؤلاء حصانات دبلماسية خاصة يتمتعون بها تمشياً مع العرف او مبدأ المعاملة بالمثل .

[امتيازات اجنبية] الاختصاص القضائي الخارجي المسموح بممارسته لاحدى الدول في اراضي دولة اخرى بموجب معاهدة او اتفاق بين دولتين؛ كالاختصاص الذي تمارسه احياناً المحاكم القنصلية في الدول الاجنبية او ما اليه مما يتفق على تحديده بين الدول المعنية .

exterus اجنبي

extinct ساقط؛ منقضٍ (سواء كان حقاً او دعوى او عقوبة او غير ذلك) ؛ لا قوة له ولا إثر ؛ لا يعمل به . بائد

extinguish يسقط؛ ينهي (اثر شيء او مفعوله)؛ ينقضي . يطفىء؛ يخمد

extinguishment سقوط (حق)، انقضاؤه، انعدامه او زواله؛ انهاء (عقد) او فسخه

extinguishment of common سقوط او انعدام المشاع

extinguishment of debts انقضاء ديون : بمعنى تصفيتها وزوالها .

extinguishment of legacy سقوط؛ زوال او انقضاء الهبة الايصائية بزوال موضوعها او التصرف فيه بحيث لا يكون من مشتملات التركة عند وفاة المورث .

extinguishment of lien سقوط الامتياز (بحكم القانون)

extinguishment of ways سقوط حق المرور، واتحاد الملكية : وهو ما يكون اذا قام صاحب العقار المرتفق بشراء المكان المرتفق به .

extirpation **[قانون انكليزي]** تجريد؛ اتلاف؛ تخريب (شيء) او استئصاله (بمعنى القضاء عليه) .

extirpatione امر قضائي يصدر ضد من يحكم عليه في دعوى عقارية، فيلجأ من قبيل الكيد الى اتلاف ما على الارض محل الحكم من منشآت او اشجار .

extorsively ابتزازاً؛ باطلا؛ اكراهاً؛ عنوة؛ قسراً

extra costs [اجراءات انكليزية] مصاريف اضافية ؛ كنفقات الشهود واتعاب المحاماة، ورسوم المحكمة وما اليها من المصاريف الخارجة عن سبب الدعوى .

extra judicium خارج المحكمة؛ خارج عن الموضوع او الإختصاص . (راجع extrajudicial)

extra jus يتجاوز (حد) القانون؛ يُزيد عما يتطلبه القانون

extra legem خارج عن القانون؛ لا حق له في حمايته

extra legem positus est civiliter mortuus من وضع خارج القانون (او من لفظه القانون) مات مدنياً : شأن المفلس يعتبر ميتاً مدنياً .

extra services خدمات اضافية، تترتب على الوظيفة تبعياً غير انها ليست ذات عوائد معينة قانوناً .

extra territorium خارج الدولة؛ خارج حدود البلاد الاقليمية .

extra viam خارج الطريق؛ خارج حدود الدرب المشمول بحق المرور .

extra vires يتعدى او يتجاوز السلطات المخولة؛ متجاوز لها

extra work عمل اضافي: يزيد على مقتضيات الاتفاق

extract جزء او مقتطف من محرر

[قانون اسكتلندي] صورة مصدقة عن ضبط جلسة والحكم الصادر فيها .

extradite يسلم مجرماً (فاراً) للدولة التي يتبعها او التي لها عليه حق الولاء .

extradition تسليم المجرمين (الفارين)

extrahazardous مستفحل الخطر؛ تكتنفه مخاطر غير عادية؛ ذو اخطار تفوق الحد المألوف .

extrajudicial خارج عن الموضوع او سياق الاجراءات القضائية؛ لا يتصل بالدعوى القانونية. خارج عن نطاق القضاء. لا يلزم الاجراء (القضائي) او اجنبي عنه . لا يخص القاضي، يخرج عن اختصاصه . واقع او مأخوذ او معطى خارج المحكمة، نحو: يمين معطاة خارج المحكمة extrajudicial oath .

extrajudicial evidence شهادة او بينة خصوصية، لا تتصل بالقضاء او المحاكم : تقتضيها احياناً المعاملات الخاصة بين الافراد تأكيداً أو اثباتاً لامر معين .

extrajudicially بغير سبيل المحكمة او اجراءاتها؛ خارج المحكمة

extralateral right [مؤاد التعدين] حق صاحب الامتياز في ان يتجه في اثر العرق المعدني ويستنبط ما فيه على ان يكون راسه apex في حدود امتيازه السطحية ولو تجاوز اتجاه العرق الامتداد العمودي الباطني لحدود الامتياز .

extramural [سلطات بلدية] خارج الحدود البلدية او منطقة البلدية؛ تقابلها intramural

extraneous evidence بينة خارجية . لا تستمد من المستند موضوع الدعوى بل تتوافر بسبيل آخر .

extraneous offense جرم اجنبي عن القضية : لا يتصل بموضوع المحاكمة .

extraneus [قانون انكليزي قديم] اجنبي او اجنبي المولد

[قانون روماني] وارث دخيل من بلاد اجنبية او من غير عائلة المورث .

extraordinary فوق العادة؛ غير عادي او معتاد؛ غريب؛ يتجاوز المدى المألوف؛ يخرج عن القاعدة او الطريقة الشائعة او المعتادة .

extraordinary average [مواد بحرية] مغارم استثنائية؛ عوار استثنائي . مساهمة عامة في الخسارة البحرية الخاصة، تكون باشتراك جميع اصحاب الشحنة في تحمل خسارة استهدف لها بعضهم في سبيل المصلحة العامة .

extraordinary care عناية فائقة؛ عناية ممتازة، قصوى او كبرى .

extraordinary dividends ربائح اسهم استثنائية : اي غير عادية من حيث الشكل او المقدار او مواقيت الدفع .

extraordinary grand jury هيئة محلفين تحقيقية استثنائية : ذات سلطات محدودة لا تخرج عن نطاق الموضوع المرسوم لها في امر التشكيل .

extraordinary remedies تدابير استثنائية او غير عادية : يراد بها احياناً الاوامر القضائية المشهورة كالـ *mandamus* والـ *quo warranto* والـ *habeas corpus* وما اليها .

extraordinary repairs [عقود الايجار] اصلاحات او ترميمات استثنائية، تقتضيها ظروف غير عادية من شأنها ان تجعل المحل المؤجر غير صالح لاغراض الايجار .

extraordinary risk خطر غير عادي، لا يفرض فيه ان ينبعث عن العمل مباشرة، بل قد يتأتى عن امر ذي صلة غير مباشرة به .

extraterritoriality or **extra-territoriality** (راجع exterritoriality)

extreme نهاية او منتهى؛ اقصى (شيء)؛ اشده واعنفه . افراط او مفرط

extreme care عناية قصوى

extreme case حالة افراط او شطط : الحالة التي يتضح معها ان الامر القضائي (المعني) الصادر للقيام بعمل او الامتناع عنه هو في غير محله وان استمرار الوضع المرسوم به الى حين نظر الدعوى في الموعد المحدد ينجم عنه ضرر فادح او أذى جسيم .

extreme cruelty قسوة متناهية؛ ارهاق او جور مفرط . المعاملة التي تنغص على احد الزوجين عيشته وتقعده عن القيام بواجباته او تهدد صحته بالخطر او الانهيار او تجر عليه الشقاء وتحرمه هناء الزوجية .

اي عادة شاذة في احد الزوجين من شأنها ان تجلب التعاسة للزوج الآخر او تنال من صحته او قواه العقلية .

العنف البدني : كالضرب او الحبس عن الخروج او المنع عن الاكل او عن ممارسة الاشياء العادية اللازمة للحياة والراحة او نيل الجسد بأي ايذاء عمدي .

كل معاملة غليظة تقضي على الوئام او الالفة او السعادة او الاغراض المشروعة التي قام عليها الزواج او تستنفد الصبر على العشرة الزوجية او القيام بواجباتها .

على انه لا بد للافعال او الاوضاع الموصوفة بالـ extreme cruelty من ان يكون مبعثها سوء النية او الحقد .

extreme hazard خطر متناه او محدق : يشرف بالسفينة على الغرق او الضياع رغم الوسائل المتوافرة لانقاذها .

extremis مرض الموت؛ الاشراف على الموت، حالة المريض اذا انقطع الرجاء من شفائه واشرف على الموت .

extremis probatis, praesumuntur media اذا ثبت الطرفان، قامت القرينة على الوسط : اي تقوم القرينة على الشيء اذا ثبت طرفاه .

extremity طرف؛ حد؛ اقصى (شيء) او منتهاه

extrinsic اجنبي؛ ظاهري؛ سطحي؛ خارجي؛ فرعي

extrinsic ambiguity غموض خارجي : لا ينبعث عن نصوص العقد او المحرر بل ينشأ عن مسألة فرعية او ناحية اخرى لم ترد فيه .

extrinsic evidence دليل خارجي، يستمد من امر لا تشمله نصوص السند او الاتفاق .

البينة التي تصل الى محكمة الدعوى بصورة غير مشروعة .

exuere patriam التخلي عن الوطن او عن الولاء له .

exuperare ينتزع؛ يتغلب؛ يقبض على

ey ماء؛ مائي

eyde مساعدة؛ معونة؛ اعانة

eye عين؛ نظر؛ ناحية (قانونية)

eyewitness شاهد عيان : يشهد على ما راى بعينه من فعل او ما جرى امامه من تصرف .

eyewitness rule قاعدة شاهد العيان . اذا لم يتوافر أي شاهد عيان او دليل مباشر على ما قام به المتوفى من التحوط او لم يقم به قبل الحادث مباشرة، قدر حسب هذه القاعدة انه لا بد وان تكون غريزته الطبيعية قد حفزته الى الاحتراس لسلامة نفسه .

eyott جزيرة صغيرة وسط نهر

eyre رحلة؛ جولة او دورة قضائية . محكمة جوالة : يرجع عهدها الى ايام الانجلونورمانديين حين كانت تشكل من قضاة جوالين ينتقلون من مقاطعة الى اخرى ليحكموا بين الناس فيما يعرض عليهم من منازعات .

F

F. A. A. (free of all average) تأمين ضد كافة الخسائر البحرية التي يشترك في تحملها كل من له بضاعة على ظهر السفينة .

F. A. S. (free alongside ship) تسليم او واصل الرصيف وهذا يعني تعهد البائع او الناقل بايصال البضاعة الى الرصيف الذي ترسو السفينة الى جانبه .

F. G. A. (free from general average or foreign general average) تأمين ضد الخسارة العامة؛ اي تأمين ضد الاشتراك النسبي في تحمل ما يقع من خسارة او تلف للسفينة او لحمولتها .

F. O. B. or **f. o. b.** (free on board) تسليم ظهر السفينة او وسيلة النقل .

F. P. A. (free from particular average) تأمين ضد الخسارة البحرية الخاصة التي تلم بالسفينة او جزء من حمولتها .

fabricate يختلق؛ يلفق (ما لا اساس له)؛ يصطنع؛ يزور

fabricated evidence دليل مصطنع؛ شهادة او بينة مختلقة او ملفقة .

face وجه؛ ظاهر؛ نص (شيء)؛ شكله؛ مؤداه او مرماه الحرفي

face amount مبلغ اسمي؛ كمية اوقيمة عنوانية او شكلية يحددها نص او سند .

face of instrument ظاهر المستند : ما يبديه شكله او نصه الحرفي .

face of judgment المبلغ المحكوم به دون الفائدة .

face of policy [عقود التأمين] ظاهر وثيقة التأمين وهذا لا يدل على الصفحة الظاهرة او الاولى منها بل يعني كامل نصوص الوثيقة وملحقاتها .

face of record ظاهر السجل . كشف الدعوى او الحكم [قضايا جنائية] التهمة والحكم

face value قيمة اسمية، عنوانية او شكلية : القيمة المنصوص عليها بالمستند .

facets of a controversy اوجه موضوع نقاش او نواحيه .

facial disfigurement تشويه الوجه او تعييبه

facias «ان تعمل على»؛ «ان تقوم بـ» . ترد هذه الكلمة في عدد من الاوامر القضائية نحو : *scire facias* و *fieri facias* وما اليهما .

faciendo عامل على شيء؛ اثناء مباشرة العمل

facies وجه؛ ظاهر؛ سطح؛ مرأى؛ منظر

— ***prima facie*** لاول وهلة؛ ظاهرياً؛ حسب الظواهر

facile [**قانون اسكتلندي**] سلس؛ سهل؛ يسير الانقياد او الاقناع

facilitate يسهل؛ ييسر؛ يذلل مشقة او صعوبة

facilities تسهيلات؛ وسائل؛ وسائط؛ اسباب؛ مرافق : كل ما من شأنه ان ييسر القيام بعمل او يساعد على قضائه كما يلزم .

اسباب خدمة الجمهور وتيسير مصالح افراده .

وسائط نقل : كالعربات والسكك الحديدية وما اليها مما يحتاج اليه لاغراض النقل السريع المأمون .

facility تسهيل؛ تيسير . سبب ميسر؛ وسيلة او واسطة ملائمة

[**قانون اسكتلندي**] ليونة (مزاج)، سهولة (اقناع)، سلاسة، (انقياد) .

facinus quos inquinat aequat الاجرام يسوي بين الموصومين به (اي يجعل الذين تلطخوا به سواسية) .

facsimile صورة مطابقة او طبق الاصل؛ مستخرج مطابق لما نقل عنه .

facsimile probate تحقيق صورة الوصية (بعد ظهور الاصل) للاستيثاق من مدى صحتها والغاية التي ارادها الموصي منها .

fact فعل؛ واقع او واقعة؛ محسوس؛ حادث؛ دليل على حقيقة يراد اثباتها .

— accessory after the fact; accessory before the fact (راجع باب accessory)

fact-finding تحقيق او جمع وقائع او حقائق

facta [**قانون انكليزي قديم**] اعمال او افعال

facta sunt potentiora verbis الافعال اقوى من الاقوال

factio testamenti اهلية الايصاء؛ الحق في انشاء وصية والقدرة على ذلك .

facto فعلا؛ بالفعل او بتأثيره؛ واقعياً

— *ipso facto* بالفعل ذاته؛ بمجرد الفعل او تأثيره

facto et animo فعلا ونية؛ بالفعل والقصد

facto oritur jus الكيان الفعلي قرينة على الكيان القانوني؛ قيام الشيء فعلا هو قرينة على ثبوته قانوناً . يرتكز هذا المبدأ على قاعدة التقادم المكسب، ويتضح منه كيف ان غالب الحدود القائمة بين مختلف الاقاليم تستمد قانونيتها من توالي السنين على قيامها باعتبار ان مرور الزمن على وجودها الفعلي هو قرينة على سلامتها قانوناً .

factor معتمد تجاري؛ وكيل توزيع : مهمته القيام بتسلم وبيع ما يرسله الاصيل لحسابه (حساب الاصيل) ونيابة عنه نظير عمالة تسمى factorage .

[**قانون اسكتلندي**] نائب، يعينه الاصيل للقيام باعمال معينة . وكيل عقاري يعهد اليه باراضي الغير او املاكه لتأجيرها وتحصيل الاجرة نظير عمالة معلومة يتقاضاها من الاصيل .

[**في الولايات المتحدة الاميركية**] محجوز لديه؛ امين؛ حارس. معتمد تجاري يبيع لحساب الاصيل نظير عمالة معينة كما يبيع ويشتري احياناً لحسابه الخاص . والفرق بين الـ factor والـ broker السمسار، هو ان الاول يعهد اليه عادة بحفظ البضاعة المراد بيعها وادارتها والاشراف عليها، بينما تقف مهمة الثاني عند القيام مقام الوسيط بين البائع والمشتري دون ان يكون له الاشراف على الاموال موضوع البيع او الشراء او حيازتها؛ كذلك فان الـ factor يملك حرية البيع والشراء باسم نفسه ويجوز ان يترتب له حق امتياز على ما بحوزته من البضائع، اما السمسار فليس له شيء من هذا . وكثيراً ما يسمى الـ factor تاجراً بالعمالة commission agent .

— judicial factor [**قانون اسكتلندي**] حارس قضائي تعينه المحكمة في احوال خاصة لادارة اموال شخص محجور عليه او قاصر او ناقص الاهلية او فاقدها .

— supercargo as a factor معتمد مشرف : ممثل تجاري يعينه صاحب البضاعة ليرافقها اثناء شحنها ثم يبيعها في الخارج ويشتري بحاصل البيع سلعاً اخرى يعود بها الى الاصيل او يتوجه حسب تعليماته الى مكان معين .

factorage عمالة او جعالة يتقاضاها الـ factor المعتمد التجاري .

factorizing process [**قانون اميركي**] حجز متاع المدين او ماله لدى الغير .

factory مصنع او معمل (بمعداته وآلاته وابنيته وملحقاته)

[**قانون اميركي**] دار، دور او منشآت وملحقاتها من آلات ومعدات لازمة لصنع سلع مطلوبة .

محل تسخر فيه الآلات والمعدات ويستخدم العمال لصنع بضائع او ادوات او اشياء معينة .

[**قانون انكليزي**] منشآت يستخدم فيها العمال للقيام بالاشغال اليدوية اللازمة : (١) لصنع اية سلعة او اداة (٢) لتغيير اي شيء او اصلاحه او تزيينه او تكميله او تنظيفه او غسله او تكسيره او اعداده للبيع على اي شكل آخر، وذلك كله في سبيل الكسب المادي .

[**قانون اسكتلندي**] نوع من عقود الاستخدام تسلم بموجبه البضاعة للنائب التجاري ليفعل بها ما يعين له .

factory costs تكاليف انتاج

factory prices اسعار المصنع : اسعار السلع كما يبيعها المصنع مباشرة دون وسيط .

facts in issue الوقائع محل النزاع؛ الوقائع المتنازع فيها؛ مدار الخلاف بين اطراف الخصومة .

facts incomplete «وقائع غير كافية» . يؤشر القاضي المختص بهذه العبارة على مذكرة الطعن او الاعتراض المقدمة من احد الخصوم اذا رأى عدم كفايتها او وجد فيها أي عيب جوهري .

facts of the case وقائع الدعوى

factum فعل؛ عمل او قيام بذلك

[**مسائل الاقامة**] مجرد وجود الشخص المعني في محل اقامة جديد .

[**مواد مدنية**] بيان وقائع الدعوى او نقاطها .

[**قانون فرنسي**] خلاصة وقائع النزاع او نقاطه .

[**قانون الوصايا**] انشاء (المستند)؛ يقال : the *factum* of an instrument تحرير المستند وتوقيعه وشهره حسب الاصول، وتفهم الشخص المعني لما ورد فيه وتنفيذه .

factum a judice quod ad ejus officium non spectat non ratum est ما لا يتصل بوظيفة القاضي من افعاله لا تكون له قوة ملزمة (او ما يصدر عنه القاضي خارج وظيفته لا يلزم احداً) .

factum infectum fieri nequit اذا وقع الفعل فلا مرد له .

factum juridicum واقعة قضائية

factum probanda وقائع تقتضي الاثبات

factum probandum واقعة مفتقرة لاثبات مسألة متنازع فيها .

factum probantia وقائع اثباتية : تقدم كدليل على ثبوت وقائع اخرى مختلف فيها .

facultative تخييري؛ اختياري؛ إرادي؛ بدلي

facultative reinsurance تثنية تأمين اختيارية؛ تأمين مثنى . خياري : يكون لمثنى التأمين بموجبه حق الخيار في تحمل اعباء المخاطر المؤمن منها اصلا لدى شركة اخرى .

faculties [مواد الطلاق] القدرة على اعالة الزوجة؛ توفير النفقة اللازمة
ايراد الشخص او امكانيات كسبه
قوى، نحو : قوى عقلية mental faculties

faculty قوة؛ مكنة؛ قدرة . حرية القيام بشأن او الخيار فيه .

faculty of a university كلية في جامعة؛ هيئة اساتذة او هيئة تدريس

faculty of advocates نقابة المحامين (في اسكتلندا)

faggot vote [انتخابات برلمانية] صوت مصطنع . الصوت الذي يعطيه من انتقلت لاسمه ملكية عقار انتقالا مؤقتاً شكلياً يكسبه حق التصويت بعد ان كان غير اهل له .

faida [قانون سكسوني] ضغينة؛ احقاد؛ إحن؛ ثارات دم بين قبيلة واخرى

fail يعجز؛ يتخلف (عن اداء شيء)، لا يقوم به . يتوقف عن دفع
يفلس؛ يفشل؛ يخيب؛ يقصر

failing circumstances ظروف ارتباك مالي : اعسار او توقف عن دفع؛ اشراف على افلاس

failing of record عاجز عن ابراز مستند او عن بيان قيد .
اذا رفعت الدعوى على شخص، واجاب هذا بان في سجلات المحكمة ما يدحض دعوى المدعي، ثم اعطي مهلة معينة لاستخراج مستنده من المحكمة فعجز عن ذلك، اعتبر حينئذ عاجزاً عن ابراز المستند failing of record .

failing this او؛ والا؛ وفي حالة عدم القيام (بما يقتضى) .

faillite [قانون فرنسي] افلاس

failure خيبة؛ فشل؛ عيب؛ نقصان؛ افلاس؛ توقف (عن عمل) او تركه؛ اهمال واجب

failure in revenue عجز في ايرادات

failure of consideration سقوط العوض او خيبته : وهذا لا يفيد انعدامه اصلا، want of consideration، بل يعني ان العوض القانوني المتفق عليه عند ابرام العقد قد تلاشى او سقطت قيمته لسبب من الاسباب . اما الـ want of consideration فهو انعدام العوض اصلا : اي ابرام العقد اساساً دون الاتفاق على اي مقابل اصلا .

failure of evidence انعدام البينة؛ عدم كفاية الادلة

failure of good behaviour خيبة السلوك؛ عدم استقامة السيرة

failure of issue انعدام العقب؛ الموت بلا عقب

failure of justice فشل العدالة او الحق، لعدم توافر التدابير القانونية اللازمة لضمان اي منهما .

failure of proof عدم كفاية الاثبات

failure of record فشل المدعى عليه في ابراز المستند المثبت لأقواله (راجع failing of record) .

failure of title الفشل في اثبات حق الملكية؛ عدم قدرة البائع على اثبات ملكيته لما يريد بيعه .

failure to make delivery عدم التسليم

failure to perform [التزامات متبادلة] رفض الاداء؛ عدم القيام بما يلزم

faint pleader مرافعة خادعة او تواطؤية، تهدف الى الايقاع بشخص ثالث .

fair سوق موسمي؛ سوق كبير . معرض
[كنعت] مقسط؛ منصف؛ عادل؛ خال من الميل (او التحيز)؛ معتدل

fair abridgment [ملكية ادبية] ايجاز واف، لا يقف عند حد اقتباس المقتطفات الادبية او العلمية وترتيبها للنشر، بل يتعدى ذلك الى اقتضاب المؤلف اقتضاباً يستدعي جهداً عقلياً كبيراً وذوقاً ادبياً سليماً .

fair and equitable معقول ومنصف او مقسط

fair and impartial trial محاكمة منصفة غير تحيزية : تحترم اثناءها حقوق المتهم القانونية ويحافظ عليها ويسمح له فيها بالاعتراض على ما يجري او يقال للاضرار به وبتوكيل محام يدافع عنه وتقديم من شاء من الشهود ذوي الاهلية للشهادة ، في جو خال من التهديد او الوعيد يتيح للمحامي ان يدافع بحرية تامة وللشهود ان يشهدوا دون خوف وفقاً لنظام المحكمة ومقتضيات القانون ، وتشترك فيها هيئة محلفين عادية قوامها اثنا عشر محلفاً لا يداخلهم اي ميل او تحيز امام قاض عادل له عليها حق الاشراف او التوجيه القانوني .

fair and valuable consideration عوض عادل ومعقول : باعتبار ظروف التعاقد .

fair cash value قيمة نقدية عادلة ؛ ثمن نقدي معقول تصيبه البضاعة لو عرضت للبيع نقداً في سوق حر .

fair comment [مواد القدح والتشهير] تعليق مجرد ؛ يصدر عنه الكاتب اعتقاداً منه بصحة الاشياء التي يرتكز عليها ولو كانت في حد ذاتها مغايرة للواقع . ولا بد لهذا التعليق من ان يقف عند حد الوقائع التي يوردها الكاتب بدافع الامانة والاعتقاد بصحتها وان لا يوحي بغير ما تبديه هذه الوقائع ، ويكون صورة صادقة لما يحمله الكاتب من اعتقاد خال من القصد السيىء او يراه اي شخص عاقل منزه عن الهوى .

fair equivalent مقابل عادل (من حيث القيمة والسعر)

fair hearing نظر الدعوى والفصل فيها على اساس منصف . محاكمة منصفة او مقسطة : تباشرها السلطة القضائية على اساس العدالة والقانون وتتاح فيها للمدعى عليه حرية الجواب والاعتراض والدفاع عن نفسه (راجع fair and impartial trial) .

fair market price سعر السوق المقسط ؛ السعر السوقي العادل الذي يصيبه بائع راغب في البيع ويدفعه مشتر راغب في الشراء كل بمحض اختياره في سوق حرة .

fair market value قيمة السوق المقسطة ؛ القيمة السوقية العادلة ، التي تصيبها البضاعة في سوق حرة من المراغمة على بيع او شراء .

fair on its face عادل من حيث الظاهر او في حد ذاته : السند الذي لا يتسنى بطلانه الا ببينة اخرى اجنبية عنه .

fair persuasion اقناع منصف : الاقناع بالحسنى دون تغلب او مراغمة .
الاقناع الكافي فيما يتعلق بموضوع او شأن .

fair preponderance [قانون البينة] رجحان كاف لا يخامر المحكمة معه اي شك في قيام الدليل .

fair sale بيع مقسط او عادل : لا جور فيه ولا مراغمة .

fair trial محاكمة منصفة تجري امام قاض عادل غير منحرف ومحلفين لا مصلحة لهم في القضية ولا غاية غير تقرير الواقع ، وتتوافر فيها للمتهم حرية تقديم البينات والدفاع عن نفسه او توكيل من يختاره من المحامين في سبيل ذلك .

fair usage [ملكية ادبية] اقتباس معقول : كل ما يستمد من المواد اذا لم يكن محلا لحق نشر في كتاب او مؤلف للغير .

fair value قيمة عادلة ؛ سعر عدل : تصيبه البضاعة في سوق حرة لا يقهر فيها احد على بيع او شراء .

fairly بانصاف ؛ باستقامة او جد ؛ على اساس العدالة . الى حد بعيد ، معقول او مقبول .

fairway طريق ملاحة : منتصف القنال او ابعد مسالكه غوراً وانسبها للملاحة ؛ الطريق العادي المفضل لمسير السفن .

fait فعل ؛ فعل قانوني او تم قانوناً ؛ عمل ؛ واقع ؛ حاصل

fait enrolle سند مسجل ، مقيد في سجلات المحكمة

fait accompli فعل حاصل ؛ امر نافذ لا مرد له او لا جدال فيه .

fait juridique واقعة قضائية ؛ احد اركان الالتزام او مقوماته

faith ثقة ؛ نية ؛ ايمان ؛ اعتقاد راسخ (في شيء) ؛ اعتماد عليه او تصديقه ، نحو : on the faith of certain information اعتماداً على بعض المعلومات ؛ او full faith and credit shall be given to judgments of provincial courts ينبغي ان تولى احكام المحاكم الإقليمية كامل الثقة والاعتماد .
[قانون اسكتلندي] يمين تحلف برفع اليد تعهداً بقول الحق .

— bad faith نية سيئة : تضمر سوءاً او تقوم على غش .

— punic faith خيانة

faithful مؤمن (بشيء) ؛ امين ؛ محل ثقة او اعتماد

faitour مشرد (بمعنى vagabond) لا عمل له ؛ عاطل ؛ خامل ؛ رفيق سوء

fake يقلد ؛ مقلد ؛ مصنع او مصطنع ؛ مختلق ؛ ملفق

faker مقلد ؛ غشاش

falcidia [قانون المواريث الاسباني] سهم فرضي (مقداره ربع التركة) واجب الاداء للوارث الشرعي ولا يجوز حرمانه منه .

falcidian law قانون روماني يفرض للوارث الشرعي نصيباً يوازي ربع التركة على الاقل .

falcidian portion سهم فرضي : يعينه القانون للوارث فرضاً، وهو ربع التركة على الاقل .

fall فصل الخريف : ابتداء من اول شهر سبتمبر حتى آخر شهر نوفمبر .

[كفعل] يسقط؛ يرتطم . يصادف، يوافق او يقع (في)

[قانون اسكتلندي] يعدم؛ يفقد، نحو: يفقد حقاً to fall from a right .

fall due يستحق؛ يحل اداؤه او اجله

fall of land [قانون انكليزي] مساحة من الارض تبلغ ستة ياردات مربعة .

fallacy سفسطة؛ حجة مضللة وباطلة، يقصد بها تمويه الحقائق (وهي تعبير غير فني) .

fallopian tube قناة الرحم: القناة الممتدة في اعضاء الانثى التناسلية من المبيض الى الرحم مسافة ثمانية إنشات تقريباً .

fallow قاحلة؛ بور؛ (ارض) فضاء

fallow-land ارض بور: تترك بلا زرع سنة او اكثر .

falsa demonstratio بيان كاذب؛ وصف مغلوط لشخص او شيء في مستند كتابي .

falsa demonstratione legatum non perimi الوصف الغلط لا يضير المفعول، اي: مجرد الغلط في الوصف لا يبطل مفعول السند (اذا سبق ان وصف الشيء المعني وصفاً كافياً لاغراض التصرف) .

falsarius (or **falcarious**) مزور؛ مقلد

false كاذب؛ مصطنع؛ مصنع؛ خادع او مخادع؛ غير حقيقي؛ مستعار؛ مزور؛ رد او زائف، نحو: false money ردود دراهم او دراهم زائفة .

false account بيان كاذب

false action دعوى زور: تقوم على اسباب او وقائع كاذبة .

false arrest توقيف او حبس باطل؛ تقييد غير مشروع للحرية الشخصية؛ القبض على شخص او حجزه دون امر قانوني من الجهة المختصة .

false cheque صك زائف؛ شيك لا يقابله رصيد : الشيك الذي يسحب على احد البنوك عن علم من الساحب بعدم وجود رصيد يقابله .

false claim ادعاء زور: مطالبة كاذبة : لا تقوم على اساس حق .

false coin نقد معدني مزيف : يغير من حيث المادة او الشكل كي تبدو قيمته اعلى مما هي .

false document وثيقة مزورة : بتغيير مظهرها الاصلي او تبديل نصوصها على اي شكل لا يجيزه القانون .

false entry قيد كاذب؛ التقرير رسمياً بغير الحقيقة

false fact واقعة زور؛ واقعة مختلقة او ملفقة

false impersonation انتحال باطل لشخصية الغير او صفاته .

false imprisonment سجن باطل؛ حبس الغير او تقييد حريته بغير حق : وهو جريمة crime واخلال بحق مدني civil wrong . ولا يشترط لثبوت هذا الفعل وضع المعتدى عليه في سجن او مكان مقفل، بل يكفي لذلك تقييد حرية الغير تقييداً كلياً اينما كان . فاذا كلف شخص احد افراد البوليس مثلا بالقبض على رجل معين فقبض عليه ثم اتضح فيما بعد انه لم يكن هنالك اي داع قانوني لالقاء القبض، وجهت للشخص المذكور تهمة false imprisonment . ولا يكاد يختلف هذا الاصطلاح عما يسمى false arrest .

false judgment [قانون انكليزي قديم] حكم زور . دعوى حكم زور . كانت ترفع هذه الدعوى قديماً على قضاة اي من المحاكم الصغرى، غير التدوينية not of record كمحاكم الاقاليم county courts ومحاكم البارونات baron courts وما اليها اذا اصدرت حكماً زوراً على احد الخصوم، وذلك بالسماح لهذا الخصم بان يوجه لقضاتها تهمة النطق بحكم زور . ومن ثم يفصل في النزاع بان يقوم الخصم المتهم بتحدي القضاة للمبارزة القضائية judicial combat وقد سمي هذا الاجراء appeal of false judgment .

false news اخبار كاذبة

false oath يمين كاذبة او فاجرة

false paper ورقة زائفة، مزورة او كاذبة : تبدي غير الحقيقة .

false personation انتحال كاذب لشخصية الغير : الظهور بمظهر الغير والتستر بشخصيته لمنفعة باطلة او لمضارة الآخرين .

false pretenses مزاعم كاذبة؛ اخبار كاذبة : تصوير الوقائع او الاحوال على غير حقيقتها بنية سيئة . وهذا يشمل السكوت، عند وجوب الكلام، اذا اريد به الخداع والتضليل .

false representation زعم او اخبار كاذب؛ تحريف مفتعل للحقيقة؛ تزويق الاخبار او المعلومات بنية الخداع .

false statement بيان او اقرار كاذب

false swearing حلف كاذب

false token [مواد جنائية] رمز مزور، سمة كاذبة يراد بها الخداع او التدليس .

false verdict (راجع باب verdict)

false weights موازين او مكاييل مغشوشة : تغاير مقتضيات القانون القائم .

false witness شاهد زور: يصدر فيما يدلي عن الكذب قصداً وافتعالا لا بسبيل الغلط .

falsehood كذب، مخالفة مفتعلة لواقع او حقيقة . زور؛ بهت او بهتان؛ مين

falsely كذباً؛ زوراً؛ بسبيل الكذب او الغش

falsely impersonate ينتحل شخصية الغير كذباً، بلا حق او بنية الخداع .

falsi crimen جرم الكتمان الاحتيالي او اظهار الاشياء خلافاً لحقيقتها، وهذا يكون : (١) عن طريق الكلام، بشهادة الزور او اليمين الكاذبة، (٢) عن طريق الكتابة، بتقديم تاريخ المحرر، اي اعطائه تاريخاً سابقاً لتاريخ انشائه، (٣) عن طريق العمل، باستعمال مكاييل كاذبة .

falsification [اجراءات العدالة المطلقة equity] تكذيب بعض جزئيات المطلوبات التي يقدمها الخصم او بيان وجه الخطأ فيها .
تزوير؛ تزييف؛ تقليد

falsify يكذب؛ يدحض؛ يثبت كذب شيء او بطلانه . يزور (سنداً او ورقة) بتحريف مفتعل او بما يغير من حقيقتها وغايتها الاصلية .

falsifying a judgment فسخ حكم او نقضه (بمعنى reversing a judgment) .

falsing [قانون اسكتلندي] كذب؛ صدور عن كذب (بقول اوفعل)؛ تزوير
تكذيب شيء : دحضه او اثبات بطلانه .

falsing of dooms [قانون اسكتلندي] اثبات جور حكم او بطلانه (اي كونه غير حق) او غلطه .

فسخ حكم . دعوى فسخ قرار . احتجاج على حكم واستئنافه الى محكمة اعلى .

falsity كذب؛ زور؛ زيف؛ تلفيق؛ اختلاق

falsonarius مزيف؛ مزور

falsum (شيء) مزور، مزيف او كاذب

falsus كاذب؛ احتيالي؛ مغلوط فيه؛ خادع؛ غشاش . تؤدي هذه الكلمة معنى الغش والكذب فيما يتعلق بالافعال او السلوك، ومعنى الغلط error فيما يتعلق بالبيانات الشخصية .

falsus in uno, falsus in omnibus كاذب في شيء، كاذب في كل شيء : اي اذا كذب (المعني) في شيء فقد كذب في جميع الاشياء؛ او الكذب في شيء دليل (احتمال) الكذب في كل شيء . وهذا ما ينطبق احياناً على الشاهد الذي يكذب في بعض الجزئيات او النواحي فتقل قيمة شهادته كلها باعتبار ان ثبوت الكذب عليه في امر يقضي على الثقة في كلامه بالنسبة للامور الاخرى .

fama سمعة؛ شهرة؛ صيت

fama fides et oculus non patiuntur ludum الشهرة والعقيدة والعين لا تخدع .

fame شهرة؛ سمعة؛ صيت

— house of ill fame بيت دعارة او فجور

familia [قانون انكليزي قديم] اسرة؛ عائلة واتباعها من الخدم .
مساحة من الارض تكفي لاعالة اسرة واحدة .

familiae erciscundae [قانون روماني] دعوى قسمة التركة العائدة للاسرة اجمالا او لاثنين او اكثر من الورثة معاً . دعوى فرض المساهمة في اعالة الاسرة على بعض افرادها .

familiar مألوف؛ معروف

familiares regis حاشية الملك

familiarity الفة؛ اعتياد او تعود (على شيء)؛ رفع او زوال التكليف (بين المعارف) .

family اسرة؛ عائلة؛ بيت . اي من التالين، حسب الاحوال : الاولاد (ذكوراً واناثاً)؛ كافة الاقارب المنحدرين من جد واحد؛ افراد البيت الواحد المقيمون معاً في معيشة واحدة سواء كانوا اقارب دم او زواج .

[مواد التأمين] الزوج او الزوجة؛ ادنى الاقارب next of kin .

farding-deal مساحة في الارض مقدارها ربع فدان انكليزي .

fare سفر (براً او بحراً)؛ اجرة سفر

farinagium مطحنة . ضريبة (ملغاة) كانت تفرض على الدقيق والحبوب .

farlingarii معولون في معيشتهم على الزنا : من تعاطوا الدعارة او هيأوا لها (بالقوادة) او شجعوا عليها .

farm مزرعة؛ مستنبت

[كفعل] يفلح ارضاً؛ يلتزم

يعطي غلة شيء او الضرائب المربوطة عليه فترة محددة من الزمن نظير مقدار معلوم من المال .

يكتري؛ يستأجر (شخصاً للقيام بعمل معين)

يتعهد رعاية اشخاص او اطفال بعوض معلوم .

farm labour عمل زراعي؛ شغل مزرعي

farm labourer عامل (او فاعل) يكترى للاعمال الزراعية أو ما يتصل بها .

farm let يكري ارضاً او يؤجرها مدة معينة نظير حصة مقررة من غلتها؛ يؤجر على سبيل المزارعة

farm out يستأجر؛ يشتري لنفسه من الدولة حقاً في جمع الضرائب من الأهالي لقاء مبلغ معلوم .

كان الرومان الاقدمون والفرنسيون والاتراك من بعدهم يقرون هذا التصرف فيؤجرون او يبيعون حق جمع الضرائب نظير مبلغ متفق عليه من المال يدفعه المستأجر او المشتري فتصبح له الحرية المطلقة في ان يجمع من الاهالي ما امكنه من الضرائب بمساعدة السلطات المختصة وتفويضها، وذلك خلال فترة محددة من الزمن .

farm products انتاج مزرعي؛ انتاج المزارع او محاصيلها . وهذا يشمل ما يربى فيها من المواشي ويتوافر من السهاد الطبيعي، والاخشاب والخضار والالبان ومستخرجاتها والبيض واللحوم وجميع ما تنتجه المزارع مما يصلح لاكل الانسان او الحيوان .

farm utensils [مواد التأمين] ادوات مزرعية؛ كافة المعدات اللازمة للمزارع .

farmer فلاح؛ مزارع؛ ملتزم ضرائب : يستأجر او يشتري من المراجع المختصة، حقاً في جمع الضرائب من الاهالي لنفسه خلال مدة معينة من الزمن .

family arrangement ترتيب ميراثي عائلي : يتفق بموجبه الاب وابناؤه او الورثة فيما بينهم على التصرف بالاموال (محل الميراث) او قسمتها على غير الكيفية التي يحددها القانون .

family automobile doctrine مبدأ تأمين يقضي باعتبار الشخص الذي يستخدم سيارته لشؤون اسرته مسؤولا عن اي اهمال يرتكبه احد افراد الاسرة اثناء استعماله السيارة باذنه (اي باذن الشخص المذكور) .

family bible سجل عائلي يتضمن بيان مواليد العائلة والزيجات فيها والوفيات .

family council مجلس عائلي : يختار احياناً للنظر في شؤون افراد الاسرة وتقرير بعض مصالحها او تنظيمها .

family group (راجع family automobile doctrine)؛ على ان هذا الاصطلاح لا يقف عند حد افراد العائلة الاقارب المقيمين مع المؤمن على سيارته تحت سقف واحد وفي معيشة واحدة، بل يتعداهم الى خدمه واتباعه الذين يقيمون معه ويستعملون السيارة باذنه لقضاء شؤونهم .

family purpose doctrine مبدأ تأمين لا يكاد يختلف عما يسمى family automobile doctrine ، وهو يستوجب حصر المسؤولية الواقعة بجراء استعمال سيارة العائلة، من احد افرادها، فيمن سجلت السيارة باسمه .

family service rule (راجع family purpose doctrine)

family settlement تسوية عائلية : يتفق بموجبها افراد العائلة على كيفية توزيع ممتلكاتهم فيما بينهم .

famosus [مواد مدنية وقانون انكليزي قديم] تشهيري؛ ينطوي على تشهير او فضيحة .

famosus libellus كتابة تشهيرية . قذف؛ قدح

fanatic متعصب (لعقيدة دينية او سياسية او اجتماعية)؛ مفرط في الحماسة او الميل لذلك؛ مغال في التشيع له او الاندفاع وراءه .

fanciful trade-name اسم تجاري مستعار : يخفي معناه الظاهر وصف البضاعة المسماة به .

fancy خيال؛ وهم؛ افتراض . تقديري؛ تحكمي

fancy franchise حق تصويت قائم على مؤهلات تحكمية او معقدة (غير عملية) .

fard * [فقه اسلامي] الفرض؛ ما امر به صراحة وكانت مراعاته واجبة .

fatal variance تباين موضوعي في اسباب دعويين او مسألتين من شأنه ان يضلل المدعى عليه في تحضير دفاعه او يمنعه من التمسك بمبدأ «عدم جواز محاكمة الشخص على ذات الجرم مرتين» .

fatetur facinus qui judicium fugit من فر من وجه العدالة . نادى على نفسه بالاجرام (او كمن اعترف بجرمه).

father أب ؛ والد

father-in-law حم ؛ والد الزوج بالنسبة للزوجة او والد الزوجة بالنسبة للزوج .

fathom قامة : قياس بحري يساوي ست اقدام ؛ اذا استعمل في المكاييل البرية كان مقداره ستة وثلاثين قدماً مربعاً .

fatua mulier مومس

fatum قدر ؛ قضاء وقدر ؛ قوة خارقة

fatuous person [قانون اسكتلندي] سفيه (متلاف) ؛ معتوه ؛ اخرق ؛ مختل . من لا رأي له او من فقد صوابه فقداناً تاماً لا يستطيع معه ادارة شؤون نفسه . تصفه بعض المراجع بالبلادة الدائمة وشرود الذهن ومشابهة الاطفال في كلامه وسلوكه .

fatuus معتوه ؛ سفيه

fauces terrae « فكا الارض» : نتوءان من اليابسة او رأسا بر يحتويان بينهما لساناً بحرياً (جزءاً من بحر) .

fault خطأ او غلط ؛ زلل ؛ هفوة ؛ قصور او تقصير ؛ مأخذ

[**مواد تجارية**] عيب او نقص

[**مواد التعدين**] انقطاع العرق المعدني

— with all faults مهما كانت العيوب . (عيوب السلعة موضوع المساومة) على مسؤولية المشتري .

faux قلب الحقيقة ؛ تحريف الكلام بداعي الغش

[**قانون انكليزي قديم**] زائف ؛ كاذب ، نحو : *faux* action قضية كاذبة بمعنى false action ؛ نقود زائفة *faux* money وهلم جراً ...

favour حظوة ؛ ايثار ؛ رعاية او مراعاة ؛ ميل ؛ عطف ؛ رضى ؛ تأييد خاص ؛ تحيز

[**معاملات تجارية**] حساب ؛ صالح أو لـ ، نحو : note to be paid in favour of تدفع الكمبيالة لفلان .. أو لأمره .

[**كفعل**] يساعد ؛ يؤيد ؛ يميل ؛ يتحيز إلى ؛ يراعي ؛ يعطف (على) ؛ يؤثر (شخصاً على آخر) ، ينتصر له من قبيل التعصب أو العاطفة لا بدافع الحق أو العدالة .

farming زراعة (ارض) ، استغلالها ، فلاحتها ، تربية المواشي عليها .

[**قديماً**] التزام جمع الضرائب او شراء الحق فيه مدة مقررة بمبلغ معين من النقود يدفعه الملتزم او المشتري للجهة المختصة نظير الترخيص له بجمع الضرائب من الاهالي لنفسه و بمساعدة الدولة .

faro لعبة الفرعون : لعبة ورق (شدة) يلعب فيها المشتركون ضد البنكير (موزع الورق) حسب الترتيب الذي يطرح فيه الورق من الرزمة .

farvand سفرة بحرية

Faryndon Inn جمعية فرندان للحقوق : اطلق هذا الاسم قديماً على الـ Serjeant's Inn في Chancery Lane بلندن .

fas حق ؛ عدالة ؛ قانون سماوي

Fascism فاشستية : نظام سياسي انشأه بنيتو موسوليني في ايطاليا اثناء الحرب العالمية الاولى ١٩١٤ — ١٩١٨ واسس له حزباً لم يلبث ان سيطر على ايطاليا وجعل لموسوليني السلطة المطلقة . قامت الفاشستية على الاشتراكية الوطنية واشتهرت بمناهضتها للشيوعية ومغالاتها في الوطنية وانتشرت في عدد من البلدان الاوربية ، وتزعم اتباعها في انكلترا اسوالد موزلي ، وكان سقوطها بقتل منشئها موسوليني سنة ١٩٤٥ في اواخر الحرب العالمية الثانية .

fascist فاشستي : من اقر مبادىء الفاشستية fascism وعمل بموجبها .

fasces [**عند الرومان**] رمز السلطة ؛ حزمة من العصي تتوسطها بلطة ، كان يسار بها امام كبير القضاة في المحافل الرسمية .

fast bill of exceptions [**في ولاية جورجيا بالولايات المتحدة**] عريضة اعتراضات او دفوع استعجالية تلتمس اعادة النظر في دعوى مستعجلة بسرعة استثنائية .

fasti [**قانون روماني**] قانوني

fatal قاتل ؛ مهلك ؛ يفضي الى موت

fatal accident حادث قاتل يفضي الى موت من تعرض له

fatal accidents act قانون الحوادث القاتلة . صدر هذا القانون استثناء من المبدأ العام القائل بانه ليس لشخص اية مصلحة قانونية (تستطاع حمايتها بسبيل القضاء) في حياة الغير . وهو ينص على جواز رفع دعوى المطالبة بالتعويض من عيال المقتول الذين منوا بخسارة مالية نتيجة فقدانه ، اذا تأتى موته عن حادث لو وقف عند حد تعطيله لأكسبه حقاً في المطالبة بالتعويض .

favorabiliores rei, potius quam actores, habentur المدعى عليه أولى بالعطف من المدعي .

favourable exchange صرف (سعر صرف) مناسب

favourably consider يعتبر (أمراً) أو ينظر (فيه) بعين الرضى أو القبول .

favoured beneficiary [في التركات] مستحق مفضل (على غيره) ، مقدم أو مؤثر .

favouritism محاباة؛ ميل أو أثرة هوى؛ (محسوبية)

feal أمين، وفي؛ موال؛ بر ، صادق

fealty [قوانين الاقطاع] وفاء؛ ولاء؛ طاعة؛ أمانة؛ إخلاص (يدين به الفصل لسيده الاقطاعي) .

fear خوف؛ خشية؛ توجس؛ توقع أذى أو خطر

feasance عمل؛ فعل؛ جلب؛ حصول؛ اتيان (أمر) أو قيام به؛ وضع (قانون)؛ انشاء (التزام أو عقد تعهد أو غير ذلك).

feasant مجلبة (لسوء) أو جالب (له)، صادر (عن)؛ باعث (على)

يرد هذا الاصطلاح غالباً في الكلام عما تجلبه الحيوانات من ضرر اذا اقتحمت محال الغير ، فيقال : damage feasant مجلبة للضرر .

feasible عملي؛ يستطاع القيام به عملياً؛ جائز التطبيق؛ مأمول النجاح

feasor فاعل أو جالب (لأمر)، قائم به، مرتكبه (اذا كان جرماً)، واضعه (اذا كان تشريعاً)، وهلم جراً ...

feasts أعياد : أيام تعطيل الاعمال أو توقفها .

fecial law فرع من الفقه الروماني ينظم شؤون السفارات وايفاد المفوضين الدبلماسيين واعلان الحروب واجراء الصلح وعقد المعاهدات وما اليها من المسائل الدولية، وهو أقرب ما كان عند الاقدمين لاحكام القانون الدولي الحديث .

federal اتحادي؛ فدرالي : خاص بكافة الولايات أو الدول المشمولة باتحاد عام يجمعها في حكومة واحدة تعرف « بالحكومة الاتحادية » federal government ولا يؤثر هذا الكيان الاتحادي في الاستقلال الداخلي الذاتي الذي تتمتع به كل من ولايات الاتحاد أو دوله .

federal common law قانون اتحادي عام : تشمل أحكامه جميع ولايات النظام الفدرالي أو دوله .

مجموعة قوانين مستمدة من الاحكام والقرارات الصادرة عن المحاكم الاتحادية في الولايات المتحدة الاميركية .

federal courts محاكم اتحادية : يشمل اختصاصها كافة ولايات أو دويلات الدولة المتحدة، تقابلها المحاكم الولائية state courts أو provincial courts التي يقتصر اختصاصها على الولاية المشمولة به .

federal government حكومة اتحادية : حكومة دولة مكونة من اتحاد قوامه ولايتان أو دولتان أو أكثر تتمتع كل منهما باستقلال ذاتي داخلي يختلف مداه باختلاف مقتضيات دستورها الاتحادي . ولا يفرض في النظام الفدرالي ان يقضي على النظم المحلية القائمة في الدول او الولايات المشمولة به أو يجردها من سيادتها وأساليب ادارتها أو يتعرض لتصرفاتها الداخلية الخاصة، بل غايته الاساسية دمج الولايات المتقاربة جغرافياً أو طبيعياً أو سياسياً في كيان عام واحد تمثله دولة واحدة وحكومة مركزية واحدة federal government تجمع في يدها زمام التصرف الخارجي والداخلي بالقدر الذي يوفق بين المحافظة على كيان الاتحاد ومصالحه وبين مصالح أعضائه . ولا تسند ادارة الشؤون الوطنية في ظل الحكومة الاتحادية الى الولايات أو الدول الاعضاء المنضمة اليه بوصفها وحدات قائمة بذاتها، بل تسند الى شعوبها كافة بوصفها أمة واحدة .

federal instrumentality وسيلة اتحادية؛ تدبير أو اجراء اتحادي تركن اليه الحكومة الاتحادية لبلوغ أمر معين .

federal question [في الولايات المتحدة الاميركية] مسائل اتحادية؛ قضايا تتصل بأحكام دستور الولايات المتحدة أو قرارات الكنغرس الاميركي أو المعاهدات وتفسيرها وتطبيقها وترجع فيها الولاية القضائية الى المحاكم الاتحادية دون سواها .

federalist, the يطلق هذا الاسم the federalist على مجموعة من مقالات متسلسلة تبلغ خمساً وثمانين، كتبها Alexander Hamilton و James Madison و John Jay للدعوة إلى إقرار دستور الولايات المتحدة الاميركية .

federated state دولة موحدة : ذات نظام مركزي تتحد فيه دولتان أو أكثر بموجب دستور اتحادي .

federation اتحاد .

fee رسم : أجرة رسمية يحددها القانون نظير خدمات يؤديها الموظفون الرسميون أو منافع أو امتيازات تسخرها الحكومة لمن يطلبها .

أتعاب fees؛ أجرة تؤدى نظير خدمة مهنية خاصة .

إقطاعة ميراثية مطلقة، لا تختلف عن fief و feud .

[أملاك وحقوق عقارية] حق ملكية لا يخضع لقيد او شرط؛ وهو أقوى ما يؤول بالميراث أو التصرف من حقوق الملكية نظراً لما ينقله للوارث أو المتصرف له من ملك خالص مطلق. ولا يوجد لاغراض القانون أي فرق يذكر بين المصطلحات

fehmgerichte محاكم سرية ارهابية قامت في المانيا من أواخر القرن الثاني عشر حتى منتصف القرن السادس عشر، واستطاعت أن تغصب من الحكومات المحلية الضعيفة جانباً كبيراً من وظائفها كلما سنحت فرصة تردد تلك الحكومات أو عجزها . وكانت من الصرامة والبطش بحيث نشرت الرعب في كل مكان أذعن لولايتها . وقد وجدت شبه هذه المحاكم في Westphalia عند أوائل القرن التاسع عشر وقضى عليها Jerome Bonaparte نهائياً سنة ١٨١١ . غير أن محاكم Westphalia لم تكن على مثل بطش سالفاتها من محاكم القرن السادس عشر .

feign يختلق (عذراً أو رواية)؛ يقلد (وثيقة أو محرراً)؛ ينتحل (صفة الغير أو ما يتصل به)؛ يتصنع؛ يتظاهر (بعجز أو جهل أو غير ذلك) .

feign infirmity يتمارض؛ يدعي المرض (كذباً) او يتظاهر به .

feigned وهمي أو ايهامي؛ شكلي؛ ظاهري؛ مختلق؛ مقلد؛ منتحل

feigned accomplice شريك ايهامي : يتظاهر بنية الاجرام ويختلط مع اناس معينين محاولا ايهامهم بعزمه على الاشتراك معهم في رسم خطة لاحدى الجرائم وارتكابها واياهم وذلك أملا في كسب ثقتهم والكشف عما يضمرونه من خطط اجرامية حقيقية ومعرفة شركائهم في الاجرام وجمع الادلة الكافية ضدهم .

feigned action قضية اختلاقية : ترفع لغاية غير مشروعة في سبيل المطالبة بحق وهمي .

feigned disease مرض تظاهري؛ مرض منتحل : بدافع خوف أو توخياً لكسب أو تهرباً من واجب .

feigned issue نزاع شكلي : كان يدبر قديماً ويحال إلى احدى محاكم القانون العام common-law court بأمر من محكمة العدالة المطلقة court of equity للحصول على قرار من محلفيها في مسألة متنازعة تدخل في نطاق الواقع ولا تملك محكمة العدالة تقريرها أو لا تستأنس من نفسها ميلا لذلك .

ألغي هذا الضرب من الاجراء في انكلترا بعدة تشريعات صدر أولها في عهد الملكة فيكتوريا سنة ١٨٤٥ - ١٨٤٦ مخولا لكل محكمة الحق في احالة مسائل الواقع questions of fact الى هيئة محلفين .

felagus [قانون سكسوني] أخو موالاة؛ من عاهد الغير على الاخوة أو تقيد معه بعهدها؛ وهذا كانت تؤول اليه دية أخيه اذا قتل ولم يكن له أب أو سيد lord اقطاعي يرثه .

fee و fee simple و fee simple absolute اذ يفيد كل منها مطلق الملكية والخلو من القيود والموانع .

[قانون اسكتلندي] امتلاك مطلق absolute proprietorship لمال ثابت أو منقول .

— base fee ملكية مقيدة (بشروط معلومة)

— conditional fee ميراث أو حق ملكية مشروط : تنحصر أيلولته في نوع معين من الورثة دون الآخر، شأن الذي ينتقل الى الذكور مثلا دون الاناث أو إلى فروع المورث المباشرين دون غيرهم، وهلم جراً ...

fee and life-rent [قانون اسكتلندي] ملكية مطلقة وايجار عمري؛ وهما حقان عقاريان مختلفان احدهما حق ملكية والثاني حق انتفاع مدى الحياة usufruct for life . وقد يجتمع الحقان في شخص واحد أو يكون احدهما لشخص والثاني لآخر .

fee bill كشف رسوم يتقاضاها قلم كتاب محكمة أو مأمور قضائي أو غيره من المأمورين على ما يؤدونه من خدمات في نطاق وظائفهم .

feeble minded ضعيف العقل : تعوزه الاهلية العقلية .

fee-farm اجارة استمرارية أو مؤبدة : حيازة الارض من صاحبها حيازة مستمرة بأجرة سنوية معلومة .

fee-farm rent المبلغ الذي يحتفظ به في عقود الاجارة المؤبدة fee farm على سبيل التحوط لتقصير المستأجر في أداء الاجرة، وهو ربع قيمة الارض أو ثلثها .

fee simple; fee simple absolute ملكية تامة مطلقة : خالصة لمن آلت اليه ولورثته من بعده أبد الدهر دون قيد أو شرط؛ وهذه كالـ fee أقوى حقوق الملكية ولا يوجد أي فرق من حيث الاثر بين fee و fee simple و fee simple absolute على أن fee معناها ميراث inheritance و simple تفيد انطلاق الميراث وامكان انتقاله الى الورثة بوجه عام دون تخصيص .

fee simple conditional ميراث أو حق ملكية مشروط : مقيد بأحوال أو اعتبارات خاصة .

fee tail ملك محصور الايلولة في ورثة معينين كالورثة الصلبيين وحدهم مثلا، أو الذكور دون الاناث أو الاناث دون الذكور من الاعقاب أو في غير هؤلاء، حسب شروط التصرف الاصلي .

feed يعزز؛ يسند؛ يقوي، نحو : أية وثيقة اضافية من شأنها أن تعزز البينة any additional document would feed the evidence .

fegangi لص متلبس : يقبض عليه والمسروقات في حيازته

— unmarried female أنثى غير متزوجة : قد تكون أرملة أو مطلقة أو لم تتزوج قط .

female line عمود الاناث

female worker عاملة (في مصنع أو مشغل)، وهي غير الخادمة المنزلية .

***feme* covert** امرأة متزوجة؛ محصنة

feme sole عازبة؛ عانس؛ غير متزوجة

femicide قتل الانثى عمداً

***fenatio* or feonatic** [قانون الصيد] موسم توالد الغزال

fence سور؛ سياج؛ جدار لتحويط عقار او بيان حدوده .

fencing patent براءة توسع : يراد بها توسيع مدى الاختراع الذي حصل الترخيص به اصلا .

feneration مرابحة أو مراباة .

feod [قانون اقطاعي] قطيعة أو إقطاعة تؤول من سيد اقطاعي الى فصل (تابع اقطاعي) نظير ما يفرضه الاول على الثاني من واجبات معينة .

feodarum* (or *feudaram*) *consuetudines عادات الاقطاع او انظمته

مجموعة من القوانين والعادات الاقطاعية وضعت في ميلانو (بايطاليا) أثناء القرن الثاني عشر، واعتبرتها اوربا ام المراجع في الشؤون الإقطاعية وأحقها بالثقة، وهي أقدم ما جمع في نظام الاقطاع .

feodi firmarius مستأجر عمري؛ من استأجر أرضاً إجارة قرار نظير أجرة سنوية معلومة يدفعها للمالك .

feodum ملكية مطلقة غير مشروطة

feoffare تمليك مطلق : هبة الارض لتكون fee ملكاً مطلقاً للموهوب أو المتفرغ له ولورثته من بعده .

feoffee المتصرف أو المتفرغ له بالارض تفرغاً مطلقاً غير مقيد

feoffee to uses المتصرف له لمصلحة الغير : من كان التصرف له لا ليستغل الارض موضوع التصرف لنفسه، بل لتعود منافعها الى شخص آخر، شأن الحارس أو الوصي على مال الغير . (راجع *cestui que use*)

feoffment [تصرفات قديمة] تمليك عقاري مطلق، ينتقل به المال العقاري الى المتصرف له، وأعقابه من بعده دون قيد أو شرط .

تدل الكلمة ذاتها أيضاً على حجة التمليك الحاصل بموجبه التصرف .

وهو يشبه ما يعرف في الفقه الاسلامي « بمولى الموالاة » او « مولى الحلف والتقاعد » .

***fellatio;* fellation** الفاحشة الجنسية اذا ارتكبت بطريق الفم .

fellow زميل (في دراسة أو عمل)؛ معيد (في جامعة)؛ رفيق؛ شريك؛ صنو

fellow-heir شريك ميراث . وارث آخر

fellow servant زميل عمل أو خدمة

fellow-servant rule [في التأمين واصابات العمل] قاعدة زميل العمل؛ المبدأ القائل بعدم القاء المسؤولية على كاهل صاحب العمل اذا أصاب أحد عماله ضرر ناشيء عن اهمال زميل له يشتغل في ذات العمل شرط أن يكون صاحب العمل قد قام بما يلزم من العناية والروية في اختيار عماله .

felo de se قاتل نفسه عمداً؛ منتحر

felon مدان بجناية؛ محكوم بها أو مرتكب لها؛ شقي؛ مجرم

felonia implicatur in qualibet proditione كل خيانة تنطوي على جناية

felonice جنائي؛ ينطوي على جناية

felonious جنائي؛ اجرامي؛ بنية جنائية أو قصد اجرامي

felonious homicide قتل جنائي : لا مبرر له

felony جناية : جريمة أشد خطراً أو وحشية من الجنح misdemeanours .

[قانون عقوبات اميركي] كل جريمة يعاقب عليها بالاعدام أو السجن مدة لا تقل عن عام واحد .

— reducible felony : جناية تنزيلية (قابلة للتخفيض) الجناية التي إذا ادين بها المذنب أجازت الحكم عليه بعقوبة جنحية اذا أوصت بذلك هيئة المحلفين .

felony act قانون الجناية : قانون برلماني يلغي الاحكام القديمة التي كانت تقضي بمصادرة أموال المجرمين المدانين باحدى الجنايات وينص على تعيين أوصياء مؤقتين يتولون حراسة أموالهم مدة العقوبة .

female أنثى

— heirs female ورثة إناث

[قانون اسكتلندي] يراد بالعبارة heir female الوارث بوجه عام (أي heir general) ما لم يدل النص أو السياق على غير ذلك .

والبضائع من نقطة الى اخرى عبر نهر أو مضيق أو قناة أو خليج او بحيرة أو بين نقطتين ثابتتين على شاطىء بحر داخل حدود الدولة .

festinatio justitiae est noverca infortunii العجلة في العدالة رابة الشقاء (أو تورث الشقاء) .

festing-man [قانون انكليزي قديم] كفيل أو ضامن

festing-penny عربون (رعبون) : يدفع للخدم عند استخدامهم .

festinum remedium تدبير مستعجل ؛ قضية مستعجلة : كقضايا النفقة والقوامة والادارة وما اليها مما ينظر ويفصل فيه على وجه السرعة .

feticide قتل الجنين

fetters أغلال ؛ قيود : توثق بها أقدام المحكومين .

****Fetwa*** فتوى ؛ رأي قانوني

feu [قانون اسكتلندي] ملكية مشروطة (تبعية) تؤول للشخص من مالك الارض الاصلي superior بموجب سند تمليك يسمى feu contract أو feu charter . وغالب الملكية في اسكتلندا يقوم على الملكية المشروطة . والارض المملوكة كذلك يكون لها مالكان ، المالك الاصيل الاعلى superior والمالك الفصل التابع vassal . ولكل من هذين في الارض منافع خاصة به ؛ فالمالك التابع يبني على الارض أو يزرعها ويستغلها بموجب سند التمليك على ان يدفع للمالك الاصيل أجرة استمرارية feu duty كل سنة أو ستة أشهر نقداً أو عيناً حسب الاتفاق . وغالباً ما يحتفظ المالك الاصيل لنفسه بمعادن الارض وثرواتها الباطنية ويشترط على المالك التابع أن يقصر استغلاله على سطحها في حدود الاوضاع المبينة في feu contract . وللمالك التابع ان يملك الغير من تحت يده ويرتب على الارض sub-feu ملكية تبعية من الباطن لشخص ثالث حسب الشروط التي بينه وبين المالك الاصيل او أية شروط أخرى يتفقان عليها .

[كفعل] يملك ، نحو : يملك ، نحو : يملّك قطعة من الارض تمليكاً مشروطاً كما تقدم to feu a piece of ground .

feu annuals [قانون اسكتلندي] أجرة سنوية مقررة استمرارية يؤديها المالك التابع أو الفصل vassal الى المالك الاصيل superior نظـير الملكية المشروطة الآيلة اليه (راجع feu) .

feu-duty [قانون اسكتلندي] أجرة استمرارية سنوية أو نصف سنوية يؤديها المالك الاصيل بموجب سند تمليك مشروط يسمى feu contract (راجع feu) .

feoffment to uses تصرف لمصلحة الغير : انتقال المال العقاري لا ليستفيد منه المنتقل اليه بل لتكون منافعه وقفاً على شخص معين آخر .

feoffor منشىء التصرف العقاري : المتصرف فيه للغير تصرفاً مطلقاً .

feonatio [مواد الصيد] موسم توالد الغزال

feorme سهم المؤجر (المالك) من محاصيل ارضه المؤجرة للغير على سبيل المزارعة .

ferae bestiae وحوش برية

ferae naturae حيوانات برية ، متوحشة أو غير اليفة . ولا يعتبر الحيوان البري محلا للملكية الا اذا استولى عليه صاحبه واستطاع حبسه ، فاذا كان طليقاً فلا صاحب له .

feria [قانون روماني وقانون انكليزي قديم] عيد ؛ عطلة رسمية

feriae [قانون روماني] أعياد ؛ ايام تعطيل يوقف فيها احرار الرومان أشغالهم الرسمية ومعاملاتهم ويرتاح العبيد من عناء العمل .

ferial days أيام أعياد أو عطلة رسمية : أيام توقف الاجراءات والاعمال .

ferita جرح ؛ ضربة

ferm; ***fearm*** or ***ferme*** عقار مؤجر : أرضاً كان أو بيتاً أو كليهما .

fermented liquors مشروبات مخمرة : تكسب أثرها المسكر بفعل التخمر فيها لا بوجود الكحول .

fermer or **fermor** (راجع farmer)

ferret مأمور مباحث ؛ يناط به تعقب الجرائم وفاعليها .
[كفعل] يتحرى عن اسرار الامور وخفاياها والمجرمين وما يتصل بهم .

ferriage رسم معديات : يفرض على نقل الاشخاص والبضائع عبر المياه المحلية بالمعديات وسفن العبور ferryboats .

ferry نقطة عبور مضيق أو خليج أو نهر أو بحيرة بسفن خاصة تعرف بسفن العبور أو المعديات ferryboats .

ferry franchise حق امتياز انشاء مركز عبور مائي أو استخدام السفن لنقل الركاب والبضائع من نقطة الى اخرى على نهر أو مضيق أو قناة أو خليج أو بحيرة .

ferryboat سفينة عبور ؛ معدية : تستخدم لنقل الركاب

feuar [قانون اسكتلندي] مالك تابع أو فصل vassal آلت اليه الارض على أساس الملكية المشروطة feu من مالك أصيل superior (راجع feu) .

feud [قانون اقطاعي] قطيعة ينزل عنها السيد الاقطاعي للفصل vassal نظير واجبات مقررة .

[قانونان سكسوني والماني قديمان] عداوة مستحكمة أو حرب خاصة بين عائلة مقتول وعائلة قاتل .

[في اسكتلندا وشمال انكلترا] ثأر أو ثارات دم؛ اعتصاب الاقارب للأخذ بثأر قتيلهم من قاتله وجميع أبناء جلدته and all his race .

feud bote تعويض ثأر : وجب أداؤه جبراً للخسائر الناجمة عن الاشتراك في غارات الثأر .

feudal اقطاعي

feudal courts محاكم اقطاعية : كان للسادة الاقطاعيين حق تشكيلها لمحاكمة أفصالهم وأحلاسهم في القرن الثاني عشر .

feudal law قانون اقطاعي : كان يحكم العلاقات القائمة بين السادة الاقطاعيين وبين أفصالهم وينظم قواعد انتقال الملكيات الاقطاعية . وهو قانون قديم وضعت منه مجموعة كبرى في القرن الثاني عشر سميت *feodarum consuetudines* .

feudal system نظام اقطاعي : نظام سياسي اجتماعي عم أوروبا خلال القرن الحادي عشر والثاني عشر والثالث عشر؛ ويرجح نقل الاوروبيين له عن التقاليد والعادات الغريبة التي جلبتها الامم التيوتونية ابان اجتياحها للقارة الاوروبية على أثر انهيار الامبراطورية الرومانية، ثم تطورت تمشياً مع مقتضيات سيطرتهم العسكرية وأثر فيها الفقه الروماني تأثيراً بالغاً أخرجها على الشكل المنتقل الينا في أمثال المجموعة الكبرى من العادات الاقطاعية الموضوعة في القرن الثاني عشر باسم *feodarum consuetudines* .

وفي انكلترا، دخل النظام الاقطاعي على يد وليم الاول (الفاتح) سنة ١٠٨٥ . ولعل بعضاً من قواعده البدائية كان سارياً في تلك البلاد قبل الفتوح النورماندية . وقد ولد النظام الاقطاعي هناك بحكم الصلات الناشئة بين القائد العسكري واتباعه والملك والنبلاء وافصالهم vassals وما ترتب للاولين على الآخرين من الواجبات والالتزامات تبعاً لما أقطعوهم أياه من الاراضي .

feudalism اقطاعية؛ نظام اقطاعي : مجموعة المبادىء والعادات الاقطاعية .

feudary حائز اقطاعي : يحرز ارضه بحكم ما يؤديه للسيد الاقطاعي من واجبات وخدمات اقطاعية مقررة .

feudum قطيعة أو إقطاعية قرارية : تؤول للفصل وذريته من بعده بحكم الواجبات المترتبة عليه واياهم للسيد الاقطاعي . ولا فرق بينها وبين الـ feud .

feudum antiquum قطيعة؛ أرض مضت على حيازتها أربعة أجيال .

feudum individuum قطيعة البكر : الاقطاعية التي يرثها الابن الاكبر وحده دون غيره .

feudum maternum قطيعة موروثة عن الام

feudum paternum قطيعة توارثها أربعة أجداد . أرض محصورة الميراث في فروع الاب المباشرين أو في الذكور دون الاناث .

feudum talliatum ملك محصور الميراث في نوع خاص من الورثة دون غيرهم .

few قلة؛ عدد قليل؛ بعض

ff. *fragmenta* يقوم هذان الحرفان مقام الكلمة اللاتينية *fragmenta* ومعناها مقتطفات من مؤلفات وفتوى ثقات الفقه الروماني .

fi. fa. اختصار متعارف عليه للامر القضائي *fieri facias* وهو أمر تنفيذ على أموال المدين لاستيفاء المبلغ المحكوم به للدائن، يكلف فيه عامل الملك sheriff بأن يوقع الحجز على ما يكفي من أموال المدين لسداد المبلغ المحكوم به مع مصاريف التنفيذ، وان يبيع المحجوزات ويستوفي المبلغ المذكور من حصيلة البيع .

fiar [قانون اسكتلندي] متصرف له (بأرض) تصرفاً مطلقاً fee .

fiat «كن»؛ «فليكن» : اذن خاص بالاجراء أو الشكوى، ينبغي الحصول عليه من المراجع القضائية المختصة قبل المباشرة بنوع معين من الاجراءات أو التدابير القانونية .

— *joint fiat* [قانون انكليزي] إذن بملاحقة اجراءات الافلاس (أمام المحكمة المختصة) ضداثنين أو اكثر من الشركاء

fiat justitia «أقم العدالة» أو «أحكم بالعدل» .

***fiat* money** عملة ورقية قانونية لا تقبل التحويل الى ذهب، تصدر بمرسوم حكومي .

fiaunt أمر؛ مشيئة

***fictio*; fiction** افتراض محض؛ وهم؛ تصوير أو خيال؛ افتراض قانوني : يقتضيه القانون توفيراً للعدالة أو استكمالا لها . حيلة

fiction of law افتراض قانوني : يقتضي اعتبار الشيء الخيالي أو المعدوم كائناً حقيقياً .

fictitious فرضي أو افتراضي؛ تقديري؛ خيالي؛ صوري؛ وهمي؛ اعتباري؛ معنوي؛ يتوسل به لاغراض القانون .

fictitious action قضية صورية : ترفع كوسيلة لمعرفة رأي المحكمة في مسألة قانونية معينة .

fictitious assets أصول وهمية أو صورية

fictitious name اسم ايهامي: يقصد به الى خداع الغير .

fictitious payee مستفيد وهمي : الشخص الذي تسحب الورقة المالية (القابلة للتداول) لامره بينما لا يكون له فيها أي حق ولا يقصد منشئها ان تصيبه منها أية منفعة، سواء كان المذكور اسماً لشخص حي أو ميت أو خيالي لا وجود له .

fictitious person شخص افتراضي، صوري أو وهمي : يذكر اسمه في الصك كمستفيد وهو لا يملك فيه أي حق كان .

fictitious plaintiff مدع صوري . اسم وهمي يرد في الدعوى كمدع ويكون اسماً لمسمى لا وجود له أو لا يعلم باقامة الدعوى واستعمال اسمه فيها؛ وهذا لا يجيزه القانون باعتباره اهانة للمحكمة .

fide*-commissary** or ***fidei-commissarius
المستفيد العائد اليه حق الانتفاع في مال أسندت ادارته مؤقتاً الى شخص آخر لا تناله منه أية فائدة (راجع cestui que trust) .

fide-jubere قطع العهد على النفس؛ ضمان الغير أو كفالته

fide-jussor [قانون روماني] ضامن أو كفيل؛ من تكفل قيام الغير بما عليه أو التزم أداء دين المدين اذا عجز هذا عن أدائه، على أن لا يلزم الضامن بالوفاء حتى يعجز عنه المدين الاصلي .

fide-promissor (راجع *fide-jussor*)

fide-sponsor فضولي : من تولى، عن قصد منه، القيام بشأن لحساب الغير دون أن يكون ملزماً به .

fidei-commissum هبة ائتمانية : المال الذي يوصى به على سبيل الامانة لشخص كي يقوم فيما بعد بتحويله الى شخص آخر لا يستطيع تلقيه مباشرة من الموصي لسبب من الاسباب .

fidelity bond ضمان أمانة : تكفل أمانة الموظف وضمان التعويض عما يصدر عنه من اختلاس او اهمال .

fides نية؛ أمانة؛ ثقة

fiducial محل ثقة أو أمانة

fiduciary ائتماني : أمين؛ مؤتمن (على شيء للغير)؛ موضع ثقة أو سر؛ موثوق

fiduciary capacity صفة ائتمانية؛ على سبيل الامانة أو الثقة

صفتا الكتمان والثقة الواجب توافرهما في بعض العلاقات المهنية كعلاقة المحامي بموكله والطبيب بمرضاه والسمسار بالاصيل وهلم جراً ...

fiduciary contract عقد ائتمان : يعهد بموجبه شخص لآخر بشيء معلوم على أن يرده اليه كما تسلمه .

fiduciary debt دين ثقة : قوامه الثقة وحسن النية بين طرفيه، يقابله الدين الناشيء عن مجرد التعاقد

fiduciary debtors [مواد الافلاس] يطلق هذا الاسم احياناً على المدينين اذا كانوا موظفين عامين أو أوصياء أو حراساً أو قامة، لا سماسرة أو وكلاء عمالة أو معتمدين تجاريين أو من في حكمهم .

fiduciary heir [قانون روماني] وارث ائتماني؛ وسيط ايصائي، يوصى له بمال معلوم كي يقوم بتحويله الى شخص معين.

fiduciary issue إصدار ثقة : أوراق مصرفية بلا غطاء ذهبي؛ اصدار النقد بلا غطاء يضمن أداء قيمته .

fiduciary loan قرض ثقة : أي بلا ضمان

fiduciary note issue نقود صادرة عن البنك المركزي بقيمة دين الحكومة .

fiduciary notes أوراق مالية بلا غطاء؛ نقد ليس له غطاء يضمن أداء قيمته الظاهرة .

fief (راجع fee)

fief-tenant [قانون انكليزي قديم] حائز مطلق؛ بيده أرض يتمتع بها كما شاء ويستغلها أبد الدهر استغلالا مطلقاً نظير واجبات معلومة يفرضها عليه السيد المقطع .

field حقل؛ قطعة أرض مزروعة؛ حومة؛ ساحة؛ ميدان؛ مضمار

fieri قيام بأمر، تحقيقه أو عمله

fieri facias أمر تنفيذ على أموال المدين يوجه الى رئيس الضبط القضائي مكلفاً اياه بأن يحجز ويبيع من أمتعة المدين وأمواله ما يكفي للوفاء بالمبلغ المحكوم به ومصاريف التنفيذ . على أنه لا يكون للموظف المذكور بموجب هذا الامر أن يوقع

filiation تبني ولد غير شرعي؛ منحه الصفة الشرعية؛ الاعتراف ببنوته أو اثباتها؛ نسبة الولد لأي رجل كان أو لأبيه الطبيعي .

filiation proceeding دعوى اثبات نسب الولد غير الشرعي والزام والده الطبيعي باعالته .

filius ابن؛ ولد

filius est nomen naturae, sed haeres nomen juris الابن اسم طبيعي والوارث اسم قانوني .

filius familias; filia familia ابن؛ بنت : كل من كان خاضعاً لسلطة الغير الابوية *patria potestas* .

filius in utero matris est pars viscerum matris الجنين في الرحم جزء من مقومات حياة امه .

filius nullius ولد غير شرعي؛ ولد طبيعي؛ ولد زنا

fill يملأ (استمارة أو فراغاً في صك)؛ يشغل؛ يكمل؛ يوفي؛ يؤدي (واجباً)؛ يقوم بمهمة

[**معاملات بيع الماشية**] يملأ (الماشية) أي يعلفها ويسقيها قبل بيعها مباشرة املا في ازدياد ثمنها بزيادة وزنها .

filled milk حليب مغشوش : أضيف اليه مقدار من الدهن الاجنبي (غير المستخرج من الالبان) ليصبح على شكل الحليب الطبيعي أو القشدة (الكريم) أو غير ذلك من الاشكال المطلوبة.

filthy [**في الخطابات وما اليها**] قذر؛ بذيء؛ رذيل؛ فاحش؛ فظ؛ غليظ؛ منكر؛ جارح للشعور

filum [**اجراءات قديمة**] خيط أو سلك استعمله القدماء بدل الاضبارة لحفظ الاوراق والوثائق بشكها فيه حسب ترتيب ايداعها .

filum aquae خط الماء : الخط الوهمي الذي يمر من وسط النهر أو المجرى فيقسمه الى قسمين متساويين ويكون بمثابة الحد الفاصل بين أصحاب الاراضي والممتلكات القائمة على ضفتيه .

filum forestae حد غابة

filum viae خيط الطريق النصفي : الخط الوهمي الذي يقسم الطريق الى قسمين متساويين ويكون بمثابة الحد بين أصحاب الاراضي القائمة على جانبيه .

fin نهاية؛ آخر؛ ختام

fin de non recevoir [**قانون فرنسي**] دفع بعدم الحق في اقامة الدعوى؛ الجواب القانوني الذي لا يتعرض فيه المدعى عليه لموضوع الدعوى بل يبدي أن المدعي لا يملك حق اقامة الدعوى

الحجز على الاموال الثابتة أو المنشآت أو المستأجرات أو على ثياب المدين وثياب عائلته أو فراش منزله أو أدوات مهنته أو غير ذلك مما لا يبيح القانون تنفيذه عليه .

معنى هذا الامر «اعمل على الاداء» ويؤشر عليه بعد تمام التنفيذ بالعبارة *fieri feci* «عملت على الاداء» .

fieri feci العبارة التي يؤشر بها الموظف مأمور التنفيذ على أمر التنفيذ *fieri facias* بعد العمل بموجبه والحصول على المبلغ المحكوم به أو جزء منه، ومعناها «عملت على الاداء» .

fifth degree of kinship قرابة الدرجة الخامسة : القرابة التي تكون بين الشخص وبين أبناء بني عمه أو خاله أو عمته أو خالته .

fifty decisions القرارات الخمسون التي أصدرها جستنيان عامي ٥٢٩ و ٥٣٢ ليوضح بها المسائل والنقاط التي كانت موضعاً للجدل والشك عند اعداد الطبعة الثانية من مدونته القانونية .

fifty-fifty قاعدة المناصفة أو التساوي (في المسؤوليات أو الارباح أو غير ذلك) : وهي تقضي بتخصيص ٥٠ ٪ من عوائد العمل أو الانتاج المعني لكل من طرفي العقد .

fight قتال؛ إقتتال؛ عراك : يركن اليه شخصان أو أكثر باستعمال الايدي أو غيرها من وسائل العنف الشخصي . ولا يفهم من هذا الفعل سبق الاصرار ما لم يكن قتالا رياضياً، كالملاكمة وما اليها .

figures أرقام أو رموز؛ منها الارقام الرومانية Roman figures المعبر عنها بالحروف نحو : I و II و III و IV و V الخ..؛ يقابلها ما يسمى الارقام العربية Arabic figures نحو : 1 و 2 و 3 و 4 و 5 الخ .

filch يسرق نقوداً أو اشياء حقيرة القيمة .

file ملف؛ اضبارة؛ دوسيه، ومشتملات ذلك من وثائق وأوراق متصلة بالقضية .

[**كفعل**] يضع؛ يودع؛ يدخل (أوراقاً أو مستندات) في ملف؛ يحيلها الى الملف أو يقدمها الى الجهة المختصة لتودعها حيث يلزم .

file a bill [**اجراءات العدالة المطلقة** equity] يرفع دعوى (بمعنى bring a suit) امام دائرة العدالة المطلقة المختصة بالمحكمة العليا .

filed for record أودعت أو قدمت لتسجيل أو حفظ

filiate يتبنى : يتقبل بنوة ولد؛ يتخذ من الولد الطبيعي (غير الشرعي) ابناً أو ينسبه لنفسه؛ يعلن نسب الولد : أي ابن من يكون .

financial responsibility التزام مالي نحو الغير ؛ ذمة أو مسؤولية مالية تقضي على صاحبها ان يدفع للغير مبلغاً معلوماً من النقود .

financial worth قيمة مالية : مقدار ما يملكه الشخص بعد استنزال المطلوب منه، أو، ما يتبقى للشركة بعد طرح حسومها liabilities من اصولها assets .

financially able موسر ؛ مليء ؛ قادر على أداء

financier مالي؛ من رجال المال؛ من ذوي الخبرة في شؤون المال والقدرة على ادارته وحسن تدبيره .

find يجد (بعد بحث)؛ يعثر (على)؛ يكتشف؛ يقرر؛ يتثبت؛ يستوثق من أمر ويعلنه

يقرر موضوع خلاف لصالح أحد خصمين؛ يعلن نتيجة بعد التحقيق في واقعة متنازعة .

finder لاقط؛ واجد؛ من عثر على شيء مفقود للغير فاستولى عليه .

مفتش جمركي مهمته تعقيب ما لم تستوف عليه الرسوم المستحقة من البضائع الواردة والصادرة .

[**شؤون البنوك**] سمسار يعمل على جلب الزبائن للبنك نظير ما يتقاضاه من عمالة .

finder's fee عمالة جلب الزبائن : العمالة التي يدفعها صاحب البنك لمن جلب له زبوناً يستفيد منه .

finding قرار (محلفين او محكمة او محكمين، بعد البحث في مسألة تدخل نطاق البحث الواقع). نتيجة مداولة المحكمة او هيئة المحلفين .

حيثيات الحكم ؛ بيان الوقائع حسب توافرها

finding of fact تقرير واقعة

استظهار واقعة بسبيل ما يتوافر من الادلة .

جواب المحلفين فيما يتعلق بقيام واقعة متنازعة معينة او عدم قيامها .

fine يفرض غرامة

[**كاسم**] غرامة او عقوبة نقدية تفرض على المحاكم بعد ادانته .

مبلغ من النقود يقتضى دفعه عند النهاية *finis* حسما لمبايعة او اجراء .

[**دعاوى التصرفات العقارية**] مصالحة على دعوى، تتم باذن المحكمة وتؤول بموجبها الارض موضوع النزاع الى احد الخصوم. ألغي العمل بهذا الاجراء في انكلترا منذ عهد الملك وليم الرابع . تختلف كلمة fine عن penalty في اقتصارها على العقوبة النقدية دون سواها؛ بينما تشمل penalty كافة ضروب القصاص بما في ذلك العقوبة النقدية .

نظراً لمضي المدة المحددة لرفعها أو قيام صلح أو اتفاق سابق حول الموضوع أو غيره ذلك من الاسباب المسقطة للحق المذكور .

final نهائي أو انتهائي؛ قطعي ، فاصل؛ مبرم؛ شامل؛ ختامي؛ في الدرجة الاخيرة

final accounts حسابات ختامية

final act مستند نهائي

final decision قرار نهائي : قرار فاصل ليس وراءه في القانون أي مذهب .

final disposition قرار نهائي شامل (في موضوع التحكيم) لا يقبل المراجعة .

final judgment or **final determination** حكم نهائي، اكتسب الدرجة القطعية؛ حكم فاصل لا محل فيه لاعتراض او استئناف .

final leg [**قواعد الطيران**] الاقتراب النهائي (من المطار او موقع الهبوط المقصود) .

final passage مصادقة اخيرة : اقتراع نهائي لازم لاقرار مشروع قانون bill او الموافقة عليه وصيرورته قانوناً law .

final port of discharge [**تأمين بحري**] يراد بالاصطلاح final port of discharge ميناء التفريغ الاخير او آخر ميناء تفرغ فيه السفينة شحنتها أثناء السفرة الواحدة .

final receiver's receipt ايصال تعطيه المراجع الرسمية المختصة اشعاراً باستيفاء كامل ثمن الارض الاميرية من المشتري والاحتفاظ بحق ملكيتها لحسابه ريثما تسلمه حجة الملكية اللازمة .

final settlement تسوية ختامية

[**مواد حسبية**] شهادة تمام الادارة وقيام المدير بكلما تقتضيه ادارة التركة وتقديم البيانات اللازمة عن كيفية تصرفه بما دخل الى يده من النقود .

[**في المقاولات**] التقرير النهائي للمبلغ الواجب الاداء للمقاول من المرجع الحكومي المختص .

final trial محاكمة اخيرة؛ جلسة ختامية لنظر الدعوى (ابتدائياً) .

finalis concordia اتفاق نهائي

finances مالية (الشخص) : مصادره، ظروفه، شؤونه أو اوضاعه المالية .

financial مالي؛ يتصل بالمال أو ما يقوم مقامه .

fine bank bills اوراق مصرفية من الدرجة الاولى

fine for alienation [قديماً] المبلغ الذي كان يؤدى للسيد الاقطاعي عند انتقال القطيعة من فصل (تابع اقطاعي) الى آخر .

fine for endowment [قديماً] المبلغ الواجب الاداء على ارملة الفصل للسيد الاقطاعي نظير أيلولة اراضي زوجها اليها.

fine commercial paper اوراق تجارية من الدرجة الاولى .

fine-force اضطراراً ؛ قهراً

fine rolls (راجع oblate rolls)

finger prints بصمات اصابع

finis نهاية؛ منتهى؛ حد؛ آخر

finis finem litibus imponit الغرامة تضع حداً للخصومة

finis le roy [قانون انكليزي قديم] غرامات الملك؛ العقوبات النقدية التي كانت تفرض على مرتكبي الجرائم والمخالفين لاحكام القانون وتؤول الى الملك .

finium regundorum actio دعوى تسوية حدود

fire نار ؛ ناري

firearm سلاح ناري

firebare منار لهداية السفن ليلا

fire bug(s) اسم دارج يطلق على مرتكبي جرائم الحريق.

fire escape مخرج نجاة من النيران او الحريق .

fire ordeal (راجع باب ordeal)

fire policy وثيقة تأمين من الحرائق

fire raising [قانون اسكتلندي] الحريق العمد؛ اشعال النار عمداً في المنازل والمحاصيل والاحراج وغيرها .

fire-wood خشب وقود

fireworks العاب نارية؛ صواريخ؛ زينة نارية

firm مؤسسة؛ منشأة او شركة تجارية قوامها شخصان او اكثر .

[كنعت] ثابت؛ راسخ؛ لا يتبدل؛ لا يتقلب

firm name اسم الشركة (او المؤسسة) او عنوانها الذي تعرف به لاغراض التجارة .

firman [قديماً] فرمان؛ شهادة عثمانية بحق او امتياز او لقب او انعام مهما كان .

تصريح مرور

firmior et potentior est operatio legis quam dispositio hominis القانون أثبت وأقوى مفعولا من ارادة الانسان او تدبيره .

firmitas [قانون انكليزي قديم] ضمان حق او امتياز . ميثاق مكتوب

firmly believes يجزم (بأمر)؛ على يقين منه او اعتقاد راسخ به .

first اول؛ من طراز او صنف او نوع اول .

first blush اول وهلة، نحو: negligence struck the mind at first blush as having been wilful اي بدا الاهمال للذهن مفتعلا لاول وهلة .

first born بكر؛ ابن اكبر؛ مولود اول

first-class اول درجة؛ درجة او مرتبة اولى؛ اجود نوع او صنف

first-class mail-matter [انظمة البريد] مواد بريدية مقفلة لا يشملها التفتيش .

first-class misdemeanant [قانون انكليزي] جانح مرتبة اولى؛ من ادانته المحكمة بارتكاب جنحة ولم تحكم عليه بالشغل بل اوصت بحسن معاملته وعدم اعتباره من المحكومين المجرمين .

first-class title حق ملكية من الدرجة الاولى : خالص لصاحبه؛ لا يعود فيه للغير أي امتياز او ادعاء . الحق الذي يستقل به صاحبه ويتصرف كما شاء دون مشاركة الغير او اعتراضه .

first cousin; first cousin once removed (راجع باب cousin)

first degree burns حروق أول درجة: الحروق البسيطة التي لا تتجاوز ظاهر الجلد ولا تترك في الجسم غير التهاب بسيط يشبه الحروق المحدثة بجراء التعرض للشمس .

first devisee موصى له اول او اسبق: ينتقل اليه المال على سبيل الهبة او الوصية بالدرجة الاولى او قبل غيره .

first fruits (راجع annates)

first hand مباشر؛ من مصدره او منبعه؛ مستقى من اصله؛ بلا وسيط او واسطة

من السواحل الانكليزية ان يسلمها للملك بموجب الحق المذكور .

fishery or piscary مصيدة اسماك : مكان معد لصيد السمك .

حق صيد في مياه عامة او خاصة .

— common fishery مصيدة عامة؛ مياه عامة يباح فيها الصيد لمن شاء .

— free fishery حرية صيد . حق صيد تكون ايلولته بسبيل التقادم او الهبة الصريحة ممن يملك هبته، ولا يرتب لمن عاد اليه اي حق في تربة النهر الذي يمارسه فيه .

— several fishery حق صيد اسماك تعود لصاحبه ملكية تربة النهر او المجرى الذي يمارسه فيه ما لم يقم الدليل على العكس .

fishing bill لائحة تصيد : لا يأتي فيها المدعي بأية اسباب تسند دعواه بل يحاول استدراج المدعى عليه الى توفير الاسباب المطلوبة (الصالحة لدعواه) ؛ اللائحة التي يلتمس بها المدعي أسانيده وأسبابه فيما يكشف عنه المدعى عليه من الوقائع .

fisk [قانون اسكتلندي] ايرادات التاج .

تستعمل هذه الكلمة غالباً للدلالة على ما يؤول للتاج من أموال الثائرين والخارجين على القانون .

fissure vein [مواد التعدين] عرق معدني يملأ صدعاً في القشرة الارضية لا يعرف له غور .

fit [كنعت] لائق؛ صالح؛ ملائم؛ مناسب؛ مهيأ او معد (لشأن)

[طب شرعي] نوبة عصبية او عقلية

fitz [لغة وقوانين نورماندية] ابن، نحو ابن جيمس fitzjames و ابن هيربرت fitzherbert وهلم جراً ...

اطلق هذا الاسم على الاولاد غير الشرعيين .

five-mile act قانون الخمسة الاميال . صدر هذا القانون سنة ١٦٦٥ ضد الـ nonconformists الخارجين على الكنيسة الانجليكانية وقد نص على منع قساوسة الطائفة المذكورة من الاقتراب مسافة تقل عن خمسة أميال من اي بلد او مكان سبق لهم ان وعظوا فيه منذ سنة ١٦٦٠ . ثم الغي القانون المذكور سنة ١٦٨٩ .

fix يحدد؛ يعين؛ يضع؛ يقرر؛ ينظم؛ (راجع fixed)

fixation انعقاد الحواس او رسوخها (على شأن)؛ تملك المشاعر . تثبيت؛ تجميد؛ تعيين

fixations مواعيد القطع في البورصة

first heir وارث اول : ينتقل اليه الحق في الملك اذا سقط حق غيره فيه بموت او تنازل او فقدان اهلية .

first impression استعراض اول (لدعوى أو موضوع)؛ اعتبار ذلك او النظر فيه للمرة الاولى .

يرد هذا الاصطلاح أحياناً في وصف الدعاوى بمعنى، اولى من نوعها او فريدة فيه : اي تقوم على مسألة قانونية جديدة لم ينظر مثلها امام المحاكم ولا توجد لها سابقة يصح ان تحكمها او يستنار بها عند الفصل فيها . مثل هذه الدعوى تعتبر دعوى فريدة بلا سابقة case of the first impression .

first lien امتياز اول : يخول صاحبه حق الاولوية في استيفاء دينه من حاصل بيع اموال مدينه قضائياً .

first mortgage bonds سندات رهن اولى : تعطي حاملها حق التقدم على الغير في استيفاء قيمتها .

first of exchange كمبيالة اولى تكرارية او اولى الكمبيالات التكرارية .

تسحب الكمبيالة احياناً على صورتين او اكثر ضماناً لسلامة وصولها، وتعتبر جميع صورها متساوية من حيث الاثر والاعتماد؛ واول صورة تصل منها تسمى first of exchange والثانية second of exchange وهلم جراً ... فاذا قبلت الاولى ودفعت قيمتها الغى قبولها جميع الصور الاخرى .

firstoffender مذنب للمرة الاولى : ليست له سوابق اجرامية .

first policy year سنة تأمين اولى : بدايتها تاريخ اصدار وثيقة التأمين (او البوليصة) .

first price [اسواق مالية] سعر فتح

fisc خزانة (المملكة او الدولة)؛ صندوق نقود

fiscal مالي؛ يتعلق بالايرادات العامة او الضرائب؛ خاص بالشؤون المالية العامة .

fiscal officers موظفون ماليون : موظفو الايرادات العامة المكلفون بجمع الاموال العامة وتوزيعها على الابواب المقررة لها.

fiscal year سنة مالية

fiscus [قانون روماني] خزانة ملك او امبراطور او امير او حاكم .

fish royal اسماك ملكية ؛ هي الحيتان ونوع آخر من فصيلتها يعرف بالحفش sturgeon . سميت كذلك لانها اعتبرت قديماً ملكاً للملك نظير توليه حماية السواحل من القرصان واللصوص؛ وكان لزاماً على من اصطادها او عثر عليها بالقرب

fixed محدد؛ متفق عليه؛ مقرر

[مشارطات السفن] ترد في مثـل هذا النص : provided ship not fixed previously بمعنى «مرتبطة» او «مقيدة».

fixed assets اصول ثابتة : الموجودات او المعدات اللازمة لاستمرار سير المشروع المعني او العمل .

fixed capital راسمال ثابت . مجموع تكاليف وسائل الانتاج من مصانع ومعدات وأدوات ومنشآت لازمة .

fixed credit bargains صفقات آجلة مقررة

fixed deposits مودعات موقوتة (اي محددة المدة)

fixed indebtedness مديونية متفق عليها، محددة باتفاق طرفيها .

fixed instalment system (راجع باب system)

fixed liabilities حسوم ثابتة المقدار

fixed prices اسعار متفق عليها؛ مقررة باتفاق ذوي الشأن

fixing bail ربط الكفيل اطلاقاً بما التزمه في سند الكفالة، جعل مسؤوليته مطلقة .

fixing letter [عقود النقل البحري] خطاب تحديد ايجاد السفينة .

fixtures منشآت؛ أثاث؛ معدات تقام على العقار او توثق اليه او تثبت فيه بحيث تصبح جزءاً لا يتجزأ منه . وقد اختلفت المراجع فيما اذا كان ينبغي اعتبار الـ fixtures من الاشياء الثابتة ام المنقولة .

— trade fixtures (راجع باب trade)

flaco مكان يغمره ماء راكد

flag علم؛ راية؛ لواء

— black flag راية سوداء؛ علم قرصان

flag, law of (law of flag) [قانون بحري] قانون العلم، اي قانون دولة العلم الذي تحمله السفينة .

flag of truce راية هدنة : (علم ابيض)

flagrans crimen [قانون روماني] جرم مشهود، رؤي أثناء وقوعه او شوهدت آثاره أو رؤي فاعله حال فراغه منه وهو على هيئة تنطق بارتكابه له .

flagrant فاضح؛ مفضوح؛ واضح؛ سافر؛ علني؛ مشهود؛ غاشم؛ شديد

flagrant *délit* جرم مشهود؛ جرم تلبس

flagrant necessity ضرورة شديدة او ملحة تجيز ما لا يجيزه القانون ويصح ان تعتبر عذراً محلا لفعل غير مشروع . من ذلك مثلا، ضرب المغيث لمن اشرف على الغرق وافقاده الوعي تيسيراً لانقاذه ومنعاً له من فعل قد يودي بحياته وحياة المغيث؛ وكذا كل مضارة تؤتى بحكم الحاجة الملحة ودفعاً لخطر اعظم او خسارة افدح .

flagrante bello خلال الحرب؛ اثناء قيامها

flagrante delicto في حالة الفعل؛ حالة التلبس بالجريمة

flagrantly against evidence زيغ واضح عما توحيه البينة . يخرج عما يبديه او يرجحه الدليل خروجاً مكشوفاً يشف عن تحيز وميل .

flash cheque شيك باطل، بلا مقابل : يسحبه صاحبه رغم علمه بأنه لا يملك رصيداً يقابله .

flash money نقود زائفة

flat منزل؛ مسكن؛ (شقة)؛ جناح او دور سكن او جزء مستقل من ذلك يصلح لسكنى عائلة .

[شؤون بحرية] موقع تكسوه مياه قليلة الغور لا تصلح للملاحة؛ ضحل

المساحة الممتدة على ساحل البحر او الخليج او ضفة النهر بين اقصى مستوى المد high water mark واقصى مستوى الجزر low water mark .

flat denial انكار صريح؛ تكذيب مباشر

flat rates فئات متساوية او متماثلة

flattery اطراء؛ مبالغة في ثناء

flee from justice يفر من (وجه) العدالة : يغادر بيته او محل سكناه او يخفي نفسه فيه قصداً بغية الافلات من الملاحقة القانونية والقصاص .

fleet جدول؛ مجرى؛ منفذ ماء

عمارة بحرية (م. عمارات بحرية)؛ اسطول؛ عدد من السفن . اسم سجن في لندن (بانكلترا)

fleet marriages (راجع باب marriage)

flem [قانون انكليزي قديم] عبد او قن فار

flemeswite [قانون انكليزي قديم] حيازة اموال الفارين (بمعنى وضع اليد عليها) .

flet or **fleth** [قانون سكسوني] أرض؛ دار؛ منزل

fleta كتاب فقه قديم مجهول المؤلف يعالج قوانين انجلترا على ما كتبه الفقيهان Bracton و Glanville في القوانين المذكورة ويعتقد ان واضع هذا الكتاب قاض او محام ضليع كان مسجوناً أيام الملك ادوارد الاول في Fleet Prison فسمي كتابه باسم السجن المذكور .

flichwite [قانون سكسوني] غرامة مشاجرات فرضت على المشتركين في المنازعات .

flight فرار؛ هرب (مما تخشى مواجهته)
[قانون الطيران] طيران؛ رحلة جوية

flight forecast [قانون الطيران] تنبوء جوي للطيران او الرحلة المقصودة .

flight information rating اهلية تأمين الطيران

flight information region اقليم او منطقة تأمين الطيران

flight manual دليل طيران

flight navigator ملاح جوي

flight operations officer ضابط او موظف عمليات طيران

flight plan خطة رحلة او طيران

flight radio operator عامل لاسلكي طيران

flight time مدة الطيران

flight visibility متوسط الرؤية؛ متوسط مدى الرؤية من حظيرة قيادة الطائرة اثناء طيرانها .

float [معاملات مصرفية] شيكات برسم القبض او مقدمة للقبض .
[كفعل] يطفو، يعوم . يعوم بمعنى : يعمل على نشوء شركة او ترويجها ؛ يعيد لها او للمؤسسة المصرفية سابق اعتبارها؛ يوقفها على قدميها او يقيها الغرق .

floater [سوق مالية] شهادة اسهم او حصص حكومية . ورقة مالية ممتازة تستعمل احياناً كضمان .

floating capital رأسمال متداول؛ رأسمال النفقات الجارية او الانتاج الجاري: المبالغ المنصرفة في صنع السلع واعدادها للبيع .
المبالغ التي تبذل في كل عملية من عمليات الانتاج وتتحول الى منتوجات جديدة .

floating charge تكليف عائم: اي مستمر على موجودات الشركة وأموالها، تستطيع معه الشركة ان تتصرف بأموالها كما تشاء في حدود اعمالها وشؤونها المعتادة حتى يقوم صاحب التكليف او الامتياز بتنفيذ ما بيده على الاموال المذكورة . سمي كذلك لانه يعتبر باقياً بيد صاحبه كالسيف المسلط على اموال الشركة حتى يوضع موضع التنفيذ .

floating debts ديون عرضية، سائرة او آنية : لا يحسب لها حساب مستقبل ثابت، بل تكون وليدة الظروف الراهنة ويحصل عليها لحاجة طارئة او أغراض وقتية باعتبارها ستؤدى في برهة وجيزة . ديون نثرية، لم ترصد لسدادها في صندوق المؤسسة او ميزانيتها أية مبالغ خاصة .
ديون ليست في شكل سندات او اسهم تؤدى عليها فوائد .

floating money نقود جاهزة لدفع او تسليف

floating policy عقد تأمين احتياطي : يحل محل التأمين الاصلي في حال انقضائه او انقطاعه لسبب من الاسباب ويضمن للمؤمن له تقاضي التعويض عن بضاعة لا يتسنى التأمين عليها بمبلغ ثابت معلوم نظراً لان مكانها ومقدارها عرضة لتغيير مستمر .

floating security ضمان مستمر، على اموال مؤسسة عاملة

flode-mark حد المد الاقصى او علامته القصوى: العلامة التي يتركها البحر على الشاطىء عندما يبلغ ارتفاع الماء اقصاه .

flog يجلد؛ يضرب بسوط او مقرعة

flogging (قصاص) الضرب بالسوط او المقرعة

flood يغمر؛ يكتسح؛ يفيض (على)؛ يغمر؛ يغرق
[كاسم] طوفان؛ فيضان يعتبر وقوعه قضاء وقدراً او من افعال الله عز وجل Act of God .

floor ارضية غرفة او مكان . قاع او قعر
[اصطلاحات برلمانية] الكلمة؛ حق التكلم او الخطابة او الاذن بالكلام الذي يمنحه رئيس المجلس Speaker of the House لمن استأذن في حدود النظام المرعي، نحو: اعطيت له الكلمة او آذن له بالكلام ثلاث مرات three times he had the floor.

floor of a court ساحة المحكمة: الارض الممتدة في قاعة المحكمة بين منصة القضاء وصف الجلوس الأول الذي يشغله المحامون .

floor broker مساعد سمسار بورصة

floor planning تمويل السيارات للعرض: شراؤها جملة كي تعرض للبيع بالتجزئة لدى متعهدي البيع .

floored [قوانين السيارات] تعتبر السيارات floored حينما تعرض للبيع لدى المتعهد بعد شرائها لهذا الغرض من الشركة الممولة .

flooring مواد رصف ؛ المواد اللازمة لبناء الارضيات

florentine pandects نسخة عظيمة القدم من المجموعة القانونية الرومانية المسماة pandects ، اكتشفت بمحض الصدفة حوالي سنة ١١٣٧ في امالفي بالقرب من مدينة سليرنو بايطاليا . ويعتقد انها وضعت أصلا في القرن السادس بعد الميلاد . ثم نقلت بعد العثور عليها من امالفي الى بيزا Pisa . ولما استولت Florence على بيزا سنة ١٤٠٦ نقلها الفلورنسيون الى مدينتهم باحتفال عظيم ؛ ثم عملت سلطات المدينة على تجليدها تجليداً رائعاً ، واودعتها في صندوق ثمين ؛ وكانت لا تعرض في بادىء الامر الا على اضواء المشاعل وبحضور اثنين من القضاة واثنين من الرهبان حاسري الرأس (اجلالا لها) . وفي سنة ١٥٥٣ نشر Franciscus النسخة الاولى من هذه القوانين .

floruit مدة حياة الشخص ؛ الزمن الذي كان فيه حيا على وجه التأكيد اذا لم يتسن الجزم بتاريخ ولادته ووفاته .

flotsam or **flotsan** حطام سفينة ؛ بقايا شحنتها العائمة بعد غرقها وهذا غير jetsam الطرح او الرمي في البحر (اي القاء جانب من الشحنة تجنباً لغرق السفينة) .

flourish [في الجرائم] يرفع (سوطاً او عصا او شيئاً ليضرب به) ؛ يستل او يشهر (سيفاً او خنجراً او سكيناً) .

flowage سيلان (ماء) ، تدفقه او انحداره من اعلى الى اسفل . ارتفاق مسيل

flowing lands بقاع تجميع المياه المارة لاغراض الري .

fluctuate يتقلب (بين صعود وهبوط) ؛ لا يثبت على حال ، (والاسم fluctuation)

fluctus طوفان ؛ فيضان

flume نهر ؛ مجرى ؛ قناة او ترعة طبيعية

flumina et portus publica sunt, ideoque jus piscandi omnibus commune est الانهار والموانىء تعود للعامة وحق الصيد فيها مشترك بين الجميع .

fly-power سند تنازل على بياض ؛ يرفق بشهادة الاسهم او السندات ليدل على انتقالها حسب البيانات المضافة اليه من المتصرف المختص .

flyma [قانون انكليزي قديم] مجرم فار من وجه العدالة

foal [كفعل] تلد (الخيل) ؛ تضع صغارها

fodder علف او علوفة (حيوانات)

fœdus [قانون دولي] عصبة ؛ معاهدة ، ميثاق

fœminae ab omnibus officiis civilibus vel publicis remotae sunt النساء مستثنيات من كل مسؤولية ووظيفة عامة .

fœminae viro co-operta امرأة متزوجة او محصنة

fœneration اقراض المال بالفائدة ؛ تشغيله في المرابحة (الربا)

fœnus [قانون مدني] فائدة على نقود ؛ اقراض النقود بفائدة

fœnus unciarium فائدة سنوية مقدارها $\frac{١}{١٢}$ من رأس المال او $\frac{١}{٣}$ ٨ ٪ في السنة وهي اقصى ما سمح به من الفائدة القانونية في اوائل عهد الجمهورية الرومانية .

fœticide (راجع feticide)

fœtura الثمرات العائدة من المال لصاحبه ، بحكم حقه فيه .

fœtus جنين ؛ حمل مستكن ؛ طفل لم يولد ؛ ولد في رحم امه infant in *ventre sa mère* .

fog ضباب (على انواعه)

[قانون بحري] الضباب والسحب المنخفضة والثلوج المتساقطة وكل حالة جوية من شأنها ان تثقل الهواء وتحجب الرؤية او تعرقلها وتزيد من أخطار الملاحة .

foil خيب ؛ احبط ؛ افسد (خطة خبيثة) او ابطل اغراضها .

foirfault [قانون اسكتلندي قديم] يفقد (بمعنى forfeit)

foirthocht [قانون اسكتلندي قديم] سبق اصرار ؛ قصد مصمم

folc-land [قانون سكسوني] ارض عامة

folc-right [قانون سكسوني] حق عام يعود لجميع افراد الشعب .

fold-course or **foldcourse** [قانون انكليزي] ارض يعود فيها للغير حق ايواء اغنامه .

ارض تستعمل لمرور الاغنام . حق ايواء الاغنام او رعيها .

foldage حق مالك الارض في الاستفادة من سماد (بعر) اغنام الغير الحاصل من رعيها او ايوائها على ارضه .

folgarii; folgers خدم منازل ؛ اتباع

folio ورقة (بصفحتيها او وجهيها)

folk-custom عادة شعبية

folk laws قوانين شعبية

folkmoot : [**قانون سكسوني**] اريد بهذه الكلمة محكمتان: المحكمة الاقليمية county court ومحكمة الـ sheriff المسماة tourn وهي محكمة تدوينية of record جنائية دورية كانت تنعقد مرتين في السنة .

follow يراعي ؛ يتبع ؛ يتمشى (مع) ؛ يخضع (لـ) ؛ يطابق ؛ يعمل بموجب ؛ يحذو ؛ يسير ؛ ينشأ (على غرار)

follows the property يتبع الملك (او المال) ؛ يلتصق به ، يخضع له

fonds et biens بضائع واموال

fonds perdus يعتبر رأس المال مستثمراً *à fonds perdus* اذا أقرضه صاحبه شرط ان يدفع له المدين فائدة معينة تفوق الفائدة العادية مدة مقررة من الزمن تبرأ بعدها ذمته من رأسمال الدين، على اعتبار ان قيامه بدفع الفائدة المعلاة طيلة المدة المقررة يعفيه من أداء رأس المال .

foot قدم : وحدة قياس طولي مقدارها ١٢ انشاً او ثلث ياردة . قاعدة (شيء) ، اسفله او اساسه . ذيل؛ نهاية؛ آخر

foot drop ارتخاء القدم : فقدان القدرة على ادارة القدم نحو الداخل (اي نحو القدم الاخرى)؛ فقدان القدرة على مد أصابع القدم او رفعها، وكذا فقدان الحس من قصبة الساق ومشط القدم .

foot-frontage rule [**اراضي العمران**] قاعدة فرض الضريبة بنسبة المطل على خط التحسين؛ اي ربط الضريبة على القسائم او الاراضي بنسبة ما يطل منها على خط التحسين دون التفات الى اجزائها ومقاييسها الاخرى .

foot of a fine بيان مصالحة عقارية : وصف مقتضب للاجراءات المتخذة بشأن عقار موضوع مصالحة . (راجع fine)

footway; footpath رصيف او ممر (خاص) للمشاة

footprints [**قانون البينة**] اثر الاقدام او جرتها

for [**قانون فرنسي**] محكمة، نحو المحكمة الداخلية *le for intérieur* (محكمة الوجدان) .

for نيابة عن؛ بدلا من؛ مكان (شيء) او في مقامه . عائد الى ، تابع لـ ؛ خاص بـ
لقاء؛ مقابل؛ نظير . مدة؛ اثناء؛ طيلة، بمعنى throughout او duration . لمنفعة (فلان ...)

for account of لحساب (فلان من الناس)

for cause لاسباب مشروعة، محلة او معقولة او كافية من حيث القانون والسياسة العامة .

for collection [**تجيير الشيكات والكمبيالات**] على ذمة التحصيل؛ او ، القيمة للتحصيل (من المسمى فيها) .

for hire للايجار ، على سبيله

for that اذ؛ اذ ان ، تليها عادة whereas نحو اذ ، حيث ان for that whereas .

for the call [**اسواق مالية**] عملية خيارية option deal للصعود . (راجع call و put)

for the put [**اسواق مالية**] عملية خيارية option deal للهبوط . (راجع call و put)

for value (راجع holder)

for use للانتفاع بشيء او استعماله او التمتع به (دون تعييبه او تخريبه) .
في سبيل الغير؛ لصالحه؛ لمنفعته او نيابة عنه: كدعوى يرفعها المتصرف ضد الغير لصالح المتصرف فيكون عنوانها A for use of B v. C على اعتبار ان A هو المتصرف له و B المتصرف و C الغير؛ أي «أ» ضد «ج» لمنفعة «ب» .

forage علوفة خيول : من قش وتبن ومخلفات حصاد الحبوب وما اليها .

forbannitus منفي؛ مبعد، خارج على القانون . لص بحري

forbatudus [**قانون انكليزي قديم**] معتد مقتول في معركة

forbear سلف ؛ اصل
[**كفعل**] يمتنع؛ يحجم (عن شأن)

forbearance احجام؛ إمتناع عن (فعل)
[**في المطالبات**] تروي الدائن، تريثه او صبره على المدين (بعد استحقاق الدين) . التأخير في تنفيذ حق؛ الامتناع عنه او عن المقاضاة

forbid يمنع؛ يحظر

force قوة؛ مفعول؛ فعل؛ تأثير او اثر؛ صلاحية (قانون) . إكراه؛ مراغمة؛ قهر (على أمر)؛ عنف؛ قسر
— compound force تعد مزدوج (على مسكن الغير

foreclose يصد او يوصد؛ يمنع : كمنع الراهن المدين من فك الرهن بعد فوات الفرصة عليه .

foreclosure غلق الرهن : اذا قصر المدين الراهن عن الوفاء بما عليه عند حلول الاجل او عجز عن دفع الفوائد المستحقة او اخل بشروط الدين، كان للدائن المرتهن ان يستصدر من المحكمة أمراً يسمى foreclosure يحرم به المدين الراهن حق افتكاك الرهن ويؤول اليه المال المرهون وفاء لحقه أيلولة خالصة . على ان المحكمة لا تجيب الدائن الى طلب الغلق الا بعد ان تصدر امراً يسمى decree nisi ويظل سارياً مدة ستة اشهر ثم تأمر باجراء حساب يبين تفاصيل ما يطلب من المدين فيما يتعلق بالمال المرهون، فاذا لم يؤد المدين ما عليه خلال الستة الاشهر التالية لصدور الـ nisi اصدرت المحكمة foreclosure امر غلق الرهن وكان امرها قطعياً .

— statutory foreclosure (راجع باب statutory)

— strict foreclosure انذار غلق قطعي : تكليف المدين الراهن بدفع الدين المستحق بموجب عقد الرهن، خلال موعد محدد، وانذاره بفقدان حقه في انقاذ المال المرهون وأيلولته للدائن المرتهن اذا عجز عن الاداء في الموعد المحدد .

foreclosure decree امر غلق الرهن (راجع foreclosure)

foreclosure sale بيع غلق الرهن : بيع المال المرهون لمقاصة الدين بحاصل البيع؛ وذلك بناء على شرط البيع دون اجراءات «شرط الطريق الممهد» كما يسمى احياناً او بناء على امر من المحكمة المختصة .

foreclosure suit دعوى غلق الرهن : الدعوى المقامة لاثبات قيام الرهن والتحقق من قيمته ومشتملاته وبيع المرهون وفاء للدين .

foredate استباق التاريخ؛ تقديم تاريخ المحرر على التاريخ الحقيقي الذي نظم فيه فعلاً، (وهذا لا يختلف عن الفعل antedate) .

foregift [عقود الايجار] اجرة معجلة؛ مبلغ مقطوع يعجل (اي يعطى سلفاً) من الاجرة .

forehand rent اجرة معجلة : تدفع سلفاً

foreign اجنبي؛ خارجي

foreign courts محاكم اجنبية : تتبع دولة اخرى

foreign dominion [قانون انكليزي] ممتلكات اجنبية منضمة . اقاليم كانت جزءاً من ممتلكات دولة اجنبية ثم انسلخت عنها وانضمت للتاج البريطاني .

او ارضه) : التعدي الذي لا يقف عند حد دخول المساكن عنوة (دون رضا اصحابها) بل يتجاوز ذلك الى اتيان أفعال اجرامية فيها .

— implied force قوة قاهرة ضمنية؛ عنف ضمني : ينطوي عليه كل تعد يقع على عقار الغير .

— simple force قوة بسيطة؛ اكراه بسيط؛ دخول ملك الغير عنوة . التعدي على ملك الغير بمجرد دخوله (دون اذن صاحبه) . خرق حرمة أماكن الغير بدخولها فقط (دون القيام فيها بأي فعل آخر غير مشروع) .

force and fear القوة والخوف : وهما من عناصر ابطال العقود . اذا ثبت تأثير اي منهما في إنشاء العقد كان سبباً كافياً لابطاله .

force majesture [قانون التأمين] قوة غالبة

force majeure قوة قاهرة : كالحروب والاضرابات وافعال القضاء والقدر وما اليها .

forced heirs ورثة فرضيون او شرعيون : لهم في الميراث اسهم معلومة يقررها القانون ولا يملك المورث حرمانهم منها الا بسبب مشروع .

forced sale بيع جبري او قضائي : يفرضه القانون رغماً عن المالك المدين .

forces قوات البلاد

forcheapum حق شفعة (بمعنى pre-emption)

forcible detainer العصيان في المؤجر : رفض تخلية العقار بعد انتهاء مدة الايجار المتفق عليها .

forcible entry دخول عنوة؛ دخول تغلب او بالقوة؛ وهو اما ان يكون : (١) بكسر الابواب او النوافذ او غير ذلك من اجزاء المنازل الاخرى، او (٢) بدخول المكان سلمياً في بادىء الامر ثم الانقلاب على صاحبه او مستأجره واخراجه منه بالقوة او التهديد او الوعيد .

forcible entry and detainer يطلق هذا الاصطلاح على الدعوى الجزئية التي ترفع لاسترداد عقار اعتدي عليه بمنع صاحبه من حيازته .

fordal نتوء ارض يطل على ارض اخرى او ينشب فيها .

fore-matron رئيسة هيئة المحلفين (اذا كانت الهيئة من النساء) .

forecast [قانون الطيران] تنبوء جوي

foreign exchange نقد أجنبي؛ تحويلات اجنبية (سواء كانت عملة او تعهدات او سندات) .

foreign-going ship سفينة عاملة بين موانىء وطنية واخرى اجنبية .

foreign judgment (راجع باب judgment)

foreign jurisdiction ولاية قضائية اجنبية؛ اختصاص اجنبي (عن محكمة) اي لا يرجع اليها .
اختصاص خارجي؛ تملكه احدى الدول في اراضي دولة اخرى بموجب اتفاق .

foreign office [في بريطانيا] وزارة الخارجية

foreign secretary [في بريطانيا] وزير خارجية

foreigner اجنبي . اطلقت هذه الكلمة قديماً على من لم يكن من سكان المدينة المقيم فيها، اما مدلولها الحديث فيقتصر على الاجنبي (من حيث جنسيته) عن الدولة التي يقيم فيها .

forejudge [قانون انكليزي قديم] يطرد من محكمة (نتيجة سلوك شائن) ، نحو : طرد من المحكمة he was forejudged the court .
يجرد او يحرم (بحكم محكمة)؛ يبعد؛ ينفي
من معانيها الدارجة غير الفنية : يستبق او يبتسر الحكم (على امر)؛ يقرر على غير بينة او قبل الاحاطة بها .

forejudger [اجراءات انكليزية قديمة] حكم تجريد من منفعة؛ حكم نفي او طرد

foreman رئيس هيئة محلفين؛ ملاحظ عمال : يشرف على العمال اثناء قيامهم بالعمل .

forensic قضائي؛ متصل بالمحاكم، خاص بها او بالشؤون القانونية؛ شرعي

forensic medicine طب شرعي : علم يسخر جميع ابواب الطب لأغراض القانون والعدالة .

forensis قضائي؛ يتصل بالمحكمة او يعود اليها
[قانون اسكتلندي] رجل غريب، يسكن عادة في غـير البلد الموجود فيه .

foresaid [قانون اسكتلندي] مذكور، آنف الذكر، مشار اليه، مار ذكره

foreschoke [قانون انكليزي قديم] منبوذ : متنصل او متبرأ منه

foresee يتصور؛ يتخيل، يرى الشيء قبل وقوعه؛ يتنبأ؛ يدرك ما سيقع

foreseeability امكان، احتمال او مبلغ ادراك أمر قبل وقوعه .
بعد نظر؛ توقع حصول ضرر نتيجة فعل معين او الامتناع عنه. التبصر بعواقب الامور قبل وقوعها .

foreshore حزام الشاطىء او الساحل : المواقع الساحلية التي يغمرها البحر اثناء المد وينكشف عنها اثناء الجزر .

foresight بصيرة او تبصر؛ نظر ثاقب؛ ادراك عواقب الامور او نتائجها .

forest غابة؛ حرج

forestage; *forestagium* ضريبة انتفاع بالاحراج

forestall يعترض مسافراً على طريق عام؛ يعرقل مسيره . يقيم العراقيل في سبيل المستأجر ليمنعه من بلوغ المؤجر .
[معاملات تجارية] شراء السلع قبل بلوغها السوق او الاستئثار بكافة ما ينتظر وروده منها الى السوق بغية التحكم في أسعاره .

forestalling سدم (طريق عام). تعرض للغير على طريق عام.

forestalling the market قطع السوق : السيطرة على السوق بشراء البضاعة والاستئثار بها قبل بلوغها اليه أملا في بيعها بسعر تحكمي فيما بعد .

***forestarius;* forester** مراقب احراج : عين قديماً للاشراف على الاحراج والمحافظة على صيدها وقوانينها وعاداتها .

forethought سبق اصرار؛ تصميم سابق

forethought felony [قانون اسكتلندي] جناية سبق اصرار؛ القتل الذي يرتكب نتيجة تصميم سابق او خطة موضوعة، اي بدم بارد بعد تفكير مصمم .

forfeit زوال مال او اخذه نتيجة إخلال بشرط معلوم .
اتيان ما يؤدي الى التجريد من مال حق .
مفقود بجراء جريمة . ما يدفع تكفيراً عن جريمة .
[كفعل] يفقد (مالا او حقاً): يجرد منه نتيجة خطأ او اهمال او تقصير في واجب او اخلال بعقد او قانون او ارتكاب جريمة .
يغرم، نحو : سيغرم مبلغ مئة دينار he shall forfeit a sum of D.100 . يؤول الى، نحو: تستولي الحكومة على كل كمية من البترول تستنبط بصورة غير مشروعة any petroleum mined unlawfully shall be forfeited to the government .

forfeitable قابلة للفقدان او السقوط او المصادرة (بجراء عدم ممارسة، او اهمال، او جريمة او غير ذلك).

forfeiture تجريد؛ فقدان؛ زوال (مال او ملك)، مصادرته. سقوط (حق في ارض او مال)، انعدامه جزاء لصاحبه نتيجة اخلال منه أو خطأ أو تقصير في واجب او خروج عن اتفاق او نتيجة خرق لقانون او اقتراف لجريمة. ايلولة (الحق او الملك من صاحبه او المطالب به الى الدولة على سبيل الجزاء).

forfeiture of bond عدم وفاء الملتزم بشرط الاعفاء من الجزاء (المنصوص عليه بالالتزام).

forfeiture of marriage سقوط الزواج او اعتباره كأن لم يكن: الجزاء الذي يلقاه المولى عليه اذا تزوج خلافاً لمشيئة وليه.

forfeiture of shares الغاء اسهم

forfeitures abolition act قانون الغاء المصادرات الجنائية: وهو القانون الجنائي الصادر في انكلترا سنة ١٨٧٠ Felony Act of 1870 لالغاء عقوبة مصادرة الاموال التي كانت تترتب على الادانة باحدى الجنايات المنصوص عليها قانوناً.

forgabulum or ***forgavel*** اجرة نقدية تجعل المستأجر في حل من أداء اية اجرة او خدمة اخرى للمالك.

forge يزور؛ يلفق؛ يصنع شيئاً، يختلقه او يقلده

forgery تزوير؛ تقليد

شيء مزور او مقلد

[في البينة] تلفيق (شهادة) او اختلاقها؛ وهذا يشمل ترتيب الوقائع الصحيحة ترتيباً يجعلها تبعث الى الذهن او تصور للعقل فكرة زائفة او قرينة كاذبة.

Forgery Act, 1870 قانون التزوير لعام ١٨٧٠. وضع هذا القانون لتحديد العقوبات الواجب فرضها على مزوري شهادات الاسهم stock certificates وشمل اسكتلندا ببعض احكام قانون التزوير الصادر سنة ١٨٦١.

forgetfulness نسيان؛ سهو او ذهول؛ قد يبلغ حد الاهمال neglect ويبرر (في شؤون العمل) قيام المخدوم بفصل الخادم دون انذار سابق.

forgive يسامح؛ يعفو (عن اساءة)؛ يصفح؛ يغضي او يتغاضى

fori disputationes [قانون مدني] جدل؛ بحث او نقاش امام المحكمة.

forinsecus خارج

forisbanitus [قانون انكليزي قديم] منفي؛ مبعد

forisfacere يفقد؛ يعدم (مالا او ملكاً او حقاً او منفعة بجراء فعل اجرامي او مناف للقانون).

يتجاوز؛ يغاير؛ يخرق (قانوناً او قاعدة)

forisfactum مفقود؛ منعدم؛ ساقط

جرم؛ خرق لقانون او قاعدة

forisfactura جريمة يترتب عليها فقدان مال.

غرامة؛ عقوبة مادية

فقدان المال او الحق بجراء الاجرام.

forisfactus مجرم؛ فاقد حق الحياة نتيجة فعل جزاؤه الاعدام.

forisfamiliare [قانونان انكليزي واسكتلندي قديمان] يفصل عن اسرة او يخرج منها. والولد المفصول كان يعطى نصيباً معلوماً من ارض والده او ملكه ثم يترك وشأنه ليفعل به ما يريد، ولا يستطيع بعد ذلك ان يرجع الى والده بأي نصيب آخر.

forisfamiliated [قانون انكليزي قديم] مفصول او مخرج من الاسرة؛ من عين له والده جزءاً من ماله وملكه اياه ليستقل به عن العائلة، بناء على طلبه ورضاه.

forisjudicatio [قانون انكليزي قديم] حكم يستتبع تجريد المحكوم من ممارسة حق او حيازة مال معين.

forisjudicatus [قانون انكليزي قديم] مطرود او مخرج من المحكمة (بمعنى forejudged)؛ محكوم عليه بحرمان من شيء.

forisjurare يحنث؛ يحلف يميناً كاذبة. يتخلى (عن)

forisjurare parentilam خروج الابن على السلطة الابوية، مروقه منها. والمارق من سلطة ابيه كان يحرم من وراثته.

forlorn منقطع السبل: من انقطعت به الاسباب.

حائر؛ يائس؛ منعدم الرجاء

form شكل (قانوني او فني واجب الاتباع في تحرير عرائض او انشاء مستندات او اتباع اجراءات). طريقة. استمارة؛ نموذج

— matter of form مسألة شكلية؛ شكلي، شكلا او من حيث الشكل (لا الموضوع).

forma dat esse الشكل سبب الوجود او مصدر الكيان؛ الشكل يعطي الشيء كيانه.

formulae **[قانون روماني]** مراحل الدعوى او الاجراء القضائي ، وهي اربع : (١) بيان الوقائع التي يرتكز عليها الادعاء *demonstratio* ؛ (٢) نص الشكوى او الادعاء *intentio* ؛ (٣) الحكم الصادر عن المحكمة في موضوع النزاع لاحد الخصوم *adjudicatio* ؛ (٤) الادانة او التبرئة *condemnatio*

fornicate يطأ ؛ يواقع ؛ يجامع حراماً (راجع fornication)

fornication وطء حرام ؛ جماع ، وقاع او اتصال جنسي غير مشروع بين رجل وامرأة غير متزوجين ؛ يقابله الزنا adultery بين رجل وامرأة متزوجين . فاذا وقعت الفاحشة بين رجل متزوج وامرأة غير متزوجة كان الفعل بالنسبة للرجل زنا adultery وبالنسبة للمرأة fornication والعكس بالعكس .

fornix ماخور ؛ بيت دعارة . اتصال جنسي غير مشروع .

forprise استثناء ؛ مستثنى ؛ استثنائي . تحفظ ؛ احتفاظ بحق . ترد احياناً بمعنى ابتزاز الموظف او غيره لما ليس له حق في تقاضيه .

forschel قطعة ارض محاذية لطريق عام .

forspeaker محام في قضية ؛ مرافع فيها

forswear يحنث (عامداً) ؛ يحلف يميناً كاذبة . يطرح ؛ يتخلى عن ، نحو : يتخلى عن ولاء to forswear allegiance.

fort حصن

fortax يبتز ضريبة ، يفرضها بغير حق

forthcoming منتظر (الوقوع) او الحصول ؛ قادم

[قانون اسكتلندي] دعوى المطالبة بما للمدين لدى الغير والتنفيذ عليه . من معانيها أيضاً ، توفير امر او تقديمه عند الطلب نحو : تقديم المال عند الطلب forthcoming of property .

forthcoming bond **[قانون اسكتلندي]** تعهد بتقديم ما سيحكم به من مال او منفعة .
التزام الرضوخ لما تقرره المحكمة .

forthwith حالا ؛ فوراً ؛ دون تأخير ؛ مباشرة : بالسرعة المعقولة حسب الاحوال .

fortia قوة

[قانون انكليزي قديم] القوة التي يستعملها الشريك لتمكين الفاعل الاصيل من اتيان الجرم ، كقيامه مثلا بالامساك بالمعتدى عليه او تقييده بينما يقوم الفاعل بقتله او معاونة الفاعل على اي وجه او اسداء النصيحة او امره بارتكاب الجريمة .

fortior **[قانون البينة]** اقوى ؛ اقرب الى التصوير او العقل.

forma pauperis شأن الفقراء ؛ حسب الاوضاع المتبعة مع الفقراء : من حيث المساعدة القضائية التي تمنح لهم قانوناً .

formal شكلي ؛ يتصل بالشكل او الظاهر (دون الموضوع او الجوهر) .

formalities اوضاع ؛ شكليات

[في انكلترا] ازياء رسمية يلبسها الموظفون العموميون في المناسبات الرسمية .

formality شكل او نظام شكلي ؛ وضع ؛ ترتيب : يقتضي القانون مراعاته في انشاء السندات والعقود والتصرفات والاجراءات القانونية لضمان صحتها . شكلية (متبعة)

formed design **[مواد جنائية]** قصد مصمم ؛ نية مبيتة ؛ عزم اكيد على ارتكاب جرم (قتل) .

formedon **[قانون انكليزي قديم]** دعوى مطالبة بالملكية على اساس الهبة المطلقة .

former سابق ؛ اول ؛ متقدم (الذكر او الترتيب او الحصول)

former adjudication حكم سابق : حكم صادر في قضية سابقة له مفعول الامر المقضي به *res judicata* . وهذا إما ان يكون حكماً نهائياً في حقوق الخصوم او قراراً فاصلا في بعض المسائل التي لا تتجاوز نطاق الواقع .

former jeopardy سبق الاستهداف لخطر المحاكمة ؛ ادعاء سبق المحاكمة على ذات الجرم . حق المدعى عليه في التمسك بالمبدأ العام القائل بعدم جواز تعريض الشخص لخطر المحاكمة (اي لا تجوز محاكمته) على ذات الجرم غير مرة واحدة ؛ باعتبار ان المحاكمة خطر قد يؤدي الى الحكم عليه بالموت او بعقوبة اخرى . وعليه فهذا الحق (وهو من الحقوق المقررة بالقانون العام) يحميه من المحاكمة والاستهداف للعقوبة مرة اخرى على جرم حوكم عليه سابقاً .

former recovery سبق الحكم في حق او مال ؛ صدور حكم سابق فيه من محكمة مختصة وهذا *res judicata* (امر مقضي فيه) يصح التمسك به .

formula صيغة ؛ نص

[قانون مدني] قضية

formula instruction توجيه قانوني ؛ بسط الاوجه القانونية في القضية : بيان يشرح فيه القاضي الاحكام القانونية المتصلة بالقضية وتستنير به هيئة المحلفين او تستند اليه في وضع قرارها .

forward يرسل؛ يبعث؛ يواصل مسير شيء . يحول [شؤون تجارية] آجل ؛ استقبالي؛ يتعلق بمحصول مستقبل .

— **date forward** تعجيل التاريخ : اعطاء السند تاريخاً مستقبلا يلي تاريخ انشائه .

forward rates [اسواق تجارية] فئات رسوم العمليات الآجلة .

forwarding merchant or **forwarder** وسيط نقل؛ تاجر تعقيب شحن: يتولى نقل البضائع من واسطة شحن الى اخرى لمواصلة سفرها الى جهة معينة او يتسلم البضاعة من ناحية ليواصل شحنها الى ناحية اخرى نظير جعالة معلومة.

foster قريب من حيث صلة الحضانة او التربية والرعاية والمعاشرة (دون الدم او المصاهرة) .

foster-child ربيب (م. ربيبون او ربائب)

foster-parent والد بالتربية او الحضانة : من قام نحو ولد غيره بما ترتب عليه من الواجبات نحو ولده الحقيقي .

fosterage حضانة الربيب او العناية به . صلة التبني والتربية دون الدم او المصاهرة .

fostering [في ارلندا] تربية؛ حضانة . عادة ارلندية قديمة . كان الارلنديون بموجبها يسلمون اولادهم الى من يتولى رعايتهم وتربيتهم، وكانت تعتبر الصلة الناشئة بحكم تلك التربية والعشرة امتن وثاقاً واعز مكانة من قرابة الدم .

fosterlean جعل رعاية الربيب او الربيبة والقيام بشؤونهما. مال ثابت يخصص للزوجة حال موت زوجها كي تعيش على ريعه وتتصرف به كما تشاء في حدود الوصية .

fosterling ربيب؛ ربيبة

found موجود؛ حاضر (شخصياً) في مكان معين [كفعل] يؤسس؛ ينشيء؛ يضع، يبني، يقيم (على)

foundation تأسيس؛ انشاء؛ أساس . مؤسسة؛ منشأة

founded قائم؛ مؤسس او تأسس؛ مبني (بمعنى مجبول) على؛ ناشيء او صادر عن

founder منشيء؛ مؤسس

founders' shares (راجع باب shares)

foundling لقيط او لقيطة

four corners اركان اربعة في الكلام على السندات، يراد بهذا الاصطلاح مدى السند ونطاق تأثيره .

fortiori (راجع *a fortiori*)

fortlett حصن صغير؛ مكان او ثغر صغير منيع .

fortnight اربعة عشر يوماً كاملة clear days، يحسب اولها وآخرها .

fortuit تعبير فرنسي دارج معناه: مفاجيء؛ عرضي؛ إتفاقي؛ قائم على الصدفة

fortuitous مفاجيء او فجائي؛ عرضي؛ اتفاقي، بمحض الصدفة؛ غير منتظر؛ طاريء؛ بلا داع معروف؛ قهري؛ دون قصد؛ عفواً

fortune teller منجم؛ عراف

forum محكمة

forum actus محكمة الفعل (او الجرم): المحكمة التي يتبعها مكان وقوع الفعل .

forum arresti مكان الحجز

forum contentiosum مكان للتقاضي؛ محكمة عدل court of justice .

forum contractus محكمة العقد : محكمة محل نشوء العقد .

forum domicilii محكمة الموطن: محكمة موطن المدعى عليه صاحبة الاختصاص في الدعوى المقامة ضده .

forum ligeantiae rei محكمة ولاء المدعى عليه: اي محكمة البلاد التي يتبعها المدعى عليه او يدين لها بالولاء.

forum non conveniens المحكمة لا توافق : حق المحكمة المختصة في رفض نظر الدعوى اذا رأت ان عرضها على محكمة اخرى هو انسب للخصوم والشهود وايسر لاغراض العدالة واضمن لتحقيقها .

forum originis محكمة الموطن الاصلي : المحكمة التابع لها مكان ولادة الشخص المعني .

forum rei محكمة الشيء؛ وهي احدى محكمتين: (١) محكمة موطن المدعى عليه، او (٢) محكمة المال موضوع النزاع (اي المحكمة التابع لها مكان وجود الشيء موضوع النزاع) .

forum rei gestae محكمة محل الفعل : المحكمة التابع لها محل وقوع الفعل، باعتبارها المحكمة المختصة في تقريره .

forum rei sitae محكمة موقع الشيء محل النزاع : المحكمة التابع لها محل وجود الشيء المتنازع فيه .

Four Seas يراد بالعبارة within the Four Seas داخل المملكة المتحدة .

Fourteenth Amendment التعديل الرابع عشر لدستور الولايات المتحدة الاميركية . وضع هذا التعديل واصبح جزءاً من القانون الاميركي الاساسي في ٢٨ يوليو سنة ١٨٦٨ وجاء بجمهرة من المبادىء الاساسية جعلت له ميزة خاصة على التعديلات الاخرى؛ من ذلك : اعتبار رعوية الولايات المتحدة حقاً مستقلا عن رعوية كل ولاية اخرى؛ منع كل ولاية من اصدار اي قانون يعطل او يتجاوز الحقوق والحصانات العائدة لمواطني الولايات المتحدة او رعاياها؛ حماية «كل شخص» مما قد تتخذه الولاية من الاجراء لتجريده من حياته او حريته او ماله دون الطرق والتدابير والقواعد المفروضة قانوناً؛ اعتبار جميع المواطنين سواسية في حق التمتع بحماية القانون .

fox's libel act : قانون انكليزي صادر سنة ١٨٠٨ يعطي هيئة المحلفين في المحاكمات بتهم التشهير بواسطة الصحف والرسوم وغير ذلك من طرق العلانية، حق الاكتفاء باصدار قرار عام شامل في موضوع النزاع بالتجريم او التبرئة دون الزامها بتقرير المجرمية على اساس اثبات المنشورات ومفاهيمها التي ترتكز اليها تهمة التشهير .

frailty وهن؛ هزال؛ ضعف (في عقل او ارادة او اخلاق) يعرض صاحبه للزلل او الانقياد للافعال الشهوانية او غير ذلك من الميول النابية .

fraction جزء؛ شطر؛ قسم (من شيء)

fragile سريع الكسر؛ هش؛ رقيق؛ نحيف : لا يطيق المقاومة

fragmenta مقتطفات؛ مقطوعات . اسم آخر لا pandects المختارات القانونية المجموعة في عهد الامبراطور جستنيان على شكل مقتطفات fragments من آراء كبار رجال الفقه الروماني.

frais مصاريف (دعوى)

frais de justice [قوانين كندية وفرنسية] مصاريف العدالة؛ المصاريف الناشئة عن اجراء قانوني .

frais jusqu'à bord مصاريف البضاعة حتى ظهر السفينة (بما في ذلك نفقات تعبئتها ونقلها والعمولة وغيرها من المصاريف اللازمة) .

frame-up يدبر؛ يحيك (مؤامرة او دسيسة)؛ يلفق (شهادة)

framed [في وصف الشهادة] ملفقة (بلا أساس صحيح)؛ مزورة؛ مختلقة؛ مدبرة او متفق عليها بمؤامرة او رشوة او غير ذلك .

franc or ***franco*** خالص الاجرة؛ بلا مصاريف او رسوم

franchise امتياز او حق استثنائي (يختص به شخص طبيعي او اعتباري) .

حق تصويت

حقوق سياسية يتمتع بها الرعايا والمواطنون عامة .

franchise tax ضريبة انشاء شركة او مشروع او مؤسسة او مرفق تجاري أياً كان .

franco domicile تسليم محل المشترى : أي يجب ان يكون التسليم في المحل المذكور .

frank [قانون انكليزي قديم — كنعت] حر؛ مطلق

[كفعل] يرسل (اشياء) بالبريد دون رسوم او اجرة بناء على حق خاص .

frank bank (راجع free-bench)

frank-chase حرية صيد

frank-fee ملك مطلق لا يلزم صاحبه بأي خدمة او قيد خلا مجرد الولاء .

ملك مطلق الميراث لصاحبه ومن يليه دون قيد او شرط .

frank-fold [قانون انكليزي قديم] حق السيد في ايواء اغنام اتباعه او الساكنين ضمن دواره للاستفادة من روثها في تسميد اراضيه .

frank-law الحرية والحقوق المدنية التي تمتع بها المواطن الحر قديماً .

frank-pledge [قانون انكليزي قديم] ضمان الاحرار؛ ضمان المسؤولية المشتركة؛ وهو قيام جميع اهل الوحدة السياسية المسماة tithing بضمان حسن سلوك كل مواطن حر في ناحيتهم زادت سنه على الرابعة عشرة وتقديمه للاجابة على اي جرم يسند اليه .

frank-tenant مالك مطلق التصرف بما في يده .

frank-tenement [قانون انكليزي] ملك حر خالص لصاحبه مطلق من كل قيد .

franking privilege حق استعمال البريد مجاناً

frankleyn (**franklin** or **francling**) رجل حر؛ مالك مطلق؛ شهم؛ مهذب (بمعنى gentleman)

fraternity اخوة؛ رابطة

fratricide قتل الاخ او الأخت . قاتل اخيه او اخته

fraud غش؛ تدليس؛ خداع؛ احتيال او تحايل؛ نصب . قلب الحقائق او كتمانها قصداً، لخداع الغير
حيلة؛ خديعة؛ طرق ملتوية؛ مزاعم كاذبة يتذرع بها الشخص ليصيب ما ليس له فيه حق او ما لا يستطيع ادراكه بالطرق المستقيمة .

— actual or constructive fraud خداع فعلي او سببي : يحصل اولها بالنصب او التضليل العمدي المباشر او اية حيلة يتوسل بها للايقاع بالغير ؛ وأما الثاني فيحصل بطريق السببية ويعرفه البعض بأنه كل قول او عمل او سلوك او تقصير تجاه الغير يتنافى مع مقتضيات القانون او الضمير او الثقة والامانة . وهذا يشمل الاعمال والعقود التي لا تقوم اصلا على نية الغش الفعلي بل يكون لها من الصفات ما يجعلها سبباً في غش الغير والاضرار به .

— pious fraud غش خيري : له من غاياته النبيلة ما يبرره ادبياً، نظراً لما يعود بسبيله من نفع او احسان لا يقصد من ورائه غير وجه الله او رضى الضمير .

— statute of frauds (راجع باب statute)

fraud in contract خداع في العقد . انشاء العقد او الاشتراك فيه بدافع ما يصدر عنه احد فرقائه من مزاعم كاذبة او اخبار مفتراة او صفات منتحلة .

fraud in fact and fraud in law خداع في الواقع (اي : قصدي يقوم على الواقع ويعود تقريره لهيئة محلفين) وخداع في القانون : (يراد به الغش الضمني الذي يتضح بالقرائن والنصوص القانونية) .

fraud orders [انظمة البريد] اوامر يصدرها مدير البريد احياناً لحظر استعمال البريد كوسيلة للحصول على المال بالاحتيال او الغش .

fraudem legis التحايل على القانون

fraudulent احتيالي؛ خداعي : يقوم على غش او تدليس

fraudulent alienation تصرف احتيالي : كتصرف المدين في أمواله للغير اضراراً بالدائنين او قيام المنفذ بهبة اموال التركة او بيعها باسعار بخسة جداً او تبديدها على اي وجه .

fraudulent alienee متصرف له احتيالي ؛ الشخص الذي يتقبل من مدير التركة اموالا تعود للتركة في ظروف او ملابسات تشعر بقيام التصرف فيها على الاحتيال .

fraudulent bankrupt مفلس بالتدليس

fraudulent concealment كتمان احتيالي : منه كتمان الواقعة المنتجة في الدعوى بنية التضليل او الغش حيث يقتضي الواجب الادبي او القانوني اعلانها .

fraudulent conversion تسخير اختلاسي : استيلاء الشخص على ما عهد اليه به من نقود او اموال للغير والاستئثار بها او تسخيرها لمنفعته الخاصة او منفعة اي شخص غير صاحبها .

fraudulent conveyance تحويل احتيالي : تصرف الشخص في امواله او نقلها الى الغير ليخدع دائنيه ويحبط مقاصد العدالة بابعاد تلك الاموال عن طائلة الاجراءات وكذا تصرفه فيها على اي وجه تفادياً لاداء دين او واجب قانوني مهما كان .

fraudulent preference امتياز احتيالي : الامتياز الخاص الذي يرتبه المدين المعسر على امواله لاحد دائنيه تقديماً له على الدائنين الآخرين (سواء كان بالتصرف له في تلك الاموال او تحويلها او بحكم محكمة او اجراء قانوني او غير ذلك) بشرط ان يعلن افلاس هذا المدين خلال ثلاثة اشهر من نشوء الامتياز .

fraudulent representation بيانات احتيالية . البيانات الكاذبة التي يدلي بها شخص فيما يتعلق بواقعة موضوعية قصد تضليل شخص آخر، فيصدقها هذا ويعمل بموجبها فتعود عليه بالاذى . ولا يتوافر عنصر الاحتيال في هذه الحال الا اذا كان صاحب البيانات المذكورة عالماً بكذبها .

fraudulently تحايلا، احتيالا (منه او منهم)؛ بالغش؛ بالتدليس او بسبيل ذلك

fraus تدليس؛ غش؛ احتيال او تحايل

fraus dans locum contractui تدليس في موضوع العقد : كل بيان كاذب او كتمان يتصل بواقعة حيوية للعقد ويكون سبباً في أنشائه بحيث لو اكتشف امره قبل التعاقد لما نشأ العقد .

fraus est celare fraudem كتمان الغش هو غش

fraus latet in generalibus يكمن الغش في التعابير الفضفاضة (العامة) .

fraus meretur fraudem الغش يستأهل الغش

fraus omnia corrumpit الغش يفسد كل شيء

fredum [قديماً] غرامة كان يؤديها المخل بالامن العام للحصول على العفو .
المبلغ الذي كان يتقاضاه المحافظ على الامن او القاضي لحماية المعتدي من الثأر .

free حر؛ طليق؛ لا سلطان عليه؛ يتمتع بكامل حقوقه المدنية؛ يقابله الرقيق او القن . من معانيها الاخرى: للجميع؛ للعامة او العموم؛ مجاناً؛ بلا رسم

[في الحكومات] حرة؛ غير استبدادية (منصفة)؛ تكفل حرية الفرد وحقوقه من كل اعتداء غير مشروع .

محايدة؛ غير محاربة، نحو : السفن المحايدة بضاعتها محايدة free ships make free goods .

free alms or (frank-almoigne) **[قانون انكليزي قديم]** نوع من التمليك الروحاني كانت تؤول بموجبه الارض محل التصرف الى المؤسسة الدينية المتصرف لها كي تظل تحت يدها ابد الدهر او طالما باشرت الخدمات الدينية المشروطة بالتصرف .

free and clear **[حقوق عقارية]** حق خالص مطلق، لا يشوبه امتياز او قيد او تكليف للغير او نزاع او ما الى ذلك مما يؤثر في قوته او قيمته .

free-bench حق الحيازة العقارية الذي يعود للارملة في املاك زوجها المتوفى .

free elections انتخابات حرة : يعطي فيها المنتخب صوته لمن شاء بحرية مطلقة دون قيد او شرط او تأثير .

free enterprise مشروع حر؛ مشاريع حرة (لكسب قانوني)؛ مساع او مشاغل حرة تنشد الربح المشروع دون قيد .

free entry, egress, and regress حق الدخول والخروج والعودة : ترخيص التردد الى الميناء (والنزول فيه) مرة بعد اخرى حسب الضرورة .

free hand مطلق التصرف، حريته

free law **[قديماً]** القانون الحر؛ الحقوق المدنية التي كان يمارسها المواطنون الاحرار .

free love حب طليق، غير مقيد؛ حب داعر؛ معاشرة الرجل للمرأة معاشرة فاسقة لا تتقيد بالضوابط الخلقية .

free of all average لا يسأل عن العوار العام؛ مع عدم المسؤولية عن الخسارة العامة .

شرط عدم المسؤولية في حال حدوث خسارة بحرية . (راجع average)

free of particular average لا يسأل عن العوار الجزئي؛ مع عدم المسؤولية عن الخسارة العامة. (راجع average)

free on board (F.O.B.) تسليم (البضاعة) ظهر الباخرة : اي ان تكاليف نقلها الى ظهر السفينة لا تحسب على المشتري؛ او ان السعر المعروض هو ثمن البضاعة مع اجور نقلها حتى ظهر السفينة .

free pass ركوب القطار مجاناً؛ الانتقال مجاناً (بالسكة الحديدية) .

free port ميناء حر : مفتوح لاية بضاعة او سفينة؛ لا يخضع لرسم او ضريبة قيد من قيود التجارة .

free shareholders مساهمون غير مقيدين : مساهمو الشركة الذين لم يأخذوا منها اي سلفة .

free ships سفن حرة؛ يراد بها سفن الدول المحايدة .

free schools مدرسة مجانية : لا تستوفي على التعليم اية رسوم .

free socage (راجع باب socage)

free tenure حيازة مطلقة
ملكية مطلقة تخضع لخدمات مشرفة تليق بالمواطنين الاحرار .

free time فترة الوسق القانونية : الفترة التي يسمح فيها ببقاء عربة نقل السكة الحديدية معطلة بلا تحميل قبل ان يشرع في اعتبار التعطيل على حساب صاحب البضاعة .

freebooter لص بحري : من تعاطى القرصنة او اللصوصية البحرية . مغامر

freebooting قرصنة : لصوصية بحرية

freedman **[قانون روماني]** عبد معتق؛ مولى عتاقة؛ عتيق

freedom حرية؛ انعدام القيود؛ حرية التصرف والعيش والسلوك حسبما توجيه الارادة العاقلة دون الاضرار بالغير او دون اي تأثير او قيد الا ما فرضته القوانين العادلة الضرورية وواجبات الحياة الاجتماعية .

— four freedoms الحريات الاربع، وهي حرية القول (او الكلام) freedom of speech وحرية الدين freedom of religion والحرية من الخوف freedom from fear والحرية من الفاقة freedom from want .

freedom of the city **[في انكلترا]** حرية المدينة . اصطلاح تقليدي يفيد الحصانة من ولاية الاقليم القضائية county jurisdiction واعتبار الشخص الذي منحها من رعايا المدينة . وهو من القاب الشرف التي تمنح عادة للشخصيات البارزة على سبيل التكريم والاجلال .

freehold ملكية عقارية مطلقة المدة؛ قوامها عنصران اساسيان : (١) كون الممتلك (موضوعها) مالا ثابتاً؛ (٢) عدم تحديد مدتها . وهي على اربعة انواع : (١) ملكية ميراثية مطلقة fee simple؛ (٢) ملكية محصورة الميراث في نوع دون آخر من الورثة fee tail؛ (٣) ملكية عمرية تستمر مدة

fresh disseisin [قديماً] الطرد الفوري؛ اكراه المالك للمعتدي على ترك العقار المنتهك فوراً . اجراء قانوني بائد كان يسمح لمن سلب حيازة ارضه او طرد منها ان ينقلب على طارده ويكرهه بالقوة (دون اللجوء الى القضاء) على الخروج من الارض، شرط ان يحصل هذا بعد التعدي مباشرة او خلال خمسة عشر يوماً (تقريباً) من وقوعه . فاذا تمكن المالك من استرداد حيازته السليبة على هذا النحو كان فعله fresh disseisin .

fresh force تحكيم القوة الفوري : اللجوء الى القوة لاسترداد حق او مال مغصوب، خلال ٤٠ يوماً من تاريخ غصبه .

fresh pursuit ملاحقة فورية؛ تعقب فوري (لسارق فر بالمسروقات او حيوان هارب او ما الى ذلك) .

fribusculum متاركة وقتية؛ هجر وقتي بين زوجين على اثر شجار عابر او نفور بسيط لا تصحبه اية رغبة في فصم عرى الزوجية .

friend صديق؛ صاحب؛ خليل

friendless man [قانون انكليزي قديم] من لا صديق له؛ خارج على القانون . سمي كذلك باعتباره محروماً من مساعدة الاصدقاء .

friendly suit دعوى ودية : تقام باتفاق الفرقاء ذوي الشأن للحصول على رأي المحكمة في مسألة قانونية مشكوك فيها تهم الجميع .

frigidity جمود او برود جنسي؛ عدم المقدرة الجنسية

frisk تفتيش بسيط : المرور باليدين مراً سريعاً على اطراف الشخص وملابسه لتفتيشه سطحياً او شكلياً .

frith [قانون انجلوسكسوني] سلام؛ أمن او امان؛ حماية

frith breach تعكير الامن

frithsocne حفظ الامن، المحافظة عليه

frivolous ضعيف؛ تافه؛ ركيك؛ غير مقنع؛ غير موضوعي

يعتبر الجواب او الدفاع frivolous اذا كان غير كاف من الوجهة القانونية او غير مقنع وكذلك الحجة اذا كانت غير دامغة او غير كافية لدحض حجة الخصم والاستئناف اذا كان غير ذي موضوع او كان صحيحاً من حيث الظاهر وباطلا من حيث الجوهر .

frodmortel [قانون انجلوسكسوني] حصانة من الملاحقة على فعل القتل .

حياة صاحبها life estate؛ (٤) ملكية عمرية تستمر مدة حياة الغير estate *pur autre vie* .

ومثلها الاجارات الاستمرارية القابلة للتجديد كاجارة التسع والتسعين سنة اذا امكن تجديدها ابد الدهر .

freehold land societies جمعيات املاك عقارية : مؤسسات عقارية انكليزية تجد لمن شاء الفرصة المطلوبة لشراء قطعة ارض بسعر معقول في منطقته الانتخابية تكون له ملكاً مطلقاً ذا ايراد سنوي كاف يخوله حق الانتخاب في تلك المنطقة.

freeholder مالك مطلق التصرف؛ حائز قراري؛ لا تتقيد حيازته بزمن محدد .

freeman حر؛ يتمتع بجميع ما يمنح من حقوق مدنية وسياسية في ظل حكومة حرة .

freight نولون شحن، اجرة نقل (بحري او بري او جوي)؛ يطلق الاسم ذاته ايضاً على موضوع النقل .

[كفعل] يحمل السفينة (بضاعة)؛ يستأجرها لنقل سلع او ركاب

— dead freight (راجع باب dead)

freight booking ترتيب النولون؛ حجز مكان على سفينة لنقل بضاعة؛ تعاقد على نقل بضاعة؛ اتخاذ الترتيبات لشحنها على سفينة معينة قبل التاريخ المحدد لابحارها .

freight note فاتورة نولون (اجرة شحن)

freight train قطار شحن؛ قطار بضاعة

freightage ايجار سفينة، استئجارها، شحنتها

freighter [قانون بحري] مستأجر السفينة

[قانون فرنسي] صاحب السفينة او مالكها

french pool نوع من المراهنة على الخيول يسمى غالباً *pari mutuel* (راجع باب *pari*) .

freoborgh كفيل حر : يتمتع بجميع الحقوق المدنية والسياسية .

frequent [كفعل] يتردد (على مكان)؛ يزوره؛ يلجأ اليه او يوجد فيه اعتيادياً، كثيراً او تكراراً .

[كنعت] غالب الحصول؛ كثير؛ متوال؛ متواتر

frequenter كثير التردد (على مكان معلوم)؛ من تردد على مكان في ظروف معقولة يبدو معها زائراً معتاداً لا متعدياً او منتهكاً حرمة ملك الغير .

fresh جديد؛ فوري؛ حالي؛ متكرر دون انقطاع؛ حديث او قريب العهد؛ حصل منذ عهد قريب

from من؛ منذ؛ بعد (بمعنى after)؛ ابتداء من؛ عن . اذا وردت في تحديد زمن افادت عدم دخول اليوم الاول (التالي لها مباشرة) في الحساب ما لم يقتض النص او السياق خلاف هذا. من معانيها ايضاً، ضد against نحو: لم يكن القرار المستأنف ضده نهائياً decision appealed from was not final.

from henceforth من الآن فصاعداً

from time to time من حين لآخر ؛ من وقت لآخر

front امام؛ وجه؛ واجهة ؛ جبهة ؛ ناصية

front-foot rule [انظمة بلدية] قاعدة نسبة الواجهة؛ وهي تقتضي توزيع تكاليف التحسين على المالكين، بنسبة امتداد الجزء الذي يقع من عقار كل منهم على الجبهة المراد تحسينها لا باعتبار الفائدة العائدة على العقار بذلك التحسين .

frontage واجهة؛ اتساع؛ طول او امتداد الجزء الواقع من العقار على الطريق العام . الجزء الذي يحد الطريق العام او يحاذيه من العقار .

frontager [قانون انكليزي] مالك او حائز مواجه يقع عقاره على طريق عام او نهر او شاطىء بحيرة او بحر .

fronting and abutting مواجه ومحاذ؛ يلاصق؛ يحاذي ويحد

frontier حد ؛ حدود

frozen credit اعتماد جامد : لا يتسنى الحصول عليه (لسبب من الاسباب) .

frozen snake أفعى جامدة . تعبير قدح مؤاخذ قانوناً، معناه : ناكر الجميل او لئيم .

fructuarius منتفع: صاحب (حق) انتفاع في مال او ثمراته.

fructus ثمار ؛ ثمرات؛ ريع ؛ غلة
منافع مال او شيء تعود ملكيته لغير المنتفع؛ عوض نقدي او عيني يصيبه المالك نظير استغلال الغير لارضه .

fructus civiles ثمار مدنية؛ عوائد مال، ايراده، ريعه؛ المنافع العائدة منه، كالايجارات وايرادات الاراضي وفوائد الديون والمرتبات وغيرها مما يعتبر ثماراً لاغراض القانون لاثماراً حقيقية بالمعنى الطبيعي الدارج .

fructus fundi ثمرة الارض او ثمراتها

fructus industriales ثمار الجد او السعي : الثمار التي تنتجها الارض بفعل ما يبذله الانسان من جهد واجتهاد .

fructus legis ثمرة القانون : وهي التنفيذ

fructus naturales ثمار طبيعية؛ غلة الطبيعة او نتاجها وحدها كالاخشاب والمعادن والالبان والحيوانات وما تلد وغير ذلك.

fructus pendentes pars fundi videntur ثمار مدلاة (اي قائمة على الزرع) وهي جزء من الارض لأغراض القانون .

fructus perceptos villae non esse constat
ثمار مقطوفة : لا تتبع الارض

fructus stantes ثمار قائمة : غير مقطوفة

fruit ثمار، ثمرات، حاصلات

— civil fruits ثمار مدنية (راجع *fructus civiles*)

— natural fruits ثمار طبيعية (راجع *fructus naturales*)

fruit fallen ثمار منفصلة (عن امهاتها) يستطاع الانتفاع بها وحدها دون الارض .
يرد هذا الاصطلاح احياناً للدلالة على المرتبات والمنافع اذا شغرت بسقوط حقوق اصحابها فيها او انقضائها .

fruits of crime [قانون البينة] ثمار الجريمة : آثارها المادية او النتائج الواقعة بارتكابها .
موضوع الجريمة او هدفها

frustra عبثاً؛ دون تأثير او نتيجة

frustra legis auxilium invocat qui in legem committit من العبث ان يستجير بالقانون من خرقه (او لا حق لمن خرج على القانون في ان يتمسك به .

frustration عثار؛ تثبيط؛ منع او مانع؛ خيبة
[في العقود] اذا دلت طبيعة العقد او ظروفه على انه كان يفترض في فرقائه ان يعلموا عند ابرامه انهم بصدد عقد لا يتسنى تنفيذه الا بتوافر وضع معين، اقتضى مبدأ الـ frustration في حال عدم توافر الوضع المطلوب، ان يكون هذا العقد وامثاله خاضعاً لشرط ضمني يخلي الفرقاء من المسؤولية اذا استحال عليهم الاداء نظراً لعدم توافر ذلك الوضع او انقطاعه لسبب لا دخل لهم فيه .

fuero [قانون اسباني] قانون؛ مدونة قانونية (بمعنى code) محكمة ؛ اختصاص

Fuero de Castilia قانون كاستيليا : مجموعة تشاريع خاصة كانت تحكم علاقات اهالي كاستيليا (باسبانيا سابقاً) .

fuero juzgo مدونة قانونية وضعت لمملكة الفيسغوث في اسبانيا في القرن السابع للميلاد وبعثت جمهرة من مبادئها واحكامها في القانون الاسباني الحديث .

fuero municipal قانون بلدي : ينظم ادارة البلد وشؤون القضاء فيه .

fuero real قانون اسباني اصدره الملك الفونسو العاشر سنة ١٢٥٥ ميلادية .

fuero viejo مدونة قوانين اسبانية صدرت سنة ٩٩٢ ميلادية .

fugitate [اجراءات اسكتلندية] يحكم بخروج شخص (مجرم او متهم) على القانون، يعلن انه طريد القانون outlaw .

fugitation [قانون اسكتلندي – سابقاً] حكم بالطرد من (حماية القانون) كان يصدر من محكمة مختصة ضد متهم تخلف عن تلبية امر الحضور للاجابة على تهمة موجهة اليه ويستتبع مصادرة امواله .

fugitive طريد؛ فار (من واجب او محكمة او عقوبة) .

fugitive from justice طريد العدالة

fugitive offender [قانون انكليزي] مجرم فار (من وجه العدالة)؛ المتهم الفار، اذا كان موضوع التهمة جريمة يعاقب عليها بالسجن مع الشغل مدة لا تقل عن ١٢ شهراً، وهذا يخضع لقانون المجرمين الفارين fugitive offenders act الصادر سنة ١٨٨١ .

fugitive oil [قوانين البترول] زيت عائم، ينطلق بطريق الصدوع الباطنية الى نقطة تبعد لا اقل من عشرة اميال عن البئر، ويعتبر ملكاً لاول شخص يعثر عليه ويأخذه .

fugitive slave law قانون العبيد الفارين: قانون اميركي وضعه الكنغرس سنة ١٧٩٣ وصدر من جديد سنة ١٨٥٠ : وهو ينص على تعقب العبيد الفارين من ولاية الى اخرى والقبض عليهم وتسليمهم لاربابهم .

full تام؛ كامل؛ واف؛ كاف؛ مفصل او تفصيلي

full age سن الرشد؛ السن القانونية، وهي ٢١ سنة حسب القانون العام common law و ٢٥ سنة حسب القانون المدني.

full answer [في المرافعات] جواب واف او تام؛ جواب موضوعي يتناول جوهر الموضوع .

full annual value كامل القيمة السنوية : اي صافي الايراد (او الايجار) السنوي .

full blood دم واحد؛ نحو اقرباء الدم الواحد relations of the full blood . الصلة التي تجمع الاقارب في جد واحد وجدة واحدة .

full brother or **sister** شقيق او شقيقة (لاب واحد وام واحدة) .

full copy صورة كاملة (لما نقلت عنه وجميع مرفقاته) .

full costs كامل الرسوم . لا يختلف هذا التعبير قانوناً عن كلمة costs وحدها ولا فرق في المعنى بين to pay the full costs و to pay the costs .

full cousin ابن او بنت عم او عمة او خال او خالة .

full faith and credit كامل القوة والاثر . يرد هذا الاصطلاح في الكلام عن احكام المحاكم السارية في بلد اجنبي سريانها في بلادها .

full hearing [حقوق الافراد] محاكمة وافية منصفة؛ يحق فيها للخصم ان يقدم ما شاء من الدليل على براءته او دعواه وان يحيط بدعوى خصمه ليدافع عن نفسه بما تهيأ له من اسباب الدفاع .

full life حياة كاملة، فعلا وقانوناً؛ يتمتع فيها الفرد بكامل حقوقه المدنية .

full-paid stock اسهم مستوفاة القيمة

full pay راتب كامل : يتقاضاه الجندي اثناء الخدمة الفعلية .

full powers تفويض تام . وثيقة دبلماسية تفوض الحكومة بموجبها الى مبعوثها الدبلماسي ان يمثلها في التعاقد على عمل خاص او اجراء معاملة او صفقة معينة مع حكومة اجنبية .

full proof اثبات كامل : يتوافر بشاهدي عدل (شاهدين كاملي الاهلية) او بمستند رسمي .

بينة دامغة، تكفي لاقناع هيئة المحلفين .

full reach and burthen [عقود نقل بحري] يرد هذا الاصطلاح للدلالة على ان عقد استئجار السفينة المعنية يشمل كل حيز فيها صالح للشحن، على ان ذلك لا يمنع اصحاب السفينة من نقل الركاب **اذا شاءوا.**

full right كامل الحق؛ ملء الحق او كله .

حق كامل يتوافر باتحاد حقي تملك وحيازة في شخص واحد .

full settlement تسوية شاملة : تنتظم جميع العلاقات القائمة .

اذا وردت هذه العبارة في الكلام عن العقود او الذمم، أفادت تسوية العلاقة محل البحث نهائياً والاتفاق على قبول شيء معين بدلا مما يتسنى تحصيله بسبيل القضاء . ولا تختلف في المعنى المذكور عما يعرف بال accord and satisfaction .

(راجع باب accord)

full value [مشارطات التأمين] كامل القيمة . المبلغ الكافي لابدال المنشآت المؤمن عليها باخرى مطابقة لها في حالة

funded debt دين موحد؛ دين مغطى بايراد ثابت : رصد لتغطيته مورد ثابت معين . وكلمة funding فيما يتعلق بالشركات والتركات او التفليسات اثناء ادارتها، تفيد توحيد ديونها باستدانة مبلغ من المال يكفي لتغطية جميع ما عليها من ديون متفرقة وابدالها بدين واحد جديد يقترض لتغطيتها جميعاً، ويضمن عادة برهنية عامة تنتظم كافة موجودات الجهة المدينة او بسندات تكون في الغالب بعيدة الاستحقاق بسيطة الفوائد . اما في ديون الافراد، فيعتبر الدين funded اذا كان ممثلا باوراق مالية ثابتة وارصدت لتغطيته موارد خاصة .

fundi patrimoniales املاك ميراثية

funding (راجع funded)

funding system قيام الحكومة باستدانة المال اللازم لسد نفقاتها وإرصاد باب معين من ابواب ايراداتها للوفاء بفائدة الدين ورأسماله تدريجياً (راجع funded debt) .

fungible things مثليات؛ اشياء مثلية (منقولة) : يقوم بعضها مقام بعض عند الوفاء وتقدر في التعامل بالعدد او المقياس او الكيل او الوزن .

funk يتهرب من واجب

funk service خدمة شكلية، يزاولها من قصد الافلات من الخدمة العسكرية .

fur لص؛ سارق

fur manifestus لص متلبس : قبض عليه وهو يرتكب فعل السرقة .

furandi animus نية السرقة

furca [قانون انكليزي قديم] مشنقة

furca et flagellum مشنقة وسوط . اطلق هذا الاسم على احط انواع الحيازة الاقطاعية في العصور الوسطى tenure *ad furcam et flagellum* الحيازة بالمشنقة والسوط . سميت كذلك لانها مكنت السيد الاقطاعي من السيطرة المطلقة على حياة الفصل (التابع الاقطاعي) وجعلت له على الحائز حق جلده حتى الموت .

furiosi nulla voluntas est لا ارادة لمجنون

furiosity [قانون اسكتلندي] جنون

furiosus مجنون؛ مخالط؛ ممسوس

furiosus nullum negotium contrahere potest لا يملك المجنون ان يكون طرفاً في عقد .

احتراقها او تلفها . وهذا غير القيمة السوقية التي تصيبها المنشآت المذكورة لو عرضت للبيع في سوق حرة .

fully subscribed سدد كله او بكامله

function وظيفة؛ مهمة؛ واجب؛ مهنة؛ عمل؛ غرض او غاية [كفعل] يعمل؛ يشتغل؛ يؤدي وظيفته

functional disease [طب شرعي] مرض وظيفي، يمنع العضو المصاب عن اداء وظائفه دون ان يعيب تركيبه .

functionary مأمور؛ موظف؛ مستخدم رسمي

functus officio مهمة مؤداة؛ غرض مستوفى . أدى وظيفته؛ اوفى بالغاية التي وضع من اجلها .

fund [كاسم] رصيد؛ رأسمال؛ مال؛ مورد نقدي . مبلغ من النقود مخصص لغرض معين، يجمع على funds : ايرادات، اموال؛ موارد مالية؛ نقود في اليد او ما في حكمها . [ديون الحكومات والبلديات والشركات] رسملة الدين؛ تحويره الى رأسمال ذي فائدة بجعله على شكل اسهم او سندات مالية تغل فوائد معلومة وإرصاد باب ايراد خاص لدفع هذه الفوائد اولا باول (كلما استحقت) وتغطية راس المال تدريجياً . والفعل to fund a debt يرصد ايراداً معيناً على دين ليغطي فوائده اولا باول ويستنفد رأسماله تدريجياً .

— current funds نقود او اموال متداولة

— general fund رصيد عام؛ موارد الدولة المالية التي توفر الاموال اللازمة للادارة والانفاق على المصالح والمرافق العامة.

— liquid funds (راجع باب liquid)

— no funds لا رصيد؛ لا يوجد مال او ايراد

— revolving fund رصيد مكرر؛ اعتماد قابل للتجديد خلال مدة معينة: يفتح على ان يسدد خلال مدة محددة ثم يجدد بالقيمة عينها شرط التسديد كما تقدم .

— sinking fund رصيد اداء؛ ايراد مرصد لتغطية فوائد دين ثم اصله تدريجياً . الايراد الذي توقف فوائده على سداد دين حكومة او مؤسسة عامة فائدة واصلا .

— sinking fund tax ضريبة رصيد وفاء : الضريبة المفروضة لاداء فوائد قرض عام مع رأسماله تدريجياً .

fund in *medio* مال متنازع : المال الذي يكون موضوعاً لمطالبات عدة متعارضة .

fund *publici* املاك عامة

fundamental law قانون اساسي، يسمى ايضاً organic law .

furlong كيل طولي مقداره ثمن ميل (٢٢٠ ياردة) .

furlough مأذونية ؛ تصريح غياب
[في الولايات المتحدة] تمنح هذه الاجازة للجنود بينما يمنح الضباط ما يسمى اجازة تغيب leave of absence .
[في البحرية الاميركية] اجازة ممددة؛ ايقاف عن العمل بنصف راتب .

furnish يمد؛ يقدم؛ يزود؛ يجهز

furniture اثاث؛ متاع؛ فرش مكان وما يلزم لتجهيزه كي يصبح لائقاً لسكنى او عمل .

furniture of a ship تجهيزات سفينة: جميع ما يلزمها لتصبح صالحة للسفر .

Furnival's Inn [سابقاً] احدى جمعيات الحقوق الانكليزية المعتمدة Inns of Court التابعة لدائرة الـ Chancery .

furor brevis انفعال مفاجىء؛ هيجان عابر؛ انسياق وقتي مع عاطفة او هوى .

furor contrahi matrimonium non sinit, quia consensu opus est ليس للمجنون ان يعقد زواجاً لانه لا بد لذلك من القبول .

further ابعد؛ اوسع (مدى)؛ اكثر (مقداراً)؛ اضافي؛ آخر؛ غير ذلك؛ من جديد

further advance سلفة اضافية او تالية لسلفة سابقة .

further hearing محاكمة جديدة؛ جلسة اخرى

further instructions تعليمات اضافية: يعطيها القاضي للمحلفين بعد تعليمات سابقة تلقوها عنه قبل اختلائهم للقرار .

further maintenance of action, plea to (plea to further maintenance of action) عريضة مسببة بوقائع ناشئة بعد افتتاح الدعوى، يقدمها المدعى عليه كي ينفي بها حق المدعي في مواصلة السير في الدعوى .

furtive خفي؛ مستتر؛ لصوصي؛ كتماني

furtively خلسة؛ خفية

furtum سرقة: استيلاء على منقول للغير دون رضاه، باختلاس حيازته للمنفعة الشخصية او منفعة شخص غير صاحبه . مسروقات

furtum gravè [قانون اسكتلندي] سرقة مشددة، عوقب عليها قديماً بالاعدام .

furtum manifestum سرقة مشهودة؛ سرقة تلبس: ضبط السارق بالمسروقات .

furtum oblatum مسروقات مقدمة للغير (غير السارق) وموجودة لديه .

futile عديم الفائدة؛ لا طائل تحته؛ عبث او من العبث

future مستقبل؛ استقبالي؛ منتظر؛ قادم

future acquired property مال منتظر الايلولة

future debt [قانون اسكتلندي] دين مستقبل، حال الاجل في يوم مستقبل .

future estates حقوق عقارية (او عينية) مستقبلة الايلولة: يتوقع صاحبها الحصول عليها في المستقبل .

future market صفقات آجلة

fyhtwite [قانون سكسوني] غرامة تفرض على القاتل

fyrd [قانون سكسوني] جيش من المشاة؛ قوات البلاد البرية

fyrdwite غرامة فرضت قديماً على المتخلف عن الالتحاق بالجيش او على من ارتكب جريمة قتل وهو في الخدمة العسكرية .
من معانيها ايضاً: اخلاء الطرف من الغرامة المذكورة .

G

gabbert [قانون اسكتلندي] صندل او ماعون يستعمل لنقل البضائع من سفينة الى اخرى او من السفن الى الارصفة البحرية

gabel [بعض التشريعات الاوروبية] مكس؛ ضريبة على منقول؛ رسم جمركي؛ اجرة (او ايجار) خدمة

— land gabel اجرة ارض؛ ضريبة مفروضة عليها

gablatores مكلفون (باداء ضريبة او خراج او جزية او اجرة) .

gablum ضريبة؛ خراج؛ جزية؛ اجرة

gabulus denariorum اجرة نقدية

gaffoldgild [قانون اسكتلندي] اداء ضريبة جمركية او جزية او خراج .

gaffoldland ارض خاضعة لضريبة او خراج .

gafol اجرة (ايجار)؛ ضريبة؛ فائدة على نقود

gage [قانون انكليزي قديم] يرهن (شيئاً) ضماناً لوفاء دين [كاسم] رهن لدى دائن يكفل وفاء مدينه د

gain كسب؛ ربح؛ فائدة او منفعة

gainage عوائد ارض: ما يتوافر من كسب بسبيل استغلالها.

gainery حرث الارض؛ الكسب العائد من ذلك

gainful مكسب؛ وافر الكسب؛ مربح

gainsay ينفي؛ يناقض؛ ينكر؛ ينازع (في شأن)، يطعن فيه (او عليه)

gale اداء اجرة او ضريبة او واجب . حق في حفر منجم او محجر واستغلاله نظير ايجار معلوم يدفعه الـ gailee المستأجر .

— hanging gale اجرة متأخرة

galea سفينة قراصنة

gallant شهم؛ فاضل . يرد هذا النعت عادة في الاشارة الى اعضاء البرلمان (الانكليزي) على سبيل الاحترام، نحو: العضو الشهم المحترم the honourable and gallant member .

gallon قياس سعة، مقداره ٢٣١ انشاً مكعباً .

gallows مشنقة: آلة لتنفيذ حكم الاعدام في المجرم بتعليقه من عنقه حتى يموت .

gamalis ولد شرعي؛ مولود في ظل الزوجية القانونية او لرجل وامرأة خاطبين فقط، اي بينهما مجرد تواعد على زواج لا زواج شرعي .

gamble يقامر؛ يراهن

gambler مقامر؛ مراهن

gambling device اداة قمار او ميسر

gambling policy [مواد تأمين على الحياة] بوليصة مقامرة؛ وثيقة تأمين على الحياة تعطى للشخص باعتباره المستفيد بينما لا يعود عليه اي نفع مادي من الحياة المؤمن عليها .

game صيد بري : (من طيور وحيوانات غير داجنة)، ما يحصل عليه من ذلك بطريق الصيد .

game laws قوانين الصيد البري : وهي تنظم احوال الصيد وشروطه ومواعيده، حفظاً للطيور والحيوانات البرية وعملا على دوام وفرتها .

game licence رخصة صيد

game of chance لعبة حظ (او نصيب) غايتها الربح المادي ويستند فيها هذا الربح بكليته او اغلبيته الى مجرد الحظ .

gaming لعب قمار او رهان او نصيب (لوتريا)؛ ميسر

gaming and wagering contract عقد مقامرة ورهان

[قانون اسكتلندي] لا تعتبر اتفاقات المقامرة والرهان باطلة ومخالفة للقانون فحسب بل *sponsio ludicra* ايضاً، اي لا تستحق الالتفات ولهذا لا تقيم المحاكم الاسكتلندية اي وزن لعقود المقامرة والرهان ولا تحمي حقوق المقامرين بموجب هذه العقود .

على ان قوانين الرهان التالية تعتبر سارية المفعول في انكلترا واسكتلندا على حد سواء : (١) the race course betting act of 1928 (٢) the betting and lotteries act of 1934 (٣) the pool betting act of 1954 .

gaming house دار قمار : بيت معد لالعاب القمار .

gaming table طاولة لعب : تستعمل للمقامرة على النقود او ما قام مقامها .

ganancial property [قانون اسباني] مال زوجية مشترك : يملكه الزوجان على الشيوع ويقسم بينهما بالتساوي عند الانفصال وانحلال الرابطة الزوجية .

gananciales [قانون اسباني] اموال مكتسبة اثناء قيام الزوجية .

ganancias [قانون اسباني] ارباح او مكاسب

gang عصبة؛ فرقة؛ رهط؛ فوج؛ فئة يعمل افرادها لغاية واحدة .

عصابة اجرامية

ganger عريف؛ ملاحظ او رئيس فئة من عمال .

gangster احد افراد عصابة اجرامية؛ لص معتاد؛ مجرم محترف

gantelope تلفظ gauntlett، وهي عقوبة عسكرية تقضي على الجندي المحكوم بها ان يجري بين صفوف الجنود ويلهبه بالسوط او المقرعة كل جندي يصل اليه .

gaol or **jail** حبس : مكان لاعتقال او توقيف مؤقت؛ يستعمل غالباً لعقاب مرتكبي الجنح والجرائم البسيطة .

gaol-bird سجين معتاد : يحكم عليه بالحبس مرة بعد اخرى، ولا يطول غيابه عن الحبس حتى يعود اليه من جديد .

gaol (or jail) **delivery** اخلاء الحبس، بتقديم الموقوفين فيه للمحاكمة .

gaol (or jail) **liberty** or **gaol limits** حدود الحبس المباحة او مجاله المباح : منطقة محيطة بالحبس ذات حدود معينة يباح التجول فيها لبعض المساجين والمعتقلين اذا استطاعوا تقديم ضمانات تكفل رجوعهم الى الحبس .

gaoler or **jailer** سجان؛ حارس سجن

garage كراج؛ حظيرة سيارات : بناء من مادة واقية تصلح لحفظ السيارات، ولا يعتبر المكان كراجاً لاغراض القانون ما لم يكن له سقف معقول .

garandia or **garantia** ضمان؛ كفالة

garantie [قانون فرنسي] ضمان

garble يغربل؛ يفرز الجيد من الرديء؛ يختار الاجود

gard or **garde** حراسة؛ قوامة؛ رعاية او عناية

gardein حارس؛ قيم

garden حديقة؛ بستان؛ سانية

gardia حراسة؛ قوامة

garnish [قانون انكليزي قديم] مبلغ من النقد يدفعه المسجون لزملائه المساجين لدى دخوله السجن .

[كفعل] يكلف بالحضور (بمعنى summon)

يحجز ما للمدين لدى الغير بسبيل الاجراء المسمى garnishment.

garnishee محجوز لديه: من كانت تحت يده نقود او اعيان منقولة او كان في ذمته دين لمدعى عليه (في دعوى تنفيذ) وانذر بان لا يسلم النقود او الاموال او الدين لدائنه (المدعى عليه) حتى تظهر نتيجة الدعوى .

من حجز على ما تحت يده من اموال، او في ذمته من ديون، للمدعى عليه بموجب سند تنفيذي او حكم او امر محكمة .

garnishee order امر للمحجوز لديه بوقف الاداء للمدعى عليه .

garnishment حجز ما للمدين لدى الغير : انذار شخص بأن لا يسلم ما بيده او في ذمته لشخص آخر (مدعى عليه) من نقود او اموال او امتعة او ديون، بل يحضر امام المحكمة ويجيب على دعوى المدعي .

توقيع الحجز على ما للمدين لدى الغير من اعيان منقولة او نقود او ديون ولو كانت مؤجلة الاداء او معلقة على شرط .

garrison حامية؛ مقر جيش او قسم منه (في زمن السلم) .

garrotting الاعدام خنقاً : اخذ الاسبان والبرتغاليون بهذه الطريقة لتنفيذ احكام الاعدام واقتبستها عنهم بعض بلدان اميركا اللاتينية؛ وهي تنفذ بوضع طوق حديدي في عنق المحكوم يطبق عليه اتوماتيكياً حتى يزهق روحه . وقد يجهز هذا الطوق احياناً برؤوس حادة تنفذ عند اطباقه في عنق المحكوم فتخرق نخاعه الشوكي وتقتله في الحال .

يقصد بالكلمة ايضاً مجرد خنق الشخص بالاطباق على حلقه ومنعه من التنفس حتى يموت .

garter شريط جورب الساق : ارفع اوسمة الشرف عند الانكليز؛ اسمه الكامل وسام شريط الساق Order of the Garter . وقد انشأه اصلا ملك الانكليز ريتشارد الاول (قلب الاسد) اثناء حصار عكا (بفلسطين)، ثم عدله الملك ادوارد الثالث فيما بعد الى وضعه الحالي . من اسمائه الاخرى : Knights of the Order of St. George وشعاره الويل لمن اساء الظن *honi soit qui mal y pense* .

garth سياج ؛ سد ؛ ساحة او فناء

gas غاز

— casing-head gas غاز تغليف سطحي : الغاز السائل بين التغليف casing وبين الانابيب tubing .

— natural gas غاز طبيعي : يستنبط من مناطق الفحم والبترول .

gasoline بنزين

gastine [قانون فرنسي] ارض موات او فضاء؛ ارض بور، غير مستغلة

gate طريق ؛ ممر

حق رعي ؛ نحو : رعي الحيوانات beast-gate او المواشي بوجه عام cattle-gate .

باب سور ؛ باب خارجي ؛ بوابة ؛ مدخل

gauger كيال جمركي : يشتغل لدى دوائر الجمارك او المكوس في اعمال الكيالة (كتقدير معايير الاشياء او موازينها او مقاييسها القانونية) .

gavel [قانون انكليزي] رسم ؛ ضريبة ؛ خراج ؛ جزية . اجرة سنوية

gavelbred اجرة عينية : مقدار من غلة الارض يدفع على سبيل الوفاء باجرتها .

gavel kind ملكية عقارية (اقطاعية) شاعت في Kent بانكلترا : تنتقل بموجبها الارض الى جميع الاولاد او الورثة الاقربين بالتساوي، وهي قابلة للتوريث الايصائي ولا تخضع للمصادرة في العقوبة على الجنايات؛ وللوارث ان يتصرف فيها اذا بلغ سن الخامسة عشرة .

gavel-man مستأجر : ملزم بدفع gavel اجرة سنوية .

gaveling men مستأجرون ملزمون باداء واجبات عرفية خاصة بالاضافة الى ما ترتب عليهم من ايجار عادي .

gavelwerk خدمات عرفية يؤديها المالك الاقطاعي شخصياً او بسبيل ما يملكه من وسائل الجر او النقل .

gazette نشرة وقائع رسمية ؛ جريدة رسمية : تصدرها حكومة البلاد لنشر التشريعات والقرارات والاوامر والتعيينات والاعلانات الرسمية .

[كفعل] ينشر في جريدة رسمية

gdn. اختصار كلمة guardian : وصي او ولي

gebocced (راجع gebocian تاليا)

gebocian [قانون سكسوني] ينقل مالا او حقاً؛ يتصرف فيه (والماضي gebocced)

geld [قانون سكسوني] نقود؛ جزية؛ غرامة (بمعنى mulct) ؛ تعويض ؛ قيمة

geldabilis [قانون انكليزي قديم] خاضع لضريبة او جزية .

geldable ملزم باداء geld ؛ تسري عليه الضريبة او الجزية .

gemma [مواد مدنية] جوهرة؛ حجر ثمين

genealogical tree شجرة نسب؛ تفصل تسلسل النسب من الاصول الى الفروع .

genealogy بيان انساب العائلة او عمود نسبها؛ تسلسل الصلة النسبية فيها من الاصول الى الفروع .

genearch راس الاسرة؛ عميدها

gener زوج البنت

genera non pereunt المثليات لا تهلك

general عام؛ شامل؛ رئيسي؛ مركزي (بمعنى central)
[كاسم] اعلى الرتب العسكرية، من زعيم فما فوق .

general assembly جمعية عمومية . مجلسا الشيوخ والنواب في الامة .

الجمعية العامة (في هيئة الامم المتحدة) : وهي تضع خطوط سياسة الهيئة وتتشكل من وفود الاعضاء على ان لا يزيد عدد اعضاء وفد الدولة الواحدة فيها على خمسة ولا يكون لها عند المداولة واتخاذ القرارات الا صوت واحد .

general assignment for benefit of creditors ايلولة عامة لمصلحة الدائنين . انتقال الحق في اموال المدين (المفلس) الى امين تفليسة يتولى ادارتها واستغلالها وبيع ما فيها وتوزيع ثمنه على ارباب الديون قسمة غرماء .

general assumpsit دعوى اخلال بوعد او واجب قانوني ضمني (ينص عليه القانون ضمناً في بعض الاحوال) .

general average (راجع باب average)

general average clause (or **agreement**) [مواد بحرية] شرط الخسارة العمومية او العوار العام .

general average contribution مساهمة المغارم العمومية : وهي مساهمة جميع اصحاب الشحنة لتعويض اية خسارة او تضحية يتحملها احدهم في سبيل انقاذ باقي الشحنة

الدين حتى يؤدي المدين رصيد ما عليه من ثمنها .

General Medical Council : المجلس الطبي العام : الهيئة المختصة، حسب القانون الطبي Medical Act لعام ١٩٥٠ بتسجيل الاطباء لممارسة المهنة وتأديبهم وشطب قيدهم من السجل عند اللزوم .

general ship سفينة عامة، تقابلها السفينة الخاصة التي تستأجر بعقد خاص ليكون استعمالها وقفاً على جهة خاصة او اشخاص معينين دون غيرهم .

general warrant امر قبض عام، يصدره وزير الداخلية لالقاء القبض على المرتكبين لافعال معينة دون بيان الاسماء في الامر .

generalia praecedunt specialia sequuntur للعموميات ان تتقدم الخصوصيات . العام من الاشياء يتقدم الخاص .

generalia specialibus non derogant الاشياء العامة لا تفت في الاشياء الخاصة : اي لا تنال من آثارها .

generalize يعمم؛ يضع في صيغة عامة؛ يعطي (للشيء) صفة العمومية . يستظهر الاشياء من القرائن العامة . يخرج بنتيجة عامة

generation جيل؛ عقب؛ درجة من درجات الذراري في تعاقب الانساب .

generic عام؛ تعميمي؛ اطلاقي؛ شامل : ينطبق او يسري بوجه عام .

Geneva Convention ميثاق جنيف : ابرم هذا الميثاق في شهر يوليو سنة ١٩٢٩ كتكملة لميثاق لاهاي المبرم سنة ١٩٢٧ (وخصوصاً المواد ٤ الى ٢٩ من الميثاق المذكور) وكان الغرض منه حماية اسرى الحرب من مثل المعاملة السيئة التي استهدفوا لها خلال الحرب العالمية الأولى ١٩١٤ – ١٩١٨ .

Geneva Cross صليب جنيف : الصليب الاحمر

او سلامة ارواح الركاب من خطر محدق؛ او المساهمة في تحمل اية مصاريف استثنائية يبذلها بعض الشاحنين في سبيل مصلحة المشتركين في الشحنة .

Genoese lottery يانصيب جنوا : نوع من اليانصيب يختار فيه اللاعب خمسة ارقام او اربعة او ثلاثة او اثنين من تسعين رقماً (اي من الواحد للتسعين)، فيلعب على رقمين منها او ثلاثة او اربعة او خمسة، ثم تسحب خمسة ارقام من التسعين ، فاذا خرجت ارقامه بكاملها ربح مبلغاً معلوماً يحسب على اساس المبلغ الذي لعب عليه وعدد الارقام التي اختارها .

general council مجلس عام . احد الاسماء القديمة التي عرف بها البرلمان الانكليزي . وقد يراد به احياناً مجلس المملكة المتحدة للتعليم الطبي والتسجيل المؤسس بموجب القانون الطبي Medical Act لسنة ١٨٥٨ General Council of Medical Education and Registration of the United Kingdom .

general credit [في الشهود] موثوق فيه عموماً؛ يستأهل الثقة

general estate جميع الاملاك العائدة للشخص)، مجموع امواله العقارية؛ املاكه بوجه عام

general exception دفع عام : الدفع في ادعاء الخصم من حيث الاساس او عدم كفاية الاسباب .

يختلف عنه الدفع الخاص special exception في كونه يقتصر على ناحية خاصة من الدعوى فيتناولها من حيث الشكل مثلا دون غيره .

general execution تنفيذ عام : لا ينصب على اشياء معينة من اموال المدين بل يقتضي الوفاء بقيمة المطلوب من اية اموال اخرى منقولة للمدين المذكور يتسنى العثور عليها .

general executor منفذ عام (للوصية) : تشمل ولايته جميع اموال التركة حينما وجدت .

general exemption order امر اعفاء عام : يخول الحانات ان تفتح في غير الساعات العادية اذا اثبت اصحابها ان فتحها كذلك يناسب المنطقة المعنية ويلبي حاجات الاهالي المحيطين بها .

general fee conditional ملك ميراثي مشروط الايلولة الى الورثة الصلبيين دون غيرهم .

general field ميدان عام : يضم عدداً من قسائم محاطة بسور واحد يحتويها كمجموعة واحدة .

general interest مصلحة المجموع : وهي اضيق نطاقاً من المصلحة العامة public interest التي تشمل كل شخص في الدولة، بينما تقتصر الاولى على ما دون ذلك فتعفى المصلحة العامة في نطاق محدود لا يتجاوز مجتمعاً خاصاً او مجموعة بشرية معينة .

general jurisdiction اختصاص عام: ولاية قضائية عامة تشمل كافة المنازعات القانونية دون استثناء .

general law [قانون عام] لا يوضع لجهة او فئة بشرية خاصة، بل تكون احكامه عامة تشمل النفوس على حد سواء .

general lien حق امتياز عام: يبقى على البضاعة موضوع

germanus عين (م. اعيان)؛ شقيق؛ من دم واصل واحد: اي لذات الوالدين .

gerontocomium ملجأ للمسنين . مصح لكبار السن من الرجال والنساء .

gerrymander [**اجراءات انتخابية**] ترتيب المناطق الانتخابية ترتيباً يعود بغير النتيجة القانونية المتوقعة من الترتيب القانوني العادي ويضمن لبعض الاحزاب من النصر في المناطق المطلوبة ما لا تضمنه خطوط التقسيم الطبيعية .

gest [**قانون سكسوني**] ضيف

gestation مدة الحمل بالجنين حتى ولادته .

gestio سلوك؛ سيرة؛ تصرف

فضول؛ تدخل (غير مطلوب) في شؤون الغير .

gestio pro haerede [**مواد مدنية وقانون اسكتلندي**] يسلك سلوك الوارث؛ يتصرف كوارث

نقل هذا الاصطلاح عن القانون الروماني، ويراد به وصف سلوك الوارث او بيان الاثر المترتب على صيرورة الميراث اليه كوارث شرعي او موصى له . فاذا سلك الشخص المعني سلوك الوارث *gestio pro haerede* (اي تصرف مثله) دل ذلك على قبوله للميراث قبول ذوي الحقوق في التركة من ارباب الذمم والامتيازات وينسب اليه هذا السلوك عادة اذا شرع في مباشرة حقوقه الموروثة : كقبض الاجور مثلا والعوائد المستحقة او وضع اليد على الاموال الآيلة اليه شرعاً او ايصاء .

gestor [**قانون مدني**] نائب او وكيل؛ من ناب او توكل عن غيره في عمل او تصرف .

get [**قانون عبراني**] ورقة طلاق (عند اليهود) تحرر باللغة الآرامية ويقدمها الزوج الى زوجته اشعاراً بتطليقها امام الربي وعشرة من الشهود .

****Gharouka*** or ***Gharuqa*** الغاروقة وهي من رهونات الشريعة الاسلامية .

****Ghilab*** [**فقه اسلامي**] الغلاب؛ تغليب حالة على اخرى لتفوقها عليها بسبب من الاسباب، كأن تغلب في رجل حالة الصحة على المرض او الجنون على العقل، وهلم جراً ...

gibbet عود مشنقة – قوامها عمود خشبي يمتد من رأسه ذراع واحد يعلق عليه المراد اعدامه .

— double gibbet مشنقة مزدوجة؛ عود مشنقة يمتد من رأسه ذراعان على شكل حرف T اللاتيني .

gens [**قانون روماني**] عصبة او اسرة يجمع افرادها نسب ودم واحد .

gens de justice اسرة العدل، ويراد بها موظفو المحكمة .

gentleman [**قانون روماني**] كريم المحتد (دون ان يكون من النبلاء او اصحاب الالقاب الرفيعة)؛ شهم؛ مهذب .

عرف رجال القانون الـ gentleman بأنه كل شخص لا عمل له يستطيع ان يحيا حياة خاملة who can live idly بحكم ما يعود اليه من ايراد ابيه او امه او ممتلكاته الخاصة . وينطبق اللقب ذاته ايضاً على كل من الآتين حسب احكام قوانين عقود البيع bills of sale acts .

(أ) من لم يعمل قط في اية مهمة او حرفة او تجارة . (ب) من عاش كوجهاء الارياف وكان شريكاً موصياً sleeping partner في شركتين او مؤسستين او اكثر . (ج) اي طالب طب سبق له العمل كمساعد جراح مدة قصيرة ومضت على اعتزاله الخدمة مدة ستة اشهر على الاقل . (د) من عمل وكيلا لتوريد الفحم ثم فصل عن العمل . (هـ) من اشتغل كاتباً لدى احد الوكلاء القضائيين او العاديين ثم فصل عن عمله وكان مورده الرئيسي ما خصصته له امه .

gentleman commoner لقب جامعي يطلق على كل من تمتع بمكانة خاصة من طلبة جامعتي اكسفورد وكمبردج .

gentleman usher حاجب او مباشر مهمته قيادة المطلوبين للمحاكمة او للشهادة الى قاعة المحكمة .

gentleman's agreement اتفاقية شرف : تسري على اطرافها بدافع الشرف لا قوة القانون (اي لا تعتبر ملزمة قانوناً) .

genuine [في النقود والصكوك والسندات والمحررات] صحيح اصلي؛ غير مزور او زائف

genus جنس؛ نوع؛ اصل

gerens يحمل؛ عليه

gerens-datum يحمل تاريخاً : اي مؤرخ

german كلي؛ خاص

[**صلات القربى**] اعيان؛ اشقاء (لابوين)

— brothers german «بنو الاعيان» اخوة اشقاء لابوين .

— cousins german ابناء او بنات عم او خال عين؛ ابناء او بنات عمة او خالة عين .

germane وثيق الصلة؛ متصل بشيء، نحو : كان متصلا بموضوع الخلاف it was germane to the matter at issue.

اخرى، كمن باع تنكاً (صفيحاً) على انه فضة، او نحاساً على انه ذهب .

gilt edge [اوراق مالية] مذهبة الحد او الاطار؛ ممتازة (من حيث الثبات او القوة) . يطلق هذا الاسم على احسن الاوراق المالية والاسهم وارفعها منزلة، نظراً لقوتها والثقة العامة فيها وشدة الاقبال عليها .

اذا اتصف المشروع او الشيء المثمر فيه المال بانه gilt edge فلا يعني هذا عظم كسبه بل ضمان هذا الكسب وعدم فشل الشيء موضوع التثمير وعلو مقامه في الاسواق المالية واعتباره كالذهب من حيث الثبات والقوة .

gilts سندات او اسهم مذهبة : السندات والاسهم التي لا يخشى عليها من حيث الثبات والقوة وتقل عن غيرها من حيث الارباح .

gin men [شؤون التعدين] عمال مناجم غير فنيين، يؤدون اعمالا يدوية عامة لا تحتاج الى تخصص او تدريب .

ginning advances تكاليف قطف القطن ونقله الى اماكن الحلاجة .

girante ساحب الكمبيالة (السند الاذني)

girth and sanctuary [قانون اسكتلندي قديم] مستجار او حمى كان يمنحه من ارتكب جريمة القتل بدم حار (عن غير تعمد او اصرار سابق) .

gist لب؛ جوهر؛ خلاصة؛ فحوى
اركان جوهرية يقوم عليها ادعاء او ترتكز اليها دعوى .

give يعطي؛ يهب؛ ينحل (بلا مقابل)

give and bequeath يهب ويوصي (على ان يصبح المال موضوع التصرف ملكاً خالصاً للموصى له حال وفاة الموصي) .

give bail يقدم كفالة

give judgment يصدر حكماً او قراراً في دعوى، ينطق به

give notice يعلن؛ يخطر؛ يشعر

give way [قواعد الطيران] يفسح او يخلي الطريق

giver واهب؛ معط؛ متبرع؛ ناحل : من تبرع بماله او تصرف فيه للغير بلا مقابل .

giving in payment [قانون لويزيانا بالولايات المتحدة] اعطاء على سبيل الوفاء؛ نزول المدين عن شيء ومناولته للدائن وقبول هذا له على سبيل السداد .

gibbet law [في انكلترا – قديماً] قانون المشنقة؛ اجراء عرفي بائد كان يخول من لهم حق الانتخاب ان يعقدوا جلسة مستعجلة لمحاكمة اي شخص متهم بسرقة بسيطة petit larceny ويجلبونه ثم يوجهون اليه التهمة، فاذا اقنعهم ببراءته اطلقوا سراحه والا امروا بتعليقه او قطع رأسه في الحال .

Gideon decision, 1963 of U. S. قرار جدعون . صدر هذا القرار عن المحكمة العليا الاميركية Supreme Court سنة ١٩٦٣ واشتهر بما نص عليه من وجوب تعيين محام يدافع مجاناً عمن اتهم بجناية وثبت فقره .

gift هبة؛ هدية؛ عطية؛ تبرع؛ نحلة؛ تصرف بلا عوض . ولا بد للهبة من ثلاثة اركان : الايجاب offer من الواهب والقبول acceptance من الموهوب له وانعدام العوض want of consideration .

[قانون انكليزي] تصرف عقاري مطلق ينقل الارض من المتصرف الى المتصرف له .

gift *causa mortis* الهبة خشية الموت؛ ما ينحله الواهب للغير بدافع توقعه للموت : اي اعتقاداً منه بأنه مشرف على الوفاة.

gift deed سند هدية او هبة : يعطى على سبيل التبرع او بثمن اسمي .

gift *inter vivos* هبة بين الأحياء : تستوفي كامل اركانها في حياة الواهب والموهوب له .

gift over هبة تتبع : تصرف تبرعي ينتقل به المال الى شخصين او اكثر بالتتالي؛ كالتصرف الذي ينقل العقار على سبيل الهبة الى زيد مثلا لينتفع به طول حياته على ان يؤول بعد موته الى عمرو؛ فمآله كذلك يعتبر gift over لعمرو .

gift to a class الهبة لطبقة او فئة : تصرف تبرعي شامل ينتقل بموجبه المال في المستقبل الى طبقة او جماعة معينة من الناس لا يعرف عدد افرادها على وجه الدقة حال نشوء الهبة بل تنتظر معرفته في المستقبل عند وفاة الواهب او حلول الظرف المشروط في الهبة .

gild [قانون سكسوني] ضريبة او جزية (بمعنى tribute)؛ غرامة؛ تعويض على اضرار

من معانيها ايضاً : اخوة؛ رابطة؛ اتحاد على هيئة نقابة تضم افراد المهنة او الحرفة الواحدة وفقاً لانظمة معينة، ولا تختلف في المعنى المذكور عن الـ guild .

gilda mercatoria جمعية تجارية؛ نقابة تجار

gilour [قانون فرنسي] غشاش : نصاب
[قانون انكليزي قديم] تاجر غشاش؛ من باع سلعة على انها

gladius سيف : رمز قوة القانون التنفيذية ومضائه في ملاحقة المجرمين وقصاصهم كائنين من كانوا .
[قديماً، وفي القانون النورماندي] ورد الاسم ذاته للدلالة على ما يسمى «الولاية العليا» او «الاختصاص الاعلى» *jus gladii* .

glans [قانون مدني] ثمار الشجر؛ محاصيله بوجه عام

gleba تربة؛ حقل؛ ارض مزروعة

glebae ascriptitii خدم الارض الراسخون، الذين لا يستطاع اخراجهم من الارض ما داموا يوفون بالواجبات المترتبة عليهم .

glebe [قوانين كنسية] ارض عائدة لكنيسة الابرشيّة؛ ارض مهداة للكنيسة او لغرض كنسي .
[قانون روماني] تربة؛ ارض زراعية

glider طائرة شراعية : طائرة بلا محرك او قوة دافعة غير الريح .

gliding طيران شراعي (بطائرة شراعية glider)

gliding distance [قانون الطيران] مسافة الانزلاق

glomerells مندوبون قضائيون : يعينون احياناً للفصل في المنازعات الناشئة بين طلبة احدى المدارس او الجامعات وبين الاهالي المحليين من سكان البلدة التي يقع فيها المعهد المعني .

glos [قانون مدني] سلفة؛ اخت الزوج (بالنسبة للزوجة)

gloss or ***glossa*** شرح متن القانون او نص الموضوع والتعليق عليه في هامشه .

gloves قفاز . جرى العرف قديماً على ان يقوم عامل الملك sheriff بتقديم قفاز ابيض للقاضي اذا افتتحت جلسة الجنايات ولم يكن هناك اي متهم يستحق المحاكمة، وذلك اشعاراً بانعدام الجرائم وتمام المحافظة على السلام .
كذلك جرت العادة على خلع القفاز من اليد اليمنى عند حلف اليمين؛ وما زال يؤخذ بهذه العادة حتى اليوم .

go يرد (بمعنى to be dismissed) تصدر؛ نحو : يجوز صدور الامر the writ may go .

go bail يكفل (شخصاً) : بتقديم سند الكفالة اللازم .

go behind decision يفحص اسباب القرار من جديد؛ يراجعها او يعيد النظر فيها

go-devil [مواد البترول] أداة تلقى في تغليف الثقب البترولي للكشف عن ماهية محتوياته .
اداة لتنظيف انابيب البترول تدار وتضغط في الانابيب بتأثير ثقل الزيت السائل فيها .

go hence ينصرف من المحكمة . اذا كان المعني بالعبارة احد المتداعين افادت رد دعواه نهائياً ووجوب عدم مراجعته المحكمة في الموضوع ذاته مرة اخرى او ابراءه من المسؤولية المنسوبة اليه، وذلك حسب الاحوال وصلة الشخص بالدعوى.

go out [شؤون العمال] يضربون عن العمل

go to تؤول الى، نحو : ستؤول الارض اليه land shall go to him .

go to protest [في السندات الاذنية] تقدم للاحتجاج (البروتيستو) او النكرة، نظراً لعدم دفع قيمتها عند الاستحقاق من الساحب .

go without day يذهب بلا موعد : اي ترد دعواه نهائياً ولا يضرب له اي موعد آخر لنظرها .

God-bote غرامة كنسية فرضت قديماً على مرتكبي الجرائم ضد الشعائر الدينية .

going concern مؤسسة عاملة، قائمة او حية . مشروع ناهض او سليم : يسير حسب الغاية التي انشىء من اجلها .

going concern value قيمة المؤسسة العاملة . (راجع going concern) اي قيمة مصانعها ومعداتها .

going into effect of act سريان القانون، نفاذه

going of large [حركات السفن والمراكب الشراعية] تسير مع الريح

going price السعر الجاري (في سوق عادية)

God's penny عربون

go to the bar يلتحق بجمعية الحقوق، لنيل اجازة المحاماة بدرجة barrister .

going through the bar [اجراءات انكليزية] قيام رئيس المحكمة بسؤال جميع المحامين (محامي النيابة والخصوم) الواحد تلو الآخر، حسب الاقدمية، اذا كانت لديهم ايـة طلبات او اقتراحات .

going to the country [محاكمات القانون العام] الاحتكام الى هيئة المحلفين او تفويض النفس اليها .
ترد كلمة country في هذا الاصطلاح وامثاله بمعنى هيئة محلفين على اعتبار ان هذه الهيئة تمثل المنطقة التي اختيرت منها . والمنطقة ذاتها تقوم مقام البلاد باعتبارها جزءاً منها، وعليه

good behaviour استقامة السلوك : التصرف في حدود الآداب العامة والقانون .

good cause سبب كاف او معقول

good consideration عوض وجيه. يرد هذا الاصطلاح كرادف لـ valuable consideration عوض ذو قيمة معتبرة يصح ان تكون اساساً قانونياً كافياً لعقد وسبباً وجيهاً لاقامة الدعوى على المخل . على ان المفهوم الأصلي للاصطلاح المذكور good consideration هو روابط الدم او العاطفة الطبيعية او اعتبارات الشهامة او الواجب الطبيعي التي تبرر الالتزام او التصرف وتعتبر اساساً سليماً له .

good faith حسن او سلامة النية

good jury هيئة محلفين ممتازة : يختار اعضاؤها من قائمة المحلفين الممتازين .

good, merchantable abstract of title بيان مقتضب عن خلو الحق العقاري من اي اختصاص او امتياز او رهن او مطالبة او معارضة تشوه قيمته السوقية او تنال من قوتها .

good of service في سبيل المصلحة، لمنفعتها او صالحها؛ نحو: فصل عن العمل في سبيل المصلحة؛ he was discharged for good of the service اي نتيجة لسوء سلوكه او قبح تصرفه .

good offices [علاقات دبلماسية] وساطة كريمة؛ توسط كريم؛ مساع طيبة (او حميدة)؛ خدمات ودية

good record title حق ملكية تبين السجلات خلوه من اي تكليف او امتياز او رهن للغير .

good repute سمعة حسنة

— of good repute حسن السمعة؛ ذو سمعة طيبة

good title حق ملكية خالص (لصاحبه) : لا يشوبه اي امتياز او اختصاص او تكليف او رهن للغير ولا يلابسه اي نزاع او شك .

good will تأييد؛ ثقة؛ حسن ظن؛ نحو: تأييد الجمهور وثقته good will of the public .

goods عروض؛ سلع؛ بضاعة او بضائع
كل شيء منقول (ذي قيمة) غير حي، بما في ذلك السندات والاسهم والاوراق المالية .

goods and chattels عروض ومنقولات . يشمل هذا الاصطلاح جميع الاموال التي لا تدخل في عداد الاموال العقارية.

فختام الوكيل للمرافعة بقوله : and of this he puts himself upon the country ان موكله فيما عرض من الوقائع قد احتكم الى البلاد، هو going to the country .

going witness شاهد نازح : الشاهد الذي يوشك ان يبرح نطاق اختصاص المحكمة بالانتقال الى مقاطعة اخرى، في البلاد ذاتها، تخرج عن اختصاص تلك المحكمة .

gold backing ظهير ذهب

gold bonds سندات ذهب : السندات المالية التي تدفع قيمتها بالذهب او اي نقد آخر مقبول لدى الولايات المتحدة الاميركية للوفاء بما لها من الديون .

gold bullion standard قاعدة السبائك (اي سبائك الذهب)

gold clause شرط الذهب: شرط الوفاء بالذهب او ما يعادل قيمته بعملة ورقية متفق عليها .

gold exchange standard قاعدة صرف الذهب؛ قاعدة العملة الأجنبية الذهبية

gold points حد الذهب

gold premium علاوة الذهب : الفرق بين قيمة العملة الاسمية وقيمتها بالذهب .

gold reserve احتياطي الذهب او رصيده

gold specie standard قاعدة المسكوكات الذهبية

gold standard قاعدة الذهب

goldsmith's notes سندات صاغة : سندات نقدية يعطيها البنك لزبائنه بياناً للمبالغ النقدية المدفوعة له منهم . جرت العادة قديماً على تسميتها كذلك لان جميع اعمال الصيرفة في لندن كانت بيد الصاغة .

gombeen اصطلاح انكليزي ايرلندي يستعمل بمعنى usury ربا .

good صحيح؛ حسب الاصول؛ كاف (من الوجهة القانونية)؛ مقبول؛ مقنع؛ سار؛ مسؤول او اهل للمسؤولية والاعتماد .
اذا اشر بهذه الكلمة على وجه الشك افادت ان لدى صاحبه رصيداً كافياً لتغطية قيمته .

— make good يجبر خسارة

good and lawful men يشار بهذا الاصطلاح عادة الى الاشخاص المراد انتخابهم للعمل في هيئات المحلفين، ومعناها «رجال طيبون مراعون للقانون» .

governmental حكومي: خاص بالحكومة او صادر عنها

governmental act عمل حكومي: تمارسه السلطات الحكومية في حدود الدستور او يمارسه موظفوها نيابة عنها.

governmental agents مأمورون رسميون. موظفو الحكومة ومستخدموها: المكلفون أداء ما يسند اليهم من الخدمات والمهام العامة.

governmental facilities مرافق حكومية: خدمات رسمية؛ اسباب قضاء الحاجات العامة؛ المنشآت والمؤسسات التي تقيمها الحكومة للاغراض العامة كالمحاكم مثلا، والسجون والمستشفيات وما اليها.

governmental immunity حصانة حكومية. مبدأ ضمني في الانظمة الفدرالية من شأنه ان يقيد حق الحكومة الاتحادية في فرض الضرائب على الولايات كما يقيد حق الولايات في فرض الضرائب على الحكومة الاتحادية، وذلك بالقدر الذي تقتضيه مصالح البلاد. ويقتصر هذا المبدأ على علاقات تقرير الضرائب بين الولايات والاتحاد في الدولة الاتحادية.

government instrumentality جهاز حكومي: اي وكالة رسمية تقرر الجهات التشريعية التنفيذية انشاءها وفقاً للدستور.

governor حاكم؛ محافظ

grace عفو عام: يمنح على سبيل التفضل لا الحق.

grace, days of (راجع days of grace)

Grace of God نعمة الله، فضله؛ منحة ربانية

grace period **[مواد التأمين]** مدة امهال دفع الاقساط، وهي ايام معلومة يمهلها حامل وثيقة التأمين لاداء المستحق عليه من اقساط التأمين بعد تاريخ الاداء المقرر بالوثيقة.

gradatim **[قانون انكليزي قديم]** تدريجياً؛ درجة او خطوة بعد اخرى

gradation تدرج؛ ترتيب حسب الدرجة او الصنف.

grade يصنف؛ يضع الشيء في درجته او مع فئته.
يسوي قطعة ارض بأخرى لتتعادل القطعتان من حيث الموقع والارتفاع.
[كاسم] درجة، نحو درجات الجريمة او مقاييس خطورتها grades of crime.
صنف؛ نوع؛ قيمة

graded offence جريمة متنوعة: تختلف درجاتها من حيث البساطة والخطورة كما تختلف العقوبة التي تكال لها من حيث الخفة والشدة.

وكلمة chattel هي أعم من goods لانها لا تقتصر على معنى goods بل تشمل ايضاً جميع المنقولات الحية، كالحيوانات على انواعها، كما تشمل الامتعة الخاصة والمعدات والادوات مهما كانت.

gore **[قانون انكليزي حديث]** ارض صغيرة ضيقة (قليلة العرض)
[قانون الاراضي الحديث] ارض مثلثة الشكل
[في بعض الولايات المتحدة] جزء من اقليم country قليل السكان.

govern يحكم؛ يهيمن؛ يسيطر؛ يدير؛ ينظم

government حكومة. نقل هذا الاسم عن الكلمة اللاتينية *gubernaculum* ومعناها دفة. والمراد بالحكومة نظام ادارة الدولة او اداة السلطة على الشعب وتصريف اموره وتوجيه جهوده وتنظيمها وضبط سلوك افراده وجماعاته. وقد وردت فيها تعاريف عدة منها:
القواعد والمبادئ الاساسية التي تقوم عليها ادارة الامة او الدولة.
السلطة العليا السائدة في الدولة او الشعب او الامة.
الجهاز الذي تفرض به السلطة العليا ارادتها على الدولة وتمارس وظائفها.
مجموعة المؤسسات والمصالح والدوائر والمكاتب السياسية التي تباشر بسبيلها اعمال الدولة التنفيذية والقضائية والتشريعية والادارية.
مجموعة اصحاب المناصب والوظائف الرسمية القائمين بأعمال الدولة التنفيذية والقضائية والتشريعية والادارية.
ما تمارسه المراجع المختصة على افراد الشعب او الامة من سلطة الضبط والاشراف (الموجه) والمراقبة.

— coalition government حكومة ائتلافية

— federal government حكومة اتحادية: كالولايات المتحدة الاميركية وسويسرا وكندا واستراليا وغيرها.

— mixed government حكومة منوعة: تجمع بين شكلين او اكثر من اشكال الحكومات الرئيسية، كالملكية والارستقراطية والديمقراطية والديكتاتورية وهلم جراً...

— national government حكومة قومية

— republican حكومة جمهورية: يملك فيها الشعب السيادة ويمارسها بسبيل من يختاره من نواب وممثلين.

government *de facto* حكومة الامر الواقع: الحكومة التي تقوم بواقع القوة لا القانون وتكون في الغالب حكومة غاصبة.

government *de jure* حكومة شرعية او قانونية: اقصيت عن الحكم بسلطان القوة.

gradualism التدرج : مذهب اشتراكي يرى وجوب تنفيذ الاشتراكية تدريجياً .

graduate يحمل شهادة علمية جامعية (من كلية او جامعة)؛ مجاز من جامعة في احد العلوم .
[كفعل] يتخرج في جامعة او كلية .

gradus parentelae شجرة نسب؛ عمود نسب؛ جدول تدرج انساب

graffer محرر عقود؛ كاتب عمومي

graffium سجل ؛ كشف ؛ قيد

grafio بارون baron؛ قاضي شؤون مالية . محام

graft [اجراءات العدالة المطلقة equity] تثبيت حق الدائن المرتهن في عقار مرهون لم يكن ملكاً خالصاً للراهن المدين حين نشوء الرهن عليه (بسبب خصومة قائمة حوله او مطالبة او تكليف او اي شيء آخر) . فاذا ثبتت للمدين ملكية هذا العقار وتطهر من مطالبات الغير امكن تثبيت حق الدائن المرتهن فيه .
من معانيها الدارجة : الرشوة او الحصول على المنفعة بالتأثير في الموظفين الرسميين بالمال او الجاه او السياسة او القرابة او اية وسيلة اخرى لا يقرها القانون .

grain rent مزارعة: استثمار الارض بحصة معلومة من غلتها

grand اسم شائع لورقة الالف دولار عند محترفي السرقة والمهربين وامثالهم .

grand assize (راجع assize)

grand committee اللجنة الكبرى : لجنة دورية في مجلس العموم البريطاني تدوم بدوام الدورة البرلمانية مهمتها النظر وابداء الرأي في مشاريع القوانين المالية وغيرها .

grand days [عند الانكليز] ايام معلومة تعتبر في جمعيات الحقوق Inns of Court والـ Chancery اعياداً تقليدية تراعى فيها مراسيم خاصة .

grand jury (راجع باب jury)

Grand Remonstrance الاحتجاج الكبير : محرر دستوري وضعه مجلس العموم البريطاني House of Commons سنة ١٦٤١ في ٢٢٦ صفحة، تضمنت اغلاط الملك تشارلز الاول ومظالم الشعب كما رآها البرلمان حينئذ وعدداً من الاصلاحات الخطيرة .

grand total مجموع كلي

grandchild حفيد او حفيدة : ابن الابن او البنت

grandfather جد : ابو الاب او الام

grandmother جدة : ام الاب او الام

grange مزرعة مجهزة بجميع لوازم الزراعة من منشآت ومعدات وما الى ذلك .

grant يهب ؛ يمنح ؛ يعطي ؛ يتفرغ (عن)؛ يتصرف (في)
[كاسم] هبة ؛ نحلة او منحة . سند هبة . تصرف كتابي ناقل لمال
التصرف كتابة فيما لا يستطاع التصرف فيه بطريق المناولة .

— **private land grant** هبة عقارية شخصية : ارض تمنحها الحكومة لاحد الافراد على سبيل الهبة .

— **public grant** هبة عمومية (مصدرها الدولة)؛ ينتقل بها موضوع الهبة من الحكومة الى فرد او جماعة بموجب حجة رسمية .

grant and demise يعطي ويؤجر . يرد هذا الاصطلاح في عقود الاجارات الطويلة للدلالة على ان مالك الارض قد أجر ارضه عدداً من السنين lease for years لينتفع بها المستأجر كما شاء .

grant and to freight let [مشارطات النقل البحري] تأجير السفينة لاغراض الشحن؛ وضع السفينة تحت تصرف المستأجر ليستعملها في نقل ما شاء الى مكان معلوم وذلك بالنزول عن حيازتها اليه مدة الرحلة المقررة .

grant clean credit [معاملات مصرفية] يمنح اعتماداً على المكشوف .

grant-in-aid إعانة او منحة مالية

grant to uses [تصرفات عقارية انكليزية] هبة انتفاع . الفراغ عن الارض للغير كي ينتفع بها في حدود القانون.

grantee موهوب او متصرف له : من انتقل اليه المال موضوع الهبة او التصرف .

grantor واهب؛ متصرف؛ متفرغ : من صدر عنه التصرف للغير .

grantor's lien امتياز المتصرف : وهو ما يظل قائماً على موضوع التصرف حتى يفي المتصرف له بكامل الثمن المتفق عليه .

grass widow زوجة مهجورة : يعتزل عنها زوجها (دون ان يطلقها) .

زوجة مقطوعة، نتيجة هجران زوجها لها او طول غيبته عنها . (اصطلاح عامي دارج)

grassum [**قانون اسكتلندي**] مبلغ عرفي يؤدى لصاحب الارض عند انتقال حيازتها من مستأجر الى آخر .

gratification جزاء؛ عوض؛ مكافأة؛ هبة؛ مقابل (يدفع بنية سليمة) نظير عمل او خدمات .

gratis مجاناً ؛ بلا مقابل

gratis dictum قول او تصريح لا يلزم به الخصم في الدعوى ولا يؤاخذ عليه .

gratuitous تبرعي ؛ مجاني؛ بلا مقابل؛ على سبيل الهبة

gratuitous allowance علاوة تبرعية؛ مرتب تبرعي؛ جعل منحول

gratuitous guest [**انظمة استعمال السيارات**] راكب مجاني؛ كل شخص يدعى الى ركوب السيارة من صاحبها او ممن يقوم مقامه، بلا اجرة .

gratuity نحلة ؛ هبة ؛ مكافأة : مال او شيء يؤول الى الغير بسبيل تفضل صاحبه او نزوله عنه سخاء منه .

gravamen جوهر (تهمة)، مدارها او لبها؛ موضوع (ظلامة او ضرر)

grave قبر ؛ جدث

[**كنعت**] خطير ؛ جسيم ؛ فادح ؛ فاحش؛ وخيم (العاقبة) ؛ شديد؛ بليغ؛ لا يستهان به

graven dock رصيف مائي مثبت الى اليابسة (لا ينفصل عنها) وهو غير الارصفة العائمة floating docks .

graveyard مقبرة صغرى (تقع غالباً بجوار اماكن العبادة) .

graveyard insurance تأمين حافة القبر ؛ تأمين احتيالي يعقد على حياة وليد حديث العهد بالولادة او شخص عجوز فان او مريض مشرف على الموت .
يطلق ذات الاسم ايضاً على شركات التأمين التي لا تراعي جانب الحكمة، بل تجازف، في قبول التأمين على الاشياء مهما انعدم الرجاء فيها وتعاظمت المخاطر المحدقة بها .

gravis خطير ؛ عظيم ؛ جسيم ؛ شديد

Gray's inn جمعية جراي : احدى جمعيات الحقوق الأربع المعتمدة في لندن inns of court . كان مقرها في بادىء الامر ملكاً لاسرة De Grey ثم اشترتها ادارة الجمعية من الاسرة المذكورة سنة ١٧٣٣ .

great كبير ؛ عظيم؛ جسيم؛ ذو بال ؛ لا يستهان به من حيث الشأن او الضخامة او الكثرة؛ يتجاوز الحد المألوف. نعت نسبي يختلف مؤداه باختلاف منعوته وملابساته .

great cattle ماشية بوجه عام (خلا الضأن والماعز والحيوانات التي لم يتجاوز عمرها الحول) .

Great Charter العهد الكبير . أحد الاسماء التي عرفت بها الـ *Magna Charta* (راجع باب *Magna*) .

Great Law, the (the Great Law) القانون العظيم . وضع هذا القانون في Pennsylvania سنة ١٦٨٢ واشتهر بالنعت المذكور نظراً لما نص عليه فيه من حرية التفكير (او الضمير) liberty of conscience .

Great Seal [**قانون انكليزي**] الختم الكبير ؛ ختم المملكة البريطانية المتحدة .

Great Writ of Liberty امر الحرية العظيم : الامر القضائي المعروف عموماً باسم *habeas corpus* and *subjiciendum* (راجع باب *habeas*) .

gree ترضية (على جرم)؛ جبر (خسارة)؛ وفاء (بمعنى satisfaction)

green cloth [**قانون انكليزي**] محكمة تعقد في الخاصة الملكية برئاسة مدير الخاصة وبعض الموظفين التابعين له .سميت كذلك نسبة الى الغطاء الاخضر التقليدي الذي يكسو المنضدة التي يجلس اليها اثناء انعقادها .

greenback اسم عامي شائع يطلق على العملة الاميركية الورقية .

greffiers [**قانون فرنسي**] محضرو المحاكم

Gregorian Code مدونة غريغوريوس او شرائعه : مجموعة من التشاريع وضعها الفقيه الروماني Gregorius في منتصف القرن الخامس الميلادي .

Gregorian Epoch العهد الغريغوري : وهو يبدأ ببداية التقويم الغريغوري سنة ١٥٨٢ ميلادية .

Grenville Act قانون جرينفل . وضع هذا القانون في عهد الملك جورج الثالث سنة ١٧٧٠ وانتقل بموجبه اختصاص الفصل في الطعون الانتخابية من مجلس العموم (بصورة عامة) الى لجان خاصة، ثم الغي (القانون المذكور) في عهد الملك جورج الرابع سنة ١٨٢٩ .

Gresham's Law قانون جريشام . اشتهر هذا القانون بمبداه القائل « النقود الرديئة تطرد النقود الجيدة من التداول » .

Gretna Green marriage (Scotch marriages) زواج Gretna Green . سمي كذلك نسبة الى المكان الذي يبرم فيه وهو Gretna Green في Dumphries باسكتلندا على مقربة من حدود Cumberland .

اشتهر هذا النوع من الزواج بعد صدور قانون الزواج الانكليزي سنة ١٧٥٣ marriage act في عهد الملك جورج الثاني . ولما كان القانون الانكليزي يقتضي اذناً خاصاً وشكليات مطولة لا تخلو من التعقيد والصعوبة، بينما لم يتطلب القانون الاسكتلندي لصحة الزواج سوى مجرد قبول الطرفين دون اي اجراء آخر، فقد اعتاد بعض الانجليز، خصوصاً من اراد منهم الزواج سراً الذهاب الى قرية Gretna Green وهي اقرب موقع مأهول في اسكتلندا، وابرام زواجه هناك بموجب القانون الاسكتلندي. وقد كثرت زيارات طلاب الزواج للقرية المذكورة الى حد جعل اهلها يبنون كنيسة خاصة لهذا الغرض يقوم فيها حداد القرية بابرام الزواج حسب القانون المحلي . على ان الزواج غير النظامي irregular marriage بمجرد تقرير الطرفين المعنيين عزمها على الزواج solemn declaration of marriage اصبح باطلا في اسكتلندا بموجب قانون الزواج الاسكتلندي الصادر سنة ١٩٣٩ .

greva [محررات قانونية قديمة] شاطىء بحر؛ ساحله او رماله

greve نفوذ؛ سلطة او سلطان

grid lines خطوط تقسيم؛ خطوط حدية

grievance ظلامة؛ غبن؛ أذى؛ سبب تظلم

grieved (aggrieved مهضوم الحق؛ مظلوم؛ مغبون (بمعنى

grievous خطير؛ بالغ؛ شديد؛ وخيم العاقبة؛ ضار؛ مرهق؛ أليم؛ مؤسف

griff من ولد لوالدين احدهما زنجي والآخر خلاسي (اي احد والديه زنجي والثاني ابيض)، او: من ولد لوالدين احدهما من الزنوج والآخر من الهنود الحمر .

grith [قانون سكسوني] سلام عام؛ امان؛ مأمن

grithbrech تعكير السلام العام

grog-shop حانة؛ خمارة : مكان لبيع المسكرات وتعاطيها

groom of the stole موظف في الخاصة الملكية مهمته العناية بالثياب الملكية .

gross اذا اقترنت هذه الكلمة بـ in نحو : a thing in gross افادت كون الشيء موضوع الكلام قائماً بحكم نفسه بصورة اصلية لا تبعية .

[كنعت] جسيم؛ شديد

[في الموازين] اجمالي؛ قائم

عدم كفاية بالغ

gross inadequacy [في التعويضات] تعويض هزيل لا يتناسب ومقتضيات الانصاف .

gross income ايراد اجمالي : لم تستنزل منه المصاريف

gross premium قسط تأمين اجمالي : القسط الصافي وما يتبعه من تكاليف اضافية .

gross profit ربح اجمالي : المقدار الذي يزيد به سعر بيع البضاعة على سعر شرائها مضافاً الى تكاليف بيعها او اعدادها للبيع .

gross tonnage حمولة قائمة : كامل سعة السفينة الداخلية مع سعة المنشآت المشيدة على السطح .

grosse aventure [قانون بحري فرنسي] عقد اقتراض بحري برهن السفينة .

grotesque بالغ الشذوذ او التنافر؛ هزلي، مضحك (من فرط غرابته او عدم انسجامه او خروجه عن المألوف)، ممسوخ الشكل؛ مذهل

ground يسبب؛ يبدي سبباً او اسباباً (لفعل او تصرف) نحو : لم يستطع تسبيب فعله he was unable to ground his action .

[كاسم] سبب؛ وجه؛ اساس . أرض . (راجع grounded)

ground annual [قانون اسكتلندي] ايجار سنوي استمراري، يتجدد من تلقاء نفسه عاماً بعد آخر .

ground of action سبب الدعوى او اساسها

ground rent اجرة ارضية : اجرة مقتضاة نظير ارض مستأجرة لاغراض الانشاء .

اجارة ارض فضاء؛ تأجير الارض الفضاء مدة طويلة تبلغ تسعاً وتسعين سنة او اكثر لشخص يبني عليها ويحتفظ بها مدة الاجارة المذكورة نظير اجرة بسيطة شرط ان تؤول الارض وما عليها من المباني الى المالك او ورثته بعد انقضاء المدة المقررة .

ground signals [قانون الطيران] اشارات ارضية

ground visibility [قانون الطيران] رؤية ارضية؛ مدى الرؤية في المطار كما يبلغ عنه الملاحظون المعتمدون .

groundage ارضية : رسم يؤدى على بقاء المشحونات في الميناء .

grounded مسبب؛ مبينة اسبابه؛ قائم على سبب او عذر

group insurance تأمين جماعي؛ تأمين جماعة : عقد اجمالي واحد ينشأ بين شركة التأمين ورب العمل لمصلحة العمال بوجه عام .

group-piece rate اجر جماعي؛ يتعهد صاحب العمل بدفعه لطائفة من العمال نظير قيامهم بعمل معين .

grub stake [مواد التعدين] عقد تعدين بين فريقين، يتعهد احدهما بموجبه ان يقدم ما يلزم من المؤن والمعدات والادوات، ويتعهد الثاني ان يكشف عن مواقع المناجم ويسجل عليها حقوق الاختصاص اللازمة، وتوزع المنافع العائدة من المشروع بنسبة مقررة .

guarantee آخذ الضمان : من قدم اليه الضمان او قدمت الكفالة . ضمان؛ قبالة؛ عهدان

[كفعل] يضمن؛ يكفل

guarantee stock اسهم ضمان؛ اصول استثمار ضامنة : رأسمال استثماري دائم لا يسحب من شأنه ان يضمن لجميع المساهمين مقداراً ثابتاً من الارباح اذا كان المشروع مؤسسة للانشاء والتسليف .

guarantied stock اسهم مضمونة بـ guaranty (راجع الاصطلاح الاخير تالياً) .

guarantor ضامن؛ قبيل : مقدم الضمان لوفاء المدين الاصلي . (راجع surety للمقابلة)

guaranty [كفعل] يضمن (الاداء) تبعياً (اي بعد عجز المدين)؛ يكفل الوفاء بدين الغير اذا عجز المدين عن ذلك . يقوم بما يقتضي على الضامن عند عجز المضمون عن الوفاء .

[كاسم] ضمان؛ كفالة، يتعهد بموجبها الكفيل او الضامن ان يفي بدين الغير او يؤدي التزامه اذا عجز هذا عن الوفاء او الاداء .

— absolute guaranty ضمان مطلق؛ كفالة مطلقة : عهدان يقطعه الضامن على نفسه بأن يؤدي دون قيد او شرط ما ينبغي على المدين او الملتزم الاصيل اداؤه في الموعد المحدد .

guardian fund [شؤون المصارف] صندوق ضمان الودائع؛ المبالغ الخاصة التي تفرض القوانين على البنوك إرصادها في صندوق عام تؤدى منه الودائع لاصحابها اذا اعسر او افلس البنك المودعة فيه .

guardian وصي او ولي : يستخلف على القاصر او فاقد الاهلية او ناقصها ليتعهد شخصه بالعناية والرعاية ويدير امواله وحقوقه لمنفعته الخالصة .

[فقه اسلامي] يعرف «بالوصي القوي» اذا عينه الاب او الجد او القاضي، و«بالوصي الضعيف» اذا نصب من قبل الام او الاخ او العم او غيرهم من الاقارب .

— natural guardian وصي او ولي طبيعي : ابو الولد، او امه اذا لم يكن ابوه حياً .

— testamentary guardian وصي مختار (مقام بالوصية) : وصي الموصي او الاب وهو اقوى الاوصياء .

guardian by nature or **guardian for nurture** الولي بحكم الطبيعة؛ ولي التربية : وهو الاب (على اولاده)؛ فاذا مات انتقلت الولاية الى الام .

guardian in socage [قانون عام] وصي عهد اليه بادارة اراضٍ موروثة لحدث، ورعاية شخصه حتى يبلغ الرابعة عشرة من عمره .

guardian or **warden of the** ***Cinque Ports*** قيم الموانىء الخمسة (راجع *Cinque Ports*) . وقد كان هذا قديماً المرجع القضائي الاعلى في تلك الموانىء .

guardianship وصاية؛ ولاية؛ قوامة

guardianus وصي؛ ولي؛ قيم؛ حارس

guerilla party [قوانين عسكرية] فئة من جنود العصابات؛ جماعة مسلحة مستقلة تحارب حرب غزو غير نظامية وتتحين غفلات العدو كي تضرب على حين غرة ثم تنسحب وتعيد الكرة كلما هيأت لها الفرص ذلك .

guest زائر؛ ضيف
نزيل (م. نزلاء) : شخص ينزل في فندق او بنسيون ليقيم اقامة مؤقته نظير اجرة معلومة .

guia [قانون اسباني] حق استطراق او مرور بوسائط نقل صغيرة .

guidage [قانون انكليزي قديم] ريادة؛ مهمة الرائد الذي يتولى ارشاد المسافرين وقيادتهم عبر المجاهل والمناطق الخطرة .

guidon de la mer اسم لاطروحة في القانون البحري وضعها مؤلف مجهول في مدينة Rouen بفرنسا حوالى سنة ١٦٧١، تعتبر من المراجع القانونية الموثوق بها في اوروبا .

guild نقابة : جمعية عمالية او حرفية، قوامها افراد يتعاطون حرفة او تجارة واحدة من حيث النوع او الطبقة وغايتها تنظيم شؤون اعضائها وتوجيه جهودهم ومساعدتهم عند الحاجة .

guildhall دار نقابة او مجلس بلدي

guile مكر؛ حيلة؛ دهاء؛ خيانة

gwabr merched [قديماً] رسم البكر ؛ غرامة عرفية كانت تدفع للسيد الاقطاعي من الفصل اذا تزوجت احدى بناته او ارتكبت الفاحشة مع غيره .

gwalstow [قانون سكسوني] مكان تنفيذ حكم الاعدام

gwayf [قانون سكسوني] مسروقات ملقاة في الطريق العام من سارق اوجس ان ينكشف امره وهي في يده فطرحها ونجا بنفسه .

gyltwite [قانون سكسوني] تعويض المخدوع او المعتدى على عقاره ...

gynarchy or **gynaecocracy** حكومة نسائية : حكومة تدير دفتها امرأة او تجيز قوانينها اسناد مقاليد الحكم فيها لامرأة .

gynecology علم امراض النساء واحوالهن البدنية.

gyroscopic bank and pitch indicator [قانون الطيران] مقياس ميل بالنسبة لمحوري الطائرة الطولي والعرضي.

gyroscopic direction indicator [قانون الطيران] مؤشر اتجاه جيروسكوبي .

gyroscopic rate-of-turn indicator [قانون الطيران] مقياس معدل الدوران الجيروسكوبي .

gyves اغلال او سلاسل (توثق بها الاقدام) .

guillotine مقصلة : آلة اعدام تستعمل في فرنسا لتنفيذ احكام الاعدام، وهي عبارة عن سكين ثقيل يهوي من قاعدة ثابتة على عنق المحكوم فيقطعه .

guilt جرم؛ اجرام؛ مجرمية : سوء النية الذي يصاحب الفعل او الامتناع عنه ويعطيه صفة الاجرام فيستوجب عقاب القانون .

guiltless لا ذنب له؛ بريء؛ خال من المسؤولية

guilty مذنب : من ارتكب فعلا يعاقب عليه القانون . مجرم، تقع عليه تبعة جرم؛ جان؛ آثم

guinea ٢١ شلناً . وحدة نقدية (انكليزية) تقدر بها اتعاب المحامين غالباً .

guise قناع؛ ستار؛ مظهر

gun سلاح ناري؛ مسدس؛ بندقية

gun running تهريب الاسلحة النارية (خصوصاً الى بلاد غير مستقلة) .

Guti احدى امم ثلاث هاجرت قديماً من المانيا الى بريطانيا واستقرت في مقاطعة Kent والجزيرة المعروفة حالياً باسم Isle of Wight في الجزر البريطانية .

gutter حفرة مكشوفة؛ خندق؛ مجرى او قناة لمرور الماء

H

h. a. هذه السنة : السنة الحالية *hoc anno* .

H.B.M. صاحب او صاحبة الجلالة البريطانية His or Her Britannic Majesty .

H.C. يشير هذان الحرفان غالباً الى احد اسمين ذائعين : مجلس العموم (البريطاني) House of Commons او الامر القضائي *habeas corpus* (راجع باب *habeas*) .

H.I.H. صاحب او صاحبة السمو الامبراطوري His or Her Imperial Highness .

H.L. مجلس اللوردات (البريطاني) House of Lords .

H.R. مجلس النواب House of Representatives .

h. t. هذا العنوان ؛ تحت هذا العنوان *hoc titulo* .

h. v. هذه الكلمة او تحت هذه الكلمة *hoc verbo* او *hac voce* .

habeas corpora juratorum امر قضائي قديم يرجع عهد الغائه الى سنة ١٨٥٢ ؛ كان يكلف فيه عامل الملك الـ sheriff باحضار (اشخاص) المحلفين، وحبس اموالهم اذا اقتضى الامر ضماناً لحضورهم الجلسة في اليوم المحدد .

habeas corpus اسم تعرف به جمهرة من اوامر الاحضار لاغراض التحقيق والمحاكمة معناه التقريبي «ان تأخذ الشخص» والغاية منه هي الحيلولة دون توقيف المتهم رهن المحاكمة مدة طويلة دون مبرر قانوني مقبول، وجلبه للمحكمة والنظر في قضيته وانقاذه من اعتقال لا يقره القانون .

يوجه هذا الامر القضائي عادة من احد قضاة المحكمة العليا الى من شاء من الناس مكلفاً اياه بأن يحضر شخصاً معيناً يرى القاضي او لديه ما يبرر الاعتقاد بانه محبوس او معتقل لدى من وجه اليه الامر وذلك كي ينظر (القاضي الآمر) في قانونية الحبس او الاعتقال . وليس لاحد تلقى الامر المذكور ان يتخلف عن الامتثال له، فاذا تخلف ادين بجرم انتهاك حرمة المحكمة contempt of court وحكم عليه بالعقوبات المترتبة على ذاك .

والهدف الاساسي من امر الاحضار هذا وامثاله حماية الافراد من اي حبس او اعتقال تعسفي، حتى انه في مقدور الزوجة عند الحاجة ان تستصدره ضد زوجها اذا حبس حريتها بالقوة . وللغرباء aliens ان يتمسكوا به اينما كانوا في الجزر البريطانية .

habeas corpus act قانون الاحضار . قانون جلب المحبوس او الموقوف للمحاكمة او التحقيق . صدر هذا القانون سنة ١٦٧٩ في عهد الملك تشارلز الثاني؛ ونص على حظر تقييد حرية الافراد دون حكم محكمة مختصة وضرورة جلبهم للمحاكمة او التحقيق خلال مدة معينة من تاريخ حبسهم او توقيفهم .

habeas corpus ad deliberandum et recipiendum امر قضائي باحضار المتهم من الاقليم الموقوف فيه لمحاكمته في الاقليم الذي وقع فيه الجرم المسند اليه .

habeas corpus ad faciendum et recipiendum [دعاوى مدنية] امر قضائي باحالة الدعوى وشخص المدعى عليه من محكمة الى اخرى اعلى منها مختصة في حكم الدعوى .

habeas corpus ad respondendum [دعاوى مدنية] مذكرة احضار المدعى عليه الموقوف لدى احدى المحاكم كي يحجز لدى محكمة اخرى للجواب على الدعوى المقامة امامها ضده .

habeas corpus ad satisfaciendum [اجراءات انكليزية] امر جلب يستصدره المدعي، بعد الحكم له من احدى المحاكم، كي يجلب خصمه لسماع الحكم عليه بالتنفيذ لدى محكمة اعلى .

habeas corpus ad subjiciendum امر احضار يكلف الموجه اليه بالمبادرة الى تقديم الشخص المحبوس لديه مع بيان تاريخ حبسه والاسباب الداعية لذلك .

غاية هذا الامر حماية حرية الافراد والحيلولة دون جميع ضروب الاعتقال غير المشروع . وقد اعتبره كثير من الشراح والفقهاء اعظم امر قضائي في القانون الانكليزي وسموه : امر الحرية العظيم the great writ of liberty .

habeas corpus ad testificandum مذكرة جلب السجين للشهادة أمام المحكمة .

habendum et tenendum [سندات التصرفات العقارية القديمة] «لتؤول الى يده وحوزته» .

habere facias or ***habere facias possessionem*** [دعاوى الاخلاء] امر قضائي يستصدره الفريق المحق كي يحله عامل الملك الـ sheriff في العقار محل المدعى عليه المحكوم عليه بالاخلاء، معناه «عليك ان تمكنه من الحيازة» .

***hadanah** [**شرع اسلامي**] الحضانة؛ تربيـــة الولد؛ حفظ الصغير او العاجز او المجنون او المعتوه مما يضره بقدر المستطاع، والقيام بتربيته ومصالحه من تنظيف واطعام وما يلزم لراحته . وقد اختلفت المذاهب الاسلامية في مدتها وشروطها؛ وهي لا تكاد تختلف عما يسمى tutelage او curatorship في القانون الانكليزي .

hadbote [**قانون سكسوني**] غرامة كانت تفرض على المدانين بجرم الاعتداء على المذاهب الدينية او على رجالها .

****hadd; had*** حد؛ فاصل

[**فقه اسلامي**] الحد؛ مقدار العقوبة (التي يفرضها الشرع) او بيانها؛ ما تقرره الشريعة في حال او شأن معين .

hadgonel [**قانون انكليزي قديم**] ضريبة؛ عقوبة نقدية (بمعنى mulct)

haec est conventio « هذا هو اتفاق » : عبارة شائعة كانت تفتتح بها الاتفاقات التحريرية قديماً .

haeredem deus facit, non homo من يصنع الوارث هو الله لا الانسان .

haeredes [**قانون مدني**] ورثة

haeredes proximi ورثة اقربون؛ اقرب الورثة او ادناهم

haeredes remotiores ابعد الورثة؛ الورثة الابعدون

haeredes sui et necessarii [**قانون روماني**] ورثته اللازمون، وهم الخلف المباشر والورثة الفرضيون للمتوفى . سموا لازمين نظراً لايلولة الميراث اليهم بقوة القانون لا باختيار المتوفين او ارادتهم .

haereditas damnosa ميراث مرهق : يكون غرماً على الوارث نظراً لزيادة ديونه على قيمة موجوداته .

haerditas jacens ميراث شاغر؛ تركة شاغرة، ليس لها وارث قانوني .

يطلق ذات الاصطلاح ايضاً على نصيب الوارث الاختياري ما لم يعلن هذا رغبته في قبول الميراث او رفضه .

haereditas legitima ميراث شرعي (لا ايصائي) .

haereditas testamentaria ميراث ايصائي : يتعين بوصية المتوفى

haeres de facto [**قانون انكليزي قديم**] وارث الواقع؛ الوارث بحكم الواقع لا القانون

habere facias seisinam «ان تعمل على الحيازة » امر رد حيازة يوجه الى الـ sheriff كي يبادر الى تمكين من حكم له بالحيازة من استرداد حيازته .

habere facias visum «ان تعمل على الكشف» . امر قضائي يصدر للـ sheriff بالانتقال الى ارض معينة والكشف عليها .

habeto tibi res tuas «خذي مالك لنفسك» : شكل من اشكال توقيع الطلاق على الزوجة عند الرومان، كان النطق به يعني الرغبة في الطلاق .

habit عادة؛ خلق؛ طبع؛ ميل

habitable repair اصلاح للسكنى، من شأنه ان يجعل البناء لائقاً للسكنى الآمنة ويوفر فيه مقداراً معقولا من الراحة .

habitancy مقر؛ مسكن دائم او رئيسي : المكان الذي ينوي الشخص ان يعود اليه مهما طال غيابه كي يسكن فيه ويتخذ منه مستقراً دائماً لنفسه، وهو اثبت واجلى مدلولا من «محل الاقامة» نظراً لما ينطوي عليه من نية الاستقرار في المكان المعني واعتباره بيتاً خاصاً ومقراً ثابتاً .

habitation سكن، مسكن، مأوى

habitual معتاد، اعتيادي، عادي

habitual criminal مجرم معتاد : من ألف الاجرام واعتاد عليه . عائد أدين بجنحة او جريمة غير مرة .

يطلق ذات الاصطلاح على من كان هدفاً لمراقبة البوليس او الحجز الاحتياطي مرة تلو اخرى نظراً لماضيه الاجرامي او عدم وجود مرتزق جلي شريف له يعيش من ورائه .

habitual drunkard سكير مدمن؛ مفرط في تعاطي المسكرات . كثيراً ما يشرب حتى يفقد وعيه .

habitual drunkenness ادمان السكر : عادة الافراط في تعاطي المشروبات الكحولية الى حد السكر .

habitually عادة؛ اعتياداً

hack stand موقف او محطة لوقوف سيارات او عربات الاجرة في انتظار الزبائن .

hackney [**وسائط نقل الركاب**] للاجرة (أسيارة كانت ام عربة)

had تقام او ترفع؛ نحو: لا تقام دعوى اقالة الوصي الخ .. no action to discharge a guardian shall be had etc.

haeres est nomen juris; filius est nomen naturae «الوارث» هو اسم قانوني «والابن» هو اسم طبيعي.

haeres est pars antecessoris « الوارث جزء من السلف » . يعتبر كذلك لان السلف ، في عرف القانون ، يحل في جسده اثناء حياته جميع ورثته .

haeres ex asse [قانون مدني] وارث التركة بأجمعها ؛ الوارث الوحيد

haeres extraneus وارث اجنبي

haeres factus وارث ايصائي : مقام بحكم الوصية

haeres fiduciarius وارث مؤتمن : اختارته الوصية كي يكون اميناً على التركة لمنفعة شخص آخر فاقد الاهلية او ناقصها او غائب او مفقود .

haeres institutus وارث مقام: وارث ايصائي مقام بالوصية

haeres legitimus وارث شرعي

haeres natus المولود وارثاً : كمن يولد لجده بعد موت ابيه ، هذا الولد الذي هو حفيد لذلك الجد يعتبر مولوداً وارثاً ، لأن اباه الذي حجبه عن الارث مات قبل ولادته .

haeres suus وارث الشخص ؛ الوارث الطبيعي

haeretico comburendo حرق الملحد او الزنديق . اول قانون جنائي اصدره الانكليز ضد الالحاد وفرضوا به عقوبة الموت حرقاً على كل ملحد .

Hague Tribunal محكمة لاهاي : هيئة تحكيم دولية تقرر تأسيسها بمؤتمر لاهاي سنة ١٨٩٩ للفصل في المنازعات الدولية.

Hague Conference مؤتمر لاهاي . عقد هذا المؤتمر في مدينة لاهاي (بهولاندا) سنتي ١٨٩٩ و١٩٠٧ ، وأقرت فيه الدول المجتمعة مبدأ التحكيم واعترفت بانه انصف الوسائل واجداها لفض المنازعات القانونية والخلافات الناشئة حول تفسير المعاهدات الدولية . وكان من نتائج هذا المؤتمر وضع مشروع لانشاء محكمة عدل ولجان تحقيق دولية . على انه لم تتم الموافقة على قانون انشاء المحكمة الا في ٣ ديسمبر سنة ١٩٢٠ ولم يسر مفعول هذا القانون على اعضاء عصبة الامم الا في ١٦ ديسمبر ١٩٢٠ .

Hague Conventions اتفاقات لاهاي : مواثيق تتعلق باحكام القانون الدولي العام جرى توقيعها من الدول المجتمعة في لاهاي سنة ١٨٩٩ و ١٩٠٤ و ١٩٠٧ .

Hague Rules قواعد لاهاي : قواعد دولية وضعت في لاهاي سنة ١٩٢١ لتحديد ما ينبغي ان يتحمله الناقل والشاحن من اخطار ينص عليها في بوالص الشحن .

haimsucken [قانون اسكتلندي] جناية الاعتداء على الغير في عقر داره .

****hakh* (*haq*)** الحق (راجع right)

hakhdar صاحب حق ، محق

half blood قرابة نصف دم : القرابة التي تكون بين اخوة العلات (الاخوة لأب فقط) او اخوة الاخياف (الاخوة لأم فقط).

half brother (or **sister**) اخ او اخت لاب او لأم فقط .

half eagle قطعة ذهبية من نقد الولايات المتحدة الاميركية قيمتها خمسة دولارات .

half endeal نصف الشيء (مهما كان)

Half-Kineg [قانون سكسوني] «نصف ملك» ؛ احد الالقاب التي كانت تطلق على رئيس قضاة المملكة . من اسمائه الاخرى قاضي جميع انكلترا *Aldermanus totius Angliae* ؛ وهو اقرب شيء الى اللقب الذي عرف به فيما بعد Chief Justiciary of England . وقد كان الـ Half-Kineg يترأس محكمة الملك *Aula Regis* ويعتبر من حيث الشأن والنفوذ في الدرجة الثانية بعد الملك .

half-mark [في العملة الانكليزية] ستة شلنات وثمانية بنسات، وتسمى احياناً noble .

half nephew or **niece** ابن او بنت اخ او اخت لاب دون أم او أم دون أب .

half-proof نصف اثبات : ما كان من الاثبات بشهادة شاهد واحد او بمستند عرفي .

half section [قانون الاراضي الاميركي] ارض تبلغ مساحتها ٣٢٠ فداناً انكليزياً .

half-timer [انظمة العمل الانكليزية] نصف مداوم . الطفل الذي يشتغل في المصانع مدة تقل عن المدة العادية المقررة للكبار ، كي يتسنى له التحصيل العلمي اللازم .

half-tongue يطلق هذا الاسم على هيئة المحلفين اذا اختلف اعضاؤها من حيث الجنسية او التبعية فكان نصفهم من جنس ونصفهم من آخر .

half-truth نصف حقيقة . يطلق هذا النعت على الاقرار اذا لم يأت الا بشطر من الحقيقة .

half-witted مأفون : مفرط الغباوة

half year نصف سنة : يعتبر ١٨٢ يوماً لاغراض القانون

hali حراث

Halifax Law قانون هليفاكس . يرد هذا الاسم كرادف لـ **Lynch Law** (راجع باب Lynch) وهو يجيز محاكمة المتهم فوراً وبأي شكل كان ثم اعدامه .

hall قاعة؛ ردهة؛ صالة كبرى

hall-mark شارة رسمية: «يبصم» بها الصاغة القطع الذهبية والفضية للدلالة على صحة معدنها وخلوها من الغش .

hallucination [طب شرعي] هلاس؛ مخادعة الحواس؛ مخالطة (العقل)، هوس؛ تصور الشخص المصاب او سماعه لأشياء غير موجودة .

halymote [قانون سكسوني] محكمة ملية

ham مسكن؛ منزل؛ ضيعة؛ قرية صغيرة

hamesecken [قانون اسكتلندي] انتهاك حرمة المساكن والاعتداء على من فيها او غشيانها بنية السرقة .

hamlet ضيعة؛ قرية صغرى

hamma فناء محل؛ ساحة ملحقة بمنزل

hammer بيع قضائي؛ بيع مزاد علني، نحو: sold under the hammer او come under the hammer وقع او بيع تحت المطرقة : اي حصل بيعه بالمزاد العلني . وذلك نسبة للمطرقة التي يستعملها المنادون على المعروضات في البيوع القضائية .

hamper يعيق؛ يعرقل

hamsoca or **hamsocne** [قانون سكسوني] حق الامان والحياة الانفرادية الخصوصية دون التعرض لفضول الغير ، وهو الحق العائد لكل فرد في منزله .

يرد الاصطلاح ذاته ايضاً، تبعاً للسياق، بمعنى اهانة الشخص في داره او انتهاك حرمة المنزل .

hanaper [قديماً] سلة خاصة لحفظ الاوامر القضائية العارضة التي كانت تصدر عن محكمة العدالة المطلقة Chancery فيما ينظر امامها من المسائل .

hand يد . ضلع؛ نصيب (في فعل)

[في المقاييس] وحدة قياس طولها اربعة انشات تستعمل في كيل ارتفاع الخيول .

[عقود ومحررات] توقيع او امضاء

[في صيغة الجمع] حوزة، نحو: في حوزة المنفذ in the hands of an executor .

[قانون انكليزي قديم] يمين؛ قسم

[أحوال شخصية] طلب المرأة للزواج، بيان الرغبة فيه .

— by hand بالمناولة؛ باليد (اي يسلم الى شخص المرسل اليه)؛ يداً بيد

— off hand ارتجالي؛ من الذاكرة؛ دون استعداد او بحث؛ فوري او حاضر، نحو: off hand information معلومات فورية، تعيها الذاكرة حالا دون بحث واستقصاء .

hand down تعلن (المحكمة)؛ تبين او تودع رأيها الملف (في الموضوع المعروض عليها) .

ورد هذا الاصطلاح اصلا في الكلام عن الاراء الصادرة عن المحاكم الاستئنافية الى ما دونها من المحاكم ثم استعمل بعد ذلك فيما يتعلق باي قرار تصدره المحكمة في المسائل المعروضة عليها. والاستعمال الاخير هو اعم الاثنين، على ان الاول هو الادق .

hand money عربون (رعبون) : مقدار من المال يدفع نقداً (يداً بيد) على سبيل تأكيد الصفقة او المعاملة

handbill منشور (مناولة) يوزع باليد

handcuffs كبل؛ غل او اغلال تكبل بها الايدي؛ قيد يدين

handle يضبط (امراً)، يديره، يتولاه؛ يعالجه، يتاجر به (بيعاً او شراء)

handling charges نفقات حمل

handhabend or **hand-habende** [قانون سكسوني] لص متلبس، فوجيء والمسروقات بيده .

handicrafts حرف يدوية

handsale, handsel, hansel بيع اليد او المصافحة . كانت المصافحة عند الشعوب الشمالية قديماً امراً لازماً لتمام المبايعة، واستمرت هذه العادة على جريانها في المبايعات الشفوية حتى اصبحت كلمة handsale مع الزمن تدل على ثمن البضاعة او العربون الذي يدفع حالما يتصافح البائع والمشتري تأكيداً للقبول المتبادل وانعقاد الصفقة .

handwriting خط؛ كتابة يد

handy man عامل بالاجرة : يستخدم للمساعدة في اي عمل كان .

hang يشنق؛ يعلق من العنق بقصد الاماتة .

يرجىء (بحثاً في موضوع)، يبقيه معلقاً دون اعتبار او فصل .

hanged, drawn and quartered [قانون انكليزي قديم] يشنق ويجر ويقطع

haphazard مجرد صدفة او مصادفة؛ اتفاقي؛ غير متوقع

happiness سعادة؛ راحة؛ قناعة؛ رضاء؛ سرور؛ متعة

haranguing ضجيج؛ ضوضاء؛ صخب؛ جلبة؛ كلام بصوت صاخب

harass يضايق؛ يثبط؛ ينغص (على)؛ يزعج؛ يناوىء

harbi الحربي: وهو الاجنبي، كما عرف ايام الفتوح الاسلامية؛ المقيم في دار حرب dar harb

harbinger موظف في الخاصة الملكية (بانكلترا)

harbour مرفأ؛ ميناء؛ ثغر
[**كفعل**] يؤوي؛ يلجىء؛ يحمي

harbour line نطاق الميناء؛ الخط المبين لحدودها

hard شاق؛ قاس؛ عسير؛ شديد؛ صعب؛ عويص؛ صلب؛ جامد؛ ثقيل
[**مشروبات روحية**] حاد المذاق او حامض. منعدم الحلاوة. كثير الكحول بتأثير التخمر

hard cases حالات شاقة. ما تصدره المحاكم احياناً من القرارات الشاذة، مراعاة منها لظروف خاصة عسيرة يستهدف لها احد الخصوم، ولا تطابق فيه المبادىء القانونية بحذافيرها، بل تنحرف عنها بعض الشيء في سبيل ذلك.

hard cash or **hard money** نقد معدني قانوني

hard currency عملة صعبة: ذات قيمة مستقرة لا ينتظر ان تهبط فجأة او ان تتقلب كثيراً بين الصعود والهبوط.

hard facts وقائع ثابتة: لا تقبل النزاع

hard labour اشغال شاقة، يحكم بها عادة كعقوبة مضافة الى عقوبة السجن.
على ان الاشغال في هذه الحال لا تتصف فعلا بالارهاق او القسوة الخاصة بل تكون كالاعمال العادية المألوفة وفقاً للاوضاع والقواعد المقررة بلوائح السجون.

hard of hearing ثقيل السمع: لا يستطيع ان يسمع كشخص عادي.

hardpan ارض صلبة؛ ليست صخرية، لكنها قاسية التربة تصعب فيها عمليات الحفر.

hardship شدة؛ قسوة؛ صعوبة؛ عسر؛ مشقة.
القسوة التي ينطوي عليها النص القانوني بالنسبة لاوضاع معينة اذا فسر تفسيراً خاصاً، وهي منشأ الدعاوى المسماة hard cases التي يرى القاضي نفسه ازاءها مضطراً للانحراف عن النص القانوني بعض الشيء (راجع hard cases).

اقتبس الانكليز طريقة تقطيع الخونة المحكومين بالاعدام سنة ١٢٤١، فكانوا يأتون بالخائن الى المشنقة محمولا على عربة زاحفة (بلا عجلات) او على لوحة من الخشب، وبعد ان يجروه الى المشنقة موثوقاً الى ذيل حصان يعلقونه من عنقه ثم ينزلونه عن المشنقة قبل ان تخرج روحه (وهو نصف ميت) فيقطعونه ويخرجون امعاءه ويحرقونها ثم يقطعون رأسه ويقسمون جسده الى اربعة اجزاء ويعلقون الاجزاء الاربعة مع الرأس في مكان عام. وكثيراً ما كان الجلاد يخرج قلبه اثناء عملية التقطيع ويرفعه عالياً ليراه الجميع.

hanging [**قانون جنائي**] شنق؛ تعليق المحكوم بالاعدام من عنقه حتى يموت.

hanging in chains [**في الجنايات**] تعليق بالسلاسل. كانت المحكمة في جرائم القتل المنطوية على التوحش تأمر بتعليق القاتل بالسلاسل (بعد اعدامه) في المكان الذي اقترف فيه الجرم.

hangman جلاد: شخص مكلف بتنفيذ حكم الاعدام شنقاً

hangwite [**قانون سكسوني**] غرامة كانت تفرض على من شنق لصاً خلافاً للقانون او مكنه من الهرب. الحصانة من اداء الغرامة المذكورة.

hanse حلف تجاري. اتحاد بين عدد من التجار او المدن غايته تنظيم تجارة اعضائه وتنسيق نشاطهم التجاري.
ضريبة تفرض على السلع التجارية.

hanse towns [**قديماً**] مدن الاتحاد التجاري الالماني، وهي: Lübeck و Hamburg و Bremen: تأسس هذا الاتحاد في القرن الثاني عشر للتعاون على الحماية المشتركة وخدمة مصالح اعضائه التجارية. وكان له قانون بحري يسمى law of hanse towns او *jus hanseaticum maritimum* وقد بلغ اوج نشاطه وقوته بين سنتي ١٣٥٦ و١٣٧٧، ثم أخذ يضمحل تدريجياً حتى سنة ١٦٦٩ عندما عقدت جمعيته العامة جلستها الاخيرة ولم يبق منه بعد ذلك غير الاسم.

hanse towns, laws of the (laws of the hanse towns) قوانين مدن الاتحاد التجاري: وهي قوانين بحرية خاصة بمدن الاتحاد التجاري الالماني، صدرت اولا باللغة الالمانية في Lübeck سنة ١٥٩٧، ثم اعيد النظر فيها مرة اخرى بعد المراجعة والتنقيح سنة ١٦١٤.

hanseatic خاص بالاتحاد التجاري الألماني او بمدنه. (راجع hanse towns)

hansgrave رئيس مؤسسة تجارية

hap يمسك بشيء، يلتقطه (بمعنى catch) يأخذ، يتناول، نحو يأخذ الاجرة hap the rent وهو اصطلاح قديم.

harm أذى او ايذاء؛ ضرر

harmonize يوفق (بين امور متناقضة)؛ يقرب بين اوجه نظر مختلفة، بان يتخذ من النقاط او الاسباب المشتركة بينها وسيلة لربطها والخروج منها الى نتيجة واحدة .
يتفق ؛ يتلاءم (مع)

harmony وفاق او اتفاق؛ تجانس؛ مطابقة؛ انسجام؛ ملاءمة ؛ تجاوب

harry يخرب؛ يفسد؛ يدمر ؛ يقلق؛ يزعج ؛ ينغص على الغير او يكدره

harsh قاس . يغاير الضمير (بمعنى unconscionable من حيث الشروط) شديد؛ صارم
[في الفوائد] متجاوز للحد : فاحش؛ يزيد على المقدار المعتاد (اي على ١٠ ٪) زيادة كبيرة .

hart ذكر الغزال، خصوصاً اذا تجاوز السنة الخامسة من عمره .

Harter act [نقل بحري] قانون هارتر . وهو قانون اميركي اجازه كنغرس الولايات المتحدة في ١٣ فبراير سنة ١٨٩٣، ينص على انه اذا تضمنت وثيقة الشحن bill of lading اي شرط يعفي صاحب السفينة العاملة بين الموانىء الاميركية والاجنبية من المسؤولية عما يترتب عن الاهمال او الخطأ في التحميل او الخزن او الحراسة او العناية او تسليم البضاعة ، كان هذا الشرط لاغياً من اساسه؛ وانه لا يجوز ادخال اي اتفاق على الوثيقة ينفي او ينال من واجب صاحب السفينة في بذل ما يقتضى من العناية والجهد لاعداد السفينة وتجهيزها بما يلزمها من الملاحين والمعدات والمؤن وغير ذلك مما يجعلها صالحة للملاحة، او اي اتفاق ينفي او ينال من واجب الربان في بذل ما يستحق من العناية في تحميل المشحونات وخزنها وتسليمها، وانه اذا بذل صاحب السفينة جهد المجد في تجهيز سفينته واعدادها للملاحة من جميع الوجوه فلن يسأل هو او ربان السفينة عن اخطاء الملاحة او الادارة والاضرار الناتجة عن مخاطر البحر او القوة القاهرة او اعمال العدو او تقصير الشحانين او عمليات الانقاذ او غيرها من دواعي المسؤولية .

harvesting حصاد؛ حصاد الغلال او جمعها

hat money [قانون بحري] رسم بسيط يقدم على سبيل التبرع لربان السفينة وبحارتها . (راجع primage)

hatch يحوك (مؤامرة) ، يدبرها او ينظمها (وهذا استعمال غير فني) .

hatch or **hatchway** ثغرة او فتحة في سطح السفينة

hatti hamayun خط هميوني : إرادة سنية متوجة باسم السلطان صدرت في ١٨ فبراير سنة ١٨٥٦ لتحديد وضع الطوائف الدينية غير المسلمة في الدولة العثمانية .

hatti jalkhana خط جلخانه : إرادة سنية اصدرها السلطان العثماني في ٣ نوفمبر سنة ١٨٣٩ مؤكداً فيها سيادة الدولة على جميع الرعايا وفقاً لاحكام الشريعة الاسلامية ومؤمناً كافة الطوائف غير الاسلامية .

haugh or **hough** ارض منخفضة خصبة التربة

haul يجر؛ ينقل (من مكان الى آخر) بسبيل الجر؛ يجذب؛ يسحب . (والاسم haulage)

haur [قانون انكليزي قديم وتشريعات William the Conqueror] بغضاء؛ كراهية

haustus [قانون مدني] نوع من الارتفاق يعطي صاحبه حق الاستسقاء من بئر او نبع للغير او حق المرور الى ذلك لأخذ حاجته منه .

have لا تختلف هذه الكلمة اللاتينية عن *ave* ومعناها، سلام (عليك او عليكم) او تحية !

have لديه؛ له؛ عنده . تملك (شيء)، حيازته او توافره في اليد

haven مأمن للسفن؛ ملجأ او معتصم لها من اعاصير البحر؛ مرفأ؛ مرسى

haw [في مقاطعة Kent بانكلترا] قسيمة (ارض) صغيرة

hawker بائع متجول؛ تاجر جواب

hawking بيع البضاعة بالتجوال بها والمناداة عليها في الشوارع وعرضها على المارة في مختلف الاماكن .

hay حشائش؛ اعشاب جافة؛ قش او تبن (رقيقه او غليظه)

hay-bote or **hedge-bote** [قديماً] ما يباح اخذه للمستأجر العمري for life او لعدد من السنين for years من المواد اللازمة للتسييج اذا وجدت في الارض المؤجرة .

hazard مخاطرة؛ مجازفة؛ مغامرة مجهولة العواقب او تحفها الاخطار يقحم فيها الشخص نفسه سعياً للربح .
مصادفة؛ نصيب محض . كل لعبة يكون هدفها الربح ويستند فيها هذا الربح الى مجرد الحظ والصدفة .

— moral hazard [تأمين ضد الحريق] مخاطرة ادبية؛ استهداف لخسارة معنوية . ما يخشى وقوعه للمال المؤمن عليه، بجراء الحرائق، من تلف باعتبار احوال صاحبه المعنوية وظروفه

الخاصة وسمعته وغير ذلك من الاعتبارات الادبية التي يكون لها وزن خاص في تقدير الاضرار الحالة بالمال المذكور .

hazardor [قانون انكليزي قديم] مقامر؛ يتعاطى العاب الزهر قصد الربح .

hazardous جزافي؛ خطر؛ تحفه المهالك؛ ينطوي على مخاطر او اخطار .

hazardous flight conditions [قانون الطيران] احوال الطيران الخطرة

hazardous insurance تأمين جزافي

he هو . كل؛ من؛ أي

he who comes into a court of equity must come with clean hands من اتى محكمة الانصاف وجب ان يكون نظيف اليدين .

he who seeks equity must do equity من طلب الانصاف وجب عليه ان ينصف الغير .

head رأس؛ قائد؛ رئيس؛ عميد؛ رئيسي؛ اول

head money جعالة رأس؛ ضريبة نفوس او ضريبة عددية : ما يجبى من رسم على اساس عدد الانفس (او الافراد).

head of chancery مستشار سفارة

head of family رب عائلة؛ عميد اسرة

head of department رئيس دائرة
[في الولايات المتحدة الاميركية] عضو في مجلس وزراء الولايات المتحدة بمثابة وزير في البلدان الاخرى .

head of stream منبع المجرى، اعلى نقطة فيه، رأسه

head of water قوة الماء او ضغطه، مقيساً بالمسافة العمودية القائمة بين سطح الماء في الخزان او المنبع وبين نقطة التفريغ؛ او : مقدار ضغط الماء على كل انش مربع في نقطة التفريغ .

headers [في التعدين] عوارض خشبية تربيعية تسند بها سقوف المناجم .

heading [قانون الطيران] اتجاه؛ وجهة

headland [قانون انكليزي قديم] مساحة ضيقة تترك في طرف الارض بلا حرث بغية استعمالها كمحور لتحويل المحراث من تلم الى آخر .

head-note رؤوس اقلام (في موضوع) . خلاصة نقاط مقررة في دعوى، ترد عادة في التقرير .

headright [توزيع الاملاك القبلية] حق الرأس او الفرد الواحد، حصته النسبية من حقوق او اموال مشتركة .

healgemote [قانون سكسوني] محكمة كنسية

healing act (راجع curative act)

health صحة؛ سلامة من امراض او عاهات

healthy صحيح (الجسم)؛ سليم البنية : خال من الامراض والعاهات والاوجاع .

hear ترى (المحكمة)، تنظر، تسمع (دعوى)، تستجوب (شاهداً)

hearing سماع (دعوى)، نظرها، رؤيتها . جلسة او محاكمة (تشمل سماع الشهود ومرافعة المحامين وحكم المحكمة) .

— preliminary hearing؛ جلسة تمهيدية . تحقيق قضائي؛ تدقيق وقائع القضية وسماع المتهم بالجريمة قبل تقديمه للمحاكمة . وهذا لا يكون لتقرير براءته او مجرميته بل للتأكد مما اذا كان الفعل المسند اليه يكوّن في حد ذاته جريمة وكانت الادلة كافية للاتهام، بحيث اذا كفت قدم المتهم للمحاكمة والا اخلي سبيله .

hearing *de novo* محاكمة جديدة؛ محاكمة ثانية . على ان المحكمة التي تنظر القضية مجدداً *de novo* انما تنظرها بصفة ابتدائية لا استئنافية .

hearsay شهادة سماع او رواية عن الغير : شهادة الشاهد بما سمع من الغير . إشاعة

hearth money [قانون انكليزي قديم] ضريبة ملغاة كانت تجبى على كل موقد نار او مدخنة في البلاد وتسمى ايضاً chimney money .

heat of passion [مواد جنائية] حرارة الانفعال؛ دافع الغضب او تأثير العاطفة الجامحة التي تكون وليدة اللحظة ويستفزها عامل آني فجائي، كالكلام او الفعل او الغضب او الكراهية او الغيرة او الاشمئزاز او الذعر او غير ذلك من العوامل الاستفزازية التي لا يستطاع احتمالها .

heat prostration, heat stroke : ضربة شمس : من شأنها ان تؤثر في اتزان العقل . (راجع sunstroke)

heda ميناء؛ مرسى صغير لتنزيل البضائع وتحميلها .

hedagium رسوم رصيف : تتقاضى على تنزيل البضائع على الارصفة المائية او تحميلها منها .

hedge يغطي صفقة او مبايعة؛ يتحوط لما يخشى من تقلبات الاسعار او الخسائر المحتملة، بمقابلة صفقة باخرى : من ذلك ان يتعاقد شخص مثلا على بيع كمية من الحبوب يخشى تقلب اسعارها في غير مصلحته فيحتاط لهذا بأن يتعاقد في الحين ذاته على شراء كمية مماثلة من الحبوب نفسها، حتى اذا ما خسر من ناحية البيع غطى خسارته من ناحية الشراء، او العكس بالعكس. والصفقة المقابلة هذه، او صفقـة التغطية او التحوط هي ما يسمى hedging .

كذلك يلجأ المراهن الى طريق التغطية hedging بان يراهن على جانبي الرهان حتى اذا خسر جانب اصاب عوضه من الجانب الاخر .

يسيج؛ يحوط؛ يسور

[كاسم] غطاء؛ تحوط؛ تأمين؛ سياج

hedge-bote مخصصات تحويط المؤجر او تسويره: كمية الأخشاب التي يؤذن للمستأجر بأخذها من الارض المؤجرة لاقامة السور اللازم حولها واصلاحه .

hedging اجراء التغطية، تغطية المعاملة باخرى آجلة : استخدام الصفقات المؤجلة كأداة للحصول على ربح ثابت . كأن يتفق تاجر مثلا، على بيع بضاعة معينة وهو يخشى تقلب الاسعار في غير مصلحته فيلجأ في هذه الحال احياناً الى تدبير التغطية hedging بان يتعاقد على شراء كمية مماثلة من تلك البضاعة ليواجه ما تحتمل خسارته من ناحية بما يحتمل ربحه من ناحية اخرى . كذلك المراهن يأخذ بتدبير التغطية بان يراهن على الجانبين ليضمن عدم خسارة جميع ما يراهن عليه .

heed [كفعل] يصغي؛ يلتفت (بمعنى يتقبل) ،نحو: التفتت المحكمة الى الحجة court heeded the argument .

يبالي؛ يأبه؛ يرعى؛ يصغي؛ يكترث؛ ينتبه

heedless لايبالي؛ لا يصغي او يلتفت؛ غير مكترث

heeler منافق؛ طفيلي (محسوب)، ذيل، يتبع شخصاً آخر ويعيش في فيئه محسوباً عليه . ساقط؛ وضيع . ولا يعتبر هذا الوصف في حد ذاته من التشهير defamation .

hegemony زعامة؛ قيادة : تكون لاحدى الدول على عدد من الدول المتحدة المستقلة .

*****hegira*** الهجرة؛ هجرة النبي محمد من مكة الى المدينة يوم الخميس الموافق ١٥ تموز (يوليو) سنة ٦٢٢ ميلادية، وهو بداية التقويم الاسلامي .

heifer عجلة؛ بقرة صغيرة لم تلد بعد

heinous [في وصف الجرائم] ترد هذه الكلمة احياناً بمعنى، فظيعة؛ بشعة؛ شنعاء؛ مخلة بالشرف؛ تنطوي على خيانة او توحش .

heir وارث؛ عقب : يرث فرضاً (بقوة القانون لا بارادة الموصي)، وقد يكون المقصود وارثاً ايصائياً يؤول له جزء من التركة بناء على وصية صاحبها .

[مواد مدنية] وارث الميت او خلفه في كل ما له وعليه من حقوق والتزامات ولا يقتصر مدلول هذه الكلمة على المفرد فقط بل تعتبر ايضاً اسم جمع *nomen collectivum* حسب كثير من ثقات الشراح . على أنه اذا لم تقم القرينة على الجمع وجب اعتبارها من الاسماء المفردة . واذا وردت كلمة heir وحدها افادت الورثة الصلبيين ما لم يدل النص او السياق على خلاف ذلك .

heir apparent وارث شرعي؛ وارث ظاهر او فرضي : لا يمارى في حقه في الخلافة على التركة اذا مات الموروث قبله، وهذا لا يختلف عما يسمى heir at law .

heir at law وارث قانوني او شرعي : يرث المتوفى دون وصية، ارثاً شاملا لكل ما له وما عليه من حقوق .

heir beneficiary وارث منتفع او انتفاعي : الوارث التحفظي الذي يخشى ان يكون الميراث غرماً لا غنماً فيتقبله على شرط ان لا يسأل عن ديونه الا في حدود عوائده؛ اي الا يسأل عما يزيد من حسوم التركة liabilities على اصولها assets .

heir by adoption وارث بالتبني: الوارث الذي لا يعينه القانون بل الاتفاق المقرر بسند التبني deed of adoption.

heir by custom الوارث عرفاً او بمقتضى العرف : وهو الذي يقوم حقه في الميراث على عرف خاص .

heir by devise وارث بالهبة : يوصي له المورث مما يملك باموال عقارية معينة .

heir collateral وارث فرعي او غير مباشر، اي من الحواشي: كالاخوة والاخوات وابناء الاخوة والاخوات والاعمام والعمات والاخوال والخالات .

heir conventional وارث اتفاقي : ينشأ حقه في الميراث على اساس اتفاق او تسوية .

heir expectant وارث منتظر : من كان وارثاً شرعياً لوالد او قريب له ما زال على قيد الحياة .

heir forced وارث فرضي: لا يجوز حرمانه من الميراث .

heir general وارث عام : اي وارث شرعي

heir in tail وارث حصري: يرث ارضاً محصورة الميراث لا تؤول الا لنوع معين من الورثة .

heir institute [قانون اسكتلندي] وارث مقام بالوصية

heir, legal (legal heir) وارث قانوني او شرعي . heir at law

heir male (male heir) [قانون اسكتلندي] وارث ذكر ؛ يراد به الوارث الاقرب الى المتوفى من الذكور ؛ احق الذكور بالميراث

heir of conquest [قانون اسكتلندي] من ورث ارضاً آلت الى مورثه عن اي سبيل خلا الميراث .

heir of line [قانون اسكتلندي] وارث مباشر يرث بطريق القرابة المباشرة .

heir of provision [قانون اسكتلندي] وارث حكمي ؛ يرث بناء على نصوص خاصة في سند . وارث صريح

heir of tailzie [قانون اسكتلندي] وارث ايصائي ، يرث الملك بناء على وصية لو لم يوص له بها لما كان له حق في الميراث .

heir of the blood وارث بالدم : اي بحكم قرابة الدم او الصلة الطبيعية ؛ وهذا يشمل الاولاد غير الشرعيين .

heir of the body وارث صلبي : احد فروع المتوفى المباشرين (راجع of the body) .

heir presumptive وارث افتراضي : يؤول اليه الميراث لو مات المورث حالا او قبل ان يولد له او لغيره شخص يحجبه عن وراثته . وهذا لا يرث يقيناً ، بل تكون ايلولة الميراث اليه رهناً بظرف معين .

heir substitute, in a bond [قانون اسكتلندي] البديل الوارث في السند ؛ الشخص الذي ينص السند على ايلولة القيمة المسماة اليه اذا مات المستفيد الاصلي .

heir testamentary وارث ايصائي : تعينه الوصية

heir unconditional [قانون لويزيانا] وارث اطلاقي ، يرث ما للمتوفى وما عليه بلا تحفظ او قيد ، سواء أكان قبوله للميراث صريحاً ام ضمنياً .

heirdom وراثة ؛ خلافة (على مال) بالتوارث

heiress وارثة (انثى)

heirlooms امتعة او منقولات موروثة : تؤول الى العقب مع الاشياء الموروثة وفقاً لعادات خاصة .

heirs ورثة : تنتهي اليهم التركة قانوناً بغير وصية .

— lawful heirs ورثة قانونيون : يعتبرهم القانون فروعاً مباشرين للمتوفى lineal descendants .

— legitimate heirs ورثة شرعيون : مولودون بزواج قانوني صحيح .

— natural heirs ورثة طبيعيون : تجمعهم بالمورث صلة الدم ، وقد يكونون اولاداً غير شرعيين له او لفروعه .

heirs and assigns [قانون اسكتلندي] الورثة والمتصرف لهم ؛ بحيث اذا كانت ايلولة المال الى the heirs and assignees of "A" افاد ذلك انه اذا مات 'A' دون ان يوصي آل ماله الى ورثته واذا اوصى كانت ايلولته الى الموصى لهم .

held [الكلام عن قرارات المحكمة] قررت ؛ رأت

hell [قديماً] جهنم ؛ سعير . اسم سجن يقع تحت مقر الدائرة المالية exchequer division كان يزج فيه مدينو الملك .

help [يمين عادية] يقال so help me God اي، اعني اللهم (فيما اقول على حفظ ما عاهدت) .

henceforth اعتباراً من او منذ الان ؛ من الآن فصاعداً

henchman تبع ؛ خادم ؛ محسوب (للغير)

henghen [قانون سكسوني] سجن ؛ حبس ؛ اصلاحية (بمعنى house of correction)

hengwyte [قانون سكسوني وانكليزي قديم] إعفاء من غرامة كانت تفرض على من شنق لصاً دون الرجوع الى القضاء.

heptarchy حكومة سباعية : تؤول السيادة والسلطة فيها الى سبعة اشخاص .

دولة مقسمة الى سبع ممالك او دويلات ، شأن انكلترا عام ٥٦٠ حينما اقامت القبائل الجرمانية فيها سبع ممالك .

herald [قوانين قديمة] رسول : عامل او مبعوث دبلماسي يوجهه ملك او امير الى آخر او دولة الى اخرى ليبلغ رسالة او يعلن سلاماً او ينذر بحرب .

[قانون انكليزي] موظف يعهد اليه في حفظ كشوفات الانساب وقوائم العائلات والشخصيات التي لها حق في شارات الدروع التقليدية armorial bearings وتنظيم بعض مراسم التتويج والجنازات .

heraldry وظائف الـ herald (راجع الكلمة عالياً)

herbage [قانون انكليزي] حق رعي

herciscunda [قانون مدني] للقسمة ؛ للفرز

— *familia herciscunda* ميراث للقسمة.

hereinafter فيما بعد؛ تالياً؛ فيما يلي

hereinbefore فيما تقدم؛ عالياً؛ سالفاً؛ آنفاً

hereof من هذا؛ ذيلا

heres وارث؛ عقب

heresy إلحاد؛ زندقة؛ كفر

hereto لهذا (الموضوع)؛ لهذه (المسألة)

heretofore سابقاً؛ حتى الآن؛ حتى زمن مضى؛ الى هذا اليوم او التاريخ

hereunder تالياً؛ فيما يلي؛ ذيلا

hereupon بناء عليه؛ بعد هذا

herewith ضمنه؛ طيه؛ طياً

herge [**قانون سكسوني**] عصبة اجرامية، يزيد عدد افرادها على خمسة وثلاثين، غايتها الاغارة على اموال الناس للنهب والتخريب وما الى ذلك من الاعمال العدوانية .

heriot [**قانون انكليزي قديم**] ضريبة انتقال الميراث الاقطاعي . العوائد العرفية (النقدية او العينية) التي ترتب على الوارث اداؤها قديماً للسيد الاقطاعي كي يأذن له بوراثة الارض عن الفصل الحائز عند وفاته . وقد وجبت هذه الضريبة ايضاً على انتقال الحيازة في حياة الحائز الاصلي، وظل أصحاب الاراضي يتقاضونها حتى اواخر سنة ١٩٣٥ . ثم اسقطت نهائياً في ٣١ ديسمبر من السنة المذكورة وألغى القانون حق المطالبة بها .

herislit [**قانون انكليزي قديم**] القاء السلاح (على سبيل التسليم للعدو)؛ الفرار من الخدمة العسكرية

heristal محط الجيش؛ مضربه او معسكره (حيث يعسكر)

heritable وراثي؛ ينتقل او قابل للايلولة بالميراث؛ محل وراثة

heritable bond سند دين عقاري؛ سند دين معزز بتصرف عقاري يظل العقار بموجبه في يد الدائن على سبيل الضمان حتى يستوفي ماله .

heritable jurisdiction [**قانون اسكتلندي قديم**] اختصاص قضائي وراثي؛ ولاية قضائية وراثية

كان الاختصاص الجنائي قديماً يمنح لبعض العائلات الاسكتلندية الكبرى ويبقى فيها جيلا بعد جيل يتوارثه الخلف عن السلف من افراد تلك العائلات .

heritable obligation التزام ميراثي : ينتقل واجب ادائه من سلف الى خلف .

herd قطيع : من ماشية غير محدودة العدد سواء كانت من الابقار او الخرفان او الخيول او غير ذلك من الحيوانات الكبيرة .

[**كفعل**] يسوق قطيعاً من ماشية، يتعهده بالعناية اللازمة .

herdewich مرعى؛ مرتع؛ مرج لرعي الماشية او للزراعة بوجه عام .

hereafter بعد الآن؛ مستقبلا؛ تالياً؛ فيما بعد

herebannum [**قانون انكليزي قديم**] اعلان دعوة الجيش الى ميدان القتال .

herebefore آنفاً؛ سابقاً؛ فيما تقدم

herebote امر ملكي للنفير العام، دعوة الشعب كافة الى ميدان القتال .

hereby بهذا؛ نتيجة لهذا، بسببه او بناء عليه

heredad [**قانون اسباني**] غيط، ارض مزروعة

heredero [**قانون اسباني**] وارث

hereditable ممكن الوراثة، قابل لها؛ محل وراثة او ميراث؛ موروث

hereditaments مواريث؛ اموال عقارية؛ تراث : كل ما يورث او يقبل الوراثة .

— corporeal hereditaments مواريث مادية . اراض؛ اموال عقارية؛ اشياء مادية قابلة للوراثة .

— incorporeal hereditaments مواريث معنوية : ليس لها كيان مادي؛ تراث معنوي او ادبي؛ كل ما يورث مما لا يلمس ولا يرى .

hereditary وراثي؛ ينتقل بالوراثة؛ موروث

hereditary disease مرض وراثي؛ ينتقل بالوراثة من والد الى ولد .

hereditary succession ميراث قانوني؛ حق وراثي او ميراثي . انتقال الحق بالميراث؛ الخلافة او الحلول (في المال) بالوراثة

hereditas [**قانون روماني**] ميراث؛ وراثة المتوفى في كل ما ملك

heredity وراثة : تكرار النوع (البشري) او استمراره بالتوارث او التتبع الوراثي .

herein في هذا؛ ضمن هذا؛ ضمناً

high عال؛ مرتفع؛ سام؛ رفيع . نعت نسبي يرد في عدد من الاصطلاحات المركبة للدلالة على العلو من حيث الرتبة او المكانة، او الرفعة من حيث الدرجة او الاعتبار او النفوذ او الاهمية او غير ذلك .

high commission court (راجع court of high commission)

high contracting parties [معاملات دولية] الاطراف المتعاقدون الاصليون (او السامون كما تفسرها بعض المراجع) .

high court of admiralty (راجع court of admiralty)

High Court of Chancery محكمة الانصاف العليا

[قانون انكليزي] انتقلت ولاية هذه المحكمة الى محكمة العدل العليا High Court of Justice بموجب قانون محكمة القضاء العليا Supreme Court of Judicature .

High Court of Delegates (راجع Court of Delegates)

High Court of Errors and Appeals (راجع Court of Errors and Appeals)

High Court of Judiciary (راجع Judiciary, High Court of)

High Court of Justice محكمة العدل العليا : احدى دائرتي محكمة القضاء العليا Supreme Court of Judicature وهي تمارس ذات الاختصاص العائد سابقاً لمحكمتي الـ Chancery الانصاف ومجلس الملك ومحكمتي الـ Common Pleas الدعاوى المدنية في Launcaster وفي Durham ومحاكم قضاة الجنايات Courts of the Judges of Assize .

high court of justiciary (راجع justiciary, High Court of)

high court of parliament [قانون انكليزي] محكمة البرلمان العليا؛ وهي البرلمان الانكليزي بمجلسيه (مجلس اللوردات ومجلس العموم) او مجلس اللوردات وحده اذا جلس بصفته القضائية .

high-handed تحكمي ؛ تعسفي؛ استبدادي

high-jacker لص؛ قاطع طريق

high pitch [قانون الطيران] استعمال الطبقة العليا

high priori road الاخذ بالافتراض بدل المنطق

heritable rights [قانون اسكتلندي] حقوق وراثية؛ حقوق الوارث فيما ينبغي ان يتلقاه عن الموروث من اراض وما يتصل بها .

heritage تراث؛ ميراث عقاري : كل مال ثابت محل تملك، كالاراضي والبيوت وما اليها سواء كان الحصول عليه بالميراث او الشراء .

[قانون اسكتلندي] ارض وما يتبعها؛ اموال ثابتة

heritor [قانون اسكتلندي] صاحب ارض؛ ملاك

hermandad [قانون اسباني] اتحاد تشترك فيه جمهرة من البلدان للحيلولة دون ارتكاب الجرائم ولتعقب المجرمين والمخلين بالامن .

hermaphrodite [طب شرعي] خنثى؛ مزدوج الجنس؛ مشكوك في نوعه الجنسي، من اجتمع فيه بعض اعضاء تناسل الجنسين الذكر والانثى .

hermeneutics علم او فن صوغ الكلام وتفسيره .

hermer سيد (اقطاعي) اعظم

hernesium or ***hernaseium*** ادوات منزلية؛ معدات حرفية او زراعية . اجهزة سفينة او اعتدتها

herschip [قانون اسكتلندي] جريمة الاستيلاء على ماشية الغير (وسوقها من ارضه بالقوة) .

herus سيد؛ مخدوم

hesia حق ارتفاق

hetaeria [قانون روماني] شركة؛ جمعية؛ كلية

heterodoxy تعدد المذاهب

heuvelborh [قانون سكسوني وانكليزي قديم] كفيل؛ ضامن

hide [قانون انكليزي قديم] مساحة من الارض يكفي لخدمتها محراث واحد او تكفي لاعالة اسرة واحدة .

hideout مخبأ؛ معتصم

hierarchy كهنوتية تسلسلية . نظام تدرجي : هيئة موظفين كنسية تتدرج فيها السلطة من رتبة الى اعلى حتى تنتهي الى رئيس الكهنة، ويكون كل واحد فيها خاضعاً لمن هو اعلى منه. وكذا كل نظام اداري تسلسلي تصاعد فيه السلطة تدريجياً حتى تبلغ منتهاها عند الرئيس الاعلى ويكون كل عضو فيه مقيداً بالتعليمات التي يتلقاها من رئيسه المباشر .

high treason خيانة عظمى . (راجع باب treason)

highbinder شقي ؛ شرير
احد افراد عصابة سرية صينية تضم عدداً من الاشرار دأبهم ابتزاز الاموال بالوعيد والتهويل والاكراه .

higher and lower scale [قانون انكليزي] المعيار الاعلى والادنى .
تأخذ محكمة القضاء العليا High Court of Judicature في تقدير رسومها والاتعاب التي يحق للمحامين الا solicitors تقاضيها بمعيارين؛ أدنى وأعلى . ينطبق اولهما على الدعاوى التي يعود الفصل فيها بموجب قوانين نظام القضاء judicature acts لمجلس الملكة Queen's Bench او دوائر المواد الحسبية probate والطلاق divorce والمنازعات البحرية Admiralty وجميع المسائل القائمة على الديون والعقود والاخلال بالواجبات الثانوية والدعاوى المحالة لدائرة العدالة المطلقة Chancery اذا قلت قيمتها عن الف جنيه؛ بينما ينطبق المعيار الثاني على غير ما ذكر من الدعاوى ذاتها اذا كانت الغاية الاساسية منها استصدار اوامر رادعة injunctions تتعلق بافعال معينة .

highest proved value [دعاوى الـ trover] القيمة القصوى التي تقدرها هيئة المحلفين، استناداً لما لديها من البينات، للمال المستولى عليه خلال المدة الواقعة بين تاريخ الاستيلاء وتاريخ المحاكمة .

highgrading اصطلاح دارج في لغة التعدين معناه، سرقة خام المعادن .

highness سمو . لقب تعظيم للامراء . كان يلقب به ملوك انكلترا قبل جيمس الاول .

highway طريق عام : يشمل الجسور والسكك الحديدية والقنوات والانهار وما يليها .

— commissioners of the highways مشرفو الطرق العامة : موظفون رسميون في الاقاليم والبلديات يعهد اليهم في الاشراف على انشاء الطرق العامة وصيانتها وغير ذلك من المهام المتصلة بها .

— common highway طريق عام : يستعمله الجميع لاي غرض من اغراض النقل .

— public highway طريق عمومي : استعملته العامة، عشرين سنة او اكثر . يشمل هذا التعبير كافة الطرق والشوارع والازقة والساحات والجسور وغيرها مما يسلكه المشاة وتعبره الحيوانات ووسائل النقل .

highway crossing تقاطع سكة حديدية مع طريق عام

highway-rate or **highway tax** رسم او ضريبة صيانة الطريق العام .

highway robbery قطع طريق؛ سرقة (او تشليح) على طريق عام . سرقة باكراه على طريق عام .

highwayman قاطع طريق؛ لص طريق عام

highler [قانون انكليزي] بائع جواب او متجول

hikr حكر : اعطاء الارض بسبيل الايجار مدة غير محدودة لقاء اجرة سنوية زهيدة .

hikrist محتكر؛ صاحب حكر

Hilary rules [قانون انكليزي] قواعد هايلري؛ مجموعة من القواعد وضعت في فصل هايلري سنة ١٨٣٤ لتعديل جانب كبير من الاجراءات المتبعة امام محاكم القانون العام العليا .

hilary sittings (راجع hilary term)

hilary term [قانون انكليزي] دورة قضائية كانت تبتدئ قديماً في الحادي عشر وتنتهي في الحادي والثلاثين من شهر كانون الثاني (يناير) من كل عام؛ ثم الغي اعتبارها وحل محلها ما يسمى hilary sittings جلسات هايلري وهي تبتدىء في ١١ كانون الثاني (يناير) وتنتهي يوم الاربعاء الاخير قبل عيد الفصح .

hindeni homines طبقة رجال . قسم السكسونيون الرجال الى ثلاث طبقات : عليا ووسطى وسفلى، وذلك باعتبار قيمتهم او الدية التي تؤدى على كل منهم وجعلوا في الطبقة العليا، ويعرف افرادها بالـ twelf hindmen من قدرت قيمته بـ ١٢٠٠ شلن، وفي الطبقة المتوسطة sexhindmen من كانت قيمته ٦٠٠ شلن، وفي الطبقة السفلى twyhindmen من كانت قيمته ٢٠٠ شلن .

hinder and delay يعرقل ويؤخر : يرد هذا الاصطلاح في الكلام عن افعال المدين اذا قصد بها الى ايجاد العقبات في سبيل استيفاء الدائنين لحقوقهم من امواله .

hinegeld [قانون انكليزي قديم] التعويض الذي كان يؤديه السيد على ما يرتكبه الخادم من جرائم وافعال مخلة .

hinge محور (شيء)، محطه، مداره، مركزه .
مفصلة (باب)
[كفعل] يرتكز، يعتمد؛ يدور؛ يقوم (على امر)

hint ايعاز؛ تلميح؛ تعريض؛ اشارة او دلالة على شيء بصورة خفية او غير مباشرة .

hinterland دواخل : الاراضي الواقعة وراء ضفة نهر او ساحل بحر .

hipoteca [**قانون اسباني**] رهن عقاري

hire يكري ، يكتري ، يستأجر ، يؤاجر

[**كاسم**] بدل استئجار ، اجرة ؛ كروة او كراء ؛ مقابل يدفع نظير استعمال شيء او استخدام شخص (راجع hiring لتعريف الايجار) .

hire-purchase شراء مؤاجرة او ايجار مبايعة . ايجار مقرون ببيع ، تنتقل بموجبه حيازة المال محل التعاقد من البائع المؤجر الى المشتري المستأجر على ان يقوم هذا بدفع اقساط دورية معلومة ، بحيث اذا دفعها كلها اصبح الشيء المتعاقد عليه ملكاً له ، واذا اخل بشروط التعاقد اعتبرت الاقساط المدفوعة بمثابة الاجرة وانفسخ العقد وعاد الشيء الى المؤجر . من ذلك ان تتفق مثلا احدى شركات الانشاء مع شخص على ان تسلمه احد منازلها بصفته مستأجراً له ، مدة محددة ، وان يقوم هذا بدفع مبالغ معينة من النقود في فترات مقررة بحيث اذا دفع جميع تلك المبالغ (او الاقساط instalments) انقلب العقد بيعاً وانتقلت ملكية المنزل اليه ، واذا تخلف عن دفع الاقساط فسخ الايجار وعاد المنزل الى الشركة .

صدر قانون ايجار المبايعة hire-purchase act في انكلترا سنة ١٩٣٨ .

hirer مستأجر ؛ مستخدم

hiring ايجار ؛ تأجير : والايجار hire او hiring عقد معاوضة يلتزم المؤجر بمقتضاه ان يمكن المستأجر من الانتفاع بشيء معين مدة معلومة لقاء اجرة معلومة .

his excellency صاحب فخامة او دولة او عطوفة او معالي أو سعادة او ما الى ذلك . لقب تعظيم يوجه الى رؤساء الجمهوريات والوزراء والحكام ومن في مستواهم من رجال الدولة والدبلماسية وارباب المناصب الرفيعة .

his honour سعادة ؛ صاحب سعادة . لقب تبجيل يوجه للقضاة ومن في مصافهم .

historical school المذهب التاريخي : مذهب يقرر ان التاريخ هو المرشد الى كيفية قيام النظم الاقتصادية وكيفية تطورها ، وان القوانين الاقتصادية ليست لها الا قيمة نسبية .

historic buildings ابنية تاريخية تحددها اللوائح المحلية وتساهم السلطات المحلية في تعهدها بالاصلاح والصيانة كما هي الحال حسب قانون الابنية التاريخية الانكليزية الصادر سنة ١٩٦٢ .

hitherto حينئذ ؛ وقتئذ ؛ آنذاك ؛ حتى ذلك الحين ؛ الى حين مضى

hlothbote [**قانون سكسوني**] غرامة فرضت على الاجتماعات غير المشروعة .

hlothe [**قانون سكسوني**] اجتماع غير مشروع او مغاير للقانون .

hoard يختزن ؛ يجمع ؛ يدخر (مؤناً او غيرها لحين يندر وجودها) .

hoc هذا ؛ نحو : في هذا المكان *hoc loco* ، او لهذا الغرض ؛ من اجل هذا *ad hoc*

hock اصطلاح دارج (غير فني) معناه : رهن ؛ دين او سجن وذلك حسب الاحوال ، نحو : مال تحت الرهن او مرهون property in hock ؛ شخص في السجن او مديون person in hock .

hodge-podge act قانون مختلط : القانون او التشريع المحشو بمجموعة من الاحكام او المواضيع المتنافرة او الذي يشمل خليطاً من مسائل متباينة او غير منسقة .

hog خنزير

hogaster [**قانون انكليزي قديم**] خروف في الحول الثاني من عمره .

hogshead كيل سعة ، مقداره ٦٣ غالوناً . برميل تتراوح سعته بين ١٠٠ و ١٤٠ غالوناً .

hold [**مواد بحرية**] جوف او عنبر (سفينة)

[**كفعل**] يملك ؛ يحوز

تحكم (المحكمة) ، تقرر او ترى

يتمسك (بقول) ؛ يعتقد ؛ يحمل (رأياً او اعتقاداً او ما الى ذلك) .

يؤيد ؛ يسند ؛ يلزم او يلتزم (امراً او جانباً دون غيره) .

يلزم ؛ يقيد ؛ يبقي (تحت حفظ) ؛ يحفظ (تحت حراسة) ، يحتفظ (بشخص او شيء)

يعقد (محكمة او جلسة او اجتماعاً او غير ذلك) . يجري (تحقيقاً او انتخاباً)

يشغل وظيفة) ؛ يحتل او يقوم باعباء او مهام .

يحمل (لقباً او رتبة او سنداً او ما الى ذلك) .

يعتبر ، نحو : يعتبره القانون مسؤولا جنائياً the law holds him criminally responsible .

[**قانون انكليزي قديم – كاسم**] تملك ؛ حيازة ؛ استئجار (راجع الاصطلاحات التالية)

hold for court يبقي تحت الحفظ؛ يحفظ رهن محاكمة

hold good يظل ساري المفعول

hold over يتجاوز مدة الايجار. يحتفظ بالوظيفة او يبقى فيها بعد المدة المقررة؛ يتجاوز مدة الوظيفة

hold pleas ينظر الدعاوى (للفصل فيها)

hold to bail يكفل

hold-up مداهمة (مسافر او قطار او سيارة او غير ذلك) بقصد السلب (السرقة بالاكراه)؛ مفاجأة الغير على الطريق العام، اعتراضه او قطع طريقه لسلبه.

holder مالك؛ حائز؛ حامل

holder for value حامل على سبيل العوض. يعتبر حامل السند او الكمبيالة holder for value اذا سبق له ان قدم لمن اعطاه السند او الكمبيالة اية منفعة مقابلة.

holder of bill of exchange حامل الكمبيالة: من له الحق في استيفاء قيمتها.

holder in due course حامل الكمبيالة سليم النية: الشخص الذي يحمل كمبيالة لاغبار عليها من حيث الظاهر (اي لم يفت موعد ادائها ولم يسبق عدم تشريفها بالدفع او القبول) ويكون قد اخذها بنية سليمة نظير شيء معين وهو لا يعلم عندما جيرت لاسمه بما كان ينطوي عليه حق الجير فيها من العيوب.

holding [قانون انكليزي] مستأجر ارض برسم الايجار. [قانون الطيران] • تريث؛ انتظار

holding company شركة قابضة او مهيمنة: الشركة التي تسيطر على الجزء الاكبر من اسهم شركة او شركات اخرى سيطرة تستطيع معها ان تملي عليها ارادتها بسبيل ما يعود في جهاز اداراتها من اصوات راجحة.

holding pattern [قانون الطيران] طريقة تريث

holdings ما في الحيازة او تحت اليد (من اوراق مالية وما اليها).

holiday يوم عطلة

holm جزيرة صغرى (وسط نهر او قريبة من الساحل).

holograph وصية او وثيقة مكتوبة بخط منشئها؛ سند مكتوب كذلك

homage ولاء؛ طاعة

[قانون اقطاعي] واجب الولاء للسيد الاقطاعي؛ الخدمات التي يترتب اداؤها على الفصل لسيده.

homage jury [قانون اقطاعي] محلفو الولاء؛ وهم هيئة محلفين اعضاؤها من الملزمين بالولاء الاقطاعي homage كانت تسند اليها مهمة التحقيق وتقديم الرأي في اسباب وفاة الاتباع والحوادث في المناطق الاقطاعية.

homage liege ولاء اسمي: الولاء الخاص الذي كان يدين به الجميع للملك بوصفه السيد الاعلى.

homager موال: من ترتب عليه الولاء للغير.

homagium ولاء؛ طاعة

homagium, non per procuratores nec per literas fieri potuit, sed in propria persona لا يؤدى الولاء بالوكالة او بالرسائل بل يؤديه نفس من وجب عليه لشخص من وجب له.

homagium reddere اطراح الولاء؛ شق عصا الطاعة على من حقت له. اعلان الفصل (التابع الاقطاعي) تنصله من سيده ونكرانه له.

home موطن؛ منزل؛ بيت؛ مستقر يعيش فيه صاحبه واسرته.

Home Office [في بريطانيا] وزارة الداخلية

home port [قانون بحري] ميناء موطن السفينة، وهذا اما ان يكون الميناء الذي سجلت فيه او اقرب ميناء لموطن مالكها (المعتاد). فاذا تعدد مالكوها كان ميناء موطنها هو الميناء الذي يسكن فيه مديرها او اقرب ميناء لموطن المدير. وكثيراً ما يقصد بهذا الاصطلاح اي ميناء توجد فيه السفينة مع مالكها.

home rule حكم او استقلال داخلي

home secretary وزير الداخلية. يعتبر صاحب هذا المنصب في بريطانيا حلقة الاتصال بين التاج ورعاياه وهو المسؤول الاول عن صيانة الامن العام وتطبيق احكام القانون الجنائي وعن الشرطة والسجون ويعود اليه تقديم المشورة للتاج في ممارسة حق الرأفة.

homestead المنزل الذي يعيش فيه عميد الاسرة وما يحيط به من اراض تابعة له.

[قانوناً وفنياً] عقار سكن. ارض يتخذها صاحبها مسكناً له ولاسرته فتصبح بهذه الصفة (صفة السكن) حصينة من اجراءات التنفيذ والبيع القضائي، باعتبار ان اتخاذه لها كذلك يجعلها حسب الـ homestead laws في منجى من اجراءات الدائنين.

homestead corporations شركات اسكان: تنشأ للحصول على قطع كبرى من الاراضي وتحسينها ثم تقسيمها

الى (نمر) او قسائم وتوزيعها على الاعضاء المساهمين وجمع الاموال اللازمة لهذا الغرض .

homestead exemption laws [في الولايات المتحدة الاميركية] قوانين حصانة المساكن الخاصة؛ قوانين سارية في غالب الولايات تخول من كان ربا لاسرة ان يعين homestead عقاو سكن خاص لنفسه وعائلته تحيط به ارضه ويكون معها حصيناً من جميع ضروب التنفيذ .

homestead right حق السكن الخاص؛ الذي يخول رب الاسرة ان ينتفع واسرته بمنزله وما يحيط به من ارض تابعة له ويتمتع به ويكون له ولاسرته حصيناً من اجراءات التنفيذ ومضايقات الدائنين .

— probate homestead عقار سكن تخصصه المحكمة من املاك الزوجية المشتركة او املاك المتوفى من الزوجين ليعيش فيه الزوج الباقي على قيد الحياة والقصر من الاولاد .

— rural homestead مسكن عائلي ريفي

— urban homestead مسكن مدني : يتخذه صاحبه لنفسه واسرته مسكناً ومستقراً في المدينة . وهو يشمل منشآت السكنى نفسها وما يتصل بها من ارض تابعة تزيد من مزاياه .

homicidal قاتل؛ قتال (للغير)؛ يتصف بالقتل، يتصل به، ينطوي عليه، يدفع اليه

homicide قتل (بشري) قتل الغير او اماتته . لا يحمل هذا التعبير في حد ذاته معنى توافر عنصر الاجرام او انتفائه؛ ولا بد له من صفات ملازمة تحدد ماهيته . والقتل في القانون على انواع عدة، منها : القتل الجنائي felonious homicide والقتل المباح justifiable homicide والقتل المعذر excusable homicide . وذلك تبعاً للظروف الملابسة للفعل . فيكون جنائياً اذا انطوى على عنصر العمد او القصد او الخطأ او الاهمال وما الى ذلك من عناصر المؤاخذة التي تضعه في نطاق الـ murder او الـ manslaughter او الـ infanticide (راجع التعابير المذكورة في مواضعها) . ويعتبر justifiable مباحاً اذا كان قانونياً، كقتل الجلاد للمحكوم عليه بالطرق القانونية كما يعتبر معذراً excusable اذا رافقه سبب يشفع للفاعل امام القانون ويبرر إعفاءه من العقوبة .

— culpable homicide قتل مؤاخذ»؛ قتل جرمي : يتراوح بين ادنى درجات المسؤولية وبين شفا القتل العمد (لا القتل العمد ذاته) .

— excusable homicide قتل معذر : يقع غالباً نتيجة دفاع مشروع، او سهواً (اثناء القيام بعمل قانوني) وبغير قصد ورغم ما يبذل دونه من الانتباه والتوقي المعتاد .

— felonious homicide قتل جنائي : يرتكب دون علة مشروعة او مبرر قانوني .

— justifiable homicide قتل مباح : قتل قانوني يقوم على اسباب مبررة، كقتل الجلاد للمحكوم عليه وفقاً للقانون .

— vehicular homicide (راجع باب vehicular)

homicide by misadventure; homicide *per infortunium* قتل صدفة : يتأتى عن فعل تم في ظل القانون والفاعل يعتقد (اعتقاداً معقولا) بأن فعله لن يلد اي ضرر للغير . ولا بد في هذا القتل من توافر عنصر الاهمال مهما كان بسيطاً .

homicide *se defendendo* القتل دفاعاً عن النفس

homicidium (راجع homicide)

homicidium ex çasu قتل الصدفة؛ القتل الذي يقع بفعل الصدفة، اثناء القيام بعمل مشروع .

homicidium ex justitia القتل تحقيقاً للعدالة : وهو القتل القانوني (المباح) الذي يقع تنفيذاً للقانون (كاعدام المحكوم عليه بالطرق القانونية) .

homicidium ex necessitate قتل الضرورة المحرجة؛ القتل بدافع ضرورة لا مفر منها (كالقتل دفاعاً عن النفس) .

homicidium ex voluntate قتل قصد؛ قتل ارادي : ينطوي على الرغبة في القتل (دون سابق الاصرار) .

homine replegiando [قانون انكليزي] امر افراج يقتضي اخلاء سبيل شخص معتقل او مسجون او موضوع تحت الحراسة لدى شخص آخر .

hominum causa jus constitutum est توضع القوانين لمنفعة الانسان .

homo francus; homo liber رجل حر

homo ligius رجل مقيد؛ ملزم بولاء او واجب

homo pertinens [قانون اقطاعي] قن، عبد ارض، يخدم الارض ويتبعها كجزء منها حيثما انتقلت من حائز الى آخر .

homo trium litterarum الرجل ذو الحروف الثلاثة : وهي F و U و R اي fur ومعناها لص .

homogeneous متجانس؛ متناسق؛ متماثل؛ متسق الاركان او العناصر

homologate [قانون مدني] يجيز؛ يؤيد؛ يوافق، نحو : the court did not homologate the proceeding لم تجز المحكمة الاجراء او لم توافق عليه (والاسم homologation)

homologation [قانون مدني] اجازة (شيء)، قبوله، تأييده او الموافقة عليه

homonymiae [قانون مدني] تكرار ؛ إعادة

homosexual مشتهي المثيل : في الذكور – جبيس او مجبوس، من آثر ان يضاجعه ذكر . في الاناث – من انصرفت ميولها الجنسية الى الاناث .

homosexuality اشتهاء المماثل (راجع homosexual)

honeste vivere «عش بشرف» : اول المبادىء العامة الثلاثة التي افرغ فيها جستنيان، حسب اعتقاده، لب العدالة وخلاصة المثل العليا وهي عش بشرف ؛ لا تؤذ الغير ؛ اعط لذي حق حقه *honeste vivere; alterum non laedere; suum cuique tribuere* .

honestus حسن السلوك؛ شريف

honorarium اتعاب يتقاضاها ذوو المهن العلمية على ما يؤدونه من خدمات .

honorary فخري . نعت شرف اذا اتصل بلقب او رتبة او وظيفة عامة نحو: رئيس فخري honorary president، افاد احد امرين : (١) اما ان يكون صاحبه قد منحه من قبيل التعظيم والاحترام، بحيث لا تترتب عليه اية واجبات عملية تجاه ما يترأسه، او (٢) كونه لا يتقاضى عليه اية عوائد مادية.

honorary feuds القاب شرف متوارثة تؤول للابن الاكبر في الاسرة دون باقي اخوته .

honorary services [قانون الاقطاع] خدمات شرف كان يؤديها كبار الافصال (الاتباع الاقطاعيين) لشخص الملك، كحمل رايته او سيفه او ملازمته في حله وترحاله او غير ذلك من الخدمات التي كانت تعتبر شرفاً لمن اسندت اليه .

honoris respectum اعتباراً للشرف، بحكمه او بسببه

honour [كفعل] يدفع او يقبل (ورقة مالية)، يؤدي قيمتها، يشرف بدفع او قبول .

[كاسم] شرف . لقب تبجيل يوجه للقضاة، نحو : صاحب السعادة او العزة your or his honour .

— act of honour [معاملات مالية] ورقة شرف . اذا قدمت الكمبيالة للنكرة (البروتستو) ورغب شخص ثالث في قبولها انقاذاً لسمعة الملزم بادائها قام كاتب العدل بتنظيم مستند رسمي اسمه act of honour يضمنه وقائع هذا الاجراء.

— office of honour منصب فخري؛ وظيفة عامة رفيعة الشأن لا ينال صاحبها اي منفعة مادية .

honourable [في انكلترا] لقب شرف يوجه لصغار ابناء النبلاء من الـ earls والـ viscounts والـ barons كما يوجه لاعضاء مجلس العموم وقضاة المحكمة العليا والـ lords of session .

— right honourable لقب شرف يحمله قضاة مجلس الملكة الخاص privy councillors ويخاطبون به .

honourable discharge اعفاء مشرف من الخدمة العسكرية؛ ترك الخدمة العسكرية بشرف .

honours اوسمة ؛ نياشين . تفوق او امتياز علمي

hontfongenethef [قانون سكسوني] لص متلبس : يقبض عليه والمسروقات في يده .

hoodlum شقي ؛ شرير ؛ لص

hoodwink كلمة دارجة (غير فنية) معناها : يخدع او يغش

hookland ارض تحرث وتبذر سنوياً

hootch شراب مسكر، يستخرج بواسطة التقطير خلافاً للقانون.

hopcon [قانون انكليزي قديم] واد

hope [قانون انكليزي قديم – كاسم] واد

[في الوصايا – كفعل] يرجو؛ يتأمل

horca [قانون اسباني] مشنقة . عقوبة الاعدام شنقاً

horizontal price-fixing contracts عقود تنسيق الاسعار : الاتفاقات التي تعقد بين المنتجين او البائعين لتحديد اسعار المبيعات .

horn [اجراءات اسكتلندية قديمة] بوق، كان ينفخ فيه ثلاث مرات من قبيل اذاعة اسماء المتخلفين عن الحضور امام القضاء والثائرين والمارقين من سلطة القانون .

horn tenure [قانون انكليزي قديم] حيازة الارض نظير القيام بواجب النفخ في البوق عندما كان يقوم الاسكتلنديون وغيرهم من الاعداء باجتياح الاراضي الانكليزية، وذلك تحذيراً لرعايا الملك وحثا لهم على التحوط والتأهب للدفاع .

hors la loi محكوم عليه بالخروج على القانون .

hors pris خلا ؛ ما عد ؛ الا

horse حصان . تقتصر هذه الكلمة في معناها القريب على ذكر الخيل اذا بلغ سنه الرابعة او ما قاربها، وترد في النصوص القانونية بمعنى بعيد يشمل جميع انواع الخيل مع البغال والحمير ايضاً .

horsepower قوة حصان او رأس واحد من الخيل؛ قوة نظرية تكفي لرفع ٣٣ الف رطل انكليزي مسافة قدم واحد في دقيقة واحدة .

— net horsepower قوة الخيول؛ عددها الحقيقي ، الواقعي (لا النظري) .

hospital مستشفى ؛ مصحة

hospitalization قبول مريض في مستشفى؛ وضعه فيه

hospitia curiae جمعيات الحقوق المعتمدة وهي الـ inns of court في انكلترا .

hospiticide قتل الضيف او المضيف

hostage رهينة

hosticide قتل العدو

hostile عدواني ؛ عدائي؛ معاد

hostile act عمل عدواني او عدائي

hostile embargo حصار بحري عدواني: الحيلولة دون حركة السفن التابعة لدولة معادية حالياً او تنتظر معاداتها في المستقبل .

hostile fire نار كاسرة : يفلت زمامها وتغدو خطراً على ما حولها .

hostile witness شاهد معاد : الشاهد الذي يبدي اثناء الشهادة من واضح العداوة تجاه الخصم الذي استشهد به ما تجيز معه المحكمة لهذا الخصم ان يناقشه ويعامله كانه شاهد خصمه .

hostility [قانون دولي] عدوان؛ حرب او حالة حرب سافرة، نحو نشوب الحرب . فعل عدواني يهدف الى اشعال نار الحرب breaking out of hostilities .

اذا وردت في صيغة الجمع دلت على اعمال الحرب، نحو : بدأت اعمال الحرب قبل قطع العلاقات الدبلماسية hostilities commenced before the serverence of diplomatic relations .

hot pursuit مطاردة مستمرة؛ تعقب فوري : مطاردة العدو او الانطلاق في اثره حيثما توجه .

hot-water ordeal [قانون انكليزي قديم] محنة الماء الساخن للاستبراء؛ وهي احد ضروب المحاكمة التي لجأ اليها الانكليز قديماً للتثبت من براءة المتهم او مجرميته، اذ كانوا يأتون بوعاء فيه ماء يغلي فيتلون عليه بعض الصلوات والتعاويذ ويأمرون المتهم بغمس ذراعيه حتى المرفقين فترة معينة، فاذا فعل وبدت عليهما آثار الحرق عد مذنباً واذا سلمتا عد بريئاً .

hotchpot [في المواريث – قديماً] مزج الارض الآيلة الى احدى البنات بسبيل ما يسمى frank marriage (راجع باب frank) مع ما ينتقل اليها واخواتها من الاراضي بطريق الميراث انتقالا مطلقاً وذلك لامكان قسمة جميع هذه الاملاك بينهن بالتساوي نظراً لانه لا يكون للبنت التي آلت اليها الارض بالـ frank marriage حصة في الاراضي الاخرى الا بواسطة المزج المذكور .

[تشريعات حديثة] ترد كفعل to hotchpot او كاسم putting in hotchpot بمعنى يدمج او دمج المعونة التي يتلقاها احد الاولاد في مجموع الاموال، لامكان قسمتها بالتساوي بين جميع المستحقين، واذا احتفظ بها الولد استنزلت من سهمه .

hotel فندق؛ نزل؛ لوكاندة

hour ساعة؛ حين؛ اثناء؛ ميعاد

— office hours ساعات العمل او مواقيته

hour of cause [اجراءات اسكتلندية] ساعة انعقاد الجلسة

house بيت؛ دار؛ مقر؛ مجلس (من مجالس الامة او البرلمان)

[نظام البرلمان الانكليزي] نصاب قانوني (بمعنى *quorum*) اذا وردت في مثل هذا الاصطلاح to make a house كان معناها توافر حضور ما لا يقل عن اربعين من اعضاء مجلس العموم (البريطاني) .

— ancient house بيت قديم؛ دار قديمة : بناء مضى على قيامه من الزمن ما يكسبه حق ارتفاق الاستناد الى الابنية الملاصقة او المجاورة easement of support .

— bawdy house بيت دعارة

— clearing house دار مقاصة

— public house مكان عام : مفتوح لارتياد العامة، كالمقاهي والحانات والفنادق وبيوت القمار والمتاجر وما الى ذلك.

— the house [معاملات مالية] البورصة او المصفق التجاري .

— tippling house حانة ؛ خمارة : مكان لبيع وتعاطي المشروبات الروحية .

house arrest اقامة جبرية؛ تحديد اقامة

house-duty رسم دور مأهولة

House of Commons مجلس العموم (البريطاني)

house of correction اصلاحية : لحفظ الاحداث الجانحين وتربيتهم .

House of Delegates : مجلس المبعوثين او المندوبين : يطلق هذا الاسم على الفرع الادنى من فرعي المجلس التشريعي المحلي في بعض الولايات المتحدة الاميركية مثل Maryland و Virginia وغيرهما .

house of ill fame بيت فجور ؛ ماخور

House of Lords مجلس اللوردات (البريطاني)

House of Representatives مجلس نواب

house of worship دار عبادة : مبنى معد لاقامة شعائر دين او مذهب

housage رسوم خزن بضائع

housebreaking [مواد جنائية] اقتحام مساكن الغير بنية جنائية .

اذا وقع هذا الفعل ليلا كان مرادفاً لـ burglary السطو على المنازل او سرقتها ليلا .

household [كنعت] منزلي؛ خاص بالاسرة

[كاسم] عيل (الشخص) او عائلته؛ اهل بيته الساكنون معه في معيشة واحدة . والكلمة هذه اوسع مفهوماً من اسرة لانها لا تقتصر على اقارب الفرد بل تشمل اهله وخدمه واتباعه المقيمين في كنفه .

household goods متاع منزل؛ امتعة منزلية

household stuff مواد او حاجيات منزلية؛ تشمل جميع الاشياء التي تساعد على توفير الراحة المنزلية: كالفراش والاثاث على انواعه والادوات والمعدات المنزلية على اختلاف اشكالها .

householder رب اسرة؛ صاحب منزل

hovel مخزن ريفي لحفظ الادوات الزراعية، زريبة (بايكة)

hoy صندل : مركب ساحلي صغير يستعمل في الملاحة الداخلية لنقل الركاب او البضائع من الارصفة الى السفن او من سفينة الى اخرى .

hoyman ربان صندل hoy

huckster يساوم؛ يماكس . يبيع ويشتري على نطاق ضيق

[كاسم] بائع تجزئة متجول، يتعاطى بيع المواد وحاجيات الاستهلاك الرخيصة، كالخضار والبقول والمنتوجات الزراعية على انواعها .

hue [قديماً] نشرة كانت تصدرها سلطات البوليس باسماء المطلوبين من المجرمين وغيرهم .

hue and cry [قانون انكليزي قديم] تعقب المجرم؛ الصراخ في اثره . الطريق القانوني القديم لتعقب المجرمين والقبض عليهم : وهو العدو في اثر المجرم حيثما صودف واطلاق صرخة مدوية اوجب القانون على كل من سمعها ان يرددها وينطلق بدوره في اثر المجرم وهكذا دواليك حتى يقبض عليه، سواء كان المطلوب لصاً او قاتلا او معتدياً او غيره . والصرخة المذكورة وما تلاها من العدو في اثر المجرم كان يعرف بالـ hue and cry .

اطلق الاصطلاح ذاته ايضاً على الانذار الرسمي الذي كان ينشر عند فرار احد المجرمين من السجن لحث جميع المأمورين والاهالي على المبادرة الى تعقبه والاشتراك في القبض عليه .

huissiers [قانون فرنسي] محضرون

hull جسم السفينة

human tissue act, 1961 قانون الانسجة الآدمية لعام ١٩٦١ . يجيز هذا القانون في سبيل الاغراض الطبية استئصال اي جزء من جثة المتوفى بناء على رغبة مكتوبة منه .

hundred [قديماً] كتلة مئوية؛ وحدة سياسية قوامها مئة عائلة . قسمت انكلترا حسب النظام السكسوني الى مقاطعات shires واقاليم counties جمعت كل منها عدداً غير محدود من الـ hundreds الكتل المئوية وكانت كل hundred تحتوي على عشر tithings وكل tithing تضم عشر عائلات .

hundred court [قانون انكليزي] محكمة بائدة اقتصرت ولايتها القضائية على الكتلة المئوية حسب التقسيم السياسي السكسوني . (راجع hundred)

hundred lagh قانون الكتلة المئوية : القانون الذي كانت تطبقه محكمة الـ hundred الكتلة المئوية .

hundred rolls سجلات قديمة دونت فيها نتائج ابحاث هيئات التحقيق الخاصة حول التعديات على الحقوق الملكية royal rights سنة ١٢٧٤ في عهد الملك ادوارد الاول.

hundred setena [قانون سكسوني] سكان الكتلة المئوية. (راجع hundred)

hundredary رئيس الكتلة المئوية

hundredors سكان الكتلة المئوية او قضاة محكمتها .

hung jury هيئة محلفين منقسمة : لا يستطيع اعضاؤها التوفيق بين آرائهم والوصول الى قرار اجماعي .

hunger الجوع : وهو لا يعتبر مبرراً لجرم السرقة .

hunting صيد بري

مسؤولة عما ترتكبه من اساءات تجاه الغير وخاضعة لقانون الافلاس واجراءات التنفيذ كما لو كانت غير متزوجة . ولا فرق بين المرأة المتزوجة وبين الرجل فيما يتعلق بالديون ، كما ان الزوجة تعتبر حسب قانون عام ١٩٣٥ (فقرة ١) مسؤولة شخصياً عن عقودها، ولا يعتبر الزوج حسب الفقرة (٣) مسؤولا عن عقود زوجته الا اذا كان وكيلها فيها او كانت هذه العقود تتعلق بضروريات الزوجية (فقرة ٤) .

ولا يؤاخذ الزوجان جنائياً على التآمر معاً كما لا يدان ايهما بسرقة الآخر ولا يرغم احد الزوجين على الشهادة ضد الآخر .

واذا تزوجت البريطانية باجنبي فقدت جنسيتها حسب القانون العام common law . ولما صدر قانون الجنسية البريطانية لعام ١٩٤٨ جعل للمرأة في الجنسية البريطانية مـــا للرجل من حقوق بحيث اذا تزوجت من اجنبي لا تفقد جنسيتها البريطانية إلا اذا اختارت التخلي عنها ، كما ان الاجنبية التي تتزوج من بريطاني لاتصبح بريطانية حتى تسجل نفسها حسب لوائح الجنسية .

husband land [قانون اسكتلندي قديم] مساحة من الارض تبلغ ستة فدادين انكليزية (الفدان يساوي ٤٨٤٠ ياردة مربعة).

husband of a ship (راجع ship's husband في باب ship)

husbandman مزارع؛ فلاح

husbandry زراعة؛ فلاحة

husbrec [قانون سكسوني] جرم سرقة المساكن او السطو عليها ليلا .

hush-money مال كتمان او اسكات . تعبير عامي دارج يفيد الرشوة ضماناً للسكوت على شأن .

hustings مجلس؛ محكمة

hutesium et clamor (راجع hue and cry)

hybrid مولد؛ مختلط المولد : مولود لوالدين او حيوانين مختلفي الجنس .

hydrostatic test [طب شرعي] اختبار، قائم على علم توازن السوائل ، يجرى للتثبت مما اذا كان الوليد الميت ولد حياً ام لا .

hygiene اصول الصحة؛ علم المحافظة على صحة الابدان

hypnotism تنويم مغناطيسي : حالة افتعالية يكون فيها الشخص، المنوم ظاهراً ، خاضعاً لارادة منومه لا يخالف له امراً .

hurdle [قانون جنائي انكليزي] عربة زاحفة (بلا عجلات) كانت تستعمل لجر الخونة المحكوم عليهم بالاعدام الى مكان التنفيذ .

hurricane اعصار؛ عاصفة شديدة تتراوح سرعتها بين خمسين وستين ميلا في الساعة .

hurt يضر او يضار؛ يؤذي، ايذاء مادياً يلحق الجسم ، او ادبياً ينصب على الفكر والنفس بسبيل اهانة او مضايقة او غير ذلك من اسباب التكدير النفساني او المضارة الادبية .

husband زوج؛ حليل؛ قرين : رجل ذو زوجة شرعية على قيد الحياة .

husband and wife زوج وزوجة : كان يعتبر كلاهما حسب القانون العام القديم شخصاً واحداً، وبمجرد انعقاد الزواج بين الطرفين كان يجعل للرجل السلطة الكاملة عـــلى ما ملكت الزوجة من اموال ثابتة ومنقولة، كما يجعل له مرتباً عمرياً في اموالها الثابتة القابلة للوراثة . واذا كانت لها اموال قيـــد التداعي او قابلة للانتقال بسبيله، انتقلت هـــذه الاموال اليه حالما يحكم القضاء لها بالملكية . وللزوج حسب القانون العام القديم ان يتصرف في اموال الزوجة دون رضاها وليس لهـــا ان تتصرف في اموالها الثابتة الا برضاه، يستثنى من ذلك المال الذي يؤول لحساب الزوجة الى امين معين والذي يصبح بسبيل هذه الايلولة خاصاً بالزوجة دون زوجها . وللزوج حسب القانون المذكور الحق في الحراسة على شخص زوجته وفي مجامعتها كلما شاء. وفي عام ١٨٥٧ صدر قانون قضايا الزواج فحفظ للزوجة ما تشتريه من مال ثابت اثناء الفرقة الزوجية اذا صدر بها حكم محكمة ، كما نص قانون املاك المتزوجات الصادر عـــام ١٨٨٢ على ان املاك النساء المتزوجات تعتبر املاكهن وحدهن . وبصدور قانون الاملاك لعام ١٩٢٥ اصبح الزوج والزوجة لاغراض الملكية والتصرف بها شخصين اثنين . وفي تشريع اصلاح القانون لعام ١٩٣٥ the law reform act of 1935 نصت الفقرة (١) على ان للمرأة المتزوجة الحق في تلقي الملك وحيازته والتصرف فيه كما لو كانت غير متزوجة الا في حالات استثنائية خاصة . وينص قانون اموال المتزوجات لعام ١٩٦٤ على ان الاموال المتوافرة من مخصصات الانفاق على منزل الزوجية تعود لكل من الزوجين بالتساوي .

وليس لاي من الزوجين حسب القانون العام مقاضاة الآخر فيما يتعلق بالاساءات الخاصة، على ان للزوجة مقاضاة الزوج في سبيل حماية اموالها (حسب قانون اموال المتزوجات لعام ١٨٨٢ فقرة ١٢) . وبصدور تشريع الاصلاح القانوني لعام ١٩٦٢ فقرة ١ اصبح لكل من الزوجين فيما يتعلق بالاساءات الخاصة الحق في مقاضاة الآخر كما لو كان غير متزوج ، على انه اذا كانت اجراءات التقاضي غير معقولة او اتصلت بمسائل المال جاز وقفها . وتعتبر المرأة المتزوجة حسب قانون عام ١٩٣٥

hypothec [قانون اسكتلندي] ضمان يعطيه المدين للدائن ويكون متصلا بمال يبقى في حيازة المدين لا الدائن .

ضمان الاجرة الواجبة على مستأجر الارض من محاصيل السنة المستحقة عليها الاجرة او من النتاج الحيواني اثناء السنة الجارية.

hypotheca [قانون روماني] رهن

hypothecaria actio [قانون مدني] دعوى رهن، تقام لغلق رهن او افتكاكه او لاي سبب آخر يتصل به .

hypothecary action دعوى رهن : دعوى عقارية تقام من دائن مرتهن للتنفيذ على مرهون وبيعه اجبارياً لاستيفاء دينه.

hypothecate يرهن (عقاراً او منقولا) رهناً غير حيازي : اي دون ان ينقل حيازته للدائن المرتهن .

hypothecation رهن غير حيازي : لا ينتقل معه المرهون للدائن المرتهن .

hypothecation bond سند رهن : يعطى في معاملات الاقتراض على جسم السفينة (لاصلاحها او تجهيزها) .

hypothesis فرض؛ إفتراض؛ تقدير

hypothetical question سؤال افتراضي او نظري : يقوم على مجموعة من ظروف ثابتة او افتراضية تبسط على شكل خاص من شأنه ان يكون حالة واقعية معينة قائمة الاركان يستطلع فيها رأي احد الخبراء على سبيل الشهادة .

hyrnes [قانون انكليزي قديم] ابرشية

hysteropotmoi الاشخاص العائدون بعد غيبة طويلة الى اوطانهم من بلاد اجنبية ظن انهم قضوا نحبهم فيها وانقطع الرجاء من اوبتهم، وكذا الذين وقعوا اثناء الحرب في يد العدو فظن انهم ماتوا، ثم عادوا الى اوطانهم سالمين .

وقد قضى العرف عند الرومان ان لا يسمح لهؤلاء العائدين، بدخول بيوتهم من ابوابها بل ان تفتح لهم ثقوب خاصة في سطوح البيوت يهبطون منها ويستقبلهم ذووهم تحتها .

hysterotomy عملية توليد تجرى بشق البطن واخراج الوليد منه .

hythe [قانون انكليزي] ميناء او مأوى صغير للسفن لانزال البضاعة وتحميلها .

I

I. يرمز بهذا الحرف احياناً الى مجموعة من مبادىء الفقه الروماني تسمى *instituta* وتنسب الى Justinian .

ibid (ibidem) في ذات المحل

I-ctus اختصار مصطلح عليه للاسم juriseonsults؛ فقهاء؛ خبراء شرائع

I.E. (راجع *id est*)

I.F.R. راجع (instrument flight rules)

I.O.U. I owe you (لك (علي كذا ..) تنبيه مديونية معناه :

ictus رضة؛ ضربة بأداة او حجر، لا تجرح او تخدش الجلد بل تترك فيه أثراً واضحاً .

ictus orbis رض؛ تورم؛ ايذاء يترك في الجسم اثراً جلياً غير الجرح او الخدش .

id est أي؛ بعبارة اخرى

idée fixe فكرة مستحوذة او مسيطرة (على العقل)، راسخة فيه

ideal مثالي؛ مثل أعلى؛ أمثل؛ غاية قصد او مراد

idem نفس الشيء؛ ذاته (شرحه)؛ كما ذكر

idem est facere, et non prohibere cum possis; et qui non prohibit, cum prohibere possit, in culpa est, (aut jubet) ارتكاب الجريمة والقعود عن منعها مع القدرة سيان، ومن لم يمنعها حين وسعه المنع عد ملوماً وكان كمن أمر بارتكابها .

idem est nihil dicere, et insufficienter dicere القصور بالكلام عن الحاجة كعدم الكلام . من قصر بالكلام عن الحاجة كان كمن لم يتكلم .

idem per idem الشيء بالشيء ذاته؛ تفسير الشيء بنفسه. أي : التفسير بما لا يجدي الايضاح .

identic مطابق، من حيث الصيغة والمغزى والزمان، نحو : مذكرات مطابقة identic notes تفرغ في قالب واحد وتسلم في زمن واحد .

identic notes [علاقات دبلماسية] مذكرات مطابقة او متماثلة .

identical مطابق؛ مشابه من جميع الوجوه؛ متحد في جميع صفاته الحيوية .

identification تشخيص؛ تعرف الى شخص او شيء : كتعرف الشاهد الى المتهم وتبينه فيه ذات الشخص الذي رآه يأتي الفعل (موضوع الشهادة) .

identify يشخص؛ يتعرف الى شخص، يتبين فيه ما يريد

identitate nominis [قانون انكليزي] أوامر استدراكية قديمة كانت تستصدر في الدعاوى الشخصية التي يتفق فيها ان يلقى القبض على شخص بدل آخر يحمل ذات الاسم، ويودع السجن بالغلط .

identity مطابقة؛ تشابه (اجمالي وتفصيلي)؛ وحدة (مصلحة او فائدة)، اتحادها
هوية؛ تحقيق شخصية او اثباتها

identity card بطاقة هوية شخصية، بطاقة إثبات شخصية

identity of parties وحدة الخصوم

ideo إذن، وعليه، ولذلك

ideo consideratum est عبارة فنية قديمة كانت ترد في مطلع الاحكام والقرارات، معناها : «وعليه يتضح»، «يرى ان» الخ ...

idiochira [قانون مدني] محرر عرفي، ينظم بين موقعيه بصورة خاصة لا امام موظف رسمي او محرر عقود .

idiot إمعة، أبله : لا يفهم شيئاً مما يدور حوله منذ ولادته، وهذا اشد غباوة من المأفون stupid .

idle capital رأسمال عاطل

idoneum se facere; idoneare se تطهير الشخص لنفسه باليمين من جرم أسند اليه .

idoneus كاف، اهل (للشيء المعني)، لائق، مناسب

if أداة شرطية من معانيها : اذا، اذا كان، لو، بشرط

ignoscitur ei qui sanguinem suum qualiter redemptum voluit لا يؤاخذ الشخص قانوناً على ما يرتكب بدافع الخوف على حياته او اعضاء جسمه .

ignotum per ignotius ايضاح الشيء بما هو اشد غموضاً منه، التفسير الذي يكون اشد غموضاً مما يراد تفسيره .

***Ijaratain** (راجع *Al-Ijaratain*)

***ikrah** إكراه على فعل؛ مراغمة

***ikrar** (*iqrar*) إقرار شأن، مصادقة عليه او تأييده

ikrar nama سند اقرار او بيان حال

***ila** [**شرع اسلامي**] الايلاء . هو حلف الرجل بالله او بصفة من صفاته على ترك قربان الزوجة (اي عدم وطئها) .

***i'lam** [**فقه وسلامي**] اعلام (الورثة)، وثيقة يصدرها مرجع مختص ببيان انصباء الورثة .

ill مريض، منحرف الصحة، عليل

سقيم، فاسد، سيء او مسيء، خبيث

[**مرافعات قديمة**] معيب، ناقص . باطل، معتل غير مستقيم قانوناً

ill fame سمعة شائنة او فاجرة . ينطبق هذا النعت على بيوت الدعارة بوجه عام .

ill-gotten وليد سوء، آت او عائد بسبيل معوج او غير مشروع .

ill management ادارة فاسدة، او سقيمة

ill treat يسيء معاملة، يشتد، يقسو او يغلظ فيها

ill use يسيء استعمال (شيء)، يسخره على غير وجهه الصحيح او في غير ما أعد له .

illegal غير مشروع، مخالف للقانون

illegal contract عقد غير مشروع : ذو اهداف تخالف احكام القانون .

illegal interest فائدة غير قانونية او غير مشروعة؛ مرابحة

illegality عدم القانونية، الخروج على المبادىء القانونية .

illegitimacy عدم المشروعية : الحال الذي يولد عليه الولد غير الشرعي .

illegitimate غير مشروع، غير شرعي

***Ifaqah** [**فقه اسلامي**] الافاقة او الفرقة حين البلوغ وهي حق البنت اذا تزوجت قبل البلوغ في ان تذهب الى القاضي متى رأت الحيض وتبلغه رغبتها في فسخ عقد الزواج فاذا فعلت لزم الفسخ .

ignis judicium [**قديماً**] المحاكمة بالنار (راجع fire ordeal في باب ordeal)

ignoble دنيء، سافل، مشين السمعة، لا عهد له او شرف

ignominy سوء سمعة (او احدوثة)، خزي، فضيحة، عار

ignoramus «نحن نجهل» او «لا نرى ذلك» او «لا علم لنا به»، «لا نلتفت اليه» . كانت هيئة المحلفين قديماً تذيل صحيفة الاتهام بهذه العبارة اذا لم تر الموافقة على التهمة ولم تجد بعد سماع الشهود والبينات اساساً معقولا لها، فتعني بها انه ربما كانت وقائع التهمة صحيحة غير انها لا تستطيع استبانة وجه الصحة فيها . وقد استعيض عن هذه العبارة باصطلاحات انكليزية عدة تستعملها هيئات المحلفين في التعليق على ما لا تقتنع بصحته من صحائف الاتهام، نحو not a true bill و not found وغيرهما .

ignorance جهل (شيء)؛ عدم الاحاطة به، ومنه الانواع التالية :

— culpable ignorance جهل مؤاخذ او خطأ : ينطوي على اهمال لا مبرر له في تعرف امر معين او الاحاطة به .

— voluntary ignorance جهل ارادي : يستطيع الشخص ان يتداركه لو بذل جهداً معقولا في سبيل معرفته .

— involuntary ignorance جهل غير ارادي، لا يملك له الشخص اي تدبير كجهله قانوناً لم يصدر بعد .

ignorantia facti excusat, ignorantia juris non excusat الجهل للواقعة عذر؛ الجهل للقانون ليس بعذر

ignorantia juris sui non praejudicat juri جهل الانسان لحقه لا يؤثر في ذلك الحق او لا يضيره .

ignorantia legis neminem excusat لا عذر لاحد في جهل القانون؛ جهل القانون ليس بعذر .

ignorare legis est lata culpa جهل القانون اهمال شديد

ignoratio elenchi اختلاط الموضوع على المرافع، انشغاله بنقطة اجنبية عن الموضوع او لا تتصل به مباشرة .

ignore يتجاهل (قصداً)، ينبذ (امراً)، لا يحفل به، لا يلتفت اليه او يكترث .

illegitimate child ولد غير شرعي، ولد طبيعي، ولد بغير زواج شرعي او بغير رشد .

illeviable لا يحصل او يجبى ؛ غير واجب الفرض، لا محل لاستيفائه

illicit غير مشروع؛ غير جائز ، محظور

illicit cohabitation معاشرة غير مشروعة : معاشرة الرجل للمرأة معاشرة الازواج دون زواج شرعي .

illicit connection اتصال جنسي غير مشروع؛ مجامعة غير مشروعة

illicit gain كسب غير مشروع : يخالف احكام القانون صراحة او ضمناً . (راجع unjust enrichment, doctrine of للمقابلة)

illicit trade تجارة محظورة، تجارة غير مشروعة او غير مباحة .

illicitum collegium شركة غير قانونية

illiterate امي ؛ لا يقرأ ولا يكتب

illness [شؤون التأمين] مرض؛ علة؛ داء يترك في الجسم اثراً واضحاً .

illocable غير قابل لايجار او استئجار . لا يستطاع تحديد موقعه او تعيينه .

illogical غير منطقي؛ غير معقول؛ غير مقبول عقلا

illuminate ينير ؛ يوضح ؛ يبين (غامضاً)؛ يطلع (الغير) على امر

illusion وهم، خيال، توهم او تصور (امر على غير حقيقته)، إغترار، انخداع

illusive (راجع illusory)

illusory خادع، خلوب او خلاب، وهمي، خيالي

illustrious ماجد او أمجد، عريق . نعت اضافي يتصل بالقاب الامراء .

imaginaria venditio بيع صوري او وهمي

imagine يتصور ، يتخيل؛ يفكر (في)

[قانون انكليزي] يعتبر مجرد تصور موت الملك او الملكة (الحاكمة) من جرائم الخيانة، على انه لا بد لثبوت هذا التصور واكتمال الجرم من ان يرافقه فعل سافر يتم عنه .

****imam*** امام: اريد في صدر الاسلام الاول الخليفة الذي كان يجمع في شخصه بين سلطتي الدنيا والدين، ثم تطور مفهوم هذا اللقب واصبح يقصد به من كان ملكاً او اميراً على بلد . غير ان كلمة «امام» في نطاق معناها الحقيقي انما تدل على الشخص الذي يؤم الناس (أي يقودهم في الصلاة) .

imbasing of money تنقاص او حط من قيمة النقود او المسكوكات المعدنية بادخال معدن رخيص عليها مكان معدنها الاصلي .

imbecile (راجع باب insanity)

imbecility (راجع باب insanity)

imbrocus مجرى ماء؛ مسيل؛ جدول

imitation تقليد، مقلد، مصنع

immaterial غير جوهري، لا شأن له او اهمية، غير ذي بال، غير مادي، لا علاقة له بالموضوع، لا لزوم له

immaterial facts وقائع غير مادية او غير جوهرية، لا تؤثر في قيمة الدفاع او الموضوع .

immaterial issue مدار نزاع غير جوهري؛ نقطة خلاف لا يكفي تقريرها للفصل في الدعوى او لا يصح ان تعتبر اساساً للفصل فيها .

immediate حاضر، حالي، راهن، فوري . دون تأخير او ارجاء او صرف وقت غير معقول .

مباشر، يلي مباشرة من حيث الصلة .

الاقرب في العلاقة (مهما كان موضوعها)، ولا فرق في هذا المعنى بين immediate و proximate .

غير منفصل (عن شيء معين)، لا يحول بينهما اي سبب او حائل .

immediately حالا ، فوراً او مباشرة . يفسر هذا الاصطلاح غالباً بالوقت المناسب (للقيام بعمل)، بالسرعة المستطاعة او اقصى سرعة معقولة (باعتبار الظروف) . من معانيه الاساسية ايضاً: قبل كل شيء او قبل انجاز اي شيء آخر او الالتفات اليه .

immemorial لا تعيه الذاكرة، منذ القدم

immemorial possession حيازة لا تعيها الذاكرة، او لا تعي مبدأها : اي لا يوجد بين الاحياء من الناس من شهد نشوءها .

immigration مهاجرة: قدوم الاجانب الى البلاد لاقامة دائمة فيها .

imminent محدق، حائق، وشيك الوقوع، ينذر او يهدد (بخطر)

immobilis غير منقول، ثابت، عقار: كالاراضي والمباني وما اليها من الاموال غير المنقولة.

immoderate مغال، مسرف، متطرف، مفرط

immoral مغاير او مناف للحشمة، مخل بالحياء او الآداب

immoral conduct سيرة منافية للحياء، سلوك خليع او متهتك

immoral contracts عقود منافية للآداب، تقوم على اعتبارات لا يقرها الذوق السليم.

immorality تهتك؛ منافاة الحشمة او الآداب؛ خلاعة؛ انحطاط اخلاق او فسادها

immovables عقار، مال ثابت، غير منقول

immunity حصانة؛ اعفاء

immunity from suit الحصانة من الدعوى او المقاضاة: عدم جواز مقاضاة صاحب هذه الحصانة.

impact ارتطام جسم متحرك بآخر ثابت.

impair يضعف، يوهن، يؤثر (في شيء)، ينتقص او ينال (منه)، يزعزع الثقة به

impalare يحبس، يحتبس، يحجز (عروضاً للغير)

impanel [اجراءات انكليزية] يؤلف هيئة محلفين او يعد قائمة باسمائهم.

قيام عامل الملك الـ sheriff بتدوين اسماء اعضاء هيئة المحلفين على قطعة من الرق (الجلد المعد للكتابة) سميت panel.

[اجراءات امريكية] يضع قائمة باسماء المحلفين المختارين لمحاكمة معينة.

imparcare [قانون انكليزي قديم] يحبس او يحتبس (بضاعة للغير)، يعتقل او يسجن (شخصاً)

impargamentum حق احتباس او حجز الماشية

imparl يأخذ ترخيصاً بفض النزاع حبياً، يحصل على اذن بارجاء تسوية او مصالحة.

imparlance ترخيص كان يعطاه الخصوم قديماً ليتذاكروا في موضوع النزاع املا في تسويته حبياً.

المهلة التي يعطاها المدعى عليه لتقديم جوابه على دعوى المدعي.

impartial نزيه، منصف، لا يؤثر طرفاً على آخر، محايد، لا غرض له ولا ميل (لفريق دون آخر)، يعامل الجميع سواسية

impartible feud ارض إقطاعية لا تقبل الفرز

impasse مأزق؛ مكان لا مخرج منه. يقال reach an impasse إستغلق، اعضل، تفاقم؛ تأزم، إستعصى، إمتنع

impeach يسائل، يحاسب (على فعل او تقصير)، يناقش الحساب، يتهم، ينازع او يطعن في شأن، نحو: يطعن في حكم او قرار to impeach a judgement or verdict.

يقاضي موظفاً عمومياً امام محكمة مختصة على جرم او سوء تصرف.

[في الشهادات] يطعن في صدق شاهد او يدعو الى الشك في اقواله بما يقدمه على ذلك من بينات.

impeachment اتهام جنائي. مقاضاة جنائية، امام محكمة شبه سياسية quasi political court.

محاسبة الموظف العمومي او اقامة الدعوى عليه امام محكمة مختصة بلائحة اتهام تسمى articles of impeachment.

[في انكلترا سابقاً] محاكمة برلمانية: تولي مجلس العموم House of Commons محاكمة احد اعضائه، بحضور مجلس اللوردات House of Lords على جناية او جنحة، او قيامه بمحاكمة احد اللوردات على جريمة مسندة اليه.

— articles of impeachment لائحة اتهام او اسباب مساءلة جنائية: لائحة رسمية تبسط نوع التهمة الجنائية واسبابها واسانيدها.

impeachment of waste; ***impetitio vasti*** مساءلة تبديد: مقاضاة المستأجر لالزامه باداء تعويض مناسب على ما احدثه في الارض المؤجرة من اضرار لا حق له في احداثها.

impeachment of witness طعن في اهلية شاهد: تقديم البينة على ان الشاهد لا يستأهل الثقة والتصديق.

impeccable منزه او معصوم من العيب او الزلل. خال من المآخذ، لا يخطىء

impede يعرقل، يعيق، يؤخر

impediment مانع (اهلية لتعاقد او زواج)، عائق، حائل، حاجز

impel يجبر، يرغم. يكره او يحمل (على فعل او تصرف)

impending محدق، حائق، دان، داهم، وشيك الوقوع (تماثلها في المعاني المذكورة imminent).

impensae مصاريف؛ نفقات

imperative حتمي؛ ملزم، قطعي، توجيهي، ينطوي على امر (لا خيار فيه)

imperator امبراطور . حمل هذا اللقب اباطرة الرومان ثم ملوك انكلترا قبل الفتوح النورماندية .

imperceptible غير محسوس او ملموس، لا يمكن ادراكه

imperfect معيب، ناقص او غير كاف (قانوناً)

imperil يعرض لخطر، يستهدف (بشيء) لتهلكة او مخاطر.

imperium حق الامر والنهي او فرض الطاعة واستعمال قوات البلاد العسكرية لتنفيذ القوانين، وهو من الحقوق العائدة للمراجع التنفيذية في البلاد .

impermissible غير مباح، غير جائز، ممنوع، لا يسمح به

imperscriptible غير مرخص به كتابة؛ لا يدعمه تفويض او اذن مكتوب .

impersonation انتحال صفة الغير او شخصيته

impertinence عدم الموضوعية، خروج الشيء عن مدار البحث او جوهر الموضوع .

impertinent غير موضوعي، خارج عن الموضوع او نطاق البحث . لا حاجة له، في غير موضعه

impetitio vasti (راجع impeachment of waste)

impetration [قانون انكليزي قديم] الحصول على شيء بعريضة او استرحام .

impignoration رهن المال لدى الدائن ضماناً للوفاء .

implead يقاضي بالطرق القانونية

impledge تعبير شائع غير فني معناه: يرهن، يعاهد على امر

implement ينفذ ، يطبق

implements معدات، ادوات، مهمات، لوازم : لممارسة حرفة او مهنة، بما في ذلك اثاث الدور وفرشها .

implicata [قانون تجاري] اصطلاح ايطالي فني، درج استعماله للدلالة على الجعل الذي كان يتقاضاه التجار بسبيل التحوط للرحلات البحرية الفاشلة وهو نسبة مئوية معلومة من قيمة المشحونات .

implicate يشرك، يوقع او يشمل (شخصاً في فعل او جرم)، يورطه فيه ، يجره اليه

implication تعريض (لا تصريح)، سياق، دلالة، مؤدى، قرينة . ضمناً او كناية . يقابله التصريح بالشيء expression او بيانه في صراحة (والفعل imply) .

implied or **implicit** ضمني، معني، كناية او ضمناً، معرض، غير مصرح به، يشير اليه السياق او تدل عليه القرينة.

implore يستعطف، يترجى، يسترحم او يتوسل (الى)

imply يعرض، يتضمن، يستتبع

impolitic غير مناسب، غير مجد، لا طائل تحته، لا فائدة فيه

importation استيراد، جلب، استحضار او استقدام (الاشياء) من الخارج .

imported مستورد، وارد، مستحضر من الخارج

impotentia excusat legem : « القانون يعذر العجز » استحالة الوفاء بالتزام يقتضيه القانون هي عذر مقبول؛ اي لا حرج على العاجز .

imports مستوردات، واردات من الخارج

importunity إلحاف (في طلب امر)، لجاجة، ترج، استعطاف مضايق

impose يفرض، يستوفي، يتقاضى (ضريبة او رسماً)

imposition ضريبة، مكس، رسم، تكليف، مساهمة واجبة في تحمل خسارة

impossibility استحالة، عدم مكنة او استطاعة

impossible مستحيل، محال، غير مستطاع او ممكن

— juridically or legally impossible مستحيل قانوناً او شرعاً : ما ناقض القواعد او الاحكام القانونية وكان فعله ممنوعاً قانوناً كاستحالة انشاء وصية صحيحة من شخص غير بالغ .

— logically impossible مستحيل منطقياً : ما كان من الاعمال او الاشياء مخالفاً لطبيعة نفسه .

— physically impossible مستحيل طبيعة او مادياً (بحكم طبيعته او مادته) : وهو ما خالف مجرى الطبيعة او اصولها وقواعدها .

— practically impossible مستحيل عملياً او من الوجهة العملية .

imprimis في الطليعة، اول الجميع، صاحب المنزلة الاولى

imprint طبع، أرسخ، أثر
[كاسم] أثر، أثر راسخ
طبع، اشارة طبع، شيء مطبوع

imprison يسجن، يحبس

— false imprisonment سجن باطل : سجن شخص او توقيفه دون امر قانوني او بأمر مشروع نفذ على غيروجه مشروع.

impristi مؤيدون (في رأي او تصرف اياً كان)

improbable غير محتمل، محال

improbation [قانون اسكتلندي] دعوى تقام لشهركذب محرر او تزويره او تقليده.

improbity عدم امانة، غش، أعوجاج

improper غير لائق او مناسب، في غير محله، غير سليم، غير مشروع

improper cumulation of actions ارتباط باطل للدعاوى : الربط بين دعاوى او قضايا متضاربة الاسباب.

improper influence تاثير غير مشروع : استغلال سطوة وظيفة او مكانة او سلطتها.

impropriation [قانون كنسي] انتقال عوائد او منافع كنيسة الى جهة دنيوية، سواء اكانت شخصاً طبيعياً ام اعتبارياً.

improve يحسن او يدخل التحسين على شيء، يستغله، يعزز مزاياه، يصلح من شأنه او يزيد من قيمته.
[قانون اسكتلندي] يفند، يدحض (ادعاء)، يثبت عدم صحة (شيء) او تزويره.

improve a lease يطيل مدة ايجار، رأفة بمستأجر او تشجيعاً له.

improved land (cultivated land بمعنى) ارض مستغلة (أزيلت موانع الانتفاع بها.

improvement تحسين : يزيد قيمة الموضوع او يهيئه لاغراض اضافية.

improvidence عدم تحوط، عدم تبصر او تدبير؛ تفريط، إهمال

improvidently بلا تبصر او تحوط، دون تدبر (للعواقب)

يعتبر الشيء كذلك اذا اقتضى توافره من التكاليف الباهظة ما لا يستسيغه العقل.

impossibilium nulla obligatio est لا يلزم امرؤ بمستحيل

impost(s) مكس : ضريبة تفرض على ما يباع او يتاجر به محلياً.

imposter دجال؛ افاك : من انتحل صفة الغير او مظهراً كاذباً لاغراض النصب والخداع.

imposture تدجيل؛ افك؛ مخادعة؛ نصب على الغير

impotence عنة : عدم القدرة على الجماع (الاتصال الجنسي).

impound يحجز، يحبس او يحتبس (عروضاً او اموالا للغير)؛ يضبط، يضع اليد قانوناً على مال او متاع او منشورات او غير ذلك.

imprescriptibility عدم قبول التقادم او انعدام القابلية له : عدم سريان قانون التقادم على الحق موضوع البحث.

imprescriptible rights حقوق غير تقادمية، لا تخضع لاحكام التقادم : اي لا تتأثر بالتقادم او مرور الزمن.

impress يبصم (على ورقة) : يدمغ. يطبع (في ذهن)، يرسخ او يؤثر فيه تأثيراً عميقاً.
[كاسم] بصمة، أثر او علامة يتركها ختم على ورقة.

impressed stamp طابع مبصوم

impression بصمة، دمغة (خاتم)، شارة، سمة، أثر، علامة

impression, case of first (case of first impression) دعوى بلا سابقة : الدعوى القائمة على موضوع جديد لم يسبق ان فصل في مثله.

impressment [قانون انكليزي] حق التسخير العام، الحق الذي يعود للتاج في ان يسخر الناس اواموالهم طوعاً او كرهاً لمصلحة عامة كالذود عن البلاد واسعافها بما يعوزها من المعدات والرجال في الحروب والنوائب العامة وما اليها من الظروف الحرجة.

imprest money نقود تعبئة : ما يدفع من النقود عند تعبئة الجنود او البحارة on impressing soldiers or sailors.

imprimatur «فليطبع»، «مجاز للطبع»، «صرح بطبعه». عبارة اذن، ممن يملكه، بطبع منشور او كتاب او غير ذلك.

improvise يرتجل، يصدر فعلا او قولا دون سابق استعداد او روية .

imprudence رعونة، عدم تبصر

impubes حدث، دون سن المراهقة، ذكر دون الرابعة عشرة او انثى دون الثانية عشرة .

impulse حافز؛ تجاوب او انفعال عاطفي، اندفاع فوري (الى فعل) بتأثير العاطفة، دون روية او تفكير .

impunity اعفاء من قصاص، حماية من ذلك

imputable يسند . يعزى، يستطاع اسناده

imputatio [قانون مدني] مسؤولية قانونية

imputation of payment [قانون مدني] تحديد وجه الدفع

اذا كان للدائن على مدينه دينان او اكثر، ودفع له المدين مبلغاً على سبيل الاداء مع تعيين الدين المراد سداده بما دفع، كان هذا التعيين imputation of payment .

imputed مفروض، ضمني، معزو، مسند (الى)

imputed knowledge معلومات مقدرة، معزوة الى شخص معين بحكم احواله وظروفه . علم او المام ضمني بامر على اعتبار ان معرفته ميسورة لمن كان يهمه شأنه وتفرض عليه الاحاطة به .

imputed intention قصد مقدر، مفروض او ضمني . نية معزوة الى شخص بحكم الملابسات او القرائن .

imputed negligence اهمال سببي : غير مباشر (بطريق السببية) وهو الاهمال الذي لا يصدر عن الشخص ذاته بل عن شريك له او تحت مسؤوليته ورعايته .

imputed notice ابلاغ او علم مقدر، مفترض او حكمي : وهو ما يكون اذا ابلغ الشيء المراد ابلاغه لشخص يقضي عليه واجبه ان يبلغه لمن يهمه امره، كأن يكون هذا الشخص نائباً للمراد إبلاغه او اي شخص آخر، يحتم عليه واجبه ابلاغه للاصيل .

in action بسبيل التقاضي او الاجراء القانوني؛ يتسنى تحصيله عن طريق الدعوى : اي برفع الدعوى والمطالبة به قانوناً .

ينطبق هذا الاصطلاح على الاموال التي لا توجد في الحيازة او اليد بل تكون ميسورة التحصيل بسبيل المحاكم المختصة .

in absentia غيابياً، في غيابه

in adversum ضد (شخص) مخالف، مقاوم او غير راض . قبل (بكسر القاف وفتح الباء) مخالف

in aequali jure على اساس التساوي في الحق، بحقوق متساوية، على قدم المساواة

in aequali manu حيازة حيادية او وسط . اذا استوجبت العلاقات ايداع مستند يتصل بفريقين لدى شخص ثالث على سبيل الامانة او رهن شرط معين، كانت حيازة هذا الثالث للمستند *in aequali manu* اي حيازة وسط بين الفريقين لا ميل فيها او تحيز لفريق دون اخر ولا تخضع الا للشرط المتفق عليه بين الفريقين .

in alieno solo في ارض الغير

in alio loco في مكان آخر

in alta proditione nullus potest esse accessorius sed principalis solummodo لا يوجد في الخيانة العظمى شريك بل فاعل اصلي : اي من كان له ضلع في جريمة الخيانة العظمى، لا يعتبر شريكاً (مهما قل ضلعه فيها) بل فاعلا أصلياً .

in alternativis electio est debitoris عند المخايرة الخيار للمدين

in ambiguo محل شك

in aperta luce في وضح النهار

in arbitrium judicis كما يرى القاضي، حسب رغبته

in articulo mortis في لحظة الموت او ساعته، على شفا الموت، في حالة النزع

in autre droit نيابة عن الغير او ممارسة لحقه : كوكيل الخصومة اذا قاضى نيابة عن موكله كانت مقاضاته نيابة عن الغير او ممارسة لحقه .

in banco بكامل هيئتها . يرد هذا الاصطلاح في وصف المحكمة اذا جلست بكامل اعضائها .

in bar (راجع plea in bar)

in being حي، على قيد الحياة، موجود، متوافر

in blank على بياض

in bonis بين الاموال؛ في الحيازة الفعلية

in bulk بالصبرة (او الكوم)، بلا كيل، جزافاً

in cahoots بالمشاركة، بالتضافر او التضامن (في منفعة او مشروع) .

in camera في غرفة المشورة

in case اذا، إن، في حال (حصول أمر)

in casu extremae necessitatis omnia sunt communia في احوال الحاجة القصوى كل شيء يصبح مشتركاً.

in chambers في غرفة المشورة او المذاكرة

in charge of معهود اليه، مسؤول (عن)، مولج او موكل (بـ) . ما عهد به او وكل الى احد الناس بمعنى in the charge of .

in chief رئيسي، أولي، مباشر او بصورة مباشرة تعتبر الشهادة رئيسية او اولية evidence in chief اذا ادلى بها الشاهد لدى استجوابه من الخصم الذي استشهد به .

in claris non est locus conjecturis في الامور الواضحة لا مجال للحدس .

in-clearing مقاصة إجمالية : الاوراق المالية التي يدفعها المصرف جملة بطريق غرفة المقاصة .

in commendam على سبيل الامانة او التوصية

in common على الشيوع، شيوعاً، بالاشتراك او بصفة مشتركة (من حيث الانتفاع او التملك) .

in conjunction with بالاشتراك مع

in consimili casu, consimile debet esse remedium اذا تشابهت المشاكل تشابهت المخارج .

in continenti فوراً، تواً، حالا او في الحال

in contractibus, benigna; in testamentis, benignior; in restitutionibus, benignissima interpretatio facienda est ينبغي ان يكون تفسير العقود سمحاً واسمح منه تفسير الوصايا واسمح الجميع تفسير رد ما للغير (من حقوق) .

in contractibus, tacite insunt quae sunt moris et consuetudinis العبارات المتمشية مع العرف والعادة تعتبر جزءاً ضمنياً من كل عقد .

in contrahenda venditione, ambiguum pactum contra venditorem interpretandum est الغموض في عقد البيع يفسر ضد البائع (لمصلحة المشتري) .

in controversy محل نزاع او جدل

in contumaciam غيابياً

in conventionibus, contrahentium voluntas potius quam verba spectari placuit العبرة في تفسير الاتفاقات تكون لما نواه الفرقاء لا لما تؤديه الكلمات المستعملة .

in corpore جسدياً، شخصياً، مادياً، في مسألة او ناحية مادية

in criminalibus, probationes debent esse luce clariores في القضايا الجنائية ينبغي ان تكون البينات اوضح من الضياء .

in custodia legis في حراسة القانون

in custody تحت الحفظ او الحراسة

in default انعدام (شيء مطلوب)، خيبته . فشل، تقصير في أداء، تخلف، مخالفة

in default of issue في حال انعدام العقب، عند انعدام النسل

in delicto مذنب، مؤاخذ، ملوم، مسؤول جنائياً

in dubiis, benigniora praeferenda sunt عند الشك يؤخذ باسمح التفاسير .

in dubio, pars mitior est sequenda عند الشك (في امر) يجب اتخاذ السبيل الالين .

in equity في نطاق العدالة المطلقة او الوجدانية، على اساسها او وفقاً لقواعدها .

in esse موجود، كائن، متوافر فعلا

in est de jure يفهم ضمناً او معني بحكم القانون .

in evidence مشمول بالبينة (المتوافرة)، ما تم ثبوته

in execution and pursuance of نفاذاً ووفقاً (لـ)، طبقاً واستناداً الى؛ عملا بموجب (حكم او امر او غير ذلك).

in extenso على طول (الشيء) او امتداده، الى اقصى حدوده او مداه .

in extremis على شفا الموت؛ في اقصى النهاية؛ في الرمق الاخير؛ في مرض الموت

in fact; *in facto* فعلا، حقيقة، عملياً، في الواقع

in favorem vitae, libertatis, et innocentiae, omnia praesumuntur في سبيل الحياة والحرية والبراءة تقام كل قرينة .

in fieri في سبيل التكوين . تعتبر الاجراءات القانونية كذلك حتى ايداع الحكم .

in fine في النهاية او الختام

in flagrante delicto متلبس بالجريمة ، في حالة التلبس

in flight information [قانون الطيران] استعلامات اثناء الطيران (اي اثناء سير الطائرة) .

in forma pauperis شأن الفقير ، كالفقير الذي يستأهل المساعدة القضائية والاعفاء من الرسوم والمصاريف .

in foro في المحكمة

in fraudem legis احتيالا على القانون ، إحباطاً لمقاصد العدالة

in full تفصيلا او بالتفصيل ؛ بالكامل ، جملة ، كلياً

in full life يتمتع بكامل الحياة : الحياة الجسدية ، وهي مجرد الكيان المادي ، والحياة المدنية وهي ممارسة جميع الحقوق المدنية .

in generalibus versatur error التعابير التعميمية (او العامة) تنطوي على الزلل .

in genere بالمثل ، من اشياء مثلية

in globo جملة ، اجمالا ، جزافاً

in gross اجمالي (بالجملة) ، قائم دون تجزئة مستقل عن غيره ، لا يتصل به او يترتب عليه

— term in gross (راجع باب term)

in haeredes non solent transire actiones quae poenales ex maleficio sunt القضايا الجنائية الناشئة عن اشياء ذات طبيعة اجرامية لا تنتقل الى الورثة .

in hoc فى هذا ، او فيما يتعلق به

in iisdem terminis بذات النصوص او العبارات

in individuo بالذات ، ذاتياً

in initio في البداية ، منذ البدء

in ipsis faucibus في صميم البلعوم ، ويقصد به المدخل او المعبر ، نحو : *in ipsis faucibus* of a port (وهي ، اي السفينة) في صميم معبر الميناء ، أي اثناء عبور الميناء فعلا .

in judgment في كرسي القضاء . ينتصب للفصل (في شأن) ، نحو : he was the wisest who ever sat in judgment كان أعقل من جلس في كرسي القضاء (او انتصب للحكم) .

in judicio اثناء المحاكمة ؛ امام القاضي

in jure قانوناً ، بحكم القانون ، وفقاً له

in jure, non remota causa sed proxima spectatur الاعتبار في القانون للسبب القريب دون البعيد .

in jure proprio بحكم الحق الخاص او ما للشخص من حق .

in kind عيناً ؛ مثلا : من الاشياء العينية او المثلية (لا نقوداً) .

in law قانوناً ، بحكم القانون او قوته

in lieu of بدلا من ؛ عوضاً عن

in limine litis عند العتبة او عليها : حين البدء

in limine عند عتبة النزاع ؛ في بداية التقاضي

in litem للدعوى ، رهن بها ، متنازع فيه

in loco في مكان او مقام (كذا . .)

in loco parentis في مكان او مقام الوالد او الوالدة

in majorem cautelam سعياً لزيادة الضمان ، في سبيل الاستزادة من التحوط او العناية .

in medias res في صميم الشيء (او الموضوع)

in medio في الوسط ، في المنتصف

in mercy تحت الرحمة : اي ينتظر الحكم ممن يملكه

in misericordia تحت الرأفة او الرحمة

in mora مخلف : متخلف عن الوفاء

in nomine باسم فلان

in omni re nascitur res quae ipsam rem exterminat ما من شيء الا به عنصر هلاك نفسه .

in omnibus في كل شيء ؛ من جميع النواحي

in omnibus obligationibus in quibus dies non ponitur, praesenti die debetur اذا خلا الالتزام بالدين من التاريخ دل ذلك على حلول اجله فوراً .

in open court علناً ، في جلسة علنية

in pais بالطرق الخاصة ، دون اللجوء الى الاجراءات او التدابير القانونية . اذا اتصف التصرف القانوني بهذا الاصطلاح افاد

in point مناسب، موافق، يفي بالغرض

in point of fact في الواقع؛ من حيث الواقع

in posse في الاستطاعة او الامكان، ميسور

in presence حضوري، وجاهي

in principio عند البدء

in private سراً، على حدة، على غير مسمع من الغير

in promptu على استعداد، موفور او متوافر

in propria causa nemo judex ليس لأحد ان يكون قاضياً في دعواه .

in propria persona بذات شخصه، بشخصه ذاتياً، بعينه

in public علناً، جهاراً

in pursuance of or (**pursuant to**) بموجب، عملا بمقتضى، بناء على، وفقاً او وفاقاً (لـ)

in re في المسألة، فيما يتعلق بالشيء

in rebus في الاشياء، في الاحوال او الحالات

in regard to فيما يتعلق او يتصل (بـ)، بخصوص . بشأن

in rem عيني، في الشيء او ضده، يرد هذا الاصطلاح للدلالة على الدعوى العينية القائمة على حق انتفاع او ارتفاق يتصل بشيء ولا تتناول شخصاً معيناً بل تقام في مواجهة الكافة، وتنحصر غايتها في الحق المذكور دون الالتفات الى مالكه او حائزه . فقد تبدأ هذه الدعوى مثلا في مواجهة مالك الارض او حائزها الحالي (أ) مثلا ثم يستأنف السير فيها في عهد (ب) الذي يخلفه في الحيازة او الملكية ثم (ج) من بعده وهكذا دواليك حتى يفصل فيها . (تقابلها الدعوى الشخصية *in personam*) .

— judgment *in rem* (راجع judgment *in rem* في باب judgment)

in render واجب الاداء

in rerum natura له طبيعة الكائنات (الاشياء الكائنة) . في نطاق الكيان او الواقع الطبيعي . موجود او كائن : فاذا ادعى المدعى عليه مثلا ان المدعي ليس *in rerum natura* اراد بذلك انه شخص افتراضي او خيالي fictitious لا طبيعي .

حصوله دون الاجراءات القانونية المعتادة، كتوجه ذي الشأن بطلب حقه الى غريمه نفسه (او الى مصدر هذا الحق) دون اللجوء الى تدبير قضائي .

in pais, **estoppel** (estoppel *in pais*) اغلاق عرفي (راجع estoppel) تستتبعه التدابير الخاصة دون الرسمية وينشأ عن غير المستندات المكتوبة او الوثائق الرسمية .

حرمان حق يترتب على سلوك او فعل في غير موضعه . كل تصريح او سلوك من شأنه ان يتعارض مع ما سيكون موضوعاً لمطالبة في المستقبل .

المزاعم الكاذبة او كتمان الوقائع المهمة مع القصد بان يعول على تلك المزاعم او يساء تفسير الكتمان في فعل يعود على صاحبه بالضرر، وكذا تضليل الغير او توجيهه الى ما يصيبه بضرر ذي بال .

in pari causa في قضية مماثلة . حيث تتساوى حقوق المتداعين في اطراف النزاع .

in pari causa possessor potior haberl debet اذا تساوت الحقوق كانت الافضلية للحائز .

in pari delicto عند التساوي في الجرم او في الغلط .

in pari delicto potior est conditio possidentis, (defendentis) اذا تساوى الخصمان في الغلط كانت الاحقية للحائز (المدعى عليه) .

in pari materia في مسألة او مسائل متعادلة او متشابهة، في احوال متماثلة

in part جزئياً، في شق من شيء او ناحية من نواحيه .

in perpetuity باستمرار، ابد الدهر؛ بصورة دائمة، الى ما لا نهاية له

in perpetuum الى الابد

in person شخصياً، بنفسه : دون الاستعانة باحد

in personam, in rem دعوى شخصية : مقامة على شخص معين دون غيره، تستند الى حق شخصي . تقابلها الدعوى العينية *in rem* التي تقام في مواجهة الكافة او من يهمه الامر للمطالبة بحق انتفاع او ارتفاق او ما الى ذلك (راجع *in rem*).

in place [مواد التعدين] يقال mineral in place اي على وضعه الاصلي او في وضعه الطبيعي، كما أوجدته الطبيعة، غير مكسور

in pleno lumine في وضح النهار، امام العامة، على مرأى منها؛ جهاراً، علناً

in separali على انفراد، منفردون

in simili materia يعالج ذات الموضوع، يتصل به او بما يمت اليه.

in specie ذاتاً، بالذات، عيناً، ما هو معين بالذات

in statu pupilluri تحت الوصاية او القوامة

in statu quo على حاله الاصلي، على ما كان عليه من الحال

in tantum بهذا المقدار، الى هذا الحد

in terminis terminantibus بشروط صريحة او مقررة، بشروط فاصلة

in terrorem بالارهاب، بالتحذير، بسبيل التهديد. يرد هذا الاصطلاح في الهبات التي تقوم ايلولتها على شرط عدم منازعة الموهوب له في صحة الوصية، ويضاف اليها هذا الشرط على سبيل الانذار والتهديد.

in the field في الميدان: اي مكان تجري فيه العمليات العسكرية.

in toto كلياً، برمته، جملة، اجمالا

in toto jure genus per specimen derogatur عند التعارض يؤثر تطبيق القاعدة الخاصة على القاعدة العامة.

in transitu قيد المرور او العبور

in vacuo بلا غرض او غاية، بلا معنى

in ***ventre sa mère*** في رحم امه، حمل مستكن (جنين)

in witness whereof «اثباتاً لذلك». العبارة التي تختم بها المحررات عند توثيقها او الشهادة على انشائها.

inability عجز، عدم قدرة، عدم استطاعة او مكنة او لياقة

inaccessible لا يستطاع دخوله او اجتيازه، منيع، مستحيل البلوغ

inadequate غير كاف، لا يفي بالمطلوب، ناقص، غير مناسب

inadequate consideration عوض غير كاف

inadequate remedy at law حكم او تدبير قانوني غير كاف: الحكم بغير ما ينشده الخصم المحكوم له. تقصير الحكم عن الغرض المطلوب.

inadmissible مرفوض، غير مقبول او جائز، غير مستساغ

inadvertence ذهول، سهو، عدم انتباه او توق او احتراز

inalienability of allegiance عدم تغيير الولاء

inalienable غير قابل لتصرف او انتقال: لا يباع ولا يشترى

inanimate بلا روح، عديم الحياة والحركة

inappellable لا يستأنف، غير قابل للاستئناف

inapplicable لا ينطبق (على)، لا يستطاع تطبيقه، لا يسري

inapposite في غير محله، غير مناسب، غير ملائم

inappreciable حقير القيمة، لا قيمة له، لا يذكر، لا يستأهل الالتفات، غير ذي بال

inapt غير لائق، غير جدير او اهل، غير مناسب

inauguration تنصيب (شخص في مركز او على رأس دولة)، تولية

مبايعة. افتتاح (تدشين)

inboard لا تعلو على سطح السفينة او لا تظهر من فوقه. ينطبق هذا التعبير على البضاعة اذا وضعت بشكل لا تبرز معه فوق سطح السفينة او حواجزها الجانبية.

inborh [**قانون سكسوني**] رهن. متاع يرهن ضماناً لدين

inbound common مشاع غير مسور، لكنه واضح المعالم من حيث الحدود.

inc. (incorporated) [**في المنظمات**] متحدة، منضمة، مؤسسة او مكونة على هيئة شركة.

incapable غير قادر، نحو: غير قادر على العمل incapable of work، او غير محل (لشأن)، نحو: غير محل للتقدير incapable of being estimated، او غير جدير او غير لائق نحو: غير جدير بالترشيح للمنصب incapable of nomination for office.

incapacitated فاقد الاهلية، عديمها

incapacity عدم الاهلية (للقيام بعمل قانوني)، انعدام القدرة او الكفاية اللازمة

— legal incapacity انعدام الاهلية القانونية

الحق الذي يكون للمخترع في اختراعه ما دام طلب التسجيل المقدم منه للمراجع المختصة قيد البحث ولم يتقرر قبوله نهائياً .

incident فرع، متفرع (عن)، تابع، لاحق، متصل بغيره : كل شيء تفرع او انبعث او نشأ عما كان اصلا له principal واعظم شاناً منه او ارتكز عليه او اتصل به اتصالا ملازماً .

[مسائل التامين] حادثة؛ نازلة، اصابة

incidental تبعي؛ فرعي: يتبع شيئاً اعظم منه يعرف بالاصيل principal، يرتكز عليه او يتصل به اتصالا وثيقاً.

incidental to employment يترتب على الخدمة او الوظيفة . ما يجب على المستخدم اداؤه بحكم وظيفته .

incineration تصيير الشيء رماداً، حرقه حتى يغدو كذلك.

incised wound جرح قاطع : محدث بمبضع او آلة حادة؛ شج

incite يثير، يحرض، يغري، يدفع، يستفز، يحض (على ارتكاب فعل)

incivile غير منتظم، غير صحيح (من حيث الاجراء)، خارج عن النهج القانوني اللازم

incivism شعور عداء (يكنه شخص نحو دولته) . انعدام الوطنية السليمة

inclose يحيط، يلوذ (بـ)، يحد، يطبق (على)، يحصر

inclosing a jury [اجراءات اسكتلندية] حصر هيئة المحلفين (في غرفة وحدها و إقفال الابواب عليها كي لا يجد اعضاؤها مخرجاً من الاجماع على قرار واحد) .

inclosure acts قوانين انكليزية قديمة صدرت سنة ١٨٠١ لقسمة الاراضي المشاعة وتنظيم احوالها .

inclusio unius est exclusio alterius ادخال الواحد (في اعتبار) هو اخراج الآخر .

inclusive يشمل، مشمول، مشتمل (على)، بما فيه، يدخل في (حساب او اعتبار)

incola ساكن، مقيم

incolas domicilium facit السكنى تنشىء الاقامة

income دخل؛ ايراد خاص؛ عوائد او ارباح عمل او رأسمال مثمر .

income debentures اسناد ايراد (قابلة للاداء عند تحقق ارباح معينة) .

— total incapacity انعدام كلي او شامل للاهلية

incarceration سجن (محكوم) : وضعه في سجن

incendiarism حريق عمد، اشعال النار عمداً

incendiary مرتكب جرم الحريق العمد، مدان به محرق؛ باعث على الحريق

incense مثير، يغضب، يغيظ، يذكي (شعوراً) او يلهبه

incentive مثير، محرك، دافع، حافز

inception بدء سريان (اتفاقية او عقد) او ممارسة (اختصاص او سلطة) .

incerta persona [قانون روماني] شخص غير معلوم، كالذي يعنيه الموصي حين يقول : « اول رجل يحضر جنازتي ». افتتاح (اجراء في محكمة)

incest سفاح، زنا محارم : ارتكاب الفاحشة مع المحارم، أي بين الاصول والفروع (شرعيين او غير شرعيين) وبين الاشقاء والشقيقات والاخوة لاب او ام او غيرهم ممن منع القانون الزواج به .

incestuous سفاحي: ينطوي على جرم السفاح (مواقعة المحارم) .

incestuous adultery زنا سفاحي: الجرم الذي يرتكبه المتزوج اذا اتى الفاحشة مع محارمه .

incestuous bastards اولاد سفاح

inch انش: وحدة قياس انكليزي مقدارها ٢,٥٤ سنتمتراً .

inchoate شرع فيه او بدىء به ولم يكتمل، ناقص، غير تام، غير ناجز، نحو: يظل العقد ناقصاً حتى يمضيه جميع الفرقاء ذوي الشأن a contract is inchoate until signed by all parties concerned .

inchoate dower دوطة غير تامة، حق الزوجة في املاك الزوج اثناء حياته، على اعتباره حقاً بدأ بالزوجية ولن يتكامل حتى يموت الزوج .

inchoate interest منفعة، غير ناجزة، لم يكتمل تكوينها بعد، وقد تتوافر في زمن مستقبل اذا لم يحجبها من هو احق بها او لم تسقط لسبب آخر .

منفعة معلقة على شرط او مضافة الى زمن مستقبل .

inchoate right [قانون البراءات] حق معلق الايلولة، حق مشروط الايلولة بالقبول (اي : تتوقف ايلولته على قبول الجهة المختصة) .

income tax ضريبة دخل

income tax deficiency عدم كفاية ضريبة الدخل . تتصف ضريبة الدخل بعدم الكفاية اذا قدم منها المكلف اقل مما ينبغي تقديمه .

incommodious كريه الرائحة، ذو رائحة مؤذية، ما كانت رائحته مصدر ضيق للغير .

incommunicado منعزل، منقطع الصلة بالغير، على غير صلة بأحد

incommunicable محجم عن الكلام ، لا يدلي بشيء غير مستطاع الإبلاغ او التبليغ او الإعلان، لا يمكن نقله أو الإدلاء به .

incommunication [قانون اسباني] عزل، قطع صلة بالغير . الحال الذي يكون عليها المقيد الحرية اذا منع من رؤية زائريه او الكلام معهم .
على انه لا ينبغي فرض الوضع المذكور على المتهم الا بامر صريح من القاضي المختص اذا كان موضوع التهمة جرماً خطير الشأن . وفي هذه الحال يجب ان لا يستمر العزل اكثر من المدة المقتضاة . ويلجأ عادة الى تدبير العزل لمنع الظنين من العلم بشهادة قبل الادلاء بها او من التأثير فيهم برشوة او وعد او غير ذلك .

incommutable لا يتبدل؛ غير قابل لتغيير او تحوير

incompatible متعارض، متناقض، متضارب، لا يتمشى، لا يتفق او يتسق (مع غيره)

incompetency عدم اهلية، عدم اختصاص او كفاية قانونية (لاداء مهمة او قيام بشأن) .
[في ولاية نيويورك] انعدام الاهلية القانونية الذي يحرم معه الشخص مباشرة شؤونه ومهامه الخاصة بنفسه نظراً لما به من جنون او ضعف في القوى العقلية .
[قانون فرنسي] عدم اهلية القاضي لرؤية قضية معينة نظراً لخروجها عن نطاق اختصاصه .

incompetent evidence شهادة غير مقبولة، غير جائزة او غير موثوق بها .
البينة او الشهادة التي لا يجيزها القانون لعيب، في طبيعتها او فيمن يقدمها، من شأنه ان ينفي عنها صفة القانونية ويجعلها لا تستأهل القبول في نظر المحكمة .

incompetent to contract غير اهل لتعاقد

incomprehensible غير مفهوم، لا يفقه، محال او مستحيل الفهم

inconceivable مستحيل التصور، لا يستطاع ادراكه او فهمه .

inconclusive [في الحجة والقرينة] ممكنة الدحض . غير مقنعة، غير دامغة او حاسمة، غير منتجة، لا تفض موضوع جدل او نقاش

inconsideration طيش، رعونة، عدم اكتراث او مبالاة

inconformity عدم اتفاق، عدم موافقة او مطابقة

inconsistent مغاير (لـ)، متنافر او يتنافر (مع نص او قاعدة)، مخالف، متضارب، متناقض، متعارض

inconsulto غير متعمد، إتفاقاً، صدفة، عفواً

incontestable غير قابل لطعن او دفع، لا ينازع، لا نزاع فيه، لا يقبل الجدل

incontestability clause [وثائق التأمين] شرط الحصانة من الطعن؛ الشرط الملزم لاطرافه بعدم الطعن في صحة الوثيقة .

incontinence عدم عفة، انغماس في فسق

incontrovertible لا يقبل النزاع او الجدل

inconvenience إحراج؛ مضايقة؛ ارهاق؛ تعريض لمكروه [فيما يتعلق بالافراد] مصاعب (بمعنى hardships)؛ اجحاف injustice
[كفعل] يضايق، يحرج؛ يكدر؛ يزعج

inconvertible [في تحويل العملة] لا يصرف بعملة اخرى، غير قابل للتبديل او التحويل الى عملة اخرى .

incorporate يشمل، يؤلف ، يؤسس، يضم (شركة الى اخرى)
يوحد، يدمج، في هيئة اعتبارية (عدداً من أفراد كانهم شخص واحد) .
[كنعت] مكونة او منضمة على هيئة شركة . (في وصف الافراد) متحدون في شركة
[كفعل] يضم شيئاً الى آخر او يدمجه فيه

incorporate accountants اعضاء جمعية محاسبون

incorporated law society جمعية القانون المتحدة : نقابة محامين ترعى مصالح المهنـة وتتولى عدداً من الوظائف المهمة، كتنفيذ التشريعات البرلمانيـة واوامر المحاكم المتصلة بالمحامين تحت التمرين وحفظ سجلات خاصة باسماء المحامين المزاولين مرتبة حسب الابجدية، واعطاء شهادات الانتساب للمهنة، والاشراف على سلوك المحامين وتقديم المخالفين منهم للمراجع القضائية المختصة .

incriminating admission اعتراف مجرم: اقرار بوقائع معينة من شأنه ان يثبت اتجاه الجريمة او مصدرها .

incriminating circumstances ظروف مجرمة او محددة للجرم : تثبت وقوع جريمة او تشير الى فاعلها .

incriminatory statement بيـــان تجريمي يثبت جرم المتهم او يوفر (بالاضافة الى وقائع اخرى) قرينة دالة على اقترافه للجرم .

incroachment (راجع encroachment)

inculpate يجرم، يلقي (على شخص) تبعة جرم ، يتهم ، يشرك في جرم

inculpatory [قانون البينة] تجريمي، يعمل (على) او يؤدي الى اثبات جرم

incumbent شاغل وظيفة او صاحبها (حالياً): المكلف مهامها او اعباءها قانوناً .

مفروض، واجب

[مواد كنسية] المنتفع بعوائد كنسية او ايراد كنسي .

incumber (encumber) يحمل؛ يثقل (برهن او امتياز او تكليف او اختصاص او غير ذلك مما ينال من قيمة العقار).

incumbrance عبء او تكليف عقاري : كل حق عاد للغير على الملك سواء كان رهناً او التزاماً او ارتفاقاً او ايجاراً او مجرد مطالبة او غير ذلك مما يثقل كاهل هذا الملك وينال من قيمة حق صاحبه فيه ولا يشجع على شرائه اذا عرض للبيع .

incumbrancer صاحب تكليف عقاري : سواء كان تكليفه امتيازاً او رهناً او التزاماً او ارتفاقاً او منفعة او اجارة او غير ذلك مما يتعلق بملك الغير .

incur يلاقي، يتجشم، يجر، يجلب، يسبب (خسارة او خطراً او اي مكروه)

incurable disease زمانة، مرض عضال او مزمن، لا يرجى شفاؤه

inde بناء على ذلك، لهذا السبب، على هذا

inde datae leges ne fortior omnia posset سنت القوانين كي تمنع القوي من ان يسخر قدرته لفعل ما يشاء .

indebitatus مدين او مديون

indebitatus assumpsit دعوى استرداد ذمة وعد بادائها.

indebiti solutio [قانون مدني واسكتلندي] دفع غير المستحق او ما لا يجب اداؤه، بداعي الجهل او الغلط .

incorporators مؤسسون ؛ تولوا انشاء شركة او جمعية او اتحاد او ما الى ذلك .

incorporeal معنوي، غير مادي : لا جسم له ولا كيان مادياً، لا يرى ولا يلمس .

incorporeal chattels منقولات غير مادية . نوع من الحقوق غير المادية يتبع الاموال الشخصية او ينشا عنهــا : كحقوق البراءات والتأليف والنشر وما اليها من الملكيات الادبية وغيرها .

incorporeal hereditament ميراث معنوي

incorporeal things [قانون مدني] اشياء غير مادية، حقوق لا ترى ولا تلمس ولا يدركها او يميزها غير القوة العقلية .

incorrigible لا يتسنى او يرجى اصلاحه، لا يستطاع تقويمه

incorruptible عفيف، طاهر الذيل، لا يتأثر بوسائل الفساد الخلقي او اسباب الاغراء المادي كالرشوة او الوعد بربح او منفعة .

increase زيادة، ازدياد، كثرة او تكاثر، نمو، إضافة

increase, affidavit of (affidavit of increase) اقرار زيادة: اقرار كتابي مشفوع باليمين يقدمه المكلف (بدفع الضريبة) ليثبت به ما تحمله من زيادة في نفقات او تكاليف .

increase, cost of (cost of increase) [قانون انكليزي] مقدار زيادة المصاريف . جرى العرف سابقاً على ان تقرر هيئة المحلفين للخصم المحق في الدعوى مبلغاً اسمياً من المصاريف مقداره اربعون شلناً فقط غير ان المحكمة كانت تميل الى الأخذ بتقدير مأمورها المختص، فاذا قدر هذا المصاريف المستحقة بمئة شلن مثلا، كان مقدار زيادة المصاريف المسمى cost of increase ٦٠ شلناً (وهو الفرق بين ما تقرره الهيئة وما يقدره المأمور) .

incredible لا يصدق، لا يقبله او يستسيغه عقل، غير معقول

increment زيادة: من حيث القيمة او الكمية او العدد ؛ علاوة؛ اضافة

incrementum زيادة، تحسين

incriminate يجرم، يعرض لتهمة (بجرم)، يسند جرماً الى شخص، يرميه به، يجر النفس او الغير الى مساءلة جرمية

indebted مدين او مديون، مطالب

indecency فاحشة، انحراف عن الاداب العامة، عدم لياقة او حشمة، خروج عن مستلزمات الذوق السليم .

indecent فاضح، مناف للحشمة او الذوق، فاحش، بذيء، شائن، مخل بالحياء، خارج عن الاداب العامة .

— indecent assault هتك العرض او الاعتداء عليه اكراهاً

— indecent exhibition عرض مناف للذوق، كشف ما تأباه الآداب ويمجه الذوق السليم او الشرف : من ذلك اخراج جثة لتشريحها وعرضها على نظارة .

— indecent exposure تعريض فاضح، اظهار العورة او الكشف عنها على مرأى من الناس (دون مبرر معقول) .

— indecent liberties تصرفات فاحشة، سلوك فاضح . يرد هذا الاصطلاح احياناً في مثل العبارة التالية : he took indecent liberties with the person of a minor child ارتكب مع قاصر افعالا منافية للحياء، كالملامسة مثلا او المداعبة القذرة وما اليها مما يتنافى مع الحشمة دون ان يبلغ درجة اجراء الفحش .

— indecent publications منشورات مخلة بالآداب العامة : تفسد الاخلاق او تغري بالفجور .

indecisive غير حاسم، غير فاصل او بات

indefeasible غير قابل لنقض او ابطال او دحض او تبديل؛ لا يقهر، لا يغلب

indefensible لا يبرر او يعلل، لا عذر له، ليس محلا لدفاع او حجة

indefinite لا حد له، غير معلوم او مقيد، مطلق، غير مسمى

indefinite failure of issue عدم العقب اطلاقاً

indefinite payment دفع غير محدد، اداء على حساب اجمالي : المبلغ الذي يدفعه المدين بديون متعددة دون ان يحدد الدين الذي اراد سداده بما دفع .

indelible لا ينمحي او ينطمس، لا يعفو اثره، لا يزول

indemnify يعوض، يؤمن من خسارة او ضرر

indemnitee (شخص) مضمون التعويض، مؤمن من خسارة او ضرر بموجب عقد او اتفاق .

indemnitor ضامن التعويض : من التزم تعويض الغير او جبر خسارته بموجب عقد او اتفاق .

indemnity تضمين، ضمان عوض عن خسارة محتملة، تعويض عن خسارة مهما كانت .

— bill of indemnity قانون العوض

indemnity against liability تعويض عن خسارة

indemnity bond سند تعويض : التزام أداء مبلغ جزائي (على سبيل الغرامة) يشترط اعتباره ملغى اذا قام الملتزم بتعويض الملتزم له عن الخسارة المتوقعة .

indemnity policy بوليصة تعويض : وثيقة تأمين لا تخول صاحبها غير مجرد التعويض عما اداه من اقساط التأمين .

indenization تجنس، دخول شخص في جنسية بلد غير الذي ولد فيه .

indent نوع من المحررات العرفية يشترك في انشائه فريقان او اكثر .

[قديماً] سند دين عام اصدرته حكومة الولايات المتحدة للافراد عند نهاية الثورة اعترافاً منها باصل دين او فائدة .

[كفعل] يحز، يسنن، يضرس، يقطع ورقة بتثقيبها او فصلها على نحو تعريجي، ينقش (: يترك اثراً كالعضة اذا لم تجرح) . حرر المتعاقدون قديماً سنداتهم على عدة صور تساوي عدد فرقائها وكانوا يضرسون تلك الصور من حواشيها على هيئة اسنان المنشار او يقطعون احد اضلاعها على شكل تعريجي بحيث تنفصل من كلماتها بعض الاجزاء او الحروف وتبقى الاجزاء او الحروف الاخرى، ثم يأخذ كل فريق صورته . واذا ارادوا التثبت فيما بعد من اصلية احدى الصور قارنوها بالصور الاخرى، فاذا طابقتها من حيث الشكل عدت اصلية والا كانت محلا للشك . وقد اعتبرت هذه التعاريج او الثقوب في المحررات طابع الصحة والخلو من التزوير او التقليد وكانت كل صورة من العقود او المحررات المنشأة كذلك تسمى indenture نسبة الى شكل حواشيها . وقد اندرس هذا التدبير التعاقدي واقتصر مفهوم كلمة indenture على السند المكتوب الذي يشترك في انشائه طرفان او اكثر .

[التمرين على الصناعات] تعني كلمة indent «يلقن» صناعة او حرفة على يد احد اربابها، ويرد الاسم indenture احياناً بمعنى تمهين، نحو : يلزم بتمهين او تلقن حرفة to hind by indentures .

indentation تسنين، تضريس، فرض . اتفاق مختوم ومنظم حسب الاصول .

indentations [مواد البترول] تعاريج، تضاريس

indenture سند مكتوب على صور عدة يشترك في

indicative evidence دليل تنبيهي، دليل ايعازي او تلميحي : لا يخرج عن كونه مجرد اشارة الى توافر الدليل .

indicia اشارات، امارات، ظاهرات، ظروف تشير الى توافر دلائل واقعة توافراً محتملا .

يرد الاصطلاح ذاته في القانون المدني احياناً بمعنى: cricumstantial evidence دليل ظرفي .

indicium علامة او ظاهرة تدل على امر معين او تثبته . دليل ظرفي .

indict يتهم (شخصاً بجرم)، يسند اليه جريمة معينة بلائحة اتهام (راجع indictment) .

indictable محل اتهام جنائي او قابل له . يرد هذا الاصطلاح في جرائم القانون العام common law المخلة بالشرف .

indictable offences جرائم خطيرة تنظر في محاكم الجنايات امام قاض واحد وهيئة محلفين .

indicted متهم بجريمة، اسندت اليه بموجب لائحة اتهام (جنائي) indictment .

indictee متهم بفعل جنائي يسند اليه بموجب ورقة اتهام .

indictio اعلان، بلاغ

indictio belli اعلان حرب

indiction, cycle of (cycle of indiction) وحدة زمنية مدتها خمس عشرة سنة، وضعها الامبراطور الروماني كونستنتين اول سبتمبر سنة ٣١٢ وأرخ بها بعده عدد من ملوك الانكليز (امثال Edgar وهنري الثالث) مواثيقهم وبلاغاتهم الشعبية .

indictment لائحة اتهام : تهمة تحريرية (مفادها ان الشخص المسمى فيها ارتكب فعلا او تقصيراً معيناً يعتبره القانون جرماً عاماً يعاقب عليه بناء على هذا الاتهام) تقدمها هيئة محلفين تحقيقية grand jury الى المحكمة المختصة بعد ان تفرغ من التحقيق مع المتهم وتقتنع بتوافر الاسباب الكافية لمحاكمته وتؤشر عليها بالعبارة المشهورة true bill .

تختلف لائحة الاتهام indictment عن الـ presentment بانها ترفع الى المحكمة بناء على طلب المدعي العام الذي يتولى تنظيمها مبدئياً وتقديمها الى الـ grand jury وهذه بدورها تحقق فيها وتؤيدها او تعرض عنها . اما الـ presentment فهو تقرير مكتوب ترفعه الهيئة المذكورة من تلقاء نفسها وبناء على ما يتوافر لديها من ملاحظات ومعلومات خاصة .

واما الـ information فهو كالـ indictment من حيث الشكل والجوهر، غير ان تقديمه يكون من الموظف القضائي المعني بناء على تقديره الخاص دون تدخل الـ grand jury او موافقتها .

انشائه طرفان او اكثر ليتبادلوا بموجبه تعهدات او التزامات او اشياء اخرى .

فصيلة (ج فصائل) . اتفاق مختوم

indenture of apprenticeship عقد تمهين (: تلقين حرفة او صناعة)

independence استقلال : ممارسة السلطة المطلقة على النفس وكافة شؤونها؛ الاعتماد على الذات دون الغير في مقومات الحياة .

independent adjuster عميل تأمين مستقل : يشتغل نظير اتعاب معلومة لحساب شركتين او اكثر دون ان يرتبط بجهة معينة.

independent contractor مقاول مستقل : يتولى انجاز عمل معين حسب تفكيره الخاص دون ان يكون مسؤولا تجاه من يعمل لحسابه الا عند تسليم العمل وبعد تمام انجازه . مقاول لا يسأل الا عن نتيجة موضوع المقاولة .

indeterminate غير محدد او معين على وجه التدقيق : كاتفاق شخص وآخر على ان يبيعه مئة قنطار من الرز مثلا دون ان يحدد النوع المراد بيعه، هذه الصفقة وامثالها تعتبر indeterminate غير مبينة على وجه التحديد .

indeterminate sentence حكم غير محدد : الحكم على مدان باقصى العقوبة التي يضعها القانون للجريمة المدان بها، مع شرط جواز اخلاء سبيله في اي حين بعد ان يمضي ادنى العقوبة المقررة قانوناً للجريمة المذكورة، على ان يكون اخلاؤه هذا رهناً بحسن سلوكه وتوصيات الجهة المختصة بتقرير العفو .

index فهرست، بيان، كشف

— price index . متوسط نسبي لمستوى الاسعار او فئاتها

index numbers ارقام قياسية . مستوى الاسعار او الاجور النسبي؛ مستواها في زمن معين قياساً الى مستوى ثابت او فئات ثابتة .

index of production احصائيات الانتاج : بيان مفرداته

indian hemp قنب هندي : تستخرج منه بعض العقاقير المخدرة .

indicare يبين، يشير (الى)، ينوه (بـ)، يحدد او يعين . يبلغ (عن شخص)، يقدم اخبارية ضده، يتهم

indication [قانون البينة] دلالة ظاهرة، اشارة، امارة، رمز . واقعة تشير الى قرينة او نتيجة .

indistanter فوراً، حالا : باقصى سرعة ممكنة

indistinct غامض، مبهم، غير واضح

indistinguishable لا يميز، لا يستطاع فرزه او تعرفه

individual فرد، شخص طبيعي

individual assets [في المحاصات] اموال فردية، تعود لفرد معين دون غيره ولا تتصل بممتلكات الشركة او اصولها .

individual debts ديون فردية : تترتب على أحد افراد الشركة بصفته الشخصية دون غيره .

individually فردياً، على انفراد، شخصياً، كل بمفرده

individuum لا يفرز، لا يقبل الفرز او القسمة

indivisible غير قابل للتجزئة، لا يتجزأ، لا يقبل القسمة، كلي

indivisum غير مجزأ، ملك مشترك يتحد فيه صاحباه او اصحابه على سبيل الشيوع دون ان يفرزوه او يقسموه فيما بينهم .

indorse يظهر، يدور، يجير سنداً او غير ذلك

indorsee مظهر او مجير له او اليه : من صار تدوير السند لمصلحته .

indorsee in due course مجير اليه سليم النية : من حصل بسبيل العوض وبنية سليمة على سند قابل للتداول مجير له او للحامل دون ان يعلم بما انطوى عليه هذا السند من عيوب .

indorsement تظهير، تدوير، تجيير (كبيالة او ورقة قابلة للتداول مها كانت) . قيام المستفيد بالتوقيع على ظهر الورقة اشعاراً بنقلها الى الغير .
عبارة التدوير التي تكتب على ظهر ورقة قابلة للتداول .

— accommodation indorsement تظهير مجاملة او تفضل : يقوم به شخص ثالث بتوقيع اسمه على ظهر السند المتداول لا في سبيل المنفعة الشخصية بل رغبة في مساعدة الحامل (المستفيد) وتمكيناً له من استدانة قيمة السند، ما لم تنص عبارة التظهير على غير ذلك . ولا يخرج هذا التظهير عن كونه اقراضاً لتوقيع صاحبه غير مشروط .

— blank indorsement تظهير على بياض : يحصل باثبات توقيع المظهر على قفا السند المتداول دون بيان اسم الشخص الذي صار التظهير لمصلحته .

— conditional indorsement تظهير شرطي : يرافقه شرط خاص يثبته المظهر في عبارة التظهير المذيلة بتوقيعه على قفا السند .

[قانون اسكتلندي] الاجراءات المتبعة لجلب احد المجرمين للمحاكمة بناء على طلب رئيس النيابات أل lord advocate .

— bill of indictment لائحة اتهام جنائي او ورقته

— joint indictment لائحة اتهام جنائي مشتركة : تجمع بين متهمين او اكثر .

indictor متهم، مخبر جنائي : من تسبب في اسناد تهمة جنائية للغير .

indifferent اصطلاح غير فني معناه : لا هم له او شأن (في موضوع)، لا يلتفت اليه، لا يقبل عليه، لا يميل اليه او عنه، محايد، بين بين

indigena [قانون انكليزي قديم] ابن بلد (من حيث مولده فيه)

indigent فقير، معوز، محتاج

indignation سخط، تبرم، غيظ، موجدة

indignity [في اسباب الطلاق] اهانة ادبية، قسوة معنوية جارحة، غلطة مهينة : كالشتم المقذع (الذي يصدر عن احد الزوجين نحو الاخر باستمرار دون مبرر معقول) او الاهمال الجارح او السلوك المعنوي ايا كان شكله خصوصاً اذا تناول الكرامة او الشرف وقطع الرجاء من اقلاع الزوج المتطاول عنه .

indirect بطريق السببية، غير مباشر، ضمني، دائر، حؤوم (يحوم حول هدفه) يدور بغرضه او ينشده بسبيل دائر .

indirect evidence دليل سببي، دليل غير مباشر (يتوافر بطريق السببية) : الدليل القائم على قرينة وافتراض . البينة التي تنشد اثبات موضوع باثبات وقائع يرتكز عليها الافتراض المدعى به .
دليل ظرفي (بمعنى circumstantial evidence)

indiscretion طيش، تهور، عدم تعقل او تدبر او تبصر (بالامور) .
خروج عن الادب، عدم ضبط النفس

indiscriminate غير مميز، لا يميز او يفرق، يرتكب بصورة عامة : مع الجميع دون تخصيص او مع من هب ودب، نحو قولهم في تعريف المومس : a woman who gives herself up to indiscriminate lewdness المرأة التي تسلم نفسها للفسق غير المميز، اي مع من اتفق لها من الناس دون تمييز .

indispensable لازم، ضروري، لا غنى عنه

indisputable غير منازع، لا جدال فيه، مسلم به

— full indorsement تظهير كامل : يامر بموجبه المظهر باداء المبلغ المبين في السند الى شخص معين .

— irregular indorsement تظهير شاذ، يخرج عن المألوف، كتجيير السند الى المستفيد payee او تجييره من الشخص الثالث على بياض بان يضع هـــذا اسمه فوق اسم المستفيد او وحده اذا لم يجير المستفيد باسمه .

— qualified indorsement تظهير مشروط : ترافقه قيود خاصة يبسطها المظهر في عبارة التظهير .

— regular indorsement تظهير عادي : تتبع فيه الاصول المألوفة في التظهير .

— restrictive indorsement تظهير حصري (مانع من التداول) : يصبح معه السند مقيداً غير قابل للتداول ، او يقف عند حد التفويض بعمل شيء معين فيـــها يتعلق بالورقة المظهرة ، كأن ينص على اي من العبارات التالية او ما شابهها Pay D او Pay D or order for collection او Pay D for account of X وهلم جراً .

— special indorsement تظهير خاص يعين فيه اسم الشخص المظهر لمصلحته .

— special indorsement of writ تظهير خاص لأمر قضائي يبين تفاصيل المبلغ موضوع المطالبة .

indorser مظهر ، مجير ، محيل :
من وقع اسمه على السند المتداول، اشعاراً بتحويل حقه فيه الى الغير .

indubitable يقين، مؤكد، لا ريب فيه، ليس محلا لشك

induce يقنع، يستحث، يدفع او يستميل (الى)، يحمل على فعل او الامتناع عنه، يؤثر (في)

inducement [في العقود] عوض، منفعة يتوخاها المتعهد من العقد فتحمله على انشائه او قبوله .
[في البينات] حافز، دافع، سبب او غاية تغري بعمل أو تدفع الى ارتكاب جريمة .
[اجراءات] مقدمة تفسيرية من ادعاء او مرافعة يؤتى بها على سبيل الايضاح .

induciae [قانون دولي] هدنة، مهادنة، وقف حرب او اعمال قتال
اتفاق متحاربين اثناء الحرب على وقف عمليات القتال مؤقتاً لغرض معلوم .
[قانون بحري قديم] مهلة عشرين يوماً كانت تعطى لصاحب السفينة بموجب عقد الاقتراض على جسمها ابتداء من يوم وصولها الى الميناء كي ينتهي من تفريغ الشحنة ويجمع المال الكافي لاداء الدين المطلوب مع الفائدة .
[اجراءات اسكتلندية] مهلة تعطى للقيام بواجب . المدة التي يعطاها المطلوب للحضور امام المحكمة لجمع بينات او تحضير شهود او غير ذلك .

induct ينصب (رسمياً)؛ يخلع على شخص (منفعة)، يولي (وظيفة او منصباً بما يرافق ذلك من مراسم تقليدية) . يقرب، يقدم

induction استنتاج، استظهار (عام)، بناء نتائج او قواعد عامة على وقائع او اعتبارات خاصة .
[قانون كنسي] مراسم تنصيب في مركز او وظيفة او تسليم منفعة كنسية .
[قوانين عسكرية] انضمام لخدمة عسكرية

inductive استنتاجي، استظهاري، استقرائي، قياسي، دال (على امر خاص)

inductive method الطريقة الاستقرائية : الانتقال من الجزئيات الى الكليات .

indulgence رحمة، رأفة، تسامح، تساهل .
امهال، تريث
انغماس (في رذيلة)، تماد في سلوك على سبيل العادة .
[نظام كاثوليكي] غفران يمنحه البابا : ويعتقد اتباع هذا النظام انه ينجي من عذاب الآخرة .

indult اذن بابوي باتيان امر لا يجيزه قانون الكنيسة العام.

indulto [قانون كنسي] ترخيص بابوي يجيز مالا يجيزه القانون العام .
[قانون اسباني] عفو عن عقوبة يفرضها القانون .

industrial combinations اتفاقات صناعية تبرم بين شركة واخرى للقضاء على المنافسة .

industrial court محكمة صناعية، نشأت بموجب قانون المحاكم الصناعية لتقوم في المنازعات الصناعية مقام الحكم بين الاطراف اذا وافقوا على ذلك .

industrialisation تصنيع

industry صناعة، حرفة، كار

inebriate سكير، مدمن السكر، معاقر

ine, code of (code of ine) شرائع قديمة عملت بها القبائل السكسونية الغربية ثم ادخلها الملك الفورد Alford الى انكلترا بين سنتي ٦٨٨ م او ٦٩٥ م .

inefficacious غير فعال، غير مجد، لا يأتي بالاثر المنشود

inefficient غير كفوء، غير اهل للقيام بواجب، لا ينتج كما يرجى او يجب .

ineligibility عدم اهلية، عدم قابلية او كفاية اذا كان المشار اليه غير اهل لمنصب واهلا لاخر .

ineligible غير لائق، غير اهل (لانتخاب او تعيين)، لا تتوافر فيه الاهلية لذلك (وان عين او انتخب) .

inequity غبن، حيف، اجحاف، عدم قسط او انصاف

inescapable peril خطر لا مفر منه، لا يتوافر للنجاة منه اي سبيل .

inest de jure مقصود، موجود او مسلم به ضمناً بحكم حق او قانون .

inevitable لا مرد له او منجى منه، لا يستطاع تجنبه، لا غالب له، لا يدافع (مهما استعد له الانسان او جد في التحوط).

inexecutable لا سبيل الى تنفيذه، غير قابل للتنفيذ

inexplicable لا يتسنى تفسيره، لا يستطاع تعليله او بيانه

inexplicit غير دقيق؛ ملتبس التعبير؛ غير واضح

infalistatus [قانون انكليزي قديم] عقوبة تجريد المحكوم عليه من ثيابه وطرحه على رمال الشاطىء .

infamia وصمة، فضيحة، خزي، عار، سوء احدوثة

infamia facti عار الفعل : العار الذي يلحق من يعتقد انه ارتكب الجرم وان لم يثبت ارتكابه له ثبوتاً قانونياً .

infamia juris عار القانون : العار الذي يحكم به القانون على المدان، اي الذي يصيب الشخص عند ثبوت الفعل الجرمي عليه قانونياً .

infamis [قانون روماني قديم] مشوب السمعة؛ من مست سمعته نتيجة جرم مخل بالشرف أدين به او مهنة او اعمال مزرية يتعاطاها .

infamous فاضح؛ مخز؛ شائن؛ بشع

infamy فضيحة؛ انكشاف سوءة؛ انكسار اعتبار؛ سوء احدوثة او سمعة . الحالة الاعتبارية المهينة التي يستهدف لها من يدان بجريمة مخلة بالشرف .

infancy حداثة : حالة الصغير اذا كان دون سن الرشد.

— natural infancy حداثة طبيعية؛ طفولة طبيعية او غير مميزة : السن التي لا يسأل فيها الصغير عما يفعل، ونهايتها السابعة .

infangenthef [قانون انكليزي قديم] حق قانوني خاص ببعض السادة الاقطاعيين اجاز لهم ان يحاكموا من قبضوا عليه من اللصوص في نطاق اقطاعياتهم .

infans صغير لم يتم السابعة من عمره .

infans non multum a furioso distat ليس بين الطفل والمجنون كبير اختلاف .

infant حدث، صغير : من لم يتم الحادية والعشرين من عمره.

infanticide قتل الوليد (حديث العهد بالولادة)

infanti proximus [قانون روماني] ولد لم يتم عامه السابع

infants' marriage act قانون زواج الاحداث . صدر هذا القانون سنة ١٨٥٥ ـ ١٨٥٦، وقد اجاز للحدث (الانثى اذا بلغت السابعة عشرة والذكر اذا بلغ العشرين) عند الزواج او العزم عليه، ان يتصرف مالياً كما يشاء بعد الحصول على اذن بذلك من الدائرة الحسبية المختصة في المحكمة العليا .

infected موبوء؛ مصاب

infected local area دائرة محلية موبوءة او ملوثة .

infection عدوى، سريان مرض من شخص الى آخر باية وسيلة كانت . وهو غير الـ contagion العدوى بالتماس المباشر .

infectious disease مرض معد او سار : سواء كان بالتماس المباشر بين الصحيح والمريض او بأي سبب آخر .

infeft [قانون اسكتلندي] يتصرف في ارض؛ تصرف حيازة او تمليك

infensare curiam تنبيه المحكمة للمحامي الى ما يصدر عنه من غلط بالسهو او الجهل .

infeoffment تمليك عقاري : خلع حيازة ارض او ملكيتها على الغير؛ هبتها له بتسليمها رسمياً

infer يستنتج؛ يستخلص؛ يستدل . يدل على؛ يشير الى

inference [قانون البينة] استدلال؛ استظهار؛ بناء او استنتاج بالتحليل والقياس . استخلاص شيء او بناؤه على اخر مسلم به . نوع من التحليل المنطقي يخرج به الشخص من واقعة ثابتة الى اخرى يراد اثباتها .
(راجع اخر باب presumption للمقابلة بينها وبين inference)

inference on inference, rule of (rule of inference on inference) قاعدة القرينتين : القاعدة القائلة بان القرينة لا تصح اساساً لقرينة؛ او، لا تبنى القرينة على القرينة .

inferential عقلي؛ استنتاجي؛ قياسي . جدلي

inferior [في المحاكم] سفلي؛ صغرى ، اقل؛ ادنى (درجة او اعتباراً)

inferior court محكمة دنيا او صغرى . يطلق هذا الاسم على اية محكمة تتبع المرجع الاستئنافي الاعلى في البلاد وكذلك اية محكمة خاصة تمارس ولايتها بموجب قانون او تفويض خاص. [نظام القضاء الانكليزي] تقسم المحاكم الى قسمين: المحاكم الكبرى او العليا superior courts ومقرها منطقة Westminster بلندن والمحاكم الصغرى inferior courts او المحاكم الاخرى بوجه عام . على ان كثيراً من المحاكم الصغرى لا ينطبق عليها النعت المذكور نظراً لما تمارسه من اختصاصات عليا تضعها في اسمى مراتب الولاية القضائية .

infeudation التصرف للغير في ملك خالص من كل قيد، تمليكه ملكاً عقارياً غير مقيد .

inficiatio [قانون مدني] انكار دين

infidel كافر : من انكر وجود الله وحساب الاخرة

infiht [قانون سكسوني] الاعتداء على المساكن (بضم الميم) الذي يعيش في ذات المسكن (مع المعتدي) .

infirm عليل؛ معتل؛ عاجز؛ ضعيف؛ سقيم البنية

infirmative [في البينة] متداع؛ واه (من حيث التأثير والاعتبار) . محبط : ينشد تقويض ما ينصب عليه . ناف لما يراد اثباته .

infirmative consideration [في البينة] اعتبار او افتراض؛ من شأنه ان يوهن القرينة التجريمية المستخلصة من ظروف القضية .

infirmative fact [في البينة] واقعة نافية توهن الاثبات الجرمي . واقعة ثبوتية او افتراضية تقابل الوقائع الجرمية القائمة عليها القضية فتعمل على اسقاط قرينة الاجرام المستخلصة من الوقائع المذكورة .

infirmative hypothesis افتراض نفي (للاثبات الجرمي) : كافتراض براءة المتهم وتفسير الدليل الجرمي بما يوافق هذا الافتراض .

infirmity مرض؛ عاهة؛ علة تنال من قوة الجسم او العقل . خلل (الشيء موضوع الكلام)، عدم صوابه او عدم استقامة حاله .

inflation تضخم (نقد)

inflict ينزل ، يوقع (خسارة او اذى)

influence يؤثر (في امر)
[كاسم] تأثير؛ سطوة؛ سلطان

— **undue influence** (راجع باب undue)

informal غير صحيح او سليم شكلا؛ ناقص او معيب من حيث الشكل القانوني؛ لا يطابق الاوضاع الشكلية القانونية . من معانيها الدارجة

informant مخبر؛ مذيع او ناقل لاخباريات او معلومات جرمية .

information اخبار او اخبارية . تهمة تحريرية يقدمها مأمور عمومي مختص مشفوعة باليمين . تختلف عنها لائحة الاتهام indictment في كونها تقدم من هيئة محلفين تحقيقية grand jury على أساس الـ information التهمة التحريرية نفسها .
غير قانونية . عادي؛ غير رسمي

— **criminal information** تهمة جنائية رسمية يقدمها احد رجال النيابة بدلا من هيئة المحلفين التحقيقية grand jury .

information of intrusion اجراء قانوني يتخذه رجال النيابة المختصون ضد المعتدين على الممتلكات العامة .

informer مخبر؛ مبلغ : من قدم في حق غيره تهمة جنائية .

— **common informer** مخبر عمومي : من تسقط اخبار الجرائم وبلغ عنها لا بحكم وظيفته بل طمعاً في نيل حصة مما يفرض على مرتكبيها من عقوبات نقدية ، بحيث ان هنالك من الجرائم العامةما يجيز لمن شاء ان يقاضي الفاعل عليه ويتقاضى ما يحكم به من الغرامة اذا ربح الدعوى . والشخص المقاضي في هذه الحال يسمى common informer .

infortunium*, homicide *per (homicide *per infortunium*) قتل صدفة او مصادفة : يأتيه الفاعل دون قصد اثناء القيام بعمل قانوني .

infra تالياً؛ ذيلا؛ ما يلي؛ ما تحت . تقابلها *supra* عالياً

infra aetatem دون السن القانونية

infra annum luctus خلال عام الحداد : العام الذي يلي وفاة الزوج ولا يجيز القانون للارملة ان تتزوج قبل انقضائه .

infra corpus comitatus ضمن حدود الاقليم او المقاطعة

infra dignitatem curiae دون مقام المحكمة؛ لا يتناسب مع هيبتها؛ لا يستأهل اعتبار المحكمة . يقال هذا الاصطلاح في سفاسف الامور التي لا تستحق التفات المحكمة .

infra furorem اثناء الجنون او في حالته .

infra jurisdictionem ضمن الاختصاص؛ من اختصاص المحكمة

infra praesidia [قانون دولي] تحت الحماية . يرد هذا الاصطلاح في وصف الاموال المستولى عليها عندما يصل بها الغزاة الى ثغورهم وينقطع الرجاء من انقاذها . وفي هذه الحال تعتبر *infra praesidia* تحت حماية من انتهت الى يده .

infraction خرق او انتهاك (قانون)، كسره، اخلال به، مخالفة او مغايرة له

infringement انتهاك؛ نقض؛ تجاوز؛ تعد؛ اجتياح باطل . إخلال (بقانون او حق او عقد)، مخالفته

— contributory infringement [في البراءات] تعدي مساعدة او التعدي المساعد : وهو قيام شخص بمساعدة آخر في صنع او بيع او اختراع يعود الحق في صنعه او بيعه للغير . المساعدة في استغلال اختراع خلافاً لانظمة البراءات .

infringement of copyright التعدي على حق الملكية الادبية (او الفنية): انتحال ما يعود للغير من حق طبع او نشر مؤلف ادبي او فني .
ولا بد لقيام هذا التعدي من ثبوت اقتباس جزء معقول او حيوي مما تعود ملكيته للغير دون اذنه او تفويضه . ولا يشترط في ذلك توافر سوء النية .

infringement of patent التعدي على البراءة : قيام الفاعل دون حق او تفويض قانوني بصنع او استعمال او بيع اختراع يعود الحق فيه للغير بمقتضى براءة اختراع قانونية سارية المفعول .

infringement of trademark التعدي على العلامة التجارية : تقليد اية علامة تجارية مسجلة باسم الغير واستعمالها، دون حق، على بضاعة تشبه البضاعة التي سجلت عليها من حيث النوع او الصنف او غير ذلك من الاوصاف والجزئيات المعينة بقانون العلامات التجارية .

infringer [في البراءات] معتد (على براءة الغير او ما تعلق بها من حقوق) . من اعتدى او استولى بغير حق على اختراع تعود ملكيته للغير بموجب براءة قانونية صحيحة سارية المفعول .

ingenium حيلة؛ سبب؛ وسيلة؛ أداة؛ خدعة؛ شرك؛ آلة قتال

ingenuity دهاء؛ حدة ذهن؛ ادراك؛ حيلة (لفعل امر او تحقيقه)

ingenuitas حرية : يتمتع بها المولود حراً او العتيق (المعتق) (بفتح التاء) .

ingenuus [قانون روماني] المولود حراً

ingress, egress, and regress حق الدخول والخروج والعودة (الى بلاد معينة) .

ingrossing وضع محرر في صورته النهائية: نسخ المحرر من مسودة نسخاً نهائياً لاعتماده .

inhabit يسكن؛ يقطن؛ يقيم او يعيش (في مكان معلوم)

inhabitant ساكن؛ قاطن (في محل معين على سبيل الاقامة الفعلية الدائمة) .

inhabited house duty ضريبة مساكن مأهولة : تستوفى عن كل بيت مسكون وتقدر على اساس قيمته السنوية (اي ايجاره السنوي) .

inhere يكمن؛ يوجد (في)؛ يلازم؛ يتبع؛ يعود (الى)؛ يلتصق بامر كجزء منه

inherent power سلطة ذاتية؛ سلطة تبعية او اساسية : تعود للشيء من نفسه لا من الغير . حق في فعل او سلطان عليه يستمده الشخص من نفسه ولا يستمد من الغير .

inheretrix اصطلاح قانوني قديم لكلمة heiress وارثة .

inherit يرث

inheritable قابل للوراثة؛ جائز الميراث او الانتقال بالارث .

inheritable blood دم متوارث او موروث؛ دم اصيل؛ صلة دم تكفل لصاحبها حق الوراثة الشرعية .

inheritance ميراث؛ ارث؛ ورثة (بكسر الواو وتسكين الراء)؛ تركة تنتقل بالوراثة

inheritance tax ضريبة الايلولة على التركات؛ ضريبة إرث تفرض على انتقال الاموال بميراث او وصية . ولا تفرض هذه الضريبة على الاموال نفسها بل على الحق في اكتسابها بسبيل الانتقال المذكور .

inhibition [قانون انكليزي] (امر) نهي او ردع . امر قضائي بكف يد القاضي الموجه اليه عن دعوى معينة، غايته منع هذا القاضي من الاستمرار في نظر دعوى او مسألة معينة معروضة عليه . ولا يختلف هذا عن prohibition في المعنى المذكور .
[قانون كنسي] امر قضائي من محكمة كنسية عليا الى قاض

initiative السلطة التي تعود للشعب في وضع القوانين او اسقاطها مباشرة بمجرد التصويت عليها عن طريق مجالسه النيابية او التشريعية .

injunction أمر (قضائي) مانع؛ امر زجري (يكلف الموجه اليه بالكف عن عمل معين غير قانوني) : يصدر بناء على طلب ذي الشأن ، من محكمة مختصة الى شخص معلوم ملزماً اياه بان يمتنع عن عمل معين ضار بالشاكي او عن السماح لاتباعه او نوابه بممارسته نظراً لما ينطوي عليه من اجحاف او اذى .

— final injunction امر زجري نهائي : يستصدره ذو الشأن بعد ان تفصل المحكمة المختصة في حقوق الخصوم .

— interlocutory injuction امر زجري عارض تصدره المحكمة قبل الفصل في النزاع المعروض عليها .

— mandatory injunction امر زجري الزامي : تجبر فيه المحكمة المختصة المشتكى عليه ان يقوم بعمل شيء معين او يرده الى ما كان عليه او يمنعه من الوقوع .

— preliminary injunction (or provisional injunction) امر زجري تمهيدي : تصدره المحكمة عند اقامة الدعوى مكلفة فيه المدعى عليه ان يكف عن ممارسة شيء معروض عليها لم تبت فيه بعد .

— preventive injunction امر زجري وقائي : تردع به المحكمة شخصاً معيناً عن المضي في فعل .

injure يؤذي؛ يسيء (الى)؛ يضار (الغير في شخصه او حقه او ما يمت اليه) . ولا يقف معنى هذه الكلمة عند مجرد الاذى بل يراد به الايذاء الباطل wrongful harm الذي لا يقره القانون كأن يقدم شخص لآخر مادة ضارة يؤذيه بها دون حق او يحمل امرأة على تناول مسحوق الذبابة الاسبانية cantharide مثلا او اي مثير جنسي aphrodisia لاثارتها والحصول منها على الاتصال الفاحش او ما الى ذلك من افعال ضارة .

injures graves [قانون فرنسي] اهانات جارحة ، منها الكلام المقذع الذي يصح ان يكون احياناً سبباً وجيهاً للطلاق .

injuria اذى او ايذاء؛ مضارة؛ تجريد الغير من حقه او ايذاؤه فيه .

injuria absque damno اذى لا ينطوي على خسارة

injuria non excusat injuriam لا يبرر الاذى اذى آخر ؛ او ، لا يقابل الاذى بمثله .

injuria servi dominum pertingit يسأل المخدوم عن اذى الخادم (اي الاذى الذي يجره خادمه) .

كنسي ادنى يمنعه من المضي في نظر دعوى معينة معروضة عليه .
[قانون اسكتلندي] حجز تحوطي؛ امر حجز على اموال المدين يستصدره الدائن، المحكوم له، منعاً لمدينه من ان يدخل في تصرف او تعاقد على بيع او غيره يتعلق بامواله او ان يستدين مبالغ اخرى تكون عبئاً اضافياً على تلك الاموال . غاية الدائن من هذا الامر حفظ حقوقه بعدم تسرب اموال المدين الى الغير والحيلولة دون تزايد المشاركين فيها اصحاب الذمم .
[قانون مدني] حظر ينص عليه القانون او تأمر به المحكمة .

inhuman treatment [مواد الطلاق] معاملة غير انسانية؛ معاملة وحشية، تكون من الغلظة او الافراط في الشدة بحيث تعرض حياة المتظلم او صحته للخطر او تشعره بالاستهداف لهذا الخطر .

inimical عدائي؛ ضار؛ مؤذ

iniquity مغايرة العدالة او الانصاف . إجحاف؛ ظلم
[اجراءات اسكتلندية] تعبير في ينطبق على قاضي الدعوى حين يصدر عن قرار مخالف للقانون فيقال فيه he has committed iniquity غاير العدالة او انحرف عن احكام القانون .

iniquum est aliquem rei sui esse judicem من جعل نفسه قاضياً في دعواه فما انصف .

initial بداية؛ مبتدأ؛ مطلع؛ أول . الحرف الاول من اسم

initial carrier ناقل، او متعهد نقل، اول : من تولى نقل البضاعة خلال المرحلة الاولى من مراحل النقل ثم سلمها بعد ذلك الى ناقل اخر ترتب عليه ان ينقلها عبر مرحلة اخرى ثم يسلمها الى ثالث لاستئناف الرحلة، وهكذا دواليك .

initialia testimonii [قانون اسكتلندي] مقدمات الشهادة ؛ استجواب الشاهد تمهيدياً قبل البدء في استجوابه in chief من الخصم الذي استدعاه للشهادة .

initiate يعلم (بـ)؛ يطلع على اصول شأن . ينضم؛ يضم او يقرب الى عقائد او مبادىء (اي يحيط بسرها ويغدو من اتباعها). ينصب (بتشديد الصاد مع الكسر) في مركز او مهمة .
[كاسم] مبتدىء ؛ مستجد او مدخل على امر من جديد . اذا وردت في مثل هذا الاصطلاح : curtesy initiate افادت التكوين والبداية ودلت على الحق الناشىء للزوج في اموال الزوجة حالما يولد لها منه ولد وارث (راجع curtesy initiate في باب curtesy) .

initiation fee رسم انضمام الى جمعية واكتساب حق العضوية فيها وما يترتب على ذلك من حقوق تبعية . مبادرة؛ مبادأة

injury إيذاء؛ ضرر؛ جرح؛ اصابة؛ عاهة؛ تعطيل . سوء

— accidental injury اصابة عارضة؛ اذى صدفة : ينال الشخص في جسمه عرضاً (بسبيل المصادفة) .

— civil injury ضرر مدني : ينال المتضرر في جسمه او ماله نتيجة اخلال تعاقدي او جريمة ويجيز له التماس التعويض بدعوى مدنية .

— irreparable injury خسارة لا تجبر ، ضرر يستحيل تعويضه كلياً بالقضاء .

— multiple injuries اصابات متعددة

— permanent injury عاهة ملازمة: تنشأ عن اصابة بليغة وتلازم المصاب باقي حياته .

— personal injury اذى شخصي؛ ضرر بدني : يفضي الى جرح المصاب او كسر طرف من اطرافه او تعطيله على اي حال .

— private injury ضرر خاص : يحيق بالشخص نتيجة انتهاك حقوقه الخاصة .

— public injury ضرر عام: يقع على المجتمع بوجه عام

— real injury الضرر الناشىء عن انتهاك شرف المصاب او اعتباره او النيل من كرامته .

— relative injury ضرر نسبي او غير مباشر : يصيب الشخص فيما يعود اليه من حقوق تتصل بشخص آخر لحقه الاذى مباشرة في نفسه او في ما يمت اليه بصلة .

— verbal injury اذى شفوي يحل بالمستهدف له نتيجة ما يتفوه به الغير من عبارات مقذعة يراد بها تحقير الموجهة اليه والاساءة الى سمعته .

injustice اجحاف؛ ظلم؛ حيف؛ جور . مغايرة العدالة؛ عدم الانصاف الذي ينسب احياناً الى مرجع القضاء بجراء ما يرتكبه من خطأ .

inlagation : رد الاعتبار القانوني؛ الرد الى حماية القانون اعادة الشخص الذي سبق اعتباره خارجاً على القانون outlaw الى حظيرة القانون وتخويله حق اللجوء اليه .

inlagh [قانون سكسوني] مشمول بحماية القانون . يقابله ما يسمى outlaw خارجاً على القانون .

inland داخلي؛ داخل البلاد

inland bill of exchange : كمبيالة محلية او داخلية يسكن ساحبها والمسحوبة عليه في بلاد واحدة .

inland navigation ملاحة داخلية
[في الولايات المتحدة] لا تشمل هذه الملاحة النقل عبر البحيرات الكبرى Great Lakes .

inland trade تجارة داخلية او محلية : تقتصر على البلاد واسواقها المحلية ولا تتجاوز حدودها .

inland waters مياه داخلية : تشمل القنوات والبحيرات والانهار والمجاري والخلجان ولا تشمل عرض البحر open sea.

inlaughe [قانون سكسوني وقانون انكليزي قديم] خاضع للقانون ، مراع له

inlaw اصطلاح فني بائد يرد كفعل بمعنى يشمل برعاية القانون.

inmate مقيم، ساكن؛ مساكن؛ احد اهل مكان inmates؛ شريك سكن، يسكن في غرفة مستقلة او جناح مستقل من ذات المنزل .

inn نزل؛ فندق (لمسافرين عابرين)

— common inn نزل عام : يأوي اليه من شاء من المسافرين العابرين نظير اجرة معينة .

innate فطري؛ مولود في صاحبه، ناشىء معه، كائن في قرارته اصلا واساساً .

innavigable غير قابل للملاحة
[في السفن] لا تصلح للملاحة

inner barrister (barrister محامي مرافعة مقدم(راجع باب

inner house مقر انعقاد الدائرتين الاولى والثانية التابعتين للمحكمة المدنية العليا Court of Session في اسكتلندا .

inner reserve [شؤون مالية] احتياطي مستتر

Inner Temple احدى جمعيات المحاماة المعتمدة (راجع Inns of Court)

innings اراض محوزة، او مكتسبة من البحر بطريق التجفيف والسدود .

innkeeper صاحب فندق او نزل، مديره (المسؤول عنه)

innocence براءة؛ انعدام المسؤولية عن جرم؛ خلو الطرف من تهمة او فعل جرمي .

innocent بريء؛ خال من سوء او اجرام؛ سليم الطوية؛ يعمل بنية سليمة . غير عالم بما يكتنف موضوع العمل (المقصود) من ظروف اجرام او عيوب او مآخذ قانونية .

innocent agent [مواد جنائية] نائب بريء، يجهل ما بنفس الاصيل من اغراض منافية للقانون ويكون، حين ارتكاب الفعل، بمثابة آلة مسيرة في يد الفريق المجرم.

من أتى، بتحريض الغير، فعلا مخالفاً للقانون وكان غير مسؤول قانوناً عما يفعل نظراً لما به من عوارض المساءلة الجنائية.

innocent party [علاقات زوجية] طرف بريء؛ زوج بريء من اسباب الطلاق او المفارقة (سواء أكان الرجل ام المرأة).

innocent passage حق مرور بريء (عبر مياه اقليمية)

innocent purchaser مشتر بريء: يتفق بنية سليمة على ان يشتري من الغير سلعاً او اموالا دون ان يعلم ببطلان مصدرها او عيوبها الدفينة او ان تتوافر له السبل المعقولة للاحاطة بذلك.

innocent trespass تعد بريء (على ملك الغير): يأتيه المدعى عليه نتيجة غلط او سهو او بنية سليمة اعتقاداً منه بانه لا يخرج فيما يفعل عن حدود حقه القانوني.

innocent woman امرأة طاهرة، غير بغية: لم ترتكب فاحشة (او وقاعاً حرمه القانون).

innominate [مواد مدنية] غير مسمى؛ غير ممكن التعيين او التصنيف

عام، لا يستطاع تحديده او حصره ضمن طبقة معينة او باب او نوع او صنف خاص.

ينطبق هذا الوصف بوجه خاص على العقود التي لا تترتب عليها مطالبات معينة بل يقتصر فيها عند الاخلال على اقامة دعوى تضمين عامة فقط.

innominate contracts عقود غير مسماة: عقود غير مصنفة وردت في القانون الروماني، نحو: عقود المقايضة *permutatio* والبيع باسعار مقررة *de aestimato* والعارية *precarium*، وغيرها.

innovation [قانون اسكتلندي] تجديد التزام؛ ابدال التزام باخر يقوم مقامه فيسقط الاول ويجعل المدين مقيداً بالالتزام الثاني وحده.

[شريعة اسلامية] بدعة

innoxiare [قانون انكليزي قديم] تطهير (المتّهم) من جرم مسند اليه واعتباره بريئاً.

Inns of Chancery جمعيات حقوق مقرها لندن؛ كانت قديماً عبارة عن معاهد اعدادية يتلقى فيها الطلبة مبادىء العلوم القانونية ثم ينتقلون منها الى الـ inns of court جمعيات الحقوق المعتمدة. وجمعيات الـ Chancery عددها تسعة: Clement's inn و Clifford's inn و Lyon's inn و Furnival's inn و Thavies inn و Symond's inn و New inn و Bernard's inn و Staple's inn. وغالب اعضاء هذه الجمعيات من الـ solicitors (محامي الاجراء). وهي على العكس من زميلتها الـ inns of court لا تقوم باية مهام عامة.

Inns of Court جمعيات الحقوق؛ دور القانون او المحاماة الانكليزية: منظمات خاصة معتمدة مقرها لندن يرجع تأسيسها الى بداية القرن الرابع عشر، وعددها اربعة: Gray's inn و Inner temple و Lincoln's inn و Middle temple وهي المراجع العلمية الوحيدة المختصة بامتياز تخريج المحامين بدرجة barrister التي تؤهل للقبول امام المحاكم الكبرى higher courts والمحكمة العليا. ولهذه الجمعيات حالياً مجلس مشترك للدراسة القانونية common council of legal education مهمته القاء المحاضرات وفحص الطلبة. ويقع اعضاؤها في ثلاث فئات: الطلبة students والمحامون المزاولون barristers واعضاء الـ bench الهيئة الحاكمة ويسمون benchers. وهنالك جمعيات قانونية اخرى تسمى inns of chancery للمحامين بدرجة solicitor. (راجع bench لتفاصيل ادارة هذه الجمعيات)

innuendo تورية؛ تلميح؛ باطن المعنى دون ظاهره؛ تعريض

[تشهير او قذف] تحمل العبارات احياناً معنيين او اكثر: هما معنى سطحي قريب الفهم لا يحتاج ادراكه الى عناء، وآخر خاص يكشف عن قصد من صدرت عنه ولا يتضح الا بالرجوع الى ملابسات استعمالها. هذا المعنى الاخير هو ما يسمى *innuendo*.

inofficiosum [مواد مدنية] مناقضة العاطفة او صلات المودة الطبيعية؛ مخالفة مقتضيات الواجب الطبيعي؛ وهذا ما تكون عليه الوصية التي يحرم فيها الوالد ولده الميراث او يحرم الابن احد والديه دون سبب معقول او مشروع.

inofficious testament وصية مغايرة لمقتضيات العاطفة او مخالفة لدواعي المودة والواجب الادبي. كالوصية التي يحرم فيها الموصي ورثته سهامهم الفرضية التي اوجب القانون عدم حرمانهم إياها.

inops consilii تعوزه المشورة القانونية. دون الاستنارة برأي قانوني او الرجوع الى احد رجال القانون. يرد هذا الاصطلاح في وصف الاعمال التي تمارس دون الاستعانة بمرجع قانوني فتخرج غالباً على اساس غير في.

inpeny and outpeny [قانون انكليزي] بنس الدخول وبنس الخروج. تكليف عرفي قديم عند الانكليز كان يلزم

الغرض . محرر يتضمن قرار هيئة المحلفين في موضوع عهد اليها في تحقيقه .
تحقيق قضائي مهما كان نوعه

inquisition (or **inquest**) **of lunacy** تحقيق جنون : التحقيق الذي تأمر به المحكمة المختصة للتثبت من مدى جنون شخص معين امامها وذلك بناء على طلب خاص من ذي الشأن مشفوع بما ينبغي من اسباب معقولة .

inquisitor محقق؛ مستنطق
[قانون كنسي] قاضي (محكمة) تفتيش، مارس قديماً اختصاص التحقيق مع المتهمين بالزندقة او الالحاد وعقابهم واشتهرت احكامه بالميل والتعصب والغلو في القسوة .

insane مجنون؛ مخالط (بفتح اللام)؛ معتوه؛ مشفوع؛ مختل؛ فاقد التوازن العقلي

insanity جنون؛ خلل القوى العقلية او اختلالها . اضطراب توازن نفساني ينبعث عن فوضى الدماغ وسوء تركيب جزئياته او عن اي عامل مخل ينصب على الادراك والعاطفة والارادة والمشاعر والتصرفات الخلقية ويتفاوت تأثيره بتفاوت خطورته .

[لاغراض القانون] فقدان الادراك والذاكرة والذكاء الى حد يمنع المصاب من تفهم ماهية افعاله وتقدير نتائجها والتمييز بين الخبيث والطيب .

ولا تشمل تعاريف الجنون القانونية بعض ضروب الارتباك العقـلي العابر كالـ trances والـ epilepsy والـ hysteria والـ delirium ، كما لا تشمل الغيبوبة المؤقتة mental aberrations التي تعقب احياناً تعاطي المشروبات الكحولية. والفرق الواضح بين وجهتي النظر الطبية والقانونية فيما يتعلق بالجنون هو ان الطب يرى في الجنون خروج المصاب عن اطواره العقلية خروجاً دائماً (غير عابر)، بينما يحصر القانون دائرة اهتمامه في الصلة بين الشخص والفعل موضوع البحث القضائي، فلا يكترث لحالة هذا الشخص قبل الفعل وبعده بـل يجتهد في ان يعلم حقيقة الشخص حال ارتكاب الفعل هل يتمتع ام لا بقواه العقلية، فاذا كان يتمتع بها عد لاغراض القانون غير مجنون .

(راجع بعض ضروب الجنون تاليـاً، مرتبة حسب الحروف الابجدية) :

— affective insanity اصطلاح حديث شامل يطلق على مختلف انواع الجنون التي تتصل بالمشاعر العاطفية وتقضي على وقار المصاب واتزانه الادبي والاجتماعي .

— amentia انعدام الذكاء والادراك العقلي الناشىء عن نقص في تركيب جزئيات الدماغ يولد مع المصاب .

المستأجر بان يدفع بنسا عند دخول العقار المؤجر وبنساً عند الخروج منه وتسليمه للغير .

inquest هيئة تحقيق، تعين قانوناً لتتولى التحقيق فيما يوكل اليها من مسائل .

grand jury تحقيق قضائي يحصل على يد هيئة محلفين تحقيقية او قاضي الوفيات المشتبه فيها، ويعرف في الحالة الاخيرة باسم coroner's inquest ويطلق الاسم ذاته احياناً على القرار الذي تنتهي اليه هيئة المحلفين التحقيقية نتيجة ما تقوم به من التحري والاستقصاء .

— coroner's inquest تحقيق قاضي الوفيات المشتبه فيها .

— grand inquest اسم آخر تعرف به الـ grand jury هيئة المحلفين التحقيقية .

— Grand Inquest of the Nation احد الاسماء التي اشتهر بها مجلس العموم البريطاني قديماً .

inquest of lunacy (راجع inquisition of lunacy)

inquest of office [**اجراءات انكليزية**] تحقيق بحكم الوظيفة؛ التحقيق الذي يجريه المحقق المختص بحكم وظيفته *virtute officii* او بأمر من الجهات المختصة في اية مسألة تخول التاج حق الاستيلاء على ارض معينة او اموال منقولة، اذا مات عنها الحائز من الملك king's tenant بلا عقب او ادين صاحبها بالخيانة او كان اجنبياً لا حق له في امتلاك ما اشتراه او في غير ذلك من احوال تستتبع ايلولة المال موضوع التحقيق الى التاج .

inquilinus **[قانون روماني]** مستأجر؛ يراد به في الغالب من استأجر محلا لسكناه في مدينة .

inquiry (enquiry) تحقيق؛ تحر؛ بحث؛ استعلام

inquiry, court of (court of enquiry) محكمة تحقيق : تتولى مهام التحقيق في التهم الموجهة الى الموظفين الرسميين والجنود .

inquiry, writ of (writ of enquiry) امر تحقيق؛ يوجه بناء على طلب المدعي المتضرر الى الـ sheriff مأمور الضبط القضائي في الاقليم الواقع فيه الضرر مكلفاً اياه ان يستعين بهيئة محلفين على تحقيق الضرر المدعى به وتقديره، وفي هذه الحال يؤلف المأمور الهيئة المذكورة ويعهد اليها بالتحقيق ثم يعقد محكمته sheriff's court لتنظر الدعوى وتسمع رأي المحلفين ثم تبت في الموضوع .

inquisition تحقيق؛ بحث؛ او تحر يتولاه مأمور الضبط القضائي الـ sheriff مع هيئة محلفين تؤلف خصيصاً لهذا

— *mania a potu* يسمى هذا الجنون ايضاً delirium tremens . (راجع delirium عالياً)

— *mania fanatica* هوس تعصب : التعصب الديني الذي يخرج عن نطاق التعقل ويبلغ بصاحبه حد الجنون .

— *mania transitoria* مس او هوس عابر : لا يحتج به الا اذا ثبت وقوع نوبته اثناء الفعل موضوع المساءلة .

— maniacal-depressive insanity ضرب من الجنون المفيق يتقلب بالمريض بين اضطرام الشعور الى درجة الهيجان الجنوني، وبين انقباض النفس الى حد الجمود؛ فاذا انكشفت عنه الحالتان استرد اتزانه وعادت اليه سلامة عقله .

— megalomania جنون العظمة : الجنون الذي يعتقد معه المصاب بانه رجل عظيم او فذ من افذاذ العصر .

— melancholia السوداء؛ الجنون الصامت

— methomania جنون كحولي؛ الاقبال الجنوني على المسكرات

— monomania جنون حصري : انعدام الاد راك او الصواب او الاتزان بالنسبة لموضوع او شيء معلوم دون سواه بحيث يكون المصاب بالـ monomania كالشخص العادي في سائر الامور الاخرى .

— moral insanity جنون ادبي . انحراف العاطفة او المشاعر انحرافاً لا يصاحبه اي انهيار في القوى العقلية او ارتباك اساسي في الدماغ . من اعراضه عدم القدرة على ضبط النفس عن نزواتها العاطفية والاندفاع الجامح وراء الميول الخبيثة ولا يجوز الاحتجاج بالجنون الادبي في المساءلات الجنائية الا اذا رافقه ارتباك عقلي اساسي intellectual disturbance او ثبت الفعل ان المصاب كان يفقد السيطرة على ارادته عند ارتكاب الفعل

— necrophilism جنون الجثث : ضرب من الجنون يهيم معه المصاب بجثث الموتى ويتعلق بها تعلقاً رمزياً، فيسعى اليها دائماً حيث كانت ويشتاق الى قربها ويستخرجها من مدافنها ثم يضمها اليه تارة وتارة يشوهها واخرى يأتي بالفحش وهكذا دواليك.

— nymphomania هوس جنسي يصيب بعض النساء: من اعراضه افراط المصابة في الاقبال على الافعال الجنسية .

— oikei mania افراط جنوني في بغض الزوجة والابن دون اي سبب معقول .

— paranoia نوع من الانحراف العقلي يعرف، احياناً بالمخالطة او لوثة التخيل delusionary insanity ويكون المصاب به تحت تأثير اوهام خاصة تسيطر على حواسه وتجعله في حكم المجنون بالنسبة لامور معلومة بينما يبقى على سلامة ادراكه بالنسبة للامور الاخرى .

— congenital insanity جنون الولادة او الخبال منذ الولادة؛ والمصاب به يسمى idiot إمعة .

— delirium tremens هذيان كحولي : مرض عصبي، اعراضه الرعشة والهذيان ومبعثه الافراط في تعاطي المسكرات .

— dementia خرف؛ انحلال عقلي

— derangement ارتباك عقلي مهما كان نوعه، باستثناء ما يسمى انعدام الادراك منذ الولادة idiocy .

— dipsomania هوس جنسي : التعلق المفرط بالنساء .

— emotional insanity مس عاطفي او تبل (والمصاب به متبول) : وهو جنون عابر مؤقت اعراضه الافراط في العاطفة الى حد الخروج عن الاتزان . والمتبول يدرك ما يفعل (ادراك الشخص العادي) غير انه يستسلم لعاطفته فينطلق معها ويغدو كالمجنون . ولا يجوز الاحتجاج قانوناً بهذا الضرب من الجنون اذا اصاب فاعل الجريمة قبل الفعل بقليل وانكشف عنه حال الفراغ من ارتكابه .

— erotomania هوس جنسي؛ تعلق مفرط (جنوني) بالنساء .

— habitual insanity جنون معتاد : كل جنون مزمن لا يرجى الشفاء منه .

— homicidal mania جنون القتل؛ الولع الجنوني بالقتل، وهو الحالة العقلية التي تنزع بالمصاب الى فعل القتل وتولعه به الى حد الجنون نتيجة ما يساوره ويتسلط على نفسه من افكار دافعة اليه؛ كأن يعتقد مثلا ان شخصاً معيناً يلاحقه ليؤذيه وانه يجب ان ينتقم منه بقتله، او ان اضراراً (من نسج خياله العليل) قد ألمت به ويجب ان يثأر لنفسه، او انه اداة اختارته العدالة الربانية او الاقدار لتنفيذ اغراضها، او غير ذلك من الدوافع الجنونية .

— imbecility خرق؛ لوثة؛ ضعف في العقل يتراوح بين الشذوذ والحماقة المسرفة وبين التجرد عن ادراك اي شيء خلا ما تعلق بالحاجات الجسدية الضرورية .

— katatonia داء السوداء

— kleptomania (راجع kleptomania تحت حرف K)

— legal insanity جنون قانوني : الجنون العقلي الذي يكون مرده العقل وما ينتابه من ارتباك disorder . (راجع moral insanity للمقارنة)

— lunacy جنون مفيق: يصحو صاحبه منه بين حين وآخر ويكون عند افاقته كالشخص العادي ثم لا يلبث ان يعود الى جنونه، وهكذا دواليك .

— *mania* هوس؛ نزوة عقلية او تعلق جنوني بامر معين

— **partial insanity** جنون جزئي : لا يعفي المصاب كلياً من المسؤولية عن فعله الا اذا ثبت ارتكابه له وهو تحت تأثير احدى نوباته الجنونية .

— **polyneuritic insanity** ضرب من الجنون العصبي مبعثه التهاب الاعصاب المسمى polyneuritis نظراً لانه يشمل مجموعة من الاعصاب وهو يحل بالشخص على اثر إصابته بمرض السل او تسمم كحولي . من اعراضه الوهم وكذب الذاكرة او مغالطتها .

— **puerperal insanity** جنون الوضع : اختلال عقلي يصيب المرأة اثناء الولادة او حال الفراغ منها .

— **pyromania** هوس النار . الولع الجنوني بالحريق ورؤية الاشياء تلتهمها النيران . من اعراضه اقبال المصاب على اشعال النار في كل ما تصل اليه يده .

— **recurrent insanity** جنون معاود او مفيق كال lunacy تتخلله فترات يكون فيها المصاب كامل الادراك والسيطرة على شعوره .

— **sebastomania** لوثة الدين؛ الجنون او الخبال الديني

— **settled insanity** جنون الاقلاع عن الشرب بعد ادمانه : الجنون الذي يلم بالشخص احياناً اذا أدمن تعاطي المشروبات الكحولية مدة طويلة ثم انقطع عنها مرة واحدة .

— **syphilitic insanity** جنون السفلس : ما ينتاب الشخص احياناً على اثر اصابته بمرض السفلس (الزهري) .

— **temporary delusion** هوس مؤقت : ينشأ عن مرض او اصابة جسيمة .

— **toxicomania** هوس شرب : افراط جنوني في تعاطي المشروبات الكحولية .

— **traumatic insanity** جنون مبعثه اصابة تحل بالرأس

inscribe يدون؛ يسجل؛ يدرج او يكتب (اسماً في قائمة)
[**شؤون مالية**] يعطي سلفة على شكل اسهم او حصص في شركة مسجلة .

inscribed stocks اسهم مسجلة

inscriptio [**مواد مدنية**] اتهام مكتوب؛ يتعهد من قدمه في حق الغير بان يتقبل العقوبة التي يفرضها القانون على الجرم المذكور بالتهمة اذا افلح المتهم في ابراء نفسه مما اسند اليه .

inscription الحفر؛ الكتابة حفراً او نقشاً على معدن او مادة صلبة .
[**قانون جنائي**] عهد يقطعه على نفسه من قدم في حق الغير تهمة معينة ، بان يتقبل العقوبة التي يقررها القانون لهذه الجريمة اذا ثبت بطلان التهمة .

[**قانون مدني حديث**] تسجيل حق امتياز او شهره في سجل رسمي عام معد لذلك .

inscrutable غامض؛ مبهم؛ محال الفهم؛ لا يستطاع الوصول الى غوره او النفاذ اليه .

insecure غير مأمون او مضمون؛ خطر؛ لا يؤمن جانبه؛ عرضة للخطر

insensible معدم الاحساس؛ جامد الشعور؛ فاقد الوعي
[**في الاجراءات**] غير مفهوم او واضح؛ لا معنى له او روح نظراً لما أغفل فيه من كلمات او عبارات .

insidiator مترصد؛ متربص؛ كامن للغير بنية الغدر او الاذى

insidiatores viarum قاطع طريق، يتربص بالمارة لارتكاب جريمة .

insight حدة ذهن؛ نظر ثاقب؛ تبصر؛ فراسة؛ قوة بصيرة؛ بعد نظر

insignia شارة؛ رمز؛ سمة؛ علامة فارقة او مميزة

insiliarius مشير سوء، ناصح به

insilium مشورة خبيثة او فاسقة

insimul معاً؛ مجتمعين؛ مشتركين

insimul computassent [**علاقات الخصوم**] اتفاق اطراف الخصومة على تسوية الحسابات المختلف عليها فيما بينهم وتعهد المدعى عليه بان يدفع للمدعي رصيد حسابه .

insimul tenuit نوع من الاوامر القضائية المسماة writs of formedon التي تستصدر عادة ضد الغير لاسترداد حقوق عقارية او عينية .

insinuation تلميح؛ ايماء؛ تعريض بشيء، ذكره للدلالة به على غيره . ما يفهم تلميحاً من غير تصريح .
[**قانون مدني**] نسخ او استخراج صورة من تعهد او تصرف او قيد مهما كان، من سجل رسمي عام .

insinuation of a will [**قانون مدني**] ابراز الوصية لاول مرة او تركها لدى المسجل المختص لاثباتها حسب الاصول .

insolence وقاحة؛ عدم استحياء وتطاول على الغير باهانة او تحقير سواء كان باللفظ او الاشارة .

insolvency إعسار؛ توقف او عجز عن اداء دين؛ يستدل عليه من أحد حالين : (١) ان تكون قيمة اموال المدين اقل

instalments اقساط دورية ؛ دفعات مرتبة يؤديها المكلف في مواعيد متتابعة اداء لكامل ما عليه تدريجياً .

instance طلب ؛ استدعاء ؛ استرحام ؛ التماس

[قانون كنسي] يؤخذ بنوعين من الاجراءات، احدهما يسمى الاجراءات المقامة بناء على طلب احد الناس causes of instance والثاني الاجراءات التي تقتضيها المحكمة من تلقاء نفسها causes of office .

instance court **[قانون انكليزي]** دائرة تابعة لمحكمة البحرية Court of Admiralty تمارس اختصاصاً عاماً يشمل المواد البحرية عامة باستثناء قضايا الاغتنام (التي يعود الفصل فيها لمحكمة الاغتنام prize court .

— court of first instance محكمة ابتدائية او بدائية ؛ محكمة بداية او اول درجة

instant على الفور، فوراً ؛ حالياً، نحو : الدعوى الحالية او المعروضة حالياً the instant case .

instantaneous فوري ؛ آني ؛ حالي ؛ في الحال ؛ مباشرة ، نحو : جناية فورية an instantaneous delict : اي جناية قاضية وقعت في الحال وأتت بالنتيجة التي ينشدها المجرم حالا وبفعل واحد، كجريمة القتل مثلا او الحريق وما اليهما مما يختلف عن الجرائم الاخرى التي يكون ارتكابها بعدد من افعال متتابعة .

اذا وردت هذه الكلمة في مثل العبارة instantaneous death دلت على الموت الفوري الحاصل في الحال : اي حال وقوع الجريمة او الحادث او بعد ذلك ببرهة لا تتجاوز دقائق معدودة.

instanter فوري ؛ حالا ؛ في الحال، نحو : على الخصم ان يجيب فوراً (اي خلال اربع وعشرين ساعة على الاكثر) a party has to answer instanter .

instantly فوراً ؛ حالا ؛ في الحال ؛ مباشرة

instar تشابه ؛ تماثل

instigate يحرض ؛ يحث ؛ يحفز ؛ يحض ؛ يدفع (على ارتكاب جرم)

instigation تحريض ؛ حث ؛ حض ؛ دفع ؛ تشجيع (على اتيان فعل مخالف للقانون)

instinct غريزة ؛ فطرة

institor كاتب في مخزن ؛ نائب ؛ وكيل

institoria actio **[قانون مدني]** دعوى الزام الاصيل بعقد النائب او الوكيل . الدعوى المقامة لحمل الاصيل على الوفاء بما ينص عليه العقد المبرم مع نائبه او وكيله .

من مجموع ما يطلب منه ؛ او (٢) ان يكون المدين غير قادر على دفع ديونه في مواعيدها كلها استحق شيء منها .

— commercial insolvency (راجع باب commercial)

— open insolvency إعسار ظاهر . الوضع الذي يكون عليه المدين اذا لم يملك اي مال يستطاع وضعه تحت طائلة القانون لاستيفاء ما عليه من ذمم .

insolvent معسر ؛ متوقف عن الاداء . عاجز عن اداء ديونه في مواعيدها . من كانت امواله لا تكفي لاداء ما يطلب منه .

inspect يفتش ؛ يفحص ؛ يعاين ؛ يبحث (في شأن)، يدققه

inspectator مقاض للغير ؛ ملاحق او مدع عام (بمعنى prosecutor . غريم ؛ ند ؛ خصم

inspection فحص ؛ معاينة ؛ تدقيق

inspection of document معاينة وثيقة ؛ اطلاع على مستند

inspection, trial by (trial by inspection) **[قديماً]** المحاكمة بالمعاينة ؛ اي على اساس ما تستطاع رؤيته او يتسنى لمسه . وهي احدى طرق المحاكمة القديمة عند الانكليز ، أخذ بها القضاة في الدعاوى التي كانوا يرون فيها موضوع النزاع ماثلا بطبيعته امام اعينهم فلا يستعينون على تقريره بهيئات المحلفين بل يعتمدون على ما تدركه عيونهم .

inspector مفتش ؛ معاين

inspectorship, deed of (deed of inspectorship) **[مواد الاعسار]** سند الاشراف ؛ تنازل مكتوب ينظم بين المعسر ودائنيه ، ويعين فيه شخص أو اكثر لتولي الاشراف على تصفية اموال المعسر وشؤونه نيابة عن كتلة الدائنين .

inspeximus «عاينا» ؛ «اطلعنا» . يرد هذا الاصطلاح عادة في نصوص البراءات .

instable متقلب ؛ قلب ؛ غير مستقر ؛ غير ثابت (على حال واحد)

install يعين ؛ ينصب (بتشديد الصاد وكسرها) (في كرسي او مركز او وظيفة) . يقيم ؛ ينشيء ؛ يركب

installation تعيين ؛ تولية ؛ تنصيب في وظيفة او مركز . تركيب ؛ انشاء ؛ إقامة (شيء) او نصبه

installation allowance **[شؤون التوظيف]** علاوة استقرار ؛ علاوة تسليم مهام وظيفة : مقدار مقرر من النقود يدفع للموظف مساعدة له على تحمل نفقات الاستقرار في المنصب الجديد .

institorial power سلطة يعطاها الكاتب بن مستخدمه (بكسر الدال) ليدير محلا يعهد به اليه .

institute يرفع (دعوى)؛ يتخذ (اجراء قانونياً) . يعين؛ ينصب (بتشديد الصاد مع الكسر)؛ يقيم (وارثاً) . ينشىء؛ يؤسس

[كاسم] وصي ائتمان؛ شخص مقام وارثاً بالوصية على ان يسلم الاموال الموصى بها الى آخر يسمى substitute منتفع او موصى له اصيل .

[قانون اسكتلندي] موصى له اول، يؤول اليه المال بالدرجة الاولى ثم يؤول من بعده الى آخرين بالتتابع يسمون substitutes وفقاً لوصية خاصة تسمى tailzie .

instituted executor منفذ منصوب؛ منصوب المورث لانفاذ الوصية : المنفذ المقام من المورث

institutes اصول، قواعد، مبادىء فقهية؛ مؤلفات قانونية تعالج اصول الفقه الاولية على شكل مرتب متقن .

Institutes of Gaius مبادىء غايوس : مؤلفات قانونية عظيمة القدم وضعها الفقيه الروماني غايوس وعثر عليها في مدينة فيرونا (بايطاليا) سنة ١٨١٦ واشتهرت بما وفرته من المنهل والاساس لمبادىء جستنيان .

Institutes of Justinian مبادىء جستنيان : اطروحة treatise في القانون المدني الروماني *corpus juris civilis* تقع في اربعة كتب وضعها، بامر الامبراطور جستنيان، لجنة مؤلفة من الفقيه تريبونيان Tribonian واثنين من المساعدين، ونشرت لاول مرة في ٢١ نوفمبر سنة ٥٣٣ م وكان وضعها على اساس مبادىء Gaius .

Institutes of Lord Coke مبادىء اللورد كوك : وضعها الفقيه الانكليزي اللورد كوك في اربعة مجلدات ونشرت سنة ١٦٢٨ .

Institutes, Theophilus' (Theophilus' Institutes) مبادىء ثيوفيلوس : وضعت في اعقاب سنة ٥٣٣ وكانت عبارة عن شرح وتحليل لمبادىء جستنيان، قامت بتأليفها على ما يظن جماعة من تلاميذ الفقيه ثيوفيلوس ونسبتها الى استاذها . ولعل كثير الاختلاف في عبارة هذه المبادىء واسلوبها هو من دواعي الاعتقاد بتعدد واضعيها .

institution اقامة (شيء)، افتتاحه او الشروع فيه

مقرر؛ نهج قانوني . نظام ثابت؛ قاعدة؛ عرف؛ طقس مؤسسة (عامة) .

[قانون مدني] تنصيب؛ اقامة (وارث يخلف المورث في العناية بما له وما عليه من حقوق) .

[علوم قانونية] مقرر في اصول الفقه او القانون .

[في الاجراءات] اقامة (دعوى)؛ اتخاذ (اجراء)

[قانون سياسي] نظام؛ دستور؛ مجموعة اعراف او انظمة سارية تحكم (بضم التاء وكسر الكاف) شؤون الناس ومعاملاتهم واحوالهم .

— **public institution** مؤسسة عامة توجد بقانون خاص او تفويض رسمي من المراجع المختصة في البلاد .

instruct يحيط؛ يطلع

يرشد؛ يوجه؛ يشير؛ يأمر

instruction [قانون فرنسي] تحقيق (مع متهم)؛ استجواب تمهيدي (للشهود) وهو اول مراحل الاجراء الجنائي .

التحري وجمع الادلة وتحضير الوثائق الشاملة لدقائق القضية .

[قانون انكليزي عام common law] امر الاصيل للنائب فيما يتعلق بمهام نيابته .

[بين الموكل ومحاميه] بيان يدلي به الموكل لمحاميه عن وقائع القضية .

[اجراءات الدعوى] توجيه القاضي للمحلفين؛ ارشاده اياهم الى الاحكام القانونية المنطبقة على الدعوى .

امر (محكمة)

— *juge d'instruction* قاضي تحقيق او قاض محقق؛ مستنطق : يتلقى شكاوى المعتدى عليهم في المسائل الجنائية ويأخذ افادات الشهود ويعد لوائح الاتهام .

— **peremptory instructions** توجيهات ملزمة : تعليمات يدلي بها القاضي لهيئة المحلفين، ولا تملك هذه الهيئة ان تطبقها بحذافيرها؛ كأن يكلفها مثلا ان تنحرف لمصلحة احد الخصوم دون الاخر او ما الى ذلك .

instrument مستند؛ وثيقة مكتوبة؛ محرر قانوني (رسمي او عرفي)

حجة تحريرية (على تصرف او تعهد)

عريضة

جهاز؛ عدة؛ وسيلة؛ أداة

instrument approach procedure [قانون الطيران] اجراء اقتراب آلي

instrument flight طيران آلي؛ رحلة تجري طبقاً لقواعد الطيران الآلي

instrument flight rating الاهلية للطيران الآلي

Instrument flight rules (I.F.R.) قواعد الطيران الآلي

insurable interest منفعة قابلة للتأمين او اهل له؛ حق يستطاع التأمين عليه

insurance تأمين؛ ضمان؛ (سيكورتاه)

— accident insurance تأمين من الحوادث

— annuity (insurance) تأمين مرتب المساناة : ضرب من ضروب التأمين على الحياة يدفع بموجبه للمؤمن عليه مرتب سنوي معلوم بعد بلوغه سناً معينة، فاذا مات قبل هذه السن او بعدها لم يدفع لورثته الا صافي مجموع ما اداه من اقساط التأمين .

— automobile insurance تأمين على السيارات

— burglary insurance تأمين من السرقة : اي من الخسائر الواقعة بجراء السرقة .

— casualty insurance تأمين من الاصابات وهذا لا يكاد يختلف عما يسمى accident insurance .

— co-assurance or co-insurance or concurrent insurance تأمين اقتراني : يوزع بموجبه التأمين على خطر معين بين شركتين او اكثر .

— commercial insurance تأمين تجاري يشترط تعويض المؤمن له عن الخسائر التي يجرها اخلال الغير بالعقود المبرمة معه .

— comprehensive coverage (or insurance) [تأمين على السيارات] تأمين شامل؛ يضمن جميع الاضرار التي تقع للسيارة .

— employers' insurance تأمين ارباب العمل وهو على نوعين : يشمل اولها ما يسمى liability insurance عقد المسؤولية عن الاضرار، الذي يلزم شركة التأمين بان تؤدي لرب العمل المؤمن له assured قيمة التأمين او الخسارة قبل ان يقوم باداء ما عليه للعامل المصاب بالحادث؛ ويشمل الثاني عقد التعويض indemnity contract الذي يلزم الشركة المؤمنة باداء قيمة التأمين للمؤمن له بعد ان يقوم باداء ما عليه للمستخدم المصاب بالحادث .

— employer's liability insurance تأمين ضد حوادث العمل : تأمين صاحب العمل ضد ما يجب عليه دفعه من التعويض للعامل نظير ما يلحقه من اضرار اثناء الخدمة وبسببها .

— endowment life (insurance) تأمين مرتب عمري . يشترط فيه ان يعود على المستفيد (ورثة المؤمن عليه) بمبلغ اجمالي مقطوع اذا مات المؤمن عليه قبل سن معينة . واذا بلغ هذه السن ولم يمت دفع له مبلغ اجمالي مقطوع او ايراد (مرتب) دوري الى نهاية حياته . واذا مات بعد السن المعينة دفع مبلغ التأمين المتفق عليه لورثته .

instrument landing هبوط آلي

instrument of appeal عريضة استئناف (في مواد الطلاق)

instrument of evidence وسيلة اثبات : يستشهد بها امام المحكمة على واقعة معينة، وهذه قد تكون وثيقة او شخصاً او اشياء مسلوبة مثلا او مواد جرمية او غير ذلك .

instrument of ratification (راجع ratification, instrument of)

instrumenta مستندات غير مختومة

instrumental مجد؛ منتج؛ فعال؛ معين؛ موصل؛ وسيلة مؤدية الى غاية

instrumentality سبب؛ واسطة؛ سعي؛ مساع؛ جهود او فضل

اذا اتفق خصم مع احد المحامين على ان يتولى دعواه فقام المحامي بتقديم العرائض واعداد اللوائح وانجاز ما ينبغي للسير في الدعوى، ولما جاء اليوم المحدد لنظرها فصل الموكل وكيله وسار في الدعوى دونه فربحها، في هذه الحال يعتبر المحامي محقاً لو طالب الخصم باتعاب خاصة مدعياً ان ربح الدعوى انما كان بفضل جهوده through his instrumentality .

instrumentality rule [مواد تجارية] قاعدة التبعية في الشركات . قاعدة عامة تقضي بعدم اعتبار المؤسسة شركة بالمعنى الصحيح اذا كان اسلوب نظامها والاشراف عليها من شركة اخرى مهيمنة يجعلها بمثابة الفرع التابع لهذه الشركة، بحيث ينصهر كيانها كشركة في كيان الشركة الكبرى الام وتصبح لها مجرد اداة .

insubordination عصيان؛ تمرد؛ عدم طاعة او خضوع؛ شق عصا الطاعة

insufficiency of evidence عدم كفاية الادلة

insufficient غير كاف او موف بقصد او غرض؛ ناقص؛ غير مناسب

insult يهين؛ يشتم؛ يحقر؛ يتطاول على الغير بقول او فعل .

[كاسم] إهانة؛ شتيمة؛ تحقير يهدف للاساءة الى كرامة الغير او اعتباره .

insuper فوق هذا؛ بالاضافة الى ذلك؛ علاوة عليه

insurable قابل للتأمين؛ يجوز التأمين عليه (ضد الخطر او الحال المخشي) .

— reinsurance تأمين مثنى او تثنية التأمين : قيام شركة بتأمين شركة اخرى من خسارة قد تلحقها من وراء تأمين معين تعاقدت عليه .

— straight life insurance تأمين عادي على الحياة : يعود على المنتفع (وارث المؤمن على حياته) بمبلغ اجمالي مقرر نظير قسط تامين premium يؤدى للشركة المؤمنة . والاصل في هذا التأمين استمرار أداء أقساطه للشركة حتى موت المؤمن عليه . على انه يجوز للمؤمن عليه بموجب التأمين المذكور ان يتوقف عن دفع الاقساط متى شاء، وفي هذه الحال يكون له الحق في ان يسترد صافي مجموع ما اداه من اقساط التأمين (بعد حسم الرسوم والتكاليف الواجبة) ، او ان تقفل بوليصته فتصبح paid up (اي لا يدفع عليها اية اقساط اخرى) مع تخفيض قيمتها نسبياً . بحيث لو امن شخص مثلا عمره ٢٣ سنة على حياته بمبلغ عشرة الاف جنيه مقابل قسط سنوي مقداره ١٨٠ جنيهاً، كان المبلغ الواجب الدفع لورثته عند موته هو ١٠ الاف جنيه . فاذا توقف عن دفع اقساط التأمين عند بلوغه سن الخامسة والستين مثلا، كان من حقه ان يتقاضى صافي مجموع الاقساط التي اداها وهو ٦١٤٠ جنيهاً او ان تحفظ لورثته بوليصة مقفلة paid up قيمتها ٨١٥٠ جنيهاً .

— term insurance تأمين موقوت : يلزم الشركة المؤمنة بان تدفع للمؤمن عليه مبلغاً معلوماً اذا عاش عدداً معيناً من السنين او مات قبل التاريخ المحدد، وذلك نظير قسط تأمين متفق عليه او بأن تعوض خسارة معلومة اذا حصلت خلال مدة معينة .

— title insurance تأمين (حق) الملكية من العيوب : التأمين على صحة حق المؤمن لمصلحته في مال معين وعلى سلامة ذلك الحق من اي عيب او تكليف او مطالبة .

— tornado insurance تأمين من الاعاصير

insurance adjuster محقق تأمين : تناط به مهمة التحقيق في مقدار الخسارة الواقعة من الخطر المؤمن ضده وتقديم التقرير اللازم عنه للجهة المؤمنة .

insurance agent وكيل تأمين : مهمته الاتصال بالزبائن نيابة عن شركة التأمين .

insurance broker سمسار تأمين : يتوسط بين الشركة والمؤمن له (الزبون) .

insurance commissioner مندوب تأمين : موظف عمومي تناط به مهمة الاشراف على شؤون التأمين ومعاملاته التي تقوم بها الشركات في البلاد .

insurance company شركة تأمين

— fidelity insurance تأمين العهد؛ التأمين ضد الخيانة : وهو تأمين الشخص من الخسائر الناجمة عن خيانة نائبه او وكيله او مستخدمه .

— fire insurance تأمين من الحريق

— general and special insurance **[تأمين بحري]** تأمين عام (يتناول جميع المخاطر التي ينص عليها القانون صراحة او ضمناً باعتبار طبيعة العقد)، وتأمين خاص (يتناول المخاطر المذكورة على وجه التحديد في وثيقة التأمين بالاضافة الى المخاطر العامة المشمولة ضمناً بالتأمين العام general insurance) .

— indemnity insurance تأمين ضد الخسارة، تأمين الخسائر

— industrial insurance تأمين صناعي : يكون بوثائق تأمين بسيطة تعطى مقابل اقساط تأمين premium payment اسبوعية الاداء .

— interinsurance تأمين تواكلي او تسلسلي : تشترك فيه عدة شركات بحيث تضمن كل منها خسارة الاخرى (اي ما ضمنته من الخسارة) وتكون مستقلة ومنفردة فيما تضمن .

— liability insurance تأمين (من) المسؤولية : يعوض المؤمن (بتشديد الميم مع الفتح) عن الخسارة الحاصلة للغير بسببه.

— life insurance تأمين على الحياة

— limited payment life insurance نوع من التأمين على الحياة يجمع بين ما يسمى straight life insurance وبين الـ term insurance نظراً لان التأمين فيه يكون على حياة المؤمن عليه بشرط ان يتوقف عن دفع اقساط التأمين بعد عدد معين من السنين . فمثلا لو أمن شخص عمره ٢٣ سنة على حياته وفقاً لشروط هذا التأمين بمبلغ عشرة الاف جنيه على ان يتوقف عن الدفع بعد عشرين عاماً؛ كان عليه ان يدفع قسط تأمين سنوي مقداره ٣٢٠ جنيهاً حتى يبلغ الثالثة والاربعين من عمره . وغالباً ما يكون الدافع الى هذا النوع من التأمين رغبة المؤمن عليه في ان تنحصر مسؤوليته عن اداء اقساط التأمين في فترة شبابه عندما تبلغ قدرته على الكسب حدها الاقصى .

— live-stock insurance تأمين على الماشية

— marine insurance تأمين بحري : ضد اخطار البحر

— mutual insurance تأمين تعاوني؛ تأمين تبادلي : ينشأ بين افراد شركة او مؤسسة واحدة، اذ يقوم كل منهم بتأمين زملائه الاخرين كما يقومون بتأمينه، ويكون كل فرد منهم مؤمناً على كل فرد آخر ومؤمناً عليه من قبله في آن واحد .

— over-insurance تأمين مغالاة : يكون بتأمين الشيء مقابل مبلغ مقرر يفوق قيمته الحقيقية .

insurance policy وثيقة تأمين؛ عقد او بوليصة تأمين؛ لائحة شروط تأمين

insurance premium قسط تأمين؛ اشتراك او فريضة تأمين

insurance trust تأمين ائتماني ينشأ على اساس اتفاق خاص، بمعرفة الشركة المؤمنة، بين المؤمن له والوكيل المؤتمن على ان تدفع عوائـــد التأمين للوكيل المذكور كي يقوم باستثمارها وتوزيعها على اناس معينين حسب الاوضاع المشروطة في الاتفاق.

insure يؤمن (على)؛ يضمن

insured مؤمن له او عليه؛ مضمون

insurer مؤمن لديه؛ شركة تأمين او ضمان

insurgent ثائر؛ متمرد (على سلطة قائمة)؛ حر (ج. احرار)

insurrection هيجان؛ ثورة؛ يشنها المواطنون على حكومة او سلطات محلية. اضطراب؛ فتنة؛ مقاومة شعبية لغرض عام

intact كامل؛ تام؛ غير منقوص؛ لم يمسسه احد؛ على سابق حاله؛ سليم تماماً

intangible drilling costs [شؤون التعدين] نفقات تثقيب هالكة

intangible expenses نفقات هالكة

intangible property أموال رمزية او غير محسوسة؛ ليست لها قيمة سوقية في حد ذاتها ولا تخرج عن كونها اشياء رمزية تشهد بقيمة او تعبر عنها: كالسندات وشهادات الاسهم والكمبيالات وما اليها.

integer كامل؛ تام؛ غير منقوص؛ جملة؛ بمجموعه؛ برمته

integrated [في الاتفاقيات] مجازة؛ اجيزت؛ أقرت، نحو: agreement was integrated اجيزت نصوص الاتفاقية باعتبارها الصورة النهائية لمـــا اقره الفرقاء.

integration توحيد؛ دمج (اشياء او اشخاص لتؤلف كياناً موحداً). انتظام (رجـــال مهنة في نقابة). اجازة (شأن) او اقراره. محرر يجمع عليه فرقاؤه باعتباره صورة نهائية لما اتفقوا عليه.

integrity نزاهة؛ عفة؛ عصمة عن هوى؛ عزوف؛ رفعة نصاب. سلامة (شيء) او صونه

intelligibility وضوح؛ جلاء؛ استبانة؛ تيسير فهم؛ سهولة مأخذ

intelligene department قلم مخابرات سرية

intelligencer كلمة غير فنية، من معانيها الدارجة: مخبر؛ متسقط اخبار؛ عامل؛ جاسوس

intemperance افراط؛ تماد؛ عدم اعتدال او اتزان

intend يقصد؛ ينوي؛ يعني؛ يبتغي؛ يهدف (الى)؛ يتغيا

intendant ناظر؛ مدير؛ مشرف (على عمل)؛ مسؤول عنه

intended wife زوجة منتظرة: اي مخطوبة لزواج

intendment مغزى؛ قصد؛ مراد؛ مفهوم (نص او قانون)؛ مدلول؛ فحوى؛ معنى

intendment of law مغزى القانون، مدلوله، معناه الحقيقي او القصد الصحيح منه.

intent نية، تصميم، قصد، غرض، غاية

intentio [قانون مدني] شكوى رسمية يرفعها المدعي الى الـ praetor. (راجع معنى praetor في غير هذا المكان)

intention قصد؛ غاية؛ غرض؛ مغزى؛ مؤدى

intentional مفتعل، افتعالي؛ قصدي؛ مقصود

inter بين، فيما بين

inter alia «بين اشياء اخرى»؛ من ذلك. يراد بهذه العبارة الاشارة الى شيء من عدة اشياء اخرى.

inter alios. بين اشخاص خارجين عن موضوع البحث.

inter arma silent leges في الحرب يسكت القانون

inter cæteros بين آخرين؛ بعبارة عامة؛ دون تعيين او تسمية

inter conjuges بين الازواج (الرجل وامرأته)

inter nos بيننا، فيما بيننا

inter-nuncio سفير بابوي بالنيابة

inter pares بين اقران؛ بين اكفاء او نظراء: اي بين اناس متساوين في المنزلة او الاعتبار او المسؤولية او غير ذلك.

***inter* provincial** بين الولايات؛ بين الاقاليم، متصل بالولايات او قائم بينها

inter regalia [قانون انكليزي] بين امور او اشياء عائدة للملك.

inter se بينهم؛ فيما بينهم

inter vivos بين الاحياء

intercede يتدخل؛ يتوسط لمصلحة الغير؛ يشفع (والاسم intercession وساطة او شفاعة)

intercedere [مواد مدنية] التزام دين الغير

interception صد؛ حجز او منع (شيء عن غايته)، ايقافه دون ذلك، اعتراض طريقه، الاستيلاء عليه قبل بلوغه اليها، الحيلولة دون هدفه

interchange يبادل؛ يقدم شيئاً نظير آخر

interchangeably بالتبادل او التقابل، شأن الحال في توقيع الوثائق المشتركة حين يقوم كل فريق مختص بتوقيع صورة الاتفاقية التي يحتفظ بها الفريق الاخر فيوقعها جميعهم بطريق التبادل interchangeably اي يتبادلون التوقيع عليها .

intercommon مشاع؛ مال مشترك بين جماعة واخرى

intercourse يتصل؛ صلة؛ اتصال

اذا وردت هذه الكلمة وحدها دون وصف يقيد معناها فلا يصح تفسيرها بالاتصال الجنسي .

interdict [مواد مدنية] اجراء مستعجل يؤخذ به لمنع الغير من اتيان عمل معين او لاسترداد شيء أخذ عنوة او لإكراه خصم على ابراز مستندات او ما الى ذلك .

[كاسم] محجور عليه

[مواد كنسية] حرمان كنسي يحكم به على شخص او مكان، فيحرم الاول من القداس ويحرم الثاني من ان يكون محلا للعبادة او ممارسة الطقوس الكنسية .

[قانون اسكتلندي] امر رادع يصدر بطلب مسبب من المحكمة المختصة لمنع او وقف فعل ضار غير قانوني، يقابله ما يسمى injunction في القانون الانكليزي .

interdiction [قانون فرنسي] حجر . وضع شخص بلغ السن القانونية تحت وصاية شخص اخر نظراً لما به من جنون او عته او انحلال عقلي او ما الى ذلك من اسباب مبررة للحجر . والمحجور عليه يسمى interdict .

[قانون مدني] امر تجريد من الحقوق المدنية

امر حجر . ولاية وصي على محجور عليه

[قانون دولي] حظر رسمي بين بلد وآخر، نحو: حظر الاتصال التجاري interdiction of commercial relation .

interdiction of fire and water [قديماً] حرمان من النار والماء . ضرب من ضروب الحكم بالنفي كان يمنع جميع الناس من اسعاف المحكوم عليه بالنار والماء على اعتبار ان امساك هذين العنصرين عنه يكرهه على مغادرة البلاد والتماس مكان آخر يتوافران فيه .

interdictum salvianum [قانون روماني] امر احتباس، يتاح به لمالك الارض ان يضع يده على متاع المستأجر اذا عجز عن اداء ما عليه من اجرة .

interesse termini منفعة عقارية؛ حق انتفاع موقوت يترتب على الارض لمن استأجرها عدداً من السنين، بحكم استمراره في استئجارها واستغلالها .

— *pro interesse suo* «في سبيل المحافظة على مصلحته» . السبب الذي يتمسك به شخص ثالث يلتمس التدخل في نزاع قائم بين خصمين كي يحمي مصلحة له يوجس ان ينال منها النزاع المذكور نتيجة تسوية بين المتنازعين .

interest صلة؛ شأن؛ مصلحة؛ فائدة او منفعة؛ حق

— absolute interest صلة (حقوقية) كلية بشأن لا يتسنى تجريد صاحبها منها الا برضاه .

— coumpound interest فائدة مركبة؛ فائدة الفائدة

— ex-interest بلا فائدة . يطلق هذا الاصطلاح على الاسهم والسندات ذات الفائدة اذا بيعت شرط ان يحتفظ البائع بما تعطيه من فوائد حتى اذا آلت الى المشتري كانت بلا فائدة (مدة معينة) .

— gross interest فائدة اجمالية

— joint interest منفعة مشتركة : مال مشترك بالتساوي بين شخصين او اكثر .

— net interest فائدة صافية

— simple interest فائدة بسيطة (على رأس المال فقط)

— working interest (راجع باب working)

interest reipublicae ne sua quis male utatur يهم الدولة ان لا يسيء احد استعمال ماله .

interest reipublicae ut carceres sint in tuto يجدر بالدولة ان تجعل من السجون امكنة امينة للاعتقال .

interest reipublicae ut sit finis litium يهم الدولة ان لا تطول الخصومات .

interested ذو شأن؛ ذو مصلحة؛ مختص؛ معني؛ يهمه الامر

interfere يتدخل؛ يتعرض؛ يعترض (امراً)، يتصدى له، يحول دونه . يعرقل؛ يتطفل (يهتم بما لا يعنيه)؛ يضايق

intermediate toll رسم عبور يؤديه المسافرون على الطرق السياحية الخاصة عند نقاط معلومة منها .

interment دفن (جثة)، مواراتها او قبرها

intermixture of goods اختلاط البضائع (العائدة لشخصين او اكثر اختلاطاً لا يتسنى معه تمييزها) .

intern يعتقل؛ يحبس

internal داخلي؛ محلي

International Court of Justice محكمة العدل الدولية . تألفت هذه المحكمة بموجب المادة ٢٩ من ميثاق هيئة الامم المتحدة، ووضع نظامها على اساس نظام سابقتها the Permanent Court of International Justice ، وكانت اولى جلساتها النظامية يوم ٦ فبراير ١٩٤٦ . وهي تتبع هيئة الامم المتحدة وتعتبر من وكالاتها وتختص بالفتوى في المسائل القانونية وصياغة المعاهدات التي تستشار فيها من الجمعية العامة او مجلس الامن او اية وكالة دولية تخولها الجمعية العامة حق استفتائها . ولها بالاضافة الى اختصاصها الاستشاري ولاية قضائية تمكنها من الفصل في المنازعات الدولية الناشئة بين الامم اذا احيلت اليها برضى الفرقاء ذوي الشأن . ويجوز لمجلس الامن ان يتولى تنفيذ احكامها . وكل عضو في هيئة الامم المتحدة يعتبر عضواً فيها .

International Labour Office مكتب العمل الدولي

International Labour Organization منظمة العمل الدولية : منظمة عمالية تأسست بمقتضى الجزء الثالث عشر من معاهدة فرساي ثم تبنتها هيئة الامم المتحدة بعد انحلال عصبة الامم واصبحت في ٢٠ ديسمبر سنة ١٩٤٦ احدى وكالاتها الفنية (المتخصصة) . وهي تتألف من مكتب عمل دولي International Labour Office ومؤتمر عام General Conference قوامه ممثلو الدول الاعضاء، يجتمع مرة واحدة على الاقل في السنة ويحضره عن كل دولة مشتركة اربعة مندوبين لكل منهم صوت مستقل خاص به : اثنان من هؤلاء يمثلان حكومة الدولة الموفدة وثالث يمثل عمالها ورابع يمثل مديري العمل فيها .

International Law القانون الدولي : القانون الذي ينظم ويحكم (بضم الياء وكسر الكاف) علاقات الامم الخارجية واتصالات بعضها ببعض . وهو ينقسم الى فرعين احدهما موضوعي substantive يتناول حقوق الدول وواجباتها العادية، والثاني اجرائي procedural يحدد العلاقات بين الدول التي تركن الى القوة للمطالبة بحقوقها المتنازع فيها .

— Private International Law : القانون الدولي الخاص : القانون الذي ينظم حقوق الافراد حيث تتوافر الصلة بين

interference [براءات الاختراع] تضارب، تنافر (ادعاءات او حقوق براءة ممنوحة) . وهذا ما يحدث اذا طالب شخص ببراءة اختراع تتناول جزئياً او كلياً براءة قائمة او طلباً ببراءة قيد النظر .

interim إنتقالي؛ مؤقت او وقتي

***interim* curator** [قانون انكليزي] قيم انتقالي؛ يتولى القوامة مؤقتاً على اموال شخص محكوم بجريمة ريثما يعين لها حارس دائم .

***interim* dividend** ربيحة غير موقوتة : ربح يدفع للمساهمين في غير المواعيد العادية من السنة المالية ويسمى احياناً بالربح المؤقت .

***interim* officer** موظف مؤقت : يمارس مهام وظيفة اثناء غياب ممارسها او حتى يتم تعيين الموظف اللائق .

***interim* receipt** [مواد التأمين] ايصال مؤقت : يعطى اشعاراً بتسلم نقود اودعت كقسط تأمين لحساب وثيقة تأمين قدم المودع طلباً للحصول عليها .

interlineation تحشية : كتابة بين اسطر مستند

interlocutor [اجراءات اسكتلندية] امر محكمة

interlocutor of relevancy [اجراءات اسكتلندية] قرار موضوعية. القرار الذي تصدره المحكمة في موضوعية الشكوى : اي في صحتها او بطلانها من حيث الموضوع .

interlocutory عارض؛ تمهيدي؛ اعدادي؛ وقتي؛ مؤقت

interloper متطفل : من اقحم نفسه فيما لا يعنيه . من دخل مكاناً ليتاجر فيه دون ترخيص .

intermarriage تزاوج مختلط؛ زواج رجل متداخل : بين رجل وامرأة مختلفي الجنسية او البلد او القبيلة او الاسرة .

ترد هذه الكلمة في النصوص القانونية احياناً بمعنى تبادل الاتفاق على الزواج بين رجل وامرأة، نحو : اتفق الفريقان او تراضيا على الزواج the parties intermarried .

intermediary وسيط (في بيع او شراء) يعتبر لاغراض المبايعة نائباً للطرفين المتفاوضين .

intermediate متوسط؛ مدخل او متدخل (بين طرفين او اثناء سير اجراء) .

intermediate day [معاملات البورصة] اليوم الثالث من ايام التصفية .

intermediate order امر تمهيدي : تصدره المحكمة بعد افتتاح الدعوى وقبل الفصل فيها نهائياً .

[اجراءات برلمانية] استجواب . سؤال يوجه من احد النواب الى الحكومة او احد الوزراء لا على سبيل الاستفهام، بل المحاسبة او المناقشة .

interplea رد جواب تنصل من نزاع او حصره في الغير : المدعى عليه فيما يتعلق بموضوع النزاع بانه لا شأن له فيه والتماسه ان ينصرف الاطراف ذوو الشأن الى النزاع فيما بين انفسهم ويعفوه من المسؤولية .

interpleader عريضة تنصل . اذا طالب شخصان او اكثر شخصاً آخر بشيء في حيازته وكان هذا لا يدعي اي حق لنفسه في موضوع المطالبة ولا يعلم من المحق من هؤلاء او يخشى ان يسيء تقدير حقوق المطالبين، امكنه ان يرفع العريضة المذكورة in equity الى دائرة العدالة المطلقة ليحمل مطالبيه على الرجوع الى القضاء كي يتنازعوا الموضوع فيما بينهم بدلا من ان يتنازعوه واياه .

interpolate يحشر ؛ يحشو (كلمات في محرر) : يدخل عبارات اضافية على محرر كامل النص .

interpose اصطلاح غير فني معناه : يتدخل ؛ يتوسط ؛ يتقدم بشأن . (والاسم interposition)

interpret يفسر ؛ يبسط ؛ يشرح ؛ يترجم

interpretation تفسير ؛ تعريف ؛ شرح ؛ تأويل

— authentic interpretation (راجع legal interpretation تاليا)

— close interpretation : تفسير تضييق ؛ التفسير الحرفي : تفسير الكلام بادنى معانيه دون تصرف .

— extensive interpretation : تفسير توسع : تفسير النصوص بمعانيها الواسعة او التجاوز بها الى اغراضها البعيدة.

— free and unrestricted interpretation تفسير طليق غير مقيد : تفسير اجتهادي يبتعد فيه الشارح عن المفهوم الظاهر او المألوف ويأخذ بما يعن له حسب اجتهاده وبنية سليمة .

— legal interpretation تفسير قانوني على نوعين، احدهما تفسير معتمد authentic interpretation يصدر عن المشرع نفسه ويكون بشكل مذكرات تفسيرية ترافق القوانين عند صدورها، والثاني تفسير عادي usual interpretation يستمد من احكام المحاكم وقراراتها .

— predestined interpretation : تفسير مغرض : يكون فيه الشارح او المترجم تحت تأثير الهوى او الميل الخاص، فيعرض به عن الغاية الصحيحة ويأخذ بما يرضي اغراضه .

الحقوق المتنازع فيها او الاشخاص المشمولين بالنزاع، وبين مجموعة من قوانين الدول المختلفة، بحيث يصبح القانون الواجب التطبيق من هذه القوانين محلا للنزاع . كذلك هو مجموعة النصوص القانونية التي تحكم الافراد وحقوقهم اذا تنازعت على حكمها قوانين دولتين او اكثر . والمنازعات التي تخضع للقانون الدولي الخاص شتى : منها تقرير الولاء ومدى ارتباط الفرد به نحو الدولة التي يقيم فيها او مدى خضوع احواله الشخصية وحقوقه المادية وواجباته لما يسمى قانون موقع المال *lex sitûs* او قانون البلد *lex loci* او قانون المحكمة *lex fori* او قانون الموطن *lex domicilii* . وكذلك المسائل المتعلقة بالزواج المبرم او الطلاق الحاصل في ظل قوانين دولة اجنبية او الحقوق المتصلة باموال منقولة او عينية تقع في بلد اجنبي او صار التفرغ عنها فيه، وصحة الوصايا المنشأة في بلد اجنبي او اهلية المتعاقدين بموجب قوانين اجنبية او تنفيذ الاحكام الاجنبية وغير ذلك من المسائل التي تختلف القوانين في تقريرها ويعود حسمها للقانون الدولي الذي يعتبر حكم القوانين والفاصل بينها اذا تنازعت .

— Public International Law : القانون الدولي العام : مجموعة القوانين التي تحكم علاقات الدول المستقلة وسلوك الواحدة منها نحو الاخرى .

international person (راجع باب person)

International Prize Court . محكمة الاغتنام الدولية تأسست هذه المحكمة سنة ١٩٠٧ بقرار مؤتمر لاهاي المنعقد في السنة المذكورة للفصل في المنازعات الناشئة حول الغنائم (الاسلاب البحرية) كالسفن وشحناتها وغير ذلك مما يستولي عليه المتحاربون في البحار .

internationalize يدول (مكاناً او موضوعاً) : يربط مقدراته بعدد من الدول ويجعله تابعاً لها وتحت حمايتها .

internuncio or ***inter-nuncio*** مندوب بابوي؛ سفير بابوي بالنيابة يتولى شؤون محكمة البابا حيث لا يكون لهذه المحكمة سفير بابوي او قاصد رسولي *nuncio* .

internuncius وسيط ؛ سمسار

interpellate يستجوب : يوجه سؤالا رسمياً في جلسة عامة الى شخص مسؤول على سبيل المحاسبة، او في مجلس نيابي على سبيل المناقشة (دون الاستفهام) اذا كان السائل نائباً والمسؤول احد رجال الحكومة .

كذلك المحكمة تناقش محامي احد الخصوم في امر من الامور interpellates the counsel .

interpellation [مواد مدنية] تصريح يعلن فيه الملتزم انه لن يستمر في التزامه بعد تاريخ معلوم .

— usual interpretation (راجع legal interpretation عالياً)

interpretation clause بند تعريف : الفقرة الواردة في القانون لتفسير بعض عباراته ومصطلحاته .

interpreter مترجم (شفوي) في محكمة؛ مفسر ؛ شارح

interregnum فترة فاصلة (او فراغ) بين عهدين او حكمين او ملكين (بضم الميم): الفترة الواقعة بين موت ملك واعتلاء آخر .

interrelation صلات متبادلة او داخلية

interrogate يسأل؛ يستجوب؛ يستنطق

interrogatoire [قانون فرنسي] ورقة استجواب تتضمن اسئلة القاضي للمتهم حول وقائع التهمة واجوبة المتهم عليها .

interrogator محقق؛ مستنطق

interrogatories ورقة استجواب : سلسلة من اسئلة تحريرية رسمية توجه لخصوم او شهود في قضية، يعدها وكلاء الخصوم وهي على نوعين: (١) استجوابات مباشرة توجه للشاهد من الخصم الذي استدعاه للشهادة direct interrogatories و(٢) مناقشة الخصم لشاهد خصمه cross interrogatories

interrogatory استجواب؛ استنطاق

interruption وقف؛ توقف: انقطاع

[قانون اسكتلندي] انقطاع التقادم المكسب، بممارسة المالك الحقيقي لحقه في ملكه او مطالبته به قبل ان يكتمل التقادم ويكسب الغير حقاً في ذلك الملك .

interruption of a right اهمال حق؛ انقطاع عن ممارسته او اطراحه بشكل يفهم منه ان صاحبه قد هجره ولم يعد يلتفت اليه .

interruption of diplomatic relations انقطاع العلاقات الدبلماسية (او السياسية) او انفصامها .

intersection تقاطع: نقطة تقاطع

interstate بين الدول؛ بين دولة واخرى؛ دولي؛ على نطاق دولي

interstate extradition تسليم المجرمين بين الدول

interstate law قانون علاقات الافراد الدولية: فرع من القانون الدولي الخاص يتناول القواعد التي يفصل بموجبها فيما ينشأ من منازعات بين رعايا الدول المختلفة حول الحقوق او الالتزامات القائمة بينهم على اساس مدى تأثر تلك الحقوق او الالتزامات بتباين جنسيات المتنازعين واختلاف قوانين الدول التابعين لها .

intervening act فعل متدخل: يأتيه شخص ثالث او مصدر اجنبي فيحجب به المسؤولية عن شخص اخر ارتكب اخلالا بواجب . وصف (بضم الواو) بكونه intervening لانه يحطم سلسلة الاسباب الجرمية ويحول دون الفاعل الاصلي وكفاية البينات ضده ، على شرط ان لا يثبت على الفاعل المذكور انه كان ينتظر وقوع الفعل المتدخل كنتيجة طبيعية واثر عادي لفعله .

intervening agency عامل متدخل؛ عامل حاجب للمسؤولية : السبب الذي يجعل من الفعل الاصلي عاملا واهياً في الضرر الواقع، ويحول المسؤولية الجرمية من ناحية الى اخرى. ولا بد لتوافر هذه الحال من ان يكون العامل المانع منفصلا عن الفعل الاصلي، كافياً لايقاع الضرر ومحدثاً من الاثار السيئة ما لا يتصور صدوره، عقلا، عن الفعل الاصلي؛ او، بعبارة اخرى، العامل الطارىء الذي يحمي الفاعل الاصلي من المسؤولية ويصرفها عنه .

intervening cause سبب متدخل؛ سبب مانع او حاجب للمسؤولية: يحول بين صاحب الفعل الاصلي والمسؤولية عما حصل من الاضرار ويضفي عليه ثوب البراءة منها .

intervenor or **intervener** متدخل في دعوى : (كشخص ثالث) باختياره وترخيص المحكمة المختصة .

intervention [قانون دولي] تدخل (بين دولتين او اكثر)؛ توسط؛ وساطة

[مواد مدنية] تدخل الغير باذن المحكمة المختصة في دعوى قائمة بين خصمين .

intestabilis (شاهد) عديم الاهلية: شخص لا تقبل شهادته نظراً لما به من موانع الاهلية .

intestable عديم الاهلية للايصاء : من لا اهلية له لانشاء وصية .

intestacy تجهيل؛ عدم إيصاء؛ انعدام الوصية : موت الشخص دون ان يترك وصية صحيحة او ان يبين وجه ايلولة جزء (خاص) من تركته .

intestate بلا وصية؛ غير موص؛ مجهل

intestate succession ميراث بلا وصية (صحيحة) : يموت عنه صاحبه دون ان يوصي، او يوصى به بوصية باطلة .

intimacy صداقة؛ علاقة وثيقة . صلة جنسية غير مشروعة .

يرد هذا الاصطلاح غالباً للدلالة على علاقة فاسقة (بين رجل وامرأة) .

intimate حميم؛ متين (العلاقة او الصداقة)؛ وثيق (الصلة)، قويها . ترد احياناً للدلالة على وقوع اتصال جنسي غير مشروع بين رجل وامرأة .

intimation [مواد مدنية] اعلام (باتخاذ اجراءات)؛ تبليغ؛ اشعار؛ اخطار

اعلان (سير اجراءات استئنافية او ما تعلق بها كتقديم طلب استئناف او قبوله او ما الى ذلك) .

[قانون اسكتلندي] اعلان كتابي رسمي يعده كاتب عدل لابلاغه الى شخص ترتب عليه دين او حق لشخص اجنبي ، كالاعلان الموجه الى المدين لاشعاره بحلول الشخص المذكور فيه محل دائنه ووجوب اداء الدين له بدل الدائن .

intimidation ارهاب؛ اخافة؛ تهديد؛ وضع الغير تحت سلطان رهبة لاكراهه على عمل او الامتناع عنه .

intol and uttol [قديماً] رسوم صادرات وواردات كانت تستوفى على ما يشترى للتجارة .

intoxicant مسكر

intoxicated سكران؛ تحت تأثير شراب مسكر

intra في؛ قريب؛ يدنو من؛ خلال؛ اثناء

intra fidem يقبله العقل؛ في حدود المعقول؛ يمكن تصديقه؛ محل تصديق او ثقة

intra luctus tempus خلال مدة الحداد

intra vires ضمن او في حدود السلطات المخولة؛ لا يخالف النظام (الموضوع لشركة مثلا)، لا يتعارض مع احكام عقد تأسيسها .

intraliminal [مواد التعدين] يراد بالاصطلاح intraliminal rights حقوق استغلال المجال الجوفي؛ اي حقوق استنباط وامتلاك المعادن الموجودة في المجال الجوفي الواقع ضمن حدود الامتياز الممتدة عمودياً نحو باطن الارض .

intramural ضمني؛ داخل الاسوار او الحدود، (راجع extramural)

intricate معقد؛ مشكل (الحل او الفهم)؛ متداخل؛ ملتبس

intrigue مؤامرة؛ دسيسة؛ مكيدة؛ تواطؤ

intrinsic جوهري؛ اصلي؛ ذاتي

intrinsic evidence بينة ذاتية؛ بينة ماثلة : دليل يستمد من المستند (المعني) ذاته دون حاجة الى ايضاح .

introduce يقدم؛ يعرض (على)؛ يدخل؛ يأتي (بشيء؛ يروج (بضاعة ممنوعة)

introduction تقديم؛ عرض او رفع (مسألة او نقطة) لاعتبار او غير ذلك .

تقدمة؛ ضم؛ ادخال (مستندات) . مقدمة او ديباجة : يمهد بها لعرض موضوع .

intromission [قانون اسكتلندي] تولي (سلطة)؛ اضطلاع بولاية على اموال الغير (بالحق او الباطل)؛ تدخل (لادارة الاموال المذكورة او التصرف فيها على اي وجه) .

[قانون انكليزي] تصرف الوكيل في ما يقع في يده للاصيل بنية تقديم الحساب للاصيل عن كل ذلك .

— necessary intromission تدخل لازم : يصدر عن احد الزوجين حين يستمر في حيازة اموال الاخر بعد موته في سبيل المحافظة عليها .

— vitious intromission تدخل باطل في منقولات المتوفى من شأنه ان يلزم المتدخل بجميع ديون المتوفى .

intronisation [قانون كنسي فرنسي] تنصيب الاسقف، تقليده زمام الاسقفية .

intruder دخيل؛ متدخل؛ متعرض؛ مزاحم : من دخل ارض الغير دون حق . اجنبي : يغشى ارض الغير حال موت مالكها ويضع يده عليها بالباطل قبل الوارث القانوني .

من اقحم نفسه منصب الغير او زاحمه على وظيفته او تدخل في مهامه بنية الاستئثار بها دونه .

intrusion مداخلة؛ تدخل؛ تعرض؛ مزاحمة

غصب ارض من له حق ميراثها . اقتحام ملك الغير للمنفعة الخاصة دون حق .

intrust or **entrust** يأتمن؛ يكل او يعهد في شأن الى الغير لغرض معين .

intuition بديهة؛ سليقة؛ لقانة؛ سرعة فهم او ادراك (دون تحليل منطقي او تدبر فاحص) .

intuitu pecuniæ اعتبار مالي

intuitus اعتبار؛ نظر؛ وجهة نظر

— *diverso intuitu* (راجع باب *diverso*)

intuitus personæ اعتبار شخصي

inundation فيضان؛ طغيان (ماء على مواقع مجاورة لا يصل اليها في جريانه الطبيعي) .

inure يسري؛ يعمل به؛ يصبح نافذاً . يعود

inurement تعويد، اعتياد؛ ممارسة؛ استعمال؛ خدمة (لفائدة شخص) . سريان او نفاذ

invadiatus مكفول ؛ مضمون

invalid غير صحيح؛ غير سليم او ملزم؛ لا يفي (بغرض معين)؛ لاغ؛ لا أثر له او قوة قانونية

[في الافراد] عليل او معتل؛ مريض

invalid letter of credit خطاب اعتماد ساقط المفعول

invalidity **[ضمان اجتماعي]** اعتلال، عدم لياقة (بدنية تعقب القعود عن العمل) .

invasion تعد (على حقوق الغير او حدوده)؛ اجتياح . غزو (لفتح او لنهب)

inveiglement استهواء؛ اغراء بعمل؛ استدراج (الى مكان). والفعل inveigle

invent يخترع؛ يبتكر؛ يبتدع؛ يختلق؛ يلفق (قصة او عذراً)

inventio ادراك (شيء) او عثور عليه .
استيلاء؛ وضع يد (كسبب لكسب ملكية) .
[قانون انكليزي قديم] لقطة؛ اشياء معثور عليها (ككنز مدفون).

invention اختراع؛ ابتكار؛ ابتداع: اعداد آلة او اداة جديدة لم تعرف قبلا .

inventor مخترع؛ مبتكر؛ مبتدع

inventory جرد؛ كشف تفصيلي بمفردات او جزئيات واوصاف مواد .

inventory book دفتر جرد

inventory record قائمة جرد

inverse order of alienation doctrine
[تفرغات عقارية] مبدأ الترتيب العكسي للتفرغ . او مبدأ ترتيب التفرغ العكسي. مبدأ قانوني يستطاع التمشي عليه بما يلي: اذا قام صاحب ارض ترتب عليه رهن، بتقسيم ارضه الى عدة قسائم والتفرغ عنها قسيمة بعد اخرى تباعاً، اقتضى هذا على الدائن المرتهن بموجب هذا المبدأ ان يستوفي دينه مما تبقى في يد المالك (المدين) . فاذا لم يكف هذا كان عليه ان يرجع الى اصحاب القسائم المتفرغ لهم، مبتدئاً باخر من صار التفرغ له ومنتقلا منه الى من قبله مباشرة واحداً تلو الآخر حتى يستوفي كامل دينه .

invest يستثمر؛ يثمر (مالا)، يشغله، يوظفه، يستغله ليعود بايراد
يمنح (سلطة او حقاً)؛ يقلد (منصباً)؛ يملك الغير ارضاً

investigation تحر؛ تحقيق؛ بحث؛ استطلاع؛ استقصاء

investitive fact واقعة مكسبة او منشئة لحق: كمنح امتياز او وفاة مورث او ما الى ذلك .

investiture تنصيب؛ تولية؛ تقليد (زمام) منصب
[انظمة اقطاعية] مراسم تمليك عقاري كانت في العصور الوسطى (قبل شيوع الكتابة) ترافق تصرف السيد الاقطاعي في الارض مع احد اتباعه وتنصيبه فصلا vassal امام الآخرين . وهي استدعاء هذا الشخص الى حفل يجمع جميع الافصال ثم تسليمه الارض رسمياً على مرأى منهم كي ترسخ وقائع ذلك الحفل في اذهان الافصال واهل الجيرة وتبقى حجة شاهدة على انتقال حيازة الارض .
[مواد كنسية] تعيين اسقف او تنصيبه في مركز رفيع .

investment تثمير او استثمار؛ استغلال؛ توظيف (رأسمال ليعود بايراد) . على أن ايداع الاموال في المصارف وما تغله بسبيل ذلك من فوائد مصرفية عادية لا يعتبر تثميراً بالمعنى الصحيح.

investments رؤوس أموال مثمرة (لكسب مادي) .

inviolable مصون؛ ذو حرمة : لا يطعن عليه او يعاب؛ لا ينتهك

inviolability حرمة؛ حصانة او صيانة من طعن او انتهاك.

inviolate لا يحل (بضم الياء وفتح الحاء)به؛ لا ينتهك . مصون؛ ذو حرمة؛ لا ينال منه او يعتدى عليه .

invisible غير منظور؛ غير مرئي

invisible exports صادرات غير منظورة: كاشغال النقل وتثمير رؤوس الاموال في الخارج واعمال الصيرفة والتأمين وما اليها .

invitation دعوة (الى فعل) : ما يفهم منه السماح بامر او التشجيع عليه : كترك الباب المؤدي الى مكان عام مفتوحاً اشعاراً بالسماح بارتياده لمن شاء .

invitee مدعو (لفعل او ممارسة شأن)

invito على غير رغبة او موافقة؛ مراغمة؛ ضد الارادة

invito beneficium non datur [قانون روماني] لا تخلع منفعة على احد دون رضاه .

invito domino ضد الارادة ؛ اكراهاً ؛ بالمراغمة ؛ بالتغلب

invoice كشف حساب ؛ فاتورة تسرد مفردات اشياء بالتفصيل مع بيان اثمانها ودقائق تكاليفها .

invoice books دفتر فواتير : تدون فيه كشوف حساب .

invoice price سعر البضاعة الحقيقي (حسب واقع تكاليفها) ؛ قيمتها جاهزة للشحن ؛ اسعارها بالجملة على البائع

invoke يحتكم (الى) ؛ يتمسك ، يحتج او يتذرع (بـ) ، يلتمس ؛ يلجأ (الى) ؛ يسترحم ؛ يستنصر

involuntary غير ارادي ؛ اكراهي ؛ اضطراري ؛ خارج عن الارادة ؛ ضد ارادة الشخص ورغبته ؛ لا خيار فيه

involuntary discontinuance انقطاع قهري (كانقطاع الخصومة) ، وهو ما يكون عندما يموت احد الخصوم او ينقطع سبب ملاحقة الدعوى فتسقط من يد المدعي بحكم سهو في او ما الى ذلك من اسباب الانقطاع .

involuntary manslaughter قتل خطأ ، قتل غير ارادي : ارتكاب القتل بلا حق اثناء القيام بفعل غير قانوني لا يبلغ مرتبة الجنايات او القيام بعمل قانوني على شكل غير قانوني او دون تحوط للعواقب .

involuntary payment دفع إكراهي (للمال او ما يقوم مقامه) ، اداؤه تحت تأثير القوة او توسلا به الى غاية .

involuntary plaintiff (راجع باب plaintiff)

involuntary servitude سخرة ؛ شغل قهري : سواء كان باجرة او دونها .

involve يشرك (شخصاً) في فعل او يجره اليه . ينطوي (على) ؛ يشمل ؛ يستدعي ؛ يستلزم

iota مثقال ذرة او حبة خردل . اصغر كمية يتصورها العقل . حرف يوناني يعتبر اصغر حروف الهجاء اليونانية يقابله «i» في اللغة الانكليزية .

ipse هو ذاته او عينه ؛ الشيء نفسه

ipse dixit «قاله بنفسه» ؛ «هو نفسه ادلى به» . القول الذي يرتكز على مجرد الثقة بالقائل لا على اثبات قاطع .

ipsissimis verbis نفس الكلام ؛ ذات العبارات

ipso facto بحكم الفعل ؛ بمجرد الفعل ؛ بجرائه او تأثيره او مجرد كيانه . [قانون كنسي] من الجرائم ما يعاقب عليه *ipso facto* كما هي الحال في النص التالي : *si quis, suadente diabolo, clericum percusserit, ipso facto excommunicationem incurrit* من سولت له نفسه ضرب كاهن كان جزاؤه الحرمان الكنسي في الحال و بحكم فعله *ipso facto* اي دون ان يحاكم ويصدر عليه الحكم بالعقوبة .

ipso invito ضد ارادته او مشيئته ؛ رغماً عنه

ipso jure بحكم القانون ؛ بمجرد سريانه

ira furor brevis est الغضب جنون قصير (الامد) .

****Irade** (iradah)* ارادة ؛ مرسوم ملكي او سلطاني

iron law of wages قانون الاجور الفولاذي : المبدأ القائل بان اجرة العامل ينبغي ان لا تتجاوز الحد اللازم لعيش الكفاف .

irrational طائش ؛ مفرط ؛ احمق ؛ ارعن ؛ غير متزن ؛ غير معقول

irrecognizable لا يستطاع التعرف اليه ؛ لا يمكن تمييزه او الاستدلال عليه .

irreconciliable يتعارض ؛ يتضارب ؛ يتنافر ؛ لا يستطاع التوفيق او الجمع بينه وبين الشيء المعني .

irrecoverable لا يسترد ؛ لا يستدرك : لا تمكن معالجته باي تدبير ؛ لا سبيل الى تحصيله ؛ معدوم

irrecusable لا مفر او مندوحة عنه ؛ لا سبيل الى نقضه او التنصل منه . يرد هذا الاصطلاح في وصف الواجبات القانونية التي يكره المكلف على ادائها ولا يدع له القانون مجالا للتنصل منها .

irredeemable لا تسترد قيمته ؛ غير قابل لسداد او استهلاك ؛ لا يؤمل استرجاعه

irredeemable bonds سندات دين دائمة ؛ سندات لا تستهلك : اي لا تدفع قيمتها بل يؤدى عليها احياناً مقدار معلوم من الفائدة .

irrefragable كلمة غير فنية ، من معانيها الدارجة : مفحم ؛ دامغ ؛ غير منازع (بفتح الزاي) ؛ لا جدال فيه

irrefutable لا يدحض ؛ لا يفند

irregular شاذ ؛ مخالف للقاعدة ، خارج عنها ؛ ملتو ؛ مخالف للاصول ؛ باطل قانوناً : بحكم خروجه عن قاعدة او اوضاع مقررة .

irregular judgment حكم غير سليم : ينطوي على عيب جوهري .

irregularity شذوذ؛ خروج عن قاعدة؛ مخالفة اصول مرعية او اجراءات قانونية لازمة لصحة الشيء المعني .

— legal irregularity عيب قانوني : مخالفة للاصول القانونية، يترتب عليها البطلان .

irrelevancy عدم الموضوعية : خروج عن موضوع او جوهر بحث .

irrelevant غير موضوعي؛ لا يتصل بالموضوع؛ ليس محلا لبحث ؛ لا ينطبق على موضوع النزاع ، غير منتج فيه (اي لا يثبته ولا يفنده) .

irrelevant allegation ادعاء غير موضوعي : لا يؤثر في موضوع النزاع، من حيث اثباته او تفنيده .

irremediable لا يعالج (بفتح اللام)؛ لا سبيل الى استدراكه بتصحيح او تعويض . (اصطلاح غير فني)

irreparable لا يجبر (بضم الياء)؛ لا يعوض او يستدرك باصلاح

irrepleviable غير قابل للاسترداد (اذا كان اموالا محجوزة) . لا تجوز كفالته، او لا يستطاع الافراج عنه تحت الكفالة (اذا كان شخصاً موقوفاً) .

irresistible impulse [مواد جنائية] شعور طاغ او حافز (الى جريمة)؛ احساس غالب او لا يقاوم، من شأنه ان يدفع المختل الى الاجرام نظراً لان مرضه العقلي يعطل قدرته على ضبط نفسه وتهذيب رغبته ويتركه لتيار الاجرام .

irrespective of بغض او بصرف النظر عن؛ دون اعتبار (لشأن)؛ بغير التفات الى

irresponsible عديم المسؤولية، غير أهل لها؛ لا يبالي

irretrievable لا يعوض، لا سبيل لتقويمه أو استرداده

irreversible لا يفسخ (بضم الياء)؛ لا ينقض؛ لا يرجع فيه

irrevocable لا ينقض؛ غير قابل للالغاء؛ لا رجوع فيه؛ لا يرد او لا مرد له

irrevocable letter خطاب (اداء) غير قابل للالغاء او الرجوع : ينظم في شكل اتفاق على اداء مبلغ معين من المال لدى القيام بالشروط المبينة فيه .

irritancy [قانون اسكتلندي] فسخ؛ الغاء . وقوع ما من شأنه ان يفسخ العقد .

irritant [قانون اسكتلندي] فاسخ؛ مبطل

irritant clause [قانون اسكتلندي] شرط فاسخ ينص على انه اذا حصل ظرف معين اصبح العقد لاغياً من تلقاء نفسه.

irrogare يفرض؛ ينزل (عقوبة)؛ يسن (قانوناً)

ish [قانون اسكتلندي] اوان او تاريخ انتهاء عقد ايجار.

island جزيرة : ارض محاطة بماء، سواء كانت وسط بحر او بحيرة او نهر .

isolated transaction صفقة فريدة او واحدة يرد هذا الاصطلاح في الكلام عن القاعدة القائلة بان قيام شركة اجنبية بمعاملة او صفقة تجارية واحدة في البلاد لا يخل بالقانون المحلي اذا فرض على تلك الشركة ان تودع عقد تأسيسها حسب الاصول قبل مباشرتها أية عمليات تجارية .

issuable مثار نزاع، يؤدي اليه او يبعث عليه؛ يتصل بموضوع خلاف

issuable defense دفاع موضوعي: ينفذ الى صميم موضوع النزاع ولا يرمي الى مداورة او تأخير .

issuable plea جواب موضوعي: ينصب على اساس النزاع

issuable terms [اجراءات انكليزية قديمة] دورات الخصومات وهي دورتان hilary term و trinity term اطلق عليهما هذا الاسم لانهما حددتا للفصل في المنازعات الجنائية.

issue يصدر (امراً او لائحة او نقوداً او سندات مالية او ما جرى مجراها) .

[كاسم] صدور؛ نتيجة؛ أثر

[في المواريث] عقب؛ ذرية؛ اولاد من اصل واحد

[في الاجراءات] موضوع نزاع ؛ وجه خلاف (بين اطراف خصومة)؛ أدعية (بضم الهمزة وكسر العين وتشديد الياء)؛ ما يتداعى به او يجعل موضوعاً لمحاجة .

[شؤون مالية] اصدار (نقد او سندات) ؛ ما يصدر من نقود او سندات بوجه عام .

— collateral issue نقطة خلاف فرعية؛ نزاع فرعي (بالنسبة لنزاع رئيسي)

— feigned issue (راجع باب feigned)

— general issue جواب عام : يصدر عن المتهم في not guilty اختصار حين يسأل عن التهمة فيجيب : «غير مذنب»

— identical issues اوجه خلاف متطابقة؛ تتشابه من حيث الوقائع القائمة عليها والقوانين الحاكمة لها .

— **material or immaterial issue** نقطة خلاف جوهرية (اي منتجة في الدعوى، او غير جوهرية (غير منتجة) .

— **special issue** جواب خاص : يوجهه المتهم او المدعى عليه الى نقطة موضوعية معينة من الاتهام او الادعاء دون غيرها املا في الحصول على قرار بشأنها لمصلحته قبل الالتفات الى أية نقطة اخرى .

issue in fact منازعة الواقع؛ خلاف في الواقع: الخلاف الذي لا يتعرض للنقاط القانونية بل ينحصر في مسائل واقعية يعود البت فيها لهيئة محلفين jury .

issue in law منازعة قانونية او في القانون: نزاع قائم حول نقطة قانونية او امور تتصل بصميم القانون .

issues [**قانون انكليزي**] اموال او امتعة (مدين مدعى عليه)، ارباح اراضيه، ريعها او عوائدها

issues and profits [**اموال عقارية**] عوائد وارباح؛ جميع غلات الارض وثمراتها السطحية والباطنية .

istibra' [**شريعة اسلامية**] استبراء (المرأة)، اي طلب ظهور براءتها . وهو ما يكون بتركها مدة حتى تحيض استبانة لها من وجود حمل او عدمه .

istimrar استمرار؛ دوام (على حال)؛ عدم انقطاع

ita est هو كذلك؛ هكذا هو؛ ذلك حاله

ita quod لكي؛ حتى؛ كيما . يرد هذا الاصطلاح عادة في الاوامر القضائية، نحو : *ita quod habeas corpus* لكي يكون لديك جسمه: اي لكي تتمكن من شخصه .

item ايضاً؛ كذلك؛ مثل ذلك؛ ثانية او مرة ثانية

item بند؛ فقرة؛ جزئية؛ قيد؛ قلم؛ مفردة

itemize يبين؛ يفصل او يقيد مفردات حساب او جزئياته .

iter [**قانون مدني**] طريق؛ حق استطراق؛ ارتفاق مرور [**قانون بحري**] اتجاه رحلة او طريقها

iterate يردد (تهمة او رأياً)؛ يصرح (بذلك) مرة تلو اخرى .

itinerant متنقل؛ جواب : سواء كان قاضياً (شأن القضاة الذين كانوا يتنقلون قديماً بين الاقاليم في دورات قضائية معلومة للحكم بين الناس) او تاجراً دائم التنقل بين القرى والبلدان لبيع سلعه .

itinerant vendor بائع جواب او متجول

J

J. يرمز هذا الحرف غالباً لأسم قاض او مستشار judge او justice .

J. A. judge advocate (راجع باب judge)

J. D. (راجع juris doctor)

J. Q. B. مستشار مجلس الملكة الخاص Justice of the Queen's Bench .

jactitation تبجح ؛ ادعاء اجوف او كاذب . نيل من حق الغير . تسفيه حق ملكية بكلام جارح يؤثر في وضع صاحبه منه ، وهو ما يعرف في القانون العام common law بالقدح في حق الملكية slander of title الذي من شأنه ان يزعزعه وينال من سلامته في نظر الناس .
[طب شرعي] انتفاض العضلات التلقائي ؛ ارتعاشها غير الارادي . اهتزاز الجسم اهتزازاً مفاجئاً يخرج عن ارادة المصاب .

jactitation of marriage [قانون كنسي انكليزي] ادعاء الزواج بالغير كذباً . الجرم الذي يرتكبه الرجل اذا ادعى كذباً انه زوج امرأة معينة او ترتكبه المرأة اذا ادعت كذباً انها زوجة رجل معين .

jactivus فقدان بداعي تقصير ؛ اضاعة (شيء) نتيجة اخلال بقانون او اتفاق او امانة .

jactus طرح بضاعة ؛ القاؤها في البحر لتخفيف حمولة السفينة حرصاً على سلامتها .

jail or **gaol** حبس ؛ سجن

jail delivery (راجع باب gaol)

jail liberties (راجع باب gaol)

jail sentence executed (راجع باب executed)

jailer سجان

janitor مراسل ؛ حاجب ؛ بواب مدرسة

jason clause شرط الخسارة البحرية العمومية . يرد هذا الشرط في سندات الشحن bills of lading ليلزم اصحاب الشحنة بمساهمة نسبية في الخسارة العمومية التي تلم بالسفينة او الشحنة نتيجة ما تتعرض له من اخطار بجراء اغلاط الملاحة او الادارة او الاشراف على محركات السفينة شرط ان يكون صاحبها قد بذل عناية الرجل المجد في سبيل تهيئتها للملاحة من جميع الوجوه .

Jedburgh Justice حكم Jedburgh . سمي كذلك نسبة الى بلدة على حدود اسكتلندا عرفت بهذا الاسم وكانت مضرب المثل في العدالة المفرطة في الاستعجال ؛ اذ كان اهلها لا يقيمون وزناً للاجراءات العادية بل يقبضون على غريمهم (لصاً كان او احد الغزاة) ويحضرونه الى مكان عام ثم يشنقونه فوراً .

Jehovah's Witnesses شهود يهوى . طائفة دينية يعتقد اعضاؤها بوجود مملكة سماوية تجمعهم في رعوية واحدة ويدينون لها بالولاء دون سواها وانهم ملزمون بالتنصل من روابط الولاء وواجبات التبعية لأية دولة اخرى ، ايماناً منهم بأن ذلك يتعارض مع ولائهم للمملكة السماوية المذكورة .

jeofaile كلمة فرنسية لاتينية معناها « فشلت » او «اخطأت» . والخطأ المقصود في هذه الحال هو ما يقع في سياق الاجراء ويستطاع تداركه بموجب القوانين المسماة statutes of amendments and *jeofailes* .

jeopardize يعرض لتهلكة او خطر ، يوقع او يجر الى ذلك

jeopardy خطر ؛ تهلكة ؛ اشراف على خطر ؛ استهداف له او وقوع فيه وخصوصاً خطر المثول بين يدي العدالة . وقد اعتبرت التهمة الصحيحة خطراً على المتهم لانها تشرف به على هاوية الادانة . ويصبح الشخص هدفاً للخطر in jeopardy حالما توجه اليه تهمة الاجرام توجيهاً صحيحاً امام محكمة مختصة .

— former jeopardy (راجع باب former)

— legal jeopardy (راجع باب legal)

jerguer [قانون انكليزي] موظف جمركي مهمته الاشراف على مراقبي الجمارك المسمين land waiters (راجع الاسم الاخير في باب land) .

jerk هزة ؛ رجة ؛ انتفاضة ؛ حركة مباغتة . من ذلك ما يقع مثلا للمسافر في سيارة اذا وقفت او انطلقت به على حين فجأة . ولا يسأل اصحاب عربات النقل قانوناً عما يحدث للركاب او المواد المنقولة بجراء الرجات المذكورة jerks من اصابات او خسائر عادية معقولة .

jetsam طرح البحر ؛ المطروحات فيه : البضائع التي تلقى في البحر من مشحونات السفينة عملا على تخفيف حمولتها لمواجهة خطر محدق .

jettison طرح جزء من شحنة السفينة عملا على تخفيفها اذا استفحل الخطر المحدق بها .

مقذوف ؛ مطروح : ما ألقي في البحر من مشحونات السفينة حرصاً على سلامتها من خطر محدق .

jetty رصيف مائي

jew يهودي : من دان بديانة اليهود

jewel جوهرة : تصنع من معدن ثمين او حجارة كريمة او لآلىء .

jewelry مجوهرات ؛ حلي ؛ حجارة كريمة

jigger boss [مصطلحات التعدين الدارجة] ريس او عريف عمال ، مهمته تشجيع العمال وتنشيطهم وحثهم على السرعة في العمل .

***jihad** جهاد : حرب في سبيل الدين او الوطن او المبدأ doctrinal war .

job قطعة ؛ عمل يتعاقد على انجازه ، نحو : شغل بالقطعة (مقاولة) لقاء اجرة مقطوعة اجمالية work by the job .

[كفعل] يسمسر ؛ يبيع ويشتري كسمسار

يستغل الامانة للمنفعة الخاصة . منها تشتق كلمة jobbery الغش في المعاملة .

job lot صبرة ؛ (كوم) او (شيلة بضاعة) : تشترى جزافاً بلا كيل او وزن .

jobmaster [قانون انكليزي] من زاول تأجير العربات والخيول وغيرها من وسائل النقل مع سائقيها .

jocelet غيط ؛ مزرعة صغيرة ؛ سانية

jocky كلمة غير فنية ، من معانيها الدارجة : يخدع ؛ يحتال (على الغير) ؛ يستدرجه الى خسارة

John Doe اسم افتراضي يستعمل في الامثلة القانونية الانكليزية كاستعمال زيد وعمرو وبكر في الامثلة العربية .

join يربط ؛ يضم ؛ ينضم (الى احد الخصوم في دعوى) . يشترك (في حزب او جمعية) ، ينتسب اليهما

join issue يشترك في نقاش موضوع باعتباره محور الخلاف بين طرفيه .

يشترك مع الغير في تقديم النزاع للقرار . يوافق على حصر النزاع في نقطة معينة او يتقبل النقطة التي قدمها الخصم باعتبارها محل الخلاف .

joinder جمع ؛ ادغام ؛ ضم ؛ انضمام ؛ اتحاد ، ارتباط او اشتراك (مع الغير في اجراء) .

— misjoinder شمول او ارتباط باطل : الجمع بين جرائم او خصوم في دعوى واحدة جمعاً لا يجيزه القانون .

— nonjoinder عدم جمع (جرائم) ؛ عدم شمل اطراف في دعوى كمدعين او مدعى عليهم مشتركين ، حيث يستوجب القانون هذا الجمع او الشمل .

joinder in demurrer قبول الدفع التحوطي (اي الدفع بعدم كفاية الاسباب من الوجهة القانونية) . وهذا ما يترتب على دفع المدعى عليه بان ادعاء المدعي لا يستند الى اسباب قانونية كافية للحكم لمصلحته . ولا بد للمدعي بعد هذا الدفع ، اذا اراد الاستمرار في الدعوى ، من ان يتقبل تحدي خصمه ويذعن للجدل في كفاية الاسباب وقرار المحكمة في النقطة التي اثارها الخصم . وقبوله هذا للمناقشة في دفع المدعى عليه بعدم الكفاية يسمى joinder in demurrer .

joinder in issue الانضمام الى النقاش في نطاق الواقع .

joinder in pleading قبول موضوع النزاع وطريق الاجراء .

joinder of actions جمع الدعاوى ، ارتباطها او ضمها

joinder of counts ضم التهم (او مواد الاتهام)

joinder of error جواب تحريري على عريضة دفع بالغلط في حكم .

joinder of issue اتحاد (الخصوم) في مدار الخلاف . قبول حصر النزاع في موضوع معين .

joinder of offenses جمع الجرائم ، شملها او ربطها في دعوى او ورقة اتهام واحدة .

joinder of parties ضم الاطراف (كمدعين او مدعى عليهم مشتركين في دعوى واحدة) .

joint متضامن ؛ منضم : مشترك ؛ متحد ؛ غير منقسم ؛ معي (بفتح الميم وكسر العين) .

joint account حساب مشترك (باسم شخصين او اكثر) ؛ حساب محاصة

joint action قضية مشتركة : يشترك في رفعها او في الجواب عليها شخصان او اكثر .

joint and several مجتمعون ومنفردون في مسؤولية؛ متكافلون ومتضامنون (بمعنى ان المسؤولية تقع على جميع المعنيين معاً وعلى كل واحد منهم بمفرده) .

joint authorship [ملكية ادبية] تأليف مشترك او معي (بفتح الميم وكسر العين) : يعود فيه حق الملكية الى شخصين او اكثر .

joint company شركة تضامن

joint debtors مدينون متضامنون (في اداء)

joint estate مال مشترك : سواء كان مصالح او حقوق ايجار او غير ذلك مما يتحد في ملكيته او الانتفاع به شخصان او اكثر اتحاداً لا يفرق بينهم في حقوق او التزامات .

joint executors منفذون متضامنون : يتحدون معاً ويتساوون في المسؤولية عن تنفيذ الوصية .

joint feasors *in pari delicto* المشتركون في الفعل متساوون في الاجرام .

joint lives مدة حياتهم . يرد هذا الاصطلاح في الكلام عن أمد الحق المنتقل الى شخصين او اكثر ، للدلالة على كونه رهناً بدوام حياتهم . اي انه دائم ما داموا على قيد الحياة .

joint policy وثيقة تأمين (بوليصة) مشتركة، تشمل بالتأمين حياة شخصين ويدفع مبلغ التأمين بمقتضاها الى من بقي منهما على قيد الحياة بعد الآخر .

joint stock حصص (في شركة)

joint stock company (راجع باب company)

joint supply عرض متلازم : عرض السلع المتلازمة (المصنوعة معاً) .

joint tort ضرر شخصي تضامني؛ اساءة مشتركة: تصدر عن شخصين او اكثر نحو ثالث يحملون له ذات الواجب، فيكون ذهولهم عن هذا الواجب او اهمالهم له سبباً في حصول الضرر .

joint tortfeasors مسيئون مشتركون : شخصان او اكثر يرتكبون ذات الاساءة الشخصية ويكونون مسؤولين عن نتائجها بالتكافل والتضامن .

jointist عميل مستقر لبيع المسكرات سراً : الشخص الذي يتخذ لنفسه مستقراً معيناً لتعاطي بيع المسكرات بصورة غير مشروعة .

jointly بالاشتراك؛ بالتضامن؛ على وجه التضامن

jointly and severally بالتكافل (بوجه التكافل) والتضامن

jointress or jointuress صاحبه بائنة عقارية، يوصي بها الزوج كي تنتفع بها الزوجة ما دامت على قيد الحياة بعد وفاته .

jointure بائنة عقارية، تؤول للزوجة بوفاة الزوج : عقارات او حقوق عينية يوصي الزوج بايلولتها الى الزوجة حال وفاته كي تكون ملكاً خالصاً لها مدة حياتها بعده .

joker اصطلاح دارج في المناقشات التشريعية، ينطبق على الفقرة الغامضة او التافهة من حيث الظاهر، التي تقحم في التشريع لتعطل سريانه او تجعله محلا للشك، دون ان تثير المعارضة اثناء بحث الموافقة عليه .

jolt رجة؛ هزة مفاجئة

josh يسخر او يستهزىء (بـ)؛ يغيظ على سبيل المزاح بادعاء كاذب او ما الى ذلك .

jour en banc يوم جلوس المحكمة بكامل هيئتها .

***jour* in court** [اجراءات قديمة] يوم حضور امام المحكمة .

journal دفتر يومية؛ تدون فيه الوقائع اليومية . نشرات يومية تضمن وقائع جلسات المجالس النيابية .

journey سفرة برية

journey log book [قانون الطيران] سجلات رحلات الطائرة .

jubeo [في الوصايا] آمر

jubere [قانون مدني] يوجه، يأمر، ينبه الى (وجوب اداء عمل او الامتناع عنه) .

Judas يهوذا . تعتبر هذه الكلمة في حد ذاتها من القذف، اذا وجهها شخص لآخر فكأنه رماه بالخيانة . ولا يحتاج قيام سوء النية فيها الى اي اثبات او قرينة .

judex [قانون مدني] القاضي

judex a quo القاضي المستأنف ضد حكمه او امره .

judex ad quem القاضي المستأنف اليه

judex damnatur cum nocens absolvitur المدان هو القاضي اذا نجا المجرم من العقاب .

judex delegatus قاض منتدب

يطلق الاسم ذاته احياناً على القرارات التي يصدرها القضاة استناداً الى تفسير القانون بما لم يقصد اليه المشرع .

judge ordinary [قانون اسكتلندي] القاضي العادي : الذي يمارس قضاءه بحكم اختصاصه العادي خلافاً للقاضي المنتدب .

judge *pro tempore* قاض مؤقت : كالقاضي المنتدب، تسند اليه وظيفة القضاء مدة معينة وتنقضي ولايته بانقضائها .

judge's minutes, or **notes** ملاحظات القاضي . رؤوس اقلام يدونها القاضي اثناء الجلسة ليتيسر له تذكار النقاط المنتجة الواردة في الشهادات والوثائق المقدمة على سبيل البينة وتساعده على تكوين الحكم .

judges rules قواعد توضع لارشاد البوليس في استجواب المشبوهين والمتهمين بارتكاب احدى الجرائم .

judgment حكم؛ قرار؛ قضاء : كلمة القانون الصادرة عن المحكمة او ما يقوم مقامها فيما يعرض عليها للفصل .

رأي؛ تقدير . ادراك؛ نظر؛ تمييز : يستطيع معه الشخص تفهم طبيعة الامور التي هو بصدد الاقدام عليها .

— alternative judgment حكم تخييري : تترك فيه المحكمة حرية الخيار للمحكوم عليه بين عدة اشياء معينة وتوجب عليه ان يؤدي احدها .

— conditional judgment حكم مشروط : ترتكز قوته على عمل او شيء او وضع معين ويكون نفاذه رهناً بذلك؛ كالقرار الصادر مثلا ببيع مال مرهون اذا لم يؤد المدين ما ينبغي أداؤه في زمن معين . مثل هذا القرار يكون نفاذه للبيع مشروطاً باخلال المدين، ولا ينطلق من عقاله الا حين انقضاء المدة المقررة .

— confession of judgment اذعان للحكم؛ اعتراف بعدالة القرار . الحكم المودع بموجب cognovit (: تفويض كتابي يعطيه المدعى عليه بايداع الحكم ضده، بناء على اعترافه بصحة الادعاء وعدالة المبلغ المطالب به)، او ، بعبارة اخرى : تفويض المدين للدائن كتابة بموجب warrant of attorney أن يودع ضده حكماً بالمبلغ المطلوب دون اللجوء الى الاجراءات القانونية المعتادة .

— consent judgment قرار اتفاقي : توضع نصوصه باتفاق الخصوم في الدعوى .

— default judgment حكم غيابي : يصدر اثناء غياب المدعى عليه عن الجلسة .

— domestic judgment حكم محلي : يصدر عن احدى محاكم البلاد او الدولة .

judex est lex loquens القاضي هو القانون الناطق

judex habere debet duos sales, — salem sapientiæ, ne sit insipidus; et salem conscientiæ, ne sit diabolus يجب ان يكون القاضي مجهزاً بملحين، الاول ملح الحكمة لئلا يصبح غثاً (احمق) والثاني ملح الضمير لئلا يصبح شيطاناً (او بلاء) .

judex non potest injuriam sibi datam punire ليس للقاضي ان يعاقب على اساءة وجهت لشخصه .

judex ordinarius القاضي العادي : من كان له حق نظر الدعاوى والفصل فيها بحكم اختصاصه العادي لا بحكم انتدابه لممارسة ما لا يدخل في حدود اختصاصه المذكور .

judge القاضي . تشمل هذه الكلمة جميع طبقات القضاة بما في ذلك المستشارون اعضاء محاكم الاستئناف والمحاكم العليا . وقد يراد بها احياناً المحكمة اياً كانت درجتها .

judge advocate [محاكم عسكرية] قاض مشاور : يجلس مع اعضاء المحكمة العسكرية ويحلفهم اليمين ويسعفهم بالمشورة ويقوم بمهام المدعي العام، وينصح الظنين (المتهم) عند الحاجة وينقذه من الاجابة على الاسئلة التجريمية، وله الاعتراض على الاسئلة التلقينية او الاستدراجية التي توجه للشهود .

Judge Advocate General مشاور عدلي عام : مستشار (مدني) دائم لوزير الحربية ووزير الطيران . تعود له سلطة الاشراف العليا على المحاكم العسكرية، من مهامه تقديم الفتاوى فيما يتعلق بالقوانين والانظمة العسكرية والجوية ودراسة اجراءات المحاكم العسكرية لاستيقان سلامتها من الوجهة القانونية، بحيث اذا عثر على اية اغلاط قانونية جوهرية في المحاكمات العسكرية او بدا له اي اجحاف او ظلم في حق أحد المحاكمين عسكرياً، وجب عليه ان ينصح السلطات المختصة بوجوب فسخ الحكم .

Judge Advocate of the Fleet مشاور عدلي للقوات البحرية : مهمته الاشراف على اجراءات المحاكم العسكرية البحرية واسداء المشورة لوزارة البحرية فيما يتعلق باجراءات التأديب البحرية .

judge *de facto* قاضي الواقع؛ قاض فعلي : ينتحل وظيفة القضاء بحق شكلي فقط (لا تتعدى قانونيته مجرد ظاهره)؛ كأن يكون تعيينه في منصب القضاء بقانون غير دستوري او من شخص استأثر لنفسه بسلطة التعيين غصباً او يمارس وظيفته دون حلف اليمين القانونية .

judge-made law تشريع القاضي : القانون الذي يضعه . قانون السابقات : القانون الذي يستمد كيانه من السابقات القضائية او القرارات الصادرة في الدعاوى .

اخرى، اذا اتى ذو الشأن بموضوعه من ناحية معينة وفصل فيه (نهائياً) فليس له بعد هذا ان يلبس ذلك الموضوع ثوباً اجرائياً آخر ويقاضي به من ناحية اخرى .

judgment execution [الحجز على ما للمدين لدى الغير] ضرب من التنفيذ يتعلق بالمحجوز لديه garnishee حين يصبح خصماً مدعى عليه اذا كلف الحضور ليبدي ما عنده من اسباب تقتضي عدم اصدار حكم لمصلحة المطالب بالحجز على ما لديه للمدين من اموال .

judgment in error : قرار في الغلط (موضوع الاستئناف) : الحكم الذي تصدره المحكمة الاستئنافية في طعن بغلط حكم معين صادر من محكمة دنيا .

judgment *in personam* or **judgment *inter partes*** حكم شخصي : صادر ضد شخص معين . هذا الحكم وان كان فاصلا بالنسبة للجميع غير انه لا يلزم في موضوعه غير الشخص المحكوم عليه وشركائه في الفعل او التقصير . وهذا نقيض القرارات العينية التي تصدر في الاشياء ***in rem*** وتلزم آثارها الجميع دون استثناء binds all the world .

judgment *in rem* حكم عيني : يتناول حقوقاً عينية وينصب على الشيء موضوع النزاع فيحدد ما له مهما تبدل مالكوه، كحق الارتفاق مثلا، اذا حكم به على مالك الارض الحالي انتقلت آثار الحكم الى من تلاه في ملكيتها وظلت هذه الآثار قائمة في مواجهة الجميع ما دامت الاسباب الباعثة عليها قائمة .

judgment lien امتياز محكوم به : يعطي المحكوم له حق استيفاء قيمة امتيازه من عقار المدين المحكوم عليه بالاداء .

judgment *nisi* حكم مقيد : يصدر بناء على دعوى قوامها الواقع ويصبح قطعياً ما لم تأمر المحكمة المختصة بفسخه خلال مدة معينة .

judgment note كمبيالة محكوم بها : صدر فيها حكم يلزم منشئها باداء قيمتها .

judgment of assets *in futuro* قرار في اموال مستقبلة . الحكم الذي تصدره المحكمة ضد منفذ الوصية او مدير التركة فيما يتعلق بما ينتظر ان يصل الى يده من اموال لحساب التركة في المستقبل نظراً لنفاد جميع الاموال التي في عهدته للتركة .

judgment of board of directors قرار مجلس ادارة

judgment of conviction حكم ادانة

judgment of discontinuance حكم انقطاع الخصومة : الحكم الذي يترتب على توافر الاسباب القانونية

— dormant judgment حكم خامد او نائم : لم ينفذ ولم يسقط (بمرور الزمن)، بل ظل خامداً مدة طويلة لا يتسنى معها بعثه للحياة إلا باستصدار حكم تنفيذي جديد .

— final judgment حكم نهائي : لا مراجعة بعده

— foreign judgment حكم اجنبي : صادر عن محكمة اجنبية .

— interlocutory judgment قرار عارض : يفصل في مسألة فرعية تتصل بموضوع النزاع بصفة فرعية او عارضة ولا يتناول صلب النزاع او حقوق الخصوم الاساسية .

— junior judgment قرار تبعي : يصدر بعد قرار سابق ضد المدعى عليه نفسه ويتناول ادعاء غير الادعاء الاول موضوع القرار المذكور .

— *nisi* judgment (راجع باب judgment *nisi*)

— *quod partitio fiat* judgment حكم تمهيدي، بوجوب قسمة مال او فرز عقار .

— self-executing judgment (راجع باب self) ·

— simulated judgment (راجع باب simulated)

judgment-book دفتر احكام : سجل تودع فيه احكام المحكمة وقراراتها .

judgment by default حكم غيابي : تنطق به المحكمة نتيجة تخلف المدعى عليه عن الحضور للمحاكمة .

judgment by *nil dicit* حكم سكوتي : الحكم الصادر عند عجز المدعى عليه عن الجواب او اذا اجاب وشطب جوابه stricken او سحبه او اهمله ولم يأت بعد ذلك باي جواب او دفاع آخر .

judgment creditor دائن محكوم له : بيده حكم تنفيذي على مدينه ويعتبر دينه ممتازاً .

judgment debt دين محكوم به : اي ثابت بحكم .

judgment debtor مدين محكوم عليه : صادر في حقه حكم بذمة لم يؤدها .

judgment docket جدول احكام : مودعة في قلم كتاب المحكمة ليطلع عليها ذوو الشأن .

judgment, estoppel by (estoppel by judgment) اغلاق الحكم . الاثر الحائل الذي يترتب على حكم صحيح يغلق على من صدر ضده طريق العود الى المحاولة، ويحجبه عن ان يتخذ لنفسه من الموضوع المفصول فيه موقفاً مخالفاً لموقفه الاول كي يصل الى غايته عن غير السبيل الذي سلكه اول مرة . بعبارة

لانقطاع الخصومة ويكون صدوره اذا أراد ذو الشأن ان يلاحق دعواه بين حين وآخر ليظل حقه فيها قائماً، ففشل، فانقطعت اسباب السير فيها .

judgment of his peers قرار اكفائه او انداده . اصطلاح مستعار من العهد الاكبر *Magna Charta* معناه يحاكم بهيئة محلفين .

judgment of *nolle prosequi* حكم الكف عن الملاحقة : الحكم الصادر ضد المدعي اذا حضر الجلسة وأقر بعدم رغبته في ملاحقة الدعوى .

judgment on case stated حكم القضية المبينة : اذا اتفق الخصوم على وقائع الدعوى وانحصر اختلافهم في النصوص القانونية الواجبة التطبيق على تلك الوقائع، امكنهم ان يرفعوا دعواهم للمحكمة المختصة باسطين فيها الوقائع المتفق عليها وطالبين اعطاء القرار للطرف المحق منهم مع الاتفاق فيما بينهم على الا يلاحقوا الدعوى بعد ذلك . والقرار الصادر في هذه الحال يسمى حكم القضية المبينة judgment on case stated .

judgment on demurrer قرار في الدفع بعدم كفاية اسباب الدعوى : من شأنه ان يقيد صاحب الدفع بالنقاط المدفوع بها ويمنعه من انكار وجودها في المستقبل، لان اعترافه بعدم كفايتها هو اعتراف ضمني بانها قائمة (لكنها غير كافية).

judgment on merits حكم موضوعي : حكم صادر في موضوع الدعوى .

judgment on verdict حكم بناء على قرار محلفين

judgment record [اجراءات انكليزية] سجل الحكم . السجل الذي تدون فيه جميع اجراءات الدعوى .

judgment recovered جواب حصول الاداء : لائحة جوابية يبدي فيها المدعى عليه ان المدعي استوفى منه موضوع المطالبة في دعواه .

judgment roll (راجع judgment record)

judgment-seat كرسي القضاء

judgment void on its face حكم ظاهر البطلان : تبدو اسباب بطلانه بمجرد الاطلاع على وقائع الدعوى .

judicatories مراجع القضاء؛ رجال القضاء او جهاته العائد اليها تفسير القوانين وتطبيقها .

judicatum solvi ضمان اداء المحكوم به

judicature نظام القضاء

دائرة الولاية القضائية

judicature acts قوانين نظام القضاء : القوانين التي التي تحكم تأليف المحاكم وتنظيمها، وقد صدر اهمها سنة ١٨٧٣ وسنة ١٨٧٥ لتنظيم اصول التقاضي امام محكمة القضاء العليا Supreme Court of Judicature ودمج المحاكم التالية في محكمة العدل العليا : Exchequer; Queen's Bench; Chancery; Bankruptcy's; Pivorce; Probate; Admiralty; Common Pleas; ثم تقسيم المحكمة العليا High Court of Justice الى دوائر منفصلة تتفرغ كل منها لنوع خاص من الاعمال .

judici officium suum excedenti non paretur لا تأثير لقرار تجاوز فيه القاضي ولايته : اي لا تكون لمثل هذا القرار اية قيمة .

judicia posteriora sunt in lege fortiora القرارات اللاحقة هي الاقوى في نظر القانون : لانها تكون في الغالب قرارات مراجعة او استئناف او ما الى ذلك مما يجعل لها في نظر القانون الاعتبار الاقوى .

judicia publica [قانون روماني] مدع عام

judicial قضائي؛ عدلي : يصدر عن جهات القضاء . [كنعت] حكيم، عاقل، صادر عن تبصر او ادراك او حسن تفكير .

judicial act عمل قضائي : يتصل بمراجع القضاء او وظائفه . عمل حكيم او عاقل

judicial action اجراء قضائي : تتولاه المحكمة المختصة حين تنظر الدعوى المعروضة عليها فتفصل بين الخصوم وتبين صاحب الحق منهم .
كل قرار او امر تصدره المحكمة في شؤون الخصوم الماثلين امامها طوعاً او كرهاً، والغائبين .

judicial authority سلطة قضائية

judicial business شؤون، اعمال او مشاغل قضائية

judicial circuit [نظام القضاء الاميركي] دائرة قضائية؛ جزء من ولاية يعين له قاض واحد يمارس الاختصاصات القضائية المبينة بالدستور .

judicial cognizance احاطة قضائية؛ المام قضائي، اذا توافر للقاضي وجب عليه ان يحكم بموجبه وان لم يثبت بشهادة الشهود، كاعتراف المتهم مثلا (اذا كان مدركاً سليم العقل) بأنه ارتكب الجريمة المسندة اليه . هذا الاعتراف يلزم القاضي بان يحكم على اساسه وان لم يوجد من يشهد على صحته .

لحراسة اموال يخشى عليها من ضياع او غير ذلك مما يبرر الحراسة .

judicial knowledge بداهة قضائية ؛ معلومات قضائية : اشياء تكون من الذيوع بحيث يعرفها جميع الناس بما في ذلك القضاة انفسهم ولا تفتقر الى دليل .

judicial legislation (راجع judge-made law)

judicial murder قتل قضائي : تستوجبه احكام القانون كتنفيذ حكم اعدام صادر من محكمة مختصة وان كان هذا التنفيذ لا يساير مبادىء الانصاف الطبيعي او العدالة الوجدانية .

judicial notice انتباه المحكمة ؛ علمها الخاص بالاشياء وما تلاحظه من تلقاء نفسها دون الحاجة الى دليل .

judicial office منصب قضائي ؛ وظيفة قضائية : تتولى تطبيق القانون والفصل في المسائل القانونية .

judicial officer موظف قضائي يمارس مهام قضائية او يتولى تقرير المسائل القانونية والامور المشمولة بالولاية المسندة اليه بحكم منصبه القضائي .

judicial opinion رأي قضائي : له قوة القرارات الباتة

judicial police شرطة قضائية ؛ ضابطة عدلية

judicial power سلطة قضائية ؛ تسند الى القضاة والمحاكم وتقابلها في الدولة السلطة التشريعية legislative power والسلطة الادارية administrative power .

judicial proceeding اجراء قضائي

judicial question مسألة قضائية : يعود نظرها وتقريرها الى مرجع قضائي .

judicial remedy تدبير قضائي ؛ علاج او حكم قضائي

judicial sale بيع قضائي ؛ بيع جبري : يحصل عادة بمزاد علني .

judicial separation إنفصال قضائي ، بين الازواج بناء على امر محكمة .

judiciary قضاء الدولة ؛ مرجع القضاء فيها ، رجال قضائها ، سلطاتها القضائية ؛ نظام محاكمها او نظام قضائها .

[كنعت] قضائي ؛ عائد الى المحاكم او متصل بها .

judiciary act قانون نظام القضاء الاتحادي الاميركي . . صدر هذا القانون في شهر سبتمبر سنة ١٧٩٨م لتنظيم المحاكم الاتحادية وتحديد اختصاصاتها .

judicial comity مجاملة قضائية : المبدأ الذي يبعث محاكم احدى الدول على مراعاة القوانين والاحكام الصادرة في دولة اخرى او تطبيقها ، لا على سبيل القيام بالواجب بل من قبيل المجاملة والاحترام .

Judicial Committee of the Privy Council [قانون انكليزي] الهيئة الاستشارية لمجلس الملك الخاص . محكمة قديمة تأسست في انكلترا سنة ١٨٣٣ ، قوامها عدد من اعضاء مجلس الملك الخاص العاملين والمتقاعدين ومهمتها تقديم الآراء والفتاوى للملك في المسائل القانونية كلما كلفت بذلك .

judicial convention اتفاق قضائي : يبرم بين اطراف الخصومة بناء على امر صادر من محكمة مختصة .

judicial cy pres [في الوصايا] التأويل القضائي لقصد الموصي . مبدأ استنتاجي قائم على تقدير المرجع القضائي المختص لرغبة صاحب الوصية الخيرية لو كان احاط بالاوضاع الجديدة التي طرأت بعد موته واستحال معها تنفيذ تعليماته بحذافيرها نظراً لزوال الاوضاع الاولى التي انشأ وصيته في ظلها . فاذا اخذت المحكمة بهذا المبدأ كان عليها ان تفسر الوصية بما يجعل اغراضها اقرب شيء لاغراض الموصي .

judicial decision قرار قضائي

judicial department دائرة قضائية : يعود اليها تفسير القوانين وتطبيقها .

judicial *dictum* تعليق قضائي ؛ رأي او تصريح قضائي ؛ ملاحظة قضائية ترد على لسان القاضي في سياق الدعوى .

judicial district منطقة قضائية : احدى المناطق التي تقسم اليها البلاد لاغراض القضاء .

judicial divorce طلاق قضائي : يصدر بقرار من محكمة مختصة وفقاً للقانون .

judicial errors اغلاط قضائية ؛ اخطاء ترتكبها المحكمة نفسها احياناً فيما يصدر عنها من احكام .

judicial estoppel اغلاق قضائي (راجع estoppel) : ينشأ في سياق الاجراءات القضائية فيمنع الشاهد مثلا من تغيير ما ورد في اقواله . الاغلاق المترتب على القضايا المحكمة (بضم الميم وتسكين الحاء) او الاشياء المقضي بها .
(راجع estoppel by judgment)

judicial evidence بينة قضائية ؛ دليل قضائي

judicial factor [قانون اسكتلندي] عامل قضائي يشبه الـ receiver الحارس القضائي في القانون الانكليزي . وهو شخص مؤتمن تعينه الـ Court of Session المحكمة المدنية العليا

Judiciary, High Court of [قانون اسكتلندي] حكمة الجنايات العليا في اسكتلندا؛ وهي تتشكل من Lord President of the Court of Session رئيساً ويسمى ايضاً Lord Justice General ومن الـ Lord Justice Clerk وغيرهما من قضاة الـ Court of Session . ومقر انعقادها الدائم Edinburg (باسكتلندا) وتعرف ايضاً باسم المحكمة العليا the High Court .

judiciously بتعقل؛ بحكمة؛ عن ادراك او تدبر او بصيرة

judicis est in pronuntiando sequi regulam, exceptione non probata على القاضي في حكمه ان يتبع القاعدة اذا لم يثبت له شواذها .

judicis est jus dicere, non dare للقاضي تفسير القانون لا وضعه .

judicis officium est opus diei in die suo perficere واجب القاضي ان ينجز عمل اليوم في اليوم نفسه .

Judicium Dei [قانون انكليزي قديم] حكم الله؛ ويراد به المحاكمة بالنار او الماء او الكي بالحديد المحمى او ما الى ذلك من وسائل المحاكمات القديمة عند الاوروبيين وغيرهم .

judicium parium محاكمة بهيئة محلفين او امامها

juge de paix قاض جزئي

jugum وحدة مساحة مقدارها ما يستطاع حراثته بزوج من الثيران في يوم واحد .

Julian Law (راجع *Lex Julia*)

jump bail يختفي (اذا كان مكفولا) . يتهرب من التزامات الكفالة او يخل بها، اذا كان اصيلا مكفولا .

juncture اتصال؛ محل اتصال او تلاق (بين اشياء) . وضع؛ نقطة

junior اصغر

junior barrister محام غير حائز على لقب مستشار الملكة Queen's Counsel .

junior execution تنفيذ تال او لاحق؛ تنفيذ آخر : يصدر في حق المدعى عليه ذاته بحكم غير الحكم الاول .

junior partner شريك اصغر؛ شريك موص

junior right حق الاصغر . عرف قديم ما يزال شائعاً في بعض نواحي انكلترا تنتقل بموجبه التركة الى الابن الاصغر دون الباقين من اخوته .

junk مواد بالية؛ اعقاب شيء او مخلفاته بعد ان يصبح غير صالح لما اعد له اصلا .

junta or ***junto*** مجلس ثورة؛ مجلس مختار، يتولى شؤوناً خطيرة تستدعي تكتماً عظيماً . عصبة (تآمر سرية)

jura in re [قانون مدني] حقوق في شيء؛ *re* حقوق عينية تتصل بعقار ويمارسها غير المالك، كحقوق الارتفاق وما اليها .

jura publica anteferenda privatis الحقوق العامة تتقدم الحقوق الخاصة .

jural تشمل هذه الكلمة مجموعة من المعاني الفنية، اهمها ما يأتي: حقوقي؛ يتصل بحق طبيعي او حكمي نحو: علاقات حقوقية jural relations .

قضائي؛ يتصل بالقضاء، فقهي؛ حقوقي : يتعلق بالحقوق او بحمايتها .

قانوني؛ تعترف به او تشمله القوانين الوضعية . اساسه القانون

jural society دولة، كتلة، جماعة او مجموعة، رابطة او هيئة سياسية منظمة .

juramentum يمين؛ قسم

juramentum in litem [قانون مدني] يمين نزاع، يحلفها المدعي على قيمة الاضرار الحاصلة له . وهي تقوم في بعض الاحوال مقام الاثبات وتعتبر كاليمين الحاسمة .

juramentum judiciale [قانون مدني] يمين قضائية، توجهها المحكمة للخصوم من تلقاء نفسها .

jurare est Deum in testem vocare من حلف اليمين فقد استشهد بالله (او اشهد الله على ما قال) .

jurat إشهاد على حلف يمين

jurata [قانون انكليزي قديم] هيئة محلفين أدى افرادها اليمين، وعددهم اثنا عشر .

juration حلف اليمين او اداؤها

jurator محلف؛ عضو في هيئة محلفين

juratores sunt judices facti المحلفون هم قضاة الواقع

jure بسبيل الحق؛ بالحق؛ بالقانون

jure belli بحق الحرب او قانونه، بموجب هذا الحق او القانون .

jure civili بالقانون المدني، بموجبه

jure coronæ بحق التاج ، على اساسه

jure divino بحكم حق سماوي

jure gentium بقانون الشعوب او بموجبه

jure propinquitatis بحق القرب او الجوار

jure uxoris بحق الزوجة ، بحكمه او بممارسته

juridical قضائي؛ عدلي؛ يتصل بمهام القاضي او تطبيق اصول العدالة .

حسب الاصول (بمعنى regular)؛ قانوني

juridical day يوم قضاء : يوم انعقاد المحكمة

juridical person شخص اعتباري (: ذو شخصية قانونية)

juris قانوناً؛ حقاً؛ بحكم القانون او الحق

***juris* doctor** دكتور قانون او حقوق . درجة علمية استعيض بها في عدد كبير من جامعات الولايات المتحدة عن درجة L.L.B. واقرتها جمعية المحاماة الاميركية وجمعية مدارس الحقوق الاميركية . ولا بد لمن يحمل هذه الدرجة ان يكون قد حصل على بكلوريوس فنون B.A. ثم درس القانون بعد ذلك ثلاث سنوات في احدى مدارس الحقوق المعتمدة واجتاز فحوص البار .

juris et de jure من حيث القانون والحق او بموجبها . قطعي ، لا يقبل العكس ، نحو : a presumption *juris et de jure* قرينة قطعية لا تقبل اي دليل عكسي ، تقابلها القرينة القابلة للنقض a presumption *juris tantum* التي تظل قائمة ما لم يثبت عكسها .

juris positivi من القانون الوضعي او فيه

juris privati من الحق الخاص؛ محل حق خاص

juris publici من الحق العام؛ محل حق او استعمال عام: شأن الاشياء العائدة لعامة الناس ، من حيث الاستعمال على الاقل ،كالطرق والجسور العامة والانهار والموانىء العامة وما اليها.

jurisconsult فقيه؛ عالم قانوني؛ ضليع في القانون (خصوصاً القانون الدولي والقانون العمومي public law) .

jurisdiction اختصاص؛ ولاية قضائية : سلطة النظر والفصل في الدعاوى والمنازعات .

الحق الذي يمارس القضاة بموجبه سلطاتهم القضائية . الحدود التي تمارس فيها المحكمة وظائفها القضائية من حين تلقيها العرائض واعلان الخصوم حتى اصدار الحكم وتنفيذه .

مدى حق المحكمة في تقرير القضايا والمنازعات المعروضة عليها .

— appellate jurisdiction (راجع باب appellate)

— special jurisdiction (راجع باب special)

jurisdiction of subject-matter اختصاص موضوعي يتعلق بنوع خاص او طبقة خاصة من الدعاوى .

jurisdiction of the person اختصاص شخصي : سلطة الحكم على الاشخاص .

jurisdictional اختصاصي : يتصل بالاختصاص او الولاية القضائية؛ مكسب او مخول للاختصاص، موضح او لازم له .

jurisdictional amount قيمة اختصاصية : قيمة الدعوى موضوع النزاع؛ القيمة المشمولة بالاختصاص . القيمة اللازمة لاختصاص المحكمة : اي التي يجب ان تتوافر في الدعوى لتجعلها من اختصاص المحكمة .

jurisdictional facts وقائع اختصاصية : الوقائع الموجبة للاختصاص . الوقائع الواجب توافرها في الدعوى لتكون من اختصاص المحكمة .

jurisdictional statement مذكرةاسباب الاختصاص : المذكرة المرفوعة الى المحكمة لبسط خلاصة الاسباب الداعية لاختصاص تلك المحكمة مع الإشارة الى الأحكام الدستورية والسابقات القضائية المستوجبة لهذا الاختصاص .

jurisinceptor طالب حقوق

jurisperitus فقيه؛ خبير في القانون

jurisprudence فقه؛ علم الحقوق او القضاء . فلسفة القانون . علم مبادىء القوانين الوضعية والعلاقات القانونية .

— comparative jurisprudence (راجع باب comparative)

jurist فقيه؛ حقوقي؛ عالم او مؤلف قانوني . يطلق هذا اللقب غالباً على المشتهرين بوضع المؤلفات القانونية .

juristic فقهي؛ حقوقي؛ قانوني؛ يتصل بالفقه، خاص به او بالمهنة القانونية .

juristic act عمل قانوني : تترتب عليه آثار قانونية .

juror محلف؛ عضو في هيئة محلفين

jury هيئة المحلفين: وهي قاضي الواقع او مرجع الفصل في الامور القائمة على الواقع . يختار اعضاؤها، وهم في الغالب اثنا عشر ، من سكان منطقة معينة لمدة محددة او قضية خاصة ،

هذه الحال تكلف هيئة المحلفات التحقيق في ادعاء المحكوم عليها ومعرفة مبلغ صدقها .

jury wheel عجلة محلفين . اداة كعجلة اليانصيب تدار مرة تلو اخرى على قاعدة كتبت عليها اسماء المرشحين للعمل في هيئات المحلفين فاذا وقفت في نهاية دورانها كل مرة اشارت الى احد الاسماء واعتبر الاسم المشار اليه من الاسماء المختارة، حتى يتكامل العدد المطلوب .

juryman محلف؛ عضو في هيئة محلفين

jurywoman محلفة؛ عضو في هيئة محلفات jury of matrons .

jus [قانون روماني] حق؛ قانون؛ عدالة

jus abstinendi حق التخلي : حق الوارث (حسب القانون الروماني) في ان يتخلى عن سهمه في التركة اذا بدا له ان غرمها يفوق غنمها .

jus abutendi حق اساءة الاستعمال؛ حق الشخص في ان يستعمل ماله كما شاء .

jus accrescendi حق الدوام : حق الباقين على قيد الحياة (من المستأجرين او الحائزين المتضامنين) اذا مات احدهم ان يحلوا مكانه في الحيازة، او الاجارة .

jus accrescendi inter mercatores, pro beneficio commercii, locum non habet ليس لحق الدوام محل بين التجار لمنفعة التجارة؛ اي : لا يوجد في الشركات البسيطة partnerships ما يوجد في اجارات التضامن من حق الدوام .

jus accrescendi præfertur ultimæ voluntati حق الدوام يقدم على الوصية الاخيرة؛ اي ان وصية الموصي بحصته من الحق التضامني لا تحجب الشركة، لان الوصية لا يسري مفعولها الا بعد وفاة الموصي بينما يكون حق الدوام survivor المكتسب عند نشوء الحق التضامني اصلا، قد انتهى الى الباقين على قيد الحياة، من المتضامنين فيه، حال وفاة شريكهم وقبل ان يتحقق ما في وصيته، نظراً لان هذا الحق ناشىء قبل الوصية وله عليها الاولوية .

Jus Ælianum قانون Sextus Aelius؛ وهو مجموعة من القوانين وضعها Sextus Aelius في ثلاثة اجزاء، تناولت : (١) الـ Twelve Tables الالواح الاثني عشر الموضوعة سنة ٤٥٠ ق. م. (راجع باب twelve)؛ (٢) تفسير هذه القوانين والقرارات المتخذة بموجبها؛ (٣) اشكال الاجراء

jus æsneciæ حق البكر (الابن الاكبر)

jus aquæ haustus [قانون روماني] حق سقي الماشية من ارض الغير او بئره . وهو من حقوق الارتفاق الريفية .

ويكلفون بعد حلف اليمين بالفصل في القضايا المدنية والجنائية القائمة على الواقع وذلك بقرار اجماعي يتخذونه وفقاً للقانون على اساس البينات المعروضة عليهم .

[قانون اسكتلندي] تختلف هيئة المحلفين من حيث العدد والنظام عنها في القانون الانكليزي اذ تتشكل في الدعاوى الجنائية من خمسة عشر محلفاً بدلا من اثني عشر . ولا يفرض القـانون الاسكتلندي عليها في المسائل الجنائية والمدنية ان تتخذ قرارها بالاجماع، بل يكتفي منها بقرار الاكثرية . كذلك فان هيئة المحلفين الاسكتلندية لا تتقيد باحد القرارين : مذنب guilty او غير مذنب not guilty بل لها قرار ثالث اذا شاءت اخذت به وهو not proven لم يثبت اولم يقم الدليل عليه (على الفعل موضوع النظر) . راجع trial by jury

— common jury هيئة محلفين عادية، لا يتجاوز عدد افرادها اثني عشر .

— grand jury هيئة محلفين كبرى : لا يقل عدد افرادها عن اثني عشر ولا يزيد على ثلاثة وعشرين، يستدعيها عامل الملك sheriff لكل جلسة تعقدها محاكم الجنايات . وهي تختص بتلقي الشكاوى والتهم الجنائية وسماع البينات المقدمة من المراجع الرسمية وتقرير صحة لوائح الاتهام اذا اقتنعت بتوافر الاسباب الكافية لوجوب المحاكمة او تقرير رفضها اذا لم تقتنع، وذلك كله بعد ان يؤدي افرادها اليمين وتصدر اليها المحكمة الارشادات القانونية اللازمة .

— mixed jury هيئة محلفين مختلطة : تتشكل من اشخاص مختلفي اللغة او اللون .

— petit jury or petty jury (or common jury) هيئة محلفين صغرى : هيئة محلفين عادية قوامها اثنا عشر محلفاً .

— special jury هيئة محلفين خاصة : تتألف من اشخاص على مستوى يفوق المستوى العادي الذي يختار منه اعضاء هيئات المحلفين الاخرى؛ وتستدعى عادة لتقرير المسائل المنطوية على الاشكال والتعقيد او التي تكون ذات اهمية خاصة .

— struck jury (راجع striking a jury)

— traverse jury (راجع traverse)

jury-box قفص محلفين : المكان المعد لجلوس هيئة المحلفين في المحكمة .

jury commissioner مندوب محلفين : الموظف المسؤول عن اعداد قوائم المحلفين اللازمين للدورات القضائية .

jury of matrons هيئة محلفات قوامها اثنتا عشرة امرأة متزوجة : يقتضي تأليفها غالباً اذا كان المحكوم عليها بالاعدام امرأة تدعي الحمل وتطلب ايقاف التنفيذ على اساس ذلك . وفي

jus aquæductus [**قانون روماني**] ارتفاق ريفي يخول صاحبه حق جلب الماء عبر ارض الغير او منها .

jus belli قانون الحرب : القانون الذي يحدد واجبات الامم المحاربة والمحايدة وحقوق كل منها .

حق الحرب : ما يجوز فعله مع العدو اثناء الحرب ويحكم قيامها ضده .

jus civile قانون مدني : نظام قانوني خاص بشعب او بلد دون غيره .

[**قانون روماني**] قانون الشعب الروماني . يقابله ما يسمى قانون الشعوب بوجه عام *jus gentium* .

jus civile est quod sibi populus constituit القانون المدني هو ما قرر الشعب لنفسه .

jus cloacæ [**قانون مدني**] حق المجرى؛ حق صرف المياه عبر ملك الغير .

jus commune حق عام او شائع

jus coronæ حق التاج ؛ الحق في وراثة العرش

jus disponendi [**قانون روماني**] حق التصرف

jus emphyteuticum or **emphyteuticarium**
حق استمتاع يخول صاحبه حق الانتفاع بملك الغير الى ما شاء شرط ان لا يفسد مادته وان يدفع ما يتفق عليه نظير اكتسابه .

jus ex injuria non oritur لا ينشأ عن حق باطل : لا يلد الباطل حقاً .

jus fluminum حق استعمال الانهر

jus fodiendi حق الحفر في ارض الغير

jus gentium قانون الشعوب او الامم . وهو اوسع نطاقاً من القانون الدولي نظراً لما يشمله من احكام مشتركة بين الامم كافة .

jus gladii حق السيف ؛ سلطة القانون التنفيذية ؛ حق المعاقبة على الجرائم

jus honorarium مجموعة احكام وضعها قضاة الرومان وخصوصاً الـ praetors منهم وجرت مجرى القانون .

jus honorum حق التوظف

jus in re حق في شيء : الحق العائد لصاحبه فيها يتعلق بشيء معين . وقد يعني هذا حق الملكية والحيازة في آن واحد ، وهو الحق الأكمل .

jus individuum حق لا يتجزأ ، لا يقبل التقسيم

jus itineris [**قانون روماني**] حق المرور عبر ارض الجار وهو من حقوق الارتفاق الريفية .

jus legitimum حق مشروع

jus liberorum [**قانون روماني**] حق يعفي المرأة اذا ولدت ثلاثة اولاد او اكثر من جميع الاعمال المكدرة او المرهقة ويمنحها حقوقاً ميراثية خاصة .

jus mariti حق الزوج ؛ وخصوصاً حقه المكتسب ، عن طريق الزواج ، فيما لزوجته من اموال منقولة .

jus naturæ or **jus naturale** القانون الطبيعي ؛ قانون الطبيعة . كلاهما لا يختلف في رأي فقهاء الرومان عن قانون الشعوب *jus gentium* نظراً لان القواعد والمبادىء القانونية المشتركة بين جميع النظم القانونية المعروفة لا بد ان تكون جزءاً من القانون الطبيعي .

jus navigandi حق الملاحة

jus necis [**قانون روماني**] حق الموت . وهو الحق الذي كان للوالد قديماً على اولاده .

jus non patitur ut idem bis solvatur لا يجيز القانون اداء ذات الشيء مرتين .

jus non sacrum القانون غير المقدس . يراد به الجزء المفرد من القانون العام *jus publicum* لتنظيم واجبات القاضي العادي .

jus non scriptum القانون غير المدون (بتشديد الواو مع الفتح) .

jus offerendi [**قانون روماني**] حق الحلول محل الدائن في الامتياز (على اموال المدين) بايداع المبلغ المستحق لهذا الدائن خزانة المحكمة لحسابه .

jus oneris ferendi [**قانون روماني**] ارتفاق تحميل الجدار ، وهو يخول صاحبه حق الارتكاز على جدار الغير او البناء عليه .

jus pascendi حق رعي

jus pœnitendi [**قانون روماني**] حق فسخ العقد او نقض الالتزام اذا اخل طرفه الآخر بما ترتب عليه بمقتضاه .

jus portus [**قانون بحري**] حق الميناء؛ اي حق اللجوء اليه

jus possessionis حق الحيازة ، اذا قورن بحق ملكية المال *jus proprietatis* .

jus postliminii [قانون مدني] حق العودة الى اعتبار سابق او مكانة اصلية؛ اي حق الشخص المعاد الى حق او وضع سابق (بعد فقدانه) في ان يعد كأنه لم يفقده قط . وهذا لا يكاد يختلف عن رد الاعتبار المعروف .
[قانون دولي] حق رد الاموال الى اصحابها بشروط معينة ، بعد ان استولى عليها العدو ثم وقعت في يد دولة حليفة للدولة التابع لها اصحاب تلك الاموال .

jus prætorium قانون الـ praetor؛ الاحكام الموضوعة حسب تقدير القضاة الرومان المسمين praetors تقابلها القوانين العادية السارية . وقد وضع هؤلاء القضاة الاحكام المذكورة مسايرة لقواعد العدالة المطلقة واجتهاداً منهم في تكميل القانون المدني وتعديله .

jus precarium [قانون مدني] الحق في الرهينة . اي فيما هو تحت اليد نظير شيء لا يستطاع استرداده الا بسبيل الترجي ولا يجدي فيه اي تدبير قضائي .

jus privatum قانون خاص . ينظم حقوق الافراد وسلوكهم وشؤونهم .

jus projiciendi [قانون مدني] حق البروز ؛ حق ارتفاق يخول صاحبه ان يبني شرفة (بلكوناً) في الفضاء العائد لجاره .

jus proprietatis حق ملكية . مجرد حق الملكية ، دون الحقوق الاخرى ، كحق الحيازة *jus possessionis* — حيازة المال.

jus protimeseos حق شفعة ، عائد للمالك في ملكه المؤجر اذا اراد المستأجر ان يتنازل عن حقه في استئجاره .

jus publicum قانون عمومي : ينظم تأليف الحكومات ووظائفها ويضع قواعد العدالة الجنائية والملكية العامة (العائدة للدولة) .

jus publicum privatorum pactis mutari non potest الاتفاقات الخاصة لا تعطل القانون العام .

jus quaesitum tertio حقوق على حساب الاغيار : لا يرتب العقد حقاً للغير ، اي انه ليس لاحد حق في ان يقاضي على اساس عقد لا يكون طرفاً فيه .

jus quiritium قانون روما القديم . وضع هذا القانون اصلا لطبقة خاصة من الشعب ثم انتظم سريانه فيما بعد جميع الشعب الروماني بموجب المدونة الرومانية المساة (الالواح الاثني عشر Twelve Tables) .

jus rerum قانون الاشياء : القانون الذي ينظم حقوق الاشخاص على الاشياء او كيفية اكتساب الملكية وممارستها والتصرف فيها .

jus sacrum [قانون روماني] القانون المقدس . جزء من القانون العمومي *jus publicum* يتعلق بالعبادات وتقديم القرابين وتعيين الكهنة .

jus sanguinis قانون الدم . قانون محل الوالدين (مكان الاسلاف او الآباء) .

jus scriptum [قانون انكليزي] القانون المكتوب

jus soli قانون مسقط الرأس او محل المولد .

jus spatiandi حق مرور عام : عبر الاراضي والاماكن العامة ، كالطرق والحدائق والميادين العامة .

jus tertii حق الغير

jus tigni immittendi [قانون روماني] حق ارتفاق يخول صاحبه ان يمد ما يلزم بنيانه من عوارض خشبية في جدار غيره او بنيانه .

jus utendi حق الاستعمال : حق استعمال الشيء دون اتلاف جوهره .

just عادل؛ مقسط؛ قانوني؛ مشروع؛ حق؛ صحيح؛ معقول؛ سوي؛ في موضعه

just cause دعوى منصفة؛ دعوى عادلة
سبب او داع معقول لاقامة دعوى او اقدام على فعل .

just cause of provocation سبب استفزازي معقول : اذا رافق فعل القتل غير وصفه وافقده عنصر القصد المصمم وسبق الاصرار .

just compensation تعويض عادل منصف او مناسب : التعويض الذي يتكافأ مع الخسارة .

just price ثمن عدل

just prior قبل (شيء معلوم) مباشرة؛ سابق او متقدم مباشرة

just value قيمة منصفة : لا تبخس الشيء حقه ولا تبالغ في تقديره .

just wage اجرة او عملة عادلة ؛ اجرة حق

justa causa سبب معقول؛ سبب مشروع؛ داع قانوني؛ صفقة قانونية

juste motif باعث صحيح

justice [قانون انكليزي قديم كفعل] يعدل؛ ينصف؛ يقسط
[كاسم] عدالة؛ انصاف؛ اعطاء كل ذي حق حقه

[في انكلترا] مستشار في مجلس الملكة الخاص او محكمة الـ Common Pleas .

[في امريكا] يطلق هذا اللقب غالباً على مستشاري المحكمة العليا للولايات المتحدة او محاكم الاستئناف في بعض تلك الولايات كما يطلق احياناً على صغار القضاة، كقضاة البوليس والصلح ومن في درجتهم .

— commutative justice : عدالة المعاوضة او التبادل : العدالة التي تحكم المعاملات التعاقدية وتلزم كل فرد ان يعطي الغير حقه كاملا دون التفات لقيمته الشخصية او مكانته الاجتماعية.

— distributive justice عدالة توزيعية . تحكم توزيع المكافآت (العوائد) وتعيين العقوبات : اي تقرر لكل شخص ما يستأهله من مكافأة او يستحقه من قصاص .

— do justice يعدل؛ ينصف

justice ayres or **justice aires** [قانون اسكتلندي] جولات قضائية دورية في الارياف يتناوبها القضاة للفصل فيما يرفع لجهات القضاء من منازعات في الاماكن النائية .

justice delayed is justice denied تأخير العدالة كجحودها

justice of the peace قاضي امن؛ قاضي صلح؛ قاض جزائي

[قانون اميركي] موظف قضائي ذو اختصاص مدني وجنائي محدود.

[قانون انكليزي] يعين هذا القاضي في الاقاليم counties والبلدان boroughs بمرسوم ملكي بناء على تنسيب الـ Lord Chancellor وهذا ينسب تعيينه بناء على توصيات الـ Lord lieutenant فيما يتعلق بالاقاليم وتوصيات المجلس البلدي فيما يتعلق بالـ boroughs .

ويمارس هذا القاضي مجموعة من الاختصاصات المتنوعة تشمل التحقيق في التهم الجنائية وتقرير احالة المتهمين الى محاكم الجنايات assizes او محاكم الـ quarter sessions وذلك حسب ما يتوافر لديه من ادلة، كما يمارس الفصل في الامور المستعجلة والمخالفات والجرائم البسيطة ومنح رخص الحانات وبيع المسكرات وما الى ذلك . وهو يؤدي اليمين قبل تسلم مهام منصبه ويكون تعيينه مدى الحياة . على انه اذا بلغ الخامسة والسبعين اقتصرت مهامه على التوثيق authentication ومنح الشهادات المطلوبة .

justice seat [قانون انكليزي] مقر العدالة؛ دار العدل. يطلق هذا الاسم على محكمة الغابات الرئيسية اذا عقدها رئيس القضاة الدوريين او الجوابين chief itinerant judge او وكيله للفصل في جميع الجرائم المتصلة بخرق انظمة الغابات والدعاوى الحقوقية مهما كانت اسبابها وانواعها .

justice's courts سميت هذه المحاكم كذلك نسبة الى الـ justice of the peace وهي محاكم جزئية غير تدوينية not of record اي لا تسجل اجراءاتها ولا تحفظ وتنحصر اختصاصاتها في المسائل المدنية والجزئية البسيطة .

justices of appeal مستشارو الاستئناف

justices of assize مستشارو الجنايات، ويسمون ايضاً justices of *nisi prius* وهم من قضاة المحاكم الكبرى superior courts المكلفين بعقد جلسات الجنايات دورياً في مختلف مقاطعات انكلترا وويلز للفصل فيما يعرض عليهم من مسائل .

justices of gaol delivery قضاة منتدبون، عهد اليهم سابقاً بتفتيش السجون والفصل في قضايا الافراد الذين يلقون فيها دون اية محاكمة .

justices of *nisi prius* (راجع justice of assize)

justices of oyer and terminer هيئة مستشارين بين اعضائها اثنان من مستشاري محاكم Westminster، كان يكلفها الملك زيارة جميع اقاليم المملكة باستثناء London and Middlesex مرتين في السنة لتأليف محكمة جنايات تتولى الفصل في قضايا الخيانة بوجه خاص والجنايات والجنح بوجه عام.

justices of the bench مستشارو المحكمة الانكليزية المسماة Court of Common Bench او Common Pleas وهي تمارس اختصاصاً ابتدائياً عاماً في الدعاوى الحقوقية .

justices of the forest [قانون انكليزي قديم] قضاة الغابات . مأمورون قضائيون اسند اليهم اختصاص الفصل في جرائم الصيد والافعال المرتكبة خلافاً لقوانين الغابات .

justices of the hundred [قانون انكليزي قديم] قضاة مختصون بحكم المنازعات الناشئة في نطاق وحدة الـ hundred التابعين لها . (راجع hundred في غير هذا المكان)

justices of the jews قضاة اليهود . قضاة عينهم الملك ريتشارد الاول لتنفيذ القوانين والاوامر الصادرة فيما يتعلق بتنظيم العقود المالية التي كان يبرمها اليهود مع الغير .

justices of the *quorum* (راجع باب *quorum*)

justiceship مستشارية؛ منصب المستشار (القاضي)، درجته او مركزه

justiciable اهل لنظر المحكمة؛ مشمول باختصاصها

justiciar; justiciary [قانون انكليزي قديم] اللقب الذي عرف به القضاة ايام النورمانديين واوائل ملوك الـ Plantagenets

justifying bail اثبات كفاية الكفالة او الضمان : اثبات ان الكفيل مليء (بكسر اللام)، اي يملك المال الكافي لاغراض الكفالة ، وذلك باليمين او غيرها من طرق الاثبات .

justitia عدالة . اختصاص القاضي او وظيفته

justitia nemini neganda est لا تنكر العدالة على احد .

justitia non est neganda non differenda لا ينبغي ان تمنع العدالة او تؤخر .

justitia non novit patrem nec matrem; solam veritatem spectat justitia لا تعرف العدالة والداً ولا والدة ولا تنظر لغير الحق .

justitium [قانون مدني] ايقاف سير العدالة في المحاكم . تعطيل المحاكم

justness مطابقة للحق؛ صحة؛ دقة؛ انضباط

juvenile courts محاكم احداث

juvenile delinquents احداث جانحون او مجرمون

juxtaposition مقاربة؛ مجاورة؛ ملاصقة. وضع الاشياء جنباً الى جنب .

juzgado [قانون اسباني] قضاء؛ هيئة قضاة

Justiciary Court; Justiciary, High Court of [قانون اسكتلندي] محكمة الجنايات العليا . تعرف عادة باسم المحكمة العليا High Court وتؤلف من الـ Lord President of the Court of Session (رئيس المحكمة المدنية العليا باسكتلندا) الذي يؤول اليه لقب Lord Justice General بحكم رئاستها واثناء انعقادها، ومن الـ Lord Justice Clerk وغيرهما من مستشاري المحكمة المدنية العليا . وهي تنعقد في ادنبرة وتشمل ولايتها عموم اسكتلندا وجميع الجرائم .

justicies [قانون انكليزي] امر ندب الـ sheriff (عامل الملكة) للفصل فيما يتجاوز اختصاصه من الدعاوى . وهو امر قضائي يوجه للمذكور في احوال الاستعجال مكلفاً اياه ان ينظر في محكمته دعوى معينة، تتجاوز نطاق اختصاصه ويفصل فيها. والكلمة في حد ذاتها تعني : (لك ان تطبق قواعد العدالة) او (لك ان تنصف فلاناً ..) .

justifiable محل؛ له ما يشفع به او يبرره؛ جائز قانوناً؛ مستند الى عذر او سبب مشروع .

justification مبرر؛ تبرير؛ تعلة او تعليل؛ مقتض؛ عذر محل او مقبول (اي كاف للاعفاء من تبعة فعل يعاقب عليه القانون) . تبرير (فعل او سلوك) : كاثبات صحة اقوال مقذعة اقام عليها المدعي دعوى قذف؛ او قيام المدعى عليه في دعوى التعدي باثبات ضرورة العنف المنسوب اليه .

justified معذور؛ له عذره المشروع؛ يقوم على سبب محل (بضم الميم) او مبرر (يقبله القانون) .

K

K. C. king's counsel مستشار ملك (راجع باب king's)

Q.B. Queen's Bench مجلس الملكة الخاص

kadi** or **qadi مستشار

kafa'a [فقه اسلامي] كفاءة ؛ مساواة الرجل للمرأة ؛ وهذه تكون في ستة امور : النسب والاسلام والحرفة والحرية والديانة والمال (ويقصد بالحرفة حرفة اهل الزوج وحرفة اهل الزوجة) .

kangaroo يراد بهذا الاصطلاح السلطة التي يملكها رئيس لجنة مجلس العموم the Whole House of Commons قاطبة في ان يختار ما شاء من التعديلات للبحث، بحيث لا يبحث عما لا يقع عليه اختياره .

kalendarium تقويم ؛ مفكرة
سجل تدون فيه قروض معطاة للغير نظير فوائد معلومة .

karat قيراط : عيار ذهب معتمد لقياس درجة الذهب وجودته .

keel صالب السفينة او قاعدتها . (راجع keels للمقارنة)

keelage رسوم ارساء السفن في الميناء

keelhale or **keelhaul** عقوبة بحرية قديمة شاعت في الاسطول الانكليزي ، وكانت تفضي في غالب الاحيان الى موت المعاقب ، اذ تقتضي ان يوثق بالحبال ويدلى في الماء من جانب السفينة ثم يجر من تحت صالبها (قاعدتها) حتى يخرج من الجانب الآخر . ولم ينج من الهلاك بهذه العقوبة الا من حبته الطبيعة بمناعة خارقة . وكان المحكوم عليه في غالب الاحيان يقضي نحبه قبل ان يرى النور من الجانب الآخر .

keels [في انكلترا] صنادل ؛ سفن صغيرة تستعمل لنقل الفحم .

keen جاد ؛ مجتهد ؛ مجد ؛ متحمس لشأن او مثابر عليه . حاد ؛ قاطع

keep مكان منيع وسط قلعة يلوذ به من فيها للدفاع الاخير . [كفعل] يحفظ ؛ يحافظ على ؛ يراعي ؛ يصون ؛ يعمل على اقرار امر . يقتني ؛ يحتفظ (بـ) ؛ يستبقي ، يحبسه في حوزته . يؤوي . يفتح (مكاناً) او يديره يعيل (اهلا) . يلزم (عملا) ، يستمر فيه . يمسك (دفتراً لحساب) ؛ يحفظ (سجلا لمحكمة) . على ان العبارة keep records of court لا تقتصر على مجرد حفظ سجلات المحكمة واوراقها من الضياع ، بل تشمل ايضاً تدوين ضبوط الجلسات ووقائع الاجراءات والاحتراز من ضياعها .

keep down interest يدفع الفائدة في مواعيدها : اي حال استحقاقها .

keep house [قوانين الافلاس الانكليزية] يلزم المنزل . وهذا عمل افلاسي يلجأ اليه التاجر احياناً بنية الاعتكاف في منزله تهرباً من مواجهة ارباب الذمم . ويستدل على هذه النية من رفض المدين مقابلة دائنه اذا جاءه للمطالبة بما له .

keep in repair يحافظ على اصلاح (محل) ، يحفظه في حالة جيدة : يصلح ما فسد منه مدة استعماله .

keeper حارس ؛ قيم ؛ متول (اذا كان الموضوع وقفاً) ؛ حافظ ؛ أمين : يأخذ على نفسه حفظ ما وكل اليه وادارته .

Keeper of the Great Seal (Lord Keeper of the Great Seal) [قانون انكليزي] حامل الختم الكبير . يعهد بهذا الختم الى وزير العدل ، Lord High Chancellor وتترتب على مهمة حمله مراجعة جميع البراءات والمراسيم والمواثيق والتعيينات الملكية وتذييلها به .

Keeper of the Privy Seal [قانون انكليزي] حامل الحلق (بكسر الحاء) (خاتم الملك) . يسند هذا المنصب عادة الى احد مستشاري مجلس الملكة الخاص Privy Council وتترتب عليه مهمة الاطلاع على جميع المراسيم والبراءات والوثائق الصادرة عن التاج وختمها بالخاتم المذكور Privy Seal قبل ختمها بالخاتم الكبير Great Seal .

وظيفة حامل الحلق او ما يشبهها كانت معروفة عند العرب ايام الفاطميين باسم (المهر دار) ، وهو تركيب مؤلف من كلمتين ، الاولى المهر (بضم الميم والهاء) ومعناها الخاتم ، والثانية دار ومعناها صاحب .

keeper of the touch مراقب السكة البريطانية : الموظف المشرف على المسكوكات النقدية وفحص معاييرها المعدنية .

keeping books مسك دفاتر الحسابات او سجلاتها .

keeping house لزوم البيت، وهو يعتبر عملا افلاسياً (لا يقدم عليه الا من احس بوطأة الافلاس) .

keeping term [قانون انكليزي] المواظبة على الفصل (او الحضور). اصطلاح جامعي يراد به الواجب الذي يترتب على طلبة القانون للتهيؤ لاجازة المحاماة ويقتضي كلا منهم ان يتعشى اثناء الفصل، في قاعة خاصة، عدة مرات تثبت فيها مواظبته على الفصل واهليته to be called to the bar للقبول في البار الانكليزي بدرجة barrister at law .

keeping the peace اقرار السلام، حفظه؛ صونه . تجنب ما يعكر صفوه .

Kellog-Briand Pact or **the Pact of Paris** ميثاق كيلوغ – برياند . سمي كذلك نسبة الى Kellog وزير خارجية الولايات المتحدة الامريكية و Briand وزير خارجية فرنسا وجرى توقيعه في باريس يوم ٢٧ آب (اغسطس) سنة ١٩٢٨ م . وقد استنكر فيه الموقعون ان تتخذ الحرب اداة لتسوية المنازعات الدولية واجمعوا على وجوب حل جميع المشاكل بالطرق السلمية . وكان فرقاء الميثاق مبدئياً كل من المانيا والولايات المتحدة وبلجيكا وبريطانيا العظمى وارلندا وايطاليا وفرنسا والدومنيونات البريطانية واليابان وتشيكوسلوفاكيا ثم انضمت اليه فيما بعد خمس وستون دولة اخرى .

kelp-shore المساحة الممتدة على الشاطىء بين اقصى مستوى المد واقصى مستوى الجزر .

kentref ناحية؛ جزء من اقليم county في ويلز ببلاد الانكليز .

kerb or **curb** [شؤون مالية] صفقات البيع والشراء التي تتم بعد اقفال السوق المالية .

kerb market سوق بيع الاسهم والسندات بعد اقفال البورصة .

kerb stone broker سمسار اوراق مالية غير عضو في البورصة .

kernes [قانون انكليزي] قعديون؛ (تنابل) بمعنى idlers؛ متشردون بمعنى vagabonds

key رصيف مائي : لحمل البضائع الى السفن وانزالها منها . مفتاح

keyage عوائد رصيف : الرسوم المفروضة على استعمال الرصيف البحري لحمل البضائع او انزالها .

Keys (في الـ Isle of Man جزيرة بريطانية بالقرب من ساحل انكلترا) : اعضاء الهيئة التشريعية المحلية وعددهم اربعة وعشرون .

Keys, House of مجلس المفاتيح . يطلق هذا الاسم على الهيئة التشريعية في الـ Isle of Man .

kidnapping خطف الاشخاص قهراً ثم حبسهم، لابتزاز المال من ذويهم او لغير ذلك من اغراض غير مشروعة .
نقل الغير بالباطل، قهراً، من مكان الى آخر وحبسه لغاية غير مشروعة .

kill يقتل او يميت . ولا تنطوي هذه الكلمة في حد ذاتها على معنى الاجرام .
[كاسم] كلمة هولندية معناها، قناة او مجرى نهر .

killed instantly قتل (بضم القاف) في الحال . لا يشترط في هذا التعبير ان يدل على وقوع الموت بمجرد توافر السبب المؤدي اليه بل قد يدل على وقوعه بعد ذلك ببرهة وجيزة او لحظات معدودة .

killing by misadventure قتل صدفة : القتل الذي لا يصحبه اي اهمال او تقصير جنائي او طيش، بل يحصل اتفاقاً اثناء قيام الشخص (الذي فرط منه السبب القاتل) بعمل مشروع ورغم ما بذله من التحوط المعقول، ويعتبر قتلا معفى من العقوبة .

kin قريب؛ عاصب؛ قرابة دم؛ اصل

— near of kin شديد القرابة

— next of kin قريب اقرب؛ ادنى الاقارب

kind نوع؛ صنف؛ درجة؛ صفة

— in kind (راجع باب in)

kindred اقارب؛ اهل دم واحد (من اصل واحد)؛ عصبة

king ملك؛ عاهل : ذو سيادة وسلطات وحقوق مطلقة او مقيدة، وعرش وراثي او انتخابي .

king can do no wrong «الملك معصوم» : اي لا يسأل قانوناً عما يفعل وان اخطأ في ذلك .

king reigns but does not rule الملك يملك ولا يحكم

kingdom مملكة

King's Advocate محامي الملك : وكيل التاج في الدعاوى الكنسية والبحرية والحسبية ومستشاره في المسائل المتصلة بالقانون الدولي، وهو يلي الـ attorney general من حيث الدرجة والمكانة .

King's Bench or **King's Bench Division** مجلس الملك الخاص : من دوائر محكمة العدل العليا High Court of

king's pleasure مشيئة الملك، رضاه او مرضاته

king's proctor وكيل الملك: المحامي الذي يمثل التاج، في دعاوى تحقيق الوصايا وحل الزوجية وابطال الزواج وما اليها، حيث يقتضى تمثيله. وهو موظف دائم يتدخل في الدعاوى المذكورة بناء على تعليمات النائب العام وترخيص المحكمة المختصة اذا بدا له ان الدعوى المرفوعة تخفي اغراضاً ملتوية ينبغي ان تطلع عليها المحكمة. ويكون تدخله في هذه الحال لاقامة الدليل على وجود التآمر بين الاطراف المعنيين، ويساعده في ذلك عدد من المحامين الاكفاء.

king's remembrancer موظف قضائي تابع للمحكمة العليا الانكليزية. ألحق قديماً بالدائرة المالية Exchequer واسندت اليه عدة وظائف كبرى، منها حماية ايرادات التاج وحقوقه وعوائده من الضرائب. ثم تلاشت جميع هذه الوظائف فيما بعد ولم يبق لصاحب اللقب المذكور اي شأن فعلي سوى المحافظة على بعض المراسم الخاصة، ولا يملك من سابق نفوذه شيئاً يذكر.

king's silver [اجراءات انكليزية قديمة] فضة الملك؛ وهي غرامة واجبة الاداء للملك.

king's widow [قانون الاقطاع] ارملة الملك. اطلق هذا الاسم على ارملة فصل الملك king's vassal بعد ان كانت تحلف اليمين على ان لا تتزوج الا باذن الملك.

kinsfolk اقارب: ينتمون لعائلة واحدة

kinshote [قانون سكسوني] المصالحة على جناية قتل القريب؛ بدل الجريمة الذي كان يؤدى في سبيل هذه المصالحة.

kinsman قريب: يمت الى ذات العائلة او العشيرة.

kinswoman قريبة: تمت الى ذات العائلة او العشيرة.

Kirby's Quest [قانون انكليزي] كشف «كيربي»، وهو سجل بياني لاوصاف جميع الاراضي الداخلة في حدود انكلترا، وضعه John de Kirby امين خزانة الملك ادوارد الاول.

kismat or ***qissmah*** قسمة؛ نصيب؛ حظ: ما كتب القدر من خير وشر.

kissing the book لثم الكتاب: ما يصدر عن الشاهد الحالف على الكتاب المقدس تأكيداً لتقييده بيمينه.

***kitabiyyah** [شريعة اسلامية] كتابية، المرأة التي تدين بدين الهي وتؤمن برسول وكتاب منزل — نصرانية او يهودية.

kite كمبيالة صورية؛ كمبيالة تواطؤ (راجع accommodation paper). يقال flying a kite حصول على نقود بكمبيالة صورية.

Justice Royal ، مقره الرئيسي دار محاكم العدل الملكية Courts of Justice بحي Strand في لندن. وهو يتألف من كبير مستشاري انكلترا Lord Chief Justice رئيساً ومن احد عشر عضواً. وينتقل العدد اللازم من مستشاريه اربع مرات في السنة لتأليف محاكم الجنايات Assize Courts في مختلف الاقاليم. ولا يقتصر اختصاص هذه المحاكم على المسائل الجنائية فحسب بل يتناول الدعاوى المدنية ايضاً، ويعتبر القاضي الجالس فيها كانه جالس بمقر الدائرة الرئيسي في الـRoyal Courts بلندن.

ولمجلس الملك ولاية عامة على جميع انواع الدعاوى الا ما دخل منها في اختصاص دائرة العدالة المطلقة Chancery Division. ويعرف باسم Queen's Bench اذا كان الجالس على العرش امرأة. وفي عهد الدكتاتور كروموبل كان يسمى Upper Bench. اما اسمه الاصلي فهو *coram ipso rege* ومعناه امام الملك ذاته. وقد اطلق عليه هذا الاسم لانه كان يعقد دائماً بحضور الملك شخصياً.

king's chambers غرف الملك؛ الجيوب الساحلية: وهي تشمل مساحة الماء المحاطة باي نتوئين على السواحل البريطانية والخط الوهمي الممتد بين رأسي النتوئين.

king's coroner and attorney (راجع Master of the Crown office)

King's Counsel (K.C.) مستشار ملك: يمنح هذا اللقب مقدمي الـ barristers المقبولين للمرافعة within the bar (راجع الاصطلاح الاخير تحت bar) كما يمنح ايضاً للـ serjeants. وهو لقب شرف ذو اعتبار خاص لا يجيز لحامله ان يتقبل المرافعة في اية دعوى ضد التاج الا باذن خاص يحصل عليه عادة بعد ان يدفع للخزانة مبلغاً مقرراً مقداره تسعة جنيهات تقريباً.

king's evidence شاهد ملك؛ من كان متهماً مع غيره بجريمة ثم تقدم للشهادة على شريكه فيها املا ان ينجو بنفسه من العقوبة. وهو يعرف في الولايات المتحدة باسم state's evidence.

king's peace سلام او نظام الملك. بدأ ملوك الانكليز ينشرون نفوذهم على ربوع بلادهم تدريجياً في اوائل القرون الوسطى؛ وكانت اطراف هذه البلاد في تلك الآونة تخضع لسلطات اللوردات المستقلين؛ فيفرض كل من هؤلاء نظامه او «سلامه» على منطقة معينة ويرغم اهلها على حفظه وعدم تعكيره. ولما اخذت البلاد تنضوي تحت لواء الملك بدأ نفوذه ينتشر فيها تدريجياً واصبحت العبرة فيها لسلامه king's peace وحده. ومن هنا عدت الافعال الجرمية من اسباب الاخلال بسلام الملك واقتضت تدخله كطرف مدع فيها على من اخل بهذا السلام.

know all men [في التفرغات والهبات] «ألا فليعلم الكافة» ؛ تعبير عظيم القدم كانت تفتتح به السندات والمحررات من قبيل اشهاد الكافة على ما ورد فيها .

know how الكيفية الفنية؛ سر الصناعة : الدراية التطبيقية التي يتيسر بها تجميع القواعد الهندسية او الفنية او الاصول الصناعية وتطبيقها عملياً ممن ألم بها وبخفاياها . ومعرفة سر الصناعة هي معرفة الكيفية التي يؤدي بها المطلع على المهنة الفنية مهنته .

ويتسنى بيع سر الصناعة باطلاع الجهة المشترية على خفايا الكيفية التي يتم بسبيلها انتاج شيء معين .

knowingly and wilfully عن علم وقصد؛ علماً وافتعالا . يرد هذا التعبير في وصف الاخلال القصدي بالقوانين وما في حكمها .

knowledge علم؛ احاطة؛ معرفة؛ اطلاع، (وقوف على شأن) ؛ استبانة؛ ادراك؛ فهم؛ إلمام

— carnal knowledge (راجع باب carnal)

— personal knowledge معرفة شخصية: تتوافر بسبيل الاطلاع المباشر على حقيقة الموضوع لا بمجرد السماع عنه من الغير indirectly .

knowledge of another's peril ادراك خطر الغير. العلم بالخطر المحدق بالغير . ويكون هذا العلم بالخبرة الخاصة المتوافرة للعالم به .

known معروف؛ مألوف؛ مشهور

known heirs ورثة معروفون : يقوم حقهم في الميراث على عدم وجود من هو ادنى منهم الى المورث .

Koran; Qur'àn القرآن الكريم : مصدر الشريعة الاسلامية الذي ينتظم مرافق الدنيا والآخرة . يقدسه المسلمون ويعتقدون انه قول الله المنزل المعصوم؛ وهو الى جانب قيمته الدينية والعلمية المثل الاعلى في الفصاحة والبلاغة، كما انه ينبوع التشريع الاسلامي ومرده .

koshan or **kushan** كوشان؛ سند تمليك (عقاري)

koshuba عقد زواج عند اليهود

kyth [قانون سكسوني] قريب، من اقارب الدم؛ عاصب

kleptomania [طب شرعي] داء السرقة او الجنون بها، ويعرف احياناً بالدغر (بفتح الدال والغين) والمصاب به داغر. وهو رغبة شديدة في السرقة تتسلط على فكر المصاب فتنزع به الى السرقة نزوعاً لا يستطيع كبحه . وتظهر اعراض هذا الداء النفساني في بعض النساء اللائي يكن تحت تأثير الامراض النسوية او في آخر ادوار الحمل . وهو يختلف عما يسمى shoplifting في ان المرأة المصابة به تسرق بلا وعي ولا تفكر فيما تمتد يدها اليه، بل قد تسرق من الاشياء ما لا يعود عليها باية فائدة . واما الـ shoplifter (المصابة بمرض نشل الحوانيت او سرقة الاشياء منها اثناء شراء حاجاتها) فهي تقبل على السرقة لغرض واضح في نفسها ولا تمتد يدها الا لما فيه فائدة معقولة.

knack براعة، مهارة، حذق؛ موهبة . أحبولة، خدعة

knacker من تعاطى ذبح الحيوانات المريضة او العديمة النفع او تاجر بها . ولا بد لهذه المهنة من ترخيص خاص .

knave دنيء؛ وغد؛ مخاتل؛ كاذب؛ مخادع؛ ماكر

knight [قانون انكليزي] فارس؛ لقب شرف يلي في المرتبة القاب النبل nobility مباشرة .

knight-marshal [قانون انكليزي] قاضي الخاصة الملكية؛ موظف قضائي تابع للخاصة يعود اليه اختصاص الحكم في الجرائم الواقعة داخل حدود الخاصة الملكية او بجوارها، والعقود المنشأة فيها اذا كان احد اطرافها من افراد الخاصة .

knights of the post فرسان الميدان : لقب سخرية دارج، يطلق على الشهود المأجورين .

knights of the shire نواب المقاطعة في البرلمان الانكليزي .

knock down [في بيوع المزاد] يرسي (بضم الياء وكسر السين) المزاد او يوقع البيع (على احد المزايدين) بالضرب على الطاولة بالمطرقة ايذاناً برسو البيع على المزايد الاخير (الذي تلته الضربة) باعتباره صاحب العرض الاعلى، نحو قولك :

the jewels were knocked down to X رسا بيع المجوهرات على (X) : اي اصبح لهذا حق امتلاكها بدفع ما عرضه لشرائها .

knot عقدة او ميل بحري: ٢٠٠٠ ياردة

know يعلم؛ يلم؛ يحيط؛ يعرف؛ يدري؛ يدرك

L

L. يرد هذا الحرف احياناً كرقم روماني للدلالة على العدد «٥٠» ويقوم على سبيل الاختصار مقام كلمات عدة تبتدىء به، نحو: قانون law؛ كتاب *liber*؛ سيد lord؛ وغيرها ...

L.R. تقارير قانونية law reports

L.S. (راجع *locus sigilli*)

LL.B. اجازة بكلوريوس في الحقوق bachelor of law.

LL.D. اجازة دكتور في القانون doctor of laws وهي اعلى الشهادات العلمية.

LL.M. اجازة استاذ في الحقوق master of laws وهي اعلى من البكلوريوس بدرجة واحدة.

l'obligation sans cause, ou sur une fausse cause, ou sur cause illicite, ne peut avoir aucun effet ليس للالتزام قوة اذا كان عوضه عدماً او قائماً على الكذب او غير مشروع.

la reyne le veult «المملكة تريده»: عبارة قديمة اقتضى الدستور الانكليزي ان يذيل بها كل قانون يراد اصداره ويليها توقيع الملك او الملكة.

label حاشية؛ شارحة، ملحق (يتبع الاصل لشرح غامض او استدراك نقص).
قسيمة تلصق على السند لبصم الاختتام اللازمة.
علامة نقابية؛ سمة رمزية توضع على السلع لتمييزها او بيان اوصافها او محتوياتها او للدلالة على مصدرها او لغير ذلك من ايضاحات.
صورة من تفويض صادر عن خزانة الدولة.
شريط؛ رقعة اوبطاقة من ورق او جلد او غير ذلك.

labour عمل؛ شغل؛ خدمة
مخاض او طلق: الآلام التي تتقدم الوضع مباشرة.
[كفعل] يعمل؛ يكد
يطيل (شرحاً)؛ يسهب (في موضوع)، نحو: to labour a subject.

— common labour عمل عادي: لا يحتاج الى خبرة خاصة او تدريب.

— hard labour (راجع باب hard)

— premature labour مخاض سابق لاوانه

labour a jury [قديماً] يحاول التأثير في المحلفين (فيما يقرون)، يسعى لتحقيق ذلك

labour dispute منازعات العمل

labour exchange مكتب عمل: مكان تسجيل العمال وتوزيعهم على مراكز الحاجة اليهم.

labour separation فصل من عمل

labour union اتحاد عمل او عمال

labourer(s) عامل (عمال)، فاعل: عامل يدوي (ج. فعلة بفتح الفاء والعين)؛ أجير (ج. اجراء)

labourers, statute of قانون العمال. صدر هذا القانون سنة ١٣٤٩م في عهد الملك ادوارد الثالث على اثر موت نصف السكان تقريباً بوباء الطاعون، وقد فرض على كل شخص دون الستين من العمر ان يعمل لدى من يكلفه نظير الاجرة الشائعة بين سنة ١٣٤٠م و ١٣٤٦م وذلك باستثناء التجار واصحاب الحرف والايرادات الخاصة والملاكين.

lace كيل طول مقداره خمس ياردات ونصف ياردة.

laches تأخير باعث على حيف التنفيذ او مخيب للعدالة: التأخير الذي يكون تنفيذ الحق معه مخالفاً لقواعد الانصاف. ولا يستطاع تحديد هذا التأخير بمدة معينة، غير ان الاسئلة التالية هي معيار معقول لتقدير ملابساته: (١) هل بلغ التأخير في المطالبة بالحق حدا يحتمل معه ان تفقد البينات التي كان في الامكان ابرازها لدحض الحق المذكور لو طولب به في حينه؟ (٢) هل هنالك ما يبرر الاعتقاد بوجود تواطؤ على عدم تنفيذ الحق؟ (٣) هل قام الشخص (المطالب – بفتح اللام الاخيرة – بالحق او بالتنفيذ ضده) بعمل ضار به ما كان ليصدر عنه لو لم يعتقد ان المطالب (بكسر اللام) قد تخلى عن حقه؟
والكلمة في حد ذاتها تفيد القعود عن عمل او اهماله، وقد وردت في بيان معناها، بالاضافة الى ما تقدم، تعاريف عدة، منها ما يأتي: اهمال القيام بما يقتضيه القانون. التغيير الذي يلم باحوال المال موضوع النزاع او احوال الخصوم او علاقاتهم.

الاهمال بلا مبرر؛ الاهمال الذي يحفز الغير على تبديل موقفه من حق او مال . التأخير الذي يحول دون وصول المحكمة الى الحق او يفضي الى ظلم او يجعل الحكم للمطالب بالحق حيفاً واضحا . التقصير بلا سبب معقول عن القيام بما يستوجبه القانون في سبيل حماية الحق . اهمال الشاكي وحسن نية المدعى عليه وما ينجم عن ذلك من ضرر . السلوك الذي يضع الغير في موقف يعرض حقوقه للخطر ويحرج اسباب دفاعه او يخيبها؛ وفي هذا ورد القول المأثور : التأخير يخيب الانصاف delay defeats equity .

laches, estoppel by (estoppel by laches) الاغلاق (راجع estoppel) المترتب على اهمال التنفيذ : حرمان الشخص ان يستأنف ملاحقة حقه او تنفيذه اذا اهمله او قعد عنه مدة غير معقولة من شأنها ان تثير الشكوك في عدالة التنفيذ .

lack of jurisdiction عدم الاختصاص؛ إنعدام الولاية (على موضوع)

lada [قانون انكليزي قديم] محكمة؛ مرجع قضاء

lade يسق (بضاعة) : يحملها على ظهر سفينة [كاسم] مصب نهر

laden in bulk بضاعة موسوقة حلا : (سفينة) محملة بضاعة غير معبأة في صناديق او اكياس او براميل او بالات، بل مصبوبة صباً في عنابرها او موضوعة حلا بلا عدد .

lading, bill of (راجع باب bill)

lady سيدة؛ زوجة نبيل؛ امرأة، أياً كانت، تدعى كذلك من قبيل الاحترام .

lady's friend [اجراءات برلمانية قديمة] صديق السيدة . موظف تابع لمجلس العموم البريطاني مهمته الاجتهاد في تأمين شروط مناسبة لاي امرأة يطلب زوجها استصدار مرسوم برلماني بتطليقها . (الغيت الطلاقات البرلمانية بتشريع صادر سنة ١٨٥٧م)

læsa majestas «الجلالة الموتورة» : تعبير قديم للدلالة على الخيانة العظمى او الجرائم الواقعة ضد شخص الملك او كرامته .

læsio ultra dimidium vel enormis [قانون روماني] الضرر الذي يلحق احد اطراف المبايعة اذا قل ما قبضه من ثمن عن نصف قيمة ما باعه من بضاعة، او زاد ما دفعه (كمشتر) على ضعف قيمة مشترياته .

lag إصطلاح عامي دارج معناه : يرسل (شخصاً) للاشغال (الشاقة كمحكوم عليه بها)؛ يقبض (على)؛ يحبس [كاسم] محكوم عليه؛ مسجون

lagan (راجع ligan)

lage قانون (سكسوني)

lage day [قانون انكليزي قديم] يوم قضاء؛ اليوم الذي تفتح فيه المحكمة ابوابها للحكم بين المتداعين .

lage-man رجل مراع للقانون، محافظ عليه؛ رجل عدل؛ عضو في هيئة محلفين

lagu [قانون انكليزي قديم] قانون

laisser or ***laissez aller*** مطلق التصرف او حريته؛ انعدام القيود

laisser or ***laissez faire*** حرية العمل؛ عدم التدخل؛ سياسة الترك؛ ترك الحبل على غاربه؛ استبهال

laisser or ***laissez passer*** جواز مرور؛ تصريح مرور . حرية تجارة

laity [قانون انكليزي] عامة الناس (من غير رجال الدين)

lake بحيرة

lamb حمل (حولي) : لم يتجاوز سنه عاماً واحداً .

Lambard's Archaion خطاب مشهور القاه William Lambard نيابة عن محكمة العدل العليا بانكلترا ونشر سنة ١٦٣٥ م .

Lambard's Archaionomia مجموعة قانونية شملت القوانين الانجلوسكسونية وقوانين William the Conqueror والملك هنري الاول ونشرت سنة ١٥٦٨م .

lame duck [معاملات البورصة] بطة عرجاء . اصطلاح دارج يدل على من تضطرب احواله المالية ولا يستطيع القيام بالتزاماته .

lammas lands اراض مشاعة تعود حيازتها في فصل معين من السنة الى عدد من الناس يستولي كل منهم على شطر معلوم منها، فاذا انتهى الفصل عادت الى شيوعها .

land ارض؛ عقار؛ مال عقاري؛ ملك
الارض وما يتبعها مما فوقها، كالمباني والمياه والاعشاب والاشجار؛ وما تحتها (في باطنها) من ثروات . الارض وما يتصل بها من حقوق ارتفاق او انتفاع .
بر؛ يابسة

— cultivated land (راجع باب cultivated)

— uncultivated land (راجع باب uncultivated)

land agent وكيل عقاري؛ وكيل بيوع ومشتريات اراض (املاك عقارية) .

دائرة تسجيل الاراضي ان تصدر لصاحب الحق العقاري المسجل الشهادة التي يقتضيها نوع التسجيل .

land registry office دائرة تسجيل اراض (دائرة طابو)؛ دائرة شهر عقاري

land revenues ايرادات الاراضي؛ ويقصد بها غالباً الايرادات العائدة من اراضي التاج في بريطانيا .

land steward مشرف زراعي؛ مدير ارض او قيم عليها لحساب الغير .

land tax ضريبة اراض : تقدر بنسبة قيمتها وتستوفى من مالك الارض او المنتفع بها .

land tenant or ***terre* tenant** حائز ارض؛ مالكها؛ مستأجرها

land tribunal محكمة الاراضي . تألفت هذه المحكمة بموجب قانونها الصادر سنة ١٩٤٩م للفصل في المسائل المتعلقة بالتعويض عن الاراضي المنزوعة الملكية وما الى ذلك من المطالبات والحقوق المتصلة بقانون الاملاك الصادر سنة ١٩٢٥م.

land waiter [قانون انكليزي] مأمور تفتيش جمركي، مهمته فحص البضائع ومعرفة احوالها عند انزالها على الرصيف، وذلك بسبيل الكشف عليها او مذاقها او وزنها او كيلها، حسب الاحوال .

land warrant [معاملات عقارية اميركية] سند عقاري، يعطيه مكتب الاراضي المحلي لمن اشترى ارضاً عامة، اشعاراً بتمام البيع واستيفاء الثمن؛ وهو يخول المشتري ان يبدله بسند ملكية من المكتب العقاري العام general land office صادر باسم الحكومة الاتحادية شهادة على انتقال ملكية الارض المذكورة اليه .

landa ارض فضاء (بور): لا زرع فيها ولا بناء .

landboc [قانون سكسوني] سند تصرف عقاري مكتوب يخول المتصرف له حق امتلاك الارض المبينة فيه او حيازتها .

landed عقاري : يتكون من املاك عقارية .
ملاك : صاحب ارض؛ من ارباب الاموال العقارية

landed estate or **landed property** تعبير عامي دارج معناه : اموال عقارية . الاراضي ومنشآتها وما يتبعها بوجه عام .

landed estates court [قانون انكليزي] محكمةاراض؛ تختص بالفصل في المنازعات القائمة حول الاراضي .

landed proprietor ملاك؛ صاحب ارض او حق فيها

land certificate شهادة عقارية؛ شهادة ملكية (كالكوشان) تعطيها دائرة تسجيل الاراضي لمن آلت اليه الارض طبقاً للقواعد المنصوص عليها بقانون التصرف العقاري land transfer act الصادر سنة ١٨٧٥ م، وذلك اشعاراً بانتقال ملكية الارض اليه وتسجيلها باسمه .

land cop [بيوع عقارية قديمة] استوجب القانون الانكليزي القديم ان يحصل البيع بين اطرافه بتسليم الارض للمشتري تسليماً رمزياً على يد المشرف العقاري، وذلك بان يقوم المالك البائع بتسليم العصا للمشتري اشعاراً بانتقال ملكيتها اليه . وكان هذا التصرف يجري في المحكمة ويسمى land cop .

land department [في الولايات المتحدة الاميركية] دائرة الاراضي؛ وهي تتبع وزارة الداخلية (او دائرتها) وتعود اليها المسؤولية فيما يتعلق بالاراضي العامة .

land grant منحة عقارية : ارض تنزل عنها الدولة لفرد او هيئة معينة، على سبيل الهبة .

land holder مستأجر ارض؛ مالك

land lady (راجع landlady)

land laws قوانين الاراضي : القوانين التي تحكم احوال الاراضي والحقوق والتصرفات المتعلقة بها .

land lord (راجع landlord)

land marks علامات استهداء او مساحة : تقام على حدود الاراضي المتلاصقة لايضاح معالمها منعاً للبس .

land plane طائرة برية

land-reeve مشرف زراعي؛ يلي الـ land steward من حيث المكانة .

land registration تسجيل الارض . تأسست دائرة التسجيل في لندن بقانون تسجيل الاراضي لعام ١٨٦٢م . وصدرت منذ ذلك الحين عدة قوانين في تسجيل الملكية ونقلها، منها القوانين التالية :

land transfer act, 1875
land transfer act, 1897
land registration act, 1925
land registration act, 1936

ويقع السجل register في ٣ اجزاء : ١ – سجل املاك يبين اوصاف الاراضي والحقوق القائمة عليها الحيازة . ٢ – سجل ملكية يبين نوع الملكية وما تعلق بها من شروط او قيود . ٣ – سجل رهون وامتيازات واختصاصات وضمانات وما الى ذلك مما قد يكون عالقاً بحق الملكية لمصلحة الغير . ويترتب على

[اجراءات جنائية] سقوط (الحق) بموت احد الخصوم او غير ذلك مما ينص عليه القانون من اسباب السقوط .

[في الوصايا] سقوط (الهبة الايصائية) بموت الموصى له او حدوث ما يمنعه من الانتفاع بالوصية .

lapse patent براءة بدلية : تصرف لشخص كي يحل محل آخر سبق ان صرف له مثلها لكنه قعد عن ممارسة حقه مدة معينة ادت الى سقوطه واقتضت احلال غيره فيه ببراءة جديدة ترتب اصدارها على سقوط البراءة الاولى .

lapsed policy وثيقة تأمين منقضية : لم تدفع اقساطها المستحقة، او بقيت سارية المفعول بالرغم من عدم اداء الاقساط المستحقة عليها .

larboard شمال السفينة : جانبها الايسر بالنسبة لمن جعل وجهه شطر مقدمتها . يقابله جانبها الايمن starboard .

larcenous لصوصي؛ له صفة السرقة؛ ينطوي على نية السرقة او اغراضها .

larcenous intent نية لصوصية؛ نية سرقة

larceny سرقة

— common law larceny السرقة حسب القانون العام : الاستيلاء الجنائي على منقول الغير قصد الاستئثار به او بمنافعه دون حق .

— compound larceny سرقة مشددة : السرقة المقترنة بعنصر من عناصر التشديد، كالتعدي والاكراه واستعمال السلاح وغير ذلك مما يحدده القانون .

— constructive larceny سرقة تقديرية، بنائية او حكمية

— grand larceny [قديماً] سرقة كبرى؛ السرقة التي كانت تزيد فيها قيمة المسروقات على ١٢ بنساً .

— petit larceny or (petty larceny) [قديماً] سرقة صغرى؛ تقل فيها قيمة المسروقات عن ١٢ بنساً .

— simple larceny سرقة بسيطة : لا تقترن باي ظرف من ظروف التشديد .

larceny from the person سرقة الشخص : نشل الاشياء من الغير بسلها من يده او جيبه او ثيابه على غفلة منه .

large واسع؛ كبير؛ ضخم؛ عظيم الحجم

— at large (راجع باب at)

larons [قانون انكليزي قديم] لصوص

lascivious شهوي؛ مثير للغرائز؛ مغر بالفجور

landed securities ضمانات عقارية : قوامها رهونات او حقوق امتياز عقارية .

landing نزول؛ انزال . مكان، محط او رصيف (غير الميناء) للوسق والتفريغ .

[قانون الطيران] هبوط

landing certificate شهادة انزال بضاعة

landing charges تكاليف انزال بضاعة

landing distance [قواعد الطيران] طول ارض الهبوط

landing strip برزخ هبوط

landlady مؤجرة (بتشديد الجيم مع الكسر)؛ صاحبة نزل او (بنسيون)

landlocked ارض محبوسة عن الطريق العام : تحيط بها اراضي الغير من كل مكان .

landlord مالك (ارض)؛ مؤجر (اجر الغير عقاراً) . صاحب نزل

landlord's warrant امر تنفيذ على امتعة مستأجر (تخلف عن الوفاء) لبيعها واستيفاء الاجرة المتأخرة او لحمله على مراعاة ما اخل به من شروط الايجار .

landocracy طبقة ملاكين؛ ارباب املاك؛ اصحاب اراض

landtag مجلس تشريعي الماني

language لغة؛ تعبير؛ مفهوم، نحو : according to the language of the clause .

languidus مريض؛ عليل؛ سقيم

lapidation الرجم حتى الموت : رجم (المذنب) حتى يموت جزاء له .

lappage تزاحم (حقين على موضوع واحد) الى حد يثير المنازعة . وهذا ما يكون حين ينصب سند التملك على ارض تعود للغير بموجب حق قانوني ثابت . ولا صلة هناك بين التزاحم وبين الشيوع او الاشتراك في الملكية .

lapse ينقضي؛ يمر؛ يزول : يسقط؛ يفوت؛ يتلاشى تدريجياً؛ يفلت؛ يتسرب؛ يزل (بكسر الزاي) او يزلق؛ يتحول او يميل عن نهج صحيح .

[كاسم] انقضاء (زمن)؛ زوال (حق) او سقوطه نتيجة التخلي عنه أو اهمال ملاحقته .

latent defect عيب مستتر او خفي : كعيب البضاعة اذا احاط به البائع وخفي على المشتري .

lateral road طريق فرعي

lateral separation [قواعد الطيران] انفصال عرضي ؛ بعد او ابتعاد جانبي

latifundium [مواد مدنية] املاك شاسعة . مشاع ؛ ارض كبرى ؛ مجموعة املاك صغرى تكون (معاً) ملكاً عظيماً .

latifundus واسع الاملاك ؛ من كان ذا املاك شاسعة او شمل ملكه عدداً من الاراضي الصغيرة فاصبح بها عظيم الشأن .

latitatio [قانون انكليزي قديم] تستر (بتشديد التاء الاخيرة مع الضم) ؛ تخفٍ

lator حامل (بمعنىbearer) ؛ رسول ؛ مشرع ؛ واضع قانون

latro [قانون انكليزي قديم] لص ؛ سارق

latrocinium حق محاكمة اللصوص واعدامهم

latrociny سرقة ؛ لصوصية

latter اخير ؛ متأخر ؛ تال ، لاحق (من حيث الذكر او الترتيب)

latter ellipt المذكور تالياً ؛ التالي ذكره

laudatio شهادة تعطى امام المحكمة بحسن سيرة المتهم ونزاهته واستقامته .

laudator حكم . شاهد على حسن سيرة الغير واخلاقه .

launch [كاسم] زورق آلي او بخاري

ينزل سفينة الى الماء (من مكان بنائها) .

laus Deo «الحمد لله» : عبارة كانت تستهل بها الكمبيالات والسندات قديماً .

law قانون ؛ شرعة ؛ سنة ؛ ناموس

احكام مقننة تضعها وتصدرها السلطات التشريعية في البلاد لما ترى وجوب مراعاته .

مجموعة المبادىء والاسس والانظمة والقواعد التي تطبقها مراجع القضاء في الدولة على ما يطرح امامها من شؤون او منازعات .

law-abiding ممتثل للقانون ؛ مراع له ؛ حريص او محافظ عليه

law agents وكلاء قانونيون : محامون مزاولون امام المحاكم الاسكتلندية .

lascivious carriage سلوك متهتك او شهوي ؛ تصرف مثير للغرائز او حاض على الفجور : افعال جنسية لا تصل الى مرتبة الفاحشة نفسها بل تكاد . وهي تشمل جميع ما يرتكب ضد ارادة الغير من افعال منافية للحشمة .

last [قانون انكليزي قديم] حمل (بكسر الحاء وتسكين الميم) ؛ زنة ؛ وزن

[كنعت] اخير ؛ آخر

[كفعل] يبقى ؛ يدوم ؛ يستمر ؛ يكفي

last clear chance آخر فرصة معقولة ؛ الفرصة الاخيرة المتيسرة . يراد بهذا الاصطلاح المبدأ القائل بان من توافرت له الفرصة الاخيرة لاجتناب واقعة او دفع اذى او خطر فأهملها ولم يغتنمها ، كان المسؤول عن العاقبة واعتبر السبب الادنى للاضرار الناجمة . وعليه فآخر من استطاع دفع الخطر (أو تهيأت الفرصة الأخيرة لذلك) ولم يدفعه لسبب معقول ، يعتبر اول المسؤولين عنه واحقهم بمنعه واقرب الاسباب اليه .

وقد يراد بالمبدإ ذاته احياناً آخر فرصة يعطاها الطرف المتضرر لاقامة الدعوى رغم قعوده عن المطالبة .

last heir [قانون انكليزي] الوارث الاخير ؛ من تؤول اليه التركة اذا لم يعقب المتوفى ورثة قانونيون . وهذا قد يكون مولى الارض الذي اقطعها او اجرها للمتوفى كما قد يكون الملك او الدولة .

last illness مرض الموت : المرض المنتهي بالوفاة

last resort مرجع اخير : المحكمة التي لا تستأنف احكامها.

lastage ضريبة تستوفى على تجهيز السفينة بالصابورة اللازمة (راجع ballast) من منطقة الميناء .

lata culpa خطأ او اهمال جسيم

lata culpa dolo æquiparatur الاهمال الجسيم والخديعة سيان .

late متوفى ؛ من كان حياً اخيراً وتوفي . اخير ؛ متأخر

lately مؤخراً ؛ اخيراً ؛ منذ عهد قريب

لهذه الكلمة مدى رجعي شاسع يمتد احياناً الى غير الماضي القريب بحيث يستطاع القول lately deceased عمن مات منذ عشر سنين او عشرين سنة .

latent كامن ؛ دفين ؛ باطني ؛ موجود او قائم طي (شيء) ، داخله او في خفاياه

latent deed سند محفوظ : حجة مضى على حفظها عشرون سنة .

law arbitrary قانون تحكمي : لا تقتضيه طبيعة الاشياء والظروف بل يفرض تحكماً لمجرد تنفيذ رغبة المشرع .

law burrows [قانون اسكتلندي] كفالة حسن سلوك

law charges [في بعض الولايات المتحدة الاميركية] مصاريف قانونية؛ مصاريف الدعوى التي يحكم بها على الفريق الخاسر .

law court محكمة قانونية

law disfavoureth impossibilities القانون ينكر المستحيلات او لا يستسيغها .

law disfavoureth improbabilities القانون لا يستسيغ غير الممكنات .

Law French فرنسية القانون : اللغة الفرنسية التي ادخلها William the Conqueror انكلترا ابان غزوه لها سنة ١٠٦٦ م .

law hateth delays القانون يمقت التأخير

law hateth new inventions and innovations القانون يمقت البدع والمستحدثات .

Law Latin لاتينية القانون : اللغة اللاتينية المستعملة في وضع القوانين الانكليزية القديمة .

law list نشرة قانونية شبه رسمية تصدر في انكلترا سنوياً بالوقائع والاحصائيات القانونية التي تهم رجال القانون .

law lords لوردات القانون : اعضاء البرلمان من اللوردات الذين سبق لهم ان شغلوا مناصب قضائية عليا او اشتهروا في ميادين المهنة القانونية .

law maker واضع القانون؛ شارع؛ مشرع؛ مرجع تشريعي؛ سلطة تشريعية

law merchant القانون التجاري؛ وهذا لا يختلف عما يسمى mercantile law او commercial law .

law of a general nature قانون عمومي، ذو صفة عمومية : يتصل باشياء عامة الوجود .

law of citations (راجع citation, law of)

law of diminishing returns قانون تناقص الغلة او العوائد : المبدأ القائل بأن الزيادة في العمل ورأس المال لا تترتب عليها زيادة نسبية في الانتاج ما لم يصحبها تقدم في فن الانتاج .

law of diminishing utility قانون تناقص المنفعة : المبدأ القائل بانه كلما زادت الكميات المستهلكة من سلعة معينة، قلت الحاجة الى وحدات اضافية منها .

law of increasing returns قانون ازدياد الغلة : المبدأ القائل بان الزيادة في العمل ورأس المال المستخدمين في الصناعة تتبعها زيادة في الغلة بنسبة تفوق زيادة النفقات .

law of markets قانون التسويق

Law of Nations قانون الامم : القانون الدولي او القانون الدولي العام .

law of probabilities قانون الاحتمالات

law of parsimony (راجع باب parsimony)

law of the case قانون الدعوى : الاوامر والقرارات والاحكام التي تصدر في الدعوى وتحكمها .

law-officers موظفون قضائيون

law report تقرير قانوني؛ بيان اجراءات قانونية يتضمن الوقائع والاسباب التي بنت عليها المحكمة قرارها في مسألة معينة . ومن شأن التقارير القانونية الرسمية ان تورد فحوى مرافعات محامي الخصوم في الدعوى . وللمحامين التمسك بما يرد في هذه التقارير من السابقات القانونية .

Law Society جمعية المحامين او نقابتهم . تأسست هذه الجمعية (في انكلترا) سنة ١٨٢٥ م وهي تتولى الاشراف على المحامين بدرجة solicitor اثناء ممارستهم المهنة . وبها لجنة تعرف باللجنة التأديبية disciplinary committee لها سلطة النظر في الشكاوى المقدمة ضد الـ solicitors وشطب المخل منهم اذا اقتضى الامر ذلك من جداول المحاماة؛ ولا تستأنف قراراتها الا للمحكمة العليا . ويعود اليها قبول الـ solicitors للمهنة والاشراف على فحوص المحامين .

law spiritual قانون روحاني؛ شريعة دينية

law term مصطلح قانوني

law worthy له الحق في حماية القانون او اللجوء اليه او الانتفاع بما يتيحه من تدابير .

lawful قانوني؛ شرعي؛ مشروع؛ مباح قانوناً

lawful age السن القانونية؛ سن الرشد : الحادية والعشرون في الرجال والثامنة عشرة في النساء .

lawful authorities سلطات او مراجع قانونية

lawful damages اضرار او تضمينات قانونية : يحددها القانون وتقررها المحكمة المختصة .

lawful day يوم قانوني : كل يوم من ايام الاسبوع خلا ايام الاعيـاد والعطلات الرسمية؛ او (حسب القانون الانكليزي) كل يوم خلا يوم الاحد ويوم ميلاد السيد المسيح Christmas Day والجمعة الحزينة Good Friday .
تعرفه بعض المراجع الانكليزية بيوم الاحد او اي يوم تحدده السلطات القانونية لاغراض العبادة .

lawful dependents عيال او معولون شرعيون؛ لهم حق الاعالة بموجب القانون وحكم الصلة الشرعية بالعائل .

lawful discharge [مواد الافلاس] ابراء قانوني؛ ابراء ذمة المدين من ديونه (في حالة الاعسار والتصفية)؛ خلو طرف او اخلاء قانوني من مسؤولية .

lawful entry دخول او احتلال مشروع

lawful heir وارث شرعي

lawful issue [في المواريث] عقب او فروع شرعيون . الاولاد الشرعيون وفروعهم لزيجة او زيجات شرعية
[قانون عام] يقتصر هـذا الاصطلاح على اولاد الشخص الشرعيين دون فروعهم .

lawful money نقود قانونية

lawful representatives ممثلون قانونيون

lawless مارق او خارج على القانون؛ غير قانوني؛ لا يخوله القانون؛ لا يخضع لقانون

lawless court اطلق هذا الاسم على محكمة انكليزية قديمة ملغاة قيل انها كانت تعقد جلساتها في مقاطعة Essex بانكلترا مرة واحدة في السنة وذلك عند صياح الديك (فجراً) في الظلام بغير نور او قلم اوحبر؛ ويتكلم فيها القضاة والمتداعون والشهود همساً .

lawless man خارج على القانون؛ لا يمتثل لقانون

laws قوانين (تضعها وتصدرها السلطات المختصة في الدولة)؛ نواميس
(راجع law)

Laws of Wisby (راجع Wisby, Laws of)

lawsuit دعوى قضائية : تكون في الغالب دعوى مدنية تنظرها محكمة مدنية .

lawyer محام قانوني؛ مجاز في علم القانون؛ يمارس المهنة القانونية

lay جعل او حصة (من عوائد رحلة صيد بحري) يتقاضاها بحارة السفينة على سبيل الاجرة .

[كنعت] دنيوي؛ يتصل بغير رجال الكنيسة؛ عادي
[كفعل] يعرض؛ يبين؛ يبدي (شيئاً في دفاع او عريضة)؛ يحدد؛ يفرض؛ يضع

lay damages يبين (في ختام لائحة الدعوى) مقدار العطل والضرر .
اضرار موضوع مطالبة

lay days ايام السقائف؛ ميعاد السقالة (بتشديد السين مع الكسر) : الايام التي يصرح فيها بوسق السفينة وتفريغها .

lay judge قاض غير مؤهل (لمهنة القضاء)، من غير رجال القانون او لم يدرس علم القانون . استخدم امثال هذا القاضي سابقاً كقضاة معاونين في الدعاوى المنظورة امام المحلفين .

lay out انشاء (طريق) عام، تعبيده

lay people محلفون؛ عدول؛ رجال هيئات المحلفين jurymen

lay system نظام محاصة شائع بين الصيادين، يباع بموجبه الصيد البحري في المزاد، ثم تستنزل مصاريف الرحلة (من تجهيز وتموين وغير ذلك) من حصيلة البيع ويوزع الباقي على الربان والبحارة بنسبة مقررة .

laying the venue بيان المحل : (محل الدعوى)؛ التأشير على هامش ورقة الدعوى باسم الاقليم او المكان الذي يرغب المدعي ان تنظر فيه دعواه .

layman احد العامة : من غير رجال الدين او القانون او المزاولين لمهنة او صناعة خاصة .

layoff فصل عن عمل؛ انهاء خدمة المستخدم بارادة رب العمل .

lazaret مستشفى امراض سارية او خطرة؛ محجر صحي للسفن القادمة من اماكن تكثر فيها الامراض السارية .

le contrat fait la loi العقد ينشىء القانون؛ «العقد شريعة المتعاقدين» .

le salut du peuple est la suprême loi
سلامة الشعب هي رأس القوانين (او القانون الاسمى) .

lea مرعى؛ مرج؛ ارض منبسطة

lead يقود؛ يوجه؛ يفتتح؛ يبدأ؛ يدير؛ يترأس؛ يؤم . يؤدي او ينتهي (الى)
اذا اتخذ احد الخصوم في الدعوى لنفسه محامين واسند لاحدهما توجيه الدعوى وادارتها ، كان هـذا المحامي الموجه او الرئيسي leading counsel وكان الثاني مساعداً له .

lead to يؤدي الى؛ يورد (خطراً او تهلكة)؛ يسفر عن

leading a use [مصالحات عقارية] منشىء للمنفعة . إذا نظم السند المبين للمنفعة العقارية قبل الاعتراف (للغير) بالاحقية فيها اعتبر leading a use اي منشئاً للمنفعة؛ واذا نظم بعد ذلك اعتبر declaring a use مقراً للمنفعة .

leading case امهات القضايا؛ قضايا رئيسية . سميت كذلك لانها كانت ادعى الى اهتمام الناس والقضاة من غيرها واصبحت قراراتها واحكامها بمثـابة حجة ومرجع للقضايا اللاحقة .

قضايا تسفر عن تقرير مبادىء قانونية جديدة .

leading counsel محام رئيسي او موجه (راجع lead)

leading question سؤال تلقيني او استدراجي : السؤال الذي يبين للشاهد كيفية الجواب او يضع في فمه الكلمات المطلوبة ليرددها في جوابه . السؤال الذي يستدرج الشاهد الى الإجابة المطلوبة .

league عصبة؛ كتلة؛ جامعة (دول) : تؤلف لدفاع او هجوم او تعاون او اية مصلحة مشتركة اخرى .

[في المساحات] فرسخ؛ وحـدة قياس تبلغ ثلاثة اميال (١٥٨٤٠ قدماً) تقريباً وتختلف احياناً من حيث المقدار بين دولة واخرى .

— marine league فرسخ بحري : كيل بحري يستعمل لتحديد الاختصاص الاقليمي، مقداره ثلاثة اميال بحرية، اي: ١٨٢٢٥ قدماً .

League of Nations عصبة الامم . تألفت هذه المؤسسة بموجب معاهدة فرساي سنة ١٩١٩ لاقرار السلام والحيلولة دون وقوع الحروب وانحلت يوم ١٨ (نيسان) ابريل سنة ١٩٤٦ .

leakage سيلان؛ تسرب او رشح (سائل من وعائه)

lean اذا اقترنت هذه الكلمة بـ to عنت: يميل؛ ينحاز؛ يجنح او يتجه الى (عقيدة او رأي او امر معلوم) . واذا اقترنت بـ against كان معناها مال او اعرض عن .

leap-day يوم ٢٩ شباط (فبراير) من كل سنة كبيسة .

leap-year سنة كبيسة، تتألف من ٣٦٦ يوماً : بزيادة يوم واحد على شهر شباط من كل سنة رابعة كي تطابق موقع الشمس .

learn يعلم (بأمر)، يحيط او يلم (به)، يتعلم

learned مطلع؛ خبير؛ ضليع؛ بارع؛ عالم؛ علامة

learning علم؛ المام علمي بأصول مهنة او فن؛ معرفة

lease عقد ايجار (بعوض معلوم ولمدة معينة)

[كفعل] يؤجر؛ يحكر؛ يكري

— concurrent lease إجارة تداخل او تزاحم: تأجير العقار لشخص بينما هو مؤجر لآخر؛ بحيث اذا اجر (أ) من الناس ارضه لـ (ب) من يوم ٥ آذار ١٩٥٩ مثلا الى ٥ آذار ١٩٦١، ثم أجرها لـ (ج) من اول تموز ١٩٦٠ الى اول تموز ١٩٦٢ كانت الاجارة الثانية concurrent lease اجارة تداخل وترتبت عليها للمستأجر الثاني حقوق معلومة .

— parent lease عقد ايجار اساسي: بين المالك والمستأجر. يقابله ما يسمى sublease اي ايجار من الباطن، يؤجر بموجبه المستأجر ما تحت يده لمستأجر ثان؛ بحيث اذا اجر (أ) لـ (ب) منزلا، واجر (ب) ذات المنزل او جزءاً منه لـ (ج)، كان العقد المحرر بين (أ) و(ب) parent lease والعقد الثاني بين (ب) و(ج) sublease .

— parol lease ايجار شفوي: يترتب على العقار بموجب اتفاق شفوي بين المؤجر والمستأجر .

— perpetual lease اجارة استمرار: ايجار غير مقيد بزمن معين .

— sublease or underlease : ايجار باطن او من الباطن: قيام المستأجر بتأجير العقار المؤجر له (كله او جزء منه) الى شخص ثان مدة تقل عن المدة المتفق عليها بينه وبين المالك. فاذا تساوت المدة المقررة بين المستأجر الأصلي والمستأجر الثاني مع المدة المقررة بين المستأجر الاصلي والمالك اعتبر التأجير الثاني assignment تنازلا او تصرفاً، لا ايجاراً من الباطن .

lease and release ايجار وتأجير . طريقة لنقل الملكية المطلقة من شخص الى آخر جرى بها العمل بين سنة ١٥٣٦ و ١٨٤١ لتجنب احكـام تشريع التسجيلات الصادرة في عهد الملك هنري الثامن statute of enrollments بوجوب تسجيل عقد البيع خلال ستة اشهر من تاريخه . وكان البائع بسبيل هذه الطريقة يعقد اجارة عام واحد لمصلحة المشتري على الارض المراد بيعها على اساس ما كان يسمى bargain and sale (راجع باب bargain) ليتاح له الاعفاء من التسجيل ثم يعقد اجارة اخرى تسمى release يحول ما تبقى له من حق في الارض للمشتري فتؤول لهذا الاخير الملكية المطلقة .

leasehold حيازة ايجارية؛ اجارة عمرية . عقار محوز بموجب ايجار دائم مدى الحياة .

leave يدع، يترك؛ يتخلى عن؛ يعطي؛ يهب، يوصي بشيء للغير) . (راجع left)

يغادر، يبرح، يترك، يخلي

[كاسم] اجازة، مأذونية، إذن، استئذان

leave and licence, with his (with his leave and licence) «باذنه وترخيصه» . الجواب الذي يقدمه احياناً المتهم بالتعدي على عقار الغير كي يبرر فعله بانه لم يحصل الا بمعرفة صاحب العقار ورضاه .

leave no issue لم يعقب: لم يخلف او يترك فرعاً وارثاً

leave of court اذن المحكمة

leave out يدع، يترك؛ يتجاوز عن؛ يسقط من اعتبار، لا يدخل في حساب؛ يذهل؛ يسهو عن

lebensraum إقليم او موقع حيوي

lecherwite [قانون انكليزي قديم] غرامة زنا، كان يفرضها بعض اللوردات الاقطاعيين على مرتكبي فعل الزنا في حدود اراضيهم .

lectores كتاب عدل في العصور الوسطى .

lecture يؤنب؛ يعاتب؛ يعظ؛ يحاضر
[كاسم] تأنيب؛ عتاب؛ وعظ؛ محاضرة

lecturer محاضر

ledge [مواد التعدين] عرق صخري معدني
لا فرق بين هذه الكلمة وبين lode في المعنى المذكور .

ledger دفتر الاستاذ او الجرد: دفتر حسابات يدون التاجر فيه اسماء زبائنه وواقع المعاملات الجارية يومياً في خانات خاصة تعطي الناظر لاول وهلة فكرة شاملة عن اصول كل معاملة وحسومها .

— check ledger دفتر استاذ المراجعة

— consumable ledger (راجع باب consumable)

— job ledger استاذ العمليات

ledger account حساب الاستاذ

ledger department قلم الحسابات بالبنك

ledo ماء متزايد؛ بحر متعاظم الارتفاع

leet محكمة جنائية ملغاة (راجع court leet)

left ترك؛ اعقب؛ خلف؛ خلى . غادر، برح
متروك؛ موهوب (بوصية)؛ موصى به للغير

legacy وصية . هبة مضافة الى ما بعد الموت . كل ما ما يترك للغير بوصية .

— absolute legacy وصية مطلقة: لا تتقيد بشرط ولا تلزم الموصى له بواجب .

— additional legacy وصية اضافية: تؤول للموصى له بالاضافة الى اموال او منافع اخرى اوصي بها اليه .

— alternative legacy وصية بدلية: يكون للموصى له بموجبها حق الخيار بين شيئين او اكثر .

— conditional legacy وصية مشروطة: معلقة على شرط

— contingent legacy وصية مضافة الى زمن مستقبل: تكون ايلولة المنقول الموصى به فيها رهناً بحصول امر او توافر حال معين: كبلوغ الموصى له سن الرشد مثلا او زواجه او وقوع اي شيء آخر لا يجزم بوقوعه .

— demonstrative legacy وصية تعيينية: يأمر فيها الموصي باداء مبلغ من المال للموصى له ويحدد مصدر الاداء وكيفيته اذا لم يتيسر من جهة معينة .

— general legacy وصية نقدية كالـ pecuniary legacy تؤدى من اموال الموصي العامة .

— indefinite legacy وصية تعميمية: يعبر فيها الموصي عن رغبته بنصوص شاملة تنتظم المال الموصى به بمجموعه دون تعيين مفرداته او جزئياته، كوصيته مثلا بـ his movables او all his furniture in Ramleh منقولاته في مدينة الرملة او اسهمه المصرفية his bank stock، وهلم جرا ...

— lapsed legacy وصية ساقطة: بحكم موت الموصى له قبل الموصي او قبل حلول اداء المال الموصى به .

— modal legacy وصية نموذجية او بيانية: تحدد الشيء الموصى به ووجه استعماله .

— pecuniary legacy وصية نقدية: تتناول مبلغاً من النقد او عوائد مرتبة معلومة او ما الى ذلك .

— residuary legacy وصية رد؛ وصية بزائد: تتناول ما تبقى من التركة بعد اداء ديونها وانصباء اصحاب الفروض .

— specific legacy وصية قاصرة او تخصيصية: يهب بها الموصي منقولا معيناً لناحية معلومة دون سواها .

— trust legacy وصية ائتمان: يوصي فيها الموصي باموال منقولة لشخص مؤتمن كي يحتفظ بها لحساب شخص آخر او يؤدي ريعها الى المنتفع مشاهرة او مساناة او ما الى ذلك كما يحدد الموصي .

— universal legacy وصية عامة: يتصرف فيها الموصي بجميع امواله الشخصية لجهة معينة .

legacy duty [قانون انكليزي] ضريبة الوصايا او التركات المنقولة؛ الضريبة المفروضة على ايلولة المنقول الموصى به .

legal قانوني؛ شرعي؛ مشروع؛ حسب القانون، يتمشى معه او يفي بمقتضياته . خاضع لولاية المحاكم القانونية : اي تنظره محاكم القانون (العام) لا محاكم العدالة المطلقة courts of equity .

أنشأه القانون؛ يقوم على القانون او يرتكز عليه

legal acumen فطنة او نباهة قضائية؛ اجتهاد قضائي

legal age سن قانونية؛ سن الرشد او البلوغ

legal assets اموال التركة القانونية : الاموال القانونية العائدة للتركة، التي تؤدى منها ديون الميت وتوزع انصباء الورثة .

legal capacity to sue اهلية قانونية للتقاضي او التداعي امام المحاكم .

legal capital راسمال قانوني: المال الكافي لتغطية التزامات الشركة (الرأسمالية) .

legal cause دافع، باعث او سبب قضائي: عامل جوهري او سبب مباشر يؤدي الى موضوع مطالبة .

legal conclusion استنتاج قانوني . دون تحديد الاسباب

legal cruelty قسوة قضائية: تبرر طلب الطلاق او تصح ان تكون سبباً كافياً للحكم به للفريق المضرور، كسلوك الزوج مع زوجته سلوكاً غليظاً يعرض صحتها او حياتها للخطر او يثير مخاوفها على سلامتها او حياتها .

legal dependent عيل (بتشديد الياء مع الكسر) قانوني: من فرض له القانون حق الاعتماد في معاشه وما يلزمه على الغير وامكنه ان يستعين بالقضاء لحمل عائله القانوني على القيام بواجب اعالته .

legal distributees ذوو انصباء؛ اصحاب فروض ؛ ورثة شرعيون: يفرض لهم القانون اسهماً معينة في تركة المتوفى.

legal duty واجب قانوني: يقتضيه عقد او نص قانوني

legal entity كيان قانوني او قضائي

legal estoppel اغلاق قانوني (راجع estoppel) ، ينشأ عن سند مكتوب او قيد محكمة او سجل رسمي .

legal ethics آداب قانونية ؛ آداب المهنة القانونية : العرف المتوطد بين رجال القانون الذي تقوم عليه واجباتهم الادبية تجاه زملائهم وموكليهم والمحاكم والجمهور بوجه عام .

legal evidence بينة قانونية؛ دليل قانوني: من شأنه ان يثبت او يساعد على اثبات المراد .

legal excuse عذر قانوني: يحل من واجب ينبغي مراعاته في الاحوال العادية .

legal heirs ورثة قانونيون

legal interest فائدة قانونية : لا تتجاوز الحدود التي يعينها القانون .

legal investment تثمير قانوني: استثمار المال على وجه قانوني صحيح .

legal issue عقب شرعي؛ اولاد شرعيون

legal jeopardy خطر القضاء او الخطر القضائي: خطر المحاكمة والتعرض للادانة؛ وهو ما يستهدف له الشخص ويصبح in legal jeopardy حال مثوله للمحاكمة امام محكمة مختصة بناء على تهمة كافية (شكلا وموضوعاً) لادانته وتأليف هيئة محلفين لتقرير مصيره .

legal liability مسؤولية قانونية

legal malice قصد مصمم (بتشديد الميم الأولى مع الكسر) ؛ تصميم جنائي قانوني: يرتكز تقديره على قرينة قانونية، ولا يختلف عما يسمى constructive malice .

تعمد مضارة الغير دون سبب معقول .

legal memory (راجع باب memory)

legal methodology الاصول القانونية: القواعد الواجبة المراعاة في الشؤون القانونية .

legal name الاسم القانوني: اللقب او الكنية (حسب القانون العام common law) .

legal negligence اهمال قانوني: لا يعذره القانون، بل يستوجب حسابه وقصاص المسؤول عنه .

legal notice اعلان قانوني؛ اشعار او اخطار قانوني: التنبيه الذي يقتضيه القانون باعتبار ظروف الحال .

legal presumption قرينة قانونية

(راجع presumption of law)

legal privity صلة قانونية؛ اشتراك قانوني في الصلة بمنفعة او فعل او غير ذلك .

legal proceeding اجراءات قانونية (امام محكمة قانونية) court of law : جميع الاجراءات التي يجيز القانون او يفرض اتخاذها للحصول على حق .

legal representative ممثل قانوني: من قام مقام غيره وناب عنه في قضاء مصالحه وشؤونه . يرد هذا المصطلح احياناً

legally competent ذو اهلية قانونية: تتوافر فيه الاهلية الكافية لاغراض القانون .

legally constituted court محكمة قانونية: مؤلفة او معترف بها قانوناً .

legally liable مسؤول او محاسب قانوناً (عن فعل او تقصير)؛ تقع عليه التبعة القانونية

legatarius partiarius [قانون روماني] موصى له مشارك، يوصي له الموصي بجزء معلوم من سهم الوارث الشرعي .

legatary; legatee موصى له؛ وارث بوصية

— residuary legatee موصى له بالزائد: من أوصي له بجزء معلوم من باقي التركة بعد اداء الديون والانصباء المفروضة.

legate سفير بابوي؛ رسول، موفد او مفوض بابوي (لدى دولة اجنبية)؛ وكيل بابوي (راجع *nuncio*)

legation مفوضية

legator موص؛ مورث بوصية

legatum وصية مضافة الى ما بعد الموت، يتركها الموصي لشخص مسمى او جهة معلومة .

legatum generis [قانون روماني] وصية عامة تعود لطبقة معلومة من الورثة .

legatum nominis [قانون روماني] وصية بدين

legatum partitionis [قانون روماني] وصية قسمة، للموصى له بموجبها حظ معلوم في سهم الوارث الشرعي .

legatum optionis [قانون روماني] وصية تخير، يحق بموجبها للموصى له ان يختار لنفسه ما شاء من تركة الموصي .

legatum poenae nomine [قانون روماني] وصية جزائية، تقيد الموصى له بعمل شيء معين او بالامتناع عن عمله .

legem amittere فقدان الأهلية القانونية؛ فقدان الاهلية للشهادة باليمين

legem facere [قانون انكليزي قديم] يضع قانوناً؛ يحلف يميناً

legem habere اهل للشهادة باليمين؛ شاهد قانوني؛ شاهد عدل

legenita غرامة زنا : تفرض على اغراء زوجة الغير بالفاحشة .

leges قوانين

بمعنى ادنى الاقارب، شأنه في النص التـــالي : gift to nephews and nieces then living or their legal representatives .

legal rescission فسخ قانوني : كفسخ العقد بارادة فرقائه او تصرفاتهم الدالة على فسخه .

legal residence سكن قانوني : اقامة فعلية في مكان معين مع العزم على البقاء فيه ولو كان هذا غير محل الاقامة domicile لاغراض القانون او محل الاقامة الفني .

legal right حق قانوني : يشمل الحقوق الطبيعية والحقوق التعاقدية وغيرها مما عينه القانون او اعترف به .

legal strike اضراب قانوني : يشترك فيه من شاء من العمال وغيرهم بالطرق السلمية ويعرض عنه من آثر البقاء في عمله ولا يعتدى عليه لشذوذه عنه .

legal subrogation حلول قانوني . الحلول بحكم القانون محل الغير في دين او التزام : كحلول الكفيل surety محل الاصيل principal اي المكفول .

legal tender نقد قانوني؛ نقد اساسي : له قوة ابراء مطلقة من الديون .

legal title حجة قانونية؛ سند ملكية قانوني؛ حق قانوني : قد يكون ائتمانياً محضاً يعود لصاحبه بمقتضاه مجرد الملكية والحيازة القانونية وللغير جميع ريعه ومنافعه، وذلك بحكم القانون او طبيعة التصرف .

legal wilfulness اهمال مفتعل لواجب قانوني . لا يبالي معه المهمل بما ترتب عليه من واجب التحوط لسلامة ارواح الناس واموالهم ولا يقيم وزناً لذلك .

legality قانونية، مشروعية او شرعية

legalize يصدق (بضم الياء وتشديد الدال)؛ يعطي الصفة القانونية (لشيء)، يظهره بمظهر المشروعية
يوثق لدى مرجع توثيق قضائي

legalized nuisance مضايقة مألوفة؛ اقلاق الراحة غير المؤاخذ قانوناً او المكتسب للصفة القانونية . ما كان في حد ذاته من الاشياء مصدر اقلاق للراحة العامة غير انه في حرز من تذمر المستهدفين له وانتقادهم نظراً لما يتمتع به من صفة المشروعية : كالمستشفيات والملاجىء المنشأة وسط المدينة وغيرها من المقلقات المباحة التي يجعلها القانون في مأمن من الملاحقة القانونية .

legally قانوناً؛ شرعاً؛ بموجب القانون

legally committed موقوف قانوناً (من جهة مختصة)

legitim [قانون اسكتلندي] نصيب قانوني (فرضي) يعود للاولاد في اموال والدهم المنقولة .

legitimacy مشروعية؛ شرعية المولد؛ حصوله في ظل الزوجية الصحيحة (القائمة بموجب القانون) .

legitimate شرعي؛ مشروع؛ قانوني: مطابق لمقتضيات القانون

[كفعل] يجعل (الشي موضوع الكلام) شرعياً، يضفي عليه صفة المشروعية او (أذا كان ولداً) يمنحه صفة البنوة الشرعية ويتبناه قانوناً .

legitimation تثبيت نسب؛ اقرار ببنوة او بشرعية شأن؛ منح الصفة الشرعية لولد او القانونية لشيء .

legitimation ***per. subsequens matrimonium*** كسب الولد الطبيعي صفة الشرعية حال زواج والديه .

legitimize يحلل، يضفي صفة الشرعية أو الصفة القانونية على شيء .

legitimus شرعي؛ مشروع؛ قانوني

legruita *legenita* [قانون انكليزي قديم] مرادف لكلمة وهي الغرامة التي كانت تفرض على من اغوى زوجة الغير .

lend يعير ؛ يقرض؛ يسلف شيئاً للغير بعوض او بغير عوض، شرط اعادة المعار ذاته او ما يساويه بعد مدة معينة او عندما يطلبه المعير .

lend and lease إعارة وتأجير

lender معير ؛ مسلف؛ مقرض

le roy (or ***la reine***) ***le veut*** اراد الملك (او ارادت الملكة) : العبارة التي تصدر بها الموافقة الملكية على التشريعات البرلمانية .

lesbian [جرائم القذف الشفوي] فاسق، (والاسم lesbianism) . مساحقة (امرأة) : تؤثر معاشرة النساء لاشباع ميولها الجنسية .

lese majesty ترجمة قديمة (اسكتلندية وانكليزية) للعبارة اللاتينية *laesa majestas* الخيانة العظمى .

lesion ضرر ؛ مضرة؛ اذى؛ خسارة

lessee مستأجر

lesser offence جرم ابسط . مرادف في للمصطلحين : less serious offence و minor offence .

leges Angliæ sunt tripartitæ, — jus commune, consuetudines, ac decreta comitiorum قوانين انكلترا على ثلاثة انواع : القانون العام والعرف والتشريعات البرلمانية .

Leges Edwardi Confessoris اسم لاطروحة قانونية شملت جميع القوانين السارية في آخر عهد الملك الانكليزي هنري الاول، وكان وضعها بين سنتي ١١٣٠ و١١٣٥ م.

Leges Henrici قوانين هنري: سفر قانوني يعتبر من المراجع القديمة القيمة وضع بين سنتي ١١١٤ و١١١٨م وانتظم جميع القوانين الانجلوسكسونية والنورماندية المعروفة آنذاك

leges non scriptæ قوانين غير مدونة: القوانين العرفية بما في ذلك التشريعات البرلمانية القديمة التي لا يعي التاريخ ازمنة وضعها .

leges posteriores priores contrarias abrogant القوانين اللاحقة تنسخ (او تلغي) ما يعارضها من القوانين السابقة .

leges scriptæ قوانين مكتوبة : التشريعات بوجه عام

legible مقروء؛ واضح العبارة او الخط

legislate يشرع؛ يسن؛ يضع (قانوناً او تشريعاً)

legislation تشريع؛ سن القوانين او وضعها

legislative تشريعي

legislative act قانون تشريعي: تسنه السلطة التشريعية في البلاد .

legislative courts محاكم تشريعية: تنشئها السلطات التشريعية لا المحاكم التي يعينها ويحددها الدستور .

legislative expenses نفقات تشريعية؛ تحتاج اليها السلطات التشريعية لوضع القوانين اللازمة .

legislative function وظائف تشريعية

legislative power سلطة تشريعية : مرجع رسمي يعود اليه تقرير القوانين ووضعها .

legislator شارع؛ مشرع ؛ الجهة المكلفة بسن القوانين

legislature هيئة تشريعية؛ مرجع تشريعي (في دولة) : السلطة المختصة بوضع القوانين .

legist (شخص) قانوني : عالم قانوني؛ متضلع من القانون، ملم بأصوله

اليها واعفاء المحكمة المستأنف حكمها من اتخاذ اية اجراءات اخرى فيها .

letter of attorney (راجع باب attorney)

letter of credence [قانون دولي] كتاب اعتماد؛ اوراق اعتماد يقدمها السفير او المبعوث الدبلوماسي الى السلطات المختصة في البلاد الموفد اليها لتمثيل بلاده، تشهد بتعيينه وصفته واعتماد جميع تصرفاته واتصالاته الرسمية .

letter of credit خطاب اعتماد (راجع باب credit)

letter of exchange كمبيالة؛ ورقة مالية قابلة للصرف

letter of hypothecation رسالة ارتهان (لحسم كمبيالة مستندية) : تخول المصرف الذي حسمت لديه الكمبيالة حق بيع البضاعة المشحونة اذا رفض المسحوب عليه قبول الكمبيالة .

letter of indemnity رسالة ضمان (مصرفية)

letter of licence [قانون انكليزي] كتاب إمهال، ينظم على شكل اتفاق يوقعه الدائنون ويوجهونه الى مدينهم المشترك اذا اعسر او ارتبكت شؤونه التجارية معلنين فيه استعدادهم لامهاله مدة اضافية لسداد ديونه الحالة الأجل ومرخصين له بمواصلة اعماله التجارية أملا في ان تستقيم اوضاعه المالية وحماية له من السجن او الاجراءات الافلاسية الاخرى .

letter of marque تفويض رد اعتداء: تفويض كتابي تعطيه الحكومة لسفينة خصوصية تصريحاً لها بالانتقام من سفن دولة اخرى على سبيل رد الاعتداء بالمثل .
(راجع marque and reprisal, letters of)

letter of recall خطاب استدعاء: كتاب دبلماسي توجهه السلطة العليا في الدولة الموفدة الى السلطة العليا في الدولة الموفد اليها اشعاراً بانها قد سحبت وزيرها المفوض .

letter of recredentials خطاب رد الاعتماد؛ الرد على خطاب الاستدعاء. وثيقة رسمية تبين الاجراءات الرسمية التي اتخذتها الحكومة الموفد اليها لدى علمها بكتاب استدعاء الممثل الدبلماسي . تسلم هذه الوثيقة عادة الى الوزير المستدعى فيتولى نقلها الى حكومته .

letter of renunciation [في اصدار الاسهم] خطاب تنازل عن اصدار اسهم اضافية .

letters ***ad colligendum bona defuncti***
[في المواريث] تفويض تسلم منقولات المتوفى . اذا لم يكن للمتوفى ممثلون او دائنون يتولون ادارة تركته جاز للمرجع القضائي المختص ان يمنح التفويض المذكور لمن يختلو . على

lessor مؤجر

lestagium رسم شحنة (سفينة)

let [في العقود] يعطي؛ يمنح عقد عمل لاحد متنافسين عليه في مناقصة، وذلك نظير عوض معلوم . يقال : letting the contract اي منح العقد على النحو المتقدم .
[في التصرفات] يؤجر؛ يكري . مؤجر (بتشديد الجيم مع الفتح) اي معطى على سبيل الايجار .
يدع، يترك؛ يخلي؛ يجعل
[اوامر قضائية] «بهذا يؤمر» او «يؤمر»، نحو قول القاضي : let the notice issue يؤمر باصدار الاعلان حسب الطلب as prayed .
[تصرفات قديمة — كاسم] عقبة؛ عائق؛ اعتراض . توان

let-down procedure [قواعد الطيران] اجراء الاقتراب للهبوط

lethal قاتل؛ قتال؛ مميت

letrado [قانون اسباني] محام؛ وكيل دعاوى

letter رسالة؛ تحرير؛ خطاب
معنى حرفي
براءة؛ تفويض
تارك (شيء)، مؤجره للغير
[قانون روماني] فتوى امبراطورية؛ جواب الامبراطور على ما كان يرفع اليه من مسائل قانونية .

letter-book سجل رسائل : يودع فيه التاجر صوراً من رسائله الى مراسليه .

letter-carrier موزع رسائل

letter missive [قانون انكليزي] كتاب ترشيح ملكي، باسم شخص يرغب الملك او ترغب الملكة في انتخابه مطراناً، يوجه الى عميد هيئة المنتخبين من رجال الكنيسة .
تكليف حضور للاجابة على دعوى يوجه الى احد النبلاء .
[مواد الاستئناف] يرد الاصطلاحان letters dimissory و letters missive للدلالة على اوراق الدعوى المحالة من محكمة الى اخرى اعلى منها على سبيل الاستئناف .

letter of advice (خطاب) اشعار : بارسال بضاعة او قيام بشأن او حصول امر يستأهل الاطلاع .

letter of advocation [قانون اسكتلندي] امر قبول الدعوى الاستئنافية؛ الامر الذي يصدر من المحكمة المدنية العليا Court of Session لممارسة الاختصاص في الدعوى المرفوعة

lettres de cachet [قديماً] مراسيم سجن كانت تصدر بتوقيع ملوك فرنسا وتأشير وزرائهم لسجن من شاءوا من الافراد .

levant et couchant «قائمة وضجعة» . يرد هذا الاصطلاح في الماشية التي تجد في ارض معينة ما يكفيها مؤونة الشتاء او التي تلزم لحرث تلك الارض وتسميدها .

levari facias امر تنفيذ يقضي على المأمور المختص ان يحجز على اراضي وعروض المدين فيبيع العروض ويتسلم عوائد الاراضي حتى يجمع منها ما يكفي لسداد الدين المحكوم به . أبطل هذا الاجراء بالأمر المسمى elegit .

levee سد نهري : يقام على ضفتي نهر للحيلولة دون فيضانه على الاماكن المجاورة .

levee district مقاطعة تجاور نهراً يخشى فيضانه فيعهد اليها باقامة السدود النهرية اللازمة وصيانتها على نفقة الدولة وللمصلحة العامة .

level منبسط؛ مستو؛ سهل . على وتيرة واحدة
[كفعل] اصطلاح دارج غير فني معناه يوجه ، نحو : يوجه تهمة او يرمي بها الغير level a charge .

leviable [في الضرائب والرسوم] تفرض (بضم التاء وفتح الراء)؛ تستوفى؛ تدفع؛ تؤدى؛ تحصل؛ واجبة التحصيل

levir [قانون روماني] سلف (بكسر السين)؛ اخو الزوج (بالنسبة للزوجة)

levitical degrees : درجات قرابة الاسلاف (م. سلف) : الدرجات التي يمنع الزواج في حدودها، كمنع اخت الزوجة من التزوج بزوج اختها، وهلم جراً ...

levy يفرض؛ يجبي؛ يجمع، يحصل؛ يستوفي (رسماً او ضريبة او غرامة)
يقر باحقية الغير في شي
يوقع حجزاً على مال
[كاسم] توقيع حجز وبيع المحجوز عليه استيفاء لدين على صاحبه حال الاجل؛ نحو يوقع حجزاً levy an execution (على مال المدين تمهيداً لبيعه واستيفاء الدين المستحق من حصيلة البيع) .
[شؤون عسكرية] يجند او يعبىء جنوداً لهجوم او دفاع .

levying war [مواد جنائية] رفع السلاح؛ الاجتماع على حرب؛ تعبئة الأفراد لحرب او ثورة مسلحة او تحقيق عمل من اعمال الخيانة بالقوة . الاشتراك (مهما كان مداه) في مثل هذا الفعل .
المقاومة المسلحة (المشتركة بين عدة افراد) لمخالفة اوامر الدولة او قوانينها العامة .

أن هذا التفويض لا يجعل من الموجه اليه منفذاً للوصية او مديراً للتركة بل يقصر اختصاصه على تسلم المنقولات المذكورة وحفظها عنده على سبيل الامانة .

letters of administration
(راجع باب administration)

letters of correspondence [قانون اسكتلندي] خطابات مراسلة؛ الرسائل التحريرية التي تقبلها المحكمة كبينة ضد المتهم (في المحاكمات الجنائية) اذا كانت محررة بخطه .

letters of exculpation
(راجع exculpation, letters of)

letters of guardianship تفويض وصاية: امر تسند بموجبه مهمة الحراسة على اموال القاصر الى احد موظفي المحكمة كي يقوم عليها مقام الحارس custodian .

letters of safe conduct وثيقة امان مرور : كتاب رسمي يؤمن رعايا الدول المعادية من الاسر والاعتداء ويؤمن منقولاتهم من الاستيلاء اثناء المرور من مكان الى آخر .

letters of slains [قانون انكليزي قديم] كتاب اسقاط حق . البيان الذي كان يعلن به اقارب القتيل انهم تقاضوا الدية المطلوبة ويتبعونه بعريضة الى الملك يبدون فيها اسقاط حقهم عن القاتل ويلتمسون العفو عنه .

letters of supplement
(راجع supplement, letters of)

letters patent (راجع باب patent)

letters rogatory تفويض التماسي: التماس رسمي مكتوب توجهه محكمة محلية الى اخرى في بلد اجنبي راجية منها ان تأخذ بمعرفتها شهادة شاهد مقيم في دائرة اختصاصها (حول مسألة معينة) وان ترسل اليها تلك الشهادة لتستعين بها في الدعوى المنظورة امامها، معربة عن استعدادها لتقديم اية مساعدة مماثلة تطلب منها في المستقبل .
يوجه مثل هذا الالتماس ايضاً من قاض الى آخر في دائرة اختصاص مستقلة، رجاء ان يستدعي امامه شخصاً معيناً يقيم في دائرته كي يأخذ اقواله في موضوع خاص ويرسلها اليه (الى القاضي الملتمس) ليستعين بها في دعوى معروضة عليه .

letters testamentary امر تنفيذ وصية: تفويض رسمي تقيم به المحكمة، من تختار، منفذاً للوصية المعنية .

letting out منح (عقد عمل لأحد مقاولين مشتركين في مناقصة) .

lettre de récréance كتاب اعادة اعتماد

lewd شهوي؛ غير عفيف؛ فاجر؛ فاسق

lewd and lascivious cohabitation معاشرة شهوية فاسقة : معاشرة الرجل لامرأة غير زوجته معاشرة الازواج (في منزل واحد) .

lewd house بيت دعارة او فجور؛ بيت سري لتعاطي الفاحشة

lewdness فجور؛ عدم عفة؛ اتباع الغرائز البهيمية في التصرفات الجنسية؛ انحطاط شهوي

lex قانون؛ سنة؛ شريعة

lex æbutia قانون اجرائي يبسط قواعد الاجراء واصول التداعي امام المحاكم .

lex agraria قانون زراعي؛ قانون تحديد الاملاك الزراعية . قانون روماني وضعه الامبراطور Tiberius Gracchus سنة ٦٢٠ (بعد تأسيس روما) لتحديد الملكية ونص على منع اي شخص من امتلاك ما يزيد على ٥٠٠ فدان وعلى تعيين مأمورين زراعيين يتولون توزيع المساحات المتجاوزة لهذا الحد على الفقراء والمعدمين .

Lex Angliæ nunquam sine parliamento mutari potest لا يغير قانون انكلترا الا البرلمان .

Lex Aquilia القانون الاكويلي . سمي كذلك نسبة للنائب الشعبي Caius Aquilius Gallus الذي كان في طليعة الداعين له حتى تم اقراره سنة ٦٧٢ (بعد تأسيس روما) ، واعتماده بدل مجموعة من الاحكام القديمة الواردة في القانون الروماني المعروف في الفقه الانكليزي باسم الالواح الاثني عشر Twelve Tables . وقد شمل هذا القانون بين احكامه تنظيم التعويضات التي تؤخذ من مرتكبي جرائم القتل او الجرح او ايذاء عبيد الغير او حيواناته .

Lex Atilia القانون الاتيلي نسبة للنائب الشعبي Atilius Regulus صاحب الجهد الاوفر في الدعوة لاقراره ثم اصداره سنة ٤٤٣ (بعد تأسيس روما) . اشتهر هذا القانون بما خوله للقضاة من حق تعيين الاوصياء والقامة .

Lex Atinia قانون أتينيا : قانون روماني اشتهر بما نص عليه من عدم سريان التقادم المكسب على الاموال المسروقة اي عدم جواز كسب الحق في ملكية هذه الاموال بسبيل التقادم .

Lex Brehonia (راجع Brehon Law)

lex bretoise قانون البريطانيين القدماء

lex burgundionum قانون البيرغانديين وهم شعب اوروبي بربري، جمع ملكه القانون المذكور ونشره لاول مرة سنة ٥٠٠

lex calpurnia قانون اجراءات روماني يبين القواعد الواجب اتباعها في دعاوى استرداد الاموال المنقولة التي يستولى عليها بالباطل، خلا النقود .

lex commissoria راجع (*Commissoria, lex*

Lex Cornelia قانون كورنيليوس : وضع هذا القانون الديكتاتور الروماني Cornelius Sylla وهو ينظم الاجراءات الواجبة ضد المعتدين على حرمة المساكن او على الغير بالضرب والايذاء الجسمي .

lex cornelia de sponsu قانون روماني صادر في تحديد الكفالة ومنع الكفيل من ان يكفل المدين إمام ذات الدائن على مبلغ يتجاوز مقداراً معيناً خلال سنة واحدة .

lex dilationes semper exhorret القانون يعاف التأخير

lex domicilii قانون الموطن

lex favet doti القانون يحبذ (او يستسيغ) الدوطة : اي تقديمها

lex fori قانون المحكمة: قانون البلد الذي تقام فيه الدعوى.

Lex Francorum قانون الفرنكيين . صدر هذا القانون في عهد Theodoric الاول ابن Clovis الاول، وهو غير القانون المسمى Salic Law .

lex furia caninia قانون روماني صدر في عهد القنصل P. Furius Camillus لمنع ارباب العبيد من الإيصاء للغير بما يتجاوز عدداً معيناً من عبيدهم .

lex furia de sponsu قانون تحديد مسؤولية الكفيل . قانون روماني ايطالي يحدد مسؤولية الكفلاء والضامنين والفضوليين بسنتين، وينص على انه في حال تعددهم وعجز المدين عن الاداء، يوزع الدين عليهم جميعاً بغض النظر عن إعسار اي منهم .

lex furia testamentaria قانون روماني ينص على عدم جواز الإيصاء بأكثر من الف حمار : اي على ان لا تتجاوز الوصية الموصى بها لغير الورثة المقدار المذكور .

lex gabinia قانون فرض الاقتراع السري في الانتخابات.

lex genucia قانون حظر الفائدة . نص هذا القانون الروماني على منع تقاضي الفوائد على الديون .

Lex Gothica قانون الـ Goths الصادر سنة ٤٦٦ م .

lex horatii قانون دستوري ينص على ان كل مرسوم قرره نواب الشعب في جلساتهم يعتبر قانوناً سارياً على جميع افراد الشعب وطبقاته دون استثناء .

lex hostilia de furtis قانون جواز محاكمة السارق دون حضور صاحب المال (وهو قانون روماني) .

lex imperatoria القانون الامبراطوري؛ ويراد به القانون الروماني

lex judicat de rebus necessario faciendis quasi re ipsa factis كل ما يلزم يعتبره القانون امراً مفعولا .

Lex Julia Majestatis قانون اصدره يوليوس قيصر ثم اعتمده اغسطس قيصر بعد ان اضاف اليه بعض النصوص . وهو ينظم الاجراءات والاحكام الواجبة التطبيق لملاحقة المعتدين على سلامة الدولة وعقابهم .

lex junia velleja [في المواريث] قانون روماني ينص على ان الفروع الذين يحلون محل الوارث بموت من كان يحجبهم عن الميراث يجب ان يحرموه او يصبحوا في حكم المولودين بعد موت والدهم .

lex loci قانون المحل

lex loci actus قانون محل الفعل : اي قانون البلد الذي وقع فيه الفعل .

lex loci celebrationis قانون محل نشوء العقد

lex loci contractus قانون محل العقد . وهذا اما ان يكون قانون محل نشوء العقد او قانون محل تنفيذه .

lex loci delictus قانون محل الجرم : قانون البلد الذي ارتكبت فيه الجريمة .

lex loci domicilii قانون محل الاقامة

lex loci rei sitæ قانون موقع المال : قانون البلد الذي يوجد فيه الشيء .

lex loci solutionis قانون محل الانجاز

Lex Longobardorum قانون اللمبارديين . صدر هذا القانون عدة مرات بين القرنين الخامس والثامن وأستمر سريان احكامه الى ما بعد وقوع لمبارديا في يد الامبراطور شرلمان، وما تزال بعض آثاره قائمة في التشريع الايطالي الحديث .

lex manifesta القانون السافر : وهو المحاكمة بالمبارزة او النار او الماء او ما الى ذلك .

lex mercatoria قانون التاجر

lex naturale القانون الطبيعي

lex necessitatis est lex temporis قانون الضرورة هو القانون الراهن : اي ما تقتضيه الضرورة واجب المراعاة .

lex neminem cogit ad vana seu inutilia peragenda لا يرغم القانون احداً على القيام بما لا ينفع .

lex non a rege est violanda لا ينبغي للملك ان يخرق القانون .

lex non cogit ad impossibilia لا يكره القانون على محال .

lex non requirit verificari quod apparet curiae لا يستلزم القانون تحقيق ما هو ظاهر للمحكمة .

lex non scripta القانون غير المكتوب : القانون العام الشامل للعرف المتوطد والعادات المحلية .

Lex Papia Poppæa قانون بابيوس وبوبيووس . صدر هذا القانون سنة ٧٦٢ بعد تأسيس روما بناء على رغبة الامبراطور اغسطس واقتراح القنصلين بابيوس وبوبيووس . وقد نص على اعفاء كل امرأة لها ثلاثة اولاد او اكثر من القوامة .

lex petronia قانون روماني يحظر إكراه العبيد على مبارزة الوحوش .

lex poetelia ألغى هذا القانون حق الدائن في بيع مدينه او قتله .

lex pompeia de parricidils قانون عقاب المسبب لقتل احد والديه او اولاده . نص هذا القانون على عقاب الجاني المذكور بوضعه في كيس مع كلب وديك وافعى وقرد ثم تخييط الكيس عليه وعلى ما معه والقائه في البحر او النهر .

lex posterior derogat priori القانون اللاحق ينسخ السابق (اي يقضي على آثاره) .

lex prætoria قانون ارث روماني يفرض على كل مولى عتاقة اذا اوصى بما يملك ان يجعل نصف ما اوصى به لسيده الذي اعتقه .

lex prospicit, non respicit القانون ينظر الى الامام لا الى الوراء .

lex regia قانون ملكي (روماني) ينص على ان الملك هو مصدر السلطة التشريعية .

lex rei sitæ قانون موقع المال : اي قانون البلد الذي يوجد فيه الشيء محل الخصومة .

lex rejicit superflua, pugnantia, incongrua القانون لا يجيز الحشو ولا يقبل التناقض وعدم الانسجام .

lex religionis قانون الديانة

lex romana القانون الروماني

lex sacramentalis قانون اليمين او الابراء باليمين

Lex Salica (راجع Salic Law)

lex scripta قانون مكتوب: القانون التشريعي الذي لا يقوم على عرف او عادة بل يوضع من السلطات التشريعية . وهو الـ statute law كما يعرف حالياً .

lex scripta si cesset, id custodiri oportet quod moribus et consuetudine inductum est; et, si qua in re hoc defecerit, tunc id quod proximum et consequens ei est; et, si id non appareat, tunc jus quo urbs romana utitur servari oportet تعزى هذه القاعدة الى اللورد Coke ومعناها «اذا سكت القانون المدون (اي اذا لم يتوافر اي نص مكتوب) وجب العمل بالعرف المتوطد؛ واذا كانت على هذا العرف غضاضة وجب العمل بالعرف الاقرب (الى العرف المتوطد)؛ فاذا لم يتوافر هذا، وجب العمل بما تعمل به روما (اي بما هو سار في روما)» .

lex semper dabit remedium القانون يملك العلاج لكل امر .

lex situs قانون موقع المال: قانون البلد الموجود فيه المال .

lex spectat naturæ ordinem القانون يحترم نظام الطبيعة .

lex succurrit ignoranti القانون ييسر للجاهل

lex succurrit minoribus القانون عون للقصر

lex talionis قانون الانتقام او المعاملة بالمثل: وهو يقضي بأن يكون القصاص من نوع الجرم كما نصت شريعة حمورابي بالحكم المشهور «العين بالعين والسن بالسن»، الخ.

[قانون دولي حديث] قاعدة المعاملة بالمثل التي تجيز لاحدى الدول ان تنزل برعايا دولة اخرى من العقوبة ما تنزل تلك الدولة برعاياها .

lex terræ قانون البلاد؛ القانون العام

lex uno ore omnes alloquitur القانون يخاطب الجميع بفم واحد (او لهجة واحدة) : اي لا يكون اجش الصوت لواحد ولينه لآخر .

ley **[قانون إنكليزي قديم]** قانون

ley civile **[قانون انكليزي قديم]** القانون المدني، ويقصد به القانون الروماني .

liabilities حسوم؛ مطلوبات . مسؤوليات؛ تبعات

— contingent liabilities حسوم عرضية او احتمالية: تتوقف على حصول امور مستقبلة لا يجزم بحصولها .

— floating liabilities حسوم استمرارية

— reserve liabilities مطلوبات لا تؤدى الا عند تصفية الشركة .

liability لهذه الكلمة معان شتى يقررها النص او السياق وملابسات الاستعمال؛ منها: المسؤولية (بانواعها) سواء كانت عن خسائر او اضرار او جزاءات او مصاريف او غير ذلك. مؤآخذة؛ تبعة؛ غرم؛ دين؛ التزام (حاضر او مستقبل) اداء شيء او الامتناع عن فعل .

[في الذمم والمحاسبات] حسم او مطلوب . جميع ما يطرح من عوائد او يقتضى اداؤه .

— secondary liability (راجع باب secondary)

— strict liability (راجع باب strict)

liability for damages مسؤولية عن اضرار

liability insurance (راجع باب insurance)

liable مسؤول (عن واقع)؛ عرضة لشأن، مهدد (به) او مستهدف (له)؛ مطالب؛ مجبر على احتمال تبعة: سواء كانت اضراراً او خسائر او غيرها من عواقب .

acts liable to disturb the public peace : من شأنه او شأنها، نحو افعال من شأنها ان تعكر السلام العام .

liable over مسؤول تجاه مسؤول: من كان مسؤولا عن شيء تجاه شخص مسؤول تجاه آخر عن ذات الشيء . كأن يصنع (أ) من الناس لـ (ب) اداة معينة تصيب شخصاً ثالثاً (ج) باذى، فيرجع (ج) هذا على (ب) بالمسؤولية ويرجع (ب) بدوره على (أ)، فيكون (ب) مسؤولا تجاه (ج) ويكون (أ) liable over مسؤولا تجاه (ب) .

liable to action عرضة للمحاكمة او الحكم عليه

liable to pay ملزم بدفع

liable to penalty عرضة لجزاء

libel **[اجراءات بحرية وكنسية — كفعل]** يرفع دعوى بالطرق القانونية . يحجز (على شيء) عند بدء الدعوى .

تشهيراً في ظاهرها بل يتطرق اليها معنى التشهير بحكم الظروف التي ترافقها . كذلك ينطبق على المنشورات التي يكون لها معنيان معقولان احدهما عادي لا مأخذ عليه والثاني ينطوي على تشهير .

libelous ***per se*** تشهيري (في حد ذاته) . يعتبر المنشور كذلك اذا وضح فيه معنى التشهير دون غيره واقتنع القانون بترتب الاضرار المادية او المعنوية عليه دون الحاجة الى اثبات.

liber حر ؛ مباح ؛ مفتوح للجميع : كالمحاكم والاماكن العامة وما اليها

[كاسم] كتاب ؛ سفر ؛ مؤلف

liber authenticorum الكتاب الاصلي . يطلق هذا الاسم على المجموعة الاصلية لقوانين جستنيان .

libera حر ؛ معفى (من رسوم او ضرائب)

liberal حر ؛ طليق التفكير ؛ سخي ؛ صريح ؛ غير مقيد ؛ غير حرفي

يحبذ الاصلاح الديمقراطي (اذا كان من حزب الاحرار) والغاء التمييز بين الطبقات .

liberalism or **individualism** المذهب الحر ؛ مذهب الفردية : القائل بترك الحرية للافراد في الشؤون الاقتصادية وعدم تدخل الدولة فيها .

liberam legem amittere [قانون انكليزي قديم] عقوبة المتآمر : وهي فقدان اهلية الشهادة والتعيين في هيئات المحلفين والتجريد مدى الحياة من جميع الاموال واستباحة اراضيه واقتلاع مزروعاته وهدم بيته وزجه في السجن .

liberation [قانون مدني] سقوط (التزام او عقد)، تحرر ؛ خلو طرف منه

libertarian داعية الى مبدإ حرية الإرادة ؛ متحرر (في فكر او عمل)، منطلق

libertarianism الدعوة الى مبدإ حرية الإرادة ، التحرر او الانطلاق من القيود .

libertas حرية ؛ انطلاق من قيود

libertas directa [قانون روماني] عتق مباشر ، كالذي يحصل عندما يعين السيد عبده مربياً .

libertas fideicommissaria [قانون روماني] العتاقة التي تكون عندما يعين الموصي عبد الغير مربياً ويعهد لوارثه بشرائه وعتقه .

liberti, libertini [قانون روماني] موالي العتاقة (م. مولى العتاقة)، معتقون بعد ان كانوا عبيداً .

[مواد جنحية – كفعل ايضاً] يقذف ؛ يشهر بالغير حين تسند اليه عن طريق النشر او الكتابة او الرسم او التصوير مواد جرمية تسيء الى سمعته واعتباره .

[اجراءات بحرية وكنسية – كاسم] مذكرة دعوى يبسط فيها المدعي اسانيد دعواه وطلباته .

[قانون اسكتلندي] بيان الاسباب التي تقوم عليها التهمة الجنائية او الدعوى المدنية . ولهذا فالـ libel of accusation هي ورقة التهمة او المذكرة الباسطة لوقائعها .

[مواد جنحية] قدح او تشهير دائم (راجع defamation) بواسطة منشورات كاذبة، سواء كانت عبارات او رسوماً او صوراً محفورة او منقوشة او اشارات رمزية او ما الى ذلك مما ينطوي، صراحة او ضمناً، على ما يخدش سمعة الغير او يكسر شرفه او يستهدف به لكراهية الناس او سخريتهم او النيل من ثقتهم به . ولا يشترط في ثبوت هذا التشهير وقوع الضرر للمعتدى عليه . كذلك كل منشور كاذب يسيء الى ذكرى شخص متوفى او يهينها على اي حال .

libel of review طعن بعد الميعاد: اجراء مجدد يتبع للطعن في امر قضائي بعد انتهاء ميعاد الاستئناف وانقضاء الحق في رفعه .

libelant المشتكي (الشاكي)؛ المدعي (في اجراءات كنسية او بحرية)

libelee المشتكى (المشكو) او المدعى عليه (في اجراءات كنسية او بحرية) .

libellus ورقة دعوى؛ مذكرة دعوى تشمل اسم المدعي واسم المدعى عليه واسباب الدعوى وطلب المدعي واسم المحكمة المرفوعة اليها .

libellus conventionis بيان ادعاء وارد في مذكرة دعوى

libellus famosus منشورات منطوية على تشهير دائم

libellus suplex [قانون انكليزي قديم] استرحام (في شأن) يرفع للامبراطور

[قوانين الاقطاع] سند تمليك عقاري

libelous قادح ؛ تشهيري . ينطوي على تشهير دائم او قدح ، كالمنشورات الكاذبة على ضروبها سواء كانت عبارات او رسوماً او صوراً او اشارات رمزية او غير ذلك مما ينطوي صراحة او ضمناً على ما يخدش سمعة الغير او يكسر شرفه واعتباره او يهينه في نظر الناس او يسند اليه افعالا جرمية لو صحت لاوجبت عقوبته ونالت من اعتبار الناس له وثقتهم به.

libelous ***per quod*** تشهيري (حكماً او تأويلا) . ينطبق هذا النعت على جميع انواع المنشورات التي لا تؤلف

liberty of a port [تأمين بحري] حرية الارفاء؛ الترخيص للسفينة بالوقوف والتعامل في أي ميناء تمر به في طريقها الى ميناء الوصول الرئيسي principal port of destination.

liberty of conscience حرية الضمير : حرية الاعتقاد مهما كان شكله .

liberty of contract حرية التعاقد

liberty of speech حرية القول : التي يستطيع معها الشخص ان يجاهر بما اراد من آراء .

liberty of the globe [قانون بحري] حرية جوب الكرة؛ حرية السفر الى اي مكان

liberty of the press حرية الصحافة : الحرية في طبع ونشر الحقيقة بنية سليمة ولاغراض مشروعة .

حرية الشخص في ان ينشر او يذيع ما شاء عن طريق الصحف.

liberty to hold pleas حق سادات الاقطاع في تأليف محاكم خاصة لمحاكمة افصالهم vassals .

liberum tenementum جواب المدعى عليه في دعوى التعدي على العقار «بان المكان موضوع الدعوى هو ملكه الخاص او ملك شخص آخر حصل الفعل المعترض عليه بمعرفته و رضاه» .

libidinous شهوي او شهواني

libra [قانون انكليزي قديم] جنيه؛ ليرة

library مكتبة؛ دار كتب

libripens كيال؛ وازن (راجع *mancipatio*)

licence رخصة؛ ترخيص؛ إذن؛ تصريح؛ اجازة

[كفعل] يرخص (بممارسة شأن او القيام به)؛ يأذن

[قانون البراءات] تفويض تحريري يأذن فيه صاحب الاختراع للغير بصنع اختراعه او استعماله او تعميمه مدة معينة او في حدود منطقة معلومة .

— express licence ترخيص صريح : يعطى نصاً بمحرر واضح العبارة .

— high licence ترخيص قاصر : تلجأ اليه السلطات المختصة حين تعزم على تقييد التعامل في بيع المسكرات فتقصر تسليم رخص التعامل بها على اشخاص قلة موثوق بهم تبـذل في اختيارهم اقصى العناية وتتقاضى منهم رسوماً عالية جداً يقل معها اقبال بائعي التجزئة على شراء المسكرات وينحصر عددهم ضمن النطاق المرغوب فيه .

liberticide قتل الحرية، القضاء عليها

liberties حقوق؛ حصانات؛ امتيازات

مقاطعات منعزلة عن اختصاص رئيس الضبط sheriff .

نطاق (مكان)، حدوده

اطلق هذا الاسم قديماً على قوانين بعض الولايات الاميركية كماساشوسيتس Massachusetts عندما كانت مستعمرة انكليزية اذ سميت قوانينها body of liberties .

[مواد جنائية] سلوك مناف للذوق او الحشمة، نحو : سلوك مناف للحشمة مع طفلة كمداعبتها بشكل يمجه الذوق السليم indecent liberties with a female child .

— gaol liberties (راجع باب gaol)

libertine إباحي؛ فاجر، فاسق

libertinism إباحية؛ فجور، فسق

libertinus [قانون روماني] عبد معتق، مولى عتاقة

liberty حرية؛ من وجوه تعريفها ما يأتي: انعدام الخضوع لاشراف او قيد او نفوذ اجنبي .

الحصانة من التضييقات والضوابط والتدخلات الا ما فرض القانون على سبيل الانصاف .

جميع الحقوق الشخصية والقدرة المطلقة على ممارستها .

انعدام القيود التحكمية الا ما اقتضته مصلحة المجتمع .

قدرة الارادة على الانطلاق بصاحبها حيث تشاء دون ان تكره على نهج معين . ولا تكون الحرية حسب التعديل الرابع عشر fourteenth amendment من دستور الولايات المتحدة «الا ضمن نظام اجتماعي يسوده قانون واق من جميع الاضرار التي تهدد صحة الشعب وسلامته وآدابه ورفاهيته» .

— civil liberty حرية مدنية: حرية طبيعية تقيدها القوانين الوضعية بالقدر الذي تقتضيه مصلحة المجتمع .

— natural liberty حرية طبيعية: تخول الشخص ان يفعل ما يمليه عليه تفكيره في حدود السنن الطبيعية .

— personal liberty حرية شخصية : تخول صاحبها ان يذهب حيثما شاء في حدود القانون .

— political liberty حرية سياسية: تخول المواطنين حق الاشتراك في إدارة الحكومة ووضع القوانين وتطبيقها .

— religious liberty حرية دينية: يستطيع معها الفرد ان يجاهر بما اراد من آراء ومعتقدات دينية وان يعبد ما شاء وكيفما شاء او ان لا يعبد شيئاً . ومثلها حرية العبادة freedom of worship .

licitation بيع بالمزاد لعدم امكان الفرز: بيع ما لا يستطاع فرزه للراسي عليه المزاد وتوزيع ثمنه على المشتركين في ملكيته.

licitator [قانون روماني] مزايد؛ متقدم لشراء في مزاد علني

licking of thumbs [بيوع قديمة] لعق الابهامات؛ قيام المتصافقين (اطراف المبايعة) بلعق ابهاماتهم اذا تراضوا على البيع. وقد كان هذا الضرب من اللعق (او اللحس) عند الانكليز قديماً اشارة تقليدية تدل على تمام الصفقة وحصول الاتفاق على البيع.

Lidford Law قانون ليدفورد: قانون انكليزي قديم بائد قضى بوجوب عقاب المتهم قبل محاكمته، اي بان يعاقب اولا ثم يحاكم.

lie يكذب؛ يدلي بغير الحقيقة عن علم وتعمد.

[كاسم] كذب؛ مغاير للحقيقة (عن علم وتعمد).

[اجراءات] ترفع (الدعوى)؛ تقام، نحو: لا تقام الدعوى في مثل تلك الحال no action may lie in such a case.

lie detector آلة كشف الكذب: آلة ذات ابرة دقيقة تسجل انفعالات الشخص او احاسيسه العاطفية حينما يصدق او يكذب في الاجابة على الاسئلة الموجهة اليه وذلك على اساس ما ينتابه في الحالتين من تقلب في ضغط الدم او التنفس او يبدو عليه من عرق.

lie in franchise [في حطام السفن والاموال المطروحة] حرة؛ سائبة؛ متروكة. ينطبق هذا الوصف على الاموال التي تكون على حال يستطيع معه صاحب الحق فيها ان يستولي عليها دون مراجعة القضاء.

lie in grant او يحصل (بضم الياء وتشديد الصاد مع الفتح) ينتقل بمجرد الهبة، بحكمها او بناء عليها او بقوتها، نحو: ينتقل المال المعنوي بالهبة incorporeal property lies in grant، اي بمجرد حصول المتفرغ له على سند صحيح ناقل للملكية، دون مراسم التسليم العادية، باعتبار ان الاشياء غير المادية (كالملكية الادبية، مثلا) لا يستطاع تسليمها يداً بيد بل تنتقل تلقائياً بمجرد استقرار سند الهبة في يد المتفرغ له.

lie in livery يحصل او ينتقل بالتسليم

lie in wait يترصد، يتربص (به)، يكمن (له): اي يواري نفسه عنه في مكان مناسب كي يفاجئه بالاعتداء حال بلوغه ذلك المكان. والترصد او التربص في جرائم القتل هو بينة على سبق الاصرار والتصميم premeditated design الذي يقوم عليه جرم القتل العمد.

lie to يتبع؛ يعود (الى)؛ يتصل او يلحق (بـ)

— **implied licence** ترخيص ضمني: يتبين توافر اسبابه من سلوك الشخص الذي يملك منحه، ولا يكون هذا بعبارة صريحة او نص صريح، بل بتصرف او عمل يقدر معه الترخيص تقديراً.

— **marriage licence** ترخيص زواج؛ وثيقة زواج

— **special licence** [قانون انكليزي] ترخيص خاص يمنحه رئيس اساقفة Canterbury بامكان الزواج في اي زمان ومكان.

licence fee or **tax** رسم ترخيص: ضريبة تستوفى على منح ذلك.

licence in amortization ترخيص تمليك او وقف عقاري: الترخيص الذي يخول المرخص له حق التصرف في ارضه للغير على سبيل التمليك او الوقف.

licensed victualler صاحب حانة مرخص له

licensee صاحب رخصة؛ مرخص له: بممارسة شأن

[في ارتياد محال الغير] مدعو يتجاوز حدود الدعوة. زائر بلا دعوة. من دخل مكاناً بنـــاء على اذن او استناداً الى قانون لكن دون دعوة صريحة او ضمنية. من دخل مكاناً بمجرد السماح له بدخوله دون ان يدعى اليه، او دخله كذلك لغير الاعمال التي تمارس فيه وكان دخوله على مضض من اهله. من أذن له صراحة باستعمال مكان معين او سكت عن وجوده فيه دون رغبة صاحبه. من سمح له بالوجود في مكان لمصلحته الخاصة دون ان يكون خادماً في ذلك المكان او على صلة تعاقدية بصاحبه. من دخل مكاناً باذن صاحبه وكان دخوله على سبيل التطوع او اشباعاً للفضول.

licensor مرخص؛ جهة مرخصة؛ مانح رخصة او اذن

licentiate مجاز من معهد علمي

licentious فاجر؛ مستهتر؛ عابث (بقوانين او حقوق او اعتبارات ادبية).

licentiousness فجور؛ تهتك؛ انغماس في رذيلة. استهتار؛ عبث بقوانين او حقوق او اعتبارات ادبية.

licet مشروع؛ قانوني؛ جائز؛ مستساغ

licit مشروع؛ جائز؛ مستساغ

licitacion [قانون اسباني] طرح الاموال المشتركة غير القابلة القسمة، للبيع في مزاد علني.

licitare [قانون روماني] ينادي على سعر في مزاد

life حياة: تبدأ في عرف القانون، بالنسبة لكل انسان، حالما يصبح جنيناً يتحرك في رحم امه .

life annuitant صاحب (او ذو) مرتب سنوي

life annuity مرتب سنوي مدى الحياة؛ مرتب مسانهة عمري

life belts [عمليات الانقاذ] أحزمة نجاة

life estate هبة قيد الحياة: يتقيد دوامها بحياة المنتفع فتدوم ما دامت . حق مالي عمري يمارسه صاحبه (في مال معلوم) طول عمره وينقضي بموته .

life in being المدة الباقية من العمر؛ ماتبقى من حياة الشخص المقصود .

life insurance تأمين على حياة

life interest حق انتفاع عمري: يستمر ما دام الموهوب له او الواهب على قيد الحياة (وذلك حسب الاحوال) .

life-land حكر عمري؛ ارض مؤجرة مدى الحياة

life of a writ مدة سريان امر قضائي

life or **limb** يرد هــذا التعبير احياناً في النصوص الدستورية، ولا يفسر حرفياً بل يؤول لاغراض النص بالعقوبة الجنائية التي قد تفقده حياته او منفعة عضو من اعضائه .

life policy وثيقة تأمين على الحياة: لائحة شروط تأمين الشخص على حياته .

life, presumption of قرينة الحياة . اذا ثبت قيام الحياة في تاريخ معين كان ذلك قرينة على استمرارها ما لم يثبت عكس ذلك .

life-rent [قانون اسكتلندي] اجارة عمرية؛ تخول المستأجر حق استغلال المؤجر مدة حياته .

life-renter [قانون اسكتلندي] مستأجر عمري تدوم اجارته للارض طول حياته وقيامه بشروط الاجارة .

life sentence حكم تأبيد: الحكم بالسجن مدى الحياة (حياة المحكوم عليه) .

life tenant حائز عمري: يستأجر ارضاً طول حياته او حياة مؤجره .

lifer اصطلاح عامي دارج معناه «مؤبد»: محكوم عليه بالسجن مدى الحياة .

lift [معاملات مالية] يدفع قيمة مطلوبة. يستبدل بسند دين آخر
[في الزيوت – كفعل] يضخ، يستخرج
[في الانشاءات – كاسم] رافعة

liege [نظام اقطاعي] ملزم بواجب اقطاعي . مولى يدان له بالولاء

liege lord سيد اعلى: يراد به الملك

liege poustie [قانون اسكتلندي] أهلية صحية؛ اهلية بدنية وعقلية تخول صاحبها حق التصرف في امواله .

lieger or **leger** سفير مقيم

lieges اتباع؛ رعايا

lien امتياز؛ اختصاص؛ قيد؛ رهن او تكليف يمثل مديونية . حجة الدائن على مدينه؛ الحق الذي يترتب للاول على موال الثاني والوسيلة التي يستطيع بها ان يضمن تسخير هذه الاموال لاستيفاء ماله . فاذا اشترط الدائن على المدين مثلا ان يرهن عقاراً معيناً على سبيل الضمان، كان هذا الرهن امتيازاً lien قائماً على العقار المذكور يخول صاحبه استيفاء قيمته من ثمن العقار . والامتياز حجة دامغة على الدين وسلاح مصلت على المدين المتردد يستطيع به الدائن ان يعبىء قوى القضاء على مدينه حتى يستوفي حقه .

— second lien (راجع باب second)

— secret lien (راجع باب secret)

— special lien (راجع باب special)

lien account بيان امتياز: تقرير يبين للمدين والكافة اوصاف حق الامتياز موضوع المطالبة .

lien creditor دائن ممتاز او مضمون: يكون دينه مضموناً برهن على جزء معلوم من اموال مدينه .

lien of a covenant مقدمة ميثاق، ديباجته المبينة لنوعه واسماء فرقائه وصفاتهم .

lienee مديون او مدين راهن: من كان ماله محلا لرهن او اختصاص او امتياز او تكليف او ما الى ذلك .

lienor دائن او مداين مرتهن: صاحب امتياز او اختصاص او رهن على اموال مدينه يضمن بواسطته استيفاء دينه .

lieu محل؛ موضع؛ مكان

lieu **tax** بدلا من الضريبة

lieutenant وكيل؛ نائب؛ بديل
[شؤون عسكرية] ضابط؛ ملازم

lieutenant governor [قانون انكليزي] حاكم بالنيابة
[قانون اميركي] نائب حاكم

ligament رابطة او رباط ؛ وثاق ؛ علاقة ؛ صلة ؛ وحدة

ligan or lagan بضاعة مطروحة بحراً (عملا على انقاذ السفينة بتخفيف حمولتها) وموثقة الى عائمات تقيها الغرق حتى يعود اليها اصحابها لالتقاطها .

ligature (راجع ligament)

ligeance; *ligeantia* ولاء ؛ خضوع ؛ طاعة

light نور ؛ ضوء
منور ؛ ارتفاق نور يضمن لصاحبه نفاذ النور الى محله وإن كان ذلك عن طريق ملك الغير وعلى حسابه .
ترد هذه الكلمة احياناً على سبيل المجاز في نحو قولك : in the light of the said facts على ضوء الوقائع المذكورة ، اي بما تيسره او تكشف عنه .
[في العقوبات] خفيف ؛ بسيط

light-house منارة (للسفن)

lighter صندل ؛ ماعون يستعمل لنقل البضائع من السفن واليها .

lighterage نقل البضائع بالصنادل من السفن واليها ؛ اجرة ذلك

lighterman ربان صندل

lights مناور ؛ منافذ نور : كالثقوب في الجدران والنوافذ والساحات التي تكون الغاية منها ادخال النور .
[ملاحة السفن] منائر أو مشاعل ملاحة تقام على السفن والسواحل وغيرها مما تقتضيه قوانين الملاحة .

ligius صلة ، رابطة ؛ علاقة

like يماثل ؛ يشابه ؛ يساوي ؛ من حيث النوع او الكمية او الدرجة او الهيئة او غير ذلك .

likelihood احتمال ؛ توقع ؛ إمكان ؛ قابلية لشأن

likely محتمل ؛ متوقع ؛ ممكن ؛ قابل لحصول او توافر

likewise كذلك ؛ كذا ؛ ايضاً ؛ نفس الشيء ؛ بالمثل ؛ بذات الشكل او الكيفية

limb طرف (من اطراف الانسان) . اذا وردت هذه الكلمة في جرائم الاعتداء عنت الاطراف التي يحتاج اليها الانسان في القتال ، كالذراعين والساقين .

— limb of the law ذراع القانون . اصطلاح دارج يراد به المحامي او البوليس باعتبارهما جزءاً من النظام القانوني .

limit حد ؛ قيد ؛ نهاية ؛ طرف
[كفعل] يضع حداً لأمر ، ينهيه ، يحصره

limitation تقييد ؛ تحديد ؛ حصر أو تخصيص .
ميقات يحدد قانوناً للتقاضي ؛ المدة القانونية المقررة لرفع الدعوى بحيث اذا لم ترفع خلالها سقط الحق في رفعها قطعاً .
[نظام الشركات] شروط الشركة ، قيودها ، عقد تأسيسها

— collateral limitation تصرف (عقاري) مقيد ؛ يكون انتقال حق الانتفاع فيه رهناً بحصول امر معين .

— conditional limitation تصرف (عقاري) مشروط : تنتقل بموجبه منفعة عقارية على شروط مقررة .

— contingent limitation تصرف عقاري احتمالي : تنتقل بموجبه منفعة احتمالية او مضافة الى زمن مستقبل .

— title by limitation ملك تقادم ؛ حق ملكية تقادمي : الحق المكتسب في المال نتيجة قعود الغير عن المطالبة به قانونا خلال المدة التي يحددها القانون لذلك وينقضي بانقضائها حق المطالب في المطالبة .

— words of limitation [في التصرفات] عبارات تحديد ، ترد في نص التصرف لتقيد شكل التصرف او مدته .

limitation in law التحديد بقوة القانون ؛ دوام المنفعة بدوام اسبابها

limitation of actions تحديد مواعيد (رفع) الدعاوى ؛ التقادم المسقط للدعاوى ؛ ميعاد سقوط الدعاوى : المدة المقررة التي ينقضي بانقضائها حق ذي الشأن في رفع دعواه .

limitation of licence [قانون الطيران] قيد الرخصة او شرطها

limitation over ملكية زائدة ؛ منفعة رد تقيدية : المنفعة العقارية التي تؤول للمتفرغ له بعد ان تنتهي المدة المقررة للملكية او منفعة سابقة على المال ذاته ، بحيث ان الوصية بارض لسعد على ان تؤول بعد موته لسعيد ، تعتبر وصية بالزائد limitation over او وصية رد للثاني .

limitation title حق (ملكية) محكم : لا سبيل معه للغير الى مطالبة . حق قطعي في شيء يضع حداً لكل ادعاء فيه للغير .

limitations مواعيد سقوط ؛ المواعيد الحتمية لرفع الدعاوى : المواعيد القطعية المحددة قانوناً لرفع الدعاوى .

— statute of limitations قانون التقادم المسقط : قانون تحديد التقاضي ؛ القانون الناص على وجوب مراعاة مواعيد خاصة لرفع نوع معين من الدعاوى ، بحيث اذا انقضت هذه المواعيد دون ان ترفع سقطت حقوق اصحابها في رفعها .

lineal consanguinity قرابة مباشرة: تكون بين فروع او اصول كل منهم فرع مباشر من الآخر او اصل مباشر له .

lineal heir وارث مباشر: وريث القرابة المباشرة: الوريث على عمود النسب او بمقتضاه .

liner سفينة خطية

linger يتخلف (في سير)؛ يحوم (حول مكان)، يتلكأ

link يصل؛ يربط . صلة؛ حلقة؛ رباط او رابطة

liquid assets (راجع باب assets)

liquid debt دين تحت اليد او برسم القبض، يسمى احياناً «بدين حاضر»: وهو الدين الذي يحل اداؤه حالا بلا قيد او شرط، او لدى الطلب .

liquid funds اموال تحت اليد؛ اموال حاضرة . تسمى احياناً «باموال سائلة»: ويراد بها الاموال التي يستطاع الحصول عليها عند الطلب .

liquid reserve احتياطي سائل: تحت اليد يمكن تناوله حالا دون قيد

liquidate يصفي: يقيم الميزان بين ما على الشخص وما له، فيؤدي ما عليه مما له، او حسومه من اصوله . كذلك تصفي الشركات باداء حسومها من اصولها وتوزيع رصيد ذلك (أربحاً كان ام خسارة) على اصحابها .

يقرر مقدار دين على وجه الدقة، اما اتفاقاً بين الفرقاء ذوي الشأن او بطريق القضاء .

[جرائم سياسية] (راجع liquidated)

liquidated مصفى؛ مقرر؛ مبتوت فيه؛ مدفوع؛ خالص **[جرائم سياسية]** قضي عليه او مقضي عليه سواء بقتل او بغيره .

liquidated account حساب مقرر: محدد المقدار

liquidated claim مطالبة مقررة: حق ادعائي محدد المقدار

liquidated damages (راجع باب damages)

liquidated debt دين مقرر من حيث النوع والمقدار

liquidating distribution توزيع تصفية: كتوزيع اسهم (شركة) لاعادة تنظيمها تبعاً لخطة موضوعة .

liquidating partner شريك مصف (بتشديد الفاء وكسرها) يعين لتصفية حسابات الشركة عند حلها او اعسارها .

liquidation تصفية: تسوية (شيء غامض او غير موزون)، ايضاحه، تبيانه او تقريره . اقفال حساب، بتحديد

limited محدد؛ محدود؛ مقيد؛ مقصور؛ محصور

limited appeal استئناف محدود: يتناول ناحية او نقطة معينة دون غيرها .

limited company شركة محدودة: تحدد فيها مسؤولية المساهم بنسبة قيمة ما يملكه من أسهم . وتتكون من سبعة اشخاص طبيعيين او اكثر اذا كانت عامة او من شخصين على الاقل اذا كانت خاصة .

limited executor منفذ مقيد: يقتصر تنفيذه للوصية على نواح خاصة منها او اشياء دون اخرى او يكون مقيداً بزمان او مكان معلوم .

limited guaranty ضمان محدود: يقتصر على صفقة او اشياء معينة دون غيرها .

limited liability مسؤولية محدودة: لا تتجاوز حدود موجودات الشركة او لا تصيب المساهم الا بنسبة ما اكتتب به من رأس المال .

limited owner مالك محدود الملكية: من كان حق ملكيته للعقار دون الحق الكامل المطلق، كصاحب الاجارة العمرية مثلا .

limited partner شريك موص

limited partnership شركة توصية (بسيطة)

limited period **[في دعاوى الافتراق وتعيين النفقة]** المدة الباقية من حياة المحكوم له .

limited policy وثيقة تأمين محدودة: يقتصر فيها التأمين على خسائر معينة دون أخرى .

Lincoln's Inn جمعية لنكولن: احدى جمعيات الحقوق المعتمدة في لندن (راجع Inns of Court) .

line قياس مسافة طوله $\frac{1}{12}$ من الانش .

line by line budget ميزانية تفصيلية: تبين جزئيات الايرادات والمصروفات بياناً شاملا .

line of credit حد الاعتماد (المالي): الذي يفتح لشخص معين ولا يستطاع تجاوزه .

line of duty [مسائل عسكرية] حدود الواجب؛ اثناء القيام بالواجب؛ ضمن الواجب

linea عمود (نسب)

lineage سلالة؛ نسب؛ عمود نسب؛ عرق؛ جنس

lineal مباشر؛ على عمود النسب او تبعاً له

كأنها تخصه . يرد هذا الاصطلاح في وصف القاضي المنحرف الذي يميل مع هواه الى خصم دون آخر ويعتبر مصلحة من يحابيه كأنها مصلحته الخاصة .

literæ تحارير ؛ محررات ؛ مدونات

literæ mortuæ حشو ؛ عبارات تحشية

literæ recognitionis سند شحن بحري

literal حرفي ؛ ظاهر ؛ كتابي ؛ مادي

literal contract [**قانون روماني**] عقد نصي ؛ العقد الذي لا توجد عليه بينة غير ما ورد في نصوصه (المكتوبة) والذي يلزم من انشأه باداء موضوع الالتزام وإن لم يصبه منه اي عوض .

literal errors اغلاط مادية : اي كتابية

literal interpretation; literal translation ترجمة حرفية : خالية من التصرف

literal proof إثبات كتابي

literary ادبي ؛ علمي . كتابي

literary composition [**حقوق الطبع**] مؤلف ادبي او كتابي

literary property ملك ادبي ؛ حق ملكية ادبية : الحق الذي يجعل استعمال المؤلف الادبي وجميع المنافع والارباح العائدة منه وقفاً على المؤلف نفسه ومن انتقل اليه بعده .

litigant خصم ؛ فريق او طرف ؛ متقاضٍ ؛ منازع (في خصومة)

litigate ينازع ، يخاصم (في دعوى) ؛ يقيم او ينصب نفسه خصماً فيها .

litigation مقاضاة ، منازعة ؛ خصومة ؛ دعوى ؛ قضية

litigiosity [**قانون اسكتلندي**] تعليق الدعوى ، وجودها قيد النظر . منع التصرف في المال ، منعاً قانونياً ، اذا كان من شأنه ان يخيب اغراض الدعوى او يؤثر في حق المدعي قبل تقريره .

litigious موضوع خصومة او دعوى ؛ متنازع (فيه)

litigious right حق متنازع (فيه) : لا تتسنى ممارسته الا باقامة الدعوى واخذ حكم به .

litis denunciatio [**قانون مدني**] تنبيه بالخصومة (مع الغير) . اذا اشترى شخص مالا من آخر وتصدى له بعد ذلك

اصوله (موجودات الشركة وما لها) وحسومه (ديونها وما عليها) ثم اداء الثانية من الاولى وتوزيع الرصيد سواء أكان ربحاً ام خسارة على اصحاب الشركة او مساهميها .

liquidation dividend [**في تصفية الشركات**] عوائد التصفية ؛ العوائد التي تصيب ارباب الاسهم من ربح او خسارة عند تصفية الشركة ، كل بنسبة ما ساهم به .

liquidator مصف (بتشديد الفاء وكسرها) ؛ مأمور تصفية ؛ سنديك اتحاد

liquor مشروب روحي : كل شراب مسكر

lira ليرة : وحدة نقد متداولة في عدة دول .

lis دعوى ؛ منازعة او خصومة

lis alibi pendens دعوى عالقة في مكان آخر : اي قيد النظر امام محكمة اخرى .

اذا رفعت دعوى بين خصمين امام احدى المحاكم وحاول المدعي اثناء ذلك ان يقوم باجراء آخر ضد المدعى عليه نفسه يتعلق بذات الموضوع امام محكمة ثانية ، امكن المدعى عليه ان يعترض على الاجراء التالي ويسقطه بحكم قيام الاجراء السابق .

lis mota افتتحت الدعوى ؛ دعوى مفتتحة : اي مشروع فيها

lis pendens خصومة معلقة ؛ قيد النظر او امام المحكمة

list جدول (قضايا مهيأة للنظر)

[**كفعل**] يدرج ، يدخل في جدول

— civil list مخصصات ملكية : يقررها البرلمان اذا وجد ، ولا تخضع لضريبة الدخل العادية .

— enter the lists against اصطلاح شائع غير فني معناه : «يدخل في نزاع ضد...» ؛ يتحدى في خصومة ؛ يقبل التحدي

— free list قائمة بضائع معفاة من الرسوم .

lite pendente ما دام النزاع قائماً ؛ الى حين الفصل في النزاع

litem denunciare القاء عبء الخصومة (على الغير) ؛ الاستعانة باحد الناس على خصومه اذا كان بينه وبين الموضوع سبب معقول : كأن يشتري شخص ارضاً من آخر فيقوم ثالث بمقاضاته حول هذه الارض ، فيجد المشتري نفسه مضطراً بحكم المبايعة للاستعانة بالبائع على الخصومة ، فيلقي عبئها عليه كما تقدم .

litem suam facere يتبنى او يحتضن الخصومة ، يعتبرها

شخص ثالث لينازعه ملكية هذا المـال او حيازته، امكن المشتري بالأجراء المذكور *litis denunciatio* ان يتمسك بالضمان الذي بيده من البائع وينبه عليه بوجوب الانتصاب للخصومة او المبادرة الى المساعدة عليها والدفاع عن حقه (حق المشتري) في المال المبيع .

litis dominium سيطرة على خصومة، ,ولاية عليها، توجيهها

litispendence ازدواج الخصومة: قيامها امام محكمتين في آن واحد .

littoral ساحلي؛ على الساحل، محاذ او مجاور له

litura محو؛ طمس؛ تطليس (في مستند اياً كان)

litus maris شاطىء بحر: المساحة التي يغطيها البحر وهو في اقصى مده وينحسر عنها في اقصى جزره .

Litvinov Assignment تنازل ليتفينوف: تنازل روسيا عن حقوقها ضد الرعايا الاميركيين بموجب المراسلات المتبادلة بينها وبين الولايات المتحدة على اثر اعتراف الأخيرة بشرعية حكومة اتحاد الجمهوريات السوفيتية في روسيا .

live يسكن؛ يقيم (في مكان)، يعيش فيه (على شيء من القرار مدة غير محددة) .

live and cohabit together as husband and wife يعيشون ويتعاشرون معاً كالازواج (كرجل وامرأته) .

live oil زيت غازي: يحتوي على كمية من الغاز .

live stock ماشية؛ دواجن

livelode إعالة؛ رعاية

livery تسليم الاراضي (رسمياً) للافصال vassals من الملك مباشرة او من مواليهم . امر تسلم يستصدره المولى عليه، اذا بلغ سن الرشد، ضد الولي كي يتسلم املاكه منه ويمارس عليها السيطرة القانونية .
بزة خاصة يلبسها اعضاء النقابة او الشركة الواحدة تمييزاً لهم عن غيرهم او يلبسها خدم النبلاء .
اتفاق على اكتراء بعض الحيوانات المستخدمة في الحراثة او الجر او على العناية بعدد من الخيول نظير اجرة معلومة .

livery of seisin تسليم حيازة: المراسم المتبعة لدى تسليم حيازة الارض من المالك للمتصرف له اشعاراً بانتقال هذه الارض انتقالا فعلياً .

livery office مكتب فراغ عقاري يختص بتسليم الاراضي او الاشراف على ذلك .

living يعيش؛ حي؛ نافذ؛ قائم

living apart مفترقان؛ يعيشان مفترقين او منفصلين

living in open and notorious adultery يعيشان في زنا سافر مفضوح . ينطبق هذا الوصف على رجل وامرأة يعيشان معاً في بيت واحد عيشة مكشوفة كأنهما زوجان دون ان يكون بينهما زواج قانوني .

Lloyd's لويدز . جماعات التأمين الاكتتابي . اتحاد التأمين التعاوني ومقره مدينة لندن . انشىء هذا الاتحاد قديماً للتعامل في التامين البحري على قاعدة التأمين التبادلي التي تقضي على المشترك ان يكون مؤمناً ومؤمناً عليه في آن واحد ويعتبر مسؤولا عن جزء معلوم من مجموع مبلغ وثيقة التأمين العائدة لكل عضو آخر سواء أكان هذا النصيب معيناً ام نسبياً وان تضاف الاقساط التي يحصلها الاعضاء الى حساب خاص . (راجع London Lloyd's)

— London Lloyd's (راجع باب London)

Lloyd's bonds سندات لويدز: أسناد مستعملة في لندن تختمها الشركة المدينة بخاتمها الرسمي وتكون حجة شاهدة عليها بدين معلوم حال الاداء اصلا وفائدة في تاريخ معين .

load [كفعل] يحمل او يسق (سفينة)؛ يغش بضاعة لزيادة وزنها .
[شؤون مالية] يشتري او يحوز كمية كبيرة من اسهم .
[معاملات التأمين] يزيد مقدار قسط التأمين على الوثيقة (البوليصة) في مواعيد معينة .

— case load مقدار القضايا التي تتولاها المراجع القضائية بالنظر او المراجعة او الفصل؛ الاعباء القضائية الملقاة على المراجع المذكورة .

load line خط العوم؛ خط الحمولة (القصوى): الخط المرسوم على جانبي السفينة لبيان الحد الذي تنزل اليه تحت الماء اذا بلغت حمولتها القصوى، ويهتدى به عند وسق السفينة تجنباً لتحميلها ما فوق طاقتها .

load sheets [قانون الطيران] كشف ترتيب الحمولة

loadmanage أداء اجور الزوارق المستخدمة في تحميل السفن او ابعادها عن الارصفة او قطرها اليها .

loaf يصرف الوقت او يضيعه في الخمول؛ يتسكع؛ يجوس

loan [كاسم] قرض؛ سلفة؛ عارية
يسلف؛ يقرض

— stand by loan (راجع باب stand)

loan certificates شهادات قرض: تصدرها دار المقاصة clearing-house بمقدار ٧٥٪ من قيمة الضمانات الاضافية المودعة من المصارف المستدينة لدى فرع التسليف في دار المقاصة .

loan for consumption عارية استهلاك . عقد بين معير ومستعير يتفق بموجبه الاول على ان يسلم للثاني أشياء منقولة قابلة للاستهلاك ويوافق الثاني على ان يرد في المستقبل ما يماثل تلك الاشياء من حيث النوع والصنف والكمية .

loan for exchange عارية بدل: تعاقد المعير والمستعير على ان يسلم الاول للثاني بلا مقابل مالا منقولا معيناً شرط ان يرد الثاني للاول مثل المعار في المستقبل او بعد مدة مقررة .

loan for use عارية استعمال: عقد يلتزم به المعيران يسلم المستعير شيئاً غير قابل للاستهلاك كي يستعمله هذا بلا عوض مدة معينة ثم يرده الى المعير بعد استعماله .

loan-holder حامل سند دين (يثبت مديونية الغير له)؛ دائن مرتهن

loan on overdraft قرض او تسليف على المكشوف

loan societies جمعيات تسليف: دور مالية خاصة تتعامل في تقديم القروض لاعضائها من ارباب الصناعة industrialists.

lobbying مناورات الاروقة، تسخيرها او استغلالها: المقابلات الشخصية التمهيدية في ردهات محال الاجتماعات الرسمية. التأثير الشخصي . الائتمار التمهيدي . الدعاية او التعبئة السياسية التمهيدية .
تعرفها بعض المصادر «بالتأثير في اعضاء الهيئة التشريعية عن طريق الاتصال الشخصي المباشر وذلك لضمان الموافقة على بعض القوانين او رفضها» .
اصل هذا الاصطلاح كلمة lobby ومعناها: ردهة؛ ممر؛ معبر او دهليز يؤدي الى قاعة رئيسية تستعمل مقراً لمجلس او هيئة سياسية او تشريعية او لجمعية عمومية . ولما كانت المباحثات التي تجري في اروقة المؤتمرات لا تخرج في الغالب عن مواضيع الساعة المراد عرضها على تلك المؤتمرات فكثيراً ما يسخر التأثير الشخصي او تستغل الدعاية والمحادثات التمهيدية في تلك الاروقة لاستمالة المؤتمرين الى وجهة نظر معينة . هذا النشاط التمهيدي على ضروبه يسمى lobbying .
ويستعمل الاصطلاح ذاته ايضاً، بسبيل الاستعارة، للدلالة على كل تأثير شخصي يتوسل بـه لاستمالة المؤتمرين قبل البت في موضوع عام مطروح للبحث امام هيئة عامة حاكمة تنفيذية او تشريعية .

lobbying contract عقد تآمر لضمان تشريع معين بغير سبيل المنطق والمناقشة .

lobbyist داعية اروقة؛ مناور كواليس: من تخصص باقناع الاوساط التشريعية ان تقر ما يهمه او كلف الدعاية لقانون . من اتقن فن الاتصالات الشخصية مع المؤتمرين واعضاء المجالس التشريعية او التنفيذية لاستمالتهم الى اقرار تشريع معـين او الموافقة على مشروع او التصويت ضده، وذلك لغرض في نفسه أو نفس من يدفعه الى ذلك .

local محلي؛ موضعي؛ مكاني؛ محدود او محصور ضمن نطاق معين .

local actions قضايا محلية: تكون مواضيعها ذات صفة محلية او تتصل بمكان واحد .

local agent نائب محلي: تنحصر نيابته في دائرة معينة دون غيرها .

local assessment ضريبة محلية: كضرائب التحسين التي تستوفى من اصحاب الاملاك الواقعـة في نطاق جهة معينة للمساهمة في تكاليف تحسينها، بمـد الطرق او انشاء الحدائق او ما الى ذلك .

local chattels معدات موضعية: مثبتة في العقار

local courts محاكم محلية: تشمل ولايتها القضائية اقليماً معيناً او منطقة معينة دون غيرها وتكون في الغالب محاكم ولائية يقتصر اختصاصها على ولاية واحدة فقط خلافاً للمحاكم الاتحادية التي يشمل اختصاصها دول الاتحاد او ولاياته جميعاً .

local law قانون محلي: يقتصر سريانه على مناطق خاصة او على ممتلكات او جماعات معينة دون غيرهـا، كالقوانين والانظمة البلدية وما اليها .

local option الخيار المحلي: حق تمنحه المراجع التشريعية في الدولة يخول كل ولاية او مقاطعة ان تستفتي اهلها، بطريق الاقتراع العام، في حظر بيع المسكرات او اباحته وتقرر الحظر او عدمه بالنسبة لحدودها الخاصة وفقاً لما يختاره اهلها .

local prejudice ميل محلي: محاباة، او احقاد محلية، يخشى ان تبعث على التحيز في الحكم وتسوغ نقل الدعوى من محكمة ولائية الى اخرى اتحـادية ضماناً للابتعاد عن محيط المؤثرات المحلية .

locality موقع؛ محلة؛ منطقة
[**قانون اسكتلندي**] حيازة عمرية (مدى الحياة) تؤول للزوجة بمقتضى عقد الزواج .

locality of a law suit مكان الدعوى

Locarno, Pact of (Pact of Locarno) ميثـاق لوكارنو . ابرم هذا الميثاق سنة ١٩٢٥ م بين المانيا وفرنسا

وبلجيكا كاطراف اصليين فيه ، وايطاليا وبريطانيا كطرفين ضامنين . وكان الغرض منه ضمان سلامة حدود الموقعين والعمل على صيانة السلام العالمي .

— Spirit of Locarno روح لوكارنو او مبادؤها : وهي وجوب اطراح العداوات التقليدية كالعداوة المتأصلة بين ألمانيا وفرنسا .

locate يعين او يحدد مكان شيء ؛ يكشف او يزيل النقاب (عن مجهول) .

locatio تأجير ؛ إكراء

locatio custodiæ وديعة حراسة : تعاقد على حراسة اشياء مودعة والعناية بها نظير اجرة معلومة يتقاضاها المودع (بفتح الدال) .

locatio operis مؤاجرة ؛ عقد استخدام ؛ تعاقد (على عمل)

locatio operis faciendi (راجع باب bailment)

locatio rei تأجير شيء او إكراؤه

location موقع ؛ مكان ؛ محل

إجارة او ايجار

[قوانين التعدين] وضع اليد ، حسب الاصول ، على قطعة ارض تحتوي على معادن ثمينة . حصر موقع المعادن وتسجيله حسب القواعد المرعية للحصول على امتياز تعدين ضمن نطاقه .

(راجع mining location)

locative calls نصب تحديد ؛ علامات استهداء تبين حدود الارض بالنسبة لما جاورها .

locator [قانون اميركي] واضع اليد ؛ من كان له حق الاستيلاء على ارض بحكم السبق الى احتلالها حسب احكام قانون الاراضي .

lock-up house محل حبس مؤقت

locking-up of capital حبس رأس المال ، تعطيله او شله

lockout [قوانين العمل] اغلاق العمل ؛ وقف العمل واقفال المصانع من اصحابها في وجه العمال لإكراههم على قبول شروط معينة .

loco citato في الفقرة المذكورة او في المحل المذكور .

loco parentis (راجع *in loco parentis*)

***loco* price** الثمن (ثمن الشيء) على ارضه : اي تسليم محل البائع .

locum tenens نائب عن غيره ؛ ممثل له او قائم مقامه (في وظيفة او غيرها) .

locus مكان (شيء) ، موقعه

locus criminis مكان الجريمة ؛ محل ارتكابها

locus delicti مكان الجريمة

locus in quo حيث

[في دعاوى التعدي على العقار] مكان موضوع الدعوى او سببها ؛ المكان الذي وقع فيه الفعل موضوع الشكوى .

locus pœnitentiae محل (او فرصة) للتوبة : الفترة الممتدة بين زمن دفع النقود او تسليم البضاعة لغرض غير مشروع وزمن تنفيذ هذا الغرض .

locus regit actum المحل يحكم التصرف : اي يخضعه لقانونه (قانون محل ابرامه) .

قاعدة من قواعد القانون الدولي الخاص تقتضي تطبيق قانون مكان التعاقد وتقول بانه اذا ماشى الاتفاق القانوني الشكليات التي يتطلبها قانون البلاد المبرم فيها اعتبر صحيحاً في البلاد المراد فيها تنفيذه وان استوجب قانون هذه البلاد الأخذ بشكليات اخرى .

locus rei sitæ مكان موقع الشيء او المال

locus sigilli موضع الختم

locus standi حق المثول امام المحكمة (او امام هيئة تشريعية لابداء الرأي) . حق المستدعي في ان تسمع اقواله .

lode عرق او مكمن صخري معدني ؛ عروق معدنية غائرة في كتل صخرية مجاورة وممتدة مسافات متفاوتة .

lodeman or loadsman قاطر السفينة : الهادي الذي يتولى توجيهها داخل الميناء بعد ان تصل اليه بتوجيه المرشد pilot من الخارج ، بحيث اذا قادها المرشد (او دليل العباب) خلال قناة او نهر او اوصلها الميناء ، تلاه القاطر lodeman ليوجهها داخل الميناء ويبلغها رصيف الوسق او التفريغ .

lodemanage استخدام قاطر سفينة للقيام بعمل من اعمال القطر . جر السفن من مكان الى آخر .

lodge يسكن في غرفة او جناح من منزل تعود حيازته العامة للغير .

يقدم (عريضة) . يستودع (شيئاً لدى الغير على سبيل حفظه) .

lodger نزيل فندق او (بنسيون) . ساكن في جناح او حجرة من بيت (تعود حيازته العامة للغير) وذلك مقابل اجرة معلومة تدفع للحائز .

long robe الروب الطويل : اصطلاح دارج يراد به مهنة المحاماة .

long ton طن طويل ، زنته ٢٢٤٠ رطلا انكليزياً ، بينما يزن الطن العادي ٢٢٠٤ ارطال .

long vacation العطلة الكبرى : عطلة المحاكم الانكليزية الممتدة من ١٠ (آب) اغسطس الى ٢٤ (تشرين الاول) اكتوبر .

longa patientia trahitur ad consensum الصبر الطويل على شيء يفسر بقبوله .

longa possessio parit jus possidendi, et tollit actionem vero domino طول الحيازة ينشىء الحق فيها ويبطل قدرة المالك الصحيح على استردادها .

longevity pay [عوائد الخدمة] مرتب السن . مرتب اضافي يدفع للموظف نظير ما اداه من خدمات طويلة في الجيش او البحرية .

longitudinal separation [قواعد الطيران] انفصال او ابتعاد طولي

longum tempus et longus usus qui excedit memoria hominum sufficit pro jure طول المدة والممارسة منذ زمن لا تعيه الذاكرة كافيان لثبوت الحق .

lookout [مواد بحرية] كشاف السفينة ؛ المكلف مراقبة حركات السفن المارة بالسفينة العامل فيها وملاحظة عوائق الملاحة واطلاع رئيس السفينة عليها .

lord لورد ؛ مولى مقطع ؛ سيد اقطاعي يحوز منه الغير ارضاً على سبيل الاقطاع .
لقب نبل عند الانكليز يتصل ايضاً ببعض الوظائف الكبرى في الدولة .

lord advocate [قانون اسكتلندي] موظف قضائي يقوم مقام النائب العـــام attorney-general ومدير النيابات director of public prosecutions معاً في آن واحد . تعينه الملكة لتولي الادعاء العام وحضور القضايا التي تهم التاج .

Lord Campbell Act قانون اللورد كامبل : وهو يحدد اقصى التعويض الجائز التحصيل على القتل الخطأ .

Lord Chancellor or **Lord High Chancellor** وزير العدل : صاحب المكانة العليـــا في الترتيب القضائي الانكليزي . (راجع Chancellor, the Lord High)

Lord Chief Justice of England يطلق هذا اللقب على رئيس مجلس الملكة الخاص الذي يمثل كلا من التالين :

lodgings جناح او اجنحة للسكن من دار

log rolling [اجراءات تشريعية] العمل على اقرار مجموعة مشاريع من قوانين متباينة الاهداف والمواضيع بمشروع واحد ينتظمها جميعاً ، خشية عدم اقرار اي منها اذا عرض على الهيئة التشريعية بمفرده . عرض اللوائح المتنافرة على البرلمان بعد دمجها في مشروع واحد يرجى فوزه بما يتوافر له من ضم كل اقلية ، تحبذ اياً منها ، في كتلة واحدة تستطيع باتحادها ان تفوز بالاكثرية الكافية لاقرار المشروع برمته . وهذا من التدابير التشريعية الفاسدة .

logbook [قانون بحري] دفتر يومية : تدون فيه تفاصيل ما يحدث يومياً اثناء سفر السفينة .

logic منطق ؛ علم المنطق او التحليل

logical relevancy موضوعية منطقية : الصلة المنطقية التي اذا توافرت بين الواقعة القائم عليها الدليل والواقعة موضوع النزاع جعلت وجود الاولى سبباً لاحتمال وجود الثانية او عدم احتماله .

loiter يجوس ؛ يحوم (حول مكان) ؛ يتخلف في مسير ؛ يجري الى غير هدف صرفاً للوقت .

London Lloyds لويذز لندن ؛ الاتحاد اللندني للتأمين التعاوني : وهو اتحاد تأمين اختياري يضم عدداً من التجار واصحاب السفن وشركات التأمين والسماسرة ويقوم فيه الاعضاء مقام المؤمنين (بتشديد الميم الثانية وكسرها) والمؤمنين (بتشديد الميم الثانية وفتحها) بمحض ارادتهم بحيث اذا رغب العضو في ان يؤمن على شيء له وجب عليه ان يعرض حسب الطرق المقررة تفاصيل المخاطر المراد التأمين ضدها ، ومن ثم يتقدم من شاء من الاعضاء للاكتتاب كمؤمن في تأمين ذلك الشيء مبيناً المقدار الذي يود المساهمة به في التأمين حتى اذا اكتمل مبلغ التأمين المطلوب حررت وثيقة التأمين باسماء الاعضاء المؤمنين واسم وكيل الاتحاد المختص .

long bills كمبيالات طويلة الاجل : اي بعيدة الاستحقاق .

Long Parliament البرلمان الطويل : برلمان انكليزي امتد اجله من شهر (تشرين الثاني) نوفمبر سنة ١٦٤٠ م (في عهد الملك تشارلز الاول) الى ١٠ (نيسان) ابريل سنة ١٦٥٣ م (في عهد الديكتاتور كرومويل) .

Long Parliament يطلق هذا الاسم على البرلمان الطويل الثاني الذي عقد سنة ١٦٦١ م بعد ارجاع النظام الملكي الى انكلترا ولم يحل الا في ٣٠ (كانون الاول) ديسمبر سنة ١٦٧٨ م . سمي كذلك تمييزاً له عن البرلمان الطويل الاول المنعقد في عهد تشارلز الاول والمنحل في عهد كرومويل .

Chief Justice of the ancient court of King's Bench, the Chief Baron of the Exchequer, the Chief Justice of the Common Pleas.
وهو بحكم وظيفته عضو في محكمة الاستئناف ومحكمة الاستئناف الجنائي .

Lord High Steward اذا حوكم احد اللوردات او رجال الدولة امام مجلس اللوردات بتهمة الخيانة او غيرها من الجنايات ، عين احد الاعضاء اللوردات Lord High Steward رئيساً لجلسة المحاكمة ورئيساً مؤقتاً speaker للمجلس .

Lord Justice مستشار محكمة استئناف

Lord Justice Clerk [قانون اسكتلندي] نائب رئيس محكمة الجنايات العليا High Court of Justiciary في اسكتلندا وعضو المحكمة المدنية العليا Court of Session .

Lord Justice General [قانون اسكتلندي] رئيس محكمة الجنايات الاسكتلندية المسماة Court of Justiciary (راجع اختصاص المحكمة المذكورة في باب court) .

Lord Keeper of the Great Seal اللورد حامل الحلق (الختم) الكبير ، ويعود هذا اللقب حالياً الى وزير العدل Lord Chancellor .

Lord Keeper of the Seal (راجع Lord Privy Seal)

Lord Lieutenant ممثل الملكة في الاقاليم counties يعينه التاج وتعتبر وظيفته فخرية ، ويكون تعيين الـ Justice of the Peace في الاقليم بناء على توصياته .

Lord Lieutenant of Ireland نائب الملكة في ارلندا

Lord Mayor's Court (راجع Mayor's Court of London)

lord of appeal احد اعضاء اللجنة الاستئنافية appellate committee في مجلس اللوردات . تختص هذه اللجنة بنظر المسائل الاستئنافية المرفوعة للمجلس ويعين اعضاؤها من بين مشاهير المحامين بعد ان ينعم عليهم التاج بلقب لورد مدى الحياة ، ويسمون جميعاً lords of appeal ويتقاضى كل منهم راتباً سنوياً مقداره ٩٠٠٠ جنيه .

lord ordinary احد مستشاري الـ Outer House بالمحكمة المدنية العليا Court of Session في اسكتلندا . والـ Outer House دائرة تابعة للمحكمة المذكورة تنظر فيها الدعاوى ابتداء لا استئنافاً .

Lord Paramount احد الالقاب التي عرف بها ملك الانكليز قديماً باعتباره السيد الاقطاعي الاعلى .

Lord President [قانون اسكتلندي] رئيس المحكمة المدنية العليا Court of Session وهو اعلى موظف قضائي في اسكتلندا .

Lord President of the Council رئيس مجلس الملكة الخاص .

Lord Privy Seal اللورد حامل ختم الملكة ؛ وهو في الغالب احد اعضاء مجلس الوزراء .

lords commissioners [قانون انكليزي] لوردات منتدبون ؛ يولون عند الحاجة مهام بعض المناصب العليا الشاغرة في الدولة .

lords justices of appeal [قانون انكليزي] مستشارو محكمة الاستئناف

lords of appeal in ordinary لوردات الاستئناف المعاونون . يعين كل من هؤلاء براتب سنوي مقداره ٦٠٠٠ جنيه لمساعدة مجلس اللوردات في نظر المسائل الاستئنافية المرفوعة اليه ، وينعم عليه بلقب بارون مدى الحياة ويكون له ، مدة تعيينه فقط ، حق الجلوس في مجلس اللوردات والاشتراك في التصويت على المواضيع المطروحة للبحث امام المجلس .

lords of parliament لوردات البرلمان : أعضاء مجلس اللوردات في البرلمان الانكليزي .

lords of session مستشارو المحكمة المدنية العليا Court of Session باسكتلندا .

lords spiritual اللوردات الروحانيون : رؤساء الاساقفة والاساقفة .

lords temporal اللوردات الدنيويون : اعضاء مجلس اللوردات الانكليزي .

lordship سيادة : يوجه هذا اللقب للقضاة على سبيل التبجيل بمعنى صاحب السيادة ، وللنبلاء دون الدوق من حيث الرتبة .

lose يخسر ؛ يفقد ؛ يضيع ؛ يتلف

loss خسارة او خسران ؛ ضياع ؛ تلف (كلي) ؛ فقدان ؛ تجريد (من حق او غيره) . راجع المصطلحات التالية

loss of an eye فقدان العين : تلفها ، فقدان منفعتها او قدرتها على الابصار .

loss of life فقدان الحياة : الموت

lot كتلة ؛ جملة ؛ مجموعة (اشخاص) ؛ عدد من اشياء متجانسة ؛ حصة ؛ نصيب او سهم . قسيمة (من ارض) . قرعة

lot and scot رسم معين يفرض بموجب القانون الانكليزي على من يمارس حق الانتخاب في بعض البلدان .

lottery لوتريا ؛ لعبة نصيب

— Dutch lottery (راجع باب Dutch)

— Genoese lottery (راجع باب Genoese)

love-day [قانون انكليزي قديم] يوم التصافي او المحبة ؛ اليوم الذي يسوى فيه كل نزاع بين اهل الجيرة بالطرق الودية ، او يساعد فيه الجار جاره بلا أجرة .

low منخفض ؛ مبتذل ؛ قليل ؛ منحط ؛ دان او ادنى

low justice [بعض القوانين الاوروبية القديمة] عدالة دانية ؛ عدالة جزئية او بسيطة ، يعنى بها اختصاص صغار القضاة .

low-water اقصى جزر البحر . يقابله اقصى المد high-water .

low-water mark اقصى مستوى الجزر ؛ جرة الجزر القصوى : العلامة التي يتركها البحر على الشاطىء عند بلوغ انقباض الماء اقصاه .

lowbote [قانون سكسوني] دية ؛ بدل نفس : التعويض الذي يدفعه من ارتكب جرم القتل بدم حار (في ظرف هياج).

loyal موال ؛ مؤيد ؛ مطواع ؛ وفي ؛ مخلص ؛ أمين ؛ صادق . قانوني بمعنى legal اي مطابق للقانون .

loyalty محافظة على القانون بمعنى adherence to law ، مراعاة احكامه . موالاة ؛ ولاء ؛ تأييد ؛ وفاء ؛ اخلاص او امانة

lu'an [شريعة اسلامية] اللعان . وهو قسم من الزوج يرمي الزوجة بالزنى . يواجهه قسم من الزوجة تنفي به التهمة عنها . واللعان ينتج الفرقة بين الزوجين وينفي عن الزوج نسب أولاده .

lucid intervals فترات إفاقة : الفترات التي يرجع فيها المجنون ، جنوناً غير مطبق ، الى كامل صوابه ويعاوده خلالها من الادراك والاتزان العقلي والذكاء والسيطرة على ارادته مايسترد معه الاهلية القانونية للتعاقد والقيام بما يلزمه من تصرفات قانونية .

lucra nuptialia [قانون روماني] كسب الزواج ؛ كل كسب مادي يصيبه احد الزوجين من اموال الآخر بسبب الزواج .

lucrativa causa على سبيل الهبة ؛ بلا عوض ؛ دون مقابل

lucrative كاسب ؛ مثمر ؛ مغل ؛ جالب للربح (المادي) ؛ ذو ايراد

lucrative capital رأسمال مغل ؛ ذو ايراد

lucrative office وظيفة براتب ؛ ذات عوائد (مادية)

lucre كسب مادي او نقدي ؛ ذو قيمة مالية

lucri causa [مواد جنائية] توخ للكسب المادي ؛ في سبيل المنفعة المادية

lucrum ثمرة من ارض مقسمة الى ثمر او (قسائم) لاغراض البناء او غيرها .

luggage امتعة (مسافر) ؛ (عفشه) ، اغراضه الخاصة من ملابس وما اليها .

lump sum مبلغ مقطوع ، مبلغ إجمالي لا مطالبة بعده

lumping sale [بيوع قضائية] بيع شامل ، تباع فيه المعروضات بمبلغ اجمالي واحد يشملها جميعاً مهما تعددت .

lunacy جنون مفيق (راجع lunatic)

lunar قمري ، هلالي

lunatic مخالط ؛ مجنون مفيق : من فقد ادراكه على اثر مرض او حزن شديد او نائبة ، وكانت له من جنونه الطارىء فترات صحو يسيطر خلالها على حواسه وارادته ويدرك الامور على حقائقها ، فاذا انتهت الفترات المذكورة عاد الى سابق جنونه . وقد يشمل هذا الوصف كل شخص مختل العقل ، كما يشمل أحياناً الأمعة idiot . على ان وجه الاختلاف الاساسي بين الـ lunatic والـ idiot هو ان الثاني لا يفيق ويعزو البعض افاقة الاول وتقلبات احواله العقلية الى تغير القمر .

lunaticus, qui gaudet in lucidis intervallis المجنون المفيق من تمتع بفترات صحو .

lurcher كلمة غير فنية من معانيها الدارجة : لص بسيط ؛ غشاش ؛ جاسوس

lust شهوة جنسية ؛ شبق (بفتح الباء) ؛ تمادي الشهوة الفاسقة

luxury ترف ؛ كمالي ؛ تبذير (ي) : غير ضروري او لا لزوم له .

lying by [في العقود] شاهد ساكت . اذا سكت شخص اثناء حضوره اية صفقة له فيها مصلحة ، عد سكوته رضى عنها . فاذا خطر له فيما بعد ان يحول دونها امكن منعه من ذلك لانه شهدها وسكت عليها by reason that he has been lying by .

lying in franchise سائب ؛ طليق : كل ما امكن الاستيلاء عليه دون مراجعة القضاء ؛ كالقطة والحيوانات الطليقة وما اليها مما لا مالك له . (راجع lie in franchise)

Lynch Law حكم لينش . حكم الغوغاء : قيام العصابات المنظمة او الغوغاء بتوجيه التهم الجرمية لمن شاءوا من الناس وحجزهم ثم محاكمتهم دون سلطة قانونية وعقابهم فوراً بالاعدام .

Lyndhurst's (Lord) Act,(Lord Lyndhurst's Act) قانون اللورد ليندهيرست : وهو ينص على وجوب اعتبار الزواج بين المحارم باطلا ولاغياً من اساسه .

lytæ [قانون روماني] طلبة القانون وهم في السنة الرابعة من سني الدراسة القانونية . يليهم طلبة السنة الخامسة والاخيرة *prolytae* .

lying in grant يقوم على الهبة؛ رهن بها (راجع lie in grant)

lying in wait (راجع lie in wait)

lynch يقتل؛ يعاقب (بالقتل) دون سلطة قانونية صحيحة

— Judge Lynch القاضي لينش . عاش هذا القاضي في Virginia باميركا حوالى سنة ١٧٨٢م واشتهر بالمغالاة في عقاب الناس بتحكيم هواه دون القانون الى حد جعل اسمه رمزاً للباطل وحكم الغوغاء .

M

mactator [قوانين اوروبية قديمة] قاتل

mad point نقطة جنون؛ مصدر جنون : الشيء الذي ينحصر فيه الخبال او تبدو اعراضه بالنسبة لشخص مصاب بالـ monomania (وهو الجنون الحصري الذي يقتصر اثره على ناحية واحدة من نواحي القوى العقلية او على موضوع واحد يكون له في المصاب تأثير جنوني خاص) .

made قدم؛ دفع؛ صنع؛ تم؛ أبرم؛ وقع؛ أعطي؛ حرر؛ صدر؛ نظم؛ بلغ، نحو: بلغ الامر للمدعى عليه a writ was made known to defendant .

(راجع المصطلحات التالية) :

— objection is made privately to judge قدم الاعتراض للقاضي بصورة خاصة .

— contract of sale is made in London تم عقد البيع او أبرم في لندن .

— distress is made وقع الحجز

— order is made أعطي الامر (او صدر)

— list is made وضع كشف (او نظمت قائمة)

— document is made حررت وثيقة

— made up of مكون من او قوامه (كذا...)

— claim is made in a letter قدم الطلب او حصلت المطالبة بخطاب .

— regulation is made صدرت اللائحة او حررت

— made binding جعل ملزماً

(راجع make)

made good جبر؛ عوض؛ أعيد الى سابق حاله، نحو: جبرت الخسارة loss has been made good .

made known بلغ، نحو: بلغ الامر للمدعى عليه a writ was made known to defendant .

madman مجنون؛ مخالط؛ معتوه؛ مختل

madness جنون؛ عته؛ خبال؛ مخالطة؛ اختلال القوى العقلية

M. يرد هذا الحرف احياناً كرقم لاتيني للدلالة على العدد ١٠٠٠ . وكان الانكليز قديماً يسمون به ابهام من أدين بجريمة القتل القصد manslaughter ثم نال العفو مراعاة لكونه يحسن القراءة. (راجع benefit of clergy)

M.A. Master of Arts استاذ في العلوم

M.R. Master of the Rolls رئيس محكمة الاستئناف الانكليزية . (راجع باب master)

M.T. (Michaelmas Term) (راجع Michaelmas)

mace-bearer حامل الصولجان: موظف رسمي يعهد اليه بحمل الصولجان والسير به أمام بعض رجال الدولة في المواكب الرسمية .

[في اسكتلندا] حاجب لدى المحكمة المدنية العليا Court of Session في اسكتلندا .

mace-greff [قانون انكليزي قديم] من تعاطى شراء الاشياء المسروقة، وخصوصاً المأكولات منها، وهو عالم بمصدرها .

mace-proof حصين من القبض

Macedonian Decree المرسوم المكدوني . اصدر مجلس الشيوخ الروماني هذا المرسوم لمكافحة المرابين في عهد الامبراطور Claudius، ثم اعيد اصداره في عهد الامبراطور Vespasianus ونص على عدم جواز قبول الدعوى لاسترداد اي مبلغ من النقود أقرض لحدث تحت سلطة والده *patria potestas* اي لم يبلغ سن الرشد . وكانت الغاية منه محاربة المرابين الذين كانوا يستغلون سذاجة الصغار فيقرضونهم الاموال بشروط مجحفة يضطرونهم معها احياناً الى رهن انصبائهم المنتظرة من تركات ذويهم .

macer حامل الصولجان

حاجب او مباشر لدى المحكمة المدنية العليا Court of Session في اسكتلندا .

machination تدبير؛ خطة؛ حيلة او ذريعة؛ تآمر؛ حوك مكيدة للاضرار بالغير

machine مكنة؛ آلة؛ عدة آلية

machinery آلات؛ مكنات؛ معدات آلية

Magistrate's Court [في بعض البلدان الشرقية] محكمة صلح
[قانون اميركي] محكمة جزئية ذات اختصاص محلي في الدعاوى التعاقدية التي لا تتجاوز قيمتها عشرين دولاراً .

Magna Assisa [قانون انكليزي قديم] محكمة جنايات كبرى

Magna Charta الميثاق الاعظم او العهد الكبير : ميثاق حقوق صدق عليه ملك الانكليز جون الاول واصدره في ١٥ حزيران (يونيو) سنة ١٢١٥ م ثم أقره من بعده، مع بعض التعديلات، كل من الملك هنري الثالث والملك ادوارد الاول ؛ يعتبر هذا الميثاق اساس الحرية الدستورية الانكليزية وقد جاء في ٣٨ فصلا تناولت قواعد العدالة واصول تطبيق القانون وحددت اختصاصات السلطات الدنيوية temporal والكنسية ecclesiastical كما ضمنت الحرية الشخصية والسياسية وحقوق الملكية لجميع افراد الشعب وعينت الضرائب الواجبة والحقوق العائدة للكنيسة .

magna culpa خطأ جسيم

magna negligentia اهمال جسيم

magna negligentia culpa est; magna culpa dolus est الاهمال الجسيم كالخطأ؛ والخطأ الجسيم كالغش

magnetic bearing [قواعد الطيران] اتجاه مغناطيسي

magnetic track [قواعد الطيران] مسير مغناطيسي : الزاوية المقيسة من الشمال الى اليمين او من الشمال المغناطيسي الى الطريق الذي تسلكه الطائرة في الفضاء .

magnum concilium [قانون انكليزي قديم] المجلس الكبير ؛ احد الاسماء القديمة التي عرف بها البرلمان parliament .

magnus rotulus statutorum السجل التشريعي الكبير : اول الوثائق التشريعية الانكليزية التي بدأ صدورها بالـ *Magna Charta* في عهد الملك جون وانتهى في عهد الملك ادوارد الثالث .

mahal [قانون هندي] محل؛ يراد به كل ارض او مشروع عام يعود بايراد على الدولة .

mahalbrief [قانون بحري الماني] عقد بناء سفينة

****mahr*** [شريعة اسلامية] مهر ؛ نحلة لازمة يقدمها الزوج للزوجة او عطاء مقرر يعتبر ركناً من اركان الزواج ، أقله عشرة دراهم ، وهو كغيره من الحقوق المالية يصح تعجيله كله او بعضه او تأجيله كله او بعضه ويثبت للزوجة بمجرد تمام العقد.

maeg [قانون سكسوني] قريب

maegbote [قانون سكسوني] دية القريب ؛ العوض المفروض على من قتل قريباً له .

Mafia مافيا : جمعية صقلية اجرامية يؤلفها وينفق عليها بعض الاغنياء او التجار او رجال السياسة او الجهات الاجنبية ، ولا تعرف لها مثل عليا او غايات وطنية ، بل همها فرض ارادتها فيما تشاء ومساعدة الجهة التي تروقها . وليست لها اية صلة بالماسونية او الكاربونارية Carbonari .

magic سحر ، ضرب من ضروب العرافة sorcery .

magister [قانون انكليزي قديم] حاكم ؛ مهيمن (على شأن) . استاذ في احد الفنون ؛ حائز على شهادة رفيعة في علم

magister bonorum vendendorum [قانون روماني] منفذ على اموال مدين غائب او مختف ؛ من عينته السلطات القضائية لحصر اموال مدين غائب او مختف ثم بيعها قضائياً للوفاء بما في ذمته للدائنين .

magister litis متولي القضية او الخصومة : من عادت اليه ادارتها او نيط به الاشراف عليها .

magisterial قضائي ؛ يتصل (بـ) او يعود الى شخص القاضي magistrate او وظائفه او سلطاته .

Magisterial Court محكمة صلحية ؛ محكمة يعقدها الـ Magistrate او الـ Justice of the Peace .

magistracy لهذا الاصطلاح معان كثيرة تختلف اتساعاً وضيقاً باختلاف السياق والملابسات . فقد يدل احياناً من قبيل التوسع على الجهاز الرسمي في الدولة بوجه عام ويشمل بهذا المعنى جميع اعضاء الجهاز الرسمي في الدولة او الموظفين العموميين سواء كانت مهامهم تشريعية او قضائية او تنفيذية او ادارية . واذا اقتصر مفهومه على المعنى المألوف ، دل على جهاز القضاء او هيئته المهيمنة على تطبيق القوانين وتنفيذها . يضاف الى هذا معنى أضيق يراد به صغار القضاة الذين تقتصر ولايتهم على المسائل الجزئية والجنح البسيطة والاجراءات الجنائية التمهيدية كقضاة الشرطة ومن في درجتهم .

magistrate موظف عمومي ، سواء كانت مهامه الرسمية قضائية او تشريعية او تنفيذية .
[في بعض البلدان الشرقية] قاض (او حاكم) صلح
[في انكلترا] موظف قضائي في درجة القاضي الجزئي لا يكاد يختلف عما يسمى Justice of the Peace .
[في الولايات المتحدة] قاض جزئي او موظف قضائي في ادنى درجات القضاء الاميركي ، يختص بالنظر والفصل في الدعاوى الجزئية والجنح البسيطة (راجع Magistrate's Court) .

maiden فتاة غير متزوجة؛ غادة

[**قانون اسكتلندي**] اداة تشبه المقصلة الفرنسية كانت تستعمل لضرب اعناق المحكومين بالاعدام .

maiden assize [**قانون انكليزي**] الجنايات الصغرى؛ محكمة جنايات لم تحكم بالاعدام .

يطلق هذا الاسم حالياً على جلسة محكمة الجنايات اذا انعقدت ولم يقدم اليها أي شخص للمحاكمة .

maiden rents [**قانون انكليزي قديم**] غرامة كانت تدفع للسيد الاقطاعي من الفصل (التابع) عند زواج هذا الاخير كي يتنازل السيد عن حقه العرفي في ان ينام أولى ليالي العرس مع العروس .

maiden speech الخطبة الاولى التي يلقيها كل عضو في البرلمان على اثر انتخابه للعضوية اول مرة .

maihem; maihemium (راجع mayhem)

maihemium est homicidium inchoatum الجرح البالغ هو شروع في القتل (او بداية القتل القصد) .

maihemium est inter crimina majora minimum, et inter minora maximum الجرح البالغ هو ابسط الجرائم الخطيرة واخطر الجرائم البسيطة .

mail بريد . يرسل بالبريد

mail matter مواد بريدية: كل ما يرسل بالبريد

mailable جائز الارسال بالبريد؛ يرسل بواسطته

maills and duties [**قانون اسكتلندي**] ايجارات عقار؛ عوائد ملك (عقاري)

maim يعطل عضواً، يفقد منفعته كلياً او جزئياً؛ يحدث جرحاً بالغاً او تشويهاً في جسم، او عاهة دائمة .

main رئيسي؛ اساسي؛ معول عليه؛ جوهري؛ مدار بحث، محوره

mained [**قانون انكليزي قديم**] يمين كاذبة

main-à-main فوراً؛ حالا؛ مباشرة؛ تواً

mainour [**مواد جنائية**] مسروقات يفاجأ بها السارق او يقبض عليه وهي معه، نحو: قبض عليه والمسروقات بيده he was taken with the mainour .

mainovre تطاول باليد على ملك الغير

mainpernable قابل للكفالة؛ تجوز كفالته (اذا قدمت حسب الاصول) .

mainpernor [**اجراءات قديمة**] كفيل؛ ضامن؛ يضمن حضور مكفوله للمحاكمة في اليوم المقرر .

mainprise تسليم المكفول الى كفيله واعتباره مسؤولا عنه . (راجع bail للمقابلة)

mainsworn حلف يمين كاذبة مع وضع اليد على الكتاب المقدس .

maintain يصون؛ يحفظ من تلف باجراء اللازم من اعمال الاصلاح؛ يبقي شيئاً على حال معين

يعول؛ ينفق (على)؛ يقوم بأود الغير

يتمسك (بحق)؛ يتشبث او يحتفظ برأي او وضع

يساند (دعوى)، يستمر في ملاحقتها

maintainor [**مواد جنائية**] منفق على خصومة قائمة بين أغيار؛ من قام لغاية غير مشروعة بمساعدة خصم على آخر في دعوى لا تمت اليه بصلة .

maintenance إعالة؛ انفاق (على اولاد او زوج او أهل)، قيام بأودهم وتوفير معاشهم وحاجاتهم . تشبث او احتفاظ (برأي)؛ ثبات عليه، تأكيده او دعمه

الانفاق لغير المصلحة الخاصة على دعوى يقيمها الغير، وكذا مساعدة هذا الغير على أي حال لا يبيحه القانون .

[**مواد جنائية**] التدخل، غير المشروع، في دعوى بين خصمين بمساعدة أحدهما على الآخر مادياً او معنوياً . بعث الخصومات بين الاغيار وتأييد احد الجانبين ضد الآخر لعرقلة سير العدالة.

— separate maintenance [**مواد زواج**] نفقة منفصلة

maintenance manual [**قواعد الطيران**] دليل صيانة

maintenance release [**قواعد الطيران**] شهادة صيانة، تعطى تأكيداً لتمام اجراء الصيانة اللازمة .

majestas [**قانون روماني**] جلالة؛ سلطان الحكم العائد للدولة او الملك .

majesty جلالة؛ سلطان

majlis مجلس؛ برلمان ايراني

major راشد: من بلغ سن الرشد (السن القانونية) واكتسب بذلك كامل الاهلية القانونية وحق له ان يمارس جميع الحقوق المدنية .

القاصر اذا تزوج

اكبر؛ اعظم؛ اجسم؛ اشد

major and minor fault rule [**تصادم بحري**] مبدأ الخطأ الجسيم والبسيط .

المبدأ القائل بانه اذا ارتكبت احدى سفينتين من الخطأ الجسيم ما ادى الى مصادمتها السفينة الاخرى، كان عليها اذا ارادت إشراك الاخرى في المسؤولية ان تثبت وقوع الخطأ البسيط من هذه السفينة، وذلك بأن تأتي من البينة بما يدخل الشك المعقول في حكمة ربان السفينة الاخرى او صواب قيادته .

major continet in se minus الكبرى تغطي الصغرى . أي ان العقوبة الكبرى في الافعال التي تكون عدة جرائم تستوعب العقوبة الصغرى .

majora regalia رفعة الملك، سلطانه او حقوقه الملكية

majores [قانون انكليزي قديم] اعظم الناس؛ اوجههم؛ اعلاهم مكانة؛ احسنهم حالا (من الناحية الاجتماعية او المادية)
[قانون روماني] الاسلاف الذكور بعد الدرجة السادسة؛ اي من الدرجة السابعة فما فوقها .

majority سن الرشد؛ البلوغ او السن القانونية: وهي السن التي يحق لبالغها ان يدير شؤونه الخاصة ويمارس حقوقه المدنية .
[شؤون التصويت] اكثرية؛ ما جاوز النصف من عدد الاصوات المعطاة .

— numerical majority اغلبية عددية (تفوق مجرد النصف)

majority rule قاعدة الاغلبية (الفعلية): اكثرية المشتركين فعلا في التصويت لا أكثرية الحاضرين ممن لهم الحق فيه . بحيث اذا بلغ عدد الحاضرين خمسين عضواً مثلا وطرح أحد المشاريع للتصويت فأيده (٢١) وعارضه (١٩) وامتنع عن التصويت (١٠)، اقتضت هذه القاعدة اعتبار الواحد والعشرين اكثرية فعلية نظراً لتجاوزهم نصف الاربعين المشتركين فعلا في التصويت ولم تلتفت لعدد الحاضرين ممن لهم حق التصويت بل لعدد الممارسين لهذا الحق .

majority vote صوت الاغلبية؛ اكثرية الاصوات: اكثرية مجموع الاصوات الملقاة .

— absolute majority of votes الاكثرية المطلقة للاصوات: وهي ما جاوز النصف من عدد المشتركين في التصويت .

make يؤلف؛ يبعث (على)؛ ينشيء؛ يحرر؛ ينظم (عقداً او سنداً)؛ يعطي (جواباً)؛ يضع؛ يصدر قانوناً (او قراراً او امراً)؛ يقدم (تقريراً او بياناً)؛ يؤدي (دفعة)؛ يفعل (امراً)؛ يدون (ملاحظة)؛ يؤيد او يسند (دعوى خصم) . (راجع المصطلحات التالية)

make a contract يتعاقد؛ ينشيء عقداً

make a conveyance يصدر عن تصرف؛ يتصرف (في مال) للغير او يحوله اليه .

make a point يبين (نقطة او امراً)؛ يجاهر، يحتج او يتمسك (بشيء)، يلفت النظر اليه

make a promise يعد؛ يعطي او يقطع عهداً

make an assignment ينزل (عن)، يتصرف

make an award يقرر؛ يصدر حكماً (في وقائع)

make an example يضرب مثلا

make default يعجز؛ يخل؛ يتخلف (عن حضور)؛ يهمل واجباً؛ يقصر (في مطلوب)

make off يفر او يهرب (بشيء)

make out يستنتج؛ يستخلص

make up يسوي (نزاعاً)؛ يعوض (عن خسارة)

maker صانع؛ واضع: من اعد شيئاً او هيأه

making law [اجراءات قديمة] قيام المدعى عليه بدفع تهمة المدعي بيمين نافية مع أيمان العدد المطلوب من المنزهين compurgators .

making up day [معاملات البورصة] اول ايام التصفية

making up price [معاملات البورصة] سعر التصفية

makings عوائد؛ ارباح؛ فوائد

mal سوء؛ سيء؛ غلط؛ خادع؛ ينطوي على غش

mala fides نية سيئة؛ سوء نية

mala grammatica non vitiat chartam الغلط الصرفي لا يبطل السند .

mala in se الافعال الضارة في حد ذاتها، كالتعذيب على ضروبه والجرائم المخلة بالشرف او المنافية للحشمة او الوجدان.

male issue عقب (اولاد) ذكور

mala praxis سوء سلوك؛ سوء تصرف مهني؛ سوء ادارة او تعامل
ينطبق هذا الاصلاح بوجه خاص على ما يقع فيه الاطباء من اخطاء ناشئة عن اهمال او رعونة او جهل بفن المهنة او اصولها.

mala prohibita محظورات؛ افعال محظورة قانوناً

maladjustment سوء تسوية (موضوع)، تعديله على غير وجهه الصحيح .

maladministration سوء ادارة

malaise وعك، توعك، دعث (: اول المرض)

malconduct سوء سيرة او سلوك؛ سلوك مخل بالشرف

male ذكر

male creditus فقدان ثقة؛ سوء سمعة

male line عمود ذكور

male lineal ذكر في عمود ذكور

malediction [قديماً] لعنة؛ قيل انها كانت ترافق الاموال العقارية المتصرف فيها لاماكن العبادة وتنصب على كل من حدثته نفسه بالتطاول عليها او بتسخيرها لغير ما اعدت له .

malefaction فعل سيىء؛ إثم؛ جرم؛ جريرة

malefactor مجرم؛ جان؛ آثم؛ مذنب؛ مدان بجرم

maleficium عمل فاحش؛ فعل ضار؛ تبذير؛ تبديد

malfeasance فعل سيء او مناف للقانون . مغايرة القانون او الواجب الرسمي .

malice اصرار على سوء؛ إضمار اذى؛ خبث قصد . نية الاذى والعزم عليه دون عذر او سبب عادل . حقد دفين يصم صاحبه عن داعي القانون والضمير ويحفزه الى مضارة الغير دون باعث معقول .

شر مبيت . تعمد او عمد، ركناه النية والارادة .

نية اجرامية منبعثة عن تسمم العقل وتصميمه على نبذ الاصول القانونية والحقوق الانسانية، تلبية لداعي الشر في نفس المصاب واشباعاً لاحقاده . والنية هذه هي الركن الاساسي لجميع الافعال المرتكبة بوحي الاجرام والضلال عن سبيل القانون .

[في جرائم القذف او التشهير libel] سوء النية وقصد ايذاء المشهر به .

— actual malice اصرار فعلي (على سوء)؛ ضغينة صريحة؛ حقد سافر . لا يختلف لاغراض القانون عما يسمى express malice .

— constructive malice اصرار او تصميم حكمي (على سوء): ضغينة مقدرة بحكم القانون او الملابسات او النتائج .

— express malice (راجع actual malice)

— implied malice سوء نية او ضغينة ضمنية؛ حقد دفين ينكشف عنه الاستنتاج المنطقي او تتفتق عنه القرائن .

— preconceived malice سبق إصرار

— premeditated malice إصرار ضمني مبيت؛ سبق اصرار او تصميم (على سوء) اذا رافق فعل القتل (خلافاً للقانون) جعله قتلا بدم بارد جزاؤه اقصى العقوبة .

— universal malice إصرار اعمى (على سوء)؛ قصد شر جامح، يتجرد معه الفاعل عن الانسانية والتعقل فيرتكب جرم القتل بلا داع معقول او لأتفه الاسباب خابطاً كعشواء دون ان يبالي بمن يقع عليه الفعل .

malice aforethought اصرار مبيت؛ سبق تصميم، لا يختلف عما يسمى malice prepense .

malice in fact سوء نية فعلي؛ إصرار صريح (على أذى)

malice in law اصرار (على الاذى) بلا داع معقول (يقبله القانون) .

malice prepense (راجع malice aforethought)

malicious ايذائي؛ مصمم او مصر على الاذى؛ حقود؛ منطو او قائم على قصد الاضرار بالغير . عمدي وبلا داع قانوني

malicious abandonment [مواد جنائية] هجران عمدي؛ تخلي احد الزوجين عن الآخر بقصد سيىء دون سبب معقول .

malicious abuse of legal process اساءة استعمال الاجراءات القانونية؛ استغلالها للكيد او التوسل بها لغرض لا يقره القانون .

malicious accusation تهمة مغرضة او منطوية على نية الاذى توحيها الرغبة في ايذاء من وجهت اليه ولا ترتكز على داع معقول .

malicious act فعل كيدي؛ عمل ضار يؤتى بلا مبرر قانوني .

malicious arrest قبض كيدي: اعتقال مفتعل، يقع في سياق اجراءات صحيحة، دون داع معقول .

malicious falsehood افتراء ايذائي: كذب مفتعل يجلب الخسارة للغير في سمعته او عمله او ما الى ذلك سواء اكانت عبارات هذا الكذب شفوية ام مكتوبة .

malicious injury to property ايذاء كيدي للمال: كل اساءة مفتعلة تعقب ضرراً مادياً في الاموال؛ من ذلك الحريق العمد والتعدي على الاملاك وما اليه من افعال .

malicious injury to person ايذاء شخصي كيدي : مضارة مفتعلة تؤتى على شخص الغير .

malicious killing قتل عمد؛ لا يرتكز على عذر قانوني ، ولا يدخل في نطاق القتل بدم حار .

malicious prosecution اجراء كيدي؛ يسار فيه بدافع الحرص على ايذاء المدعى عليه دون سبب معقول وينتهي بالحكم لمصلحة المذكور .

maliciousness كيد (للغير)؛ تعمد الاذى : الاتيان العمد لفعل ضار بلا مبرر قانوني او أدبي او اجتماعي .

malign مؤذ؛ سيىء؛ حقود، ينوي الاذى؛ ينطوي على ضرر

[**كفعل**] اصطلاح غير فني معناه ، يقدح في شخص او يناله بجارح الكلام .

malinger يتمارض؛ يدعي اعتلال الجسم او خلل العقل في سبيل التهرب من واجب او وظيفة .

malitia سوء قصد سافر؛ تعمد الاساءة الفعلية

malitia præcogitata سوء قصد مبيت؛ سبق اصرار

malnutrition سوء تغذية

malo animo بنية سيئة؛ بقصد سوء

malo grato قهراً؛ مراغمة؛ بلا رغبة

malo sensu (حسب) المعنى الخبيث او بحكمه

malpractice سوء تصرف مهني

[**فيما يتعلق بالاطباء**] سوء السلوك المهني تجاه المريض؛ معاملته او معالجته خلافاً لمقتضيات الضمير او المهنة او مبادىء القانون ، بما يؤدي الى ايذائه او تعذيبه او موته دون مسوغ ويكون مصدره الجهل او عدم العناية او الافتقار الى اللياقة المهنية او تجاهل القواعد المرعية او الاهمال او القصد الجنائي . وينطبق الوصف ذاته ايضاً على المحامي بالنسبة الى موكله .

malt مالط : مادة تستخرج من الشعير بعد طبخه وتستعمل في صنع المسكرات .

malt liquor مشروب المالط الكحولي : وهو يصنع بطريق تخمير المالط لا تقطيره .

maltreatment سوء علاج ، خبثه (يعود لجهل الطبيب او اهماله او سوء قصده)

malum مخطىء؛ خطأ؛ خبيث؛ فاسد

malum in se خبيث عنصراً : ما كان خبيثاً في حد ذاته كفعل القتل او السرقة وما اليهما من افعال .

malveilles [**قانون انكليزي قديم**] سوء النية؛ الجرائم والجنح؛ التصرفات الخبيثة

malversation [**قانون انكليزي قديم**] يشمل هذا الاصطلاح جميع الافعال المؤاخذة التي ترتكب اخلالا بمقتضيات الامانة ، كالرشوة والابتزاز والسرقة وما اليها .

man انسان؛ آدمي؛ كائن بشري

رجل : كل ذكر آدمي تجاوز الحلم (سن الثالثة عشرة) . اذا اريد بهذه الكلمة تفسير التوسع شملت الذكور والاناث من البشر مهما كانت اعمارهم .

[**نظام اقطاعي**] فصل (تابع اقطاعي) . يقال : سيد وفصل lord and man .

[**كفعل**] يطقم سفينة ، يجهزها بحاجتها من البحارة .

manacles قيد او غل لليدين؛ سلسلة

manage يدير؛ يوجه؛ يشرف (على)؛ يقوم باعباء ادارة ، يتولى شؤوناً تحتاج ولايتها غالباً الى دراية وحكمة .

managed currency نقد موجه

manager مدير؛ قيم (على ادارة)؛ مشرف

managers of a conference [**نظام برلماني انكليزي**] اعضاء البرلمان المعينون لتمثيل كل من مجلسي اللوردات والعموم في مؤتمر يضم المجلسين المذكورين . وقد جرى العرف على ان يكون عدد اعضاء مجلس العموم في هذا المؤتمر ضعف اللوردات.

managing director مدير مباشر

managing owner of ship مالك منتدب لادارة سفينة : احد ملاك السفينة اذا انتدب لادارتها من شركائه في الملكية .

manbote [**قانون سكسوني**] دية القتل او بدل النفس ، وخصوصاً التعويض الذي كان يؤدى للسيد الاقطاعي على قتل احد افصاله vassals .

manche-present رشوة

mancipare [**قانون روماني**] يبيع (شيئاً او شخصاً)؛ يتصرف في ملكية حسب الاصول المرعية .

mancipate يستعبد؛ يسترق؛ يقيد؛ يلزم

mancipatio [**قديماً**] مراسم خاصة عند الرومان ألزم بمراعاتها المتعاقدون على دين او بيع او شراء او تصرف ، تأكيداً لما تعاقدوا عليه . فكان يحضر البائع والمشتري في

مجلس العقد ومعهما خمسة من الشهود وشخص آخر يسمى الوازن او (حامل الميزان) *libripens* . فاذا انتظم المجلس رفع الوازن الميزان بين البائع والمشتري فردد كل منهما عبارات خاصة وقام بحركات معينة تفيد تمام الصفقة وانتقال الملكية . ومن ثم يضرب المشتري على الميزان بقطعة من نحاس فتعتبر ضربته رمزاً لدفع الثمن المتفق عليه للبائع . وقد روعيت فيما بعد هذه المراسم في انشاء الوصايا، فكان الموصي يقوم بدور البائع والموصى له بدور المشتري وتجري الشكليات المذكورة كما تقدم .

mancipi res [قانون روماني] الاشياء التي لا يجوز انتقالها والتصرف فيها الا بمراعاة قواعد رسمية خاصة، كالاراضي والمنازل والعبيد والمواشي وما اليها .

mandamus أمر امتثال معناه الحرفي «نأمر» : وهو امر قضائي مستعجل يقتضي قيام الموجه اليه بشيء معين، ويصدر من محكمة (كبرى) الى شخص طبيعي او اعتباري او هيئة رسمية او مأمور تنفيذ او احد رجال الادارة او القضاء او محكمة دنيا .

— alternative *mandamus* امر امتثال تخيري يلزم الموجه اليه باحد امرين : القيام بما فرض عليه او بيان الاسباب المانعة له من ذلك .

— peremptory *mandamus* امر امتثال حتمي، يلزم الموجه اليه إلزاماً قطعياً، بان يقوم بعمل معين وان لا يحيد عنه.

mandans فريق مستخدم او مشغل؛ رب عمل في عقد

mandataire [قانون فرنسي] مستخدم للقيام بعمل لحساب الغير .

mandatarius terminos sibi positos transgredi non potest ليس للمنتدب ان يتجاوز الحدود المفروضة عليه.

mandatary وكيل منتدب او مفوض: شخص منتدب او مناب للقيام بشأن؛ مكلف

mandate امر ملزم؛ تكليف قضائي (شفوي او تحريري) : صادر من جهة قضائية الى شخص مقيد بالامتثال له .

توجيه صادر من محكمة الى اخرى ادنى منها فيما يتعلق بدعوى . تكليف ائتماني يقتضي من المؤتمن ان يقوم بشيء يتصل بما ائتمن عليه بلا عوض .

توكيل؛ تفويض او انتداب لادارة شأن او تولية دون مقابل، يقضي على من اسند اليه ان يتصرف حسب تقديره في حدود المعقول، ويجعله مسؤولا عما يصدر عنه من تقصير او اهمال جسيم . ويكون هذا التفويض او التوكيل لاحد الاغراض التالية : (١) لمصلحة من صدر عنه فقط؛ (٢) لمصلحة الصادر عنه والصادر اليه؛ (٣) لمصلحة شخص ثالث؛ (٤) لمصلحة الصادر عنه وشخص ثالث؛ (٥) او لمصلحة الصادر اليه وشخص ثالث .

ترد هذه الكلمة احياناً بمعنى أمر او تكليف، كالصك مثلا يعتبر mandate امراً للبنك من الساحب بدفع المبلغ المرقوم فيه لحامله .

[كفعل] ينتدب شخصاً للقيام بشأن او يكل اليه امر هذا الشيء بلا مقابل .

[قديماً] امر عال كان يوجهه الامبراطور الى احد عماله لاتباع خطة معينة .

mandator وكيل مُنتدِب . مُفوِّض

mandatory الزامي؛ حتمي؛ اجباري؛ لا خيار فيه، نحو : نص الزامي mandatory provision (اذا ورد في مادة قانونية او قاعدة اجرائية كان ملزماً لا خيار فيه ولا يصح الاجراء الخاضع له الا بمراعاته) .

[كاسم] مُنْتَدَب . مفوض؛ نائب بلا عوض

mandatum (راجع باب bailment)

manhood سن الرجولة او البلوغ : وهي الحادية والعشرون

mania (راجع باب insanity)

mania a potu جنون بالشرب، منشأه الافراط في تعاطي المسكرات .

manifest جلي؛ واضح؛ بين؛ لا جدال فيه

[مواد بحرية] بيان الشحنة؛ قائمة الشحن . الكشف الذي يفرض حمله على السفن التجارية لسرد تفاصيل شحناتها وبيان المعلومات اللازمة تيسيراً لمهام السلطات الجمركية .

manifest law (راجع *lex manifesta*)

manifesto بلاغ حرب؛ بيان كتابي يصدر عن رئيس احدى الدول او السلطات التنفيذية العليا فيها شارحاً الاسباب والغايات التي تدفع تلك الدولة الى اعلان حرب او الشروع في عمل دولي خطير الشأن .

manipulations [معاملات تجارية] مضاربات مفتعلة؛ تدابير افتعالية (تحدث في الاسعار تأثيراً غير طبيعي ويستغل فيها النفوذ والدهاء احياناً لهذا الغرض) .

تلاعب (بأسعار او غيرها)؛ تبديل شيء بصورة او لغاية غير مشروعة؛ تصريف، إستغلال . تناول باليد

mankind الجنس البشري؛ البشرية (بوجه عام)

manner طريقة؛ اسلوب؛ وضع؛ حال؛ هيئة؛ كيفية؛ شكل؛ صفة

— taken with the manner قبض عليه متلبساً (بفعل)

manning العمل الذي ينجزه الرجل خلال يوم واحد . تكليف للحضور امام محكمة .

mannire يكلف (شخصاً) ان يحضر امام محكمة لسماع الحكم بين يديها .

mannopus [قانون انكليزي قديم] مسروقات؛ اشياء يعثر عليها بيد سارق .

manor بيت؛ مسكن؛ منزل؛ مقر اقامة

[قانون انكليزي قديم] اقطاعة؛ ضيعة: ارض يمنحها الملك لأحد الرجال المقربين لتكون له ملكاً خالصاً من كل قيد .

[قانون اميركي] ارض زراعية يرثها الابن الاكبر دون الباقين من اخوته .

manqueller [قانون سكسوني] قاتل

manser (راجع bastard)

mansio [قانون سكسوني] ما يكفي من ارض لاعالة رجل وعائلته .

mansion منزل وملحقاته من منشآت وبساتين . قصر يسكنه مالك الارض .

manslaughter قتل خطأ؛ قتل غير مشروع دون سبق اصرار، صريح او ضمني، ويسميه القانون الاسكتلندي (القتل المؤآخذ) وهو على نوعين اساسيين: (١) القتل القصد او الارادي voluntary manslaughter الذي يرتكب على اثر استفزاز فعلي معقول – اي بدم حار؛ و(٢) القتل غير الارادي او الخطأ involuntary manslaughter الذي يقع اثناء القيام بعمل غير مشروع يمارس خلافاً للقانون .

والفارق الجوهري بين manslaughter وبين murder هو انعدام سبق الاصرار او التصور malice من الاول وتوافره في الثاني .

— involuntary manslaughter قتل غير ارادي او خطأ: يقع اثناء القيام بفعل غير مشروع لا يبلغ خطورة الجنايات او بفعل مشروع يتم خلافاً للقانون بحكم ما يلابسه من تقصير او اهمال جسيم . من ذلك ان يهوي شخص مثلا (في الحالة الاولى) على آخر بعصا خفيفة ليضربه بها فيصيب منه مقتلا فيقضي عليه من حيث اراد ان يضربه فقط . ولا بد في هذه الحال من قيام القرينة على مجرد الضرب . ولعل اقرب الامثلة على الحالة الثانية هو القتل الناشىء عن الاهمال في قيادة السيارات واسباب النقل وما اليها حيث يكون فعل القيادة حقاً مشروعاً في حد ذاته وتنحصر المؤاخذة في كيفية ممارسته . ولا بد في هذه الحال ايضاً من قيام القرينة على عدم توافر سوء النية والحيلة لارتكاب القتل .

— voluntary manslaughter قتل قصد؛ قتل ارادي؛ قتل بدم حار: يقع بدافع الاستفزاز المادي المعقول او اثناء شجار مفاجىء . ولا بد في هذه الحال من اثبات كفاية الاستفزاز وخلو الفعل من سبق الاصرار .

manstealing خطف الاشخاص او الآدميين

mansuetæ natura حيوانات أليفة، داجنة او مستأنسة

mantle children اولاد الستر (راجع *pallio cooperire*)

man-traps افخاخ آدميين: افخاخ او شراك تنصب للامساك بالافراد المعتدين على الاملاك، ولا يعتبر استعمالها مشروعاً الا اذا روعيت فيه اوضاع معينة .

manu brevi مباشرة؛ باقصر السبل او اقربها

manu injectio حق الدائن في القبض على مدينه بناء على أمر القاضي .

manu longa بطريق السببية؛ بطريق غير مباشر او دائري؛ بالمداورة

manu militari تنفيذ قوة؛ الحمل على التنفيذ بالقوة

manual [كنعت] يدوي

[كاسم] مقرر؛ مرجع (كبعض الكتب والمؤلفات العلمية)؛ دليل

manual delivery تسليم مناولة؛ تسليم يد

manual labour عمل يدوي: يتطلب قدرة جسدية بالدرجة الاولى .

manualis obedientia طاعة تقوم على يمين؛ ولاء؛ حلف على خضوع

manufactory مصنع

manufacture يصنع؛ ينتج

صناعة؛ إنتاج: بالايدي او الآلات الميكانيكية

manufacturer صانع؛ منتج

manufacturing establishment مؤسسة صناعية؛ مركز صناعي او انتاجي

manumissio اعتاق (عبد)؛ تحرير (رقبة)

manumission إعتاق عبد؛ فك رقبة
تحرير اي شخص من قبضة الغير او سيطرته او نفوذه (والفعل manumit) .

manurable [قانون انكليزي قديم] قابل للحيازة باليد او بوضع اليد؛ ممكن الاستغلال؛ يمسك باليد؛ ملموس؛ حسي او محسوس

manure [قانون انكليزي قديم – كفعل] يحتل؛ يشغل؛ يستعمل؛ يستغل (ارضاً) او يهيىء لها ما يلزم من عمل يدوي.

manus اليد: رمز السيطرة الفعلية
[مواد مدنية] سيطرة؛ سلطة؛ نفوذ؛ اشراف؛ حق ممارسة القوة او اللجوء للاكراه . ولا تختلف هذه الكلمة، من حيث المعاني المذكورة، عن *potestas* .
[قانون انكليزي قديم] يمين . شاهد يؤتى به أمام المحكمة ليحلف على شيء، اي compurgator (راجع الكلمة الاخيرة مكانها) .

***manus* marriage** (راجع باب marriage)

***manus* mortua** نوع من انواع الوقف عند الغربيين لا يختلف عما يسمى mortmain (راجع الكلمة الاخيرة مكانها).

manuscript مخطوط؛ محرر يدوي

manutenentia [قانون انكليزي قديم] امر إعالة (قضائي)، يفرض على الموجه اليه اعالة المذكورين فيه .

manworth [قانون انكليزي قديم] ثمن حياة رجل او قيمتها، ثمن رأسه

many كثير؛ غير قليل؛ عدة

manzie [قانون اسكتلندي قديم] تشويه (جسم الغير)؛ احداث عاهة دائمة فيه او جرح بليغ . يقابله ما يعرف بالـ mayhem في القانون الانكليزي .

map خريطة

mar يعيب؛ يشوب؛ يشوه؛ يصم؛ يتلف (الى حد بالغ)؛ يلطخ (سمعة شخص) او ينال (منها) .

maraud كلمة غير فنية ترد على سبيل المجاز في المعاني التالية: يغير؛ يغزو؛ يسطو؛ ينهب؛ يسلب

marauder مغير: ساط (على ما لغيره قصد السرقة): من غزا او اغار على الغير قصد قتل او نهب .

march [قانون اسكتلندي] حد؛ خط فاصل

marchandises avariées [قانون تجاري فرنسي] بضاعة تالفة

marches [قانون انكليزي قديم] حدود؛ تخوم

marcheta [قانون اسكتلندي قديم] عرف اقطاعي يخول السيد المقطع ان يضاجع عروس الفصل (التابع الاقطاعي) في الليلة الاولى من ليالي العرس .
غرامة نقدية كان يدفعها الفصل كي ينزل له السيد عن الحق المذكور .

mare clausum بحر مغلق: لا يستعمل الا باذن الدولة المسيطرة عليه .

mare liberum بحر حر: يباح استعماله لجميع الدول على السواء .

margin هامش؛ حاشية؛ حد؛ حافة
حاشية مجرى او بحيرة او بحر: خط التصاق ذلك بالبر .
[شؤون الاسواق المالية] احتياطي السوق او غطاء الصفقة؛ وهو المبلغ الاضافي الذي يؤديه الزبون الراغب في البيع او الشراء الى السمسار ضماناً له مما قد يلحقه من خسارة بجراء التقلبات الطارئة على قيمة الاسهم في السوق .

margin dealing [معاملات مالية] تعامل محدد الخسارة

margin of profit حاشية الربح او حده: الفرق بين سعر الشراء وسعر البيع .

marginal land ارض حدية: تتكافأ فيها قيمة الغلة وقيمة ما انفق عليها .

marginal note [قانون اسكتلندي] تذكرة او ملاحظة هامشية . عبارات تثبت في هامش محرر او حاشيته لتضيف فقرة منسية او تغير من نص او تشرحه او توجز ما ورد فيه.

marginal or **final utility** منفعة حدية او غائية: منفعة الوحدة الاخيرة من سلعة مكونة من عدة وحدات او المنفعة التي تكون على الحد بين الاقبال وعدمه .

marginal producer منتج حدي: تتساوى نفقات انتاجه وقيمة ما ينتج .

marginal return غلة حدية: تساوي قيمتها نفقات انتاجها .

marginal sea بحر اقليمي؛ مياه اقليمية (تلوذ بالبلاد): ما تاخم البلاد من البحر حتى آخر حدود المياه الاقليمية .

marginal worker عامل حدي: تتساوى اجرته وقيمة انتاجه .

mariguana or ***marihuana*** or ***marijuana***
حشيش . مخدر يعد من القنب الهندي يصحب تعاطيه في الغالب شعور طرب وسكر لذيذ ثم صحو مضاعف يتبعه دوار وتخدير وفقدان القوة (خصوصاً من اطراف الجسد السفلى) واتساع بؤبؤي العينين، وتعجيل النبض وابطاء التنفس وتنبه الاحساس الجنسي (احياناً) وفقدان الشعور الكلي او الاغماء . يسمى في الهند *cannabis indica* وفي اميركا *cannabis americana* وفي المكسيك *cannabis mexicana* واسمه العلمي *cannabis sativa*.

marine بحري

marine belt نطاق (اقليمي) بحري؛ مياه اقليمية: مساحات بحرية تجاور ساحل البلاد وتخضع لولايتها وقوانينها وانظمتها . وقد حدد القانون الدولي هذا النطاق بما لا يتجاوز ثلاثة اميال عن الشاطىء .

marine carrier متعهد نقل بحري

marine contract عقد بحري: يتناول اعمالا بحرية

marine insurance تأمين بحري

marine interest فائدة بحرية: تدفع على القروض البحرية التي تعقد برهن السفينة او شحنتها او اي حصص فيها، وتزيد في الغالب على الفائدة العادية بمقدار عظيم .

marine league فرسخ بحري: كيل بحري يساوي ثلاثة اميال بحرية .

marine risk خطر بحري

marine stores اجزاء السفن القديمة وادواتها ومهماتها التي تعرض للبيع (كخردة) .

mariner بحار؛ نوتي

marines جنود بحرية: جنود مشاة مدربون على حرب البحر .

marischal [قانون اسكتلندي قديم] موظف قضائي مارس اختصاصاً قضائياً متنقلا itinerant يشمل الجرائم الواقعة في دائرة محكمته اينما تألفت .

maritagium سلطة اللورد على تزويج وصيه الحدث . من معانيها ايضاً: ارض معطاة كسهم زواج؛ دوطة

marital زواجي؛ زوجي؛ زيجي: يتصل بحالة الزوجية او بالزوج (دون الزوجة) .

marital coercion قسوة زوجية؛ تعسف او اكراه زوجي تعانيه الزوجة من زوجها .

marital domicile موطن الزوجية

marital fourth اعانة زوجية: هبة نقدية او عينية يفرضها القانون في احوال الفاقة، للزوج الباقي على قيد الحياة من اموال الزوج المتوفى .

marital portion [قوانين بعض الولايات الاميركية] نصيب الزوجية؛ السهم الذي تصيبه الارملة (فرضاً) من اموال زوجها المتوفى .

marital rights and duties حقوق وواجبات زوجية تترتب على عقد الزواج .

maritime بحري: يتصل بالبحر او الملاحة البحرية

maritime belt (راجع marine belt)

maritime contract عقد بحري

maritime court محكمة بحرية: يشمل اختصاصها المنازعات البحرية .

maritime declaration of health اقرار صحي بحري

maritime jurisdiction ولاية بحرية؛ اختصاص بحري، تمارسه محكمة البحرية المسماة Court of Admiralty

maritime law قانون بحري

maritime lien (حق) امتياز او اختصاص بحري: الحق الذي يسجل بموجب القانون للدائن على السفينة تأميناً لدينه حتى اذا عجز المدينون (اصحاب السفينة) عن الوفاء، امكن الدائن المذكور ان يستوفي قيمة دينه من حاصل بيع السفينة .

maritime loan قرض بحري: يعطى برهن بضاعة منقولة بحراً ويشترط فيه انه اذا هلكت البضاعة المرهونة بخطر من اخطار البحر او بقوة قاهرة اثناء السفرة البحرية، ضاع الدين على الدائن المرتهن ما لم ينج من هذه البضاعة ما يكفي لاداء القرض كلياً او جزئياً، واذا وصلت البضاعة المذكورة سالمة تقاضى الدائن دينه مع الفوائد المتفق عليها .

maritime state [قانون انكليزي] يطلق هذا الاصطلاح على الضباط والجنود البحريين التابعين للاسطول البريطاني والخاضعين لاحكام نظام البحرية الاساسي articles of the navy .

maritime tort (راجع باب tort)

maritus زوج؛ حليل

mark اشارة؛ علامة؛ سمة: خطان متقاطعان يستعيض بهما عن الامضاء احياناً من لا يستطيع الكتابة .
وحدة وزن تستعمل في بعض البلدان الاوروبية لتقدير الذهب والفضة . قطعة نقد انكليزية قديمة قيمتها ثلاثة عشر شلناً واربعة بنسات .

marriage زواج؛ نكاح

— civil marriage زواج مدني: تبرمه المراجع المدنية المختصة دون اية مراسم دينية.

— common-law marriage الزواج حسب القانون العام: ويكون ابرامه بمجرد اتفاق الشخصين ذوي الشأن على الزواج اذا توافرت لهما الاهلية القانونية، ثم سكناهما معاً بعد ذلك سكنى الازواج.

— companionate marriage زواج عشرة: ينص في عقده على ضبط النسل وامكان الطلاق حال اتفاق الزوجين (المعنيين) عليه.

— consensual marriage (راجع باب consensual)

— Fleet marriages زيجات فليت. سميت كذلك نسبة الى سجن Fleet بلندن. وقد وجدت بجوار هذا السجن قديماً بيوت للزواج marriage houses يتجاوز عددها الستين بعضها حانات عامة يجمع بين بيع المسكرات وحرفة التزويج، وبعضها يتفرغ لهذه الحرفة. وكان يقف على ابواب تلك البيوت منادون سماسرة يهيبون بالمارة ان يدخلوا ويتزوجوا to come in and be married. فاذا دخل الزبائن قام بتزويجهم قساوسة خصوصيون (حقيقيون او غير حقيقيين) حسب الشكليات السارية ونظير اجور معلومة. وقد لجأ بعض النساء للزواج في تلك البيوت ستراً لفاحشة او حرصاً على الظهور بمظهر المتزوجات لغاية يبتغينها. وكان لمن شاءت ان تتزوج بتاريخ كاذب واسم مختلق برجل محترف تكتريه لهذا الغرض نظير اجرة متفق عليها.

كذلك عقدت مثيلات هذه الزيجات ايضاً بجوار King's Bench Prison وغيره من الامكنة.

— manus marriage زواج تسلط: نوع من الزواج عند قدماء الرومان كان ينشىء بين الزوجين علاقة السلطة المسماة *manus* (يداً)، فيخضع الزوجة لسلطة الزوج وسيطرته ويرتب لها عليه من الحقوق القانونية ما للبنت الشرعية.

— mixed marriage زواج مختلط: يعقد بين شخصين مختلفي العنصر.

— morganatic marriage زواج يعقد بين رجل نبيل المولد وامرأة من اصل متواضع ويشترط فيه ان لا ينتقل لقب الزوج الى الزوجة او اولاده منها ولا يرث هؤلاء شيئاً من امواله او القابه او الحقوق والمزايا المتصلة بمنصبه، بل يقنعون بالاوضاع التي يحددها العقد. على ان قيود هذا الزواج تقتصر على اللقب والاموال ولا تؤثر في الواجبات الزوجية او العلاقات الأخرى وهو كأي زواج عادي من حيث عدم انفصام عراه وشرعية اولاده.

market سوق؛ رغبة سوقية؛ طلب (او اقبال على) بضاعة؛ رواج؛ نفاق

Market, Common (Common Market) السوق المشتركة. (راجع Treaty of Rome)

market geld رسم تسويق: الضريبة المستوفاة (قديماً) على عرض البضاعة في السوق.

market overt سوق عامة، مفتوحة للجميع
يطلق هذا الاسم في لندن على كل دكان او متجر تعرض فيه البضاعة للبيع على عامة الناس.

market price سعر السوق: السعر الذي يتقبله البائع لبضاعته غير مرغم ويعرضه المشتري راضياً مختاراً.

market value قيمة سوقية: السعر الذي تصيبه البضاعة في سوق حرة.

marketable قابل للبيع

marketable title حق ملكية قابل للبيع: اي لا ينازع فيه الغير او يطالب بحق ولا تكتنفه اية شكوك قانونية او واقعية معقولة، ويستطيع صاحبه ان يبيعه او يرهنه او يتصرف فيه كما شاء.

marksman [في انشاء المحررات والمستندات] واضع الاشارة؛ الشخص الذي يضع اشارته (وهي خطان متقاطعان) على المحرر بدلا من توقيعه نظراً لعجزه عن الكتابة. قناص

marque and reprisal, letters of (letters of marque and reprisal) تفويض رد الاعتداء.
اذا قام رعايا احدى الدول باضطهاد رعايا دولة اخرى او ايذائهم في اموالهم ولم تتدارك دولة المعتدين تلك الافعال بالانصاف، صدر هذا التفويض بموجب القانون الدولي ليبيح للمعتدى عليهم ان يجهزوا سفينة او قوة بحرية ويأسروا من استطاعوا من رعايا الدولة التابع لها المعتدون او يستولوا على بضائعهم حيثما عثروا عليها ويستبقوا ذلك رهينة حتى ينصفوا. ولا يصدر هذا التفويض الا اذا كان الظلم وانكار الحق واضحاً لا ريب فيه، كما لا يسري الا على اموال العدو في اعالي البحار.

marque, law of (law of marque) قانون الانتقام او رد الاعتداء: القانون الذي يخول المعتدى عليه اذا حرم الانصاف والعدالة العادية، ان يستولي على سفن المعتدي او منقولاته التجارية البحرية اينما ثقفها (اي صادفها).

marque ship سفينة مصرح لها بالانتقام: تحمل تفويضاً بذلك يسمى letters of marque and reprisal

— plural marriage زواج جمعي : يجيز تعدد الزوجات او الازواج في آن واحد .

Marriage Act, Royal (Royal Marriage Act)
قانون الزواج الملكي : صدر هذا القانون سنة ١٧٧٢ م ، وهو ينص على منع زواج اعضاء البيت المالك الا بعد الحصول على موافقة الملك (او الملكة) ومراعاة ما يفرض في هذه المناسبات من شروط خاصة .

marriage articles اتفاق زيجة : يجري بين رجل وامرأة ينويان الزواج ، ويكون بمثابة بيان تمهيدي لمشارطات الزواج النهائية التي توضع فيما بعد لتقرير الحقوق المالية المترتبة على الزواج .

marriage brokerage سمسرة زواج : عمالة نقدية تدفع لمن يتوسط في زواج بين رجل وامرأة . الحرفة التي يمارسها من يتوسط للزواج والتوفيق بين الراغبين فيه .

marriage ceremony مراسم زواج : المراسم الواجبة المراعاة لعقد الزواج سواء كان مدنياً او دينياً .

marriage certificate; marriage lines شهادة زواج

marriage consideration بدل الزواج : ما يعود نظير الزواج من عطاء مقرر .

marriage licence إذن زواج : ترخيص يمنح للطالب من السلطات المختصة ويوجه للمأذون او الجهة المصرح لها بابرام الزواج .

marriage-notice book [في انكلترا] سجل اذونات الزواج الذي تدون فيه طلبات الزواج والاذونات المعطاة به من المأمور المختص .

marriage portion حصة الزواج : ما تعطاه الزوجة نظير الزواج من بائنة او صداق او دوطة اوغير ذلك سواء كان نقداً او غيره .

marriage settlement مشارطة زواج ؛ تسوية زواج : سند تصرف يصدر عن الزوج او احد والدي الزوجين او اقاربهما نظير ذلك الزواج ، وينتقل بموجبه موضوع التصرف للزوجة وحدها احياناً او لها وللاولاد معاً تأميناً لمستقبلهم .

marriage without disparagement
(راجع disparagement)

marriageable قابل للزواج ؛ اهل له ؛ بالغ ؛ في سن الزواج

marry يتزوج ؛ يزوج ؛ ينكح او يعقد زواجاً بين شخصين .

marshal موظف مختص بتحليف اليمين لاعضاء هيئة المحلفين الكبرى .

[قانون انكليزي قديم] موظف قضائي كان يتولى سلطة الفصل في المنازعات الناشئة بين افراد الخاصة الملكية .

[قانون اميركي] موظف اتحادي يتبع النظام القضائي الاتحادي ويمارس من السلطات والمهام بالنسبة للاتحاد ، ما لا يكاد يختلف عما يمارسه الـ sheriff بالنسبة لولايته .

marshaling; marshalling ترتيب ؛ تنظيم ؛ تصنيف : منه تصنيف المطالبات او المصالح المتنافرة المنصبة على مال معين كمال المدين مثلا ، بحيث يتسنى أداء حقوق الدائنين الممتازين وغيرهم اداء يتمشى مع مقتضيات العدالة .

marshaling assets; marshalling assets
ترتيب او تصنيف الاصول : كتصنيف اموال المدين او موجوداته وترتيبها تيسيراً لسداد ديونه ، خصوصاً اذا تباينت أنواع تلك الاموال وكان من الدائنين من شمل امتيازه نوعاً واحداً منها ، ومنهم من شمل نوعين او اكثر بحيث ينبغي على صاحب الامتيازين مثلا ان يبدأ بالنوع الذي لا يشاركه احد في الامتياز عليه حتى اذا استنفده جاز له ان يستكمل قيمة دينه من الموجودات الاخرى ، وهلم جرا . والغرض من الترتيب marshaling هو توزيع الموجودات توزيعاً يكفل الوفاء باكبر مقدار ممكن من الديون .

marshaling remedies; marshalling remedies تنظيم الوفاء (عند التنفيذ على اموال المدين المعسر) : تدبير الوفاء بما يكفل إنصاف جميع الدائنين تبعاً لظروف المال محل التنفيذ ، بحيث اذا كان دين (أ) من الناس مثلا مضموناً بملكين من املاك المدين هما (ج) و (د) وكان دين الدائن (ب) مضموناً بالملك (ج) فقط ، امكن الدائن الثاني ان يجبر الاول ، اذا قضت الضرورة ، على ان يرجع بالتنفيذ على الملك (د) اولا كي يتمكن هو (اي الدائن الثاني) من التنفيذ على (ج) محل ضمانه الوحيد ، بشرط ان لا يخل هذا التدبير بحقوق الدائن الاول .

marshaling securities; marshalling securities تنظيم حقوق الامتياز : ترتيب الديون الممتازة ترتيباً يكفل الوفاء بالقدر الاكبر من جميع الديون ؛ بحيث اذا كان الدائنون المرتهنون على نوعين ، احدهما يحمل ضمانات تنتظم مصدرين ماليين للمدين والثاني يقتصر رهنه على مصدر واحد وجب ، من باب العدالة ، على اصحاب الضمانات المزدوجة ان يرجعوا بالتنفيذ اولا على المال الذي استأثروا بالرهن عليه دون اصحاب الديون المنفردة .

marshaling signals اشارات ارشاد [قانون الطيران] (الطائرة)

Marshalsea, Court of (Court of Marshalsea) [قانون انكليزي قديم] محكمة قديمة ملغاة شملت ولايتها جميع الجرائم الواقعة داخل حدود اراضي القصور الملكية اذا كان احد المتصلين بها من اتباع الخاصة الملكية .

martial law احكام عرفية: قانون عرفي . ينشأ هذا القانون حين تنتقل حكومة البلاد ومقدراتها من ايدي السلطات المدنية الى ايدي السلطات العسكرية ابان الحروب او الانقلابات او الثورات الداخلية او الاخطار العامة التي تستهدف لها البلاد من الداخل او الخارج . ولا يقوم القانون العرفي على اية قواعد ثابتة بل هو قانون تحكمي ينطق بارادة قائد الجيش او القوات العسكرية المهيمنة وتسكت باعلانه جميع القوانين والانظمة المدنية القائمة وتتعطل السلطات المدنية واجراءات العدالة العادية ويخضع كل ما في البلاد لمشيئة القائد المذكور الذي ينصب نفسه ، بموجب هذا القانون ، مشرعاً وقاضياً ومنفذاً في آن واحد يملك مطلق التصرف في ارواح الجميع واموالهم وحرياتهم .

ولا يخرج القانون العرفي في الواقع عن كونه صورة لانعدام القانون والاستسلام لاهواء رجل واحد يضع قوانين الامة وجهازها القضائي والتنفيذي في «قفص» ويحكم بما شاء . وهو تدبير استبدادي لا يسوغه الا قيام الحروب ووجوب ضبط القوات العسكرية والقضاء على الفوضى وتوطيد النظام فيها .

mask قناع؛ نقاب

masked مقنع؛ متنكر

masochism نوع من الانحراف الجنسي يجعل المصاب في اوج نشوته الجنسية حين يضرب او يعذب او تساء معاملته من شريكه في الفعل الجنسي . وهو نقيض الـ sadism .

mass strike اضراب شامل: ينتظم جميع طبقات العمال.

massacre مذبحة؛ مجزرة بشرية؛ تقتيل اعمى لا يميز بين مجرم وبريء .

master متبوع؛ مخدوم؛ صاحب عمل؛ رب عمل او مديره . ربان سفينة

— special master مشرف قضائي خاص تعينه المحكمة المختصة مثلا لها مشرفاً على تنفيذ ما امرت به من بيع او اجراء .

— taxing masters [قانون انكليزي] موظفون تابعون للمحكمة العليا، تعود اليهم مراجعة كشوف مصاريف الدعاوى وتعديلها بالزيادة او التخفيض واستيفائها .

master and servant تنشأ علاقة مخدوم وخادم . تنشأ علاقة المخدوم بالخادم بين شخصين عندما تترتب لاحدهما على الآخر سلطة تقرير شكل العمل المكلف القيام به، كالكاتب مثلا يعتبر خادماً ولا يعتبر مغني الاوبرا كذلك . ويكون المخدوم مسؤولا عن الاغلاط التي يحدثها الخادم اثناء عمله او بحكمه نتيجة تكليف صريح او ضمني . واذا لم يكن للمخدوم حق في ممارسة عمل معين لم يكن للخادم ان يمارس هذا العمل . والخادم مكلف ضمناً بعمل ما ينبغي للمحافظة على ما عهد به اليه من اموال مخدومه .

ولا يعتبر المقاول (المتعهد) المستقل خادماً كما لا يعتبر صاحب العمل مسؤولا عن اغلاطه إلا: (١) اذا كان العمل المطلوب غير قانوني؛ (٢) اذا اوجب القانون ان يكون العمل على شكل معين واخفق المقاول في انجازه على هذا الشكل؛ (٣) اذا احتمل ان يتأتى بعض الضرر عن العمل المطلوب ولزم صاحب العمل ان يحتاط لهذا الضرر . وقد يكون صاحب العمل مسؤولا اذا اخل بواجبه فاستخدم، مثلا، مقاولا غير اهل للعمل .

وينص قانون عقود الاستخدام لعام ١٩٦٣ م على وجوب قيام ارباب العمل بتقديم بيانات كتابية عن شروط الاستخدام الاساسية وعن مدة الاشعار الادنى الذي يعطى لمن اتم ٢٦ اسبوعاً او اكثر في الخدمة . وتتراوح المدة الدنيا للاشعار بين اسبوع واحد واربعة اسابيع حسب مدة الخدمة . واذا اساء المستخدم سلوكه جاز فصله دون اشعار سابق . وللمستخدم قبول مبلغ معلوم بدلا من الاشعار . وينص القانون المذكور ايضاً على وجوب دفع المهايا اثناء مدة الاشعار قبل الفصل وعلى تقدير التعويض الذي ينال المستخدم اذا لم يعط الاشعار اللازم .

master(s) at common law موظفون كالمحضرين تابعون للمحاكم المدنية الكبرى الانكليزية من مهامهم تدوين محاضر الجلسات والاشراف على تبليغ الاوامر القضائية واعلانها والاجراءات القضائية وتدقيق الرسوم والمصاريف ومراجعتها وتعديلها اذا اقتضى الحال ذلك وتسلم المبالغ المودعة في المحكمة .

Master in Chancery
(راجع Master of the Supreme Court)

master of a ship ربان سفينة تجارية

Master of Ceremonies كبير تشريفات الخاصة الملكية

Master of the Crown Office وكيل تاج تابع للدائرة الجنائية في محكمة مجلس الملكة Court of Queen's Bench من وظائفه تقديم التهم بناء على شكاوى الافراد المتضررين وتعليمات المحكمة ويسمى ايضاً King's Coroner and Attorney

master of the faculties [قانون انكليزي] مأمور كنسي في دائرة رئيس الاساقفة ، يختص باصدار الاذون والاعفاءات والحصانات .

master of the mint مدير السكة : موظف رسمي يعود اليه شراء سبائك الذهب والفضة للخزانة العامة والاشراف على كل ما يتصل بالمسكوكات النقدية .

Master of the Rolls [قانون انكليزي] رئيس محكمة الاستئناف Court of Appeal . ثالث القضاة من حيث الاعتبار والمكانة في نظام القضاء الانكليزي؛ يتقدمه الـ Lord Chancellor والـ Lord Chief Justice ويليه الـ President of the Probate, Divorce and Admiralty Division وهو المشرف العام على المحفوظات والسجلات والبراءات التي تحمل الخاتم الكبير Great Seal والمرجع في الترخيص لذوي المؤهلات بالعمل كالـ solicitors وتعيين لجنة التأديب في نقابة المحامين law society العائد اليها النظر في طلبات شطب الـ solicitors من الجداول .

Master of the Supreme Court موظف قضائي ملحق بالمحكمة العليا؛ يعود اليه الاشراف على الاجراءات التمهيدية اللازمة في الدعوى قبل عرضها للمحاكمة . ولا بد للـ master في مجلس الملكة من ان يكون محامياً بدرجة barrister ولا يسمح له بمزاولة مهنة المحاماة بعد العمل في هذه الوظيفة .

اما في دائرة العدالة المطلقة الـ Chancery Division فلكل قاض من قضاتها master ملحق به يتفرغ للاعمال المحالة الى قاضيه فقط، واذا رؤي استئناف قراره في مسألة معينة ترتب عليه ان يحيل تلك المسألة الى القاضي المذكور .

master's report تقرير يقدم من الـ Master of Chancery فيما يعرض عليه من مسائل بحكم وظيفته .

masters in lunacy [قانون انكليزي] محققو مواد الجنون؛ مأمورو التحقيق في مواد الجنون . موظفون قضائيون تسند اليهم مهمة التحقيق في حالة الشخص العقلية اذا ادعى الاصابة بالجنون .

mate وكيل ربان سفينة تجارية؛ ضابط ملاحة اول

mater-familias [قانون مدني] ربة بيت؛ ام عائلة . امرأة طاهرة، سواء كانت متزوجة او غير متزوجة .

material جوهري؛ موضوعي؛ ذو اهمية؛ يتصل بالمسألة من حيث الموضوع (لا الشكل) .

material allegation ادعاء جوهري : يؤلف جزءاً من موضوع الدعوى .

material alteration تغيير جوهري : من شأنه ان يبدل الآثار القانونية المترتبة على السند موضوع النظر .

material evidence بينة جوهرية : تنصب على المسائل الاساسية المشمولة بموضوع النزاع .

material fact واقعة جوهرية : الواقعة التي لا تقوم الدعوى او يستقيم الدفاع او يصح الطلب بدونها او التي لولاها لما امكن نشوء العقد .

materialman موان؛ متعهد تموين : يتولى تقديم المواد اللازمة لبناء او ترميم .

materials مواد؛ مقومات شيء او عناصره اللازمة لتكوينه .

maternal أمومي؛ لأم؛ يتصل بالام (الوالدة)، يعود اليها

maternal line جهة الام او الامومة، جانبها، فرعها؛ قرابة الأم؛ قرابة رحمية

maternity أمومة؛ صفة الام او حالها

matertera خالة

mathematical evidence بينة رياضية (اي حسابية) : تقوم على البيان والتحليل الرياضي وتنتهي الى نتائج ثابتة قطعاً ثبوت النتائج الحسابية. تقابلها البينة الادبية moral evidence.

matricide (جريمة) قتل الأم

matricula سجل قيد المقبولين في جمعية او ندوة . منه يصاغ الاصطلاح matriculated اي : أجيز؛ بلغ المستوى العلمي الذي تتوافر معه الاهلية للقبول في كلية او جامعة .

matriculate يقبل في عضوية؛ يجاز للدخول (كطالب) في كلية علمية او جامعة .

matrimonial زوجي؛ زيجي؛ يتصل بالزواج

matrimonial action قضية زوجية : ترفع لتحديد علاقات ذوي الشأن واحوالهم الزوجية .

matrimonial causes قضايا زوجية : تتصل بالحقوق والمطالب الزوجية .

matrimonial domicile مسكن زوجية

matrimonial *res* الحالة الزوجية

matrimonium زواج قانوني

matrimonium subsequens tollit peccatum præcedens الزواج اللاحق يسدل الستار على الاجرام السابق.

matrimony زواج؛ زيجة؛ قران؛ نكاح

matrix [مواد مدنية] اصل محرر قانوني تستخرج منه الصور المطلوبة .

matron امرأة متزوجة . مشرفة على مؤسسة خيرية او ملجأ او ما الى ذلك

matrons, jury of (راجع jury of matrons)

matter مسألة؛ شأن؛ موضوع؛ محور خلاف؛ حادث؛ دعوى؛ مطالبة

مادة؛ جوهر . يقابله الشكل form

matter in controversy or **matter in dispute** or **matter in issue** مسألة قيد نقاش او نزاع او جدل؛ مسألة قيد اخذ ورد .

matter in deed : مسألة سندية؛ شأن إتفاقي او مستندي يستطاع اثباته بسند كتابي .

امر واقع؛ مسألة تستند الى واقع . تقابلها المسألة التي تستند الى نص قانوني .

matter in pais مسألة لا ترتكز على سند مكتوب او لا يتسنى اثباتها كتابة .

واقعة يقوم عليها دليل شفوي او تفتقر الى شهادة شفوية .

matter of course مسألة عادية؛ امر طبيعي: رهن بميقاته، يحصل او يتوافر بطبيعة الحال دون طلب او عناء او ملاحقة .

matter of fact مسألة واقعية، من (صميم) الواقع، امر واقع؛ ما دخل في نطاق الواقع والمحسوس او وجب اثباته بسبيله او بشهادة شهود يصفون ما شاهدوا باعينهم .

matter of form مسألة شكلية

matter of law مسألة قانونية، من (صميم) القانون؛ ينطبق عليها او يقررها القانون .

matter of record مسألة تدوينية؛ موضوع يرجع فيه لقيود المحكمة او سجلاتها او يقتضي اثباته إبراز قيود او الرجوع الى سجلات معينة .

matter of substance مسألة جوهرية : تتصل بجوهر الشيء لا بعرضه (اي ظاهره) او شكله .

mature or **matured** مستحق؛ حال الاداء او الأجل

maturity استحقاق (أداء)؛ حلول ميعاده او أجله

maugre اصطلاح فرنسي لاتيني معناه : رغماً (عن) .

maxim مبدأ (قائم على علم وخبرة)؛ قاعدة راسخة؛ حقيقة؛ موعظة؛ حكمة علمية؛ قول مأثور يعبر، في ايجاز بليغ، عن مبدأ قانوني او منطقي عام او عن حقيقة او قاعدة يقرها الجميع .

maximum حد اقصى؛ نهاية قصوى، عظمى او كبرى (من حيث المقدار أو النوع او القيمة أو الدرجة) .

maximum profit margin حد الربح الاقصى، نهايته الكبرى

may اداة مساعدة اذا وردت في جملة افادت جواز الفعل التالي لها ما لم تسبقه لا not النافية ويعبر عنها بحرف اللام او بكلمة «يجوز» او «يسمح» .

mayhem or **maihem** جرح بالغ؛ تشويه؛ تعطيل جسم (الغير)، فصل عضو من اعضائه؛ إحداث عاهة دائمة فيه او جروح بالغة تقعده عن القيام بوظائفه العادية او تفقده منفعة اعضائه كلياً او جزئياً .

عرف القدماء الـ mayhem بانه كل اصابة في الجسم تنال من قدرة المصاب على خوض الحرب .

mayor عميد؛ رئيس بلدية او مجلس بلدي؛ محافظ مدينة

mayor's court محكمة العميد (عميد البلدية) . تؤلف هذه المحكمة في بعض المـــدن، ويترأسها عميد البلدية بوصفه قاضي بوليس police judge . وهي تختص بالفصل في الجرائم الواقعة ضمن الحدود البلدية والتي يكون فيها المدعى عليه من الموظفين او المشتغلين داخل هذه الحدود . وتجلس احياناً كمحكمة مدنية عادية للفصل في الدعاوى البسيطة التي يكون فيها المدعى عليهم من الاشخاص المذكورين .

Mayor's Court of London محكمة لندنية صغرى تفصل في الدعاوى المدنية التي تنحصر وقائعها واسبابها ضمن حدود مدينة لندن .

mayoralty رئاسة بلدية

mayoress عميدة بلدية؛ زوجة عميد بلدية

**mazun* مأذون : مهمته ابرام الزواج وتنظيم عقود النكاح .

mead ارض رطبة تكسوها الاعشاب . شراب كحولي يصنع من العسل .

meadow مرج؛ سهل: منبسط خصب من ارض

mean وسط؛ اوسط؛ متوسط؛ معدل

mediate testimony شهادة ثانوية (من حيث الاعتبار)

mediation توسط؛ تدخل بين طرفين او اكثر لحسم نزاع قائم او توفيق بين اهداف متباينة .

[قانون دولي] وساطة؛ سعي لتوفيق او تدخل ودي بين دول متنازعة في سبيل حسم نزاع او تسوية خلاف قائم بينها .

mediator وسيط صلح؛ مصلح؛ موفق (بين طرفين)

medical طبي

medical jurisprudence طب شرعي: العلم الذي يسخر مبادىء العلوم الطبية المختلفة للكشف عن غامض بعض المسائل القانونية .

يطلق الاصطلاح ذاته ايضاً على المسائل القانونية التي يجدر بالطبيب ان يستوعبها بالاضافة الى فنه الخاص .

medical services خدمات طبية: يراد بها احياناً العناية الطبية اللازمة التي تبذل للشخص من اطبائه اثناء مرض الموت .

medicine طب: علم الامراض والوقاية منها وعلاجها او تخفيف وطأتها .

طب عام (يزاوله الطبيب غير الاخصائي) اذا قورن بعلم الجراحة او التوليد والقبالة او الطب النفساني وما الى ذلك .

— forensic medicine طب شرعي (راجع medical jurisprudence)

medico-legal طبي شرعي: يتصل بالقانون المتعلق بالمسائل الطبية .

meditatio fugæ **[قانون اسكتلندي]** نية الفرار، التفكير في ذلك

medium وسط (بين نهايتين او طرفي نقيض)؛ اوسط؛ معدل؛ وسيلة؛ واسطة؛ اداة

medium of circulation (راجع circulating medium)

medium of exchange واسطة تبادل، وسيلته او اداته: السبب الذي يتسنى به التبادل او التعامل .

medletum **[قانون انكليزي قديم]** جرم عارض يقع اثناء شجار .

medley شجار؛ مشاجرة؛ اقتتال؛ تماسك بالايدي . معركة ايد (يلتحم فيها الاطراف بايديهم) .

meet يلتقي؛ يجتمع (بـ)؛ يقترب من (خصم) في سبيل الوصول الى اتفاق . يدفع؛ يتحمل نفقات

[كفعل] يعني؛ يقصد؛ يدل (على)؛ يؤدي او يجر (الى)؛ يتغيا

mean low tide متوسط الجزر (خلال مدة معلومة) .

meander يتعرج (في اتجاه)؛ يسير عوجاً؛ يضل؛ يهيم دون غاية معلومة

meander lines خطوط تعاريج (نهر او مجرى)

meaning معنى؛ مؤدى (شيء)، مفاده؛ فحوى، تفسير؛ كنه؛ مغزى؛ قصد

— well-meaning طيب القصد، حسن النية

means وسيلة؛ سبب؛ مرتزق؛ ايراد؛ مصدر او مصادر (رزق)؛ اموال ميسورة؛ امكانيات مالية؛ نقد

means of living وسيلة للتعيش؛ مرتزق؛ سبيل او مورد رزق

measure قياس؛ مقدار؛ كيل . تدبير؛ اجراء

measure of damages مقدار اضرار؛ مدى العطل والضرر؛ قاعدة تقديرية

meat لحم او لحوم
قوت: كل ما فيه غذاء لانسان او حيوان .

mechanic صناعي؛ ميكانيكي: ملم باحوال الآلات وخفاياها واصول استعمالها وصيانتها .

mechanical آلي؛ ميكانيكي

mechanical equivalent عديل انتاجي؛ مكافىء قوي (بضم القاف وتشديد الواو وكسرها): كل شيء او آلة ميكانيكية عادلت غيرها من حيث الانتاج ونوعه ومقداره .

meddle يتدخل (بلا داع معقول)؛ يتحرش

media وسائط؛ وسائل (م. medium)

— circulating media (راجع circulating medium)

media concludendi مراحل الحجة . الاسباب التي يرتكز عليها الاستنتاج القانوني . اسباب مطالبة

media nox **[قانون انكليزي قديم]** منتصف الليل

mediate يتوسط؛ يتدخل بين طرفين لحسم نزاع؛ يوفق بين غايات او وجهات نظر متنافرة .

mediate powers سلطات ثانوية او فرعية: تلي من حيث الاهمية ما يسمى سلطات اولية primary powers يمنحها اصيل لنائب .

meet a bill يدفع كمبيالة او يسدد قيمتها عند استحقاقها

meeting اجتماع؛ لقاء او تلاق

meeting of minds [في انشاء العقود] تلاقي الافكار او تجاوبها، وهو ما يتضح توافره في اغراض العقد وغاياته وجميع ملابساته .

megbote [قانون سكسوني] دية القريب؛ التعويض الذي كان يدفع نظير قتله .

Meilicke System قاعدة ميلك: قاعدة حسابية تعتبر كل شهر من اشهر السنة ثلاثين يوماً وتحسب الفوائد المستحقة على هذا الاساس ولا تجيز تقاضي الفائدة على اليوم الحادي والثلاثين من اي شهر .

Mejelle; Mejallah المجلة : مجموعة احكام من الفقه الاسلامي الحنفي وضعتها سنة ١٨٦٩م جمعية من العلماء في الاستانة عرفت بجمعية المجلة . وهي تتضمن احكاماً كثيرة مقننة بشكل مواد؛ اولها مئة مادة تسمى القواعد الكلية اي الاصول او المبادئ العامة التي تتفرع منها الاحكام مثل : «لا ضرر ولا ضرار» و «الأصل براءة الذمة» وما الى ذلك . ثم تلي المواد المذكورة ابواب وفصول تنظم البيع والعارية والايجار والكفالة والوديعة والدين والهبة وعدم الاهلية والشفعة والملكية المشتركة والارتفاق والشركة والوكالة والبينة وواجبات القضاة وما الى ذلك من المسائل المدنية .

me judice في رأيي

melancholia [طب شرعي] سوداء؛ جنون صامت او مليخوليا؛ خلل يصيب القوى العقلية، من اعراضه انقباض النفس والمخاوف والتخيلات التي لا تقوم على اساس يقبله العقل السليم .

meldfeoh [قانون سكسوني] مكافأة إخبار او تبليغ عن جرائم الغير .

melior est conditio possidentis, et rei quam actoris موقف الحائز هو الاحسن (اي الاقوى)، وموقف المدعى عليه اقوى من موقف المدعي .

meliorations [قانون اسكتلندي] تحسينات . اذا تناولت العقار تجاوزت مجرد اصلاحه .

[قانون انكليزي واميركي] تحسينات، تكون غالباً اساسية وتزيد من قيمة العقار زيادة جلية دائمة .

member عضو (في شركة او جمعية او محكمة او هيئة اياً كانت) . فرد في اسرة او جماعة

طرف من اطراف الجسد او عضو من اعضائه .

— adherent member عضو منضم

— associate member عضو منتسب

— correspondent member عضو مراسل

membership corporation شركة عضوية؛ مؤسسة؛ جمعية تهدف لغير الكسب المادي .

mémoire [قانون فرنسي] عريضة طعن الى محكمة النقض Court of Cassation ؛ مذكرة يرفع بها الطعن الى المحكمة المذكورة .

[علاقات دبلوماسية] مفكرة؛ مذكرة او تذكرة

memoranda مذكرات (م. *memorandum*)

memorandum مذكرة تحريرية : تشرح غايات عقد او تبسط شروطه .

memorandum articles [قانون التأمين البحري] كشف بضاعة مؤمنة . مفردات سلع مؤمن عليها؛ جزئيات مواد يقتصر عليها التأمين .

memorandum clause [وثائق التأمين البحري] بند تحديد التأمين او المسؤولية، الملاحظة المدخلة على شروط التأمين لتذكر أن الشركة المؤمنة غير مسؤولة عن الاضرار البسيطة او الاضرار الواقعة للبضائع التي تكون لتلفها خاصيات غير مألوفة .

memorandum in error مذكرة طعن بخطأ : وثيقة يدعى فيها بخطأ واقعة معينة وترفق بافادة affidavit حول تلك الواقعة .

memorandum of association عقد تأسيس شركة : وثيقة تبين اسم الشركة المعنية ومقرها الرئيسي المسجل والغرض من تأسيسها وأوجه نشاطها ومدى مسؤولية اعضائها (سواء كانت محدودة او غير محدودة) ومقدار رأسمالها المساهم share capital وقيمة كل سهم منه وغير ذلك مما يقتضيه القانون . ولا بد لكل موقع على عقد التأسيس من ان يكون له في الشركة سهم واحد على الاقل .

memorial مذكرة، تتضمن التماساً لامر او بياناً لوقائع يرفعها شخص او اكثر الى هيئة تشريعية او مرجع تنفيذي .

[قانون انكليزي] مذكرة تفسيرية، تبسط مستنداً او عقداً او ما الى ذلك . كشف تذكيري يتضمن موجزاً لاوامر المحكمة في شأن معين ويكون مرجعاً تعد بمقتضاه سجلاتها فيما يتعلق بذلك الشأن .

memoriter (مستقى) من الذاكرة

memory ذاكرة: ما يعيه الانسان او يذكره مما سمع به او شاهده او اتصل به في الماضي او الحاضر.
ذكرى (شخص)، سمعته بعد موته

— legal memory الذاكرة القانونية. الزمن الذي تعيه الذاكرة قانوناً، وهو عشرون سنة.

men of straw or **straw-shoes** شهود مأجورون
كانوا قديماً يملأون ساحات المحاكم الانكليزية ويذرعونها ذهاباً واياباً املا في ان يقعوا على من يستأجرهم ليمين او شهادة خاصة. وقد اطلق عليهم هذا اللقب لأن كلا منهم كان يربط قطعة من القش الى احد نعليه للدلالة على حرفته وجلب الزبائن. فاذا جاءه احد المحامين لتلفيق الشهادة المطلوبة كان الحديث والاتفاق بين الطرفين موجزاً للغاية، اذ يسأل المحامي «الا تذكر؟» don't you remember? فيجيب هذا في الحال: «اذكر بكل تأكيد» to be sure I do فيقول له المحامي: «ادخل الى المحكمة اذن واحلف على ذلك» then come into court and swear it فيدخل ويحلف ثم يقبض كراءه.

menace يهدد؛ يتوعد؛ ينذر باضرار الغير او ايقاع الاذى به.
[كاسم] تهديد؛ وعيد. حجر عثرة. مصدر اذى

mend تعبير غير فني من معانيه: يجبر (كسراً)؛ يصلح (فاسداً او خللا او سلوكاً او علاقة مع الغير)، يعمل على تحسين ذلك.

mendacious كاذب؛ عار من الصحة، خال منها

mendicant متسول: يستجدي الصدقة من المارة اينما كان

menial خادم منزلي: يسكن في بيت مخدومه.

menopause انقطاع الحيض او الطمث نهائياً وعدم رجوعه للمرأة بعد بلوغها سناً معينة.

mens عقل؛ تفكير؛ قصد؛ معنى؛ ادراك؛ ارادة

mens legis عقل القانون: غايته وروحه

mens legislatoris قصد الشارع: الغاية التي يرمي اليها المشرع.

mens rea نية جرمية؛ عقل او تفكير اجرامي

mensa et thoro من الفراش (اي المضاجعة) والمؤاكلة: نوع من انواع الطلاق عند الرومان.

menstruation حيض؛ محيض؛ طمث

mental عقلي؛ نفساني؛ ذهني؛ مضمر

mental alienation اختلال عقل؛ خبال؛ جنون؛ عته

mental capacity or **mental competence**
كمال ادراك؛ اهلية عقلية: الحالةالعقلية التي يتوافر معها للشخص من الذكاء والبصيرة (او الحكمة) ما يستطيع معه ان يدرك طبيعة افعاله وآثارها بالنسبة لنفسه وللغير وان يميز ضار المعاملات التي هو بصددها من نافعها.

mental cruelty غلطة نفسية محرجة؛ قسوة او سوء عشرة محرجة: سلوك احد الزوجين في الحياة الزوجية سلوكاً قاسياً او شاذاً من شأنه تهديد سلامة صحة الزوج الآخر أو عقله وجعل استمرار الحياة الزوجية عبئاً لا يطاق.

mental disorder ارتباك عقلي؛ خلل عقلي؛ تعطل او عدم اكتمال النمو العقلي: اصابة العقل بعاهة من شأنها ان تعطل وظائفه كلياً او جزئياً.

mental incapacity or **mental incompetency**
انعدام الاهلية العقلية: العجز العقلي؛ وهو ما يكون مع الآفات العقلية وضروب الجنون (راجع insanity) ولايستطيع المصاب به ان يدرك شؤون الحياة العادية على حقيقتها او يفقه واجباته او يميز نافع الامور من ضارها.

mental reservation تحفظ مضمر؛ استثناء ضمني (من احكام اتفاق) يبقى مكتوماً في نفوس اطرافه ولا يذكر صراحة نظرا لما بين الاطراف من تفاهم عام حول موضوع ذلك الاتفاق.

mentally afflicted مصاب بعاهة عقلية؛ مريض عقلياً؛ مصاب في عقله

mente captus مجانين عاديون؛ مصابون بجنون اعتيادي

mention يذكر؛ يورد (امراً في حديث او كتابة)؛ ينوه (بـ)؛ يردد؛ يقول
[كاسم] ذكر؛ تنويه؛ ورود في سياق

mentiri يكذب؛ يقول كذباً

mentition كذب او بهتان؛ قول الكذب

mentor تعبير غير فني، يرد بمعنى: ناصح؛ مشير؛ خبير وامين

mercable قابل للبيع؛ يباع ويشترى

mercantile تجاري؛ يتصل بالمعاملات والشؤون التجارية.

mercantile law قانون تجاري

mercantile paper اوراق تجارية؛ كالكمبيالات والشيكات والسندات الاذنية وما اليها.

mercat [قانون اسكتلندي] سوق

mercative قابل للتسويق؛ خاص بالمتاجرة؛ تجاري

mercatum سوق . عقد مبايعة؛ مؤن جيش

mercature متاجرة؛ بيع وشراء

mercedary مستأجر؛ مكترى

Mercen-Lage; Mercian Law القانون الميرسياني؛ نسبة الى مملكة قديمة قامت في الاقاليم المحاذية لويلز من انكلترا باسم مملكة ميرسيا Kingdom of Mercia . وقد انتشر العمل بهذا القانون في اوائل القرن الحادي عشر في اقاليم انكلترا الوسطى ، وهو خليط من القانون الدانماركي والسكسوني والعادات والقوانين النورماندية

mercenarius مرتزق؛ مأجور؛ خادم

mercer تاجر منسوجات

merces [مواد مدنية] مكافأة؛ اجرة؛ جعل (بضم الجيم) او عوائد نظير قيام بعمل او خدمة مطلوبة .

merchandise مواد تجارية؛ عروض، سلع يتعامل بها التجار في بيع او شراء .

merchandise marks علامات السلع . الغرض من قوانين علامات السلع الصادرة في عام ١٨٨٧ م و ١٩٢٦ م و١٩٣٨م و١٩٥٣م هو منع التدليس في استعمال هذه العلامات على السلع التجارية ومنع التعامل بالسلع التي تحمل علامات مضللة او لا تحمل علاماتها الخاصة .

merchant تاجر

merchant appraiser (راجع باب appraiser)

merchant seaman بحار تجاري: يعمل في الملاحة التجارية .

merchant shipping acts قوانين الشحن البحري (التجاري) : مجموعة من التشريعات الانكليزية تسند الى وزارة التجارة board of trade مهمة الاشراف على جميع مرافق الشحن البحري التجاري .

merchantability رواج؛ نفاق؛ قابلية لبيع؛ ملاءمة لسوق؛ استيفاء لأوصاف مطلوبة في سوق .

merchantable قابل لبيع او متاجرة؛ رائج

merchantable title حق ملكية قابل للبيع : يتسنى عرضه للبيع في حرية تامة؛ مطهر من حقوق الغير؛ لا ينازع في صحته احد ولا يستهدف مشتريه لمعارضة الغير .

merchantman سفينة تجارية

merchants' accounts حسابات التجار او محاسباتهم: ما يكون بين التجار من حسابات جارية متبادلة بحكم ما بينهم من معاملات تجارية .

merchet [قوانين اقطاعية] اتاوة فرض اداؤها للسيد الاقطاعي على الفصل (التابع) كي تكون له الحرية في تزويج بناته كما شاء .

merciament غرامة؛ جزاء

Mercian Law (راجع Mercen-Lage)

mercy رأفة ؛ رحمة
في المواد الجنائية والاحوال التي توصي فيها هيئة المحلفين للمتهم برحمة المحكمة recommends him to the mercy of the court يراد بالرحمة حكمة القاضي وتقديره : أي قدرته في حدود القانون على تخفيف الحكم او العفو كلياً عن الشخص المدان .

— to be in mercy يغرم؛ يجازى بعقوبة (بمعنى to be amerced) ؛ يعاقب حسب تقدير المحكمة لانه اقام دعوى غير عادلة او انتصب للدفاع عنها .

mere ليس إلا؛ لا يخرج عن؛ مجرد؛ محض؛ فقط
[قانون سكسوني] مستنقع؛ ارض (بص) رطبة اثناء الصيف ومغمورة بالمياه في الشتاء .

mere licensee من دخل ارض الغير بناء على سكوت المالك او الحائز او عدم اعتراضه او غضه النظر او مجرد تسامحه .

mere motion محض الرغبة او الاختيار (الشخصي) دون تأثير الغير .
يعتبر الفعل done of mere motion اذا حصل بمحض ارادة صاحبه دون تحريض الغير او تأثيره ، اي : *ex mero motu* .

mere right مجرد حق، يكون حق ملكية *jus proprietatis* فقط، لا تتبعه حيازة او اية حقوق اخرى .

merely فقط؛ مجرد ذلك، وحده؛ كلياً؛ ليس الا؛ دون غيره

meretricious حرام؛ باطل . ينطبق هذا الوصف في الغالب على الاتصال الجنسي الذي لا يقره القانون او الزواج بين شخصين لا يملكان اهلية التعاقد عليه .

meretrix مومس؛ عاهرة: تتعاطى البغاء لكسب المال .

merger دموج؛ اندماج؛ ضم (شيء لآخر)، إدغامه فيه او اتحاده معه . شمل دعوى كبرى او استغراقها لدعوى اصغر منها في ذات الموضوع واتحاد الاثنتين . ضم دعوى فرعية الى أخرى اصلية بحيث يتلاشى كيان الاولى كدعوى مستقلة ويندمج في كيان الثانية .

[في الشركات] انضمام شركة الى أخرى، اتحادها معها وتحويل جميع اموال الشركة المنتقلة الى الشركة المنتقل اليها وظهور الشركتين باسم الشركة الكبرى التي احتوت الاخرى او ابتلعتها. وهذا يختلف عما يسمى (توحيد الشركات consolidation لان التوحيد يقتضي حل الشركات المراد شملها به ثم ضم اموالها معاً واعادتها للوجود في ثوب وتحت اسم جديد .

[مواد جنائية] اشتمال . إدغام الجرائم او انطواؤها (على اخرى)؛ وهو ما يكون اذا ارتكب شخص جريمة كبرى تشمل جريمة صغرى او جناية تشمل جنحة . وفي هذه الحال تشمل الاولى الثانية ويحكم بالاشتمال merger .

merino صوف المارينو : صوف طويل يعتبر اجود اصواف العالم .

merit system نظام الجدارة : وهو يقتضي تعيين الموظفين وترقيتهم على اساس الجدارة فقط .

meritorious وجيه؛ كفؤ؛ جدير بالاعتبار او اهل له.

meritorious cause of action (من عادت اليه) وجاهة سبب الدعوى؛ مرد او منشأ حق التداعي . كأن يكون لامرأة مثلا قبل زواجها حق في ان ترفع دعوى استناداً الى اسباب معلومة، ثم تتزوج وتقيم الدعوى للاسباب عينها بالاشتراك مع زوجها؛ وفي هذه الحال تعتبر الزوجة وحدها (دون زوجها) منشأ وجاهة السبب في الدعوى meritorious cause of action .

meritorious consideration عوض وجيه؛ عوض عادل او مقسط لا يختلف من حيث المدلول عما يسمى valuable consideration .

merits موضوع؛ اساس؛ حقوق الخصوم القانونية المجردة؛ الاسباب الجوهرية التي تنطوي عليها الدعوى بحيث اذا انصب الدفاع على اساس الدعوى كان دفاعاً موضوعياً defence upon the merits .

Merton, Statute of (راجع Statute of Merton في باب statute)

merx est quicquid vendi potest السلعة ما امكن بيعه؛ كل ما امكن بيعه فهو سلعة .

mese منزل وملحقاته

mesnalty قطيعة تؤول الى سيد اقطاعي من آخر أعلى منه .

mesne متوسط؛ وسط او اوسط بين درجتين او تاريخين او زمنين معينين .

mesne incumbrance تكليف متوسط يترتب (على مال) بين فترتين معينتين .

mesne lord سيد أوسط : يحوز من سيد أعلى منه superior lord ويكون بدوره فصلا (تابعاً) لهذا السيد .

mesne process (راجع باب process)

mesne profits (راجع باب profits)

message رسالة؛ خطاب

— **President's Message** رسالة الرئيس : الرسالة التي يبعث بها رئيس الولايات المتحدة سنوياً الى الكنغرس الاميركي عندافتتاح دورته او بعيدها كي يبسط آراءه في الشؤون القومية واقتراحاته التشريعية وغير ذلك من الامور العارضة .

messenger ساع؛ مباشر؛ رسول : مهمته ابلاغ ما يكلف الى الجهة المعنية .

[مواد الافلاس] مأمور اجراء يتبع محكمة الافلاس، من مهامه ضبط اموال المفلس اثناء اجراءات التفليس .

messis sementem sequitur [قانون اسكتلندي] الغلة للباذر . يراعى هذا المبدأ اذا تنازع الارض شخصان احدهما غرسها اعتقاداً منه بان حقه في حيازتها سيستمر حتى جمع الغلة، والثاني اثبت انه الأحق في حيازتها، وتقتضى مراعاة ايلولة الغلة عند جمعها الى من رمى بذورها عن نية سليمة.

messuage منزل؛ مسكن وتوابعه من المباني والاراضي .

[قانون اسكتلندي] مسكن رئيسي تحيط به مساكن اخرى .

mestizo شخص مختلط الدم : مولود لوالدين مختلفي العنصر .

[قانون انكليزي قديم] نصب تحديد (ارض)؛ علامة إستهداء

metabolism أيض : مجموعة العمليات والمراحل التحليلية التي يتم بها تحويل الطعـــام الى مواد كيماوية تمتصها الاوعية الدموية واللمفية لتغذية الجسم وتمكينه من اداء وظائفه .

metachronism خطأ في حساب الأزمنة

metal معدن

metallic currency نقد معدني : مرادف دارج غير فني لكلمة coin .

[**قانون انكليزي**] احد الالقاب التي تطلق على رئيس اساقفة كنتربري باعتبار كون العاصمة مقره .

metus خوف ؛ ذعر : خوف معقول لا يصدر عن مجرد جبن، بل ينبعث عن تبصر بالعواقب وتقدير لخطر محدق قد يؤدي الى موت او تعطيل او ايذاء بالغ .

Michaelmas عيد ميخائيل : يوم ذو اعتبار خاص في الدوائر القضائية يصادف التاسع والعشرين من شهر سبتمبر (ايلول) .

Michaelmas Term فصل مايكلماس (او ميخائيل) : احدى الدورات الاربع التي تمارس اثناءها المحاكم الانكليزية اختصاصها، تبدأ في ٢ نوفمبر (تشرين الثاني) وتنتهي في ٢٥ منه.

miche or ***mich*** اصطلاح في قديم معناه : يرتكب جريمة سرية ؛ يختلس في الخفاء

Michel-Synoth المجلس الكبير : احد الاسماء التي عرف بها البرلمان الانكليزي ايام السكسونيين .

middle وسط ؛ منتصف

middle price متوسط سعر ؛ سعر متوسط : يكون وسطاً بين سعر بيع وسعر شراء .

middle thread خط نصفي : الخط الوهمي الذي يقسم المجرى او النهر طولا الى قسمين متساويين .

middleman وسيط سمسار : يتوسط لاقناع الاطراف ذوي الشأن، بالتعاقد على بيع او شراء او التراضي على صفقة او شؤون معينة .

middle temple احدى جمعيات الحقوق المعتمدة في انجلترا Inns of Court .

midwife قابلة ؛ (داية) او مولدة : تحترف مساعدة حوامل النساء على الوضع .

mild خفيف ؛ بسيط ؛ لين

mile ميل (عادي) : ١٧٦٠ ياردة

— nautical or geographical mile ميل بحري او جغرافي : طوله ٦٠٨٠ قدماً .

mileage نسبة الاميال ؛ نسبة ميلية ؛ علاوة اميال ، علاوة سفر ميلية : المخصصات التي تصرف للموظف على اساس ما يقطع من اميال في اسفاره .

milestones نصب اميال ؛ علامات كيل الطرق : الحجارة والعلامات المقامة على الطرق والسكك الحديدية لبيان المسافات بالاميال .

metaphrase ترجمة حرفية . يترجم حرفياً دون تصرف

metaphysics علم الحقائق الكونية ؛ علم النهايات الاطلاقية او مرد الحقائق ؛ علم الفلسفة العقلية

metayer **system** نوع شائع من المزارعة في بعض مناطق ايطاليا وفرنسا، يقسم بموجبه مالك الارض أرضه الى قطع صغيرة ثم يؤجر كلا منها الى عائلة مزارعة لها ما يلزم من حيوانات الحرث والآلات حسب العرف الزراعي المحلي وذلك نظير نصف غلة الارض .

mete حد ؛ فاصل

[**كفعل**] كلمة غير فنية معناها ، يكيل ؛ يفرض ؛ يوقع عقوبة

metegavel [**قانون انكليزي قديم**] أجرة ؛ اتاوة مثلية تؤدى من المأكولات .

meteorological خاص بالارصاد الجوية

meteorological briefing [**قانون الطيران**] اعطاء معلومات جوية ؛ التزويد بها

meteorological ***minima*** [**قانون الطيران**] نهاية جوية صغرى

meteorological observations [**قانون الطيران**] ملاحظات ارصاد جوية

metes and bounds خطوط حدية ؛ خطوط الحدود واطرافها

method طريق ؛ اسلوب ؛ وسيلة ؛ وضع ؛ شكل ؛ قاعدة

methodology أصول (تحقيق أو إجراء) ، مجموعة طرق أو قواعد (نظام معين) .

[**مواد البراءات**] آلة ؛ أداة

meticulous مفرط ؛ متناه او متماد في العناية او الملاحظة ؛ بالغ التدقيق في جزئيات الامور .

metric system النظام المتري : نظام كيل قانوني فرنسي الاصل يعمل به لقياس الطول والسطح والوزن والسعة ويقوم على اساس المتر .

metropolis حاضرة ؛ مدينة كبرى ؛ ام مدن ؛ عاصمة إقليم

metropolitan خاص بالعاصمة او يتصل بها . اقليم الدولة الرئيسي

يطلق هذا الاسم احياناً على بعض التشريعات والمرافق والوكالات الحكومية الخاصة بمدينة لندن .

military عسكري؛ حربي

مراجع عسكرية؛ عسكريون؛ رجال الجيش؛ المجموعة العسكرية في الدولة

military causes قضايا عسكرية: يعود نظرها والفصل فيها للسلطات العسكرية المختصة.

Military Commissions [في الولايات المتحدة]
مجالس عسكرية تفصل في الجرائم الواقعة خلافاً للاحكام العرفية وتتألف من اعضاء مدنيين وعسكريين.

Military Courts محاكم عسكرية: يطلق هذا الاسم في انكلترا على المحاكم المسماة Court of Chivalry و Courts-Martial، وفي الولايات المتحدة على Courts-Martial و Courts of Inquiry.

military jurisdiction اختصاص عسكري؛ ولاية قضائية عسكرية تمارسها السلطات العسكرية في السلم والحرب والقلاقل المحلية.

military laws قوانين عسكرية

military service خدمة عسكرية

military tenures اقطاعيات عسكرية: منحت قديماً للافصال المكلفين اداء خدمات عسكرية معينة.

milites فرسان

[قانون اسكتلندي] ملاك، اصحاب املاك (مطلقو التصرف بما في ايديهم من اراض).

militia مليشا؛ جيش شعبي؛ فرق مقاومة شعبية؛ فرق اهلية مرابطة: قوامها افراد الشعب المدربون على حمل السلاح للدفاع عن الوطن عند الطوارىء، وهم غير الجيش النظامي regular army الذي يكون افراده تحت السلاح في كل حين.

militiamen رجال المليشا؛ رجال فرق المقاومة الشعبية؛ افراد الجيش الشعبي

mill طاحون او مطحنة؛ معمل؛ مصنع؛ مرفق صناعي (بعماله وآلاته)

mill-holms مروج؛ بقاع سهلية رطبة التربة تحيط بالمصانع.

mill power قوة الماء الدافعة: القوة المتوافرة بانصباب كمية معينة من الماء او اندفاعها من ارتفاع معين.

mill privilege حق استغلال القوة المائية: الحق العائد لمن تاخمت ارضه نهراً او مجرى في ان ينشىء على تلك الارض مصنعاً او طاحوناً يدار بالقوة الدافعة المستمدة من مياه ذلك النهر او المجرى.

mill site موقع صناعي: قطعة ارض صالحة لانشاء مصنع او طاحون نظراً لقربها من نهر او مجرى تستمد منه القوة المحركة اللازمة.

milled money نقد (معدني) مسكوك

minable coal فحم حجري قابل للتعدين او ممكن الاستنباط: يصح ان يكون مصدراً لربح معقول اذا اتبعت الطرق الحكيمة في تعدينه.

minatur innocentibus qui parcit nocentibus
من ترخص مع المجرمين – او ابقى عليهم – هدد الابرياء. اي: من وفر الاولين هدد الآخرين.

mind عقل؛ فكر؛ ذهن؛ روح؛ نفس

[لاغراض القانون] السيطرة على الارادة؛ القدرة على التوجيه او القبول

— absence of mind ذهول العقل؛ شرود الذهن

— presence of mind حضور الذهن؛ السيطرة على التفكير عند المفاجآت.

[تحرير الوصايا] الذهن والذاكرة؛ الاهلية التي يكون معها الموصي ملماً بطبيعة الاموال محل الوصية وقيمتها ومقاديرها وانواعها وكل ما يتصل بها، محققاً الاشخاص المشمولين بها وواعياً لكيفية التوزيع عليهم.

mine منجم

mine run coal غبار الفحم الحجري؛ كسره الناعم

miner عامل مناجم

mineral معدن؛ معدني

mineral deed سند تعدين (تنقيب عن معادن)؛ سند تفرغ عن حق تعدين من شأنه ان ينقل هذا الحق الى الغير او يفصله عن حق تعدين مشاع.

mineral lease اجارة تعدين. رخصة تنقيب عن المعادن، يؤذن فيها باستعمال ارض معينة للتنقيب عن المعادن واستخراجها اذا وجدت مدة معينة نظير عوائد متفق عليها.

mineral lode عرق معدني؛ مكمن معدني صخري يغلب وقوعه في المناطق الجبلية.

mineral right حق تعدين: الحق في استخراج المعادن من منطقة معينة او في استيفاء اتاوة مقررة ممن له حق استخراجها.

مأمور تابع يعمل بموجب تعليمات مرسومة .
[**اجراءات قانونية**] مأمور تنفيذ، سواء كان رئيس ضبط sheriff او احد مساعديه او محضراً أو غير هؤلاء ممن يعهد اليهم بمهام التنفيذ .
[**انظمة ادارية**] وزير ؛ عضو في مجلس وزراء.

minister plenipotentiary وزير مفوض، يلي السفير مباشرة من حيث الدرجة والاعتبار .

minister resident وزير مقيم

ministerial حكمي ؛ تنفيذي ؛ املائي ؛ توجيهي : لا خيار فيه ولا مجال لتقدير او اجتهاد . تفويضي : يمارس او ينفذ بتفويض من سلطة عليا .
وزاري

ministerial act عمل إملائي او إجباري : يؤديه المكلف طبقاً لخطة مرسومة او تفويض صادر من مرجع قانوني مختص دون ان يكون له فيه مجال لاجتهاد او تقدير او رأي .

ministerial duty واجب مرسوم، منعدم الخيار ؛ واجب حتمي لا يدع للمكلف اداءه مجالا لتفكير او تدبير ؛ وهو ما يفرضه القانون في احوال واضحة لا تحتمل الشك .

ministerial officer مأمور رسمي

ministerial powers (راجع باب power)

ministerial trust (راجع باب trust)

ministrant [**قانون كنسي قديم**] الخصم الذي ينتصب لمناقشة الشاهد .

ministry مهام او وظائف كنسية
وزارة (في دولة)

minor قاصر ، لم يبلغ السن القانونية . من كانت سنه دون الحادية والعشرين ؛ حدث . اصغر ؛ اقل او ادنى (من حيث الدرجة او الاعتبار) ؛ ثانوي

minor fact [**في البينة**] واقعة فرعية، جزئية او ثانوية

minor jurare non potest ليس للقاصر ان يحلف اليمين .

minor regalia [**قانون انكليزي**] حقوق التاج الصغرى، وهي تشمل الايرادات العامة .

minority حداثة : تنتهي ببلوغ القاصر سن الحادية والعشرين (السن القانونية) .
[**شؤون الانتخابات والمداولات**] أقلية (اصوات او آراء)

mineral royalty اتاوة معدنية : ايراد عائد من تأجير الارض لأغراض التعدين .

mineral servitude ارتفاق معدني ؛ ارتفاق تعدين، اذا خضعت له الارض رتب عليها للغير حق تنقيب عن المعادن في نطاقها واستثمارها وفقاً لمقتضيات الارتفاق .

minimum ادنى ؛ حد ادنى ؛ نهاية دنيا

minimum safe cruising level [قواعد الطيران] ادنى مستوى مأمون للطيران العادي ؛ ادنى ارتفاع تلزمه الطائرة اثناء الشطر الاعظم من الطريق .

minimum safe heights ادنى ارتفاع مأمون للطيران

minimum standard (راجع باب standard)

minimum wage أجرة دنيا ؛ حد ادنى للأجرة : اقل ما يكفي من الاجرة لاعالة الفرد وتوفير ضروريات الحياة له .

mining تعدين ؛ تنقيب عن المعادن واستثمارها .

mining claim حق تعدين مسجل . ارض تحتوي على معادن ثمينة ، مشغولة بحق تعدين مسجل وفقاً لقواعد الـ location .
(راجع location و mining location)

mining lease اجارة تعدين : اتفاق على استثمار منجم او امتياز تعدين مدة معينة نظير اجرة متفق عليها يؤديها المستأجر لصاحب المنجم او الامتياز .

mining location حصر موقع التعدين : اكتشاف المواقع المعدنية في الاراضي الاميرية ووضع اليد عليها بعد تسجيلها بالطرق القانونية . الاستيلاء حسب القواعد والعادات المحلية على قطعة ارض معينة من الاراضي الاميرية بعد اكتشاف المعادن الثمينة فيها ثم تسجيل حق الاسبقية الى ذلك مع تقرير العزم على احتلال الارض واستثمار ما فيها من معادن .
الارض موضوع الاكتشاف والتسجيل كما تقدم .

mining partnership شركة تعدين بسيطة : ينضم اليها مالكو احد المناجم للتعاون على استثماره .

minitser [**قانون كنسي**] قسيس ؛ كاهن ؛ راعي كنيسة
[**علاقات دبلماسية**] يطلق هذا اللقب على الممثلين الدبلماسيين الموفدين لتمثيل دولهم لدى دول اخرى ويشمل السفراء والمبعوثين الدبلماسيين envoys والوزراء المفوضين والمقيمين على انواعهم residents .
[**قانون دولي**] وسيط موفد ؛ موظف رسمي تعينه احدى الدول ليكون وسيطاً او محكماً في نزاع قائم بين دولتين أخريين وذلك بناء على موافقة هاتين الدولتين .

mint دار سك (او سكة)؛ مصلحة ضرب العملة : الوكلاء المكلفون تحويل السبائك الى مسكوكات ذهبية او فضية بتفويض خاص من الحكومة .

[كفعل] يسك نقداً (من سبائك معدنية)

mint-mark علامة سكة : تبين المرجع الآمر بسك العملة .

mint-master مدير سكة : يعود اليه الاشراف على سك النقود وادارتها .

mint par of exchange سعر التكافؤ في المبادلة الخارجية .

mintage عمالة سك النقد : المخصصات التي تدفع لجهة سك العملة .

المسكوكات التي ينتجها وكلاء السكة الرسميون .

minus; *minus* ناقص؛ يطرح او يستبعد

ترد هذه الكلمة في المصطلحات اللاتينية بمعنى : ابداً؛ قطعاً او اطلاقاً نحو : دين لم يدفع اطلاقاً *minus solutum* .

minute يدون محضراً . نحو : he minuted reasons of non-payment on the bill of exchange يدون محضراً باسباب عدم الدفع على الكمبيالة ، اي يثبت هذه الاسباب على الكمبيالة .

[كاسم] محضر ؛ مذكرة (بمعنى memorandum)

دقيقة : جزء من ستين جزءاً من ساعة او درجة degree .

minute-book دفتر ضبط او محضر (الجلسات) : الدفتر الذي تدون فيه اجراءات الجلسة ويوقع عليه رئيس المحكمة ، او من قام مقامه ، وكاتب الجلسة .

minutes محضر جلسة : وصف وقائع اجتماع او جلسة محاكمة كما يدونه الكاتب المختص .

[اجراءات اسكتلندية] اسباب كتابية ترفع الى lord of appeal in ordinary لاستصدار حكمه في موضوع معين . (راجع مهام هذا القاضي في باب lord)

minutiae دقائق تفصيلية تافهة ؛ جزئيات تفصيلية ؛ حذافير (شيء)

minutio جزئية تافهة ، تفصيل جزئي لا قيمة له .

misa [محررات عرفية قديمة] اتفاق على شيء

misadventure عرضاً؛ اتفاقاً؛ صدفة او مصادفة . تجمع هذه الكلمة في جرائم القتل بين معنيين : الصدفة chance والاهمال negligence بحيث ان فعل الـ homicide by misadventure هو قتل الصدفة الذي لا يخلو من الاهمال .

misallege يزعم او يدعي كذباً؛ يستشهد زوراً (بقول او نص) ليثبت ما يريد .

misapplication سوء استعمال؛ سوء تصرف او تطبيق : استعمال الشيء في غير وجهه الصحيح ، تسخيره او صرفه في امر فاسد او غير مشروع .

misappropriation اختلاس؛ اساءة ائتمان : استغلال الامانة للمنفعة الذاتية .

الفعل الذي يرتكبه الموظف اذا أدخل في ذمته اموالا عامة او استخدم عمالا ، يشتغلون لحساب الدولة في شؤونه الخاصة ، او اتى اي عمل آخر بحكم ظروفه الرسمية ، يحمل طابع خيانة الامانة المادية او الغدر .

misbegotter كلمة دارجة غير فنية معناها : ولد زنا ، مولود غير شرعي .

misbehaviour سوء او اساءة سلوك؛ سلوك غير مشروع

misbranding اساءة دمغ او ترقيم : سمة الشيء بميسم يراد به التضليل او الغش .

miscarriage [طب شرعي] اجهاض (مبكر) يقع خلال الاسابيع الستة الاولى من بدء الحمل . وهذا غير الـ abortion وهو الاجهاض بعد الاسبوع السادس وقبل انتهاء الشهر السادس . فاذا حصلت الولادة على أثر تمام الشهر السادس اعتبرت مخاضاً سابقاً لاوانه premature labour .

[مواد مدنية] اساءة سلوك او تصرف . كل سلوك او تدبير يجعل صاحبه هدفاً للمساءلة القانونية .

miscarriage of justice ميل في الحكم؛ اساءة تطبيق احكام العدالة .

miscasting خطأ في حساب او محاسبة

miscegenation إختلاط الاجناس . التزاوج بين رجل وامرأة مختلفي الجنس او العنصر او اللون .

[مواد جنائية] معاشرة زنا بين شخصين مختلفي اللون .

miscellaneous متنوع او متنوعات؛ شتى؛ متفرقات؛ اشياء مختلفة المواد

mischance, by (by mischance) صدفة؛ اتفاقاً؛ بغير قصد؛ لسوء الحظ؛ قضاء وقدراً

mischarge اتهام خاطىء او في غير موضعه .

mischief أذى افتعالي : يصيب المستهدف له في نفسه او ماله .

[في التشريع] باطل؛ سوء أو خطر يهدف التشريع الى ازالته او التحوط له .

misconception اساءة فهم او تصور

misconduct سوء سلوك؛ سوء ادارة . مغايرة اصول العدالة في تقرير او حكم .

misconduct in office اساءة الوظيفة: صدور اعمال غير مشروعة عن الموظف، تتصل بمهام وظيفته .

misconstrue يسيء تفسير او تأويل شيء .

miscount [شؤون الانتخاب] يخطىء في عد اصوات او فرزها .

miscreant شرير ؛ فاسد
[قانون انكليزي قديم] مارق (من الدين) ؛ ملحد ؛ زنديق

misdate تاريخ مغلوط او كاذب (يحمله محرر)
[كفعل] يؤرخ خطأ؛ يغلط في تأريخ محرر

misdelivery تسليم خاطىء؛ غلط في تسليم: كتسليم البضاعة لغير الموكل بتسلمها .

misdemeanant جانح ؛ من ارتكب جنحة او أدين بها .

misdemeanour جانح ؛ من ارتكب جنحة او أدين بها . جنحة؛ ثاني انواع الجرائم: تلي الجنايات من حيث الخطورة وتتقدم المخالفات، ويعاقب عليها بالحبس مع الشغل او الحبس البسيط او الغرامة (حسب الاحوال) .

misdescription اساءة وصف ؛ كذب او غلط في وصف

misdirection [في الاجراءات] غلط في التوجيه او الايضاح يستهدف له القاضي احياناً في سياق بسط المسائل القانونية لهيئة المحلفين .

mise محل؛ نزاع في دعوى حقوقية
مصاريف دعوى

mise-money نقود تدفع بسبيل الاتفاق او الترضية للحصول على امتياز او لقب او حق خاص .

miserabile depositum [مواد مدنية] وديعة قهرية تستودع في احوال الضرورة الملحة؛ كغرق السفن والحرائق والنوائب الطبيعية بوجه عام .

misericordia رحمة ؛ رأفة
عقوبة نقدية؛ غرامة تقديرية او تحكمية

misfeasance جريرة؛ إساءة؛ فعل ضار او مخالف (لنظام او قانون)
سوء تصرف، يصح ان يكون اساساً لمقاضاة الموظف المسيء .

misfortune ملمة؛ كارثة؛ نائبة؛ خطب؛ حادث مفجع مفاجىء: يقع بسبيل الصدفة او قضاء وقدراً ولا يجدي معه التحوط .

misjoinder اساءة الضم ؛ ضم الاطراف في الدعوى كمدعين او مدعى عليهم ضماً في غير موضعه .

misjudge يسيء تقديراً؛ يسيء الظن بشأن او الحكم عليه .

mislay وضع (شيء) في غير موضعه؛ تركه حيث مكانه، فقدانه بجراء نسيان محل وضعه .

misleading مضلل؛ تضليلي: يراد به الإغواء او اساءة التوجيه .

mismanage يسيء ادارة او يخطىء فيها

misnomer غلط في تسمية

mispleading غلط في مرافعة او دفاع او لائحة جوابية؛ ذهول عن ايراد امر منتج فيما ذكر .
الخطأ الواضح في اجابة المدعى عليه في دعوى المديونية، كاجابته مثلا بـ not guilty بدلا من *nil debet* .
[دعاوى حقوقية بوجه عام] لا يقتصر هذا الاصطلاح على مجرد غلط المدعي في بسط موضوع المطالبة، بل يدل على المطالبة بحق معيب في جوهره .

misprint غلط مطبعي

misprision تكتم جرمي؛ فعل او تقصير جنائي، تدخل فيه الافعال التالية وما ماثلها: التعريض بحق الملك؛ انتهاك حرمة المحكمة؛ الاخلال بهيبة الدولة، سوء ممارسة المناصب العليا بما في ذلك اختلاس الاموال العامة وتبديدها او سوء استعمالها؛ كتمان الجرائم بعد وقوعها او عدم الاكتراث لها؛ التقصير في الحيلولة دون ارتكابها؛ الاحاطة بها قبل وقوعها وعدم التبليغ عنها .

— negative misprision تقصير جرمي؛ كتمان ما يجب التبليغ عنه

— positive misprision فعل جرمي، فعل ما لا يجب فعله
[في الاجراءات] غلط مادي يقع في المحررات والسجلات .

misprision of felony كتمان الجناية (جناية الغير بعد وقوعها)؛ وهذا غير العلم بها قبل ارتكابها الذي يجعل الكاتم في حكم الشريك .

misprision of treason كتمان الخيانة: مجرد العلم بفعل واقع ينطوي على الخيانة وكتمان ذلك .

misquotation سوء استشهاد (بقول او نص)؛ غلط في إسناد او اقتباس

misreading قراءة خادعة او ملفقة: قراءة المحرر بعد تنظيمه، على غير حقيقته امام فريق يجهل القراءة، بنية خداعه واعطائه فكرة كاذبة عن مشتملاته .

misrepresentation زعم او ادعاء كاذب؛ تمويه؛ طلاء شيء او تصويره على غير حقيقته ترغيباً فيه او استدراجاً (للغير) الى غاية في نفس المموه؛ اختلاق واقعة؛ تحريف حقيقة

— material misrepresentation [مواد التأمين] تلفيق مادي او جوهري؛ ادعاء كاذب يؤثر في شركة التأمين ويحملها على قبول التأمين او رفضه او يؤثر فيها من حيث تقدير اقساط التأمين الواجبة الدفع في حال القبول .

missed approach [قواعد الطيران] اقتراب غير صائب او غير موفق .

missile قذيفة

missing ship [مواد بحرية] سفينة مفقودة . تعتبر السفينة كذلك اذا استغرقت في رحلتها (ابتداء من يوم ابحارها) مدة تزيد على متوسط الزمن الذي تستغرقه في ذات الرحلة او الفصل، زيادة غير معقولة .

mission بعثة؛ مهمة؛ رسالة تبشيرية

missionary مبشر؛ مبعوث لتبشير ديني

missives [قانون اسكتلندي] رسائل تعاقدية . خطابات يتبادلها الفرقاء تأكيداً لصفقة اتفقوا فيما بينهم عليها .

mis-statements بيانات غير صحيحة او منافية للواقع .

mistake خطأ؛ غلط؛ زلل: صادر عن جهل او ذهول او سهو او سوء تقدير .

mistake of fact غلط الواقع؛ الغلط في الواقع: ما صدر عن جهل طبيعي او ذهول .

[في العقود] الاعتقاد الخاطىء بوجود سبب حيوي يستأهل التعاقد .

mistake of law غلط القانون؛ الغلط في القانون: ما صدر عن احاطة بالواقع دون تقدير آثارها القانونية تقديراً صحيحاً .

mistery مهنة؛ مسلك؛ حرفة؛ كار؛ صناعة

mistress خليلة؛ معشوقة

mistrial محاكمة فاشلة او خاطئة؛ محاكمة مغايرة للقانون: نظراً لعدم الاختصاص او الغلط في اختيار المحلفين او مخالفة بعض المقتضيات القانونية الجوهرية .

mistrust انعدام ثقة؛ عدم ائتمان؛ تخوين؛ سوء ظن

misunderstanding لبس؛ التباس؛ سوء فهم او تفاهم

misuse يسيء استعمالا (لحق أو سلطة)؛ يستعمل شيئاً في غير ما جعل له .

misuser ممارسة غير مشروعة (لحق)؛ اساءة استعمال (وظيفة او امتياز)

mitigating circumstances ظروف مخففة (من بشاعة جرم): لا تسوغ الفعل محل المساءلة بل تجعله محلا للشفقة، فتدعو الى تخفيف العقوبة المقررة له .

mitigation تخفيف؛ تخفيض (عقوبة)

mitior sensus تفسير انسب؛ معنى مفهوم او مدلول اوفق.

mitoyenneté [قانون فرنسي] ملكية مشتركة تعود لجارين في حائط او خندق او سور قائم بين ملكيهما .

mittimus [اجراءات جنائية] نسخة مصدقة من محضر ادانة او حكم .

امر (ايداع في سجن)؛ مذكرة سجن توجهها المحكمة المختصة الى رئيس الضبط القضائي sheriff او احد مساعديه والى ضابط السجن، كي تأمر الاول بنقل الشخص المذكور فيها الى السجن وتأمر الثاني بتسلمه وحفظه الى حين الافراج عنه بموجب القانون .

mixed خليط؛ مختلط؛ ممتزج؛ مزجي

mixed actions (راجع باب actions)

mixed estate اجارة قرار (مدتها ٩٩ سنة) قابلة للتجديد ابد الدهر .

mixed fund مال مختلط، يجمع بين عوائد الاموال الثابتة والمنقولة .

mixed insurance company شركة تأمين مختلطة: تجمع بين صفة الشركة المساهمة stock company وشركة التأمين التبادلي mutual insurance company ويوزع جزء مقرر من ارباحها على ارباب الاسهم وجزء آخر على المؤمنين .

mixed questions مسائل مختلطة: تترتب على تنازع القوانين الاجنبية والمحلية او ترتكز على اعتبارات قانونية وواقعية في آن واحد .

mixed tribunals محاكم مختلطة؛ سميت في بادىء الامر «محاكم اصلاح»: وهي ذات اختصاص دولي نشأت في مصر

modification تنقيح؛ تعديل؛ تحوير او تبديل: بزيادة او شطب دون المساس بما للنص المراد تنقيحه او تعديله من اغراض اصلية.

modify يحور؛ يبدل (من صفة ثانوية)؛ يعدل؛ يلطف؛ يحد (من شدة)

modo et forma اسلوباً وشكلا

modus اسلوب؛ طريقة؛ وضع؛ وسيلة؛ سبب؛ عوض او مقابل

[في لوائح الاتهام] وصف الجرم. يقال: the *modus* of an indictment وصف الجرم في لائحة الاتهام.

modus adquirendi تصرف ناقل للملكية

modus decimandi **[قانون انكليزي قديم]** نقود او اشياء مثلية تؤدى بدل ضريبة العشر in *lieu* of tithes.

اعفاء جزئي من ضريبة العشر يقرره العرف.

modus et conventio vincunt legem «العرف والاتفاق يظهران على القانون» او يتغلبان عليه. يعتبر هذا المبدأ من الاركان الاساسية التي تقوم عليها العلاقات التعاقدية والقاعدة القائلة: «العقد شريعة المتعاقدين». تستثنى من ذلك جميع العقود المنافية للآداب او السياسة العامة.

modus legem dat donationi الاتفاق قانون الهبة؛ الاتفاق على تحويل الارض يقرر الشروط التي تحكم حيازة هذه الارض.

modus operandi اسلوب إجراء؛ طريق عمل شيء أو كيفية مسيره.

modus vivendi **[علاقات دبلماسية]** وضعية مؤقتة؛ تدابير وقتية، تركن اليها الدولتان المعنيتان او تسمحان بها قبل ابرام معاهدة التحالف فيما بينهما. تفسرها بعض المراجع بالتسوية الوقتية.

[علاقات عادية دارجة] سير المعيشة؛ نمط الحياة او اسلوبها

moerda **[قانون انكليزي قديم]** قتل الغير غيلة؛ القتل

Mohammadan Law الشريعة المحمدية: الشريعة الاسلامية

mohatarah contract عقد المهاترة: بيع المخاطرة الربوي: وهو عقد يبيع المرابي بمقتضاه شيئاً بثمن مؤجل مرتفع جداً ثم يشتريه بثمن بخس معجل قصد اخفاء الربا بستار البيع الصوري.

سنة ١٨٧٨ م بمعزل عن سلطان الحكومة المصرية ونفوذهـا، ومارست ولاية قضائية مستقلة شملت جميع الدعاوى المدنية القائمة بين خصوم مختلفي الجنسية وانتصبت منها ثلاث محاكم ابتدائية، احداها في الاسكندرية والثانية في القاهرة والثالثة في المنصورة ومحكمة استئناف واحدة مقرها الاسكندرية. وكان كل قاض من قضاتها تعينه حكومته. ولم يلجأ اليها الا اذا كان احد المتداعين على الاقل اجنبياً.

الغيت المحاكم المذكورة نهائياً في ١٥ اكتوبر سنة ١٩٤٩.

mixtion اختلاط او مزج، يستحيل معه التمييز او الفرز: كاختلاط المواد السائلة او ما في حكمها من حيث القابلية للمزج.

mob **[كاسم]** غوغاء؛ تجمهر ثوري؛ احتشاد عدد من الافراد احتشاداً ينطوي على الفوضى وتحدي القانون، وتهديدهم باللجوء الى اعمال التخريب او العنف على الاشخاص.

mob rule حكم غوغائية

mob-violence عنف غوغاء

mobilia منقولات

mobilia sequuntur personam المنقولات تتبع الشخص (او تتبع صاحبها).

mobilisation تعبئة (افراد لخدمة عسكرية او غيرها)؛ نفير

mock يستهزىء (بـ)؛ يسخر (من)

[كنعت] تقليد؛ مقلد؛ مزيف؛ صوري

mock auction مزاد (علني) صوري

mode طريقة؛ شكل؛ اسلوب؛ وضع

model طراز؛ نموذج؛ هيئة؛ شكل

moderate **[كنعت]** معتدل؛ متوسط؛ متزن

moderate castigavit **[في المرافعة]** تأديب معتدل. «أدب في اعتدال»: الجواب الذي يصدر عن المدعى عليه في دعوى الاعتداء مبرراً فعل الضرب المسند اليه بانه انما اتاه في رفق واعتدال ولم يخرج به عما له من حق التربية والتأديب على المدعي.

moderator رئيس جمعية assembly او اجتماع شعبي popular meeting.

modica circumstantia facti jus mutat رب ظرف تافه يغير القانون اذا رافق الفعل: اي يغير القانون الواجب التطبيق على الفعل.

moiety نصف؛ مناصفة

moiety acts قوانين المناصفة . يطلق هذا الاسم احياناً على القوانين الجنائية الناصة على وجوب ايلولة نصف الغرامة المفروضة على الجاني الى من بلغ عن الجريمة .

molestation تحرش (بالغير)، تكديره، مضايقته او التنغيص عليه في ممارسة حق .
[قانون اسكتلندي] دعوى حيازة ترفع لتمكين المالك من الاستمرار في حيازة الارض حتى يستطيع اقامة الدليل ضد من حاول تعكير الحيازة عليه .

Molmutian Laws قوانين مولموتيوس . تعزو الرواية وضع هذه القوانين الى ملك اسمه Dunvallo Molmutius قيل انه حكم البريطانيين حوالى سنة ٤٠٠ ق. م.، واغلب الظن ان الاسم المذكور من نسج الخرافة .

momentary اصطلاح غير فني يرد بمعنى: وقتي؛ مؤقت؛ آني؛ انتقالي

monarch ملك؛ عاهل؛ سلطان

monarchy ملكية؛ نظام ملكي

monetagium سكة او مسكوكات . الحق في سك النقود المعدنية .

monetary نقدي؛ مالي؛ يتصل بالعملة او النقد؛ يشمل اموالا منقولة personal property حسب بعض المراجع القانونية .

monetary unit وحدة نقد

money نقد؛ نقود؛ عملة؛ دراهم

money-bill [في التشريع] قانون ايرادات؛ يضعه البرلمان لتوفير الاموال المطلوبة بسبيل ما يفرضه من ضرائب .

money at call نقود تحت الطلب : اي تؤدى لدى الطلب . اموال مثمرة لأجل قصير .

money changer صراف عملة : يبدل نقداً بآخر نظير جعالة يتفق عليها .

money in hand نقود في الصندوق

money land نقود مودعة على سبيل الامانة لشراء ارض .

money-lender مسلف نقود: يزاول مهنة تسليف النقود للغير نظير فوائد مقررة .

money lent نقود مسلفة او مستلفة: أقرضت للغير .

money made «استوفيت الاموال» . يؤشر المحضر بهذه العبارة على امر التنفيذ لبيان تمام استيفاء المبلغ المطلوب من المدين .

money of *adieu* عربون (راجع earnest money)

money order حوالة بريدية

money rates اسعار عملة (حسب سوق صرفها) .

money value قيمة نقدية: تقدر بالعملة

moneyed assistance مساعدة نقدية؛ معونة مالية

moneyed capital رأسمال حاضر للصرف وبحكم النقد: رأس المال الذي يستطاع تحويله فوراً الى نقود .

moneyed resources موارد نقدية

monger تاجر؛ بائع؛ عميل

monition [اجراءات بحرية admiralty] تكليف للحضور للاجابة على دعوى المدعي .
[اجراءات عادية] تنبيه . امر رسمي يصدر من المحكمة لتكليف الموجه اليه أن يدفع مبلغاً او يقوم بشأن معين .
[مواد كنسية] تحذير؛ انذار . general monition — تكليف عام: يوجه من محكمة الدعوى الى جميع الخصوم ذوي الشأن كي يحضروا ويبينوا ما عندهم من اسباب تقتضي عدم اجابة المدعي الى طلباته .

monocracy حكومة الفرد: الحكومة التي يتولاها شخص واحد يعود اليه القول الفصل في تصريف امور البلاد .

monogamy وحدة الزواج: الزواج بامرأة واحدة

monomachy [قديماً] مبارزة؛ مبارزة منفردة . اجاز القانون الانكليزي القديم الاخذ باجراء المبارزة لاثبات الجرائم وادانة المتهمين كما اجازه ايضاً في المطالبات الحقوقية واثبات الديون .

monomania ضرب من الجنون . (راجع الكلمة في باب insanity)

monopolium احتكار: حق الانفراد دون الغير في بيع شيء معين او استيراده او تصديره او التعامل به او صنعه او استعماله او ممارسته .

monopolize يحتكر: ينفرد، دون الغير، بالحق في بيع شيء معين او استيراده او تصديره او التعامل به او صنعه او استعماله او ممارسته .

monster وحش بشري؛ مخلوق غريب: مولود بشري غريب الشكل الى حد يجعله ادنى الى الحيوان منه الى الانسان ولا يعتبره القانون اهلا لوراثة الارض.

montes pietatis مؤسسات رهن رسمية تفتحها المراجع الرسمية المختصة في بعض المدن لتسليف المعوزين مبالغ بسيطة على ما يرهنون من امتعة او منقولات. تدعى امثال هذه المؤسسات في ايطاليا *monte di pietà* وفي فرنسا *monts de piété*.

month شهر. يراد «بالشهر» لاغراض القانون العام الانكليزي الشهر القمري وهو ثمانية وعشرون يوماً، ما لم يدل النص او السياق على غير ذلك.

[عقود تجارية، بما في ذلك عقود النقل والكمبيالات والسندات الاذنية] يراد «بالشهر» الشهر الشمسي ما لم ينص على خلاف ذلك.

[في الاحكام وتقدير العقوبات المانعة للحرية] اريد «بالشهر» قبل اول (كانون الثاني) يناير سنة ١٨٩٩م الشهر القمري؛ اما بعد التاريخ المذكور فانصرف معنى الكلمة الى الشهر الشمسي الا اذا دل النص او السياق على غيره.

[قانون اميركي] «الشهر» هو الشهر الشمسي calendar month او solar month او civil month الشهر المدني حسب التقويم الغريغوري ما لم ينص على خلاف ذلك.

— calendar month الشهر حسب التقويم الغريغوري

— civil month الشهر المدني

— solar month الشهر الشمسي

اسماء مختلفة للاشهر الافرنجية المعروفة: يناير؛ فبراير؛ مارس ابريل الخ...

— lunar month شهر قمري: يعتبر لاغراض القانون ثمانية وعشرين يوماً او اربعة اسابيع.

monthly شهري؛ مشاهرة

monument نصب تذكاري؛ بناء اثري يقام لاحياء ذكرى شخص او شيء او فكرة او فن او علم او حادث او غير ذلك.

[في مواد الاملاك العقارية والمساحة] يراد بكلمة monuments نصب تحديد او علامات استهداء.

moonshine شراب مسكر، يقطر ويباع سراً دون ترخيص.

moonshiner من تعاطى المسكرات بصورة غير مشروعة او تاجر بها دون ترخيص.

moorage **[مواد بحرية]** رسوم ربط السفن او ارسائها على السواحل او في الموانىء.

mooring ارساء (السفن) او ربطها بالارصفة. انصاب ثابتة على الارصفة وفي الموانىء توثق فيها السفن.

moot(s) **[قانون انكليزي]** مناظرة (مناظرات). تمرين على المرافعة يشترك فيه طلبة جمعيات الحقوق المعتمدة inns of court امام مجالس ادارة هذه الجمعيات حول المسائل القانونية النظرية الصالحة للجدل.

[كنعت] محل جدل؛ غير مقرر؛ غير مفصول فيه قانوناً

[قانون سكسوني] مؤتمر شعبي

moot case قضية جدلية: تقوم على تقرير مسألة نظرية لا ترتكز على وقائع ملموسة.

moot court محكمة تنعقد للنظر في المسائل الجدلية او المواضيع التي يحوطها الشك ويعوزها البت.

moot man مجادل، مناظر: طالب يتصدى للجدل في المواضيع التي يتناولها اساتيذ القانون بمحاضراتهم في جمعيات الحقوق المعتمدة Inns of Court

moot point نقطة جدل: لم يفصل فيها بقرار قضائي.

mooter حشيش. يرد هذا الاسم احياناً كرادف لـ marihuana.

mooting مناظرة جدلية: تمرين على المرافعة يشترك فيه طلبة جمعيات الحقوق المعتمدة Inns of Court امام الجهات المختصة.

mora تأخير؛ تقصير؛ اهمال؛ قعود عن عمل او واجب. تأخير خطئي او مؤاخذ

mora **[قانون سكسوني]** ارض موات؛ ارض قاحلة (غير نافعة) او رطبة.

moral ادبي؛ معنوي؛ نفساني؛ خلقي؛ يتصل بالضمير الحي او الاحساس المميز او الاعتبارات الانسانية او مبادىء السلوك السليم.

moral certainty جزم معقول، يسوغ القيام او عدم القيام بأمر معين.

تأكيد حكيم لا يحتمل اي شك معقول ويكون للعاقل حافزاً كافياً للقيام بشأن او اتخاذ سلوك معين، وهو اقرب شيء الى مرتبة اليقين.

moral defectives مختلو العقل؛ مصابون بارتباك عقلي (راجع mental disorder)

moral duress اكراه معنوي؛ ضغط ادبي: تنتهز بسبيله الفرص التجارية التي يأبى انتهازها الضمير الحي او الذوق السليم، او يستغل عسر الغير او ضعفه لأي غرض كان.

moron قاصر العقل: من وقف نمو ادراكه العقلي في سن الثامنة او التاسعة تقريباً او لم يتجاوز ادراك ولد عادي في الثامنة عشرة من عمره مهما تقدمت به السن.

morphine مورفين. مخدر يستحضر غالباً من الافيون.

morphinomania الجنون بالافيون: الافراط في ادمان الافيون الى حد يفقد المدمن صوابه اذا انقطع عن تعاطيه.

mors موت

mors omnia solvit الموت يحل (او يسقط) كل شيء: كاسقاطه الدعوى اذا ألم باحد الخصوم.

mort civile موت مدني: تجريد مؤبد من جميع الحقوق والاعتبارات المدنية، كان يترتب قديماً على حكم الادانة باحدى الجنايات.

mortal مميت؛ قاتل

mortality [لاغراض القانون] موت عادي؛ لا ينشأ عن عنف بل يتأتى عن اسباب طبيعية.

mortality rate نسبة الوفيات

mortgage رهن: تصرف (عقاري او مالي) ضامن لاداء دين ولاغ من تلقاء نفسه حال تمام الاداء حسب شروطه. حق اختصاص مجرد غير ناقل للملكية.

تعرفه بعض المراجع بالتصرف العقاري المشروط: اي انتقال الملك انتقالا شرطياً passing conditionally ضماناً لدين.

— equitable mortgage رهن انصافي؛ قائم على اساس العدالة المطلقة. امتياز عقاري يترتب على ملك معين ضماناً للوفاء بدين متفق عليه، تعترف به دائرة العدالة المطلقة Chancery Division بمحكمة العدل العليا وتحكم بتنفيذه على اساس ما تتبينه من اغراض الخصوم. وهو يختلف عن الرهن القانوني في انه ينشأ بحكم الصلات الجارية بين الفريقين صاحبي الشأن دون سند او اتفاق صريح يحدد الامتياز، او يكون السند فيه معيباً من حيث الشكل او تعوزه بعض الصفات اللازمة في سندات الرهن المنظمة بموجب القانون العام common-law mortgages او تلابسه بعض الظروف التي تجعله مقبولا حسب قواعد العدالة المطلقة equity لا القانون law. (راجع technical mortgage)

— first mortgage رهن اول: حق امتياز او اختصاص اول يترتب على المال العقاري مع رهون اخرى تالية له من حيث الترتيب الزمني او الاعتباري.

— first mortgage bonds سندات مضمونة برهن اول.

moral evidence دليل ادبي؛ دليل مقنع: يقوم على التحليل والقياس ولا يبلغ درجة البينة القاطعة بل يكون من الكفاية بحيث يقبله العقل السليم

moral fraud غش حسي؛ لا يختلف عما يسمى الغش الفعلي المنطوي على الاجرام actual fraud او fraud in fact.

moral obligation التزام ادبي (راجع obligation)

moral turpitude اخلال بالشرف؛ انحطاط خلقي: كل فعل ينطوي على سقوط أخلاقي او انحراف جنسي او اخلال دنيء بواجب يترتب نحو الغير او المجتمع بوجه عام، وكذا السلوك المغاير لمقتضيات العدالة او الامانة او الآداب.

morally wrong باطل ادبياً: ما ينافي الذوق السليم من بطلان او جور او غلط.

morandæ solutionis causa في سبيل تأجيل الاداء

moratorium موراتوريوم؛ تأجيل دفع الاوراق التجارية وعامة الديون رأفة بالمدينين.

تدبير قانوني يترتب عليه تعطيل جميع الاجراءات القانونية المتخذة ضد المدينين واعطاء الحق لكل شخص طبيعي او اعتباري في ان يؤجل اداء ما في ذمته من ديون والتزامات وحقوق مدة معينة. ويعلن الموراتوريوم غالباً اثناء الحروب والظروف القومية العصيبة واستفحال الازمات المالية.

moratory interests فوائد تأخير

moratur in lege «يتروى في القانون»؛ دفع تحوطي

morbus sonticus مرض مقعد: يمنع المصاب من مزاولة اعماله العادية.

more or less تقريباً؛ على وجه التقريب

morganatic marriage (راجع باب marriage)

morgen قياس عقاري مقداره فدانان انكليزيان (٩٦٨٠ ياردة مربعة).

morgue مستودع جثث؛ مكان معد لعرض الجثث مدة معينة بغية معرفتها.

moribund على شفا الموت؛ في حالة النزع

Mormonism نظام ديني اجتماعي منتشر في Utah احدى الولايات المتحدة الاميركية من ميزاته البارزة اباحة تعدد الزوجات. على ان القوانين الاميركية وقوانين Utah ذاتها لا تقر تعدد الزوجات بل تعتبره جرماً يستحق العقاب.

— general mortgage رهن عام: ينصب على جميع ما للمدين من اموال حاضرة ومستقبلة .

— legal mortgage رهن (قانوني خاص)

— *puisné* mortgage رهينة صغرى . يطلق هذا الاسم على اية رهينة قانونية لم يعمل على حمايتها بايداع مستنداتها المتعلقة بحقوق فرقائها وبتسجيلها حسب الاصول .

— purchase-money mortgage رهن ثمن الشراء؛ رهن الملك المشترى لاداء ثمنه: قيام المشتري برهن العقار، الذي اشتراه، لدى البائع ضماناً للوفاء بباقي الثمن .

— technical mortgage (راجع باب technical)

— Welsh mortgage [قانون انكليزي] يختلف هذا الرهن عن الرهونات العادية فيما يعطيه للدائن المرتهن من حق الاستمرار في استيفاء ارباح الملك المرهون او ايجاراته دون حساب حتى يرد اليه المدين اصل المبلغ المضمون بالرهن . ولا يملك صاحب الرهن المذكور حق التنفيذ على مدينه بل يظل المدين محتفظاً بحقه في الوفاء وافتكاك الرهن متى يشاء .

mortgage annuity قسط دين عقاري

mortgage banks بنوك رهون: بنوك عقارية

mortgage bond سند رهن؛ سند مضمون برهن

mortgage credit اعتماد (رهن) عقاري

mortgage debentures سندات دين مؤمن برهن

mortgage debts ديون عقارية (مضمونة برهون عقارية)

mortgage pools كتل رهونات

mortgagee (دائن) مرتهن

mortgagor (مدين) راهن

morth [قانون سكسوني] قتل؛ اماتة

morthlaga [قانون سكسوني] قاتل

mortification [قانون اسكتلندي] نوع من الوقف لا يختلف عما يسمى mortmain في القانون الانكليزي، من شأنه ان يحبس الملك على الغرض المقرر له؛ يقال: lands mortified for charitable purposes اراض محبوسة (او موقوفة) على اغراض خيرية .

mortis causa بسبب الموت؛ بداعي دنو الاجل

mortmain تصرف حابس: ينقل الارض موضوع التصرف الى المتصرف له نقلا مؤبداً يغل يده عن التصرف فيها . وقد كانت تحصل هـذه التصرفات في معظم الاحيان لمصلحة المؤسسات الدينية فتنتقل الاملاك المتصرف فيها الى المؤسسات المذكورة انتقالا لا تصرف بعده وتناط بها الى الابد . ومن هنا نشأت الكلمة mortmain او *en mort mayne* « ليد ميتة » او مغلولة لا تملك التصرف فيما انتهى اليها . يقابلها ما يسمى mortification في القانون الاسكتلندي.

mortmain acts قوانين الوقف او غل اليد عن التصرف فيما آل اليها (راجع mortmain) . وضعت هذه القوانين للحيلولة دون انتقال الاراضي الى المؤسسات الدينية بطريقة الـ mortmain .

mortuary مدفن

وكالة دفن او تحنيط: تتولى عمليات الدفن والتحنيط مقابل اجور يتفق عليها .

mortuum vadium رهن عقاري: يترتب عليه استمرار ايلولة ايرادات المرهون الى الدائن المرتهن دون ان تحسم قيمتها من اصل الدين ، وذلك حتى يؤدي المدين هذا الاصل .

mortuus civiliter موت مدني civil death .
(راجع باب death و natural life)

Moscow International
(راجع Third International)

Moslem Law القانون الاسلامي؛ الشريعة الاسلامية

most favoured nation clause شرط منتهى الرعاية؛ شرط معاملة الدولة المفضلة . تسميه بعض المراجع : شرط معاملة الدولة الاكثر رعاية .

يرد هذا الشرط في معظم الاتفاقات الدولية ويقضي على كل من الدول الموقعة ان تقدم لرعايا الدولة الاخرى من حسن المعاملة والتسهيلات ما تقدمه لرعايا أفضل دولة لديها . والغاية من الشرط ضمان المساواة في المعاملات الدولية .

mote [قانون سكسوني] اجتماع

mote-bell ناقوس . اجتماع . الجرس الذي كانت تستعمله المحاكم السكسونية لمناداة الناس الى المحاكمة .

mother والدة؛ ام: امرأة ولدت طفلا

mother-in-law حماة: ام احد الزوجين بالنسبة للآخر .

motion [مواد برلمانية] اقتراح يتقدم به احد الاعضاء لبحث او تصويت .

[اجراءات] طلب يوجه الى المحكمة او القاضي المختص (والفعل move for يطلب) .

— special motion طلب خاص؛ عريضة خاصة توجه الى المحكمة ويقتضي القانون رؤيتها والبت فيها .

motion for judgment [اجراءات انكليزية] طلب صدور حكم؛ طلب الخصم للمحكمة ان تحكم له .

motion in arrest of judgment طلب وقف صدور الحكم: اي عدم النطق به .

motion in error طلب اعادة النظر (في الدعوى) بسبب الغلط . اي على اساس ما يدعيه الطالب من انطواء الاجراءات على الغلط .

motion to set aside judgment طلب فسخ حكم

motive دافع؛ باعث؛ غاية؛ علة

motor vehicle مركبة نارية؛ سيارة: سواء كانت صغيرة او كبيرة بما في ذلك الدراجات النارية .

motorcycle دراجة نارية

motu proprio من تلقاء نفسه؛ تلقائياً

movable; moveable منقول؛ ما يستطاع تغيير موضعه او نقله من محل الى آخر؛ ما في الوسع تغيير ميعاده، اذا كان عطلة او دورة او اي شيء ذي تاريخ . (راجع movables)

movable estate; moveable estate مال منقول؛ ممتلكات منقولة

movable freehold; moveable freehold
ملك منقول . اطلق اللورد Coke هذا الاسم على الاراضي القابلة للزيادة والنقصان من حيث المساحة بتأثير العوامل الطبيعية، كالبقاع المحاذية للبحار او الانهار التي تتأثر بالمد والجزر (فتتسع عندما تنكشف ميـــاه البحر وتضيق عندما تمتد او تتحول من مكان الى آخر) .

movables; moveables منقولات؛ امتعة؛ اموال شخصية personal property يستطاع نقلها من مكان الى آخر كالسلع والاواني ومعدات العمل والثمار والمحاصيل والمواشي والحيوانات على انواعها وما الى ذلك مما يمكن نقله لاغراض القانون .

[قانون اسكتلندي] كل ما ليس عقاراً

movant; movent طالب: من تقدم الى المحكمة بالتماس معين .

move يطلب؛ يلتمس (من محكمة)؛ يتقدم بطلب شي سواء كان امراً او قراراً او غير ذلك . يقترح اتخاذ قرار او خطة او اعتبار موضوع . يوصي (باجراء او تدبير) .

ينتقل: كانتقال عوض العقد من شخص الى آخر .

يسبب؛ يؤدي (الى)؛ يساعد (على)، نحو : speed moved to his death ادت السرعة الى موته .

move in arrest of judgment يطلب وقف صدور حكم : على اساس وجود عيب جوهري في الاجراءات يجعل الحكم اذا صدر قائماً على الغلط .

move out يخلي (مكاناً)، يخرج منه، ينزل عن حيازته

movent (راجع movant)

moving papers اوراق مسببة (بتشديد الباء الأولى وكسرها) للطلب او داعية له: يبرزها الطالب كأساس لطلبه .

mubah [فقه اسلامي] مباح؛ ما لا يكون مطلوباً فعله ولا اجتنابه بل يخير فيه بين الفعل والترك .

mubara'ah [فقه اسلامي] المبارأة، كالمخالعة، وهي حل الرابطة الزوجية على مال يؤول للزوج .

mudir مدير (ناحية او قرية): مرجعها المباشر الادنى في الشؤون الادارية .

muddle فوضى؛ ارتباك؛ تشويش؛ عدم ترتيب؛ اختلاط (شيء) او قيامه على غير هدى او نظام . (وهو اصطلاح غير فني)

mufawwidah [فقه اسلامي] مفوضة؛ المرأة التي تتزوج بلا مهر مسمى وتسكت عن ذكر المهر، وبسكوتها تعتبر كأنها راضية بتفويض امر تقديره الى زوجها .

mufti مفت: شيخ اسلامي يعود اليه تأويل احكام الشريعة الاسلامية الغراء والافتاء (اي اعطاء الرأي) فيما يتصل بها من مسائل .

muggle heads مدمنو حشيش الـ marihuana كما يسميهم مهربوه وتجاره .

muggles اسم دارج للـ marihuana او الحشيش بين مدمنيه وتجاره .

muhallel [فقه اسلامي] المحلل . اذا طلق رجل امرأته ثلاثاً فلا تحل له بعد ذلك حتى تنكح (اي تتزوج) رجلا غيره؛ هذا الغير يعرف بالمحلل . والتحليل يقوم على شروط مفصلة في المذاهب الاربعة تفصيلا لا يخلو من تباين .

muhker محكر: من أعطى الحكر . (راجع *hikr*)

***muhsanah** [فقه اسلامي] محصنة؛ امرأة عفيفة

***mukhala'a** [فقه اسلامي] المخالعة؛ وهي طلاق على مال for consideration : اي مبادلة الرجل للمرأة طلاقاً بمقدار من المال . والمخالعة تقع بها طلقة بائنة (راجع *bainah*)، وقولك «خالعتك على مئة جنيه» مثلا معناه «انك (بكسر الكاف) ان اديت هذا المبلغ طلقتك» .

***mukhtar** مختار؛ وهو دون المدير في الانظمة الادارية الشرقية .

mulatto خلاسي : مولود لوالدين احدهما زنجي والآخر ابيض .

mulct جزاء؛ قصاص؛ غرامة؛ عقوبة نقدية
[كفعل] يغرم؛ يفرض غرامة؛ يقاص او يجازي بعقوبة نقدية .

mulcta damnum famæ non irrogat الغرامة لا تنال من السمعة: اي لا تؤثر في سمعة من فرضت عليه .

mulier امرأة؛ زوجة؛ أرملة؛ عذراء (بكر)؛ مولود شرعي (ذكر او انثى) . يرد هذا الاصطلاح غالباً بمعنى «شرعي» مهما كان موصوفه .

mulier puisné شقيق شرعي . اذا كان لرجل من امرأة ولدان، ولد اولها قبل زواجه بها وولد الثاني بعد الزواج، اعتبر الولد الاكبر bastard *eigné* والاصغر *mulier puisné* .

mulieratus ولد شرعي

multa غرامة
[قانون انكليزي قديم] فريضة نقـدية وجب على الاساقفة اداؤها للملك نظير حقهم في انشاء وصاياهم الخاصة وتحقيق وصايا الغير والامر بتعيين مديرين للتركات عند الحاجة .

multa fidem promissa levant كثرة الوعود تضعف الثقة: اي من كثرت وعوده قلت الثقة به .

multa non vetat lex, quæ tamen tacite damnavit كثير من الاشياء ما لا يمنعه القانون صراحة بل ضمناً .

multifariousness اساءة ضم الخصوم في الدعوى الواحدة؛ شمل الدعاوى حيث لا تتوافر الاسباب الداعية لذلك: اي حيث لا توجد صلة بين مواضيع الدعوى او مصلحة مشتركة بين الخصوم او ما الى ذلك من دواعي الضم .
الجمع بين مواضيع متباينة في ورقة ادعاء واحدة .
[شؤون التشريع] اختلاط التشريع باقحامه خليطاً من مواضيع متنافرة .

multipartite متعدد الاجزاء او الاطراف؛ منقسم الى عدة اجزاء؛ متشعب

multiple evidence بينة قاصرة: ينحصر قبولها في موضوع معين او تقبل لاثبات واقعة معينة دون غيرها .

multiple poinding [قانون اسكتلندي] حجز مضاعف او مزدوج . دعوى يقيمها شخص في حيازته اشياء منقولة، يتنازع الحق فيها شخصان او اكثر، الى ان يثبت القضاء صاحب الحق ويجعل الحائز مسؤولا تجاهه وحده دون غيره . ولا يختلف هذا الاجراء عما يسمى interpleader في القانون الانكليزي .

multiplicity تعدد؛ تشعب؛ كثرة؛ وفرة

multiplicity of actions or **suits** تكرار الاجراءات؛ تعدد الدعاوى بالنسبة لموضوع واحد .

multitude جمهور لا يقل عدد افراده عن العشرة .

multitudo errantium non parit errori patrocinum توارد المخطئين على خطأ واحد لا يشفع بالخطأ . اي كثرة المخطئين لا تبرر الخطأ .

mund [قانون انكليزي قديم] أمن

munera [نظام الاقطاع] قطيعة مشروطة، كان ينزل عنها الملك او رئيس القبيلة في بادىء الامر لاحد اتباعه دون قيد او شرط خلا امكان سحبها منه في اي حين، ثم تطورت فاصبحت عمرية ثم ملكية متوارثة مطلقة .

municeps [قانون روماني] اهل لمنصب رسمي او تعيين في احدى الوظائف الرسمية، خصوصاً الوظائف البلدية .

municipal بلدي؛ يتصل بالمجلس البلدي او الشؤون البلدية . وقد يشمل مفهوم الكلمة احياناً شؤون الدولة او الامة او الشعب، العامة او الادارية .

municipal authorities سلطات بلدية

municipal bonds سندات بلدية: سندات دين قابلة للدفع في تاريخ معين، تصدرها السلطات البلدية احياناً ليتوافر لها بسبيلها ما تحتاج اليه من نقود .

municipal corporation بلدية؛ مجلس بلدي؛ مؤسسة بلدية

— *quasi* municipal corporation : اشباه مؤسسات بلدية هيئات اعتبارية عامة تنشأ للقيام ببعض المهام البلدية .

municipal courts محاكم بلدية: ينحصر اختصاصها ضمن نطاق الحدود البلدية . وهي تمارس في المسائل الجزائية ما

murdrum [قانون انكليزي قديم] قتل الغير غيلة

must يجب؛ يقتضى؛ ينبغي؛ يتحتم؛ يترتب (على)

***musta'men** مستأمن : الاجنبي غير المسلم الذي كان يقيم في دار الاسلام (ايام الفتوح الاسلامية) اقامة عارضة بعد الحصول على الامان، محمياً مدة اقامته في نفسه وماله دون ان يؤدي اية ضريبة باعتباره ضيفاً في دار الاسلام .

muster يجمع؛ يحشد (قوات عسكرية) مع معداتهم؛ يعبىء (لخدمة عسكرية)

muster-book سجل قوات عسكرية

muster-roll [قانون بحري] دفتر البحارة؛ دفتر افراد الطاقم المبين لاسم كل بحار وعمره وجنسيته وطبيعة عمله .

mutatio nominis تبديل اسم، تغييره او تحويره

mutation تغير جوهري، منه تغير ملكية المال بتصرف او تبديل او هبة او ما الى ذلك من اسباب نقل الملكية . تحول اساسي فجائي في المؤثرات الوراثية .

mutation of libel تبديل العريضة : تعديل لائحة الدعوى بتغيير الاسباب القائمة عليها .

mutatis mutandis «مع ما يلزم من تبديل»؛ «مع التعديل المقتضى حسب الاحوال» .

يشير هذا الاصطلاح الى ان الاشياء موضوع البحث لا تخرج عموماً عن حالة او وتيرة واحدة، على انه اذا لزم الامر أبدلت من حيث الاسم او الشكل او الوظائف او ما الى ذلك مما يقتضيه الظرف .

mute اخرس؛ ابكم؛ لا ينطق؛ لا يستطيع الكلام؛ ممتنع عنه [قانون جنائي انكليزي] لا يجيب؛ يقف كالابكم، نحو قولك في المتهم : وقف كالابكم he stood mute اذا وجهت اليه التهمة فلم يجب عليها بشيء او اجاب بما يخرج عن الموضوع او بما لا تسمح بـه المحكمة او اذا رفض ان يحاكمه المحلفون بعد الاجابة بانه غير مذنب not guilty .

mutilation تشويه

[فيما يتعلق بالوثائق والمحررات بوجه عام] تعييبها بشطب او كشط او محو جانب جوهري منها او تمزيقه او حرقه . تحريف (سند تداول بما يبدل من فحواه) .

[مواد جنائية] تشويه (جسم الغير بانزال جروح بالغة فيه لا تنمحي آثارها) وكذا اتلاف احدى حواسه او قطع عضو منه او تعطيل منفعته كلياً او جزئياً او احداث عاهة دائمة فيه . ولا تختلف هذه الكلمة في المعاني المذكورة عن maim .

يشبه اختصاص محاكم البوليس وتفصل احياناً في الدعاوى المدنية البسيطة .

municipal lien حق اختصاص بلدي : يترتب للبلدية على الاملاك الخاصة نظير ما ينبغي على اصحابها ان يساهموا به من المبالغ فيما تتعهده البلدية من تحسينات عامة تعود بالفائدة على الاملاك المذكورة .

municipal ordinance نظام بلدي؛ لائحة بلدية تصدر بها القوانين والاحكام المعمول بها داخل حدود البلدية لاغراض التنظيم البلدي .

municipal warrant تفويض بلدي، في شكل سند اذني يسحبه الموظف البلدي المختص على امين خزانة البلدية مكلفاً اياه ان يدفع المبلغ المرقوم فيه للشخص المشار اليه او لحامل السند .

municipality بلدية

— rural municipality مجلس بلدي ريفي؛ مجلس محلي

muniments حجج تملك؛ سندات مكتوبة؛ اوراق ثبوتية : تثبت الملكيات والحقوق والالقاب وما اليها .

munitions of war [قانون دولي] معدات حربية؛ عتاد حربي، لا يقتصر على الاسلحة والذخائر بل يشمل المهمات الحربية على انواعها وما يتصل بها من لوازم الحرب او تعزيز المجهود الحربي .

munus هبة؛ هدية؛ وظيفة؛ منفعة

murder القتل العمد : اماتة الغير، خلافاً للقانون، من شخص مدرك مساءل مع سبق الاصرار الصريح او الضمني .

murder in the first degree قتل الدرجة الاولى العمدي : ومنه القتل بالسم او الترصد او التصميم مع سبق الاصرار وكذا القتل الذي يرافق الجنايات الكبرى كالسطو على المنازل والحريق العمد وهتك العرض وقطع الطرق وما الى ذلك .

murder in the second degree : قتل الدرجة الثانية : القتل القصد الواقع بدم حار دون ان يرافقه سبق اصرار وتصميم او تكون غايته احدى الجنايات الكبرى (كالسطو على المنازل والحريق العمد وهتك العرض وقطع الطرق وما الى ذلك) .

murder in the third degree : قتل الدرجة الثالثة : الذي يأتيه الجاني عرضاً وهو يقترف احدى الجرائم دون ان يكون له اي قصد في ارتكابه .

murderous قاتل؛ فاتك او فتاك

mutual wills وصايا تبادلية: يستبدل فيها الموصون بوصية أخرى او تشمل بنوداً متقابلة الآثار والمنافع او ينشئها شخصان او اكثر يوصي كل منهم بما يناسب او يقابل ما أوصى به الآخر .

mutuality مبادلة؛ تبادل؛ تجاوب او تعامل بالمثل (بمعنى reciprocation) .

mutuant معير؛ مقرض: من اقرض الغير نقوداً او اعاره اشياء قابلة للاستهلاك على ان يرد اليه هذا الغير مثل ما استعار .

mutuary مستعير؛ مقترض (راجع mutuant)

mutuatus قرض نقدي

mutuum عارية استهلاك؛ تعاقد على قرض (راجع loan for consumption)

mutuus dissensus رضا متبادل على فسخ عقد او الرجوع عما تم قبوله consensus؛ التراضي على حل ما عقد .

Muwatta' (راجع *al-Muwatta'*)

muzabana المزابنة: نوع من معاملات الغرر aleatory transactions .

mystery مهنة؛ حرفة؛ صناعة
[لغير اغراض القانون] أبهام؛ غموض؛ غرابة

mystic testament [قوانين بعض الولايات المتحدة الاميركية كلويزيانا] وصية مكتومة، تحرر وتقفل ثم تختم بالشمع ويوقع على غلافها كاتب العدل وسبعة من الشهود والموصي ويكون تنفيذها حسب اوضاع قانونية خاصة .

mutinous ثوري؛ عصياني؛ اعتصابي؛ تمردي: يتصف بالعصيان او التمرد او يحرض عليهما .

mutiny عصيان (بحارة) لرؤسائهم؛ تمرد (جنود): انشقاقهم او اعتصابهم على قوادهم .
[كفعل] يعصي (قائداً)؛ يتمرد؛ يثور؛ يعتصب على سلطة قائمة

mutual متبادل؛ تبادلي؛ مشترك؛ متقابل؛ متجاوب

mutual affray اقتتال؛ مقاتلة؛ ملحمة او مشاجرة في مكان عام: يشتبك فيها فريقان راغبان في القتال كانهما في مبارزة duel .

mutual benefit association جمعية منافع متبادلة: تقوم على عقود او فوائد متقابلة وتؤول فيها المنافع الى الاعضاء على سبيل الحق .

mutual company شركة تأمين تبادلي: شركة تأمين يكون كل شريك فيها مؤمناً ومؤمناً عليه في آن واحد . ولا يكاد يختلف نظام هـذه الشركة عن الانظمة المتبعة في مؤسسات Lloyds .

mutual credits اعتمادات متبادلة . في هذه الاعتمادات، كما هي الحال في الديون والمعاملات المتبادلة، لا تكون المطالبة في اجراءات افلاس المدين الا بالرصيد .

mutual relief association جمعية تعاون متبادل: جمعية تأمين ليس لها اسهم رأسمالية، بل صندوق معاونات يساهم فيه الاعضاء باقساط نسبية مقررة، ولا تعتبر حسب عقد تأسيسها جمعية تجارية (هدفها الربح) بل تعاونية غايتها تبادل المعونة بين الاعضاء .

N

N.A. *non allocatur* محظور؛ غير مجاز؛ غير مباح

N.B. لافتة او ملاحظة؛ والمعنى الحرفي، لاحظ او تأمل ملياً، تذكر جيداً *nota bene* .

N.C.D. *nemine contra dicente* لم يعارض في ذلك احد؛ مجمع عليه .

N.C.O. non-commissioned officer صف ضابط

N.E.I. *non est inventus* لا يوجد

N.L. *non liquet* غامض؛ غير واضح

N.P. notary public كاتب عدل؛ محرر عقود

nab تعبير عامي دارج معناه: يقبض (على متلبس بفعل) او يمسك به .

nail قياس طولي مقداره انشان وربع .

naked عار؛ مجرد؛ منقوص؛ معيب الاركان؛ تعوزه اسباب حيوية

naked authority تفويض مجرد (لا يقترن بمنفعة): كالتفويض المعطى لنائب ليست له فائدة فيما اسند اليه انجازه لحساب الاصيل . هذا التفويض ذو شق واحد لا تتوازن فيه المصالح .

naked contract عقد مجرد : خال من العوض

naked debentures سندات غير مضمونة

nam; *namatio* [قانون انكليزي قديم] الحجز على منقولات الغير .

name إسم . سمعة

[كفعل] سم؛ عدد؛ أذكر

name and arms clause [قانون انكليزي] شرط الاسم والسلاح؛ الشرط الذي يلزم المتصرف له احياناً بان يحمل لقب المتصرف ويحمل سلاحه (اي يحارب لذات الغاية)، بحيث اذا اطرح هذا اللقب او السلاح في احد الايام انتقل المال محل التصرف او الوصية الى من تلاه في استحقاقه .

name day [معاملات البورصة] يوم التصفية الثاني في البورصة .

namely اي؛ او؛ وهو، وهم؛ ترد هذه الكلمة بسبيل الايضاح او التفصيل او ذكر المقصود او تعداد جزئياته .

namium [قانون انكليزي قديم] حجز (امتعة او حيوانات)

nansen passports جوازات سفر خاصة بعديمي الجنسية: نص على منحها من لا جنسية له بقرار صادر من عصبة الامم في ٢٨ اكتوبر (تشرين الأول) سنة ١٩٣٣ م . وقد منحت هذه الجوازات في بادئ الامر للروس والارمن ثم اصبحت تمنح للاجئين السياسيين من الدول المضيفة .

Nantes, Edict of (Edict of Nantes) مرسوم نانتس: قانون وضعه ملك فرنسا هنري الرابع لتأمين الطائفة البروتستانتية وحمايتها من فتك الكاثوليك ثم الغاه لويس الرابع عشر في ٢ اكتوبر (تشرين الأول) سنة ١٦٨٥ م .

narcosis (حالة) تخدير او تختير، تعطل الحس أو الوعي، خدر

narcotic مخدر؛ مختر؛ منوم

***narr* and *cognovit* law** قانون الادعاء والاعتراف: وهو يقضي بوجوب الحكم للمدعي حسب ما بيده من سندات دين على المدعى عليه اذا اقر هذا بان المبالغ المرقومة في السندات وفوائدها هي حق للمدعي . وكلمة *narr* هي اختصار *narratio* عريضة دعوى، اما *cognovit* فعناها ان المدعي مقر بعدالة الحكم .

narratio عريضة دعوى: تبسط وقائع الدعوى او اسبابها .

narrative بسط (وقائع ترتكز عليها دعوى)، سرد او بيان ذلك، روايته

[قانون اسكتلندي] الجزء الذي يبين اسم المتصرف والمتصرف له في سند التصرف والاسباب الداعية للتصرف .

[كنعت] تحليلي؛ ايضاحي؛ نحو: وصف تحليلي narrative description .

narrator مرافع؛ من تولى وضع لوائح دفاعية في دعوى .

جنسية واقعية : الجنسية التي يحيا effective nationality — بها الفرد في الواقع مؤثراً اياها على غيرها، اذ يسكن بلادها ويتكلم بلغتها ويمارس حقوق مواطنيها ويؤدي ما عليه تجاهها من واجبات والتزامات .

Nations, Law of (Law of Nations) قانون الامم : القانون الدولي . (راجع International Law)

native أهلي؛ أصلي؛ مواطن المولد . محلي المولد والنشأة والتقاليد .

احد السكان الاصليين الذين تعود اليهم جنسية الدولة بحكم مولدهم او مولد آبائهم اذا كان هؤلاء من مواطنيها المقيمين فيها . وقد يشمل هذا الاصطلاح ايضاً من ولد في الخارج اذا كانت اصوله من مواليد البلاد واهلها الاصليين .

natural طبيعي . غير شرعي؛ مساير لنظام الطبيعة لا احكام القانون؛ قائم على الاعتبارات الادبية دون القانونية .

natural affection مودة طبيعية : تنشأ بحكم الطبيعة بين الوالدين واولادهم والاخوة والازواج، وتعتبر في العقود والتصرفات عوضاً كافياً good consideration يسوغ العقد او التصرف.

natural-born subject [قانون انكليزي] مواطن المولد؛ من ولد في احد الدومنينات او الاقاليم الملزمة بالولاء للعرش الانكليزي .

natural child ولد طبيعي؛ ولد غير شرعي

natural fool غبي طبيعي : من ولد غبياً، اي مجرداً عن قدرة الفهم .

natural law القانون الطبيعي : الاحكام والمبادئ التي يوحيها المنطق الطبيعي الصحيح، وترسمها ميول الافراد المتزنة «ويهتدي اليها» حسب تعريف فقهاء الرومان «ويسترشد بها في سلوكه وتصرفه من أوتي ذكاء معقولا، باعتبارها تنبعث من الطبيعة البشرية وتساير تركيب الانسان العقلي والنفساني والجسدي» .

natural life حياة طبيعية : مدة بقاء الشخص الطبيعي على قيد الحياة الطبيعية . يقابلها ما يعرف بالحياة الاعتبارية او الكيان القضائي juristic and artificial conception of life . والحياة الطبيعية تتبعها شخصية قانونية legal personality تنتهي بالموت المدني civil death الذي يترتب على دخول الشخص في احد الاديرة او ادانته بخيانة او جناية .

natural monument نصب تحديد طبيعي : علامة استهداء طبيعية : حاجز أو حد طبيعي يستهدى به وتهيئه يد الطبيعة لا الانسان، كالمجاري والبحيرات والجبال والسواحل وما اليها . ويشمل هذا الاصطلاح ، لاغراض القانون، الطرق العامة

narrow ضيق؛ محدود؛ ضئيل؛ نحو : اكثرية ضئيلة narrow majority .

***nashizah** [فقه اسلامي] ناشزة؛ امرأة تخرج من منزل الزوجية الصالح بلا اذن زوجها وبغير حق .

nation أمة : مجموعة شعوب تتكلم ذات اللغة وترجع الى ارومة واحدة وتشترك في التاريخ والعادات والتقاليد والطابع الخلقي العام وان فصلت بينها حدود جغرافية او سياسية او تباينت انواع الحكم فيها .

national وطني؛ قومي؛ اهلي؛ عام؛ يتصل بالامة او يعود اليها

وطني المولد؛ مواطن؛ احد رعايا او اتباع دولة معينة .

national bank بنك وطني او اهلي

national debt دين عام؛ دين وطني : المبالغ التي تقترضها خزانة الدولة من بعض افراد الشعب بموجب سندات خاصة تصدرها الخزانة المذكورة للدائنين وتؤدي عليها فوائد مقررة مما يؤول اليها من ايرادات عامة .

national domain (راجع باب domain)

national economy اقتصاد قومي : يتناول دراسة مرافق الامة الاقتصادية وظروفها ووجوه تكوينها وتحسينها .

national emergency طوارىء عامة؛ ملمة قومية او احوال عصيبة عامة تستدعي حزماً خاصاً واجراءات عامة فورية وجهوداً خاصة تنتظم جميع افراد الامة .

national government حكومة وطنية : تمثل جميع طبقات الامة .

national insurance ضمان اجتماعي . نص قانون الضمان الاجتماعي لعام ١٩٤٦ على تأمين المساعدة للافراد في احوال البطالة والمرض والشيخوخة والترمل والوفاة وعلى علاوة يتقاضاها الاوصياء . وقد زيدت هذه المساعدات بموجب قانون الضمان الاجتماعي لعام ١٩٦٣ وأمن العامل، فيما يتعلق بالاضرار الصناعية، من اصابات العمل وبعض الامراض والاضرار التي تسببها طبيعة العمل وتوافرت له او لذويه اسباب المساعدة في احوال الموت او التعرض لعاهات العمل .

nationalisation تأميم : تحويل ملكية المال المعني الى الدولة : او الى الشعب ممثلا في شخص حكومته .

nationalised مؤمم : حولت ملكيته الى الدولة .

nationality جنسية؛ رعوية؛ تبعية؛ علاقة سياسية تربط الفرد بدولته

nautical بحري خاص بفن الملاحة او النقل البحري .

nautical assessors مستشارون بحريون: اناس ذوو خبرة خاصة في المسائل البحرية، تستدعيهم محكمة البحرية Court of Admiralty في القضايا الصعبة ليجلسوا مع القاضي المختص اثناء المرافعة ويسدوا اليه آراءهم في المسائل البحرية الفنية والبينات المتوافرة فيها .

nautical mile (راجع باب mile)

naval بحري حربي؛ يتصل بالبحر او بالاسطول البحري .

Naval Law قانون الاسطول البحري: القانون الذي يحكم شؤون القوات البحرية .

naval officer ضابط بحرية

[قانون جمارك اميركي] موظف جمركي من مهامه تقدير الرسوم والتوقيع على الرخص الجمركية واوراق التخليص والتصديق على تقارير محصلي الجمارك .

navicert شهادة خلو الشحنة من المحظورات الحربية: شهادة تعطاها السفينة اشعاراً بخلو حمولتها من المواد الحربية المحظورة . صدرت هذه الشهادة اول مرة من وزارة البحرية البريطانية خلال الحرب العالمية الاولى ١٩١٤ – ١٩١٨ م .

navigable صالح للملاحة

navigable waters مياه صالحة للملاحة (او مرور السفن) .

navigate يبحر؛ يسافر بحراً؛ يسافر بسفينة؛ يدير (او يقود) سفينة؛ يقود طائرة

navigation ملاحة

— inland navigation (راجع باب inland)

— regular navigation ملاحة منتظمة: خطوط بحرية منتظمة .

navigation acts قوانين ملاحة: احكام تشريعية سارية على السفن التجارية والنقل البحري التجاري .

navigation servitude ارتفاق ملاحة؛ ارتفاق بحري او نهري يخول من شاء حق المرور من المياه المشمولة به .

navis bona سفينة صالحة (للملاحة)

navy اسطول؛ عمارة بحرية؛ مجموعة سفن حربية يشمل هذا الاسم احياناً جميع ضباط البحرية ورجالها التابعين للقوات البحرية في الدولة .

والشوارع والاشجار وما ماثلها مما لم يهيأ اصلا للغرض المذكور بل وجد فيما بعد ملائماً له بحكم وضعه الطبيعي .

natural object of testator's bounty [في المواريث] المحل الطبيعي لكرم الموصي؛ الغاية الطبيعية لفضله . يشمل هذا الاصطلاح الورثة الآيلة اليهم انصباؤهم من التركة بحكم القانون وان انعدمت الوصية .

natural objects أشياء او كائنات طبيعية: منها العلامات او الحدود الطبيعية، كالجبال والبحيرات والانهار وما اليها .

natural order نظام او ترتيب طبيعي

natural person (راجع باب person)

natural premium [مواد التأمين] المبلغ اللازم لاداء ما يطلب سنوياً من دفعات مستحقة لحملة وثائق التأمين على الحياة.

natural resources موارد طبيعية؛ مصادر ثروة طبيعية

naturales liberi [قانون روماني] اولاد طبيعيون؛ اولاد غير شرعيين: لم يولدوا في ظل زواج شرعي .

naturalization تجنس: دخول الاجنبي في جنسية بلد معين واعتباره كمواطنيه من حيث الحقوق والواجبات .

— collective naturalization تجنس جمعي: يحصل بانضمام قطر الى آخر ومنح جميع سكان القطر المنضم جنسية القطر الآخر .

naturalize يجنس؛ يمنح شخصاً اجنبياً جنسية بلد او رعويته بموجب القانون المحلي .

naturalized citizen مواطن متجنس: من كان اجنبي المولد ثم منح جنسية البلد بمقتضى قوانين الجنسية السارية فيه .

nature طبيعة؛ طبع؛ حال . خلق؛ سجية؛ نفس؛ صفة؛ ماهية

natus مولود

naufrage [مواد بحرية فرنسية] غرق سفينة

naufragium غرق سفينة

naught [اجراءات قديمة] معيب؛ باطل؛ غير قانوني

naulage اجرة نقل الركاب بطريق البحر؛ نولون؛ اجرة شحن

naulum نولون؛ اجرة نقل ركاب او شحن بضائع بحراً .

nauta بحار؛ نوتي؛ ملاح

navy bills سندات بحرية: سندات صرف يقبض بموجبها ضباط البحرية مرتباتهم .

Navy Department [في الولايات المتحدة الاميركية] دائرة البحرية . تقابلها وزارة البحرية في الانظمة الوزارية المألوفة .

Nazism نازية: نظام اشتراكية وطنية ساد في المانيا من سنة ١٩٣٣ م الى سنة ١٩٤٥ م .

ne baila pas اصطلاح لاتيني فرنسي معناه «لم يتسلم»: وهو الجواب الذي يصدر عن المدعى عليه اذا اراد ان ينفي تسلم الاشياء موضوع الدعوى .

ne exeat امر عدم خروج معناه الحرفي «لا يخرج»: وهو امر قضائي يصدر بمنع شخص معين من مغادرة البلاد او دائرة اختصاص المحكمة اذا خشي ان يترتب على فراره احباط مقاصد العدالة .

ويصدر الامر ذاته احياناً لمنع اخراج الاموال المنقولة من دائرة اختصاص المحكمة المعنية .

***ne exeat* bond** [دعاوى الطلاق او النفقة] التزام عدم خروج؛ يكون في الواقع تعهد حضور يقطعه الزوج على نفسه مؤكداً فيه عزمه على الحضور امام المحكمة عند الطلب والاذعان لأوامرها .

ne exeat regno [اجراءات انكليزية] امر بعدم براح المملكة

ne exeat republica امر عدم براح الدولة

ne luminibus officiatur [قانون مدني] ارتفاق نور يمنع صاحب المكان المرتفق به من ان يقيم جداراً يحجب النور عن الجار المرتفق .

ne plus ultra [في الحدود] محال التجاوز؛ لا غاية بعده؛ اقصى ما يستطاع بلوغه؛ لا يعلوه شيء

ne varietur «يجب ان لا تتغير» . يؤشر بهذه العبارة احياناً على الكمبيالات والسندات من كتاب العدل للدلالة عليها وتأكيداً لصحتها .

near قريب؛ متقارب؛ قصير المسافة؛ دان . وشيك [في وصف صلة القربى] متينة؛ قوية

neat; net صافي (ربح او كيل او حساب او غير ذلك)

neat cattle ابقار (ذكورها واناثها)

neatness [في المرافعة] اناقة: ايجاز في الاسلوب: تميزه صحة العبارة مع سلامة سبكها وخلوها من الحشو .

nec veniam effuso sanguine casus habet اذا سفك الدم فلا محل للصفح .

necessaries ضروريات؛ مقتضيات؛ لوازم؛ مستلزمات: كالغذاء والماء والعلاج الطبي والمسكن اللائق وما الى ذلك .

necessary لازم؛ ضروري؛ واجب؛ لا بد او لا مناص منه

necessary inference استنتاج لازم، لا معدى منه او يقتضيه المنطق السليم . قرينة ضرورية

necessitas culpabilis ضرورة مؤاخذة: الضرورة التي تعذر الفعل الواقع بحكمها غير انها لا تبرىء الفاعل من المسؤولية ابراء تاماً، كالضرورة التي تدفع الشخص الى قتل الغير دفاعاً عن النفس . تقابلها الضرورة غير المؤاخذة التي لا يسأل معها الفاعل عما يفعل، كالتي تدفع الجلاد الى قتل المحكوم بالاعدام .

necessitas est lex temporis et loci الحاجة (او الضرورة) هي قانون الزمان والمكان .

necessitas facit licitum quod alias non est licitum الضرورة تجعل المحظور مباحاً «الضرورات تبيح المحظورات» .

necessitas non habet legem الضرورة لا تتقيد بقانون

necessitas vincit legem الضرورة فوق القانون؛ الضرورة تقهر القانون

necessitous معوز؛ محتاج؛ فقير

necessity ضرورة؛ حاجة؛ لزوم

— public necessity [اعمال بلدية] ضرورة عامة؛ تقتضيها مستلزمات التحسين او الصحة او ما الى ذلك .

neck-verse آية الرقبة: الكلمات الثلاث *miserere mei, Deus* التي يبدأ بها المزمور الحادي والخمسون . سميت كذلك لان المحكوم عليه قديماً كان يعفى من عقوبة الاعدام اذا استطاع ان يقرأ او يتلو هذه الكلمات . (راجع benefit of clergy)

necrophilism (راجع باب الجنون insanity)

necropsy تشريح: فحص الجسد البشري بعد موته، بفتح اي موضع منه او قطع اي عضو للكشف عن سبب الموت .

need حاجة؛ احتياج؛ لزوم؛ ضرورة؛ عوز؛ ضائقة

needful ضروري؛ لازم؛ لا غنى عنه؛ لا بد منه

needy محتاج، معوز؛ بالغ الفقر

nefarious خبيث؛ شرير؛ فظيع؛ مجحف

nefas مناف للحق او للشرائع السماوية؛ شرير؛ مغاير للدين

negative averment قول او تقرير سالب . انكار منطو على ادعاء يقرر واقعة جوهرية يعوزها الاثبات: كالقول مثلا بان المنزل (موضوع البحث) لم يفتقد بالاصلاحات اللازمة. مثل هذا الادعاء ظاهره نفي وباطنه تقرير حالة جوهرية تفتقر الى اثبات يقع عبئه على مقررها .

negative condition شرط سالب: يستوجب عدم حصول شيء معين .

negative evidence شهادة نفي: تنكر واقعة او تنفي اموراً معينة .

negative pregnant نفي موجب؛ انكار كاشف؛ اعتراف ضمني: النفي الذي يشف عن اعتراف ضمني بما هو موضوع التساؤل؛ كأن يسأل شخص مثلا «أصحيح انك تصرفت لزيد في عشرة دونمات؟» فيجيب، «لم اتصرف له في عشرة دونمات» . فجوابه هذا بدلا من الجواب القاطع «لم اتصرف بشيء» يستشم منه انه لم ينف كونه تصرف للمذكور في دونمين او ثلاثة او اقل او اكثر . وعليه فمثل هذا الجواب يحمل في ظاهره السالب مفهوماً يجعله في حكم الاعتراف الضمني .

neggildare ادعاء قرابة او صلة رحم .

neglect يهمل؛ يتغافل؛ يقعد او يمتنع (عن عمل او واجب) [كاسم] ترد حسب السياق بمعنى: الذهول؛ عدم العناية او الاهتمام؛ عدم الرغبة في القيام بالواجب او التخلي القصدي عنه . وفي بعض النصوص تقوم مقام negligence .

— culpable neglect (راجع culpable negligence تالياً)

neglected minor قاصر مهمل: من كان دون البلوغ وقعد معيله او ولي امره من اعالته، فاصبح معوزاً يحتاج الى المساعدة المادية .

negligence اهمال؛ تقصير؛ تفريط؛ ذهول؛ غفلة؛ عدم بذل العناية المعتادة . التقصير في الاهتمام، تقصيراً لا يصدر عن شخص عاقل . قعود عن واجب قانوني او ادبي . تخل عما تستوجبه الظروف الراهنة من توق او انتباه . خطأ لا يستهدف له شخص مدرك يزن العواقب او يقدر الواجب .

— actionable negligence (راجع باب actionable)

— active negligence (راجع باب active)

— collateral negligence : اهمال فرعي (يقع على المسبب) كالاهمال الذي يأتيه المقاول وتقع تبعته عليه دون الاصيل الذي قاوله؛ وهذا يختلف عن اهمال الخادم الذي تقع تبعته على كاهل المخدوم .

— comparative negligence

(راجع باب comparative)

— concurrent negligence اهمال متداخل: او متلازم يصدر عن شخصين او اكثر كل منهم يعمل مستقلا عن الآخر.

— contributory negligence اهمال ممهد او مساعد: الاهمال الذي يفرط من المشتكي فيساهم في بعث الضرر بانضمامه الى اهمال المشتكى عليه .

— criminal negligence اهمال جنائي: اهمال الانتباه او التحوط اهمالا لا يخفى على الشخص المعتاد انه يعرض حياة الغير او شخصه لخطر جسيم . وهذا من شأنه اذا رافق فعل القتل ان يجعله في مرتبة القتل الخطأ manslaughter .

— culpable negligence اهمال مؤاخذ او تقصيري: عدم العناية او الحيطة المنتظرة، باعتبار الظروف، من الرجل المعتاد .

— gross negligence اهمال جسيم: القعود عما يقتضي الواجب بذله من عناية وعدم المبالاة بحقوق الغير او سلامته الى حد يبعث على الاعتقاد بانه تقصير مفتعل .

— hazardous negligence اهمال خطر او متهور؛ سلوك مجرد عن التحوط والمبالاة يعرض صاحبه او الغير الى تهلكة .

— legal negligence (راجع باب legal)

— mutual contributory negligence اهمال مشترك: يصدر عن شخصين ويكون قسط كل منهما فيه متمماً للآخر باعتبار ان العوامل المقومة له تتأتى عن هذين الشخصين ولا بد من توافرها جميعاً لحصول الضرر .

— ordinary negligence اهمال عادي: القعود عن بذل عناية الرجل المعتاد (العناية التي يبذلها شخص وسط من حيث اليقظة والتبصر بالعواقب والتحوط لها) .

— subsequent negligence اهمال لاحق: الاهمال الصادر عن شخص يرى الغير في خطر محدق فيهمله ولا يعينه بما ينتظر منه في ذلك الظرف . سمي لاحقاً لانه يتلو احداق الخطر لا يسبقه او ينذر به .

— wanton negligence اهمال طائش: يقعد صاحبه عن بذل ما تقتضيه الظروف من تحوط واحتراز، قعوداً مبعثه مجرد الطيش أو العناد وعدم الالتفات للعواقب .

negotiorum gestio [قانون مدني] فضولية ؛ قيام الغير عن قصد منه باداء شيء او قضاء شأن لحساب شخص آخر دون ان يكلف او يلزم بذلك .

negotiorum gestor فضولي interloper : من صدر عنه عمل او سلوك ينطوي على فضولية *negotiorum gestio* .

neighbour جار ؛ مجاور

neighbourhood جيرة ؛ جوار ؛ محلة ؛ ناحية ؛ جهة مجاورة

neither party اصطلاح موجز يؤشر به احياناً في حافظة الدعوى مفاده حصول الاتفاق بين الخصوم على ان لا يعود أي منهم بالقضية ذاتها الى المحكمة : اي ان لا يلاحق دعواه مرة اخرى .

nemine contradicente [مداولات وقرارات] لا يخالف او يعارض احد ؛ لا يشذ احد ؛ لا يدلي بصوت او رأي مناهض .

neminem oportet esse sapientiorem legibus لا يسمح لاحد ان يكون احكم من القانون .

nemo admittendus est inhabilitare seipsum لا يسمح لاحد ان يعجز نفسه .

nemo agit in seipsum ليس لاحد ان يتخذ اجراء ضد نفسه .

nemo auditur propriam, turpitudinem allegans ليس لاحد ان يرتب حقاً (لنفسه) على فعل غير مشروع صدر عنه : ليس لاحد ان ينال حقاً من فعل باطل.

nemo bis punitur pro eodem delicto لا يعاقب احد على ذات الجرم مرتين .

nemo censetur subrogasse contra se لا يلزم احد بالحلول محل غيره .

nemo cogitationis pœnam patitur لا يحاسب (او يعاقب) احد على افكاره .

nemo cogitur rem suam vendere, etiam justo pretio لا يقهر احد على بيع ملكه الخاص (او اشيائه) ولو بثمن عادل .

nemo contra factum suum venire potest ليس لأحد ان يخالف ما فعل او ان يأتي نقيضه : اي فعل الشخص حجة عليه . ليس لاحد ان يناهض فعل نفسه .

nemo dat qui non habet من لا يملك لا يعطي .

— **willful negligence** اهمال مفتعل : ينبعث عن تصميم المهمل على ان لا يبذل ما ترتب عليه من عناية او تحوط في الظروف الراهنة .

negligence, estoppel by (estoppel by negligence) اغلاق الاهمال او أثره المانع . يعتبر الاهمال او التقصير ذا أثر مانع او حجة على المهمل اذا كان هذا الشخص ملزماً قانوناً نحو من لحقه الضرر او نحو العامة بان يتدبر امراً او يحتاط له فلم يفعل شيئاً من ذلك ، فكان تقصيره وبالا على الغير وسبباً في تضليله وحمله على تغيير موقفه او خطته تغييراً جلب لـه الاذى .

negligence in law اهمال قانوني ؛ اهمال مقتضيات القانون ؛ التقصير في واجب قانوني

negligence *per se* اهمال في حد ذاته : الاهمال الجلي الذي يرتكب حين يكون واجب الاحتراز من الوضوح بحيث لا يخل به من كان على نصيب معقول من الذكاء والبصيرة .

negligent مهمل ؛ مقصر ؛ مخل بواجب قانوني او ادبي ؛ منعدم العناية او اليقظة ؛ مستهتر

negligent escape فرار اهمالي (او مترتب على الاهمال) : كفرار السجين بداعي اهمال السجان .

negotiability قابلية للتداول : اهلية للتحويل او الحسم او الاتجار .

negotiable قابل للتداول : سواء كان بتحويل او حسم او اتجار .

negotiable instrument مستند قابل للتداول : يستطيع صاحبه ان يحوله الى الغير بجميع ما ينطوي عليه من حقوق وقيود . وقد تكون اهلية السند للتداول قائمة على العرف او القانون ويكون الحامل قادراً على تقييدها او انهائها .

negotiable words عبارات تداول : العبارات او الكلمات التي يؤشر بها على سندات الاذن (الكمبيالات) والصكوك والسندات المالية بوجه عام بياناً لوجوب نقلها او تحويلها او اداء قيمتها لجهة معينة او صرفها تسديداً لحساب او في وجه معـين .

negotiate يفاوض (في شأن) ؛ يحسم او يبيع اوراقاً قابلة للتحويل او التداول ؛ يحول سندات او اوراقاً مالية بالتأشير عليها بما يفيد التحويل .

negotiate a loan يحصل على قرض

negotiation مفاوضة ؛ مذاكرة او بحث (تمهيداً لاتفاق على امر معين) .

تداول (ورقة مالية) : بتدويرها من شخص الى آخر .

nemo tenetur seipsum accusare لا يلزم احد باتّهام نفسه .

nemo unquam judicet in se ليس لاحد ان يكون قاضياً في دعواه .

nephew ابن الاخ او الاخت

nepos حفيد

nepotism أثرة الاقارب او محاباتهم (في المنافع): اسناد المناصب الى الاقارب وافاضة المنافع عليهم دون غيرهم .

neptis حفيدة

nervous shock هزة عصبية . تعتبر الهزات او الصدمات العصبية المؤذية للجسم سبباً قانونياً للمطالبة بالاضرار . على ان الجاني لا يكون مسؤولا عن التعويض الا اذا ترتب عليه واجب قانوني يقتضيه التحوط لسلامة المطالب وكان باستطاعته ان يتصور نتيجة عدم تحوطه .

nervousness حدة مزاج؛ عصبية؛ سرعة انفعال عصبي

net شبكة ؛ شرك

صاف؛ خالص؛ خال من كل شيء خارجي؛ الباقي من عوائد بعد استنزال جميع الحسوم (من مصاريف وعمالات ورسوم وضرائب وغيرها) : مقدار ما يزيد به مجموع الفوائد على مجموع ما يبذل من رأسمال ونفقات .

net assets صافي اصول: باقي الموجودات الاجمالية بعد استنزال المطلوبات (الحسوم) .

net balance صافي رصيد: حاصل البيع بعد استنزال جميع المصاريف .

net earnings (راجع باب earnings)

net estate صافي تركة او اموال: الباقي منها بعد استنزال ديونها ونفقاتها .

net loss صافي او مجمل خسارة: مقدار العجز الحاصل بسبب العمل المراد نفسه مضافاً الى مقدار النقص في قيمة ما سخر فيه من آلات ومعدات وملحقاتها .

net premium [مواد التأمين] صافي قسط التأمين الواجب اداؤه على صاحب وثيقة التأمين (البوليصة) في فترات معينة بناء على شروط التأمين .

net price السعر الصافي؛ السعر الادنى: ثمن البضاعة بعد حسم اقصى ما يستطاع .

nemo de domo sua extrahi potest لا ينتزع احد من بيته (او يخرج منه بالقوة): اي بيت الشخص حصنه .

nemo debet bis puniri pro uno delicto لا يعاقب احد مرتين على ذنب واحد .

nemo debet esse judex in propria causa لا يجوز لاحد ان يكون قاضياً في دعواه .

nemo duobus utatur officiis ليس لاحد ان يجمع بين وظيفتين في آن واحد .

nemo est supra leges لا احد فوق القانون؛ لا يعلو على القانون احد .

nemo ex consilio obligatur لا يؤخذ شخص بتبعة نصيحته .

nemo ex proprio dolo consequitur actionem ليس لاحد ان ينال من غشه سبباً لمطالبة .

nemo ex suo delicto meliorem suam conditionem facere potest ليس لاحد بسبيل ما يحدث من ضرر ان يحسن وضع نفسه .

nemo in propria causa testis esse debet لا يكون احدهم شاهداً في قضيته .

nemo potest exuere patriam ليس لاحد ان يتنصل من وطنه . على هذا المبدإ ترتكز القاعدة القائلة بانه لا يجوز لاحد ان ينقل ولاءه لدولة اخرى إلا باذن الدولة التي سبق لها الحق في ولائه (اي صاحبة الحق الاول في ولائه) .

nemo potest facere per alium quod per se non potest ليس لاحد لا يملك عمل شيء ان يعمل بسبيل الغير .

nemo præsumitur alienam posteritatem suæ prætulisse لا يعقل ان يؤثر احد عقب غيره على عقبه .

nemo præsumitur malus لا يقدر (او يفرض) الشر في احد: اي يعتبر الشخص طيباً حتى ينكشف شره .

nemo punitur pro alieno delicto لا يؤاخذ احد بجرم غيره: « لا تزر وازرة وزر اخرى» .

nemo tenetur ad impossibile لا يكلف احد مستحيلا

nemo tenetur jurare in suam turpitudinem لا يلزم احد بالحلف على تجريم نفسه .
لا يلزم احد بان يحلف تثبيتاً لجرم معزو اليه .

net proceeds صافي الريع: رصيد الحاصل الاجمالي بعد استنزال جميع المصاريف .

net product غلة صافية

net profits صافي ارباح: الباقي من عوائد الشركة بعد استنزال جميع ما تحملته من نفقات وخسائر اثناء قيامها باشغالها .

net revenues صافي ايرادات: باقي الايرادات بعد استنزال المبالغ المخصصة لتسديد الديون والفوائد والمصاريف الجارية .

net tonnage حمولة صافية؛ سعة معدة للاستعمال: سعة السفينة بعد استنزال الحيز الذي يشغله رجال الطاقم والآلات .

net value [مواد التأمين] قيمة صافية؛ احتياطي وثيقة التأمين (البوليصة)؛ ما يتبقى من مجموع صافي اقساط التأمين التي دفعها حامل الوثيقة للشركة بعد استنزال ما دفعته الشركة بحدوث جزء من الخطر المؤمن منه، بحيث اذا أمن زيد من الناس مثلا على سيارته بقسط تأمين سنوي صاف مقداره ١٠ جنيهات ووقع له خلال السنة الاولى حادث كلف الشركة ٩ جنيهات، كانت القيمة الصافية net value في آخر السنة جنيهاً واحداً . واذا استمر في التأمين ولم يقع لسيارته في السنة الثانية اي حادث، بينما تعرضت في السنة الثالثة لحادثة واحدة كلفت الشركة ١٠ جنيهات، كان مقدار الـ net value في آخر السنة الثالثة ١٩ جنيهاً، وهلم جرا...

net weight الوزن الصافي

net worth القيمة الصافية: قيمة المال بعد استنزال ديونه من موجوداته، اي حسومه liabilities من اصوله assets .

Nether House of Parliament احد الاسماء التي عرف بها مجلس العموم البريطاني في عهد الملك هنري الثالث.

neurasthenia [طب شرعي] انهيار عصبي؛ ارهاق الجهاز العصبي الى حد يؤثر في قوة العقل والجسم تأثيراً جلياً مختلف الاشكال .

neurosis عصاب، اضطراب أو خلل عصبي (يصيب الجهاز العصبي) .

neutral حيادي؛ محايد؛ على الحياد؛ وسط

[قانون دولي] لا صلة له في نزاع قائم بين طرفين؛ لا يحابي اي فريق من متحاربين او يرتبط به دون آخر ارتباطاً فعلياً .

neutral property ممتلكات او اموال محايدة: تعود لرعايا دول محايدة .

neutral state دولة محايدة: بحكم ما اعلنته من سياسة الحياد .

neutrality حياد؛ موقف وسط بين دولتين متحاربتين او اكثر لا إيثار فيه او ميل لاحداها دون الاخرى .

neutrality laws قوانين الحياد: تشاريع اميركية تمنع تجهيز السفن الحربية واعدادها او تعبئة الجنود لمساعدة احدى دول متحاربة اذا كانت تلك الدول مسالمة للولايات المتحدة .

neutralize يبطل اثراً، يقضي على مفعوله، يعطل قوته او يقاومها

neutralized state دولة ملزمة بالحياد : الدولة التي يفرض حيادها بموجب اتفاق صريح بين عدد من الدول .

nevertheless مع ذلك، بالرغم منه؛ ألا أو بيد أن

new جديد؛ متأخر؛ قريب . نعت نسبي يختلف مفهومه باختلاف السياق او النص .

— of new [قانون اسكتلندي] ترجمة فنية دارجة للاصطلاح اللاتيني *de novo* ومعناه مجدداً او من جديد .

new acquisition كسب جديد؛ اموال مستجدة او مستحدثة: ما يؤول بغير طريق الارث او الهدية من احد الاقارب .

new assignment تعيين مجدد (لاغراض الدعوى) . اجراء مرعي في القانون العام الانكليزي يترتب العمل به على المدعي اذا كانت مذكرته غامضة ورد عليها المدعى عليه بجواب يتناولها حرفياً كما تراءت له دون ان يتعرض لصميم الادعاء الذي اراده المدعي بلائحة دعواه؛ الامر الذي يقضي على المدعي ان يجيب على لائحة المدعى عليه بما يسمى تعييناً مجدداً لاغراض الدعوى new assignment يوضح فيه انه لم يرفع الدعوى للاغراض التي قدرها المدعى عليه في لائحته الجوابية، بل لغرض آخر هو كيت وكيت ...

new cause of action اسباب جديدة للدعوى

[تعديل لوائح الدعوى] يدل هذا الاصطلاح احياناً على ما قد يتوافر من اسباب اضافية للدعوى او على اكتشاف اطراف آخرين يدعون حقاً في موضوع النزاع او غير ذلك من الاسباب المماثلة بعد رفع الدعوى اصلا .

New Deal الاصلاح الجديد: برنامج اصلاح اجتماعي واقتصادي اميركي وضعته حكومة الرئيس روزفلت سنة ١٩٣٢م.

New Inn يطلق هذا الاسم على احدى جمعيات العدالة المطلقة في انكلترا المسماة Inns of Chancery .

new matter مسألة جديدة، لم يسبق ان تناولها احد الخصوم ببحث او ادعاء .

Newgate اسم سجن قديم في لندن يرجع عهده الى سنة ١٢٠٧ م .

newspaper جريدة؛ صحيفة

next قادم؛ تابع؛ تال (في دور او ترتيب)؛ لاحق مباشرة . ادنى (من حيث الصلة) ، نحو: قريب ادنى next of kin .

next devisee الموصى له التالي : من أوصي له بالرد او بباقي التركة بعد توزيع فروضها (الاسهم الآيلة للورثة الشرعيين بحكم القانون) .

next eventual estate تالي اموال محتملة: اموال مستقبلة الايلولة تتحقق بحصول شيء معين .

next friend صديق اقرب . يطلق هذا الاصطلاح على من تصرف لحساب قاصر او امرأة متزوجة او شخص عديم الاهلية بحكم الصداقة او العطف، دون ان يعين وصياً على أي من هؤلاء تعييناً صحيحاً .

next of kin ادنى الاقارب؛ القريب الادنى: من كان اقرب الاحياء للشخص المراد من حيث آصرة الدم او النسب . وارث (الشخص) المعني

nexum [قانون روماني] التزام تعاقدي
عقد قرض مالي كانت تراعى فيه طقوس خاصة تسمى *mancipatio* . (راجع الكلمة الاخيرة مكانها)

nichills [اجراءات انكليزية] ديون عائدة للخزانة البريطانية يعجز عامل الملكة الـ sheriff عن تحصيلها فيؤشر على سندات التحصيل بكلمة nil لا شيء .

nick كلمة دارجة غير فنية من معانيها: ثلمة؛ سمة [كفعل] يفاجيء؛ يقبض على (جان) . يضرس (اي يحدث في الشيء ما يشبه التضاريس) .

nickname كنية (شخص)، لقبه المتعارف عليه احياناً بالاضافة الى اسمه الرسمي . وقد يكون هذا مجرد اختصار أو تحوير للاسم الرسمي أو غير ذلك مما درج استعماله بين الأقارب والمعارف.

niderling or **nidering** ساقط؛ دنيء؛ جبان

niece بنت الأخ أو الأخت

***nient* culpable** غير مذنب

nient dedire « ليس لديه ما يقول»: عدم الإجابة، على حكم غيابي . يغلب اقتباس هذا الاصطلاح عن العبارة الايطالية *niente da dire*

night ليل: يبدأ بعد مغيب الشمس بثلاثين دقيقة وينتهي قبل طلوعها بثلاثين دقيقة .

night walkers مشاة الليل: ينطبق هذا الوصف على الذين يجوبون الشوارع ليلا لارتكاب أفعال إجرامية، كما ينطبق على بنات الهوى اللائي يسعين ليلا وراء الفاحشة أو الكسب بسبيلها .

***nihil;* nil** « لا شيء»: لا بضاعة

nihil ad rem لا أهمية له؛ غير ذي بال

nihil aliud potest rex quam quod de jure potest لا يستطيع الملك أن يفعل شيئاً إلا في حدود القانون.

nihil dat qui non habet لا يعطي شيئاً من لا شيء عنده

nihil dicit « لا يقول شيئاً » : أي لا يجيب على دعوى المدعي في الوقت المحدد للاجابة . والحكم الصادر في هذه الحال يسمى judgment *nihil dicit* أو judgment for want of plea حكم على أساس عدم الإجابة .

nihil est « لا يوجد شيء»: العبارة التي يؤشر بها المحضر على الأمر القضائي إذا فشل في تبليغه للموجه إليه .

nihil facit error nominis cum de corpore constat لا تأثير للغلط في الاسم إذا انعدم الالتباس في الشخص المعني .

nihil habet « لا شيء عنده»: عبارة يؤشر بها المحضر على سند التنفيذ إذا لم يستطع تنفيذ مقتضياته .

nihilism نهلستية؛ عدمية مطلقة: نبذ العقائد الدينية والمبادئ السياسية والنظم الاجتماعية القائمة على معارضة السلطات المهيمنة . والداعي إلى ما ذكر يسمى nihilist .

nikah al-mit'a [فقه اسلامي] نكاح المتعة : وهو زواج مؤقت يقيد صيغة عقد الزواج في زمن معين .

nil لا شيء

nil debet لا دين عليه؛ لا يدين بشيء

nine points of the law اصطلاح دارج (غير فني) معناه تسعة أعشار الشيء: أي برمته تقريباً .

nisi إلا؛ إذا؛ ما لم . عبارة شارطة تلي عدداً من أسماء، نحو: rule و order و decree وغيرها وذلك للدلالة على أن الحكم أو الأمر أو المرسوم المشار إليه ينبغي أن يظل نافذاً بشكل قطعي ما لم يتقدم ذو الشأن بأسباب كافية ضده أو يتخذ لنفسه طريقاً مناسبة أخرى .

***nisi prius* clause** أمر محاكمة أمام هيئة محلفين؛ تفويض إحالة إلى هيئة محلفين يؤشر به في سجل الدعوى بغية إحالتها للنظر أمام هيئة محلفين في إقليم معين .

***nisi prius* courts** محاكم محلفين تفصل في القضايا القائمة على الواقع وتتألف من هيئة محلفين وقاض واحد يرئس الجلسة .

— record of *nisi prius* (راجع باب record)

***nisi prius* roll** سجل محكمة محلفين: ملف دعوى لاطلاع محكمة محلفين *nisi prius* وبه وقائع الدعوى ومذكرات الخصوم والإجراءات المتخذة فيها .

no arrival no sale لا وصول لا مبايعة: أي إذا لم تصل البضاعة إلى المكان المحدد لوصولها فلن يكون المشتري مسؤولا عن ثمنها، أو : لا يلزم المشتري باداء الثمن إذا لم تصل البضاعة إلى المكان المتفق عليه .

no bill [في تحقيق التهم] لا يختلف هذا الاصطلاح من حيث المؤدى عن not found . وكلا الاصطلاحين معناه «لا وجه للتهمة» أو «لا محل لقبولها» . وهو ما تؤشر به هيئة المحلفين الكبرى الـ grand jury على لائحة الاتهام إذا حققتها ولم تقنع بوجاهة أسبابها .

no cure no pay لا مكافأة على مساعدة لا تجدي . تعرف هذه القاعدة بقاعدة المساعدة المجدية ، وهي تقضي بعدم مكافأة المنجد إلا إذا أثمرت نجدته .

no funds (n-f) لا رصيد (لدفع الشيك المشار اليه) .

no goods «لا بضاعة» . يؤشر المحضر بهذه العبارة على سند التنفيذ اذا توجه لتوقيع الحجز فلم يجد عند المدين شيئاً يستطاع التنفيذ عليه . وهي تقوم احياناً مقام العبارة اللاتينية *nulla bona* لا يوجد ما يستأهل التنفيذ .

no recourse [في العقود] لا رجوع؛ لا مراجعة، لا مطالبة او مسؤولية ؛ اي يجب ان لا يرجع الى الجهة المعنية بتعويض عن خسارة او مساءلة عن خيبة بضاعة او مشروع تعاقدي او باسترداد مدفوعات او ما الى ذلك مما كان موضوعاً لعقد او مبايعة .

nobile officium [قانون اسكتلندي] اختصاص المحكمة المدنية العليا Court of Session في تقرير امر لا يجيزه القانون . اي في الخروج عن حرفية النصوص القانونية لتحقيق اغراض العدالة المطلقة .

nobility طبقة النبلاء: وهي تشمل الـ dukes والـ **marquises** والـ earls والـ viscounts والـ barons ومن ماثلهم .

nocent مذنب؛ جان؛ مجرم

nolens volens سواء رضي او ابى؛ اراد او لم يرد

nolle prosequi «لن يلاحق» بمعنى he will not prosecute : عبارة يؤشر بها المدعي او ممثل النيابة في ملف الدعوى تفيد التخلي عن الدعوى كلياً او جزئياً: اي عدم ملاحقتها في مجموعها او في احدى جزئياتها .

nolo contendere [مواد جنائية] «لا انازع في شيء» . تصدر عن المتهم هذه العبارة اقراراً منه بالذنب المسند اليه وخضوعاً لحكم المحكمة .

nomen juris تسمية قانونية؛ اسم من اسماء القانون؛ تعبير قانوني فني

nominal إسمي؛ رمزي؛ شكلي؛ صوري؛ قليل جداً، لا يذكر من (فرط ضآلته) .

nominal capital رأسمال إسمي: اي ضئيل جداً

nominal defendant مدعى عليه شكلي: الشخص الذي يضم الى الدعوى نظراً لما له من صلة خاصة بموضوعها تجعل انضمامه كمدعى عليه لازماً لصحتها، بحيث اذا لم ينضم لم تستقم دعوى المدعي من الناحية الفنية .

nominal partner شريك إسمي: ليست له في الشركة او العمل مصلحة فعلية .

nominal plaintiff مدع شكلي: من تنازل للغير عن موضوع دعواه فلم يبق له في اقامتها شأن، غير ان دخوله فيها لم يزل لازماً لصحتها من الناحية الفنية نظراً لان الشخص الذي انتقلت اليه المصلحة في الموضوع لا يستطيع رفعها باسمه مباشرة ولا بد له من دخول المدعي الاصلي فيها كمدع شكلي .

nominal value قيمة اسمية او مسماة

nominate يرشح؛ يعين (في منصب) . منها يشتق الاسم nomination ترشيح او تعيين .

nominate contracts عقود مسماة: ذات اسماء واشكال خاصة لا تخرج في الغالب عما يأتي:

١ – real contracts عقود عملية *ex re* تقوم على عمل معين.

٢ – verbal contracts عقود شفوية *ex verbis* تقوم على مجرد الكلام .

٣ – literal contracts عقود مكتوبة *ex literis* تقوم على شيء محرر .

٤ – consensual contracts عقود رضائية *ex consensu* تقوم على مجرد قبول الفرقاء ذوي الشأن دون اية شكليات رسمية .

nominatio auctoris [قانون روماني] جواب المدعى عليه في الدعوى العقارية اذا اراد ان يبين كونه يحوز العقار موضوع الدعوى باسم الغير او لمصلحته وانه يجدر بالمدعي ان يرفع دعواه على هذا الغير لا عليه .

nominative shares اسهم اسمية

nomine باسم ، من قبيل ؛ على سبيل

nomine pœnæ على سبيل العقوبة

nominee مرشح لوظيفة (او كرسي او منصب) ؛ معين لتولي شأن معلوم .
نائب ؛ امين

nominis umbra «ظل الاسم» ، اي مجرد الاسم ، كشركة الشخص الواحد التي لا يكون لها من صفة الشركة غير الاسم .

Nomocanon مجموعة من احكام كنسية ومدنية وضع اولاها Johannes Scholasticus سنة ٥٤٤ م . ثم وضع Photius بطريرك القسطنطينية المجموعة الاخرى منها سنة ٨٨٣ م .

nomographer مؤلف قانوني ؛ يتخذ من القوانين والابحاث الفقهية موضوعاً لمؤلفاته .

nomography اطروحة قانونية : مؤلف يتناول بحث بعض القوانين وتحليلها ، او يتطرق اليها لاي غرض فقهي .

non acceptavit جواب نفي او انكار قبول : جواب المدعى عليه بانه «لم يتقبل» الشيء موضوع النزاع .

non-aggression [علاقات دولية] عدم تعد او اعتداء

non assumpsit جواب المدعى عليه بانه « لم يتعهد » ما ذكر او « لم يلتزم » .

non bis in idem لا يعاد الشيء مرتين : اي لا يحاكم الشخص على ذات الجرم مرتين .

non-business day يوم تعطيل ؛ يوم انقطاع عن العمل

non cepit «لم يأخذ» ؛ «لم يستول» . جواب المدعى عليه في دعوى غصب مال الغير .

non compos mentis مختل العقل ؛ مجنون : لا يملك السيطرة على عقله .

non culpabilis غير مذنب

non dat qui non habet من ليس عنده لا يعطي ؛ من لا يملك لا يهب .

non-directional radio beacon (راجع باب beacon)

non efficit affectus nisi sequatur effectus لا قيمة للنية (او لا عبرة بها) الا اذا تلاها الفعل .

non est arctius vinculum inter homines quam jusjurandum لا رابطة بين الناس اشد وثاقاً من اليمين ؛ او ، لا صلة بين الناس امتن عروة من اليمين .

non est factum جواب تنصل من انشاء سند : ينفي به المدعى عليه اشتراكه في انشاء السند موضوع الدعوى .

non est inventus «لا يوجد» ؛ «ليس له أثر» : العبارة التي يؤشر بها الـ sheriff رئيس الضبط القضائي على امر القبض اذا فتش في دائرته عن الشخص المكلف بالقبض عليه فلم يجده .

non est reus nisi mens sit rea لا يعتبر مجرماً الا من قامت نيته على الاجرام .

non jus ex regula, sed regula ex jure . لا ينبثق القانون عن القاعدة بل القاعدة عن القانون .

non licet quod dispendio licet لا يجيز القانون ما لا يعقب غير الخسارة .

non liquet غير واضح ؛ غير جلي او بين

non obligat lex nisi promulgata لا يكون القانون ملزماً حتى يصدر : اي حتى يوضع موضع التنفيذ .

non obstante (notwithstanding بالرغم من او عن (بمعنى

non obstante veredicto رغماً عن القرار . يشير هذا الاصطلاح الى الحكم الذي تصدره المحكمة خلافاً لقرار هيئة المحلفين .

non omne quod licet honestum est ليس كل ما يباح شريفاً ؛ لا يقر الشرف كل ما يباح .

non placet غير محل لموافقة

non possessori incumbit necessitas probandi possessiones ad se pertinere لا يلزم احد باثبات ما في يده : اي باثبات ان ما في يده هو ملكه .

non potest rex gratiam facere cum injuria et damno aliorum ليس للملك ان يخلع منفعة على احد من شأنها مضارة الغير وايذاؤه .

non pros or ***non prosequitur*** اول المصطلحين اختصار للثاني ومعناه «لا يلاحق» ؛ «كف عن التعقب»

non-ancestral estate املاك غير موروثة: تؤول عن اي سبيل خلا الميراث .

non-apparent easement (راجع non-continuous easement)

non-appearance غياب؛ عدم حضور: تخلف المدعى عليه عن الحضور في الموعد المحدد .

non-assessable عدم جواز ربط الضريبة (على شيء معين)؛ عدم الخضوع لضريبة

non-bailable غير قابل للكفالة

non-belligerent (دولة) غير محاربة: غير مشتركة في الحرب اشتراكاً فعلياً .

non-business day يوم عطلة؛ يوم انقطاع عن العمل

non-claim عدم مطالبة؛ اهمال المطالبة او القعود عنها (خلال مدة معينة) .

non-combatant غير مقاتل؛ غير محارب: من التحق بالقوات العسكرية لغير اغراض القتال كالقسيس (او الامام) والطبيب والصحافي وامثالهم ممن يشتغلون بغير القتال .

non-commissioned officer ضابط صف

non-committal غير ارتباطي؛ غير ملزم؛ لا يستتبع لزوم شأن او سلوك معين او الارتباط بجهة دون اخرى .

non-compliance عدم مراعاة؛ عدم امتثال (لاحكام او قواعد معينة)، عدم مسايرتها او التقيد بها .

non-continuous easement ارتفاق انقطاعي او غير استمراري : الارتفاق الذي يكون دوامه رهناً بممارسته ، فيظل قائماً ما استعمله صاحبه وينقطع اذا لم يستعمله او لم يراع شروطاً معينة .

non-cumulative dividends ربائح (او حصص ارباح) غير قابلة للتجمع .

non-delivery عدم تسليم

non-direction عدم توجيه: منه اهمال القاضي لتوجيه هيئة المحلفين وايضاح ما ينبغي من نقاط قانونية .

non-disclosure عدم الكشف (عن حقائق)، عدم اظهارها

non-forfeitable غير قابل لفقدان او سقوط او مصادرة، غير مهدد بذلك

[قانون عام انكليزي] حكم عدم الملاحقة؛ الحكم لمصلحة المدعى عليه نظراً لعدم الملاحقة: اي على اساس قعود المدعي عن متابعة الاجراءات في مواقيتها المحددة .

non quod dictum est, sed quod factum est inspicitur العبرة بالفعل لا بالقول .

non refert an quis assensum suum præfert verbis, aut rebus ipsis et factis سيان ان يبدي الشخص قبوله بكلماته او بافعاله .

non refert quid notum sit judici, si notum non sit in forma judicii لا عبرة بما يعرفه القاضي اذا لم يستوف الاشكال القضائية . وهذا لا يختلف في الفقه الاسلامي عن المبدأ القائل بان القاضي لا يقضي بعلمه بل بما صح لديه من بينات .

non respondebit minor nisi in causa dotis, et hoc pro favore doti لا يسأل الصغير الا فيما تعلق بفرض الارملة (من تركة زوجها) وفي هذا يلزم باداء الفرض.

non sequitur لا يتبع؛ لا يترتب على؛ لا يستنتج (من)

non temere credere est nervus sapientiæ اساس الحكمة ان لا تسارع الى التصديق .

non videtur consensum retinuisse si quis ex præscripto minantis aliquid immutavit لا يعتبر راضياً من غير شيئاً بامر من استعمل التهديد .

non vult contendere [قضايا جنائية] لا ينازع (المتهم) في ذلك: اي يقر بما اسند اليه . وهذا لا يختلف عن جواب المتهم بـ guilty مذنب عند سؤاله عن الجرم المسند اليه .

non-ability عدم قدرة؛ عدم استطاعة

non-abstainer غير ممتنع؛ غير مقلع (عن تعاطي مسكرات او ما الى ذلك) .

non-acceptance عدم قبول: رد او رفض

non-access [علاقات زوجية] انعدام توافر الفرصة للاتصال الجنسي بين الرجل وامرأته .

non-admission عدم اعتراف او قبول؛ عدم سماح او عدم اذن بدخول .

non-age or **nonage** سن الحداثة؛ عدم توافر السن اللازمة (او السن القانونية): كون الشخص المعني دون الحادية والعشرين من عمره؛ وقد يقصد بهذا الاصطلاح احياناً كونه دون الرابعة عشرة .

non-sane غير سليم او صحيح (من حيث الجسم او العقل)، مُعتل . عاجز؛ غير متزن

non-scheduled operations [قوانين الطيران] عمليات طيران عارضة او غير منتظمة .

non-tenancy period مدة شغور المؤجر؛ فترة عدم التأجير

non-term or **non-*terminus*** عطلة قضائية: فترة التعطيل الواقعة بين دورة قضائية واخرى .

non-trader غير تاجر: لا يمارس الاعمال التجارية (اعتيادياً) .

non-traffic stop [قانون الطيران] توقف فني، لغير اغراض الرحلة

non-user عدم استعمال؛ عدم ممارسة: من شأنه ان يؤدي احياناً الى فقدان الشيء المعني اذا كان الاحتفاظ به او اكتسابه موقوفاً على استعماله .

non-waiver عدم تنازل؛ عدم تخل (عن حق او امتياز)

nonagium or **nonage** [قانون انكليزي قديم] نصيب كان يؤدى لرجال الكنيسة من منقولات الميت، وهو التسع .

nonfeasance عدم القيام بما ينبغي قانوناً؛ اهمال الواجب، التخلي عنه

nonpayment عدم الدفع او الاداء (عند لزومه)؛ القعود عن الوفاء بدين

nonsense هذر؛ لا معنى له؛ غامض؛ مبهم؛ يطلق هذا النعت على ما يستحيل فهمه من عبارات او نصوص .

nonsuit شطب الدعوى، انعدامها . يؤمر بشطب الدعوى the court orders a nonsuit ، اذا عجز المدعي عن اثباتها او رفض تعقيبها او اهملها خلافاً لمقتضيات القانون .

[كفعل] يقال: يشطب القاضي دعوى المدعي judge nonsuits the plaintiff ، اذا قدم هذا جميع اسبابه واسانيده فلم ير فيها القاضي ما يستحق الاعتبار او يستأهل جواب المدعى عليه .

— involuntary nonsuit or peremptory nonsuit شطب الدعوى الحكمي: ما تأمر به المحكمة اذا فشل المدعي في اسناد دعواه بما يعوزها من اثبات .

— voluntary nonsuit شطب الدعوى الارادي: وهو ما يكون اذا تخلى المدعي عن دعواه وقبل الحكم على نفسه بالمصاريف .

non-functional غير ذي تأثير: ما كان وجوده كعدمه . يعتبر الشيء non-functional اذا كان عدم توافره لا يؤثر في وظائف البضاعة المعنية او قيمتها الجوهرية .

non-intercourse إنعدام الاتصال (التجاري او السياسي او الاجتماعي) .

[علاقات زوجية] عدم الاتصال (الجنسي بين الزوجين) .

non-intervention will وصية مانعة من التدخل: الوصية التي تفوض الى المنفذ executor أن يقوم على توزيع التركة دون تدخل المحكمة او إلزامه بتقديم اي ضمان .

non-issuable لا محل لنزاع؛ غير موضوعي؛ لا يتصل بموضوع النزاع . ما كان الفصل فيه لا يؤثر في موضوع الدعوى .

non-joinder (راجع باب joinder)

non-judicial day يوم عطلة قضائية: لا تقبل فيه الدعاوى عادة ولا تبلغ الاوراق او توقع الحجوز او تعقد المحاكم جلساتها .

non-jury بلا هيئة محلفين، دون اشتراكها في المحاكمة .

non-leviable غير قابل للتنفيذ؛ لا يخضع للحجز

non-mailable لا يرسل او ينقل بالبريد

non-medical policy وثيقة غير طبية: وثيقة تأمين معطاة دون فحص طبي .

non-merchantable title حق ملكية غير قابل للبيع: الحق المالي الذي لا يغري بالشراء نظراً لما يلابسه من شك او يحوطه من منازعات او يترتب عليه من امتيازات للغير .

non-negotiable غير قابل للتداول

non-occupational غير مهني

non-party غير حزبي

non-pensionable غير تقاعدي: لا يشمله (او يسري عليه نظامه)؛ ليست له قواعد تقاعدية

non-performance عدم انجاز؛ عدم قيام (بعمل يقتضيه اتفاق)؛ قعود او عجز عن اداء (واجب اتفاقي) .

non-profit ليس للربح او المنفعة المادية؛ لا يتوخى منه الكسب

non-resident غير مقيم؛ لا يعتبر من سكان منطقة او جهة معينة .

norm سنة؛ قاعدة؛ نموذج

normal عادي؛ طبيعي؛ مألوف

normal law [بعض المؤلفات الفقهية] القانون العادي، الذي يحكم علاقات الاشخاص العاديين ذوي العقول السليمة .

Norman French فرنسية نورماندية . اللغة التي جلبها النورمانديون الى انكلترا اثناء فتحها حوالى سنة ١٠٦٦ م . وما تزال مجموعة من مصطلحاتها تستعمل حالياً في الاجراءات الرسمية الانكليزية كما استعملها النورمانديون اصلا .

Northampton, Assize of (Assize of Northampton) مجلس نورثامبتون . عقد هذا المجلس سنة ١١٧٦م وصدق فيه الملك هنري الثاني على التشريعات القضائية اللازمة تكميلا لما بدأه بما يسمى Assize of Clarendon سنة ١١٦٦م .

noscitur a sociis تفهم الكلمة من السياق

noscitur ex socio, qui non cognoscitur ex se من لم تعرفه من نفسه، عرفته من اقرانه .

nose dive [في الطيران] غوص رأسي؛ انقضاض رأسي؛ هبوط عمودي

not found «لا وجه للتهمة»؛ «لا اساس لها» . تؤشر هيئة المحلفين الكبرى grand jury بهذ العبارة على لائحة الاتهام اذا حققتها ولم تقتنع بوجاهتها او كفاية اسبابها . وهي لا تختلف من حيث المدلول عن الاصطلاح المرادف لها not a true bill؛ يقابلها تأشير المصادقة على اللائحة وهو: true bill .

not guilty غير مذنب؛ بريء

قرار عدم اجرام يعطيه المحلفون لمصلحة المتهم اذا لم يقم الدليل الكافي على اجرامه .

not guilty by statute «غير مذنب بموجب نص تشريعي» . الجواب الذي يصدر عن المدعى عليه في الدعوى المدنية اذا استشهد بامور تستند الى تشريع برلماني خاص .

not later than في موعد لا يتجاوز (كذا...)؛ قبل نهاية (التاريخ المقصود)

not less than لا اقل من؛ لا يقل عن

not possessed جواب تنصل او نفي؛ ينكر فيه المدعى عليه ان الاشياء المدعى بها كانت لديه او في حيازته عند رفع الدعوى .

not proven [محاكم جنائية اسكتلندية] غير ثابت؛ تعوزه الادلة الكافية

قرار وسط بين مذنب guilty وبين غير مذنب not guilty، يصدر عن هيئة المحلفين في بعض الاحيان للدلالة على ان جرم المتهم لم يثبت مع ان براءته لم تتضح؛ او، بعبارة اخرى، للدلالة على انها اقتنعت بعجز النيابة عن اثبات جرم المتهم لكن لم تقتنع بان المتهم استطاع اثبات براءة نفسه . على ان هذا القرار لا يختلف لاغراض القانون عن قرار عدم الاجرام not guilty ولا يكلف من صدر لمصلحته ان يثبت البراءة .

nota bene (n.b.) لافتة استدراكية معناها: لاحظ او انتبه ملياً

notable وجيه يستحق الالتفات؛ ذو بال لا يستهان به

notably خصوصاً؛ اخص بالذكر

notams [قواعد الطيران] تعليمات للطيارين

notarial توثيقي؛ متعلق بتوثيق العقود والمستندات .

notarius [قانون انكليزي قديم] كاتب عرضحالات؛ محرر عقود

[قانون روماني] كاتب جلسة (في مجلس شيوخ)؛ كاتب ضبط جلسة (محاكمة)؛ كاتب يدون مايملى عليه من ملاحظات .

notary or **notary public** كاتب عدل؛ محرر عقود

notation تأشير

[مواد حسبية] تقديم مذكرة في مسألة خاصة تتعلق بادارة تركة او تنفيذ وصية او ما الى ذلك .

note يلاحظ؛ يدون ملاحظة؛ يتأمل (شأناً)، يلتفت اليه

[كاسم] ملاحظة؛ لافتة؛ تذكرة او مذكرة

[شؤون مالية] سند دفع؛ كمبيالة؛ ورقة مالية تتضمن تعهداً بدفع مبلغ من المال لجهة معينة في تاريخ معلوم .

— bank note (راجع باب bank)

— bought note (راجع باب bought)

— circular note (راجع باب circular)

— marginal note ملاحظة، او شارحة هامشية

— sold note (راجع باب sold)

note a bill [اوراق مالية] يؤشر بالعجز او عدم الاداء . اذا لم تسدد الكمبيالة الاجنبية عند استحقاقها قدمها كاتب العدل للدفع مرة اخرى في اليوم ذاته، فاذا لم تسدد في هذه المرة ايضاً دون محضراً بعدم الدفع وسببه اذا توافر، وكان تدوين المحضر على الوجه المذكور هو المراد بالاصطلاح noting the bill التأشير على السند بالعجز .

note issue اصدار ورق نقد

note memoir مذكرة تنبيهية ؛ لافتة تذكارية (دبلماسية) توجه كتابة للتنبيه الى امر معين بصفة رسمية مقتضبة .

note of allowance [اجراءات انكليزية] اشعار اذن دفع بالغلط (اي بالاعتراض على اساس الغلط). يرسل هذا الاشعار من الموظف القضائي المختص الى الخصم الذي يدعي وجود غلط قانوني في الاجراءات آذناً له بتقديم الاعتراض او الطعن على اساس الغلط المدعى به .

note of hand كمبيالة ؛ سفتجة

note of protest مذكرة نكرة (بعدم القبول) : مذكرة مختصرة بحصول الاحتجاج يظهر بها كاتب العدل الكمبيالة حال ردها كي يثبتها فيما بعد بشكل تفصيلي .

note verbale [علاقات دبلوماسية] مذكرة شفوية (راجع verbal note)

notes ملاحظات او رؤوس اقلام ، يدونها القاضي تذكيراً لنفسه بما يسمعه اثناء الجلسة من بينات ونقاط منتجة في الدعوى .

notice تنبيه ؛ اعلان ؛ اخطار او انذار ؛ علم ؛ اشعار ؛ تبليغ

— actual notice اعلان مباشر : ينقل الشيء المعني الى المعلن له في منزله .

— advance notice إخطار او اعلان معجل

— at... notice خلال (كذا...) من تاريخ الاخطار

— at short notice في مهلة قصيرة ؛ لمدة وجيزة ؛ بناء على تنبيه غير ممهل : التنبيه او الاخطار الذي لا يكون معه متسع من الوقت للاستعداد .

— averment of notice ادعاء حصول الاعلان او التبليغ .

— constructive notice اشعار تقديري : العلم بالشيء علماً يقدر القانون حصوله نظراً للملابسات الخاصة التي تفترض معها الاحاطة به او لان ظروف الشخص تقضي عليه ان يسعى للالمام به .

— immediate notice [شؤون التأمين] تبليغ فوري ؛ التبليغ خلال مدة معقولة تتناسب مع ظروف الحال .

— legal notice إخطار (او اعلان) قانوني : يحصل وفقاً لمقتضيات القانون .

— one month notice مهلة شهر ؛ تنبيه شهر واحد ؛ شهر اخطار ؛ شهر امهالي

— personal notice اعلان شخصي : موجه الى شخص المعني .

— presumptive notice تبليغ تقديري او افتراضي : تشير القرائن الى حصوله .

— public notice اعلان او تنبيه عام

— reasonable notice تنبيه معقول : من حيث المدة المحددة او كيفية الحصول .

— statutory notice اعلان تشريعي ، يحصل بموجب قانون برلماني statute .

notice of action اعلان نية الاجراء : التنبيه بالعزم على رفع الدعوى : وهو ما يقتضيه القانون في بعض الاحوال الاستثنائية ؛ كأن يكون الخصم المراد رفع الدعوى ضده احد رجال القضاء مثلا او غيره ممن يعينهم القانون . وفي هذه الحال يلزم من نوى رفع الدعوى بانذار خصمه بالعزم على اتخاذ الاجراءات القانونية ضده قبل الشروع فيها .

notice of dishonour اعلان عدم الاداء ؛ اعلان عدم تشريف السند بالدفع : الاعلان الذي يعطيه حامل السند holder الواجب اليه الاداء ، الى الساحب drawer او الى المدور indorser بان السند المعني قد رفض حينما قدم للقبول او لم تدفع قيمته عند الاستحقاق .

notice of *lis pendens* . اعلان كون الدعوى قيد النظر

notice of motion اعلان طلب : تنبيه موجه الى المدعى عليه يبسط اسباب الشكوى ضده ويكلفه الحضور في محل وتاريخ معين .

notice of trial اعلان محاكمة : يشعر فيه الخصم خصمه بالدورة القضائية التي ينوي خلالها تقديم النزاع للمحاكمة .

notice to admit [اجراءات انكليزية] تكليف اقرار ؛ اعلان يوجهه خصم لآخر مكلفاً اياه ان يعترف بوجود وثيقة معينة ، حرصاً على توفير مصاريف اثبات ذلك في المحكمة . وفي هذه الحال يعتبر الخصم المكلف ، اذا رفض الاقرار ، ملزماً بتحمل مصاريف الاثبات ما لم ير القاضي المختص معقولية الرفض .

notice to produce تكليف ابراز : اعلان كتابي يكلف فيه الخصم إبراز مستندات معينة اشير اليها في سياق المحاكمة .

notice to quit تنبيه اخلاء : يوجهه مالك العقار الى المستأجر لتكليفه اخلاء المأجور في وقت معين .

notify يعلن ؛ يعلم ؛ يبلغ ؛ يشعر ؛ يخطر ؛ ينبه (على)

noting تأشير: منه التأشير بعدم الاداء، وهو ما يقوم به كاتب العدل عند رد الكمبيالة حين الاستحقاق، من تظهيرها بالحروف الاولى من اسمه مع بيان التاريخ الحاصل فيه التقديم والرفض والاسباب .

notion فكرة؛ رأي؛ اعتقاد؛ تقدير

notoriety اشتهار؛ شهرة (بفساد او رذيلة)؛ افتضاح (امر)، ذيوع صيته

notorious مشهور؛ مفضوح؛ سافر: يعرفه عامة الناس ولا يفتقر الى اثبات .

notorious insolvency اعسار مفضوح: يكون من الوضوح بحيث يعرفه الخاص والعام .

notorious possession حيازة مشهورة: حيازة الشيء حيازة مشهورة تستلفت الانتباه وتكون حديثاً لاهل الجيرة .

notwithstanding بالرغم من؛ رغماً عن؛ مع ان

novale ارض محروثة للمرة الاولى، ولا تعي الذاكرة تاريخاً سابقاً لحرثها .

novalis ارض مستريحة سنة كاملة (بعد الحراثة الاولى) .

nova statuta قوانين جديدة: يراد بها القوانين السارية من سنة ١٣٢٧م الى ١٤٨٣م .

novation تجديد؛ ابدال التزام قائم بالتزام جديد يحل محله. حلول مدين محل آخر في اداء دين، او دائن مكان آخر في تلقي عوائده وذلك باتفاق الاطراف ذوي الشأن . وفي هذه الحال يسقط الالتزام الاول ويحل محله الالتزام الجديد . والحلول على ثلاثة انواع : احدها يبقي الدائن والمدين كما كانا ويبدل ما بينهما من دين بدين جديد؛ والثاني يبقي على الدين ويبدل المدين بآخر يحل محله في الوفاء؛ والثالث يبقي على الدين ويبدل دائناً بآخر .

novel assignment (راجع new assignment)

novel disseisin استيلاء جديد؛ آخر استيلاء عقاري؛ نزع اليد الاخير

novellæ or ***novellæ constitutiones*** مراسيم أساسية اضافية اصدرها جستنيان بعد صدور شرائعه المعروفة باسمه . وقد وضع اكثر هذه القوانين مبدئياً باللغة اليونانية وبلغ عددها بعد موته ١٦٨، أصدر منها جستنيان ١٥٤ واصدر الباقي خلفاؤه وادمجت كلها فيما بعد بما يسمى *corpus juris civilis* .

Novellæ Leonis مراسيم الامبراطور Leo الصادرة بين سنة ٨٨٧م و ٨٩٣م .

novels القوانين الاساسية المستحدثة التي وضعها الامبراطور جستنيان وخلفاؤه.(راجع *novellæ* or *novellæ constitutiones*)

novelty [براءات الاختراع] ابتكار جديد (لم يعرف سابقاً)

noverint universi per præsentes اصطلاح افتتاحي نقلت عنه العبارة الانكليزية المشهورة know all men by these presents الا فليعلم الجميع بسبيل الحاضرين . وهي العبارة التي تستهل بها سندات الابراء deeds of release وما اليها من الوثائق الرسمية .

novice حديث عهد (بشيء)؛ مبتدىء؛ غير ذي خبرة او مران . (منها تصاغ الكلمة noviciate)

novigild [قانون سكسوني] تعويض مالي يساوي تسعة أمثال قيمة الشيء محل الضرر .

novus actus interveniens فعل جديد متدخل : ما تدخل من فعل الانسان بين فعل المدعى عليه والنتيجة . فاذا كان الفعل المتدخل نتيجة مباشرة لفعل المدعى عليه او كان منتظر الترتب على هذا الفعل فلا يعتبر متدخلا .

now الآن؛ حالياً؛ الوقت الحاضر

[نصوص قانونية] تاريخ نفاذ القانون

[في الوصايا] حين وفاة الموصي

noxa ضرر (يحل بشخص او شيء نتيجة فعل غير مشروع أتاه انسان او عبد او حيوان) .

noxæ deditio تسليم العبد جالب الضرر للشخص المتضرر كي يفعل به ما شاء .

noxal action دعوى اضرار: ترفع لتعويض اضرار وقعت بجريرة عبد او حيوان .

noxalis actio الدعوى التي كانت تقام على المولى لجرم ارتكبه العبد (اعتباراً لكون المولى مؤاخذاً بجريرة عبده) .

noxia أذى (يأتيه عبد)

noxious مؤذ؛ ضار؛ وخيم؛ مفسد؛ مسيء

nubile في سن الزواج؛ قابلة لزواج او اهل له

nubilis في سن الزواج : من كان في سن تؤهله قانوناً للزواج .

Nuclear Non-Proliferation Treaty, 1968
معاهدة عدم انتشار الأسلحة النووية لعام ١٩٦٨ . من نصوصها تعهد الدول الموقعة التي لا تملك الأسلحة النووية بأن لا تنتج هذه الأسلحة أو تتلقاها في المستقبل من الدول النووية الموقعة وتتعهد هذه الأخيرة بأن تساعد الأولى على استغلال الذرة في جميع المصالح السلمية .

nuda pactio obligationem non parit الاتفاق العاري لا يلد التزاماً؛ (والمراد بالعاري الخالي من العوض)

nude عار؛ مجرد؛ معيب في ركن من اركانه (القانونية): تعوزه بعض المستلزمات القانونية .

nude contract عقد عار: لا ينطوي على عوض .

nude pact ميثاق مجرد: قوامه التزام للغير بمنفعة دون مقابل.

nudum pactum ex quo non oritur actio العقد العاري (الخالي من العوض) هو ما لا تقوم عليه دعوى: اي ما لا يترتب عليه حق في مقاضاة .

nugatory عديم الاثر؛ باطل؛ عبث؛ تافه؛ لا طائل تحته

nuisance مقلق؛ مضايق؛ مزعج؛ محرج؛ منغص؛ مكدر؛ مشوش؛ مؤذ

مضايقة الغير في هنائه وراحته او التنغيص عليه في ممارسة حق مشروع .

تعريض حياة الغير او صحته للخطر او اتيان اعمال منافية للحياء او منفرة للحواس او مكدرة للراحة تكديراً غير معقول، وان كان ذلك في سياق ممارسة حق مشروع .

— abatement of a nuisance إزالة (دواعي) المضايقة؛ القضاء على مصدر الازعاج او الاذى .

— common nuisance مضايقات عمومية: كل ما فيه اقلاق لراحة العامة او امتدت آثار تكديره الى المجتمع بوجه عام .

— continuing nuisance مضايقة مستمرة . والاستمرار في هذه الحال هو توالي حصول المضايقة الى حد يسوغ اعتبارها في حكم المستمرة .

— public nuisance (راجع common nuisance)

nuisance at law المضايقات قانوناً: وهي كالمضايقات في حد ذاتها . (راجع nuisance *per se*)

nuisance in fact مؤذ او مضايق فعلا

المضايقات حكما: وهي الاشياء التي لا تعتبر مضايقة في حد ذاتها، بل تكون كذلك بحكم الظروف الملابسة لها .

nuisance *per se* مؤذ او مضايق ذاتياً: كل عمل او شيء او وضع يبعث على ضجر من استهدف له في اي حال او زمان او مكان، كالاشياء التي تنافي الآداب العامة او تؤلف خطراً على الحياة او تطاولا على حقوق الغير . وهذه تختلف عن غيرها من المضايقات بحكم الملابسات او الاحوال الخاصة التي تحصل فيها والتي لولاها لما عدت من المضايقات .

nuisance tax ضريبة مكس زهيدة تجبى من المستهلك المكلف مباشرة .

nul agard «لا قرار»؛ «لا حكم» من محكمين (بمعنى no award)

nul tiel record لا وجود لهذا القيد: اي ان ما يدعي الخصم وجوده من قيد رسمي، لا أثر له في سجلات المحكمة او الدائرة الرسمية المختصة .

null منعدم؛ (ليس له كيان او قوة او تأثير)؛ لاغ؛ باطل

null and void لاغ وباطل؛ منعدم وباطل . ليس له اثر ولا قوة؛ باطل قطعاً

nulla bona «لا بضاعة»؛ «لا شيء يستأهل الحجز»: العبارة التي يؤشر بها المحضر على ورقة الحجز اذا توجه لتوقيع الحجز على موجودات المدين فلم يجد عند هذا شيئاً يستطاع الحجز عليه.

nulla pœna sine lege لا يكون القصاص الا بموجب القانون؛ لا عقوبة الا بقانون

nullify يبطل؛ ينقض؛ يلغي

nullity عدم؛ بطلان؛ لا شيء؛ معدم الاثر (او القوة القانونية) .

nullity of marriage بطلان الزواج

nullius filius ابن بلا اب؛ ولد لغير رشد؛ ولد غير شرعي

nullius juris [قانون انكليزي قديم] ليست له قوة قانونية

nullum crimen لا جريمة

nullum crimen nulla pœna sine lege لا جريمة ولا عقاب الا بموجب القانون .

nullum simile est idem ما ماثل (او شابه) شيئاً لا يكون ذلك الشيء ذاته .

nullus commodum capere potest de injuria sua propria ليس لاحد ان يفيد من باطل صدر عنه .

nullus dicitur accessorius post feloniam, sed ille qui novit principalem feloniam fecisse, et illum receptavit et comfortavit لا يعتبر احد الناس شريكاً في فعل ما لم يعلم بارتكاب الفاعل الاصلي له ثم يؤوه ويحسن اليه .

nullus idoneus testis in re sua intelligitur لا يعتبر احد الناس اهلا للشهادة في قضيته .

شروط: (١) ابداء الموافقة بصراحة كافية؛ (٢) القدرة على التناسل؛ (٣) الاهلية لعقد الزواج *connubium* .

nuptiæ secundæ زواج ثان

nuptial زواجي او زيجي؛ يؤلف زواجاً او يتصل به

nuptias non concubitus sed consensus facit يقوم الزواج بالرضى لا بالمعاشرة .

nurse مربية؛ حاضنة؛ مرضع؛ ممرضة
[**كفعل**] ترضع

— dry nurse حاضنة غير مرضع

— wet nurse مرضع

nurture (راجع age of nurture في باب age)

nurus [**قانون مدني**] كنة؛ زوجة الابن

nycthemeron يوم كامل: اربع وعشرون ساعة

nymphomania نوع من الهوس الجنسي . (راجع الكلمة insanity في باب الجنون)

nullus simile est idem, nisi quatuor pedibus currit لا يكون التشابه (بين المسائل) مكتملا ما لم يشمل جميع اركانها: (من وقائع وظروف) .

nunc pro tunc الآن بدلا من حينئذ . شأن الحال اذا امرت المحكمة بجعل تاريخ الاجراء اسبق من تاريخه الفعلي .

nuncio or ***nuncius*** قاصد رسولي؛ سفير بابوي: ممثل دبلماسي دائم للبابا لدى دولة اجنبية .

nuncio **extraordinary** قاصد رسولي خاص (او فوق العادة): مبعوث البابا للاغراض الخاصة .

nuncio **ordinary** قاصد رسولي عام: مبعوث البابا للاغراض العامة .

nuncupate يعلن (شأناً) على رؤوس الاشهاد .

nuncupative will وصية شفهية: يعلنها (او يمليها) الموصي بحضور العدد اللازم من الشهود وهو في مرض الموت ثم تكتب فيما بعد رسمياً .

nuptiæ justæ [**قانون روماني**] زواج قانوني قوامه ثلاثة

O

O.C. يرد هذان الحرفان احياناً اختصاراً للمصطلح اللاتيني *ope consilio* بالمعونة والمشورة .
أو
[قانون اميركي] محكمة الايتام Orphan's Court .

O.K. تعبير اميركي مجهول المصدر من معانيه المعروفة: صح ؛ موافق؛ مقبول او مناسب . ينقله البعض الى العربية بالحرفين «و. ك.» وهو كذلك .

oath يمين؛ قسم: اشهاد صريح يعلن به صاحبه انه ملزم نحو الخالق عز وجل او ما يمت اليه او الضمير او الشرف باداء شيء معين في صدق وامانة .
عهد صدق في قول او عمل، يشهد به صاحبه الله تعالى او اي شيء مقدس على ما يقول . من تعاريفه ايضاً:
معاهدة المرء ربه صراحة على قول الحق وتسآله حرمان رحمته وانزال عذابه عليه ان كذب .

— **assertory oath** يمين توكيدية: كاليمين التي تحلف امام موظفي الجمارك مثلا فيما يتعلق ببضائع مستوردة .

— **corporal oath** يمين مغلظة: تؤدى برفع اليد او وضعها على كتاب مقدس .

— **judicial oath** يمين قضائية: تؤدى في مجلس القضاء .

— **non-judicial oath** يمين مؤداة في غير مجلس القضاء: اي خارج المحكمة امام مأمور قضائي .

— **official oath** يمين رسمية: يحلفها الموظف عندما تسند اليه مهام الوظيفة .

— **promissory oath** يمين تعهدية: يلتزم بها الحالف سلوكاً معيناً او واجبات مستقبلة .

— **qualified oath** يمين مقيدة: يختلف اثرها من حيث القوة والضعف باختلاف الظروف الملابسة لادائها .

— **solemn oath** يمين مغلظة: لا تختلف عما يسمى corporal oath .

— **suppletory oath** يمين متممة او مرجحة: اليمين التي يوجهها القاضي الى احد الخصوم تتميماً للادلة المقدمة من الطرفين اذا تساوت .

تعتبر شهادة الشاهد الواحد في المواد المدنية والكنسية نصف اثبات ولا يصح ان تكون اساساً لحكم . ولكي يستكمل الاثبات اركانه بتوفير نصفه الآخر يستجوب الخصم (سواء كان مدعياً او مدعى عليه) وتوجه اليه اليمين المذكورة ليحلفها فاذا حلفها توافر للاثبات ركنه المتمم .

— **test oath** (راجع باب test)

oath *ex officio* [قانون انكليزي قديم] يمين إبراء . اليمين التي كان يسمح للمتهم من رجال الكنيسة بان يحلفها على براءة نفسه، فاذا حلفها بريء من الجرم المسند اليه . ويطلق ذات الاصطلاح أيضاً على اليمين التي كان يحلفها المنزهون الـ compurgators على براءة . الغير (راجع compurgators)

oath *in litem* [منازعات مدنية] يمين نزاع . اليمين التي يسمح للمدعي بحلفها احياناً تأكيداً لقيمة موضوع النزاع اذا لم يتوافر الدليل على ذلك او كان المدعى عليه قد احتال لتبديد الدليل او اخفائه .

oath of allegiance يمين ولاء

oath of calumny [قانون انكليزي قديم] يمين كيد او تشهير؛ اليمين التي كان يلزم المدعي بحلفها على انه لم يرفع دعواه بدافع الرغبة في التشهير او الكيد .

oath of supremacy (راجع باب supremacy)

ob بداع؛ بسبب؛ بحكم

ob continentiam delicti بحكم الدنو من الجريمة؛ بداعي العدوى بها او الوجود معها: شأن البضاعة التي تكون عرضة للمصادرة اذا وجدت على سفينة تتعاطى التهريب والاشتغال بالمحظورات؛ هذه البضاعة ان لم تكن في حد ذاتها من المواد المحظورة فانها تعتبر محلا للمصادرة *ob continentiam delicti* بداعي اتصالها بمصدر الجريمة (وهو السفينة في هذه الحال) .

ob contingentiam [قانون اسكتلندي] بحكم الاتصال او بسبب التشابه . وهذا ما يعتبر أساساً لتوحيد الدعاوى .

obæratus [قانون روماني] مدين ملزم بخدمة دائنه حتى يوفي بما في ذمته .

obedience طاعة؛ امتثال؛ خضوع

obediential obligation التزام امتثالي: يخضع له الاطراف المعنيون بحكم ما بينهم من علاقات .

obit sine prole مات بلا عقب

obiter عرضاً؛ اثناء المرور بشيء، في سياقه

obiter dictum ملاحظات القاضي او اقواله العابرة التي تصدر عنه في سياق المرافعة او النقاش ولا تعتبر جزءاً من حكمه او تكون لها قوة ملزمة .

object غرض؛ هدف؛ غاية

[**كفعل**] يعترض

objective [**كنعت**] مجرد؛ لا ينطوي على ميل او هوى؛ محايد: لا يتناول غير الحقائق والوقائع المجردة .

objective symptoms [**طب شرعي**] اعراض استقصائية؛ يكتشفها الطبيب بعد ان يفحص المريض؛ تقابلها الـ subjective symptoms الاعراض التي يحيط بها مما يطلعه عليه المريض .

objurgatrix [**قانون انكليزي قديم**] عزورة؛ من اشتهرت من النساء ببذاءة اللسان والكلام الفاحش وكانت تعاقب باداة تعذيب خاصة تسمى *cucking-stool* .

Oblate Rolls سجل الاداءات الملكية، ويسمى ايضاً Fine Rolls وهو سجل قديم دونت فيه من سنة ١١٩٩ م الى ١٦٤١ م جميع المبالغ التي كانت تؤدى للملك على سبيل الغرامة او نظير الامتيازات الممنوحة من التاج .

obligate يلزم؛ يقتضي؛ يستوجب

obligatio [**قانون روماني**] التزام قانوني، يقضي على صاحبه ان يقوم بشأن معين .

obligatio civilis التزام مدني: قابل للتنفيذ بالطرق القانونية .

obligatio ex contractu التزام تعاقدي: ناشيء عن عقد .

obligatio ex delicto or **_obligatio ex maleficio_** التزام اجرامي: قائم على باطل .

obligatio naturalis التزام طبيعي؛ يستمد كيانه من قانون الطبيعة law of nature ولا يستطاع تنفيذه بسبيل المحاكم العادية .

obligatio verborum (راجع *verborum obligatio*)

obligation التزام؛ واجب؛ ذمة؛ عهد؛ ارتباط: يحتم القيام بعمل معين او الامتناع عنه .

كل ما تقيد الشخص بفعله او الامتناع عنه او الزم بالمحافظة عليه او الوفاء به واستهدف للمراغمة والقصاص اذا اهمله

كل واجب يفرضه القانون او التعهد او العقد او العلاقات الادبية او الاجتماعية او تقتضيه التربية والآداب وغيرها من البواعث الملزمة .

وردت كلمة obligation اصلا للدلالة على اي سند رسمي مكتوب وموقع ومختوم حسب الاصول؛ ثم تطورت مفاهيمها الفنية فيما بعد حتى شملت كل تعهد كتابي مهما بعد عن الاوضاع او الشكليات الرسمية .

— absolute obligation التزام مطلق او قطعي: يربط الملتزم بواجب معين لا خيار فيه .

— conjunctive or alternative obligation التزام متشعب (: يجمع بين اغراض متعددة يستطيع معها المدين ان يحمل الدائن على قبول الوفاء بكل غرض من اغراضه على حدة) او التزام بدلي او تخيري (: ييسر للمدين سبيلين او اكثر للوفاء يختار منها أياً شاء دون الآخر) .

— contractual obligation التزام تعاقدي: ينشأ عن عقد

— determinate or indeterminate obligation التزام حصري (: يقتضي اداؤه لزوم امر معين) او التزام غير حصري (: لا يحدد سبيل الوفاء او شكله) .

— divisible or indivisible obligation التزام قابل للتجزئة (: يمكن القيام به على مراحل او تستطاع تجزئته واداء اجزائه بالتتالي جزءاً بعد آخر او كلا على حدة) او التزام غير قابل للتجزئة (: لا تستطاع تجزئته ولا بد من ادائه كاملا) .

— joint or several obligation التزام تضامني (: يلتزم القيام به شخصان او اكثر قياماً مشتركاً بينهم كأنهم شخص واحد) او التزام انفرادي (: يتعهد بموجبه كل من الملتزمين نيابة عن نفسه، ان يفي بمقتضياته) .

— moral obligation التزام ادبي: يمليه الضمير وتقتضيه العدالة الطبيعية ويرتكز على مجرد الاعتبارات الادبية والمثل الاخلاقية ولا يرى فيه القانون من الاسباب الكافية ما يسوغ تسخير جهاز العدالة القانونية لتنفيذه .

— natural or civil obligation التزام طبيعي (: يمليه الضمير والعدالة الطبيعية ولا يستطاع تنفيذه بواسطة المحاكم العادية) او التزام مدني (: ينشيء رابطة قنونية تخول الملتزم له حق الاستعانة بالقانون على تنفيذه) .

— perfect or imperfect obligation التزام محكم او غير محكم . يعتبر الالتزام محكماً perfect اذا اعترف به القانون الوضعي positive law واجاز تنفيذه بمعونة القانون by aid of law . فاذا قام الالتزام على واجب تفرضه الانسانية او الشهامة او الآداب دون القانون اعتبر غير محكم imperfect نظراً لافتقاره الى اسباب التنفيذ القانونية .

— personal or real obligation التزام شخصي (: يكون الوفاء بموجبه منصباً على الملتزم شخصياً دون ملكه) او التزام عقاري (: ينصب فيه التكليف على المال العقاري دون صاحبه).

— primary obligation التزام أولي (اي رئيسي)

— primitive or secondary obligation التزام اولي (: يوجب العقد اداءه بالدرجة الاولى) او التزام ثانوي او بدلي (: تنبغي مراعاته في حالة العجز عن اداء الالتزام الاول، كشرط الغرامة او التعويض في بعض العقود).

— pure obligation التزام خالص (غير مشروط)

— single or penal obligation التزام منفرد (: لا يتضمن اي شرط جزائي) او التزام جزائي (: يتضمن شرطاً جزائياً يقتضى تنفيذه عند الاخلال بالالتزام الاساسي الذي انشىء العقد من اجله).

solidary obligation [قانون ولاية Louisiana بامريكا] التزام تضامن، يتألف فيه الفريق الملتزم من عدة اشخاص يعتبر كل منهم ملزماً بالوفاء بكامل مقتضيات الالتزام.

obligationes ex delicto or ***ex maleficio*** التزامات ناشئة عن اساءة تنال الغير في نفسه او ماله.

obligationes ex variis causarum figuris ما خرج من الالتزامات عن الفئات الاربع التي عينها جستنيان وهي: *obligationes ex contractu* و *quasi ex contractu* و *quasi ex maleficio* و *ex maleficio*.

obligationes quasi ex contractu التزامات شبه تعاقدية: لا ترتكز على عقد محرر بين اطرافها، بل تنشأ بحكم الظروف التي تلابس صلات هؤلاء وتجعلهم في نظر القانون الروماني كأنهم على اتفاق فيما بينهم. وتنشأ الصلات المذكورة تبعاً للقيام بما ترتب على الغير من اعمال دون تفويض صحيح، كأعمال الفضالة *negotiorum gestio* ودفع غير المستحق *solutio indebiti* والقوامة curatorship وما الى ذلك.

obligationes quasi ex delicto or ***obligationes quasi ex malificio*** التزامات اشباه الجرائم: الالتزامات الناشئة عن افعال لا يدخلها القانون في عداد الجرائم ولا يحدد لها طريقة خاصة للتداعي او المطالبة.

obligatory إجباري؛ إلزامي؛ ملزم (قانوناً او أدبياً)

oblige يجبر؛ يلزم؛ يربط؛ يكره (على) يتطوع (لعمل)، يتفضل به

obligee ملزم؛ دائن؛ متعهد له: من اخذ التزاماً على الغير ووجب له الاداء.

— joint obligee ملزم او دائن متضامن: يجب الاداء له بالتضامن والتكافل مع غيره.

— several obligee ملزم او دائن انفرادي: يجب الاداء له وحده دون غيره.

obligor ملتزم، ملزم (بواجب تعاقدي)؛ مدين

— joint obligors ملزمون متضامنون: يتفقون فيما بينهم على الاشتراك والتضامن في اداء امر معين.

— several obligors ملزمون انفراديون: شخصان او اكثر يلتزم كل منهم بمفرده ونيابة عن نفسه القيام بمقتضيات الالتزام.

obliterate يمحو؛ يطمس

obliteration محو كلمات (او عبارات)، طمسها

oblivion نسيان؛ تجاهل شأن او التغاضي عنه رسمياً.

oblivious ذهولي؛ ذاهل (عن شأن)، ناس له

obloquy توبيخ؛ نقد او انتقاد؛ لوم؛ تعييب

obnoxious مؤذ؛ ممجوج؛ غير مستساغ او مستحب

obreptio تمكن من امر او الحصول عليه بسبيل الخداع او المفاجأة.

obreption [قانون اسكتلندي] الحصول على شيء بسبيل الخداع او المباغتة.

obrogare اصدار قانون مغاير لقانون سابق كلياً او جزئياً؛ تغيير البعض من احكام قانون سابق.

obrogation تغيير (قانون)، الغاؤه كلياً او جزئياً باصدار قانون مناف له.

obscene فاحش؛ قبيح؛ بذيء؛ يأباه الذوق؛ فاجر؛ شهوي؛ مفسد للاخلاق؛ باعث على اثارة الشهوات الجنسية (والاسم obscenity).

obscure غامض؛ عويص؛ عسير الفهم؛ خفي؛ بعيد المأخذ؛ مريب؛ غير محدد

observance مراعاة؛ خضوع او امتثال (لقانون)، العمل بموجبه

observe يراعي؛ يحترم (قانوناً)، يمتثل له، يحافظ عليه او يعمل بموجبه

obses [قوانين الحرب] رهينة (م. رهائن)

obsess مقلق (الفكر)، يشغله، يستحوذ عليه؛ يتملك الحواس، يسيطر عليها، يلازمها كالكابوس

obsignatory يصدق (على ميثاق)، بالتوقيع عليه، مؤيد او معتمد له

obsolescence عتق (شيء): صيرورته عتيقاً، قدمه نظراً لتوافر ما هو احدث منه واجدى لتحقيق الاغراض المتوخاة. ايلولته الى زوال؛ اندراسه

obsolete ساقط او مهجور الاستعمال؛ غير مستعمل؛ عتيق؛ قديم

obstante مانع؛ صاد؛ حائل؛ معرقل

obstetrics علم التوليد؛ فن القبالة: فرع من علم الطب يتناول احوال النساء اثناء الحمل والوضع وما يتصل بذلك.

obstinate desertion (راجع باب desertion)

obstriction التزام؛ ارتباط؛ عهد؛ ميثاق

obstruct يعرقل؛ يعيق؛ يصد؛ يقاوم؛ يعترض؛ يحول (دون مسير شيء)؛ يسدم؛ يزحم (طريقاً عاماً)

obstructing an officer معارضة موظف او ضابط، مقاومته (اثناء تأدية مهامه).

obstructing justice عرقلة سير العدالة

obstructing process يقاوم الاجراء، يعرقله

obstruction مانع؛ حائل؛ عائق؛ حاجز: كل ما حال دون الفرد وواجبه او ممارسة حقه.

obtain ينال؛ يحرز؛ يحصل (على)؛ يتمكن (من)

obtemper; *obtemperare* [**قانون اسكتلندي**] يخضع: يمتثل (لحكم)، يعمل بموجبه

obtest يحتج

obtorto collo [**قانون روماني**] «يؤخذ من عنقه»؛ «يجر من رقبته». كان القانون الروماني يجيز للمدعي ان (يجر) المدعى عليه الى المحاكمة (من رقبته) اذا كلف أن يحضر وامتنع.

***obventio;* obvention** [**قانون مدني**] اجرة؛ ايراد؛ عوائد؛ ارباح

[**مواد كنسية**] قربان

obverse ظهر؛ قفا؛ مقابل: من حيث التشابه

obvious بديهي؛ بين؛ معلوم؛ واضح؛ جلي

occasion مناسبة؛ فرصة؛ ظرف؛ سبب؛ حاجة؛ مسوغ [**كفعل**] يسبب؛ ينتج؛ يجر؛ يبعث (على)؛ يؤدي (الى)

occasional عرضي؛ بين حين وآخر؛ يحصل او يتوافر احياناً في غير انتظام؛ كلما سنحت الفرصة

occupancy أشغال (او شغل)؛ وضع اليد (على شيء لا مالك له)، احتلاله او حيازته بنية الاستيلاء عليه.

[**قانون دولي**] احتلال قطر او موقع اكتشف حديثاً قصد الاستئثار به، وامتلاكه.

occupant شاغل؛ محتل؛ واضع اليد: من سبق غيره الى ارض لا مالك لها فاحتلها لنفسه.

حائز: من عاد اليه حق استعمال موضوع الحيازة او السيطرة عليه.

— common occupant; general occupant

[**قانون عام**] الشاغل او المستولي العمومي. اذا مات شخص عن ارض آلت اليه كي ينتفع بها مدة حياة مالكها، ولم يتصرف قبل موته لاحد في الحق المذكور وظل المالك حياً بعد ذلك، كان الـ common occupant او الـ general occupant في نظر القانون هو اول من استطاع احتلال الارض بعد موت المنتفع الاصلي وكان صاحب حق الاستمرار في حيازة الارض المذكورة ما دام المالك على قيد الحياة.

— special occupant الشاغل الخصوصي: من عاد له حق خاص في الاستيلاء على ارض صار التفرغ عن حق استعمالها للغير مدة حياة مالكها، وذلك اذا مات المتفرغ له والمالك على قيد الحياة. والاصل في مثل هذا الحق ان تنتهي مدته (سواء كان بالنسبة للمتفرغ له الاصلي او الشاغل الخصوصي) بموت المالك.

occupantis fiunt derelicta المال المتروك ملك اول من استولى عليه.

occupatile مستولى عليه او مشغول من الغير (بعد أن تركه المالك الاصلي).

occupatio [**قانون روماني**] وضع اليد على ما هو محل للملكية وليس له مالك.

occupation احتلال (شيء)، شغله، وضع اليد او الاستيلاء عليه.

مهنة؛ حرفة؛ كار (يمارس تحصيلا للرزق)

occupation tax ضريبة مهنة؛ ضريبة مكس excise tax تستوفى على ما ذكر، وهي غير الضريبة التي تربط على الاملاك او الاموال المثمرة والرخص license tax وتستوفى كرسم على الاذن في بدء عمل لا متابعته its prosecution.

occupational مهني؛ يتعلق بالمهنة او الحرفة

occupational duties واجبات مهنية: تتصل بالمهنة التي يرتزق منها الشخص لا بمشاغله او ملهياته المؤقتة .

occupative احتلالي؛ استيلائي؛ ينطوي على احتلال او يرتكز على حق فيه .

occupavit [قانون انكليزي قديم] امر يستصدر او دعوى ترفع لاسترداد ملك استولى عليه الغير بالباطل اثناء حرب .

occupier شاغل (عقار)، حائزه او محتله، واضع اليد عليه

occupy يحتل؛ يشغل؛ يلي او يستولي؛ يضع اليد على شيء

occupying claimant الحائز المطالب: من استولى على ارض وصرف مبلغاً من المال في سبيل تحسينها، ثم تبين فيما بعد انها ليست له فاستمر في حيازتها مع المطالبة بالتعويض عما انفقه عليها .

occur يحصل؛ يقع؛ يطرأ؛ يحدث؛ ينشأ . يبدو؛ يتبين او يستبين؛ يخطر على بال

occurrence واقعة؛ حدث او حادث (غير متوقع) حصول؛ وقوع؛ حدوث؛ نشوء؛ توافر

ocean محيط . يراد بالمحيط احياناً عرض البحر او أعاليه، اي: ما وقع منه وراء المياه الاقليمية .

ochlocracy حكومة الجماهير؛ حكومة الغوغاء: الحكومة التي تستبد فيها عامة الناس بمرافق السلطة والادارة اساءة استعمال الديمقراطية او التمادي المفرط فيها .

octroi [قانون فرنسي] ضريبة داخلية (كالمكس تقريباً) تجبى في بعض البلدان على المحاصيل الواردة من مدينة الى اخرى .

oculist طبيب او اخصائي عيون مرخص؛ طبيب مختص بامراض العين .

Odd Lot Doctrine [في التعويض عن اصابات العمل] مبدأ دوام الوسع؛ اذا وقع لاحد العمال حادث بقيت آثاره في جسمه (بحيث لم يعد في وسعه ان يزاول العمل الذي وقع الحادث اثناءه) اقتضى على صاحب العمل حسب هذا المبدأ، اذا اراد المطالبة بتخفيض التعويضات الاسبوعية التي تقررها المحكمة حسب قوانين تعويض العمال، ان لا يكتفي باثبات قدرة العامل الجسدية على مزاولة عمل معين آخر غير الذي وقع الحادث اثناءه، بل ان يثبت ايضاً قدرة العامل المذكور ان يحصل على هذا العمل .

odhal ملكية ناجزة

odhal right حق ملكية ناجز

odium كراهية؛ بغضاء

odious بغيض؛ ممقوت؛ كريه؛ سيء الاحدوثة

of من (بمعنى ينحدر من)، نحو: of noble blood من دم نبيل .

من قبيل؛ بحكم؛ بداع؛ نحو: of right او of necessity بحكم الحق او بداعي الضرورة .

of counsel محام مساعد، يتخذه الخصم محامياً اضافياً في دعواه ليتولى اعداد الاجراءات وتحضير الدعوى ويكون بمثابة المحامي المعاون لمحام رئيسي يتولى توجيه الدعوى وتعود اليه المسؤولية الكبرى فيها .

of course طبيعي، بطبيعة الحال . بسبيل الحق او بحكمه (اي of right) .

of force قائم؛ نافذ؛ ملزم؛ ساري المفعول؛ معمول به

of grace انعاماً؛ تفضلا؛ على سبيل التفضل او المعروف، نحو: he was granted permission of grace منح له الاذن تفضلا (لا لحق له فيه) .

of new [قانون اسكتلندي] مجدد؛ من جديد . يستعمل هذا التعبير احياناً بدل الاصطلاح اللاتيني الاصلي *de novo* .

of record تدويني؛ تسجيلي؛ مقيد؛ مثبت او مودع في السجل الخاص به .

of right حقاً؛ على سبيل الحق او بحكمه . of course

of the blood من ذات الدم: من دم واحد او اصل واحد

of the body صلبي او صلبية؛ نحو: ورثة صلبيون heirs of the body . على ان هنالك فرقاً محسوساً بين heirs of the body وبين heirs on the boby فاذا قيل مثلا: heirs of the body of the husband begotten by him on the body of the wife أريد بذلك ورثة الزوج الصلبيون من زوجة معينة (لا اولاده الصلبيون من غيرها)؛ واذا قيل: heirs begotten by the husband on the body of the wife كان القصد اولاد الزوجة الصلبيون من زوجها المعني دون غيره؛ كذلك قولك: heirs begotten by the husband on the body of the wife معناه الورثة المولودون للزوج من زوجته؛ اي ورثتهما الصلبيون، (منه ومنها of their two bodies) .

off خارج، نحو: خارج الحدود off limits . عند، نحو: عند المرسى off berth .

off chance احتمال بعيد الوقوع

off duty بعد الوظيفة، اثناء الفراغ منها؛ خارج الوظيفة؛ في غير مواقيت العمل

off hand من الذاكرة؛ ارتجالا (دون بحث او استعداد)؛ فوراً

off licence ترخيص لبيع المسكرات خارج الحانة او في المكان المعد لبيعها .

off record ساقط القيد

offence جرم؛ جريرة؛ اساءة؛ ذنب؛ تهجم؛ فعل مخل: كل فعل او تقصير يكون خرقاً لاحكام القوانين الجنائية .

— continuing offence جرم استمراري: يطرد وقوعه بفعل اصلي واحد او يتكون من عدة افعال جرمية متعاقبة تنبعث عن فعل اصلي واحد .

— criminal offence فعل اجرامي (يخالف احكام القانون الجنائي): سواء كان جناية او جريمة او جنحة .

— first offence جرم اول: لم يسبق لفاعله ان ادين قبله باي جرم .

— second offence جرم ثان؛ جرم عود: يدان به الفاعل بعد ادانة سابقة بجرم متقدم .

offender مخالف؛ مخل؛ جان؛ مذنب؛ مسيء؛ فاعل: مرتكب جريمة او جنحة

— first offender مخالف للمرة الاولى: ليست له سوابق اجرامية .

— second offender (repeater) عائد؛ مخالف للمرة الثانية: من عاد للاجرام بعد ادانة سابقة بجرم آخر .

offense (راجع offence)

offensive مضايق؛ مؤذ؛ مزعج؛ مكدر؛ مثير؛ جارح او مقذع؛ تهجمي

offensive language عبارات جارحة؛ كلام مقذع او فاحش

offensive weapon سلاح خطر او قاتل

offer عرض؛ ايجاب (والايجاب هو الجزء الاول من العقد سواء كان بيعاً او شراء او عملا او غير ذلك) .

[كفعل] يقدم؛ يعرض؛ يطرح (لبيع او اكتتاب)؛ يحاول فعل شيء او يتطوع له .

[في المحاكمات] يبدي؛ يصف (طبيعة شهادة وفحواها)

office وظيفة؛ منصب؛ مركز؛ مهمة؛ مأمورية . مكتب؛ مقر

— hold office يبقى في وظيفة او منصب، يشغل ذلك، يتولاه، يقوم به

— judicial office وظيفة قضائية؛ منصب قضائي؛ سلطة قضائية (تعود اليها مهمة تطبيق احكام القانون والفصل في المسائل القانونية) .

— leave office يعتزل وظيفة

— lucrative office (راجع باب lucrative)

— military office وظيفة عسكرية

— ministerial office وظيفة امتثالية: يكون فيها الموظف ملزماً بتنفيذ ما يصدر اليه من تعليمات بحذافيره دون أن يكون له في ذلك مجال لتقدير او اجتهاد .

— pensionable office وظيفة تقاعدية، مشمولة بنظام التقاعد: تخول صاحبها اذا بلغ سناً او حالة معينة، حقاً في تقاضي عائدات تقاعدية او مرتباً عمرياً دون ان يمارس مهام الوظيفة التي منح التقاعد بحكم الخدمة فيها، وذلك كله وفقاً لقانون خاص ينظم احوال التقاعد وظروفه .

— principal office مكتب رئيسي . المكان الذي تمارس فيه المؤسسة اعمالها الرئيسية .

— public office منصب عام؛ وظيفة عامة: تتبع الجهاز الاداري في البلد .

— resign office يستقيل من منصب او وظيفة: يعتزل الخدمة من تلقاء نفسه قبل انتهاء مدتها .

office copy نسخة (من مستند) يستخرجها الموظف المكلف حفظ الاصل ويصدق عليها بتوقيعه وختم المكتب .

office found [اجراءات تحقيق الوظائف] تحقيق الوظيفة؛ الوقوف على الواقع بسبيل التحقيق في وظيفة او اعمال رسمية معينة من هيئة تحقيق مختصة .

office hours ساعات عمل، مواقيته، اوقاته

office of honour منصب شرف؛ وظيفة فخرية: لا تعود على من تولاها باي راتب او مكافأة او تعويض مادي .

officer موظف رسمي؛ مأمور عمومي . ضابط

— civil officer موظف مدني

— military officer ضابط عسكري

— public officer موظف عمومي: تابع لجهة حكومية او هيئة بلدية .

offset مقاصة؛ تقاص: انقضاء دين بآخر كلياً او جزئياً؛ انقضاء المطالبات والديون المتقابلة اذا تساوت او تخفيض الاكبر منها بمقدار الاصغر . على ان الشكل الاصح لهذه الكلمة هو set-off . (راجع باب set)

offspring نسل؛ عقب

oil زيت او زيوت؛ بترول؛ نفط

Oireachtas الهيئة التشريعية في ارلندا وهي، رئيس الدولة والبرلمان بمجلسيه: مجلس النواب *Dail Eirean* ومجلس الشيوخ *Senand Eirean* .

okay (راجع .O. K في غير هذا المكان)

oker [قانون اسكتلندي] ربا او مرابحة

old age سن الشيخوخة

old-age pension معاش شيخوخة: مرتب يدفع على سبيل التقاعد بمقتضى التشريع الانكليزي لمن بلغ سناً معينة .

old bailey (راجع Central Criminal Court)

old in crime عريق (او قديم) في الاجرام

old officers [قوانين الجيش] ضباط أقدمون، أسبق الى الخدمة من غيرهم لا اكبر منهم سناً .

Oleron, Laws of (Laws of Oleron) : قوانين اوليرون: مدونة شرائع بحرية اصدرها Eleanor of Guienne اثناء القرن الثاني عشر في جزيرة Oleron واقتبسها الانكليز في عهد الملك ريتشارد الاول، ثم صدرت في انكلترا مرة ثانية في عهد هنري الثالث ومرة ثالثة في عهد ادوارد الثالث .

oligarchy حكومة الاقلية (او الخاصة): الحكومة التي تعود فيها السيطرة للقلة (الخاصة) من افراد الشعب .

olographic testament وصية الموصي بخط يده: الوصية التي يكتبها الموصي ويؤرخها ويوقع عليها بيده .

omissio eorum quæ tacite insunt nihil operatur لا تأثير لحذف ما يفهم ضمناً .

omission اغفال او تغافل عن واجب؛ قعود؛ تقصير؛ ترك؛ اسقاط؛ حذف

omittance اغفال؛ احجام؛ امتناع (عن عمل)؛ ترك؛ اسقاط؛ حذف

omne actum ab intentione agentis est judicandum يحكم على الفعل بنية الفاعل . يؤخذ الفاعل بما نوى

— warrant officer (w.o.) وكيل ضابط [رتب عسكرية]

officer *de facto* موظف بحكم الواقع: اي بحكم كونه شاغلا للوظيفة وقائماً بمهامها دون ان يكون له حق قانوني في ذلك او اذا كان حقه مشكوكاً في صحته قانوناً .

officer *de jure* موظف شرعي: صاحب الوظيفة (المعنية) بحكم القانون (لا الواقع) .

official موظف
[كنعت] رسمي؛ صادر عن جهة حكومية او قضائية او بلدية .

official act عمل رسمي؛ يصدر عن موظف عمومي بحكم وظيفته .

official assignee [اجراءات انكليزية] حارس قضائي (سنديك) يعينه وزير العدل Lord Chancellor او من يقوم مقامه ليساعد الحراس الآخرين في ادارة موجودات التفليسة .

official misconduct اساءة وظيفة؛ اساءة وظيفية؛ سوء سلوك رسمي: يشمل التقصير المفتعل في القيام بمهام الوظائف الرسمية او تسخيرها للمصلحة الخاصة .

official quotation تسعيرة رسمية

official receiver (راجع receiver)

Official Secrets اسرار رسمية؛ تنظمها قوانين الاسرار الرسمية الصادرة سنة ١٩١١م و ١٩٢٠م و ١٩٣٩م للحيلولة دون الاخلال بالثقة الرسمية ولمقاومة التجسس وافعال التخريب .

Official Solictor to the Court of Chancery [نظام قضائي انكليزي] موظف قضائي لدى المحكمة العليا، من مهامه المحافظة على صندوق المتقاضين suitors' fund وادارة الاموال المخصصة منه لنفقات المحكمة والقيام، حيث يكلفه القاضي، بمساعدة المتداعين المستحقين للمساعدة القضائية وتولي الاجراءات المسندة اليه من دائرة العدالة المطلقة بالمحكمة العليا Chancery Division .

officiate يقوم بوظيفة؛ يتولى مهام او مراسيم دينية؛ يؤدي عملا معيناً بحكم وظيفة مؤقتة .

officina justitiæ مشغل العدالة: احد الاسماء التي عرفت بها دائرة العدالة المطلقة Chancery قديماً .

officious لا لزوم له؛ زائد على المطلوب؛ فضولي: يتدخل فيما لا يعنيه . غير ملزم

officious will وصية مغالية: يترك فيها الموصي امواله لذويه ويغالي في الاهتمام بهم، وهي نقيض ما يسمى inofficious testament .

omne jus aut consensus fecit, aut necessitas constituit aut firmavit consuetudo ليس من حق الا ويقوم على قبول او ينبعث عن ضرورة او ينشأ بحكم عرف .

omne majus continet in se minus كل كبير يضم ما هو اصغر منه .

omne quod solo inædificatur solo cedit كل ما ينشأ على الارض يعود اليها .

omne testamentum morte consummatum est تتكامل الوصية بموت الموصي : اي تكتمل اركانها بموته .

omni exceptione majus فوق كل دفع ؛ اعلى من كل طعن

omnia præsumuntur contra spoliatorem [قانون البينة] كل شيء يفترض ضد الغاصب .

omnia præsumuntur legitime facta donec probetur in contrarium كل عمل تفترض فيه المشروعية ما لم يثبت العكس .

omnia præsumuntur rite et solemniter esse acta يفترض في جميع الاعمال الصواب والصحة .

omnia præsumuntur solemniter esse acta تفترض الصحة في جميع الاعمال .

omnia quæ jure contrahuntur contrario jure pereunt كل ما يتم بقانون ينقض بقانون مضاد ؛ او ، كل ما يوثق بقانون ينفصم بقانون مناقض .

omnia quæ sunt uxoris sunt ipsius viri كل ما للزوجة للزوج

omnibus للجميع ؛ متنوع الاغراض ؛ ينتظم عدداً من مواضيع مختلفة .

omnibus ad quos præsentes literæ pervenerint, salutem عبارة استهلالية قديمة كانت تفتتح بها المحررات والبراءات وما اليها ومعناها : «الى كل من بلغه هذا تحية» .

***omnibus* bill** [شؤون التشريع] مشروع قانون مزجي ؛ ينتظم بتشريع واحد مجموعة من مواضيع شتى لا توجد بينها صلة معقولة . وكثيراً ما تكون غاية الجهات التشريعية من وراء هذا الخلط ، دفع الجهات التنفيذية الى السكوت على احكام لا تميل اليها ، اذ تجمع في القانون الواحد بين ما تحرص جهات التنفيذ على وضعه من الاحكام وبين ما لا تميل اليه او لا تستسيغه فيصبح وضع الاحكام الأولى رهناً بوضع الاخرى بحكم زجها جميعا في ذات القانون . وتكون الجهات التشريعية بمثل هذا القانون قد حملت الجهات التنفيذية على قبول ما لا تريد مع ما تريد . على ان امثال القانون المذكور قد تكون *omnibus* بمحض الصدفة او الخلط العرضي في التشريع .

[اجراءات العدالة المطلقة equity pleading] لائحة دعوى متشعبة تشمل عدداً من خصوم مختلفي المصالح جمعتهم الظروف في هذا الاجراء تجنباً للتكرار .

omnidirectional radio beacon (راجع باب beacon)

omnis exceptio est ipsa quoque regula كل شاذ هو قاعدة في حد ذاته .

omnis indemnatus pro innoxis legibus habetur كل شخص يعتبر بريئاً في نظر القانون حتى يدان .

omnium [قانون تجاري] قيمة اجمالية ؛ يراد بها في الغالب القيمة الشاملة لجميع سندات الدين المعطاة نظير دين عام أرصدت الدولة ايراداً خاصاً لادائه تدريجياً .

on على ؛ بـ ؛ حال (حصول شيء) ، لدى او بمجرد ؛ عند ؛ بجانب ؛ حذاء او على طول ؛ في حين ؛ اثناء ؛ على اثر (بمعنى following up) . يجاور ؛ يقرب من . لـ ، نحو : بلغ الاعلان له notice served on him . حول ؛ فيما يتعلق

on account على الحساب : اي على سبيل الوفاء الجزئي بحساب مطلوب .

on all fours من جميع الاركان ؛ مطابق . يرد هذا الاصطلاح في الكلام على تشابه الدعاوى ؛ نحو : هذه الدعوى is on all fours with that تشبه تلك في جميع الاركان . اي ان الدعويين تقومان على وقائع ونقاط قانونية متماثلة .

on an equality على قدم المساواة

on behalf نيابة عن ؛ من اجل ؛ لحساب

on call لدى الطلب

on default اذا لم يراع ؛ اذا تخلف او عجز عن (اداء واجب) ؛ في حال عدم الاداء او المحافظة (على شرط) ؛ عند التقصير

on demand عند الطلب . اذا كانت الكمبيالة واجبة الاداء عند الطلب payable on demand اعتبرت ديناً حال الاداء وواجب الدفع بلا انذار .

on file في الملف ؛ محفوظ

onomastic مختلف الخط : ينطبق هذا النعت على الامضاء اذا كان بغير الخط الذي كتب به المحرر الموقع عليه .

onus عبء ؛ مهمة

onus of proof شحنة سفينة ؛ حمولتها

onus probandi عبء اثبات او برهان

onymous مسمى ؛ مذكور الاسم : نقيض مغفل anonymous .

op. cit. الكتاب الآنف الذكر .

ope consilio [**في الاشتراك في الجرائم**] بمشورته ومعونته

open يفتح او يفتتح ؛ يستهل
مفتوح ؛ مكشوف ؛ معروض للعامة ؛ مشهود ؛ علني ؛ جهاري ؛ مشهور ؛ غير مكتوم
غرض او هدف (لشيء) ، عرضة له

open a case يفتتح دعوى : يعرضها على محكمة عرضاً تمهيدياً .

open a commission يبدأ عملا ، يشرع فيه كمفوض للقيام به .

open a court يفتح المحكمة ؛ شأن المباشر اذا نادى «محكمة !» حال دخول القاضي الى قاعة الجلسة .

open a credit يفتح اعتماداً

open a deposition يفض افادة : يفتح غلافاً ينطوي على إفادة وينشر محتوياته .

open a judgment يحل حكماً : يزيل عنه صفة الابرام ليتسنى فحص الموضوع المفصول فيه . ويكون الحل المذكور بطلب من الخصم ذي الشأن يبسط فيه من الاسباب الوجيهة ما يبدو معه ان المضي في التنفيذ مغاير لروح الانصاف والعدالة . ويترتب على حل الحكم الغاؤه او تعطيله مؤقتاً للحيلولة دون تنفيذه ريثما تتم مراجعته على ضوء الطلب المقدم . اما اذا كان موضوع الدعوى اموالا عقارية ، فلن يؤثر حل الحكم في حق الاختصاص المترتب على هذه الاموال بصدوره .

open a rule يحل مرسوماً (سبق اصداره) : وهو ما يفعله القاضي احياناً كي يترك لذي الشأن مجالا لتقديم اسبابه ضد المرسوم الصادر . والمراسيم أو الاوامر المحلولة على هذا النحو تكون في الغالب اوامر تفريق او طلاق rules *nisi* وما اليها.

open bids [**بيوع قضائية**] يرفض عروضاً (تقدم بها متنافسون في مزايدة) ، يسقطها ويأمر باعادة بيع البضاعة .

on or about في او حوالى : يستعمل هذا الاصطلاح تجنباً للارتباط بتحديد تاريخ معين .

on pain of penalty تحت طائلة العقوبة

on parole على عهد شفوي ؛ بقيد او كلمة شرف

on stand [**علاقة المستأجر بالارض**] حق علاقة . يكون هــذا الحق واجباً للمستأجر المنتهية اجارته : tenant has the right of on stand on the farm for something باعتباره يملك شيئاً معلوماً في الارض (كروث بهائم مثلا او غير ذلك) مما اذا لم يستطع نقله كان له حق بيعه لمن تــلاه في حيازة الارض .

on the person مع الشخص : يلاصق جسمه ، اي يحمله في جيبه او بين ثيابه .

once a mortgage, always a mortgage ما كان رهناً في حال كان كذلك في كل حال ؛ او ، لا رهن الا ما جاز افتكاكه . قاعدة إنصافية تحكم بان كل عقد ينشأ اثناء قيام الرهن ويؤلف جزءاً من معاملة الرهن لا يكون صحيحاً اذا انكر على المدين حق افتكاك ماله المرهون بدفع المبلغ المستحق عليه بموجب الرهينة .

once in jeopardy سبق اتهامه ؛ استهدف لخطر الادانة (مرة واحدة) .

oneratio شحنة (سفينة)

oneris ferendi ارتفاق تحميل (الجدار) : ارتفاق بنياني يعطي صاحبه حقاً في ان يسند بيته او جانباً منه الى جدار جاره .

onerous التزامي ؛ محمل التزاماً ؛ مثقل باعباء ؛ ذو اعباء

onerous cause [**قانون اسكتلندي**] عوض معقول ؛ مقابل ذو قيمة (تستأهل المطلوب) .

onerous contract عقد محمل او مثقل بالتزام : كل عقد يقوم على اعطاء شيء نظير القيام بالتزام معين .

onerous gift هبة محملة التزاماً : الهدية التي ترافقها التزامات معلومة يفرضها الواهب على الموهوب له كشرط لتحقق الهبة .

onerous title حق (ملكية) مثقل : يحصل عليه صاحبه بدفع مبلغ معلوم من النقود او اداء خدمات خاصة او القيام بشروط معينة .

only فقط ؛ وحده ؛ لا غير ؛ ليس الا ؛ لغير شيء آخر ؛ وحيد ؛ فرد

open bulk محلول؛ غير مغلق؛ غير مختوم بالشمع او ما اليه .

open cheque شك مفتوح : اي غير مسطر

open contract عقد مكشوف : لا يلزم أطرافه بغير ما يلزمهم القانون . وهو ينشأ بين شخصين يتفقان على مبايعة دون ان يلزم احدهما الآخر باي شرط خاص غير ما يقتضيه القانون في امثالها . ولا يطالب اطراف هذا العقد او يطالبون بغير ما تحدده قوانين التعاقد باعتبار ان حقوقهم وواجباتهم فيها ضمنية خاضعة لاحكام القانون .

open court جلسة علنية . محكمة علنية : مفتوحة الابواب يسمح بارتيادهـــا للجمهور . محكمة مفتوحة لمباشرة مهامها القضائية العادية .

open doors or **letters of open doors**
[قانون اسكتلندي] امر قضائي بكسر الابواب لبلوغ اموال المدين .

open-end agreement [تعويض العمال] اتفاق مفتوح (بين صاحب عمل وعامل مصاب) على ان يدفع الاول للثاني تعويضاً مرتباً مدة غير محددة .

open fields or **meadows** [قانون انكليزي] سهول او مروج مفتوحة؛ بقاع غير مفرزة يملكها عدة اشخاص لكل منهم فيها جزء خاص يحاط في موسم الزرع بعلامات حدية فارقة، فاذا فرغ صاحبه من الحصاد ونقل غلته رفعت العلامات واصبح جزؤه كالاجزاء الاخرى مرعى مشاعاً لاصحاب هذه البقاع .

open lot قسيمة (ارض) محاطة بشوارع

open question مسألة مفتوحة : موضوع مباح لمن شاء ان يبحث فيه .

open season فصل صيد : مخصص بصيد معين

open the door [في تقديم البينة] يفتح الباب . والمراد بفتح الباب في لغة المحامين الدارجة، هو ما يصدر عن الخصم اذا استشهد بجزء من محرر من شأنه ان يضر بمصلحة الخصم الآخر في الدعوى واكتفى بذلك الجزء فاضطر الخصم الآخر الى ان يعرض الباقي من ذلك المحرر كي ينقض ما اثبته غريمه بما عرض على المحكمة .

open the pleadings يفتتح المرافعة (عند بدء المحاكمة)، بعرض موجز النقاط والوقائع الجوهرية الواردة في لائحة الدعوى؛ وهو ما يقوم به محامي المدعي . واذا كان لهذا محاميان في دعواه ترك الافتتاح للمحامي المساعد .

opening [قانون اميركي] كلمة افتتاح؛ الكلمة الاولى التي يوجهها المحامي للمحكمة في الدعوى .

opening price [شؤون البورصة] سعر فتح

openly جهاراً؛ علناً؛ على مرأى او مسمع من الغير

operarii فعلة او فلاحون اقطاعيون، كانت تقتطع لهم حقول صغرى يستغلونها لانفسهم نظير ما يفرضه عليهم السادة المقطعون من خدمات يدوية .

operating costs نفقات تشغيل (مشروع)

operating crew [قانون الطيران] طاقم الطائرة العامل

operatio العمل الذي كان يلزم الفاعل او الفلاح الاقطاعي بادائه يومياً لسيده .

operation سريان؛ نفاذ؛ عمل (بقانون او لائحة او غير ذلك) .
عمل؛ فعل؛ تشغيل او ادارة (شيء لغرض معلوم) .
عملية (جراحية)

— criminal operation عملية (جراحية) جنائية : تجرى لاجهاض او غيره من الافعال الاجرامية .

operation of law سريان قانون

operational control [قانون الطيران] اشراف توجيهي؛ مراقبة ارشادية

operations manual [قانون الطيران] دليل العمليات

operative عامل : يعمل في مشغل او يزاول حرفة يدوية .
[في اصدار القوانين] نافذ؛ معمول به؛ ساري المفعول

operative part الجزء الناقل (للحق في سند التصرف)؛ العبارات المحققة للغاية الباعثة على انشاء السند المعني .

operator [عمليات النقل الجوي] مستغل الطائرة او مخدمها

opinion رأي ؛ فتوى
عرض تحريري من المحامي الى موكله يبسط النقاط القانونية المتصلة بما ادلى به الثاني للاول من وقائع .
بيان المحكمة فيما يتعلق بالقرار الذي انتهت اليه في الدعوى المنظورة مع عرض الاحكام القانونية المنطبقة على الدعوى والصادر بموجبها القرار .

— concurring opinion رأي مساير : رأي خاص مختلف عن رأي الاكثرية، يودعه احد القضاة ملف الدعوى لا ليعارض قرار أكثرية القضاة بل ليعززه برأيه الخاص وتحليله، او ،

optician نظاراتي: من احترف صناعة النظارات واعدادها حسب اوصاف اخصائي العيون oculist .

optima est lex quæ minimum relinquit arbitrio judicis; optimus judex qui minimum sibi خير القوانين ما ترك لتقدير القاضي أقل شيء وخير القضاة من ترك لتقدير نفسه اقل شيء .

optimacy نبلاء؛ اشراف

optimum الاحسن؛ الافضل . أوج؛ ذروة

optimus interpres rerum usus العادة خير مفسر للاشياء .

optimus legum interpres consuetudo العرف خير مفسر للقانون .

option اختيار؛ خيار (والفعل to opt for او to opt between) .

[**اسواق مالية**] خيار الشراء او البيع؛ وهو حق مطلق في شراء او بيع عروض او اسهم في تاريخ معين وبسعر متفق عليه يمارس نظير مبلغ معين يدفع للطرف المتنازل عن حقه فيه .

— call option خيار الشراء (في البورصة)، ويسمى ايضاً «عملية خيارية للصعود» .

— declaration of options اعلان القرار في العمليات الخيارية .

— giver of option money دافع ثمن الخيار ليؤول اليه الحق فيه . (راجع option)

— put option عملية خيارية للهبوط

— taker of option money بائع حق الخيار: من آل اليه ثمن ما اعطى للغير من حق الخيار . (راجع option)

optional clause [**قانون دولي**] شرط التخيير . بند اختيار التقيد بالاختصاص القضائي (الدولي) الشامل للمواضيع التالية: (١) تفسير المعاهدات (٢) تقرير المسائل المتصلة بالقانون (٣) تقرير الوقائع المنطوية على الاخلال بالالتزامات الدولية (٤) التعويضات والعقوبات المترتبة على الاخلال بالالتزامات الدولية .

optometry قياس حدة البصر لتقرير النظارات المناسبة .

opus عمل؛ شغل . نتاج العمل او ثمرته

opus novum عمل جديد

كما هي الحال في اكثر الاحيان، ليبدي معارضته للاسباب التي بنت عليها الاكثرية قرارها ويقدم ما يتراءى له من اسباب .

— dissenting opinion رأي منشق: يخالف رأي اكثرية اعضاء المحكمة، اذ يعلن فيه صاحبه معارضته للرأي المذكور ويفصل اسباب المعارضة .

— *per curiam* opinion رأي المحكمة: ما ينسب من رأي الى هيئة المحكمة بصورة عامة دون الاشارة الى اي قاض من قضاتها .

opinion evidence شهادة اجتهادية: يدلي فيها الشاهد بما يظنه او يستنتجه بالنسبة للوقائع موضوع النزاع؛ او، بعبارة اخرى، الشهادة التي يبدي فيها الشاهد رأيه الخاص .

opium أفيون: مخدر يستخرج من الخشخاش .

opium joint غرزة؛ محششة: مكان يجتمع فيه الحشاشون (اي مدمنو الحشيشة النبتة المسكرة) .

oppilate [**طب شرعي**] يصد؛ يحجز؛ يعرقل

opponent غريم؛ ضد؛ خصم او خصيم

opportune مناسب؛ ملائم؛ موافق؛ في حينه او موضعه

opportunity فرصة؛ مناسبة؛ حين؛ متسع

oppose يعارض او يعترض؛ يصد؛ يقاوم؛ يناهض

opposite party خصم؛ غريم (في موضوع نزاع): طرف (في مقابل خصومة) .

opposition معارضة

[**شؤون التفليس**] رفض (احد الدائنين الموافقة على اخلاء طرف المدين) .

oppression ارهاق؛ جور؛ تعسف (موظف عمومي) . الجنحة التي يرتكبها الموظف العمومي اذا لجأ تحت سطوة وظيفته الى ايذاء الغير في جسمه او استعمال الشدة معه دون حق . غصب او ابتزاز اعتدائي . (راجع extortion)

oppressor جائر؛ متعسف . ينطبق هذا الوصف على الموظف العمومي الذي يتوسل بوظيفته الى ارهاق الناس او تكديرهم دون حق .

opprobrium عار؛ خزي؛ فضيحة

oppugn اصطلاح غير في دارج، يرد بمعنى: يعارض او يعترض (على امر)، ينازع فيه؛ يحاسب؛ يسائل

opt for or between يختار (شيئاً او بين اشياء)

ثم يلقى في نهر او حوض، فاذا نزل الى القعر عد بريئاً باعتبار ان الماء قد احتضنه بمشيئة الله وحماه من العقاب، واذا طفا على السطح عد مذنباً باعتبار ان الماء قد لفظه وتبرأ منه .

ordeffe or **ordelfe** **[قانون سكسوني]** حق الملك في الاستيلاء على المعادن الموجودة في ارضه .

order أمر؛ تفويض؛ تكليف؛ قرار
نظام؛ ترتيب؛ طبقة؛ درجة؛ فئة
مرسوم او امر (كتابي تصدره المحكمة دون قرارها الفاصل) . كل مـــا يصدر من المحكمة لتوجيه او تكليف خلا الحكم judgment .

— call to order لفت الى مراعاة اصول النظام (وهو اصطلاح برلماني) .

— charging order **[اجراءات انكليزية]** امر اختصاص او امتياز، يستصدره الدائن المحكوم له judgment creditor من المحكمة المختصة كي يرتب لنفسه امتيازاً على ما لمدينه (المحكوم ضده) من سندات حكومية او اسهم في شركة عامة بحيث تصبح هذه السندات والاسهم مكلفة باداء الدين مع فوائده .

— decretal order امر بمرسوم: تصدره دائرة العدالة المطلقة Chancery Division عند الضرورة .

— general orders اوامر عامة: تصدرها المحاكم احياناً لبيان قواعد الاجراء وطرقه وما اليها تنويراً للمشتغلين بالمحاماة.

— interlocutory order امر عارض؛ امر اعدادي او تمهيدي: لا يقرر موضوع النزاع بل يعالج مسألة عارضة تتصل به .

— postal order (راجع باب postal)

— public order نظام عام؛ من اسباب الخروج عنه حسب قانون النظام العام سنة ١٩٣٦م وقانون النظام المعدل له الصادر سنة ١٩٦٣م: الاقدام على استعمال الكلام او السلوك المنطوي على التهديد او البذاءة او الاهانة للغير بنية الاخلال بالسلام او اتيان ما ذكر بشكل من شأنه الاخلال بالسلام .

— restraining order امر زجري او تقييدي: يقضي على الموجه اليه ان يكف او يمتنع عن عمل معين .

— rise to order or point of order **[اجراءات برلمانية]** اعتراض الغير اثناء الكلام (او الخطابة) للسؤال عما اذا كان استمراره لا يخالف اصول النظام المرعية .

— speaking order امر ايضاحي: يأتي بما يفسر الموضوع المشار اليه .

or او؛ بعبارة اخرى؛ اي

oral شفوي؛ شفهي؛ بطريق الفم او الكلام

orally شفوياً؛ مشافهة

oratio خطاب امبراطوري في مجلس الشيوخ من شأنه ايضاح ما ينبغي اصدار مرسوم به .

orator اطلق هذا الاسم قديماً على المدعي (المستدعي) امام محكمة العدالة المطلقة Chancery ثم استعيض عنه فيما بعد بـ plaintiff و petitioner .

orbation فقدان الابوين او الابناء. الحرمان (بوجه عام)

ordain يسن؛ يضع؛ يرسم (قانوناً او قاعدة او ما الى ذلك، والاسم ordainment) .

ordeal محنة. بلوى؛ امتحان. من ذلك: محنة النار fire ordeal ومحنة الماء water ordeal وهي اقدم ضروب المحاكمة في القانون السكسوني والقانون الانكليزي القديم. نقلتها اوروبا عن القبائل الجرمانية القديمة Teutons وكان الباعث على الاخذ بها اعتقاد المهيمنين على جهاز العدالة ان القدرة الالهية لا تتخلى عن البريء عند محاكمته بل تتدخل لحماية جسده من النـــار اذا سلطت عليه (راجع fire ordeal و hot-water ordeal) او تحمل ماء النهر اذا ألقي البريء فيه على احتضانه دلالة على براءته (راجع water ordeal) ولهذا سميت المحنة المذكورة ايضاً حكم الله *Judicium Dei* . وقد جرت العادة على محاكمة النبلاء وافراد الطبقات الارستقراطية بالنار ومحاكمة عامة الناس بالماء .

— fire ordeal محنة النار، او المحاكمة بها: ضرب من ضروب المحاكمة عنـــد الاقدمين، يكوى فيه المتهم باحد اجراءين؛ باكراهه على ان يحمل بين يديه، مدة مقررة، قطعة من الحديد تزن رطلين او ثلاثة بعد ان توضع في النار حتى تلتهب احمراراً او ان يسير وهو معصوب العينين على تسع من العوارض الحديدية المحماة بالنار كما تقدم؛ فاذا سلمت يداه من الحرق في الاجراء الاول او قدماه في الاجراء الثاني عد بريئاً، والا ثبت عليه الجرم . وقد شاعت المحاكمة بالنار عند العرب قديماً باسم «البشعة» .

— water ordeal محنة الماء او المحاكمة به: وهي على شكلين: المحاكمة بالماء الساخن hot-water ordeal والمحاكمة بالماء البارد cold-water ordeal . فاذا رؤي تطبيق الاجراء الاول أتي بماء يغلي ثم اكره المتهم على وضع ذراعيه فيه حتى المرفقين مدة مقررة، فاذا اخرجهما ولم تبـــد عليهما آثار الحرق عد بريئاً والا ثبت عليه الجرم .
اما اجراء الماء البارد فكان المتهم بموجبه يوثق من يديه ورجليه

— standing orders اوامر ثابتة
[اجراءات برلمانية] (راجع باب standing)

— stop order [اسواق مالية] امر تريث ؛ يكلف السمسار ان ينتظر ريثما يصل سعر الورقة المعنية حداً معلوماً .

order book [نظم برلمانية] جدول ابحاث المجلس؛ سجل تدرج فيه المسائل المراد عرضها على المجلس .

order in council امر مجلسي ، يراد به احد الاوامر التالية : امر صادر من مجلس الملكة الخاص Privy Council بناء على تفويض من البرلمان .
امر ملكي(اداري) صادر بناء على تنسيب الـ Privy Council .
قرار وزاري صادر من مجلس الوزراء .
[في شمال ارلندا] امر صادر عن نائب الملكة الـ Lord Lieutenant يضعه وينسبه الـ Privy Council في ارلندا .

order *nisi* امر شرطي : ينذر الموجه اليه بانه سيصدر ضده امر قطعي في موضوع معين اذا لم يقدم من الاسباب ما يبرر عدم صدوره او يحدد للمذكور موعداً معلوماً للقيام بشأن معين بحيث اذا تخلف عن القيام به اصبح الامر الصادر ضده قطعياً . (راجع *nisi*)

order of discharge [اجراءات انكليزية] امر اخلاء طرف؛ تصدره المحكمة المختصة بموجب قانون الافلاس كي تبرىء به المفلس من جميع الديون المشمولة بطابق الافلاس .

order of filiation امر تبني او اثبات نسب : يصدر عن القاضي لاثبات نسب ولد غير شرعي بالحاقه برجل معين يعتبر اباه ويكلف بإعالته .

order of revivor [اجراءات انكليزية] امر بعث الدعوى . الامر الذي تصدره المحكمة بالعودة الى تعقيب دعوى معينة سبق سقوطها لسبب من الاسباب .

orderly خادم مستشفى

orders of the day [اجراءات برلمانية] ابحاث اليوم؛ جدول اعمال المجلس في يوم معلوم؛ المسائل والاقتراحات والمواضيع المقرر نقاشها في اليوم المعني .

ordinance بلاغ؛ حكم؛ قانون وضعي صادر عن هيئة تشريعية .
نظام بلدي (صادر عن مجلس بلدي) .
تشريع

ordinandi lex قانون اجراءات

ordinary عادي ، اعتيادي ، معتاد؛ مألوف؛ عام؛ معقول
[قانون امريكي] قاضي احوال شخصية او مواد حسبية تشمل ولايته الوصايا وتحقيقها وادارة التركات وتعيين الاوصياء وما الى ذلك .
[قانون اسكتلندي] قاض منفرد تابع للمحكمة المدنية Court of Session يمارس اختصاصه بهيئة محلفين و بدونها حسب الاحوال. يطلق الاسم ذاته ايضاً على القاضي العادي الذي يمارس قضاءه تعييناً وأصلا لا بسبيل الانتداب .

— in ordinary [في شؤون السفن] سفينة غير عاملة (لسبب من الاسباب) .

ordinary of Newgate قسيس تابع لسجن Newgate في لندن ، مهمته الصلاة للمحكوم عليهم بالاعدام وتهيئتهم روحانياً للموت ، وتسجيل وصف افعالهم وسلوكهم قبل التنفيذ .

ordinary repairs اصلاحات عادية : يقتضى اجراؤها لحفظ المؤجر في حالة جيدة .

ordinary risks مخاطر عادية : الاخطار العادية التي تترتب على الشيء موضوع البحث ولا يكون مردها لاهمال او تقصير .

ordinary written law قانون عادي مدون : القانون الموضوع من المراجع التشريعية في حدود الدستور .

ordinis beneficium [قانون مدني] حق التتبع او التمسك بالترتيب ، وهو حق الكفيل في مطالبة الدائن بان لا يرجع اليه في الاداء الا بعد ان يرجع الى المدين اولا فينفذ على امواله ويأتي على اخرها ويستنفد جميع الاسباب القانونية لاستيفاء دينه من تلك الاموال .

ordnance فرع (او ادارة) الامداد والتموين؛ مصلحة الاعتدة والمهمات العسكرية .

ore-leave ترخيص معدني : للتنقيب عن المعادن واستنباطها.

ore tenus شفوياً؛ شفاهاً

Organic Act قانون تأسيسي : يسند به الكنغرس الاميركي سلطة ادارة احد الاقاليم الى جهة معينة . قانون اساسي بلدي تنشأ بموجبه المجالس البلدية وتحدد سلطاتها .

Organic Law قانون اساسي : دستور الدولة او الامة المدون written او غير المدون unwritten وهو القوانين والمبادىء التي تقرر نظام الحكم ومرافقه ، وتحدد علاقات الحكام بالافراد وحقوق الطرفين وواجباتهم .
(راجع constitution)

organisation منظمة؛ منشأة؛ مؤسسة . نظام؛ تنظيم؛ ترتيب

organise ينظم؛ يرتب؛ ينشيء؛ يهيىء؛ يعد

orgy كلمة دارجة غير فنية؛ من معانيها: مرح إباحي؛ حفل سكر ولهو فاسق

origin أصل؛ نشوء؛ تولد؛ ابتداء؛ بداية؛ مصدر

original اصلي؛ اصل؛ اولي؛ ابتدائي. اول من نوعه او فريد فيه. اصل محرر

— single original اصل وحيد: مستند كتابي لم تنشأ منه الا نسخة واحدة هي النسخة الاصلية او المحرر الاصلي.

original appointment [شؤون تعيين الموظفين] تعيين ابتدائي يقبل بموجبه الموظف تحت التجربة على ان يصبح تعيينه ثابتاً permanent اذا اجتاز فترة التجربة بنجاح.

original bill [اجراءات العدالة المطلقة equity] عريضة جديدة الموضوع، تثير مسألة جديدة لم يسبق لاطرافها ان تنازعوا فيها امام المحكمة على النحو المعروضة فيه.

original charter [قانون اسكتلندي] حجة تمليك اصلية، ترتب عليها اصل الملكية او حصل بموجبها التفرغ الاول عن الارض.

original contractor مقاول اصلي: يتفق مع صاحب المصلحة على انجاز اعمال او تقديم اشياء معينة نظير مبلغ مقرر من المال.

original conveyance تصرف اصلي: يسمى في القانون العام احياناً primary conveyance وهو التصرف الناقل للمال اصلا (اي اول مرة) على سبيل الهبة او الايجار او البيع او الانتفاع مهما كان.

original entry قيد اصلي: قيد المفردات في الحساب للمرة الاولى، لا نقلها الى دفتر الاستاذ ledger مثلا او من قيود اخرى.

original jurisdiction اختصاص ابتدائي او بدائي: اختصاص النظر بالدعوى ابتداء، عند رفعها لاول مرة الى جهات القضاء.

original packages [شؤون البريد] طرود معدة للنقل الى الخارج.

originate يصدر؛ ينبثق؛ ينشأ؛ ينبعث؛ يتأتى (عن). يرجع اصله او سببه او مرده (الى).

ornest [قانون انكليزي قديم] المحاكمة بالمبارزة بين المدعي والمدعى عليه، واعتبار المنتصر على خصمه محقاً.

orphan يتيم: من فقد اباه او امه وكان قاصراً. طفل بلا أب

orphanage ملجأ ايتام

orphanage part سهم اليتيم: نصيب خاص، كان يعود للاولاد بمقتضى عرف لندن من امتعة ابيهم his effects اذا مات دون ان يوصي. وقد روعي هذا العرف قديماً منعاً للموصي من ان يهب جميع امواله المنقولة لغير اسرته والزاماً له بترك ثلث هذه الاموال على الاقل للاسرة. والثلث المذكور يسمى ايضاً children's part يقابله في القانون الاسكتلندي ما يسمى bairns' part او *legitim*.

orphans' court [قانون امريكي] محكمة ايتام؛ محكمة ولائية لا يعدو اختصاصها المواد الحسبية.

oscillate يتقلب؛ يتأرجح بين نقطتين او جهتين؛ يتذبذب (والاسم oscillation)

oscitation اهمال؛ ذهول؛ عدم انتباه

osculi, jus (jus osculi) [قانون روماني] حق التقبيل the right to kiss ويقصد به الدائرة التي لا يسمح في حدودها بالتزاوج، وهي دائرة الاقارب حتى الدرجة السابعة؛ بحيث ان الزواج بين بني ابناء العم second cousins، وهم اقارب الدرجة السادسة، يعتبر بموجب هذه القاعدة باطلا من اساسه.

ostensible agency نيابة ايهامية

ostensible partner شريك ايهامي او صوري: يبدو للناس انه شريك في المؤسسة بينما لا تكون له فيها اية مصلحة.

ostensio [قديماً] ضريبة سوقية كانت تستوفى على السلع المعروضة للبيع.

ostracize ينبذ؛ يطرد (من مجتمع او طائفة). ينفي (مواطناً خطراً او مكروهاً) مدة من الزمن بطريق الاقتراع على نفيه.

Oswald's Law قانون أوزوالد: قانون ملغى صدر في عهد الملك Edgar وترتب عليه طرد الكهنة المتزوجين من المراكز الكنسية واحلال الرهبان monks محلهم. سمي كذلك نسبة الى Oswald اسقف مدينة Worcester، بانكلترا.

other غير؛ عدا؛ سوى؛ خلاف؛ بعد؛ آخر؛ اكثر من ذلك، بالاضافة اليه

otherwise غير ذلك؛ من ناحية أخرى

otherwise than by lawful means بغير الوسائل المشروعة او دونها.

ounce lands [قانون اسكتلندي قديم] اراضي الـ ounce، سميت كذلك نسبة للضريبة السنوية التي كانت تربط عليها وهي وزن من الفضة مقداره اونس واحد (اي ٢٨ ١/٢ غرام تقريباً). وقد شاعت هذه الضريبة في جزر Orkney البريطانية .

oust يخرج؛ يطرد (من مكان)؛ يجرد (من حيازة)

ouster اخراج؛ طرد (من ملك)؛ نزع يد؛ تجريد من حيازة . احتلال باطل للعقار واجلاء صاحبه عنه بغير ارادته .

ouster le main اصطلاح لاتيني فرنسي دارج معناه «من اليد»، ويقصد به اخراج الارض من يد الجهة المعنية، كاخراج ارض الموصى عليه من يد الوصي عند بلوغ الاول سن الرشد .

out [شؤون العمل] مضرب عن عمل؛ نحو: عمال المناجم مضربون the miners are out .

out of benefit [مشارطات التأمين] معطل المنفعة؛ محروم اياها . ينطبق هذا النعت على اصحاب وثائق التأمين الممنوعين من الانتفاع بوثائقهم نظراً لتخلفهم عن دفع المستحق من اقساط التأمين .

out of court خارج المحكمة؛ لا يستأهل التفات المحكمة، لا يقبل امامها . يقال في المدعي out of court اذا رأت المحكمة من فعله او تقصيره او قعوده عن الملاحقة ما اثبت لها عجزه عن السير في دعواه .

يرد الاصطلاح ذاته ايضاً بمعنى انهيار الدعوى بسبب عجز المدعي عن دعمها بما يلزم . وقد يقصد به احياناً ما يتفق عليه وكلاء الخصوم في الدعوى بصورة دون مراجعة المحكمة .

out of date ساقط المدة؛ فائت التاريخ

out of doubt دون ريب؛ لا يداخله او يعتوره شك

out of repair يعوزه الاصلاح؛ لا يؤمن استعماله؛ غير صالح للاستعمال العادي

out of term في غير الدورة القضائية او خارجها: اثناء العطلة القضائية؛ بين دورة واخرى

out of time [نقل بحري] مفقودة او في حكم المفقودة . تعتبر السفينة out of time اذا طال غيابها الى درجة ينقطع معها الرجاء من وصولها؛ او اذا استغرقت في رحلتها مدة تزيد على متوسط المدة التي تستغرقها عادة في ذات الرحلة والفصل .

out of wedlock غير شرعي؛ بلا زواج قانوني؛ في غير ظل الزوجية

outbid [بيوع المزاد] يزايد؛ يزيد (فيما يعرض من ثمن) على الغير (من مشتركين في مزاد) . يعرض اكثر من الغير (في مزاد) او اقل منه في مناقصة .

outbidder مزايد: يزيد على غيره فيما يدفع او يعرض؛ صاحب العرض الاكبر (في مزاد) او الاقل (في مناقصة) .

outbreak بدء؛ نشوب؛ اندلاع (حرب او ثورة او ما الى ذلك)؛ انتشار (وباء)

outbuilding جناح خارجي: منفصل عن مبنى رئيسي وتابع له؛ مبنى خارجي فرعي ملحق ببناء اكبر منه .

outcast منبوذ . يعتبر هذا النعت من القدح في حد ذاته libelous *per se* لانه يرمي الموجه اليه بالتحقير .

outclearing مقاصة (الاوراق المالية): ارسالها الى غرف المقاصة للتسوية .

outcome نتيجة؛ عاقبة؛ جريرة؛ نهاية

outcrop [مواد التعدين] الطبقة السطحية؛ الجزء الظاهر من العرق المعدني عند سطح الارض او الواقع على مقربة من السطح وتحته مباشرة .

outcry, public (public outcry)

(راجع باب public)

outer bar [نظام المحاكم الانكليزية] يعتبر المجازون في المحاماة بدرجة barrister at law على طبقتين، تشمل اعلاهما حائزي لقب مستشار ملكة Queen's Counsel، وتشمل الاخرى حائزي لقب مستشار ادنى Junior Counsel . وللاولين من هؤلاء حق المرافعة من داخل الـ bar الحاجز الفاصل بين المحكمة والجمهور، ولهم ضمن هذا الحاجز اماكن خاصة يجلسون فيها . اما الآخرون فيجلسون خارج الـ bar ويترافعون من هناك ويلقبون بمحامي الـ outer bar او الـ utter bar .

Outer House قاعة كبرى في دار البرلمان بمدينة Edinburgh في اسكتلندا، يعقد فيها قضاة المحكمة المدنية العليا Court of Session جلساتهم للفصل فيما يعرض عليهم من الدعاوى كقضاة منفردين .

outfit تجهيزات (السفينة): المعدات والاشياء التي لا يستغنى عنها في اعداد السفينة للملاحة .

جهاز (الدبلماسي)؛ العلاوة التي تصرفها الحكومة للموفد الدبلماسي لينفقها في شراء حاجته من الملابس عند ايفاده الى دولة اجنبية . ولا يصرف مثل هذه العلاوة للقناصل .

outgo نفقات؛ مصاريف

outright فوراً؛ حالاً او في الحال . قطعي . سافر (بلا تحفظ) ؛ صريح ؛ علني ؛ مباشر
اجمالا ؛ برمة (الشيء) او جملته ؛ على بكرة ابيه

outs [معاملات مصرفية] مخارج . يطلق هذا الاصطلاح على الشروط التي اذا لم يراعها الزبون المتعاقد اعطت الصيرفي حقاً في التحرر من العقد وقطع المفاوضات .

outsetter [قانون اسكتلندي] ناشر (كتب او جرائد او مطبوعات اخرى) .

outside خارج (الموضوع المعني)، وراءه ؛ ظاهره

outside brokers سماسرة خارجيون : يتعاملون خارج المقصورة (في الاوراق والاسهم والسندات وما اليها) .

outskirts اطراف (مكان)؛ حواشيه

outspoken صريح ؛ جريء

outstanding غير مسدد؛ غير مدفوع؛ متأخر (بمعنى يفتقر الى سداد او تسوية)؛ غير منجز؛ لم يبت فيه . قائم (كادعاء مناهض) . منفصل عن الحق موضوع المطالبة، غير متصل به

outstanding crop محصول قائم : اي غير محصود او مجموع؛ يسمى كذلك من بدء نموه حتى حصاده ونقله من ارضه.

outstanding term شرط مستقل او قائم بذاته (في المسائل القانونية questions of law) ؛ قد يكون (في مسائل العدالة المطلقة equity) شرطاً متصلا صراحة او ضمناً بميراث او حق انتفاع .

outstep يتجاوز (امراً) ؛ يتعدى حدوده او يتخطاه

outstroke [عمليات التعدين] استخراج المعادن من المواقع المجاورة لمنطقة الامتياز بواسطة انفاق أفقية .

outvoter ناخب غير مقيم (في البلاد)؛ ناخب مغترب

outweigh يرجح على؛ يزيد في الوزن (على شيء)، اعظم وزنا او اعتباراً منه .

over في او عـلى، نحو : اختصاص في او ولاية على (موضوع) jurisdiction over؛ زيادة (على)؛ فوق؛ اكثر (من)؛ خلال؛ بطريق

— remedy over (راجع باب remedy)

overawe يهول؛ يروع او يدخل في روع؛ يفزع؛ يخضع؛ يحطم ارادة شخص او مقاومته؛ يملك (عليه) حواسه

outgoing(s) مصروف (مصاريف) ؛ خارج ضرائب؛ رسوم؛ مطاليب؛ تكاليف

outlaw خارج على القانون؛ طلبة القانون، طريده . مجرم فار من وجه العدالة . لا يحفل بالقانون؛ لا يذعن له ولا يقيم حدوده . عرفته المراجع القديمة بالشخص الذي يحرم منافع القانون ويخرج من حماية الملك . ولم تصدر احكام الخروج على القانون منذ عهد الملك «الفرد» الى ما بعد الفتح النورماندي (سنة١٠٦٦م) بزمن طويل الا على مرتكبي الجنايات felonies . وكان اذا اعلن ان المطلوب هو outlaw استبيح دمه واصبح رأسه هدفاً لمن شاء كأنه رأس ذئب *caput lupinum* . سمى العرب الـ outlaw بالخليع، اذ كانت تتبرأ منه عشيرته ولا يطالب احد بدمه نظراً لما ارتكبه من انواع الجرائم . اما المرأة الخارجة على القانون فتسمى waive .

outlawry [قانون انكليزي] خروج او اخراج على القانون. اجراء ملغى كان يعتبر المدعى عليه بموجبه outlaw مارقاً من سلطة القانون اذا انتهك حرمة المحكمة (بالتخلف عن الامتثال لاوامرها) .

outlay مصاريف؛ نفقات؛ تكاليف

outlet مخرج؛ منفذ؛ متنفس؛ مطل
فناء؛ ساحة منزل

outline محيط (مكان)، الخط المبين لحدوده .
موجز؛ خلاصة؛ مسودة
[كفعل] يحدد؛ يعرف (امراً)، يبين حدوده

outlive عاش بعد (شخص معين)، بقي على قيد الحياة بعده او عمر اكثر منه .

outparters لصوص المواشي (على انواعها)

output محصول؛ انتاج؛ غلة؛ كمية ذلك او مداه

outrage تعد؛ اعتداء اثيم؛ اهانة؛ تطاول على حرمة او حدود؛ اساءة خطيرة؛ اخلال سافر .
كل اساءة جارحة تصيب الغير في شخصه او شعوره او حقوقه.
[كفعل] ينتهك؛ يهتك؛ يبغي (من البغي)؛ يعتدي؛ يتطاول؛ يسيء في غلظة جارحة

outrageous شنيع؛ فظ؛ غير مألوف؛ مفرط؛ صارخ؛ باغ؛ مهين

outriders [قانون انكليزي] رسل احضار؛ كان يستعين بهم الـ sheriffs عمال الملك وكلاؤهم على القيام بمهام احضار المطلوبين للمحاكم من المواقع النائية .

overlive يعمر اكثر ، يعيش بعد (شخص او شيء) ؛ يبقى على قيد الحياة مدة اطول .

overload يفرط في شحن؛ يتجاوز الطاقة في الوسق

overpay يؤدي اكثر مما عليه؛ يغالي في دفع

overpayment أداء تجاوز؛ زيادة في دفع؛ اداء فائض عن مستحق

overplus زائد (من شيء) بعد اداء او تكليف؛ باق؛ فائض

overproduction افراط (في) الانتاج؛ تجاوز الانتاج، زيادته على طاقة الاستهلاك

overrate يبالغ في تقدير رسم؛ يربط على السلعة رسماً يتجاوز الواجب او المعقول .

override يعلو او يظهر (على)؛ يطأ (امراً)، يذهب بقوته او مفعوله، يتجاوزه، لا يحفل به

overriding royalty [عقود ايجار البترول] اتاوة اضافية او تجاوزية . نسبة مئوية معينة من انتاج البترول الاجمالي تؤدى الى غير المؤجر . مقدار مقرر من انتاج يقتطع من حصة المستأجر ليؤدى الى شخص ثالث (غير المؤجر) .

overrule يلغي، ينسخ؛ يبطل مفعول شيء او قوته . يلغى القرار the decision is overruled اذا تلاه قرار مناقض صادر من ذات المحكمة او من محكمة اعلى منها في الموضوع ذاته .

ترفض (المحكمة) اعتراض الخصم على حجة او ملاحظة اتى بها الخصم الآخر .

[مداولات القضاة] تقرر اكثرية القضاة ضد رأي الاقلية؛ تظهر على الاقلية او تتغلب عليها، نحو: غلب قضاة الاقلية (على رأيهم) minority judges were overruled .

overs [في تعبئة اللحوم] زيادة طارئة على وزن اللحم لما يضاف اليه من كميات الملح .

oversea خارج الحدود الاقليمية

overseas عبر البحار

overseer مشرف على اعمال؛ ناظر؛ ملاحظ

oversman [قانون اسكتلندي] حكم فاصل، يعين للفصل فيما اختلف فيه محكمان، او يعينه المحكمان اذا اختلفا في الرأي وكان لهما حق تعيينه .

overstep يتجاوز (سلطة)، يتخطى (درجة، حداً)، يتعدى

overcharge يتقاضى فوق سعر قانوني؛ يطالب بسعر زائد؛ يغلو او يغالي في سعر (مطلوب) او ثمن .

overcome يقابل؛ يعارض؛ يواجه؛ يوازن . اذا وردت في مثل الجملة التالية: presumption may be overcome by other evidence عنت ان القرينة قد يقابلها دليل آخر؛ اي يقف في وجهها او يدخل اليها الشك؛ بمعنى يوازنها counterbalances it لا يرجح عليها overbalances it .

من معانيها الدارجة الاخرى: يتغلب؛ يقهر؛ يكتسح؛ يسيطر على

overcyted [قانون انكليزي قديم] ثابت الجرم؛ مدان

overdraft سحب على المكشوف . سحب الشخص على احد المصارف صكاً تزيد قيمته على رصيد اعتماده .

والـ overdraft عبارة عن سلفة يطلبها المودع ويتعهد ضمناً باداًئها .

overdraw يسحب على المكشوف؛ يستلف (من بنك) فوق ماله فيه .

overdrawn account حساب مكشوف : اي مدين

overdue متأخر الوفاء؛ فائت الاجل: فات موعد استحقاقه

overflowed lands بقاع ضحضاحة: مغمورة بمياه قليلة الغور لا تصلح لسير السفن .

overhaul يبحث (في موضوع)، يدققه، يراجعه يفحص (جهازاً او شيئاً مهما كان) فحصاً شاملا دقيقاً بغية اصلاحه على احسن وجه مستطاع .

ترميم كلي

overheads or **overhead expenses** نفقات عامة. المصروفات الثابتة التي تواجهها المؤسسة، كأجرة المباني واقساط التأمين والانارة ومرتبات المستخدمين وما الى ذلك .

overhear يسترق السمع؛ يستمع عرضاً

over-insurance تأمين مغالاة؛ تأمين زائد: تأمين الشيء مقابل مبلغ يزيد على قيمته .

over-issue or **overissue** [مواد الشركات] يغلو في الاصدار . يصدر من الاسهم (للاكتتاب) ما يتجاوز المقدار المقرر في عقد تأسيس الشركة . والاسهم الزائدة على الحد المقرر في عقد التأسيس هي overissued stock .

overlap [تقدير الحدود] يزاحم (ارض الغير) في موقع معين، ينطوي عليها فيه بحيث يصبح ذلك الموقع مشتركاً بين الارضين : اي يدخل في حدود كل منهما .

overt سافر ؛ مكشوف ؛ علني ؛ ظاهر

overt act [قانون جنائي] فعل سافر ؛ ظاهر النية او مكشوف القصد ؛ الفعل الذي لا يدع مجالا للشك في سوء قصد صاحبه .

overt word كلمة واضحة : لا لبس فيها ولا غموض .

overtake يدرك ؛ يلحق (بشيء متحرك) : يبلغه بعد ان كان متخلفاً عنه .

overtaking [قواعد الطيران] تعد ؛ ادراك طائرة (سائرة) وتجاوزها

overthrow يقلب (نظام حكم) ؛ يقهر ؛ يتغلب (على)

overtime (عمل) اضافي : مدة استثنائية يمضيها الموظف او المستخدم في العمل بعد الساعات العادية (المحددة لعمله المعتاد) .

overture مفاتحة ؛ منفذ ؛ وسيلة ؛ استئناف مفاوضة باقتراح او عرض جديد .

owe يدين (بشيء)، يلتزم اداءه (على سبيل الوفاء)

owelty مساواة ، تساو ؛ تعادل ؛ تكافؤ (أثمان او قيم)

owelty of exchange فرق بدل او قيمة : المبلغ الذي يؤدى عند تبادل شيئين متبايني القيمة للتعويض عن الفرق القائم بين القيمتين .

owing غير مسدد ؛ مستحق الدفع ؛ لازم او حال الاداء

owlers [قانون انكليزي] مهربو اصواف او اغنام بسبيل نقلها ليلا الى الشاطىء واخراجها من البلاد خلافاً للقانون .

owling جرم تصدير الاصواف او الاغنام ليلا خلافاً للقانون .

own يملك ؛ يحوز ؛ يحرز

owner مالك (مال)، ربه او صاحبه العائد اليه حق التصرف فيه والتمتع به . وقد يعتبر الدائن المرتهن mortgagee احياناً مالكاً للمرهون .

— equitable owner مالك انصافي او منتفع ؛ مالك حقيقي : من اعتبر مالكاً للمال حسب قواعد العدالة المطلقة equity نظراً لان جميع المنافع الفعلية المترتبة على ملكيته تعود اليه وحده .

من كانت له الملكية الفعلية في المال ولغيره الملكية القانونية legal ownership او كانت له جميع منافعه ولغيره مجرد الحق القانوني legal title .

— general owner مالك عام : صاحب الحق الاصلي (في المال المعني) .

— joint owners مالكون متضامنون او بالتضامن

— legal owner مالك قانوني : يعترف القانون بحقه في الملكية . من كان له في موضوع الملكية مجرد الملكية القانونية ولغيره كامل الانتفاع . والمالك القانوني في هذه الحال لا يعدو كونه اميناً على المال ملزماً بتسليم فوائده للمالك الحقيقي المنتفع equitable owner .

— part owners ملاك مشتركون (كملاك سفينة) . محاصون او متضامنون في ملك .

— record owner مالك مسجل : سجل المال باسمه حسب الاصول المرعية .

— reputed owner المالك المعروف : من اشتهر امام الناس ، بحكم الظواهر بانه مالك المال المعني .

owner's risk مسؤولية المالك . يرد هذا الاصطلاح احياناً في معاملات التأمين اشعاراً بالتنصل من المسؤولية والقائها على عاتق المالك فيما يتعلق باخطار معينة .

ownership ملكية : مجموعة حقوق تبيح لصاحبها دون غيره ان يستعمل المال موضوعها ويتمتع به ويتصرف فيه لمن شاء في حدود القانون .

حق السيطرة على المال والتصرف فيه حسب الرغبة والقانون .

[مواد السرقة] حيازة (قانونية) يتطاول عليها لص .

— exclusive ownership ملكية خالصة : يستقل بها صاحبها ولا يشاركه فيها او في الانتفاع او التصرف فيها اي شخص آخر .

— imperfect ownership ملكية غير تامة : ملكية موقوتة او مشروطة تنتهي بعد اجل مسمى او عند حصول شرط معين او تكون مثقلة بحق عيني للغير .

— perfect ownership ملكية تامة : ملكية استمرارية لا يشوبها حق عيني لغير المالك .

oxgang [قانون انكليزي قديم] وحدة كيل عقاري مقدارها ما يكفي لحراثته ثور واحد ؛ اي ١٥ فداناً (انكليزياً) في انكلترا و ١٢ فداناً في اسكتلندا .

oyer [اجراءات قديمة] سماع او استماع ؛ طلب الخصم الى المحكمة ان تستمع الى تلاوة سند مكتوب متنازع فيه .

[اجراءات حديثة] نسخة من سند رسمي تعطى للخصم كي يقرأها بدلا من ان تتلى عليه .

[**في الولايات المتحدة**] تسمى محاكم الجنايات الكبرى courts of *oyer* and *terminer* .

oyez oyez عبارة «اسمعوا! اسمعوا!» او «السمع! السمع!». يرددها منادي الجلسة بصوت عال داعياً الناس الى الاصغاء لما يراد اذاعته من بلاغ او امر .

oyer* and *terminer يسمع ويفصل
من عاد اليه نظر الدعوى او التهمة والفصل فيها، سواء أكان قاضياً أم محكمة .
انتداب قضاة الجنايات للنظر والفصل فيما يعرض عليهم من جرائم .

P

P. A. Y. E. (pay as yon earn) إدفع بينما تكسب ، شأن المستخدم حين يدفع بسبيل ما يحسمه رب العمل من عوائده لحساب ضريبة الدخل حسب قانون الضريبة لعام ١٩٥٢ م والنظام المبين للاداء اثناء مدة الكسب في لائحة ضريبة دخل الموظفين لعام ١٩٦٢م .

P. C. يرمز هذان الحرفان احياناً الى اي من الاسماء التالية :
١ – دعاوى التاج ؛ الدعاوى التي يكون فيها الملك خصماً مطالباً بالحق *Placita Coronae;* Pleas of the Crown العام (نيابة عن الشعب) .
٢ – مجلس الملكة الخاص Privy Council .
٣ – مستشار تاج (عضو في مجلس الملكة الخاص) Privy Councillor .
٤ – القانون الجنائي ؛ قانون العقوبات Penal Code
٥ – القانون السياسي Political Code

P. L. ١ – قانون المناشير Pamphlet Law
٢ – قوانين عامة Public Laws

P. M. بعد الزوال (الظهر) ؛ مساء *post-meridiem*

P. P. شخصياً ؛ الشخص ذاته او نفسه *propria persona*

P. P. I. (policy proof of interest) وثيقة اثبات حق . تعتبر هذه الوثيقة باطلة ومخالفة لقانون التأمين البحري لعام ١٩٠٦م نظراً لانها لا تشمل اي منفعة قابلة للتأمين بل تكون مجرد مقامرة على الاخطار البحرية .

P. S. ١ – حاشية *post scriptum*
٢ – قوانين تشريعية عامة Public Statutes .

pace خطوة : قياس مسافة يبلغ قدمين ونصفاً .

paceatur فليطلق سراحه ؛ فليخل سبيله

pacific سلمي ؛ مسالم ؛ هادىء ؛ ساكن

pacification مسالمة ؛ اقرار السلام بين متعادين او متحاربين ؛ تهدئة الخواطر ، تسكينها ؛ اعادة الطمأنينة

pacifist مسالم ؛ مقر للسلام ، محبذ له ؛ يمتنع عن حمل السلاح لاعتبارات ادبية او نفسانية .

pack يغش ؛ يخدع بانتحال صفات كاذبة ؛ يوهم ؛ يزيف ؛ يزور

pack a jury يغش في اختيار المحلفين ؛ يعمل (بسبيل الغش) على اختيار اعضاء هيئة المحلفين من بين اشخاص يميلون اليه او يستطاع التأثير فيهم لاعطاء القرار المطلوب .

pack of wool حمولة حصان (من الصوف) ، مقدارها ٢٤٠ رطلا (انكليزياً) .

package رزمة ؛ طرد (معد للنقل)

pact ميثاق ؛ اتفاق . صفقة

— nude pact ميثاق مجرد : لا يقابله عوض

pact *de non alienando* [في الرهونات] اتفاق عدم تصرف ؛ ميثاق يشترط فيه على الراهن المدين ان لا يبيع المال المرهون او يثقله باي امتياز من شأنه الاضرار بمصلحة الدائن المرتهن .

Pact of Paris (Kellog-Briand Pact ميثاق باريس (راجع

pacta dant legem contractui الاتفاقات هي قانون العقد

pacta quæ contra leges constitutionesque, vel contra bonos mores fiunt, nullam vim habere, indubitati juris est اعتبار العقود المناقضة للقانون او المثل الاخلاقية غير ملزمة هو مبدأ قانوني لا يداخله ريب .

pactional ميثاقي ؛ اتفاقي ؛ يقوم على اتفاق ، يتقيد به او ينشأ عنه

pactions [قانون دولي] عقود دولية تقوم على عمل واحد ويتم نفاذها حال الفراغ من هذا العمل .

pactitious ميثاقي ؛ يحصل بالاتفاق ؛ يسوى او ينهى اتفاقياً ؛ تكون تصفيته رهناً باتفاق اطرافه .

pactum ميثاق ؛ اتفاق غير رسمي : لا يقع تحت فئة خاصة من الاتفاقات القانونية ولا يتبعه عوض . على انه قد يرافقه من الملابسات ما يرتب عليه التزاماً مدنياً قابلا للتنفيذ القانوني .

[قانون روماني] اتفاق يجيز القانون الاحتجاج به ، لكن لا يقتضى تنفيذه الا في احوال استثنائية خاصة .

pallio cooperire [قانون انكليزي قديم] عرف قديم لتبني الاولاد غير الشرعيين، يقتضي ابرام عقد الزواج بين الوالدين وهم وقوف مع الاولاد تحت غطاء واحد يسدل عليهم جميعاً . والاولاد المتبنون بابرام الزواج على هذا النحو يعتبرون شرعيين بمقتضى القانون المدني لا القانون العام ويسمون اولاد الستر mantle children . وقد جرى العمل بهذا العرف في المانيا وفرنسا وانكلترا، وظل مرعياً في بعض جهات اسكتلندا الى عهد قريب .

palm off يخادع؛ يحتال (على الغير)، يستغله لتحقيق غاية

palmarium [قانون مدني] رسم شرطي يؤدى علاوة على الاتعاب القانونية نظير خدمة مهنية .

Palming Off Doctrine مبدأ قانوني يقرر مدى عدالة وقائع والملابسات التي تقوم عليها المنافسة بين الجهات المختلفة.

palmistry قراءة الكف: التكهن باحوال الغيب بمجرد الاطلاع على خطوط كف اليد .

palpable ملموس؛ سهل المأخذ؛ معلوم؛ واضح او ابلج؛ بين؛ صريح

pamphlet منشور، كراس؛ كتيب

Pandects مجموعة من القانون الروماني وضعها Tribonian بتكليف من الامبراطور جستنيان ومساعدة ستة عشر من رجال القانون . وهي عبارة عن مختارات من مؤلفات اعظم ثقات علماء الفقه، اقتضبت ونسقت في خمسين كتاباً وكانت احد المراجع الكبرى التي تكونت منها مجموعة القانون المدني المسماة *Corpus Juris Civilis* وقد نشرت اول مرة سنة ٥٣٣م عندما اصدرها جستنيان رسمياً وجعل لها قوة القانون .

pander قواد؛ ديوث: من ساعد الغير على اشباع شهواته الجنسية بتوفير النساء له .

[كفعل] يقود او يغوي النساء، يحرضهن على الدعارة؛ يستبقيهن في مكان خاص بذلك او يتاجر بهن لاغراض شهوانية .

panderer قواد نساء . (راجع pander)

panderess قوادة؛ ديوثة: تعمل على توفير اسباب الدعارة للغير .

panel قائمة اسماء محلفين : رقعة يضمنها الـ sheriff عامل الملكة اسماء المحلفين المختارين للعمل في محكمة معينة .

[قانون اسكتلندي]: متهم (في قفص الاتهام) ؛ سجين prisoner (أمام محكمة)

panic ذعر؛ فزع

pactum de non alienando تعهد عدم تصرف: يمنع المالك عن التصرف فيما يملك، كتعهد الراهن المدين بعدم التصرف في ملكه المرهون لشخص ثالث الا بعد الوفاء بما في ذمته .

pactum de non petendo [قانون مدني] تعهد عدم التداعي؛ كتعهد الدائن احياناً بان لا يقاضي مدينه .

padder لص؛ قاطع طريق

pagarchus قاض جزئي: يمارس اختصاصه في بلد او مقاطعة صغرى .

page صفحة: احد وجهي ورقة او محرر .

pagus اقليم؛ ناحية؛ مقاطعة

paid دفع؛ سدد؛ أدى

paid in excess دفع زائداً (عما يقتضى دفعه)

paid under protest دفع مع الاحتجاج

pain ألم او ايلام؛ وجع . يؤلم ؛ يوجع

pains and penalties, bills of (bills of pains and penalties) قوانين الجزاءات والعقوبات: قوانين برلمانية خاصة توضع لتجريد بعض الاشخاص من حقوقهم نظير ما ارتكبوه من جنايات او لفرض عقوبات استثنائية تفوق العقوبات المنصوص عليها في القانون العام او تختلف عنها او لغير ذلك من اغراض القصاص .

pairing-off [شؤون برلمانية] تغيب تبادلي؛ اتفاق بين عضوين من حزبين منافسين على ان يتغيب كلاهما عن الجلسات مدة معينة او على ان لا يكونا حاضرين اثناء البحث في احدى المسائل او التصويت عليها .

pais; pays كلمة فرنسية فنية معناها الحرفي «البلاد» او «الجوار»؛ على ان مفهومها القانوني هو «المحلفون» باعتبار ان هؤلاء يمثلون البلاد او يقومون مقامها بحكم اختيارهم من عامة الشعب؛ ولهذا كان معنى الاصطلاح الدارج trial *per pais* المحاكمة بهيئة محلفين او امامها . والكلمة ذاتها ايضاً ترد بمعنى واقعي اذا اقتضى النص او السياق ذلك، نحو: مسألة واقعية matter *in pais* (تدخل في نطاق الواقع) . ولعل تفسيرها بالمعنى الاخير يعود الى كون الفصل في مسائل الواقع هو من اختصاص المحلفين دون غيرهم .

[تصرفات عقارية] يقصد بالاصطلاح conveyance *in pais* التصرف العادي الحاصل بين المتصرف والمتصرف له فيما يتعلق بالارض موضوع التصرف .

(راجع estoppel *in pais* في باب estoppel)

pannellation وضع قائمة باسماء اعضاء هيئة المحلفين .

paper ورقة ؛ مستند؛ وثيقة محررة باليد او مطبوعة .

— accommodation paper ورقة مجاملة . سميت كذلك لان ساحبها drawer او مدورها endorser او قابلها acceptor لا يصيب منها اي عوض ولا يضع اسمه عليها الا بسبيل المجاملة كي يتيح لغيره الحصول على قيمتها باعتباره مستعداً لاداء هذه القيمة حال استحقاقها .

— commercial paper اوراق تجارية : كالشيكات والكمبيالات والسندات القابلة للتداول على انواعها .

paper blockade حصار ورقي : حصار بحري لا يرتكز على قوة كافية تحمل الغير على احترامه ؛ كالحصار الذي تضرب به احدى الدول على ثغر معين او موقع ساحلي وهي لا تملك من القوة مـا يكفي لصد من تحدثه نفسه باختراقه ، فيكون حصارها المذكور «حبراً على ورق» لا قيمة له ولا قوة .

paper book دفتر مستندات : يعد ويرتب لاطلاع جهة الاستئناف على احوال المسألة المستأنفة ، ويضمن خلاصة مطبوعة من لوائح الدعوى والشهادات والمبرزات exhibits والوثائق المتعلقة بها والاجراءات الحاصلة فيها . النسخ التي تقدم الى المرجع الاستئنافي ، قبل المرافعة ، من جميع اوراق الدعوى ومستنداتها واجراءاتها ومتعلقاتها .

paper credit اعتماد سندي : سلفة تعطى على اساس ما يقدم بسبيل الضمان من سند كتابي يقوم مقام المال العقاري .

paper currency or **paper money** عملة ورقية ؛ نقد ورقي

paper office دائرة المستندات : المكان الذي تودع فيه محفوظات مجلس الملكة الخاص وسجلاته .

paper, special قائمة المواد القانونية : قائمة خاصة تدرج فيها المسائل المهيأة للبحث من الوجهة القانونية وتحفظ في مجلس الملكة الخاص .

Papian Poppaean Law قانون بوبايوس وبابيوس . (راجع *Lex Papia Poppaea*)

par يساوي ؛ مساواة؛ سعر تعادل ؛ سعر تكافؤ او مساواة

— above par مع الزيادة : بما يفوق السعر الاصلي (اي الاسمي) .

— below par مع الحسم : بما دون السعر الاصلي (اي الاسمي) .

— on a par بالتساوي ؛ على قدم المساواة

par *delictum* جرم واحد ؛ تساو في الجرم ؛ مساواة في الاجرام

par of exchange سعر التساوي البدلي ؛ سعر المساواة البدلية ، ويسمى احيـانـاً سعر المساواة في الكمبيو (المبادلة الخارجية) : ويقصد به التساوي التام من حيث القيمة بين مبلغ معين من عملة احد البلدان ومبلغ مماثل له من العملة المراد ابدالها به (على فرض ان عملتي البلدين متساويتان من حيث الوزن والنوع والنسبة المعدنية) ، بحيث اذا كان سعر التبادل exchange بين بلدين مثلا على قدم المساواة at par دل ذلك على ان اوراق البلدين التجارية قابلة الابدال باعتبارها متساوية تماماً من حيث القيمة .

par *oneri* متساوون في الاعباء

par value of exchange سعر المساواة في المبادلة الخارجية .

parachronism الغلط في حساب الزمن او في تقدير التاريخ .

paracium حيازة شيوع بين ورثة

parage or ***paragium*** المساواة عند تقسيم الميراث العقاري .

التكافؤ (في المقام او الدم – اي النسب) .

الحصة التي قد تعود للمرأة عند زواجها .

paragon أمثل ، لا مثيل له (من حيث الكمال) ؛ أنموذج ؛ مثل أعلى (لفضيلة)

paragraph فقرة ؛ مقطع ؛ بند ؛ مادة

parallel متوازيان ؛ متحاذيان : يسيران جنباً الى جنب . مثال او مثيل

paramount متفوق ؛ أوجه ؛ أقوى

فائق ؛ منيع ؛ معلى ؛ سائد ؛ مهيمن

paraph جرة القلم الزائدة في آخر الامضاء التي توضع عادة لتجميل الامضاء او لأي سبب آخر .

[في بعض الولايات المتحدة] الامضاء ذاته

parapherna ما تحضره الزوجة الى بيت الزوجية من جهاز بالاضافة الى الدوطة .

paraphernalia جهاز الزوجة . الاموال والامتعة التي تختص بها الزوجة دون الزوج ، بالاضافة الى دوطتها ويسمح لها ان تحتفظ بها بعد موته : وهي ملابسها وحاجاتها الشخصية وحليها وادوات زينتها التي تناسب طبقتها ومكانتها الاجتماعية .

parastatal شبه حكومي

parasynexis اجتماع غير مشروع

paratitla **[قانون مدني]** شرح مقتضب لبعض المواضيع الواردة في لائحة او قانون .

paravail أدنى؛ أقل

parcel قسيمة؛ ثمرة (من قطعة ارض) . رزمة؛ طرد؛ ربطة **[كفعل]** يقسم ارضاً على شكل قسائم (لبيع او عمران) .

parcels, bill of (bill of parcels) بيان محتويات رزمة البضاعة .

parcenary ميراث عقاري مشتاع بين الورثة لم يفرز بعد. تضامن في ملكية ارض قبل قسمتها . حيازة عقارية مشاعة بين اصحابها .

parcener وارث مشارك؛ شريك؛ احد وارثين في عقار غير مفرز .

parchment رق (اي جلد) غزال او ضأن او ماعز معد للكتابة .

كل رقعة او ورقة تعد على هيئة الرق المستعمل قديماً في الكتابة.

pardon عفو؛ صفح؛ مسامحة؛ تجاوز (عن عقوبة يفرضها القانون) .

والعفو من شأنه ان ينفي صفة الاجرام ويجعل المعفو عنه في نظر القانون بريئاً كأنه لم يرتكب الفعل (محل العفو) .

— absolute pardon or full pardon or unconditional pardon عفو مطلق؛ عفو عام؛ عفو غير مشروط. لا يوجد بين هذه الاصطلاحات اي فرق يذكر في المعنى او الاثر اذ يعني كل منها اخلاء المعفو عنه من المسؤولية وتطهيره من جميع الآثار القانونية المترتبة على فعله واعادته، من حيث البراءة، الى سابق وضعه قبل ادانته .

— general pardon عفو عام: يتناول عدة اشخاص محكوم عليهم بجرم واحد او جرائم متماثلة من حيث الدرجة او النوع او الزمن الذي ارتكبت فيه او غير ذلك من الاوصاف .

— partial pardon عفو جزئي: يمحو جزءاً من العقوبة المفروضة .

parens والد؛ والدة . قريب مباشر (ذكر او انثى)

parens patriæ ابو بلاده او وطنه؛ والد البلاد . يقصد به الملك او الدولة نفسها احياناً بوصفها ام القاصرين او ولية امرهم .

parent والد؛ والدة

[في الشركات] ام . متبوعة . أصل

parentage أصل؛ سلالة؛ قرابة مباشرة؛ اقارب مباشرون (على عمود النسب)

parentela ذوو (شخص) او اهله المباشرون . مجموعة الاهل المنحدرين من اصل واحد .

ترد هذه الكلمة في القانون الانكليزي القديم بمعنى التنصل من الاقارب *de parentela se tollere* تبرؤ الشخص من أهله وهو ما كان يحصل امام القاضي في جلسة علنية بحضور اثني عشر شاهداً يحلف كل منهم على انه يعتقد بعدالة الاسباب الدافعة الى التبرؤ . وورد ذكر هذه العادة في قوانين الملك هنري الاول (١١٠٠م–١١٣٦م)، وكان يترتب على المتبرىء بموجبها حرمانه ارث اي شخص من اقاربه .

parenthesis معترضة؛ جملة معترضة

parenticide قتل الوالدين . قاتل والديه او احدهما

parentum est liberos alere atiam nothos الوالد مكلف بإعالة ولده وإن كان غير شرعي .

parergon عمل فرعي، ثانوي او اضافي: ينجز في فترات الفراغ من عمل رئيسي .

pares اقران (شخص)، اكفاؤه، انداده، أمثاله

pari causa بحق مماثل او مساو، مساو في الحق؛ على قدم المساواة

pari delicto متساوون في الجريمة او المسؤولية الجنائية . جرم مماثل

pari materia في الموضوع ذاته، بشأنه او بالنسبة اليه

pari mutuel رهان مشترك (على خيول او كلاب) يتقاسم فيه الرابحون ما راهن عليه الخاسرون بعد استنزال نسبة مئوية معينة منه يتقاضاها مدير الرهان .

pari passu بالتساوي؛ على مستوى واحد؛ دون مفاضلة . بخطى متساوية

pari ratione لسبب مماثل؛ بتحليل (او اسلوب تحليلي) او تفكير مماثل .

paria copulantur paribus تتحد الاشياء مع امثالها

paribus sententiis reus absolvitur اذا تعادلت الآراء برىء المتهم: اي اذا انقسمت المحكمة في الرأي الى قسمين متساويين قضت بالبراءة .

Parliamentary Law قانون برلماني: مجموعة قواعد واحكام تنظم اجراءات المجالس النيابية او التشريعية .

Parliamentum Diabolicum البرلمان الشيطاني: عقد هذا البرلمان (الانكليزي) سنة ١٤٦٠م في اواخر عهد الملك هنري السادس وقرر تجريم مجموعة من كبار النبلاء مع Edward, Earl of March (الذي اصبح فيما بعد الملك ادوارد الرابع)، واصدر في ذلك عدداً من القوانين اورثته الاسم المذكور . وقد الغيت هذه القوانين حال انعقاد البرلمان التالي .

Parliamentum Indoctum البرلمان الجاهل . اطلق هذا الاسم على البرلمان الانكليزي المنعقد في Coventry بانكلترا سنة ١٤٠٥م في عهد الملك هنري الرابع .

Parliamentum Insanum البرلمان المجنون . عقد هذا البرلمان في أكسفورد سنة ١٢٥٧م في عهد الملك هنري الثالث ، وسمي كذلك على أثر ما وقع فيه من اجراءات طائشة وقام به اللوردات من تصرفات غير مألوفة اذ استأجروا رجالا مسلحين وادخلوهم الى قاعة الجلسة، ثم حمي الجدال واحتدم النزاع بين الملك واللوردات وبين اعضاء العموم وتماسك بعضهم بالايدي واضطرب الحال الى حد جنوني الصق بذلك البرلمان الاسم المذكور .

parochial ابرشي (نسبة لابرشية)؛ عائد للابرشية ، خاص بها

parol كلمة؛ كلام؛ بطريق الكلام (دون الكتابة)؛ شفوي (راجع parole تاليا)

parol evidence شهادة شفوية: يدلي بها الشاهد امام المحكمة .

Parol Evidence Rule قاعدة البينة الشفوية: وهي لا تقر الاخذ بالدليل الكلامي مهما بلغ من القوة .

— on parol (راجع باب on)

parole [قانون عسكري] كلمة شرف؛ عهد شفوي يعطيه اسير الحرب بان يرجع الى معتقله في الموعد المحدد اذا أذن له بمغادرته لسبب طارىء (وقبل ان يطلق سراحه نهائياً) . العهد الذي يقطعه الاسير على نفسه، اذا أخلي سبيله، بان لا يحمل السلاح ضد الدولة التي أسرته، مدة معينة او طول قيام الحرب .

[مواد جنائية] اخلاء سبيل مشروط، يترتب عليه العفو عن باقي العقوبة عفواً تاماً اذا حسن سلوك المحكوم المعفو عنه او اعادته الى السجن اذا ساء سلوكه ليمضي المدة المشمولة بالعفو .

parish ابرشية: دائرة كنيسة

parishioners اتباع ابرشية

paritor محضر محكمة مدنية

parity مساواة؛ تعادل؛ تكافؤ

parium judicium حكم اكفاء او اقران: محاكمة الشخص امام هيئة محلفين مكونة من اقرانه وانداده: اي من اناس في درجته ومستواه .

park متنزه؛ حديقة عامة

[كفعل] يوقف سيارة او يتركها مؤقتاً في طريق عام .

parkway طريق متنزه؛ شارع مشجر تقام فيه اشجار الزينة للترفيه العام .

Parle Hill; Parling Hill تل بارل او بارلنج: هضبة مشهورة اتخذتها المحاكم الانكليزية قديماً مقراً لعقد جلساتها .

parley مؤتمر عسكري ينعقد لبحث أوجه خلاف .

[كفعل] يبحث في شروط (مع عدو)، يفاوضه فيها .

Parliament برلمان؛ مجلس امة او شورى . الهيئة التشريعية العليا في بريطانيا وشمال ارلندا وعدد كبير من البلدان الاخرى .

— High Court of Parliament محكمة البرلمان العليا: وهي تتألف من مجلسي البرلمان (اللوردات والعموم) اذا اجتمعا في جلسة واحدة، او من مجلس اللوردات وحده اذا انعقد بصفته القضائية .

Parliament Act قانون البرلمان . صدر هذا القانون سنة ١٩١١م وكان من احكامه تجريد مجلس اللوردات الانكليزي من حق الفيتو (المعارضة) في القوانين المالية وايقاف آثار معارضته في مشاريع القوانين الاخرى عند حد تأخير الموافقة عليها او تعليقها .

parliamentary برلماني: يتصل بالبرلمان او مجلس الامة، عائد اليه او صادر عنه .

parliamentary agents عملاء برلمانيون: يمارسون (عادة) مهنة المحاماة ويتولون ملاحقة مشروعات القوانين الخاصة التي تهم موكليهم والعمل على طرحها امام البرلمان واقرارها .

parliamentary committee لجنة برلمانية

parliamentary franchise حق الانتخاب البرلماني: حق الاشتراك في انتخاب اعضاء البرلمان بموجب قانون تمثيل الشعب لعام ١٩٤٨م و١٩٤٩م .

parquet . [قانون فرنسي] النيابة العامة . الموظفون القضائيون المكلفون بالادعاء العام وتولي الاجراءات في القضايا الجنائية والجنحية .
[بورصة تجارية] جناح او ركن خاص يحجز لسماسرة البورصة.

parquet général نيابة عمومية او عامة

parricide قتل الاب؛ قاتل ابيه

pars خصم؛ طرف (في دعوى)؛ فريق (في عقد او مستند)

pars gravata فريق مظلوم

pars rationabilis نصيب يفرضه القانون للزوجة والاولاد في اموال الزوج المتوفى .

parson قسيس؛ راعي كنيسة مسؤول عن كنيسة الابرشية ويعتبر مؤسسة فردية corporation sole .

part جزء؛ قسم . جزئي، نحو : دفعة جزئية part payment
[وثائق وسندات مكتومة] احدى نسختين اصليتين يحرر فيهما الاتفاق باعتبار ان النسخة الاخرى تسمى counterpart .

part-owners (راجع باب owners)

part performance (راجع باب performance)

part time (employee) (موظف) غير متفرغ

partage [قانون فرنسي] فرز المال العقاري المشترك، او قسمته، بين الشركاء فيه .

parte inaudita «احد الاطراف لم يسمع» . ينطبق هذا الاصطلاح على الاجراء المتخذ من خصم او جانب دون الآخر.

partial جزئي؛ متحيز؛ محاب

partial average (راجع particular average)

partial eviction [قانون مدني] طرد جزئي؛ تنحية المستأجر او الحائز عن جزء من المؤجر (بحكم محكمة) .

partial verdict (راجع باب verdict)

partible قابل للقسمة؛ ممكن الفرز

partible lands اراض قابلة للقسمة

particeps شريك؛ مشترك (في مال او شأن)

particeps criminis شريك في جرم

participate يشترك؛ يشارك (في عمل)، يضطلع بجزء منه، يكون له فيه دور او يد، او يكون له منه جزء .

particula قطعة ارض صغيرة

particular خاص؛ معين؛ منفرد؛ دقيق؛ تام
جزئية (من جزئيات عدة)

particular average (راجع average وما يليها)

particular lien امتياز تخصيص: يعطي صاحبه حقاً في ان يبقي تحت يده مالا معيناً نظير ما يطالب به من حق يتصل بالمال ذاته دون غيره .

particularity بيان تفاصيل او دقائق شيء او جزئياته .

particulars تفاصيل؛ جزئيات (مطالبة او موضوع بحث)

particulars of breaches and objections
تفاصيل وجوه الاخلال والاعتراض موضوع الشكوى .

parties خصوم؛ اطراف، فرقاء؛ جهات

— formal parties خصوم شكليون: يدخلون في الدعوى بناء على رغبة المدعي دون ان تكون لهم في الموضوع مصلحة مباشرة .

— high contracting parties (راجع باب high)

— necessary parties خصوم لزوميون: لهم من الصلة بموضوع النزاع ما يقتضي ادخالهم طرفاً فيه بحيث لا يستقيم قرار المحكمة بشأنه الا اذا ادخلوا .

— nominal parties خصوم اسميون: لا يدخلون طرفاً في الخصومة الا لان مستلزمات التداعي الفنية تقتضي ذلك .

— third parties اغيار: ليسوا فريقاً في الموضوع او الدعوى.

parties and privies فرقاء وشركاء: يعتبر الاشخاص فرقاء parties اذا كانوا اطرافاً اصليين في عقد نظموه فيما بينهم او دخلوا فيه فعلا . ويعتبرون شركاء privies اذا كانوا ملزمين بحكمه دون ان يكونوا اطرافاً فيه بالمعنى الحرفي؛ كعقد الايجار مثلا، يعتبر فيه المؤجر والمستأجر فرقاء وشركاء parties and privies في آن واحد لانهم انشأوه فيما بينهم وكانوا فيه ملزمين على وجه التبادل؛ فاذا تصرف المستأجر بحقه في الايجار للغير، نشأت بحكم هـذا التصرف شركة privity بين المتصرف له والمؤجر الاصلي، وإن لم يكن هذا المتصرف له طرفاً بالمعنى الحرفي في الايجار الاصلي .

partisan حزبي؛ منتم لحزب دون آخر او مشايع له .

partitio تقسيم او قسمة؛ تجزئة؛ فرز

partitio legata تقسيم ايصائي، تقسيم وصية: ما نصت عليه الوصية من وجوب قسمة التركة واعطاء نصيب معلوم منها الى شخص مسمى .

partition قسمة؛ تقسيم؛ فرز

partition of a succession قسمة ميراث؛ تقسيم تراث او مخلفات ميت بين ورثته .

partner شريك (في شركة بسيطة)

— acting partner شريك عامل بالتضامن: يضطلع بجانب من ادارة الشركة واعمالها ويكون مع غيره من الشركاء العاملين مسؤولا بالتضامن عن التزامات الشركة، اي تكون جميع امواله ضامنة لالتزامات الشركة .

— dormant partner or sleeping partner شريك نائم؛ شريك موص: لا يسأل الا بنسبة ما قدم من مال او ما ينبغي ان يقدم، ولا يذكر اسمه في الشركة ويكون خارجاً عن ادارتها . وهو لا يختلف عما يسمى secret or silent partner .

— incoming partner شريك جديد: منضم

— liquidating partner شريك مصف: يعين عند حل الشركة او اعسارها لتسوية حساباتها وتصفيتها .

— nominal partner شريك أسمي: تقتصر صلته بالشركة على بيان اسمه فيها ولا تكون له بها مصلحة فعلية .

— ostensible partner شريك ظاهر: يتعمد بيان اسمه والتظاهر بالاتصال الفعلي بالشركة سواء أكان هذا الاتصال حقيقياً ام غير حقيقي .

— secret partner or silent partner شريك متكتم او متحفظ: شريك موص
(راجع dormant partner or sleeping partner)

— special partner شريك خاص: يمد الشركة المنتمي اليها باموال خاصة على ان لا يكون مسؤولا الا في حدود هذه الاموال .

— surviving partner شريك عاقب: الشريك الذي تصبح له صفة الوصي عند انحلال الشركة بموت شريكه، فيتولى تسوية شؤون الشركة وتصفية علاقاتها .

partnership مشاركة؛ شركة بسيطة او شركة تضامن: اتفاق ارادي بين شخصين او اكثر كاملي الاهلية، على ان يقدم كل منهم ما وسعه من نقد او منقول او جهد او خبرة في سبيل مشروع تقسم نتائجه من كسب او خسارة بين المذكورين كل بنسبة ما قدم . وتنشأ الشركة البسيطة في الغالب على نطاق ضيق من حيث عدد اعضائها ورؤوس الاموال المسخرة فيها ولا يكون لها مجال الشركة company or corporation واتساعها .

— general partnership مشاركة او شركة بسيطة عامة: تدار شؤونها لمصلحة المكتتبين فيها سواء كان راسمالها محدوداً او غير محدود او كانت الاكتتابات فيها متعادلة او غير متعادلة .

— limited partnership شركة بسيطة محدودة: تتكون من شريك او اكثر متضامنين (اي مسؤولين بصفتهم الشخصية وبوجه التضامن والتكفل عن وفاء ديون الشركة وادارة اعمالها) ومن شريك او اكثر موصين (يمدون الشركة برأسمال نقدي معين ويسألون عن ديون الشركة في حدود ما يكتتبون به) .

— particular partnership شركة بسيطة محصورة: تنشأ للقيام بمشروع واحد او صفقة معينة دون سواها .

— subpartnership مشاركة بسيطة من الباطن: يتخذ فيها الشريك شريكاً خاصاً له في الحصة التي يكتتب بها في الشركة.

— universal partnership شركة بسيطة كلية: يتعاقد فرقاؤها على ان يكتتب كل منهم بجميع ما يملك من اموال حالية ومستقبلة .

partnership *in commendam* شركة توصية بسيطة: تنشأ بين شريك واحد او اكثر متضامنين (مسؤولين عن ديون الشركة بصفتهم الشخصية وبوجه التكافل والتضامن) وبين شريك او اكثر موصين (يكتتبون باموال نقدية او ما يقوم مقامها على ان تعود عليهم الارباح بالنسبة المعينة في العقد وان لا يلزم كل منهم الا بنسبة ما قدم) .

parturient على وشك الوضع؛ في حال الوضع او الطلق

parturition ولادة؛ وضع

party فريق؛ طرف؛ جانب (في عقد)؛ خصم (في دعوى) حزب . حزبي او حزبية، نحو: شؤون حزبية party affairs.

— third party الغير؛ شخص ثالث: خارج عن الموضوع (سواء كان عقداً او غيره) .

party aggrieved فريق مظلوم: معتدى عليه

party injured [مواد الطلاق واسبابه] الفريق (او الزوج) الموتور، بجراء ما ارتكبه الفريق (او الزوج) الآخر .

party structure بناء فاصل: يقام ليكون حداً فاصلا بين ملكين لشخصين مختلفين او ليعزل مكاناً عن آخر .

party to be charged فريق مطالب او مكلف (تنفيذ احكام عقد) .

party-wall جدار مشترك: ينشأ جزء منه على ارض شخص والجزء الثاني على ارض آخر .

Pasch عيد الفصح

pascua مرعى؛ مرج معد لرعي المواشي

pascuage مرعى؛ مرتع للمواشي

pass يصدر (حكماً)، ينطق (به)؛ يتخذ (قراراً) يضع (تشريعاً او ما الى ذلك)، يقره او يوافق على اصداره .

[في تداول النقد] يصدر؛ يروج؛ نحو: يروج نقوداً مزيفة pass counterfeit money.

[اجراءات هيئات المحلفين] يبحث في (موضوع) ويفصل فيه، نحو: بحثت هيئة المحلفين في موضوع النزاع المعروض عليها وفصلت فيه the jury passed upon the issue in litigation before them .

[في الحسابات] يشهد (بصحة حساب)

[في التصرفات] ينتقل (من شخص الى آخر)

[كاسم] إذن، تصريح مرور

pass a dividend لا يعلن عن ربح

pass-book دفتر حساب جار: دفتر مصرفي يقيد فيه البنك ما يودعه الزبون اولا باول ثم يعيده الى الزبون نفسه .

pass forward for collection يرسل على ذمة التحصيل

passage طريق بحري؛ ارتفاق مرور مائي؛ نقل الركاب بحراً؛ سفر (بحري)

[شؤون التشريع] اصدار؛ إقرار؛ وضع او سن (قانون)

passage money اجرة سفر بحري

passator من مارس السيطرة على ممر نهري او وجب اداء عوائد المرور اليه .

passenger مسافر؛ راكب (في واسطة نقل)

passim في محلات مختلفة؛ في كل مكان من الكتاب المعني

passing off تظاهر صاحب البضاعة بكونها ليست له . قيام الشخص ببيع بضاعة او ممارسة اعمال تحت اسم او علامة او وصف او غير ذلك مما يضلل الجمهور ويحمله على الاعتقاد بان البضاعة او الاعمال المذكورة تعود لشخص غيره . وفي هذه الحال يكون للشخص الاخير الحق في مطالبة الشخص المموه بالاضرار او اداء الحساب عن اعماله كما يكون له الحق في استصدار امر قضائي يمنعه عن الاستمرار في اعماله التمويهية .

passing-ticket **[قانون انكليزي]** تذكرة مرور؛ شهادة تعطيها مصلحة الضرائب للسفن المارة عبر بعض المضايق والقنالات اشعاراً بتمام استيفاء الرسوم المقتضاة .

passion **[جرائم القتل]** انفعال؛ غضب شديد (مفاجىء)؛ توقد شعور او سخط جارف اذا رافق فعل القتل جعله من القتل بدم حار واسقط عنه صفة العمد .

كل انفعال نفساني جامح يكون مصدره المفاجآت المنكرة او الكراهية المتناهية او الذعر او ما الى ذلك مما قد يفلت معه زمام الشعور ولا يستطاع كبحه .

passive جامد (لا يبدي مقاومة مكشوفة)، جمودي . سلبي . غير فعال . مصابر؛ كظيم . راض؛ غير ممانع

[معاملات مالية] بلا فائدة

passive debt دين بلا فائدة

passive resistance مقاومة جمود (عن طاعة)؛ مقاومة سلبية: تقوم على رفض الإذعان دون اللجوء الى العنف .

passive use (راجع باب use)

passport جواز سفر؛ تذكرة مرور

[قانون بحري] وثيقة مرور بحري تعطاها السفينة المحايدة (من حكومتها) اثناء الحرب ايضاحاً لجنسيتها وحماية لها من عدوان الدول المحاربة .

[قانون دولي] تصريح امان مرور يتيح لحامله التنقل من دولة محاربة الى اخرى دون ان يكون عرضة لاعتداء .

جواز سفر، صادر عن سلطة مختصة، يخول المسمى فيه حق الانتقال من مكان الى آخر والحماية والمساعدة في سبيل ذلك .

pasture مرعى؛ مرتع للماشية

pasture upon يرعى؛ يسرح او يرتعي على

patent **[كنعت]** مفتوح؛ مكشوف؛ ظاهر؛ صريح؛ واضح

[كاسم] امتياز ممارسة او استغلال؛ براءة بممارسة حق من رئيس دولة او جهة حكومية تختص من منحت له، دون غيره، بحق او امتياز او لقب او ملك او تفويض خاص بصنع شيء معين والتصرف فيه كما شاء .

[قانون امريكي] براءة تمليك تصدرها الولاية المختصة لمن شاءت . براءة اختراع، من السلطات الحكومية المختصة تمنح صاحبها حقاً خاصاً في ان يستغل جهازاً معيناً يعود اليه ابتكاره وان يتصرف فيه كما شاء .

— land patent براءة تمليك عقاري تصدرها الحكومة لمنح حائزها قطعة ارض معينة من اراضي الدولة .

— letters patent **[قانون انكليزي]** براءة (تمليك او اختراع او انعام) تصدرها الملكة لتمنح المذكور فيها ارضاً او حقاً في استغلال اختراع او ابتكار جديد او ممارسة سلطة او التمتع بلقب او غير ذلك من حقوق .

patient مريض؛ نزيل مستشفى؛ تحت المعالجة

[كنعت] يسار؛ قابل او اهل (لشيء)؛ جدير (بـ)؛ نحو: قد تكون القاعدة اهلاً لتفسيرين a rule may be patient of two interpretations .

patria وطن؛ بلاد

patria potestas [قانون روماني] سلطة ابوية

Patriarch بطرك او بطريرك . يقابله رئيس الاساقفة في النظام الكنسي الانجليكاني .

عميد اسرة؛ راس قبيلة

patricide قتل الاب؛ قاتل ابيه

patrimonial مالي؛ يتصل بالمال او الممتلكات المالية؛ ميراثي؛ مال موروث عن اصول ذكور مباشري القرابة .

patrimonium ثروة؛ ميراث؛ ملك موروث، قابل الايلولة الى شخص معين .

patrimony ثروة؛ ملك؛ تراث؛ ميراث؛ حق او مال موروث ابا عن جد (من سلف مباشر) . على ان بعض المراجع لا يرى اشتراط ايلولته من اب او من جد صحيح .

patrolman شرطي مناوب؛ دورية؛ نفر بوليس

patron راع؛ مولى، سيد؛ محسن؛ مشجع

زبون محل (اعتاد معاملته)

[قانون بحري فرنسي] ربان سفينة

patronize يشجع؛ يحمي؛ يعطف (على)؛ يرعى؛ يساند؛ يعامل

patruelis [قانون مدني] ابن او بنت عم

patruus magnus اخو الجد (لاب)

patruus major اخو ابي الجد (لاب)

pauper فقير؛ معوز: من انقطعت به اسباب الرزق الى درجة جعلت اعالته فرضاً على المجتمع .

المدعي او المدعى عليه اذا استحق المساعدة القضائية: اي اذا جاز له الوقوف امام المحاكم في دعوى دون رسوم او اتعاب .

pauperies [قانون روماني] اذى صادر عن حيوان . ضرر غير قصدي، يصدر عمن سببه بغير قصد .

(راجع *actio noxalis*)

pavage ضريبة تعبيد طريق

— **pioneer patent** تمنح براءة سبق؛ براءة اختراع اول: صاحبها امتيازاً خاصاً باختراع لم يسبق له مثيل في ميدانه او ابتكار من شأنه ان يفتح آفاقاً جديدة في ميدان الصناعة او الفن او الرقي مهما كان اتجاهه .

patent defect عيب ظاهر

patent of precedence براءة اسبقية: انعام ملكي يمنح به التاج لمن توسم فيه الجدارة من المحامين barristers لقب مستشار ملكة Queen's Counsel او مركزاً اعتبارياً خاصاً، دون ان يقيده بيمين خدمة التاج .

patent-office مكتب براءات: يعود اليه اصدار براءات الاختراع وتقرير الامور المتعلقة بها .

patent-right حق براءة: يستند الى براءة رسمية صدرت بمنحه .

patent rolls سجل البراءات: سجل قديم يحتوي ما صدر عن التاج البريطاني من مواثيق وبراءات منذ عهد الملك John سنة ١١٩٩م حتى العصر الحديث .

patentable اهل للبراءة، قابل لها او يستأهلها: ما كان له بموجب القانون حق الحماية ببراءة خاصة توليه الحق المذكور .

patentee حامل براءة: صاحب حق فيها او في الامتياز الذي اعطيه بموجبها .

pater is est quem nuptiæ demonstrant الوالد من اشار اليه (عقد) الزواج .

paterfamilias رب اسرة؛ صاحب عائلة او رأسها

paternal ابوي؛ يتصل بالاب او بجهته

paternal line جانب الاب او جهته: اصول الشخص من ناحية ابيه وجده الصحيح مهما علا .

paternal power سلطة ابوة: يمارسها الوالدان على اولادهما بموجب القانون .

paternity أبوة؛ صلة ابوة

pathology [طب شرعي] علم الامراض؛ علم دراسة ماهية الامراض وطبائعها واسبابها واعراضها .

patibulary خاص بالمشنقة، متعلق بها

patibulated مشنوق؛ معلق على عود مشنقة

patibulum [قانون انكليزي قديم] مشنقة

pawn رهن؛ يقدم على سبيل رهن

[**كاسم**] رهن متاع ضماناً للوفاء بدين؛ مال مرهون

pawnbroker مداين رهون او مداين ارتهاني: من احترف اقراض الغير (قروضاً صغيرة) نظير ما يرهن عنده من منقولات ذات قيمة .

pawnee مداين مرتهن: يداين الغير نظير منقول يأخذه منه على سبيل الرهن .

pawnor راهن : يرهن لدى الغير اشياء منقولة للوفاء بما يستدينه منه او يلتزمه تجاهه .

pay مرتب؛ راتب؛ ماهية

[**كفعل**] يدفع؛ يؤدي؛ يفي او يوفي؛ يسدد؛ يقضي (ديناً او التزاماً)

pay-day [**معاملات البورصة**] يوم الدفع . اليوم الذي يجب فيه اداء المبالغ المستحقة بانتقال الاسهم، من شخص الى آخر . اليوم الاخير من ايام التصفية الاربعة .

pay load حمولة خاضعة للضريبة: ما استحق عليه اداء الضريبة او الرسم من شحنة طائرة باعتباره زائداً على مقدار معين .

pay under protest يدفع مع الاحتجاج

payable يدفع؛ واجب الدفع؛ حال الاداء . اذا وردت هذه الكلمة وحدها دون بيان التاريخ افادت وجوب الدفع حالا.

payable after sight يدفع بعد الاطلاع: اي بعد القبول (اذا كانت الورقة المعنية كمبيالة) او بعد النكرة (البروتستو) لعدم قبولها .

payable on demand يدفع عند الطلب: اي بحلول تاريخه او خلال مدة معقولة من حلول هذا التاريخ .

payee المستفيد؛ المدفوع له؛ الحامل؛ من كان سحب الشيك او الكمبيالة لمصلحته ووجب اداء قيمتها اليه .

payer or **payor** دافع؛ مسحوب عليه؛ من لزمه الاداء

paying quantities [**شؤون التعدين للبترول**] كميات كافية لتغطية جميع نفقات الانتاج مع توفير مقدار معقول من الربح .

paymaster مأمور صرف: موظف عمومي مهمته صرف الرواتب وما ينبغي صرفه من الاموال العامة .

Paymaster General مدير المرتب العام

[**قانون انكليزي**] موظف عمومي يعود اليه صرف ماينبغي من اموال الدولة لمختلف مصالحها بما يصدره من الحوالات اللازمة على بنك انكلترا .

[**قانون اميركي**] مدير فرع المرتب في الجيش او البحرية .

payment دفعة . دفع؛ اداء؛ تأدية؛ وفاء

— part payment أداء جزئي: تخفيض اصل الدين بدفع مبلغ يقل عما يكفي للوفاء بكامله .

— partial payment [**قانون اميركي**] تأدية او دفعه جزئية؛ الاصل فيها ان تنصب اولا على الفوائد المستحقة (على الدين)، فاذا فاضت عليها تناول فائضها ما وسعه من اصل الدين، وتحسب الفائدة بعد ذلك على الباقي منه (اي من رصيد اصل الدين) . واما اذا كانت الدفعة الجزئية اقل من الفائدة فلا يضاف رصيد الفائدة الى اصل الدين بل يترك على حدة وتستمر الفائدة سارية على اصل الدين كما كان حتى يستطيع المدين ان يدفع مبلغاً يغطي الفوائد كلها ويتجاوزها الى اصل الدين بالقدر الممكن، وهلم جرا...

— plea of payment جواب تمام الاداء : الجواب الذي يرد به المدعى عليه على دعوى المدعي، مبيناً انه ادى ما في ذمته له .

payment into court الاداء لخزانة المحكمة: قيام المدعى عليه بايداع المبلغ المعترف به خزانة المحكمة لحساب المدعي .

pays كلمة فرنسية دارجة معناها بلد او بلاد، ترد غالباً في الاصطلاح trial *per pays* محاكمة بهيئة محلفين او امامها . (راجع *pais*)

peace سلام؛ أمن؛ سكينة؛ نظام عام . آداب عامة

— articles of the peace (راجع باب articles)

— breach of peace اخلال بالنظام

— conservator of the peace (راجع باب conservator)

— justice of the peace (راجع باب justice)

— king's peace نظام الملك؛ أمن المملكة العام (راجع باب king's)

— public peace أمن او نظام عام

peace officers رجال الضبط القضائي او الضابطة العدلية: رجال الاحضار كافة، كالـ sheriffs ونوابهم والـ constables والـ marshals ورجال شرطة المدن وكل موظف مكلف المحافظة على النظام العام .

peaceable مسالم: لا يجنح الى عنف او تعد على الغير .

peculation غدر ؛ اختلاس : استيلاء الموظف العمومي، لمنفعته الخاصة، على ما يعهد به اليه من اموال الدولة .

peculatus غدر ؛ اختلاس . (راجع peculation)

peculiar غريب ؛ فريد ؛ خارج عن المألوف ؛ خصوصي، خاص (بشيء) او مقتصر عليه

Peculiars, Court of (Court of Peculiars) [قانون انكليزي] محكمة كنسية

peculium [قانون روماني] ملك خاص، يخول القانون لكل من الزوجة والولد الخاضع لسلطة ابيه والعبد ان يحتفظ به لنفسه مستقلا عن اموال الزوج او الوالد او السيد (حسب الاحوال) ويتصرف فيه كما شاء .

peculium castrense [قانون روماني] ملك خاص يستقل به الولد عن والده اذا اكتسبه بحكم اشتراكه في حرب او اتصاله بجهات عسكرية .

pecunia مواش . اموال قوامها ماشية . سميت *pecunia* لان الماشية كانت تعد عماد الثروة ومعيارها .

[قانون انكليزي قديم] امتعة ؛ معدات واموال منقولة

[قانون مدني] اموال بصورة عامة (ثابتة ومنقولة) ؛ كل ما جاز ان يكون محلا للملكية الخاصة .

اذا اريد بالكلمة تفسير التضييق عنت المنقول من الاموال فقط وقد يقتصر مفهومها احياناً على مجرد النقود .

pecuniary مالي ؛ نقدي ؛ ما قام مقام المال او تألف منه او اتصل به .

pecuniary benefits منافع نقدية . ما امكن تقديره بالنقود

pecuniary condition وضع مالي : لا يقتصر على ما بيد الشخص من نقود، بل يشمل موجوداته جميعاً من اموال منقولة وثابتة وما يقوم مقامها ويعود اليه من ذمم وحقوق مالية .

pedaulus [قانون روماني] قاض روماني صغير كان يجلس عند عتبة منصة القضاء لنظر الدعاوى البسيطة العارضة التي يأمره الـ praetor بنظرها .

peddler or **pedlar** بائع جوال

pederasty [قانون جنائي] شذوذ جنسي، اعراضه إيثار المصاب ان يضاجعه ذكر مثله .

pedestrian راجل (يسير على رجليه) ؛ ماش (م. مشاة) ؛ عابر سبيل ؛ متنقل او مسافر على قدميه

pedigree شجرة نسب : تبين فروع الشخص واصوله .

pedis abscissio [قانون جنائي قديم] عقوبة بتر القدم، وكان يستعاض بها احياناً عن عقوبة الموت .

pedis positio [قانون مدني قديم] وضع القدم . ورد هذا الاصطلاح كناية عن التعبير الحديث «وضع اليد» على الارض ؛ اي الاستيلاء عليها باحتلالها شخصياً .

peeping tom من يختلس النظر من نوافذ مساكن الغير أملا في تصيد العورات ورؤية نساء المنزل في اوضاع مثيرة .

peerage رتبة نبل

peers أكفاء ؛ متساوون في (مكانة) ؛ أنداد ؛ أقران

[قوانين اقطاعية] الافصال vassals الذين كانوا يجلسون في محكمة السيد الاقطاعي كقضاة لمحاكمة من في مستواهم من الافصال الآخرين .

peers of fees [قوانين اقطاعية] افصال أكفاء (اي متساوون في المكانة والواجبات) مكلفون الجلوس في محكمة السيد الاقطاعي وتحت رئاسته للقضاء بين الافصال الآخرين .

peg [معاملات الاسواق المالية] يقيد سعر الاسهم (منعاً له من الصعود او الهبوط) .

[حقوق التعدين] يخطط حدود (امتياز تعدين)، يضع حوله نصب تحديد فارقة .

peine forte et dure [قانون انكليزي قديم] نوع من القصاص المميت كان يصيب من امتنع عن الاجابة واصر على السكوت اذا وجهت اليه التهمة باحدى الجنايات، وهو: يعزل المتهم في سجن انفرادي ويمنع عنه الطعام تدريجياً ثم يقطع مرة واحدة . ولما يشرف على الهلاك يجرد من ثيابه ويطرح على الارض ثم يؤتى بعدد من العوارض الحديدية الضخمة فتوضع على جسده العاري ويضغط بها عليه حتى تزهق روحه . وقد اشتهر هذا القصاص ايضاً باسم الضغط حتى الموت pressing to death .

pelfe غنائم او اسلاب . يراد بها ايضاً امتعة المدان باحدى الجنايات .

pellage رسم يستوفى على الجلود ومصنوعاتها .

pellex [قانون روماني] محظية ؛ سرية

pelt [كفعل] يقذف ؛ يرجم ؛ يرشق ؛ يرمي بقذيفة . ينهمر او ينصب، (وهو اصطلاح غير فني)

pelt-wool صوف جلود : اي منزوع من الجلود (لم يجز من الخرفان وهي حية) .

penal جنائي؛ جزائي؛ يستوجب العقوبة؛ ينطوي على جزاء او قصاص؛ يتعلق بغرامة او جرم

(راجع penal action)

penal action قضية جنائية: تستند الى احكام قانون العقوبات وتقام لتحصيل غرامة يفرضها القانون او لتوقيع جزاء تستتبعه مخالفة احكامه.

وكلمة (جنائي او جزائي) penal هي اوسع مدلولا من (اجرامي) criminal لانها لا تقف عند حق القضايا المنطوية على الاجرام بل تتعداها ايضاً الى ما ليست له صفة الاجرام، وهي تجمع بين مفهومين احدهما منطلق يشمل العقوبات النقدية والمقيدة للحرية والآخر محصور يقتصر على الغرامة التي تفرضها المحكمة المختصة على من يرتكب خرقاً لقانون او نظام من انظمة البلدية، ولا يشترط في هذا الخرق ان يكون جريمة في حد ذاته.

كذلك يشمل هذا الاسم جميع القضايا الانتقامية التي يجوز فيها الحكم بالاضرار ويكون غرضها العبرة او الثأر للنفس، كقضايا التشهير والقذف والقضايا المقامة لاسترداد اموال دفعت في ربا او قمار.

penal bill سند جزائي. سمي كذلك لانه ينص على مبلغ جزائي. وهو عبارة عن محرر يتعهد فيه منشئه بان يدفع للمذكور فيه مبلغاً من المال او يقوم بعمل متفق عليه او ان يدفع اذا عجز عن ذلك مبلغاً معيناً على سبيل الجزاء.

penal bond التزام جزائي: يتعهد من اعطاه ان يدفع، على سبيل القصاص، مبلغاً معلوماً من المال، بشرط ان يعتبر التزامه هذا لاغياً اذا قام بامر معين او أحجم عن القيام به حسب التعهد.

penal clause بند جزائي: يضاف الى العقد كي يحمل فرقاءه على تنفيذ احكامه ويوفر الجزاء للطرف المخل والتعويض للطرف الآخر.

وقد يكون البند الجزائي فقرة او مادة من قانون تحدد العقوبات المترتبة على الاخلال باحكام او مواد سابقة او لاحقة.

penal laws قوانين عقوبات؛ قوانين جزائية او جنائية، تضعها الهيئات التشريعية المختصة وتسمى احياناً penal statutes.

penal servitude [قانون العقوبات الانكليزي] اشغال شاقة. سجن المحكوم عليه مدة لا تقل عن ثلاث سنوات، وإكراهه على الاعمال اليدوية التي تعينها لوائح السجون. الغيت عقوبة الـ penal servitude بقانون العدالة الجنائية Criminal Justices Act الصادر سنة ١٩٤٨م.

penal statutes (راجع penal laws)

penal sum مبلغ جزائي: يفرض دفعه على من اخل بشروط التزام ترتب عليه.

penalty غرامة؛ عقوبة؛ جزاء؛ حد؛ قصاص

مبلغ يتعهد الملتزم بدفعه اذا اخل بشروط الالتزام.

عقوبة يفرضها القانون على من خالف احكامه او ارتكب فعلا ممنوعاً او قعد عن واجب قانوني.

penance عقوبة دينية: توقعها المحاكم الكنسية على مرتكبي الجرائم العقائدية من الخاضعين لولايتها.

كفارة؛ توبة

pendency تعلق (دعوى او مسألة)، افتقارها للقرار ووقوفها دونه.

pendente lite اثناء سير الخصومة: اي ريثما يفصل في النزاع.

pendente lite nihil innovetur «يجب ان لا يؤتى بجديد اثناء سير الخصومة».

pendentes ثمار متصلة بالارض (او بالجذور)

pendicle [قانون اسكتلندي] قسيمة: قطعة ارض؛ نمرة

pending [في الدعاوى] معلقة او عالقة؛ ماثلة؛ قيد النظر؛ اي افتتحت ولم يفصل فيها.

ريثما؛ اثناء؛ الى حين

penetration [قانون جنائي] ادخال؛ يراد به مجرد وقوع الجماع بين الرجل والمرأة دون الحاجة الى تحديد مدى اكتماله لثبوت الجرم.

penitentials قائمة خطايا او معاص وضعتها الكنيسة الشرقية واعتمدتها في القرن السادس.

penitentiary سجن؛ محل عقاب؛ معتقل للمحكوم عليهم بالسجن مع الاشغال الشاقة.

— Grand Penitentiary محكمة بابوية كبرى تعقد برئاسة احد الكرادلة للنظر في القضايا الكنسية الخطيرة.

pennon راية قتال؛ علم يرفع اثناء الحرب

pennyweight وزن انكليزي يساوي غرامين وثلثاً تقريباً (٢٤ قمحة).

pension معاش؛ تقاعد

قسط سنوي يدفعه كل عضو من اعضاء جمعيات الحقوق المعتمدة Inns of Court.

اجتماع جمعية الحقوق المسماة Gray's Inn للبحث في شؤونها الخاصة .

[قانون اسكتلندي وقانون اسباني] اجرة سنوية بمعنى rent

pension writ, امر اداء: تصدره المراجع المختصة في جمعية الحقوق المعتمدة Inns of Court للعضو المتخلف عن دفع ما عليه من اقساط الاشتراك .

pensionable office (راجع باب office)

pensionary تقاعدي

Pensionary Parliament البرلمان التقاعدي . عقد هذا البرلمان (الانكليزي) في عهد الملك تشارلز الثاني وسمي كذلك نظراً لطول مدته البالغة ثماني عشرة سنة .

pensioner متقاعد؛ محال على المعاش . مكلف اداء اشتراكات دورية . طالب مقيم في جامعة كمبردج.

pent-road طريق غير نافذ: مفتوح من طرف ومغلق من آخر .

people شعب: سكان دولة او بلاد باسرها . مجموعة السكان التي تصدر السلطات السياسية في البلاد؛ ويقصد بها في هذه الحال كتلة المنتخبين في الامة التي تملي ارادتها بسبيل من تختاره من النواب .

per حسب؛ بحكم؛ بموجب؛ بسبب؛ بسبيل

per alluvionem بحكم الالتصاق؛ بتراكم الطمى الذي تجلبه المياه (والالتصاق *alluvionem* هو زيادة الارض زيادة تدريجية غير محسوسة تنشأ عما تجلبه المياه من الرواسب) .

per* and *post يقال: to come in the *per* اي يطالب بالمال عن طريق مالكه او حائزه الاخير بناء على حق حال او متأخر؛ كمطالبة الوارث بموضوع الميراث عن طريق المورث. اما قولك: to come in in the *post* فمعناه المطالبة (بالمال) استناداً الى حق فائق او سابق، كمطالبة اللورد الاقطاعي بالعقار اذا مات الحائز منه بلا عقب صلبي .

per annum سنوياً؛ في السنة (الواحدة)؛ مساناة

per autre vie اصطلاح لاتيني فرنسي دارج معناه مدة حياة الغير، نحو: lease or use *per autre vie* ايجار او انتفاع مدة حياة المؤجر او صاحب العقار: اي دائم ما دام هذا على قيد الحياة .

per aversionem [في المبايعات] جزاف؛ بالصبرة؛ بيع اجمالي بلا كيل او وزن .

per capita الرأس الواحد؛ على كل رأس (اي كل نفس او فرد)، حسب العدد

per cent في المئة *per centum* اسلوب مختصر للعبارة اللاتينية

per contra (على) الجانب الآخر؛ على العكس؛ بسبيل المقابلة

per curiam من المحكمة، بكامل هيئتها

per diem في اليوم (الواحد)؛ مياومة؛ يومياً

per formam doni [قانون انكليزي] كهدية؛ على سبيل الهبة؛ بارادة الواهب (لا فعل القانون)

per incuriam بداعي عدم الانتباه

***per infortunium; per* misadventure** بغير قصد؛ اتفاقاً؛ قضاء وقدراً

per mensem شهرياً: كل شهر

per mitter l'estate اصطلاح فرنسي لاتيني معناه، بسبيل التنازل عن الملك: وهو ما يكون اذا حصل التصرف مثلا لاثنين من الناس او اكثر عن اجارة او منفعة عينية، تصرفاً مشتركاً ثم تنازل احدهم عن حصته في ذلك فآل حقه العقاري الى الباقين (بسبيل التنازل) .

***per* month** شهرياً؛ مشاهرة؛ كل شهر

per my et per tout مناصفة وكلياً: اي فيما يتعلق بكل جزء من الشيء المعني وبالشيء جميعه .

***per pais,* trial;** trial *per pais* محاكمة بهيئة محلفين او امامها . (راجع *pais*)

per pro. : per procurationem «كوكيل»؛ نيابة عن الغير

per proc. (per procurationem); per* procuration; *per proxy بالوكالة

per quod بناء على ذلك؛ بناء عليه . الذي به او التي بها

per rerum naturam factum negantis nulla probatio est من انكر الواقعة فمن الطبيعي ان لا يلزم بالاثبات .

***per* sample** بالعينة

per se في حد ذاته

per stirpes باعتبار الاصل او الفرع؛ باعتبار الصلة الاصلية او الفرعية؛ حسب الطبقة او التمثيل: يرد هذا الاصطلاح غالباً في توزيع انصباء الورثة، بمعنى وجوب التوزيع باعتبار الطبقات (او الفروع) المستحقة في الميراث وعلى اساس صلتها بالمستحق الاصلي او تمثيلها له لا باعتبار عدد الافراد. بحيث اذا نصت الوصية مثلا على سهم لزيد من الناس وسهم لاولاد بكر، آل السهم التالي للاولاد المذكورين دون التفات الى عددهم وكان التوزيع *per stirpes* او stripital اي توزيعاً جمعياً تؤول فيه الحصة لطبقة معينة من الفروع مهما كان عدد افرادها.

كذلك اذا مات رجل مثلا بلا وصية عن ولد وعدد من الاحفاد مات ابوهم في حياتـــه ووزعت التركة *per stirpes* اصاب الولد سهماً واصاب الاحفاد سهماً مساوياً آخر هو سهم ابيهم، وكانت ايلولة السهم اليهم بحكم صلتهم بالوالد المتوفى وتمثيلهم له ككتلة واحدة.

per teste حسب التاريخ (او النص الشامل له من المستند).

per totam curiam من المحاكمة كلها او بواسطتها

per universitatem [**قانون مدني**] كلياً؛ جملة؛ بمجموعه؛ برمته

per verba de futuro [**عقود الزواج**] بعبارات استقبالية (مستقبلة الصيغة)

per verba de præsenti [**عقود الزواج**] بعبارات حاضرة الصيغة (اي تعني الحاضر)

perambulation [**قديماً**] (عادة) التجوال بحدود الارض لتوثيق معالمها او المحافظة على ادلتها.

perambulatione facienda*, writ *de (writ *de perambulatione facienda*) امر تقرير حدود: كان يستصدر قديماً من الجهات القضائية المختصة باتفـــاق الاطراف ذوي الشأن لتكليف الـ sheriff عامل الملك التوجه الى الحدود المختلف عليها والتجوال فيها وتقرير مواقعها.

perceivable risk خطر محسوس: تستطيع الحواس ادراكه بالرغم من عدم امكان القطع باحواله او مداه.

perception إحراز؛ جمع؛ حصول (على شيء) نحو: perception of crops or profits حصول على الغلة او الارباح.

تحصيل (عوائد)

[**في الكلام عن النقود**] عدها (إحصاؤها) واداء دين

توزيع (ارزاق مستحقة لجنود)

فهم، تمييز، ادراك

percolate ينبع؛ يرشح؛ ينز أو يتحلب

perdurable [**حقوق الانتفاع والاجارات**] طويل المدة؛ دائم ابد الدهر

perempt [**اجراءات كنسية**] يتخلى (عن استئناف بالامتناع عن ممارسته).

peremption شطب (دعوى) او اعتبارها كأن لم تكن، اي: إجهاز او قضاء على شيء a nonsuit.

peremptory قطعي؛ بات او فاصل؛ نهائي؛ حتمي؛ لا يحتمل المراجعة او التأخير؛ لا يستتبع بيان الاسباب

peremptory day يوم قطعي، يحدد لشأن بصورة نهائية لا تقبل التأجيل.

peremptory exception اعتراض قاطع: ينكر جميع اسباب الدعوى دون استثناء.

peremptory paper قائمة دعاوى مؤجلة بطلب اطرافها او لتراكم اشغال المحكمة.

peremptory rule حكم قطعي

peremptory undertaking تعهد قطعي: منه تعهد المدعي بتقديم الدعوى في الدورة التالية لانعقاد الجنايات.

perennial حولي، على مدار السنة؛ يدوم سنوات عدة؛ ماكد (: مستمر، لا ينقطع)، دائم، ثابت

perfect كامل؛ ناجز؛ مستوف لجميع المقتضيات القانونية؛ لا عيب فيه او نقص؛ اهل لبيع (: اذا كان ملكاً خالصاً لصاحبه، لا ينازعه احد او يطالبه فيه بحق).

perfect attestation clause بند الاشهاد (على تمام المطلوب او توافر جميع المقتضيات او الاصول، خصوصاً اذا كان الموضوع تصرفاً ايصائياً او ما الى ذلك).

perfect instrument سند تام او محكم: يعتبر كذلك اذا استوفى جميع المقتضيات القانونية. اي اذا تم شهره او ايداعه حسب الاصول.

perfect title (راجع باب title)

perfecting bail اثبات كفاية الكفالة: تقديم الدليل للقاضي على ان الكفيل ملي او حائز لجميع المستلزمات القانونية.

perfidy غدر؛ نقض عهد او وعد، خيانته او نكثه: تعهد بلزوم امر معين ثم اتيان نقيضه.

perform يؤدي؛ يوفي بشيء، ينجزه حسب مقتضياته.

Permanent Court of International Justice المحكمة الدائمة للعدالة الدولية .

محكمة العدل الدولية الدائمة : تألفت هذه المحكمة يوم ١٣ ديسمبر (كانون الاول) سنة ١٩٢٠م بموجب ميثاق عصبة الامم، من خمسة عشر قاضياً عادياً، وابرم قانونها الاساسي من واحدة وخمسين دولة ، ثم خلفتها محكمة العدل الدولية the International Court of Justice التابعة لهيئة الامم المتحدة.

permanent disability عاهة دائمة: العاهة التي يغلب اعتبارها دائمة لا مؤقتة .

permeability قابلية للتحلب؛ قابليـة للتشبع النسبي السائلي او للامتصاص المائي؛ يقال: مدى امتصاص الحيز او قابليته للتحلب : the permeability of a space اي الجزء النسبي الذي يصل اليه الماء من ذلك الحيز .

permissible مباح ؛ جائز

permission اذن؛ ترخيص؛ تصريح ؛ تفويض

permissions محظورات القانون (ضمناً او صراحة) : كل ما يمنعه القانون بحكم السكوت عنه او النص الصريح على منعه .

permissive مبيح ؛ مجيز ؛ مخول؛ جوازي

permissive waste (راجع باب waste)

permit يسمح؛ يأذن؛ يجيز ؛ يبيح ؛ يصبر او يسكت على امر بعدم التصريح بمنعه .

permutation مقايضة؛ ابدال منقول بآخر

pernancy تناول؛ تحصيل؛ استيفاء؛ قبض (اجرة او عوائد او ما الى ذلك) .

pernor of profits محصل ارباح (مال عقاري)

perorate كلمة غير فنية ترد بمعنى: يختم (خطاباً) . يلخص؛ يجتزىء

perpetrate يرتكب؛ يقترف؛ يأتي (جرماً) او يقدم عليه

perpetrator مرتكب؛ مقترف؛ فاعل (الجرم)

perpetua lex est nullam legem humanam ac positivam perpetuam esse, et clausula quæ abrogationem excludit ab initio non valet السنة الخالدة هي انه لا يوجد قانون بشري (او وضعي) خالد وكل نص يستبعد الالغاء يكون باطلا من بدايته .

perpetual استمراري؛ دائمي؛ قراري؛ مؤبد؛ خالد

performance قيام او وفاء (بعقد)، اتمامه، انجازه او العمل بمقتضاه .

— part performance وفاء جزئي: القيام بجانب مما حصل عليه التعاقد .

— specific performance وفاء مطابق، تحديدي او تعييني: لا يحيد عن الاشياء التي عين العقد وجوب انجازها، بحيث اذا امتنع الفريق الملزم عن اداء مـــا تعهد به، كان للفريق الآخر ان يقاضيه ويستصدر امراً ضده بالوفاء المطابق for specific performance اي بوجوب جعل الاداء طبقاً لما نص عليه العقد .

periculum rei venditæ, nondum traditæ, est emptoris [**قانون روماني**] إذا بيع الشيء ولم يسلم كان تحت مسؤولية المشتري .

perigee نقطة الحضيض : أدنى نقطة يبلغها الجرم الاصطناعي في دورانه الفلكي حول الأرض .

peril خطر ؛ حادث؛ خطب؛ نازلة تبعة فعل . (راجع المصطلحات التالية)

— at one's peril على مسؤوليته: اي عليه التبعة، نحو: لك ان تسافر على مسؤوليتك you may travel at your peril .

— excepted perils اخطار او مخاطر مستثناة

— in peril of one's life مهدد بفقدان حياته؛ حياته في خطر

perils of the sea اخطار البحر او مخاطره: النازلات الطبيعية التي تقع اثناء الاسفار البحرية ولا تكون للانسان فيها يد او قدرة على دفعها .

period مدة؛ فترة؛ ميعاد

period of doubt [**أجراءات الافلاس**] فترة الريبة (في القدرة على السداد) التي تسبق اشهار الافلاس .

periodical دوري: يحصل (في) فترات معلومة .

perish يتلف؛ يهلك؛ يعفن؛ يموت

perishable سريع التلف؛ عرضة لهلاك طبيعي (عاجل) . عرضة للتدني (او انحطاط القيمة) لاسباب غير التلف .

perjury (جرم) شهادة الزور؛ اليمين الغموس؛ الحلف الكاذب؛ الحنث (في اليمين)

permanent ثابت ؛ دائم؛ مستمر

perpetual edict [**قانون روماني**] مرسوم دائم (حتى يصدر من السلطة المختصة ما يلغيه) .

perpetuating testimony ادامة الشهادة : اخذ شهادة الشاهد وحفظها للمستقبل . يعمل بهذا الاجراء اذا خشي ضياع الشهادة او فوات فرصة الحصول عليها بسفر الشاهد مثلا او موته او عجزه ، لاي سبب كان ، عن ادائها او تحريرها فيما بعد .

perpetuity استمرار ؛ دوام
يبيح القانون الانكليزي للمتصرف ان يجعل لتصرفه صفة الاستمرار بشرط ان لا يزيد هذا الاستمرار على مدة معينة يحددها القانون ويمنع تجاوزها باحكام خاصة تسمى الاحكام المانعة من الاستمرار rules against perpetuities ولمن شاء بموجب هذه الأحكام ان يقف امواله على اي ناحية خلا نواحي البر مدة معلومة اقصاها ما يعرف بمدة الاستمرار period of perpetuity . وليس للمتصرف ان يقيد امواله من بعده بناحية خاصة الى الابد بل يجب ان يسقط القيد وينطلق المال بانقضاء مدة الاستمرار المذكورة . وقد حدد القانون هذه المدة بأمد حياة اي شخص او اشخاص على قيد الحياة في تاريخ سند التصرف او وفاة الموصي (اذا كان سند التصرف وصية) مع اضافة واحدة وعشرين سنة اخرى من تاريخ موت آخر شخص واضافة بضعة اشهر الى ذلك في احوال الحمل المستكن .

perpetuity of the king استمرار الملك . يعزو القانون الانكليزي للملك صفة الازل ويعتبره خالداً وان مات . ذلك لان مكانه ، حسب الاعتبارات السياسية ، لا يخلو ابداً ؛ واذا خلا بموته فلن يلبث ان يشغل حالا وتلقائياً باعتلاء خلفه العرش .

perquisites مكاسب (اشياء مكتسبة) : ما يؤول للشخص بالكد او الشراء لا الوراثة .
ترد هذه الكلمة احياناً بمعنى : مخصصات ؛ علاوات عارضة او اضافية تعود على الشخص ، بحكم عمله او منصبه فوق راتبه الرسمي او اتعابه العادية .

perquisitor [**قانون انكليزي قديم**] منشىء الملك ؛ المكتسب الاول ؛ من تم على يده كسب الارض لاسرته باي سبيل خلا الارث .

persecute يجور ؛ يضطهد ؛ يتجبر ؛ يعتو ؛ يسيء معاملة الغير على نحو مستمر .

persecutio اجراء قانوني

persequi يلاحق ؛ يتعقب (حقاً بالطرق القانونية)

person شخص : فرد (ذكر او انثى) .
تشمل هذه الكلمة الشخص الطبيعي (الانسان) والاشخاص الاعتباريين (الهيئات والمؤسسات التي يجعل لها القانون اعتباراً قانونياً يجيز لها ان تقاضي وتقاضى) . فاذا وردت بمفردها دلت على الشخص الطبيعي ما لم يتطلب النص او السياق خلاف ذلك .

— artificial person, judicial person شخص اعتباري او معنوي : قوامه شخص طبيعي واحد او مجموعة افراد (كالشركات والجمعيات والمؤسسات على انواعها) ، او مجموعة اموال يجعل لها القانون حقوقاً واختصاصات وعليها واجبات والتزامات معينة (كموجودات المفلس وتركة المتوفى وما الى ذلك) .

— fictitious person شخص وهمي او افتراضي

— international person شخص دولي : اي دولة مستقلة ذات سيادة .

— natural person شخص طبيعي : انسان (ذكر او انثى)

persona شخص

persona designata شخص معين او موصوف كفرد

persona extranea شخص اجنبي عن العائلة ، اي ليس من افرادها .

persona grata [**قانون دولي**] شخص مقبول ؛ شخص مرغوب فيه او مرضي عنه .

persona incerta (راجع *incerta persona*)

persona non grata [**قانون دولي**] شخص غير مقبول ، مرغوب عنه (غير مرغوب فيه) ، لا ترضى الدولة ذات الشأن عن زيارته لها او اقامته فيها او ايفاده اليها كممثل دبلماسي .

persona publica [**قانون روماني**] موظف عمومي ؛ كاتب عدل

personable كائن شخصي (اي ذو كيان شخصي) : يتمتع بما يتمتع به الشخص العادي (من حقوق وسلطات) ؛ يملك حق التداعي امام المحاكم ؛ اهل لتلقي ما يعطاه

personal شخصي . منقول (كالامتعة) ؛ غير ثابت

personal action
(راجع باب action و *actio in personam*)

personal effects امتعة شخصية . معدات الشخص وامواله المنقولة مهما كانت .

personal estate حقوق ؛ اموال منقولة : الاموال جميعها خلا الارض ذاتها ، لان غلاتها القائمة تعتبر اموالا منقولة personal estate .

personal law قانون شخصي؛ قانون احوال شخصية: يسري على الاشخاص غير الخاضعين لقانون البلاد المقيمين فيها .

personal liability مسؤولية شخصية: ما تفرضه بعض عقود تأسيس الشركات من اعتبار الشريك مسؤولا عن ديون الشركة في امواله الخاصة بنسبة معلومة .

personalis actio دعوى شخصية: تتعلق بذات الشخص المقامة ضده .

personality [**قانون مدني**] شخصية؛ يراد بها غالباً شخصية القانون؛ اي مدى تعلقه بالاشخاص والميزة التي تهيئه للحكم بحقوق الافراد وتقرير مردها . ويرى الفقهاء في شخصية القوانين personality of laws جميع الاحكام القانونية المتصلة باحوال الاشخاص واوضاعهم واهلياتهم .

personalty منقول؛ اموال منقولة

— quasi personalty شبه منقول: اشياء منقولة بحكم القانون رغم اتصالها بالعقار فعلا، كالمعدات والثمار القائمة والمنشآت وما اليها او شبه منقولة افتراضاً كالحقوق العينية والاجارات وما اليها .

personate [**مواد جنائية**] ينتحل صفة الغير او شخصيته (دون اذنه او علمه تحقيقاً لمنفعة خاصة او إضراراً بالغير) .

persuade يقنع؛ يستميل الغير (بالتوجه الى عقله وادراكه او عاطفته) الى رأي او استنتاج او قرار؛ يحمله على تصديق امر او القيام بعمل او يرغبه فيه، بالحجة او التوسل او الاغراء او غيره .

persuasion اقناع: تأثير في عقل الغير او تفكيره او مخاطفته بالحجة او غيرها من وسائل الاقناع والاستمالة .

pertain يخص؛ يعود (لـ)؛ يتصل (بـ)

pertinent يتصل (بموضوع)، خاص به، منصب عليه او لازم له

perturbation [**محاكم كنسية**] ازعاج؛ تشويش؛ تعد على حقوق الغير، نحو: a suit for perturbation of seat دعوى التعدي على حق الغير في الحصول على مقعد في كنيسة .

perturbatrix (امرأة) مخلة بالسلام؛ معتدية على النظام العام

perverse verdict قرار زائغ او منحرف: تصدره هيئة المحلفين خلافاً لما شرحه القاضي او تؤيده الادلة .

perversion ضلال او تضليل؛ تمويه؛ قلب حقائق الاشياء او تسخيرها لغير ما وضعت له .

فساد؛ انحراف؛ زيغ في عادة او سلوك او رأي(والفعل pervert).

pessurable wares عروض ضخمة (الحجم تحتل حيزاً كبيراً من السفينة عند الشحن) .

pest آفة؛ وباء؛ طاعون . نقمة؛ بلية

Peter-Pence بنس بطرس: ضريبة عامة فرضها البابا قديماً على كل منزل في انكلترا . سميت كذلك نظراً لوجوب جمعها في يوم القديس بطرس .

petit نعت فرنسي دارج في لغة القانون معناه: صغير او صغيرة .

Petite Assize [**قانون انكليزي**] هيئة محلفين صغرى؛ اختصت بتقرير دعاوى الحيازة possession تقابلها هيئة المحلفين الكبرى Grand Assize المختصة بتقرير دعاوى المال property .

petitio principii [**بحوث منطقية**] اعتبار الشيء مفروغاً منه وبناء القرائن والاستنتاجات عليه بينما يكون في حد ذاته محض افتراض او في حاجة للاثبات .

petition طلب مكتوب؛ عريضة؛ استدعاء؛ ملتمس . يختلف عنه الـ motion في كونه طلباً شفوياً، فاذا قدم كتابة اصبح petition .

[**في بعض الولايات المتحدة الامريكية**] ورقة دعوى يبسط فيها المدعي دعواه واسبابها .

petition in bankruptcy عريضة افلاس: التماس مكتوب يقدمه المعسر الى المحكمة المختصة طالباً فيه شهر افلاسه والانتفاع بما تخوله قوانين الإفلاس، او يقدمه الدائنون طالبين فيه شهر افلاس مدينهم .

petition of course عريضة عارضة، تقدم في سياق دعوى بشأن ضريبة او اجراء معين او لتعيين وصي خصومة او غير ذلك .

Petition of Rights ملتمس الحقوق: قرار تاريخي نادى فيه البرلمان الانكليزي بحريات الشعب وحقوقه، ولم يجد الملك تشارلز الاول مندوحة عن اقراره سنة ١٦٢٩م . وهو غير الـ Bill of Rights الصادر في عهد الملك وليم والملكة ماري سنة ١٦٨٩م .

petition the court يطلب من المحكمة (بعريضة)؛ يلتمس منها كتابة

petitioner المستدعي؛ مقدم العريضة او الطلب

petitioning creditor الدائن المستدعي (لشهر افلاس مدينه): الدائن الذي صدر الحكم بشهر افلاس المدين بناء على عريضته .

petitory action دعوى حقوقية : يتوسل بها المدعي الى تثبيت ملكية له او حق في شيء موضوع منازعة .
[قانون اسكتلندي] دعوى مطالبة باضرار (عطل وضرر) .

petroleum بترول (راجع انواعه تالياً)

petroleum class (A) بترول درجة (أ) : يشمل جميع انواع البترول السريعة الاحتراق التي تقل درجة اشتعالها عن ٧٣ درجة فهرنهايت .

petroleum class (B) بترول درجة (ب) : بترول متوسط لا تقل درجة اشتعاله عن ٧٣ درجة فهرنهايت ولا تزيد على ١٥٠ درجة .

petroleum class (C) بترول درجة (ج) : بترول ثقيل (كالمازوت والديزل والسولار) لا تقل درجة اشتعاله عن ١٥٠ درجة فهرنهايت ولا تزيد على ٣٠٠ درجة .

Petronian Law يعرف هذا القانون ايضاً باسم *Lex Petronia* وهو قانون روماني نص على منع إكراه العبيد على مصارعة الوحوش .

pettifogger **[في وصف المحامين المخلين بآداب المهنة]** دنيء؛ يتعاطى اعمالا حقيرة او ملتوية تنافي شرف المهنة وآدابها .

pettifogging shyster محام مستهتر : يمارس من الاعمال الوضيعة ما تأباه مبادىء المهنة وآدابها او يسيء الى سمعتها او كرامتها .

petty بسيط؛ جزئي؛ صغير؛ ثانوي؛ زهيد

petty bag office **[قانون انكليزي]** المكتب المختص في دائرة العدالة المطلقة Court of Chancery بتلقي الشكاوي المقدمة ضد رجال النيابة وموظفي المحكمة .

petty jury (راجع باب jury)

petty larceny (راجع باب larceny)

petty officers يطلق هذا الاسم على رجال البحرية الحاملين لما يقابل رتبة ضابط صف في الجيش البري .

petty sessions (راجع باب session)

pew مقعد في كنيسة

pharmacist صيدلي

pharmacy صيدلية

pharos برج حراسة؛ منار بحري

phase وجه، جانب، ناحية، واجهة؛ طور؛ دور؛ فترة

phony اصطلاح عامي معناه : مزور او زائف .

photographer مصور

photography فن التصوير

photostat آلة فوتوغرافية تستعمل لاستخراج صور مطابقة للمحررات والوثائق . يطلق الاسم ذاته ايضاً على الصور المأخوذة بالفوتوستات .

phylasist سجان

physical بدني؛ جسماني؛ مادي؛ محسوس؛ واقعي؛ حقيقي

physical assets اصول ثابتة

physical depreciation انحطاط مادي : يصيب مادة الشيء وقيمته بجراء استعماله .

physical disability (راجع باب disability)

physical fact واقعة مادية : تدركها الحواس (بطريق السمع او البصر او اللمس)، كصوت طلقة نارية او رؤية رجل يجري او اثر قدم بشرية او ما الى ذلك .

physical force قوة بدنية او مادية؛ استعمال عنف

physical impossibility استحالة مادية او عملية : ما كان من المحال في الوقت الراهن .

physical incapacity **[مواد الزواج والطلاق]** عجز بدني؛ عدم الكفاية البدنية، ويقصد به العنة (: عدم المقدرة الجنسية) .

physical necessity ضرورة ملزمة؛ حاجة قاهرة : الحال الذي لا يجد معه الشخص بداً من ان يأتي عملا معيناً او يكون فيه تحت تأثير قوة غالبة تكرهه على سلوك خاص دون غيره .

physical restraint إكراه بدني

physician طبيب بشري؛ حكيم

physician's prescription وصفة طبيب (رشيتة) : تصف ماهية العلاج المطلوب وكيفية استعماله .
يطلق هذا الاصطلاح احياناً على كمية المورفين التي يأمر بها الطبيب للمدمن باعتبارها الكمية الطبية المعقولة اللازمة لراحة جسمه بعد تعوده المخدر المذكور .

physiotherapy معالجة عضوية او بدنية : لا تكون بالادوية والعقاقير الطبية، بل بتنظيم البدن ذاته عن طريق الرياضة او الطعام او الشراب او غير ذلك مما لا يتصل بالمستحضرات الطبية .

pig on pork [**علاقات مصرفية**] اصطلاح دارج، يعني الكمبيالة المسحوبة من فرع على آخر يتبع ذات المصرف او المؤسسة المالية .

pignoratio ارتهان او رهن : الاحتفاظ بشيء على سبيل الرهن. احتباس صاحب الحق لحيوان اتلف مزروعاته حتى يستوفي قيمة التلف من صاحب الحيوان .

pignorative contract عقد ارتهان؛ عقد رهن عقاري

pignoris capio [**قانون روماني**] احتباس اموال المدين . لا يختلف هذا الاجراء عما يسمى distress في القانون العام (الانكليزي) وهو قيام الدائن بحجز منقولات مدينه ضماناً لاستيفاء ماله .

pignus رهن او رهينة: ما اودعه المدين دائنه ضماناً للوفاء .

pilfer يسرق (شيئاً تافهاً: بسيط القيمة)

pilferage سرقة بسيطة : يكتفي فيها السارق بجزء قليل من المال المعتدى عليه او يشترك مع غيره في سرقة اشياء ضئيلة القيمة .

pilferer لص او سارق بسيط : يقتنع بسرقة الاشياء البسيطة او جزء من شيء لا كله .

سلب؛ نهب؛ سطو على شيء واخذه رغماً عن مالكه .

pillory إطار من الخشب فيه ثلاثة ثقوب يدخل في اوسطها رأس المجرم وفي الاثنين الآخرين ذراعاه ثم يدار به وهو على تلك الحال للاهانة والعبرة .

pilot دليل او مرشد بحري (يتولى قيادة السفينة عند دخولها الميناء او القناة او خروجها منها) . قائد طائرة . قائد سفينة

— branch pilot (راجع باب branch)

pilot-in-command [**قوانين الطيران**] قائد (طائرة) مسؤول او اول

pilotage دلالة (سفن)؛ ارشاد بحري . رسم دلالة او ارشاد: يتقاضاه مرشد السفينة .

pin-money مصروف الزوجة السنوي، الذي يخصصها به الزوج لكسوتها وزينتها وما يطيب لها انفاقه على نفسها .

pinch كلمة عامية دارجة معناها: يسرق، يخطف او ينتزع (نقوداً) من الغير .

يقبض (على)؛ يعتقل؛ يضع تحت حراسة

pinchbeck اصطلاح عامي دارج معناه : زائف

pia fraus غش صالح؛ احتيال ورع . المواربة المباحة ادبياً نظراً لصلاح غايتها .

مداورة القانون تجنباً لاحكامه، في سبيل الدين او مصلحة المؤسسات الدينية : كالتحايل مثلا على قوانين الوقف mortmain للحيلولة دون وقوع الاراضي تحت سيطرة المؤسسات الدينية .

piacle اصطلاح قانوني عتيق معناه : جريمة شنعاء او فعل منكر .

piacular تكفيري

picaroon لص؛ سارق؛ ناهب

pick-lock اداة لفتح الاقفال بلا مفاتيح، يستعملها اللصوص احياناً لاغراض السرقة .

pick of land قطعة ارض ضيقة (محصورة في زاوية) .

pickpocket نشال؛ لص جيوب؛ طرار: يسطو على جيوب الغير او ثيابه ويستل منها ما وصلت اليه يده . من سرق الاشياء خفية من اصحابها بمغافلتهم وتحين فرصة ذهولهم، وانشغالهم عنه بما يلهيهم .

pickery [**قانون اسكتلندي**] سرقة بسيطة؛ سرقة اشياء تافهة

picket [**اضرابات العمال**] محرض على الإضراب؛ مراقب نفاذ الاضراب . من اقامته منظمة العمل على مدخل مكان الاضراب ليؤثر في العمال ويحملهم على ترك العمل ومسايرة الاضراب .

picketing وضع اعضاء اتحاد العمال على جميع مداخل المصانع او الاماكن المشمولة بالاضراب لمراقبة العمال غير المضربين وإبلاغ خبرهم والتحريض على رفض العمل في المحلات المذكورة .

pickle or **pycle** قطعة ارض صغيرة؛ قسيمة مسيجة او مسورة

piece جزء؛ قطعة؛ كسرة؛ شريحة او شرحة

[**كفعل**] يجمع خيوط (دليل)؛ ينظم حلقات (قصة او جريمة) من روايات او اجزاء او وقائع مختلفة .

piece work عمل بالقطعة: العمل الذي يتقاضى العامل اجرته عليه باعتبار ما ينجزه منه لا ما يصرفه عليه من وقت .

pier رصيف مائي، يمتد من اليابسة الى داخل البحر او البحيرة او النهر؛ أسكلة

pierage رسم رصيف يستوفى ممن استعمل الرصيف لشحن او تفريغ او غير ذلك .

pious fraud غش تقي؛ احتيال للخير او في سبيله. (راجع *pia fraus*)

pipe line خط انابيب: سلسلة من مواسير متصلة تستعمل لنقل الزيوت البترولية او الغاز او الماء.

Pipe Rolls سجلات مالية قديمة اودعت الخزانة البريطانية. سميت كذلك لانها انبوبية الشكل: وهي عبارة عن لفائف من الرق (الجلد الرقيق المعد للكتابة) متسلسلة عددها ٦٧٦، دونت فيها كشوفات تفصيلية بعوائد الملك من سنة ١١٥٦م الى١٨٣٣م خلا السنين الواقعة بين سنة ١٢١٦م و ١٤٠٣م. تعتبر هذه اللفائف اقدم مجموعة سليمة من السجلات في انكلترا.

piracy [**مواد جنائية**] قرصنة؛ لصوصية بحرية. جريمة السلب بالاكراه في اعالي البحار دون حق او سلطة مشروعة. يطلق الاصطلاح ذاته احياناً على جريمة انتحال الملكية الادبية او الفنية او التعدي على ما للغير من حقوق طبع او نشر؛ وكذا القيام، دون حق، باقتباس الآثار الفنية او الادبية عن الغير ونسبتها للمقتبس نفسه.

pirate قرصان؛ لص بحري؛ قاطع بحر: يسطو على اموال الغير في اعالي البحار ويسلبها بالاكراه دون حق او سلطة مشروعة.

piratically يرد هذا الاصطلاح في لوائح الاتهام القائمة على افعال القرصنة.
قرصنة منه او انتحالا. (راجع piracy)

piscary حق صيد بحري

pistol مسدس

pit فجوة؛ حفرة؛ يراد بها احياناً بطن المنجم او المحجر الذي تقطع منه المعادن او الحجارة.
[**قانون اسكتلندي قديم**] فجوة في الارض كانت تملأ بالماء وتستعمل لاغراق النساء المحكوم عليهن بالاعدام.

pit and gallows [**قانون اسكتلندي قديم**] فجوة ومشنقة او حق الفجوة والمشنقة؛ وهو الحق الذي سمح بموجبه الملك الاسكتلندي Malcolm لكل فرد من افراد رعيته اذا امسك بسارق ان يعدمه شنقاً او إذا امسك بسارقة ان يغرقها في فجوة ماء. (راجع pit)

pith لب او لباب؛ خلاصة؛ جوهر

pitiable; pitiful يدعو الى شفقة؛ يرثى له، يستأهل الازدراء او الاحتقار

pitiless عديم الشفقة؛ مجرد من الرأفة

pix or **pixing** فحص النقد المعدني لتحقق سلامته وخلوه من الغش وتوافر المقادير المعدنية الصحيحة فيه.

pix jury [**قانون انكليزي قديم**] **هيئة محلفي فحص النقد**؛ هيئة محلفين خاصة كانت تؤلف قديماً في لندن ويختار اعضاؤها من صاغة المدينة لفحص النقد المعدني وتحقق صحته واعطاء القرار في ذلك.

placard منشور مكبر: يكتب على جانب من الورقة دون الآخر، ليلصق او يعرض في مكان مناسب.

placate يسترضي؛ يرضي؛ يصالح؛ يخفف من حدة شيء او مقاومته او (كما تستعمل في الولايات المتحدة) يشتري سكوت الغير بالمال.

place محل؛ مكان؛ موقع؛ موضع؛ مركز؛ مقر

place lands اراض ممتدة على جانبي الخطوط الحديدية يحظر دخولها على العامة وتمنح بسبيل المساعدة والتشجيع شركات السكك الحديدية المختصة كي يستعملها موظفوها لاغراض الشركة.

place of business مركز عمل

place of contract محل العقد: مكان او بلد ابرامه الذي تحكم قوانينه جميع الامور المتعلقة بصحة ذلك العقد وتنفيذ احكامه.

place of delivery مكان التسليم (تسليم البضاعة المتفق على ارسالها).

placeman مأمور عمومي: لا يكلف حلف يمين الوظيفة الملزم بحلفها الموظف الرسمي officer.

placer [**مواد التعدين**] طمي معدني. رواسب او اتربة او صخور منحلة (سطحية).

placer claim (حق) امتياز تعدين سطحي لاستنباط الـ placer. (راجع الكلمة الاخيرة عالياً)

placer location حق تعدين سطحي يكتسب بالسبق الى اكتشاف موقعه وتسجيله حسب الاصول.

placit ارادة ملكية؛ مرسوم

placita communia دعاوى مدنية: بين مواطن وآخر

Placita Coronæ دعاوى التاج: قضايا الجرائم والجنح التي يكون فيها الملك خصماً مطالباً بالحق العام نيابة عن الشعب.

placita juris احكام القانون

plan [كاسم] خطة؛ رسم؛ مسقط أفقي؛ تصميم؛ خريطة؛ اسلوب؛ نهج؛ ترتيب؛ تدبير

plane سطح مستو، سهل؛ منبسط

planned economy اقتصاد موجه او مرسوم

planning تخطيط؛ رسم (خطة) او وضعها

plant منشآت آلية: البناء والمعدات الآلية اللازمة للانتاج المطلوب.
[كفعل] اصطلاح دارج (غير فني) معناه: يخفي بضاعة مسروقة. يضع شيئاً من التبر (تراب الذهب) في ارض تعدين أملا في ان يجد مشترياً لها بالسعر المطلوب.

plantation مزرعة؛ مستنبت

plat or **plot** قطعة ارض (صغرى). خريطة ارض عمرانية مقسمة الى قسائم وشوارع وازقة وما الى ذلك من مستلزمات العمران.

play-debt دين قمار: يترتب على الشخص للغير نتيجة مقامرة.

plea [قانون عام] دفع. جواب المدعى عليه على دعوى المدعي؛ لائحة جوابية يبسط فيها المدعى عليه الاسباب التي تقتضي رد الدعوى او رفض طلب المدعي.
حجة (بمعنى عذر يحتج به). اعتراض، نحو: plea to the jurisdiction دفع بعدم الاختصاص او اعتراض على اختصاص المحكمة (من المدعى عليه).
[قانون انكليزي قديم] دعوى، نحو: سلطة نظر الدعوى power to hold pleas.

— affirmative plea دفاع يقوم على واقعة واحدة او ظروف عدة هدفها اثبات واقعة واحدة تكفي (لو امكن اثباتها) لتقويض دعوى المدعي.

— anomalous plea جواب حائر او شاذ: يتقلب بين السلب والايجاب.

— bad plea جواب عبث (يشذ عن موضوع الدعوى). دفع واه او معيب (من حيث الموضوع او الشكل).

— common pleas دعاوى مدنية: دعاوى حقوق شخصية يرفعها الاشخاص بعضهم على بعض، ولا يكون فيها مجال للحق العام؛ تقابلها الدعاوى الجنائية او دعاوى الحق العام Pleas of the Crown او criminal cases.

— counter-plea جواب او دفاع مقابل: قوامه موضوع فرعي يمت الى موضوع الدعوى الاساسي بصورة تبعية او غير مباشرة.

placitator [قانون انكليزي قديم] مرافع؛ واضع لائحة الدعوى (بمعنى pleader).

placitory يتصل بالمرافعة او وضع لوائح الدعوى.

placitum لهذه الكلمة معان عدة متباينة ابرزها ما يأتي: اتفاق الاطراف المعنيين او تعاقدهم على امر معين.
إرادة ملكية او مرسوم
قرار محكمة
محكمة عادية؛ محكمة اقطاعية
اجراء قانوني او دعوى امام محكمة
غرامة
مرافعة او دفاع
[قانون انكليزي قديم] جمعية عامة او مجلس شورى عام يتألف (برئاسة الملك) من رجال يمثلون جميع طبقات الشعب للبحث في بعض شؤون الدولة الخطيرة.

plagiarism انتحال الملكية الادبية: سرقة ما للغير من مؤلفات أدبية او آراء او افكار فنية او علمية وايهام الناس بانها للمنتحل ومن انتاجه.

plagiarist من انتحل مؤلفات الغير وبنات افكاره ونشرها بادعاء كونها له.

plagiarius سارق اشخاص: يرتكب خطف الاشخاص (ذكوراً او اناثاً).

plagium سرقة الاشخاص او خطفهم

plague طاعون؛ وباء؛ آفة

plain واضح؛ جلي؛ بين الادراك؛ بسيط

plainclothesman شرطي سري (في اللباس المدني)؛ موظف مباحث

plaint شكوى؛ دعوى؛ أخصها دعوى الطعن في صحة وصية.

plaintiff المدعي؛ مقدم الدعوى: من طالب الغير بشيء معين.

— involuntary plaintiff مدع مرغم: من ألزم بالانضمام الى الدعوى كمدع رغماً عنه.

— use plaintiff مدع مستفيد: من رفعت الدعوى لمصلحته.

plaintiff in error المدعي بالغلط: الخصم الذي يستصدر امراً بمراجعة الحكم نظراً لما انطوى عليه من غلط.

plea of *nolo contendere* جواب تكون له آثار الاقرار بالذنب plea of guilty فيما يتعلق باجراءات الاتهام لكنه يقتصر على الاجراء الجنائي ولا يترتب عليه اي التزام مدني في دعوى مدنية تنشأ عن ذات الجرم .

plea of pregnancy (راجع pregnancy, plea of)

plea side جانب مدني؛ دائرة مدنية . يسمى كذلك اذا كان للمحكمة المعنية دائرتان احداهما مدنية تختص بالدعاوى المدنية plea side والاخرى جنائية .

plead يجيب؛ يرافع؛ يحتج (بـ)؛ يقدم لائحة جوابية على ادعاء المدعي او التهمة الموجهة اليه (حسب الاحوال) .

من معانيها الاخرى الدارجة: يدافع (كمحام)؛ يحاج؛ يدعي: يتوسل (الى)؛ يتمسك؛ يعتذر (بـ)، نحو: he pleaded ignorance احتج بالجهل .

plead a statute يحتج بقانون: يبسط الوقائع التي من شأنها جعل الدعوى في نطاق قانون (برلماني) معين . يستشهد بقانون معين باعتباره النص القانوني المنطبق على وقائع الدعوى .

plead issuably يجيب بما يثير نقطة نزاع موضوعية، سواء كان في نطاق القانون او الواقع .

plead over يعرض عن اغلاط الخصم، يتجاوز عنها ولا يستغلها .

plead to the merits يرافع في الموضوع؛ يجيب بما ينصب على موضوع الدعوى .

pleaded ادعى؛ جاوب؛ قرر؛ اعلن؛ احتج بـ؛ اعتذر؛ تمسك او دفع (بـ)

pleader محام يتولى اعداد لوائح الدعوى . يطلق هذا الاسم في انكلترا على المحامي المبتدىء في نقابة محامي القانون العام Common-Law Bar .

— special pleader [في انكلترا] مستشار قانوني خاص، مهمته ابداء الرأي فيما يعرض عليه من بيانات شفوية او كتابية واعداد اللوائح في القضايا المدنية والجنائية ذات الاهمية الخاصــة .

pleading تقديم المذكرات من الخصوم او تبادلها . مرافعة دفاع؛ اقامة الحجة على الادعاء بالواقع .

لائحة ادعائية او جوابية (رسمية) يوجهها الخصم لخصمه . واللوائح والمذكرات التي يتبادل فيها الخصوم الردود والادعاءات تسمى pleadings .

— articulated pleading مذكرة مبوبة او مرتبة في فقرات تسلسلية .

— dilatory pleas (راجع dilatory)

— foreign plea دفع اعتراضي؛ دفاع يعترض به المدعى عليه على ولاية القاضي بحجة كونه لم ينظر الموضوع سابقاً

— negative plea دفع سلبي: لا يتعرض فيه المدعى عليه لجميع النقاط الواردة في لائحة الدعوى بل يحتسب عليه مسألة واحدة لا تستقيم دعوى المدعي بدونها .

— peremptory plea دفع فاصل؛ جواب بات: يكون على العكس من الـ dilatory plea اذ يتناول جوهر موضوع الدعوى ويهدف الى حصر وجوه النزاع في سبيل الوصول الى قرار حاسم دون تأخير .

— pure plea دفاع قائم بكليته على مسألة خارجة عن موضوع الدعوى: كالاحتجاج بسبق تسديد الحساب المطلوب او الاتفاق على تمام الاداء او ما الى ذلك مما يهدف به المدعى عليه الى ابراء ذمته من موضوع المطالبة .

— sham plea دفاع تمويهي: يستند الى امر مختلق او معد في حذق ودهاء يهدف الى الايقاع بالخصم او تأخير سير الدعوى .

كل دفاع سليم من حيث الظاهر وكاذب في جوهره وباطنه .

plea in abatement طعن في صحة الاجراء يهدف لاسقاط حق المدعي في الملاحقة بحكم اخلاله ببعض الشكليات . وهذا لا يعمل به حالياً نظراً لامكان التصحيح .

plea in bar دفع موضوعي دامغ: يلتمس رد الدعوى نهائياً، اذ ينصب على صميمها ويهدف الى هدمها من اساسها ويسمى ايضاً peremptory plea .

plea in discharge جواب ابراء ذمة: يعترف فيه المدعى عليه بان المدعي كان له عليه (في السابق) دين او سبب لدعوى ثم يثبت سقوط هذا السبب نظراً لانه ادى ما عليه او اتفق مع المدعي على ما يقوم مقام الاداء او على غير ذلك مما ابرأ ذمته من الحق موضوع الدعوى .

plea in reconvention دفاع يثير به المدعى عليه موضوعاً جديداً لا لدحض الدعوى بل لمواجهتها بادعاء مقابل او شكوى مقابلة .

plea in short by consent جواب اجتزائي: خلاصة الدفاع الذي يرتكز عليه المدعى عليه .

plea of confession and avoidance (راجع plea in discharge)

plea of guilty جواب اقرار بالذنب

plebs [قانون روماني] العامة ، عامة الشعب ؛ المواطنون بوجه عام

pledge رهينة وفاء . رهن المنقول لدى الدائن المرتهن ضماناً للوفاء. يرهن ؛ يودع كرهينة ضماناً لاداء دين او القيام بالتزام .
الشيء المرهون الذي يحفظ لدى الدائن تأميناً له على دينه .
والفرق بين pledge و mortgage هو ان حق ملكية المرهون لا ينتقل في اول هذين الرهنين الى المرتهن بل يبقى في الراهن (المدين)؛ بينما ينتقل هذا الحق في الرهن الثاني الى الدائن المرتهن حالا . كما انه لا حاجة بالمرتهن في الـ mortgage الى حيازة المرهون لضمان حقه فيه؛ اما في الـ pledge فلا بد للمرتهن من الحيازة . واذا عجز المدين عن الاداء في الـ mortgage انتقل المال المرهون برمته، حسب القانون العام، الى المرتهن؛ بينما في الـ pledge ، يباع المرهون ولا يصيب الدائن من حاصل البيع الا مقدار ما له على المدين .
كذلك فان الـ mortgage هو تصرف مشروط بعدم الاداء في التاريخ المعين، بينما لا يعتبر الـ pledge تصرفاً في حد ذاته ولا يكون افتكاكه مربوطاً بتاريخ معين .

pledgee مرتهن: حفظ لديه الشيء المرهون ضماناً للوفاء بدينه. راهن (راجع pledgor)

pledgery كفالة (الغير) : تقبل المسؤولية عنه اذا قصر في اداء ما عليه .

pledges [قانون انكليزي قديم] كفلاء الدعوى؛ الاشخاص الذين كانوا يذيلون ورقة الدعوى باسمائهم اشعاراً بكفالتهم لها .

pledges to restore [اجراءات انكليزية] كفلاء رد؛ اذا اراد الدائن ان يوقع حجزاً على اموال غائب لدى شخص مقيم في البلاد، كان على هذا الدائن اولا ان يجد pledges to restore كفيلين من ذوي الاملاك يتعهدان برد المال المحجوز عليه اذا عاد الغائب او من يمثله واثبت بطلان ادعاء الدائن.

pledgor ; pledger راهن (مدين): من رهن شيئاً لدى دائنه ضماناً لاداء ما عليه .

plena ætas [قانون انكليزي قديم] سن الرشد . البلوغ

plena probatio [قانون مدني] اثبات كامل؛ الاثبات بشاهدين كاملي الاهلية .

plenarty [قانون انكليزي] امتلاء؛ انشغال . كون الحق او الشيء المعني منشغلا بصاحبه (لا شاغراً) .

plenary كامل؛ تام؛ مطلق؛ غير مشروط

plenary confession اعتراف تام

وضع الجواب في فقرات مرقمة وقصر كل فقرة على واقعة من الوقائع المراد عرضها باللائحة .

double pleading [فيما يتعلق بدعوى المدعي] ادعاء مزدوج؛ لائحة دعوى تتضمن طلباً واحداً يستند الى وقائع عدة يكفي كل منها لاثبات الدعوى .
الجواب الذي يستند الى نقاط تختلف عما ورد في الاجوبة السابقة .

— **special pleading** جواب خاص: يكون ذا طابع خاص يميزه عن غيره من الاجوبة العادية .

pleadings مذكرات؛ لوائح؛ مرافعات؛ ادعاءات؛ ردود رسمية يتبادلها الخصوم في الدعوى ويعرف كل منها باسم خاص حسب الترتيب التالي:

— **declaration** ١ – الادعاء (صحيفة الدعوى) : المذكرة الاولى التي يقدمها المدعي ضد المدعى عليه .

— **plea** ٢ – اللائحة الجوابية الاولى: التي يجيب بها المدعى عليه على الـ declaration .

— **replication** ٣ – رد المدعي: اي رده على الـ plea .

— **rejoinder** ٤ – جواب المدعى عليه الثاني: اي جوابه على الـ replication .

— **surrejoinder** ٥ – رد المدعي الثاني: رده على الـ rejoinder .

— **rebutter** ٦ – جواب المدعى عليه الثالث: اي رده على الـ surrejoinder .

— **surrebutter** ٧ – رد المدعي الثالث اي رده على الـ rebutter .

اما الاجوبة والردود التالية فليست لها اسماء خاصة تعرف بها .

Pleas of the Crown دعاوى التاج : الدعاوى التي يدخل فيها الملك خصماً ممثلا للحق العام، وهي الدعاوى الجنائية .

pleas roll سجل مذكرات: تحفظ فيه جميع لوائح الدعوى ومذكراتها حسب ترتيب ورودها .

plebeian احد العامة (عامة الشعب)

plebeity or **plebity** العامة؛ العوام؛ الطبقة السفلى من الشعب

plebiscite [قانون دولي] استفتاء شعبي، يستفتى فيه جميع افراد الشعب في بعض الامور العامة . دعوة الشعب (الرأي العام) الى التعبير عما يخالجه في مسألة معينة بالتصويت عليها .

plenary suit الدعوى التي لا تستقيم اجراءاتها الا اذا استوفت جميع مقتضياتها القانونية؛ بحيث اذا خولفت منها جزئية واحدة اعتبرت كلها باطلة .

plene تماماً؛ كلياً؛ بصورة كاملة؛ بما فيه الكفاية

plene administravit «اكمل الادارة» . يحتج مدير التركة ، اذا قام مطالب له ، بأنه «اكمل الادارة» ولم يبق لديه من الاصول ما يكفي لسداد اي دين .

plene computavit «أوفى بالحساب»؛ «أداه كاملا» : جواب المدعى عليه في دعوى المحاسبة بانه ادى ما عليه كاملا .

plenipotentiary مفوض؛ ذو سلطة تامة تؤهله للقيام بعمل معين؛ منتدب عن الغير انتداباً كاملا لينوب عنه في القيام بشأن معلوم .

[**قانون دولي**] (وزير) مفوض؛ موفد دبلماسي يلي السفير مباشرة من حيث المرتبة الدبلماسية .

plenipotentiary ملكية تامة : تجمع بين ملكية المال وحيازته مع حق الاختصاص بكامل منافعه .

plenum كامل؛ تام؛ كلي؛ اجمالي؛ ممتلىء

plevin ضمان؛ تأكيد

plight كلمة دارجة غير فنية ترد (حسب الاحوال) في اي من المعاني التالية : حالة يائسة؛ محنة؛ مأزق؛ ورطة . عهد؛ ارتباط

[**كفعل**] يعاهد؛ يرتبط بوعد

[**قانون انكليزي قديم**] مال عقاري . حق انتفاع او نصيب لارملة تعيش عليه بعد وفاة زوجها .

plottage [**تخمين الاراضي**] قيمة اضافية تقدر للقسائم الواقعة في المدن بحكم تلاصقها وامكان استغلالها للمشاريع العمرانية الكبرى .

plow-land ارض قابلة للحرث؛ مساحة من الارض يكفي لحرثها محراث واحد .

plunder ينهب (اموالا منقولة)، يسلبها بالاغارة على الاشخاص او المحلات وانتزاعها رغماً عن اصحابها او بسبب حرب غير مشروعة .

[**كاسم**] غنائم؛ اسلاب؛ ما يغنم من عدو (في حرب) من اموال منقولة .

plunderage سلب او اسلاب . يرد هذا الاصطلاح في القوانين البحرية بمعنى اختلاس بحري (اي اختلاس شحنات السفن) او للدلالة على الاموال ذاتها المأخوذة من السفن بطريق الاختلاس .

plunge [**كفعل**] يغرق (في قمار او مديونية) : (اصطلاح غير فني دارج) .

plunger مقامر؛ مغامر (اصطلاح عامي) .

plural (صيغة) الجمع؛ ما زاد على الواحد

plurality تعدد؛ كثرة؛ اغلبية؛ زيادة عددية

[**قوانين الانتخابات**] زيادة الاصوات التي نالها احد المرشحين على ما ناله اي مرشح آخر . واذا كان المرشحون اكثر من اثنين، فحصول احدهم على الـ plurality لا يعني حصوله على الاكثرية ما لم يزد عدد ما ناله من الاصوات على نصف مجموع الاصوات المعطاة .

— nominal plurality — تعدد اسمي

plures cohæredes sunt quasi unum corpus propter unitatem juris quod habent اذا تعدد المتضامنون كانوا بحكم اتحادهم في الحق كأنهم جسد واحد .

pluries غالباً؛ في اكثر الاحيان

اذا ورد هذا الاصطلاح مسبوقاً بكلمة writ دل على الامر القضائي الثالث الذي يوجه بعد الامر الثاني alias writ لمن لم يذعن لامرين سابقين .

pluries fi. fa امر قضائي (تكراري)، تصدره المحكمة بعد امتناع المكلف عن الاذعان لامر سابق .

pluris petitio [**اجراءات اسكتلندية**] تجاوز المستحق في المطالبة

plus petitio [**قانون روماني**] المطالبة بما يتجاوز المقدار العدل .

plus valet unus oculatus testis quam auriti decem شاهد عيان واحد خير من عشرة شهود سماع؛ (شاهد العيان من شهد بما رأى وشاهد السماع من شهد بما سمع).

plus vident oculi quam oculus عيون عدة ترى خير من عين واحدة .

plutocracy حكومة الطبقة الغنية؛ الحكومة التي يهيمن عليها عدد من الاثرياء .

poach ; poaching [**جرائم الصيد**] اصطلاح دارج يقصد به الاعتداء على ارض الغير او اقتحامها للصيد .

pœna عقوبة؛ قصاص؛ حد؛ جزاء؛ غرامة

pœna ad paucos, metus ad omnes perveniat اذا عوقب القليلون استولى الرعب على الجميع .

مؤقتة عندما يثيرها احد الخصوم وتترك تدقيق اعتبارها والتروي فيه الى جلسة تالية جديدة يطلبها الخصم ذو الشأن . واذا بدا لها في هذه الجلسة خطأ قرارها الاول امكنها ان تلغيه .

pointless لا معنى له؛ بلا هدف؛ لا طائل تحته

poison سم

Polar Star Rule قاعدة النجمة القطبية : مبدأ مرعي عند تفسير المحررات يستلزم جعل الاعتبار الاول لما يقصد اليه المنشيء حسبما يفهم من منصوص المحرر ، شرط ان لا تعارض قصده احكام القانون او السياسة العامة .

pole قياس مسافة ، مقداره خمس ياردات ونصف . قطب

polemic جدلي؛ محل جدل او محاجة

police شرطة؛ درك؛ رجال أمن

— administrative police شرطة إدارية : تعود اليها مهام المحافظة على النظام العام في البلاد .

— criminal police شرطة جنائية؛ ضابطة جنائية : مهمتها بالدرجة الاولى منع الجرائم (حيث لا تستطيع الشرطة الادارية منعها) بمعاقبة فاعليها .

— judicial police شرطة قضائية؛ ضابطة عدلية

Police Court [في بعض الولايات المتحدة الاميركية] محكمة بوليس ، لها اختصاص جزئي في الجرائم البسيطة والجنح وسلطة القاضي المحقق في الجرائم ، واختصاص محدود في الدعاوى المدنية .

police de chargement وثيقة شحن

police justice قاضي بوليس ، لا يختلف من حيث الاختصاص عن الـ justice of the peace الا في كونه لا يمارس اي اختصاص مدني .

police magistrate قاضي بوليس : له اختصاص جزئي يتناول الجرائم البسيطة والمخالفات المتصلة بانظمة البوليس . سمي كذلك تمييزاً له عن القاضي المدني civil magistrate المختص بالدعاوى المدنية .

police officer ضابط شرطة او بوليس

police power سلطة الامن العام : السلطة التي تمارسها الدولة وتملك بها السيطرة على الافراد والاملاك وتستطيع منع ما من شأنه مضارة المجتمع في راحته او امانه او صحته او مصلحته .

police regulations لوائح أمن عام؛ لائحة شرطة

pœna corporalis عقوبة بدنية : تنصب على الجسم مباشرة كالجلد وما اليه .

pœna ex delicto defuncti hæres teneri non debet لا يلزم الوارث بعقوبة ترتبت على جرم ارتكبه المتوفى : اي ، لا يؤخذ الخلف بجرم السلف .

pœna suos tenere debet لا يلزم بالعقاب غير المذنب نفسه .

pœna tolli potest, culpa perennis erit قد تزال (او تزول) العقوبة اما الجرم فلا زوال له .

pœnalis جزائي؛ عقابي

pœnitentia ندم على امر؛ تبديل الانسان لفكره؛ رجوعه عن اتفاق او عهد قطعه على نفسه .

poinding [قانون اسكتلندي] الحجز على اموال مدين (بناء على حكم محكمة) وبيعها لاستيفاء الدين من حاصل البيع ؛ يقابله ما يسمى distress في القانون الانكليزي . وهو على انواع ثلاثة :

١ — real poinding — حجز عقاري يضع بموجبه الدائن يده على عوائد ايجار الارض المضمون بها دينه ويحتجز منها او مما عليها من المنقول ما يكفي لسداد ذلك الدين .

٢ — personal poinding — حجز شخصي؛ توقيع الحجز على منقولات المدين وبيعها قضائياً واداء الدين من عوائد البيع ، فاذا لم يتوافر مشتر لها آلت الى الدائن وفاء بدينه .

٣ — poinding of stray cattle — احتباس الماشية الضالة المفسدة للزرع حتى يقوم صاحبها بجبر الخسارة التي جرتها على المحتبس .

point نقطة؛ موضوع (بحث او جدل)

point-blank مسدد الى (بمعنى موضوع صوب شيء)؛ افقياً؛ رأساً؛ مباشرة . صراحة؛ بلا مداراة او مداورة

point of honour مسألة شرف : تقوم على الشرف او تتصل به .

point of view وجهة نظر

point reserved نقطة محفوظة . اذا صادفت المحكمة اثناء السير في الدعوى نقطة قانونية مهمة او عويصة، ولم تك واثقة بما يجب ان تصدره من حكم، جاز لها ان تحتفظ بالنقطة may reserve the point اي ان تقررها بصورة

توجد فيه للمؤمن اية فائدة تستأهل التأمين او لا يكون بموجبها للمذكور في موضوع التأمين مصلحة ولا ينتظر ان تلحقه فيه اية خسارة من الحادث او الخطر المؤمن ضده وان لم تقم هذه الوثيقـــة .

policy holder صاحب الوثيقة (وثيقة التأمين)، حاملها

policy loan سلفة وثيقة تأمين: السلفة التي تعطى لحامل وثيقة التأمين على الحياة دون ان تفرض عليه اية التزامات خاصة فيما يتعلق بادائها .

policy of insurance وثيقة تأمين؛ لائحة شروط تأمين

policy of the law سياسة القانون، اتجاهه: نظره الخاص الى بعض الاعمال والتصرفات والاتفاقات وعدم اقراره لها لما يراه من اسباب، كمنافاتها للاخلاق مثلا او المصلحة العامة او غير ذلك مما يتضح معه اتجاه القانون وتنجلي معاييره للامور .

politic [كنعت] عاقل؛ بصير؛ حكيم . لائق

— body politic مجموعة سياسية . دولة

political سياسي؛ يتصل بادارة شؤون الدولة؛ خاص بها

political arithmetic حساب سياسي، فن تقدير متعلقات الشعوب: حساب الاشياء المتصلة بالامة والعائدة اليها، كايراداتها وقيمة اراضيها ومنتوجاتها ومصنوعاتها واحصائياتها وما الى ذلك .

political committee لجنة سياسية: تتألف من ثلاثة اشخاص او اكثر للعمل على ضمان انتخاب مرشح او اسقاط آخر او لاي غرض سياسي .

political corporation مؤسسة سياسية: كالمجالس البلدية والوكالات السياسية والهيئات الرسمية التي تنشأ لممارسة بعض السلطات الادارية الخاصة .

political economy اقتصاد سياسي: علم بيان القواعد التي ينبغي للمواطنين ان يسيروا بموجبها ليستطيعوا بأقـــل ما يبذلون من جهد ان يصيبوا أجزل ما يلزمهم من منافع ويوزعوه بالعدل ويستهلكوه بالحكمة والتدبير .

العلم الذي يبسط طرق انتاج الثروة وتوزيعها واستهلاكها ويبين القوانين والاحوال الاقتصادية والصناعية والقواعد والمبادىء التي تحكم الايجارات والاجور ورأس المال والعمل والمبادلات والنقود والسكان وما الى ذلك . او، بعبارة اخرى، العلم الذي يتناول قواعد تدبير ايرادات الامة وادارة مواردها ومرافقها المنتجة وامكانياتها العمالية وتنظيمها .

political law قانون سياسي: يعالج اصول السياسة او تنظيم الحكومات وادارتها .

police supervision رقابة شرطة: تقتضي المراقب ان يعلم مخفر الشرطة المختص بمحل اقامته وبتغييره عند الحاجة وان يثبت وجوده في المخفر مرة في اليوم او الاسبوع او الشهر، حسب الاحوال وشروط المراقبة .

policy سياسة؛ خطة؛ اتجاه

[شؤون التأمين] عقد او وثيقة تأمين؛ لائحة شروط تأمين

— blanket policy تأمين حرام (بطانية): وهو تأمين ضد الحريق ينشأ باعتبار كون الخطر المؤمن منه متنقلا او متقلباً، ولا يقف عند شيء واحد او مادة واحدة بل يغطي نوعاً او طبقة من المال تعتبر جميع موادها مشمولة بالتأمين من خطر الحريق حيث كانت .

— class of life insurance policies وثائق تأمين (طبقي، مرتبي) على الحياة تعطى لاشخاص من سن واحدة او تقوم على شروط واعتبارات واحدة .

— endowment policy وثيقة تأمين مختلط: يلتزم بها المؤمن دفع مبلغ التأمين (المؤمن به) الى الشخص المؤمن له عند بلوغه سناً معينة او الى ورثته او مستفيد beneficiary معين في حال وفاته قبل بلوغ السن المذكورة .

— floating policy وثيقة عائمة؛ وثيقة اشتراك تأمين: وثيقة اطلاقية لا تتضمن تحديداً للاشياء المؤمن عليها . سميت ايضاً وثيقـــة اشتراك لان المؤمن له يعتبر بمثابة مشترك لدى المؤمن . كذلك يطلق الاسم ذاته على وثيقة التأمين ضد الحريق اذا شملت جميع الاشياء الموجودة في العمارة موضوع التأمين عند وقوع الحريق .

— mixed policy وثيقة تأمين حصري: وثيقة تأمين بحري تحدد الزمن الذي يشمله التأمين ضد الخطر المعني والرحلة المشمولة بالتأمين .

— open policy وثيقة تأمين مفتوحة: لا تحدد قيمة الشيء المؤمن عليه بل تترك تحديدها الى حين وقوع الخسارة .

— paid-up policy [مواد التأمين على الحياة] وثيقة تأمين مستوفاة، لا تدفع عليها (للشركة) اية اقساط تأمين سنوية اخرى .

— public policy (راجع باب public)

— time policy وثيقة تأمين موقوتة: هي في الغالب وثيقة تأمين ضد الحريق تحدد الزمن المشمول بالتأمين .

— valued policy (راجع باب valued)

— voyage policy وثيقة تأمين رحلة: وثيقة تأمين بحري تشمل رحلة معينة دون سواها .

— wager-policy وثيقة تأمين، يؤمن فيها على شيء لا

الرجل عن علم وقصد منه بثلاث نساء او اكثر في آن واحد او تزوج المرأة عن علم وقصد منها بثلاثة رجال او اكثر في آن واحد بحيث يكون الرجل زوجاً لثلاث نساء او اكثر على قيد الحياة او تكون المرأة زوجة لثلاثة رجال او اكثر على قيد الحياة؛ او، بعبارة اخرى، الزواج على زواجين او اكثر. والمتزوج على هذا النحو هو polygamist .
(راجع bigamy للمقارنة)

pond بركة (ماء راكد)، سواء كان لها مصرف لخروج الماء او لم يكن .

ponderantur testes, non numerantur الشهود يوزنون لا يعدون : اي ان العبرة بقيمة شهاداتهم لا بعددهم .

ponendis in assisis امر قضائي قديم لتكليف عامل الملك sheriff تحضير هيئة محلفين تتولى تقرير دعوى عقارية.

ponit se super patriam [قضايا جنائية] الجواب الذي يصدره المدعى عليه او المتهم اذا اراد نفي الذنب عن نفسه او عدم الاقرار بما أسند اليه، ومعناه الحرفي «يضع نفسه على البلاد» . اي يفوض امره – او يحتكم – الى الامة (ممثلة في هيئة المحلفين)؛ ويختصر هذا الجواب عادة بالعبارة *po. se* .

pontage [قانون انكليزي قديم] ضريبة اصلاح الجسور او رسم عبورها .

pool اتحاد في سوق مالية .
انضمام عدة اشخاص او شركات تنتج او تتعامل في ذات السلع وتوحيد سلعها او منتجاتها (من حيث المادة والنوع) وتجميعها في نطاق (او صندوق) واحد، توزع منه باسعار متساوية على اعتبارها سلعاً موحدة، وتقسم الارباح بين المشتركين كل بنسبة ما ساهم به في النطاق او الصندوق. وذلك منعاً للمنافسة بين التجار والمنتجين أو عملا على احتكار السلع او السيطرة على اسعارها .
[العاب القمار او اليانصيب] مجموع المبالغ التي يلعب عليها اللاعبون وتقسم على الفائزين منهم .

pooling contracts عقود او اتفاقات تدخل فيها شركات السكك الحديدية المتنافسة لتقسيم خدمات النقل فيما بينها أو توزيع الارباح المتجمعة في الصندوق المشترك على الشركات الاعضاء كل بنسبة ما قدم من الارباح .
تجميع الجهد او الانتاج او المال في نطاق او صندوق واحد لتصريفه على انسب وجه .

poor فقير؛ معوز: من انقطعت به جميع اسباب الرزق واصبح عالة (في معاشه) على المجتمع .

political offence جرم سياسي؛ فعل اجرامي يتصل باضطراب سياسي .

political party حزب سياسي: يتحد اعضاؤه في المبادىء والافكار والميول والاهداف السياسية .

political questions مسائل سياسية : ترفض المحاكم تقريرها او اعطاء الرأي فيها اجتناباً لمخالفة السلطات التشريعية او التنفيذية او مزاحمتها في اختصاصاتها .

politics السياسة: علم الحكومة او اصول الحكم . فن ادارة الشؤون العامة

polity شكل حكومة؛ كيان (او نظام) مدني؛ مجتمع منظم؛ دولة

poll يحصل (على عدد من اصوات)؛ ينال اصواتاً، يفرزها
يصوت (بمعنى يعطي صوته)
[اجراءات] يفرز اشخاصاً او يتبينهم فرداً فرداً . يفحص اعضاء هيئة محلفين (واحداً واحداً) ليعرف رأي كل منهم ومدى تأييده للقرار المعطى .
[كاسم] : رأس؛ نفس؛ فرد
سجل انتخاب تدرج فيه اسماء الناخبين . مجموع المصوتين في الانتخاب (ولا يدخل في هذا المجموع الاشخاص الممتنعون عن التصويت) .

poll-tax ضريبة رأس؛ ضريبة عددية: تستوفيها السلطات المختصة على كل فرد في دائرة معينة بصرف النظر عن احواله المالية.

pollicitation [قانون مدني] الايجاب؛ الجزء الاول من العقد . عرض معلق لا يبين فيه المعروض عليه رأيه سواء بالموافقة او الرفض . وللموجب (صاحب العرض) في هذه الحال ان يرجع فيما عرض، اذا لم يحدد للقبول أي موعد، شرط ان يكون رجوعه قبل صدور موافقة المعروض عليه .

polling the jury فحص اعضاء هيئة المحلفين (فرداً فرداً) لمعرفة مدى تأييد كل منهم للقرار الصادر عن الهيئة .

polls صناديق او امكنة اقتراع: يودعها الناخبون اصواتهم . رؤوس؛ نفوس؛ عدد افراد

pollute يلوث؛ يدنس؛ ينجس؛ يفسد

polyandry الضماد؛ تعدد الازواج: اتخاذ المرأة الواحدة لنفسها زوجين او اكثر في آن واحد . والمتزوجة على هذا النحو تسمى polyandrist .

polygamy تعدد الزوجات (او الازواج): تزوج

poor debtor's oath يمين المدين الفقير . اذا قبض على شخص لعجزه عن اداء دين عليه مستحق الاداء، سمحت له المحكمة في بعض الدعاوى والحالات الخاصة ان يحلف يميناً على انه لا يملك ما يكفي لسداد الدين، فاذا حلفهـا اخلي سبيله .

Poor Law قانون الفقراء . القانون الذي ينظم احوال الفقراء ويعين المساعدات الواجبة لهم وقواعد صرفها .

poor rate ضريبة فقراء: ما يستوفى لمساعدة الفقراء من ضريبة او رسم .

pop تعبير دارج غير فني، يرد بمعنى: رهن او يرهن، نحو: تحت الرهن in pop .

pop shots انفجارات (او طلقات) ملح البارود، المحدثة لتفجير الصخور .

Pope بابا: اسقف روما؛ رأس الكنيسة الكاثوليكية

populacy ; populace عامة؛ غوغاء؛ رعاع؛ دهماء

popular شعبي؛ مألوف؛ يمارسه (الشعب)، يميل اليه، يقدر عليه او في متناوله (بمعنى رخيص او زهيد السعر) .

popular sense مفهوم شعبي؛ معنى او مغزى عامي: معروف بين طبقات الشعب .

populiscitum [قانون روماني] قانون شعبي؛ كان يسنه الشعب باقتراح من احد (اعضاء مجلس) الشيوخ .

pornographic مناف للحشمة؛ شهوي؛ متهتك

porrecting ابراز (شيء) او تقديمه لفحص او مراجعة او تقدير ضرائب مستحقة عليه .

port ميناء؛ مرفأ؛ ثغر

— foreign port ميناء اجنبي

— free port ميناء حر: مفتوح لكل بضاعة (قانونية) ولوسق او تفريغ اية سفينة مهما كانت جنسيتها .

— home port ميناء اهلي: ميناء تسجيل السفينة او مقام مالكها .

port charges, dues or **tolls** رسوم عوائد او مكوس ميناء

port-greve كبير قضاة ثغر . القاضي الاول في بلدة تقع على ميناء .

port of delivery ميناء التسليم: الميناء الذي تنتهي به الرحلة .

port of departure ميناء القيام: ميناء الركوب او الشحن .

port of destination ميناء التوجه؛ ميناء الوصول؛ ميناء تسجيل السفينة

port of discharge ميناء التفريغ: اي تفريغ حمولة السفينة كلها او الجزء الاكبر منها .

port of entry ميناء الدخول: الميناء الجمركي الذي يقتضي القانون دخول البلاد منه (وتنشأ فيه المراكز الجمركية اللازمة) .

port-reeve or **port-warden** محافظ الميناء: المشرف على ادارتها وتطبيق لوائحها وانظمتها؛ وهذا لا يكاد يختلف من حيث الوظائف والمسؤوليات عن رئيس الميناء .

port-risks [تأمين بحري] مخاطر الميناء؛ الاضرار التي يخشى منها على السفينة اثناء وجودها في منطقة الميناء .

portatica [قانون انكليزي] الرسوم المستوفاة على السفن الداخلة في الميناء .

portend ينذر؛ ينبىء (بسوء)

porter بواب؛ حاجب؛ حمال

[قانون انكليزي قديم] حاجب تابع للمحكمة وظيفتـه القيام بحمل عصا تقليدية والسير بها امام القضاة او هيئة المحكمة .

portfolio وزارة، نحو: وزير بلا وزارة minister without portfolio .

وزير دولة

portio legitima [في المواريث] نصيب شرعي؛ سهم حق المولد؛ النصيب الفرضي الذي يعود على الوارث الشرعي في التركة بحكم القانون ولا تجوز الوصية بحرمانه اياه الا لاسباب قانونية وجيهة .

portion [في المواريث] سهم؛ نصيب؛ حصة

portionist صاحب (او ذو) نصيب او سهم (في تركة او توزيع)؛ مستحق ذلك

portoria رسوم موانىء . كانت تؤدى قديماً على البضائع الصادرة والواردة او تستوفى عند ابواب المدن .

positive وضعي؛ ثابت؛ قطعي؛ محض؛ محدد؛ واضح؛ ايجابي؛ مباشر

positive evidence دليل مباشر؛ بينة قطعية: من شأنها (اذا اجازتها المحكمة) ان تثبت صدق الواقعة محل النزاع او كذبها .

Positive Law قانون وضعي: قانون تشريعي وضعته السلطات التشريعية في البلاد. سمي كذلك نظراً لكونه موضوعاً ونافذاً بارادة السلطة المهيمنة وتمييزاً له عن الاحكام الاخرى التي ليست لها مراجع تنفيذ او تطبيق معينة، كمبادىء الاخلاق والشرف والكرامة وما اليها.

قانون مفروض من مراجع تشريعية مختصة.

positive wrong اساءة فعلية: ايذاء مفتعل: وقع من صاحبه قصداً.

posse احتمال؛ استطاعة؛ وسع

posse comitatus قوة الاقليم: مجموعة سليمي الاجسام من ذكور الاقليم باستثناء النبلاء ورجال الدين. ولل sheriff استنفار هؤلاء في سبيل الذود عن الاقليم ضد اعداء الملك او لتنفيذ امر ملكي.

— *in posse* في الامكان او الوسع

possess يحوز؛ يحرز؛ يحتل (شيئاً) احتلالا فعلياً، يسيطر عليه

possessed حائز (ارض): صاحب الانتفاع المجرد فيها والحيازة المادية الموقوتة او مالكها مهما كان شكل ملكيته وذلك حسب الاحوال ووجه استعمال الكلمة القانوني.

possessio حيازة

possessio bona fide حيازة بنية سليمة

possessio bonorum حيازة عروض

possessio civilis حيازة قانونية

possessio naturalis [قانون روماني] حيازة طبيعية لا تكون بناء على حق مشروع او بنية سليمة ولا تحميها اوامر الردع.

possessio pacifica per annos 60 facit jus حيازة الارض ستين سنة حيازة آمنة ترتب لحائزها حقاً فيها.

possession حيازة؛ احراز؛ استيلاء؛ سيطرة (على مال)؛ وهذا يختلف تماماً عن التملك seisin.

— actual possession حيازة فعلية: تقوم على الاحتلال الفعلي.

— adverse possession حيازة مناهضة: حيازة العقار حيازة فعلية والانتفاع به رغم ما يدعيه الغير فيه من حق. الحيازة التي يصطدم فيها حقان او اكثر.

— chose in possession شيء محوز، او مشغول (فعلا)

— civil possession حيازة مدنية؛ حيازة اعتبارية: وهي عكس الحيازة الفعلية، اذ تعني مجرد الاحتفاظ بالشيء رغم عدم شغله او احتلاله، بحيث اذا كان الشخص المعني in civil possession of a house فالقصد من هذا انه لا يشغل البيت بل يحتفظ به لنفسه إستناداً الى حق قانوني، ولا يرغب في النزول عن حيازته للغير.

— constructive possession حيازة تقديرية: لا تكون واقعية بل مقدرة تقديراً استناداً لحق صاحبها فيها.

— corporeal possession حيازة مادية: تكون بالحيازة الفعلية او مداومة الشخص على ممارسة حقه في الاستئثار باستعمال الشيء محل الحيازة.

— derivative possession حيازة حكمية: تعود لصاحبها بحكم احتلاله القانوني للشيء المعني او ماله من حق الحراسة عليه، لا تبعاً لملكيته، كحيازة المستأجر للمؤجر او المودع للوديعة.

— naked possession حيازة عارية: حيازة عقارية لا تستند الى اي حق ظاهر.

— unity of possession وحدة الحيازة؛ اتحاد حق الحيازة بحق التملك: وهذا ما يحصل اذا قام المستأجر الحائز مثلا بشراء المؤجر او ورثه عن المؤجر او صار له التفرغ عنه باي حال من الاحوال فاصبحت حيازته له بعد ذلك على اساس حق الملكية. ووحدة الحيازة ايضاً هي من اركان اجارة التضامن التي تكون فيها حيازة المستأجر بالتضامن عائدة لكل من المستأجرين معه على حدة ولجميعهم معاً.

— vacant possession حيازة شاغرة. يخلو العقار المؤجر، او تصبح حيازته شاغرة، اذا تخلى عنه المستأجر تماماً دون ان يترك وراءه شيئاً من معداته او منقولاته، بحيث لو ترك من ذلك اي شيء مهما قلت قيمته، لما اعتبرت الحيازة شاغرة.

possession, writ of (writ of possession) امر حيازة: امر قضائي يصدر لتمكين المدعي من حيازة العقار المعني بعد الحكم على خصمه بالتخلية.

possessor حائز؛ محرز؛ صاحب (الشيء المقصود)، المستولي او واضع اليد عليه.

possessor *bona fide* حائز سليم النية: الحائز بنية حسنة: من حاز شيئاً عن جهل منه بما ينطوي عليه حقه في الحيازة من عيوب.

possessor *mala fide* حائز سيىء النية؛ الحائز بنية سيئة: من حاز شيئاً عن علم منه لما ينطوي عليه حقه في الحيازة من عيوب.

possessory حيازي؛ يقوم على حيازة او يتصل بها.

possessory action دعوى حيازية: ترفع لاسترداد حيازة (مفقودة او معتدى عليها) او لاي سبب من اسباب الحيازة.

possessory judgment [اجراءات اسكتلندية] حكم حيازة؛ يخول من حاز الارض سبع سنين متوالية حق الاستمرار في حيازتها حتى يتقرر الحق فيها نهائياً بالطرق القانونية.

possessory lien امتياز حيازي: يعطي الدائن الحق في حيازة المال المرهون حتى يوفي مدينه الراهن بما عليه.

possibility احتمالي؛ مستطاع؛ ممكن؛ محتمل الحصول: قد يحصل او يتوافر لكن لا يجزم بحصوله او توافره.

رهن بحال او شرط قريب الاحتمال او بعيده: يعتبر قريب الاحتمال near (or ordinary) possibility اذا تعلق بحال ممكن، كايلولة المال بشرط وفاة شخص معين؛ ويعتبر بعيد الاحتمال remote (or extraordinary) possibility اذا تعلق بأمر عسير الوقوع، كأن يكون شرط ايلولة المال الى (علي) مثلا هو أن يتزوج (عليان) امرأة معينة وان تموت هذه المرأة وان يتزوج اخرى معينة.

— bare possibility; naked possibility مجرد احتمال؛ توقع الشيء بمحض الصدفة؛ توقع الحصول مثلا، على مال او وراثة شخص في المستقبل توقعاً لا يقوم على اي حق (فيما هو محل الامل) يعترف به القانون.

possibility of reverter احتمال الايلولة، احتمالا لا يعني قيام اي حق حالي للمتأمل في المال المعني، بل مجرد وجود احتمال في عودة ذلك المال اليه؛ من ذلك مثلا احتمال ايلولة الارض للمتصرف فيها اذا اخل المتصرف له بشروط التصرف.

possibility on a possibility احتمال على احتمال: احتمال بعيد: من ذلك ان يوصى مثلا «لسعد او مسعود ابني سعيد» بحق عقاري معين. وفي هذه الحال تترتب الايلولة على شرطين: ١) وجود ولد لسعيد على قيد الحياة؛ ٢) أن يكون اسمه سعداً او مسعوداً. ولما كان كل من هذين الشرطين احتمالا في حد ذاته، فالاثنان معاً هما احتمال على احتمال.

possidere pro herede [قانون روماني] حيازة تمارس اعتقادا من الحائز بانه وارث لها.

possidere pro possessore [قانون روماني] استيلاء كلي او جزئي على ميراث يمارسه الحائز وهو على بينة من انه لا يملك حقاً فيه.

post بعد؛ تال؛ تابع؛ عقب

post بريد؛ مركز؛ علامة (تسوية)

[كفعل] يلصق او يعلق. يودع (البريد) ينقل قيوداً الى دفتر استاذ ledger.

post-act فعل تال او لاحق

post-date يؤخر تاريخ محرر؛ يعطيه تاريخاً لاحقاً لتاريخ انشائه الحقيقي.

post-dated cheque شيك مقدم التاريخ: اي منظم ومقدم قبل تاريخه. مثل هذا الشيك يؤشر على وجهه غالباً بما يفيد عدم توافر قيمته في البنك قبل تاريخه: اي بما يفيد كونه غير قابل للقبض الا في التاريخ المبين او بعده، فاذا أبرز قبله لم يقبل.

post diem بعد اليوم: اي بعد التاريخ المحدد للاداء نحو: كان الدفع بعد اليوم المحدد له payment was *post diem* اي بعد تاريخ الاستحقاق.

post entry بيان لاحق. اذا كيلت العروض في الجمرك، بعد تقديم التاجر بيان كيلها (من قياس او وزن)، فبدا ان محتويات البيان هي اقل من الواقع، وجب على التاجر ان يقدم بياناً لاحقاً يحدد فيه مقدار الزيادة حسب الاوضاع المرعية في البيان الاول.

post exchange منظمة (ترفيه) عسكرية تتولى بتفويض من المراجع العسكرية المختصة توفير ما يلزم افراد الجيش من اسباب الترفيه والتسلية بأسعار وتسهيلات خاصة.

post facto بعد الفعل: بعد وقوع او ارتكاب الفعل.

post free خالص او معفى من الرسوم البريدية؛ خالص الاجرة

post hac بعد هذا؛ بعد هذا الحين؛ بعد الآن

post litem motam بعد بدء الخصومة: ينطبق هذا الاصطلاح على الافادات المأخوذة بعد ابتداء الخصومة.

post-mark سمة بريدية: سواء كانت اشارة دفع رسوم او طابع بريد او غير ذلك.

post-mortem بعد (حصول) الوفاة؛ بعد الموت

post natal بعد الولادة؛ حاصل في اثرها

post natus تالي المولد: المولود تالياً، من كانت ولادته بعد حدث معين.

post-notes اوراق مصرفية آجلة: تدفع في مواعيد بعيدة وليس عند الطلب.

post-nuptial بعد الزواج؛ عقب الزواج او على اثره

رسمي يؤشر به على سجل دعاوى الواقع *nisi prius* العائد تقريرها للمحلفين، ويضمن سرداً لوقائع اجراءات هذه الدعاوى .

posted waters مياه جارية في ارض خاصة، يوقفها حائز الارض على استعماله الخاص بما يقيمه في اطرافها او على حواشيها من لافتات تحظر على الغير ارتيادها او الصيد فيها تحت طائلة جزاء معين .

posteriority تتبع؛ تباعة . نقيض اولوية priority . وهو اصطلاح نسبي يرد في الكلام عن حقوق الانتفاع والحيازات العقارية، بمعنى التتبع في الحق . اذا ورد في تسلسل الحيازة الاقطاعية دل علـى الدرجة الثانية، بحيث اذا آلت الارض الى أحد الافصال vassals من سيدين اقطاعيين متتاليين، اعتبرت ايلولتها اليه عن الاول by priority وعن الثاني by posteriority بالدرجة الثانية .

posterity خلف؛ اعقاب؛ فروع مباشرون (الى ابعد الاجيال) مهما علوا او دنوا .

posthumous child طفل يتيم المولد: الطفل المولود يتيماً (بعد وفاة ابيه)؛ او المولود باجراء عمليـــة شق البطن Caesarean operation بعد وفاة امه

— quasi-posthumous child شبه يتيم المولد: من ولد في حياة جده وكان محجوباً عن وراثة هذا الجد بوجود والده فاذا مات ابوه وجده حي اصبح وارثاً لجـــده في حياته واعتبر quasi-posthumous child .

posthumous work [ملكيات ادبية] المؤلف المطبوع بعد وفاة مؤلفه، او الذي تنتقل حقوق طبعه الاصلية الى شخص ثالث آلت اليه ملكيته الادبية قبل نشره .

postil ملاحظة هامشية؛ شرح هامشي لمتن؛ تعليق؛ تحشية

posting to ledger النقل الى دفتر الاستاذ

postliminium [قانون روماني] مبدأ قانوني يعتبر من فقد حقاً او وضعاً خاصاً كأنه لم يفقده او يجرد منه بل يحتفظ به ويمارسه . وقد روعي هذا المبدأ خصوصاً بالنسبة لاسرى الحرب الذين كانوا يفرون من يد العدو ويعودون الى روما فيعتبرون كانهم لم يغادروها ابداً وترد اليهم جميع حقوقهم السابقة .

[قانون دولي] الاستيلاء على الاموال الواقعة بيد العدو وردها الى اصحابها .

postliminy. ترجمة معتمدة للكلمة اللاتينية *postliminium* (انظر معناها عالياً)

postman [في انكلترا] مقدم؛ محام ذو منزلة خاصة لدى محكمة الخزانة (دائرة القضاء المالي في المحكمة العليا)

post-obit بعد الوفاة . ينطبق هذا الاصطلاح على الاتفاق الذي يكون بين دائن ومدين على ان يسلف الاول الثاني مبلغاً من المال وان يقوم الثاني باداء السلفة مع فائدة فاحشة تفوق الفائدة القانونية بعد وفاة شخص معين ينتظر ان يرثه المدين .

***post obit* bond** التزام اداء ذمة بعد موت شخص ينتظر ان يرثه المدين .

post-office مكتب بريد

post-office order حوالة بريدية؛ صك بريدي

post* problem *suscitatam عقب نشوء المشكلة، بعد اثارتها .

post roads طرق بريدية

post-scriptum حاشية؛ ذيل

post-terminal sittings جلسات عاقبة: جلسات تنعقد بعد دورة معينة .

post terminum بعد الاجل: اي بعد الاجل المقرر لاداء دين .

postage رسم بريد: اجرة رسمية تستوفى على نقل الاشياء بالبريد .

postage stamp طابع بريد

postal currency اطلق هذا الاسم على اول عملة ورقية صدرت في الولايات المتحدة الاميركية بتفويض من الكنغرس في فئات تمثل بعض اجزاء الدولار .

postal order (راجع post-office order)

Postal Union اتحاد البريد: اتحاد دولي عقد اول مرة في باريس سنة ١٨٦٣م ثم بمدينـــة Berne بسويسرا سنة ١٨٧٤ م لتنظيم رسوم النقل بالبريد ووضع القواعد العامة لتقديرها والبحث في بعض الشؤون البريدية بين انكلترا وعدد من الدول . ثم تلته مؤتمرات اخرى للغاية نفسها في باريس سنة ١٨٧٨ م وفي لشبونة سنة ١٨٨٥ م وفينا سنة ١٨٩١ م وواشنطن سنة ١٨٩٧م وروما سنة ١٩٠٦م ومدريد سنة ١٩٢٠م وستوكهولم سنة ١٩٢٤م ولاهاي سنة ١٩٢٧م ولندن سنة ١٩٢٩م والقاهرة سنة ١٩٣٤م وبوينس ايرس سنة ١٩٣٩م وباريس سنة ١٩٤٧ م وبروكسل سنة ١٩٥٢ م واتاوة سنة ١٩٥٧ م .

poste restante للحفظ بشباك البريد؛ رسالة تحفظ بشباك البريد

postea [اجراءات القانون العام Common Law] بيان

السلطة الابوية : نفوذ الوالد على اولاده. *patria potestas* —

potior est conditio defendentis «وضع المدعى عليه هو الاحسن»، باعتبار ان عبء الاثبات يقع على المدعي .

potior est conditio possidentis «وضع الحائز هو الاحسن»، باعتبار ان المطالب ملزم باثبات كون حقه في الحيازة اوجه من حق الحائز .

potwallopers اطلق هذا الاسم سابقاً على الناخبين في بعض البلدان الانكليزية، حيث كان حق الانتخاب يعود لكل من اثبت انه من ارباب الطناجر؛ اي برهن على انه يحوز طنجرة pot واحدة على الاقل .

pound رطل انكليزي (٤٥٣ غراماً ونصف غرام)
جنيه انكليزي (عشرون شلناً)
مكان معد لايواء الحيوانات الضالة مؤقتاً .

pound breach انتهاك الحجز : جرم اخذ المواد المحجوزة قبل ان يتسنى لموقع الحجز استيفاء ماله، ولا يشفع بالمتطاول على المحجوزات جهله بقيام الحجز عليها .

poundage ضريبة نسبية تحصل، حسب الاحوال، على كل جنيه .

pourparler [**قانون فرنسي**] محادثات او مساومات تمهيدية (تسبق تحرير عقد) .
[**قانون دولي**] مفاوضات تمهيدية (تدخل فيها الدول قبل الاتفاق على شأن) .

poverty affidavit [**في بعض الولايات المتحدة الامريكية**] افادة فاقة؛ يدلي بها الخصم المعني في الدعوى تأكيداً لعجزه عن تقديم الضمان المطلوب لدفع المصاريف .

power سلطة؛ قوة؛ قدرة؛ حق (في ممارسة شأن)

— collateral powers سلطات ثانوية لا ترتب لمن اسندت اليه اي منفعة في موضوعها، وتسمى ايضاً naked powers

— Constitutional Powers سلطات دستورية : سواء نص عليها الدستور صراحة او ضمناً .

— Executive Power سلطة تنفيذية؛ سلطة تنفيذ القوانين

— Exclusive Power سلطة خاصة او انفرادية : تقتصر على من عاد له الحق فيها دون سواه .

— implied powers [**مواد دستورية**] سلطات ضمنية، يقتضى الاخذ بها في الغالب لحسن تنفيذ السلطات المنصوص عليها صراحة في الدستور ولذا فهي تعتبر من السلطات التي قصد اليها الدستور وإن لم يجعلها في عداد النصوص الصريحة .

يتمتع بحق الاولوية على زملائه ويجلس في المقدمة «امام» غيره ومن هنا نشأ لقبه .

postmaster مدير مكتب بريد

Postmaster General [**في الولايات المتحدة**] مدير عام (او وزير) البريد في مجلس وزراء الولايات المتحدة الاميركية.

postnati تالون في الولادة : من تلت ولادتهم تاريخاً او حدثاً معيناً .

postpone يؤجل؛ يرجىء

postulate يلتمس؛ يطلب او يطالب او يدعي . يقدر حصول (شأن) او يعتبره من تحصيل الحاصل .
[**كاسم**] اساس تحليل؛ اساس مقدر؛ مطلوب او لزومي كشرط سابق

postulatio [**قانون روماني**] طلب؛ التماس؛ استئذان
الاجراء التمهيدي في الدعوى الجنائية : حضور الشاكي امام القاضي المختص وابداء رغبته في رفع دعوى جنائية على احد الناس وطلب الاذن له بالسير فيها .

postulatio actionis [**قانون روماني**] استئذان المدعي؛ طلب الاذن برفع الدعوى

potable صالح للشرب

pot-de-vin [**قانون فرنسي**] مبلغ من المال يدفع غالباً عند التعاقد على الشراء، فوق الثمن المتفق عليه ويكون دفعه توكيداً لنشوء العقد .
يختلف عن العربون في انه لا يعتبر جزءاً من ثمن المبيع وان من دفعه او قبضه لا يملك فسخ البيع .

potentate سلطان؛ حاكم؛ متسلط؛ ملك او امير : شخص ذو سطوة عظيمة ونفوذ واسع .

potentia قوة؛ قدرة؛ وسع؛ مكنة

potentia debet sequi justitiam, non antecedere
القوة تلي العدالة لا تتقدمها .

potential قدرة؛ وسع؛ طاقة؛ امكانية؛ قابلية لتوافر شيء: انطواء على وفرة مطلوب .
ما لا يوجد حالا بل ينتظر توافره مستقبلا او تلقائياً او بطبيعة الحال كالغلة المنتظرة من اشجار مغروسة وغيرها؛ وكذا الفائدة المستقبلة على دين وما اليها مما له كيان امكاني potential existence يجوز ان يتخذ محلا لرهن وان لم يوجد فعلا .

potestas سلطة؛ نفوذ

الكلمة تفسير الدستور او النص التشريعي، عنت انه تفسير قائم على التجريب والممارسة والخبرة والقبول العام او انه صالح للتطبيق .

practice يزاول؛ يتعاطى؛ يمارس؛ يباشر
[**كاسم**] ممارسة؛ عرف سائر؛ عادة متبعة؛ تصرف معروف؛ عمل معتاد او مألوف؛ اجراء متبع؛ نظام مرعي
اوضاع قائمة؛ اصول متبعة
تعاطي (مهنة)، مزاولتها او ممارستها

Practice Court [**قانون انكليزي**] محكمة ملحقة بمجلس الملكة الخاص، اختصت بالفصل في المسائل العادية والطلبات المتعلقة بأوامر الـ *mandamus* وما اليها، وكانت تسمى عادة Bail Court وتؤلف بقاض واحد من قضاة المجلس المذكور.

practice of law تعاطي المحاماة (المهنة القانونية)، ممارستها

practices عادات او تصرفات؛ اعمال معتادة؛ أفعال (متكررة) غالباً ما تكون لشر؛ امور مألوفة

practicks [**قانون اسكتلندي**] قرارات صادرة عن المحكمة المدنية العليا Court of Session .

practising certificate شهادة مزاولة، يستخرجها محامي الاجراء solicitor من النقابة عندما تنتهي مدة شهادته في ١٥ نوفمبر (تشرين الثاني) من كل عام .

practitioner ممارس؛ صاحب مهنة فنية او علمية، كالمحاماة والطب وما اليهما .

præcipe امر قضائي تخيري يقضي على الموجه اليه ان يقوم بشأن معين او يبدي اسبابه المانعة من ذلك .
تكليف مكتوب وموقع يوجه الى الكاتب المختص لحمله على اصدار امر معين .

præcipe quod reddat [**في دعاوى الملكية**] «مر بان يرد» . امر قضائي تمهيدي يستصدر في دعاوى استرداد الحيازة.

præcipitium عقوبة اسقاط المحكوم عليه (بالاعدام) على رأسه من مكان مرتفع .

præco [**قانون روماني**] مناد؛ مذيع

prædia اراض (صيغة جمع الاسم ارض *praedium*)؛ املاك او اموال عقارية

prædia stipendiaria [**قانون روماني**] اراض ريفية: تعود للشعب الروماني وتخضع للضرائب *stipendia* .

— inherent powers سلطات اصيلة او طبيعية : تلازم صاحبها وتتوافر لديه بحكم الطبيعة؛ كالسلطة الابوية *patria potestas* التي يملكها الاب على ابنائه .

— ministerial powers سلطات تقيدية تخول من اعطيها تولي شأن معين حسب خطة مرسومة له باعتباره موظفاً او خادماً لدى من منحها .

— naked power سلطة مجردة: لا تعود على من مارسها بمنفعة او مصلحة بل تسند اليه بوصفه شخصاً ثالثاً موكلا بعمل معين يعود صالحه او طالحه على الغير .

power coupled with an interest سلطة تقترن بمنفعة؛ تفويض ينطوي على انتفاع: السلطة التي تحمل لمن اسندت اليه منفعة خاصة تترتب على ممارستها؛ وهي نقيض ما يسمى naked power .

power-driven heavier than air aircraft [**قانون الطيران**] طائرة آلية أثقل من الهواء .

power failure [**قانون الطيران**] تعطل القوة(او المحركات)

power of appointment سلطة تعيين. السلطة التي تعطي من خولها حق تعيين خلف له في مصلحة او حق او منفعة او غير ذلك .

power of attorney وكالة؛ توكيل رسمي

power of visitation حق زيارة وتفتيش او اطلاع : حق السلطات الرسمية في ان تنتدب من شاءت للاطلاع على اعمال مؤسسة معينة وتفتيش دفاترها والبحث في كيفية ممارستها لاشغالها ومعرفة مدى مراعاتها للقوانين واللوائح الرسمية .
[**شؤون معاهد التعليم**] السلطة التي يخول بموجبها مؤسس المعهد founder جهة معينة حق تنظيم شؤونه الداخلية وتعيين الاساتذة او الموظفين ومنح الدراسات المجانية والمساعدات المدرسية .

power in gross تعتبر السلطات او الاختصاصات in gross اذا كان الحق الناشىء بممارستها لا يمس حق الذي اصدرها ولا يؤثر فيه بحال من الاحوال .
[**قانون دستوري**] سلطة يعطيها الدستور لعدد من الجهات الرسمية او يحتفظ بحق ممارستها للشعب، تخول معطاها حق اتخاذ الاجراءات اللازمة فيما يتعلق بشؤون معينة تتطلب شيئاً من حرية التصرف والرجوع الى الاجتهاد الخاص . وهي اما ان تكون تشريعية او تنفيذية او قضائية .

practicable مستطاع؛ يتسنى اجراؤه او القيام به؛ تستطاع ممارسته؛ صالح او مناسب

practical عملي؛ واقعي (من حيث امكان تطبيقه ومماشاته واقع الحال)؛ نافع لما أعد له . اذا اتصف بهذه

præmium emancipationis **[قانون روماني]** تعويض يتقاضاه الاب عند تحرير ابنــه من السلطة الابوية *patria potestas* وهو ثلث ما للابن من ممتلكات واموال تخصه وحده دون ابيه .

præmium pudicitiæ نظير العفة : تعويض تعطاه من سلبت عفتها .

præmunire **[قانون انكليزي قديم]** امر احضار كان يوجه الى عامل الملك sheriff كي يعمل على احضار شخص متهم بالخضوع لنفوذ البابا والتمكين لولايته القضائية في البلاد. صدر هذا الامر اول مرة سنة ١٣٠٣ م في عهد الملك ادوارد الاول، وكان الغرض منه سحق نفوذ البابا، وقد اشتق اسمه من مطلعه : *praemunire facias A.B. quod sit coram nobis* اعمل على انذار (ا.ب.) بوجوب الحضور امامنا للاجابة على ما اسند اليه من انتهاك حرمة المحكمة .

— statute of *praemunire* (راجع باب statute)

prænomen اسم الفرد (الذي يعرف به شخصياً) خلا لقبه او اسم والده .

præpositus «من وضع في المقدمة» : من كانت بيده السلطة

præscriptio (حق) تقادم؛ كسب ملكية المال بحق حيازته (للمنفعة الخاصة) مدة معلومة يحددها القانون .

præscriptio est titulus ex usu et tempore substantiam capiens ab auctoritate legis التقادم حجة تستند الى القانون وتستمد قوتها من الزمن والممارسة.

præses **[قانون روماني]** رئيس او والي ولاية

præstat cautela quam medela الوقاية خير من العلاج

præsumatur pro justitia sententiæ افتراض عدالة الحكم

præsumitur pro legitimatione مع الشك تفترض الشرعية (شرعية الولد) .

præsumitur pro negante **[اجراءات مجلس اللوردات البريطاني]** «تفترض النتيجة سالبة» (اذا تساوت الاصوات المؤيدة للمشروع والاصوات المعارضة له) .

præsumptio قرينة افتراض ,

سلب حيازة؛ اخذ باطل لمال الغير

præsumptio juris قرينة قانونية : القرينة التي يفترض معها القانون قيام امر معين حتى يتوافر الدليل على العكس .

prædia tributaria **[قانون روماني]** اراض ريفية تعود للامبراطور وتخضع للجزية .

praedial متصل بالارض؛ عائد اليها او حاصل منها (مباشرة) : المحاصيل الزراعية بوجه عام .

praedial servitude ارتفاق عقاري ، يرتب للعقار المرتفق (اي المخدوم) حقاً وانتفاعاً دائماً على العقار المرتفق به (الخادم) يذعن له كل من آل اليه العقار الثاني ويتمتع به كل من آل اليه العقار الاول .

prædictus آنف الذكر ؛ مذكور آنفاً او سابقاً . ترد في المعنى ذاته ايضاً ثــلاث كلمات لاتينية : (١) *idem* ويغلب استعمالها فيما يتعلق بالمدعي او الطالب او المشتكي ، كما تستعمل (٢) *praedictus* فيما يتعلق بالمدعى عليهــم والمستأجرين والمحلات والبلدان والاراضي و (٣) *praefactus* في الاشارة للمذكورين من الاغيار ، اي غير الخصوم (في الدعوى) .

prædium ارض؛ ملك؛ مال عقاري

prædium dominians ملك مخدوم او مسيطر : يعود اليه حق ارتفاق خاص عــلى ملك آخر خادم *praedium serviens* .

prædium rusticum **[قانون روماني]** ملك ريفي؛ يقع خارج حدود المدينة .

prædium serviens ملك خادم او مرتفق به : يترتب عليه حق انتفاع لملك آخر .

prædium servit prædio الارض تخضع للارض : اي ان حق الارتفاق لا يعتبر حقاً شخصياً بل عقارياً يعود للعقار المرتفق بغض النظر عن صاحبه .

prædo **[قانون روماني]** لص

præfatus آنف او متقدم الذكر ؛ مذكور آنفاً او سابقاً (راجع *prædictus*)

præfectus urbi **[قانون روماني]** متصرف prefect كانت ولايته المدنية تمتد مئة ميل حول رومــا وتعم ولايته الجنائية جميع ايطاليا وتستأنف اليه احكام الـ *praetor* كبير قضاة البلدية .

præjuramentum **[قانون انكليزي قديم]** يمين تمهيدية

prælegatum دفعة تسلم احياناً للوارث مقدماً على حساب نصيبه من الميراث .

præmium مكافأة؛ تعويض . قسط تأمين

pre-empt يشفع؛ يطلب شفعة؛ يحصل على شيء بطريق الشفعة؛ يحتل عقاراً كي يرتب لنفسه عليه حق شفعة .

pre-emption (حق) شفعة

[قانون دولي] حق الدولة في أن تحبس البضائع المارة للاجانب من اراضيها او مياهها الاقليمية لتفسح المجال لرعاياها كي يشتروا حاجاتهم منها قبل غيرهم .

[قانون انكليزي] حق الاثرة في الشراء او تقدم الغير فيه . وهو من الحقوق التي اختص بها التاج في الماضي دون غيره وكان للملك بموجبه ان يشتري لنفسه وحاشيته، بواسطة متعهدي تموينه، أما شاء من المواد والحاجات قبل عرضها على العامة، وذلك باسعار خاصة تخفض له دون غيره رغماً عن البائع اذا اقتضى الامر ذلك .

[قانون امريكي] الحق العائد لمن شغل ارضاً عامة في ان يشتريها بسعر محدود دون غيره من الناس .

pre-emption claimant صاحب (حق) الشفعة؛ المطالب به : من شغل ارضاً خاضعة للشفعة سعياً الى حق امتلاكها والعمل بما يقتضيه القانون في سبيل تثبيت هذا الحق.

pre-emption right حق شفعة: يخول شاغل الارض العامة (في الولايات المتحدة الاميركية) ان يشتري ما يشغله من تلك الارض بسعر محدود، دون غيره من الناس .

pre-emptioner شفيع (م. شفعاء): من كان له دون غيره حق في ان يشتري قطعة ارض عامة بسعر محدود نظراً لما تم له من شغلها مدة معينة تخوله هذا الحق .

كل من كان له بالمبيع صلة؛ فاذا كان شريكاً فهو خليط، واذا كان مجاوراً فهو جار .

pre-flight action [قانون الطيران] اجراء تحضيري للرحلة

pre-flight check [قانون الطيران] اختبار قيام الطائرة؛ اختبار التمهيد للطيران

preamble ديباجة (تشريع): التمهيد الباسط لاسباب التشريع المراد اصداره واغراضه .

preappointed evidence بينة وضعية؛ بينة محددة مقدماً : تقرر من حيث الشكل والدرجة (بنص قانوني) لاثبات محررات او اشياء معينة . تختلف عنها البينة العرضية casual evidence بكونها لا تقرر سلفاً بل تهيئها الظروف او الاشياء موضوعها .

preaudience حق تقدم في كلام؛ حق المحامي في ان يتقدم زملاءه في الكلام . ولنائب الملكة العام Queen's Attorney General في هذا المضمار المكانة الاولى .

præsumptio juris et de jure قرينة القانون والحق: وهي قرينة قاطعة لا يجيز القانون نقضها .

præsumptio muciana [قانون روماني] قرينة الهدية؛ قرينة قانونية تعتبر ان ما بيد الزوجة من اموال هو هدية لها من زوجها حتى يثبت العكس .

præsumptio violenta piena probatio القرينة القوية اثبات كامل .

præsumptio violenta valet in lege للقرينة القوية قيمة في نظر القانون .

prætextus تظاهر كاذب؛ ادعاء؛ تعلة؛ عذر؛ زعم

prætor [قانون روماني] كبير قضاة البلدية؛ موظف تابع للبلدية يمارس اختصاصاً قضائياً مطلقاً لا حد له .

prævaricator خائن امانة او عهد . المحامي الذي يخون موكله ويساعد خصمه .

pragmatic تحرشي . عملي النظرة؛ من شأنه قياس الاشياء بقيمتها العملية . يختص بشؤون الدولة . يعالج شؤوناً تاريخية خطيرة .

Pragmatic Sanction [قانون فرنسي] قرار تنظيمي؛ مرسوم ملكي استثنائي ذو اهمية دستورية كبرى تجعله في عداد احكام الدولة وقوانينها الاساسية . يراد به في الغالب المرسوم الذي صدر عن تشارلز السادس، امبراطور المانيا، في شهر ابريل سنة ١٧١٣م لحصر وراثة العرش في بنته Maria Theresa، ثم صدقت عليه الدول الكبرى، ولما توفي تشارلز نبذته بروسيا وفرنسا وغيرهما من الدول فأدى ذلك الى نشوب الحرب المعروفة في التاريخ باسم حرب توارث عرش النمسا War of the Austrian Succession .

[قانون مدني قديم] جواب الامبراطور على الاسئلة القانونية المرفوعة اليه من الافراد والهيئات .

prairie أرض بور؛ ارض منبسطة واسعة وخالية من الزرع تكسوها اعشاب تخفي تحتها طبقة خصبة من التربة .

praxis عادة جارية؛ عرف متوطد

pray a tales (راجع باب tales)

prayer استرحام؛ رجاء: نص الطلب الوارد في العريضة bill المرفوعة الى محكمة العدالة المطلقة Equity Court .

pre-determined point [قانون الطيران] نقطة مقررة سلفاً

precedents ***sub silentio*** سابقات بحكم السكوت: الاجراءات الجاري بها العمل بحكم السكوت عليها رغم عدم استنادها الى اي قرار قانوني .

preceding سابق او متقدم (مباشرة): مّن حيث حصول او ورود .

precepartium استمرار الدعوى برضى الخصوم ذوي الشأن.

precept [**قانون انكليزي واميركي**] امر ؛ فرض ؛ توجيه صادر عن جهة مختصة . امر قضائي مكتوب لجلب شخص او ابراز مستند .
تعليمات كان يصدرها عمال الملك الـ sheriffs قديماً لمأموري الانتخاب في مناطقهم لاختيار اعضاء هيئات المحلفين .
[**قانون اسكتلندي**] تفويض للقيام بشأن
[**قانون جنائي انكليزي قديم**] حض على ارتكاب جريمة
[**قانون فرنسي قديم**] خطاب توجيه كان يصدره الملك للقضاة آمراً فيه باتيان افعال معينة او السكوت عن اشياء لا يقرها القانون.

preces [**قانون روماني**] استرحامات؛ عرائض الالتماس التي كانت ترفع للاباطرة .

precinct نطاق؛ دائرة؛ جهة (محكمة)، الناحية الواقعة فيها . وحدة (ادارية جغرافية)؛ منطقة (انتخابية)

precipe امر او توجيه مكتوب، صادر لكاتب محكمة .

precipitation ابتسار؛ سبق (وقوع) الامور بما يتجاوز المعقول؛ تهور

préciput [**قانون فرنسي**] الزيادة التي يصيبها احد الورثة من الميراث فوق سهمه المساوي لأسهم الورثة الباقين ؛ وهي تقتطع عادة من التركة قبل تقسيمها؛ ولا تبعد عمايعرف بالعول في الفقـــه الاسلامي (وهو زيادة أسهم اصحاب الفروض ونقيض الرد) .

précis خلاصة او ملخص؛ فحوى (شيء)؛ مختصر

precise دقيق؛ واضح ؛ محكم؛ مُنضبط

preclude يمنع؛ يستبعد؛ يصد؛ يحجز (عن)؛ يحرم؛ يحول دون شيء وآخر

precludi non [**في المرافعة**] العبارة التي يفتتح بها المدعي رده (الاول) على جواب المدعى عليه in bar (راجع plea in bar) طالباً بها عدم الالتفات لما يبديه المدعى عليه .

precognition [**اجراءات اسكتلندية**] تحقيق تمهيدي في قضية جنائية قبل احالة المتهم للمحاكمة .

precarious; ***precarius*** رهن برضى الغير ، محل ريبة؛ غير مؤكد؛ خطر، قابل للتصدع . هدف للفشل؛ عرضة للانتهاء . واجب الرد حال الطلب .

precarious loan وديعة عارية: الوديعة التي تعتبر قرضاً للمودع واجبة الرد حال الطلب .

precarious possession [**قانون مدني**] حيازة مشروطة برضى المحجوز منه يتمتع بها الحائز باذن صاحب الشيء (موضوع الحيازة) ومدة رضاه .

precarious right حق عارية: يعطيه صاحبه الغير كي يتمتع به ثم يرده حالما يكلف ذلك .

precarious trade [**قانون دولي**] تجارة خطرة، تحفها المخاطر؛ التجارة التي تتعاطاها دولة محايدة او يتعاطاها اشخاص تابعون لها، بين دولتين متحاربتين بحكم سكوت هاتين الدولتين عليها .

precarium [**قانون مدني**] عقد عارية، يأذن بموجبه شخص لآخر بممارسة حق او استعمال شيء معين بلا عوض على ان يرده عندما يكلف ذلك .

precatory استرحامي؛ رجائي؛ التماسي: ينطوي على تأميل او رجاء، لا امر .

precaution حيطة او تحوط؛ حذر؛ احتراز: العناية السابقة بأمر واتخاذ العدة له قبل وقوعه .

precedence or **precedency** اولوية؛ اسبقية؛ صدارة . حق التقدم من حيث الترتيب او الاعتبار او غير ذلك .

precedence, patent of (patent of precedence) [**قانون انكليزي**] براءة اسبقية او صدارة . انعام بمرسوم ملكي يمنح به التاج من شاء من المحامين ورجال القانون حق التقدم على زملائه في كلام او مرافعة او جلوس او غير ذلك ويعين درجة هذا التقدم .

precedent سابقة (قانونية) . اثر . قضية مفصول فيها (من محكمة مختصة) تعتبر قاعدة او مرجعاً قانونياً لما تلاها من القضايا المماثلة من حيث الموضوع والنقاط الجوهرية .
قرار نهائي يصدر عن محكمة مختصة فيصبح حجة قانونية يرجع اليها في كل موضوع لاحق يماثل الموضوع الصادر فيه القرار ، وكذا نصوص المحررات واللوائح والمستندات القانونية تعتبر سابقات قانونية بالنسبة لما ماثلها من حيث النوع .

precedent condition شرط سابق؛ شرط اساسي (لحصول امر معين): اي لا بد من مراعاته قبل حصول الامر المشار اليه.

precognosce [اجراءات اسكتلندية] يفحص (شيئاً)، يحقق فيه تمهيدياً

precondition شرط سابق؛ ما يقتضى توافره قبل البدء بشأن معين .
القبول قبل كل شيء

preconization اعلان؛ بلاغ

precontract عقد مانع: يحجز صاحبه عن الدخول في اي عقد آخر مماثل مهما بلغ من المشروعية .

predate ترد هذه الكلمة كمرادف لـ antedate وهي اصطلاح غير فني .

predecessor سلف؛ سالف؛ سابق (في وظيفة او عمل او غير ذلك)

predial servitude ارتفاق عقاري: يترتب على عقار لمصلحة آخر .
(راجع praedial servitude)

predicate [في المنطق] المحمول (في العبارة المنطقية)؛ ما يقال عن الموضوع، نحو قولك: «القانون مرآة الامة» فرآة الامة في هذه الجملة هي المحمول predicate والقانون هو الموضوع .

predispose يوطن (على أمر)؛ يهيىء او يكيف لغرض معين

predominant متفوق؛ سائد؛ ظاهر (على غيره)؛ غالب؛ طاغ

prefect [قانون فرنسي] مأمور عمومي، كالمتصرف في بعض البلدان الشرقية، يترأس الجهاز الاداري ويشرف على تطبيق القوانين في منطقته .

prefer يقدم (استئنافاً او شكوى او ما الى ذلك) .
يتابع؛ يتعقب (تهمة او اجراء)
يفضل؛ يؤثر؛ يميز (دائناً على آخر)، يؤثره على غيره

preference امتياز؛ حق اسبقية (في استيفاء دين) . تمييز المدين المعسر لدائن او اكثر من دائنيه بتقديمهم على غيرهم في استيفاء ما لهم عليه جملة (او جزئياً) .

preference bond سند ممتاز؛ سند امتيازي

preference debt دين ممتاز: له حق الاولوية في الاداء نظراً لما بيد صاحبه من رهن على اموال مدينه .

preference share سهم ممتاز: يعطي صاحبه حق الاسبقية (على اصحاب الاسهم العادية) في تقاضي حصته من الربح او نصيبه من اموال الشركة (المصدرة) عند تصفيتها .

— pre-preference share سهم ممتاز اول: له حق الاسبقية على الاسهم الممتازة العادية .

preferential assignment تصرف امتيازي: تصرف المدين المعسر في ماله تصرفاً يميز بعض دائنيه على بعض ويختصهم بالوفاء قبل غيرهم .

preferential creditor دائن ممتاز (او امتيازي)

preferential debt دين امتيازي: يعود لصاحبه حق الاسبقية (على اصحاب الديون العادية) في استيفاء ما له من اموال مدينه .

preferred ممتاز، له اسبقية الاعتبار او الاداء (اذا كان الموضوع ذمة او التزاماً او ما الى ذلك) . مفضل؛ مؤثر . مقدمة او مرفوعة (اذا كان الموضوع دعوى) .

preferred debt دين ممتاز: يعود لصاحبه حق الاسبقية (على اصحاب الديون العادية) في استيفاء ماله من اموال المدين .

preferred dividend ربيحة ممتازة: ربح سهم ممتاز (يختص بالاسبقية على الاسهم العادية في استيفاء عوائده من الارباح) .

preferred dockets جداول الدعاوى الممتازة: الجداول الخاصة بالدعاوى المقدمة على غيرها من حيث الاهلية او التهيؤ لنظر المحكمة .

preferred stock سهم ممتاز؛ سهم ميزة، يتمتع حامله بمزايا خاصة، كأن يخص بربح ثابت بسبيل الاولوية على الاسهم المعتادة وان يشترك بعد ذلك في بقية الارباح تبعاً لقواعد نظام الشركة المعنية .

pregnancy [طب شرعي] (حالة) الحمل او الحبل

pregnancy, plea of (plea of pregnancy) ادعاء حمل . حجة تلتمس بها المرأة الحامل، المحكومة بالاعدام، وقف التنفيذ الى ما بعد الوضع .

pregnant negative (راجع negative pregnant)

prejudice حفيظة؛ ميل؛ تعصب (لشيء)، تحامل (عليه)؛ تحيز او انتصار لجانب دون آخر لا يصدر عن اعتقاد بقوة حق ذلك الجانب او عدالته .
شعور بالحرج مبعثه احساس دفين ينزع بالقاضي احياناً الى رأي دون آخر مدفوعاً بايثار صاحبه وما يستشعره نحوه من عاطفة خاصة لا متأثراً بعدالة قضيته او سلامة حجته .

— **without prejudice** دون الاخلال (بأمر او حق او ما الى ذلك) .

prejudicial ضار ؛ مخل ؛ ينال (من) او يؤثر في شيء تأثيراً سيئاً .

prejudicial error غلط ضار : يؤثر في حقوق المستأنف او التزاماته القانونية تأثيراً بالغاً .

prelate حبر ؛ احد رؤساء الدين المسيحي : كالكردينال والبطريرك ورئيس الاساقفة .

preliminary تمهيدي ؛ ابتدائي ؛ مؤقت ؛ وقتي

preliminary act [اجراءات بحرية Admiralty انكليزية] وثيقة تبين زمان ومكان الاصطدام البحري واسماء السفن المشمولة به وغير ذلك من التفاصيل الواجب ايداعها ملف دعوى المطالبة بالاضرار الناجمة عن الاصطدام .

preliminary proof [شؤون التأمين] اثبات تمهيدي يقدمه المؤمن له الى شركة التأمين فيما يتعلق بالخسارة التي اصابته مع بيان طلباته .

premature سابق لاوانه ؛ مبتسر

premature labour وضع سابق لاوانه : الولادة التي تحصل بعد نهاية شهر الحمل السادس ببضعة ايام .

premeditate يصمم ، يصر (مقدماً) ؛ يعقد النية ، يفكر ملياً في امر قبل الاقــدام عليه ؛ يضع الخطة او يهيىء له بتفكير سابق ؛ يتدبر الاقدام عليه ، او يزنه (في نفسه) .

premeditated design [جرائم القتل] قصد مصمم او مصر ؛ نية مبيتة او معقودة على فعل قتل .

premeditation سبق اصرار او تفكير ؛ سبق عزم ؛ قصد مصمم (يكتمل تكوينه في نفس المجرم) .

premier رئيس وزراء

Premier Serjeant, the Queen's (The Queen's Premier Serjeant) مستشار قضائي رسمي يلي من حيث الاولوية ، النائب العام والمحامي العام Solicitor General ومحامي الملكة Queen's Advocate .

premises مقدم او متقدم ؛ سبق بيانه ؛ آنف الذكر او البيان ؛ نحو : in consideration of the premises اعتباراً لما تقدم ذكره او سبق بيانه .

[في المنطق] الركنان اللازمان للتحليل المنطقي .

[في التصرفات] مطلع سند التصرف الذي يشمل اسماء الفرقاء والقابهم وملحقاتهم ، ويبين الاسباب والمستندات والوقائع القائم عليها التصرف والعوض المقابل له .

[مرافعات امام محاكم العدالة المطلقة Equity Courts] فحوى لائحة الدعوى ، ما تضمن منهـا بسط وقائع الشكوى واسماء المدعى عليهم .

[في الممتلكات] دور ؛ منشآت وارض محيطة بها او تابعة لها .

[شؤون التأمين] الشيء موضوع التأمين

premium مكافأة ؛ منحة ؛ هبة ؛ علاوة (على مرتب او فائدة او ما الى ذلك) ؛ اتعاب (على استشارة مهنية) . كلفة تحويل عملة الى اخرى (نظير ما تتمتع به العملة الثانية من اقبال) . علاوة تفوقية ، تفرض فوق قيمة الاسهم او العملة الاسمية عند شرائها نظير ما تتمتع به من تقدير .
(راجع at a premium)

[مواد تأمين] قسط تأمين ؛ مقابل او اشتراك يدفعــه المؤمن له لشركة التأمين نظير التأمين .

— **at a premium** بسعر تفوق او بعلاوة اضافية ؛ بما يزيد على السعر الاساسي (الاسمي) ؛ بسعر راجح

— **periodic premium** قسط دوري (يدفعه المؤمن)

— **unearned premium** مرتجع اقساط التأمين ؛ ما تجب اعادته للمؤمن له من اقساط التأمين عند الغاء وثيقة التأمين (البوليصة) .

premium bounties نظام مؤاجرة يحدد للعامل اجرة اساسية تزاد عليها مكافأة خاصة تقديراً لانتاجه .

premium hunter [معاملات البورصة] مضارب لا يتردد في البيع حالما يحصل على فرق في الاسعار لمصلحته (مهما بلغ هذا الفرق) .

premium note كمبيالة قسط تأمين : الكمبيالة التي يسلمها المؤمن له الى الشركة بقيمة قسط التأمين كله او جزء منه .

premium on gold علاوة ذهب

premium on redemption علاوة رد (مستندات)

premium pudicitiæ ثمن العفة . التعويض الذي يدفع لمن سلبت عفتها او لحسابها .

premonition سبق تنبيه (إلى امر) ؛ تحذير او تنبيه سابق

preoccupation سبق حيازة . انشغال البال بشأن

prender سلطة اخذ شيء دون ان يقدمه صاحبه .

preparation اعداد؛ استعداد؛ تأهب؛ تحضير (لفعل) او اتخاذ العدة له

prepare يستعد؛ يعد؛ يحضر؛ يهيىء

prepense مصمم؛ مبيت؛ عمد او عمدي؛ مدبر؛ سبق به التفكير او عليه العزم.

preponderance رجحان (دليل)، تفوقه من حيث المتانة والوجاهة على ما قابله من دليل او بينة. ولا يكون رجحان البينة preponderance of evidence بعدد الشهود بل بقيمة الشهادة.

prerequisite لازم؛ ضروري؛ شرط اساسي او مطلوب اساساً ومبدئياً: ما كان من مستلزمات اساسية.

prerogative ميزة او امتياز؛ حق أثرة خاص يقتصر على صاحبه دون غيره.

[قانون انكليزي] هيمنة عليا. منعة مطلقة او رفعة يمتاز بها الملك عن الغير.

حق تمييزي ينفرد الملك في التمتع به دون الناس جميعاً.

— fiscal prerogatives **[قانون انكليزي]** ايرادات الملك

Prerogative Court **[قانون انكليزي]** محكمة ملغاة كانت تؤلف بأمر رئيس الاساقفة وتختص بالنظر ابتداء في قضايا الوصايا وادارة التركات ومـا اليها من المواد الحسبية وتستأنف احكامها لدائرة المواد الحسبية بمجلس الملك الخاص Privy Council.

[في نيوجيرزي بالولايات المتحدة الامريكية] محكمة استئناف تستأنف امامها احكام محكمة الايتام Orphan's Court.

Prerogative Law قانون الميزة؛ قانون الملك: احكام القانون العام التي تنطبق على الملك بصورة خاصة.

Prerogative Writs **[قانون انكليزي]** اوامر هيمنة؛ نوع معين من الاوامر القضائية لا يجوز اصداره الا مسبباً.

[اجراءات امريكية] يخضع صدور هذه الاوامر لقوانين وقواعد خاصة، وهي ستة: (١) *Mandamus*؛ (٢) *Procedendo*؛ (٣) **Prohibition**؛ (٤) *Quo Warranto*؛ (٥) *Habeas Corpus*؛ (٦) *Certiorari*

prescribable محل للتقادم؛ تسري عليه احكام التقادم؛ يستطاع كسبه بالتقادم

prescribe يدعي حقاً في شيء بحكم التقادم او مرور الزمن: يطالب به او بحق فيه على اساس ممارسته والتمتع به دون انقطاع مدة يحددها القانون.

يعين؛ يحدد؛ يفرض؛ يضع (نظاماً او قاعدة او ما الى ذلك)؛ ينص على

[مسائل طبية] يصف (علاجاً لمريض)

prescription تقادم؛ مرور زمن؛ مضي مدة

[قانون دولي] سيطرة تكسبها احدى الدول على بعض الاقطار او الاراضي بحكم استمرار سلطانها عليها دون انقطاع او منازعة مدة تكفي لحمل الناس، مع الاحداث والتطورات التاريخية، على الاعتقاد بان احوال تلك الاقطار او الاراضي والامور الجارية فيها لا تنافي النظام الدولي ومقتضياته.

[مواد عقارية] كسب ملكية الحق العقاري، سواء كان ارتفاقاً او غيره، باستمرار الحيازة او الممارسة، استمراراً غير منقطع دون نزاع مدة يحددها القانون.

الابراء من دين بمضي مدة مقررة (قانوناً) دون المطالبة به ودون ان تعترض هذه المطالبة موانع قانونية خلال المدة المذكورة او: بعبارة اخرى، كسب الحق او الملكية او التخلص من دين بفعل مرور الزمن في ظروف يحددها القانون.

[مسائل طبية] وصفة طبية (رشيتة)؛ تذكرة طبية تصف ماهية العلاج وكيفية استعماله.

— corporations by prescription **[قانون انكليزي]** شركات تقادم. المؤسسات التي لا تعي الذاكرة تاريخ تأسيسها ويعتبرها القانون بناء على هـذا مؤسسة تأسيساً صحيحاً.

— time of prescription مدة تقادم؛ مدة حيازة مكسبة: المدة التي يقتضي القانون مرورها على ممارسة الحق موضوع المطالبة في سبيل ثبوته للممارس بحكم مرور الزمن.

prescription *in a que* estate التقادم على اساس الممارسة مدة لا تعيها الذاكرة.

prescriptive تقادمي؛ يقوم على تقادم، ينشأ عنه او يخضع لاحكامه

presence وجود؛ حضور؛ امام؛ (على) مرأى او مسمع من (محكمة او شخص). الحضور الفعلي، اذا قيس بالحضور الاستدلالي constructive presence.

— constructive presence حضور استدلالي؛ حضور تقديري او حكمي: دنو الشخص من موقع الفعل دنواً يعتبره القانون في حكم الحضور. ويتوافر الحضور التقديري ايضاً بالاتصال بمن كان حضوره فعلياً بحيث يعتبر كالحاضر في نظر القانون من كان على تعاون او اتصال دائم بشخص حاضر فعلا.

— in presence وجاهي؛ حضوري. يرد هذا الاصطلاح احيانـاً في وصف الحكم الصادر بحضور الطرف المعني.

presence of the court أمام المحكمة؛ بين يديها تحت سمعها او بصرها : كانتهاك حرمة المحكمة اذا وقع in presence of the court عد وقوعه امامها .

presence of the testator حضور الموصي : امامه، على مرأى او مسمع منه او حيث يشعر به، نحو : شهد على الوصية امام الموصي will was attested in presence of testator اي : حيث كان شاعراً بوجود الشهود .

present يقدم؛ يرفع؛ يبرز؛ يودع

[قانون جنائي] يجد؛ يتبين؛ يتضح له، نحو : قد يتضح الجرم لهيئة المحلفين الكبرى دون ان تقدم لها به اية لائحة اتهام Grand Jury may present the crime without any bill of indictment .

[كاسم] هدية

[كنعت] حالي؛ حاضر (يتصل بالحال)؛ راهن؛ ناجز؛ مهيأ

present conveyance تصرف حالي : يسري مفعوله في الحال .

present estate حق مالي راهن، ناجز : يمارسه صاحبه او ينبغي ان يمارسه حالا .

presentee [قانون كنسي] مرشح لوظيفة كنسية

presenter من قدم الغير او رشحه لمركز او منفعة .

presently حالا، في الحال؛ الآن؛ فوراً

presentment [اجراءات جنائية] تقرير اتهام؛ إخبار كتابي تعده هيئة محلفين تحقيقية Grand Jury ويشترك في توقيعه جميع اعضائها ثم يوجه الى المحكمة المختصة للاجراء . وهو عبارة عن عرض لتهمة ومتهم تقرر فيه الهيئة المذكورة بعد التحقيق وسماع الشهود وقوع جرم عام public offence وقيام اسباب وجيهة تسوغ نسبته الى المتهم .

(راجع indictment للمقارنة)

[معاملات مالية] تقديم الكمبيالة الى المسحوب عليه drawee او الى الساحب drawer او القابل acceptor ليدفع قيمتها .

presents [كاسم] المستند الحاضر او الذي هو رهن الانشاء . يرد الاصطلاح these presents في الوثائق القانونية بمعنى هذا المحرر او هذه الوثيقة (الوارد فيها الاصطلاح المذكور) .

preservation حفظ؛ صيانة؛ وقاية (من تلف او ضرر)

preserve [فيما يتعلق بالمأكولات] يحفظ (مأكولا)، بسبيل اعداده لهيئة تقيه عوامل التلف او الانحلال او التخمر وتتيح له الاحتفاظ بخواصه الغذائية .

preside يرئس، يترأس، يتولى رئاسة (هيئة) : يشرف عليها ويديرها

president رئيس

President Judge [في انكلترا قديماً وبعض الولايات المتحدة حالياً] القاضي الرئيس . يستعمل هذا اللقب حالياً في المحاكم الابتدائية Courts of Common Pleas في ولاية Pennsylvania ومحكمة الاستئناف بـ Virginia .

President of the United States رئيس الولايات المتحدة (الاميركية) : رئيس الجهاز الاداري الاتحادي للولايات المتحدة الاميركية .

presidential electors [قانون امريكي] ناخبو الرئيس؛ هيئة ناخبة مهمتها الوحيدة انتخاب رئيس ونائب رئيس للولايات المتحدة، تشترك فيها كل ولاية بعدد من الاعضاء يساوي مجموع الشيوخ والنواب الممثلين لها في الكنغرس، وتختار الولاية اعضاءها المشتركين حسب قوانينها الداخلية الخاصة .

Presiding Judge رئيس الجلسة : القاضي الذي يترأس الجلسة .

Presidium (of the Supreme Soviet of the U.S.S.R.) ديوان رئاسة السوفييت الاعلى للاتحاد السوفييتي في النظام الاشتراكي الروسي . وهو يتألف من رئيس و ١٦ وكيلا للرئيس وسكرتير و ١٥ عضواً وينتخب من المجلس الاعلى للاتحاد السوفييتي Supreme Soviet of the U.S.S.R. في جلسة عامة يشترك فيها مجلساه . ويعتبر ديوان رئاسة السوفييت (حسب الدستور الروسي الاشتراكي) مسؤولا عن جميع اعماله امام السوفييت الاعلى .

press مطبوعات؛ صحافة

[اجراءات قديمة] رق؛ قطعة من الجلد الرقيق الذي كان يستعمل قديماً للكتابة وتعد منه لفافات المدونات rolls .

pressing to death (راجع *peine forte et dure*)

pressurized aircraft [قانون الطيران] طائرة موزونة الضغط : اي ذات ضغط ثابت (على مستوى تكييفي واحد) .

prest money اجرة تلزم من تلقاها بان يكون دائم الاستعداد لتنفيذ ما يؤمر به، ويراد بها في الغالب اجور العساكر او جعالاتهم . سلفة تدفع للمشتغلين على السفن .

prestation [قانون انكليزي قديم] دفع (مبلغ من نقود)؛ اداء (عمل)؛ اسداء خدمة

[قانون دولي] سخرة؛ تسخير : حق استئجار قهري تسخر بموجبه الدولة المحاربة سفينة او سفناً محايدة لنقل ما يهمها بعد ان تدفع لها اجورها مقدماً .

prestige اعتبار ؛ كرامة ؛ مكانة

presume يفترض؛ يقدر ؛ يستنتج ؛ يعتقد بامر استناداً الى آخر مسلم به .

presumption قرينة افتراض؛ استنتاج

— mixed presumption قرينة مزجية : تجمع بين القانون والواقع .

والفرق بين القرينة القانونية وقرينة الواقع هو ان الاولى تقتضي استنتاج شيء معين اذا توافرت الوقائع التي يعتبرها القانون اساساً لهذا الاستنتاج ويكون للمحكمة ان تستمد استنتاجها كلما تهيأت لها الوقائع اللازمة في سياق المرافعة . كذلك فان القرينة القانونية هي قاعدة ثابتة تؤلف جزءاً من القانون . اما قرينة الواقع فهي تقديرية تستخلص من ظروف القضية مباشرة على اساس المدارك والخبرة البشرية العادية وما يلاحظ من اقوال الناس وطبائعهم في معاملاتهم وما تواضعوا عليـــه .

والفرق بـــين presumption و inference هو ان الـ presumption قرينة لزومية او استنتاج يقتضيه القانون اقتضاء لا خيار فيه، اما الـ inference فهو استنتاج تقديري يجيزه القانون جوازاً .

— natural presumption قرينة طبيعية (فيما يتعلق بحياة او موت) : من ذلك ثبوت موت انسان في تاريخ معين ؛ هذا الثبوت يعتبر قرينة طبيعية قاطعة على ان الانسان المعني كان حياً قبل ذلك التاريخ . كذلك مضي ٢٠٠ سنة مثلا على ميلاد شخص يعتبر قرينة طبيعية قاطعة على وفاته .

presumption of fact قرينة الواقع او القرينة الطبيعية : بناء المجهول على المعلوم اي التوصل إلى معرفة الواقعة المتنازع فيها – اذا انعدم الدليل المباشر عليها – من الوقائع الثابتة او الظروف المعلومة المتصلة بها . وتعتبر قرائن الواقع او القرائن الطبيعية ادلة غير مباشرة، لا يستطاع حصرها ولا تخضع لانظمة معينة أو قواعد ثابتة بل تستنتج من موضوع كل دعوى وملابساتها بالخبرة والاجتهاد والفطنة، واذا صحت قامت مقام الدليل المفقود حتى يثبت ما ينقضها .

presumption of innocence قرينة البراءة؛ افتراض البراءة : الاستنتاج الذي يخلص اليه القانون لمصلحة المتهم وهو قضاء الحكم ببراءته ما لم يقم الدليل الكافي على الجرم المسند إليـــه .

presumption of law قرينة قانونية : يستوجب القانون على المحكمة أن تستخلصها من واقعة معينة حتى يثبت لها نقيض ذلك او ، بعبارة أخرى، النتيجة التي يخرج بها القانون اذا انعدم الدليل، من اثبات آخر متوافر في المسألة موضوع النزاع او من وقائع أخرى واضحة للقضاء او من كلا الامرين . والقرينة القانونية على نوعين :

١ – conclusive presumption or absolute or irrebuttable presumption

القرينة القاطعة او الباتة : وهي التي يحدد القانون قواعدهـــا ولا يجيز نقضها بأية حجة او بينة مهما كانت . كالحكم النهائي مثلا ، يعتبر قرينة على صحة ما قضى به ؛ وسن الصغير اذا كانت دون السابعة تعد قرينة على عدم مسؤوليته .

٢ – inconclusive presumption or disputable or rebuttable presumption

القرينة غير القاطعة : وهي التي تظل قائمة حتى يثبت مـــا ينقضها ؛ كالايصال الذي يسلمه الدائن للمدين اشعاراً بتسلم دينه ، يعتبر قرينة على أن المدين دفع فوائد الدين ايضاً أو تخلص منها باية طريقة أخرى . هذه القرينة تظل قائمة حتى يتوافر ما يقوضها .

(لاغراض الميراث) افتراض

presumption of survivorship [لاغراض الميراث] إفتراض التعاقب في الموت . الافتراض (الواقعي) الذي يستنتج معه ، اذا مات شخصان في ذات النائبـــة البحرية مثلا او الكارثة ، ان احد هذين الشخصين لا بد ان يكون قـد مات قبل الآخر او بعده . فاذا لم يتوافر من الملابسات او الآثار ما يستدل منه على اسبق الاثنين الى الموت ، جاز ان يكون الواقع الذي يقوم عليه الافتراض هو السن او الحالة الجسدية او المناعة الصحية او ما الى ذلك .

presumptive افتراضي؛ قائم على قرينة

— heir presumptive وارث افتراضي او حكمي؛ وارث حالي : الوارث او ولي العهد الذي يظل حقه في ولاية العهد او الوراثة قائماً ما لم يولد او يوجد من هو أحق منه .

presumptive evidence الدليل المبني على القرينة : البينة التي تستخلص من التجارب والخبرة البشرية ومن ملاحظة الطبع والسلوك البشري، وتظل قائمة حتى يثبت نقيضها .

prêt [قانون فرنسي] عارية ؛ قرض ؛ سلفة

prêt à intérêt قرض بفائدة

prêt à usage عارية استعمال : تسمى *commodatum* في القانون المدني .

prêt de consommation عارية استهلاك : قرض او *mutuum* في القانون المدني .

prête-nom معير اسمه : من أعار اسمه للغير

pretence (راجع pretense)

pretend يتظاهر؛ يتصنع (عجزاً او غنى او فقراً او غير ذلك)؛ يبدو بغير الواقع

pretend or **pretensed right** or **title** حق مزعوم؛ حق مدعى به: اي متنازع فيــه، كالحق الذي يطالب به شخص وهو في حيازة آخر وتحت سلطانه.

pretense زعم؛ تصنع او تظاهر بشيء

pretenses (**pretences**) مزاعم؛ ادعاءات؛ تصنع

— false pretenses (راجع باب false)

preter legal غير قانوني؛ لا يستسيغه قانون؛ يتجاوز حدود القانون

preterition [**قانون مدني**] اسقاط الموصي او اهماله لاحد الورثة الشرعيين ممن خولهم القانون نصيباً فرضياً في تركته: اي تجاوزه عن حسبان هذا الوارث الشرعي في الميراث.

pretext عذر؛ حجة؛ زعم؛ مظهر؛ ستار (يبدي غير الحقيقة). سطوة

[**قانون دولي**] عذر (واه)؛ تعلة؛ مبرر لا يقوم على أساس معقول بل يتخذ ستاراً لعمل غير مستساغ او مناف لمبادىء العدالة او الاصول الدولية المرعية.

ترد هذه الكلمة احياناً في صيغة الجمع pretexts بمعنى معاذير او اسباب لا تخلو من أساس، غير انها ليست من الاهمية بحيث تبرر دخول حرب مثلا او القيام بعمل دولي استثنائي. على ان المعاذير في الغالب لا تعدو كونها مجرد ستار لاعمال طموحية لا تقوم على مبررات كافية.

pretium سعر؛ ثمن؛ قيمة

pretium affectionis قيمة معنوية او ادبية: القيمة الخيالية التي يحددها المالك لبعض ما يملك ولا يقدرها باعتبار قيمة الشيء المادية فقط، بل على أساس صلته الخاصة به والشعور العاطفي الذي يحمله نحوه وما الى ذلك من الملابسات المعنوية المرافقة للشيء المذكور؛ كأن تكون للبائع مثلا ساعة تذكارية لاب او جد له فيحدد ثمنها بمئات الجنيهات، لا على أساس قيمتها المادية فحسب بل على اعتبار منزلتها المعنوية لديه.

pretor تهجئة دارجة غير صحيحة لكلمة praetor (راجع معناها في غير هذا المكان).

pretorium [**قانون اسكتلندي**] مقر محكمة؛ دار عدل

prevail يسري؛ يصبح نافذ المفعول؛ يعم استعماله او قبوله. يظهر او يتغلب على؛ يسود؛ يتوافر

prevailing سائد؛ رائج؛ متوطد (اذا كان عرفاً)؛ متبع او متبعة (اذا كان عادة او سنة).

prevailing party الخصم المحكوم له في الدعوى: من صدر القرار في مصلحته.

prevailing prices اسعار سائدة

اذا كانت السلعة موضوع البحث مصنوعة او معدة بصورة خاصة، دل هذا الاصطلاح على الاسعار المسماة او المطلوبة باعتبارها اسعاراً معقولة لا تشمل اية زيادة خاصة.

prevarication مخاتلة؛ مخادعة (تنطوي على خيانة)؛ سلوك يهدف الى تغطية جريمة او إخفاء معالمها.

[**قانون انكليزي**] خيانة شؤون الدولة؛ اساءة استعمال الوظيفة. الاخفاء المفتعل للحقيقة او تشويهها بطريق المراوغة او الغموض في الشهادة.

prevent يمنع؛ يصد؛ يعيق؛ يعرقل؛ يحجب

prevention [**قانون مدني**] حق القاضي في نظر دعوى او مسألة يعود فيها الاختصاص اليه والى عدد من المحاكم الاخرى في آن واحد.

Prevention of Abuses منع اساءة استعمال السلطة. وقد صدر به قانون خاص في انكلترا سنة ١٩٢٣ م.

Prevention of Crimes Act قانون منع الجرائم

preventive وقائي؛ تحوطي؛ احتياطي؛ زاجر او رادع؛ مانع

preventive detention حبس وقائي

preventive justice عدالة وقائية: اجراءات تحوطية خاصة تتخذها الحكومة احياناً للحيلولة دون وقوع الجرائم، كالزام المشبوهين (ممن تدعو الظروف الى الاعتقاد بامكان لجوئهم الى الاجرام السياسي عــلى الاخص) باداء كفالات حسن سلوك تضمن عدم ارتكابهم للافعال المخشي منها او بغير ذلك مما ترى السلطات المختصة لزومه لصيانة الامن العام.

preventive service [**في انكلترا**] خدمة وقائية؛ الخدمة التي يؤديها خفر السواحل او رجــال الشرطة العاملون في منع التهريب وتعقب المشتغلين فيه.

preview يعرض؛ يراجع؛ يفحص (مؤلفاً ادبياً او فيلماً سينمائياً قبل عرضه على الجمهور). عرض ما ذكر، مراجعته او فحصه

previous سابق؛ سالف؛ متقدم؛ آنف؛ اخير

previous question [اجراءات البرلمان الانكليزي] سؤال تمهيدي. اذا عرض للتصويت موضوع اساسي مختلف فيه، جاز لرئيس المجلس بناء على اقتراح احد الاعضاء ان يعرض سؤالا تمهيدياً هل المجلس يرى ام لا يرى عرض الموضوع الاساسي للتصويت، بحيث اذا كانت نتيجة التصويت سلبية امكن تجنب عرض الموضوع الاساسي. ويقدم العضو اقتراحه المذكور بالعبارة التالية : I move that the question be now put اقترح ان يعرض السؤال الآن .

[في مجلس نواب الولايات المتحدة الاميركية] يكون اقتراح الـ previous question في الغالب رغبة في قطع المناقشة واجراء التصويت على الموضوع حالا .

price سعر ؛ ثمن

— ruling price (راجع باب ruling)

price current قائمة اسعار ؛ كشف اسعار سلع (لتصدير او استيراد) مع بيان ما يحصل عليها من ضرائب وغير ذلك من المعلومات اللازمة .

price discrimination تمييز (في) سعر ؛ تمييز في البيع : اي تغيير السعر باختلاف المشتري . وفي قانون منع الاحتكار الاميركي Anti-Trust Act يراد بهذه العبارة البيع لشخص والامتناع عنه لآخر باي سعر كان .

price fixing تحديد السعر

prices ruling (راجع ruling prices)

pricking for sheriffs [في انكلترا] ترفع للملكة في كل سنة عندما يحين موعد تعيين عمالها الـ sheriffs في مختلف المناطق، قائمة باسماء المرشحين لهذا المنصب؛ فتتناول الملكة دبوساً وتدور به على اسماء الاشخاص الثلاثة المرشحين لكل مقاطعة ثم توقفه فجأة، فيكون صاحب الاسم الواقع عليه رأس الدبوس احد المختارين للوظيفة؛ وتتكرر عملية (الغز) هذه حتى يتم اختيار العدد المطلوب .

pricking note كشف تسليم بضاعة (على ظهر السفينة من المستودع مباشرة) .

prima facie لاول وهلة؛ ظاهراً؛ من حيث الظاهر؛ حسب البوادر؛ كما يبدو لاول نظرة . ما تفترض صحته (مبدئياً) حتى يثبت بطلانه .

***prima facie* case** دعوى ظاهرة الوجاهة : اي كافية الاسباب حتى يتوافر ما ينقضها .

***prima facie* evidence** دليل ظاهر؛ بينة كافية لاثبات واقعة ترتكز عليها دعوى الخصم، حتى يأتيها من البينات المضادة ما يهدمها .

prima pars æquitatis æqualitas المساواة هي اول عناصر الانصاف .

prima tonsura حصدة اولى؛ (حشة) اولى من عشب الحق في الحشة الاولى من كلأ الارض .

primæ impressionis يقال : قضية اولى من نوعها a case *primae impressionis* ؛ ليست لها سابقات او مراجع قانونية ولا ينطبق عليها اي مبدإ قانوني انطباقاً مباشراً .

primage [قانون بحري قديم] وهبة؛ علاوة؛ تعويض خاص كان يدفع لرئيس السفينة وبحارتها، ويسمى احياناً the master's hat money .

[حديثاً] اجرة اضافية او نسبة مئوية معلومة تؤدى لاصحاب السفينة او واسقيها علاوة على اجرة الشحن .

primary أولي؛ رئيسي؛ اساسي؛ اصلي

primary allegation ادعاء اول في دعوى مرفوعة امام محكمة كنسية .

primary evidence بينة اولية . اقوى دليل توفره طبيعة الدعوى : كالسند المكتوب مثلا، يعتبر بينة اولية على محتوياته .

primary powers سلطات اولية (يخولها الاصيل نائبه)؛ تفويض اساسي. تقابل ذلك السلطات التبعية mediate powers.

primate [قانون كنسي] رئيس ديني، كالبطريرك ورئيس الاساقفة وغيرهما .

Primate of all England يطلق هذا اللقب على رئيس اساقفة Canterbury بينما يعرف رئيس اساقفة يورك بلقب Primate of England .

prime [كفعل] يعلو؛ يفوق، نحو : تفوق اجرة الشحن جميع المصاريف الاخرى freight primes all other expenditure .

prime books of entry دفاتر قيد أولي

prime cost ثمن صحيح : يدفع في مبايعة تحدوها نية سليمة .

Prime Minister رئيس وزراء؛ وزير اول

primer كلمة فرنسية قانونية معناها : اول او اولى .

primer election حق خيار اول : حق الابن الاول (البكر) في ان يختار نصيبه من الميراث قبل اخوته .

primer seisin دفع الحائز من الملك ارباح سنة كاملة بحكم ايلولة الارض اليه بالوراثة عند بلوغه سن الرشد .

primitive obligation (راجع باب obligation)

primo loco في المكان الاول او المنزلة الاولى .

primo venienti «الى اول من يحضر» . كان المنفذ على اموال المدين المفلس قديماً يؤدي ما على هذا من الديون حسب حضور المداينين للمطالبة، بحيث كان اسبقهم في تقديم بيان دينه أحقهم في السبق الى استيفائه، دون تنظيم لتوزيع موجودات المدين او اعتبار لما تستطيع ان تستغرقه من نسبة الديون .

primogeniture بكرية، الاولية في الولادة . حالة كون الشخص اول مولود لوالديه ؛ وهي الحالة التي تؤول معها اليه امتيازات ميراثية خاصة، كحقه في الوراثة احياناً دون اخوته او في اختيار سهمه قبلهم او في غير ذلك من الميزات .

primogenitus ابن بكر ؛ مولود اول

primum decretum **[قانون كنسي]** مرسوم اول، يصدره القاضي المختص اذا تخلف المدعى عليه عن الحضور، مخولا المدعي ان يضع يده على الاشياء موضوع الدعوى .

[اجراءات بحرية] امر تمهيدي

primus inter pares اول بين متساوين ؛ الاول بين اقرانه

prince امير : ابن ملك او امبراطور او من في مقامهما او احد ابناء عائلة مالكة .

سيد ؛ حاكم امة او دولة

Princess Royal كبرى بنات الملك

principal اصيل ؛ مصدر سلطة او حق . فاعل اصلي . مدير مدرسة . اصل او رأسمال دين

[كنعت] رئيسي ؛ اصلي ؛ اساسي ؛ اهم او اعلى من حيث الدرجة او الاعتبار .

[قانون جنائي] فاعل اصلي ؛ فاعل الجريمة ؛ المحرض اذا حضر ارتكاب الجريمة constructively (راجع constructive presence) . على ان القانون العام Common Law يفرق بين الشخصين اذ يسمى الاول الفاعل بالدرجة الاولى principal in the first degree (وهو الذي يرتكب الجرم بنفسه)، ويسمى الثاني الفاعل بالدرجة الثانية principal in the second degree (وهو الشريك فيه الذي يحضر ارتكابه كما تقدم) .

[قانون الوكالة] اصيل، يفوض سلطاته الى نائب او وكيل agent .

[في الكفالة] اصيل (مكفول)، يعتبر مسؤولا عن الالتزام بالدرجة الاولى .

— undisclosed principal رأسمال مكتوم : لا يرد له ذكر في العقد .

— vice principal **[علاقات المخدوم بالخادم]** وكيل الاصيل ؛ من يكل اليه رب العمل ادارة اعماله والاشراف على العمال وحملهم على طاعة الاوامر او يعهد اليه ببعض اختصاصاته ليمارسها نيابة عنه .

principal fact **[قانون البينة]** واقعة رئيسية، يهدف التحقيق للوصول اليها او تجتمع الوقائع الاخرى على ابرازها او اثباتها .

principalis اصيل ؛ فاعل اصلي ؛ دائن اصلي

principalis debet semper excuti antequam perveniatur ad fideijussores لا يرجع الى الكفلاء الا بعد استنفاد ما يملك المدين الاصلي .

principality or **principate** إمارة ؛ بلاد او دولة يتولاها أمير

principle مبدأ ؛ قاعدة اولية ؛ حكم اساسي يقاس عليه

[قانون البراءات] يقصد بالعبارة principle of a machine القاعدة الواجب اتباعها للوصول بالآلة المعنية الى النتائج المطلوبة .

principle of double criminality
(راجع double criminality, principle of)

principle of speciality
(راجع speciality, principle of)

Principum Placita **[قانون روماني]** مراسيم الامبراطور . سميت كذلك باعتبار ان ما قرره الامبراطور كانت له قوة القانون .

print حروف (طباعة)، مهما كانت اشكالها . طبع او طبعة

[كفعل] يطبع

prior سابق ؛ متقدم

prior **[كاسم]** رئيس دير

[كنعت] سابق ؛ متقدم ؛ اعلى درجة او مكانة

prior creditor دائن متقدم (غيره في استيفاء دينه من موجودات مدينه) .

prior lien حق امتياز او اختصاص اعلى : له الاعتبار الاول عند السداد .

prior lien debentures سندات اولية: يكون لها حق السبق في العوائد على ما صدر قبلها من سندات .

prior petens سابق في طلب : من سبق الغير الى طلب شأن.

prior petenti «الى السابق في الطلب» : من سبق غيره في تقديم طلبه .

priority (حق) اسبقية؛ حق اولوية او تقدم . احقية

prisage حق التاج الوراثي في أن يتقاضى لنفسه حصة معينة (على سبيل الضريبة) من كل شحنة خمور تدخل البلاد .

prison سجن: مكان اعتقال المحكوم عليهم بالسجن، وهو لا يختلف عما يسمى penitentiary في نظام السجون الاميركي . يقابله الحبس jail المستعمل لاعتقال ذوي الاحكام البسيطة نسبياً .

prison breaking or **breach** فرار من سجن بالقوة

prisoner مسجون؛ سجين . محاكم بجريمة، رهن محاكمة على جريمة؛ متهم

prisoner at the bar المحاكم؛ السجين الماثل امام المحكمة؛ المتهم رهن المحاكمة . ينطبق هذا الاصطلاح على المتهم بجنحة او جناية وهو ماثل امام المحكمة للمحاكمة .

prisoner of war أسير حرب

privacy, right of (right of privacy) حق الخلوة؛ حق حصانة الخصوصيات : حق الانسان في ان يترك وشأنه ولا تكون خصوصياته هدفاً للقيل والقال ودعايات الصحف التي من شأنها ان تحرمه لذة أمنه في حياته الخاصة، وحقه كذلك في أن لا تكون احواله وممتلكاته غرضاً لنظرات الناس الفاحصة، وذلك كله في حدود القانون والمعقول والحرية العامة .

private خاص؛ خصوصي؛ غير رسمي . عرفي (اذا كان الموضوع من المحررات) .

private company (راجع company)

private examination استجواب خصوصي: يجريه القاضي للمرأة المتزوجة على غير مسمع من زوجها ليتيقن هل هي في ما وهبته له او تصرفت فيه مدفوعة اليه برغبتها الخاصة ومحض ارادتها او مرغمة عليه بأي عامل من عوامل الارغام .

Private International Law القانون الدولي الخاص: فرع من القانون الدولي يعرف غالباً باسم تنازع القوانين Conflict of Laws . (راجع باب conflict)

Private Law القانون الخاص: القانون الذي يحكم علاقات الافراد او يعرف حقوقهم وينظمها وينفذها .

private person شخص عادي: غير رسمي؛ غير صاحب الوظيفة المعنية

privateer سفينة مغيرة (خاصة): يملكها ويجهزها ويسلحها افراد خصوصيون ثم تعطيها احدى الدول المحاربة تفويضاً letter of marque بالاغارة على سفن العدو التجارية والاستيلاء عليها او اغراقها . على ان المغير privateersman الحاصل على مثل هذا التفويض من دولة محاربة لم يكن في الواقع سوى قرصان (لص بحري) مرخص له . وقد الغي الـ privateering بقرار باريس Declaration of Paris الصادر في شهر ابريل (نيسان) عام ١٨٥٦م .

privation تجريد؛ حرمان: سحب الحق او الشيء المعني من صاحبه .

privatis pactionibus non dubium est non lædi jus cæterorum . ليس للاتفاقات الخاصة ان تخل بحقوق الاغيار .

privatorum conventio juri publico non derogat لا ينبغي للاتفاق الخاص بين الافراد ان ينال من الحق العام .

privatum خاص؛ خصوصي

privatum commodum publico cedit المصلحة الخاصة تفسح المجال للمصلحة العامة .

privies شركاء؛ ذوو مصلحة مشتركة (في عمل)؛ على صلة متبادلة (فيما يتعلق بشأن) .

privies in estate شركاء في ملك: كالمتصرف والمتصرف له او المؤجر والمستأجر .

privies in law شركاء في القانون (اي بحكمه) : كالزوجين اذا قاضى احدهما الآخر او دافع عن حقه .

privies in representation شركاء في التمثيل : كالمنفذين او المديرين بالنسبة للموصي المتوفى او المتوفى دون وصية .

privies in respect to contract شركاء بالنسبة للعقد

privies of blood شركاء في الدم : كالخلف والسلف

privies to a judgment شركاء في حكم : اي ملزمون بما صدر فيه الحكم او مشتركون في مصلحة تعود عليهم من موضوع مقضي فيه .

privigna ربيبة: بنت الزوج او الزوجة لزواج سابق .

privignus ربيب : ابن الزوج او الزوجة لزواج سابق .

privileged vessel سفينة ممتازة: اذا التقت أخرى كانت لها اولوية المرور؛ اي كان لها ان تستمر في طريقها وسرعتها بينما تفسح لها السفينة الثانية مجال المرور. كالسفينة الشراعية مثلا، تعود لها اولوية المرور حسب القانون الدولي على السفينة البخارية.

privileges and immunities امتيازات وحصانات

privileges, committee for اللجنة الخاصة بالامتيازات: لجنة من مجلس اللوردات تختص بشؤون المطالبات بالقاب اللوردات والحقوق العائدة لحملة هذه الالقاب.

privileges, committe of لجنة الامتيازات: لجنة من مجلس العموم تختص بحقوق المجلس واعضائه.

privilegium [قانون روماني] امتياز دستوري كان يخول الامبراطور الحق في ان يختص من شاء بما شاء من حق او امتياز او واجب او قيد او عقوبة وان خرج في ذلك على القانون والعرف المرعي.

[قانون مدني] ما يمنحه القانون، تجاوزاً للقواعد العامة، من حق خاص او مساعدة او استثناء.

حق امتياز (اختصاص) يلازم المال موضوعه حتى تمام الوفاء دون ان يستتبع حيازته، كحق الامتياز الذي يترتب للبحارة على السفينة بقيمة اجورهم.

privilegium clericale (راجع benefit of clergy)

privity آصرة؛ صلة (قانونية) (بالنسبة لموضوع)، كصلة الوارث بالموروث او المؤجر بالمستأجر وهلم جرا...

صلة استتباعية تنشأ عن عقد بين اطرافه.

تبادل مصلحة او شأن

علم خاص بأمر، إشتراك مع الغير في العلم به، الاطلاع عليه اطلاعاً ينطوي على الرضى عنه.

privity of blood صلة دم: بين خلف وارث مثلا وسلف موروث، او بين ورثة مشتركين في ميراث.

privity of contract صلة عقد: تنشأ بين متعاقدين

privity of estate صلة ملك: كالصلة القائمة بين مؤجر ومستأجر او مستأجرين على الشيوع.

privity or knowledge احاطة او علم (بشأن)؛ المام فعلي بعامل مسبب لخسارة دون عمل اللازم لمنعه.

privy شريك (مع آخر)، على صلة به؛ له ضلع في فعل او شأن.

متدخل

[كنعت] خصوصي

مرحاض

privilege امتياز؛ استثناء؛ حق؛ اعفاء من واجب: يستقل به شخص دون غيره او تتمتع به شركة او طبقة خاصة. حصانة او منفعة خاصة تعود لاناس دون غيرهم.

[قانون مدني] حق امتيازي ينشأ عن طبيعة دين ويخول صاحبه استيفاء دينه قبل الدائنين العاديين.

[في التشهير او القدح] حصانة خاصة من المسؤولية عما يقال او ينشر من كلام ينطوي على تشهير اذا كان قوله او نشره بدافع العامل السياسي او القضائي او الاجتماعي او الشخصي.

[قانون بحري] منحة خاصة يتقاضاها ربان السفينة بسبيل المكافأة.

[اجراءات برلمانية] حق اسبقية البحث. الحق الذي يكون لبعض المسائل في أن يبحث عنها قبل غيرها وان ادى ذلك الى تجاوز جدول الاعمال.

— absolute privilege حصانة مطلقة من المساءلة (عما يصدر من عبارات مقذعة او تشهيرية)، وهي ما تحتاج اليه المراجع القضائية والادارية لاداء واجباتها العامة.

— qualified privilege حصانة مقيدة: تحمي صاحبها من المساءلة عما يقال او يذاع من عبارات التشهير اذا كان الدافع الى التفوه به او اذاعته هو المصلحة المشروعة او النية الحسنة او الغاية الشريفة والاعتقاد الراسخ بصحته والظرف المعقول.

— real privilege [قانون انكليزي] امتياز عقاري؛ يمنح عقاراً معيناً او ما يتصل به.

— special privilege [قانون دستوري] امتياز خاص (سواء كان حقاً او سلطة او حصانة) يمنح لشخص او طبقة من الناس دون الجميع.

— writ of privilege امر امتياز، يصدر عن جهة رسمية مختصة، لمراعاة امتياز قائم، كالامر الصادر لاخلاء سبيل شخص قبض عليه في دعوى مدنية دون الالتفات الى ما تمتع به من حصانة او امتياز.

privilege from arrest حصانة من القبض

privilege tax ضريبة امتياز: يؤديها ذو الشأن نظير السماح له بمزاولة عمل معين تقتضي مزاولته ترخيصاً خاصاً.

privileged صاحب امتياز؛ معفى من واجبات او اعباء؛ يتمتع بحق اسبقية

privileged debts [اجراءات التفليس] ديون ممتازة، لها عند الاداء حق الاسبقية على الديون العادية.

privileged deed [قانون اسكتلندي] سند ممتاز، يكون تنفيذه على وجه السرعة دون الاخذ ببعض الشكليات القانونية الواجبة المراعاة في مسائل التنفيذ العادية.

prize money نقود اغتنام . حصة عائدة من حاصل بيع سفينة او مشحونات وقع الاستيلاء عليها بسبيل الاغتنام .

pro له؛ بسبب؛ فيما يتعلق (بـ)

pro **and** *con* له وعليه . في جانبه وضده . له وجهان (احدهما موجب ذو فضائل والآخر سالب ذو مآخذ) .

pro bono et malo للخير والشر

pro bono publico للخير العام

pro confesso كما اقر به: يؤشر بهذه العبارة على العرائض المرفوعة الى محاكم العدالة المطلقة Equity Courts ، اذا لم يجب عليها المدعى عليه بشيء، وهي تفيد اقراره بمحتوياتها .

pro defectu emptorum لانعدام المشتري (لما هو موضوع البيع) .

pro defectu exitus لعدم (او في حال عدم) توافر العقب

pro defectu justitiæ لعيب في (اجراءات) العدالة

pro defendente; pro def. للمدعى عليه، لمصلحته

pro derelicto باعتباره (شيئاً) متروكاً

pro domino كمالك، كسيد او متسلط؛ (بوصفه كذلك)

pro donato كهدية او هبة؛ (على سبيل ذلك)

pro dote كدوطة؛ على سبيل الدوطة

pro eo quod لهذا؛ لذلك

pro facto كواقعة؛ كأمر واقع

pro falso clamore suo لكذب ادعائه (اي ادعاء المدعي). كان يرد هذا الاصطلاح سابقاً في حق المدعي اذا صدر الحكم برد دعواه وفرض غرامة عليه جزاء له «على كذب ادعائه».

pro forma صورة؛ صوري؛ شكلا؛ من حيث الشكل

pro forma **bill** كمبيالة صورية

pro hac vice لهذه المناسبة فقط

pro illa vice لتلك المناسبة فقط

pro indefenso لانعدام الدفاع عنه؛ بغير دفاع

pro indiviso بوصفه غير مفرز؛ دون قسمة

pro interesse suo حسب (ما تقتضيه) مصلحته، بالمقدار الذي تستلزمه

Privy Council [قانون انكليزي] مجلس الملك (او الملكة) الخاص . يتشكل هذا المجلس من وزراء الدولة وغيرهم ممن يختارهم التاج . وهو الهيئة التنفيذية الحاكمة الاسمية في المملكة المتحـــدة . تعرف اوامره باسم Orders in Council او Proclamations وفيه لجنة قضائية the Judicial Committee of the Privy Council ذات اختصاص استثنائي اعلى .

Privy Councillor عضو مجلس الملكة الخاص

privy purse [قانون انكليزي] مخصصات ملكية؛ المبالغ التي تخصص من خزانة الدولة لنفقات الملك (او الملكة) الخاصة .

Privy Seal حلق؛ خاتم الملك : الخاتم الخاص المستعمل في ختم الوثائق والبراءات والانعامات التي لا تحتاج للختم الكبير Great Seal .

Privy Signet ختم خاص : ختم ملكي يستعمل لختم الوثائق والبراءات والانعامات قبل غيره من الاختام ويعهد بحفظه لوزير الداخلية .

privy token سمة زائفة؛ شيء مصنع يتوسل به لتضليل .

privy verdict قرار خاص: القرار المعطى للقاضي من هيئة المحلفين خارج المحكمة، وهذا لا تكون له اية قوة ملزمة حتى يثبت بقرار آخر يعطى علناً في المحكمة .

prize جائزة

[قانون بحري] اغتنام؛ جميع ما تستولي عليه سفن الدولة المحاربة نتيجة الاغارة على سفن دولة محاربة اخرى من سفن وبضائع وغير ذلك باعتباره من اموال العدو حسب قوانين الحرب . يقابل الاغتنام البحري ما يسمى غنائم او اسلاباً برية booty يكون الاستيلاء عليها براً .

prize courts محاكم اغتنام: المحاكم المختصة بالفصل في دعاوى الاستيلاء على سفن العدو وشحناته البحرية اثناء الحرب وتقرير وجوب اعتبارها في حكم الاغتنام (حسب قوانين الحرب) او عدمه . يعود هذا الاختصاص في انكلترا الى القضاة المنتدبين من المحاكم البحرية اثنـــاء الحرب لتشكيل المحاكم المذكورة ويعود في الولايات المتحدة للـFederal District Courts .

— International Prize Court
(راجع باب international)

prize goods بضائع اغتنام . الاشياء التي يستولى عليها من يد العدو في اعالي البحار on the high seas .

Prize Law قانون اغتنام : القانون الذي يحكم افعال الاستيلاء على سفن العدو ومشحوناته في اعالي البحار .

حكم صادر (من محكمة مختصة) بصحة وصية . تطلق الكلمة ذاتها ايضاً على نسخة الوصية التي تحرر حسب الاصول وتختم بختم المحكمة المختصة، ثم تسلم الى منفذ الوصية او مدير التركة مع شهادة بثبوت الوصية .

[قانون اميركي] ما دخل من المسائل في اختصاص المحاكم الحسبية Probate Courts .

[كفعل] يثبت او يحقق وصية

probate bond سند اثبات وصية يقتضي القانون تقديمه للمحكمة الحسبية المختصة .

Probate Code قانون تحقيق الوصايا

Probate Court (راجع Court of Probate)

probate duty رسم تحقيق وصايا يفرض على كل وصية تقدم للاثبات او على القيمة الاجمالية لمنقولات المتوفى، ويستوفى من اموال التركة .

probate homestead (راجع homestead probate)

probate in common form [قانون انكليزي] الاثبات العادي للوصية، وهو يحصل باعلام صادر من دائرة التسجيل registry المختصة، دون اي اجراء امام المحكمة الحسبية . ويعتبر هذا الاثبات قابلا للابطال .

probate in solemn form [قانون انكليزي] الاثبات الرسمي للوصية؛ وهو ما يكون بحكم نهائي صادر عن محكمة مختصة بعد تكليف جميع الفرقاء ذوي الشأن تكليفاً صحيحاً . ويعتبر هذا الاثبات قطعياً لا يقبل الابطال الا اذا ظهرت وصية صحيحة تحمل تاريخاً لاحقاً لتاريخ الوصية الصادر فيها الحكم .

probate judge قاضي امور حسبية؛ قاضي تحقيق وصايا

probate jurisdiction اختصاص حسبي، تمارسه المحاكم او المجالس الحسبية، يشمل اثبات الوصايا، وتسوية اموال التركات بادارتها وتوزيعها والاشراف على اعمال القوامة والوصاية على القصر وعلى اموالهم والمسائل المتعلقة بالدوطة وما اليها .

probate matters مسائل حسبية: تتصل بتحقيق الوصايا او ادارة التركات او توزيعها .

probate proceedings اجراءات حسبية: تتخذ لتقرير انصباء الورثة او لاثبات الوصية او المنازعة في صحتها .

probatio اثبات مباشر

probatio mortua اثبات ميت: الاثبات باشياء غير حية كالسندات والبينات المكتوبة .

pro læsione fidei لخيانة الامانة (او العهد)

pro legato كوصية؛ بموجب حق يستند الى وصية

pro majori cautela زيادة في التحوط

pro non scripto كما لو انه لم يحرر أبداً

pro possessione præsumitur de jure الحيازة تنشىء قرينة قانونية

pro possessore كحائز؛ استناداً الى حق حيازة

pro possessore habetur qui dolo injuriave desiit possidere يعتبر حائزاً من تعطلت حيازته بما اتاه الغير من غش او اذى .

pro querente لصالح المدعي

pro rata نسبياً؛ كل بنسبة ما له

pro re nata بحكم الظرف؛ تبعاً لما يقتضيه الحال . بحيث اذا اتخذ الاجراء القضائي *pro re nata* كان اتخاذه تبعاً لمقتضيات الظروف لا حسب السابقات المرعية .

pro se لنفسه؛ لشخصه

pro socio للشريك . ينطبق هذا الاصطلاح على الدعوى المرفوعة لصالح الشريك او نيابة عنه .

pro solido كتلة واحدة؛ كجسم واحد؛ بالتضامن

pro tanto بمقدار ذلك؛ بقدر ما يكون او يتوافر

pro tempore مؤقتاً؛ للوقت الحاضر (فقط)

probability إمكان؛ توقع؛ احتمال

probable محتمل؛ متوقع؛ عليه سمة الحقيقة؛ يرتكز على معقول؛ أدعى الى التصديق أو الوقوع منه الى عدمه (غير انه لا يخلو من الشك) .

probable cause سبب محتمل؛ سبب وجيه؛ داع معقول

probable consequence عاقبة متوقعة: ينتظر حصولها في اثر امر معين قد يفضي اليها .

probable evidence دليل محتمل: يستند الى قرينة

probable ground سبب معقول

probandi necessitas incumbit illi qui agit البينة على من ادعى (من اقام الدعوى)

probate حسبي . اثبات الوصايا، يتعلق باثباتها

probatio plena [قانون مدني] اثبات تام؛ وهو الاثبات بشاهدين كاملي الاهلية :

probatio semi-plena [قانون مدني] اثبات نصف تام؛ وهو الاثبات بشاهد واحد كامل الاهلية .

probatio viva اثبات حي: الاثبات بالشهود؛ الاثبات الوارد على ألسنة شهود أحياء .

probation اثبات؛ دليل مثبت
اختبار؛ تجربة . فترة اختبار يقضيها موظف قبل تثبيته في الوظيفة او يقضيها راهب حديث novitiate قبل ان يثبت في نظام الرهبنة .
ملاحظة؛ مراقبة . وقف التنفيذ رهن المراقبة . الحكم مع وقف التنفيذ والمراقبة . اذاحكمت المحكمة على متهم، ثم لاحظت اخلاقه او سنه او صحته او حالته العقلية او تفاهة الجرم او ظروف ارتكابه، ورأت عدم معاقبته اعتباراً لذلك، كان لها ان تأمر بوقف التنفيذ ووضع المحكوم عليه تحت المراقبة مدة لا تقل (حسب القانون الانكليزي) عن سنة ولا تزيد على ثلاث سنين، بحيث اذا حسن سلوكه اثناء هذه المدة أعفي من العقوبة، واذا ارتكب جرماً آخر او اخل بشروط المراقبة وقعت عليه عقوبة الجرم الاول .
الرأفة التي تأخذ القاضي احياناً بالمتهم فتلهمه تخفيف العقوبة.

probation officer مراقب سلوك: يقوم مقام الصديق الناصح .

probation system نظام المراقبة؛ نظام الاختبار : تشجيع المحكومين على السلوك الحسن بتخفيض احكامهم او اخلاء سبيلهم (اذا لم يكونوا من ذوي السوابق) شرط ان يسلكوا سلوكاً حسناً مدة معينة .

probationer تحت الاختبار (المراقبة) . لتجريب سلوكه سواء كان محكوماً أخلي سبيله بناء على حكم عالق التنفيذ شرط حسن السلوك مدة مقررة او ، كان ممرضة (طالبة) تحت الاختبار فترة معينة لتجريب مدى لياقتها قبل تثبيتها في المهنة .

probative [قانون البينة] ثبوتي؛ اثباتي؛ له صفة الاثبات او آثاره؛ يقوم به برهان

probative facts [قانون البينة] وقائع ثبوتية، تثبت غيرها من الوقائع . أمور استدلالية يفتقر اليها لاثبات وقائع رئيسية او حاسمة .

probator [قانون انكليزي قديم] شريك في جناية يقر بالفعل املا في النجاة بنفسه من العقوبة ويلقي على الغير تبعة الاشتراك في الجرم كفاعل اصلي او شريك . وهذا لا يكاد يختلف عما يسمى في الاجراءات الحديثة شاهد ملك king's evidence .

probatum est «اختبر»؛ «أثبت» او «تم اثباته»

procedendo للسير (في الدعوى) : امر قضائي من المحكمة المحال اليها برد الدعوى الى المحكمة المحيلة كي تسير او تستأنف السير فيها اذا تبينت المحكمة الاولى عدم كفايـــة اسباب الاحالة .

procedendo ad judicium أمر مضي في الحكم، كانت تصدره المحاكم العليا لمحاكم الموضوع آمرة اياها باسم الملك ان «تمضي في اصدار الحكم»؛ وذلك اذا تبين للمحكمة الآمرة من الاسباب ما يدعو الى الاعتقاد بان محكمة الدعوى تتلكأ في اجراءاتها وتعطل مصالح الخصوم .
امر اعادة القاضي الى سابق مركزه واختصاصه بعد ايقافــه عن العمل .

procedural اجرائي

Procedural Law قانون مرافعات (مدنية)؛ قانون اجرائي

procedure اجراء؛ اجراءات: الطرق والقواعد القانونية المتبعة في التقاضي والمحاكمة والتنفيذ .

Procedure Acts قوانين اجراء: القوانين البرلمانية الصادرة في انكلترا في سني ١٨٥٢م و ١٨٥٤م و ١٨٦٠م لتعديل اجراءات القانون العام، وقد الغي معظمها بقوانين التنظيم القضائي الصادرة سنة ١٨٧٣م وسنة ١٨٧٥م .

proceed يسير (في شأن)؛ يقاضي؛ يَرفع دعوى

proceeding اجراء؛ سير؛ ملاحقة؛ تعقب: الطريق القانوني المتبع للحصول على الحق بالقضاء . كل طلب يقدم الى المحكمة بغية الحصول على حق او مساعدة او تعويض او غير ذلك مما يستطاع تحصيله بطريقها .
دعوى او قضية

— collateral proceeding اجراء عارض: لا يبت في المسألة موضوع البحث، بل يتناوله بصورة عرضية .

— executory proceeding [قانون Louisiana بالولايات المتحدة] اجراء تنفيذي يتخذ عند نشوء حق الدائن عن سند يفهم منه اعتراف المدين بما عليه ويشمل امتيازاً لصالحه (صالح الدائن) او يتخذ لتنفيذ حكم صادر عن غير المحكمة التي اقيمت دعوى التنفيذ في حدود اختصاصها .

— legal proceedings اجراءات قانونية: كل اجراء يخول القانون اتخاذه لدى اي محكمة للحصول على حق او تدبير قانوني .

— summary proceedings اجراءات مستعجلة: يسار فيها على وجه السرعة دون تدخل هيئات المحلفين . اجراءات جزئية

— supplementary proceeding [في بعض الولايات المتحدة الامريكية] اجراء تكميلي ؛ الدعوى المقامة لملاحقة التنفيذ اذا اتضح ان للمدين المحكوم عليه اموالا يستطاع التنفيذ عليها . وفي هذه الحال يكلف المدين الحضور امام المحكمة او امام الحكم referee ويستجوب عن جميع ممتلكاته ومنقولاته، فاذا وجد لديه ما هو محل للتنفيذ امر بتسليمه والا عين له حارس قضائي لهذا الغرض .

proceeding in error اجراء الطعن في الغلط : الاجراء القائم على امر احالة لمراجعة الغلط writ of error، صادر من المحكمة الاستئنافية الى المحكمة الفاصلة في الدعوى مكلفاً اياها احالة اوراق القضية اليها (الى المحكمة الآمرة) كي تراجع الغلط القانوني المدعى به فيها وتفسخ الحكم اذا ثبت لها ذلك او تؤيده اذا لم يثبت . والاجراء في هذه الحال يقوم على الغلط القانوني وحده دون غيره .

proceedings in bankruptcy اجراءات افلاس او تفليس

proceeds عوائد ؛ ريع ؛ غلة ؛ ناتج ؛ حصيلة

procès-verbal [قانون فرنسي] محضر ؛ ضبط : بيان مكتوب وموقع حسب الاصول يتضمن وقائع اجراء او تحقيق او غير ذلك .

process اعلان (او مذكرة) حضور او احضار او دعوى . وسيلة مقاضاة الخصم وحمله على الحضور امام المحكمة . ولا يقتصر معنى هذه الكلمة على مذكرات الحضور بل يشمل كافة الاوامر والمراسيم القضائية والتبليغات والمذكرات الصادرة منذ بدء الدعوى حتى اكتساب الحكم فيها صفة القطعية وآخر مراحل التنفيذ .

[مواد البراءات] كيفية ؛ طريقة ، واسطة او وسيلة مستحدثة (آلية او كيماوية او غير ذلك ، لانتاج شيء او اثر خاص) ؛ اسلوب (لانتاج او تحقيق غرض معين) ؛ عملية تعاقبية او تدرجية تأتي بنتيجة معلومة . نسق او منوال . تفاعل

[استئنافات كنسية Ecclesiastical Appeals امام مجلس الملك الخاص Privy Council] صورة رسمية تستخرج من اجراءات محكمة الاساس (محكمة الموضوع) ومن الاثباتات المقدمة في الدعوى لتحال الى الدائرة الاستئنافية حسب امرها .

— abuse of process اساءة استعمال الاجراء القضائي : التوسل بأمر قضائي للاضرار بالغير او لقصد لا يقره قانون .

— executory process امر تنفيذي : امر قضائي مستعجل لتوقيع حجز وبيع .

— final process اجراء نهائي ؛ تدابير قضائية اخيرة : آخر ما يصدر من الاوامر القضائية في الدعوى بعد اكتساب الحكم صفة القطعية .

— irregular process اجراء مخالف : ينطبق هذا النعت على كل أمر قضائي يصدر مخالفاً لمقتضيات القانون في شكله او موضوعه او احدى جزئياته .

— judicial process امر قضائي ، مذكرة قضائية ؛ تكليف حضور

— legal process اجراء قانوني ؛ اجراء صحيح . امر قضائي ؛ تكليف حضور ؛ مذكرة قانونية

— mesne process اجراء متوسط او عرضي : كل امر قضائي يصدر في سياق الاجراء بين افتتاح الدعوى واوامر التنفيذ النهائية .

— original process مذكرة بدء دعوى ؛ تكليف المدعى عليه الحضور .

— regular process اجراء سليم : امر قضائي مطابق لمقتضيات القانون .

— summary process اجراء جزئي ؛ اجراء فوري او مستعجل : لا يحتمل تأخيراً .

— trustee process [في بعض الولايات المتحدة ، خصوصاً New England] يطلق هذا الاسم على اجراء الحجز على ما للمدين لدى الغير او على اموال شخص غير مقيم non-resident.

process of interpleader اجراء قضائي يسار فيه لتقرير صاحب الحق في مال يدعي به شخصان او اكثر ويحوزه ثالث .

process of law (راجع due process of law)

process server محضر : مأمور تابع لمحكمة ، مهمته تبليغ الاوامر القضائية واوراق الاجراءات بوجه عام .

procession سير او تجوال (في حدود لتقريرها رسمياً على وجه الدقة) . استعمل هذا الاصطلاح في بعض الولايات الاميركية قبل إعلان استقلالها ، وما يزال دارجاً الى اليوم في ولايتي North Carolina و Tennessee .

processioning (راجع procession) : تحقيق الحدود وتفتيشها في فترات معينة من السلطات المحلية المختصة ، في بعض الولايات المتحدة وهو ما يسميه الانكليز perambulation .

processum continuando [اجراءات انكليزية] امر استئناف سير الاجراءات بعد انقطاعها على اثر موت رئيس محكمة الجنايات او احد قضاتها .

لوائحها وادارتها خارج المحكمة، بينما يتولاها الـ advocate داخل المحكمة . على ان هذا الفرق بين الاثنين لا وجود له امام المحاكم الاميركية .
[محاكم بحرية وكنسية] مدع عام

procuracy وكالة؛ توكيل؛ سند وكالة

procuration توكيل؛ تفويض
اذا اثبت الوكيل او المفوض هذه الكلمة في شكلها اللاتيني كاملة *per procuratione* او مختصرة *per proc.* على الكمبيالة مثلا، دل بها على ان التفويض العائد اليه بالتوقيع هو تفويض مقيد .
[مواد جنائية] قوادة؛ جرم ايجاد النساء او جلبهن لاشباع شهوات الغير .

procuration fee, or money [قانون انكليزي قديم] جعالة وساطة؛ عمالة نقدية يتقاضاهـا المتوسطون في توفير القروض الماليـة .

procurator وكيل : يتولى شؤون الغير بموجب سند توكيل منه .
[قانون انكليزي قديم] وكيل او نائب بمعنى attorney . محضر . خادم . وكيل او نائب بمعنى proxy عن احد اللوردات في البرلمـان .

procurator fiscal [قانون اسكتلندي] مدعٍ عام لمنطقة، يتولى التحقيق التمهيدي في الجرائم الواقعة في منطقته .

procurator-general يطلق هذا اللقب على محامي الخزانة treasury solicitor .

procurator *in rem suam* وكيل في شؤونه (او امواله) الخاصة : ينطبق هذا الاسم في القانون الاسكتلندي على الشخص الذي يعمل بموجب سند توكيل فيما يتعلق بشيء اصبح ملكه الخاص .

procurator *litis* [قانون مدني] وكيل خصومة : من رفع الدعوى وسار فيها نيابة عن غيره وبتوكيل منه .

procurator *negotiorum* وكيل اعمال الغير

procuratrix [قانون انكليزي قديم] وكيلة (انثى)، نائبة عن الغير بموجب توكيل رسمي .

procure يوفر (يعمل على توافر)؛ يجد؛ يبدأ (دعوى)؛ يعمل على (فعل)، يحرض عليه او يشوق اليه؛ يدبر ؛ يهيىء؛ يحمل على . ترد هذه الكلمة في السمسار الذي يهيىء للصفقة بأن يجمع الشاري بالبائع .

prochronism غلط في تاريخ : تقديم تاريخ محرر (على سبيل الغلط) باعطائه تاريخاً سابقاً لتاريخ انشائه .

procinctus [قانون روماني] استعداد لخوض معركة او قتال . يقال : وصية الاستعداد للقتال *testamentum in procinctu* . الوصية التي يضعها الجندي قبل التوجه للحرب .

proclaim يعلن؛ يبلغ؛ يذيع؛ ينادي (بأمر)؛ ينشر

proclamation بلاغ؛ بيان؛ اعلان رسمي؛ نداء؛ مناداة بشخص (حاكماً او اميراً او غير ذلك)؛ اذاعة (موضوع) او نشره

proclamation by lord of manor بلاغ السيد الاقطاعي : تكليف كان يوجهه سيد الاقطاع، ثلاث مرات، الى وارث الفصل المتوفى كي يبادر الى دفع الرسوم الواجبة عليه في تلك الاحوال ليكون له حق الحلول محل الموروث في حيازة الارض، بحيث اذا تخلف عن دفعها كان للسيد الاقطاعي ان يسترد منه الارض .

proclamation of exigents [قانون انكليزي قديم] بلاغ وجوب المثول . امر المحكمة المختصة لـ sheriff المقاطعة في اجراءات الـ outlawry بان يوجه ثلاثة نداءات متتالية للمدعى عليه في الناحية التي اشتهر بالوجود فيها او التي تعتبر اقرب الى سمعه من غيرها، يأمره بالمبادرة الى تسليم نفسه للقضاء، وذلك قبل اعلانه خارجاً على القانون بشهر واحد .

proclamation of rebellion [قانون انكليزي قديم] بلاغ الـ sheriff للمدعى عليه، بعد امتناعه عن الحضور، بوجوب المبادرة الى تسليم نفسه وانذاره باعلانه خارجاً على القانون اذا لم يمتثل .

proclamation of recusants [قانون انكليزي قديم] بلاغ المنشقين . اعلان ادانة المنشقين اذا تخلفوا عن الحضور للمحاكمة امام الجنايات . (والمنشقون recusants هم المخالفون للكنيسة او للقوانين الصادرة في عهد الملكة Elizabeth الاولى وجيمس الاول بوجوب التردد الى كنيسة الابرشية للعبادة .

proclamator مناد : موظف تابع للمحكمة المدنية الابتدائية (الانكليزية) Court of Common Pleas .

pro-consul وكيل قنصل او قائم بأعماله : موظف قنصلي تعود اليه سلطات القنصل دون لقبه او رتبته .

procreation تناسل؛ توالد؛ انجاب أولاد أو ذرية : وهذا احد اهداف الزواج الرئيسية .

proctor وكيل (للغير)؛ نائب؛ مفوض : يراد به غالباً الوكيل القضائي او المحامي الموكل من الخصم لتجهيز دعواه واعداد

procurer قواد (او قوادة) نساء: من مهد اسباب الفسق، لاشباع شهوات الغير الجنسية . من عمل على اغواء النساء وجرهن الى الدعارة .
والقوادة في انكلترا واميركا جرم يعاقب عليه بقانون برلماني statute .

procuring cause سبب مباشر؛ وسيلة مباشرة . يعتبر السمسار مثلا مستحقاً للعمالة اذا كان السبب المباشر procuring cause للصفقة المطلوبة وعاد الفضل في تمامها لمساعيه .

prodigal سفيه؛ متلاف؛ مبذر . الشخص الذي لا يعتبر، رغم بلوغه السن القانونية، اهلا لادارة شؤونه الخاصة نظراً لاسرافه المفرط وسوء سلوكه، ولا يأتمنه القانون على تصريف هذه الشؤون بل يقتضى تعيين قيم عليه curator يتولاها نيابة عنه . والسفيه على حد تعبير بعض الفقهاء هو من لا يفرق بين ان البيع سالب والشراء جالب: اي لا يفرق بين ما يجلب له النفع وما يجر عليه الضرر .

prodigus سفيه . (راجع prodigal)

prodition خيانة

proditor خائن

produce انتاج؛ غلة؛ محصول
[كفعل] يقدم؛ يبرز (اوراقاً او شهوداً)؛ يبين؛ ينتج؛ يغل. يضع (مؤلفاً او غير ذلك)

producer منتج؛ مقدم؛ مبرز

product نتاج؛ ايراد؛ ريع: متحصل

production انتاج؛ توليد؛ محصول؛ ثمرة؛ ثمار . تقديم؛ ابراز

production of suit رفع الدعوى (بمعنى تقديمها)

profane يدنس؛ ينجس؛ يحقر (شعائر دين)؛ ينتهك حرمة (قبر او محل مقدس)

profanity التحقير (للشعائر الدينية)؛ اللغو؛ اهانة الاسماء الحسنى (اسماء الله عز وجل)؛ تدنيس المقدسات او هتك حرمتها .

profectitius ميراث: كل ما آل من سلف الى خلف

profer [قانون انكليزي قديم] تقديم او عرض . عرض تولي السير في الدعوى من ذي الشأن . حساب يقدمه عامل الملك sheriff الى الخزانة . عوائد يتقاضاها العامل على تقديم الحساب المذكور .

profert in curia يبرز في المحكمة
[اجراءات قديمة] كانت تدون هذه العبارة في مذكرة الدعوى للدلالة على استعداد المدعي لابراز السند اساس الدعوى كي تطلع عليه المحكمة ويسمعه المتهم .
[اجراءات حديثة] ادعاء الخصم بكونه مستعداً لتقديم وثيقة منتجة (في الدعوى) توجد تحت يده؛ هذا الادعاء بين يدي المحكمة من شأنه ان يجعل الوثيقة المذكورة في حكم الموجودة بحيازة المحكمة .

profess يجاهر (بأمر)، ينادي، يعترف او يقر (به) امام الملأ ؛ يتظاهر او يدعي (بـ)

professed معلن؛ معلوم؛ مصرح به، مجاهر او مدعى به

profession تصريح؛ مجاهرة؛ مناداة بأمر امام الملأ . مهنة؛ حرفة؛ صناعة؛ كار
اقتصرت هذه الكلمة اصلا على ممارسة العلوم الدينية والطب والقانون، ثم اتسع مدلولها تدريجياً حتى شمل كافة المهن التي تحتاج الى استعداد عقلي وفكري خاص وتفرغ كلي .
[قانون كنسي وشؤون عقائدية] اعتناق (ملة او طريقة)

professional محترف؛ ذو مهنة او حرفة معينة يعتاش من ورائها . مهني (يتصل بالمهنة)؛ مسلكي

professor استاذ (في علم او فرع منه)

profile [لاغراض القانون والهندسة] رسم او مخطط يبين النقاط المرتفعة عن مستوى معين في خارطة موضوعة لطريق او شارع . جانب عمودي؛ صورة جانبية . تخوم (موقع) او محيطه . مجمل جانبي (يلم بابرز صفات الموضوع)؛ لمحة تصويرية

profit ربح؛ كسب: مقدار زيادة سعر بيع السلعة على سعر شرائها مضافاً الى نفقاتها حتى تمام صفقة البيع . الكسب العائد من بيع بضاعة او منتوجات بعد استنزال قيمة الخدمات والمواد المبذولة فيها والايجارات والمصاريف والفوائد المستحقة على رأس المال المثمر .

— clear profit ربح صاف . (راجع net profit تالياً)

— gross profit ربح اجمالي: مقدار زيادة سعر البيع على سعر الشراء (قبل استنزال النفقات التي تكبدها البائع على المبيع حتى تمام البيع) .

— mesne profit ربح متوسط : الربح العائد بين فترتين معنيتين .

— net profit ربح صاف: مقدار الربح الباقي بعد استنزال جميع التكاليف والمصاريف والرسوم ومقادير الهبوط في قيمة رأس المال .

— **paper profits** ارباح نظرية؛ ارباح خيالية او تأميلية

profit à prendre حق مشاع؛ حق الشخص في تربة غيره: اي حقه في نصيب من ارباح ارض الغير او جزء من ترابها او حجارتها او معادنها .

profit à rendre ما يجلبه الغير من ربح او يتأتى على يده، وهذا يشمل عوائد الايجار والخدمات وما اليها .

profits tax ضريبة ارباح، تؤديها الهيئات الاعتبارية والهيئات التجارية في مواقيت معلومة حسب القواعد المتبعة في اداء ضريبة الدخل وتجبى على الارباح التي تتجاوز الفي جنيه (استرليني) .

profiteering بيع مغالاة؛ البيع بربح فاحش؛ ربح انتهازي . انتهاز ظروف الربح الفاحش .

profligate فاسق؛ منحل الاخلاق؛ لا يبالي؛ مبذر . تبذيري

progression تقدم؛ تدرج؛ سير؛ تطور؛ تعاقب او توال؛ مضي في شأن

progressive tax ضريبة تصاعدية: تتعاظم فئاتها بتعاظم ايراد المكلف .

prohibit يمنع؛ يحظر

prohibited degrees الدرجات الممنوعة؛ درجات المحارم: وهي درجات القرابة التي تكون من الدنو بحيث لا يبيح القانون التزاوج في نطاقها، كدرجة القرابة بين الرجل وخالته او عمته او الاخ واخته وغيرهم مما يجعله القانون ضمن الدرجات المذكورة .

prohibition منع؛ حظر

حظر حيازة المشروبات الروحية وبيعها وتعاطيها والتعامل بها على اي حال الا للاغراض الطبية او العلمية او الطقوس الدينية.

[في الاجراءات] امر منع writ of prohibition؛ منع تجاوز الاختصاص او غصبه؛ وهو امر قضائي استثنائي توجهه محكمة كبرى مختصة الى اخرى ادنى منها كي تمنعها من ممارسة اختصاص لا يجيزه لها القانون او توقفها عند حد ولايتها الخاصة.

prohibitive باهظ؛ فاحش . مانع؛ وقائي – يهدف للحيلولة دون شيء او لمنعه، نحو: ضريبة وقائية prohibitive tax يرفع مقدارها الى حد مفرط املا في الحيلولة دون اقبال الناس على شراء السلعة المربوطة بها .

prohibitive impediments **[مسائل الزواج]** عوائق مانعة؛ موانع الزواج التي اذا اغفلت عرضت للعقوبة دون ان تبطل الزواج .

projet **[قانون دولي]** كلمة فرنسية دارجة معناها مشروع معاهدة او اتفاقية .

projet de loi مشروع قانون (او لائحة) امام هيئة تشريعية.

proles sequitur sortem paternam الفرع يتبع حال الوالد

proletariat; proletariate الطبقة العاملة: طبقة العمال غير الفنيين ممن لا املاك لهم او رؤوس اموال؛ ادنى طبقات الشعب

proletarius **[قانون روماني]** فرد من طبقة عاملة . احد افراد العامة ممن لا تتجاوز قيمة امواله حداً معيناً او ممن بلغ به العدم درجة لا يستطيع معها ان يخدم الدولة بالمال بل باولاده فقط .

prolicide قتل الفرع: قتل الشخص لفرعه (ولداً كان او بنتاً) .

proliferation توالد؛ انتشار؛ امتداد

prolixity حشو (في دعوى او دفاع)؛ إسهاب؛ بينات زائدة على الحاجة او خارجة عن الموضوع .

prolongation تطويل؛ إطالة؛ مد او امتداد مهلة . الفترة المضافة الى مدة محددة لشأن .

prolocutor متكلم؛ خطيب

prolytæ **[قانون روماني]** طلبة القانون وهم في السنة الخامسة والاخيرة من سني الدراسة، باعتبارهم متقدمين عن طلبة السنة الرابعة *lytae* بسنة واحدة .

promise يتعهد؛ يعد؛ يلتزم

تعهد؛ عهد؛ وعد . تصريح يلزم من صدر عنه ادبياً (بدافع الشرف او الضمير) او قانوناً، بعمل شيء معين او الامتناع عن عمله ويجعل لمن تلقاه حقاً في توقع انجاز موضوع الوعد او في المطالبة بانجازه .

— **fictitious promise** تعهد صوري، يسمى احياناً تعهداً ضمنياً implied promise او تعهداً ضمنياً بحكم القانون promise implied in law؛ وهو ما نص عليه قديماً في العقود التي كانت تبتدع لتمكين اطرافها من استغلال بعض قواعد التداعي القديمة الخاصة بالعقود دون غيرها، ولا يقام له اي اعتبار في الوقت الحاضر .

— **mutual promises** تعهدات متبادلة او متقابلة؛ تعهدات معاوضة: يقطعها كل من الاطراف ذوي الشأن على نفسه تجاه الآخر وتكون عوضاً ومقابلا للفائدة العائدة اليه من تعهد الطرف الآخر .

promulgation اصدار (قانون لوضعه موضع التنفيذ) . **[في الولايات المتحدة – قديماً]** عرض مشروع قانون على مجلس الشيوخ .

promutuum شبه عقد او تعهد يلتزم بموجبه من آلت اليه نقود او منقولات على سبيل الغلط ان يعيدها كاملة الى مصدرها.

pronepos **[قانون مدني]** ابن الحفيد

proneptis **[قانون مدني]** بنت الحفيد

pronounce تنطق (المحكمة)، تلفظ رسمياً، تصدر (حكماً)

proof اثبات؛ برهان؛ حجة باتة: كل ما من شأنه اقناع المحكمة بصدق الواقعة موضوع البحث او كذبها، وهو الغاية التي ينشدها كل من الخصوم وتسير نحوها الدعوى .

وهناك فرق واضح بين الاثبات proof وبين الدليل evidence، اذ ان الاول هو غاية ونتيجة، اما الثاني فلا يخرج عن كونه مجرد وسيلة، وقد لا يكون في حد ذاته اثباتاً ابداً . فاذا شوهد مثلا شخص مقتول في نقطة معينة سبق ان شوهد ماراً منها شخص آخر قبل سقوط المعتدى عليه بلحظات قليلة، فقد تعتبر هذه الواقعة (وهي مشاهدة الشخص الآخر في النقطة المذكورة) دليلا على كون هذا الشخص هو القاتل، غير انها لا تكفي وحدها لتكوين الاثبات ولا بد معها من ادلة دامغة اخرى . ولهذا كان الاثبات proof خلاصة الادلة اذا صحت وكفت .

— affirmative proof اثبات ايجابي : اثبات الواقعة، محل النزاع، ببينات كافية على صحتها .

— burden of proof عبء الاثبات

— conclusive proof اثبات كاف : لا محل فيه لشك معقول .

— full proof اثبات كامل : يتوافر بشاهدين (كاملي الاهلية) او ورقة رسمية .

— half proof نصف اثبات : يحصل بشاهد واحد (كامل الاهلية) او ورقة عرفية .

— literal proof اثبات تحريري : يتوافر بوثائق (مكتوبة) .

— negative proof اثبات سلبي : تثبت فيه الواقعة (المعنية) بثبوت كذب الواقعة المقابلة .

— positive proof اثبات ايجابي او مباشر : ينصب على الواقعة محل النزاع ويقيم الدليل الكافي عليها .

— testimonial proof (راجع باب testimonial)

proof beyond a reasonable doubt اثبات لا يداخله شك معقول : الاثبات الذي ينفي كل احتمال معقول يخالفه .

— naked promise تعهد مجرد (عار) : لا يفيد من ورائه المتعهد بل تقتصر منافعه على المتعهد له، ولا قيمة له في نظر القانون .

— new promise تعهد جديد : يقطعه المتعهد على نفسه ليحل محل تعهد سابق لم يعد صالحاً للوفاء .

— parol promise تعهد شفوي

promise of marriage وعد زواج : اتفاق متبادل على زواج بين رجل وامرأة .

promisee موعود؛ متعهد له : المستفيد الذي صدر التعهد لمصلحته .

promissor; **promisor** متعهد؛ واعد؛ محرر سند التعهد؛ ملتزم اداء ما قطع على نفسه .

promissory تعهدي؛ التزامي؛ يرتكز على تعهد او التزام او يتصل بذلك .

promissory note سند إذني؛ كمبيالة : التزام مكتوب من شخص او اكثر بدفع مبلغ معين من النقود او اداء مواد معينة ذات قيمة لشخص آخر او لامره او لحامله في تاريخ معلوم .

promote يسند او يساند؛ يشجع؛ يدعم امراً، يمهد (لأمر)، ينهض به، يعمل على انشائه او نشره . يرقي (من درجة الى اعلى منها) . منها يصاغ الاسم promotion .

promoter ممهد (لشأن)؛ متقدم به؛ منشىء او مؤسس (شركة)؛ مساند (لمشروع)، مروج (له)، ناهض او عامل على تكوينه او نموه او نشره .

[اجراءات انكليزية] من قدم باسم نفسه واسم الملك دعوى جنائية ضد الغير لارتكاب جرم عام وكان له في مقابل اتعابه نصيب معلوم من الغرامة المحكوم بها على الجاني الملاحق.

promoter shares أسهم تأسيسية

promotion (راجع promote)

prompt فوري؛ سريع؛ حاضر

prompt delivery تسليم فوري : التسليم الذي ينتظر حصوله في مدى بضعة ايام على الاكثر او خلال مدة معقولة.

prompt shipment شحن فوري : ينتظر حصوله خلال مدة معقولة .

promptly فوراً؛ على استعداد للتلبية عند الحاجة او الطلب .

promulgate يصدر (قانوناً او قراراً او لائحة او بلاغاً او ما الى ذلك) .

proof evident or **presumption great** اثبات واضح او قرينة قوية – كافية (لا محل فيها لشك معقول) للتجريم أو التبرئة . يرد هذا الاصطلاح احياناً في النصوص الدستورية .

proof of will اثبات وصية او تحقيقها؛ وهذا لا يختلف عن الاجراء المسمى probate .

propagate يذيع؛ يبّث؛ ينشر؛ يدعو (لشأن)

proper لازم؛ مناسب؛ لائق؛ صحيح؛ حسب الاصول؛ كاف (عقلا او حسب مقتضيات الحال)؛ خاص بشخص دون غيره

proper feuds [قانون اقطاعي] قطعيات اصلية كانت تؤول للفصل (التابع الاقطاعي) نظير ما يؤديه من خدمات عسكرية .

proper lookout [انظمة السير] الانتباه اللازم؛ واجب السائق في ان يبذل من العناية واليقظة والحكمة والروية ما يبذله الرجل المعتاد باعتبار الظروف الراهنة .

property ملك او ملكية؛ مال (خاص) : حق في حيازة شيء والتمتع به والتصرف فيه اطلاقاً على أي وجه قانوني . كل ما هو محل للملكية، سواء كان مادياً او ادبياً، مرئياً او غير مرئي .
كل ما له قيمة سوقية

— absolute property ملك مطلق : خالص من كل قيد او شرط، ينفرد به صاحبه ولا يعود للغير فيه أي نصيب .

— common property ملك عام؛ مال مشترك

— community property مال اشتراكي بين زوجين يملكانه بينهما على الشيوع كانهما شركة زوجية .

— corporal personal property اموال شخصية مادية : كالحيوانات والاثاث والبضائع على انواعها والسفن وما اليها .

— incorporal personal property اموال شخصية غير مادية : كالايرادات المرتبة والاسهم والحصص والبراءات وحقوق الطبع وما اليها .

— literary property (راجع باب literary)

— mixed property مال مختلط : ما عد من الاشياء ثابتاً ومنقولا في آن واحد، كالنصب التذكارية وسندات الملكية وما اليها .

— personal property مال شخصي : يدل هذا الاصطلاح في مفهومه المنطلق على كل شيء محل للملكية خلا العقار . ويستعمل غالباً للدلالة على الاموال التي لها طبيعة الشخصية والقابلية للنقل اذا قورنت بالاموال العقارية real property التي لها طبيعة المحلية وعدم القابلية للنقل .
كل مال مؤقت الدوام غير واجب الانتقال للورثة الشرعيين heirs at law .

— private property ملك خصوصي : يعود الحق في استعماله والانتفاع به لصاحبه دون غيره .

— public property ملك عمومي : اموال عمومية : يعود حق استعمالها والانتفاع بها لعامة الناس ولا يستأثر بها احد دون آخر .

— qualified property ملكية مشروطة او مقيدة : تخضع لظروف خاصة وتختلف قوة وضعفاً باختلاف هذه الظروف : كالملكية العائدة مثلا للشخص في حيوان بري اصطاده وحفظه عنده . هذه الملكية تعتبر رهناً ببقاء الحيوان في حيازته، بحيث اذا افلت الحيوان منه افلتت هي الاخرى ولم يبق لها اي اثر او سبب لمطالبة .

— retable property (راجع باب retable)

— real property ملك عقاري؛ مال ثابت : الارض وما استقر عليها في حيزه من المباني والمنشآت والمزروعات وما نشأ عنها او اتصل بها من حقوق عينية .

property tax ضريبة املاك
[قانون انكليزي] الضريبة المستوفاة على الاموال العقارية .
[قانون امريكي] الضريبة المستوفاة على الاموال بوجه عام سواء كانت ثابتة او منقولة .

propinquior excludit propinquum الاقرب يحجب القريب

propinquity صلة قرابة او رحم

propitiation استرضاء (شخص غاضب)، ترضيته . (والفعل يسترضي propitiate)

propone [قانون اسكتلندي] يبين؛ يشرح؛ يبسط

proponent (الشخص) المبين لامر : من كان عليه بيانه او شرحه .

proportionate نسبي؛ معد او مقرر بالنسبة لشأن آخر او بالقياس عليه .

proposal اقتراح او مقترح؛ عرض؛ مشروع
[اجراءات انكليزية] بيان كتابي خاص يقدم الى رئيس الدائرة الحسبية فيما يتعلق باعالة صغير او تعيين وصي او ارسال قاصر الى جامعة او جيش او تلميذ في صناعة الى معلم في صناعة او تعيين حارس على اموال مفلس او ما الى ذلك .

proposition عرض ؛ اقتراح ؛ فكرة ؛ تدبير ؛ مشروع

propound يقدم ؛ يعرض ؛ يبرز (وصية لتحقيق)
[**اجراءات انكليزية**] بيان المدعي في دعوى اثبات الوصية ان الموصي انشأ الوصية حسب الاصول والشكليات المرعيـــة وهو يتمتع بكامل قواه العقلية .

propound a will رفع الدعوى لاستصدار شهادة تحقيق وصية حسب الاصول .

propria persona نفس الشخص؛ الشخص ذاته

proprietary مالك (مال) او صاحبه
[**كنعت**] امتلاكي ؛ ملكي ؛ محل للملكية ؛ خاص او متصل بها

proprietary articles مواد اختصاص : ادوات مصنوعة بموجب امتياز خاص يخول صاحبه حق صناعتها و بيعها دون غيره.

proprietary company شركة مالكة (لمال او حق معلوم) .

proprietary duties رسوم خصوصيات : رسوم بلدية تفرض على منافع خاصة ولا تعتبر حكومية .

proprietary rights حقوق امتلاك : تعود لصاحبها بحكم ما يتمتع به من الملكية .

proprietas [**قانون انكليزي قديم**] ملك ؛ مال

proprietas nuda; proprietas deducto usufructu
[**قانون روماني**] مجرد ملكية ، لا يرافقها انتفاع .

proprietor مالك (شيء) او صاحبه : من انفرد فيه بالحق او مطلق التصرف .
[**تسجيل العلامات التجارية**] صاحب العلامة ؛ من سجلت العلامة باسمه حسب الاصول المرعية .

propriety [**قانون انكليزي قديم**] ملك ؛ مال
وردت هذه الكلمة بالمعنى المذكور في القانون الصادر بمساشوسيتس في الولايات المتحـــدة باسم Massachusetts Colonial Ordinance of 1741 .

proprio vigore بحكم قوته ؛ استناداً الى مجرد قوته ؛ بقوته الذاتية ؛ بقوة نفاذه

propter نظراً (لـ) ؛ بسبب ؛ بداع
— challenge *propter defectum* الطعن في اهلية محلف استناداً لقانون .

propter affectum بسبب الميل (لشخص دون آخر) ؛ بداعي الحفيظة او التعصب

propter defectum نظراً لعيب فيه؛ بداعي ما ينطوي عليه من عيب .

propter defectum sanguinis لانعدام قريب الدم، اي : نظراً لعدم توافر من تجمعه بالشخص (موضوع البحث) صلة دم .

pro rata نسبياً ؛ قسمة غرماء ؛ على اساس النصيب ؛ كل بنسبة ما له

prorate يوزع ؛ يقسم (شيئاً) تقسيماً نسبياً على اساس المقدار العائد للمستفيد من حصة او حق .

prorogated jurisdiction [**قانون اسكتلندي**] اختصاص اتفاقي، يتفق الخصوم على اسناده لقاض معين كي يحسم نزاعاً قائماً بينهم لا يعود امر الحكم فيه اليه لولا هذا الاختصاص .

prorogation مد اجل ، اطالة مدته ، تأجيله او ارجاؤه الى يوم آخر .
[**قانون انكليزي**] استمرار انعقاد البرلمان من دورة الى اخرى.
[**قانون مدني**] امهال (عمل) او انجازه في مدة اضافية فوق المدة المحددة له .

prorogue يأمر بتعليق (اجراءات برلمان)، يأمر بصرف البرلمان دون حله ، يختم دورة انعقاده .

proscribe [**قانون مدني قديم**] يقال ، he was proscribed اي وضعت مكافأة عـــلى رأسه . على ان المعنى الشائع للكلمة هو : يحكم بعقوبة تستتبع موت المحكوم عليه مدنيـــاً ؛ اي تجريده من كافة الحقوق المدنية .

prosecute يقاضي ؛ يحاكم ؛ يباشر دعوى او يرفعها ؛ يتخذ اجراءاً جنائياً (ضد شخص) . ولا يقف معنى العبارة to prosecute an action عند حد رفع الدعوى بل يشمل تعقيبها ايضاً .

prosecuting attorney [**في بعض الولايات المتحدة الاميركية**] مدع عام، يتولى الادعاء العام في القضايا الجنائية نيابة عن الشعب .

prosecuting witness شاهد اثبات : من تقام التهمة الجنائية بناء على شكواه ويعتمد على شهادته لضمان ادانة المتهم. الشخص الذي يلحقه من الضرر بجراء الفعل المكون للجريمة فوق ما يلحق غيره، كما هي الحال في جرائم السرقة والاعتداء والاهمال الجنائي والاجهاض وما الى ذلك، وهو الذي تقام الدعوى بسببه او يكون من اسبابها الرئيسية، ويدلي بشهادته.

prostitute مومس؛ عاهرة: امرأة تتعاطى البغاء للمال او ما يقوم مقامه .
(راجع indiscriminate)

prostitution بغاء؛ دعارة؛ تعاطي البغاء: تأجير المرأة جسدها قصد الفاحشة لمن شاء من الرجال لقاء المال او ما يقوم مقامه .
ترد هذه الكلمة ايضاً بمعنى العهر وبيع الضمير او تسخير الكفايات لاغراض غير شريفة في سبيل المال نحو: prostitution of the press او prostitution of talents عهر الصحافة او عهر المواهب .

protection [قانون انكليزي] حماية؛ وقاية . امر الحماية من الدعوى؛ امر يصدره الملك يختص فيه احد رعاياه، اذا كان مكلفاً خدمته خارج البلاد، بالحصانة من جميع الدعاوى الحقوقية وعدد كبير من الدعاوى العقارية، مدة عام واحد .
[سابقاً] شهادة حماية كانت تصدرها وزارة البحرية لبعض البحارة المشتغلين في السفن التجارية كي تعفيهم بها من التعبئة البحرية الاجبارية .
[قانون تجاري اميركي] شهادة اثبات شخصية يعطيها الكاتب العدل للبحار او المسافر خارج البلاد بياناً لكون حاملها، المسمى فيها، من رعايا الولايات المتحدة الاميركية .
[قانون تجاري عام Public Commercial Law] نظام حماية تتخذ بموجبه الحكومة تدابير خاصة لتيسير منافسة البضائع الاجنبية المستوردة بتحميلها من الضرائب والرسوم الجمركية الثقيلة ما يعمل على اضعاف رواجها ويكون له الاثر المطلوب في تشجيع الانتاج الوطني واقبال الاسواق على البضائع المحلية بحكم اسعارها المغرية .

protection order [اجراءات انكليزية] امر حماية، تصدره محكمة الطلاق لحماية اموال الزوجة اذا ثبت لها من افعال الزوج ما يبرر ذلك .

protective واق؛ وقائي؛ حافظ (مما يخشى منه)؛ تحفظي؛ حام؛ مانع

protective custody (راجع باب custody)

protective tariff (راجع باب tariff)

protective trust امانة وقائية؛ وقف يرصد ريعه لمنفعة المستحق طول حياته او مدة معلومة كما هي الحال احياناً في افلاس المستحق عندما تؤول اليه المنفعة لضمان ما يلزمه وعائلته من نفقة عند صدور الحكم عليه بالافلاس . وفي هذه الحال يعود تقرير مقدار النفقة وبدئها الى تقدير القيمين على الامانة

prosecution محاكمة؛ مقاضاة . دعوى جزائية؛ اجراء جنائي يقام ويلاحق امام محكمة مختصة وفقاً للقواعد والاوضاع القانونية وذلك للتيقن هل المتهم (بجريمة) مذنب او بريء؟ ملاحقة المتهم بالطرق القانونية حتى يصدر الحكم في الجرم المسند اليه سواء بالبراءة او الادانة .
النيابة العامة . الادعاء العام المباشر للدعوى الجنائية . الشعب ممثلا في شخص النيابة العامة .
يرد التعبير ذاته احياناً للدلالة على المساءلات المدنية وملاحقة الدعوى المدنية حتى صدور الحكم فيها .

— director of public prosecutions رئيس نيابات عامة

— malicious prosecution اجراء كيدي؛ اجراء مقام بنية الكيد، لا يستند الى اي سبب معقول، بل يتوخى ايذاء الغير في شخصه على اي وجه .

prosecutor مدع عام: موظف قضائي يتولى، باسم الدولة، بدء الاجراءات القانونية ضد اي متهم بجرم عام وملاحقة تلك الاجراءات حسب القواعد المرعية حتى صدور الحكم النهائي فيها .

— private prosecutor مدع خاص او خصوصي: من بعث على اثارة الاجراءات الجنائية ضد شخص ارتكب حسب اعتقاده (اعتقاد المدعي) جرماً يستحق العقاب، وذلك بالتقدم الى السلطات المختصة بتهمة ضده تستوجب الاجراءات المذكورة . ولا يكون مثل هذا المدعي موظفاً قضائياً .

— public prosecutor مدع عام: موظف قضائي يباشر الدعاوى الجزائية ضد المتهمين ويتولى ملاحقتها عند الضرورة منذ البداية حتى صدور الاحكام النهائية فيها .

prosecutrix [قانون جنائي] مدعية عامة

prosequi يقاضي؛ يلاحق؛ يتعقب

prospect ينقب؛ يبحث: عن معادن او زيوت او ما الى ذلك .
[كاسم] رجاء؛ توقع؛ امكان او احتمال نفع او ربح .

prospective استقبالي؛ يتصل بالمستقبل؛ منتظر؛ متوقع؛ مأمول

prospective damages (راجع باب damages)

prospective law قانون استقبالي: يقتصر سريانه على الدعاوى الناشئة من بدء نفاذه .

prospectus نشرة؛ منشور؛ بيان اصدار: تذيعه الشركة او الجمعية التعاونية لشرح الاسباب الداعية لطرح اسهم جديدة او سندات او ضمانات، والدعوة للاكتتاب .
[قانون مدني] ظاهر (شيء)، مظهره؛ مرآه او بوادره

protest a bill يسحب احتجاجاً أو بروتيستو على كمبيالة (غير مدفوعة) .

protestation توكيد مغلظ؛ جزم (سلبي او ايجابي) يداني اليمين . احتجاج

prothonotary كبير كتاب (في بعض المحاكم) .

protocol سجل؛ دفتر

[قانون الماني] محضر؛ وقائع مبايعة

[اجراءات اسكتلندية قديمة] سجل يسلم للكاتب العدل عند تعيينه كي يسجل فيه جميع ما ينظم او يوثق من مستندات وعقود .

[قانون دولي] صحائف تمهيدية؛ تصريح او اتفاق دولي فيما يتعلق بمسائل فرعية او تبعية .

مسودة اولى لسند . نسخة اصلية من اتفاقية . فاتحة اتفاقية او ميثاق او معاهدة؛ عرض تمهيدي لذلك

[علاقات دبلماسية] اصول المراسم والتشريفات

prototype اصل؛ انموذج (ينقل عنه)

protutor [قانون مدني] قيم فضولي؛ من تولى ادارة شؤون قاصر او امواله كأنه قيم عليه وهو ليس كذلك .

من تزوج قيمة فاصبح *protutor* بحكم زواجه منها .

provable قابل للاثبات؛ ممكن الاثبات

prove يثبت؛ يبرهن

proven territory [في التنقيب عن البترول] منطقة مجربة. الارض التي تقع من آبار البترول المنتجة موقعاً يبعث على الاعتقاد بانها لا تخلو من البترول .

prover [قانون انكليزي قديم] مثبت . من اذا اتهم بجريمة او جناية وجلب للمحاكمة اعترف بذنبه وكشف اللثام عن شركائه في الفعل أملا في النجاة من العقوبة . وهو لا يكاد يختلف عما يسمى king's evidence في القانون الحديث .

provide ينص (على)؛ يبين؛ يزود؛ يجهز؛ يوفر؛ يعد او يهيىء

provided منصوص عليه؛ مذكور؛ مبين

provided that على انه؛ بشرط (او شريطة) ان

provident fund صندوق ادخار؛ مال تأمين (لموظفين او عمال)

province ولاية؛ اقليم

اختصاص؛ شأن؛ نطاق؛ دائرة؛ مجال

المذكورة . ولا يجوز لأي شخص ان يقي نفسه فاقة الافلاس بارصاد مثل هذه الامانة من امواله لنفسه .

protectorate محمية؛ قطر محمي: دولة تعهد بحماية نفسها وادارة شؤونها الدولية المهمة الى دولة ثانية اقوى منها . على ان عهد الحماية هذه لا يستتبع فقدان الدولة المحمية لكامل سيادتها بل يقتصر على انتقال جزء من تلك السيادة الى الدولة الحامية بحيث تظل المحمية محتفظة لنفسها بمكان خاص بين الدول كما تظل مستقلة عن الدولة الحامية في التزاماتها وارتباطاتها الدولية؛ فلا تقهر مثلا على اشتراك في حرب تخوضها الدولة الحامية مع دولة ثالثة، ولا تعتبر المعاهدات التي تبرمها الدولة المذكورة ملزمة لها تلقائياً، بل تكون مخيرة بين قبولها ورفضها .

يطلق الاسم ذاته ايضاً على دولة الدكتاتور الانكليزي Oliver Cromwell الذي حكم انكلترا من سنة ١٦٤٩م الى سنة ١٦٦٠م على اثر اعدام الملك تشارلز الاول .

protectory ملجأ للعناية بالمعدمين او الاحداث الاشرار.

protest احتجاج؛ اعلان استياء او عدم موافقة فيما يتعلق بفعل واقع او ينتظر وقوعه . والغاية من هذا هي الاحتفاظ بحق يخشى فقدانه بحكم السكوت اذا فسر بالقبول .

[مسائل تجارية] بروتيستو وهو على نوعين :

١ — احتجاج عدم — protest for non-acceptance القبول (في الميعاد المعين لعرض السند الادنى للقبول) .

٢ — احتجاج عدم الوفاء — protest for non-payment (في اليوم المحدد او بعد مضي مدة معينة من تاريخه او تاريخ الاطلاع) .

[قانون بحري] بيان كتابي موثق حسب الاصول يعلن فيه ربان السفينة ان الاضرار التي المت بالسفينة اثناء رحلتها كانت بجراء العواصف (او غيرها من الاخطار البحرية) وانه لم يصدر عنه خلال ذلك اي اهمال او تفريط او سوء تصرف.

— notice of protest اشعار احتجاج: يرسله حامل الكمبيالة الى المدور او الساحب مبيناً فيه حصول الاحتجاج بعدم الدفع .

— paid under protest دفع مع الاحتجاج . تثبت هذه العبارة كتابة من المكلف الضريبة او الرسم اذا اراد ان يسجل اعتراضه على قانونية تكليف الدفع او مقداره او سريانه عليه كي يحتفظ بحقه في المطالبة بما دفع .

— supra protest قبول الكمبيالة على سبيل التدخل من شخص ثالث وذلك بعد الاحتجاج عليها بعدم القبول .

— waiver of protest تنازل عن احتجاج

proviso قيد؛ شرط؛ حكم؛ نص

proviso, trial by (trial by proviso) **[اجراءات انكليزية]** المحاكمة بناء على طلب المدعى عليه . يلجأ لهذا الاجراء احياناً اذا امتنع المدعي عن ملاحقة دعواه ولم يتقدم بها في المواعيد اللازمة ، وفي هذه الحال يستصدر المدعى عليه امراً *venire facias* الى عامل الملك sheriff . فاذا استصدر المدعي امراً قضائياً مماثلا استدعى العامل هيئة محلفين واحدة لتقرير كلا الطلبين .

provocation استفزاز ؛ تهييج ؛ اثارة الى فعل : كل ما من شأنــه الهاب شعور الشخص المعتاد او اثارة اعصابه وتجريده من الحلم ودفعه الى العنف . والاستفزاز (غير المدبر) هو ظرف مخفف، اذا سبق فعل القتل افقده عنصر العمد .

provocative استفزازي؛ مثير للشعور؛ مهيج؛ باعث على موجدة

provoke يستفز؛ يثير؛ يهيج؛ يغضب؛ يستخف (الى فعل)؛ يجر؛ يبعث (على)

provoking a difficulty استفزاز مدبر : الحال الذي يكون فيه المقتول هو المهاجم ويكون باعثه على الهجوم ما وجه المتهم اليه من كلام مقذع او ابداه من فعل بقصد استفزازه وحمله على المبادرة الى الهجوم، حتى اذا هجم فعلا احتال خصمه لقتله اثناء الاشتباك والتمس النجاة من المسؤولية بحجة كونه هو المهاجم .

provost رئيس مجلس بلدي او عميد بلدية (في اسكتلندا) . يطلق ذات الاسم ايضاً على بعض رؤساء الكليات في جامعتي اكسفورد وكبردج بانكلترا .

provost-marshal **[قانون انكليزي]** ضابط بحرية يشرف على اسرى حرب .
[قانون عسكري] قائد انضباط عسكري، او قائــد شرطة عسكرية، في مركز او معسكر او مدينة محتلة عسكرياً او منطقة خاضعة للاحكام العرفية .

prow مرنحة (صدر السفينة)؛ قيدوم او مقدم السفينة

proxeneta سمسار؛ وسيط بيع او شراء او زواج

proximate مباشر؛ اقرب صلة (بامر)؛ تال مباشرة (من حيث الترتيب)

proximate cause سبب أدنى؛ سبب مباشر : الباعث الاقرب (على الحادث المعني) الذي لولاه لما تهيأ وقوعه . الاقرب (من حيث الترتيب) بين عوامل مسببة . ادعى الاسباب . الباعث الاساسي

proving of the tenor **[اجراءات اسكتلندية]** اثبات ملكية . دعوى اثبات لمحتويات سند عقاري مفقود .

provision حكم؛ نص؛ بند
[قانون تجاري] رصيد (او مال) مودع احد البنوك لسداد كمبيالة او شيك .
[قانون فرنسي] مصروف؛ نفقة مؤقتة يمنحها القاضي لسد حاجة احد الزوجين ريثما يفصل نهائياً في النزاع القائم بينهما .
[تاريخ انكليزي] اطلق هذا الاسم على بعض القوانين البرلمانية وخصوصاً الموضوع منها بتقييد سلطة التاج، وبعض القرارات التشريعية التي كانت لها قوة القانون . واستعمل في عهد الملك هنري الثالث للدلالة على التشريعات الصادرة عن الملك في مجلسه الخاص ثم استعيض عنه باسم statute في عهد الملك ادوارد الاول ١٢٧٢م – ١٣٠٧م .

provisional مؤقت او وقتي؛ تمهيدي؛ احتياطي

provisional committee لجنة مؤقتة تعين بصفة وقتية لانجاز امور معينة .

provisional government حكومة مؤقتة

provisional remedy تدبير مؤقت : اجراء قانوني يتخذ لمعالجة حالة آنية او وضع طارىء مؤقت ريثما يفصل في دعوى معينة معروضة على القضاء . وهذا ما يكون في الدعوى المدنية اذا خشي على المدعي من التعرض لاضرار مستحيلة العلاج او من استهداف امواله لخسارة فادحة .

provisiones **[تاريخ انكليزي]** تشريعات برلمانية (راجع provision) صدر أغلبها للحد من سلطات التاج التحكمية .

provisions ميرة؛ طعام؛ اغذية (للانسان)؛ مؤن؛ ارزاق

Provisions of Merton (راجع Statute of Merton)

Provisions of Oxford قوانين اكسفورد البرلمانية : احكام تشريعية وضعها البرلمان المنعقد في مدينة اكسفورد ســنة ١٢٥٨م وكان الغرض منها ضمان تنفيذ احكام الميثاق الكبير *Magna Charta* منعاً لتجاوز الملك هنري الثالث الحدود المقررة في الميثاق المذكور . وقد نصت هذه القوانين على وجوب اسناد حكومة البلاد الى لجنة مؤلفة من اربعة وعشرين رجلا امتازوا بتمثيلهم للامة تمثيلا معقولا ورغبتهم القوية في تحسين جهاز الحكومة .

Provisions of Westminster قرارات وستمنستر : قرارات تشريعية كان لها قوة القانون، اصدرها البارونات سنة ١٢٥٩م للقضاء على بعض عوامل الفساد في السلطات الادارية .

من المراجع ما يرى في هذا الاصطلاح مرادفاً لـ immediate cause على انه لا ينبغي التجاوز عن الفرق بين الاصطلاحين، اذ يدل الاول على السبب المباشر او الاقرب (الى وقوع الحادث) من حيث الزمان والمكان . بحيث لو اجتمعت عليه عدة أسباب، لكان ادناها الى وقوعه من حيث الزمان والمكان هو السبب المباشر immediate cause وادناها من حيث الاثر والمفعول هو الـ proximate cause .

proximate damage (راجع باب damages)

proximity قرابة؛ قرب، اقتراب، دنو

صلة قربى (بين شخصين)؛ تدان او تقارب (بين شيئين) من حيث الزمان او المكان او الاثر .

proxy وكيل؛ وكالة؛ توكيل

— by proxy بالوكالة

يعود لاعضاء مجلس اللوردات الانكليزي حق التصويت بالوكالة by proxy غير انهم لا يمارسون هذا الحق حالياً .

prudence تبصر؛ حكمة؛ فطنة؛ عناية؛ تحوط

prudent حكيم؛ عاقل؛ فطن؛ حريص؛ متوق؛ متبصر او بصير (بعواقب الامور)

prudentium responsa [**قانون روماني**] اجوبة الحكماء؛ فتاوى الفقهاء وقد حصرت بموجب قانون المراجع الفقهية لعام ٤٢٦م . فيما صدر عن Papinian و Paul و Gaius و Ulpian و Modestinus .

pseudo زائف؛ مزور؛ كاذب؛ منتحل

pseudocyesis [**طب شرعي**] نوع من الهستيريا او الجنون يغلب وقوعه للنساء، من اعراضه انتفاخ البطن انتفاخاً يشبه حالة الحمل .

pseudograph خط مقلد

pseudohermaphrodite ملتبس الجنس: من كانت اعضاؤه التناسلية تشبه اعضاء تناسل الجنس الآخر الى حد يصعب معه التمييز بينها .

psychiatrist طبيب نفساني؛ طبيب امراض عقلية

psycho-diagnosis [**طب شرعي**] تشخيص نفساني . التماس معرفة اسباب المرض الجسماني مهما كان بفحص احوال المريض العقلية او اجراء الاختبارات النفسانية له وعرض ماضيه للتعرف على مدى تأثيره في حالته النفسانية الراهنة .

psychological نفساني: يتصل باحوال النفس .

psychological fact [**قانون البينة**] واقعة نفسانية، لا يستطاع اجتلاؤها الا بالعقل او الحس النفساني، كالدافع الذي يحرك الشخص مثلا الى سلوك معين .

psychological school المذهب النفساني: وهو يقرر ان الاحداث الاقتصادية هي من عمل الانسان وان دراسة عواطفه وميوله من شأنها الكشف عن بواعث تصرفاته .

psychoneurosis عصاب نفاسي، ضرب من الخبال لا يستبان معه اي فساد عضوي او يسبقه اي انحلال عقلي مزمن، من اشكاله المعروفة: الـ melancholia والـ mania والـ primary acute dementia والـ mania hallucinatoria .

psychopathy ارتباك عقلي او نفساني من اعراضه اعتلال الخلق او الشخصية او الشذوذ او التقلب العاطفي او الشطط في السلوك تحت تأثير سوء الظن بالغير او انعدام الشعور الاجتماعي او ضبط النفس او غير ذلك من الانحرافات النفسانية التي لا تبلغ درجة الجنون .

psychosis نفاس؛ اضطراب وظائف العقل اضطراباً لا ينبعث عن اي خلل في تركيب جزئيات العقل نفسه .

psychotherapy العلاج النفساني: مداواة الامراض العقلية والاضطرابات العاطفية وما اتصل بها من علل جسمية بالوسائل النفسانية: اي بالايحاء والاقناع والتشجيع وغير ذلك من الاسباب الموجهة لعقل المريض وأحاسيسه النفسانية دون اللجوء الى الادوية المادية والعقاقير .

pubertas [**قانون روماني**] سن المراهقة القانوني وهو الرابعة عشرة في الذكور والثانية عشرة في الاناث .

pubertati proximi [**قانون روماني**] اطفال دون سن المراهقة

puberty سن المراهقة او الحلم: السن التي تبدأ منها قدرة الصغير على التناسل .

[**قانون مدني**] السن التي يصبح فيها الصغير قادراً على الزواج، وهي الرابعة عشرة في الذكور والثانية عشرة في الاناث .

pubescence بلوغ الحلم او سن المراهقة؛ (والمراهق pubescent)

public العامة . عامة الناس او الشعب

[**كنعت**] عام؛ عمومي؛ علني؛ شائع؛ يتصل بجميع افراد الشعب او الناس كافة او عائد اليهم .

public appointments تعيينات عامة: وظائف (مناصب او مراكز) عامة، يقتضى شغلها (حسب القانون) بالتعيين دون الانتخاب .

public character شخصية عامة؛ صفة عامة او عمومية

public convenience راحة العامة: ما يلائم الناس او السكان بوجه عام .

public document (راجع document)

public house (راجع house)

public interest مصلحة عامة

public lands أراضٍ اميرية؛ اراض عامة (ميري) لا اصحاب لها او لم تخصص لأغراض معينة (ويعود تقرير مصيرها للدولة وفقاً لقوانين البلاد) .

Public Law قانون عمومي: القانون الذي يتعلق بالدولة بصفتها العامة (الحاكمة) فيتناول لهذا الغرض تعريف الحقوق وتنظيمها وتنفيذها حيث تكون الدولة مطالبة بحق او مطالبة بواجب، ويشمل القانون الدستوري والاداري والقانون الجنائي والاجراءات الجنائية، ويتعلق بالدولة بصفتها الخاصة كأنها فرد عادي، باعتبار ما تمارسه من حقوق وتحوزه او تتصرف به من اموال .

ما تعلق من القانون بالشؤون والاحوال السياسية: اي باختصاصات وحقوق ساسة البلاد او الحاكمين والمحكومين وواجباتهم والتزاماتهم .

يراد بالقانون العمومي احياناً القانون الدولي (الذي تعم احكامه الدول كافة) اذا ما قيس بقانون دولة دون أخرى . وقد يدل الاسم ذاته ايضاً على القانون الساري، في الدولة الواضعة له، على جميع افراد الشعب وهيئاته دون تمييز اذا قيس بالقانون الخاص Private Law الساري على افراد او جماعات خاصة في تلك الدولة دون غيرها .

public meeting اجتماع عام، يجيز القانون عقده في ملك خاص بترخيص من الجهات المختصة ولا يجيز ان يكون سبباً لحجز الحركة على الطرق العامة . ويعتبر احداث الشغب على الاجتماعات القانونية العامة جرماً يعاقب عليه بصفة مستعجلة بموجب قانون الاجتماع العام الصادر سنة ١٩٠٨م وقوانين النظام العام الصادرة سنة ١٩٣٦م و ١٩٦٣م .

public mischief اذى عام، تترتب عليه جنحة حسب التعريف الموضوع لها في القانون . والاذى العام في التشريع الانكليزي يحكمه قانون المؤامرة Law of Conspiracy .

public nuisance (راجع common nuisance)

public offence جرم عام

public order (راجع باب order)

public outcry مناداة على شيء (لبيعه) في محل عام .

public passage ممر او معبر عام

public place محل عام : يحق ارتياده للناس كافة .

public policy سياسة عامة؛ مصلحة عامة

public prosecutor
(راجع director of public prosecutions)

Public Records السجلات العامة . تخضع دائرة السجلات والقيود العامة في بريطانيا لولاية وزير العدل Lord Chancellor وذلك حسب قانون مكتب السجلات العامة لسنة ١٩٥٨م . وتعتبر من وسائل الاثبات جميع الصور المستخرجة من الدائرة المذكورة والحاملة لختمها .

public trial محاكمة علنية

public utility مرفق عام؛ نفع عام؛ ما كان للانتفاع والاستعمال العام: ما لا تقتصر عوائده على اناس دون آخرين بل تشمل جميع السكان .

public welfare صالح او خير عام؛ رفاهية عامة

publican [**قانون مدني امريكي**] ضامن ضرائب (كالـ *publicanus* في القانون الروماني)؛ يشتري حق تحصيل الضرائب لنفسه نظير مبلغ معلوم يدفعه للخزانة العامة او المرجع المختص .

من استأجر شيئاً معلوماً من الخزانة العامة .

[**قانون انكليزي**] صاحب حانة، يحمل ترخيصاً لفتح محل عام لبيع الخمور (بالتجزئة) وتعاطيها داخل المحل او خارجه .

publication منشور؛ اعلان

[**حقوق الطبع**] نشر؛ طبع مؤلف (اياً كان نوعه) وعرضه لبيع او توزيع .

[**قانون التشهير**] اذاعة (مواد تكون تشهيراً او ذماً)؛ ارسالها الى شخص او اكثر من الناس، طبعها وتوزيعها .

[**في الاجراءات**] يقال: publication of summons اعلان التكليف في احدى الجرائد حسب الاوضاع القانونية حيث يتعذر تبليغه بالطرق العادية .

— **limited publication** نشر محدود: نشر المؤلف نشراً محدوداً يقتصر على اناس معينين وفقاً لشروط معلومة .

publici juris (من الحق العام)، كالانتفاع بالهواء والنور . حقوق عامة: تمارسها عامة الناس دون استثناء .

publicist Public Law مؤلف (او عالم) في القانون العمومي او الدولي؛ عالم في اصول الحكم او نظام الحكومات .

publicity اعلان (عن امر)، الدعاية له بوسائل النشر والتعريف .

publicly علناً؛ جهاراً؛ على مرأى من الناس؛ دون تستر او كتمان

publicum jus قانون عام: ما تعلق من القانون بالحقوق العامة وشؤون الصالح العام .

publish ينشر؛ يعلن (للكافة)؛ يعمم؛ يذيع . يروج (بمعنى utter) ورقة مالية زائفة .

publisher ناشر: من تولى اعداد الكتب او النشرات او المجلات او الصحف او غيرها من المؤلفات، واصدارها وبيعها .

pudicity عفة؛ طهر: الامتناع عن المجامعة غير المشروعة.

puerility دور الحداثة السابق للمراهقة مباشرة: بين سن السابعة والرابعة عشرة في الأولاد وبين السابعة والثانية عشرة في البنات .

pueritia دور الطفولة: وهو من الولادة حتى المراهقة (اي حتى الرابعة عشرة في الأولاد والثانية عشرة في البنات) .

puffer [**بيوع المزاد**] مزايد صوري، من استأجره صاحب البضاعة ليحضر البيع ويشترك فيه بعروض صورية أملا في رفع ثمن البضاعة باغراء المزايدين الحقيقيين ان يزيدوا عروضهم .

puffing مبالغة البائع في وصف بضاعته والثناء على قيمتها أملا في إغراء الزبون بشرائها . فاذا كانت المبالغة مجرد رأي البائع في بضاعته فلن يكون للمشتري حق رفع الدعوى عليه وان وجد المبيع غير ما سمع عنه .

puisne اصغر (مقاماً)؛ ادنى (درجة) . يطلق هذا اللقب على مستشاري المحكمة العليا الذين يخاطبون عادة بـ Mr. (or Lord) Justice : اي على جميع المستشارين باستثناء رئيس المحكمة .

puisne mortgage (راجع باب mortgage)

pulling [**شؤون البترول**] سحب التغليف casing من البئر بعد انقطاع الرجاء من انتاجها .

pulsator مدع (في دعوى)

punctuation شواطر الكتابة او فواصلها: علامات الوقف المستعملة لبيان نهايات الجمل ومقاطعها، كالفاصلة والنقطة والشاطرة وما اليها .

punctum temporis لحظة (من وقت)؛ رمشة عين . اقصر ما يستطاع تصوره من الزمن: الوحدة الزمنية التي تكون من القصر بحيث لا تستطاع تجزئتها .

punctured wound طعنة؛ ثلمة؛ ندب او جرح محدث في الجسم بآلة حادة .

pundit فقيه؛ عالم في القانون الهندوسي

punishable يعاقب؛ يعاقب عليه؛ يستتبع او يستحق القصاص

punishment عقوبة او عقاب؛ قصاص؛ حد؛ جزاء

— **cumulative punishment** عقوبة مزيدة؛ عقوبة عود يحكم بها على المدان باعتباره عائداً (او مكرراً) .

— **infamous punishment** عقوبة مهينة: يراد بها غالباً عقوبة السجن مع الاشغال الشاقة .

punitive تأديبي؛ عقابي؛ جزائي

punitive damages اضرار تأديبية؛ تضمينات جزائية: عطل وضرر تزيد قيمته على الخسائر الواقعة زيادة يقصد بها عقاب المدعى عليه بالاضافة الى مجرد جبر الخسارة المادية التي استهدف لها المدعي . (راجع punitive damages في باب damages)

punitive power سلطة تأديبية: سلطة القصاص التي تملكها الدولة على المذنبين من رعاياها .

Punitive Statute (راجع باب Statute)

pupil طالب؛ طالبة؛ تلميذ او تلميذة

[**قانون مدني**] مكفول؛ قاصر؛ صغير موصى او مولى عليه

pupillaris substitutio ابدال وارث المولى عليه (وهو دون سن المراهقة) بغيره .

قيام الوالد بابدال احد ورثة ابنه (القاصر) بغيره اذا رفض الابن الميراث او مات قبل بلوغ سن المراهقة .

pupillarity [**قانون اسكتلندي**] سن الطفولة من حين الولادة حتى الثانية عشرة في الاناث والرابعة عشرة في الذكور.

pupillus [**قانون مدني**] مكفول او مولى عليه دون سن المراهقة .

pur autre vie مدة حياة (شخص) آخر: اي طيلة حياة شخص معين؛ بحيث اذا جعل حق الانتفاع *pur autre vie* كانت ممارسته مدة حياة شخص معين ووجب انقضاؤه بموته.

pur cause de vicinage بسبب الجوار، بحكم ذلك او بداعيه

والتطهير في هذه الحال هو التحقيق في نزاهة الشاهد بتحليفه اليمين ومناقشته مبدئياً للتيقن هل اخذ رشوة ام وعداً بمكافأة ام لقن الشهادة ام كان يضمر سوءاً لأي من الخصوم .

purging contempt التكفير عن انتهاك حرمة المحكمة : وهو ما يكون عادة بالتماس المعذرة ودفع الرسوم المقتضاة حسب الاوضاع المرعية .

purlieu [**قانون انكليزي**] غير خاضع لقوانين الاحراج . ينطبق هذا الاصطلاح على بعض الاراضي المجاورة للاحراج الملكية .

purloin يسرق ؛ يختلس

purpart; purparty سهم ؛ نصيب ؛ حصة مفرزة : كانت جزءاً من ارض مملوكة على الشيوع فاصبحت بعد الفرز ملكاً خالصاً لأحد الشركاء .

purport معنى ؛ مغزى ؛ مدلول ؛ مؤدى ؛ مفهوم ؛ كنه ؛ فحوى، (شيء) او مفاده

[**كفعل**] يبدي ؛ يفيد ؛ يعني ؛ ينم عن ؛ يحمل او يؤدي معنى معيناً

purpose غرض ؛ قصد ؛ هدف ؛ غاية

purposely قصداً ؛ عن علم أو معرفة (بالامر)

purpresture مكان موصد دون العامة بغير حق : المكان العام الذي يكون مفتوحاً لاستعمال العامة وارتيادها فيغلقه احد الناس (دون حق) بما يمنع الغير من استعماله .

purse جائزة ؛ مكافأة ؛ مساعدة نقدية : تقدم لفائز او اكثر بين متنافسين .

purser امين قيود سفينة . موظف بحري يعينه الربان لحفظ دفاتر السفينة : كدفتر الطاقم (المتضمن لآخر التشكيلات) ودفتر البحارة واليومية، وقائمة الشحن وما الى ذلك من البيانات اللازمة .

امين حسابات السفينة

pursuant عملا (بـ)؛ وفقاً (لـ) ؛ بموجب ؛ بناء على

pursue يلاحق ؛ يتعقب ؛ يتبع ؛ يسلك ؛ يسير في اثر شيء ؛ يزاول، يمارس (مهنة)

[**مدونات قديمة**] ينفذ ؛ نحو : to pursue a warrant ينفذ امراً (قضائياً) .

pursuer ملاحق (لشأن) ؛ سائر او مندفع في اثره

[**قانون اسكتلندي وقانون كنسي**] مدع (في قضية)

purchase يشتري ؛ يبتاع . شراء ؛ مشترى . من معاني الكلمة الفنية .التوسعية، كسب المال العقاري بأي سبيل خلا الميراث .

— quasi purchase شبه شراء : شراء حكمي او ضمني ؛ لا يقوم على موافقة الاطراف صراحة على المبايعة بل على ما يصدر من صاحب البضاعة من سلوك لا تفسير له غير كونه راغباً في البيع .

— words of purchase عبارات مآل المال : عبارات معينة للشخص الذي سيؤول اليه الملك .

purchase and liquidation [**علاقات صناديق التوفير**] اقفال شؤون الصندوق واداء التزاماته .

purchase price سعر شراء

purchaser المشتري او الشاري

— first purchaser المشتري الاول : اول سلف اشترى ارضاً معينة ما تزال في اسرته او ذريته .

— innocent purchaser المشتري حسن النية : من اشترى بضاعة على غير علم بمصدرها او بمبلغ حق البائع في البيع او بما الى ذلك من مبطلات البيع .

purchaser of a note or **bill** مشتري الكمبيالة : من اشترى الكمبيالة من الحامل دون ان يدورها هذا له .

purchasing power parity theory [**في قيمة العملة**] نظرية تعادل القوة الشرائية : النظرية القائلة بان سعر الصرف يعبر عما للنقود من قوة الشراء المقارنة .

pure خالص ؛ محض ؛ مطلق ؛ تام ؛ كامل ؛ غير مقيد او مشروط

pure accident محض صدفة : الحادث الذي لا يكون لاحد الاطراف فيه يد، ولا محل فيه لتقدير الاهمال من جانب المدعى عليه، بل يعتبر وليد الصدفة وحدها .

purgation تطهير (النفس)، تنقيتها من جريمة او تهمة او تنزيهها عنها، وذلك (حسب الاجراءات القديمة) بحلف اليمين على البراءة او باحد اجراءات المحنة ordeal .

— vulgar purgation تطهير النفس من الجريمة او التهمة بالمحاكمة بالنار او الماء fire or water ordeal .

purge يطهر ؛ ينقي

purged of partial counsel [**اجراءات اسكتلندية**] طهر من التأثير او نزه عن التلقين .

pursuit تتبع؛ مسلك؛ مهنة؛ كار؛ صنعة؛ تجارة . مطاردة؛ اقتفاء اثر؛ تعقب، نحو: تعقب المجرمين pursuit of criminals .

pursuit, hot (راجع hot pursuit)

purus idiota إمعة: لا يدرك شيئاً مما حوله منذ ولادته .

purveyor [قانون انكليزي قديم] ميار (الملك)، موظف تابع للخاصة الملكية مهمته توفير المؤن (الميرة) وجميع لوازم الملك باسعار تحكمية (يقدرها الميار حسب هواه) .

purview متن (قانون): ما يلي الديباجة من القانون حتى نص الالغاء، بحيث اذا تألف القانون او المرسوم من الديباجة والنصوص القانونية كانت بداية الـ purview العبارة «يرسم بما هو آت:» (او ما في معناها) ونهايته نص الالغاء (العبارات الملغية لما تعارض من القوانين) .

put [في المرافعة والجواب على الدعوى] يفوض، نحو: defendant puts himself upon the country يفوض المدعى عليه امره للامة (اي لحكم هيئة المحلفين)، بمعنى انه يطلب المحاكمة امام هيئة المحلفين .

[اسواق مالية] بيع شرط الخيار . وهو صفقة بسيطة بشرط الخيار لمصلحة البائع .

put in يقدم؛ يرفع (الى محكمة)؛ يودع (وثائق) او محررات) ملفاً او قلم كتاب .

put off يؤجل؛ يرجىء

put on oath يضع (شخصاً) تحت اليمين، يوجه اليه اليمين، يستنطقه (او يستجوبه) باليمين

put out يطفىء (نوراً)؛ يخمد . يفتح (نافذة في جدار)

putagium hæreditatem non adimit «الفسق لا يني الميراث»: اي لا يحرم الوارث نصيبه في الارث .

putative مشهور؛ معروف؛ مفترض؛ مقدر

putative father الوالد المشهور (لولد غير شرعي): اي المشهور بابوته (المعروف لدى الناس بانه ابوه) .

putative marriage زواج حسن النية: الزواج المعقود بنية سليمة دون ان يعلم احد الزوجين بما يقوم عليه من موانع قانونية مبطلة او من شأنها ان تجعله زواجاً غير مشروع.

puts and calls [معاملات الاسواق المالية] تعني كلمة put الخيار لمصلحة البائع : اي الحق في تسليم الاسهم او الامتناع عن ذلك، وكلمة call الخيار لمصلحة المشتري اي الحق في الشراء او عدمه .

puts and refusals [قانون انكليزي] تعاقد على بيع او شراء اسهم في المستقبل او في تاريخ مقرر .

putting in fear تخويف؛ وضع تحت تأثير الخوف (لغرض اجرامي) .

putting in suit جعل (الشيء) موضوعاً لدعوى، رفعه او الاحتكام به الى القضاء (ليقول فيه كلمته) .

pykerie [قانون اسكتلندي قديم] سرقة بسيطة

pyx, trial by (trial by pyx) تعني كلمة pyx الصندوق الخاص الموجود في دائرة السكة the Royal Mint لحفظ نماذج العملة الذهبية والفضية المختبرة سنوياً من هيئة محلفين خاصة تشكل من بعض اعضاء اتحاد الصاغة . والمراد بالعبارة trial by pyx هو اختبار السكة الذي تجريه الهيئة المذكورة سنوياً في دار الصاغة Goldsmith's Hall بلندن تحت اشراف الخزانة البريطانية .

Q

Q.B. Queen's Bench مجلس الملكة (الخاص)

Q.B.D. Queen's Bench Division دائرة مجلس الملكة

Q.C. Queen's Counsel مستشار الملكة

Q.C.F. *(quare clausum fregit)* (راجع باب quarter)

Q.F.E. [قواعد الطيران] الضغط الجوي عند سطح المطار

Q.N.H. [قواعد الطيران] ضبط عداد الارتفاع

Q.S. Quarter Sessions (راجع باب quarter)

Q.U.X. [قواعد الطيران] السبيل المغناطيسي الواجب على الطائرة اتباعه .

Q.V. *(quod vide)* (راجع باب *quod*)

***Qismet Muhaiaa** [فقه اسلامي] قسمة المهايأة ؛ وهي قسمة المنفعة usufruct لا العين . في هذه القسمة يتفق الشركاء على ان يختص كل منهم بمنفعة جزء مفرز يوازي حصته في المال الشائع متنازلا عن الانتفاع بباقي الاجزاء ، او على ان يتناوبوا الانتفاع بجميع المال المشترك كل منهم لمدة تتناسب مع حصته .

qua بصفة او بصفته كذا... ؛ بمثابة كذا...

quack (طبيب) دجال : من ادعى خبرة طبية وهو غير طبيب او من مارس مهنة الطب دون المؤهل والاستعداد اللازم.

Quadragesms الجزء الثالث من تقارير الدعاوى السنوية year books الموضوعة في عهد الملك الانكليزي ادوارد الثالث . سمي كذلك لابتدائه بالسنة الاربعين من عهد الملك المذكور وهي سنة ١٣٦٦م .

quadrans [قانون روماني] جزء او نصيب رابع . ربع اي عدد او كيل
[قانون انكليزي قديم] ربع بنس

quadrantal [قواعد الطيران] رباعي الطيران .

quadrantal cruising levels [قواعد الطيران] الافقيات الرباعية للطيران العادي .

quadrantal separation [قواعد الطيران] القاعدة الرباعية

quadriennium مدة السنوات الاربع التي كان يطلب من طلبة القانون صرفها في التحصيل كي تتوافر لهم الاهلية اللازمة لدراسة مدونات جستنيان .

quadriennium utile [قانون اسكتلندي] السنوات الاربع التالية مباشرة لبلوغ سن الرشد ، الجائز خلالها للبالغ ان يحاول بسبيل القضاء ابطال السندات المعطاة قبل بلوغه سن الرشد اذا اعتبرها منافية لمصلحته .

quadripartite رباعي ؛ ذو اربعة اجزاء او اربع شعب

Quadripartitus اطروحة لاتينية انكليزية مشهورة لم يعرف لها مؤلف ، وضعت سنة ١١١٤م .

quadroon الشخص المولود لابوين احدهما ابيض والآخر خلاسي (احد ابويه ابيض والآخر اسود) .

quadruplatores [قانون روماني] مخبرون (عن الجرائم) ينالهم ، اذا أدين من اخبروا عنه ، ربع ما يصادر من ممتلكاته على سبيل المكافأة .

quadruplicatio [قانون مدني] الجواب الثالث للمدعى عليه يقابله الـ rebutter في القانون العام . (راجع pleadings)

quadruplication [قانون بحري قديم] الجواب الثالث للمدعى عليه ، يقابله الـ rebutter في القانون العام . (راجع pleadings) . استعملت هذه الكلمة قديماً بمعنى الرد الثالث للمدعي surrebutter .

quæ in testamento ita sunt scripta ut intelligi non possint, perinde sunt ac si scripta non essent اذا لم يفهم ما حرر في الوصية فكأنه لم يحرر ابداً .

quæ propter necessitatem recepta sunt, non debent in argumentum trahi ما اوجبته الضرورة ليس محلا للمساءلة .

quæ rerum natura prohibentur nulla lege confirmata sunt ما تأباه طبيعة الاشياء (اي الطبيعة) لا يقره اي قانون .

qualify يؤهل؛ يهيىء لممارسة حق او وظيفة او القيام بمهمة . يكيف؛ يقيد؛ يحد؛ يحصر؛ يقلل من شيء

quality [فيما يتعلق بالاشخاص] درجة او مرتبة؛ طبقة؛ مستوى؛ صفة؛ ميزة؛ مزية

[فيما يتعلق بالاشياء] نوع؛ صنف؛ درجة . لياقة (بشأن)

quality of estate وصف ملك؛ بيان حق عقاري: موعد ايلولة ذلك ومداه وكيفية ممارسته سواء بالاشتراك مع الغير او دون ذلك .

quamdiu se bene gesserit طالما حسن سلوكه . مدة سلوكه الحسن؛ يرد هذا النص الشرطي احياناً في البراءات والتصرفات وما اليها .

quando aliquid mandatur, mandatur et omne per quod pervenitur ad illud حين يؤمر بشيء يؤمر بكل ما يستطاع انجازه بسبيله .

quando aliquid prohibetur ex directo, prohibetur et per obliquum حين يمنع عمل شيء يمنع عمله مباشرة او بالواسطة .

quando aliquid prohibetur, prohibetur et omne per quod devenitur ad illud اذا منع الشيء منع كل سبيل اليه؛ او، ما لا يجوز بطريق مباشر لا يجوز بطريق السببية .

quando aliquis aliquid concedit, concedere videtur et id sine quo res uti non potest من منح شيئاً فرض ان يمنح كل ما لا يستغني عنه لاستعماله، اي، من منح شيئاً فكأنه منح كل ما لا مندوحة عنه للتمتع به .

quando de una et eadem re duo onerabiles existunt, unus, pro insufficientia alterius, de integro onerabitur اذا ترتب اداء شيء على شخصين وعجز احدهما عن الاشتراك في الاداء كان الآخر مسؤولا عن ادائه كاملا .

quando duo jura concurrunt, in una persona aequum est ac si essent in diversis اذا اجتمع حقان في شخص واحد فكأنما يكونان في شخصين .

quando jus domini regis et subditi concurrunt, jus regis præferri debet اذا التقى حق الملك بحق الرعية كانت الافضلية لحق الملك؛ اي : اذا تعارض الحقان اسقط حق الرعية .

quælibet concessio fortissime contra donatorem interpretanda est تفسر الهبة ضد الواهب بأقسى تفسير مستطاع .

quærens مطالب؛ مدعى عليه

quæsta غفران: كان يمنحه البابا قديماً نظير ثمن معلوم .

quæstio [قوانين العصور الوسطى] مسألة؛ موضوع تحقيق؛ تعذيب؛ تفتيش (او تحر) بسبيل التعذيب .

[قانون روماني] ندب شخص او اكثر للتحقيق في جريمة عامة وبيان نتائج التحقيق .

لم يتقيد هذا الندب في بادىء الامر بموعد منتظم بل كان يحصل كلما دعت الضرورة اليه . وقد تطور فيما بعد فاصبح دورياً وجاوز مجرد التحقيق الى صلاحية الفصل في الجرائم، ثم اطرد تطوره حتى جعل من المنتدبين محكمة جنايات دائمة تسمى *quaestio perpetua* .

— *cadit quaestio* انتهى الموضوع؛ انتهى النقاش او الجدل .

quæstio vexata مسألة قلقة او مستعصية؛ موضوع يفتقر للبت: يناقش وتتضارب فيه الآراء ويبقى محلا للجدل او الاخذ والرد .

quæstiones perpetuæ [قانون روماني] محاكم تفتيش؛ محاكم جنايات دائمية . سميت *perpetuae* دائمية تمييزاً لها عن المحاكم المؤقتة . (راجع *quaestio*)

quæstor [قانون روماني] جاب؛ محصل ضرائب

quæstus ملك عقاري يكتسب باي سبيل خلا الميراث .

qualification مؤهل؛ اهلية؛ كفاءة . صفة تجعل صاحبها اهلا لوظيفة او مهمة او حق .

قيد؛ شرط؛ تكييف؛ حد (من امر)

qualified مؤهل؛ اهل؛ كفؤ؛ ذو أهلية أو كفاءة او قابلية (لشأن)؛ لائق؛ تتوافر فيه الصفات الاهلية القانونية اللازمة . مقيد؛ محدد؛ محصور؛ معدل (بمعنى modified) . غير كامل . مؤقت . موصوف

qualified acceptance (راجع باب acceptance)

qualified estate (راجع باب estate)

qualified indorsement (راجع باب indorsement)

qualified oath (راجع باب oath)

qualified privilege (راجع باب privilege)

quare clausum fregit? لماذا ينتهك حرمة المكان؟ (او المسكن او ملك الغير؟) يرد هذا الاصطلاح في وصف دعوى التعدي على العقار بالسلاح والقوة ومطالبة المدعى عليه بالتعويض.

quare impedit? لماذا يصد؟ لماذا يعرقل؟
[اجراءات انكليزية] الدعوى التي يرفعها صاحب الوظيفة او المنفعة الكنسية اذا حرم حقه فيها .

quare obstruxit? **[اجراءات انكليزية قديمة]** لماذا يعرقل؟ دعوى عرقلة ارتفاق الغير . الدعوى التي كان يرفعها صاحب ارتفاق المرور على صاحب الارض المرتفق بها اذا منعه هذا عن ممارسة حقه .

quarrel خصام؛ معاركة؛ نزاع؛ جدل (حاد اللهجة)؛ مقاتلة؛ مشاجرة؛ تقاذف بالكلام

quarrelsome **[كفعل]** يقتتل؛ يشتجر؛ يعترك معلاق، مشاجر، كثير الخصومة

quarry محجر: مكان طبيعي تستمد منه الحجارة .

quarta divi pii **[قانون روماني]** نصيب المتبنى او الربيب، وان صرف لسبيله . النصيب الذي فرض القانون على الموصي تركه لولد تبناه ثم اطلقه فيما بعد او حرمه الميراث دون حق، وهو ربع التركة .

Quarta Falcidia **[قانون روماني]** نصيب فرضي اوجب الـ Falcidian Law تعيينه للوارث الشرعي من تركة الميت وهو الربع على الاقل .

quarter ربع
كيل مسافة مقداره اربعة انشات .
[شؤون عسكرية] مسكن او مأوى يخصص لاقامة العساكر .
[قانون الحرب] الابقاء على حياة العدو؛ اعفاؤه من القتل اذا وقع في الاسر او استسلم او سقط في ساحة القتال . وهو عرف مرعي منذ نهاية القرن السابع عشر . على انه يجوز اطراحه في الاحوال التالية: (١) الضرورة القصوى: اذا قل عدد القوات الغالبة وتعاظم عدد ما بيدها من اسرى في بلاد همجية شديدة العداء وظروف محرجة يخشى فيها على امان القوى الغالبة وتقتضي المحافظة على كيان هذه القوى قتل اسراها . (٢) اذا اشتهر العدو المحارب بخرقه لقوانين الحرب وخروجه على تقاليدها . (٣) من قبيل المعاملة بالمثل اذا لم تكن لدى العدو اسباب تسوغ عدم مراعاته لقانون الـ quarter. (راجع quartering تالياً)
[شؤون مدنية] حي، حارة، محلة

quarter chest of tea صندوق شاي تتراوح سعته بين ٢٥ و ٣٠ رطلا انكليزياً .

quando lex aliquid alicui concedit, concedere videtur et id sine quo res ipsæ esse non potest اذا اعطى القانون شيئاً لشخص اعطاه ايضاً كل ما لا كيان للشيء دونه: اي اعطاه جميع مقومات ذلك الشيء .

quando lex aliquid alicui concedit, omnia incidentia tacite conceduntur اذا منح القانون شيئاً لشخص منحه ضمناً كل ما تبعه .

quando mulier nobilis nupserit ignobili, desinit esse nobilis nisi nobilitas nativa fuerit اذا تزوجت نبيلة بغير نبيل، سقط عنها نبلها ما لم تكن نبيلة المولد .

quandry حيرة؛ ارتباك؛ بلبلة

quanti minoris **[قانون مدني]** دعوى يرفعها المشتري على البائع لتخفيض السعر المتفق عليه نظراً لاستبانة عيب في البضاعة من شأنه ان يؤثر في قيمتها .

quantify يقرر كمية؛ يحدد مقدار شيء او مداه

quantity كمية؛ مقدار

quantum damnificatus? كم قيمة الضرر؟ ما هو مبلغ الخسارة؟
السؤال الذي توجهه محكمة العدالة الانصافية Court of Equity الى المحكمة العادية عند تكليفها تقدير التعويض اللازم للمدعي نظير الخسائر التي تكبدها .

quatum meruit «بقدر ما يستحق» . مبدأ الاستحقاق الكمي . اذا اشتغل شخص لحساب آخر مدة من الزمن دون تحديد مقدار اجرته، كان له ان يقاضي رب العمل للمطالبة بالمبلغ الذي يستحقه (عمله) *quantum meruit* اي على اساس قيمة العمل . وللمحكمة في هذه الحال تقدير ما تراه من المكافأة.

quantum ramificatus بقدر الضرر الواقع

quantum valebant بقدر ما تسوى (اذا كان الموضوع بضاعة) .

quarantine محجر صحي؛ حجر صحي: مدته اربعون يوماً تمضيها السفينة في المكان الذي تعينه لها السلطات المختصة في ميناء الوصول، دون تفريغ شحنتها او انزال احد ملاحيها او ركابها، اذا كانت قادمة من بلد تتفشى فيه الاوبئة . وذلك حتى تظهر اعراض الوباء او المرض ان وجد وتتخذ التدابير اللازمة لمكافحته . وقد كانت مدينة فينيسيا (البندقية) بايطاليا اول من وضع نظام الحجر الصحي ونفذه سنة ١٤٨٤م.
احداد: مدة الاربعين يوماً التي يحق للارملة صرفها في دار زوجها الرئيسية على اثر وفاته .

quarterly courts [في بعض الولايات المتحدة امثال Kentucky] محاكم ذات اختصاص ابتدائي في المسائل المدنية، واستئنافي بالنسبة لاحكام القضاة الجزئيين justices of the peace .

quash يفسخ؛ يرد؛ يلغي؛ يشطب؛ يسقط

quasi شبه؛ يشابه؛ يقارب ؛ تقريباً؛ يداني؛ كأنه

***quasi* admission** شبه اعتراف: ما يصدر عن الشخص ذي الشأن خارج المحكمة او مجال القضاء من قول او فعل يكون بمثابة اعتراف منه بأمر يتعلق بالشأن موضوع نظر المحكمة فيؤثر في وجاهته ما لم يبادر الى نقضه باثبات آخر .

quasi-contractus [قانون مدني] شبه عقد . التزام لا ينبعث عن اتفاق صريح بين فريقيه بل عن علاقة قائمة بينهما او عمل مشروع اداه احدهما طوعاً منه .

***quasi* estoppel** شبه اغلاق: المبدأ المانع للشخص من ان يتخذ موقفاً يناقض اي موقف سابق له اذا تضرر الغير بجراء الموقف الجديد؛ وهذا لا يكاد يختلف عما يسمى الاغلاق الانصافي equitable estoppel الذي لا يستطيع معه الشخص ان ينكر ما صدر عنه من قول او فعل اذا اعتمد عليه الغير عن نية سليمة وكان الانكار ضاراً به .

***quasi* judicial act** عمل شبه قضائي : اي عمل من اعمال القضاء يأتيه من ليس قاضياً .

***quasi* monopoly** شبه احتكار

quasi-traditio [قانون مدني] شبه تسليم؛ تسليم ضمني . سكوت صاحب المال على انتفاع الغير به او حيازته له، لا رضى منه (من صاحب المال) بل صبراً على ذلك وايثاراً لعدم مقاومته . (راجع الاصطلاح ذاته في باب *traditio*)

***quasi* usufruct** شبه حق انتفاع .
(راجع باب usufruct)

quatuor pedibus currit تجريان او تجري على اربع : يقال هذا الاصطلاح في الدعويين او المسألتين اذا تطابقتا من حيث الجوهر والظروف الملابسة .

quay رصيف (بحري): مرسى لوقوف السفن وتحميلها او تفريغها .

quean تعبير عتيق معناه: عاهرة؛ امرأة ساقطة

queen ملكة

quarter cousin (راجع cousin)

quarter-days ايام الوفاء الاربعة . اذا أديت المرتبات او العوائد او الضرائب مرة واحدة كل ثلاثة اشهر، كان القصد من الـ quarter-days هو الايام الاربعة التي تؤدى فيها خلال السنة .

quarter-eagle قطعة ذهبية من النقد الاميركي قيمتها دولاران ونصف .

quarter of a year ربع سنة: واحد وتسعون يوماً .

quarter-sales [قانون ولاية نيويورك] غرامة تصرف مقدارها ربع ثمن العقار موضوع التصرف، يشترط اداؤها احياناً الى المتصرف من المتصرف له اذا نزل هذا للغير عن العقار المذكور .

quarter-seal (راجع باب seal)

Quarter Sessions [قانون انكليزي] محكمة جنائية تشكل في الاقاليم counties باثنين او اكثر من القضاة justices of the peace كل اربعة اشهر على ان يكون احد هؤلاء من قضاة النصاب justices of the quorum وهي على نوعين: (١) County Quarter Sessions تشكل من جميع قضاة الاقليم برئاسة قاض ينتخبونه من بينهم و(٢) Borough Quarter Sessions تشكل في البلدة من قاض واحد يعرف بالـ recorder . وتختص كلتا المحكمتين بالفصل في القضايا الجنائية والمسائل الادارية administrative matters الناشئة في الاقليم county او البلدة borough ، وتعقد بهيئة محلفين محلية .

[قانون اميركي] . محاكم صغرى تنعقد في بعض الولايات اربع مرات في السنة، وهي ذات اختصاص جنائي يتناول ما دون الجنايات من الجرائم بالاضافة الى بعض الشؤون الادارية .

quartering [قانون جنائي قديم (انكليزي)] تقطيع جسد المدان بالخيانة الى اربعة اجزاء بعد تنفيذ حكم الاعدام فيه .

quartering soldiers ايواء الجنود . ينطبق هذا الاصطلاح على ما تقوم به الحكومة احياناً من فرض ايواء الجنود واطعامهم او ايوائهم او اطعامهم فقط على المنازل الخاصة رغماً عن اصحابها .

quarterization تقطيع جسد المحكوم عليه بعد اعدامه الى اربعة اجزاء .

quarterly رباعي؛ كل ربع سنة: مرة واحدة كل ثلاثة اشهر .

queen consort [قانون انكليزي] الملكة الزوجة؛ قرينة الملك

queen dowager [قانون انكليزي] ارملة الملك

queen-gold ذهب الملكة: ايراد ملكي كان يخصص قديماً للملكة مدة زواجها ويشترك في ادائه كل شخص منحه الملك امتيازاً او حقاً خاصاً ذا قيمة معلومة.

queen regnant ملكة حاكمة: ترتقي العرش بالوراثة كالملكة الحالية Elizabeth الثانية.

Queen's Bench مجلس الملكة الخاص: محكمة مجلس الملكة الخاص اذا كان الجالس على عرش بريطانيا امرأة.

queen's evidence شاهد ملكة: سجين يؤذن له بالشهادة ضد شركائه في الجريمة على اساس ان يخلى سبيله نظير هذه الشهادة.

queen's prison سجن الملكة: سجن خاص جعل قديماً للدائنين والمفلسين المحكومين بموجب قانون الافلاس والموقوفين رهن الاجراء والمحكومين بالسجن من محاكم Westminster والمحكمة العليا ومحكمة البحرية.

Queen's Proctor نائب ملكة. محامي الخزانة Treasury Solicitor الذي يمثل التاج امام دائرة المواد الحسبية والطلاق والبحرية، ويترتب عليه التدخل في الدعوى لكي يبدي ما عنده من اسباب مانعة تسوغ عدم اعطاء الامر الصادر بحل الزوجية صفة القطعية.

Queen's Remembrancer
(راجع King's Remembrancer)

quell يقمع؛ يخمد (ثورة او اضطراباً)؛ يقضي على حركة او مقاومة بالقوة.

querables واجبة التحصيل

querela دعوى؛ استدعاء؛ طلب؛ عريضة؛ شكوى

querela inofficiosi testamenti دعوى حرمان الميراث، يقيمها الولد عند حرمانه الميراث بلا حق، ليستصدر حكماً ببطلان الوصية حين يثبت ان والده لم يكن صحيح العقل عندما انشأ الوصية او بغير هذا من اسباب.

querens المدعي؛ المشتكي

querulous خصوم؛ دائم التبرم او الشكوى؛ حريص على ايجاد العيوب والهفوات؛ حاد الطبع؛ سريع التأثر

quest تحقيق؛ تحر؛ بحث

questa [مدونات قديمة] تحقيق؛ تحر؛ تفتيش؛ بحث

question يحاسب (على فعل). يسائل... يسأل
[كاسم] سؤال؛ مسألة؛ موضوع؛ نقطة؛ مبحث
الحصول على الاعتراف بسبيل التعذيب، نحو: he was put to the question استجوب تحت التعذيب. وهذا ما اخذت به بعض البلدان الاوروبية الى عهد غير بعيد لقهر المتهم على الاعتراف بما ينسب اليه او على افشاء اسماء شركائه كثمن للكف عن تعذيبه.
[في البينة] يستجوب او يستنطق (شاهداً او متهماً).
[في الاجراءات] مسألة مستعصية لا يجد الخصوم سبيلا للاتفاق عليها فيحيلونها لتقدير القاضي.

— categorical question سؤال قاطع او محكم. سؤال بات: يكون من الوضوح والتحديد بحيث يكفي الجواب عليه بنعم او لا دون الحاجة الى شرح (م. اسئلة تحديد categorical questions او سلسلة من اسئلة مرتبة متتابعة تعالج موضوعاً معيناً).

— hypothetical question (راجع باب hypothetical)

— judicial question مسألة قضائية؛ يفصل فيها قضائياً: اي من محكمة مختصة.

— leading question (راجع باب leading)

— open question (راجع باب open)

question of fact مسألة واقعية: تدخل في نطاق الواقع؛ ترتكز على واقعة او اكثر تتصل بها.

question of law مسألة قانونية: تدخل في نطاق القانون او تتصل باحكامه.

questionnaire قائمة اسئلة؛ مجموعة استجوابات

questores parricidii [قانون روماني] ضباط تحقيق انتدبوا سنوياً لتعقب المتهمين بجريمة قتل الاب ومحاكمتهم؛ ولم يزد عددهم غالباً على اثنين.

qui accusat integræ famæ sit, et non criminosus فليكن من يتهم حسن السيرة لا مجرماً.

qui adimit medium dirimit finem من قضى على الواسطة قضى على الغاية؛ اي: من حرم الغير سبيل الحصول على شيء فكأنه حرمه الشيء ذاته.

qui aliquid statuerit, parte inaudita altera æquum licet dixerit, haud æquum fecerit من فصل في مسألة دون ان يسمع طرفيها فما انصف وان صح حكمه.

qui contemnit præceptum contemnit præcipientem من احتقر امراً احتقر من اصدره .

qui facit per alium facit per se من باشر شيئاً بواسطة الغير فكأنه باشره بنفسه؛ اي : اعمال النائب تعتبر من اعمال الاصيل .

qui habet jurisdictionem absolvendi, habet jurisdictionem ligandi من له اختصاص الحل فله اختصاص العقد .

qui hæret in litera hæret in cortice من لزم الحرفية لزم القشور : أي ضيع اللباب .

qui in utero est pro jam nato habetur, quoties de ejus commodo quæritur من كان في الرحم وجب اعتباره مولوداً اذا عرضت مسألة لصالحه (أي إذا أفاد من ذلك الاعتبار) .

qui jure suo utitur, nemini facit injuriam من استعمل حقه القانوني لم يضار احداً؛ من مارس حقه فما ظلم .

qui mandat ipse fecissi videtur من امر بفعل اعتبر فاعلا له .

qui molitur insidias in patriam id facit quod insanus nauta perforans navem in qua vehitur من خان وطنه كان كبحار مجنون ثقب السفينة التي حملته .

qui nascitur sine legitimo matrimonio, matrem sequitur من ولد لغير زواج شرعي تبع حال امه (او وضعها) .

qui non habet in ære, luat in corpore, ne quis peccetur impune من لم يستطع أداء ما عليه بجيبه عذب في جسده، والا مضى المجرم غير معاقب (اي افلت المجرم من العقاب) .

qui non improbat, approbat من لم يلم (يعتب) فقد وافق

qui non negat fatetur من لم ينكر فقد اعترف

qui non obstat quod obstare potest, facere videtur من لم يمنع ما استطاع منعه اعتبر كانه فاعله .

qui non prohibet id quod prohibere potest assentire videtur من لم يمنع ما استطاع منعه عد راضياً عنه .

qui parcit nocentibus innocentes punit من وفر المجرمين عاقب الابرياء (اي كان تجاوزه عن المجرمين بمثابة قصاص للابرياء) .

qui peccat ebrius luat sobrius من ارتكب اثماً وهو سكران عوقب عليه وهو صاح .

qui per alium facit per seipsum facere videtur من عمل شيئاً بواسطة نائبه فكأنه عمله بنفسه .

qui prior est tempore potior est jure من تقدم الغير في الزمن تقدمه في الحق (اي الاولوية في الزمن تكسب صاحبها اولوية في القانون) .

qui semel actionem renunciaverit amplius repetere non potest من تخلى عن دعواه مرة فليس له ان يقيمها مرة اخرى .

qui sentit commodum sentire debet et onus من اصاب الغنم وجب ان يصيبه الغرم؛ اي : الغنم بالغرم والغرم بالغنم .

qui tacet, consentire videtur من سكت عد راضياً

qui tacet non utique fatetur, sed tamen verum est eum non negare من سكت لا يكون في الواقع معترفاً غير انه لا يكون ايضاً منكراً .

***qui tam* action** دعوى يقيمها المخبر بناء على ما يقتضيه القانون من اعطائه نصيباً معلوماً من الغرامة المحكوم بها على المتهم . سميت كذلك لان المخبر يبين فيها انه يقاضي في سبيل الدولة مثلما *qui tam* يقاضي في سبيل نفسه .

qui vult decipi decipiatur من اراد لنفسه الخديعة فلينخدع .

quia timet لانه يخشى؛ لانه يتوقع

***quia timet* action** [اجراءات العدالة المطلقة] دعوى ترفع لمنع ضرر يخشى وقوعه .

quibble اعتراض شفوي؛ نقطة خلاف تافهة؛ جدل فارغ (لا طائل تحته)

quick حي؛ يتحرك، نحو : منقولات حية quick chattels ، اي مواش بوجه عام . (راجع quick child)

quick child ولد مرتكض في الرحم : اي جنين بلغ به النمو الى حد امكان الحركة .

quick with child حامل او حبلى بجنين مرتكض (اي متحرك في بطن امه) .

quickening [طب شرعي] اول حركة للجنين تشعر بها الام، وهي تحصل غالباً في منتصف مدة الحمل .

quicquid plantatur solo, solo cedit كل ما اتصل بالارض يتبعها (او فهو تابع لها) .

quid pro quo الشيء بالشيء؛ شيء نظير آخر او مقابل له؛ على سبيل المعاوضة

اعطاء شيء ذي قيمة لقاء تحصيل آخر ذي قيمة : شأن العوض المتبادل بين المتعاقدين في العقود الصحيحة .

quiet [كفعل] يؤمن حقاً عقارياً (من اسباب نزاع او مشاحنة)؛ يثبته؛ يزيل عنه المآخذ او الشوائب، نحو: دعوى تثبيت حق الملكية action to quiet title .

[كنعت] هادىء؛ غير مشوب؛ أمين (من نزاع او تشويش)؛ لا يوجد ما يعكر صفوه

quiet enjoyment متعة هادئة: ما يعود لمالك العقار من حق استعمال ملكه والتمتع به دون ان يعكر صفو حقه اي مطالب قانوني سواء أكان هذا المطالب مصدر التفرغ للمالك المذكور ام غيره.(راجع قانون الاملاك لعام ١٩٢٥م الملحق الثاني الجزء الاول)

quiete clamare يتخلى عن المطالبة بحق، يتنازل عن جميع اسباب الادعاء به .

quietus [قانون انكليزي قديم] خالي الطرف؛ مبرأ؛ خالص الذمة

[قانون حديث] ابراء من دين؛ مخالصة؛ ايصال او علم وصول

quietus redditus اجرة إخلاء . (راجع quit rent)

quintal مئة رطل (انكليزي)

quiritarian ownership [قانون روماني] ملكية يمارسها المواطن الروماني بموجب سند تملك يعترف به القانون البلدي . هذه الملكية كانت تولي السيطرة المسماة quiritary dominion وهي النوع الوحيد الذي اقره القانون الروماني .

quisling اصطلاح دارج غير فني معناه: مطية لعدو؛ خائن؛ معاون عدو يحتل البلاد

نقلت هذه الكلمة عن اسم ضابط نرويجي Major Quisling اشتهر بالخيانة .

quit يخلي؛ يسلم (مؤجراً)؛ يغادر او يبرح؛ ينزح (عن)؛ ينتقل (من)

[كنعت] خالص؛ مدفوع؛ خالي الطرف؛ غير مطالب او مسؤول

— **notice to quit** تنبيه بالاخلاء: اشعار كتابي يوجهه صاحب العين المؤجرة الى المستأجر مبيناً حاجته الى المؤجر ومكلفاً اياه اخلاءه ونقل امتعته منه في تاريخ معين .

quit rent اجرة ابراء، اذا اداها المستأجر لمالك العقار خلا طرفه من كل اجرة عليه للمالك المذكور .

[قديماً] اجرة اعفاء اذا اداها الحائز أعفي من القيام باية خدمة تقتضيها الحيازة تجاه المالك .

quitclaim يتخلى عن مطالبة بحق عقاري .

[كاسم] ابراء؛ مخالصة؛ تنازل عن حق او مطالبة

quittance مخالصة؛ ابراء؛ دليل مكتوب على حصول الوفاء؛ (اختصار دارج لـ acquittance)

quo jure [اجراءات انكليزية قديمة] «باي حق»؛ عنوان الدعوى التي كان يقيمها مالك الارض على من ادعى حقاً مشتركاً في ارضه، مطالباً اياه ببيان اسباب ادعائه .

quo ligatur, eo dissolvitur ما يملك الربط يملك الحل

quo minus [قديماً] امر تكليف كان يعرض فيه المدعي، عند افتتاح الاجراءات القانونية امام محكمة الخزانة Court of Exchequer انه مدين للملك king's debtor وان المدعى عليه قد انزل به الاضرار موضوع الدعوى *quo minus sufficiens existit* فنال بذلك من قدرته على اداء دين الملك . ولم يكن بد من هذه العبارة قديماً لقبول الدعوى امام المحكمة المذكورة ووضعها في نطاق اختصاصها .

quo warranto [اجراءات انكليزية قديمة] امر قضائي يستصدر ضد من مارس وظيفة او اعمالا رسمية او امتيازاً دون حق، لتكليفه ببيان السند الذي يرتكز عليه فيما يمارس . كذلك يستصدر ضد من قعد عن ممارسة حق او اهمله مدة طويلة او اساء استعماله، لتكليفه ببيان الحجة التي يستند اليها في ممارسته بعد ان فقده باهماله او اساءة استعماله . استعيض، في انكلترا والولايات المتحدة، حديثاً عن هذا الاجراء بما يسمى : information in the nature of *quo warranto* وهو اجراء جنائي من حيث الشكل ومدني من حيث الآثار عظيم الشبه بالاجراء القديم، يلجأ اليه للاعتراض على صلاحية الموظف والتثبت من التفويض الذي يخوله هذه الصلاحية والحيلولة دون ممارسة اية حقوق او امتيازات او سلطات لا تقوم على القانون .

quoad hoc بالنسبة لهذا، فيما يختص او يتعلق به

quod ab initio non valet in tractu temporis non convalescet ما كان معتلا منذ البداية لا يصححه مرور الزمن .

quod ad jus naturale attinet omnes homines æquales sunt الناس جميعاً سواسية امام القانون الطبيعي .

quod ædificatur in area legata cedit legato ما كان مبنياً على الارض موضوع التفرغ ينتقل الى المتفرغ له.

quod computet (عليه) ان يقدم الحساب

— judgment *quod computet* قرار اعطاء حساب : قرار عارض تصدره المحكمة بوجوب جرد الحساب (المعني) او تقديمه بحضور مدقق حسابات قانوني .

quod constat curiæ opere testium non indiget ما يتضح للمحكمة غني عن الشهود .

quod contra legem fit pro infecto habetur ما تم فعله خلافاً للقانون عد كأنه لم يفعل (او يقع) أبداً .

quod enim semel aut bis existit, prætereunt legislatores ما لا يقع الا مرة او اثنتين فقط، لا يلتفت اليه المشرعون .

quod est necessarium est licitum كل ضروري مشروع

quod factum est, sum in obscuro sit, ex affectione cujusque capit interpretationem اذا لابس الفعل شك وجب الاستناد في تأويله الى شعور الفاعل .

quod minus est in obligationem videtur deductum «المقصود في العقد هو الاقل» . اي اذا اتفق زيد مثلا، بموجب عقد على ان يستأجر ارضاً من زيدون بمئتي جنيه واتفق زيدون على تأجير تلك الارض بمئة وخمسين جنيهاً، كان بدل الايجار المعني في العقد حسب هذا المبدأ هو ١٥٠ جنيهاً .

quod non apparet non est ما لا يظهر لا يوجد

quod non habet principium non habet finem ما ليست له بداية ليست له نهاية .

quod nullius est, id ratione naturali occupanti conceditur ما ليس ملكاً لاحد يغدو بحكم المنطق الطبيعي ملكاً لاول من يحتله (او يشغله) .

quod per me non possum, nec per alium ما لا استطيعه شخصياً لا استطيعه بالوكالة .

quod populus postremum jussit, id jus ratum esto القانون القائم هو آخر ما سن الشعب .

quod prius est verius est; et quod prius est tempore potius est jure ما كان الاول فهو الصحيح، والاول من حيث الزمان هو الاوجه في نظر القانون .

quod pure debetur præsenti die debetur ما استحق (اداؤه) بلا شرط حل اداؤه حالا .

quod solo inædificatur solo cedit ما يبنى على الارض فهو تابع لها .

quod tacite intelligitur deesse non videtur ما يفهم ضمناً لا يلزم بيانه .

quod vide «ما يلفت اليه»؛ «راجع»؛ «انظر» . يرد هذا الاصطلاح على حاله المذكور او مختصراً بالحرفين *q. v.* للفت القارىء الى مكان آخر من الكتاب او الى مرجع معين للاستزادة من موضوع او لغير ذلك من اسباب .

Quoniam Attachiamenta اسم مؤلف قانوني يعتبر اقدم ما وضع في القانون الاسكتلندي .

quorum نصاب قانوني: اكثرية الهيئة، موضوع البحث (سواء كانت محكمة او مجلساً او جمعية او لجنة او غيرها)؛ العدد المحدد الذي لا يصح انعقاد الجلسة الا بحضوره .

— justices of the *quorum* **[قانون انكليزي]** قضاةالنصاب القانوني . يطلق هذا الاسم على من وجب حضوره من القضاة لضمان صحة الجلسة بتوافر نصابها القانوني .

quot **[قانون اسكتلندي قديم]** جزء من عشرين من منقولات المتوفى وجبت ايلولته الى مطران الناحية حال حصول الوفاة .

quota حصة (نسبية)؛ وزيعة؛ نصيب معلوم؛ مقطوعية

[شؤون تجارية] تسعيرة

quota system نظام الحصص: نظام تقنين يحدد الكميات التي تقبل من بعض السلع الاجنبية في مدة معينة ويقتضي اقفال الحدود في وجه السلع المحددة حالما يتم دخول الكميات المقررة منهـا .

quotation استشهاد (بنص قانوني او مبدأ او شيء صدر عن الغير شفوياً او كتابة) استشهاداً حرفياً .

[شؤون تجارية] تسعيرة؛ بيـان اسعار مرسل من نائب او وكيل او مراسل .

quoted price سعر مذاع؛ حسب التسعيرة

quoted value قيمة مسعرة؛ قيمة مذاعة حسب التسعيرة

quotiens dubia interpretatio libertatis est, secundum libertatem respondendum erit
اذا كانت الحرية والعبودية محلا للشك وجب ان يكون القرار في جانب الحرية .

quotient حاصل (عملية)، خارج (قسمة أو ما اليها)

quotient verdict قرار مالي تتخذه هيئة المحلفين بالطريقة التالية : يكتب كل محلف على ورقة المبلغ الذي يميل الى تقريره، ثم تجمع المبالغ المكتوبة كلها وتقسم على عدد اعضاء الهيئة (وهو عادة اثنا عشر) وتكون نتيجة القسمة هي القرار الذي تصدره الهيئة باعتباره القرار المتفق عليه .

quoties in verbis nulla est ambiguitas, ibi nulla expositio contra verba fienda est
اذا لم يكن في الكلام غموض فلا يجوز تفسيره بما يناقضه .

quousque «حتى» ؛ «الى ان» : حتى يحضر
اذا مات صاحب الحيازة الاقطاعية بلا وصية ترتب على وارثه ان يحضر امام السيد المقطع ليتم قبول خلافته على الارض المقطعة خلال مدة معلومة ، واذا لم يحضر حق للسيد ان يستولي على الارض المذكورة وعلى محاصيلها « حتى » يحضر الوارث المذكور .

quovis modo على اي شكل كان ؛ كيفما كان

R

R. ملك *rex*

R. : reg. الملكة

rex الملك

R. D. (راجع refer في المعاملات المصرفية)

R. G. قاعدة عامة *Regula Generalis*

R. L. قانون روماني Roman Law او قوانين منقحة Revised Laws : اعيد فيها النظر او تمت مراجعتها .

rabble غوغاء؛ رعاع؛ دهماء

race جنس؛ عنصر؛ اصل؛ فصيلة

race-way قناة صناعية: تشق في الارض لتوجيه المياه اللازمة لادارة ساقية او عجلة مائية .

rachat [قانون فرنسي] حق اعادة الشراء . يقابله ما يسمى repurchase في القانون الانكليزي والاميركي . وهو الحق الذي يحتفظ به البائع لنفسه في شراء ما باع .

rachater اصطلاح فرنسي لاتيني معناه: انقاذ المبيع (باعادة شرائه) .

rachetum [قانون اسكتلندي] بدل جريمة؛ ثمن مصالحة على جرم

rack عجلة تعذيب؛ استعملت قديماً في التحقيق مع المتهمين واكراههم على الكلام بشد اطرافهم اليها وجذبها حتى تكسر او تخرج عن مفاصلها .

rack-rent اجرة فاحشة او باهظة . ايجار يكاد يساوي قيمة المؤجر احياناً او يدانيها .

rack-vintage خمور تستخرج من حثالة العنب بعد عصره .

racket كسب غير مشروع، ينطوي على عنف .
[كنعت دارج – غير فني] جلبة؛ فوضى

racketeer من التمس كسب المال بوسائل غير مشروعة (: تقوم على العنف والتهويل) .

racketeering كسب المال بالعنف والخروج على القانون . التآمر المنظم لابتزاز المال بالعنف والتهويل والتهديد . الحصول على المال من الغير برضاه اذا كان التخويف الباطل والاستعمال غير المشروع للقوة هو مبعث الرضى .

radical اساسي؛ اصلي؛ جوهري . جذري (راجع radicals)

Radicals رديكاليون: حزب اصلاحي متطرف، ينشد معالجة الاوضاع الراهنة وتعديلها جذرياً، اي من اساسها . نشأ هذا الحزب في انكلترا سنة ١٨١٨م بزعامة Hunt و Cartwright للدعوة الى اصلاح قواعد التمثيل النيابي اصلاحاً شاملا .

radio [قانون الطيران] راديو؛ لاسلكي

radio compass بوصلة لاسلكي

radio identification [قانون الطيران] علامة نداء الطائرة

radiosonde observation رصد طبقات الجو العليا (راديو سوند)

radiowind observation رصد طبقات الجو العليا

raffle لعبة من العاب القمار، يشترك فيها كل لاعب بمبلغ معين من النقود ثم تجمع هذه المبالغ كلها لتكون نصيب رابح واحد يعين بطريق القاء حجارة الزهر .

rage فورة؛ هياج او هيجان؛ اضطراب؛ سورة

raid غارة؛ (كبسية): حملة مفاجئة يقوم بها البوليس على اناس او امكنة .
[كفعل] يغير؛ (يكبس)؛ يفاجىء

rail تعبير دارج غير فني يرد بمعنى: يطيل اللسان؛ يتهجم بكلام مقذع؛ يكيل (للغير) عبارات مهينة

railroad [شؤون التشريع – كفعل] يتمكن من اقرار التشريع رغم اعتراض الاقلية ومقاومتها .

railroad or railway سكة حديدية؛ خط حديدي

— **trunk railway** خط حديدي رئيسي تلتقي فيه او تتفرع منه عدة خطوط فرعية .

Railway and Canal Commission محكمة السكة الحديدية والقناة . تأسست هذه المحكمة بموجب قانون حركة السكة الحديدية والقناة الصادر عام ١٨٨٨م وكانت ولايتها تشمل المواد المتصلة بالسكك الحديدية والقنوات وانشاء اجهزة التلغراف وتزويد المياه في مدينة لندن ثم ألغيت بقانون خاص بها صدر عام ١٩٤٩م ونقل ولايتها القضائية الى المحكمة العليا .

railway policy بوليصة شحن بالسكة الحديدية

raise يثير ؛ ينشىء ؛ يسبب او يبعث على يحصل ؛ يستوفي (رسوماً) ؛ يجمع (إعانة) ؛ يكون (جيشاً) ؛ يزيد او يرفع (درجة او مقدارا) . يربي . يزرع

raise a presumption يشكل قرينة او يعمل على توافرها كسكوت الشخص may raise a presumption « قد يشكل قرينة » على قبوله .

raise an issue يثير نزاعاً أو محلا للخلاف

raising a use نشوء حق استعمال او ترتبه . وهذا يكون في الغالب نشوءاً ضمنياً تشير اليه القرينة والاحوال الملابسة .

raising an action [اجراءات اسكتلندية] إقامة قضية او رفعها

raising money جمع نقود (بسبيل اكتتاب او غيره)

raising portions [في المواريث] يقال : تخصيص انصبة او توفيرها لصغار الاولاد raising portions for younger children بحيث اذا اراد والد ان يورث ارضه مثلا ولده الاكبر دون الباقين من اخوته ولم يشأ في الحين ذاته ان يحرم هؤلاء بعض المقابل ، كان له احياناً ان يخصص انصباء معلومة بالصغار المذكورين to raise a portion تكون في شكل تكليف نقدي مقرر على الارض يؤدى لكل منهم .

***raj'i** [فقه اسلامي] رجعي . ينطبق هذا النعت على الطلاق الذي يملك معه الزوج ارجاع زوجته الى عصمته بلا عقد وبلا رضاها (خلافاً للبينونة او الطلاق البائن) .

ramification تفرع ، تشعب
فرع ، شعبة ، غصن

rancid كريه او خبيث الرائحة او الطعم

rancour حقد ؛ حفيظة ؛ موجدة ؛ ضغينة ؛ بغضاء دفينة

range يمتد ؛ يترامى ؛ يتراوح (بين مقدار وآخر)
[كاسم] مرج ؛ مرتع ؛ مرعى شاسع
مدى ؛ مرمى ؛ امتداد ؛ اتساع ؛ مجال

ranger [قوانين الاحراج] ضابط احراج محلف تنحصر وظائفه في ثلاثة اشياء : (١) جوب الغابة يومياً لتعقب المخالفين ؛ (٢) طرد الحيوانات الواجب طردها ؛ (٣) تقديم المخالفين للمحاكمة .

rank رتبة ؛ مرتبة ؛ درجة ؛ مكانة ؛ مركز
[كنعت] باهظ ؛ فاحش ، زائد على الحد

ranking of creditors [قانون اسكتلندي] ترتيب ارباب الديون . اي ترتيب اموال المدين على اساس ما يطالب به الدائنون بناء على ما بأيديهم من ضمانات .

ransack يفتش (تفتيشاً فاحصاً) ؛ ينهب (مكاناً) او يسلبه

ransom فدية : مبلغ يتفق على ادائه لفك اسير او اكثر .
[قانون دولي] افتكاك غنائم (يستولي عليها العدو بحراً) . ولا يفيد الافتكاك في هذه الحال استرداد الاموال بالقوة ، بل افتداءها بمبلغ متفق عليه يدفعه ذو الشأن لمن استولى عليها كي ينزل له هذا عن حقه في استبقائها غنيمة لنفسه .

ransom bill عقد او تعهد فدية ؛ تتفق بموجبه السفينة الاسيرة على ان تدفع مبلغاً معيناً من المال نظير اخلاء سبيلها كي تسير آمنة الى نقطة معينة .

rape [قانون جنائي] اعتداء فاحش ؛ مواقعة هاتكة او قهرية ؛ اغتصاب : مواقعة انثى ، تجاوزت سن العاشرة ، بالقوة والمراغمة . وكذا مواقعة اي طفلة دون العاشرة سواء كان الفعل على مرغمتها أو رضى منها . ولا يعتبر الرضى والسكوت حجة اذا قام على خداع المعتدي او احتياله او تخويفه للمعتدى عليها ، كما انه لا يعد الفعل rape اذا وقع بقبول المرأة وكان القبول منطوياً على التمنع وكان الحصول عليه مصحوباً بشيء من استعمال القوة . ولا يعد كذلك اذا وقفت مقاومة الفعل عند حد الكلام وحده . ولا يجوز اسناد هذا الجرم للزوج بالنسبة الى زوجته الا اذا ساعد الغير على مواقعتها ، كما لا يعقل اسناده لولد قلت سنه عن الرابعة عشرة .

— statutory rape مواقعة من كانت سنها دون الـ statutory age اي دون السن القانونية .

rape of the forest [قانون انكليزي قديم] انتهاك حرمة الغابة وكسر قوانينها بالعنف .

rapine غصب اموال الغير (المنقولة) ، سلبها بالعنف السافر والمراغمة اي علناً وبالعنف والمراغمة openly and by violence against his will وهو من ضروب السرقة المشددة ، عاقب عليه القانون الروماني بتغريم السارق اربعة اضعاف قيمة المسروقات واداءها للمعتدى عليه فوق ما تقتضيه ظروف الفعل من عقوبات تبعية .

rapist سفاح؛ من ارتكب جرم المواقعة الهاتكة rape .

rapporteur مقرر (راجع reporter)

— ***juge rapporteur*** قاضٍ (او مستشار) مقرر

raptor [قانون انكليزي قديم] سفاح؛ من اغتصب امرأة رغماً عنها .

rapuit [قانون انكليزي قديم] يرد هذا الاصطلاح في لوائح الاتهام بمعنى اغتصب (امرأة) او هتك عرضاً .

rash طائش؛ متهور؛ أرعن؛ أحمق؛ اعتباطي

rasure كشط؛ تطليس؛ محو (عبارات او جزء منها)

rat [في اضرابات العمال] يطلق هذا اللقب على العامل اذا شذ عن الاضراب ورفض الاشتراك فيه مسايرة لزملائه او اذا حل محل عامل مضرب او قبل اجرة تقل عن الاجرة التي تحددها اتحادات العمال .

ratable نسبي؛ قابل للتسعير او التحديد (من حيث القيمة او الثمن) بالنسبة الى غيره . خاضع لضريبة او رسم

ratable property مال (او ملك) قابل لتسعير او تقييم . اموال خاضعة لضريبة

rate يسعر؛ يقدر؛ يقيم؛ يخمن؛ يصنف (من حيث القيمة) لاغراض التأمين او الضريبة . يربط ضريبة، يفرض رسماً .

[كاسم] سعر؛ نسبة؛ فئة؛ صنف؛ درجة؛ معدل؛ مستوى؛ مقدار؛ اجرة

ضريبة محلية تقتصر على جهة دون اخرى .

[منافع عامة] رسم يؤديه المنتفع على خدمة تقدم اليه كما تقدم مع الناس كافة بالشروط ذاتها دون تمييز .

[نقل بحري] صافي تكاليف نقل البضاعة او صافي ما يتقاضاه ناقل البضاعة لنفسه من الشاحن .

[تأمين بحري] صنف السفينة من حيث القيمة والصلاحية للملاحة .

— piece rate اجرة قطعة (بالقطعة): يحدد تبعاً للكمية المنجزة من العمل .

— time rate اجرة زمن (بالزمن): يحدد تبعاً للزمن الذي يقضيه المستخدم في العمل .

rate of discount سعر قطع او حسم: مقدار الفائدة الذي يحسب على اساسه المبلغ الواجب حسمه من الورقة التجارية، وهذا يتوقف على طبيعة الورقة والحالة الاقتصادية العامة .

rate of exchange سعر صرف: صرف العملة او الورقة المالية .

rate of interest سعر فائدة: مقدارها بالنسبة المئوية .

rate of premium [مواد التأمين] فئة المقابلات . مقدار قسط التأمين .

rate tariff بيان اجور نقل: البيان الذي يضمنه الناقل وصف الخدمات البحرية المعروضة على الشاحنين وفئات اجور النقل بالتفصيل .

rates ضرائب سكن: تربط على الدور والاراضي المأهولة ولا تستوفى على المنازل المقفلة او المشغولة بحراسها فقط . ويكون تقديرها عادة على اساس القيمة الايجارية للمنزل او الاراضي محل الضريبة .

— cross rates (راجع باب cross)

ratification ابرام؛ تصديق؛ اقرار؛ اجازة

[بين الاصيل والنائب] إقرار الاصيل لما يقوم به النائب او او يتعاقد عليه باعتباره ملزماً له (للاصيل)؛ اعتماده لذلك

ratification, instrument of (instrument of ratification) مستند ابرام

ratify يبرم؛ يصادق او يصدق (على امر)، يقره، يجيزه

rating رسم؛ ضريبة خاصة

تخمين؛ تثمين؛ تقويم او تقدير (لربط ضريبة او رسم) .

[خدمة بحرية] صف او وكيل ضابط بحري .

rating appeal استئناف تخمين: الاستئناف ضد قائمة التخمين او اية ضريبة محلية .

ratio نسبة؛ درجة؛ سبب؛ اساس

داع؛ علة، حكم يصدر فيما ذكر .

ratio decidendi سبب حكم؛ نقطة فاصلة: تقرر اتجاه الحكم في الدعوى .

ration جراية؛ تعيين؛ مقدار مقنن (مقرر) بحكمة على اساس ندورة الشيء موضوع التقدير وشدة الحاجة اليه؛ حصة تعين للنفر (اثناء حرب او مجاعة او ظروف استثنائية) من مواد غذائية او استهلاكية .

ration cards بطاقات جراية

rationabile estoverium نفقة

من معانيها الشائعة غير الفنية : يبيد ؛ يهدم منشأ عن آخره حتى يساويه بالارض .

re بخصوص ؛ بشأن ؛ فيما يتعلق (بـ) ؛ في حالة او مسألة (كذا...) ؛ وعليه ؛ وهكذا

reaction ارتكاس ؛ ركس ؛ رد فعل ؛ تفاعل ؛ رجع

readability scale [قانون الطيران] مقياس الوضوح

reader محاضر في جامعة

Readers (اساتذة) محاضرون في الMiddle Temple احدى جمعيات الحقوق المعتمدة بلندن .

real واقعي ؛ حقيقي

[قانون عام Common Law] عيني ؛ عقاري ؛ يتصل بالارض او يتعلق بها

real estate أملاك ؛ اموال عقارية

real evidence بينة حقيقية ؛ بينة ظاهرة ؛ بينة معاينة : البينة المتوافرة بمظاهر الاشياء او معاينتها وفحصها ، كمظهر الشخص مثلا او الجرح او آثار الضرب او بصمات الاصابع او الاسلحة المستعملة (في الفعل المعني) او ما الى ذلك مما يشكل بينة ظاهرة للعيان لا تفتقر الى وصف .

real injury [قانون مدني] اذى فعلي ، مضارة فعلية : تترتب على فعل غير قانوني ، تقابلها المضارة الكلامية verbal injury المترتبة على الكلام .

Real Law [قانون عام انكليزي] قانون عقاري ؛ احكام القانون السارية على الاملاك بوجه عام ، وهو اسم غير فني .

[قانون مدني] قانون يتصل باموال عينية .

real money نقد ؛ عملة

real property ملك عقاري

real representative وارث عقاري : من كانت ايلولة المال العقاري اليه حال موت مالكه .

real security (راجع باب security)

real things (or things real) اشياء ثابتة او راسخة : كالاراضي والمباني . اشياء غير منقولة وحقوق ناشئة عنها .

reality واقعية ؛ حقيقية ؛ صفة الكيان الواقعي ؛ ما يخفيه الظاهر . مشابهة بالاصل . ما تعلق من القانون بالاملاك

realize يحول مالا (مهما كان) الى نقود ، يبدله ؛ يحصل على ؛ يصيب ؛ يحقق ربحاً (من اموال مثمرة)

rationabili parte bonorum دعوى ترفعها الارملة ضد منفذي تركة زوجها للحصول على ثلث ماله بعد استنزال الديون ومصاريف الجنازة .

rational عاقل ؛ معتدل ؛ متزن

rational doubt شك متزن : يقوم على استنتاج معقول توحيه الخبرة وظروف الحال .

rationalisation of production التنظيم العلمي للانتاج

ratione materiæ بسبب المسألة المشمولة (بالبحث) ؛ نتيجة لموضوع البحث او بحكم طبيعته .

ratione personæ بسبب الشخص (المعني) ؛ بحكم طبيعته او صفته

ratione soli بسبب التربة ، فيما يتصل بها

ratione tenuræ بسبب حيازته او فيما يتصل بها .

rationes [قانون انكليزي قديم] لوائح الدعوى ، مذكراتها المتبادلة بين الخصوم .

rationing نظام جراية او تقنين

rattening جرم اخفاء ملابس احد العمال او ادواته او لوازمه لإكراهه على الاشتراك مع باقي العمال في شأن او التوقف عن العمل لغرض من الاغراض ، ويعاقب عليه في انكلترا بالغرامة والحبس .

ravage يخرب ؛ يتمادى في تخريب ؛ يدمر ؛ يجعل (المكان) قاعاً صفصفاً (لا يبقي فيه على شيء) ؛ يعيث فساداً

ravine صدع ؛ أخدود او شق (يحدثه سيل او مجرى ماء).

ravish يهتك ؛ يغتصب (امرأة) ؛ يخطفها ؛ يفترسها ، يعتدي على عفافها بالقوة .

ravisher معتد على عرض (امرأة رغماً عنها) ؛ سفاح

ravishment خطف (امرأة او وارث مولى عليه) بلا حق. مواقعة قهرية . هتك

ravishment of ward [قانون انكليزي] التزوج بمولى عليها دون اذن الولي ورضاه .

raw فج ؛ نيء ؛ غير كامل النضوج ؛ غير مهذب . خام

raw opium أفيون خام

raze يمحو ؛ يكشط ؛ يخدش

rebel ثائر؛ عاص؛ متمرد؛ من حمل السلاح ضد نظام قائم سعياً للقضاء عليه او تبديله . عصيان المرؤوس لرئيسه . عدم الامتثال لاوامر المحكمة .

rebellion ثورة؛ عصيان؛ تمرد: مقاومة منظمة بالسلاح تصدر عن المحكوم ضد الحاكم او تشنها الرعية على الراعي .

rebellion, commission of (commission of rebellion) امر جلب [**اجراءات العدالة المطلقة** Equity] تصدره المحكمة ضد المدعى عليه اذا انتهك حرمتها بعدم الامتثال لتكليف الحضور الموجه اليه .

rebellious assembly اجتماع ثوري: اجتماع اثني عشر شخصاً او اكثر وقيامهم باعمال تنافي قوانين البلاد المرعية .

rebouter يصد؛ يدحض؛ يرد

rebuke كلمة شائعة غير فنية، ترد بمعنى: يؤنب؛ يلوم؛ يزجر

rebus sic stantibus «في هذه الاوضاع»؛ «على مثل هذه الاحوال»

يعتبر هذا الاصطلاح شرطاً ضمنياً ملحقاً بجميع المعاهدات، مفاده ان المعاهدة المعنية تفقد مفعولها حالما يطرأ أي تغيير جوهري على الظروف التي أدت الى ابرامها . فتغيير نظام الدولة، مثلا، من ملكية الى جمهورية لم يعتبر سبباً كافيا لالغاء المعاهدات، وكذا الانقلابات الناجحة او دخول احدى دولتين متعاهدتين في حلف مع ثالثة لم يعتبر داعياً جوهرياً لالغاء المعاهدة اذا نصت على الشرط المذكور . على ان التغييرات التي اصابت اوروبا بتأثير حروب نابليون ادت الى اعتبار جميع المعاهدات القائمة حينئذ بين اميركا والدول الاوروبية لاغية باستثناء معاهدة سنة ١٧٩٥م بين اميركا واسبانيا .

rebut ينقض؛ يدحض؛ يفند؛ يرد

يستبعد، نحو: رأت المحكمة ان تستبعد قرينة القصد court saw it fit to rebut the presumption of intent .

rebuttal نقض؛ تفنيد (شهادة شاهد)؛ رد؛ اثبات كذب اقوال الشهود فيما يتعلق بواقعة .

rebutter [**في المرافعات**] الجواب الثالث الذي يرد به المدعى عليه على المدعي . (راجع pleadings)

recall يعزل؛ يقيل (نائباً برلمانياً) . يلغي (قراراً)

[**قانون دستوري**] يحيل (او احالة) الموظف المنتخب، على التقاعد باقتراع الدائرة الانتخابية المختصة .

[**قانون دولي**] يستدعي او يسحب (مبعوثاً دبلماسياً الى بلاده) ويجرده من وظيفته ومهامه .

realm مملكة؛ بلاد

realty عقار . ترد هذه الكلمة اختصاراً للاصطلاح real property مال ثابت .

— quasi realty شبه ثابت . كل شيء يتصل بالعقار اتصالا راسخاً .

reappraiser معيد تقويم او تخمين: من عينته السلطات الجمركية المختصة لاعادة تخمين مستوردات .

reargument اعادة بحث او نقاش في موضوع.

rearrest (راجع باب arrest)

reason تمييز؛ ادراك؛ فطنة؛ عقل؛ صواب . قدرة التمييز بين الصدق والكذب او الخير والشر .

الاستنتاج او التحليل وبناء القرائن على الوقائع والظروف .

سبب؛ داع؛ دافع؛ علة؛ باعث؛ اعتبار

[**كفعل**] يدرك (عقلا او بالتحليل او القياس او المنطق او الدليل) .

reasonable معقول؛ في محله؛ مناسب؛ مقبول؛ سليم؛ صحيح؛ معتدل؛ متزن

reasonable act فعل معقول: ينتظر من ذي الشأن في حدود الانصاف والاتزان والواقع .

reasonable certainty, rule of (rule of reasonable certainty) قاعدة التأكيد المعقول: القاعدة التي لا تجيز الحكم بالاضرار الا نظير علل او عاهات مستقبلة لا يشك في ترتبها على الاصابة التي استهدف لها الشخص . ولا بد للحصول على التعويض بموجب هذه القاعدة من اثبات كون الاذى موضوع المطالبة سيترك وراءه اثراً دائماً .

reasonable creature يراد «بالمخلوق المعقول» فيما نص عليه القانون العام من ان «القتل هو ازهاق روح مخلوق معقول» murder is taking the life of a reasonable creature اي بشر مهما كانت احواله العقلية . وهذا يشمل الطفل غير المولود او الجنين في الرحم .

reassignment اعادة تنازل (او تصرف للغير)

reassurance تأمين مثنى؛ تثنية التأمين: التزام شركة التأمين تحمل اعباء المخاطر المؤمن منها كلها او بعضها لدى شركة أخرى .

rebate خصم؛ تنزيل (فائدة نظير الدفع نقداً)؛ تخفيض (قسط تأمين premium بمقتضى عقد سابق) .

دروباك drawback : استرداد مبلغ سبق اداؤه كرسم .

تعينه المراجع المختصة في اقليم county لتحصيل الضرائب المقررة وتحويلها الى الخزانة العامة .

receivers and triers of petitions متسلمو العرائض وفاحصوها . عولجت العرائض الموجهة الى البرلمان سابقاً على اساس قضائي لا تشريعي وعهد بالنظر فيها الى لجان خاصة تشكلت في بادىء الامر من كبار رجال الكنيسة واللوردات والقضاة ثم اصبحت تتألف من اعضاء البرلمان بوجه عام .

receiver of stolen property متسلم المسروقات : من تسلم اموالا مسروقة عن علم منه بمصدرها .

receiver *pendente lite* الحارس مدة النزاع : من عهد اليه القيام بحراسة الاموال موضوع النزاع حتى تمام الفصل فيهـــا .

receiver's certificate شهادة دين ممتاز : تصدر بتفويض من دائرة العدالة المطلقة Chancery لمنح الدين المبين فيها اختصاصاً ممتازاً على اموال المفلس يقدمها على كافة الاختصاصات الاخرى من حيث اولوية الاداء .

receivers of wreck حراس حطام : موظفون رسميون تابعون لوزارة التجارة الانكليزية English Board of Trade تناط بهم مهمة المحافظة على السفن المشحطة او المهددة بالخطر في مناطقهم وجمع ما يقذفه البحر من حطامها الى الشاطىء وحفظه. ويباح لهم استعمال القوة لمكافحة الفوضى والنهب ، واخذ ما يلزم من الاقوال والافادات فيما يتعلق بالسفن المذكورة وبيع ما تقتضيه الضرورة من شحنات هذه السفن او حطامها .

receivership حراسة قضائية

receiving order [مواد افلاس] امر حراسة تصدره محكمة مختصة لتحويل اموال مفلس الى حارس قضائي (سنديك) .

receiving state [صلات دبلماسية] الدولة الموفد اليها . تقابلها الدولة الموفدة sending state .

receptus [قانون مدني] حكم ؛ محكم

recess [اجراءات المحاكم] عطلة (محكمة) ؛ فترة تعطيل المحاكم او توقفها عن العمل مدة معلومة .

[اجراءات المجالس البرلمانية] عطلة برلمانية ؛ فترة توقف الاعمال البرلمانية بين جلسة واخرى .

recession (to) رد او اعادة (حق الى صاحبه او اقليم الى دولة) .

recidive [قانون فرنسي] عود الى اجرام ؛ قيام من حكم عليه بجريمة او جنحة بارتكاب جريمة او جنحة اخرى .

recall a judgment [اجراءات المحاكم] تلغي حكماً ، تشطبه (على اساس ما ينجلي لها من وقائع) . فاذا كان الغاء الحكم او نقضه لاسباب قانونية سمي فسخاً reversal ، والحكم المفسوخ هو reversed judgment .

recant يتنصل (من شأن) ، يتبرأ منه علناً ورسمياً .

recapitalization ترتيب خاص تتخذه الشركة في مراجعة موجوداتها الرأسمالية عملا على تعديل اسهمها او سنداتها من حيث المقدار او العوائد او الامتياز (اولوية الاداء) .

recaption استرداد ؛ استرجاع . انتقام : انصاف المعتدى عليه لنفسه باسترداد ما اخذه منه الغير دون حق . بحيث اذا اعتدى شخص على آخر بالاستيلاء على ماله او حجز ولده او زوجته او خادمه ، فللمعتدى عليه بموجب حق الـ recaption ان يطلب ما جرد منه او حجز له ويسترجعه اذا شاء بنفسه حيثما ثقفه بشرط ان لا يلجأ في سبيل ذلك الى طرق الاجرام او الاخلال بالنظام العام .

تثنية الحجز او الاحتباس اكمالا لحجز او احتباس سابق ما يزال قائماً .

recapture يفتك ؛ يسترجع ؛ يستخلص ؛ ينقذ (اموالا غنمها العدو منه او من حليف له) .

[كاسم] استيلاء احدى الدول على اموال لدولة صديقة غنمها العدو .

استرداد المغنم ؛ الاستيلاء عليه بعد وقوعه في يد العدو .

receipt ايصال ؛ علم وصول كتابي

receiptor حارس محجوزات : من تسلم من عامل الملك الـ sheriff اموالا منقولة ، على ذمة الاجراء ، بعد اعطائه تعهداً خطياً باعادتها عند الطلب لاتمام الحجز .

receive يتسلم ؛ يتلقى (شيئاً ويشرف عليه) ؛ يتقبل . يتولى حراسة . يقبض ؛ يتقاضى

receiver حارس قضائي ؛ سنديك : شخص مؤتمن لا شأن له او صلة باطراف النزاع او موضوعه ، تعينه المحكمة حارساً يولى اموال المفلس لادارتها وتسلم غلاتها والتصرف فيها حسب تعليمات المحكمة المختصة ، وهو يمثل المحكمة والخصوم ذوي الشأن والاموال موضوع النزاع .

من تلقى مالا لحساب الغير (بتفويض قانوني) .

[قانون جنائي] من تلقى من لص مالا مسروقاً كي يخفيه لحسابه نظير فائدة معلومة .

receiver general of the public revenue [قانون انكليزي] الامين العام لإيرادات الدولة ؛ موظف رسمي

reclaiming days [**قانون اسكتلندي**] ايام الاستئناف . المدة المسموح خلالها لذي الشأن ان يستأنف الحكم المراد استئنافه، مما يسمى reclaiming bill .

reclamation district منطقة استصلاحية؛ منطقة إعمارية او انشائية: منطقة اراض سائبة او مستنقعة او صحراوية تقرر السلطات المختصة احياءها وتهيئتها لمشروع اقتصادي .

reclusion [**قانون ايطالي وفرنسي وقوانين بعض الولايات المتحدة الاميركية**] سجن مشدد؛ حبس مع الاشغال الشاقة

recognition اعتراف؛ إقرار؛ تصديق؛ موافقة

[**قانون انكليزي قديم**] تحقيق في وقائع نزاع عهد به، قبل نظام المحلفين الحديث، الى هيئة مختارة تتولاه خارج الجلسة وترفع بنتيجته الى المحكمة المختصة تقريراً يقوم مقام قرار المحلفين verdict . وقد عرف اعضاء الهيئة المذكورة باسم recognitors وكانوا على شبه كبير بمحلفي اليوم .

recognitors اعضاء هيئات التحقيق او المحلفون كما عرفوا قديماً . (راجع recognition)

recognizance تعهد (بشأن) يقدمه المكلف الى الجهة القضائية .

[**اجراءات بعض الولايات المتحدة الاميركية**] ضمان يعطيه الموقوف او المحاكم prisoner .

[**قانون جنائي**] ما يكلف المدان person found guilty احياناً تقديمه الى المحكمة المختصة من ضمان حسن سلوك يتعهد فيه بالمحافظة على السلام مدة معينة .

recognize ينظر (في شيء) ليتبين حقيقة امره، يفحصه، يقدم (ضمان حسن سلوك) . يعترف؛ يقر

recognized معترف به؛ محسوس او ملموس

recognizee المنتفع بالالتزام: من قدم الضمان او الالتزام لصالحه . الجهة التي تقتضي الضمان او الكفالة .

recognizor مقدم ضمان او كفالة حسن سلوك: ملزم بذلك .

recollection ذاكرة، ذهن، قوة ذاكرة، تذكار

recommend يوصي؛ يشير؛ ينصح (بأمر) او يستصوبه . يحبذ

recommendation ايصاء (بشيء او شخص) على سبيل البيان لمزاياه او مؤهلاته؛ ثناء (عليه)؛ اشادة شخصية؛ تأييد؛ تحبيذ (يقوم مقام الشهادة)

recidivist عائد؛ (مجرم او جانح) معتاد: لا يؤمل اصلاحه . محترف اجرام

reciprocal contract عقد تبادل او تبادلي: عقد معاوضة يقوم على تبادل الالتزام او المنفعة بين فرقائه .

reciprocal or **interinsurance exchange** تأمين تبادلي او تعاوني: يتعاون المشتركون فيه على أن يؤمن بعضهم بعضاً بواسطة وكيل عام يتفقون على تعيينه .

reciprocal wills (راجع باب wills)

reciprocating engines [**قواعد الطيران**] محركات مكبسية او ترددية

reciprocity معاملة المثل او المعاملة بالمثل: مبادلة؛ تبادل؛ تجاوب (في سلوك)

[**قانون دولي**] اساس التطابق؛ (شرط) التبادل او مقابلة المعاملة بمثلها .

منح دولة لأخرى أو رعاياها حقوقاً او امتيازات معينة شرط ان تبادلها الدولة الممنوحة بمثلها .

recital حيثيات (مستند او وثيقة): عبارات التمهيد الباسطة للوقائع والاسباب التي يقوم عليها المستند او المحرر وتبدأ عادة بكلمة «حيث ان» whereas .

recite يبسط؛ يبين (في مطلع المستند او المحرر) دواعي انشائه والوقائع التي يرتكز عليها . يسرد؛ يعدد؛ يستشهد؛ يورد نصاً او عبارة من مصدر آخر .

reck يلتفت؛ يصغي؛ يكترث (لشأن)؛ يهتم او يعتني به

reckless لا يبالي؛ طائش؛ مهمل؛ لا يقيم وزناً لشيء؛ لا يهتم او يكترث

recklessness طيش؛ عدم مبالاة؛ عدم اكتراث

reclaim يطالب؛ يلتمس (استرجاع امر)؛ يصر على المطالبة بمفقود

[**قانون دولي**] تطالب احدى الدول بتسليم شخص من رعاياها او شيء يعود اليها وقع في يد اخرى او انتهى اليها خطأ او بطريق غير مشروع .

[**قانون ملكية**] يقال: he reclaimed an animal دجن حيواناً بمعنى صيره أليفاً بعد ان كان برياً .

في الكلام عن استغلال المستنقعات والاراضي الموات، ترد بمعنى يستصلح او يحيي (الارض) ويهيئها لاستغلال اقتصادي .

[**قانون اسكتلندي**] يستأنف . (راجع reclaiming days)

reclaiming bill [**قانون اسكتلندي**] عريضة استئناف

record يدون؛ يحرر؛ ينسخ (سنداً)؛ يسجل (في دفتر او سجل رسمي على سبيل التوثيق والحفظ) .

[كاسم] قيد او بيان كتابي

[في الاجراءات] كشف، سجل؛ ملف دعوى . بيان تذكاري مكتوب باوصاف دعوى ومستنداتها واجراءاتها . تاريخ رسمي للدعوى يشمل جميع اجراءاتها ومراحلها واوصاف اعمال الخصوم فيها ومستنداتهم وغير ذلك مما له بها علاقة منتجة، والحكم الصادر فيها، يحتفظ به ليكون حجة دائمة ومرجعاً قضائياً ثابتاً لا يقبل المساءلة .

[اجراءات المحاكم الاستئنافية] بيان مجموع الاجراءات والمراحل القضائية المختلفة التي اجتازتها الدعوى قبل بلوغها الاستئناف.

— conveyances by record حجج تمليك استئنائية مسجلة .

— courts of record محاكم تدوينية: تحتفظ كل منها بوقائع اجراءاتها وتصرفاتها في سجلات خاصة تسمى records of the court لتبقى مرجعاً قانونياً ثابتاً لا يقبل المساءلة .

(راجع courts of record في باب courts)

— debts of record ديون مسجلة: الديون التي تشهد بها قيود المحكمة او احكامها المحفوظة في سجلاتها الخاصة او الضمانات الكتابية المقدمة بشأنها .

— diminution of record نقص بيان اجراءات الدعوى (المرسلة للاستئناف) .

— face of record (راجع باب face)

— judicial record سجل قضائي؛ سجل دعوى، يشمل جميع ما يتصل بها من بدئها الى منتهاها .

— matter of record (راجع باب matter)

— public of record مدون عمومي؛ كشف عمومي، يشمل وقائع او مواضيع تهم العامة .

— public record office دائرة السجل العام: دائرة حكومية في لندن لحفظ اوراق الدولة والوثائق الرسمية حسب تواريخها .

— title of record حق ملكية مسجل: حق ملكية ثابت بحجج تمليك رسمية مسجلة حسب الاصول لدى الدوائر المختصة بتسجيل الاراضي .

— trial by record : محاكمة بموجب القيد او السجل : المحاكمة التي تتناول نزاعاً بين طرفين يدعي احدهما بوجود قيد رسمي مثبت لحقه لدى دائرة رسمية معينة، وينفي الآخر وجود القيد المذكور . وفي هذه الحال يكلف المدعي ابراز قيده خلال مدة معينة، فاذا عجز عن ذلك ردت المحكمة دعواه وحكمت لخصمه .

recommendatory رجائي؛ تأميلي؛ ايصائي؛ اشاري . تحبيذي

[في الوصايا] استحساني؛ يراد به مجرد الاستحسان او النصح والاقتراح دون الامر . مستحب

recompensation [اجراءات اسكتلندية] رد على ادعاء مقابل . اذا رفع المدعي دعوى مطالبة بدين على المدعى عليه، ورد هذا على الدعوى بادعاء مقابل ثم رد عليه المدعي كان الرد الاخير هو الرد على الادعاء المقابل .

recompense عرض؛ مكافأة؛ جزاء؛ مقابل؛ اجرة(خدمة)

[كفعل] يكافىء؛ يجزي؛ يثيب؛ يؤآجر

reconciliation صلح او مصالحة (بعد قطيعة او اختلاف)؛ توفيق؛ تجديد علاقات مودة او اعادتها الى سابق حالهـا .

reconduction [قانون مدني] تجديد (عقد) ايجار سابق

reconnaisance [عقود امتياز البترول] استطلاع؛ كشف

reconsider يعيد اعتبار (شأن)؛ يعاود النظر فيه

reconstruct يعيد بناء (شيء)؛ ينشئه او يكونه من جديد، يعيده الى سابق حاله (بعد ضياع او خراب) .

يعاود (فعلا او تقديراً، بالمخيلة) تكوين حلقات حادث او فعل او جريمة، يصور ذلك، من جديد، حسب تقدير وقوعـه .

reconstruction اعادة تشكيل، نحو: reconstruction of a company اعادة تشكيل شركة . (راجع reconstruct)

recontinuance استرداد (حق مغصوب)؛ استئناف ممارسته بعد استيلاء الغير عليه .

reconvenire الاجابة على دعوى المدعي بادعاء مقابل

reconvention [قانون مدني] دعوى مقابلة يقيمها المدعى عليه مواجهة للمدعي .

عريضة مضادة

[في ولايتي Louisiana و Texas] مقاصة (بمعنى set-off)

reconventional demand جواب تقاص: لا يقف عند حد الدفاع، بل ينطوي على ادعاء مضاد او مقابل يواجه به المدعى عليه المدعي .

reconversion اعادة الى سابق حال

reconveyance رد التصرف: رد المال المرهون الى المدين الراهن او من يمثله بعد اداء الدين .

record, estoppel by (estoppel by record)
الاغلاق بالسجلات او القيود الرسمية: استحالة مناقضة شيء مقضي به، سواء كان اعترافاً او افادة في تحقيق او شهادة امام محكمة او غير ذلك مما قضي به واودع السجلات الرسمية. منع ذي الشأن من انكار صحة مضمون قيد رسمي او وقائع مفصول فيها من محكمة مختصة.
منع الشخص (المعني) من ان يثير موضوعاً سبق البت فيه نهائياً ضد ذات الخصم.

record of *nisi prius* [قانون انكليزي] سجل وقائع الدعوى؛ نسخة رسمية من اجراءات الدعوى تعد رسمياً على ورق خاص وتختم (بالشمع) حسب الاصول كي تحال الى المرجع القضائي المختص للفصل او المراجعة.

records of a corporation قيود الشركة او مدوناتها: كعقد تأسيسها ولوائحها الداخلية ومحاضر جلساتها ودفاتر حساباتها واعمالها الرسمية وعقودها ومبايعاتها وغير ذلك مما يتصل بمختلف وجوه نشاطها.

recordari facias loquelam [اجراءات انكليزية] امر قضائي بنقل دعوى استرداد حيازة مغصوبة، من محكمة اقليمية county court الى احدى محاكم Westminster.

recorded delivery تسليم مسجل، يقتضي تسجيل حصول التسلم من المرسل اليه.

Recorder يطلق هذا اللقب على كل من قضاة محاكم الاقاليم الجنائية المسماة Borough Quarter Sessions ويتولى التاج تعيين القضاة المذكورين من بين المحامين barristers المعروفين.
[قانون انكليزي قديم] مستشار قانوني كان يعينه عميد البلدية من المحامين او الفقهاء ليستنير بارائه القانونية فيما يتعلق بتصريف شؤون البلدية وتطبيق القوانين في محكمته (محكمة العميد).
[في بعض الولايات المتحدة الامريكية] قاض جزئي يمارس اختصاصاً جنائياً يشبه اختصاص قاضي البوليس police judge واختصاصاً مدنياً محدوداً.
مسجل؛ مأمور تسجيل

recorder of deeds (راجع register of deeds)

Recorder of London قاضي لندن: احد قضاة الجنايات justices of *oyer* and *terminer*. يعين هذا القاضي بأمر ملكي ويعتبر من قضاة النصاب القانوني justices of the *quorum* الذين لا يتوافر نصاب الجلسة القانوني الا بحضورهم. وهو يجلس في محكمة الجنايات المركزية Central Criminal Court للفصل في القضايا الجنائية ويجلس في محكمة العميد ومدينة لندن Mayor's and City of London Court للفصل في القضايا المدنية، ويتلو احكام المحكمة وقراراتها ويحضر اجتماعات مجلس بلدية لندن بدعوة من العميد Lord Mayor ويشترك في مداولاتها وقراراتها.

recordum سجل؛ قيد

recoup, or **recoupe** يحسم؛ يقاص (من المقاصة: وهي ذهاب دين بدين)؛ يحبس او يستبقي (جزءاً مما وجب اداؤه).

recoupment حسم؛ اقتطاع جزء من شيء واجب الاداء للغير؛ الاحتفاظ به او حبسه على سبيل المقاصة. حق المدعى عليه في حسم جزء من الاضرار المحكوم بها للمدعي اذا لم يوف هذا بما عليه من التزامات مقابلة في العقد او اتفاقات تبعية ناشئة عنه.

recourse يرجع؛ يلجأ او يلتجىء (الى)
[كاسم] (حق) الرجوع الذي يكون لحامل الكمبيالة على الساحب او المحصل.

— without recourse (راجع باب without)

recover يسترجع؛ يسترد (شيئاً مفقوداً)؛ يحصل (على)؛ يربح قضية؛ ينال (تعويضاً)، نحو: لكل شخص ان ينال تعويضاً على مثل ذلك الضرر any person may recover for a similar injury.

recoveree [قديماً] الخصم المحكوم عليه بفقدان المال العقاري في دعوى انتقال الملكية المسماة common recovery. (راجع باب common)

recoverer المدعي المحكوم له بانتقال المال العقاري في دعوى الـ common recovery.

recovery استرجاع؛ استعادة (حق مغصوب)، استرداده برفع الدعوى والحصول على حكم من محكمة مختصة، ويسمى ايضاً انتصافاً بطريق القضاء true recovery.
الحصول على حق بالدعوى
مبلغ محصل؛ قيمة حكم؛ مقدار محكوم به

— common recovery (راجع باب common)

— final recovery حكم نهائي

recreant جبان؛ وغد؛ كذاب. نعت دارج كان يردده المغلوب في محاكمة المبارزة trial by battle بين المدعي والمدعى عليه اعترافاً بهزيمته.

recredential letter [علاقات دبلماسية] كتاب اعادة اعتماد

من كان خارجاً على القانون outlaw ثم سلم نفسه للمحكمة فعاد الى حظيرة القانون .

recuperatio [قانون انكليزي قديم] استرجاع، استرداد شيء مغصوب او محبوس، بحكم محكمة . (راجع recovery)

recuperatores [قانون روماني] قضاة امور مستعجلة، عينوا قديماً للفصل فيما كان ينشأ بين الرعايا الرومان والاجانب من منازعات حقوقية تستوجب سرعة الفصل .

recusance رد القاضي (عن حكم قضية)، اعتراض احد الخصوم على اختصاصه (لسبب قانوني) .

recusant [قانون انكليزي قديم] منشق عن كنيسة الدولة . كل من تغيب عن كنيسة ابرشيته واقتضي عقابه بموجب قوانين خاصة صدرت في عهدي الملكة Elizabeth الاولى و James الاول .

recusatio testis [قانون مدني] رفض الشاهد، رده عن الشهادة نظراً لعدم اهليته .

recusation رد (القاضي عن الحكم): الاعتراض على قضاء القاضي لسبب من اسباب الرد، كصلته الخاصة بأحد الخصوم او بالدعوى او ميله القائم على اعتبارات شخصية او غير ذلك مما ينص عليه القانون .
تحدي هيئة المحلفين (عند الشك في نزاهتهم) .
بيان الوارث الاجنبي لرغبته في التخلي عن الميراث مهما كان سبب بيان هذه الرغبة .

recuse يرد؛ يطالب برد القاضي عن الحكم، يعترض على اهليته للفصل في الدعوى نظراً لميله او علاقته باحد الخصوم او بالدعوى او لأي سبب آخر .

red احمر: سواء كان من حيث اللون او العقيدة باعتناق المبدأ الشيوعي والولاء للراية الحمراء، راية الثورة الروسية .

— in the red مديون؛ مطالب

red flag راية حمراء: تعتبر رمزاً للثورة على الانظمة السياسية والاجتماعية القائمة والعزم على اقتلاعها من اصولها وابدالها بالنظام الشيوعي .

red handed متلبس (بجريمة)؛ على يديه آثار الجريمة

Red International (راجع Third International)

red tape يرد هذا الاصطلاح على سبيل المجاز بمعنى الافراط في المحافظة على الاصول ومراعاة القواعد او التمادي المزعج في تطبيق النظام .

recriminate يرد تهمة؛ يقابلها بمثلها (راجع recrimination)

recrimination تجريم مضاد؛ مقابلة تهمة بمثلها — خصوصاً التهمة المضادة بالزنا التي يوجهها في دعوى الطلاق احد الزوجين الى الآخر جواباً على تهمة مثلها وجهت اليه .
مقابلة سبب الدعوى الجنائية بمثله .
تهاتر او مهاترة

recruit جندي غر (م. اغرار): حديث التجنيد او العهد بالجندية .
[كفعل] يجند؛ يعبىء جنداً او قوات جديدة .

recta prisa regis [قانون انكليزي قديم] حق الملك في أن يأخذ من كل سفينة تأتي البلاد محملة بالخمور برميلين لنفسه احدهما من امام الصارية والثاني من خلفها one before and another behind the mast .

rectification تقويم؛ تصحيح؛ تنقيح؛ تعريف (ما كان غلطاً او محلا لشك او ابهام) .

rectifier مكرر كحول: يشتغل في تكرير الكحول ومزجها وبيعها .

rectify يقوم؛ يصحح؛ يضبط؛ يعرف او يحدد (امراً مبهماً او ملتبساً) .

rectitude استقامة؛ نزاهة؛ صلاح

recto de dote دعوى حق الدوطة: دعوى ترفعها الارملة على وارث زوجها المتوفى للمطالبة بباقي حق الدوطة بعد ان استوفت جزءاً منه .

recto de dote unde nihil habet امر قضائي لانصاف الارملة التي لم تتسلم اي شيء من فرضها القانوني في تركة زوجها .

rector رئيس كنيسة او راعيها . مدير او عميد (معهد او جامعة)

rectum حق . ترد هذه الكلمة احياناً بمعنى محاكمة او تهمة، وذلك حسب الاحوال .
مخرج الدبر (آخر القناة الهضمية)

rectum rogare يطلب حقاً . يلتمس (من القاضي) او يناشده (بعريضة) ان يصدر عن صواب .

rectum, stare ad (*stare ad rectum*) يحضر لمحاكمة؛ يمتثل لحكم (محكمة)

rectus in curia في صميم المحكمة؛ في حظيرة القانون:

redhibitory action دعوى فسخ بيع او تحلل من شراء: يرفعها المشتري على اساس ظهور عيب في البضاعة يؤثر في قيمتها او نفعها تأثيراً سيئاً لو علم به هذا المشتري قبل تمام الصفقة لعدل عن الشراء، او على اساس اخلال البائع بشروط البيع اخلالا يقتضي اعادة المبيع او جزء منه الى البـــائع واسترداد ثمنه .

redhibitory defect العيب: عيب مبطل او فاسخ للبيع: العيب الخفي الذي تنكشف عنه البضاعة فيما بعد ويكون سبباً وجيهاً لإكراه البائع على قبول ردها اليه .

redimere [قانون روماني] استرداد شيء بشرائه مرة اخرى

reditus إيجارات

reditus albi اجرة بيضاء (تدفع بالفضة): اي نقداً

reditus nigri اجرة سوداء : اجرة عينية ، تدفع بجزء من غلة الارض او ما يقدمه المستأجر من الخدمات .

redmans [قانون اقطاعي] مرافقون؛ أفصال ملزمون، حسب تقاليد الارض المقطعة بمرافقة السيد الاقطاعي على خيولهم اثناء تجواله لقضاء شؤونه .

redobatores [قانون انكليزي قديم] اشخاص كانوا يشترون الاقمشة المسروقة ويغيرون اشكالها كي لا يفتضح امرهم عند استعمالها او عرضها للبيع، وقد عرفوا في القانون الجنائي ايضاً باسم redubbers .

redraft كمبيالة رجوع

redress ينصف؛ يكشف ظلامة: يجبر او يعوض
[كاسم] انصاف؛ كشف ظلم او حيف؛ رد حق (الى نصابه)

redubbers (راجع redobatores)

reduce ينزل؛ يخفض؛ ينتقص
[قانون اسكتلندي] يلغي؛ يبطل؛ يفسخ

reducing instalment system (راجع باب system)

reduction انزال؛ تخفيض؛ انقاص او انتقاص
[قانون اسكتلندي] دعوى فسخ عقد او الغاء سند .

reduction *ex capite lecti* حق الوارث، بموجب قانون اسكتلندا، في ان يرفع الدعوى لابطال السندات المكتوبة التي اصدرها مورثه خلال الستين يوماً السابقة لموته اذا كانت ضارة بمصلحته وثبت ان المورث حينما انشأها كان تحت تأثير المرض الذي افضى الى موته .

reddendum [عقود الايجار] البند الناص على وجوب اداء مبلغ معين للمؤجر .

reddendo singula singulis جاعلا او معطياً لكل ما يخصه . بحيث اذا نصت فقرة على شيئين مخصصين بجهتين نصت عليهما فقرة تالية افادت العبارة اللاتينية وجوب اعطاء كل من الجهتين ما يخصها من الشيئين المذكورين .

reddition تسليم؛ رد

redeem يفتك رهناً (ينقذ مالا مرهوناً) باداء الدين الذي جعل المال المذكور ضماناً له . يشتري مرة أخرى (او يستعيد شراء الشيء) . يدفع الدين المرتب عليه . يخلص او ينقذ

redeemable قابل لافتكاك او استرداد وتطهير (باعادة شرائه او دفع ما عليه من دين) .
قابل التحويل الى نقد معدني، نحو: عملة قابلة للتحويل الى نقد معدني redeemable currency .

redeemable rights حقوق قابلة للافتكاك: يستطاع استردادها او تطهيرها مما عليها للغير من امتياز باداء المبلغ المضمون بها .

redelivery رد (مال)، اعادة تسليمه لصاحبه

redemise يعيد تأجير عقار

redemption فك (شيء)، اعادة شرائه؛ رد بيع؛ استرداد مال بشرائه مرة اخرى: كقيام بائع البضاعة بشرائها من المشتري بالسعر ذاته او بما يزيد عليه .
ابطال بيع مشروط بحصول الشرط الفاسخ له .
فك رهن؛ تطهير مال مرتهن باداء ما عليه .
صرف (سندات او اوراق مالية) او دفع قيمتها نقداً لحاملها .

— right of redemption حق رد البيع او استعادة المبيع. حق البائع في استعادة ما باع اذا دفع للمشتري ما اخذ منه .

redemption of land tax [قانون انكليزي] ابراء الذمة من ضريبة الاراضي؛ قيام المالك بدفع مبلغ مقطوع (اجمالي) يعفي ارضه من الضرائب المربوطة عليها .

redemptiones [قانون انكليزي قديم] غرامات ثقيلة

redhibere [قانون مدني] يسترد؛ يسترجع . استعادة البائع للمبيع (بشرائه من المشتري) .

redhibition [قانون مدني] فسخ البيع او الرجوع عنه، نظراً لما ينكشف في المال المبيع من عيب خفي ينال من قيمته الى حد يقدر معه ان المشتري لو احاط به قبل تمام البيع لما اقدم على الشراء .

refection [قانون مدني] ترميم (بناء)، اصلاحه او اعادته الى سابق حاله .

refer يحيل . والموضوع يحال is referred الى الجهة المختصة لتتولاه بما يلزم .

يختلف الـ arbitration عن الـ reference في كونه يحصل عند الرغبة في تجنب الرجوع الى القضاء وحل المشكلة العارضة خارج المحكمة . بينما يكون الـ reference في سياق الاجراءات والدعوى امام القضاء، اذا رأت المحكمة انها تنطوي على تفاصيل فنية عويصة تقتضي الاحالة مثلا الى فاحص حسابات auditor او محقق referee او غيرهما .
يعرض؛ يشير؛ يلفت او يوجه النظر (الى امر معين) .

[معاملات مصرفية] يعيد او يرجع، كاعادة الصك من البنك الى ساحبه اذا لم يكن لديه رصيد يقابله او لم يتخذ التدابير اللازمة للسحب على المكشوف overdraft . وفي هذه الحال يؤشر على الصك احياناً بالحرفين refer to drawer R.D. «يعاد للساحب» .

referee محقق؛ موظف قضائي تحيل اليه المحكمة قضية ماثلة امامها ليفحص شهودها ويسمع الخصوم ويقدم للمحكمة تقريراً فيها، وهو يعتبر، في حدود اختصاصه، ساعد المحكمة الايمن .
حكم

referee in bankruptcy مأمور تفليسة (لا قاض)، له اختصاص شبه قضائي quasi judicial تعينه محكمة الافلاس ليساعد القاضي المختص ويوفر عليه الانشغال في المسائل الاعتيادية (الروتينية)، فيتولى الامور الادارية ويهيىء المسائل التي تستوجب قرارات قضائية او ينظر فيها بصورة تمهيدية؛ وذلك كله رهن اشراف المحكمة وتعقيبها عند الحاجة .

Referees, Court of (Court of Referees) محكمة محققين . جرت العادة سنة ١٨٦٤م عند عرض مشروعات القوانين الخاصة private bills امام مجلس العموم البريطاني، على تعيين هيئة من المحققين referees تسمى Court of Referees وتتشكل من رئيس تحقيق مصادر الايرادات العامة ways and means وثلاثة آخرين على الاقل يعينهم رئيس المجلس Speaker of the House للنظر في المشروعات المقترحة والتثبت من مدى سلامتها ثم التقرير بذلك امام مجلس العموم . وكان في وسع اية لجنة فرعية من لجان المجلس ان تحيل ما تراه من مسائل لنظر هيئة الـ referees ورأيها . وفي العام ذاته ١٨٦٤م قرر المجلس ان تفصل هذه الهيئة في جميع العرائض المتعلقة بحق المستدعي في ان تسمع اقواله *locus standi* .

referees, official (official referees) : محققون رسميون موظفون قضائيون بدائرة مجلس الملكة بالمحكمة العليا بانكلترا

reduction improbation [قانون اسكتلندي] دعوى الغاء (سند) بحجة ما ينطوي عليه من غش او تزوير .

reduction of rank انزال رتبة

reduction to possession الحيازة على اساس الادعاء . وضع اليد على المال تبعاً لمجرد الادعاء بحق فيه . ترجمة حق المطالبة بالحيازة الفعلية .

reduction to practice [في اولوية الاختراع والاحقية بالبراءة] تطبيق الاختراع؛ ابرازه الى حيز الوجود (بعد ان يكون مجرد فكرة او تصميم) بحيث تنجلي الاغراض التي وضع من اجلها .

redundancy حشو؛ تجاوز الحاجة (في التعبير): اضافة العبارات الزائدة الى المحررات القانونية؛ ادخال المواد الاجنبية (الخارجة عن موضوع الدعوى) على اللائحة الجوابية . زيادة على حاجة

re-enact يسن من جديد؛ يعيد وضع (تشريع او قاعدة)

re-entry استرداد حيازة: حق استئناف حيازة يحتفظ به المتفرغ عن العقار في بعض الظروف (كاخلال المتفرغ له بشرط معين) .

re-establish يعيد (شيئاً) الى نصابه او سابق مكانته .

re-establishment of diplomatic relations اعادة العلاقات الدبلماسية او استئنافها .

re-examination اعادة فحص او استجواب شاهد: استجوابه مجدداً بعد مناقشته cross-examination، وهذا ما يكون في الامور الجديدة التي تنكشف عنها المناقشة .

re-exchange المصاريف الناتجة عن رفض الكمبيالة والاحتجاج لعدم قبولها في البلد الاجنبي الواجب دفعها فيه وعن ردها الى مكان سحبها او تدويرها .

re-extent امر تنفيذ ثان، يصدر بالنسبة لذات الدين الذي سبق ان صدر بشأنه امر تنفيذي اول . (راجع extent)

reef [قانون التعدين] صخور ضحلة المياه تقع على الشاطىء ويقدر العثور فيها على المعادن .

reeve [قانون انكليزي قديم] مأمور قضائي أدنى درجة من alderman اسندت اليه مجموعة من المهام المتباينة كمهمة التنفيذ والقضاء في بعض الاحوال والاشراف على انشاء العقود والمبايعات والادعاء العام . عرف ايضاً باسم gerefa وكان على انواع عدة، منها shire-gerefa (اي shire-reeve او sheriff) و heh-gerefa (او high-sheriff) وغير ذلك .

refinance يمول مجدداً او مرة اخرى؛ يعيد تزويد جهة او مشروع بالمال .

refinement حشو (في صياغة لوائح او مذكرات)؛ عبارات زائدة على الحاجة .

تهذيب؛ صقل؛ تصفية (من شوائب)؛ تكرير

reflation تضخم العملة (بعد انكماشها)؛ مقاومة انكماش

reflect يعيد او ينعم التفكير (في شأن)، يراجع النفس فيه، يتدبره

refloating a bank تعويم مصرف: رد اعتبار المصرف المعسر او المشرف على الافلاس بمساعدته على اداء ديونه والنهوض بالتزاماته المصرفية .

reform يصلح؛ يصحح (موضوعاً)، ينقحه، يعدله او يعيد شكله

Reform Acts قوانين الاصلاح: قوانين برلمانية statutes صدرت في عهدي الملك وليم الرابع والملكة فيكتوريا لتعديل اصول التمثيل النيابي فيما يتعلق بانكلترا وويلز ووضع قواعد جديدة لانتخاب اعضاء مجلس العموم البريطاني .

reformation [اجراءات محاكم العدالة الانصافية Equity] الحكم بتصحيح عقد او تحويره بما يساير مبادىء العدالة .

reformatory اصلاحية: مؤسسة عامة تربوية تقوم على تهذيب عقول الموكول اليها امرهم وتحسين سلوكهم، يدخلها الاحداث طوعاً او يحجزون فيها إكراهاً بامر المحكمة المختصة.

reformatory schools [قانون انكليزي] مدارس اصلاحية، يحجز فيها الاحداث الجانحون (دون السادسة عشرة) بأمر المحكمة المختصة .

refractory witness شاهد عنيد او صعب المراس

refrain يمتنع؛ يحجم عن فعل

refresher [قانون انكليزي] قسط منشط (اضافي)، يدفعه الموكل لمحاميه في الدعوى اذا طالت اجراءاتها، استنهاضاً لهمته وتنشيطاً له .

refreshing the memory تنشيط الذاكرة: اعانتها على تذكار شيء بالاشارة الى شيء آخر .

refugee لاجىء؛ مستجير

— **political refugee** لاجىء سياسي: من فر من بلاده واعتصم ببلد اجنبي لاسباب سياسية .

refund مردود او مسترجع مما دفع؛ استرجاع؛ استرداد

[كفعل] يعيد؛ يرد؛ يرجع نقوداً مدفوعة

High Court of Justice يتولون النظر فيما يحال اليهم من المسائل ويقومون في بعض الاحوال مقام المحكمين .

reference إحالة؛ تكون غالباً الى إحدى جهتين: (١) محكمين للتحكيم arbitrators او (٢) محققين للتحقيق والقرار referees .

[في العقود] احالة موضوع النزاع الى هيئة محكمين تقرره، وهو ما يكون باتفاق اطراف العقد .

[في الاجراءات] احالة الموضوع كلياً او جزئياً من المحكمة الى من يتولى تحقيقه او مراجعته والتقرير بالنتيجة اليها . (راجع refer)

[قانون تجاري] اشارة؛ ايماء (الى شيء)؛ توجيه (شخص) او احالته الى آخر لسؤال عن امر او التثبت منه او لغير ذلك .

reference in case of need [معاملات مصرفية] الاحالة عند الحاجة. اذا اريد الاحتياط لعدم تشريف الكمبيالة بالدفع من المسحوب عليه drawee او القابل acceptor فقد يذكر صاحب الكمبيالة drawer او مدورها indorser احياناً اسم شخص معين تستطاع احالتها اليه للدفع عند الحاجة .

reference statutes قوانين محلية: قوانين برلمانية statutes تشير الى قوانين برلمانية اخرى وتقتضي تطبيقها على موضوع التشريع؛ اي ضمها الى القوانين السارية .

reference to record [اجراءات انكليزية] رقم قيد. الرقم الذي تحمله القضية في الجدول ويؤشر به على كل ورقة من اوراقها، وهو السنة التي ترفع فيها القضية والحرف الاول من لقب المدعي وترتيبها تحت الرقم المتسلسل . فاذا كان لقب المدعي مثلا هو «توفيق» والسنة التي رفعت فيها قضيته ١٩٦٧ وترتيبها في جدول القضايا cause-book «٣٠» كان رقم قيدها «1967, T. 30» .

referendary مقرر (هيئة)

[قانون سكسوني] موظف استشاري كانت تحال اليه العرائض المرفوعة الى الملك للفحص وابداء الراي .

referendum [قانون دولي] مراجعة دبلماسية . رجوع الممثل الدبلماسي بالرأي الى حكومته (اي استطلاع رأيها) فيما يواجهه من مسائل دبلماسية دقيقة يخشى منها الحرج .

[في بعض الدساتير الحديثة] استفتاء عام؛ استفتاء الشعب او استطلاع رأيه مباشرة، بسبيل التصويت، في شأن خطير او اجراء تشريعي مهم .

حق الشعب في ان يقر او يرفض اي قانون اجازته الهيئة التشريعية .

ايجاد المال اللازم او اقتراضه (من حصيلة بيع سندات لسداد ديون عاجلة) .

refund annuity contract عقد رد سنوي: عقد تلتزم بموجبه شركة التأمين ان ترد للمستفيد جميع ما دفعه لها من اشتراكات التأمين، على اقساط سنوية تؤدى اثناء حياته، فاذا مات قبل ان يستنفد المبلغ المدفوع، كان اداء الرصيد الى من عينه (او الى خلفه) .

refunding bond سند حلولي؛ سند اداء: السند الذي يحل محل سند آخر او يسدد به سند حال الاداء يسلمه الحامل ليعطى بدله سنداً جديداً .

[في الوصايا] التزام رد . التعهد المعطى من الموصى له الى المنفذ عند تسلم نصيبه، بان يرد المقدار اللازم مما تسلم اذا قلت قيمة التركة عما قدر لها سابقاً (عند تسلم النصيب) .

refunds [قوانين الولايات المتحدة] مسترجعات او مردودات من مبالغ مستوفاة: المبالغ التي تتقاضاها الدوائر الرسمية ثم تردها الى اصحابها اذا اتضح لها وجوب هذا الرد لسبب من الاسباب؛ كأن تكون هذه المبالغ رسوماً زائدة على الحد القانوني او مستوفاة على سلع تطرق اليها التلف بفعل حادث غير منتظر او بضاعة اعيد تصديرها او ما الى ذلك من موجبات الرد المذكور .

refusal رفض؛ امتناع؛ إعراض (عن شأن)، نبذه

refuse يرفض؛ يأبى؛ يرد؛ يعرض او يمتنع (عن)
[كاسم] حثالة؛ نفاية او قمامة؛ مخلفات لا قيمة لها

refute يدحض؛ يفند؛ ينقض؛ يبطل (حجة او رأياً)

Reg. Gen. (*Regula Generalis*) قاعدة عامة

regal fish سمك ملكي: يراد بها الحيتان والاسماك العظيمة . سميت كذلك لان القانون الانكليزي يعتبرها وقفاً على الملك، بحكم ميزاته الخاصة، واجبة الاداء اليه اذا اصطيدت او عثر عليها بالقرب من الساحل .

regalia ترد هذه الكلمة احياناً اختصاراً للعبارة *jura regalia* : ميزات ملكية .

regality اختصاص مكاني يمنحه الملك في اسكتلندا من شاء .

regard اعتبار؛ التفات؛ وزن (بمعنى قيمة)؛ عناية
[قانون انكليزي قديم] تفتيش؛ اشراف
مكافأة؛ اتعاب؛ علاوة تدفع بين حين وآخر

regard of the forest [قانون انكليزي قديم] تفتيش الغابة او الاشراف عليها؛ وظيفة المشرف regarder المكلف بتفتيشها وتسقط اخبار المخالفين لأنظمتها لتعقبهم ومحاكمتهم .

regarder of a forest [قانون انكليزي قديم] مشرف غابة . وظيفة الاشراف على غابة وتفتيشها وملاحقة المخالفين لانظمتها .

rege inconsulto [قانون انكليزي] امر ملكي يوجهه الملك للقاضي مكلفاً اياه عدم السير في دعوى معينة (قد تضر بمصلحة التاج) حتى يأتيه امر آخر .

regency وصاية؛ حكم: ولاية على البلاد يعهد بها، اثناء غياب الملك او عجزه او صغر سنه (حتى بلوغ سن الرشد)، الى شخص او مجلس معين .

Regency Acts قوانين الوصاية . من ذلك قانون الوصاية لسنة ١٩٥٣م الذي ينص على انتقال سلطات ملكية معلومة الى شخص معين او اكثر لتكون ممارستها اثناء حداثة الملك او غيابه او مرضه او تعطل اهليته بسبب المرض او غيره .

regent وصي (على عرش) اثناء غياب الملك او عجزه او حداثة سنه .
حاكم؛ مشرف على مؤسسة عامة ككلية او جامعة .
[قانون كنسي] مدير او استاذ كلية

regia via طريق ملكي؛ طريق عام

Regiam Majestatem مجموعة من القوانين الاسكتلندية وضعت في عهد الملك David الاول (ملك اسكتلندا من سنة ١١٢٤م الى ١١٣٥م) .

regicide قتل الملك؛ قاتل الملك

régime [قانون فرنسي] نظام؛ مجموعة احكام وقواعد . دولة او عهد حكم

régime dotal دوطة تجلبها الزوجة معها الى الزوج مساهمة منها في اعباء الزوجية الاقتصادية .

regina ملكة

register [كفعل] يسجل؛ يدون؛ يدرج في قيد او جدول
[كاسم] مسجل؛ موظف رسمي يعهد اليه حفظ سجل او دفتر قيود خاص، كمسجل تحقيق الوصايا مثلا register for the probate of wills .
سجل؛ دفتر قيود

register in bankruptcy مأمور قضائي تابع لمحاكم الافلاس أسندت اليه سابقاً ذات المهام العائدة لمأمور التفليسة

registrar's license [قانون انكليزي] ترخيص زواج، يصدره المسجل المختص لابرام الزواج المطلوب، دون المراسم الدينية التي تقتضيها كنيسة انكلترا .

registrarius [قانون انكليزي قديم] كاتب عدل؛ محرر عقود ؛ مسجل؛ موثق

registration تسجيل؛ تدوين؛ قيد؛ شهر (اذا كان الموضوع اموالا عقارية)

registration of land (راجع land registration)

registration of marriage تسجيل الزواج . اذا ابرم في انكلترا حسب طقوس كنيسة انكلترا، وجب ان يقوم بتسجيله من ابرمه من رجال الكنيسة . واذا لم يكن ابرام الزواج على الوجه المذكور وجب ان يحصل التسجيل على يد المسجل بموجب قانون الزواج لعام ١٩٤٩م (فقرة ٥٣ ص ٦٧) .

registration of stock تسجيل اسهم: اثبات اسماء حملة شهادات اسهم الشركة (المعنيـــة) وتواريخ اصدارها والتصرفات الواقعة عليها، وما الى ذلك في دفاتر خاصة لدى الشركة .

registry سجل؛ قلم سجل؛ دفتر تسجيل
[قانون بحري] تسجيل السفينة في دفتر خاص، بادراج كافة ما يقتضيه القانون من بيانات واوصاف .

regnal اعتلاء عرش او جلوس (عليه)؛ نحو: يوم او عيد الجلوس regnal day و سنة الجلوس regnal year .

regnal years سنو حكم (او جلوس على عرش) . جرت العادة على ان يشار الى القوانـــين البرلمانية البريطانية Statutes باسم الملك الذي صدرت في عهده وسنة الحكم regnal year الصادرة فيها . والمراد بسني الحكم هو عدد السنين التي يقضيها الملك على العرش .

regnant جالس على عرش؛ حاكم؛ متول (لحكم او عرش)

regrant تكرار منح او هبة او نحلان . يعيد منح شيء او هبته . فاذا ردت الارض محل الهبة الى الواهب لسبب من الاسباب كالاخلال بشرط الهبة مثلا فقام هذا وهبهامن جديد، كان تصرفه الاخير regrant للموهوب له .

regrating [قانون انكليزي قديم] اعادة بيع بربح باطل؛ الجرم الذي كان يرتكبه من اشترى بعض مواد الطعـــام في احدى الاسواق بنية بيعها في السوق ذاتهـــا او في سوق اخرى لا تبعد اكثر من اربعة اميال عن مكان شرائها بسعر اعلى من السعر الذي اشتراها به . والمذنب في هذه الحال يسمى regrator .

referee in bankruptcy بموجب قانون الكنغرس الاميركي الصادر سنة ١٨٩٨م . (راجع referee)

register of deeds مسجل عقاري؛ مأمور شهر عقاري يسمى ايضاً recorder of deeds وهو موظف عمومي مهمته تسجيل الحجج والرهونات والمحررات المتعلقة بالاملاك العقارية في سجلاتها الخاصة .

register of ships دفتر تسجيل السفن: سجل رسمي تدرج فيه اسماء السفن التجارية merchant vessels واسماء اصحابها والمعلومات المقتضاة قانوناً فيما يتعلق بها .

Register of the Treasury [في الولايات المتحدة الاميركية] مسجل الخزانة؛ موظف اتحادي يتولى مسك حساب الواردات والمصروفات العامة وتسجيل الديون التي على الخزانة او لها والحسابات المقفلة واوامر الصرف المسحوبة عـــلى الخزانة وتوقيع واصدار الاوراق المالية الحكومية والاشراف على تسجيل السفن بمقتضى قوانين الولايات المتحدة .

register of wills [في بعض الولايات المتحدة الاميركية] مسجل (او مأمور تسجيل) الوصايا .
موظف عمومي مهمته تسجيل وحفظ جميع الوصايا المقدمة للاثبات واصدار اوامر تنفيذ التركات letters testamentary او ادارتهـــا letters of administration وتسلم حسابات منفذي التركات وتسجيلها والقيام باعمال كاتب المحكمة الحسبية .

registered letter خطاب مسجل (مرفق بعلم وصول يعاد الى المرسل بعد التأشير عليه ممن تسلمه) .

registered tonnage حمولة مسجلة: حمولة السفينة او سعتها

registered trade-mark علامة تجارية مسجلة

Register's Court محكمة حسبية في ولاية Pennsylvania تختص بتحقيق الوصايا والفصل في صحتها .

registrant المسجل؛ صاحب التسجيل: من توجه الى مراجع التسجيل او التوثيق لتسجيل حجة او علامة تجارية او سند مكتوب او اي شيء قابل للتسجيل كي يضمن الصفة الرسمية لموضوع التسجيل او يثبت فيه حقاً لنفسه دون غيره .

registrar مأمور تسجيل؛ مسجل؛ امين سجل . يغلب استعمال هذه الكلمة بالمعنى المذكور في انكلترا، ويستعاض عنها في اميركا بكلمة register .

Registrar General [قانون انكليزي] مسجل عام . موظف عمومي يعينه التاج بمرسوم يحمل الختم الكبير Great Seal للاشراف العام على نظام تسجيل المواليد والوفيات والزيجات في جميع انحاء البلاد .

regress عودة (الى مكان معين)، دخوله مرة اخرى او مجدداً . استرجاع ارض؛ عودة صاحبها اليها بعد حرمانه إياها او نزع يده عنها .

regula قاعدة

Regula Catoniana [**قانون روماني**] قاعدة Cato : وهي تقضي بصحة التصرفات الايصائية .

Regulæ Generales (قواعد عامة)، يراد بها في الغالب لائحة المحكمة العليا او قواعد الاجراء امامها .

regular حسب الاصول؛ مساير لقاعدة او قانون او مبدإ ، خاضع له ، تام بموجبه
صحيح ؛ عادي ؛ معتاد

regular aerodrome [**قانون الطيران**] مطار منتظم؛ مطار يستعمل بانتظام، اويستطاع تحديده في الرحلة (المعنية) باعتباره المطار المنوي السفر اليه .

regular army جيش نظامي، قوامه العسكريون المحترفون: المشتغلون في الخدمة العسكرية على سبيل المهنة .

regular on its face صحيح من حيث الشكل او الظاهر؛ لا غضاضة عليه . يعتبر السند او التفويض كذلك اذا صدر عن جهة قضائية او سلطة مختصة، ولم يبد عليه اي مأخذ قانوني .

regularly بانتظام؛ في مواعيد او مواقيت معلومة؛ حسب قاعدة دورية معينة ؛ حسب اصول مرعية

regulate ينظم؛ يقرر (في لائحة) ؛ يحدد؛ يضع او يحكم (بقاعدة او طريقة)

regulation لائحة؛ قرار؛ نظام؛ تنظيم؛ تحديد؛ ترتيب. يغلب استعمال هذه الكلمة في صيغة الجمع regulations بمعنى لائحة او قرار .

regulation charge رسم ممارسة (عمل): ما يفرض على الشخص من ضريبة او تكليف قبل السماح له بمزاولة اشغال معينـــة .

rehabilitate يرد (للغير) اعتباراً مفقوداً او اهلية او حقاً او منصباً . يعيد لمحكوم عليه اهليته واعتباره بعد فقدانهما نتيجة الحكم عليه .

rehabilitation رد اعتبار او اهلية (او حق او سلطة او منصب) ؛ تأهيل
[**قانون اسكتلندي وقانون فرنسي**] رد اعتبار مجرم criminal، اعادته الى سابق حقوقه الشخصية المفقودة نتيجة حكم صدر عليه.

[**شؤون الشركات**] محاولة الاحتفاظ بسيطرة الشركة المعسرة على موجوداتها والابقاء على اعتبارها ونشاطها املا في ان يتيسر لها الخروج من الضائقة المالية والوقوف على قدميها .

rehearing اعادة نظر في قضية؛ رؤيتها مجدداً . اعادة محاكمة لاستدراك ما فات المحكمة من اشياء في محاكمة سابقة او حصل من اغلاط جوهرية .

rei interventus اشياء متدخلة: شؤون يقوم بها احد فريقي العقد ايماناً منه بصحتها وبناء على موافقة الفريق الآخر فتؤثر في وضعه واحواله تأثيراً لا يجوز معه للفريق الآخر ان يتخلى عن التزاماته المنصوص عليها في العقد وان كان هذا العقد معيباً في اصله .

reif سرقة باكراه؛ سلب الاشخاص بالعنف

reign حكم؛ عهد؛ زمن ملك

reimburse يعيد او يرد مبلغاً من مال؛ يعوض؛ يسدد؛ يكافىء ؛ يجزي

reinstate يرد امراً الى سابق وضعه . يعيد شخصاً الى منصب اقيل منه او مكانة او حقوق فقدها لسبب معلوم .
[**مواد التأمين**] يعيد سريان (بوليصة) ، اي يعيد لصاحبها (المؤمن عليه) جميع المنافع المخولة له بموجب البوليصة قبل توقفه عن دفع اقساط التأمين المستحقة عليه . ولا تفيد هذه الكلمة انشاء بوليصة جديدة بل تقتصر على مجرد احياء البوليصة القديمة بجميع ما لها من حقوق او عليها من التزامات .

reinstate a case. يعيد الدعوى الى ما كانت عليه(قبل ردها).

reinsurance تأمين مثنى؛ تثنية التأمين او اعادته: قيام الشركة المؤمنة بتأمين نفسها لدى شركة اخرى ضد ما قد تستهدف له من خسارة بحكم تأمين اخذته على عاتقها اصلا . والتأمين المثنى يلزم المثني reinsurer ان يعوض المؤمن (وهو الشركة المؤمنة اصلا) عما قد يلحقه من الخسارة التي أمن الغير ضدها اصلا .

reissuable notes اوراق مصرفية (بنكنوت) قابلة لاعادة الاصدار: يستطاع طرحها للتداول من جديد بعد دفع قيمتها .

reissue يعيد اصدار (اوراق مالية)؛ يعيد طرحها للتداول

reject يرد؛ يرفض، يطرح او ينبذ؛ يعرض (عن شأن) او لا يلتفت اليه

rejoinder جواب المدعى عليه الثاني: اي جوابه على رد المدعي على لائحته الجوابية . (والفعل rejoin)
(راجع pleadings)

[اموال عقارية] تفرغ عن حق في عقار لشخص (آخر) يحوزه او له فيه بعض الحق .

release of dower التخلي عن الدوطة: تنازل الزوجة عما تنتظر من نصيب او منفعة في ارض تعود لزوجها .

release to uses فراغ (بسند مكتوب) عن عقار لاحد الناس كي ينتفع به شخص غيره .

releasee متنازل له: من حصل التنازل لمصلحته .

releaser or **releasor** متنازل؛ متخل (للغير عن مال او حق او مصلحة) .

relegatio **[قانون روماني]** نفي، منع المحكوم عليه من دخول روما او غيرها .

relegation **[قانون انكليزي قديم]** نفي او ابعاد مؤقت

relent يلين؛ يلين؛ يخفف من قسوة شيء او ضغطه .

relevancy موضوعية؛ صلة بموضوع بحث او تعلق به، انطباق عليه، لزوم له او لاثباته
[قانون اسكتلندي] عدالة (ادعاء)، كفايته (قانوناً)

relevant موضوعي؛ ينطبق على الموضوع، يتصل به مباشرة، منتج فيه او لازم له؛ مؤد لغاية
[قانون اسكتلندي] صحيح او كاف من الوجهة القانونية .

relevant evidence دليل موضوعي: يتصل بموضوع النزاع مباشرة فيثبته او يساهم في اثباته .

reliable محل ثقة او اعتماد؛ يوثق به؛ يعتمد عليه؛ مصدق

relict ارمل او ارملة: من مات عنها زوجها او ماتت عنه زوجته..

reliction ازدياد مساحة الارض باستمرار انكشاف مياه البحر او النهر؛ زيادة التصاق

relief اعانة؛ مساعدة؛ غوث؛ كشف (ظلم او ضيق)؛ انقاذ من باطل او ارهاق
ما ينشده المدعي في دعواه او تظلمه من انصاف او فائدة على يد المحكمة .
[قانون اقطاعي] المبلغ الذي يدفعه الفصل (الحائز الاقطاعي) الجديد للسيد المقطع على سبيل الجزاء او الترضية عند انتقال الارض اليه بعد موت الفصل السابق . وقد كان هذا المبلغ في بادىء الامر باهظاً تحكمياً، ثم استقر على مقدار ثابت هو مئة شلن .

rejoining *gratis* الاجابة تلقائياً او دون الحاجة الى تكليف خاص للجواب . اذا كان المدعى عليه under terms to rejoin *gratis* (ملزماً بالاجابة دون تكليف) وجب عليه ان يقــدم جوابه الثاني rejoinder (راجع pleadings) دون ان يحوج المدعي الى استصدار امر له بالاجابة وتحمل نفقات ذلك .

relapse يعود لاجرام او رذيلة، يعتاد ذلك

relate يتصل، يتعلق (بـ)؛ ينتمي او يرجع (الى)

related متصل او متعلق (بـ)؛ منتم (الى)؛ ذو قربى؛ بينه وبين (الشخص المعني) آصرة قرابة .

relation صلة؛ قرابة، صلة قربى: ينشئها الدم والتحدر من اصل واحد . عصبة . مبدأ قانوني يجيز اعتبــار العمل المنجز في حين معين منجزاً قبــل ذلك الحين ، ويسري في الاحوال التي تتطلب عدداً من التدابير لانجاز صفقة معينة، بحيث يعتبر العمل الختامي المنجز للصفقة بموجب مبدأ الـ relation تاماً حين حصول العمل الاول الذي ابتدأت به اجراءات الصفقة.

relative قريب او قريبة (قرابة دم)؛ عاصب . نسبي؛ قياسي، يقاس او يعتبر بالنسبة لغيره .

relative fact **[قانون البينة]** واقعة نسبية، تتصل بواقعة اخرى . واقعة ثانوية او صغرى . ظرف

relative rights حقوق نسبية او تبعية: تعود للفرد بحكم صلته بالمجتمع او بالغير .

relator مخبر؛ مبلغ؛ مشتك: من كان صدور الامر القضائي او بدء الاجراء بناء على اخباره او شكواه او طلبه .

relatrix مخبرة او مبلغة؛ مشتكية

release يؤجر او يكري من جديد؛ يجدد عقد ايجار . تنازل؛ تخل (عن شيء)، تسليم به (سواء كان حقاً او امتيازاً او ادعاء او غير ذلك) .
تنازل ذي شأن عن مصالحه في موضوع الدعوى كي تتوافر فيه الاهلية للشهادة في تلك الدعوى حسب القانون العــام (الانكليزي) .
افراج (عن اموال محجوزة او محتبسة او شخص معتقل)؛ اخلاء سبيل؛ اطلاق سراح
مخالصة؛ ابراء او اخلاء ذمة؛ ايصال او علم وصول
شهادة مخالصة او اخلاء طرف يعطيها المولى عليه للولي عند التسوية الختامية للحساب وانتهاء اجل الولاية اشعاراً بانه لا يطالبه باي حق يتصل بالولاية المذكورة .

in common شرط أنه اذا مات احدهمـــا او تخلى عن حقه فيها او فقده بحال من الاحوال آل هـــذا الحق الى الآخر، كان ما يؤول الى المذكور في هذه الحال هو فضلة الشائع او الشركة .

— **executory remainder** فضلة احتمالية (راجع contingent remainder)

— **vested remainder** فضلة مقتصرة على شخص واحد وزمن معين او على وقوع شيء محدد .

remainderman صاحب الفضلة او الرد (الزائد): من آل اليه الحق العقاري بعد انقضاء حق الغير فيه او سقوطه او نفاده .

remand يعيد؛ يرد؛ يرجع؛ يؤجل
يعيد (الدعوى) الى المحكمة التي اتت منها لاجراء اللازم؛ يوقف رهن تحقيق
يعيد (مدعى عليه او ظنيناً) الى حبس بعد فحصه او النظر في قضيته تمهيدياً حتى يحين موعد محاكمته .

remanet عاقب؛ باق: ما تخلف من شيء: كالدعوى التي ترجأ من حين الى آخر، والبواقي من الدعاوى هي remanets .

remedial علاجي؛ اصلاحي؛ استدراكي: يعمل على ازالة علة او اصلاح عيب او كشف ظلم .

remedial action دعوى تعويض: تقام طلباً لتعويض او جبر خسارة .

remedial statute تشريع اصلاحي او استدراكي: يهدف الى تصحيح تشريع قائم او تقويم اعوجاج او وضع احكام تعود بنفع عام .
قانون يهيىء للخصم سبيلا لجبر خسارة .

remedy يستدرك باصلاح؛ يعالج؛ يصلح؛ يصحح وضعاً او حالا
[كاسم] حماية؛ تدبير؛ حــل؛ مخرج؛ تعويض قانوني؛ انتصاف؛ وسيلة لبلوغ حق . نتيجة دعوى او غايتها . امر؛ قرار . علاج (لمداواة علة)

— **civil remedy** تدبير مدني؛ علاج او تعويض تيسره المحاكم المدنية فيما يتعلق بالحقوق الشخصية: كالذي تحكم به للمدعي المدني بجراء جريمة .

— **cumulative remedy** تعويض اضافي ينشأ بقانون برلماني statute خاص فوق التعويض الذي يصيبـــه المدعي المتضرر بموجب قاعدة قانونية قائمة .

relieve يساعد؛ يعين؛ يخفف (عبئاً)، يقيل منه؛ يزيل (ألماً او بأساً)؛ يعفي (من وظيفة او مهمة او واجب او تكليف) .

religio sequitur patrem يتبع ألولد دين والده؛ الولد في دينه تابع لوالده .

religion دين؛ ديانة؛ ملة

religious houses دور عبادة: معدة لاقامة شعائر الدين .

religious impostors [قانون انكليزي] افاكون، يدعون الرسالة او النبوة (كذباً) . والافك في القانون الانكليزي جرم يعاقب عليه بالغرامة او السجن او العقوبات البدنية كالجلد وما اليه .

relinquish يتنازل؛ ينزل (عن شأن)، يتخلى او يتنحى عنه، يتركه او يسلم به

relinquishment تنازل؛ تخل؛ تنح؛ ترك (شأن) او التسليم به للغير .

reliqua رصيد؛ باقي ذمة (بعد اجراء حساب او تسوية)

relocatio [قانون مدني] تجديد (عقد) ايجار عند انتهائه (صراحة او ضمناً) .

relocation [قانون اسكتلندي] تجديد الايجار (عند انتهاء مدته .
[قوانين التعدين] اعادة وضع اليد على امتياز تعدين (مهجور او مفقود)، من شخص اجنبي او من صاحبه الاصلي اذا رغب هذا في تغيير حدوده او تصحيح اغلاطه .

remainder فضلة (مال او حق عقاري): المال او الحق الذي يبتدىء عندما ينتهي مال او حق سبقه، بحيث اذا اوصى شخص لزيد مثلا بالانتفاع بقطعة ارض مدة عشرين عاماً على ان تؤول تلك الارض بعد نهاية المدة المذكورة الى زياد وذريته من بعده ايلولة مطلقة، كان لزياد في هذه الحال الـ remainder او فضلة المال بسبيل التعاقب .
رد او زائد (في الوصايا): ما تبقى من التركة بعد توزيع انصباء ذوي الفروض (الورثة الشرعيين) .

— **contingent remainder** فضلة احتمالية: تكون معلقة على شرط محصور في امر تحوطه الشكوك او مرهونة بحصول شيء لا يجزم بحصوله .

— **cross-remainder** فضلة الشائع او الشركة . اذا حصل التفرغ عن ارض او تأجيرها لشخصين على الشيوع

remittitur damna تسجيل تنازل (المدعي) عن الزائد من الاضرار: تقرير بزيادة الاضرار (على الحد اللازم) يودع سجل الدعوى اذا حكمت هيئة المحلفين باضرار تفوق المقدار موضوع المطالبة .

***remittitur* of record** اعادة اوراق القضية . قيام المحكمة الاستئنافية بارجاع ملف القضية الى المحكمة المستأنف ضد حكمها كي تنظرها مجدداً او تتخذ فيها اي اجراء آخر تعينه المحكمة الاستئنافية المذكورة .

remittor محول : من صدر عنه التحويل المالي .

Remnant Rule قاعدة البقية: القاعدة المأخوذ بها في تقرير طول مطل احدى القسائم على الطريق العام بالنسبة للقسائم الاخرى اذا لم يكن ذلك موضحاً على الخارطة، وهي تقتضي اعتبار الطول المذكور مساوياً لنتيجة طرح مجموع اطوال مطلات القسائم المعروفة من طول الضلع المحاذي للطريق من الارض كلها .

remodel يصمم من جديد، يعيد تصميم (شيء) او شكله او تكوينه؛ يغير طرازه، يحوره، يفرغه في قالب جديد .

remonetize يعيد للنقد المعدني سابق اعتباره كنقد قانوني، بعد تأثره لسبب من الاسباب .

remonstrance مضبطة؛ احتجاج مشترك؛ ابداء شعور او بيان اسباب ضد امر مقترح . نداء او التماس مشترك تتحد في توقيعه وتوجيهه جماعة من الناس الى محكمة او هيئة برلمانية راجية فيه اتخاذ تدبير او اجراء معين في شأن من الشؤون .

remote قاص؛ ناء؛ بعيد

[في وصف الاسباب والاحتمالات] بسيط؛ طفيف؛ غير ذي بال؛ لا يعول عليه او يلتفت اليه

remote cause سبب بعيد (الصلة بالموضوع): السبب الذي لا يمكن اعتباره حسب العقل والخبرة، داعياً لما وقع من حادث او ضرر . السبب المشكوك في تأثيره او قيمته او الذي يتوافر تأثيره باسباب اخرى .

remoteness بعد الشقة او الصلة (بين الفعل والضرر الناشيء) . البعد الذي يحول دون حق المتضرر في الرجوع الى الفاعل بالاضرار الحاصلة له .

removable قابل لعزل او اقالة

removal نقل؛ انتقال (شخص) من محل الى آخر؛ تغيبه عن مكان معين مدة تبرر الاعتقاد بانه ابدل محل اقامته .

عزل؛ اقالة (من منصب)

— legal remedy تعويض او تدبير قانوني: يتوافر بحكم الظروف الملابسة للقضية وفقاً لنصوص القانون . يقابله التعويض او التدبير الوجداني المطالب به على اساس الانصاف . equity

remedy over تعويض رجوعي: تعويض حكمي يكون برجوع المسؤول عن تعويض الضرر الى شخص آخر مسؤول بدوره عن تعويضه . بحيث اذا طالب (ا) مثلا بتعويض ضرر اصابه من شيء يخص (ب) وكان لـ (ب) حق الرجوع الى (ج) بالتعويض لانه هو الذي صنع ذلك الشيء بصورة معينة تأتى عنها الضرر سبب المطالبة ، اعتبر رجوع (ب) الى (ج) تعويضاً رجوعياً remedy over .

Remembrancer (of the City of London)
مستشار قانوني لدى مجلس مدينة لندن البلدي .
(راجع King's Remembrancer)

remise يسلم بشأن؛ يتخلى او يتنازل عنه للغير .

remission خلو طرف؛ ابراء (من دين او مسؤولية) . اعفاء (من ضريبة او رسم او عقوبة) . اسقاط (عقوبة) . مسامحة او عفو . (راجع commufation للمقابلة)

remissness تراخ؛ اهمال؛ تباطؤ؛ تأخير . ولا يؤدي هذا التعبير معنى الامتناع عن القيام بالمطلوب او اهماله كلياً .

remit يحيل (دعوى)؛ يحول (مبلغاً من مال)؛ يرد او يعيد شيئاً (الى مصدره)؛ يلغي؛ يتخلى (عن امر)، يتركه

remitment رد؛ ارجاع او (اعادة شيء) الى مصدره . الغاء

remittance تحويل (مالي): مبلغ من المال مرسل من شخص الى آخر نقداً او في شيك او اية ورقة مالية قابلة للصرف .

remittee محول اليه

remitter تحول او رجوع الى حق قانوني سابق والتعويل عليه لحماية تصرف لاحق معيب . وهو ما يحصل اذا كان المالك القانوني للارض لا يستطيع دخولها ما لم يستصدر حكماً بحيازتها، ثم يتوافر له دخولها بعد ذلك بسبيل حق لاحق معيب defective . وفي هذه الحال he is remitted يعاد بفعل القانون الى حقه الاصلي ليستند اليه في تعليل حيازته (الحالية) والعودة ال الارض .

remittit damna اقرار بتنازل جزئي، يسجله المدعي على نفسه لدى المحكمة بالتخلي عن جزء من اضرار محكوم بها له .

removal from office عزل من وظيفة

removal of causes نقل قضايا (من محكمة الى اخرى)

remove يعزل او يقيل (من وظيفة). يحيل دعوى (من محكمة الى اخرى). ينقل

remover [في الاجراءات] احالة الدعوى او القضية من محكمة الى اخرى.

removing cloud from title ازالة دواعي الشبهة او اسباب الغموض او الضعف من حق الملكية وجعله قابلا للبيع والشراء: أي مشجعاً على الشراء فيما لو عرض للبيع.

remunerate يكافيء؛ يجزي؛ يعوض (عن خدمات)؛ يدفع اجراً او اتعاباً لشخص على ما قدم من عمل أو بذل من جهد.

remuneration مكافاة؛ راتب؛ جزاء؛ اتعاب؛ تعويض (مادي)

rencounter تقابل او تلاق مباغت؛ تصادم مفاجيء (مع عدو)؛ مناوشة. مسابقة او منافسة. محاورة (كلامية)

render [كفعل] يعيد؛ يرد؛ يؤدي؛ يقدم. يتخلى (عن شأن)، يسلم به

[قانون اقطاعي – كاسم] ضريبة؛ اتاوة او اجرة تؤدى لمولى الاقطاع. يراد بالـ goods in render البضاعة الخاضعة للاتاوة او الاجرة.

render an account يقدم حساباً

render judgment يصدر حكماً

render verdict يعطى قراراً. والقرار يعطى من هيئة محلفين باجماعها عليه واعلانه حسب الاصول.

rendez-vous كلمة فرنسية دارجة معناها: لقـاء؛ ملتقى؛ مكان التقاء او موقع متفق عليه لتلاقي فرق عسكرية او تجمع سفن حربية او قوافل بحرية او ما الى ذلك.

rendition of judgment اصدار حكم، نطق به

renegade خارج او مرتد عن دين او عقيدة. منشق (عن حزب)

renew يجدد؛ يحيي؛ يبعث (امراً) او يبدأه من جديد

renewal تجديد؛ تمديد؛ اطالة مدة او زيادتها

[في السندات المالية ومواعيد ادائها] تأجيل تاريخ استحقاق او موعد دفع.

renounce يتخلى (صراحة ورسمياً)؛ يترك؛ ينبذ؛ يتنصل او يتبرأ (من شيء)

renouncing probate [اجراءات انكليزية] رفض المنفذ المعين بالوصية لمهمة التنفيذ.

renovare [قانون انكليزي قديم] يجدد

rent اجرة؛ ايجار؛ كراء؛ ريع: مقدار ما يدفع من المال نظير استعمال ملك الغير.

— dead rent, or fixed rent اجرة محددة: تقابلها الاجرة غير المحددة التي تكون بنسبة عوائد المستأجر؛ كما هي الحال في الإتاوات royalties وما اليها.

— ground rent تحكير: إجارة قرار يحتفظ بها المستأجر لنفسه وذريته من بعده؛ اجارة طويلة مدتها تسع وتسعون سنة يتعهد بموجبها المستأجر ان يعمر العين المؤجرة حسب الاوصاف المبينة في عقد الايجار.

— quit rent (راجع باب quit)

— rack rent اجرة فاحشة: تبلغ احياناً مقدار قيمة العين المؤجرة او تدانيها.

— sleeping rent (راجع باب sleeping)

— tonnage rent (راجع باب tonnage)

rent charge اجرة مرتبة على الارض؛ لا يكون للمالك معها حق استرداد الارض المؤجرة الا اذا اخل المستأجر بشروط الايجار.

تكليف مرتب تؤديه الارض لغير المالك.

rent-free بلا اجرة، معفى من الايجار: لا تتقاضى على استعماله اية اجرة.

Rent Restriction Acts قوانين قيد الايجار، اهمها التشريعات الآتية:

The Rent and Mortgage Interest (Restrictions) Acts, 1920 to 1939;

The Landlord and Tenant (Rent Control) Act 1949;

The Housing Repairs and Rents Act 1954 and The Rent Act 1957

وغايتها، اولا: تحديد ايجارات المساكن التي لا تتجاوز اجرتها المقدار المنصوص عليه بقانون الايجارات لعام ١٩٥٧م، ثانياً: تقييد حق المالك في استرداد المسكن المؤجر واعتبار المستاجر بموجب قوانين قيد الايجارات ذا حق تشريعي في الاحتفاظ

بالمؤجر، اي اعتباره غير قابل للطرد . وفي هذه الحال يمتنع على المستأجر تحويل الاجارة الى الغير، واذا مات انتقلت اجارته الى ارملته او احد افراد اسرته . وليس للمالك ان يخرج المستأجر الا بشروط معلومة واحوال خاصة منها ثبوت كون المستأجر مصدر ازعاج لاهل الجيرة . وبموجب قانون عام ١٩٤٩م امتدت احكام قانون مراقبة اجرة المساكن المفروشة لعام ١٩٤٦م الى المؤجرات غير المفروشة بحيث اصبح من المحظور على المالك ان يأخذ من المستأجر اية علاوات ايجارية عدا اجرة المسكن ذاته كما اصبح من المحظور على المستأجر ان يأخذ من الغير اي عوض، كالمفتاحية مثلا، على ترك المؤجر.

rent-roll جدول ايجارات واجبة الاداء لجهة معينة .

rent seck or **dry rent** ايجار بسند مكتوب لا يملك معه المؤجر حق الحجز على متاع المستأجر او اشيائه اذا لم يدفع ما عليه من اجرة .

rent-service [نظام اقطاعي] كان الفصل ملزماً نحو السيد الاقطاعي باحد واجبين؛ اما ان يؤدي الخدمات التي يقتضيها الاقطاع او يؤدي، نظير اعفائه من هذه الخدمات، ما يسمى rent-service وهو مجرد الولاء fealty للسيد مع مقدار من الاجرة .

Rent Tribunals محاكم ايجار : تألفت في انكلترا بموجب قانون مراقبة اجرة المساكن المفروشة لعام ١٩٤٦م لحماية مستأجري المساكن المفروشة شرط ان تكون قيمتها الايجارية مشمولة بالحدود المبينة بقانون الاجرة لعام ١٩٥٧م .

rents of assize [قانون انكليزي قديم] اجور او ايجارات ثابتة او مقررة . سميت كذلك لانها كانت مؤكدة (اي assized) ، تقابلها الاجور المتقلبة *redditus mobilis* كالاجور النسبية التي كانت تدفع من غلة الارض او ثمارها وتختلف باختلاف نوعها ومقدارها .

rentage اجرة؛ ايجار

rental اجرة؛ بدل ايجار

— net rental اجرة صافية : المقدار الباقي من مجموع بدل الايجار بعد استنزال المصاريف .

rental-rights [قانون انكليزي] حقوق ايجار . اجارة عمرية (ببدل ايجار زهيد)؛ والمستأجر بموجبها يسمى: rentaler او kindly tenant .

rental value قيمة ايجارية : ما تعطيه الارض اذا اجرت اجارة عادلة .

renunciation تخل؛ تنازل؛ نزول (عن حق)؛ تركة للغير (والفعل renounce)

renvoi ابعاد فوري : منه قيام الدولة باعادة المشردين والمجرمين وغير المرغوب فيهم من الاجانب الى حدود بلادهم بصورة عاجلة .

رد الى قانون محلي . مبدأ قانوني ينص على انه اذا لجأت المحكمة الى قانون اجنبي واخذت بقواعده فيما يتعلق بتنازع القوانين فقد تردها هذه القواعد الى قانون المحكمة law of the forum اي الى قانونها المحلي .

ويقصد بالـ *renvoi* ايضاً المبدأ القائل بانه اذا اراد غير المقيم (الساكن مؤقتاً في غير المنطقة التابع لها من حيث الاختصاص) ان يرفع الدعوى على اسباب محلية، فقدرته على رفع هذه الدعوى تخضع لاحكام قانون موطنه دون احكام القانون المحلي .

[قانون فرنسي] إحالة . عزل او فصل . تأجيل

reo absente في (حال) غياب المدعى عليه

reopening a case فتح باب المرافعة من جديد . اذن بتقديم بينات جديدة، لا يخرج من حيث الآثار عن الاذن باجراء محاكمة جديدة .

reorganization اعادة تنظيم؛ تنظيم جديد او مجدد

[شؤون الشركات] اعادة تشكيل الشركة بتصفيتها ثم انشائها من جديد ويكون هذا في الغالب ببيع اموالها وحقوقها بيعاً قضائياً judicial sale ثم تكوينها مجدداً من المشتركين .

repair يصلح (ما تلف من امر)، يعيده الى سابق حاله . يجبر (مكسوراً)

repairs اصلاحات؛ ترميمات: عمليات لازمة لاعادة شيء الى حاله السليمة او المناسبة .

— necessary repairs اصلاحات ضرورية: اصلاحات صيانة، غير الاصلاحات اللازمة قطعاً absolutely indispensable لسلامة السفينة او تمام الرحلة (المقصودة) .

reparation تعويض؛ جبر (ضرر او خسارة)

repatriation استرداد جنسية (بعد تخل عنها في سبيل جنسية اخرى) . رد الى وطن؛ اعادة مغترب الى وطنه

repay يكافىء؛ يجزي؛ يؤدي؛ يرد (نقوداً)، يعيدها الى من دفعها

repeal يلغي؛ يبطل (قانوناً)، باصدار قانون جديد يقضي بالالغاء .

[كاسم] الغاء؛ ابطال

repeater عائد؛ مكرر: من اقترف جرماً فحكم عليه ثم عاد للاجرام فحكم عليه مرة ثانية؛ وفي المرة الثانية يعتبر «عائداً».

repliant or **replicant** (الطرف) الراد او المجاوب ، الذي يصدر عنه الـ replication .

replication رد المدعي: الرد الذي يجيب به المدعي على مذكرة المدعى عليه الجوابية . (راجع pleadings للمقابلة)

— general replication رد عام: ينكر فيه المدعي صحة جواب المدعى عليه انكاراً شاملا .

— special replication رد خاص: يتصدى فيه المدعي لمسألة جديدة وردت في جواب المدعى عليه .

reply يرد؛ يجيب او يجاوب

repone [قانون اسكتلندي] يرد شيئاً او شخصاً الى مكانه، يعيده الى وضع او حق سابق .

report تقرير ؛ بلاغ (رسمي)؛ بيان او عرض (نتيجة بحث او تحقيق) . طلقة؛ عيار ناري

اذا وردت في صيغة الجمع reports دلت احياناً على التقارير القضائية الدورية التي تنشر فيها الدعاوى المرفوعة امـــام المحاكم مع بيان جميع اجراءاتها والاحكام الصادرة فيها . (راجع Reports, The تالياً)

[كفعل] يبلغ (امراً)، يحيط (الغير) او يعلمه به . يحضر شخصياً في مكان معين .

— sick report تقرير مرضي؛ تقرير بمعذرة صحية

report of arrival [قانون الطيران] اخطار وصول

reporter مقرر (بمعنى *rapporteur*) : قاض يتولى بسط القرارات المتخذة في المسائل القانونية لدى المحاكم العادية ودوائر العدالة الانصافية Equity . مخبر صحفي

reporting point [قانون الطيران] نقطة التبليغ؛ الموقع الجغرافي الذي يعين مكان الطائرة بالنسبة اليه .

Reports, The (The Reports) التقارير . يقصد بها غالباً تقارير اللورد Coke، وهي تقارير قانونية تشمل الفترة الواقعة بين سنة ١٥٧٢م (من عهد الملكة Elizabeth الاولى) وسنة ١٦١٦م (من عهد الملك James الاول) وتقع في ثلاثة عشر جزءاً موزعاً على ستة مجلدات .

repositorium مخزن؛ مستودع

represent يمثل؛ يقوم مقام الغير، ينتحل صفاته . يصف؛ يبين؛ يقدم؛ يعرض؛ يبدي علناً

representation تعبير (عن شأن)، وصفه، تصويره، بيان حاله

repertory كشف يضعه الكاتب العدل بجميع ما تم على يده من عقود واتفاقات .

repetition [قانون مدني] عريضة (او دعوى) ترفع لاسترداد المدفوع خطأً او في غير موضعه .

[قانون اسكتلندي] تلاوة اقوال الشاهد عليه كي يقرها او يصححها اذا شاء .

repetitum namium احتباس مجدد لبضاعة؛ حجزها من جديد . مقابلة حبس الاشياء بمثله على سبيل الانتقام .

repetundarum crimen [قانون روماني] جرم الرشوة او الابتزاز (اذا ارتكبه موظف عمومي) .

replace يعيد امراً الى سابق وضعه؛ يكمل نقصاً او يستدركه باكمال؛ يستبدله بغيره

replead يرافع من جديد؛ يقدم مذكرات جديدة

repleader امر اعادة مرافعة: امر المحكمة عند الضرورة بتبادل المذكرات مجدداً لايضاح نقاط الخلاف بين الخصوم . وهو امر عارض interlocutory يصدر في سياق الاجراءات، اذا اتضح للمحكمة سوء تعديد الحقوق المتنازع فيها او فوضى وجوه الخلاف بين الخصوم، وفي هذه الحال تعين المحكمة النقطة او المرحلة التي ينبغي منهـــا تبادل المذكرات بين الخصوم من جديد .

replegiari facias (راجع writ of replevin)

repleviable or **replevisable** يعتبر المال المحتبس بغير حق repleviable اذا امكن استرداده بدعوى replevin. (راجع الاصطلاح الاخير تالياً)

replevin دعوى استرداد (ما حبس بغير حق) . دعوى حقوقية مبعثها جرم *ex delicto* ترفع لاسترداد حيازة اموال محتبسة بغير حق . ولا يستطيع المدعي في هذه الدعوى ان يسترد حيازة المال موضوع المطالبة استناداً الى ضعف حق المدعى عليه فيه بل الى قوة حقه .

من معاني هذه الكلمة ايضاً: رد المال المرهون او المحجوز لصاحبه (الاصلي) .

— personal replevin استرداد شخصي . دعوى ترفع لاخلاء سبيل شخص من سجن او من حراسة شخص عادي .

replevisor مدع (في دعوى استرداد حيازة)

replevy رد عروض، او اشياء محبوسة، لحائزها الاصلي بعد ان يعطى ضماناً باقامة الدعوى ضد الحابس لاثبات بطلان فعله . إخراج شخص من سجن تحت الكفالة .

representative action دعوى تمثيلية، تقدم باسم النفس والغير اذ يرفعها احد افراد طبقة خاصة بالاصالة عن نفسه والنيابة عن افراد طبقته باعتبار انه اذا اتحدت مصالح اشخاص عدة على ذات الشيء، امكن لأحدهم ان يقاضي باسم نفسه والجميع .

repression كبت، كظم، كبح، إخماد؛ قمع

reprieve ارجاء تنفيذ، تأجيله او تعليقه . سحب حكم اعدام مدة من الزمن للحيلولة دون تنفيذه خلالها .

كذلك سحب اي حكم من الاحكام او ارجاء تنفيذه، على سبيل الرأفة بالمحكوم، فترة معينة تتوافر له خلالها فرصة السعي الى تخفيفه .

reprimand توبيخ (علني ورسمي)؛ تأنيب؛ لوم شديد (بمعنى severe reproof)

reprisals انتقام؛ تشف؛ اقتصاص؛ مقابلة الاعتداء بمثله

استيلاء احدى الدول بالقوة على مال دولة اخرى انتقاماً لنفسها مما اصابها على يد الدولة المعتدى عليها من اذى اوكيد.

— general reprisals انتقام عام . تفويض يعطاه مأمورو الدولة المعتدى عليها ورعاياها بالاستيلاء على رعايا الدولة المعتدية واموالهم اينما تمكنوا من ذلك .

— negative reprisals انتقام سلبي: يحصل برفض الدولة (المنتقمة) اداء ما جرى التعاقد عليه بينها وبين دولة اخرى من التزام صحيح حال الاداء أو حرمانها الدولة الاخرى من ممارسة حق ثابت لها .

— positive reprisals انتقام ايجابي: قيام احدى الدول بالاستيلاء على اتباع دولة اخرى واموالهم بسبيل الانتقام .

— special reprisals انتقام خاص: تفويض يعطاه بعض الاشخاص في زمن السلم كي ينتقموا لانفسهم مما اصابهم على يد رعايا دولة اخرى .

reprises [قانون انكليزي] رسوم ومرتبات تلزم الارض بادائها سنوياً وتستقطع من ايرادها العام .

reprobation [قانون كنسي] تقديم الطعن فيما يتعلق باهلية شهود او صحة اعلان او مستندات او غير ذلك .

reprobator, action of (action of reprobator) [قانون اسكتلندي] الدعوى المرفوعة لادانة الشاهد بجرم اليمين الكاذبة (اليمين الغموس) او شهادة الزور . ولا بد لهذه الدعوى من قيام الشاهد خصماً فيها .

[في العقود] وصف يغري بالتعاقد؛ ادعاء حول واقعة يصدر عن احد المتعاقدين عند الشروع في التعاقد او قبله، ويكون حافزاً للتعاقد ومشجعاً عليه .

[في التأمين] بيان يقدمه طالب التأمين للشركة المؤمنة فيما يتعلق بالشيء المطلوب التأمين ضده وتبني عليه الشركة تقديرها لذلك الشيء .

— false representation انتحال صفة كاذبة؛ بيان او بلاغ كاذب يهدف الى خداع الغير او تصوير الامور على غير حقائقها .

— material representation [في التأمين على الحياة] بيان جوهري تبني عليه شركة التأمين تقديرها للخطر المراد التأمين ضده وقبولها للتأمين او رفضه .

misrepresentation بيان كاذب: يصدر عن احد المتعاقدين فيما يتعلق بمسألة جوهرية كي يقنع الفريق الآخر بمحاسن العقد ويغريه بابرامه .

Representation, Estoppel by (Estoppel by Representation) الاغلاق بالوصف الكاذب . تقضي قاعدة الاغلاق في هذه الحال بانه اذا ابدى شخص للغير وصفاً او فعلا او سكت امامه عن شيء او كتمه عند وجوب الكلام فحمله، بما وصف او فعل او سكت عنه، على سلوك او تصرف معين فليس للشخص المذكور ان ينكر ما صدر عنه من وصف او فعل او سكوت اذا كان انكاره يضر بذلك الغير . ولا يجوز ان يتمسك بقاعدة الـ estoppel في هذه الحال من كان يعلم بكذب الوصف او البيان عندما سمعه .

(راجع estoppel)

representation of persons تمثيل الاشخاص

representations بيان اوضاع؛ إستلفات نظر

representative نائب؛ ممثل؛ وكيل: من مثل الغير او قام مقامه .

[احكام دستورية] نائب ينتخبه الشعب (او جزء منه) ممثلا له في هيئة تشريعية .

— legal representative (راجع باب legal)

— personal representative ممثل شخصي: كمنفذ الوصية. وقد ينصرف هذا الاصطلاح الى الوارث او القريب الادنى او الموهوب له او الحارس القضائي (في شؤون الاعسار) او الامين او غيرهم، حسب الاحوال .

— real representative وكيل عقاري: يمثل غيره او يقوم مقامه فيما يتعلق بمال عقاري .

republic جمهورية

republication اعادة انشاء الوصية من الموصي بعد سبق الغائها لسبب ما . اعلان جديد؛ نشر مجدد او اعادة نشر

repudiate ينبذ؛ يتخلى (عن شيء)، ينكره، يتنصل او يتبرأ منه

[قديماً] يطلق (زوجة)

repudiation نبذ (شيء)، تخل عنه او تنصل منه . خرق (عقد قبل حلول اجل تنفيذه) إعلان المتعاقد او صدوره عن عمل يفيد عقده العزم على عدم القيام بما يفرضه الاتفاق في تاريخ مستقبل . رفض دولة او حكومة اداء ما عليها من التزامات : اعلانها عدم الاعتراف بذلك .

[قانون مدني] نبذ (مخطوبة)؛ فسخ (خطبة)

[قديماً] تطليق (زوجة)؛ حل (رابطة زوجية)

repudium **[قانون روماني]** فسخ (عقد خطبة)

repugnancy تضارب؛ تعارض؛ تنافر (بين نصوص او غيرها)

repugnant متناقض ؛ متنافر : يغاير او يعارض (ما تقدمه من نص)، نحو : ينافي الدستور the proceeding is repugnant to the Constitution .

reputable حسن السمعة؛ طيب الذكر؛ محترم؛ شريف؛ محل تقدير

reputation سمعة؛ اعتبار الناس (للشخص) او مبلغ تقديرهم له: ما يعتقدونه او يقولونه فيه من خير او شر . تختلف هذه الكلمة عن سيرة character بكونها تدل على ما يظنه الناس ويقولونه في الشخص المعني بينما تقوم السيرة على ماهيته او حقيقة امره وافعاله الراهنة .

[قانون البينة] شهرة او اشتهار؛ ما هو مشهور او متعارف عليه لدى الناس . والشهرة احدى طرق الاثبات المعتبرة، اذ يجوز احياناً اثبات الاشياء ذات الصفة او المنفعة العامة كالحدود الاقليمية والحقوق المشاعة وما اليها بما اشتهر عنها بين الناس .

reputed مشهور او مشتهر : معروف بين الناس بشيء معين.

— reputed owner (راجع باب owner)

request يطلب؛ يلتمس؛ يسأل

[كاسم] طلب؛ التماس

request note **[قانون انكليزي]** طلب اذن بنقل بضاعة خاضعة للرسوم dutiable goods من مكان الى آخر مع اعفائها من المكس excise .

requests, courts of (courts of requests) محاكم صغرى ملغاة : استعيض عنها حديثاً بالمحاكم الاقليمية county courts .

require يقتضي؛ يستلزم؛ يتطلب؛ يطلب؛ يحتاج؛ يأمر

requirement contract عقد احتجاج؛ يتفق بموجبه احد فريقيه على ان يشتري من الآخر جميع ما يحتاج اليه لممارسة اشغاله العادية من سلع معينة نظير ثمن كاف . وهو عقد صحيح لا يضيره افتقاره الى التخصيص والتأكد من المطلوب .

requisites مستلزمات؛ مقومات؛ ضروريات

requisition طلب مكتوب؛ تكليف رسمي

استيلاء الحكومة على مال خاص لغرض معين .

[قانون دولي] طلب تسليم رسمي توجهه دولة الى اخرى بشأن مجرم فار .

[قانون اسكتلندي] طلب وفاء يوجهه الدائن او الملزم للمدين او للملتزم .

requisitions on title **[تصرفات انكليزية]** استعلامات كتابية يوجهها محامي المشتري الى محامي البائع حول ما قد يبدو من عيب او نقصان او غموض في حجة الملكية .

requite يجزي، يجازي (عن خير أو شر)؛ يرد بالمثل

res شيء او اشياء؛ موضوع . ترد هذه الكلمة بمعنى المفرد والجمع ولا يقتصر مفهومها القانوني على الاشياء القابلة للملكية الفردية بل يشمل ايضاً ما لا يقبل هذه الملكية .

ولها في القانون الانكليزي القديم معنى شاسع يشمل كل شيء مادي corporeal وغير مادي incorporeal كائناً ما كان .

اما مدلولها الحديث فيقتصر على المعاني التالية: شيء؛ موضوع (حق)؛ وضع *status* ؛ إجراء proceeding

res accessoria توابع؛ اشياء تابعة: تتبع شيئاً رئيسياً او تعتبر ملحقة به .

res accessoria sequitur rem principalem
الاشياء الملحقة تتبع اصولها؛ الفرع يتبع الاصل

res adiratæ اشياء مفقودة او ضالة . ودعوى الاشياء المفقودة *res adiratae* action هي اجراء قديم كان يتخذ لاسترجاع الاشياء المذكورة اذا عثر عليها الغير ورفض تسليمها .

res adjudicata اسلوب شائع مغلوط لكتابة الاصطلاح *res judicata* (راجع معنى الصواب تالياً) .

res caduca [**قانون مدني**] شيء مفقود (بجراء التفريط فيه او عدم مراعاة شروط الاحتفاظ به) .

res communes اشياء مشتركة او عامة : شائعة النفع ، يتمتع بها كل شخص في حدود حاجته ولا يستطيع ان يحتكرها كالهواء والشمس وما اليهما .

res controversa [**قانون مدني**] موضوع جدال ؛ محور خلاف

res coronæ [**قانون انكليزي قديم**] اشياء عائدة للتاج

res corporales [**قانون مدني**] اشياء مادية او محسوسة

res denominatur a principali parte يستمد الشيء اسمه من اصله .

res derelicta متروكات ؛ اشياء متروكة : تعود لاول من استولى عليها او شغلها .

res fungibiles [**قانون مدني**] مثليات ؛ اشياء مثلية يقوم بعضها مقام بعض عند الوفاء وتقدر عادة بالعدد اوالقياس او الكيل او الوزن .

res furtivæ [**قانون اسكتلندي**] مسروقات ؛ اشياء مسروقة

res gestæ اشياء مفعولة او حاصلة : الاحوال التي ترافق وقوع الحادث موضوع المحاكمة فتعتبر جزءاً لا يتجزأ منه وتقبل لاغراض البينة . من ذلك مـــا قد يسمع ، في احدى حوادث الاصطدام مثلا ، من كلام المارة او صراخهم على سائق سيارة تحذيراً له من حادث . والشهادة في ذلك تعتبر شهادة في صميم الحادث ، وهذا هو استثناء من قاعدة الـ hearsay (الشهادة فيما قاله الغير) ، لان اصول البينة لا تقبل الشهادة فيما قيل بغياب المتهم بينما تقبلها في الـ *res gestae* ، ويعود قبولها في هذه الحال لما تتناوله من اقوال تكون من الصلة الوثيقة بوقائع الحادث بحيث يصح اعتبارها جزءاً منه .

res habiles [**قانون مدني**] اشياء تقادمية (يسري عليها التقادم) اي تتسنى ايلولة الحق فيها بطريق التقادم المكسب .

res immobiles [**قانون مدني**] اشياء ثابتة

res incorporales [**قانون مدني**] اشياء غير مادية

res integra الشيء كله او بكامله . شيء جديد او غير ممسوس . ينطبق هذا الوصف خصوصاً على المسائل التي لم تعالج بحكم او قول مأثور .

res inter alios acta شيء واقع (او حاصل) بين اغيار

res inter alios acta alteri nocere non debet ما يقع بين اغيار لا يضر من لا يشترك فيه .

res ipsa loquitur . يفصح الشيء عما به او ينطق بما فيه . اذا وقع امر لا يعقل وقوعه عادة دون اهمال المدعى عليه ، اغنى اثبات وقوعه عن اثبات الاهمال باعتبار ان الوقوع في حد ذاته ينطق بالاهمال ، ويترتب على المدعى عليه في هـــذه الحال اثبات كون الواقعة موضوع الشكوى قد حصلت دون اهماله .

res judicata امر (او شيء) مقضي به ؛ قضية محكمة او مقضية : اي مقررة بحكم نهائي ولا تقبل المراجعة فيها او في اي جزء منها .

res judicata pro veritate accipitur الشيء المقضي به يعتبر حقيقة .

res litigiosæ [**قانون روماني**] اشياء متنازع فيها

res mobiles [**قانون مدني**] اشياء منقولة

res nova شيء جديد ؛ مسألة جديدة : لم يسبق الفصل في مثلها .

res nullius شيء بلا مالك ؛ ما ليس لاحد ؛ شيء لا يملكه احد ، نظراً لان صاحبه تخلى عنه نهائياً او لان احـــداً لم يستول عليه او لانه ليس محلا للملكية خاصة .

res nullius naturaliter fit primi occupantis الشيء الذي لا مالك له يعود بالطبع لاول من يشغله ؛ ما لا صاحب له فهو لاول من يعثر عليه .

res periit domino هلاك الشيء على مالكه

res privatæ اشياء خاصة : تعود لاناس دون آخرين .

res publicæ اشياء عامة

res quotidianæ اشياء او مسائل يومية (مألوفة)

res sacra non recipit æstimationem المقدسات لا تثمن

res sic stanibus « تبقى الاشياء على حالها » او « تظل قائمة كذلك » . قد تبرم الاتفاقات او المعاهدات على ان تبقى سارية المفعول ما بقيت الظروف الاساسية التي ابرمت فيها على حالها .

res sua nemini servit لا يرتفق احد بملكه : اي لا يكون لاحد حق ارتفاق على ملكه الخاص .

res transit cum suo onere ينتقل الشيء باعبائه : اي اذا تعلق بالمال اي امتياز او تكليف ، انتقل هذا معه .

res universitatis [**قانون مدني**] اشياء عامة ، يشترك الجميع في استعمالها .

resale اعادة بيع (في مزاد او غيره)

rescind يلغي؛ يبطل؛ يفسخ (عقداً او اتفاقاً)

***rescissio;* rescission** الغاء؛ ابطال؛ فسخ (عقد او اتفاق)

rescissory action [قانون اسكتلندي] دعوى فسخ او ابطال

rescous [قانون انكليزي قديم] استرداد (اشياء محبوسة او محجوزة) بالقوة القاهرة . انقاذ معتقل بالعنف او بتيسير سبيل النجاة له كذلك .

Rescript [قانون كنسي] مرسوم بابوي (مكتوب)

[قانون عام] نسخة من محرر

[قانون اميركي] امر مكتوب من المحكمة الى كاتبها ترشده فيه الى كيفية التصرف في الدعوى . بيان من المحكمة الاستئنافية الى محكمة الاساس يبسط قرار الاستئناف مع الاسباب .

[قانون مدني] مرسوم من رئيس دولة يحكم موضوعاً خاصاً متنازعاً فيه .

rescription [قانون فرنسي] تكليف كتابي من شخص الى آخر مؤداه دفع مبلغ معين من المال لشخص ثالث .

rescriptis فتاوى مكتوبة كانت تصدر عن اباطرة الرومان جواباً على العرائض المرفوعة اليهم من القضاة للاستنارة بتوجيهاتهم القضائية .

rescue انقاذ؛ تحرير (سجين) او فك اسره بالقوة (دون ان يبذل السجين في سبيل ذلك اي جهد) .

الاسترداد بالعنف والباطل للاشيـــاء المحجوزة اداء لدين او تعويضاً لضرر .

[قانون بحري] انقاذ الغنائم (الاشياء المأخوذة كغنم بحري prize) بافتكاكها من يد المستولي عليها .

rescue doctrine مبدأ الانقاذ: المبدأ القائل بانه اذا تطوع شخص لانقاذ حياة آخر من خطر حاق به نتيجة اهمال شخص ثالث، فللمتطوع ان يرجع بما اصابه من اضرار في سبيل الانقاذ الى الشخص المهمل، اذا لم تكن عملية الانقاذ في حد ذاتها من التهور المفرط .

rescussor [قانون انكليزي قديم] فاعل الجرم المسمى rescous (راجع الاصطلاح الاخير في العمود أعلاه) .

reservation(s) تحفظ (تحفظات) . شرط تحفظي يضيفه المتصرف كي يحفظ لنفسه حقاً معلوماً في المال موضوع التصرف، كحق ارتفاق او انتفاع معين او غير ذلك .

[قانون الاراضي العامة الاميركية] منطقة محتجزة ، تخصصها السلطات المسؤولة بغرض عام معين وتمنع فيها البيع او السكن كالحدائق العامة، ومناطق الهنود الحمر والمراكز العسكرية وما اليها .

[في الاجراءات] ارجاء البت، من محكمة الدعوى، في نقطة قانونية عارضة للمستقبل مع المضي في الدعوى كما لو كانت النقطة مقررة على ان يبدل الحكم فيما بعد اذا تقررت هذه النقطة من هيئة عليا، خلافاً لتقدير المحكمة المذكورة .

reserve يحتفظ (بشأن)، يستبقيه او يدخره . ينص على

[كاسم] احتياط (راجع net value لاغراض التأمين، في باب value) .

reserve price [بيوع المزاد] سعر غير معلن؛ سعر مكتوم او محتفظ به . تعرض البضاعة في بيع المزاد بسعر غير معلن reserve price اذا كتم سعرها الاساسي عند عرضها واقتضي اجراء المزايدة عليها شرط ان لا تباع الا اذا تجاوزت العروض السعر المكتوم. (راجع upset price للمقارنة)

reserved land ارض معزولة او ممنوعة: ارض محتجزة، يحظر استعمالها لغير ما جعلت له .

reset استقبال شخص يطارده القانون واضافته او ايواؤه .

reset of theft [قانون اسكتلندي] تلقي اشياء مسروقة وحفظها مع العلم بمصدرها .

resetter [قانون اسكتلندي] من تسلم اشياء مسروقة مع علمه بمصدرها .

resettlement اعادة النظر في محرر لاستدراك نقص فيه كاضافة حيثية او نص او غير ذلك مما لم يضف اصلا بطريق السهو .

resiance [قانون انكليزي قديم] سكن او مأوى دائم

resiant [قانون انكليزي قديم] مقيم دائم

reside يقيم؛ يسكن؛ يعيش؛ يمكث (في محل معين)

residence مسكن؛ محل سكني؛ مقام فعلي . يختلف عن الـ domicile محل الاقامة الرسمي بانه يفيد السكنى الراهنة في محل بلد معين؛ اما محل الاقامة (الذي ربما لا يكون في البلد ذاته) فعنـــاه الاقامة الدائمة في بلد معين مع العزم الاكيد على اتخاذه مقراً دائماً . واذا جاز ان يكون للشخص مسكنان فعليان (مؤقتان) او اكثر، فلا يجوز له ان يتخذ غير محل اقامة domicile واحد يعتبر مسكنه الدائم المعروف . وقد يتحد احياناً المسكن residence ومحل الاقامة domicile

resilire [**قانون انكليزي قديم**] تراجع عن عقد قبل وضعه موضع التنفيذ .

resist يقاوم؛ يدفع او يرد بفعل مباشر direct action ؛ يمتنع؛ يعصي مقاومة؛ تمنع؛ امتناع عن عمل (عند الامر به)

resistance الحيلولة بالقوة دون تنفيذ شأن .

resolution قرار : تتخذه هيئة تشريعية

[**قانون مدني**] فسخ عقد، انهاؤه بارادة اطرافه او حكم محكمة .

[**اجراءات تشريعية**] قد يكون القرار resolution مجرد اتخاذ وضع معين من شأن او قبول اقتراح او تحديد وضع او تغيير قاعدة او الاعراب عن شكر او استياء او غير ذلك .

يختلف القرار عن القانون في كونه بياناً قطعياً مؤقت الاثر لرأي البرلمان في مسألة معينة دون سواها؛ اما الثاني فيسري على الاشخاص والاشياء بوجه عام سرياناً دائم الاثر .

[**اجراءات قانونية**] قرار محكمة (او حكمها)

resolutive [**تصرفات اسكتلندية**] فاسخ (لسند)؛ مبطل؛ منهٍ او مسقط (لحق)

resoluto jure concedentis resolvitur jus concessum تنتهي هبة الحق بانتهاء حق الواهب .

resolutory condition شرط فاسخ

resolve يقرر؛ يعزم . يحل (مشكلة)؛ يوضح (غامضاً) . يسوي، يعالج بتدبير

resort يرجع؛ يلجأ (الى)؛ يتردد الى (مكان)، يرتاده غالبا او اعتياداً .

[**كاسم**] مكان اجتماع، يقصد اليه غالب الاحيان .

— court of last resort محكمة اخيرة : يعتبر حكمها في الموضوع نهائياً لا يقبل المراجعة او الاستئناف .

resources ايرادات؛ موارد؛ اموال؛ نقود او ما قام مقامها مما يستطاع تسخيره لغاية . وسائل او امكانيات كسب او قدرة عليه .

respective خاص؛ يتعلق بشيء او شخص مسمى؛ عائد او معين له . كل (او كل واحد) وما اتصل به او عاد اليه .

respite امهال؛ ايقاف مؤقت لتنفيذ حكم؛ ارجاء . استمرار مدة

[**قانون مدني**] مهلة يطلبها المدين المعسر من دائنه او يتفق معه عليها .

فيكونان لاغراض السكنى الفعلية والقانون مكاناً واحداً كما يجوز للشخص ان يتغيب عن محل اقامته ما شاء من الزمن ما دام عازماً على الرجوع اليه .

والفرق القانوني بين التعبيرين هو في معنى الدوام الذي تنطوي عليه كلمة domicile ؛ ومع ذلك فقد ترد الكلمتان في ذات المعنى اذا اقتضاه النص القانوني او السياق .

resident ساكن؛ مقيم (في محل معين)

— non-resident . (راجع باب non)

resident minister [**قانون دولي**] وزير مقيم لدى دولة اجنبية؛ يعتبر في الدرجة الرابعة من حيث المنزلة بين المبعوثين الدبلماسيين .

residual يتعلق بالباقي من مال او بفضلته

residuary ردي؛ خاص بفضلة مال او قائم عليه

residuary account [**اجراءات انكليزية**] حساب الباقي؛ الحساب الذي ينبغي على منفذ الوصية تقديمه الى مجلس الايرادات الداخلية board of inland revenue بعد الفراغ من اداء ديون المتوفى وتوزيع انصبة الورثة وقبل التصرف بالباقي منها .

residuary bequest وصية رد؛ هبة الباقي من التركة بعد اداء ديونها وفروضها وانصباء الموصى لهم .

residuary estate مال رد؛ المال الزائد من التركة بعد اداء ديونها ومصاريف ادارتها وانصباء الورثة والموصى لهم .

residuary legacy وصية الرد او الزائد من التركة : الوصية بباقي التركة بعد اداء ديونها وانصباء الورثة والموصى لهم .

residuary legatee صاحب الرد : الموصى له بالزائد من التركة بعد اداء الديون وانصباء الورثة والموصى لهم .

residue الرد؛ الفائض او الباقي من تركة الموصي بعد اداء الديون والمصاريف والانصباء الموصى بها .

resignation استقالة؛ استعفاء (من منصب او خدمة)

[**قانون اسكتلندي**] عودة العقار المتصرف فيه الى مصدر التصرف .

resignee المستفيد من الاستقالة؛ من قدمت الاستقالة اليه . من كان التنازل عن الموضوع لمصلحته .

resiliency [**قانون البراءات**] ميزة المرونة او خاصتها؛ طاقة مرونة ينتفض معها الشيء الى وضعه الاصلي حين يضغط او يحنى او يلوى او يدار .

— forced respite مهلة اجبارية: يوافق عليها بعض الدائنين دون البعض الآخر، فيستصدر بها المدين امراً من المحكمة المختصة يلزم المعارضين منهم بالموافقة.

— voluntary respite مهلة خيارية: يوافق عليها جميع الدائنين.

respite of appeal ارجاء الاستئناف (الى ميعاد مستقبل)

respond يجيب؛ يودع لائحة جوابية (على دعوى او استئناف). يسأل (عن تعويض)؛ يلزم (باضرار)

***respondeat* ouster** قرار اقتضاء اجابة: يصدر احياناً عن المحكمة اذا اقتنعت بتوافر النية على المماطلة في الاجابة او السعي الى تأخير قرارها، وذلك لتكليف الطرف المماطل او الساعي للتأخير المبادرة الى الاجابة.

***respondeat* superior** «فليجب الاعلى» او «على الاعلى تقع المسؤولية». والاعلى في هذه الحال هو المخدوم. اي ان المخدوم يعتبر مسؤولا عما يفعل الخادم والاصيل عما يفعل النائب. على انه لا يجوز تطبيق هذا المبدأ اذا صدر الضرر عن الخادم او النائب وهو يعمل خارج النطاق المشروع للصلاحية التي خولها.

respondent [**قانون مدني**] مدعى عليه (خصوصاً في مسائل (الطلاق). مسؤول؛ ضامن
[**اجراءات العدالة المطلقة**] المجيب على الادعاء او الاجراء
[**اجراءات بحرية**] المبلغ اليه؛ من بلغت اليه الدعوى.
[**اجراءات استئنافية**] المستأنف ضده (والمستأنف appellant)

respondentia رهن شحنة السفينة ضماناً لاداء دين: العقد الذي ترهن بموجبه الشحنة ضماناً للوفاء.

respondere non debet [**مرافعات ولوائح جوابية**] «لا ينبغي ان يجيب». الجواب الذي يعرض فيه المدعى عليه انه غير ملزم بالاجابة على ما نسب اليه نظراً لما يدعي التمتع به من حصانة بحكم كونه نائباً برلمانياً او سفيراً اجنبياً او ما الى ذلك.

responsa prudentium ردود الفقهاء. الفتاوى التي كان يصدرها فقهاء الرومان في المسائل القانونية المحالة اليهم للرأي. وهي من المصادر الرئيسية التي استمد منها القانون الروماني القديم احكامه وحسن تبويبه ودقته العلمية وكان لها ما تتمتع به السابقات والتقارير القانونية الحديثة من الثقة والاعتبار.

responsibility مسؤولية؛ تبعة؛ التزام نتائج عن فعل او شأن: احتمال عواقبه وجبر الخسارة الناشئة عنه.

responsible مسؤول؛ ملزم. قادر على اداء. اهل لواجب او التزام. يستأهل الثقة والاعتماد

responsible cause سبب باعث؛ علة مؤدية (الى شيء)

responsio unius non omnio audiatur [**قانون بينة روماني**] جواب شاهد واحد لا يسمع ابداً، اي شهادة شاهد واحد لا تكفي للاثبات.

responsive إجابي (من الاجابة)؛ ينطوي على جواب مطلوب؛ يؤلف جواباً كافياً

responsive allegation ادعاء مجابه او مقابل: يجيب على الادعاء الموجه اجابة مباشرة.

resseiser استرداد حيازة (عقارية)

rest [**في المرافعات**] يكتفي بما قدم من (حجج أو بينات).
يستريح؛ يهجع
يحط على شيء؛ يستقر
[**كاسم**] راحة
(بقية من شيء)

restamping writ اعادة ختم الامر القضائي

restaur or **restor** حق رجوع: حق شركات التأمين البحري (كشركات Lloyd's) في رجوع بعضها الى بعضها الآخر في الخسائر او رجوع الى رئيس السفينة اذ كانت الخسارة ناشئة بسببه. وكذا رجوع اي شخص الى من تعهد بتعويضه من خسارة.

restitutio in integrum [**قانون مدني**] إعادة او رد الى وضع سابق. كان القاضي الروماني *praetor* اذا اقتنع بوقوع الغبن للمستدعي بجراء عقد ارتبط به، بادر الى فسخه عملا بمقتضيات الانصاف مهما كانت مسايرته للقانون واعاد فرقاءه الى سابق اوضاعهم قبل ابرامه.
اعادة القضية الى حالها الاول بطلب من الخصم المحكوم ضده تمهيداً لاجراء محاكمة جديدة.

restitution. رد (شيء) او اعادته (الى مالكه الصحيح). تعويض اضرار بما يعادل قيمتها.
[**اجراءات العدالة الانصافية** Equity] اعادة الفرقاء الى اوضاعهم الاصلية اذا تقرر فسخ البيع بسبب الغش او غير ذلك من الاسباب الداعية للفسخ.
[**قانون بحري**] تعويض (سلع مطروحة في البحر لانقاذ شحنة).
[**اجراءات عادية**] رد (مال موضوع دعوى الى صاحبه عند فسخ القرار الموجب لاخذه منه).

على وجوب تسجيل بعض المعاملات التجارية الحصرية والتحقيق فيها قضائياً ثم منعها اذا ثبتت مخالفتها للمصلحة العامة . وتألفت بموجب القانون المذكور محكمة تسمى Restrictive Practices Court لنظر المنازعات المتصلة بهذه المعاملات .

rests [كاسم] ترصيد دوري للحساب، يكون الغرض منه تحويل الفائدة الى رأسمال والزام المدين بفائدة مركبة .

result ينتج؛ يعقب؛ يورث؛ ينتهي او يؤدي (الى)
[كاسم] نتيجة؛ اثر؛ عاقبة؛ نهاية

resummons [في الاجراءات] اعادة تكليف الحضور؛ تكليف مجدد (او مكرر) يوجه الى الخصم من المحكمة في ظروف خاصة .

resumption استئناف سير (في عمل)؛ عود الى شأن؛ استرداد او استعادة شيء
[قانون انكليزي قديم] استعادة التاج لارض آلت الى الغير بالخداع .

retail تجزئة؛ مفرق: بيع بكميات قليلة

retail prices اسعار تجزئة

retain يستبقي؛ يحتفظ (بشيء)؛ يمضي او يستمر في ممارسته
[توكيلات قانونية] يوكل محامياً ليتولى دعوى

retainer احتفاظ (بحق او امتياز)، استبقاؤه في اليد استناداً الى حق او سبب معقول .
توكيل او استخدام محام كي يتولى السير في دعوى .
الاتعاب التي يؤديها الموكل لمحاميه كي يحتفظ بخدماته لاغراض الدعوى ويمنعه بها من مساعدة خصمه .

— **general retainer** توكيل محاماة عام: يقف معه حق الموكل عند مساعدة المحامي له فيما يكلفه اياه فقط او يسأله فيه المشورة القانونية او المساعدة المهنية . وهو يربط المحامي بمصلحة الموكل ويمنعه من تقاضي اية اتعاب من الخصم (خصم الموكل) .

— **right of retainer** [في التركات] حق احتفاظ . الحق الذي يكون للمنفذ او المدير في ان يحتفظ من اموال التركة بما يكفي لسداد اي دين له في ذمة المتوفى وذلك من قبيل الاولوية على الديون الاخرى المعتبرة في نفس الدرجة .

— **special retainer** توكيل محاماة خاص: التعاقد لغرض او شأن معين كتحضير الدعوى او المرافعة فيها او غير ذلك مما يتصل بها .

restitution of conjugal rights رد الحقوق الزوجية (لحمل الزوج المخل على العودة الى العلاقات الزوجية ومراعاة حقوقها الواجبة) .

restitution, writ of (writ of restitution)
امر رد: تعـاد بتنفيذه لمن ربح الدعوى اشياؤه او تعاد بموجبه المسروقات لصاحبها .

restitution of minors [قانون اسكتلندي] رد القاصر الى سابق وضعه، احلاله (عند بلوغه سن الرشد)، من التزام دخل فيه وهو دون السن القانونية .

restore يعيد؛ يستعيد؛ يرد؛ يرجع

restrain يقيد؛ يضبط؛ يكبح؛ يحدد؛ يضيق؛ يحصر؛ يعرقل؛ يمنع؛ يوقف؛ يتلف

restraining order (راجع باب order)

Restraining Statute قانون حصري: تشريع برلماني من شأنه ان يقيد احكام قانون عام مشمول به او يزيد من احكامه .

restraint تقييد؛ تحديد؛ تضييق؛ حصر . منع؛ عرقلة

restraint of marriage قيد الزواج؛ منعه، تقييد حرية ابرامه او الخيار فيه .

restraint of trade قيد التجارة: كل ما من شأنه ان يقضي على المنافسة التجاوية ويؤدي الى الاحتكار او يعرقل حرية سيرها .

restraint on alienation تقييد حق التصرف؛ منع ممارسته بالنسبة لملك او حق معين .

restrict يقف او يقصر (على)؛ يحصر (في نطاق معين)؛ يقيد؛ يحدد

restricted lands اراض مقيدة: يخضع التصرف فيها لشروط وقيود معينة .

restriction تحديد؛ قيد؛ حصر
تأشير قيد يثبت على بيان تسجيل الارض في سجل الاراضي الخاص لمنع التصرف في تلك الارض او لحظر قيام اي تكليف او اختصاص عليها الا بشروط معينة .

restrictive indorsement or **endorsement** (راجع باب indorsement)

Restrictive Trade Practices معاملات تجارية حصرية . نص قانون المعاملات التجارية الحصرية لعام ١٩٥٦ م

الاصول القانونية) حين تلاقي عـلى يد دولة أخرى اعمالا لا تؤلف في حـد ذاتها تعدياً صريحاً او خرقاً لالتزام او نظام خاص بل تدل على لؤم في المعاملة . من ذلك مثلا، فرض ضرائب خاصة معلاة على بضائع الدولة المراد الانتقام منها او سن تشاريع محلية قاسية ضد الاجانب او وضع قيود خاصة على الموانيء او ما الى ذلك من تدابير .

retour [قانون اسكتلندي] اعادة الامر القضائي الى مصدره .

retour sans protêt تعاد بلا احتجاج : يؤشر بهذه العبارة على الكمبيالة رجاء اعادتها الى الساحب دون احتجاج اذا لم يدفعها المسحوب عليه .

retract يسحب عرضاً، يرجع (فيه) او يتراجع عنه قبل قبوله (من الطرف الآخر) .

retractation [مواد حسبية] سحب التنازل عن الحق؛ التراجع عن التنازل المذكور .

retraxit «انسحب» ؛ «تراجع» : تفيد هذه العبارة تنازل المدعي عن الدعوى طوعاً امام المحكمة وفقدانه الحق في اثارة ذات النزاع في المستقبل .

— judgment of *retraxit* حكم تنازل: يصدر ضد المدعي اذا قام طوعاً منه، بعدم الحضور الى المحكمة وقبل الحكم، بالتأشير في سجل الدعوى بما يفيد تنازله عنها .

retreat to the wall [احوال القتل دفاعاً عن النفس] يفيد هذا الاصطلاح وجوب الاخذ بكل وسيلة مستطاعة للنجاة من خطر غريم مهاجم واللجوء الى اي تدبير معقول لتجنب ضرورة قتله منعاً لخطره على النفس .

retribution تكفير (عن ذنب)
ترد هذه الكلمة احياناً في النصوص القانونية القديمة بمعنى: عوض؛ جزاء او اجرة على خدمات او منافع .

retro وراء؛ خلف؛ نحو الخلف

retroactive رجعي الاثر : تشمل آثاره ما قبله . يبدأ سريانه من تاريخ سابق لتاريخ صدوره الفعلي . (راجع retrospective)

retroactive inference استنتاج رجعي: استنتاج الواقعة السابقة من وقائع راهنة؛ استظهار ظرف ماض من ظرف راهن .

retrospective رجعي الاثر او النطاق: يشرف على ما وراءه . سار على الماضي؛ يستوعب ما قبله او يسري عليه

retainer pay معاش استيداع : مرتب يدفع للعسكريين المحالين على الاستيداع .

retaining a cause [اجراءات انكليزية] استئثار بالدعوى؛ ابقاء اليد عليها، وهو ما تقوم به احياناً احـدى دوائر المحكمة العليا اذا رفعت اليها قضية بسبيل الخطأ فرأت ابقاء يدها عليها والاستئثار لنفسها بالاختصاص بها .

retaining fee اتعاب محاماة: عوائد المحامي نظير خدماته المهنية .

retaining lien (راجع attorney's lien)

retaking استرجاع (ما اخذ الغير باطلا)؛ استرداد (ما استولى عليه الغير من منقول دون حق) .

retaliation انتقام؛ نكاية مقابلة؛ مقابلة السيئة بمثلها؛ الرد بالمثل . (راجع *lex talionis*)

retallia [قانون انكليزي قديم] تجزئة . تقطيع السلع او تجزئتها الى اجزاء او قطع صغرى .

retenementum [قانون انكليزي قديم] تقييد؛ حبس (شيء) او منعه

retention احتفاظ (بشيء) او استبقاؤه، دوام الاستيلاء عليه، حبسه في اليد
[قانون اسكتلندي] نوع من الامتياز يخول الدائن حق الاحتفاظ بعروض مدينه حتى يستوفي موضوع المطالبة .

retire يتقاعد؛ يعتزل خدمة؛ ينسحب؛ يفصل (او يفرق) . يختلي، نحو : jury retires for deliberation تختلي هيئة المحلفين للمداولة .
ترد احياناً بمعنى يتنحى (في احوال رد القضاة) .

retire a bill يسحب كبيالة: اي يدفع قيمتها قبل موعد استحقاقها؛ وهذا ما يفعله المجير حين يسحب الكمبيالة من المحول اليه (الحامل) بعد ان ينقده قيمتها فتؤول اليه بكامل حقوقها .

retorno habendo [دعوى استرداد المحبوسات] امر قضائي يستصدره حابس البضاعة (اذا اثبت مشروعية الاحتباس) برد حيازة اشياء مدينه اليه رهن الوفاء، مع الحكم له بالاضرار والمصاريف .

retorsion [قانون دولي] مقابلة السيئة بمثلها: رد الترة او المثل . تضييق الدولة عـلى رعايا دولة اجنبية موجودين في اراضيها انتقاماً لما يلقاه رعاياها من التضييق على يد هذه الدولة. ضرب من الانتقام تلجأ اليه الدولة المعنية (دون الخروج عن

خيبة التنفيذ نظراً لعدم وجود اي شيء لدى المدين يستأهل التنفيذ او يستطاع التنفيذ عليه بمقتضى الامر .

returnable [اوراق التنفيذ] واجبة الاعادة او الرد (للمحكمة او للمرجع القضائي المختص بعد تنفيذها في اليوم المحدد) .

returning officer مأمور انتخاب

reus [قوانين مدنية وكنسية] مدعى عليه

[مواد جنائية] متهم

[قديماً] طرف في خصومة، سواء كان مدعياً او مدعى عليه .

[في العقود] فريق في عقد

reus læsæ majestatis punitur ut pereat unus ne pereant omnes يعاقب الخائن ليموت شخص واحد صيانة لحياة الجميع .

revalorization اعادة النقد الى قيمته السابقة .

revalue يخمن، او يقدر قيمة شيء مرة ثانية او من جديد؛ يعيد التقييم

reve [قانون انكليزي قديم] محضر

ناظر زراعي

reveal يفشي؛ يكشف؛ يظهر (على)؛ يبدي؛ يعلن

revel يعربد؛ يضج؛ يصيح؛ يتصرف في جلبة وعنف

revendication [معاملات دبلماسية] مطالبة رسمية باسترجاع شيء؛ استعادة ذلك بالمطالبة الرسمية

[قانون مدني] حق استرداد مبيع؛ حق البائع في المطالبة باسترداد ما باع قبل استيفاء ثمنه .

revendication action دعوى استرداد

revenge ثأر؛ انتقام

[كفعل] يثأر؛ ينتقم

revenue دخل؛ ايراد؛ عوائد؛ ريع

ايرادات عامة: تؤول الى خزانة الدولة من مختلف المصادر .

revenue bills لائحة ضرائب او ايرادات عامة

Revenue Law قانون ضرائب: قانون الايرادات (لاغراض الضرائب) .

Revenue Side of the Exchequer جهة الايرادات في دائرة القضاء المالي: الاختصاص الذي تمارسه دائرة القضاء

retrospective law قانون رجعي: يلتفت الى الماضي؛ تسري احكامه على ما حصل من اعمال او ترتب من حقوق قبل تاريخ نفاذه .

return يعيد؛ يرد؛ ينقل؛ يحمل؛ يرسل (شيئاً الى مصدره)، يعهد به لحراسة (شخص) . يعود او يرجع

اعادة نتائج امر قضائي لجهة قضائية آمرة: قيام احد مأموري التنفيذ باعادة الامر القضائي او غيره، ممن كلف تنفيذه، بعد التأشير عليه بوقائع التبليغ او التنفيذ (اي بتاريخه وساعته وكيفيته او اسباب فشله فيه، حسب الاحوال) .

محضر تنفيذ او تبليغ

تأشير؛ بيان؛ كشف؛ عرض

[في الانتخابات] تقرير (الهيئة المختصة بعد فرز الاصوات) .

إنتخاب (مرشح لعضوية مجلس نيابي) .

ترد في صيغة الجمع احياناً بمعنى غلة .

— false return تأشير كاذب بحصول التبليغ: تأشير المأمور المختص، على الامر، بحصول تبليغه وهو لم يبلغه او، اعطاؤه فيما يتعلق بنتائج التنفيذ بيانات كاذبة من شأنها الاضرار بذي الشأن .

— general return-day اليوم المحدد لاعادة جميع الاوامر القضائية واوراق التكليف بعد تبليغها .

return-book سجل منتخبين؛ كشف باسماء فائزين في انتخابات نيابية .

return-day يوم محدد لاعادة امر قضائي معين بعد تبليغه من مأمور التنفيذ المختص .

يوم فرز الاصوات واعلان نتيجة الانتخابات .

return irreplevisable [قانون انكليزي] امر عدم استرداد: امر رد المنقول المحتجز للمدعى عليه ومنع المدعي من رفع دعوى استرداد جديدة replevin، بعد ان يفشل في اثبات دعواه او يمتنع عن السير فيها .

return of premium اعادة قسط التأمين: رد ما دفع من اقساط التأمين او جزء معلوم منها عند الغاء وثيقة التأمين (البوليصة) قبل التاريخ المحدد لانتهائها .

return of writs محضر تنفيذ امر قضائي . العبارة التي يصف فيها مأمور التنفيذ وقائع تنفيذ الامر القضائي: اي تاريخه وساعته وكيفيته وما وقع اثناءه او اسباب عدم تنفيذه، حسب الاحوال .

return unsatisfied [التنفيذ على اموال المفلس] اذا حصل التأشير بهذه العبارة على امر التنفيذ دل ذلك على

reversionary lease اجارة تعاقب . تبدأ مدتها حال انقضاء اجارة معينة .

reversioner عاقب او عقيب عقاري: يؤول اليه الحق العقاري (قانوناً) حال انتهاء الحق العائد لغيره .

revert [مال عقاري] يرجع او يرتد (الى المالك السابق، المتفرغ عنه، حال انقضاء حق المتفرغ له فيه) .

reverter (راجع reversion)

revest [مال عقاري] يرتد او يعود (الى من صدر عنه او فقده) .

review يراجع؛ يعيد النظر (في شأن)

[كاسم] مراجعة؛ اعادة نظر من محكمة استئنافية، بقصد تعديل او تصحيح .

— bill of review عريضة مراجعة او طعن بغلط: يرفعها ذو الشأن التماساً لاعادة النظر في امر (صادر على عريضة سابقة) والغائه .

— Court of Review [في انكلترا – سابقاً] محكمة مراجعة؛ أنشئت في عهد الملك وليم الرابع للنظر في مسائل الافلاس ثم الغيت سنة ١٨٤٧م .

revile يتطاول؛ يعيب (في أمر)؛ يتهجم؛ يهين بكلام مقذع

Reviling Church Ordinances [قانون انكليزي] التطاول على السنن الكنسية: وهو جرم يعاقب عليه بالغرامة والسجن .

revise يراجع؛ يعيد النظر (لتعديل او تصحيح)

revising barristers' courts محاكم انكليزية قديمة كانت تعقد في فصل الخريف لمراجعة جداول الناخبين البرلمانيين ثم الغيت بقانون تمثيل الشعب Representation of the People Act لسنة ١٩١٨م .

revision مراجعة؛ اعادة نظر (من مرجع قضائي اعلى) لاجراء ما يلزم من تعديل او تصحيح او لتحقق ان القاضي الذي اعطى الحكم قد احسن القضاء من حيث القانون والواقع وانه كان عادلا .

revival تجديد؛ اعادة مفعول (حكم)، ظل غير منفذ مدة من الزمن باجراء آخر يجدد فيه الحياة .

احياء (عقد)؛ تجديد آثاره القانونية بعقد مجدد بعد ان انقضت بفعل التقادم او الاهمال او غير ذلك .

revive يجدد؛ يحيي، يبعث من جديد (قوة شيء او آثاره القانونية) .

المالي بالمحكمة العليا في تقرير وتنفيذ حقوق الملكية العائدة للتاج دون رعايا الدولة . ولا تخضع الاجراءات المتبعة في دعاوى الايرادات العامة للقواعد المنصوص عليها بقانون تنظيم القضاء Judicature Act الصادر عام ١٨٧٥م .

reversal نقض او فسخ (حكم)

[قانون دولي] بلاغ يأخذ فيه الملك او رئيس الدولة عهداً على نفسه بمراعاة قواعد معينة رغم قيام اية تغييرات من شأنها ان تستتبع الخروج عن ذلك في الاحوال العادية .

reverse ينقض؛ يفسخ؛ يرد؛ يبطل . (راجع recall للمقابلة)

reverser [قانون اسكتلندي] مالك راهن يكون له الحق في افتكاك الرهن .

reversio [قانون انكليزي قديم] عودة الارض الى واهبها او المتفرغ عنها .

reversion or **estate in reversion**: عقبى عقارية: رد عقاري قانوني: ايلولة المال العقاري قانوناً الى المتفرغ عنه او الى ورثته حالما يستنفد المتفرغ له حقه فيه او يتخلى عنه.

حق الواهب في استرداد موضوع الهبة اذا مات الموهوب له بلا وارث . فائدة مؤجلة تؤول بحكم القانون الى المتصرف في المال العقاري او الى خلفه بعد المتصرف له مباشرة .

والفرق بين reversion و remainder هو ان الاول ينشأ بحكم القانون بينما ينشأ الثاني بتصرف ذوي الشأن .

[قانون اسكتلندي] حق المدين في افتكاك الرهن؛ اي في تطهير الارض المرهونة باداء الدين المعقود عليها خلال سبع سنين . (راجع legal reversion)

— legal reversion [قانون اسكتلندي] المدة المحددة قانوناً لمالك الارض المرهونة كي يطهر ارضه من الرهن ويستردها بدفع ما عليها، وهي سبع سنين .

reversionary (مال) تعاقبي: يؤول قانوناً بسبيل التعاقب او الرد reversion؛ اي حالما يستنفد المتفرغ له حقه فيه او يتخلى عنه .

reversionary annuity ايراد عمري قابل للتحويل

reversionary bonus [معاملات التأمين] عوائد استحقاق وثيقة التأمين

reversionary interest فائدة عقارية مؤجلة، تعود قانوناً بسبيل الرد: اي تؤول بحكم القانون الى المنتفع بعد منتفع تقدمه .

revivor, bill of (راجع bill of revivor)

revocable قابل للابطال او الالغاء؛ يستطاع الرجوع فيه او العدول عنه .

revocation إبطال؛ إلغاء؛ نقض؛ رجوع (في شأن) او عدول عنه

[معاهدات دولية] يكون الـ revocation الغاء للمعاهدة المعنية اذا اجمع عليه الموقعون واذا تنصل منها بعضهم دون بعضهم الآخر ظلت المعاهدة على سريانها بالنسبة الى غير المتنصلين .

— constructive revocation or revocation in law
الغاء حكمي: يحصل بفعل القانون لا بارادة الفرقاء .

— intentional revocation or voluntary revocation
الغاء (او نقض) قصدي: يحصل بارادة الفرقاء واختيارهم .

revocation of probate ابطال ثبوت الوصية: وهو ما يكون اذا حكمت المحكمة المختصة بثبوت الوصية ثم ابطلت حكمها فيما بعد لثبوت وصية اخرى لاحقة (من حيث التاريخ) او لاي سبب معقول آخر .

revocation of will ابطال الوصية او الغاؤها (من الموصي)

revocatur [اجراءات انكليزية] ملغى؛ مبطل: اذا كان المعني حكماً، قررت المحكمة ابطاله لخطأ في الواقع . بينما ينقض الحكم is said to be reversed لخطأ في القانون من حيث التفسير او التطبيق .

revoke يبطل؛ يلغي؛ يشطب؛ ينقض

revolt يثور؛ يتمرد؛ يعصي؛ يخرج على طاعة

[كاسم] ثورة؛ عصيان؛ تمرد بعض او جميع افراد طاقم السفينة على سلطة الربان بنية تجريده من القيادة او الاستيلاء على السفينة والاستئثار بقيادتها، وكذا الانشقاق عن الربان والتوجه بالطاعة الى شخص آخر من رجال السفينة .

revolution ثورة؛ قلب نظام حكم قائم

revolutionary ثوري؛ انقلابي؛ محرض على الثورة او مشوق اليها .

revolutionary syndicalism نقابية ثورية: مذهب اشتراكي يرى ضرورة الالتجاء الى العمل المباشر direct action ، اي الى اعمال العنف .

revolving operation fund (راجع باب fund)

reward جزاء؛ اجر؛ مكافأة على خدمة او عمل خاص .

rex ملك

rex debet esse sub lege quia lex facit regem
على الملك ان يكون تحت القانون (اي خاضعاً له) لانه صنع القانون .

rex est lex vivens الملك هو قانون حي

rex non potest peccare الملك لا يخطىء

rex nunquam moritur الملك لا يموت ابداً: على اعتبار ان العرش دائم الانشغال بصاحبه .

rex quod injustum est facere non potest
ليس للملك ان يفعل غير العدل .

Rhodian Laws القوانين الرودسية: مجموعة قوانين تعتبر اقدم المدونات القانونية البحرية : وضعها شعب رودس حوالى عام ٩٠٠ ق.م. ولم يبق من احكام هذه المجموعة اي شيء يذكر كما لم ينقل منها القانون الروماني الى العصور الحديثة الا ما تعلق بمسائل الطرح في البحر jettison .

rial ريال: قطعة نقد ذهبية سكت اول مرة في عهد الملك هنري السادس ١٤٢٢م – ١٤٦١م وكانت قيمتها حينذاك عشرة شلنات ثم ارتفعت الى ١٥ شلناً في عهد الملكة Elizabeth الاولى ١٥٥٨م – ١٦٠٣م، وسكت من جديد في عهد الملك جيمس الاول ١٦٠٣ – ١٦٢٦م بقيمة قدرها ٣٠ شلناً .

ribaud متشرد؛ قواد؛ فاسد: يجمع بين الوان الفساد وضروب الرذيلة .

ride [حركات السفن] ترسو؛ تلقي مراسيها

rider ملحق؛ ذيل (محرر او قانون): لا يستطاع ادخاله في المتن بل يظل تابعاً للمحرر المذكور او القانون كملحق تكميلي . بحيث اذا وافق المرجع التشريعي مثلا على احد القوانين واصدره، ثم رأى فيما بعد وجوب اضافة مادة او فقرة اليه، كانت المادة المضافة او الفقرة ملحقاً rider (مكملا للقانون) .

[وثائق التأمين] ملحق الوثيقة او ذيلها؛ ورقة مرافقة للوثيقة تعتبر جزءاً مكملا لها .

[قرارات المحلفين] تعليق او رأي خاص يضيفه المحلفون الى قرارهم .

ridgling حصان نصف خصي: نزعت احدى خصيتيه .

riding armed [قانون عام انكليزي] يعتبر ركوب الشخص او تجواله his going حاملا سلاحاً خطراً او غير عادي، جنحة تهدد السلام العام ويعاقب عليه كذلك . صدر هذا الحكم بقانون نورثامبتون Statute of Northampton سنة ١٣٢٨م واصبح جزءاً من القانون العام .

— absolute rights [احوال ملكية] حقوق مطلقة، تعطي صاحبها كامل السيطرة على موضوعها ومطلق التصرف فيه ولا تخضع لقيد او شرط .

— civil rights حقوق مدنية؛ تعود لكل مواطن او مقيم في الدولة: كحقوق المال، والزواج، وحماية القوانين وحرية التعاقد وما اليها .

— common rights حقوق عامة: يشترك في ممارستها الناس كافة .

— exclusive rights حقوق خاصة: يختص بها اناس دون آخرين .

— natural rights حقوق طبيعية: يمليها القانون الطبيعي Natural Law او تقتضيها طبيعة الانسان وتنشأ بحكمها .

— personal rights حقوق شخصية . لا يوجد لهذا الاصطلاح مفهوم واضح ثابت غير انه يفسر غالباً بحق الامان الشخصي اي حق الفرد في ان يكون اميناً على حياته وجسده limb and body وصحته وسمعته وحريته الشخصية personal liberty .

— political rights حقوق سياسية، منها: حق الاشتراك في تأسيس الحكومات او ادارتها، حق الرعوية، حق الانتخاب. حق ممارسة الوظائف العامة، حق التقاضي امام المحاكم وما الى ذلك.

— primary rights حقوق اولية: لا تترتب او تنشأ استناداً الى حقوق اخرى .

— qualified rights حقوق مشروطة او مقيدة: تمارس ضمن شروط او قيود معينة .

— riparian rights (راجع باب riparian)

— secondary rights حقوق ثانوية: تنشأ تبعاً لحق اساسي او عملاً على حمايته او تنفيذه .

— writ of right دعوى حقوقية: ترفع لاسترجاع حق عقاري قبل مرور ستين عاماً من تاريخ الاستيلاء عليه، وتسمى احياناً writ of right proper .

(راجع writ of right في باب writ)

right in action حق يؤول الى صاحبه بالتقاضي (كالدين والاضرار وما الى ذلك) .

يرد هذا الاصطلاح احياناً كرادف مطابق للاصطلاح chose in action .

right in court في صميم المحكمة

(راجع *rectus in curia*)

right *in personam* حق يتعلق بشخص: من شأنه ان يرتب لصاحبه التزاماً على شخص معين .

rien culp [اجراءات انكليزية قديمة] غير مذنب

rien dit [اجراءات انكليزية قديمة] تؤدي معنى لا يقول شيئاً *nil dicit* .

rien luy doit [اجراءات انكليزية قديمة] تؤدي معنى لا يدين له (للمدعي) بشيء *nil debet* .

riff-raff غوغاء؛ اسافل؛ انذال؛ حثالة الناس

rig rig the market حيلة؛ تلاعب . يقال يتلاعب بالسوق او يحدث فيهـا ارتفاعاً مصطنعاً . (راجع rigging the market)؛ يغش (انتخابات) او يتلاعب بها

يجهز (سفينة) بما يعوزها من مهمات وادوات .

rigging the market [لغة الاسواق المالية] التلاعب بالسوق او تنشيطها (بالنسبة لاسهم معينة) والعمل على تضخيم اسعار تلك الاسهم او رفع قيمتها المعلنة بالتسعيرة وذلك عن طريق الشراء المصطنع الذي يوهم الناس برواجها .

right حق: ما قام على العدالة او الانصاف وسائر أحكام القانون ومبادىء الاخلاق .

موضوع مطالبة: ما وجبت ايلولته لشخص معين حرمه بلا داع قانوني .

صلاحية او سلطة (يختص بها القانون شخصاً معلوماً دون غيره)؛ قدرة؛ امتياز

عدل؛ انصاف؛ صحة (شيء) من حيث مطابقته للاصول القانونية او الادبية .

[كنعت] محق؛ عادل، منصف؛ قويم؛ سوي؛ صحيح؛ سليم؛ سديد؛ لائق؛ حقيقي؛ لازم

[كفعل] يصحح؛ يقوم؛ يجبر

تقع الحقوق حسب بعض المراجع، في بابين رئيسيين:

(١) الحقوق المطلقة absolute rights التي يختص بها بعض الافراد دون غيرهم، (٢) الحقوق النسبية relative rights التي تعود للافراد بحكم علاقاتهم وتبعيتهم لذات المجتمع .

ومن المراجع الدستورية ما يعتبر الحقوق على ثلاثة اصناف: (١) الحقوق الطبيعية natural rights (٢) الحقوق المدنية civil rights (٣) الحقوق السياسية political rights يضاف اليها احياناً صنف رابع هو الحقوق الشخصية personal rights . (راجع انواع الحقوق واصنافها تالياً حسب الحروف الابجدية)

— absolute and relative rights [مسائل دستورية] حقوق مطلقة وحقوق نسبية، تعود اولاها للافراد بصفاتهم الشخصية كحقوق خاصة بكل منهم دون غيره، وتترتب الاخرى للافراد بحكم علاقاتهم وتبعيتهم لذات المجتمع .

right *in rem* حق يتعلق بشيء: اي يرتب لصاحبه التزاماً على الجميع باستثناء اناس معينين، بحيث اذا كان لشخص حق في ان يمنع من شاء من دخول ارض معينة عد حقه هذا *in rem* بالنسبة للارض المذكورة .

right of action حق اقامة الدعوى؛ حق التداعي

right of approach (راجع approach, right of)

right of contiguity حق جوار او مجاورة

right of division [قانون اسكتلندي] حق تجزئة . الحق الذي يعود لكل من الضامنين والكفلاء في ان يرفض التزام ما يزيد على نصيبه من الدين . ولا يتوافر هذا الحق للكفيل الا اذا كان باقي الكفلاء موسرين solvent .

right of discussion [قانون اسكتلندي] حق الكفيل في التمسك بوجوب قيام الدائن ببذل اقصى جهده لحمل المدين الاصلي على الوفاء بالالتزام قبل الرجوع اليه (بوصفه الكفيل) .

right of entry حق دخول: حق استيلاء على ارض او استرداد حيازتها بدخولها سلمياً (بغير عنف) .

right of privacy (راجع privacy, right of)

right of property حق الملكية (ملكية الارض) وهو غير حق حيازتها .

right of redemption حق افتكاك الرهن؛ حق تطهير الملك: من حقوق الامتياز او الاختصاص العائدة فيه للغير .

right of relief [قانون اسكتلندي] حق الكفيل المجبر على اداء دين المدين الاصلي في ان يرجع الى هـذا المدين بما أجبر على دفعه .

right of search [قانون دولي] حق تفتيش؛ حق السفينة في ان توقف في اعالي البحار سفينة اخرى تتبع دولة اجنبية، وتفحص اوراقها وشحنتها في بعض الاحيان . وهو الحق الذي تملكه سفن الدول المحاربة على سفن الدول المحايدة بحجة تحقق اوراقها وعدم نقلها للبضائع المحظورة .

right of way حق مرور: وهو من حقوق الارتفاق

right to begin [في المحاكمات] حق البدء (في المرافعة) او توجيه الكلام الى المحكمة وهيئة المحلفين، وهو على جانب من الاهمية، لان المحامي الذي يمارسه يكون له ايضاً حق الاجابة right of replying اي يكون آخر من يتكلم بعد فراغ الطرف الآخر من المرافعة .

rightful شرعي؛ صحيح؛ حقيقي

rights and liabilities حقوق وواجبات

rights, petition of (راجع petition of rights)

rigor juris صرامة القانون

ring دائرة؛ حلقة (اشخاص)؛ عصابة او عصبة: يتحد افرادها لغاية غير مشروعة او اغراض نفعية، كالتحكم في انتخابات مثلا او تصريف سياسة او توزيع وظائف او استئثار بعقود او مقاولات خاصة او ما الى ذلك مما ينافي القانون او يغاير المبادىء السليمة .

ring leader رئيس عصابة

ringing the changes ضرب عن سرقة النقود بالحيلة؛ يرتكبه الفاعل حين يقوم بشراء شيء تافه الثمن ويقدم قطعة كبيرة من النقود ليرد اليه الباقي، فاذا رد هذا الباقي صحيحاً طلب صرف قطعة اخرى، وكرر هذه العملية باسلوب احتيالي يوقع البائع في الفوضى والخطأ فيرد الى الزبون السارق اكثر مما له .

ringing up مقاصة (المعاملات والعقود) . عادة متبعة بين تجار العمالة والسماسرة، يتبادلون بموجبها عقود بيع بعقود شراء او يتبادلون الغاء هذه العقود، اي يلغي احدهم عقداً فيلغي الآخر عقداً مثله مما تحت يده ويتفق على تسوية فروق هـذه العقود محل التعامل .

riot اضطراب؛ تجمع مشاغب؛ شغب؛ حشد مشاغب: اجتماع شرذمة من الناس لغرض غير مشروع، كضرب شخص مثلا او الاعتداء على ملكه او ما الى ذلك مما لا يبيحه القانون . ولهذا الفعل مقومات خمسة لا بد منها، هي: (١) ان يكون عـدد افراده ثلاثة على الاقل (٢) توافر الغرض المشترك (٣) الشروع في تنفيذ الغرض المشترك (٤) التعاون (بـين افراده) بالقوة على من حاول منعهم من تنفيذ الغرض المشترك (٥) استعمال القوة او العنف بشكل يرهب شخصاً واحداً على الاقل يفترض فيه ان يكون عـلى جانب معقول من الشجاعة ورباطة الجأش .

Riot Act قانون المشاغبات: قانون انكليزي مشهور ينص على انه اذا اجتمع اثنا عشر شخصاً او اكثر اجتماعاً غير مشروع من شأنه تكدير السلم؛ فلكل عامل ملك Sheriff او مساعد له او Justice of the Peace او Mayor ان يأمرهم بالتفرق، فاذا عصوا ما امروا به خلال ساعة من توجيه الامر اليهم ارتكبوا جناية felony .

rioter مشاغب؛ متمرد: من شجع على الشغب او اشترك فيه

riotous ثوري؛ غوغائي

— created risk مجازفة مستحدثة

— professional risk مجازفة او تبعة مهنية

— shared risk مجازفة مشتركة : تشترك جهتان او اكثر في احتمال تبعاتها واقتسام الخسائر المترتبة عليها أو على التأمين من اخطارها .

— shifting risk (راجع باب shifting)

risk-money [في البنوك] علاوة مسؤولية ، يعطاها الصراف ليستدرك بها ما قد يطرأ من نقص عرضي في الاموال التي تخرج من الصندوق او تعود اليه عن يده .

risk note مذكرة أخطار . اتفاق يصدر عن الفريق المرسل وتقف بموجبه مسؤوليته عند حد الخسائر والاضرار الناجمة عن سوء تصرفه او تصرف مستخدميه .

risks اخطار ؛ مخاطر ؛ تبعات ؛ مسؤوليات

— professional risks مخاطر او تبعات مهنية

— shared risks اقتسام الخسائر ، نحو : on the basis of shared risks على اساس اقتسام الخسائر . مخاطر او خسائر توزيعية يشرك في تحملها الاطراف الملتزمون بها .

ristourne [شؤون التأمين] اصطلاح فرنسي شائع معناه حل عقد التأمين او فسخه لاي سبب كان .

rite حسب اللازم او الاصول ؛ قانوناً ؛ على الوجه الصحيح ؛ فنياً

rite طقس (ديني) ؛ مذهب ؛ سنة ؛ شعيرة

riveare [قانون انكليزي قديم] حرية الصيد في النهر (سمكاً) او عليه (طيوراً وما اليها) .

river نهر

— public river نهر عام : يفيد منه الناس بوجه عام لاغراض النقل والري وغيرها .

river banks ضفتا نهر

road طريق ؛ درب ؛ سبيل ؛ مسلك ؛ ممر عام ؛ جادة

[قانون بحري] ممر عام يسمى غالباً باسم الشاطىء المحاذي له ، نحو : Dover road مثلا بالقرب من ساحل دوفر في انكلترا وهلم جراً ...

— Law of the road قانون (السير على) الطرق : الاصول والقواعد المتبعة في استعمال الطرق العامة .

— private road طريق خاص : إما ان يكون طريقاً مثقلا بحق مرور ، تعود تربته لمالك الارض المحاذية له او ،

riotous assembly اجتماع ثوري او مشاغب : اجتماع اثني عشر شخصاً او اكثر لغرض ينطوي على تكدير السلم ورفضهم الاذعان لامر التفرق .

riotously ثورياً ؛ بسبيل الاعتصاب او الشغب

riots [مواد التأمين] قلاقل ؛ اضطرابات ؛ مشاغبات

ripa ضفتا نهر

riparian نهري ؛ على ضفة نهر ، محاذ لها او متصل بها

riparian nations امم تحدها او تفصل بينها انهر او تملك كل منها احـدى ضفتي نهر او اجزاء مختلفة من ضفتي النهر الواحد .

riparian owner or **riparian proprietor** مالك محاذ لنهر : يحد النهر ارضه بحيث يعتبر حده الخط الوهمي الذي يقسم النهر طولا الى قسمين متساويين .

riparian rights حقوق نهرية : تعود لاصحاب الاراضي في النهر الذي يحدها .

riparian water المياه التي لا تتجاوز الحد الاقصى لمد النهر (او ارتفاعه العادي) . سميت كذلك تمييزاً لها عن مياه الفيضان .

riparum usus publicus est jure gentium, sicut ipsius fluminis استعمال ضفتي النهر ، كاستعمال النهر نفسه ، يعتبر في قانون الامم (حقاً) عاماً .

ripe for judgment جاهز او مهيأ للحكم : ينطبق هذا الاصطلاح على الدعوى اذا لم يبق لانتهائها الا ان تصدر فيها المحكمة حكمها

Ripuarian Law مدونة قانونية قديمة اقرتها قبيلة من الـ Franks اسمها Ripuarii احتلت ضفاف انهر الـ Rhine والـ Meuse والـ Scheldt وكان الملك Theodoric اول من شرع في تدوينها ثم اكملها من بعده Dagobert .

ripuarian proprietors ارباب املاك نهرية : اصحاب او ملاك الاراضي التي تحدها الانهر والمجاري .

rising of court انفضاض المحكمة (عند ختام الدورة القضائية) يقابله الانعقاد او الجلوس sitting او session . وقد يرد الاصطلاح ذاته احياناً للدلالة عـلى انفضاض الجلسة اليومي او رفعها لاستراحة .

risk مخاطرة ، مغامرة ، مجازفة ؛ مسؤولية او تبعة

[في التأمين] خطر محتمل (يخشى جانبه ويلتمس التأمين منه) .

[كفعل] يخاطر ، يغامر ، يجازف (بشيء : يعرضه لتهلكة)

— gentlemen of the robe شهام الروب : المحامون (على انواعهم ودرجاتهم) .

roberdsmen [قانون انكليزي قديم] اطلق هذا الاسم على عصابة لصوص اشتهر افرادهــا بقطع الطرق والغارات الاجرامية على حدود انكلترا واسكتلندا في عهد الملك ريتشارد الاول ١١٨٩م – ١١٩٩م . وقد ذهبت الرواية إلى انهم أتباع Robert Hood او Robin Hood .

rock-bottom يرد هذا الاصطلاح في وصف الاسعار بمعنى : أدناها او أقلها .

rod كيل مسافة مقداره ١٦ ½ قدم او خمس ياردات ونصف .

Roe, Richard (راجع Doe, John)

rogare [قانون روماني] يسأل ؛ يلتمس ؛ يطلب ؛ يقترح (وضع قانون) ؛ يعرض (تشريعاً) للموافقة

rogatio testium [قانون روماني] العبارة التي يشهد بها الموصي الحاضرين على ما يملي او يقول في الـ nuncupative will .

rogator [قانون روماني] مقدم القانون (لنيل الموافقة) ، العارض له

rogatory letters (راجع letters rogatory)

rogue [قانون جنائي انكليزي] موضع شبهة ؛ شرير ؛ شريد ؛ ماكر ؛ متسول . على ان المتسول لا يعتبر rogue الا اذا كان سليم الجسم قوي البنية قادراً على العمل (لو توافر له) .

rôle d'équipage دفتر طاقم السفينة

roll سجل ؛ جدول

[قديماً] رق ، جلد رقيق كان يستعمل لتدوين وقائع الاجراءات ثم يلف على شكل اسطواني (انبوبي) .

[كفعل] يسلب ؛ يسرق

— assessment rolls [شؤون الضرائب] جداول ربط الضرائب ؛ كشوف الممتلكات التي تسري عليهــا الضريبة والاشخاص الخاضعين لها والمقادير المربوطة على كل من ذلك .

— judgment roll [اجراءات انكليزية] سجل الدعوى . السجل الذي تدون فيه جميع اجراءات الدعوى والحكم الصادر فيها .

— Master of the Rolls (راجع باب master)

— tax rolls كشوف ضرائب

طريق جبرة لم يعتد استعماله غير السكان المجاورين له او ، يقتصر استعماله على افراد معينين دون غيرهم او ، طريقاً ارتفاقياً يستعمله بعض ذوي المصالح للعبور الى أماكنهم .

— public road طريق عام

road hog سائق خطر (لا يبالي بسلامة الغير) ؛ سائق سيارة او مركبة نارية لا يراعي آداب القيادة فيسير وسط الطريق في انانية واضحة ويحتل منها ما يعود لغيره .

road traffic حركة السير على الطرق . القانون الانكليزي الاساسي لحركة السير هو قانون حركة السير لعام ١٩٦٠م Road Traffic Act 1960 والانظمة الاضافية الصادرة بموجب قانون عام ١٩٦٢م Road Traffic Act, 1962 .

road worthy صالح للسير (على الطرق)

roadbed جوف طريق : موقع الرصف منها ، حيث توضع جميع المواد اللازمة للرصف والتعبيد .

roadstead [قانون بحري] محط او مرسى سفن مشهور يعرف باسم خاص ولا يقصد به اي موقع كان يمكن للمرساة أن تستقر فيه .

rob يسلب ؛ ينهب (منقولا) ، بالعنف او التخويف : ينتزع أشياء منقولة او يأخذها بالقوة او الارهاب والمراغمة من يد صاحبها او على مرأى منه وبغير حق .

robber قاطع طريق ؛ لص طريق عام : يختلف عن السارق thief بحكم ما يرتكبه من مفاجأة الافراد وانتزاع منقولاتهم منهم او على مرأى منهم بالقوة او التخويف والعنف السافر .

robbery قطع الطريق ؛ سلب الاشخاص او تشليحهم وهو غير السرقة larceny لان اللص او قاطع الطريق في هذه الحال يداهم فريسته علناً وينتزع نقوده او اشياءه المنقولة او يكرهه على تسليمها بالقوة او الارهاب او التهديد . ولا يكون السلب الا بانتزاع الاشياء المراد سلبها من شخص صاحبها (اي من جيوبه او يده او حقائبه اذا كانت ترافقه او ممــا يتصل به شخصياً) ، وذلك بالقوة او التخويف او العنف مهما كان شكله . ولا يؤثر في الوصف القانوني عظم قيمة الشيء المسلوب او تفاهتها . ويعاقب عــلى هذا الجرم (حسب القانون الانكليزي) بالسجن مدة اقصاها أربع عشرة سنة .

— highway robbery قطع الطريق العام : السلب على الطريق العام او بالقرب منه . (راجع robbery)

robe روب ؛ كسوة او سترة قضائية ؛ رداء او معطف قضاء : يلبسه القضاة والمحامون بحكم مؤهلاتهم القانونية ومهنتهم او مركزهم القضائي .

rolling اثناء الطريق او عليها؛ برسم عبور او مرور

rolling stock مهمات سكك حديدية: كالعربات والقاطرات والناقلات وما يتصل بها من أدوات النقل على السكك المذكورة .

Rolls of Parliament سجلات البرلمان (التي تدون فيها وقائع جلساته) .

Rolls of the Exchequer سجلات الخزانة (الشاملة لبيان ايرادات الدولة) .

Rolls of the Temple [قانون انكليزي] يوجد لكل من جمعية الـ Middle Temple وجمعية الـ Inner Temple من جمعيات الحقوق المعتمدة بانكلترا، جدول خاص يسمى جدول رؤوس العجول calves-head roll . وهو كشف تسجل فيه اسماء اعضاء الجمعية الذين يشتركون في الاكلة التقليدية المعروفة باسم رؤوس العجول calves-head في فصل عيد الفصح Easter حينما تكون العجول في اوجها .

Roman Law القانون الروماني: جميع القوانين التي اقرها الرومان بما في ذلك مدونات جستنيان، يعرّفه البعض بمجموعة القوانين الموضوعة في عهد روما من أقدم العصور حتى سقوط الامبراطورية .

ومن المراجع الالمانية ما يقصره على شرائع جستنيان دون سواها .

Roman Letters حروف او رموز رومانية، تقوم على الرموز السبعة التالية: I ١، V ٥، X ١٠، L ٥٠، C ١٠٠، D ٥٠٠، M ١٠٠٠ .

Rome-Penny or **Rome-Scot** (راجع Peter-Pence)

rood of land ربع فدان انكليزي acre مساحته ١٢١٠ اقدام مربعة .

roomer من استاجر حجرة او اكثر من منزل مؤجر للغير .

root of descent أصل؛ عمود نسبة؛ تحدر

root of title اصل الملكية: الحجة او الوثيقة الاولى التي نشأ بموجبها حق الملكية؛ المسند الاول في الـ abstract of title موجز تاريخ الملكية .

rosland ارض صحيحة healthy او سليمة . يطلق الاسم ذاته ايضاً على الاراضي النزازة (البص) او المكسوة بالحشائش .

roster كشف اسماء الاشخاص المكلفين باداء واجبات قضائية معينة عند الطلب .

[شؤون عسكرية] جدول مناوبات الضباط

rotten boroughs بلدان صغرى؛ كانت قبل صدور الـ Reform Act سنة ١٨٣٢م تمثل في البرلمان الانكليزي بنائب واحد او اكثر .

rotten clause [تأمين بحري] شرط الفساد . يضاف هذا الشرط احياناً الى بوليصة التأمين البحري للنص على انه اذا تقرر بعد الكشف العادي ان السفينة غير صالحة للملاحة لانها فاسدة rotten، برئت ذمة الشركة من التزامات التامين .

Rotulus Wintoniæ سجل ونتون Winton: سجل قديم مفقود لم يبق من آثاره اليوم غير الاسم، وضع في عهد الملك Alfred وفصلت فيه حدود انكلترا وجميع الاراضي الداخلة فيها تفصيلا دقيقاً .

Round-Robin في شكل دائري: اقتبس هذا الاسم حسب الرواية عن مائدة الملك آرثر المستديرة، Arthur's Round Table ، ويقصد به وضع الاسماء او التواقيع في شكل دائري تكون معه كلها سواسية من حيث الصدارة، اذ تقسم الدائرة من المركز الى عدة اقسام يوضع في كل منها اسم او توقيع واحد فتبدو كأنها قائمة مستديرة لم يقدم فيها اي اسم او توقيع على غيره .

roup [قانون اسكتلندي] البيع بالمزاد العلني

rouse يثير؛ يحرك؛ ينهض (شعوراً)، يلهبه

rout تجمهر شغب: قوامه شخصان او اكثر يجتمعون لغرض مشترك غير مشروع ثم يتوجهون لتنفيذ هذا الغرض فيعترضهم ما يحول دونه . وهو يتجاوز حدود الاجتماع غير المشروع unlawful assembly ويقف دون الـ riot، لان المشتركين فيه يعتصبون على تنفيذ ما تم الاتفاق عليه في الاجتماع غير المشروع ثم يمضون في محاولة تنفيذه، فيقف جهدهم عند حد المحاولة . كان ينوي شخصان او ثلاثة مثلا الهجوم على احدى الدوائر ثم يتوجهون الى تلك الدائرة؛ فاذا قبض عليهم او منعوا عنها قبل بلوغها وتنفيذ غرضهم، كان فعلهم مجرد rout؛ واذا بلغوها وتمكنوا منها كان فعلهم riot .

route طريق؛ خط سفر؛ اتجاه؛ مسلك

routine عمل رتيب (اعتيادي)؛ عمل معتاد؛ تكراري؛ انسجامي: يجري على وتيرة واحدة، حسب نظام معلوم؛ روتين

rove يجول؛ يجوب؛ يتنقل من مكان الى آخر

roving commission لجنة جوالة؛ تؤلف احياناً لاغراض التحقيق فيؤذن لها بالتجوال حيث شاءت لقضاء مهامها .

royal ملكي؛ ملوكي؛ يتصل بالملك، يصدر عنه او يعود اليه .

royalties اتاوات: عوائد نسبية تؤدى نظير استعمال ما هو ملك الغير. خاصيات ملكية؛ اموال ملكية؛ متعلقات الملك او الملكة

royalty اتاوة: عوائد نسبية تتقاضاها السلطات المختصة نظير ما تمنحه من براءات او حقوق او امتيازات، وتقدر بنسبة الفوائد الحاصلة من الشيء الممنوح.
[شؤون التعدين] اتاوة (او حصة) مقررة من الانتاج او الارباح يؤديها صاحب امتياز التعدين او التنقيب (عن الزيوت او غيرها) لصاحب الارض التي يقع فيها الامتياز او للسلطات المختصة وذلك بنسبة ارباح ذلك الامتياز او قيمة المواد المستنبطة منه.
[حقوق النشر والانتاج الادبي] حصة المؤلف في كل نسخة تباع من مؤلفه الادبي، او نصيب المخترع من كل ما ينتج بموجب براءة اختراعه.

royalty acres [شؤون التعدين البترولي] الحصة العائدة الى مالك الارض من الزيوت المستنبطة من ارضه.

royalty bonus علاوة اتاوة؛ اتاوة اضافية: ما يدفع لصاحب الارض فوق الاتاوة العادية.

rubric عنوان (بحث): كان يكتبه الاقدمون بالخط الاحمر.

rubric of a statute اسم قانون (برلماني) او عنوانه

rudeness خشونة؛ غلظة؛ فظاظة؛ عدم لياقة (او أدب)؛ عنف

rule تأمر (المحكمة) او تقتضي بامر منها، نحو: للمحكمة ان تأمر المدعى عليه بالاجابة the court may rule the defendant to plead. تقرر (مسألة قانونية)؛ تحكم او تفصل فيها
[كاسم] قاعدة؛ اصل؛ اساس؛ نظام، حكم: مبدأ موجه تضعه السلطات المختصة، لعمل شيء او الامتناع عنه.
امر توجهه المحكمة في سياق الاجراءات الى احد الخصوم، بطلب من الخصم الآخر لحمله على القيام بشأن معين او بيان الاسباب المانعة من ذلك ولا تكون لمثل هـذا الأمر قوة الـ decree او الـ judgment. (راجع rules تاليا)

rule absolute امر قطعي: يقتضي التنفيذ او الامتثال فوراً.

rule against perpetuities القاعدة المحددة للاستمرار. (راجع perpetuity)

rule-day يوم محدد لاعادة ورقة الامر الى المحكمة بعد تبليغها؛ يوم تنفيذ (موضوع) الامر

royal assent قبول ملكي؛ موافقة ملكية. والموافقة الملكية هي ختام الاجراءات اللازمة لسريان القانون او المرحلة الاخيرة التي يجتازها مشروع القانون قبل ان يصبح نافذ المفعول. تعود الموافقة الملكية في انكلترا للملكة شخصياً او لمن تعينه، وهي في الوقت الحاضر كتحصيل حاصل لا تمنع عن البرلمان باي حال.

Royal Courts of Justice محاكم العدل الملكية. يطلق هذا الاسم على عمارة المحاكم في شارع Strand بمدينة لندن، وهي تضم المحاكم الكبرى ومحاكم الاستئناف وملحقاتها؛ وقد شيدت بموجب قانون عمارة محاكم العـدل Courts of Justices Building Act الصادر في عهد الملكة فيكتوريا سنة ١٨٦٥م.

royal honours انعامات ملكية
[علاقات دبلماسية] امتياز ملكي؛ درجة أثرة دبلماسية منحت لكل ممالك اوروبا والبابا والاتحاد السويسري مع القاب وشكليات وحقوق دبلماسية خاصة، ابرزها حقان: حق التقدم على من لا يحملها من الدول، وحق ارسال مبعوثين دبلماسيين من الدرجة الاولى كالسفراء ومن في مرتبتهم.

royal marriage زواج ملكي. يخضع الزواج الملكي حسب القانون الانكليزي لقيود خاصة ابرزها: منع زواج الملك بكاثوليكية او الملكة بكاثوليكي وذلك تحت طائلة فقدان العرش. وكذلك عدم السماح بالزواج لمن كان دون الخامسة والعشرين من اعضاء الاسرة المالكة (وسلالة الملك جورج الثاني) الا بموافقة الملك، واعتبار الزواج باطلا اذا حصل دون هذه الموافقة.

royal mines مناجم ملكية: مناجم الذهب او الفضة. سميت قديماً كذلك لانها اعتبرت ملكاً للتاج بحكم حاجته اليها لسك العملة.

royal prerogative [قانون انكليزي] ميزات، حقوق امتياز ملكية. الحقوق التي يمتاز بها الملك على رعيته وتعتبر وقفاً عليه لا يشاركه احد فيها، كايفاد السفراء مثلا الى الدول الاجنبية وقبولهم منها وابرام المعاهدات، واعلان الحرب (شكلا) وعقد الصلح، ودعوة البرلمان للاجتماع، ورفض القوانين وغير ذلك من الحقوق السياسية والقضائية والكنسية.

Royal Titles Act قانون الالقاب الملكية. صدر هذا القانون سنة ١٩٠١م لتحديد الالقاب التي يتمتع بها الملك وينبغي ان ترافق اسمه، وهي كما كانت حينئذ:
«By the Grace of God of the United Kingdom of Great Britain and Ireland and of the British Dominions beyond the Seas King, Defender of the Faith, Emperor of India».

rules of course اوامر عادية: تأذن المحكمة لموظفيها المختصين باصدارها دون الرجوع الى القضاة بطلبات رسمية .

rules of court لائحة المحكمة الداخلية: اللائحة التي يضعها القضاة المختصون عند الحاجة لبيان قواعد الاجراء واصول التقاضي امام محاكمهم .

rules of practice قواعد او اوامر متبعة: تضعها المحكمة تنظيماً للاجراءات الواجب اتباعها في الدعاوى المقامة امامها.

rules of procedure قواعد اجراء . القواعد او الاصول التي تضعها الهيئة التشريعية وتسير بموجبها فيما يعرض عليها من اعمال ومسائل .

rules of the air [قواعد الطيران] قواعد الجو

ruling قرار؛ مرسوم
سائد؛ حاكم؛ مهيمن

ruling prices اسعار سائدة

rummage تفتيش دقيق او محكم؛ مبالغة في تفتيش؛ تنقيب
[كفعل] يفتش (شخصاً او امتعة او سفينة) بدقة؛ ينقب

rummage sale بيع المواد التي يعثر عليها في الموانيء ولا يوجد لها مطالب .

rumour إشاعة، شائعة

run يجري . يسري؛ يحسب؛ نحو: period begins to run from date of judgment يبدأ سريان المدة من تاريخ الحكم .
يعمل به؛ ينطبق، نحو: the writ runs throughout the country يعمل بالامر في جميع انحاء البلاد .
يتبع؛ يلزم؛ يلتصق؛ يتصل (بعقار او حق او وظيفة)، نحو: الميثاق يتبع الارض او يلزمها بما ينص عليه the covenant runs with the land .
يدير؛ يتولى شأناً أو يضطلع به، نحو: he was unable to run the business لم يستطع ادارة العمل او الاضطلاع به.
[قانون اميركي – كاسم] جدول؛ مجرى (ماء) صغير

run on the bank تزاحم تجاري على مصرف (بنك): اقبال الزبائن اقبالا مضطرباً على سحب ودائعهم من البنك بدافع الظروف الاقتصادية العامة او الشك في سمعة البنك المالية .

runner محصل؛ وكيل بنك

rule discharged ألغي الامر؛ شطب . وهذا ما يكون اذا قررت المحكمة كفاية الاسباب المقدمة ضد الامر الصادر عنـــها .

rule *nisi* أمر شرطي: يصبح قطعياً اذا لم يبين الخصم الموجه اليه اسبابه ضده (اي الاسباب المبررة لعدم القيام به)، وهو يقضي على الخصم المذكور ان يبدي ما عنده من اسباب توجب عدم تنفيذ موضوع الامر .

Rule of 1756 قاعدة سنة ١٧٥٦م وهي احدى قواعد القانون الدولي . يرجع عهدها الى سنة ١٧٥٦م وتنص على منع الدول المحايدة، اثناء الحرب من الاتجار مع اية دولة محاربة في بضاعة لا يصرح لها الاتجار بها اثناء السلم .

Rule of Law حكم القانون (او سلطانه) . قاعدة قانونية؛ مبدأ او حكم قانوني

rule of the road نظام المرور (البحري): يطلق هذا الاسم في انكلترا على قواعد الملاحة البحرية الواجب اتباعها منعاً لتصادم السفن في المياه العامة .

rule out يستبعد؛ يسقط (من اعتبار)؛ يطرح؛ ينبذ

rule to plead امر اجابة على الدعوى . الامر الذي تكلف به المحكمة المدعى عليه الاجابة على دعوى المدعي تحت طائلة صدور الحكم ضده غيابياً .

rule to show cause امر بيان السبب . الامر الذي توجهه المحكمة الى المدعى عليه كي يحضر ويبدي الاسباب المبررة لعدم تنفيذ موضوع الامر .

rules لائحة داخلية تضعها محكمة او هيئة رسمية، لبيان نظام العمل المتبع فيها .
[اجراءات اميركية] تستعمل هـــذه الكلمة احياناً بمفهوم استثنائي يراد به المواعيد الخاصة التي تقدم فيهـــا الطلبات وتستصدر الاوامر خلال السنة القضائية . وقد تدل ايضاً على السير في الاجراء خارج المحكمة اذا اتفق ذوو الشأن على سحب الدعوى وتسوية الخصومة دون مراجعة القضاء .

— cross-rules اوامر متقابلة: يستصدرها كل من الخصوم ضد الآخر .

— general rules اوامر عامة: تتعلق بقواعد الاجراءات الواجب اتباعها امام المحكمة المختصة .

— special rules اوامر خاصة: تصدرها المحكمة بطلب من الخصوم او على العرائض المرفوعة اليها .

rules of a prison اطراف السجن او جواره: مناطق مقررة خاصة تحد السجن ويصرح للمعتقلين او الذين تحت الحفظ الاقامة فيها اذا قدموا ضمانات كافية تكفل عدم فرارهم

running account حساب جار ؛ حساب متبادل مفتوح (بين شخص وآخر) .

running agreement [قانون بحري] اتفاق جار ؛ يشمل رحلتين او اكثر من رحلات السفينة اذا لم يتجاوز متوسط مدة الرحلة الواحدة ستة أشهر .

running at large طليق؛ هائم . ينطبق هذا الاصطلاح على الحيوانات الهائمة التي لا صاحب لها او مأوى خاص تؤوي اليه .

running bill ورقة (مالية) او كمبيالة لم يحن موعد استحقاقها .

running days ايام متعاقبة او متوالية ؛ سيان فيها يوم العمل العادي ويوم التعطيل الرسمي، اذ تشمل جميع ايام الاسبوع وتنتظم الليل والنهار من كل يوم . تعرفها بعض المراجع بالايام التي تسير اثناءها السفينة وهي مسافرة عرض البحر .

running down case دعوى اصطدام: ترفع للمطالبة بالاضرار على سائق او مالك سيارة اصطدمت بشخص او بسيارة اخرى .

running hours الساعات المسموح فيها لمؤجر السفينة بشحن البضاعة .

running lease [محررات قديمة] اجارة عامة، غير محددة المساحة، تعطي المستأجر حق استعمال اي جزء من الارض استطاع ان يزيل اعشابه او يخفف مستنقعاته .

running policy [عقود التأمين] وثيقة تأمين قابلة للتعديل، ينص فيها على جواز اعادة تعريف موضوع التأمين من حين لآخر باضافة بيانات جديدة .

running with the land يلزم الارض، يرتبط بها او ينتقل معها الى من انتهت اليه بميراث او هبة او غير ذلك بحيث اذا كان الموضوع ميثاقـا covenant ، اي : covenant running with the land الزم المنتقل اليه ان يراعي احكامه سواء كانت غرماً عليه او غنماً له .

running with the reversion يلزم الرد، يرتبط بالعقار الآيل بسبيله (بسبيل الرد) . بحيث اذا كان الموضوع اتفاقاً كانت احكامه ملزمة لصاحب الرد: اي لمن انتقل اليه العقار بسبيل الرد .

runway [قانون الطيران] مدرج ؛ ملك الطائرة (عند القيام او الهبوط) .

runway threshold [قانون الطيران] عتبة المدرج ؛ طرف الاقتراب منه

ruptum [قانون روماني] مكسور . وردت هذه الكلمة في *Lex Aquilia* بمعنى الكسر والحرق والقطع والتحطيم والاراقة والكب والاتلاف على اي وجه .

rupture فصم (علاقات ودية) او قطعها . اختلاف ؛ انفصال

rural ريفي

rural servitude حق ارتفاق ريفي، يتبع عقاراً ريفياً .

rush [شؤون برلمانية — كفعل] يتعجل او يعمل على تعجيل اقرار قانون او الاسراع في اخذ الموافقة على (شيء)، نحو : يتعجل اقرار اللائحة rush bill through .

rustici [قانون اقطاعي] سكان اصليون ؛ اهل بلاد مفتوحة (او مغلوبة)

rusticum forum محكمة جاهلة ؛ محكمة غليظة او خشنة . يطلق هذا النعت احياناً على المحكمين للفصل في الخصومات.

rusticum judicium [قانون بحري] حكم غليظ ؛ كحكم صادر عن محكمة قضاء بحري مثلا بقسمة خسائر التصادم البحري مناصفة بين السفينتين المتصادمتين .

rustler سارق ابقار او مواش (بوجه عام) .

ryot اصطلاح هندي دارج معناه : فلاح او مستأجر عقاري .

ryot-tenure اجارة ارض تقوم فيها الحكومة مقام المؤجر وتستوفى مقابلها اجور تحكمية من الفلاحين او فقراء المستأجرين بواسطة جباة يعينون لهذا الغرض .

S

S.B. قانون مجلس شيوخ Senate Bill

S.C. ذات الدعوى same case

S.F.S. دون اي غش من جانبه *sine fraude sua* .

S.I. : statutory instruments (راجع statutory)

S.O.S. انقذوا ارواحنا

S.P. بلا عقب *sine prole* او ذات المبدأ same principle . ذات النقطة same point

sabbath يوم راحة اسبوعية : احد الاسماء التي يعرف بها اول ايام الاسبوع ، وهو الاحد عند الغربيين .

sabbath-breaking خرق السبت : خرق حرمة يوم الراحة الرسمية ، سواء كان يوم احد او جمعة او سبت او غيره ؛ الاخلال بالقوانين الخاصة بتعطيل الاشغال رسمياً .

sabotage تخريب مفتعل ؛ عرقلة الانتاج او التشويش عليه قصداً ، باتلاف وسائله وآلاته او بأي سبيل آخر . اعمال التخريب المؤدية لما ذكر مما يتخذه العمال (الثوريون) احياناً وسيلة لقهر ارباب العمل على الاذعان لشروطهم . كل عمل عمدي يهدف الى عرقلة سير جهاز قانوني او شله او اتلافه او نيله بسوء .
تذهب الرواية الى ان اصل هذه الكلمة يرجع الى قيام احد العمال في اول عهد الانكليز بالآلات (ايام فجر الثورة الصناعية) باسقاط قبقابه sabot في آلة نسيج كي يعطلها ثم تطورت هذه الكلمة حتى اصبحت على شكلها الدارج حالياً .

saburra [قانون بحري قديم] (راجع ballast)

sac [قانون انكليزي قديم] حق السيد الاقطاعي في أن يشكل محكمة اقطاعية خاصة ليحاكم فيها افصاله اذا اعتدى بعضهم على بعض ، ويعاقبهم بما يتناسب مع جرائمهم من العقوبات . ولاية المحكمة الاقطاعية او الاختصاص العائد اليها .

saccabor [قانون انكليزي قديم] المسروق منه ؛ من سرقت اشياؤه وتعقب السارق (اي مضى في اثره) .

sacerdotal كهنوتي : خاص بالكهنة او يتصل بهم

sack ينهب (مدينة) او يمعن فيها نهباً ؛ يسلب (على هياج او ثورة او حرب) .

sacramentales [قانون اقطاعي] (راجع compurgators)

sacramentum [قانون روماني] يمين مقدسة ؛ اخصها يمين الاخلاص للقائد والوطن التي يحلفها الجندي .
[قانون عام] يمين

sacramentum decisionis [قانون مدني] يمين حاسمة يكون حلفها حين لا يستطيع المدعي ان يثبت دعواه ، فيعرض ان يفصل فيها بيمين يحلفها خصمه . ويترتب على الخصم في هذه الحال اما ان يحلف اليمين الموجهة اليه او يردها على المدعي ، فاذا امتنع عن اختيار احد السبيلين عد مقراً بالادعاء .

sacrilege [قانون جنائي انكليزي] استباحة المقدسات ؛ انتهاك حرمة الاماكن المقدسة بارتكاب احدى الجرائم فيها كالسطو وغيره .

sacrilegious (راجع *sacrilegus*)

sacrilegium سرقة المقدسات او الاشياء المستعملة للعبادة .

sacrilegus الساطي على اماكن العبادة : من اعتدى عليها بالسرقة .

sacrosanct ذو حرمة ؛ مقدس ؛ منيع الجانب بحكم قدسه

sadism المتعة بالتوحش ؛ التوحش الجنسي : نوع من الشذوذ الجنسي في الرجل ، يكون معه الميل الجنسي مصحوباً برغبة الشخص الشاذ في القسوة البدنية على من هو محل تعلقه الجنسي والى اهانته وقتله احياناً . وهذا عكس الشذوذ المسمى masochism .

saemend [قانون انكليزي قديم] محكم

sæpe viatorem nova, non vetus, orbita fallit ينخدع المسافر غالباً بالطريق الحديثة لا القديمة .

sævitia [قانون طلاق] قسوة . كل ايذاء يلحق احد الزوجين بجراء الزوج الآخر ويجعل العشرة الزوجية خطراً على صحته او حياته .

safe خزانة معدنية لحفظ الادوات والاشياء الثمينة .
[كنعت] حريز ؛ مأمون او امين ، في مأمن ؛ سالم

safe-conduct (جواز) امان مرور ؛ ضمان سلامة مرور :

salacious شهواني او شهوي؛ فاجر؛ فاسق

Saladine Tenth عشر صلاح الدين: ضريبة حربية فرضها البابا Innocent الثالث سنة ١١٨٨م في انكلترا وفرنسا لتمويل الحرب الصليبية التي شنها Richard الاول ملك انكلترا و Philip Augustus ملك فرنسا ضد السلطان صلاح الدين الايوبي سلطان مصر عندما كان في طريقه الى حصار مدينة القدس، وكان كل انكليزي او فرنسي لا يتطوع للحرب ضد صلاح الدين ملزماً بموجب هذه الضريبة ان يؤدي عشر ايراده السنوي وعشر قيمة جميع منقولاته باستثناء الملبوسات والكتب والسلاح. وقد ظلت الكنيسة على تمسكها بالضريبة المذكورة حسب تعليق المؤرخ Gibbon رغم انتهاء الحرب الصليبية وزوال الحاجة اليها نظراً لما وجدته فيها من مورد مادي عظيم.

salaried employment وظيفة مأجورة: اي بأجرة او مرتب معلوم.

salarium [قانون مدني] جعالة من ارزاق؛ راتب؛ اجرة؛ مكافأة (على خدمات)؛ مرتب سنوي

salary راتب او مرتب (ماهية)؛ مكافأة (على خدمات): تدفع في مواعيد معلومة الى المستخدم على اساس الزمن الذي يصرفه في دائرة عمله، لا مقدار العمل الذي ينتجه. تقابلها الاجرة او الاجور wages التي تدفع للعامل او الميكانيكي نظير خدماته.

sale بيع او مبايعة: اتفاق يلتزم به البائع seller او vendor ان ينقل الى المشتري buyer او purchaser ملكية شيء مقابل مبلغ من النقود. ولا يكتمل البيع الا بثلاث مقومات: توافر المبيع والثمن والقبول.

يختلف البيع عن المقايضة barter في ان الثمن في (عقد) البيع هو النقود. اما المقايضة فقوامها تبادل الاشياء خلا النقود، اذ يلتزم فيها كل من المتعاقدين ان ينقل الى الآخر على سبيل التبادل ملكية مال غير النقود. وتختلف عنه الهبة او الهدية gift في كونها عقداً يتصرف بموجبه الواهب او المهدي في ماله للغير بلا عوض؛ ويختلف عنه الـ accord and satisfaction بان الغاية من التصرف فيه هي المصالحة على حق مطالب به، اما البيع فغايته الحصول على نقود معروضة.

— **absolute and conditional sale** بيع مطلق وبيع مشروط: يترتب على الاول انتقال المبيع الى المشتري بمجرد ادائه الثمن انتقالا خالصاً من كل قيد او شرط، اما البيع الثاني فلا تنتقل فيه الملكية الى المشتري الا بمراعاة شروط معينة.

— **bill of sale** (راجع باب bill)

يمنحه رئيس الدولة او سلطاتها المختصة من اراد اجتياز تلك الدولة، تأميناً له على سلامته وضماناً لشخصه من الاعتداء. اذن يمنحه العدو بالمرور من اراضي الدولة المانحة الى مكان معين فيها لغرض معلوم.

تصريح تحمله السفن المحايدة اثناء الحرب بالسفر الى ثغور مقررة.

safe-pledge كفالة تعطى ضماناً لحضور شخص معين في مكان وزمان محددين.

[كاسم] حماية؛ وقاية؛ حفظ

[قانون انكليزي قديم] تصريح حماية امان، على شكل امر رسمي، مذيل بالخاتم الكبير Great Seal كان يمنح للغرباء القادمين الى البلاد لاغراض قانونية تأميناً لهم على انفسهم واموالهم.

بلاغ حماية يصدره القائد العسكري ويعلق على اماكن معينة اشعاراً باعفائها من استعمال القوات العسكرية او دخولها.

حرس عسكري يعين لمرافقة رعايا العدو او حراسة املاكهم.

[كفعل] يحمي؛ يحرس؛ يحافظ

safety امان؛ سلامة؛ نجاة

safety island رصيف محاط بالطرق، يرتفع على مستوى الطرق المحيطة به لحماية المشاة من خطر وسائل النقل.

sag [علاقات تجارية] يهبط؛ ينزل؛ ينخفض. هبوط (اسعار) او نزولها

sagaman مخبر سري. راو

said مذكور؛ آنف، متقدم او سالف الذكر

sail [قانون بحري] تبحر (السفينة)؛ تبدأ رحلتها

sailors بحارة؛ ملاحون؛ نوتيون

Saint Simonism نظام اشتراكي غير شيوعي: لا يقر المساواة في توزيع المحصول بل يوجب استخدام الناس في اعمال مختلفة وما تختاره لهم السلطات الموجهة، وتقرير مقادير الاجور بنسبة قيمة العمل وجدارة الشخص القائم به في نظر السلطات المذكورة.

sake [قانون انكليزي قديم] حق السيد الاقطاعي في ان يحكم، في محكمته، على الفصل بالحبس او الغرامة.

salable قابل للبيع (في سوق عادية) بالاسعار الدارجة. رائج

salable value سعر بيع؛ قيمة سوقية: السعر الذي تباع به البضاعة عند تقويمها في مكان عرضها للبيع.

بيع المال العقاري بتفويض قانوني لاستيفاء ما عليه من ضرائب متأخرة .

— voluntary sale بيع ارادي : يحصل برضى البائع واختياره.

— wash sale (راجع باب wash)

sale and return البيع بخيار الرد : اتفاق على مبايعة يكون فيه الطرف البائع غالباً منتج البضاعة او بائعها بالجملة، ويتفق بموجبه على تسليم البضاعة للمشتري شرط أنه اذا رغب في الاحتفاظ لنفسه بجزء منها او في بيعه من جانبه للغير اعتبر مشترياً فعلياً للجزء المذكور ووجب عليه ان يدفع ثمنه ويرد باقي البضاعة للبائع الاصلي او يحتفظ به لحسابه ورهن امره .

sale by sample البيع بالعينة

sale in gross بيع جزافي؛ البيع بالكوم (او الشيلة)

sale-note or **bought and sold note** مذكرة بيع : بيان كتابي بوصف موضوع البيع وشروطه، يعطيه السمسار او الوكيل للمشتري وللبائع الذي اودع لديه العروض على ذمة البيع.

sale on approval البيع بشرط الاستحسان

sale on credit البيع بالاجل؛ البيع على الحساب او بالدين : وهو البيع الذي يسلم بموجبه المبيع للمشتري على أن يدفع ثمنه للبائع في المستقبل .

sale ***per aversionem*** بيع جزافي : بلا كيل او وزن

sale with all faults بيع مع العيوب : البيع الذي يفترض على المشترى قبول السلع المبيعة مهما كانت عيوبها ما لم يثبت غش البائع وتصوير المبيع على غير حقيقته او كتم عيوبه بنية الغش .

sale with right of redemption البيع بشرط الاسترجاع : بيع يحتفظ بموجبه البائع لنفسه بحق استرجاع بضاعته اذا رد ثمنها المدفوع الى المشتري .

sales day book or **sales journal** دفتر يومية المبيعات

sales ledger دفتر استاذ المبيعات

salesman بائع؛ تاجر؛ بائع متجول

Salic Law مدونة قانونية وضعها الشعب التيوتوني Salian Franks الذي احتل غاليا Gaul بفرنسا في بداية القرن الخامس . وهي تعتبر اقدم المدونات القانونية البربرية على الاطلاق اذ تم وضعها، حسب الرواية، سنة ٤٢٠ م، وقد ضمت جميع قوانين الـ Salian Franks وعاداتهم المرعية واشتهرت بما نصت عليه من حرمان النساء من الميراث العقاري .

— cash sale بيع نقدي : يشترط فيه دفع الثمن عند تسليم المبيع .

— executed sale بيع ناجز . يعتبر البيع كذلك حالما تكتمل كافة شروطه وينجز كل من اطرافه ما ترتب عليه لتمام انتقال المبيع الى المشتري انتقالا خالياً من كل قيد او شرط .

— execution sale (راجع باب execution)

— executory sale بيع نفاذي (لا يعوزه غير النفاذ) . يعتبر البيع كذلك اذا اتفق طرفاه على شروطه الاساسية اتفاقاً نهائياً ولم يبق في سبيل تنفيذه الا انجاز بعض مستلزماته كتقرير الثمن او الكمية او بعض الاوصاف او دفع قسط معين او تسليم المبيع او ما الى ذلك .

— fair sale (راجع باب fair)

— forced sale بيع جبري : البيع الحاصل بموجب حكم صادر من محكمة مختصة، وهو لا يختلف عن البيع القضائي judicial sale .

— fraudulent sale بيع احتيالي : يقصد به الى التدليس او الاحتيال على الدائنين ببيع الاموال القابلة للتنفيذ واقصائها عن متناولهم .

— judicial sale بيع قضائي : يحصل بموجب حكم صادر من محكمة مختصة، على يد محضر تعينه المحكمة لتنفيذ الحكم المذكور .

— memorandum sale بيع مشروط يظل المبيع بموجبه في حيازة المشتري ويحتفظ البائع بحق ملكيته حتى يعقد المشتري عزمه على الشراء او العدول عنه .

— private sale بيع خاص، تحصل المفاوضة في شأنه ويتم الاتفاق عليه بين البائع والمشتري بغير مناداة عليه outcry او اعلان في الصحف advertisement او مزاد auction او ما الى ذلك من طرق العلانية .

— public sale بيع عمومي : يحصل بالمناداة على موضوع البيع في الاسواق او المحال العامة public outcry او بالمزاد العلني auction .

— rummage sale (راجع باب rummage)

— sheriff's sale بيع على يد عامل الملك sheriff او احد مساعديه؛ وهو من البيوع القضائية .

— short sale (راجع باب short)

— spot sale بيع حاضر : نقدي

— tax-sale بيع ضريبة : البيع على ذمة الضريبة :

وترجع قيمتها التاريخيـــة الى اتصال احكامها بنشوء النظام الاقطاعي وبداية انتشاره .

[**فقه فرنسي**] يطلق هذا الاسم على القانون الاساسي الناص على حرمان النساء وراثة عرش فرنسا . ويعتقد ان القانون الفرنسي نقل القانون المذكور عن الفصل الثاني والستين من الـ Salic Law .

saline land ارض مالحة: تختلط تربتها برواسب الاملاح .

salus صحة؛ ازدهار؛ امان؛ خير

salus populi suprema lex خير الشعب هو القانون الاعلى .

salvage [**قانون بحري**] انقاذ؛ اغاثة؛ انجاد . جعل الاغاثة، التعويض المستحق لمن اشترك في نجدة سفينة تحتاج للنجدة او في انقاذها او انقاذ شحنتها واذا نجحت تلك المساعدة نجح الانقاذ كلياً او جزئياً . ولا بد للجعل المذكور من ان يقوم على الاركان الآتيـــة: وقوع الخطر البحري والتطوع للمساعدة (اذا لم تكن واجبة على السفينة المغيثة بحكم عقد او اتفـــاق او غير ذلك)، ونجاح تلك المساعدة كلياً او جزئياً ومساهمتها فعلا في عملية الانقاذ .

[**نصوص قانونيـة قديمة ومحررات حديثـــة ايضاً**] الاشياء المنقذة

salvage charges مصاريف انقاذ او اغاثة

salvage loss خسائر بحرية كان يقدر وقوعها لو لم يتوافر الانجاد او الانقاذ البحري .

[**تأمين بحري**] الفرق بين قيمة الاشياء المنقذة (بعد استبعاد تكاليف الانقاذ منها) وبين قيمة الاموال المؤمن عليها بموجب وثيقة التأمين .

salvage service خدمات الانقاذ او عملياتها .
(راجع salvage)

salve ينقذ؛ يغيث؛ ينجد (سفينة او حمولتها من غرق او خطر محدق) .

Salvian Interdict (راجع *Interdictum Salvianum*)

salvo خلا؛ ما عدا

salvo jure دون اخلال

salvor [**قانون بحري**] منقذ؛ مغيث . من تطوع لانقاذ سفينة دون سابق صلة او اتفاق على ذلك، ثم نجح في محاولته كلياً او جزئياً .

same لا يشترط في هذه الكلمة ان تدل دائماً على المطابقة فتعني ذات الشيء المشار اليه، بل كثيراً ما يقصد بها الى مجرد النوع او الجنس الذي يكون منه الشيء المذكور وليس الشيء عيناً .

اذا تقدمتها كلمة the كان معناها المشار اليه او ذات الشيء.

same offence نفس الجرم

[**دستور اميركي**] لا يعني هذا الاصطلاح الجرم المشار اليه اسمياً، كما هو الحال في النص التالي : no person shall be twice put in jeopardy for the same offence بل يدل على الفعل الجرمي بوجه عام .

sample عينة؛ نموذج؛ مسطرة

****sanad*** سند؛ مستند؛ (راجع instrument)

sanatorium مصح او مصحة؛ مستشفى

sanæ mentis [**قانون انكليزي قديم**] سليم العقل

sanctio [**قانون مدني**] نص جزائي؛ النص المحدد للعقوبة التي يحكم بها على من خالف احكام القانون .

sanction يصدق او يصادق؛ يوافق (على)؛ يجيز تصديقاً او مصادقة؛ موافقة؛ تفويض

[**اصول القانون الوضعي**] جهة جزائية؛ سلطة تنفيذية

يكون للقانون اي سلطة تنفيذية sanction، اذا وجدت دولة او جهة تتولى تنفيذه وتقوم بالتدخل لعقاب من تحدثه نفسه بخرق احكامه .

وعليه فالقانون الدولي مثلا ليس له sanction قانوني .

[**نصوص قانونية**] حكم او نص جزائي؛ ما نص عليه القانون من عقوبة شرطية ضماناً لطاعته وارهابـــاً لمن حدثته نفسه بعصيانه .

sanctuary [**قانون انكليزي قديم**] معتصم؛ ملجأ مقدس، اذا احتمى به المجرم الملاحق كان في منجى من القبض وبطش القوانين مهما بلغت خطورة جريمته .

sane سليم العقل: من استطاع التمييز بين الغلط والصواب ووعى نتائج افعاله .

sane memory ذاكرة سليمة

sanguis [**قانون انكليزي قديم**] دم؛ يراد به حق السيد الاقطاعي في ان ينظر قضايا الدم ويفصل فيها .

sanis عقوبة عند اليونان (القدماء)،كانت توقع بربط المذنب الى لوح او عمود خشبي ربطاً محكماً مدة تتناسب مع جرمه .

sanitarium مصح ؛ مستشفى (لايواء المرضى وعلاجهم)

sanitary صحي ؛ يتصل بالصحة والنظافة ، يتعلق بها او يلزم لها

sanitation اصول صحية ؛ المحافظة على الصحة العامة والقضاء على ما يؤذيها . التطبيق العملي لاصول علم الصحة .

sanity سلامة العقل ؛ تمام الادراك

sans frais دون نفقة ؛ بلا مصاريف

sans jour (راجع without day)

sans nombre بلا عدد : حق رعي لا يحدد فيه عدد الماشية المستطاع رعيها .

sans recours [تدوير السندات] دون احتجاج (بلا بروتستو)

Sassons سكسون Saxons . اطلق هذا الاسم قديماً على الانكليز بسبيل الازدراء والتحقير اذ كانوا يؤثرون عليه اسم Angles وما زال سكان ويلز Wales الى اليوم يطلقونه على الانكليز .

satisdatio [قانون مدني] ضمان اداء ؛ يقدمه الخصم (المدعى عليه) في الدعوى على سبيل التعهد بدفع ما يحكم عليه به .

satisfaction رضى ؛ ترضية او ارضاء . اداء (التزام) او القيام بما يلزم .
[في الاجراءات] تأشير بوفاء في سجل دعوى ؛ اقرار يؤشر به الخصم المحكوم له في سجل الدعوى معلناً به استيفاء كامل مطلوبه.

satisfaction piece [في الاجراءات] مذكرة اداء . مذكرة كتابية يعلن بها تمام الوفاء بين الخصمين (المدعي والمدعى عليه) ثم يصدق عليها وتودع المكتب المختص بحفظ اوراق الدعوى : وبايداعها يستنفد الحكم كامل آثاره ويخلو طرف المدعى عليه .

satisfactory مقبول ؛ مرضي ؛ كاف : ما يتقبله الشخص المتزن او يجد فيه الكفاية لما هو موضوع المطالبة .

satisfied term مدة مستوفاة . تعتبر مدة الايجار او الانتفاع كذلك ، اي satisfied term ، اذا تم الغرض الذي انشئت من اجله قبل انتهائها .

satisfy يفي (بـ) ؛ يؤدي ؛ ينجز . يجيب الى طلب

saturday's stop [قانون انكليزي قديم] انقطاع السبت. فترة اسبوعية كان يحظر خلالها صيد سمك الـ salmon في اسكتلندا وشمال انكلترا ، وهي تمتد من حين صلاة مساء السبت (حسب طقوس كنيسة انكلترا) حتى شروق شمس يوم الاثنين التالي من كل اسبوع .

save يحفظ ؛ ينقذ ؛ يدخر ؛ يقتصد
الا ؛ خلا ؛ ما عدا ؛ باستثناء
يستثني ؛ يعفي (من امر) ؛ يوقف سريان حكم او (نص)

saver default [اجراءات انكليزية قديمة] يتجاوز عن تقصير او عيب

saving استثناء (من نص)
حفظ (من خطر) ؛ ادخار او توفير

saving clause [نصوص قانونية] شرط استثناء ؛ الشرط الذي يستثني امراً معلوماً من التقيد بقانون اوعقد او حكم معين .

saving the Statute of Limitations تفادي سريان التقادم او مرور الزمن . يجتنب الدائن ضياع دينه بمرور الزمن اذا رفع دعوى المطالبة قبل انتهاء المدة المحددة لرفعها بالـ Statute of Limitations .

savour يشبه ؛ يماثل

Saxon Lage قوانين السكسونيين (الغربيين)

scab [شؤون العمال] سافل ؛ وضيع . يطلق هذا الوصف على العامل الذي يشتغل باجرة تقل عن الاجرة المحددة بقوانين نقابات العمال او بشروط تخالف شروط هذه النقابات .
عامل يحل محل آخر مضرب عن العمل .

scaccarium الخزانة

scaffold مقصلة : آلة تنفيذ حكم الاعدام عند الفرنسيين .

scale ميزان ؛ كيل
[قانون اميركي قديم] يعدل ؛ يقيم (او يخمن) وفقاً لقياس معين او نسبة مقررة .

scandal فضيحة ؛ هتيكة : كل كلام او بيان يذاع او ينشر بنية سيئة وينطوي على التشهير بالغير وكشف مساوئه ورذائل احواله او عاداته او اعماله .

scandalous matter [في الاجراءات] مواد فاضحة . العبارات غير الضرورية التي تقسو في الكشف عما للشخص المقصود من تصرفات اخلاقية خاصة او تتضمن وصفاً مقذعاً ، لعادات سافلة ، لا ينتج في الدعوى ولا تقره الاداب العامة ولا يتوافق سماعه (او وجوده ضمن مشتملات اوراق الدعوى) ووقار المحكمة .

scandalum magnatum [قانون انكليزي] فضيحة النبلاء وذوي المناصب الرفيعة او التشهير بهم والكشف عن مساوئهم بالقول او الكتابة .

sciendum [قانون انكليزي] بيان يودع سجل الدعوى اشعاراً بان القاضي المختص قد اصدر من محكمته امراً قضائياً الى نائب الـ sheriff عـامل الملك ليقوم بتنفيذه حسب الاصول المرعية .

sciendum est « فليعلم » ؛ « فليحط »

scienter عن علم او معرفة؛ عن سابق علم . اطلاع جنائي . سبق العلم بداعي الخطر وعدم التحوط له .

رمي المدعى عليه بسبق الاحاطة باسباب الضرر محل المطالبة وعدم تلافيها او الاستعداد لها . وهذا يسمى laying the action with *scienter* .

بيان الدعوى مع ادعاء سبق العلم لرمي الخصم بالاطلاع الجنائي.

scientia sciolorum est mixta ignorantia
العلم السطحي هو جهل مذوب .

scilicet اي؛ بعبارة أخرى

scintilla juris ذرة او شرارة حق، ينتقل على اساسها الحق في شيء من جهة الى اخرى عند وقوع ظرف بعيد الاحتمال.

scintilla of evidence بينة . بصيص (من) دليل؛ بارقة

scire facias [في الاجراءات] « أعلم (الخصم) » . امر قضائي غايته تنفيذ او الغاء حكم او ترخيص او امتياز او غيره، يكلف الموجه اليه ان يبين ما عنده من اسباب تمنع المدعي الذي استصدره من التمسك بمـا طلب . بحيث اذا استصدر امر *scire facias* لشطب براءة مثلا، كلف بموجبه المدعى عليه ان يبين الاسباب المانعة من شطب البراءة . كذلك يلجأ الى هذا الامر لتجديد حكم مضى على صدوره بعض الوقت او عند تبديل خصوم او تنفيذ حكم . وفي الحالة الاخيرة يكون اجراء الـ *scire facias* عبارة عن متابعة السير في دعوى مرفوعة . اما في الغاء البراءات فيعتبر اجراء اصلياً جديداً .

scire facias ad audiendum errores
(راجع *scire facias*)

يستصدر هذا الامر بعد ان يبين الخصم المدعي وقوع الغلط، مواطن هذا الغلط .

scire facias ad rehabendam terram امر قضائي يستصدره المدين المنفذ على ارضه بموجب امر تنفيذ *elegit* وذلك ليسترد ارضه بعد الوفاء بما عليها من دين .

scire facias for the crown امر اداء للتاج . امر قضائي يلزم المدين باداء ما عليه للتاج حسب القيود او السجلات الرسمية .

scarcity ندورة؛ قلة توافر (شيء) معين او نقصه

schar-penny or **shcarn-penny** or **schorn-penny**
رسم او تعويض زهيد

schedule ملحق؛ جدول؛ كشف؛ بيان

[قوانين دستورية] بيان تفسيري، يلحق بدستور او قانون جديد عملا على تفصيل مواطن الاختلاف بينه وبين دستور او قانون سابق او عرض التدابير المنوي اتخاذهـا لتسوية المسائل التي تتأثر بذلك الاختلاف .

[في الاجراءات] بيان اجراءات سابقة يلحق باوراق دعوى محالة من محكمة دنيا الى محكمة عليا للمراجعة، بموجب امر احالة *certiorari* .

schedule air services [قانون الطيران] خدمات جوية منتظمة

scheme مشروع؛ نظام؛ تصميم؛ نهج او خطة

schism [قانون كنسي] انشقاق؛ تصدع؛ انقسام (في كنيسة او طائفة) يرجع لتسرب الخلاف الى العقائـد والآراء الدينية وظهور تكتلات تنادي بالمعارضة وتشق لنفسها طريقاً عقائدياً يختلف عن الطريق العام، فتصبح معها الكنيسة كنيستين والطائفة طائفتين وهلم جرا...

school مدرسة؛ معهد؛ مؤسسة للتعليم اقل درجة من الكلية او الجامعة . مذهب، نحو: مذهب قانون school of law .

— common schools مدارس عمومية للتعليم المجاني، تفتح ابوابها لجميع المواطنين دون استثناء وتتولى الدولة او المجالس البلدية المختصة ادارتها والانفاق عليها .

— high school مدرسة توجيهية: تعد الطلبة والطالبات للتعليم الجامعي .

— normal school مدرسة معلمين: مدرسة لتدريب المعلمين، تهيىء الطلبة لمهنة التدريس نظرياً وعملياً او تتولى تدريب من سبق لهم الاشتغال في هذه المهنة .

— private school مدرسة خاصة: تنفق عليها وتديرها جهة خاصة، وتفتح ابوابها لمن حـاز قبول اصحابها او مديريها، او لطبقات او طوائف او اجناس خاصة وتعتمد كلياً او جزئياً عـلى اقساط التعليم المستوفاة من الطلبة المشتركين .

— public schools مدارس عامة لا تكاد تختلف عما يسمى common schools الا في كونها تتقاضى احياناً بعض الرسوم من الطلبة .

school board ادارة مدرسة

Scotch Marriages
(راجع Gretna Green Marriage)

scots [قانون انكليزي] ضرائب خاصة يقررها مندوبو المجاري commissioners of sewers .

Scotland Yard شرطة لندن . المقر العام لتعقب الجرائم والمجرمين .

scoundrel خسيس؛ لئيم؛ عديم شرف او كرامة او مروءة . لا يعتبر هذا النعت (في مواد القذف الشفوي) محلا للمقاضاة في حد ذاته .

scrag كلمة دارجة (عامية) معناها: عنق او رقبة
[كفعل] يشنق؛ يقتل الغير بلي عنقه او تعليقه منها حتى يموت .

scratching the ticket تأييد الناخب لغير مرشحي حزبه .

scribere est agere «الكتابة كالفعل»: اي ان كتابة الكلام المنطوي على الخيانة هي كفعل الخيانة السافر .

scrip شهادة اسهم، شهادة حصص او سندات، مؤقتة . شهادة ملكية تعطى من الشركة اشعاراً بأن المشار اليه من ارباب الاسهم فيها .
[في الولايات المتحدة الاميركية] اذون او اوامر صرف تخول حاملها استيفاء القيمة المذكورة فيها من خزانة البلدية المشار اليها .
سندات تملك، تعطى اشعاراً بملكية ارض معينة من اراضي الدولة .
نقد ورقي اصدرته الولايات المتحدة قديماً اثناء حروبها الداخلية .

script صورة اصلية من محرر
[اثبات الوصايا] اذا هلكت او انعدمت ورقـة الوصية، اعتبرت script اية ورقة اخرى تشمل محتويات تلك الوصية وان لم تنشأ بمعرفة الموصي . وتطلق الكلمة ذاتها ايضاً على كل وصية او ذيل او مسودة لوصية او لذيـل وصية او تعليمات مكتوبة من الموصي لانشاء اي من ذلك .

scriptum كتابة؛ محرر

scriptum obligatorium محرر (مختوم) ملزم

scrivener كاتب عمومي: مهنته كتابة العقود والسندات واعداد المحررات بوجه عام .
وكيل ايجار؛ يتولى تأجير الاملاك لحساب اصحابها باجور معلومة نظير جعالة خاصة يتقاضاها لنفسه .

scire facias quare restitutionem non امر رد؛ يستصدر اذا نفذ على اموال المدين ولم يدفع حاصل البيع للدائن ثم فسخ الحكم فيما بعد استئنافاً على اساس الغلط . ولا بد في هذه الحال من استصدار امر *scire facias* قبل استصدار امر الرد .

***scire facias sur* mortgage** امر قضائي يصدر ضد المدين الراهن لتكليفه بيان الاسباب الداعية لعدم بيع ماله المرهون للوفاء بدينه .

scire feci [في الاجراءات] تأشير عامل الملك sheriff على امر الـ *scire facias* بحصول التبليغ ومعناه «لقد بلغ» .

scirewyte [قانون انكليزي قديم] رسوم ملغاة كان يتقاضاها عامل الملك sheriff على تشكيل محكمة الجنايات والمحاكم الاقليمية .

scissio auricularum قطع الاذن: وهو من ضروب القصاص المنصوص عليها في القانون الانكليزي القديم .

scoff يسخر؛ يهزأ؛ يزدري (بشأن)؛ يتهكم
سخرية؛ هزء؛ ازدراء، تهكم

scold (امرأة) عزورة؛ شريرة؛ سليطة؛ صخابة: تكثر من الضجيج والمهاترة مع اهل الجـيرة الى حد يزيد الخلافات والمشاحنات ويقلق الراحة العامة .
common scold — عزورة معتادة: المرأة التي تقلق راحة الجيرة بما اعتادته من رفع صوتها على الجيران واهانتهم بالكلام .

scope مدى؛ نطاق؛ مجال؛ دائرة، نحو: مدى السلطة او نطاقها scope of authority وهذا لا يقتصر على ما يعينه الاصيل مثلا للنائب صراحة، بل يتعداه الى ما يفهم ضمناً وقرينة من تلك النيابة .
[في البراءات] مدى (البراءة)؛ النطاق المشمول بالاختراع

scorn يحتقر؛ يزدري؛ يترفع او يربأ بنفسه، عن اعتبار شأن، او يرى فيه ما لا يستأهل الالتفات .
[كاسم] ازدراء؛ تحقير

scot [قانون انكليزي قديم] ضريبة؛ خراج؛ نصيب في مساهمة

scot and lot [قانون انكليزي] ضريبة عرفية نسبية تفرض على جميع الافراد كل بنسبة يساره او قدرته المالية .

scot and lot voters [قانون انكليزي] من كان لهم في بعض البلدان boroughs حق الانتخاب بحكم ما ادوا من scot and lot . (راجع الاصطلاح الاخير عالياً)

— money scrivener سمسار او مسلف نقود
[قديماً] وكيل مهمته ايجاد السبل المجدية لاستثمار اموال عملائه وحفظها وجمع عوائدها لحسابهم .

scroll علامة؛ اشارة (بقلم او غيره من ادوات الكتابة) يستعاض بها عن الخاتم .
لفافة محرر؛ محرر مكتوب على رق، او ورق، ملفوف بشكل اسطواني .
سفر ملفوف: مكتوب على لفائف من رق او ورق .

Scroop's Inn جمعية حقوق قديمة ملغاة، عرفت ايضاً باسم Serjeant's Place وكان مقرها امام كنيسة St. Andrew في حي Holborn بلندن .

scruple استنكاف؛ ترفع؛ امتناع عن (تصرف) بداعي الضمير والحمية .
شعور بالتردد؛ احجام عن شأن، اجابة لصوت الضمير او الاعتبارات الادبية او العقائدية .

scrutineer فاحص بطاقات انتخابية: يتولى فحص بطاقات الانتخاب بغية التثبت من مطابقتها لمقتضيات قانون الانتخابات.

scrutinise يفحص ملياً؛ يتدبر؛ يدقق؛ ينعم النظر في تفاصيل شيء

scurrilous خبيث؛ ساقط؛ فظ؛ خشن؛ بذيء (اللسان)

scutage [قانون اقطاعي] خراج اعفاء؛ ضريبة كان يؤديها الفصل الى السيد الاقطاعي ليعفيه من خدمته .

scuttle ثقب ذو غطاء في سقف منزل او ظهر سفينة .
اناء معدني صغير لحفظ الفحم المستعمل للتدفئة المنزلية .
[كفعل] يثقب (سفينة كي يغرقها)؛ يغرق جسماً عائماً بثقبه .
يفر (من مأزق) او يلوذ بالفرار؛ يسرع الى النجاة بنفسه

scyregemote [قانون سكسوني] محكمة منطقة shire ، كانت تعتبر اهم المحاكم في نظام القضاء السكسوني وتمارس اختصاصين، مدنياً وكنسياً، في آن واحد . وقد اشتهرت ايضاً باسمها اللاتيني *curia comitatis* وكانت تعقد جلساتها مرتين في السنة .

se defendendo دفاعاً عن النفس

sea بحر
— beyond sea ما وراء البحر
[قانون انكليزي] وراء حدود الجزائر البريطانية .
[قانون اميركي] خارج حدود الولايات المتحدة او الولاية المعنية.

— high seas اعالي البحار؛ المياه العامة: وهي تبدأ، حسب النظرية الانكليزية، بعد ثلاثة اميال من ساحل اي بلد؛ او، بعبارة اخرى: كل موقع من بحر يبعد ثلاثة اميال او اكثر عن اقرب ساحل اليه .

— main sea وسط البحر او داخله؛ البحر المكشوف: مياه البحر التي لا تحصرها اية رؤوس ممتدة من اليابسة .

sea-bed قاع البحر

sea-brief (راجع sea-letter)

sea-greens [قانون اسكتلندي] الاراضي التي يغمرها البحر اثناء مده في فصل الربيع .

sea-letter سند بيان جنسية: خطاب تحمله السفن المحايدة اثناء الحرب للدلالة على جنسيتها، وهو عبارة عن بيان يذكر فيه تفصيل الشحنة واسم ميناء القيام وميناء الوصول .

sea-rovers لصوص بحريون؛ قراصنة

seal ختم أو خاتم؛ سجل يستعمل لتوثيق المحررات واعطاء العقود صفتها الرسمية .

— common seal خاتم او ختم قانوني، تختم به الشركات محرراتها الرسمية .

— corporate seal ختم الشركة او (المؤسسة) الرسمي

— Great Seal [قانون انكليزي] الخاتم الكبير؛ خاتم المملكة البريطانية المتحدة، وهو خاتم ملكي يعهد بحفظه للورد تشانسلور Lord Chancellor او الـ Lord Keeper ، وتمارس به جمهرة من السلطات الملكية .
[قانون اميركي] تستعمل الولايات المتحدة بصفتها الاتحادية كما تستعمل كل ولاية بمفردهـــا خاتماً خاصاً يسمى احياناً the Great Seal على ان الاسم الشائع لهذا الختم هو خاتم الولايات المتحدة the Seal of The United States او خاتم الولاية the Seal of the State .

— Privy Seal (راجع باب privy)

— Quarter Seal [قانون اسكتلندي] خاتم صغير يحفظ لدى مدير الـ Chancery، وهو ربع الخاتم الكبير Great Seal من حيث الحجم ويسمى احياناً Testimonial of the Great Seal .

seal office [اجراءات انكليزية] مكتب الخاتم؛ مكتب قضائي يختص بختم الاوامر القضائية .

seal-paper [قانون انكليزي] بيان محاكمات، يصدره الـ Lord Chancellor قبل بداية الدورة القضائية لبيـــان

seat مقر (محكمة او غيرها)؛ مكان؛ كرسي (بمعنى عضوية)

seat belts [قانون الطيران] احزمة مقاعد

seated land ارض مستغلة (بزراعة او سكنى)

seaworthiness [تأمين بحري] صلاحية (السفينة) للملاحة، وهي تتلخص في قدرتها على مقاومة الرياح والاحوال الجوية العادية وتجهيزها تجهيزاً مناسباً للرحلة بما تحتاج اليه من الضباط والمهندسين والبحارة والوقود والمعدات والادوات والمؤن اللازمة لها واستيفائها شروط السلامة من حيث تقسيمها وتعويمها وخطوط شحنتها ومعدات الانقاذ فيها والتلغراف واللاسلكي وما الى ذلك .

seaworthy صالحة للملاحة: اي صحيحة البناء مجهزة بما يلزمها من البحارة والمؤن والمعدات والادوات، مستعدة للرحلة المعنية ومستوفية شروط السلامة . (راجع seaworthiness)

secede ينفصل؛ ينسحب (من عضوية او اتحاد او حلف او ما الى ذلك)؛ ينشق؛ ينعزل (والاسم secession)

seck عدم استطاعة الحجز لاستيفاء المحكوم به من المدين . انعدام (الثمار او الارباح)

second ثان؛ تال (من حيث العدد او الحصول او الصلة او الدرجة او الاعتبار) .

[كفعل] يثني؛ يزكي؛ يؤيد . ينتدب لوظيفة او مهمة خاصة

second lien امتياز (او اختصاص) ثان: لا يتقدمه من حيث الاسبقية او الاحقية في الاستيفاء من اموال المدين الا الامتياز او الاختصاص الاول .

second of exchange صورة ثانية من كمبيالة (تحرر على عدة صور مطابقة) .

secondary موظف قضائي قديم كان يتبع محكمة مجلس الملك الخاص والمحكمة المدنية العامة Common Pleas ثم الغيت وظيفته من كلتا المحكمتين .

[كنعت] ثانوي؛ في المكان الثاني من حيث الدرجة او الاعتبار .

secondary boycott مقاطعة ثانوية: شأن التكتل او الاعتصاب الذي يهدف الى اكراه الزبائن أو الممونين بسبيل الوعيد أو التهديد او غيره من وسائل الارهاب على قطع صلاتهم بمدير العمل .

secondary evidence بينة ثانوية، لها المكان الثاني من حيث الاعتبار اذا قيست بالبينة الاولية: كالصورة المأخوذة عن سند أصلي والشهادة الشفوية على محتويات سند مفقود وكل ما يقبل على سبيل البينة بالدرجة الثانية اذا افتقد الدليل القاطع .

الاعمال اليومية التي ستباشرها محكمته ومحاكم قضاة الاستئناف Lord Justices والـ Vice-Chancellors ويصدر رئيس الاستئناف Master of the Rolls مثل هذا البيان فيما يتعلق بالدعاوى المقرر نظرها امام محكمته .

sealed مختوم: مصدق عليه او موثق بختم؛ منشأ ومذيل بختم؛ مختوم بالشمع الاحمر او غيره ومغلق او مربوط بحيث لا يمكن الاطلاع على محتوياته .

sealed and delivered ختم وبلغ: عبارة يذيل بها الاشهاد على التصرف وتتبع بتواقيع الشهود او ما يقوم مقامها .

sealed instrument سند مختوم: يحمل توقيع وختم منشئه .

sealed verdict قرار مختوم . اذا اجمع اعضاء هيئة المحلفين على قرار معين ولم تكن المحكمة جالسة حينئذ، كان لهم ان يودعوا قرارهم ظرفاً يغلقونه ثم ينصرفوا حتى اذا عادت المحكمة الى الجلوس قدموه اليها .

seamen بحارة؛ ملاحون؛ نوتيون

search [قانون جنائي] بحث؛ تفتيش (مكان او شخص او ما يتصل به)؛ تنقيب

[قانون دولي] يقال حق التفتيش search او right of search. الحق الذي تمارسه السفن الحربية اثناء الحرب وتستطيع بموجبه ان توقف السفن التجارية لتستوثق مما إذا كان لها حق الاستيلاء عليها او لم يكن .

[في الاجراءات] فحص (دفاتر او سجلات رسمية)

[كفعل] يفتش؛ يبحث؛ يفحص؛ ينقب

— unreasonable search (راجع باب unreasonable)

search-warrant امر تفتيش، يصدر باسم الدولة، عن مرجع مختص لتكليف الموجه اليه بتفتيش محل معين (عن محظورات او ادوات تتصل بجريمة او تساعد على اكتشافها) وضبط ما يعثر عليه واحضاره مع الشخص الذي يشغل محل التفتيش، امام الجهة الآمرة .

searcher [قانون انكليزي] مفتش سفن . موظف جمركي مهمته تفتيش السفن المسافرة للتثبت من عدم حملها اية بضاعة محظورة او غير مجمركة .

searches تفتيشات؛ ابحاث: تجرى في القيود او السجلات للعثور على ما قد يترتب على الحق المالي المعني من امتيازات او اختصاصات او غيرها .

seashore شاطىء بحر: الجزء الذي ينكشف عنه البحر، اثناء جزره، من اليابسة ويغمره اثناء مده .

secondary liability مسؤولية ثانوية (عن دين)؛ يكون ترتيبها معلقاً على شرط: كمسؤولية الكفيل surety عن دين مكفوله، وهي تحل في المرتبة الثانية بعد مسؤولية المكفول نفسه ولا يتمسك بها الا بعد انقطاع الرجاء من امكان الاستيفاء من المكفول .

second-hand evidence شهادة تتناول اموراً بلغت سمع الشاهد بسبيل شخص آخر ، ولا تعدو كونها شهادة سماع hearsay .

seconds [قانون جنائي] مساعدو المتبارزين (باسلحة قاتلة): مديروهم

secret سر؛ خفاء؛ كتمان سري؛ مكتوم؛ مخفى؛ مستور

secret lien امتياز مكتوم: حق امتياز يحتفظ به البائع لنفسه على البضاعة المبيعة ويكتم امره عن الغير حرصاً على مصلحة المشتري دون الاضرار بمصلحته الخاصة .

secret partner (راجع باب partner)

secret service بوليس سري . دائرة تحر أو خدمات سرية: فرع من الخدمات العامة الرسمية يتولى مهام التحري عن الجرائم وتعقب مرتكبيها وكشف الستار عنهم .

secretary [في الشركات والجمعيات] سكرتير؛ يمارس ادارة قيود الشركة ومحرراتها وتوجيهها او حفظها واصدار الاعلانات والتنبيهات وتسلمها والتأشير على الوثائق وما الى ذلك .

[في الولايات المتحدة الاميركية] يطلق هذا اللقب ايضاً على رؤساء الدوائر (الوزراء)، نحو: وزير الحربية Secretary of War او وزير الداخلية Secretary of the Interior وهلم جرا .

— Under-Secretary وكيل وزارة

Secretary of State [قانون الولايات المتحدة الاميركية] وزير الخارجية

secrete يخفي؛ يخبىء؛ يقصي (مالا عن متناول دائنين، باخفائه فعلا اذا امكن او نقله الى اسم الغير او ابعاده عن يد التنفيذ بأية وسيلة كانت) .

sect طائفة؛ فرقة: حزب يجتمع افراده على عقائد دينية واحدة (ضمن ديانة كبرى) .

secta [قانون انكليزي قديم] دعوى . اتباع المدعي او شهوده (شهود اثباته) الحاضرون لاثبات دعواه .

secta curiæ [قانون انكليزي] الحضور في المحكمة . واجب اقطاعي يقتضي الاتباع الاقطاعيين ان يحضروا انعقاد محكمة السيد الاقطاعي ليكونوا اعضاء في هيئة محلفيه او يجيبوا على ما ينسب اليهم من الجرائم .

sectarian طائفي: يختص او يتصل باحدى الطوائف او الفرق الدينية .

sectatores [قانون سكسوني] محلفون؛ عهد اليهم بتقرير الواقع وما يدخل في نطاقه matters of fact .

section بند (في محرر او نص قانوني)؛ مادة؛ فقرة؛ مقطع؛ قسم؛ جزء؛ جانب؛ فرقة؛ طائفة . شرذمة

section of land [قانون الاراضي الاميركي] مساحة من الارض مقدارها ميل مربع (٦٤٠ فداناً انكليزياً) .

sectores [قانون روماني] مشترون (او مزايدون) في مزاد علني.

secular دنيوي؛ غير ديني

secular business مشاغل دنيوية، تتصل بالحياة الدنيا: كالاعمال المهنية والمعاملات التجارية والمالية والاقتصادية وما اليها .

secular clergy [قانون كنسي] رهبان ابرشيات، يؤمون الناس في الكنائس . يقابلهم رهبان الاديرة regular clergy وغيرهم .

secure يقدم ضماناً؛ يضمن؛ يتحفظ؛ يحترز (على)

[كنعت] مضمون؛ مؤكد؛ او في مأمن (من خطر)؛ محترز او محافظ عليه . مشدود الى موضعه او ثابت فيه الى حد يكفل له السلامة .

secure one's creditor يضمن دائناً؛ يقدم ضماناً له: كرهن او امتياز او حق، مهما كان، يضمن الاداء اليه .

secured creditor دائن مضمون: بضمان عيني (اي عقاري) او شخصي (اي بشخص ملي) .

securities سندات مالية؛ سندات حكومية؛ اسهم شركات ضمانات؛ اوراق ضمانية

security كفالة؛ ضمان (اداء دين): كالرهن من مدين لدائن ضماناً للوفاء او التعويض في حال عدم الوفاء .

كفيل او ضامن: يضمن قيام الغير بواجب معين .

— collateral security ضمان اضافي

— counter security ضمان مقابل . ضمان الضامن او كفالة الكفيل: ضمان شخص ترتب عليه ضمان غيره .

— personal security امان شخصي: امان الفرد على حياته وسلامة جسمه وصحته وسمعته في حدود القانون .

ضمان شخصي: يترتب على شخص الدائن لا امواله العقارية .

وبذر بذور الشقاق او بعث السخط على الملك او الحكومة او الدستور او احد مجلسي البرلمان او المراجع القضائية او الهاب شعور الحقد بين الطوائف او تحريض الناس على تبديل اي نظام قائم من نظم الكنيسة او الدولة بسبيل غير مشروع .

seduce يغوي؛ يغرر (بـ)؛ يستميل الى دعارة، يغري او يحرض عليها

seduction اغواء؛ تغرير (بـ)؛ استمالة الى دعارة، او افعال شهوانية، او حث عليها باية وسيلة كانت . على ان العنصر اللازم لهذه الجريمة، حسب بعض القوانين، هو ثبوت عفة المرأة قبل ارتكاب الفعل معها .

See [**قانون كنسي**] دائرة اختصاص المطران او الاسقف؛ ابرشية؛ كرسي مطراني او اسقفي

seen « نظر »؛ تم الاطلاع عليه؛ « قبل » . تعتبر هذه الكلمة صيغة قبول . اذا اثبتها المسحوب عليه على الكمبيالة افادت قبوله لها .

segregate يعزل (شخصاً عن آخر)؛ يفصل؛ يفرق؛ ينحي

segregation تفريق (عنصري)؛ فصل؛ عزل؛ تنحية (بعض افراد او طبقات عن بعض بدافع اللون او العنصرية او غير ذلك) . تفاضل

seignior سيد (لورد)؛ مولى؛ سيد اقطاعي

seigniory [**قانون انكليزي**] سيادة اقطاعية؛ ملك اقطاعي . الحقوق العائدة للسيد في ابعاديته او دوراه او قطعيته .

seise [**قانون انكليزي قديم**] يملك؛ يمكن من حيازة

seised [**قانون انكليزي قديم**] من ملك ارضاً او مكن من حيازتها؛ حائز ارض او مالكها

seised in demesne as of fee حائز بحكم الملكية المطلقة : يحوز بموجب ما له (على الارض) من حق ملكية مطلق خال من القيود والشروط .

seisin ; seizin [**قانون انكليزي قديم**] حيازة ملكية؛ حيازة ارض مملوكة ملكاً مطلقاً .

[**قانون اميركي**] لا تحمل هذه الكلمة اي معنى في محدد بل تفيد مجرد الحيازة المشروعة القائمة على حق قانوني .

— actual seisin حيازة فعلية

— constructive seisin حيازة تقديرية او اعتبارية . تكون الحيازة constructive اذا منح صاحبها براءة مثلا او ترخيصاً من الدولة بحيازة ارض معينة لكنه قعد عن ممارسة

— public securities سندات او ضمانات عامة، سندات دين تشهد بدين عام لحاملها على الدولة .

— real security ضمان عقاري: امتياز او حق، مهما كان، يترتب على عقار معين ضماناً للوفاء بدين قائم .

— treasury securities (راجع باب treasury)

Security Council مجلس الامن: الهيئة التنفيذية للامم المتحدة، وهو يتشكل من خمسة اعضاء دائمين وستة اضافيين ينتخبون لفترات معينة . ويهدف بالدرجة الاولى لمنع الحروب او ايقافها بالتدابير الدبلماسية او الاقتصادية او العسكرية (حسب الاحوال) .

security deposit عربون ضمان (اجرة): مبلغ يودع من مستأجر لدى مؤجر ضماناً لقيام الاول بما ترتب عليه من شروط مقررة .

security for good behaviour ضمان حسن سلوك

secus « وإلا »؛ « وعلى العكس من ذلك »

sed vide تفسر هذه العبارة حرفياً بـ «لكن انظر»؛ « مع ذلك ارجع (الى) او تأمل » . ويراد بها لفت نظر القارىء الى مرجع أو حجة اخرى تناقض موضوع البحث او تتنافر معه .

sedente curia اثناء جلوس المحكمة او انعقادها

Sederunt, Acts of [**قانون اسكتلندي**] (راجع Acts of Sederunt)

sedge flat ارض يقل ارتفاعها عن مستوى ماء البحر او النهر في اقصى ارتفاعه .

sedition فتنة؛ دس؛ شغب؛ تهييج الخواطر؛ تعكير سلام الدولة، سواء عن طريق الاجتماعات او الخطب او المنشورات او غيرها .

[**قانون اسكتلندي**] اثارة القلاقل او الثورة على السلطات الشرعية في البلاد .

[**قانون انكليزي**] الجرم الواقع بنشر أو اذاعة اي كلام او عبارات او وثائق يقصد من ورائها الى اثارة الاحقاد او السخط على الملك او الحكومة او المملكة او الدستور او احد مجلسي البرلمان او المراجع القضائية او الى بذر الشقاق او اثارة الفتن والبغضاء بين الطوائف او تحريض الناس على تبديل اي نظام من نظم الكنيسة او الدولة بسبيل غير مشروع.

seditious libel [**قانون انكليزي**] فتنة بطريق المحررات والمطبوعات . كل وثيقة مطبوعة او محررة باليد تحمل عبارات تنطوي على الفتنة sedition او تنشر قصد اثارة الاحن

حقه ولم يحز الارض باي شكل كان بل قام غيره بحيازتها الفعلية واكتفى هو بالحيازة الاعتبارية او الاسمية القائمة على اساس البراءة المذكورة .

— livery of seisin تسليم حيازة (بما يرافق ذلك من الرسميات او الطقوس المرعية)

— primer seisin [قانون انكليزي قديم] حق الملك عند وفاة الحائز منه في ان يتقاضى من الوارث الاقطاعي، اذا كان راشداً، جزءاً معلوماً من ثمرات الارض او ارباحها خلال عام واحد .

seisin in deed; seisin in fact حيازة فعلية تنطوي على نية المطالبة بالملكية المطلقة ولا تختلف عما يسمى actual seisin .

seize يمكن (بتشديد الكاف مع الكسر) من حيازة؛ يملك الغير ملكية مطلقة fee simple خالية من اي شرط .

يضبط (اشياء)؛ يحجزها (قانوناً)؛ يضع اليد عليها (راجع seizure)

seizin (راجع seisin)

seizure ضبط (شيء)؛ وضع اليد او الاستيلاء (عليه)؛ احتلاله او التمكن منه بالقوة .

احتلال شاغل الارض المؤجرة رضائياً copyhold (اجارة مرهونة برضا المالك) اذا خلت هذه الارض بموت المؤجر بلا عقب .

[في الاجراءات] توقيع حجز على مال ثابت او منقول، ووضعه تحت الحراسة بموجب امر قضائي صادر بناء على حكم محكمة مختصة .

ضبط اشياء او مصادرتها من السلطات المختصة .

seizure *quousque* اذا لم يبادر وارث المستأجر بعد موت مورثه الى مطالبة المالك بالاستمرار في الاجارة، كان للمالك بعد تكليفه عن طريق المحكمة ثلاث مرات باداء ما عليه والحلول في الحيازة محل المتوفى، ان يضع يده على الارض . *quousque* : اي حتى يحضر الوارث ويطالب بدخول الارض .

select يختار؛ يصطفي

selecti judices **[قانون روماني]** قضاة مختارون، كان يختارهم الـ *praetor* بالقرعة كما تختار هيئات المحلفين في نظام القضاء الانكليزي . فاذا لم يعترض على اختيارهم لاسباب وجيهة، حلفوا اليمين وانتصبوا للقضاء .

self-buoyant يطفو من تلقاء نفسه (بلا معين)

self-contradictory متناقض في ذاته؛ يناقض ذاته او نفسه

self-dealing تعامل ذاتي؛ تتنافر فيه المصلحة الذاتية والواجب: وهو ما يصدر من الامين احياناً اذا قام لحسابه الخاص ونيابة عمن هو امين على مصلحته بانجاز معاملة تتنافر فيها مصلحته الخاصة وواجبه .

self-defence الدفاع عن النفس او حمايتها (من خطر معقول محدق لا سبيل الى تفاديه) .

self-determination تقرير المصير (السياسي)؛ الخيار الذاتي

self-evident واضح في حد ذاته؛ بين من تلقاء نفسه؛ غني عن الايضاح بحكم جلائه الذاتي .

self-executing constitutional provision حكم او نص دستوري نافذ من تلقاء نفسه : لا يحتاج الى تشريع تبعي يكفل تنفيذه .

self-executing judgments احكام حائزة للصفة التنفيذية؛ احكام مشمولة بالنفاذ: قابلة للتنفيذ دون اجراءات تبعية اخرى .

self-murder or **self-destruction** or **self-slaughter** قتل الذات او الاجهاز عليها : انتحار

self-supporting قائم بذاته؛ يعيل نفسه، قادر على اعالتها؛ غني عن مساعدة الغير (او المساعدة الاجنبية اذا كان الموضوع شعباً او دولة) .

sell يبيع

seller بائع

selling stocks short قيام السمسار ببيع اسهم لا يملكها الزبون ثم اقتراض الزبون للاسهم المبيعة من شخص ثالث كي يسلمها للمشتري (بمقتضى البيع) املا في ان يشتريها فيما بعد بسعر اقل ثم يردها الى المقرض .

Semayne's Case قضية «سيمين» . نظرت هذه القضية سنة ١٦٠٤م واشتهرت لما حصل تقريره فيها من ان «بيت كل شخص هو حصنه» وانه ليس لمأمور التنفيذ ان يكسر ابواب المنازل الخارجية او يفتحها بالقوة، بل له ان يكسر او يفتح الابواب الداخلية . على ان له، اذا استأذن، ان يكسر الابواب الخارجية ايضاً او يفتحها عنوة للبحث عما قد يكون في البيت المقصود من اشياء أخذت من الغير بالباطل .

semble يبدو؛ يظهر؛ يلوح . يرد هذا الاصطلاح في القرارات وما اليها لاعطاء رأي قانوني لايراد الجزم به نظراً لما يحوطه من شكوك .

senatus decreta قرارات مجلس شيوخ .
قوانين خاصة تسري على افراد معينين دون غيرهم .

sending state [صلات دبلماسية] الدولة الموفدة . تقابلها الدولة الموفد اليها receiving state .

senile *dementia* سباه؛ خرف : ضعف القوى العقلية

senility سباه؛ شيخوخة؛ ضعف الجسم والقوى العقلية بداعي الشيخوخة .

senior اكبر (سناً)؛ اعلى درجة ورتبة؛ اقدم (في مركز او وظيفة)

seniority اقدمية؛ اسبقية (في مركز او وظيفة)؛ تقدم (رتبة او شأن)

sense معنى؛ كنه؛ مغزى؛ مفهوم؛ حاسة

sensual شهواني؛ يتبع الشهوات الجنسية؛ يستثيرها؛ يتصل بها او باشباعها

sent down مطرود (من جامعة – خصوصاً اكسفورد او كيمبردج) . يقال: يطرد to be sent down .

sentence حكم: قرار صادر من محكمة، بعد ادانة متهم في اجراء جنائي .
يقتصر استعمال هذه الكلمة في الغالب على القضايا الجنائية (او الجزائية)، وتقابلها في الدعاوى المدنية judgment او decision او award او finding او غيرها من المرادفات الفنية حسب الاحوال .
[كفعل] يحكم (على مدان)

— cumulative sentences احكام متعددة (بتعدد الجرائم) ؛ احكام مترادفة، تصدر على شخص واحد عندما يرتكب عدة جرائم مستقلة لغرض واحد او اكثر وتفرض عليه بموجبها العقوبات المقررة لكل جريمة على حدة . فاذا حكم عليه في ذات القضية مثلا بسنة واحدة على فعل وستة اشهر على ثان وسنتين على ثالث ، كانت الاحكام الصادرة ضد المحكوم cumulative .

— final sentence حكم نهائي

— indeterminate sentence [في بعض الولايات المتحدة الامريكية] حكم غير محدد، لا يقرر مدة السجن المحكوم بها على المدان بصورة قطعية، بل يكتفي ببيان حديها . فينص مثلا على مدة « ادناها كذا.. من السنين، واقصاها كذا.. » ويترك تقرير المدة بين الحدين الى عاملين: ماضي المحكوم عليه وسلوكه في السجن وبوادر الاستقامة فيه .

semestria [قانون مدني] قرارات صادرة عن مجالس الاباطرة (المجالس المنعقدة بحضورهم) .

semi-matrimonium نصف زواج . يراد به التسري أو اتخاذ السراري

semi-plena probatio نصف اثبات كامل ، اي مجرد نصف اثبات (كشهادة شاهد واحد) .

seminary معهد؛ مركز تدريب؛ مدرسة لاهوت؛ كلية

seminaufragium [قانون بحري] نصف غرق؛ كطرح حمولة السفينة في البحر عند اشتداد الريح عليها او اعطابها الى حد تزيد معه تكاليف اصلاحها على ثمنها .

semper in dubiis benigniora præferenda sunt في المسائل التي يلابسها الشك ينبغي ان تكون الأثرة دائماً لأسمح التفاسير .

semper necessitas probandi incumbit ei qui agit عبء الاثبات على المدعي او، « البينة على من ادعى » .

semper præsumitur pro legitimatione pueRorum القرينة دائماً في جانب شرعية الاولاد .

semper præsumitur pro matrimonio القرينة دائماً في جانب صحة الزواج .

semper præsumitur pro negante القرينة دائماً في جانب من انكر او، تفسر القرينة لمصلحة المنكر .

semper qui non prohibet pro se intervenire, mandare creditur من لم يمنع الغير من التدخل نيابة عنه فكأنه فوض اليه ذلك.

semper sexus masculinus etiam femininum sexum continet المذكر (في النصوص القانونية) يشمل دائماً المؤنث .

sen اصطلاح عظيم القدم، معناه : عدالة

senate مجلس شيوخ

senator [قانون اميركي] عضو في مجلس شيوخ
[قانون انكليزي قديم] عضو في المجلس الملكي Royal Council؛ مستشار ملك

Senatus Consultum Velleianum مرسوم روماني صدر في عهد قنصلية Velleius لمنع المتزوجات من انشاء العقود او الاشتراك فيها .

للزوجة كي تنفق منه على نفسها واولادها بينما تعيش معهم منفصلة عن زوجها . وهو غير النفقة alimony التي لا تعين الا في حالتي الطلاق والانفصال القانوني .

separate trial محاكمة منفصلة او منفردة: تحصل باشتراك عدد من الاشخاص في تهمة واحدة ومحاكمة كل منهم على حدة separately ، اي باجراء محاكمة مستقلة separate trial لكل منهم .

separation [مسائل الزواج] انفصال ؛ مباراة؛ مفارقة او تفرقة او تفريق (بين زوجين) ؛ حل العشرة، بامر المحكمة، وتوقف العلاقة الزوجية .

separation *a mensa et thoro* [مسائل الزواج] انفصال في المآكل والمرقد؛ وهو حل جزئي للزوجة يكون بانفصال الزوجة عن زوجها في مأكلها ومنامها .

separation deed سند مفارقة او انفصال : ينظم بين زوجين ويترتب عليه فصم عرى العشرة الزوجية وتحديد ما يعود للزوجة من راتب مقرر وما ينبغي ترتيبه فيما يتعلق بنفقة الاولاد وتربيتهم وما الى ذلك من مستلزمات الانفصال المذكور .

separation order [مسائل الزواج] امر انفصال او متاركة .

اذا ادانت المحكمة الزوج بفعل الاعتداء المشدد aggravated assault على زوجته، جاز لها ان تقرر كون الزوجة ليست ملزمة بمعاشرته، وكان قرارها، في هذه الحال، بمثابة امر انفصال قضائي على اساس القسوة cruelty .

Septennial Act قانون السنوات السبع . صدر هذا القانون الانكليزي في عهد الملك جورج الاول ليمنح البرلمان حق الاستمرار سبع سنين ما لم يحل قبل ذلك .

sepulchre مدفن؛ قبر ؛ ضريح

sepulture مدفن ؛ محل دفن

sequel مؤدى؛ سياق؛ استمرار ؛ منتهى؛ نتيجة

sequester [قانون مدني] يتنازل (عن شيء) ؛ يتنصل منه، كما تفعل الارملة مثلا حين تعلن في المحكمة تنصلها من تركة زوجها المتوفى وعدم she is said to sequester اتصالها بها .

يحبس او يأخذ (مالا) ، تنفيذاً لامر قضائي يقتضي ذلك ويأذن به . وفي هذا المعنى ايضاً يستعمل الفعل sequestrate .

يودع (موضوع نزاع) شخصاً ثالثاً لحساب المتنازعين عليه حتى يبت في امره .

— interlocutory sentence حكم عارض: يصدر في سياق الدعوى بشأن مسألة غير مباشرة تعرض اثناء النظر في المسألة الاساسية .

— suspension of sentence وقف الحكم او تعليق النطق به، ويقصد به احد امرين: اما تأجيل النطق به بعد ادانة المتهم او وقف تنفيذه بعد النطق به .

sentence of death recorded [اجراءات انكليزية] حكم اعدام محتفظ به؛ حكم مسجل بالاعدام : اي غير منطوق به . وهو حكم بالموت يكتفى بتسجيله دون النطق به، كي لا ينفذ . ولا فرق، من حيث الاثر، بين هذا الحكم والحكم العادي الذي تنطق به المحكمة ثم توقف تنفيذه .

sentences to run concurrently تسري الاحكام بالتداخل . او يغب بعضها بعضاً . ويكون غب الاحكام اذا تجمعت على المدان بعدة جرائم، فحكم عليه بمجموعة منها على ان يمضيها معاً لا بالتتالي، بحيث ان كل يوم يقضيه في السجن يحسم له من كل عقوبة من العقوبات (المحكوم بها عليه) في آن واحد ويكون في هذه الحال، من حيث الاثر، كأنه محكوم عليه بالعقوبة المقررة لاكبر الجرائم المدان بها .

separable قابل للتفرقة: ممكن العزل او التجزئة او الفصل (بعضاً عن بعض) .

separable controversy مسألة قابلة للتجزئة: دعوى يستطاع فصلها عن دعوى ثانية وعرضها على محكمة في مقاطعة او ولاية اخرى مثلا، دون حضور خصوم الدعوى الثانية (او تدخلهم) .

separate [كفعل] يفصل؛ يعزل؛ يفرد؛ يقسم (بين امرين)؛ يقطع (بينهما) اسباب الصلة

[كنعت] مستقل؛ منفرد؛ منفصل؛ خاص؛ على حدة؛ قائم بذاته

separate action دعوى منفردة، اجراء منفصل

separate estate املاك فردية؛ يملكها ذو الشأن بمفرده ولا يشاركه احد فيها . تقابلها الاموال المنضمة التي يشترك فيها اثنان او اكثر .

separate examination استجواب منفرد او انفرادي: كاستجواب المرأة المتزوجة على غير مسمع من زوجها بشأن تصرف صدر منها، للتثبت مما إذا كان تصرفها بملء حريتها أو بدافع المراغمة من الزوج .

استجواب الشاهد بمعزل عن باقي الشهود وبعيداً عن سمعهم .

separate maintenance مصروف مستقل: يعين

يأخذ شيئاً، متنازعاً فيه، من احـد اطراف النزاع ويودعه (بسبيل الامانة) شخصاً ثالثاً .

يحتبس (المؤجر)؛ يحتجز منقولات المستأجر الموجودة في العين المؤجرة اذا امتنع هذا عن اداء ما عليه بموجب عقد الايجار .

[**قانون دولي**] يصادر، يستولي على اموال خاصة او ينزع ملكيتها للمصلحة العامة؛ يحجز اموالا خاصة لرعايا العدو .

[**كاسم**] حارس قضائي تعينه المحكمة .

[**قانون مدني**] شخص مودع لديه يؤتمن على شيء موضوع نزاع ريثما يفصل فيه .

sequestration [**قانون مدني**] قيام الخصوم بايداع موضوع النزاع شخصاً ثالثاً ليست له فيه مصلحة على ان يسلمه لمن يحكم له به .

[**اجراءات العدالة المطلقة** Equity Practice] امر وضع اموال المدعى عليه او محاصيل ارضه او ايراداته، تحت الحراسة القضائية حتى يمتثل لما امر به .

[**قانون دولي**] ضبط الاموال الخاصة والاستيلاء عليها كي تسخرها الحكومة لما تراه من اغراض .

[**في غير ما تقدم**] احتباس

sequestrator حابس (مال)؛ حاجز عليه: من صدر امر حبس اشياء الغير لمصلحته . المكلف بحبس مال او تنفيذ امر قضائي يستوجب الحبس .

sequi debet potentia justitiam non præcedere على القوة ان تتبع العدالة لا ان تتقدمها .

serf [**نظام اقطاعي**] قن؛ عبد او حلس الارض، الذي لا يبرح خدمتها وينتقل معها كيفما انتقلت .

serfdom نظام احلاس

sergeant or **serjeant** [**قانون عسكري**] نائب؛ ضابط صف برتبة جاويش .

sergeant at arms; sergeant at law (راجع serjeant تاليا)

serial تسلسلي

seriate يسلسل: يرتب (الاشياء) بطريق التسلسل، تباعاً

seriately تسلسلا؛ بالتسلسل؛ بالتتابع

seriatim على انفراد او حدة؛ واحد بعد آخر

serious بليغ؛ خطير؛ هام؛ فادح؛ جسيم: لا يستهان به، جاد؛ جدي

serjeant لا تختلف هذه الكلمة من حيث المعنى عن sergeant غير ان الاخيرة تستعمل غالباً في الشؤون العسكرية بمعنى جاويش بينما تستعمل الاولى غالبـاً في شؤون القضاء للدلالة عـلى الرتب المهنية الخاصة التي يحملها بعض المشتغلين في القانون . (راجع الالقاب التالية) :

— **common serjeant** موظف قضائي، ملحق بمجلس بلدية لندن لمساعدة الـRecorder في اعماله القضائية في الـOld Bailey محكمة الجنايات المركزية بلندن .

serjeant at arms مأمور تنفيذ تعينه الهيئة التشريعية لتنفيذ اوامرها والمحافظة او الاشراف على النظام والقاء القبض على المخلين .

serjeant at law دكتور في القانون؛ محام barrister امام محاكم القانون Common-Law Courts يتمتع برتبة انعام رفيعة تعادلها رتبة الدكتوراه في المحاكم الكنسية .

serjeant of the mace [**قانون انكليزي**] موظف مرافق لعميد بلدية لندن .

Serjeant's Inn جمعية حقوق معتمدة كانت تضم الـ serjeants at law وتقع بالقرب من حي Chancery Lane بلندن، وقد عرفت سابقاً باسم Faryndon Inn .

serjeanty خدمة تستتبعها حيازة اقطاعية .

serment [**قانون انكليزي قديم**] يمين؛ قسم؛ حلف

serment litis-décisoire يمين حاسمة: يوجهها الخصم الى خصمه محتكماً بها الى ضميره لحسم النزاع .

serment supplétoire يمين متممة: يوجهها القاضي الى احد الخصوم لاستكمال الادلة المقدمة منه .

serpent-venom reaction تفاعل سم الافعى: سبيل لاختبار الجنون، يلجأ اليه في بعض البلدان الاوروبية واليابان للتأكد من حالة الجنون في الشخص المشبوه فيه، ويكون بفصل كريات الدم الحمراء في جسمه عن طريق حقنه بسم الكوبرا او غيرها من الافاعي .

serrated مسنن؛ مشرشر: ذو اسنان كحد المنجل او المنشار . استعملت هذه الكلمة للدلالة على صور المستندات التي كانت تحرر قديماً على اوراق خاصة مسننة الاضلاع تيسيراً لتحقيق صحتها بمقارنة الاضلاع المسننة والتثبت من مطابقتها، منعاً من التزوير .

servant خادم؛ مستخدم؛ اجير: موظف (علت رتبته او دنت) يأتمر بأمر من استخدمه .

dominant خادم او مرتفق به : يترتب عليه لعقار مخدوم tenement حق ارتفاق .

servitium [**نظام اقطاعي وقانون انكليزي قديم**] واجب الطاعة والخدمة الذي كان يدين به الحائز الاقطاعي للسيد بحكم حيازته منه .

servitium forinsecum خدمة زائدة (على اية خدمة اخرى) اقتضي اداؤها للملك فوق ما كان يحق لغيره من السادة الاقطاعيين .

servitium scuti خدمة الدرع : الخدمة الواجبة على الفارس الفصل لسيده المقطع .

servitium socæ خدمة المحراث . الخدمة الزراعية الواجبة على الفصل (التابع الاقطاعي) للسيد المقطع .

servitor تحت الخدمة . يرد هذا الوصف في طلاب جامعة اكسفورد؛ يقابله sizars بالنسبة لطلبة كيمبردج .

servitors of bills [**اجراءات انكليزية قديمة**] محضرون عهد اليهم بتبليغ اوامر الحضور للمحاكمة امـــام محكمة مجلس الملك الخاص .

servitude خدمة؛ تكليف يترتب على عقار لآخر ولا يختلف عما يعرف بالارتفـــاق easement في القانون العام الا في أن الخدمة servitude هي التكليف المترتب على العقار، بينما الارتفاق easement هو المنفعة العائدة للعقار المرتفق .

— negative servitude تكليف سلبي : يلزم صاحب العقار المرتفق به ان لا يفعل او يباشر اموراً معينة على عقاره من شأنها ان تضار العقار المرتفق او تحول دون الانتفاع به على اي حال .

[**قانون دولي**] التزام تتعهد بموجبه الدولة الملزمة ان لا تأتي عملا معيناً، مراعاة لمصلحة دولة او دول اخرى . من ذلك ما فرضته معاهدة باريس سنة ١٨١٤م على بلجيكا من عدم جعل Antwerp قاعدة عسكرية، وفرضته معاهدة باريس سنة ١٨٥٦م على روسيا من هدم حصونها القائمة عـــلى سواحل البحر الاسود وعدم انشاء الاساطيل في ذلك البحر، وكذلك ما فرضته معاهدة فرسايل على المانيا سنة ١٩١٩م من ازالة القواعد العسكرية، وهلم جرا:..

— penal servitude [**قانون جنائي انكليزي**] الحبس مع الشغل

— personal servitude : تكليف شخصي؛ خدمة شخصية تعود لشخص المنتفع وتنقضي بموته، كحق الانتفاع usufruct او الاستعمال use او السكن habitation وما الى ذلك من الحقوق .

— civil servant موظف في الخدمة المدنية (لدى الحكومة)؛ مأمور؛ موظف مدني

— public servants موظفو الدولة؛ مأمورون عموميون

serve يخدم؛ يعمل؛ يشتغل (لدى شخص او محل)

[**قانون اسكتلندي**] يصدر او يعطي (قراراً لمصلحة المدعي بوراثة) .

[**في الاجراءات**] يبلغ؛ يعلن (امراً قضائياً)؛ يوقع (حجزاً) يمضي او يقضي (مدة سجن محكوم بها) .

servi [**قانون انكليزي قديم**] خدم كالاقنان ، تحت سيطرة السيد المطلقة .

servi redemptione [**قانون انكليزي قديم – في عهد هنري الاول ١١٠٠م – ١١٣٦م**] عبيد مجرمون

service خدمة ؛ مهمة ؛ مصلحة

[**في الاجراءات**] تسليم؛ اعلان؛ تبليغ (اجراء او امر او ورقة او غير ذلك) .

— civil service خدمة مدنية (لدى جهات حكومية)

— constructive service تبليغ حكمي: اعلان غير شخصي، يحصل بواسطة البريد او النشر في الصحف .

— personal service تبليغ او اعلان شخصي: يحصل بتسليم الامر القضائي او الاعلان او صورة منه الى الشخص المذكور فيه او بيده واحاطته بمضمونه . على ان يترك الامر المذكور او الاعلان او الصورة في مسكن الشخص المعني، لا يعتبر personal service .

— substituted service تبليغ بدلي، يستعاض به عن التبليغ الشخصي، كالتبليغ بواسطة البريد او النشر في الصحف .

service by publication تبليغ النشر في الصحف

service in aumone (راجع aumone, service in)

service of process تبليغ الاجراء process ، سواء كان امراً قضائياً او غير ذلك ، مما يصدر عن جهات القضاء، بتسليمه للشخص المعني او تركه له مع شخص ذي صلة كافية به.

serviens ad legem (راجع serjeant في باب serjeant at law)

servient خادم، يقوم بخدمة الغير ، مسخر له؛ مرتفق به: كالعقار او الملك الخادم servient estate المترتب عليه حق ارتفاق لعقار مخدوم او مرتفق dominant estate .

servient estate or **servient tenement** عقار

servus vicarius [قانون روماني] عبد مساعد للعبد المسمى *servus ordinarius* كان يشتريه غالباً العبد الـ *ordinarius* من ماله الخاص المعروف في القانون الروماني باسم *peculium* .

sess [قانون انكليزي] ضريبة ؛ رسم

sessio [قانون انكليزي قديم] جلسة

session جلسة ؛ دورة ؛ دور انعقاد . المدة التي تقضيها محكمة او هيئة تشريعية او غيرها وهي مجتمعة خلال اليوم لقضاء اشغالها او الفترة الاجمالية التي تصرفها من بداية جلستها الاولى حتى نهاية جلستها الاخيرة وانفضاضها نهائياً . (راجع sessions)

— **Court of Session** [قانون اسكتلندي] المحكمة المدنية العليا في اسكتلندا .

انشئت هذه المحكمة سنة ١٥٣٢م وتشكلت في بادىء الامر من خمسة عشر مستشاراً ثم اصبحت فيما بعد تتشكل من ثلاثة عشر . (راجع باب court)

— **joint session** [اجراءات برلمانية] جلسة مشتركة : تضم مجلسي البرلمان او هيئتيه التشريعيتين كهيئة واحدة .

Session Laws قوانين الدورة : القوانين التي تضعها الهيئة التشريعية خلال دورة انعقادها .

Sessional Orders [اجراءات برلمانية انكليزية] اوامر مجلسية ، يضعها مجلسا البرلمان عند بداية الدورة البرلمانية فيما يتعلق بتصريف الاعمال البرلمانية خلال الدورة . وهي لا تسري الا على الدورة التي وضعت من اجلها .

sessions جلسات : جلوس القضاة لنظر القضايا الجنائية والفصل فيها بحكم وظائفهم العادية او انتدابهم خصيصاً لذلك .

يطلق الاسم ذاته ايضاً في انكلترا والولايات المتحدة على عدد من المحاكم ، خصوصاً المحاكم الجنائية .

— **brewster sessions** جلسات ترخيص الاتجار بالمشروبات الكحولية : الجلسات التي تعقد لاصدار رخص الاتجار بالمشروبات الروحية .

— **general sessions** محكمة انكليزية كلية تدوينية of record تتألف من قاضيين او اكثر .

— **petty sessions** [قانون انكليزي] محكمه جنائية ، تتشكل من قاضيين justices او اكثر او من قاضي بوليس واحد او ، كما هي الحال في مدينة لندن ، من رئيس البلدية Lord Mayor او احد الـ aldermen اعضاء البلدية المقدمين. ويعود لها الفصل في الجرائم البسيطة والتحقيق في الجرائم الاخرى لتقرر لزوم المحاكمة عليها امام هيئة محلفين او عدمه . ولها

— **positive servitude** تكليف ايجابي : يلزم صاحب العقار المرتفق به servient estate ان يسمح للغير بعمل شيء معين على عقاره .

— **real servitude** تكليف عقاري او عيني : يتصل بمال ثابت .

servitus عبء ؛ تكليف ؛ ارتفاق ؛ خدمة عبودية ؛ استعباد

servitus actus ارتفاق سير او ركوب او جر على ارض الغير ؛ حق المرور منها او الاستطراق

servitus altius non tollendi ارتفاق عدم تعلية البناء : وهو حق يخول صاحبه منع الغير من ان يزيد ارتفاع منزله على حد معين .

servitus aquæ ducendæ ارتفاق جلب المياه او اسالتها عبر ارض الغير .

servitus cloacæ mittendæ ارتفاق تسيير الاقنية الخاصة من ارض الغير او منزله .

servitus fumi immittendi ارتفاق توجيه الدخان او دفعه بسبيل مدخنة الغير او من فوق ارضه .

servitus luminum ارتفاق اضاءة : يخول صاحبه ان يفتح مطلا او منوراً او نافذة في جدار الغير لمرور النور الى منزله او محله .

servitus oneris ferendi ارتفاق ثقل : يخول صاحبه ان يسند منزله او جداره او اعمدته الى منزل جاره او جداره او اعمدته .

servitus pascendi ارتفاق رعي

servitus stillicidii ارتفاق سقوط الماء على سطح منزل الغير او ارضه : وهو ارتفاق سيلان الماء من رف او سطح منزل صاحب الحق على منزل الغير او ارضه .

servitus tigni immittendi ارتفاق مد العوارض الخشبية من جدار الغير .

servitus viæ ارتفاق مرور ؛ تكليف استطراق

servus ordinarius [قانون روماني] عبد تناط به خدمة خاصة كالطهو او الخبز او ما الى ذلك .

servus pœnæ [قانون روماني] عبد محكوم عليه ؛ عبد يلحق بالخدمة في المناجم او يحكم عليه بمصارعة الوحوش . الغي هذا الوضع في عهد جستنيان .

يمكن للمدعى عليه ان يواجه به دعوى المدعي او طلبه .

set out [في المرافعات] يبسط (وقائع او ظروفاً)؛ يعرض؛ يوضح ؛ يشرح

يضم وثيقة الى اخرى لتكون جزءاً منها .

set up يقدم (اثباتاً)؛ يقيم (حجة)؛ يعتمد (على)؛ يرتكز على (حكم او نص او ما الى ذلك) .

setter [قانون اسكتلندي] مؤجر؛ مانح عقد الايجار

settle يختلف معنى هذه الكلمة باختلاف ظروف استعمالها ولا يستطاع حصره على وجه الدقة الا باعتبار السياق، على ان المعاني التالية تعتبر من مفاهيمها العامة : يتفق أو يوافق ؛ يهيىء؛ يعدل؛ يسوي؛ يصفي؛ يفي او يوفي؛ يقضي (حساباً او ديناً)؛ يصل الى اتفـاق او ترضية او حل؛ يفصل؛ يحسم؛ يقرر(امراً) او يبت فيه؛ يحدد او يزيل (ابهاماً)؛ يضع (في مكان) . ينظم

settle a bill of exceptions يوافق على عريضة دفوع

settle a document يصحح وثيقة؛ يعمل على تصحيحها من حيث الشكل والمادة in form and substance .

settle property يحصر ملكاً في عدة اشخاص بالتتالي، بحيث لا يستطيع الاولون (الشاغلون له حالياً) ان يحرموا التالين لهم من حقهم فيه بعدهم .

settled insanity جنون اعتيادي . الجنون الناشيء عن التسمم الكحولي بجراء اعتياد الافراط في السكر ثم الانقطاع عنه كلياً دون تدرج ، ويسمى ايضاً *delirium tremens* .

settlement تصفية؛ تسوية؛ تقرير (امر)؛ سداد؛ اداء التزام او وفاء به

[في العقود] تسوية (حساب متبادل)، تصفيته او اداؤه نهائياً.

[في التصرفات] حصر الملك او المال، بسند مكتوب، في عدة اشخاص يتعاقبون على ملكيته او الانتفاع به واحداً بعد آخر ، ولا يملك السابق منهم ان يحرم اللاحقين حقوقهم فيه.

[مواد حسبية] تصفية، كتصفية التركة settlement of an estate من المنفذ بحيث تؤدى جميع ديونها ولا يبقى الا توزيع انصباء الورثة .

ترتيب مالي بين زوجين

— Act of Settlement قانون وراثة العرش او توارثه : قانون انكليزي اصدره الملك وليم الثالث لحصر عرش انكلترا في اعضاء اسرة Hanover .

احياناً ان تبت على وجه السرعة في الجرائم غير البسيطة اذا رأت عبث ارسالها الى محكمة عليا ووافق المتهمون فيها عـلى حكمها . كذلك تفصل هذه المحاكم في عدد عظيم من الدعاوى المدنية ومسائل النفقة والتبني وما اليها .

— Quarter Sessions (راجع باب quarter) .

— special sessions [قانون انكليزي] جلسات استثنائية تعقد بقاضيين او اكثر لأغراض خاصة يعينها القـانون او بدعوة خصوصية عند اقتضاء الظروف .

set يضع؛ يحدد؛ يرسم؛ ينص على . عازم؛ مصمم

[شؤون التعدين] عقد ايجـار ، نحو: عقد ايجار تعدين a mining set .

set aside يفسخ؛ ينقض؛ يلغي؛ يرد

set down يدرج (في جدول)

set of exchange [قانون تجاري] مجموعة صور كمبيالة . تحرر من الكمبيالة الواحدة احياناً صور عدة يطابق بعضها بعضاً ويثبت رقم كل منها في متنها؛ فتسمى الصورة الاولى first of exchange وتسمى الثانية second of exchange وهلم جرا . والصور جميعاً هي set of exchange .

واذا دفعت الكمبيالة بمقتضى احدى صورها كان دفعها كذلك مبرئاً لكامل الذمة .

set-off مقاصة او مراجعة: اسقاط ما على الشخص في سبيل ماله او مقابلة دين بدين .

يراد بهذه العبارة، سواء كان في الاجراءات القانونية او في اجراءات العدالة الانصافية Equity، حق المدعى عليه المطالب بالاداء في ان يواجه الادعاء او يراجعه بدين له على المدعي (المطالب) وان كان هذا الدين خارجاً عن موضوع الدعوى؛ بحيث اذا تساوت الطلبات المتقابلة سقط حق المدعي في المطالبة واذا قل ما يطالب به المدعى عليه عما يطالب به المدعي، كان الاول مسؤولا عن اداء الفرق .

والمقاصة set-off اصلا هي من التدابير الانصافية، وقد تأذن محكمة الانصاف المختصة Court of Equity بالتقاص حيث لا تستطيع المحكمة القانونية Court of Law أن تأذن به نظراً لتقيدها بنصوص القانون .

ولا تصح ترجمـة set-off بالادعاء او الطلب المقابل counterclaim لانه لا بد لهذا من ان يقوم عـلى السند الذي يرتكز عليه (الطلب او الادعاء) claim ؛ بينما لا يشترط في المقاصة ان تتصل بموضوع دعوى المدعي بل قد تنشأ عن عقد او ظرف آخر منفصل عنه وتستند الى اي دين او التزام قائم يدين به المدعي للمدعى عليـه، او

كل منهم سبيلا خاصاً للدفاع بدلا من الاتحاد في دفاع واحد مشترك . انفصال (احد حقوق مشتركة عن الحقوق الاخرى) .

severe شديد؛ جسيم؛ خطير؛ عنيف؛ صارم؛ قاس؛ عسير او شاق الاحتمال

severe illness [بوالص التأمين على الحياة] مرض شديد يصيب الجسم بضرر دائم او يترك فيه آثاراً ضارة مستديمة .

sewage نفايات او قاذورات (سائلة او جامدة) تحملها الاقنية . ماء المجاري

sewage system شبكة اقنية؛ مد أو تركيب الاقنية لنقل القاذورات من حي او مدينة الى نهر او بحر او مكان عام.

seward or seaward غفير سواحل؛ حرس شاطئ

sewers مجاري تصريف: قنوات باطنية او سطحية مغطاة، او انابيب ضخمة لتصريف مخلفات المدن من المياه والسوائل.

— commissioners of sewers [قانون انكليزي] محكمة مؤقتة تنتدب للاشراف على اصلاحات سدود الشواطئ وتنظيف الانهر والمجاري والاقنية في دائرتها .

sex جنس؛ ماهية جنسية او نوعية: حالة الشخص او الحيوان (من حيث كونه) ذكراً أو أنثى .

sexual diseases امراض تناسلية او جنسية؛ لا تختلف عما يسمى venereal diseases .

sexual intercourse وقاع؛ وطء؛ جماع او اتصال جنسي (بين رجل وامرأة) .

shack [قانون انكليزي] هروب الماشية من ارض صاحبها الى ارض الغير .

shack, common of حق رعي مشترك: الحق العائد لاصحاب الحقول المتجاورة في رعي مواشيهم على تلك الحقول بعد الفراغ من جمع غلاتها .

shack fields حقول متلاصقة غير مشاعة: تباح لرعي حيوانات اصحابها بعد ان يجمع كل منهم غلة ارضه الخاصة . ويسمى حق الرعي العائد لكل من هؤلاء على الصورة المذكورة common of shack، وهو يختلف عن المشاع العادي common بميزة الجوار vicinage .

shadow يظل ، يفيء ؛ يحمي
يقتفي (أثر شيء)، يتعقب (شخصاً لمراقبة أو ما اليها)
[كاسم] ظل ، فيء ؛ خيال

shaft فجوة (في الارض)؛ معبر منجم؛ هوة؛ ثغرة

— **deed of settlement** سند تمليك؛ سند ايلولة مال او تحديد ماهيته ومدى استعماله .

— **final settlement** [ادارة التركات] تسوية نهائية؛ امر المحكمة بالموافقة على حساب ختام اعمال التركة وابراء المنفذ او المدير من مسؤوليتها .

— **marriage settlement** (راجع باب marriage)

settler نزيل ارض: من شغل ارضاً او احتلها كي يعود له فيها حق الشفعة .

settling day [معاملات البورصة] يوم تصفية؛ يوم تسوية الصفقات او اتمامها بتسليم المبيعات من اسهم او حصص او غير ذلك واستيفاء اثمانها المتفق عليها قبل ذلك اليوم، وهو يقع مرة واحدة كل شهر او نصف شهر .

settlor واهب (للغير) بموجب سند هبة او تمليك deed of settlement .

sever يفصل (شيئاً عن آخر) في عنف؛ يقطع؛ يبتر؛ يفصم علاقة او صلة عضو عن جسم . يقسم او يجزئ . (راجع severance)

severable قابل للفصل (عن كتلة او مجموعة دون أن يتأثر)؛ ممكن التجزئة او الفرز

several عدة (اشخاص او اشياء): يزيد عددهم على اثنين، او على واحد احياناً .
منفردون؛ كل بمفرده؛ على انفراد أو حدة

several actions دعاوى منفردة او عدة . تكون الدعاوى كذلك اذا اخل الملزمون في العقد باداء ما عليهم واقتضي ان ترفع على كل منهم دعوى منفردة تختلف عن الدعاوى الاخرى من حيث الموضوع .

several inheritance ميراث مشاطرة او مناصفة: يؤول الى شخصين مناصفة بينهما، فيصيب كل منهما نصفه او يؤول الى عدة اشخاص ينال كل منهم شطراً معلوماً فيه.

several issues تعدد نقاط خلاف او مواضيع خصومة .

severally على انفراد او انفصال؛ كل بمفرده او على حدة

severalty انفصالي؛ انفرادي . الانفراد بالمال او الاستقلال به، نحو: ملك انفرادي estate in severalty، يعود الانتفاع فيه لحائزه دون غيره .

severance تجزئة؛ تقسيم؛ فصل (شيء عن آخر) او فصمه. من ذلك فصل بعض المدعى عليهم في الدعوى عن بعض واتخاذ

***shaghar** [فقه اسلامي] شغار او زواج شغار، وهو ان يزوج رجل موليته بآخر على ان يزوجه الآخر موليته، ويكون خالياً من ذكر المهر؛ كأن يقول رجل لآخر «زوجتك بنتي على ان تزوجني بنتك وتكون كل منهما مهراً للاخرى»، فان قبل الثاني الشرط كان هذا زواج شغار .

shake يهز؛ يزعزع (حجة او ثقة او ما إلى ذلك)؛ يوهن (شيئاً)؛ ينال من قوته

shaky متقلقل؛ متضعضع؛ واه او خائر؛ لا يستأهل الثقة

shall اداة إستقبال فرضية تفيد الوجوب القطعي، وتلزم المقصود بها بما تشير اليه صراحة او ضمناً . وقد تؤدي احياناً معنى الخيار او الجواز الذي تؤديه may اذا كان المقصود حكومة او ما يماثلها .

sham كاذب؛ مستعار؛ صوري: يقصد الى مماطلة او تمويه او ستر حقيقة؛ يتوسل بغير الواقع . ما كان ظاهره صالحاً أو حقاً وباطنه فاسداً أو باطلا .

shanghai [كفعل] يخدر (شخصاً) ويركبه سفينة تحت تأثير المخدر للعمل فيها .

[في قانون الولايات المتحدة] حمل الغير على ركوب سفينة والعمل فيها بالقوة او المزاعم الكاذبة او تحت تأثير المخدرات او المسكرات .

share يشارك (الغير في شأن)

[كاسم] حصة؛ سهم؛ نصيب

— bearer share سهم الحامل؛ سهم لحامله: لا يذكر فيه اسم المساهم، ويعتبر حامله مالكاً له تجاه الشركة والغير بسبب الحيازة المادية .

— bonus shares أسهم منحة او اكرامية: تمنح على سبيل الانعام او الهبة .

— capital shares اسهم رأسمالية

— common shares اسهم عادية

— cumulative shares اسهم مجمعة الارباح؛ اسهم ذات ربح مرحل، تشترط لها نسبة مئوية معينة من الارباح اذا لم تصبها في احدى السنين، اصابتها من ارباح السنين التالية .

— deferred shares اسهم مؤخرة الارباح : تغل ارباحاً تقل عن ارباح الاسهم العادية، او لا تعود باي ربح ابداً او تكون ارباحها معلقة على تاريخ او رهناً بحادث معين .

— founders shares اسهم مؤسسين؛ اسهم تأسيسية

— management shares اسهم ادارة

على ان هذه الانواع الثلاثة الاخيرة من الاسهم لا تعدو كونها في الغالب اسماء لمسمى واحد ولا تخول حاملها، حسب القانون الانكليزي، اي نصيب في الارباح الا اذا تجاوزت مبلغاً معيناً . وهي تصدر عند تأسيس الشركة بقيمة اسمية طفيفة للتشجيع على الاكتتاب .

— nominal shares اسهم اسمية

— ordinary shares اسهم عادية

— preference shares اسهم تنفيل؛ اسهم امتيازية، تسمى ايضاً اسهم أفضلية preferred shares؛ وهي تمتاز على الاسهم العادية بصفات خاصة، كانفرادها، مثلا، بنسبة مئوية معلومة من الربح قبل توزيع باقي الارباح على الاسهم العادية او تعيين ربح ادنى لها لا تقل عوائدها عنه باية حال، او غير ذلك من الميزات الخاصة .

— preference participation shares اسهم ممتازة ذات حق في الربح .

— real shares اسهم عينية تعطى نظير مقدمات عينية .

— redeemable preference shares اسهم ممتازة (أو امتيازية) قابلة للاستهلاك .

— voting shares اسهم مصوتة: لها حق التصويت .

share and share alike في (اوعلى) حصص متساوية او متعادلة .

share certificate شهادة اسهم: سند مختوم بختم الشركة يشهد بأن المذكور فيه يملك عدداً معيناً من الاسهم في الشركة .

share cropper [معاملات زراعية اميركية] مزارع، يستأجر الارض مزارعة، أي شرط ان يدفع جزءاً من غلتها بدل الاجرة النقدية .

share-cropping مزارعة: استئجار الارض نظير جزء من غلتها يدفع بدل الأجرة النقدية .

share of corporate stock حصة تأسيسية؛ نصيب في ادارة شركة وارباحها اثناء قيامها، وفي موجوداتها عند حلها وتصفيتها .

share-warrant to bearer شهادة اسهم الحامل؛ تفويض أسهمه: سند مختوم بختم الشركة يعطى اشعاراً بان حامله يملك عدداً معيناً من اسهم الشركة المعينة . وقد تصدر الشركة مثل هذا السند ليقوم مقام الاسهم نفسها . والفرق بين الـ share warrant وبين السهم نفسه هو ان الاول يعتبر كالنقد، تنتقل ملكيته بمجرد انتقاله من يد الى اخرى .

sheriff عامل ملك او ملكة . رئيس ضبط وتنفيذ، لا نظير له في انظمة القضاء والادارة الشرقية، يتمتع بسلطات واسعة تختلف من حيث الخطورة والاهمية بين بلد وآخر .

[**قانون اميركي**] رئيس تنفيذ يختاره الاهلون للقيام بجمهرة من الوظائف، كمساعدة المحاكم الجنائية والمحاكم المدنيــة التدوينية Courts of Record في تبليغ الاوامر والاوراق وتشكيل هيئات المحلفين وتنفيذ الاحكام والقرارات ومباشرة البيوع القضائية وما الى ذلك من اعمال التنفيذ، وهو يعتبر كبير رجـــال الامن والحفظ في دائرته .

[**قانون انكليزي**] مفوض أمن وتنفيذ يعتبر من كبار موظفي الاقليم التابع له . من وظائفه الرئيسية، تنفيذ اوامر محكمة العدل العليا High Court of Justice واتخاذ التدابير اللازمة لعقد جلسات هذه المحكمة في اقليمه والاشراف على تنفيذ الاحكام بما في ذلك احكام الاعدام . وهو المسؤول عن حضور المحلفين جلسات محاكم الجنايات والقيام ببعض المهام الخاصة فيمـــا يتعلق بحضور قضاة المحاكم المذكورة . ويعود اليه القبض على المخلين بالامن والاشراف على الانتخابات .

[**قانون اسكتلندي**] يمـــارس الـ sheriff ولاية قضائية واسعة مزدوجة تشمل المسائل الجنائية والمدنية وله فوق ذلك مثل المهام التنفيذية المسندة لزميله الـ sheriff الانكليزي .

— deputy sheriff or undersheriff وكيل عامل ملك . او مفوض أمن: يمارس مهام العامل نفسه ويقوم مقامه عند الحاجة .

— high sheriff يراد به الـ sheriff عيناً اذا ما قورن بوكلائه deputy sheriffs او مساعديه assistants .

— pocket sheriff عامل ملك (او مفوض أمن او رئيس ضبط قضائي) يعين بموجب تفويض ملكي فقط دون التوصية العادية من قضاة الخزانة Exchequer .

sheriff clerk كاتب ضبط محكمة الـ sheriff في اسكتلندا .

sheriff depute [**قانون اسكتلندي**] مفوض أمن اول في اقليمه، وهو من القضاة النظاميين .

sheriff-tooth سن عامل الملك: ضريبة قديمة (ملغاة) في القانون الانكليزي كانت تفرض على المكلفين لتزويد الـ sheriff بما يلزمه من اكل وشراب .

sheriff's court [**قانون انكليزي حديث**] محكمة الـ sheriff العامل؛ وهي تشكل برئاسة الـ undersheriff في كل اقليم country به sheriff ولا تمـــارس اي اختصاص ابتدائي original jurisdiction بل يلجأ اليها في بعض الاحوال لتسهيل

shareholder مساهم؛ محاص؛ احد ارباب اسهم او حصص

Shari'a Islamiyyah الشريعة الاسلامية؛ الفقه الاسلامي، ومصدره: (١) القرآن الكريم (٢) سنة النبي محمد على اختلاف ضروبها من قول او فعل او تقرير (٣) الاجماع الصادر من اهله (٤) القياس

sharepushing بيع الاسهم بالتجوال بين المنازل لحمل الزبائن على شرائها . وقـــد منع قانون الاحتيال لعام ١٩٥٨م Prevention of Fraud Act التعامل بالسندات والاسهم وما اليها على من لا يحملون ترخيصاً بالتعامل بها من وزارة التجارة .

sharp [**عقود الرهن**] يقال: a sharp clause شرط تنفيذ او سند تنفيذ a sharp instrument، وهو يخول الدائن حق التنفيذ على اموال مدينه اذا عجز عن الوفاء في التاريخ المحدد او أخل بمقتضيات عقد الرهن . (راجع الاصطلاح التالي)

sharp practice تصرف معوج او موارب؛ عمل ينطوي على غش او خداع .

shave من معاني هذه الكلمة: الاستيلاء على مال الغير بسبيل المراغمة او الابتزاز . شراء السندات المالية بحسم شيء معلوم من ثمنها او بسعر يقل عن سعرها الحقيقي .

sheep خرفان؛ أغنام: صغيرها وكبيرها، بما في ذلك الذكور والاناث .

sheep-silver [**قانون انكليزي قديم**] مبلغ نقدي كان يدفعه التابع الاقطاعي للسيد نظير اعفائه من واجب غسل اغنامه .

sheep-skin جلد خروف: كان يعد منه الرق قديماً ليستعمل بدل الورق في تحرير المستندات والوثائق .

sheep-walk ارتفاق مرور اغنام من مكان معين .

sheikh شيخ: لقب صدارة او زعامة، يعود للشخص بحكم كونه رئيساً لحارة او عائلة او قبيلة او قرية او بلد او دولة أو بحكم مركزه الديني أو العلمي أو السياسي وما الى ذلك .

shell shock خلل عصبي: ينبعث غالباً عن خوف شديد مباغت او مفاجآت فاجعة او بالغة الاثارة ولا يتأتى مبدئياً عن اي تغيير عضوي .

shelter مأوى؛ ملجأ

[**واجبات الاب نحو ابنائه**] المسكن وما يتبعه من مستلزمات الوقاية من تقلبات الجو .

sheriffalty or **shrievalty** عمالة الملك او الملكة؛ مفوضية الامن: الوظيفة التي يشغلها العامل sheriff او مدتها .

sheriffwick (دائرة) اختصاص الـsheriff، ولايته او الوظيفة المسندة اليه، وتسمى ايضاً bailiwick حسب الاصطلاح الحديث .

shew cause يبين الاسباب (المحلة لعمل معين او المانعة له) .

shewer [اجراءات المحكمة العليا الانكليزية] عارض (يتولى عرض شأن) . اذا أمر بمعاينة بعض الاشخاص للقيام بالعرض المطلوب يسمون shewers ، كل shewer او عارض منهم يمثل طرفاً من اطراف النزاع .

shift يحول؛ ينقل؛ يرحل؛ يزحزح
[في تقسيم الاعمال] مناوبة؛ نوبة، دور
(راجع shifting)

shift marriage كان على الارملة قديماً اذا عجزت عن اداء الديون التي اعقبها زوجها المتوفى وعزمت على الزواج مرة ثانية، ان تترك جهازها في يد الدائنين وتحضر مراسم الزواج الثاني وهي في ملابسها الداخلية shift؛ ثم تهذب هذا التقليد فيما بعد فاصبح الزوج الثاني يعيرها ثياباً تلبسها اثناء عقد الزواج . وانقرض التقليد المذكور برمته منذ زمن بعيد .

shifting تبديل؛ متبدل؛ متنقل (من يد الى اخرى)؛ متقلب؛ قلب

shifting clause [في تصرفات التمليك والتصرفات الايصائية] شرط البدل او الاستبدال . وهو بند ينص على ايلولة مال بدل آخر معين اصلا في سند التصرف او على ايلولته عند الحاجة على شكل آخر غير ما نص عليه اصلا .

shifting risk [مسائل التأمين] تأمين اجمالي؛ يتناول بضاعة موجودة للبيع في مخزن ومعرضة للزيادة أو النقصان بما يضاف اليها او يباع منها . ولا عبرة في هذا التأمين لما ذكر من الزيادة او النقصان لان شروطه تشمل «كافة ما في المحل» من بضاعة مهما تغيرت جزئياتها وفي اي وقت كان خلال مدة التأمين المنصوص عليها في البوليصة .

shifting stock of merchandise سلع معرضة للتغيير (اثناء المتاجرة): بسبيل التعامل التجاري على ضروبه .

shifting the burden of proof انتقال عبء الاثبات من طرف (في الدعوى) الى آخر .

ship يشحن؛ يرسل بحراً . يسق أو يحمل بضاعة على سفينة .
[كاسم] سفينة . منشأة عائمة تعد للملاحة التجارية او الخاصة.

الاجراءات المتخذة أمام محكمة العدل العليا High Court of Justice والمحكمة الاقليمية County Court. من ذلك اذا طالب المدعي المدعى عليه ببعض الاضرار، وتخلف الاخير عن الحضور او عجز عن الدفاع، كان على القاضي المختص ان يرسل الدعوى الى وكيل العامل undersheriff ، وعلى هذا ان يستدعي هيئة المحلفين ويكلفها بتقدير الاضرار محل النزاع . وتنعقد المحكمة المذكورة عند اللزوم لحصر ما للمدين، المحكوم عليه، من عقار داخل منطقتها لاغراض التنفيذ .

[قانون اسكتلندي حديث] محكمة عامل الملك او مفوض الامن . تنقسم إسكتلندا قضائياً الى مناطق sheriff تسمى sheriffdoms توجد في كل منها محكمة أو أكثر تنعقد برئاسة وكيل عامل sheriff-substitute (يكون عادة من المحامين ذوي الخبرة) .

اما الـ sheriff نفسه ويسمى ايضاً sheriff-principal فله محكمة استئنافية تشكل بين حين وآخر لنظر الاستئنافات المرفوعة اليه ضد احكام الـ sheriff-substitute في المسائل المدنية . ولا تستأنف احكام الـ sheriff-principal الا للمحكمة المدنية العليا Court of Session .

وللـ sheriff-court في القانون الاسكتلندي اختصاص غير محدود فيما يتعلق بالحقوق المنقولة، كالتعويضات والمطالبات الناتجة عن العقود ومسائل الايجار والمبايعات على ضروبها وما الى ذلك .

اما مسائل الاحوال الشخصية والزواج والطلاق والتبني والنسب وما اليها فتخرج عن دائرة اختصاص هذه المحكمة . وتمارس الـ sheriff court في مسائل الميراث اختصاصاً واسع النطاق . على انه اذا فاقت قيمة الارض، موضوع النزاع، الف جنيه او تجاوز ايرادها السنوي خمسين جنيهاً كان لاي من الطرفين المعنيين ان يطالب بإحالة النزاع الى الـ Court of Session ولمحكمة الـ sheriff في المواد الجنائية اختصاص بالغ الاهمية يشبه اختصاص الـ Justice of the Peace في نظام القضاء الانكليزي، ولا يعلو عليه الا اختصاص المحكمة العليا .

Sheriff's Court in London محكمة لندنية تمارس اختصاصها بموجب قانون الديون البسيطة Small Debts Act الصادر في لندن سنة ١٨٥٢ م . وكانت تعرف محكمة مدينة لندن City of London Court باسم Sheriff's Court of the City of London قبل صدور قانون محاكم الاقاليم County Courts Act سنة ١٨٦٧ م .

sheriff's jury هيئة محلفي عامل الملك: هيئة محلفين تحقيقية يستدعيها العامل عند الحاجة للقيام بما يسنده اليها من مهام التحقيق، وتتشكل من اثني عشر محلفاً او اكثر، او اقل (احياناً)، حسب الظروف .

sheriff's officers رجال ومحضرو عامل الملك

shipper's order [bills of lading **نصوص وثائق الشحن**]
يعني هذا الاصطلاح وجوب بقاء الحق في البضاعة للشاحن حتى يأمر بتسليمها لشخص معين .

shipping السفن وشؤونها : كل ما اتصل بها من مصالح او منافع او حقوق او غير ذلك .
نقل بحري . وسق بضاعة (أو شحنها) على السفن .
[**قوانين بحرية**] شؤون السفن ومتعلقاتها بوجه عام . جميع ما يتصل بالسفن والمنشآت المائية عامة ، كتجهيزها وتسجيلها وجنسيتها وملكيتها واستخدامها وبحارتها والحقوق المتعلقة بها ورهنها وبيعها والواجبات الملقاة على ملاكها ومديريها المجهزين والمسؤولين عنها ، وغير ذلك مما يمت اليها باي شكل كان .

shipping articles عقد عمل بحري . اتفاق كتابي يحرر بين رئيس السفينة والبحارة وينص على نوع العمل المفروض على البحار ومدته والاجرة المقررة له وغير ذلك من البيانات القانونية اللازمة .

shipwreck هلاك السفينة او تحطيمها : بجنوحها (اي تشحيطها في القاع حيث تخف مياه البحر) او ارتطامها بصخور او قطع جليدية او أجسام ثابتة وسط البحر او باشتداد وطأة العواصف عليها أو بأي عامل طبيعي آخر .

shire [**قانون سكسوني**] جزء؛ قسم
[**قانون انكليزي**] مقاطعة أو منطقة ، تعتبر كذلك لانفصالها عن المقاطعات الاخرى بحدود معلومة .

shire-clerk موظف قضائي يشرف على محكمة اقليمية County Court .

shire-man or **scyre-man** [**قانون انكليزي قديم – قبل الفتح النورماندي**] قاضي منطقة

shire-mote [**قانون انكليزي قديم**] محكمة منطقة

shock هزة (مفاجئة) ، رعدة ، رجة ، صدمة : تغشى الحواس على حين غرة او ينتفض لوقعها الجسم او العقل او تضطرب الاعصاب .

— mental shock رجة عقلية ، ينصب اثرها على العقل : كالتي يخلفها في الحواس العقلية نبأ فاجع مباغت او تبعثها فرحة عارمة غير منتظرة .

— physical shock رعدة جسمية : تنتاب الجسم بجراء ضربه او ارتطامه او ما الى ذلك .

Shoofaa (Shuf'a) الشفعة (في الشريعة الاسلامية) : وهي حق يجيز في بيع العقار ، الحلول محل المشتري في الاحوال وبالشروط التي يعينها القانون . (راجع pre-emption)

من تعاريفها الفنية المقيدة : كل عائمة ذات صوار ثلاثة تسير بالقلاع a three-masted vessel navigated with sails .

— chartered ship سفينة مكتراة لحساب شخص واحد او مصلحة واحدة دون سواها .

— ex ship على الرصيف (بعد الانزال من السفينة) . تفيد هذه العبارة مجرد نزول البضاعة عن السفينة او مبارحتها لاي جزء من اجزائها بعد انفصالها عن روافعها حال انزالها .

— general ship سفينة عامة : تحمل بضاعة لعدد من المكترين تقابلها السفينة المكتراة chartered ship من شخص واحد او مصلحة واحدة .

ship-breaking [**قانون اسكتلندي**] (جرم) دخول السفينة عنوة لغرض غير مشروع .

ship-broker سمسار شحن بحري؛ وكيل سفن : يتوسط بين اصحاب السفينة والشاحنين .

ship-chandlery جميع ما يلزم لتجهيز السفينة وجعلها صالحة للملاحة واعدادها للرحلة اعداداً كاملا .

ship-channel قنال سفن : يصلح لعبور السفن الكبيرة ، نظراً لعمق مياهه .

ship-master رئيس سفينة ؛ ربان

ship's-bill صورة من وثيقة الشحن يحتفظ بها رئيس السفينة .

ship's company (رجال) طاقم السفينة : ضباطها ومهندسوها و بحارتها .

ship's husband [**قانون بحري**] مدير السفينة المجهز ، الذي يختاره أصحاب السفينة (ويكون عادة واحداً منهم) ليتولى بالنيابة عنهم ادارة شؤون السفينة وهي في مينائها الاصلي .
مدير السفينة المنتدب (من اصحابها) .

ship's papers اوراق السفينة : الاوراق التي ينبغي على السفينة حملها اثناء الرحلة لبيان جنسيتها واوصاف بضاعتها ووجهتها واثبات مراعاتها للانظمة البحرية . من ذلك : سند ملكيتها وشهادة تسجيلها ودفتر اسماء الملاحين وسندات الشحن ومشارطات الايجار والمنيفستو (قائمة الشحن) وسندات دفع الرسوم الجمركية وتذكرة الصحة وترخيص الملاحة ودفتر يومية السفينة ، وغير ذلك من الاوراق والمستندات اللازمة .

shipment شحن (بضاعة) ، نقلها بحراً . وهذا يشمل تحميلها وايصالها الى موقع بحري معين .

shipper اصطلاح هولاندي معناه رئيس سفينة skipper . شحان : شاحن بضاعة او مرسلها بواسطة سفينة من ميناء الى آخر .

short rate [**معاملات التأمين**] الغاء وثيقة التأمين (البوليصة) . شطب الوثيقة بارادة طرفيها وانشاء وثيقة مكانها مطابقة لها في كل شيء خلا مدة التأمين واقساطه .

short sale [**اسواق مالية**] بيع على المكشوف ؛ تعاقد على بيع اسهم او سندات لا يملكها البائع ، شرط تسليمها للمشتري في موعد التسليم المحدد حسب انظمة السوق المالية (البورصة) .

short summons [**في بعض الولايات المتحدة الاميركية**] تكليف (بالحضور) قصير الاجل ؛ توجهه المحكمة المختصة للدائن المختفي absconding أو المحتال fraudulent أو غير المقيم nonresident ويكون اجله دون الاجل المعتاد .

shot طلقة ؛ عيار ناري . قذيفة

shotgun بندقية صيد (أو رش)

show عرض . استعراض

[**كفعل**] يبين ، يظهر ، يطلع ، يري ، يوضح ، يثبت

show cause يبين الاسباب الموجبة (لحصول شيء او عدمه) ، اي : يحضر الى المحكمة كما أمر ويعرض ما عنده من أسباب توجب عدم تلبية المدعي الى طلبه .

shred ذرة (من شيء) ، نحو : ذرة من بينة أو أثر لدليل shred of evidence .

فتاتة ؛ هتامة ؛ قدة

shrewd سديد ، فطن ، ذكي ، ثاقب الفكر ، حكيم ، حصيف

shrievalty منصب عامل الملك الـ sheriff او مفوض الامن ؛ مهامه أو مدة وظيفته

shrub نجم : نبات تنبعث اغصانه من التربة مباشرة دون ساق .

shut down يقفل ؛ يتوقف عن العمل : شأن المصانع اذا وقف فيها سير العمل وتعطل الانتاج .

shut out cargo شحنة معاقة : حجز لها مكان على سفينة معينة ثم حالت قوة قاهرة دون نقلها كلها أو جزء منها على تلك السفينة .

shy [**في الخيول**] جفالة ؛ تجفل او تنفر اذا فزعت . جفول ؛ خجول

shyster (محام) مخادع ، منعدم الشرف المهني . ينطبق هذا النعت ايضاً على كل ذي مهنة يلجأ في مهنته الى المواربة او الى اي سبيل يخل بشرف المهنة .

shoot يطلق (رصاصاً) ، يرمي به ؛ يضرب ، يجرح او يقتل (برصاصة أو قذيفة تنبعث من سلاح ناري) .

shop دكان ؛ حانوت او مخزن ، لبيع السلع بالجملة او التجزئة او بكلتيهما .

مشغل ميكانيكي . محل لاصلاح الالات الميكانيكية أو بيع قطع غيارها . ولا تشمل هذه الكلمة ، من حيث مفهومها الفني ، الكراجات وما اليها .

shoplifting نشل الحوانيت : سرقة الزبائن للحوانيت .

shop right [**قانون البراءات**] حق الاستخدام ؛ حق المستخدم في ان يستعمل اختراع أو ابتكار مستخدمه او موظفه ، العامل عنده ولحسابه ، دون ان يدفع له أية عوائد خاصة.

shop-books دفاتر دكان : دفاتر حسابه كدفتر اليومية ودفتر الجرد وغير ذلك من الدفاتر الواجب الاحتفاظ بها .

shopkeeper صاحب دكان او متجر : يمارس التجارة على نطاق بسيط (محدود) .

shore شاطىء ؛ ساحل

short قصير ؛ موجز ؛ مقتضب

غير كاف او موف بحاجة ؛ دون الحاجة ، ناقص عنها ، نحو : he is short of cash ينقصه النقد .

short cause دعوى قصيرة ؛ قضية وجيزة : لا ينتظر ان تشغل جانباً كبيراً من وقت المحكمة .

ولمثل هذه الدعاوى جدول خاص يسمى list of short causes تقيد فيه بناء على طلب ذوي الشأن كي تعرض على المحكمة قبل المدة العادية .

short dated bill كمبيالة قصيرة الاجل : تستحق بعد مدة قصيرة من انشائها .

short entry [**شؤون البنوك**] اجراء مصرفي يكتفي بموجبه البنك بقيد الكمبيالات في دفتر الحساب الجاري pass-book ولا ينقلها الى الرصيد العام حتى تدفع .

short fall عجز

short-levied تقصير الجباية عن الحد اللازم ؛ عدم كفاية الضريبة المستوفاة . غير مستوفاة بالقدر الكافي او كما يجب .

short loan قرض قصير الاجل : يستحق اداؤه بعد تاريخ عقده بمدة وجيزة .

short notice تنبيه مختصر ؛ وجيز المدة او عاجل : يقل عن الاشعار او التنبيه العادي من حيث المدة ولا يتجاوز عادة نصفه .

side reports تقارير اضافية (غير رسمية): تصدر من غير مقرر المحكمة. القضايا المغفلة من التقارير الرسمية.

sidewalk رصيف؛ ممر مشاة: معد على جانبي الطريق لسير المشاة.

sight نظر؛ رؤية؛ بصر

اطلاع (على كمبيالة او سند): تقديم الكمبيالة او السند للدفع، نحو: تدفع لدى الاطلاع payable at sight، اي حال تقديمها (للمسحوب عليه).

— after sight بعد الاطلاع: عند التقديم للدفع

— at sight عند (او لدى) الاطلاع

sight drafts or **bills** حوالات او كمبيالات واجبة الدفع عند الاطلاع: أي حال تقديمها.

sigil; *sigillum* [قانون انكليزي قديم] سجل او ختم مبصوم على الشمع.

sign يمضي (محرراً)، يوقعه (بيده) او (بختمه)

يضع اشارة (على محرر ايذاناً بقبوله او الارتباط به).

تختلف هذه الكلمة عن subscribe في كونها تفيد مجرد كتابة الاسم على الورقة او التعبير عن القبول بما فيها او الشهادة عليه بوضع اشارة خاصة. بينما تعني subscribe الكتابة او التوقيع ذيلا، او «ادناه» sub. كذلك فإن مفهوم signature اصلا هو التأشير فقط او وضع العلامة، بينما تدل subscribe على معنى الكتابة الفعلية writing.

[كاسم] علامة، اشارة او شارة، امارة، سمة

sign manual توقيع أوتوغرافي؛ ختم امضاء: ختم يحمل امضاء صاحبه بحيث تبدو بصمته كأنها توقيع يدوي.

[قانون انكليزي] امضاء الملك (الاوتوغرافي)، الذي يثبت عادة على الاوراق والبراءات.

signa علامات أو اختام. (مفردها *signum*)

signal اشارة تفاهم او اتصال بين جهة واخرى.

signal codes شيفرات اشارة (للطائرات وغيرها).

signatory [مواثيق دولية] دولة موقعة، بوصفها فريقاً في معاهدة او اتفاقية.

signature توقيع؛ امضاء او ما يقوم مقامه: وقد يكون الامضاء كتابة باليد او بالآلة الكاتبة او الختم او بالنقش او التصوير او يفصل من سند ويلصق بآخر او يطبع بالليثوغراف lithograph. ولا تأثير للواسطة المستعملة للتعبير عنه في قيمته او آثاره القانونية.

si duo in testamento pugnantia reperientur, ultimum est ratum اذا شملت الوصية نصين متناقضين كان المعول على الثاني (أو كانت العبرة بالثاني).

si judicas, cognosce اذا قضيت فتفهم: اي تدبر موضوع الخلاف وأحط بواقعه.

si quidem in nomine, cognomine, prænomine legatarii testator erraverit, cum de persona constat, nihilominus valet legatum تعتبر الوصية صحيحة اذا امكن التثبت من الشخص المعني بها وان اخطأ الموصي في تعيين اسمه او لقبه.

si quis custos fraudem pupillo fecersi quis prægnantem uxorem reliquit, non videtur sine liberis decessisse [قانون مدني] اذا مات رجل عن امرأة حامل فلا يعتبر ميتاً بلا عقب.

sic enim debere quem meliorem agrum suum facere ne vicini deteriorem faciat ليس لاحد ان يضار جاره بسبيل تحسين ارضه.

sic utere tuo ut alienum non lædas مارس (او استعمل) مالك دون مضارة الغير.

sich جدول؛ مجرى: يسيل في فصول معلومة ويجف في اخرى.

sick مريض، عليل، معتل، منحرف الصحة

sick report (راجع باب report)

sickness مرض، علة، داء

side جانب، حافة؛ طرف

طرف (نزاع)، على اعتبار انه لا بد للنزاع من طرفين او خصمين على الاقل.

ترد هذه الكلمة ايضاً للدلالة على ازدواج الاختصاص او تنوعه؛ بحيث اذا مارست المحكمة اختصاصين مختلفين احدهما جنائي والثاني مدني، سمي الاول الجانب الجنائي crown side والثاني الجانب المدني plea side.

side-bar rules [اجراءات انكليزية سابقاً] اوامر تلقائية، كان يوجهها القضاة من تلقاء انفسهم لمن شاءوا من الخصوم.

side lines [معاملات تجارية] نواح اضافية؛ مشاغل فرعية. اعمال يزاولها الشخص فوق اعماله الرئيسية المعروفة. وجوه تجارية ثانوية يتعامل فيها الشخص بالاضافة الى تجارته الرئيسية المعروفة.

[قوانين التعدين] محيط التعدين او نطاقه؛ جوانب مجال التعدين

silver standard قاعدة الفضة (في شؤون النقد)

similar مماثل؛ مشابه او متشابه، في صفات او من وجوه عدة .

تعني هذه الكلمة احياناً المطابقة او ما تناول من التشابه جميع الصفات والعناصر الجوهرية على الاقل .

similiter [في المرافعة] «مثله» ؛ «شرحه»

simony [قانون كنسي] الاتجار بالمراكز والرتب الكهنوتية أو المنافع الكنسية . استغلال الوظائف الدينية للمنفعة المادية (الخاصة) .

simple بسيط؛ غير مشدد . نقي؛ صاف؛ خالص؛ غير مخلوط أو ممزوج

simplex بسيط . فريد؛ واحد . خالص ؛ غير مشروط

simplex justitiarius قاض ادنى

simplex obligatio التزام بسيط : غير مشروط

simpliciter في بساطة؛ بغير مراسيم او رسميات . على وجه الاستعجال؛ مباشرة . في حد ذاته او ذاتها

simul et semel معاً وفي الحين نفسه

simulate ينتحل (صفة الغير)؛ يتظاهر (بغير الحقيقة)؛ يقلد

simulated صوري؛ مموه؛ مصطنع او مختلق، احتيالي؛ ادعائي

simulated contract عقد صوري : لا غبار عليه من حيث الشكل ولا اساس له من حيث الجوهر .

simulated fact [قانون البينة] واقعة مختلقة، يقصد بها الى تضليل أو غش .

simulated instrument flight [قانون الطيران] طيران آلي مصطنع

simulated sale بيع صوري : ظاهره بيع حقيقي قانوني وواقعه احتيالي (يهدف الى التدليس على الدائنين او اقصاء الاموال عن متناولهم او خداعهم على اي وجه) .

simulation تمويه؛ صورية ؛ تصوير غير الحقيقة . انتحال الصفات الكاذبة؛ التظاهر بغير الواقع

[قانون مدني] عمل او تصرف صوري يظهر غير ما يضمر .

simultaneous في آن واحد؛ في الوقت ذاته

[مواد كنسية] مرسوم بابوي لا يحمل الخاتم البابوي بل يقتصر على نص الاسترحام المقدم ثم نص العفو وتوقيع البابا او مندوبه .

signet ختم او حلق: يقصد به عادة ختم الملك او امضاؤه الاوتوغرافي .

[في اسكتلندا] ختم ملكي، كانت تصدق به الاوامر الملكية المتصلة بالتعيينات القضائية .

significance دلالة؛ مغزى؛ مؤدى؛ معنى اهمية؛ وزن؛ اعتبار

signification [قانون فرنسي] اعلان؛ أمر؛ حكم؛ اجراء قضائي

signify يدل (على)؛ يبين؛ يفيد . يعلن؛ يبلغ

signing judgment توقيع (ايداع) الحكم

[اجراءات اميركية] توقيع الموظف المختص على ايداع الحكم في هامش قيده .

signum [قانون روماني وقانون مدني] اشارة؛ ختم

silence سكوت : امساك عن كلام او امتناع عنه .

silence, estoppel by (estoppel by silence) اغلاق السكوت؛ السكوت المانع . يكون للسكوت أثر مغلق أو مانع اذا ركن اليه الشخص عمداً حين وجب عليه الكلام أو كان منافياً للشرف أو مخالفاً للمعاملات المستقيمة . وتعتبر الموافقة المنبعثة عن السكوت قائمة على مبدأ الاغلاق وتجبر الموافق (بحكم سكوته) على مراعاة مقتضياتها وقبول نتائجها وتغلق عليه السبيل دون انكارها . ولا بد لاغلاق السكوت من مقومات خاصة منها ما يأتي : تغيير المعتمد عليه لموقفه تغييراً ضاراً بمصلحته؛ وقوع الضرر له اذا لم يمنع المدعى عليه بالسكوت من انكار ما قصد اليه بسكوته؛ جهل المتمسك بالـ estoppel وعلم المدعى عليه بحقيقة الوقائع محل التصرف ؛ اعتماد المدعي على سكوت المدعى عليه؛ ثبوت افتعال السكوت وسوء قصده اذا انعدم واجب الكلام . (راجع estoppel)

silent partner (راجع باب partner)

silk حرير . يطلق هذا الاسم على مستشار الملكة Queen's Counsel لانه يلبس معطفاً من الحرير بحكم رتبته بينما يلبس المحامي المبتدىء junior barrister معطفاً من القماش .

— **take silk** يلبس الحرير . اصطلاح دارج معناه يصل الى درجة مستشار ملكة Queen's Counsel .

silk gown معطف حرير : يلبسه من يحمل لقب مستشار ملكة Queen's Counsel .

since منذ؛ مذ أو من حين . على ان المعنى الحقيقي لهذه الكلمة هو، بعد التاريخ المشار اليه لا من حينه او ابتداء منه، باعتبار ان التاريخ المذكور هو حد فاصل لا يدخل في الحسبان .

sine بلا؛ دون؛ بغير

sine animo revertendi بنية عدم الاياب

sine decreto دون أمر (او تفويض)

sine die لغير اجل (مسمى)؛ لغير موعد . نهائياً بلا موعد ولا تاريخ مستقبل : شأن الدعوى، اذا ردت *sine die* كان ردهـا بصدور حكم لمصلحة احد خصمين، يوقعه الموظف القضائي المختص ويسلمه للخصم المحكوم له .
نهائياً لا يقبل المراجعة

sine numero بلا حدود

sine prole بغير عقب؛ بلا خلف

sine qua non [في العقود] «بذا أو لا»؛ ان لم يكن هذا فلا (عقد) . لا قبول دونه . عبارة قطعية اذا تبعت شرطاً افادت وجوب مراعاته تحت طائلة فسخ العقد .

single واحد؛ مفرد، انفرادي، بمفرده، على حدة
أعزب (غير متزوج) أو عزباء (غير متزوجة) ، ينطبق هـذا النعت ايضاً على الارملة ويرد للدلالة على المرأة المتزوجة اذا كانت تعيش وحدها في معزل عن زوجها .

single creditor دائن مفرد الامتياز : يعود له امتياز واحد فقط عـلى احد ممتلكات مدينه . يقابله الدائن المزدوج الامتياز double creditor الذي يشمل امتيازه مالين لمدينه .

single entry [في مسك الدفاتر] قيد مفرد؛ الطريقة المفردة في القيد .

single judge قاض مفرد

singular كل؛ فرد، مفرد؛ واحد

sinking fund (راجع باب fund)

sist [اجراءات اسكتلندية] يوقف (الاجراء)
تعليق الاجراءات؛ الامر الصادر بذلك

sister اخت : قد تكون شقيقة او لاحد الوالدين دون الآخر .

— half-sister اخت لام او لاب فقط؛ نصف اخت

sister in law اخت الزوج بالنسبة للزوجة او اخت الزوجة بالنسبة للزوج .

sit [في المحاكمات والهيئات] تنعقد؛ تجلس (على هيئة محكمة او هيئة محلفين او كهيئة تشريعية او غير ذلك) .

sit-down strike (راجع stay-in strike)

sit in judgment يجلس في كرسي قضاء؛ يقضي؛ يحكم

site موقع؛ موضع؛ مكان؛ قطعة ارض تخصص لغرض معين

sittings دورة قضائية : تجلس خلالها المحكمة لممارسة اعمالها العادية اثنـــاء السنة القضائية . والدورات القضائية ، حسب القانون الانكليزي اربع : (١) Michaelmas من اول تشرين الأول (اكتوبر) الى ٢١ كانون الأول (ديسمبر) (٢) Hilary من ١١ كانون الثاني (ينـــاير) الى آخر يوم اربعاء قبل عيد الفصح Easter (٣) Easter من اول يوم ثلاثاء بعد عيد الفصح الى آخر يوم جمعة قبل Whit Sunday (٤) Trinity من اول يوم ثلاثاء بعد اسبوع Whitsun الى ٣١ تموز (يوليو).

sittings in bank or **banc** جلسات المحاكم بكامل هيئاتها. الجلسات التي تعقدها المحاكم الكبرى Superior Courts اثناء كل دورة قضائية للنظر والفصل فيما يعرض عليها من مسائل قانونية . سميت كذلك تمييزاً لها عن جلسات الـ *nisi prius* التي تعقد بحضور المحلفين للفصل في المنازعات القائمة على الواقع issues of fact .

sittings in *camera* جلسات غرفة المشورة (او المداولة)

situate يقع؛ واقع؛ كائن . يضع في مكان معين . يحدد موقعاً لشيء

situation موقف؛ حال؛ وضع . موقع، مركز

situs موقع، موضع، مكان

Six Acts, the (the Six Acts) القوانين الستة . صدرت هذه القوانين في انكلترا سنة ١٨١٩ م عملا على ضمان السلام وتوطيد السكينة في البلاد ، فنعت التدريب على السلاح وفرضت التفتيشات العامة لضبط الاسلحة كما منعت الاجتماعات التي تضم أكثر من خمسين شخصاً اذا كان الغرض منها بحث المظالم العامة ، ووضعت لجرائم القدح المنطوي على الفتنة والتجديف (التكلم على الذات العلية بالكفر والاهانة) والطعن في العقائد الدينية ، عقوبات صارمة وقاومت النشرات المهيجة للخواطر بزيادة الرسوم المفروضة على المطبوعات .

Six Articles, Laws of (Laws of Six Articles) قوانين المواد الست : أحكام مشهورة اصدرها الملك هنري الثامن سنة ١٥٤٠ م باسم «قانون الغاء تباين الرأي» Act for abolishing diversity of opinion أو القضاء عليه وفرض فيها وجوب التمسك بجمهرة من الاركان الدينية الكاثوليكية وعقاب الخارجين عليها بأشد أنواع العقوبة .

six-day license [قانون انكليزي] ترخيص ستة أيام، يفرض على صاحبه اقفال محله يوم الاحد من كل اسبوع .

Sixth Amendment التعديل السادس لدستور الولايات المتحدة وهو يكفل للمتهم الحق في ان يناقش متهمه .

skeleton bill كمبيالة مقبولة على بياض

skill خبرة، دراية؛ حذق، براعة؛ حسن المام (بامر) وامكان ممارسته عملياً حسب أصوله .

skilled witness شاهد خبرة: شاهد خبير، يجتمع له من الخبرة في موضوع الشهادة ما لا يجتمع لرجل عادي .

skiograph صورة داخلية؛ صورة لباطن شيء

skipper رئيس سفينة . شاحن بضاعة

slacker قعدي: من اهمل واجبه نحو بلاده أثناء حرب أو قعد عن ادائه .

slains (راجع letters of slains)

slander قذف شفوي: رمي الغير، عن قصد سيء، بكلام ينال من سمعته واعتباره ويعرضه لسخرية النـــاس أو كراهيتهم او احتقارهم . ولا بد لدعوى القذف الشفوي من ثبوت حصول الضرر المادي للمقذوف فيه ما لم ينطو القذف على احد الامور التالية: اسناد مادة جرمية الى الغير يعاقب عليها بالسجن؛ رمي امرأة بفجور أو شخص بعاهة قذرة أو مرض معد أو تناوله بما يسيء الى وظيفته أو تجارته أو مهنته، وذلك كله على مسمع من شخص او اكثر غير المقذوف .
(راجع libel للمقارنة)

slander of goods القذف في بضاعة الغير او عروضه أو التسفيه بها امام الناس بما يضاره . وهذا من ضروب الـ slander of title .

slander of title القذف في حق الغير أو ماله بطريق القول او الكتابة، سواء كان المال المعني ثابتاً أم منقولا . التفوه بعبارات كاذبة انتقامية يقصد بها الى تسفيه الحق المذكور والنيل منه بما يضر صاحبه .

slanderer قاذف: من ارتكب جرم القذف الشفوي slander بما نسبه الى الغير من مواد جرمية توجب عقابه لو صدقت، أو أمور تحمل على احتقاره أو امتعاض الناس منه .
(راجع slander)

slanderous *per se* قاذف في حد ذاته: كل كلام لا معنى له غير القذف، كالعبارات الفاضحة التي تنسب الى الغير جريمة مخلـة بالشرف involving moral turpitude

او مرضاً معدياً أو تقصيراً في وظيفة او عدم كفاءة أو أي أمر واضح الاذى لا ينتج غير السوء .

slave عبد؛ قن؛ رقيق: من كان خاضعاً لارادة الغير خضوعاً مطلقاً لا خيار فيه، محروماً من حرية التصرف الا في حدود رغبات سيده .
من ملكه الغير ملك المتاع وامكنه التصرف به كما شاء .

slave-trade نخاسة؛ تجارة رقيق: بيع العبيد وشراؤهم توخياً للربح .

slavery عبودية؛ استعباد؛ رق

slay يقتل؛ يميت؛ يجهز على (خصم في معركة او مبارزة) . ولا تخرج هذه الكلمة لاغراض القانون عن معنى kill .

sledge عربة زاحفة: عوارض خشبية معدة على شكل عربة زاحفة كانت تستعمل لنقل الخونة المحكومين بالاعدام الى مكان التنفيذ .

sleeping partner (راجع باب partner)

sleeping rent [قانون انكليزي] يرد هذا الاصطلاح في عقود ايجار تعدين الفحم بمعنى الاجرة الواجب اداؤها على المستأجر ولو قل أو انعدم انتاجه او أقفل المنجم ولم يستعمله ابداً، اي لو ابقاه راقداً sleeping معطلا .

slice قطعة؛ كسرة؛ جزء او جانب (غير معلوم الكمية) .

slick ناعم؛ مصقول او صقيل

sliding scale معيار متقلب؛ تقلب مقياس الاجور (تبعاً لبعض العوامل): كأثمان المنتجات أو نفقات المعيشة .

slight بسيط، خفيف، زهيد، قليل، حقير، تافه . بعيد الاحتمال

slip [تأمين بحري] صورة التأمين . شارحة التأمين . اتفاق مبدئي بين الفرقاء ذوي الشأن يحدد شروط التأمـــين وأقساطه ويكون عبارة عن عقد تأمين غير قابل للتنفيذ .
[محاكم البوليس police courts] قفص اتهام؛ مكان منعزل يعد لوقوف المتهمين ويسمى غالباً dock .
[شؤون السفن] حوض؛ حيز بين مرسيين أو رصيفين لوقوف السفن . مزلق (تبنى عليه السفن)
هفوة؛ فلتة؛ زلة؛ زلل؛ مزلق او منزلق

Slip Rule قاعدة الهفوة: الغلطات المادية التي تقع عرضاً، من حذف او إضافة، بلا تعمد .

slippa ركاب الجواد: الذي يسند اليه الفارس قدمه .

so far as الى حد؛ بقدر او بمقدار . الى أقرب حد

so long as طالما؛ ما دام؛ مدة دوام شأن (على حال معين)

so much بقدر، على قدر؛ بهذا المقدار

so offend إرتكب مثل هذا الجرم؛ أتى الفعل ذاته

so soon as عندما؛ لما؛ حينما؛ اذا

soakage امتصاص: شفط: المقادير التي تمتصها البراميل او الاوعية الخشبية مما فيهـا من سوائل اثناء وضعها بمخازن الاستيداع في الجمارك او غيرها .

sober متزن؛ معتدل (في تعاطي شيء) .
صاح؛ واع؛ غير ثمل . رصين

sobrini and **sobrinae** [قانون مدني] ابناء او بنات الـ cousins german .
(راجع الاسم الاخير في باب cousins)

soc or **sok** or **soka** [قانون سكسوني] اختصاص قضائي؛ ولاية قضائية

soca [نظام اقطاعي] سيادة lordship اقطاعية، يمنحها الملك مع ولاية قضائية تخول السيد الحق في تشكيل محكمة خاصة يحاكم فيها اتباعه والحائزين منه .

socage; soccage حيازة اقطاعية نظير خدمات معينة تؤدى الى السيد المقطع وتكون على النوعين التاليين :

— free socage حيازة اقطاعية حرة: تترتب بموجبها على الفصل نحو اللورد خدمات معينة مشرفة .

— villein socage حيازة اقطاعية دنيئة .
(راجع باب villein)

social contract or **social compact**
[فلسفة سياسية] نظرية الاتفـاق الاجتماعي او كيفية نشوء النظام الاجتماعي البشري (كما رآه Hobbes و Locke و Rousseau وفلاسفة اليونان) . من ذلك ما ذهب اليه الاخير من ان الانسان كان يفتقر، قبل بدء حياته الاجتماعية، الى الشجاعة ولا يميل الى القتـال، وان نشوء القوانين هو نتيجة طبيعية لاتحاد الافراد وقبولهم التضحية والامان المشترك بحرية التصرف المطلقة . ولهذا وجب ان لا تقوم الحكومات الا عـلى رضى المحكومين .

social economy اقتصاد اجتماعي : يعالج العيوب والمظالم الاجتماعية ووسائل تحسين حال العمل .

social insurance ضمان أو تأمين اجتماعي: يشمل

[انظمة الاقطاع] واجب اقطاعي يفرض على الفصل مهمة القيام بمساعدة الملك أو اللورد الاقطاعي على الركوب بان يمسك له بركاب الجواد حتى يستوي على ظهره .

slope منحدر . ترد هذه الكلمة في شؤون المناجم بمعنى طريق منحدر أو ثغرة تستعمل للعبور الى المنجم او الخروج منه.

slops [تجهيز السفن] الملابس والمؤن التي ينبغي توافرها لرجال طاقم السفينة خلال الرحلة المقصودة .

slot machine آلة لعب (ثقبية) : يتوقف الكسب فيها على مجرد الصدفة أو النصيب، اذا ألقى فيها اللاعب قطعة معينة من النقد فقد يربح مقداراً من المال او جائزة أو يخسر ما ألقى.

sluiceway قناة او ترعة اصطناعية، توجه الماء الى الناحية المطلوبة بعد انطلاقه من سدوده . وهي عبارة عن مسرب مائي ترفع ضفتاه لحصر الماء والسيطرة على اتجاهه .

slum حي قديم بائس او قذر . شارع مكتظ خال من أسباب النظافة الكافية، تسكنه غالباً الطبقات البالغة الفقر ويلجأ اليه المجرمون .

slump [اسواق مالية] هبوط مباغت؛ سقوط الاسعار على حين غرة . استهداف الطلبات التجارية الى جمود مفاجىء .

slush fund مال سيىء المقاصد او الاغراض : يرصد لغاية غير مشروعة .

smart-money اضرار انتقامية: تحكم بها المحكمة على من تدينه بسلوك بالغ الفساد، قصاصاً له وعبرة لغيره .

smear اصطلاح غير فني يرد بمعنى: يطمس (عبارة أو نصاً)؛ يلطخ؛ يشوه (سمعة)

smeller [قضايا المشروبات الروحية] خبير خمور، يستطيع تمييز انواع الخمر بحاسة الشم .

smelting صهر (المعادن) لفصل عناصرها المعدنية وعزل المطلوب منها واستخراجه .

smirch يلطخ؛ يشوه؛ يسيء (الى سمعة او اعتبار)

smuggling تهريب : جلب الاشياء الى البلاد واخراجها منها بسبيل غير مشروع .
استيراد المحظورات من الخارج .

snide مزيف؛ مزور؛ مقلد

snoop يتلصص؛ يتدخل فيما لا يعنيه؛ يتصيد هفوات الغير

so كذا، هكذا؛ بالشكل (المعني) . بحيث ؛ الى حد

so as كي، لكي؛ في سبيل

sojourn اقامة مؤقتة (قصيرة) . يقيم مؤقتاً

***sola* of exchange** كمبيالة من صورة واحدة؛ كمبيالة وحيدة لم تسحب منها صور اخرى .

solar day يوم شمسي: يمتد من طلوع الشمس الى مغيبها .

solar month شهر شمسي او غريغوري

solarium [قانون مدني] اجرة الارض القائم عليها البناء .

solatium تعويض: عن اضرار معنوية او ادبية .

sold مبيع او مبيعات؛ مبتاع: تم بيعه

sold note مذكرة مبيعات: يبعث بها السمسار (الذي حصل البيع على يده) الى المشتري لبيان وصف المبيعات وكميتها واسعارها.

soldier جندي او جندية (انثى)؛ عسكري

sole وحيد، فريد، مفرد او فردي

— *feme sole* امرأة غير متزوجة: سواء كانت عانساً أو مطلقة أو أرملة .

Sole Actor Doctrine [في العلاقات القائمة بين الاصيل والنائب] مبدأ احاطة الاصيل باعمال النائب، وهو يقضي باعتبار الاصيل دائم الاطلاع على اعمال نائبه واعتبار العلاقة القائمة بين الاثنين قرينة على احاطة الاصيل بما يقوم به نائبه تجاه الغير من فعل او يصدر عنه من وعد (وإن اساء النائب الامانة وقام بعمله لمصلحته الخاصة) .

sole corporation مؤسسة فرد: شخص اعتباري قوامه فرد . منشأة (تجارية) تتألف بشخص واحد .

solemn رسمي؛ بالطرق او الاوضاع او الشكليات الرسمية؛ حسب الاصول . مغلظ

solemn oath يمين مغلظة: حلف اليمين مع وضع اليد على الكتاب المقدس .

solemnity طقس (م. طقوس)؛ مراسم؛ شكل رسمي، يحدده القانون ويقتضي اتباعه في انشاء العقود او التصرفات ليكون لها الشكل القانوني المطلوب .

solemnize [اتفاقات الزواج] يبرم (زواجاً)، يعقده حسب الاصول القانونية . على ان الاصطلاح solemnization of marriage لا يقتصر على مجرد ابرام الزواج حسب الاصول فقط، بل يعني ايضاً تمام دخول الزوج بالزوجة .

solicit يلتمس (عمل شيء)، يلاحقه، يلحف او يجتهد في السعي اليه . يتوسل؛ يستعطف . يستدرج (شخصاً الى رذيلة)، يغريه (بفعل)، يثيره أو يشوقه الى الاقدام عليه .

البطالة والشيخوخة والمرض والترمل واليتم وما الى ذلك من حالات العسر التي يستهدف لها الشخص .

socialism اشتراكية: نظام اجتماعي ينشد الاستعاضة، كلياً او غالباً، عن الجهد الفردي والمنافسة المطلقة بالعمل التعاوني وتوزيع ما تغله الجهود توزيعاً يساير مبادئ العدالة والانصاف، ويجعل من الاراضي ورؤوس الاموال – باعتبارها وسائل الانتاج – ملكاً مشتركاً بين اعضاء المجتمع الاشتراكي . بعبارة اخرى: نظام اجتماعي يقدم مصلحة المجموع على حرية الفرد ويستعيض عن الانتاج التنافسي بالانتاج التعاوني وينقل ملكية الاراضي ورؤوس الاموال الى الدولة، بوصفها الجهة الممثلة للمجتمع الاشتراكي، كي تقوم على توزيع نتاجها ورعاية اعضاء المجتمع وتوفيرما يلزمهم من مقومات الحياة والعناية الصحية والعلمية على قدم المساواة الفعلية .

societas شركة

societas leonina شركة الاسد . الشركة التي يستأثر بجميع ارباحها شخص واحد او اشخاص معينون من الشركاء دون الباقين .

societas navalis شركة بحرية؛ اتحاد سفن . عدد من سفن تواصل رحلتها معاً ليحمي أو يساعد بعضها بعضاً او تتعاون على عدو مشترك .

society جمعية: اتحاد قوامه جماعة من أفراد ينضمون معاً بمحض اختيارهم للمداولة في غرض مشترك او للتعاون على تحقيقه. من معانيها ايضاً: مجتمع؛ مجموع؛ جماعة؛ زمرة . رفقة؛ مصاحبة او صحبة؛ عشرة، مخالطة

[علاقات زوجية] لا يقتصر الاصطلاح wife's society على مجرد عشرة الزوجة (او وجودها الى جانب الزوج) بل يفيد ايضاً ما تفقده بجراء الاذى موضوع النزاع من قدرة على نفع زوجها ومعونته وتهيئة الراحة له .

— civil society مجتمع مدني: يراد به الدولة او الامة .

socii mei socius meus socius non est «شريك شريكي ليس بشريكي» .

socius شريك

sodomite لوطي: من ارتكب جرم اللواط sodomy .

sodomy لواط. اتصال جنسي مخالف للطبيعة crime against nature . من ذلك: ارتكاب الفعل مع حيوان او حصوله بين ذكرين او بين رجل وامرأة خلافاً للوضع الطبيعي .

soft goods منسوجات

soil تربة؛ أرض

solicitation استمالة (الى امر)، حمل (عليه)؛ إلحاف (في طلب). التماس، توسل، استعطاف؛ استهواء (الى فسق او رذيلة)، اغراء (بذلك)

solicitation of chastity اغراء المرأة او حثها على التسليم بعفتها .

solicitation of larceny اغراء بسرقة

soliciting استجداء؛ استعطاف، نحو: استجداء في الشوارع soliciting in the streets .

solicitor [قانون انكليزي] محامي اجراء؛ محام تحضيري؛ وكيل قضايا لايختلف عما يسمى law agent في القانون الاسكتلندي . يعتبر هذا الوكيل من اسرة المحاماة ويقبل لمزاولة المهنة بعد التمرين على يد محام مزاول واجتياز امتحانات خاصة تحت اشراف نقابة المحامين law society . وهو يزاول من الاعمال القانونية ما يستطاع تقسيمه الى قسمين رئيسيين: (١) نزاعي contentious، يتصل بالمنازعـات القانونية على ضروبها وما تقتضيه من اجراءات امام المحاكم؛ (٢) غير نزاعي non-contentious ، يتناول التصرفات العقارية والمبايعات وعقود الايجار والرهون والوصايا وتحضير الاوراق القانونية المتعلقة بذلك . على ان ابرز ما يقوم به هـذا المحامي هو توجيه الدعوى واعداد اوراقها ومذكراتهـا ونقاطها الرئيسية ووسائل اثباتها وجميع ما يلزمها من اجراءات حتى تصل امام المحكمة حيث يتولاها الـ barrister بالمرافعة اثناء الجلسة . ولا يعني هذا ان كلا من المحاميين مقيد بنطاق اجرائي معين، بل ان للـ barrister عند الحاجة أن يتولى الاجراءات خارج الجلسة حسب اصولها، كما للـ solicitor أن يتولى المرافعة في الحدود التي يقررها القانون . كذلك فان الـ solicitor مقبول امـــام دائرة العدالة المطلقة Chancery Division كما ان الـ barrister مقبول امام محاكم القانون العام Courts of Common Law . وللاول ايضاً ان يزاول امام المحاكم الثانية كما للثاني ان يزاول امام الدائرة الاولى بعد الحصول على الترخيص اللازم .

solicitor, change of تغيير محامي الاجراء . يكون هذا التغيير بموجب تنبيه notice يودعه ذو الشأن لدى الجهة المختصة ويبلغ صورة منه لكل من المحامي السابق والخصوم المعنيين .

Solicitor General [قانون انكليزي] الوكيل العام؛ احد كبار رجال القانون لدى التاج البريطاني، يعين بارادة ملكية من بين اعضاء البرلمان وحملة لقب مستشار ملكة Queen's Counsel ويبقى في وظيفته الى ما شاء التاج . وهو يلي النائب العام من حيث الدرجـــة ويعمل معه في ذات المهام ويتقيد بارشاداته، وله في المحاكم اولوية المرافعة والكلام preaudience . [قانون اميركي] يلي الـ Attorney General مباشرة من حيث الدرجة في وزارة العدل Department of Justice ، ويعتبر كبير مساعديه . مهمته الرئيسية التوكيل عن الولايات المتحدة في القضايا المرفوعة امام المحكمة العليا Supreme Court ومحكمة المطالبات Court of Claims والقيام مقام النائب العام اثناء غيابه او مرضه او خلو منصبه .

Solicitor of the Supreme Court : وكيل محكمة عليا؛ محام solicitor مقبول امام الـ Court of Session المحكمة المدنية العليا في اسكتلندا .

Solicitor of the Treasury [قانون اميركي] محامي الخزانة؛ موظف قضائي تابع لدائرة العدل يعهد اليه بجميع المسائل القانونية المتصلة بالخزانة .

Solicitor of the Suitors' Fund [قانون انكليزي] موظف قضائي تابع لدائرة الـ Chancery يعين عنـــد الحاجة وصي خصومة guardian *ad litem* نيابة عن فاقدي الاهلية او ناقصيها اذا اعوزهم من يتداعى عنهم .

solidarity [قانون مدني] تضامن؛ تكافل . تعهد كل من عدة اشخاص، في سند واحد، بأن يؤدي ذات المبلغ او الدين (الذي تعهد بادائه كل من الآخرين) في ذات الميعاد، بحيث اذا بادر احدهم الى ادائه تحلل الباقون منه تجاه الدائن .

solidary [قانون مدني] تضامني؛ مشترك، نحو: التزام مشترك solidary obligation .

ترد هذه الكلمة في الغالب كمرادف، تكافلا وتضامناً او بالتكافل والتضامن joint and several . كذلك تشمل الحالة التي يكون فيها لدائنين عدة دين مشترك solidary على مدين واحد بحيث اذا استوفاه اي منهم كان له الحق في اعطـــاء مخالصة تبرئ ذمة المدين تجاه الدائنين المذكورين جميعاً .

solidum كامل . برمته . جملة

solitary confinement حبس عزلة؛ اعتقال انفرادي

solo cedit quod solo implantatur كل مزروع في الارض تابع لهـــا: اي مالك الارض يملك ما فيها من تقاو او غرس او اشجار .

solo cedit quod solo inædificatur ما يبنى (او ينشأ) على الارض يتبعها .

solo flight time [قانون الطيران] وقت الطيران الانفرادي او مدته .

solus Deus facit hæredem, non homo الله وحده دون الانسان يصنع الوارث .

solutio [قانون مدني] دفع؛ أداء؛ إبراء

soon سريعاً؛ عاجلا: خلال مدة معقولة. دون تأخير

sorcery سحر؛ تنجيم؛ عرافة

sorehon or sorn [قديماً] ضريبة ضيافة تحكمية كان يفرضها رؤساء القبائل في اسكتلندا وارلندا سابقاً كلما قصدوا الى العبث واللهو، وذلك بان ينزلوا هم ورجالهم على اصحاب الاراضي فيناموا ويأكلوا عندهم مجاناً ويقيموا ما طاب لهم المقام.

sorner [قانون اسكتلندي] من اخذ من الغير لحماً وشراباً دون أن يؤدي له ثمن ما أخذ.

sororicide قتل الاخت (قتل الشخص لاخته)

sors [قانون انكليزي قديم] اصل دين معطى نظير فائدة معلومة.

[قانون مدني] قرعة؛ نصيب

sortitio; **sortition** [قانون مدني] سحب القرعة لتعيين او اختيار شيء معلوم.

sot كلمة دارجة غير فنية معناها: سكير مدمن، يتعاطى الشرب اعتياداً.

[كفعل] يدمن السكر؛ يعتاد على تعاطي الشرب

sough [قانون انكليزي] قناة باطنية للسوائل الفائضة التي تخلفها المناجم.

sound [كفعل] يتصل، يتعلق (بـ)؛ يهدف (الى)، كالدعوى او القضيـــة اذا تعلقت باضرار او رفعت في سبيل الحصول عليها is said to sound in damages.

[كنعت] صحيح، سليم؛ معافى. قابل للبيع. أمين الجانب (بمعنى غير مؤذ او لا يتضمن خطراً على الحياة).

[كاسم] صوت؛ وقع

sound and disposing mind and memory [في الاهلية للوصاية] عقل وذاكرة سليمان واعيان. توافر الاهلية للايصاء بتوافر سلامة العقل والذاكرة ووعي التصرف الى حد يملك ذو الشأن معه ان يدرك مـــا هو بصدده من تصرف ايصائي ويقدره حق قدره.

sound health [مواد التأمين] صحة سليمة؛ ليست بها علة أو عاهة خطيرة تؤثر فيها.

sound judicial discretion تقدير قضائي سليم: يصدر من القاضي بعد ان يتدبر جميع ظروف القضية ويزن الوقائع المعروضة امامه بالعدل والقسطاس.

solutio indebiti [قانون مدني] دفع غير المستحق؛ اداء ما لا يجب

اداء الشيء خطأ. القيام بما يترتب (القيام به) على الغير. التنازل عن حق ظناً بوجوب التنازل.

solvency ملاءة؛ يسار: القدرة على وفاء الديون حال استحقاقها.

solvendi causa على سبيل الوفاء

solvendo esse nemo intelligitur nisi qui solldum potest solvere «لا يعتبر الشخص موسراً الا اذا استطاع الوفاء بكل ما عليه».

solvendum in futuro يدفع في المستقبل. مستقبل الاداء

solvent موسر؛ مليء؛ قادر على الوفاء بديونه كلما حلت.

solvit ad diem جواب المدعى عليه في دعوى المطالبة بدين او التزام بانه ادى في اليوم المحدد ما عليه.

solvitur in modum solventis يخصص المدفوع (من نقود) لما اراده الدافع.

Somersett's Case قضية سمرست: اشتهرت هذه القضية بما قرره فيها مجلس الملك الخاص سنة ١٧٧١ م من اعتبـــار العبودية في انكلترا معدومة مهما كان شكلها ومنع شراء العبيد او بيعهم او اقتنائهم على ارض انكليزية في المستقبل بحيث اذا جلب اي شخص الى انكلترا كعبد لم يكن لاحـد حق في اخراجه منها الا بالطرق المرعية قانوناً لاخراج اي رجل حر.

sommation [قانون فرنسي] تنبيه يبلغ على يد محضر لتكليف الموجه اليه بعمل معين او الامتناع عنه.

somnambulism (عادة) السير اثناء النوم؛ روبصة او تروبص

sompnour [قانون كنسي] مأمور اجراء؛ محضر، يتولى تبليغ الاوامر القضائية وما اليها.

son ولد؛ ابن. اذا وردت في الوصايا، كان مفهومها الظاهر الابن الشرعي ما لم تقم القرينة على غير ذلك.

son assault demesne [في الرد على تهم الاعتداء] «اعتداؤه هو» او «هو السابق الى الاعتداء». الجواب الذي يبرر به المعتدي اعتداءه، مبدياً ان سبب الاعتداء المدعى عليه به هو سبق تعدي المدعى عليه وانه لم يتطاول الا بعد ان بودر بالاعتداء.

son-in-law زوج البنت (بالنسبة لوالديها)

sound mind عقل سليم: ليست به جنة او عاهة تنال من سلامته. عقل كامل الادراك

sound value قيمة الموضوع قبل اصابته او حلول النكبة به.

[في مواد التأمين ضد الحريق] قيمة المال المؤمن عليه (نقداً) قبل شبوب النار فيه او احتراقه مباشرة.

sounding in damages دعوى اضرار (او تضمينات): تقام لجبر خسارة او الحصول على تعويض منصوص عليه اتفاقاً نتيجة اخلال المدعى عليه او تعديه او غير ذلك.

soundness سلامة؛ صحة؛ خلو من امراض او علات مزمنة. رصانة؛ إتزان

source مصدر؛ منبع؛ أصل؛ منشأ؛ باعث او مبعث

sous seing privé ورقة عرفية؛ سند غير رسمي: يحمل توقيع شخص عادي او بصمته. تقابله الورقة الرسمية التي تكون حجة على الناس كافة نظراً لانشائها حسب القواعد والاوضاع الرسمية بمعرفة قاض او كاتب عدل.

souteneur من عاشر مومساً وعاش على عوائد فسقها.

soveraigne of the house رئيس المجلس — حسب تهجئة sovereign قديماً.

sovereign منتهى السلطة، مصدرها، مرجعها الاعلى

سائد؛ مطاع، تخضع له رعيته

شخص او مرجع تعود اليه السلطات العليا في البلاد.

حاكم؛ مهيمن اعلى. ملك او حاكم ذو سلطات محدودة.

[في العملة] قطعة ذهبية قديمة من النقد الانكليزي قيمتها جنيه واحد.

sovereign people شعب ذو سيادة؛ شعب مهيمن: يحكم بسبيل من ينتخب.

مجموعة المواطنين العائد اليهم حق الانتخاب وممارسة السلطات العليا في الدولة بواسطة من ينتخبونه من النواب.

sovereign power or **sovereign prerogative** سلطة عليا: لا تعلوها أية سلطة أخرى.

sovereign right حق سيادة: تختص به الدولة او احدى جهاتها العليا دون غيرها حرصاً على صالح المجتمع واداء وظائفها على الوجه الاكمل.

sovereign state دولة سائدة او ذات سيادة: سيدة ذاتها أو امرها، مطلقة التصرف (في شؤونها الخاصة). دولة لا تخضع لسلطان اية دولة اجنبية أو رقابتها مهما كان شكلها، ولها السلطة المطلقة على أراضيها ورعاياها وشؤونها الداخلية والخارجية.

sovereignty سيادة (ذاتية)؛ سلطة مطلقة عليا: تهيمن على البلاد وتدير دفة شؤونها كما تشاء.

مصدر السلطات السياسية في البلاد. الجهة العليا التي يخضع لها كل مواطن في البلاد ولا يعلو عليها أو يعادلها احد.

الحرية من التدخل الخارجي التي تملك معها الدولة حق تصريف شؤونها الداخلية والتحكم بها دون تدخل اية دولة اخرى اجنبية. القدرة المطلقة على عمل اي شيء في البلاد: كسن القوانين وتنفيذها وفرض الضرائب وجمعها واعلان الحرب والسلم وانشاء الاحلاف وابرام المعاهدات والاتفاقيات مع الدول الاجنبية، وذلك كله دون ان يكون لاحد على من يتمتع بهذه القدرة حق المساءلة.

sovertie [قانون اسكتلندي] كفيل؛ ضامن

Soviet مجلس نيابي (اشتراكي روسي) ينتخبه الشعب (الجمهور العامل).

sowne [قانون انكليزي قديم] واجب الاستيفاء

space فضاء؛ لم تجمع الدول على تحديد مداه من حيث الولاية الفضائية. على ان ادنى الآراء الى القبول هو ما ذهب اليه Theodore Von Karman من ان الولاية الفضائية التي تمارسها الدولة تمتد فوق اراضيها نحو الجو مسافة ٥٠ ميلا.

Space Treaty معاهدة فضاء: قائمة بين روسيا والولايات المتحدة. من نصوصها الرئيسية اتفاق الدولتين المذكورتين على عدم المطالبة بالسيادة على القمر والاجرام السماوية الاخرى والامتناع عن انشاء قواعد عسكرية في الفضاء الخارجي وعن اطلاق القنابل النووية في اي مدار حول الارض.

spadones [قانون مدني] مصابون بعنة، لا يستطيعون الاتصال الجنسي.

spatæ placitum [قانون انكليزي قديم] محكمة فورية لمحاكمة الجانحين العسكريين والتنفيذ فيهم حالا.

speak [في الاجراءات] يجادل: يناقش في شأن، نحو: the case was ordered to be spoke to again أمر بطرح الدعوى للمناقشة مرة اخرى.

speaker رئيس مجلس. يطلق هذا الاسم على رؤساء بعض المجالس النيابية او التشريعية او مديري جلساتها وخصوصاً مجلس النواب في الكنغرس الاميركي ومجلسي العموم واللوردات في البرلمان البريطاني. والرئيس في مجلس العموم البريطاني مكلف بادارة الجلسات وطرح الاسئلة والمحافظة على النظام وعلى حقوق

special jury هيئة محلفين خاصة . إذا تقرر نظر الدعوى امام هيئة محلفين، جاز لأي من الخصوم ان يصر على اختيار اعضاء هذه الهيئة من فئة يكون افرادها ايسر مالا من افراد الهيئات العادية التي يختار منها المحلفون . ولم يبق من هذه الهيئات الخاصة وفقاً لقانون المحلفين لعــام ١٩٤٩ م إلا the City of London Special Jury .

special lien (حق) امتياز خاص: يقتصر تنفيذه على مال معين أو يوجد بيد صاحبه ضماناً لاداء شيء مقرر دون غيره .

special reception centres مراكز استقبال خاصة يعود للمحكمة ذات الشأن ان تحجز فيها من قلت سنه عن الخامسة عشرة من الصغار الجانحين بموجب الفقرة ٢٤ من قانون الصغار Young Persons Act لعام ١٩٦٣ م .

special registration [قوانين الانتخاب] تسجيل خاص، يتعلق بانتخاب معين ولا يخول الناخب حق التصويت في غيره .

special trust (راجع trust وما يليها)

special verdict (راجع باب verdict)

specialist اخصائي (في فن أو علم أو صناعة)

[اسواق مالية] سمسار اختصاصي يتفرغ لنوع خاص او مجموعة معينة من الاسهم بحيث يصبح خبيراً في ذلك ومرجعاً .

speciality, principle of مبدأ تخصيص التسليم او حصر اغراضه . اذا طلبت دولة من اخرى أن تسلم لها مجرماً لاجئاً اليها لمحاكمته عــلى جريمة معينة ألزمت الدولة المطالبة، حسب هذا المبدأ، بان لا تحاكم المجرم المسلم لها الا على الجريمة المعينة في طلب التسليم .

specialty عقد رسمي: محرر اتفاقي يوقع ويختم ممن انشأه ويوثق ويسلم حسب الاصول . يقابله العقد البسيط أو العرفي simple contract غير المختوم (بختم رسمي) او غير الموثق .

specialty debt دين سندي: مضمون secured بتعهد او عقــد رسمي موقع ومختوم من المدين وموثق حسب الاصول . وهذا لا يسقط حق المطالبة فيه، بموجب قانون التقادم المسقط، الا بعد مرور عشرين سنة من تاريخ نشوئه .

specie [في المسكوكات] قطعة نقدية، ذات وزن معلوم، من معدن ثمين تحمل سكة الدولة التي اصدرتها مع بيان قيمتها كنقد رسمي .

— in specie عيناً، ذاتاً، نصاً . طبقاً لنصوص المشارطة (المعنية) مع مراعاة المطابقة التامة .

specie point [معاملات البورصة] حد الذهب

المجلس وامتيازاته . وله صوت الترجيح casting vote اذا تعادلت الاصوات .

speaking demurrer (راجع باب demurrer)

speaking order (راجع باب order)

speaking with prosecutor مراجعة المدعي العام : نوع من المصالحة على الجرائم تجيز معه المحكمة للمدعى عليه المدان بجنحة ان يراجع المدعي العام (المختص) قبل النطق بالحكم ويحاول اقناعه بعدم الملاحقة، فاذا اقتنع حكمت المحكمة عــلى المدان المذكور بعقوبة خفيفة .

special خاص او خصوصي . لامر او سبب خاص . استثنائي

special act قانون خاص: يسري على افراد معينين او جهات خاصة دون غيرها .

special case [اجراءات انكليزية] اذا عرضت لهيئة المحلفين بعض الاشكالات القانونية، جاز لهـا ان تخضع قرارها لرأي المحكمة الاستئنافية in banc بكامل هيئتهـا upon a special case to be made أي بناء على عريضة خاصة يشترك في وضعها وكلاء جميع الاطراف، تحت اشراف محكمة الدعوى، باسطين فيها كافة الوقائع المتوافرة . ولا يصدر القرار في هذه الحال الا بعد أن تبدي المحكمة الاستئنافية رأيها فيما رفع اليها .

special commission [قانون انكليزي] تفويض استثنائي يصدره التــاج لتشكيل محكمة الجنايات، من القضاة المقررين فيه عند وقوع أية جرائم تستوجب المحاكمة والعقاب فوراً.

special damage ضرر خاص: اضرار فعلية ألمت بالمدعي من مصدر إزعاج عام . اضرار تخرج من حيث الشكل عن الاضرار المألوفة العامة .

special examiner [قانون انكليزي] مستجوب أو محقق خاص؛ يعين في احوال استثنائية لاخذ اقوال شاهد مريض او مقعد أو في بلاد اجنبية أو مقيم يخشى سفره او لغير ذلك من الاسباب الاستثنائية .

special exception دفع خاص: يقتصر على شكل رفع الدعوى أو الطلب .

special indorsement (of a bill of exchange) تجيير خاص: يبين فيــه صاحبه اسم الشخص الواجب دفع الكمبيالة اليه .

special jurisdiction ولاية قضائية خاصة: تتناول مواضيع معينة (قانوناً) دون سواها .

species [**قانون مدني**] شكل ، صورة ، هيئة

species facti [**قانون اسكتلندي**] ذات الفعل (الاجرامي المنسوب الى المتهم) .

specific على حدة . محدد ؛ معين ؛ مفصل . ذات (الشيء المعني) أو عينه . دقيق

specific duties (راجع باب duties)

specific performance (راجع باب performance)

specifically على وجه الدقة او التحديد . نصاً ؛ تفصيلا ؛ ذاتاً او عيناً . خصوصاً ؛ كل على حدة

specificatio صنع اداة جديدة من منقول يعود لغير الصانع

specification [**في الاختراعات والبراءات**] تحديد ، تعيين . تفصيل ؛ بيان تفصيلي ؛ وصف ايضاحي . (ترد احياناً في صيغة الجمع specifications بمعنى مواصفات .)

specify يصف ؛ يوضح ؛ يعين ؛ يفصل ؛ يبين تفصيلا

specimen نموذج ؛ عينة من شيء : تمثل شكله او تدل على صفاته او مادته .

speculation يختلف مفهوم هذه الكلمة باختلاف النص او السياق ، وهو مزيج من التوقع والتمني والحدس والانتهاز والاستغلال والمجازفة . والـ speculation في حد ذاته متعدد الانواع والاغراض ، فمنه المشروع ومنه غير المشروع . وقد تكون اغراضه تجارية كما قد تكون مالية او اقتصادية او سياسية او غير ذلك . ولعل ابرز معانيه ما يأتي : المتاجرة (بيعاً او شراء) توخياً للكسب ، بسبيل ما يتوقع من تقلب الاسعار في المستقبل . التعامل الجزافي الذي تحفه الشكوك ويتأرجح بين الخسارة الفادحة والربح العظيم .

الاعتماد على ما ينتظر من تقلب الاسعار .

ممارسة الاشغال المنطوية على الخطر والمغامرة في سبيل الكسب العظيم . تربص بربح احتمالي مستقبل او استغلال الظروف لكسب محتمل .

مضاربة . تخين

speculative تخيني ؛ حدسي

speculative damages (راجع باب damages)

speedy سريع ، على وجه السرعة ؛ استعجالي ؛ معجل . فوري

speedy execution نفاذ معجل : يقع فوراً او بعد مدة وجيزة .

speedy trial [**مواد جنائية**] محاكمة استعجالية ، تجري وفقاً لقواعد وانظمة قانونية معينة دون اي تأخير غير معقول او حالما تتهيأ لها النيابة في اسرع وقت مستطاع بعد تكوين التهمة وحالما تسمح اوقات المحكمة المختصة بالتفرغ لها .

spend يصرف ، ينفق ؛ يبذل ؛ يستفيد

spendthrift مبذر ؛ متلاف ؛ سفيه (بمعنى prodigal) : ينفق من امواله بلا وعي ويستهدف لتبديدها .

spendthrift trust (راجع باب trust)

sperate مأمول ؛ متوقع ؛ يرجى نيله او استيفاؤه ، نحو : دين مأمول ، يرجى استيفاؤه sperate debt . يقابله الدين المعدوم او الضمار desperate debt الذى لا يرجى استيفاؤه .

spes accrescendi امل البقاء على قيد الحياة .

spes impunitatis continuum affectum tribuit delinquendi . «امل الافلات من العقوبة اغراء دائم بالاجرام» .

spes successionis أمل في وراثة

sphere دائرة ؛ نطاق ؛ مضمار ؛ مجال

spinning house دار اصلاحية في مدينتي اكسفورد وكيمبردج ترسل اليها العاهرات (غير الطالبات) اللواتي يرافقن الطلبة ويغرينهن على الفاحشة .

spinster عانس : امرأة بلغت الثلاثين او تجاوزتها ولم تتزوج قط .

قاعدة (م. قواعد)

spiritual روحي ، روحاني ؛ ديني

spirituous liquors مشروبات روحية ؛ مسكرات : تصنع بواسطة التقطير .

spital or **spittle** مبرة ، مؤسسة خيرية ؛ مصح ، مستشفى

spite fence سياج كيدي : سياج او سور لا يفيد منه صاحبه بل يقيمه على سبيل الكيد لجاره بمنع النور عنه او الهواء او حجب المناظر الممتعة .

split sentence حكم اجتزائي : يفرض العقوبة المنصوص عليها في القانون ، لكنه يقضي بتنفيذ جزء منها وتعليق الجزء الآخر ؛ بحيث اذا كانت هذه العقوبة الحبس والغرامة مثلا ، قضى بفرض الغرامة وتعليق الحبس .

splitting a cause of action تجزئة سبب الدعوى الى جزئين او اكثر ، ورفعها على اساس جزء واحد منها فقط .

spoliation اتلاف ؛ افساد (شيء)، بفعل شخص اجنبي لا شأن له فيه او مصلحة، دون القضاء على صفته وآثاره القانونية .

[قانون كنسي] تعدي احد رجال الدين على آخر بحرمانه اسباب رزقه الدينية او من كنيسته ذاتها بالباطل .

دعوى تجريد : ترفع امام محكمة كنسية لاسترداد حق او اعتبار كنسي مسلوب .

spolium [قانون مدني عام] شيء مغتصب ؛ سليب (اخذه الغير عنوة او بلا حق)

sponsio [قانون مدني] التزام ؛ تعهد بدفع مبلغ من المال للمحكوم له .

sponsio ludicra التزام هزلي : تعهد تافه لا يستأهل التفات المحكمة .

sponsions [قانون دولي] اتفاقات يعقدها بعض كبار الموظفين العموميين، كالقواد العسكريين وامراء البحر وغيرهم اثناء الحرب نيابة عن حكوماتهم دون تفويض منها او تبعا للصلاحيات المعطاة لهم، ويعوزها بحكم ذلك ابرام الحكومات المذكورة صراحة او ضمناً express or tacit ratification.

sponsor كفيل ؛ ضامن (بمعنى surety)

من تطوع للقيام بشأن نيابة عن الغير دون ان يكلف بذلك . فضولي

sponsus [قانون روماني] خاطب ؛ واعد بزواج من امرأة معينة على اساس حصول التواعد بينه وبين من ملك تزويجه المرأة المخطوبة التي تسمى في هذه الحال sponsa كما يسمى الوعد بالزواج sponsalia .

spontaneous تلقائي ؛ طبيعي ، بلا تكليف ؛ طوعي ، بمحض الارادة . دون تأثير اجنبي

sporting house بيت دعارة

spot market صفقات فورية

spouse زوج (سواء كان الرجل او امرأته) ؛ زوجة

spouse-breach [قانون انكليزي قديم] زنا احد الزوجين ، خرق الزوجية

spring نبع او ينبوع ؛ عين ماء

spring-branch [قانون الاراضي الاميركي] فرع عين (جارية)

springing use (راجع باب use)

spuilzie [قانون اسكتلندي] استيلاء على منقول أو تدخل في شأنه دون اذن صاحبه أو بغير حق قانوني .

spurious مزور ؛ مقلد ؛ زائف او زيف

spurii [قانون روماني] اولاد غير شرعيين ؛ اولاد زنا

spurius [قانون مدني] غير شرعي ؛ دعي

spy جاسوس

square مربع ساحة او ميدان في مدينة ؛ قسيمة صغرى مشيدة تحيطها اربعة شوارع رئيسية .

squatter [قانون اميركي] من احتل ارضاً خاصة للغير او عامة للدولة بالباطل دون حق او اذن قانوني . ولا يستفيد هـذا من احكام التقادم المكسب مهما طالت حيازته لتلك الارض .

[قانون انكليزي] من احتل ارض الغير بلا اذن قانوني واستمر في احتلالها دون منازع حتى سقط حق مالكها الحقيقي فيها بعد مرور اثني عشر عاماً وآل اليـه ما لم يثبت ان عجز المالك عن المطالبة بها في المدة المقررة قانوناً كان لاسباب خارجة عن ارادته أو ان سكوته على ذلك كان بداعي غش الغير له .

stab طعنة : جرح عميق محدث باداة دقيقة الرأس .

[كفعل] يطعن

stabilise (stabilize) يوطد ؛ يبعث على استقرار .

يمركز ، يركز ؛ يثبت ؛ يرسي على قواعد ثابتة

stability ثبات ، استقرار ؛ متانة ؛ رسوخ على اسس ثابتة

stabit præsumptio donec probetur in contrarium «يؤخذ بالقرينة حتى يثبت العكس» .

stable اصطبل : مكان معد لايواء الخيول وعلفها والعناية بها .

[كنعت] مستقر ، ثابت (لا يتقلب) ؛ متين ؛ مكين

stable-stand; stablestand [قوانين الغابات] قرينة العزم على سرقة غزلان الملك : كمفاجأة الفاعل وهو جاذب سهمه مثلا ليطلقها او جاثم وراء شجرة وقد أوشك أن يطلق كلابه على الصيد .

stag [اسواق مالية] موارب (في بيع أو شراء) ؛ مضارب يطمع في الحصول على بدل الخيار .

stage line خط سيارات عامة لنقل المسافرين بين مراكز نائية أو بين مدينة واخرى .

stages مراحل ؛ مدارج ؛ اطوار

standard rent أجرة المثل . كانت تقرر الاجرة قبل قانون الاجرة لعام ١٩٥٧م Rent Act 1957 على اساس اجرة المثل من المباني ثم حددت الاجرة بعد ذلك نصاً بقوانين تحديد الاجرة Rent Restriction Acts .

standardization توحيد النمط او المستوى او العيار . معايرة

standing مركز؛ منزلة؛ مقام؛ مرتبة؛ درجة؛ سمعة

standing aside jurors يرفض او يستبعد احد محلفين (من قائمة محلفين) .

standing by وقوف على امر او علم به . إحاطة بفعل او حال في ظروف ترتب على المحيط واجب اعلام ذوي الشأن به . ولا يدل الاصطلاح في حد ذاته على الحضور الفعلي في مكان الشيء موضوع البحث، كما ان مجرد الحضور لا يرتب الواجب المذكور، بل يرتبه العلم بالموضوع في ظروف خاصة تستوجب الاخبار عنه .

standing mute ممتنع عن جواب او كلام؛ معرض (عنه)؛ متذرع بالبكم أو السكوت، شأن المتهم اذا وجهت اليه التهمة عند المحاكمة فرفض الاجابة عليها بالعبارة العادية «مذنب» أو «غير مذنب» أو اجاب بما يخرج عن الموضوع .

standing *in loco parentis*. يقوم مقام الاب؛ القيام مقام الوالد؛ تترتب عليه واجبات الاب؛ اداء التزامات الابوة

standing orders [اجراءات برلمانية] اوامر (أو لوائح) داخلية، تنظم قواعد الاجراء في مجلسي البرلمان البريطاني .

standing seized to uses حيازة لمنفعة الغير : الحيازة التي تجعل المالك الحائز في حكم الامين . اذا صدر عن covenant to stand seized to uses كان ذلك اتفاقاً منه على ان يستمر في حيازة الارض موضوع التصرف لمنفعة شخص آخر تجمعه به عادة صلة دم أو زواج أو مودة خاصة .

standing to sue doctrine [قانون اميركي] مبدأ المقاضاة، وهو يقضي بعدم جواز رفع الدعوى من المواطن ضد اي موظف حكومي على أساس سوء التصرف أو السلوك غير المشروع ما لم يثبت المدعي ان سلوك الموظف المدعى عليه قد نال او أوشك ان ينال من حق مادي له يعترف به القانون .

stannaries يطلق هذا الاسم في انكلترا على مناطق مناجم القصدير او الصفيح (التنك) ومصانعه في مقاطعتي Devon و Cornwall .

Stannary Courts محاكم محلية تعقد في مقاطعتي Devonshire و Cornwall بانكلترا للنظر والفصل في الدعاوى المقدمة من عمال المناجم والصفيح (التنك) .

stagnum [قانون انكليزي قديم] بركة؛ حوض ماء

stake رهان؛ مال يقامر عليه لاعب . وديعة يسلمها شخصان الى ثالث كي يعطيها لمن يستحقها من الاثنين عند حصول امر معين .

stakeholder أمين رهان : من اودع موضوع الرهان كي يسلمه للرابح عند اتضاح النتيجة المتفق عليها .
مودع موضوع النزاع : من ائتمن على موضوع نزاع، من اطرافه كي يسلمه لمن استطاع منهم ان يثبت تفوق حقه فيه .

stale [قانون سكسوني] سرقة

stale cheque شيك فائت المدة : انقضت او سقطت مدته .

stale demand or **claim** مطالبة ساقطة بفرط الاهمال

stamp طابع بريد؛ تمغة؛ ختم (رسمي)؛ ميسم

stamp acts قوانين تمغة : تحدد فئات التمغة المفروضة على المستندات والعقود والاتفاقات والاجراءات القانونية والكمبيالات والسندات والايصالات وغيرها من الاوراق .

stamp duties رسوم تمغة

stance [قانون اسكتلندي] استراحة؛ مكان للراحة
موضع تساق اليه الماشية للراحة اثناء انتقالها من نقطة الى أخرى.

stand يقف؛ ينقطع (عن حركة أو مسير)
يمثل، يحضر؛ يخضع
يبقى نافذاً او ساري المفعول؛ يظل قائماً

stand by loan قرض احتياطي : للوفاء بما قد يحل اداؤه من ديون لا يستطاع سدادها بطرق اخرى .

stand over يتأجل؛ يرجأ؛ يظل معلقاً

standard مستوى او مستوى عادي . قاعدة؛ عيار . نمط؛ وضع قياسي؛ قياس معترف به؛ قيد . لواء، راية حرب

— gold standard قاعدة الذهب

— minimum standard [في احوال الاجانب] قيد الحد الادنى؛ ما يقتضيه العرف الدولي من التزام كل دولة بمنح الاجانب المقيمين في أراضيها مقداراً معيناً من الحقوق لا يجوز لها أن تحرمهم التمتع بأقل منه .

standard atmosphere [لوائح الطيران] جو قياسي

standard of weights or **measures** قاعدة الاوزان أو المكاييل (كما يحددها القانون) .

State Department وزارة الخارجية (في الولايات المتحدة الاميركية) .

state of fact حالة واقعية؛ واقع حال (راجع state of facts تالياً)

state of facts وقائع حال؛ وضع وقائع . وجهة نظر يبديها ذو الشأن في موضوع يكون محلا لبحث .

state of facts and proposal [اجراءات احوال الجنون] اذا تحقق جنون شخص معين بعد الكشف الطبي اللازم وجب القيام بتقديم تقرير أو بيان يسمى بيان الوضع والمقترحات state of facts and proposal، يصف احوال المجنون الاجتماعية والمالية ويذكر اسماء اقرب ذويه والاشخاص المقترح توليهم عليه والمبلغ اللازم لاعالته وما الى ذلك من الوقائع والمقترحات .

state of the case بيان وقائع الدعوى : الوقائع التي يرتكز عليها المدعي في دعواه .

state offence جرم سياسي

state officers موظفو الدولة

state revenue ايرادات الدولة

state trial محاكمة سياسية : موضوعها جرم سياسي

stated مقرر ، محدد ، مبين؛ مذكور

stated account (راجع account stated)

stated meeting اجتماع مقرر او محدد، ينبغي انعقاده في الوقت المعين له، يقابله الاجتماع الخاص special meeting الذي يعقد حسب مقتضيات الظروف ولا يتقيد بموعد محدد .

stated term دورة نظامية (عادية) : تنعقد وتمتد حسب المواعيد المحددة قانوناً .

stated times مواقيت مقررة؛ اوقات منتظمة

stateless بلا جنسية ؛ لا جنسية له

statement بيان؛ كشف؛ ادعاء أو تقرير وقائع

statement of account كشف أو بيان حساب

statement of affairs [اجراءات الافلاس الانكليزية] كشف ذمة؛ بيان علاقة مديونية . التقرير الذي يلزم المعسر او المفلس بابرازه في أول اجتماع يعقده دائنوه بعد طلبه التصفية أو المصالحة، وهو يعرض أسماء الدائنين الممتازين (اصحاب الديون المضمونة) وغير الممتازين وقيمة الضمانات المعطاة وكشف الكمبيالات المحسومة وبيان جميع الموجودات على وجه الدقة .

staple [قانون انكليزي] سوق خاصة لبيع الاصواف والرصاص والجلود طبقاً لشروط معينة .
[مسائل تجارية] أولي؛ رئيسي . هام وعظيم الاهمية

— right of staple [قانون دولي] حق تعيين السوق، وهو حق مشروع يجيز لاهل البلاد ان يعينوا الاماكن التي يسمح فيها للتجار الاجانب بعرض ما عندهم من سلع وان يحظروا التجارة على هؤلاء في اي مكان آخر .

— statute staple (راجع باب statute)

Staple Inn [جمعيات الحقوق الانكليزية] جمعية ستيبل، احدى جمعيات القضاء المطلق Inns of Chancery .

Star-Chamber محكمة النجم : محكمة ملكية قديمة ملغاة قامت بادئ الامر للحيلولة دون تسخير النفوذ لعرقلة سير العدالة في المحاكم السفلى، واختصت في مراجعة الدعاوى التي كان يعبأ لها من أوامر بعض الجهات ذات النفوذ ما لم تجد المحاكم العادية بداً من الرضوخ له. ثم اتسعت سلطاتها حتى بلغت في عهد الملك هنري الثامن حداً مروعاً وكانت أشبه شيء بالسيف المصلت على من حدثته نفسه بمخالفة اوامر الملك مهما اشتطت وقست احكام هذه المحكمة الى حد جعل اسمها في تاريخ القضاء رمزاً للقهر والتعسف .

star witness (راجع باب witness)

starboard جانب السفينة الايمن : الواقع على يمين الناظر الى مقدمتها .

stare decisis لزوم ما سبق تقريره؛ مراعاة ما بت فيه (من مسائل) . اي، واجب المحكمة في أن تراعي السابقات القانونية وتطبق الاحكام والقرارات الصادرة من المحاكم المختصة .

stare in judicio مثول امام محكمة (كمدع أو مدعى عليه).

stat pro ratione voluntas populi ارادة الشعب تغني عن السبب .

state يبين؛ يفصل، يسرد تفاصيل شأن، يذكرها او يقرر بها
[كاسم] دولة؛ ولاية
حال، وضع، ظرف؛ شكل

— foreign state دولة او ولاية اجنبية
[انظمة فيدرالية] تعتبر الولايات المتحدة اجنبية foreign بالنسبة لبعضها البعض الا في علاقاتها المتبادلة بوصفها شقيقات أو أعضاء في الاتحاد الاميركي .

state criminal مجرم سياسي

statement of claim [اجراءات المحكمة العليا الانكليزية] بيـــان اوجه المطالبة . تقرير كتابي يرفعه المدعي الى المحكمة المختصة مبيناً فيه اسانيد دعواه ضد المدعى عليه وموضوع مطالبته.

statement of defence [اجراءات المحكمة العليـــا الانكليزية] بيان أوجه دفاع . تقرير كتابي يتناول به المدعى عليه ادعاءات المدعي في الـ statement of claim سواء بالاعتراف أو الانكار أو بتقديم وقائع جديدة يعلل بها موقف نفسه أو ينقض دعوى المدعي .

statement of facts تقرير وقائع

statement of particulars [اجراءات انكليزية] بيان تفاصيل . تقرير تفصيلي يبسط جزئيات الالتزام موضوع طلب المدعي .

statesman احد رجال الدولة ، أحد ساستها أو اداريها .

[في مقاطعة Cumberland بانكلترا] ملاك مزارع

statim حالا ؛ فوراً

[قانون انكليزي قديم] فوراً ؛ خلال مدة قانونية

stating an account بيان حساب؛ اعداد كشف منظم بمفردات حساب .

stating part of a bill نص وقائع في عريضة دعوى : الجزء الذي يسرد فيه المدعي اسانيد ادعائه في عريضة الدعوى .

station مكان (أمين لرسو سفن)؛ محطة (سكة حديدية)؛ نقطة (عسكرية)؛ مركز (بوليس)

Stationars' Company شركة اصحاب المكتبات او دور الكتب : مؤسسة لندنية تشكلت من سبع وتسعين داراً من دور الكتب سنة ١٥٥٧ م ثم أسندت اليها مهمة الرقابة على الصحف .

Stationers' Hall [قانون انكليزي] دار اصحاب المكتبات

(راجع Stationers' Company)؛ المقر الذي ينبغي أن تسجل فيه حقوق طبع الكتب ليتمكن اربابها من مقاضاة من تحدثه نفسه بالاعتداء عليها .

statist أحد ساسة الدولة ؛ سياسيّ؛ خبير في شؤون الحكومة

statistics احصائيات

status حال ؛ موقف ؛ وضع (يكون عليه الفرد بالنسبة للآخرين) . صلة الفرد القانونية بالمجموع او موقفه القانوني منه.

status quo حالة راهنة ؛ وضع راهن أو قائم في تاريخ معين.

status quo ante حال او وضع سابق

status quo an'e bellum وضع او حال ما قبل الحرب : ما كان من وضع او حال قبل حرب معينة .

statutable (راجع statutory)

statute تشريع برلماني؛ قانون نظامي: قانون مكتوب تضعه السلطات التشريعية المختصة . يقابله القـــانون غير المكتوب unwritten law .

قانون بلدي ولائي

نظام او لائحة (شركة او جمعية)، قانونهـا الاساسي . النظام الخاص الذي يفصل ماهية الشركة وترتيبها وأغراضها و يحدد سياستها الواجبة منذ نشوئها حتى انقضائها .

ترد هذه الكلمة أحياناً بمعنى التزام أو تعهد (اذا دل النص أو السياق على ذلك) .

[قانون اسكتلندي قديم – كفعل] يسن ؛ يضع ؛ يقرر ؛ يرسم

— affirmative statute (راجع باب affirmative)

— criminal statute تشريع جنائي: يحكم الجرائم المشمولة به ويقرر عقوباتها .

— declaratory statute (راجع باب declaratory)

— expository statute (راجع باب expository)

— negative statute تشريع برلماني سلبي: يحظر فعلا معيناً او يبين ما لا ينبغي فعله .

— penal statute (راجع باب penal)

— perpetual statute تشريع برلماني استمراري: لا تتقيد مدة سريانه بحد معين او لا يشمل أي حكم ينص على ابطاله أو انتهاء مدته في المستقبل .

— personal statutes قوانين احوال شخصية: تشريعات برلمانية تتعلق بالافراد وتقرر مدى اهليتهم ولا تتناول الاموال او الاشياء الا عرضاً .

قوانين خاصة تتعلق باشخاص معينين أو جماعات معينة دون غيرها.

— private statute تشريع برلماني خصوصي: يتناول اشخاصاً معينين دون غيرهم (طبيعيين أو اعتباريين) .

— public statute تشريع برلماني عام

— punitive statute تشريع برلماني جزائي: يفرض غرامة او عقوبة معينة .

— real statutes [قانون مدني] تشريعات (مكتوبة) عقارية، تنصب على الاملاك دون الاشخاص .

Statute of Merton تشريع ميرتون: سمي كذلك نسبة الى بلدة في مقاطعة Surrey بانكلترا تسمى Merton اجتمع فيها البرلمان الانكليزي سنة ١٢٣٥ م، في عهد الملك هنري الثالث واصدر هذا القانون لتنظيم مسائل الدوطة والتبني والنسب والقوامة وقسمة المشاع، تيسيراً لاستغلاله، والربا وأصول الاجراء بوجه عام.

Statute of Praemunire صدر هذا القانون عام١٣٥١م في عهد الملك ادوارد الثالث لمعاقبة كل من اشرك دولة اجنبية او رئيسها فيما يدين به من الطاعة للملك وحده، ووضع اصلا للقضاء على نفوذ البابا في انكلترا.

statute of uses (راجع باب use)

Statute of Westminster The First
(راجع Westminster The First, Statute of)

Statute of Westminster The Second
(راجع Westminster The Second, Statute of)

Statute of Westminster The Third
(راجع Westminster The Third, Statute of)

Statute of Wills قانون الوصايا. صدر هذا القانون سنة ١٥٤١ م في عهد الملك هنري الثامن لبيان احكام الوصايا وتحديد شروط الاهلية للايصاء.

Statute of Winchester
(راجع Winchester, Statute of)

statute roll لفافة قانون مكتوب: قطعة من الرق (الجلد المستعمل قديماً للكتابة بدل الورق)، كان يكتب عليها القانون بعد صدور الموافقة الملكية عليه ثم تلف على شكل انبوب.

Statute Staple يسمى ايضاً Statute of the Staple وهو قانون معاملات سوقية صدر سنة ١٣٥٣ م في عهد الملك ادوارد الثالث، لحصر بيع مواد التصدير في مدن معينة وتنظيم علاقات المديونية بين التجار.

statutes at large عامة التشاريع: مجموعة التشاريع الصادرة عن البرلمان الانكليزي منذ أقدم العصور الى اليوم الحاضر.

statutes of amendments and jeofailes قوانين برلمانية تنص على تصحيح الاغلاط الواقعة اثناء الاجراءات اذا فطن لها الخصم ذو الشأن واعترف بها.

statuti [قانون روماني] محامون مرخصون أو مسجلون. اعضاء كلية المحامين College of Advocates، اي نقابتهم.

— remedial statute تشريع برلماني استدراكي: يوضع لتصحيح اغلاط في قانون قائم أو انصاف من ظلامة أو معالجة موضوع يأتي بفائدة عامة.

— revised statutes تشريعات برلمانية معادة. جمهرة من تشريعات تجمع وتراجع وترتب ثم تسن من جديد كمجموعة واحدة.

— special statute قانون برلماني خاص: يتعلق بأفراد معينين أو منشآت خاصة دون غيرها.

statute law قانون نظامي او تشريعي؛ قانون مكتوب تضعه جهة تشريعية مختصة.

Statute-Merchant [قانون انكليزي قديم] ضمان وفاء (بدين معترف به)، كان يعطيه المدين أمام قاض مختص في احدى المدن التجارية فيصبح به هو وامواله رهناً للوفاء، بحيث اذا قصر عن ذلك قضى عليه بالحبس وعلى امواله بالايلولة للدائن والبقاء تحت يده حتى يستوفي حقه من ريعها.

Statute of Acton Burnell (راجع *de Mercatoribus*)

statute of distributions قانون توزيع التركات: تشريع برلماني يحدد كيفية توزيع التركة على الورثة اذا مات صاحبها بلا وصية، ويقضي في هذه الحال بقصر التوزيع على الورثة الشرعيين حسب القانون.

Statute of Elizabeth قانون اليزابيث. وضع هذا القانون سنة ١٥٧١ م في عهد الملكة اليزابيث الاولى للحيلولة دون تصرفات الاحتيال التي كان يصدرها المديونون إضراراً بالدائنين.

Statute of Frauds قانون الاحتيالات، ويسمى ايضاً Act for prevention of frauds and perjuries وهو قانون انكليزي برلماني صدر في عهد الملك تشارلز الثاني سنة ١٦٧٧ م وما زال يعمل به (مع بعض التعديل) في جميع الولايات المتحدة تقريباً.

اشتهر هذا القانون بما نص عليه من عدم قبول الدعوى فيما يتعلق ببعض الاتفاقات والالتزامات الا اذا كانت مكتوبة او أمكن اثباتها بوثيقة مكتوبة، وعدم قبول البينة الشفوية فيها. وهو يشمل حالياً نوعاً معيناً من العقود والاتفاقات كعقود الكفالة وبيوع الاراضي والحقوق العقارية والاشياء المنقولة اذا بلغت قيمتها ١٠ جنيهات أو أكثر. وقد شمل سابقاً (اي قبل سنة ١٩٢٥ م) كافة العقود والاتفاقات المستقبلة الواجبة التنفيذ بعد عام واحد على الاقل من تاريخ انشائها.

Statute of Gloucester قانون غلوستر. صدر هذا القانون سنة ١٢٧٨م وكان اول تشريع برلماني ينص على وجوب الحكم بالمصاريف لمن ربح الدعوى.

statute of limitations (راجع باب limitation)

the Statute of Acton Burnell الذي تأسس بموجبه Statute-Merchant .

Statutum Walliæ قانون ويلز . صدر هذا القانون عام ١٢٨٤ م في عهد الملك ادوارد الاول وكان بمثابة دستور لامارة ويلز (حينئذ) يشبه قوانين انكلترا وقواعد تطبيقها بعض الشبه .

stay يقف او يوقف

[كاسم] وقف؛ ايقاف

stay-in strike or **sit-down strike** اضراب لزوم مقر العمل او الاضراب عن الخروج: الاضراب الذي يلجأ اليه العمال برفض الخروج من أماكن العمل .

Stay Laws قوانين الايقاف . القوانين الناصة على وجوب وقف التنفيذ في احوال خاصة او اقفال المحاكم في مواعيد معلومة او عدم رفع الدعوى الا بعد مرور مدة معينة من حصول الاسباب الداعية لها، أو على غير ذلك من الاحكام التي تقصد الى أمهال المدين او التيسير له اثناء الضائقات الاقتصادية .

stay of execution وقف تنفيذ

stay of proceedings وقف اجراءات

stay put يلزم مكانه، يبقى في موضعه أو حيث وضع .

steady course [مواد بحرية] اتجاه (او منهاج رحلة) ثابت؛ لا يقصد به مجرد ثبات وجهة السفينة وعدم استهدافها للتبديل، بل يعني ايضاً ثبات مواقيت تنقلاتها بين ميناء وآخر وامكان معرفة مواقعها وحركاتها المستقبلة من مواقعها وحركاتها الحالية .

steal يسرق . يستولي على مال منقول من أموال الغير باختلاس حيازته لمنفعته الشخصية او منفعة غيره .

stealth خلسة؛ سرية؛ تلصص؛ مغافلة . ورد هذا الاصطلاح قديماً بمعنى سرقة أو اختلاس .

steamer or **steamship** باخرة؛ سفينة تجارية

— tramp steamer سفينة معيشة

steelbow goods [قانون اسكتلندي] لوازم الاستغلال الزراعي . الاشياء التي يعطيها صاحب الارض للمزارع (كالذرة والقش والمعدات الزراعية) ليستعين بها على استغلال تلك الارض لمصلحة الطرفين .

steerer [مواد جنائية] من استدرج الغير الى مكان منعزل ثم فاجأه فيه بسلب أو اعتداء مهما كان .

stellionate [قانون مدني] ينصب . الفعل الذي يرتكبه

statutory or **statutable** تشريعي: قائم على تشريع خاص، ينظمه تشريع برلماني (مكتوب)، مطابق له او ناشيء بموجبه .

statutory bond التزام قانوني: يطابق ما يتطلبه القانون (المكتوب) .

statutory crimes (راجع باب crimes)

statutory declaration إقرار قانوني: بيان وقائع مكتوب يؤكد فيه المقرر declarant صحته ويوقعه امام مندوب او موظف قضائي، وهو يقوم مقام الافادة، والكذب في اي من جزئياته يشكل جنحة .

statutory exposition شرح قانوني: يرد في قانون لاحق ليبسط بعض نصوص غامضة في قانون سابق .

statutory foreclosure غلق قانوني للرهن: بيع المرهون بحكم عقد الرهينة لا بسبيل الرجوع الى المحكمة، على اعتبار أن البيع المذكور يتمشى مع احكام القانون الناص على بيع المرهون .

statutory meeting [مواد الشركات] جلسة نظامية: جلسة افتتاحية أو تأسيسية ينبغي على الشركة عقدها خلال مدة معينة من التاريخ المصرح لها فيه ببدء اعمالها . ولا تقل هذه المدة حسب بعض القوانين عن شهر واحد ولا تزيد على ثلاثة .

statutory portion [في المواريث] سهم قانوني؛ نصيب معلوم من الاموال (المنقولة والثابتة) يقتضي القانون انتقاله الى الورثة الشرعيين ولا يجيز حرمانهم اياه .

statutory rape (راجع باب rape)

statutory report [مواد الشركات] تقرير افتتاحي يقتضي القانون على مجلس ادارة الشركة ارساله، مذيلا بتوقيع اثنين او اكثر من أعضائه، الى السلطات المختصة قبل تاريخ انعقاد الجلسة النظامية statutory meeting بسبعة ايام على الاقل .

statutory rules and orders قواعد واوامر قانونية . لوائح تصدر عن الملكة في مجلسها او عن دائرة حكومية بموجب تشريع برلماني وتكون لها قوة القانون بعد مرور الزمن المقرر على وجودها امام مجلس العموم .

statutory tenant (راجع باب tenant)

statutory time مدة قانونية (ينص عليها قانون)

Statutum de Mercatoribus يراد بهذا القانون، قانون

Steward of all England or **Lord High Steward of England** (راجع باب Lord)

Steward of Scotland [قديماً] ناظر اسكتلندا . اعظم موظفي زمانه في تلك البلاد . نيطت به مهام تصريف ايرادات التاج والاشراف على شؤون الخاصة الملكية، وكان له في الجيش المكان الاول بعد الملك . وقد اخذت سلالة ستيوارت House of Stuart لقبها عن هذا المنصب الذي لم يلبث ان ألغي حال اعتلائها العرش .

stewartry [قانون اسكتلندي] اقليم

stews مواخير (بيوت دعارة) خاصة مرخصة انتشرت قديماً في انكلترا ثم أقفلت رسمياً في عهد الملك هنري الثامن . يطلق الاسم ذاته ايضاً على محال تربية الدجاج البري pheasant .

stick يلصق ؛ يعلق (اعلاناً او منشوراً)
[محررات قديمة] يقف دون منح حق

stick up يسلب الغير بتصويب سلاح ناري (اليه) . ورقة مصمغة (قابلة للصق)

stifling a prosecution شل الادعاء العام : المصالحة على عدم ملاحقة جرم معين لا ينطوي على حق مدني ، وذلك نظير الحصول على منفعة مادية .

still مقطرة؛ آلة تقطير (لتحضير المشروبات الروحية) . جهاز استخراج الكحول من المواد المتخمرة .

stillborn or **stillborn child** مولود ميت . من ولد قبل أوانه بمدة لا تؤمل معها حياته ولو لم يكن ميتاً عند ولادته . الطفل الذي يولد بعد الاسبوع الثامن والعشرين من بداية الحمل ويقطع الرجاء من حياته . وهذا لا بد من تسجيله حسب القانون الانكليزي ولا يجوز دفنه الا بعد أخذ الاذن اللازم من الجهات المختصة .

stint [قانون انكليزي] حد؛ مقدار محدود

stipend راتب، مرتب، ماهية
[قانون انكليزي واسكتلندي] جعالة الكاهن او مخصصاته

stipendiary estates أملاك تمنح نظير خدمات عسكرية او عامة مقررة .

Stipendiary Magistrate قاضي صلح براتب، يعين في مدينة لندن وغيرها من المدن والبلدان ويمارس اختصاصات الـ Justice of the Peace على ان قضاة صلح لندن يسمون غالباً Metropolitan Police Magistrates ويسمى غيرهم Stipendiary Magistrates .

المحتال (أو النصاب) بالتفرغ عن ذات المال لعدة اشخاص يعتقد كل منهم بحصول التفرغ له وحده .

stem [في الانساب] أرومة (نسب) أو عموده

stemma شجرة نسب

stenographer مختزل : يلم بفن الاختزال

stenography كتابة الاختزال

step-brother أخ لأب او لأم (فقط) . والاخوة او الاخوات لأب يسمون «بني العلات» كما يسمى الاخوة او الاخوات لأم «بني الاخياف» .

step-child ربيب؛ ربيبة : ابن او بنت أحد الزوجين من زواج سابق (بالنسبة للزوج الجديد او الزوجة الجديدة) ، بحيث اذا كان لشخص ولد من زوجته المتوفاة ثم تزوج بثانية، كان ولده ربيب الثانية .

step-father راب : زوج الأم (بالنسبة لابنها من زواج سابق) .

step-mother رابة : زوجة الأب بالنسبة لابنه او بنته من زواج سابق .

step-sister اخت لأب أو لأم (فقط)

sterile عقيم (لا يعقب)؛ عاقر (لا تلد)

sterility عقم؛ عقر : عدم القدرة على الولادة

sterling استرليني؛ عملة انكليزية

sterling area منطقة الاسترليني

sterling bonds سندات استرلينية : تدفع في انكلترا بالجنيهات الاسترلينية .

stern كوثل السفينة؛ مؤخرها

stet «أبق عليه» . ارشاد الطابع (في مراجعة البروفات) إلى الابقاء على شيء .

stet processus وقف السير في الدعوى (بفعل المدعي) . تقرير إقفال الدعوى الذي يودعه المدعي سجل الدعوى، من تلقاء نفسه، لانهاء السير فيها قبل أن يستهدف لردها بحكم محكمة .

stevedore [مواد بحرية] متعهد شحن وتفريغ

steward وكيل عن الغير في ادارة امواله . مشرف، ناظر . كبير دائرة؛ مسؤول اول في منطقته

— land steward وكيل مشرف على ارض (للغير) .

stipendium [قانون مدني] مرتب الجندي

stipulate يشترط؛ يشارط؛ يستوعد

stipulated damages اضرار او تضمينات مشروطة كالاضرار التي يشترط دفعها على الطرف المخل .

stipulatio [قانون روماني] عقد شفوي ناشئ عن ايجاب (اي عرض) يبذله الموجب للفريق الثاني داعياً اياه الى الدخول في اتفاق على شيء معين وعن قبول *promissio* من المعروض عليه . وكان مثل هذا العقد في زمن Gaius يقتضي شكليات كلامية خاصة تصدر عن فريقي العقد . ولم يكن لهذه الشكليات قبل عهد جستنيان اي لزوم .

stipulation بند (في اتفاقية)؛ إشتراط، مشارطة؛ استيعاد

[في الاجراءات] اتفاق (كتابي) بين وكلاء الخصوم ذوي الشأن على بعض المسائل الاجرائية .

[اجراءات المحاكم البحرية] كفالة تعطى ضماناً لحضور المدعى عليه للمحاكمة .

stipulator [قانون مدني] موجب؛ مشترط؛ من لفظ أو عين الجزء الاول من الاتفاق (اي عرض موضوع العمل وشروطه) . يقابله «القابل» promissor . على ان كلا من طرفي الاتفاق يسمى في الغالب stipulator .

stirpes (راجع *per stirpes*)

stirpital (راجع *per stirpes*)

stock [مواد تجارية] بضاعة تاجر، موجودات مخزنه التجاري، سلعه المعروضة للبيع .

strict liability تبعة لازمة؛ مسؤولية قطعية لا يعطلها ظرف ولا ينال من قيامها توافر عنصر الاهمال او سوء النية .

striking out pleadings شطب اللوائح الدفاعية : ما تأمر به المحكمة المختصة احياناً من اسقاط لائحة دفاعية او اكثر من ملف الدعوى تبعاً لما يتراءى لها من اسباب .

stock [مواد تجارية] بضاعة تاجر، موجودات مخزنه التجاري، سلعه الموجودة للبيع .

رأسمال التاجر (من بضائع ونقود واعتمادات) وكل ما يملك تسخيره لاغراض تجارته .

[في الشركات] أسهم؛ حصص؛ سندات . راسمال الشركة او اموالها المتوافرة بسبيل الاكتتاب او بيع الاسهم والحصص فيها . مجموعة الاسهم او الحصص التي يملكها مساهمو الشركة او المحاصون فيها .

الحق المالي المشمول بشهادة المساهمة certificate of stock .

— bonus stock (راجع باب bonus)

— capital stock (راجع باب capital)

— certificate of stock (راجع باب certificate)

— common stock اسهم عادية : تنال نصيبها من الارباح بعد الاسهم الممتازة .

— deferred stock اسهم مؤجلة : لا تستوفى عوائدها من الارباح الا بعد فئة اخرى من اسهم او بعد ان تؤدي الشركة ما عليها من التزامات معينة .

— government stock اسهم او سندات حكومية

— guarantied stock أسهم مضمونة : لها الحق في أنصباء سنوية معلومة من الارباح يضمن اداؤها من شركة اخرى او شخص اجنبي عن الشركة .

— joint-stock رأسمال مشترك او محاص؛ رأسمال مجزأ الى اسهم يشترك في الاكتتاب به عدد من المساهمين .

— joint-stock company (راجع باب company)

— preferred stock اسهم ممتازة : لها الاولوية على الاسهم العادية common stock عند توزيع الارباح .

— rolling stock (راجع باب rolling)

— watered stock (راجع باب water)

stock account حساب موجودات مخزن أو سلع متوافرة فيه .

stock association شركة مساهمة

stock awash [في السفن] راسية

stock book دفتر مخزن

stock broker or **stockbroker** سمسار بورصة اوراق مالية

stock capital رأسمال أساسي

stock certificate (راجع certificate of stock)

stock dividend (راجع باب dividend)

stock exchange (راجع باب exchange)

stock in trade بضاعة معروضة : البضاعة المحتفظ بها لاغراض التجارة .

stop go [في الاقتصاد] القبض والبسط او القيد والاطلاق: تعاقب سياسيّ بسط الاعتمادات النقدية وقبضها. شاع الاخذ بهاتين السياستين (: سياسة بحبحة الاعتماد ثم سياسة امساكه) على التوالي في اعوام الخمسين (١٩٥٠) وما تلاها حتى اوائل الستين وذلك لكبح تضخم العملة والتغلب على البطالة في آن واحد، بحيث اذا أدت سياسة منع التضخم الى تزايد البطالة أطلق العنان للاعتمادات فازداد النقد المتداول وزالت البطالة، وهكذا دواليك.

مرجع الصعوبة في انتهاج هذه السياسة الى معرفة الحد الصحيح الذي يتطلبه الاقتصاد من التنشيط كي يتم القضاء على البطالة دون الافراط في التضخم.

stop order [في الاجراءات] أمر وقف. أمر قضائي يستصدر لمنع سحب أموال مودعة في المحكمة، حماية لحقوق الغير فيها.

[معاملات تجارية] امر الزبون للسمسار بان يقفل المعاملة (او ينهيها) بأحسن سعر مستطاع.

stop sign اشارة وقوف (لحركة سير)

stopover [في الطيران] قطع الرحلة، التوقف أثناءها

stoppage وقف؛ توقف (استمرار شيء)

[قانون مدني] تعويض؛ مقاصة (بمعنى set-off)

stoppage *in transitu* [معاملات تجارية] وقف البضاعة اثناء الطريق أو استردادها وهي في طريقها الى المشتري. بحيث اذا بيعت لشخص بضاعة ثم شحنت اليه كان للبائع في حال افلاس المشتري او اعساره، ان يوقف سيرها وهي في حيازة الناقل وان يستردها اذا لم يستوف ثمنها، على انه لا يصح اعتبار المشتري غير موف بالثمن اذا قبل البائع منه كمبيالة غير حالة الاداء او أرسل اليه الثمن بأي طريق آخر (معقول).

حق البائع في استرداد ما باعه على الحساب قبل وصوله الى المشتري اذا أفلس هذ أو ارتبكت علاقاته المالية.

storage خزن؛ خزين (بضاعة) او حفظها

store يخزن؛ يحفظ

[كاسم] مخزن لايداع بضاعة وحفظها؛ حانوت؛ حاصل (بمعنى دكان) لبيع وشراء.

storehouse مخزن؛ مستودع

storekeeper خازن؛ صاحب مخزن او دكان؛ حانوتي

storeroom غرفة للخزين؛ مخدع (في منزل)

storm عاصفة؛ اعصار؛ ريح شديدة

story of building طابق عمارة؛ دور في مبنى

stock jobber [أشغال البورصة] مياوم؛ عميل اسهم، يتعامل غالباً في نوع خاص منها بيعاً او شراء لحسابه الخاص او لغيره احياناً ويتوخى الكسب عن طريق تقلب الاسعار.

stock of merchandise بضاعة معروضة (لبيع أو تأجير)

stock raising تربية دواجن

stock sheets قوائم جرد

stock taking جرد موجودات (او بضاعة) في مخزن.

stockholder مساهم: احد ارباب الاسهم او حملتها.

stockholder's derivative suit
(راجع derivative action)

stockholder's liability مسؤولية المساهم (عن ديون الشركة)

stockholder's representative action دعوى يرفعها أحد المساهمين او ينفق عليها بالاصالة عن نفسه وبالنيابة عن باقي المساهمين.

stockholder's suit دعوى يرفعها أحد المساهمين نيابة عن الشركة ويكون فيها مدعياً اسمياً بينما تكون الشركة الخصم الفعلي المنازع في الدعوى.

stocks اسهم

[قديماً] آلة قصاص قوامها قطعتان من الخشب مهيأتان للاطباق على ساقي المذنب وضغطهما بالقدر المطلوب.

— public stocks اسهم عامة (في شركة تجيز الاكتتاب بأسهمها لعامة الناس).

stocks and shares اسهم وحصص

stoicism مذهب الرواقيين. ظهر هذا المذهب في أثينا بعد ارسطو سنة ٣٠٨ ق.م.، وكان من تعاليمه الغاء الفروق بين اليونان والبربر واعتناق فكرة الاخوة بين بني الانسان على اساس المنطق العالمي Universal Reason ونادى معتنقوه بفكرة القانون العالمي Universal Law.

stoop and room [قانون التعدين الاسكتلندي] يرد هذا الاصطلاح للدلالة على القطع الكبرى من المعادن التي تترك راسخة في مواضعها لتسند سطح المنجم.

stop وقوف. يوقف؛ يمنع مسير (شيء او استمراره)

stop-gap سداد فراغ: ما يستعان به كعلاج او بدل اضطراري مؤقت.

stouthrieff [قانون اسكتلندي] وردت هذه الكلمة قديماً للدلالة على جميع ضروب السرقة مع العنف على الاشخاص . ويغلب استعمالها حالياً بمعنى السرقة مع العنف داخل المنازل او بالقرب منها، تمييزاً لها عن أنواع السرقة المشددة الاخرى .

stowage [مواد بحرية] رص (بضاعة)؛ توزيعها وترتيبها في عنابر السفينة بشكل يقيها خطر التلف اثناء السفر ويحفظ للسفينة توازنها . اجرة خزين

stowaway مسافر خلسة على سفينة : من تسلل الى سفينة مقلعة واختبأ عليها ليسافر مجاناً .

stowe [قانون انكليزي قديم] واد

straddle [معاملات البورصة] خيار الـ put والـ call معاً . (راجع الاصطلاحين الاخيرين في غير هذا المكان) . وهو خيار مصافقة يعطى محرزه حقاً في بيع او شراء نوع خاص من الاسهم بسعر معين خلال مدة محددة .

straggler [انظمة الخدمة البحرية] متغيب بلا اذن، لا ينوي الفرار من خدمة . على انه اذا بلغ الغياب عشرة ايام عد المتغيب المذكور فاراً deserter .

straight in approach [لوائح الطيران] اقتراب مباشر مرئي

straight line خط مستقيم : اقصر مسافة بين نقطتين .

straight-line depreciation تأثر القيمة المباشر . حساب مدى استهلاك الآلات بتقدير عمرها الاجمالي (أي عدد سني إمكان استغلالها) ثم قسمة ثمنها على عدد هذه السنين وضربه بعدد السنين الماضية منها . بحيث اذا كان ثمن الآلة ١٠٠٠ جنيه مثلا واستعملت ثلاث سنين، كان تأثر القيمة المباشر (اي المقدار المستهلك من قيمة الآلة في آخر السنة الثالثة) ٣٠٠ جنيه .

strain يجهد (الى حد الافراط) ؛ يوتر (صلة او وضعاً)؛ يفرط في مط شيء أو شده ؛ يضغط (على شيء) ؛ يصفي (بمصفاة) [كاسم] إجهاد مفرط ؛ توتر ؛ انفعال ؛ افراط في شد او ضغط .
عترة ؛ عرق، سلالة ، جنس
نوع ، ضرب ؛ صفة
طبع ، مزاج

strand [قانون سكسوني] شاطئ (بحر) ؛ ضفة (نهر)

stranding [تأمين بحري] تجنيح سفينة ؛ تشحيطها على البر واستقرار قاعدتها في الرمال .

stranger اجنبي : لا شأن له في الموضوع . الغير

stranger in blood غريب او اجنبي عن عمود النسب او الدم ، لا تجمعه صلة قرابة .

strangers أغيار : لا شأن لهم ولا صلة في موضوع البحث .

stratagem خدعة او حيلة عسكرية (بقول او فعل) للظفر بالعدو ؛ خطة للايقاع به

strategic exports صادرات استراتيجية : صادرات تعزيز المجهود الحربي . مزايا او مواقع جغرافيـة إستراتيجية يستطاع استغلالها (او تأجيرها) لاغراض حربية .

stratocracy حكومة عسكرية : يسيطر عليها ويديرها قواد الجيش .

straw bail كفالة خاوية ، كفالة جوفاء او اسمية ، ليست لها قيمة ، يتطوع لاعطائها شخص لا مال له او حيثية نظير ما يصيبه من احرة أو منفعة . وقد كان الكفلاء المأجورون قديماً في انكلترا يصعون على أحذيتهم علامة من القش العادي يستدل بها عـلى حرفتهم واستعدادهم لتأجير انفسهم للكفالة المطلوبة .

stray ضال (بمعنى estray) ؛ هائم . يرد هذا النعت في الحيوانات التي تفلت من معاقلها او اصحابها وتهيم عـلى غير هدى .
طائش، نحو : رصاصة طائشة stray bullet or shot

stream مجرى ؛ تيار ؛ سيل ؛ جدول

streaming for tin صناعة الصفيح او القصدير في مقاطعتي Cornwall و Devonshire بانكلترا .

street شارع ؛ جادة ؛ طريق عام في مدينة أو بلدة أو قرية

street trading متاجرة الطرقات : كالتجوال في الشوارع لبيع الصحف او السجائر او الزهور او غيرها او التماس الكسب بالغناء او العزف في الازقة او تنظيف الاحذية او ما الى ذلك .

street walker جوابة طرق : مومس ، تجوب الشوارع لاغواء المارة وحملهم على البغاء .

strepitus judicialis سلوك مضطرب او هائج في محكمة .

strict شديد ؛ دقيق ؛ لا يحيد عن القاعدة أو النظام .
لا هوادة فيه او تساهل
منضبط ؛ محدود ، محصور ؛ ضيق . كلي ؛ من كل وجه

stricti juris لا يحيد عن الحق او القانون ، طبقاً لهما ، في حدودهما أو بحكمهما .

strictly بشدة ؛ بدقة . حرفياً ؛ بحذافيره . في حدوده (الخاصة)

stripping a mine [شؤون التعدين للحديد] ازالة الاتربة من طبقات خام الحديد السفلى .

strong قوي ، شديد ؛ مقنع ؛ منيع

strong hand تحمل هذه العبارة معنى القوة الاجرامية ، نحو : بالقوة الجبرية ؛ بيد غالبة with strong hand

struck jury (راجع striking a jury)

structural alteration or **change** تحوير جوهري أو أساسي . تغيير يخرج عن المألوف من حيث مداه ونفقاته أو يأتي على جزء حيوي (كبير) من موضوعه ، اذ يبدل من ميزاته الفارقة او الاغراض التي أنشىء أصلا من أجلها .

structure بنيان ، بناء ، مبنى . انشاء ؛ تشييد . تركيب

strumpet مومس

stuff gown روب أو رداء مهني يلبسه المحامون barristers غير الحائزين على لقب مستشار ملكة Queen's Counsel ويصنع من القماش ، بينما يصنع روب مستشار الملكة من الحرير ، ويلقب لابس الـ stuff gown احيانا بالـ stuff gownman .

stultify يذهل ؛ يخبل : يذهب بالاهلية العقلية (للقيام بشأن) .

stumer cheque شيك بلا رصيد (يقابله)

stumpage ثمن شجر ؛ اجرة قطع اشجار وازالتها . رسم ترخيص قطع أشجار او نقلها من مكان الى آخر .

stupefy يخدر ؛ يغيب (شأن المخدرات كالحشيش والداتورة والكوكايين وغيره) ؛ يذهل

stuprum [قانون روماني] مواقعة غير مشروعة ، بين رجل وعذراء أو أرملة . ولا يشمل هذا التعبير مواقعة الجارية او السرية .

style يسمي ؛ يدعو ؛ يلقب (بشيء)

[كاسم] اسلوب ؛ هيئة ؛ كيفية ؛ نمط ؛ طراز . لقب ؛ اسم ؛ عنوان

style of a firm اسم أو عنوان شركة

sua sponte طوعاً ، من تلقاء نفسه ؛ تلقائياً

suable يقاضى ؛ يلاحق قضائياً ؛ ترفع عليه الدعوى

sub تابع ، تال (من حيث المركز) . فرعي . بواسطة ؛ عن سبيل ، بناء على . تحت . من الباطن

sub colore juris تظاهراً بحق ؛ عن سبيل ذلك

stricto jure في حدود القانون ، حسب نصوصه

stricto sensu حسب المعنى الحرفي او المقيد

strictum jus في حدود الحق او القانون ؛ حسب مقتضياته

strictures نقد او انتقاد ؛ عبارات لومية . انقباض اعتلالي في مسالك الجسم .

strike اضراب . امتناع مفتعل عن اداء وظيفة او واجب او عمل عادي . لجوء العمال أو المستخدمين الى الكف عن القيام بواجباتهم أو أعمالهم المعتادة ، على سبيل الكيد او الاحتجاج أو لحمل ادارة أعمالهم على زيادة الأجور أو تحسين شروط الاستخدام أو لغير ذلك من الاسباب .

[كفعل] يضرب

ترد هذه الكلمة في مثل الجملة التالية : the strike of a vein or lode بمعنى امتداد العرق أو المكمن المعدني أفقياً .

— sit-down strike or stay-in strike (راجع باب stay-in)

strike off [اجراءات المحاكم] يشطب ، كشطب المحكمة للدعوى اذا أمرت باستبعادها من الجدول نظراً لخروجها عن اختصاصها أو لغير ذلك من الاسباب :

[بيوع المزاد] يضرب بحصول البيع او رسو المزاد على المزايد الاخير .

strikebreaker مفسد اضراب ؛ من حل في العمل محل عامل مضرب .

striking a docket المرحلة الاولى في اجراءات الافلاس الانكليزية ، وهي الاقرار بالدين أو تقديم بيان به وتعهد بملاحقة الاجراءات bond to follow up proceedings .

striking a jury اختيار اعضاء هيئة المحلفين الاثني عشر من قوائم المرشحين للتعيين .

striking off the roll شطب من الجدول : شطب اسم المحامي من جدول المحامين وحرمانه مزاولة المهنة .

stringent مشدد ؛ صارم ؛ مضيق ؛ حاصر ؛ دقيق : لا يدع مجالا لتقدير او اجتهاد .

strip ينتزع ؛ يأخذ (من ملك الغير) شيئاً بلا حق او يتلفه .

strip-tease عرض تعر : تقدمه دور الدعارة والاندية الليلية احياناً لاثارة الغرائز الجنسية بتسخير النساء لنزع ثيابهن نزعاً تاماً يتنافى مع الحشمة والذوق السليم .

sub-committee لجنة فرعية

sub conditione على شرط شرطياً

sub curia بموجب قانون

sub disjunctione على سبيل البدل

sub judice امام القاضي؛ قيد نظره

sub modo تحت شرط

sub nomine باسم

sub potestate تحت سلطان (غيره) او سلطته

sub silentio بالسكوت، بسبيله

sub spe rati بشرط المصادقة

sub suo periculo تحت مسؤوليته

sub voce تحت عنوان

subagent (sub-agent) نائب فرعي؛ نائب النائب او وكيل الوكيل .

subaltern موظف ادنى: يباشر وظائفه تحت اشراف موظف أعلى منه .

subcontract (sub-contract) عقد من الباطن : العقد الذي يبرمه المتعاقد الاصلي مع شخص آخر فيما يتعلق بموضوع العقد الاول .

subcontractor (sub-contractor) مقاول من الباطن

subditus [**قانون انكليزي قديم**] فصل vassal؛ تابع

subdivide (sub-divide) يجزىء الجزء: يقسمه الى اجزاء صغرى .

subduct يسحب او يسترجع

subflow سيل جوفي؛ مجرى (ماء) باطني
[**كفعل**] يسيل باطناً او نحو الباطن .

subhastatio بيع مزاد

subinfeudation [**نظام الاقطاع**] اقطاع الاقطاع أو الاقطاع من الباطن . قيام الفصل (التابع الاقطاعي) باقطاع ما حازه (من سيده الاقطاعي) او جزء منه لشخص آخر ، وصيرورته بهذا سيداً أدنى inferior lord للفصل الثاني .

subjacent support ارتفاق تحميل: يخول ارض العلو حق الاستناد الى ارض مجاورة تقع دونها .

subject [**قانون دستوري**] رعية؛ تبع، تابع او من رعايا (احدى الدول)، نحو : رعية هندية او هندي التبعية Indian subject .

موضوع (تشريع) . خاضع أو يخضع . (راجع subject)
[**قانون اسكتلندي**] غاية (عقد أو اتفاق)

subject-matter موضوع (بحث)؛ موضوع (نزاع او طلب)

subject to مع مراعاة؛ بشرط؛ مععدم الاخلال بـ. على ان . بموافقة . يخضع لـ؛ تسري عليه؛ يتوقف على . وفق؛ بمقتضى؛ على أساس

subject to contract رهن التعاقد: ما زال قيد المفاوضة دون ان يتم الاتفاق بشأنه .

subjection تسخير؛ اخضاع؛ خضوع؛ رضوخ؛ اذعان

sublease ايجار من الباطن

sublet يؤجر من الباطن؛ تأجير المستأجر

submission خضوع، اذعان؛ استسلام لقانون او سلطة. عرض او تنسيب، نحو : acting on submissions made to him by the council بناء على ما عرضه عليه المجلس، او، بناء على تنسيب المجلس الخ ...
[**في العقود**] اتفاق المتعاقدين على احالة النزاع الى محكم يفصل بينهم .

submission bond التزام تحكيم: يتفق بموجبه فرقاء العقد على احالة نزاعهم الى التحكيم والخضوع لقرار المحكمين .

submit يرفع، يعرض، يقدم . يخضع، يذعن، يستسلم، يمتثل

submortgage رهن من الباطن: قيام الدائن المرتهن باستدانة مبلغ من المال لنفسه (من الغير) واعطاء ما رهن لديه كرهن على دينه .

subnotations [**قانون مدني**] ردود سامية . يصدرها رئيس الدولة او عاهلها او من في مقامه على ما يرفع اليه من مشكلات قانونية للرأي والتوجيه .

subordinate تابع؛ خاضع لغيره . اقل (اهمية)؛ أدنى (مكانة او درجة او اعتباراً) .

suborn يعد؛ يحضر؛ يهيىء (شيئاً او شخصاً) سراً او تحت ستار او بسبيل غير مشروع .
[**مواد جنائية**] يأجر (شخصاً)، يغريه او يستميله برشوة او وعد أو غير ذلك ليحلف يميناً كاذبة أو يشهد زوراً .

subornation of perjury اغراء على شهادة زور او يمين كاذبة؛ ايجاد شخص لاداء يمين كاذبة (سواء باستئجاره لهذا الغرض او بأي سبيل آخر) .

suborner المغري على شهادة زور او يمين كاذبة؛ الراشي لها: من هيأ الغير لذلك؛ من اتى بشخص أو استأجره لارتكاب اية جريمة، خصوصاً جريمة شهادة الزور او حلف اليمين الكاذبة .

subpœna تكليف أو أمر حضور (كتابي): يفرض على الشاهد (الموجه اليــه) ان يحضر أمام المحكمة المعنية في زمان ومكان محددين ليشهد للخصم المشار اليه في الامر المذكور وان لا يتأخر او ينتحل أي عذر لعدم الحضور. والكلمة مركبة من *sub* ومعناها تحت و *pœna* ومعناها عقوبة، اي «تحت طائلة العقوبة» .

subpœna ad testificandum امر حضور لاداء شهادة

subpœna duces tecum امر ابراز اوراق: تكليف من المحكمة يقتضي الموجه اليه أن يبرز لها ورقة منتجة في الدعوى توجد في حوزته أو تحت تصرفه، وذلك بناء عـلى طلب أحد الخصوم ذوي الشأن .

subrogation حلول . عقد يحل بمقتضاه دائن محل آخر فتؤول اليه جميع الحقوق والضمانات المشمولة بالدين .
حلول شخص محل آخر في اية مطالبة قانونية أو أي حق قانوني حلولا كاملا .

— conventional subrogation حلول اتفاقي: حلول صريح يحصل بالاتفاق بين الدائن (صاحب الحق) وشخص ثالث يراد احلاله محله .

— legal subrogation حلول قانوني: ينص عليه القانون صراحة أو ضمناً .

subrogee من خلف الغير أو حل محله في حق مطلوب .

subscribe يكتتب؛ يدفع مبلغاً من مال؛ يشترك (في أمر) بدفعه ما يترتب عليه؛ يتفق كتابة على تقديمه أو مـا يقوم مقامه . على ان المفهوم الحرفي لهذه الكلمة هو «يكتب ذيلا»، باعتبار أن sub معناها «تحت» و scribe يكتب ولهذا فمؤدى التعبير لاغراض القانون احياناً هو «يوقع على» أي، يضع اسمه في ذيل الوثيقة على سبيل التوقيع .
[**في الوصايا**] يوافق؛ يشهد (على)

subscriber موقع؛ ممض (على ورقة او وثيقة)، سواء للشهادة عليها او تصديقها او التقيد بنصوصها .
مكتتب أو مساهم (في رأسمال شركة) .

مشترك: عضو في ناد أو جمعية أو نقابة أو غير ذلك . ترد هذه الكلمة أحياناً في قانون تعويض العمال للدلالة على رب العمل حين يصبح عضواً في النقابة أو مؤمناً عليه بموجب القانــون المذكور .

subscribing witness شاهد موقع: من حضر توقيع المحرر ممن أنشأه، فوقع اسمه بذيله شهادة على ما حصل بحضوره .

subscription توقيع سند، تذييله بالتوقيع، امضاؤه ذيلا، سواء كان للتصديق او الشهادة عليــه أو اقراره بوصفه صادراً عن الممضي أو التقيد بأي نص من نصوصه .
اكتتاب باسهم شركة
عقد كتابي يلتزم بموجبه الموقع أخذ عدد معين من أسهم الشركة الرأسمالية وأداء ثمنها .
اكتتاب بمبلغ من المال، على سبيل التبرع (لمعهد أو مبرة أو مشروع خيري أياً كان) .
اشتراك (في جمعية أو جريدة أو كتاب ينتظر صدوره أو غير ذلك) .

subscription list قائمة موقعين على عقد؛ قائمة اكتتاب او اشتراك

subsellia [**قانون روماني**] منصات أعدت لصغار القضاة عند جلوسهم للحكم، تقابلها المنصة المرتفعة tribunal المخصصة لجلوس الـ *praetor* .

subsequens matrimonium tollit peccatum præcedens [**قانون روماني**] الزواج اللاحق يمحو اثماً سابقاً، أي يمحو الاتصال الجنسي السابق غير المشروع ويكسب الاولاد صفة الشرعية .

subsequent لاحق (من حيث الزمن)؛ تال؛ تابع

subsequent condition (راجع باب creditor)

subsequent creditor (راجع باب condition)

subsidiary فرعي؛ تابع

subsidiary corporation شركة فرعية: سميت كذلك لان شركة أخرى تسيطر عليها بسبيل ما تملكه فيها من أكثرية الاسهم . (راجع corporation للمقابلة)

subsidy إعانة (غالباً ما تكون مالية)
[**قانون اميركي**] اعانة نقدية تمنحها الحكومة عـلى سبيل المساعدة للقائمين عـلى مشروع أو مهمة انسانية اذا رغبت في المساهمة بذلك أو اعتبرت نفسها ملزمة ادبياً بمعونته نظراً لما تفيده البلاد منه .

substantiate يثبت؛ يقيم الحجة أو البينة الكافية على شيء . يسبب (يبين الاسباب) ؛ يبني على علة صحيحة . يؤكد

substantive جوهري؛ حيوي؛ يتصل بما هو كذلك . مستقل؛ قائم بذاته

substantive evidence بينة اثباتية؛ دليل جوهري (موضوعي) يقدم لاثبات واقعة متنازعة . يقابله الدليل المقدم لتأييد شهادة شاهد أو تكذيبها .

substantive felony جناية مستقلة : لا تتوقف على ادانة شخص آخر بجريمة اخرى .

Substantive Law قانون موضوعي : القانون الذي ينشئ الحقوق ويحددها وينظم قواعدها . يقابله ما يسمى القانون الاجرائي او الشكلي Adjective Law .

substitute بدل، بديل؛ عوض : يقوم مقام غيره

[كفعل] يبدل او يستبدل شيئاً بآخر . (راجع institute)

substituted service [اجراءات اميركية] تبليغ بدلي (اي غير شخصي)؛ تبليغ المذكرة أو الاعلان للمدعى عليه بأي طريق غير التبليغ الشخصي (لشخصه مباشرة) . ويحصل التبليغ البدلي عادة بواسطة البريد أو النشر في الصحف أو غيرها من طرق الاعلان .

[اجراءات انكليزية] اذا لم يعثر على الشخص المطلوب كان للمحكمة المختصة أن تأمر بالتبليغ البدلي، وهو اعلان الاوراق المعنية الى شخص آخر يقوم مقام المراد تبليغه .

substitutes [قانون اسكتلندي] بديلون . اذا استوجبت الوصية المسماة ايلولة المال tailzie الى شخص معين ثم الى عدة اشخاص من بعده واحداً تلو آخر، كان الشخص الاول هو الموصى له الاصيل، وكان الآخرون بديلين له .

substitutio hæredis [قانون روماني] وارث بديل، يعينه الموصي ليحل محل الاصيل في ظروف مقررة بالوصية .

substitution بدل؛ ابدال، استبدال، تبديل؛ تغيير؛ استعاضة عن شيء بآخر

احلال شخص محل آخر أو ابداله به ليقوم مقامه في حق أو ميراث أو يتلقاه من بعده اذا مات أو تخلى عنه أو استنفد حقه فيه .

[قانون اسكتلندي] تعيين الورثة المراد احلالهم في المال محل الوارث أو الموصى له اذا رفض الوصية أو وقع له مانع عن الوراثة .

substitutional or **substitutionary** [في الوصايا] بدلي . تعتبر الوصية بدلية اذا اقتضت ايلولة المال الموصى به

[قانون انكليزي] معونة معجلة، يمنحها البرلمان للملك كي يستعين بها على ظرف استثنائي يلم بالبلاد، وتكون في شكل ضريبة تفرض على جميع افراد الشعب أو خراج يؤديه كل مكلف بنسبة ما يملك .

[قانون دولي] اعانة مالية تمنحها دولة لاخرى مساعدة لها على تحمل اعباء ضائقة أو حرب، حين لا تشترك الدولة المعنية في تلك الحرب اشتراكاً مباشراً .

subsistence عيش؛ تعيش؛ إعالة؛ وجود؛ حياة، بقاء على قيد الحياة

subsoil باطن الارض : ما تحت سطحها حتى مركزها (مركز الكرة الارضية) .

باطني؛ جوفي : كامن في باطن الارض، تحت سطحها

substance جوهر (شيء)، لبه، مادته، عنصره المادي أو الحيوي : ما كان ضرورياً منه . يقابله الشكل form

مادة مال او ما في حكمه .

substantial جوهري؛ مادي، ذو اعتبار أو قيمة حقيقية؛ واقعي، حقيقي؛ محسوس، ملموس؛ غير خيالي أو وهمي وافر المقدار، غير قليل . لا يستهان به؛ موف بالغرض؛ يستأهل الاعتبار

substantial damages (راجع باب damages)

substantial equivalent of patented device
مساو جوهري لابتكار مسجل . يعتبر الاختراعان أو الابتكاران كذلك اذا تشابها جوهرياً من حيث الوظائف والنتائج وشكل الاداء، وان كانا مختلفين في الاسم أو الهيئة . وكلمة patented تعني صدور براءة امتياز بالشيء المعني لا تزال سارية المفعول .

substantial justice عدالة موضوعية : العدالة القائمة على أحكام القانون الموضوعي Substantive Law وان انطوت على بعض الهفوات الاجرائية .

substantial performance [في العقود] اداء جوهري . الاداء أو التنفيذ الذي لا يرتكب المتعاقد بسببه اي اخلال مفتعل بشروط العقد ولا يهمل أية ناحية حيوية منه بل يقوم بمقتضياته الجوهرية في ذمة وأمانة دون ان يخرج عن التنفيذ الحرفي لنصوصه الا في بعض المسائل الشكلية أو الامور التي لا تعتبر ذات أهمية موضوعية .

substantially جوهرياً؛ مادياً؛ من حيث الاساس أو القيمة الحيوية . فعلا؛ الى حد بعيد . بمقدار وافر لا يستهان به

الى طبقة معينة من الورثة على شرط انه اذا مات احد افراد هذه الطبقة قبل التوزيع آل سهمه، على سبيل البدل، الى اولاده اذا وجدوا .

substitutionary evidence بينة، او شهادة، بدلية: تقدم بـدلا من بينة او شهادة اصلية او اساسية، كشهادة الشاهد على محتويات وثيقة مفقودة . هـذه الشهادة تعتبر بينة بدلية لان البينة الاصلية هي الوثيقة ذاتها .

subtenant (sub-tenant) مستأجر من الباطن: الشخص الذي يستأجر من المستأجر الاصلي جزءاً من المؤجر أو كله مدة تقل عن مدة الايجار الاصلي .

subterfuge منجى؛ معتصم؛ مفازة أو مفر (من شيء)

subterranean waters (راجع باب water)

subtraction منع او حبس (حق عن صاحبه)، سحبه (ممن خوله القانون اياه) .

subtraction of conjugal rights الحرمان من الحقوق الزوجية: كهجر احد الزوجين للآخر دون سبب مشروع .

substratum قاعدة؛ قعر . يعتبر زوال قاعدة الشركة او قعرها سبباً وجيهاً لتصفيتها نظراً لتعذر تحقيق اغراض الشركة بزواله .

subvention معونة؛ مساعدة او منحة مالية (حكومية)

subversive ثوري؛ هدام؛ مثير

subvert يقلب نظاماً أو حكماً قائماً، يثور عليه أو على مبادىء أو أوضاع قائمة .

succeed يخلف؛ يعقب؛ يرث؛ يتلو أو يلي (على مال او حق او التزام) .

succession ميراث؛ توارث؛ وراثة أو خلافة بسبب الموت . ايلولة، الحق أو المال أو الالتزام حال موت صاحبه، الى من له الحق في وراثته عملا باحكام قانون المواريث .
تعاقب (في حق أو التزام أو منصب أو وظيفة أو لقب أو غير ذلك)؛ حق ذي الشأن في أن يلي غيره فيما ذكر .

— artificial succession ميراث اعتباري: يتعلق بالاشخاص الاعتبارية دون سواها (كالجمعيات والشركات والهيئات على انواعها) . ذلك لان المؤسسات المذكورة لا تتغير في مجموعها وان تغير اعضاؤها أو مساهموها بين حين وآخر . يطلق ذات الاصطلاح ايضاً على توارث الشركات (في مجموعها) أو وراثة بعضها بعضاً نظراً لحصول هذه الوراثة بين اشخاص اعتباريين .

— hereditary succession خلافة وراثية، يستوجبها القانون بين السلف وخلفه أو وارثه القانوني . حق الشخص، بوصفه الوارث القانوني، في ان يرث سلفه عند ثبوت موته .

— intestate succession ميراث غير ايصائي (أو بغير وصية): وراثة الوارث الشرعي لسلفه اذا مات هذا دون أن يوصي أو عن وصية ثبت بطلانها فيما بعد .

— irregular succession ميراث يقرر القانون ايلولته الى اشخاص معينين او الى الدولة اذا مـات المعني بغير عقب ولم يخلف أي وارث قانوني أو ايصائي .

— natural succession ميراث (أو توارث) طبيعي: يحصل بين اشخاص طبيعيين .

— testamentary succession ميراث ايصائي: تقرره الوصية دون القانون .

— vacant succession ميراث شاغر: لا يطالب به أحد .

succession duty or **succession tax** رسم او ضريبة ايلولة (ايلولة الميراث): ما يستوفى من رسم او ضريبة لدى انتقال المال الى الوارث بعد موت المورو ث .

successive مترادف؛ متعاقب؛ متتابع، يلي أو يتوالى تباعاً

successor وارث؛ خلف؛ عقيب

— singular successor خلف أو وارث خاص: من ورث الغير في شيء واحد معين من امواله دون الاشياء الاخرى . يقابله الوارث أو الخلف العام universal successor الذي يخلف المورو ث في جميع حقوقه والتزاماته .

succinct موجز، مختصر، مقتضب؛ دقيق التعبير

such هكذا؛ كذلك، مثل ذلك؛ مثل هذا او تلك أو هذه . يطابق ما ذكر؛ هذا أو المشار اليه (آخراً)

sudden مفاجىء، مباغت؛ غير متوقع

sudden heat of passion [في جرائم القتل الخطأ او «القتل بدم حار»] يراد بهـذا الاصطلاح الغضب المفاجىء الجارف، الذي يلهب شعور الشخص ويفقده السيطرة عـلى اعصابه . ولا بد لمثل هذا الغضب من عنصر المفاجأة . اي لا بد ان يكون وليد اللحظات القليلة التي سبقت فعل القتل مباشرة وأن لا يكون مبعثه ترات قديمة .

sue يقاضي؛ يتداعى: يرفع قضية

sue and labour clause [تأمين بحري] بند في بوليصة تأمين بحري تتعهد بموجبه شركة التأمين أن تدفع للمؤمن عليه

suffragan [قوانين كنسية] مساعد مطران أو أسقف

suffrage تصويت ؛ حق تصويت او انتخاب

— universal suffrage تصويت عام : يمارسه كل راشد وراشدة .

suggest يقترح ؛ يرى ؛ يلمح ؛ يوحي أو يوعز (بشأن) ، يصوره أو يشير اليه (بطريق غير مباشر) ؛ يوهم (به) . (راجع suggestion)

suggestio falsi مزاعم كاذبة : ادلاء بغير الحقيقة ، يقابله ما يسمى *suppressio veri* اخفاء الحقيقة .

suggestion اقتراح ؛ رأي ؛ فكرة (مقدمة)

[في الاجراءات] بيان ، يودع سجل الدعوى ، عن وقائع تكون من الاهمية بحيث ينبغي اطلاع المحكمة عليها ، نظراً لعدم امكان عرضها اثناء المحاكمة لسبب من الأسباب . فاذا مات احد المتصلين بالدعوى مثلا ، قبل نظرها جاز بيان وفاته في سجل الدعوى his death may be suggested on the record .

suggestion of error عرض الغلط : التماس اعادة النظر على اساس غلط حاصل في الدعوى .

sui generis كطبيعته ؛ خاص به أو بنوعه ؛ لا يخرج من حيث التركيب أو النوع عن طبيعته .

sui hæredes [قانون مدني] ورثة الشخص ذاته

sui juris بحكم حقه الخاص ؛ استناداً الى حقه الذاتي . كامل الاهلية : يملك كامل اهليته القانونية وحقوقه الاجتماعية والمدنية ولا يخضع لسلطان وصي .

suicide انتحار ؛ قتل الذات : اعتداء الشخص على نفسه بالقتل .

suicide clause شرط [مشارطات التأمين على الحياة] الانتحار ؛ وهو ينص في الغالب على اعتبار الشركة المؤمنة غير ملزمة باداء اي شيء من عوائد التأمين في حال انتحار المؤمن عليه . على انه من البوالص ما ينص فيه شرط الانتحار على وجوب دفع العوائد حتى في حال الانتحار بشرط ان لا يحصل خلال مدة معينة من تاريخ بدء التأمين تحدد احياناً بسنة أو ثلاثة عشر شهراً .

suicide pact ميثاق انتحار . اذا اتفق شخصان او أكثر على انتحار وبقي احدهما على قيد الحياة بعد ان قتل الباقين بموجب هذا الاتفاق أدين هذا الباقي بجريمة القتل غير المشروع manslaughter .

suing and labouring clause المراد بهذا البند هو النص التالي في وثيقة اي تأمين بحري :

المصاريف المعقولة التي يتكبدها في سبيل تفادي خسارة معينة اذا وقعت ألزمت بها الشركة حسب الشروط الاخرى من اللائحة .

sue at law يقاضي قانوناً ؛ يرفع دعوى قانونية

sue out يستصدر (امراً أو مرسوماً) : يحصل عليه بتقديم العريضة اللازمة .

suffer يسمح (بـ) ؛ يجيز ؛ يتغاضى (عن) : يقبل بشيء ولا يحول دونه (مع استطاعته ذلك) .

يحتمل ؛ يتكبد ، يكابد ؛ يلاقي ؛ يصاب (بـ) . يصبر (على) ؛ يقاسي أو يعاني

sufferance احتمال ؛ تكبد ؛ قبول على مضض . موافقة سلبية (على أمر) ؛ اذن يقدر اعطاؤه نتيجة قعود صاحبه عن التمسك بحق له من شأنه أن يحول دون ذلك التقدير .

sufferance wharves [قانون انكليزي] ارصفة خاصة يسمح بانزال البضائع عليها قبل جمركتها (أداء الضريبة اللازمة عليها) .

suffering a recovery تسخير النفس للحكم . اذا اراد شخص ان يفرغ لآخر عن قطعة ارض وان يكون انتقال الارض للشخص المراد ثابتاً بحكم محكمة فقد يتفق الاثنان احياناً على أن يقدم الثاني ضد الاول دعوى صورية fictitious action كي يحكم له بالارض المذكورة . وفي هذه الحال يكون المدعى عليه راضياً بالحكم لخصمه suffering a recovery أو يسخر نفسه للحكم suffers a recovery بالتواطؤ عليه مع الخصم .

sufficient كاف ؛ موف بغرض أو قصد ؛ مناسب (لما أعد له)

sufficient cause سبب كاف (من حيث المقتضيات القانونية) : اي صحيح وموف بما يستلزمه القانون للقيام بعمل او تدبير مقصود .

sufficient debt [مسائل الافلاس] دين كاف (من الوجهة القانونية) لتسبيب عريضة الافلاس .

sufficient distress حجز موف ؛ محجوزات كافية : الاشياء التي تكفي عوائد بيعها (قضائياً) لسداد المطلوب ومصاريف الحجز والبيع .

sufficient evidence بينة كافية

sufficient privy [في لوائح الصحة العامة] مراحيض كافية

suffocate يخنق ؛ يميت بواسطة الخنق (قطع التنفس)

suits at Common Law دعاوى القانون العام . الدعاوى التي ترتكز على القانون العام أو يحتكم فيها اليه ، وهي غير الـ suits in Chancery التي تحكمها العدالة المطلقة ولا تتقيد بحرفية القانون العام .

suits at law or **in Chancery** دعاوى القانون او العدالة المطلقة . الدعاوى التي ترفع أمام المحاكم العادية (حسب اصول القانون العام Common Law) أو ترفع امام دوائر العدالة المطلقة (بالمحكمة العليا) .

***sukna** [شريعة اسلامية] سكنى . هبة كالعمرة *'umrà* موضوعها بيت يعطاه الموهوب له ليسكن فيه .

sulcus [قانون انكليزي قديم] جدول؛ سيل ماء

sum (مبلغ؛ مقدار (من مال)

[قانون انكليزي] خلاصة؛ اختصار او مختصر (تقرير أو موضوع أو ما الى ذلك) .

تطلق كلمة sums ايضاً على كثير من المؤلفات القانونية القديمة .

— lump sum (راجع باب lump)

— net sum مبلغ صاف : المبلغ الباقي بعد استنزال المصاريف وما اليها .

sum adjudged مبلغ محكوم به : أي محكوم على أحد الخصوم بدفعه . وهذا لا يشمل عادة مصاريف الدعوى .

sum claimed مبلغ مطالب او مدعى به

sum employed مبلغ موظف أو مثمر؛ مبلغ مستخدم (كرأسمال)

sum in dispute مبلغ محل نزاع؛ مبلغ متنازع (فيه أو عليه)

sum in gross مبلغ اجمالي أو كلي؛ مبلغ غير تفصيلي (لم تبين مفرداته) .

sum of money مبلغ (أو مقدار) من نقود

sum payable مبلغ واجب الدفع

sumage رسم نقل على ظهور الخيل .

summarily جزئياً . على وجه الاستعجال . في اختصار . بلا تأخير أو رسميات؛ فورياً . أمـــام او لدى محكمة جزئية (مختصة بالمواد المستعجلة) .

summary خلاصة؛ مختصر؛ فحوى

استدعاء موجز يوجه للمحكمة دون الحاجة الى اجراءات مطولة .

"In case of any loss or misfortune, it shall be lawful for the assured, their factors, servants and assigns, to sue, labour, and travel for, in, and about the defence, safeguard, and recovery of the «property insured», without prejudice to this insurance; to the charges whereof we, the assurers will contribute. (Marine Insurance Act, 1906, s. 78) .

suit [قانون انكليزي قديم] شهود المدعي واتباعه

[قانون حديث] دعوى

ترد هذه الكلمة في الغالب للدلالة عـــلى الدعاوى المدنية ولا تستعمل للدلالة على الاجراءات الجنائية الا نادراً .

— class suit (راجع class action في باب class)

— costs of suit مصاريف دعوى

suit money [في بعض الولايات المتحدة الامريكية] نقود الدعوى أو مخصصاتها؛ ومنها النفقة المؤقتة التي تأذن بها المحكمة للزوجة حين ترفع دعوى الطلاق على زوجها كي تستعين بها على مواجهة مصاريف الدعوى .

suit of a civil nature دعوى ذات صفة مدنية : دعوى حقوقية (او مدنية)

suit of court [نظام اقطاعي] واجب حضور محكمة السيد الاقطاعي الذي كان يفرض عـــلى الفصل vassal بحكم ولائه وحيازته .

suit of the king's peace ملاحقة المخل بسلام الملك (اي بالامن العام) بجراء ما أتاه من الجرائم .

suit silver [نظام اقطاعي] المبلغ الذي كان يدفعه الفصل ليعفى من حضور المحكمة الاقطاعية .

suitable مناسب؛ ملائم؛ لائق موافق للغرض المطلوب؛ موات

suite حاشية (شخص) او مرافقوه

suitor خصم؛ طرف في دعوى امام محكمة

[اجراءات قديمة] عضو مكلف بحضور المحكمة الاقليمية county court . احد افراد شهود المدعي واتباعه *secta* (شهود اثبـات دعواه) .

suitors' fee fund خزانة رسوم المتداعين (في دائرة الـ Chancery) : وهي تتلقى الرسوم المستحقة على المتداعين وتدفع منها رواتب بعض موظفي الدائرة .

اكثر ضموا في دعوى واحدة، بأن ينفصلوا عن الدعوى ويقيم كل منهم دعواه بمفرده .

summum jus الحق المجرد؛ غاية الحق او اقصاه؛ منتهى القانون أو مضاؤه

summum jus, summa injuria الغلو في العدل غلو في الظلم . اي ان الصرامة في تطبيق حرفية القانون قد تقضي على اغراض العدالة الوجدانية وتورث الظلم .

Sumptuary Laws قوانين الاسراف : القوانين الموضوعة للحيلولة دون البذخ والاسراف في المستهلكات (كالمأكولات والملبوسات والزينة والاثاث وما الى ذلك) .

sundries متنوعات؛ نثريات؛ متفرقات : مواد او جزئيات يستطاع ضمها، رغم اختلافها، في باب واحد .

sundry منفصل، متفرق؛ نثري؛ متعدد؛ متنوع

sunk غارق؛ مغرق . (والفعل sink)

sunken wreck حطام غارق : ما كان من جسم السفينة مغموراً بالماء وغائراً بعضه في رمال القاع او صخوره . حمولة السفينة من خام الحديد

******Sunnah*** [فقه اسلامي] السنة؛ مجموع ما صدر عن النبي محمد من قول أو فعل او تقرير .

sunrise طلوع الشمس؛ شروقها او مشرقها

sunset غروب الشمس او مغربها

sunstroke ضربة شمس؛ رعن : مرض التهابي يصيب الدماغ نتيجة التعرض لاشعة الشمس الحارة او الجو او الريح الحارة مدة غير معقولة . وتعتبر هذه الضربة عادة من الامراض، غير أن وقوعها المفاجىء وعواقبها الوخيمة يجعلها لاغراض التأمين في عداد الحوادث accidents .

super عند او لدى؛ فوق . أعلى او اعظم (من حيث المقدار او النوع) .

super altum mare في أعالي البحار

super visum corporis لدى معاينة الجثة

superannuation احالة على تقاعد او معاش . (والفعل superannuate)

supercargo [مواد بحرية] قيم الشحنة . الشخص الذي يعينه صاحب الشحنة ليرافقها ويشرف عليها ثم يبيعها او يستبدلها بسلع اخرى او يتصرف فيها، حسب معرفته واجتهاده، بما يعود على صاحبها بأجزل الفوائد

[كنعت] قصير؛ مقتضب . فوري؛ مستعجل؛ بـلا هيئة محلفين؛ استثنائي؛ جزئي (أمام محكمة جزئية)

summary actions قضايا جزئية؛ مواد مستعجلة

summary conviction (راجع باب conviction)

summary jurisdiction اختصاص جزئي : ولاية جزئية تملك معها الجهة القضائية المختصة اصدار ما تراه من أحكام او مراسيم فورية فيما يعرض عليها من أمور تقتضي ممارسة هذه الولاية .

summary proceeding (راجع باب proceeding)

summary process (راجع باب process)

summing up [في محاكمات المحلفين] استعراض شامل؛ عرض ختامي يبسط فيه القاضي لهيئة المحلفين جميع البينات المقدمة من اطراف النزاع ويشير الى العلاقات القائمــة بينها والنقاط البارزة فيهــا . وللقاضي في استعراضه الختامي ان يبين رأيه للهيئة فيما شاء من الوقائع وعليه تذكارها في كافة الاحوال بان تقرير المسائل القانونية questions of law يعود اليه وحده كما يعود اليها وحدهــا تقرير المسائل الداخلة في نطاق الواقع questions of fact .

summon [في الاجراءات] يجلب؛ يكلف بحضور؛ يعلن مدعى عليه باقامة الدعوى ضده ووجوب حضوره الى المحكمة للجواب عليها في يوم معين .

summoneas اجراءات قديمة] امر حضور يكلف فيه الخصم المراد بوجوب المثول أمام المحكمة في يوم معين .

summoners محضرون : موظفون صغار تناط بهم مهام التنبيه على المطلوبين بالحضور أمام المحكمة المعنية .

summons [في الاجراءات] تكليف؛ ورقة دعوتية؛ صحيفة افتتاح دعوى

اعلان دعوى، يبلغ فيه المدعي اذا تخلف عن الاجابة عليها . [قانون اسكتلندي] ورقة تكليف المدعى عليه بالحضور .

summons *ad respondendum* أمر حضور : يكلف فيه المدعى عليه (في الدعوى المدنية) بالحضور أمام المحكمة في اليوم المعين بالامر للاجابة على طلبات المدعي .

summons and order [اجراءات انكليزية] طلب وامر؛ الطلب المقدم الى غرفة المشورة في شأن دعوى معلقة، والامر الصادر بناء عليه من القاضي المختص .

summons and severance طلب وفصل (فصل الخصوم عن بعضهم البعض) : أمر قضائي يؤذن فيه لخصم أو

superficiarius [قانون مدني] مستأجر قراري او لعدد من السنين . من استأجر ارض الغير اجارة استمرار غير محددة المدة أو ليبني عليها ويستقر عدداً معيناً من السنين نظير أجرة سنوية معلومة .

superfluous lands [قانون انكليزي] اراض فائضة عن الحاجة، تستولي عليهـــا احياناً شركات السكك الحديدية بمقتضى عقود تأسيسها ثم لا تستعملها فتبقى زائدة على حاجتها . ولا بد للشركات ذات الشأن في هذه الحال من بيع الاراضي المذكورة خلال مدة معينة، فاذا لم تبعها آلت ملكيتها لاصحاب الاملاك المجاورة .

superfœtation [طب شرعي] حمل على آخر ؛ تكوين جنين ثان في الرحم اثناء وجود الجنين الاول فيه .

superinstitution تنصيب تزاحمي : يحصل بتعيين شخص في منصب غير شاغر، يشغله شخص آخر .

superintend يناظر ؛ يشرف (قصد التوجيه) ؛ يتولى بالملاحظة والارشاد ؛ يرعى ويوجه ؛ يدير ؛ ينظم ويرشد

superintendent مناظرٌ ؛ مشرف ؛ مراقب (للتوجيه والارشاد) ؛ مدير

superintendent registrar [قانون انكليزي] مدير تسجيل المواليد والوفيات والزيجات .

superior آمر ؛ مشرف ؛ رئيس . مرجع، صاحب السلطة العليا (أو الامر والنهي) .

[كنعت] اعلى (منصباً أو درجة) ؛ أسمى ؛ أعظم (قوة)

superior and vassal [قانون اسكتلندي] سيد (لورد) وفصل (تابع اقطاعي) ؛ سيد الاقطاع والحائز منه

superior authority سلطة عليا ؛ مرجع أعلى

Superior Courts [قانون انكليزي] محاكم كبرى. اطلق هذا الاسم على المحاكم التالية : the King's (or Queen's) Bench و the Court of Chancery و the Common Pleas و the Exchequer وهي تتمتع بأعلى مراتب الاختصاص وتجلس في حي Westminster بلندن . وقد اندمجت المحاكم المذكورة حديثاً في محكمة القضاء العليا Superme Court of Judicature .

[قانون اميركي] يطلق هذا الاسم على بعض المحاكم تمييزاً لها من المحاكم الصغرى . وهو اسم نسبي ليس له معنى ثابت بل يختلف مفهومه باختلاف الولايات . ويقصد به أحياناً المحاكم الوسطى أو محاكم الدرجة الثانية الواقعة من حيث المرتبة بين المحاكم السفلى والمحاكم الاستئنافية العليا وقد يشمل ايضاً محاكم المحلفين العادية .

superior force قوة غالبة : تفوق كل قوة ولا يملك أحد علاجها أو صدها .

superior officer ضابط أعلى : يراد به أي ضابط اذا قيس بمن دونه من العسكريين .

super-jurare رجحان الحلف . كان للجاني قديماً أن يحلف على براءة نفسه أو يأتي بمن يحلف عليها . فاذا اشتهر جرمه وحلف على وقوعه عدد من الناس يفوق عدد الحالفين على براءته . أدين بالجرم المنسوب اليه على اساس «رجحان الحلف» ضده .

supernumerarii [قانون روماني] محامون لم تدرج اسماؤهم في سجل المحامين، ولم يكونوا اعضاء في كلية المحامين college of advocates .

supersede يمحو ؛ يفسخ ؛ يلغي ؛ يعطل ؛ يبطل (فوائد شيء أو تأثيره) ؛ يوقف ؛ يعلق

يبدل (أمراً بآخر) . يحجب (عن ميراث أو حق)

supersedeas أمر وقف الاجراء (أو سير الدعوى) . يعطى هذا الامر احياناً لمنع محكمة الدعوى من اصدار أمر تنفيذ بناء على حكم مستأنف ضده . فاذا صدر أمر التنفيذ من محكمة الدعوى، أصدرت المحكمة الاستئنافية أمر الـ *supersedeas* لمنع التنفيذ ريثما تفصل في الاستئناف .

superseding cause سبب صارف للمسؤولية ؛ سبب متدخل : السبب أو الفعل الذي يأتيه شخص ثالث أو عامل من العوامل فتنتفي به مسؤولية المتهم عن الضرر الواقع نتيجة اهمال سابق فرط منه .

superstitious use [قانون انكليزي] انتفاع روحاني . تعتبر الاموال مرصدة للانتفاع المذكور اذا حصل التفرغ عنها او عن أي حق فيها لكاهن أو شخص معين ليقوم بالصلاة عــلى روح ميت أو الدعاء له وإضاءة الشموع أو المصابيح أو ما الى ذلك .

super-tax ضريبة دخل إضافية استعيض عنها بما يسمى surtax .

supervening cause سبب طاغ او معترض : السبب المؤثر الجديد الذي يطرأ مستقلا عن اي سبب آخر ويصبح في حد ذاته سبباً مباشراً للحادث المعني .

supervise يراقب ؛ يشرف ؛ يفتش ؛ يتفقد

supervision مراقبة ؛ اشراف ؛ تفتيش أو تفقد

supervisors of election مشرفو انتخابات : مكلفون بمراقبة تسجيل الناخبين وعمليات الانتخاب .

supervisory control رقابة اشرافية: سلطة الملاحظة التي تملكها المحاكم الكبرى على المحاكم الصغرى منعاً لها من تجاوز ولايتها .

supplant يحتل؛ ينتزع مكان الغير، يحل محله بعد اخراجه منه (غالباً بلا حق) .

Supplement, Letters of [اجراءات اسكتلندية] تكليف حضور توجهه المحاكم الصغرى ذات الشأن لمن ترى حضوره من المقيمين خارج دائرة اختصاصها .

supplemental تكميلي؛ متمم؛ اضافي؛ استدراكي

Supplemental Act قانون استدراكي: يوضع لتصحيح قانون قائم أو اضافة جديد اليه دون تبديل جوهره .

supplemental answer جواب تكميلي: يقصد الى استدراك جواب سابق، بتصحيح أو اضافة أو تفسير .

supplemental bill [اجراءات العدالة المطلقة] مذكرة تكميلية، تقدم اتماماً لمذكرة سابقة أو تصحيحاً لها .

supplemental complaint شكوى تكميلية: تقدم اثناء نظر الشكوى موضوع الدعوى الاصلية لعرض تطورات جديدة نشأت بعد افتتاح الدعوى وقد تؤثر في حقوق الخصوم أو تغير من موقفهم .

supplementary تكميلي، إكمالي؛ إضافي؛ متمم أو مكمل

suppletory oath (راجع باب oath)

suppliant مستدع؛ مسترحم؛ ملتمس: من قدم عريضته ليطالب بحق معين .

supplicatio (عريضة) استرحام، فسخ حكم . التماس عفو عن جرم مرتكب للمرة الاولى .

supplicavit [قانون انكليزي] امر، بأخذ كفالة محافظة على الامن، يوجه من مجلس الملكة الخاص الى القاضي المختص Justice of the Peace اذا ترتب عليه أخذها ولم يأخذها .

supplicium قصاص؛ عقوبة؛ عقوبة بدنية

— *ultimum supplicium* منتهى العقوبة: عقوبة الموت كما سماها الرومان .

supplies تموينات، مؤن، مؤونة؛ ميرة؛ امدادات؛ لوازم؛ مهمات؛ متوافرات (من شيء)

[اجراءات برلمانية انكليزية] مبالغ يعتمدها مجلس العموم سنوياً للانفاق على التاج البريطاني والخدمات العامة .

[مقاولات البناء] ما يلزم لسير البناء (غير العمل) من المواد الاستهلاكية التي تستنفد ولا تشكل جزءاً منه، كالمياه مثلا والمحروقات المنصرفة في تشغيل الآت البناء ومعداته . وهذه غير المواد التي تصبح بالاستعمال جزءاً من البناء، كالخشب والحجارة والاسمنت والحديد وما الى ذلك .

supply يمون، يزود؛ يمد؛ يسعف (بشيء لازم)؛ يورد . يكمل (ناقصاً)، نحو supply imperfections in the record . يكمل أو يعمل على تكميل نواقص اوراق الدعوى .

[كاسم] إمداد أو توريد (بماء او كهرباء أو غاز أو غيره حيث يلزم) . عرض (بضاعة)

support يعيل (شخصاً)، يقوم باوده، ينفق عليه ليعينه على الحياة . يسند؛ يؤيد؛ يدعم أو يعزز (بحجة او دليل أو شهادة أو غير ذلك) .

[كاسم] مرتزق؛ معاش؛ مصدر او وسيلة للكسب والحياة .

[حقوق الارتفاق] ارتفاق ارتكاز . حق الشخص في أن يركز جداره أو منزله على ملك الغير أو يسند أرضه كي لا تغور بعوامل الطبيعة .

supposition افتراض؛ فرض او تقدير: يقوم على امر احتمالي (لا يجزم به) .

suppress يخمد؛ يخضع؛ ينهي شيئاً بالقوة؛ يوقف؛ يمنع أو يضع حداً لشأن .

suppressio veri اخفاء الحقيقة، وهو يعتبر من الادعاء الكاذب .

***supra* protest** (راجع باب protest)

***supra*-reparian** المالك في أعلى النهر: من كان موقع ارضه أقرب الى منبع نهر من اراضي الاغيار، وهو ملزم بواجبات خاصة نحو هؤلاء يقررها القانون .

suprema potestas seipsam dissolvere potest للسلطة العليا أن تحل نفسها

supremacy مقام أسمى؛ مكانة عليا . علو؛ علياء . سيادة؛ سمو أو تفوق (على الغير)

— Act of Supremacy (راجع باب act)

— Oath of Supremacy يمين السيادة: حلف اليمين على تأييد مملكة انكلترا Kingdom of England في شخص الملكة .

Supreme Court محكمة عليا؛ محكمة تمييز؛ محكمة نقض وابرام

surety كفيل اصلي؛ يتعهد بالوفاء بدين المدين المكفول اذا عجز عن الوفاء أو قصر فيه . والكفيل عبارة عن مدين أو ملتزم احتياطي يحله سند الدين أو الالتزام محل المدين الاصلي ويلزمه الوفاء حالما يعجز عنه المدين المذكور . وهو يشبه الضامن في كونه يرتبط بالاداء لذات الجهة التي يؤدي لها الضامن عند عجز المدين الاصلي، ويختلف عنه في انه يتقيد والمدين بسند واحد أو يلزم بالاداء الاحتياطي بموجب ذات السند الذي يتعهد فيه المدين الاصلي بالوفاء ويعتبر متعهداً أساسياً مقيداً بكل تقصير يفرط من المدين الاصلي . اما الضامن فيرتبط عادة بسند (ضمان) مستقل عن سند الدين او الالتزام الاصلي . كذلك فان الكفيل هو مؤمن الدين ذاته، أما الضامن فهو مؤمن يسار المدين وقدرته على الاداء .

surety of the peace كفالة محافظة على الامن (كفالة حسن سلوك) : يلزم بتقديمها (المرجع المختص) من كان سلوكه موضعاً للريبة . وهي تدبير وقائي يتخذ من المشبوهين على سبيل التحوط لما قد تزينه لهم نفوسهم من افعال مخلة بالنظام .

suretyship, contract of (contract of suretyship) عقد كفالة : يضمن به الكفيل surety ديناً أو التزاماً معيناً على الغير ويتعهد باداته اذا عجز عنه المدين الاصلي أو قصر فيه .

surface سطح

[عقود التعدين] الطبقة الارضية الواقعة فوق المعادن المعنية . وقد يعود استغلال السطح في العقود المذكورة لغير المتعاقد على استنباط المعادن التي تحته .

surface rent ايجار سطحي : يشمل سطح الارض محل التعدين .

surgeon جراح ؛ طبيب جراح

surgery جراحة ؛ طب جراحي

surgical operation عملية جراحية

surmise يخمن ؛ يظن

[اجراءات قديمة] اذا احتج المدعى عليه بان فعله محل المؤآخذة لا يخرج عن حدود عرف مرعي معين، وجب عليه أن يقترح اشهاد شخص معتمد من المحكمة على ذلك، واقتراحه هذا كان يسمى surmise .

surname لقب؛ اسم عائلة : ما ينتقل من اسم الشخص الى عقبه (من صلبه) .

surplice fees [قانون كنسي] رسوم كنسية تستوفى على الجنازات والدفن والزواج والتعميد وما الى ذلك من الخدمات التي تؤديها الكنيسة .

Supreme Command قيادة عليا

[فقه انكليزي] المحكمة العليا . يذهب البعض في تعريف المحكمة العليا في المملكة المتحدة الى انها المحكمة البرلمانية العليا المكونة من الملكة واللوردات واعضاء مجلس العموم، وهم منتهى السلطة واصحاب القدرة المطلقة في المملكة على وضع القوانين وتعديلها والغائها .

Supreme Court of Errors [قانون اميركي] المحكمة العليا للاغلاط، وهي المحكمة العليا (أو المرجع القضائي الاعلى) في ولاية Connecticut .

Supreme Court of Judicature [قانون انكليزي] محكمة القضاء العليا . تشكلت هذه المحكمة بقانون نظام القضاء الانكليزي English Judicature Act لسنة ١٨٧٣ م (المعدل بقانون نظام القضاء لسنة ١٨٧٥م وقانون الاختصاص الاستئنافي Appellate Jurisdiction Act لسنة ١٨٧٦ م وقوانين نظام القضاء لسني ١٨٧٧م و ١٨٧٩م و ١٨٨١ لتحل محل جمهرة من محاكم القانون والعدالة المطلقة الكبرى القائمة قبل نفاذ القانون المذكور . وهي تتألف من دائرتين دائمتين احداهما ذات اختصاص ابتدائي تسمى محكمة العدل العليا High Court of Justice، والثانية ذات اختصاص استئنافي Court of Appeal .

على ان تسمية هذه المحكمة بالمحكمة العليا هي في غير محلها لان الاختصاص الاستئنافي الاعلى العائد لمجلس اللوردات ولمجلس الملكة الخاص Privy Council لم يضم اليها بموجب النظام القضائي المعدل، بل ظل منفصلا عنها يمارسه المجلسان المذكوران كما كان الحال سابقاً .

Supreme Court of the United States

[قانون اميركي] محكمة الولايات المتحدة العليا (أو المحكمة العليا للولايات المتحدة)، وهي محكمة التميز (النقض والابرام) في نظام القضاء الاتحادي الاميركي .

Supreme Soviet (of the U.S.S.R.) السوفييت الاعلى لاتحاد الجمهوريات السوفييتية الاشتراكية، وهو يتألف من مجلسين : سوفييت الاتحاد the Soviet of the Union وسوفييت القوميات the Soviet of Nationalities . ويعتبر الهيئة العليا في النظام الاشتراكي الروسي، واليه يعود انتخاب الـ Presidium ديوان رئاسة السوفييت الاعلى .

surcharge رسم متجاوز او إضافي . تجاوز رسم او مطلوب أو زيادته على الحد القانوني .

[كفعل] يستوفي ما يفوق المقدار الصحيح .

surcharge a common ارهاق المرعى، بزيادة عدد المواشي المرتعية فيه على طاقته .

surplus فائض؛ فضلة حاجة، زائد عليها

— **producer's surplus** فائض المنتج أو كسبه : الفرق بين نفقات الانتاج وثمن السوق .

surplusage خارجي؛ أجنبي (عن بحث)، غير متصل به؛ حشو؛ غير موضوعي؛ زائد على حاجة

[في المحاسبات] زيادة المصروف على ما يقتضى صرفه؛ الزائد من نقود على حساب معين .

surprise يفاجيء، يباغت؛ يداهم؛ يأخذ على حين غرة . مفاجأة؛ حادث مكروه غير متوقع .

surrebutter (راجع pleadings)

surrejoinder (راجع pleadings)

surrender يسلم (بمعنى يخضع)؛ ينزل عن (شيء)، يدفع به أو يعطيه او يرده لمن يطالب به أو له فيه حق رد remainder .

surrender by bail قيام الكفيل بتسليم مكفوله ليوضع تحت الحراسة، تخلصاً من التزام الكفالة .

surrender by operation of law التسليم بفعل القانون . من ذلك (في مواد الايجار) : كل سلوك أو عمل يفهم منه اتفاق المستأجر على اخلاء مستأجره والمؤجر على استعادة ماله المؤجر، يعتبر تسليماً تاماً بفعل القانون . بعبارة أخرى، ينشأ التسليم المذكور نتيجة أي عمل أو تصرف من طرفي الايجار يتنافى مع العلاقة الواجب قيامها بينهما بحكمه الى حد تستظهر منه اتفاقهما على انهاء العلاقة بينهما ورد المؤجر .

surrender of a preference [اجراءات الافلاس] تسليم الامتياز؛ قيام الدائن الممتاز بتسليم ما تحت يده (الى وكيل التفليسة) من رهنيات أو فوائد آلت اليه تبعاً لامتيازه قبل ان يكون له حق في قسمة أموال المدين المفلس .

surrender of criminals تسليم المجرمين (لمن له ولاية عليهم من سلطات) .

surrender value [شؤون التأمين] قيمة الاسترداد أو التنازل؛ المبلغ الذي يدفع لمن يعيد بوليصته الى الشركة المؤمنة .

surrenderee مسلم أو متنازل له : من آل اليه الشيء بالتنازل عنه أو التسليم به أو رده من الغير .

surrenderor مسلم؛ متنازل : من سلم بشيء أو نزل عنه للغير .

surreptitious تحايلي؛ سري؛ بطريق المخاتلة أو التكتم الماكر .

surrogate [قانون اميركي] يستعمل هذا الاسم في بعض الولايات المتحدة للدلالة على قاضي المواد الحسبية .

[قانون انكليزي] بدل او بديل (في منصب)؛ من قام مقام غيره في منصب .

موظف يعين لمنح أذون الزواج دون الحاجة الى الاعلان العادي banns of matrimony الذي يسبق ابرام الزواج .

surrogate's court [في الولايات المتحدة] محكمة مواد حسبية، لا تكاد تختلف من حيث الاختصاص عما يسمى court of ordinary او court of probate وغيرهما من المحاكم الحسبية .

surround يلابس؛ يحوط او يحيط؛ يرافق؛ يكتنف

surrounding circumstances ظروف محيطة

surtax; sur-tax ضريبة معلاة؛ ضريبة تصاعدية : ضريبة دخل انكليزية تفرض على الايرادات التي تتجاوز الفي جنيه في السنة، بحيث تبدأ بشلن واحد في الجنيه على اول خمسمائة جنيه بعد الالفين ثم تتصاعد تدريجياً بنسبة معلومة حتى تصل الى عشرة شلنات في الجنيه اذا بلغ الدخل عشرين الفاً وهلم جرا .. ولا بد لدافع الضريبة المعلاة او التصاعدية surtax من دفع الضريبة العادية ايضاً .

surveillance رقابة؛ ملاحظة

survey يمسح او يكيل . يحسب مساحات الاراضي وابعادها واتجاهاتها . يستعرض؛ يفحص

[كاسم] مساحة . ايجاد مقاييس الارض وصفاتها السطحية وابعادها أو التقرير بكل ذلك .

[مواد التأمين] فحص احوال موضوع التأمين ووجوه استعماله .

[عقود البيع] فحص المبيعات

survey of a vessel بيان أو تقرير عن حال السفينة .

surveyor مساح؛ خبير مساحة

surveyor of the port [في الولايات المتحدة الاميركية] مأمور ضرائب يعين في موانئ الوصول الكبرى لتقدير الرسوم المستحقة على البضائع الداخلة .

survive يعيش؛ يبقى على قيد الحياة؛ يظل حياً (بعد شيء معين أو رغماً عنه) . يعمر اكثر (من)

يبقى قائماً أو سارياً (بعد مدة معلومة) .

surviving باق على قيد الحياة؛ حي

survivor باق على قيد الحياة؛ ناج : من نجا من كارثة أو ظل حياً بعد حادث معين .

survivorship دوام على قيد الحياة (بعد موت آخرين أو حصول شيء معين) .

sus. per coll. *suspendatur per collum* اختصار دارج للعبارة يعلق من رقبته (ليموت) .

susceptible قادر (بمعنى capable)؛ حساس؛ سهل التأثر؛ مرهف الشعور

suspect يشتبه؛ يجرم (شخصاً) او يتهمه في قرارة نفسه دون ان يجزم بذلك .
يميل الى اعتقاد أو ظن، يتردد فيه دون اليقين او يرى احتماله .
[كاسم] ظنين؛ مشبوه؛ مشتبه فيه

suspend يعلق (بحثاً أو جلسة)؛ يوقف (دفعاً أو أداء)؛ يوقف (محامياً عن مزاولة المهنة أو موظفاً عن الخدمة)؛ يعطل (نشر او صدور صحيفة)؛ يؤجل؛ يرجىء
ترد احياناً بمعنى يوقف نهائياً (عن خدمة او وظيفة) أي يطرد منها، وكذا يعطل (صحيفة) تعطيلا نهائياً .

suspended معلق؛ موقوف؛ رهن بأمر

suspender [قانون اسكتلندي] من صدر أمر التعليق لمصلحته؛ معلق أو موقف

suspending power سلطة ايقاف (القوانين) : سلطة تعطيل نفاذها أو آثارها أو ايقاف مفعولها في حالات خاصة .

suspense تعليق؛ توقف ممارسة (مؤقتاً) اذا كان السبب عارضاً .

suspension تعليق؛ ايقاف؛ وقف أو تعطيل مؤقت (عن أيلولة) اذا كان الموضوع حقاً، أو عن نفاذ اذا كان شرطاً او ما الى ذلك .
ايقاف مستخدم (مؤقتاً عن تقاضي راتب او ممارسة وظيفة أو حق) . وقف (مؤقت لسلطة رسمية)
[قانون اسكتلندي] وقف التنفيذ ريثما يعاد النظر في القضية .
— pleas in suspension مذكرات ايقاف : مذكرات او دفوع تبدي ما يفيد انعدام الاهلية المؤقت للسير في الدعوى وتلتمس وقفها ريثما يزول العارض .

suspension of arms وقف السلاح (باتفاق المتحاربين) : اي وقف القتال مؤقتاً .

suspension of business وقف الاعمال مؤقتاً

suspension of right وقف الحق : حرمان ممارسته مؤقتاً .

suspension of statute وقف سريان التشريع مؤقتاً .

suspensive or **suspensory** ايقافي؛ واقف؛ ذو أثر موقف أو معلق

suspensive condition or **suspensory condition** (راجع باب condition)

suspicion اشتباه، شبهة؛ ظن، مظنة؛ ريبة؛ سوء ظن أو تصور (شيء) من غير اثبات يؤيده؛ انعدام الثقة

suspicious character شخص مشبوه : يحيطه من الملابسات أو يتوافر ضده من الاسباب المعقولة ما يدعو الى الاعتقاد بانه ارتكب جرماً أو بسبيل ارتكابه .
من كانت احواله مدعاة للشك في ميوله أو نواياه .

sustain يجيز؛ يؤيد؛ يقر؛ يقبل؛ يوافق (على)
يحتمل؛ يعاني، يكابد؛ يصبر (على امر)
يعيل؛ يعين؛ يدعم؛ يؤازر

sutler تاجر صغير يتبع وحدات الجيش اينما ذهبت ليبيع افرادها ما امكن من اكل او شراب او غيره .

suum cuique tribuere «أعط لكل ما له» . أحد أسس العدالة الثلاثة كما رآها جستنيان . (راجع equity)

suzerain [قانون اقطاعي] فصل الملك، الفصل المباشر له؛ الاقطاعي الاول الحائز من الملك مباشرة .
[قانون دولي] مهيمن، نحو : suzerain power دولة مهيمنة تسيطر سياسياً على دولة أخرى متأخرة غير مستقلة.

suzerainty هيمنة؛ متبوعية؛ سيادة؛ سيطرة سياسية تملكها دولة قوية (متبوعة) على اخرى غير مستقلة (تابعة) .

swag مسروقات : اشياء مسروقة . (كلمة دارجة غير فنية)

swamp مستنقع : ارض سهلية او منخفضة رخوة التربة دائمة الرطوبة او مشبعة بالماء .

sway نفوذ، هيمنة، سلطة
[كفعل] يستميل . يميل؛ يتقلب؛ يترنح . يشط، ينحرف . يحكم، يتسلط

swear يحلف (يميناً)؛ يحلف (الغير)؛ يرتبط بيمين . يجدف على الله؛ يتكلم بالكفر

swearing the peace ابداء مخاوف (لمرجع أمن مختص)؛ عرض الاسباب الداعية للتخوف من شخص معين توعد الشاكي بأذى وذلك ليؤخذ عليه ما يلزم من كفالة حسن سلوك أو تعهد محافظة على الامن .

sweating [التحقيق مع المتهمين] انتزاع الاعتراف؛ المراغمة في الاستجواب
استجواب المتهم قصد الحصول منه على ما يفيد اتصاله أو علمه

sworn brothers [قانون انكليزي قديم] اخوة متحالفون؛ شخصان أو أكثر يتبادلون الحلف على الصداقة وتقاسم السراء والضراء فيما بينهم .

sworn clerks in Chancery [قانون انكليزي قديم] كتاب محلفون تابعون لمحكمة الـ Chancery، نيطت بهم مهام حفظ القيود والسجلات ونسخ المذكرات ومـــا اليها من وظائف كتابية .

sworn in, to be (to be sworn in) يحلف اليمين (لتسلم مهام وظيفة او منصب) .

syllabus خلاصة، فحوى، مختصر ؛ نقاط رئيسية ؛ رؤوس أقلام . مذكرة مقتضبة، تشمل آراء المحكمة المختصة في نقاط قانونية مقررة من دعوى مفصول فيها .

منهاج ؛ قائمة ؛ (كتلوغ)

syllogism نتيجة منطقية ؛ تحليل منطقي استظهاري، قوامه ركنان ونتيجة .

sylva cædua [قانون كنسي] اشجار تحطيب، تزرع لاخشابها .

symbolaeography فن تحرير (او تنظيم) الوثائق القانونية.

symbolic delivery (راجع باب delivery)

symmetry اتساق؛ تطابق او انسجام شكلي؛ تطابق. اطراف الشيء (المعني) أو اجزائه، حسن انسجامه أو تناسقه .

Symond's Inn احدى جمعيات الحقوق الانكليزية القديمة التابعة لدائرة العدالة المطلقة Chancery .

sympathetic strike اضراب تضامني : يلجأ اليه للتعبير عن شعور التضامن والتأييد .

synallagmatic contract [قانون مدني] عقد تبادلي، يلتزم كل من طرفيه أن يقدم شيئاً معلوماً للآخر نظير ما يصيبه منه، كعقود البيع والايجار وعقود المعاوضة وما اليها .

synchronization تشغيل محطتي اذاعة على ذبذبة واحدة وبرنامجين متطابقين .

syncopare يجتزئ (من أمر) ؛ يلفظ الاشياء بشكل يستحيل به فهمها .

syndic [قانون مدني] محام؛ عميد بلدية؛ وكيل مؤسسة أو جامعة

متصرف له أو محال اليه كالـ assignee في القانون العـــام (الانكليزي) . مدير تختاره هيئة اعتبارية لادارة شؤونها .

بالجريمة موضوع التحقيق وذلك بارهاقه بالاسئلة أو تخويفه أو توعده أو أي سبيل آخر غير مشروع .

والـ sweating لاغراض القانون هو كل استجواب يهدف الى انتزاع الإفادة من المتهم لاستعمالها ضده أو الى حمله على اعطائها مرغماً تحت ضغط الاسئلة الملحفة أو الوسائل القاهرة على الصدور عن الافادة .

[استخدام العمال] تسخير العمال باجور زهيدة مجحفة بواسطة سمسار يتولى اقناعهم بقبول الاجور المذكورة نظير جعالة معلومة يتلقاها من رب العمل .

[عقود النقل البحري] عرق البضاعة؛ تلفها بتكاثف الرطوبة عليها في جوف السفينة .

sweat shop مشغل مرهق : يستخدم عماله بأجور زهيدة جـــداً أو شروط لا يكاد يطيقها الجسم البشري . (راجع sweating)

يرد هذا الاصطلاح على لسان العامة ايضاً بمعنى التعامل غـــير المشروع أو غير اللائق .

sweeping شامل، جامع؛ جارف : يشمل (في مجاله) مقداراً كبيراً من موضوع البحث .

sweepstakes [مراهنات سباق الخيول] اموال الرهان؛ مجموع الاموال التي يراهن بها المشتركون في الرهان على الحصان الواحد .

swein [قانون انكليزي قديم] رجل حر

swell يزيد؛ يضخم؛ يضخم؛ يبعث على تعاظم (نفقات او أضرار) .

swift witness شاهد متحمس . اصطلاح دارج يراد به الشاهد الذي يتحمس لموضوع الشهادة حماساً غير عـــادي أو يميل صراحة الى الطرف المستشهد به فيفضح تحيزه له باندفاعه واستعداده أو تحفزه البالغ للاجابة على كل سؤال يوجه اليه .

swindler خداع؛ غشاش : من لجأ الى الحيلة الباطلة أو انتحال الصفات الكاذبة في التعامل مع الغير .

swindling غش؛ خداع؛ تحايل : الحصول بسبيل الحيلة الباطلة او انتحال الصفات الكاذبة او الركون الى التضليل للحصول على منفعة وحرمان صاحبه منه .

swoling of land مساحة من الارض يكفي لحرثها عود واحد في السنة .

sworn باليمين، مع اليمين أو الحلف؛ محلف؛ محلف؛ مستحلف

syndicating جمع المواد المناسبة للنشر في الصحف وتوزيعها في فترات معلومة على الجرائد المشتركة لتنشر في يوم واحد .

syndicos شخص تختاره الكلية او البلدية المعنية للدفاع عن شؤونها .

synod مؤتمر كنسي: يعقده اقطاب رجال الكنيسة للمداولة في المسائل الدينية .

synodal ضريبة يتقاضاها الاسقف أو رئيس الشمامسة archdeacon من صغار الكهنة في عيد الفصح .

synonymous مترادف ؛ مرادف ، ترادفي : مطابق المعنى ؛ يؤدي ذات المعنى أو المفهوم .

synopsis خلاصة ، فحوى ؛ مختصر شامل

synoptic chart [لوائح الطيران] مخطط الطقس أو خارطته

system نظام ؛ ترتيب ؛ اسلوب او طريقة ؛ جهاز ؛ مجموعة

— depreciation system طريقة احتياطي الاستهلاك

— fixed instalment system طريقة القسط (الاستهلاكي) الثابت

— reducing instalment system طريقة القسط المتناقص

[قانون فرنسي] حارس قضائي ، تعينه المحكمة للحراسة على اموال مفلس من مهامه حفظ الاموال المذكورة وادارتها واستغلالها ثم بيع ما فيها من عقار ومنقول وتوزيع الثمن على الدائنين قسمة غرماء .

syndicalism سندكالية : مبدأ عمالي (فرنسي الاصل) يهدف الى سيطرة منظمات العمال على وسائل الانتاج وتوزيع المنتجات أولاً ثم الى السيطرة على المجتمع والحكومة بسبيل الاضرابات العامة واعمال الارهاب والعنف وما اليها من الوسائل الاجرامية .

— criminal syndicalism : سندكالية جنائية أو اجرامية جاء في تعريفها حسب قانون كلفورنيا الصادر باسم California Criminal Syndicalism Act انها «كل عقيدة تدعو للاجرام أو اعمال التخريب او القوة أو العنف أو الأخذ بأسباب الارهاق غير المشروع أو تشجع أو تساعد على ما ذكر في سبيل تبديل الملكية أو السيطرة الصناعية أو احداث أي تغيير سياسي» .

— revolutionary syndicalism (راجع revolutionary)

syndicate اتحاد جامعي ؛ هيئة جامعية

سندكة : اتحاد كبير يضم عدداً من الافراد أو الشركات للقيام بمشروع منشأة وقتية ؛ منظمة قائمة لغرض مؤقت .

اتحاد جمهرة من رجال المال لشراء اسهم احدى الشركات ثم حبسها عن السوق وعرضها فيما بعد بكميات قليلة ترفع من قيمتها وتعود على اعضاء الاتحاد بالكسب المراد .

T

T. territory يرد هذا الحرف وحده احياناً كرمز للاسم اقليم territory او ثالوث trinity، نحو trinity sitting او فصل او دورة term او *tempore* في عهد (كذا ...) او لقب او حق title او غير ذلك (مما يعنيه النص او السياق).

[قديماً] كان يوشم حرف T على ابهام كل شخص أدين بجناية ثم أعفي من عقوبة الاعدام نظراً لقدرته على القراءة والكتابة (راجع benefit of clergy). وفي Pennsylvania (بالولايات المتحدة) صدر سنة ١٦٩٨ م قانون يفرض على كل شخص، ادين بجرم السرقة ان يحمل على كمه الايسر شارة كتب عليها حرف T اي لص thief، وان يكون طول الشارة اربعة انشات ولونها مختلفاً عن لون لباسه الخارجي.

T. R. E. *Tempore Regis Edwardi* في عهد الملك ادوارد

tabard معطف قصير يلبسه الطلبة الجامعيون احياناً.

tabarder من يلبس الـ tabard (معطف او روب جامعي قصير). ما زال هذا الاسم يستعمل حتى اليوم للدلالة على لابسي الزي المذكور من حملة شهادة البكلوريا Bachelor of Arts في كلية Queen's بجامعة اكسفورد.

tabella [قانون روماني] بطاقة او رقعة؛ قطعة صغيرة رقيقة من الخشب كانت تكسى بالشمع وتستعمل للاقتراع او كتابة قرارات المحلفين واحكام القضاة.

table جدول؛ قائمة؛ كشف: يعرض مفردات شيء او تفاصيله عرضاً تصويرياً موجزاً يعطي الناظر لاول وهلة فكرة عامة عن الموضوع.

table of cases جدول قضايا مقررة يشار اليها في مؤلف قانوني على سبيل الاستشهاد.

tableau of distribution [في ولاية لويزيانا بالولايات المتحدة الامريكية] قائمة توزيع. كشف اسماء دائني المفلس ومقادير ديونهم.

tabulæ [قانون روماني] ألواح

tacit ضمني؛ سكوتي؛ مضمر؛ صامت؛ قائم او مقبول ضمناً دون الحاجة الى تصريح؛ واضح بالسكوت. كل قصد يستطاع التعبير عنه (ايجابياً) بالسكوت.

tacit acceptance [قانون مدني] قبول صامت او ضمني، يعبر عنه الفعل، كقبول الوارث للميراث باتيانه فعلا لا حق له في اتيانه الا بوصفه وارثاً.

tacit dedication وقف او رصد سكوتي (موجب)؛ رصد ضمني (لشيء على جهة معينة): الرصد المترتب على السكوت في ظروف خاصة تفصح عنه دون اتفاق صريح.

tacit hypothecation or **tacit mortgage** [قانون مدني] رهن او ارتهان ضمني، ينشأ بحكم القانون دون الحاجة الى اتفاق صريح بين ذوي الشأن.

tacit law قانون ضمني: يستمد قوته من اجماع الناس على قبوله ومراعاته دون الحاجة الى اصداره كتشريع من المراجع المختصة.

tacit relocation [قانون اسكتلندي] تجديد ضمني لعقد الايجار، يفهم من عدم قيام المالك بالتنبيه على المستأجر بالاخلاء عند انتهاء مدة العقد وسماحه له بالبقاء في المؤجر بعد المدة المحددة فيه دون اي تجديد صريح او ضمني.

tack [كفعل] يضم او يضيف (حق امتياز ثانوي الى امتياز اول – سابق – لتكون له الاولوية في الحقين معاً على حق امتياز متوسط للغير). (راجع tacking)

[قانون اسكتلندي] عقد ايجار. يقابله ما يسمى lease في القانون الانكليزي.

tacking ضم (حقوق امتياز مأخوذة في تواريخ مختلفة لكسب الاولوية، لها جميعاً وهي منضمة، على حق امتياز متوسط يعود للغير)، كقيام صاحب الامتياز الثالث مثلا بشراء الامتياز الاول وضمه الى امتيازه ليصبح له حق الاولوية على الدائن المرتهن الثاني.

ضم اي حق الى آخر للتفوق على حق ثالث او لتفادي مانع قانوني خاص.

tackles روافع (سفينة)

tacksman [قانون اسكتلندي] مستأجر

tail محدود أو محصور في ناحية دون أخرى: كالميراث المحصور estate in tail او estate in fee tail الذي لا يرث فيه الا نوع معلوم او طبقة معينة من الورثة.

ميراث حصري إفرادي (ينحصر في وارثين several tail — انفراديين)، كأن يكون المعنى مثلا رجلين وامرأتيهما وابناءهم الصلبيين . وفي هذه الحال يعتبر الميراث عند البدء مشتركاً بين الرجلين مدى حياتهما، فاذا ماتا انتقل نصفه الى عقب احدهما وانتقل النصف الآخر الى عقب الثاني .

tail, estate in (estate in tail) ميراث حصري : ينحصر في الاعقاب الصلبيين جيلا بعد جيل على عمود القرابة المباشرة .

tail female ميراث محصور في الاناث: كالاملاك التي يوصى بها لشخص وبناته ويستثنى من وراثتها الذكور اطلاقاً.

tail general ميراث حصري عام: يوصى به لشخص معين «ولعقبه من صلبه» .

سمي كذلك لانه يشمل العقب جميعاً ولا يحصر ايلولة الملك في الذكور دون الاناث مثلا او الاناث دون الذكور بل يجعلها عامة تشمل جميع ابناء الموصى له وبناته .

tail male ميراث محصور في الذكور: يبقى في الذكور وحدهم من عقب الموصى له الصلبيين جيلا بعد جيل على عمود القرابة المباشرة .

tail special ميراث تخصيص حصري: تحصرْ ايلولته في اناس دون غيرهم من الاعقاب الصلبيين: كأن يوصى مثلا بارض معينة لفلان من الناس «وورثته الصلبيين من زوجته الحالية فلانة» . وفي هذه الحال لا ينحصر الميراث في اولاده اطلاقاً، بل يختص به اولاده من زوجته الحالية المذكورة دون سواها بحيث لو تزوج باخرى غيرها فلن يكون لاولاده من هذه اي نصيب في الميراث .

tailage (راجع tallage)

tailzie [قانون اسكتلندي] ميراث حلولي، يحصره الموصي في عدد من الورثة على ان يؤول أولا إلى شخص معين منهم فاذا مات هذا قبل ان يرث او رفض الميراث آلت التركة موضوع الوصية الى من بعده في الترتيب، واذا مات التالي ايضاً قبل ان يرث او رفض الميراث آلت التركة الى من بعده، وهلم جرا (واحداً تلو الآخر) .

taint ادانة بجناية . مدان بجناية؛ موصوم وصمة؛ لطخة؛ اثر لسوء

take يأخذ، يتخذ؛ يتناول؛ يستغرق، يستنفد؛ يأتي (على شيء)، يضع اليد عليه، يدخله في حيازته او يستولي عليه. لهذه الكلمة فوق مفاهيمها العادية جمهرة من المعاني الفنيـــة الخاصة لا يتسنى تحديدها الا باعتبار السياق والظروف الملابسة لاستعمالها .

[في جرائم السرقة] يختلس حيازة شيء او يستولي عليه بقصد جنائي.

[في اوامر القبض] يحجز (شخصاً) او يقبض عليه، نحو: يحجز شخص المدعى عليه take the body of the defendant .

يحصل على، نحو: take by descent او take by purchase يحصل (عليه) بشراء أو وراثة .

يستخرج، نحو: يستخرج صوراً (من محرر) take copies.

يرفع نحو: يرفع استئنافاً او طعناً بطريق النقض take an appeal or an objection for Cassation .

يتخذ، نحو: يتخذ اجراءات قانونية take legal proceedings.

يؤدي او يحلف، نحو: يحلف اليمين take the oath .

يثير، نحو: يثير نقطة قانونية take a point of law .

يعقد (محكمة)، نحو: يعقد الجنايات (اي محاكم الجنايات) take the Assizes .

take away [جرائم الاعراض] يخرج (قاصراً)، من عصمة ابيها او يخطفها (ليغويها او يقهرها على اثم وإن كان الاخذ مبدئياً برضاها) .

take back ينقض او يرجع عن (او في)، نحو: take back one's promise .

take by stealth يأخذ بالباطل؛ يستولي بالباطل على مال الغير .

take care of يعيل، يعتني (بـ)

take down يزيل، بمعنى يهدم، نحو: take down a wall

take effect يسري مفعوله؛ يصبح نافذاً

take exception يدفع (بـ)؛ يعترض (على)

take for the call [معاملات البورصة] عقد عملية خيارية للهبوط . (راجع call)

take in execution يحجز على (مال)

take into account يعتبر أو يأخذ بعين الاعتبار؛ يدخل في حساب

take-off [لوائح الطيران] اقلاع (الطائرة للطيران)؛ تحدرها (بمعنى تحركها للطيران)

take-off distance [لوائح الطيران] مسافة اقلاع . المدى اللازم لاقلاع الطائرة .

take-off flight path [لوائح الطيران] مسار الاقلاع الخالص

take-off run [لوائح الطيران] مدرج اقلاع

take on himself يتعهد؛ يأخذ على نفسه

take over يضطلع (بشأن)؛ يتولى الاشراف عليه او ادارته

take place يقع؛ يحصل؛ يحدث؛ يجري

take stock يجرد (بضاعة في محل)

taken with the manner (راجع باب manner)

taker آخذ؛ مستول (على)؛ الموصى له

— first taker من كانت له ايلولة الهبة أو الميراث الايصائي بالدرجة الاولى.

*takharuj [شريعة اسلامية] التخارج؛ وهو ان يتصالح الورثة على اخراج بعضهم من الميراث على شيء معلوم، سواء كان هذا الشيء من تركة المورث او من غيرها.

taking [جرائم الاعراض] خطف (القاصر — دون الثانية عشرة — لارتكاب الفحش معها وإن كان الخطف برضاها). ولا فرق في هذه الحال بين taking و abduction من حيث المفهوم.

*talaq [شريعة اسلامية] الطلاق؛ ومنه الرجعي الذي يملك فيه الزوج مراجعة زوجته وإن لم ترض ما دامت في العدة، وهذا هو الاصل في الطلاق. ومنه البائن وهو الذي لا يستقل الزوج بعده بمراجعة زوجته الى عصمته لا في العدة ولا بعدها الا بعقد ومهر جديدين.

tale [قانون انكليزي قديم] العرض الاول للدعوى من المدعي؛ صحيفة الدعوى

tales كهذا؛ مثله؛ كهؤلاء (الرجال)

tales العدد اللازم لاكمال هيئة المحلفين اذا كان عددها دون المطلوب.

— pray a tales يلتمس تلافي النقص في اعضاء هيئة المحلفين، باضافة العدد اللازم لهم.

talesman من كلف من الحاضرين في الجلسة بان ينضم الى هيئة المحلفين او يكمل نقصاً في عدد اعضائها.

tallage or **tailage** شطر؛ جزء يقتطع من شيء. ما اوجبت الحكومة اداءه (سابقاً على الافراد والمدن) من اعانة او ضريبة او خراج كايراد لها وللملك.

tallager جابي ضرائب او غيرها مما يكلف بجمعه من الافراد والمدن لحساب الحكومة.

tallagium ضرائب (بوجه عام)

talley or **tally** [قانون انكليزي قديم] عصا (عادية) مثبتة للذمة كانت تكسر الى جزئين وتحفر على كل منهما علامات خاصة تدل على ما للدائن في ذمة المدين من النقود، ثم يحتفظ الدائن بجزء منها ويحتفظ المدين بالجزء الآخر، ويكون الجزءان بمثابة سند دين. ويذهب بعض المراجع الى ان هذه العصي tallies كانت قابلة للتداول ثم أبطل التعامل بها في انكلترا رسمياً بقانون خاص صدر في عهد الملك جورج الثالث سنة ١٧٨٣م.

tallies of loan [قانون انكليزي] استعمل هذا الاصطلاح اصلا للدلالة على سندات دين الخزانة exchequer bills التي كانت تصدرها الخزانة العامة لتقترض بهـا حاجة الدولة من النقود وتكون ديناً عاماً على الخزانة.

tally trade تجارة تقسيط؛ يسلم فيها المبيع للمشتري على ان يدفع ثمنه اقساطاً دورية مؤجلة الاستحقاق.

Talmud التلمود: كتاب مقدس يشمل شرائع الديانة اليهودية المدنية والكنسية.

talon كعب (سند صرف او كوبون)

talweg تعبير الماني دارج قوامه معنيان: واد *tal* وطريق *weg*. يرد غالباً في ابحاث القانون الدولي وتعريف الحدود المائية بين الدول بمعنى منتصف قناة او نهر او أعمق نقطة فيهما او اصلحها للملاحة.

tame أليف؛ داجن؛ مستأنس

tamper يتحرش في أمر بما يفسده؛ يعبث به فيشوهه او يبدله الى أسوأ، نحو: يعبث بوثيقة tamper with a document.

tangible محسوس، حسي، ملموس؛ مادي؛ حقيقي

tangible property مال ملموس: اي مادي (سواء كان ثابتاً او منقولا).

tank صهريج؛ خزان او حوض لحفظ السوائل.

tankage رواسب الصهاريج، وخصوصاً الرواسب النيتروجينية الجافة. النفايات التي تخلفها مصانع تعبئة اللحوم.

tanneria [قانون انكليزي قديم] مصبغة

tanto, right of (right of tanto) [قانون مكسيكي] حق الشفعة

(راجع pre-emption للتعريف)

tarde venit [في الاجراءات] عبارة يؤشر بها عامل الملك الـ sheriff على الامر القضائي اذا وصل الى يده متأخراً لا

يستطاع تنفذه قبل الموعد النهائي المحدد لذلك، ومعناه «وصل متأخراً» .

tap يسيل، يفجر، يستنبط، يستمد؛ يدق او يقرع برفق
[كاسم] حنفية، صنبور

tare عبوة . نقص في وزن البضاعة او كيلها يرجع لوزن الاناء الذي يحتويها ويوزن معها . (وزن) الفارغ
طرح الصافي أو الزنة الزائدة على الوزن الصافي .
المقدار الذي يستنزله البائع للمشتري من وزن البضاعة اعتباراً لوزن الاناء او الغلاف او العلبة او الصندوق الذي يحتويها .

tariff تعريفة أو تعرفة : قائمة تصدر بقانون او لائحة لتعيين الواردات الخاضعة للضريبة الجمركية ومقادير الضرائب المربوطة عليها .
رسم جمركي؛ ضريبة جمركية
تسعيرة

— custom tariff تعرفة جمركية

— preferential tariff تعرفة تفضيلية او ايثارية : تمنح على سبيل المراعاة دولاً دون اخرى تشجيعاً للتعامل التجاري معها او تيسيراً له .

- protective tariff تعرفة حماية : رسم جمركي باهظ يفرض على بعض الواردات ليحد من الاقبال على استيرادها، تشجيعاً وترويجاً لما تنتجه البلاد مما يماثلها او يدانيها .

— retaliatory tariff تعرفة مثلية؛ تعرفة انتقامية : تفرضها الدولة المعنية على سلع دولة اخرى نظير ما تفرضه هذه الدولة على سلعها . وذلك من قبيل الانتقام او المعاملة بالمثل .

tariff rate فئة التعرفة الجمركية او نسبتها .

tavern حانة لبيع المشروبات بالتجزئة وشربها فيها .
فندق؛ محل عام للتسلية

tavern keeper صاحب او مدير حانة أو فندق .

taverner [قانون انكليزي قديم] خمار؛ بائع خمر؛ صاحب حانة

tax [كفعل] يفرض ضريبة؛ يقتضي المكلفين اداء مقدار معلوم من المال على سبيل المساهمة في نفقات الحكومة والمصاريف العامة . يخرج بمعنى يفرض خراجاً او اتاوة . يفحص مفردات مصاريف مطالب بها في دعوى ويحدد مقدارها الصحيح . يعين او يقرر (مقدار شيء)
يصفي بمعنى liquidate ؛ يسوي بمعنى adjust أو settle .
[كاسم] ضريبة؛ تكليف مالي عام تفرضه السلطات التشريعية على الافراد والممتلكات لاعانة الحكومة على نفقاتها العامة في سبيل القيام بوظائفها .
كل مساهمة مالية اجبارية تفرضها الحكومة، وفقاً لقواعد وفئات معينة، على الاشخاص او الاموال الخاضعة لولايتها لتسد بها حاجاتها ونفقاتها العامة، سواء كانت خراجاً أو اتاوة أو مكساً أو اعانة أو رسما أو غير ذلك .
تختلف الضرائب taxes عن الاعانات subsidies او المساعدات المالية في انها ثابتة ومرتبة .

— *ad valorem* tax ضريبة قيمية : تربط على اساس قيمة الشيء الخاضع لها .

— capitation tax ضريبة نفوسية (عددية) : تفرض على الافراد .

— estate tax ضريبة تمليك؛ تصرف عقاري : تفرض على التصرفات العقارية .

— floor tax ضريبة ارضية : ضريبة تفرض على جميع المشروبات الروحية الموجودة على ارضية المخزن on the floor

— franchise tax (راجع باب franchise)

— income tax ضريبة دخل

— inheritance tax (راجع باب inheritance)

— land tax ضريبة اراض : خرج (يدفع على الارض ذاتها بصرف النظر عن مالكها) .

— parliamentary tax ضريبة برلمانية : تفرض بتشريع برلماني .

— personal tax ضريبة شخصية : اما ان تكون ضريبة نفوسية (تفرض على الفرد) أو ضريبة منقول (تفرض على الاشياء المنقولة) .

— poll tax (راجع باب poll)

— property tax (راجع باب property)

— proportional taxes ضرائب نسبية : تربط بنسبة كسب المكلف .

— public tax ضريبة عامة : تجبى من جميع الافراد لغرض عام .

— sinking fund tax (راجع باب fund)

— succession tax (راجع باب succession duty)

— surtax (راجع surtax تحت حرف S)

— transfer tax (راجع باب transfer)

— wheeled tax ضريبة عجلات : تفرض على المركبات والدراجات وما اليها من الوسائل السيارة على العجلات .

tax certificate شهادة يعطاها من اشترى، في بيع قضائي، ارضاً مباعة في المزاد للوفاء بما على مالكها من الضرائب، اشعاراً بحصول الشراء حسب القواعد المرعية .

tax-deed سند او حجة بيع ضريبة: سند تمليك يعطيه المحضر المختص او السلطات المختصة لمن اشترى ارضاً بيعت قضائياً لسداد ضرائب مستحقة .

tax ferrets متحرو ضرائب: اشخاص غير رسميين يقومون من تلقــاء أنفسهم بالبحث عن الاموال المغفلة من الضريبة .

tax free معفى من الضريبة

tax lease ايجار ضريبة: اجارة طويلة تطرح في المزاد لاستيفاء ضريبة مستحقة على الارض المكلفة، وذلك حيث لا يجيز القانون بيع هذه الارض للوفاء بما عليها، بل يحتسب ببيع اجارتها (او الانتفاع بها) عدداً من السنين، بيعاً قضائياً .

tax levy مبالغ محصلة او واجبة التحصيل (من ضريبة مفروضة) .

قانون تفرض بموجبه ضريبة عامة .

tax-lien امتياز ضريبة: حق امتياز يترتب لدائرة رسمية مختصة على ارض مدينة بضريبة مستحقة .

taxpayer مكلف: دافع الضريبة

tax purchaser مشترٍ في بيع ضريبة : من اشترى ارضاً طرحت في المزاد للوفاء بما عليها من الضرائب .

tax roll جدول او كشف ضريبة: قائمة الاشخاص الخاضعين للضريبة او الممتلكات والاشياء السارية عليها الضريبة.

tax sale بيع ضريبة: بيع المال عن طريق القضاء لسداد ضريبة متأخرة .

tax-title حق ملكية آل لصاحبه في ارض بيعت له بيعاً قضائياً لسداد ضريبة متأخرة عليها .

taxable تسري عليه الضريبة، خاضع لها، يستأهلها، حقيق بادائها

taxable income دخل خاضع للضريبة

taxable year سنة ضريبية؛ سنة مشمولة بالضريبة

taxation تنظيم الضرائب، فرضها (على الاموال)

— double taxation تقدير مزدوج؛ فرض تكراري للضريبة: اقتضاء المكلف ان يدفع الضريبة على ارض او مال له مرتين .

فرض الضريبة على ارض معينة باعتبارها ملكاً لشخص ثم فرضها مرة ثانية باعتبارها ملكاً لآخر .

taxation of costs تحقيق مصاريف الدعوى، فحصها وتحديدها .

taxers موظفان رسميان: يختاران سنوياً في مدينة كيمبردج (بانكلترا) للتثبت من صحة المكاييل والاوزان .

taxi clearance [لوائح الطيران] تصريح توجه الى مدرج الاقلاع .

taxi holding position markings [لوائح الطيران] شارات مكان التريث بالمدرج.

taxing district منطقة خاضعة للضريبة: تسري عليها، دون غيرها، ضريبة مقررة .

taxing masters (راجع باب masters)

taxing power سلطة فرض الضرائب

taxiway [لوائح الطيران] مدرج توصيل

taxying دروج (الطائرة للاقلاع)

teach يعلم، يرشد، يدرس؛ يلقن؛ يربي

teacher معلم، مرشد، مدرس؛ مرب؛ قيم على تربية او متكفل بها

team زوج او اكثر من خيل او بقر او غيرها من الحيوانات اذا ربطت معاً وسخرت في الجر او الاعمال الزراعية .

teamster سائق عربة خيل (لنقل البضائع بالاجرة) .

tear; tearing يمزق؛ تمزيق

[في الوصايا] لا يشترط ان يأتي التمزيق على الوصية كلها ليبطلها بل يكفي لابطالها تمزيق جزء حيوي منها، كالتواقيع الاساسية مثلا او الختم اذا كانت مذيلة به . ولا يكون التمزيق مبطلا للوصية اذا أقدم عليه الموصي وهو تحت تأثير الغضب ثم قام فيما بعد بالصاق الاجزاء الممزقة على أحسن ما يستطيع، كذلك لا تبطل الوصية اذا اتى التمزيق على جزء منها ثم أوقف (برضى الموصي) قبل ان يأتي على اجزائها الحيوية .

واذا مزق (اي فصل) جزء من الوصية او احد اسماء الموصى لهم، اقتصر البطلان على ذلك الجزء او الاسم وحده واعتبر ساقطاً منها دون الاجزاء او الاسماء الاخرى . والتمزيق على اي حال، لا يبطل الوصية الا اذا اتاه الموصي عمداً .

technical فني، يتصل بمهنة او صناعة خاصة او فن من الفنون .

غير حيوي او مادي؛ غير جوهري: لا يؤثر في اي حق من الحقوق (المعنية).

technical mortgage رهنية فنية: رهنية فعلية رسمية، حسب الاصول والقواعد الرسمية (القانونية). تقابلها الـ equitable mortgage في علاقات العدالة الانصافية. (راجع باب equitable)

Teind Court [قانون اسكتلندي] محكمة مدنية تختص بالفصل في دعاوى الاعشار (ضرائب العشر) المسماة teinds.

teinds ضريبة عشر (في القانون الاسكتلندي): عشر ربح او ايراد تقابلها الـ tithes في القانون الانكليزي.

telecommunications مواصلات سلكية ولاسلكية: الاتصالات النائية بواسطة البرق او التلفون او الراديو.

telegram برقية؛ رسالة تلغرافية (ترسل بالتلغراف).

telegraph تلغراف: جهاز ناقل للرسائل بالتيار الكهربائي والاشارات. عرفه القانون الانكليزي ونظم استعماله لاول مرة بقانون التلغراف الانكليزي English Telegraph Act الصادر في عهد الملكة فيكتوريا سنة ١٨٦٣م.

telephone هاتف (تلفون): جهاز ناقل للمكالمات الشخصية بالاسلاك والتيار الكهربائي.

teletype machine اداة تلغراف مجهزة بآلة لطبع الرسائل التلغرافية حال التقاطها دون الحاجة الى عامل تلغراف يتلقاها وينسخها بالطريق العادي.

teller محص؛ عداد: من عد شيئاً او احصاه.
صراف: موظف في بنك وظيفته تسلم النقود وصرفها (أي دفعها). يطلق ذات اللقب ايضاً على من تولى فرز الاصوات في المجالس الاستشارية والتشريعية والاجتماعات بوجه عام.

tellers in parliament محصو البرلمان: الاعضاء الموكول اليهم عد الاصوات عند انقسام الاعضاء بين المعارضة والموافقة.

temperance اعتدال (في الشهوات او تعاطي المواد الكحولية)؛ ضبط النفس

tempest عاصفة؛ زوبعة كثيراً ما تصحبها امطار او ثلوج.

temple يطلق هذا الاسم احياناً، من قبيل الاختصار، على اثنين من جمعيات الحقوق الانكليزية Inns of Court احداهما الـ Inner Temple والاخرى Middle Temple.

temporal دنيوي؛ زمني

temporal lords لوردات زمنيون او دنيويون. وهم لوردات انكلترا (أعضاء مجلس اللوردات).

temporalis [قانون مدني] مؤقت؛ محدود بميقات معلوم

temporalis actio دعوى موقوتة: لا يجوز رفعها الا خلال مدة معينة.

temporalities اموال وممتلكات الاسقف في اسقفيته.

temporarily مؤقتاً؛ وقتياً: لا يعدو الحال (الوقت الحاضر) او الظرف الطارىء.

temporary مؤقت؛ آني؛ غير دائم: محدود البقاء

tempore في أو أثناء عهد أو زمان (كذا..)، إبان ذلك

tempus continuum [قانون مدني] مدة استمرارية، تبدأ من حادث معين، وان كان صاحب الشأن فيها غير عالم بحصول ذلك الحادث.

tempus semestre [قانون انكليزي قديم] مدة نصف سنة (١٨٢ يوماً)

tempus utile [قانون مدني] مدة مكسبة؛ ميعاد مكسب أو نافع، يبدأ جريانه من حادث معين، اذا كان صاحب الشأن محيطاً بحصوله. فاذا عجز عن المطالبة بحقه اياماً معلومة فلن تدخل هذه الايام في حساب المدة المذكورة وان بدأ جريانها كما تقدم.

tenancy اجارة، ايجار؛ حيازة: مدة حيازة المستأجر للعقار المؤجر سواء كانت عدداً من السنين for years او مدى الحياة for life أو رهناً برضى المالك at will او بغير ذلك من الشروط.

— general tenancy اجارة عامة: غير محصورة المدة

— joint tenancy تؤول اجارة تضامن؛ اجارة مشتركة: تؤول الى شخصين او اكثر بموجب ذات السند او العقد كانهم شخص واحد، يمارس كل منهم فيها ذات الحقوق والمنافع وتترتب عليه ذات الواجبات والتبعات، فاذا مات احدهم انتقل حقه الى بقية المتضامنين معه، وهكذا دواليك حتى يؤول كامل الحق الى آخر من بقي منهم على قيد الحياة.

— several tenancy اجارة انفراد؛ حيازة انفرادية: يستقل بها شخص واحد دون غيره.

tenancy by the entirety حيازة مشتركة بين رجل وامرأة، يحصل التفرغ عنها لهما معاً على ان تؤول كلها الى الباقي منهما على قيد الحياة وأن لا يكون انهاؤها او التصرف فيها الا باتفاق الطرفين معاً.

tenancy from year to year
(راجع year to year, tenancy from)

المتوفاة اذا أعقبت منه ذرية اهلا لوراثتها . (راجع curtesy) والحيازة في هذه الحال عمرية تمتد طول حياة الزوج .

tenant for life مستأجر عمري (مدى الحياة) سواء كان المعني حياته هو او حياة غيره *pur autre vie* .

tenant for years : مستأجر ميقاتي او لعدد من السنين تتقيد اجارته بزمن موصوف .

tenant from year to year مستأجر مساناة: تحدد اجارته بسنة واحدة قابلة للتجديد ، برضى المؤجر ، صراحة او ضمناً .

tenant in *capite* or tenant in chief [نظام اقطاعي] فصل او حائز اصلي ، نال قطيعته من الملك مباشرة .

tenant in common مستأجر على الشيوع: يشترك مع غيره في ايجار ارض معينة بموجب عقد خاص به دون تحقيق الحصة العائدة اليه من الارض المذكورة .

tenant in dower حائز بحكم الدوطة ، وحيازة الدوطة تنشأ بحكم الزواج ثم تؤول للزوجة مدة ترملها وتشمل الثلث من جميع الاموال الآيلة للزوج أثناء الزواج .

tenant in fee or **tenant in fee-simple** حائز مطلق (الحيازة) : من عادت حيازة الشيء له ولورثته من بعده حيازة مطلقة مؤبدة .

tenant in severalty مستأجر او حائز انفرادي: لا شريك له فيما استأجر او حاز .

tenant in tail من حاز او استأجر ارضاً محصورة الميراث (تؤول الى طبقة معينة من الورثة دون غيرها) .

tenant of stock for life مساهم مدى الحياة؛ مساهم عمري

tenant of the demesne حائز من حائز او من أوسط : كأن يحوز «ب» مثلا من «أ» ويحوز «ج» من «ب» فيصبح «أ» لورداً أو سيداً اول و«ب» سيداً ثانياً او اوسط mesne lord ، و «ج» tenant of the demesne .

tenant paravaile مستأجر باطني أو من الباطن: من استأجر من مستأجر ما أجر له كله او جزءاً منه .

tenant by copy of court roll (راجع copyholder)

tenant *pur autre vie* الحائز مدى حياة الغير ، (راجع *pur autre vie*) .

tenant-right حق المستأجر : كرجانه مثلا في تجديد

tenancy in common : اجارة شيوع؛ حيازة اشتياعية: يتحد فيها عدد من الاشخاص دون ان يعرف اي منهم حدود حصته في المؤجر .

tenant مستأجر : من استأجر ارضاً مدة ما لينتفع بها لقاء أجرة معلومة او من حازهـا من مالكها برضاه الصريح او الضمني .

من تمكن من ارض او استأثر بحيازتها (دون الغير) .

[نظام اقطاعي] حائز اقطاعي؛ حاز الارض من مالكهـا المقطع نظير ما التزمه تجاهه من ولاء وواجبات .

— joint tenants : مستأجرون متضامنون او مشتركون: تعود اليهم الاجارة معاً كانهم شخص واحـد ويتساوون في الحقوق والمنافع والتبعات .

— quasi tenant at sufferance مستأجر باطني (او من الباطن) ، اجاز له المستأجر الجديد ان يستمر في الاجارة من الباطن بعد انتهاء عقـد ايجار المؤجر القديم (الذي اجره من الباطن) ، بحيث اذا اجر خالد لبكر مثلا ارضاً من الباطن ثم انتهى عقد ايجار خالد وبدأ عقد ايجار عمرو ، فاجاز هذا لبكر ان يستمر في اجـارته من الباطن ، كان بكر quasi tenant at sufferance .

— sole tenant مستأجر وحيد (منفرد) : لا يشاركه في مؤجره أحد .

— statutory tenant مستأجر نظامي (أو قانوني) : تقوم اجارته بحكم القانون .

[قانون انكليزي] لا يجوز للمؤجر ان يخرج المستأجر من المنزل المؤجر اذا كان مشمولا بقوانين قيود الايجار Rent Restrictions Acts . وللمستأجر المشمول بهذه القوانين ان يبقى في المنزل المذكور ، بعد انتهاء مدة ايجاره ، كمستأجر نظامي statutory tenant حتى يستطيع المؤجر استصدار امر باخراجه من المحكمة المختصة . ولا يصدر مثل هذا الامر عـادة الا في ظروف خاصة استثنائية .

tenant at sufferance مستأجر متجاوز : يستمر في الحيازة بعد مدته القانونية بغير حق ، اذ يستأجر الارض في بادىء الامر ويحوزها حيازة مشروعة ، فاذا انتهت مدته استمر في الحياة ولم يخل المؤجر .

tenant at will مستأجر رضائي: تكون اجارته رهناً برضى المالك ، اذ يستأجر دون ان يتفق مع المالك على مدة الايجار ويفرض عليه ان يخلي المؤجر حالما يكلفه المالك بذلك دون اشعار سابق .

tenant by the curtesy من حقت له حيازة اموال زوجته

tenement عقار؛ ملك (او مال) غير قابل للاستهلاك . ترد هذه الكلمة في استعمالها الدارج بمعنى منزل او مبنى او ارض فضاء او جزء من ذلك . على ان معناها الفني العام يشمل كل مال ذي قيمة له صفة الدوام يستطاع الحصول عليه والاستئثار به، سواء كان مادياً او غير مادي .

— **dominant tenement** ملك مخدوم (مرتفق) : يملك على عقار آخر خادم (او مرتفق به) حقاً معلوماً من حقوق الارتفاق .

— **frank tenement** قطيعة؛ ملكية مطلقة كانت تؤول للجندي بحكم خدماته العسكرية .

— **servient tenement** ملك خادم : يترتب عليه حق معين من حقوق الارتفاق تجاه عقار آخر مخدوم dominant tenement.

tenemental land ارض اقطاع؛ ارض حيازية : يوزعها اللورد على افصاله؛ تقابلها الـ demesnes الاراضي التي كان يحتفظ بها لنفسه وخدمه .

tenendum يحاز؛ يستولى عليه

tenens مستأجر . مدعى عليه (في دعوى عقارية)

tenor فحوى؛ مضمون، جوهر أو مدلول

مستخرج (من موضوع البحث)

[اجراءات الـ Chancery] صورة طبق الاصل عن قيد محكمة.

tension توتر؛ اشتداد؛ تفاقم(احوال سياسية)

tent خيمة : (قابلة للنقل – من خيش canvas او مايقوم مقامه) .

tenths [قانون انكليزي] أعشار (اموال منقولة)؛ ضرائب فرض البرلمان على رعايا الدولة اداءها للملك بسبيل المساعدة، تبلغ عشر قيمة المنقولات الخاضعة لها .

[قانون كنسي انكليزي] ضريبة عشر، مقدارها عشر الارباح السنوية، فرضها البابا قديماً لنفسه على جميع سكان المملكة ثم انتقلت ايلولتها فيما بعد الى التاج .

tenure إقطاعة او حيازة عقارية من سيد (لورد) مقطع . تولي (وظيفة او منصب)، ممارسة (ذلك)

نظام او شكل حيازة (الشيء موضوع البحث)، الانتفاع به او الاستيلاء عليه . شكل تولي الوظيفة او ممارستها .

— **privileged tenure** قطيعة امتيازية : حيازة اقطاعية لا تتقيد برغبة السيد المطلقة بل تخضع في احوالها وواجباتها لنظام العرف المتواطد .

الايجار عند انتهاء مدته، او جمع ثمار ما غرس وإن أينعت بعد انتهاء الايجار، او التعويض عما يخلف وراءه عند انتهاء العقد من تحسينات مدخلة على الارض بفضل ما بذله فيها من جهد ومال اثناء الايجار .

tenant's fixtures منشآت المستأجر : المنشآت او القواعد الثابتة التي يقيمها المستأجر اثناء مدة الايجار ويحق له نقلها من العقار المؤجر اذا شاء .

tenantable repair اصلاحات سكنى : الاصلاحات اللازمة لجعل المؤجر صالحاً للسكن .

tenant to the *præcipe* مستأجر صدر ضده الامر المسمى *praecipe* في دعوى عينية .

tend يميل؛ ينحرف او يؤدي (الى)؛ يتجه (نحو) ؛ يساعد على أمر او يؤثر فيه

tendentious مغرض، منحرف؛ ينطوي على ميل او محاباة أو تحزب .

tender ما يقدمه المطالب (بفتح اللام) من المال الى المطالب على سبيل الوفاء اعترافا منه واعتقاداً بأن ذلك وحده هو كل ما يدين به للمطالب المذكور .

عطاء؛ طلب مناقصة؛ عرض قيام بعمل مطلوب حسب مواصفات معينة .

[في المرافعات] جواب المدعى عليه بأنه كان دائم الاستعداد لاداء الدين للمدعي وانه عرض عليه المبلغ المطلوب قبل افتتاح الدعوى واحضره الى المحكمة ليدفع اليه .

— **legal tender** نقد قانوني

tender of amends عرض تعويض : قيام الفريق المخل (من المتعاقدين) بدفع مبلغ من المال للفريق الآخر على سبيل التعويض، بحيث اذا رفض هذا قبوله أمكن الاول ان يودع عرضه خزانة المحكمة ويجيب على دعوى الخصم بأنه أودع المبلغ خزانة المحكمة وفاء لموضوع المطالبة .

tender of issue تفويض النزاع، او تقديمه، الى هيئة المحلفين لتقول فيه كلمتها . وللتفويض المذكور نص تقليدي خاص هو : and of this he puts himself upon the country وكلمة country في هذا المقام تدل على هيئة المحلفين باعتبارها تمثل كل البلاد .

tender years, of (of tender years) حديث السن

tenderer مقدم العطاء؛ طالب المناقصة

term for years محدد المدة؛ عدد من السنين: رهن بمدة خاصة، طالت أو قصرت، كاجار الارض مثلا تعتبر term for years مهما كانت مدتها .

term in gross حق انتفاع اجنبي (او منفصل) عن الميراث، يعود فيه لغير الوارث: بحيث اذا ورث «أ» من الناس قطعة ارض يترتب عليها حق انتفاع أو ايجار لـ «ب»، كان حق «ب» term in gross مهما كانت مدته .

term insurance (راجع باب insurance)

term of lease مدة ايجار او مداه

term of office مدة وظيفة؛ مدة تولي المنصب

term premium قسط تأمين موقوت: قسط التأمين الواجب الاداء في تأمين محدد المدة .

term probatory [مواد كنسية] ميعاد الاثبات؛ المهلة التي يعطاها المدعي لتقديم الشهود واثبات وقائع دعواه .

term to conclude [اجراءات كنسية] موعد ختام؛ ميعاد يضرب به القاضي لانتهاء تقديم الدفوع والبينات والطلبات من جميع الخصوم .

Termes de la Ley مصطلحات القانون: قاموس فرنسي قانوني عريق الشهرة يشمل مصطلحات لغـة القانون ومفرداتها وعباراتها الدارجة في الازمنة القديمة .

terminable منسأ: موقوت؛ مرهون باجل معين (لا يتجاوزه): غير دائم؛ غير استمراري

terminable property ملك موقوت: لا يدوم بل ينتهي بعد اجل محدد او عند حصول امر او وقوع حادث معين .

terminate ينهي؛ يوقف؛ يضع حداً (لشأن)

terminus حد؛ نهاية؛ مدة

terminus a quo نقطة البداية

terminus ad quem نقطة النهاية

termor منتفع عمري؛ منتفع مؤقت او موقوت الانتفاع: من استأجر مالا او حازه وكان له فيه حق انتفاع محدد المدة.

terms of reference موضوع بحث او عمل؛ نقاط بحث النقاط المشار اليها .

terms to propound all things [عقود واجراءات المحاكم] شروط او مقترحات تسوية عامة، او المقترحات التي اذا قبلها الطرفان المعنيان استقامت بها التزاماتهما التعاقدية .

tenure by divine service اقطاعة دينية: ترتب على من تؤول اليه خدمات روحانية معينة؛ بحيث اذا آلت الى جهة دينية مثلا رتبت عليها واجب الدعاء للواهب او الصلاة على روحه او اي واجب ديني آخر تقتضيه الهبة .

tenure *in capite* (راجع باب *capite*)

tenure in office تولي وظيفة، ممارستها او الاضطلاع بها.

terce [قانون اسكتلندي] دوطة . ثلث الارملة، حقها في الانتفاع بثلث ما ترك زوجها من الاراضي مدة حياتها بعده .

tercer [قانون اسكتلندي] ارملة لها ثلث الاراضي التي مات عنها زوجها .

term مصطلح، تعبير؛ عبارة؛ كلمة (ذات معنى في خاص)
دورة؛ مدة معينة، اجل او ميقات؛ فترة؛ فصل
شرط، اشتراط؛ نص
[قانون مدني] مهلة يعطاها المدين للوفاء بما عليه؛ نسيئة
[في الاموال والحقوق العقارية] اجل المنفعة او حدودها وقيودها
[شؤون المحاكم] دورة انعقاد المحكمة
[قانون اسكتلندي] ميعاد استحقاق أجرة على مستأجر او تاريخ انتهاء ايجار (بموجب عقد) ووجوب تسليم المؤجر للمالك .

— come to terms يذعن (لامر) . يتراضون (اذا كانوا اطرافاً عدة) او يتفاهمون على شأن .

— general term دورة عامة: تعقد فيها المحكمة جلساتها المعتادة . جلسة المحكمة او جلوسها sitting بكامل هيئتها in banc .

— regular term دورة نظامية: تبدأ في التاريخ المحدد قانوناً وتستمر الى التاريخ الذي تراه المحكمة حسب تقديرها، دون الخروج على القانون .

— special term [اجراءات نيويورك] دورة خاصة، يجلس فيهـا قاض منفرد للنظر والفصل، ابتداء، فيما يقدم اليه من دعاوى وطلبات .

— under terms مقيد بشروط؛ ملزم بمهلة معينة . يعتبر الشخص under terms اذا منحته المحكمة حسب تقديرهـا الخاص، مهلة للوفاء تحت شروط معينة .

— unexpired term مدة باقية (من ميعاد مقرر)

term fee [اجراءات انكليزية] اتعاب يحق للمحامي ان يطالب بها موكله ويحق للموكل اذا ربح القضية ان يطالب بها خصمه الخاسر، وتدفع مقابل كل جلسة تنظر فيها القضية .

term for deliberating مهلة للتفكير: تعطى الوارث كي يزن منافع الميراث ويقرر قبوله او رفضه .

terra ارض؛ تربة

terra affirmata ارض مؤجرة للزراعة

terra boscalis ارض مكسوة بالغابات

terra culta ارض محروثة او مسمدة؛ ارض مزروعة

terra debilis ارض ضعيفة او قاحلة

terra dominica ارض خاصة بالسيد (اللورد)، يحتفظ بها لاغراضه الخصوصية .

terra excultabilis ارض قابلة للحرث

terra frusca* or *frisca ارض مستريحة: لم تحرث (اي تزرع) مؤخراً .

terra lucrabilis ارض ينكشف عنها البحر، فتكون كسباً لمن جاورها .

terra nova ارض جديدة: مجردة مما كان يكسوها من نباتات برية ومعدة للاستغلال .

terra manens vacua occupanti conceditur
ارض شاغرة تعطى لاول من يحتلها .

terra sabulosa ارض رملية

terra salica **[قوانين جرمانية قديمة]** ارض منزل؛ الارض التي تتبع المنزل وتقع ضمن اسواره . وهي ما حظرت القوانين المذكورة وراثته على الاناث واختصت به الذكور دونهن .

terra testamentalis ارض ايصائية: يجيز القانون انتقالها بالوصية .

terra transit cum onere «تنتقل الارض بالتزاماتها» (او باعبائها) .

terra vestita ارض مبذورة

terra wainabilis ارض قابلة للحرث

terrage أرضية: رسم يدفع على البضاعة عند انزالها الى الارض قبل نقلها الى الرصيف العام .

***terre*-tenant** حائز ارض، شاغلها

terrier [قانون انكليزي] سجل اراض، يحتوي على وصف شامل للاراضي المقيدة فيه، من حيث مساحتها وانواعها ومالكوها او الحائزون لها وما الى ذلك من بيانات جوهرية .

— ecclesiastical terrier سجل اراض تدون فيه تفاصيل ممتلكات الكنيسة في كل ابرشية .

territorial اقليمي: خاضع لولاية البلاد المجاورة وتابع لها كلياً من حيث الاختصاص .

Territorial Courts محاكم اقليمية: منشأة في الاقاليم التابعة للولايات المتحدة الاميركية .

territorial jurisdiction اختصاص اقليمي او مكاني: تمارسه الحكومة او احدى مصالحها المختصة على الاقليم التابع لها والاشخاص المقيمين فيه والمسائل الناشئة ضمن حدوده .

territorial property املاك اقليمية: الاراضي والمياه التابعة لسلطات الدولة (المعنية) واختصاصها سواء أكانت الحقوق القانونية في تلك الاراضي والمياه عائدة للدولة نفسها ام للافراد. على ان البحيرات الواقعة ضمن حدود هذه الدولة والمياه الاقليمية (المحاذية للساحل والممتدة مسافة لا تتجاوز ثلاثة اميال داخل البحر) تعتبر من ممتلكات الدولة .

territorial waters مياه اقليمية: تخضع بموجب القانون الدولي لسلطان الدولة المجاورة لها واختصاصها وتعتبر وما تحتها جزءاً منها وهي تشمل مياه البحر الواقعة على مسافة تتجاوز ثلاثة اميال من ساحل البلاد المجاورة (اي من خط المد على أقرب نقطة من الساحل المذكور) .

territorium nullius اقليم مباح

territory اقليم؛ قطر؛ ارض (تعتبر من حيث الولاية والسيطرة تابعة لبلاد اخرى وإن انفصلت عنها جغرافياً) .
نطاق؛ مجال؛ مكان؛ جزء
[قانون اميركي] اقليم، او جزء منه، يتبع الولايات المتحدة ولا يدخل في حدود أي منها بل يخضع لنظام خاص وتعين سلطاته الادارية والقضائية من رئيس الولايات المتحدة .

territory of a judge مكان اختصاص القاضي او ولايته؛ اختصاصه المكاني (من حيث المكان) .

terror إرهاب؛ فزع؛ خوف

test اختبار؛ تجربة؛ فحص
[كفعل] يختبر شيئاً للتثبت من سلامته او لياقته للغرض المراد .

test action **[الدعاوى المتطابقة]** اذا عرضت على احدى المحاكم قضايا عدة متماثلة، من حيث الموضوع والظروف والبينات، اختارت المحكمة احداها احياناً لتنظرها وتفصل فيها قبل القضايا المماثلة الاخرى وليكون القرار الصادر فيها ملزماً لجميع اصحاب الشأن في القضايا المماثلة الاخرى، وذلك بعد موافقة جميع الاطراف المعنيين . هذه الدعوى المختارة تسمى test action .

test oath يمين اللياقة للوظيفة . يمين الولاء لحكومة قائمة .

test-paper [في الاجراءات] ورقة بينة تعرض على هيئة المحلفين كدليل في الدعوى .

testable أهل للوصية، نحو testable person اهل لتحرير وصية، باعتباره بالغاً سليم العقل .

testacy حالة (توافر) الوصية؛ ترك وصية (قانونية) عند الوفاة.

testament وصية: رغبة اخيرة يخلفها الشخص الراشد قبل وفاته، حسب الشكليات القانونية المرعيــة، فيما يتعلق بايلولة امواله او جزء منها وما يريد ان يحصل او لا يحصل بعد مماته . والوصية تمليك مضاف الى ما بعد الموت، يكون بالعين او المنفعة او الثمرة او الدين .

— military testament وصية عسكرية: وصية شفوية يبين فيها الجندي كيفية التصرف بملابسه وامتعته الشخصية وراتبه بعد مماته، وذلك دون الشكليات الرسميــة المقتضاة قانوناً في الاحوال العادية الاخرى .

— mystic testament وصية مكتومة . اطلق هذا الاسم على نوع خاص من الوصايا شاع في اسبانيا وولايتي كلفورنيا ولويزيانا بالولايات المتحدة ووجبت في انشائه الاجراءات التالية: يوقع الموصي على بنود الوصية، سواء أحررها بنفسه أم كلف الغير بتحريرها، ثم يقفلها ويختمها بالشمع ويقدمها على هذه الحال (مقفلة ومختومة) الى كاتب عــدل وسبعة من الشهود، او يقفلها ويختمها بحضور هؤلاء ويقرر امام محرر العقود والشهود السبعة بأن ذلك المحرر المقفل المختوم هو وصيته المحررة بخط يده او التي كلف الغير بتحريرها . ومن ثم يحرر كاتب العدل على غلاف الوصية بياناً بما سمع ووقع امامه ويذيل ذلك بتوقيع الموصي وكاتب العدل وتواقيع الشهود السبعة .

testamenta cum duo inter se pugnantia reperiuntur, ultimum ratum est اذا وجدت وصيتان متنافرتان كان المعول على الأخيرة (أخيرتهما تاريخاً) .

testamentary ايصائي، يتصل بوصية؛ محل تصرف ايصائي؛ يحصل فيه التصرف بوصية . يعتبر المحرر ايصائياً اذا اقتضى ان لا تنفذ نصوصه الا بعد موت من انشأه .

— letters testamentary (راجع باب letters)

testamentary capacity اهلية الايصاء؛ اهلية للوصية اي لانشاء وصية قانونية .

testamentary causes قضايا وصايا: تتعلق بتحقيق الوصايا او تنفيذها او ادارة التركات وما اليها .

testamentary disposition تصرف ايصائي: كتصرف الهبة الذي لا تنفذ احكامه الا بعد موت الموصي .

testamentary estate ملك ايصائي: كل شيء جاز ان يكون موضوعاً لتصرف (سواء كان مالا ثابتاً او منقولا) . على ان المال العقاري الايصائي، هو المفهوم الارجح لهذا الاصطلاح .

testamentary guardian وصي الوصية؛ وصي ايصائي: يقيمه الاب بوصيته ويعرف في الفقه الاسلامي باسم « الوصي القوي» .

testamentary succession توارث ايصائي، مقرر بوصية منظمة حسب الاصول .

testamenti, secundum tabulas [قانون روماني] حسب الالواح (الشرع السائد) او نصوص الوصية .

testamentum [قانون مدني] وصية . يسمى سند التصرف احياناً *testamentum* اذا كان حجة مكتوبة على تصرف او مصدقاً بشهادة شهود .

testamentum destitutum [قانون روماني] وصية منبوذة . تكون الوصية كذلك اذا تخلى الموصى له عن ممـارسة الحقوق المشمولة بها .

testamentum omne morte consummatur تكتمل الوصية بالموت: اي تصبح كاملة الاركان جاهزة للتنفيذ؛ او، لا تنطق الوصية الا عند الموت .

testate موص؛ من مات عن وصية: اي بعد ان ابرم وصية قانونية .

testation إشهاد؛ شهادة؛ بينة او دليل

testator منشئ الوصية؛ الموصي؛ المتوفى عن وصية: اي بعد ان ابرم وصية قانونية .

testatrix موصية؛ متوفاة عن وصية قانونية (أبرمتها قبل وفاتها) .

testatum (راجع witnessing part)

teste العبارة الدالة على تاريخ السند .

tested مؤرخ: بمعنى يحمل تاريخاً beating a *teste* .

testes شهود

testes ponderantur, non numerantur الشهود يوزنون لا يعدون: اي العبرة في شهادات الشهود بقيمتها لا بعدها .

testes, trial per (trial *per testes*) : محاكمة بغير محلفين: يكتفى فيها بشهادة الشهود ويلجأ اليها عادة اذا تنازل جميع الخصوم عن حقهم في المحاكمة امام هيئة محلفين .

testibus deponentibus in pari numero, dignioribus est credendum اذا تساوى عدد الشهود (في الجانبين) صدق اعظمهم قيمة: اي كانت العبرة بقيمة الشهود انفسهم واتجهت الثقة الى من فاق الآخر في الشرف والاستقامة.

testify يشهد؛ يدلي بشهادة او اقوال

testimonial شهادة تحريرية (على سلوك او لياقة او غير ذلك).

[قديماً] شهادة تحريرية موقعة من القاضي المختص تبين زمان ومكان نزول الجندي او البحار الى البر ومحل سكناه أو ولادته الذي يرغب في التوجه اليه والزمن المحدد لذلك.

testimonial of the Great Seal (راجع Quarter Seal)

testimonial proof اثبات شخصي؛ اثبات بشهادة شهود يقابله الاثبات التحريري literal proof: اي الاثبات بمحرر.

***testimonium* clause** نص إشهاد: يختتم به السند ويذيل باسماء الشهود وتواقيعهم.

testimony شهادة شفوية مع اليمين (او ما يقوم مقامه) يؤديها كامل الاهلية.

تستعمل هذه الكلمة احياناً كرادف لـ evidence غير انها ليست كذلك ولا تخرج مقارنتها بهـا عن مقارنة الجزء بالكل. اذ تقتصر الاولى testimony على نوع واحد من البينة، هو شهادة الشهود او ما يرد على السنتهم من الوقائع.

اما الثانية فهي كل دليل امكن الاستشهاد به وعرضه على المحلفين لاغراض الاثبـات، سواء كان شهادة شهود او وثائق أو مبرزات أو غير ذلك من وسائل البينة واسبابها.

— expert testimony شهادة خبرة؛ شهادة فنية: يدلي بها الشاهـد في موضوع يعتبر خبيراً فيه، كشهادة الطبيب في موضوع طبي او شهادة البناء في امر يتصل بالبناء او الكهربائي فيما يتصل بالكهرباء، وهلم جرا..

— negative testimony شهادة سلبية: لا تتناول الفعل المراد اثباته او نفيه بل تتجه الى اشياء قد يستطاع منهـا الاستدلال على وقوع الفعل المعني او عدم وقوعه.

— positive testimony شهادة ايجابية أو موضوعية: تنصب على صميم الواقعة المراد اثباتها او نفيها.

testis شاهد

testis de visu præponderat aliis شاهد العيان خير من غيره.

testis nemo in sua causa esse potest ليس لأحد أن يكون شاهداً في دعواه.

text متن؛ نص؛ منطوق (حكم او قرار او غير ذلك)

text-book كتاب مقرر (في مادة علمية)

thalweg اسلوب الماني قديم لكتابة talweg. (راجع الكلمة الاخيرة مكانها)

thane لقب قديم من القاب النبل عند الانجلوسكسونيين يعادل لقب «بارون» تقريباً.

that is to say عبارة تفسيرية توضح او تبسط ما قبلها، من معانيها: اي؛ بمعنى؛ أعني؛ بعبارة اخرى

the أل تعريف: اداة تعريف وتعيين تشير الى شيء معين ومعلوم دون غيره.

the most favoured nation clause (راجع most favoured nation clause)

theatre or **theater** مسرح (تياترو): مكان يعد لعرض مشاهد الدراما او الاوبرا والروايات المختلفة على الجمهور نظير اجرة مقررة يدفعها المتفرج. ولا تدخل في عداد ذلك القاعات التي تؤجر مؤقتاً لعرض موسيقي او تمثيلي.

theft سرقة: استيلاء شخص على مال منقول بانتزاع حيازته باطلا وسراً من صاحبه او ممن عهد اليه بحفظه وذلك ليستأثر لنفسه بمنفعته دون علم صاحبه.

[قانون اسكتلندي] انتزاع المال المنقول من صاحبه انتزاعاً سرياً جنائياً في سبيل الاستئثار به للمنفعة المادية الخاصة دون رضى صاحبه.

theft-bote مصالحة على سرقة: الجرم الذي يرتكبه من اعتدي عليه بالسرقة اذا علم بالسارق فاسترد مسروقاته او اخـذ منه تعويضاً شرط ان لا يبلغ عنه ولا يلاحقه قضائياً.

Thelusson Act قانون ثيللسون. صدر هذا القانون سنة ١٨٠٠م في عهد الملك جورج الثالث لحظر تراكم ايرادات اية تركة او استثمارها او رسملتها مدة تزيد على احدى وعشرين سنة من تاريخ الوفاة. سمي كذلك نسبة للمدعو «ثيللسون» بعد نزاع قام حول وصية له في تلك الآونة.

Themis طاميس: إلهة العدل عند اليونان.

then حينئذ، عندئذ، آنذاك، في ذلك الحين (سواء اكان ماضياً ام مستقبلا).

then and there في ذلك الزمان والمكان

thence من ثم؛ من هنا او هناك

thenceforth من او منذ ذلك الحين فصاعداً؛ بعد ذلك (الحادث او الشيء المعني) .

theocracy ثيوقراطية: حكومة دينية يدعي القائمون عليها (من رجال الدين) انها تسير بتوجيه الله مباشرة وانها تستمد سلطانها منه .

theöden [قانون سكسوني] مزارع؛ فلاح؛ مستأجر بسيط (من طبقة متواضعة)

theof [قانون سكسوني] عصابة مجرمين قوامها سبعة اشخاص يجتمعون على سطو او نهب .

theory of case نظرية الدعوى: اسبابها؛ الوقائع التي يدعي باستناد حق رفع الدعوى اليها .

theory of comparative costs
(راجع comparative costs, theory of)

thereabouts نحو او قرابة ذلك، ما يقرب منه؛ تقريباً، على وجه التقريب

thereafter بعد ذلك (التاريخ)؛ فيما بعد؛ بعدئذ

thereby بذلك؛ نتيجة لذلك؛ وعليه؛ بناء عليه؛ من هناك

therefor له؛ لهم؛ لذلك (الشيء)

therefore لذلك؛ لهذه او تلك الاسباب؛ اذن؛ وعليه؛ بناء عليه

therein فيه؛ به؛ في ذلك المكان

thereupon على ذلك؛ بناء عليه؛ بعد ذلك (مباشرة)، على أثره او نتيجة له

thesaurer [قانون انكليزي قديم] امين خزانة؛ امين صندوق

thesaurus خزينة؛ خزانة

thesaurus non competit regi, nisi quando nemo scit qui abscondit thesaurum لا يعود الكنز للملك الا اذا كان من اخفاه مجهولا .

thesis اطروحة؛ مبحث او موضوع . نظرية؛ إفتراض

thesmothete واضع القانون؛ مشرع او شارع

thief سارق؛ لص

thimmie ذمي: رعية اسلامية (ايام الفتوح الاسلامية)، كان يحرم من بعض الحقوق ويؤدي ضريبة شخصية معلومة نظير تأمينه على نفسه وماله .

things اشياء: كل ما اعتبره القانون موضوعاً لحق او ملكية .

things in action اشياء موضوع دعوى: ما امكن الحصول عليه (من مال منقول) بالتداعي امام المحاكم .

things mixed اشياء مختلطة (بين ثابت ومنقول): تعتبر ثابتة كما تعتبر منقولة، كسند الملكية title deed مثلا او عقد الايجار مهما كانت مدته .

things personal or movable اشياء شخصية او منقولة: كالنقود والامتعة والادوات والسلع وما نشأ عن المنقول من عوائد والثمار والمحاصيل والخضار المقطوفة والنباتات نفسها والجذور اذا فصلت عن الارض وما الى ذلك .

things real or immovable اشياء عقارية او غير منقولة

thingus [قانون سكسوني] نبيل، شريف؛ فارس؛ فتى

think يظن؛ يرى؛ يعتبر؛ يقدر

third ثالث؛ اجنبي (من خصومه)؛ غير (يخرج عن الموضوع او الشأن او ليست له به علاقة مباشرة) .

third conviction إدانة ثالثة: تصدر ضد العائد (المجرم المعتاد) بعد ان يحاكم اول مرة ويدان ويعاقب، ثم يحاكم للمرة الثانية ويدان ويعاقب . فاذا استكمل عقوبته الثانية ثم عاد الى الاجرام مرة ثالثة فحوكم وادين، كانت ادانته هذه ادانة ثالثة.

Third International منظمة الشيوعية الدولية الثالثة: اتحاد شيوعي تأسس في موسكو خلال شهر مارس سنة ١٩١٩م بزعامة الحزب الشيوعي الروسي وعضوية ممثلي الاحزاب الشيوعية في اثنتي عشرة دولة، وكانت غايته الاحتجاج على فتور الـ Second International وعدم تأثيره، ودعوة الطبقات الكادحة في العالم World Proletariat الى مساندة الثورة الروسية والعمل على بعث مثلها وهدم الرأسمالية اينما كانت . وقد حلت المنظمة المذكورة رسمياً في ٢٣ مايو سنة ١٩٤٣ م . ثم بعثت من جديد باسم Cominform سنة ١٩٤٧م على نطاق محدود .

third-night-awn-hinde [قديماً] اريد بهذا الاصطلاح في قوانين St. Edward the Confessor كل من بات ثلاث ليال متتالية في الفنادق . وقد اعتبرت تلك القوانين صاحب الفندق مسؤولا عن كل فعل او جرم ارتكبه من امضى عنده ثلاث ليال متتالية، وكان النزيل في الليلة الاولى يسمى forman-night او uncouth اي مجهولا او غريباً، وفي الليلة الثانية twa-night ضيفاً، وفي الليلة الثالثة awn-hinde مساكناً (شريكاً في مسكن) .

threnges افصال vassals : اتباع اقطاعيون متوسطو الحال .

thrithing [قانون سكسوني وقانون انكليزي قديم] وحدة ادارية تبلغ ثلث الـ county وتعرف حالياً في مقاطعة Yorkshire بانجلترا باسم riding .

through بواسطة، بسبيل؛ عن طريق (شيء معين) خلال؛ في؛ داخل؛ بسبب، بداع؛ ناشيء او ناتج (عن شأن)

through lot ارض او قسيمة تحدها الشوارع من كل ناحية .

throughout طيلة (مدة)، خلالها؛ من البداية حتى النهاية

throw out يرفض؛ يطرح؛ يرد (لائحة) bill . ينبذ (شكوى)، لا يلتفت اليها، لا يقيم لها وزناً

thus كذلك، هكذا؛ على هذا النحو؛ بالشكل او الاسلوب المشار اليه

thwertnick [قانون انكليزي قديم] عادة اضافة عامل الملك (الـ sheriff) ثلاث ليال متتالية .

Tichborne Claimant [محاكمات انكليزية] درج هذا الاصطلاح نسبة لقضية تشبورن Tichborne Case وهي من اشهر قضايا القرن الماضي. خلاصتها ان شخصاً اسمه Roger Tichborne سافر بحراً سنة ١٨٥٤م من ريو دي جانيرو الى جميكا ليرث املاك عائلة Tichborne هناك، فغرقت سفينته اثناء الرحلة . وبعد احدى عشرة سنة وصل الى انجلترا من استراليا شخص، ثبت فيما بعد انه Arthur Orton ابن جزار، ادعى انه Roger المفقود وطالب باملاك Tichborne بقضية امتد نظرها زهاء مئة يوم، وقررت هيئة المحلفين فيها رفض ادعائه . فألقي القبض عليه حالا واتهم بالكذب والتزوير وحكم عليه بعد محاكمة دامت ١٨٨ يوماً بالسجن ست سنوات مع الاشغال الشاقة .

tick على الحساب؛ بالدين، نحو: buying of goods on tick .
شراء البضاعة على الحساب، (اصطلاح عامي دارج) .

ticket [في العقود] تذكرة او بطاقة تشهد لصاحبها بحق معين، كتذاكر السفر وارتياد الملاهي وما اليها .
[قوانين الانتخاب] بطاقة اقتراع (سري) . قائمة باسماء مرشحي حزب او منصب معين .

ticket of leave [قانون انكليزي] بطاقة مأذونية او مسامحة كانت تعطى للمحكوم عليه نظير امتثاله للاوامر وحسن سلوكه في السجن فتسمح له بالخروج من السجن قبل نهاية المدة المحكوم بها عليه، وطلب الرزق فيما يتيسر له من اعمال وفقاً لشروط معلومة اذا اخل بها او ساء سلوكه الغيت بطاقته واعيد الى السجن .

third opposition [قانون لويزيانا بالولايات المتحدة] اعتراض ثالث . اذا بوشر في التنفيذ على اموال ليست للمدعى عليه، بل لشخص ثالث، كان لهذا ان يتدخل ويطلب وقف البيع، فاذا فعل اعتبر تدخله third opposition .

third parties اغيار؛ لا شأن لهم في النزاع؛ خارجون عن موضوع البحث

third party beneficiary [في العقود] منتفع ثالث . يعتبر الشخص منتفعاً ثالثاً في عقد قائم بين غيره من الفرقاء اذا ثبت ان العقد المذكور قد أبرم لمنفعته الخاصة وان فرقاءه قد قصدوا بعقدهم الى تحقيق هذه المنفعة وكانوا على استعداد لتعويضه اذا فشلوا في تحقيقها .

third party claim proceeding دعوى تقرير حق الغير : اجراء قانوني يتخذ للتثبت مما اذا كان للمدعى عليه (المدين) اي حق في المال موضوع التنفيذ وتقرير مدى حق المدعي (الدائن) في التنفيذ على هذا المال .

third party risks [شؤون التأمين] مخاطر الغير؛ الاخطار التي تقع لغير المؤمن عليه، وتتعهد الشركة المؤمنة بالتأمين ضدها وتعويض ما ينجم عنها من الخسارة .

thirdings [قانون الاقطاع] الثلث الذي كان يعود للسيد المقطع او المؤجر في محاصيل الارض عند موت الحائز .

thirds [في المواريث] ثلث او مثالثة؛ السهم الذي تصيبه الارملة من اموال زوجها المنقولة اذا اشترك معها في الميراث ولد او اكثر .

Thirty-Nine Articles (راجع Articles of Religion)

thoroughfare شارع؛ طريق عابر : ذو منفذين او طرفين مفتوحين يستطاع دخوله من احدهما والخروج منه عبر الآخر .

thread [تخطيط الحدود] خط نصفي وهمي يمر في منتصف المجرى او الطريق .

threat تهديد؛ انذار (بعقوبة او اجراء قانوني او عمل سلبي)؛ توعد او وعيد (باذى) يؤتى لتخويف من يقع عليه وتعطيل ارادته وحمله على الرضوخ .

threatening مهدد : ينطوي على تهديد؛ ينذر بشر محدق محيق

threatening letters خطابات تهديد

three-dollar piece قطعة ذهبية من عملة الولايات المتحدة قيمتها ثلاثة دولارات، سكت بموجب الفقرة السابعة من قانون ٢١ فبراير سنة ١٨٥٣م .

ticket-of-leave man محكوم عليه يحمل بطاقة مسامحة . (راجع ticket of leave)

tidal مدي، يتصل بالمد او الجزر او ينشأ عنهما .

tidal lands بقاع مدية: يغمرها البحر او النهر (المتأثر بالبحر) اثناء المد وينكشف عنها اثناء الجزر .

tidal river نهر مدي (او جزري): يتأثر بالمد والجزر فيعظم بفعل الاول حين يجتاحه ماء البحر فيختلط به ويطفو على الاراضي المجاورة، واذا انتهى المد هبط الى مستواه العادي .

tide مد (البحر) وجزره

— neap tides مد وجزر يقعان مرتين كل اربع وعشرين ساعة في النصف الثاني من الشهر القمري .

tide land ارض مد (وجزر): يغمرها البحر اثناء مده وينحسر عنها أثناء جزره .

tidesmen [قانون انكليزي] مفتشو جمارك، مكلفون بمراقبة السفن للتثبت من ادائها ما عليها من الرسوم الجمركية . سموا كذلك لانهم يصعدون على السفن عند وصولها الى مصب نهر التيمز ويرافقونها اثناء دخولها مع المد (عند ارتفاع مياه النهر).

tide-water مياه مد (وجزر)؛ مياه مدية

tideway ارض محاذية للبحر: تقع بين خطي المد والجزر (اي، بين الخط الذي يبلغه البحر عند اقصى المد والخط الذي يتراجع اليه عند اقصى الجزر) .

tie تساو او تعادل (بين متنافسين في انتخاب او مسابقة) نحو: there has been a tie between them «تعادلوا» في أصوات حصلوا عليها أو غير ذلك مما هو موضوع منافسة . وقد يكون هذا التعادل او التكافؤ بين اصوات معطاة لاقتراحين مختلفين مطروحين للتصويت .

آصرة؛ عروة؛ رابطة، كرابطة الدم او الصداقة .

[كفعل] يلزم؛ يربط

يعادل او يساوي مع، نحو: profits are expected to tie or exceed that figure ينتظر ان تتساوى الارباح مع ذلك الرقم او تتجاوزه .

tied house نزل او مكان لبيع المشروبات: يؤجر عادة شرط ان لا يعرض فيه المستأجر للبيع الا ما اشتراه من المؤجر .

tight [في السندات وعقود الايجار والرهنيات وما اليها] محكمة النصوص، لا تتيح الافلات من قيد او مسؤولية .

[وصف السفن واستيفائها لشروط السلامة] تعني المتانة في البناء وحسن الاستعداد للملاحة .

tihler [قانون سكسوني قديم] تهمة

tillage غيط؛ أرض محروثة أو مزروعة

timber اخشاب تستعمل للعمران وبناء المنشآت البحرية وصناعة الاثاث والمعدات ووسائط النقل وغيرها .

timber-trees اشجار اخشاب: تزرع لخشبها بالدرجة الاولى، كالبلوط والدردار elm والحور وغيرها مما يستفاد منه لاغراض البناء او صناعة الاثاث .

time زمن، وقت، حين، مدة؛ مهلة

— civil time زمن مدني: يقدر على اساس التقويم الغريغوري ويستعمل عادة في تحديد المواعيد وتعيين تواريخ الوثائق والمحررات .

— cooling time مدة البرود (برودة الاعصاب): المدة المعقولة التي يسترد معها الشخص هدوء اعصابه وتفكيره الطبيعي اذا هيج او أثير أو أحرج . ويعتبر بعدها مسؤولا عما يفعل (الى اقصى حدود المسؤولية) .

— reasonable time وقت او زمن معقول؛ مدة معقولة: المدة التي تعتبر من حيث المنطق والانصاف كافية لما هو موضوع البحث نظراً لظروفه الخاصة .

time-bargain [معاملات البورصة] صفقة آجلة؛ تعاقد على بيع او شراء اسهم او حصص في المستقبل او خلال مدة محددة بسعر معين .

time being الحال، الوقت الحاضر؛ مؤقتاً . يرد هذا الاصطلاح احياناً للاشارة الى حين مستقبل او فترة نسبية مستقبلة بمعنى آنذاك او في ذلك الحين .

time check كشف عمل: شهادة من مسؤول ميكانيكي أو رئيس عمال، تبين مقدار الاجرة المستحقة للعامل نظير عمله خلال مدة معينة .

Time Immemorial (time out of memory) زمن لا تعيه الذاكرة (القانونية): اي قبل السنة التي ارتقى فيها الملك ريتشارد الاول عرش انكلترا وهي سنة ١١٨٩م .

time is the essence of contract الزمن جوهر العقد (او روحه): اي انه لا بد للفريق الملتزم، كي يكون له حق في العوض الذي وعد به الفريق الآخر، من ان يؤدي التزامه في الوقت المحدد في العقد باعتبار ان مراعاة المدة المشروطة هي ركن اساسي من أركان التعاقد . او، بعبارة اخرى، إذا لم يحدد العقد زمناً للانجاز كان كجسد بلا روح .

time of memory [قانون انكليزي] زمن الذاكرة؛ الزمن الذي تعيه الذاكرة أو الحد الذي يقرره القانون للذاكرة

البشرية، وهو سنة ارتقاء ريتشارد الاول عرش انكلترا (راجع Time Immemorial) بحيث ان كل حق يمارس منذ قبل سنة ١١٨٩م تعتبر ممارسته منذ زمن لا تعيه الذاكرة from Time Immemorial .

time-piece ساعة

time-policy [تأمين بحري] وثيقة تأمين موقوتة، لا تتقيد برحلة معينة بل بزمن معين .

time-table جدول؛ بيان او كشف مواعيد محددة لحصول امر معين .

tinkermen صائدو سمك مخالفون: يعدمون السمك الصغير بما يستعملونه على نهر التيمز من شباك والات ممنوعة .

tip هبة؛ اكرامية: ما يعطيه الزبون احياناً لخدم المحال العامة من النقود مكافأة لهم على نشاطهم في الاعتناء به او تشجيعاً لهم على ذلك (في المستقبل)، وهو غير الحساب المطلوب للمحل .

tippling house حانة، خمارة: مكان لبيع الخمور والمشروبات الروحية بمقادير صغيرة وشربها (عادة) فيه .

tipstaff [قانون اميركي] مأمور محكمة، مهمته الوقوف على خدمتها اثناء انعقادها والمحافظة على النظام في قاعتها وتبليغ الاوراق وحراسة المحلفين وغير ذلك مما يكلف به من الوظائف البسيطة .

[قانون انكليزي] حارس ملحق بالمحكمة من مهامه حمل الصولجان امام القضاة في المحافل الرسمية وحراسة المتهمين والموقوفين المقدمين للمحاكمة .

tithe (ضريبة) عشر: ضريبة كنسية مقدارها عشر دخل المكلف السنوي من اراضيه وحيواناته ومهنته او صناعته .

— **great tithes** [قانون كنسي انكليزي] اعشار كبرى؛ اعشار عينية تؤدى من الحبوب او البقول وما اليها من محاصيل الارض .

— **minute tithes** اعشار صغرى (عينية)؛ كان يستوفيها رجال الدين من الصوف والخرفان والخنازير والزبدة والجبن والحشائش والتقاوي والبيض والعسل والشمع وما الى ذلك .

— **mixed tithes** اعشار مختلطة: لا تستوفى مما تنبته الارض مباشرة بل مما يعيش على نباتها من الدواجن وما ينتج منها .

— **personal tithes** اعشار شخصية: تستوفى مما يكسبه الشخص بسبيل مهنته .

— **predial tithes** اعشار تستوفى من المحاصيل والثمار التي تغلها الارض مباشرة: كالحبوب والفواكه والخضار وما اليها .

tithe-free معفى من دفع العشر

tither عشار؛ جابي أعشار tithes : ضرائب عشر

tithing [تقسيم اداري قديم] وحدة انكليزية (عشر الـ hundred) قوامها عشرة ملاكين بعائلاتهم، كان يرئسها احد هؤلاء العشرة ويسمى teothing-man او tithing-man .

tithing-man [قانون انكليزي حديث] كنستابل؛ مأمور ضبط

[قانون سكسوني] رئيس الـ tithing . (راجع الاسم الاخير عالياً)

tithing-penny [قانون سكسوني] النقود التي كان يستوفيها عامل الملك الـ sheriff من الـ tithings التابعة له .

title لهذه الكلمة معان كثيرة متباينة يحددها النص او السياق وملابسات الاستعمال، اهمها لاغراض القانون ما يأتي: إسم؛ لقب (يستدل به على رتبة صاحبه او مكانته الادبية او الاجتماعية او العلمية او السياسية) .

عنوان (تشريع)، يلخص موضوعه او مشتملاته .

[قانون العلامات التجارية] تعتبر الاسماء والعناوين احياناً موضوعاً للملكية، كاسماء الصحف وعناوين المشاريع والاعمال المالية والمحال التجارية على اختلاف انواعها ويقتصر حق استعمالها على اصحابها دون غيرهم اذا سجلت حسب الاصول .

[قانون الممتلكات العقارية] حق ملكية؛ حجة؛ سند تملك؛ دليل على حق؛ سلطان على مال يخول صاحبه حق التصرف فيه ضمن حدوده .

[في التداعي] حق (اقامة الدعوى)

[في الاجراءات] موضوع او عنوان (قضية او عريضة)

— **absolute title** حق مطلق: حق خالص

— **abstract of title** (راجع باب abstract)

— **bond for title** (راجع باب bond)

— **chain of title** (راجع باب chain)

— **clear title; good title; marketable title, or merchantable title** لا يوجد اي فرق يذكر بين معاني هذه المصطلحات من حيث الجوهر، اذ يفيد كل منها ان الارض المعنية ليست موضوعاً لخصومة او مثقلة باي امتياز او اختصاص للغير وان حق صاحبها فيها لا يداخله شك .

— **colour of title** (راجع باب colour)

— **doubtful title** (راجع باب doubtful)

— **imperfect title** حق (ملكية) معيب او ناقص: تشوبه بعض العيوب القانونية . حجة معيبة

— legal title حق قانوني؛ حجة قانونية

— lucrative title حق هبة: يؤول بلا مقابل، كاي حق ترتب على هبة او ميراث او وصية.

— onerous title حق كلفة: يؤول بمقابل معادل (من حيث القيمة) يصيبه المتفرغ من المتفرغ له سواء كان نقوداً او التزامات او منافع او اي شيء آخر ذي قيمة.

— paper title حق ورقي او اجوف: باطل من اساسه وإن كان صحيحاً قانوناً او شكلا.

— passive title [قانون اسكتلندي] حق سلبي؛ ينتقل الى الوارث بطريق غير قانوني، فيجعله مسؤولا عن كافة ديون المتوفى مهما كانت قيمة تركته وامكانياتها.

— perfect title حق (ملكية) منجز؛ حق كامل أو محكم، من معانيه القانونية ما يأتي:
(١) حق يجمع لصاحبه بين الملكية المطلقة والحيازة المطلقة؛ (٢) هبة عقارية كاملة الاركان يؤول معها المال ايلولة مطلقة لا حاجة معها الى اي اجراء قانوني آخر يضمن تمام ايلولتها؛ (٣) حق سليم قانوناً وانصافاً: اي يساير القانون law والعدالة الانصافية equity؛ (٤) حق لا يداخله ريب؛ (٥) حق قابل للبيع: اذ لا ينطوي على اي امتياز او مطالبة للغير او نزاع ينفر من شرائه او يؤثر في قيمته اذا عرض لبيع.

— presumptive title الحق القائم على مجرد القرينة او الافتراض؛ وهذا أوهى ضروب الحق، اذ يرتكز على مجرد حيازة الشيء (موضوعه) ولا يستند الى أية وسيلة من وسائل الاثبات تخول الحائز حق الحيازة والاستمرار فيها.

— record title (راجع title of record في باب record)

— tax title (راجع باب tax)

— unmarketable title (راجع باب unmarketable)

title by adverse possession or **prescription** الحق بالحيازة و التقادم: حق الملكية الآيل باحتلال الارض (موضوعه) احتلالا فعلياً مدة ملكية ميراثي، آل بالوراثة.

title by descent حق ملكية ميراثي، آل بالوراثة

title deed سند ملكية؛ حجة ملكية

title of a cause اسم القضية (الذي تعرف به)

title of entry حق دخول: دخول الارض (المعنية)

title retention حق احتباس: حق حبس المال المبيع عن المشتري ضماناً لاستيفاء ثمنه منه.

titular ***chargé d'affaires*** قائم باعمال (بالاصالة)

titulus [قانون مدني] حق ملكية أو تملك

titulus adquirendi حق مرتب لالتزام (او منشئ له).

to الى؛ حتى؛ لغاية (كذا..): حرف استبعاد او حد أو استثناء exclusion يرد غالباً لمنع تجاوز ما بعده أو لفصله عما قبله أو استثنائه من حساب أو اعتبار؛ ويرد احياناً كحرف شمول inclusion يشمل ما بعده في الحساب اذا اقتضى النص أو السياق ذلك.

to wit اي؛ بعبارة اخرى

toalia [نظام القطاعي] فوطة (بشكير). اطلق هذا الاسم على خدمة خاصة ترتب اداؤها على بعض الافصال للملك واقتضت المكلف بها من هؤلاء أن يحمل على ذراعه فوطة ويقف بها الى جوار الملك اثناء تتويجه.

toft موقع (منزل او بناء)؛ مكان أو حيز كان يشغله البناء (المعني) قبل سقوطه.

toftman [قانون انكليزي قديم] مالك أرض كانت موقعاً لدار

together مع؛ معاً، سوية؛ بالاتحاد أو الاشتراك (مع)

token رمز؛ علامة، سمة، امارة

token-money نقود تعد رمزية: على هيئة النقود العادية لتقوم مقامها ويجري تداولها في نطاق خاص بفئات مقررة متفق عليها.

tolerate يتسامح (في شأن)، يجيزه على مضض (دون أن يكون راضياً عنه تماماً). يحتمل؛ يعاني؛ يصبر (على)

toleration تسامح. يراد به أحياناً التسامح الديني أو الاذن لمن شاء بان يخالف دين الدولة أو الآراء والمعتقدات الدينية الرسمية (العامة).

Toleration Act قانون التسامح. صدر هذا القانون بعد اعتلاء الملك وليم والملكة ماري عرش انكلترا سنة ١٦٨٩م لاعفاء البروتستانت المنشقين من العقوبات التي فرضتها عليهم بعض القوانين القائمة.

toll يمنع؛ يحرم؛ يعطل؛ يصد؛ يحول دون أمر او ينتزعه، نحو يحرم من حق المرور toll the right of passage. اذا وردت في مثل هـذا الاصطلاح: toll the statute of limitations كان معناها، يعطل سريان قانون التقادم المسقط أو يبسط الوقائع التي تحول دون تطبيق هذا القانون فتبيح اقامة الدعوى رغم منعه لها بعد مرور مدة معينة.

[كاسم] ضريبة سابلة؛ رسم مرور، اجرة تستوفى على استعمال بعض الطرق والجسور.

tonnage-rent [مواد التعدين] اتاوة وزن أو تعدين تستوفى على كل طن معادن يستنبط من المنجم، بالاضافة الى ما يسمى dead rent . (راجع باب rent)

tonnagium [قانون انكليزي قديم] ضريبة جمركية نسبية كانت تؤدى على كل طن يستورد أو يصدر من الخمور وغيرها.

tool أداة؛ آلة أو عدة تدار باليد

tort اساءة أو جريرة شخصية؛ مضارة، ضرر أو ضرار؛ اخلال مدني؛ جرم او تجاوز شخصي : كل فعل باطل يخول الشخص المضرور مطالبة الفاعل بعطل وضرر damages ولا يشكل في حد ذاته اخلالا بعقد .

التعدي عـــلى حقوق الفرد دون المجتمع . الضرر الذي يلحقه شخص بآخر خرقاً لقانون قائم لا عقد، وهذا لا يخرج عن الضروب الثلاثة التالية : (١) التعدي المباشر على حق قانوني يعود للغير ، (٢) الاخلال بواجب عام اخلالا يصيب أحد الافراد بأذى خاص، (٣) ايذاء أحد الافراد بسبيل الاخلال بواجب خاص .

تختلف هذه الكلمة عن جريمة crime في كونها تقتصر على الاساءات الخاصة أو خرق حقوق الافراد المترتبـــة نحو المجتمع بوجه عام .

من الاساءات أو المضارات الشائعة : الاهمال negligence والمضايقات nuisance والتعدي على الاملاك trespass والاعتداء على الاشخاص assault والغش deceit والتآمر conspiracy واقامة المحال الخطرة dangerous premises .

— maritime tort إساءة بحرية : ما يرتكب، خرقاً للقانون، من إساءات شخصية أو تعديات على حقوق الافراد في المياه الملاحية .

— personal tort مضارة أو اساءة شخصية : ايذاء الغير في شخصه أو سمعته أو شعوره .

— property tort مضارة الملك : الاساءة التي ينصب اذاها على أموال ثابتة (او عقارية) .

— willful tort إساءة مفتعلة : تنطوي على قصد ايذاء الغير .

tort-feasor مسيء : من نال الغير بأذى أو مكروه خاص.

tortious مضار ؛ منطو على ايذاء الغير ايذاء خاصاً؛ ضار بشخص الغير أو خصوصياته .

tortiously إضراراً بـ؛ اخلالا بواجب قانوني؛ خرقاً للقانون

torture تعذيب؛ عذاب . ايلام الغير في بدنه ايلاماً مبرحاً بأية وسيلة مادية .

مكس أو رسم تسويق بضاعة : جعل معلوم يدفع لصاحب السوق أو المسؤول عنها نظير ما يعرض فيها للبيع .

toll bridge جسر مكس : بتقاضي رسم معين ممن يعبره .

toll gatherer جابي ضرائب او مكوس؛ ماكس او مكاس

toll road طريق رسم : طريق عام يجوز عبوره لمن شاء على ان يدفع الضريبة المقررة ويحق للجهة المختصة أن تنشىء عليه من الحواجز والبوابات ما يسهل لها جمع الضريبة المذكورة .

toll-thorough [قانون انكليزي] رسم عبور مكس يؤدى للبلدة المعنية على كل رأس ماشية يمر منها أو يعبر جسراً تابعاً لها .

toll traverse [قانون انكليزي] جعالة مرور من ارض الغير .

toll-turn [قانون انكليزي] رسم يستوفى على الماشية عند خروجها من السوق وأن لم يتسن بيعها فيه .

tollage أداء مكس او ضريبة

tollbooth سجن . جمرك . مكان لوزن البضائع

toller ماكس، مكاس، جابي ضريبة أو مكس او جزية tribute .

tolsey مجمع تجار، مكان لاجتماعهم . محكمة صغرى للفصل في الدعاوى البسيطة .

ترد هذه الكلمة بمعنى tollbooth أيضاً اذا أوجب النص أو السياق ذلك .

tolta [قانون انكليزي قديم] باطل؛ سلب؛ إبتزاز

tolzey court محكمة صغرى تدوينية of record ذات اختصاص مدني ولا تزال توجد في بريستول Bristol بانجلترا حتى اليوم .

tomb قبر ؛ جدث؛ صريح

ton طن : الف كيلو غرام

tonnage حمولة سفينة؛ محمولها بالاطنان

— gross tonnage (راجع باب gross)

— net tonnage (راجع باب net)

tonnage-duty [قانون اميركي] رسم حمولة يفرض على السفينة بنسبة حمولتها .

towage قطر؛ سحب (سفينة لأخرى)؛ جر
أجرة قطر: تتقاضاها سفينة قاطرة من أخرى مقطورة.

toward الى؛ قبل؛ في اتجاه، نحو، صوب؛ في سبيل؛ لغرض

town بلدة. اشترط قديماً في المكان المأهول ان تكون به كنيسة ومقبرة ليستأهل اسم بلدة، على ان النصوص الحديثة لا تتقيد بهذا الشرط بل تقصد بالبلدة اي مكان مأهول قوامه عدد معقول من المساكن والمباني المتجاورة، سواء كان هذا قرية او مدينة كبيرة او صغيرة.

town clerk كاتب بلدة؛ كاتب بلدية

town collector جابي البلدة: موظف مكلف بجمع الضرائب المحلية المفروضة لاغراض تتصل بالبلدة.

town-crier منادي البلدة او المدينة: موظف بلدي مهمته اذاعة البلاغات والاعلانات بالمناداة عليها في الاماكن العامة.

town fund صندوق بلدية. مورد مالي بلدي

town-hall مقر البلدية: المبنى المخصص في البلدة بمكاتب المجلس البلدي واجتماعاته واقامة بعض الحفلات والاستقبالات العامة.

town order or **warrant** امر أو تفويض (مالي) بلدي، بدفع مبلغ من النقود لشخص معين، يوجهه محاسب البلدة المسؤول الى أمين خزانتها.

town pound محبس البلدة: المكان المعد لحبس الحيوانات الضالة في البلدة.

township بلدة صغرى، تعتبر جزءاً فرعياً من ابرشية.
[**لاغراض المساحة – في الولايات المتحدة**] قطعة ارض تبلغ مساحتها ستة أميال مربعة.
تعتبر الـ township في بعض الولايات المتحدة جزءاً فرعياً من الـ county.

townsite موقع بلدة: ارض عامة تخصصها السلطات المعنية (كموقع) لانشاء بلدة جديدة.

toxic [**طب شرعي**] سام؛ له خواص السم أو آثاره

toxic convulsions نوبات تسممية تنبعث عن اثر السم في الجهاز العصبي.

toxic dementia ضعف عقل تسممي؛ خبال يتأتى عن التعاطي المستمر للسموم البطيئة الاثر slow poisons أو تعاطي السموم القوية على جرعات صغيرة كما هو الحال في التسمم الرصاصي lead poisoning أو التسمم الناشئ عن ادمان المخدرات والمواد الكحولية.

tory أطلق هذا الاسم قديماً وأصلا على بعض سكان مقاطعة Ulster بارلنـــدا ممن اشتهروا بالتوحش والشراسة، ثم اقتبسه فيما بعد الحزب البرلماني البريطاني المعروف حالياً بحزب المحافظين. وكلمة tory لاغراض القانون الحديث معناها محافظ أو محافظون (نسبة للحزب المذكور).
وفي أميركا اطلق هذا اللقب، اثناء حرب الاستقلال التي خاضتها المستعمرات الاميركية (الولايات المتحدة حالياً) ضد بريطانيا، على الاشخاص الذين اشتهروا بولائهم للملك ومقاومتهم للحرب المذكورة.

tota curia [**قانون انكليزي قديم**] محكمة بكاملها (اي كامل هيئتها)

total شامل؛ اجمالي؛ كلي؛ برمته؛ عن آخره. مجموع

total dependency [**قوانين تعويض العمال**] اعتماد كلي

total disability (راجع باب disability)

total eviction اخلاء شامل: قهر المستأجر على ترك المؤجر (بحكم محكمة).

total loss خسارة شاملة
[**تأمين ضد الحريق**] خسارة كلية تنجم عن إتلاف النار للشيء المؤمن عليه إتلافاً شاملا لا يبقى منه على ما ينفع.
[**تأمين بحري**] فقدان المؤمن عليه فقداناً كلياً.

toties quoties حسب الاحوال؛ كلما دعا الظرف أو اقتضى الحال.

totis viribus بشق النفس؛ بأقصى الجهد

totten trust (راجع باب trust)

touch يمس أو يمسس، يلمس؛ يتصل أو يتعلق (بـ)
[**في السفن**] تقف في ميناء

touch and stay [**حركات السفن**] تقف (السفينة المعنية) في مكان معين وتبقى (فيه مدة معلومة).

touchdown point [**لوائح الطيران**] نقطة اللمس (او الهبوط)

touching a dead body مس جسد ميت. ساد الاعتقاد قديماً بأن جسد المقتول اذا مسه المجرم القاتل نفثت جراحه دماً جديداً. وقد أخذت بعض القوانين الجنائية بهذا المعتقد للتثبت من اجرام المتهم أو براءته.

tourist سائح: مسافر لمتعة جسمية أو ذهنية.

tourn [**قانون انكليزي قديم**] محكمة تدوينية of record ذات اختصاص جنائي كانت تعقد أمام عامل الملك sheriff في كل اقليم county مرتين في السنة.

toxemia or **toxicemia** تسمم الدم

toxicate يسمم؛ يبعث على تسمم

toxicology علم السموم: الالمام الفني بالسموم وأحوالها وتشخيصها واثارها ومعالجتها .

toxicomania الجنون بالسموم: الاقبال الجنوني على تعاطي المخدرات والكحول السامة .

toxin سم

toy دمية؛ لعبة او العوبة

trace يتتبع؛ يقتفي أثر (شيء)، يحاول العثور عليه او على مصدره أو يتبينه من اثاره . أثر؛ جرة (بضم الجيم)

tracea آثار او جرة، يخلفها المجرم او اللص بعد ارتكابه الفعل: كجرة اقدامه مثلا أو آثار حوافر حصانه او غير ذلك مما كان يتوسل به الى تعقبه والقبض عليه .

tracing نسخة او صورة ظلية: تنقل عن الاصل المطلوب بتغطيته بورقة شفافة tracing paper والسير بالقلم على خطوط معالمه الظاهرة على الورقة المذكورة .

tracing paper ورقة شفافة

track اثر (مسير): سكة؛ مسلك؛ درب مطروق (واضح المعالم بسبيل الاستعمال) .

[كفعل]: قطر (بحبل او غيره)؛ اقتفى، تعقب

tracker dogs كلاب الأثر: كلاب بوليس يستعان بها على اقتفاء أثر المطلوبين والتعرف عليهم .

tracks آثار؛ جرة: تخلفها الاقدام بالسير على ارض لينة . خطوط (سكة) حديدية

tract قطعة أرض، قسيمة أو بقعة غير محدودة المساحة .

[مواد التعدين] تحديد تعديني سطحي؛ بيان الحدود السطحية لموقع التعدين في سبيل الاستيلاء عليه .

trade تجارة، متاجرة؛ مبادلة السلع بالمقايضة؛ مبايعة: بيع وشراء بالنقود او غيرها . حرفة؛ كار؛ صناعة أو مهنة (يدوية أو ميكانيكية) يتعيش بها الشخص غير الزراعة والمهن العلمية .

trade acceptance كمبيالة قبول (بضاعة)، يسحبها البائع على المشتري عند قبوله المبيعات .

trade dispute نزاع عمل ينشأ في الغالب بين العمال واصحاب العمل حول عقود الاستخدام او شروط العمل .

trade dollar قطعة نقد فضية من عملة الولايات المتحدة زنتها ٤٢٠ قمحة .

trade fixtures تركيبات مهنية؛ معدات أو تجهيزات حرفية: ما يركبه المستأجر او يثبته في المكان المؤجر من معدات أو تجهيزات أو غير ذلك مما يلزم لحرفته أو تجارته التي قصد الى مزاولتها في المكان المذكور .

المهمات والادوات التي يرى التاجر اقامتها او تثبيت اركانها في المؤجر ليحفظ فيها سلعه أو يعرضها للبيع، ثم يزيلها عند انتهاء مدة الايجار دون اضرار بمحل الايجار .

trade-mark; trade mark علامة او سمة تجارية: علامة مميزة تستعمل للدلالة على الصلة التجارية القائمة بين البضاعة الحاملة لها وبين صاحب العلامة سواء دلت على شخص المذكور او لم تدل . وقد تستعمل العلامة احياناً للدلالة على محل بيع البضاعة التي تحملها او مصدرها . والعلامات التجارية حسب القانون الانكليزي على نوعين: (١) علامات مسجلة registered trade marks لدى الدائرة المختصة وحسب الاصول القانونية المرعية و (٢) علامات غير مسجلة unregistered trade marks تسمى احياناً common law trade marks وتكتسب بالاستعمال المستمر على بضاعة خاصة يعتاد عليها الجمهور ويعرف مع الزمن انها صادرة عن صاحب تلك العلامة .

Trade-Marks Registration Act قانون تسجيل العلامات التجارية . صدر هذا القانون في عهد الملكة فيكتوريا سنة ١٨٧٥م وعدل بقانوني التسجيل الصادرين سنة ١٨٧٦م وسنة ١٨٧٧م .

trade-name اسم تجاري؛ اسم الحرفة او الصناعة المستعمل للدلالة على نوعها أو أوصافها .

trade-secret سر المهنة: الخطة او العدة الخاصة التي يتخذها صاحب الصناعة او الحرفة لصنع اشياء خاصة او الوصول بصناعته او حرفته الى مستوى اعلى من المستوى المألوف وتكون سبباً وسراً لنجاحه فيما ينتج يكتمه عن الجميع منعاً للمزاحمة، ولا يطلع عليه الا من يعمل واياه او من لا يرى بأساً في اطلاعه .

trade-union اتحاد عمال؛ نقابة: تضم اناساً يمارسون حرفاً أو صناعات متشابهة او مختلفة، عملا على توحيد كلمتهم وحماية مصالحهم وحمل ارباب العمل على منحهم ما يطلبون من شروط فيما يتعلق بعقود العمل وظروفه وساعاته واجوره .

Trade-Union Act قانون اتحاد العمال: القانون الصادر في عهد الملكة فيكتوريا سنة ١٨٧١م لتقرير مشروعية اتحادات العمال او نقاباتهم والاعتراف بحق العمال في تشكيلها .

trade usage عرف الحرفة: الاصول المتبعة التي يراعيها ويحترمها اهل الحرفة الواحدة .

traditor [قانون انكليزي قديم] خائن

traffic تجارة؛ متاجرة؛ بيع او تبادل السلع والاوراق المالية والنقود او التعامل بها على اي وجه.
تناقل السلع بين شخص وآخر على سبيل بيع او شراء او تبادل.
حركة سير؛ اسباب نقل (برية أو بحرية أو جوية من مكان الى آخر). وسائط مرور

traffic balances ارصدة نقل: الارصدة المتجمعة من أجور نقل الافراد والبضائع.

traffic circuit [لوائح الطيران] دائرة المطار

traffic pattern [لوائح الطيران] حركة جوية

traffic regulations انظمة سير

Trail-Baston اطلق هذا الاسم قديماً على عدد من القضاة عينهم الملك ادوارد الاول اثناء غيابه في الحروب الاسكتلندية الفرنسية حوالى سنة ١٣٠٥م للتحقيق مع الموظفين وغيرهم في كافة انحاء المملكة ومعاقبة كل من يثبت عليه جرم الرشوة او الابتزاز او التعدي على اراضي الغير او اللصوصية او تعكير الامن العام. سموا كذلك، حسب الرواية، نسبة للعصا الخاصة التي كانوا يحملونها رمزاً للحزم والعدالة.

trailer جرارة؛ عربة مقطورة: عربة نقل منفصلة لا تحتوي على قوة محركة بل تجرها سيارة او قوة محركة اخرى.

train قطار: سلسلة عربات تقطر على سكة حديدية من مكان الى آخر. يدرب، يمرن؛ يعلم (فناً من الفنون)؛ يهيىء؛ يعود؛ يروض

trainbands ميليشيا؛ فرق تدريب شعبية

traitor خائن: أؤتمن على أمر وخان الامانة. من ادين بجريمة الخيانة

traitorous خؤون: ينطوي على خيانة. غادر، غدور، خاتر

traitorously [اجراءات جنائية] يرد هذا التعبير غالباً في لوائح الاتهام بمعنى، خيانة (منه) او بخيانة.

trajectitia pecunia قرض بحري يعطاه الشاحن او مالك السفينة على ان لا يوفي به الا اذا نجحت الرحلة. وللدائن في هذا القرض ان يطالب بفائدة خاصة تفوق الفائدة العادية.

tramp متشرد، شريد؛ ابن سبيل: يعيش على التسول ولا يكون له مورد واضح للرزق.

tramp ship or vessel [مواد بحرية] سفينة جوالة؛ سفينة معيشة: لا تسير وفقاً لبرنامج رحلات منظم او بين ثغور

trader تاجر: من جعل التجارة حرفة له وسبباً للرزق.

tradesman [في انجلترا] صاحب دكان
[في الولايات المتحدة] ميكانيكي؛ صاحب صناعة يدوية، يعيش بها، اياً كانت.

trading إتجار، متاجرة، تجارة، تجاري: يمارس التجارة أو يحترفها.

trading capital رأسمال تجاري

trading corporation شركة تجارية

trading stamps طوابع او كوبونات تجارية: تستعملها الشركات احياناً في سبيل تنشيط بيع التجزئة بالكيفية التالية: تتفق الشركة وعدد من تجار التجزئة على ان تدرج اسماءهم في سجل عملائها او مشتركيها وتعد هذا السجل على هيئة كتاب توزعه على الجمهور، ويتفق التجار المذكورون على ان يشتروا من الشركة عدداً من تلك الطوابع او الكوبونات ويوزعوها على الزبائن (مجاناً) عندما يحضرون لشراء منتوجات الشركة وذلك ليلصقها الزبون في دفتر الشركة المذكور حتى اذا ملأ بها عدداً معيناً من الخانات قدمها للشركة واستحق عليها جائزة خاصة من منتوجات هذه الشركة.

traditio [قانون مدني] تسليم؛ نقل حيازة من شخص الى آخر.

— quasi traditio شبه تسليم او نقل حيازة: يحصل اذا دفع المشتري ثمن البضاعة وهي موجودة عنده، وفي هذه الحال تعتبر كأنها سلمت اليه من جديد حالما دفع ثمنها، باعتبار ان التسليم ركن أساسي من اركان البيع.

traditio brevi manu تسليم ضمني؛ تقرره ملابسات البيع. وهو ما يحصل عندما يكون مشتري البضاعة ذات الشخص الحائز لها باسم صاحبها ولحسابه. فاذا اتفق هذا المشتري وصاحب البضاعة على شرائها وهي كذلك، لم يكن هناك داع لتسلمها منه عند تمام البيع باعتبار ان استمرار حيازته لها هو بمثابة تسليم واستلام ضمني.

traditio rei تسليم الشيء (المقصود)

tradition تسليم (مبيع)، انتقال حيازته من البائع الى المشتري.
سنة. سنة محمد: مجموع ما صدر عنه من قول او فعل او تقرير. حديث. المعلومات والآراء المستمدة من أقوال الشهود المعاصرين وتصريحاتهم المتناقلة على الالسن جيلا بعد جيل.

traditionary evidence بينة تناقلية. المعلومات والوقائع التي تتناقلها الالسن عن السلف جيلا بعد جيل، خصوصاً فيما تعلق بالانساب وحدود الاراضي وما الى ذلك.

transgressio [**قانون انكليزي قديم**] اخلال (بقانون)؛ تعد أو تطاول (على حق) . دعوى تعد

transgressive trust (راجع باب trust)

transhipment مسافنة : تعقيب شحن او متابعته : نقل بضاعة من سفينة الى اخرى لمواصلة سفرها الى ميناء معين .

transient انتقالي؛ مؤقت؛ زائل؛ عابر؛ مار؛ غير دائم

transient foreigner اجنبي عابر : يزور البلاد دون ان تكون له نية البقاء فيها .

transient person شخص غير مقيم : يوجد في دولة او ولاية دون ان يكون له فيها محل اقامة ثابت .

transire [**قانون انكليزي – كاسم**] تفويض مرور (بضاعة)

[**كفعل**] يعبر؛ يمر؛ ينقضي؛ ينتقل (من مكان الى آخر)؛ يزول

transit مرور؛ عبور؛ اجتياز

transit *in rem judicatam* تتحول الى مسألة مقضية؛ تصبح قضية مقضية: كالعقد اذا صدر فيه حكم اصبح شيئاً مقضياً passes *in rem judicatam* .

transitory انتقالي؛ مؤقت؛ غير ثابت؛ متقلب؛ لا يتقيد بمكان واحد

translation ترجمة : تعبير بلسان واضح عن لسان غريب نقل العبارات من لغة الى اخرى .

[**تصرفات عقارية**] ترد احياناً بمعنى انتقال الملكية من يد الى اخرى .

[**قانون كنسي**] نقل (أسقف) من أسقفية (ابرشية) الى أخرى .

translative fact واقعة ناقلة : الواقعة التي تكون سبباً لانتقال حق معين من شخص الى آخر أو يكون لها أثر مزدوج بما تسببه من انهاء حق شخصي وبدء حق آخر .

transmission [**قانون مدني**] نقل . منه نقل الوارث لما يعود له من حق ميراثي الى ورثته فيما لو مات قبل ممارسة هذا الحق .

transport [**قانون نيويورك القديم**] تصرف عقاري؛ انتقال (أرض من شخص الى آخر)

[**كفعل**] ينقل اي يحمل (شيئاً من جهة الى اخرى)

transportation نقل؛ حمل (من مكان الى آخر)

[**قانون جنائي**] نفي او إبعاد المحكوم عليه الى بلاد نائية وقهره على الاقامة فيها مدة معلومة .

محددة معلومة، بل تتعاقد على انسب الشحنات واوفرها كسباً حيثما كانت وجهتها ثم تغير خطتها في سبيل ذلك وتتجه حسبما تمليه ظروفها الراهنة .

transact [**قانون اسكتلندي**] يصالح على دين؛ يسترضي الدائن باقل مما يدين له به .

يشتغل؛ يتعامل (مع)

transacting business قضاء شغل او عمل، قيام به او انجازه .

transaction معاملة؛ عملية؛ تعامل (اتفاقي بين شخصين أو أكثر)؛ صفقة؛ مفاوضة؛ مبايعة؛ ادارة شأن او تسويته أو قضاؤه .

[**قانون مدني**] تراض أو اتفاق (بين ذوي الشأن) على تسوية خلاف قائم بينهم تفادياً للجوء الى المحاكم او حسماً لنزاع معروض على القضاء .

transcript نسخة؛ مستخرج من محرر او قيد أصلي .

transfer ينقل؛ يحول (شيئاً) من مكان الى آخر؛ ينزل (عن حيازة أو سلطة) . يناول . يبيع

[**كاسم**] تحويل؛ نقل؛ تنازل (عن شيء من شخص لآخر) . تصرف في مال

transfer in contemplation of death تحويل او تصرف خشية الموت : تحويل المال للغير عند الاحساس بدنو الاجل وفقدان الامل في الشفاء من مرض او النجاة من خطر محدق .

transfer of a cause نقل دعوى (من محكمة الى أخرى)

transfer tax ضريبة تحويل او تصرف : الضريبة المستوفاة على تحويل حق ملكية أو منفعة من شخص الى آخر .

transferable قابل لانتقال او تحويل او تداول .

transferee محول او متنازل اليه

transference [**قانون اسكتلندي**] انتقال القضية من خصم (مات اثناء نظرها أمام القضاء) الى ورثته، وهو على نوعين :

١) انتقال الخصومة من المدعي (المتوفى) الى ورثته active transference .

٢) انتقال الخصومة من المدعى عليه (المتوفى) الى ورثته passive transference .

transferror ناقل؛ محول

transgress يخل(بقانون او نظام)، يكسره، يتجاوزه او يخالفه

transsexual خنثي (له جسم الذكر وشعور الانثى والعكس بالعكس) .

transumpt [قانون اسكتلندي] صورة او نسخة . اذا كان لشخص مصلحة قانونية في محرر لدى الغير واراد ان يستخرج صورة منه يتمسك بها في دفاع له أو يثبت حقاً عائداً اليه فرفض هذا الغير ابرازه، جاز للشخص المذكور ان يقاضيه في سبيل استخراج الصورة المطلوبة بدعوى تسمى في القانون الاسكتلندي action for transumpt وفي هذه الحال تصدر المحكمة المختصة امرها للمدعى عليه بابراز المستند لاستخراج الصورة القانونية المطلوبة اذا رأت ذلك .

trap فخ؛ شرك . طرق(م. اطراق)؛ كل أداة يستطاع بها الايقاع بشخص أو حيوان او اخذه على حين غرة .

trauma [طب شرعي] جرح . إصابة تلحق الجسم بأي سبب خارجي (لا يد فيه للمصاب) من أسباب العنف .

traumatic سقامي، إعتلالي، جرحي، يعود للجروح، إصابي

ناتج عن جرح او اصابـة خارجية، شأن الجنون المسمى traumatic insanity الذي ينتج عما يلم بالجمجمة من اصابة تؤثر في الدماغ .

travail مخاض؛ طلق؛ آلام وضع . تعتبر المرأة in her travail في حالة الطلق من بـدء آلام الوضع حتى تمام الولادة .

travel سفر؛ سياحة

[كفعل] يسافر او ينتقل (مختاراً) من مكان الى آخر .

travelled place مكان مطروق: يحق لمن شاء من الجمهور ان يسافر اليه (ضمن حدود معلومة) .

travelled way سبيل مطروق: طريق تستعمله عامة الناس لاسفارها وتنقلاتها .

traveller مسافر؛ سائح

traveller's cheque صك (شيك) سياحة او سياحي

travelling salesman or **commercial traveller** بائع عمالة جواب او متجول: يسافر من بلد الى آخر ليغري العملاء او الزبائن بشراء بضاعـة معينة حتى اذا طلبوها ارسل طلباتهم الى الاصيل لموافقته وكان له على ذلك جعالة مقررة .

travelling ways [مناجم الفحم] دهاليز انتقال او أنفاق تستعمل لانتقال العمال بين جهات المنجم .

traverse يعترض او يعارض؛ يطعن (في)؛ ينكر؛ يتنصل (من)

[اجراءات جنائية] يؤجل او يرجىء النظر (في موضوع او تهمة) الى دورة قضائية تالية .

[كفعل أيضاً] يقطع؛ يعبر (بمعنى ينتقل عبر جهة برية او بحرية).

— common traverse اعتراض عادي: ينصب على ادعاءات الخصم الموضوعية .

— general traverse اعتراض عام: لا يتجه الى واقعة او نقطة معينة مما جاء به الخصم في دعواه، بل يتناوله بصورة عامة.

— special traverse اعتراض خاص: الدفع القاصر على نواح دون اخرى او الذي يتقيد بحدود واعتبارات خاصة .

traverse jury هيئة محلفين صغرى تدعى لحضور المحاكمات والفصل في الدعاوى (لا للتحقيق) وتسمى ايضاً petit jury تقابلها الـ grand jury لاغراض التحقيق .

traverse of office طعن بغلط في تحقيق يجريه مأمور بحكم وظيفته . اعتراض يتناول غلطاً صادراً عن جهة رسمية تعمل بحكم الوظيفة .

traverse upon a traverse طعن مكرر: الطعن الذي يتناول موضوعاً كان محلا لطعن الخصم .

traverser معترض؛ ناكر (لتهمة) او متنصل منها

treacher خائن؛ غادر

treachery خيانة؛ خيانة عهد؛ غدر؛ ختر

tread-mill or **tread-wheel** أداة قصاص تستعمل في السجون .

treason خيانة . تعرفها بعض المصادر بالجرم الذي يرتكبه من حاول قلب حكومة قائمة في دولة يدين لها بالولاء او تآمر على سلامة دولته مع دولة أجنبية أو خان مصالحها نفعاً لدولة أجنبية .

[قانون انكليزي] تعتبر الخيانـة جرماً موجهاً الى شخص الملك وتتناول الافعال الآتية :

(١) التآمر على موت الملك او الملكة او ابنهما الاكبر (ولي العهد) أو مجرد تصور وقوعه؛ (٢) الاعتداء على عرض قرينة الملك king's companion او كبرى بناتـه (اذا لم تكن متزوجة) او زوجة ولي العهد؛ (٣) الاعتصاب على حرب الملك في بلاده؛ (٤) الانضمام الى اعداء الملك في بلاده واسداء المعونة لهم في البلاد او خارجها؛ (٥) قتل رئيس محكمة الـ Chancery أو أمين الخزانة أو أحد القضاة اثناء قيامه بمهام وظيفته .

[قانون اميركي] يعد مرتكباً لجريمة الخيانة ضد الولايات المتحدة كل من حمل السلاح عليها أو ظاهر أعداءها وأسدى اليهم المعونة والمنفعة .

treasury خزانة ؛ خزينة أو بيت مال : محل ايداع الاموال والايرادات العامة ومرجع صرف النقود اللازمة لمواجهة نفقات الدولة .

Treasury Bench [مجلس العموم البريطاني] جهة الخزانة . صف المقاعد الامامي الذي يقع على يمين رئيس المجلس speaker ويجلس فيه رئيس الوزراء The First Lord of the Treasury .

Treasury, First Lord of (First Lord of Treasury) منصب بريطاني رفيع الشأن يسند عادة الى رئيس الوزراء .

treasury bill or **treasury note** سند خزانة ، قابل للتداول كالنقد : تصدره خزانة الولايات المتحدة الاميركية بتفويض من الحكومة .

treasury chest fund [نظام مالي انكليزي] صندوق ارصدة الخزانة . الصندوق الذي يؤول اليه فائض المخصصات من الاموال العامة ويستعمل في الاعمال المصرفية والقروض .

treasury securities اوراق ضمانية على الخزانة : تصدرها الشركة المعنية بموجب القانون ثم تشتريها فيما بعد وتحتفظ بها كجزء من اصولها لتستعمل في المستقبل عند الحاجة .

treasury stock اسهم خزينة : الاسهم التي تصدرها الشركة للمساهمين على اعتبارها مستوفاة كلياً fully paid وتحتفظ بها لاغراضها الخاصة .

treat يعالج ؛ يعامل ؛ يعتبر او يتناول (شأناً ببحث أو غير ذلك) .

treatment علاج ؛ معالجة او مداواة . يشمل هذا التعبير جميع مراحل المداواة ، من الفحص والتشخيص حتى تمام الشفاء بتوافر الادوية والوسائل اللازمة .

treaty [قانون دولي] معاهدة بين دولتين مستقلتين أو أكثر ، توقع اولا من ممثلي الدول المعنية ثم تبرم رسمياً بعد ذلك من الجهات العليا المختصة في الدول المذكورة . وهي تعتبر (بالنسبة للدول الموقعة) قانوناً وعقداً في آن واحد .

[قانون خاص] مفاوضة أو مباحثة تتقدم ابرام عقد وتبسط شروطه .

— personal treaties معاهدات شخصية : تتعلق باشخاص الملوك أو الرؤساء المتعاقدين وحدهم ، كمعاهدات التحالف العائلية التي تجمع بين اسرتين أو أكثر في حلف واحد أو تضمن ايلولة عرش الى ملك معين واسرته . ولما كانت هذه المعاهدات شخصية بحتة فهي تنقضي بموت الملك او الرئيس المعني فيها او انقراض اسرته .

— constructive treason خيانة بنائية : الخيانة التي يسندها القانون الى المتهم بحكم سلوكه العام أو مجموع تصرفاته ، على الرغم من أن افعاله لا تكفي (قانوناً) لتشكيل جرم الخيانة اذا اعتبر كل منها على حده .

— high treason خيانة عظمى – ترتكب ضد الملكة . سميت كذلك تمييزاً لها مما يسمى petit treason .

— misprision of treason (راجع باب misprision)

— petit treason [قانون انكليزي] خيانة صغرى : قتل الزوجة لزوجها او الخادم لسيده أو أحد رجال الدين لرئيسه أو من هو اعلى منصباً منه .

treason-felony [قوانين الخيانة الصادرة سنة ١٨٤٨م – ١٨٤٩م في عهد الملكة فيكتوريا] جناية الخيانة : وهي جرم التآمر على خلع الملكة أو الاعتصاب بسبيل العنف لتخويف أحد مجلسي البرلمان او تحريض الاجانب بطريق المطبوعات أو المحررات على غزو المملكة ، وعقوبتها السجن المؤبد مع الاشغال الشاقة او السجن مع الشغل مدة لا تقل عن خمس سنوات .

treasonable خؤون : يتصف بالخيانة او ينطوي عليها .

treasure كنز دفين : لا يستطيع أحد ان يثبت ملكيته له .

treasure-trove كنز صدفة : قوامه نقود او ذهب او فضة او مجوهرات او ما الى ذلك ، يعثر عليه ولا يعرف له مالك .

treasurer أمين صندوق ؛ أمين خزانة : مهمته قبض النقود وما يقوم مقامها وحفظها وصرفها .

Treasurer, Lord High (Lord High Treasurer) لقب ملغى في النظام المالي الانكليزي : اطلق قديماً على المرجع الاعلى في شؤون الخزانة البريطانية وكان لصاحبه حق التقدم على الـ Chancellor of the Exchequer .

Treasurer of the United States أمين خزانة الولايات المتحدة : موظف تابع لدائرة الخزانة الاميركية يعينه رئيس الولايات المتحدة بتنسيب مجلس الشيوخ ومشورته . من مهامه الرئيسية قبض أموال الولايات المتحدة وحفظها ثم صرفها بناء على اوامر الصرف المسحوبة من وزير المالية Secretary of the Treasury واخذ الايصالات بالاموال المصروفة وتقديم حساباته للـ First Comptroller كل اربعة أشهر أو ما دون ذلك عند الحاجة مع صورة عنها لوزير المالية ، كما عليه ان يقدم للكنغرس في اليوم الثالث من بداية كل دورة صوراً مصدقة عن جميع الحسابات المقدمة للـ Comptroller مع بيان شامل مصدق عن احوال الخزانة ويكون على استعداد دائم لقيام وزير المالية والـ Comptroller أو اي منهما بتفتيش ما تحت يده من أموال .

ضد الـ trespasser بل الجائز قانوناً هو الدعوى المدنية civil action .

— continuing trespass تعد مستمر . التطاول الذي يعتبر تعدياً متواصلا على حقوق الغير ، كأن يزرع شخص شجراً في أرضه يمتد الى ارض الغير بشكل ضار او ينشئ على ارضه بناء يبرز على ملك جاره بغير حق او يأتي من الافعال ما يكون مصدر ايذاء مستمر للغير .

— permanent trespass تعد مطرد او دائم . تكون للتعدي صفة الدوام اذا تكون من افعال عدة متشابهة تتجدد او تستطرد من يوم الى آخر بحيث تشكل في مجموعها تعدياً واحداً متواصلا .

trespass *de bonis asportatis* التعدي على منقول الغير . دعوى التعدي الحاصل بأخذ منقولات الغير دون حق .

trespass for mesne profits دعوى تعد يقيمها مالك الارض على المستأجر كي يسترد ارباحاً آلت اليه باطلا اثناء الايجار .

trespass on the case دعوى تعد يقيمها المدعي قصد التعويض من اضرار أصابته من فعل غير قانوني اتاه المدعى عليه ضده دون ان يستعمل القوة المباشرة او بجراء نتيجة ثانوية او غير مباشرة نشأت عن فعل المدعى عليه المذكور .

trespass *quare clausum fregit* تعدي انتهاك مكان الغير . دعوى التعويض من انتهاك حدود الغير .

trespass *vi et armis* تجاوز بالقوة والسلاح . دعوى مطالبة بتعويض من أفعال ضارة اتاها المدعى عليه بالقوة والسلاح ضد مال المدعي أو شخصه .

trespasser متجاوز ؛ متعد على حدود الغير او حقوقه : من اتى فعلا يضار الغير في ماله او شخصه دون حق .

trespasser *ab initio* معتد منذ البداية او من الاساس . متجاوز في كل ما فعل منذ البداية .

trestornare [قانون انكليزي قديم] يحول؛ يغير اتجاه (جدول او طريق)

tresviri [قانون روماني] ضباط مكلفون بالمحافظة على السجون وتنفيذ احكام الاعدام .

tria capita [قانون روماني] ثلاثة امور رئيسية؛ يراد بها : (١) الجنسية أو الرعوية *civitas* (٢) الحرية *libertas* (٣) الحقوق العائلية *familia* .

trial محاكمة؛ نظر (قضية) او رؤيتها – من حين افتتاحها حتى صدور الحكم النهائي فيها .

treaty of peace معاهدة صلح : تعقد بين متحاربين لالقاء السلاح ووضع الشروط للسلام وكيفية المحافظة عليه .

Treaty of Rome معاهدة روما . اتفاقية دولية قوامها ٢٤٨ مادة و ٤ ملاحق و ١١ صحيفة تمهيدية (بروتوكول)، أبرمت في روما بين فرنسا وايطاليا والمانيا الغربية وهولاندا ولكسمبورغ وسرى مفعولها منذ اول يناير سنة ١٩٥٨ م . غايتها دمج موقعيها في سوق مشتركة Common Market تزول منها الحواجز الجمركية تدريجياً حتى تنعدم بحلول عام ١٩٧٠م وتفرض على المصدرين الى السوق من غير الاعضاء تعريفة خارجية مشتركة common external tariff . وهي تعالج الشؤون الاقتصادية والاجتماعية والتجارية بصورة فنية تفصيلية ولا تخلو من النظر الى الناحية السياسية ايضاً والامل في انشاء وحدة سياسية بين الاعضاء تكمل الوحدة الاقتصادية .

Treaty of Washington
(راجع Washington, Treaty of)

trebellanic portion [قانون مدني – سابقاً] نصيب خاص كان يحق للوصي ان يحبسه لنفسه من مال التركة الموكول به اليه لحساب القاصر ومنفعته . وقد الغي هذا النصيب من القانون الاميركي .

treble ثلاثة أمثال ؛ ثلاثة أضعاف

trebucket (راجع cucking stool)

tree شجرة

tres faciunt collegium ثلاثة يشكلون شركة : اي ، لا بد للشركة من ثلاثة اعضاء على الاقل .

trespass تعد (عقاري) ؛ تعد على الغير ؛ اجتياح حدود الغير او انتهاك ملكه ؛ انتهاك حرمة الملكية بمعنى breach of close ؛ تطاول او تجاوز شخصي . ايذاء الغير في نفسه او ماله او حقوقه بارتكاب فعل غير قانوني يقوم على العنف صراحة أو ضمناً .

كل فعل ينطوي على عنف واساءة للغير .

من تعاريف هذه الكلمة التوسعية : كل فعل يغاير قوانين الطبيعة والمجتمع والبلاد ويعود بالاذى على الغير في جسمه أو ماله أو حقوقه .

[في الاجراءات] دعوى تعد، يطالب فيها المدعي بتعويض نقدي نظير اذى لحقه في نفسه أو ماله أو حقوقه من المدعى عليه بجراء ما أتاه من افعال العنف والقوة المباشرة . ولما كانت دعوى الـ trespass مدنية بحتة، فالتنبيه بالعبارة المألوفة : trespassers will be prosecuted هو غلط قانوني، لان الـ prosecution اجراء جنائي criminal proceeding ولا يجوز الاجراء الجنائي

— fair trial (راجع باب fair)

— mistrial (راجع حرف M)

— new trial محاكمة جديدة؛ محاكمة ثانية: اعادة النظر في الدعوى من ذات المحكمة التي سبق لها نظرها والفصل فيها . اعادة نظر النزاع من ذات المحكمة امام هيئة محلفين اخرى غير التي اصدرت قرارها فيه أول مرة .

— new trial paper [**اجراءات انكليزية**] ورقة اعادة المحاكمة . الورقة التي تدرج فيها المسائل المقرر طرحها من جديد للنظر .

— public trial محاكمة علنية تجري بحضور الجمهور .

— separate trial (راجع باب separate)

— speedy trial (راجع باب speedy)

— state trial (راجع باب state)

trial amendment تعديل اجرائي: مذكرة تعديل يودعها الخصم في سياق الدعوى ليواجه بها تطوراً جديداً ناشئاً عن بينة عارضة .

trial at bar محاكمة أمام كامل هيئة المحكمة . ولا تنعقد المحكمة على هذا النحو الا نادراً عند إشكال الدعوى المنظورة أو تعاظم اهميتها .

trial at *nisi prius* محاكمة عادية تجري امام قاض منفرد وهيئة محلفين .

trial by certificate محاكمة بالشهادة او على أساسها: المحاكمة التي تكفي فيها شهادة الشخص الذي انشأ الشهادة certificate المعنية ويتسنى تقريرها على أساس شهادة المذكور وحدها ولا تستدعي الاستعانة بالمحلفين .

trial by fire (راجع fire ordeal في باب ordeal)

trial by Grand Assize (راجع Grand Assize في باب Assize)

trial by Jury محاكمة أمام هيئة محلفين: المحاكمة التي يعود فيها تقرير الوقائع (المسائل المنحصرة في نطاق الواقع) الى هيئة محلفين قوامها اثنا عشر رجلا يختارون ويحلفون اليمين وفقاً لقواعد خاصة مرعية . ويشترط في اعضاء هذه الهيئة أن يكونوا من الساكنين في دائرة اختصاص المحكمة التابعين لها والمعروفين بالاستقامة والنزاهة والمحافظة على القانون وان لا تربطهم بموضوع الخصومة مصلحة او تجمعهم بالخصوم صلة من صلات القرابة او الصداقة او الزمالة او غيرها مما قد يستميلهم الى جانب دون آخر وان لا يحملوا لاحد الخصوم أية حفيظة او يخضعوا لتأثيره او نفوذه . وعند تمام اختيار هيئة المحلفين، يحلف اعضاؤها اليمين «بان يقطعوا قراراً صادقاً وفقاً للقانون والبينات المعروضة عليهم» ثم يحاكم الاطراف بحضورهم فيسمعون الشهادات والادلة ويشرح لهم القاضي النقاط القانونية العارضة، ثم يختلون للمداولة ولا يخرجون حتى يتفقوا بالاجماع التام على قرار واحد . ومن ثم يعطون قرارهم على لسان رئيسهم foreman of the jury .

trial by proviso (راجع proviso, trial by)

trial by the record (راجع باب record)

trial by wager of battel (راجع wager of battel)

trial by wager of law (راجع wager of law)

trial court محكمة الموضوع . المحكمة المستأنف حكمها او المطعون فيه، وهي لا تختلف عما يسمى court below .

trial *de novo* محاكمة جديدة: تجري امام محكمة استئنافية وتستعرض فيها القضية بكاملها كانه لم يسبق نظرها امام محكمة دنيا court below .

trial judge قاضي الموضوع

trial-lawyer محامي الموضوع : الوكيل القانوني الذي يتولى الدعوى امام محاكم الموضوع .

trial list جدول محاكمات او قضايا

tribalism قبلية؛ عشائرية؛ نظام قبلي او عشائري

tribe قبيلة؛ عشيرة

tribunal محكمة . لا تخلو هذه الكلمة من الغموض ولا يوجد لها في القانون الانكليزي معنى واضح محدد .
[**قانون روماني**] منصة قضاء معدة لجلوس القاضي البلدي praetor .

tributary رافد (م. روافد)؛ فرع نهر يصب في نهر رئيسي . تؤول منه جزية؛ مورد جزية أو خراج أو اتاوة

tribute جزية (يدفعها ملك او امير أو بلد لآخر أقوى منه حرصاً على صداقته أو اتقاء لعدوانه) .
خراج (تؤديه رعية الى حاكم او الى سلطات مسؤولة) .

trickery مخاتلة ، خداع ، تلاعب ، احتيال

triduum [**قانون انكليزي قديم**] مدة ثلاثة ايام

Triennial Act قانون السنوات الثلاث . قانون برلماني صادر سنة ١٦٤١م، ينص على انه اذا لم يدع البرلمان للاجتماع ولم يجتمع قبل يوم ٣ سبتمبر من كل سنة وجب عليه ان يجتمع يوم الاثنين الثاني من شهر نوفمبر التالي . وقد صدر مثل هذا

اشترك في انشائه ثلاثة فرقاء وحرر على ثلاث صور سمي tripartite indenture .

triple ثلاثي

Triple Alliance حلف ثلاثي . أبرمت بين الدول الكبرى عدة احلاف ثلاثية، منها: حلف سنة ١٦٦٨م بين انكلترا والسويد وهولاندا وفرنسا ضد اسبانيا، والحلف المبرم بين المانيا والنمسا وايطاليا على اثر الحرب الفرنسية البروسية سنة ١٨٧٠م–١٨٧١م وكذلك حلف سنة ١٨٨٢م–١٨٨٣م بين المانيا والنمسا وايطاليا ضد روسيا وفرنسا .

Triple Entente معاهدة حسن تفاهم ثلاثية . ابرمت بين روسيا وبريطانيا العظمى وفرنسا سنة ١٩٠٨م .

triplicatio [قانون مدني] رد المدعي على الـ rejoinder جواب المدعى عليه الثاني . (راجع pleadings)

tritavia [قانون مدني] ام جدة ام الجدة: الجدة السادسة

tritavus ابو جد ابي الجد : الجد السادس

trithing [قانون سكسوني] ثلث اقليم county، احد اجزائه الثلاثة حسب التقسيم السياسي السكسوني .

trithing-mote محكمة trithing. (راجع الكلمة الاخيرة عالياً)

triverbial days [قانون مدني] ايام قضاء؛ الايام التي كان يتفرغ فيها الـ praetor لنظر الدعاوى والفصل فيها .

trivial زهيد (من حيث المقدار)؛ تافه؛ غير ذي بال . حقير؛ وضيع (من حيث القيمة او الاهمية)؛ لا قيمة له

triviality تفاهة (موضوع) من حيث القيمة، ضعته او سخفه . عدم تناسبه مع وقار المحكمة نظراً لانحطاطه او انعدام قيمته .

troops عساكر؛ جنود؛ فرق عسكرية

trophy تذكار (غار او نصر)، علامته او دليله . ما ينتزع من العدو برهاناً على قهره .

trover دعوى استرداد المنقول المأخوذ بالباطل: الدعوى التي يرفعها المدعي ضد من احتبس منقولاته بالباطل كي يستردها اذا وجدت او يحكم له بتعويض مناسب اذا هلكت وهي لدى المدعى عليه .

truce [قانون دولي] هدنة او مهادنة بين دولتين متحاربتين أو أكثر .

truck [كاسم] سيارة نقل
تعامل تجاري؛ مقايضة؛ تبادل

القانون ايضاً سنة ١٦٩٤م للنص على وجوب دعوة البرلمان للاجتماع خلال ثلاث سنوات من تاريخ حله وعدم زيادة مدة البرلمان الواحد على ثلاث سنوات .

trigamus [قانون انكليزي قديم] من تزوج ثلاث مرات (دون ان تجتمع لديه غير زوجة واحدة في آن واحد) .

trinepos [قانون روماني] ابن حفيد الحفيد

trineptis بنت حفيد الحفيد

Trinity House, or **the Corporation of the Trinity House** [قانون انكليزي] جمعية رؤساء سفن اسسها الملك هنري الثامن في Deptford Strond بمقاطعة Kent لتعزيز التجارة والملاحة البحرية . من مهامهم منح الرخص الرسمية للمرشدين (رجال الارشاد البحري) وتنظيم شؤوبهم وبناء الموانئ والشمندورات beacons وما الى ذلك مما ييسر الملاحة ويساعد على حسن سيرها .

Trinity Masters أعضاء الـ Trinity House من رؤساء السفن الذين تستعين بهم المحكمة احياناً اذا عرضت عليها مسألة بحرية يحتاج الفصل فيها الى خبرة فنية وتجربة والمام واسع بشؤون الملاحة واسرارها، ويجلسون في المحكمة كاعضاء مشاورين .

Trinity Sittings جلسات محكمة الاستئناف (الانكليزية) ومحكمة العدل العليا في لندن وميدلسكس Middlesex وهي تمتد من يوم الثلاثاء التالي لاسبوع Whitsun الى ٨ آب (اغسطس).

Trinity Term احدى الدورات القضائية الأربع (الانكليزية): وهي تبتدئ في ٢٢ ايار (مايو) وتنتهي في ١٢ حزيران (يونيو) .

trinkets مصاغ، صيغة او ادوات زينة صغرى: كالاساور والدبابيس الثمينة والخواتم المذهبة والمراوح العاجية والعطور وما الى ذلك مما يستعمل في الزينة الشخصية وتكون له صفة الترف .

trinoda necessitas [قديماً] خدمة اصلاح الطرق العامة وبناء القلاع وصد الغزوات .

triors [في الاجراءات] اشخاص مندوبون للفصل في الطعون المقدمة في نزاهة المحلفين واهليتهم للتعيين كمحلفين .
يطلق الاسم ذاته ايضاً على اللوردات المنتخبين لمحاكمة أي لورد آخر متهم بجناية felony .

trip رحلة؛ سفرة (من مكان الى آخر)
[شؤون المناجم] عربات عدة موثقة بعضاً الى بعض يجرها بغل .
[كفعل] يتعثر؛ يكبو؛ تزل قدمه؛ يختل توازنه

tripartite مثلث الاركان؛ ذو ثلاث شعب او اجزاء؛ قائم على ثلاثة اركان . مبرم بين ثلاثة فرقاء: كالسند اذا

لم يرد في هذه الكلمة اي تعريف في تجمع عليه المراجع القانونية ويصح اعتباره شاملا لكافة معانيها؛ غير ان أغلب التعاريف الفنية، رغم تباين أشكالها، لا تكاد تختلف في روح الكلمة ومفاهيمها الاساسية. من ذلك ما يأتي: واجب (الامين) trustee أو الالتزامات المترتبة عليه بحكم الامانة التي في عنقه فيما يتعلق بالاموال تحت سيطرته للغير.

كل علاقة ائتمانية موضوعها مال ترتب على الامين trustee واجب اخلاص التصرف فيه لمصلحة الغير.

الواجب الملقى على الامين فيما يتعلق باموال عهد بها اليه على سبيل الائتمان in trust كي يتصرف بها لمصلحة غيره وفقاً لما نص عليه في سند الائتمان trust instrument. فاذا انعدم النص اقتضاه واجب الامانة ان يتصرف حسب مبادىء العدالة الطبيعية والانصاف.

[كاسم ايضاً] اتحاد، ينتظم عدداً من اشخاص او شركات ويهدف الى تكوين احتكار او السيطرة على الانتاج او تعطيل حرية التجارة أو التأثير في حركة النقل او التحكم في الاسعار على اي وجه.

[كفعل] يأتمن؛ يعتمد (على امر)، يصدقه، يثق به

— accessory trust [قانون اسكتلندي] أمانة تبعية. لا فرق في المدلول بين هذا النوع من الترست وما يسمى active trust (تالياً) في القانون الانكليزي.

— active trust امانة فعلية. ائتمان او عهدة تصرف. الامانة التي ترتب على الامين واجب القيام بشيء معين بالنسبة الى الائتمان، كأن يبيعه مثلا ويوزع عوائد البيع على دائنين أو مستحقين أو ما الى ذلك. يقابله ما يسمى dry trust أو passive trust تالياً.

— *cestui que* trust مستفيد في عهدة أو أمانة: من نشأ التصرف الائتماني لفائدته أو وجب ادارة اموال الامانة لتعود ثمارها ومنافعها عليه دون غيره.

— charitable trusts أمانات خيرية او عهدات بر: يرصد ريعها على طبقة من الناس أو على عامتهم دون تخصيص.

— constructive trust أمانة حكمية او استدلالية. ائتمان حكمي ينشأ بحكم القانون او تقتضيه واجبات الانصاف دون تصريح المؤتمن أو قصده ولا يكاد يختلف عما يسمى involuntary trust.

— contingent trust عهدة أو أمانة طارئة، معلقة على شرط أو مضافة الى زمن مستقبل؛ استئمان صريح يكون نشوءه رهناً بحصول أمر معين في المستقبل.

— direct trust عهدة صريحة؛ استئمان مباشر صريح لا يلابسه شك.

نظام دفع اجور العمال سلعاً لا نقداً أو دفعها نقداً شرط ان يشتري بها العمال حاجاتهم من أرباب العمل. وهو نظام مجحف يرجع اصله الى ما قبل سنة ١٤٦٤م، صدرت فيه قوانين عدة Truck Acts سنة ١٨٣١م و١٨٨٧م و١٨٩٦م تحدد كيفية دفع اجور بعض العمال وتقتضي ان لا يكون هذا الدفع الا بعملة البلاد المتداولة او بصكوك تسحب على بنك لا يبعد اكثر من خمسة عشر ميلا عن محل الدفع. وتشمل هذه القوانين العمال والفلاحين المشتغلين في الزراعة وعمال المياومة journeymen أو الأجراء لمدة محددة وأصحاب الحرف والصناعات وعمال المناجم وغيرهم ممن يستأجر لعمل يدوي. ولا يدخل في تعريف الـ Truck Acts خدم المنازل على اختلاف انواعهم.

[كفعل] يبادل بضاعة او اشياء معينة؛ يقايض؛ يتاجر

Truck Act صدر هذا القانون سنة ١٨٣٠م وعدل بقانوني سنة ١٨٨٧م وسنة ١٨٩٦م. (راجع truck عالياً)

truck system نظام الأجرة العيني؛ دفع الأجور عيناً: أي كمية معادلة من السلع لا نقداً.

true صحيح؛ حقيقي؛ صادق؛ مطابق للواقع. اصلي؛ طبق الاصل؛ فعلي. وفي؛ شريف (لا ينطوي على غش)

true bearing [لوائح الطيران] اتجاه حقيقي

true bill [اجراءات جنائية] بيان وجيه؛ لائحة وجيهة. العبارة التي تذيل بها هيئة المحلفين التحقيقية Grand Jury بيان الاتهام اذا وجدت فيه من الادلة المعقولة أو المحتملة ما يصور احتمال صحتها ويستوجب الالتفات اليها وعرضها على القضاء.

true copy صورة طبق الاصل. على ان هذا الاصطلاح لا يعني المطابقة المطلقة (بين الصورة والاصل) بل يفهم منه ان الصورة المعنية هي من المماثلة او الصحة بحيث لا يستطيع احد ان يخطىء فهمها أو مدلولها وإن انطوت على بعض الغلط او السهو المطبعي.

true verdict قرار صحيح: القرار الذي تنطق به هيئة المحلفين على لسان رئيسها الـ foreman بعد فراغها من المداولة.

trumped-up charge تهمة ملفقة (اختلاقية)

trust أمانة؛ ائتمان، استئمان؛ استعهاد أو إعهاد؛ إعتماد؛ ثقة؛ مواثقة. عهدة امانة؛ موضوع أمانة

ترست؛ اتحاد شركات: انضمام عدة مؤسسات او اندماجها في مؤسسة واحدة.

أموال أو حقوق موكل بها الى شخص لمنفعة آخر.

حيازة مال (ثابت أو منقول) أو السيطرة عليه لمنفعة الغير.

— directory trust عهدة توجيهية : لا تتحقق بموجب السند المنشئ لها بل تحدد اغراضها فيه تحديداً عاماً ثم تباشر وفقاً لتعليمات اضافية اخرى .

— dry trust عهدة قاصرة او جامدة : تقتصر على مجرد ايكال المال موضوع الائتمان الى الامين دون تكليفه بأي عمل تجاهه .

— educational trust هبة ائتمانية تعليمية ؛ امانة مرصدة لاغراض التعليم

— executed trust عهدة ناجزة : ائتمان منجز ينشئه سند الائتمان ويعرف اغراضه ويعين الاموال المشمولة به ولا تحتاج مباشرته الى مستندات اخرى .

— executory trust عهدة غير ناجزة تسمى ايضاً imperfect trust ولا تتحقق الا بتوافر سند آخر (غير سند الائتمان الاصلي) او بقيام الامين بعمل اضافي يكسب الائتمان صفته التنفيذية .

— express active trust عهدة صريحة ايجابية : ائتمان يترتب على تفويض منفذ الوصية executor بإدارة أموال التركة ودفع صافي ايراداتها الى المستحقين .

— express private passive trust عهدة صريحة سلبية : ائتمان ناشئ عن وصية بعقار لشخص معين كي يحتفظ به امانة خالصة لحساب شخص آخر على ان لا يكون للمؤتمن المذكور حق التصرف به او استغلاله على اي وجه كان

— imperfect trust (راجع executory trust عالياً)

— implied trust عهدة ضمنية ؛ ائتمان ضمني : ينشأ بحكم القانون وقوته .

— instrumental trust, or ministerial trust (راجع special trust)

— involuntary trust ائتمان غير ارادي (راجع constructive trust)

— naked trust امانة او عهدة مجردة : لا تقتضي من الامين سوى ايصال الشيء موضوع الامانة الى المستفيد . وليس هناك فرق يذكر بين هذا النوع من الامانات وما يسمى passive or dry trust .

— passive trust أمانة قاصرة : لا تكلف الامين اي عمل سوى الاحتفاظ بما عهد اليه به وائتمن عليه .

— precatory trust أمانة تأميلية (لا الزامية) : تقوم على الرجاء والتأميل لا الامر .

— private trust أمانة او عهدة خصوصية : تنشأ لمنفعة شخص معين او طبقة معلومة من الناس دون غيرها .

— proprietary trust [قانون اسكتلندي] لا يختلف هذا النوع من الائتمان عما يسمى naked or dry trust في القانون الانكليزي . (راجع الاصطلاحين الاخيرين عالياً)

— protective trust (راجع باب protective)

— public trust أمانة عامة مرصدة للناس جميعاً او لطبقة كبرى من المجتمع او الشعب ولا تكاد تختلف عن المبرات العامة التي ترصد لوجوه الخير أو المنفعة العامة charitable trust .

— resulting trust ائتمان حكمي : أمانة تنشأ بحكم القانون law أو الانصاف equity لا بنص صريح .

— savings bank trust (راجع totten trust)

— shifting trust أمانة أو عهدة تنتقل منافعها او فوائدها من مستفيد الى آخر او تؤول الى أناس غير المذكورين اصلا في سند الائتمان وذلك في ظروف خاصة .

— simple trust ائتمان أو استعهاد بسيط : ينتقل بموجبه المال محل الائتمان الى شخص معين، على سبيل الامانة كي تؤول منافعه الى شخص آخر .

— special trust ائتمان تخصيص يعهد بموجبه الى الامين القيام بشأن معين فيما يتعلق بموضوع الائتمان، كأن يديره او يبيعه او يوزعه او يتصرف به حسب اجتهاده أو وفقاً لخطة مرسومة وهو على نوعين :

١) ائتمان مقرر يبين كيفية وجوب التصرف بموضوع الائتمان ministerial or instrumental trust .

٢) ائتمان تقديري يقتضي من الامين ان يستعمل حكمته وحسن تقديره في ادارة الامانة وتصريف أمورها discretionary trust .

— spendthrift trust ائتمان سفيه (أو متلاف) : أنشئ لمصلحة مستفيد سفيه حفظاً لامواله من التبديد .

— totten trust أمانة تتناول هبة يقتطعها الواهب من امواله الخاصة ثم يودعها باسمه لحساب شخص آخر ، فيكون بذلك أميناً على ما وهب . وتظل هذه الامانة قابلة للابطال من الواهب ما دام على قيد الحياة .

— transgressive trust أمانة تجاوزية : ترست او ائتمان يتجاوز الاغراض التي انشئ من اجلها او يخل باحكام القاعدة المحددة للاستمرار rule against perpetuities .
(راجع الاصطلاح الاخير في باب rule)

— voluntary trust أمانة ارادية : يأخذ فيها الامين على عاتقه حفظ اموال أو استغلالها لحساب الغير او نقلها اليه وذلك بمحض اختياره .

— voting trust (راجع باب voting)

trust company شركة ائتمان او «ترست» كما تسمى احياناً، تشتغل غالباً فيما يعهد به اليها قانوناً من ادارة الامانات وتنفيذ الوصايا، وتعمل احياناً كوصي (او ولي مقام بالوصية) testamentary guardian لمن شاء ان يعينها كذلك . وقد تتولى ايضاً بعض المعاملات العقارية من بيع وتأجير وما الى ذلك .

trust deed سند رهن ائتماني: يودع لدى أمين معين ضماناً لديون طبقة مقررة من الدائنين، على ان تكون للامين (المودع لديه) سلطة غلق الرهن foreclosure وبيع المرهون وسداد الديون بحاصل البيع .

[**في بعض الولايات المتحدة الاميركية**] سند رهن ائتماني تنتقل بموجبه الاراضي المرهونة (ضماناً للوفاء بديون معينة) الى أمين خاص يخول سلطة بيع هذه الاراضي في حالة العجز عن الوفاء واداء الديون من حاصل البيع ورد الباقي الى المدين .

trust deposit وديعة ائتمان: المال (سواء كان نقوداً او غير ذلك) المودع لدى البنك او الغير كي يحتفظ به كما هو على سبيل الامانة ليسترد عند الطلب أو يرصد لما يعينه المودع من اغراض .

trust estate يرد هذا الاصطلاح بمعان مختلفة يقررها النص أو السياق، منها ما يأتي:

الحق القانوني العائد للامين فيما ائتمن عليه لمصلحة الغير ؛

مجموع الاموال موضوع الامانة .

trust fund اموال ائتمان او عهدة يحتفظ بها الوصي او الامين كي ترصد لغرض معين دون سواه .

trust *in invitum* امانة قائمة بحكم الانصاف equity على الاموال الموجودة تحت يد الوصي خلافاً لقصده وارادته .

trust instrument سند ائتمان او عهدة

trust legacy (راجع باب legacy)

trust receipt ايصال ائتمان . اذا اقرض البنك احد التجار مبلغاً من المال ليشتري سلعاً مستوردة واحتفظ لنفسه بحق الملكية في تلك السلع، نظم هذا السند الكتابي بينهما اشعاراً بتسليم السلع للمستورد بعد اتفاق كتابي منه على أن تعتبر هذه السلع أمانة في يده لحساب البنك حتى يفي بما عليه .

trust territories اقاليم وصاية: البلدان التي كانت تحت الحكم التركي في الشرق الادنى ثم انتدبت بريطانيا من عصبة الامم لادارتها، ومثلها المستعمرات الالمانية السابقة في افريقيا .

trustee مستعهد؛ امين، وصي؛ وكيل؛ حارس؛ شخص مختار أو مقام بحكم القانون ليتولى امانة معينة ويحقق اغراضها . من آل اليه الحق القانوني في حيازة مال كي يديره لمنفعة شخص آخر يسمى the *cestui que* trust .

تشمل هذه الكلمة في مدلولها المنطلق كل شخص جمعته بالغير علاقة اخلاص وشرف: كالنائب agent والوكيل attorney والمودع bailee ومن ماثلهم .

— conventional trustee أمين اتفاقي؛ أمين مقام بامر محكمة

— joint trustees أمناء متضامنون: يديرون ما عهد به اليهم من أموال لمنفعة الغير دون منفعتهم .

— quasi trustee شبه أمين: من سعى لنيل فائدة عن سبيل الاخلال بالامانة فاصبح، كالامين، مسؤولا عما يفعل .

— testamentary trustee أمين ايصائي: مقام بالوصية

trustee *ex maleficio* or **trustee *de son tort*** من وضع يده على اموال وصية أو أمانة واتى من أفعال الغش ما جعله في عرف العدالة ملزماً بواجبات الوصي وتبعاته فيما يتعلق بالموضوع، وذلك منعاً له من الانتفاع نتيجة فعله المخل .

trustee in bankruptcy أمين تفليسة؛ حارس قضائي (سنديك)

trustee of waqf متولي وقف

trustee savings banks بنوك توفير تودع فيها المبالغ الصغيرة بفائدة معلومة وتمارس اعمالها وفقاً للقانونين الصادرين سنة ١٩٥٤م و ١٩٥٨م .

trusteeship وصاية

truster [**قانون اسكتلندي**] مؤتمن؛ من انشأ مبرة أو أمانة trust أو أقام ولياً على مال .

trustor (راجع truster)

truth حق او حقيقة؛ صدق؛ صحة؛ مطابقة للواقع

try يحاكم؛ يرى او ينظر (دعوى)، يعتبرها من الناحية القضائية ليتبين فيها وجه عدالة أو مرد حق .

يجرب؛ يختبر؛ يبلو؛ يفحص؛ يزن؛ يجتهد (في شأن)؛ يحاول

tsar قيصر روسيا . تكتب هذه الكلمة على أشكال عدة، منها: czar و tzar و zar .

T.T.T. [**لوائح الطيران**] اذا أذيعت هذه الحروف بالراديو تلغراف ثلاث مرات متتالية أفادت ان الطائرة المرسلة لها توشك أن تبعث تحذيراً جوياً هاماً أو رسالة تتعلق بسلامة الملاحة الجوية .

tuas res tibi habeto [**قانون روماني قديم**] عبارة تطليق أو توقيع طلاق معناها، «خذي مالك (أو أشياءك) لنفسك»، وهي العبارة التي كان يطلق بها الرجل زوجته عند الرومان .

tub [**قانون تجاري**] كيل سعته ستون رطلا (انكليزياً) من الشاي أو ٥٦ الى ٨٦ رطلا (انكليزياً) من الكافور .

tub-man [**قانون انكليزي**] محام barrister يتمتع بامتياز الاولوية في دائرة القضاء المالي Exchequer وله مكان خاص في المحكمة .

tug قاطرة : مركب بخاري يستعمل لقطر (أي جر) السفن من مكان الى آخر .

tuition تعليم، تدريس؛ تلقين (علم)؛ تثقيف

tumbrel (راجع ducking-stool)

tumultuous petitioning [**قانون انكليزي قديم**] استدعاء أو التماس ثوري؛ تقديم أية عريضة للملك أو أحد مجلسي البرلمان تطالب بتغيير وضع قائم على القانون في الدولة أو الكنيسة وتحمل ما يزيد على عشرين توقيعاً . وقد اعتبر الاستدعاء الثوري جنحة وكان يعاقب عليه كذلك ما لم تنل محتوياته موافقة ثلاثة من القضاة او اكثرية احدى هيئـــات محلفي التحقيق Grand Juries ولم يجز القانون الاشتراك في تقديم العريضة لاكثر من عشرة اشخاص .

tunnage [**قانون انكليزي قديم**] رسم زنة، يؤدى على الخمور المستوردة فوق مـــا كان يأخذه الملك منها لنفسه باسم butlerage او prisage .

turba [**قانون جنائي**] حشد؛ اجتماع ثوري . غوغاء

turn key job [**مقاولات حفر آبار البترول**] عقد حفر يتعهد بموجبــه المقاول ان يتولى حفر البئر المطلوبة ويقوم بالاعمال اللازمة لاعدادها على أكمل وجه وتسليمها جاهزة للانتاج بحيث تشرع في صب الزيوت حالما يدار مفتاحها المعد لذلك .

turn of market الفرق بين السعر المحدد للبيع والسعر المحدد للشراء .

turnout مزلقان : خط حديدي قصير جانبي ينتقل اليه احد قطارين متقابلين على خط رئيسي واحد ولا يخرج عنه حتى يمر القطار الآخر .

من معانيها الدارجة الاخرى (غير الفنية) : اضراب . نتيجة . ظهور . جمهور من مشاهدين

turnover رقم مبيع . عوائد؛ مال عائد من عمل أو مشروع

[**كفعل**] يسلم؛ يرد؛ يعيد

turnpikes حواجز، تقام احياناً عرض طريق معين لايقاف المارين ببضائعهم واستيفاء الرسوم الواجبة عليهم .

Turntable Doctrine مبدأ قانوني يسمى أيضاً Attractive Nuisance Doctrine وهو يفرض على من اقام أدوات أو أشياء يخشى منها على الصغار بحكم اغرائها لهم عـــلى الدنو منها أو لمسها والتعرض للضرر أن يتخذ من التحوط المعقول اللازم، باعتبار الظروف، ما يكفل الحيلولة دون استهداف اولئك الصغار للضرر .

turpis سافل؛ دنيء؛ مزر؛ مخجل؛ غير مشروع

turpis causa سبب دنيء

[**في المطالبات**] عوض يتنافى مع الاخلاق ولا يجيز القـــانون اتخاذه اساساً لعقد أو سبباً لدعوى .

turpitude اخلال بالشرف؛ سقوط؛ دناءة؛ انحطاط مهين أو مخجل . كل ما تنافى مع قواعد العدالة أو أخل بأصول الشرف والآداب .

— moral turpitude لا يختلف معنى هذه العبارة عن معنى كلمة turpitude وحدها، اذ تدل على كل ما كان في حد ذاته *in se* منافياً للشرف أو الآداب أو كاشفاً عن نفس دنيئة .

turpitudo انحطاط؛ تجرد عن الاخلاق أو الآداب؛ عار

tutela حضانة؛ وصاية؛ قوامة او ولاية : تستمر على المولى عليه حتى دور المراهقة (الحلم) .

tutela legitima حضانة، قوامة أو ولاية شرعية : تنشأ بحكم القانون لا بداعي الوصية .

tutela testamentaria حضانة او قوامة ايصائية : تنشئها الوصية .

tutelage حضانة، أو ولاية تستمر على الصغير المولى عليه حتى يبلغ الحلم . نفقة الصغير : مرتب متفق عليه يتعهد الزوج في حال الطلاق أو الفرقة أن يدفعه لزوجته حتى يبلغ أبنهما سن الرشد (الحادية والعشرين) وهو في عصمة أمه وذلك للانفاق عليه وتعليمه .

tutor معلم خاص؛ مرب؛ مؤدب .

[**قانون مدني**] كافل أو ولي تربية، يعين لمن كان دون سن المراهقة . وأما بعدها فالوصي على الصغير هو القيم curator .

tutor *alienus* [**قانون انكليزي**] ولي غاصب . الغريب الذي يضع يـــده على ارض تعود لولد لم يتجاوز الرابعة عشرة ويأخذ ريعها takes its profits .

tutor *proprius* [**قانون انكليزي**] كافل أو ولي صحيح سمي كذلك تمييزاً له من الـ tutor *alienus* .

هو عين ما وضعته لجنة الفقهاء العشرة أصلا، بل يرجح ان يد الزمان لم تترك من النصوص الاصلية غير النزر اليسير .

Twenty Per Cent Rule [**شؤون انتخابية**] قاعدة العشرين في المئة، وهي تقضي باعتبار الانتخابات لاغية اذا ثبت بطلان عشرين في المئة من الاصوات المعطاة .

twice in jeopardy (راجع once in jeopardy)

twisting [**علاقات التأمين**] اصطلاح شائع، معناه، قلب، تحريف (وقائع) او تصويرها على غير حقيقتها .

twyhindi [**نظام سكسوني**] افراد الطبقة السفلى، وقد قدرت قيمة الواحد منهم بمئتي شلن لاغراض القانون وحساب التعويض عند الحاجة .

tyhtlan [**قانون سكسوني**] تهمة؛ اتهام؛ مساءلة جنائية

tying [**عقود الايجار**] ربط؛ تحديد أو حصر (حق الاستعمال بشروط معينة) .

type rating [**لوائح الطيران**] اهلية النوع أو الطراز

typewriting طباعة على الآلة الكاتبة (العادية) .

tyranny طغيان؛ حكومة طغيان؛ حكومة تحكمية؛ جور؛ استبداد

tyrant طاغية؛ ظالم؛ جبار؛ مستبد: يسخر سلطانه لقهر رعيته على ما شاء تحكماً وظلماً (سواء كان حكمه مشروعاً أو غير مشروع) .

tythe ضريبة عشر tithes

tything جماعة قوامها عشرة؛ عشر أو جزء من عشرة . منطقة بمعنى district . (راجع tithing)

tzar قيصر روسيا (سابقاً) . (راجع czar)

tutorship الولاية على النفس؛ تربية الحدث

tutorship by nature ولاية بحكم الطبيعة: تنتقل الى أحد الوالدين بموت الآخر؛ اي تؤول للأم على الصغار اذا مات الاب أو للاب اذا ماتت الام .

tutorship by will ولاية بحكم الوصية؛ ولاية ايصائية . حق تعيين الولي بالوصية

tutrix ولية؛ قيمة

twa night gest [**قانون سكسوني**] ضيف الليلة الثانية (راجع third-night-awn-hinde)

twelfhindi [**نظام سكسوني**] الموظفون الاعلون في الحكومة السكسونية او رجال الطبقة العليا فيها . وقد جعل لكل رجل قيمة مادية تتناسب مع مركزه الرسمي أو الاجتماعي، بحيث اذا اصابه ضرر قدر تعويضه على اساس قيمته المادية (أي قيمة المضرور) . ولما كان الـ *twelfhindi* أرباب المناصب العليا في الدولة فقد قدرت قيمة الواحد منهم بـ ١٢٠٠ شلن .

Twelve Tables الالواح الاثنا عشر: مجموعة من القوانين الرومانية وضعتها لجنة تشريعية مؤلفة من عشرة رجال سنة ٤٥٠ ق. م. وذلك بعد ان توجهت الى الخارج لجنة صغرى قوامها ثلاثة اعضاء للتعرف على مختلف القوانين والتشريعات الاجنبية ثم عادت وقدمت تقريراً بملاحظاتها الى لجنة العشرة المذكورة التي تولت بدورها وضع هذه الالواح فارست بها أساس الفقه الروماني ومصدره الاول، وقد تضمنت عدداً من القوانين الاجنبية المنقحة والمعدلة بما يتناسب مع الطباع والبيئة الرومانية . وتألفت غالبية الألواح من أحكام جديدة أو مقتبسة من القوانين والعادات الرومانية القديمة، وهي وان لم تخل من تأثير التشريع اليوناني غير انها رومانية الصياغة روحاً وأصلا . على أنه لا يوجد من الدليل ما يستطاع معه الجزم بأن الموجود منها حالياً

U

U.A.R. (راجع United Arab Republic)

U.B. (راجع Upper Bench)

U.K. (راجع United Kingdom)

U.N. (راجع United Nations)

U.N.E.S.C.O.
(راجع United Nations Educational Scientific and Cultural Organization)

U.N.R.R.A. (United Nations Relief and Rehabilitation Agency) الوكالة الدولية لاغاثة اللاجئين؛ وكالة غوث الامم المتحدة

U.R. (*uti rogas*) (راجع باب *uti*)

U.S. (*ubi supra*) (راجع باب *ubi*)

U.S.A. (راجع United States of America)

U.S.S.R.
(راجع Union of Soviet Socialist Republics)

uberrima fides [في العقود] «سلامة النية المثلى»؛ «الامانة والصراحة الخالصة». يراد بهــذا الاصطلاح ما يجب ان تقوم عليه العقود من صدق النية والصراحة في كل ما يمت اليها.

ubi aliquid conceditur, conceditur et id sine quo res ipsa esse non potest اذا منح شيء منح معه ما لا وجود للشيء دونه.

ubi eadem ratio, ibi eadem lex; et de similibus idem est judicium اذا اتحد السبب اتحد القانون (اي ذات الاسباب تحكمها ذات القوانين) واذا تشابهت الاشياء تشابهت الاحكام.

ubi est forum, ibi ergo est jus الحكم لقانون المحكمة

ubi et dantis et accipientis turpitudo versatur, non posse repeti dicimus اذا انطوى العطاء والاخذ على قصد دنيء فلا سبيل لاسترداد ما أعطي. اي اذا تماثلت غاية المعطي وغاية الآخذ في السفالة، لم يجز للمعطي ان يسترد ما أعطى.

ubi jus ibi remedium إذا وجد الحق وجد السبيل (او العلاج للوصول) اليه.

ubi jus incertum, ibi jus nullum حيث يتردد القانون (في حكمه) فهو معدوم الوجود: اي اذا لم يكن القانون باتاً فكأنه منعدم.

ubi lex aliquem cogit ostendere causam, necesse est quod causa sit justa et legitima اذا اقتضى القانون ابداء السبب وجب أن يكون ما يبدى عادلا مشروعاً.

ubi lex est specialis, et ratio ejus generalis, generaliter accipienda اذا كان القانون خاصاً وسببه عاماً وجب اعتبار آثاره عامة.

ubi matrimonium, ibi dos حيث يكون الزواج تكون الدوطة. أو، لكل زواج صداق.

ubi non est directa lex, standum est arbitrio judicis, vel procedendum ad similia اذا لم يوجد نص قانوني مباشر (صريح) أخذ بتقدير القاضي أو السابقات القانونية.

ubi non est principalis, non potest esse accessorius حيث لا يوجد فاعل اصلي لا يوجد شريك.

ubi periculum, ibi et lucrum collocatur من تحمل تبعة شأن استحق منافعه. أي: من تحمل مغرم الشيء استحق مغنمه.

ubi pugnantia inter se in testamento juberentur, neutrum ratum est التعليمات المتنافرة في الوصية باطلة.

ubi remedium ibi jus اذا وجد الحل (او وجدت الحيلة) وجد الحق.

ubi supra كما ذكر عالياً

ubiquity الوجود في كل زمان ومكان.
يفترض القانون ما يسميه دوام الوجود القضائي legal ubiquity، ويعزى هذا الوجود (الافتراضي) للملك باعتباره حاضراً في كل محكمة.

udal ملكية عقارية مطلقة قوامها الانتفاع والحيازة الاستمرارية كالـ allodial في القانون الانكليزي، شاعت في فنلندا قديماً وما زال يؤخذ بها في Orkney و Shetland بالجزر البريطانية الشمالية .

'uddah [شريعة اسلامية] العدة ، مدة التريث التي اوجب الشارع على المرأة قضاءها قبل ان تتزوج بغير زوجها الاول . من ذلك : عدة ذوات الحيض وهي ثلاثة قروء minstruations وعدة الآيسة (التي لا تحيض) وهي ثلاثة أشهر ، وعدة الحامل وهي وضع الحمل، وعدة المتوفى عنها زوجها (اذا لم تكن حاملا) وهي أربعة أشهر وعشر ، وهلم جرا ..

ullage [قانون تجاري] مقدار النقصان في العبوءة (تعبئة البراميل وما اليها من الآنية) .

ulterior خفي ؛ مخفي؛ مستتر ؛ مكتوم (قصداً) غير ما ذكر ؛ بعيد؛ استقبالي

ultima ratio حجة أخيرة؛ مرجع نهائي؛ وسيلة أخرى

ultimate أخير ، آخر ؛ نهائي؛ في النهاية أو النتيجة . أساسي؛ جوهري

ultimatum «الآخر» ؛ انذار نهائي ؛ عرض أو التماس نهائي . آخر ما يعرض في سبيل ابرام معاهدة أو عقد أو ما الى ذلك .
من معانيها ايضاً : النتيجة التي وصلت اليها المفاوضة في أمر معين . آخر ما يعتزمه الخصم ذو الشأن في موضوع النزاع .

ultimogeniture المولود الاخير . نظام قصر الميراث على الابن الاصغر أو المولود الاخير دون الابن الاكبر . primogeniture

ultimum supplicium آخر العقاب أو أقصاه : عقوبة الموت .

ultimus hæres وارث أخير أو أبعد : السيد الاقطاعي الذي يرث الارض المقطعة اذا مات الفصل بلا عقب (أي بلا وارث أقرب *haeres proximus*) .

ultra وراء؛ بعد؛ فوق . متناه؛ مفرط

— damages *ultra* (راجع باب damages)

ultra mare وراء البحر

***ultra* reprises** فوق تكاليف او أجرة مرتبة . بعد استنزال رسوم مستردة .

ultra vires [قوانين الشركات] مخالف للنظام (نظام الشركة)؛ متجاوز للسلطة . كل عمل تجاوز حدود السلطات المقررة للشركة في عقد تأسيسها . ولا يقتصر هذا الاصطلاح احياناً على الاعمال الممنوعة على الشركة بل يشمل كل عمل أو مشروع يتجاوز النطاق المصرح لها به . ويعتبر العمل *ultra vires* بالنسبة للشركة اذا كانت لا تملك سلطة القيام به في أي حال من الاحوال . ونقيض هذا ما كان *intra vires* من السلطات المخولة .

ultroneous witness [قانون اسكتلندي] شاهد متطوع، يحضر للشهادة دون أن يكلف بها .

umpire حكم محكمين : من عين ليفصل (وحده) في امر اختلف فيه محكمون .

'umra [شريعة اسلامية] عمرة : اتفق الفقهاء على انها هبة واختلفوا في شكلها فذهب بعضهم الى أنها هبة مطلقة تؤول للموهوب له ملكاً خالصاً وذهب البعض الآخر الى أنها معلقة على شرط الايلولة للواهب عند موت الموهوب له .

un لا ؛ ليس؛ غير ، نحو : غير مشروع unlawful

una voce بصوت واحد؛ بالاجماع

unable عاجز ؛ غير قادر (على أداء شأن)

unaccrued غير مستحق؛ لم يحل اداؤه

unadjusted غير ثابت ؛ غير منسق او مرتب . لم يفرغ منه

unalienable غير قابل للتصرف أو التحويل؛ لا يباع

unambiguous غير غامض؛ جلي؛ ذو معنى او مدلول واحد .

unanimity اجماع (لا يشذ عنه أحد)؛ اتحاد آراء أو مطابقتها

unanimous اجماعي؛ بالاجماع

unascertained غير ثابت؛ غير معلوم قطعاً أو تأكيداً؛ غير مستوثق منه

unavoidable لا يجتنب، لا يتفادى منه؛ لازم، لا مفر أو معدى منه ؛ لا يتسنى منعه

unavoidable accident حادث لا مرد له او لا يستطاع تفاديه : الحادث الذي لا يعزى وقوعه لعجز أو تفريط ولا يستطاع دفعه ببذل عناية الرجل العادي وتحوطه . يرد هذا الاصطلاح احياناً كمرادف للعبارة قضاء وقدراً Act of God .

unavoidable casualty اصابة لا يستطاع تفاديها أو دفعها : أي لا تملك الفطنة والعناية والحكمة البشرية منع وقوعها .

unbroken مستمر ؛ استمراري ؛ غير منقطع

unceasesath [قانون سكسوني] يمين عدم الثأر ؛ اليمين التي كان يحلفها الاقارب بان لا يأخذوا بثأر قتيلهم .

uncertainty عدم تثبت أو يقين (من أمر)، عدم الجزم به ؛ غموض (في قصد أو تعبير)

unchastity عدم عفة ؛ عدم طهر (في تفكير أو سلوك)، وهو ما قد يكون دون اتيان الفسق فعلا .

uncle عم أو خال

Unclean Hands Principle [عدالة مطلقة] مبدأ عدم طهارة الذيل (او اليد) . المبدأ القائل بان من تدنست يداه بفعل باطل لا يحق له أن يلجأ لقضاء العدالة الانصافية Equity . اي لا يجوز لمن أتى فعلا باطلا يتصل باحدى نواحي النزاع ان يستجير بقضاء العدالة المطلقة فيما يتعلق بناحية اخرى منه اذا كانت بين الناحيتين صلة .

unconditional غير مشروط أو مقيد ؛ بلا قيد ؛ مطلق

unconscionable يعافه الضمير ؛ يأباه الذوق أو لا يقره (لخروجه عن مقتضيات الانصاف أو المروءة) .

unconscionable bargain صفقة منافية للضمير . (راجع catching bargain)

unconscious مغمى عليه ؛ فاقد الوعي أو الشعور

unconstitutional مغاير للدستور أو مخالف له ؛ غير دستوري

uncontested election انتخاب بالتزكية

uncontrollable لا يضبط ؛ غير مستطاع الكبح ؛ لا تمكن السيطرة عليه ؛ جامح

uncontrollable impulse حافز قاهر ؛ دافع غالب يجنح بصاحبه الى فعل مخالف للقانون فلا يستطيع هذا ضبط نفسه عن اتيانه بحكم ظروفه النفسانية الخاصة او تعطل ارادته أو ضعف قواه العقلية ، ويكون عذراً كافياً يعفيه من المسؤولية الجنائية .

uncultivated land ارض غير مزروعة ؛ ارض غير مغروسة او غير زراعية .

uncuth [قانون سكسوني] مجهول ؛ غريب (راجع third-night-awn-hinde)

undefended بلا مدافع ؛ ليس له محام يدافع عنه ، شأن المتهم أو المدعى عليه اذا لم يكن له وكيل يتولى الدفاع عنه فاضطر للمرافعة عن نفسه . وتعتبر الدعوى أو القضية undefended اذا تغيب المدعي أو المتهم عن الجلسة بعد اشعاره اشعاراً صحيحاً ولم يوكل عنه احداً لحضورها أو اذا لم يقدم مذكرة دفاعه للرد على دعوى خصمه .

under تحت ؛ دون ؛ أقل

يلي ؛ تابع ؛ خاضع ؛ مع . حسب ؛ في ؛ بمقتضى ، بموجب

under control في اليد ؛ مسيطر عليه . يعتبر الموقف under control اذا كان زمامه في اليد أو تسنت السيطرة عليه في حرية تامة . وتكون السيارة under control اذا كان سيرها من الاعتدال بحيث يستطاع وقفها حالا أو بسرعة معقولة .

under protest مع الاحتجاج ، نحو : paid under protest دفع مع الاحتجاج .

under way متأهبة (للسير) : كالسفينة اذا كانت غير راسية أو غير موثقة الى أي جسم ثابت .

under consumption قلة الاستهلاك ، هبوطه او انخفاضه عن مستوى معين .

undercurrent or **underflow of surface stream** تيار جوفي ؛ سيلان أو امتصاص جوفي . انسياب المياه او رشحها أو تسربها خلال الطبقة الارضية الرخوة التي يجري عليها النهر أو تحده مباشرة .

undergound waters مياه جوفية (راجع subterranean waters في باب water)

undergrowth نجم ؛ نباتات صغيرة أو أعشاب تنبت تحت أشجار أو نباتات أعظم منها .

under-lease ايجار من الباطن : قيام المستأجر بتأجير ما استأجر لشخص ثالث مدة تقل عن مدة الايجار الباقية حسب عقده مع المؤجر الاصلي .

underlie the law [اجراءات جنائية اسكتلندية] يواجه القانون او يمتثل اليه . يرد هذا الاصطلاح في المتهم حين يحضر للمحاكمة بمعنى أنه يضع نفسه تحت حكم القانون .

under-sheriff وكيل عامل ملك sheriff يؤدي جميع وظائف الـ sheriff الا ما اقتضى منها حضوره شخصياً . ويعتبر الـ sheriff مسؤولا مدنياً عن أعمال الـ under-sheriff واهماله وهفواته .

undersigned مشفوع بامضاء ، مذيل به . موقع ذيلا

undersigned, the (the undersigned) موقع أو موقعون أدناه ، ذيلا أو بذيله .

understand يفهم ؛ يلم (بشأن) ؛ يعلم ؛ يدرك ؛ يعي

undisputed غير منازع؛ غير مجادل فيه؛ ليس محلا لجدل؛ مسلم به

undivided right حق غير مجزأ: اما أن يكون حقاً في عقار غير مجزأ أو حقاً غير مفرز (في عقار) يشترك فيه شخصان أو أكثر .

undue يزيد على حاجة؛ غير مستحق. لا لزوم له؛ في غير محله؛ غير لائق

undue influence تأثير غير سائغ أو غير مشروع . نفوذ باطل، يتوسل به لقضاء حاجة: كالجاه مثلا، اذا سخر لتحقيق ما لا يتسنى تحقيقه بالطرق المشروعة العادية والاكراه المعنوي بسبيل السلطة أو المهابة، والتأثير في القضاة أو غيرهم ولو من باب الاستعطاف والترجي، وقهر الغير، بأي شكل كان، على القيام بأمر لا يقوم به لو ترك وشأنه . وكذا كل وسيلة غالبة تجرد الشخص من ارادته أو حرية تصرفه وتلزمه القيام بما كلفه به الشخص المؤثر أو اوعز به اليه سواء بالحسنى أو غيرها .

[في الانتخابات] يعتبر من التأثير غير المشروع كل تدخل يحرم الناخب من الامتناع عن الانتخاب اذا شاء أو اعطاء صوته لمن أراد، سواء كان هذا التأثير بسبيل العنف أو التخويف أو غير ذلك . ويقوم التأثير غير المشروع أو النفوذ الباطل في رأي بعض المراجع على ما يأتي:
(١) استغلال ثقة الغير للتغلب عليه والاستفادة على حسابه دون انصاف أو حق؛ (٢) استغلال ضعف عقل الغير؛ (٣) استغلال حاجة الغير او سوء حاله . ويعتبر هذا التأثير في القانون الانكليزي من الجنح .

unearned increment زيادة غير اجتهادية: زيادة طبيعية، ناشئة عن طبيعة الظروف والمؤثرات الخارجية لا عن جهود خاصة او تحسينات مدخلة على الشيء موضوعها، كزيادة الطلب، على بعض السلع مثلا، زيادة مبعثها تكاثر السكان أو ارتقاء المجتمع أو ما الى ذلك من الاسباب التي لا دخل فيها لصاحب السلعة . وكذا زيادة قيمة الارض نتيجة اسباب خارجية لا دخل لمالك الارض فيها كتكاثر السكان او ما الى ذلك .

underdeveloped متخلف او متأخر (من حيث النمو او التقدم)

uneducated غير مهذب؛ غير مؤدب . ولا صلة لهذا النعت بمبلغ المنعوت من الثقافة أو التعليم، فقد يكون هذا أمياً أو عالماً وهو uneducated ليس له أي حظ من التهذيب أو التربية .

unenforceable غير قابل للتنفيذ؛ ما لا حيلة للقانون فيه، اي ما كانت فيه المقاضاة غير مجدية . من ذلك ان

understanding [في العقود] تفاهم؛ اتفاق ضمني يترتب على اتفاق آخر صريح .
موافقة غير رسمية؛ التزام تعاقدي صحيح غير رسمي .
[في الوصايا] ترد هذه الكلمة أحياناً للدلالة على مجرد التأميل في توافر شيء .

understood [في العقود] فهم؛ تم أو حصل الاتفاق (على)

undertake يتعهد؛ يتولى؛ يلتزم؛ يكفل (شأناً) أو يتكفله، يضمن حصوله؛ يضطلع به . يجتهد في القيام بشأن؛ يعد؛ يتفق؛ يرتبط

undertaker متول او متكفل: من تعهد القيام بمهمة؛ من تولى شأن الغير . حانوتي: يحترف تحضير الاموات للدفن والتزام الجنازات .

undertaking تعهد؛ ارتباط (بشأن)؛ اشتراط: التزام يتعهد بموجبه أحد فريقين أو أكثر، دون غيره، ان يقوم بأمر معين . ولا يشترط في مثل هذا الالتزام ان يقوم على عوض مقرر .
وعد أو ضمان، مهما كان شكله؛ مشروع؛ مهمة

under-tenant مستأجر من الباطن

underwrite يؤمن على (حياة أو مال)
يضمن تغطية اصدار احدى الشركات: يتعهد بشراء ما لا يستطاع بيعه مما تصدره الشركة للجمهور من أسهم أو سندات أو يتعهد بانه اذا لم يشتر الجمهور جميع الاسهم الصادرة عن الشركة المعنية أو عدداً معيناً منها فسيشتريه هو . أو، بعبارة أخرى، يضمن تغطية اصدار الشركة من اسهم أو سندات أو ما الى ذلك بشراء ما لا يشتريه الجمهور منها .

underwriter مؤمن: يضمن حياة الغير أو أمواله ويكون في الغالب شركة تأمين أو ما في حكمها .
مؤمن بحري، يشترك مع الغير كمؤمن في عقد تأمين بحري .
ضامن تغطية اصدار: يتعهد بشراء جميع ما يصدره الغير من أسهم أو سندات خاصة أثناء فترة معينة . (راجع underwrite)

undesirable person شخص مرغوب عنه: أي، غير مرغوب فيه

undisclosed مستتر؛ مكتوم؛ سري؛ غير معلن؛ غير مكشوف

undisclosed principal اصيل مكتوم: يعتبر الاصيل كذلك اذا أجرى نائبه احدى الصفقات مع شخص آخر لم يعلم أن النائب انما كان يجري ذلك لحساب شخص غير نفسه هو الاصيل .

unfair مجحف ؛ غير مقسط ؛ غير منصف ؛ جائر ؛ غاشم

unfair competition منافسة جائرة او مجحفة ؛ منافسة ملتوية : كل منافسة تنطوي على الغش أو الاحتيال أو تتنافى مع مقتضيات الشرف والانصاف .

[**اجراءات العدالة المطلقة**] ينطبق هذا الاصطلاح على ما يلجأ اليه بعض التجار أحياناً من محاولة احلال سلعهم في السوق محل سلع رائجة بانتحال اسمها أو تقليدهـا أو محاكاة شكلها أو حجمها أو لونها أو غلافها أو أي شيء يدل عليها بما يكفي لتضليل المشتري البسيط وحمله عـلى شرائها باعتبارها السلع الاصلية، وذلك دون ان يشكل فعل المذكورين في حد ذاته اي جرم من جرائم تقليد علامة الغير التجارية او اسمه التجاري. كذلك كل بيع يتخذ البائع في سبيله من الوسائل ما يخجل الضمير الحي او يندى له جبـين الانصاف . والاصل في المنافسات الملتوية هو سوء النية .

unfair hearing محاكمة مجحفة . سماع الخصوم أو الشهود سماعاً ظالماً غير مقسط : أي ناقصاً أو مصيباً ويغاير مقاصد العدالة أو يخشى منه على تحقيق اغراضها .

unfair labour practice . تصرف عمالي غاشم او مجحف كل فعل يهدف الى ما يلي : (١) منع العمال من ممارسة حقهم في تنظيم صفوفهم أو تشكيل مؤسساتهم أو الاشتراك فيها أو تأييدها أو المساومة على شروط العمل عن طريق من يختارونه من الممثلين أو وضع الخطط اللازمة للاتحـاد والتآزر بينهم وحماية بعضهم بعضاً او التأثير فيهم بما يقيد حريتهم في ممارسة هذه الحقوق؛ (٢) السيطرة على تشكيل مؤسسات العمال أو ادارتها أو التدخل فيها أو التبرع لها بالمال أو معاضدتها باي سبيل آخر ؛ (٣) التمييز بين العمال فيما يتعلق بمقادير الاجور ومواقيت العمل ومعاملتهم معاملة متفاوتة وحثهم على الاشتراك أو عدم الاشتراك في مؤسسات العمال؛ (٤) فصل العـامل الذي يتقدم بأي تظلم أو شكاية ضد رب العمل أو الجهة التي استخدمته أو اختصاصه بسوء المعاملة؛ (٥) رفض الدخول مع ممثلي العمال في مساومات جماعية تنتظم جمهرة من العمال والمستخدمين .

unfair trade, doctrine of (doctrine of unfair trade) مبدأ التجارة المجحفة : وهو يحظر على التاجر ان يبيع أية سلعة كانت على اعتبارها لتاجر آخر ، كما يحظر عـلى كل شخص أن يزاول أي عمل business باعتبـار كونه صادراً عن شخص آخر .

unfaithful خائن؛ لا عهد له؛ غير وفي

unfit غير لائق؛ غير ملائم أو مناسب

unforeseen غير منتظر ؛ غير منظور ، خفي ؛ غير متوقع ؛ غير محضر أو معد له

يكون العقد في محله ولا يستطاع تنفيذه نظراً لعيب في شكله او ان يكون جديداً فلا يقبل التنفيذ بحكم هـذه الجدة لكنه قد يحمل على انجاز عقد سابق .

unemployment بطالة : انعدام العمل أو المورد الشخصي الكافي لاعالة النفس والعيال .

unequal متفاوت؛ غير متكافئ (مع شيء معين)، غير مساو له؛ غير متسق

متحيز ؛ مائل؛ غير منصف

unequivocal جلي، واضح ؛ خال من التباس أو تعقيد أو تورية أو شك . ذو معنى واحد؛ غير مختلف

[**وصف الاثبات**] الاثبات القطعي، وهو أقوى ضروب الاثبات.

unerring لا يخطئ؛ لا يفشل؛ منزه عن الغلط

U.N.E.S.C.O.: United Nations Educational Scientific and Cultural Organization : يونيسكو (منظمة التربية والتعليم والثقافة التابعة لهيئة الامم المتحدة) أو (المنظمة التربوية العلمية الثقافية التابعة لهيئة الامم المتحدة) . تأسست هذه المنظمة يوم ١٦ نوفبر سنة ١٩٤٥م وجرى توقيع قانونها الاساسي في التاريخ المذكور من اربع واربعين دولة . وفي الامكان استبانة بعض اهداف المنظمة المذكورة من ديباجة قانونها ومادته الاولى وقد جاء فيها ما يلي :

« من حيث ان العقل البشري هو المضرم لنار الحرب فحقيق بالسلم ان ينشد فيه بناء حصونه . وما كان للهيب هذه الحرب التي وضعت اوزارها ان يندلع لو لم تنكر المبادئ الديمقراطية وتوطأ كرامة الرجـال ويقضى على روح المساواة والاحترام المتبادل . واذا أردنا أن ننشد سلماً لا تناله يد الخيبة فلا بد لنا من اقامة أركان هذا السلم على أساس من تضامن البشرية الفكري والادبي» . وجاء في المادة الاولى أن هذه المنظمة «تهدف الى بعث التعاون بين الامم عن سبيل التربية والثقافة أملا في أن يعظم تقدير العالم للعدالة واحترامه لكلمة القانون وحقوق الانسان وحرياته الاساسية المعلنة بميثاق الامم المتحدة» .

unethical غير مهذب ؛ لا يساير اداب المهنة . عامي ؛ مبتذل

unexceptionable لا عيب فيه؛ لا يقبل الاعتراض؛ غير محل لدفع أو نعي أو انتقاد

unexpected غير منتظر ؛ مباغت ، مفاجيء؛ دون انذار سابق

unexpired rent أجرة مدفوعة مقدماً . ما تبقى من مدة الايجار محل الاتفاق .

unexpired term مدة باقية من مهلة أو غير منقضية من ميعاد .

ungeld [**قانون سكسوني**] خارج على القانون (راجع outlaw)

unharmed لم يصب بأذى؛ لم يلحقه سوء أو مكروه؛ سليم

uniate church كنيسة متحدة مع روما تسيطر عليها سلطات اكليرية محلية تمثل الفاتيكان .

unified موحد؛ متحد

uniform بزة (رسمية) ؛ زي رسمي؛ لباس خاص بسلك معين دون غيره . وقد يكون هذا اللباس عبارة عن مجرد شارة ترمز الى السلك المذكور .

[**كنعت**] موحد (يتبع وضعاً واحداً أو يخضع لذات القاعدة والاصول) ؛ مستو ؛ متسق . متجانس النسق أو النمط أو الوتيرة ؛ متساو ؛ منتظم

[**قانون اللوائح وتطبيقها**] متكافىء؛ يسري على كل من وضع له دون استثناء وعلى حد سواء؛ غير متفاوت

[**في الضرائب**] تعتبر الضرائب uniform اذا اتصفت بالمساواة وسرت على جميع الاموال الخاضعة لها سرياناً واحداً غير متفاوت.

uniformity تساو ؛ تعادل؛ تكافؤ؛ عدم تفاوت؛ انتظام؛ مطابقة لنمط واحد أو قاعدة واحدة، نحو: uniformity of operation of laws تساوي سريان القوانين أو مفاعيلها، اي وجوب تطبيقها في نطاق سريانها بذات القوة والكيفية .

Uniformity, Act of (Act of Uniformity) قانون التبعية : القانون المحدد لشروط العضوية في كنيسة انكلترا وكليات جامعتي اكسفورد وكيمبردج ، وقد صدر أولا في عهد الملك تشارلز الثاني سنة ١٦٧٣م وسنة ١٦٧٤م ثم عدل في عهد الملكة فيكتوريا سنة ١٨٧٢م وسنة ١٨٧٣م .

Uniformity of Process Act قانون توحيد الاجراء . صدر هذا القانون سنة ١٨٣٢م في عهد الملك وليم الرابع لتوحيد اصول رفع الدعوى أمام جميع محاكم وستمنستر ثم عدل بقوانين الاجراءات Procedure Acts الصادرة سني ١٨٥٢م و ١٨٥٤م و ١٨٦٠م وقوانين نظام القضاء Judicature Acts الصادرة سنتي ١٨٧٣م و ١٨٧٥م في عهد الملكة فيكتوريا .

unify يوحد؛ ينتظم في اتحاد أو كيان موحد

unigeniture مولود أو عقب وحيد

unilateral انفرادي؛ ملزم لطرف واحد؛ ذو وجه أو شق واحد . متصل بجهة دون غيرها

unilateral contract (راجع باب contract)

unilateral record سجل مبرز لبيان واقعة واحدة معينة دون سواها .

unimpeachable witness شاهد حق أو معتمد (غير الشاهد العدل competent witness) ؛ شاهد مصدق لا يسأل فيما يقول: تثق به هيئة المحلفين وتصدق اقواله وتجيز استنتاجاته وان توافر من الادلة ما يناقضها .

uninfected غير مصاب؛ غير مشوب أو موبوء؛ لم يتسرب اليه فساد أو أذى .

unintelligible غير مفهوم؛ غامض؛ لا يستطاع فهمه

union اتحاد؛ كتلة؛ رابطة: اندماج عدة اشخاص طبيعيين او اعتباريين في كتلة واحدة للعمل في سبيل هدف واحد .

Union-Jack العلم البريطاني . سمي كذلك لانه يجمع بين راية St. Patrick وصليبي St. George و St. Andrew . اما كلمة Jack فأغلب الظن أنها مأخوذة عن jacque وهو معطف عليه صليب احمر كان يلبسه الجنود الانكليز قديماً .

Union of Soviet Socialist Republics اتحاد الجمهوريات السوفييتية الاشتراكية: وهو يتكون من جمهورية روسيا الائتلافية الاشتراكية Russian Soviet Federative Republic والجمهوريات السوفييتية الاشتراكية التالية: أوكرانيا، بيلوروسيا، أوزبيكستان، قازاخستان، جورجيا، اذربيجان، ليتوانيا، مولدافيا، لاتفيا، قرغيزيا، تاجيكستان، ارمينيا، تركمنيا، استونيا والكاريل الفينية (او الفنلندية) .

union of title وحدة حق الملكية: نشوء الحق (العقاري) العائد للحائزين أو المالكين المتضامنين عن مصدر واحد أو بموجب سند واحد .

union shop مشغل اتحاد: الورشة التي لا يعمل فيها الا من كان عضواً في اتحاد العمال أو التي يسمح لصاحبها بأن يستخدم فيها عمالا غير تابعين لاتحاد العمال على ان يكلف هؤلاء الاشتراك في الاتحاد اذا ارادوا الاستمرار في الخدمة، ويجعل اشتراكهم التالي هذا شرطاً لازماً لدوام استخدامهم .

unit وحدة (من شيء)

ترد هذه الكلمة احياناً في شؤون نقابات البترول أو اتحاداته بمعنى سهم أو حصة .

unit of production [**صناعة البترول**] وحدة انتاج، تعتمد لتقدير صافي الايراد الخاضع للضريبة، وهي البرميل، ويكون التقدير على اساسها باستنزال جميع تكاليف انتاج البرميل الواحد من عوائد بيعه واعتبار الباقي صافي ربح الوحدة . فاذا زادت التكاليف على العوائد كانت الزيادة هي صافي خسارة الوحدة .

unitas personarum وحدة اشخاص: كوحدة الزوجين (الرجل وامرأته) أو السلف والعقب أو الوارث .

unite يتحد: يشترك مع الغير في عمل أو كيان أو هدف واحد؛ يتضافر (معه أو عليه)؛ يوحد؛ يضم

United Arab Republic الجمهورية العربية المتحدة: دولة فيدرالية تشكلت يوم ٢٢ فبراير سنة ١٩٥٨م باتحاد سوريا ومصر واليمن في جمهورية عربية واحدة يحكمها رئيس ووزارة مركزية . وفي يوم ٢٨ سبتمبر سنة ١٩٦١م انفصلت سوريا عن مصر فانحل الاتحاد واحتفظت مصر لنفسها باسم الجمهورية العربية المتحدة ورايتها .

United Kingdom of Great Britain and Ireland مملكة بريطانيا العظمى وارلندا المتحدة، أو المملكة المتحدة لبريطانيا العظمى وارلندا: ويشمل هذا الاسم، بمقتضى قانون اول يناير سنة ١٨٠١م، انكلترا واسكتلندا وارلندا وويلز والمستعمرات والممتلكات الواقعة ما وراء البحار . والقانون المذكور هو قانون توحيد ارلندا وبريطانيا العظمى .

United Nations الامم المتحدة: منظمة دولية، قوامها مجلس أمن Security Council وجمعية عامة General Assembly وعدد من الوكالات التابعة subordinate agencies . شرع الحلفاء في تشكيلها اثناء الحرب العالمية الثانية سعياً لتحقيق ما نص عليه ميثاقها من منع الحروب واقامة أسس العدالة والعمل على رفاهية الشعوب وازدهارها والمحافظة على حقوقها الانسانية .

United States Courts محاكم الولايات المتحدة؛ وهي المحكمة العليا Supreme Court وما دونها من المحاكم مما يرى الكنغرس انشاءه بين حين وآخر . يرد هذا الاسم في الغالب للدلالة على المحاكم الفيدرالية .
(راجع Courts of the United States)

United States of America الولايات المتحدة الاميركية؛ وهي تتألف من الولايات الخمسين التالية: New York, Virginia, West Virginia, Pennsylvania, North Carolina, South Carolina, Ohio, Michigan, Kentucky, Tennessee, Alabama, Georgia, Florida, Mississippi, Missouri, Louisiana, Texas, Arkansas, Kansas, Colorado, New Mexico, Nebraska, Wyoming, North Dakota, South Dakota, Montana, Washington, Oregon, Nevada, California, Oklahoma, Minnesota, Iowa, Illinois, Idaho, Maine, New Hampshire, Vermont, Connecticut, Maryland, New Jersey, Indiana, Delaware, Rhode Island, Massachusetts, Wisconsin, Utah, Arizona, Alaska, Hawaii .

United States Officers موظفو الولايات المتحدة: الموظفون المعينون من رئيس الولايات المتحدة وحده أو الرئيس والكنغرس معاً أو المحاكم أو رؤساء المصالح (الوزراء) Heads of Departments .

unity [املاك عقارية] اتحاد (المال العقاري)، من حيث الحيازة أو المصلحة أو غير ذلك، في شخصين أو أكثر .

unity of interest اتحاد المصلحة: يراد به (في الحيازات) اتحاد المصالح من حيث المصدر أو السبب أو وحدتها (اذا كانت مصالح عقارية تضامنية) بمعنى تساويها في الحقوق وعدم رجحان اي منها على الآخر .

unity of possession اتحاد حيازة . حيازة مشتركة لحقين بموجب حجتين أو أكثر؛ من شأنها أن تنشأ اذا قام المستأجر (الحائز) بشراء المؤجر فاتحد في شخصه حق الحيازة وحق الملكية وسقطت الاجارة .

والاتحاد المذكور من ميزات الاموال العقارية التضامنية التي تقتضي الحائزين المتضامنين (في اجارة أو غيرها) أن يحوزوا المال المشترك غير مجزأ كأنهم شخص واحد ويتمتعوا بذات الحقوق حتى يموت أحدهم .

unity of seisin اتحاد حيازة (يتوافر بايلولة العقار المرتفق الى حائز العقار المرتفق به) .

unity of time اتحاد الوقت: وهو من مستلزمات الحيازة التضامنية، باعتبار وجوب ايلولتها الى اصحابها في حين واحد .

unius omnino testis responsio non audiatur
لا تقبل شهادة شاهد واحد: اي لا تكفي للاثبات .

universal عام، عمومي؛ في مواجهة الجميع، دون استثناء؛ شامل؛ جامع

universal agent نائب عمومي: يعهد اليه بسلطة القيام بجميع ما يستطيع الاصيل أن يقوم به وله أن يسند هذه السلطة الى الغير لاداء ما يلزم لحساب الاصيل .

universal legacy (راجع باب legacy)

universal partnership (راجع باب partnership)

universal representation [قانون اسكتلندي] تمثيل عام، يراد به تمثيل الوارث لمورثه، او الخلف للسلف .

universal succession [قانون عام] ميراث او توارث عام . وراثة عامة تشمل جميع أموال التركة دون استثناء .

universitas [قانون مدني] مؤسسة جامعة؛ شركة أو هيئة اعتبارية تضم عدداً كبيراً من الافراد.

universitas facti [قانون مدني] مجموعة اشياء مادية مثلية، كقطيع من اغنام مثلا او شحنة من بضاعة تشمل عدداً من أشياء متماثلة النوع.

universitas juris [قانون مدني] مجموعة متنوعات، قوامها أشياء متباينة، مادية وغير مادية، تعتبر كتلة واحدة أو وحدة قائمة بذاتها، كالميراث او التركة او ما اليهما.

universitas rerum [قانون مدني] مجموع الاشياء (موضوع البحث)؛ كتلة واحدة

university جامعة (علمية)

University Courts (Courts of the University راجع)

universus الكل (او كل)، الكافة، الجميع، جميعاً.

unjust غير عادل، جائر، مجحف، ظالم

Unjust Enrichment, Doctrine of (Doctrine of Unjust Enrichment) مبدأ الاثراء الجائر: المبدأ المانع للاثراء على حساب الغير دون حق. بحيث اذا آل لشخص مال أو شيء ذو منفعة على حساب شخص آخر في ظروف خاصة تجعل الاحتفاظ به مغايراً للانصاف، ترتب على الاول واجب رده وللثاني حق المطالبة به.

ومن الاثراء الجائر أن يستأثر الشخص لنفسه باموال أو منافع تعود، من باب الانصاف، لغيره. والمبدأ هذا في حد ذاته حكم انصافي equitable غير تعاقدي non contractual اي لا يترتب على عقد أو اتفاق. وهو يختلف عما يعرف بالكسب غير المشروع illicit gain.

unlage [تشاريع سكسونية] قانون جائر او غير عادل

unlarich [قانون سكسوني قديم] مخالف للقانون؛ غير قانوني

unlaw [قانون اسكتلندي قديم] كان يعتبر الشخص غير أهل للشهادة اذا لم يسو ما سموه بالـ king's unlaw أي عشرة جنيهات اسكتلندية، وهي الغرامة التي كان يحكم بها قديماً على المتخلفين عن الحضور أمـام المحاكم والمرتكبين لبعض الجرائم البسيطة.

unlawful غير مشروع؛ مغاير للقانون، لا يبيحه القانون؛ لا يستند الى قانون. يغلب استعمال هـذه الكلمة في الوعود والتعهدات والعقود أو عوضها وما الى ذلك.

unlawful act فعل غير مشروع

[مواد جنائية] يشمل هذا الاصطلاح اي فعل محظور قانوناً أو اخلال مفتعل بحق مدني.

[احكام القتل الخطأ manslaughter] كل فعـل او سلوك ينم عن رعونة أو عدم مبالاة او تفريط أو اهمال واضح لسلامة الآخرين.

unlawful assembly تجمهر غير مشروع: اجتماع ثلاثة اشخاص أو أكثر اجتماعاً يخل بالسلام العام public peace ويهدف الى التعاون على تحقيق امر غير مشروع بسبيل العنف. فاذا مضى الاجتماع الى تحقيق هدفه اصبح rout واذا حققه فعلا عد riot.

unlawful belligerents [قانون اميركي] محاربون غير قانونيين أو غير شرعيين. يطلق هذا الاسم على أعداء الولايات المتحدة الذين يقتحمون أراضيها قصد تخريب صناعاتها ومعداتها الحربية دون ان يلبسوا اثناء ذلك بزة عسكرية او يحملوا شارة تدل على وضعهم او حالهم الحربي belligerent status أو الذين يقتحمونها بألبستهم العسكرية ثم لا يلبثون ان يطرحوا هذه الالبسة او العلامـات المميزة في سبيل تحقيق الاغراض المذكورة.

unlawful detainer احتباس غير مشروع. الاحتفاظ بالمؤجر دون حق، شأن ما يصدر عن المستأجر اذا انتهت مدة ايجاره المتفق عليها فأبى أن يخلي المؤجر حـين كلفه المؤجر الاخلاء وظل محتفظاً به متجاوزاً في ذلك المدة المتعاقد عليها.

unlawful entry: دخول غير مشروع (بقصد الحيازة) دخول الارض (لامتلاكها) دخولا خالياً من العنف خلوه من الحق، أي دخولا مسالماً لا يستند الى حق مشروع.

unlawful picketing تحريض، غير مشروع للعمال، على الامتناع عن العمل او قهرهم عـلى الامتناع عنه بسبيل لا يقره القانون.

unlawful touching of person's body اصابة شخص الغير دون حق؛ التطاول غير المباشر على جسم الغير: كايقاع الاذى فيه باسقاط مادة ثقيلة أو تركها تهوي عليه فتؤذيه.

unlawfully خلافاً للقانون؛ باطلا، بالباطل؛ بغير حق

unless ما لم؛ الا؛ الا اذا

unless lease [شؤون البترول] عقد ايجار شارط او اشتراطي، ينص فيه على وجوب اعتباره باطلا ولاغياً ما لم يشرع المستأجر في عمليات معينة أو يدفع الاجرة المطلوبة أو ما لم يقم باشياء اخرى متفق عليهـا. سمي كذلك نسبة لاداته الشرطية unless.

unless otherwise proved ما لم يثبت خلاف ذلك؛ ما لم يقم الدليل على العكس.

unlimited لا حد له؛ غير محدود او محصور؛ اطلاقي

unliquidated غير معين؛ غير ثابت المقدار؛ غير مقرر؛ غير مصفى

unlivery [قانون بحري] تفريغ شحنة (السفينة) في المكان المعين لتسليمها .

unloading تفريغ (واسطة نقل)، ازال الشحنة عنها

unmarketable title حق ملكية مستحيل البيع : اي لا يرجى رواجه في سوق، اذا عرض لبيع تجنبه المشترون أو أثار مخاوفهم اعتقاداً منهم بانه معيب أو لا يخلو من تعقيدات أو خصومات . وقد يكون هذا الحق في الواقع غير ذلك بيد أن ما يشاع عنه في السوق من اقاويل ينفر المشترين منه ويجعله مستحيل البيع أو عسيره unmarketable .

unmarried غير متزوج أو متزوجة . يراد بهذه الكلمة في الدرجة الاولى، من لم يسبق له الزواج ابداً، وقد تعني من ليس له زوجة او ليست لها زوج في الوقت الراهن . وترد أحياناً بمعنى مطلق او مطلقة (اذا اقتضى النص او السياق ذلك) .

unnatural offence جرم غير طبيعي او ضد الطبيعة . جرم يخالف نواميس الطبيعة : كاللواط ومجامعة الانسان للحيوان وما الى ذلك (اي sodomy و buggery و *crimen innominatum*).

unnatural will وصية غير طبيعية : الوصية التي يحرم فيها الموصي ورثته الشرعيين جزءاً عظيماً من امواله ويوصي به للغرباء دون سبب واضح معقول .

unoccupied [مواد التأمين] شاغر؛ غير مأهول؛ لا يستعمل لسكنى أو مبيت بين حين وآخر .

uno flatu «بنفس واحد»

unqualified غير مقيد او محدد . لا تتوافر فيه الشروط او الاهلية المطلوبة .

unprecedented ليست له سابقة، لا مثيل له

unprofessional conduct سلوك مغاير للمهنة؛ سلوك مخل بواجبات المهنة او شرفها .

unreasonable غير معقول؛ غير متزن او معتدل؛ أرعن؛ احمق؛ غير حكيم . مجرد عن الشعور او الحس فاحش؛ تحكمي

unreasonable search تفتيش غير معقول
[قانون عام] التفتيش الذي يكون من الازعاج والكشف عن الخصوصيات بحيث يتجاوز الحد الذي اراده القانون ويتطاول على حرية الفرد تطاولا لا مبرر له . يراد به احياناً التفتيش غير المشروع الذي لا يستند الى تفويض قانوني .

unruly and dangerous animals حيوانات كاسرة خطرة : قد تؤذي الناس او تؤذي غيرها من الحيوانات .

unsafe خطر؛ غير مأمون او أمين، لا يؤمن جانبه

unseated land [قوانين Pennsylvania بالولايات المتحدة] اراض موات، غير مأهولة او معدة لسكن او استثمار وإن كان لها مالك معروف .

unseaworthy غير صالحة للملاحة (البحرية)

unskilled غير فني؛ غير مدرب

unsolemn war حرب غير كاملة : غير قائمة رسمياً أو فعلياً . حرب لا يراعى في اعلانها او خوضها ما نصت عليه قوانين الحرب من اصول وقواعد .

unsolemn will وصية بلا منفذ : لم ينص فيها على تعيين منفذ يتولى تنفيذها .

unsound mind عقل غير سليم : به علة افقدت صاحبه اهلية القيام بأود نفسه وادارة شؤونه وأعماله الخاصة . ويعتبر of unsound mind من كان معتوهاً أو ذا غفلة او مخالطاً أو إمعة idiot أو مصاباً بأي نوع من أنواع الجنون insanity.

untenable مستحيل الحماية؛ غير محل لدفاع او محافظة؛ لا يستطاع ادراكه

unthrift متلاف؛ سفيه (بمعنى prodigal)

until حتى؛ لغاية؛ الى حين؛ ريثما؛ الى أو الى أن

until the contrary is proved حتى يثبت العكس : حتى يقوم الدليل على العكس .

untoward event حادث غير منتظر؛ حادث غير طبيعي أو خارج عن المألوف .

untrue غير صحيح؛ غير منضبط؛ غير حقيقي؛ غير مطابق للواقع؛ لا يقرر حقيقة الحال موضوع البحث . يرد هذا الاصطلاح احياناً بمعنى *prima facie* inaccurate غير منضبط او غير صحيح من حيث الظاهر أو لاول وهلة، لا يفرض فيه أن يكون كذباً مفتعلا .

unumquodque eodem modo quo colligatu est, dissolvitur, — quo constituitur, destruitur كل شيء يحل بالوسائل التي انشىء بها ويهدم بالوسائل التي بنته أو اقامته.

***Unus Nullus* Rule, the** (the *Unus Nullus* Rule) [في البينة] قاعدة كون شهادة الواحد كالعدم وهي القاعدة القائلة بان شهادة الشاهد الواحد لا تجدي فتيلا كانعدام الشهادة .

urban مدني؛ مديني؛ خاص بالمدينة او البلدة او يتصل بها.

urban servitude ارتفاق مديني او بلدي: حق ارتفاق يعود لبعض المباني على الاخرى، كارتفاقات المناور والمجاري وعدم التعلية وما اليها.

urgency استعجال؛ عجلة

urgent مستعجل؛ استعجالي

usage عادة (شائعة متبعة)، يعترف ذوو الشأن باحكامها ويراعونها في معاملاتهم.

والفرق بين العادة usage والعرف custom هو ان العادة تستمد قوتها من قبول الاطراف ذوي الشأن، بينما يستمد العرف قوته من اقتباس القانون له وصيرورته جزءاً منه.

— general usage عادة عامة: تراعى في جميع انحاء البلاد أو يتبعها جميع المشتغلين في مهنة أو حرفة معينة.

usage of trade عادة الحرفة أو التجارة: العادة المرعية في مزاولة حرفة او تجارة معينة.

usance [قانون تجاري] مهلة معتادة؛ مدة عرفية، يحددها العرف او تحددها العادة لاداء قيمة الكمبيالات بين البلاد المسحوبة فيها والبلاد المسحوبة عليها ولا تقل في الغالب عن نصف شهر.

use يستعمل (شيئاً)، يسخره لامر، يستخدمه أو ينتفع به [كاسم] استعمال؛ منفعة؛ استخدام (شيء) أو الانتفاع به

— *cestui que* use المنتفع على يد الغير او بسبيله (راجع باب *cestui*)

— charitable use غرض خيري

— contingent use انتفاع احتمالي (غير مؤكد): يكون تحققه رهناً بوقوع حادث أو أمر معين في المستقبل.

— executed use انتفاع ناجز: انتفاع راهن يقترن بحق حيازة.

— executory use لا يختلف هذا الانتفاع عما يسمى springing use (راجعه تالياً).

— feoffee to uses (راجع باب feoffee)

— passive use; permissive use التصرف في المال العقاري لشخص على أن تكون منافعه لآخر: كأن يتصرف «ا» مثلا في ارض لـ «ب» على ان يعود ريعها وحق استعمالها والانتفاع بها الى «ج». وهذا نوع قديم من التصرف كان يلجأ اليه قبل صدور الـ Statute of Uses للافلات من أحكام القوانين المانعة من حرية التصرف.

unusual غير عادي، غير مألوف؛ غريب؛ نادر الوقوع

unvalued policy وثيقة تأمين (بوليصة) غير مقومة: الوثيقة التي لا تحدد قيمة المؤمن عليه بل تترك اثبات القيمة أو الاتفاق عليها الى حين وقوع الخسارة.

unworthy غير لائق؛ لا يستأهل (ما هو موضوع البحث)؛ لا تتوافر فيه المزايا اللازمة له. حقير؛ ساقط القيمة

unwritten law قانون غير مكتوب. يطلق هذا الاسم على كل قانون تطبقه المحاكم وتعمل به دون ان يقنن ويصدر على هيئة قانون تشريعي statute أو مرسوم. ويشمل القانون الانكليزي غير المكتوب كل ما لم يصدر من القانون العام Common Law والعرف الذي له قوة القانون والقواعد والمبادئ والسنن القانونية والقرارات التي انشأتها السابقات القانونية وأجرتها مجرى القوانين. من هذه المبادىء المشهورة مثلا، ان قتل الرجل الخليل زوجته أو مغوي بنته لا يعد جناية.

up [في الاجراءات] ترد احياناً في مثل العبارة to have up on a charge اي يقدم بتهمة كذا..؛ على ان استعمال الكلمة في هذا المعنى لا يعتبر فنياً.

[شؤون برلمانية] غير جالس او غير منعقد، نحو: parliament is up.

uphold يسند؛ يدعم؛ يؤيد؛ يقر؛ يتمسك (بأمر)؛ يظاهر

upkeep اعالة؛ اعاشة؛ صيانة (شيء) أو اصلاحه

uplifted hand يد مرفوعة (لاداء يمين): يقصد بها اليد المرفوعة نحو السماء، تعزيزاً لليمين.

Upper Bench [قانون انكليزي] اطلق هذا الاسم على محكمة مجلس الملك الخاص اثناء حكم كرومويل بين سنة ١٦٤٩م وسنة ١٦٦٠م.

upright مستقيم؛ شريف، نزيه؛ منتصب؛ قائم

upset bid (راجع باب bid)

upset price [بيوع المزاد] سعر ادنى، يرضى صاحب البضاعة بالمناداة عليه كسعر اولي للمزايدة وبيع البضاعة به اذا لم يزايد عليه احد. وهو يعلن عادة قبل الشروع في المزايدة ولا يجوز بيع البضاعة بأقل منه.

(راجع reserve price للمقابلة)

upsun [قانون اسكتلندي] (الزمن الواقع) بين طلوع الشمس ومغيبها.

upwards فما فوق؛ فما أكثر، نحو three years or upwards ثلاث سنين فما فوق.

— **secondary use** انتفاع تبعي؛ انتفاع لاحق، معلق على شرط مستقبل، يسمى أحياناً shifting use ولا يبدأ الا بتحقق شرطه المنصوص عليه. كأن يحصل التصرف في الانتفاع لـ«ا» من الناس وورثته بشرط ان ينتقل هـذا الانتفاع الى «ج» وورثته اذا عاد «ب» مثلا من الاغتراب.

— **shifting use** انتفاع متنقل: ينتقل من شخص الى آخر بتوافر أسباب معينة.

— **springing use** انتفاع استقبالي لا يكاد يختلف عن الانتفاعين السابقين، تتقيد ايلولته بوقوع حادث او حصول أمر معين في المستقبل. سمي كذلك لانه ينطلق من عقاله بتحقق الامر المذكور.

— **Statute of Uses** قانون المنافع (راجع *cestui que* use و feoffee). صدر هذا القانون سنة ١٥٣٦م في عهد الملك هنري الثامن وكان غرضه القضاء على عادة التفرغ عن منافع الارض لشخص *cestui que* use وعن السيطرة القانونية عليها لآخر feoffee واقتضاء حصر حقّي السيطرة والانتفاع في شخص واحد.

— **superstitious use** (راجع باب superstitious)

use plaintiff المدعي المنتفع: الشخص الذي ترفع الدعوى لمنفعته باسم شخص آخر حيث لا يجوز له بموجب حق الانتفاع موضوع الدعوى أن يرفعها باسم نفسه.

use من رفعت الدعوى باسم الغير لمنفعته الخاصة، وهو الـ use plaintiff ذاته.

useful [براءات الاختراع] نافع؛ صالح للانتفاع؛ ذو فوائد عملية لاغراض معلومة.

user استعمال؛ انتفاع؛ تمتع

— **adverse user** قيام المطالب (او المدعي) باستعمال المال العقاري، محل المطالبة، كما لو كان مالكه الفعلي (دون اذن قانوني).

usher محضر؛ مباشر؛ ساع، آذن. يرجح ان اصل هذه الكلمة هو *huissier* التي تؤدي ذات المعاني في اللغة الفرنسية.

usque حتى؛ الى. كلمة حدية استثنائية، تستثني من الاعتبار ما بعدها.

usque ad ما دام

usque ad sidera حتى النجوم. فتوى رومانية، لا ترى دون النجوم حداً لامتداد سلطان المالك على ما فوق أرضه.

usual عادي، معتاد، اعتيادي؛ دارج؛ مألوف؛ جرى به العمل اعتيادياً. مع الزمن

usual covenants اتفاقات مألوفة: اذا اشير اليها في عقود الايجار دون بيان تفاصيلها رتبت على المستأجر حسب الدارج ما يلي: (١) دفع الاجرة؛ (٢) دفع الضرائب الواجبة الا ما صرح العقد بوجوب دفعه على المالك؛ (٣) عدم اتلاف المؤجر والمحافظة عليه وتسليمه بحالة جيدة (اي كما كان عند بدء الايجار او بحالة معقولة)؛ (٤) السماح للمالك بدخول المؤجر لمعاينة الاصلاحات الواجبة على المستأجر. ورتبت على المالك ان يسمح للمستأجر باستعمال المؤجر حسب الشروط المتفق عليها.

usual place of abode محل سكن عادي

usual terms [في المرافعات] شروط معتادة؛ يراد بها حسب القانون العام الانكليزي الشروط الثلاثة التالية: (١) pleading issuably حصر الدفاع أو المذكرات الجوابية في موضوع النزاع؛ (٢) rejoining *gratis* (راجع بـــاب rejoining)؛ (٣) taking short notice of trial الاعلان بالمحاكمة اعلاناً وجيز المدة.

usuarius [قانون مدني] مستعمل؛ من جاز له استعمال شيء تعود ملكيته للغير، ولم يكن له فيه غـــير مجرد استعماله لحاجاته العادية.

usucapio or ***usucaptio*** التقادم المكسب (في القانون الروماني)؛ وهو لا يكاد يختلف عما يسمى prescription في القانون الانكليزي. على ان الفرق بين التقادمين هو ان الاول لا يكون مكسباً للملكية على أساس مجرد المدة المنصوص عليها بقانون التقادم الانكليزي مهما طالت بل لا بد له من ركنين هما: (١) السبب المشروع (اي الحق القانوني) *justa causa* (٢) سلامة النيـــة (اي الجهل) *bona fides*. ولا يستفيد بالـ *usucaptio* من ثبت سوء نيته. والوجه الصحيح لكتابة هذه الكلمة هو *usucapio* لا *usucaptio*.

usufruct [قانون مدني] حق انتفاع؛ حق ذي الشأن في ان يجني من شيء معين تعود ملكيته للغير اقصى ما يستطيعه من منافع دون ان يتلفه أو يستنفده أو يبدل من جوهره.

— **imperfect usufruct** (راجع *quasi* usufruct تالياً)

— **perfect usufruct** حق انتفاع تام: حق ذي الشأن في أن يستعمل ما هو محل هذا الحق كما تمليه احتياجاته الخاصة دون ان ينال من جوهره وان ترك في ظاهره بعض التغيير بجراء طول الاستعمال، كالمنازل والاراضي والاشياء المنقولة وما اليها مما لا معدى من تأثره مع الزمن وتكرار الاستعمال.

— ***quasi* usufruct** شبه حق انتفاع؛ حق انتفاع ناقص imperfect usufruct سمي كذلك لان الاصل في الـ usufruct ان لا يعطى المنتفع حق النيل من جوهر الشيء موضوع الانتفاع

اذعن للتكليف في الحال . ولم يسمح لهذا المستعمل بان يشرك معه احداً في حق الاستعمال او ان يبيعه او يؤجره . وقد ذهب بعض المراجع الى أن زوجة (المستعمل) الـ *usuarius* كانت تحرم مشاركته السكنى على تلك الارض باعتبار ان استعمالها حق شخصي خالص لزوجها دون غيره .

usus bellici [قانون دولي] اغراض (او وجوه استعمال) حربية

usus fructus [قانون روماني] حيازة انتفاعية . حق استعمال الشيء او الانتفاع به مؤقتاً لا ملكيته أو السيطرة النهائية عليه .

ut hospites كضيوف

ut infra كما ذكر تالياً ؛ كما يلي ؛ كما يتضح ادناه

ut pœna ad paucos, metus ad omnes perveniat يعاقب البعض ليرهب الجميع ؛ او ، قصاص البعض عظة للجميع .

ut supra كما ذكر عالياً أو آنفاً ؛ كما يتضح مما تقدم

utas ثامن الايام : ثامن يوم تال لعيد أو مهلة معينة .

utensil اداة (مهما كان نوعها) ، وهي اشمل مدلولا من tool .

uterine لأم ؛ من جهة الأم

uterine brother(s) أخ (أو إخوة) لأم . والإخوة والاخوات للأم يسمون «بني الاخياف» .

utero-gestation حمل ؛ حبل

uti [قانون مدني] يستعمل لاغراض ضرورية

utilis annus [قانون روماني] عام قوامه ايام *utes utiles* عمل تمارس فيها المحاكم شؤونها القضائية وتتعاقب فيه هذه الايام دون ذكر لايام العطلة الرسمية .

uti frui [قانون مدني] كي يستعمل (شيئاً) وينتفع به (دون ان يستنفده أو يتلف جوهره) .

uti possidetis أمر قضائي يستصدر لحيازة عقار موضوع نزاع او الاحتفاظ به .

[قانون دولي] لكل ما حاز أو ما بيده . مبدأ وجوب احتفاظ كل فريق محارب بما استولى عليهمن الاراضي بالقوة اثناء الحرب .

uti rogas [قانون روماني] عبارة تأييد كان يصدرها من اراد اعطاء صوته بالموافقة على موضوع يطرح للتصويت العلني ، ومعناها «أصوت كما تقترح» وتختصر عادة بالحرفين ***u.r.*** .

او استنفاده ، ولذلك اقتصر الحق المذكور اصلا على الاشياء التي لا يمكن استنفادها بممارسته . ولما تطور هذا الحق واخذ يترتب ايضاً على الاشياء القابلة للتلف والاستهلاك لم يكن بد من تسميته *quasi* usufruct تمييزاً له من حق الانتفاع الحقيقي وحصره في الاشياء المذكورة التي لا يتسنى الانتفاع بها الا بانفاقها و باستهلاكها . .

usufructuary [قانون مدني] منتفع ؛ من عاد اليه حق الانتفاع

usura ربا ؛ مراباة أو مرابحة : اقراض المال بفائدة فاحشة

usura manifesta ربا مكشوف : الربا الذي تكون فيه الفائدة الفاحشة واضحة للعيان . يقابله ما يسمى الربا المستتر *usura velata* الذي يخفي فيه المرابي مقدار الفائدة الفاحشة بان يأخذ على مدينه سنداً بمبلغ كلي يحجب مقدار الفائدة ؛ بحيث اذا كان الدين عشرة جنيهات والفائدة عشرين تستحق بعد ثلاثة اشهر مثلا ، اخذ المرابي على المدين سنداً بثلاثين جنيهاً واجبة الاداء بعد ثلاثة اشهر من تاريخه دون ان يحدد فيه اصل الدين والفائدة ، وكان عمله بهذا *usura velata* رباً مستتراً .

usura velata ربا مستتر أو محجوب (راجع *usura manifesta*)

usurious ربوي ؛ له صفة الربا ؛ يقوم على الربا أو يتصل به

usurp يغصب او يغتصب (شيئاً من صاحبه) ، يستولي عليه بالقوة والباطل .

usurpation غصب او اغتصاب : استيلاء باطل على ما للغير من مال او حق او نفوذ او غيره .

usurped power [شؤون التأمين] سلطة مغتصبة ؛ يترتب اغتصابها على غزو من الخارج أو انقلاب داخلي تلتقي فيه القوات المسلحة وتسكت القوانين وتصبح البلدان هدفاً لنيران السلاح .

usurper غاصب او مغتصب : من انتزع سلطة بالباطل خلافاً لدستور البلاد أو اغتصب وظيفة او حقاً لغيره خلافاً للقانون .

usury ربا ، مراباة او مرابحة : اقراض المال لقاء فائدة تتجاوز الفائدة القانونية ، مع توافر نية الربح الفاحش .

[قانون انكليزي قديم] فائدة على دين . جزاء يناله صاحب النقود نظير استعمال الغير لها .

usus [قانون روماني] استعمال . استعمال الارض (للزراعة او سكن) مدة رضى المالك ، بحيث اذا كلف المستعمل الاخلاء

utility [في البراءات] منفعة أو فائدة . نافع؛ ذو قيمة صناعية ومنفعة عملية مجردة (من الترف)، اذا استخدم في شأن معين عاد بالفائدة المتوخاة أو سهل توافرها أو ساعد عليه . ذو نفع جدي (مجرد من الكماليات) أو نفع تقشفي (خال من التوافه).

utlagatus or ***utlagatum*** [قانون انكليزي قديم] مارق من سلطة القانون؛ طريد القانون outlaw

utlagatus est quasi extra legem positus. Caput gerit lupinum طريد القانون مقصى عن حمايته؛ يحمل رأس ذئب : اي، تحل مطاردته كما لو كان رأسه رأس ذئب .

utmost care منتهى اليقظة ؛ أقصى العناية

utrubi [قانون اسكتلندي] امر قضائي يستصدر للاحتفاظ بمنقول محل نزاع، كما يستصدر الامر المسمى *uti possidetis* للاحتفاظ بعقار متنازع فيه ريثما يفصل في شأنه .

utter يروج (صكاً مزوراً) أو يقدمه للقبول . يلفظ؛ يتفوه (بـ)

[كنعت] برمته؛ جملة؛ كلي؛ عن آخره؛ تام

utter bar [قانون انكليزي] خارج عن نطاق المحكمة، مجال المحكمة الخارجي الذي يترافع منه المحامون المبتدئون junior barristers خلافاً لمستشاري الملكة Queen's Counsels الذين يترافعون عادة من أماكن حظوة خاصة داخل نطاق المحكمة .

utter barrister [قانون انكليزي] (راجع utter bar) . يطلق هذا اللقب على كل محام يرافع من خارج نطاق المحكمة المسمى utter or outer bar خلافاً لمستشار الملكة Queen's Counsel العائد اليه شرف المرافعة من مكان خاص داخل نطاق المحكمة .

uxor زوجة : امرأة متزوجة (زواجاً شرعياً او قانونياً)

— *jure uxoris* (راجع باب *jure*)

uxor non est sui juris, sed sub potestate viri ليست الزوجة سيدة نفسها (أو ، لا تملك الزوجة أمر نفسها) بل هي خاضعة لسلطان الزوج .

uxor sequitur domicilium viri تتبع الزوجة موطن الزوج .

V

V. يرد هذا الحرف بسبيل الاختصار للدلالة على احدى الكلمات التالية، وذلك حسب الاحوال :
ملكة الانكليز ١٨٣٧م – ١٩٠١م Victoria؛ مجلد أو جزء volume؛ فعل verb؛ أنظر *vide*؛ كلمة *voce*؛ ضد *versus*

V. C. (Vice-Chancellor) (راجع باب chancellor)

V. C. C. (Vice-Chancellor's Court) (راجع vice-chancellor)

V. E. (*venditioni exponas*) (راجع *venditioni*)

V. F. R. (راجع visual flight rules)

V. G. (*verbi gratia*) على سبيل المثال

vacancy مكان شاغر؛ وظيفة شاغرة او خالية

vacant شاغر؛ مباح؛ فارغ؛ خاو؛ مهجور
غير محتل أو مشغول، نحو : vacant land أرض غير مشغولة (بمالك أو حائز) . على ان الارض المستعملة جزئياً قد تعتبر vacant land لاغراض القانون .

vacantia bona [قانون مدني] أموال سائبة أو مباحة: لا يملكها او يطالب بها أحد .

vacate يلغي؛ يبطل؛ يفسخ (حكماً)؛ يشطب (قيداً)
يخلي (شيئاً)، يغادر او يترك (عقاراً)، بمعنى يسلمه لصاحبه أو من عاد اليه الحق فيه بمجرد اخلائه .

vacatio [قانون مدني] إعفاء (من تكليف)؛ امتياز تجاوز (عن شأن) أو عدم الالتفات اليه .

vacation عطلة؛ اجازة . تعطيل المحاكم او عطلتها (الممتدة من نهاية دورة قضائية الى بداية اخرى) .
[قانون كنسي] خلو وظيفة بموت شاغلها او استقالته .

vacation barrister (راجع باب barrister)

vaccination تلقيح (بامصال واقية من امراض أو بغيرها).

vacillate يتقلب (بين رأي وآخر) . يتأرجح؛ يتردد

vacua possessio حيازة خالصة أو حرة (من اي تكليف) يترتب على بائع المال توفيرها للمشتري .

vacuity فراغ؛ شغور؛ خلو؛ انعدام (وجود شيء في موضوع البحث) .

vacuum فراغ مطلق؛ خلو كلي من المادة . امتصاص

vades عهود؛ كفالات حضور

vadimonium [قانون روماني] كفالة حضور متهم أو مدعى عليه للمحاكمة .

vadium رهن؛ ضمان برهن

vadium mortuum [قانون روماني] رهن ميت . ضمان يقدمه المدين للدائن برهن حيازة يسلمه بموجبه ارضاً تبقى تحت يده كملك مطلق له حتى يوفي بالدين في الموعد المحدد على ان تصبح الارض المذكورة للدائن أو يستمر هذا في حيازتها كملك خالص له، يعتبر كالمفقود أو الميت as dead بالنسبة للمدين اذا عجز عن السداد في الموعد المضروب .

vadium ponere أخذ كفالة تضمن حضور المطلوب أمام المحكمة .

vadium vivum رهن حيازة : يقتضي بقاء الاموال المرهونة في يد الدائن المرتهن حتى يستوفي من عوائدها وارباحها ما له على المدين الراهن .

vadlet [قانون انكليزي قديم] اكبر أبناء الملك؛ (ولي العهد)

vagabond متشرد: من لا سكن له او وسيلة مشروعة للعيش . من دأبه التسكع دون ان يكون له مرتزق شريف ومسكن ثابت او اذا كان له مسكن ثابت لم يلزمه . تعرفه القوانين الانكليزية القديمة بالشخص « الذي يصحو في الليل وينام في النهار ولا يبرح الخانات او الازقة المحيطة بها ولا يعرف أحد من أين هو آت أو الى أين ذاهب » .

vagabundum nuncupamus eum qui nullibi domicilium contraxit habitationis يدعى شريداً من لم يتخذ لنفسه سكناً في اي مكان .

vagrancy تشرد: تقلب الشخص بين مكان وآخر دون وسيلة مشروعة للعيش وركونه الى الخمول رغم قدرته على العمل، وعيشه على التسول والصدقات .

valor maritagii قيمة الزواج: المبلغ الذي كان يطالب به الولي موليته اذا رفضت زواج رجل كفؤ (مساو لها من حيث السن والشرف وغير ذلك من مقومات الكفاءة) او يطالب به موليه القاصر اذا رفض الزواج كما تقدم .

valorisation إغلاء السعر ، تعليته (بزيادته)

valuable ذو قيمة مالية او سوقية؛ ثمين؛ وافر القيمة او عظيمها؛ وجيه؛ ذو اعتبار

valuable consideration عوض معادل؛ عوض مقسط او ذو قيمة معتبرة: المقابل الذي يصح في نظر القانون أن يكون اساساً للتعاقد على شيء أو الوعد بادائه .

يختلف عنه الـ good consideration في كونه عوضاً أدبياً يوحيه الشعور بواجب القرابة أو تلهمه أواصر المودة أو الصداقة ، بحيث اذا تفرغ احد الناس لقريب له عن مال أو حق عقاري اعتبرت صلة القربى سبباً وجيهاً للتصرف وعوضاً كافياً لاغراض القانون .

valuable improvements تحسينات قيمة: ثابتة او دائمة ، اذا أدخلت على العقار زادت من قيمته زيادة دائمة ، ولا يعقل ان يقوم بها او يكلف نفسه اعباءها غير مالك العقار او المطالب به .

valuation تقدير (قيمةشيء) ؛ تقييم (او تقويم) ؛ تثمين

value قيمة؛ عوض؛ ثمن (بمعنى قيمة سوقية) . ترد هذه الكلمة احياناً بسبيل الاختصار للدلالة على valuable consideration .

— clear value قيمة خالصة . رصيد قيمة التركة بعد اداء كافة ديونها .

— face value (راجع باب face)

— fair market value (راجع باب fair)

— fair value (راجع باب fair)

— gross value قيمة اجمالية

— net value قيمة صافية

[شؤون التأمين] تسمى ايضاً reserve وهي الجزء الذي تحتفظ به شركة التأمين مما يؤديه المؤمن عليه من اقساط التأمين السنوية كي تواجه ما يستحق عليها من التزامات نحوه . ولهذا فقيمة (البوليصة) الصافية its net value في تاريخ معين ، هي مقدار الـ reserve (احتياطي التأمين) في ذلك التاريخ .

— true value قيمة فعلية او حقيقية: القيمة التي يقدر بها العقار المنقول في تاريخ معين ، وهي السعر الذي يبذله المشتري ويتقبله البائع راضياً مختاراً .

vagrant متشرد ، شريد؛ ابن سبيل؛ كسول جائس في الطرقات لا معيل له ولا وسيلة مشروعة للعيش . خامل ، يعيش على التسول ويتسكع في الطرقات ولا يعرف له مقام ثابت . من صرف أوقاته في القعود أو الرذائل ولم يكن له عمل مشروع أو مال أو ملك يعيش عليه أو عائل قانوني يعوله . من قد يؤدي خموله وقعوده عن العمل الى صيرورته عالة على الناس أو الخزانة العامة .

Vagrant Act [قانون انكليزي] قانون المتشردين . صدرت في التشرد والمتشردين قوانين عدة ، منها قانون سنة ١٧٤٤م الصادر في عهد الملك جورج الثاني وهو يعتبر المتشردين على ثلاثة اصناف : (١) القعديون (او التنابل)؛ والمخلون بالامن والآداب idle and disorderly persons؛ (٢) الاشقياء والمتشردون rogues and vagabonds؛ (٣) الاشقياء غير المأمول اصلا اصلاحهم incorrigible rogues . ثم صدر في الموضوع نفسه قانون آخر في عهد الملك جورج الثالث سنة ١٧٩٢م ، كما صدر في وجوب عقاب القعديين والمخلين بالامن والآداب قانون خاص في عهد الملك جورج الرابع سنة ١٨٢٠م وصدرت بعده قوانين أخرى في ذات الموضوع .

vague مبهم؛ غامض؛ غير جلي؛ غير ثابت

vain عبث ؛ سدى ؛ بلا فائدة؛ لا قيمة له أو نفع . مغرور ؛ احمق

valet فتى او غلام . كان هذا الاسم قديماً رمز احترام وتقدير ، يطلق على كل شاب من ابناء العائلات العريقة المثرية ، ثم اطلق فيما بعد على الفتيان المتواضعي الحال ، واستقر مدلوله اخيراً على أي غلام أو خادم شخصي مرافق يقوم على خدمةسيده .

valid ساري المفعول؛ معمول به؛ صحيح؛ قانوني؛ سليم؛ حسب الاصول؛ مستوف للشروط القانونية اللازمة؛ ملزم؛ موضوعي؛ في محله؛ وجيه

validate يختبر صحة أمر أو مدى مسايرته للقانون (بمعنى to test the validity of) . يصحح أو يتدارك بتصحيح؛ يثبت ، يجيز شيئاً أو يصادق عليه

validating statute قانون تصحيحي أو استدراكي؛ يوضع ليصحح قانوناً او حكماً سابقاً أو يتداركه باضافة اذا كان ناقصاً او ليستعيد سريانه اذا كان منقطعاً او معطلا .

validity صحة؛ شرعية؛ كفاية قانونية أو دستورية سريان ؛ نفاذ

validity of a will صحة الوصية: كونها مستوفية لمقتضيات القانون .

valley واد

value in exchange قيمة مبادلة او تبادل؛ قيمة تبادلية

value in use قيمة المنفعة؛ القيمة محل الانتفاع

value received [التأشير على الاوراق بالدفع] القيمة مستوفاة؛ استوفيت القيمة

valued policy وثيقة تأمين (بوليصة) مقدرة: حددت فيها قيمة موضوع التأمين باتفاق ذوي الشأن.

valueless لا قيمة له؛ ساقط القيمة

valuer مثمن؛ مخمن

Van Allen Belt نطاق فان ألان: حد فضائي يرتفع ٦٠٠ ميل فوق اية نقطة على وجه الارض.

vana est illa potentia quæ nunquam venit in actum كل قوة لا تمارس ابداً فهي من العبث.

vandalic بربري؛ همجي؛ مفسد؛ قائم على التخريب جهلا وافتعالا.

vandalism بربرية؛ همجية: منها تخريب الكنوز الفنية والادبية تخريباً مفتعلا، والقضاء على كل ما هو جميل ونبيل بلا سبب معقول او بدافع العداء الدفين له.

vani timoris justa excusatio non est الخوف التافه ليس بعذر، (أي لا يعد علة قانونية).

varda [قانون اسكتلندي قديم] حراسة؛ حفظ؛ حماية (قاصر). تقابلها warda في القانون الانكليزي القديم.

variance [في الاجراءات] تنافر؛ اختلاف (جوهري)؛ تباين (بين مستندين أو اجرائين في ذات الدعوى). تنوع. انحراف؛ خروج عن موضوع او نهج معلوم. ولا بد للاختلاف كي يصح اعتباره variance من ان يكون جوهرياً.

variation اختلاف، تباين، تنوع

various مختلف؛ متنوع؛ مفترق؛ متعدد

varrantizatio [قانون اسكتلندي قديم] ضمان؛ كفالة

vary يبدل؛ يغير، نحو: court may vary or rescind an order للمحكمة ان تغير الامر أو تلغيه.
يتبدل؛ يختلف؛ ينقلب (من حال الى آخر)

vas ضمان؛ كفالة؛ تعهد (سواء كان في المسائل المدنية أو الجنائية).

vasectomy عملية تعطيل القدرة الجنسية في الرجل، بفصل الوريد المنوي أو ربطه *vas deferens*. وهي عملية بسيطة كانت تجرى حتى عهد قريب لبعض المختلين او المجرمين ممن ادينوا بجرائم الاعتداء الجنسي. غير ان الدساتير الحديثة اعتبرتها منافية للطبيعة والقانون.

vassal [نظام اقطاعي] فصل؛ تابع او حائز اقطاعي ملزم، بحكم حيازته الاقطاعية، بتقديم خدمات معينة للمولى المقطع. استعملت هذه الكلمة بعد الازمنة الاقطاعية بمعنى عبد او شبه عبد، من حيث ارتباطه بمن يقوم منه مقام السيد واعتماده عليه وتقيده بخدمته.

vassal states دول تابعة: لا تملك من الحقوق الا ما عين لها صراحة ونصاً ممن يملك عليها الاستقلال، او بين الحرية والاستعمار.

vassalage تبعية؛ خضوع؛ شبه عبودية

vasseleria إقطاعة أو حيازة اقطاعية: ما يحوزه الفصل (التابع الاقطاعي) بحكم تبعيته.

vectigalia [قانون روماني] رسوم جمركية تستوفى على الصادر والوارد من السلع.

vectura [قانون بحري] نولون (او أجرة) شحن؛ سعر نقل البضائع بحراً

vegetable خضرة (تزرع لاغراض الاكل)؛ نبات بوجه عام

vehicle مركبة؛ سيارة؛ عربة؛ ناقلة: كل وسيلة للنقل، سواء برية كانت أو جوية، خلا القطارات والترامويات والدواب.

vehicular homicide القتل بمركبة أو سيارة: أي بواسطتها.

vein [قوانين التعدين] عرق (معدني). كتل أو صخور معدنية ممتدة في شقوق القشرة الارضية أو أخاديدها ضمن نطاق معلوم. وقد يكون العرق المعدني رئيسياً principal أو أصلياً original أو أولياً primary أو ثانوياً secondary أو عرضياً accidental أو تبعياً incidental. وليس لهذه الاوصاف أية معان محددة ثابتة، بل هي نسبية محضة تدل على صلة العروق المكتشفة بعضها ببعض او على قيمتها النسبية. على ان الاصطلاحات الثلاثة secondary و accidental و incidental تستعمل غالباً للتمييز بين العرق الاساسي discovery vein والعروق الاخرى التي يعثر عليها داخل الحدود السطحية نفسها.

— **discovery vein** عرق (مدني) اساسي: يمنح حق التعدين فيه على أساس اكتشافه.

vejours معاينون (بمعنى viewers)؛ متحرون: اشخاص منتدبون من المحكمة لمعاينة محل او شيء معين بغية التثبت من حاله واعطاء الرأي فيه للمحكمة.

velitis jubeatis quirites? عبارة افتتاحية كانت تستهل بها القوانين عند عرضها على الشعب الروماني للموافقة، معناها: «هل رغبتم (أو ارتحتم) أيها الرومــان»؟ أي، هل وافقتم على المعروض عليكم ؟

venal معروض للبيع؛ محل بيع أو شراء. رخيص؛ يشترى أو يستطاع اغراؤه بالمال.

vend يبيع

vendee مشتر: من اشترى (مالا ثابتاً)؛ اما مشتري المنقول فهو buyer .

vendetta ثأر

vendible قابل للبيع، محل له

venditio بيع؛ مبايعة؛ عقد بيع. تصرف؛ عقد تمليك

vendition بيع (بمعنى sale او selling)

venditioni exponas [في الاجراءات] «عليك أن تعرض للبيع». أمر توقيع بيع يوجه الى عامل الملك الـ sheriff، مكلفاً اياه بيع الاشياء التي استطاع الحجز عليهـا بموجب أمر قضائي سابق.

venditor بائع

venditor regis [قانون انكليزي قديم] بائع الملك؛ شخص مكلف بتوقيع البيع على الاموال المحجوزة للوفاء بما على اصحابها من ديون للملك.

venditrix بائعة

vendor بائع، لحساب الغير، نظير جعالة معلومة. يغلب استعمال هذه الكلمة للدلالة على بائع العقار اما بائع المنقول فهو seller . وقد ترد احياناً للدلالة على بائع التجزئة.

vendor's lien امتياز البائع: الاختصاص الذي يكون للتاجر على البضاعة المبيعة بنسبة ما لم يستوفه من الثمن المتفق عليه.

vendue بيع قضائي؛ بيع مزاد

vendue master بائع مزاد علني: مكلف بالمناداة على الثمن في مزاد.

venereal جنسي؛ تناسلي

venereal disease مرض تناسلي

vengeance انتقام؛ ثأر. تكفير (عن إثم)

vengeful انتقامي؛ ينطوي على ثأر للنفس أو للغير.

veniæ facilitas incentivum est delinquendi بذل العفو يزين الاجرام (أو يحرض عليه).

venire امر قضائي يكلف عامل الملك الـ sheriff بدعوة هيئة محلفين لجلسة معينة.

venire facias [في الاجراءات] امر حضور معناه «اعمل على حضور»، يقتضي الـ sheriff رئيس الضبط القضائي ان يشكل هيئة محلفين ويحمل اعضاءها عــلى الحضور في اليوم المحدد ليقرروا خصومة قائمة بين اطرافها.

venire facias ad respondendum أمر حضور للمحاكمة، يكلف المتهم بالمثول أمام المحكمة في اليوم المحـدد للاجابة على التهمة المسندة اليه. وغالباً ما يكون موضوع التهمة في هذه الحال جنحة.

venire facias de novo أمر حضور مجدد: تصدره المحكمة لاجراء محاكمة جديدة اذا ثبت لها أن تشكيل المحلفين غير صحيح أو أن قرارهم من العيب أو الغموض بحيث لا يجوز أن يكون أساساً صالحاً للحكم أو اذا نقض الحكم على أساس الغلط.

venire facias tot matronas تكليف هيئة من المحلفات بالحضور لدى المحكمة بموجب الامر المسمى *de ventre inspiciendo*. (راجع باب *de ventre*)

***venire* list** قائمة مرشحين لهيئات محلفين.

venires اعلان الحضور للانضمام الى هيئة محلفين.

venireman عضو هيئة محلفين؛ محلف يقتضي حضوره مع باقي أعضاء هيئة المحلفين بموجب أمر قضائي يسمى *venire facias*.

venter بطن؛ رحم. امرأة. تستعمل هذه الكلمة للدلالة على صلة الرحم أو القرابة التي تكون أساسها الام.

ventre inspiciendo (راجع *de ventre inspiciendo* و *venire facias tot matronas*)

venture يغامر؛ يخاطر؛ يجرؤ (على)

[كاسم] مغامرة؛ مجازفة؛ مشروع كسب مادي ينطوي على خطر.

venue مكان (محاكمة). المنطقة التي تنظر فيها الدعوى وتختار منها هيئة المحلفين المكلفة بتقريرها.

المكان الذي يختاره احد الخصوم لنظر الدعوى والفصل فيها.

بيان اسم الاقليم county المراد نظر الدعوى فيه.

أصل هذه الكلمة visne ومعناها جوار أو منطقة وقع فيهــا حادث أو اعتداء.

venue facts وقائع مكانية، يستند اليها الاعتراض على حق المدعى عليه بان يقاضى في المنطقة التي يقيم فيهـا؛ وقائع قانونية كافية لاستثناء المدعى عليه من الحق المذكور .

venue jurisdiction اختصاص مكاني: اختصاص المحكمة من حيث المكان .

verba كلمات (احداها *verbum* : كلمة)

verba accipienda sunt secundum subjectam materiam تفهم الكلمات تبعاً للموضوع (أو تفسر حسب مقتضياته) .

vērba fortius accipiuntur contra proferentem تفسر العبارات ضد من استعملها .

verba intentioni, non e contra, debent inservire تخضع الكلمات للقصد وليس العكس .

verba relata hoc maxīme operantur per referentiam, ut in eis inesse videntur الكلمات المشار اليها بالسند يكون لها ذات التأثير الذي يترتب عليها لو أثبتت في هذا السند .

verbal شفوي؛ بطريق الكلام

verbal note [شؤون دبلماسية] مذكرة شفوية (أو شفهية)؛ مذكرة ترسلها جهة دبلماسية الى أخرى دون توقيع، على سبيل التذكير بأمر لم تجب عليه منذ مـدة طويلة، ودفعاً لافتراض كونها قد نسيته أو أغفلته .

verbal process [في لويزيانا بالولايات المتحدة] محضر؛ ضبط

verbatim حرفياً؛ كلمة كلمة

verbiage ثرثرة؛ كلام اجوف لا لزوم له

verborum obligatio [قانون روماني] التزام شفوي، يبرم بسؤال وجواب وإجابة .

verderer or **verderor** مأمور قضائي تابع للاحراج الملكية .

verdict قرار محلفين : تقرير اجماعي تدلي به هيئة المحلفين في المسائل الواقعية المعروضة عليها .

— adverse verdict قرار مناهض: يصدر عن هيئة المحلفين لصالح المستأنف، غير انه يحكم له فيه بأقل مما حكم له به ابتداء .

— chance verdict قرار نصيب: القرار الذي تصل اليه هيئة المحلفين بالقرعة او اي طريق آخر من طرق النصيب لا بسبيل التفكير والاتفاق السليم .

— compromise verdict قرار ترضية: تتخذه هيئة المحلفين نتيجة تنازل بعض اعضائها عن رأيه للبعض الآخر، لا بدافع الاعتقاد بحكمة التنازل او صحته بل مراعاة لخاطر الاعضاء الآخرين وأملا في أن يقابلوه بتنازل مماثل .

— false verdict قرار كاذب، يناقض الحقيقة: كل قرار يتضح فيه خروج هيئة المحلفين عن مبادىء الحق والعدالة.

— general verdict قرار عام: يصدر بصيغة عامة لمصلحة أحد الخصوم .

— instructed verdict القرار المعطى (من المحلفين) بناء عـلى ارشادات القاضي فيما يتعلق بالنقاط القانونية المشمولة بالقضية .

— open verdict قرار مفتوح: القرار الذي لا يقطع بوقوع الجريمة أو بهوية المجرم بل يبقي ذلك هـدفاً للشك . كأن تعلن هيئة محلفي الـ coroner مثلا بعد التحقيق في وفاة شخص، انها لم تتمكن من معرفة السبب الذي أدى الى وفاته .

— partial verdict قرار جزئي: تبرىء به هيئة المحلفين المتهم من جزء من التهمة وتدينه باجزائها الباقية .

— privy verdict (راجع باب privy)

— public verdict قرار علني: تصدره هيئة المحلفين في جلسة علنية .

— quotient verdict (راجع باب quotient)

— sealed verdict (راجع باب sealed)

— special verdict قرار خاص: يعلن فيه المحلفون الوقائع التي تثبتوا منها، تاركين للمحكمة امر تطبيق مـا تراه من النصوص القانونية على هذه الوقائع .

verdict by lot قرار قرعة: تقرير المحلفين للبراءة أو الادانة أو ما يجب تقريره من وقائع بسبيل القرعة . سمي أيضاً chance verdict وكان يعتبر مشروعاً حتى قضت عليـه التشاريع الحديثة .

verdict, estoppel by (estoppel by verdict) اغلاق القرار أو الاغلاق بالقرار: وهو الاغلاق الذي يترتب على اي قرار صادر عن هيئة محلفين قانونية في واقعة معينة بين الخصوم اصحاب الشأن انفسهم . ولا يعتبر هذا الاصطلاح صحيحاً من الناحية الفنية، لان الاغلاق لا يترتب على قرار المحلفين verdict by jury بل على حكم المحكمة judgment . ولعل المراد بالـ estoppel by verdict هو الـ estoppel by judgment، وهذا يتفرع عن الـ *res judicata* الامر المقضي به. (راجع estoppel)

verdict of guilty but insane قرار ادانة واعفاء من المسؤولية بسبب الجنون: القرار الذي ترى فيه هيئة المحلفين ان المتهم هو صاحب الفعل غير انه مجنون لا يؤآخذ .

verdict of not guilty قرار بعدم مجرمية أو عدم كفاية أدلة؛ وهو لا يعد قراراً بالبراءة .

verdict subject to opinion of court قرار خاضع لرأي المحكمة: القرار الذي يقوم الحكم بعده على تقرير نقاط قانونية عارضة تحتفظ المحكمة بحق البت فيها .

veredictum [قانون انكليزي قديم] قرار (محلفين)

verge or **virge** [قانون انكليزي] دائرة اختصاص المحكمة المشكلة سابقاً برئاسة الـ Lord Steward ناظر الخاصة الملكية.

vergelt [قانون سكسوني] غرامة جنائية تفرض على الجاني .

verification اثبات؛ توكيد صحة شيء، توثيقه أو تصديقه باليمين أو ما قام مقامها .

[في المرافعات] صيغة ختامية تذيل بها الادعاءات الاثباتية، المشتملة على وقائع جديدة، بياناً لاستعداد صاحبها لتقديم ما يثبت حقيقتها، وهي: وهو مستعد لاثبات ما ذكر and this he is ready to verify .

[في الاجراءات] تدقيق؛ فحص أو مراجعة شيء للتثبت من حقيقته .

verified copy صورة مصدقة؛ صورة مطابقة (للاصل)، مستوثق منها: بعد تدقيقها والاقتناع بصحتها (من حيث المطابقة للأصل) .

verify يؤكد؛ يثبت؛ يقيم الدليل على صحة (شيء) بالحلف أو الحجة . يصدق؛ يؤكد؛ يسند؛ يدعم

يفحص، يختبر؛ يدقق؛ يراجع (شيئاً) للتثبت من صحته أو مطابقته لحال معين .

verily حقاً؛ بلا ريب؛ لا محل لشك؛ حقيقة؛ تأكيداً

veritas, a quocunque dicitur, a Deo est الحق قول الله على لسان من شاء .

veritas demonstrationis tollit errorem nominis الصحة في الوصف تنفي الغلط في التسمية .

veritas nihil veretur nisi abscondi ليس للحقيقة ما تخشاه الا ان تخفى .

verity صدق؛ حقيقة؛ صحة؛ مطابقة لواقع

verna [قانون مدني] عبد مولود في منزل سيده .

versus ضد . يشار الى هذه الكلمة احياناً بـ .v أو vs على سبيل الاختصار .

vert نبات أخضر (في غابة) . تفويض ملكي، يأذن لحامله بأخذ حاجته من اشجار الغابات (الملكية) .

vertical price-fixing contract عقد تسعير او تحديد اسعار: يحرر بين المنتجين وبائعي الجملة أو بائعي التجزئة أو بين بائعي الجملة وبائعي التجزئة، لا بين المنتجين وحدهم أو البائعين وحدهم .

vertical separation [لوائح الطيران] انفصال عمودي أو رأسي؛ الارتفاع عمودياً على العوائق المعترضة .

vertigo دوار (رأس): من شأنه أن يصور الاشياء للمصاب كأنها تدور او تتأرجح باستمرار . رنح

very جداً؛ غاية (حال)، اقصاه أو منتهاه . حقيقي؛ مباشر؛ واقع؛ نفس أو ذات

very high degree of care درجة بالغة او فائقة من العناية .

very lord and very tenant المالك والمستأجر المباشر (منه)

vessel سفينة؛ منشأة عائمة؛ مركب؛ صندل؛ قاطرة

جرم عائم صالح للملاحة يسير بقوة الريح أو البخار او المجاذيف أو أية قوة دافعة اخرى .

— foreign vessel سفينة اجنبية: تحمل علماً أجنبياً أو تعود ملكيتها لاشخاص يقيمون في بلاد اجنبية .

— public vessel سفينة عامة تعود ملكيتها لجهة رسمية أو للدولة بوجه عام .

vest ينتقل (الى)؛ يصبح ملكاً (لـ)؛ يؤول (الى)؛ يستقر (في)؛ يعطي؛ يسند . يسلم حيازة (مال عقاري) .

(راجع vested)

[في الاستيلاء على اموال الاجانب] يحجز على مال ويسلمه الى حارس custodian يتولى حيازته لاغراض الحراسة .

vesta غلة قائمة على الارض

vested مقرر؛ مستقر؛ ناجز؛ ثابت؛ مسند؛ مخول؛ مكتسب؛ آيل او عائد؛ اطلاقي؛ غير مشروط

vested estate ملك مستقر ناجز؛ ملك اطلاقي غير مشروط.

vested gift هبة ناجزة، حتمية (غير مشروطة)، تقرر حالا وتمارس استقبالا .

vested interest انتفاع مكتسب أو قائم: قابل للتصرف حالا ولو كانت ممارسته (أو حيازته) مؤجلة.

vested in interest مقرر الانتفاع؛ من كان له حق انتفاع استقبالي مقرر، اي انتفاع قطعي يؤول استقبالا بعد استنفاد حق معين اسبق او بعد انقضاء مدة معينة.

vested in possession مقرر الحيازة؛ من كان له حيازة لازمة الايلولة من شخص معين.

vested legacy ميراث (ايصائي) مقرر، محدد المقدار، قطعي الاداء سواء كان موعد ادائه عاجلا أو آجلا: شأن الميراث الذي يوصى بايلولته مثلا الى زيد من الناس عند بلوغه سن الرشد أو الى هند عندما تتزوج، وهلم جراً..

vested rights حقوق مكتسبة (قانوناً)

vestigial words عبارات لا طائل تحتها ولا معنى لها؛ كلمات جوفاء

vestigium [**قانون البينة**] علامة؛ سمة؛ أثر (مادي)

vesting deed سند تمليك ينتقل بموجبه المال من شخص الى آخر على سبيل الحيازة العمرية او الملكية.

vestura محصول ارض من عشب أو ذرة.
رداء؛ كسوة

vesture [**قانون انكليزي قديم**] ريع ارض أو عوائدها

veteran (محارب) قديم أو سابق. كل من سبقت له الخدمة في الجيش كجندي أو مراسل أو كاتب أو ممرض أو اشترك في حرب ماضية بأية صفة كانت وسرح من الخدمةالعسكرية بشرف. قديم (في مهنة او كار)؛ ذو خبرة سابقة

veterinarian بيطري

veto فيتو؛ «أنا أمنع»: عبارة دارجة الاستعمال ترد للدلالة على المعارضة ممن كانت موافقته لازمة لاقرار قانون أو اجراء معين.

— pocket *veto* رفض ضمني؛ معارضة سكوت. الرفض الذي يكون بالسكوت عن الموافقة مدة يعتبر معها الموضوع محل النظر مرفوضاً. من ذلك عدم موافقة رئيس الدولة على مشروع قانون أقره المجلس التشريعي المختص، بالسكوت عن الموافقة حتى ينفض المجلس، اذا حصل هذا الانفضاض قبل نهاية المدة المحددة دستورياً لنظر مشروع القانون من السلطة التنفيذية (اي من الرئيس).

***veto* power** حق فيتو؛ سلطة معارضة؛ حق رفض

vex ينغص (على)؛ يكدر؛ يكيد (لـ)؛ يغيظ؛ يزعج، يضايق

vexata quæstio مسألة مستعصية (الحل)؛ مسألة قانونية أو مشكلة تثار وتبحث دائماً دون أن تقرر. نقطة تفسر أو تقرر على وجوه متباينة فتظل قلقة تحيط بها الشكوك.

vexation تنغيص؛ تكدير؛ مضايقة؛ اغاظة. ما يصيبه شخص على يد آخر من تحرش أو أذى.

vexatious مفتعل؛ دون موجب؛ دون عذر معقول

vexatious delay تأخير مفتعل؛ مماطلة

vexatious proceeding اجراء اكتيادي: يراد به الكيد للخصم أو احراجه ولا يرتكز على سبب معقول.

vexed question مسألة مستعصية. (راجع *vexata quaestio*)

vi et armis بالقوة والسلاح

via طريق؛ جادة. حق قيادة أو استطراق

via antiqua via est tuta الطريق القديم هو (الطريق) المأمون.

via publica [**قانون مدني**] طريق عام، تعود ملكية أرضه لعامة الناس.

[**قانون انكليزي**] طريق الملك؛ الطريق العامة التي يسمح الملك بانشائها لمنفعة الناس كافة ويتولاها بالحماية.

via trita est tutissima الطريق المطروق هو الاسلم.

viability قابلية للحياة، استعداد كاف لها: يرد هذا الاصطلاح للدلالة على استطاعة الوليد ان يعيش (رغم ظروف ولادته). من معانيها أيضاً قابلية للنمو أو التطور.

viable قابل للحياة؛ تتوافر فيه امكانيات الحياة (رغم ولادته قبل أوانها). قابل للنمو او التطور

viæ servitus حق مرور من ارض الغير.

viator [**قانون روماني**] محضر

vicarius non habet vicarium ليس للنائب (ان يكون له) نائب؛ أو، النائب لا ينيب (لاغراض نيابته).

vice رذيلة. شائبة؛ عيب؛ مأخذ

[**قانون مدني**] اي عيب في البضاعة يعطي المشتري حق المطالبة بفسخ البيع.

vice نائب؛ وكيل

victim مجني عليه؛ مضرور او متضرر؛ مصاب؛ ضحية او فريسة (لكارثة أو فعل): من لحقه أذى حادث واعتداء.

victualler [قانون انكليزي] صاحب خمارة أو محل تسلية عام. صاحب مطعم (لبيع مأكولات معدة للتناول فيه).

videlicet أي؛ بعبارة أخرى

vidua regis [قانون انكليزي قديم] أرملة الملك، ويراد بها أرملة فصل الملك (تابعه الاقطاعي الحائز منه مباشرة). سميت كذلك لانه لم يسمح لها بالزواج مرة ثانية الا بموافقة الملك.

viduity ترمل: حالة الزوجة بعد موت زوجها وقبل ان تتزوج بآخر.

vie حياة. كلمة فرنسية ترد في بعض المصطلحات القانونية الشائعة، نحو: *cesuti que vie* و *pur autre vie* وما اليهما. (راجع الاصطلاحين الاخيرين في غير هذا المكان)

view (حق) مطل: حق ارتفاق يمنع بناء ما من شأنه ان يحجب النور أو المناظر عن صاحبه.

معاينة؛ اطلاع: انتقال المحكمة أو هيئة المحلفين لمعاينة شيء معلوم لا يستطاع ابرازه في المحكمة.

منظر؛ مرأى؛ مشهد، نحو: offence took place within view of officer، وقع الجرم على مرأى من الضابط.

view of an inquest معاينة محلفي التحقيق: المعاينة التي تقوم بها هيئة المحلفين التحقيقية للاطلاع على أحوال الاشياء المعنية.

view of frank-pledge [قانون انكليزي قديم] التحري أو البحث عما اذا كان كل حر freeman فوق سن الثانية عشرة في المنطقة المعنية قد حلف يمين الولاء ووجد تسعة من الاحرار يكفلون حسن سلوكه.

viewers معاينون تنتدبهم المحكمة لرؤية شيء معين أو تفتيشه والتقرير لها بنتيجة ذلك.

vigil [قانون كنسي] اليوم الاقرب للعيد، كالرابع والعشرين من شهر كانون اول (ديسمبر) مثلا، بالنسبة لعيد الميلاد. وقفة العيد

vigilance يقظة؛ حذر؛ انتباه؛ تهيؤ

vigilant يقظ؛ منتبه؛ حذر؛ متهيىء

vigilantibus et non dormientibus jura subveniunt القانون في عون اليقظين لا النائمين.

vigor قوة؛ فاعلية؛ تأثير

— *proprio vigore* (راجع باب *proprio*)

Vice-Admiral of the Coast [قانون انكليزي قديم] وكيل اميرال (امير بحر)، كان يتبع الاميرال ويعين منه للاشراف على سواحل المنطقة المعين فيها وحجز السفن المخالفة أو مصادرتها لحساب الملك، وممارسة سلطات قضائية خاصة في حدود اشرافه.

Vice-Admiralty Courts [قانون انكليزي] محاكم بحرية ملغاة، نشأت قديماً في المستعمرات البريطانية للنظر في القضايا البحرية بوجه عام.

vice-chamberlain نائب كبير أمناء (في بلاط ملكي).

vice-comes نائب ملك sheriff

vice-commercial agent [نظام قنصلي اميركي — سابقاً] نائب عامل تجاري؛ موظف قنصلي يحل محل العامل التجاري عند غيابه او خلو وظيفته مؤقتاً.

vice-consul نائب قنصل

vice-dominus وكيل ملك: يراد به عامل الملك sheriff.

vice-gerent نائب (بمعنى deputy)؛ ضابط (عسكري)

vice-judex وكيل قاض

vice-president نائب رئيس

vice-versa العكس بالعكس

viceroy نائب ملك

vicinage جيرة، جوار؛ ناحية؛ جهة؛ قرب (مكان)

vicinity ناحية؛ جوار أو قرب. تعني هذه الكلمة في الدرجة الاولى الدنو والمجاورة. ولا يفرض فيها ان تقتصر على الاتصال المباشر أو الملاصقة بل تشمل أيضاً ما هو أبعد من ذلك وتختلف عن proximity و contiguity في كونها أعم مدلولا منهما وأوسع نطاقاً.

vicious intromission [قانون اسكتلندي] فضول مخل؛ تحرش في أموال المتوفى المنقولة أو تدخل بغير مبرر أو تفويض ظاهر أو تحقيق الوصية.

vicious propensity نزعة شريرة؛ طبيعة أذى: تجعل من الحيوان أحياناً خطراً على السلامة العامة.

viconteil عائد لعامل الملك sheriff أو مختص به من حيث السلطة أو الولاية.

vicontiel jurisdiction الاختصاص الذي يمارسه عمال الملك وقضاة الوفيات المشتبه بها coroners وغيرهم من الموظفين العموميين في الاقاليم counties التابعين لها.

vile دنيء؛ سافل؛ وضيع؛ منحط

vill بلدة . ابرشية

villa regia [قانون سكسوني] مسكن ملكي

village قرية؛ ضيعة

villain نذل؛ عديم الذمة؛ مخاتل . اذا رمي الغير بهذا النعت عد ذلك قذفاً libel في حد ذاته .

villein [نظام اقطاعي] حلس الارض أو تابعها . وهذا كالقن (العبد) كان يقوم بالخدمات الوضيعة ويلزم الارض باعتباره جزءاً منها مملوكاً لصاحبها يباع ويشترى كأي شيء تابع لها .

villein in gross [نظام اقطاعي] خادم شخصي، كالعبد يقوم على خدمة شخص سيده ويباع ويشترى كالمتاع .

villein regardant [نظام اقطاعي] خادم الارض، عبدها المنتقل معها (من مالك الى آخر) .

villein socage [نظام اقطاعي وقانون انكليزي قديم] حيازة اقطاعية دنيئة، كانت تلزم الحائز أن يقوم تجاه السيد المقطع بخدمات مهينة يأباها الرجل الحر .

villenage حيازة اقطاعية دنيئة، ترتب على الحائز واجب القيام بجميع الخدمات التي يفرضها عليه السيد (اللورد) .

— **pure villenage** اقطاعة تسخير : حيازة اقطاعية وضيعة فرضت على التابع الاقطاعي أن يقوم بكل ما أمر به ويكون تحت تصرف السيد الاقطاعي في كل حين ولكل غرض .

vinagium أجرة عينية تؤدى من النبيذ .

vinculum juris [قانون روماني] التزام قانوني

vindicare [قانون مدني] يطالب بملكية؛ يطلب (شيئاً) أو يدعي به

vindicate يثبت؛ يقيم الحجة (على شيء)؛ يؤيد؛ يعلل

vindicatio [قانون مدني] مطالبة؛ إدعاء

vindicative damages (راجع باب damages)

vindicatory جزائي : ينص على شكل القصاص الواجب فرضه على المخالف .

vindictive انتقامي . يقصد الى عقاب المخل وجعله عبرة لغيره .

vinous liquors كحول نبيذ : مشروبات كحولية مصنوعة من النبيذ أو عصير الفواكه .

vintner بائع نبيذ؛ خمار

violate يخرق (قانوناً او نظاماً)؛ يخل (بشرط)؛ يحنث (بيمين)؛ يهتك (عرضاً)؛ يعتدي (على عفاف)؛ ينتهك (حرمة)

violation خرق؛ إخلال؛ اعتداء (على عفاف أو عرض)؛ انتهاك حرمة

violence عنف؛ قوة مادية؛ مراغمة بدنية؛ استعمال القوة بغير حق

[منازعات العمال] لا يقف العنف عند استعمال القوة المادية بل قد يشمل ايضاً حمل العمال بوسائل الدعاية أو التهديد على الاضراب عن العمل .

violent عنيف؛ شديد؛ ينطوي على قوة مادية غير مشروعة . غير طبيعي؛ غير عادي؛ بالغ الغلظة . غيلة

violent death موت غيلة : ناتج عن غدر او عنف؛ قتل

[مسائل تأمين] موت غير طبيعي

violent presumption قرينة قوية : تقوم مقام الدليل المباشر لأغراض الاثبات .

violent profits [قانون اسكتلندي] عوائد العنف؛ الاجرة الواجبة على المستأجر بدل المدة التي شغل اثناءها العقار على الرغم من صاحبه بعد انتهاء مدة الايجار .

violenta præsumptio aliquando est plena probatio القرينة القوية في الغالب اثبات .

vir زوج؛ رجل

vir et uxor censentur in lege una persona الزوج والزوجة (او الرجل وامرأته) يعتبران في القانون شخصاً واحداً .

virgata قياس عقاري مقداره ربع فدان انكليزي (١٢١٠ ياردات مربعة) .

virgata regia [قانون انكليزي قديم] حدود الخاصة الملكية؛ حدود دائرة اختصاص محكمة الـ steward ناظر الخاصة .

virgin; *virgo* بكر؛ عذراء

virtual عملي؛ فعلي؛ حكمي؛ ضمني

Virtual Representation, Doctrine of (Doctrine of Virtual Representation) مبدأ التمثيل الحكمي . اذا تعدد الخصوم ذوو الشأن، وكان موضوع النزاع مشتركاً بينهم جميعاً، جاز لاي منهم بناء على هذا المبدأ ان يرفع قضية واحدة حول الموضوع اصالة عن نفسه ونيابة عن الآخرين وكان الحكم الصادر فيها ملزماً للجميع .

virtuous فاضل او فاضلة؛ مهذبة . يطلق هذا النعت على المرأة الطاهرة الجسد التي لم يجامعها أحد حراماً وان كانت فاسقة الفكر والقلب .

virtute officii بحكم وظيفته

vis قوة (مهما كانت)

vis ablativa [قانون مدني] قوة غاصبة، تستعمل للحصول على شيء او انتزاعه من الغير .

vis armata قوة مسلحة

vis clandestina [قانون انكليزي قديم] قوة مستترة (تستعمل تحت ستر الظلام) .

vis compulsiva [قانون انكليزي قديم] قوة قاهرة . يلجأ اليها لقهر الغير على ما لا يريد .

vis divina [قانون مدني] قوة ربانية؛ قضاء وقدر

vis et metus [قانون اسكتلندي] قوة وارهاب

vis expulsiva قوة طاردة . تستعمل لطرد الغير من عقار او قهره على مبارحته .

vis inermis قوة غير مسلحة

vis injuriosa قوة باطلة (غير مشروعة) تسمى ايضاً *vis illicita* .

vis inquietativa [قانون مدني] قوة مضايقة او مقلقة، تحرم الغير من التمتع بحقه او استعمال ما له في سلام وأمان .

vis major قوة قاهرة . لا تمكن مقاومتها او يستطاع تفاديها. قضاء وقدر

vis proxima قوة مباشرة

vis simplex [قانون انكليزي قديم] قوة بسيطة (لا يستعمل معها السلاح) .

visa تأشيرة أو سمة (رسمية) . توضع على جوازات السفر والدفاتر التجارية وما اليها اشعاراً بحصول الاطلاع عليها من الجهات المختصة والتثبت من صحتها ومطابقتها للاصول المرعية . (راجع *visé* ايضاً)

viscount لقب نبل بريطاني يلي الـ earl مباشرة من حيث الدرجة .

[قديماً] كان من ألقاب عامل الملك الـ sheriff .

visé تأشيرة سياحية : تضعها السلطات المختصة على وثيقة السفر اشعاراً بحصول الاطلاع عليها والتصريح لحاملها بالسفر او المرور أو الاقامة (حسب الاحوال) . كان يسميها العرب «بالامان» ويمنحها الامام للاجنبي القادم .

visible ظاهر، واضح؛ مرئي، منظور

visit [قانون دولي] استيقاف؛ استطلاع؛ تفتيش؛ يقال : حق الاستيقاف أو التفتيش the right of visit or visitation؛ وهو حق السفينة الحربية في استيقاف اية سفينة، تحمل علماً اجنبياً في اعالي البحار وارسال احد ضباطها للاستيثاق من ان جنسية السفينة الموقفة هي الجنسية الظاهرة . وذلك حين يرتاب في أمرها وتدعو الظروف الى الظن أنها سفينة قرصان او تتعاطى اعمالا غير مشروعة .

visitation تفتيش؛ اشراف؛ زيارة بقصد التفتيش او التحري؛ تفقد

[في الشركات] قيام السلطة المختصة بزيارة الشركة او المؤسسة لفحص دفاترها ومعاملاتها وسير العمل فيها ومدى مراعاتها للقوانين .

— power of visitation (راجع باب power)

visitation books [قانون انكليزي] سجلات تفقد (قديمة) كان يدون فيها (مأمورو الاحصاء) الـ heralds تفاصيل احوال العائلات من حيث المواليد والزيجات والوفيات وما الى ذلك.

visitor مفتش منتدب : توفده الجهات المختصة لتفتيش الشركات والهيئات الاعتبارية .

visual flight [لوائح الطيران] طيران مرئي، يعتمد فيه لتوجيه الطائرة، على ما تراه العين . يقابله ما يسمى بطيران آلي instrument flight .

visual flight rules قواعد الطيران المرئي أو بالرؤية .

vital statistics سجلات نفوس : سجلات رسمية فيها تفاصيل المواليد والزيجات والوفيات والامراض .

vitiate يبطل؛ يعيب؛ يعطل اثر شيء، ينال من قوته او يقضي على مفعوله، نحو : الغش يبطل العقد fraud vitiates a contract .

vitiligate ينازع او يخاصم لأتفه الاسباب او حباً بالمشاجرة .

vitious intromission [قانون اسكتلندي] فضول أو تدخل باطل (غير مشروع) في منقولات المتوفى، يجعل المتدخل مسؤولا عن كافة ديون التركة. (راجع intromission vicious)

vitium clerici [قانون انكليزي قديم] غلطة كتابية، يرتكبها ناسخ أو كاتب .

vitreous زجاجي: يصنع من الزجاج، يشبهه أو له خواصه الرئيسية.

vitricus [قانون مدني] راب؛ زوج الأم التالي بالنسبة لابنها أو بنتها من زواج سابق.

viva aqua ماء حي: يقصد به الماء الجاري.

viva pecunia نقود حية؛ المواشي بوجه عام: سماها السكسونيون كذلك لانهم تداولوها احياناً وأقاموها مقام النقد في مبايعاتهم.

vivary احواض سمك؛ مياه لحفظ الاسماك

viva voce شفوياً، شفهياً

viz يستعاض بهذه الحروف، من قبيل الاختصار احياناً، عن *videlicet* ومعناها «أي» أو «بعبارة أخرى».

vocare ad curiam [قانون اقطاعي] يدعو (للحضور) أمام المحكمة.

vocatio in jus [قانون روماني] تكليف حضور امام القاضي.

vocation حرفة؛ مهنة: يتفرغ لها الشخص أو يصرف في ممارستها الشطر الاعظم من أوقاته ويتخذها مرتزقاً له.

vociferous ضجوج؛ ضجاج؛ ذو ضجة أو جلبة؛ صياح؛ حاد أو قوي الى درجة تقلق راحة السكان.

voco [قانون انكليزي قديم] أدعو، نحو: *in jus voco te* أدعوك الى القانون (اي الى المحكمة). كان المدعي أيام الرومان الاقدمين يكلف المدعى عليه الحضور شفوياً ويبدأ دعواه بالعبارة المذكورة *in jus voco te*.

void باطل؛ لاغ (من تلقاء نفسه أو من أساسه)؛ غير ملزم؛ منعدم الاثر؛ ليست له قوة قانونية

[كفعل] يبطل أو يلغي

void contract عقد باطل

void in part, void *in toto* الباطل جزئياً باطل جملة.

void judgment حكم باطل: ليست له آثار قانونية.

void marriage زواج باطل من تلقاء نفسه: أي ثابت البطلان من أساسه؛ يجوز التمسك ببطلانه لاي غرض قانوني. وهذا غير الزواج القابل للابطال voidable marriage الذي ينطوي على عيب يجوز رفع دعوى البطلان على أساسه أثناء حياة الزوجين ويظل صحيحاً حتى يثبت بطلانه.

void process اجراء باطل: ينطوي على مقومات البطلان، من حيث مخالفته لبعض قواعدالاجراء الملزمة.

voidable قابل للابطال: يعتبر صحيحاً حتى يثبت بطلانه.

voidable judgment حكم قابل للابطال: حكم صحيح الظاهر ينطوي على عيب مادي كاف لابطاله.

voidable marriage (راجع void marriage)

voidance تفريغ (بمعنى act of emptying)

[مواد كنسية] تجريد من مهام كنسية وحرمان من عوائدها.

voire dire استجواب القاضي للشاهد تمهيدياً والتزام الاخير «بأن يقول الحق» فاذا بدت على الشاهد في هذه المرحلة بوادر انعدام الاهلية لخلل في عقله، رفض القاضي شهادته.

volenti non fit injuria ليس للراضي أن يتمسك بالاذى؛ أو، لا مضارة في القبول. أي من تعرض للاذى بعلمه ورضاه فليس له أن يطالب أحداً بحق أو يلومه على ما أصابه. بحيث اذا دخل شخص برضاه وعلمه مكاناً خطراً فاصابه منه سوء، فلا يجوز له أن يتمسك بهذا السوء لمقاضاة الغير؛ واذا اصيب مثلا في لعبة ملاكمة أصابته بأضرار بالغة، فلن يكون له حق في مقاضاة نده ما لم يثبت على الاخير أي فعل جنائي.

volitional insanity جنون ارادي: ضرب من الجنون لا يعدم معه المصاب قدرة التمييز بين الخير والشر غير أنه لا يملك مقاومة دوافع الاجرام التي يهيئها له عقله المعتل.

voluntarily طوعاً او تطوعاً، اختيارياً، بمحض الارادة؛ عن رغبة أو قصد

voluntarius dæmon مجنون متطوع. يطلق هذا النعت أحياناً على السكير، باعتباره يوقع نفسه في الجنون طوعاً منه بسبيل ما يتعاطاه من المسكرات.

voluntary طوعي، اختياري، ارادي؛ قصدي بلا أجرة، دون مقابل

voluntary abandonment [اسباب الطلاق] هجر طوعي؛ كغياب أحد الزوجين عن الآخر غياباً نهائياً لغير داع معقول وبنية عدم العودة.

voluntary discontinuance انقطاع خياري، كانقطاع الخصومة أو توقف الدعوى نتيجة فعل أو اهمال صدر عن المدعي بمحض اختياره.

voluntary ignorance جهل خياري: الجهل بشيء نتيجة اختيار اهمال العلم به؛ جهل الشخص لامر توافر له الاحاطة به لو بذل في سبيلها جهداً معقولا.

voluntary jurisdiction [قانون اسكتلندي] اختصاص طوعي أو ارادي؛ الاختصاص الذي يمارسه القاضي في اي مكان أو زمان قانوني وأي موضوع لا يكون محلا لمعارضة أو طعن من ذوي الشأن .

voluntas facit quod in testamento scriptum valeat القصد هو ما يعطي عبارات الوصية آثارها .

voluntas in delictis, non exitus spectatur العبرة في الجرائم بالنية لا بالنتيجة .

voluntas testatoris est ambulatoria usque ad extremum vitæ exitum وصية الموصي تقبل النقض حتى آخر حياته: اي للموصي ان يغير ما بوصيته متى شاء .

volunteer متطوع (لاداء عمل)، بلا أجرة .
فضولي: يتدخل فيما لا يعنيه أو يتطوع لاداء دين على الغير حين لا يكلف بادائه قانوناً أو أدبياً أو لا تكون له مصلحة يتوخى حمايتها بهذا الاداء .

vote صوت؛ تصويت: تعبير (صريح) عن رغبة شخصية .
[كفعل] يصوت؛ يدلي بصوته

— casting vote (راجع باب casting)

— cumulative voting (راجع باب cumulative)

voter مصوت: من كان له حق الانتخاب وأدلى بصوته .
(راجع elector للمقابلة)

votes and proceedings [اجراءات برلمانية انكليزية] وقائع الجلسات البرلمانية التي يدونها الكتاب المختصون بصورة موجزة أثناء الجلسات .

voting by ballot اقتراع سري

voting ticket قائمة حزبية

voting trust [شؤون الشركات] اتحاد تصويت؛ يتكون باتفاق فئة من مساهمي الشركة ووكيل أو أمين معين trustee على أن يعهد الاولون بما لهم من أصوات (بحكم اسهمهم) الى الثاني كي يوجه سياسة الشركة واعمالها استناداً الى هذه الاصوات حسب الشروط المقررة بالاتفاق . ومن ثم يحتفظ المساهمون بملكية أسهمهم وارباحها وتؤول للوكيل حقوق التصويت العائدة لها مدة مقررة . بعبارة اخرى، توحيد الاصوات بتنازل فئة من أرباب الاسهم عن أصواتهم في الشركة لأمين معين يمارسها في سبيل توجيه الشركة أو التأثير في ادارتها لأغراض معينة وذلك دون ان يتنازل المذكورون عن ملكية أسهمهم أو عوائدها .

vouch يأتي بضامن؛ يستند الى أمر أو يستشهد به (كثقة أو حجة) .
يتعهد؛ يضمن؛ يتقبل مسؤولية عن شأن، يسانده، يؤكده او يؤيده

vouchee من يؤتى به لضمان شيء أو تأييده أو الدفاع عن حق .

voucher مستند أو قسيمة (صرف)؛ أمر تسليم؛ إبراء؛ مخالصة
[تفرغات عقارية] اذا باع «أ» مثلا أرضا لـ «ب» مؤكداً أنها خالصة له دون غيره، ثم أتى «ج» فيما بعد يدعي حقاً فيها ويطعن في البيع، فالتجأ «ب» الى «أ» مكلفاً اياه ان يدافع عن الحق موضوع البيع بالتصدي لـ «ج» واثبات عدم قيام اي حق له في الارض المذكورة عند بيعها؛ كان «أ» في هذه الحال هو الـ voucher الضامن للحق والمسؤول عن حمايته .

voucher to warranty دعوة الضامن للضمان: تكليف المضمون (مشتري المال) للضامن (البائع) بأن يتقدم للدفاع عنه في دعوى طعن في البيع مرفوعة ضده من شخص يدعي حقاً في المال المبيع عند بيعه . (راجع voucher)

vox emissa volat; litera scripta manet كلمة الشفة طائرة (او تذروها الرياح) والحرف المكتوب لا يزول .

vox signata [في الاجراءات] كلمة توكيدية؛ كلمة لازمة أو ضرورية

voyage رحلة أو سفرة (بحرية)

— foreign voyage رحلة اجنبية: السفرة التي تكون وجهتها ارضاً أو ميناء أجنبياً .

voyage charter عقد استئجار سفينة لرحلة خاصة .

vs. (راجع *versus*)

vulgar خشن؛ غليظ او فظ؛ غير مهذب

vulgo concepti; vulgo quæsiti [قانون مدني] اولاد غير شرعيين؛ أولاد زنا spurious children

W

wabble or **wobble** يتأرجح؛ يتقلب : لا يثبت على حال؛ يتعثر ؛ يتمايل ؛ يترنح

***wadia** (*wadi'a*) [فقه اسلامي] وديعة. (راجع bailment)

wadset [قانون اسكتلندي] رهينة؛ عقد ارتهان

wadsetter [قانون اسكتلندي] دائن مرتهن

waftor هاد بحري؛ دليل لهداية السفن وتوجيهها؛ مرشد

waga [قانون انكليزي قديم] وزن؛ كيل

wage أجر ؛ أجرة عمل؛ عملة (يتقاضاها العامل لقاء عمل يدوي) .

[قانون انكليزي قديم] يقدم ضماناً لاداء ذمة او التزام .

wager رهان (بمعنى bet) او مراهنة؛ مقامرة على نقود أو غيرها . وليس لمن خسر في رهان ان يسترد خسارته بسبيل القانون .

[كفعل] يراهن

wager of battle تحكيم القتال؛ المحاكمة بالمصارعة . ضرب من المحاكمات جلبه النورمانديون مع جمهرة من عاداتهم الى انكلترا عند افتتاحها سنة ١٠٦٦م وهو يفرض على الخصمين المتنازعين ان يتصارعا حتى يغلب احدهما الآخر فيحكم له القضاة بالاحقية اعتقاداً منهم بتدخل العناية الالهية لنصرته .

wager of law [قديماً] تحكيم القانون (في دعاوى الديون) . كان المدعى عليه، اذا أنكر دين المدعي، يلزم بان «يأتي بقانونه» to make his law أي بالحلف في اليوم المحدد أمـــام محكمة علنية على انه غير مدين بالمبلغ المدعى به، واحضار احد عشر رجلا من اهل جيرته يسمون compurgators ليحلفوا اليمين على جزمهم بصدق المدعى عليه فيما نفاه عن نفسه.

wager policy (راجع باب policy)

wagering contract عقد رهان : يتفق بموجبه فريقان ، مختلفان في نتيجة أمر مستقبل غير مؤكد، على ان يربح صاحب الرأي المصيب، عند ظهور النتيجة، مبلغاً من النقود أو شيئاً معينا يؤديه الفريق الآخر .

wagering gain ربح رهان : النصيب العائد من ذلك .

wages أجر أو أجور : جعل يدفعه المخدوم رب العمل للعامل نظير ما يكلفه به .

مكافآت تدفع للشخص نظير ما يؤديه من خدمة مطلوبة . على ان المفهوم الاصلي للكلمة هو الاجور التي تدفع للعمال والبحارة ومن في حكمهم نظير أعمال يدوية .

wagon عربة شحن بضائع او نقل ركاب .

wagonage اجرة نقل بعربات شحن .

waif اشياء متروكة؛ أموال سائبة، يعثر عليها ولا يطالب بها احد، فتعتبر waived متنازلا عنها . وتعتبر من الـ waif ايضاً الاشياء المسروقة التي يلقيها السارق من يده عند ركونه للفرار خوفاً من ان تضبط في حوزته .

wainage; ***wainagium*** حيوانات الفلاح او خادم الارض villein ومعداته الزراعية اللازمة للخدمات المترتبة عليه.

waive يتخلى؛ يتجاوز (عن)؛ يرمي او يلقي، كالقاء السارق مثلا، للمسروقات عندما يلوذ بالفرار خشية العثور عليها وهي في يده .

يستبعد (شرطاً)؛ يتنازل (عن حق او منفعة)، يسلم بذلك للغير .

[كاسم – قانون انكليزي قديم] مؤنث outlaw : امرأة مارقة من القانون .

waiver تنازل اختياري عن ملكية او عن ممارسة حق .

— express waiver تنازل صريح

— implied waiver تنازل ضمني : يستظهر من القرائن الدالة عليه .

waiver of exemption تنازل عن اعفاء (قانوني من تكاليف او واجبات عامة) .

waiver of immunity تنازل عن حصانة (يمنحها دستور أو قانون) .

waiver of protest تنازل عن نكرة (احتجاج) في حال عدم الدفع عند الاستحقاق .

waiver of tort تنازل عن اخلال بواجب غير تعاقدي؛ ايثار المدعي (المتضرر) أن لا يطالب بالاضرار على اساس كون الفعل المستهدف له هو tort (اساءة لا تقوم على عقد)

wanton negligence اهمال مستهتر او عابث : التقصير في التحوط مع العلم بما قد يفضي اليه من ايذاء الغير .

wantonness استهتار ؛ عبث او تهور مفتعل . (راجع wanton)

wapentake [قانون انكليزي] وحدة محلية سياسية في بعض المقاطعات الشمالية في انكلترا تستعمل كمرادف لما يسمى hundred . وتطلق الكلمة ذاتها احياناً على محكمة الـ hundred الكتلة المئوية .

***waqf** [فقه اسلامي] الوقف ؛ حبس المال (عقاراً كان او منقولا)، عن التداول ووقف الانتفاع به على اشخاص أو جهات معينة . وهو على نوعين : مؤقت ومؤبد . فاذا كان مؤقتاً اعتبرت العين الموقوفة فيه ملكاً للواقف ما دام حياً ثم لورثته من بعده . وليس للموقوف عليه إلا أن ينتفع مدة الاجل المضروب، فاذا انقضى الاجل زال حقه وعادت العين ملكاً للواقف وورثته . ولا يعتبر الوقف صحيحاً الا اذا صدر فيه اشهاد شرعي حاشا وقف المساجد . ومن فقهاء الإسلام من يرى عدم جواز الوقف، كالامام السرخسي وشريح القاضي وأئمة الاباضية بوجه عام وغيرهم .

war حرب : قتال (مسلح) بين امم أو شعوب أو طوائف .

— articles of war (راجع باب articles)

— imperfect war and perfect war حرب ناقصة أو غير تامة : (يشترك فيها من الامة أو الشعب اناس دون آخرين أو ينحصر وقوعها في امكنة دون اخرى)، وحرب تامة أو شاملة : (تنتظم الامة باسرها) .

— public war حرب عامة : تنشب بين أمة وأخرى حول شؤونهما الخارجية .

— solemn war حرب نظامية أو رسمية : الحرب المعلنة رسمياً حسب الاصول الدولية المرعية .

war office وزارة الحربية (الانكليزية) : الجهة الرسمية التي تصدر منها الملكة أوامرها لقواتها المسلحة .

ward حراسة ؛ عناية ؛ عهدة

[نظام المدن الاميركي] دائرة، حي من مدينة، يحدد لاغراض البوليس أو الصحة أو الانتخاب أو مقاومة الحرائق أو غير ذلك.

قسم ؛ جناح (في سجن أو مستشفى أو ملجإ) .

قاصر مولى أو موصى عليه ؛ مكفول (يعين له ولي أو وصي أو قيم) .

ward-holding [قانون اسكتلندي قديم] حيازة اقطاعية قوامها الخدمة العسكرية .

بل على اساس كونه اخلالا تعاقدياً، أي باعتبار كون وقائع هذا الفعل تشكل عقداً ضمنياً أخل به المعتدي وحق عليه التعويض الناشئ عن هذا الاخلال .

wakening [قانون اسكتلندي] ايقاظ (الدعوى) أو احياؤها. الاجراء المتخذ لتعقيب دعوى اخذها النوم which has fallen asleep اي توقفت عن السير مدة عام ويوم واحد واقتضي تحريكها (أو أحياؤها) بالاجراء المذكور .

***wakf** وقف (راجع waqf)

walk-out اضراب خروج : اضراب العمال بترك أماكن العمل احتجاجاً على عدم اجابتهم الى طلباتهم .

wall حائط ؛ سور ؛ جدار

— common wall حائط مشترك (بين ملكين متلاصقين)

wallia [قانون انكليزي قديم] جدار يقام على شاطىء بحر أو ضفة نهر .

wand of peace [قانون اسكتلندي] عصا السلام ؛ وهي عصا يحملها محضر المحكمة أثناء القيام بمهام وظيفته . واذا حيل بينه وبين تنفيذ أوامر المحكمة كسرها بين يديه رمزاً للاحتجاج على عرقلة سير القانون .

wander يسير على غير هدى ؛ يهيم ؛ يجوس ؛ يحوم ؛ يتردد بين مكان وآخر .

want of consideration انعدام العوض او المقابل (في العقود) . (راجع failure of consideration للمقابلة)

want of jurisdiction انعدام الاختصاص

wantage [تأمين بحري] نقصان الاوعية بطريق السيلان .

wanton مستهتر ؛ لا يبالي بحقوق الناس أو سلامتهم، لا يكترث أو لا يقيم وزناً لذلك . عابث ؛ طائش ؛ تحكمي ؛ قصدي

wanton act فعل مستهتر : ينطوي على عدم مبالاة بحقوق الغير أو سلامته أو أمواله . وهذا أخطر من الاهمال الجسيم الـ gross negligence ولا يقل مجرمية عن سوء السلوك المفتعل willful misconduct ولا يشترط سوء النية في الفعل المستهتر بل يشترط ان يكون الفاعل محيطاً بحقيقة فعله واقفاً على الظروف الملابسة والآثار التي ينتظر ترتبها عليه بحكم طبيعته .

wanton misconduct سوء سلوك (او تصرف) مستهتر : السلوك القائم على الاستخفاف بحقوق الغير مع العلم بما ينجم عنه من وخيم العواقب .

ward-in-chancery صغير (مولى عليه) تحت اشراف المحكمة .

ward of court مكفول المحكمة . المكفول او الموصى عليه هو الحدث الذي يتولاه الوصي بالعناية . وقد كان الحدث قبل التشريع الصادر باصلاح القانون العام ١٩٤٩م يعتبر مكفول المحكمة حالما ترفع امام الدائرة المسماة Chancery Division بالمحكمة العليا اية دعوى تختص بحقوقه او بشخصه . ولما صدر التشريع المذكور Law Reports (Miscellaneous Provisions) Act 1949 نصت الفقرة التاسعة منه على ان الحدث لا يصبح مكفول المحكمة الا بأمر منها وان هذا الامر لا يصدر الا بناء على طلب ذي الشأن وكذلك تنتهي وصاية المحكمة على الحدث بامر منها ايضاً .

warda [قانون انكليزي قديم] حراسة ؛ حفظ ؛ حماية
[قانون اسكتلندي قديم] حكم أو قرار

wardage رسوم حراسة : تكاليف يساهم فيها لاغراض الحراسة .

warden محافظ ؛ حارس

warden of the *cinque ports* محافظ الموانئ الخمسة . (راجع *cinque ports*)

Wards and Liveries [قانون انكليزي] محكمة تدوينية أنشئت في عهد الملك هنري الثامن . (راجع Court of Wards and Liveries)

wards of court قصر تحت ولاية المحكمة (او حمايتها) ؛ لا يجوز لاي منهم أن يتزوج الا باذن المحكمة . موصى عليهم سواء كانوا قصراً أو كباراً مختلي العقول of unsound mind .

wardship وصاية ؛ ولاية ؛ حراسة
[حيازات عسكرية اقطاعية] حق السيد (اللورد) في الوصاية على الوارث الصغير دون ان يقدم له حساباً عن أمواله حتى يبلغ الحادية والعشرين اذا كان ولداً أو السادسة عشرة اذا كان بنتاً.

warehouse مخزن ؛ مستودع

warehouse book دفتر مخزن : يبين تفاصيل البضائع المشحونة والواصلة والموجودة في المخزن .

warehouseman خازن ؛ أمين مستودع

warehousing charges مصروفات تخزين

warning انذار ؛ تحذير ؛ تنبيه (والفعل ينذر أو يحذر) warn .

warrandice [قانون اسكتلندي] ضمان ؛ كفالة

— **absolute warrandice** ضمان مطلق أو قاطع : يعطى في مواجهة الكافة ضماناً لحق عقاري موضوع تصرف .

— **real warrandice** ضمان عقاري

— **simple warrandice** ضمان بسيط يعطى للغير ضماناً له من اعمال الضامن (معطي الضمان) ؛ بحيث اذا باع «أ» من الناس مثلا لـ «ب» جزءاً من عقار وخشي المشتري أن يتصرف البائع بالاجزاء الباقية على شكل يحرمه التمتع بما اشترى على الوجه المطلوب، جاز له أن يطالب البائع المذكور بـ simple warrandice يضمن عدم صدوره فيما يتعلق بالاجزاء المشار اليها عن أي تصرف ضار به .

warrant يضمن؛ يتعهد (شأناً معيناً) : كضمان كون موضوع التعامل مثلا حسب المواصفات المبينة في عقد معين .
[تفرغات عقارية] يؤكد؛ يكفل (سلامة حق الملكية المتفرغ عنه وعدم اشتراك الغير فيه أو في حيازته) .
[كاسم] تفويض رسمي (من جهة مختصة) لعمل معين . مذكرة (احضار أو قبض أو توقيف أو تفتيش) .
اذن أو سند (صرف)
سند (خزن او استيداع)
[مواد الضرائب] تفويض رسمي للجابي المختص بأن يحصل الضرائب المقررة وان يبادر الى الحجز على أموال المكلف، اذا عجز عن الدفع، وتوقيع البيع عليها لاستيفاء المطلوب .

— **bench warrant** (راجع باب bench)

— **death warrant** أمر إعدام، يوجه عادة من المرجع التنفيذي الاعلى في البلاد الى مدير السجن أو مأمور التنفيذ المختص آمراً اياه بأن يوقع عقوبة الموت في زمن محدد على شخص معين صدر فيه حكم الاعدام من محكمة مختصة .

— **distress warrant** سند تنفيذ ؛ امر حجز

— **dividend warrant** كوبون . (راجع باب dividend)

— **land warrant** (راجع باب land)

— **search warrant** (راجع باب search)

— **share warrant** شهادة اسهم او مساهمة

warrant creditor (راجع باب creditor)

warrant in bankruptcy أمر تنفيذ تصدره المحكمة، بعد حكم الافلاس، لتكليف المأمور المختص بتوقيع الحجز على أموال المفلس .

warrant of arrest (راجع باب arrest)

warrant of attorney [في الاجراءات] سند توكيل؛ سند اعتراف مكتوب يفوض الى الوكيل المذكور فيه أن يحضر

أمام المحكمة نيابة عن (المدين) محرر السند ويعترف بصحة ادعاء الدائن وأحقية الحكم ضد موكله .

(راجع confession of judgment في باب judgment)

warrant of commitment أمر حفظ أو توقيف أو حبس (وذلك حسب الاحوال) .

warrant officer [رتب عسكرية] وكيل ضابط

warrantee مضمون له : من حصل اعطاء الضمان له ولمصلحته .

warrantia chartæ [اجراءات انكليزية قديمة] أمر قضائي كان يستصدر ضد بائع الارض أو مؤجرها (اذا ضمن خلو المبيع أو المؤجر من أي حق للغير) كي يلزمه بأن يتقدم للدفاع عن حق المشتري أو توفير الدفاع اللازم والحكم للمدعي، أن يدفع له (للمشتري أو المستأجر) التعويض الكافي ويرد اليه ما تقاضاه من ثمن الارض أو الاجرة .

warrantia diei [اجراءات انكليزية قديمة] امر اعفاء يوجه الى المراجع القضائية المختصة لتكليفها بعدم اعتبار المذكور فيه متخلفاً عن الحضور للمحاكمة في اليوم المحدد له نظراً لانه كان حينئذ في خدمة الملك .

warrantor ضامن؛ متعهد؛ كافل

warranty ضمان؛ كفالة؛ تعهد

[مواد عقارية] ضمان سلامة التصرف العقاري وخلو موضوعه من أي حق للغير .

[بيوع المنقولات] ضمان، يعطيه البائع للمشتري، بتوافر صفات معينة في البضاعة المبيعة أو بكونه مالكها المنفرد بالحق في بيعها .

[مواد التأمين] اقرار من طالب التأمين الى الشركة المؤمنة ، تتوقف صحة عقد التأمين على مطابقته الحرفية للواقع ويعتبر جزءاً لا يتجزأ من وثيقة التأمين (البوليصة) .

— affirmative warranty [مواد التأمين] تعهد ايجابي يؤكد توافر شيء معين عند انشاء وثيقة التأمين أو قبل ذلك .

— covenant of warranty (راجع باب covenant)

— executory warranties (راجع باب executory)

— general warranty [تفرغات عقارية] ضمان عام، يعطى في مواجهة الكافة ويتعهد فيه المتفرغ عن العقار (نيابة عن نفسه وخلفه) بأن يضمن حق الملكية ، موضوع التفرغ ، للمتفرغ له وورثته ويدافع عنه warrant and for ever defend اذا طعن فيه أو طالب به أي شخص كان .

— lineal warranty [تصرفات قديمة] ضمان القرابة المباشرة؛ الضمان الذي كان ينتقل مع الارض المضمونة الى الخلف الوارث من سلف مباشر القرابة .

— promissory warranty [مواد التأمين] ضمان تعهدي؛ ضمان يقضي القيام أو عدم القيام بشأن معين أو توافر وقائع معينة بعد بدء سريان عقد التأمين واثناء استمراره ويترتب على الاخلال به بطلان وثيقة التأمين .

warranty deed سند ضمان

warranty of authority [علاقات النائب بالاصيل] تعهد الاهلية (للتعاقد لحساب الاصيل) .

warranty of fitness ضمان جودة أو لياقة (لغرض معين) : الضمان المعطى من البائع للمشتري فيما يتعلق بالمبيع .

warren [قانون انكليزي] مكان معد لحفظ الطيور أو الأسماك أو الحيوانات الضارية . يطلق ذات الاصطلاح ايضاً على الترخيص الذي يمنحه الملك لحفظ الحيوانات الضارية والطيور غير المستأنسة وعلى الامكنة المشمولة بالترخيص المذكور .

warscot [قانون سكسوني] سهم حرب؛ مساهمة عرفية فرضت على الاهالي لتسليح الجيش وتجهيزه بما يلزمه للحرب .

wash موقع ضحل (خفيف الماء) . طمي : رمال وحجارة يجرفها النهر أو السيل المنهمر وترسو غالباً بالقرب من مصبه . أعشاب مخمرة، تستخرج منها بعض المشروبات الروحية بالتقطير .

wash bank ضفة رخوة التربة تكون عرضة للانهيار وجرف السيول .

wash sale or **washed sale** [في الاسواق المالية «البورصات»] بيع الاسهم وشراؤها (ذاتها) في آن واحد . بيع صوري يلجأ اليه السمسار أحياناً حين يكلفه أحد الزبائن ببيع أسهم أو سندات معينة ويكلفه آخر بشراء ذات الاسهم أو السندات كلها أو جزء منها فيقوم بمجرد نقل هذه الاسهم أو السندات من اسم الزبون البائع لاسم الزبون المشتري ويستولي لنفسه على فرق الثمن دون مراعاة الاوضاع القانونية التي تفرض عليه تنفيذ كل تكليف على حدة وفقاً لما تمليه مصلحة الزبونين .

Washington, Treaty of معاهدة واشنطن . أبرمت هذه المعاهدة في ايار (مايو) سنة ١٨٧١ بين الولايات المتحدة الاميركية وبريطانيا العظمى لتسوية الخلافات الناشئة عن الحرب الداخلية (بين الولايات الشمالية والولايات الجنوبية) وموضوع مصايد الاسماك الكندية وغيرها من المشاكل القائمة .

wasting property أموال هالكة (بالاستعمال): كالآلات والادوات والمباني وغيرها مما يبلى او تضمحل قيمته مع الاستخدام تدريجياً حتى تنعدم .

wastrel متلاف، سفيه، مبذر

watch يحرس؛ يقوم بالخفارة ليلا . يحترس؛ يراقب

watch and ward الحراسة ليلا ونهاراً . يراد بالكلمة الاولى واجب الشرطة المختصة من القاء القبض على المشاغبين واللصوص ليلا، اما كلمة ward فتعني ترتب الواجب المذكور نهاراً .

[حراسة السفن] فرقة من بحارة السفينة، على اعتبار ان جميع رجال طاقها (بما في ذلك ضباطها ومهندسوها) يشكلون اثناء وجودها عرض البحر فرقتي حرس two watches احداهما فرقة شمال السفينة أو جانبها الايسر الـ larboard والاخرى فرقة يمين السفينة starboard .

watchman خفير؛ حارس؛ عاس أو عساس

water ماء . اذا ورد هذا الاسم للدلالة على الماء المستعمل للاغراض العادية أو ما كان منه محلا للملكية الخاصة، لم يختلف معناه لاغراض القانون عما يفهم منه حسب استعماله الدارج . واذا ورد في صيغة الجمع (مياه) فقد يدل على نهر او بحيرة أو بحر او محيط او مجموعة مياه، كالمياه الجوفية subterranean waters وما اليها، وذلك حسب الاحوال .

[شؤون المال – كفعل] يموه؛ يعمل على زيادة (ديون شركة أو رأسمالها الاسمي nominal capital باصدار اسهم جديدة دون توفير ما يقابلها من الاصول (الاموال الحقيقية) .

— developed water ماء مستنبط أو مستغل؛ مياه مستخرجة من باطن الارض ومسخرة على سطحها .

— flood waters مياه فيضان

— foreign waters مياه اجنبية: تسيطر عليها دولة اجنبية.

— inland waters مياه داخلية: كالقنوات والانهار والخلجان وما اليها .

— navigable waters مياه صالحة للملاحة

— percolating water ماء (نزاز) او راشح: يتحلب من الارض؛ وهو غير ماء العيون والمجاري .

— private waters مياه خاصة: غير صالحة للملاحة أو يقتصر استعمالها على فرد أو أفراد معينين دون غيرهم .

— public waters مياه عمومية: صالحة للملاحة أو مفتوحة للناس كافة .

— subterranean waters مياه جوفية أو باطنية

washout signal [اصطلاحات السكك الحديدية] اشارة طوارئ تقتضي وقف القطار حالا .

waste تلف: تغيير جوهري في طبيعة مال .

وضع القانون الانكليزي، قبل شيوع اشتراطات اصلاح الملك المؤجر في عقود الايجار، قاعدة عامة تقضي على شاغل الارض اذا كانت له فيها منفعة محددة (عمرية أو دون ذلك) ولم يكن مالكها المطلق، أن يمتنع عن الـ waste أي ان لا يتلفها أو يدخل عليها أي تغيير جوهري . أما الآن فتخضع علاقة المؤجر بالمستأجر لما تنص عليه عقود الايجار من مشارطات صريحة تقرر حقوق المستأجر وواجباته . فاذا نص العقد على اعتبار المستأجر unimpeachable for waste كان ذلك استثناءً له من القاعدة المشار اليها . وقد تعني الكلمة ذاتها أياً مما يأتي، حسب الاحوال:

اساءة استعمال المستأجر للمؤجر أو تسخيره له لاستعمال تدميري .

الخراب المنزل بارض أو مزروعاتها أو منشآتها ممن له حق حيازتها (دون ملكيتها) .

الاستعمال المفسد للعقار أو ما يتصل به مما يتناوله عقد الايجار .

كل عمل أو تقصير في واجب يصدر عن المستأجر فيصيب العقار بضرر دائم أو تغيير جوهري .

[قانون جنائي انكليزي قديم] حق التاج في افساد اراضي المجرمين المحكومين وتدمير بيوتهم واقتلاع اشجارهم .

من معانيها ايضاً: سدى؛ موات (في وصف الاراضي)؛ دمار . تلف، تستهدف له الشجرة ويرجى لها أن تعيش وتنمو بعده. (راجع assart)

— ameliorative waste تغيير جوهري في المؤجر من شأنه أن يعمل على تحسينه .

— commissive waste اتلاف عمدي

— equitable waste تلف جائز التعويض بسبيل الانصاف دون القانون، اي لا تملك المحاكم العادية علاجاً له .

— impeachment of waste المساءلة عن التلف (أو التغيير الجوهري) .

— permissive waste تلف اهمالي: ينجم عن ترك المال المؤجر للتلف دون القيام باعمال الضيانة اللازمة له .

— voluntary waste تلف ارادي . تغيير جوهري يصيب المؤجر بارادة المستأجر .

— unimpeachable for waste (راجع waste)

waste-book دفتر مسودة . الدفتر الذي يدون فيه التاجر مسودة قيود المعاملات أو مذكرات الصفقات حسب ترتيب حصولها وذلك قبل ادراجها في دفتر اليومية .

— surface waters مياه سطحية: كالسيول الناتجة عن الامطار او ذوبان الثلوج ومياه الفيضان اذا انفصلت عن مجرى النهر الذي تفيض منه وانتشرت في مكان آخر .

water-bailiff مفتش سفن: يتولى تفتيش السفن في الموانئ الانكليزية .

water course مجرى ماء: ينساب في اتجاه معلوم .

water front (كرنيش) مطل بحر: الاراضي ومنشآتها المحاذية لشاطئ البحر أو البحيرة أو النهر أو المشرفة عليه .

water-gage جدار بحري: يقام لتخفيف اندفاع الماء على المواقع المحاذية له ومنع انهيارها او تأثرها به . ميزان ماء؛ عداد لكيل الماء

water-gavel اجرة مائية ، تدفع نظير استعمال ماء او ممارسة حقوق صيد سمك .

water-logged يغتص أو يغص بالماء، كالسفينة اذا تعاظم ثقلها واستحالت قيادتها خطراً نظراً لتدفق المياه الى جوفها .

water-mark مستوى الماء: العلامة التي تبين مستوى ارتفاع الماء او انخفاضه في مكان معين .

— high-water mark اقصى مستوى المد: ما يتركه الماء من علامة على الشاطىء عند بلوغ المد اقصى حده .

— low-water mark اقصى مستوى الجزر: العلامة التي يتركها الماء على الشاطىء عند بلوغ الجزر أقصى حده .

water-mark علامة شافة او شفافة: الرسم أو الخط المرهف الذي لا تستطاع رؤيته الا بالنظر الى مصدر النور من خلاله . [كفعل] يسم او يبصم بعلامة شافة .

water ordeal (راجع باب ordeal)

water power قوة مائية: تتوالد باندفاع الماء ويستغلها مالك الارض المحاذية لموقع الاندفاع .

water right حق مائي: يخول صاحبه حق استغلال المجاري الطبيعية بأخذ حاجته منها لاغراض معلومة .

watered stock [في الشركات] أسهم مموهة؛ اسهم تصدرها الشركة باعتبارها مستوفاة القيمة بينما لا تكون في الواقع كذلك . اسهم تقدم كمنحة أو هدية أو نظير أعمال معينة، أو تصدر للبيع باقل من قيمتها الاسمية .

watering [في الشركات] تمويه الاسهم . اعطاء الاسهم من الربح الزائد ما لا يتناسب مع قيمتها الحقيقية، وذلك لاغراء الجمهور بشرائها .

waterway طريق مائي

waveson حطام عائم، طرح او رمي في البحر .

way طريق؛ درب؛ سبيل؛ ممر
يراد بهذه الكلمة أحياناً (حق) الاستطراق، وهو من حقوق الارتفاق .

— private way طريق خاصة؛ ممر خاص، يبيح لصاحبه حق المرور من ارض الغير .

— right of way حق استطراق او مرور

way-bill كشف طريق . بيان باسماء ركاب مسافرين براً أو أوصاف بضائع منقولة كذلك .

way-going crop محصول (من الحبوب): يرمي المستأجر بذوره في الارض اثناء الايجار ولا ينضج الا بعد انتهاء مدة الايجار المتفق عليها . فاذا لم يرد بشأنه نص صريح في عقد الايجار، كان لمن رمى بذوره اثناء المدة المذكورة الحق في حصاده عندما ينضج بعد انتهائها .

way of necessity طريق ضرورة: ممر اضطراري: ارتفاق مرور يعود لصاحب الارض اذا لم يجد مخرجاً سوى ارض الغير ، ويسقط حالما يتوافر له طريق آخر يكفيه حاجته . والارتفاق المذكور حق ضمني يدوم بدوام الحاجة اليه وينعدم بانعدامها ويتبع الارض المضطرة اليه تباعة ضمنية لا يعوزها تصريح .

wayleave [مواد التعدين] حق مرور يملكه صاحب المنجم او المحجر ليستطيع الوصول بسبيله الى منجمه او محجره ونقل المعادن أو الحجارة الى أقرب طريق عام .

ways and means [انظمة المجالس التشريعية] الاسباب والوسائل . يطلق هذا الاسم احياناً على بعض اللجان المختارة لاغراض معلومة كلجنة الاسباب والوسائل committee on ways and means التي تسند اليها مهمة البحث عن أنجع السبل لتوافر الايراد للدولة وجمع الاموال اللازمة للادارة .

waywardens [قوانين الطرق العامة الانكليزية] قامة الطرق العامة أو مشرفوها: وهم ينتخبون سنوياً لتمثيل مناطقهم في مجالس الطرق العامة highway boards المختصة بتحديد ما ينبغي فرضه على المناطق المارة بها الطرق المذكورة من رسوم واصطلاحات .

wealreaf [قانون انكليزي قديم] سرقة الميت في قبره؛ سرقة الاشياء من الجثث المدفونة .

wealth ثراء؛ غنى: كل شيء، مادي أو غير مادي، ينتفع به الانسان او يجد فيه متعة ذهنية او جسدية أو سداً لحاجة

وتكون له قيمة بدلية a value in exchange او سوقية ولا يتسنى توافره الا بمقدار من المشقة أو السعي والاجتهاد .

wean يفطم: يفصل عن رضاع .

weanling فطيم: طفل حديث العهد بالانقطاع عن الرضاع.

weapon سلاح: لدفاع أو هجوم او ايذاء النفس أو الغير .

wear بلى؛ اهتراء

wear and tear بلى الاستعمال؛ اثر التداول او الاستعمال؛ انحطاط قيمة الشيء أو مقدار ما يصيبه من تلف بحكم استعماله (استعمالا مقبولا) .

wearing apparel ملبوسات، ألبسة

weathering تعريض للجو؛ تعرية

[مواد البترول] تعريض البترول الخام للتبخير بوضعه في صهاريج مكشوفة وتعجيل عملية التبخير أحياناً بمد أنابيب ساخنة وسطه يرتفع معها ضغط البخار vapour pressure في الكميات الباقية منه الى الحد المطلوب .

wed [قانون سكسوني] اتفاق؛ ميثاق

wedlock زوجية؛ حالة الزواج؛ ظل الزوجية أو كنفها

week اسبوع ؛ سبعة ايام

weigh يزن (شأناً)، يتدبره ويتأمله

weighage قبانة؛ رسم زنة يستوفى على وزن البضائع .

weight وزن، زنة؛ ثقل . تأثير ؛ قوة؛ رجحان

— gross weight وزن اجمالي أو قائم

— net weight وزن صاف

weight of evidence رجحان البينة؛ قوتها أو اتجاهها

weighted average أرقام قياسية تفاضلية: تبين درجة اهمية السلع المتخذة أساساً للمقارنة

weir سد أو حاجز ؛ يقام عرض نهر أو مجرى لصيد الاسماك .

welfare خير ؛ صالح ؛ سعادة؛ رفاهية؛ رغد؛ خير وفير

welfare of child رعاية الطفل: تعهده بالعناية اللازمة .

well [وصف السفن لاغراض التأمين البحري] صالحة (للملاحة) أو مستوفية لشروط السلامة .

[كاسم] بئر (سواء كانت لاغراض التعدين او الري او غيرها) .

— completed well [عقود التنقيب عن البترول] بئر تامة او منجزة؛ البئر التي بلغت فيها عمليات الحفر الى النطاق البترولي . اي الى الطبقة الرملية التي تحتوي عادة على البترول في منطقة الحفر .

wellhead [مواد البترول] رأس بئر

welsh mortgage (راجع باب mortgage)

welshing رهان مخادعة: يعتبر كالسرقة larceny في القانون العام، ويحصل غالباً بتصميم من أودع مبلغ الرهان على الفرار بما في يده .

welsher من راهن او تسلم نقود رهان في مسابقات خيول وما اليها، ثم توارى عن الانظار عند ظهور النتائج فلم يدفع خسارته او لم يرد النقود .

veotuma [قديماً] ثمن المرأة للزواج بها، عند الوثنيين الالمان.

wera or **were** [قانون جنائي انكلوسكسوني] ثمن الرجل او ديته، خصوصاً اذا قتل غيلة .

weregild or **wergild** [قانون جنائي انكلوسكسوني] بدل النفس؛ دية المقتول التي كان يدفع منها جزء للملك نظير فقدانه احد رعاياه وجزء آخر للسيد الاقطاعي لفقدانه احد اتباعه والباقي لأقرب ذوي المقتول .

wergelt [قانون اسكتلندي قديم] ما كان يؤديه الجاني من دية على سبيل التعويض، ويسمى weregild في القانون السكسوني.

Westminster the First, Statute of (Statute of Westminster the First) قانون وستمنستر الاول : صدر هذا القانون في عهد الملك ادوارد الاول سنة ١٢٧٥م وكان أقرب من حيث اتساعه الى مدونة قانونية code منه الى قانون عادي، اذ جاء في واحد وخمسين فصلا عالجت معظم المشاكل الكبرى القائمة حينئذ، فحمت ممتلكات الكنيسة من سطوة الملك والنبلاء وفرضت حرية الانتخابات العامة ووجوب تطبيق احكام العهد الكبير *Magna Charta* ضد الغرامات الفاحشة، ونظمت احوال الايجار ومسائل زواج المولى عليهم وحددت الضرائب والرسوم التحكمية التي كان يتقاضاها البارونات، وعدلت بعض احكام القانون الجنائي (فاعتبرت جرم الاعتداء على العرض من أخطر الجرائم دون ان تضعه في عداد الجنايات المعاقب عليها بالموت) وادخلت ما لزم من احكام لتبسيط الاجراءات .

Westminster the Second, Statute of.
Westminster the Third, Statute of قانون وستمنستر الثاني وقانون وستمنستر الثالث . صدر هذان القانونان في عهد الملك ادوارد الاول سنة ١٢٨٥م و ١٢٩٠م اكمالا لقانون وستمنستر الاول Statute of Westminster the First.

wet gas غاز مبتل: الغاز الطبيعي حين يندفع من جوف الارض على حالته الخامية قبل ان تفصل عنه السوائل البترولية ويغدو صالحاً للاستعمال .

wet-nurse مرضع

wet oil زيت مثقل أو مبتل: الزيت المتحد بمقدار من الماء والرواسب يبلغ ثلاثة في المئة من حجمه .

wether خروف خصي، اتم الحول او تجاوزه .

whack يقسم؛ يجزئ؛ يفرز؛ يسوي (حساباً)؛ يؤدي (ذمة)

whale حوت؛ يسمى احياناً سمكة ملكية a royal fish، باعتباره من أموال التاج: رأسه للملك وذنبه للملكة the head being the king's property, and the tail the queen's .

whaler حواتة: سفينة معدة لصيد الحيتان .

wharf رصيف مائي ترسو السفن الى جانبه للتفريغ أو التحميل .

wharfage رسوم رصيف: تستوفى مقابل استعمال الرصيف المائي .

wharfing out, right of (right of wharfing out) حق استعمال الاراضي المغمورة لبناء ما يلزم من منشآت توصل الى المواقع الملاحية المناسبة لرسو السفن الكبرى، من عابرات المحيط وغيرها .

wharfinger صاحب رصيف مائي خاص أو مستأجره .

wheel **[في العصور الوسطى]** «عجلة»؛ آلة لتعذيب المجرمين كان يوثق اليها المجرم المحكوم وتدار عليه، فتقطع اطرافه وتقضي عليه .

wheelage رسوم عجلات: تفرض على العربات نظير مرورها من أمكنة معينة .

wheelers مباشرو نقل: مستخدمون لدى متعهدي النقل يتولون تحميل سيارات النقل والتبليغ عما يلاحظونه من عيوب في صناديق السيارات والجرارات .

when متى؛ حين؛ اذ؛ عندما؛ اثناء؛ حال (وقوع شيء)؛ اذا؛ نظراً (لـ)؛ بموجب

whenever كلما؛ حالما؛ متى؛ عندما

where حيثما؛ اين، الى اين، اينما

whereas من حيث ان؛ نظراً (لـ)؛ بينما؛ بما أن

whereby بسبب او بسبيل (شيء)؛ به، بواسطته

whereupon عندئذ؛ من ثم؛ بعد ذلك؛ اذ ذاك

wherever حيثما؛ انى

whichever أي؛ ايهما أو ايهم؛ ما؛ مهما

Whig استعمل الانكليز هذا اللقب أول مرة، في الشؤون الحزبية، سنة ١٦٧٩م عند انقسام الحزبيين الى قسمين رئيسيين Whigs و Tories وذلك للدلالة على المعارضين التقدميين . وقد اشتهر عن الـ Whigs ميلهم لاخضاع سلطة التاج لسلطة البرلمان، بينما اشتهر عن الـ Tories تمسكهم بمبادئ المحافظة (الرجعية) وانتصارهم لسيطرة التاج .

while بينما؛ اثناء؛ طالما؛ ما دام

whipping (عقوبة) الجلد

whipping-post عمود جلد: العمود الذي يوثق اليه المحكوم بعقوبة الجلد لانزال العقوبة به .

white bonnet **[قانون اسكتلندي]** مزايد صوري أو وهمي، يستخدم في بيوع المزاد ليوهم الحاضرين بتحمسه لشراء المعروض للبيع ويستدرجهم للاشتراك في المزايدة ورفع السعر .

white gloves **[اجراءات جنائية]** قفازات بيضاء، تقدم للقاضي عند انعقاد الجنايات، رمزاً لعدم وجود أية قضايا جنائية للمحاكمة .

white meats **[قانون انكليزي قديم]** اطلق هذا الاسم على منتجات الدواجن كالبن والزبدة والجبن والبيض وما صنع من ذلك .

white mule وسكي ذرة . وسكي مهرب

white paper كتاب ابيض: عرض رسمي تنشره الحكومة بياناً لوقائع أو خطط أو معلومات تتوخى اطلاع الجمهور عليها .

white rent **[قانون انكليزي]** أجرة بيضاء تدفع بالفضة . سميت كذلك تمييزاً لها من الاجرة العينية التي كانت تدفع من الحبوب أو المواد الغذائية المتفق عليها .

white slave رقيق أبيض: نساء وأطفال يستدرجون بوسائل الاغراء لاغراض الفاحشة أو يقهرون عليها قهراً .

white slave traffic تجارة الرقيق الابيض: الاتجار بالنساء والاطفال لاغراض الفاحشة .

Whitsuntide عيد العنصرة Pentecost: اليوم الخمسون بعد عيد الفصح .

whoever كل من؛ كل شخص: سواء كان اعتبارياً (كالشركات والهيئات وما اليها) أو طبيعياً (كالافراد).

whole خالص؛ صميم. قوي؛ سليم؛ تام او كامل. كل (الشيء)، جميعه، كافته، برمته، جملة، عن آخره

whole blood (راجع باب blood)

whole gale عاصفة تتراوح سرعتها بين ٥٥ و ٧٥ ميلا في الساعة.

wholesale بيع جملة: بيع السلع بكميات كبيرة لتجار تجزئة retailers يتولون بيعها للمستهلكين مباشرة بكميات صغيرة.

wholesale prices أسعار جملة

wholesaler تاجر جملة

wholesome سليم؛ صحي؛ ذو اثر طيب (أدبي أو بدني)

wholly كلياً؛ جملة او اجمالا؛ تماماً

wholly or in part كلياً (جملة) أو جزئياً

whore مومس؛ عاهرة: سواء كانت تتعاطى الدعارة كسباً للرزق او اشباعاً لنزعة فاجرة.

whoremaster فاسق؛ داعر. ينطبق هذا النعت أيضاً على من يكري المومسات للغير أو يتعاطى القوادة (وهو القواد أو الديوث procurer).

wic موقع على شاطىء بحر أو ضفة نهر.

wick [قانون انكلوسكسوني] قرية؛ بلدة؛ مقاطعة

widen يوسع؛ يعرض: يزيد من اتساع (شيء) أو عرضه.

widow أرملة: من مات عنها زوجها ولم تتزوج بعده.

— grass widow (راجع باب grass)

— king's widow أرملة الملك. وهي في الواقع أرملة فصل الملك الذي حاز قطيعته من الملك مباشرة tenant *in capite*. هذه الارملة لم يكن لها أن تتزوج بعد موت زوجها الا باذن خاص من الملك.

widow-bench حصة اضافية تنالها الارملة من أموال زوجها فوق الحصة المخصصة عادة لانتفاعها بعد موته.

widow's chamber (راجع chamber, widow's)

widow's quarantine [قانون انكليزي قديم] اربعو(ن) الارملة؛ مدة الاربعين يوماً التالية لوفاة الزوج، التي كان يسمح للارملة بقضائها في بيت زوجها دون أن تدفع أية أجرة لباقي الورثة والتي كان ينبغي خلالها تحديد نصيبها من التركة.

widow's terce [قانون اسكتلندي] ثلث الارملة. الثلث الخاص بالارملة من مجموع اجور الاراضي a third of the rents of lands التي كانت للزوج المتوفى.

widower أرمل: من ماتت زوجته ولم يتزوج بعدها.

widowhood ترمل: الحال الذي يكون عليه أحد الزوجين اذا مات عنه الزوج الآخر ولم يتزوج بعده.

wife زوجة؛ حليلة (م. حلائل)

wife *de facto* زوجة الواقع؛ الزوجة بحكم الواقع. وهذه يجوز ابطال زواجها بأمر قضائي.

wife's equity حق الزوجة الطبيعي. اذا لجأ الزوج الى محكمة العدالة الانصافية Court of Equity لتحكم له بحيازة املاك زوجته والسيطرة عليها، لزم تلك المحكمة ان تراعي حق الزوجة الطبيعي the wife's equity في أن يخصص لها ولاولادها من تلك الاملاك نصيب مناسب يكفيهم.

wig لبدة من الشعر المستعار يلبسها عادة رجال القضاء والقانون.

wild animals حيوانات متوحشة: (على طبيعتها الشرسة)؛ حيوانات غير مستأنسة (لا يرجى تدجينها).

wild cat [في البنوك] غير أهل لاعتماد أو مسؤولية، لا يعول عليه.

[في البترول] بئر تجريبية، بئر كشفية

[كفعل] يحفر بئراً تجريبية (لاختبار مدى منفعة الحقل البترولي).

wild land فلاة: أرض باقية على حالها الطبيعي دون استغلال أو تحسين.

wild well يطلق هذا النعت على البئر التي يسيل الغاز من أنابيبها تحت سطح الارض وتضيع بسيلانه كميات كبيرة دون جدوى.

will [كفعل] تفيد الوجوب والتصميم وتؤدي معنى must او shall حسب الاحوال.

[كاسم] وصية؛ ارادة (موجهة لسلوك أو تصرف معين). رغبة صريحة أو ميل (أكيد) الى شأن.

[مواد الوصايا] وصية الشخص أو كلمته الاخيرة المعبرة عن مشيئته ورغبته في كيفية التصرف بأمواله بعد موته. السند الذي يصدر عن صاحبه وفقاً للاوضاع والقواعد القانونية السارية قصد التعبير عن رغبته في كيفية التصرف بأمواله بعد موته.

[مواد جنائية] ارادة؛ قوة عقلية موجهة لسلوك صاحبها وأفعاله.

— **ambulatory will** وصية قابلة للتبديل اثناء حياة الموصي.

— **conditional will** وصية مشروطة يتوقف سريانها أو بطلانها على حصول شأن معين .

— **conjoint will** (راجع joint will تالياً)

— **counter will, double will** (راجع reciprocal will تالياً)

— **estate at will** (راجع باب estate)

— **holographic will** وصية يحررها الموصي نفسه ويؤرخها ويمضيها بيده .

— **joint will, conjoint will** وصية تضامنية أو مشتركة ينشئها ويمضيها شخصان أو أكثر فيما يتعلق بأموال مشتركة بينهم بغيـــة التفرغ عنها الى شخص آخر أو أكثر أو فيما يتعلق بأموال لهم غير مشتركة يريدون الوصية بها الى جهة معينة كمال موحد على هيئة trust أو ما الى ذلك .

— **mutual will** وصية تبادل : ينشئها ويمضيها شخصان أو أكثر ويتبادلون فيها الوصية؛ أي يوصي كل منهم للآخر بشيء معلوم من أمواله .

— **mystic will** (راجع mystic testament في باب testament)

— **non-intervention will** وصية مانعة للتدخل : تطلق يد المنفذ في التنفيذ وتمنع عنه تدخل المحكمة ولا تفرض عليه أي قيد أو شرط .

— **nuncupative will** وصية شفوية في مرض الموت : تعلن أو تملى بحضور العدد القانوني من الشهود ثم تحرر فيما بعد حسب الاوضاع القانونية .

— **reciprocal will** وصية تقابلية : ينشئها شخصان أو أكثر لتبادل الوصية فيما بينهم اذ يوصي كل منهم فيها للآخر بشيء معلوم يقابل ما أوصي له به . وتسمى أيضاً وصية تبادلية mutual will ووصية مزدوجة double will ووصية مقابلة counter will .

— **unnatural will** (راجع باب unnatural)

— **unofficious will** وصية شاذة : يخالف فيها الموصي سنن الطبيعة ولا يحفل بصلات الدم أو القرابة فيحرم فيها الاقربين ويختص غيرهم بماله وعطفه .

will contest منازعة الوصية : النزاع القائم في صحة الوصية أو في وجودها أو عدمه .

willful; wilful مفتعل؛ طوعي؛ مصر؛ متعنت؛ مسوق بهواه؛ قصدي؛ ينطوي على عناد أو سوء نية أو سبق اصرار . غير مشروع

willful indifference to the safety of others عدم اكتراث قصدي لسلامة الآخرين : كمضي الشخص في فعل معين مع علمه الاكيد بما يلحقه فعله بالغير من أذى .

willful murder قتل افتعالي : القتل غير المشروع الذي لا يرافقه أي عامل أو ظرف أو مخفف .

willful negligence (راجع باب negligence)

willful tort اساءة مفتعلة؛ مضارة قصدية (تنطوي على اخلال بواجب قانوني ولا تترتب على عقد) . الاساءة التي يتوافر فيها عنصر الاصرار مع عدم الاكتراث لسلامة الغير والاحاطة بسوء عواقبها .

willingly راغباً؛ مختاراً : عن رغبة أو اختيار او ميل

Wills Act [قانون الوصايا] وضعت في الوصايا قوانين عدة، اهمها : القانون الصادر في عهد الملك هنري الثامن سنة ١٥٤٠م وقانون سنة ١٨٣٨م في آخر عهد الملك وليم الرابع واول عهد الملكة فيكتوريا المعروف ايضاً باسم Lord Langdale's Act . ونص القانون الاخير على جواز التصرف الايصائي بجميع الاموال الثابتة والمنقولة وعلى وجوب انشاء جميع الوصايا بحضور شاهدين قانونيين (كاملي الاهلية) .

Winchester Measure مقياس او كيل ونشستر ، وهو المعتمد في انكلترا .

Winchester, Statute of قانون ونشستر . صدر هذا القانون البرلماني في عهد الملك ادوارد الاول سنة ١٢٨٥م واوجب سريان قانون البوليس السكسوني القـــديم بعد تعديله بمجموعة كبيرة من الاحكام الملائمة، ثم ألغي في عهد الملك جورج الرابع .

wind component [لوائح الطيران] مركبة الريح؛ متوسط قوة الريح في اتجـــاه معين .

wind up يقفل (حسابات شركة او مؤسسة) : يسويها ويصفي موجوداتها في سبيل توزيع البـــاقي منها على اصحاب الحقوق وحلها نهائياً . ينهي؛ يختتم (كلاماً أو مرافعة او غير ذلك) .

windmil كمبيالة تواطؤ؛ كمبيالة صورية

window نافذة : مطل في بناء لتوفير النور والهواء والرؤية لمن يسكنه أو لاي غرض آخر .

window envelope ظرف شفاف : غلاف مراسلات عادي توجد على ظهره رقعة شفافة تكشف عن عنوان المرسل اليه الذي يكتب عادة داخل هذا الظرف على جانب الخطاب المرسل .

wit يعلم؛ يعرف؛ يحيط بامر أو يطلع عليه. تستعمل عادة مع الاداة to. (راجع to wit تالياً)

[كاسم] ذكاء؛ فطنة؛ سرعة خاطر

— to wit اي؛ بعبارة اخرى. لا يختلف هذا الاصطلاح من حيث المعنى عن اي من العبارات التالية: that is to say؛ namely؛ *videlicet*

witam [قانون سكسوني] تنزيه عن جرم بيمين يحلفها العدد المطلوب من الشهود.

witan [قانون سكسوني] حكماء؛ فقهاء؛ مجلس شورى الملك. أعيان القوم

witchcraft سحر؛ كهانة؛ شعوذة. كان السحر في القوانين القديمة من الجرائم المعاقب عليها بالموت، ولم تلغ الاحكام الناصة على عقاب المتعاطين للسحر بالاعدام حتى سنة ١٧٣٦م. وقد نفذ آخر حكم بالاعدام على جرم السحر في انكلترا سنة ١٧١٦م وفي اسكتلندا سنة ١٧٢٢م.

wite [قانون سكسوني] جزاء؛ قصاص؛ غرامة

witenagemote [قانون سكسوني] «مجلس الحكماء»؛ برلمان السكسونيين في انكلترا كما عرف قديماً.

witens نبلاء السكسونيين، حكماؤهم، فقهاؤهم، أعيانهم

with بـ؛ مع؛ بالاضافة الى؛ بما في ذلك

with all faults [عقود البيع] مهما بلغت، أو كانت، العيوب (عيوب المبيع شرط ان لا تنال من عناصره الجوهرية او ميزاته الخاصة.

with strong hand بالباطل؛ قسراً؛ بيد غاشمة. عبارة فنية تفيد التوسل بالقوة الغاشمة للاستيلاء على ارض الغير أو ممتلكاته.

withdraw يسحب؛ ينسحب؛ يسترجع ويسترد (ما صدر عنه)؛ يرتد او يتحول (عن شأن)

withdrawal سحب (ودائع من مصرف)

withdrawal of charges سحب تهمة، ممن تقدم بها (نظراً لعجزه عن ملاحقتها). والسحب في هذه الحال هو غير الرد الذي لا يكون الا بحكم محكمة.

withdrawing a juror انسحاب محلف: انسحاب احد اعضاء هيئة المحلفين، ونقصان عدد افرادها نتيجة ذلك بحيث يتعطل الاجراء ولا يتسنى المضي فيه. ولا يكون هذا الانسحاب عادة الا باتفاق الخصوم وتنسيب القاضي عندما يشك في وجاهة اسباب الدعوى. وفي هذه الحال يتحمل كل من الخصوم

window tax ضريبة نوافذ: فرضت قديماً على المباني التي زاد عدد نوافذها على ست أو زادت قيمتها السنوية على خمسة جنيهات، وذلك بموجب قانونين صدر احدهما في عهد الملك وليم الثالث سنة ١٦٩٦م وصدر الآخر في عهد الملكة فيكتوريا سنة ١٨٥١م–١٨٥٢م، ثم استعيض عنهما فيما بعد بضريبة المباني المأهولة.

windshakes صدوع محدثة في الاخشاب، بعد قطعها من الاشجار بتأثير الريح فيها وجفافها من الداخل.

windstorm اعصار؛ ريح عاصفة، تنعدم معها الامطار في الغالب او يكون سقوطها خفيفاً.

windy shots [عمليات التفجير] انفجارات تتطاير معها قطع الصخور في الهواء.

wine نبيذ؛ خمر: عصير عنب مخمر تتجاوز نسبة الكحول فيه مقدار واحد في المئة.

winter فصل الشتاء: وهو ثلاثة اشهر تمتد من ٢١ كانون الأول (ديسمبر) الى ٢١ اذار (مارس) بموجب الحساب الفلكي او من اول كانون الأول (ديسمبر) الى آخر شباط (فبراير) حسب الشائع او الاتفاق.

winter circuit [في انكلترا] دورة الشتاء، وهي تقع، لاغراض القضاء في المسائل المدنية بين فصلي Michaelmas و Hilary. (راجع شرح الفصلين مكانيهما)

winter heyning الفصل الممتد من ١١ تشرين الثاني (نوفبر) الى ٢٣ نيسان (أبريل)، وهو المدة المستثناة من حق الرعي في بعض الغابات.

winze [مواد التعدين] ممر (باطني) عمودي او عظيم الانحدار يصل بين منجمين.

wiretapping اقتحام الاسلاك، التلصص السلكي (للاطلاع على الاتصالات التلفونية وما اليها)، اعتراض المكالمات السلكية للكشف عنها.

(الفعل wiretap يقتحم الاسلاك، يتلصص على الاتصالات).

Wisby, Laws of قوانين وسبي. مدونة قوانين code بحرية صدرت في مدينة Wisby بالسويد في اواخر القرن الثالث عشر واقتبستها امم شمال اوروبا ثم اتخذت فيما بعد اساساً لمدونة اتحاد مدن Hanse الالمانية (الاتحاد المعروف باسم Hanseatic League).

wish [كاسم] رغبة؛ رجاء؛ تأميل؛ تشوق الى تحقيق غرض معين.

[في مواد الوصايا] تعني مجرد التوجيه والرجاء، وتدل أحياناً (على الامر والارادة will والرغبة الاكيدة.

رسومه الخاصة . ولا يمنع انتهاء الدعوى على النحو المذكور من اقامتها مرة اخرى على ذات الاسباب .

withdrawing record سحب اوراق الدعوى (قبل عرضها للمحاكمة) : وهذا ما يجوز للمدعي طالما لم يؤد المحلفون اليمين ولا يجوز له ذلك بعد ادائهم اليمين الا بموافقة محامي المدعى عليه .

withernam استيلاء انتقامي . اخذ بضاعة او امتعة او الحجز عليها بـــدلا من اخرى (لذات المديون) صدر الامر بالحجز عليها واقصيت عن مأمور التنفيذ .

withersake زنديق ؛ ملحد ؛ مارق من دينه

withhold يمسك (اخباراً) ؛ يكتمها عمن تهمه ؛ يمنع او يحبس (شيئاً) عن صاحبه او من طالب به . يمتنع عن أداء

within خلال ؛ في ؛ في مدى ؛ داخل ؛ ضمن (نطاق او حدود) . اذا وردت في الكلام عن مهلة كان معناها : في موعد اقصاه (كذا ..) أو قبله . وهي اداة حدية تقيد ما بعدها او تجعل منه حداً يمكن بلوغه ولا يستطاع تجاوزه .

without خارج ؛ يتجاوز ؛ نحو : المسائل الخارجة عن اختصاص المحكمـــة matters that are without the jurisdiction of the court . (راجع الاصطلاحات التالية في المعاني الاخرى) .

without day دون او بلا موعد ؛ لغير اجل ، نحو : رفعت الجلسة دون أن يحدد لانعقادها اي موعد sitting was adjourned without day . (راجع *sine die*)

without delay دون تأخير : حالا ؛ فوراً : في الحين الذي يسمح به القانون .

without her consent [مواد الاعتداء على العرض] دون رضاها ؛ اي ؛ ضد ارادتها او على الرغم منها .

without impeachment of waste دون المساءلة عن التلف . يرد هذا الشرط احياناً في عقود الاجارات الطويلة كي يبيح للمستأجر اخذ حاجته من المواد الموجودة في العقار دون ان يكون عرضة للمساءلة القانونية عما يحدث من تلف للمؤجر نتيجة ذلك . على ان الشرط المذكور لا يبيح للمستأجر اساءة استعمال الحق المخول له بموجبه وللمالك عند اللزوم ان يستصدر امراً بمنعه من اتيان اي فعل متلاف يصدر عنه بنية سيئة .

without justification بلا مبرر ؛ دون علة او سبب . افتعالا

without prejudice دون او مع عدم الاخلال (بشأن) .

without recourse دون الرجوع ؛ بشرط عدم الرجوع . يرد هذا الاصطلاح احياناً في تظهير السندات للدلالة على ان المظهر يبرئ نفسه من المسؤولية تجاه حامـــلي السند التاليين ؛ بحيث اذا رفض الساحبون الاولون الدفع فلن يحق لاحد ان يرجع عليه (اي ان يطالبه بالدفع) .

without recourse to me «دون الرجوع الى» . تثبت هذه العبارة على الكمبيالة بسبيل التنصل من المسؤولية .

without reserve بدون تحفظ . اذا عرضت بضاعة لبيع في مزاد without reserve دل ذلك على عدم جواز اشتراك البائع او من ناب عنه في المزايدة ووجوب بيعها لصاحب العرض الاكبر .

without stint غير محدود ؛ بلا عدد

witness يشهد (على شيء) ، بالتوقيع عليه ، تأكيداً لحصوله أو صحته او لغير ذلك من الاغراض . يشهد (بمعنى يحضر) حصول امر او انشاءه .

[كاسم] شاهد أو شهيد

— adverse witness شاهد مناهض : ينكشف تفكيره عن حفيظة تجاه الخصم الذي يناقشه .

— attesting witness (راجع باب attesting)

— character witness شاهد سلوك : يستدعى للشهادة على سلوك شخص معين .

— competent witness (راجع باب competent)

— credible witness (راجع باب credible)

— expert witnesss (راجع باب expert)

— eye-witness or eyewitness (راجع باب eye)

— hostile witness (راجع باب hostile)

— prosecuting witness (راجع باب prosecuting)

— star witness شاهد رئيسي (سواء كان لاغراض الاثبات او النفي) .

— subscribing witness (راجع باب subscribing)

— swift witness (راجع باب swift)

— unimpeachable witness (راجع باب unimpeachable)

witness-box المكان المعد في المحكمة لجلوس الشهود او وقوفهم عند اداء الشهادة .

witness for the defence شاهد نفي (يستدعيه المتهم او المدعى عليه) .

witness for the prosecution شاهد اثبات (يستدعى بطلب النيابة أو المدعي) .

witness to will شاهد الوصية: من شهد على نشوء الوصية بحضوره .

witnessing part نص إشهاد يبدأ بالعبارة: now this indenture witnesseth .

wittingly علماً وقصداً؛ ليس عن غير ادراك

witword مطالبة قانونية . اثبات صحة ملكية او حيازة باقرار مشفوع باليمين .

wolf's head رأس ذئب . أريد بهذا التعبير في القانون الانكليزي القديم تشبيه الخارج على القانون outlaw بالذئب واعتباره كأنه يحمل على كتفيه رأس ذئب *caput lupinum* ووجوب مطاردته (بوصفه كذلك) والقبض عليه واحضاره للملك حياً . فاذا أبى وقاوم حل قتله وأحضر رأسه للملك .

woman امرأة: انثى بلغت سن المراهقة أو تجاوزتها .

wood خشب، اخشاب

wood leave اذن او حق تخشيب (قطع اخشاب) في منطقة معينة او نقلها من مكان الى آخر .

wood-geld [قانون انكليزي قديم] رسوم واجبة الاداء للحصول على اذن تخشيب في غابة معينة . اعفاء من أداء الرسوم المذكورة .

Wood Plea Court محكمة قديمة ملغاة، كانت تعقد مرتين في السنة في غابة Clun بمقاطعة Shropshire للفصل في المسائل المتعلقة بالاخشاب والرعي .

Wood-Street Compter سجن قديم في مدينة لندن

woods حرج؛ احراج؛ غابات

woodwards ضباط احراج؛ مشرفون محافظون على نظام الصيد في الغابات .

woodwork مصنوعات او ادوات خشبية .

Wool-Sack (Woolsack) «كيس الصوف» . يطلق هذا الاسم على المقعد المعد في مجلس اللوردات للورد تشانسلور Lord Chancellor رئيس المجلس . وهو عبارة عن وسادة كبيرة مربعة عليها غطاء احمر لا ظهر لها ولا يدين .

— take seat on the Wool-Sack «يستوي على كيس الصوف» . اصطلاح دارج في مجلس اللوردات، معناه: يفتتح المجلس .

words كلمات: الفاظ معبرة عن ارادة صاحبها او ما يجول بخاطره .

[اغراض القانون] عبارات خاصة بمستندات معينة أو مناسبة للتعبير عن قصد معين .

words actionable in themselves [مواد القذف] عبارات تستوجب المحاكمة، كعبارات الذم المنطوية على إسناد مواد جرمية اذا صحت استهدفت بمن قيلت في حقه للعقوبة .

words of art عبارات فنية

words of limitation (راجع باب limitation)

words of procreation العبارات عبارة حصر ذري: العبارات الحاصرة للميراث في ذرية شخص معين: كنص الموصي مثلا في وصيته على ايلولة ملكه to 'Omar and the heirs of his body الى عمر وورثته الصلبيين؛ هذا النص الاخير هو من عبارات الحصر المشار اليه .

words of purchase (راجع باب purchase)

work عمل؛ كار؛ شغل يدوي يمارس لغرض معين غير التسلية أو الرياضة .

work-house دار تشغيل: يحجز فيها المحكومون والمتسولون ويقهرون على العمل .

work of art [في البراءات] انتاج او عمل فني

work of necessity عمل تقتضيه الحاجة؛ عمل اضطراري: كل شغل تفيد منه البلاد افادة معقولة .

work relief اعانة عمل: المبالغ التي تدفعها الجهات المختصة للعاطلين عن العمل أو الذين لا يكفي كسبهم لسد حاجاتهم الضرورية من الاموال المتوافرة بسبيل الاعانات والابواب المرصدة لهذا الغرض .

work week اسبوع عمل: يسير فيه العمل سيراً طبيعياً .

workaway عامل بالمونة: يستخدم على ظهر السفينة مقابل نومه وأكله ويكون عاملا اضافياً زائداً عن الحاجة .

working capital رأسمال عامل: يستطاع تسخيره لانتاج او تعامل لاغراض الكسب .

working days ايام عمل؛ تستثنى منها ايام الاعياد والعطلات الرسمية وغيرها من الايام التي تبلغ فيها رداءة الطقس حداً لا يتسنى معه العمل .

working face [مواد التعدين] مكان قطع المعادن وتحميلها داخل المنجم .

working foreman رئيس عامل: يشرف على العمال ويؤدي ذات العمل الذي يؤدونه .

working interest حصة رأسمالية: الحصة العائدة من نتاج المال المثمر لصاحبه .

workman عامل؛ صانع

workmen's compensation تعويض عمال: التعويض الذي يؤدى للعمال (أو من يعولون) اذا اصابتهم اصابة معطلة مميتة أثناء قيامهم باعمالهم .

Workmen's Compensation Act قوانين تعويض العمل: القوانين المحددة لمقدار التعويض الواجب للعمال (او ذويهم) اذا ألمت باحدهم اثناء عمله اصابة افضت الى موته او تعطيله كلياً او جزئياً . من هذه القوانين ما يقتضي التأمين على العمال ويضع القواعد الواجبة المراعاة فيه .

works مشاغل؛ اشغال؛ معامل؛ مصانع (فبارك)؛ مؤسسات انتاج صناعي

— new works أعمال جديدة: مبان او منشآت جديدة

— public works أشغال عامة

workshop ورشة صناعية؛ مشغل

world **[في العقود والتصرفات]** الجميع، نحو: a judgment *in rem* binds "all the world" «الحكم في الشيء ملزم للجميع» اي الناس كافة .

worldly دنيوي: يتصل بالحياة الدنيا وعلاقاتها .

worldly employment or business وظيفة دنيوية؛ شغل دنيوي . كلاهما تحظر بعض القوانين ممارسته أيام العطلات الدينية .

worship عبادة (دينية)

[قانون انكليزي] لقب تبجيل، يكاد يقابل (صاحب العزة او السعادة) ويستعمل في مخاطبة بعض القضاة وأصحاب المناصب المرموقة .

— public worship عبادة عامة: يراد بها العبادة العلنية التي تمارس علناً (في غير كتمان) او العبادة في محل عام .

worsted خيط مصنوع من الصوف الخالص .

worth قيمة؛ اعتبار؛ اهمية . صفات تكسب الشيء قيمته أو مكانته وتجعل له ثمناً مادياً يتناسب معها .

يستأهل؛ يسوى او يساوي (من حيث القيمة او الثمن) .

worthless عديم القيمة، لا قيمة له أو اعتبار

worthless title حق؛ او سند (ملكية) أوجه أو احق بالاعتبار .

worthy موفور القيمة؛ ذو اعتبار او مكانة؛ يستأهل (تقديراً أو غيره)

wound جرح؛ ثلمة: شق، تفتق او تسلخ محدث في الجسم باداة حادة او بغيرها من اسباب العنف . يطلق ذات الاسم ايضاً على الرض أو الكسر أو الاذى المحدث في الجسم مهما كان .

wounded feelings مشاعر أو احساسات مجروحة، بتأثير اهانة أو سباب او قذف أو ما الى ذلك .

wrath سخط بالغ؛ غضب عنيف يفوق مجرد الغضب العادي .

wreck يدمر؛ يحطم؛ يخرب؛ يهدم

[قانون عام – كاسم] حطام . بضائع تنفصل عن سفينة محطمة ويطرحها البحر على الشاطىء فتكون ملكاً للتاج او من له الحق في جمع الحطام . ولا يكون لصاحب البضاعة، المطروحة كذلك، حق استردادها الا اذا طالب بها خلال سنة ويوم within a year and a day من تاريخ فقدانها .

[قانون بحري] تعتبر السفينة حطاماً wreck اذا ألمت بها اصابة قضت على صلاحيتها للملاحة قضاء كلياً أو اذا جاوزت تكاليف اصلاحها اللازم لاتمام رحلتها بعد الكارثة، نصف ثمنها الاجمالي . على ان الاصطلاح wrecked vessel حسب التعبير الدارج معناه «سفينة غارقة» .

wreck commissioners محققو الحطام: محققون رسميون ينتدبون بموجب قانون السفن التجارية Merchant Shipping Act – مادة ٢٩، الصادر سنة ١٨٧٦م لتحقيق الكوارث والحوادث والخسائر البحرية الواقعة على سواحل المملكة المتحدة او بجوارها .

wrecker سيارة معدة لنقل السيارات المحطمة او المعطلة .

wrench يلوي (عضواً أو غيره) في عنف .

[كاسم] ملوى؛ مفتاح آلي

wrestling مصارعة: احد فنون القوى البدنية، تقتصر فيها المباراة على شخصين يفوز احدهما على الآخر اذا افلح في ضغط كتفيه بالارض .

wrinkle تجعد؛ غضن . ثلم (بمعنى furrow)؛ قناة؛ صدع؛ حفرة (صغيرة)؛ جيب

— patent writ [اجراءات قديمة] امر مفتوح غير مقفل او غير مختوم بالشمع .

— peremptory writ أمر احضار قطعي كان يوجه الى عامل الملك الـ sheriff ليلزم المدعى عليه بالحضور .

— prerogative writs أوامر (قضائية) استثنائية تصدر اذا توافرت اسبابها استناداً الى سلطات التاج الاستثنائية (او سلطات المحكمة – حسب الاجراءات الحديثـة) وتشمل الاوامر المشهورة التالية :

procedendo, mandamus, prohibition, *quo warranto, habeas corpus, certiorari* .

writ *de bono et malo* (راجع *de bono et malo*)

writ *de ejectione firmæ* (راجع *ejectione firmae*)

writ *de hæretico comburendo* (راجع *de haeretico comburendo*)

writ *de homine replegiando* (راجع *de homine replegiando*)

writ *de odio et atia* (راجع *de odio et atia*)

writ *de rationabili parte bonorum* (راجع *de rationabili parte bonorum*)

writ of *ad quod damnum* (راجع *ad quod damnum*)

writ of assistance أمر مساعدة على تنفيذ: تصدره دائرة العدالة Chancery عملا على تنفيذ حكم صادر من محكمة عادية قانونية court of law وذلك لتمكين الشاكي المحكوم له من حيازة عقارية اذا عجز مأمور التنفيذ عن تمكينه من ذلك . بعبارة اخرى، أمر تنفيذ مساعد، تصدره محكمة العدالة المطلقة ضماناً لتنفيذ حكم محكمة عادية حيث تعجز نصوص القانون عن ضمان ذلك .

writ of attachment أمر حجز : يقضي بالقبض على من لا يمتثل لما أمرت به المحكمة وجلبه امامها بتهمة انتهاك حرمتها (نظراً لعدم الامتثال المذكور) . أمر حجز عارض يستصدر في سياق الدعوى المدنية لتوقيع الحجز على اموال معينة .

writ of covenant دعوى اخلال بميثاق رسمي مكتوب (او عقد) ترفع لمطالبة المخل بأضرار مناسبة .

writ of debt دعوى دين: ترفع لتحصيل دين مدعى بحلول أدائه .

writ of deceit دعوى غش: يطالب فيها المدعي بالتعويض عن أعمال كان فيها هدفاً للخديعة والضرر اتاها المدعى عليه باسمه (اسم المدعي) دون تفويض .

wrist-drop [طب شرعي] شلل يدوي ينتج عن تلف عروق المعصم المسيطرة على حركة اليد .

writ أمر قضائي: تفويض مكتوب، على هيئة خطاب باسم الملك او الرئيس او الدولة، تذيله المحكمة بختمها وتصدره عند افتتاح الدعوى او الاجراء او في سياقهما الى من رأت تكليفه بشأن معين .

ورقة افتتاح الدعوى المدنية امام المحكمة العليا (الانكليزية) .

اجراء قانوني مهما كان .

[قانون انكليزي قديم] سند مكتوب على هيئة خطاب . سند توكيل (بمعنى letter of attorney) . استعملت هذه الكلمة ايضاً مرادفاً لقضية action؛ وكانت الـ writs أو القضايا قديماً على ثلاثة أنواع : عقارية real وشخصية personal ومختلطة mixed تجمع بين النوعين المذكورين .

[قانون اسكتلندي] كتابة (بمعنى writing)؛ مستند مكتوب (instrument in writing) سواء كان حجة او التزاماً أو تفويضاً أو غيره .

— alias writ أمر قضائي ثان: تصدره المحكمة المختصة في القضية ذاتها اذا اصدرت أمرها الاول ولم يعد بالنتيجة المطلوبة .

— close writ محرر ملكي خاص يحمل ختم الملك الكبير ويوجه لاسم شخص معين مقفلا ومختوماً من الخارج بالشمع .

— concurrent writs أوامر تكرارية: يصدر منها اصل الامر على صور عدة أو تصدر عن نفس الموضوع الى جهات متعددة اذا أريد توجيهها مثلا للقبض عـلى شخص مجهول الاقامة أو لشخصين او أكثر بوصفهم مدعى عليهم في دعوى واحدة او لغير ذلك من الاسباب .

— judicial writs أوامر قضائية: تحمل ختم المحكمة الخاص لا ختم انكلترا الكبير Great Seal of England وتصدر باسم رئيس المحكمة المختصة لا باسم الملك .

— junior writ أمر لاحق: يصدر الى المأمور المختص بعد أمر سابق مماثل يستصدره طرف آخر أو يصدر بادعاء أو طلب اضافي ضد المدعى عليه نفسه .

— original writ [اجراءات انكليزية] امر افتتاح دعوى شخصية personal action ؛ خطاب الزامي يحمل الختم الكبير كانت توجهه دائرة الـ Chancery باسم الملك الى مأمور اجراء الجهة التي يعتقد بوقوع الفعل محل الادعاء فيها، مكلفاً اياه بأن يأمر المدعى عليه أو المتهم باجابة المدعي الى طلبه أو ان يحضر الى المحكمة للاجابة على التهمة المقدمة ضده .

استعيض عن هذا الامر بالتكليف العادي writ of summons لافتتاح جميع انواع الدعاوى وذلك وفقاً لقانون تنظيم القضاء الصادر سنة ١٨٧٣م .

writ of false judgment أمر قضائي يستصدر لاستئناف أحكام المحاكم الانكليزية الصغرى inferior courts غير التدوينية not of record أمام المحكمة العليا علـى أساس عدم النزاهة في الحكم .

writ of inquiry [اجراءات القانون العام] أمر تحقيق ؛ تصدره المحكمة المختصة بعد حصول المدعي على حكم غيابي كي تكلف فيه عامل الملك الـ sheriff بأن يستعين بهيئة محلفين على التحقيق في مقدار ما يطالب به المدعي وقيمة خسارته الفعلية .

writ of mainprize or **mainprise** [قانون انكليزي] أمر قبول كفالة : كان يوجه الى عامل الملك الـ sheriff المختص لتكليفه باخذ كفالة على حضور الموقوف المعني عند الطلب واخلاء سبيله .

writ of *mandamus* (راجع *mandamus*)

writ of possession امر (تسليم) حيازة : أمر تنفيذ حكم صادر باسترداد حيازة أرض يوجه لعامل الملك المختص كي يقوم باحتـلال الارض موضوع الحكم وتسليمها للمحكوم له بحيازتها .

writ of praecipe يسمى هذا الامر أيضاً writ of covenant ويستصدره أحد المتعاقدين ضد الآخر لقهره على تسليم أرض تعهد بتسليمها اليه حسب نصوص العقد .

writ of prevention أمر منع يستصدر تمهيداً لدعوى ينتظر رفعها .

writ of probable cause أمر قضائي يستصدر منعاً لتنفيذ حكم معروض للمراجعة .

writ of proclamation [اجراءات الـ outlawry – قديماً] كان يصدر هـذا الامر الى عامل الملك الـ sheriff المختص كي يقوم بالمناداة ثلاث مرات على الشخص المطلوب في الامكنة التي اعتاد ارتيادها أو الاقامة فيها وذلك قبل اعلان خروجه على القانون بشهر واحد .

writ of prohibition (راجع prohibition)

writ of protection [قانون انكليزي] أمر حصانة من القبض مدته عام واحد، يمنحه الملك لمن شاء، فيما يتعلـق بالاجراءات المدنية . على ان التاج لا يمارس حق اصدار هذا الامر الا في الاحوال النادرة .

writ of recaption امر استرداد (أموال محتبسة) . اذا احتبس المؤجر منقولات مستأجره نظير اجرة يطالبه بها ورفع ضده المستأجر دعوى يطالب فيها برد هذه المنقولات ثم قام المحتبس، قبل الفصل في الدعوى، بحبس أشياء أخرى للشخص

writ of delivery أمر تسليم، يقتضي تنفيذ الحكم الصادر برد أشياء معينة للمحكوم له أو بحجز الشخص المحكوم ضده حتى يرد الاشياء المذكورة أو يسلمها وفقاً للامر .

writ of detinue أمر احتباس، يستصدره ذو الشأن لاسترداد اموال منقولة حبسها عنه خصمه . على ان الاجراء المعروف باسم trover هو أعظم شيوعاً واستعمالا من الـ writ of detinue .

writ of dower أمر دوطة : يستصدر لتكليف المعني ببيان نصيب الارملة من تركة زوجها المتوفى .

writ of ejectment امر إخلاء: يصدر لاسترداد عقار ممن استمر في حيازته بغير حق .

writ of entry دعوى استرداد حيازة عقارية : يقيمها المالك أو المستأجر لاسترداد حيازة أرض استولى عليهـا الغير دون حق .

writ of error أمر غلط : توجهه المحكمة الاستئنافية الى محكمة الموضوع، بناء على عريضة طعن بالغلط في حكم نهائي أصدرته المحكمة الاخيرة مكلفة اياها باحالة أوراق الدعوى اليها (الى المحكمة الاستئنافية) كي يتسنى لهـا فحص الغلط القانوني المدعى به في عريضة الطعن وتصحيح الحكم أوفسخه أو تصديقه، حسب الاحوال . ولا يقبل الطعن المشار اليه الا على أساس الغلط الحاصل فيما يتعلق بالنصوص القانونية errors in law : اي في تفسير القانون او تطبيقه .

writ of error *coram nobis* أمر الغلط أمامنا (او أمر في الغلط الصادر عنا) : وهذا من أوامر القانون العام، تصدره المحكمة المختصة لتصحيح حكم صادر عنها قائم على غلط جوهري استهدفت له في نطاق الواقع . وذلك اذا بلغ علمها، بعد الحكم، من الوقائع ما لو أدركته قبله لحكمت بغيره . من ذلك مثلا تبينها ان أحد الخصوم كان ميتاً عند صدور الحكم أو قاصراً لم يقم الوصي بتمثيله كما يلزم، أو امرأة متزوجة *feme* covert غير كاملة الاهلية أو ما الى ذلك من الامور الواقعية التي منعت الظروف القاهرة من عرضها على المحكمة قبل الحكم .

writ of error *coram vobis* أمر الغلط أمامكم (أو أمر في الغلط الصادر عنكم) . يختلف هذا الامر عما يسمى writ of error *coram nobis* بانه يوجه عادة من محكمة مجلس الملكة الخاص Court of Queen's Bench الى المحكمة المسماة Court of Common Pleas بينما يصدر الثاني من محكمة مجلس الملكة الخاص فيما يتعلق بحكم صادر منها ذاتها .

writ of execution أمر تنفيذ : يصدر لتنفيذ حكم أو قرار أو مرسوم محكمة .

write off capital يخفض رأس المال او يستبعد منه مقداراً معلوماً .

writer to the signet [قانون اسكتلندي] وكيل دعاوى يقابله ما يسمى attorney at law في القانونين الانكليزي والاميركي .

writing كتابة؛ خط؛ محرر

writing obligatory محرر الزامي: الاسم الفني للسند bond في المرافعات .

written contract عقد مكتوب أو محرر ، عقد كتابي

written instrument مستند مكتوب

written law قانون مكتوب أو مسطور أو مدون . يطلق هذا الاسم على كل من التشريعات الرومانية التالية: *leges* و *plebiscita* و *senatus-consulta* و *magistratuum edicta* و *principum placita* و *responsa prudentum* . كذلك يطلق الاسم المذكور على القانون البرلماني Statute Law الذي يستمد قوته من النصوص التشريعية الصريحة express legislative enactments .

wrong ضرر، ضرار؛ اساءة؛ عدوان على حقوق الغير القانونية (غير التعاقدية)؛ ايذاء؛ تجاوز؛ باطل . غلط

— private wrong ضرر خاص: التعدي على الحقوق العامة أو الخاصة تعدياً تنصب اضراره على الفرد وتخوله حق المطالبة بتعويض مناسب .

— public wrongs أضرار عامة: تمتد آثارها الى المجتمع بوجه عام كالجرائم والجنح .

— real wrong [قانون انكليزي قديم] ضرر عقاري يحل بالاملاك (الاموال الثابتة) .

wrongdoer الفاعل؛ فاعل الضرر أو محدثه؛ المعتدي

wrongful ضار؛ مؤذ؛ جائر؛ غاشم؛ باطل؛ غير قانوني

wrongful levy حجز جائر: يجيز لصاحب المال المحجوز عليه ان يطالب بتعويض مناسب عن الاضرار التي لحقته بجرائه.

wrongous [قانون اسكتلندي] تؤدي هذه الكلمة معنى wrongful في القانون الانكليزي . (راجعها عالياً)

wurth [قانون سكسوني] موفور القيمة (بمعنى worthy)؛ ذو مكانة أو اعتبار؛ كامل الاهلية؛ كفؤ

wyte [قانون انكليزي قديم] مخالصة؛ ابراء (بمعنى acquittance) . اعفاء من غرامة

المذكور وللغرض عينه، فلا يلزم المدعي في هذه المرة أن يرفع دعوى استرداد أخرى بل له بدلا من ذلك ان يستصدر a writ of recaption أمراً قطعياً باسترداد الاشياء المحتبسة أو المحتجزة في المرة الثانية، مع التضمينات المناسبة، وذلك جزاء للمحتبس على انتهاكه حرمة الاجراء بما أتاه من فعله الثاني والدعوى ما زالت امام المحكمة .

writ of replevin (راجع replevin)

writ of restitution أمر رد: تكلف فيه المحكمة عامل الملك الـ sheriff المختص بان يرد الى المدعى عليه اشياءه المحجوزة اذا لم يتم بيعها أو أن يرد له حاصل البيع . ويطلق ذات الاسم أيضاً على الامر الصادر من المحكمة الاستئنافية بعد فسخها الحكم المستأنف اليها لتمكين المستأنف (المحكوم ضده في البداية) من استرداد جميع الاشياء المأخوذة منه بموجب الحكم المفسوخ أو تعويضه عنها .

writ of review أمر مراجعة: تصدره المحكمة الاستئنافية لمراجعة قرار أو حكم صادر عن محكمة أخرى أدنى درجة .

writ of right أمر حق: يصدر اعتباراً لحق قائم وعلى أساسه لا على سبيل التفضل أو الانعام .

[قديماً] دعوى مطالبة بحق ملكية (أرض)

writ of summons أمر حضور؛ يكتفى أحياناً بتسميته writ فقط وهو أمر افتتاح الدعوى وتكليف الخصوم بالحضور أمام المحكمة حسب الاجراءات الانكليزية .

writ of *supersedeas* (راجع *supersedeas*)

writ of supervisory control أمر اشراف توجيهي: أمر صادر عن محكمة عليا الى محكمة تابعة لتصحيح قرار أو حكم صادر عنها في أحوال لا يجوز معها الاستئناف أو لا يجدي . غاية هذا الامر تمكين المحكمة العليا من الاشراف على مجرى النزاع في المحاكم السفلى التابعة لها ضماناً لاجتناب الغلط في تفسير القانون أو تطبيقه ومنعاً لاطالة الخصومات دون مبرر .

writ of trial [قانون انكليزي] أمر احالة تنقل به الدعوى من محكمة كبرى الى أخرى أدنى منها .

writ of waste أمر قضائي يستصدر لمنع المستأجر من إحداث أي تلف مفتعل أو تغيير جوهري في المؤجر .

writ *pro retorno habendo* أمر رد أمتعة أو أموال منقولة الى مدعى عليه صدر الحكم لصالحه في دعوى *replevin* . (راجع الكلمة الاخيرة مكانها)

write off يلغي؛ يبطل؛ يحذف ينقص أو يخفض . (راجع الاصطلاح التالي)

X

X. يرد هذا الحرف أحياناً كرقم روماني للدلالة على العدد ١٠

xenodochium **[قانون انكليزي قديم]** خان؛ فندق ريفي لاستراحة المسافرين وايوائهم .

xenodochy ايواء الغريب واضافته

xenophobic madness جنون بغضاء الاجانب

xylon آلة قصاص عند اليونان تشبه ما يسمى stocks عند الانكليز .

Y

ya et nay [في السجلات القديمة] نعم ولا؛ مجرد التأكيد (الايجاب) والانكار، دون اليمين .

yacht يخت؛ سفينة نزهة خاصة

yacht basin حوض يخوت: قنوات أو ارصفة مائية تعد لرسو اليخوت أو السفن المماثلة أو المدانية لها في الحجم وتحميلها وتفريغها واصلاحها وغير ذلك مما يتصل بها .

Yalta Formula or **Yalta Voting Formula** قاعدة يالطا أو التصويت على طريقة يالطا . ورد ذكر هذه القاعدة في المادة ٢٧ من ميثاق هيئة الامم المتحدة، وهي تستوجب اخذ القرارات باكثرية سبع الاصوات على الاقل .

yard ساحة؛ فناء
يارد؛ كيل مسافة مقداره ٣٦ انشاً (٩٠ سنتمتراً) .

yea and nay «نعم ولا»
[قانون انكليزي قديم] نص ميثاق اثلستان Charter of Athelstan على وجوب تصديق أفراد شعب Ripon دون الحاجة الى تحليفهم اليمين على ما يقولون سواء كان ذلك في دعاواهم او معاملاتهم؛ بحيث اذا قال احدهم yea أو nay وجب تصديقه دون اثبات او يمين .
(راجع yeas and nays أيضاً)

year سنة، عام، حول
قد تكون السنة مدنية civil year أو calendar year وهي ٣٦٥ يوماً أو ٣٦٦ يوماً اذا كانت كبيسة leap-year أو فلكية astronomical year وهي ٣٦٥ و ٥ ساعات و ٤٨ دقيقة و ٤٦ ثانية، او جلوسية regnal تبتدئ من يوم جلوس الملك المعني (او الملكة) على العرش .

— bissextile year سنة كبيسة: طولها ٣٦٦ يوماً .
(راجع leap-year)

— dead year سنة الوفاة؛ العام الاول بعد الوفاة: وهو العام الذي لا يجوز خلاله مقاضاة مدير التركة او منفذها على اي حصة او ميراث في التركة .

— fiscal year سنة مالية: بدايتها غالباً أول ابريل من كل سنة .

— Gregorian year سنة ميلادية (غريغورية)، تحسب بالتقويم الغريغوري . سميت كذلك نسبة الى البابا غريغوريوس الثالث عشر .

— leap-year — سنة كبيسة: طولها ٣٦٦ يوماً ويحسب فيها شهر شباط (فبراير) ٢٩ يوماً .

— lunar year سنة قمرية (كالسنة الهجرية) طولها، اثنا عشر شهراً قمرياً .

— natural year [قانون انكليزي قديم] سنة طبيعية، طولها ٣٦٥ يوماً وربع يوم .

year and day سنة ويوم . جعلت هذه المدة حداً مرعياً لمجموعة من الاغراض القانونية، كاعتبار الاموال المفقودة والحيوانات الضالة ملكاً لمن تقع في يده اذا لم يطالب بها اصحابها خلال سنة ويوم واحد من تاريخ فقدانها . كذلك في دعاوى الحطام wreck ، ينبغي على صاحب حطام السفينة ان يطالب به من قبل انقضاء المدة المذكورة على وقوع الكارثة البحرية . وفي الجرائم، يعتبر الجرح فعل قتل اذا افضى الى موت المجني عليه قبل مضي سنة ويوم واحد من حين انزاله به . وقد اتخذت المدة ذاتها ايضاً حداً اقصى لكثير من الاجراءات والمطالبات الحقوقية .

Year Books كتب سنوية: كشوف قضائية تشمل الدعاوى والمشاكل المعروضة على القضاء مرتبة ترتيباً تسلسلياً حسب تاريخ عرضها منذ عهد الملك ادوارد الاول (١٢٧٢م–١٣٠٧م) الى آخر عهد الملك هنري الثامن (١٥٠٩م–١٥٤٧م) . أعد هذه الكشوف على نفقة التاج كبيرو كتاب المحاكم وكانت تنشر سنوياً .

year, day, and waste [قانون انكليزي قديم] ميزة ملكية ملغاة، كان للملك بموجبها ان يستأثر لنفسه بكافة الارباح العائدة خلال سنة ويوم من اراضي المدانين ببعض الجنايات وان يأخذ من تلك الاراضي او يحدث فيها من التخريب ما شاء ثم يتركها بعد المدة المذكورة للسيد (اللورد) المقطع .

year of mourning سنة الحداد؛ عدة الوفاة . نقل الانكليز هذه السنة (ومن قبلهم السكسون) عن سنة الحداد عند الرومان *annus luctus* وهي السنة التي وجب انقضاؤها على وفاة الزوج قبل السماح لارملته بالزواج من بعده، وذلك للتثبت من نسب المولود خلال هذه المدة، لانها لو تزوجت قبل انتهاء المدة

المذكورة وولد لها ولد فقد يكون هذا الولد ابن المتوفى كما قد يكون ابن الزوج الجديد . وعليه اوجب الشارع الروماني على الارملة ان تنتظر سنة كاملة هي سنة الحداد *annus luctus* قبل ان تتزوج مرة اخرى .

year to year, tenancy from (tenancy from year to year) إجارة مسانهاة، مدتها سنة كاملة قابلة للتجديد (برضى الطرفين صراحة او ضمناً) سنة بعد اخرى . ولمن شاء من طرفي هذه الاجارة ان يبادر الى انهائها باشعار تخلية يرسله الى الطرف الآخر قبل انتهاء مدة العقد بستة اشهر على الاقل .

yearling حولي: حيوان اكمل السنة الاولى من عمره ولم يكمل الثانية .

yeas and nays [اجراءات المجالس البرلمانية] مؤيدون ومعارضون أو موافقون ومخالفون؛ من صوت من الاعضاء على ما يطرح امام المجلس للتصويت العلني من اقتراحات ولوائح وغيرها. ويكون التصويت في هذه الحال بالمناداة على اسماء الاعضاء واحداً واحداً ثم اجابة كل منهم بـ yea نعم (أي موافق) أو nay لا (أي مخالف) .

yellow dog contract [عقود العمل] عقد الكلب الاصفر . يطلق هذا الاسم على العقد الذي يلزم العامل بان يوقع سنداً يتعهد فيه بعدم الاشتراك اثناء عمله في اتحادات العمال أو نقاباتهم، وان يتقبل الفصل عن العمل اذا اشترك فيما ذكر .

yen hock قطعة من المعدن حادة الرأس تشوى بها حبة الافيون المسماة yen pock .

yen pock حبة أفيون

yen shee أفيون متفحم أسود

yeoman [قانون انكليزي] احد العامة commoner . ملاك دون الـ gentleman من حيث المكانة . كل من ملك أرضاً لا يقل ايرادها السنوي عن اربعين شلناً وكانت له اهلية التعيين في هيئات المحلفين والاشتراك في انتخاب الـ knights of the shire اعضاء البرلمان المرشحين لتمثيل منطقته .

[قانون اميركي] لا يحمل هذا الاسم اي مفهوم خاص محدد الا اذا ورد في الكلام عن رتب رجال البحرية الاميركية، وفي هذه الحال يكون معناه ضابط عهدة أو لوازم، في القطعة البحرية التابع لها .

yeomen of the guard رجال حرس الخاصة الملكية .

yield نتاج، محصول او حصيلة، غلة؛ عوائد . ينتج أو يغل يسلم (شيئاً)؛ ينزل عنه للغير . يذعن

[قانون الاموال العقارية] يؤدي خدمة معينة واجبة لسيد الارض (بمقتضى عقد ايجار) .

yokelet مزرعة صغيرة يكفي لحرثها عود واحد (زوج من الثيران) .

York-Antwerp Rules احكام قواعد يورك – انتورب: احكام بحرية تهدف الى ايجاد اصول موحدة عامة لبوالص الشحن ومعاملات النقل البحري . وضعتها جمعية القانون الدولي International Law Association المعروفة سابقاً باسم جمعية اصلاح وتقنين قوانين الامم Association for the Reform and Codification of the Laws of Nations وذلك بعد مؤتمرات عدة اشتركت فيها مجموعة من الدول . على أن هذه القواعد لا تسندها اية قوة قانونية ملزمة .

York, Custom of (Custom of York) عرف يورك: عادة متبعة في منطقة يورك بشمال انكلترا تسري على التركات التي يموت عنها اصحابها دون ان يوصوا، وتقتضي توزيع الاموال المنقولة حسب المبدأ العام القديم *pars rationabilis* اي ان تقسم الى ثلاثة اسهم متساوية بين الزوجة والاولاد ومدير التركة .

young person صغير، صغير السن، حدث: من كان عمره اربعة عشر عاماً، او تجاوزها ولم يبلغ السابعة عشر، وهذا لا يجوز الحكم عليه بالسجن . واذا كان بين الخامسة عشر والحادية والعشرين فقد يحجز في معهد اصلاح borstal للتدريب، واذا كان بين الرابعة عشر والحادية والعشرين فقد يحبس في مركز اعتقال detention centre او دار توقيف remand home . واذا كان الصغير دون الثامنة عشر فلا يجوز الحكم عليه بالاعدام ولا يجوز الحكم بالسجن على من كانت سنه دون الحادية والعشرين إلا اذا انعدم السبيل الى عقابه بوسيلة اخرى بناء على قانون العدالة الجنائية لعام ١٩٤٨م Criminal Justice Act of 1948 . واذا قدمت ضد الجانح تهمة غير القتل القصد امكنت محاكمته بصورة مستعجلة امام Magistrate's Court شرط موافقته .

عدل قانون الصغار بقانون الاطفال وصغار السن لعام ١٩٦٣ (The Children and Young Persons Act, 1963) . وهذا ينظم صلاحية السلطات المحلية فيما يتعلق بتوفير العناية لمن لم يبلغوا الثامنة عشر من الصغار ولغيرهم ممن في حاجة للعناية والرعاية والرقابة .

youth شباب او شبيبة . تشمل أحياناً الاطفال والشبان والشابات اذا اقتضى النص أو السياق ذلك .

Z

***zakah** [شريعة اسلامية] زكاة . ما يفرض على الموسر ان يتصدق به سنوياً نقداً او عيناً ، وهو ربع العشر أو $\frac{1}{2}$ ٢ في المئة من مجموع صافي الايراد .

zealot حزبي متطرف ؛ متعصب ؛ متحمس أو بالغ الحماسة. ترد هذه الكلمة عادة كوصف شائن لمن دعا الى الانفصال عن كنيسة انكلترا او اظهر تعصباً بالغاً لاي مبدأ او موضوع .

zealous witness اصطلاح شائع غير فني معناه : شاهد متحمس ، يبدي اثناء الشهادة حماسة وميلا واضحاً للخصم الذي استشهد به .

zigari or **zingari** [في العصور الوسطى] مشردون ؛ غجر ؛ (نور)

***zihar** [شريعة اسلامية] الظهار . وهو تأبيد تحريم الزوجة على الزوج بالعبارة المأثورة «انت علي كظهر امي» ؛ فاذا قالها الرجل فكأنه طلق زوجته طلقة بائنة لا تحل من بعدها له الا اذا اخرج كفارة الظهار (وهي عتق رقبة او صوم شهرين متتابعين او اطعام ستين مسكيناً – اكلتين مشبعتين) . وقد نهى القرآن عن الظهار بالآية الكريمة : «الذين يظاهرون منكم من نسائهم ما هن امهاتهم إن أمهاتهم الا اللائي ولدنهم وانهم ليقولون منكراً من القول وزورا » .

zone منطقة ؛ نطاق ؛ اقليم

zoning تقسيم (المدينة او المكان) الى مناطق معينة وتطبيق لوائح خاصة في كل منطقة تحدد اشكال العمران ووجوه استعمال المنشآت والمباني فيها .

zygocephalum [قانون مدني] كيل عقاري مساحته ما يستطيع النير الواحد من الثيران انجاز حرثه في يوم واحد .

zygostates [قانون مدني] كيال ، مهمته تقرير زنة النقود المعدنية ، كان يعين احياناً للفصل في المنازعات القائمة حول اوزان النقود المذكورة .

***zythum** [قانون روماني] شراب مسكر كالبيرة ، أعده الرومان من الشعير والحنطة .

« وان حكمت فاحكم بينهم بالقسط »

« *Diligite iustitiam qui iudicates terram* »

لاتينيتها قديمة او حديثة . وقد ابنت في مطلع التفسير مرد المفردات الفنية والمصطلحات، فما لم يعين مصدره كان مشتركاً بين القوانين الانكليزية والاميركية .

ولا أصدق القارئ اذا ادعيت ان وضع هذا المؤلف كان مصدر سلوى وغبطة، بل واقع الحال هو انه كان سلسلة كؤوس مليئة بالمتاعب والكدح الجاهد وكنت منه كشخص القاه حب المغامرة وسط خضم صاخب لا خروج منه الا بجهد حثيث طويل . وقد ابلغني الله عز وجل فرجة هذا الخروج، وعسى القارئ الكريم ان يوليني بعض حلمه ورحابة صدره، حتى اذا تأمل ضخامة الموضوع وتفصيل مادته وسعة تخصصها ونظر الى كونه الاول في بابه فقد يرى هفواته اهلاً لمغفرته . وكم أكون شاكراً ومديناً لكل من يشرفني بالتنبيه الى اي غلط في هذا الكتاب او قصور او تجاوز عسى ان أوفق الى تداركه بتصويب او تعديل في الطبعة الثانية ان شاء الله .

ولا بد لي قبل ختم هذه الكلمة من تذكار ما تفضل به علي والدي رحمه الله من نظر هذا الكتاب وهو في اول مراحله وما اولانيه من بصير توجيهه في معالجة العديد من المصطلحات القانونية وسبك شرحها . كما لا بد لي من عبارة شكر واجب اتوجه بها الى زوجتي « ليلا » بعد ان خاضت معي معركة هذا الكتاب من ألفه الى يائه وقاسمتني جملة مشاقها حين لم يقف حملها عند مجرد التشويق والتشجيع الروحي الحثيث بل تجاوزه الى اعانتي الفعلية في مراجعة المصطلحات اللاتينية وضبطها ونسخها، وكذا اعانني والدها الفاضل الجنرال جوسيبي كابوتو على مراجعة بعض المفردات اللاتينية من لغة القانون وحق له الشكر ايضاً .

والى الله العلي أضرع أن أكون بهذا المعجم قد انجزت بعض الواجب نحو المهنة القانونية والمكتبة العربية بوجه عام، وفق الله ابناءها الى خدمتها ورفع رايتها بالعمل الجدي المثمر وجعل نصيب هذا الكتاب من نفس القارئ الكريم حسن القبول .

حارث سليمان الفاروقي

اودعته عصارة المعاجم والمراجع المعتمدة الانكليزية والاميركية وتوخيت بهذه العصارة توفير اقتناء المعاجم المذكورة على القارئ. واضفت الى كل ذلك، سعياً لانارة طلاب الحقوق العرب في الجامعات الاجنبية، جمهرة من مصطلحات الشريعة الاسلامية مشاراً الى كل منها بهذه العلامة (*).

وحقيق بالذكر في هذا المقام ان معظم المعاجم القانونية الانكليزية والاميركية قد ادرج عدداً غير قليل من مفردات الفقه الاسلامي مثل: حق؛ استمرار؛ قاضي؛ طلاق؛ شفعة؛ وغيرها على حاله وبلغته العربية في حروف لاتينية ثم فسره باللغة الانكليزية رغم توافر ما يقابله في اللغة المذكورة. وكان أحرى بهذه المعاجم ان تدرج مكانها من مصطلحات الشريعة ما لا نظير له قطعاً في لغة الفقه الانكليزي مثل: عول؛ بينونة؛ غاروقة؛ غلاب؛ حد؛ مهاترة؛ حكر؛ «اجارتين»؛ ايلاء؛ استبراء؛ مبارأة؛ مفوضة؛ مخالعة؛ ناشزة؛ وغيرها مما أُشير اليه بالعلامة المذكورة. وقد اوردت هذه المصطلحات الاخيرة على حالها وفسرتها وفقاً للمراجع المعتمدة في الفقه الاسلامي.

وغني عن القول ان من المفردات والمصطلحات ما يختلف معناه الفني القانوني عن معناه اللغوي الدارج اختلافاً بيناً، مما لم احتسب فيه بالتفسير القانوني بل اضفت الى المصطلح معانيه العادية البارزة. ولم أرم بهذا الى شمل كافة المعاني بل اجتزأت منها بما لا غنى للقانوني عنه.

ولا يخفى على الباحث ان السبيل الى العثور على المصطلح المركب هو طلبه في باب الكلمة الرئيسية منه اذا لم يعثر عليه في باب الكلمة الاولى. فعبارة lineal descendant مثلاً قد توجد في باب lineal كما قد توجد في باب descendant. وكذلك real assets اذا لم تجدها في باب real فاطلبها في باب assets، وعلى هذا قس.

وفي ميدان الشرح لم أكثر من التمثيل على المعاني خشية مزالق الحصر وتضليل الباحث، بل حرصت قبل كل شيء على ايراد المعنى الاساسي والتعريف عند لزومه مع عدد معقول من المرادفات يختار منه الباحث ما يوافق النص الذي بين يديه والذي قد يكون الوجه الأمثل لاستعمال المصطلح الفني الغريب.

ولا يفوت الباحث ايضاً ان كل كلمة كتبت بحروف مائلة هي لاتينية سواء كانت

فاذا أردت، سيدي القارئ، معجماً لغوياً مدرسياً، فما بين يديك لا يجديك شيئاً. واذا كان القانون هو موضوع دراستك او تفرغك المهني وكنت على صلة بمناهله ومراجعه العلمية الانكليزية فقد وضع هذا القاموس كي يفيدك في تفسير مصطلحات القوانين وتعريفها والتمثيل عليها عند الحاجة ولكي ينفذ بغايتك الى صميم الفقه الانكليزي والاميركي القديم والحديث. وكان همي في وضعه ان افرغه في قالب علمي عملي واقدم فيه لطلبة الحقوق العرب في الجامعات الانكليزية والاميركية والمشتغلين في المحاماة ممن تقتضيهم دواعي المهنة ان يتصلوا بالشركات والمراجع الاجنبية اتصالاً فنياً، كافة المفردات والمصطلحات القانونية المستقاة من أبرز المراجع التشريعية والمعاجم القانونية الانكليزية الكبرى؛ كوورتونز وسويتس وبراونز وستراودز وايرل جوويتس والمعاجم الاميركية مثل: بلاكس واندرسنز وابوتس وبوفييرز وباريلز، والمعاجم العامة كويبسترز واكسفورد.

ولم احتسب بمجرد التفسير فيما جمعت، بل اوردت التعاريف حسب هذه المعاجم وغيرها من المصادر المعتمدة للفقه الانكليزي والاسكتلندي والاميركي القديم والحديث وشرحت العبارات بما يقابلها من المصطلحات العربية القانونية حسب الفقه العربي المعتمد بتشاريع الدول العربية، واوردت للمفردات والمصطلحات الفنية زبدة التعاريف المقررة في ايجاز معقول. وجمعت، تلبية لحاجة المشتغلين بالمهنة القانونية، جمهرة وافية من مصطلحات الطب الشرعي وما يمت الى المهنة مما لا غنى عنه للمحامي او الطالب الجامعي.

واذا كانت لغة القانون هي اللسان الاساسي لهذا المعجم فهناك ابواب اخرى لم أغفل شمل مفرداتها ومصطلحاتها الفنية مع تعاريفها المعتمدة، من ذلك: الطب الشرعي والتجارة والبنوك والتأمين والدبلماسة والبترول والطيران المدني.

فاذا كان بعض ما ذكرت مما يهمك وكان اتصالك بالعالم الخارجي أو المراجع الافرنجية في سياق مهنتك القانونية أو الاقتصادية أو المالية أو غيرها أو كان تحصيلك الراهن في الجامعات الاجنبية او العربية لا يغنيك عن مراجع الفقه الانكليزي وأساليبه، فهذا هو معجمك، والله أرجو أن تجد فيه الفائدة المأمولة.

ولا أخاله من الانصاف بعد ما أبديت ان ينظر الى هذا الكتاب كمعجم عادي يعالج العبارات الانكليزية بمجرد التفسير اللغوي، بل من عين الانصاف ان ينظر اليه كقاموس فني في المواضيع المشار اليها وان ينتقد كذلك بما تهيأ من ضروب الانتقاد. وليعلم الفاحص اني

مقدّمة

غير خاف على القارئ أن القاموس العربي – الانكليزي ، رغم مولده في مطلع هذا القرن لما يزل حديث عهد بالولادة ولما يبرح بعد طور البرعمة .

واذا كان لتفكير الشعوب معايير أدبية وعلمية تحسن وزنه وتصويره فالقواميس احد هذه المعايير التي تحكي الكثير عن ثقافة الشعوب وتعكس حظ رجال هذه الثقافة من التعلق بأسباب النفاذ الى غور الامور والدقة التعبيرية في الكلام والكتابة .

والواضح في ميدان وضع القواميس ان المؤلفين الجامعين بين اللغتين العربية والانكليزية قد اذعنوا لقانون الطلب الشعبي فانصرفوا الى الناحية اللغوية ووقفوا غاية جهدهم على وضع القاموس اللغوي العام . ثم كثرت المحاولات في سبيل تحسين القاموس المذكور اجابة لحاجة المدارس العامة والصلات اللغوية العادية دون التفات كاف الى العلوم الخاصة وما يقتضيه التمهر فيها من مراجع ومعاجم فنية تتمخض، على اساس علمي، لتحليل المصطلحات والتعابير الفنية التي يلقاها الطالب والمتمرس في سياق الدراسة والعمل .

وليس من ريب في ان المكتبة العربية قفر من القواميس الانكليزية – العربية القانونية ، وان طالب الحقوق كالمزاول لها، كالمشتغل بالشؤون المالية والتجارية وغيرها، مما شملته دائرة هذا المعجم، يكاد لا يجد مرجعاً فنياً يصح الركون اليه في بسط عويص المصطلحات الفنية القانونية ؛ وقد ازدادت الحاجة الى مثل هذا المرجع بعد تقيض اللغة الفرنسية كأولى اللغات الحية وحلول اللغة الانكليزية محلها في ميادين السياسة والاقتصاد والمعاملات الدولية . ولا عذر لنا في القعود عن بذل غاية الجهد لاستدراك بعض نواحي النقص الفني بالكفاية .

وسمعاً لداعي هذه الحاجة شددت الرحال بمعجمي هذا الى مهنة القانون .

مكتبة لبنان
ساحة رياض الصلح
بيروت

الطبعة الخامسة، منقحة ومزيدة
إعادة طبع ٢٠٠٣

رقم الكتاب 9953-1-0300-3

طبع في لبنان
على مطابع تيبو برس

المعجم القانوني

إنكليزي - عربي

تفسير وتعريف مصطلحات الفقه الانكليزي والأميركي (القديم والحديث)
والطب الشرعي والتجارة والبنوك والتأمين
والدبلوماسية وقوانين البترول والطيران المدني

تأليف
حارث سليمان الفاروقي

مكتبة لبنان
ساحة رياض الصلح
بيروت

المُعجَم القانوني

LAW DICTIONARY